CONVENÇÃO DE ARBITRAGEM
PARTE GERAL

O GEN | Grupo Editorial Nacional – maior plataforma editorial brasileira no segmento científico, técnico e profissional – publica conteúdos nas áreas de concursos, ciências jurídicas, humanas, exatas, da saúde e sociais aplicadas, além de prover serviços direcionados à educação continuada.

As editoras que integram o GEN, das mais respeitadas no mercado editorial, construíram catálogos inigualáveis, com obras decisivas para a formação acadêmica e o aperfeiçoamento de várias gerações de profissionais e estudantes, tendo se tornado sinônimo de qualidade e seriedade.

A missão do GEN e dos núcleos de conteúdo que o compõem é prover a melhor informação científica e distribuí-la de maneira flexível e conveniente, a preços justos, gerando benefícios e servindo a autores, docentes, livreiros, funcionários, colaboradores e acionistas.

Nosso comportamento ético incondicional e nossa responsabilidade social e ambiental são reforçados pela natureza educacional de nossa atividade e dão sustentabilidade ao crescimento contínuo e à rentabilidade do grupo.

JOSÉ ANTONIO **FICHTNER**
AUGUSTO **TOLENTINO**
LEONARDO **POLASTRI**
RODRIGO **SALTON**

CONVENÇÃO DE ARBITRAGEM
PARTE GERAL

Prefácio
JUDITH MARTINS-COSTA

■ O autor deste livro e a editora empenharam seus melhores esforços para assegurar que as informações e os procedimentos apresentados no texto estejam em acordo com os padrões aceitos à época da publicação, e todos os dados foram atualizados pelo autor até a data de fechamento do livro. Entretanto, tendo em conta a evolução das ciências, as atualizações legislativas, as mudanças regulamentares governamentais e o constante fluxo de novas informações sobre os temas que constam do livro, recomendamos enfaticamente que os leitores consultem sempre outras fontes fidedignas, de modo a se certificarem de que as informações contidas no texto estão corretas e de que não houve alterações nas recomendações ou na legislação regulamentadora.

■ Fechamento desta edição: *07.11.2022*

■ O Autor e a editora se empenharam para citar adequadamente e dar o devido crédito a todos os detentores de direitos autorais de qualquer material utilizado neste livro, dispondo-se a possíveis acertos posteriores caso, inadvertida e involuntariamente, a identificação de algum deles tenha sido omitida.

■ **Atendimento ao cliente: (11) 5080-0751 | faleconosco@grupogen.com.br**

■ Direitos exclusivos para a língua portuguesa
Copyright © 2023 by
Editora Forense Ltda.
Uma editora integrante do GEN | Grupo Editorial Nacional
Travessa do Ouvidor, 11 – Térreo e 6º andar
Rio de Janeiro – RJ – 20040-040
www.grupogen.com.br

■ Reservados todos os direitos. É proibida a duplicação ou reprodução deste volume, no todo ou em parte, em quaisquer formas ou por quaisquer meios (eletrônico, mecânico, gravação, fotocópia, distribuição pela Internet ou outros), sem permissão, por escrito, da Editora Forense Ltda.

■ Capa: Fabricio Vale

■ **CIP – BRASIL. CATALOGAÇÃO NA FONTE.
SINDICATO NACIONAL DOS EDITORES DE LIVROS, RJ.**

C783

Convenção de arbitragem: parte geral / José Antonio Fichtner ... [et al.]. – 1. ed. – Rio de Janeiro: Forense, 2023.

Inclui bibliografia e índice
ISBN 978-65-5964-660-9

1. Arbitragem e sentença – Brasil. 2. Negociação – Brasil. 3. Mediação – Brasil. 4. Conciliação (Processo civil) – Brasil. I. Fichtner, José Antonio.

22-80658   CDU: 347.918(81)

Meri Gleice Rodrigues de Souza – Bibliotecária – CRB-7/6439

Este livro é dedicado a João Paulo, nosso –
da Priscila e meu – amado filho.
JOSÉ ANTONIO FICHTNER

À Rita, por tudo.
AUGUSTO TOLENTINO

Aos meus pais, Simone e Antônio Márcio.
LEONARDO POLASTRI

Aos meus pais, Angela e Vitor,
e avós, Enriette e Lúcia.
RODRIGO SALTON

SOBRE OS AUTORES

José Antonio Fichtner

Membro da Comissão de Juristas nomeada pelo Senado Federal para elaboração do Anteprojeto de Reforma da Lei de Arbitragem brasileira (Lei 13.129/2015). Mestre em Direito pela Universidade de Chicago. MBA em Agronegócio pela USP-ESALQ. Bacharel em Direito pela Pontifícia Universidade Católica do Rio de Janeiro. Coordenador Técnico do LL.M Litigation da Fundação Getulio Vargas. Professor da Escola de Direito da Fundação Getulio Vargas. Professor de Direito Processual Civil da Pontifícia Universidade Católica do Rio de Janeiro. Professor Convidado da Escola da Magistratura do Estado do Rio de Janeiro. Membro do Instituto Brasileiro de Direito Processual, do Comitê Brasileiro de Arbitragem, do Comitê de Arbitragem e Mediação da CCI Brasil, da International Bar Association (IBA) e da Associação Latino-Americana de Arbitragem (ALARB). Desembargador do Tribunal Regional Eleitoral do Rio de Janeiro 1994-1998. Ex-Procurador do Estado do Rio de Janeiro. Árbitro e Mediador. Listado, por vários anos como # 1, nas áreas de Litígios e Arbitragem, pelo Chambers and Partners, edições Global e Latin America, tendo sido reconhecido como um dos 20 maiores especialistas em Arbitragem na América Latina pela publicação. Autor de numerosos artigos e vários livros nas áreas de Arbitragem e Processo Civil. Conferencista nas áreas de Arbitragem e Processo Civil. Membro do YPO, capítulo São Paulo. Sócio-fundador do escritório *Andrade & Fichtner Advogados* e de *Fichtner Advogados*.

Augusto Tolentino

Sócio-fundador do escritório Tolentino Advogados, com mais 30 anos de experiência em contencioso judicial, arbitragem e na prestação de assessoria jurídica em questões de Direito Empresarial, Financeiro e Sucessório. Árbitro em diversas instituições arbitrais. Mestre em Direito Comercial Internacional (LL.M) pela Universidade da Califórnia, Davis (EUA). MBA em Finanças – IBMEC. Ex-Professor de Direito Processual Civil. Ex- Presidente da Câmara de Mediação e Arbitragem Empresarial Brasil – CAMARB e de seu Conselho Consultivo. Palestrante em diversos Congressos e Seminários no Brasil e no exterior. Autor de diversos artigos sobre temas de arbitragem e mediação empresarial.

Leonardo Polastri

Mestre em Direito Empresarial, com ênfase em Arbitragem, pela Universidade Federal de Minas Gerais (UFMG). Bacharel em Direito pela UFMG. Advogado de Tolentino Advogados.

Rodrigo Salton

Bacharel em Direito pela Universidade Federal do Rio Grande do Sul. Especialização em Direito Civil e Processo Civil na Fundação Escola Superior do Ministério Público (FMP) (em curso). LL.M em Advocacia Corporativa na FMP (em curso). Advogado. Conselheiro de administração. Sócio de *Fichtner Advogados*.

APRESENTAÇÃO

Do ponto de vista jurídico, a sociedade perfeita seria qualificada como o ambiente em que os direitos e obrigações fossem respeitados através da simples palavra dada pelos agentes, no universo das relações travadas. Apesar de um considerável volume de relações jurídicas resolver-se desta forma, o desenvolvimento da vida em sociedade cedo demonstrou que, em um número relevante de situações, os atores sociais acabam por adotar comportamento diverso do ajustado inicialmente, ocasionando o fenômeno da crise da relação jurídica.

Tradicionalmente, afastada a solução por meio da força privada, a crise era submetida a um terceiro, a quem caberia definir, segundo os costumes aplicáveis a cada situação concreta, a pretensão que deveria prevalecer. Esse terceiro podia ser um chefe político, religioso, ou alguém a quem a função era especificamente cometida, pela estrutura de poder político então vigente. Nessa escala evolucionária, adquirindo as relações sociais maior grau de complexidade, não tardou a conclusão, em alguns sistemas jurídicos, de que as regras costumeiras não seriam suficientes para a solução de uma série considerável de conflitos.

A solução para a estruturação de um sistema de regramento social mais sólido que o baseado no puro costume foi encontrada, em alguns sistemas jurídicos, na conversão de parte considerável dos costumes em legislação. Em outros, alguns dos costumes se transformaram em precedentes, com autoridade para servir de referência para a solução de eventuais crises nas relações jurídicas.

No que respeita ao fenômeno dos negócios jurídicos, de fundamental importância para os estudos aqui desenvolvidos, a doutrina, os práticos, o legislador e o sistema de precedentes criaram condições para que a estrutura contratual contivesse em si mesma instrumentos coercitivos para incentivar o cumprimento das obrigações e direitos dela emergentes. Assim, passaram a ser comuns cláusulas penais, moratórias e compensatórias, e outros instrumentos, com a finalidade precípua de evitar, pela via dos incentivos econômicos, a crise da relação jurídica.

Em paralelo, diante da realidade de que o contrato inegavelmente nunca teve uma carga restauratória própria suficiente para impedir ou remediar o inadimplemento das obrigações assumidas, desenvolveram-se, ao longo dos séculos, sistemas de justiça estatais, aos quais o lesado podia recorrer para fazer prevalecer suas razões, através da aplicação forçada, sobre o inadimplente, da regra legal, contratual ou do precedente não observados. Dentro de tal quadro evolucionário, o Processo ganhou autonomia e foi erigido à condição de principal instrumento de restauração dos negócios jurídicos em crise. Em tal perspectiva, tal função foi percebida e caracterizada, por longo tempo, como uma prerrogativa típica e exclusiva do Estado organizado.

Com a evolução da sociedade e a cada vez maior complexidade das relações sociais, algumas situações especiais passaram a ser resolvidas, na hipótese de crise, por terceiros não relacionados com o Estado, a partir de um acordo de vontades dos entes em conflito. Diz-se aqui "entes em conflito" porque a solução do terceiro imparcial e privado foi largamente utilizada em disputas entre nações, ao mesmo tempo em que também surgia como alternativa interessante à justiça estatal, nas disputas entre particulares ou entre particulares e entes públicos.

A doutrina já discorreu largamente sobre as vantagens que a arbitragem, como outro meio jurisdicional de solução de litígios, pode ostentar, em comparação com o método tradicional da justiça estatal. Tais vantagens são, exemplificativamente, a celeridade, a possibilidade de escolha de um julgador especialista na matéria, a imparcialidade dos árbitros, a eficácia transnacional da sentença arbitral e a flexibilidade do procedimento arbitral. Temos, assim, que o núcleo de atuação da arbitragem, sua *ratio essendi*, é o do negócio jurídico em crise, como fenômeno jurídico e social. Assim, essa realidade merece aqui nossa atenção.

A presente obra pretende analisar a pedra fundante da jurisdição arbitral, a convenção de arbitragem. Nesse contexto, optou-se por uma abordagem que fosse capaz de conjugar perspectivas diversas, especialmente o direito internacional privado, o direito civil e o direito processual civil. Vislumbra-se que a adequada compreensão da arbitragem, de um modo geral, pressupõe a conjugação de teorias, pressupostos e conceitos oriundos de outros ramos do ordenamento jurídico, bem como a compreensão dos instrumentos internacionais referentes à arbitragem, especialmente a Convenção de Nova York, que hoje é, também, lei interna, e cumpre papel fundamental na conformação do modelo jurídico de arbitragem existente no Brasil. Assim, com a intersecção desses conhecimentos, é possível construir abordagem mais enriquecida, e não restrita à análise dogmática dos dispositivos da lei de arbitragem. Com esse pressuposto, a reflexão proposta procura trazer para o leitor novas visões sobre temas consagrados no estudo da arbitragem.

No Capítulo 1, procuramos mostrar a importância de se estudar a arbitragem a partir da sua matriz constitucional. Em sendo exercício de jurisdição, a arbitragem, necessariamente, deve ser analisada a partir da Constituição, que age como fonte de legitimação mediata. A autonomia privada dos particulares somente pode ser exercida dentro dos limites trazidos pelo ordenamento jurídico, que é tanto o ponto de partida quanto a baliza para o desenvolvimento da arbitragem.

No Capítulo 2 a arbitragem é estudada dentro da perspectiva dos métodos de solução de controvérsias. Nesse contexto, não é mais possível compreender o instituto da arbitragem de modo desconexo do quadro maior da justiça multiportas. A arbitragem é instrumento que se insere em um quadro evolutivo de solução de litígios, no qual privados, em mútuo consentimento, optam por levar suas controvérsias para terceiro julgador imparcial e de confiança. Trata-se de forma de acesso à justiça, baseada em concepção democrática, permitindo que os indivíduos afetados diretamente pelas crises de direito material encontrem o meio mais propício para contornar a desavença existente. Ademais, ao tratar do problema da arbitragem de direito e por equidade, procuramos realizar o cotejo entre a arbitragem e os precedentes vinculantes.

No Capítulo 3 propomos a inserção da convenção de arbitragem dentro do quadro geral da teoria do negócio jurídico. Sendo fruto da manifestação de vontade das partes, há indelével caráter privatista na sua pactuação, o que traz reflexo na própria estruturação do procedimento arbitral. Assim, sustentamos que a análise da convenção de arbitragem não deve ocorrer, meramente, pela lógica do processo civil, sendo necessária a conjugação dos elementos processuais, materiais e internacionais. Enquanto negócio jurídico, sua compreensão deve levar em conta critérios para a formação e interpretação dos contratos, passando pela teoria das nulidades, a boa-fé objetiva e o princípio da confiança. Esses e outros elementos tipicamente inseridos no estudo do direito civil devem ser plenamente aplicáveis à convenção de arbitragem, dada a sua natureza híbrida, conjugando elementos de negócio jurídico de direito privado com efeitos produzidos em uma relação jurídica processual.

No Capítulo 4 destacamos a relação hoje consagrada entre negócio jurídico e processo. Por muito tempo a existência de negócios jurídicos processuais foi um verdadeiro tabu na doutrina, profundamente influenciada pela concepção publicista do processo. Contudo, a edição do Código de Processo Civil de 2015 começou a modificar esse panorama. Especialmente no âmbito da arbitragem, há a formação de uma série de negócios jurídicos de natureza processual – calendários para a apresentação de peças, acordos sobre a produção probatória, definição do objeto do litígio, dentre outros. Portanto, a categoria dos negócios jurídicos deve ser analisada não somente pelo prisma material, mas também pelos seus impactos na relação processual.

No Capítulo 5 procurou-se traçar o panorama evolutivo da convenção de arbitragem. Assim, foca-se na sua conceituação, quer sob o ponto de vista do direito comparado, quer pelo seu histórico evolutivo no direito brasileiro. Desde a Lei 9.307/96, houve enorme avanço em sua compreensão. Apesar de um estranhamento inicial, superado pelo julgamento da constitucionalidade da lei, tornou-se perceptível o processo de reconhecimento e consagração desse método de solução de litígios e da natureza cogente da convenção de arbitragem.

No Capítulo 6 propomos a aplicação da teoria da incompletude contratual à convenção de arbitragem. Enquanto método de solução de conflitos referente a outra relação jurídica, a convenção de arbitragem tem natureza econômica própria. De uma certa forma, a convenção de arbitragem assemelha-se à contratação de um seguro, com a esperança genuína de nunca precisar ser utilizado. Assim, quer pela sua natureza relacional, quer pela sua natureza de longa duração, quer pela incapacidade de antecipação de todas as situações de crises das relações jurídicas, a convenção de arbitragem é um contrato incompleto. Trata-se de constatação que visa a oferecer ao operador clareza para compreender a necessidade de integrar a ela outros elementos com a finalidade de sanar a incompletude jurídica ou econômica que pode se mostrar problemática no caso concreto.

No Capítulo 7 iniciamos o exame da convenção de arbitragem a partir da tricotomia ponteana. Entender a convenção de arbitragem como negócio jurídico implica analisar os elementos de existência, os requisitos de validade e os seus fatores de eficácia. No âmbito da existência, procuramos esmiuçar os elementos basilares que lhe permitem ser considerada "existente". O "ser" convenção de arbitragem é o pressuposto lógico para que ela seja tida como válida e eficaz.

No Capítulo 8 tratamos dos requisitos de validade da convenção de arbitragem. Além de considerações iniciais acerca das partes, objeto e forma – posteriormente analisados em Capítulos próprios – propõe-se a necessária segregação entre o conceito de (i) cláusula compromissória patológica, entendida como aquela carente de requisito indispensável para a sua validade e eficácia, de (ii) cláusula compromissória vazia, a que é válida, mas carece de elemento sanável para a produção de efeitos jurídicos plenos, de (iii) cláusula compromissória cheia, aquela que é existente, válida e eficaz. Assim, é possível associar a tipologia empregada na doutrina com os planos dos negócios jurídicos.

No Capítulo 9 analisa-se o último degrau da escada ponteana, focando na eficácia da convenção de arbitragem. Enquanto negócio jurídico fundante da jurisdição do tribunal arbitral, a convenção de arbitragem será fonte de diversas situações jurídicas, direitos subjetivos, deveres, direitos potestativos, sujeições, poderes, poderes-deveres, sanções e ônus. Analisa-se, concretamente, algumas das manifestações eficaciais decorrentes ou relacionadas à convenção de arbitragem, sem prejuízo de se reconhecer a impossibilidade de analisar a plenitude dos seus efeitos em um único espaço.

No Capítulo 10 começamos a análise dos elementos estruturais da convenção de arbitragem – as partes, o objeto e a forma. No que toca às partes, procuramos traçar as distinções fundamentais entre "parte da convenção de arbitragem", "parte do procedimento arbitral", "parte não signatária" e "terceiros". Além disso, abordamos o problema da arbitrabilidade subjetiva, sugerindo enquadramento para a questão das partes incapazes, em quais condições essas podem firmar convenção de arbitragem ou participar de um procedimento arbitral.

No Capítulo 11, ao analisar o objeto da convenção de arbitragem, enfatizamos a sua compreensão pela perspectiva material, enquanto direito de provocar a jurisdição arbitral, instrumentalizado por conjunto de poderes de impor a via da arbitragem.

No Capítulo 12, ao estudar a forma da convenção de arbitragem, após a análise desse requisito à luz de diplomas internacionais, especialmente a Convenção de Nova York, propomos que ela seja compreendida a partir de sua natureza consensual, sendo o requisito de forma meramente *ad probationem*, podendo ser satisfeito de modos diversos quando há um início de forma escrita. Assim, interpretando os dispositivos normativos aplicáveis, constata-se haver modos diferentes de formação desse negócio jurídico, bem como meios variados da manifestação do consentimento.

No Capítulo 13 inicia-se a análise da dimensão dinâmica da convenção de arbitragem e das suas manifestações eficaciais típicas. Nesse capítulo, destacamos a importância do diálogo entre a jurisdição arbitral e o Poder Judiciário, mostrando que o efeito negativo da convenção de arbitragem não significa "renúncia" geral e abstrata de acesso ao Poder Judiciário. Sugerimos a interpretação de afastamento da jurisdição para análise, tão somente, do mérito das controvérsias inseridas no escopo objetivo da convenção de arbitragem. Contudo, não se pode perder de vista os mecanismos de cooperação e auxílio existentes, desde a ação de instauração de arbitragem, passando pela colaboração na produção probatória, a análise superveniente de validade da sentença em sede de ação anulatória ou mesmo a circulação internacional de sentenças arbitrais, tal qual internacionalmente regulado pela Convenção de Nova York.

No Capítulo 14 o foco passa ser o efeito positivo da convenção de arbitragem, o qual é retratado como manifestação do direito potestativo das partes de dar início ao procedimento arbitral. Nesse aspecto, descolamos a eficácia da convenção de arbitragem das categorias da obrigação de fazer, inserindo-a na díade *potestade* e *sujeição*. Ademais, associamos essa estrutura eficacial aos mecanismos diretos e indiretos de tutela da intenção de arbitrar, assegurando o novo status da convenção de arbitragem no direito brasileiro, enquanto ferramenta jurídica apta para afastar a análise do mérito da causa pelo Poder Judiciário e empoderar o tribunal arbitral. Assim, como previsto pela Lei de Arbitragem e pela Convenção de Nova York, há verdadeiro dever do Poder Judiciário de encaminhar as partes para a arbitragem quando há convenção de arbitragem validamente formada e vinculante.

No Capítulo 15, ao estudar a autonomia da convenção de arbitragem, propomos a consideração de que não se pode falar de completa independência entre a cláusula compromissória e o contrato no qual está inserida. Ambos estão na mesma unidade de sentido econômico, razão pela qual há unicidade na equação financeira contratual. Ou seja, ponderamos a consideração da convenção de arbitragem como elemento integrante da lógica negocial, dotada de valor econômico próprio em função do seu vínculo umbilical com a relação jurídica material.

No Capítulo 16, ao analisar o Kompetenz-Kompetenz, a partir do cotejo do direito comparado e da evolução da jurisprudência do STJ, sustentamos a existência, no direito brasileiro, de modelo no qual, via de regra, deve o tribunal arbitral se manifestar sobre tópicos afeitos à sua jurisdição. Contudo, em casos excepcionais, quando há vício de invalidade, ineficácia, inoperabilidade ou inexequibilidade, tal qual consignado pela Convenção de Nova York, estará o Poder Judiciário autorizado a reconhecer desde o primeiro momento a existência de defeito patente e manifesto que seja impeditivo à constituição da jurisdição arbitral.

No Capítulo 17, ao entrar na parte final do livro, analisamos os contratos associados à convenção de arbitragem. Por mais que o negócio jurídico fundante da jurisdição arbitral seja a convenção de arbitragem, há outras relações jurídicas negociais que atuam fortemente na estruturação do procedimento. Nesse capítulo, focamos no termo de arbitragem, também chamado de ata de missão, e procuramos conferir o seu enquadramento à luz da teoria dos negócios jurídicos, bem como esclarecendo a sua relação com a convenção de arbitragem. Debate-se, sobretudo, sobre a natureza consensual do termo de arbitragem, enquanto manifestação da autonomia privada das partes e dos árbitros, o que o torna *locus* inadequado de exercício de jurisdição, razão pela qual não pode ser confundido com as ordens procedimentais.

No Capítulo 18 analisamos os contornos materiais da relação existente entre árbitros e partes, cuja legitimidade é derivada diretamente da convenção de arbitragem. Diagnosticamos que ocorre formação de vínculo jurídico autônomo, com categorias normativas próprias. Assim, trata-se de contrato que deve ser visto à luz da convenção de arbitragem, que será a base para a jurisdição dos árbitros, agindo como limite extrínseco à investidura do tribunal arbitral. Ademais, tratamos dos deveres próprios dessa relação, como a obrigação do árbitro de respeitar as regras escolhidas ou criadas pelas partes, bem como o dever de revelar informações necessárias e suficientes a assegurar a legitimidade da sua investidura.

No Capítulo 19, por fim, tratamos da relação jurídica existente com a instituição arbitral. Na convenção de arbitragem, as partes podem optar por modalidade de arbitragem *ad hoc* ou institucional. Caso escolham o modelo institucional, todos os partícipes da arbitragem estarão sujeitos às regras do órgão institucional, alteradas, no que for possível, por acordo entre as partes. Trata-se de vínculo jurídico que merece, a nosso juízo, tratamento dogmático próprio, enfatizando e valorizando o papel que as instituições de arbitragem têm para o sucesso da resolução da controvérsia.

Finalmente, cumpre pontuar alguns compromissos metodológicos que assumimos na elaboração do presente texto. Nosso trabalho insere a Convenção de Nova York em merecida posição de centralidade para a compreensão do modelo jurídico de arbitragem vigente no Brasil, demonstrando que essa perspectiva coloca o sistema brasileiro em perfeita sintonia com os mais avançados sistemas de solução de disputas modernamente vigentes.

Utilizamos, sempre quando cabível, referência à legislação e jurisprudência de outros países, para mostrar como outras culturas jurídicas percebem a arbitragem, dentro de um contexto em que a arbitragem assume, cada vez mais, um caráter transnacional.

Sob outra perspectiva, procuramos empregar, na medida do possível, ferramental teórico advindo da análise econômica do direito, objetivando complementar a análise estritamente dogmática com o instrumental oferecido por essa escola de pensamento.

Houve especial cuidado em referir a jurisprudência, sobretudo manifestada pelas cortes superiores, como forma de apontar a compreensão atual dos tribunais sobre temas relacionados à arbitragem, bem como procurando, quando cabível, sugerir aprimoramentos em certas linhas jurisprudenciais. Há nítida preocupação nossa em inserir o estudo da convenção de arbitragem dentro de uma lógica unitária, ou seja, enfrentar os problemas associados a partir das categorias do direito civil, direito processual civil e direito internacional privado, sobretudo.

Enquanto parte inicial de um projeto mais vasto de reflexão sobre a arbitragem no Brasil, este livro procura ser o ponto de partida, trazendo conceitos e substratos fundamentais ao desenvolvimento e compreensão de outros temas sensíveis e debatidos. Afinal, se a pedra fundante do procedimento arbitral é a convenção de arbitragem, analisar elementos da sua teoria geral, desde a caracterização, os planos desse negócio jurídico, os seus elementos estruturais e dinâmicos, bem como os negócios jurídicos a ele associados é, em verdade, o necessário primeiro passo para um estudo analítico da arbitragem como um todo.

Estamos vivendo um período bastante crítico para a arbitragem, tanto no plano interno, quanto internacional. Eduardo Silva Romero, em um belíssimo trabalho intitulado "*Legal Fictions in the Language of International Arbitration*" relembra a fragilidade da arbitragem, acrescentando que ela sempre esteve sob ataque, lutando por sua sobrevivência. Assinala que ela desapareceu na França, por mais de oitenta anos, após o julgamento, pela Corte de Cassação, do caso *Prunier*, em 1843.

A base da arbitragem, conforme aponta Silva Romero, está assentada em numerosas ficções legais, e sua força resulta de um ato de fé. Se não respeitarmos tais ficções, em sua essência, e não nos comportarmos com devoção a elas, nós estaremos expondo a arbitragem a toda sorte de ataques, desqualificando-a como instituto universal e local.

Escrever uma obra sobre "Convenção de Arbitragem", sob os prismas do Direito Civil, do Direito Internacional Privado e do Direito Processual Civil e contar com um prefácio de Judith Martins-Costa não é apenas um privilégio. Significa entregar a ela, mestre de todos nós, a condução e descrição do Renascimento da obra, após tantos percalços, fato que nos enche a todos de orgulho.

Ter a Editora Forense publicando o livro e Henderson Furst como editor, com suas sempre precisas sugestões estratégicas, não significa luxo menor, além de garantir um convívio sempre excepcional. Agradecemos aos nossos valorosos pesquisadores Waldyr Martins Liberato, Yasmin Noronha, Maria Luísa Bebba Pinheiro, João Octávio de Souza

Pires e André Lau, que muito colaboraram para a densidade da obra que conseguimos produzir.

Esperamos que os nossos esforços sirvam para a consolidação da arbitragem no Brasil e para o desenvolvimento de uma Nação mais justa, propiciando um ambiente de negócios adequado ao desenvolvimento da sociedade e economia brasileiras.

Julho de 2022

José Antonio Fichtner
Augusto Tolentino
Leonardo Polastri
Rodrigo Salton

PREFÁCIO

Em 1982, criticando a exigência de a convenção de arbitragem ser celebrada apenas posteriormente ao surgimento do litígio, Clóvis do Couto e Silva destacava esse fator que, no seu entendimento, contribuía para "serem absolutamente raros em nosso direito os juízos arbitrais"[1]. E lamentava: "pena que um instituto tão importante haja assim perdido a sua relevância quase completamente"[2]. Ao lamento, todavia, juntava uma solução, pois apontava à resposta dada pela jurisprudência francesa, que admitia a "plena eficácia [da] cláusula compromissória quando ela contivesse todos os requisitos do compromisso"[3].

Uma década e meia depois, a promulgação da Lei n. 9.307, em setembro de 1996, seguiu exatamente essa direção. A sua principal inovação[4] foi reconhecer a relevância da cláusula compromissória, permitindo a sua execução específica[5] e dispensando, para a instauração do processo arbitral, a celebração de compromisso[6]. Por essa via, ingressou no Ordenamento jurídico brasileiro a distinção entre cláusula compromissória e compromisso arbitral, espécies do gênero convenção de arbitragem[7].

O resultado verificado a partir de então foi impressionante: em 2021, atingidos vinte e cinco anos de promulgação da Lei de Arbitragem, havia mais de 1000 arbitragens em curso no Brasil[8], envolvendo mais de R$ 55 bilhões em disputa[9]. Embora o

---

[1] COUTO E SILVA, Clóvis. *Comentários ao Código de Processo Civil*. Vol. XI. Tomo II. São Paulo: Revista dos Tribunais, 1982, § 631, p. 554.

[2] COUTO E SILVA, Clóvis. *Comentários ao Código de Processo Civil*. Vol. XI. Tomo II. São Paulo: Revista dos Tribunais, 1982, § 634, p. 557.

[3] COUTO E SILVA, Clóvis. *Comentários ao Código de Processo Civil*. Vol. XI. Tomo II. São Paulo: Revista dos Tribunais, 1982, § 654, p. 575.

[4] A expressão é de CARMONA, Carlos Alberto. *Arbitragem e processo*: um comentário à Lei nº 9.307/96. São Paulo: Atlas, 2009, p. 100-101.

[5] A respeito da execução específica da cláusula compromissória, vide, recentemente: WEBBER, Pietro; SCALCO, Gabriela Barcellos. Cláusulas compromissórias patológicas no Direito brasileiro: eficácia e exequibilidade. *Revista Jurídica Luso-Brasileira*, ano 7, n. 2, 2021, p. 1242-1246.

[6] NUNES PINTO, José Emilio. A cláusula compromissória à luz do Código Civil. *Revista de Arbitragem e Mediação*, vol. 4, jan.-mar./2005, p. 34-47, § 3. Acesso pelo RT Online.

[7] Assim observa NEVES, Flávia Bittar. Entrevista com Selma Maria Ferreira Lemes. In: Selma Lemes em NEVES, Flávia Bittar et al. (Orgs.). *Memórias do Desenvolvimento da Arbitragem no Brasil*. Brasília: OAB, 2018, p. 260.

[8] LEMES, Selma. *Arbitragem em números: pesquisa 2020/2021*, p. 6. Disponível em: <www.canalarbitragem.com.br/wp-content/uploads/2022/08/Pequisa-Selma-Lemes-e-Canal-Arbitragem-21-22-1.pdf>.

[9] LEMES, Selma. *Arbitragem em números: pesquisa 2020/2021*, p. 7. Disponível em: <www.canalarbitragem.com.br/wp-content/uploads/2022/08/Pequisa-Selma-Lemes-e-Canal-Arbitragem-21-22-1.pdf>.

estrondoso sucesso, curiosamente, no entanto, o estudo da convenção de arbitragem não parece ter despertado, entre nós, o interesse que merecia, sendo poucos os estudos monográficos a esse respeito[10]. A obra ora prefaciada vem a preencher essa lacuna, não apenas contribuindo de modo decisivo para o desenvolvimento dogmático do tema como também oferecendo aos praticantes da arbitragem um guia seguro, culturalmente denso e dotado de utilidade prática.

Trata-se, efetivamente, de uma "teoria geral", como o título enuncia. Desde o cuidadoso plano da obra já se pode perceber o cuidado que, a cada página, revela a preocupação em mergulhar fundo, descer em profundidade na qualificação e na função da cláusula compromissória, e não apenas deslizar pela superfície do tema escolhido. Atentos à necessária relação entre o direito material e a arbitragem, os Autores, experimentados árbitros e advogados, dividem-na em quatro Partes, englobando 19 capítulos, cuja organização interna é realizada em parágrafos temáticos.

Iniciam por examinar a "estática" da convenção, tratando na *Parte I*, da sua caracterização e, na *Parte II*, de analisá-la nos planos da existência, validade e eficácia. Já na *Parte III*, cuidam da "dinâmica" da convenção de arbitragem, restando à *Parte IV* o tratamento dos demais negócios jurídicos estruturantes da arbitragem. E, desde logo qualificam a convenção de arbitragem como *negócio jurídico*[11], sendo esse o veículo por excelência do princípio da autonomia privada. Aí situam o ponto de partida da análise empreendida, a explicar a afirmação segundo a qual "a convenção de arbitragem é criatura da autonomia privada"[12].

O princípio, traduzindo o fundamento da ação jurídico-privada, constitui, também fonte de juridicidade, dele emanando verdadeiro *poder normativo* o qual se exerce primordialmente por meio do negócio jurídico. Essa categoria compreende, como registrei de outra feita, "os tipos de atos humanos que, estruturados pelo Ordenamento como suportes fáticos normativos, estão dirigidos teleologicamente para a constituição, modificação ou extinção de uma relação jurídica mediante o estabelecimento de uma regulamentação juridicamente vinculativa aos sujeitos que se qualificam como suas 'partes'"[13]. Por meio do negócio jurídico denominado "convenção de arbitragem", afirmam os Autores, as

---

[10] *E.g.*, OLIVEIRA, Inaê Siqueira de. *Transmissão da Cláusula Compromissória*. Dissertação de mestrado apresentada à Faculdade de Direito da Universidade de São Paulo. Orientador Prof. Francisco Paulo De Crescenzo Marino. São Paulo, 2021; COUTINHO, Renato Fernandes. Convenção de Arbitragem: vinculação de não signatários. São Paulo: Almedina, 2020; GUERRERO, Luis Fernando. Convenção de Arbitragem e Processo Arbitral. 4. ed. São Paulo: Almedina, 2022.

[11] Nesta obra, § 9.

[12] Nesta obra, § 4.

[13] Cf. MARTINS-COSTA, Judith. Contratos. Conceito e Evolução. In: LOTUFO, Renan; NANNI, Giovanni Ettore (Orgs.). *Teoria Geral dos Contratos*. São Paulo: Atlas/IDP, 2011, p. 39. Como está em Flume, o conceito de negócio jurídico "é a abstração de todos os tipos de atos estruturados no Ordenamento jurídico que, tal como fixou o Ordenamento jurídico seu conteúdo, estão dirigidos, mediante a instauração de uma regulamentação, à constituição, modificação ou extinção de uma relação jurídica, no uso da autodeterminação do indivíduo, é dizer, na realização do princípio da autonomia privada (FLUME, Werner. *El Negocio Juridico*. Parte General del Derecho Civil. Tomo II. Trad. espanhola de José Maria Miquel González e Esther Gómez Calle. 4ª ed. Madrid: Fundación Cultural del Notariado, 1998, p. 49, em tradução livre).

partes conferem a um tribunal arbitral o poder de titular a jurisdição, bem como o direito potestativo de iniciar a arbitragem[14].

Essa qualificação dogmática abre o caminho para tratar da convenção de arbitragem segundo os planos da existência, validade e eficácia[15], os quais, segundo Antonio Junqueira de Azevedo são os três planos "nos quais a mente humana deve sucessivamente examinar o negócio jurídico, a fim de verificar se ele obtém plena realização"[16].

Ainda no exame da "dimensão estática" da convenção, os Autores, para além de examinar objeto e forma[17], enfrentam proficuamente um dos temas mais tormentosos que se verifica na prática arbitral, fonte de vários litígios, qual seja, o conceito de *parte*. Cuidadosos com as distinções de base entre as acepções substancial e adjetiva de *parte*[18], abordam o aparente paradoxo das "partes não signatárias da convenção de arbitragem"[19]. Chamo atenção para o paradoxo porque, neste campo, "o postulado da relatividade dos efeitos do contrato tem máxima aplicação"[20]. Mas o que importa é a vontade manifestada na *formação do negócio*. Se dela participou, o não signatário será efetivamente parte – e não terceiro[21].

A "dimensão dinâmica" da convenção de arbitragem, ponto examinado especialmente na *Parte III*, perspectiva suas eficácias positiva e negativa[22] e o princípio *kompetenz-kompetenz*[23]. É também tratada com profundidade a autonomia da convenção de arbitragem[24]. Esta não se confunde com a autonomia tomada em sentido naturalístico, não é o objeto de uma contestação factual, mas configura um *conceito normativo*[25], cuja significação está em exigir-se uma manifestação de vontade distinta daquela atinente ao contrato dito principal, ou de obstar que a convenção de arbitragem possa seguir a sorte

---

[14] Nesta obra, § 9.

[15] Nesta obra, § 22-31.

[16] AZEVEDO, Antonio Junqueira de. *Negócio Jurídico*. Existência, Validade e Eficácia. 4. ed. São Paulo: Saraiva, 2008, p. 24. A tripartição resulta da mente analítica, tendo sido versada como ninguém entre nós por Pontes de Miranda, muito especialmente nos Tomos I a VI do *Tratado de Direito Privado*.

[17] Nesta obra, § 38-43.

[18] Nesta obra, § 33-34.

[19] Nesta obra, § 36.

[20] XAVIER, Rafael. A Desconsideração na Arbitragem? O Consentimento Atrás do Véu. *Revista Brasileira de Arbitragem*. nº. 66, abr./jun. 2020, p. 37.

[21] Nesse sentido, veja-se, e.g., XAVIER, Rafael. A Desconsideração na Arbitragem? O Consentimento Atrás do Véu. Revista Brasileira de Arbitragem. nº. 66, abr./jun. 2020, p. 43-46; HAICAL, Gustavo. A Autorização no Direito Privado. São Paulo: Saraiva, 2020, p. 48-53; WEBBER, Pietro. Third-party document production in Brazil: going beyond the four corners of the arbitral proceeding. Young Arbitration Review, ano 9, vol. 39, 2020, p. 12.

[22] Nesta obra, § 44-50.

[23] Nesta obra, § 56-60.

[24] Nesta obra, § 51-55.

[25] FOUCHARD, Philippe; GAILLARD, Emmanuel; GOLDMAN, Berthold; SAVAGE, John (Ed.). *Fouchard, Gaillard, Goldman on International Commercial Arbitration*. The Hague, The Netherlands: Kluwer Law International, 1999, p. 209: "The autonomy of the arbitration agreement from the main contract is a legal concept, not a factual determination".

da convenção principal, no caso da transmissão[26] desta última[27], razão pela qual é dita "autonomia imperfeita"[28]. Seguem, nesse passo, a síntese de Derains, para quem "a autonomia da cláusula arbitral e do contrato principal não significa que eles sejam totalmente independentes, um relativamente ao outro, mas evidencia o fato de que a aceitação do contrato importa a aceitação da cláusula sem outra formalidade"[29].

Por fim, ao enfrentar, na *Parte IV*, os demais "negócios jurídicos estruturantes da arbitragem"[30], cuidam os Autores daqueles negócios a envolver as relações estabelecidas pelas partes com árbitros e instituições arbitrais[31]. Dentre eles, está o contrato de investidura, que vem da tradição francesa[32] e configura contrato legalmente atípico, embora socialmente típico[33]. Por meio desse contrato o árbitro, assim atuando, encarrega-se de uma prestação *sui generis* em razão, fundamentalmente, da combinação entre a origem contratual do vínculo e o poder jurisdicional que recebe para decidir o litígio – um poder que reveste sua decisão com a autoridade de coisa julgada, mas é desprovido de *imperium*, não tendo força executória *per se*. Tais peculiaridades foram traduzidas na expressão "*receptum arbitrii*"[34], isto é, o ato pelo qual o árbitro "recebe" a arbitragem, ou seja, aceita a missão que lhe foi confiada[35].

Já por essas breves pinceladas pode o leitor perceber que, com essa obra, ingressará em um verdadeiro trabalho de doutrina. Como tenho insistentemente repetido, "a dou-

---

[26] Como a transmissão engloba distintas espécies (*e.g.*, sucessão universal; cessão de posição contratual; pagamento com sub-rogação; cessão de crédito; assunção de dívida), é de rigor adotar especial atenção às características específicas de cada fenômeno. Vide, nesse sentido, OLIVEIRA, Inaê Siqueira de. *Transmissão da cláusula compromissória*. Dissertação de mestrado apresentada à Faculdade de Direito da Universidade de São Paulo. Orientador Prof. Francisco Paulo De Crescenzo Marino. São Paulo, 2021, *passim*.

[27] FOUCHARD, Philippe; GAILLARD, Emmanuel; GOLDMAN, Berthold; SAVAGE, John (Ed.). *Fouchard, Gaillard, Goldman on International Commercial Arbitration*. The Hague: Kluwer Law International, 1999, p. 209.

[28] A expressão é utilizada por Paula Costa e Silva e Marco Gradi, que assim ilustram: "se a posição substantiva pode ser transmitida sem a convenção de arbitragem, a convenção de arbitragem não pode ser transmitida sem o vínculo, uma vez que ela visa regular o modo de exercício das posições substantivas" (COSTA E SILVA, Paula; GRADI, Marco. A Intervenção de Terceiros no Procedimento Arbitral no Direito Português e no Direito Italiano. *Revista Brasileira de Arbitragem*, vol. 7, n. 28, p. 41-92, 2010, p. 59).

[29] DERAINS, Yves. Choice of Law Applicable to the Contract and International Arbitration. ICC International *Court of Arbitration Bulletin*, vol. 6, n. 1, 1995, p. 16 (em tradução livre).

[30] Assim referem os Autores na introdução à Parte V.

[31] Nesta obra, § 61-71.

[32] FOUCHARD, Philippe. Le statut de l'arbitre dans la jurisprudence française. *Revue de l'Arbitrage*, n. 3, 1996, p. 369-370.

[33] Pronunciei-me a respeito em MARTINS-COSTA, Judith. *A Boa-Fé no Direito Privado*: critérios para a sua aplicação. 2. ed. São Paulo: Saraiva, 2018, § 37, 7-9, p. 360-363.

[34] A expressão, oriunda do Direito Romano, foi utilizada por René David, como relata LEMES, Selma Maria Ferreira. Árbitro: Princípios da Independência e da Imparcialidade. São Paulo: LTr, 2001, p. 47-51.

[35] Assim se referiu em MARTINS-COSTA, Judith; BENETTI, Giovana; XAVIER, Rafael; WEBBER, Pietro. Deveres e responsabilidade dos árbitros: entre o status e o contrato de investidura In: MACHADO FILHO, José Augusto Bitencourt et al. (Orgs.). *Arbitragem e Processo*: homenagem ao Professor Carlos Alberto Carmona. Vol. II. São Paulo: Quartier Latin, 2022, p. 145-155.

trina" não se confunde com "qualquer opinião publicada", porque é dotada de *autoridade* intelectual, tendo, por igual, *utilidade,* pois o Direito é ciência prática e, pois, *prudentia.* É papel axial de quem se propõe a fazer obra de doutrina distinguir, qualificar, classificar, refletir, criticar, elaborar conceitos e soluções, sendo suas mais imediatas tarefas as de esclarecer os significados dos *modelos prescritivos*, orientando sua aplicação e criando *modelos doutrinários*[36], aos quais cabe propor a melhor interpretação – por mais adaptada ao sistema – daqueles outros, produzidos pelas quatro fontes prescritivas[37].

É, pois, motivo de fundado estímulo intelectual ingressar no *universo arbitral* por meio desta obra de José Antonio Fichtner, Augusto Tolentino, Leonardo Polastri e Rodrigo Salton, fruto de sua autoridade acadêmica e de sua vasta experiência prática como exímios advogados e estudiosos da arbitragem que são. Minha convicção é que o livro ora prefaciado terá imensa utilidade aos que se desafiam a desbravar os problemas suscitados na prática arbitral.

Setembro de 2022.

Judith Martins-Costa[38]

---

[36] Modelos prescritivos, também ditos modelos jurídicos, constituem estruturas normativas dinâmicas, que integram fatos e valores em normas jurídicas, correspondendo às quatro fontes de prescritividade jurídica, mas dela se desprendem por se apresentarem no devir da mutável experiência jurídico-social: Há modelos legislativos, jurisprudenciais, costumeiros e negociais. E há, por igual, modelos dogmáticos – também ditos hermenêuticos, ou doutrinários, assim sendo denominadas as "estruturas teoréticas referidas aos modelos jurídicos, cujo valor eles procuram captar e atualizar em sua plenitude", como escreveu Miguel Reale ao apresentar sua Teoria dos Modelos. (Vide, entre outros: REALE, Miguel. Vida e morte dos modelos jurídicos. *Estudos e filosofia e ciência do direito.* São Paulo: Saraiva, 1978, p. 16; e, ainda, *Fontes e modelos do direito.* Para um novo paradigma hermenêutico. São Paulo: Saraiva, 1994, especialmente pp. 63-122.

[37] MARTINS-COSTA, Judith. Autoridade e Utilidade da Doutrina: a construção dos modelos doutrinários. In: MARTINS-COSTA, Judith (Org.). *Modelos de Direito Privado.* São Paulo: Marcial Pons, 2014, p. 9-32.

[38] Doutora e Livre Docente em Direito Civil pela Universidade de São Paulo – USP. Foi Professora de Direito Civil na Faculdade de Direito da Universidade Federal do Rio Grande do Sul – UFRGS. É Presidente do Instituto de Estudos Culturalistas – IEC. Atua como árbitra e Parecerista.

SUMÁRIO

PARTE I
A CARACTERIZAÇÃO DA CONVENÇÃO DE ARBITRAGEM

Capítulo 1 – AUTONOMIA PRIVADA E ARBITRAGEM 3

§ 1. Contornos da autonomia privada 4

    1. Origem etimológica de "autonomia" 4

    2. Origem histórica 5

    3. Distinção entre autonomia da vontade e autonomia privada 8

    4. Matriz constitucional da autonomia privada 11

    5. Autonomia privada no direito internacional privado 13

§ 2. Autonomia privada e a atuação jurígena 16

    1. O poder normatizador da autonomia privada 16

    2. Conformação do espaço de autonomia 17

    3. Âmbito de incidência 20

    4. Elasticidades diversas da "autonomia privada" 23

§ 3. Liberdade contratual enquanto manifestação da autonomia privada 25

    1. Autonomia privada e liberdade 25

    2. Autodeterminação, autonomia privada e liberdade contratual 28

    3. Liberdade de escolher contratar 30

    4. Liberdade de escolher com quem contratar 31

    5. Liberdade de escolher o conteúdo do contrato 32

    6. Limitações legais à liberdade contratual 33

§ 4. Natureza voluntarista da arbitragem 35

    1. Núcleo volitivo da arbitragem 35

    2. Liberdade de escolher arbitrar 38

    3. Liberdade de escolher com quem arbitrar 40

    4. Liberdade de escolher como arbitrar 41

    5. Outros corolários da autonomia privada na arbitragem 43

Capítulo 2 – A ARBITRAGEM COMO MÉTODO DE RESOLUÇÃO DE LITÍGIOS ... 47

§ 5. A arbitragem no contexto da evolução dos métodos de solução de litígios 47

    1. Conflitos de Interesses 47

    2. Métodos de solução de litígios 49

    3. Concepção democrática do processo 55

    4. Arbitragem, direito de ação, tutela jurisdicional 58

    5. A posição atual da arbitragem enquanto método de solução de litígios 60

§ 6. Conceito de arbitragem 64

    1. Método privado 64

    2. Origem contratual e voluntarista 66

    3. Estrutura processual heterocompositiva 68

    4. Conteúdo jurisdicional 69

§ 7. Arbitragem de direito 71

    1. Arbitragem de direito e normas jurídicas 71

    2. O papel dos precedentes na arbitragem de direito 72

    3. Manifesta não aplicação do direito 81

§ 8. Arbitragem por equidade 83

    1. Conceito 83

    2. Possibilidade de decisão *contra legem* 87

    3. Fundamentação das decisões em arbitragem por equidade 91

Capítulo 3 – NEGÓCIO JURÍDICO E ARBITRAGEM 95

§ 9. Negócio jurídico e autonomia privada 96

    1. Negócio jurídico e o exercício da autonomia privada ... 96

    2. Autonomia privada e a exteriorização da vontade 99

    3. Declarações negociais e negócio jurídico 103

§ 10. Origem e função da arbitragem 106

    1. Origem contratual 106

    2. Função jurisdicional 109

§ 11. A convenção de arbitragem enquanto negócio jurídico 114

    1. O problema da natureza da convenção de arbitragem ... 114

    2. Elementos materiais da convenção de arbitragem 117

    3. Elemento processual da convenção de arbitragem 122

    4. Natureza material-processual da convenção de arbitragem 126

§ 12. Estrutura negocial da arbitragem 128

    1. Interação entre negócios jurídicos no curso da arbitragem 128

    2. Incidência de regras materiais sobre os negócios jurídicos 132

3. Interpretação da convenção de arbitragem 133

Capítulo 4 – NEGÓCIO JURÍDICO E PROCESSO 141

§ 13. Ideia de fato jurídico processual 141

    1. Processo e fatos jurídicos 141

    2. Ato jurídico processual 144

    3. Negócios jurídicos no âmbito do processo 145

§ 14. Estrutura dos negócios jurídicos processuais 147

    1. Plano da existência 147

    2. Plano da validade 150

    3. Plano da eficácia 154

§ 15. Função dos negócios jurídicos no âmbito do processo 156

    1. Racionalização do Litígio 156

    2. Mitigação de custos 158

    3. Aderência entre o processo e o direito material 159

    4. Atualização das regras processuais 159

Capítulo 5 – A CONVENÇÃO DE ARBITRAGEM NA PERSPECTIVA BRASILEIRA E INTERNACIONAL 161

§ 16. Convenção de arbitragem na perspectiva internacional 161

    1. Convenção de arbitragem na Convenção de Nova Iorque 161

    2. Convenção de arbitragem na Lei Modelo da UNCITRAL 162

    3. Convenção de arbitragem em legislações comparadas 163

§ 17. Convenção de arbitragem no direito brasileiro 166

    1. Convenção de arbitragem antes da edição da Lei 9.307/1996 166

    2. Convenção de arbitragem após a edição da Lei 9.307/1996 170

    3. A disputa pelo reconhecimento da constitucionalidade da Lei de Arbitragem 172

    4. A análise da constitucionalidade da Lei de Arbitragem brasileira no STF 176

    5. As modalidades de convenção de arbitragem 182

§ 18. Convenção de arbitragem doméstica e internacional 184

    1. Critérios para distinguir a arbitragem doméstica e a arbitragem internacional 184

    2. Critério adotado pela Lei 9.307/1996 189

Capítulo 6 – A CLÁUSULA COMPROMISSÓRIA E A INCOMPLETUDE CONTRATUAL 193

§ 19. Aspectos introdutórios acerca da incompletude contratual 194

    1. Ideia de incompletude 194

2. Incompletude jurídica e econômica 196

3. A convenção de arbitragem como contrato incompleto 199

4. Incompletude em contratos de longa duração 200

§ 20. Origens da incompletude contratual 202

1. Custos de transação 202

2. Assimetrias informativas 206

3. Negociação e incompletude estratégica 209

4. Ausência de acordo 212

5. Imprevidência das partes e a racionalidade limitada dos agentes 213

§ 21. Consequências derivadas da incompletude 215

1. Problemas decorrentes da incompletude 215

2. Grau desejável de incompletude 218

3. Flexibilidade contratual e benefícios derivados da incompletude 219

§ 22. Solucionando a incompletude 220

1. Negociação posterior entre as partes 220

2. Predefinição de critérios para sanar incompletude 223

3. Recurso a normas supletivas e interpretação a partir do caso concreto 225

4. Limites e possibilidades do "dever de renegociar" 227

PARTE II
A CONVENÇÃO DE ARBITRAGEM NA ESCADA PONTEANA

Capítulo 7 – A EXISTÊNCIA DA CONVENÇÃO DE ARBITRAGEM 235

§ 23. Entre o fato e o direito: o problema da incidência jurídica 236

1. Origem factual do direito 236

2. Valoração dos fatos pelas normas 239

3. A teoria do fato jurídico como ferramenta analítica 240

§ 24. Elementos de existência dos negócios jurídicos 243

1. "Elementos" dos fatos jurídicos 243

2. *"Essentialia negotii"*, *"naturalia negotii"*, *"accidentalia negotii"* 245

§ 25. Elementos de existência da convenção de arbitragem 248

1. A juridicização da convenção de arbitragem 248

2. Vontade de "submeter a solução de seus litígios ao juízo arbitral" 249

3. Referência a relação jurídica 253

4. A inexistência da convenção de arbitragem e a convenção de arbitragem putativa 255

5. Desnecessidade de retirada expressa da jurisdição das cortes estatais 256

Capítulo 8 – A VALIDADE DA CONVENÇÃO DE ARBITRAGEM 261

§ 26. Requisitos gerais de validade da convenção de arbitragem 262

    1. Agente capaz 262

    2. Objeto lícito, possível, determinado 263

    3. Forma prescrita em lei 268

    4. Cláusula compromissória patológica, vazia e cheia no plano da validade ... 271

§ 27. A arbitrabilidade enquanto requisito especial de validade do procedimento arbitral 274

    1. Noção geral acerca da arbitrabilidade 274

    2. Arbitrabilidade *stricto sensu* e arbitrabilidade *lato sensu* 278

    3. Arbitrabilidade subjetiva e arbitrabilidade objetiva 279

    4. Observações de Direito Comparado 280

    5. Regra especial de validade: arbitragem e direito do consumidor 283

Capítulo 9 – A EFICÁCIA DA CONVENÇÃO DE ARBITRAGEM 293

§ 28. Categorias eficaciais e o plano da eficácia 293

    1. O plano da eficácia 293

    2. Situações jurídicas 296

    3. Direito subjetivo e dever 299

    4. Direito potestativo e sujeição 304

    5. Poder e poder-dever 305

    6. Sanções 307

    7. Ônus 310

§ 29. Direitos potestativos e poderes na arbitragem 311

    1. Direito potestativo de instituir a arbitragem 311

    2. Poder-dever de prestar jurisdição 313

    3. Poder-dever de determinar a condução do procedimento 316

    4. Poder-dever de prolatar a sentença dentro do prazo estipulado 319

§ 30. Direitos subjetivos na arbitragem 322

    1. Direito de influenciar na composição do tribunal arbitral 322

    2. Direito de confidencialidade 328

    3. Direito de definir a lei aplicável 332

    4. Direito de adaptar o procedimento – "flexibilidade procedimental" 333

§ 31. Sanção pelo descumprimento da convenção de arbitragem 335

    1. Caráter multifacetado do inadimplemento no direito brasileiro 335

    2. A violação positiva do contrato como modalidade de inadimplemento 338

    3. A perda de confiança entre as partes decorrentes do inadimplemento 340

4. Sanções pela violação da convenção de arbitragem 344

§ 32. Ônus derivado da convenção de arbitragem 345

1. Ônus de contestar a existência, a validade e a eficácia da cláusula compromissória na primeira oportunidade 345

2. Síntese das categorias eficaciais associadas à convenção de arbitragem 347

PARTE III
DIMENSÃO ESTRUTURAL DA CONVENÇÃO DE ARBITRAGEM

Capítulo 10 – AS "PARTES" DA CONVENÇÃO DE ARBITRAGEM 351

§ 33. Conceituação de "parte" 352

1. Distinção iniciais 352

2. Parte unissubjetiva e parte plurisubjetiva 355

3. "Partes" e "terceiros" 357

4. Partes originárias e supervenientes 358

§ 34. Acepção material de "parte" 360

1. Conceituação 360

2. Critério analítico para identificação das "partes" 361

3. Consequência material da definição de "parte" 362

§ 35. Acepção processual de "parte" 365

1. Sentido processual de "parte" 365

2. "Partes" do procedimento arbitral e terceiros 367

3. Partes do procedimento arbitral e partes da convenção de arbitragem 368

§ 36. Arbitrabilidade subjetiva e a possibilidade de se submeter à arbitragem 369

1. Noções introdutórias 369

2. Entes despersonalizados e arbitrabilidade subjetiva 371

3. Pessoas incapazes e arbitrabilidade subjetiva 373

§ 37. Partes não signatárias da convenção de arbitragem 378

1. Diferença entre a condição de "parte" e a condição de "signatário" 378

2. Vinculação de não signatários à convenção de arbitragem 381

3. Arbitragens com polos complexos 384

§ 38. Integração de parte adicional no curso da arbitragem 387

1. Modificação dos polos processuais 387

2. Integração de parte adicional: noções introdutórias 387

3. Consentimento como requisito de viabilidade da integração 391

4. Momento da integração 393

5. Análise de conveniência em relação à integração de parte adicional 397

SUMÁRIO | XXIX

Capítulo 11 – O OBJETO DA CONVENÇÃO DE ARBITRAGEM 403

§ 39. Objeto da convenção de arbitragem 404

    1. "Objeto" dos negócios jurídicos 404

    2. Licitude, possibilidade e determinabilidade do "objeto" 406

    3. Objeto material e jurídico da convenção de arbitragem 410

    4. Objeto da convenção de arbitragem e limites da jurisdição arbitral 413

§ 40. Arbitrabilidade objetiva e a possibilidade jurídica de arbitrar 417

    1. Ideia de arbitrabilidade objetiva 417

    2. Patrimonialidade como critério de aferição da arbitrabilidade 419

    3. Disponibilidade 422

    4. Deficiências do critério da "disponibilidade" 424

    5. Arbitrabilidade e ordem pública 428

Capítulo 12 – A FORMA DA CONVENÇÃO DE ARBITRAGEM 431

§ 41. A Forma nos Negócios Jurídicos 432

    1. Conceito de forma 432

    2. Entre o formalismo e o consensualismo 435

    3. Forma e formalidade 439

    4. Função do requisito de forma 440

    5. A importância da forma na atualidade 443

    6. Negócios jurídicos formais 444

    7. Forma *ad substantia* e forma *ad probationem* 446

    8. A forma escrita e assinatura 450

§ 42. A forma da convenção de arbitragem na perspectiva internacional 456

    1. A forma da convenção de arbitragem na Convenção de Nova Iorque 456

    2. Requisitos de forma na Lei Modelo da UNCITRAL 464

    3. A forma da convenção de arbitragem no direito brasileiro 468

    4. Importância do requisito de forma da convenção de arbitragem 472

§ 43. Satisfação do requisito de forma no direito brasileiro 476

    1. Convenção de arbitragem "por escrito" 476

    2. Natureza *ad probationem* da forma da convenção de arbitragem 479

    3. O papel da assinatura 482

    4. Outras formas da manifestação do consentimento 486

§ 44. Casos especiais associados à forma 488

    1. Cláusula compromissória inserida em documento apartado 488

    2. Cláusula compromissória em contratos de adesão 491

    3. Cláusula compromissória em trocas de mensagens 494

XXX | CONVENÇÃO DE ARBITRAGEM – *Fichtner • Tolentino • Polastri • Salton*

4. Cláusula compromissória formada por troca de petições 496

5. Cláusula compromissória verbal 498

PARTE IV
A DIMENSÃO DINÂMICA DA CONVENÇÃO DE ARBITRAGEM

Capítulo 13 – EFEITO NEGATIVO DA CONVENÇÃO DE ARBITRAGEM 503

§ 45. Efeitos dos negócios jurídicos 504

1. Efeitos e eficácia 504

2. Princípio da força obrigatória dos contratos 505

3. Princípio da relatividade dos contratos 508

§ 46. Efeito negativo da convenção de arbitragem 509

1. A Convenção de Nova Iorque e o reconhecimento internacional do efeito negativo 509

2. O afastamento do conhecimento do mérito do litígio pelo Poder Judiciário 511

3. Dimensão do efeito negativo 513

§ 47. Renúncias decorrentes da convenção de arbitragem 517

1. Renúncias ao acesso ao sistema recursal estatal 517

2. Renúncia ao acesso às garantias de acesso à justiça 521

3. Possibilidade de renúncia à publicidade do processo 523

§ 48. A exceção de arbitragem e a tutela do efeito negativo 525

1. Natureza jurídica 525

2. Caráter facultativo e impossibilidade de conhecimento de ofício 527

3. Momento de oposição 528

4. Extinção do processo em decorrência da existência de convenção de arbitragem 534

5. Opção pela não oposição 535

6. Defesa contra a exceção de arbitragem 537

Capítulo 14 – EFEITO POSITIVO DA CONVENÇÃO DE ARBITRAGEM 541

§ 49. Evolução do efeito positivo 541

1. A efetivação da convenção de arbitragem 541

2. Reconhecimento do caráter jurisdicional e desnecessidade de homologação da sentença 543

3. Equiparação funcional entre cláusula compromissória e compromisso arbitral 545

4. Criação de mecanismos de efetivação da convenção de arbitragem 547

§ 50. Efeito positivo da convenção de arbitragem 548

1. Efeito positivo e a atribuição da jurisdição ao tribunal arbitral	548
2. Efeito positivo na cláusula compromissória vazia	550
3. Direito potestativo de dar início ao procedimento arbitral	553
4. Deveres acessórios e anexos para a efetivação da convenção de arbitragem	554

§ 51. Tutela do efeito positivo da convenção de arbitragem 557

1. Valorização da convenção de arbitragem	557
2. Tutela direta do efeito positivo e a execução específica da convenção de arbitragem	563
3. Tutela indireta do efeito positivo e a possibilidade de declaração de revelia	566

Capítulo 15 – A AUTONOMIA DA CONVENÇÃO DE ARBITRAGEM 571

§ 52. Delimitação do princípio da autonomia da convenção de arbitragem 572

1. Convenção de arbitragem enquanto negócio jurídico autônomo	572
2. Terminologia	574
3. Caráter material do princípio da autonomia da convenção de arbitragem	576
4. Princípio da autonomia da convenção de arbitragem e a tutela da intenção de arbitrar	577

§ 53. Reconhecimento Internacional da Autonomia da Cláusula Compromissória 581

1. Reconhecimento transnacional	581
2. Reconhecimento em diplomas internacionais	582
3. Reconhecimento legislativo	584

§ 54. Consequências da autonomia da cláusula compromissória 589

1. Momento de formação da cláusula compromissória	589
2. Invalidade do contrato não implica necessariamente invalidade da cláusula compromissória	593
3. Invalidade da cláusula compromissória não implica invalidade do contrato	600
4. Efeitos da cláusula compromissória após a extinção do contrato principal	604

§ 55. Possibilidade de aplicação de lei autônoma à cláusula compromissória 606

1. A lei aplicável à cláusula compromissória	606
2. Arbitragem internacional e a pluralidade de ordenamentos jurídicos	609
3. Escolha expressa de lei pelas partes	610
4. Cláusula de escolha de leis e a lei aplicável à cláusula compromissória	613

§ 56. Definição da lei aplicável à cláusula compromissória 615

1. Âmbito de aplicação da abordagem pró-validade na escolha de lei aplicável	615
2. Abordagem pró-validade (*"validation principle"/"in favorem validitatis"*)	617
3. Reconhecimento internacional da abordagem pró-validade	619
4. Escolha tácita da lei aplicável à cláusula compromissória	624

5. A lei de regência do contrato enquanto escolha tácita de lei 625

6. A sede da arbitragem enquanto escolha tácita de lei 628

7. A "terceira via" francesa: a intenção comum das partes 630

8. Metodologia para definição da lei aplicável à cláusula compromissória 631

Capítulo 16 – *KOMPETENZ-KOMPETENZ* 635

§ 57. Contornos gerais do *Kompetenz-Kompetenz* 635

    1. A importância do *Kompetenz-Kompetenz* para o desenvolvimento da arbitragem 635

    2. Efeito positivo do *Kompetenz-Kompetenz* 637

    3. Efeito negativo do *Kompetenz-Kompetenz* 638

§ 58. *Kompetenz-Kompetenz* na perspectiva internacional 640

    1. *Kompetenz-Kompetenz* e a Convenção de Nova Iorque 640

    2. *Kompetenz-Kompetenz* na Lei Modelo da UNCITRAL 642

    3. *Kompetenz-Kompetenz* em demais tratados e convenções internacionais 645

    4. *Kompetenz-Kompetenz* em legislações comparadas 646

    5. *Kompetenz-Kompetenz* nos regulamentos de arbitragem 657

§ 59. *Kompetenz-Kompetenz* no direito brasileiro 659

    1. Fundamento legal do *Kompetenz-Kompetenz* no direito brasileiro 659

    2. Relação entre o *Kompetenz-Kompetenz* e a autonomia da cláusula compromissória 661

    3. Possibilidade de mitigação *prima facie* do efeito negativo do *Kompetenz-Kompetenz* 668

    4. Flexibilização do *Kompetenz-Kompetenz* e a relação com a interpretação *in favorem arbitratis* 669

§ 60. A evolução da disciplina do *Kompetenz-Kompetenz* na jurisprudência do STJ 671

    1. Caso Kwikasair Cargas Expessas (REsp 1.355.831/SP, 19 de março de 2013) 671

    2. Caso Samarco (REsp 1.278.852/MG, 21 de maio de 2013) 673

    3. Caso Odontologia Noroeste (REsp 1.602.076/SP, 15 de setembro de 2016)   675

    4. Caso Parque das Baleias (CC 139.519/RJ, 11 de outubro de 2017) 678

    5. Caso Companhia de Geração Térmica de Energia Elétrica (REsp 1.550.260/ES, 12 de dezembro de 2017) 684

    6. Caso Petrobras (CC 151.130/SP, 27 de novembro de 2019) 688

    7. Caso Brumaria Comércio de Bolos (REsp 1.803.752/SP, 4 de fevereiro de 2020) 694

PARTE V
CONTRATOS ASSOCIADOS À CONVENÇÃO DE ARBITRAGEM

Capítulo 17 – O TERMO DE ARBITRAGEM 701

§ 61. Definição do "termo de arbitragem" 701

    1. Aspectos introdutórios 701

    2. Origem histórica 703

    3. Natureza jurídica 705

    4. Efeito constitutivo 708

    5. Efeito modificativo ou integrativo 710

§ 62. Funções do termo de arbitragem 712

    1. Função corretiva 712

    2. Função documental 713

    3. Função ordenadora 715

§ 63. Conteúdo do termo de arbitragem 720

    1. Liberdade de definição do conteúdo 720

    2. Identificação dos sujeitos da arbitragem 721

    3. Definição de fatos e objeto controvertidos 722

    4. Escolha das regras aplicáveis 725

    5. Estabelecimento da estrutura processual a ser seguida 727

§ 64. Processo formativo do termo de arbitragem 733

    1. A elaboração do termo de arbitragem 733

    2. Recusa em firmar o termo 735

    3. Distinção entre termo de arbitragem e ordem procedimental 737

Capítulo 18 – CONTRATO COM O ÁRBITRO 739

§ 65. A natureza da relação entre árbitros e partes 740

    1. Origem contratual 740

    2. Características do contrato com os árbitros 742

    3. Função jurisdicional 746

    4. Distinções entre as relações "árbitro e parte" e "juiz e parte" 748

§ 66. A formação da relação entre árbitros e partes 753

    1. Liberdade de escolher o árbitro 753

    2. Liberdade de regular o processo de formação do tribunal 755

    3. Nomeação do árbitro 757

    4. Aceitação do encargo de árbitro e constituição do tribunal 759

§ 67. Conteúdo da relação jurídica 760

    1. Atipicidade do conteúdo do contrato de árbitro 760

    2. Dever de prestar jurisdição dentro do escopo contratado 763

    3. Dever de revelação e confiança 766

    4. Dever de imparcialidade e independência 772

    5. Outros deveres 776

    6. Direitos dos árbitros 781

Capítulo 19 – CONTRATOS COM A INSTITUIÇÃO ARBITRAL 785

§ 68. A Participação da Instituição Arbitral na Arbitragem 785

    1. Arbitragem *ad hoc* 785

    2. Arbitragem institucional 788

    3. Vantagens e desvantagens da arbitragem institucional 790

§ 69. Contrato entre as partes e a Instituição Arbitral 793

    1. Estrutura obrigacional 793

    2. O regulamento da instituição arbitral 797

    3. Atuação da instituição de arbitragem 799

§ 70. Contrato entre os árbitros e a instituição arbitral 802

    1. Relação jurídica entre árbitros e a instituição arbitral 802

    2. Estrutura obrigacional 804

REFERÊNCIAS BIBLIOGRÁFICAS 807

ÍNDICE DE JULGADOS 847

STF 847

STJ 847

TRF 853

Tribunais de Justiça 853

Julgados Internacionais 855

PARTE I

A CARACTERIZAÇÃO DA CONVENÇÃO DE ARBITRAGEM

A arbitragem é a manifestação de jurisdição fundada em instrumento de natureza contratual. Essa avença, chamada "convenção de arbitragem", é a base para a jurisdição do tribunal arbitral. Desse modo, o seu estudo é o necessário ponto de partida de uma análise holística do instituto jurídico da arbitragem.

A primeira parte desta obra é focada em fornecer os elementos essenciais para a caracterização da convenção de arbitragem. Nesse sentido, começa-se analisando a relação existente entre a autonomia privada e a arbitragem, pois é precisamente o poder de autorreger as relações jurídicas a pedra fundante desse método de solução de litígios.

Segue-se com a análise da importância da teoria do negócio jurídico para a arbitragem, tanto no plano material quanto no plano processual, sendo esses os fatos jurídicos fundantes dos direitos, deveres, poderes, sujeições, ônus, faculdades, ações e exceções que constituem o conteúdo da situação jurídica existente entre os contratantes da convenção de arbitragem. Por fim, analisado o pressuposto jusfilosófico (autonomia privada), bem como o fundamento material (negócio jurídico), passa-se a analisar a convenção de arbitragem em si mesma e as suas modalidades.

Capítulo 1
AUTONOMIA PRIVADA E ARBITRAGEM

A vontade é elemento integrante do suporte fático dos negócios jurídicos. Nesse sentido, como ensina Pontes de Miranda, sempre que houver a presença do elemento volitivo enquanto fator necessário à juridicização de uma relação jurídica, em termos lógicos, deve-se admitir tanto a possibilidade de composição quanto a de não composição desse suporte fático[1]. A autonomia privada, dentro desse contexto, representa a possibilidade de qualificar juridicamente fatos intrínsecos às relações inter-humanas a partir da manifestação ou declaração da vontade subjetiva dos indivíduos, individualizando-a e corporificando-a.

A convenção de arbitragem é, precisamente, um desses fatos jurídicos que necessitam a manifestação da autonomia privada para o recebimento do *colorido* normativo. É, pois, o alicerce, a pedra fundamental, sobre a qual se erguerá a estrutura do processo arbitral. Diante do reconhecimento do caráter voluntário da arbitragem, a autonomia privada passou a ser pressuposto lógico de acesso a esse método de resolução de litígios. Assim, um estudo inicial acerca do conceito de autonomia privada, bem como da sua vinculação com os outros princípios fundantes do ordenamento jurídico[2] constitui o ponto de partida lógico-sistemático da análise da convenção de arbitragem.

---

[1] "Todas as vezes que as regras jurídicas aludem a suportes fácticos, em que a vontade seja um dos elementos, admitem elas que esses suportes fácticos se componham ou não se componham. Dizem, também, até onde se pode querer. Portanto, supõe-se que alguém queira ou não-queira. O autorregramento, a chamada 'autonomia da vontade', não é mais do que isso. A vida social tece-se com interesses, em relações inter-humanas, que necessariamente ultrapassam e ficam aquém da esfera jurídica, isto é, da zona colorida em que a) os fatos se fazem jurídicos, b) relações nascidas independentemente do direito se tornam jurídicas, e c) relações jurídicas, nascidas, portanto, no direito, se estabelecem. Vive-se em ambiente de contínua iniciativa particular, privada, ou em movimentos grupais, de multidão ou de massa. Os sistemas jurídicos apenas põem no seu mundo, dito mundo jurídico, parte dessa atividade humana. Ainda assim, não a prendem de todo; e deixam campo de ação, em que a relevância jurídica não implique disciplinação rígida da vida em comum" (PONTES DE MIRANDA, Francisco Cavalcanti. *Tratado de Direito Privado*. Tomo III. Atualizado por Marcos Bernardes de Mello; Marcos Ehrhardt Jr. São Paulo: Revista dos Tribunais, 2012, p. 109).

[2] "A afirmação sobre a centralidade do princípio da boa-fé no Direito Obrigacional não leva a descurar ou a minimizar a relevância dos demais princípios reitores das relações negociais de Direito Privado: autonomia privada, confiança, autorresponsabilidade, estes dois últimos se revelando, em rigor lógico, como a contrapartida necessária ao exercício da autonomia privada" (MARTINS-COSTA, Judith. *A Boa-fé no Direito Privado: Critérios para a sua Aplicação*. 2ª ed. São Paulo: Saraiva, 2018, p. 248).

§ 1. CONTORNOS DA AUTONOMIA PRIVADA

1. Origem etimológica de "autonomia"

A ideia de "autonomia" reflete a concepção de poder modelar a própria conduta, ou seja, significa não se sujeitar a uma imposição externa[3]. É o resultado da conjugação de duas palavras gregas: *autós* – ideia de "si mesmo", uma qualidade ou condição inerente a um ser – e *nomói* – correspondente a uma norma ou regra[4]. Dessa forma, a ideia subjacente à "autonomia" está no poder de estabelecer as próprias regras, de regular as próprias condutas[5]. Ou, por outra fórmula, significa dar leis a si mesmo[6].

Dessa forma, contrapõe-se às situações de heteronomia, nas quais há imposição, por parte de um terceiro, de comportamentos a serem seguidos. Quando há regras que determinam condutas, está-se em um espaço de heteronomia, quer dizer, a ordem jurídica, por meio de comandos, estabelece deveres, obrigações ou sujeições. Nos espaços no qual impera a heteronomia, a vontade não é livre, pois a conduta tem de ser moldada em parâmetro outro que não o autogoverno e o zelo pelos próprios interesses[7].

O direito é um processo de adaptação social[8], que, por natureza, implica redução dos espaços de liberdade dos indivíduos e compatibilização de interesses sociais diversos, colidentes e mutuamente excludentes. Nesse sentido, é inerente ao ordenamento jurídico a imposição de limitações ao agir humano, como condição de possibilidade para o convívio em sociedade. Portanto, o direito, enquanto manifestação da soberania estatal,

---

[3] ROPPO, Enzo. *O Contrato*. Coimbra: Almedina, 2009, p. 128.

[4] RODRIGUES JR., Otávio Luiz. Autonomia da vontade, autonomia privada e autodeterminação: notas sobre a evolução de um conceito na modernidade e na pós-modernidade. *Revista de informação legislativa*, vol. 41, n. 163, p. 113-130, jul./set. 2004, p. 113.

[5] CASTRO NEVES, José Roberto de. *Direito das Obrigações*. 7ª ed. Rio de Janeiro: Editora GZ, 2017, p. 61.

[6] VIEIRA, Iacyr de Aguilar. A Autonomia da Vontade no Código Civil Brasileiro e no Código de Defesa do Consumidor. *Revista dos Tribunais*, vol. 791, p. 31-64, set./ 2001, DTR 2001/378, p. 04.

[7] "Wenn der Wille irgend worin anders, als in der Tauglichkeit seiner Maximen zu seiner eigenen allgemeinen Gesetzgebung, mithin, wenn er, indem er über sich selbst hinausgeht, in der Beschaffenheit irgend eines seiner Objekte das Gesetz sucht, das ihn bestimmen soll, so kommt jederzeit Heteronomie heraus. Der Wille gibt alsdenn sich nicht selbst, sondern das Objekt durch sein Verhältnis zum Willen gibt diesem das Gesetz." (KANT, Immanuel. Grundlegung zur metaphysik der sitten. Berlim: L. Heimann, p. 67-68). Em versão traduzida: "Quando a vontade busca a lei, que deve determiná-la, em qualquer outro ponto que não seja a aptidão das suas máximas para a sua própria legislação universal, quando, portanto, passando além de si mesma, busca essa lei na natureza de qualquer dos seus objectos, o resultado é então sempre heteronomia. Não é a vontade que então se dá a lei a si mesma, mas é sim o objecto que dá a lei à vontade pela sua relação com ela." (KANT, Immanuel. *Fundamentação da Metafísica dos Costumes*. Paulo Quintela (Trad.). Lisboa: Edições 70, 2007, p. 86).

[8] Para Pontes de Miranda: "O direito é processo social de adaptação, um dos processos sociais de adaptação. A técnica legislativa, desde os costumes das tribos primitivas, ao deixar às pessoas a determinação de certos direitos e deveres, de certas pretensões e obrigações, atende a que a adaptação ainda se tem de fazer por meio de contactos individuais. Diminui essa margem, à medida que as regras jurídicas, que se estabelecem, já são cogentes, ou se tornam cogentes as que eram dispositivas ou interpretativas. A maior adaptação caracteriza-se por essa eliminação progressiva do que fica à mercê das manifestações individuais de vontade." (PONTES DE MIRANDA, Francisco Cavalcanti. *Tratado de Direito Privado*. Tomo XXII. Atualizado por Nelson Nery Jr.; Rosa Maria de Andrade Nery. São Paulo: Revista dos Tribunais, 2012, p. 58-59).

constitui modo heterônimo de regulamentação social, vez que o Estado – um terceiro na relação entre os seus cidadãos – acaba determinando o modo de organização da conduta dos particulares.

Entretanto, o agir jurídico não é apenas baseado em imposições heterônimas de conduta. Pelo contrário, enquanto a ordenação das condutas pela ordem jurídica será heteronômica, a sua modulação a partir da manifestação livre da vontade será autonômica[9]. A própria ordem jurídica reserva espaços para o agir autônomo, viabilizando que os próprios particulares possam fazer escolhas, moldar a esfera de liberdade individual e escolher os caminhos a serem perseguidos durante a sua construção e desenvolvimento. Assim, a ideia de "autonomia" encontra-se associada aos predicados de independência, liberdade, autorregulamentação de condutas e autogoverno[10].

2. Origem histórica

A ideia de "autonomia privada", hoje amplamente consagrada nos diversos ordenamentos jurídicos[11], é uma conquista histórica, resultado de um paulatino desenvolvimento jurídico e cultural. O direito romano e o direito medieval não adotaram o voluntarismo enquanto fonte capaz de gerar direitos e obrigações[12]. Em verdade, a afirmação da autonomia privada remonta à consagração e à evolução da "autonomia da vontade", construída durante o tempo histórico de processo de codificação do direito e de consolidação do Estado Contemporâneo – a partir do qual passou a exercer importante papel na conformação do modelo jurídico ocidental moderno, sobretudo a partir do século XVIII[13].

A afirmação do ser humano enquanto indivíduo livre e igual, em grande medida, representou uma conquista oriunda das mudanças sociais ocorridas no século XVII, desde

---

[9] COUTO E SILVA, Clóvis do. Negócios Jurídicos e Negócios Jurídicos de Disposição. *O Direito Privado na Visão de Clóvis do Couto e Silva*. 2ª ed. Porto Alegre: Livraria do Advogado Editora, 2014, p. 73.

[10] RODRIGUES JR., Otávio Luiz. Autonomia da vontade, autonomia privada e autodeterminação: notas sobre a evolução de um conceito na modernidade e na pós-modernidade. *Revista de informação legislativa*, vol. 41, n. 163, p. 113-130, jul./set. 2004, p. 113.

[11] "El principio de la autonomía privada se materializa con un alcance diverso en los distintos Ordenamientos jurídicos. La autonomía privada también ha tenido diversa vigencia en la evolución histórica de cada Ordenamiento jurídico. No existe ningún Ordenamiento jurídico que no reconozca la autonomía privada" (FLUME, Werner. *El Negocio Jurídico*. José María Miquel González e Esther Gómez Calle (Trad.). Madrid: Fundación Cultural del Notariado, 1998, p. 23).

[12] VIEIRA, Iacyr de Aguilar. A Autonomia da Vontade no Código Civil Brasileiro e no Código de Defesa do Consumidor. *Revista dos Tribunais*, vol. 791, p. 31-64, set./ 2001, DTR n. 2001/378, p. 01.

[13] "O Liberalismo tentava conciliar a liberdade formal e a segurança, conceitos que se qualificavam como verdadeiros alicerces das relações privadas. Se o status não mais importava, o novo ídolo era o contrato. A vontade era a fonte dos direitos e o contrato, sua forma excelsa de exteriorização. É nesse espaço que se qualifica a autonomia da vontade. Buscava-se diferenciar um campo específico de realização da vontade, o espaço das relações intersubjetivas de cunho não-público. Resgatava-se o velho anexim romano de Ulpiano (D. I, 1, § 2º) – 'Publicum ius est, quod ad statum rei Romanae spectat, privatum, quod ad singolorum utilitatem pertinet' (Direito Público é aquilo que se volta ao Estado ou à coisa romana, Direito Privado é o que pertine à utilidade dos particulares)" (RODRIGUES JR., Otávio Luiz. Autonomia da vontade, autonomia privada e autodeterminação: notas sobre a evolução de um conceito na modernidade e na pós-modernidade. *Revista de informação legislativa*, vol. 41, n. 163, p. 113-130, jul./set. 2004, p. 116-117).

a construção do pensamento iluminista, culminando na Revolução Inglesa, Independência dos Estados Unidos e na Revolução Francesa[14]. Foi um período, pois, de surgimento de contraste com o momento histórico anterior, no qual o indivíduo ocupava um determinado estamento social, privilegiando-se relações com base no *status* ocupado. A concepção original acerca da "autonomia privada" foi fortemente influenciada pelos valores[15].

A conceptualização teórica da "autonomia da vontade" remonta ao pensamento Kantiano[16]. A partir da influência da sua obra, coube aos juristas adaptar esse conceito ao

---

[14] "No Estado liberal, o contrato converteu-se em instrumento por excelência da autonomia da vontade, confundida com a própria liberdade, ambas impensáveis sem o direito de propriedade privada. Liberdade de contratar e liberdade de propriedade seriam interdependentes, como irmãs siamesas. A Declaração dos Direitos do Homem e do Cidadão, da Revolução Francesa, em 1789, proclamou a sacralidade da propriedade privada (Art. 17. Sendo a propriedade um direito sagrado e inviolável...), tida como exteriorização da pessoa humana ou da cidadania. Emancipada da rigidez estamental da Idade Média, a propriedade privada dos bens econômicos ingressou em circulação contínua, mediante a instrumentalização do contrato. Autonomia da vontade, liberdade individual e propriedade privada transmigraram dos fundamentos teóricos e ideológicos do Estado liberal para os princípios de direito, com pretensão de universalidade e intemporalidade." (LÔBO, Paulo. *Direito Civil: contratos*. 3ª ed. São Paulo: Saraiva, 2017, p. 54-55).

[15] "Although much of the English law of contract has roots going back to the Middle Ages, most of the general principles of the modern law were developed and elaborated in the eighteenth and nineteenth centuries. These principles and, perhaps even more, the general approach of the courts to contractual questions may not improperly be referred to as the traditional, or classical theory of the law of contract. The law of contract has undergone some fundamental changes in the twentieth century, but it is quite impossible to understand the modern law without some knowledge and appreciation of the background and origins of the classical law. The eighteenth and nineteenth centuries were the heyday of theories of natural law and the philosophy of laissez-faire, and many of the judges, who were largely responsible for the creation of the law of contract during this period, were, like most educated men of the time, very considerably influenced by current thought. To the judges of the eighteenth-century theories of natural law meant that men had an inalienable right to own property, and therefore to make their own arrangements to buy or sell or otherwise deal with that property, and hence to make their own contracts for themselves. At the same time the law was still influenced by the paternalism which was one of the characteristics of eighteenth--century ideology. So, during this period some of the potential harshness of a strict regime of freedom of contract was mitigated by paternalist doctrines and rules, which enabled the judges to protect those less capable of standing up for themselves in the free market. During the nineteenth century, paternalist ideas waned, as the philosophy of laissez-faire took root. Most educated people, including the judges, took laissez-faire to mean that the law should interfere with people as little as possible. To the judges, the function of the civil law carne to be seen as largely a negative one. Its main object was to enable people to 'realize their wills', or, in more prosaic language, to leave them to get on with their business, to conduct their commercial affairs as they thought best, to lead their own lives unhampered by governmental interference, and so forth" (ATIYAH, Patrick Selim. *An Introduction to the Law of Contract*. 5ª ed. New York: Oxford University Press, 1995, p. 07-08).

[16] "Autonomie des Willens ist die Beschaffenheit des Willens, dadurch derselbe ihm selbst (unabhängig von aller Beschaffenheit der Gegenstände des Wollens) ein Gesetz ist. Das Prinzip der Autonomie ist also: nicht anders zu wählen, als so, daß die Maximen seiner Wahl in demselben Wollen zugleich als allgemeines Gesetz mit begriffen sein. Daß diese praktische Regel ein Imperativ sei, d.i. der Wille jedes vernünftigen Wesens an sie als Bedingung notwendig gebunden sei, kann durch bloße Zergliederung der in ihm vorkommenden Begriffe nicht bewiesen werden, weil es ein synthetischer Satz ist; man müßte über die Erkenntnis der Objekte und zu einer Kritik des Subjekts, d.i. der reinen praktischen Vernunft, hinausgehen, denn völlig a priori muß dieser synthetische Satz, der apodiktisch gebietet, erkannt werden können, dieses Geschäft aber gehört nicht in gegenwärtigen Abschnitt." (KANT, Immanuel. *Grundlegung zur metaphysik der sitten*. Berlin: L. Heimann, 1870,

contexto normativo. Na fundamentação filosófica de Kant, a visão do indivíduo como um ser autônomo e livre está relacionada com a criação e aplicação de todo o ordenamento jurídico, sendo, portanto, elemento ético-jurídico[17]. A liberdade individual, entendida como a possibilidade de escolha do que fazer ou deixar de fazer, passa a ser o fundamento último da autonomia individual, que, por sua vez, funda as raízes da concepção de direito oitocentista[18]. O indivíduo é autônomo porque também é livre.

Nesse sentido, a valorização da "autonomia da vontade", enquanto princípio jurídico, representou a resposta da cultura jurídica ocidental aos anseios por igualdade e liberdade, típicos do momento histórico que quebra o *ancien régime*. Não por outra razão a autonomia da vontade era o valor supremo do sistema contratual próprio às concepções liberais do século XIX, as quais restaram subjacentes às grandes codificações[19]. No entanto, a evolução social ocorrida a partir de então trouxe novas preocupações, que foram transplantados para a seara jurídica por meio da redefinição e do reenquadramento da noção de "autonomia da vontade" e do consequente desenvolvimento da ideia de "autonomia privada"[20].

Atualmente, é possível vislumbrar duas ordens de fundamentação para o reconhecimento da autonomia privada[21]: (i) enquanto fundamento ético e político social, a autonomia privada corresponde às exigências da dignidade humana e da liberdade geral de cada indivíduo; (ii) enquanto fundamento econômico-social, a autonomia privada seria um pressuposto de máxima valorização do equilíbrio social e pré-requisito para o desenvolvimento econômico. Entretanto, esse lastro justificador da autonomia privada

---

p. 67). Em versão traduzida: "Autonomia da vontade é aquela sua propriedade graças à qual ela é para si mesma a sua lei (independentemente da natureza dos objectos do querer). O princípio da autonomia é, portanto: não escolher senão de modo a que as máximas da escolha estejam incluídas simultaneamente, no querer mesmo, como lei universal. Que esta regra prática seja um imperativo, quer dizer que a vontade de todo o ser racional esteja necessariamente ligada a ela como condição, é coisa que não pode demonstrar-se pela simples análise dos conceitos nela contidos, pois se trata de uma proposição sintética; teria que passar-se além do conhecimento dos objectos e entrar numa crítica do sujeito, isto é da razão prática pura; pois esta proposição sintética, que ordena apodicticamente, tem que poder reconhecer-se inteiramente a priori" (KANT, Immanuel. *Fundamentação da Metafísica dos Costumes*. Paulo Quintela (Trad.). Lisboa: Edições 70, 2007, p. 85).

[17] LÔBO, Paulo. *Direito Civil: contratos*. 3ª ed. São Paulo: Saraiva, 2017, p. 55.

[18] AMARAL, Francisco. *Direito Civil: introdução*. 10ª ed. São Paulo: Saraiva, 2018, p. 131.

[19] VIEIRA, Iacyr de Aguilar. A Autonomia da Vontade no Código Civil Brasileiro e no Código de Defesa do Consumidor. *Revista dos Tribunais*, vol. 791, p. 31-64, set./ 2001, DTR 2001/378, p. 01.

[20] "Observe-se que o surgimento da autonomia da vontade como um princípio jurídico e filosófico foi a resposta que a Civilização Ocidental soube dar a anseios seculares por igualdade e liberdade. Sua firmação encontra grande justificativa nos conflitos entre o Antigo e o Novo Regime, o Absolutismo e a Revolução; os contrastes entre os calções e as perucas empoadas dos homens do Setecentos e as calças e as roupas escuras dos representantes do Oitocentos. O século XIX, com a igualdade formal, a liberdade que se realizava apenas nos diplomas constitucionais e a fraternidade retórica, foi confrontado com as exigências de um século XX pulsante e incontrolável, contestador e céptico, descrente na capacidade humana de resolver seus problemas individualmente." (RODRIGUES JR., Otávio Luiz. Autonomia da vontade, autonomia privada e autodeterminação: notas sobre a evolução de um conceito na modernidade e na pós-modernidade. *Revista de informação legislativa*, vol. 41, n. 163, p. 113-130, jul./set. 2004, p. 123).

[21] MENEZES CORDEIRO, António. *Tratado de Direito Civil*. Vol. II. 4ª ed. Coimbra: Almedina, 2020, p. 41.

é insuficiente enquanto ferramenta teórica para analisar e identificar quais são os seus limites intrínsecos.

Há, pois, de se reconhecer o indelével elemento cultural subjacente às construções acerca da autonomia privada, como é destacado por Dario Moura Vicente, ao advertir que "o significado da autonomia privada varia, sempre variou e continuará muito provavelmente a variar no tempo e no espaço, não obstante todos os esforços envidados, aos mais diversos níveis, no sentido de unificar o Direito dos Contratos"[22].

Percebendo a cultura como a projeção histórica da consciência intencional, ou seja, o mundo das intencionalidades objetivadas no tempo historicamente vivido[23], torna-se compreensível como as mudanças valorativas ocorridas com o passar dos anos, bem como as idiossincrasias de cada Estado-Nação, irão resultar em dimensões semânticas distintas acerca da concepção de autonomia privada. Assim, destacado esse indelével elemento cultural, importa analisar como essa compreensão evoluiu dentro da matriz que influenciou o desenvolvimento do direito brasileiro.

3. Distinção entre autonomia da vontade e autonomia privada

O dogma da autonomia da vontade foi adotado em toda sua extensão pela primeira vez somente com a edição do Code Napoléon[24], a partir do qual foi fortemente difundida com a expansão francesa sobre a Europa. Tradicionalmente, a ideia de "autonomia da vontade" encontrava maior difusão na doutrina, especialmente a de influência francesa[25], porém, com o passar do tempo, foi a ideia de "autonomia privada" que restou consagrada nos dias de hoje enquanto princípio jurídico. Por essa razão, acaba havendo um baralhamento entre ambas as concepções, apesar de se serem dois conceitos diversos, com dimensões semânticas e histórico-culturais inconfundíveis entre si.

A expressão "autonomia da vontade", cujo núcleo está no "querer" do indivíduo[26], é fruto de visão de mundo que sobrevaloriza o papel da vontade. Apresenta conotação subjetiva e psicológica[27], fruto de marcada influência subjetivista e individualista[28]. Com

---

[22] VICENTE, Dario Moura. A Autonomia Privada e os seus Diferentes Significados à Luz do Direito Comparado. *Revista de Direito Civil Contemporâneo*, vol. 8, p. 275-302, jul./set., 2016, DTR 2016/23938, p. 14.

[23] REALE, Miguel. *Filosofia do Direito*. 20ª ed. São Paulo: Saraiva, 2002, p. 214.

[24] VIEIRA, Iacyr de Aguilar. A Autonomia da Vontade no Código Civil Brasileiro e no Código de Defesa do Consumidor. *Revista dos Tribunais*, vol. 791, p. 31-64, set./ 2001, DTR 2001/378, p. 02.

[25] "A expressão mais difundida e antiga é autonomia da vontade, especialmente nos sistemas que sofreram influência do direito francês, que expressa a importância atribuída à vontade individual, na sua dimensão psicológica. A opção por autonomia privada, notadamente nos direitos alemão e italiano (Ferri, 1959: 3), revela a preferência pela teoria da declaração, ou seja, pela vontade que se declarou ou se exteriorizou. Substituindo-se autonomia da vontade por autonomia privada negar-se-ia à vontade real ou psicológica a função de causa de efeitos jurídicos, ou de elemento nuclear do suporte fático suficiente do contrato, que mereceria a incidência da norma jurídica" (LÔBO, Paulo. *Direito Civil: contratos*. 3ª ed. São Paulo: Saraiva, 2017, p. 55).

[26] MARTINS-COSTA, Judith. *A Boa-fé no Direito Privado: Critérios para a sua Aplicação*. 2ª ed. São Paulo: Saraiva, 2018, p. 248-249.

[27] AMARAL, Francisco. *Direito Civil: introdução*. 10ª ed. São Paulo: Saraiva, 2018, p. 131.

[28] RODRIGUES JR., Otávio Luiz. Autonomia da vontade, autonomia privada e autodeterminação: notas sobre a evolução de um conceito na modernidade e na pós-modernidade. *Revista de informação legislativa*, vol. 41, n. 163, p. 113-130, jul./set. 2004, p. 118.

a evolução do pensamento jurídico-social, bem como com o surgimento de novas situações problemáticas, essa percepção original deixou de ser capaz de explicar variados fenômenos jurídicos.

Duas ordens de objeções são as principais para demonstrar a insuficiência instrumental do conceito "autonomia da vontade". Em primeiro, a vontade humana, por natureza subjetiva e interna, não é apreensível de plano, dependendo de exteriorização para ser reconhecível e apreensível. Ou seja, pensar na vontade subjetiva como fundamento material de relações jurídicas carece de meios de verificação entre o subjetivamente pretendido e o efetivamente exteriorizado.

Em segundo, atualmente há variadas relações jurídicas, outrora colocadas sob o prisma da vontade, mas que apresentam, de fato, um elemento consensualista elevadamente esmorecido. Essas relações – consumo massificado, contratos de adesão, negociação sob condições gerais – não apresentam, propriamente, manifestação de consentimento, havendo o mero assentimento do particular com tais situações jurídicas.

A percepção desses casos rompeu com a visão mais tradicional e subjetivista do contrato, pois o recebimento de determinados produtos e serviços passou a ser condição de cidadania e de sobrevivência, não havendo, propriamente, vontade subjetiva diante da existência de necessidades concretas. Esse foi o pressuposto para a elaboração da categoria dos contratos existenciais[29]. Portanto, a ideia da vontade soberana, incoercível e plenamente livre passou a ser quimérica a partir do surgimento de novos condicionantes sociais.

Nesse sentido, foi necessário remodelar e readequar a manifestação da autonomia nas relações jurídicas. A liberdade individual permanece sendo valor relevante ao ordenamento, entretanto, a realidade material impede que lhe confira a dimensão de outrora. Assim, nesse processo de reelaboração conceitual, foi desenvolvida a ideia de "autonomia privada".

A autonomia privada reflete o poder de autorregulamentação de interesses privados[30], sendo expressão do poder da vontade no direito, de modo concreto, real e objetivo[31]. Dessa forma, a autonomia privada compreende tanto a dimensão de fundamentar a ação jurídico-privada quanto traduzir fonte de poder normativo. É precisamente desse poder normativo que deriva a possibilidade de criação de negócios jurídicos, veículos que permitem o exercício da liberdade de decisão e de escolha na regulamentação de interesses[32].

---

[29] AGUIAR JÚNIOR, Ruy Rosado. Contratos Relacionais, existenciais e de lucro. *Revista Trimestral de Direito Civil*, ano 12, vol. 45, p. 91-110, jan./mar. 2011, p. 100-101; ENGELMANN, Wilson; BASAN, Arthur Pinheiro; HELGERA, Carlos José de Cores. Do contrato liberal ao contrato existencial: a mudança de paradigmas na hermenêutica contratual. *Revista Brasileira de Direito*, vol. 15, n. 2, p. 30-54, mai./ago., 2019; MOLON JÚNIOR, Nelson. Contratos Existenciais e a sua aplicabilidade. *Revista de Direito Civil Contemporâneo*, vol. 19, ano 6, p. 113-134, abr./jun., 2019; VIANA, Raphael Fraemam Braga. Contratos Existenciais, de Lucro e Híbridos: desdobramentos da classificação de Antonio Junqueira de Azevedo à luz do solidarismo jurídico. 137f. Dissertação (Mestrado em Direito). Faculdade de Direito da Universidade Federal de Pernambuco, Recife, 2018; BECKER, Verena Nygaard. A Categoria Jurídica dos Atos Existenciais: transformação da concepção clássica de negócio jurídico. *Revista da Faculdade de Direito de Porto Alegre*, n. 7-8, 1973, p. 15-53.

[30] MARTINS-COSTA, Judith. *A Boa-fé no Direito Privado: Critérios para a sua Aplicação*. 2ª ed. São Paulo: Saraiva, 2018, p. 248-249.

[31] AMARAL, Francisco. *Direito Civil: introdução*. 10ª ed. São Paulo: Saraiva, 2018, p. 131.

[32] MARTINS-COSTA, Judith. *A Boa-fé no Direito Privado: Critérios para a sua Aplicação*. 2ª ed. São Paulo: Saraiva, 2018, p. 248-249.

Dessa forma, percebe-se que a mudança de terminologia reflete a modificação no contexto histórico do desenvolvimento da ciência jurídica. Enquanto a "autonomia da vontade" exprime mormente a concepção individualista e de soberania da vontade individual – típicas do Estado Liberal vigente no século XIX e início do século XX –, a "autonomia privada" transporta o foco para a exteriorização da vontade, a partir da declaração e da objetivação, mais compatíveis com a concepção de liberdade e de direito prevalentes no Estado Constitucional[33].

O Código Civil de 1916 foi projetado a partir da visão individualista, expressando a concepção político-filosófica vigente ao longo do século XIX, marcadamente antropocêntrica e derivada do liberalismo oitocentista[34]. De modo diverso, o Código Civil brasileiro de 2002, ao mesmo tempo que reconheceu amplo espaço para a autonomia privada[35], adotou como diretrizes teóricas a eticidade, a socialidade e a operabilidade.[36] A socialidade traz uma orientação de prevalência dos valores coletivos sobre os individuais, sem perder de vista a pessoa humana; a eticidade pugna pela prevalência de critérios ético-jurídicos em detrimento dos lógico-formais; enquanto a operacionalidade revela uma abordagem metodológica no sentido de que a interpretação, ao invés de atribuir o sentido e o alcance de regra jurídica, é apenas um passo de concretização da norma ao caso.[37]

Esses três princípios iluminam o Código Civil e as relações de direito privado como um todo. Do mesmo modo, a boa-fé objetiva também surge com frequência no espaço das relações civis,[38] informando previsões normativas e sendo um vetor importante dentro do contexto da ordem privada. A partir desses vetores, não há de se considerar apenas a vontade isolada e subjetiva do agente privado. Essa, para produzir efeitos jurídicos, será exercida em conformidade com outros predicados valorados pelo ordenamento. O primado da confiança e a boa-fé objetiva atuam em consonância com a autonomia privada enquanto princípios estruturantes do direito civil[39], agindo de modo coordenado e harmônico, em respeito às matrizes legal e constitucional que regem as relações jurídicas.

---

[33] LÔBO, Paulo. *Direito Civil: contratos*. 3ª ed. São Paulo: Saraiva, 2017, p. 56.

[34] AGUIAR JÚNIOR, Ruy Rosado. Projeto do Código Civil – As obrigações e os contratos. *Revista dos Tribunais*, vol. 775, p. 18-31, mai./2000, p. 18.

[35] "As consequências imediatas da aceitação do princípio da autonomia da vontade, da autonomia privada e da liberdade contratual se encontram no Direito positivo brasileiro tendo o nosso Código Civil sido construído sobre as concepções liberais, que se revelam na garantia da liberdade de iniciativa econômica, no princípio da força obrigatória dos contratos e se refletem ainda no campo sucessório, onde há a liberdade de testar e de estabelecer o conteúdo do testamento. Aliás, o princípio da autonomia da vontade permeia todo o nosso Código Civil" (VIEIRA, Iacyr de Aguilar. A Autonomia da Vontade no Código Civil Brasileiro e no Código de Defesa do Consumidor. *Revista dos Tribunais*, vol. 791, p. 31-64, set. 2001, DTR 2001/378, p. 04).

[36] REALE, Miguel. *História do Novo Código Civil*. São Paulo: Editora Revista dos Tribunais, 2005, p. 35; MARTINS-COSTA, Judith; BRANCO, Gerson Luiz Carlos. *Diretrizes Teóricas do Novo Código Civil Brasileiro*. São Paulo: Editora Saraiva, 2002.

[37] AMARAL, Francisco. *Direito Civil: Introdução*. 10ª ed. São Paulo: Saraiva, 2018, p. 120-122.

[38] Afirma Clóvis do Couto e Silva que o princípio da boa-fé encontra no direito as mais variadas aplicações. Vide: COUTO E SILVA, Clóvis do. O Princípio da Boa-fé no Direito Brasileiro e Português. *O Direito Privado na Visão de Clóvis do Couto e Silva*. 2ª ed. Porto Alegre: Livraria do Advogado Editora, 2014, p. 31.

[39] Dessa forma, fundamental manejar a cláusula geral da boa-fé de modo que não haja sacrifício indevido da segurança jurídica e da força vinculante dos contratos: MARTINS-COSTA, Judith. Como

4. Matriz constitucional da autonomia privada

O princípio da autonomia privada apresenta caráter constitucional[40]. A liberdade e a sociabilidade são elementos básicos da condição humana[41]. Por essa razão, a autonomia do indivíduo deve ser encarada como o fundamento de dignidade, valorizando a concepção da pessoa enquanto um fim em si mesma[42]. No Brasil, a autonomia restou consagrada no nosso sistema jurídico constitucional em vigor[43], como princípio que ocupa posição central reguladora da atividade econômica exercida no País[44], nas mais diversas áreas da economia e da organização social[45].

Em verdade, o Brasil vivenciou décadas de um processo que se convencionou denominar de "constitucionalização do direito civil"[46], fenômeno resultante da natureza

---

Harmonizar os Modelos Jurídicos Abertos com a Segurança Jurídica dos Contratos? (Notas para uma palestra). *Revista Jurídica Luso Brasileira*, Ano 2, nº 1, 2016, p. 1051-1064; MENKE, Fabiano. A Interpretação das Cláusulas Gerais: a subsunção e a concreção dos conceitos. *Revista AJURIS*, nº 63, 2006, p. 69-94.

[40] COUTO E SILVA, Clóvis do. O juízo arbitral no direito brasileiro. *O Direito Privado na Visão de Clóvis do Couto e Silva*. 2ª ed. Porto Alegre: Livraria do Advogado Editora, 2014, p. 171.

[41] "A liberdade e a sociabilidade são dimensões inelimináveis da condição humana. O Homem é livre porque é um ser que não foi programado pela natureza. Ele é livre e ao mesmo tempo escravo dessa liberdade, pois, para viver, ele não tem somente a faculdade de optar por um dentre os vários minhos, mas tem – principalmente – a necessidade de fazer opções durante toda sua vida. Além de livre, o Homem é um ser sociável, uma vez que ele não pode viver isolado" (GIDI, Antonio. A dimensão política do direito de ação. *Revista de Processo*, vol. 60, p. 196-207, out./dez., 1990, DTR 1990/163, p. 01).

[42] KANT, Immanuel. *Fundamentação da Metafísica dos Costumes*. Paulo Quintela (Trad.). Lisboa: Edições 70, 2007, p. 79.

[43] SILVA, Luiz Augusto da. A cláusula compromissória estatutária como um problema constitucional: liberdade, consenso e a reforma da Lei das Sociedades Anônimas (Lei 13.129/2015). *Revista de Direito Privado*, vol. 81, p. 91-116, set./2017, DTR 2017/5603, p. 06.

[44] ZANETTI, Cristiano de Sousa. A relatividade dos efeitos contratuais e a autonomia da pessoa jurídica. *Revista dos Tribunais*, vol. 905, p. 119-134, mar./2011, DTR 2011/1289, p. 03.

[45] Constituição Federal: "Art. 1º A República Federativa do Brasil, formada pela união indissolúvel dos Estados e Municípios e do Distrito Federal, constitui-se em Estado Democrático de Direito e tem como fundamentos: [...] IV – os valores sociais do trabalho e da livre iniciativa; [...] Art. 170. A ordem econômica, fundada na valorização do trabalho humano e na livre iniciativa, tem por fim assegurar a todos existência digna, conforme os ditames da justiça social".

[46] "A atividade econômica, regida pela ordem econômica constitucional, realiza-se mediante contratos. A atividade econômica é um complexo de atos contratuais direcionados a fins de produção e distribuição dos bens e serviços, que atendem às necessidades humanas e sociais. Os princípios gerais da atividade econômica, contidos nos arts. 170 e seguintes da Constituição brasileira de 1988, revelam que o paradigma de contrato neles contidos não é o mesmo da concepção liberal, a qual contempla o contrato entre indivíduos autônomos e formalmente iguais, realizando uma função meramente individual. A Constituição do Estado social, além das funções clássicas de organização do Estado, delimitando o poder político, e de garantia das liberdades individuais, incorporou outra função, que a identificará: a de reguladora da ordem econômica e social. O direito civil constitucional salienta a centralidade da pessoa e dos valores a ela imanentes, que a Constituição brasileira elevou como fundamento da organização social e do Estado Democrático de Direito (art. 1º, III), ao lado da solidariedade social, o que conduz a uma concepção do contrato que não se exaure na autorregulação dos interesses privados. A igualdade meramente formal é substituída pela equivalência ou equilíbrio material do contrato, principalmente nos contratos massificados. Todo poder sem controle degenera em abuso, já advertira Montesquieu. Não apenas os poderes

analítica de nossa estrutura constitucional, que prestigia a dignidade da pessoa humana, relacionando esse princípio à organização da família[47], à proteção às crianças e às pessoas de idade, à ordem econômica e à livre-iniciativa, erigindo a dignidade como fundamento de grande parte dos direitos fundamentais consagrados na Constituição Federal.

Trata-se de um verdadeiro poder constitucionalmente delegado aos particulares[48], permitindo a criação, modificação e extinção de relações jurídicas por meio da exteriorização da vontade, no amplo espectro da ordem jurídica em que predominam normas não imperativas, estabelecendo espaços de autodeterminação para que os indivíduos pautem as próprias condutas. Nesse sentido, a autonomia privada é uma manifestação da possibilidade de autodeterminação dos sujeitos (*Selbstbestimmung*)[49].

O exercício do direito de organizar os próprios negócios e a vida privada é, atualmente, outra vertente da dignidade da pessoa humana. Por essa razão, a autonomia privada deve ser concebida como uma das facetas do princípio geral de autodeterminação dos indivíduos[50]. Esse espaço de liberdade consubstancia instrumento de proteção contra arroubos autoritários do Estado e de seus agentes. Por essa razão, a negação da autonomia privada significaria uma violação da garantia constitucional de liberdade de iniciativa econômica[51]. Inclusive, a negação do espaço de autonomia, ou entendê-la por um viés negativo, implicaria a negação de uma das mais valiosas dimensões da personalidade humana, isto é, a possibilidade de fazer escolhas e de tomar decisões[52].

Assim, o conceito de autonomia privada passa a ser também elemento informador do sistema jurídico, sendo um princípio aberto, atuando enquanto diretriz de configuração e de funcionamento do próprio sistema jurídico[53]. Portanto, não mais concebendo a autonomia enquanto um privilégio, o Estado passou a lhe reconhecer

---

    públicos necessitam de controle, mas também os poderes privados, principalmente com a magnitude de megaempresas atuais e com a realidade dos contratantes juridicamente vulneráveis, assim considerados pelo direito" (LÔBO, Paulo. *Direito Civil: contratos*. 3ª ed. São Paulo: Saraiva, 2017, p. 42-43).

[47] Superior Tribunal Federal julgou em 2008 a constitucionalidade da utilização da fertilização "*in vitro*", lastreando a decisão no fundamento constitucional autonomia da vontade. Na ADI acerca do uso de células-tronco para pesquisa científica, reconheceu o Ministro Ayres Britto que esse tipo decisão "*exprime um tipo de autonomia de vontade individual*", que conjuga a laicidade do Estado com a "*autonomia da vontade privada*" (STF. ADI 3510/DF. Min. Ayres Britto. Tribunal Pleno. J. em: 29.05.2008).

[48] "Por outro lado, em toda a garantia constitucional de um sector privado da economia está implícita a garantia institucional da autonomia privada, que é instrumento indispensável para a vida daquele setor" (ASCENSÃO, José de Oliveira. *Teoria Geral do Direito Civil*. Vol. II. 2ª ed. Coimbra: Coimbra Editores, 2003, p. 78).

[49] FRADERA, Véra. A vedação de *venire contra factum proprium* e sua relação com os princípios da confiança e da coerência. *Direito e Democracia* (ULBRA), vol. 9, nº 1, p. 130-134, jan./jun., 2008, p. 131.

[50] FLUME, Werner. *El Negocio Jurídico*. José María Miquel González e Esther Gómez Calle (Trads.). Madrid: Fundación Cultural del Notariado, 1998, p. 23.

[51] MARTINS-COSTA, Judith. *A Boa-fé no Direito Privado: Critérios para a sua Aplicação*. 2ª ed. São Paulo: Saraiva, 2018, p. 249.

[52] MARTINS-COSTA, Judith. *A Boa-fé no Direito Privado: Critérios para a sua Aplicação*. 2ª ed. São Paulo: Saraiva, 2018, p. 249.

[53] AMARAL, Francisco. *Direito Civil: introdução*. 10 ed. São Paulo: Saraiva, 2018, p. 132.

PARTE I · **Capítulo 1** · AUTONOMIA PRIVADA E ARBITRAGEM | **13**

como verdadeiro elemento de cidadania. Há, pois, a percepção da autonomia não apenas como um princípio jurídico, mas como um valor a ser estimulado e respeitado pela ordem jurídica[54].

Nesse sentido, melhor que pensar a autonomia como um conceito unitário é considerar que, na nossa sociedade, convivem harmonicamente diversas expressões e manifestações da autonomia – a autonomia internacional, a autonomia religiosa, a autonomia política, a autonomia profissional, entre outras[55]. Assim, a liberdade dos particulares deve ser a regra geral no Estado Democrático Constitucional.

As intromissões na esfera privada e as restrições da liberdade devem ocorrer sempre com a máxima cautela e diante de razões justificadas, sob pena do agir estatal ser qualificado como arbitrário. O indivíduo necessita ter a sua esfera de liberdade assegurada para que possa desenvolver a sua personalidade e subjetividade. Essa esfera de liberdade deixada a cargo do indivíduo no âmbito do direito é precisamente o que se entende por autonomia[56]. Assim, o respeito pela autonomia deve ser compreendido como princípio reitor de um Estado comprometido com a proteção e afirmação dos direitos fundamentais.

5. Autonomia privada no direito internacional privado

Há uma tendência nas relações comerciais internacionais de buscar o afastamento do Estado da solução de litígios entre contratantes[57]. Nas relações submetidas ao direito internacional privado, há um amplo campo de valorização da vontade dos indivíduos, consubstanciando-se na máxima da "*lex voluntatis*". Conforme preceitua Maristela Basso, no âmbito internacional a principal manifestação da autonomia se refere à possibilidade de escolha dos indivíduos da lei aplicável a determinadas relações jurídicas, obedecendo determinadas balizas de ordem pública e imperativas[58]. Tendo em vista essa circunstância, Jacob Dolinger explica que a autonomia da vontade é a "faculdade de as partes contratantes pactuarem a lei a ser aplicada"[59].

Nesse contexto, a autonomia privada pode funcionar enquanto elemento de conexão entre a relação jurídica e o Direito aplicável, tal qual ocorre com a nacionalidade[60], o domicílio, o local de celebração do contrato, o local de execução do contrato, o local da situação do bem, o local da celebração do matrimônio, entre outros. Desse modo, a vontade conjunta das partes pode atuar enquanto vínculo entre determinada relação

---

[54] FLUME, Werner. *El Negocio Jurídico*. José María Miquel González e Esther Gómez Calle (Trads.). Madrid: Fundación Cultural del Notariado, 1998, p. 33.

[55] DA SILVA, Eduardo Silva. Código Civil e Arbitragem: entre a liberdade e a responsabilidade. *Revista de Arbitragem e mediação*, vol. 5, p. 52-75, abr./jun., 2005, DTR 2005/227, p. 02.

[56] VIEIRA, Iacyr de Aguilar. A Autonomia da Vontade no Código Civil Brasileiro e no Código de Defesa do Consumidor. *Revista dos Tribunais*, vol. 791, p. 31-64, set./ 2001, DTR 2001/378, p. 04.

[57] FRADERA, Vera Jacob de. Aspectos problemáticos na utilização da arbitragem privada na solução de litígios relativos a direitos patrimoniais disponíveis. *Revista de Arbitragem e Mediação*, vol. 54, p. 381-401, jul./set. 2017, DTR 2017/5681, p. 11.

[58] BASSO, Maristela. *Curso de Direito Internacional Privado*. São Paulo: Atlas, 2009, p. 179.

[59] DOLINGER, Jacob. *Direito Internacional Privado*. Vol. II. Rio de Janeiro: Renovar, 2007, p. 421.

[60] VIEIRA, Iacyr de Aguilar. A Autonomia da Vontade no Código Civil Brasileiro e no Código de Defesa do Consumidor. *Revista dos Tribunais*, vol. 791, p. 31-64, set./ 2001, DTR 2001/378, p. 15.

jurídica com o direito aplicável[61]. Trata-se de critério valorizado tanto por convenções internacionais quanto por certas regras de direito internacional privado[62].

Em determinadas relações de direito internacional privado a autonomia das partes atua em dois níveis distintos, permitindo tanto a escolha de leis quanto a conformação da relação jurídica em si. É o que ocorre, por exemplo, na compra e venda internacional de mercadorias regidas pela Convenção de Viena de Compra e Venda Internacional de Mercadorias (CISG)[63].

Entretanto, destaca-se que – diferentemente de outros países e de outras leis de direito internacional privado – o art. 9º da LINDB[64], que trata das regras conflituais em matéria de direito das obrigações, apresenta caráter rígido quanto aos elementos de conexão disponíveis, excluindo a autonomia da vontade desse rol de elementos, fechando, em princípio, a possibilidade de as partes escolherem a lei aplicável ao mérito da causa[65].

Nesse sentido, explica Hermes Marcelo Huck que, segundo a lei brasileira,

> "a obrigação deve ser governada pela lei do país em que se constituir. O dispositivo claramente exclui a autonomia da vontade das partes contratantes para a escolha da lei aplicável ao contrato. O sistema brasileiro parece não permitir alternativa: a lei do

---

[61] FICHTNER, José Antonio, et al. *Teoria Geral da Arbitragem*. Rio de Janeiro: Forense, 2019, p. 47

[62] MOROSINI, Fabio. A arbitragem comercial como fator de renovação do direito internacional privado brasileiro dos contratos. *Revista dos Tribunais*, vol. 851, p. 63-85, set./2006, DTR 2006/560, p. 04.

[63] "Article 6 assumes party autonomy to operate on two levels. The first level is that of conflict of laws which relates to cases where the parties opt out of the law of a State including its mandatory provisions and/or opt for the law of a State including its mandatory provisions. Choice of law clauses operating at this level have to be dealt with using a two-tier approach. On the one hand, they may – at least implicitly – contain an exclusion of the CISG, and on the other hand, stipulate the law applicable instead. The formation and interpretation of the exclusion of the CISG is subject to the rules of the Convention, as the CISG determines its sphere of application autonomously. Whether the parties have also managed to enter the law of a certain State is to be decided by rules designated by the applicable conflict of laws rules of the forum or arbitration rules respectively." […] "The second level of party autonomy operates at the level of substantive law. As opposed to choice of law clauses operating at the level of conflict of laws the mandatory provisions of the State law applying by default remain applicable to the relationship between the parties. In other words, while the parties may have derogated from all provisions of the CISG by opting for certain domestic sales law provisions, the mandatory rules of the law applying by default remain applicable. The sales provisions designated by the parties in this sense are made part of – ie being copied into – their contract." (SCHLECHTRIEM, Peter; SCHWENZER, Ingeborg. *Commentary on the UN Convention on the International Sale of Goods (CISG)*. 3ª ed. New York: Oxford University Press, 2010, p. 104-105).

[64] LINDB, art. 9º: "Para qualificar e reger as obrigações, aplicar-se-á a lei do país em que se constituírem. § 1º Destinando-se a obrigação a ser executada no Brasil e dependendo de forma essencial, será esta observada, admitidas as peculiaridades da lei estrangeira quanto aos requisitos extrínsecos do ato. § 2º A obrigação resultante do contrato reputa-se constituída no lugar em que residir o proponente."

[65] "O art. 9 da LICC ao cuidar dos elementos de conexão aplicáveis em matéria obrigacional é taxativo (e limitativo) quanto à liberdade das partes contratantes em escolher a lei aplicável às suas obrigações. Assim, as obrigações serão qualificadas e regidas pela lei do país em que se constituírem, ou seja, pela lei do lugar da celebração do contrato (*caput* do art. 9º da LICC). Talvez a maior falha do caput do art. 9 da LICC foi em não ter contemplado a autonomia da vontade das partes." (MOROSINI, Fabio. A arbitragem comercial como fator de renovação do direito internacional privado brasileiro dos contratos. *Revista dos Tribunais*, vol. 851, p. 63-85, set./2006, DTR 2006/560, p. 03).

contrato é a do local em que se constitui a obrigação. O art. 9º da Lei de Introdução não é passível de outra leitura. A autonomia da vontade não é admitida pelo legislador. E não se há que falar em sentido subjacente da lei, pois a mesma autonomia da vontade já foi expressamente reconhecida pelo Direito Positivo brasileiro"[66].

Todavia, ao eleger a arbitragem como método de solução de litígios, passa a ser incidente sobre a relação jurídica o art. 2º da Lei de Arbitragem[67], que estabelece amplos poderes para as partes poderem escolher a lei aplicável[68]. Esse dispositivo é aplicável tanto às arbitragens domésticas quanto às arbitragens internacionais, considerando o regime monista adotado pelo direito brasileiro[69]. Assim, por ser regra especial, aplicada a partir da opção pela via arbitral, deverá prevalecer. Dessa forma, a opção pela arbitragem enquanto método de solução de litígios viabiliza o reconhecimento de amplo espaço para a escolha da lei aplicável, em sintonia com as necessidades das relações contratuais transnacionais[70]. Essa faculdade representa significativa vantagem, abrindo maior espaço para manifestação da autonomia privada das partes[71].

---

[66] HUCK, Hermes Marcelo. Contratos internacionais de financiamento: a lei aplicável. *Doutrinas essenciais de Direito Internacional*, vol. 5, p. 437-446, fev./2012, DTR 2012/2449, p. 04.

[67] Lei de Arbitragem, Art. 2º: "A arbitragem poderá ser de direito ou de equidade, a critério das partes. § 1º Poderão as partes escolher, livremente, as regras de direito que serão aplicadas na arbitragem, desde que não haja violação aos bons costumes e à ordem pública. § 2º Poderão, também, as partes convencionar que a arbitragem se realize com base nos princípios gerais de direito, nos usos e costumes e nas regras internacionais de comércio."

[68] "Assim sendo, admite o legislador escolham as partes, livremente, as regras de direito reguladoras da arbitragem, desde que não haja violação aos bons costumes e à ordem pública, de acordo com o § 1º do art. 2º antes mencionado. Ademais, é facultado às partes convencionar que seja realizada a arbitragem com base nos princípios gerais do direito, nos usos e costumes e nas regras internacionais de comércio, expressões ou noções indeterminadas ou, segundo alguns, noções de conteúdo variável" (FRADERA, Vera Jacob de. Aspectos problemáticos na utilização da arbitragem privada na solução de litígios relativos a direitos patrimoniais disponíveis. *Revista de Arbitragem e Mediação*, vol. 54, p. 381-401, jul./set. 2017, DTR 2017/5681, p. 02).

[69] "É interessante observar que essa alteração, ao contrário do que poderia parecer à primeira vista, é bastante favorável à arbitragem no Brasil. Como se sabe, a diferença entre os sistemas dualista e monista está calcada na maior preocupação dos Estados em estabelecer regras mais rígidas para as arbitragens domésticas do que para as arbitragens internacionais, pois, em relação a essas últimas, há a consciência de que se deve permitir amplo espaço para a autonomia privada das partes, de modo a trazer flexibilidade e facilitar o comércio internacional entre partes oriundas de diferentes regimes legais." (FICHTNER, José Antonio, et al. Âmbito de aplicação da Convenção de Nova Iorque às convenções de arbitragem: necessária adoção do critério da internacionalidade. *Revista de Arbitragem e Mediação*, vol. 63, p. 227-265, out./dez., 2019, DTR 2019/42141, p. 14).

[70] "Na linha de preocupação com o direito aplicável e, mais especialmente, com as alterações no tempo que esse direito possa sofrer, é que surgem cláusulas cuja formulação objetiva é reduzir a extensão do risco de uma abrupta mudança do direito ainda durante a vida do contrato, de tal forma a afetar o cumprimento de suas obrigações. As cláusulas de estabilização do direito aplicável buscam congelar o direito aplicável ao contrato, protegendo-o contra alterações drásticas." (HUCK, Hermes Marcelo. Contratos internacionais de financiamento: a lei aplicável. *Doutrinas essenciais de Direito Internacional*, vol. 5, p. 437-446, fev./2012. DTR 2012/2449, p. 03).

[71] ARAÚJO, Nadia De; GAMA JR., Lauro. A escolha da lei aplicável aos contratos do comércio internacional: os futuros princípios da Haia e perspectivas para o Brasil escritório permanente da conferência de Haia de direito internacional privado. *Revista de Arbitragem e Mediação*, vol. 34, p. 11-41, jul./set., 2012, DTR 2012/450625.

CONVENÇÃO DE ARBITRAGEM – *Fichtner • Tolentino • Polastri • Salton*

Igualmente, não se pode olvidar que, mesmo diante da possibilidade de escolha da lei aplicável, as partes têm que estar atentas às disposições de ordem pública existentes no local de execução do contrato[72]. Mesmo se tratando de relação internacional, conectada a mais de uma ordem jurídica, em respeito à soberania dos estados contratantes, não poderá haver ofensa aos elementos da ordem pública. Dessa forma, a autonomia privada exercida no contexto do direito internacional deve também observar determinadas balizas cogentes impostas pelos Estados conectados à transação comercial. Trata-se de relação conectada a múltiplas ordens jurídicas – e não uma relação supraestatal ilimitada.

§ 2. AUTONOMIA PRIVADA E A ATUAÇÃO JURÍGENA

1. O poder normatizador da autonomia privada

A autonomia privada implica permissão genérica de atuação jurígena[73]. Assim, é entendida como a *facultas* a possibilidade de os particulares agirem perante o ordenamento jurídico, dinamizando a vida em sociedade[74]. É o princípio justificador da autoconfiguração das relações jurídicas[75]. Implica, portanto, reconhecimento pela ordem jurídica da possibilidade de os particulares se regerem, transplantando para o plano jurídico o reconhecimento da relevância da vontade[76]. É a consideração da individualidade e da liberdade de escolha enquanto valores merecedores de tutela pela ordem jurídica[77]. Tecnicamente, é o poder jurídico particular de criar, modificar ou extinguir situações jurídicas, próprias ou de outrem[78].

Assim, a autonomia privada representa uma zona de liberdade de constituição e de conformação das situações jurídico-privadas de acordo com a vontade do sujeito, que

---

[72] VIEIRA, Iacyr de Aguilar. A Autonomia da Vontade no Código Civil Brasileiro e no Código de Defesa do Consumidor. *Revista dos Tribunais*, vol. 791, p. 31-64, set./2001, DTR 2001/378, p. 16.

[73] "No Direito Internacional Privado, portanto, a autonomia da vontade pode ser o elo entre determinada relação jurídica e o Direito aplicável, como ocorreria, por exemplo, numa relação jurídica hipotética entre uma empresa alemã e uma empresa francesa em que as partes resolvessem submeter o contrato ao Direito do Estado de Nova Iorque. Como se vê, o único elemento que liga o direito nova-iorquino a esta hipotética relação jurídica é a autonomia da vontade." (MENEZES CORDEIRO, António. *Tratado de Direito Civil*. Vol. II. 4ª ed. Coimbra: Almedina, 2020, p. 40).

[74] "Entende-se por autonomia da vontade a *facultas,* a possibilidade, embora não ilimitada, que possuem os particulares para resolver seus conflitos de interesses, criar associações, efetuar o escambo dos bens e dinamizar, enfim, a vida em sociedade. Para a realização desses objetivos, as pessoas vinculam-se, e vinculam-se juridicamente, através de sua vontade." (COUTO E SILVA, Clóvis do. *A Obrigação como Processo*. Rio de Janeiro: Editora FGV, 2007, p. 24). Enfatizando a importância da concepção teórica da obrigação como processo, MARTINS-COSTA, Judith; FRADERA, Véra Jacob de. Clóvis do Couto e Silva. *Revista de Direito do Consumidor*, vol. 3, p. 239-241, jul./set. 1992, DTR 2011/3758.

[75] FLUME, Werner. *El Negocio Jurídico*. José María Miquel González e Esther Gómez Calle (Trads). Madrid: Fundación Cultural del Notariado, 1998, p. 23.

[76] VIEIRA, Iacyr de Aguilar. A Autonomia da Vontade no Código Civil Brasileiro e no Código de Defesa do Consumidor. *Revista dos Tribunais*, vol. 791, p. 31-64, set./2001, DTR 2001/378, p. 02.

[77] MARTINS-COSTA, Judith. *A Boa-fé no Direito Privado: Critérios para a sua Aplicação*. 2ª ed. São Paulo: Saraiva, 2018, p. 250.

[78] AMARAL, Francisco. *Direito Civil: introdução*. 10 ed. São Paulo: Saraiva, 2018, p. 132.

poderá agir sem que seja necessário fundamentar ou explicar as escolhas feitas[79]. É graças ao reconhecimento de espaços de autonomia que é possível que os indivíduos se coloquem em um contato social qualificado, estabelecido por meio de relações contratuais, determinadas a partir de declarações de vontade, possibilitando a realização de modificações voluntárias na esfera jurídica dos sujeitos de direito[80]. A autonomia privada estabelece uma possibilidade de autoconfiguração das relações jurídicas por meio de emanações volitivas[81], sendo esse um poder concedido aos particulares de criar regramentos próprios[82], viabilizando o autogoverno da esfera privada[83].

Dessa forma, a autonomia privada é a viga mestra do sistema contratual, permitindo a operacionalização e o funcionamento de relações privadas[84]. Assim, é concebida como o permissivo de tornar a manifestação da vontade um elemento nuclear do suporte fático de uma norma, e, a partir daí, tornar jurídicos determinados atos humanos[85].

Ademais, a autonomia privada dialoga com o princípio da legalidade, consagrado no art. 5º, II, da Constituição Federal: "ninguém será obrigado a fazer ou deixar de fazer alguma coisa senão em virtude de lei". Dessa forma, no âmbito das relações privadas e naquelas em que se reconhece a preponderância da autonomia privada, as regras jurídicas apresentarão, tendencialmente, caráter supletivo[86], podendo ser derrogadas a partir de disposição contratual em sentido diverso[87]. Assim, o reconhecimento da autonomia privada implica admitir que o indivíduo é livre, mediante a declaração da própria vontade e em conformidade com a lei, para criar direitos e contrair obrigações[88].

2. Conformação do espaço de autonomia

Por mais que se afirme a necessidade de respeitar o espaço da autonomia privada, inviável é considerá-la como um permissivo genérico e ilimitado[89]. A vontade negocial é,

---

[79] MENEZES CORDEIRO, António. *Tratado de Direito Civil*. Vol. II. 4ª ed. Coimbra: Almedina, 2020, p. 39.

[80] ROPPO, Enzo. *O Contrato*. Coimbra: Almedina, 2009, p. 128.

[81] FLUME, Werner. *El Negocio Jurídico*. Trad. José María Miquel González e Esther Gómez Calle. Madrid: Fundación Cultural del Notariado, 1998, p. 21.

[82] AMARAL, Francisco. *Direito Civil: Introdução*. 10ª ed. São Paulo: Saraiva, 2018, p. 131.

[83] MOTA PINTO, Carlos Alberto. *Teoria Geral do Direito Civil*. 4ª ed. Atualizado por António Pinto Monteiro e Paulo Mota Pinto. Coimbra: Coimbra Editora, 2005, p. 102.

[84] FORGIONI, Paula A. *Contratos Empresariais: teoria geral e aplicação*. 2ª ed. São Paulo: Editora Revista dos Tribunais, 2016, p. 110.

[85] PONTES DE MIRANDA, Francisco Cavalcanti. *Tratado de Direito Privado*. Tomo III. Atualizado por Marcos Bernardes de Mello; Marcos Ehrhardt Jr. São Paulo: Revista dos Tribunais, 2012, p. 110.

[86] MARTINS-COSTA, Judith. *A Boa-fé no Direito Privado: Critérios para a sua Aplicação*. 2ª ed. São Paulo: Saraiva, 2018, p. 628.

[87] AMARAL, Francisco. *Direito Civil: introdução*. 10ª ed. São Paulo: Saraiva, 2018, p. 132.

[88] PEREIRA, Caio Mário da Silva. *Instituições de Direito Civil*. Vol. I. 18ª ed. Rio de Janeiro: Forense, 2018, p. 406.

[89] "Os sistemas jurídicos não são concebidos como se as pessoas pudessem dar entrada no mundo jurídico a quaisquer fatos, ainda atos humanos, fazendo-os jurídicos. Em verdade, ainda que amplamente, o direito limita a classe dos atos humanos que podem ser juridicizados. Mundo fáctico e mundo jurídico não são coextensivos. Noutros termos: somente dentro de limites prefixados, podem as pessoas tornar jurídicos atos humanos e, pois, configurar relações jurídicas e obter eficácia

assim, sujeita a uma série de restrições[90]. O direito, ao contrário da psicologia, que estuda a vontade no campo do ser, a toma em consideração no plano do dever-ser[91], encarando-a como fator de existência, validade e eficácia das situações jurídicas, no limite e na forma predeterminadas pelo espectro normativo.

Somente existe autonomia privada dentro das balizas trazidas pelo ordenamento jurídico[92]. Antônio Menezes Cordeiro, nesse sentido, afirma que não existe, propriamente, uma autonomia intrínseca ao ser humano, individualmente considerado, pois "a autonomia pressupõe sociedade e implica o reconhecimento, por esta, do espaço autorregulativo do sujeito"[93]. Assim, mesmo que se tome a liberdade como um atributo do indivíduo, o seu exercício em sociedade terá de observar os espaços normativos reconhecidos, até como forma de compatibilização entre interesses diversos. A sociedade, portanto, medeia o exercício da liberdade.

Dessa forma, o espaço da autonomia privada é residual, no sentido de ser o espaço que o ordenamento não regula e chancela o poder jurídico dos particulares, sendo uma verdadeira esfera de atuação com eficácia jurídica[94]. As restrições normativas podem decorrer da lei ou de ato administrativo[95], estando frequentemente associadas à existência de desproporção entre o poder social e individual, sendo o Estado chamado a intervir para estabelecer um regramento mínimo para uma relação jurídica concreta que, de outro modo, poderia resultar na imposição arbitrária de condições não equânimes pela parte mais forte à parte mais frágil.

Ademais, a ordem pública e os bons costumes devem ser percebidos como outras limitações gerais[96], que vedam a autorregulamentação em área que transponha tais limites.[97] Desse modo, a autonomia privada não deve ser encarada como um princípio absoluto, por conta da existência de uma série de relativizações, para além da necessidade de compatibilização com outros princípios informadores da ordem jurídica, como os princípios da função social, da boa-fé objetiva e da prevalência do interesse

---

jurídica. A chamada 'autonomia da vontade', o autorregramento, não é mais do que 'o que ficou às pessoas'. Há situações que predeterminam relações jurídicas, sem que as pessoas possam evitá-las, ou modificá-las." (PONTES DE MIRANDA, Francisco Cavalcanti. *Tratado de Direito Privado*. Tomo III. Atualizado por Marcos Bernardes de Mello; Marcos Ehrhardt Jr. São Paulo: Revista dos Tribunais, 2012, p. 111).

[90] COUTO E SILVA, Clóvis do. *A Obrigação como Processo*. Rio de Janeiro: Editora FGV, 2007, p. 26.

[91] VIEIRA, Iacyr de Aguilar. A Autonomia da Vontade no Código Civil Brasileiro e no Código de Defesa do Consumidor. *Revista dos Tribunais*, vol. 791, p. 31-64, set./2001, DTR 2001/378, p. 03.

[92] FLUME, Werner. *El Negocio Jurídico*. José María Miquel González e Esther Gómez Calle (Trads.). Madrid: Fundación Cultural del Notariado, 1998, p. 24.

[93] MENEZES CORDEIRO, António. *Tratado de Direito Civil*. Vol. II. 4ª ed. Coimbra: Almedina, 2020, p. 40.

[94] AMARAL, Francisco. *Direito Civil: introdução*. 10ª ed. São Paulo: Saraiva, 2018, p. 132.

[95] COUTO E SILVA, Clóvis do. *A Obrigação como Processo*. Rio de Janeiro: Editora FGV, 2007, p. 26.

[96] "Como mencionado, a autonomia da vontade das partes não pode ser irrestrita e ilimitada. Assim como qualquer outra atividade humana, ela tem fronteiras. Assim, há um elemento limitador de tal liberdade, qual seja, as normas de ordem pública, que atuam tanto na esfera privada das partes quanto na própria atuação do árbitro, que se vê obrigado a observar e respeitar os diversos aspectos de ordem pública nas diversas fases de um procedimento arbitral." (FINKELSTEIN, Cláudio. Arbitragem e ordem pública. *Revista de Direito Constitucional Internacional*, vol. 131, p. 255-268, mai./jun., 2022, DTR 2022/9469, p. 02).

[97] GOMES, Orlando. *Contratos*. 26ª ed. Rio de Janeiro: Editora Forense, 2009, p. 26.

público[98]. Essa foi a posição adotada pelo Ministro Paulo de Tarso Sanseverino no REsp 1.277.762, entendendo que "a liberdade contratual, segundo o Código Civil vigente, deve ser exercida em razão e nos limites da função social do contrato, respeitando-se os ditames éticos da boa-fé objetiva"[99].

O STJ reconheceu essa limitação da liberdade contratual, especialmente quando o exercício da autonomia privada é contrário ao interesse público e outros princípios jurídicos estruturantes do regramento contratual. O Ministro Herman Benjamin se posicionou no julgamento do REsp 1.688.885[100], no sentido de que

> "as cláusulas gerais dos arts. 421 (probidade e boa-fé objetiva) e 422 (função social do contrato), ambas de ordem pública e interesse social – portanto, diretrizes irrenunciáveis e inafastáveis a serem estritamente guardadas pelos sujeitos e controladas pelo juiz –, possuem tripla natureza universal: iluminam o ordenamento jurídico por inteiro, afetando relações privadas e públicas; abraçam, além das modalidades contratuais puras, a multiplicidade inumerável de atos e negócios jurídicos, nessa tarefa complementando o instituto da interpretação, manejado pelo art. 113 do Código Civil, indo além de seu âmbito; recaem sobre o negócio jurídico em si, mas igualmente se estendem às fases a ele anterior e posterior".

O STJ, no julgamento do recurso, estabeleceu que a liberdade de contratar, constante no art. 421 do Código Civil "não é absoluta e nem irrefreável, mas se subordina não só à função social nele prevista, mas também a cânones jurídicos de regência da vida civilizada em comunidade".

Nesse sentido, reconhece Werner Flume "la configuración autónoma de relaciones jurídicas sólo puede tener lugar mediante actos que sean reconocidos por el Ordenamiento jurídico como tipos de actos de configuración jurídico negocial"[101]. Em sentido semelhante, reconhece Clóvis do Couto e Silva que a vontade humana, por si só, não é bastante para a produção de efeitos jurídicos, sendo imprescindível a existência de norma que a discipline[102]. Por essas razões que a autonomia privada deve ser encarada enquanto resultado da atribuição da ordem jurídica[103], resultando na legalidade dos efeitos por ela desencadeados, vez que esses são lastreados e conformados pelo direito[104].

---

[98] MARTINS-COSTA, Judith. *A Boa-fé no Direito Privado: Critérios para a sua Aplicação*. 2ª ed. São Paulo: Saraiva, 2018, p. 663.

[99] STJ. REsp 1.277.762/SP. Min. Sidnei Beneti. Terceira Turma. J. em: 04.06.2013.

[100] STJ. AgInt no REsp 1.688.885/SP. Min. Hermann Benjamin. Segunda Turma. J. em: 01.09.2020.

[101] FLUME, Werner. *El Negocio Jurídico*. José María Miquel González e Esther Gómez Calle (Trads.). Madrid: Fundación Cultural del Notariado, 1998, p. 24.

[102] COUTO E SILVA, Clóvis do. Negócios Jurídicos e Negócios Jurídicos de Disposição. *O Direito Privado na Visão de Clóvis do Couto e Silva*. 2ª ed. Porto Alegre: Livraria do Advogado Editora, 2014, p. 73.

[103] MENEZES CORDEIRO, António. *Tratado de Direito Civil*. Vol. II. 4ª ed. Coimbra: Almedina, 2020, p. 40.

[104] "Los efectos jurídicos producidos en virtud de la autonomía privada son siempre, ciertamente, efectos jurídicos legales, en la medida en que el acto de autonomía privada sólo tiene eficacia jurídica en virtud del Ordenamiento jurídico. El Ordenamiento jurídico se limita, sin embargo, a atribuir eficacia jurídica a la configuración autónomo-privada en la medida en que la reconoce. Por eso, con razón se puede hablar de efectos jurídicos en virtud de la autonomía privada" (FLUME, Werner. *El Negocio Jurídico*. José María Miquel González e Esther Gómez Calle (Trads.). Madrid: Fundación Cultural del Notariado, 1998, p. 25).

Ressalta Pontes de Miranda que, enquanto em outras matérias a vontade humana é exterior ao direito, sendo irrelevantes, no espaço reservado à autonomia privada é interior "às linhas traçadas pelas regras jurídicas cogentes, como espaço em branco cercado pelas regras que o limitam"[105]. Dessa forma, por imperativos relacionados à própria convivência social, a autonomia privada há de ser concebida enquanto limitada pela necessidade de primazia da ordem pública[106].

O ordenamento jurídico, portanto, é, simultaneamente, o ponto de partida e o limite do exercício da autonomia privada, e, por conseguinte, dos negócios jurídicos. Explica Von Thur que "el efecto de todo negocio jurídico, así como de todo *factum* del derecho privado, tiene por objeto una relación jurídica concreta; el negocio crea o modifica derechos subjetivos, no crea o modifica el derecho objetivo"[107]. Por essa razão, somente as ações humanas e finalidades compatíveis com a ordem jurídica poderão ser transportadas para o mundo do direito por meio de negócios jurídicos.

Assim, as contratações ocorrem necessariamente dentro dos limites trazidos pelo ordenamento estatal, e a conformação do mercado é informada por essas regras exógenas e heterônimas[108]. Nesse sentido, há de se reconhecer que a valorização da autonomia privada deve ocorrer em paralelo com outras finalidades tidas como socialmente relevantes[109], e que a atuação privada não deve prejudicar interesses alheios, sendo necessária a compatibilização das diferentes esferas de liberdade.

Em síntese, a autonomia privada não apresentará um caráter totipotente, pois as duas manifestações hão de estar em consonância com os princípios e balizas próprios do ordenamento jurídico. A autonomia privada, portanto, não é uma manifestação volitiva que se dê à revelia do ordenamento jurídico. Pelo contrário, sua legitimação está calcada na normatividade, que, além de fator de limitação, será seu agente justificador[110].

3. Âmbito de incidência

A autonomia privada, enquanto corolário da liberdade individual, espalha reflexos em múltiplas dimensões do agir humano. De um modo geral, a autonomia privada pode ser entendida como a liberdade reconhecida às pessoas de regularem os seus próprios

---

[105] PONTES DE MIRANDA, Francisco Cavalcanti. *Tratado de Direito Privado*. Tomo III. Atualizado por Marcos Bernardes de Mello; Marcos Ehrhardt Jr. São Paulo: Revista dos Tribunais, 2012, p. 109-110.

[106] PEREIRA, Caio Mário da Silva. *Instituições de Direito Civil*. Vol. I. 18ª ed. Rio de Janeiro: Forense, 2018, p. 406.

[107] VON THUR, Andreas. *Derecho Civil: teoria general del derecho civil Alemán*. Vol. II. Buenos Aires: Depalma, 1947, p. 164.

[108] FORGIONI, Paula A. *Contratos Empresariais: teoria geral e aplicação*. 2ª ed. São Paulo: Editora Revista dos Tribunais, 2016, p. 110.

[109] ASCENSÃO, José de Oliveira. *Teoria Geral do Direito Civil*. Vol. II. 2ª ed. Coimbra: Coimbra Editores, 2003, p. 78.

[110] "La autonomía privada exige conceptualmente la existencia correlativa del Ordenamiento jurídico. Los particulares sólo pueden configurar relaciones jurídicas que sean figuras jurídicas proprias del Ordenamiento jurídico, y la configuración autónoma de relaciones jurídicas sólo puede tener lugar mediante actos que sean reconocidos por el Ordenamiento jurídico como tipos de actos de configuración jurídico negocial" (FLUME, Werner. *El Negocio Jurídico*. José María Miquel González e Esther Gómez Calle (Trads.). Madrid: Fundación Cultural del Notariado, 1998, p. 24).

interesses[111]. Por certo, assegurar o espaço de autonomia é de primordial importância para o exercício das atividades econômicas, sendo certo que uma das suas funções é garantir ao agente econômico espaço de liberdade para exercer suas atividades[112]. Entretanto, não há falar da autonomia apenas no âmbito das relações patrimoniais e econômicas[113].

Carlos Ari Sundfeld distingue duas esferas de liberdade distintas. O indivíduo é livre tanto por ter participação nas determinações estatais ("liberdade dos antigos") como por agir em espaços individuais de ação, inatingíveis ao Estado ("liberdade dos modernos")[114]. A partir do conceito moderno de liberdade, centralizado dentro do "eu" interior, dissociada da noção política, em concepção calcada no particular, reconhecendo a todos a capacidade de autodeterminação[115].

Nesse sentido, a autonomia privada, no âmbito do direito, passa a ser vista como uma permissão genérica para a atuação jurídica[116], espalhando ramas por espaços outrora avessos, representando tendência de ampliação da aptidão dos próprios cidadãos a definir regras e pautar condutas. Atualmente se reconhece que o particular exerce a autonomia em contextos sociais diversos[117], englobando relações de família, sucessórias, de trabalho, administrativas, entre outras – ainda que possa apresentar nessas um escopo mais reduzido[118].

---

[111] NORONHA, Fernando. *Direito das Obrigações*. 4ª ed. São Paulo: Editora Saraiva, 2013, p. 413.

[112] ASHTON, Peter Walter. O Direito Econômico e o Direito Empresarial. *Revista da Faculdade de Direito da UFRGS*, 26, 2006, p. 157-188, p. 187.

[113] ASCENSÃO, José de Oliveira. *Teoria Geral do Direito Civil*. Vol. II. 2ª ed. Coimbra: Coimbra Editores, 2003, p. 78.

[114] "O segundo limite aos poderes do Estado em suas relações com os particulares é o dos direitos que a ordem jurídica assegura a estes, ou, em uma palavra, o da liberdade. O cidadão, no Estado Democrático de Direito moderno, é livre em dois sentidos diversos. A compreensão da posição do indivíduo perante o Estado requer a identificação desses significados da liberdade: o antigo e o moderno. O indivíduo é livre, inicialmente, porque, sendo titular do poder, pode participar de seu exercício. Este o sentido da liberdade para os antigos. Alguns dos mecanismos para tanto são: as eleições, o plebiscito, o referendo, a iniciativa popular das leis. Os indivíduos são livres, de outro lado, por terem garantida (pelo próprio Estado) a segurança nas fruições privadas. E dizer, desfrutam de espaços individuais de ação, intangíveis pelo Estado. Eis o sentido da liberdade para os modernos. São exemplos: o direito de propriedade, de exploração de atividade econômica, de manifestação e expressão. No Estado Democrático de Direito somam-se as liberdades nos dois sentidos, o antigo e o moderno: como garantia da participação no exercício do poder e como garantia da segurança nas fruições privadas." (SUNDFELD, Carlos Ari. *Fundamentos do Direito Público*. 5ª ed. São Paulo: Malheiros Editores, 2017, p. 115).

[115] GUERRERO, Luis Fernando. *Convenção de arbitragem e processo arbitral*. 4ª ed. São Paulo: Almedina, 2022, p. 53.

[116] MENEZES CORDEIRO, António. *Tratado de Direito Civil*. Vol. II. 4ª ed. Coimbra: Almedina, 2020, p. 39.

[117] "A moralidade é pois a relação das acções com a autonomia da vontade, isto é, com a legislação universal possível por meio das suas máximas. A acção que possa concordar com a autonomia da vontade é permitida; a que com ela não concorde é proibida. A vontade, cujas máximas concordem necessariamente com as leis da autonomia, é uma vontade santa, absolutamente boa. A dependência em que uma vontade não absolutamente boa se acha em face do princípio da autonomia (a necessidade moral) é a obrigação. Esta não pode, portanto, referir-se a um ser santo. A necessidade objectiva de uma acção por obrigação chama-se dever" (KANT, Immanuel. *Fundamentação da Metafísica dos Costumes*. Paulo Quintela (Trad.). Lisboa: Edições 70, 2007, p. 84).

[118] AMARAL, Francisco. *Direito Civil: introdução*. 10ª ed. São Paulo: Saraiva, 2018, p. 133.

Assim, os espaços de autonomia são reconhecidos de modo transversal pelo ordenamento jurídico. Até mesmo em ramos do direito tradicionalmente avessos à liberdade de atuação jurígena pelos privados há um paulatino reconhecimento de zonas de autodeterminação, com a inserção de elementos privatísticos. Nessa toada, no Código de Processo Civil, por exemplo, há a inserção da figura dos negócios jurídicos processuais (art. 190, CPC)[119]. Mesmo o direito penal não restou incólume a essa tendência: a justiça penal negociada, com o advento, por exemplo, dos acordos de não persecução penal, deixou de configurar elemento da mitologia para entrar na ordem do dia[120].

Em célebre passagem, Eduardo Couture afirma que "a mitologia jurídica tem seus faunos, suas sereias e seus centauros. Juntamente com as classificações, com seu valor de escola, devemos admitir a realidade de formas híbridas, unidades compostas com pluralidades e que não podem ser abrangidas em classificações herméticas"[121]. Cada vez mais, zonas do ordenamento jurídico tidas por intocáveis pela autonomia dos agentes privados mostram-se receptivas à interferência dos particulares, que passam a poder agir a partir da própria autodeterminação. Como destacado por Véra Fradera, há atualmente a tendência de reconhecimento de espaços nos quais o Estado intervém de modo mais incisivo em relações privadas, enquanto, em outros, amplia o campo de atuação da autonomia privada[122].

---

[119] CPC, Art. 190: "Versando o processo sobre direitos que admitam autocomposição, é lícito às partes plenamente capazes estipular mudanças no procedimento para ajustá-lo às especificidades da causa e convencionar sobre os seus ônus, poderes, faculdades e deveres processuais, antes ou durante o processo. Parágrafo único. De ofício ou a requerimento, o juiz controlará a validade das convenções previstas neste artigo, recusando-lhes aplicação somente nos casos de nulidade ou de inserção abusiva em contrato de adesão ou em que alguma parte se encontre em manifesta situação de vulnerabilidade."

[120] Por todos: FABRETTI, Humberto Barrionuevo; BARROS E SILVA, Virgínia Gomes. O Sistema de Justiça Negociada em Matéria Criminal: reflexões sobre a experiência brasileira. *Revista de Direito UFMS*, v. 4, nº 1, p. 279-297, jan./jun. 2018; BRANDALISE, Rodrigo da Silva. *Justiça penal negociada: negociação de sentença e princípios processuais relevantes*. Curitiba: Juruá, 2016, p. 29.

[121] COUTURE, Eduardo J. *Introdução ao Estudo do Processo Civil: Discursos, ensaios e conferências*. Hiltomar Martins Oliveira (Trad.). Belo Horizonte: Ed. Líder, 2003, p. 56.

[122] "Essa lei, além das inovações já analisadas, introduz no sistema de direito nacional uma arbitragem com desenho nitidamente liberal, confirmando uma vez mais uma tendência que se faz sentir neste final de século: se, por um lado, o Estado intervém de forma incisiva em determinadas relações privadas, com o intuito de proteger a parte mais débil (consumidor, menor e adolescente, trabalhador...), por outro lado, ele autoriza, em certas áreas, um maior reconhecimento à autonomia privada, princípio fundamental de todo o Direito Privado clássico, até então um pouco esmaecida, devido às radicais e profundas transformações sofridas pela sociedade ocidental, desde a publicação do Code Napoléon e do BGB até os nossos dias. Com efeito, hoje em dia, verifica-se na área dos contratos, mormente naqueles relacionados ao comércio em geral, uma tendência, qual seja, o afastamento no grau máximo possível do Estado na relação contratual privada e uma progressiva tentativa de uniformização dos contratos, bem representada pelas recentes publicações dos Princípio do UNIDROIT e de parte do Code européen des contrats, elaborado pela comissão Lando. É evidente radicar esta última tendência no fato incontestável da globalização da economia, motivando a adaptação das Ordens Jurídicas Nacionais, sob pena de serem colocadas à margem desse processo." (FRADERA, Vera Jacob de. Aspectos problemáticos na utilização da arbitragem privada na solução de litígios relativos a direitos patrimoniais disponíveis. *Revista de Arbitragem e Mediação*, vol. 54, p. 381-401, jul./set. 2017, DTR 2017/5681, p. 10-11).

A valorização da autonomia privada reflete a valorização da autodeterminação dos indivíduos enquanto um valor a ser prestigiado[123]. Dessa forma, há relação diretamente proporcional entre o escopo da autonomia privada e a consagração da liberdade de agir humano dentro de um determinado espaço da vida social. O tratamento da autonomia privada não pode ser desassociado dos fatores metajurídicos que lhes são relacionados, revelando a importância do seu enquadramento econômico-social ao lhe vincular com outros conceitos basilares da ordem jurídica, como o de sujeito de direito e propriedade[124].

4. Elasticidades diversas da "autonomia privada"

Historicamente, o desenvolvimento da autonomia privada ocorreu no âmbito das relações patrimoniais, fundamentando o livre desenvolvimento das atividades econômicas dos indivíduos. Nos contratos paritários, o espaço reservado para o agir dos particulares é mais amplo, sendo o poder corretivo e interventivo do Estado exercido apenas em situações pontuais[125].

A ordem jurídica é vasta. Compreende campos de maior ou menor intervenção estatal. Sobre todo o ordenamento jurídico exerce papel fundamental a Constituição Federal, corpo legislativo de organização dos princípios e das normas gerais de estruturação do País. Servem as regras lá estabelecidas de norte para o legislador infraconstitucional, para os magistrados, em sentido lato (incluído o árbitro, detentor de poder jurisdicional em um caso específico para o qual tenha sido nomeado), e para os agentes públicos com função executiva e paraexecutiva.

Há ramos do direito infraconstitucional nos quais os princípios predominantes operam por meio de normas de ordem pública, destinadas ao interesse público ou coletivo, sem descuidar da proteção do indivíduo contra os excessos do poder estatal, como o direito penal. Há outros em que também predominam interesses públicos de alta intensidade, como o direito tributário, que, igualmente, guarda em si uma série de disposições protetivas dos direitos dos contribuintes.

Por exemplo, nas questões referentes ao direito do consumidor, o STJ reconhece uma incidência mais branda dos princípios da autonomia privada e da liberdade contratual. Esse foi o entendimento da Ministra Nancy Andrighi ao julgar o REsp 1.656.182[126], decidindo que "é fato que um dos objetivos do CDC é reequilibrar as relações de consumo, reconhecendo a posição de hipossuficiência do consumidor frente ao fornecedor, a qual pode se manifestar de diversas formas". Assim, para assegurar essa finalidade, "a legislação dispõe de um grande acervo de regras e medidas, inclusive dispondo sobre a nulidade de cláusulas contratuais livremente estabelecidas na aquisição de produtos ou serviços". Dessa forma, torna-se perceptível "clara relativização da liberdade contratual no bojo das relações de consumo: aplica-se o milenar princípio *pacta sunt servanda* até o momento em que se detecta a presença de cláusula abusiva ao consumidor". No entanto, mesmo

---

[123] FLUME, Werner. *El Negocio Jurídico*. José María Miquel González e Esther Gómez Calle (Trads). Madrid: Fundación Cultural del Notariado, 1998, p. 33.

[124] VIEIRA, Iacyr de Aguilar. A Autonomia da Vontade no Código Civil Brasileiro e no Código de Defesa do Consumidor. *Revista dos Tribunais*, vol. 791, p. 31-64, set./2001, DTR 2001/378, p. 03.

[125] MARTINS-COSTA, Judith. *A Boa-fé no Direito Privado: Critérios para a sua Aplicação*. 2ª ed. São Paulo: Saraiva, 2018, p. 628.

[126] STJ. REsp 1.656.182/SP. Min. Nancy Andrighi. Segunda Seção. J. em: 11.09.2019.

nas relações consumeristas, "deve-se ter em mente que a relativização desse princípio não significa sua extinção. Dessa maneira, enquanto não houver abusos, fornecedores e consumidores dispõem de uma grande margem de liberdade para a celebração de diferentes formas de contrato"[127].

No direito privado, também encontramos áreas nas quais há uma maior intervenção estatal, às vezes configurada sob forma de imprescindível atuação judicial e do Ministério Público, como o direito de família e o direito das sucessões, nas quais as regras de proteção a determinados indivíduos, notadamente aqueles que não são capazes de exprimir sua vontade, sem a intervenção de terceiros, são extremamente relevantes.

Dessa forma, a autonomia privada desempenha um papel mais acentuado no âmbito das relações civis paritárias, nas quais o Estado reserva aos indivíduos um espaço mais amplo de atuação. Entretanto, diz-se apenas "maior intensidade" porque, mesmo no campo dos negócios jurídicos privados, haverá aqueles em que a ordem jurídica estatui de antemão os seus requisitos de existência e de validade e seus efeitos legais básicos, como o contrato de compra e venda de imóveis, por exemplo.

Sobre o tema, o STJ, no REsp 1.409.849/PR, relatado pelo Ministro Paulo de Tarso Sanseverino, reconheceu que a autonomia privada atua como "uma pedra angular do sistema de direito privado", a partir da concepção de que "o indivíduo é o centro do ordenamento jurídico e de que sua vontade, livremente manifestada, deve ser resguardada como instrumento de realização de justiça".[128] Em sentido semelhante, reconheceu o Ministro João Otávio de Noronha que "no direito civil, predomina a autonomia da vontade, de modo que se confere total liberdade negocial aos sujeitos de uma relação obrigacional"[129].

O reconhecimento desse espaço, em termos filosóficos, reflete uma concepção de que os próprios particulares são mais aptos a saber de seus interesses, a melhor forma de os regular e como os perseguir visando ao desenvolvimento da própria personalidade[130]. Nesse sentido, Von Thur enfatiza a importância da autonomia privada no âmbito do Direito Privado, lecionando que "El derecho civil se basa en la opinión de que el orden más adecuado para las relaciones jurídicas de los individuos es el que ellos mismos establecen y, por tanto, en este sentido da amplia facultad a los interesados"[131].

Ao reconhecer, legitimar e fomentar a criação de espaços que permitem o autorregramento da vontade, erige-se a autonomia privada a um *prius* transversal e a uma gama de atuações nomogênicas. O caráter central da autonomia privada é reconhecido explicitamente por Carlos Alberto Mota Pinto: "a autonomia privada é um princípio fundamental do direito civil. É ela que corresponde à ordenação espontânea (não autoritária) dos interesses das pessoas, consideradas como iguais na sua vida de convivência"[132].

Reconhece-se uma ampla esfera de operação social em que a ordem jurídica contempla a primazia da liberdade de contratar do indivíduo, com a marca típica da inexis-

---

[127] STJ. REsp 1.656.182/SP. Min. Nancy Andrighi. Segunda Seção. J. em: 11.09.2019.

[128] STJ. REsp 1.409.849/PR. Min. Paulo de Tarso Sanseverino. Terceira Turma. J. em: 26.04.2016.

[129] STJ. REsp 1.415.752/RJ. Min. João Otávio de Noronha. Terceira Turma. J. em: 23.09.2014.

[130] AMARAL, Francisco. *Direito Civil: introdução*. 10 ed. São Paulo: Saraiva, 2018, p. 132.

[131] VON THUR, Andreas. *Derecho Civil: teoria general del derecho civil Aleman*. Vol. II. Buenos Aires: Depalma, 1947, p. 161.

[132] MOTA PINTO, Carlos Alberto. *Teoria Geral do Direito Civil*. 4ª ed. Atualizado por António Pinto Monteiro e Paulo Mota Pinto. Coimbra: Coimbra Editores, 2005, p. 103.

tência – ou menor intensidade – de intervenção estatal. A Lei de Liberdade Econômica, ao modificar o Código Civil, positivou o conceito de que, "nas relações contratuais privadas, prevalecerão o princípio da intervenção mínima e a excepcionalidade da revisão contratual".

O art. 421 do Código Civil, ao consagrar a ideia de liberdade contratual, encontra força ainda maior nos negócios jurídicos bilaterais nos quais as partes se encontram em uma situação de simetria e paridade. No julgamento do REsp 1.910.582/PR, relatado pela Ministra Nancy Andrighi, essa posição foi adotada pelo STJ ao estabelecer que, "nos contratos empresariais deve ser conferido especial prestígio aos princípios da liberdade contratual e do *pacta sunt servanda*, reconhecendo-se neles verdadeira presunção de simetria e paridade entre os contraentes, sendo imprescindível observar e respeitar a alocação de riscos definida pelas partes"[133].

Refletindo a incidência plural da autonomia privada em diversas searas do agir humano, esse princípio acaba assumindo elasticidades e dimensões variadas, a depender do contexto. Como reconhece Werner Flume, trata-se de princípio que se materializa com alcances diversos em cada um dos ramos do ordenamento jurídico[134]. Nesse sentido, o ordenamento jurídico brasileiro optou por positivar o campo da autonomia dos contratantes para se autogerir e se autorreger. Há, pois, uma ampliação do espaço de atuação do indivíduo e uma minoração do agir estatal.

§ 3. LIBERDADE CONTRATUAL ENQUANTO MANIFESTAÇÃO DA AUTONOMIA PRIVADA

1. Autonomia privada e liberdade

A liberdade jurídica pode ser entendida como a potencialidade de agir com transcendência jurídica, realizada subjetivamente na criação, na modificação ou na extinção das relações jurídicas e, objetivamente, no poder de regular tais relações, conferindo-lhes conteúdo e eficácia predeterminada, reconhecida, protegida e efetivada pela ordem jurídica[135]. A autonomia privada, por sua vez, é uma derivação do princípio da autodeterminação, isto é, a aptidão reconhecida pelo ordenamento jurídico para que os particulares de determinarem os próprios rumos.

A escolha das regras que irão reger a vida de um indivíduo é, precisamente, uma dessas opções que pode ser feita. Ao constituir um vínculo no qual todas as partes estão de acordo com o seu conteúdo, nenhuma estará sujeita ao arbítrio da outra[136]. Por essa

---

[133] STJ. REsp 1.910.582/PR. Min. Nancy Andrighi. Terceira Turma. J. em: 17.08.2021.

[134] FLUME, Werner. *El Negocio Jurídico*. José María Miquel González e Esther Gómez Calle (Trads.). Madrid: Fundación Cultural del Notariado, 1998, p. 23.

[135] VIEIRA, Iacyr de Aguilar. A Autonomia da Vontade no Código Civil Brasileiro e no Código de Defesa do Consumidor. *Revista dos Tribunais*, vol. 791, p. 31-64, set./2001, DTR 2001/378, p. 04.

[136] "El individuo sólo puede existir socialmente como personalidad cuando le sea reconocida por los demás no sólo su esfera de la personalidad y de la propiedad, sino cuando, además, pueda en principio reglamentar por sí mismo sus cuestiones personales y, en tanto con ello quede afectada otra persona, pueda reglamentar sus relaciones con ella con carácter jurídicamente obligatorio mediante un concierto libremente establecido. Al ponerse ambas partes, por propia y libre voluntad, de acuerdo sobre determinadas prestaciones y obligaciones resultará que ninguna depende del arbitrio de la otra y ambas están en situación de velar así por su propio interés. Al elevarse la

razão, o ordenamento jurídico empresta uma força especial ao acordo dos indivíduos ao regularem as próprias condutas[137]. Assim, notável que nos sistemas de tradição romano-germânica a exteriorização da vontade é tida como próprio fundamento da eficácia de um contrato[138].

Não há coerção quando duas ou mais partes põem-se de acordo com termos específicos, optando pela vinculação e pelo regramento de condutas[139]. Como explica Immanuel Kant, a liberdade pode ser entendida como a independência do arbítrio coercitivo de outrem[140]. Assim, em uma zona de liberdade, há a possibilidade de haver encontros de vontade com a consequente criação de situações jurídicas.

Em outras palavras, ao viabilizar o agir jurídico pelos próprios particulares, tem-se um antídoto ao despotismo e à coerção indesejada. Não há uma imposição heterônoma por parte do Estado de um determinado dar, fazer ou não fazer. Ao contrário, em sua liberdade, as partes optam por se autoimpor um determinado comportamento.

Dessa forma, a fundamentação da vinculação deixa de ter um vínculo direto com a observância da normativa estatal, passando a se relacionar com a própria personalidade do agente, que enquanto indivíduo dotado de dignidade e liberdade optou por se comprometer a um determinado comportamento. Sobre a ligação entre liberdade e autonomia, Kant considera que "sob o pressuposto da liberdade da vontade de uma inteligência, a sua autonomia é uma consequência necessária, como condição formal sob a qual só ela poderá ser determinada"[141].

---

voluntad coincidente de ambos como 'contenido contractual' a la categoría de norma vinculante de su conducta recíproca – lo que significa la validez jurídica del contrato— toman parte constructivamente en la creación de su relación jurídica" (LARENZ, Karl. *Derecho de Obligaciones*. Tomo I. Jaime Briz (Trad.). Madrid: RDP, 1958, p. 65).

[137] CASTRO NEVES, José Roberto de. *Direito das Obrigações*. 7ª ed. Rio de Janeiro: Editora GZ, 2017, p. 61.

[138] "Nos sistemas romano-germânicos, o fundamento da eficácia do contrato é, como se viu acima, a vontade das partes; mas ela assenta também numa ideia de equidade, traduzida na preservação de certo equilíbrio entre as prestações contratuais. Este pode implicar que aos contratos sejam conferidos efeitos em rigor não queridos pelas partes. Admite-se, pois, com certa amplitude, a intervenção dos tribunais na conformação do conteúdo do contrato, mediante a atribuição a este de efeitos não convencionados pelas partes" (VICENTE, Dario Moura. A Autonomia Privada e os seus Diferentes Significados à Luz do Direito Comparado. *Revista de Direito Civil Contemporâneo*, vol. 8, p. 275-302, jul./set., 2016, DTR 2016/23938, p. 10).

[139] LARENZ, Karl. *Derecho de Obligaciones*. Tomo I. Jaime Briz (Trad.). Madrid: RDP, 1958, p. 65.

[140] Prossegue Kant: "a *igualdade* inata, i. é, a independência que consiste em não ser obrigado por outros a mais do que podem também ser obrigados reciprocamente; portanto a qualidade do homem de ser seu *próprio senhor* (*sui juris*), assim como a de um homem *irrepreensível* (*justi*), porque não foi injusto com ninguém antes de qualquer ato jurídico; finalmente também a autorização para fazer contra outros aquilo que em si não lhes reduz o seu, caso não o queiram aceitar; como é lhes comunicar meramente seus pensamentos, contar-lhes ou prometer-lhes algo, quer seja verdadeiro e honesto, quer seja falso e desonesto (*veriloquium aut falsiloquium*), porque depende apenas deles dar-lhe crédito ou não – todas essas autorizações se encontram já no princípio da liberdade inata e dela não se distinguem efetivamente (como membros de uma divisão sob um conceitos superior do direito) " (KANT, Immanuel. *Princípios metafísicos da doutrina do direito*. Joãosinho Beckenkamp (Trad.). São Paulo: editora WMF Martins Fontes, 2014, p. 42-43).

[141] Prossegue o autor: "Pressupor essa liberdade da vontade (sem cairmos em contradição com o princípio da necessidade natural, na sua vinculação com as manifestações do mundo dos sentidos)

Há, pois, de se observar uma necessária ponte entre a liberdade no sentido filosófico e no sentido jurídico do termo. Caracterizar um indivíduo como livre não significará que ele será livre à luz do ordenamento para tomar uma determinada conduta. A distinção semântica é evidenciada quando se têm em causa as categorias de causalidade e imputação. Por exemplo, uma pessoa, ao celebrar um contrato, está vinculada ao seu cumprimento. Porém, por certo, sempre haverá a possibilidade de ocorrer alguma irresignação superveniente, capaz de acarretar o não cumprimento do que foi pactuado, atraindo a categoria do inadimplemento, fenômeno que terá consequências próprias à luz do ordenamento. Em um sentido lato e não jurídico, seria possível cogitar uma "liberdade" (possibilidade de escolha) de não cumprir o contrato. Entretanto, tal liberdade não existe em termos jurídicos, havendo um sancionamento específico e a possibilidade de se adotar medidas de cumprimento específico, ou coercitivas, como forma de obter o que foi pactuado. Dessa forma, inconfundíveis os sentidos e a abrangência da noção de liberdade.

Assim, há de se ter em conta que a liberdade atrelada à autodeterminação e à autonomia privada, legitimadora dos negócios jurídicos, não é a liberdade exercida tal qual preconizam desígnios éticos, sociais, econômicos ou políticos – mas é uma liberdade jurídica, à luz do ordenamento, nele fundada, balizada e moldada[142].

Há, pois, um sistema móvel que explica a interação entre a liberdade em termos jurídicos e o reconhecimento social da liberdade em termos de agir. Mesmo que atuantes em duas searas distintas e inconfundíveis entre si, o direito enquanto uma ferramenta de adaptação e de regulação do convívio social se atenta para as concepções concretas e culturais acerca da capacidade de agir dos indivíduos, transportando-as para o plano normativo por meio de regras jurídicas.

A técnica jurídica vem ampliando constantemente esses espaços de reconhecimento, até mesmo por procedimentos de evolução social. Conceitos basilares da ordem jurídica, como personalidade e capacidade, que servem como alicerce da construção normativa

---

também não é apenas totalmente possível (como nos mostra a filosofia especulativa), mas também admiti-la praticamente, na ideia de colocá-la como condição a todas as suas ações voluntárias sem qualquer outra condição, é algo necessário a todo ser racional, consciente da sua causalidade por meio da razão, portanto, de uma vontade" (KANT, Immanuel. *Fundamentação da metafísica dos costumes*. Inês A. Lohbauer (Trad.). São Paulo: Martin Claret, 2018, p. 105).

[142] Hans Kelsen enfrenta o problema nos seguintes termos: "Precisamente sobre esta distinção fundamental entre imputação e causalidade, sobre o fato de que há um ponto terminal da imputação mas não um ponto terminal da causalidade, se baseia a oposição entre a necessidade, que domina na natureza, e a liberdade que dentro da sociedade existe e é essencial para as relações normativas dos homens. Dizer que o homem, como parte da natureza, não é livre, significa que a sua conduta, considerada como fato natural, é, por força de uma lei da natureza, causada por outros fatos, isto é, tem de ser vista como efeito destes fatos e, portanto, como determinada por eles. Mas, por outro lado, dizer que o homem, como personalidade moral ou jurídica, é "livre" e, portanto, responsável, tem uma significação completamente diferente. Quando um homem é moral ou juridicamente responsabilizado pela sua conduta moral ou imoral, jurídica ou antijurídica, num sentido de aprovação ou desaprovação, isto é, quando a conduta humana é interpretada, segundo uma lei moral ou jurídica, como ato meritório, como pecado ou como ato ilícito, e ao ato meritório, ao ato pecaminoso e ao ato antijurídico são respectivamente imputados um prêmio, um castigo ou uma consequência do ilícito (ou seja, uma pena em sentido amplo), esta imputação encontra o seu ponto terminal na conduta do homem interpretada como ato meritório, como pecado ou ilícito." (KELSEN, Hans. *Teoria Pura do Direito*. João Baptista Machado (Trad.). 8ª ed. São Paulo: Editora WMF Martins Fontes, 2009, p. 102).

28 | CONVENÇÃO DE ARBITRAGEM – *Fichtner • Tolentino • Polastri • Salton*

acerca da liberdade, não são atemporais, comportando significativa evolução ao longo dos anos. Eis, pois, mais uma consequência da distinção feita por Pontes de Miranda entre o mundo dos fatos e o mundo do direito. A conceituação social não será necessariamente a conceituação jurídica, pois a manifestação normativa de um determinado fenômeno social ocorre somente a partir do intermédio das normas jurídicas, que constituem verdadeiras lentes de interpretação e qualificação dos fatos do mundo.

Dessarte, a visão de liberdade encampada pelo ordenamento jurídico é uma transposição para o plano normativo da sua compreensão sociocultural. Esse fenômeno espelha a percepção do direito enquanto um processo social da adaptação[143], fazendo com que as noções jurídicas de liberdade e de autodeterminação, em última instância, consistam em uma manifestação cultural.

Porém, como ressaltado, a autonomia privada – enquanto manifestação da liberdade – adquire um sentido jurídico-normativo próprio, inconfundível com a faceta social, cultural, econômica ou política. É dizer: em sendo um conceito jurídico, uma entidade do mundo do direito, o seu fundamento está na própria ordem jurídica, por mais que o substrato sociocultural seja o fator legitimador do seu reconhecimento normativo.

2. Autodeterminação, autonomia privada e liberdade contratual

A sociedade atual é uma sociedade contratual[144]. O conceito de autonomia privada é mais amplo do que o de liberdade contratual. Em verdade, o princípio da liberdade contratual é a manifestação da autonomia privada dentro do contexto dos negócios jurídicos bilaterais ou plurilaterais[145]. Do mesmo modo que a autonomia privada é uma das modalidades de exercício da autodeterminação, a liberdade contratual será uma das decorrências derivadas do reconhecimento da autonomia privada. Por sua vez, Orlando Gomes traça a relação entre autonomia privada e liberdade de contratar ao afirmar que a liberdade para celebrar pactos é uma especificação da regra geral de autonomia, entendida como o poder conferido para os particulares suscitarem, mediante emanação volitiva, efeitos reconhecidos e chancelados pela ordem jurídica[146].

---

[143] PONTES DE MIRANDA, Francisco Cavalcanti. *Tratado de Direito Privado*. Tomo XXII. Atualizado por Nelson Nery Jr.; Rosa Maria de Andrade Nery. São Paulo: Revista dos Tribunais, 2012, p. 58-59.

[144] "A sociedade atual apresenta-se essencialmente como uma sociedade contratual. A força obrigatória do contrato – como instrumento de circulação de riquezas – repousa no plano moral, no aspecto positivo do respeito à palavra dada, e no plano social e econômico, na condição de medidas de proteção ao crédito e ao consumidor. Considerado na sua função principal de instrumento de troca de bens e serviços, o contrato é, como as obrigações em geral, submetido ao princípio da justiça comutativa: cada parte deve receber o equivalente ao que conceder. Há razões para se admitir que o contrato concluído entre indivíduos livres e responsáveis seja, de fato, conforme à justiça – trata-se, no entanto, de uma simples presunção. A constatação de um desequilíbrio excessivo entre as prestações ou a prova de que uma das partes não esteja em situação de apreciar ou de defender normalmente seus interesses justifica a intervenção dos poderes públicos. A primazia do direito objetivo não deve, no entanto, colocar obstáculos à função da vontade como instrumento privilegiado da liberdade e da responsabilidade dos indivíduos." (VIEIRA, Iacyr de Aguilar. A Autonomia da Vontade no Código Civil Brasileiro e no Código de Defesa do Consumidor. *Revista dos Tribunais*, vol. 791, p. 31-64, set./2001, DTR 2001/378, p. 11-12).

[145] ANTUNES VARELA, João de Matos. *Das Obrigações em Geral*. 10ª ed. Vol. I. Coimbra: Almedina, 2006, p. 226.

[146] GOMES, Orlando. *Contratos*. 26ª ed. Rio de Janeiro: Editora Forense, 2009, p. 25.

João de Matos Antunes Varela distingue a autonomia privada da liberdade contratual afirmando que autonomia privada é "a faculdade reconhecida aos particulares de fixarem livremente, segundo o seu critério, a disciplina vinculativa dos seus interesses, nas relações com as demais criaturas", enquanto liberdade contratual "é o poder reconhecido às pessoas de estabelecerem, de comum acordo, as cláusulas reguladoras (no plano do Direito) dos seus interesses contrapostos (liberdade contratual), que mais convenham à sua vontade comum"[147]. Assim, por conta da liberdade de contratar, as partes podem, livremente, assumir deveres e obrigações e de adquirir direitos, pretensões, ações e exceções oriundos de contratuais[148].

A noção moderna de liberdade contratual remonta à percepção liberal inaugurada a partir da Revolução Francesa e com o Código Napoleônico, marcando um rompimento com a visão vigente no *ancien régime*. A obtenção de direitos e deveres na ordem civil deixou de corresponder a um determinado *status* social. Portanto, o estamento funcionava como fonte de direitos e deveres, com a posição social determinando obrigações. Entretanto, o princípio igualitário sustentado pela Revolução Francesa quebrou essa lógica, pois se todos devem ser encarados como iguais perante a lei, todos devem poder adquirir as obrigações que mais aprouver, bastando o consenso. A defesa da liberdade e da igualdade realizada pela Revolução Francesa marca a passagem da era do "*status*" para a era do contrato.

A liberdade contratual, a partir de então, passou a ser percebida como um elemento ínsito à própria percepção de contrato, não estando definida legislativamente no Código Civil. Assim, na concepção contemporânea de liberdade contratual, essa é princípio fundamental do direito civil e do direito comercial, dialogando com a sistemática da livre concorrência e da economia de mercado[149].

No que tange ao tema, o STJ estabelece uma relação direta entre a autonomia privada e a liberdade de contratar. Dessa maneira, a Ministra Nancy Andrighi se manifestou no sentido de que, no direito privado, predomina "a autonomia privada, de modo que se confere, em regra, total liberdade negocial aos sujeitos da relação obrigacional"[150]. Esse entendimento foi reafirmado no REsp 1.949.317, sustentando que, "no ordenamento jurídico pátrio, predomina a autonomia privada". Manifestando-se no sentido de que a autonomia privada e a liberdade de contratar são conceitos que possuem intrinsecamente um contexto de relevância e preponderância, devendo-se "compreender a precisão da terminologia adotada pela lei, bem como a própria logicidade do sistema jurídico", adotando o entendimento de que o "o preceito básico que continua a servir de trava-mestra da teoria dos contratos é o da liberdade contratual".

Assim, o contrato – fruto do exercício da liberdade dos indivíduos – é instrumento de realização de escolhas individuais e voluntariamente assumidas, sendo fato de criação e de consolidação de expectativas, além de um mecanismo essencial à dinamicidade das

---

[147] ANTUNES VARELA, João de Matos. *Das Obrigações em Geral*. Vol. I. 10ª ed. Coimbra: Almedina, 2006, p. 226.

[148] PONTES DE MIRANDA, Francisco Cavalcanti. *Tratado de Direito Privado*. Tomo III. Atualizado por Marcos Bernardes de Mello; Marcos Ehrhardt Jr. São Paulo: Revista dos Tribunais, 2012, p. 120.

[149] VIEIRA, Iacyr de Aguilar. A Autonomia da Vontade no Código Civil Brasileiro e no Código de Defesa do Consumidor. *Revista dos Tribunais*, vol. 791, p. 31-64, set./2001, DTR 2001/378, p. 04.

[150] STJ. REsp 1.949.317/TO. Min. Nancy Andrighi. Terceira Turma. J em: 09.11.2021.

economias de mercado[151]. O mercado é conformado por um emaranhado de relações contratuais firmadas pelos agentes econômicos[152].

Portanto, o contrato é o instrumento técnico-jurídico que estabelece a ponte entre a possibilidade de autogoverno e autoconformação das próprias relações (aspecto filosófico), com o amparo institucional do Estado (aspecto jurídico), viabilizando a estruturação e a conformação das atividades negociais (aspecto econômico). A constatação desses três planos e da dimensão social assumida pelos princípios da autonomia privada e liberdade contratual permite compreender que, antes de serem elementos do mundo jurídico, são instrumentos do mundo político[153].

De acordo com a visão clássica da autonomia privada, as partes são livres e podem negociar sobre seu patrimônio, razão pela qual tudo aquilo que decidem entre elas deve ser considerado justo: *qui dit contratuel dit just*. Dessa forma, por muito tempo a autonomia contratual, como consectário da liberdade, funcionou como justificativa da própria ideia de justiça contratual[154].

A liberdade contratual repercute em vários aspectos[155], que podem ser sintetizados em três derivações principais: (a) a liberdade de escolher se contratar ou não; (b) a liberdade de escolher com quem contratar; e (c) a liberdade de definir o conteúdo do contrato[156].

3. Liberdade de escolher contratar

A primeira manifestação da liberdade de contratar é a liberdade de escolher se deseja ou não firmar um contrato. Assim, essa manifestação da liberdade confere às partes a prerrogativa de decidir se e quando será estabelecida uma relação jurídica contratual. É a liberdade para concluir ou não um contrato[157]. Cada qual, a partir do exercício do seu

---

[151] VICENTE, Dario Moura. A Autonomia Privada e os seus Diferentes Significados à Luz do Direito Comparado. *Revista de Direito Civil Contemporâneo*, vol. 8, p. 275-302, jul./set., 2016, DTR 2016/23938, p. 10.

[152] FORGIONI, Paula A. *Contratos Empresariais: teoria geral e aplicação*. 2º ed. São Paulo: Editora Revista dos Tribunais, 2016, p. 24.

[153] VIEIRA, Iacyr de Aguilar. A Autonomia da Vontade no Código Civil Brasileiro e no Código de Defesa do Consumidor. *Revista dos Tribunais*, vol. 791, p. 31-64, set./2001, DTR 2001/378, p. 02.

[154] CASTRO NEVES, José Roberto de. *Direito das Obrigações*. 7ª ed. Rio de Janeiro: Editora GZ, 2017, p. 61.

[155] "O operador econômico do capitalismo, na verdade, necessita ser livre não só na fixação, a seu arbítrio (melhor: segundo a conveniência do mercado), dos termos concretos da operação realizada, mas também – e sobretudo – na decisão de efetuar ou não uma certa operação, na escolha da sua efetivação com esta ou aquela contraparte, no decidir realizar um determinado 'género' de operação em vez de um outro. Tudo isso tem a sua tradução jurídica: no conceito de autonomia privada compreendem-se, de facto, tradicionalmente, além do poder de determinar o conteúdo do contrato (art. 1322.º c. Cód. Civ.), também o poder de escolher livremente se contratar ou não contratar; o de escolher com quem contratar, recusando, por hipótese, ofertas provenientes de determinadas pessoas; enfim, o de decidir em que 'tipo' contrata enquadrar a operação que se pretende, privilegiando um ou outro dos tipos legais codificados, ou mesmo de 'concluir contratos que não pertençam aos tipos que têm uma disciplina particular'". (ROPPO, Enzo. *O Contrato*. Coimbra: Almedina, 2009, p. 132-133).

[156] GOMES, Orlando. *Contratos*. 26ª ed. Rio de Janeiro: Editora Forense, 2009, p. 26.

[157] "La libertad contractual comprende en particular la 'libertad de conclusión', es decir, la posibilidad para el individuo de decidir libremente si va a concluir un contrato y con quién va a hacerlo" (LARENZ, Karl. *Derecho de Obligaciones*. Tomo I. Jaime Briz (Trad.). Madrid: RDP, 1958, p. 66).

arbítrio, pode então optar se deseja ou não firmar um vínculo obrigacional, com base em um juízo individual de conveniência e de interesses[158].

Entretanto, não se pode desconhecer que a manifestação contemporânea do princípio da liberdade de escolher contratar não apresenta a mesma extensão de outrora[159]. As estruturas do direito civil consagradas no Código Napoleônico e no movimento oitocentista de codificações foram pensadas para um determinado tipo de sociedade, que hoje não mais existe.

A massificação da sociedade trouxe questões que outrora eram facultativas pela raridade. Entretanto, contratar água, luz, transporte e internet deixou de ser elemento opcional, verdadeiro exercício de liberdade, para se tornar pressuposto básico de inserção na sociedade. A partir do reconhecimento dessas situações que se desenvolveu a categoria dos atos existenciais – aqueles tão fundamentais que, na sua ausência, o indivíduo não tem o mínimo para sobreviver. Ou seja, em síntese, não há uma verdadeira opção de "não contratar" no que se refere a uma série de bens.

4. Liberdade de escolher com quem contratar

A liberdade de escolher com quem contratar é a segunda manifestação do princípio da liberdade contratual. Nas relações civis e empresariais, não há a obrigação de contratar com outrem, pois cada qual é livre para escolher se deseja ou não celebrar um contrato. Entretanto, em outras relações é possível vislumbrar a inexistência dessa liberdade – especialmente em contratos de consumo e diante da existência de um determinado monopólio[160]. As limitações inerentes ao próprio mercado acabam se refletindo no plano interno de configuração da liberdade contratual.

O pressuposto da economia clássica acerca da competitividade dos mercados apenas é verídico nos contextos nos quais nenhuma das partes contratantes exerce poder de mercado, influenciando a ação dos demais agentes econômicos. Assim, o mercado perfeitamente competitivo apenas surge quando há um número significativo de compradores e de vendedores, e os bens oferecidos pelos vendedores são homogêneos[161].

---

[158] "A liberdade para concluir negócio jurídico é a faculdade que tem cada um de decidir se quer, e com quem quer, realiza-lo. Tal liberdade pode, excepcionalmente, ser restringida, a ponto de transformar o negócio e ato de cogência." (COUTO E SILVA, Clóvis do. *A Obrigação como Processo*. Rio de Janeiro: Editora FGV, 2007, p. 26).

[159] Caio Mário da Silva Pereira explica a questão com os seguintes argumentos: "Em primeiro lugar, vigora a faculdade de contratar e de não contratar, isto é, o arbítrio de decidir, segundo os interesses e conveniências de cada um, se e quando se estabelecerá com outrem um negócio jurídico-contratual. Este princípio é um tanto relativo, porque, se não há norma genérica que imponha a uma pessoa a celebração de contratos, a não ser em circunstâncias de extrema excepcionalidade, a vida em sociedade, nos moldes de sua organização hodierna, determina a realização assídua e frequente de contratos, que vão desde a maior singeleza (como adquirir um jornal em um quiosque) até a mais requintada complexidade. Mesmo a lei contém hoje diversas exceções ao princípio de que as pessoas contratam apenas se assim o quiserem, o qual não vigora mais hoje em dia na plenitude com que se afirmava no período clássico da teoria dos contratos". (PEREIRA, Caio Mário da Silva. *Instituições de Direito Civil*. Vol. III. 22ª ed. Rio de Janeiro: Forense, 2018, p. 21).

[160] PEREIRA, Caio Mário da Silva. *Instituições de Direito Civil*. Vol. III. 22ª ed. Rio de Janeiro: Forense, 2018, p. 21-22.

[161] MANKIW, Gregory N. *Introdução à Economia*. Allan Vidigal Hastings (Trad.). 3ª ed. São Paulo: Cengage Learning, 2009, p. 290.

Dessa forma, a prevalência de outras estruturas de mercado que não a de concorrência perfeita acaba por trazer reflexos no exercício da liberdade de contratar. A escassez de opções viáveis em um determinado segmento pode induzir a um cenário no qual há apenas um único parceiro comercial possível. Nesses casos, há baliza estrutural ao exercício da liberdade de escolher com quem contratar.

Por tais razões, a sociedade jurídica moderna estabelece determinados tipos de controle, prévios e *a posteriori*, de natureza administrativo-econômica, destinados a controlar a formação de monopólios, oligopólios e cartéis, tudo com a finalidade declarada de tentar assegurar o funcionamento adequado das regras de mercado.

5. Liberdade de escolher o conteúdo do contrato

A liberdade de escolher o conteúdo do contrato abarca tanto a prerrogativa das partes de escolher o tipo contratual ou adotar estrutura contratual atípica, valendo-se da cláusula geral de atipicidade de elaboração de negócios jurídicos consubstanciada no art. 425 do Código Civil[162]. Sobre os contratos atípicos, manifestou-se o Ministro Ricardo Villas Bôas Cueva ao julgar o REsp 1.799.627, entendendo que "tratando a hipótese de contrato atípico, deve a pretensão recursal ser analisada com base nas regras ordinárias aplicáveis aos contratos em geral, devendo prevalecer o princípio da força obrigatória dos contratos (pacta sunt servanda), notadamente por se tratar de relação empresarial"[163].

No âmbito do direito das obrigações prevalece a regra geral da livre formação de tipos, diante do escasso número de normas cogentes, diferentemente do que ocorre em outros ramos do direito[164]. O STJ, ao julgar o REsp 1.949.317, relatado pela Ministra Nancy Andrighi, por sua vez, também expressamente reconhece a liberdade contratual em todas as suas esferas, estabelecendo que é do poder conferido às partes de "escolher o negócio a ser celebrado, com quem contratar" e, especialmente "o conteúdo das cláusulas contratuais"[165].

A partir da adaptação do conteúdo do contrato, as partes, ao atribuírem ao contrato redação própria, podem estipular condições, fixar obrigações, determinar prestações, estabelecer ônus e modular ações e exceções[166]. Assim, as partes poderão introduzir o regramento contratual mais aderente aos seus interesses, adequado às peculiaridades do negócio, modulando os efeitos do vínculo contratual. Por essa razão, essa prerrogativa das partes é também conhecida como "liberdade de configuração interna"[167], respeitando-se sempre as balizas legais de ordem pública. Para Karl Larenz, essa liberdade está, de um lado, limitada "por razones que residen en su esencia misma como institución del ordenamiento jurídico, pudiendo, de otro lado, quedar limitada al través del principio opuesto de la configuración por la autoridad de las relaciones de carácter privado"[168].

---

[162] Código Civil, Art. 425: "É lícito às partes estipular contratos atípicos, observadas as normas gerais fixadas neste Código".

[163] STJ. REsp 1.799.627/SP. Min. Ricardo Villas Bôas Cueva. Terceira Turma. J. em: 23.04.2019.

[164] COUTO E SILVA, Clóvis do. *A Obrigação como Processo*. Rio de Janeiro: Editora FGV, 2007, p. 28.

[165] STJ. REsp 1.949.317/TO, Min. Nancy Andrighi. Terceira Turma. J em: 09.11.2021.

[166] PEREIRA, Caio Mário da Silva. *Instituições de Direito Civil*. Vol. III. 22ª ed. Rio de Janeiro: Forense, 2018, p. 21.

[167] LARENZ, Karl. *Derecho de Obligaciones*. Tomo I. Jaime Briz (Trad.). Madrid: RDP, 1958, p. 66.

[168] LARENZ, Karl. *Derecho de Obligaciones*. Tomo I. Jaime Briz (Trad.). Madrid: RDP, 1958, p. 74.

PARTE I · **Capítulo 1** · AUTONOMIA PRIVADA E ARBITRAGEM | **33**

Tal qual ocorreu com as outras manifestações da liberdade contratual, a liberdade de estipular o conteúdo do contrato vem sofrendo modificações com o passar do tempo[169]. A popularização de contratos de adesão, bem como de cláusulas-padrão, constitui uma forma de limitação do exercício dessa liberdade, pois cada vez mais cabe a um dos contratantes apenas assentir com as disposições previamente formuladas pela outra parte.

6. Limitações legais à liberdade contratual

A liberdade contratual não deve ser vista como uma faculdade ilimitada e irrestrita[170]. Por mais que essa liberdade seja princípio basilar da estruturação do direito privado, seguindo tendência macroscópica observável em outros países da família romano-germânica[171], a autonomia privada, por si só, não é mais percebida como único fundamento a justificar a força obrigatória dos contratos, que resulta da interação de variados princípios sensíveis integrantes da ordem jurídica, como a boa-fé objetiva, a função social do contrato, a tutela da confiança, entre outros elementos de ordem pública.

Para além de condicionantes fáticos às manifestações da liberdade contratual – relações contratuais de fato, estruturas de mercado com assimetria de poder, contratos de adesão e termos gerais de contratação –, há limitações jurídicas. Assim, ao mesmo tempo que se permite a liberdade contratual, ela é limitada a fim de permitir compatibilização com outros interesses de ordem pública[172]. Entre as limitações existentes, há as de caráter geral e as de caráter específico.

Em relação às limitações gerais, por mais que nos contratos paritários o exercício da autonomia privada seja mais permissivo – donde se conclui que contratos entre não iguais demandam maior poder corretivo externo –, não se deve elidir a necessidade de observância de princípios modernos do direito dos contratos[173], especialmente a boa-fé objetiva, a função social do contrato, o respeito à ordem pública e aos bons costumes[174]. Entretanto, não se olvida que a regra geral nos contratos paritários seja o amplo exercício

---

[169] COUTO E SILVA, Clóvis do. *A Obrigação como Processo*. Rio de Janeiro: Editora FGV, 2007, p. 28.

[170] "A liberdade de contratar, propriamente dita, jamais foi ilimitada. Duas limitações de caráter geral sempre confiaram-na: a ordem pública e os bons costumes. Entendia-se, como ainda se pensa, que as pessoas podem autorregular seus interesses pelo modo que lhes convenha, contando que não transponham esses limites" (GOMES, Orlando. *Contratos*. 26ª ed. Rio de Janeiro: Editora Forense, 2009, p. 27).

[171] VICENTE, Dario Moura. A Autonomia Privada e os seus Diferentes Significados à Luz do Direito Comparado. *Revista de Direito Civil Contemporâneo*, vol. 8, p. 275-302, jul./set., 2016, DTR 2016/23938, p. 05.

[172] GUERRERO, Luis Fernando. *Convenção de arbitragem e processo arbitral*. 4ª ed. São Paulo: Almedina, 2022, p. 53.

[173] GOMES, Orlando. *Contratos*. 26ª ed. Rio de Janeiro: Editora Forense, 2009, p. 25.

[174] "Já se sabe que, em face dos contratos entre iguais, ou paritários, é mais extenso o campo de exercício da autonomia privada e menos extenso o poder corretivo externo. Nessa hipótese, a boa-fé age, primacialmente, como norma de cooperação, lealdade e probidade a incidir nos modelos negociais formatados pela autonomia privada por parte de sujeitos que podem – jurídica e faticamente – exercer em razoável grau, a liberdade de dispor sobre o seu próprio patrimônio, inclusive modelando em formas atípicas o conteúdo do contrato. As regras legais são majoritariamente dispositivas e supletivas, embora incidam nos particulares vínculos contratuais, também, as normas cogentes e imperativas". (MARTINS-COSTA, Judith. *A Boa-fé no Direito Privado: Critérios para a sua Aplicação*. 2ª ed. São Paulo: Saraiva, 2018, p. 628).

da liberdade contratual, diante da presunção legal de simetria no campo das relações civis e empresariais[175]. De outro, não se pode menosprezar o papel exercido por esses outros princípios no direito dos contratos contemporâneo, que não pode mais ser interpretado à luz do paradigma vigente no início do processo de codificação[176].

Nesse sentido, ilustrativo o posicionamento do Ministro Luís Felipe Salomão quando do julgamento do REsp 1.931.919/SP, com base no art. 421 do Código Civil, reconhecendo a limitação da atividade jurisdicional para interferir no objeto contratual estipulado entre as partes. No acórdão, ficou estabelecido que a incidência da boa-fé objetiva "restringe o exercício abusivo de direitos – que não é um mero instrumento formal de registro das intenções –, e que encontra a sua própria vinculação na limitação da função econômica e social do contrato, visando fazer com que os legítimos interesses da outra parte, relativos à relação econômica nos moldes pretendidos pelos contratantes, sejam salvaguardados". No entanto, "se ocorrem motivos que justifiquem a intervenção judicial em lei permitida, há de realizar-se para a decretação da nulidade ou da resolução do contrato, nunca para a modificação do seu conteúdo- o que se justifica, ademais, como decorrência do próprio princípio da autonomia da vontade, uma vez que a possibilidade de intervenção do juiz na economia do contrato atingiria o poder de obrigar-se, ferindo a liberdade de contratar"[177].

Em relação às limitações especiais, elas serão atinentes a um determinado tipo de contrato. Por certo, diferentes contratos têm subjacentes a si distintas considerações de ordem econômica, bem como diferentes impactos sistêmicos no contexto de uma economia de mercado. Nesse sentido, considerando peculiaridades de determinados tipos de relações contratuais, o legislador desenvolveu regramentos próprios para algumas modalidades de contratos. Por essa razão, a liberdade contratual encontra limites nas regras cogentes específicas existentes[178].

Vê-se, assim, que o legislador politicamente escolheu dar uma proteção especial a algumas categorias de contratos privados, especificando legalmente seus requisitos de existência, validade e efeitos próprios – a exemplo do que ocorre nos contratos de transporte, seguro, fiança, entre outros. Portanto, mesmo no ramo dos contratos, haverá atuação por parte do Estado impondo normas cogentes, inderrogáveis pela autonomia privada dos contratantes. No espaço residual, quer dizer, naquele em que não há normas imperativas, restou um universo de atuação das pessoas, dentro do qual podem elas exteriorizar suas manifestações de vontade, criando, modificando ou extinguindo relações jurídicas – ou seja, criando efeitos jurídicos no mundo do direito e dos fatos, vinculantes para as partes contratantes.

---

[175] Código Civil, Art. 421-A. "Os contratos civis e empresariais presumem-se paritários e simétricos até a presença de elementos concretos que justifiquem o afastamento dessa presunção, ressalvados os regimes jurídicos previstos em leis especiais, garantido também que: I – as partes negociantes poderão estabelecer parâmetros objetivos para a interpretação das cláusulas negociais e de seus pressupostos de revisão ou de resolução; II – a alocação de riscos definida pelas partes deve ser respeitada e observada; e III – a revisão contratual somente ocorrerá de maneira excepcional e limitada".

[176] NERY, Rosa Maria de Andrade. É possível a convivência do princípio da autonomia privada com o da lealdade, dito da boa-fé objetiva? *Revista de Direito Privado*, vol. 73, p. 17-29, jan./2017, DTR 2016/24987.

[177] STJ. AgInt no REsp 1.931.919/SP. Min. Luís Felipe Salomão. Quarta Turma. J. em: 25.10.2021.

[178] LARENZ, Karl. *Derecho de Obligaciones*. Tomo I. Jaime Briz (trad.). Madrid: RDP, 1958, p. 74.

PARTE I · Capítulo 1 · AUTONOMIA PRIVADA E ARBITRAGEM | **35**

Dessa forma, percebe-se que a liberdade contratual, enquanto decorrência imediata da autonomia privada e mediata do princípio da autodeterminação individual, deverá ser exercida de modo contextual, atenta às ordens de peculiaridades fático-jurídicas que condicionam o agir social. Assim, mesmo que a regra geral seja a de poder escolher se deseja ou não contratar, com quem contratar e o conteúdo do contrato, imposições da realidade material e do ordenamento jurídico implicarão balizamento do exercício dessa liberdade. Elementos abstratos, como normas gerais estruturantes do exercício da autonomia privada e normas especiais referentes a determinados tipos contratuais, irão interagir com elementos concretos, como a assimetria existente entre as partes e os aspectos estruturais do mercado, na conformação do exercício da liberdade contratual[179].

§4. NATUREZA VOLUNTARISTA DA ARBITRAGEM

1. Núcleo volitivo da arbitragem

A arbitragem tem origem privatista[180]. Pode-se dizer que a habilidade das partes de celebrar negócio jurídico optando por uma solução diversa à ordinariamente oferecida pelo Estado-jurisdição decorre do fenômeno da autonomia privada[181]. Assim, fixa-se por pressuposto que o núcleo da autonomia privada, o qual reside no querer, enquanto fundamento da ação jurídico-privada, é também o fundamento da arbitragem. Nesse sentido, argumenta Franco Ferrari que, sendo a arbitragem uma *"criatura contractual"*, representando uma manifestação da autonomia das partes, a autonomia privada é a "coluna vertebral" e a "pedra angular" da arbitragem[182].

---

[179] "Tudo somado, certo é que, em termos de Teoria Geral dos Contratos, evidencia-se a configuração de uma "dualidade de espaços normativos, diferenciados pelo distinto grau de acolhimento da liberdade contratual", graduação, essa, temperada por elementos abstratos (e.g., o tipo contratual) e concretos (a efetiva desigualdade inter partes, legalmente presumida, num caso, a ser comprovada, noutro). E essa dualidade normativa reflete-se, necessariamente, na função corretiva da boa-fé." (MARTINS-COSTA, Judith. *A Boa-fé no Direito Privado: Critérios para a sua Aplicação*. 2ª ed. São Paulo: Saraiva, 2018, p. 628).

[180] SCALETSCKY, Fernanda Sirotsky; AZEVEDO, Marcelo Cândido de. Existência, validade e eficácia da convenção de arbitragem. *Revista de Direito Empresarial*, vol. 3, p. 321-351, mai./jun., 2014, DTR 2014/2689, p. 02.

[181] "Arbitration is essentially consensual. Through an arbitration agreement, the parties agree to submit a future or existing dispute to an independent arbitrator or arbitral tribunal, which shall render a final decision resolving the dispute. Arbitration is, therefore, an alternative dispute resolution method to national courts. Parties cannot be forced to exclude state jurisdiction, but they may opt to submit themselves to arbitration of their own free will. Hence, arbitration is the jurisdiction chosen by the parties and such choice is expressed through an arbitration agreement. Accordingly, the arbitration agreement can be considered the cornerstone of the arbitration." (OHLROGGE, Leonardo. *Multi-Party and Multi-Contract Arbitration in Brazil*. São Paulo: Quartier Latin, 2020, para. 50).

[182] "La autonomía de las partes se considera, en este sentido, "la columna vertebral" o incluso "la piedra angular" del arbitraje internacional. Este planteamiento liberal parte de la premisa de que el arbitraje es, de acuerdo con la doctrina, un proceso diádico entre partes racionales fundamentado en la delegación de la autoridad adjudicatoria en un tribunal arbitral por medio del ejercicio de la autonomía de las partes. Esta autonomía de las partes no solamente es la fuente de toda autoridad adjudicatoria de un tribunal arbitral, sino que además permite a las partes decidir cómo debe ejercerse dicha autoridad adjudicatoria. En otras palabras, la autonomía de las partes permite que las mismas puedan dar forma al arbitraje de la manera que mejor se ajuste a los hechos y circunstancias

A consensualidade, nesse sentido, "deve ser a marca fundamental de qualquer compromisso arbitral, sem a qual não pode ser reconhecida sua validade no ordenamento jurídico pátrio e sua simples imposição a terceiros ofende diretamente a ordem jurídica nacional"[183]. O reconhecimento da consensualidade, por sua vez, reflete sobremaneira o princípio da autonomia privada, que lhe é subjacente[184]. Assim, embora o lastro mediato da arbitragem seja a legitimação pelo Estado e pelo ordenamento jurídico, o fundamento imediato será o consentimento dos contratantes, que entenderam ser a arbitragem o método mais adequado para dirimir as controvérsias existentes. A Lei de Arbitragem consagra o direito das partes de acessar esse método de solução de litígios, dentro dos limites reservados pelo ordenamento[185].

É nesse contexto que se insere a convenção de arbitragem, fruto do exercício da autonomia privada dos indivíduos[186], criada por meio da emissão de declaração de vontade visando à produção do efeito jurídico de poder conferir jurisdição a um tribunal apartado da estrutura do Poder Judiciário. Trata-se da mesma esfera de liberdade que permitiria às partes negociar uma transação sem interferência do Estado ou que autorizaria uma das partes a renunciar aos seus próprios direitos. São soluções que, todavia, encontram limites claros na impossibilidade de, por meio de tais caminhos, afetar ou fraudar direitos de terceiros.

O STJ já reconheceu o vínculo íntimo entre o princípio da autonomia privada e a arbitragem. Quando do julgamento do REsp 1.678.667, o Ministro Raul Araújo se manifestou no sentido de que "a essência da arbitragem consiste na renúncia à jurisdição estatal, motivada pela autonomia de vontade" ao elegerem "de modo consciente e voluntário, elegem um terceiro, o árbitro, para solver eventuais conflitos de interesses advindos da relação contratual subjacente". Assim, partindo do pressuposto de que as partes optaram pela via arbitral "a viabilização da instauração do juízo arbitral significa, em última análise, assegurar a materialização do princípio da autonomia da vontade"[187].

Essa vinculação foi feita pelo STJ no MC 24.646, relatado pelo Ministro Napoleão Nunes Maia, ao destacar que "a arbitragem rege-se pelo princípio da autonomia privada"[188]. De modo semelhante, em voto-vista no REsp 1.355.831, manifestou-se a Ministra Nancy Andrighi no sentido de que "a arbitragem será instituída pela livre vontade das partes, que, por meio de convenção de arbitragem, decidem por afastar da jurisdição estatal a decisão de

---

concretas del caso. Y es esta autonomía "y la promesa de que las partes en el arbitraje internacional son libres para controlar su proceso" la que ha contribuido a la difusión del arbitraje internacional. Todo apunta a que sin la autonomía de las partes, el arbitraje no sería lo que hoy conocemos, ya que perdería su principal atractivo". (FERRARI, Franco; ROSENFELD, Friedrich Jakob. Límites a la autonomía de las partes en arbitraje internacional. *Revista de Arbitraje Comercial y de Inversiones*, vol. 10, issue 2, p. 335-386, 2017, p. 336-337).

[183] STJ. REsp 1.656.643/RJ. Min. Nancy Andrighi. Terceira Turma. J. em: 09.04.2019.

[184] VIEIRA, Iacyr de Aguilar. A Autonomia da Vontade no Código Civil Brasileiro e no Código de Defesa do Consumidor. *Revista dos Tribunais*, vol. 791, p. 31-64, set./2001, DTR 2001/378, p. 03.

[185] NEVES, Zulmar. Anotações à Lei da Arbitragem: comentários sobre a autonomia da vontade, a boa-fé objetiva, cláusula compromissória e compromisso arbitral. In: *I Dia Gaúcho da Arbitragem*. Porto Alegre: Lex Magister, 2015.

[186] BARROS, Maria Gabriella Dignani Schmidt de. A Cláusula Compromissória como Negócio Jurídico. *Revista de Direito Privado*, vol. 99, p. 265-281, mai./jun. 2019, DTR 27419, p. 03.

[187] STJ. REsp 1.678.667/RJ. Min. Raul Araújo. Quarta Turma. J. em: 06.11.2018.

[188] STJ. MC 24.646/RJ. Min. Napoleão Nunes Maia Filho. J. em: 05.08.2015.

conflitos predeterminados. Esta convenção poderá ser formalizada por meio de compromisso arbitral ou cláusula compromissória"[189]. Dessa forma, conclui-se que, na seara da solução de litígios, a arbitragem é a materialização do exercício da cláusula geral de autonomia.

Sendo fruto da autonomia privada, tal qual destacou a Ministra Nancy Andrighi no julgamento do REsp 1.818.982, "a pactuação válida de cláusula compromissória possui força vinculante, obrigando as partes da relação contratual a respeitar, para a resolução dos conflitos daí decorrentes, a competência atribuída ao árbitro"[190]. Nesse sentido, há de se ter deferência à opção legitimamente feita pelas partes em se submeter à jurisdição arbitral, não havendo margem de flexibilização, salvo acordo entre as partes[191], caso se esteja diante de uma cláusula compromissória cheia e de uma situação que envolva um direito patrimonial e disponível[192]. Desse modo, a consensualidade é elemento indispensável à validade da convenção de arbitragem, decorrência direta da importância da autonomia privada para a estruturação dos negócios jurídicos[193].

Visando proteger a natureza consensual do instituto, diante de situações jurídicas não paritárias ou que não envolvam apenas entes privados, o ordenamento impõe regras especiais de tutela acerca da vontade de arbitrar – como requisitos de forma e de iniciativa de instauração da arbitragem no caso de contratos de consumo e de adesão, ou requisitos subjetivos diferenciados na arbitragem envolvendo questões de direito do trabalho, por exemplo. Quando se está diante de arbitragem envolvendo a administração pública, o Ministro Marco Aurélio Bellizze, no CC 151.130[194], manifestou-se no sentido de que

> "ainda que se afigure possível sua submissão à arbitragem, nos termos do § 2º do art. 1º da Lei 9.307/1996, seu consentimento à arbitragem, corolário da autonomia da vontade, deve apresentar-se de modo expresso e inequívoco, não se admitindo, nessa específica hipótese, a demonstração, por diversos meios de prova, ou por interpretação extensiva, da participação e adesão do ente estatal ao processo arbitral, especificamente na relação contratual que o originou, como se dá nas relações estabelecidas entre particulares, exclusivamente".

---

[189] STJ. REsp 1.355.831/SP. Min. Sidinei Beneti. Terceira Turma. J. em: 19.03.2013.

[190] STJ. REsp 1.818.982/MS. Min. Nancy Andrighi. Terceira Turma. J. em: 04.02.2020.

[191] "Por mais razão, não se pode afastar a convenção arbitral nele instituída por meio de cláusula compromissória ampla, em que se regulou o Juízo competente para resolver todas as controvérsias das partes, incluindo aí a extensão dos temas debatidos, sob a alegação de renúncia tácita ou de suposta substituição do avençado. Uma vez expressada a vontade de estatuir, em contrato, cláusula compromissória ampla, a sua destituição deve vir através de igual declaração expressa das partes, não servindo, para tanto, mera alusão a atos ou a acordos que não tinham o condão de afastar a convenção das partes." (STJ. SEC 1. Corte Especial. Min. Maria Thereza de Assis Moura. J. em: 19.10.2011).

[192] "O STJ tem orientação no sentido de que nos termos do art. 8º, parágrafo único, da Lei de Arbitragem a alegação de nulidade da cláusula arbitral, bem como, do contrato que a contém, deve ser submetida, em primeiro lugar, à decisão do próprio árbitro, sendo prematura a apreciação pelo Poder Judiciário." (STJ. REsp 1.602.696/PI. Min. Moura Ribeiro. Terceira Turma. J. em: 09.08.2016).

[193] "A consensualidade, portanto, é elemento indispensável à validade da cláusula compromissória. Deriva da natureza própria dos negócios bilaterais, em que impera o princípio da relatividade, pelo qual os efeitos do ajuste serão produzidos exclusivamente entre as partes, não aproveitando nem prejudicando terceiros." (STJ. CC 139.519/RJ. Min. Napoleão Nunes Maia Filho. Primeira Seção. J. em: 11.10.2017).

[194] STJ. CC 151.130/SP. Min. Luis Felipe Salomão. Segunda Seção. J. em: 27.11.2019.

No mesmo sentido, pronunciou-se o Ministro Luís Felipe Salomão, "assim, em se tratando da Administração Pública, a própria manifestação de vontade do ente está condicionada ao princípio da legalidade, mediante interpretação restritiva, nos termos da cláusula". Percebe-se, portanto, que haverá modulação dos limites e do modo de exercício da autonomia privada no contexto da arbitragem a depender da natureza da situação jurídica subjacente.

Na arbitragem, especialmente, há uma maximização da liberdade dos particulares, que poderão eleger uma série de disposições acerca do modo de resolução de litígios. Figurariam em tal rol, por exemplo, a possibilidade de escolha dos árbitros, os prazos procedimentais, o local para a prática de atos processuais, a escolha das regras aplicáveis, entre outras[195]. Assim, há ampla presença das três manifestações da liberdade contratual[196]. É indubitável que o legislador em 1996 procurou privilegiar, na maior extensão possível, a autonomia privada na opção pela arbitragem e na estruturação do seu procedimento, corolário do caráter de jurisdição privada, emanada única e exclusivamente da vontade das partes[197].

2. Liberdade de escolher arbitrar

As partes exercem sua autonomia privada na arbitragem, primeiramente, ao decidir se querem ou não celebrar uma convenção de arbitragem. Como se sabe, diante de um conflito de interesses, presente ou futuro, as partes podem livremente escolher se utilizam como arena para a solução das suas divergências a via arbitral ou o Poder Judiciário[198].

Nesse aspecto, o regime se distingue daquele vigente em outros países, como em Portugal, onde se reconhece a existência das figuras da arbitragem necessária e da arbitragem obrigatória em paralelo à arbitragem voluntária[199]. No Brasil, de modo diverso, celebrar

---

[195] BARROS, Maria Gabriella Dignani Schmidt de. A Cláusula Compromissória como Negócio Jurídico. *Revista de Direito Privado*, vol. 99, p. 265-281, mai./jun. 2019, DTR 27419, p. 04.

[196] FICHTNER, José Antonio, et al. *Teoria Geral da Arbitragem*. Rio de Janeiro: Forense, 2019, p. 130-133.

[197] GIUSTI, Gilberto. A Arbitragem e as Partes na Arbitragem Internacional. *Revista de Arbitragem e Mediação*, vol. 9, p. 120-13, abr./jun. 2006, DTR 2006/232, p. 02.

[198] Eduardo Parente assim ressalta a autonomia – embora faça referência à autonomia da vontade, e não privada, terminologia que preferimos adotar – na arbitragem: "É dizer, então, que no processo arbitral o que preencherá os princípios tecidos pela Lei de Arbitragem será o seu próprio mecanismo. Em outros termos, o conjunto de instrumentos/elementos que integram e que lhe conferem operacionalidade (preenchimento do conceito abstrato de devido processo legal em algo concreto), será composto não apenas pela lei arbitral e sua natureza processual, mas acrescido dos regulamentos e da possibilidade ampla de que o procedimento seja construído pelas partes e árbitros. Nota-se aqui o quão presente é o princípio da autonomia da vontade, ao se expandir para o procedimento, ditando e integralizando o próprio conceito de devido processo legal. Exemplificando, na falta de estipulação na convenção arbitral, pode-se definir no termo de arbitragem o lugar em que serão praticados os atos processuais, a língua, as provas que poderão ser produzidas (testemunhal, documental, oral) e de que forma, a mudança de regras previamente acordadas, o modo de distribuição da sucumbência, a possibilidade ou não da interposição de recurso, além dos esclarecimentos previstos na lei (art. 30) e de que maneira ele será apreciado etc." (PARENTE, Eduardo de Albuquerque. Existiria uma Ordem Jurídica Arbitral? In: CARMONA, Carlos Alberto; LEMES, Selma Ferreira; MARTINS, Pedro Batista (Coords.). *20 Anos da Lei de Arbitragem: homenagem e Petrônio R. Muniz*. São Paulo: Atlas, 2017, p. 64-65).

[199] OLIVEIRA, Elsa Dias. *Arbitragem Voluntária: uma introdução*. Coimbra: Almedina, 2020, p. 25 ss.

convenção de arbitragem não é nada mais do que exercer a autonomia privada e responder à questão "contratar ou não contratar", ou seja, "firmar convenção de arbitragem ou não firmar convenção de arbitragem (e se submeter, neste último caso, à solução perante o Poder Judiciário)". Por essa razão, a arbitragem no Brasil é estritamente voluntarista[200].

No art. 1º, a Lei de Arbitragem expressamente prevê que "as pessoas capazes de contratar poderão valer-se da arbitragem para dirimir litígios relativos a direitos patrimoniais disponíveis". O art. 3º do mesmo diploma legal dispõe que "as partes interessadas podem submeter a solução de seus litígios ao juízo arbitral mediante convenção de arbitragem, assim entendida a cláusula compromissória e o compromisso arbitral". A utilização do verbo "poder" nesses dispositivos deixa claro que o exercício da autonomia privada na arbitragem se viabiliza, primeiramente, pela faculdade que as partes dispõem de celebrar ou não uma convenção de arbitragem. Assim, o princípio basilar da autonomia privada está na base da convenção de arbitragem[201].

Entretanto, há de se reconhecer situações nas quais há mitigação no caráter voluntarista da arbitragem. Em primeiro, a inserção de cláusula compromissória em contrato de adesão implica questionamento acerca do consentimento em relação à cláusula compromissória. Nesses casos, a própria Lei de Arbitragem previu no art. 4º, § 2º, a necessidade de manifestação superveniente de consentimento para que a cláusula compromissória tenha eficácia. Assim, há um reconhecimento legal explícito da origem não voluntarista desse tipo de arbitragem, pois, diante da dificuldade de se aferir a voluntariedade e o consentimento no plano da existência da cláusula compromissória inserida em contrato de adesão, esse deverá ser expresso novamente no plano da eficácia para que haja produção de efeitos jurídicos.

Outro grupo de situações que põe em xeque a liberdade de escolher arbitrar faz referência aos casos nos quais o assentimento em relação à arbitragem é condicionante à participação e ao acesso a um determinado mercado. Por exemplo, a aquisição de ações de companhia aberta em níveis elevados de governança implica anuência com a cláusula compromissória inserida no estatuto social das companhias. Assim, depois da reforma da Lei de Arbitragem em 2015, não há – propriamente – a liberdade de não contratar arbitragem nessas situações, pois a vinculação à cláusula compromissória passou a ser condição de acesso ao mercado dos valores mobiliários.

O mesmo se aplica à inserção de cláusula compromissória em contratos administrativos. A Lei 14.133/2021, que versa sobre licitações e contratos administrativos, no art. 151, trouxe autorização legal expressa à utilização de arbitragem enquanto método de resolução de litígios em contratos firmados com a administração pública[202]. Diante da assimetria de poder entre a administração pública e os privados, a inclusão de cláusula compromissória poderá ser um pré-requisito imposto pela administração pública para que ocorra a conclusão de determinado contrato administrativo. Nesse caso, o consenti-

---

[200]   BERALDO, Leonardo de Faria. *Curso de Arbitragem: nos termos da Lei nº 9.307/1996*. São Paulo: Atlas, 2014, p. 41.

[201]   GUERRERO, Luis Fernando. *Convenção de arbitragem e processo arbitral*. 4ª ed. São Paulo: Almedina, 2022, p. 54.

[202]   Lei 14.133/2021, Art. 151: "Nas contratações regidas por esta Lei, poderão ser utilizados meios alternativos de prevenção e resolução de controvérsias, notadamente a conciliação, a mediação, o comitê de resolução de disputas e a arbitragem".

mento em relação à arbitragem se coloca como um condicionante ao acesso à atividade econômica, mitigando a natureza voluntarista.

A partir de uma concepção mais clássica da liberdade contratual, a formação de convenção de arbitragem estaria relacionada à opção pela via arbitral enquanto um método consensual e adequado de solução de conflitos. Entretanto, não se pode ignorar a existência de situações nas quais é difícil vislumbrar o consentimento das partes dentro dessa perspectiva. Há, melhor dizendo, um mero assentimento, estando a concordância com a via arbitral não relacionada às suas qualidades intrínsecas, mas à prevalência do interesse de concluir determinado negócio no qual o assentimento com a arbitragem representa pré-requisito.

3. Liberdade de escolher com quem arbitrar

A autonomia privada manifesta-se, ademais, na arbitragem, quando uma das partes escolhe a outra para firmar a convenção de arbitragem. Ninguém pode, na arbitragem, obrigar uma terceira pessoa a firmar convenção de arbitragem e ninguém pode ser obrigado a firmar convenção de arbitragem, com terceira pessoa, contra a sua vontade.

Por regra, não há imposição que determinada parte tenha que celebrar convenção de arbitragem com qualquer outra, seja pessoa física ou jurídica, de direito público ou privado, nacional ou estrangeira. A autonomia privada manifesta-se na arbitragem também na faceta de permitir que uma parte eleja com quem deseja celebrar convenção de arbitragem.

Esse aspecto da autonomia privada na arbitragem tem repercussão prática direta nas hipóteses em que se pretende a adição de litisconsortes ao processo arbitral, bem como na extensão ou na transmissão da convenção de arbitragem a partes não signatárias. Ninguém pode ser obrigado a litigar na via arbitral contra quem não elegeu como parte na convenção de arbitragem, ressalvas feitas, por exemplo, às hipóteses de sucessão e/ou transformação da parte originalmente contratante, como ocorre, por exemplo, numa incorporação, fusão ou cisão empresarial.

Entretanto, essa regra geral também encontra limitações. Tomando a arbitragem no mercado de capitais como exemplo, identifica-se a obrigatoriedade de inserção de cláusula da Câmara de Arbitragem do Mercado[203], não sendo possível optar por outra instituição[204]. Assim, percebe-se que, por mais que a regra seja, de fato, a liberdade de

---

[203] No final do ano 2000 a Bovespa lançou os segmentos de listagem Novo Mercado e Níveis 1 e 2 de Governança Corporativa. Esses se diferenciam por apresentarem requisitos de divulgação de informações e de proteção do acionista mais intensos do que o previsto na legislação. (SANTANA, Maria Helena dos Santos Fernandes de; GUIMARÃES, Juliana Paiva. Mercado de valores mobiliários: evolução recente e tendências. *Revista de Direito Bancário e do Mercado de Capitais*, vol. 41. São Paulo: Editora Revista dos Tribunais, jul./set., 2008. DTR 2008/382).

[204] Regulamento do Novo Mercado, art. 39: "Art. 39 O estatuto social deve contemplar cláusula compromissória dispondo que a companhia, seus acionistas, administradores, membros do conselho fiscal, efetivos e suplentes, se houver, obrigam-se a resolver, por meio de arbitragem, perante a Câmara de Arbitragem do Mercado, na forma de seu regulamento, qualquer controvérsia que possa surgir entre eles, relacionada com ou oriunda da sua condição de emissor, acionistas, administradores e membros do conselho fiscal, e em especial, decorrentes das disposições contidas na Lei 6.385/1976, na Lei 6.404/1976, no estatuto social da companhia, nas normas editadas pelo CMN, pelo BCB e pela CVM, bem como nas demais normas aplicáveis ao funcionamento do mercado de valores

escolher o parceiro negocial, haverá situações nas quais essa liberdade poderá apresentar--se de forma mitigada ou inexistir.

Nesse cenário, tendo em vista a legislação atual, a opção existente é ou comprar ação de uma das companhias que transacionam nos níveis mais elevados de governança corporativa e, assim, submeter-se à cláusula compromissória estatutária ou optar por não comprar esses papéis[205]. Portanto, verifica-se que o assentimento em relação à arbitragem como método de solução de litígios mostra-se como verdadeiro fator de acessibilidade de determinados mercados. Igualmente, evidencia-se o contraste existente entre o princípio majoritário, prevalente no âmbito do direito societário, e o princípio do consensualismo, pedra fundamental da arbitragem[206].

4. Liberdade de escolher como arbitrar

O aspecto da autonomia privada que possui maior repercussão prática diz respeito à possibilidade de definir o conteúdo do contrato. A autonomia privada, em outras palavras, dá suporte à chamada liberdade contratual, que representa a prerrogativa de as partes contratantes estabelecerem as cláusulas essenciais do contrato, bem como de executá-lo da maneira como foi convencionado[207].

As partes, além disso, têm a prerrogativa de definir, com ampla liberdade, o conteúdo da convenção de arbitragem, moldando-a da forma pela qual consideram a mais apropria-

---

mobiliários em geral, além daquelas constantes deste regulamento, dos demais regulamentos da B3 e do contrato de participação no Novo Mercado."

[205] Analisando criticamente esse cenário, ver: GORGA, Érica. Arbitragem, governança corporativa e retrocesso no mercado de capitais brasileiro. Revista de Direito Empresarial, vol. 1, p. 125-141, jan./fev. 2014, DTR 2014/621; SANTOS, Alexandre Pinheiro dos; WELLISCH, Julya Sotto Mayor. Enforcement e mecanismos de solução alternativa de conflitos no mercado de capitais. *Revista de Arbitragem e Mediação*, vol. 53, abr./jun., 2017, DTR 2017/1634; VERÇOSA, Haroldo Malheiros Duclerc. A arbitragem e o mercado de capitais. *Revista de Direito Mercantil, Industrial, Econômico e Financeiro*. n. 146. p. 155-164, abr./jun. 2007; CAMINHA, Uinie. A arbitragem como instrumento de desenvolvimento do mercado de capitais. In: VERÇOSA, Haroldo Malheiros Duclerc (org.). *Aspectos da arbitragem institucional: 12 anos da Lei 9.307/96*. São Paulo: Malheiros, 2007; ARAÚJO, Aline Vieira Delmondes. Arbitragem e Mercado. In: PENTEADO, Mauro; MUNHOZ, Eduardo Secchi (coords.). *Mercado de capitais: doutrina, cases e material*. São Paulo: Quartier Latin, 2012; PARGENDLER, Mariana; PRADO, Viviane Muller; BARBOSA Jr, Alberto. Cláusulas arbitrais no mercado de capitais brasileiro: alguns dados empíricos. *Revista de Arbitragem e Mediação*, vol. 40, p. 105-111, jan./mar., 2014; WALD, Arnoldo. A arbitrabilidade dos conflitos societários: contexto e prática. In: WALD, Arnoldo; GONÇALVES, Fernando; CASTRO, Moema Augusta de. *Sociedades anônimas e mercado de capitais*. Homenagem ao Prof. Osmar Brina Corrêa Lima. São Paulo: Quartier Latin, 2011; SALOMÃO FILHO, Calixto. Breves notas sobre transparência e publicidade na arbitragem societária. *Revista de Arbitragem e Mediação*, vol. 52, p. 63-69, jan./mar. 2017, DTR 2017/504; REBELO, Nikolai Sosa. Arbitragem societária no mercado aberto. In: *I Dia Gaúcho da Arbitragem*. Porto Alegre: Lex Magister, 2015.

[206] SILVA, Luís Renato Ferreira da. Reflexões iniciais (e breves) sobre o art. 136-A da Lei das Sociedades Anônimas e a natureza do estatuto da sociedade e da cláusula compromissória. In: *I Dia Gaúcho da Arbitragem*. Porto Alegre: Lex Magister, 2015.

[207] Essa possibilidade é expressa de modo cristalino no direito italiano, no art. 1.322 do Codice Civile italiano de 1942, segundo o qual "le parti possono liberamente determinare il contenuto del contratto nei limiti imposti dalla legge".

da para a condução das disputas em vista dos fatos e das circunstâncias concretas[208]. As partes podem eleger, por exemplo, a sede da arbitragem, o número de árbitros, o idioma do procedimento arbitral, entre outros[209]. Pouco importa para o reconhecimento da liberdade de definição do conteúdo da convenção de arbitragem saber se os efeitos serão produzidos na seara material ou processual, pois em ambas se reconhece a manifestação da liberdade de delineamento do conteúdo das relações jurídicas.

O STJ, por sua vez, baliza esse mesmo entendimento, ratificando a ampla liberdade que as partes dispõem no que tange à definição do procedimento arbitral. Nos autos do REsp 1.312.651/SP, relatado pelo Ministro Marco Buzzi, restou definida a legitimidade desse método de resolução de disputas em virtude "dos benefícios do procedimento", com "a liberdade de escolha de quem julgará a controvérsia, quais regras o idioma, e o local da arbitragem"[210].

Diante de todos esses aspectos da autonomia privada incidentes na arbitragem, pode-se dizer, numa perspectiva clássica, que, sendo a convenção de arbitragem válida, então nada poderia irromper a vontade estabelecida pelas partes, porquanto essa autonomia seria absoluta. Como já adiantado, contudo, tal perspectiva sofre, atualmente, alguma mitigação na seara contratual, igualmente aplicável à arbitragem, por conta da boa-fé objetiva.

Ademais, há de se ressaltar a existência de limitações tópicas no que se refere à determinação do conteúdo da convenção de arbitragem. Por exemplo, o art. 2º, § 3º, da Lei de Arbitragem traz restrição legal à determinação da lei aplicável às arbitragens que envolvem a administração pública[211]. Essa restrição, não extensível a arbitragens envolvendo

---

[208] GROLA, Fúlvia Bolsoni; FINZI, Igor. Arbitragem ad hoc, institucional e regimental: uma análise sobre vantagens e desvantagens. O que considerar no momento da escolha do tipo de arbitragem? *Revista de Direito Empresarial*, vol. 1, p. 223-248, jan./fev. 2014, DTR 2014/585, p. 02.

[209] Eduardo Parente faz referência, ainda, à eleição da lei material: "Um primeiro panorama da questão surge quando vista a potencialidade da autonomia da vontade no processo arbitral. Isso se traduz no simples fato de as partes poderem eleger a lei material que deverá ser aplicada pelo árbitro (LA, art. 2.º, § 1.º). Aqui o leque é amplíssimo, suposto que, nos termos da lei, 'não haja violação aos bons costumes e à ordem pública'. Podemos falar de lei brasileira ou mesmo estrangeira, não importa. Uma vez eleita, a ela o árbitro estará vinculado. Com isso evidencia-se uma forma de funcionar do processo arbitral absolutamente distinta do estatal. Uma vez estipulada na convenção, ou mesmo no início do procedimento (no termo de arbitragem, por exemplo), esta ferramenta integra o modelo operacional do processo arbitral, trazendo grande influência no seu resultado e demonstrando que este modo de ser apresenta, com todos os seus mecanismos internos próprios, autonomia no tocante ao paradigma do processo judicial. Essa relação de interface com o microcosmo de diferentes núcleos de direito material longe de caracterizar um engessamento para o exercício da jurisdição arbitral concretiza, isso sim, a sua real finalidade. Julgar crises de direito material mediante um funcionamento distinto do processo estatal, trazendo com isso diferentes influxos práticos para a própria sociedade. Falamos aqui dos conhecidos sentimentos de maior presteza, maior eficiência, maior qualidade de julgamento etc. Seja como for, o fato de a parte poder escolher qual será o direito que deverá ser aplicado à questão substancial controvertida por si só demonstra o quão característico é o processo arbitral em relação ao estatal na relação com o direito material" (PARENTE, Eduardo de Albuquerque. Existiria uma Ordem Jurídica Arbitral? In: CARMONA, Carlos Alberto; LEMES, Selma Ferreira; MARTINS, Pedro Batista (Coords). *20 Anos da Lei de Arbitragem: homenagem e Petrônio R. Muniz.* São Paulo: Atlas, 2017, p. 72).

[210] STJ. REsp 1.312.651/SP. Min. Marco Buzzi. Quarta Turma. J. em: 18.02.2014.

[211] Lei de Arbitragem, art. 2º, § 3º: "A arbitragem que envolva a administração pública será sempre de direito e respeitará o princípio da publicidade."

sociedades de economia mistas, as quais seguem o regime de direito privado, implica um balizamento do exercício da liberdade de definir a condução da arbitragem.

Entretanto, situações mais complexas podem impor um sopesamento e uma ponderação de diversas regras jurídicas para que se determine ou não a incidência dessa baliza acerca da liberdade contratual. Por exemplo, uma sociedade comercial que contrata cláusula compromissória prevendo julgamento por equidade que, posteriormente, é encampada pela administração pública. Nesse cenário, há de se estabelecer um diálogo entre diversas regras jurídicas a fim de encontrar a solução para o caso concreto, bem como para verificar se incide ou não o balizamento acerca da condução do procedimento.

Dessa forma, por mais que a regra geral seja a liberdade de definir o conteúdo da cláusula compromissória, refletindo-se na permissão genérica de flexibilidade procedimental[212], haverá situações em que regras especiais do ordenamento jurídico irão impor a observância de determinadas condutas, mitigando essa liberdade.

Ademais, para além de limitações pontuais referentes a problemas específicos, há de se ter em conta as garantias do devido processo legal, as quais tem de ser observadas na arbitragem, com as devidas modificações em relação ao processo civil perante o Poder Judiciário. De modo geral, as garantias e os princípios do processo, notadamente de estatura constitucional, também agem como baliza legal à liberdade de como arbitrar[213].

5. Outros corolários da autonomia privada na arbitragem

Para além da liberdade contratual, a autonomia privada fundamenta outros princípios que atuarão na conformação das relações jurídicas[214]: (i) princípio da vinculatividade dos contratos (*pacta sunt servanda*); (ii) princípio da relatividade dos contratos (*res inter alios acta*); e (iii) princípio do consensualismo. Cada um desses subprincípios representa

---

[212] "A flexibilidade, decorrência da autonomia das vontades das partes, permite que o procedimento seja modelado de forma a atender as intenções e necessidades dos contratantes, assim como aquelas imposições que a prática reiterada das cortes estatais identifica como erros passíveis de anular ou se sobrepor às vontades das partes, que, por serem violações a normas ou princípios que os tribunais reputam como cogentes, podem inviabilizar a execução das sentenças arbitrais frustrando a efetividade do processo arbitral." (FINKELSTEIN, Cláudio. Flexibilidade e Autonomia da Vontade em Arbitragem: aprendendo com os erros. *Revista de Arbitragem e Mediação*, vol. 6, p. 155-176, abr./jun., 2020, DTR 2020/7572).

[213] "Percebe-se, portanto, que o tema da regulação do procedimento arbitral está situado em um contexto de contraposição entre, de um lado, a autonomia das partes e, de outro lado, o devido processo legal. A arbitragem está fundada sobre a autonomia das partes, mas não existe autonomia ilimitada. É também por isso que muitos autores entendem que, de acordo com a lei brasileira, a arbitragem é uma técnica compositiva de natureza híbrida, possui origem contratual ao mesmo tempo em que é atividade jurisdicional sujeita às garantias processuais. Além das garantias processuais, também existem outras limitações à liberdade das partes de disciplinar o procedimento arbitral. Uma delas já foi indicada acima, qual seja, o poder dos próprios árbitros, uma vez nomeados, de regular o procedimento arbitral. Além deles, também os órgãos arbitrais institucionais, na hipótese de arbitragens institucionais, podem se recusar a administrar um procedimento se as partes criarem regras ou modificarem o regulamento a ponto de torná-lo impraticável ou até mesmo afetar as custas que deverão ser pagas ao órgão arbitral." (FALECK, Diego. Concordar em Discordar: por quê, o quê e como negociar o procedimento arbitral. *Revista de Direito Empresarial*, vol. 1, p. 249 ss., jan./2014, DTR 2014/586, p. 08).

[214] AMARAL, Francisco. *Direito Civil: introdução*. 10 ed. São Paulo: Saraiva, 2018, p. 133-134.

um corolário derivado da regra geral de autonomia privada e apresentará uma dimensão própria na seara arbitral.

O princípio da força obrigatória dos contratos impõe o dever jurídico de observar o que foi contratado. O seu reflexo na arbitragem consiste nos efeitos positivo e negativo da convenção de arbitragem, fundamentando a jurisdição arbitral, bem como na possibilidade de promover a execução específica da convenção de arbitragem. Nesse sentido, manifestou-se o Ministro Ricardo Villas Bôas Cueva no REsp 1.550.260, afirmando que "negar aplicação à convenção de arbitragem significa, em última análise, violar o princípio da autonomia da vontade das partes e a presunção de idoneidade da própria arbitragem, gerando insegurança jurídica"[215].

O princípio da relatividade dos contratos determina que um negócio jurídico apenas produzirá efeitos sobre aqueles que são "partes"[216]. A manifestação desse princípio implica necessidade de ser parte da convenção de arbitragem, de modo originário ou superveniente, para estar sujeito à jurisdição do tribunal arbitral. Nesse sentido, a medida da jurisdição do tribunal arbitral, em termos subjetivos, está sobreposta à dimensão das manifestações de consentimento em relação à arbitragem.

O princípio do consensualismo estabelece como regra geral a liberdade de forma de manifestação do consentimento. Por mais que a convenção de arbitragem seja negócio jurídico que tenha forma prescrita em lei, não há balizamento legal próprio que, em regra, condicione o modo pelo qual uma parte deve manifestar o seu consentimento em relação à arbitragem. Dessa forma, por mais que, na prática, as partes frequentemente manifestem vontade por meio da assinatura de documento que contém convenção de arbitragem, haverá situações nas quais essa ocorrerá de modo tático ou implícito, fazendo surgir verdadeiras partes não signatárias.

Cada um desses subprincípios derivados da regra geral de autonomia privada merecerá estudo em tópico apartado, objetivando melhor delineamento e compreensão dos eventuais problemas práticos decorrentes.

À guisa de conclusão, vislumbra-se que a arbitragem no Brasil se encontra fundada no princípio da autonomia privada, que, por sua vez, consiste em corolário do princípio de autodeterminação dos indivíduos. A autonomia privada, nesse sentido, é a pedra fundamental da análise da convenção de arbitragem. Por sua vez, diante do vínculo embrionário com a autonomia privada, outros subprincípios materiais também irão reger e fundar a arbitragem – a liberdade contratual, em tríplice manifestação (se contratar, com quem contratar e o que contratar), a vinculatividade, a relatividade e o consensualismo.

---

[215] STJ. REsp 1.550.260/ES. Min. Paulo de Tarso Sanseverino. Terceira Turma. J. em: 12.12.2017.

[216] "Assim, em princípio e em regra, a cláusula de arbitragem somente pode produzir efeitos às partes que com ela formalmente consentiram. Este rigor formal, longe de encerrar formalismo exacerbado, tem, na verdade, o propósito de garantir e preservar a autonomia de vontade das partes, essência da arbitragem. Nas relações entre particulares, é certo, esse consentimento à arbitragem, ao qual se busca proteger, pode apresentar-se de modo expresso, mas também na forma tácita, afigurando-se possível, para esse propósito, a demonstração, por diversos meios de prova, da participação e adesão da parte ao processo arbitral, especificamente na relação contratual que o originou." (STJ. CC 151.130/SP. Min. Luis Felipe Salomão. Segunda Seção. J. em: 27.11.2019).

Nesse sentido, manifestou-se o Ministro Marco Aurélio Bellizze, no CC 151.130[217], afirmando que "o substrato da arbitragem está na autonomia de vontade das partes que, de modo consciente e voluntário, renunciam à jurisdição estatal, elegendo um terceiro, o árbitro, para solver eventuais conflitos de interesses advindos da relação contratual subjacente. O instituto da arbitragem, como método alternativo de heterocomposição dos litígios, atende detidamente ao direito fundamental da inafastabilidade da jurisdição, previsto no art. 5º, XXXV, da Constituição Federal, justamente porque as partes, consensual e voluntariamente, optam por submeter ao árbitro, e não ao Estado-Juiz, a solução de eventual litígio, atinente a direitos patrimoniais disponíveis".

A convenção de arbitragem é, pois, criatura da autonomia privada. Se os particulares são os mais indicados a fim de estabelecer como guiar as suas condutas e quais escolhas tomar, dentro da sua esfera de liberdade e das balizas do ordenamento jurídico, a arbitragem será encarada, nesse sentido, como a manifestação de um modo que os privados tomam como adequado à solução de seus conflitos.

Quadro 1: síntese das manifestações da autonomia privada na arbitragem

Derivações da Autonomia Privada	Manifestação na Arbitragem	Exceções
Liberdade de escolher contratar	Liberdade de determinar o objeto e o escopo objetivo da convenção de arbitragem	Arbitragem inserida em licitação; arbitragem no mercado de capitais; arbitragem em contratos de adesão
Liberdade de escolher com quem contratar	Liberdade de escolher árbitro; liberdade de escolher instituição arbitral	Imposição de resolução de litígios perante a CAM B3
Liberdade de escolher o conteúdo do contrato	Permissão de definir o procedimento (flexibilidade procedimental), permissão de escolher o direito aplicável, cláusula de confidencialidade	Regras especiais em arbitragem envolvendo a administração pública e no âmbito do mercado de capitais
Princípio da vinculatividade (pacta sunt servanda)	Efeito positivo e negativo da convenção de arbitragem; ação de execução específica da convenção de arbitragem	Não interposição da exceção de arbitragem nos moldes do art. 337, § 6º, do CPC
Princípio da relatividade (res inter alios acta)	Determinação do escopo subjetivo da convenção de arbitragem; vinculação de partes não signatárias da convenção de arbitragem	Integração superveniente de parte na convenção de arbitragem ou no procedimento arbitral (*joinder* e *intervention*)
Princípio do consensualismo	Liberdade na forma de manifestar o consentimento em relação à convenção de arbitragem	Requisito especial em contratos de adesão (cláusula em negrito e com assinatura própria); imposição de manifestação expressa de consentimento em determinadas situações (não reconhecimento de aceitação tácita)

---

[217] STJ. CC 151.130/SP. Min. Rel. Luis Felipe Salomão. Segunda Seção. J. em: 27.11.2019.

Capítulo 2
A ARBITRAGEM COMO MÉTODO DE RESOLUÇÃO DE LITÍGIOS

Não se pode definir o que seja, em essência, a convenção de arbitragem, sem antes delimitar o próprio conceito de arbitragem. Dessa forma, este capítulo pretende analisar as diferentes visões acerca desse método de resolução de litígios. Na sequência, a adoção da via arbitral no Brasil será contextualizada dentro do ambiente de mudanças de percepção acerca da função do processo como forma de resolver disputas.

Enquanto definição inicial, pode-se afirmar que a arbitragem é um método de heterocomposição de conflitos em que o árbitro, ao exercer a cognição, nos limites da convenção de arbitragem, decide a controvérsia com autonomia e definitividade. Qualquer conceituação de arbitragem, sob a égide do ordenamento jurídico brasileiro, deve fazer referência a quatro elementos fundamentais: (i) meio de solução de conflitos; (ii) autonomia privada das partes; (iii) terceiro imparcial com poder de decisão; e (iv) coisa julgada material[218].

A partir daí, passa-se a analisar a arbitragem de direito e por equidade, analisando essas duas possibilidades de conduzir a arbitragem, dependendo da vontade das partes, que poderão escolher certo ordenamento jurídico a ser aplicado ou, ainda, optar pela possibilidade de solução de litígios por equidade.

§ 5. A ARBITRAGEM NO CONTEXTO DA EVOLUÇÃO DOS MÉTODOS DE SOLUÇÃO DE LITÍGIOS

1. Conflitos de Interesses

A existência de conflitos é fato inerente à vida em sociedade. O convívio organizado de grupos humanos pressupõe a renúncia a determinados aspectos da liberdade[219], coletiva e individual. Trata-se de um sacrifício justificável, necessário para viabilizar tal convívio[220],

---

[218] Conceito inicialmente trabalhado em: FICHTNER, José Antonio; et al. *Teoria Geral da Arbitragem*. Rio de Janeiro: Editora Forense, 2019, p. 33.

[219] Tema originalmente abordado em: FICHTNER, José Antonio; et al. *Teoria Geral da Arbitragem*. Rio de Janeiro: Editora Forense, 2019, p. 09-12.

[220] As próprias Cortes brasileiras reconhecem as limitações imposta pelo ordenamento jurídico à liberdade individual. Exemplificativamente, com a ascensão do fenômeno da constitucionalização do direito civil, o Supremo Tribunal Federal, ao julgar o Recurso Extraordinário 201.819, relatado pelo Ministro Gilmar Mendes, em 11 de outubro de 2005, entendeu que a "autonomia privada, que encontra claras limitações de ordem jurídica, não podendo ser exercida em detrimento ou com desrespeito aos direitos e garantias de terceiros, especialmente aqueles positivados em sede constitucional, pois a autonomia da vontade não confere aos particulares, no domínio de sua

mesmo significando o estabelecimento de uma limitação de algo, como a liberdade, considerado valor humano essencial nas sociedades organizadas democraticamente.

O desenvolvimento da estrutura social é acompanhado pela evolução da organização jurídica. O fenômeno jurídico e o fenômeno social encontram-se profundamente imbricados na contemporaneidade (*ubi societas, ibi ius* e *ubi ius, ibi societas*). Miguel Reale leciona, assim, que "o Direito corresponde à exigência essencial e indeclinável de uma convivência ordenada, pois nenhuma sociedade poderia subsistir sem um mínimo de ordem, de direção e solidariedade"[221].

Com efeito, uma das principais formas de se limitar a conduta humana na vida em sociedade é a expedição de normas pelo Estado, que devem ser seguidas pelos indivíduos[222]. Ao mesmo tempo que limita, o Direito, paradoxalmente, também liberta o indivíduo, pois constitui ferramenta indispensável a assegurar um mínimo de ordem no ambiente em que atua. Tercio Sampaio Ferraz Jr. assim diz que "ser livre é estar no direito e, no entanto, o direito também nos oprime e tira-nos a liberdade"[223]. Entre o forte e o fraco, a liberdade aprisiona e o direito liberta[224].

Entretanto, nem sempre é possível pensar na realização voluntária e autônoma do direito. As normas jurídicas nem sempre são respeitadas, mesmo sendo elaboradas com esse propósito[225]. Por essa razão, o estudo do fenômeno jurídico não pode restar confinado à análise estéril do seu conteúdo estático, dos textos normativos e dos diplomas legais. A infringência das normas destinadas ao controle social leva a um inevitável conflito de interesses, entre aquele que teve o seu direito violado e aquele que o violou[226]. No extremo, a inobservância a essas normas leva a uma crise, tanto jurídica como social. E, nesses casos, também o Direito prevê meios de restabelecimento da ordem, do ponto de vista jurídico – uma vez que, ainda que sanada do ponto de vista jurídico, a crise entre as partes, sob o aspecto psicológico, pode ainda existir. Nesse sentido, assume relevo a atuação do Estado, por intermédio de sua atividade jurisdicional.

Os conflitos de interesse, intrínsecos à vida em sociedade, legitimam e demonstram a necessidade de existência e desenvolvimento do fenômeno jurídico. Dado o conflito,

---

incidência e atuação, o poder de transgredir ou de ignorar as restrições postas e definidas pela própria Constituição, cuja eficácia e força normativa também se impõem, aos particulares, no âmbito de suas relações privadas, em tema de liberdades fundamentais". (STF. RE 201.819. Min. Gilmar Mendes. Primeira Turma. J. em: 11.10.2005).

[221] REALE, Miguel. *Lições preliminares de direito*. 25ª ed. São Paulo: Saraiva, 2000, p. 02.

[222] REALE, Miguel. *Lições preliminares de direito*. 25ª ed. São Paulo: Saraiva, 2000, p. 95.

[223] FERRAZ JR., Tercio Sampaio. *Introdução ao estudo do direito*. 6ª ed. São Paulo: Atlas, 2011, p. 01.

[224] "O Direito surge, portanto, como tentativa de manutenção da liberdade individual dentro de um determinado grupo social. O Direito é a constante (e inalcançável) busca de uma forma de equacionar as liberdades individuais em jogo, disciplinando-as. E é, exatamente, limitando a liberdade que o Direito consegue preservá-la." (GIDI, Antonio. A dimensão política do direito de ação. *Revista de Processo*, vol. 60, p. 196-207, out./dez., 1990, DTR 1990/163, p. 01).

[225] ARRUDA ALVIM, José Manoel de. *Tratado de direito processual civil*. Vol. 1. 2ª ed. São Paulo: Revista dos Tribunais, 1990, p. 10.

[226] Como explica Arruma Alvim, "a hipótese de dois ou mais indivíduos irredutivelmente se intitularem, em face e com fundamento no mesmo ordenamento jurídico, como aqueles a quem tal ordenamento protege, num mesmo momento e tendo em vista o mesmo bem, leva inelutavelmente à necessidade de resolver tal conflito" (ARRUDA ALVIM, José Manoel de. *Manual de direito processual civil*. Vol. 1. 12ª ed. São Paulo: Revista dos Tribunais, 2008, p. 424).

cria-se o litígio, que é a alma do processo, pois guarda em si uma relação de índole continente-conteúdo de caráter imutável e perpétuo[227]. Em seus clássicos ensinamentos, Francesco Carnelutti chamava de lide "al conflicto de intereses calificado por la pretensión de uno de los interesados y por la resistencia del otro"[228], de pretensão "la exigencia de la subordinación de un interés ajeno a un interés propio"[229], e de interesse "la posición favorable a la satisfacción de una necesidad"[230].

O surgimento de meios de solução de controvérsias, sobretudo por meio do processo, é algo natural, vez que é impossível harmonizar todos os interesses multifacetados envolvidos na vida em sociedade[231]. Dessa forma, diante do problema dos conflitos de interesses, é preciso pensar em formas de solucioná-los, evitando o esgarçamento do tecido social.

2. Métodos de solução de litígios

Há diversos métodos de solução de litígios[232]. O mais primitivo de todos é a autotutela, quando o próprio indivíduo, por meio de sua força, busca satisfazer suas necessidades e impor os seus interesses aos demais[233]. É um método de solução de conflitos em era pré-estatal, associada à força bruta e à imposição física, incompatível com as necessidades civilizatórias modernas. Francesco Carnelutti assim já repudiava o uso da violência como forma de solucionar conflitos: "el empleo de la violencia para la solución de los conflictos hace difícil, si no imposible, la permanencia de los hombres en sociedad y, con ello, el desenvolvimiento de los intereses que por su naturaleza colectiva requieren esa permanencia"[234].

---

[227]   MACHADO, Antônio Cláudio da Costa Machado. Jurisdição Voluntária, Jurisdição e Lide. *Revista de Processo*, vol. 37, p. 68-84, jan./mar., 1985, DTR 1985/65, p. 05.

[228]   CARNELUTTI, Francesco. *Sistema de derecho procesal civil*. Vol. 1. Niceto Alcalá-Zamora y Castillo y Santiago Sentis Melendo (Trad.). Buenos Aires: Uteha Argentina, 1944, p. 44.

[229]   CARNELUTTI, Francesco. *Sistema de derecho procesal civil*. Vol. 1. Niceto Alcalá-Zamora y Castillo y Santiago Sentis Melendo (Trad.). Buenos Aires: Uteha Argentina, 1944, p. 07.

[230]   CARNELUTTI, Francesco. *Sistema de derecho procesal civil*. Vol. 1. Niceto Alcalá-Zamora y Castillo y Santiago Sentis Melendo (Trad.). Buenos Aires: Uteha Argentina, 1944, p. 11.

[231]   "Na vida em sociedade, trava o homem múltiplas relações tendentes à satisfação de suas necessidades materiais e espirituais. Em sendo assim, torna-se natural que delas surjam conflitos de interesses os quais, o mais das vezes, são solvidos pelas próprias partes em litígio, através de transações, renúncias e demais formas de autocomposição." (JARDIM, Afrânio Silva. Notas sobre a teoria da jurisdição. *Revista de Processo*, vol. 46, p. 198-212, abr./jun., 1987, DTR 1987/180, p. 04).

[232]   FICHTNER, José Antonio; et al. *Teoria Geral da Arbitragem*. Rio de Janeiro: Forense, 2016, p. 12.

[233]   "Autotutela é emprego de força quer do indivíduo, quer do grupo a que se acha integrado (família, gens, horda), para fazer prevalecer o seu interesse. Embora seja razoável a ponderação de Ihering, para quem a preponderância da força física encontrava-se normalmente ao lado daquele que tinha o direito, é fácil de ver que neste sistema onde "a força material e impulso de vingança são os únicos reguladores dos atritos humanos; (...) em vez de a força física estar ao serviço do direito, era o direito que estava a mercê da força"." (GUERRA FILHO, Willis Santiago. Breves Notas sobre os modos de solução dos conflitos. *Revista de Processo*, vol. 42, p. 271-278, abr./jun., 1986, DTR 1986/88, p. 01). Também sobre autotutela: "Trata-se de solução de conflito de interesses que se dá pela imposição da vontade de um deles, com o sacrifício do interesse do outro. Solução egoísta e parcial do litígio. O *"juiz da causa"* é uma das partes." (DIDIER JR., Fredie. *Curso de Direito Processual Civil: introdução ao Direito Processual Civil e Processo de Conhecimento*. Vol. 1. 16ª ed. Salvador: Editora Juspodivm, 2014, p. 111).

[234]   CARNELUTTI, Francesco. *Sistema de derecho procesal civil*. Vol. 1. Niceto Alcalá-Zamora y Castillo y Santiago Sentis Melendo (Trad.). Buenos Aires: Uteha Argentina, 1944, p. 17-18.

Não à toa, o Código Penal tipifica como crime, no seu art. 345, o "exercício arbitrário das próprias razões", segundo o qual se proíbe "fazer justiça pelas próprias mãos, para satisfazer pretensão, embora legítima, salvo quando a lei o permite"[235]. Apenas em hipóteses excepcionais admite-se a autotutela, como nos casos de legítima defesa, greve e desforço imediato contra esbulho possessório. Arruda Alvim observa que "os casos residuais de autodefesa, atualmente existentes, repousam no fato de que, se em tais hipóteses houvesse imprescindivelmente necessidade de acesso ao Judiciário, tal fato viria a se constituir em praticamente óbice à defesa do direito", razão pela qual "hipóteses há que só a defesa privada pode eficientemente evitar o dano"[236].

Em substituição à autotutela, prática que afeta a paz social e a segurança, além de impossibilitar a permanência dos indivíduos em sociedade[237], foram desenvolvidos outros mecanismos de solução de conflitos[238]. É dizer, em substituição à via física como forma de resolução de controvérsias, criaram-se outras estruturas de composição dos diversos interesses que necessitam ser harmonizados para viabilizar a vida em sociedade[239].

Assim, os conflitos podem ser resolvidos a partir de métodos que apresentam natureza heterocompositiva ou autocompositiva[240]. Significa dizer que a prestação jurisdicional

---

[235] Nos dizeres do Supremo Tribunal Federal: "Constitui elemento normativo do tipo do exercício arbitrário das próprias razões (CPen., art. 345) o não enquadrar-se o fato numa das hipóteses excepcionais em que os ordenamentos modernos, por imperativos da eficácia, transigem com a autotutela de direitos privados, que, de regra, incriminam: o exemplo mais frequente de tais casos excepcionais de licitude da autotutela privada está na defesa da posse, nos termos admitidos no art. 502 C. Civil. Desse modo, saber quem detinha a posse no momento do fato constitui questão prejudicial heterogênea da existência daquele crime atribuído ao agente que pretende ter agido em defesa da sua posse contra quem jamais a tivera. A eficácia no processo penal de sentença civil transitada em julgado, que haja decidido questão prejudicial heterogênea, não depende de que, para aguardá-la, tenha havido suspensão do procedimento criminal" (STF. HC 75.169. Rel. Min. Sepúlveda Pertence. Primeira Turma. J. em: 24.06.1997).

[236] ARRUDA ALVIM, José Manoel de. *Código de Processo Civil comentado*. Vol. 1. São Paulo: Revista dos Tribunais, 1975, p. 16.

[237] CARNELUTTI, Francesco. *Sistema de derecho procesal civil*. Vol. 1. Niceto Alcalá-Zamora y Castillo y Santiago Sentis Melendo (Trad.). Buenos Aires: Uteha Argentina, 1944, p. 17-18.

[238] "Sucede, porém, que, em havendo resistência de uma das partes à pretensão da outra, vedada que está a autotutela, surge a necessidade de que o Estado, através do processo, resolva este conflito de interesses opostos, trazido à sua apreciação, dando a cada um o que é seu e reintegrando a ordem e a paz no grupo. De tal importante tarefa se desincumbe o Estado através da jurisdição, poder-dever, reflexo da sua soberania, através da qual, substituindo-se à atividade das partes, coativamente age em prol da ordem ou segurança jurídica. Trata-se de uma função pública de capital importância para o bom convívio dos homens na sociedade complexa e tensa em que vivemos." (JARDIM, Afrânio Silva. Notas sobre a teoria da jurisdição. *Revista de Processo*, vol. 46, p. 198-212, abr./jun., 1987. DTR 1987/180, p. 04).

[239] "Se o Estado tira do indivíduo o poder de autotutela; se a disciplina dos interesses em conflito ele subtrai de modo quase que absoluto da esfera do poder dos indivíduos, fazendo da ação, em sentido direto, uma atividade sua, faz nascer uma relação de obrigação em relação a esses indivíduos, qual seja, a de solucionar os conflitos que a eles não mais é dado solucionar." (GIDI, Antonio. A dimensão política do direito de ação. *Revista de Processo*, vol. 60, p. 196-207, out./dez., 1990, DTR 1990/163, p. 06).

[240] Sobre a adoção de mecanismos extrajudiciais de soluções de conflitos, o Ministro Nelson Jobim, ao julgar a constitucionalidade incidental da Lei de Arbitragem, referiu em seu voto que "estamos tratando de medidas de eficácia do sistema legal. Podemos entender o sistema legal, na perspectiva da sua eficácia, quer pelo procedimento pela justiça formal, quer pelos sistemas extrajudiciais de composição de conflitos (...) Tivemos na tradição brasileira um projeto de lei do então Senador

não é o único caminho pelo qual a lide pode ser solucionada. É que leciona Humberto Theodoro Júnior, ao afirmar que, "sendo a jurisdição atividade estatal provocada, e da qual a parte têm disponibilidade, como já vimos, pode a lide encontrar solução por outros caminhos que não a prestação jurisdicional"[241].

O Código de Processo Civil de 2015, em seu art. 3º[242], reforçou a utilização dos métodos autocompositivos de soluções de conflito por intermédio da ideia de "justiça multiportas"[243], originada pelo conceito de *multi-door dispute resolution*[244]. O texto legal dispõe sobre "tutela jurisdicional", não a limitando ao Poder Judiciário especificamente. Assim, há, atualmente, um conjunto de métodos de solução de disputas que se desenvolvem em paralelo ao judiciário, integrando um movimento de desjudicialização das relações sociais[245]. Inclusive, uma das tendências do processo civil contemporâneo é o incentivo de meios adequados para que a controvérsia seja dirimida sem necessidade de constituição da relação jurídica processual perante o Poder Judiciário[246].

A doutrina anterior à vigência do CPC/15 não considerava a arbitragem um método jurisdicional de solução de conflitos, especialmente pela influência Carneluttiana de considerar a jurisdição como monopólio estatal[247]. No entanto, a evolução da dogmática

---

Marco Maciel, no qual tive a grande participação na Câmara dos Deputados e, depois, como Ministro da Justiça –, a tentativa de começar a valorizar eficazmente os sistemas extralegais de composição de conflitos para dar maior eficácia ao próprio sistema legal, já que não podemos entende-lo, no que diz respeito às suas medidas de eficácia, restrito exclusivamente à justiça formal, que era nossa tradição. Na verdade, Sr. Presidente, o que percebi nas reações que tínhamos na doutrina, inclusive nos juízos políticos sobre a validez das medidas extrajudiciais de composição de conflitos, era exatamente a concepção de um Estado intervencionista sem a possibilidade do respeito à liberdade individual no que diz respeito à própria sociedade compor os seus conflitos fora do Estado (...) Há, na história brasileira, no que diz respeito às próprias instituições, momentos de tensão em relação à possibilidade de a sociedade ter mecanismos extrajudiciais de composição de conflitos." (STF. SE-AgR. n. 5206. Min. Rel. Sepúlveda Pertence. Plenário. J. em 12.12.2001).

[241] THEODORO JÚNIOR, Humberto. *Curso de direito processual civil*. Vol. 1. 48ª ed. Rio de Janeiro: Forense, 2008, p. 47.

[242] Código de Processo Civil, Art. 3º: "Não se excluirá da apreciação jurisdicional ameaça ou lesão a direito."

[243] AZEVEDO, André Jobim de. Os métodos de solução de conflitos, nova regência processual: observações. In: *I Dia Gaúcho da Arbitragem*. Porto Alegre: Lex Magister, 2015.

[244] LESSA NETO, João Luiz. O novo CPC adotou o modelo multiportas!!! E agora?! *Revista de Processo*, vol. 244, p. 427-441, jun./2015, DTR 2015/9714.

[245] "Essas técnicas processuais visam principalmente a aumentar a efetividade e a segurança jurídica do ordenamento brasileiro ao prestar uma jurisdição mais célere, efetivar a tutela de direitos, reduzir a litigiosidade e evitar decisões contraditórias. Além disso, está se delineando um movimento expressivo para redução da cultura de litigiosidade, por meio das técnicas da mediação, negociação, conciliação e desjudicialização." (GIDI, Antonio; ZANETI JR., Hermes Zaneti. O processo civil brasileiro na "Era da Austeridade"? Efetividade, celeridade e segurança jurídica: pequenas causas, causas não contestadas e outras matérias de simplificação das decisões judiciais e dos procedimentos. *Revista de Processo*, vol. 294, p. 41-76, ago./2019, DTR 2019/37535, p. 08).

[246] SILVA, Paula Costa E. O acesso ao sistema judicial e os meios alternativos de resolução de controvérsias: alternatividade efectiva e complementariedade. *Revista de Processo*, vol. 158, p. 93-106, abr./2008, DTR 2011/1545.

[247] "Para Chiovenda, a Jurisdição consiste na atuação da lei mediante a substituição da atividade alheia pela atividade dos órgãos públicos, afirmando, ainda, a existência de uma vontade da lei, e colocando-a posteriormente em prática. Já, para Francesco Carnelutti, a Jurisdição é entendida

processualista superou essa concepção, ampliando a visão sobre o fenômeno e a manifestação da jurisdição. Nesse sentido, o art. 3º do CPC promoveu o incentivo à justiça multiportas, adotando nova concepção acerca do acesso à justiça[248].

Em relação aos métodos autocompositivos de solução de conflitos, são três as formas de autocomposição: (a) desistência (renúncia à pretensão); (b) submissão (renúncia à resistência oferecida à pretensão); (c) transação (concessões recíprocas)[249]. Nos métodos autocompositivos, as próprias partes alcançam a solução, com o apoio ou não de um terceiro, por meio de técnicas de *conciliação* e *mediação*. Trata-se de técnicas distintas e suas classificações podem variar de país para país. Em geral, enquanto na conciliação o terceiro (*conciliador*) participa mais ativamente da composição, inclusive sugerindo soluções, na mediação o terceiro (*mediador*) não propõe soluções às partes, mas facilita o diálogo entre elas. Pode-se dizer que, em regra, enquanto a conciliação é mais apropriada para relações imediatas (*v.g.*, acidente de trânsito, relações de consumo), a mediação é mais apropriada para relações continuadas (*v.g.*, relações familiares e entre sócios).

Em paralelo aos instrumentos autocompositivos, há os métodos heterocompositivos adjudicatórios. Nas palavras de Arruda Alvim, o "conflito de interesses, ocorrido na vida social, é, por meio do pedido do autor, feito ao Estado-juiz, transladado da vida social, enquadrado num esquema jurídico e colocado diante de uma autoridade imparcial, o juiz, que até este momento o ignorava"[250]. Atualmente, são as soluções adjudicatórias que ocupam o papel central no que se refere à solução de conflitos. O processo tem por missão

---

como um meio de que se vale o Estado para a justa composição da lide. Neste sentido, a atividade jurisdicional, exercida pela autoridade estatal por meio do processo, visa à composição de um conflito de interesses, sendo justa, pois, que se refere, estar a solução da demanda de acordo com o Direito vigente, entendendo-se ainda por "lide", o conflito de interesses qualificado por uma pretensão resistida. Guasp e Aragones, após subdividirem a concepção de Jurisdição sob três pontos de vista – quais sejam: o objetivo (conjunto de matérias processuais em que intervêm os órgãos do Estado); subjetivo (conjunto de órgãos estatais que intervêm no processo); e atividade (conjunto de atos realizados pelos órgãos estatais, ao intervir no processo) –, reduzem a ideia da mesma em uma "función estatal de satisfacción de pretensiones". Para Rosenberg, Schwb e Gottwald a finalidade da atividade jurisdicional civil seria a satisfação dos direitos subjetivos." (GAIO JÚNIOR, Antônio Pereira. Jurisdição Civil: Reflexões sobre novos paradigmas para a sua compreensão. *Revista de Processo*, vol. 269, p. 19-57, jul., 2017. DTR 2017/1811, p. 03). Também sobre o assunto: "O Estado moderno, para melhor atingir seu objetivo, que é o bem comum, dividiu seu poder soberano em três outros: Poder Legislativo, Poder Executivo e Poder Judiciário, tendo cada um deles uma função estatal. Assim, ao Legislativo compete a estruturação da ordem jurídica por meio da atitude legislativa; ao Executivo, a administração; e ao Judiciário, de um modo geral, a composição dos litígios nos casos concretos. À função de compor litígios, de declarar e realizar o Direito dá-se o nome de Jurisdição." (GAIO JÚNIOR, Antônio Pereira. Jurisdição Civil: Reflexões sobre novos paradigmas para a sua compreensão. *Revista de Processo*, vol. 269, p. 19-57, jul., 2017. DTR 2017/1811, p. 03).

[248] HILL, Flávia Pereira. Desencastelando a arbitragem: arbitragem expedita e o acesso à justiça multiportas. In: Flávia Pereira Hill; Benigna Araújo Teixeira Maia; Fernanda Gomes e Souza Borges; Flávia Pereira Ribeiro; Renata Cortez Vieira Peixoto (orgs.). *Acesso à justiça: um novo olhar a partir do código de processo civil de 2015*. Londrina: Thoth, 2021, p. 167.

[249] CINTRA, Antonio Carlos de Araújo; GRINOVER, Ada Pellegrini; DINAMARCO, Cândido Rangel. *Teoria geral do processo*. 24ª ed. São Paulo: Malheiros, 2008, p. 27.

[250] ARRUDA ALVIM, José Manoel de. *Manual de direito processual civil*. Vol. 1. 12ª ed. São Paulo: Revista dos Tribunais, 2008, p. 26.

PARTE I · **Capítulo 2** · A ARBITRAGEM COMO MÉTODO DE RESOLUÇÃO DE LITÍGIOS | **53**

precípua conduzir o litígio a uma solução que guarde fidelidade com o direito material a ser tutelado no caso concreto[251].

Todos os sujeitos de direito fazem jus à tutela jurisdicional[252], a fim de que o órgão julgador promova a pacificação social[253]. Atualmente, percebe-se múltiplos escopos associados à jurisdição, havendo finalidades sociais (pacificação com justiça, educação), políticas (liberdade, participação, afirmação da autoridade do Estado e do seu ordenamento) e jurídicas (atuação da vontade concreta do direito)[254]. Portanto, quando se pensa em métodos heterocompositivos adjudicatórios, de natureza jurisdicional, é preciso ter noção do que é jurisdição, suas finalidades e como ela é concretizada no mundo do direito.

Contudo, essa via adjudicatória não se resume mais ao clássico processo civil desenvolvido perante o Poder Judiciário: ela engloba, também, a arbitragem enquanto uma segunda modalidade jurisdicional, adequada a determinadas realidades sociais[255]. A arbitragem representa, quando comparada ao Judiciário, um foro neutro[256], especializado, flexível, célere e, muitas vezes, confidencial. De fato, é em razão desses atributos que a arbitragem se desenvolveu em âmbito internacional. Sinal disso é a ratificação da Convenção de Nova Iorque de 1958, sobre reconhecimento e execução de sentenças arbitrais estrangeiras, por cerca de 170 países até o momento[257], representando a convenção com maior adesão e aplicação no comércio internacional[258]. Assim, no âmbito jurídico, enquanto fruto da já estudada autonomia privada, é possível aos particulares atingirem a pacificação social por meio dos métodos alternativos de resolução de conflitos, entre os quais reside a arbitragem.

Nesse sentido, explica Philippe Fouchard que a Convenção de Nova Iorque pretendeu favorecer as arbitragens internacionais "pela única razão de que constituem um fator de desenvolvimento e de paz no comércio internacional e de que não existe, nesta matéria, uma outra justiça internacional. Daí a ideia não menos legítima de se prever um regime mais liberal, ou ao menos mais flexível, para a arbitragem internacional. Foi esta ideia que inspirou não apenas a Convenção de Nova Iorque e a de Genebra, mas, da mesma forma, as leis francesa, suíça, italiana e muitas outras"[259].

---

[251] MOREIRA, José Carlos Barbosa. A garantia do contraditório na atividade de instrução. *Revista de Processo*, vol. 35, p. 231-238, jul./set., 1984, DTR 1984/30, p. 01.

[252] BEDAQUE, José Roberto dos Santos. *Efetividade do processo e técnica processual.* 3ª ed. São Paulo: Malheiros, 2010, p. 234.

[253] Tema originalmente abordado em: FICHTNER, José Antonio; et al. *Teoria Geral da Arbitragem.* Rio de Janeiro: Editora Forense, 2019, p. 17-21.

[254] DINAMARCO, Cândido Rangel. *A instrumentalidade do processo.* 10ª ed. São Paulo: Malheiros, 2002, p. 387.

[255] FICHTNER, José Antonio; et al. *Teoria Geral da Arbitragem.* Rio de Janeiro: Forense, 2016, p. 14.

[256] Sobre a neutralidade, Lew, Mistelis e Kröll assim se manifestam: "by contrast to the perceived partiality of a national court, an arbitration tribunal is thought to be neutral", bem como que "this is also of particular importance where parties from different parts of the world would like to have an arbitrator on the tribunal who understands their background and thinking, and the circumstances and situations from which they come". (LEW, Julian; MISTELIS, Loukas; KRÖLL, Stefan. *Comparative International Commercial Arbitration.* Haia: Kluwer Law International, 2003, p. 07).

[257] Os dados são de: https://uncitral.un.org/en/texts/arbitration/conventions/foreign_arbitral_awards/status2. Acesso em 10 mai. 2022.

[258] No Brasil, a convenção foi promulgada por meio do Decreto 4.311/2002.

[259] FOUCHARD, Philippe. Sugestões para aumentar a eficácia internacional das sentenças arbitrais. *Revista de Direito Bancário e do Mercado de Capitais*, vol. 8, p. 331-345, abr./jun., 2000, DTR 2000/203, p. 08.

Trata-se de reflexo do fenômeno de globalização da justiça, como sinaliza Mauro Cappelletti: "por todo lado, aun en el este europeo, se multiplican los síntomas de una creciente 'apertura internacional' de los sistemas jurídicos nacionales, acompañada de una creciente conciencia internacional de los jueces y de las otras autoridades internas. [...]. Se pueden recordar en especial, la Convención de Nueva York dirigida a facilitar el reconocimiento y la ejecución de decisiones arbitrales extranjeras, concluida en 1958 bajo el auspicio de las Naciones Unidas y ratificada por casi todos los principales Estados del mundo (incluida la Unión Soviética); así como las convenciones de La Haya de 1964, 1966 y 1968, orientadas en general, a facilitar la cooperación judicial internacional en materia civil y comercial"[260].

Não só no âmbito internacional a arbitragem ganhou forças. Também no âmbito doméstico o seu uso assumiu relevo, sobretudo para disputas de maior importância econômica, em razão da especialidade dos árbitros no objeto do litígio, da possibilidade de imposição de sigilo sobre a contenda e da celeridade na obtenção de uma decisão final de mérito. No Brasil, isso é representado pela edição da Lei de Arbitragem, em 1996, e pelo reconhecimento de sua constitucionalidade, em 2001[261].

Exaltar a arbitragem não representa demérito algum ao Poder Judiciário, que desempenha papel fundamental na composição de litígios[262]. Pelo contrário, arbitragem e Poder Judiciário destinam-se a um fim comum, a resolução de conflitos[263]. Há e deve

---

[260] CAPPELLETTI, Mauro. Apuntes para una fenomenologia de la justicia en el siglo XX. *Revista de Processo*, vol. 71, jul./set., 1993, p. 84 ss.

[261] A esse respeito, ver o agravo regimental na ação de homologação de sentença estrangeira 5.206/ES.

[262] "[...] deve haver uma convivência harmônica entre a arbitragem e o Poder Judiciário, sendo absolutamente correta a assertiva segundo a qual para que haja tal harmonia será necessário estabelecer uma relação de cooperação entre ambos os sistemas". (CÂMARA, Alexandre Freitas. Das relações entre a arbitragem e o Poder Judiciário. *Revista Brasileira de Arbitragem*, vol. 2, p. 18-28, abr./jun., 2005, p. 19). Em outro estudo, o mesmo autor afirma que: "O Poder Judiciário, como se afirmou, deve prestar auxílio à arbitragem. A utilização do verbo auxiliar para descrever a ação do Estado-juiz em apoio ao processo arbitral, registre-se, é encontrada até mesmo em sede legislativa. Refiro-me, aqui, ao art. 43 da Ley de Arbitraje espanhola, de 1988, que trata do que ali se denomina auxílio jurisdicional. E não se pense que ao falar em auxílio, dando ao Estado-juiz uma posição assistencial, se tem por fim diminuir a importância do Poder Judiciário. Ao contrário, o que se pretende com isso afirmar é que a atuação do Estado é essencial para que a arbitragem seja efetiva. Em outros termos, sem a participação ativa do Estado, não será possível à arbitragem se desenvolver de forma a permitir a obtenção dos resultados justos a que a mesma se destina. Dito de outro modo, e não obstante ser a arbitragem um mecanismo alternativo à justiça estatal, sem a atuação do Estado, através de seus órgãos jurisdicionais, não poderá a arbitragem atingir os resultados pacificadores a que se destina, o que a inviabilizaria como mecanismo de resolução de conflitos. Daí, pois, extrai-se a relevância da atuação do Poder Judiciário, que não é só o mais importante organismo de pacificação social conhecido, mas é também o de fundamental relevância para que os demais entes de pacificação social possam atingir seus escopos". (CÂMARA, Alexandre Freitas. Das relações entre a arbitragem e o Poder Judiciário. *Revista Brasileira de Arbitragem*, vol. 2, p. 18-28, abr./jun., 2005, p. 23).

[263] Afirma o autor que as atividades arbitral e judicial "devem ser exercidas de forma coordenada e complementar, sempre que necessário à garantia da efetividade da tutela dos direitos." (GIUSTI, Gilberto. O árbitro e o juiz: da função jurisdicional do árbitro e do juiz. *Revista Brasileira de Arbitragem*, vol. II, p. 7-14, jan./mar., 2005, p. 13).

haver uma coexistência harmônica entre ambos[264], cujas atividades podem ser exercidas, de forma coordenada e complementar,[265] visando a garantir a efetividade da tutela dos direitos.[266] Dessa forma, tanto a solução de conflitos mediante a via arbitral quanto pela via do Poder Judiciário tem em comum o fato de serem dois métodos adjudicatórios e jurisdicionais, estruturalmente operacionalizados por meio do processo.

3. Concepção democrática do processo

A ideia hoje vigente de "processo" é o resultado de um longo processo evolutivo, que remonta ao direito romano. Entretanto, para fins de conceituação inicial, em termos funcionais, o processo pode ser visto como um modo de exercício da jurisdição.[267] Ao longo de seu desenvolvimento histórico o processo civil passou por significativas e profundas modificações, adaptando-se às novas realidades e influxos ideológicos distintos, com o passar dos anos. O direito, enquanto realidade histórico-cultural, apresenta-se em constante diálogo com os fatos da vida, transformando-se continuamente.

Subjacente à ideia de "processo" está a concepção de um modo civilizatório de resolução de litígios, o qual não está disposto a fazer concessões à lei do mais forte. Dessa forma, enquanto instituição social, o "processo" representa uma conquista histórica, sendo o fruto de uma construção social que vem se desenvolvendo por séculos. Os bens culturais são intencionalidades objetivadas, dotados de sentido positivo, correlacionados com o tempo e com os valores, entendidos como o espírito que se projeta, representando o indivíduo em sua autoconsciência no envolver da história[268]. O processo, tal qual as demais manifestações do direito, é um fenômeno social, razão pela qual há constante modificação e adaptação às novas circunstâncias que surgem[269].

Dessa forma, as mudanças nos valores preponderantes na sociedade implicam, necessariamente, o desenvolvimento de mundividências diversas, as quais, paulatinamente, tenderão a ser cristalizadas em regras jurídicas, que, por sua vez, acabam refletindo o

---

[264] CÂMARA, Alexandre Freitas. Das relações entre a arbitragem e o Poder Judiciário. *Revista Brasileira de Arbitragem*, vol. 2, p. 18-28, abr./jun., 2005, p. 19.

[265] Sobre o tema, o próprio STJ, no REsp 1.949.566/SP, relatado pelo Ministro Luis Felipe Salomão, julgado em 14.09.2021, reconhece que existe, de fato, a "convivência harmônica das jurisdições arbitral e estatal, desde que respeitadas as competências correspondentes, de natureza absoluta". (STJ. REsp 1.949.566/SP. Min. Luis Felipe Salomão. Quarta Turma. J. em: 14.09.2021).

[266] GIUSTI, Gilberto. O árbitro e o juiz: da função jurisdicional do árbitro e do juiz. *Revista Brasileira de Arbitragem*, vol. 2, p. 7-14, jan./mar., 2005, p. 13.

[267] DIDIER JR, Fredie. *Curso de direito processual civil: introdução ao direito processual civil, parte geral e processo de conhecimento*. 18ª ed. Salvador: Editora JusPodivm, 2016, p. 32.

[268] Por "cultura" depreende-se o conjunto de tudo aquilo que, nos planos materiais e imateriais, o ser humano constrói sobre a base da natureza para modificá-la ou para modificar a si mesmo (REALE, Miguel. *Experiência e Cultura*. 2ª ed. Campinas: Bookseller, 2000, p. 271).

[269] "Todo fenómeno jurídico, aún antes de serlo, es un fenómeno social. El proceso no constituye una excepción. Sea cual fuere el fin (o los fines) que uno prefiera atribuirle, será siempre posible discernir en el proceso un complejo de actividades realizadas por órganos estatales y por particulares con miras a una situación intersubjetiva que debe someterse a una regulación, imponible, en principio, por la fuerza de la autoridad pública, y necesaria en vista de la imposibilidad – de hecho o de derecho – en que se hallan los directamente interesados, de resolver el conflicto que los opone o de alcanzar por sí mismos el resultado común a que aspiran". (MOREIRA, José Carlos Barbosa. Dimensiones Sociales del Proceso Civil. *Revista de Processo*, vol. 45, p. 137-144, 1987, p. 01).

espírito do seu tempo. Não por outra razão a mudança nas estruturas sociais acaba provocando modificações nas estruturas jurídicas. Dialeticamente, moldam e são moldadas pela sociedade.

Os métodos de solução de conflitos vêm passando por intensas modificações, representando[270], potencialmente, inovações com potencial de revolucionar a cultura processual no país[271]. Considerando as espécies e possibilidades de solução de litígio, é necessário destacar que não existe um método propriamente certo ou errado. Fala-se em meio "adequado". Isso porque devem ser consideradas as peculiaridades e a natureza do conflito inseridos em um contexto histórico-social. Dessa forma, ao se falar em uma modificação cultural nos métodos de solução de litígios, refere-se ao estabelecimento de uma nova forma de interação intersubjetiva a fim de aparar as arestas e superar as divergências inerentes ao convívio em sociedade.

Ao longo do século XX houve uma segunda mudança na concepção de processo. Especialmente após o término da 2ª Guerra Mundial e a reconstitucionalização da Europa ocidental, abandonou-se a absoluta supremacia do interesse público sobre o interesse individual.[272] Igualmente, com a construção do Estado Social de Direito passou a haver substancial incremento da participação dos órgãos públicos na vida da sociedade[273]. A consolidação do Estado Constitucional provocou uma inversão dos papéis da lei e da Constituição, colocando a legislação ordinária em posição de subordinação aos princípios constitucionais de justiça e aos direitos fundamentais[274].

Elegendo a dignidade da pessoa humana e o respeito aos direitos fundamentais como valores máximos a serem perseguidos pela ordem jurídica, deixou de ser possível submeter as partes no processo civil ao predomínio autoritário do juiz, sendo imperiosa a reconstrução do sistema processual sob a perspectiva dos cidadãos que acodem ao juiz[275]. A concepção publicista trouxe uma redução brutal no campo de autonomia e de liberdade dos indivíduos no âmbito do processo, o que tornou a busca por outras opções necessária[276].

Dessa forma, ressignificou-se o papel do juiz no âmbito do processo[277]. O juiz não mais poderia ser percebido como um mero declarador da lei, nem como um agente pater-

---

[270] DI SPIRITO, Marco Paulo Denucci. Controle de Formação e Controle de Conteúdo do Negócio Jurídico Processual – Parte I. *Revista de Processo*, vol. 247, p. 137-176, set., 2015, DTR 2015/13184, p. 04.

[271] REALE, Miguel. *Lições Preliminares de Direito*. 27ª ed. São Paulo: Saraiva, 2002, p. 25.

[272] GRECO, Leonardo. Publicismo e Privatismo no Processo Civil. *Revista de Processo*, vol. 164, p. 29-56, out./2008, DTR 2008/642, p. 02-03.

[273] MOREIRA, José Carlos Barbosa. A Função Social do Processo Civil Moderno e o Papel do Juiz e das Partes na Direção e na Instrução do Processo. *Revista de Processo*, vol. 37, p. 140-150, 1985, p. 04.

[274] MARINONI, Luiz Guilherme; ARENHART, Sérgio Cruz; MITIDIERO, Daniel. *Curso de Processo Civil*. Vol. 1. São Paulo: Revista dos Tribunais, 2015, p. 156.

[275] GRECO, Leonardo. Publicismo e Privatismo no Processo Civil. *Revista de Processo*, vol. 164, p. 29-56, out./2008, DTR 2008/642, p. 02-03.

[276] PAGNUSSAT, Vitória Souza. *Convenções Processuais nas Ações Coletivas*. 129f. Dissertação (Mestrado em Direito). Fundação Escola Superior do Ministério Público. Porto Alegre, 2020, p. 43.

[277] "A transição do liberalismo individualista para o "Estado social de direito" assinala-se, como é sabido, por substancial incremento da participação dos órgãos públicos na vida da sociedade. Projetado

nalista que materializa a vontade do Estado. A jurisdição no Estado Constitucional passou a implicar a reconstrução interpretativa dos textos normativos, mediante um processo estruturalmente guiado pela argumentação jurídica[278], colocando a Constituição como bússola para a interpretação das normas infraconstitucionais[279]. Não houve, assim, um regresso ao modelo de processo vigente no Estado Liberal[280], no qual as partes ocupavam uma posição de ampla centralidade.

Pelo contrário, o novo modelo de processo visa a obter a tutela dos direitos subjetivos dos cidadãos, respeitando o princípio dispositivo e a autonomia privada[281], ao mesmo tempo que dá guarida aos direitos fundamentais. A importância dada à tutela do direito material resta evidenciada quando se percebe que a função do juiz não é apenas edificar a norma jurídica, mas tutelar concretamente o direito material, podendo recorrer, se necessário, aos meios de execução e de *imperium* colocados à sua disposição[282].

Essa forma de pensar, para além de redimensionar o papel do juiz, modificou também o objetivo do processo. Esse não pode mais ser voltado predominantemente para o Estado, enquanto manifestação da sua soberania. Tampouco é uma "coisa das partes", sendo necessário encontrar um equilíbrio entre os interesses das partes e o interesse público[283]. Se a função do Estado é a de oferecer tutela aos direitos, especialmente os direitos fundamentais, a sua atuação não pode ficar restrita no âmbito das atividades fático-

---

no plano processual, traduz-se o fenômeno pela intensificação da atividade do juiz, cuja imagem já não se pode comportar no arquétipo do observador distante e impassível da luta entre as partes, simples fiscal incumbido de vigiar-lhes o comportamento, para assegurar a observância das 'regras do jogo' e, no fim, proclamar o vencedor. Não menos que na economia, a emergência do 'social' também no processo derrui o império do laisser faire. Recusa-se aos litigantes a possibilidade de marcar soberanamente o compasso da marcha processual; equaciona-se em novos termos o capital problema da 'divisão de tarefas' entre as partes e o órgão de jurisdição." (MOREIRA, José Carlos Barbosa. A função do processo civil moderno e o papel do juiz e das partes na direção e na instrução do processo. *Revista de Processo*, vol. 37, p. 140-150, jan./mar., 1985, DTR 1985/10, p. 04-05).

[278] "Por sua vez, a reconstrução da norma – geral e concreta – é tarefa ínsita à atividade jurisdicional em razão da impossibilidade de ser criada uma norma a partir do nada, do vácuo normativo, do vazio textual, devendo o Poder Judiciário reconstruir os significados normativos de acordo com a Constituição Federal, a legislação infraconstitucional e a tradição jurídica (art. 1.º do CPC/2015). Não é a intenção de um modelo de precedente proliferar o número de normas no ordenamento jurídico, pois não se quer introduzir no sistema normas gerais e abstratas equivalentes à lei, mas o que se busca é, por uma questão de racionalidade, vincular a solução jurídica de determinados juízes e tribunais às circunstâncias fáticas do caso concreto: é a vinculação aos *material facts* do caso que torna a norma-precedente geral e concreta e não geral e abstrata." (PEREIRA, Carlos Frederico Bastos; ZANETI JR., Hermes. Por que o poder judiciário não legisla no modelo de precedentes do código de processo civil de 2015? *Revista de Processo*, vol. 257, p. 371-388, jul./2016, DTR 2016/21695, p. 04-05).

[279] MARINONI, Luiz Guilherme; ARENHART, Sérgio Cruz; MITIDIERO, Daniel. *Curso de Processo Civil*. Vol. 1. São Paulo: Revista dos Tribunais, 2015, p. 157.

[280] PAGNUSSAT, Vitória Souza. *Convenções Processuais nas Ações Coletivas*. 129f. Dissertação (Mestrado em Direito). Fundação Escola Superior do Ministério Público. Porto Alegre, 2020, p. 43.

[281] GRECO, Leonardo. Publicismo e Privatismo no Processo Civil. *Revista de Processo*, vol. 164, p. 29-56, out., 2008. DTR 2008/642, p. 02-03.

[282] MARINONI, Luiz Guilherme; ARENHART, Sérgio Cruz; MITIDIERO, Daniel. *Curso de Processo Civil*. Vol. 1. São Paulo: Revista dos Tribunais, 2015, p. 157.

[283] PAGNUSSAT, Vitória Souza. *Convenções Processuais nas Ações Coletivas*. 129f. Dissertação (Mestrado em Direito). Fundação Escola Superior do Ministério Público. Porto Alegre, 2020, p. 44.

-administrativas, devendo, quando necessário, superar eventuais omissões normativas ou técnicas, como forma de observância do direito fundamental à tutela jurisdicional efetiva (art. 5º, XXXV, CF)[284]. Portanto, com a constitucionalização do processo, esse deixou de ser visto como um fim em si mesmo e passou a ser colocado a serviço de atender os anseios sociais, em conformidade com os ditames constitucionais assegurados pela Constituição Federal de 1988[285].

Dessa forma, o processo civil contemporâneo reage a concepção processualista, deixando de se atentar a formalidades desnecessárias e inúteis, permitindo que as questões de mérito sejam, de fato, analisadas – não as tratando como meras coadjuvantes em um emaranhado de formas processuais irracionais e incompatíveis com o primado pela tutela jurisdicional adequada, tempestiva e efetiva[286]. A concepção da arbitragem, enquanto forma de resolução de litígios, encontra-se, precisamente, nesse ponto de evolução cultural e metodológica da ciência processual[287].

4. Arbitragem, direito de ação, tutela jurisdicional

Dentro da teoria geral do processo, os conceitos de jurisdição, ação, exceção e processo constituem a espinha dorsal de desenvolvimento da disciplina[288]. Atualmente, com o desenvolvimento da arbitragem, é preciso repensar esses conceitos para que expliquem, de modo unitário, esses fenômenos à luz do Estado Contemporâneo e do direito vigente. É dizer: enquanto conceitos jurídicos sujeitos a modificações culturais, inadequado se prender a visões de jurisdição, ação, exceção e processo concebidas dentro de uma outra matriz social e legislativa.

Trata-se do direito de ação, estudado por meio de diversas teorias, sobretudo no campo da processualística – em especial, dos processualistas italianos[289]. Essas teorias – como as

---

[284] MARINONI, Luiz Guilherme; ARENHART, Sérgio Cruz; MITIDIERO, Daniel. *Curso de Processo Civil*. Vol. 1. São Paulo: Revista dos Tribunais, 2015, p. 159.

[285] FELÍCIO, Vinícius Mattos; MAGALHÃES, Guilherme Vinicius. Os Negócios Processuais, Suas Vantagens Econômicas e a Redução de Custos do Processo. *Crise Econômica e Soluções Jurídicas*, n. 37/2017, dez./2015, DTR 2015/16497, p. 02-03.

[286] DUARTE, Antonio Aurélio Abi Ramia. Negócios Processuais e seus Novos Desafios. *Revista dos Tribunais*. Vol. 955, p. 211-227, mai./2015, DTR 3721, p. 02.

[287] "Ao se reconhecer a liberdade das partes no emprego da arbitragem, está admitindo-se que elas possam optar pelo mecanismo de solução do conflito que lhes pareça mais compatível com as necessidades concretas da situação litigiosa. Características como a celeridade, a aptidão de o procedimento ser moldado em conformidade com as peculiaridades que a instrução exigirá, a informalidade etc. tendem a fazer do processo arbitral um meio mais eficiente de tutela, em determinados casos. Nesse sentido, o instituto da arbitragem é consentâneo com a diretriz constitucional de busca de tutela efetiva e adequada." (TALAMINI, Eduardo. Arbitragem e a tutela provisória no Código de Processo Civil de 2015. *Revista de Arbitragem e Mediação*, vol. 46, p. 287-313, jul./set., 2015, DTR 2015/13104, p. 02).

[288] A matéria foi tratada em: FICHTNER, José Antonio, et al. *Teoria Geral da Arbitragem*. Rio de Janeiro: Forense, 2019, item 1.3.

[289] Eduardo J. Couture afirma que "o panorama doutrinário é tão vasto, e as divergências tão acentuadas, que já se chegou a afirmar que a sua exposição seria caluniosa para a ciência processual, se a longa polêmica não tivesse assinalado em seu curso o progresso da própria ciência do direito" (COUTURE, Eduardo J. *Fundamentos do direito processual civil*. Henrique de Carvalho (Trad.). Florianópolis: Conceito, 2008, p. 24).

teorias imanentista, concreta, abstrata e eclética[290] – não são objeto do presente estudo. Do mesmo modo, não se dedicará a distinguir os conceitos de direito de ação e de direito de petição (ação *uti civis*)[291]. Reconhece-se apenas, contudo, que não há um conceito absoluto de direito de ação, válido independentemente das condições espaço-temporais[292]. Na verdade, o conceito de "direito de ação" tem inegável dimensão cultural[293], devendo ser interpretado e ressignificado conforme mudam as condições subjacentes às estruturas sociais e jurídicas.

Vale-se da lição de Leonardo Greco, segundo a qual ação é "o direito subjetivo público, autônomo e abstrato de exigir do Estado a prestação jurisdicional sobre determinada demanda de direito material"[294]. Embora faça referência ao Estado, inexistem dúvidas de que também na arbitragem exerce-se direito de ação, pois se provoca aquele (o árbitro) a quem as partes outorgaram poder para decidir sobre o seu conflito. Nesse sentido, a concepção moderna acerca do direito de ação deve, necessariamente, passar pelo afastamento da ideia de ser o direito exercido em face do Estado, pois há exercício de ação perante tribunais arbitrais.

O exercício do direito de ação, embora bastante para garantir a tutela jurídica, não é suficiente para garantir a tutela jurisdicional plena. Cândido Rangel Dinamarco esclarece que "a verdadeira tutela jurisdicional socialmente útil é aquela que se outorga, mediante o exercício consumado da jurisdição, a quem tenha razão segundo o direito material e à luz dos fatos alegados e provados"[295]. José Roberto dos Santos Bedaque, igualmente, explica que "somente se pode falar em tutela jurisdicional quando a solução do processo resultar na análise da *res iudicium* deducta, no processo de conhecimento, ou na concessão da tutela satisfativa, no processo de execução"[296].

Ora, na arbitragem também há a possibilidade de tutela jurisdicional plena. O árbitro outorga, por meio de sentenças que realizam o direito material de quem tem razão, tutela jurisdicional plena a quem efetivamente tem razão. Assim, a arbitragem mostra-se método adequado de manejo de litígios patrimoniais e disponíveis[297].

---

[290] Confiram-se, a esse respeito: CHIOVENDA, Giuseppe. *L'azione nel sistema dei diritti. Saggi di diritto processuale civile*. Vol. 1. Milano: Giuffrè, 1993, p. 15 e ss.; CALAMANDREI, Piero. *La relatività del concetto d'azione*. Vol. 1. Napoli: Morano, 1965, p. 433 e ss.; LIEBMAN, Enrico Tullio. O despacho saneador e o julgamento do mérito. *Revista Forense*, ano 42, v. 104, nov./1945, p. 225 ss.; ALVARO DE OLIVEIRA, Carlos Alberto. Efetividade e tutela jurisdicional. *Revista Forense*, ano 101, v. 378, mar./abr., 2005, p. 115 ss.; BOTELHO DE MESQUITA, José Ignacio. *Da ação civil*. Teses, estudos e pareceres de processo civil. Vol. 1. São Paulo: Revista dos Tribunais, 2005.

[291] Confiram-se a respeito: ARMELIN, Donaldo. *Legitimidade para agir no direito processual civil brasileiro*. São Paulo: Revista dos Tribunais, 1979, p. 36 e ss.; e DINAMARCO, Cândido Rangel. *Fundamentos do processo civil moderno*. Vol. 1. 6ª ed. São Paulo: Malheiros, 2010, p. 292 e ss.

[292] GIDI, Antonio. A dimensão política do direito de ação. *Revista de Processo*, vol. 60, p. 196-207, out./dez., 1990, DTR 1990/163, p. 03.

[293] LESSA NETO, João Luiz. Sobre os conceitos de "ação" e a afirmação do direito processual. *Revista de Processo*, vol. 321, p. 39-59, nov./ 2021, DTR 2021/46955.

[294] GRECO, Leonardo. *Instituições de processo civil*. Vol. 1. Rio de Janeiro: Forense, 2009, p. 222.

[295] DINAMARCO, Cândido Rangel. *Instituições de direito processual civil*. Vol. 1. 6ª ed. São Paulo: Malheiros, 2009, p. 370.

[296] BEDAQUE, José Roberto dos Santos. *Direito e processo: influência do direito material sobre o processo*. 4ª ed. São Paulo: Malheiros, 2006, p. 92.

[297] "Ao admitir-se a Jurisdição Arbitral, todos aqueles que buscam a solução de alguma controvérsia poderão se socorrer com maior facilidade, despendendo menos tempo e recursos na busca da solu-

Posteriormente, quando se fazem necessárias medidas de constrição patrimonial, demandando a intervenção do Estado-Juiz, haverá o convívio das jurisdições privada e Estatal para resolver a controvérsia formada no âmbito do direito material. Esse é o entendimento do STJ, em acórdão de lavra do Ministro Luis Felipe Salomão, o qual demonstrou entendimento no sentido de que "no processo de execução, a convenção arbitral não exclui a apreciação do magistrado togado, haja vista que os árbitros não são investidos do poder de império estatal para a prática de atos executivos, não tendo poder coercitivo direto"[298]. Assim, a parte que recorre à arbitragem exerce direito de ação, ainda que dependa, para a sua tutela jurisdicional plena, da cooperação do Poder Judiciário na fase de execução da decisão.

O diferencial do exercício de ação no âmbito da arbitragem é que essa apresentará tanto um viés constitutivo quanto um viés modificativo. Será constitutiva na medida em que provada a criação de um tribunal arbitral, que inexiste de modo prévio ao litígio. Será modificativa na medida em que desloca o exercício da jurisdição do Poder Judiciário para o tribunal arbitral instaurado. No entanto, perceba-se, com clareza, tratar-se da mesma jurisdição, de fonte constitucional.

A diferença mais marcante é que, ao contrário do que ocorre no processo civil estatal, no qual a ação tira da inércia a jurisdição estatal, na arbitragem, o exercício da ação pela parte requerente não apenas elimina a inércia, como também provoca a constituição do órgão jurisdicional responsável pela solução da controvérsia.

Por conta do seu exercício, em face de tribunal privado, inadequadas as concepções que associam a ação a um direito do indivíduo em face do Estado. Pelo contrário, a ação tem de estar, modernamente, atrelada à obtenção de tutela jurisdicional adequada, tempestiva e efetiva. Não está associada, portanto, a quem prestará essa tutela (Poder Judiciário ou tribunal arbitral), referindo-se ao direito potestativo do indivíduo de provocar órgão jurisdicional a analisar a controvérsia posta. Essa provocação deverá se dar em conformidade com as regras de direito objetivo vigentes, no caso do processo civil estatal, o Código de Processo Civil, e, no caso da arbitragem, os termos ajustados, consensualmente, pelas partes, na convenção de arbitragem.

A ação deverá ser exercida de um modo determinado para que, efetivamente, seja apta a provocar a jurisdição. No caso da arbitragem, a condição prévia para o exercício de ação é a pactuação de convenção de arbitragem, pois esse será o negócio jurídico do qual serão derivados a legitimação e os poderes dos árbitros investidos para exercer jurisdição sobre as controvérsias inseridas dentro do seu escopo objetivo e subjetivo. A partir da sua pactuação, terão as partes, na sua esfera jurídica, o direito potestativo de dar início ao procedimento arbitral, *i.e.*, exercer o seu direito de ação em face da jurisdição privada, a ser exercida pelos árbitros.

5. A posição atual da arbitragem enquanto método de solução de litígios

Tamanha é a importância dos métodos adequados de solução de litígios que o tema integra aquilo que se passou a chamar de terceira onda renovatória do acesso à justiça.

ção. Com a proliferação da Arbitragem, questões oriundas de matizes variados – dentro do campo dos direitos disponíveis, acreditamos que desde as grandes corporações internacionais quanto os locadores de imóveis poderão fazer uso corriqueiro do instituto, definindo suas questões comerciais, serão resolvidas sem o auxílio do Judiciário." (BAYER, Alex Kalinzki. Arbitragem e Jurisdição. *Revista de Direito Bancário e do Mercado de Capitais*, vol. 19, p. 296-312, jan./mar., 2003, DTR 36, p. 09).

[298] STJ. REsp 1.481.644/SP. Quarta Turma. Min. Luis Felipe Salomão. J. em: 19.08.2021.

PARTE I · **Capítulo 2** · A ARBITRAGEM COMO MÉTODO DE RESOLUÇÃO DE LITÍGIOS | **61**

Com efeito, Mauro Cappelletti e Bryant Garth, em seu livro Acesso à Justiça, retratando em parte o resultado da pesquisa Projeto Florença, observam que "o 'acesso' não é apenas um direito social fundamental, crescentemente reconhecido; ele é, também, necessariamente, o ponto central da moderna processualística"[299].

Assim, identificam três ondas renovatórias do processo, cada uma representando um ataque a cada obstáculo. A primeira onda seria o ataque ao obstáculo econômico, com assistência aos hipossuficientes[300]; a segunda onda, o ataque ao obstáculo organizador, com a representação dos interesses transindividuais[301]; e a terceira onda, o ataque ao obstáculo processual, por meio do novo enfoque de acesso à justiça[302-303].

A terceira onda está centrada "no conjunto geral de instituições e mecanismos, pessoas e procedimentos utilizados para processar e mesmo prevenir disputas nas sociedades modernas"[304]. Além de envolver a reforma dos procedimentos judiciais, a criação de procedimentos especiais, a mudança dos métodos para a prestação dos serviços judiciais e a

---

[299] CAPPELLETTI, Mauro; GARTH, Bryant. *Acesso à justiça*. Ellen Gracie Northfleet (Trad.). Porto Alegre: Fabris, 2002, p. 13.

[300] "A assistência judiciária baseia-se no fornecimento de serviços jurídicos relativamente caros, através de advogados que normalmente utilizam o sistema judiciário forma. Para obter os serviços de um profissional altamente treinado, é preciso pagar caro, sejam os honorários atendidos pelo cliente ou pelo Estado. Em economias de mercado, como já assinalamos, a realidade diz que, sem remuneração adequada, os serviços jurídicos para os pobres tendem a ser pobres, também." (CAPPELLETTI, Mauro; GARTH, Bryant. *Acesso à justiça*. Ellen Gracie Northfleet (Trad.). Porto Alegre: Fabris, 2002, p. 47).

[301] "Permitir a propositura, por indivíduos, de ações em defesa de interesses públicos ou coletivos é, por si só, uma grande reforma. Mesmo que subsistam, por uma ou outra razão, as barreiras à legitimação de grupos ou classes, trata-se de um importante primeiro passo o permitir que um "procurador-geral privado" ou "demandantes ideológicos" suplemente a ação do governo. Uma típica reforma moderna nesse sentido é a admissão de ações propostas por cidadãos para impugnar e paralisar determinada ação do governo." (CAPPELLETTI, Mauro; GARTH, Bryant. *Acesso à justiça*. Ellen Gracie Northfleet (Trad.). Porto Alegre: Fabris, 2002, p. 55).

[302] "Essa 'terceira onda' de reforma inclui a advocacia, judicial ou extrajudicial, seja por meio de advogados a particulares ou públicos, mas vai além. Ela centra sua atenção no conjunto geral de instituições e mecanismos, pessoas e procedimentos utilizados para processar e mesmo prevenir disputas nas sociedades modernas. Nós o denominamos "o enfoque do acesso à Justiça" por sua abrangência. Seu método não consiste em abandonar as técnicas das duas primeiras ondas de reforma, mas em tratá-las como apenas algumas de uma série de possibilidade para melhorar o acesso." (CAPPELLETTI, Mauro; GARTH, Bryant. *Acesso à justiça*. Ellen Gracie Northfleet (Trad.). Porto Alegre: Fabris, 2002, p. 67-68).

[303] Em outro texto, Mauro Cappelletti afirma: "Os problemas principais do movimento reformador têm sido os seguintes: a) o obstáculo econômico, pelo qual muitas pessoas não estão em condições de ter acesso às cortes de justiça por causa de sua pobreza, aonde seus direitos correm o risco de serem puramente aparentes; b) o obstáculo organizador, através do qual certos direitos ou interesses 'coletivos' ou 'difusos' não são tutelados de maneira eficaz se não se operar uma radical transformação de regras e instituições tradicionais de direito processual, transformações essas que possam ter uma coordenação, uma 'organização' daqueles direitos ou interesses; c) finalmente, o obstáculo propriamente processual, através do qual certos tipos tradicionais de procedimentos são inadequados aos seus deveres de tutela". (CAPPELLETTI, Mauro. O acesso à justiça e a função do jurista em nossa época. *Revista de Processo*, ano 16, vol. 61, p. 144, jan./mar., 1992).

[304] CAPPELLETTI, Mauro; GARTH, Bryant. *Acesso à justiça*. Ellen Gracie Northfleet (Trad.). Porto Alegre: Fabris, 2002, p. 67-68.

62 | CONVENÇÃO DE ARBITRAGEM – *Fichtner • Tolentino • Polastri • Salton*

simplificação do direito, Mauro Cappelletti e Bryant Garth listam também "a utilização de mecanismos privados ou informais de solução dos litígios"[305].

É nesse contexto que o desenvolvimento e a utilização dos métodos adequados de resolução de litígios facilitam o acesso à justiça. Nesse sentido, Leonardo Greco: "atualmente também se reconhece que a pacificação dos litígios e a atuação da vontade da lei podem ser também desempenhados por órgãos e sujeitos não estatais, através dos meios alternativos de solução de conflitos, entre os quais a arbitragem"[306]. Entre os mecanismos adequados de composição de litígios, a arbitragem é o único que consegue obter o mesmo resultado dos três prismas da jurisdição (político, social e jurídico) como ocorre na solução judicial, ainda que a arbitragem pressuponha, muitas vezes, o indispensável apoio do Poder Judiciário (por exemplo, para execução da decisão).

A arbitragem, como fenômeno jurídico, encontrou terreno fértil, nas últimas décadas, no plano internacional e no plano interno, brasileiro, para seu desenvolvimento[307]. Motivos diferentes e em momentos não exatamente idênticos contribuíram para essa evolução. No plano internacional, o comércio desenvolveu-se como nunca, elevando o tráfego econômico e financeiro em escala planetária, trazendo a reboque um volume similar de crescimento do tráfego jurídico. As exigências de segurança no comércio exercido além das fronteiras estatais individuais e a necessidade de adoção de regras de solução de conflitos não afetas às partes, individualmente consideradas, viram no fenômeno da arbitragem um remédio bastante apto a aumentar a segurança dos negócios.

Os tratados internacionais pertinentes contribuíram decisivamente para isso, lançando um arcabouço de proteção legal fundamental. As regras de *soft law* e a profissionalização das instituições de administração de arbitragens cuidaram de forjar o restante do ambiente, aumentando o conforto do empresariado internacional com a referida solução alternativa de adjudicação de conflitos.

No Brasil, especificamente, uma onda de normas de cunho mais liberal, que teve início na década de 90 do século passado, foi criando uma mudança de mentalidade que permitiu ao Supremo Tribunal Federal reconhecer a constitucionalidade da Lei de Arbitragem. Em paralelo, o sistema de distribuição de justiça enfrentava uma crise na prestação dos seus serviços, em função do enorme crescimento do número de deman-

---

[305] CAPPELLETTI, Mauro; GARTH, Bryant. *Acesso à justiça*. Ellen Gracie Northfleet (Trad.). Porto Alegre: Fabris, 2002, p. 71. Alexandre Freitas Câmara também reconhece os métodos alternativos de resolução de conflitos nessa terceira onda: "Pois é na terceira onda cappellettiana que se encontra referência à necessidade de valorização dos meios paraestatais de resolução de conflitos como mecanismo essencial ao acesso à justiça. Entre esses meios paraestatais de resolução de conflitos se destaca, como é notório, a arbitragem" (CÂMARA, Alexandre Freitas. Das relações entre a arbitragem e o Poder Judiciário. *Revista Brasileira de Arbitragem*, vol. 2, p. 18-28, abr./jun., 2005, p. 19). Em outro texto, Mauro Cappelletti resume o que ele designa de "Movimento Universal de Acesso à Justiça": CAPPELLETTI, Mauro. Os métodos alternativos de solução de conflitos no quadro do movimento universal de acesso à justiça. *Revista de Processo*, vol. 74, p. 82-97, abr./jun., 1994. DTR 1994/179.

[306] GRECO, Leonardo. *Instituições de processo civil*. Vol. 1. Rio de Janeiro: Forense, 2009.

[307] Analisando as características da arbitragem à luz da análise econômica do direito, elucidando razões para o sucesso do instituto: PAGLIARINI, Alexandre Coutinho; FAYAD, Anelize Klotz. Relações entre arbitragem e análise econômica do direito. *Revista de Arbitragem e Mediação*, vol. 58/2018, p. 287-310, jul./set., 2018, DTR 2018/19291.

das em curso no País, sem que houvesse o correspondente aprimoramento da estrutura judiciária então existente.

Todas essas circunstâncias configuraram um universo em que a arbitragem cresceu de maneira impressionante, realidade para a qual os profissionais do direito e as instituições devotadas à arbitragem tiveram decisiva contribuição, sob forma de debates, escritos, produção legislativa[308], atuando como árbitros e advogados em arbitragens instituídas, entre outros. Nesse contexto, a arbitragem foi incorporada como um importante instrumento de resolução de controvérsias e meio de promover a pacificação social, considerando as qualidades inerentes ao procedimento – celeridade em relação ao juízo estatal, possibilidade de sigilo, possibilidade de adequação do procedimento, entre outros.

A adoção acrítica da qualificação da arbitragem, pura e simplesmente, como um ato de boa-fé, nem sempre colherá ares de verdade na realidade. Em primeiro lugar, a realidade mostra, muitas vezes, que a instrumentalização da arbitragem, como escolha das partes, muitas vezes se dá por meio das chamadas "*midnight clauses*", quando o essencial do negócio jurídico está já elaborado e redigido, muitas vezes por meio de disposições pasteurizadas, descurando-se as partes de uma detida análise sobre que tipo de solução arbitral melhor serviria para o conflito específico e para o tipo de negócio entre elas estabelecido.

Acrescente-se, por outro lado, que a arbitragem, em comparação com o sistema judicial estatal, notadamente no terreno das provas, trabalha normalmente em campo mais estreito, por ordinariamente não utilizar procedimentos mais inquisitoriais, circunstância que autoriza algum crítico a mais distanciar a arbitragem da busca pela verdade, quando medida contra a solução judicial. É verdade que tal limitação presume-se compensada pela utilização de árbitros mais familiarizados com os assuntos comerciais, mais afetos à atividade econômica. Tudo isso compõe o perde-ganha da escolha pelas partes da solução arbitral.

Claro que até mesmo essa específica situação pode ser remediada pelas partes contratantes, pois, ao escolherem a arbitragem como método de solução do litígio, adquirem o poder de regular amplamente o procedimento arbitral, inclusive no que respeita às provas a serem colhidas pelos árbitros.

Essa grave decisão de renunciar ao direito de ir ao Judiciário, entendida tecnicamente como "efeito negativo da convenção de arbitragem"[309], com a consequente perda da proteção

---

[308] A lei de arbitragem original foi aprimorada pela da Lei 13.129/2015, cujo Projeto foi elaborado por Comissão nomeada pelo Senado Federal, presidida pelo eminente Ministro Luis Felipe Salomão, do Superior Tribunal de Justiça, da qual o primeiro autor deste trabalho fez parte, na companhia de ilustres colegas de profissão. Dela também participaram Marco Maciel, Caio Cesar Rocha, José Rogério Cruz e Tucci, Marcelo Rossi Nobre, Francisco Antunes Maciel Mussnich, Tatiana Lacerda Prazeres, Adriana Braghetta, Carlos Alberto Carmona, Eleonora Coelho, Pedro Paulo Guerra de Medeiros, Silvia Rodrigues Pereira Pachikoski, Francisco Maia Neto, Ellen Gracie Northfleet, André Chateaubriand Pereira Diniz Martins, José Roberto de Castro Neves, Marcelo Henrique Ribeiro de Oliveira, Walton Alencar Rodrigues, Roberta Maria Rangel, Eduardo Pellegrini de Arruda Alvim e Adacir Reis.

[309] Sobre o tema, o STJ estabelece que "caráter jurisdicional da arbitragem, decorrente da regra Kompetenz-Kompetenz, prevista no art. 8º da lei de regência, impede a busca da jurisdição estatal quando já iniciado o procedimento arbitral, operando-se o efeito negativo da arbitragem previsto no art. 485, VII, do NCPC". (STJ. AgInt nos EDcl no AgInt no CC 170.233/SP. Min. Moura Ribeiro. Segunda Seção. J. em: 14.10.2020). De forma semelhante, no REsp 1.699.855/RS, relatado pelo Ministro Marco Aurélio Bellizze, definiu-se que "como método alternativo de solução de litígios, o estabelecimento da convenção de arbitragem produz, de imediato, dois efeitos bem definidos. O primeiro, positivo, consiste na submissão das partes à via arbitral, para solver eventuais controvérsias

inerente ao sistema recursal previsto na legislação em vigor, outorga às partes o direito fundamental a uma sentença arbitral justa. E isso representa o direito de apresentar seu caso em toda a sua extensão, o direito às provas ajustadas, à observância do procedimento contratado e, primordialmente, o direito a árbitros imparciais.

Cumpridos tais requisitos e proferida a sentença, a parte não terá solução senão obedecer ao seu conteúdo, dada a natureza jurisdicional – *rectius*, definitiva – do provimento. Como consequência do sistema adotado, contará com limitadas opções para desafiá-lo.

A verdade é que aos árbitros, pessoas privadas, são cometidas funções de natureza eminentemente jurisdicional, com a finalidade de resolver disputas de natureza contratual. E a fonte de tal comissão é uma avença contratual das próprias partes. Há, assim, uma simbiose entre contrato e função jurisdicional do árbitro. Existe um consenso internacional sobre a origem contratual da arbitragem e sua vinculação ao princípio da autonomia privada das partes, conceitos que são reiteradamente reafirmados pela doutrina e por cortes judiciais de diversas jurisdições ao redor do mundo.

Essa expressão da autonomia privada, inerente ao procedimento arbitral, permite às partes não somente a escolha dos árbitros, mas também a eleição eventual de instituição arbitral, o formato que será designado ao procedimento durante seu percurso, assim como os sistemas jurídicos que regerão o mérito e o procedimento arbitral, dentre outras manifestações. Todo esse arcabouço de possibilidades se dá por meio da convenção de arbitragem, o negócio jurídico fundante do procedimento arbitral.

Por fim, destaca-se a existência de uma via cosmopolita na arbitragem enquanto forma de solução de conflitos. Em sede de contratos internacionais, a arbitragem é o meio por excelência de solução de controvérsias. A realização desses procedimentos permite a convivência de diferentes culturas e tradições jurídicas. Do acúmulo da experiência, editaram-se leis modelos, *soft laws* e convenções internacionais, visando trazer um corpo normativo indicando as melhores práticas consolidadas internacionalmente. Esse cariz internacional da arbitragem acaba influenciando culturalmente os sistemas domésticos, fomentando um processo de circulação de modelos jurídicos[310].

§ 6. CONCEITO DE ARBITRAGEM

1. Método privado

A arbitragem é um sistema adjudicatório privado, com isso se querendo dizer que não se dá no âmbito público do Poder Judiciário[311]. Por isso, também se diz, com o mesmo significado, ser um método extrajudicial de solução de litígios. Por meio da arbitragem

---

advindas da relação contratual subjacente (em se tratando de cláusula compromissória). O segundo, negativo, refere-se à subtração do Poder Judiciário em conhecer do conflito de interesses que as partes, com esteio no princípio da autonomia da vontade, tenham reservado ao julgamento dos árbitros." (STJ. REsp 1.699.855/RS. Min. Marco Aurélio Bellizze. Terceira Turma. J. em: 01.06.2021).

[310] FRADERA, Véra Jacob de. A Circulação de Modelos Jurídicos Europeus na América Latina: um entrave à integração no Cone Sul? *Revista dos Tribunais*, vol. 736, p. 20-39, fev./1997, DTR 1997/130; FRADERA, Véra Jacob de. La Culture Juridique et L'acculturation du Droit Rapport National Bresilien. In: Jorge A. Sánchez Cordeiro (Org.). *Legal Culture and Legal Transplants*. Vol. 1. Universidad Nacional Autónoma de México, 2012.

[311] Nesse item e nos seguintes, desenvolvemos conceito inicial, originalmente exposto em: FICHTNER, José Antonio; et al. *Teoria Geral da Arbitragem*. Rio de Janeiro: Editora Forense, 2019, p. 45 ss.

as partes decidem resolver o mérito de suas disputas fora de qualquer sistema do Poder Judiciário[312].

No mesmo sentido, Alan Redfern, Martin Hunter, Nigel Blackaby e Constantine Partasides também exaltam o caráter *privado* da arbitragem, ao dizer que "arbitration, in short, is an effective way of obtaining a final and binding decision on a dispute or series of disputes, without reference to a court of law (although, because of national laws and international treaties such as the New York Convention, that decision will generally be enforceable by a court of law if the losing party fails to implement voluntarily"[313]. Portanto, é marca característica da arbitragem o fato de a disputa ser consensualmente submetida à julgador não integrante da estrutura jurisdicional estatal, sendo escolhidos pelas partes do conflito para emitir decisão final e vinculante acerca do mérito do litígio[314].

Portanto, ao mesmo tempo que a convenção de arbitragem representa renúncia a garantias inerentes ao Poder Judiciário, obstando a análise do mérito da causa pelo Poder Judiciário (efeito negativo), confere poder às partes de estabelecer um método privado, moldável às suas necessidades concretas, conduzido por julgadores da sua confiança. Por meio da convenção de arbitragem, as partes criam o seu próprio sistema de justiça[315]. Nesse contexto, a arbitragem constitui alternativa às cortes nacionais e um mecanismo privado de resolução de disputas, selecionado e controlado pelas partes[316].

---

[312] "Arbitration is a private system of adjudication. Parties who arbitrate have decided to resolve their disputes outside any judicial system. In most instances, arbitration involves a final and binding decision, producing an award that is enforceable in a national court. The decision makers (the arbitrators), usually one or three, are generally chosen by the parties". (MOSES, Margaret L. *The Principles and Practice of International Commercial Arbitration*. 2nd ed. New York: Cambridge University Press, 2012, p. 1).

[313] REDFERN, Alan; HUNTER, Martin; BLACKABY, Nigel; PARTASIDES, Constantine. *Redfern and Hunter on International Arbitration*. Oxford: Oxford University Press, 2015, p. 2.

[314] Acrescentam que "It is this definition – derived from a broad range of international and national authorities – that should be applied, inter alia, under Article II of the New York Convention as a uniform, internationally-mandatory definition of arbitration, from which Contracting States may not properly deviate, and under Article 7 of the UNCITRAL Model Law and other national arbitration legislation". BORN, Gary. *International Commercial Arbitration*. 3rd ed. Alphen aan den Rijn: Kluwer Law International, 2021, p. 318.

[315] "When parties agree to arbitrate their disputes, they give up the right to have those disputes decided by a national court. Instead, they agree that their disputes will be resolved privately, outside any court system. The arbitration agreement thus constitutes the relinquishment of an important right – to have the dispute resolved judicially – and creates other rights. The rights it creates are the rights to establish the process for resolving the dispute. In their arbitration agreement, the parties can select the rules that will govern the procedure, the location of the arbitration, the language of the arbitration, the law governing the arbitration, and frequently, the decision makers, whom the parties may choose because of their particular expertise in the subject matter of the parties' dispute. The parties' arbitration agreement gives the arbitrators the power to decide the dispute and defines the scope of that power. In essence, the parties create their own private system of justice". MOSES, Margaret L. *The Principles and Practice of International Commercial Arbitration*. 2nd ed. New York: Cambridge University Press, 2012, p. 18.

[316] "What is clear is that there are four fundamental features of arbitration: An alternative to national court; A private mechanism for dispute resolution; Selected and controlled by the parties; Final and binding determination of parties' rights and obligations". (LEW, Julian; MISTELIS, Loukas; KRÖLL, Stefan. *Comparative International Commercial Arbitration*. Haia: Kluwer Law International, 2003, p. 03).

A natureza privada do procedimento arbitral também legitima a possibilidade de se pactuar a confidencialidade do procedimento. Na arbitragem, frequentemente são discutidas questões economicamente ou estrategicamente sensíveis, razão pela qual as partes podem optar por pactuar cláusula de confidencialidade[317]. Por regra, no processo civil conduzido perante o Poder Judiciário, a publicidade se tornou a regra dominante, por conta dos abusos outrora perpetrados quando os julgamentos não vinham a público. No entanto, na arbitragem, com a prerrogativa da escolha de julgador de confiança, esse receio é profundamente mitigado – especialmente pela rigidez das regras de revelação, imparcialidade e independência a que se sujeitam os árbitros.

Assim, em consonância com o caráter privado, as partes podem optar por manter o conteúdo da disputa afastado do conhecimento público. Diante da existência de interesses puramente privados, abre-se a possibilidade de pactuação da confidencialidade. Diversamente, quando há interesse público envolvido[318], como arbitragem envolvendo a administração pública ou matéria inerente ao mercado de capitais, fixaram-se regras especiais de publicidade[319]. No entanto, quando inexistentes tais elementos, é possível privilegiar o direito de privacidade das partes, que pode ser instrumentalizado na arbitragem, mediante a pactuação do caráter confidencial da arbitragem ou pela remissão a regras institucionais que contemplem previsões específicas sobre a confidencialidade.

2. Origem contratual e voluntarista

Embora haja exercício de jurisdição, tanto por parte do Poder Judiciário quanto por meio da arbitragem, a origem e a legitimação desses dois métodos de solução de controvérsias são diversos. É nesse sentido que Arnoldo Wald afirma haver diferença de método entre o sistema estatal e o arbitral, pois, enquanto "a arbitragem nasce do consenso das partes, exteriorizado na convenção arbitral", "uma ação judicial [...] pressupõe a existência de uma situação já deteriorada, que se tornou insuportável" e necessitou ser submetida à "solução adjudicada autoritativamente pelo juiz"[320]. Portanto, sendo fruto do contrato, a arbitragem é marcada por indelével caráter voluntarista.

Ou seja, a origem da arbitragem está em um negócio jurídico de direito privado, por meio do qual as partes pactuam a submissão de conflitos decorrentes, ou relacionados, a outra relação jurídica à jurisdição arbitral. Assim, a base da arbitragem é uma convenção privada[321], fruto do acordo de vontades de que se utilizam os contratantes, preferindo não se submeter a decisão judicial[322]. Conforme Carlos Alberto Carmona, a arbitragem é meio

---

[317] CRETELLA NETO, José. Quão sigilosa é a arbitragem? *Revista de Arbitragem e Mediação*, Vol. 25, p. 43-70, abr./jun., 2010, DTR 2010/473, p. 01.

[318] LY, Filip De; DI BROZOLO, Luca G. Radicati; FRIEDMAN, Mark. Confidentiality in International Commercial Arbitration. *Revista de Arbitragem e Mediação*, vol. 31, p. 191-232, out./dez. 2011, DTR 2011/5132, p. 14.

[319] GAGLIARDI, Rafael Villar. Confidencialidade na arbitragem comercial internacional. *Revista de Arbitragem e Mediação*, vol. 36, p. 95-135, jan./mar. 2013, DTR 2013/2517, p. 18.

[320] WALD, Arnoldo. O Espírito da Arbitragem. *Doutrinas Essenciais Arbitragem e Mediação*. Vol. 1, p. 643-756, set./2014, DTR 2009/821, p. 03.

[321] CARMONA, Carlos Alberto. *Arbitragem e Processo: um comentário à Lei 9.307/96*. 3ª ed. São Paulo: Atlas, 2009, p. 15.

[322] AZEVEDO, Álvaro Villaça. Arbitragem. *Revista dos Tribunais*. Vol. 753, p. 11-23, jul./1998, DTR 1998/345, p. 02.

de resolução de litígios no qual ocorre a "intervenção de uma ou mais pessoas que recebem seus poderes de uma convenção privada, decidindo com base nela, sem intervenção estatal, sendo a decisão destinada a assumir a mesma eficácia da sentença judicial"[323].

A origem da arbitragem deriva da autonomia privada das partes, isto é, da intenção de, voluntariamente, submeteram-se a essa modalidade de exercício de jurisdição, caracterizando uma origem ou gênese contratual, fundando-se na vontade das partes em recorrer a essa via de composição de conflitos[324]. Portanto, ninguém pode ser obrigado a participar de arbitragem sem que tenha com ela consentido. É diferente do processo judicial, no qual o réu não pode se recusar – ao menos sem a penalidade da revelia – a participar da demanda movida pelo autor. Diversamente, na arbitragem sempre haverá manifestação de consentimento, quer por meio de cláusula compromissória ou compromisso arbitral.

Ademais, por ser método privado e de origem contratual, a arbitragem é acentuadamente marcada pela flexibilidade procedimental[325]. Nesse sentido, manifestou-se o Ministro Marco Aurélio Bellizze ao julgar o REsp 1.903.359/RJ, ao consignar que "o rito da arbitragem guarda, em si, como característica inerente, a flexibilidade, o que tem o condão, a um só tempo, de adequar o procedimento à causa posta em julgamento, segundo as suas particularidades, bem como às conveniências e às necessidades das partes"[326]. Assim, há na arbitragem maior espaço para a criatividade das partes, sendo possível utilizar instrumentos processuais – inclusive de prova – que normalmente não são adotados no Poder Judiciário.

Outro elemento distintivo é a fonte imediata da jurisdição dos árbitros. Enquanto a jurisdição estatal tem por fundamento direto a soberania do Estado, que, por meio dos seus poderes constituídos constitucionalmente, exerce por meio do Judiciário o poder de dizer o direito no caso concreto, a arbitragem é jurisdição titulada por negócio jurídico, tendo na autonomia privada dos contratantes o seu fundamento imediato, e a soberania do Estado o seu fundamento mediato. Conforme Arnoldo Wald, "a vontade das partes é que autoriza a arbitragem, escolhe os árbitros, define a lei que devem aplicar e a sede na qual vai funcionar, mas não interfere no modo de decisão"[327].

O STF, ao julgar a constitucionalidade incidental da Lei de Arbitragem, enfrentou esse tema especificamente ao contrastar os institutos próprios da arbitragem com o princípio constitucional de que a lei não excluirá da apreciação do Poder Judiciário lesão ou ameaça a direito. A resposta esboçada pelo Ministro Nelson Jobim a essa aparente contradição caminhou justamente nesse sentido: as partes podem livremente compor os seus conflitos fora da área do Poder Judiciário. O Ministro salientou que

---

[323] CARMONA, Carlos Alberto. *Arbitragem e Processo: um comentário à Lei nº 9.307/96*. 3ª ed. São Paulo: Atlas, 2009, p. 31.

[324] MONTEIRO, António Pedro Pinto; SILVA, Artur Flamínio da; MIRANTE, Daniela. *Manual de Arbitragem*. Coimbra: Almedina, 2020, p. 11-12.

[325] Em levantamento realizado pelo Comitê Brasileiro de Arbitragem (CBAr) em conjunto com o Instituto de Pesquisas Ipsos em 2021 intitulado "Arbitragem no Brasil", a flexibilidade parece em quinto lugar como o maior benefício concreto da via arbitral elencado pelos entrevistados (Slide 21). Ver também, ANDREWS, Neil. Global perspectives on commercial arbitration. *Revista de Processo*, vol. 202, p. 293-337, nov., 2011. DTR 2011/5072.

[326] STJ. REsp 1.903.359/RJ. Terceira Turma. Min. Marco Aurélio Bellizze. J. em: 11.05.2021.

[327] WALD, Arnoldo. O Espírito da Arbitragem. *Doutrinas Essenciais Arbitragem e Mediação*. Vol. 1, p. 643-756, set./2014, DTR 2009/821, p. 03.

"é proibido ao sistema legal criar mecanismos que excluam da apreciação do Poder Judiciário lesão ou ameaça a direito (...) O destinatário da norma é o legislador, preservou--se ao cidadão o direito de opção e não a obrigatoriedade do cidadão compor os seus conflitos pela via judicial. Abre-se ao cidadão, portanto, o respeito à sua liberdade; a liberdade de tentar compor os seus conflitos fora da área do Poder Judiciário. Vetou-se ao legislador que impedisse o exercício pelo cidadão da faculdade de recorrer ao Poder Judiciário. Logo, não é uma obrigação do cidadão compor os seus conflitos no Poder Judiciário, é uma faculdade."

Também nesse sentido, o STJ já se manifestou, em acórdão relatado pelo Ministro Napoleão Nunes Maia, no Conflito de Competência 139.519, que

"a jurisdição estatal decorre do monopólio do Estado de impor regras aos particulares, por meio de sua autoridade, consoante princípio da inafastabilidade do controle judicial (art. 5º, XXXV, da Constituição da República), enquanto a jurisdição arbitral emana da vontade dos contratantes"[328].

Assim, enquanto o fundamento direto da jurisdição do Estado é a soberania, na arbitragem, o fundamento da jurisdição é negócio jurídico especialmente formado para esse desiderato, a convenção de arbitragem. Eis o aspecto contratual, devidamente evidenciado. Ademais, diversamente da litigância exercida perante o Poder Judiciário, na qual o Estado tem meios de coação diretos e indiretos para garantir a produção de efeitos da relação processual sobre a parte, independentemente da sua vontade, na arbitragem é necessário que, em algum momento, a parte tenha manifestado o seu consentimento em relação à jurisdição do tribunal. Eis o aspecto voluntarista.

3. Estrutura processual heterocompositiva

A estrutura processual distingue a arbitragem de outros métodos de solução de litígios, como a conciliação e a mediação[329]. Por consubstanciar modalidade de processo, há na arbitragem uma série concatenada de atos destinados ao fim que polariza o procedimento, isto é, a prolação de sentença de mérito em caráter definitivo. Diversamente, em outras formas de resolução de litígio, não há esse caráter processual.

Ademais, a arbitragem é um método processual heterocompositivo de resolução de litígios. Significa dizer que, na arbitragem, tal como ocorre no processo estatal, há a presença de terceiro com poder decisório sobre o mérito da causa, que profere solução à qual as partes se vinculam[330]. Na arbitragem, as partes, de comum acordo, diante de

---

[328] STJ. CC. 139.519. Min. Rel. Napoleão Nunes Maia Filho. Primeira Seção. J. em: 11.10.2017.

[329] Como explica Carlos Alberto Carmona: "Trata-se de mecanismo privado de solução de litígios, por meio do qual um terceiro, escolhido pelos litigantes, impõe sua decisão, que deverá ser cumprida pelas partes. Esta característica impositiva da solução arbitral (meio heterocompositivo de solução de controvérsias) a distância da mediação e da conciliação, que são meios autocompositivos de solução de litígios, de sorte que não existirá decisão a ser imposta às partes pelo mediador ou pelo conciliador, que sempre estarão limitados à mera sugestão (que não vincula as partes)". (CARMONA, Carlos Alberto. *Arbitragem e Processo: um comentário à Lei nº 9.307/96*. 3ª ed. São Paulo: Atlas, 2009, p. 31-32).

[330] "A arbitragem pode ser definida como um modo de resolução jurisdicional de conflitos em que a decisão, com base na vontade das partes, é confiada a terceiros. A arbitragem é, assim, um meio

um litígio, ou por meio de uma convenção de arbitragem, previamente pactuada, acordam que um terceiro, ou um colegiado, terá poderes para solucionar a controvérsia, sem a intervenção estatal, em caráter definitivo. Contrasta, assim, como os métodos autocompositivos, nos quais as próprias partes, ainda que com a ajuda de um terceiro, alcançam a composição.

Fouchard, Gaillard e Goldman destacam esse caráter da arbitragem, afirmando que "arbitration is a device whereby the settlement of a question, which is of interest for two or more persons, is entrusted to one or more persons"[331]. Nesse sentido, o conflito é resolvido não por um compromisso das partes de alcançar uma composição, mas por uma decisão[332]. Portanto, a arbitragem é marcada pela existência de julgador, terceiro imparcial e equidistante das partes[333].

Assim como ocorre no processo judicial, o terceiro ao qual é confiada a resolução do litígio não atua como mero facilitador. Ao revés, atua como decisor, que resolve o litígio de modo impositivo a partir do Direito. Profere, assim, decisão que faz coisa julgada material e é passível de execução. Assim, a decisão proferida pelo terceiro apresenta caráter vinculativo, vez que a decisão proferida por árbitros obriga às partes, tendo, após o trânsito em julgado, um valor idêntico ao da sentença prolatada pelo Poder Judiciário[334].

4. Conteúdo jurisdicional

A arbitragem é um meio de resolução alternativa de litígios de caráter adjudicatório, na medida em que as partes em litígio atribuem o poder e a jurisdição para a resolução do conflito a terceiros[335]. Contudo, trata-se de decisão a ser proferida com natureza jurisdicional. Ao editar a Lei de Arbitragem, o Estado passou a atribuir a função pública de atuar na vontade concreta do Direito e de solucionar os conflitos a árbitros, com isso encerrando o monopólio da jurisdição por parte do Estado.

---

de resolução alternativa de litígios adjudicatório, na medida em que o litígio é decidido por um ou vários terceiros. E essa decisão é vinculativa para as partes. A arbitragem aproxima-se do padrão judicial tradicional, sendo jurisdicional nos seus efeitos: não só a convenção arbitral gera um direito potestativo de constituição do tribunal arbitral e a consequente falta de jurisdição dos tribunais comuns, como também a decisão arbitral faz caso julgado e tem força executiva." (GOUVEIA, Mariana França. *Curso de Resolução Alternativa de Litígios*. 3ª ed. Coimbra: Almedina, 2020, p. 119).

[331] FOUCHARD, Philippe; GAILLARD, Emmanuel; GOLDMAND, Berthold. *Fouchard Gaillard Goldman on International Arbitration*. Haia: Kluwer Law International, 1999, p. 09.

[332] "Two or more parties faced with a dispute which they cannot resolve themselves, agreeing that some private individual will resolve it for them and if the arbitration runs its full course [...] it will not be settled by a compromise, but by a decision" (FOUCHARD, Philippe; GAILLARD, Emmanuel; GOLDMAND, Berthold. *Fouchard Gaillard Goldman on International Arbitration*. Haia: Kluwer Law International, 1999, p. 193).

[333] "Finally, a defining characteristic of 'arbitration' is the use of impartial adjudicative procedures which afford each party the opportunity to present its case to the tribunal. As discussed in greater detail below, forms of dispute resolution that do not provide parties the opportunity to present their views". (BORN, Gary. *International Commercial Arbitration*. 3rd ed. Alphen aan den Rijn: Kluwer Law International, 2021, p. 279).

[334] MONTEIRO, António Pedro Pinto; SILVA, Artur Flamínio da; MIRANTE, Daniela. *Manual de Arbitragem*. Coimbra: Almedina, 2020, p. 11-12.

[335] MONTEIRO, António Pedro Pinto; SILVA, Artur Flamínio da; MIRANTE, Daniela. *Manual de Arbitragem*. Coimbra: Almedina, 2020, p. 11-12.

A origem contratual da convenção de arbitragem não explica, sozinha, a natureza jurídica da arbitragem. Isso ocorre uma vez que, como fruto do processo arbitral, a sentença proferida pelo árbitro: (i) faz coisa julgada material; (ii) representa título executivo; e (iii) não se sujeita a homologação judicial ou a qualquer controle de mérito pelo Estado (incluindo recurso perante o Poder Judiciário). Assim como ocorre na jurisdição estatal, a arbitragem tem por escopo a pacificação social (escopo da jurisdição), só se manifesta a partir da iniciativa do interessado (inércia da jurisdição), tem desenvolvimento em substituição à atuação das partes (substitutividade da jurisdição), deve ser conduzida com imparcialidade (imparcialidade da jurisdição) e a decisão de mérito proferida produz coisa julgada (definitividade da jurisdição)[336].

O afastamento do Estado como único ente capaz de prestar jurisdição resultou tanto da necessidade de afirmação da sociedade civil de independência quanto da demanda inexorável à dinâmica das relações internacionais[337]. Com isso não se quer dizer que a arbitragem e a justiça estatal tenham finalidades distintas. Pelo contrário, ao ser método jurisdicional, a arbitragem tem a mesma função que a Justiça estatal, contando, apenas, com métodos e focos distintos[338].

Também nisso a arbitragem diferencia-se de outros métodos adequados de resolução de litígios[339], como a conciliação e a mediação. Essas características, que conferem caráter jurisdicional à arbitragem, são ressaltadas por Gary Born, ao afirmar que: "A third defining characteristic of arbitration is that it produces a binding award that decides the parties' dispute in a final manner and is subject only to limited grounds for challenge in national courts"[340].

Assim, a decisão dos árbitros não produz uma recomendação de caráter consultivo ou não vinculante, da qual as partes são livres para aceitar ou rejeitar; ademais, não é fruto de um mero processo de negociação, durante o qual as partes são livres para concordar

---

[336] FICHTNER, José Antonio, et al. *Teoria Geral da Arbitragem*. São Paulo: Editora Forense, 2019, p. 46.

[337] "O afastamento das autoridades governamentais da solução dos litígios privados de natureza comercial, quando admitida pelas partes, resulta da necessidade de afirmação da sociedade civil de independência, em busca de rumos próprios na identificação de valores e princípios divorciados dos padrões oficiais impostos. Retrata, também, os efeitos da dinâmica das relações internacionais com o aparecimento de novos atores, como as organizações não governamentais e as empresas multinacionais, com a consequente redução do papel do Estado, combalido pelas duas Guerras Mundiais, que indicaram a necessidade de mudança da sua estrutura formada como um dos efeitos da Paz de Westfalia, em 1648". Acrescenta o autor que "houve necessidade dos agentes privados de buscar alternativas eficazes para a solução de controvérsias comerciais na esfera internacional. A arbitragem surgiu como solução natural, fundada na relação contratual, da qual até os Estados se valeram, em grande número de casos, em ajustes com empresas privadas, a demonstrar sua eficácia como forma de solucionar pendências". (FINKELSTEIN, Cláudio. Flexibilidade e Autonomia da Vontade em Arbitragem: aprendendo com os erros. *Revista de Arbitragem e Mediação*, vol. 6, p. 155-176, abr./jun., 2020, DTR 7572, p. 02).

[338] WALD, Arnoldo. O Espírito da Arbitragem. *Doutrinas Essenciais Arbitragem e Mediação*. Vol. 1, p. 643-756, set./2014, DTR 2009/821, p. 02.

[339] FOUCHARD, Philippe; GAILLARD, Emmanuel; GOLDMAND, Berthold. *Fouchard Gaillard Goldman on International Arbitration*. Haia: Kluwer Law International, 1999, p. 12.

[340] BORN, Gary. *International Commercial Arbitration*. 3th ed. Alphen aan den Rijn: Kluwer Law International, 2021, p. 278-279.

(ou não) em resolver suas disputas; outrossim, não se trata de processo no qual as partes são livres para iniciar ou continuar com litígios em tribunais nacionais[341]. Ao invés, o fruto da arbitragem é sentença, de caráter final, definitiva e vinculante, prolatada por terceiro imparcial (o árbitro), e que poderá ser imposta à revelia da vontade da parte sucumbente[342].

Assim sendo, a arbitragem possui inegável natureza jurisdicional, visto que, embora contratual na sua origem, é dotada das mesmas características da jurisdição estatal e a sua sentença possui a mesma força daquela proferida pelo juiz togado. Ademais, como, em regra, inexistem recursos a serem interpostos contra a sentença arbitral[343], poderão as partes procurar perante o Poder Judiciário a anulação[344], levando à realização de novo julgamento.

§ 7. ARBITRAGEM DE DIREITO

1. Arbitragem de direito e normas jurídicas

Uma das principais vantagens da arbitragem é que as partes podem escolher o direito aplicável, tanto ao mérito, quanto à convenção de arbitragem, quanto ao procedimento arbitral[345]. A autonomia privada é verdadeiro elemento de conexão, trazendo a incidência dos diplomas normativos eleitos pelas partes.

Essa faculdade está expressamente prevista no art. 2º da Lei de Arbitragem brasileira. Enquanto o *caput* desse dispositivo prevê, primeiramente, que "a arbitragem poderá ser de direito ou de equidade, a critério das partes", § 1º dispõe que "poderão as partes escolher, livremente, as regras de direito que serão aplicadas na arbitragem, desde que não haja violação aos bons costumes e à ordem pública".

Nesse contexto, a interpretação que advém do art. 2º, § 1º, da Lei de Arbitragem é no sentido de que as partes podem optar por arbitragem de direito, elegendo o ordenamento positivo a ser aplicável na resolução da controvérsia. Assim, entende-se que a arbitragem de direito é aquela em que o tribunal arbitral decide a controvérsia a ele submetida com base no direito positivo escolhido pelas partes.

A possibilidade de eleger o direito aplicável não se restringe a optar pelo corpo normativo de um país. É possível que as partes determinem que a controvérsia deva ser dirimida a partir de diploma de *soft law*, por exemplo, os UNIDROIT Principles for International Commercial Contracts. Trata-se de hipótese de arbitragem de direito, na qual o tribunal arbitral julgará o caso em conformidade com o diploma normativo escolhido. Assim, a

---

[341] BORN, Gary. *International Commercial Arbitration*. 3th ed. Alphen aan den Rijn: Kluwer Law International, 2021, p. 278-279.

[342] BORN, Gary. *International Commercial Arbitration*. 3th ed. Alphen aan den Rijn: Kluwer Law International, 2021, p. 278-279.

[343] Discutindo a viabilidade de outras formas de impugnação à sentença arbitral: SILVA, Paula Costa E.; REIS, Nuno Trigo dos. Acção modificativa do caso julgado arbitral: um meio de impugnação esquecido. *Revista de Arbitragem e Mediação*, vol. 45, p. 189-202, abr./jun., 2015, DTR 2015/9730.

[344] Discutindo a possibilidade de arbitrar a pretensão anulatória: SILVA, Paula Costa E. A arbitrabilidade da pretensão anulatória de decisão arbitral: expansão da arbitragem a um domínio improvável? *Revista de Arbitragem e Mediação*, vol. 47, p. 233-244, out./dez, 2015, DTR 2015/1641.

[345] A matéria foi inicialmente tratada em: FICHTNER, José Antonio, et al. Teoria Geral da Arbitragem. Rio de Janeiro: Forense, 2019, item 2.6.1.1.

arbitragem em que as partes escolhem como Direito aplicável alguma das expressões da *soft law* é, ainda assim, arbitragem de direito, e não arbitragem de equidade.

Ademais, a escolha de um direito positivo não abarca somente as regras escritas em lei, mas também os princípios jurídicos admitidos no conjunto de normas escolhido, inclusive os princípios implícitos. Portanto, deve-se conferir interpretação ampla, entendendo que a arbitragem de direito é regida pelas normas jurídicas de um determinado país, abarcando todas as fontes reconhecidas por um certo ordenamento. Assim, construções normativas aplicáveis em um certo ordenamento, mesmo que não positivadas na legislação, poderão ser utilizadas pelos árbitros para solucionar a controvérsia[346].

Em síntese, a opção por arbitragem de direito implica escolha por aplicar na arbitragem certo diploma normativo (como ocorre quando as partes elegem uma *soft law*) ou certo ordenamento jurídico. Ao escolher um ordenamento jurídico para ser aplicável para dirimir um litígio, impõe-se aos árbitros o dever de considerar na decisão todas as fontes do direito reconhecidas por aquele ordenamento. Assim, por exemplo, ao escolher o direito brasileiro para solucionar determinada controvérsia, a Constituição Federal, leis complementares, ordinárias, tratados internalizados, princípios jurídicos e figuras parcelares reconhecidas no ordenamento, além de outros textos dotados de autoridade normativa, integrarão o *corpus* a ser utilizado pelo tribunal arbitral na solução da controvérsia.

2. O papel dos precedentes na arbitragem de direito

O problema dos precedentes está relacionado com a pergunta sobre o que significa aplicar, em extensão e profundidade, determinado ordenamento jurídico[347]. Ou seja, em arbitragem de direito, nas quais as partes elegem, com base na sua autonomia privada, determinado sistema jurídico para servir de base para o julgamento a ser proferido pelos árbitros, é necessário determinar qual deve ser a relação entre a interpretação do direito a ser dada pelo tribunal arbitral e aquela conferida, em casos similares, pelo Poder Judiciário de um determinado país.

É possível desenhar variados modelos para explicar essa relação. De um lado, é possível imaginar um sistema no qual não há, absolutamente, nenhuma relação entre o julgamento a ser proferido por um tribunal arbitral com as decisões emanadas pelo Poder Judiciário. Trata-se de um sistema de independência absoluta, no qual há, praticamente, uma verdadeira ordem jurídica arbitral, cujas decisões podem resultar em completa dissonância com aquelas proferidas pelo Estado-Juiz.

---

[346] Por exemplo, caso surja um litígio a respeito do cumprimento de um contrato de prestação de serviços e as partes tenham convencionado a aplicação do Direito brasileiro ao caso, o tribunal arbitral bem poderá decidir o caso, por exemplo, com base no reconhecimento da *surrectio* ou da *suppressio*, as quais consagram a modificação tácita da relação jurídica a partir de um comportamento reiterado das partes. Não há específica previsão legal da *surrectio* e da *suppressio* no Direito brasileiro, mas entende-se que esses institutos são um corolário do princípio da boa-fé objetiva – cuja aplicação é cogente –, o qual está previsto nos arts. 113, 187 e 422 do Código Civil. Assim, apesar de a *surrectio* e a *suppressio* não terem sido previstas expressamente em um dispositivo legal específico, a invocação de tais institutos na solução de um caso concreto significa também aplicação do Direito brasileiro. Ver: DICKSTEIN, Marcelo. *A boa-fé objetiva na modificação tácita da relação jurídica: surrectio e suppressio*. Rio de Janeiro: Lumen Juris, 2010, p. 107).

[347] MITIDIERO, Daniel. Fundamentação e Precedente: dois discursos a partir da decisão judicial. *Revista de Processo*, vol. 206, p. 61-78, 2012, p. 62.

De outro lado, é possível imaginar um sistema oposto, no qual o tribunal arbitral é visto como um outro tribunal qualquer, de tal sorte que suas decisões estão absolutamente vinculadas às dos tribunais superiores de um determinado país. Qualquer discrepância em relação ao que é decidido pelo tribunal arbitral do entendimento encampado pelas cortes superiores estatais é visto como algo discrepante, e, consequentemente, passível de correção por meio de mecanismos legais.

Entre esses dois modelos extremos, entre a independência absoluta e a vinculação absoluta, é possível desenhar modelos intermediários, no qual há algum grau de vinculação entre os julgamentos proferidos pelos tribunais arbitrais aos entendimentos exarados pelas Cortes Estatais. Não há, propriamente, um modelo melhor ou pior, em termos abstratos. Cada país, por conta da sua soberania, tem plena legitimidade para estruturar a relação existente entre as decisões proferidas pelo Poder Judiciário e os julgamentos realizados pelos tribunais arbitrais.

A questão que se coloca é identificar qual foi o modelo escolhido pelo ordenamento brasileiro e, a partir daí, qual deve ser a relação entre os julgamentos sob a jurisdição estatal e a jurisdição arbitral. Esse problema ganhou novos contornos com a entrada em vigor do Código de Processo Civil de 2015. A partir de então, entender o papel dos precedentes no direito brasileiro não se resume à questão exclusiva do processo civil, podendo ser melhor enquadrada como questão atinente à teoria da norma. Ademais, o ordenamento brasileiro deu um passo em prol da revisão da divisão de tarefas entre legislador e julgador no que tange à produção do direito[348], tornando mais explícita a capacidade criativa das decisões dos tribunais.

Em sistemas de *civil law*, como o caso do Brasil, existe, tradicionalmente, uma pro-eminência da legislação positivada como fonte primordial do direito. Nesse contexto, a manifestação dos tribunais era vista como fonte do direito ou era percebida, somente, como fonte secundária[349]. Contudo, com a evolução da reflexão acerca do que é o direito

---

[348] Escrevendo dentro do contexto do paradigma anterior, no qual havia tendência de se perceber com maior rigidez a distinção de tarefas entre o legislador e o julgador, "A distinção entre legislação e jurisdição reside, ao que me parece, na qualidade do objeto a respeito do qual o legislador e o juiz são chamados a pronunciar-se: problemas abstratos para o legislador; problemas concretos para o juiz, com a natural conseqüência de que o ato legislativo resolve e é eficaz para uma série de casos futuros, enquanto o ato jurisdicional põe fim a uma controvérsia concreta e é eficaz só em relação a esta. Assim se estabelece claramente a distinção entre ambas as funções, e o juiz, enquanto tem a tarefa de decidir casos concretos com atos eficazes exclusivamente em relação àquele caso isoladamente considerado, nada tem de legislador, mesmo que o seu ato possa ser até certo ponto criativo. Até quando julga segundo a eqüidade, ou seja, com a máxima liberdade submetida, entretanto, às fronteiras legais, se pode pensar, com um oximoro, num legislador no caso concreto. Assim é para os países de Civil Law e para o nosso ordenamento. Para os países de Common Law o discurso seria um pouco mais complexo e eu o deixo à consideração dos especialistas." (LIEBMAN, Enrico Tullio. A força criativa da jurisprudência e os limites impostos pelo texto da lei. *Revista de Processo*, vol 43, p. 57-60, jul./set., 1986. DTR 1986/128, p. 03).

[349] "O direito brasileiro, em decorrência de sua origem romano-germânica, historicamente reconhecia a jurisprudência como fonte formal do direito, ou seja, no sistema brasileiro entendia-se que a jurisprudência era fonte da qual emanava o direito. Não obstante, apesar de ser entendida como fonte formal do direito, a jurisprudência tinha papel secundário ou mediato nesse sistema de fontes, assim como os costumes, a analogia e a doutrina. A fonte primária por excelência, no sistema da civil law, é a norma legal. Em razão da influência do positivismo, havia a compreensão de que o juiz era servo da lei e de que os tribunais não deveriam ter nenhum tipo de papel criativo."

(problema epistemológico) e de como aplicar o direito (problema metodológico), passou a ser necessário ressignificar o que é a norma jurídica[350]. Concepção largamente difundida ainda parte do pressuposto do caráter cognitivista da aplicação do direito pelo juiz, ignorando que, em verdade, por conta da dupla indeterminação do direito, o ato de julgar não é, apenas, um ato de conhecer. Trata-se, sobretudo, de adscrever sentido aos textos legislativos, apresentando, ao lado de uma componente lógica, um caráter construtivo, de reconstrução da ordem jurídica[351].

Entende-se que o Código de Processo Civil não apenas criou um mecanismo repressivo de controle de conformidade da jurisprudência. A inovação foi mais profunda, no plano da teoria das fontes. Assim, apesar da filiação do direito brasileiro à família Romano-Germânica, elevou-se à condição de fonte de direito algumas decisões emanadas dos tribunais superiores[352], o Superior Tribunal de Justiça e o Supremo Tribunal Federal.

Um argumento utilizado por aqueles que não entendem haver vinculação das decisões dos árbitros aos "precedentes" dos tribunais superiores é o de que os dispositivos que conferiram o caráter obrigatório dessas decisões estão inseridos no Código de Processo Civil, não surtindo efeito sobre procedimentos regidos pela Lei de Arbitragem. Contudo, o argumento parte de uma premissa equivocada, pois ignora o caráter unitário do ordenamento jurídico.

É verdadeira a afirmação de que a arbitragem e o processo civil são dois sistemas distintos de resolução de conflitos, cada qual com os próprios procedimentos, metodologias e peculiaridades. Contudo, não é possível concluir que a arbitragem institui uma bifurcação na ordem jurídica. Conforme leciona Ruy Rosado de Aguiar Júnior, "o sistema de arbitragem é peculiar e autônomo, mas não está no espaço, e sim inserido no ordenamento jurídico nacional, que deve respeitar naquilo que este tem de indispensável ao interesse público e inderrogável pelas partes"[353].

Se é a ordem jurídica que legitima e chancela a arbitragem, essa não pode ser vislumbrada como uma entidade flutuante, aérea ou apartada do Estado. A soberania estatal e o ordenamento jurídico são a fonte mediata dos poderes dos árbitros; a autonomia privada é, apenas, a fonte imediata. Fonte imediata e dependente de conformidade com as fontes mediatas, as quais impõem limites ao exercício jurídico pelos particulares por meio da sua manifestação de vontade. Assim, o sistema arbitral, antes de ser independente e autônomo, é integrado à ordem jurídica que o legitima[354]. Advertem o Ministro Luis

---

(SALOMÃO, Luis Felipe; FUX, Rodrigo. Arbitragem e precedentes: possível vinculação do árbitro e mecanismos de controle. *Revista de Arbitragem e Mediação*, vol. 66, p. 139-174, jul./set., 2020, DTR 2020/11516).

[350] ABBOUD, Georges; CAVALCANTI, Marcos de Araújo. Interpretação e aplicação dos provimentos vinculantes do novo Código de Processo Civil a partir do paradigma do pós-positivismo. *Revista de Processo*, vol. 245, p. 351-377, jul./2015, DTR 2015/11015.

[351] MITIDIERO, Daniel. *Precedentes: da persuasão à vinculação*. 2ª ed. São Paulo: Editora Revista dos Tribunais, 2017, p. 69-70.

[352] TUCCI, José Rogério Cruz e. *Precedente Judicial como fonte de direito*. São Paulo: Revista dos Tribunais, 2004.

[353] AGUIAR, Ruy Rosado de. Arbitragem, os precedentes e a ordem pública. *Doutrina: edição comemorativa, 30 anos do Superior Tribunal de Justiça*. Brasília: Superior Tribunal de Justiça, 2019, p. 216.

[354] "Naturalmente, a arbitragem, embora tenha a semelhança fundamental com o juízo estatal no sentido de ser também um meio de solução de conflitos de interesses, segue uma lógica própria

PARTE I · **Capítulo 2** · A ARBITRAGEM COMO MÉTODO DE RESOLUÇÃO DE LITÍGIOS | **75**

Felipe Salomão e Rodrigo Fux que, se não houvesse essa vinculação, e "se fosse reconhecida completa autonomia da jurisdição arbitral em relação ao sistema de precedentes, criar-se-ia tenebroso cenário de manifestações jurisdicionais contraditórias apenas pela escolha do procedimento"[355].

Portanto, conclui-se que não há uma ordem jurídica para os juízes e outra para os árbitros. O ordenamento é uno. Na medida em que o árbitro é juiz de fato e de direito, e que as partes elegem uma arbitragem de direito, possível constatar que há algum grau de vinculação entre a decisão do árbitro ao "sistema de precedentes", na medida que esses se tornam verdadeiras fontes do direito, em estrita observância ao que é disposto no Código de Processo Civil[356].

Assim, o fundamento de vinculação dos árbitros ao "sistema de precedentes" está no fato de que o poder dos árbitros é derivado de modo mediato da soberania do Estado e de modo imediato da autonomia privada dos indivíduos, de tal sorte que os árbitros estão adstritos a aplicar o ordenamento escolhido pelas partes, nos termos do art. 2º, § 1º, da Lei de Arbitragem[357]. E, como o "sistema de precedentes" enriqueceu o sistema de fontes do direito vigente no Brasil, aplicar o direito brasileiro significa aplicá-lo considerando as decisões erigidas como precedentes vinculantes pelo Código de Processo Civil, em respeito e observância ao caráter unitário do ordenamento jurídico. Assim, as decisões judiciais servem de modelo para a solução de novos casos, atendendo a imperativo de segurança social[358].

Ou seja, o que legitima a necessidade de vinculação dos árbitros às decisões tidas como precedentes vinculantes não é, diretamente, o Código de Processo Civil. É a autonomia privada que, ao eleger arbitragem de direito, importa para o âmbito da arbitragem todas as fontes do direito vigentes em um ordenamento jurídico, entre as quais as decisões que integram o "sistema de precedentes" brasileiro.

Ademais, em um exercício de equilíbrio de interesses, o mais correto é obrigar os árbitros a aplicar o direito, que inclui a lei e as decisões dos tribunais tidas como precedentes, enquanto fonte[359]. As partes que elegem arbitragem de direito não podem ser

---

    e possui peculiaridades que devem ser observadas pelas partes envolvidas no processo arbitral. A arbitragem tem, também, o objetivo final de resolver impasses jurídicos, mas o faz por um caminho diverso, em que oferece tutelas e remédios distintos às partes. Mas esse caminho diverso pertence, igualmente, ao nosso ordenamento jurídico, e dele não pode se distanciar." (FERNANDES, Micaela Barros Barcelos. A vinculação a precedentes no processo arbitral: alterações promovidas pelo Código de Processo Civil de 2015 e sua interpretação conforme a Constituição brasileira e a Lei de Arbitragem brasileira. *Revista de Direito Civil Contemporâneo*, vol. 22, p. 31-49, jan./mar., 2020, DTR 2020/7350).

[355]   SALOMÃO, Luis Felipe; FUX, Rodrigo. Arbitragem e precedentes: possível vinculação do árbitro e mecanismos de controle. *Revista de Arbitragem e Mediação*, vol. 66, p. 139-174, jul./set., 2020, DTR 2020/11516.

[356]   ZANETI JR., Hermes. *O Valor vinculante dos precedentes*. 2ª ed. Salvador: JusPodvm, 2016, p. 175 ss.

[357]   Lei de Arbitragem, Art. 2º, § 1º: "A arbitragem poderá ser de direito ou de equidade, a critério das partes. § 1º Poderão as partes escolher, livremente, as regras de direito que serão aplicadas na arbitragem, desde que não haja violação aos bons costumes e à ordem pública."

[358]   FERRO, Marcelo Roberto. A jurisprudência como forma de expressão do direito. *Doutrinas essenciais obrigações e contratos*, vol. 1, p. 237-259, jun./2011, DTR 2012/1937.

[359]   "Os precedentes, da mesma forma que não se confundem com jurisprudência (como vimos acima), não se confundem também com as decisões judiciais. Isso porque as decisões judiciais, mesmo

surpreendidas com julgamentos proferidos em manifesta dissonância com os precedentes fixados pelos tribunais constitucionalmente competentes para dar a palavra final sobre o sentido do direito. Portanto, inexiste liberdade para o árbitro desconsiderar, ao seu bem entender, os verdadeiros precedentes vinculantes exarados pelos tribunais[360], assim como não há liberdade para o árbitro deixar de aplicar a lei incidente sobre o caso concreto. Não se deve apostar em um sistema que comporte soluções inesperadas e que só geram insegurança e desprestígio para a ordem jurídica posta.

Portanto, tomamos como premissa que, considerando a liberdade dos países soberanos de formularem diferentes modelos de relação entre as decisões das cortes estatais e tribunais arbitrais, o Brasil optou, a partir da entrada em vigor do Código de Processo Civil de 2015, por considerar, enquanto fonte material e primária do direito, determinadas decisões proferidas pelas cortes de vértice brasileiras. Essas decisões, em respeito à unidade do ordenamento jurídico, devem ser observadas, tanto pelos tribunais integrantes da estrutura do Poder Judiciário quanto pelos tribunais arbitrais, em arbitragens de direito, pois tais decisões passaram a ser integrantes do conceito do que é o direito brasileiro[361].

---

que exaradas pelos tribunais superiores ou Cortes Supremas, poderão não constituir precedentes. Neste sentido, duas razões podem ser indicadas para que nem toda decisão judicial seja um precedente: (a) não será precedente a decisão que aplicar lei não objeto de controvérsia, ou seja, a decisão que apenas refletir a interpretação dada a uma norma legal vinculativa pela própria força da lei não gera um precedente, pois a regra legal é uma razão determinativa, e não depende da força do precedente para ser vinculativa; (b) a decisão pode citar uma decisão anterior, sem fazer qualquer especificação nova ao caso, e, portanto, a vinculação decorre do precedente anterior, do caso-precedente, e não da decisão presente no caso-atual. Dito de outra forma, apenas será precedente a decisão que resultar efeitos jurídicos normativos para os casos futuros. Não será precedente, a decisão que simplesmente aplicar um caso-precedente já existente, ou a decisão que não tiver conteúdo de enunciação de uma regra jurídica ou de um princípio universalizável. Assim como, não será precedente, a decisão que apenas se limitar a indicar a subsunção de fatos ao texto legal, sem apresentar conteúdo interpretativo relevante para o caso-atual e para os casos-futuros. Serão precedentes apenas aqueles casos que constituírem acréscimos (ou glosas) aos textos legais relevantes para solução de questões jurídicas. Neste último caso, quando o precedente aplicar a lei sem acrescentar conteúdo relevante, a vinculação decorrerá diretamente da lei. Nem toda a decisão, portanto, será um precedente. Por tais razões, os precedentes devem ser tratados como norma – fonte do direito primária e vinculante – não se confundindo com o conceito de jurisprudência ou de decisão. Isso ocorre seja pela natureza distinta do direito jurisprudencial (reiteradas decisões dos tribunais que exemplificam o sentido provável de decisão, sem caráter obrigatório e vinculante), seja porque não se podem confundir precedentes com decisões de mera aplicação de lei ou de reafirmação de casos-precedentes." (ZANETI JR., Hermes. Precedentes (treat like cases alike) e o novo código de processo civil: universalização e vinculação horizontal como critérios de racionalidade e a negação da "jurisprudência persuasiva" como base para uma teoria e dogmática dos precedentes no Brasil Doutrinas Essenciais – Novo Processo Civil. *Revista de Processo*, vol. 6/2018, DTR 2015/11095, p. 06).

[360] "Pensamos que é imperativo, nas arbitragens de direito sob a égide da legislação nacional, que os árbitros observem os precedentes vinculantes, tendo em conta que os precedentes compõem o ordenamento jurídico mesmo que a lei seja interpretada em sentido formal" (SALOMÃO, Luis Felipe; FUX, Rodrigo. Arbitragem e precedentes: possível vinculação do árbitro e mecanismos de controle. *Revista de Arbitragem e Mediação*, vol. 66, p. 139-174, jul./set., 2020, DTR 2020/11516).

[361] Nesse sentido, explica Sofia Temer: "Nesse contexto, adotada a concepção de que os precedentes brasileiros também são fonte de direito, inexorável a conclusão pelo dever dos árbitros de ponderá-los e aplicá-los quando do exercício de sua função jurisdicional. Tal entendimento se sustenta também em outros fundamentos, como a exigência de isonomia e segurança jurídica na atividade

Registra-se a existência de posição respeitável no sentido de que, para tornarem vinculantes ao tribunal arbitral, as partes teriam de expressar na convenção de arbitragem o caráter vinculante dos precedentes[362]. Contudo, a presunção que se coloca é oposta. Caso as partes apenas tenham escolhido como aplicável ao caso o direito brasileiro, incluem-se aí os precedentes definidos como vinculante pelo Código de Processo Civil. Por certo, pela sua autonomia privada, e pela capacidade de escolher o direito aplicável, as partes poderão afastar o caráter vinculante dos precedentes, ou, ainda, escolher determinada linha jurisprudencial que não é tida como precedente, tornando-a vinculante para o tribunal arbitral. Se as partes podem escolher conduzir arbitragem por equidade, poderão afastar a aplicação obrigatória dos precedentes, se assim o desejarem. Quem pode o mais, pode o menos. Contudo, no silêncio das partes, a opção por conduzir arbitragem de direito implica assumir o caráter vinculante dos precedentes obrigatórios.

Portanto, resta definir quais decisões dos tribunais superiores poderão ser enquadradas na categoria de "precedentes vinculantes", devendo ser observadas tanto pelo Poder Judiciário quanto pelos tribunais arbitrais em arbitragem de direito. Nesse sentido, deve-se observar o disposto nos arts. 926[363] e 927[364] do Código de Processo Civil, os responsáveis por instituir o "sistema de precedentes".

---

jurisdicional (estatal ou arbitral), a concepção dworkiana de direito como integridade, e o "dever moral" de seguir precedentes, entre outros. Não obstante, a aplicação do precedente pelo árbitro não decorre de autoridade hierárquica ou interdependência funcional, já que o árbitro sequer integra o Judiciário. Por isso, conquanto se afirme que as decisões arbitrais devem observar os precedentes enquanto elementos do ordenamento jurídico, há relativo consenso a respeito da impossibilidade de desafiá-las mediante reclamação." (TEMER, Sofia. Precedentes judiciais e arbitragem: reflexões sobre a vinculação do árbitro e o cabimento de ação anulatória. *Revista de Processo*, vol. 278, p. 523-543, abr./2018, DTR 2018/10633).

[362] "Nesse ponto, vale trazer à baila a discussão doutrinária acerca do cabimento da ação anulatória caso a sentença arbitral desrespeite o entendimento consolidado pelo poder Judiciário através de algum precedente definido como vinculante pelo Código de Processo Civil. Ressalte-se que a Lei de Arbitragem estabelece ampla liberdade às partes no que tange à determinação da lei aplicável. A propósito, o art. 2º, §1º, estabelece que as partes poderão escolher, livremente, as regras de direito que serão aplicadas, desde que não haja violação aos bons costumes e à ordem pública. Assim, não há impedimento a que as partes definam a aplicabilidade dos precedentes vinculantes ao processo arbitral. No entanto, ausente essa previsão, a violação, por si só, a precedentes vinculantes assim previstos pelo Código de Processo Civil não autoriza a propositura de ação anulatória. Nessa direção, autorizada doutrina sublinha que a valorização dos precedentes no Direito brasileiro não tem o condão de incluir novas hipóteses de ação anulatória no rol do art. 32 da Lei de Arbitragem" (TEPEDINO, Gustavo; KONDER, Carlos Nelson; BANDEIRA, Paula Greco. *Fundamentos do Direito Civil*. Vol. 3. 3ª ed. Rio de Janeiro: Forense, 2022, p. 571).

[363] Código de Processo Civil, Art. 926: "Os tribunais devem uniformizar sua jurisprudência e mantê-la estável, íntegra e coerente. § 1º Na forma estabelecida e segundo os pressupostos fixados no regimento interno, os tribunais editarão enunciados de súmula correspondentes a sua jurisprudência dominante. § 2º Ao editar enunciados de súmula, os tribunais devem ater-se às circunstâncias fáticas dos precedentes que motivaram sua criação."

[364] Código de Processo Civil, Art. 927: "Os juízes e os tribunais observarão: I – as decisões do Supremo Tribunal Federal em controle concentrado de constitucionalidade; II – os enunciados de súmula vinculante; III – os acórdãos em incidente de assunção de competência ou de resolução de demandas repetitivas e em julgamento de recursos extraordinário e especial repetitivos; IV – os enunciados das súmulas do Supremo Tribunal Federal em matéria constitucional e do Superior Tribunal de Justiça em matéria infraconstitucional; V – a orientação do plenário ou do órgão especial aos quais estiverem vinculados. § 1º Os juízes e os tribunais observarão o disposto no art. 10 e no art. 489, §

Nesse contexto, o art. 927 do Código elencou cinco situações nas quais a decisão proferida pelo Poder Judiciário se torna um precedente: (i) as decisões do Supremo Tribunal Federal em controle concentrado de constitucionalidade; (ii) os enunciados de súmula vinculante; (iii) os acórdãos em incidente de assunção de competência ou de resolução de demandas repetitivas e em julgamento de recursos extraordinário e especial repetitivos; (iv) os enunciados das súmulas do Supremo Tribunal Federal em matéria constitucional e do Superior Tribunal de Justiça em matéria infraconstitucional; e (v) a orientação do plenário ou do órgão especial aos quais estiverem vinculados.

Por força do art. 927, essas cinco espécies de julgamentos adquiriram um caráter especial, passando a ser dotados de caráter cogente, integrando verdadeiramente o direito positivo do país. Quanto a essas cinco hipóteses específicas, sustenta-se haver vinculação por parte dos tribunais arbitrais. Quando as partes escolhem a arbitragem de direito, necessariamente, manifestam vontade de ver, aplicadas ao seu caso, as normas integrantes do direito positivo de um determinado país. O art. 927 ampliou o que se entende por direito positivo no Brasil, não havendo razão para ignorar o caráter de verdadeira fonte do direito que passou a ser atribuído às cinco situações descritas nesse artigo. Sustenta-se, portanto, uma acepção formal do que seja precedente, à luz da disposição expressa do Código de Processo Civil.

Cumpre registrar que o "sistema de precedentes" instituído pelos arts. 926 e 927 do Código de Processo Civil muito se difere do tratamento dado aos precedentes nos países de *common law*. Em verdade, impossível confundir a sistemática dos precedentes estabelecida no direito brasileiro com aquela vigente nos Estados Unidos ou na Inglaterra[365]. Igualmente, seria impróprio interpretar os contornos dogmáticos do "sistema de precedentes" brasileiro, a partir de referenciais advindos puramente da cultura anglo-saxã. Nesse sentido, adverte Pierre Legrand que "mais le poids de l'histoire, de la tradition, de la culture, de la mentalité – tous ces intangibles – continue à compter en ce qu'il fonde, à chaque transfert de droit, un processus de différenciation et d'autonomisation qui ne

---

1º, quando decidirem com fundamento neste artigo. § 2º A alteração de tese jurídica adotada em enunciado de súmula ou em julgamento de casos repetitivos poderá ser precedida de audiências públicas e da participação de pessoas, órgãos ou entidades que possam contribuir para a rediscussão da tese. § 3º Na hipótese de alteração de jurisprudência dominante do Supremo Tribunal Federal e dos tribunais superiores ou daquela oriunda de julgamento de casos repetitivos, pode haver modulação dos efeitos da alteração no interesse social e no da segurança jurídica. § 4º A modificação de enunciado de súmula, de jurisprudência pacificada ou de tese adotada em julgamento de casos repetitivos observará a necessidade de fundamentação adequada e específica, considerando os princípios da segurança jurídica, da proteção da confiança e da isonomia. § 5º Os tribunais darão publicidade a seus precedentes, organizando-os por questão jurídica decidida e divulgando-os, preferencialmente, na rede mundial de computadores."

[365] "El gran problema que se establece a partir de ahí es que, al contrario del discurso respecto de la fundamentación de la decisión judicial, el discurso sobre la necesidad respecto a los precedentes y su aplicación concreta solo puede ser recogido en un manantial teórico extraño a la tradición romano-canónica. Si es verdad que las razones para seguir precedentes son comunes a ambas tradiciones, también lo es que solo en la tradición del Common Law se debe buscar los medios por los cuales los precedentes pueden ser correctamente identificados y aplicados en juicio. Es a partir de aquella tradición que la cultura brasileña (y latinoamericana en general) debe pensar – críticamente – la adopción de un sistema de precedentes" (MITIDIERO, Daniel. Fundamentación y Precedente: dos Discursos a partir de la Decisión Judicial. *Gaceta Constitucional*, vol. 58, p. 225-235, 2012, p. 230).

PARTE I · Capítulo 2 · A ARBITRAGEM COMO MÉTODO DE RESOLUÇÃO DE LITÍGIOS | **79**

peut qu'interpeller la naïve croyance selon laquelle des modèles juridiques voyageraient d'une juridiction à l'autre indépendamment des pratiques locales"[366].

A história e a cultura jurídica brasileiras, bem como o ordenamento jurídico como um todo, devem ser analisados para interpretar o chamado "sistema de precedentes" adotado pelo Código de Processo Civil. Nesse sentido, a concepção adotada pelo direito brasileiro diverge daquela existente em países de *common law*, nos quais o precedente é compreendido como a decisão judicial que contém em si mesma um princípio generalizável, residindo precisamente na *ratio decidendi* de uma decisão judicial, ou seja, nos motivos determinantes e generalizáveis que podem ser aplicados no processo decisório de outros casos semelhantes[367].

Assim, em termos de metodologia de direito comparado, não se pode utilizar o aparato conceitual típico da *common law*, fruto de um processo de formação histórico-cultural muito diverso daquele vigente no Brasil[368], para interpretar o conceito de precedente à luz do direito brasileiro. No ordenamento nacional, que erigiu a lei escrita como principal fonte do direito, é de se ter extrema cautela ao afirmar que uma decisão judicial é fonte do direito. Caso contrário, haveria considerável déficit de legitimidade democrática, sendo inviável no direito brasileiro confundir a figura dos juízes com a dos legisladores.

Portanto, constata-se haver decisões que poderiam ser consideradas verdadeiros precedentes vinculantes à luz de outras jurisdições, mas não o são a partir do filtro estabelecido pelo Código de Processo Civil[369]. Assim sendo, é necessário ter cautela ao tratar do "sistema de precedentes" existente no direito brasileiro, pois a sua dimensão semântica muito se difere do "sistema de precedentes" existente em países de *common law*[370]. Essas

---

[366] LEGRAND, Pierre. L'hypothèse de la conquête des continents par le droit américain (ou comment la contingence arrache à la disponibilité) *Archives de Philosophie du Droit*, 45, 2001, p. 37-41.

[367] AMARAL, Guilherme Rizzo. Arbitragem e Precedentes. In: LEVY, Daniel; SETOGUTI, Guilherme (Coord.). *Curso de Arbitragem*. São Paulo: Revista dos Tribunais, 2018, p. 280-281.

[368] WAMBIER, Teresa Arruda Alvim. Interpretação da lei e precedentes: *civil law* e *common law*. *Revista dos Tribunais*, vol. 893, p. 33-45, mar./2010, DTR 2010/134.

[369] "Ao consolidar o capítulo dedicado aos precedentes judiciais no novel códex, o legislador pátrio importou de maneira crítica e ponderada a 'teoria geral dos precedentes' dos países de tradição anglo-saxônica, absorvendo conceitos e institutos da teoria do stare decisis e da doctrine of binding precedent, de modo a possibilitar uma estruturação e uma aplicação adaptadas às particularidades da máquina judiciária brasileira" (SALOMÃO, Luis Felipe; FUX, Rodrigo. Arbitragem e precedentes: possível vinculação do árbitro e mecanismos de controle. *Revista de Arbitragem e Mediação*, vol. 66, p. 139-174, jul./set., 2020, DTR 2020/11516).

[370] "O recrudescimento da importância do precedente judicial no Direito brasileiro não é um desvirtuamento, senão um aperfeiçoamento, da tradição jurídica com a qual sempre esteve associado o Direito brasileiro. O atual sistema brasileiro de formação, divulgação, aplicação e superação dos precedentes judiciais não se estabeleceu por acaso, nem fora de uma linha evolutiva cujo início remonta ao final do período colonial brasileiro. Ele é, ao contrário, fruto de uma tradição brasileira que se desenvolveu na prática jurídica e, mais recentemente, no pensamento jurídico brasileiro. Além disso, o Direito brasileiro não aderiu, com uma penada legislativa, à tradição jurídica da common law, tão somente porque adotou um sistema de precedentes vinculantes nos seus tribunais superiores, ou porque já instalou um regime de respeito aos precedentes baseado na atribuição de eficácia processual à jurisprudência – afinal, já foram muitas as incorporações de elementos jurídicos transplantados de sistemas ou tradições estrangeiras." (DIDIER JR. Fredie; SOUZA, Marcus Seixas. DIDIER JR. Fredie; SOUZA, Marcus Seixas. O respeito aos precedentes como diretriz histórica do direito brasileiro. *Revista de Processo Comparado*, vol. 2, jul./dez., 2015, p. 106-107).

peculiaridades levam a resultados diversos, especialmente em conceituar o que é precedente e quais decisões serão de observância obrigatória.

Por exemplo, a hipótese prevista no art. 927, I, do Código de Processo Civil, referente a decisão do STF em controle concentrado de constitucionalidade, antes de ser precedente, é técnica que expurgou do ordenamento norma tida como incompatível com a Constituição. Igualmente, o art. 927, II e IV, confere vinculatividade a súmulas, que são, na verdade, um método de trabalho, um extrato que retrata de modo simples e direito um entendimento consolidado de um tribunal[371]. Assim, impõe-se vinculatividade a decisões que não seriam, propriamente, precedentes à luz dos conceitos vigentes em países de *common law*.

Ademais, percebe-se que o art. 927, III, do Código de Processo Civil apenas conferiu o caráter cogente a decisões proferidas em incidentes de assunção de competência, de resolução de demandas repetitivas e em julgamento de recursos extraordinário e especial repetitivos, sendo silente quanto a outras decisões proferidas pelos tribunais superiores. Por exemplo, o artigo deixa de mencionar recursos extraordinários e recursos especiais não repetitivos ou embargos de divergência. Quanto a essas modalidades de decisão – e outras que não aquelas expressamente mencionadas no Código de Processo Civil – não há falar de caráter vinculante, sendo precedentes persuasivos.

Assim, é possível distinguir, no ordenamento brasileiro, os precedentes vinculantes dos precedentes persuasivos[372]. Enquanto os "precedentes normativos" são correspondentes aos julgados e aos entendimentos que devem ser obrigatoriamente observados pelas demais instâncias, tendo vinculatividade diretamente aferível pelo Código de Processo Civil, os "precedentes persuasivos" abarcam os demais julgados, dotados de eficácia meramente *inter partes*, mas que são relevantes para a análise da interpretação do direito dada pelos tribunais, para argumentação, convencimento dos magistrados.

Nesse sentido, os tribunais arbitrais apenas estarão vinculados e deverão observar somente – e tão somente – as decisões expressamente referidas nos arts. 926 e 927 do Código de Processo Civil, que poderão ser consideradas como decisões vinculantes, as quais devem ser observadas por qualquer julgador. Outras decisões emanadas por tribunais, inclusive tribunais superiores, que não se subsomem no rol dos arts. 926 e 927 do Código de Processo Civil não serão consideradas "precedentes vinculantes", mas poderão ser consideradas como "precedentes persuasivos"[373], de observância não obrigatória, mas que poderão formar o juízo de convencimento do tribunal.

---

[371] MITIDIERO, Daniel. Precedentes, Jurisprudência e Súmulas no Novo Código de Processo Civil Brasileiro. *Revista de Processo*, vol. 245, p. 333-349, 2015.

[372] BARROSO, Luis Roberto; MELLO, Patrícia Perrone Campos. Trabalhando com uma nova lógica: a ascensão dos precedentes no direito brasileiro. *Revista da AGU*, vol. 15, n. 3, p. 09-52, jul./set., 2016, p. 19-20.

[373] "Com relação aos precedentes persuasivos, situação diversa é apresentada. Esses possuem eficácia mediata ou secundária, assim como a analogia, os costumes, entre outras fontes do direito que concorrem para a formação do convencimento do julgador. Percebe-se, desse modo, que os julgadores, inclusive os árbitros, não estão obrigados a aplicar os precedentes persuasivos, mas isso não significa que devam ignorá-los solenemente. Até porque os precedentes persuasivos possuem papel relevantíssimo no esforço pela uniformização e pela harmonização da jurisprudência. Apesar de não haver a obrigatoriedade da aplicação do precedente persuasivo pelo árbitro, entendemos que o ordenamento jurídico impõe-lhe um dever de ao menos levar em consideração essas decisões na

PARTE I · Capítulo 2 · A ARBITRAGEM COMO MÉTODO DE RESOLUÇÃO DE LITÍGIOS | **81**

3. Manifesta não aplicação do direito

O direito brasileiro abre a possibilidade para anular a sentença arbitral por não observância dos termos da convenção de arbitragem[374]. O dispositivo pode ser interpretado de modo a abarcar situações nas quais os árbitros deixam de aplicar o direito escolhido pelas partes. Regra semelhante pode ser encontrada no art. V (1) (c) da Convenção de Nova Iorque, inserida no ordenamento brasileiro por meio do Decreto 4.311/2002, que dispõe que o reconhecimento e a execução de uma sentença poderão ser indeferidos se a sentença não se enquadra nos termos da cláusula de submissão à arbitragem[375].

Ao optar por arbitragem de direito, as partes manifestam vontade de vincular a decisão do conflito a um determinado ordenamento jurídico. Assim, é dever dos árbitros aplicar as normas escolhidas pelas partes. Quando eles se recusam a aplicar tais normas ou quando o fazem em manifesta desconformidade com o direito positivo, abre-se a possibilidade de invalidar a sentença diante da manifesta não aplicação do direito[376].

Trata-se do fenômeno conhecido internacionalmente como *manifest disregard of the applicable law*[377]. Certamente, em arbitragem de direito não pode ser proferida decisão por

---

formação de sua convicção." (SALOMÃO, Luis Felipe; FUX, Rodrigo. Arbitragem e precedentes: possível vinculação do árbitro e mecanismos de controle. *Revista de Arbitragem e Mediação*, vol. 66, p. 139-174, jul./set., 2020, DTR 2020/11516).

[374] Lei de Arbitragem, Art. 32: "É nula a sentença arbitral se: (...) IV – for proferida fora dos limites da convenção de arbitragem;"

[375] Convenção de Nova Iorque, art. V: "1. O reconhecimento e a execução de uma sentença poderão ser indeferidos, a pedido da parte contra a qual ela é invocada, unicamente se esta parte fornecer, à autoridade competente onde se tenciona o reconhecimento e a execução, prova de que: (...) c) a sentença se refere a uma divergência que não está prevista ou que não se enquadra nos termos da cláusula de submissão à arbitragem, ou contém decisões acerca de matérias que transcendem o alcance da cláusula de submissão, contanto que, se as decisões sobre as matérias suscetíveis de arbitragem puderem ser separadas daquelas não suscetíveis, a parte da sentença que contém decisões sobre matérias suscetíveis de arbitragem possa ser reconhecida e executada; [...]"

[376] "O árbitro deve aplicar a Súmula vinculante do Supremo Tribunal Federal e o julgamento concentrado de controle da constitucionalidade da lei pelo Supremo Tribunal Federal, o que não fará, se demonstrar sua não incidência; a sentença não pode decidir contra a ordem pública nacional; nos casos acima referidos, caberá ação de anulação da sentença, com base no art. 2º, § 1º, da Lei de Arbitragem" (AGUIAR, Ruy Rosado de. Arbitragem, os precedentes e a ordem pública. *Doutrina: edição comemorativa, 30 anos do Superior Tribunal de Justiça*. Brasília: Superior Tribunal de Justiça, 2019, p. 216).

[377] "Section 10 of the Federal Arbitration Act ("FAA") lists specific grounds upon which a court in the United States is authorized to vacate an arbitration award. Over the years, courts added an additional, non-statutory ground — "manifest disregard of the law". Although, since its creation in 1953, courts have been inconsistent in its interpretation and application, they all agree that the proponent of "manifest disregard" has a heavy burden to prove, i.e., it must be more than just an erroneous conclusion of law. In 2008, the U.S. Supreme Court stated that the text of Sections 10 and 11 of the FAA "compels a reading of [those sections] as [the] exclusive" grounds upon which an arbitration award may be vacated. While the Court did not expressly reject the continued viability of manifest disregard of law as grounds for vacatur, some commentators and district courts were quick to sound the death knell of manifest disregard of the law as grounds to vacate an arbitration award. But, the truth is that the doctrine of "manifest disregard" as a non-statutory ground to vacate an award is still alive and in continuous use by some of the circuit courts in the United States. Because the Supreme Court has yet to resolve the controversial split between the federal courts, the door is still open for litigants to try their luck and vacate an arbitral award under this standard."

equidade. Quando as partes optam por arbitragem de direito, elegendo um determinado ordenamento jurídico para ser aplicável à controvérsia, os árbitros estão adstritos a essa escolha. No mesmo sentido, se as partes escolhem determinado regulamento ou diploma normativo, esse deve, necessariamente, ser aplicado, sob pena de violação dos termos da própria convenção de arbitragem.

O mesmo raciocínio vale para os precedentes vinculantes, nos termos dos arts. 926 e 927 do Código de Processo Civil, que, se inobservados em arbitragens de direito, constituem hipótese de manifesta não aplicação do direito, violando os limites da convenção de arbitragem e ensejando ação anulatória[378]. Sempre que o árbitro desconsiderar a aplicação de precedente vinculante, sem fazer a devida distinção, acaba aplicando o seu senso particular de justiça, em detrimento das regras de direito escolhidas pelas partes[379].

Essas situações, contudo, não se confundem com erros de interpretação da lei, adoção de posição diversas daquela sustentada por tribunais estatais ou aplicação de visão particular acerca do enquadramento fático-jurídico da situação em análise. Todas essas situações estão dentro do âmbito de discricionariedade do árbitro. Assim, o árbitro pode – apesar de ser indesejável – proferir sentença arbitral que se considere aplicação errônea do direito. Estando a decisão fundamentada e dotada de plausibilidade, em relação ao ordenamento eleito pelas partes, não haverá vício de validade.

O que não parece admissível é, frontalmente, negar vigência à norma escolhida pelas partes para reger o conflito ou conferir interpretação que desnature completamente a essência da norma – e.g., um tribunal arbitral, à luz do art. 944 do Código Civil[380], condene uma das partes a pagar *punitive damages* ou, à luz do art. 317[381], 422[382] ou 478[383], a título de pretensa revisão contratual, o tribunal modifique arbitrariamente a totalidade

---

(SANTOS, Mauricio Gomm; ENRÍQUEZ, Isidora. Challenge of an arbitration award in the United States & the doctrine of manifest disregard of the law. *Revista de Arbitragem e Mediação*, vol. 43, p. 307-326, out./dez., 2014, DTR 2014/21115).

[378] "a negativa de aplicação do precedente vinculante, além de violar os limites impostos pela cláusula compromissória e/ou do compromisso arbitral que elegera o direito brasileiro, também atenta contra a ordem pública brasileira, núcleo duro do Estado de Direito." [...] "A segunda hipótese, a nosso ver, capaz de fundamentar o controle da decisão arbitral que não observou o precedente vinculante seria aquela prevista no inciso IV do art. 32 da Lei de Arbitragem." [...] "Não parece restar outra conclusão, senão a de que o árbitro que desrespeita ou ignora precedente judicial está, na verdade, violando a vontade das partes que livremente optaram pela resolução da contenda em consonância com as regras do Direito brasileiro" (SALOMÃO, Luis Felipe; FUX, Rodrigo. Arbitragem e precedentes: possível vinculação do árbitro e mecanismos de controle. *Revista de Arbitragem e Mediação*, vol. 66, p. 139-174, jul./set., 2020, DTR 2020/11516).

[379] AMARAL, Guilherme Rizzo. Arbitragem e Precedentes. In: LEVY, Daniel; SETOGUTI, Guilherme (Coord.). *Curso de Arbitragem*. São Paulo: Revista dos Tribunais, 2018, p. 296.

[380] Código Civil, art. 944: "Art. 944. A indenização mede-se pela extensão do dano. Parágrafo único. Se houver excessiva desproporção entre a gravidade da culpa e o dano, poderá o juiz reduzir, eqüitativamente, a indenização."

[381] Código Civil, art. 317: "Quando, por motivos imprevisíveis, sobrevier desproporção manifesta entre o valor da prestação devida e o do momento de sua execução, poderá o juiz corrigi-lo, a pedido da parte, de modo que assegure, quanto possível, o valor real da prestação."

[382] Código Civil, art. 422: "Os contratantes são obrigados a guardar, assim na conclusão do contrato, como em sua execução, os princípios de probidade e boa-fé."

[383] Código Civil, art. 478: "Nos contratos de execução continuada ou diferida, se a prestação de uma das partes se tornar excessivamente onerosa, com extrema vantagem para a outra, em virtude de

da estrutura de riscos pactuada e contratada pelas partes. Portanto, o que é vedado é a prolação de decisão teratológica, que não enfrente racionalmente o caso, à luz dos parâmetros normativos escolhidos pelas partes.

Em síntese, ação anulatória com fundamento na manifesta não aplicação do direito não se presta a remediar uma decisão ruim ou mal fundamentada. Essa hipótese, que pode ser subsumida no escopo de aplicação do art. 32, IV, da Lei de Arbitragem[384], é possível, apenas, para proteger a parte contra decisão (i) que ignore preceito legal escolhido pelas partes como vinculante no caso; (ii) quando a regra em questão seja clara, não sujeita a debate razoável doutrinário ou jurisprudencial, de modo que seja verdadeiramente teratológica a posição adotada; e (iii) o tribunal arbitral tenha se recusado a aplicar a regra.

Portanto, trata-se de hipótese extremamente excepcional, legítima apenas em casos verdadeiramente teratológicos, nos quais se depreende desrespeito à convenção de arbitragem e à autonomia privada das partes, pilares fundantes da arbitragem[385]. Igualmente, não é possível utilizar a ação anulatória como recurso contra a decisão do tribunal arbitral. Sentenças arbitrais que, por exemplo, adotam posições minoritárias, mas não isoladas, na doutrina e na jurisprudência, são legítimas, quando devidamente fundamentadas.

O direito – e a arbitragem de direito – convivem bem com divergências hermenêuticas, aceitáveis e desejáveis para a evolução da compreensão do ordenamento jurídico. O que é disfuncional é mascarar um entendimento de equidade com normas jurídicas[386], impingindo elasticidade hermenêutica desconforme com posições jurídicas consolidadas e sedimentadas. Somente as decisões que se desgarram de entendimentos pacíficos, que já não são mais objeto de debate doutrinário ou jurisprudencial, podem ser objeto de ação anulatória fundamentada em manifesta não aplicação do direito.

§ 8. ARBITRAGEM POR EQUIDADE

1. Conceito

Por força do art. 2º, § 2º, da Lei de Arbitragem, as partes podem também convencionar que a arbitragem seja de equidade[387]. *In verbis*: "poderão, também, as partes convencionar que a arbitragem se realize com base nos princípios gerais de direito, nos usos

---

acontecimentos extraordinários e imprevisíveis, poderá o devedor pedir a resolução do contrato. Os efeitos da sentença que a decretar retroagirão à data da citação."

[384] "Por fim, o art. 32 da Lei de Arbitragem deve receber interpretação de acordo com a Constituição da República, não se podendo admitir que sentenças que violem garantias fundamentais da jurisdição sejam consideradas válidas. Se a estrutura do devido processo legal foi vulnerada, deve-se possibilitar o controle de validade da sentença arbitral." (SALOMÃO, Luis Felipe; FUX, Rodrigo. Arbitragem e precedentes: possível vinculação do árbitro e mecanismos de controle. *Revista de Arbitragem e Mediação*, vol. 66, p. 139-174, jul./set., 2020, DTR 2020/11516).

[385] "Erros grosseiros e evidentes, em total descompasso com a lei brasileira e que não dependam de esforço interpretativo, estão protegidos pela possibilidade de anulação da decisão arbitral, já que eles ultrapassam os próprios limites impostos pela convenção" (LUCON, Paulo Henrique dos Santos; BARIONI, Rodrigo; e MEDEIROS NETO, Elias Marques de. A causa de pedir das ações anulatórias de sentença arbitral. *Revista de Arbitragem e Mediação*, vol. 46, 2015, p. 268).

[386] AMARAL, Guilherme Rizzo. Arbitragem e Precedentes. In: LEVY, Daniel; SETOGUTI, Guilherme (Coord.). *Curso de Arbitragem*. São Paulo: Revista dos Tribunais, 2018, p. 294-295.

[387] A matéria foi inicialmente tratada em: FICHTNER, José Antonio, et al. Teoria Geral da Arbitragem. Rio de Janeiro: Forense, 2019, item 2.6.1.2.

e costumes e nas regras internacionais de comércio". Inicialmente, registra-se que não se trata de escolha comum, nem no Brasil, nem no exterior[388]. Na arbitragem por equidade, não há obrigação de aplicação das leis cogentes vigentes no país, contrariamente ao que ocorre no âmbito da arbitragem de direito[389].

A arbitragem por equidade é uma verdadeira exceção no sistema arbitral, razão pela qual deve haver autorização expressa das partes nesse sentido. Conforme afirmam Alan Redfern e Martins Hunter, "for an 'equity clause' to be effective, there are, in principle, two basic requirements: first, that the parties have expressly agreed to it; and secondly, that it should be permitted by the applicable law"[390]. Igualmente, não tem sido a opção preferencial das partes, as quais resolvem, em regra, por arbitragem de direito[391]. Aponta-se, contudo, que em outras culturas jurídicas a arbitragem por equidade é consideravelmente mais utilizada.

O julgamento por equidade sem previsão expressa é vício que fulmina a sentença arbitral, subsumível à hipótese do art. 32, IV, da Lei de Arbitragem. Portanto, apenas a expressa manifestação de vontade de ambas as partes permite entender que se trata de arbitragem de equidade. Na omissão das partes, portanto, deve-se entender que se trata de arbitragem de direito.

É necessário distinguir a "arbitragem por equidade" da "arbitragem com equidade". Uma decisão "com equidade" é toda aquela que se propõe conforme o direito, na condição de ideal máximo de justiça[392]. Por essa razão, em maior ou menor grau, todos os julgamentos são realizados com equidade, sendo situação verdadeiramente patológica aquela no qual o julgador se propõe, intencionalmente, a proferir decisão injusta. Diversamente, a decisão "por equidade" implica autorização para deixar de aplicar normas positivas e julgar conforme o parecer justo no caso concreto[393].

A doutrina estrangeira, igualmente, utiliza expressões diversas, com alcances não uníssonos, para se referir ao fenômeno, por exemplo, *ex aequo et bono, amiable composi-*

---

[388] Gary Born, referindo-se à arbitragem de equidade, afirma que "generally, however, parties agree to arbitration *ex aequo et bono* or to *amiable composition* only in very rare cases (at most, on the order of 2 or 3% of all arbitration agreements)" (BORN, Gary B. International commercial arbitration. 2. ed. The Hague: Kluwer, 2014, p. 2769).

[389] FONSECA, Rodrigo Garcia da. Reflexões sobre a sentença arbitral. *Revista de Arbitragem e Mediação*, vol. 6, p. 40-74, jul./set., 2005, DTR 2005/393, p. 08.

[390] REDFERN, Alan; HUNTER, Martin; BLACKABY, Nigel; PARTASIDES, Constantine. *Redfern and Hunter on International Arbitration*. Oxford: Oxford University Press, 2015, p. 218.

[391] "O § 2º do art. 2º tem pouca relevância prática, assim como o disposto no caput do artigo, sobre a arbitragem de equidade. As partes brasileiras, da mesma forma que as partes no mundo inteiro, costumam dar prioridade à segurança jurídica na redação de contratos. Isso significa que, normalmente, escolhem um ordenamento jurídico nacional cuja interpretação esteja concretizada em sentenças do Poder Judiciário. Muito raramente as partes convencionam que a arbitragem se realize com base nos princípios gerais de direito, nos usos e costumes, nas regras internacionais de comércio, ou em alguma *lex mercatoria*." (SESTER, Peter Christian. *Comentários à Lei de Arbitragem e à Legislação extravagante relacionada a arbitragem*. São Paulo: Quartier Latin, 2020, p. 121).

[392] LEMES, Selma Ferreira. A arbitragem e a decisão por equidade no direito brasileiro e comparado. In: _____; CARMONA, Carlos Alberto; MARTINS, Pedro Batista (Coord.). *Arbitragem: estudos em homenagem ao Prof. Guido Fernando da Silva Soares*. São Paulo: Atlas, 2007, p. 189.

[393] CARMONA, Carlos Alberto. *Arbitragem e Processo: um comentário à Lei nº 9.307/96*. 3ª ed. São Paulo: Atlas, 2009, p. 65.

tion, amiable compositeur ou *decide in equity*. Há, ainda, quem se refira à *equity clause*[394]. Philippe Fouchard, Emmanuel Gaillard e Berthold Goldman estabelecem distinção e consideram que "unless the parties agree otherwise, *amiable composition* concerns the substance of the dispute and not the procedure, and the *amiable compositeur* will remain a judge, bound to observe the fundamental principles that are required for the proper administration of justice"[395].

Martim Della Valle sustenta não parece haver diferença substancial entre o significado de arbitragem por equidade e a expressão *ex aequo et bono* e suas variações e semelhantes, bem como que "a maioria das sentenças não reconhece diferença entre arbitragem por equidade e *amiable composition*"[396]. No Brasil, em algumas situações são utilizadas as expressões *ex aequo et bono, amiable composition, amiable compositeur, decide in equity* ou *equity clause*, apesar da nomenclatura adotada pela Lei de Arbitragem ser "arbitragem por equidade". Dessa forma, a utilização de qualquer uma dessas expressões, à luz do direito brasileiro, indica vontade de conduzir o procedimento por equidade, salvo se outros elementos da própria convenção de arbitragem indicarem que essas expressões designam algo diverso.

Contudo, mesmo quando as partes apontam que desejam que a arbitragem seja conduzida "por equidade", ainda há dúvidas razoáveis acerca da extensão dessa manifesta-

---

[394] a) Equidade no direito francês: "A França é um dos principais pontos de irradiação da arbitragem por equidade no mundo. O art. 1.474 do CPC francês prevê que o árbitro deve, em regra, apreciar o litígio de acordo com regras de direito, exceto na hipótese em que, na convenção de arbitragem, as partes lhe tenham conferido a missão de estatuir como *amiable compositeur*. Portanto, o árbitro deve decidir por equidade apenas e tão somente nas hipóteses em que a convenção de arbitragem confere-lhe tal missão." b) Equidade no direito suíço: "De forma peculiar, o direito suíço estabelece distinção entre arbitragem por equidade interna e internacional. No plano interno, a matéria é regida pela Concordata Internacional sobre Arbitragem de 1969. Segundo o art. 31.3, o tribunal arbitral deve estatuir segundo as regras de direito aplicáveis, a menos que a convenção de arbitragem autorize-o expressamente a decidir por equidade. Já no plano internacional, o tema é disciplinado pela Lei de Direito Internacional Privado (LDIP) de 1987. A LDIP estipula que as partes podem autorizar o tribunal arbitral a decidir por equidade, e que o mesmo deve estatuir de acordo com as regras de direito apontadas pelas partes ou, na ausência de escolha, de acordo com as regras de direito com as quais a causa apresenta vínculo mais estreito." c) Equidade no direito inglês: "Tradicionalmente, existe oposição à arbitragem por equidade nos países da common law e notadamente na Inglaterra. Esta resistência deve-se a razões históricas: no passado, a arbitragem integrava o sistema de administração da justiça, de modo que não raro as sentenças arbitrais eram passíveis de revisão por instâncias estatais. A partir dos anos 1980, passa a haver, contudo, maior tolerância com o instituto, especialmente no que tange à arbitragem internacional. Cumpre ressaltar que, apesar de não tratar expressamente da *amiable composition*, o Arbitration Act de 1996 possibilita aos árbitros a aplicação de outros critérios que não o direito positivo para julgamento." d) Equidade no direito norte-americano: "Tal qual no direito inglês, a *amiable composition* tende a ser relegada a segundo plano no direito norte-americano: a legislação federal daquele país e o Uniform Arbitration Act sequer fazem menção à arbitragem por equidade. Ainda que este seja um conceito atípico para a cultura jurídica dos Estados Unidos, tende-se a admitir que seu ordenamento jurídico permita a arbitragem por equidade." (JOST, Mariana Silveira Martins; NICOLAU, Jean Eduardo Batista. Arbitragem por equidade. *Revista de Direito Empresarial*, vol. 2, mar./2014, DTR 2014/1435, p. 284-288).

[395] FOUCHARD, Philippe; GAILLARD, Emmanuel; GOLDMAND, Berthold. *Fouchard Gaillard Goldman on International Arbitration*. Haia: Kluwer Law International, 1999, p. 840.

[396] VALLE, Martim Della. *Arbitragem e equidade*. São Paulo: Atlas, 2012, p. 89.

ção[397]. Selma Lemes vislumbra cinco funções distintas para a arbitragem por equidade[398]: (a) interpretativa, a qual serve para permitir ao julgador interpretar os dispositivos legais e as disposições contratuais recorrendo-se à igualdade e à proporcionalidade; (b) quantificadora, que se refere à possibilidade de modificar valores monetários; (c) supletiva, que diz respeito ao preenchimento de lacunas legais; (d) corretiva, que implica a possibilidade de coibir excesso e reequilibrar a relação contratual; e (e) substitutiva, que se manifesta quando o juiz ou o árbitro está autorizado a invocar uma norma diversa do direito positivo para aplicar no caso concreto[399].

Apesar dessas cinco funções distintas e inconfundíveis entre si, a que é encampada pelo art. 2º, § 2º, da Lei de Arbitragem é a função substitutiva, consoante a qual o julgador pode afastar a aplicação de normas de direito positivo que incidiram na matéria em litígio caso considere que a incidência dessas normas leva a um resultado injusto no caso concreto. Ademais, adverte-se que, mesmo diante do caráter substitutivo da equidade, é desejável a possibilidade de referenciar a decisão a algum parâmetro normativo[400]. Em relação às demais funções da equidade, essas podem estar presentes mesmo em arbitragem de direito, quando os requisitos legais do próprio ordenamento permitem o recurso à equidade.

Segundo Selma Ferreira Lemes, a arbitragem de equidade – nessa função substitutiva – poderá importar em uma "sentença que se respalda na consciência e percepção de justiça do árbitro, que não precisa estar vinculado às regras de direito positivo e métodos preestabelecidos de interpretação"[401]. José Eduardo Carreira Alvim lembra que "o conceito mais divulgado de 'equidade' é aquele segundo o qual, ao autorizar ao julgador decidir de

---

[397] "This power to decide 'in equity', as it is sometimes expressed, is open to several different interpretations. It may mean, for instance, that the arbitral tribunal: should apply relevant rules of law to the dispute, but may ignore any rules that are purely formalistic (for example a requirement that the contract should have been made in some particular form); or should apply relevant rules of law to the dispute, but may ignore any rules that appear to operate harshly or unfairly in the particular case before it; or should decide according to general principles of law; or may ignore completely any rules of law and decide the case on its merits, as these strike the arbitral tribunal." (REDFERN, Alan; HUNTER, Martin; BLACKABY, Nigel; PARTASIDES, Constantine. *Redfern and Hunter on International Arbitration*. Oxford: Oxford University Press, 2015, p. 217).

[398] LEMES, Selma Ferreira. A arbitragem e a decisão por equidade no direito brasileiro e comparado. In: _____; CARMONA, Carlos Alberto; MARTINS, Pedro Batista (Coord.). *Arbitragem: estudos em homenagem ao Prof. Guido Fernando da Silva Soares*. São Paulo: Atlas, 2007, p. 196.

[399] Carlos Alberto Carmona adota tipologia diversa: "O alcance dessa autorização para julgar por equidade conduz, grosso modo, a três formas de atuação da função jurisdicional: (a) preencher lacunas no ordenamento (equidade formativa); (b) determinar as consequências não previstas na Lei (equidade supletiva); e (c) afastar a incidência da norma que normalmente disciplina a matéria, mas que é reputada injustiça em razão das circunstâncias do caso (equidade substitutiva)." (CARMONA, Carlos Alberto. Julgamento por equidade em arbitragem. *Revista de Arbitragem e Mediação*, vol. 30, p. 229-244, jul./set., 2011, DTR 2011/2569, p. 04).

[400] "commentators generally reject this fourth alternative", pois "commentators seem to suggest that even an arbitral tribunal that decides 'in equity' must act in accordance with some generally accepted legal principles". (REDFERN, Alan; HUNTER, Martin; BLACKABY, Nigel; PARTASIDES, Constantine. *Redfern and Hunter on International Arbitration*. Oxford: Oxford University Press, 2015, p. 217).

[401] LEMES, Selma Ferreira. A arbitragem e a decisão por equidade no direito brasileiro e comparado. In: _____; CARMONA, Carlos Alberto; MARTINS, Pedro Batista (Coord.). Arbitragem: estudos em homenagem ao Prof. Guido Fernando da Silva Soares. São Paulo: Atlas, 2007, p. 197.

acordo com a equidade, a lei o autoriza a agir como se fosse, a um só tempo, legislador e juiz"[402]. Trata-se daquilo que o Código de Processo Civil de 1939 dispunha no art. 114, segundo o qual "quando autorizado a decidir por equidade, o juiz aplicará a norma que estabeleceria se fosse legislador". Essa é, pois, a essência da arbitragem de equidade. Assim, o julgamento por equidade confere maior flexibilidade no exercício da jurisdição pelos árbitros, os quais poderão reduzir, ampliar ou criar normas adequadas ao caso concreto[403].

Registra-se, contudo, que se é autorizado que as partes decidam que a arbitragem será inteiramente julgada por equidade, também será lícita a opção de julgar por equidade apenas um certo grupo de questões. Afinal, quem pode o mais, pode o menos. Assim, poderão as partes autorizar que o tribunal decida por equidade algumas matérias que suscitam preocupações especiais ou autorizem a aplicação da equidade, em detrimento do direito positivo, referente às questões reguladas por certo diploma normativo. Por exemplo, poderão as partes autorizar o tribunal arbitral somente a fixar indenizações por equidade. Nesse caso, para todos os fins que não sejam a quantificação de danos, o tribunal julgará com base no direito positivo e, acerca o *quantum* da indenização, poderá esse ser ajustado tomando em consideração outros critérios que não as normas cogentes sobre o tema inseridas no Código Civil.

Assim, a contratação de arbitragem por equidade tem que observar um grupo de requisitos: (i) arbitrabilidade objetiva e subjetiva (tal qual qualquer arbitragem); (ii) manifestação expressa autorizando o julgamento por equidade; e (iii) inexistência de afronta a normas de ordem pública.

2. Possibilidade de decisão contra legem

Em arbitragem por equidade, por conta da função substitutiva, é possível que os árbitros se afastem de determinados parâmetros normativos[404]. Contudo, é necessário identificar os limites dessa liberdade conferida ao tribunal arbitral. Na arbitragem de equidade podem ser superadas limitações legais e regras de direito material[405]. Os árbitros poderão optar pela solução que considerarem a mais justa e adequada às peculiaridades do caso concreto, diante das especificidades de certa relação jurídica, sem que a regra de direito positivo limite a prestação jurisdicional[406].

---

[402] CARREIRA ALVIM, José Eduardo. *Direito arbitral*. 2ª ed. Rio de Janeiro: Forense, 2004, p. 163.

[403] CARMONA, Carlos Alberto. Julgamento por equidade em arbitragem. *Revista de Arbitragem e Mediação*, vol. 30, p. 229-244, jul./set., 2011, DTR 2011/2569, p. 03.

[404] A matéria foi inicialmente tratada em: FICHTNER, José Antonio, et al. Teoria Geral da Arbitragem. Rio de Janeiro: Forense, 2019, item 2.6.1.3 e 2.6.1.7.

[405] CARMONA, Carlos Alberto. *Arbitragem e Processo: um comentário à Lei nº 9.307/96*. 3ª ed. São Paulo: Atlas, 2009, p. 67.

[406] "Os árbitros poderão impor a solução que no entendimento deles é a mais justa, i.e., que atende especificamente aos interesses das partes em determinada situação e em específica relação jurídica, sem que a regra de direito estrito seja considerada como limitante a esse poder-dever. Não pretendo concluir que os árbitros estão obrigados a abandonar o direito positivo. Na verdade, os árbitros podem concluir que o direito positivo apresenta a solução mais justa para o caso concreto. O julgamento por equidade não é contraposto ao ordenamento jurídico, mas se encontra dentro do Direito, o que significa, em outros termos, que o juízo de equidade não confronta o juízo legal: ambos pertencem ao mesmo sistema de tutela jurisdicional, sendo o juízo de equidade apenas um derivativo do juízo legal, o que autoriza dizer que o julgamento por equidade é uma técnica que

Gary Born entende que "the essential principle of each term is that arbitrators are not obliged to decide the parties' dispute in accordance with a strict application of legal rules; rather, the arbitrators are expected to decide in light of general notions of fairness, equity and justice"[407]. Da mesma forma, Julian D. M. Lew, Loukas A. Mistelis e Stefan M. Kröll lecionam que, na arbitragem de equidade, os árbitros "have to decide according to fairness and common sense principles", razão pela qual "they can ignore any applicable law rules but arguably not the contract between the parties"[408].

À luz da Lei de Arbitragem, entende-se que a arbitragem por equidade admite decisões *contra legem*[409]. Há dúvidas na doutrina para saber se apenas são autorizadas decisões em sentido diverso de norma legal ou se também admite provimentos contra a norma constitucional (*contra constitutionem*)[410]. De partida, considera-se que na arbitragem de equidade os árbitros podem proferir sentença *secundum legem* (de acordo com o direito positivo), *praeter legem* (que não é regulado pelo direito positivo) e *contra legem* (contra o direito positivo), bastando que entendam e fundamentem adequadamente que a decisão tomada representa a forma mais justa de solução do caso.

Na arbitragem por equidade, os árbitros, em outras palavras, não estão limitados pelo direito positivo, razão pela qual, em regra, podem proferir decisões contrárias às normas jurídicas (regras escritas e princípios jurídicos) incidentes no caso concreto. Contudo, o próprio art. 2º, § 1º, estabelece limite à possibilidade de escolha de leis na arbitragem, qual seja, que não haja violação aos bons costumes e à ordem pública. Assim, entende-se que, no direito brasileiro, a arbitragem por equidade autoriza a superação de normas cogentes, desde que essas não sejam de ordem pública.

Nesse sentido, considera-se que a ordem pública (e os bons costumes, incluídos no conceito de ordem pública) é balizadora geral para a escolha de leis na arbitragem, sendo plenamente aplicáveis à arbitragem por equidade[411]. A ordem pública compreende a

---

faculta ao julgador que se afaste do direito positivo quando, no caso particular, este for injusto." (CARMONA, Carlos Alberto. Julgamento por equidade em arbitragem. *Revista de Arbitragem e Mediação*, vol. 30, p. 229-244, jul./set., 2011, DTR 2011/2569, p. 03-04).

[407] BORN, Gary B. International commercial arbitration. 2. ed. The Hague: Kluwer, 2014, p. 2770.

[408] LEW, Julian; MISTELIS, Loukas; KRÖLL, Stefan. *Comparative International Commercial Arbitration*. Haia: Kluwer Law International, 2003, p. 470.

[409] VALLE, Martim Della. *Arbitragem e equidade*. São Paulo: Atlas, 2012, p. 143.

[410] Considerando que no julgamento por equidade não pode haver decisão contra a norma constitucional, confiram-se os seguintes trabalhos de Nelson Nery Jr.: NERY JÚNIOR, Nelson. Julgamento arbitral por equidade – limites – ordem pública e constitucionalidade. *Soluções Práticas de Direito*, vol. 5, p. 19-70, set./2014, DTR 2014/17341; e NERY JÚNIOR, Nelson. Julgamento arbitral por equidade e prescrição. *Revista de Direito Privado*, vol. 45, p. 323-373, jan./mar., 2011, DTR 2011/1120, p. 07. Em sentido contrário, entendendo que o julgamento por equidade pode produzir uma decisão contra norma constitucional, recomenda-se o trabalho de Carlos Alberto Carmona: CARMONA, Carlos Alberto. Julgamento por equidade em arbitragem. *Revista de Arbitragem e Mediação*, vol. 30, jul./set., 2011; CARMONA, Carlos Alberto. Arbitragem, prescrição e ordem pública. *Revista de Arbitragem e Mediação*, vol. 30, jul./set., 2011.

[411] "A ordem pública funciona como limite à escolha do direito aplicável, e consequentemente, à autonomia privada. Na arbitragem, a ordem pública é especialmente importante em relação à garantia constitucional do devido processo legal, prevista na Constituição Federal. As consequências da violação da ordem pública processual tornam-se evidentes na anulação e na homologação da sentença arbitral, motivo pelo qual o tema será discutido nos comentários às normas sobre homologação e

união dos valores essenciais e fundamentais de um Estado, cuja inobservância perturba o núcleo duro do ordenamento jurídico[412]. Considerando que a arbitragem se desenvolve dentro de uma ordem jurídica, inviável concebê-la de modo autônomo e independente, autorizando que contrarie os pressupostos basilares fixados pelo ordenamento. Assim, eventual infringência a uma norma cogente não representa, necessariamente, violação à ordem pública. Ademais, observe-se que, especialmente no Brasil, dada a natureza analítica da Constituição Federal de 1988, nem todas as normas contidas apresentam caráter de ordem pública[413].

Assim, em termos práticos, o que importa é identificar se determinada norma integra ou não a ordem pública nacional. Em caso positivo, nem mesmo a arbitragem por equidade legitima o afastamento das regras de direito positivo. Nesse sentido, por exemplo, mesmo em arbitragem por equidade o tribunal arbitral estará adstrito a respeitar normas referentes a direitos fundamentais, direitos da personalidade ou outras normas atributivas de direito que estejam além da possibilidade de disposição das partes. Caso contrário, não havendo nenhum pressuposto de ordem pública a ser tutelado, torna-se plenamente legítimo o afastamento da incidência da norma, independentemente de natureza legal ou constitucional.

A principal utilidade da arbitragem por equidade é lidar com situações normativas injustas ou desatualizadas[414]. Sabe-se que o tempo do legislador é diverso do tempo da vida do direito. Assim, muitas normas jurídicas acabam ficando em desconformidade com as necessidades sociais ou comerciais. A situação torna-se problemática quando há norma vigente, de caráter cogente, e manifestamente injusta ou inadequada para as necessidades da prática jurídica. Nesses casos, as partes podem se socorrer à arbitragem por equidade, visando a driblar o caráter cogente de certas normas, que se mostram impróprias para regular certo grupo de situações.

---

anulação." (SESTER, Peter Christian. *Comentários à Lei de Arbitragem e à Legislação extravagantes relacionada a arbitragem*. São Paulo: Quartier Latin, 2020, p. 119).

[412] FINKELSTEIN, Cláudio. Arbitragem e ordem pública. *Revista de Direito Constitucional Internacional*, vol. 131, p. 255-268, mai./jun., 2022, DTR 2022/9469, p. 02.

[413] Diga-se, ainda, que nem toda norma constitucional corporifica a noção de ordem pública. Não é porque uma norma está, topologicamente, inserida na Constituição da República que a sua infringência representará, necessariamente, uma violação à ordem pública. A violação à ordem pública não diz respeito ao local em que a norma violada está prevista, mas, sim, ao seu conteúdo. No Brasil, essa constatação é ainda mais evidente porque o País adotou uma Carta analítica, com centenas de disposições, a respeito das mais variadas questões, nem todas relacionadas, propriamente, à ordem pública. Exemplo clássico disso é a regra prevista no § 2.º do art. 242 da Carta, segundo o qual "o Colégio Pedro II, localizado na cidade do Rio de Janeiro, será mantido na órbita federal".

[414] "Em outros termos, sendo a norma abstrata, criada para reger fatos-tipos, pode acontecer que em dado caso concreto ocorra circunstância que o legislador não havia previsto, tornando a incidência da norma injusta e inadequada. É nesta hipótese que atuaria a equidade, autorizando o legislador a mitigar a severidade da norma. Assim, quando autorizado a julgar por equidade, o julgar pode com larguesa eleger as situações em que a norma não merece mais aplicação, ou porque a situação não foi prevista pelo legislador, ou porque a norma envelheceu e não acompanhou a realidade, ou porque a aplicação da norma causará injusto desequilíbrio entre as partes (basta pensar, neste último caso, no que ocorreu com os seguidos "pacotes" econômicos, com conversão de moedas, aplicação de redutores, escolha de fatores de correção e extinção de índices econômicos)." (CARMONA, Carlos Alberto. *Arbitragem e processo: um comentário à Lei nº 9.307/96*. 3ª ed. São Paulo: Atlas, 2009, p. 65-66).

Tome-se, por exemplo, certos dispositivos contidos na Lei de Sociedades Anônimas, como o art. 246, que prevê a necessidade de pagamento de caução pelo acionista que queira ingressar com ação de reparação de danos causados pela companhia[415]. O pagamento de caução é requisito cogente trazido pela Lei. Contudo, em certos casos, pode ser verdadeiramente inibitivo para a propositura desse tipo de ação. Em arbitragem por equidade seria perfeitamente possível relaxar esse requisito, que não apresenta natureza de ordem pública.

Outra situação é verificável em contratos agrários. O Estatuto da Terra, publicado em 1964, traz uma série de normas cogentes, uma vez que foi publicado em um contexto histórico em que o parceiro ou o arrendatário era, em regra, a parte economicamente mais frágil na relação econômica[416]. Contudo, atualmente, em que o conceito de *agribusiness* foi completamente modificado, bem como são vigentes outras estruturas econômicas e sociais no campo, as normas cogentes fixadas podem não ser mais correspondentes à realidade atual, nem com a exploração do campo pelas grandes empresas agrícolas, que podem, perfeitamente, firmar contratos paritários[417]. Nesse sentido, em arbitragem por equidade, quando a interpretação mais justa para o caso concreto for em desconformidade com o Estatuto da Terra, esse poderá não ser aplicado pelos árbitros, apesar da sua natureza cogente caso fosse arbitragem de direito.

Por fim, terceiro exemplo prático de possibilidade de utilização de arbitragem por equidade faz referência a critérios de quantificação de dano. Nos moldes do art. 944 do Código Civil[418], a indenização, em caso de inadimplemento contratual ou de responsabilidade civil aquiliana, é limitada pela extensão do dano. Contudo, há situações em que a utilização desse critério – que é norma cogente, mas não de ordem pública – pode ser insuficiente. Por exemplo, nos casos em que há violação de dever de confidencialidade, mas não há cláusula penal que auxilie na liquidação do valor do dano, a utilização estrita do critério do art. 944 poderia levar à conclusão de haver um ilícito, mas sem condenação pecuniária, diante da dificuldade em satisfazer o ônus da prova para a quantificação. Entretanto, se a hipótese consubstanciasse arbitragem por equidade, os árbitros poderiam fixar um *quantum* indenizatório que fosse razoável à luz do caso concreto.

Em síntese, percebe-se que há situações nas quais a opção por arbitragem por equidade pode, na verdade, contribuir para que o direito material seja realizado de modo mais adequado e tempestivo. Para além dos exemplos citados, haveria um grupo vasto de situações nos quais a aplicação do direito positivo é incapaz de promover a melhor solução, ou a que seria mais adequada. Como forma de contornar esses problemas, as

---

[415] Lei de Sociedades Anônimas, Art. 246: "A sociedade controladora será obrigada a reparar os danos que causar à companhia por atos praticados com infração ao disposto nos arts. 116 e 117. § 1º A ação para haver reparação cabe: a) a acionistas que representem 5% (cinco por cento) ou mais do capital social; b) a qualquer acionista, desde que preste caução pelas custas e honorários de advogado devidos no caso de vir a ação ser julgada improcedente."

[416] HIRONAKA, Giselda Maria Fernandes. Inaplicabilidade do Estatuto da Terra na Relação Contratual entre Hipersuficientes. *Revista dos Tribunais*, São Paulo, vol. 12/2017, p. 393-429, 2017.

[417] Nesse sentido: STJ, REsp 1.447.082/TO. Min. Paulo de Tarso Sanseverino. Terceira Turma. J. em: 10.05.2016.

[418] Código Civil, art. 944: "Art. 944. A indenização mede-se pela extensão do dano. Parágrafo único. Se houver excessiva desproporção entre a gravidade da culpa e o dano, poderá o juiz reduzir, eqüitativamente, a indenização."

partes podem optar por autorizar a decisão por equidade. A maior atenção e dedicação do tribunal arbitral ao problema posto pelas partes é um fator fundamental que explica a razão pela qual a opção pela equidade pode trazer resultados satisfatórios em certos contextos[419].

3. Fundamentação das decisões em arbitragem por equidade

A existência de arbitragem por equidade não elide o dever dos árbitros de fundamentar a sentença[420]. O ônus de fundamentação é decorrente do próprio exercício de jurisdição, que implica a motivação e a exposição das razões fático-jurídicas que conduziram o tribunal arbitral a adotar determinada solução, mesmo que essa tenha sido dada por equidade, em linha do autorizado pelas partes[421].

Primeiramente, o inciso II do art. 26 da Lei prevê que "são requisitos obrigatórios da sentença arbitral: [...] os fundamentos da decisão, onde serão analisadas as questões de fato e de direito, mencionando-se, expressamente, se os árbitros julgaram por equidade". Nesse sentido, a Lei de Arbitragem é expressa em exigir que, mesmo nas arbitragens de equidade, os árbitros têm o dever de apresentar os fundamentos da decisão[422]. Nesse sentido, Alexandre Freitas Câmara explica que "a autorização para julgar por equidade não permite o subjetivismo puro e simples; o poder de decidir fora dos limites estreitos do direito posto é amplo, mas não é arbitrário, tanto que a decisão deve ser motivada"[423].

Ademais, o art. 21, § 2º, da Lei de Arbitragem dispõe que "serão, sempre, respeitados no procedimento arbitral os princípios do contraditório, da igualdade das partes, da imparcialidade do árbitro e de seu livre convencimento". Percebe-se que o dispositivo não faz qualquer distinção entre arbitragem de direito e arbitragem de equidade. Portanto, o princípio do livre convencimento motivado é transversal na arbitragem, por ser implicação direta de manifestação de jurisdição. Ou seja, mesmo em arbitragem por equidade os árbitros não podem tomar uma decisão carente de lastro nos fatos e nas provas apresentadas pelas partes no curso do processo. Em síntese, a decisão na arbitragem de equidade não pode ser contrária aos fatos e às provas dos autos, podendo, somente, ser dissonante do direito positivo quando esse conduzir a solução injusta.

Dessa forma, uma sentença proferida em sede de arbitragem por equidade que desrespeite o dever de fundamentação é eivada de nulidade[424]. Como o livre convencimento motivado é princípio basilar, previsto no art. 21, § 2º, da Lei de Arbitragem, a sua não

---

[419] "Isso porque os árbitros somente são autorizados pelas partes a julgarem por equidade tendo em vista a ideia de que analisarão mais detidamente as reais circunstâncias e poderão aplicar em concreto uma solução mais próxima do ideal de justiça, já que as normas do direito são ditadas em abstrato, sem considerar as especificidades de cada caso." (CARMONA, Carlos Alberto. Julgamento por equidade em arbitragem. *Revista de Arbitragem e Mediação*, vol. 30, p. 229-244, jul./set., 2011, DTR 2011/2569, p. 05).

[420] A matéria foi inicialmente tratada em: FICHTNER, José Antonio, et al. Teoria Geral da Arbitragem. Rio de Janeiro: Forense, 2019, item 2.6.1.9.

[421] BERALDO, Leonardo de Faria. *Curso de arbitragem*. São Paulo: Atlas, 2014, p. 27-28.

[422] MOREIRA, José Carlos Barbosa. Estrutura da Sentença Arbitral. *Revista de Processo*, vol. 107, p. 737-746, 2002, p. 03.

[423] CARMONA, Carlos Alberto. Julgamento por equidade em arbitragem. *Revista de Arbitragem e Mediação*, vol. 30, jul./set., 2011.

[424] BERALDO, Leonardo de Faria. *Curso de arbitragem*. São Paulo: Atlas, 2014, p. 27-28.

92 | CONVENÇÃO DE ARBITRAGEM – *Fichtner* • *Tolentino* • *Polastri* • *Salton*

observância traduz a hipótese prevista no art. 32, VIII, da Lei de Arbitragem, fundamentando a propositura de ação anulatória[425].

Assim sendo, a arbitragem por equidade não é uma arbitragem desvinculada da ordem jurídica. Trata-se, somente, de arbitragem que permite adotar solução diferente daquela prevista pelas normas cogentes do ordenamento jurídico, desde que não viole a ordem pública. Contudo, sendo igualmente manifestação de jurisdição, todas as prerrogativas processuais das partes hão de ser respeitadas, incluindo o dever de fundamentação da sentença a ser proferida pelo tribunal arbitral.

Ademais, destaca-se que a escolha pela arbitragem de equidade confere aos árbitros a faculdade de julgar a controvérsia descartando o direito positivo que, a princípio, incidiria na matéria[426]. Não há, portanto, obrigação de julgar em sentido contrário ao direito positivo, pois, por via de regra, o tribunal arbitral somente poderá se afastar da aplicação do direito positivo quando chegar à conclusão de que o resultado seria injusto, e que a melhor solução para o caso concreto é dissonante daquela que seria dada à luz das normas aplicáveis[427].

Registra-se que, por via de regra, as normas jurídicas são estruturadas para corresponderem a parâmetros mínimos de justiça. Por essa razão, é plenamente possível que em arbitragem por equidade os árbitros fundamentem a sentença do mesmo modo que o fariam em arbitragem de direito, caso entendam que, naquele caso, o ordenamento vigente conduz à solução mais justa para o caso. Por essa razão, a arbitragem por equidade não implica exclusão completa do direito positivo pelo julgador[428].

Nessa hipótese, portanto, não há que se falar em invalidade da sentença arbitral, pois a decisão contrária ao direito positivo é apenas uma faculdade na arbitragem de equidade, condicionada aos árbitros entenderem e fundamentarem que a solução pelo direito positivo representaria uma injustiça no caso concreto. Assim, nos casos nos quais a solução de direito positivo traduz uma solução justa, os árbitros devem privilegiar o ordenamento jurídico, fundamentando a decisão com base na lei vigente aplicável ao caso.

Diversamente, no caso em que os árbitros entendam que a aplicação do direito positivo não conduz à melhor solução do caso, terão de fundamentar na sentença as razões que o levaram a essa compreensão. Para tanto, poderão se valer de outros critérios de

---

[425] Lei de Arbitragem, Art. 32: "É nula a sentença arbitral se: [...] VIII – forem desrespeitados os princípios de que trata o art. 21, § 2º, desta Lei."

[426] "[...] O árbitro de equidade pode até decidir com base no direito objetivo, se entender que esta é a solução mais justa para o litígio que lhe foi submetido" (CÂMARA, Alexandre Freitas. *Arbitragem*. 3ª ed. Rio de Janeiro: Lumen Juris, 2002, p. 22).

[427] "Pelo que se viu, pode o árbitro, autorizado a julgar por equidade, decidir em sentido contrário àquele indicado pela lei posta, o que não quer dizer que deva ele necessariamente julgar afastando o direito positivo. Em outros termos, se a aplicação da norma levar a uma solução justa do conflito, o árbitro aplicará, sem que isso possa ensejar vício qualquer vício no julgamento. Ao conceder poderes para julgar por equidade, não podem as partes esperar que obrigatoriamente o árbitro afaste o direito positivo, o que configura mera faculdade, como se percebe claramente: neste caso, porém, será sempre interessante que o árbitro explique que, apesar da autorização para jugar por equidade, está aplicando o direito posto por considerar adequada a solução dada pela lei ao caso concreto." (CARMONA, Carlos Alberto. *Arbitragem e processo: um comentário à Lei nº 9.307/96*. 3ª ed. São Paulo: Atlas, 2009, p. 66-67).

[428] MUNIZ, Joaquim de Paiva. *Curso básico de direito arbitral*. 3ª ed. Curitiba: Juruá, 2015, p. 72.

julgamento, que não os de ordem legal[429]. Assim, ganham importância argumentos de ordem histórica, teleológica, de análise econômica do direito, entre outras. Percebe-se, portanto, que a utilização desses métodos hermenêuticos, em vez de embasarem a interpretação de regra preexistente, poderão ser justificativas para a construção de norma a ser aplicada no caso concreto.

Em relação aos argumentos de ordem histórica, esses poderão ser utilizados para apontar que, no momento de elaboração do texto legislativo, havia outra condição sociocultural vigente, que não mais subsiste. Assim, por equidade, a norma tem de ser adaptada à nova realidade ou ao novo contexto, que é diverso daquele que o legislador tinha em mente quando elaborou o texto normativo.

Em relação aos argumentos teleológicos, esses podem ser utilizados para justificar que as preocupações do legislador eram diversas das existentes no caso concreto, justificando a não aplicação da norma, vez que os valores objeto de tutela no caso concreto são outros. Esse tipo de argumento pode ser utilizado para justificar, por exemplo, normas que foram inseridas com objetivo de proteger a parte mais frágil na relação jurídica, em que, em regra, um dos polos é marcadamente hipossuficiente, mas que, no caso concreto, esse polo é plenamente capaz de autodeterminação.

Em relação aos argumentos de análise econômica, há situações em que o direito positivo não dá ensejo à situação economicamente mais eficiente. Nesse contexto, quando a solução preconizada pelo ordenamento jurídico produzir resultados incompatíveis com o estado ótimo de Pareto, poderão os árbitros em arbitragem por equidade optar por decisão que esteja em maior consonância com critérios econômicos.

Assim, percebe-se que há flexibilidade por parte do tribunal arbitral em como justificar a derrogação do direito positivo, optando por outro critério mais equitativo, quando assim tiver sido autorizado pelas partes[430]; ou, ao revés, quando o direito positivo por si só produzir resultados tidos como justos pelo julgador, poderá fundamentar a sentença com base nas normas vigentes no ordenamento. O que importa, em sede de arbitragem por equidade, é a plena satisfação do ônus de fundamentação do tribunal arbitral, o qual poderá ou não deixar de aplicar normas cogentes que não sejam de ordem pública, mas precisarão o fazer de modo justificado.

---

[429] SOUZA, Carlos Aurélio Mota de. Equidade no direito brasileiro. *Revista do Instituto dos Advogados de São Paulo*, vol. 33, p. 359-375, jan./jun., 2014. DTR 2014/8710, p. 08.

[430] "Mais que isso, a equidade integra o juízo de valor inserido na própria autonomia da vontade das partes no âmbito da contratação. As partes escolheram um julgamento com critério diferente do meramente legal, porque isso melhor conformaria seus interesses e melhor se adaptaria ao espírito do negócio então renovado. As partes optaram por uma decisão baseada na consciência dos árbitros e relegaram a segundo plano o disposto no direito positivo, sempre com o objetivo de permitir – em caso de litígio – decisão mais adequada ao caso concreto." (CARMONA, Carlos Alberto. Julgamento por equidade em arbitragem. *Revista de Arbitragem e Mediação*, vol. 30, p. 229-244, jul./set., 2011, DTR 2011/2569, p. 06).

Capítulo 3
NEGÓCIO JURÍDICO E ARBITRAGEM

A arbitragem é modalidade de exercício de jurisdição baseada em uma estrutura negocial. O seu fundamento reside em um negócio jurídico especial, denominado convenção de arbitragem. O direito brasileiro, à semelhança do que ocorre em outros ordenamentos jurídicos, adota dupla modalidade de convenção de arbitragem, a depender de quando essa é formada, em relação à configuração do conflito entre as partes contratantes. Se a convenção de arbitragem é constituída antes da existência do litígio entre as partes, denomina-se "cláusula compromissória". Caso contrário, se formada após a presença do conflito, denomina-se "compromisso arbitral".

Assim, tanto a cláusula compromissória quanto o compromisso arbitral são modalidades da convenção de arbitragem[431]. A convenção de arbitragem, por sua vez, é espécie do gênero negócio jurídico – espécie de fato jurídico especial, apresentando na sua gênese a possibilidade de as partes modularem, a partir da sua autonomia privada, efeitos jurídicos. Dessa forma, em última análise, o recurso à arbitragem constitui exercício de parcela da liberdade outorgada pela ordem jurídica aos seus cidadãos, sendo um método de solução de eventuais litígios derivados de *negócios jurídicos* determinados. A consequência lógica dessa constatação é a necessidade científica de enquadrar a compreensão da convenção de arbitragem dentro da teoria geral dos negócios jurídicos, que é um dos pilares metodológicos do próprio direito privado[432].

Em termos analíticos, a autonomia privada é materializada no ordenamento por meio da categoria dos atos jurídicos, e, em especial, a dos negócios jurídicos. A possibilidade de se recorrer à jurisdição arbitral, portanto, remonta a esse poder especial de exercício da liberdade. Por essa razão, sem autonomia privada e sem negócio jurídico não haveria arbitragem.

Destaca-se desde logo que a convenção de arbitragem é, indubitavelmente, o principal negócio jurídico que se deve ter em conta quando se analisa o fenômeno da arbitragem. Entretanto, não é o único. Em verdade, o procedimento arbitral como um todo é constituído nas bases de variados negócios jurídicos, regulando tanto aspectos materiais

---

[431] Vide Capítulo 5. "There are two basic types of arbitration agreement: the arbitration clause and the submission agreement. An arbitration clause looks to the future, whereas a submission agreement looks to the past. The first, which is most common, is usually contained in the principal agreement between the parties and is an agreement to submit future disputes to arbitration. The second is an agreement to submit existing disputes to arbitration." (REDFERN, Alan; HUNTER, Martin; BLACKABY, Nigel; PARTASIDES, Constantine. *Redfern and Hunter on International Arbitration*. Oxford: Oxford University Press, 2015, p. 72).

[432] CÓRDOVA, Lizardo Taboada. La teoría general del contrato frente a la del negocio jurídico. *Doutrinas Essenciais Obrigações e Contratos*, vol. 1, p. 1257-1266, jun./2011, DTR 2012/1952.

CONVENÇÃO DE ARBITRAGEM – *Fichtner • Tolentino • Polastri • Salton*

quanto processuais. Dessa forma, o presente capítulo propõe construir a ponte entre a teoria geral dos negócios jurídicos e a convenção de arbitragem e explicar como esses são estruturantes para o desenrolar do procedimento arbitral.

§ 9. NEGÓCIO JURÍDICO E AUTONOMIA PRIVADA

1. Negócio jurídico e o exercício da autonomia privada

O direito privado concede aos indivíduos o amplo poder de formar, por sua própria exteriorização de vontade, relações jurídicas, harmonizando-as com as necessidades e as inclinações pessoais – ou seja, autoriza a exteriorização da vontade visando à produção de um determinado efeito jurídico.[433] A vontade individual tem o poder de instituir resultados ou gerar efeitos jurídicos[434]. Em consonância com a sua matriz liberal, o Direito Civil atribui aos particulares a possibilidade de formatar as suas interações jurígenas mediante os negócios jurídicos[435]. Nesse sentido, o negócio jurídico é a espécie de fato jurídico reservado pelo ordenamento para os particulares exercerem a sua autonomia privada[436].

A teoria do negócio jurídico, diferentemente de outros grandes institutos do direito privado, não encontra origens diretas no Direito Romano, embora tenha sido culturalmente construída por meio de elementos romanísticos[437]. Na verdade, a sua origem está vinculada à filosofia do século XVII, com a ascensão do empirismo fenomenista e do racionalismo[438]. O desenvolvimento da teoria do negócio jurídico, portanto, deve ser vista, sobretudo, dentro do contexto da pandectística, que lhes conferiu organicidade e visão sistêmica, cabendo a Ritter Hugo, no século XVIII, dar os primeiros passos na sistematização de categorias esparsas do direito romano (*"actus"*, *"factus"*, *"gestus"*, *"contractus"* e *"negotium"*) sob a roupagem do negócio jurídico (*"rechtliches Geschäft"*)[439].

---

[433] ENNECCERUS, Ludwig. *Derecho Civil* (Parte General). Trad. de la 39ª ed. Alemana. Blas Pérez González; José Alguer (Trads.). Barcelona: Bosch, 1935, p. 52-53.

[434] AQUINO, Wilson. Negócio Jurídico. *Doutrinas Essenciais Obrigações e Contratos*, vol. 1, p. 1387-1392, jun./2011, DTR 2012/1222, p. 01.

[435] Von Thur explica que o direito civil "se basa en la opinión de que el orden más adecuado para las relaciones jurídicas de los individuos es el que ellos mismos establecen y, por tanto, en este sentido da amplia facultad a los interesados. Para ese propósito, el instrumento de que ellos disponen es la especie más importante de acto jurídico, es decir, el negocio." (VON THUR, Andreas. *Derecho Civil: teoria general del derecho civil Aleman*. Vol. II. Buenos Aires: Depalma, 1947, p. 161-162).

[436] "Negócio jurídico é o ato humano consistente em manifestação, ou manifestações de vontade, como suporte fáctico, de regra jurídica, ou de regras jurídicas, que lhe dêem eficácia jurídica. É, pois, definir b como a + d, isto é, falar-se de negócio jurídico, b, que é manifestação de vontade, a, com intuito de eficácia jurídica, d, omitindo-se a alusão à classe a que pertence b (atos humanos) e ao elemento, c, que o faz causa de efeitos jurídicos: a incidência da regra jurídica." (PONTES DE MIRANDA, Francisco Cavalcanti. *Tratado de Direito Privado*. Tomo I. Atualizado por Judith Martins-Costa, Gustavo Haical e Jorge Cesa Ferreira da Silva. São Paulo: Revista dos Tribunais, 2012, p. 168).

[437] BENFATTI, Fábio Fernandes Neves. Breves considerações sobre o negócio jurídico diante dos novos desafios da pós-modernidade. *Revista dos Tribunais*, vol. 1001, pp. 121-130, mar./2019, DTR 2019/23985, p. 01.

[438] DELGADO, José Augusto. Reflexões sobre o negócio jurídico. *Doutrinas Essenciais Obrigações e Contratos*, vol. 1, p. 1229-1233, jun./2011, DTR 2012/1200, p. 01.

[439] MACEDO, Silvio de. Uma avaliação da teoria do negócio jurídico. *Doutrinas Essenciais Obrigações e Contratos*, vol. 1, p. 1375-1378, jun./2011, DTR 2012/1230, p. 01.

Diante da sua origem germânica, o conceito de negócio jurídico não granjeou aplicação universal[440]. Ao contrário, dependendo do país, haverá maior ou menor aceitação da categoria. Por exemplo, no direito francês a importação desse conceito, sob as vestes do "acte juridique", ocorreu mediante modificação conceitual: enquanto a tradição germânica coloca o negócio jurídico como instituto aplicável ao conjunto das operações de direito privado, os franceses reduzem a aplicação dos "acte juridique" ao direito das obrigações, perdendo parte da relevância do seu campo de aplicação original, com pretensões de universalidade dentro da arquitetura conceitual da ciência jurídica[441]. A larga influência dos autores franceses nos juristas brasileiros, inclusive, foi fator determinante para Código Beviláqua ignorar o negócio jurídico enquanto categoria dogmática autônoma[442]. No entanto, com o Código Reale o paradigma foi modificado, seguindo a linha germânica, também seguida em Portugal[443]. Nas palavras de Flume, o conceito de "negócio jurídico" é a "abstracción de todos los tipos de actos estructurados en el Ordenamiento jurídico, que, tal como ha fijado el Ordenamiento jurídico su contenido, están dirigidos, mediante la instauración de una reglamentación, a la constitución, modificación o extinción de una relación jurídica en uso de la autodeterminación del individuo, es decir, en la realización del principio de autonomía privada".[444]

O grande diferencial dos negócios em relação aos demais fatos jurídicos, está no fato de que o seu efeito legal não é uma mera consequência ou decorrência lógica do ordenamento. Ao contrário, para além da chancela do direito, o fundamento para a produção dos seus efeitos está na legitimidade reconhecida à vontade daqueles que o concluíram[445]. Assim, o negócio jurídico consiste no produto da manifestação de uma ou mais vontades,

---

[440] "Ni el contrato en general del Derecho francés. Ni el negocio jurídico del Derecho alemán tiene referentes en el mundo de la realidad: existen solamente en el mundo del Derecho, sólo en la escena jurídica verbal izada. como afirmaría la filosofia analítica. El contrato en genera, aun en la limitada acepción de los common lawyers, se concilia mal con el empirismo anglosajón, y la literatura jurídica lo emplea como categoría descriptiva, mientras que en clave operativa se continúa haciendo referencia a los particulares tipos contractuales." (GALGANO, Francesco. El Crepúsculo del Negocio Jurídico. *Derecho & Sociedad*, vol. 16, p. 237-250, 2001, p. 250).

[441] KNETSCH, Jonas; SILVA, Abraham Lincoln Dorea. A Distinção entre Atos e Fatos Jurídicos no Direito Civil Brasileiro: contribuição ao estudo da circulação de conceitos jurídicos. *Revista de Direito Civil Contemporâneo*, vol. 23/2020, p. 367-385, abr./jun., 2020, DTR 2021/226, p. 02.

[442] FARIAS, Cristiano Chaves de; ROSENVALD, Nelson. Lineamentos acerca da interpretação do negócio jurídico: perspectivas para a utilização da boa-fé objetiva como método hermenêutico. *Revista de Direito Privado*, vol. 31, p. 7-30, jul./set., 2007, DTR 2007/450, p. 02.

[443] ROSAS, Roberto. Do negócio jurídico aos contratos no direito português aproximações com o direito brasileiro, *Doutrinas Essenciais Obrigações e Contratos*, Vol. 1, p. 1347-1364, jun./2011, DTR 2012/1319.

[444] FLUME, Werner. *El Negocio Jurídico*. José María Miquel González e Esther Gómez Calle (Trads). Madrid: Fundación Cultural del Notariado, 1998, p. 49.

[445] "Cuando décimos que el negocio jurídico tiene por finalidad producir una consecuencia jurídica, entendemos por ello que el efecto jurídico se origina no sólo porque el ordenamiento jurídico lo vincula a aquél —el reconocimiento otorgado por el ordenamiento jurídico ha de darse siempre adicionalmente— sino, en primer término, porque quien celebra el negocio jurídico quiere producir el efecto jurídico precisamente con la celebración del negocio jurídico. Por tanto, éste es en los casos normales, de los cuales se ha de partir, un acto finalista, dirigido adecuadamente a la producción de una determinada consecuencia jurídica" (LARENZ, Karl. *Derecho Civil: Parte General*. Madrid: RDP, 1978, p. 422).

cercadas por circunstâncias negociais que as torna socialmente perceptíveis como dirigidas à produção de efeitos jurídicos[446].

Portanto, o negócio jurídico pode ser entendido como o fato jurídico que decorre (1) da manifestação da vontade humana e (2) que visa à produção de um determinado efeito jurídico – como a criação, a modificação, a confirmação, a transmissão ou a extinção de uma situação jurídica.[447] Assim, o negócio jurídico é um ato eminentemente finalista, pois propositado a causar repercussões no mundo do direito.[448] Esse aspecto é também destacado por Roberto de Ruggiero, para quem o negócio jurídico é "uma declaração de vontade do indivíduo tendente a um fim protegido pelo ordenamento jurídico".[449]

Observa-se tendência expansionista da teoria dos negócios jurídicos, que estão passando a ser aplicáveis a ramos do direito outrora avessos à ideia de autonomia privada e negociabilidade. Trata-se de fenômeno paralelo e decorrente da expansão dos campos de incidência da autonomia privada[450], que permitiu o surgimento da discussão acerca de negócios jurídicos no campo do direito administrativo, econômico, processual civil, penal e processual penal[451]. Atualmente, no direito brasileiro, a figura do negócio jurídico é categoria da epistemologia jurídica, em contraste com a tradição europeia, que ainda o reduz à categoria dogmática[452]. Assim, o negócio jurídico assume a posição de chave de leitura e de compreensão de diversas áreas do direito positivo, não se reduzindo ao direito privado.

Em síntese, os negócios jurídicos, gênero do qual os contratos são espécie, são a ferramenta jurídica por excelência de manifestação da autonomia privada[453], constituindo o instrumento técnico por meio do qual os particulares criam, modificam, transferem ou extinguem situações jurídicas. Assim sendo, os negócios jurídicos são os veículos por

---

[446] Antônio Junqueira de Azevedo exprime que, como categoria, o negócio jurídico é "hipótese de fato jurídico (às vezes dita 'suporte fático'), que consiste em uma manifestação de vontade cercada de certas circunstâncias (as circunstâncias negociais) que fazem com que socialmente essa manifestação seja vista como dirigida à produção de efeitos jurídicos; negócio jurídico, como categoria, é, pois, a hipótese normativa consistente em declaração de vontade (entendida essa expressão em sentido preciso, e não comum, isto é, entendida como manifestação de vontade, que, pelas suas circunstâncias, é vista socialmente como destinada à produção de efeitos jurídicos)." (AZEVEDO, Antônio Junqueira de. *Negócio Jurídico: existência, validade e eficácia*. 4ª ed. São Paulo: Saraiva, 2010, p. 16).

[447] Para Larenz: "El Código civil conceptúa como 'negocio jurídico' un acto —o una pluralidad de actos entre sí relacionados, ya sean de una o de varias personas— cuyo fin es producir un efecto jurídico en el ámbito del Derecho privado, esto es, una modificación en las relaciones jurídicas entre particulares" (LARENZ, Karl. *Derecho Civil*: Parte General. Madrid: RDP, 1978, p. 421).

[448] ASCENSÃO, José de Oliveira. *Teoria Geral do Direito Civil*. Vol. II. 2ª ed. Coimbra: Coimbra Editores, 2003, p. 75.

[449] RUGGIERO, Roberto de. *Instituições de Direito Civil*. Vol. 1. Trad. da 6ª ed. Italiana. Campinas: Bookseller, 1999, p. 315.

[450] Conforme analisado no Capítulo 1.

[451] BENFATTI, Fábio Fernandes Neves. Breves considerações sobre o negócio jurídico diante dos novos desafios da pós-modernidade. *Revista dos Tribunais*, vol. 1001, pp. 121-130, mar./2019, DTR 2019/23985, p. 04.

[452] MACEDO, Silvio de. Uma avaliação da teoria do negócio jurídico. *Doutrinas Essenciais Obrigações e Contratos*, vol. 1, p. 1375-1378, jun./2011, DTR 2012/1230, p. 02.

[453] MARTINS-COSTA, Judith. *A Boa-fé no Direito Privado: Critérios para a sua Aplicação*. 2ª ed. São Paulo: Saraiva, 2018, p. 250.

PARTE I · Capítulo 3 · NEGÓCIO JURÍDICO E ARBITRAGEM | 99

meio do qual os particulares exercem a sua autodeterminação, corolário da liberdade individual, podendo escolher não apenas se desejam ou não praticar um determinado ato, mas também conformar o seu conteúdo.

2. Autonomia privada e a exteriorização da vontade

A ação humana está presente em duas categorias especiais de fato jurídico: os atos jurídicos em sentido estrito e os negócios jurídicos[454]. Em termos de classificação, os atos jurídicos se distinguem tanto dos fatos jurídicos em sentido estrito, nos quais a ação humana é irrelevante, quanto dos atos-fatos jurídicos, nos quais a vontade subjacente à ação é inócua. Assim, os atos jurídicos são a categoria própria dos fatos jurídicos nos quais há a atuação de uma pessoa manifestando a sua vontade[455], não uma vontade subjetiva qualquer, mas a vontade adjetivada pela ordem jurídica[456]. Assim, percebe-se que o critério de valoração utilizado para distinguir as diversas espécies de fatos jurídico é a participação da vontade dos sujeitos de direito na sua produção[457].

Os atos jurídicos podem ser atos jurídicos em sentido estrito ou negócios jurídicos. Em comum, está o elemento liberdade[458]. O que diferencia ambas as espécies é a apti-

---

[454] "Quanto aos fatos lícitos, dividem-se em dois grandes grupos. Ao primeiro, chama-se ato jurídico ou, para usar-se a expressão alemã generalizada – negócio jurídico. Os italianos usam muito hoje até mesmo – ato lícito de conduta – e também aqui, não há, portanto, denominação especial." (DANTAS, San Tiago. *Programa de Direito Civil*. Rio de Janeiro: Editora Rio, 1977, p. 254).

[455] Percebe-se que mesmo os críticos da teoria do fato jurídico acabam por reconhecer interesse em manter as distinções tradicionais consagradas: "Em verdade, não obstante o giro metodológico induza ao esmorecimento da relevância prática da distinção entre o ato-fato e ato jurídico stricto sensu, e, em menor medida, entre este e o negócio jurídico, há hipóteses bem definidas de situações-tipo que se coadunam com as referências pré-estabelecidas na classificação. Com efeito, o que se deve alterar são as bases da teoria do fato jurídico, a consagrar uma perspectiva de consideração funcional do fato e da relação jurídica, que deve ser interpretada e qualificada não em atenção ao suporte fático ou fattispecie abstrata, mas em face de todo o ordenamento jurídico edificado sob os pilares da Constituição Cidadã de 1988. Ressalvada a superação da metodologia tradicional de revelação da norma a aplicar ao caso concreto, a classificação, em si, será sempre útil, ainda que, em algumas circunstâncias" (REIS JÚNIOR, Antonio dos. O Fato Jurídico em Crise: uma releitura sob as bases do direito civil-constitucional. *Revista de Direito Privado*, vol. 67, p. 29-56, jul./set., 2016, DTR 2016/21935, p. 11).

[456] "A característica primordial do ato jurídico é ser um ato de vontade, não uma vontade qualquer, mas aquela que atua em conformidade com os preceitos ditados pela ordem legal. Assim, o papel da vontade é tão importante que se procura identificar a sua própria idéia conceitual com a declaração de vontade. Foi a doutrina alemã que elaborou o conceito do negócio jurídico, e o definiu como um pressuposto de fato, querido ou posto em jogo pela vontade, e reconhecido como base do efeito jurídico perseguido." (AQUINO, Wilson. Negócio Jurídico. *Doutrinas Essenciais Obrigações e Contratos*, vol. 1, p. 1387-1392, jun./2011, DTR 2012/1222, p. 01).

[457] MOURA, Mário Aguiar. O contrato em face da sistematização do fato jurídico. *Doutrinas Essenciais de Direito Civil*, vol. 4, p. 95-99, out./2010, DTR 2012/1556, p. 01.

[458] "Dois critérios orientam a classificação dos fatos jurídicos. O primeiro critério é fundado na composição ou forma dos fatos jurídicos, compreendendo, ainda, a catalogação deles em relação aos efeitos que produzem. O segundo critério realiza a classificação dos fatos jurídicos tendo em vista o princípio geral que norteia as manifestações fundamentais da vida humana: a liberdade e a necessidade. A liberdade é o elemento básico dos fatos jurídicos em que influi a vontade humana. O princípio da necessidade caracteriza os fatos jurídicos que se produzem independentemente da vontade humana. Enquanto o primeiro critério pro posto é formal, o segundo pretende a realização

CONVENÇÃO DE ARBITRAGEM – *Fichtner* • *Tolentino* • *Polastri* • *Salton*

dão ou a possibilidade de modulação de efeitos pelo agente. Dessa forma, a liberdade de celebração e a liberdade de escolher com quem celebrar está presente tanto nos atos jurídicos em sentido estrito quanto nos negócios jurídicos. A distinção, portanto, reside na liberdade de estipulação do conteúdo. Enquanto nos atos jurídicos em sentido estrito a lei determina, exclusivamente, as consequências jurídicas, nos negócios jurídicos as partes têm o poder de determinar a esfera eficacial[459].

Observa-se que o critério distintivo está na possibilidade de modular os efeitos, e não que o agente negocial tenha efetivamente determinado o conteúdo da eficácia jurídica. Por essa razão, um contrato de compra e venda continua sendo um negócio jurídico, mesmo que as partes não tenham feito modificação alguma em relação ao regime legal. Ou seja, o que está em jogo é a liberdade ou não de celebração. Se há essa possibilidade, está-se diante de uma declaração negocial e, portanto, de negócio jurídico. Assim, a manifestação de vontade nos negócios jurídicos dirige a produção de efeitos, enquanto nos atos jurídicos, a vontade, apesar de integrar o suporte fático, não conforma o conteúdo eficacial, que é derivado da lei e ocorre independentemente de ter sido pretendido pelo sujeito de direito[460].

A exteriorização da vontade, por sua vez, é a porta de entrada da vontade subjetiva dos indivíduos no mundo jurídico. Conforme Pontes de Miranda, "a declaração ou declarações, a manifestação ou manifestações de vontade fazem-se jurídicas; entram no mundo jurídico; o mundo jurídico recebe-as, apropria-se delas"[461]. Nesse sentido, os negócios jurídicos – enquanto fruto de declarações de vontade – acabam sendo um meio de exercício da autonomia privada[462]. Os atos jurídicos em sentido estrito, igualmente, são decorrentes de exteriorização de vontade, mas despidos da liberdade de celebração e de criação do conteúdo do efeito jurídico.

Dessa forma, o negócio jurídico realiza ao máximo as possibilidades volitivas no plano jurídico[463]. Quando se fala de exteriorização da vontade, refere-se não estritamente a um querer subjetivo do agente, uma intenção. Assim, a "declaração de vontade" há de

---

da classificação dos fatos jurídicos em função da natureza dos elementos que o compõem, evidenciando seu sentido substancial. Este critério, orientado pelos elementos liberdade e necessidade, determinava a classificação dos fatos jurídicos em atos jurídicos e fatos jurídicos. Eram denominados fatos jurídicos os que independiam da vontade humana. Atos jurídicos seriam aqueles que dependiam da vontade humana para receber a incidência de regras jurídicas e produzir efeitos também jurídicos. A última classificação é considerada elementar e não mais satisfaz, posto que alguns atos, em cuja composição entra o elemento vontade, não são atos jurídicos, mas fatos jurídicos. O direito não leva em conta a vontade, tal como ocorre na tomada da posse." (GISCHKOW, Emílio Alberto Maya. Classificação dos Fatos Jurídicos. *Revista de Processo*, vol. 53, p. 43-53, jan./mar., 1989, DTR 1989/15, p. 03).

[459] Define Caio Mário: "Os 'negócios jurídicos' são, portanto, declarações de vontade destinadas à produção de efeitos jurídicos queridos pelo agente" (PEREIRA, Caio Mário da Silva. *Instituições de Direito Civil*. Vol. 1. 32ª ed. Rio de Janeiro: Forense, 2019, p. 404-405).

[460] GISCHKOW, Emílio Alberto Maya. Classificação dos Fatos Jurídicos. *Revista de Processo*, vol. 53, p. 43-53, jan./mar., 1989, DTR 1989/15, p. 07.

[461] PONTES DE MIRANDA, Francisco Cavalcanti. *Tratado de Direito Privado*. Tomo I. Atualizado por Judith Martins-Costa, Gustavo Haical e Jorge Cesa Ferreira da Silva. São Paulo: Revista dos Tribunais, 2012, p. 168.

[462] LARENZ, Karl. *Derecho Civil: Parte General*. Madrid: RDP, 1978, p. 422.

[463] MOURA, Mário Aguiar. O contrato em face da sistematização do fato jurídico. *Doutrinas Essenciais de Direito Civil*, vol. 4, p. 95-99, out./2010, DTR 2012/1556, p. 02.

PARTE I · Capítulo 3 · NEGÓCIO JURÍDICO E ARBITRAGEM | 101

ser percebida como a manifestação de vontade qualificada, destinada a produzir efeitos jurídicos[464]. Por essa razão, o negócio jurídico não se resume ao comportamento humano voluntário e lícito, sendo, essencialmente, aquele fato jurídico no qual o agente, sem vínculo ou obrigação prévia, busca e define determinado resultado jurídico concebido em sua vontade livre[465], a qual é exteriorizada visando à produção de efeitos jurídicos.

No entanto, há de se conferir interpretação mais alargada acerca do que seja "exteriorização da vontade", pois tanto pessoas físicas quanto jurídicas manifestam vontade, ainda que de modos distintos. Nesse sentido, a "vontade" relevante para o negócio jurídico não é aquela entendida em sentido biológico ou psíquico. Trata-se, ao contrário, de qualquer manifestação emanada de pessoa visando à produção de algum efeito na ordem jurídica[466]. Conforme Menezes Cordeiro, o indivíduo age voluntariamente conhecendo a dimensão jurídica da atuação, correspondendo a vontade do negócio ao desejo de desencadear efeitos reconhecidos pelo direito[467]. Não se pode desvincular o conteúdo ontológico do negócio jurídico do elemento vontade, seja ela declarada ou, simplesmente, manifestada – desde que, por óbvio, exteriorizada[468].

Há, essencialmente, o reconhecimento normativo de dois modos de exteriorização da vontade: há tanto as "declarações" quanto as "exteriorizações materiais" de vontade[469].

---

[464] VELOSO, Zeno. Fato jurídico – ato jurídico – negócio jurídico. *Doutrinas Essenciais Obrigações e Contratos*, vol. 1, p. 1393-1407, jun./2011, DTR 2012/1956, p. 04.

[465] THEODORO JÚNIOR, Humberto. Negócio jurídico. Existência. Validade. Eficácia. Vícios. Fraude. Lesão. *Revista dos Tribunais*, vol. 780, p. 11-28, out./2000, DTR 2000/532.

[466] "Isso porque, por mais importante que seja a vontade como elemento interno, pois é o cerne que abre espaço ao nascimento do negócio jurídico, não se pode – como já dito – investigá-la, sob pena de perder o Direito sua necessária referibilidade objetiva. Perquirir fenômenos psíquicos significaria atentar frontalmente contra a segurança jurídica, fazendo com que o direito privado perca, por assim dizer, sua funcionalidade. O que cabe ao operador investigar no âmbito dos negócios jurídicos é, aí sim, a exteriorização da vontade que, como visto, se dá por meio de manifestações ou declarações. No entanto, não se pode admitir o uso isolado de tais expressões, como faz o culto jurista italiano. Afinal, seriam 'manifestações' ou 'declarações' de quê? Trata-se de continente sem conteúdo. É claro – e não pode ser diferente – que se referem à vontade. A referibilidade à vontade que se dá pelo uso dessas expressões não implica afirmar que ela integra o negócio jurídico. Significa, apenas, deixar claro que é a vontade que abre o espaço necessário para que o negócio nasça no seio social. No entanto, – frise-se novamente, e pelos motivos já expendidos – não é ela que deve ser analisada, mas sua exteriorização objetiva" (WEISZFLOG, Heloísa Cardillo. Anotações sobre a vontade formadora do negócio jurídico. *Revista de Direito Privado*, vol. 57, p. 159-176, jan./mar., 2014, DTR 2014/1487, p. 08).

[467] MENEZES CORDEIRO, António Menezes. *Tratado de Direito Civil*. vol. II. 4ª ed. Coimbra: Almedina, 2019, p. 126.

[468] WEISZFLOG, Heloísa Cardillo. Anotações sobre a vontade formadora do negócio jurídico. *Revista de Direito Privado*, vol. 57, p. 159-176, jan./mar., 2014, DTR 2014/1487, p. 07.

[469] "Manifesta-se vontade formalmente declarando-a. Há quem declare vontade pedindo ou postulando que algo se faça, como há quem a declare prescrevendo que determinada conduta seja realizada, ou, finalmente, há quem declare vontade negocial, é dizer, almeje vincular-se com outra esfera jurídica realizando negócio jurídico. É assim nos mais importantes negócios jurídicos bilaterais, de que são espécies os acordos, convênios e, sobretudo, os contratos; também nos negócios jurídicos unilaterais, como a oferta ou o testamento. Manifesta-se vontade, também, sem declará-la, através de proposições com conteúdo volitivo diverso, como a comunicação de vontade, a comunicação de conhecimento (ou sentimento) e a enunciação assertórica sobre fato. Finalmente, manifesta-se vontade adeclarativa mediante a sua exteriorização material presuntivamente negocial. São distin-

A diferença reside, precipuamente, no fato de que as declarações ocorrem por meio de palavras, enquanto a exteriorização material ocorre por gestos, condutas ou silêncio.

Essa distinção não se confunde com a diferença entre "exteriorização expressa" ou "exteriorização tácita" da vontade ou do consentimento. A manifestação expressa se dirige para o exterior, podendo ocorrer tanto por meio de palavras, escritas ou orais, quanto por gestos. De modo diverso, é tácita quando derivada de fatos que a revelam, conforme os usos e o ambiente social.

O silêncio, isoladamente considerado, não apresenta conteúdo declarativo, vez que significa a total ausência de comunicação. Assim, não reflete qualquer tipo de ação, e, por regra, não implica anuência ou concordância. Conforme o art. 111 do Código Civil, "o silêncio importa anuência, quando as circunstâncias ou os usos o autorizarem, e não for necessária a declaração de vontade expressa". Portanto, o silêncio somente será juridicamente relevante quando diante de predicados específicos que autorizem a sua percepção nesse sentido.

Nesse sentido, acerca do silêncio, o Superior Tribunal de Justiça é uníssono ao considerá-lo modalidade de exteriorização da vontade material, especialmente quando aliado à boa-fé objetiva. Por exemplo, no REsp 1.309.800, relatado pelo Ministro Luis Felipe Salomão, assentou-se que "a boa-fé objetiva constitui relevante vetor interpretativo dos contratos (art. 113 do Código Civil). Nada obstante, tal cláusula geral não pode resultar na transmutação de um pacto válido em outro, sem atentar para os elementos essenciais de cada um, máxime quando inexistente indício mínimo de prova apta a fundamentar a prestação jurisdicional requerida pela parte. Ademais, o diploma civilista erigiu o silêncio – não falar ou não fazer – como modalidade de manifestação da vontade, apta à produção de efeitos jurídicos (art. 111)"[470].

Há autores que propõe a distinção entre "declaração de vontade" e "manifestação de vontade", sugerindo que, enquanto as declarações de vontade são dirigidas a um destinatário em específico, as manifestações de vontade ocorrem de modo geral não destinadas a alguém em concreto, sem haver direção determinada[471]. Trata-se, portanto, de classificação a partir do destinatário. Entretanto, na maioria das vezes ambas as expressões apresentam dimensão semântica intercambiável[472], aplicando-se o mesmo arcabouço normativo, exceto quando incompatível pela própria natureza da norma.

ções fundamentais para classificar os atos jurídicos lato sensu" (DA COSTA, Adriano Soares. Para uma Teoria dos Fatos Jurídicos Processuais. *Revista de Processo*, vol. 270/2017, p. 19-56, ago./2017, DTR 2017/2589, p. 11).

[470] STJ. REsp 1.309.800/AM. Min. Luis Felipe Salomão. Quarta Turma. J. em: 22.08.2017.

[471] BONINI, Paulo Rogério. Apontamentos sobre o tratamento legal da manifestação da vontade nos negócios jurídicos. In: Alexandre Dartanhan de Mello Guerra (Coord.). *Estudos em homenagem a Clóvis Beviláqua por ocasião do centenário do Direito Civil codificado no Brasil*, vol. 1, São Paulo: Escola Paulista da Magistratura, 2018, p. 155.

[472] Inclusive, há autores que preferem não fazer a referida distinção: "a vontade é o pressuposto do negócio jurídico e é imprescindível que ela se exteriorize e se divulgue por uma emissão, de forma a levar a deliberação interior ao mundo exterior. É a declaração que a torna conhecida, e ela só se concretiza através da manifestação exterior. A palavra declaração de vontade é empregada em sentido lato. Não é necessário que o agente faça uma declaração formal, através da palavra escrita ou falada. É suficiente que traduza o seu querer por uma atitude inequívoca, seja efetuada através do veículo habitual de expressão, seja por um gesto. Há, portanto, grande variedade de formas para a manifestação da vontade. A mais comum é a declaração pela palavra falada ou escrita. Todavia,

PARTE I · Capítulo 3 · NEGÓCIO JURÍDICO E ARBITRAGEM | **103**

Deve-se apontar que tanto as declarações quanto as manifestações de vontade podem ter diferentes propósitos, correspondentes às diversas possibilidades de intenção do agente ao exteriorizar a sua vontade. Todo ato tem subjacente a si determinada motivação, mais ou menos complexa, razão pela qual a exteriorização da vontade decorre de um motivo, que pode ser interior e psíquico ou exterior e objetivo[473]. Entre as diversas espécies de exteriorização da vontade é possível elencar a existência de declarações/manifestações que visam a comunicar ordem, intenção, veracidade, conhecimento, de existência de fato, assentimento, ratificação, aprovação, confirmação, validação, rejeição, adesão e convalidação[474].

Quando o art. 107 do Código Civil dispõe que "validade da declaração de vontade não dependerá de forma especial, senão quando a lei expressamente a exigir", não é recomendável interpretar que o dispositivo apenas se aplica às "declarações" de vontade, ignorando as "manifestações". O mesmo raciocínio se aplica para o art. 110 do Código Civil, que dispõe que "manifestação de vontade subsiste ainda que o seu autor haja feito a reserva mental de não querer o que manifestou, salvo se dela o destinatário tinha conhecimento", e para o art. 112 do Código Civil, que dispõe que "nas declarações de vontade se atenderá mais à intenção nelas consubstanciada do que ao sentido literal da linguagem". Assim, a distinção entre manifestação e declaração de vontade adquire relevância prática quando o próprio texto normativo associa efeitos jurídicos diversos a depender de quem é o destinatário da exteriorização da vontade.

Todas essas formas de exteriorização da vontade são, em maior ou menor medida, decorrências do exercício da autonomia privada. São manifestações da vontade, dotadas de relevância para o ordenamento, mas que não necessariamente produzirão conteúdo negocial. Porém, ao introduzirem o elemento volitivo, enquanto elemento preenchedor do suporte fático de alguma norma jurídica, poderão ser valorados como atos jurídicos em sentido estrito. Assim, enquanto espécies do agir de uma pessoa no ordenamento, exteriorizando a sua vontade de modo isolado ou conjunto com outros elementos da sua individualidade, produzirão consequências jurídicas.

Entre as diversas possibilidades subjacentes às declarações de vontade, a que particulariza os negócios jurídicos são as emanadas com finalidade negocial, ou seja, visando a causar uma consequência jurídica[475], no sentido de modular os efeitos produzidos na ordem jurídica por meio da vontade individual do agente. As declarações de vontade negociais são, portanto, a mônada dos negócios jurídicos.

3. Declarações negociais e negócio jurídico

O negócio jurídico é espécie de ato jurídico em sentido amplo, formado pela união de uma ou mais declarações de vontade, dirigida à produção de certos efeitos práticos

---

emite-se também a vontade por gestos ou sinais, que revelam ao mundo exterior a intenção interna." (AQUINO, Wilson. Negócio Jurídico. *Doutrinas Essenciais Obrigações e Contratos*, vol. 1, p. 1387-1392, jun./2011, DTR 2012/1222, p. 02).

[473] AQUINO, Wilson. Negócio Jurídico. *Doutrinas Essenciais Obrigações e Contratos*, vol. 1, p. 1387-1392, jun./2011, DTR 2012/1222, p. 03.

[474] MENEZES CORDEIRO, António Menezes. *Tratado de Direito Civil*. vol. II. 4ª ed. Coimbra: Almedina, 2019, p. 150.

[475] ENNECCERUS, Ludwig. *Derecho Civil (Parte General)*. Trad. de la 39ª ed. Alemana. Blas Pérez González; José Alguer (Trads.). Barcelona: Bosch, 1935, p. 54.

conformes à intenção manifestada pelo declarante ou declarantes.[476] Dessa forma, como sintetiza Francisco Amaral, por negócio jurídico deve-se entender "a declaração de vontade privada destinada a produzir efeitos que o agente pretende e o direito reconhece"[477].

Por vezes, o negócio em si mesmo será sobreposto à própria declaração (negócios unilaterais)[478]; em outras, será necessário o encontro de duas ou mais declarações de vontade para que o negócio jurídico venha a ser formado (negócios bilaterais e plurilaterais)[479]. O ponto de partida da classificação é o reconhecimento de que a satisfação das necessidades humanas perpassa por atos negociais que ora o indivíduo isolado pode obter, ou outros em que somente é possível atingir determinado desiderato a partir da cooperação e da concordância de outros seres humanos[480]. O negócio jurídico pode ser entendido, portanto, como o ato jurídico integrado por uma ou várias manifestações de vontade, previstas como suporte fático apto à produção de efeitos jurídicos, qualificados como desejados ou aceitos pelo sujeito ou sujeitos de direito[481]. Assim, surge a classificação entre negócios jurídicos unilaterais, bilaterais e plurilaterais.

Os negócios unilaterais são aqueles que têm uma única parte[482], adentrando no mundo jurídico a partir de uma única emanação volitiva[483]. Por consequência, essa modalidade de negócio jurídico somente pode ser realizada pelo agente interessado, assumindo um caráter personalista. O fato de haver apenas uma declaração de vontade não significa que haverá apenas uma pessoa envolvida, pois essa declaração pode, eventualmente, ser realizada por diversas pessoas[484]. O que realmente importa para a classificação proposta é a existência de um único polo de interesse, independendo do critério numérico de sujeitos que exprimem essa vontade.

Os negócios bilaterais, por outro lado, são aqueles que resultam da manifestação da vontade de duas partes, irradiando efeitos na esfera jurídica de ambas[485]. O que diferencia

---

[476]   MOTA PINTO, Carlos Alberto. *Teoria Geral do Direito Civil*. 4ª ed. Coimbra: Coimbra Editores, 2005, p. 379.

[477]   AMARAL, Francisco. *Direito Civil: introdução*. 10 ed. São Paulo: Saraiva, 2018, p. 485.

[478]   "Si el negocio jurídico consiste únicamente en una declaración de voluntad, que es reconocida por sí sola como base del efecto jurídico, la declaración de voluntad y el negocio jurídico son una misma cosa". (ENNECCERUS, Ludwig. *Derecho Civil* (Parte General). Trad. de la 39ª ed. Alemana. Blas Pérez González; José Alguer (Trads.). Barcelona: Bosch, 1935, p. 53).

[479]   "Esta declaración de voluntad, por sí sola o en unión de otras declaraciones de voluntad y de otras partes del supuesto de hecho puestas en movimiento por la voluntad, es reconocida como base del efecto jurídico querido. A este supuesto de hecho total, querido o puesto en juego por la voluntad, lo llamamos negocio jurídico" (ENNECCERUS, Ludwig. *Derecho Civil* (Parte General). Trad. de la 39ª ed. Alemana. Blas Pérez González; José Alguer (Trads.). Barcelona: Bosch, 1935, p. 52-53).

[480]   MELLO, Marcos Bernardes de. *Teoria do Fato Jurídico: plano da existência*. 20ª ed. São Paulo: Saraiva, 2014, p. 254.

[481]   GISCHKOW, Emílio Alberto Maya. Classificação dos Fatos Jurídicos. *Revista de Processo*, vol. 53, p. 43-53, jan./mar., 1989, DTR 1989/15, p. 07.

[482]   MENEZES CORDEIRO, António. *Tratado de Direito Civil*. Vol. II. 4ª ed. Coimbra: Almedina, 2020, p. 90.

[483]   Francisco Amaral exemplifica essa categoria de negócios jurídicos por meio do testamento, da renúncia de direitos, da procuração, dos títulos de crédito, do endosso, do aval, da confissão de dívida, da remissão de dívida e da renúncia à herança, vide: AMARAL, Francisco. *Direito Civil: introdução*. 10 ed. São Paulo: Saraiva, 2018, p. 484.

[484]   MENEZES CORDEIRO, António. *Tratado de Direito Civil*. Vol. II. 4ª ed. Coimbra: Almedina, 2020, p. 90.

[485]   AMARAL, Francisco. *Direito Civil: introdução*. 10 ed. São Paulo: Saraiva, 2018, p. 485.

os negócios bilaterais dos negócios unilaterais em que há múltiplas pessoas manifestando vontade é justamente o sentido das declarações, pois enquanto nos negócios unilaterais essas se dão de modo paralelo e no mesmo sentido, nos negócios bilaterais as declarações de vontade assumem posição contraposta[486]. Em outros termos, há mais de um interesse juridicamente relevante que é oriundo das declarações de vontade.

Por fim, os negócios plurilaterais apresentam a marca distintiva de serem formados a partir da manifestação volitiva de várias partes, que atuam de modo concomitante e não contraditório para a formação do negócio jurídico[487].

O ordenamento jurídico é tanto o ponto de partida quanto o limite do exercício da autonomia privada, e, por conseguinte, dos negócios jurídicos. O efeito de todo negócio jurídico apenas pode ter por objeto uma relação jurídica específica, criando ou modificando direitos subjetivos, não criando ou modificando o direito objetivo[488]. Por essa razão, somente as ações humanas e as finalidades compatíveis com a ordem jurídica poderão ser transportadas para o mundo do direito por meio de negócios jurídicos[489]. Assim, o negócio jurídico é fato jurídico de espaço residual, ou seja, é pré-condição da sua válida entrada no mundo jurídico que esteja dentro do espaço relegado pelo ordenamento para a livre escolha das pessoas[490].

A pessoa manifesta ou declara a sua vontade em conformidade com o direito, o qual incidirá sobre essa e permitirá a criação do negócio jurídico. Portanto, a liberdade humana é vigiada pelo direito, que não a reconhece de modo irrestrito, mas, nos espaços reservados ao agir jurídico dos particulares. A sua manifestação atinge o ápice nos negócios jurídicos, cujos efeitos constituem o ponto culminante da juridicização do agir humano[491]. O direito tutela a vontade das partes, por exemplo, pelos critérios de validade do negócio jurídico, estabelecidos no art. 104 do Código Civil. A penalidade pela inobservância desses preceitos é a nulidade.

---

[486] MENEZES CORDEIRO, António. *Tratado de Direito Civil*. Vol. II. 4ª ed. Coimbra: Almedina, 2020, p. 90.

[487] AMARAL, Francisco. *Direito Civil: introdução*. 10 ed. São Paulo: Saraiva, 2018, p. 485.

[488] VON THUR, Andreas. Derecho Civil: teoría general del derecho civil Alemán. Vol. II. Buenos Aires: Depalma, 1947, p. 164.

[489] "As ações resultantes da vontade vão constituir a classe dos atos jurídicos, quando revestirem certas condições impostas pelo direito positivo. Com efeito, não são todas as ações humanas que constituem atos jurídicos, mas somente aquelas que traduzem conformidade com a ordem jurídica, uma vez que as contrárias às determinações legais vão integrar a categoria dos atos ilícitos." (AQUINO, Wilson. Negócio Jurídico. *Doutrinas Essenciais Obrigações e Contratos*, vol. 1, p. 1387-1392, jun./2011, DTR 2012/1222, p. 01).

[490] PONTES DE MIRANDA, Francisco Cavalcanti. *Tratado de Direito Privado*. Tomo I. Atualizado por Judith Martins-Costa, Gustavo Haical e Jorge Cesa Ferreira da Silva. São Paulo: Revista dos Tribunais, 2012, p. 168.

[491] "Na perspectiva da liberdade humana vigiada pelo Direito, porquanto não é possível uma liberdade irrestringida, é a espécie em que mais se valoriza a vontade dirigida à produção de efeitos jurídicos. No âmbito de juridicização do agir humano é onde a vontade chega ao maior alcance na auto-regulação dos interesses que se entretecem na trama da vida social. A vontade do homem surge como pressuposto não só da criação do negócio como dos resultados práticos desejados. Em regra, os agentes realizam o negócio jurídico que querem, porque querem bem como estabelecem, a seu alvedrio as conseqüências que melhor consultem seus interesses." (MOURA, Mário Aguiar. O contrato em face da sistematização do fato jurídico. *Doutrinas Essenciais de Direito Civil*, vol. 4, p. 95-99, out./2010, DTR 2012/1556, p. 02).

106 CONVENÇÃO DE ARBITRAGEM – *Fichtner* • *Tolentino* • *Polastri* • *Salton*

É possível distinguir os negócios unigeradores dos multigeradores. São unigeradores aqueles negócios dos quais derivam apenas um direito, pretensão, ação e exceção, e apenas uma vez, exaurindo-se em conteúdo eficacial após a produção dos efeitos. Diferentemente, tem-se por multigeradores aqueles negócios cujos efeitos jurídicos se protraem no tempo, dele derivando múltiplos direitos, pretensões, ações, exceções e os correlatos deveres, obrigações, situação de acionado e de exceptuado[492]. Esse elemento é relevante para a compreensão dos negócios jurídicos que se prolongam no tempo, produzindo a sua eficácia de modo dilatado ou reiterado.

Nesse sentido, destaca José de Oliveira Ascensão que os negócios jurídicos são ações em que "a finalidade do agente de produzir efeitos jurídicos é positivamente relevante para a ordem jurídica"[493]. Dessa forma, percebe-se que a ação de uma pessoa está na base da concepção de negócio jurídico, distinguindo-o tanto dos fatos jurídicos não humanos quanto dos não volitivos. Entretanto, há particularização adicional, consubstanciada na finalidade da exteriorização da vontade, a qual deverá ser destinada à produção dos efeitos jurídicos correspondentes à intenção do declarante[494]. Assim, a finalidade negocial o distingue dos atos indiferentes à ordem jurídica, ou das situações de mera submissão passiva à disposição legal[495].

Assim, ao convencionarem livremente, as pessoas dão nascimento a modelos jurídicos de ação que os vinculam à prática dos direitos e dos deveres ajustados, quer sejam esses típicos ou atípicos, caracterizando-se a validade dessa fonte negocial do direito pela convergência dos elementos: (i) manifestação de vontade dotada de legitimidade; (ii) forma de querer que não contrarie àquela exigida em lei; (iii) determinabilidade, possibilidade e licitude do objeto; e (iv) participação de agentes legitimados a integrar a criação de negócios[496]. Portanto, é das declarações de vontade negociais que emerge o negócio jurídico, junto com o seu elemento normativo[497], impondo deveres para as partes vinculadas.

§ 10. ORIGEM E FUNÇÃO DA ARBITRAGEM

1. Origem contratual

A arbitragem é uma criatura da vontade, sendo fruto direto da autonomia privada das partes[498]. Assim, a convenção de arbitragem é o negócio jurídico por meio do qual

---

[492] MELLO, Marcos Bernardes de. *Teoria do Fato Jurídico: plano da eficácia*. 10ª ed. São Paulo: Saraiva, 2015, p. 273.

[493] ASCENSÃO, José de Oliveira. *Teoria Geral do Direito Civil*. Vol. II. 2ª ed. Coimbra: Coimbra Editores, 2003, p. 75.

[494] GOMES, Orlando. *Introdução ao Direito Civil*. 19ª ed. Rio de Janeiro: Forense, 2008, p. 245.

[495] "No negócio jurídico há, pois, a convergência da atuação de vontade e do ordenamento jurídico. Uma vontade orientada no sentido de uma finalidade jurídica, em respeito à qual a lei atribui efeito ao negócio, e em razão do que se diz que aquele efeito decorre diretamente da vontade. Mas não são somente os efeitos previstos ou limitados pela vontade, pois que, muitas vezes, as conseqüências vão além da previsão do agente. Portanto, a vontade desfecha o negócio no rumo dos efeitos queridos, mas o agente tem de suportar as consequências legadas pelo ordenamento jurídico que disciplina o próprio ato." (AQUINO, Wilson. Negócio Jurídico. *Doutrinas Essenciais Obrigações e Contratos*, vol. 1, p. 1387-1392, jun./2011, DTR 2012/1222, p. 02).

[496] REALE, Miguel. *Lições Preliminares de Direito*. 27ª ed. São Paulo: Saraiva, 2002, p. 180.

[497] SALLES, Nancy de Paula. Caráter normativo do negócio jurídico. *Doutrinas Essenciais Obrigações e Contratos*, vol. 1, p. 1315-1345, jun./2011, DTR 2011/1962, p. 17.

[498] Nesse sentido, argumenta Franco Ferrari que "a menudo, se designa al arbitraje como una "criatura contractual", entendiéndose por tal "una expresión de la autonomía de las partes". La autonomía

as partes acordam que um litígio, atual ou futuro, determinado ou determinável, será dirimido por um tribunal arbitral[499], apresentando caráter acentuadamente voluntarista. Como destaca Alfredo de Jesus, "la naturaleza voluntarista del arbitraje comercial es la esencia del arbitraje"[500].

A solução de litígios acerca de direitos patrimoniais e disponíveis poderá ser encaminhada, por meio de um outro negócio jurídico de natureza diversa, para um tribunal arbitral. Não por outra razão, as noções de negócio jurídico e de autonomia privada são, portanto, o ponto de partida metodológico para analisar a convenção de arbitragem.

A convenção de arbitragem, por sua vez, é o fundamento jurídico que titula a jurisdição do tribunal arbitral. O Ministro Napoleão Nunes Maia, no Conflito de Competência 139.519, enfatizou a diferença de origem entre a jurisdição estatal e a jurisdição arbitral: "a jurisdição estatal decorre do monopólio do Estado de impor regras aos particulares, por meio de sua autoridade, consoante princípio da inafastabilidade do controle judicial (art. 5º, XXXV, da Constituição da República), enquanto a jurisdição arbitral emana da vontade dos contratantes"[501].

Trata-se, portanto, de um negócio jurídico especial, já que, por mais que estruturalmente ele seja formado como todos os outros (*i.e.*, mediante a convergência de manifestação da vontade), a convenção de arbitragem apresenta efeito de criar um poder jurisdicional outrora inexistente. O efeito jurídico principal da convenção de arbitragem, denominada "eficácia positiva", é conferir às partes o direito potestativo de dar início ao procedimento arbitral, afastando a competência do poder judiciário estatal, intitulado, por sua vez, como "eficácia negativa" da convenção de arbitragem. Entretanto, da convenção de arbitragem decorrem uma série de outras situações jurídicas – como é o

---

de las partes se considera, en este sentido, "la columna vertebral" o incluso "la piedra angular" del arbitraje internacional. Este planteamiento liberal parte de la premisa de que el arbitraje es, de acuerdo con la doctrina, un proceso diádico entre partes racionales fundamentado en la delegación de la autoridad adjudicatoria en un tribunal arbitral por medio del ejercicio de la autonomía de las partes. Esta autonomía de las partes no solamente es la fuente de toda autoridad adjudicatoria de un tribunal arbitral, sino que además permite a las partes decidir cómo debe ejercerse dicha autoridad adjudicatoria. En otras palabras, la autonomía de las partes permite que las mismas puedan dar forma al arbitraje de la manera que mejor se ajuste a los hechos y circunstancias concretas del caso. Y es esta autonomía "y la promesa de que las partes en el arbitraje internacional son libres para controlar su proceso" la que ha contribuido a la difusión del arbitraje internacional. Todo apunta a que sin la autonomía de las partes, el arbitraje no sería lo que hoy conocemos, ya que perdería su principal atractivo". (FERRARI, Franco; ROSENFELD, Friedrich Jakob. Límites a la autonomía de las partes en arbitraje internacional. *Revista de Arbitraje Comercial y de Inversiones*, vol. 10, issue 2, p. 335-386, 2017, p. 336-337).

[499] OLIVEIRA, Elsa Dias. *Arbitragem Voluntária: uma introdução*. Coimbra: Almedina, 2020, p. 33.

[500] Prossegue o autor: "Es en la voluntad de los operadores del comercio internacional, expresada a través del acuerdo de arbitraje y del contrato de árbitro, que los árbitros del comercio internacional encuentran la fuente de su poder jurisdiccional, los términos y los límites de su misión y la fuerza obligatoria de sus órdenes y decisiones. El régimen del arbitraje comercial internacional se fundamenta y se estructura en función de la voluntad de los operadores del comercio internacional, del encuentro de sus voluntades." (DE JESUS, Alfredo. La autonomía del arbitraje comercial internacional a la hora de la constitucionalización del arbitraje en América Latina. *Revista de Arbitraje Comercial y de Inversiones*, vol. 2, Issue 1, p. 29-80, 2009, p. 43).

[501] STJ. CC 139.519/RJ. Min. Napoleão Nunes Maia Filho. Primeira Seção. J. em: 11.10.2017.

caso do direito de participar da escolha do tribunal arbitral, a possibilidade de interpor a exceção de arbitragem e o recurso à execução específica da convenção de arbitragem[502].

É um exemplo, portanto, de negócio plurilateral e multigerador. A convenção de arbitragem apresenta grande riqueza eficacial, fundamentando a manifestação de categorias jurídicas diversas – direitos, poderes, pretensões, ônus e sanções –, todas inseridas dentro do seu conteúdo jurídico. Igualmente, pode ocorrer manifestação de eficácia diversas vezes, não exaurindo a sua juridicidade com o fim da arbitragem com base nela instaurada. Pode, portanto, servir de fonte para diversos procedimentos, manifestando em cada qual pluralidade de efeitos, todos derivados – em última instância – da autonomia privada dos indivíduos que optaram por se submeter à via jurisdicional alternativa à do Poder Judiciário.

Assim, por mais que a arbitragem exerça função jurisdicional, a sua estrutura é derivada de negócio jurídico de direito privado. Bruno Oppetit enfatiza que, apesar de não se pôr em dúvida o caráter jurisdicional da arbitragem, a sua origem segue sendo contratual.[503] Em sentido semelhante, nas palavras de Arnoldo Wald, "embora tendo origem contratual, a arbitragem tem natureza jurisdicional. A vontade das partes é que autoriza a arbitragem, escolhe os árbitros, define a lei que devem aplicar e a sede na qual vai funcionar, mas não interfere no modo de decisão"[504].

Em sentido semelhante, explica Cláudio Finkelstein que

> "a arbitragem é um meio de resolução de disputas diretamente ligado à autonomia da vontade, isto é, à noção de que as partes de uma obrigação possuem liberdade para, em seus entendimentos, estabelecer direitos e deveres específicos à negociação por elas entabulada, assim como criar formas e modelos contratuais atípicos, assim como modalidades de pagamento, desde que cingidos aos estritos limites da lei. Valendo-se de tais atributos, as partes têm o poder de escolher até mesmo o órgão jurisdicional competente para dirimir eventuais controvérsias, renunciando ao direito universal de se sujeitar ao foro estatal, elegendo uma instância arbitral como a única capaz de solucionar aquela controvérsia"[505].

---

[502] "Para a instauração do procedimento judicial de instituição da arbitragem (art. 7º da Lei 9.307/1996), são indispensáveis a existência de cláusula compromissória e a resistência de uma das partes à sua instituição, requisitos presentes no caso concreto." (STJ. REsp 450.881/DF. Min. Castro Filho. Terceira Turma. J. em: 11.04.2003).

[503] "El arbitraje ya no puede reducirse a un puro fenómeno contractual, como lo reclaman los apasionados discursos críticos de Merlin: su naturaleza jurisdiccional hoy no es puesta en duda, aunque su origen siga siendo contractual; el arbitraje es una justicia, privada, es cierto, pero una justicia al fin y al cabo; ésta proviene de la voluntad de las partes de confiar a un tercero el poder de juzgar; el árbitro se ve investido de la jurisdictio en toda su plenitud, con la flexibilidad que autoriza el marco dentro del que es ejercida; este marco procesal se parece cada vez más al de los tribunales estatales, en virtud de un proceso habitual a toda institución; desde el instante en que el arbitraje afirma ofrecer a las partes las garantías inherentes a toda justicia, encuentra él mismo, en virtud de una evolución natural (y no solamente en el arbitraje institucional), así sea en formas adaptadas a sus propias exigencias, los imperativos de organización y de funcionamiento que imponen a toda jurisdicción, cualquiera que ésta sea." (OPPETIT, Bruno. *Teoría del arbitraje*. Eduardo Silva Romero, Fabricio Mantilla Espinoza e José Joaquín Caicedo Demoulin (Trad.). Bogotá: Legis, 2006, p. 57-58).

[504] WALD, Arnoldo. O Espírito da Arbitragem. *Doutrinas Essenciais Arbitragem e Mediação*. Vol. 1, p. 643-756, set./2014, DTR 2009/821, p. 03.

[505] FINKELSTEIN, Cláudio. Arbitragem e ordem pública. *Revista de Direito Constitucional Internacional*, vol. 131, p. 255-268, mai./jun., 2022, p. 256.

Em síntese, a arbitragem apresenta inegável estrutura contratual, fundada em negócio jurídico de direito privado, a convenção de arbitragem, cujo efeito precípuo é embasar a jurisdição do tribunal arbitral. A origem da arbitragem, por ser negócio jurídico, será a autonomia privada, a qual será legitimamente exercida em conformidade com as regras postas pelo direito positivo.

2. Função jurisdicional

A definição da sua natureza jurídica já foi objeto de debate doutrinário. A opinião hoje dominante no Brasil reconhece o caráter jurisdicional da arbitragem e, ao editar a Lei de Arbitragem, o Estado passou a atribuir a função pública de atuar na vontade concreta do direito e de solucionar os conflitos a árbitros.

A sentença arbitral faz coisa julgada material, representa título hábil à execução, não está sujeita a homologação judicial, não está sujeita a recurso perante o Poder Judiciário nem mesmo, ordinariamente, a controle de mérito pelo Estado. Em síntese, tal como a jurisdição estatal, a arbitragem tem por escopo a realização do direito no caso concreto e a pacificação social (escopo da jurisdição). Começa por iniciativa do interessado (inércia da jurisdição), desenvolve-se em substituição à atuação das partes (substitutividade da jurisdição), deve ser conduzida com imparcialidade (imparcialidade da jurisdição) e a decisão de mérito proferida produz coisa julgada (definitividade da jurisdição).[506]

Portanto, não mais se pressupõe o monopólio da jurisdição por parte do Estado. Assim, refere-se à arbitragem como "jurisdição privada"[507]. Entretanto, há uma diferença fundamental entre a jurisdição exercida perante o Poder Judiciário e a exercida pelos tribunais arbitrais – a diferença de título. O título é um conjunto de fatos que justificam uma determinada situação jurídica. A jurisdição estatal tem por fundamento a soberania do Estado, que, por meio dos seus poderes constituídos constitucionalmente, exerce por meio do Judiciário o poder de dizer o direito no caso concreto.

A arbitragem é um método adequado de solução de controvérsias que versem sobre direitos patrimoniais e disponíveis. As suas vantagens – como a flexibilidade procedimental, a possibilidade de pactuar cláusula de confidencialidade, a chance de escolher um julgador especialista na matéria debatida, entre outras – a torna um procedimento aderente a tutelar determinadas relações de direito material.

A sua operacionalização ocorre por meio de um processo. A ideia de processo envolve uma série concatenada de atos sequenciais, organizados em direção a um fim[508]. Tanto no processo civil conduzido perante o Poder Judiciário quanto no processo conduzido durante uma arbitragem o fim visado será a prolação de uma sentença, decidindo o mérito

---

[506] FICHTNER, José Antonio, et al. *Teoria Geral da Arbitragem*. São Paulo: Editora Forense, 2019, p. 46-47.

[507] TALAMINI, Eduardo. Arbitragem e a tutela provisória no Código de Processo Civil de 2015. *Revista de Arbitragem e Mediação*, vol. 46, p. 287-313, jul./set., 2015, DTR 2015/13104, p. 02.

[508] "Processo (processus, do verbo procedere) significa avançar, caminhar em direção a um fim. Todo processo, portanto, envolve a ideia de temporalidade, de um desenvolver-se temporalmente, a partir de um ponto inicial até atingir o fim desejado. Nem só no direito ou nas ciências sociais existem processos. Também na química as transformações da matéria se dão através de um processo; e na biologia costuma-se falar em processo digestivo, processo de crescimento dos seres vivos etc." (DA SILVA, Ovídio A. Baptista. *Curso de Processo Civil*. Vol. 1. 6ª ed. Porto Alegre: Fabris, 2003, p. 13).

do litígio que motivou a provocação da jurisdição. Na teoria geral do processo contemporânea é amplamente reconhecida a primazia do mérito, à luz da instrumentalidade do processo, polarizando todo o exercício da atividade jurisdicional, estatal ou arbitral, à tutela do direito material. Ambos os métodos apresentam essência jurisdicional, exercendo o árbitro a *jurisdictio* em toda a sua plenitude[509], conhecendo a causa e prolatando sentença de mérito com força de coisa julgada. Apenas a fase de execução permanece privativa do Poder Judiciário.

Conforme Cândido Rangel Dinamarco, o juízo arbitral "é um processo e nesse processo está presente o exercício da jurisdição pelos árbitros, da ação pelo autor (ou requerente) e da defesa pelo réu (requerido). Tanto quanto o processo estatal, tudo quanto no arbitral se faz visa à oferta de uma tutela jurisdicional ou, por outras palavras, de acesso à justiça"[510]. Entretanto, a forma como o processo ocorre durante a arbitragem é diversa daquela organizada pelo Código de Processo Civil e transcorrido perante as cortes do poder judiciário estatal[511].

O processo e as técnicas processuais devem sempre ser pensados e estruturados com base na perspectiva da tutela de direitos, não podendo se perder de vista o caráter finalista do procedimento, que não é um fim em si mesmo, mas um meio de oferecer efetividade aos direitos dos indivíduos.[512] Partindo do pressuposto de que a ciência do direito é a ciência das soluções dos casos concretos,[513] é necessário sempre analisar a realização do direito nos seus dois planos distintos, o material e o processual.

Entretanto, mesmo que as partes optem pela jurisdição arbitral, elas não estão livres para resolver os litígios de qualquer modo, pois a liberdade de dispor sobre a arbitragem – desde a composição até a sentença – apresenta balizas cogentes fixadas em lei.[514] Assim, o procedimento arbitral deve obedecer aos princípios constitucionais e legais que balizam a distribuição da Justiça, como a imparcialidade, o respeito ao contraditório e o direito de defesa[515]. Explica Cândido Rangel Dinamarco que, por ser um processo e manifestar exercício de jurisdição, "a arbitragem está sujeita aos superiores ditames do direito processual constitucional, sem cuja observância nenhuma decisão arbitral seria legítima, nem a própria inclusão da arbitragem entre os meios de solução de conflitos"[516]. Assim, a arbitragem e o processo civil estatal são dois sistemas distintos de resolução de

---

[509] WALD, Arnoldo. O Espírito da Arbitragem. *Doutrinas Essenciais Arbitragem e Mediação*. Vol. 1, p. 643-756, set./2014, DTR 2009/821, p. 03.

[510] DINAMARCO, Cândido Rangel; LOPES, Bruno Vasconcelos Carrilho. *Teoria Geral do Novo Processo Civil*. São Paulo: Malheiros, 2016, p. 151-152.

[511] Entretanto, nada impede que as partes, por meio da sua autonomia privada, modelem o procedimento arbitral com feições semelhantes às do modelo encampado pelo Código de Processo Civil.

[512] MARINONI, Luiz Guilherme; ARENHART, Sérgio Cruz; MITIDIERO, Daniel. *Curso de Processo Civil*. Vol. 2. São Paulo: Revista dos Tribunais, 2015, p. 42.

[513] MENEZES CORDEIRO, António Menezes. *Tratado de Direito Civil*. vol. I. 4ª ed. Coimbra: Almedina, 2019, p. 500.

[514] CARMONA, Carlos Alberto. Arbitragem e Jurisdição. *Revista de Processo*, n. 58, ano 15, abr./jun., p. 33-40, 1990, p. 38.

[515] WALD, Arnoldo. O Espírito da Arbitragem. *Doutrinas Essenciais Arbitragem e Mediação*. Vol. 1, p. 643-756, set./2014, DTR 2009/821, p. 03.

[516] DINAMARCO, Cândido Rangel; LOPES, Bruno Vasconcelos Carrilho. *Teoria Geral do Novo Processo Civil*. São Paulo: Malheiros, 2016, p. 151-152.

controvérsias, ambos de natureza jurisdicional e estatura constitucional, mas lastreados em pressupostos diversos.

Enquanto o processo civil se legitima por conta da própria soberania do Estado, a arbitragem se funda em um negócio jurídico de direito privado – a convenção de arbitragem. Assim, o poder decisório dos árbitros não decorre do *imperium* estatal, mas da autonomia privada conjunta das partes, manifestada por meio da pactuação da convenção de arbitragem[517]. Conforme Carlos Alberto Carmona, na arbitragem os poderes do árbitro são derivados de uma convenção privada, "decidindo com base nela, sem intervenção estatal, sendo a decisão destinada a assumir a mesma eficácia da sentença judicial – é colocada à disposição de quem quer que seja, para solução de conflitos relativos a direitos patrimoniais acerca dos quais os litigantes possam dispor"[518].

O ponto fulcral na análise da função jurisdicional da arbitragem é perceber que se está diante de uma virada de chave acerca do que representa a jurisdição no Estado contemporâneo. Como todo e qualquer conceito jurídico, marcado por inegável elemento cultural, as categorias basilares do processo não devem ser percebidas de modo estanque, devendo ser revisitadas e adaptadas conforme as necessidades concretas que se apresentem. Assim, ação, jurisdição, defesa e processo – como os quatro conceitos basilares da teoria geral do processo – merecem ser repensados para poder abarcar de modo unitário o fenômeno, tal qual se mostra na atualidade.

No caso da arbitragem, enquanto fruto de um negócio jurídico, há completa reestruturação do que se percebe por jurisdição, concepção outrora indissociável do Estado-juiz, mas que, modernamente, encontra-se delegável a particulares mediante a pactuação de uma convenção de arbitragem. É, de fato, digno de nota como o Estado deixou de arrogar exclusivamente a jurisdição para si e permite, reconhece e incentiva o seu exercício por parte de privados (art. 3º do CPC)[519]. Entender o que representa esse fenômeno, portanto, está na base da compreensão contemporânea acerca da arbitragem.

Não parece mais adequado, em termos conceituais, vincular de modo indissociável o conceito de jurisdição ao conceito de soberania estatal. Por certo, tomar a soberania como princípio representa seguro ponto de partida e explica importantes aspectos acerca da manifestação concreta da jurisdição. No entanto, a soberania do Estado não se mostra

---

[517] "Um dos mais importantes traços distintivos do processo e da jurisdição arbitrais consiste na origem do poder decisório do árbitro, o qual não constitui projeção de um imperium estatal mas simplesmente da vontade conjunta das partes. Essa vontade deve vir expressa em uma convenção de arbitragem, caracterizada por uma cláusula inserida em contrato escrito celebrado entre as partes (cláusula compromissária) ou por uma ulterior manifestação das partes, que é o compromisso arbitral celebrado depois de já eclodido o conflito (LA, art. 3º). Sem essa opção formal não se admite a arbitragem nem se exclui a jurisdição estatal." (DINAMARCO, Cândido Rangel; LOPES, Bruno Vasconcelos Carrilho. *Teoria Geral do Novo Processo Civil*. São Paulo: Malheiros, 2016, p. 152).

[518] CARMONA, Carlos Alberto. *Arbitragem e Processo: um comentário à Lei nº 9.307/96*. 3ª ed. São Paulo: Atlas, 2009, p. 31.

[519] Código de Processo Civil, Art. 3º: "Não se excluirá da apreciação jurisdicional ameaça ou lesão a direito. § 1º É permitida a arbitragem, na forma da lei. § 2º O Estado promoverá, sempre que possível, a solução consensual dos conflitos. § 3º A conciliação, a mediação e outros métodos de solução consensual de conflitos deverão ser estimulados por juízes, advogados, defensores públicos e membros do Ministério Público, inclusive no curso do processo judicial."

como único pilar conceitual subjacente à construção de um conceito de jurisdição no atual momento da teoria do Estado e do processo.

Deve-se ter em conta serem cada vez mais presentes situações que colocam em xeque a visão clássica acerca da soberania, bem como são colocados ao Estado Juiz problemas a serem solucionados que extrapolam os limites dos poderes do Estado Nação – por exemplo, enfrentar demandas associadas à internet, com servidores ou redes sociais sediadas em outros Estados soberanos. O mundo globalizado, ao trazer desafios que não se prendem estritamente a determinada ordem nacional, demanda o aperfeiçoamento conceitual acerca de categorias fundantes do pensamento jurídico.

Nesse contexto, é preciso inserir outros elementos, para além da soberania, na explicação do que é a função jurisdicional na contemporaneidade. Entre esses, o principal é a autonomia privada, que vem apresentando inegável dilação no seu âmbito de atuação, manifestando-se em áreas outrora avessas ao privatismo[520]. Na verdade, atualmente, é preciso reconhecer que até mesmo o processo civil perante o Poder Judiciário está impregnado por elementos associados à autonomia privada. Os negócios jurídicos processuais são o exemplo mais ilustrativo. Entretanto, a conciliação, a ampliação do rol dos direitos transacionáveis e a maior flexibilidade procedimental, privilegiando o mérito e não o processo em si mesmo, evidenciam tendência de valorizar a esfera de liberdade dos sujeitos de direito. Há, portanto, ampliação da autonomia privada na solução dos conflitos. E, dentro desse contexto, é possível perceber que a soberania apenas é fundante da jurisdição arbitral de modo mediato, pois a lei estatal legitima e insere o elemento volitivo privado enquanto veículo de deslocamento da jurisdição estatal para ser exercida por julgadores privados. A autonomia privada, portanto, é o fundamento imediato da jurisdição arbitral.

Criticam alguns a arbitragem, sob a alegação dessa ser um "projeto neoliberal", com a interferência mínima possível do Estado, bem como a dar azo a duas classes distintas de justiça, uma "justiça privada" e outra "justiça pública"[521]. No entanto, tais críticas não são inteiramente procedentes, bem como tem, subjacentes a si, visão reducionista acerca do que é a arbitragem.

A história da arbitragem é antiga. A ampliação da sua utilização, no entanto, remonta às tentativas de pacificação social ocorridas após a Primeira Guerra, que resultou no Protocolo de Genebra (1923), na Convenção de Genebra (1927) e, após a Segunda Guerra, na Convenção de Nova Iorque (1958).

Portanto, o seu embrião histórico moderno não se encontra vinculado ao movimento neoliberal. Na verdade, a arbitragem deve ser concebida no contexto de expansão do comércio internacional e na criação de mercados globais, viabilizando que o contratante de um país não tenha de se submeter ao Poder Judiciário de outro para resolver conflitos decorrentes ou relacionados à transação comercial transnacional.

Dessa forma, a arbitragem também se mostra como um instrumento de paz, agindo enquanto catalisadora das transações comerciais. Na sequência, a arbitragem se expandiu para outros campos, pois as suas características gerais – julgador especialista no tema, celeridade, maior disponibilidade de tempo para análise do caso concreto e flexibilidade

---

[520] Vide Capítulo 1.

[521] MARINONI, Luiz Guilherme; ARENHART, Sérgio Cruz; MITIDIERO, Daniel. *Curso de Processo Civil*. Vol. 1. São Paulo: Revista dos Tribunais, 2015, p. 180.

– provaram ser aderentes a tutelar diversas situações de direito material[522]. Portanto, não se está a criar duas classes de jurisdição, o que ocorre é a autorização de dois modos distintos de exercer o poder jurisdicional, um por meio dos órgãos estatais e outro mediante árbitros privados. Ambos legitimados e reconhecidos pela ordem jurídica, que passa a oferecer opções aos jurisdicionados para verem efetivados os seus direitos.

Percebe-se, portanto, a função jurisdicional da arbitragem inserida no contexto de ressignificação da tutela dos direitos, aplicando a lei em situações concretas, em consonância com os ditames da estrutura constitucional dos Estados. Ou seja, há uma evolução em relação à concepção de Chiovenda, a qual considerava o juiz como responsável por declarar a vontade concreta da lei.

Na verdade, a atuação arbitral vai além, devendo prestar tutela dos direitos, vinculando-se à efetivação do direito material, permitindo a criação de uma técnica de processo para exercer a função jurisdicional que viabilize a tutela prometida pelo direito material e desejada pelos sujeitos de direito, no âmbito da sua autonomia privada. A jurisdição – arbitral ou estatal – serve de ponte entre a esfera material e processual, viabilizando de modo aderente a solução dos problemas postos por aqueles que procuram resguardar os seus direitos.

Portanto, ao declarar a vontade concreta da lei, o objetivo do processo arbitral é oferecer tutela adequada, tempestiva e efetiva a todos os direitos submetidos ao seu escopo, respeitando a autonomia privada dos indivíduos, diante do seu direito fundamental de autodeterminação e de liberdade, viabilizando uma forma de resolverem seus litígios de modo mais próximo das suas necessidades concretas. Assim, a função jurisdicional da arbitragem, estruturada de modo contratualizado mediante a convenção de arbitragem, aproxima o plano processual e material, auxiliando no fim último da jurisdição no Estado Contemporâneo, que é oferecer respostas às crises de direito material enfrentadas pelos sujeitos de direito. Considerando que essa resposta pode, por vezes, ser mais bem dada mediante estrutura jurisdicional privada, o que o Estado faz ao reconhecer esse modo de solução de litígios é legitimar maior amplitude de adequação das técnicas processuais à tutela dos direitos.

Nesse contexto, relevante salientar que a convenção de arbitragem, associada a um conflito efetivamente verificado e sem renúncia, tácita ou expressa, das partes contratantes, à sua invocação, opera dois específicos efeitos, um constitutivo e outro modificativo.

Efeito constitutivo pelo fato de a jurisdição de um tribunal arbitral não preexistir à sequência dos fenômenos jurídicos convenção de arbitragem/litígio/ausência de renúncia/notificação de arbitragem/indicação de árbitros/aceitação da função pelos indicados. Essa cadeia de eventos permite a outorga de jurisdição aos árbitros.

Perceba-se, entretanto, porque relevante. A jurisdição conferida aos árbitros, por meio daquela sequência de eventos, significa uma modificação da jurisdição estatal, comparável às hipóteses de modificação de competência, de todos conhecidas. Em outras palavras, a parcela de jurisdição transferida aos árbitros já existia e, por força da vontade particular, é transferida a um juiz privado. Daí o efeito mediato, modificativo da jurisdição estatal, provocado pela convenção de arbitragem.

---

[522] BASSO, Maristela. Lei nova revitaliza a arbitragem no brasil como método alternativo-extrajudicial de solução de conflitos de interesses. *Doutrinas Essenciais Arbitragem e Mediação*, vol. 1, p. 1085-1102, set./ 2014, DTR 1996/485.

Assim, a pactuação da convenção de arbitragem confere às partes um direito potestativo, que se apresentará em estado latente. Diante do surgimento de um conflito concreto, podem as partes optar por exercer ação e oferecer exceções perante o tribunal arbitral. É, pois, constitutiva, na medida em que dá início e fundamenta a jurisdição do tribunal arbitral. Mas modificativa por estabelecer a transmutação de jurisdição estatal em privada. Ambas, portanto, são manifestações da soberania do Estado.

Em síntese, na arbitragem o exercício da jurisdição é conduzido por colorido próprio. A sua legitimação não se encontra, diretamente, na soberania do Estado. Ao contrário, é o reconhecimento da autonomia privada que fundamenta e justifica a condução do procedimento, autonomia privada essa que é objetificada por meio de um negócio jurídico especial, a convenção de arbitragem.

§ 11. A CONVENÇÃO DE ARBITRAGEM ENQUANTO NEGÓCIO JURÍDICO

1. O problema da natureza da convenção de arbitragem

A convenção de arbitragem é fruto do exercício da autonomia privada dos indivíduos[523], criada por meio das declarações de vontade negociais, visando à produção do efeito jurídico de conferir jurisdição a um tribunal composto de modo apartado à estrutura do Poder Judiciário. Sendo fruto da autonomia privada, tal qual destacou a ministra Nancy Andrighi, do STJ, "a pactuação válida de cláusula compromissória possui força vinculante, obrigando as partes da relação contratual a respeitar, para a resolução dos conflitos daí decorrentes, a competência atribuída ao árbitro"[524].

Nesse sentido, há de se ter deferência à opção legitimamente feita pelas partes em se submeter à jurisdição arbitral, não havendo margem de flexibilização, salvo acordo entre as partes,[525] caso se esteja diante de uma cláusula compromissória cheia e de uma situação que envolva um direito patrimonial e disponível.[526] Decidiu o STJ, em caso relatado pelo Ministro Moura Ribeiro, que "o reconhecimento da competência do Juízo arbitral não pode ser mitigado ou flexibilizado em nome dos princípios da celeridade e da efetividade processual"[527].

A situação jurídica arbitral – assim entendida como compreendendo a totalidade de direitos, deveres, ônus, ações, exceções, sujeições, poderes, faculdades e pretensões

---

[523] BARROS, Maria Gabriella Dignani Schmidt de. A Cláusula Compromissória como Negócio Jurídico. *Revista de Direito Privado*, vol. 99, p. 265-281, mai./jun. 2019, DTR 27419, p. 03.

[524] STJ. REsp 1.818.982/MS. Min. Nancy Andrighi. Terceira Turma. J. em: 04.02.2020. Nesse mesmo sentido, STJ. REsp 1.678.667/RJ. Min. Raul Araújo. Quarta Turma. J. em: 06.11.2018.

[525] "Por mais razão, não se pode afastar a convenção arbitral nele instituída por meio de cláusula compromissória ampla, em que se regulou o Juízo competente para resolver todas as controvérsias das partes, incluindo aí a extensão dos temas debatidos, sob a alegação de renúncia tácita ou de suposta substituição do avençado. Uma vez expressada a vontade de estatuir, em contrato, cláusula compromissória ampla, a sua destituição deve vir através de igual declaração expressa das partes, não servindo, para tanto, mera alusão a atos ou a acordos que não tinham o condão de afastar a convenção das partes." (STJ. SEC 1. Corte Especial. Min. Rel. Maria Thereza de Assis Moura. J. em: 19.10.2011).

[526] "O STJ tem orientação no sentido de que nos termos do art. 8º, parágrafo único, da Lei de Arbitragem a alegação de nulidade da cláusula arbitral, bem como, do contrato que a contém, deve ser submetida, em primeiro lugar, à decisão do próprio árbitro, sendo prematura a apreciação pelo Poder Judiciário." (STJ. REsp 1.602.696/PI. Min. Moura Ribeiro. Terceira Turma. J. em: 09.08.2016).

[527] STJ. AgInt no AREsp 976.218/SP. Min. Rel. Moura Ribeiro. J. em: 17.06.2019.

PARTE I · **Capítulo 3** · NEGÓCIO JURÍDICO E ARBITRAGEM | 115

relacionadas à arbitragem – tem por embrião a convenção de arbitragem. A convenção de arbitragem, quer na modalidade de cláusula compromissória, quer na de compromisso arbitral[528], consiste em um acordo de vontades, refletindo a autonomia jurídica das partes e exteriorizando uma competência de natureza normativa[529].

Há três teorias que visam a explicar a natureza da cláusula compromissória enquanto negócio jurídico[530]: uma que a percebe enquanto negócio jurídico de natureza processual, a segunda que a caracteriza tal qual um negócio jurídico de natureza material e, por fim, há quem vislumbre uma natureza híbrida. Ressalta-se que a questão da natureza da arbitragem e a natureza da convenção de arbitragem são tópicos distintos e inconfundíveis entre si[531]. O principal efeito prático da determinação da sua natureza jurídica remonta à questão do direito intertemporal aplicável[532].

A convenção de arbitragem consubstancia a vontade declarada pelas partes, enquanto expressão de autorregulamentação de seus interesses[533]. O art. 3º da Lei de Arbitragem enuncia a bipartição entre convenção de arbitragem e compromisso arbitral[534]. O art. 4º da mesma lei define cláusula compromissória como "convenção através da qual as partes em um contrato comprometem-se a submeter à arbitragem os litígios que possam vir a surgir, relativamente a tal contrato". Por sua vez, o art. 9º conceitua o compromisso arbitral como "a convenção através da qual as partes submetem um litígio à arbitragem de uma ou mais pessoas, podendo ser judicial ou extrajudicial". Uma e outra, portanto, produzem o mesmo efeito de retirar do juiz estatal a jurisdição para conhecer de um determinado litígio, dando margem à instauração do juízo arbitral."[535]

---

[528] STJ. SEC 1210. Min. Rel. Fernando Gonçalves. Corte Especial. J. em: 20.06.2007. "As duas espécies de convenção de arbitragem, quais sejam, a cláusula compromissória e o compromisso arbitral, dão origem a processo arbitral, porquanto em ambos ajustes as partes convencionam submeter a um juízo arbitral eventuais divergências relativas ao cumprimento do contrato celebrado. A diferença entre as duas formas de ajuste consiste no fato de que, enquanto o compromisso arbitral se destina a submeter ao juízo arbitral uma controvérsia concreta já surgida entre as partes, a cláusula compromissória objetiva submeter a processo arbitral apenas questões indeterminadas e futuras, que possam surgir no decorrer da execução do contrato."

[529] JUSTEN FILHO, Marçal. Administração Pública e Arbitragem: o vínculo com a câmara de arbitragem e os árbitros. *Revista Brasileira da Advocacia*, ano 1, vol. 1, abr./jun., 2016, p. 103-151, p. 110.

[530] VIDAL, Gustavo Pane. *Convenção de Arbitragem*. 153f. Dissertação (mestrado em direito). Pontifícia Universidade Católica de São Paulo. São Paulo, 2016, p. 42 ss.

[531] JUSTEN FILHO, Marçal. Administração Pública e Arbitragem: o vínculo com a câmara de arbitragem e os árbitros. *Revista Brasileira da Advocacia*, ano 1, vol. 1, abr./jun., 2016, p. 103-151, p. 111.

[532] LACRETA, Isabela. Aspectos Contratuais da Cláusula Compromissória. *Revista de Direito Empresarial*, vol. 20, p. 243-276, nov. 2016, DTR 2016/24314, p. 05. Sobre esse tema, já decidiu o STJ: "Aplica-se a Lei 9.307/1996 aos contratos constituídos antes da sua vigência se, nestes, há previsão de cláusula compromissória anteriormente regida pelo CC/16 e pelo CPC." (STJ. REsp 653.733/RJ. Min. Nancy Andrighi. Terceira Turma. J. em: 03.08.2006).

[533] BARROS, Maria Gabriella Dignani Schmidt de. A Cláusula Compromissória como Negócio Jurídico. *Revista de Direito Privado*, vol. 99, p. 265-281, mai./jun., 2019, DTR 2019/27419, p. 06.

[534] Lei de Arbitragem, Art. 3º: "As partes interessadas podem submeter a solução de seus litígios ao juízo arbitral mediante convenção de arbitragem, assim entendida a cláusula compromissória e o compromisso arbitral."

[535] CARMONA, Carlos Alberto. *Arbitragem e Processo: um comentário à Lei nº 9.307/96*. 3ª ed. São Paulo: Atlas, 2009, p. 79.

Na linha do entendimento da Segunda Turma do STJ, quando do julgamento do REsp 606.345, relatado pelo Ministro João Otávio de Noronha, a convenção de arbitragem deve ser entendida como "o ato por meio do qual as partes contratantes formalizam seu desejo de submeter à arbitragem eventuais divergências ou litígios passíveis de ocorrer ao longo da execução da avença. Efetuado o ajuste, que só pode ocorrer em hipóteses envolvendo direitos disponíveis, ficam os contratantes vinculados à solução extrajudicial da pendência"[536].

Da análise das definições legais de cláusula compromissória e de compromisso arbitral, percebe-se que em ambas há a inserção da expressão "convenção". Entretanto, há de se conferir o adequado dimensionamento, atentando-se para a natureza e para as peculiaridades próprias desse negócio jurídico. Há considerável doutrina que prefere enfatizar o aspecto processual da convenção de arbitragem, focando no seu objeto típico de conferir jurisdição ao tribunal arbitral. Entretanto, mesmo os que percebem nela acentuado caráter processual, reconhecem a necessidade de a estudar também pelo prisma do direito material, percebendo-a por ambas as facetas, que não são excludentes. Nesse sentido, aponta Ricardo Aprigliano: "os efeitos materiais não excluem efeitos processuais e a gente precisa conhecê-los todos para manejar bem a figura da convenção de arbitragem"[537]

Sobre o caráter peculiar da cláusula compromissória, já se manifestou o Tribunal de Orleans no caso SA Consortium de prévoyance et de gestion: "que, surtout, la clause compromissoire, comme la clause de compétence en général, est une clause contractuelle de nature particulière, assurant le lien entre le contrat et le procès, qui a pour objet la mise en œuvre d'une règle de procédure".[538] Em outro caso, a Corte de Apelação de Paris ressaltou os aspectos materiais da cláusula compromissória, em especial diante do tratamento da validade.[539]

As normas jurídicas de direito material são aquelas que regem e disciplinam a cooperação entre pessoas ou grupo de pessoas, bem como as que regem os conflitos de interesse existentes na sociedade, definindo qual dos interesses divergentes deve prevalecer, tendo como elemento central a regulação da conduta de cooperação e o modo de harmonização dos interesses. Diversamente, as normas processuais são identificadas pelo seu objeto, qual seja, disciplinar o modo de resolver conflitos mediante a atribuição de poderes a um terceiro, podendo ser (i) normas de organização judiciária, versando sobre criação, estrutura e funções dos órgãos jurisdicionais; (ii) normas procedimentais, regendo o *modus operandi*, a estrutura e a coordenação dos atos processuais; ou (iii) normas processuais, cuidando do processo em si, atribuindo

---

[536] STJ. REsp 606.345/RS. Min. João Otávio de Noronha. Segunda Turma. J. em: 17.05.2007. Nesse mesmo sentido: STJ. REsp 612.439/RS. Min. João Otávio de Noronha. Segunda Turma. J. em: 25.10.2005.

[537] APRIGLIANO, Ricardo. Convenção de arbitragem: negócio jurídico processual ou material? In: Clávio de Melo Valença Filho; Letícia Abdalla; João Luiz Lessa Neto (Orgs.). *Negócios Jurídicos Processuais na Arbitragem*. São Paulo: Ciesp, 2017, p. 21.

[538] França, Cour d'appeal d'Orléans. Recorrente: SA Consortium de prévoyance et de gestion. Recorrida: La Mutuelle de France. Orleans, 18 de março de 2004. *Revue de l'arbitrage*, Paris, nº 2, p. 393-404, 2004.

[539] França, Cour d'appeal de Paris. 7ª Câmara Civil. Recorrente: AGRR Prévoyance. Recorrido: ACE Insurance S.A. NV e outros. Paris, 09.12.2003, *Revue de l'artbitragem*, Paris, nº 2, p. 641-646, 2004.

PARTE I · **Capítulo 3** · NEGÓCIO JURÍDICO E ARBITRAGEM | **117**

poderes e deveres processuais[540]. Dessa forma, feito o dimensionamento do problema acerca da natureza material ou processual da convenção de arbitragem, bem como da distinção acerca do significado de "regras materiais" e "regras processuais", passamos a analisar os seus elementos.

2. Elementos materiais da convenção de arbitragem

Entender a cláusula compromissória como apresentando natureza puramente processual deixa em plano secundário a importante faceta material do instituto. Essa faceta material da convenção de arbitragem já era destacada por Pontes de Miranda antes da edição da Lei de Arbitragem: "o compromisso é negócio de direito material com eficácia negativa no direito pré-processual (exclusão dos juízes estatais) e eficácia positiva no direito processual (submissão das partes aos efeitos do laudo arbitral homologado)"[541].

Na doutrina internacional, Lew, Mistelis e Kröll enfatizam a natureza material da convenção de arbitragem "despite its procedural effects, the arbitration agreement is primarily a substantive contract by which the parties agree to refer their disputes to arbitration instead of the state courts. This implies that for the agreement to come into existence the requirements for the conclusion of a contract must be fulfilled. The parties must have agreed the extent of the referral to arbitration and there should be no factors present which may vitiate their consent under general contract law. Furthermore, the parties must have had capacity to enter into an arbitration agreement. In this respect the arbitration agreement is a contract like any other contract"[542]. Alguns elementos podem ser destacados para melhor elucidar a natureza material da convenção de arbitragem.

Em primeiro, o efeito típico da convenção de arbitragem, a possibilidade de instituir a jurisdição arbitral, situa-se em momento anterior à existência de relação processual. Ou seja, a cláusula compromissória, enquanto negócio jurídico, é fundante dos poderes jurisdicionais posteriormente exercidos pelos árbitros. Está, portanto, fora do estrito âmbito do processo, vez que anterior a ele. Ademais, trata-se de uma possibilidade, condicionada à existência de um conflito ou potencial conflito. Não serão em todos os casos que uma cláusula compromissória instituirá um tribunal arbitral. Nessas situações de ausência de processualidade, pode até haver negócio jurídico de direito material, como ocorre com a inserção de cláusula compromissória[543].

É, portanto, negócio jurídico pré-processual e condição de existência de regular formação de relação processual perante a jurisdição arbitral. Certamente, a conclusão de cláusula compromissória não é fato jurídico processual, pois estes apenas são os praticados

---

[540] DINAMARCO, Cândido Rangel; BADARÓ, Gustavo Henrique Righi Ivahi; LOPES, Bruno Vasconcelos Carrilho. *Teoria Geral do Processo*. 33ª ed. São Paulo: Malheiros, 2021, p. 139-140.

[541] PONTES DE MIRANDA, Francisco Cavalcanti. Tratado de Direito Privado. t. XXVI. Atualizado por: Ruy Rosado de Aguiar Júnior; Nelson Nery Jr. São Paulo: Editora Revista dos Tribunais, 2012, p. 482.

[542] LEW, Julian; MISTELIS, Loukas; KRÖLL, Stefan. *Comparative International Commercial Arbitration*. Haia: Kluwer Law International, 2003, p. 130.

[543] NOGUEIRA, Pedro Henrique Pedrosa. *Negócios jurídicos processuais: uma análise dos provimentos judiciais como atos negociais*. 2011. Tese (Doutorado em Direito) Universidade Federal da Bahia, Salvador, 2011, p. 163.

no âmbito do processo, ainda que possa haver elementos anterior ou externo a esse[544]. É elemento configurador do núcleo do suporte fático dos fatos jurídicos processuais a existência de um procedimento a que se refira[545].

A cláusula compromissória inserida no corpo de outro negócio jurídico é existente e válida independentemente de, em algum momento, vir a ser acionada. A vertente processual da cláusula compromissória apenas surge em momento posterior. Considerando o objeto típico da cláusula compromissória – atribuir jurisdição aos árbitros – percebe-se que o seu âmbito eficaz está, necessariamente, em um plano anterior e diferente ao do processo.[546]

Em segundo, a convenção de arbitragem impõe às partes deveres positivos de cooperação e colaboração. Como aponta José Emílio Nunes Pinto,

> "a posição das partes ao celebrarem a cláusula compromissória é de partes em colaboração. O que ambas buscam, nesse momento, é criar um mecanismo que seja aplicável à solução de suas controvérsias, se e quando estas venham a surgir. Portanto, do ponto de vista da conclusão da cláusula compromissória, estariam as partes alinhadas com o princípio da boa-fé objetiva. Há inerente na conclusão da cláusula compromissória o traço da colaboração entre as partes signatárias, da identidade de propósitos, qual seja, o de utilizarem-se da arbitragem quando venham a surgir suas controvérsias, sem mencionar a sua integração na equação de equilíbrio econômico do contrato"[547].

Ao adotar essa posição, torna-se clara a existência de deveres acessórios e laterais de conduta que são decorrentes da existência de cláusula compromissória. Esses deveres não apenas impõem a necessidade de cooperação para a instauração do procedimento quanto servem de base material para condenar a existência de posturas eminentemente não colaborativas ao longo do processo de solução da controvérsia – como as chamadas "táticas de guerrilha". Esses deveres dizem respeito à relação material das partes, sendo independentes e não resumíveis à relação processual.

Assim, a opção pela via arbitral deve ser vista como a formação de um "pacto ético", reconhecendo na confiança existente entre as partes "o centro de gravidade capaz de unificar interesses em torno da arbitragem. E desse pacto ético de confiança, surgido no momento de celebração da convenção de arbitragem, que emerge, nos sujeitos da arbitragem, obrigações recíprocas de boa-fé e lealdade, ou simplesmente *correttezza*, tão vitais ao desenvolvimento da arbitragem"[548].

---

[544] DA COSTA, Adriano Soares. Para uma Teoria dos Fatos Jurídicos Processuais. *Revista de Processo*, vol. 270/2017, p. 19-56, ago./2017, DTR 2017/2589, p. 03.

[545] NOGUEIRA, Pedro Henrique Pedrosa. *Negócios jurídicos processuais: uma análise dos provimentos judiciais como atos negociais*. 2011. Tese (Doutorado em Direito) Universidade Federal da Bahia, Salvador, 2011, p. 52.

[546] NANNI, Giovanni Ettore. Convenção de arbitragem: negócio jurídico processual ou material? In: Clávio de Melo Valença Filho; Letícia Abdalla; João Luiz Lessa Neto (Orgs.). *Negócios Jurídicos Processuais na Arbitragem*. São Paulo: Ciesp, 2017, p. 18.

[547] NUNES PINTO, José Emílio. A Cláusula Compromissória à Luz do Código Civil. *Revista de Arbitragem e Mediação*, vol. 4, p. 34-47, jan./mar., 2005, DTR 2205/780, p. 05-06.

[548] PRADO, Maria da Graça Almeida. Ferraz. de. *Economia da Arbitragem: uma análise dos impactos sobre contratos e políticas de desenvolvimento*. Rio de Janeiro: Lumen Juris, 2019, p. 133-134.

PARTE I · **Capítulo 3** · NEGÓCIO JURÍDICO E ARBITRAGEM | **119**

Em terceiro, há obrigações que podem ser derivadas da convenção de arbitragem. É possível vislumbrar nítido caráter prestacional em alguns dos deveres decorrentes da conclusão da convenção. Ao analisar o compromisso arbitral, destaca Carlos Alberto Carmona que, além de regular matéria processual, "o compromisso estabelece vínculos obrigacionais, antes de mais nada entre as partes, dispondo inclusive sobre o pagamento das despesas com a arbitragem e os honorários dos árbitros, podendo também criar o compromisso, desde logo, laços obrigacionais entre órgão arbitral institucional (que oferece publicamente regulamentos que comportam adesão) e as partes, dispondo sobre a organização do tribunal arbitral. Os árbitros, por sua vez, quando firmam o compromisso arbitral, assumem a obrigação de julgar segundo as regras procedimentais estabelecidas e nos prazos avençados, submetendo-se também eles, árbitros, aos prazos estipulados e à obrigação de não divulgar qualquer fato referente à arbitragem (cláusula de segredo, usual em algumas cortes arbitrais institucionais). Todo esse conjunto de mútuas e recíprocas obrigações geradas pelo compromisso não pode caber na noção mais estreita de negócio jurídico processual, produto da atuação voluntária e intencional dos agentes com objetivo de produzir determinado efeito jurídico"[549]. Portanto, ao lado de aspectos verdadeiramente não prestacionais, a convenção de arbitragem funda a necessidade de observância de certos deveres de dar, fazer e não fazer. O caráter prestacional existe em paralelo às outras manifestações eficaciais da convenção de arbitragem. Registre-se que, no Brasil, há norma expressa, estabelecendo o dever de sigilo para os árbitros, como prescreve o art. 13, § 6º, da Lei de Arbitragem.

Em quarto, a convenção de arbitragem – especialmente na modalidade de cláusula compromissória – é verdadeira estrutura de conservação da relação jurídica de direito material. Conforme aponta Eduardo Silva da Silva, há esse mecanismo de preservação pelo fato de a cláusula compromissória, ao vincular eventual divergência entre as partes à via arbitral, estimular a manutenção da racionalidade econômica subjacente à origem da própria relação contratual[550]. Assim, a opção prévia pela via arbitral pode servir também para conter o nível de litigiosidade, "bem como na garantia da coesão e estabilidade das

---

[549] CARMONA, Carlos Alberto. *Arbitragem e Processo: um comentário à Lei nº 9.307/96*. 3ª ed. São Paulo: Atlas, 2009, p. 189.

[550] "Trata-se de uma estrutura de conservação porque a perspectiva da cláusula compromissória ao vincular a eventual diferença à via arbitral de solução de conflitos é a de manutenção da mesma racionalidade que deu origem ao pacto. Em razão do efeito dispositivo da cláusula, afastando a jurisdição estatal, a qual trabalha com categorias, métodos e racionalidade própria, mantém-se como critérios de decisão e solução os mesmos que foram utilizados no momento da pactuação. Aqueles que decorrem – muitas vezes – do ambiente empresarial. Não só a manutenção da racionalidade, conservando identidade entre o que foi celebrado originariamente e os critérios que serão utilizados para solução da diferença, são benefícios desta estrutura. Há que se reconhecer que, ao efeito constitutivo da cláusula, uma nova instância para a solução do conflito é estabelecida, gerada não pelas regras do Estado, mas pelo querer dos próprios envolvidos. Esta comunhão de interesses aproxima as partes de uma justiça que unifica e restaura. Se é bem verdade que há um crescente aumento de litigiosidade e mesmo de formalismo nos processos arbitrais estrangeiros, tal patologia não pode ser compreendida como regra e não possui expressão suficiente a descaracterizar o traço de coexistencialidade que lhe é ínsito. Se vier a possuir, contudo, em futuro que não se deseja, abre-se oportunamente mais um flanco para que a cultura e a arbitragem demonstrem a potencialidade que podem possuir quando integradas." (SILVA, Eduardo Silva da. *Código Civil e Arbitragem: entre a liberdade e a responsabilidade*. *Revista de Arbitragem e Mediação*, vol. 5, p. 52-75, abr./jun., 2005, DTR 2005/227, p. 11).

relações sociais. Essa função é desenvolvida não apenas em razão da realização concreta da tarefa jurisdicional, mas tendo em vista, ainda, o efeito profilático e preventivo que a convenção de arbitragem pode deter na redução do nível de litígios"[551]. Portanto, há uma ponte entre a opção pela via arbitral enquanto modo de solução de conflitos e a preservação da relação comercial entre as partes.

Em quinto, há uma diferença significativa em termos de regime entre a convenção de arbitragem e os negócios jurídicos puramente processuais. Nos negócios processuais (feitos tanto no processo civil quanto na arbitragem) ou o terceiro julgador é parte ou lhe é facultado o poder de fazer o controle acerca do negócio processual. Essa é decorrência lógica da assimetria existente entre as partes e o julgador – que podem até serem paritárias no diálogo processual, mas são inegavelmente assimétricos na decisão.

De modo diverso, essa possibilidade de controle não existe sobre a convenção de arbitragem, vez que essa é o fundamento da jurisdição do árbitro, ou seja, a fonte de todos os seus poderes. O único controle que pode ser feito pelo tribunal diz respeito à existência e à validade, mas reconhecidas em ambas o seu conteúdo eficacial (direito aplicável, prazo de prolação da sentença, regras institucionais escolhidas, âmbito subjetivo e objetivo, entre outras) não poderá ser modificado unilateralmente pelo tribunal arbitral. Há subordinação dos árbitros à convenção de arbitragem, a fonte da sua jurisdição. Quando o árbitro aceita o encargo e assume o *status* de julgador, passa a estar vinculado aos termos da cláusula compromissória. Essa vinculação não é adequadamente explicada caso se conceba a convenção de arbitragem a partir de um caráter integralmente processual, pois o tribunal arbitral apenas pode exercer a sua função dentro dos próprios limites fixados de antemão na convenção, sendo verdadeira adstrição heterônoma ao exercício da jurisdição.

Em sexto, o reconhecimento da dimensão material à convenção de arbitragem melhor explica a sua dimensão econômica. Afinal, a inclusão ou não de cláusula compromissória em um contrato é uma decisão negocial, influindo nos custos de transação relacionados a uma determinada transação comercial[552]. Por mais que a cláusula compromissória seja juridicamente autônoma em relação ao contrato em que está inserida, é economicamente unitária ao contexto da transação.

Como enfatiza José Emílio Nunes Pinto,

> "a cláusula compromissória não pode ser vista, única e exclusivamente, como o estabelecimento de um meio extrajudicial para a solução de controvérsias decorrentes das relações contratuais entre as partes. Este é apenas um de seus aspectos. No entanto, a opção pela arbitragem tem uma dimensão mais ampla e um conteúdo econômico. Defendemos a tese de que a opção pela arbitragem é um dos elementos que integram a equação de equilíbrio econômico da relação contratual. Portanto, esse traço de economicidade é fatalmente afetado diante da recalcitrância de uma das partes em proceder de acordo com o ajustado contratualmente. A decisão pelo estabelecimento da relação contratual em causa passa necessariamente por se valorar e aferir o impacto

---

[551] PRADO, Maria da Graça Almeida. Ferraz de. *Economia da Arbitragem: uma análise dos impactos sobre contratos e políticas de desenvolvimento.* Rio de Janeiro: Lumen Juris, 2019, p. 273.

[552] LACRETA, Isabela. Aspectos Contratuais da Cláusula Compromissória. *Revista de Direito Empresarial*, vol. 20, p. 243-276, nov./2016, DTR 2016/24314, p. 04.

econômico da adoção de um mecanismo de solução de controvérsias eficiente em caso de surgimento dessas"[553].

A opção pela via arbitral traz diversos impactos na equação econômica do contrato. As características próprias da arbitragem, como a informalidade, a modificação do procedimento, a flexibilidade de regras, a possibilidade de pactuação de confidencialidade, a economia de tempo na obtenção da decisão definitiva, a possibilidade de nomear especialista com experiência na área, a liberdade de escolha da instituição regente do procedimento, entre outras, tornam a arbitragem o método adequado de solução de controvérsias para diversos tipos de relações[554].

Quando se opta pela arbitragem como método de solução de litígios há atração de um regime próprio de manejo dos desacordos fático-jurídicos decorrentes da relação. Portanto, a opção pela arbitragem é elemento de gestão da relação contratual. Por mais que o clima dominante quando da celebração dos contratos seja de cooperação e de otimismo em relação à avença, é inegável que há de se ter a cautela de antever a possibilidade de animosidade futura. A importância da boa redação do contrato se revela, sobretudo, nas situações de litigiosidade. Assim, a cláusula de resolução de disputas é uma das mais importantes na arquitetura econômica a ser ajustada, pois daí derivará todo o sistema de incentivos próprios de como se portar no curso da execução das obrigações ajustadas.

A convenção de arbitragem, portanto, não se resume a dar origem à jurisdição arbitral. Por certo, trata-se da sua função típica, mas não pode ser resumida a regra de cunho processual. Obviamente, em paralelo à opção pela via arbitral pode haver o estabelecimento de clausulado acessório de conteúdo eminentemente processual (regras sobre prazos, provas, rito a ser seguido, dentre outras).

Na linha do que argumenta Adriano da Costa, "a convenção arbitral não é uma cláusula: elejo a arbitragem. Há cláusulas predispondo em que consiste. Mas o negócio jurídico de arbitragem contém todas essas condições. A escolha da arbitragem é vontade

---

[553] NUNES PINTO, José Emílio. A Cláusula Compromissória à Luz do Código Civil. *Revista de Arbitragem e Mediação*, vol. 4, p. 34-47, jan./mar., 2005, DTR 2205/780, p. 05.

[554] "Nos contratos atípicos, pois inexistente a regulamentação legal, é muito relevante o detalhamento de suas cláusulas, esmiuçando as normas que regem o pacto. Contudo, há sempre o problema da redação deficiente, por vezes ambígua, outras contraditória ou incompleta. Podem, portanto, surgir dúvidas na interpretação. Nessa tarefa, o intérprete conta primordialmente com as estipulações negociais que germinam e materializam uma norma jurídica particular, ficando o direito legislado como antessala, ou seja, como o repositório para aferição de validade, adequação aos princípios gerais e integração. Diante desse cenário, muito adequado optar-se pela arbitragem como meio de resolução de disputas, já que possui características que a diferenciam da corte estatal. [...] Especialmente a expertise do árbitro constitui o grande diferencial no tema, porque a arte da hermenêutica, mormente nos contratos complexos e atípicos, orienta, se o caso, o emprego da interpretação integradora, na qual se supre a lacuna que a regulação das partes, voluntariamente ou não, acabou gerando. Tal tarefa é notoriamente difícil, exigindo – para seu êxito – ingredientes como prudência, experiência, sabedoria e familiaridade cultural com a matéria objeto da avença e o seu mercado e/ou indústria. E, tratando-se de um contrato complexo e atípico, nada mais recomendável que o uso da arbitragem, já que permitida a eleição de árbitros dotados de tais características." (NANNI, Giovanni Ettore. A interpretação dos contratos complexos e a arbitragem. In: _____. *Direito civil e arbitragem*. São Paulo: Atlas, 2014, p. 96-97).

negocial; o negócio jurídico é a composição das suas cláusulas"[555]. Nesse sentido, há de se valorizar a existência de declarações de vontade negociais subjacentes à convenção de arbitragem, reveladoras de aspectos substantivos que não podem ser sintetizados pela perspectiva puramente processual.

Em síntese, de modo global, revelam a faceta material da convenção de arbitragem (i) a sua natureza pré-jurisdicional e pré-processual; (ii) ser fonte de deveres acessórios e laterais, constituindo constitui "pacto ético", atrelado à obrigatoriedade de padrões de conduta; (iii) dar origem a deveres de prestação; (iv) exercer papel na conservação do negócio estabelecido entre as partes; (v) ser a fonte e o limite dos poderes dos árbitros; e (vi) pelo seu impacto na equação econômica do contrato. Todos esses elementos apontam para aspectos substantivos da convenção de arbitragem, conferindo-lhe uma faceta notadamente material. Não se trata, pois, de negócio jurídico de caráter puramente processual.

3. Elemento processual da convenção de arbitragem

Para além dos elementos materiais da convenção de arbitragem, é fundamental registrar também a existência de acentuada faceta processual[556]. Isso porque a arbitragem, cuja essência é jurisdicional, atribui a um terceiro o poder-dever de decidir um ou mais conflitos[557]. Assim, é possível observar elementos que revelam o aspecto processual da convenção de arbitragem[558].

De antemão, é possível apontar a distinção existente entre os negócios processuais, que podem ocorrer no curso da arbitragem, da convenção de arbitragem em si. As convenções de arbitragem criam regras para serem observadas quando ocorrer disputa futura. Figuram no âmbito pré-processual e são dotadas de eficácia condicionada à posterior existência do litígio. A cláusula compromissória, por sua vez, não tem o condão de apenas criar regras

---

[555] DA COSTA, Adriano Soares. Para uma Teoria dos Fatos Jurídicos Processuais. *Revista de Processo*, vol. 270, p. 19-56, ago./2017, DTR 2017/2589, p. 19.

[556] Inclusive, há os que reconhecem a sua preponderância: "Não é uma convenção qualquer, é uma convenção que produz efeitos dentro de um processo. Os efeitos que a convenção de arbitragem produz sobre um processo são ainda maiores, ainda mais nítidos e ainda mais relevantes. Então, talvez, e aí um primeiro contraponto que eu faço, o exemplo mais típico e mais característico de um negócio jurídico processual seja a convenção de arbitragem, porque ela faz apenas o efeito de excluir a jurisdição do Poder Judiciário." (APRIGLIANO, Ricardo. Convenção de arbitragem: negócio jurídico processual ou material? In: Clávio de Melo Valença Filho; Letícia Abdalla; João Luiz Lessa Neto (Orgs.). *Negócios Jurídicos Processuais na Arbitragem*. São Paulo: Ciesp, 2017, p. 20).

[557] JUSTEN FILHO, Marçal. Administração Pública e Arbitragem: o vínculo com a câmara de arbitragem e os árbitros. *Revista Brasileira da Advocacia*, ano 1, vol. 1, abr./jun., 2016, p. 103-151, p. 110.

[558] "A qualificação do pacto de arbitragem como negócio processual pode até ser objeto de alguma controvérsia terminológica ou taxonômica. Mas ninguém nega que sua eficácia preponderante é processual. Comumente, tal pactuação ocorre fora de um processo judicial – e muitas vezes antes mesmo de existir um litígio (cláusula compromissória). Para parte da doutrina, a circunstância de um ato ser praticado fora do processo é irrelevante para que ele possa ser classificado como processual: importa é que ele gere efeitos processuais (constituindo, extinguindo ou modificando direitos ou poderes processuais). Nessa perspectiva, a convenção arbitral, em qualquer hipótese, merece ser qualificada como negócio jurídico processual." (TALAMINI, Eduardo. Arbitragem e administração pública no direito brasileiro. *Revista brasileira da Advocacia*, vol. 9, p. 19-41, abr./jun., 2018, DTR 2019/28998, p. 04).

específicas para regular o procedimento arbitral[559], pois a sua função precípua é constituir/ modificar os titulares do exercício da jurisdição naquele caso concreto.

Dentro desse contexto, a convenção de arbitragem – especialmente na modalidade de compromisso arbitral – apresentará acentuado critério processual quando firmada entre as partes, no curso da tramitação de processos perante o Poder Judiciário, optando as partes por resolver a controvérsia perante a jurisdição arbitral, ou quando se mostre fruto da ação do art. 7º da Lei de Arbitragem. Nesses casos, a faceta processual da convenção de arbitragem é sublinhada.

Esse posicionamento é destacado por Carlos Alberto Carmona, para quem é certo que o compromisso arbitral produz efeitos processuais marcantes, "o que autoriza a conclusão de ser ele um negócio processual, afastando o juiz natural e investindo os árbitros de poderes para dirimir, com força vinculante para as partes, uma dada controvérsia"[560]. Dessa forma, a convenção de arbitragem firmada na pendência de um processo será negócio jurídico processual, mas, igualmente, haverá elementos materiais, mas em caráter secundário. Normas do Código Civil continuarão sendo relevantes para a interpretação do compromisso firmado, bem como haverá incidência de deveres acessórios e laterais advindos da boa-fé objetiva.

Em segundo, a convenção de arbitragem produz uma modificação no direito de ação. A conclusão desse negócio jurídico confere a ambas as partes o direito potestativo de dar início ao procedimento arbitral, bem como o estado de sujeição correspondente. Ou seja, um direito potestativo de que, se houver uma futura disputa, essa possa ser processada e julgada mediante a jurisdição privada a ser exercida por um tribunal arbitral. Esse é o chamado "efeito positivo" da convenção de arbitragem, isto é, a atribuição do direito de poder demandar a outra parte perante um procedimento arbitral.

A consequência prática do efeito positivo afeta o exercício da ação. A ação, entendida como o direito de retirar a jurisdição de seu estado natural de inércia[561], no processo arbitral, somente ocorrerá com o pedido de instauração de arbitragem. Assim, a convenção de arbitragem permite que a ação seja exercida perante a jurisdição arbitral, o que é inviabilizado diante da ausência de convenção de arbitragem. Trata-se, pois, nas palavras do Ministro Marco Aurélio Bellizze[562], da prerrogativa de "solver eventuais controvérsias advindas da relação contratual subjacente (em se tratando de cláusula compromissória)" perante o juízo arbitral.

Em terceiro, a conclusão da convenção de arbitragem produz efeitos processuais negativos. Esse, normalmente identificado como "efeito negativo" da convenção de arbitragem, conduz a perda de primazia do Poder Judiciário para analisar o mérito do litígio de relação subordinada à convenção de arbitragem. Fala-se em "primazia" pelo fato de que é perfeitamente possível que uma parte, apesar da existência de cláusula compromissória

---

[559] NOGUEIRA, Pedro Henrique Pedrosa. *Negócios jurídicos processuais: uma análise dos provimentos judiciais como atos negociais*. 2011. Tese (Doutorado em Direito) Universidade Federal da Bahia, Salvador, 2011, p. 111.

[560] CARMONA, Carlos Alberto. *Arbitragem e Processo: um comentário à Lei nº 9.307/96*. 3ª ed. São Paulo: Atlas, 2009, p. 189.

[561] TUCCI, José Rogério Cruz e. Contra o processo autoritário. *Revista de Processo*, vol. 242, p. 49-67, abr./2015, DTR 2015/3691.

[562] STJ. REsp 1.699.855/ RS. Min. Marco Aurélio Bellizze. Terceira Turma. J. em: 01.06.2021.

no contrato, ingresse com a ação perante o Poder Judiciário. Se a parte demandada não se opuser, opera-se a ineficácia pontual da cláusula compromissória, consolidando-se o trâmite do processo perante a jurisdição estatal (art. 337, § 6º, CPC)[563].

No entanto, há, de fato, parcial derrogação da competência do Poder Judiciário pela pactuação da convenção de arbitragem, pois o juiz togado poderá ter de reconhecer posteriormente a sua falta de jurisdição, caso seja arguida a existência de pacto que opte pela via arbitral. Nesse sentido, já entendeu o STJ, em caso relatado pelo Ministro Moura Ribeiro, que "celebração de cláusula compromissória implica parcial derrogação da jurisdição estatal, impondo ao árbitro o poder-dever de decidir as questões decorrentes do contrato ou das obrigações nele consignadas (existência, constituição ou extinção do crédito)"[564].

Em quarto, como modo de operacionalizar o efeito negativo, a pactuação de convenção de arbitragem confere às partes a possibilidade de arguir a exceção de arbitragem. A parte poderá alegar, em sede de contestação, a possibilidade de existência de convenção de arbitragem como defesa processual (art. 337, X, CPC)[565], conduzindo à extinção do processo sem resolução de mérito[566].

Conforme prevê o art. 337, § 5º, do CPC, a exceção de arbitragem é uma faculdade processual, que deve ser exercida pela parte, não podendo o juiz reconhecer, oficiosamente, a convenção de arbitragem[567]. A jurisprudência é farta em reconhecer a impossibilidade de conhecimento de ofício da convenção de arbitragem. Seu conhecimento, pelo juiz, é condicionado à interposição tempestiva da exceção de arbitragem. O TJSP, em caso relatado pelo Desembargador Carlos Lacerda, decidiu que "é vedado expressamente o conhecimento de ofício de cláusula contratual que impõe a utilização de arbitragem na solução dos conflitos relacionados ao ajuste"[568]. Em outro caso, também julgado pelo TJSP, relatado pelo Desembargador Adilson de Araújo, foi destacada essa mudança de regime trazida pelo CPC/2015:

> "o Código de Processo Civil de 2015, de modo diferente ao que fazia o de 1973, estabeleceu, claramente, que a extinção do processo sem resolução do mérito não decorre da mera existência de cláusula compromissória no contrato celebrado pelas partes, mas de arguição pelo réu na contestação, dispondo expressamente que a matéria não pode ser conhecida de ofício pelo Magistrado"[569].

---

[563] Código de Processo Civil, Art. 337, § 6º: "A ausência de alegação da existência de convenção de arbitragem, na forma prevista neste Capítulo, implica aceitação da jurisdição estatal e renúncia ao juízo arbitral".

[564] STJ. REsp 1.864.686/SP. Min. Moura Ribeiro. Terceira Turma. J. em: 13.10.2020.

[565] Código de Processo Civil, Art. 337: "Incumbe ao réu, antes de discutir o mérito, alegar: [...] X – convenção de arbitragem".

[566] Código de Processo Civil, Art. 485: "O juiz não resolverá o mérito quando: [...] VII – acolher a alegação de existência de convenção de arbitragem ou quando o juízo arbitral reconhecer sua competência;"

[567] Código de Processo Civil, art. 337, § 5º: "Excetuadas a convenção de arbitragem e a incompetência relativa, o juiz conhecerá de ofício das matérias enumeradas neste artigo."

[568] TJSP. Ap. 1046667-23.2020.8.26.0100. Des. Rel. Carlos Lacerda. 28ª Câm Dir Priv. J. em: 25.10.2021.

[569] TJSP. Ap. 1054198-29.2021.8.26.0100. Des. Rel. Adilson de Araújo. 31ª Câm Dir Priv. J. em: 23.08.2021.

Na sistemática atual do processo civil, a existência de convenção de arbitragem não apresenta mais caráter de elemento de ordem pública, nem mais pode ser considerada como pressuposto processual negativo[570], sendo indispensável a alegação pelas partes no curso do processo.

Essa situação ilustra que o efeito negativo da convenção de arbitragem, isto é, o poder de retirar a jurisdição do Poder Judiciário para analisar uma controvérsia, não é automático, e opera, sobretudo, após a instauração do procedimento – quando o princípio do *kompetenz-kompetenz* entra em pleno vigor[571]. De outro modo, é condicionado à oposição da exceção de arbitragem, a qual ingressa na esfera jurídica das partes com a mera conclusão da convenção arbitral.

Em quinto, a pactuação de convenção de arbitragem confere a ambas as partes o direito de execução específica. Como forma de conferir operacionalidade à arbitragem, em contraste com o regime vigente anteriormente à Lei de Arbitragem, o legislador ofereceu às partes a possibilidade de demandar o cumprimento específico da cláusula compromissória por meio das ações dos arts. 6º e 7º. Conforme decidido pelo Ministro Luis Felipe Salomão no REsp 1.082.498. "uma vez acionado para proceder à execução específica da cláusula compromissória, deve o Juízo prolatar sentença contendo os elementos necessários à instalação da arbitragem, consoante procedimento preconizado pelo art. 7º da Lei 9.370/1996"[572].

Conforme o Ministro Raul Araújo, "o convívio harmônico dos juízos arbitrais com os órgãos do Judiciário constitui ponto fundamental ao prestígio da arbitragem. Na escala de apoio do Judiciário à arbitragem, ressai como aspecto essencial o da execução específica da cláusula compromissória, sem a qual a convenção de arbitragem quedaria inócua"[573]. O mesmo racional foi utilizado pela Ministra Ellen Gracie ao analisar a constitucionalidade

---

[570] "Ocorre que o art. 337, § 5º, do Código de Processo Civil veda o conhecimento de cláusula de compromisso arbitral, de ofício, pelo juiz, já que não se trata de matéria de ordem pública. Tanto é que, nos termos expressos no § 6º do mesmo dispositivo, não alegada a convenção de arbitragem em preliminar de contestação, considera-se aceita a jurisdição estatal e renúncia ao juízo arbitral." (TJSP. Ap. 1025729-13.2020.8.26.0001. Des. Rel. Ana Lúcia Romanhole Martucci, 33ª Câm Dir Priv, J. em: 18.03.2021).

[571] "O caráter jurisdicional da arbitragem, decorrente da regra Kompetenz-Kompetenz, prevista no art. 8º da lei de regência, impede a busca da jurisdição estatal quando já iniciado o procedimento arbitral, operando-se o efeito negativo da arbitragem previsto no art. 485, VII, do NCPC." (STJ. AgInt nos EDcl no AgInt no CC 170.233/SP. Min. Moura Ribeiro. Segunda Seção. J. em: 14.10.2020). "A previsão contratual de convenção de arbitragem enseja o reconhecimento da competência do Juízo arbitral para decidir com primazia sobre o Poder Judiciário as questões acerca da existência, validade e eficácia da convenção de arbitragem e do contrato que contenha a cláusula compromissória" (STJ. REsp 1.550.260/RS. Min. Paulo de Tarso Sanseverino. J. em: 12.12.2017). "Nos termos do art. 8º, parágrafo único, da Lei de Arbitragem, a alegação de nulidade da cláusula arbitral, bem como, do contrato que a contém, deve ser submetida, em primeiro lugar, à decisão arbitral, sendo inviável a pretensão da parte de ver declarada a nulidade da convenção de arbitragem antes de sua instituição, vindo ao Poder Judicial sustentar defeitos de cláusula livremente pactuada pela qual, se comprometeu a aceitar a via arbitral, de modo que inadmissível a prematura judicialização estatal da questão." (STJ. REsp/SP 1.355.831. Min. Sidinei Benetti. Terceira Turma. J. em: 19.03.2013). Ainda: STJ. REsp 1.288.251/MG. Min. Sidinei Benetti. Terceira Turma. J. em: 09.10.2012.

[572] STJ. REsp 1.082.498/MT. Min. Luis Felipe Salomão. Quarta Turma. J. em: 20.11.2012.

[573] STJ. REsp 1.331.100/BA. Min. Raul Araújo. Quarta Turma. J. em: 17.12.2015.

da Lei de Arbitragem, quando do julgamento da SE 5.206[574]. Assim, o direito de execução específica da cláusula compromissória é operacionalizado mediante ação própria a ser exercida perante o Poder Judiciário, que dará efetividade à opção feita pela via arbitral. Trata-se, pois, de ação processual decorrente da pactuação da convenção de arbitragem, colocando o processo perante a jurisdição estatal como amparo legal à via arbitral.

Esses elementos revelam que a convenção de arbitragem, para além de faceta material, apresenta importantes repercussões na seara processual, as quais decorrem diretamente da sua pactuação e existem independentemente da formação superveniente de relação jurídica processual. É dizer: da pactuação da convenção de arbitragem decorrem diretamente (i) o direito potestativo de dar início à arbitragem; (ii) a perda de primazia do Poder Judiciário de analisar questões decorrentes de relação jurídica subordinada à convenção de arbitragem; (iii) faculdade de opor exceção de arbitragem caso a contraparte dê início à procedimento perante à justiça estatal, em detrimento da jurisdição arbitral; e (iv) direito de recorrer à ação de execução específica da convenção de arbitragem perante as cortes estatais. A conjugação desses elementos demonstra que, por mais importante que seja a faceta material da convenção de arbitragem, não explica inteiramente o seu âmbito de jurisdicidade.

4. Natureza material-processual da convenção de arbitragem

Considerando a existência concomitante de tanto aspectos materiais quanto processuais de acentuada relevância, a melhor qualificação para a convenção de arbitragem parece ser lhe reconhecer natureza híbrida. Em outras palavras, percebe-se a convenção de arbitragem como negócio jurídico de direito privado cuja função precípua é embasar exercício de jurisdição por meio de relação processual. Apresenta, portanto, estrutura negocial e função jurisdicional.

Explica Carlos Alberto Carmona que

> "a convenção de arbitragem tem um duplo caráter: como acordo de vontades, vincula as partes no que se refere a litígios atuais ou futuros, obrigando-as reciprocamente à submissão ao juízo arbitral; como pacto processual, seus objetivos são os de derrogar a jurisdição estatal, submetendo as partes à jurisdição dos árbitros"[575].

---

[574] "Ao instituir a execução específica da cláusula compromissória, a Lei 9.307/1996 afastou o obstáculo que, até então, tornava praticamente inexistente a arbitragem em nosso país. Toda vez que se quisesse furtar a uma solução célere da controvérsia – ou mesmo, ao simples reconhecimento de sua responsabilidade pela quebra de contrato – à parte inadimplente bastava recusar-se a firmar o compromisso arbitral. Ao juízo era vedado substituir-se a esta sua manifestação do desenvolvimento natural do contrato e versasse sobre direitos de natureza disponível. [...] Negar possibilidade a que a cláusula compromissória tenha plena validade e que enseje execução específica importa em erigir em privilégio da parte inadimplente o furtar-se à submissão à via expedita de solução da controvérsia, mecanismo este pelo qual optara livremente, quando da lavratura do contrato original em que inserida essa previsão. É dar ao recalcitrante o poder de anular condição que – dada a natureza dos interesses envolvidos – pode ter sido consideração básica à formação da avença. É inegável que, no mundo acelerado em que vivemos, ter, ou não, acesso a fórmulas rápidas de solução das pendências resultantes do fluxo comercial, constitui diferencial significativo no poder de barganha dos contratantes" (STF. SE 5.206. Min. Rel. Moreira Alves. Pleno. J. em: 12.12.2001).

[575] CARMONA, Carlos Alberto. *Arbitragem e Processo: um comentário à Lei nº 9.307/96*. 3ª ed. São Paulo: Atlas, 2009, p. 79.

Conforme Peter Sester

"a convenção de arbitragem tem dupla natureza jurídica: uma contratual e uma processual. O requisito da capacidade das partes no momento da celebração da convenção é um exemplo da dimensão contratual; já o requisito de ser o objeto da arbitragem um direito patrimonial disponível, estabelece uma restrição processual (apesar de a disponibilidade do direito ser uma questão de direito material)[576]".

Seguindo essa mesma linha, aponta Felipe Sperandio que

"a convenção de arbitragem tem caráter híbrido porque, de forma simultânea e indissociável, tem características contratuais e jurisdicionais. É um acordo de vontade livremente celebrado pelos contratantes, traz consigo características de obrigação contratual e concede jurisdição ao tribunal privado para resolver o mérito de certas disputas, removendo a jurisdição estatal e materializando o elemento jurisdicional em favor dos árbitros"[577].

Destaca Marçal Justen Filho que

"não se discute a natureza processual dos efeitos da convenção de arbitragem, mas não se pode negar a natureza material às condições de formação válida da obrigação processual, assim às relativas à licitude do objeto e, por aí mesmo, à arbitrabilidade das lides como, aliás, às relativas à forma e à capacidade das partes"[578]. Observação semelhante é feita por Clávio Valença Filho, ao asseverar que "não se discute a natureza processual dos efeitos da convenção de arbitragem, mas não se pode negar natureza material às condições de formação válida da obrigação processual, assim às relativas à licitude do objeto e, por aí mesmo, à arbitrabilidade das lides como, aliás, às relativas à forma e à capacidade das partes"[579].

Cândido Rangel Dinamarco propõe a categoria de "normas de direito processual material", as quais seriam as responsáveis pela regência de certos institutos específicos, como a ação, a competência, as fontes e ônus de prova, coisa julgada material e responsabilidade patrimonial, dando origem a figuras jurídicas bifrontes, que só no processo aparecem de modo explícito em relação a casos concretos, mas que são integrados por importante coeficiente de elementos definidos pelo direito material, sendo pertinentes à própria vida dos sujeitos e suas relações entre si e com os bens da vida[580]. Trata-se de

---

[576] SESTER, Peter Christian. *Comentários à Lei de Arbitragem e à Legislação Extravagantes Relacionada a Arbitragem*. São Paulo: Quartier Latin, 2020, p. 350

[577] SPERANDIO, Felipe Vollbrecht. Convenção de Arbitragem. In: Daniel Levy; Guilherme Setoguti J. Pereira (Coords.). *Curso de Arbitragem*. São Paulo: Thomson Reuters Brasil, 2018, p. 64.

[578] "É inquestionável que o pacto de arbitragem tem natureza convencional. Mas daí não se segue que a arbitragem e todas as suas demais derivações jurídicas apresentem natureza propriamente contratual." (JUSTEN FILHO, Marçal. Administração Pública e Arbitragem: o vínculo com a câmara de arbitragem e os árbitros. *Revista Brasileira da Advocacia*, ano 1, vol. 1, abr./jun., 2016, p. 103-151, p. 109).

[579] VALENÇA FILHO, Clávio de Melo. A arbitragem em juízo. 291f. Tese (Doutorado em Direito). Universidade de São Paulo, São Paulo, 2015, p. 109.

[580] DINAMARCO, Cândido Rangel; BADARÓ, Gustavo Henrique Righi Ivahi; LOPES, Bruno Vasconcelos Carrilho. *Teoria Geral do Processo*. 33ª ed. São Paulo: Malheiros, 2021, p. 141.

classificação que abarca as normas que servem de ponte de passagem entre o direito e o processo, entre o plano processual e o material[581]. Essa categoria também pode ser utilizada para descrever a convenção de arbitragem, enfatizando os seus dois aspectos.

Esse posicionamento está em consonância com a posição manifestada pelo STJ ao julgar o REsp 606.345, relatado pelo Ministro João Otávio de Noronha[582]. Nessa oportunidade, a corte entendeu que do conceito adotado pela Lei de Arbitragem "exsurge o caráter híbrido da convenção de arbitragem, na medida em que se reveste, a um só tempo, das características de obrigação contratual, representada por um compromisso livremente assumido pelas partes contratantes, e do elemento jurisdicional, consistente na eleição de um árbitro, juiz de fato e de direito, cuja decisão irá produzir os mesmos efeitos da sentença proferida pelos órgãos do Poder Judiciário".

Assim, pode lhe ser atribuída natureza material-processual (híbrida), em conformidade com o suporte fático dos arts. 4º e 9º da Lei de Arbitragem, que tanto destacam o elemento "convenção" quanto o elemento "submissão à arbitragem". Trata-se, pois, de negócio jurídico, cujo objeto típico, *i.e.*, titular a jurisdição do tribunal arbitral e conferir o direito potestativo de iniciar a arbitragem, está em um plano distinto do processo em si, acentuando sua faceta material[583]. Na sequência, ao fundamentar a jurisdição em um segundo momento, terá reflexos no plano processual.

§ 12. ESTRUTURA NEGOCIAL DA ARBITRAGEM

1. Interação entre negócios jurídicos no curso da arbitragem

O fundamento material da arbitragem reside na convenção de arbitragem, sendo essa o seu alicerce principal. É a partir desse negócio jurídico que o efeito da criação/modificação da jurisdição é irradiado. Entretanto, por mais fundamental que seja, o instituto da arbitragem não se resume a esse único negócio jurídico, razão pela qual se pode dizer que a convenção de arbitragem é fundante, mas não plenamente estruturante da arbitragem.

Em paralelo à convenção de arbitragem, existem outros negócios jurídicos materiais e processuais que conferem formato ao procedimento arbitral[584]. Por essa razão, a arbitragem não é apenas fundada, mas é também moldada por negócios jurídicos. Trata-se de negócios jurídicos decorrentes da convenção de arbitragem, pois estão precipuamente associados à

---

[581] "Assim, o árbitro julga, mas não julga em nome de ninguém, mas, curiosamente, há uma "compenetração" entre o contrato e o processo, pois as cláusulas contratuais produzirão efeitos na maneira pela qual o árbitro executará sua função. Existe uma hibridização cada vez maior das figuras jurídicas, necessárias em função da maior complexidade das relações sociais." (GUERRERO, Luís Fernando. Reflexões sobre a relação entre árbitros e partes: natureza jurídica e necessário afastamento de propostas de regulamentação no direito brasileiro. *Revista Brasileira de Arbitragem*, vol. IV, issue 15, p. 43-53, 2007, p. 47).

[582] STJ. REsp 606.345/RS. Min. João Otávio de Noronha. Segunda Turma. J. em: 17.05.2007.

[583] STJ. REsp 612.439/RS. Min. João Otávio de Noronha, j. em: 25.10.2005. "Cláusula compromissória é o ato por meio do qual as partes contratantes formalizam seu desejo de submeter à arbitragem eventuais divergências ou litígios passíveis de ocorrer ao longo da execução da avença. Efetuado o ajuste, que só pode ocorrer em hipóteses envolvendo direitos disponíveis, ficam os contratantes vinculados à solução extrajudicial da pendência."

[584] CLAY, Thomas. A Sede da Arbitragem Internacional: entre "Ordem" e "Progresso". *Revista Brasileira de Arbitragem*, vol. V, issue 17, pp. 37-56, 2008, p. 54.

PARTE I · Capítulo 3 · NEGÓCIO JURÍDICO E ARBITRAGEM | **129**

conformação do exercício jurisdicional. Nenhum desses outros negócios jurídicos basta à válida condução do procedimento arbitral, pois a possibilidade de exercício da jurisdição é derivada diretamente da convenção de arbitragem. São, portanto, negócios auxiliares, tendo existência jurídica frequentemente autônoma no amparo da condução do processo.

O primeiro negócio é o contrato entre árbitro e partes. A relação entre árbitros e partes, para além da função jurisdicional, é de origem contratual[585]. O árbitro prolata a sentença arbitral em troca de remuneração previamente ajustada[586]. Há sinalagma obrigacional entre os honorários pagos pelas partes e a prestação jurisdicional exercida pelo tribunal, não sendo possível resumir a relação existente pela estrutura processual[587], conferindo-lhe caráter bivalente[588]. O contrato com o árbitro apresenta existência decorrente, mas não acessória à convenção de arbitragem[589]. É decorrente por não fazer sentido contratar árbitro, caso não haja prévia convenção de arbitragem, mas não é conexa pelo fato de que, posterior reconhecimento pelo Poder Judiciário de nulidade da convenção, não implica nulidade do contrato entre partes e árbitros e a consequente devolução dos valores pagos. Assim, há uma primeira relação contratual autônoma entre os litigantes e o tribunal arbitral.

O segundo negócio é a ata de missão[590]. A ata de missão é negócio jurídico processual, que visa a corrigir, documentar e complementar a convenção de arbitragem. A Lei de Arbitragem a trata como um "adendo" à convenção[591], complementando o seu conteúdo normativo[592]. A sua importância precípua diz respeito à formatação do procedimento, adaptando às necessidades concretas das partes, podendo conter no seu bojo negócios jurídicos processuais, como a calendarização do procedimento, regras sobre produção probatória, escolha da lei aplicável, fixação do ônus da prova, entre outros. Eventualmente a ata de missão pode exercer a função de convenção de arbitragem, quando o consentimento das partes é manifestado pela primeira vez – ou é clarificado – quando da sua redação.

O terceiro negócio é o contrato entre as partes e a câmara de arbitragem. Trata-se de relação de prestação de serviços. Caso as partes optem por arbitragem institucional,

---

[585] BORN, Gary B. *International Commercial Arbitration*. 3th ed. The Hague: Kluwer Law International, 2021, p. 2116.

[586] LUCAS, Marcus Vinicius Pereira. Responsabilidade Civil do Árbitro. 202f. Dissertação (Mestrado em Direito). Pontifícia Universidade Católica de São Paulo, São Paulo, 2018, p. 28.

[587] HENRY, Marc. Do Contrato do Árbitro: o Árbitro, um Prestador de Serviços. *Revista Brasileira de Arbitragem*, vol. II, issue 6, pp. 65-74, 2005, p. 66.

[588] LEMES, Selma. O papel do árbitro. *Revista do direito da energia*, vol. 3, nº 4, p. 117-128, mar./2006, p. 03.

[589] NANNI, Giovanni Ettore. Notas sobre os negócios jurídicos da arbitragem e a liberdade de escolha do árbitro à luz da autonomia privada. *Revista Brasileira de Arbitragem e Mediação*, vol. 49, jun./2016, p. 05.

[590] LEMES, Selma. Convenção de Arbitragem e Termo de Arbitragem. Características, efeitos e funções. *Revista do advogado*, AASP, nº 87, p. 94-99, set./2006, p. 98.

[591] A lei brasileira prevê expressamente a pactuação do Termo de Arbitragem ao estatuir no art. 19, § 1º, que: "instituída a arbitragem e entendendo o árbitro ou o tribunal arbitral que há necessidade de explicitar questão disposta na convenção de arbitragem, será elaborado, juntamente com as partes, adendo firmado por todos, que passará a fazer parte integrante da convenção de arbitragem".

[592] CATARUCCI, Douglas Depieri; DANTAS, Amanda Bueno. Mecanismo de Apelação e Revisão de Sentenças arbitrais: análise teórica e prática de sua aplicação com base na experiência internacional. *Revista de Arbitragem e Mediação*. Vol. 51/2016, p. 169-219, out./dez., 2016, DTR 2016/24744, p. 08.

o procedimento será administrado por entidade especializada[593], que exercerá funções primordialmente cartoriais, auxiliando a condução do procedimento[594]. As partes, em troca desse serviço, remuneram a instituição de arbitragem com base em tabela de custas disponibilizadas pela própria câmara[595]. Não é obrigatória a contratação de arbitragem institucional, podendo ocorrer o processamento do feito de modo *ad hoc*. No entanto, as questões administrativas e de gestão de procedimento ficarão a cargo do tribunal arbitral[596]. Assim, a contratação de instituição de arbitragem facilita a condução dos atos, além de oferecer amparo de *expertise* e regras pré-prontas para serem aplicadas durante a arbitragem.

O quarto negócio é o contrato entre os árbitros e a câmara de arbitragem. Em termos analíticos, é possível destacar a existência de relação jurídica entre os árbitros e a instituição de arbitragem[597]. A instituição é responsável por cobrar das partes o pagamento da remuneração dos árbitros[598]. De outro lado, os árbitros se obrigam a aplicar as regras

---

[593] NANNI, Giovanni Ettore. Notas sobre os negócios jurídicos da arbitragem e a liberdade de escolha do árbitro à luz da autonomia privada. *Revista Brasileira de Arbitragem e Mediação*, vol. 49, jun./2016, p. 04.

[594] SESTER, Peter Christian. *Comentários à Lei de Arbitragem e à Legislação Extravagantes Relacionada a Arbitragem*. São Paulo: Quartier Latin, 2020, p. 158.

[595] "In contractual terms, the arbitral institution's contract is formed when an institution offers to administer arbitrations between parties that have incorporated its rules into an arbitration agreement, with that offer being accepted by the parties through the submission of a dispute arising under that arbitration agreement to the institution. The better view is either that the arbitral institution becomes an additional party to the arbitrator's contract when that contract is formed between the parties and the arbitrators, or, alternatively and preferably, to a separate "arbitral institution contract" (or contracts) between the arbitrator(s) and the parties. The institution's rights and duties in relation to a particular arbitration are then specified in those contracts (either the arbitrator's contract or the arbitral institution contract). Most institutional arbitration rules include provisions that specifically address the institution's rights, duties and protections vis-à-vis the parties. In particular, institutional rules typically specify a fee to which the institution is entitled for its administrative services, as well as (in some cases) grants of immunity. These provisions are best regarded as being incorporated into the contract between the arbitral institution and the parties." (BORN, Gary B. *International Commercial Arbitration*. 3th ed. The Hague: Kluwer Law International, 2021, p. 2127-2128).

[596] "Finally, the involvement of an arbitral institution does not cause the contractual relationship between the parties and the arbitrators to disappear. The parties may sometimes have less freedom in their choice of arbitrator, and the institution may intervene or interfere in the relations between them, but on the whole the contractual relationship between the arbitrator and the parties remains the same. They agree that the arbitrators should carry out a judicial role, and their rights and obligations are not fundamentally different, although the way in which those rights and obligations are exercised is affected by the presence and the rules of the institution." (FOUCHARD, Philippe; GAILLARD, Emmanuel; GOLDMAND, Berthold. *Fouchard Gaillard Goldman on International Arbitration*. Haia: Kluwer Law International, 1999, p. 604).

[597] LUCAS, Marcus Vinicius Pereira. Responsabilidade Civil do Árbitro. 202f. Dissertação (Mestrado em Direito). Pontifícia Universidade Católica de São Paulo, São Paulo, 2018, p. 31.

[598] "There is also a contract between the arbitral institution and each of the arbitrators. The institution appoints or confirms the appointment of the arbitrators after verifying their suitability; it agrees to treat them as arbitrators in the exercise of its own organizational, administrative and supervisory role; it undertakes to reimburse their expenses and to pay their fees (which it receives from the parties). As for the arbitrators, by accepting their brief they agree to perform it under the auspices and in accordance with the rules of the institution. They agree that the institution shall exercise its functions under those rules, such as its powers to challenge or remove an arbitrator, to grant

da câmara, bem como obedecer a outros padrões de conduta fixados pela instituição. Ao aceitar ser árbitro em procedimento administrado por uma instituição de arbitragem, adere-se não só ao regulamento, mas a eventuais códigos deontológicos estabelecidos. Assim, a instituição é legitimada a responsabilizar árbitro que venha a ter condutas desabonadoras, que maculem a imagem da instituição perante o mercado.

O quinto, são os negócios firmados com outros sujeitos que podem intervir no curso de um procedimento arbitral. Entre esses, pode-se apontar o contrato firmado entre o tribunal arbitral (ou o presidente do tribunal) e eventual secretário, o contrato firmado entre partes e perito, o contrato firmado entre as partes com os seus assistentes técnicos, o contrato firmado entre as partes e os seus advogados, o contrato firmado entre as partes e pareceristas, entre outros. Nesse grupo, consideravelmente heterogêneo, estão os contratos entre os sujeitos da relação processual (partes e tribunal arbitral) e seus assistentes. Por certo, esses contratos são autônomos em relação à convenção de arbitragem, mas a sua existência somente faz sentido diante da instauração de procedimento arbitral, razão pela qual acabam sendo importantes para o dimensionamento e a condução da arbitragem.

Em sexto, pode-se apontar todos os negócios jurídicos processuais feitos entre as partes e o tribunal acerca da condução do procedimento. A arbitragem é marcada pela flexibilidade procedimental. Assim, é possível fazer vários ajustes acerca de como o processo se desenrolará. A liberdade das partes é ampla, devendo respeitar, contudo, os limites inerentes ao devido processo legal. Entretanto, dentro dessa baliza, há ampla margem de conformação e de adaptação do procedimento. Essa regulação processual ocorre por negócios jurídicos processuais, que são entendidos como os atos que produzem efeitos no processo, conformados a partir da autonomia privada dos agentes, representando "declarações de vontade unilaterais ou plurilaterais admitidas pelo ordenamento jurídico como capazes de constituir, modificar e extinguir situações processuais, ou alterar o procedimento"[599]. Os negócios jurídicos processuais são espécie do gênero negócio jurídico, pois produzem a conformação de efeitos na ordem jurídica a partir da manifestação de vontade dos agentes negociais.

O reconhecimento da existência e da relevância de todos esses negócios evidencia o papel da autodeterminação dos agentes ao optar pela via arbitral. A autonomia privada é elemento anímico da arbitragem, estando subjacente à conformação de diversas situações jurídicas associadas ao instituto. Há, portanto, até sobreposição das declarações negociais a elementos de natureza jurisdicional – podendo as partes conformar o modo pelo qual o processo ocorrerá, quem está ou não sujeito à jurisdição do tribunal e quais relações poderão ser ou não arbitradas. Trata-se, portanto, de ampla valorização dos privados, na sua liberdade de agir constitucionalmente assegurada, reconhecendo-os como os agentes mais indicados a decidir pela conformação e construção das relações jurídicas nas quais estão envolvidos.

---

extensions of time, to monitor the proceedings, to examine a draft version of the award before it is rendered, and to determine the arbitrators' fees. This is a contract where each party independently promises and performs services for the benefit of the other, and particularly for the benefit of third parties (the parties to the arbitration)." (FOUCHARD, Philippe; GAILLARD, Emmanuel; GOLDMAND, Berthold. *Fouchard Gaillard Goldman on International Arbitration*. Haia: Kluwer Law International, 1999, p. 604).

[599] CABRAL, Antônio do Passo. *Convenções Processuais*. Salvador: Editora JusPodivm, 2016, p. 48-49.

2. Incidência de regras materiais sobre os negócios jurídicos

A atribuição da natureza de negócios jurídicos tem por consequência a atração da incidência de diversas regras de direito material presentes no Código Civil. Por exemplo, as disposições referentes à validade, à formação e à interpretação dos negócios jurídicos,[600] presentes tanto na Parte Geral quanto no livro acerca da teoria geral dos contratos. Dessa forma, por mais que o efeito por excelência desses negócios jurídicos se manifeste no plano da relação processual, visando a tutelar a relação de direito material subjacente à convenção de arbitragem firmada pelas partes, eles apresentam também, inegavelmente, uma natureza material.

O Código Civil, portanto, é regime aplicável para regular a formação, a validade, a interpretação, a cessão, a sub-rogação, os vícios, o distrato, o incumprimento e todos os outros aspectos materiais tanto da convenção de arbitragem quanto dos demais negócios jurídicos estruturantes da arbitragem. A estrutura privada dessas relações atrai a regência de normas de cunho substantivo, razão pela qual a regulação desses negócios não é plenamente conferida pela Lei de Arbitragem, sendo indispensável associar as disposições aplicáveis contidas no Código Civil. Aponta Eduardo Silva da Silva que "todo o dinamismo adquirido pela arbitragem a partir do estabelecimento de inter-relações com o Código Civil possui um impacto maior do que meramente demonstrar a inteireza do sistema jurídico. Trata-se, antes de tudo, de promover um maior respaldo ao instituto, tornando-o mais seguro e mais confiável"[601].

Nesse mesmo sentido, conclui Giovanni Ettore Nanni que "sendo um negócio jurídico, a cláusula compromissória é disciplinada pelo Direito Civil, devendo adequar-se a todas as características decorrentes das relações jurídicas privadas, como, por exemplo, a formação, os efeitos e a obediência aos requisitos do negócio jurídico estabelecidos no art. 104 do Código Civil"[602]. O mesmo raciocínio se aplica aos demais negócios estruturantes da arbitragem.

Por exemplo, do contrato de árbitro decorre o dever das partes de pagar os honorários dos árbitros – direito eminentemente pertencente à seara do direito material; do contrato entre as partes e a instituição de arbitragem, igualmente, o dever de pagar as taxas da câmara arbitral é pertinente à esfera material; por fim, no contrato entre a instituição de arbitragem e os árbitros, o dever da câmara de acompanhar o pagamento dos honorários dos árbitros é igualmente pertencente à esfera material.

Assim, há verdadeira conjugação de normas jurídicas para conformar o regime legal aplicável aos negócios estruturantes do procedimento arbitral. A incidência das regras substantivas é consequência lógica da estrutura contratual que fundamenta e molda a arbitragem. Por certo, a função jurisdicional da arbitragem não apaga a sua origem

---

[600] JUSTEN FILHO, Marçal. Administração Pública e Arbitragem: o vínculo com a câmara de arbitragem e os árbitros. *Revista Brasileira da Advocacia*, ano 1, vol. 1, abr./jun., 2016, p. 103-151, p. 110.

[601] SILVA, Eduardo Silva da. Código Civil e Arbitragem: entre a liberdade e a responsabilidade. *Revista de Arbitragem e Mediação*, vol. 5, p. 52-75, abr./jun., 2005, DTR 2005/227, p. 09.

[602] NANNI, Giovanni Ettore. Cláusula compromissória como negócio jurídico: análise de sua existência, validade e eficácia. In: NANNI, Giovanni Ettore. *Direito civil e arbitragem*. São Paulo: Atlas, 2014, p. 17.

PARTE I · **Capítulo 3** · NEGÓCIO JURÍDICO E ARBITRAGEM | **133**

negocial, elevadamente contratualizada, em consonância com o objetivo de privilegiar a autonomia privada das partes que opta por esse método de solução de controvérsias.

Nesse sentido, percebe-se que a arbitragem é jurisdição criada (convenção de arbitragem) e conformada por negócios jurídicos (contrato com os árbitros, contrato com a instituição arbitral, contrato entre árbitro e câmara, contrato com auxiliares dos sujeitos processuais e negócios sobre o procedimento). Assim, a autonomia privada dos indivíduos imanta a arbitragem, que apresenta acentuada estrutura negocial e privada para o exercício da sua função jurisdicional.

Desses negócios jurídicos decorrem situações jurídicas complexas que combinam uma série de direitos, deveres, ações, pretensões, ônus, poderes, sujeições e faculdades – conferindo à arbitragem uma natureza plurifacetada, poliédrica e lastreada em diversos negócios jurídicos distintos e inconfundíveis entre si, mas cuja eficácia jurídica combinada dá ensejo a uma relação processual de natureza jurisdicional. É dessa combinação de manifestações negociais, fundadas na autonomia privada dos indivíduos, que a arbitragem germina e floresce.

3. Interpretação da convenção de arbitragem

Por mais clara que possa parecer ser a construção do texto legal ou contratual, a sua enunciação em palavras, por si, é incapaz de revelar o seu espírito ou de transparecer os seus fins, razão pela qual necessita passar por um processo interpretativo[603]. Sempre que um órgão jurídico necessita aplicar o direito, ele necessita fixar o sentido das normas, tendo, portanto, de as interpretar[604].

Assim, na linha de Guastini, a interpretação jurídica implica a atribuição de sentido (ou significado) a um texto jurídico[605]. Contudo, não se interpretam apenas textos, mas também condutas, intenções, fatos, indícios e, até mesmo, o próprio silêncio, enquanto fatos potencialmente pertinentes às categorias próprias do direito, com potencial de influir na solução de um caso concreto, o denominado "momento aplicativo"[606]. Portanto, em sentido mais alargado, o ato de interpretar está associado a identificar o significado de um fato ou de um ato[607].

A interpretação é uma atividade cerebrina, que promove a transmutação de um texto em uma norma. Esse é o ponto de partida fundamental da análise da interpretação jurídica, pois, "direito é norma; norma é linguagem; linguagem é símbolo; símbolos não são precisos e unívocos"[608]. Dentro dessa premissa, o processo de interpretação envolverá

---

[603] BITTAR, Carlos Alberto. Interpretação no Direito em Geral. *Doutrinas Essenciais de Direito Civil*, vol. 1, p. 1239-1252, out./2010, DTR 2012/1535, p. 01.

[604] KELSEN, Hans. *Teoria Pura do Direito*. João Baptista Machado (Trad.). 8ª ed. São Paulo: WMF Martins Fontes, 2009, p. 387.

[605] GUASTINI, Riccardo. *Das Fontes às Normas*. Edson Bini (Trad.). São Paulo: Editora Quartier Latin, 2005, p. 23-24.

[606] MARTINS-COSTA, Judith. *A Boa-fé no Direito Privado: critérios para a sua aplicação*. 2ª ed. São Paulo: Saraiva, 2018, p. 486.

[607] BOLIVAR, Annalluza Bravo. A teoria do "design" contratual: sua aplicabilidade face às regras de interpretação do contrato no Brasil. *Revista de Direito Empresarial*, vol. 18, p. 123-149, 2016, DTR 2016/23011, p. 04.

[608] THEODORO JÚNIOR, Humberto. Interpretação e Aplicação das Normas Jurídicas. *Revista de Processo*, vol. 150/2007, p. 11-23, ago./2007, DTR 2007/519, p. 02.

o processo de reconstrução dos símbolos linguísticos plurissignificativos do texto normativo para que se chegue à norma, e, assim, aplicá-la aos casos concretos. O intérprete, portanto, vivifica a norma, tirando-a do seu estado de latência textual pretérito[609].

Todos os textos normativos se tornam problemáticos quando da sua aplicação, sendo a interpretação um problema de todos os ramos da ciência jurídica. Por sua vez, no âmbito do direito contratual, a problemática encontra-se polarizada a partir da constatação de que o contrato foi feito, precisamente, para ser executado – razão pela qual a interpretação contratual tem o particular de sempre ter de respeitar e se atentar ao manifestado pelas partes, dentro da sua autonomia privada[610]. A linguagem literal utilizada nem sempre reflete a verdadeira intenção das partes, o que torna necessário interpretar a declaração de vontade das partes para que seja possível acessar o seu sentido e o seu escopo[611], o que representa o abandono da metodologia proposta pela Escola da Exegese[612]. Assim, a verdade que deve ser buscada não é a verdade dos fatos do intérprete, mas a verdade das partes[613]. Dentro desse contexto, a tendência moderna da teoria jurídica é a de repelir a interpretação puramente literal e mecânica da lei ou das cláusulas contratuais[614], buscando perceber o contrato a partir da sua totalidade, tendo por partida a sua intrínseca coerência[615].

Como todo processo de exegese pressupõe a análise da estrutura ou natureza daquilo que se deseja interpretar, a pergunta "como se interpreta uma norma jurídica?" está sempre associada à prévia determinação de qual espécie de realidade é a norma jurídica[616]. A

---

[609] CARVALHO, Ivan Lira de. A interpretação da norma jurídica (constitucional e infraconstitucional). *Revista dos Tribunais*, vol. 693, p. 50-58, jul./1993, DTR 1993/377, p. 03.

[610] MARTINS-COSTA, Judith. *A Boa-fé no Direito Privado: critérios para a sua aplicação*. 2ª ed. São Paulo: Saraiva, 2018, p. 488.

[611] OHLROGGE, Leonardo. *Multi-Party and Multi-Contract Arbitration in Brazil*. São Paulo: Quartier Latin, 2020, para. 54.

[612] "Complementarmente, a constrição à atividade judicial era exercida por meio de uma metodologia de aplicação do Direito calcada na interpretação literal, passiva e mecânica, a chamada "escola da exegese", de modo a garantir a efetiva implementação da nova legislação burguesa. Isto decorreu da combinação do teor do art. 4.º do Code, obrigando ao juiz a julgar cada caso, com o veto ao teor do art. 9.º, que projetava a possibilidade de recurso pelo magistrado à equidade. Com efeito, não sendo possível ao juiz, nem em caso de lacuna ou obscuridade, usar a equidade (termo que, com o veto, desaparece do Code) e estando ele obrigado a julgar todos os casos, uma vez que não podia mais recusar-se (em decorrência do princípio iluminista da separação dos poderes e incompativelmente com o princípio romano do non liquet), compreenderam os primeiros intérpretes que deveria fazê-lo sempre e somente com base em lei, que naquele momento, estava inteiramente contida no Código. Assim se pavimentou o caminho inexorável em direção ao positivismo, fruto do exagero que ficou conhecido como o "fetichismo da lei"." (MORAES, Maria Celina Bodin de. Do juiz boca-da-lei à lei segundo a boca-do-juiz: notas sobre a aplicação-interpretação do direito no início do século XXI. *Revista de Direito Privado*, vol. 56, p. 11-30, out./dez., 2013, DTR 2013/11660, p. 03-04).

[613] HEINEMANN FILHO, André Nicolau. A atuação do juiz na interpretação e integração dos contratos. *Revista de Direito Privado*, vol. 37, p. 09-26, jan./mar., 2009, DTR 2009/104, p. 08.

[614] WALD, Arnoldo. Os Métodos Modernos de Interpretação. *Doutrinas Essenciais de Direito Civil*, vol. 1, p. 1227-1231, out./ 2010, DTR 2012/1401, p. 01.

[615] COSTA, Moacyr Lobo da. Interpretação de Contratos. *Doutrinas Essenciais Obrigações e Contratos*, vol. 3, p. 365-370, jun., 2011, DTR 2012/1304, p. 02.

[616] REALE, Miguel. Problemas de Hermenêutica Jurídica. In: Judith Martins-Costa (Org.). Conversa sobre a interpretação no Direito – Estudos em homenagem ao centenário de Miguel Reale. *Cadernos do IEC* n. 4. Canela: GZ Editores 2011, p. 09.

partir dessa postura metodológica, a análise de como se deve atribuir sentido à cláusula compromissória tem como primeiro passo identificá-la enquanto negócio jurídico, e, a partir daí, analisar os cânones hermenêuticos adequados. Ao longo desse processo não se pode olvidar que a interpretação de qualquer contrato é composta de dois momentos distintos: o primeiro, acerca da interpretação de cada uma das declarações negociais e, a segunda, a verificação do consenso das partes[617].

Assim, o ponto de partida para a interpretação da convenção de arbitragem é reconhecer que toda interpretação envolve um processo criativo, de atribuição de sentido, não se resumindo ao texto e, na sequência, que a interpretação contratual é polarizada pela declaração de vontade das partes, não se resumindo à literalidade da linguagem. O texto, portanto, serve de ponto de partida – mas não se confunde com a linha de chegada do intérprete. Essa é a diferença central entre a dimensão estática – que preza pelo sentido literal do texto, o que se percebe da leitura em estrita obediência às regras gramaticais – da dimensão dinâmica – que insere outros elementos externos, permitindo avançar para além do caráter estrito dos signos linguísticos[618].

Contudo, *interpretar* não é um ato arbitrário, mas constitui atividade constrangida por parâmetros e critérios. Durante o processo interpretativo, é metodologicamente inadequado ocorrer a busca por uma interpretação inteiramente livre[619], que não faça referência ao objeto da interpretação. A interpretação deve ser condizente com o ordenamento jurídico, com o texto, com o contexto e com a intertextualidade; somente mediante a união desses elementos que é possível equilibrar a liberdade do intérprete na busca do significado com os limites da interpretação[620]. Nesse contexto, desenvolveu-se métodos de interpretação com o objetivo de guiar de modo racional a percepção do sentido mais adequado derivado de determinada realidade normativa[621].

---

[617] ALMEIDA, Carlos Ferreira de. Interpretação do Contrato. *Revista de Direito do Consumidor*, vol. 17, p. 5-19, jan./mar., 1996, DTR 1996/39, p. 04.

[618] BUENO, Cassio Scarpinella. Direito, interpretação e norma jurídica: uma aproximação musical do direito. *Revista de Processo*, vol. 111, p. 223-242, jun./set., 2003, DTR 2003/788, p. 03-04.

[619] "Apesar do espaço mais amplo para integração da norma, o juiz não tem liberdade plena diante de uma norma do tipo aberto, pois que há limites que serão buscados por meio de parâmetros e princípios norteadores como os princípios gerais de direito, que têm como precursores: Juris Praecepta Sunt haec: honeste vivere, alterum nom laedere, suun cuique tribuere, que lhe permitirão decidir, buscando a solução correta." (SILVA, Rodney Malveira da. A intervenção do juiz na interpretação e integração do negócio jurídico. *Revista de Direito privado*, vol. 37, p. 242-257, jan./mar., 2009, DTR 2009/98).

[620] CHIESA, Claine. Limites e Liberdades da Interpretação Jurídica, *Revista Tributária das Américas*, vol. 3, p. 121, jan./2011, DTR 2011/1852, p. 06.

[621] "Assim, podemos estabelecer que os métodos clássicos de interpretação são três: 1) gramatical ou filológico – que se preocupa com a letra do dispositivo, analisando lexicamente ou sintaticamente o seu conteúdo para daí retirar o pensamento do legislador; 2) lógico-sistemático – que perquire a vontade do legislador com o emprego de raciocínios lógicos dedutivos ou indutivos, reduzindo o Direito a uma precisão matemática. A sentença, como síntese da interpretação judicial, portanto, seria revestida de uma premissa maior, a lei, uma premissa menor, o conflito em julgamento; 3) teleológico – que busca na história da lei as razões de seu surgimento; que componentes políticos, econômicos, sociais, levaram à sua edição; que discussões foram travadas no processo legislativo." (BARROS, Wellington Pacheco. A interpretação dos contratos. *Revista dos Tribunais*, vol. 660, p. 57-69, out./1990, DTR 1990/179, p. 05).

O dissenso acerca do significado e do alcance do conteúdo do contrato, os problemas de atribuição semântica decorrentes do texto contratual, demanda um processo técnico-jurídico de determinação do seu sentido, sendo esse o primeiro passo do iter interpretativo, do qual resultará a qualificação da previsão normativa contida no contrato, culminado na identificação da norma aplicável para o caso concreto[622]. Nesse sentido, a interpretação apresenta um caráter prático[623], destinado a atender determinada necessidade concreta. Ao contrário, desnecessária operação lógica superveniente realizada por terceiro se as partes aceitarem de modo uniforme o significado dos termos do contrato, cumprindo o avençado e dando-se por satisfeitas[624] – afinal, são as partes as primeiras intérpretes dos seus contratos, servindo seu comportamento como verdadeiro critério hermenêutico[625]. Assim, torna-se necessário interpretar o contrato para executá-lo ou para substituir a interpretação ambígua a fim de auferir a vontade comum das partes[626]. Ressalta-se não se tratar da vontade subjetiva de cada uma das partes quando da declaração, mas da análise da fusão das vontades individuais[627], consubstanciadas no instrumento contratual, o qual encampa o conjunto das manifestações de vontade exaradas. Em verdade, percebe-se tendência de objetivação da interpretação e análise dos negócios jurídicos[628].

O direito brasileiro mostra-se largamente flexível quanto aos critérios de interpretação a serem adotados. Nesse sentido, o art. 113, § 2º, do Código Civil autoriza às partes de um negócio jurídico a fixar parâmetros hermenêuticos próprios[629]. Caso haja fixação desses *standards*, o mais adequado é seguir o direcionamento dado pelas próprias partes do contrato, que, no âmbito da sua autonomia privada, conferiram ao intérprete uma bússola para servir de guia na atribuição de sentido dos termos do contrato.

A interpretação da convenção de arbitragem é um dos tópicos que merece maior cautela por parte do intérprete, especialmente pela necessidade de se fixar modos distintos de a interpretar, dependendo do ângulo a ser enfrentado. Todos os textos jurídicos, incluindo a convenção de arbitragem, dependem de intepretação, não apenas pela inexistência de

---

[622] MARTINS-COSTA, Judith. *A Boa-fé no Direito Privado: critérios para a sua aplicação*. 2ª ed. São Paulo: Saraiva, 2018, p. 488.

[623] QUEIROGA, Antônio Elias de. Interpretação e Aplicação do Direito. *Revista dos Tribunais*, vol. 740, p. 733, jun./1997, DTR 1997/245, p. 01.

[624] THEODORO JÚNIOR, Humberto; FARIA, Juliana Cordeiro de. Contrato. Interpretação. Princípio da boa-fé. Teoria do Ato Próprio ou da Vedação do Comportamento Contraditório. *Revista de Direito Privado*, vol. 38, p. 149-175, abr./jun. 2009, DTR 2009/263, p. 02.

[625] AROSI, Letícia Soster. A influência do comportamento das partes na formação e interpretação dos contratos. *Revista de Direito Civil Contemporâneo*, vol. 21, p. 117-142, out./dez., 2019, DTR 2020/573, p. 13.

[626] GOMES, Fernando de Paula. Do contrato: interpretação e boa-fé. *Revista de Direito Privado*, vol. 27, p. 96-142, jul./set., 2006, DTR 2006/450, p. 10.

[627] LAHR, Helena. Interpretação e Qualificação dos Negócios Jurídicos. *Revista dos Tribunais*, vol. 723/1996, p. 173, jan./1996, DTR 1996/96, p. 02.

[628] SOARES, Marcos Cáprio Fonseca. O negócio jurídico e sua interpretação. *Revista de Direito do Consumidor*, vol. 67, p. 173-196, jul./set, 2008, DTR 2008/408, p. 16.

[629] Código Civil, Art. 113, § 2º: "Os negócios jurídicos devem ser interpretados conforme a boa-fé e os usos do lugar de sua celebração. [...] § 2º As partes poderão livremente pactuar regras de interpretação, de preenchimento de lacunas e de integração dos negócios jurídicos diversas daquelas previstas em lei."

PARTE I · **Capítulo 3** · NEGÓCIO JURÍDICO E ARBITRAGEM | **137**

univocidade ou total clareza, mas por dependerem dessa operação para poderem serem aplicados a casos concretos[630].

Porém, no silêncio das partes, cabe ao intérprete se socorrer dos arts. 112 a 114 do Código Civil, que oferecem o regime legal acerca da interpretação dos negócios jurídicos.

A interpretação da convenção de arbitragem, portanto, deve ser pautada por esses dispositivos legais. Contudo, considerando que esses artigos do Código Civil fixam padrões e lentes distintas, corre-se o risco de se chegar a soluções diversas, a depender da utilização de um ou de outro em determinado caso concreto. Portanto, não basta afirmar que os *standards* do Código Civil são aplicáveis, sendo fundamental discriminar quando um ou outro deve ser escolhido para iluminar a interpretação em determinada situação. Ou seja, é preciso definir um metacritério para eleger o método interpretativo a ser adotado.

Nesse contexto, considerando a coexistência de elementos diversos na convenção de arbitragem, é possível estabelecer, como regra geral, que aspectos atrelados à identificação do consentimento em relação à convenção de arbitragem poderão ser analisados à luz dos arts. 112 e 113 do Código Civil, enquanto elementos do objeto material da convenção de arbitragem deverão ser vistos sob as luzes do art. 114[631] – análise da extensão horizontal e vertical da convenção de arbitragem. A razão para a distinção é simples: tendo-se dúvida sobre a existência da manifestação da vontade das partes, é possível adotar a postura pró-arbitragem (*favor arbitralis*)[632], analisando tais questões a partir dos arts. 112 e 113 do Código Civil. Contudo, se a questão se refere à extensão – objeto – da renúncia feita pelas partes às prerrogativas processuais inerentes ao Poder Judiciário, está-se diante da situação prevista no art. 114 do Código Civil, que exige interpretação restritiva.

---

[630] GRAU, Eros Roberto. *Por que Tenho Medo dos Juízes: (a interpretação/aplicação do direito e os princípios).* 9ª ed. São Paulo: Malheiros, 2018, p. 34-35.

[631] "Lastly, Art. 114 of the Brazilian Civil Code sets forth another general interpretation rule, according to which waivers must be interpreted restrictively. One might argue that the parties waive their right to sue in court when they enter into an arbitration agreement, and for this reason the agreement to arbitrate should be interpreted narrowly. However, consent to the arbitration agreement can be implied and the principle of the autonomy of the arbitration agreement is recognized under Brazilian arbitration law. Therefore, Art. 114 should not be an obstacle to multi-party and multi-contract arbitration." (OHLROGGE, Leonardo. *Multi-Party and Multi-Contract Arbitration in Brazil.* São Paulo: Quartier Latin, 2020, para. 65).

[632] "Nos últimos anos, o Brasil adotou medidas efetivas para estimular e conferir efetividade à prática da arbitragem como forma de solucionar litígios de natureza privada. Não apenas como alternativa à jurisdição estatal, já sobrecarregada, mas sobretudo para acelerar a inserção do País no cenário internacional, que adota a arbitragem como forma predominante de solução dos litígios. Ressalte-se que as iniciativas nesse sentido provêm dos três Poderes da República. Além da promulgação da Lei de Arbitragem, atualmente o País é parte de todas as convenções internacionais sobre o assunto e o Judiciário – notadamente o STF e o STJ, mas também, em diferentes graus, as demais instâncias – tem adotado uma clara postura usualmente referida pela doutrina como favor arbitratis. Nesse contexto, o princípio da interpretação estrita ou restrita da cláusula arbitral é, majoritariamente, rejeitado pela doutrina brasileira. Em vez disso, o que se deve observar é a existência ou não de elementos que indiquem a vontade das partes em estarem ligadas à convenção de arbitragem" (TIBURCIO, Carmen. Cláusula Compromissória em Contrato Internacional: interpretação, validade, alcance objetivo e subjetivo. *Revista de Processo*, vol. 241, p. 251-566, mar./2015, DTR 2015/2138, p. 03).

Os arts. 112[633] e 113[634] do Código Civil consagram os cânones hermenêuticos gerais acerca dos negócios jurídicos privados, expressando de modo conjunto a visão acerca dos negócios encampada pelo Código[635], próxima da "teoria da confiança"[636]. Assim, na interpretação da intenção de arbitrar, vocalizada por meio da cláusula compromissória, pode-se tomar em conta o princípio de direito material do *favor contractus*. Esse princípio está consubstanciado em diversos direitos domésticos, por exemplo, no art. 1.367[637] do Código Civil Italiano, no art. 1.191 do Código Civil Francês[638], no art. 1.284 do Código Civil Espanhol[639], no art. 1.562 do Código Civil Chileno[640] e no art. 1.853 do Código Civil Mexicano[641], além de também estar presente no art. 4.5. dos princípios do UNIDROIT[642].

A noção do *favor contractus* apresenta uma bidimensionalidade: por um lado, é uma regra de interpretação do negócio jurídico e, por outro, uma forma de conservação do negócio jurídico, que se materializa especialmente por meio da confirmação, da redução

---

[633] Código Civil, Art. 112: "Nas declarações de vontade se atenderá mais à intenção nelas consubstanciada do que ao sentido literal da linguagem".

[634] Código Civil, Art. 113: "Os negócios jurídicos devem ser interpretados conforme a boa-fé e os usos do lugar de sua celebração. § 1º A interpretação do negócio jurídico deve lhe atribuir o sentido que: I – for confirmado pelo comportamento das partes posterior à celebração do negócio; II – corresponder aos usos, costumes e práticas do mercado relativas ao tipo de negócio; III – corresponder à boa-fé; IV – for mais benéfico à parte que não redigiu o dispositivo, se identificável; e V – corresponder a qual seria a razoável negociação das partes sobre a questão discutida, inferida das demais disposições do negócio e da racionalidade econômica das partes, consideradas as informações disponíveis no momento de sua celebração."

[635] "No ordenamento brasileiro, assim como nos países codificados, prevalecem, na dogmática dos contratos, as teorias da declaração e da confiança, que privilegiam, na interpretação do negócio jurídico, a manifestação externa e objetiva da vontade, em detrimento da intenção subjetiva do agente, cuja importância foi exasperada pelo voluntarismo do século XIX, no âmbito do qual se forjou a chamada teoria da vontade. Com efeito, o legislador de 2002 dispôs, no art. 112, que "nas declarações de vontade se atenderá mais à intenção nelas consubstanciada do que ao sentido literal da linguagem". Tal preceito consagra a teoria da confiança, referindo-se à vontade consubstanciada nas declarações, de tal modo que, na interpretação das diversas cláusulas de um contrato, devem-se considerar vinculantes os deveres que, manifestados pelas partes, suscitam em ambas a compreensão comum quanto ao conteúdo da declaração." (TEPEDINO, Gustavo. Interpretação Contratual e Boa-Fé Objetiva. *Soluções Práticas – Tepedino*, vol. 2, p. 387-402, nov./2011, DTR 2012/439, p. 03).

[636] MARTINS-COSTA, Judith. *A Boa-fé no Direito Privado: critérios para a sua aplicação*. 2ª ed. São Paulo: Saraiva, 2018, p. 490.

[637] Itália, Codice Civile, art. 1.367: "Nel dubbio, il contratto o le singole clausole devono interpretarsi nel senso in cui possono avere qualche effetto, anziché in quello secondo cui non ne avrebbero alcuno (1424)".

[638] França, Code Civil, art. 1.191: "Lorsqu'une clause est susceptible de deux sens, celui qui lui confère un effet l'emporte sur celui qui ne lui en fait produire aucun."

[639] Espanha, Código Civil, art. 1.562: "Si alguna cláusula de los contratos admitiere diversos sentidos, deberá entenderse en el más adecuado para que produzca efecto".

[640] Chile, Código Civil, art. 1.562: "El sentido en que una cláusula puede producir algún efecto, deberá preferirse a aquel en que no sea capaz de producir efecto alguno".

[641] México, Código Civil Federal, art. 1.853: "Si alguna cláusula de los contratos admitiere diversos sentidos, deberá entenderse en el más adecuado para que produzca efecto".

[642] UNIDROIT, art. 4.5: "Os termos de um contrato devem ser interpretados de modo a que se dê efeito a todos eles, ao invés de privar quaisquer deles de efeito".

e da conversão[643]. O direito brasileiro, no art. 170 do Código Civil[644], seguindo a tradição alemã (§ 140 do BGB)[645] e portuguesa (art. 293 do Código Civil Português)[646], positivou a segunda dimensão do princípio do *favor contractus*.

Contudo, não se pode cogitar do desconhecimento da sua dimensão interpretativa no direito brasileiro[647]. Assim, prevalece a regra geral de que, quando uma cláusula contratual admite dois sentidos, deve-se dar prevalência àquele que possa produzir efeito, não se supondo que as partes tenham celebrado um contrato inutilmente e sem seriedade, devendo-se sempre preferir a interpretação que dê maior utilidade[648]. Percebe-se que esse critério deve ser utilizado em conjunto com a busca e a preservação da vontade verdadeiramente manifestada pelas partes, em consonância com a tendência moderna de dar preferência às intenções do declarante, em detrimento do sentido literal[649]. Esse processo de atribuição de sentido sempre deve ter em conta o contexto no qual a manifestação de vontade ocorre, devendo-se pressupor que os contratantes pretendem dar efeito útil aos termos ajustados, utilizando tais critérios como balizas interpretativas primordiais[650].

Diversamente, quando há dúvidas fundadas sobre o objeto consentido, ou seja, o escopo da convenção de arbitragem (as matérias objeto do afastamento da jurisdição estatal), por se estar lidando com o efeito gravoso de poder afastar a jurisdição do Poder Judiciário, é preciso utilizar técnica de interpretação restritiva.

---

[643]   GLITZ, Frederico Eduardo Zenedin. Favor contractus: alguns apontamentos sobre o princípio da conservação do contrato no Direito positivo brasileiro e no Direito comparado. *Revista do Instituto do Direito Brasileiro da Faculdade de Direito da Universidade de Lisboa*, vol. 1, 2013, pp. 488-505.

[644]   "Se, porém, o negócio jurídico nulo contiver os requisitos de outro, subsistirá este quando o fim a que visavam as partes permitir supor que o teriam querido, se houvessem previsto a nulidade".

[645]   Alemanha, BGB, § 140: "Entspricht ein nichtiges Rechtsgeschäft den Erfordernissen eines anderen Rechtsgeschäfts, so gilt das letztere, wenn anzunehmen ist, dass dessen Geltung bei Kenntnis der Nichtigkeit gewollt sein würde." Em tradução livre: Se um negócio jurídico nulo atender aos requisitos de outro negócio jurídico, considera-se que o último foi realizado, se for assumido que sua validade seria pretendida se houvesse conhecimento da invalidade".

[646]   Portugal, Código Civil, art. 293: "O negócio nulo ou anulado pode converter-se num negócio de tipo ou conteúdo diferente, do qual contenha os requisitos essenciais de substância e de forma, quando o fim prosseguido pelas partes permita supor que elas o teriam querido, se tivessem previsto a invalidade".

[647]   Esse estudo do favor contractus foi originalmente feito em: OHLROGGE, Leonardo; SAYDELLES, Rodrigo Salton Rotunno. Lei aplicável à cláusula compromissória na arbitragem internacional. *Revista de Arbitragem e Mediação*, nº 67, out./dez. 2020, p. 241-268, p. 262.

[648]   GOMES, Orlando. *Contratos*. 26ª ed. Rio de Janeiro: Editora Forense, 2009, p. 247.

[649]   MARCHI, Eduardo César Silveira Vita. Interpretação dos Negócios Jurídicos – a "causa curiana" e o art. 85 do Código Civil Brasileiro. *Revista dos Tribunais*, vol. 648, p. 21-26, out./1989, DTR 1989/168, p. 05.

[650]   "A sua importância decorre do fato de que, se a compreensão de uma expressão se faz no contexto em que se manifesta – razão pela qual, na interpretação contratual, é no seio da avença, como um todo que esta se faz – é preciso respeitar o conjunto das estipulações, não ignorando o efeito que alguma delas pretendia ter. Pressupõe-se, então, que os contratantes não pretendiam fazer uma obra inútil, ou fazer um contrato pelo prazer de fazê-lo, razão pela qual não estariam a dizer coisas sem sentido ou inúteis." (BAPTISTA, Luiz Olavo. Interpretação de Cláusulas de Arbitragem e Foro em Acordo de Acionistas. *Revista de Direito Civil Contemporâneo*, vol. 11, p. 321-339, abr./jun., 2017, DTR 2017/1675, p. 06).

Reconhecer a necessidade de adotar critério de interpretação restrito, contudo, não significa desconhecer a possibilidade de haver situações objetivas especiais, nas quais a eficácia do consentimento abrange objetos coligados ao negócio no qual a manifestação da vontade de arbitrar foi verbalizada.

Digno de nota o REsp 1.639.035[651], relatado pelo Ministro Paulo de Tarso Sanseverino, no qual aquela Corte estabelece precedente significativo, em ambiente de contratos coligados, validando a intenção de arbitrar e a eficácia da cláusula compromissória, adotando o princípio da gravitação jurídica, afirmando que "no sistema de coligação contratual, o contrato reputado como sendo o principal determina as regras que deverão ser seguidas pelos demais instrumentos negociais que a este se ajustam, não sendo razoável que uma cláusula compromissória, inserta naquele não tivesse seus efeitos estendidos aos demais".

Como estabelece a jurisprudência mencionada, pressupor um critério restrito de interpretação quanto ao objeto da convenção de arbitragem não se confunde com a possibilidade de a manifestação exarada, em um contexto especial, irradiar efeitos, a partir de um negócio principal, aos instrumentos jurídicos satélites.

Apenas é imposto *standard* mais elevado de prova para que se demonstre a abrangência da convenção de arbitragem. Esse cuidado redobrado com essas matérias é justificado pela gravosidade do ato de abrir mão das garantias processuais estatais, impondo interpretação exígua das palavras que conformam a convenção de arbitragem. Dentro desse contexto, é possível que determinadas matérias, ainda que não expressamente previstas no escopo da convenção de arbitragem, possam por essa estar abarcadas, em respeito à integridade sistemática e econômica da operação jurídico-financeira consubstanciada em um contrato[652].

Assim, percebe-se a existência de duplicidade de critérios interpretativos incidentes sobre a convenção de arbitragem, a depender do aspecto que está sendo ressaltado. A razão para se estabelecer essa diferenciação nos critérios hermenêuticos está na axiologia distinta subjacente às diversas facetas da convenção de arbitragem. Por um lado, pelo escopo material, é necessário procurar o efeito útil dos negócios jurídicos entabulados, privilegiando-se o *favor arbitralis*. Por outro, ao tocar no escopo da renúncia feita pelas partes, diante da existência de afastamento da jurisdição estatal por meio da interposição do requerimento de arbitragem, há de se ter interpretação não elástica, pois tangencia-se direitos fundamentais das partes contratantes. A duplicidade do regime hermenêutico é condizente com a reconhecida faceta híbrida da convenção de arbitragem.

---

[651] STJ. REsp 1.639.035/SP. Min. Rel. Paulo de Tarso Sanseverino. Terceira Turma. J. em: 18.09.2018.

[652] "Nessa ordem de ideias, adotando-se o entendimento de que efetivamente existe coligação entre os contratos entabulados entre as partes litigantes, mostra-se flagrante a possibilidade de extensão da cláusula compromissória prevista no contrato principal aos contratos de swap, eis que vinculados a uma única operação econômica." [...] "Soma-se à existência de coligação entre os acordos e à necessidade de interpretação em conjuntos dos referidos contratos, a incidência do princípio da gravitação jurídica." [...] "Desse modo, extraindo-se que num sistema de coligação contratual o contrato reputado como sendo o principal determina as regras que deverão ser seguidas pelos demais instrumentos que a este se ajustam, não se mostra razoável que uma cláusula compromissória inserta naquele não tivesse seus efeitos estendidos aos demais" (STJ. REsp 1.639.035/SP. Min. Rel. Paulo de Tarso Sanseverino. Terceira Turma. J. em: 18.09.2018).

Capítulo 4
NEGÓCIO JURÍDICO E PROCESSO

Apesar de a categoria dos negócios jurídicos estar, tradicionalmente, vinculada ao âmbito do direito material, é necessário reformular essa percepção. Na verdade, o conceito de fato jurídico, no direito brasileiro como um todo, é amplo[653]. Trata-se, pois, de elemento de categorização de todas as situações jurídicas[654], não sendo tal tipologia restrita ao âmbito do direito civil. Todas as categorias de fatos jurídicos, inclusive a de negócio jurídico, são melhor compreendidas, como integrantes da própria teoria geral do direito[655], servindo como chave de leitura para a generalidade das relações jurídicas.

Nesse contexto, estudaremos, neste capítulo, como a categoria dos negócios jurídicos se manifesta também no âmbito do direito processual. No curso do procedimento arbitral, como referido, muitos serão os negócios jurídicos potencialmente firmados no decorrer do processo, razão pela qual importa estudar essa categoria dogmática de modo autônomo.

§ 13. IDEIA DE FATO JURÍDICO PROCESSUAL

1. Processo e fatos jurídicos

O processo é um conjunto de atos teleologicamente organizados para a prática de um ato final, a decisão, entendendo-se por "atos processuais" todos esses atos que compõem o processo[656]. Na história do direito, o processo civil foi objeto de intensos estudos, que focalizaram a sua atenção para definir, sobretudo, qual seria o conceito de *ação*. Além disso, o objeto do direito processual está, precisamente, na sistematização de princípios e regras mediante as quais se realiza a prestação jurisdicional[657].

Assim, no curso do processo se estabelece um conjunto de relações jurídicas entre os diversos sujeitos processuais, as quais podem ser metodologicamente analisadas sob

---

[653] KNETSCH, Jonas; SILVA, Abrahan Lincoln Dorea. A Distinção entre Atos e Fatos Jurídicos no Direito Civil Brasileiro: contribuição ao estudo da circulação de conceitos jurídicos. *Revista de Direito Civil Contemporâneo*, vol. 23/2020, p. 367-385, abr./jun. 2020, DTR 2021/226.

[654] MACEDO, Silvio de. Uma Avaliação da Teoria do Negócio Jurídico. *Doutrinas Essenciais Obrigações e Contratos*, vol. 1, p. 1375-1378, jun. 2011, DTR 2012/1230.

[655] CÓRDOVA, Lizardo Taboada. La teoría General del Contrato Frente a la del Negocio Jurídico. *Doutrinas Essenciais Obrigações e Contratos*, vol. 1, p. 1257-1266, jun./2011, DTR 2012/1952.

[656] DIDIER JR., Fredie. *Curso de direito processual civil: introdução ao direito processual civil, parte geral e processo de conhecimento.* 18ª ed. Salvador: Editora JusPodivm, 2016, p. 376.

[657] REALE, Miguel. *Lições Preliminares de Direito.* 27ª ed. São Paulo: Saraiva, 2002, p. 346.

o prisma da teoria do fato jurídico[658]. Essa, enquanto proposta sistematizadora, é aplicável dentro dos diversos ramos do ordenamento jurídico, entre esses o direito processual civil – daí por que falar de teoria dos fatos jurídicos processuais[659]. Assim, o fato jurídico processual, em sentido lato, é aquele fato ou complexo de fatos que, juridicizado pela incidência de norma processual, é apto a produzir efeitos dentro do processo[660].

Metodologicamente, há de se distinguir os "atos processuais" dos "atos do processo". Enquanto um ato do processo é um ato que integra a cadeia de atos procedimentais, estritamente, os atos processuais não necessariamente irão estar integrados ao procedimento em si[661]. Por essa razão, o fato jurídico processual pode ser intraprocessual, quando ocorre no curso do procedimento, ou extraprocessual, quando realizado de modo exógeno ao procedimento[662]. Assim, a ideia de "fato jurídico processual" abrange não somente os atos do procedimento, mas também todos aqueles que, de algum modo, interfiram no desenvolvimento da relação jurídica processual[663].

Igualmente, há de se fazer a distinção entre as normas de cunho material e as normas de cunho processual. O critério distintivo, a ser adotado, é a análise do suporte fático da norma, especialmente, do conteúdo eficacial decorrente do preenchimento do suporte fático. As relações jurídicas de direito material conferem aos seus sujeitos direitos, pretensões, ações, exceções, poderes e faculdades que são oponíveis a um sujeito determinado, determinável ou a um sujeito passivo total. De modo diverso, nas relações processuais, o conteúdo eficacial não é oponível a esses sujeitos, mas direcionados à produção de efeitos no bojo do processo[664], entendido como o instrumento pelo qual a jurisdição tutela os direitos[665]. Esse paradigma de pensamento, no âmbito

---

[658] TAVARES, João Paulo Lordelo Guimarães. Da Admissibilidade dos Negócios Jurídicos Processuais no Novo Código de Processo Civil: aspectos teóricos e práticos. *Revista de Processo*, vol. 254/2016, p. 91-109, abr./2016, DTR 2016/19687, p. 04.

[659] DA COSTA, Adriano Soares. Para uma Teoria dos Fatos Jurídicos Processuais. *Revista de Processo*, vol. 270/2017, p. 19-56, ago./2017, DTR 2017/2589, p. 02.

[660] BRAGA, Paula Sarno. Primeiras Reflexões sobre uma Teoria do Fato Jurídico Processual: plano da existência. *Revista de Processo*, vol. 148/2007, p. 293-320, jun./2007, DTR 2007/362, p. 09.

[661] DIDIER JR., Fredie. *Curso de direito processual civil: introdução ao direito processual civil, parte geral e processo de conhecimento*. 18ª ed. Salvador: Editora JusPodivm, 2016, p. 377.

[662] BRAGA, Paula Sarno. Primeiras Reflexões sobre uma Teoria do Fato Jurídico Processual: plano da existência. *Revista de Processo*, vol. 148/2007, p. 293-320, jun./2007, DTR 2007/362, p. 09.

[663] DIDIER JR., Fredie. *Curso de direito processual civil: introdução ao direito processual civil, parte geral e processo de conhecimento*. 18ª ed. Salvador: Editora JusPodivm, 2016, p. 377.

[664] MELLO, Marcos Bernardes de. *Teoria do Fato Jurídico: plano da eficácia*. 10ª ed. São Paulo: Saraiva, 2015, p. 241-242.

[665] "O processo é um procedimento, no sentido de instrumento, módulo legal ou conduto com o qual se pretende alcançar um fim, legitimar uma atividade e viabilizar uma atuação. O processo é o instrumento pelo qual a jurisdição tutela os direitos na dimensão da Constituição. E o módulo legal que legitima a atividade jurisdicional e, atrelado à participação, colabora para a legitimidade da decisão. E a via que garante o acesso de todos ao Poder Judiciário e, além disso, é o conduto para a participação popular no poder e na reivindicação da concretização e da proteção dos direitos fundamentais. Por tudo isso o procedimento tem de ser, em si mesmo, legítimo, isto é, capaz de atender às situações substanciais carentes de tutela e estar de pleno acordo, em seus cortes quanto à discussão do direito material, com os direitos fundamentais materiais. É evidente que o procedimento, quando compreendido nessa dimensão, é atrelado a valores que lhe dão conteúdo, permitindo a identificação das suas finalidades. Isso pela razão óbvia de que o procedimento, à luz

PARTE I · **Capítulo 4** · NEGÓCIO JURÍDICO E PROCESSO | **143**

do processo civil, é marcado, sobretudo, pela posição inaugurada por Oscar Bülow, ao realizar a distinção entre a relação jurídica processual e a relação jurídica material[666], em uma defesa da teoria concreta da ação.

Nesse sentido, o fato jurídico processual deve ser entendido enquanto modalidade de fato jurídico processualizado[667]. Ou seja, tomando como critério de classificação a análise do suporte fático da norma (*Tatbestand*), há de se considerar fato jurídico processual como todo aquele fato que se refira a algum processo, atual ou futuro[668]. Há fatos processualizados em diversos ramos do direito, todos esses ocorrem no âmbito do processo, mesmo que não necessariamente dentro da cadeia processual[669], bastando que verse sobre hipótese normativa processual, juridicizando-a e tornando-a apta à produção de consequências jurídicas em um processo[670].

A norma jurídica processual, por sua vez, pode ter fontes diversas. Para além do direito objetivo, que disciplina, no seu bojo, o processo, em diversos ramos do direito, a vontade das partes também pode ser uma fonte de norma processual por meio da formação de negócios jurídicos[671]. Dessa forma, o negócio jurídico que tenha por objeto um aspecto de um processo deverá ser entendido como uma verdadeira fonte do direito.

As normas processuais, por sua vez, poderão ter diversos elementos inseridos em seu suporte fático. A sua distinção, em relação às normas materiais, diz respeito, basicamente, ao fato de que o vínculo jurídico estabelecido em decorrência da incidência de norma processual guardará relação com os atos processuais e terá eficácia no processo jurisdicional, e não com a atribuição de direitos, deveres, poderes, ações, exceções ou ônus para as partes.

As categorias gerais da teoria do fato jurídico são replicáveis na seara processual. Assim, há fatos jurídicos processuais em sentido estrito, ato-fato processual, ato ilícito processual, ato jurídico processual em sentido estrito e negócio jurídico processual. Essas categorias jurídicas, vez que pertinentes à própria estruturação do processo, são replicáveis em diversas conformações do fenômeno processual. Onde há processo, há fatos jurídicos processuais. E, em sendo a arbitragem uma modalidade de processo, há igualmente de se reconhecer a existência intrínseca de fatos jurídicos processuais.

---

da teoria processual que aqui interessa, não pode ser compreendido de forma neutra e indiferente aos direitos fundamentais e aos valores do Estado Constitucional. Nesse momento não há razão para tentar penetrar na essência de outro processo que não aquele que importa à jurisdição do Estado Contemporâneo." (MARINONI, Luiz Guilherme; ARENHART, Sérgio Cruz; MITIDIERO, Daniel. *Curso de Processo Civil.* Vol. 1. São Paulo: Revista dos Tribunais, 2015, p. 542-543).

[666] ALVARO DE OLIVEIRA, Carlos Alberto. *Teoria e Prática da Tutela Jurisdicional.* Editora Forense, Rio de Janeiro, 2008, p. 34

[667] DA COSTA, Adriano Soares. Para uma Teoria dos Fatos Jurídicos Processuais. *Revista de Processo,* vol. 270/2017, p. 19-56, ago./2017, DTR 2017/2589, p. 02.

[668] DIDIER JR., Fredie. *Curso de direito processual civil: introdução ao direito processual civil, parte geral e processo de conhecimento.* 18ª ed. Salvador: Editora JusPodivm, 2016, p. 377-378.

[669] DA COSTA, Adriano Soares. Para uma Teoria dos Fatos Jurídicos Processuais. *Revista de Processo,* vol. 270/2017, p. 19-56, ago./2017, DTR 2017/2589, p. 02.

[670] BRAGA, Paula Sarno. Primeiras Reflexões sobre uma Teoria do Fato Jurídico Processual: plano da existência. *Revista de Processo,* vol. 148/2007, p. 293-320, jun./2007, DTR 2007/362, p. 09.

[671] PAGNUSSAT, Vitória Souza. *Convenções Processuais nas Ações Coletivas.* 129f. Dissertação (Mestrado em Direito). Fundação Escola Superior do Ministério Público. Porto Alegre, 2020, p. 54.

2. Ato jurídico processual

Os atos jurídicos processuais são espécie de fato jurídico processual que se diferenciam dos demais pelo fato de conterem, no centro do seu suporte fático, uma manifestação de vontade[672]. Há duas subespécies de atos jurídicos processuais: (i) os atos jurídicos processuais em sentido estrito e (ii) os negócios jurídicos processuais.

Em ambos há manifestação volitiva dos agentes. Entretanto, a diferença fulcral, entre ambas as espécies de fatos jurídicos processuais, reside na possibilidade de conformação dos efeitos jurídicos deles decorrentes. Enquanto nos atos jurídicos processuais em sentido estrito a consequência do ato está prevista em lei, nos negócios jurídicos processuais existe maios liberdade para as partes conformarem os seus efeitos[673]. Um exemplo de ato jurídico processual, em sentido estrito, é a ocorrência da preclusão das manifestações processuais. Por exemplo, se o réu deixa de apresentar contestação, incidem sobre o sujeito passivo processual os efeitos da revelia, definidos nos arts. 344[674] e 345[675] do Código de Processo Civil. Por mais que o ato tenha sido originado por um ato da parte processual, sobre ele decorrerá os efeitos definidos na lei processual.

Por outro lado, nos negócios jurídicos processuais as partes também definem os efeitos decorrentes daquele ato. Um exemplo clássico é o negócio jurídico que elege um determinado foro para dirimir a controvérsia. Os efeitos do negócio decorrem diretamente da vontade dos agentes.

No caso da arbitragem, sendo ela um processo marcado pela forte presença da autonomia privada dos particulares na sua estruturação e conformação, o sistema legal aplicável confere aos seus usuários uma série de faculdades processuais, que poderão ser exercidas pelos sujeitos da arbitragem. Entretanto, por maior prevalência que se dê à autonomia e por mais que se respeite a liberdade, muitas das decisões que serão tomadas não farão surgir verdadeiros negócios jurídicos, pois a lei já estabelece, de antemão, as consequências do agir jurígeno.

A título ilustrativo, a escolha dos árbitros encampa inegável elemento volitivo. Entretanto, a consequência da indicação do árbitro não está sujeita à conformação pela vontade das partes, estando prevista em lei.

---

[672] DA COSTA, Adriano Soares. Para uma Teoria dos Fatos Jurídicos Processuais. *Revista de Processo*, vol. 270/2017, p. 19-56, ago./2017, DTR 2017/2589, p. 11.

[673] "Em outros termos, no ato processual, em regra, exige-se apenas a vontade de praticar o ato e não vontade sobre o resultado, cujos efeitos são previamente definidos na lei. Já nos "negócios processuais" haveria a vontade de praticar o ato e também a de produzir resultados específicos, que podem ser oriundos de regras cogentes (ex. desistência da ação) ou dispositivas (ex. foro de eleição), mas com margem de disposição sobre o conteúdo eficacial do acordo. Transpondo essas concepções para o direito civil, os primeiros seriam considerados negócios vinculativos e os segundos negócios dispositivos" (CABRAL, Trícia Navarro Xavier. Convenções em Matéria Processual. *Revista de Processo*. Vol. 241, p. 489-516, mar. 2015, DTR 2015/2136, p. 05).

[674] Código de Processo Civil, Art. 344: "Se o réu não contestar a ação, será considerado revel e presumir--se-ão verdadeiras as alegações de fato formuladas pelo autor".

[675] Código de Processo Civil, Art. 345: "A revelia não produz o efeito mencionado no art. 344 se: I – havendo pluralidade de réus, algum deles contestar a ação; II – o litígio versar sobre direitos indisponíveis; III – a petição inicial não estiver acompanhada de instrumento que a lei considere indispensável à prova do ato; IV – as alegações de fato formuladas pelo autor forem inverossímeis ou estiverem em contradição com prova constante dos autos."

PARTE I · **Capítulo 4** · NEGÓCIO JURÍDICO E PROCESSO | **145**

Dessa forma, está-se diante de um ato jurídico processual em sentido estrito. Por certo, é possível que as partes, de antemão, determinem algumas condições específicas acerca de quem poderá ser ou não árbitro. Ademais, as partes participam do ritual procedimental de escolha também por meio da verificação de eventuais impedimento e/ou suspeição. A estruturação dessa relação revela a importância da atuação da autonomia privada das partes na escolha do tribunal arbitral, mas o elemento jurisdicional – característica máxima da atuação dos árbitros – não estará sujeito à conformação a partir da autonomia privada dos contratantes.

A coexistência de elementos contratuais e jurisdicionais na arbitragem permite o desenvolvimento de situações jurídicas que, ora permitem, ora vedam, uma maior atuação da autonomia privada dos contratantes. Elementos ligados à faceta jurisdicional, em regra, considerando a necessidade de observância de direitos fundamentais processuais cogentes e não disponíveis para as partes, tenderão a autorizar um menor influxo de elementos volitivos particulares. Entretanto, mesmo nesses casos, haverá situações nas quais se permite a atuação da vontade das partes, como na escolha do tribunal (ato jurídico em sentido estrito) ou na definição consensual acerca do calendário procedimental a ser seguido (negócio jurídico processual). Do mesmo modo, nem todos os aspectos ligados à faceta contratual da arbitragem comportam uma modulação irrestrita pelas partes.

3. Negócios jurídicos no âmbito do processo

A teoria dos negócios jurídicos foi desenvolvida com especial olhar para o Direito Privado, no âmbito do qual os negócios jurídicos manifestam-se, em sua maioria, como expressão da autonomia privada[676]. Contudo, podem se manifestar também no âmbito do processo e, nesse campo em particular, merecem tratamento diferenciado[677].

Nesse âmbito, ensina Devis Echandía, mencionando Chiovenda, que os negócios jurídico processuais "son, en general, las declaraciones de voluntades unilaterales o bilaterales que están dirigidas a producir, modificar o extinguir derechos procesales"[678]. Menciona como espécie de negócios jurídicos processuais "los nombramientos de árbitros y de peritos o de secuestres cuando la ley permite que los hagan las partes, o el saneamiento

---

[676] "Relembre-se que a teoria dos negócios jurídicos foi fundamentalmente desenvolvida tendo por objeto relações jurídicas de direito privado, que é onde se manifesta a gigantesca maioria dos negócios jurídicos, eis que, guiados pela autonomia privada, os participantes do negócio jurídico criam, modificam ou extinguem relações de direitos. Entretanto, conquanto se manifeste com muito maior amplitude do âmbito do direito privado, que tem como uma de suas fundamentais características a autonomia das vontades, o negócio jurídico pode dar-se também no âmbito das relações jurídicas processuais". (BELLINETTI, Luiz Fernando; HATOUM, Nida Saleh. Aspectos Relevantes dos Negócios Jurídicos Processuais Previstos no Art. 190 do CPC/2015. *Revista de Processo*, vol. 49-71, out./2016, DTR 2016/24001, p. 04).

[677] "Os negócios jurídicos processuais, notadamente diferenciados pelo atributo da autorregulação das partes, merecem tratamento mais pormenorizado, com vistas a diferenciá-los dos atos jurídicos stricto sensu e de modo a ressaltar a importância de tal instituto para a ordem jurídica processual civil". (GAIO JÚNIOR, Antônio Pereira. Negócios jurídicos processuais e as bases para a sua consolidação no CPC/2015. *Revista de Processo*, vol. 267/2017, p. 43-73, mai./2017, DTR 2017/1028, p. 08).

[678] ECHANDÍA, Devis. *Teoria General Del Proceso*. Buenos Aires: Editorial Universidad, 1997, p. 379.

de una nulidad, o el desistimiento, o la transacción efectuada dentro del proceso, etc. Es una noción no sólo aceptable, sino muy útil, en el derecho procesal"[679].

Os negócios jurídicos são aqueles que objetivam modificar ou extinguir determinada matéria de caráter processual[680]. Os negócios processuais manifestam a autonomia privada dos contratantes no âmbito do processo[681]. Assim, haverá negócio processual quando existir poder de determinação e regramento das situações jurídicas processuais, combinadas com a vontade de praticar o ato e a vontade de ingressar na categoria e produzir o resultado[682].

Diferentemente do negócio jurídico *stricto sensu* (ou material), o negócio jurídico processual não versa sobre direito *substantivo*, mas sobre o processo. Ou seja, objetiva regulamentar o próprio método de resolução do litígio[683]. Isso traz repercussões importantes quanto ao regime jurídico do negócio jurídico, uma vez que os negócios jurídicos *processuais* possuem regras e limitações próprias – encontradas, por exemplo, no Código de Processo Civil –, dado o seu âmbito de aplicação[684].

---

[679] ECHANDÍA, Devis. *Teoria General Del Proceso*. Buenos Aires: Editorial Universidad, 1997, p. 379.

[680] "Os negócios jurídicos processuais são atos processuais de natureza negocial que permitem às partes demasiada manifestação da autonomia da vontade privada na flexibilização procedimental de seus direitos, faculdades, ônus e deveres, para, com isso, produzir efeitos, antes ou durante a marcha processual na criação, modificação ou extinção, voluntária, de determinada matéria de caráter processual". (GAIO JÚNIOR, Antônio Pereira. Negócios jurídicos processuais e as bases para a sua consolidação no CPC/2015. *Revista de Processo*, vol. 267/2017, p. 43-73, mai./2017, DTR 2017/1028, p. 08).

[681] "é possível definir o negócio processual, como um ato através do qual o ordenamento confere às próprias partes, dentre dos limites por ele (ordenamento) próprio fixados, a possibilidade de escolher a categoria jurídica de algumas situações atinentes à relação jurídica processual, dando a este ato uma eficácia jurídica. Trata-se de expressão da autonomia das partes dentro do campo processual". (SILVESTRE, Gilberto Fachetti. Negócio Jurídico: um conceito histórico relativizado pelo novo Código de Processo Civil. *Revista de Direito Privado*, vol. 75, p. 81-113, mar./2017, DTR 2017/462, p. 16).

[682] BRAGA, Paula Sarno. Primeiras Reflexões sobre uma Teoria do Fato Jurídico Processual: plano da existência. *Revista de Processo*, vol. 148/2007, p. 293-320, jun./2007, DTR 2007/362, p. 11.

[683] "A grande peculiaridade deste novo tipo de negócio que surge no cenário nacional é que ele não visa solucionar o conflito em si, isto é, não versa sobre o direito substantivo das partes. Ao contrário, esse acordo negocial visa, tão somente, por meio da autonomia posta à disposição das partes e devidamente reconhecida pela cláusula geral do novo art. 190 do CPC/15, regulamentar o próprio método de solução daquele conflito, ou seja, os moldes em que será exercida a jurisdição". (SILVESTRE, Gilberto Fachetti. Negócio Jurídico: um conceito histórico relativizado pelo novo Código de Processo Civil. *Revista de Direito Privado*, vol. 75, p. 81-113, mar./2017, DTR 2017/462, p. 20). No mesmo sentido, Adriano Soares da Costa: "Os fatos jurídicos processuais não apenas ocorrem no processo como são partes inseparáveis dele, de modo que processo nada mais é do que a sucessão de fatos jurídicos processuais concatenados em procedimento para obtenção da prestação da tutela jurídica. Embora haja aí uma relação de continente/conteúdo, o certo é que o processo é a totalidade dos atos processuais desde a sua incoação até os atos finais de entrega da prestação jurisdicional". (DA COSTA, Adriano Soares. Para uma Teoria dos Fatos Jurídicos Processuais. *Revista de Processo*, vol. 270/2017, p. 19-56, ago./2017, DTR 2017/2589, p. 04).

[684] É o que explica Gilberto Fachetti Silvestre: "Isso não significa que a disciplina dos negócios processuais seja idêntica a dos negócios jurídicos próprios do direito civil. Dada a proximidade do direito processual com a seara do direito público, bem como a presença do juiz como uma "terceira parte" dentro dos negócios que afetem o andamento processual, os negócios jurídicos processuais encontrarão algumas regras e limitações específicas dentro do Código de Processo Civil, o que é natural". (SILVESTRE, Gilberto Fachetti. Negócio Jurídico: um conceito histórico relativizado

Apesar de diferente na finalidade, quando comparado ao negócio jurídico material, o negócio jurídico processual também pode ser lido sob a teoria dos planos (existência, validade e eficácia)[685]. Ademais, outros problemas típicos dos negócios jurídicos de direito material também podem ser vislumbrados nos negócios jurídicos processuais, como considerações acerca da capacidade dos agentes, da forma, licitude e possibilidade, eventual ocorrência ou não de vícios do consentimento[686]. Portanto, há tratamento unitário em muitos dos aspectos, refletindo os negócios jurídicos como categoria própria da teoria geral do direito.

A recepção dos negócios jurídicos processuais, conforme será explicitado em sequência, foi positivada no ordenamento pelo art. 190 do Código de Processo Civil de 2015. Igualmente, na jurisprudência, é balizada a sua utilização pelas Cortes Superiores. Em um acórdão recente, o STJ, em caso julgado pelo Ministro Luis Felipe Salomão, consignou que

> "o CPC/2015 formalizou a adoção da teoria dos negócios jurídicos processuais, conferindo flexibilização procedimental ao processo, com vistas à promoção efetiva do direito material discutido. Apesar de essencialmente constituído pelo autorregramento das vontades particulares, o negócio jurídico processual atua no exercício do múnus público da jurisdição"[687].

E seguiu, em seu inteiro teor, narrando que

> "como de conhecimento, o Código de Processo Civil de 2015 trouxe para o ordenamento novas figuras jurídicas, assim como, em relação a figuras não propriamente inovadoras, tratou de sistematizá-las, estabelecendo, em alguns casos, uma cláusula geral para sua constituição, caso do negócio jurídico processual. Destarte, em seu art. 190 parágrafo único, o novo diploma formalizou a adoção da teoria dos negócios jurídicos processuais, conferindo, assim, certa flexibilização procedimental ao processo, tendo em mira a promoção efetiva do direito material discutido"[688].

§ 14. ESTRUTURA DOS NEGÓCIOS JURÍDICOS PROCESSUAIS

1. Plano da existência

O negócio jurídico *processual*, como visto, visa a criar, modificar ou extinguir direitos processuais, a partir da manifestação de vontade das partes. Apesar de ter

---

pelo novo Código de Processo Civil. *Revista de Direito Privado*, vol. 75, p. 81-113, mar./2017, DTR 2017/462, p. 21).

[685] "Nos negócios jurídicos processuais, assim como nos materiais, também é verificada a teoria dos planos para determinar se o negócio existe, é válido e eficaz. É no plano da existência que são determinados os limites do que é ou não jurídico, para, em seguida, ser analisado se o ato é válido ou inválido; eficaz ou ineficaz. Desse modo, as partes devem firmar cláusulas que respeitem o ordenamento" (GAIO JÚNIOR, Antônio Pereira. Negócios jurídicos processuais e as bases para a sua consolidação no CPC/2015. *Revista de Processo*, vol. 267/2017, p. 43-73, mai./2017, DTR 2017/1028, p. 09).

[686] "Evidentemente, impõe-se atentar para o fato de que a responsabilidade das partes pela celebração do negócio jurídico traz consigo todas as implicações de existência, validade e eficácia do negócio jurídico." (NERY, Rosa Maria de Andrade. Fatos Processuais. Atos Jurídicos Processuais Simples. Negócio Jurídico Processual (unilateral e bilateral). Transação. *Revista de Direito Privado*, vol. 64, 2015, p. 261-274, out./dez. 2015, DTR 2016/129, p. 07).

[687] STJ. REsp 1.810.444/SP. Min. Luis Felipe Salomão. Quarta Turma. J. Em: 23.02.2021.

[688] STJ. Resp 1.810.444/SP. Min. Luis Felipe Salomão. Quarta Turma. J. Em: 23.02.2021.

o processo como objeto, não necessariamente nele possui origem. Isto é, o negócio jurídico processual pode ser criado, tanto dentro quanto fora do processo[689]. Assim, não há confundir atos do processo com atos referentes ao processo[690]. Dessa forma, entende-se que regras processuais podem ser fixadas por meio de negócios atípicos, criando/modificando/extinguindo ônus, poderes, faculdades e deveres, anteriormente ou no decorrer do processo[691].

Enquanto não integrado ao processo, contudo, parte da doutrina entende que o negócio jurídico possui natureza de negócio jurídico *material*, e não processual. Conforme Adriano Soares da Costa: "os negócios jurídicos sobre produção e ônus da prova celebrados antes do processo têm natureza de direito material, porém, devem atender às normas processuais para terem eficácia no processo. É que o trato sobre o ônus da prova e matéria probatória *tout court* atendem também e diretamente ao direito material, nada obstante seja no processo que mais se torne visível o seu uso. Válido no direito material, válido será no processo, nada obstante possa ser nele ineficaz. Há de se fazer a análise dos dois ramos do direito para saber o que toca a cada um no regramento da espécie"[692].

Assim, mesmo que uma convenção verse sobre matéria processual, se firmada na fase temporal de inexistência de relação jurídica processual, apresentará natureza de negócio

---

[689] "Não raro há fatos jurídicos processuais, porém, em que o seu suporte fático tem como um dos seus elementos fato jurídico praticado fora do processo. A eleição do foro prevista em cláusula contratual é negócio jurídico bilateral de direito pré-processual; a incoação do processo por meio da ação mais a possibilidade de manifestação de vontade quanto ao foro faz nascer o ato jurídico processual stricto sensu de escolha do juízo em que o processo correrá. Note-se: no direito pré--processual há negócio jurídico de eleição do foro; no direito processual, ato jurídico stricto sensu em que se comunica vontade negocial feita anteriormente e se declara petitoriamente". (DA COSTA, Adriano Soares. Para uma Teoria dos Fatos Jurídicos Processuais. *Revista de Processo*, vol. 270/2017, p. 19-56, ago./2017, DTR 2017/2589, p. 05).

[690] "Os atos processuais em geral não precisam ser praticados na sede do processo. Esses são os atos do processo. Assim, a cláusula de eleição de foro (art. 95 do CPC/1973; art. 63 do NCPC) é e sempre foi um verdadeiro negócio jurídico processual. São muitos os outros negócios reconhecidos pelo NCPC: convenção sobre o ônus da prova (art. 373, §§ 3.º e 4.º); calendário processual (art. 191, §§ 1.º e 2.º); negócio tácito de tramitação da causa em juízo relativamente incompetente (art. 65 do NCPC) etc. Há, inclusive, negócios processuais unilaterais, que dependem de apenas uma manifestação de vontade, a exemplo da desistência e da renúncia ao recurso". (TAVARES, João Paulo Lordelo Guimarães. Da Admissibilidade dos Negócios Jurídicos Processuais no Novo Código de Processo Civil: aspectos teóricos e práticos. *Revista de Processo*, vol. 254/2016, p. 91-109, abr./2016, DTR 2016/19687, p. 06).

[691] GAIO JÚNIOR, Antônio Pereira. Negócios jurídicos processuais e as bases para a sua consolidação no CPC/2015. *Revista de Processo*, vol. 267/2017, p. 43-73, mai./2017, DTR 2017/1028, p. 11).

[692] O mesmo autor qualifica as normas sobre processo que não incidem desde logo sobre ele como "negócio jurídico pré-processual": "É certo que há normas sobre processo que não incidem de logo no âmbito do processo, nada obstante não significa que sejam de direito material. Tais normas que ficam às portas do direito processual são normas de direito pré-processual, é dizer, estão no estrato jurídico que medeia àquelas duas espécies normativas. A cláusula de eleição do foro, por exemplo, é negócio jurídico pré-processual, que faz nascer direito subjetivo que pode ser exercido ou invocado pelas partes por meio de atos jurídicos processuais stricto sensu". (DA COSTA, Adriano Soares. Para uma Teoria dos Fatos Jurídicos Processuais. *Revista de Processo*, vol. 270/2017, p. 19-56, ago./2017, DTR 2017/2589, p. 04).

jurídico de direito material[693]. Todos os fatos jurídicos processuais são os praticados em referência à relação processual já existente, ainda que possa haver elementos anterior ou externo a esse[694], pois é elemento configurador do núcleo do suporte fático dos fatos jurídicos processuais a existência de um procedimento a que se refira[695].

Disso decorre que negócios jurídicos criados fora do processo submetem-se às normas de direito material para a configuração de sua existência. De outro lado, negócios jurídicos criados no processo submetem-se a regime misto, pois devem respeitar tanto as normas de direito material quanto as normas de direito processual, para a sua constituição[696]. Fato é que, tanto dentro quanto fora do processo, o negócio jurídico processual depende da manifestação de vontade das partes[697]. Isto é, não há negócio jurídico processual sem o consentimento das partes.

No caso da arbitragem, a distinção ainda é mais tênue. O que provoca a duplicidade do regime no âmbito do processo civil estatal são as normas gerais contidas no Código de Processo Civil, especialmente o art. 190[698]. Por mais que a doutrina refira esse artigo como cláusula geral de negociabilidade procedimental, é certo que sua aplicação está restrita ao processo civil estatal, perante o Poder Judiciário. No âmbito da arbitragem, a formulação dos negócios jurídicos processuais é calcada na cláusula geral de liberdade negocial, consubstanciada no art. 425 do Código Civil[699].

---

[693] CABRAL, Trícia Navarro Xavier. Convenções em Matéria Processual. *Revista de Processo*. Vol. 241, p. 489-516, mar. 2015, DTR 2015/2136, p. 07.

[694] DA COSTA, Adriano Soares. Para uma Teoria dos Fatos Jurídicos Processuais. Revista de Processo, vol. 270/2017, p. 19-56, ago./2017, DTR 2017/2589, p. 03.

[695] NOGUEIRA, Pedro Henrique Pedrosa. Negócios jurídicos processuais: uma análise dos provimentos judiciais como atos negociais. 2011. Tese (Doutorado em Direito) Universidade Federal da Bahia, Salvador, 2011, p. 52.

[696] Assim ensina Trícia Navarro Xavier Cabral: "No âmbito extrajudicial adotam-se as normas de direito material para a sua constituição. Já no campo processual, devem ser respeitadas as regras de direito material e também as de direito processual, em uma espécie de regime jurídico misto" (CABRAL, Trícia Navarro Xavier. Convenções em Matéria Processual. *Revista de Processo*, vol. 241, p. 489-516, mar. 2015, DTR 2015/2136, p. 09).

[697] "Os negócios jurídicos sobre produção e ônus da prova celebrados antes do processo têm natureza de direito material, porém, devem atender às normas processuais para terem eficácia no processo. É que o trato sobre o ônus da prova e matéria probatória tout court atendem também e diretamente ao direito material, nada obstante seja no processo que mais se torne visível o seu uso. Válido no direito material, válido será no processo, nada obstante possa ser nele ineficaz. Há de se fazer a análise dos dois ramos do direito para saber o que toca a cada um no regramento da espécie". (GAIO JÚNIOR, Antônio Pereira. Negócios jurídicos processuais e as bases para a sua consolidação no CPC/2015. *Revista de Processo*, vol. 267/2017, p. 43-73, mai./2017, DTR 2017/1028, p. 09).

[698] Código de Processo Civil, art. 190: "Versando o processo sobre direitos que admitam autocomposição, é lícito às partes plenamente capazes estipular mudanças no procedimento para ajustá-lo às especificidades da causa e convencionar sobre os seus ônus, poderes, faculdades e deveres processuais, antes ou durante o processo. Parágrafo único. De ofício ou a requerimento, o juiz controlará a validade das convenções previstas neste artigo, recusando-lhes aplicação somente nos casos de nulidade ou de inserção abusiva em contrato de adesão ou em que alguma parte se encontre em manifesta situação de vulnerabilidade."

[699] Código Civil, art. 425: "É lícito às partes estipular contratos atípicos, observadas as normas gerais fixadas neste Código."

2. Plano da validade

Para que seja válido, o negócio jurídico processual deve, à luz dos arts. 104[700] e 166[701] do Código Civil, (i) ser celebrado por pessoa capaz; (ii) possuir objeto lícito possível e determinado/determinável; e (iii) observar forma prescrita ou não defesa em lei.

No que diz respeito à capacidade, quer-se referir à capacidade *processual*. A observação importa, pois, ainda que o sujeito seja incapaz, no plano civil, pode ser capaz processual – e, assim, celebrar o negócio processual, devidamente representado. Como ensina Fredie Didier Júnior, é o exemplo do menor de dezesseis anos, que possui capacidade processual para a ação popular, embora não possua capacidade civil[702]. No âmbito da arbitragem, de outro modo, o requisito a ser analisado é o de arbitrabilidade subjetiva, que corresponderá à possibilidade de dispor sobre direitos, deveres, ônus e faculdades processuais no curso de uma arbitragem.

Em regra, os sujeitos do negócio jurídico processual serão os sujeitos que integraram – em caso de negócio jurídico firmado extrajudicialmente – ou integram – em caso de negócio jurídico firmado judicialmente ou contemporaneamente ao processo – a relação processual.

Normalmente, os negócios jurídicos processuais assumirão maior relevância no âmbito de contratos empresariais, nos quais há negociação mais intensa e planejada[703]. Relevantes são os dizeres de Fredie Didier Jr., Júlia Lipiani e Leandro Santos Aragão a esse respeito:

> "é preciso reconhecer que, ao celebrar contrato empresarial, o agente econômico pondera custos e riscos, para que possa decidir por contratar com terceiros (e não produzir

---

[700] Código Civil, Art. 104: "A validade do negócio jurídico requer: I – agente capaz; II – objeto lícito, possível, determinado ou determinável; III – forma prescrita ou não defesa em lei."

[701] Código Civil, Art. 166: "É nulo o negócio jurídico quando: I – celebrado por pessoa absolutamente incapaz; II – for ilícito, impossível ou indeterminável o seu objeto; III – o motivo determinante, comum a ambas as partes, for ilícito; IV – não revestir a forma prescrita em lei; V – for preterida alguma solenidade que a lei considere essencial para a sua validade; VI – tiver por objetivo fraudar lei imperativa; VII – a lei taxativamente o declarar nulo, ou proibir-lhe a prática, sem cominar sanção.

[702] DIDIER JR., Fredie. Negócios Jurídicos Processuais Atípicos no CPC-2015. In: *Ensaios sobre os Negócios Jurídicos Processuais*. São Paulo: Editora Juspodivm, 2018, p. 34.

[703] Como dizem Fredie Didier Jr., Júlia Lipiani e Leandro Santos Aragão: "Tais funções dos negócios jurídicos processuais são especialmente relevantes no âmbito dos contratos empresariais, que seguem racionalidade específica e em que há uma negociação especializada – em igualdade de condições, em geral, e com assistência de advogados para ambas as partes – e um regime de concessões recíprocas". (DIDIER JR., Fredie; LIPIANI, Júlia; ARAGÃO, Leandro Santos. Negócios Jurídicos Processuais em Contratos Empresariais. *Revista de Processo*, vol. 279, p. 41-66, mai./2018, DTR 2018/12761, p. 01). Seguem dizendo: "[...] observado o modo de negociação acima apontado, os negócios jurídicos processuais inseridos em contratos empresariais não terão sido inseridos de forma abusiva, ao menos não prima facie, nem será possível considerar que houve contrato de adesão. Nos contratos em questão, os negócios jurídicos processuais contribuem para o equilíbrio contratual, atuando diretamente na formação da vontade dos contratantes. A negociação especializada e o regime de concessões recíprocas, inerentes aos contratos empresariais, abrangem também as cláusulas que contêm negócios jurídicos processuais". (DIDIER JR., Fredie; LIPIANI, Júlia; ARAGÃO, Leandro Santos. Negócios Jurídicos Processuais em Contratos Empresariais. *Revista de Processo*, vol. 279, p. 41-66, mai./2018, DTR 2018/12761, p. 09).

internamente). O agente procede à contratação naqueles termos porque lhe parece ser mais vantajoso do que desvantajoso. Os negócios jurídicos processuais estão inseridos nessas vantagens e desvantagens levadas em conta pelos contratantes quando da pactuação do contrato; eles fazem parte do poder de disposição das partes no momento da negociação. É possível que, para pleitear um negócio material mais vantajoso, uma das partes faça concessões nos negócios jurídicos processuais e vice-versa"[704].

Como ensina Fredie Didier Jr., o órgão jurisdicional também pode ser sujeito do negócio processual, constituindo, assim, um negócio processual plurilateral, envolvendo o juiz[705]. Admitir essa impossibilidade seria permitir o mais, mas não o menos: afinal, se as partes podem, sem o juiz, celebrar negócio jurídico processual, certamente podem fazê-lo com a sua participação. Em sede de arbitragem, inclusive, o termo de arbitragem é o negócio jurídico processual que, por excelência, é formado, pelas partes, em conjunto, com a participação dos árbitros.

Quanto à licitude do objeto, há grande indefinição na dogmática. O exame de licitude do objeto do negócio jurídico material presta-se também ao negócio jurídico processual. Podem ser objeto de negócio jurídico processual, modo geral, direitos que admitam autocomposição, sendo que a disponibilidade, nesse tocante, é aquela que recai sobre o direito processual, e não sobre o direito material[706]. É bom ressaltar que a doutrina não interpreta tal requisito como absoluto, o que ficou claro no Enunciado 494 do Fórum Permanente de Processualistas Civis: "a admissibilidade de autocomposição não é requisito para o calendário processual". De modo semelhante, os negócios processuais firmados em sede de arbitragem devem estar em consonância com os limites fixados pela arbitrabilidade objetiva e pelas normas processuais fundamentais.

De modo geral, admite-se o negócio processual em caso de dúvida[707], respeitando-se a liberdade de fixação de negócios jurídicos atípicos. De todo modo, o regime de licitude, do objeto do negócio jurídico material, é plenamente aplicável ao negócio jurídico processual. Ainda, acrescentamos que, com relação aos negócios processuais típicos, praticados no âmbito do Poder Judiciário, os limites para definição do objeto já estarão

---

[704] DIDIER JR., Fredie; LIPIANI, Júlia; ARAGÃO, Leandro Santos. Negócios Jurídicos Processuais em Contratos Empresariais. *Revista de Processo*, vol. 279, p. 41-66, mai./2018, DTR 2018/12761, p. 07.

[705] Nesse sentido, menciona como exemplo de negócio jurídico processual com a participação do juiz a execução negociada de sentença que determinada a implantação de política pública. (DIDIER JR., Fredie. Negócios Jurídicos Processuais Atípicos no CPC-2015. In: *Ensaios sobre os Negócios Jurídicos Processuais*. São Paulo: Editora Juspodivm, 2018, p. 34).

[706] "O primeiro requisito prevê que a convenção deve versar sobre direitos que admitam autocomposição. Aqui estão incluídos os direitos processuais e as regras sobre o procedimento, desde que sejam normas processuais disponíveis ou, ao menos, que não recaiam sobre interesses processuais predominantemente estatais. Ressalte-se que a disponibilidade do objeto pactuado pode se referir tanto ao direito material quanto às normas processuais, embora a indisponibilidade do direito material não afete a disponibilidade do direito processual que se pretende convencionar (cláusula de diferendo) e vice-versa. Nesse contexto, não seria admissível convencionar sobre normas processuais cogentes, embora nem sempre essa distinção seja nítida". (CABRAL, Trícia Navarro Xavier. Convenções em Matéria Processual. *Revista de Processo*. Vol. 241, p. 489-516, mar./2015, DTR 2015/2136, p. 07).

[707] CABRAL, Antonio do Passo. *Convenções Processuais*. Salvador: Juspodivm, 2016, p. 254.

definidos na própria norma, como ocorre no art. 63 do CPC[708], ao prever que somente a competência relativa pode ser negociada. Já nos negócios jurídicos processuais atípicos, mencionam que não podem ter por objeto afastar regra processual que proteja direito indisponível[709]. No âmbito da arbitragem, o objeto do negócio jurídico processual terá de respeitar os limites de arbitrabilidade objetiva.

Por óbvio, o objeto do negócio jurídico processual típico será sempre previsto na sua respectiva norma. De outro lado, quanto aos negócios jurídicos processuais atípicos, o seu objeto é o ponto mais sensível e indefinido na dogmática[710]. São dois os grupos de objetos sobre os quais o negócio processual atípico pode recair[711]: (a) ônus, faculdades, deveres e poderes das partes; (b) redefinição da forma ou ordem dos atos processuais. Em arbitragem, ambos os objetos estão abarcados pela regra geral de flexibilidade procedimental, que permite que o procedimento seja moldado, conforme as necessidades concretas das partes.

No que se refere à forma, ela é, em princípio, livre. Faz-se possível, regra geral, negócio jurídico processual oral ou escrito, expresso ou tácito, fora ou no âmbito do processo[712]. Privilegia-se a flexibilidade procedimental e a liberdade de forma como atributos dignos de serem preservados, afastando-se de concepção formalista de processo, não condizente com a preocupação contemporânea de assegurar, sobretudo, a tutela adequada, tempestiva e efetiva de direitos.

A forma do ato e do procedimento é garantia de segurança e de previsibilidade no sistema de *civil law*, como no brasileiro. Por meio da forma, evita-se discricionariedades que poderiam romper com o tratamento isonômico que as partes de qualquer relação processual esperam[713]. De outro lado, os negócios jurídicos processuais buscam, muitas vezes, exatamente a flexibilização do procedimento. Essa flexibilização, contudo, não pode representar renúncia à forma[714]. Pelo contrário, deve representar o uso *comedido*

---

[708] Código de Processo Civil, Art. 63: "As partes podem modificar a competência em razão do valor e do território, elegendo foro onde será proposta ação oriunda de direitos e obrigações. § 1º A eleição de foro só produz efeito quando constar de instrumento escrito e aludir expressamente a determinado negócio jurídico. § 2º O foro contratual obriga os herdeiros e sucessores das partes. § 3º Antes da citação, a cláusula de eleição de foro, se abusiva, pode ser reputada ineficaz de ofício pelo juiz, que determinará a remessa dos autos ao juízo do foro de domicílio do réu. § 4º Citado, incumbe ao réu alegar a abusividade da cláusula de eleição de foro na contestação, sob pena de preclusão".

[709] DIDIER JR., Fredie; LIPIANI, Júlia; ARAGÃO, Leandro Santos. Negócios Jurídicos Processuais em Contratos Empresariais. In: Marco Aurélio Bellizze; Marco Antonio Rodrigues; Thiago Dias Delfino Cabral (Coord.). *Processo Civil Empresarial*. São Paulo: Editora Juspodivm, 2022, p. 26-29.

[710] DIDIER JR., Fredie; LIPIANI, Júlia; ARAGÃO, Leandro Santos. Negócios Jurídicos Processuais em Contratos Empresariais. In: Marco Aurélio Bellizze; Marco Antonio Rodrigues; Thiago Dias Delfino Cabral (Coord.). *Processo Civil Empresarial*. São Paulo: Editora Juspodivm, 2022, p. 29.

[711] TAVARES, João Paulo Lordelo Guimarães. Da Admissibilidade dos Negócios Jurídicos Processuais no Novo Código de Processo Civil: aspectos teóricos e práticos. *Revista de Processo*, vol. 254/2016, p. 91-109, abr./2016, DTR 2016/19687, p. 07.

[712] DIDIER JR., Fredie; LIPIANI, Júlia; ARAGÃO, Leandro Santos. Negócios Jurídicos Processuais em Contratos Empresariais. In: Marco Aurélio Bellizze; Marco Antonio Rodrigues; Thiago Dias Delfino Cabral (Coord.). *Processo Civil Empresarial*. São Paulo: Editora Juspodivm, 2022, p. 29.

[713] CABRAL, Trícia Navarro Xavier. Convenções em Matéria Processual. *Revista de Processo*. Vol. 241, p. 489-516, mar./2015, DTR 2015/2136, p. 03.

[714] Assim bem ressalta Antonio Aurélio Abi Ramia Duarte: "Inicialmente, cabe salientar que a flexibilização procedimental não importa na renúncia ou negação à forma; ao contrário, trata-se de uma

da forma, já que o apego irrestrito à forma pode prejudicar em vez de beneficiar as partes[715]. Por isso, vige a regra de que, no negócio jurídico processual, tal como no negócio jurídico material, é necessário obedecer à forma prescrita ou não defesa em lei, sob pena de contaminação de sua validade[716].

Sobre o tema da validade do negócio jurídico processual, Humberto Theodoro Júnior esclarece que o negócio jurídico processual "deve versar sobre uma situação jurídica individualizada e concreta, de sorte que não são válidas as convenções genéricas (...) avaliação judicial se dá depois de consumado o negócio processual, não se apresentado como requisito de seu aperfeiçoamento, mas tão somente de verificação de sua legalidade[717]".

Além disso, existem requisitos adicionais de validade do negócio jurídico processual que não se limitam àqueles previstos no art. 104 do Código Civil. Essa, inclusive, é a posição adotada pelo STJ, dando um especial enfoque à observância de ditames constitucionais por envolver temas de interesse público. O STJ, no REsp 1.810.444, relatado pelo Ministro Luis Felipe Salomão, firmou o entendimento de que "quando a convenção processual interferir em poderes, deveres e faculdades do juiz, o negócio somente se perfectibilizará se esse, baseado em um juízo discricionário, concordar com a pactuação[718]".

Nesse caso em específico, a Corte Superior julgou as limitações de ordem pública que devem ser impostas aos negócios jurídicos processuais, concluindo, ao citar o professor Carlos Alberto de Oliveira, que,

> "quando evidenciado um conflito entre alguma das típicas garantias processuais formadoras da tutela justa (contraditório, igualdade, ampla defesa) e a manifestação volitiva das partes, acredita-se que o magistrado, diante do caso concreto, deverá realizar um exame de ponderação entre os valores colidentes (...) Inegável que o devido processo legal consista em um robusto limite à livre pactuação processual, decorrendo diretamente de imperativo constitucional positivado nos incisos LIV e LV do art. 5º da Carta Magna[719]".

---

proposta para que esta seja democraticamente exercida, tornando o processo espaço de pleno diálogo e reflexões. [...] A forma deve ser racionalmente manejada e pensada, afinal, da mesma maneira que a violação aos requisitos legais implica o comprometimento procedimental, maculando os escopos do processo, a vã perseguição da forma como objeto central do processo corrompe o seu regular andamento". (DUARTE, Antonio Aurélio Abi Ramia. Negócios Processuais e seus Novos Desafios. *Revista dos Tribunais*, vol. 955, p. 211-227, mai./2015, DTR 2015/3721, p. 01-04).

[715] "[...] muito embora a forma do ato processual seja fator de garantia para as próprias partes, o apego exagerado a ela também constitui óbice à consecução dos objetivos do processo. Não há de se esquecer que os maiores interessados na solução da relação material posta à decisão são precisamente as partes". (SILVESTRE, Gilberto Fachetti. Negócio Jurídico: um conceito histórico relativizado pelo novo Código de Processo Civil. *Revista de Direito Privado*, vol. 75, p. 81-113, mar./2017, DTR 2017/462, p. 18).

[716] "O sistema da legalidade das formas procedimentais tem regras rigidamente pré-estabelecidas por lei, decorrendo eventual violação normativa na invalidade do próprio ato, de todo o procedimento ou do processo. Esse sistema porta maior segurança jurídica e previsibilidade às partes que nele litigam, já que conhecem todo o rito do início ao fim. A forma revela-se necessária como meio hábil a controlar a atividade estatal, evitando o arbítrio do magistrado na sua atuação e no eventual cometimento de ilegalidades" (DUARTE, Antonio Aurélio Abi Ramia. Negócios Processuais e seus Novos Desafios. *Revista dos Tribunais*, vol. 955/2015, p. 211-227, mai./2015, DTR 2015/3721, p. 04).

[717] THEODORO JÚNIOR, Humberto. *Curso de direito processual civil*. Vol. 1. 59ª ed. Rio de Janeiro: Forense, 2018, p. 501.

[718] STJ. Resp n. 1.810.444/SP. Rel. Min. Luis Felipe Salomão. Quarta Turma. J. Em: 23.02.2021.

[719] STJ. Resp n. 1.810.444/SP. Rel. Min. Luis Felipe Salomão. Quarta Turma. J. Em: 23.02.2021.

Além disso, em um outro acórdão paradigmático, o STJ, no julgamento do REsp 1.524.130, relatado pelo Ministro Marco Aurélio Bellizze, também manifestou o posicionamento de que cabe ao Magistrado, de ofício, controlar a validade dos negócios jurídicos processuais, estabelecendo que "é dever do Magistrado controlar a validade do negócio jurídico processual, de ofício ou a requerimento da parte ou de interessado, analisando os pressupostos estatuídos pelo direito material"[720].

De modo geral, o negócio jurídico processual não depende de forma específica. Pode, assim, ser oral ou escrito, expresso ou tácito, extrajudicial ou judicial[721]. Em algumas hipóteses específicas, contudo, deve respeitar forma prescrita em lei: é o caso da convenção de arbitragem, que deve ser, necessariamente, escrita[722].

Independentemente das prescrições legais, há quem defenda a adoção de *standards* mínimos para a celebração dos negócios jurídicos processuais, a fim de evitar possíveis questionamentos acerca de sua validade. Nesse sentido, Fredie Didier Jr., Júlia Lipiani e Leandro Santos Aragão recomendam as seguintes precauções: "a) que as convenções processuais sejam escritas em texto negritado ou destacado de outra forma; b) que haja espaço próprio para assinatura ao lado das convenções processuais; c) bem como que a parte contratada esteja acompanhada de advogado; e d) que tal acompanhamento fique registrado no contrato por meio da sua respectiva assinatura"[723].

3. Plano da eficácia

Quanto ao plano da eficácia, há negócios jurídicos processuais que produzem efeitos por si só, isto é, imediatamente após a manifestação de vontade das partes, na sua constituição[724]. No processo civil estatal há negócios jurídicos processuais que dependem de homologação judicial para que possam surtir efeitos. Fredie Didier Jr. menciona alguns exemplos, como a desistência da demanda (art. 200, parágrafo único, do CPC) e a organização consensual do processo (art. 357, § 2º, do CPC)[725].

De outra banda, quando são firmados negócios jurídicos processuais em sede de arbitragem, não há que se falar em homologação por parte do tribunal arbitral. Em alguns desses negócios o tribunal arbitral será parte (como o termo de arbitragem), enquanto

---

[720] STJ. Resp n. 1.524.130/PR. Rel. Min. Marco Aurélio Bellizze. Terceira Turma. J. Em 03.12.2019.

[721] DIDIER JR., Fredie; LIPIANI, Júlia; ARAGÃO, Leandro Santos. Negócios Jurídicos Processuais em Contratos Empresariais. In: Marco Aurélio Bellizze; Marco Antonio Rodrigues; Thiago Dias Delfino Cabral (Coord.). *Processo Civil Empresarial*. São Paulo: Editora Juspodivm, 2022, p. 29.

[722] Sobre a forma da convenção de arbitragem, ver Capítulo 11.

[723] DIDIER JR., Fredie; LIPIANI, Júlia; ARAGÃO, Leandro Santos. Negócios Jurídicos Processuais em Contratos Empresariais. *Revista de Processo*, vol. 279, p. 41-66, mai./2018, DTR 2018/12761, p. 09.

[724] "Por fim, quanto ao plano da eficácia, ressalta-se que a norma processual é eficaz por si só, de modo que, ao manifestar vontade na constituição de negócio jurídico processual, as partes se submetem às opções legislativas do CPC. A regra é que não seja possível a estipulação de termo ou encargo, tal como no Direito material, todavia, não afetando a eficácia do processo em vias de satisfação dos interesses dos jurisdicionados, nada obsta que as partes, no exercício da autonomia da vontade privada" (GAIO JÚNIOR, Antônio Pereira. Negócios jurídicos processuais e as bases para a sua consolidação no CPC/2015. *Revista de Processo*, vol. 267, p. 43-73, mai./2017, DTR 2017/1028, p. 10).

[725] DIDIER JR., Fredie; LIPIANI, Júlia; ARAGÃO, Leandro Santos. Negócios Jurídicos Processuais Atípicos no Código de Processo Civil de 2015. *Revista Brasileira da Advocacia*. 2016, abr./jun., 2016, p. 09.

em outros estará sujeito ao que foi acordado previamente pelas partes (língua do procedimento, prazos, entre outros). Assim, percebe-se que há maior margem de liberdade para as partes e menor possibilidade de controle por parte do julgador em relação aos negócios processuais firmados no curso de procedimento arbitral.

Em termos de eficácia, é possível apontar a diferença entre os negócios discricionários e vinculativos. Os negócios discricionários seriam aqueles em que as partes determinam a sua produção de efeitos e as eventuais condições para tanto[726]. No processo civil estatal, são exemplos desses negócios o foro de eleição, a convenção para distribuição de ônus de prova, a convenção para substituição de bem penhorado, entre outros[727]. De modo diverso, são negócios vinculativos aqueles para os quais o sujeito não estabelece, sozinho, o alcance do negócio[728]. Nesse contexto, são negócios vinculativos a renúncia, a desistência da ação ou de recurso, o reconhecimento da procedência do pedido, entre outros[729]. Quanto aos negócios vinculados, vige a regra de que, inexistente defeito no que foi pactuado, o juiz não pode recusar a aplicação do negócio jurídico processual[730]. Isto é, deve prestigiar a autonomia privada.

A convenção de arbitragem e os demais negócios firmados exclusivamente entre as partes são modalidades de negócios discricionários. Cabe apenas aos contratantes, dentro da sua autonomia privada e respeitando os limites das regras cogentes, definirem as regras processuais a serem seguidas. De modo diverso, em outros negócios produzidos em conjunto com o tribunal arbitral – como a ata de missão, *Redfern Schedule*, entre outros – serão classificados como vinculados. Por certo, as classificações de negócios discricionários e vinculados, no âmbito do processo civil perante o Poder Judiciário, não são inteiramente aplicáveis em sede de arbitragem. Havendo maior liberdade para as partes e menor possibilidade de controle pelo julgador, a grande maioria dos atos negociais apresentarão natureza discricionária.

Por fim, no campo da eficácia, devem as partes considerar eventuais consequências do descumprimento do pactuado. É perfeitamente possível que as partes pactuem sanções pela inobservância do negócio jurídico processual, podendo o juiz, também, estabelecer sanções que entender cabíveis[731]. No caso da arbitragem, o descumprimento das regras

---

[726] "Característica común de los negocios jurídicos es que el efecto jurídico no se produce si el interesado no lo quiere. En ocasiones, el interesado determina la extensión del efecto jurídico o sus condiciones, y entonces se llama *negocio discrecional*, como sucede en el compromiso para someter un litigio a arbitramento y en el acuerdo para designar secuestre o en el nombramiento del defensor." (ECHANDÍA, Devis. *Teoria General Del Proceso*. Buenos Aires: Editorial Universidad, 1997, p. 379).

[727] BRAGA, Paula Sarno. Primeiras Reflexões sobre uma Teoria do Fato Jurídico Processual: plano da existência. *Revista de Processo*, vol. 148, p. 293-320, jun/2007, DTR 2007/362, p. 11.

[728] "En otros casos el interesado puede hacer producir o no el efecto jurídico, pero no señalar el alcance que tenga, porque la ley lo determina precisamente, y se llaman *negocios vinculativos*, como cuando se sanea una nulidad o se allana un impedimento del juez". (ECHANDÍA, Devis. *Teoria General Del Proceso*. Buenos Aires: Editorial Universidad, 1997, p. 379).

[729] BRAGA, Paula Sarno. Primeiras Reflexões sobre uma Teoria do Fato Jurídico Processual: plano da existência. *Revista de Processo*, vol. 148, p. 293-320, jun./2007, DTR 2007/362, p. 11.

[730] DIDIER JR., Fredie; LIPIANI, Júlia; ARAGÃO, Leandro Santos. Negócios Jurídicos Processuais Atípicos no Código de Processo Civil de 2015. *Revista Brasileira da Advocacia*. 2016, abr./jun., 2016, p. 09.

[731] "Por sua vez, se uma das partes não cumprir o pactuado, deve se submeter às sanções estabelecidas no acordo, sem prejuízo de que outras de natureza processual sejam aplicadas, evitando-se e

processuais ajustadas poderá levar, até mesmo, à nulidade da sentença prolatada. Por ser procedimento altamente contratualizado, desrespeitar o rito ajustado e consentido é ato de grande gravidade, podendo gerar vícios insanáveis que podem fulminar o pronunciamento jurisdicional definitivo – sentença – do tribunal arbitral.

Desse modo, percebe-se que os negócios jurídicos processuais podem ser analisados de modo semelhante aos negócios de direito material. Embora a doutrina processual civil tenha se debruçado mais atentamente sobre esse tema, após a edição do CPC/2015, e com o estabelecimento da cláusula geral de negociabilidade no art. 190, importante destacar que nem todas as conclusões, categorias e classificações propostas são inteiramente compatíveis com o que ocorre no procedimento arbitral. Assim, quando se tem em mente uma abordagem mais ampla dos negócios jurídicos processuais – enquanto categoria dogmática autônoma, aplicáveis às diferentes modalidades de processo –, importa ter presente as semelhanças e as diferenças como cada jurisdição é exercida, bem como quais são os princípios que lhes são subjacentes.

Dito de outro modo, é possível, no âmbito da arbitragem, apoiar-se em grande medida nas conclusões e nos estudos realizados pela processualística brasileira na matéria dos negócios jurídicos processuais, mas sem perder de vista as peculiaridades próprias da arbitragem, que impõem a necessidade de fazer modificações tópicas. Assim, trata-se de exercício de compatibilização, permitindo o diálogo dogmático entre duas modalidades distintas de processo, tendo em comum o fato de apresentarem, ambas, jurisdição, mas de fontes imediatas diversas.

Em grande medida, o fator distintivo e que confere sentido à distinção entre negócios jurídicos materiais e negócios jurídicos processuais é a existência de regras próprias e distintas que os negócios processuais têm de respeitar, sob pena de serem fulminados de nulidade. Tanto no âmbito da arbitragem quanto no âmbito do processo civil, os negócios processuais hão de respeitar as normas de direito fundamental processual – consagradas na Constituição Federal e na Lei de Arbitragem/Código de Processo Civil. Mesmo negócios pré-processuais, que pretendam produzir efeitos no âmbito do processo, têm de respeitar tais regras cogentes, próprias da construção de uma relação processual, não substantiva.

§ 15. FUNÇÃO DOS NEGÓCIOS JURÍDICOS NO ÂMBITO DO PROCESSO

1. Racionalização do Litígio

Há, preponderantemente, uma cultura belicosa enraizada no modo como se percebe o processo. Usualmente, vê-se no polo adverso uma espécie de inimigo, havendo pouco incentivo para diálogo ou solução amigável da controvérsia. Entretanto, há de se reco-

---

punindo-se qualquer ato de má-fé ou atentatório à dignidade da justiça. Por isso é importante que as partes estabeleçam previamente as consequências do descumprimento da convenção, podendo o juiz, ainda, estipular outras sanções, no interesse e preservação da boa e eficiente prestação jurisdicional do Estado". (CABRAL, Trícia Navarro Xavier. Convenções em Matéria Processual. *Revista de Processo*. Vol. 241, p. 489-516, mar./2015, DTR 2015/2136, p. 11). No mesmo sentido: "Nessa diretriz, ao elaborar o negócio jurídico processual é fundamental que as partes tenham esse conhecimento da possibilidade do descumprimento, devendo prever sua punição e que essa punição seja severa o suficiente para que evite o descumprimento". (GIANNAKOS, Demétrio Beck da Silva. Análise Econômica dos Negócios Jurídicos Processuais. *Revista de Processo*, vol. 278, p. 497-519, abr./2018, DTR 2018/10631, p. 08-09).

nhecer, atualmente, que essa percepção acerca do fenômeno processual está longe de ser a mais adequada às necessidades das partes ou compatível com a ordem constitucional. Os custos do processo são frequentemente ignorados, e as partes deixam de aproveitar oportunidades de racionalizar a solução da controvérsia existente.

É necessário superar o pressuposto de que a presença de conflito no plano do direito material implica, necessariamente, um desacordo quanto às posições processuais, sendo possível – e desejável – a existência de acordos mínimos sobre o modo pelo qual a resolução do litígio ocorrerá[732]. É dizer: por mais que as partes estejam em polos opostos no aspecto material – havendo divergências fático-jurídicas entre ambas – é possível que se coloquem de acordo acerca do modo da solução da disputa. Ou seja, a contenda sobre um determinado direito não é um impeditivo para que as partes, imbuídas de boa-fé, dialoguem e cheguem a consensos mínimos, notadamente de natureza processual.

O trabalho conjunto dos litigantes, superando a perspectiva meramente adversarial, traz uma racionalização do processo, que é potencialmente benéfica para ambas as partes. É possível evitar dilações desnecessárias, com o benefício direto de menores custos[733]. Entretanto, é preciso reconhecer que, por vezes, uma das partes pratica atos processuais com o intuito protelatório, sem que busque, efetivamente, a obtenção de uma posição jurídica mais benéfica.

Por certo o ônus do tempo do processo não é distribuído de modo equitativo entre as partes. Especialmente diante de relações assimétricas, a duração do processo tende a ser mais penosa para a parte que se encontra em uma posição mais frágil. Nesse sentido, a outra parte não terá, em princípio, benefícios com a racionalização do processo, diminuindo o tempo de duração da lide.

Por certo, o tempo no processo é um elemento a ser considerado na estratégia das partes perante um determinado litígio. Entretanto, não deixa de ilustrar uma disfuncionalidade, no sistema de solução de disputas vigente, pois o processo deixa de ser um elemento economicamente neutro e passa a ser um fator a ser considerado, em decisões importantes das partes.

Em que pese o reconhecimento desse cenário, há também de se reconhecer, dentro de uma outra lógica de gestão processual, que consensos mínimos acerca dos termos procedimentais podem ser benéficos para ambas as partes em determinadas ocasiões[734]. Para que o processo seja satisfatório e útil, enquanto modo de solução de litígios, há de se ter como ponto de partida uma visão racional do procedimento, o que traz potenciais ganhos qualitativos[735].

O litígio não deve ser confundido com a sua forma de resolução, pois é possível que a discordância acerca das questões de direito material conviva com acordos na seara

---

[732] TAVARES, João Paulo Lordelo Guimarães. Da Admissibilidade dos Negócios Jurídicos Processuais no Novo Código de Processo Civil: aspectos teóricos e práticos. *Revista de Processo*, vol. 254, p. 91-109, abr./2016, DTR 2016/19687, p. 06.

[733] PAGNUSSAT, Vitória Souza. *Convenções Processuais nas Ações Coletivas*. 129f. Dissertação (Mestrado em Direito). Fundação Escola Superior do Ministério Público. Porto Alegre, 2020, p. 47.

[734] CABRAL, Trícia Navarro Xavier. Convenções em Matéria Processual. *Revista de Processo*. Vol. 241, p. 489-516, mar./2015, DTR 2015/2136, p. 13.

[735] DUARTE, Antonio Aurélio Abi Ramia. Negócios Processuais e seus Novos Desafios. *Revista dos Tribunais*. Vol. 955, p. 211-227, mai./2015, DTR 2015/3721, p. 02.

processual, operacionalizados por meio de um negócio jurídico processual apto a atender o interesse dos sujeitos processuais[736]. Por exemplo, em situação em que ambas as partes, de boa-fé, acreditam ter a posição juridicamente correta, é possível que acordem mais facilmente acerca da limitação do âmbito probatório, determinados prazos processuais, renúncia a determinadas faculdades processuais, entre outros elementos. Igualmente, durante a conclusão do contrato, é possível que se convencione de antemão disposições específicas sobre citações e intimações, cumprimento da sentença ou outros ajustes potencialmente benéficos à solução do litígio.

Por essa razão, os negócios jurídicos processuais, ao atribuir às partes o poder de normatizar, dentro de determinados limites, a relação processual, acaba por trazer uma racionalização e eficiência para o procedimento, evidenciando uma efetiva preocupação com a resolução do conflito, desprestigiando a antiga concepção formalista, em favor de um protagonismo da autonomia privada das partes[737].

2. Mitigação de custos

A decisão de celebrar ou não o negócio jurídico é uma decisão negocial das partes, que influi nos custos de transação relacionados a uma determinada transação comercial. Isso porque um dos benefícios no uso inteligente dos negócios jurídicos processuais é a mitigação de custos.

Com efeito, sabendo utilizar os negócios jurídicos processuais, as partes podem acelerar o curso e os atos do procedimento[738]. Isso porque, privilegiando a autonomia privada, os negócios jurídicos processuais permitem alcance de maior eficiência, com a estipulação de regras vantajosas às partes[739]. Muito similar ao que ocorre na arbitragem, os negócios jurídicos processuais têm, assim, o condão de flexibilizar o procedimento e melhor adequá-lo ao interesse das partes.

Tome-se, por exemplo, a calendarização processual. Em vez de se valerem dos prazos processuais, por vezes extensos e com intimações de efetivação demorada – dada a sobrecarga do Poder Judiciário e dos seus órgãos –, as partes podem prever as etapas e as datas dos atos processuais do processo, com isso tornando mais célere e eficaz a apresentação de manifestações e a produção de provas. Outro exemplo é a própria escolha do foro processual, que pode reduzir custos e tempo das partes com deslocamentos, audiências, produção de provas e busca por bens do devedor.

---

[736] CABRAL, Trícia Navarro Xavier. Convenções em Matéria Processual. *Revista de Processo*. Vol. 241, p. 489-516, mar./2015, DTR 2015/2136, p. 13.

[737] PAGNUSSAT, Vitória Souza. *Convenções Processuais nas Ações Coletivas.* 129f. Dissertação (Mestrado em Direito). Fundação Escola Superior do Ministério Público. Porto Alegre, 2020, p. 47.

[738] "A possibilidade de celebração de negócios processuais é instrumento poderoso nas mãos das partes, desde que elas saibam utilizá-lo. De fato, ao invés de depender de demoradas intimações e de muitas petições, as partes podem celebrar negócios processuais que resolvam tudo em breve tempo, restando ao juiz a colheita das provas e, obviamente, a missão de julgar". (BONIZZI, Marcelo José Magalhães. Estudo Sobre os Limites da Contratualização do Litígio e do Processo. *Revista de Processo*, vol. 269, p. 139-149, jul./2017, DTR 2017/1815, p. 02).

[739] GIANNAKOS, Demétrio Beck da Silva. Análise Econômica dos Negócios Jurídicos Processuais. *Revista de Processo*, vol. 278, p. 497-519, abr./2018, DTR 2018/10631, p. 08.

3. Aderência entre o processo e o direito material

Os negócios jurídicos processuais permitem que as partes modulem o curso processual de um modo mais compatível com seus interesses e suas preocupações substantivas, trazendo maior eficácia para a solução da controvérsia, em respeito à autodeterminação dos sujeitos processuais[740]. É uma técnica jurídica que permite a construção consensual e equitativa de um procedimento próprio e adequado ao caso concreto, evitando impasses processuais[741].

Assim, permitem uma adaptabilidade às singularidades da causa e às necessidades das partes[742], tutelando efetivamente o direito material e os fins do processo, conferindo a maior efetividade possível ao direito processual, na consecução da tarefa de dar efetividade às situações jurídicas materiais e outorgar justiça[743]. Afinal, o ordenamento jurídico, em abstrato, não prevê procedimentos específicos a cada caso concreto, o que seria impossível, diante da diversidade das relações[744].

Os negócios jurídicos processuais atuam como instrumento para a customização processual e para garantir segurança e previsibilidade às partes[745]. Os negócios jurídicos processuais, é bom alertar, não só atendem às peculiaridades do direito material em abstrato, como em relação ao próprio contrato definido pelas partes[746].

As partes devem ter, portanto, cuidado ao se valerem dos negócios jurídicos processuais, pois, da mesma forma que podem as beneficiar, podem também afetar diretamente o mérito da causa. Tome-se como exemplo o negócio jurídico processual atinente às provas, capaz de dificultar as chances de êxito de uma das partes[747].

4. Atualização das regras processuais

Por fim, dado o lapso de tempo entre a criação da norma jurídica e o momento de sua aplicação, é indubitável que, por vezes, uma determinada norma processual pode não se adequar perfeitamente ao interesse das partes. Diversas normas processuais, ainda

---

[740] SILVESTRE, Gilberto Fachetti. Negócio Jurídico: um conceito histórico relativizado pelo novo Código de Processo Civil. *Revista de Direito Privado*, vol. 75, p. 81-113, mar./2017, DTR 2017/462, p. 19.

[741] CABRAL, Trícia Navarro Xavier. Convenções em Matéria Processual. *Revista de Processo*. Vol. 241, p. 489-516, mar./2015, DTR 2015/2136, p. 11.

[742] DUARTE, Antonio Aurélio Abi Ramia. Negócios Processuais e seus Novos Desafios. *Revista dos Tribunais*, vol. 955/2015, p. 211-227, mai./2015, DTR 2015/3721, p. 05.

[743] DUARTE, Antonio Aurélio Abi Ramia. Negócios Processuais e seus Novos Desafios. *Revista dos Tribunais*. Vol. 955/2015, p. 211-227, mai./2015, DTR 2015/3721, p. 01.

[744] GRECO, Leonardo. Publicismo e Privatismo no Processo Civil. *Revista de Processo*, vol. 164, p. 29-56, out./2008, p. 10. DTR 2008/242.

[745] DIDIER JR., Fredie; LIPIANI, Júlia; ARAGÃO, Leandro Santos. Negócios Jurídicos Processuais em Contratos Empresariais. *Revista de Processo*, vol. 279/2018, p. 41-66, mai./2018, DTR 2018/12761, p. 01.

[746] DI SPIRITO, Marco Paulo Denucci. Controle de Formação e Controle de Conteúdo do Negócio Jurídico Processual – Parte I. *Revista de Processo*, vol. 247, p. 137-176, set./2015, DTR 2015/13184, p. 03.

[747] DIDIER JR., Fredie; LIPIANI, Júlia; ARAGÃO, Leandro Santos. Negócios Jurídicos Processuais em Contratos Empresariais. *Revista de Processo*, vol. 279/2018, p. 41-66, mai./2018, DTR 2018/12761, p. 03-04.

que permaneçam úteis *in abstratu,* muitas vezes não fornecem a melhor solução para a sociedade moderna em determinado caso concreto[748].

Nesse sentido, os negócios jurídicos processuais são mecanismos de flexibilização que também permitem adequar o processo, à luz da atual realidade das partes. Isto é, funcionam como instrumento para melhor adequar o processo à realidade material[749], assim se aliando à noção de que o processo não é fim em si mesmo, mas meio para a busca da pacificação social, por meio da realização do Direito[750].

Sem dúvidas, a evolução da sociedade é dotada de novas características, notadamente uma complexa velocidade, o que demanda adaptação do Direito[751]. Mais do que isso, a sociedade comporta uma série de relações dinâmicas e diversas, cada uma com atributos e complexidades diferentes, que tornam as normas processuais predefinidas, em alguns casos, obsoletas ou, ao menos, inadequadas. Nesse âmbito, os negócios jurídicos processuais têm terreno fértil para adaptar as regras processuais à realidade das partes.

---

[748] "Ademais, para determinados casos, inexiste rito propriamente adequado a tutelar a pretensão deduzida, notadamente pela divergência temporal entre a evolução da sociedade e a criação da norma jurídica". (DUARTE, Antonio Aurélio Abi Ramia. Negócios Processuais e seus Novos Desafios. *Revista dos Tribunais,* vol. 955, p. 211-227, mai./2015, DTR 2015/3721, p. 03).

[749] GAIO JÚNIOR, Antônio Pereira. Negócios jurídicos processuais e as bases para a sua consolidação no CPC/2015. *Revista de Processo,* vol. 267/2017, p. 43-73, mai./2017, DTR 2017/1028, p. 08.

[750] SILVESTRE, Gilberto Fachetti. Negócio Jurídico: um conceito histórico relativizado pelo novo Código de Processo Civil. *Revista de Direito Privado,* vol. 75, p. 81-113, mar./2017, DTR 2017/462, p. 18.

[751] DUARTE, Antonio Aurélio Abi Ramia. Negócios Processuais e seus Novos Desafios. *Revista dos Tribunais,* vol. 955/2015, p. 211-227, mai./2015, DTR 2015/3721, p. 08.

Capítulo 5

A CONVENÇÃO DE ARBITRAGEM NA PERSPECTIVA BRASILEIRA E INTERNACIONAL

A arbitragem e todo o seu espectro – a totalidade de direitos, deveres, ônus, ações, exceções, sujeições, poderes, faculdades e pretensões relacionados à arbitragem – têm por embrião a convenção de arbitragem. Dessa forma, a análise sistemática da arbitragem tem por necessário ponto de partida a análise da convenção de arbitragem.

A convenção de arbitragem representa o acordo de vontade expresso, fundado na autonomia privada, pela qual as partes elegem a arbitragem como método de solução para os seus litígios, atuais ou futuros. O presente capítulo propõe analisar a convenção de arbitragem na perspectiva doméstica e internacional, analisando a sua evolução histórica e aceitação no direito brasileiro.

§ 16. CONVENÇÃO DE ARBITRAGEM NA PERSPECTIVA INTERNACIONAL

1. Convenção de arbitragem na Convenção de Nova Iorque

A Convenção sobre o Reconhecimento e a Execução de Sentenças Arbitrais Estrangeiras, também denominada Convenção de Nova Iorque, é um tratado multilateral de 1958. Trata-se de um dos principais diplomas de direito internacional privado, que conta com 170 países signatários. A sua importância histórica se justifica por ter sido um dos principais propulsores da arbitragem como método de resolução de controvérsias no âmbito internacional.

Apesar de seu nome, a Convenção de Nova Iorque não trata, exclusivamente, de sentenças arbitrais estrangeiras. Cuidou a convenção, também, da convenção de arbitragem, a fim de assegurar entendimento uniforme entre os Estados contratantes sobre esse elemento indispensável à arbitragem[752]. Afinal, se cada país adotasse conceitos muito divergentes sobre a convenção de arbitragem, a própria existência da arbitragem poderia ser fragilizada e sequer faria sentido tratar da sentença arbitral.

No seu art. II (1), a Convenção de Nova Iorque define a convenção de arbitragem como "o acordo escrito pelo qual as partes se comprometem a submeter à arbitragem todas as divergências que tenham surgido ou que possam surgir entre si no que diz respeito a um relacionamento jurídico definido, seja ele contratual ou não, com relação a

---

[752] SCHRAMM, Dorothee; GEISINGER, Elliott; PINSOLLE, Philippe. Article II. In: Herbert Kronke; Patricia Nascimento. *Recognition and Enforcement of Foreign Arbitral Awards: A Global Commentary on the New York Convention.* Kluwer Law International, 2010, p. 37-38.

uma matéria passível de solução mediante arbitragem"[753]. Assim, a Convenção de Nova Iorque não estabelece distinção entre cláusula e compromisso arbitral, tratando-os de modo idêntico[754].

Para além disso, percebe-se, do conceito, que a Convenção de Nova Iorque apresenta os requisitos formais da convenção de arbitragem. Disso tratar-se-á mais adiante, em capítulo dedicado ao estudo da forma da convenção de arbitragem. Por ora, cumpre apenas antecipar que a Convenção de Nova Iorque prevê, no seu art. II (2)[755], que a convenção deve ser estipulada por escrito, o que engloba acordos firmados pelas partes ou "contido em troca de cartas ou telegramas".

O conceito do que vem a ser "acordo escrito" foi objeto de extenso debate na fase do projeto da Convenção. Por óbvio, à época em que foi elaborada a Convenção de Nova Iorque (1958), o conceito de forma escrita era bem diverso do atual. Atualmente, consagra-se o entendimento de que o requisito deve ser interpretado de forma abrangente, de modo a encampar tecnologias e meios de comunicação mais modernos (como *e-mails* e outras espécies mensagens eletrônicas), e não apenas aqueles referenciados no texto legal (cartas e telegramas).

2. Convenção de arbitragem na Lei Modelo da UNCITRAL

A Lei Modelo da UNCITRAL também merece ser destacada. Embora não se trate de norma cogente ou de tratado multilateral, consiste em instrumento criado pela Comissão das Nações Unidas para o Direito do Comércio Internacional (UNCITRAL), como base ou inspiração para diversas legislações nacionais em matéria de arbitragem. A Lei Modelo, após a sua revisão em 2006, passou a prever duas distintas proposições para o

---

[753] Redação em português, extraída no Decreto 4.311/2002, que incorporou a Convenção de Nova Iorque ao ordenamento jurídico pátrio. Na versão em inglês: "agreement in writing under which the parties undertake to submit to arbitration all or any differences which have arisen or which may arise between them in respect of a defined legal relationship, whether contractual or not, concerning a subject matter capable of settlement by arbitration".

[754] Convenção de Nova Iorque, art. II (1): "Under Article II (1), an arbitration agreement is the parties' agreement that existing or future disputes arising in respect of a defined contractual or non-contractual legal relationship will be resolved by a private tribunal instead of a court. This definition of the core components of arbitration agreements leads to three observations: – First, arbitration agreements for existing disputes are often called 'submission agreements', as opposed to 'arbitration clauses' that are agreed upon for future disputes. This distinction has no practical implication, as the New York Convention treats both agreements identically. – Second, the arbitration agreement must be concluded in respect of a defined legal relationship, which can be contractual or non-contractual. For example, a standard formulation is that arbitration is chosen for 'claims arising out of or in connection with this Agreement'. The agreement must identify the legal relationship sufficiently so that the parties are aware whether they waive their right to judicial proceedings before a national court with respect to a given matter. An arbitration agreement for future disputes relating to whatever dispute might arise between the parties is invalid, unless it can be linked to a particular legal relationship between them." (SCHRAMM, Dorothee; GEISINGER, Elliott; PINSOLLE, Philippe. Article II. In: Herbert Kronke; Patricia Nascimento. *Recognition and Enforcement of Foreign Arbitral Awards: A Global Commentary on the New York Convention*. Kluwer Law International, 2010, p. 51).

[755] Convenção de Nova Iorque, art. II (2): "The term 'agreement in writing' shall include an arbitral clause in a contract or an arbitration agreement, signed by the parties or contained in an exchange of letters or telegrams".

PARTE I · Capítulo 5 · A CONVENÇÃO DE ARBITRAGEM NA PERSPECTIVA BRASILEIRA E INTERNACIONAL | **163**

seu art. 7º (Opção I[756] e Opção II[757]), que trata da definição e da forma da convenção de arbitragem. Tanto em uma opção, como na outra, a Lei Modelo define a convenção de arbitragem de modo muito similar à Convenção de Nova Iorque, como o acordo das partes para submissão à arbitragem de todas ou determinadas disputas que surgiram ou podem surgir entre elas no que diz respeito a um relacionamento jurídico definido, seja ele contratual ou não.

A distinção entre uma opção e outra consiste, basicamente, no fato de que a Opção II exige a forma escrita para a convenção de arbitragem. Para esse requisito, valem as mesmas considerações acima feitas para a exigência posta pela Convenção de Nova Iorque, no sentido de se interpretar essa condição de forma abrangente, à luz dos tempos atuais.

3. Convenção de arbitragem em legislações comparadas

Definições de convenção de arbitragem podem ser encontradas também nas legislações nacionais de cada país, que tratam sobre arbitragem. A título de exemplo, pode-se citar a legislação do Reino Unido (Sessão 6 (1), (2), UK Arbitration Act, 1996), de Portugal (art. 1, Lei de Arbitragem Voluntária 63/2011), da Espanha (art. 9, Ley 60/2003), Itália (arts. 807 e 808, Codice di Procedura Civile,), França (arts. 1442 a 1449, Code de procédure civile), Alemanha (parágrafo 1029 Zivilprozessordnung, ZPO[758]), da Suíça (art. 357 (1) Código de Processo Civil Suíço (ZPO)), Áustria (Sessão 581 (1), ACCP), Índia

---

[756] Lei Modelo UNCITRAL, art. 7º (Opção I): (1) "Convenção de arbitragem" é o acordo pelo qual as partes decidem submeter à arbitragem todos ou alguns dos litígios surgidos entre elas com respeito a uma determinada relação jurídica, contratual ou extracontratual. Uma convenção de arbitragem pode adotar a forma de uma cláusula compromissória em um contrato ou a de um acordo autônomo. (2) A convenção de arbitragem deve ser feita por escrito. (3) A convenção de arbitragem tem forma escrita quando o seu conteúdo estiver registrado sob qualquer forma, independentemente de a convenção de arbitragem ou o contrato terem sido concluídos oralmente, por conduta ou por qualquer outro meio. (4) O requisito de que a convenção de arbitragem seja celebrada por escrito é preenchido por uma comunicação eletrônica se a informação contida em referida comunicação é acessível de forma a possibilitar sua utilização para referência futura; "comunicação eletrônica" significa toda e qualquer comunicação utilizada pelas partes por meio de mensagens de dados; "mensagem de dados" significa a informação gerada, enviada, recebida ou armazenada por meios eletrônicos, magnéticos, ópticos ou similares, incluindo também, mas não apenas, o intercâmbio eletrônico de dados ("eletronic data interchange – EDI), o correio eletrônico, o telegrama, o telex ou a telecópia. (5) Ademais, uma convenção de arbitragem é escrita se estiver contida em uma troca de petições entre as partes, em que uma das partes alega a existência da convenção de arbitragem e a outra não a nega. (6) Em um contrato, a referência a qualquer documento que contenha uma cláusula compromissória constitui uma convenção de arbitragem por escrito, desde que a referência seja feita de modo a tornar a cláusula parte integrante do contrato.

[757] Lei Modelo UNCITRAL, art. 7º (Opção II): "Convenção de arbitragem" é o acordo pelo qual as partes decidem submeter à arbitragem todos ou alguns dos litígios surgidos entre elas com respeito a uma determinada relação jurídica, contratual ou extracontratual.

[758] Alemanha, Zivilprozessordnung, Parágrafo 1029: (1) Schiedsvereinbarung ist eine Vereinbarung der Parteien, alle oder einzelne Streitigkeiten, die zwischen ihnen in Bezug auf ein bestimmtes Rechtsverhältnis vertraglicher oder nicht vertraglicher Art entstanden sind oder künftig entstehen, der Entscheidung durch ein Schiedsgericht zu unterwerfen. (2) Eine Schiedsvereinbarung kann in Form einer selbständigen Vereinbarung (Schiedsabrede) oder in Form einer Klausel in einem Vertrag (Schiedsklausel) geschlossen werden.

(Sessão 7 (1), The Arbitration And Conciliation Act, 1996) e China (art. 16, Arbitration Law of the People's Republic of China).

O ordenamento britânico define brevemente a convenção de arbitragem como o acordo para submeter à arbitragem disputas presentes ou futuras[759], sejam elas contratuais ou não.

Entre os países ibéricos, Portugal prevê, no texto legal, as espécies cláusula e compromisso arbitral, definindo-os como o "acordo em submeter a arbitragem" um litígio atual (compromisso) ou litígios eventualmente emergentes de determinada relação jurídica contratual ou extracontratual (cláusula)[760].

Na Espanha, a seu turno, faz-se referência ao *convenio arbitral* como o instrumento que expressa a vontade das partes de submeter à arbitragem todas ou algumas controvérsias que tenham surgido ou possam surgir a partir de uma determinada relação jurídica, contratual ou não[761].

---

[759] Reino Unido, Arbitration Act 1996, Section 6: (1) "In this Part an "arbitration agreement" means an agreement to submit to arbitration present or future disputes (whether they are contractual or not)." (2) "The reference in an agreement to a written form of arbitration clause or to a document containing an arbitration clause constitutes an arbitration agreement if the reference is such as to make that clause part of the agreement."

[760] Portugal, LAV, art. 1º: "1 – Desde que por lei especial não esteja submetido exclusivamente aos tribunais do Estado ou a arbitragem necessária, qualquer litígio respeitante a interesses de natureza patrimonial pode ser cometido pelas partes, mediante convenção de arbitragem, à decisão de árbitros; 2 – É também válida uma convenção de arbitragem relativa a litígios que não envolvam interesses de natureza patrimonial, desde que as partes possam celebrar transacção sobre o direito controvertido; 3 – A convenção de arbitragem pode ter por objecto um litígio actual, ainda que afecto um tribunal do Estado (compromisso arbitral), ou litígios eventuais emergentes de determinada relação jurídica contratual ou extracontratual (cláusula compromissória); 4 – As partes podem acordar em submeter a arbitragem, para além das questões de natureza contenciosa em sentido estrito, quaisquer outras que requeiram a intervenção de um decisor imparcial, designadamente as relacionadas com a necessidade de precisar, completar e adaptar contratos de prestações duradouras a novas circunstâncias; 5 – O Estado e outras pessoas colectivas de direito público podem celebrar convenções de arbitragem, na medida em que para tanto estejam autorizados por lei ou se tais convenções tiverem por objecto litígios de direito privado."

[761] Espanha, Ley 60/2003, Artículo 9: "Forma y contenido del convenio arbitral. 1. El convenio arbitral, que podrá adoptar la forma de cláusula incorporada a un contrato o de acuerdo independiente, deberá expresar la voluntad de las partes de someter a arbitraje todas o algunas de las controversias que hayan surgido o puedan surgir respecto de una determinada relación jurídica, contractual o no contractual. 2. Si el convenio arbitral está contenido en un contrato de adhesión, la validez de dicho convenio y su interpretación se regirán por lo dispuesto en las normas aplicables a ese tipo de contrato. 3. El convenio arbitral deberá constar por escrito, en un documento firmado por las partes o en un intercambio de cartas, telegramas, télex, fax u otros medios de telecomunicación que dejen constancia del acuerdo. Se considerará cumplido este requisito cuando el convenio arbitral conste y sea accesible para su ulterior consulta en soporte electrónico, óptico o de otro tipo. 4. Se considerará incorporado al acuerdo entre las partes el convenio arbitral que conste en un documento al que éstas se hayan remitido en cualquiera de las formas establecidas en el apartado anterior. 5. Se considerará que hay convenio arbitral cuando en un intercambio de escritos de demanda y contestación su existencia sea afirmada por una parte y no negada por la otra. 6. Cuando el arbitraje fuere internacional, el convenio arbitral será válido y la controversia será susceptible de arbitraje si cumplen los requisitos establecidos por las normas jurídicas elegidas por las partes para regir el convenio arbitral, o por las normas jurídicas aplicables al fondo de la controversia, o por el derecho español."

PARTE I · Capítulo 5 · A CONVENÇÃO DE ARBITRAGEM NA PERSPECTIVA BRASILEIRA E INTERNACIONAL | 165

A Itália, por sua vez, não contém uma definição expressa de convenção de arbitragem, mas possui capítulo do seu *Codice di Procedura Civile* dedicado à "*convenzione d'arbitrato*", e possui dispositivos distintos para tratar do "*compromesso*" (art. 807) e da "*clausola compromissoria*" (art. 808)[762]. Desses dispositivos, extrai-se que são os acordos das partes pelos quais escolhem que o litígio seja decidido por árbitros.

A França, por sua vez, estabelece em seu Código de Processo Civil que a convenção de arbitragem é o acordo pelo qual as partes submetem um determinado litígio à arbitragem[763]. A lei francesa também estabelece a divisão entre cláusula compromissória e compromisso arbitral[764]. Na Alemanha, o conceito é similar e a lei também realiza o papel de diferencial compromisso de cláusula[765].

---

[762] Itália, Codice di Procedura Civile, art. 807: "Il compromesso deve, a pena di nullità, essere fatto per iscritto e determinare l'oggetto della controversia. La forma scritta s'intende rispettata anche quando la volontà delle parti è espressa per telegrafo, telescrivente, telefacsimile o messaggio telematico nel rispetto della normativa, anche regolamentare, concernente la trasmissione e la ricezione dei documenti teletrasmessi; art. 808: Le parti, nel contratto che stipulano o in un atto separato, possono stabilire che le controversie nascenti dal contratto medesimo siano decise da arbitri, purché si tratti di controversie che possono formare oggetto di convenzione d'arbitrato La clausola compromissoria deve risultare da atto avente la forma richiesta per il compromesso dall'articolo 807. La validità della clausola compromissoria deve essere valutata in modo autonomo rispetto al contratto al quale si riferisce; tuttavia, il potere di stipulare il contratto comprende il potere di convenire la clausola compromissoria."

[763] França, Code de procédure civile, Article 1442: "La convention d'arbitrage prend la forme d'une clause compromissoire ou d'un compromis.La clause compromissoire est la convention par laquelle les parties à un ou plusieurs contrats s'engagent à soumettre à l'arbitrage les litiges qui pourraient naître relativement à ce ou à ces contrats. Le compromis est la convention par laquelle les parties à un litige né soumettent celui-ci à l'arbitrage."; Article 1443: "A peine de nullité, la convention d'arbitrage est écrite. Elle peut résulter d'un échange d'écrits ou d'un document auquel il est fait référence dans la convention principale."; Article 1444: "La convention d'arbitrage désigne, le cas échéant par référence à un règlement d'arbitrage, le ou les arbitres, ou prévoit les modalités de leur désignation. A défaut, il est procédé conformément aux dispositions des articles 1451 à 1454."; Article 1445: "A peine de nullité, le compromis détermine l'objet du litige."; Article 1446: "Les parties peuvent compromettre même au cours d'une instance déjà engagée devant une juridiction."; Article 1447: "La convention d'arbitrage est indépendante du contrat auquel elle se rapporte. Elle n'est pas affectée par l'inefficacité de celui-ci. Lorsqu'elle est nulle, la clause compromissoire est réputée non écrite."; Article 1448: "Lorsqu'un litige relevant d'une convention d'arbitrage est porté devant une juridiction de l'Etat, celle-ci se déclare incompétente sauf si le tribunal arbitral n'est pas encore saisi et si la convention d'arbitrage est manifestement nulle ou manifestement inapplicable. La juridiction de l'Etat ne peut relever d'office son incompétence.Toute stipulation contraire au présent article est réputée non écrite."; Article 1449: "L'existence d'une convention d'arbitrage ne fait pas obstacle, tant que le tribunal arbitral n'est pas constitué, à ce qu'une partie saisisse une juridiction de l'Etat aux fins d'obtenir une mesure d'instruction ou une mesure provisoire ou conservatoire. Sous réserve des dispositions régissant les saisies conservatoires et les sûretés judiciaires, la demande est portée devant le président du tribunal judiciaire ou de commerce, qui statue sur les mesures d'instruction dans les conditions prévues à l'article 145 et, en cas d'urgence, sur les mesures provisoires ou conservatoires sollicitées par les parties à la convention d'arbitrage."

[764] França, Code de procédure civile, Article 1442: "La convention d'arbitrage prend la forme d'une clause compromissoire ou d'un compromis. La clause compromissoire est la convention par laquelle les parties à un ou plusieurs contrats s'engagent à soumettre à l'arbitrage les litiges qui pourraient naître relativement à ce ou à ces contrats. Le compromis est la convention par laquelle les parties à un litige né soumettent celui-ci à l'arbitrage."

[765] Alemanha, Zivilprozessordnung (ZPO), Parágrafo 1029: "(1) Schiedsvereinbarung ist eine Vereinbarung der Parteien, alle oder einzelne Streitigkeiten, die zwischen ihnen in Bezug auf ein bestimmtes

O direito suíço é econômico em sua definição do que seria uma convenção de arbitragem, limitando-se a determinar, no art. 357(1) do Código de Processo Civil Suíço (ZPO)[766], que a convenção de arbitragem pode regular conflitos presentes e futuros de uma relação jurídica definida.

O direito austríaco, por sua vez, incorporou a definição do art. 7º (Opção I) da Lei Modelo da UNCITRAL, definindo a convenção de arbitragem como o acordo pelo qual as partes decidem submeter à arbitragem todos ou alguns dos litígios surgidos entre elas com respeito a uma determinada relação jurídica, contratual ou extracontratual[767]. De igual modo, a Índia também positivou o conceito de convenção de arbitragem inspirando-se na Lei Modelo da UNCITRAL, na seção 7 do Arbitration and Conciliation Act[768].

Por fim, o direito chinês não conceitua diretamente a convenção de arbitragem, mas prevê os seus requisitos no art. 16 da Arbitration Law of the People's Republic of China[769]. Desse dispositivo, extrai-se que a convenção de arbitragem é o acordo para submissão de litígios à arbitragem, antes ou depois de surgido o conflito.

§ 17. CONVENÇÃO DE ARBITRAGEM NO DIREITO BRASILEIRO

1. Convenção de arbitragem antes da edição da Lei 9.307/1996

A primeira referência normativa à convenção de arbitragem, no Brasil, ocorreu na Constituição Imperial de 1824, que, no art. 160, dispunha, na primeira parte, que "nas civeis, e nas penaes civilmente intentadas, poderão as partes nomear juizes árbitros", bem como, na segunda parte, que "suas sentenças serão executadas sem recurso, se assim o convencionarem as mesmas partes".

Na sequência, o tema foi novamente tratado no Código Comercial de 1850, que trazia disposições referentes à arbitragem obrigatória acerca de algumas matérias. Por exemplo, previa-se arbitragem obrigatória para questões como locação mercantil, matérias societárias, quebras, transporte marítimo, naufrágio e avarias.

Rechtsverhältnis vertraglicher oder nicht vertraglicher Art entstanden sind oder künftig entstehen, der Entscheidung durch ein Schiedsgericht zu unterwerfen. (2) Eine Schiedsvereinbarung kann in Form einer selbständigen Vereinbarung (Schiedsabrede) oder in Form einer Klausel in einem Vertrag (Schiedsklausel) geschlossen werden."

[766] Suíça, ZPO, art. 357: "(1) The arbitration agreement may relate to existing or future disputes arising out of a defined legal relationship."

[767] Áustria, ACCP, Section 592: "(1) An arbitration agreement is an agreement by the parties to submit to arbitration all or certain disputes which have arisen or which may arise between them in respect of a defined legal relationship, whether contractual or not. The arbitration agreement may be concluded in the form of a separate agreement or as a clause within a contract."

[768] Índia, The Arbitration And Conciliation Act, Section 7: "(1) – In this Part, "arbitration agreement" means an agreement by the parties to submit to arbitration all or certain disputes which have arisen or which may arise between them in respect of a defined legal relationship, whether contractual or not."

[769] China, Arbitration Law of the People's Republic of China, art. 16: "An arbitration agreement shall include arbitration clauses stipulated in the contract and agreements of submission to arbitration that are concluded in other written forms before or after disputes arise. An arbitration agreement shall contain the following particulars: (1) an expression of intention to apply for arbitration; (2) matters for arbitration; and (3) a designated arbitration commission."

Também em 1850, editou-se o Regulamento 737/1850, que detinha amplo tratamento acerca da arbitragem. O Regulamento determinava a "ordem do juízo no processo commercial", o art. 411 estabelecia que "o juízo arbitral ou é voluntário ou necessario", sendo voluntário quando, nos termos do seu § 1º, "instituído por compromisso das partes". Outros tantos dispositivos do referido decreto fazem referência ao "compromisso"[770] ou às "clausulas do compromisso"[771].

No Decreto 3.900/1867, responsável por regular o "juízo arbitral do commercio", fez-se menção a "compromisso"[772] e "clausula do compromisso"[773]. Foi esse o diploma responsável pela "tradição do compromisso como o único instrumento apto à instauração da arbitragem"[774] no país. Isso porque o art. 9º previa que a "clausula de compromisso" valia apenas como promessa, sendo dependente, para sua execução, de novo acordo das partes.

A Constituição da República dos Estados Unidos do Brasil de 1891 não previa a arbitragem entre particulares. Contudo, fazia referência ao arbitramento no art. 34, item 11, o qual versava que "compete privativamente ao Congresso Nacional [...] autorizar o governo a declarar guerra, se não tiver lugar ou malograr-se o recurso do *arbitramento*, e a fazer a paz". Em verdade, apesar de fazer referência ao arbitramento, o artigo procurava disciplinar a arbitragem.

A arbitragem recebeu tratamento aprofundado no Decreto 3.084, de 1898, que foi responsável pela consolidação de leis referentes à Justiça Federal. Consolidou-se o compromisso como única forma de acesso ao juízo arbitral, bem como foi conferido regulamento processual minudente, em 72 artigos.

---

[770] Código Comercial de 1850, art. 413-417: "Art. 413. Nos casos em que o Juizo arbitral é necessario (art. 411 § 2º), só é de mister o compromisso, si as partes quizerem desistir' dos recursos legaes, ou impor penas convencionaes, bastando sómente nos outros casos a louvação das partes. Art. 414. Podem fazer compromisso todos os que podem transigir."; "Art. 415. O compromisso póde ser judicial ou extrajudicial."; "Art. 416. O compromisso judicial póde ser feito na conciliação prévia, ou em qualquer tempo durante a demanda perante o Juiz de Paz, ou por termo nos autos."; "Art. 417. O compromisso extrajudicial póde ser feito por escriptura publica, ou por escripto particular assignado pelas partes, e duas testemunhas".

[771] Código Comercial de 1850, art. 469: "Art. 469. A clausula do compromisso – sem recurso – não torna irrecorrivel a sentença arbitral no caso de nullidade, proveniente de haverem os arbitros excedido no julgamento os poderes conferidos no compromisso".

[772] Decreto 3.900/1867, art. 3º a 8º: "Art. 3º O Juizo Arbitral só póde ser instituido mediante o compromisso das partes. Art. 4º Podem fazer compromisso todos os que podem transigir. Art. 5º O compromisso ou é judicial ou extrajudicial. Art. 6º O compromisso judicial póde ser feito na conciliação, ou durante a demanda, perante o juiz ou tribunal, onde ella pender, e por termo nos autos. Art. 7º O compromisso extrajudicial póde ser feito por escriptura publica, ou por escripto particular assignado pelas partes e duas testemunhas. Art. 8º O compromisso deve conter sob pena da nulidade. § 1º Os nomes, pronomes e domicilio dos arbitros. § 2º O objecto da contestação sujeita á decisão dos arbitros".

[773] Decreto 3.900/1867, art. 9º: "A clausula de compromisso, sem a nomeação de arbitros, ou relativa a questões eventuaes não vale senão como promessa, e fica dependente para sua perfeição e execução de novo e especial accordo das partes, não só sobre os requisitos do art. 8º senão tambem sobre as declarações do art. 10".

[774] DOLINGER, Jacob; TIBURCIO, Carmen. *Direito internacional privado: arbitragem comercial internacional*. Rio de Janeiro: Renovar, 2003, p. 21.

Nessa época, importantes questões foram dirimidas mediante arbitragem[775]. Primeiro, disputa entre Brasil e Inglaterra pela Ilha da Trindade. Em segundo, aponta-se disputa entre Brasil e França pelo território do Amapá, solucionado em dezembro de 1900. Em terceiro, disputa entre Brasil e Inglaterra por área integrante do estado de Roraima.

De fato, normas subsequentes que tratam de arbitragem previam a figura do "compromisso arbitral". É o caso do Código Civil de 1916, que disciplinou o "compromisso arbitral" nos arts. 1.037 a 1.048. Do art. 1.037, precisamente, extrai-se o conceito do compromisso arbitral, como o compromisso escrito pelo qual as partes "louvavam-se" em árbitros para resolução de pendências judiciais ou extrajudiciais[776].

A Constituição da República dos Estados Unidos do Brasil de 1934 manteve a previsão de arbitragem para disputas internacionais (art. 4.º e art. 40, "b"), estabeleceu que competia privativamente à União legislar sobre arbitragem comercial (art. 5.º, XIX, "c"), bem como, no art. 13 das Disposições Transitórias, dispôs que, "dentro de cinco anos, contados da vigência desta Constituição, deverão os Estados resolver as suas questões de limites, mediante acordo direto ou arbitramento".

A Constituição dos Estados Unidos do Brasil de 1937 dedicou apenas dois dispositivos à arbitragem (art. 18, "d", e art. 184, § 1º), e nenhum deles privilegiando o instituto.

O Código de Processo Civil de 1939, igualmente, fez referência ao compromisso arbitral, em especial nos seus arts. 1.033, § 1º[777], 1.034[778] e 1.035[779]. O Código de Processo Civil de 1973, por sua vez, repetiu referências ao compromisso arbitral, especialmente entre os arts. 1.072 e 1.077, destinados especificamente ao tema. O art. 1.072[780] continha redação similar àquela do art. 1.037 do Código Civil de 1916, permitindo conceituar o compromisso como o compromisso escrito pelo qual as partes "louvavam-se" em árbitros para resolução de pendências judiciais ou extrajudiciais, fazendo-se acrescer que tais litígios poderiam ser "de qualquer valor, concernentes a direitos patrimoniais, sobre os quais a lei admita transação".

A Constituição dos Estados Unidos do Brasil de 1946 também não privilegiou a arbitragem, mencionando no art. 4º que

> "o Brasil só recorrerá à guerra, se não couber ou se malograr o recurso ao *arbitramento* ou aos meios pacíficos de solução do conflito, regulados por órgão internacional de segurança, de que participe; e em caso nenhum se empenhará em guerra de conquista, direta ou indiretamente, por si ou em aliança com outro Estado".

---

[775] ARGOLLO, Oscar. Anotações históricas sobre arbitragem, desde os primórdios até a atualidade. In: Teresa Cristina Pantoja. (Coord.). *Prática em arbitragem*. Rio de Janeiro: Forense Universitária, 2008, p. 16.

[776] Código Civil de 1916, Art. 1.037: "As pessoas capazes de contratar poderão, em qualquer tempo, louvar-se, mediante compromisso escrito, em árbitros, que lhes resolvam as pendências judiciais, ou extrajudiciais".

[777] Código de Processo Civil de 1939, art. 1.033: "(...) § 1º Aceita a arguição pelo arbitro recusado, ou pela parte que o nomeou, extinguir-se-à o compromisso, si não houver substituto".

[778] Código de Processo Civil de 1939, art. 1.034: "Como escrivão do juízo arbitral funcionará um dos árbitros, si outra pessoa não fôr designada no compromisso".

[779] Código de Processo Civil de 1939, art. 1.035: "Celebrado o compromisso na pendência da lide, os autos serão entregues aos árbitros, mediante recibo e independentemente de traslado."

[780] Código de Processo Civil de 1973, art. 1.072: "As pessoas capazes de contratar poderão louvar-se, mediante compromisso escrito, em árbitros que lhes resolvam as pendências judiciais ou extrajudiciais de qualquer valor, concernentes a direitos patrimoniais, sobre os quais a lei admita transação".

PARTE I · **Capítulo 5** · A CONVENÇÃO DE ARBITRAGEM NA PERSPECTIVA BRASILEIRA E INTERNACIONAL | **169**

Posteriormente, o Código de Processo Civil de 1973 continha referências ao compromisso arbitral, por exemplo, no rol de preliminares de contestação (art. 301, inciso IX[781]) e de hipóteses que ensejavam a extinção do processo sem julgamento do mérito (art. 267, inciso VII[782]).

A Constituição da República Federativa do Brasil de 1988 foi econômica no que tange à disciplina arbitral, prevendo apenas no § 1º do art. 114, a respeito da competência da Justiça do Trabalho, que "frustrada a negociação coletiva, as partes poderão eleger árbitros"[783]. Apesar de não mencionar diretamente o nome do instituto, pode-se dizer que a Carta de 1988 prestigiou a arbitragem nas relações internacionais ao estatuir, no inciso VII do art. 4º, que "a República Federativa do Brasil rege-se nas suas relações internacionais pelos seguintes princípios [...] solução pacífica dos conflitos".

O corpo normativo vigente até a entrada em vigor da Lei de Arbitragem não foi capaz de incentivar ampla difusão do instituto[784]. A ausência de reconhecimento de caráter jurisdicional, bem como o não reconhecimento do caráter vinculante da cláusula compromissória e a necessidade de homologação perante o Poder Judiciário serviam de desincentivos para a propagação da arbitragem como forma de resolução de litígios[785].

---

[781] Código de Processo Civil de 1973, art. 301: "Compete-lhe, porém, antes de discutir o mérito, alegar: (...) VIII – compromisso arbitral". A redação foi trocada para "convenção de arbitragem", com a Lei 9.307/1996. Digno de nota que a Lei 9.307/1996 não trocou a redação do § 4º do art. 301, que manteve referência a "compromisso arbitral": "§ 4º Com exceção do compromisso arbitral, o juiz conhecerá de ofício da matéria enumerada neste artigo".

[782] Código de Processo Civil de 1973, art. 267: "Extingue-se o processo, sem julgamento do mérito: (...) VII – pelo compromisso arbitral". A redação foi trocada para "convenção de arbitragem", com a Lei 9.307/1996.

[783] As disposições constitucionais transitórias também preveem, no § 2.º do art. 12, que "os Estados e os Municípios deverão, no prazo de três anos, a contar da promulgação da Constituição, promover, mediante acordo ou arbitramento, a demarcação de suas linhas divisórias atualmente litigiosas, podendo para isso fazer alterações e compensações de área que atendam aos acidentes naturais, critérios históricos, conveniências administrativas e comodidade das populações limítrofes".

[784] "No sistema anterior à Lei 9.307/1996, no que tange à arbitragem no plano interno, duas características principais podem ser destacadas: 1) distinção entre cláusula compromissória e compromisso; 2) necessidade de homologação do laudo arbitral pelo juiz de direito." [...] "A tradição brasileira firmou-se na rígida distinção conceitual entre compromisso e cláusula compromissória, com as conseqüências práticas daí decorrentes. Assim, a cláusula compromissória, contida no contrato original entre as partes, prevendo a submissão de qualquer litígio à arbitragem, não configurava garantia da instauração do juízo arbitral. Somente obrigava à sua realização efetiva que pressupunha uma nova manifestação de vontade das após a celebração do compromisso, partes pela realização da arbitragem, após o surgimento do litígio." (TIBÚRCIO, Carmen. A arbitragem no direito brasileiro: histórico e Lei 9.307/1996. *Revista de Processo*, vol. 104, p. 79-99, out./dez., 2001, DTR 2001/694, p. 02).

[785] Antes da edição da Lei de Arbitragem a homologação era necessária, inclusive, para o reconhecimento de sentenças arbitrais estrangeiras: "La legislación brasileña no se refiere expressis verbis a las decisiones oriundas de un arbitraje extranjero. Sin embargo, son pacíficamente admitidas la posibilidad y la necesidad de la respectiva homologación, en miras a que tales laudos produzcan efectos en el territorio nacional. Se aplican las mismas reglas concernientes a la sentencias. Por otra parte, la jurisprudencia del STF exige, como requisito para la homologación, que el laudo arbitral haya sido a su vez homologado por un órgano judicial en el Estado de origen. Semejante exigencia, a nuestro juicio, no debería prevalecer respecto a arbitrajes realizados en países donde la ley otorga al laudo fuerza de decisión jurisdiccional independientemente de confirmación por algún juez. La actitud del STF en esta materia es demasiado restrictiva y ha sido criticada por la doctrina."

170 CONVENÇÃO DE ARBITRAGEM – *Fichtner • Tolentino • Polastri • Salton*

Por essas razões, bem como por motivos associados à cultura de resolução de disputas vigentes no país, a arbitragem não era vista com muito prestígio[786], cenário que passou a se modificar com a edição da Lei de Arbitragem, que removeu muitos dos obstáculos que impediam anteriormente o desenvolvimento da arbitragem no país[787].

2. Convenção de arbitragem após a edição da Lei 9.307/1996

O anteprojeto elaborado por Carlos Alberto Carmona, Pedro A. Batista Martins e Selma Ferreira Lemes foi apresentado no Senado Federal pelas mãos do Senador Marco Maciel e, depois de aprovado em 1993, foi enviado à Câmara dos Deputados, retornando de lá aprovado apenas em 1996. Em seguida, o projeto foi aprovado pelo Senado Federal e, logo após, sancionado pelo Presidente Fernando Henrique Cardoso, em sessão solene ocorrida aos 23.09.1996[788].

A entrada em vigor da Lei 9.307/1996 no Brasil, chancelada pela declaração de sua constitucionalidade pelo Supremo Tribunal Federal[789], ampliou o espectro de liberdade outorgado aos sujeitos de direito no Brasil para, por meio de manifestação de vontade bilateral (ou multilateral), afastar o conhecimento pelo Poder Judiciário de eventual conflito surgido no seio de um dado conjunto contratual celebrado.

Isso porque, como vista acima, faltava recurso que permitisse a execução específica da convenção de arbitragem, o que retirava a utilidade e a eficácia da avença firmada pelas partes, na hipótese de sua não ratificação no momento de surgimento do conflito. Essa falta permitia que sujeitos que já houvessem subscrito convenções de arbitragem se escusar do uso desse método, baseando-se na rotineira invocação da tese da inafastabilidade do conhecimento pelo Poder Judiciário de qualquer conflito de interesses.

Na verdade, nas últimas décadas o Brasil vivenciou uma revolução dos meios de execução das obrigações de fazer, que tradicionalmente se resolviam em perdas e danos. Primeiro a jurisprudência, notadamente em demandas para a formalização de compromissos de compra e venda, estimulada pela doutrina, passou a dar execução específica a tais obrigações, notadamente obrigações de fazer, relegando a solução das perdas e danos a uma alternativa de que poderia se valer o credor, se essa fosse a sua vontade.

As legislações processual e civil foram também modernizadas para outorgar preferência, sempre que possível e desejado pelo credor, na hipótese de inadimplemento, à execução das obrigações específicas contratualmente ajustadas pelas partes. No Código Civil de 2002, o art. 313 dispõe que "o credor não é obrigado a receber prestação diversa da que lhe é devida, ainda que mais valiosa"; no mesmo sentido, o art. 497 do Código de Processo Civil de 2015 declara que "na ação que tenha por objeto a prestação de

---

(MOREIRA, José Carlos Barbosa. Efectos de las sentencias y laudos arbitrales extranjeros. *Revista de Processo*, vol. 79, p. 184-189, jul./set., 1995, DTR 1995/319, p. 04).

[786] NASCIMBENI, Asdrubal Franco; FINKELSTEIN, Cláudio. Carta Arbitral: possíveis situações de não cooperação do juízo estatal. *Revista de Arbitragem e Mediação*, vol. 54, p. 125-150, jul./set., DTR 2017/5652, p. 08.

[787] GREBLER, Eduardo. Arbitragem nos contratos privados. *Revista dos Tribunais*, vol. 745, p. 59-66, nov./1997, DTR 1997/469, p. 02.

[788] MARTINS, Pedro Antonio Batista. Anotações sobre a arbitragem no Brasil e o projeto de lei do Senado 78/1992. *Revista de Processo*, vol. 77, p. 25-64, jan./mar. 1995, DTR 1995/607.

[789] STF. SE 5.206. Min. Sepúlveda Pertence. J. em: 12.12.2001.

PARTE I · **Capítulo 5** · A CONVENÇÃO DE ARBITRAGEM NA PERSPECTIVA BRASILEIRA E INTERNACIONAL | 171

fazer ou de não fazer, o juiz, se procedente o pedido, concederá a tutela específica ou determinará providências que assegurem a obtenção de tutela pelo resultado prático equivalente."

No campo da arbitragem, observou-se a mesma tendência de preservação dos contratos, ou ao menos da sua essência, inclusive na hipótese de arrependimento de uma das partes. Nas palavras de Carlos Alberto Carmona, hoje, "basta a convenção de arbitragem (cláusula ou compromisso) para afastar a competência do juiz togado, sendo irrelevante estar ou não instaurado o juízo arbitral"[790]. Alexandre Freitas Câmara, no mesmo sentido, aponta a importância da Lei de Arbitragem nesse tocante[791].

O propósito de dar à convenção de arbitragem estatura suficiente e eficácia imediatas a ensejar a instauração da arbitragem, sem a necessidade de nova e posterior manifestação de vontade das partes contratantes, foi refletido no conceito trazido pela lei da convenção de arbitragem. Assim, a cláusula compromissória foi equiparada ao compromisso arbitral, constituindo ambas as duas espécies do gênero convenção de arbitragem[792].

No art. 3º da Lei de Arbitragem, previu-se que "as partes interessadas podem submeter a solução de seus litígios ao juízo arbitral mediante convenção de arbitragem, assim entendida a cláusula compromissória e o compromisso arbitral", adotando-se, assim, um conceito genérico da convenção de arbitragem, com a distinção entre cláusula compromissória e compromisso arbitral.

Em termos conceituais, a convenção de arbitragem, à luz da Lei de Arbitragem, pode ser entendida como o negócio jurídico por meio do qual as partes acordam que um litígio, atual ou futuro, determinado ou determinável, será dirimido por um tribunal arbitral. As noções de negócio jurídico e de autonomia privada são, portanto, ponto de partida metodológico para analisar a convenção de arbitragem, que apresenta caráter acentuadamente voluntarista, como já se teve oportunidade de estudar.

---

[790] Ainda, ressalta que: "o legislador pátrio preferiu adotar sobre o tema posição ambígua e de certo modo conservadora, já que, ao mesmo tempo em que adotou a ideia da convenção de arbitragem, não quis abrir mão do antiquado e tradicional sistema da cláusula como pré-contrato de compromisso (como parece resultar, literalmente, do art. 7º), embora sobremaneira mitigado. É preciso reconhecer, de qualquer modo, que a cláusula compromissória não pode mais ser qualificada como mero pré-contrato, na medida em que ela não consubstancia mais uma promessa de celebrar compromisso, mas sim uma promessa de instituir juízo arbitral. E o compromisso também tem esta característica – qual seja, promessa de instituir juízo arbitral – pois somente com a aceitação do árbitro é que se tem por instaurada a instância arbitral. Uma e outra, portanto, produzem o mesmo efeito de retirar do juiz estatal a competência para conhecer de um determinado litígio, dando margem à instauração do juízo arbitral". (CARMONA, Carlos Alberto. *Arbitragem e Processo: um comentário à Lei nº 9.307/96.* 3ª ed. São Paulo: Atlas, 2009, p. 79).

[791] "A Lei de Arbitragem brasileira rompeu com um velho preconceito existente no Direito Brasileiro ao equiparar a cláusula compromissória ao compromisso arbitral, sendo ambos capazes de ter como efeito a instauração da arbitragem. Abandona-se, assim, a idéia de que o descumprimento da cláusula compromissória só seria capaz de gerar o direito à percepção de uma indenização por perdas e danos. A Lei de Arbitragem cria a figura genérica da convenção de arbitragem, ato jurídico privado cujo efeito é a instauração da arbitragem". (CÂMARA, Alexandre Freitas. *Arbitragem: lei nº 9.307/96.* 4ª ed. Rio de Janeiro: Ed. Lumen Juris, 2005, p. 25).

[792] WALD, Arnoldo; BORJA, Ana Gerdau de. Cláusula compromissória "cheia" e aceitação tácita da cláusula arbitral: caso Itiquira vs. Inepar comentários aos EI 428.067-1/10 do TJPR. *Revista de Arbitragem e Mediação*, vol. 32, p. 343-369, jan./mar., 2012, DTR 2012/2287, p. 15.

3. A disputa pelo reconhecimento da constitucionalidade da Lei de Arbitragem

O reconhecimento da arbitragem frente ao regramento constitucional mostrou-se um desafio em inúmeras jurisdições, todavia, ele vem sendo superado com certa tranquilidade[793]. Como leciona José Carlos Fernández Rozas, "dicha superación se acredita, en primer lugar, en que cada vez es más frecuente la referencia directa a este procedimiento de arreglo de controversias en las Constituciones, de lo cual América Latina es un ejemplo ilustrativo"[794].

O autor cita como exemplos de textos constitucionais com expressa previsão de arbitragem, na América Latina, a Constituição da Costa Rica de 1949 (art. 43), a Constituição do Equador de 1998 (art. 191, § 3º), a Constituição de El Salvador de 1983 (art. 23), a Constituição de Honduras de 1982 (art. 110), a Constituição do Paraguai de 1992 (art. 248, § 2.º), a Constituição do Peru de 1993 (art. 139, § 1.º) e a Constituição do Panamá (art. 202).

No ordenamento pátrio, a Constituição de 1988 prevê explicitamente a arbitragem apenas nos §§ 1º e 2º do art. 114[795], prevendo a arbitragem em dissídios coletivos trabalhistas. Contudo, a Lei de Arbitragem brasileira teve sua constitucionalidade desafiada perante o Supremo Tribunal Federal, em razão da previsão do art. 5º, inciso XXXV, da Carta, segundo o qual "a lei não excluirá da apreciação do Poder Judiciário lesão ou ameaça a direito". Diante dessa previsão constitucional, inúmeros artigos da Lei de Arbitragem foram questionados.[796] José Carlos Barbosa Moreira testemunha a existência de questionamentos quanto à constitucionalidade da Lei de Arbitragem à época da sua edição:

> "Si tratta di un tema che in Brasile è diventato attualissimo in seguito alla promulgazione della Legge 9.307, del 23.9.1996, la quale ha dato all'arbitrato una disciplina profundamente innovatrice, che si allontana in punti essenziali dalla tradizione nazionale, e sulla cui legittimità costituzionale, viene a proposito rilevare, sono sorti alcuni dubbi a nostro avviso infondati"[797].

---

[793] A versão original do estudo feito nesse item pode ser encontrada em: FICHTNER, José Antonio, et al. *Teoria Geral da Arbitragem*. São Paulo: Editora Forense, 2019, p. 103-106.

[794] ROZAS, José Carlos Fernández. *Tratado del arbitraje comercial en América Latina*. Madrid: Iustel, 2008, p. 300.

[795] Constituição Federal, Art. 144, §§1º e 2º: "Compete à Justiça do Trabalho processar e julgar: [...] § 1º Frustrada a negociação coletiva, as partes poderão eleger árbitros. § 2º Recusando-se qualquer das partes à negociação coletiva ou à arbitragem, é facultado às mesmas, de comum acordo, ajuizar dissídio coletivo de natureza econômica, podendo a Justiça do Trabalho decidir o conflito, respeitadas as disposições mínimas legais de proteção ao trabalho, bem como as convencionadas anteriormente."

[796] A saber, questionou-se a compatibilidade dos seguintes dispositivos da Lei de Arbitragem com o Art. 5º, inciso XXXV: Parágrafo único do art. 6º conjuntamente com art. 7º e seus parágrafos (execução específica da convenção de arbitragem); art. 18 (inexistência de recurso e dispensa de homologação judicial da sentença arbitral); art. 31 (equiparação entre sentença arbitral e sentença judicial); art. 41 (convenção de arbitragem como causa para extinção do processo judicial sem resolução do mérito); e art. 42 (efeito meramente devolutivo da apelação interposta contra sentença que constitui o compromisso arbitral judicial).

[797] MOREIRA, José Carlos Barbosa. Evoluzione della scienza processuale Latino-Americana in mezzo secolo. *Revista de Processo*, vol. 88/1997, p. 165-172, 1995, p. 05.

PARTE I · **Capítulo 5** · A CONVENÇÃO DE ARBITRAGEM NA PERSPECTIVA BRASILEIRA E INTERNACIONAL | **173**

De todas as previsões da Lei de Arbitragem, aquela que realmente foi objeto de mais intenso debate no Supremo Tribunal Federal foi a atinente à possibilidade de execução específica da convenção de arbitragem, cujo resultado seria o estabelecimento do compromisso arbitral judicial por meio da substituição da vontade da parte recalcitrante pelo juiz togado. A eventual inconstitucionalidade estaria no fato de que a parte que não desejasse firmar o compromisso arbitral não poderia ser obrigada a se submeter à arbitragem contra sua vontade, pois isso significaria um empecilho ao acesso à justiça, tal como garantido no art. 5º, inciso XXXV, da Constituição Federal.

A concepção que norteava esses questionamentos sobre a constitucionalidade da Lei de Arbitragem se pautava em uma distinção entre cláusula compromissória, equiparada, nessa visão, a mero contrato preliminar, e compromisso arbitral, equiparado, nessa perspectiva, ao contrato principal. Entendiam os questionadores dos arts. 6.º e 7.º da Lei de Arbitragem que o juiz togado não poderia, por meio de decisão em ações de execução específica de cláusula compromissória, substituir a vontade da parte resistente para estabelecer o compromisso arbitral judicial, pois a cláusula compromissória não conteria todos os elementos essenciais do compromisso arbitral.

A doutrina logo se posicionou francamente em favor da constitucionalidade de todos os dispositivos da Lei 9.307/1996. Interpretando o art. 141, § 4º, da Constituição da República de 1946[798], fonte primária da qual resultou o art. 5º, inciso XXXV, da Constituição da República de 1988, Pontes de Miranda já sustentava que "dirige-se ela aos legisladores: os legisladores ordinários nenhuma regra jurídica pode editar que permita preclusão em processo administrativo, ou em inquérito parlamentar, de modo que se exclua a cognição pelo Poder Judiciário"[799].

Com base nesse ensinamento, Pedro A. Batista Martins explica que "o art. 5º, XXXV, da CF/1988 não contém comando voltado ao particular", mas, "ao contrário, ao impor vedação à restrição de acesso ao Judiciário, o comando legal aponta seus efeitos para o legislador"[800]. Para mais, o autor via como condizente com as tendências das reformas do Código de Processo Civil à época, marcadas pelo apreço a efetividade[801]. Em resumo, o autor considera que "o cidadão tem autoridade para transacionar o seu direito, ou até mesmo a ele renunciar"[802], razão pela qual não há imposição ao cidadão a que todos os conflitos sejam, obrigatoriamente, submetidos ao Poder Judiciário.

---

[798] Constituição dos Estados Unidos do Brasil de 1946, art. 141, § 4.º: "A lei não poderá excluir da apreciação do Poder Judiciário qualquer lesão de direito individual".

[799] PONTES DE MIRANDA, Francisco Cavalcanti. *Comentários à Constituição de 1967*. Tomo V. São Paulo: Revista dos Tribunais, 1971, p. 109.

[800] MARTINS, Pedro Antonio Batista. O Poder Judiciário e a arbitragem. Quatro anos da Lei 9.307/96 (4.ª e última parte). *Revista de Direito Bancário*, v. 13, jul./set., 2001. DTR 2001/585.

[801] O autor, defendia essa tese ainda em 1999, quando afirmou que "a norma contida no art. 7 da Lei de Arbitragem está em linha com a tendência contemporânea de conferir efetividade ao processo, tópico esse que norteou as recentes alterações no Código de Processo Civil", bem como que "o arcaico princípio geral de que o descumprimento de obrigação de fazer ou não fazer redunda em perdas e danos foi, com toda a propriedade, revertido com as modificações introduzidas na nossa lei adjetiva". (MARTINS, Pedro Antonio Batista. Embaraços na implementação da arbitragem no Brasil, até o advento da Lei nº 9.307/96 e a pseudoinconstitucionalidade do instituto. In MARTINS, Pedro Antonio Batista; LEMES, Selma M. Ferreira; CARMONA, Carlos Alberto. *Aspectos fundamentais da lei de arbitragem*. Rio de Janeiro: Forense, 1999, p. 29).

[802] MARTINS, Pedro Antonio Batista. O Poder Judiciário e a arbitragem. Quatro anos da Lei 9.307/96 (4.ª e última parte). Revista de Direito Bancário, São Paulo: RT, v. 13, jul.-set, 2001. DTR 2001/551.

Carlos Alberto Carmona, a partir de variados fundamentos, observa em sentido convergente com o de Martins que "a norma inserida na Constituição Federal (art. 5º, inc. XXXV) encarta uma proibição dirigida ao legislador, e não àqueles que precisam resolver um litígio", o que significa que "através da garantia constitucional, fica protegido o cidadão contra eventual abuso do legislador ou do Poder Executivo"[803].

Dito isso, importante frisar que a convenção de arbitragem não se trata de dispensa irrestrita e genérica ao poder estatal, estando esse proibido de solucionar quaisquer conflitos entre os signatários. Como bem pontua Arruda Alvim, o escopo da arbitrabilidade objetiva se limita a conflitos que versem sobre direitos patrimoniais, disponíveis e entre partes que sejam maiores e capazes, de forma que não há falar em inobservância ao princípio da inafastabilidade da apreciação jurisdicional[804].

Igualmente, tanto a arbitragem quanto o Poder Judiciário prestam jurisdição. Como bem pontuam Nelson Nery Jr. e Alexandre Freitas Câmara, a vontade das partes pode muito bem afastar a participação do poder estatal em seus conflitos internos, sem que disso se possa concluir que não se têm acesso à jurisdição[805]. Como reza o art. 18 da Lei de Arbitragem[806], o árbitro é juiz de fato e de direito e a sentença por ele proferida independe de homologação pelo poder judiciário. Dessa forma, a arbitragem consiste em jurisdição, apenas não da espécie estatal.

Por fim, é válido referenciar em breve a bem fundamentada opinião de Sálvio de Figueiredo Teixeira quanto à inequívoca constitucionalidade da Lei 9.307, de 1996. O autor a fundamenta em argumentos distintos[807]. Primeiramente, não há falar em exclusão

---

[803] DOLINGER, Jacob; TIBURCIO, Carmen. *Direito internacional privado: arbitragem comercial internacional*. Rio de Janeiro: Renovar, 2003, p. 55. Debates similares se deram também no estrangeiro, chegando a doutrina a resultados similares. Na Itália, Giovanni Verde, fazendo menção à Sentença 127, de 14 de julho de 1977, à Sentença 488, de 27 de dezembro de 1991, e à Sentença 221, de 8 de junho de 2005, da *Corte Costituzionale* italiana, explica que "la Corte ha posto in evidenza che l'art. 24 Cost., quando prevede che 'tutti possono agire in giudizio per la tutela dei propri diritti e interessi legittimi', obbliga lo Stato ad apprestare l'organizzazione giudiziaria indispensabile per garantire tale diritto, secondo le modalità previste negli artt. 101 ss. Cost., ma non obbliga il cittadino a farvi ricorso" (VERDE, Giovanni. *Lineamenti di diritto dell'arbitrato*. 2ª. ed. Torino: Giappichelli, 2006, p. 03-04).

[804] Arruda Alvim considera, com razão, que "não se trata de destituição do poder estatal para solucionar conflitos e, menos ainda, de inobservância ao princípio da inafastabilidade da apreciação jurisdicional", uma vez que "o poder-dever do Estado remanesce, facultando-se às partes a utilização da arbitragem para os litígios patrimoniais que envolvam direitos disponíveis e entre partes que sejam maiores e capazes" (ARRUDA ALVIM, José Manoel de. *Manual de direito processual civil*. 14ª ed. São Paulo: Revista dos Tribunais, 2011, p. 197).

[805] Nelson Nery Jr. entende que "não se pode tolerar, por flagrante inconstitucionalidade, a exclusão, pela lei, da apreciação de lesão a direito pelo Poder Judiciário, que não é o caso do juízo arbitral", pois "o que se exclui pelo compromisso arbitral é o acesso à via judicial, mas não à jurisdição" (NERY JÚNIOR, Nelson. *Código Brasileiro de Defesa do Consumidor comentado pelos autores do anteprojeto*. 9ª ed. Rio de Janeiro: Forense Universitária, 2007, p. 591-592).

[806] Lei de Arbitragem, Art. 18: "O árbitro é juiz de fato e de direito, e a sentença que proferir não fica sujeita a recurso ou a homologação pelo Poder Judiciário".

[807] "A quatro, porque, para ser reconhecida ou executada no Brasil (art. 35), a sentença arbitral estrangeira se sujeitará à homologação do Supremo Tribunal Federal (ou de outro órgão jurisdicional estatal – v.g., o Superior Tribunal de Justiça –, se a Constituição, reformada, assim vier a determinar). [...] A seis, porque também caberá ao Judiciário decidir por sentença acerca da instituição da

PARTE I · Capítulo 5 · A CONVENÇÃO DE ARBITRAGEM NA PERSPECTIVA BRASILEIRA E INTERNACIONAL | 175

do poder judiciário frente a arbitragem na medida em que a Lei de Arbitragem assegura aos interessados a possibilidade de postular ação anulatória da sentença arbitral[808], sendo o recurso ao judiciário apenas adiado para o fim do procedimento arbitral. Trata-se de procedimento hábil, técnico e de maior alcance do que o criticado procedimento homologatório do sistema anterior. Da mesma forma, é possível arguir nulidade à sentença arbitral por meio de impugnação ao cumprimento da sentença[809], nos termos dos arts. 525 e seguintes do Código de Processo Civil[810].

Para mais, a temida execução coativa da decisão arbitral somente poderá ocorrer perante o Judiciário, não tendo o tribunal arbitral poderes executórios[811]. Em 2013, a Ministra Nancy Andrighi esclareceu quanto à ausência de poder executório da jurisdição arbitral em seu voto no julgamento do REsp 1.355.831[812]. Para mais, a efetivação de eventual medida cautelar deferida pelo árbitro, reclamará a atuação do juiz togado, toda vez que se fizerem necessárias a *coercio* e a *executio*.

Por fim, argumenta ainda o ministro Teixeira que, à luz do ora revogado art. 25 da Lei de Arbitragem, sobrevindo no curso da arbitragem controvérsia acerca de direitos indisponíveis o árbitro deverá remeter as partes ao órgão judicial competente[813]. O artigo

---

arbitragem na hipótese de resistência de uma das partes signatárias da cláusula compromissória (art. 7.º). (TEIXEIRA, Sálvio de Figueiredo. A arbitragem no sistema jurídico brasileiro. *Revista de Arbitragem e Mediação*, vol. 31, p. 279-292, out./dez., 2011. DTR 2011/5135, p. 07).

[808] "A uma, porque a nova lei é explícita (art. 33) em assegurar aos interessados o acesso ao Judiciário para a declaração da nulidade da sentença arbitral nos casos que elenca, em procedimento hábil, técnico e de maior alcance do que o criticado procedimento homologatório do sistema anterior" (TEIXEIRA, Sálvio de Figueiredo. A arbitragem no sistema jurídico brasileiro. *Revista de Arbitragem e Mediação*, vol. 31, p. 279-292, out./dez., 2011. DTR 2011/5135, p. 07).

[809] Lei de Arbitragem, o art. 33, § 3º: A decretação da nulidade da sentença arbitral também poderá ser requerida na impugnação ao cumprimento da sentença, nos termos dos arts. 525 e seguintes do Código de Processo Civil, se houver execução judicial.

[810] Teixeira falava em embargos à execução, mencionando o art. 33, § 3.º, da Lei de Arbitragem cumulado com o art. 741 do CPC/73. Atualmente, o texto de legal da Lei n. 9.307/96 referência à impugnação ao cumprimento da sentença e aos arts. 525 e seguintes do CPC 2015; "A duas, pela igual possibilidade de arguir-se nulidade em embargos à execução (art. 33, § 3.º, c/c o art. 741 do CPC)" (TEIXEIRA, Sálvio de Figueiredo. A arbitragem no sistema jurídico brasileiro. *Revista de Arbitragem e Mediação*, vol. 31, p. 279-292, out./dez., 2011. DTR 2011/5135, p. 07).

[811] "A três, porque a execução coativa da decisão arbitral somente poderá ocorrer perante o Judiciário, constituindo a sentença arbitral título executivo judicial, assim declarado na nova redação dada (pelo art. 41) ao art. 584, III, do CPC. De igual forma, a efetivação de eventual medida cautelar deferida pelo árbitro, reclamará a atuação do juiz togado, toda vez que se fizerem necessárias a *coercio* e a *executio*." (TEIXEIRA, Sálvio de Figueiredo. A arbitragem no sistema jurídico brasileiro. Revista de Arbitragem e Mediação, vol. 31, p. 279-292, out./dez., 2011. DTR 2011/5135, p. 07).

[812] No inteiro teor: "Tendo em vista que a arbitragem se encontra atualmente no mesmo plano do processo judicial de conhecimento, uma vez que sua sentença constitui título executivo judicial (art. 475-N, IV, do CPC), deve-se aplicar ao processo arbitral as mesmas regras e efeitos previstos para os demais processos judiciais de conhecimento. Vale lembrar que, na jurisdição arbitral, por não ser dotada de poderes executivos, sempre se estará diante de demandas de conhecimento. Assim, resulta injustificável qualquer pretensão de sobrestamento ou impedimento de instalação de arbitragem lastreada em convenção anterior à decretação da falência." (STJ. REsp n. 1.355.831/ SP. Min Rel. Sidnei Beneti. Terceira Turma. J. em 19 de março de 2013, p. 20).

[813] "A cinco, porque do Judiciário é o controle 'sobrevindo no curso da arbitragem controvérsia acerca de direitos indisponíveis e verificando-se que de sua existência, ou não, dependerá o julgamento.'"

176 CONVENÇÃO DE ARBITRAGEM – *Fichtner • Tolentino • Polastri • Salton*

revogado fornecia, à época do debate, um verniz extra de tutela estatal sobre as disputas submetidas ao juízo arbitral, tornando ainda mais descabidas as alegações de afronta ao princípio da inafastabilidade da jurisdição.

4. A análise da constitucionalidade da Lei de Arbitragem brasileira no STF

A constitucionalidade da Lei de Arbitragem brasileira foi examinada, incidentalmente, pelo Supremo Tribunal Federal no Agravo Regimental na Sentença Estrangeira 5.206-7/ES[814]. Nesse caso, era autora *MBV Commercial and Export Management Establisment* e ré *RESIL Indústria e Comércio Ltda.*[815], cujo objeto eram créditos a título de comissão de representação comercial de empresa brasileira no exterior.

O Ministro Sepúlveda Pertence havia indeferido o pedido de homologação de sentença arbitral proferida na Espanha, sob o fundamento de que o Supremo Tribunal Federal não poderia homologar diretamente a sentença arbitral, mas apenas a sentença judicial homologatória da sentença arbitral. Tratava-se do que se costuma designar de "exigência de dupla homologação" ou, simplesmente, "duplo *exequatur*". Irresignada, a autora interpôs agravo regimental alegando que a lei espanhola de arbitragem dispensa a homologação judicial da sentença arbitral proferida na Espanha, o que tornava impossível o cumprimento da exigência feita pelo Pretório Excelso.

O Ministro Sepúlveda Pertence levou o recurso a julgamento do Plenário, votando, em alteração à posição monocrática, pelo provimento do agravo regimental e, assim, pela homologação da sentença arbitral. Isso porque, recentemente, havia entrado em vigor a Lei 9.307/1996, que passou a dispensar a homologação da sentença arbitral, razão pela qual o direito superveniente tornava obsoleta a jurisprudência até então firmada no sentido de exigir a "dupla homologação" ou "duplo *exequatur*".

Não obstante a mudança de posição do Relator e a concordância do réu na ação de homologação, o Ministro Moreira Alves suscitou questão de ordem, sugerindo o exame da constitucionalidade da Lei de Arbitragem pela Corte, o que foi acatado por unanimidade, razão pela qual o julgamento foi suspenso e os autos foram remetidos à Procuradoria--Geral da República para parecer em 10 de outubro de 1996.

A análise quanto à constitucionalidade pelo Plenário do Supremo Tribunal Federal foi longa e turbulenta. Após sucessivos pedidos de vista e votos com ampla fundamentação, foi posto fim à disputa. O Plenário decidiu por maioria pela constitucionalidade dos arts. 7º e 8º da Lei de Arbitragem, em decisão acertada. Não havia razão nos temores e distinções que se cogitavam entre os críticos da constitucionalidade da Lei de Arbitragem.

Primeiramente, não há razão em considerar a cláusula compromissória como mero pré-contrato desprovido de vinculatividade. A vontade expressa na pactuação da cláusula arbitral é hígida no sentido de submeter à rito específico, cujo as características são de livre pactuação entre os contratantes, disputa que versa sobre direitos patrimoniais disponíveis. Exigir confirmação dessa vontade uma vez surgida a disputa em concreto é contrariar a

---

(TEIXEIRA, Sálvio de Figueiredo. A arbitragem no sistema jurídico brasileiro. Revista de Arbitragem e Mediação, vol. 31, p. 279-292, out./dez., 2011. DTR 2011/5135, p. 07).

[814] A versão original do estudo feito nesse item pode ser encontrada em: FICHTNER, José Antonio, et al. Teoria Geral da Arbitragem. São Paulo: Editora Forense, 2019, p. 106-113.

[815] STF. SE 5.206. Min. Rel. Sepúlveda Pertence. Pleno. J. em: 12.12.2001.

PARTE I · Capítulo 5 · A CONVENÇÃO DE ARBITRAGEM NA PERSPECTIVA BRASILEIRA E INTERNACIONAL | **177**

autonomia privada dos contratantes. Por conseguinte, as previsões dos arts. 7º e 8º da Lei de Arbitragem visam fazer valer o negócio jurídico firmado entre as partes; não se trata de substituição da vontade de uma das partes por sentença judicial, mas, sim, de execução específica do negócio jurídico. Por fim, disso não se retira um afronte a inafastabilidade da jurisdição, sendo o recurso ao judiciário estatal viável após a prolação da sentença arbitral e sendo o tribunal arbitral igualmente dotado de jurisdição, embora não estatal.

Ao final do julgamento, o Plenário do Supremo Tribunal Federal declarou, por maioria, a constitucionalidade dos arts. 6º, parágrafo único, 7º e seus parágrafos, 41 e 42 da Lei 9.307/1996, na medida em que, conforme consta da ementa, "a manifestação de vontade da parte na cláusula compromissória, quando da celebração do contrato, e a permissão legal dada ao juiz para que substitua a vontade da parte recalcitrante em firmar o compromisso não ofendem o art. 5º, XXXV, da CF". Votaram pela constitucionalidade desses dispositivos os Ministros Nelson Jobim, Ilmar Galvão, Ellen Gracie, Maurício Corrêa, Marco Aurélio, Celso de Mello e Carlos Velloso. Votaram vencidos, pela inconstitucionalidade, os Ministros Sepúlveda Pertence, Sydney Sanches, Néri da Silveira e Moreira Alves. Os arts. 18 e 31 da Lei 9.307/1996 foram declarados constitucionais por unanimidade.

Feita essa breve introdução à disputa, passamos a uma análise pormenorizada. O parecer do Ministério Público Federal, da lavra do então Procurador-Geral da República Geraldo Brindeiro, entendeu que "a Lei 9.307/1996 guarda completa harmonia com as garantias e direitos assegurados pela Constituição Federal, especialmente com o princípio da inafastabilidade do controle jurisdicional, inscrito no art. 5.º, inciso XXXV", bem como que o mencionado dispositivo constitucional "não significa, contudo, que as pessoas físicas ou jurídicas estão obrigadas a ingressar em juízo toda vez que seus direitos subjetivos são afrontados por outrem, pois o princípio garante o direito de ação, não o impõe".

Em 8 de maio de 1997, o Ministro Sepúlveda Pertence levou a questão de ordem ao Plenário, votando pela inconstitucionalidade dos arts. 6º, parágrafo único, 7º e seus parágrafos, 41 e 42 da Lei de Arbitragem, por violação à garantia do acesso à justiça. Em resumo, o Ministro Sepúlveda Pertence considerou que a vinculação da parte à cláusula compromissória vazia significava uma renúncia prévia e abstrata à jurisdição estatal, o que não era possível, pois essa renúncia somente seria válida diante do conflito já existente.

Nesse sentido, afirma o Ministro em seu voto que "a manifestação da vontade só pode constituir na renúncia ao exercício do direito de ação com relação a uma lide concreta; antes da lide manifestada, não é possível"[816], bem como, em aparte, que "é indispensável que se forme o consenso, em termos da renúncia ao exercício ao direito de ação ou de defesa, quando já concretizado um litígio determinado"[817].

Ademais, entendeu que não era possível a aplicação do art. 639 do Código de Processo Civil de 1973[818], funcionalmente equivalente ao art. 501 do Código de Processo Civil de 2015[819], uma vez que, tal como estabelecido no Recurso Extraordinário 88.716/RJ, fal-

---

[816] STF. SE 5.206. Min. Sepúlveda Pertence. Pleno. J. em: 12.12.2001, p. 1029.

[817] STF. SE 5.206. Min. Sepúlveda Pertence. Pleno. J. em: 12.12.2001, p. 1110.

[818] Código de Processo Civil de 1973, Art. 639: "Se aquele que se comprometeu a concluir um contrato não cumprir a obrigação, a outra parte, sendo isso possível e não excluído pelo título, poderá obter uma sentença que produza o mesmo efeito do contrato a ser firmado."

[819] Código de Processo Civil de 2015, Art. 501: "Na ação que tenha por objeto a emissão de declaração de vontade, a sentença que julgar procedente o pedido, uma vez transitada em julgado, produzirá

tavam na cláusula compromissória – equiparada, nessa visão, a um contrato preliminar – os elementos essenciais à substituição da vontade da parte recalcitrante pelo juiz para formar o compromisso arbitral – equiparado, nessa perspectiva, a um contrato definitivo.

Com essa linha de pensamento, consigna o Ministro que

> "o empecilho à incidência, na hipótese, da regra geral do art. 639 C. Pr. Civ., é a impossibilidade, nos termos do dispositivo, de o juiz substituir pela própria a vontade da parte recalcitrante, 'regulando matéria estranha ao conteúdo do negócio preliminar' – que é, em relação à cláusula compromissória, a determinação da lide a ser submetida à arbitragem"[820].

Diante dos termos do voto do Ministro Sepúlveda Pertence, o Ministro Nelson Jobim, após algum debate no Plenário, pediu vista dos autos. Em 22 de novembro de 2000, o Ministro Nelson Jobim levou o caso a julgamento, abrindo a divergência e votando pela constitucionalidade da Lei de Arbitragem. Primeiramente, o Ministro considerou, a nosso ver com perfeita exatidão, em relação à doutrina formada com base na disciplina arbitral prevista no Código Civil de 1916 e no Código de Processo Civil de 1973, que "o que se percebia nas reações que tínhamos na doutrina, inclusive nos juízos políticos sobre a validez de medidas extrajudiciais de composição de conflitos, era exatamente a concepção de um Estado intervencionista sem a possibilidade do respeito à liberdade individual no que diz respeito à própria sociedade compor os seus conflitos fora do Estado"[821].

Em seguida, entendeu o Ministro Nelson Jobim que o art. 5º, XXXV, da Constituição se dirigiria ao Poder Público e não ao particular. Nessa linha, assinala em seu voto que "o destinatário da norma não é o cidadão, mas, sim, o sistema legal, ou seja, é proibido ao sistema legal criar mecanismos que exclua da apreciação do Poder Judiciário lesão ou ameaça a direito", razão pela qual, conclui o seu fundamento, "não podemos tirar da proibição ao legislador a obrigação do recurso ao Poder Judiciário"[822].

Isso porque, continua o julgador, "não é uma obrigação do cidadão compor os seus conflitos no Poder Judiciário, é uma faculdade"[823]. Em outra passagem, repete-se, didaticamente, a noção de que "não há nenhuma vedação constitucional a que partes, maiores e capazes, ajustem a submissão de conflitos, que possam decorrer de relações jurídicas decorrentes de contrato específico, ao sistema de arbitragem"[824].

Para mais, o ministro entendeu que a vontade de se submeter à jurisdição arbitral é suficientemente manifestada no momento de formação da cláusula compromissória e, ainda que um conflito não venha a se materializar, a arbitragem possui objeto determinável já que relacionada a contrato no qual a cláusula estava inserta. Assim, consignou o Ministro Nelson Jobim em seu voto que na arbitragem "não há renúncia abstrata à jurisdição", mas sim "convenção de arbitragem sobre litígios futuros e eventuais, circunscritos

---

todos os efeitos da declaração não emitida."

[820] STF. SE 5.206. Min. Sepúlveda Pertence. Pleno. J. em: 12.12.2001, p. 1104-1105.

[821] STF. SE 5.206. Min. Sepúlveda Pertence. Pleno. J. em: 12.12.2001, p. 1017.

[822] STF. SE 5.206. Min. Sepúlveda Pertence. Pleno. J. em: 12.12.2001, p. 1020.

[823] STF. SE 5.206. Min. Sepúlveda Pertence. Pleno. J. em: 12.12.2001, p. 1020.

[824] STF. SE 5.206. Min. Sepúlveda Pertence. Pleno. J. em: 12.12.2001, p. 1063.

PARTE I · Capítulo 5 · A CONVENÇÃO DE ARBITRAGEM NA PERSPECTIVA BRASILEIRA E INTERNACIONAL   **179**

à específica relação contratual, rigorosamente determináveis"[825]. Em outra passagem, o Ministro afirma que "não é admitida cláusula compromissória pura ou autônoma, para a qual o argumento de Sepúlveda se aplica de forma correta", mas "o que pode haver é um contrato entre as partes e submeter o litígio daquele contrato"[826] à arbitragem.

Diante da divergência entre os Ministros Sepúlveda Pertence e Nelson Jobim, o Ministro Ilmar Galvão pediu vista e, em 21 de março de 2001, votou pela constitucionalidade de todos os dispositivos da Lei 9.307/1996. Primeiramente, o Ministro entendeu "inexistir dificuldade intransponível à aplicação do art. 639 do CPC à cláusula compromissória, dado não ser fácil apontar elemento cuja falta seja capaz de impossibilitar sua execução específica, sendo certo que não produz tal efeito a ausência de determinação da lide pendente de solução, nem a indicação do árbitro ou dos árbitros"[827]. A nosso ver, o fundamento está correto, pois a execução específica da cláusula compromissória exige um único elemento essencial: a menção consensual à submissão dos conflitos decorrente daquela relação jurídica à arbitragem.

Posteriormente, o Ministro Ilmar Galvão, percorrendo a fonte histórica do art. 5º, inciso XXXV, da Carta de 1988, aduz que "a intenção do constituinte de 1946, portanto, teria sido a de proibir que a lei, e não as partes contratantes, pudesse determinar que alguma questão ficasse excluída de apreciação pelo Poder Judiciário". Como se não bastasse, o Ministro ainda faz considerações de ordem econômico-negociais, ao afirmar que "a cláusula compromissória, em face dessa garantia que oferece às partes contratantes, passou a ser elemento obrigatório do contrato, constituindo, não raro, pressuposto de sua celebração"[828]. Em outras palavras, deslegitimar a cláusula compromissória acarreta compactuar com a violação da boa-fé e frustrar as expectativas do outro contratante, o que é inconciliável com as diretrizes democráticas, jurídicas, capitalistas e demais princípios constitucionais.

Por fim, o Ministro Ilmar Galvão ainda realçou que "a cláusula, nesse caso, não pode ser vista como incompatível com o princípio do livre acesso à jurisdição estatal, pelo singelo motivo de que a sua eficácia, em caso de resistência de uma das partes, justamente só poderá ser alcançada por via judicial", razão pela qual "não há, porém, supressão do controle judicial", mas sim "a deslocação do momento em que o Poder Judiciário é chamado a intervir"[829]. O Ministro ainda destaca que a sentença arbitral "não escapa ao controle judicial que, na forma do art. 33 da lei sob exame, poderá ser acionado pela parte interessada, em procedimento comum, com alegação de qualquer das nulidades enumeradas no art. 32"[830].

Após esse voto, a Ministra Ellen Gracie pediu vista e levou a questão a julgamento novamente ao Plenário em 03.05.2001, decidindo pela constitucionalidade integral da Lei 9.307/1996. A Ministra anota que "negar possibilidade a que a cláusula compromissória tenha plena validade e que enseje execução específica importa em erigir em privilégio da parte inadimplente o furtar-se à submissão à via expedita de solução da controvérsia,

---

[825]   STF. SE 5.206. Min. Sepúlveda Pertence. Pleno. J. em: 12.12.2001, p. 1063.

[826]   STF. SE 5.206. Min. Sepúlveda Pertence. Pleno. J. em: 12.12.2001, p. 1073.

[827]   STF. SE 5.206. Min. Sepúlveda Pertence. Pleno. J. em: 12.12.2001, p. 1129.

[828]   STF. SE 5.206. Min. Sepúlveda Pertence. Pleno. J. em: 12.12.2001, p. 1134.

[829]   STF. SE 5.206. Min. Sepúlveda Pertence. Pleno. J. em: 12.12.2001, p. 1139-1140.

[830]   STF. SE 5.206. Min. Sepúlveda Pertence. Pleno. J. em: 12.12.2001, p. 1139-1140.

mecanismo este pelo qual optaram livremente, quando da lavratura do contrato original em que inserida essa previsão"[831].

Além de expor essa noção civil-contratual da questão, a Ministra Ellen Gracie, ciente das repercussões da decisão para o País, consigna em seu voto que "é inegável que, no mundo acelerado em que vivemos, ter, ou não, acesso a fórmulas rápidas de solução das pendências resultantes do fluxo comercial, constitui diferencial significativo no poder de barganha dos contratantes"[832]. Como se não bastasse, a Ministra reafirma o entendimento já manifestado por seus pares no sentido de que "a arqueologia da garantia da via judiciária leva-nos a verificar que a cláusula sempre teve em mira, preponderantemente, o direito de defesa ante os tribunais, contra atos dos poderes públicos"[833].

Dessa forma, conclui a Ministra em seu voto, "o cidadão pode invocar o judiciário, para a solução de conflitos, mas não está proibido de valer-se de outros mecanismos de composição de litígios. Já o Estado, este sim, não pode afastar do controle jurisdicional as divergências que a ele queiram submeter os cidadãos"[834]. Na mesma sessão, votaram pela constitucionalidade da Lei de Arbitragem os Ministros Maurício Corrêa, Marco Aurélio Mello e Celso de Mello.

O primeiro deles expressamente afirma em seu voto, com base nas lições de Antônio Junqueira de Azevedo, que "a tese da inexequibilidade da cláusula compromissória põe-se em confronto com o Código Civil, que prevê situações em que o objeto do contrato não é determinado, mas determinável, sendo necessário concretizar a vontade das partes e não substituí-la"[835]. Ademais, consignou o Ministro Maurício Corrêa que, "se se entender inconstitucional a execução forçada da cláusula compromissória, o Brasil ficará isolado dos grandes negócios internacionais do mundo moderno, todos eles celebrados mediante contratos sujeitos à arbitragem"[836].

Acompanhando a divergência, a esta altura já majoritária, o Ministro Marco Aurélio Mello afirma que "ninguém está compelido a ingressar em juízo; ninguém está compelido a interpor sistematicamente recursos. Ninguém está compelido a dar sequência a uma causa"[837], razão pela qual, continua o Ministro, "não leio, no inciso XXXV, que as partes, necessariamente, devem resolver as pendências mediante o acesso ao Judiciário"[838]. O Ministro Marco Aurélio, ressaltando aspecto que nos parece fundamental, consigna que vê "na garantia constitucional do inciso XXXV do art. 5º a consagração da liberdade". E conclui: "E esta – a liberdade – é valor maior a ser preservado"[839].

Nessa mesma sessão, acompanhando a linha argumentativa do Ministro Sepúlveda Pertence, o Ministro Sydney Sanches considerou inconstitucionais alguns dos dispositivos da Lei de Arbitragem. Em seu voto, o Ministro afirma que "a Lei permite que, em abstrato, ou seja, sem a definição ou indicação de lides determinadas ou determináveis,

---

[831] STF. SE 5.206. Min. Sepúlveda Pertence. Pleno. J. em: 12.12.2001, p. 1147.

[832] STF. SE 5.206. Min. Sepúlveda Pertence. Pleno. J. em: 12.12.2001, p. 1147.

[833] STF. SE 5.206. Min. Sepúlveda Pertence. Pleno. J. em: 12.12.2001, p. 1147.

[834] STF. SE 5.206. Min. Sepúlveda Pertence. Pleno. J. em: 12.12.2001, p. 1149.

[835] STF. SE 5.206. Min. Sepúlveda Pertence. Pleno. J. em: 12.12.2001, p. 1155.

[836] STF. SE 5.206. Min. Sepúlveda Pertence. Pleno. J. em: 12.12.2001, p. 1157.

[837] STF. SE 5.206. Min. Sepúlveda Pertence. Pleno. J. em: 12.12.2001, p. 1160-1161.

[838] STF. SE 5.206. Min. Sepúlveda Pertence. Pleno. J. em: 12.12.2001, p. 1163.

[839] STF. SE 5.206. Min. Sepúlveda Pertence. Pleno. J. em: 12.12.2001, p. 1169.

PARTE I · Capítulo 5 · A CONVENÇÃO DE ARBITRAGEM NA PERSPECTIVA BRASILEIRA E INTERNACIONAL | **181**

ainda que meramente possíveis e eventuais, se abra mão ao direito de ação, enfim, à juris-dição estatal, o que não é tolerado pelo nosso ordenamento constitucional"[840]. É de dizer, porém, com o devido respeito, que o direito de ação também é exercido na arbitragem, com as mesmas garantias com as quais é exercido perante o Poder Judiciário, isto é, em observância ao devido processo legal, ao contraditório, à ampla defesa, à independência e à imparcialidade do julgador.

Depois da adesão do Ministro Celso de Mello à divergência, mesmo que sem voto ou aparte, o Ministro Néri da Silveira pediu vista dos autos e leu seu voto pela inconsti-tucionalidade na sessão de 12.12.2001. O Ministro Néri da Silveira entendeu que

> "em realidade, *ante litem natam*, dá-se na hipótese do art. 4º da Lei 9.307/1996, de forma geral e abstrata, renúncia, mediante a cláusula compromissória, ao acesso ao Poder Judiciário, relativamente a futuros e eventuais litígios que resultem do contrato onde inserida essa cláusula"[841].

Além disso, o Ministro destacou que "só se aplica o art. 639 em apreço se o contrato preliminar contém todos os elementos necessários para que se converta em definitivo"[842], bem como que "releva, nesse sentido, ter presente a dificuldade de a cláusula compromissória preencher todos os requisitos e conter todos os elementos e exigências do compromisso, enquanto contrato definitivo, com vistas à instauração válida do juízo arbitral"[843].

Na mesma sessão, manifestando opinião diversa, o Ministro Carlos Velloso votou no sentido de que "dirige-se o ordenamento constitucional ao legislador", bem como que "a lei não institui a arbitragem em termos obrigatórios, caso em que ocorreria ofensa ao inciso XXXV do art. 5º da Constituição Federal, mas, simplesmente, faculta às partes prevenirem ou terminarem o litígio mediante a arbitragem"[844]. Por fim, entendendo pela inconstitucionalidade da Lei de Arbitragem, conforme já havia manifestado em diversos apartes desde a primeira sessão, o Ministro Moreira Alves fez consignar em seu voto, nessa mesma oportunidade, que "desde o início, não tive dúvida alguma de que não é possível [...] haver, neste caso, livre acesso ao Poder Judiciário"[845].

Concluída a votação, o Plenário do Supremo Tribunal Federal declarou, por maioria, a constitucionalidade dos arts. 6º, parágrafo único, 7º e seus parágrafos, e 41 e 42 da Lei 9.307/1996, consolidando que a manifestação de vontade que dá luz a cláusula compro-missória tem o condão de vincular os contratantes à arbitragem. Da mesma forma, a exe-cução específica da cláusula compromissória não ofende o art. 5º, XXXV, da Constituição Federal. Votaram pela constitucionalidade desses dispositivos os Ministros Nelson Jobim, Ilmar Galvão, Ellen Gracie, Maurício Corrêa, Marco Aurélio, Celso de Mello e Carlos Velloso. Votaram vencidos, pela inconstitucionalidade, os Ministros Sepúlveda Pertence,

---

[840]   STF. SE 5.206. Min. Sepúlveda Pertence. Pleno. J. em: 12.12.2001, p. 1171.
[841]   STF. SE 5.206. Min. Sepúlveda Pertence. Pleno. J. em: 12.12.2001, p. 1191.
[842]   STF. SE 5.206. Min. Sepúlveda Pertence. Pleno. J. em: 12.12.2001, p. 1196.
[843]   STF. SE 5.206. Min. Sepúlveda Pertence. Pleno. J. em: 12.12.2001, p. 1197.
[844]   STF. SE 5.206. Min. Sepúlveda Pertence. Pleno. J. em: 12.12.2001, p. 1200.
[845]   STF. SE 5.206. Min. Sepúlveda Pertence. Pleno. J. em: 12.12.2001, p. 1201.

Sydney Sanches, Néri da Silveira e Moreira Alves. Os arts. 18 e 31 da Lei 9.307/1996 foram declarados constitucionais por unanimidade.

O esforço de retrospectiva quanto à polêmica da constitucionalidade da Lei de Arbitragem gera uma certa estranheza anacrônica ao se contrastar os argumentos do começo do século frente a normalidade com que se vê a arbitragem em nossa época. Décadas depois da decisão do Agravo Regimental na Sentença Estrangeira 5.206-7/ES, a arbitragem está consolidada na práxis jurídica nacional, podendo-se falar de estreita parceria desta com o Poder Judiciário na complexa tarefa de distribuir justiça, aplicando a vontade concreta do Direito e, por conseguinte, pacificando as relações sociais.

5. As modalidades de convenção de arbitragem

O conceito de convenção de arbitragem não apresenta grandes variações na doutrina. A convenção de arbitragem é, comumente, definida como o acordo de vontade por meio do qual duas ou mais partes acordam a submissão de litígios, atuais ou futuros, à arbitragem.

No estrangeiro, a título de exemplo, Fouchard, Gaillard e Goldman definem a convenção de arbitragem internacional como "an agreement in which two or more parties agree that a dispute which has arisen or which may arise between them, and which has an international character, shall be resolved by one or more arbitrators"[846]. De modo similar, Lew, Mistelis e Kröll a conceituam como "an agreement between two or more parties to submit their existing or future disputes to arbitration"[847]. Já Redfern e Hunter dizem que a convenção de arbitragem é o acordo que "records the consent of the parties to submit to arbitration"[848].

No âmbito doméstico, a definição de convenção de arbitragem não destoa. Carlos Alberto Carmona afirma que é o "acordo de vontades [que] vincula as partes no que se refere a litígios atuais ou futuros, obrigando-as reciprocamente à submissão ao juízo arbitral"[849]. Pedro Batista Martins, a seu turno, assevera que a convenção de arbitragem é o instrumento de natureza consensual que possui o objetivo de "solucionar a controvérsia, futura ou presente, pela via da arbitragem, com a consequente exclusão da jurisdição estatal"[850]. De fato, tamanha é a importância da convenção enquanto instrumento que exterioriza a escolha pela arbitragem, que Selma Lemes diz que a convenção "é o atestado de nascimento do juízo arbitral"[851].

---

[846] Veja-se a definição de Fouchard, Gaillard e Goldman acerca da convenção de arbitragem internacional: "An international arbitration agreement is. FOUCHARD, Philippe; GAILLARD, Emmanuel; GOLDMAN, Berthold. *Fouchard Gaillard Goldman on International Arbitration*. Haia: Kluwer Law International, 1999, p. 193.

[847] LEW, Julian; MISTELIS, Loukas; KRÖLL, Stefan. *Comparative International Commercial Arbitration*. Haia: Kluwer Law International, 2003, p. 98-99.

[848] REDFERN, Alan; HUNTER, Martin; BLACKABY, Nigel; PARTASIDES, Constantine. *Redfern and Hunter on International Arbitration*. Oxford: Oxford University Press, 2015, p. 71.

[849] CARMONA, Carlos Alberto. *Arbitragem e Processo:* um comentário à Lei 9.307/96. 3ª ed. São Paulo: Atlas, 2009, p. 79.

[850] MARTINS, Pedro A. Batista. *Apontamentos sobre a Lei de Arbitragem: comentários à Lei 9.307/96*. Rio de Janeiro, Forense, 2008, p. 62.

[851] LEMES, Selma M. Ferreira. Convenção de Arbitragem e Termo de Arbitragem. Características, efeitos e funções. Revista do advogado, AASP, nº 87, p. 94-99, set./2006.

A doutrina, tanto estrangeira quanto nacional, refere-se à convenção de arbitragem como gênero[852]. Desse gênero, extraem-se duas espécies, segmentadas por um critério temporal, a depender se a convenção foi firmada para litígios futuros ou preexistentes[853].

A "arbitration clause" – ou, no direito nacional, cláusula arbitral ou cláusula compromissória – é o negócio jurídico por meio do qual as partes preveem a arbitragem como método de resolução de disputas para litígios que vierem a ocorrer. Normalmente, a cláusula arbitral é inserida em um contrato principal, criando a obrigação para as partes de submeter à arbitragem disputas futuras relacionadas ao instrumento em questão[854]. Assim, a cláusula arbitral é inserida no contrato para permanecer em estado latente, potencial, à espera do surgimento do conflito.

De outro lado, o "submission agreement" – ou, no direito nacional, compromisso arbitral – é o negócio jurídico pelo qual as partes acordam submeter à arbitragem um litígio *já posto*. Trata-se, assim, de um contrato com documentação própria, e não inserto em outro contrato principal. Como aponta Margaret Moses, compromissos arbitrais são bem menos comuns do que cláusulas arbitrais, uma vez que, quando há litígio, as partes geralmente não acordam sobre nada, nem mesmo sobre o método de resolução da controvérsia[855].

Em razão dessa distinção, pode-se dizer que, em regra, a cláusula compromissória é genérica, pois abrange um número indefinido de futuros litígios, enquanto o compromisso arbitral é específico, por dizer respeito apenas ao conflito concreto e previamente

---

[852] "A Convenção é o gênero do qual a cláusula e o compromisso arbitrais são espécies. Só tem cabimento para pessoas capazes e se versar sobre direitos disponíveis: a) cláusula arbitral: é a promessa constante do instrumento contratual, antes de ocorrido o litígio, de que todo o litígio dele derivado será resolvido pela arbitragem (é regulada no art. 4º da LA); a cláusula arbitral pode ser 1) vazia ou 2) cheia – será vazia se não contiver os elementos para instituição da arbitragem e será cheia se os tiver, indicando quais regras devem ser seguidas, seja por i) descreve-las; ii) confiar ao árbitro fazê-la ou ainda iii) submeter-se às regras de uma instituição. b) compromisso arbitral: é o compromisso firmado entre as partes que permite a instauração da arbitragem, estabelecendo o procedimento e demais elementos indispensáveis (está regulado nos arts. 9.º e seguintes da LA), podendo ser extra ou judicial." (NUNES, Thiago Marinho; TIMM, Luciano Benetti. Contrato internacional de licenciamento contendo cláusula compromissória. Competência da jurisdição arbitral para decidir sobre a manutenção ou não do contrato até a conclusão do procedimento arbitral. Competência de justiça brasileira para reconhecer os efeitos da convenção de arbitragem. *Revista de Arbitragem e Mediação*, vol. 8, p. 271-294, jan./mar., 2006, DTR 2011/4305).

[853] VERÇOSA, Haroldo Duclerc. *Arbitragem Institucional*. São Paulo: Editora Malheiros, 2008, p. 242-243.

[854] "No caso dos contratos bilaterais, o procedimento de inserção da cláusula arbitral é bastante simples, semelhante à negociação de qualquer outra. Basta a decisão das partes de incluir no instrumento contratual uma previsão de que os conflitos oriundos daquele negócio deverão ser resolvidos por arbitragem, não pelo Poder Judiciário." (EIZIRLK, Nelson. A constitucionalidade do art. 136-A da Lei das S.A. *Revista de Arbitragem e Mediação*, vol. 58, p. 131-145, jul./set., 2018. DTR 2018/19284).

[855] "However, submission agreements are much less common than arbitration clauses in contracts, because once a dispute arises, the parties often cannot agree on anything. For that reason, it is generally better for the parties to agree to arbitrate at the beginning of the relationship, when they are still on good terms". MOSES, Margaret L. *The Principles and Practice of International Commercial Arbitration*. 2nd ed. New York: Cambridge University Press, 2012, p. 18.

existente[856]. Nas palavras de Luiz Olavo Baptista, "é o futuro condicional, por oposição ao presente. [...] Uma vive enquanto tiverem as partes aquele relacionamento, e presidirá ao perecimento deste. O compromisso, como as rosas de Malherbes, terá vida curta – a do litígio que irá solucionar"[857].

§ 18. CONVENÇÃO DE ARBITRAGEM DOMÉSTICA E INTERNACIONAL

1. Critérios para distinguir a arbitragem doméstica e a arbitragem internacional

A arbitragem comercial internacional é matéria que se situa entre o direito internacional e o direito interno, unindo diferentes elementos na sua conformação e estruturação[858]. Em certos ordenamentos estrangeiros, a distinção entre arbitragens domésticas e internacionais é explicitamente prevista na legislação[859]. Assim, há alguns países que optam por um regramento unificado acerca da arbitragem, aplicando a mesma lei para arbitragens domésticas e internacionais; de outro lado, há países que optam por estabelecer regimes jurídicos diversos.[860].

No ordenamento nacional foi adotado o regime monista da arbitragem, ou seja, Lei de Arbitragem brasileira não estabeleceu em seus dispositivos diferenças entre arbitragem internacional e arbitragem doméstica[861]. Dessa forma, todas as arbitragens sediadas no Brasil estarão sujeitas ao regime previsto na Lei de Arbitragem, independentemente da origem das partes, da origem da relação jurídica ou do local da sua execução.

Alan Redfern e Martins Hunter fazem curiosa observação no sentido de que, na verdade, "every arbitration is a 'national' arbitration, since it must be held at a given place and is accordingly subject to the national law of that place". Em seguida, os autores explicam que "in a narrow sense, this is correct", pois "if an international arbitration is held in

---

[856] "A diferença entre compromisso e cláusula arbitral é de que o compromisso arbitral abrange conflitos já existentes, enquanto a cláusula arbitral se aplica a litígios eventuais e futuros que venham a surgir entre as partes em razão da celebração de determinado negócio jurídico." (WALD, Arnoldo; BORJA, Ana Gerdau de. Cláusula compromissória "cheia" e aceitação tácita da cláusula arbitral: caso Itiquira vs. Inepar comentários aos EI 428.067-1/10 do TJPR. *Revista de Arbitragem e Mediação*, vol. 32, p. 343-369, jan./mar., 2012, DTR 2012/2287, p. 15).

[857] BAPTISTA, Luiz Olavo. Cláusula Compromissória e Compromisso. *Doutrinas Essenciais Obrigações e Contratos*. Vol. 6, p. 977-988, jun. 2011, DTR 2012/1239, p. 03.

[858] ROMERO, Eduardo Silva. A arbitragem da Câmara de Comércio Internacional (CCI) e os contratos de Estado. *Revista de Direito Bancário e do Mercado de Capitais*, vol. 19, p. 257-295, jan./mar., 2003, DTR 2003/40, p. 01.

[859] A versão original do estudo feito nesse item pode ser encontrada em: FICHTNER, José Antonio, et al. Teoria Geral da Arbitragem. São Paulo: Editora Forense, 2019, p. 96-103.

[860] FOUCHARD, Philippe; GAILLARD, Emmanuel; GOLDMAN, Berthold. International commercial arbitration. Edited by Emmanuel Gaillard and John Savage. The Hague: Kluwer, 1999, p. 56.

[861] Fazendo críticas à opção do legislador: "Este sistema, que denominaremos de monista, poderia ser perfeitamente legítimo quando a prática interna da arbitragem possui uma longa tradição e é fundamentada sobre regras simples e sólidas. Todavia, esta não é a realidade do direito brasileiro. Ao unificar a arbitragem interna/internacional num mesmo diploma legal, a Lei 9.307/1996 submete a arbitragem internacional a regras restritivas e arcaicas, fundamentadas na prática judiciária e, por conseqüência, ignora questões essenciais da arbitragem comercial internacional." (LEE, João Bosco. A Lei 9.307/96 e o direito aplicável ao mérito do litígio na arbitragem comercial internacional. *Doutrinas Essenciais Arbitragem e Mediação*, vol. 5, p. 425-440, set./2014, DTR 2001/25, p. 01).

London, the place, or 'seat', of the arbitration will be London, the mandatory provisions of English law will apply to the proceedings and the tribunal's award will be an 'English' award". Alan Redfern e Martins Hunter ressalvam, porém, que "in practice, it is usual to distinguish between arbitrations that are purely 'national' or 'domestic' and those that are 'international'", pois "there are sound legal and practical reasons for this"[862].

Não há, porém, uniformidade no Direito Comparado a respeito de quais critérios seriam úteis para fins de identificar uma arbitragem internacional e, de forma residual, uma arbitragem doméstica. Philippe Fouchard, Emmanuel Gaillard e Berthold Goldman explicam que "there are three ways of establishing the international character of an arbitration. An arbitration may be international because (a) its subject matter or its procedure or its organisation is international; or (b) the parties involved are connected with different jurisdictions; or (c) there is a combination of both"[863].

O critério objetivo toma em consideração o objeto da disputa arbitral assim como a natureza do contrato principal, nacional ou internacional[864]. Por outro lado, o critério subjetivo foca na nacionalidade, no domicílio ou no *place of business* das partes da disputa[865]. No entanto, a sua versão pura pode causar distorções[866]. É possível que a companhia tenha determinada nacionalidade, mas que o contrato seja concluído e performado em outro país, e que esse também seja a sede da arbitragem. Assim, o único elemento de estraneidade seria a origem de uma das partes. Pelo critério objetivo a arbitragem seria doméstica; pelo subjetivo internacional.

As legislações dos países adotam variados critérios para determinar a nacionalidade da arbitragem.

Por um lado, o *Code de Procédure Civile* francês estabelece, no art. 1.504, que "est internationale l'arbitrage qui met en cause des intérêts du commerce international". No mesmo sentido do Direito francês, a Nova Lei de Arbitragem Voluntária de Portugal estatui, no item 1 do art. 49.º, que "entende-se por arbitragem internacional a que põe em jogo interesses do comércio internacional". Percebe-se aqui a adoção do critério objetivo, isto é, relaciona-se à arbitragem internacional aos interesses do comércio internacional.

Por outro lado, a Federal Act on Private International Law (IPRG) suíça prevê, no item 1 do art. 176, que "the provisions of this chapter shall apply to all arbitrations if the seat of the arbitral tribunal is in Switzerland and if, at the time of the conclusion of the arbitration agreement, at least one of the parties had neither its domicile nor its habitual residence in Switzerland". No caso suíço, adotou-se o critério subjetivo, condicionando-se o reconhecimento do caráter internacional da arbitragem ao fato de as partes terem seus domicílios – ou sedes, no caso de pessoas jurídicas – em países distintos.

---

[862] BLACKABY, Nigel; PARTASIDES, Constantine; REDFERN, Alan; HUNTER, Martin. Redfern and Hunter on international arbitration. 6th ed. The Hague: Oxford University Press, 2015, p. 07.

[863] BLACKABY, Nigel; PARTASIDES, Constantine; REDFERN, Alan; HUNTER, Martin. Redfern and Hunter on international arbitration. 6th ed. The Hague: Oxford University Press, 2015, p. 08.

[864] FOUCHARD, Philippe; GAILLARD, Emmanuel; GOLDMAN, Berthold. International commercial arbitration. Edited by Emmanuel Gaillard and John Savage. The Hague: Kluwer, 1999, p. 57.

[865] FOUCHARD, Philippe; GAILLARD, Emmanuel; GOLDMAN, Berthold. International commercial arbitration. Edited by Emmanuel Gaillard and John Savage. The Hague: Kluwer, 1999, p. 58.

[866] FOUCHARD, Philippe; GAILLARD, Emmanuel; GOLDMAN, Berthold. International commercial arbitration. Edited by Emmanuel Gaillard and John Savage. The Hague: Kluwer, 1999, p. 59.

Na Espanha, adota-se do critério misto. A *Ley de Arbitraje* estipula no art. 3, item 1, que

> "el arbitraje tendrá carácter internacional cuando en él concurra alguna de las siguientes circunstancias: a) que, en el momento de celebración del convenio arbitral, las partes tengan sus domicilios en Estados diferentes; b) que el lugar del arbitraje, determinado en el convenio arbitral o con arreglo a éste, el lugar de cumplimiento de una parte sustancial de las obligaciones de la relación jurídica de la que dimane la controversia o el lugar con el que ésta tenga una relación más estrecha, esté situado fuera del Estado en que las partes tengan sus domicilios; c) que la relación jurídica de la que dimane la controversia afecte a intereses del comercio internacional".

De forma similar, a Lei Modelo UNCITRAL também adota o critério misto. O art. I, item 3, prevê que

> "an arbitration is international if: (a) the parties to an arbitration agreement have, at the time of the conclusion of that agreement, their places of business in different States; or (b) one of the following places is situated outside the State in which the parties have their places of business: (i) the place of arbitration if determined in, or pursuant to, the arbitration agreement; (ii) any place where a substantial part of the obligations of the commercial relationship is to be performed or the place with which the subject-matter of the dispute is most closely connected; or (c) the parties have expressly agreed that the subject matter of the arbitration agreement relates to more than one country"[867].

À luz dos exemplos se vê que a identificação da arbitragem como internacional nem sempre é tarefa fácil, estando sujeita, nos diferentes sistemas jurídicos, a critérios variados e nem sempre de fácil definição. Na doutrina, Roque Caivano leciona que, "en términos generales, puede decirse que el arbitraje es internacional cuando excede el marco de un Estado, sea en razón de que las partes al tiempo de la celebración del acuerdo tuvieran sus establecimientos o residencia habitual en Estados diferentes, sea que la sede del arbitraje o del cumplimiento de una parte sustancial de las obligaciones excede los límites de un Estado"[868].

Alan Redfern e Martin Hunter, por seu turno, ensinam que "an arbitration is considered to be 'international' if (in the sense of the Model Law) it involves parties of different nationalities, or it takes place in a country that is 'foreign' to the parties, or it involves an international dispute". Os autores ressalvam, contudo, que "a caveat must be entered to the effect that such arbitrations will not necessarily be universally

---

[867] A versão em espanhol, também oficial, é a seguinte: "Artículo 1. Ámbito de aplicación [...] 3) Un arbitraje es internacional si: a) las partes en un acuerdo de arbitraje tienen, al momento de la celebración de ese acuerdo, sus establecimientos en Estados diferentes, o b) uno de los lugares siguientes está situado fuera del Estado en el que las partes tienen sus establecimientos: i) el lugar del arbitraje, si éste se ha determinado en el acuerdo de arbitraje o con arreglo al acuerdo de arbitraje; ii) el lugar del cumplimiento de una parte sustancial de las obligaciones de la relación comercial o el lugar con el cual el objeto del litigio tenga una relación más estrecha; o c) las partes han convenido expresamente en que la cuestión objeto del acuerdo de arbitraje está relacionada con más de un Estado".

[868] CAIVANO, Roque J. Reconocimiento y ejecución de laudos arbitrales extranjeros. In: PUCCI, Adriana Noemi (Coord.). *Arbitragem comercial internacional*. São Paulo, LTr, 1998. p. 148.

PARTE I · Capítulo 5 · A CONVENÇÃO DE ARBITRAGEM NA PERSPECTIVA BRASILEIRA E INTERNACIONAL | **187**

regarded as international", pois, na verdade, "if a question arises as to whether or not a particular arbitration is 'international', the answer will depend upon the provisions of the relevant national law"[869].

Por sua vez, José Maria Rossani Garcez ensina que "para diferençar a arbitragem nacional da internacional pode-se, basicamente, utilizar o mesmo critério diferenciador entre os contratos nacionais e internacionais: nos primeiros acham-se presentes, em geral, elementos conectados a um mesmo sistema legal, as partes têm residência no mesmo Estado e este, em geral, não difere daquele em que o contrato será executado"[870]. Em seguida, o autor aduz que, "já nos contratos e nas arbitragens internacionais, em geral intervêm legislações em conexão com mais de um sistema legal nacional, as partes têm domicílio em países diferentes, o local da constituição da obrigação contratual ou da convenção arbitral em geral ocorre em país estranho ao domicílio de uma das partes, o local de execução do contrato, ou da realização da arbitragem, pode ser um dos países de domicílio de uma das partes ou, ainda, um terceiro país"[871].

José Carlos de Magalhães, por sua vez, esclarece que "a arbitragem internacional soluciona controvérsia de caráter internacional, seja porque as partes possuam domicílio em diferentes países, seja porque o objeto do contrato se situe em outra ordem jurídica, seja, ainda, porque o pagamento deva transitar de um país para outro. Em outras palavras, a relação jurídica controvertida envolve mais de uma ordem jurídica nacional, embora possa ser regida por uma lei nacional"[872]. A doutrina especializada faz menção a critério

---

[869] BLACKABY, Nigel; PARTASIDES, Constantine; REDFERN, Alan; HUNTER, Martin. Redfern and Hunter on international arbitration. 6th ed. The Hague: Oxford University Press, 2015, p. 11.

[870] GARCEZ, José Maria Rossani. Arbitragem internacional. In: _____ (Coord.). *A arbitragem na era da globalização*. Rio de Janeiro: Forense, 1999, p. 164.

[871] GARCEZ, José Maria Rossani. Arbitragem internacional. In: _____ (Coord.). *A arbitragem na era da globalização*. Rio de Janeiro: Forense, 1999, p. 164. O Superior Tribunal de Justiça já teve oportunidade de caracterizar o contrato internacional: "Contrato celebrado no Japão, entre empresas brasileira e japonesa, com indicação do foro do Japão para dirimir as controvérsias, é contrato internacional. Cláusula arbitral expressamente inserida no contrato internacional, deixando superada a discussão sobre a distinção entre cláusula arbitral e compromisso de juízo arbitral (precedente: REsp 712.566/RJ)" (STJ. SEC 349. Min. Eliana Calmon. Corte Especial. J. em: 21.03.2007).

[872] "É certo que nem sempre é fácil distinguir a arbitragem estrangeira da arbitragem internacional. A primeira resolve um litígio subordinado inteiramente a uma ordem jurídica nacional determinada, em que todos os elementos da relação jurídica controvertida estão sujeitos a essa ordem jurídica. Um contrato regido pela lei inglesa, tendo como partes pessoas domiciliadas na Inglaterra e como objeto bem ou direito também situado naquele país, é um contrato nacional, subordinado a uma lei nacional e a arbitragem que dirimir a controvérsia dele oriunda é também nacional e, assim, estrangeira para outros países. Já a arbitragem internacional soluciona controvérsia de caráter internacional, seja porque as partes possuam domicílio em diferentes países, seja porque o objeto do contrato se situe em outra ordem jurídica, seja, ainda, porque o pagamento deva transitar de um país para outro. Em outras palavras, a relação jurídica controvertida envolve mais de uma ordem jurídica nacional, embora possa ser regida por uma lei nacional. Assim, um contrato celebrado no Brasil, regido pela lei brasileira, mas tendo como partes pessoas domiciliadas em países diversos, ou tendo por objeto direito ou bem situado em outro país, não é um contrato nacional, mas internacional e pode ter tratamento jurídico diverso" (MAGALHÃES, José Carlos de. Reconhecimento e execução de laudos arbitrais estrangeiros. In: GARCEZ, José Maria Rossani (Coord.). *A arbitragem na era da globalização*. Rio de Janeiro: Forense, 1999, p. 107).

jurídico da sede da arbitragem, a critério econômico (fluxo e refluxo por meio das fronteiras) e a critério eclético[873].

Dessa forma, percebe-se que há considerável dissonância quanto à caracterização da arbitragem como sendo "internacional"[874]. Cada ordenamento jurídico apresenta um critério próprio para distinguir as arbitragens domésticas das internacionais. Entretanto, cabe referir que há duas modalidades especiais de arbitragem que são, pela própria natureza, tipicamente marcadas por profundos traços de internacionalidade, quais sejam, a arbitragem de investimento e a arbitragem de direito internacional público.

A arbitragem de investimento é modalidade de arbitragem que ocorre entre um Estado soberano, que recebe o investimento, e um investidor – que poderá ser pessoa física ou jurídica[875]. A base para a arbitragem de investimento é um tratado multilateral ou bilateral firmado entre o Estado que recebe o investimento e o Estado do particular disposto a investir. A Convenção de Washington é o principal paradigma normativo internacional acerca da arbitragem de investimento, tendo sido criada em 1966, instituindo a ICSID. Entretanto, o Brasil não é signatário dessa convenção[876].

A arbitragem de direito internacional público, por sua vez, é aquela que ocorre entre dois sujeitos de direito internacional público. Essa modalidade de solução de controvérsias coloca dois entes de direito internacional em pé de igualdade, podendo envolver Estados soberanos, organismos internacionais, entre outros sujeitos cujas condutas são reguladas pelo direito internacional público.

Tanto a arbitragem de investimento quanto a arbitragem de direito internacional público apresentam diferenças sensíveis em relação às arbitragens comerciais internacionais[877], as quais regem, eminentemente, relações jurídicas de direito privado.

---

[873] "Adotando-se o critério jurídico em sede de arbitragem, portanto, será internacional a arbitragem que tenha contato com mais de um ordenamento jurídico, sendo certo que tal contato pode consistir no fato de as partes litigantes pertencerem a Estados diversos – seja como cidadãos ou como residentes – ou no fato de a relação controvertida desenrolar-se no território de Estados distintos, por exemplo. [...]. O critério econômico, em apertada síntese, classifica como internacional o contrato que apresenta um 'fluxo e refluxo através das fronteiras'. [...]. Assim, pelo famoso critério do 'fluxo e refluxo através das fronteiras', são absolutamente irrelevantes a nacionalidade, a residência ou o domicílio das partes, ou mesmo o local da celebração do contrato, para se determinar a internacionalidade de um contrato." (VERÇOSA, Fabiane. Arbitragem interna v. arbitragem internacional: breves contornos da distinção e sua repercussão no ordenamento jurídico brasileiro face ao princípio da autonomia da vontade. In: Carmen Tiburcio; Luís Roberto Barroso (Org.). *O direito internacional contemporâneo: estudos em homenagem ao professor Jacob Dolinger*. Rio de Janeiro: Renovar, 2006, p. 428-435).

[874] "A expressão arbitragem internacional engloba três modalidades diversas: a arbitragem de direito internacional público, a arbitragem de investimentos e a arbitragem comercial internacional." (TIBÚRCIO, Carmen. A arbitragem internacional: definição e questões polêmicas. *Revista de Arbitragem e Mediação*, vol. 40, p. 253-285, jan./mar., 2014, DTR 2014/1006, p. 01).

[875] ROMERO, Eduardo Silva. International arbitration involving state parties. Observations on the applicable law in state contract arbitration. *Revista de Arbitragem e Mediação*, vol. 6, p. 176-195, jul./set., 2014. DTR 2005/392.

[876] PEREIRA, César Guimarães. Arbitragem na Lei 13.448 e os contratos com a administração pública nos setores de rodovias, ferrovias e aeroportos. *Revista de Arbitragem e Mediação*, vol. 55, p. 111-133, out./dez., 2017, DTR 2017/6783.

[877] "todas as arbitragens que não se enquadram na definição de arbitragem regida pelo direito internacional público ou na de investimentos com base em tratado internacional, e que digam respeito

PARTE I · Capítulo 5 · A CONVENÇÃO DE ARBITRAGEM NA PERSPECTIVA BRASILEIRA E INTERNACIONAL | **189**

2. Critério adotado pela Lei 9.307/1996

A Lei brasileira não trata da arbitragem internacional separadamente[878]. A opção do legislador foi a de estabelecer o regime monista, traçando parâmetros idênticos para qualquer arbitragem[879]. Assim, o regime aplicável será a Lei de Arbitragem, pouco importando se o caso apresenta elementos de contato apenas com o Brasil ou com vários outros países[880].

A consequência da adoção do sistema monista na Lei de Arbitragem brasileira é a disciplina comum entre arbitragem internacional e arbitragem doméstica. Carlos Augusto da Silveira Lobo, a respeito do assunto, ensina que "a Lei 9.307/1996 não distingue entre arbitragem internacional e arbitragem doméstica, sujeitando-as, ambas, no geral, a uma disciplina comum"[881]. Em outro texto, o autor considera que "a solução unitária adotada pela nossa lei produziu o efeito benéfico de estender à arbitragem interna a liberdade que geralmente se confere à arbitragem internacional"[882]. Outros autores, porém, criticaram a opção da lei, certamente com uma visão menos otimista a respeito da disciplina comum e provavelmente temendo que as restrições normalmente aplicadas à arbitragem doméstica se estendessem à arbitragem internacional[883].

---

a questões de comércio internacional se enquadram nessa categoria. Essas arbitragens podem ser regidas pelo direito interno de algum país, regras costumeiras ou princípios de comércio internacional, de que são exemplos os princípios da Unidroit ou a Convenção da ONU sobre Venda Internacional de Mercadorias (Cisg)." (TIBÚRCIO, Carmen. A arbitragem internacional: definição e questões polêmicas. *Revista de Arbitragem e Mediação*, vol. 40, p. 253-285, jan./mar., 2014, DTR 2014/1006, p. 02).

[878] A versão original do estudo feito nesse item pode ser encontrada em: FICHTNER, José Antonio, et al. Teoria Geral da Arbitragem. São Paulo: Editora Forense, 2019, p. 96-103.

[879] "[...] a Lei 9.307/1996 perfilha o sistema monista, regulando apenas a arbitragem doméstica (o que, aliás, não é nenhum demérito, mas opção legislativa), não tratando da arbitragem internacional". (LEMES, Selma Ferreira. O Superior Tribunal de Justiça – STJ e o reconhecimento de sentença arbitral estrangeira à luz da Convenção de Nova Iorque de 1958. In: Luiz Fernando do Vale de Almeida (Coord.). *Aspectos práticos da arbitragem*. São Paulo: Quartier Latin, 2006, p. 326).

[880] "[...] an award rendered outside Brazil involving a contract between Brazilian parties to be performed in Brazil will nonetheless be a foreign award, whereas an award rendered in Brazil involving a matter of international trade will be national. Brazil followed the footsteps of the New York Convention on this issue and did not incorporate the solution of the UNCITRAL Model Law." (PEREIRA, César Guimarães. Recognition and enforcement of international arbitral awards in Brazil. *Revista de Arbitragem e Mediação*, vol. 20, p. 122-147, jan./mar., 2009, DTR 2009/803, p. 06).

[881] LOBO, Carlos Augusto da Silveira. A definição de sentença arbitral estrangeira. *Revista de Arbitragem e Mediação*, vol. 9, p. 62-71, abr./jun., 2006. No mesmo sentido, Beat Walter Rechsteiner afirma que, "no Brasil, a Lei 9.307, de 23.09.1996, congrega normas sobre a arbitragem interna e a internacional no mesmo diploma legal" (RECHSTEINER, Beat Walter. Sentença arbitral estrangeira – aspectos gerais de seu reconhecimento e de sua execução no Brasil. *Revista de Arbitragem e Mediação*, vol. 5, abr./jun., 2005. DTR 2005/230). Também assim, Rafael Pellegrini Ribeiro considera que "uma peculiaridade da lei brasileira de arbitragem é a de que ela regula tanto as arbitragens internas quanto as internacionais" (RIBEIRO, Rafael Pellegrini. O reconhecimento e a execução de sentenças arbitrais estrangeiras no direito brasileiro. In: Eduardo Jobim; Rafael Bicca Machado (Coord.). *Arbitragem no Brasil: aspectos jurídicos relevantes*. São Paulo: Quartier Latin, 2008, p. 419).

[882] LOBO, Carlos Augusto da Silveira. Uma introdução à arbitragem internacional. In: Ricardo Ramalho Almeida (Coord.). *Arbitragem interna e internacional*. Rio de Janeiro: Renovar, 2003, p. 09.

[883] Criticando a opção do legislador brasileiro em não tratar separadamente a arbitragem internacional: BRAGHETTA, Adriana. A importância da sede da arbitragem. In: Selma Ferreira Lemes; Carlos

Diversamente, optou-se por distinguir os conceitos de "sentença nacional" e "sentença estrangeira". O art. 34, parágrafo único, da Lei de Arbitragem prevê que "considera-se sentença arbitral estrangeira a que tenha sido proferida fora do território nacional"[884]. Assim, a Lei de Arbitragem distingue essa sentença da "sentença arbitral nacional", que é aquela prolatada em arbitragem sediada no Brasil. Portanto, percebe-se que o legislador não diferenciou as arbitragens domésticas e internacionais a partir dos efeitos ou do regime jurídico aplicável, utilizando como critério distintivo a sede da arbitragem[885]. Logo, quando a sentença for proferida no território nacional, a sentença adquire o caráter de sentença doméstica[886].

É muito importante estabelecer a diferença entre arbitragem internacional e sentença arbitral estrangeira, pois esses conceitos não se confundem[887]. Assim, uma arbitragem internacional, sediada no Brasil, tem por produto sentença doméstica, não necessitando de homologação. Nesse sentido, explica Rodrigo Garcia da Fonseca que "a sentença dada no Brasil é considerada nacional, mesmo se decorrente de uma operação internacional, envolvendo, por exemplo, uma ou várias partes estrangeiras ou umas transações com o exterior, que, em outros países, caracterizaria a arbitragem internacional"[888]. Dessa forma, percebe-se que a dicotomia "arbitragem doméstica" e "arbitragem internacional" não se confunde com os conceitos de "sentença estrangeira" e "sentença nacional"[889].

Alberto Carmona; Pedro Antonio Batista Martins (Coord.). *Arbitragem: estudos em homenagem ao Prof. Guido Fernando da Silva Soares*. São Paulo: Atlas, 2007, p. 21; VERÇOSA, Fabiane. Arbitragem interna v. arbitragem internacional: breves contornos da distinção e sua repercussão no ordenamento jurídico brasileiro face ao princípio da autonomia da vontade. In: Carmen Tiburcio; Luís Roberto Barroso (Org.). *O direito internacional contemporâneo: estudos em homenagem ao professor Jacob Dolinger*. Rio de Janeiro: Renovar, 2006, p. 434-435; SANTOS, Maurício Gomm Ferreira dos. A situação dos países da américa latina no que tange à lei aplicável ao mérito do litígio submetido a uma arbitragem comercial internacional. *Revista de Arbitragem e Mediação*, vol. 2, p. 102-108, mai./ago., 2004, DTR 2004/291.

[884] PUCCI, Adriana Noemi. Homologação de sentenças arbitrais estrangeiras. In: Selma Ferreira Lemes; Carlos Alberto Carmona; Pedro Batista Martins (Coord.). *Arbitragem: estudos em homenagem ao Prof. Guido Fernando da Silva Soares*. São Paulo: Atlas, 2007, p. 341.

[885] BASSO, Maristela. As leis envolvidas nas arbitragens comerciais internacionais: campos de regência. *Revista de Direito Bancário e do Mercado de Capitais*, vol. 9, p. 307-314, jul./set., 2000, DTR 2000/334, p. 01.

[886] NUNES, Thiago Marinho. A Convenção de Nova Iorque de 10 de Junho de 1958. *Revista Brasileira de Arbitragem*, Vol. VI, Issue 23, pp. 33-53, 2009, p. 37.

[887] FOUCHARD, Philippe; GAILLARD, Emmanuel; GOLDMAN, Berthold. International commercial arbitration. Edited by Emmanuel Gaillard and John Savage. The Hague: Kluwer, 1999, p. 57.

[888] FONSECA, Rodrigo Garcia da. Reflexões sobre a sentença arbitral. *Revista de Arbitragem e Mediação*, vol. 6, p. 40-74, jul./set., 2005, DTR 2005/393.

[889] VERÇOSA, Fabiane. Arbitragem interna v. arbitragem internacional: breves contornos da distinção e sua repercussão no ordenamento jurídico brasileiro face ao princípio da autonomia da vontade. In: Carmen Tiburcio; Luís Roberto Barroso (Org.). *O direito internacional contemporâneo: estudos em homenagem ao professor Jacob Dolinger*. Rio de Janeiro: Renovar, 2006, p. 424-425. Diferenciando a arbitragem internacional da nacionalidade da sentença, manifesta-se Roque Caivano: "Una de las primeras cuestiones consiste en determinar qué se entiende por 'laudo extranjero', situación que – en principio – es diferente de la 'internacionalidad' del arbitraje" (CAIVANO, Roque J. Reconocimiento y ejecución de laudos arbitrales extranjeros. In: Adriana Noemi Pucci (Coord.). *Arbitragem comercial internacional*. São Paulo, LTr, 1998, p. 152).

No caso do Brasil, o legislador nacional unificou o regime legal aplicável às arbitragens domésticas e arbitragens internacionais. Trata-se de padrão mais flexível e, portanto, avançado de regulamentação. Quando se diz que o Brasil adotou o regime monista da arbitragem, significa que a Lei de Arbitragem brasileira não estabeleceu disciplinas distintas e estanques para regulamentar a arbitragem internacional e a arbitragem doméstica. Diversamente, a dicotomia relevante fixada na lei é a distinção entre "sentença arbitral doméstica" e "sentença arbitral estrangeira", que utiliza como critério distintivo o fato de a sede da arbitragem ser ou não localizada no país.

Capítulo 6

A CLÁUSULA COMPROMISSÓRIA E A INCOMPLETUDE CONTRATUAL

A literatura estrangeira, notadamente aquela que se dedicou a estudar a análise econômica do direito, no final do século passado, partindo do conceito de *custos de transação*, voltou seus olhos às limitações – intencionais ou não – do clausulado contratual, quando comparado com as vicissitudes que a relação ajustada originalmente entre as partes poderia sofrer. Esse foi o ponto de partida para a discussão acerca da incompletude contratual

Sob o ponto de vista da análise econômica, o fenômeno seria explicável porque os custos de transação necessários a proporcionar que o clausulado cobrisse todas as possíveis contingências superariam os riscos, naquele específico momento, projetados pelas partes. Essa premissa parte do princípio de que as partes contratantes atuariam racionalmente, sob o ponto de vista econômico, durante o processo de contratação. Assim, apenas seriam ponderados durante a formação do negócio aqueles elementos cuja pactuação expressa implicasse menor custo do que seria incorrido diante da ausência de previsões específicas sobre determinado tema.

A partir desses contornos iniciais, a ideia de incompletude contratual foi desenvolvida. Percebeu-se que os sentidos econômico e jurídico de incompletude são inconfundíveis entre si, bem como que os custos de transação não são os únicos fatores que explicam a existência de contratos incompletos. Ademais, passou-se a reconhecer que todos os contratos de longa duração serão, em alguma medida, incompletos. Diante dessas evoluções, pode-se dizer que, atualmente, a ideia de incompletude contratual funciona como uma chave de leitura útil para refletir sobre o direito dos contratos. As causas da incompletude, as consequências práticas advindas, bem como os mecanismos de manejo são elementos importantes a serem ponderados pelo operador do direito, oferecendo arcabouço teórico para enfrentar problemas concretos.

O presente Capítulo se propõe a dar mais um passo na compreensão da incompletude contratual, aplicando esse ferramental teórico ao estudo da convenção de arbitragem. A tese central defendida é a de que a convenção de arbitragem, especialmente na modalidade cláusula compromissória, em sendo negócio jurídico que visa a embasar a jurisdição do tribunal arbitral, bem como a oferecer balizas mínimas para a futura solução de controvérsias, usualmente tem a natureza de um contrato incompleto.

Assim, analisamos a incompletude da convenção de arbitragem, seus riscos e benefícios derivados de uma redação propositalmente incompleta, bem como de quais formas é possível lidar com essa circunstância. Objetiva-se, sobretudo, oferecer perspectiva diferente da estritamente dogmática para a compreensão de preocupações subjacentes à redação da convenção de arbitragem, bem como as possíveis consequências derivadas de uma redação mais detalhada ou mais vaga. Reconhecer que a convenção de arbitragem pode assumir a forma de um contrato incompleto parece ser o primeiro passo para desenvolver métodos e ferramentas aptos a lidar com a sua incompletude.

§ 19. ASPECTOS INTRODUTÓRIOS ACERCA DA INCOMPLETUDE CONTRATUAL

1. Ideia de incompletude

A melhor forma de definir o fenômeno da incompletude contratual é estabelecer o seu contraste com a ideia de "contrato completo". O "contrato completo" seria aquele no qual não há necessidade de adição ou determinação dos direitos e das obrigações das partes ao longo da sua execução, vez que o próprio instrumento delinearia, *ab initio*, todas as possibilidades de eventos futuros associadas ao objeto da contratação[890]. Em outras palavras, os contratos completos seriam aqueles que, teoricamente, identificam todas as características e elementos necessários à concretização do cenário ótimo da transação, considerando as perspectivas futuras, e dispensariam verificação ou determinação adicional dos direitos e obrigações[891] a ele relacionados.

Nesse sentido, leciona Scott Baker e Kimberly Krawiec: "When parties enter into a complete contract, they specify optimally – their rights and obligations in every future state of the world. Because the original contract lays out the optimal set of obligations and rights in every future contingency, the parties never need to alter obligations in light of new information or the resolution of uncertainty. In other words, they never renegotiate or breach the contract"[892].

Existe um processo de ressignificação do papel da incompletude na estrutura dos contratos. Conforme aponta Juliet Kostritsky, "the newer economic literature redefines completeness in terms of whether a contract can provide an efficient outcome in all states of the world calling for a distinct outcome. Under this economic definition, it is expected that virtually every contract will be incomplete"[893]. Portanto, pela teoria econômica, todos os contratos, onerosos ou não, apresentarão algum grau de incompletude pelo simples fato de que é impossível antecipar todos acontecimentos e eventos que poderão interferir na relação contratual com o transcurso do tempo[894].

Assim, salvo os contratos de execução instantânea, a impossibilidade de prever todas as contingências acaba afetando, inexoravelmente, o caráter de completude do

---

[890] GALLO, José Alberto Albeny. *Contratos Incompletos*. Dissertação (Mestrado em Direito) – Faculdade de Direito Milton Campos. Nova Lima, 70p. 2009, p. 53.

[891] GALLO, José Alberto Albeny. *Contratos Incompletos*. Dissertação (Mestrado em Direito) – Faculdade de Direito Milton Campos. Nova Lima, 70p. 2009, p. 61.

[892] BAKER, Scott; KRAWIEC, Kimberly D. Incomplete Contracts in a Complete Contract World. *Florida State University Law Review*, vol. 33, n° 3, p. 725-756, 2006, p. 726.

[893] KOSTRITSKY, Juliet P. Symposium Incomplete Contracts: Judicial Responses, Transaction Planning, and Litigation Strategies – Introduction. *Case Western Reserve Law Review*, vol. 56, n° 1, p. 135-150, 2005, p. 140-141.

[894] CAMINHA, Uinie; LIMA, Juliana Cardoso. Contrato Incompleto: uma perspectiva entre direito e economia para contratos de longo termo. *Revista Direito GV*, vol. 10, n° 1, jan./jun., 2014, p. 155-200, p. 162.

contrato – quer do ponto de vista jurídico, quer econômico[895]. Conforme Tea Park "An incomplete contract assumes that both contracting parties lack complete knowledge of the world and thus face future uncertainties and risks. This differs from hypothetical and imaginary contracts, which are perfect complete contracts. A perfect complete contract assumes contracting parties have complete knowledge of the world"[896].

Dessa forma, na medida em que a incompletude é aceita como elemento integrante do fenômeno da contratação, passa a ser necessário mudar o foco para pensar em como lidar com essa vicissitude, garantindo o cumprimento dos acordos e maximizando a eficiência do ajustado[897]. Se a incompletude é um fato inevitável[898], torna-se esforço intelectivo inócuo pensar em como a evitar, devendo-se, portanto, passar a focar em como minimizar seus efeitos, se deletérios.

Há, portanto, um paradoxo, pois se os contratos nem sempre apresentam desde o início as melhores soluções em termos econômicos ou poderão conter lacunas, essas terão de ser complementadas por uma das várias técnicas de preenchimento[899]. Pelo fato de ser pouco usual um contrato ser considerado completo, tanto no sentido jurídico quanto econômico, aceitando-se que a regra seja haver algum grau de incompletude, caberá ao intérprete identificar a sua origem para melhor compreender a situação-problema envolvendo a execução daquele determinado contrato.

Portanto, diante das múltiplas fontes de incompletude[900], é possível assumir que o contrato incompleto, antes de ser categoria da dogmática jurídica ou uma constatação a partir da análise econômica, pode ser considerado como elemento inerente à gestão das relações contratuais, que apresentam facetas múltiplas a partir da complexidade concreta e do problema econômico a ser resolvido mediante tratamento jurídico específico[901]. As-

---

[895] NITSCHKE, Guilherme Carneiro Monteiro. *Lacunas Contratuais e Interpretação: história, conceito e método*. São Paulo: Quartier Latin, 2019, p. 281.

[896] PARK, Tae Jung. Incomplete Agreements on Trade in Services: Causes and Problems – Applying Incomplete Contract Theory. *Tulsa Law Review*, vol. 53, nº 1, p. 67-84, 2017, p. 68.

[897] KOSTRITSKY, Juliet P. Symposium Incomplete Contracts: Judicial Responses, Transaction Planning, and Litigation Strategies – Introduction. *Case Western Reserve Law Review*, vol. 56, nº 1, p. 135-150, 2005, p. 140-141.

[898] "Os contratos definidos entre os agentes econômicos são incompletos, uma vez que não existe a capacidade de antecipar todas as contingências futuras. Se fosse possível desenhar contratos completos, não existiria problema para as organizações se estruturarem e os problemas gerados a partir do comportamento aético seriam antecipados e tratados com cláusulas de salvaguarda." (ZYLBERSTAJN, Decio. Organização Ética: um ensaio sobre comportamento e estrutura das organizações. *RAC*, vol. 6, nº 2, p. 123-143, mai./ago., 2002, p. 130).

[899] "Paradoxically, contracts are both never complete and always complete. Contracts are never fully complete, because some contractual incompleteness is inevitable, given the costs of thinking about, bargaining over, and drafting for future contingencies." (BAKER, Scott; KRAWIEC, Kimberly D. Incomplete Contracts in a Complete Contract World. *Florida State University Law Review*, vol. 33, nº 3, p. 725-756, 2006, p. 726).

[900] "As noted, however, parties fail to reach such contractual completeness for a variety of reasons, meaning that contracting parties frequently renegotiate, breach, and litigate as new information becomes available and unforeseen events unfold." (BAKER, Scott; KRAWIEC, Kimberly D. Incomplete Contracts in a Complete Contract World. *Florida State University Law Review*, vol. 33, nº 3, p. 725-756, 2006, p. 726).

[901] CAMINHA, Uinie; LIMA, Juliana Cardoso. Contrato Incompleto: uma perspectiva entre direito e economia para contratos de longo termo. *Revista Direito GV*, vol. 10, nº 1, jan./jun., p. 155-200, 2014, p. 162.

sim, é razoável considerar que haverá variadas situações nas quais as partes contratantes considerarão não incluir na negociação certas contingências, vez que poderão exigir esforço hercúleo para prever e negociar os efeitos das inúmeras eventualidades possíveis, inclusive as de probabilidade remota[902].

A constatação da inerência da incompletude acarreta a consequência de que todos os contratos, em maior ou menor grau, serão soluções subótimas ("second best solutions") quando comparadas ao que seria o ideal ("first best solutions"), considerando que a total completude, o melhor cenário quer pelo viés jurídico quer pelo viés econômico, é hipótese de difícil concretização[903].

Entretanto, esse fenômeno pode ser percebido ao menos por dois pontos de vista distintos, a partir da ótica jurídica ou da ótica econômica[904]. Enquanto o contrato é economicamente incompleto quando ele falha em realizar o total dos ganhos derivados do negócio, deixando de estabelecer ações e ganhos para as partes em todos os cenários possíveis, esse será juridicamente incompleto quando o conteúdo obrigacional não estiver especificado na totalidade, ou deixar de regular de modo claro e preciso aspectos da relação[905]. Nesse contexto, a ideia de incompletude jurídica se aproxima, mas não se confunde, com a ideia de lacunas contratuais.

2. Incompletude jurídica e econômica

A literatura expõe a fricção que o fenômeno da incompletude acarreta quando as visões de economistas e juristas sobre ele são confrontadas[906]. Explicando a dicotomia das duas distintas visões sobre o tema, expõe Juliet Kostritsky que "the idea that contracts are inevitably incomplete is not new to economists or lawyers. What is new is the insight

---

[902] AROSI, Letícia Soster. Os Contratos Incompletos e a Behavioral Law and Economics. *Revista de Direito Privado*, vol. 89, p. 43-68, mai./2018, DTR nº 2018/12763, p. 15-16.

[903] NITSCHKE, Guilherme Carneiro Monteiro. *Lacunas Contratuais e Interpretação: história, conceito e método*. São Paulo: Quartier Latin, 2019, p. 281.

[904] CAMINHA, Uinie; LIMA, Juliana Cardoso. Contrato Incompleto: uma perspectiva entre direito e economia para contratos de longo termo. *Revista Direito GV*, vol. 10, nº 1, jan./jun., p. 155-200, 2014, p. 169.

[905] NITSCHKE, Guilherme Carneiro Monteiro. *Lacunas Contratuais e Interpretação: história, conceito e método*. São Paulo: Quartier Latin, 2019, p. 280.

[906] "The incompleteness of a contract has a different meaning to an economist than to a lawyer. To a lawyer, a contract may be incomplete in failing to describe the obligations of the parties in each possible state of the world. Should a state of the world materialize that falls within the gap, the enforcing court must choose either to decline to enforce the contract or to fill the gap with a default obligation. The problem with this conception of incompleteness is that it is difficult to explain why parties would leave such gaps. After all, the cost to making contracts complete in this sense is trivial: the parties can simply provide for an obligation that applies to a broadly defined set of contingencies." [...] "Economists use incompleteness in a different sense. A contract is incomplete if it fails to provide for the efficient set of obligations in each possible state of the world. Such a contract is 'informationally incomplete' even though it is 'obligationally complete' in the sense that it does not contain any gaps." (SCOTT, Robert E.; TRITANIS, George G. Incomplete Contracts and the Theory of Contract Design. *Case Western Reserve Law Review*, vol. 56, nº 1, p. 187-202, 2005, p. 190).

that all contracts are incomplete and that lawyers and economists might approach the idea in different ways"[907].

Conforme Ian Ayres e Robert Gertner, o contrato juridicamente incompleto é aquele no qual as obrigações das partes não estão completamente especificadas[908]. De modo simples, na perspectiva estritamente jurídica há um certo grau de sobreposição entre a noção de "incompletude" e o conceito de "lacuna"[909]. Pelo viés jurídico, toma-se em consideração o risco atrelado ao negócio, a partir do qual se verificará se existem ou não lacunas deixadas pelas partes como forma de permitir a contratação[910].

Ou seja, a incompletude significa que não há uma tradução jurídica no corpo do contrato de risco econômico superveniente concreto, o qual não é gerido no momento da celebração da avença, resultando em lacuna a ser posteriormente integrada[911]. Entretanto, nem toda incompletude é fruto de uma verdadeira lacuna contratual. Nos casos em que há regras supletivas no ordenamento, usos, costumes, práticas ou deveres derivados da boa-fé incidentes concretamente, não se estará diante de uma lacuna em sentido técnico, embora haja incompletude do texto do contrato. Na verdade, somente existirão lacunas jurídicas (em sentido técnico) quando há falta de disciplina normativa incidente, ou seja, quando nem as partes, nem as normas cogentes e supletivas ou outras fontes do direito, tragam um regramento sobre a solução a ser dada.

A percepção da existência de vazios no regulamento contratual se mostra uma afronta ao dogma da completude, corolário de concepção de direito na modernidade, posteriormente enfrentado por outras escolas de pensamento jurídico que reconhece-

---

[907] "Lawyers emphasize that a contract is incomplete when it contains a gap. Absent a gap, the contract would be considered 'obligationally complete'. Economists, however, use a different approach to determine if a contract is incomplete. They argue that even if a contract contains complete terms, "[a] contract is incomplete if it fails to provide for the efficient set of obligations in each possible state of the world. A contract does not need to provide an outcome for every state that might materialize. If an optimal contract would differentiate for a particular contingency, then a contract that fails to do so would be incomplete. A judgment has to be made as to whether a contract that looks incomplete is in fact incomplete when measured against an optimal contract." (KOSTRITSKY, Juliet P. Symposium Incomplete Contracts: Judicial Responses, Transaction Planning, and Litigation Strategies – Introduction. *Case Western Reserve Law Review*, vol. 56, nº 1, p. 135-150, 2005, p. 139-140).

[908] "Legal scholars use the term 'incomplete contracting' to refer to contracts in which the obligations are not fully specified. A contract to sell a good would be 'obligationally' incomplete, for example, if it failed to specify the price, quantity, or date of delivery. In contrast, a contract is obligationally complete if the obligations of the parties are fully specified for all future states of the world. A contract that failed to specify the seller's obligations in the event of a flood or the buyer's breach would thus be obligationally incomplete. Default rules respond to obligational incompleteness by filling these obligational gaps." (AYRES, Ian; GERTNER, Robert. Strategic Contractual Inefficiency and the Optimal Choice of Legal Rules. *Yale Law Journal*, vol. 101, 1992, p. 730).

[909] FAGANELLO, Tiago. *Contratos Empresariais de Longa Duração e Incompletude Contratual*. Dissertação (Mestrado em Direito) – Faculdade de Direito da Pontifícia Universidade Católica do Rio Grande do Sul – PUCRS. Porto Alegre, 114f. 2017, p. 11.

[910] AROSI, Letícia Soster. Os Contratos Incompletos e a Behavioral Law and Economics. *Revista de Direito Privado*, vol. 89/2018, p. 43-68, mai/2018, DTR 2018/12763, p. 05-06.

[911] AROSI, Letícia Soster. Os Contratos Incompletos e a Behavioral Law and Economics. *Revista de Direito Privado*, vol. 89/2018, p. 43-68, mai/2018, DTR 2018/12763, p. 04-05.

ram o caráter incompleto (*i.e.*, lacunoso) do ordenamento jurídico[912]. Por essa razão, tradicionalmente, na ótica jurídica a incompletude está associada à ideia de insuficiência[913]. Entretanto, trata-se de visão monocular acerca do fenômeno, simplificando-o e reduzindo-o a apenas uma de suas dimensões. A inserção do filtro da lógica econômica permite maior desenvolvimento e abre novos campos de análise da incompletude, explorando-a por outras perspectivas.

Dentro do viés econômico, o contrato incompleto é aquele que não realiza todos os ganhos potenciais associados a determinada transação econômica[914]. Entretanto, existem variadas causas que podem conduzir a esse cenário. Tomá-las em consideração, portanto, pode ser elemento de compreensão da própria estruturação da operação econômica subjacente ao instrumento contratual. Perceber as razões que levam um contrato a ser incompleto – e não considerar a lacunosidade patologia pura e simples – traz elemento hermenêutico importante, revelando outras facetas não explícitas da relação comercial existente entre as partes.

Nesse sentido, há de se ponderar que o caráter incompleto pode advir ou de custos proibitivos acerca da produção do caráter completo, razões de oportunidade e conveniência, de limitações racionais e heurísticas, assimetrias informativas, simples esquecimentos, imprevidência ou, inclusive, por estratégia negocial o contrato poderá restar incompleto. Ou seja, a ausência de realização de ganhos potenciais da transação poderá ter fontes diversas, que contribuirão em maior ou menor medida para a incompletude da avença[915].

Por conseguinte, tomando esses elementos em consideração, será possível fazer melhor diagnóstico sobre o conteúdo efetivamente consubstanciado na negociação. E, quando essa incompletude econômica redundar na incompletude também pelo viés jurídico, ao ser convocado a preencher determinada lacuna, o intérprete-aplicador, ponderando esses elementos, poderá chegar a conclusões diversas, privilegiando um ou outro mecanismo de colmatação de lacunas. Dessa forma, há uma ponte a ser estabelecida entre a análise econômica e a sua conversão em instrumento jurídico.

Importa, pois, tomar em consideração a recomendação de Cesare Vivante aos comercialistas, consubstanciada no seu tratado:

---

[912] BOBBIO, Norberto. *Teoria do Ordenamento Jurídico*. 4ª ed. Maria Celeste Cordeiro Leite dos Santos (Trad.). Brasília: Editora Universidade de Brasília, 1994, p. 119-122.

[913] CAMINHA, Uinie; LIMA, Juliana Cardoso. Contrato Incompleto: uma perspectiva entre direito e economia para contratos de longo termo. *Revista Direito GV*, vol. 10, nº 1, jan./jun., p. 155-200, 2014, p. 169.

[914] "Economics scholars, on the other hand, use the term "incomplete contracting" to refer to contracts that fail to fully realize the potential gains from trade in all states of the world. These contracts are considered "contingently" incomplete or "insufficiently state contingent." For example, a contract to deliver certain goods to a house tomorrow for $100 may be obligationally complete in the sense that obligations are fully specified for all future states of the world. However, the contract may be insufficiently state contingent in that the contractual obligations fail to fully realize the potential gains from trade in all states of the world. Contracts that are "insufficiently state contingent" (contingently incomplete) give private parties incentives-in at least some states of the world-to either renegotiate or breach the original contract to realize these additional gains from trade." (AYRES, Ian; GERTNER, Robert. Strategic Contractual Inefficiency and the Optimal Choice of Legal Rules. *Yale Law Journal*, vol. 101, 1992, p. 730).

[915] GALLO, José Alberto Albeny. *Contratos Incompletos*. Dissertação (Mestrado em Direito) – Faculdade de Direito Milton Campos. Nova Lima, 70p. 2009, p. 61.

"Não se aventurem nunca a qualquer investigação jurídica se não conhecem a fundo a estrutura técnica e a função econômica do instituto objeto dos vossos estudos. [...] É uma deslealdade científica, é uma falta de probidade falar de um instituto com o fim de determinar-lhe a disciplina jurídica sem o conhecer na sua íntima realidade. Se o direito tem por escopo regular os efeitos de um instituto, é evidente que o estudo prático da sua natureza deve preceder o do direito"[916].

Dessa forma, conjugar a interpretação econômica com a jurídica acerca da incompletude permite compreensão mais alargada do fenômeno, trazendo luzes quer para determinada lacuna contratual quer para determinada ineficiência no regime obrigacional pactuado. A valoração será diversa, vez que a ótica econômica traz enriquecimento à compreensão da estrutura jurídica pactuada no contrato.

3. A convenção de arbitragem como contrato incompleto

Há consenso na doutrina, nacional e internacional, no sentido de que a cláusula compromissória é, normalmente, um contrato autônomo, inserido em outro contrato, principal, no âmbito do qual as partes trocam bens da vida. Às vezes, ela deriva de instrumento apartado, com referência expressa a outro, autônomo em relação a ela.

A configuração da convenção de arbitragem, sob a roupagem de cláusula compromissória, é, normalmente, objeto de reduzida preocupação pelas partes celebrantes do contrato principal. Isso se explica, até mesmo, sob o ângulo psicológico. O espírito que geralmente envolve as partes no ato da celebração da maioria dos contratos é o de encontro de vontades, de congraçamento, de identidade de objetivos. A cláusula compromissória representa o exato oposto, uma crise ordinariamente fora do campo de visão das partes, naquele específico instante. Nas palavras de Judith Martins Costa, as partes naquele momento, não contemplam "as vicissitudes que o fluir do tempo carrega".

A cláusula compromissória, assim, é contratada, normalmente, apenas em grandes linhas, com a perspectiva de não ser usada, estabelecendo o vínculo definitivo da arbitragem como método de resolução das disputas que acaso venham a surgir, e obrigações comuns de cooperar – obrigação de fazer – na instauração da eventual arbitragem, caso requerida por uma das partes contratantes.

Não conhecem, por exemplo – porque a divisam improvável – a natureza do eventual litígio, se ele reside em discussões econômicas, financeiras, técnicas ou mesmo um *mix* de todas essas questões. Como escolher árbitros sem nitidez sobre o conteúdo da eventual crise do contrato? Assim, naturalmente as partes optam por celebrar cláusulas compromissórias com natureza e forma típicas de contrato incompleto. Definem as obrigações principais e, estrategicamente, deixam para perseguir maior completude quando a crise do contrato se manifestar como verdadeira realidade.

A completude será maior ou menor dependendo da estratégia adotada pelas partes. Em algumas situações, as partes simplesmente expressarão, por escrito, a intenção de resolver eventuais litígios por meio de arbitragem. Em outras, definirão métodos para a escolha de árbitros. Poderão também adotar, por referência, regras institucionais para o

---

[916] VIVANTE, Cesare. *Trattato di diritto commerciale*. Vol. 1. 5ª ed. Milano: Francesco Vallardi, 1922, p. IX-X.

procedimento arbitral. São inúmeras as possibilidades. E as partes o fazem com tranquilidade em razão do sistema de *default rules* criado pelo legislador.

A convenção de arbitragem pode ser considerada incompleta tanto no sentido jurídico quanto no sentido econômico. No plano jurídico, frequentemente não estarão presentes na convenção de arbitragem variadas previsões relevantes para a condução do procedimento arbitral. Especialmente quando prevista na cláusula compromissória, o seu caráter incompleto demandará, para melhor seguimento da arbitragem, complementação posterior, por meio, por exemplo, da redação de ata de missão.

Em termos econômicos, a inserção de cláusula compromissória nem sempre resultará no resultado mais eficiente. Por exemplo, é possível que haja desequilíbrio entre a escolha da instituição arbitral e o número de árbitros a compor o tribunal e a importância econômica subjacente ao contrato. Em outras palavras, a opção pela via arbitral nem sempre será eficiente em termos de custos, sendo necessário compatibilizar a redação da convenção de arbitragem com a estrutura econômica da relação entre as partes.

Dessa forma, sustenta-se que a convenção de arbitragem, especialmente quando se encontra na forma de cláusula compromissória, pode ser interpretada com base na teoria da incompletude contratual. Reconhecê-la como ostentando a natureza de contrato incompleto traz novas luzes sobre a sua interpretação e compreensão. Ademais, é chave de leitura importante para compreender a sua posição dogmática dentro do contexto mais amplo da arbitragem.

4. Incompletude em contratos de longa duração

A constatação da incompletude dos contratos é especialmente importante para os contratos de longa duração ou de execução diferida, tendo repercussão mais escassa no âmbito dos contratos instantâneos, de lapso temporal entre formação e execução quase imperceptível[917]. Entretanto, os contratos com lapso temporal entre formação e execução serão inexoravelmente incompletos[918], quer pela ótica econômica ou jurídica.

O fator tempo passa a ser elemento de complexidade adicional nas avenças estruturadas para não serem executadas logo após a sua conclusão. Nesses casos, a dinâmica negocial assume feição diferente, pois as partes não têm como saber de antemão quais detalhes devem dedicar o seu tempo e o seu poder de barganha para definir desde o período de tratativas. É dizer: durante a negociação, às vezes é muito difícil ter a certeza se uma determinada previsão contratual terá relevância a ponto de justificar maiores investimentos em investigação e em negociação.

Por essa razão, é compreensível que o aconselhável, em várias situações, é não criar uma disposição *ex ante* sobre eventual contingência, pois isso implica agregar desde o momento da conclusão do contrato um custo que sequer pode ser justificado, ou que poderia ser melhor manejado após a sua eventual materialização, por meio de conduta cooperativa recíproca. Nesse sentido, conclui Uinie Caminha que "sabendo da incomple-

---

[917] CAMINHA, Uinie; LIMA, Juliana Cardoso. Contrato Incompleto: uma perspectiva entre direito e economia para contratos de longo termo. *Revista Direito GV*, vol. 10, nº 1, jan./jun., p. 155-200, 2014, p. 164.

[918] FAGANELLO, Tiago. *Contratos Empresariais de Longa Duração e Incompletude Contratual*. Dissertação (Mestrado em Direito) – Faculdade de Direito da Pontifícia Universidade Católica do Rio Grande do Sul – PUCRS. Porto Alegre, 114f. 2017, p. 111.

PARTE I · **Capítulo 6** · A CLÁUSULA COMPROMISSÓRIA E A INCOMPLETUDE CONTRATUAL | **201**

tude contratual existente nas relações complexas de longa duração, é dispendioso tentar amarrar todas as contingências futuras, por isso é necessário reconhecer o direito das partes de fazê-lo em momento posterior"[919].

Igualmente, não se pode descartar a possibilidade de ocorrerem equívocos caso as partes tenham anseio de lidar com determinada situação desde o início. Há, potencialmente, avaliação demasiadamente otimista da capacidade do agente negocial de fazer previsões excessivamente específicas desde o momento da formação do vínculo. E, consequentemente, a solução se mostra não ótima quando ocorre a concretização da situação problema.

É necessário, portanto, ajustes finos de sensibilidade negocial para saber se vale ou não o investimento de antecipar e enfrentar determinado cenário futuro quando da formação do vínculo negocial[920]. Nesse sentido, pondera Wendy Epstein: "Parties who try to detail complex transactions are more likely to make errors along the way. The counterargument, of course, is that complex transactions are sometimes of the type where the principal especially needs to provide detailed guidance to the agent, so determining where on the incompleteness spectrum a contract should be situated is particularly important."[921]

O problema central que se põe, portanto, quando o fator tempo é inserido na equação contratual, é a gestão do risco acerca do futuro. Assim, as mudanças das circunstâncias constituem preocupação central das partes, pois, conforme as contingências aparecem, as partes terão de lidar com novos eventos, o que demanda discernimento específico na gestão da execução do contrato[922].

Quanto maior a duração do contrato, maiores serão as vicissitudes às quais estará sujeito. Os riscos poderão ser de ordem econômica (flutuações da taxa de câmbio, mudança monetária, e demais modificações macroeconômicas), política (guerra, revoluções, e outros conflitos) ou naturais (epidemia e catástrofe natural)[923]. Destarte, o problema que se põe às partes é como alocar esses riscos[924]. É possível pactuar de modo específico

---

[919] CAMINHA, Uinie; LIMA, Juliana Cardoso. Contrato Incompleto: uma perspectiva entre direito e economia para contratos de longo termo. *Revista Direito GV*, vol. 10, nº 1, jan./jun., p. 155-200, 2014, p. 188.

[920] More specifically, from an economic viewpoint, maximizing contractual value requires drawing a proper balance among various decisional margins and trading off reduced efficiency along one margin to achieve enhanced efficiency along another." (KATZ, Avery W. Contractual Incompleteness: A Transactional Perspective. *Case Western Reserve Law Review*, vol. 56, nº 1, p. 169-186, 2005, p. 171).

[921] EPSTEIN, Wendy Netter. Facilitating Incomplete Contracts. *Case Western Reserve Law Review*, vol. 65, nº 2, p. 297-340, 2014, p. 317-318.

[922] GALLO, José Alberto Albeny. *Contratos Incompletos*. Dissertação (Mestrado em Direito) – Faculdade de Direito Milton Campos. Nova Lima, 70p. 2009, p. 56.

[923] CAMINHA, Uinie; LIMA, Juliana Cardoso. Contrato Incompleto: uma perspectiva entre direito e economia para contratos de longo termo. *Revista Direito GV*, vol. 10, nº 1, p. 155-200, jan./jun., 2014, p. 168-169.

[924] "Because of the difficulty of predicting and evaluating all the variables, the parties face a risk. A risk of a natural disaster is a good example of this. To respond to risk, the parties do their best to allocate the risks that can arise. For example, the contract may stipulate that the completion date will be deferred in the event of a natural disaster. However, in many cases, the contract may say nothing about who bears the risk. When the contract remains silent about a risk, the contract has a gap. Why do parties decide to omit something about a certain condition by leaving a gap in a

aqueles de materialização mais provável, ou determinar, em linhas gerais, como ocorrerá o seu manejo caso haja a efetiva manifestação no curso da relação, estabelecendo critérios contratuais previamente definidos.

De modo diverso, é possível e comum que a escolha seja não fazer o gerenciamento minudente no momento da conclusão do contrato[925]. Assim, a celebração de contrato *intencionalmente incompleto* será fruto da própria autonomia privada, que é admitida de modo tão amplo que aceita a própria opção racional pela formação de um vínculo contratual dotado de incompletude. Por essa razão, é inadmissível perceber a incompletude como algo necessariamente negativo. Especialmente nas avenças de longa duração, trata-se de característica inerente, e não um vício ou defeito na elaboração[926].

Ao redigir cláusula compromissória, considerando a sua contratação na expectativa de nunca precisar ser efetivamente utilizada, as partes têm de ter cautela acerca do conteúdo das previsões a serem feitas. Nesse sentido, pode ser recomendável elaborar a cláusula mais simples, contendo apenas as previsões essenciais, e deixar para um segundo momento, após a existência do litígio, a elaboração de regras complementares acerca do modo de solução das controvérsias. É importante que se tenha ciência de que se está elaborando previsão para ser exercida em um momento futuro. Nesse sentido, há de se ter cautela acerca da criação de regras muito específicas, que podem se mostrar pouco aderentes quando e se a cláusula compromissória vier efetivamente a ser utilizada.

§ 20. ORIGENS DA INCOMPLETUDE CONTRATUAL

1. Custos de transação

Quando analisado o tema das origens da incompletude contratual, vários fatores acabam sendo ponderados em maior ou menor medida. Dessa forma, cada transação econômica tem subjacente a si uma história própria, envolvendo *players* mais ou menos experientes, que apresentam maior ou menor relação de confiança entre si. Portanto, a conclusão a que se chega é a de que os processos de elaboração de contratos sofisticados são, normalmente, irrepetíveis, havendo sempre fatores novos e peculiares a serem considerados, mesmo quando já existam usos ou práticas negociais relevantes entre as partes para serem ponderados.

---

contract? Of the various reasons for leaving a gap, the most important one is related to the effort and costs of anticipating possible contingencies, bargaining about their solution, and then describing them adequately. In particular, parties will tend not to specify terms and to leave a gap in relation to low probability events because the expected loss from the gap will be minimal, whereas the cost of including the terms would be significant. For instance, it may take only a minute to discuss and agree on a term about what to do if a lawyer is involved in a car accident on the way to signing a deal, but if such an event is unlikely to occur, it would not be worthwhile to include a provision for such an outcome in the contract." (PARK, Tae Jung. Incomplete Agreements on Trade in Services: Causes and Problems – Applying Incomplete Contract Theory. *Tulsa Law Review*, vol. 53, nº 1, p. 67-84, 2017, p. 78).

[925] BANDEIRA, Paula Greco. Os contratos incompletos e a soft law. *Revista dos Tribunais*, vol. 966, p. 145-165, abr., 2016. DTR 2016/4812, p. 04.

[926] FAGANELLO, Tiago. *Contratos Empresariais de Longa Duração e Incompletude Contratual*. Dissertação (Mestrado em Direito) – Faculdade de Direito da Pontifícia Universidade Católica do Rio Grande do Sul – PUCRS. Porto Alegre, 114f. 2017, p. 111.

É inviável elaborar um rol exaustivo das causas da incompletude contratual, bem como é impossível reduzir a fundamento ou origem única. É precisamente a partir da existência de múltiplos fatores que podem contribuir para a configuração das situações de incompletude que o seu reconhecimento se torna ferramenta analítica útil para a compreensão da operação econômica, bem como dos caminhos e das ações aptas a remediá-las.

Nesse sentido, explica Avery Katz que

> "the reasons for incomplete contracts are varied. Sometimes parties deliberately leave terms unresolved, trusting future negotiations or social norms to fill in any problems that emerge. Other times, they leave terms unresolved without realizing they have done so, in part because they devote limited attention or resources to their negotiations and in part because contracts are expressed in ordinary language with all its ambiguities. In any event, it is routine for contracting parties not to focus on the fact that their agreements contain interpretative gaps until after a difference of opinion arises"[927].

Uma das possíveis origens da incompletude contratual são os custos de transação. Conforme Ronald Coase, devem ser levados em consideração os custos de negociar e celebrar um contrato individual para cada transação de troca que ocorre em um mercado[928]. Existe considerável enfoque nos custos de transação com origem da incompletude dos contratos[929]. Contudo, não se pode sobrelevar o papel dos custos de transação como fonte de incompletude[930], devendo ser compreendido como apenas uma das razões da existência do fenômeno.

Conforme aponta Tea Park,

> "there is no perfect and complete contract because the transaction cost cannot possibly be zero and there is no way for the parties to foresee every possible scenario that will arise in the future. A contract always requires a cost of finding the right contracting partners, the right drafting skills, et cetera. In fact, a contract will always be incomplete in the sense that the parties will fail to include all the variables that are potentially relevant to it".[931]

O problema dos custos de transação se mostra mais presente em contratos com maior grau de sofisticação. Nesses, diversos fatores contribuem para tornar a opera-

---

[927] KATZ, Avery W. Contractual Incompleteness: A Transactional Perspective. *Case Western Reserve Law Review*, vol. 56, 1, p. 169-186, 2005, p. 169.

[928] COASE, Ronald. *A firma, o mercado e o direito*. 2ª ed. Heloisa Gonçalves Barbosa (Trad.). Rio de Janeiro: Forense, 2017, p. 39.

[929] NITSCHKE, Guilherme Carneiro Monteiro. *Lacunas Contratuais e Interpretação: história, conceito e método*. São Paulo: Quartier Latin, 2019, p. 283.

[930] "Em virtude das características elencadas, ao interagirem sistema econômico e sistema jurídico, os custos de transação aparecem como fatores imprescindíveis de apreciação, por serem considerados os principais motivos da incompletude contratual, já que é difícil conceber qualquer atividade econômica, como a construção de um edifício comercial ou a implantação de um programa de informática, sem que haja a necessidade de emprego de recursos, como "a coleta de informações, a redação dos contratos, a coordenação entre os diversos atores econômicos e a resolução de controvérsias." (CAMINHA, Uinie; LIMA, Juliana Cardoso. Contrato Incompleto: uma perspectiva entre direito e economia para contratos de longo termo. *Revista Direito GV*, vol. 10, nº 1, p. 155-200, jan./jun., 2014, p. 161).

[931] PARK, Tae Jung. Incomplete Agreements on Trade in Services: Causes and Problems – Applying Incomplete Contract Theory. *Tulsa Law Review*, vol. 53, nº 1, p. 67-84, 2017, p. 78.

ção mais complexa. Quer seja peculiaridades do objeto do contrato, as circunstâncias negociais que circundam as partes, ou a relevância que esse pode vir a ter dentro da estrutura econômica de determinada empresa. Assim, nas operações *taylor made* o fator dos custos de transação passa a ser mais criteriosamente ponderado pelas partes no processo negocial.

Esses custos de transação podem incluir, mas não se limitam, aos honorários dos advogados, aos custos de negociação, aos custos de redação, aos custos de pesquisa, à probabilidade de surgimento de contingências e aos custos posteriores atrelados à solução do conflito[932]. Igualmente, pode-se ponderar o custo de oportunidade de formar um vínculo contratual com determinado parceiro comercial e não com outro, e a conveniência do dispêndio de maior ou menor tempo no processo de tratativas. Ou, ainda, poderão ser fatores que incrementarão os custos de transação as assimetrias e insuficiências advindas da ignorância racional e das diferenças de poder negocial e poder de mercado[933].

É inquestionável que esses custos estarão presentes, em maior ou menor medida, em variados processos negociais. E uma das consequências que podem ser decorrentes da sua existência é, precisamente, a incompletude contratual. A associação entre custos de transação e incompletude ocorre especialmente quando os custos para discutir e sanar eventual problema suplantam o ganho esperado do manejo dessa eventual contingência. Nesse sentido, posicionam-se Ian Ayres e Robert Gertner: "Rational parties will weigh these costs against the benefits of contractually addressing a particular contingency. If either the magnitude or the probability of a contingency is sufficiently low, a contract may be insensitive to that contingency even if transaction costs are quite low"[934].

Na prática, os custos de transação poderão ser consideravelmente abrangentes. A partir daí, e da expectativa de agir racionalmente diante da existência desses custos, as partes podem considerar e decidir conscientemente concluir a transação, em vez de investir tempo e outros recursos em complexa tentativa de antever todos os cenários possíveis e remotos. Assim, para Oliver Hart, "a consequence of the presence of such costs is that the parties to a relationship will not write a contract that anticipates all the events that may occur and the various actions that are appropriate in these events"[935].

Assim, há uma relação inversamente proporcional entre a incompletude do contrato e os recursos despendidos na elaboração dos instrumentos contratuais. A conclusão de um

---

[932] AYRES, Ian; GERTNER, Robert. Filling Gaps in Incomplete Contracts: An Economic Theory of Default Rules. *Yale Law Journal*, vol. 99, nº 1, p. 87-130, p. 1989, p. 92-93.

[933] "Em virtude das características elencadas, ao interagirem sistema econômico e sistema jurídico, os custos de transação aparecem como fatores imprescindíveis de apreciação, por serem considerados os principais motivos da incompletude contratual, já que é difícil conceber qualquer atividade econômica, como a construção de um edifício comercial ou a implantação de um programa de informática, sem que haja a necessidade de emprego de recursos, como "a coleta de informações, a redação dos contratos, a coordenação entre os diversos atores econômicos e a resolução de controvérsias." (CAMINHA, Uinie; LIMA, Juliana Cardoso. Contrato Incompleto: uma perspectiva entre direito e economia para contratos de longo termo. *Revista Direito GV*, vol. 10, nº 1, jan./jun., 2014, p. 155-200, p. 161).

[934] AYRES, Ian; GERTNER, Robert. Filling Gaps in Incomplete Contracts: An Economic Theory of Default Rules. *Yale Law Journal*, vol. 99, nº 1, p. 87-130, p. 1989, p. 92-93.

[935] HART, Oliver D. Incomplete Contracts and the Theory of the Firm. *Journal of Law, Economics & Organization*, vol. 4, nº 1, p. 119-140, p. 1988, p. 123.

PARTE I · Capítulo 6 · A CLÁUSULA COMPROMISSÓRIA E A INCOMPLETUDE CONTRATUAL | **205**

contrato mais próximo da completude implica maior desembolso para a sua elaboração e execução[936]. É dizer, a incompletude do contrato é medida pela probabilidade de o *design* especificado precisar ser alterado *ex post*[937]. Nesse sentido, a incompletude está naturalizada dentro da realidade contratual, derivada tanto do fato de os contratos implicarem elevados custos de elaboração e execução, impossibilitando a previsão *ex ante* de todas as dimensões de coordenação possíveis dos problemas que surgirão *ex post,* ou do fato de que certos custos *ex post* podem superar os benefícios a serem alcançados, o que faz com que as partes excluam (ou deixem de incluir) determinada previsão[938].

A partir dessas premissas, percebe-se que pelas lentes da análise econômica do direito, o fenômeno da incompletude pode estar atrelado a processo de mitigação de custos de transação, optando as partes contratantes por não incorrer neles, deixando para momento posterior a busca por soluções eficientes para os impasses negociais, diante das lacunas que surgem no decorrer da relação comercial[939]. A outra opção é arcar com os custos atrelados ao esforço cognitivo de elaborar cláusulas de renegociação, prever situações futuras, alocar de antemão riscos, sem conhecimento prévio, inclusive, sobre quem resulta beneficiado ou prejudicado a partir da eventual materialização da contingência[940].

A constatação de que a incompletude contratual é decorrência da diminuição de custos de transação pode trazer consequências normativas. Por exemplo, em um processo de contratação sofisticado no qual há marcante assimetria informativa entre as partes, poderá um dos contratantes ter o ônus de buscar informações acerca do objeto do contrato. Nesse sentido, a não satisfação desse ônus, que resulta na imprevidência acerca de determinada situação de fato (lacunosidade contratual) poderá ser elemento ponderado para afastar eventual direito de indenização por conta de postura negligente com os próprios interesses. De outra banda, caso se esteja diante de informação de difícil acesso e cujo conhecimento implicaria considerável investimento financeiro, poderá ser considerado que não era expectável que recaísse sobre um dos agentes negociais a realização desse dispêndio na fase de tratativas. Portanto, nesse segundo cenário, os custos de transação elevados irão significar a legitimidade da lacuna contratual deixada pelas partes.

Assim, além de dado econômico, o reconhecimento dos custos de transação poderá ser dotado de consequências jurídicas relevantes. Será, por vezes, justificador econômico para a existência de lacuna jurídica, e, por outras, indício de imprevidência e negligência não compatíveis com *standard* adotado em determinado mercado, afastando eventual tutela jurídica. Portanto, percebe-se que, para além de simples fonte da incompletude contratual, os custos de transação poderão configurar elemento potencialmente valorado em termos normativos, no momento de manejar a solução dessa determinada lacuna.

---

[936] CAMINHA, Uinie; LIMA, Juliana Cardoso. Contrato Incompleto: uma perspectiva entre direito e economia para contratos de longo termo. *Revista Direito GV*, vol. 10, nº 1, jan./jun., 2014, p. 155-200, p. 163.

[937] AROSI, Letícia Soster. Os Contratos Incompletos e a Behavioral Law and Economics. *Revista de Direito Privado*, vol. 89, p. 43-68, mai./2018, DTR 2018/12763, p. 08.

[938] NITSCHKE, Guilherme Carneiro Monteiro. *Lacunas Contratuais e Interpretação: história, conceito e método.* São Paulo: Quartier Latin, 2019, p. 281-282.

[939] AROSI, Letícia Soster. Os Contratos Incompletos e a Behavioral Law and Economics. *Revista de Direito Privado*, vol. 89, p. 43-68, mai./2018, DTR 2018/12763, p. 16.

[940] AROSI, Letícia Soster. Os Contratos Incompletos e a Behavioral Law and Economics. *Revista de Direito Privado*, vol. 89, p. 43-68, mai./2018, DTR 2018/12763, p. 08.

2. Assimetrias informativas

Outra razão que explica a existência da incompletude contratual é a assimetria informativa. Nesse cenário, a incompletude jurídica ou econômica será decorrente da insuficiência de informações das partes no que tange ao negócio a ser celebrado[941]. Nos contratos de longo prazo, é comum que as condições existentes no momento da contratação não coincidam com as da execução. A busca de informações prévias à elaboração e à negociação dos contratos poderá, nesse sentido, ser medida profilática, permitindo resguardo contra contingência futuras[942].

Reconhece-se, entretanto, que existem limites no processo de coleta de informações. Ademais, as informações adquiridas, processadas e elaboradas poderão ser incompletas, além de se traduzirem em um custo a ser suportado pelas partes contraentes[943]. Ademais, diante de cenários de incerteza, há de se ter em conta que o custo da especificação das possíveis contingências futuras em um contrato completo, bem como o custo necessário à equalização dos níveis de conhecimento existente entre os contratantes pode ser proibitivo[944].

Por certo, os desequilíbrios informacionais estão presentes em variados contextos econômico-sociais.[945] Em cada qual haverá consequências práticas distintas, mas, nas relações de cunho econômico, é consensual que a falta de informação adequada é potencialmente prejudicial ao devido funcionamento do mercado.[946] Esse problema foi levantado por Akerlof em estudo vencedor do prêmio Nobel de economia, intitulado de "*The Market for Lemons*"[947]. A mecânica trabalhada por Akerlof é replicável em outros

---

[941] AROSI, Letícia Soster. Os Contratos Incompletos e a Behavioral Law and Economics. *Revista de Direito Privado*, vol. 89, p. 43-68, mai./2018, DTR 2018/12763, p. 04.

[942] GALLO, José Alberto Albeny. *Contratos Incompletos.* Dissertação (Mestrado em Direito) – Faculdade de Direito Milton Campos. Nova Lima, 70p. 2009, p. 54.

[943] CAMINHA, Uinie; LIMA, Juliana Cardoso. Contrato Incompleto: uma perspectiva entre direito e economia para contratos de longo termo. *Revista Direito GV*, vol. 10, nº 1, p. 155-200, jan./jun., 2014, p. 172.

[944] GALLO, José Alberto Albeny. *Contratos Incompletos.* Dissertação (Mestrado em Direito) – Faculdade de Direito Milton Campos. Nova Lima, 70p. 2009, p. 53.

[945] Por exemplo, os problemas advindos das assimetrias informativas são largamente discutidos no contexto do mercado financeiro. Nesse sentido, explica Rute Saraiva: "A actividade de intermediação financeira levada a cabo por bancos, empresas seguradoras ou pela bolsa, entre outros, desempenha um papel relevante na diminuição dos custos de informação, aliados à assimetria informativa entre os mutuantes e os mutuários, e dos custos de transacção ligados à transferência de fundos daqueles para estes. Os custos de transacção, ou seja, das despesas explícitas ou implícitas subjacentes a um processo negocial e à incerteza que lhe está associada, mormente o custo de oportunidade decorrente do tempo gasto com a globalidade do processo (as perdas incorridas por informação imperfeita), tornam difíceis as transacções financeiras directas entre mutuantes e mutuários. Os intermediários financeiros, em particular pela sua capacidade técnica, treino e conhecimento específico, estão porém equipados para os reduzir." (SARAIVA, Rute. *Direito dos Mercados Financeiros: apontamentos.* 2ª ed. Lisboa: AAFDL, 2018, p. 95)

[946] PITTA, André Grünspun. *O Regime de Informação das Companhias Abertas.* São Paulo: Quartier Latin, 2013, p. 71.

[947] "But the difficulty of distinguishing good quality from bad is inherent in the business world; this may indeed explain many economic institutions and may in fact be one of the more important aspects of uncertainty" (AKERLOF, George A. The Market for "Lemons": Quality Uncertainty and the Market Mechanism. *Quarterly Journal of Economics*, vol. 84, p. 488-500, 1970).

contextos[948], pois estabelece a descrição do comportamento de agentes negociais em um cenário de informações assimétricas, o que acaba resultando em problemas de precificação[949] e de seleção adversa[950] – problema que surge em mercados nos quais o fornecedor tem superior domínio sobre os atributos do bem transacionado[951].

Assim, a partir dos estudos de Akerlof, sedimentou-se que a disponibilidade de informações está associada à formação de processos de tomada de decisões qualitativamente melhores[952]. Em termos contratuais, a carência de informações resulta ora na incompletude econômica – sobretudo por conta dos problemas de precificação e de seleção adversa, impossibilitando que se atinja um nível ótimo de eficiência na transação – ora em termos jurídicos, especialmente quando a falta de informações por uma das partes impede a construção de mecanismos contratuais protetivos acerca de riscos que poderiam ser melhor alocados caso houvesse um nivelamento informacional no curso da fase de tratativas.

Certamente, diante de situação concreta de assimetria informativa, caso uma das partes venha a tomar precauções para modelar seu processo negocial visando a obter dados adicionais previamente à conclusão da avença, haverá, necessariamente, incremento nos custos de transação[953]. A produção de informação apresenta custos variados. Entre esses, destacam-se os custos diretos: (i) custo diretamente atrelado à produção e à divulgação

---

[948] Trazendo o argumento de Akerlof para o campo do mercado de capitais, vide, BLACK, Bernard. The core institutions that support strong securities markets. *The Business Lawyer*, vol. 55 p. 1565-1607, 2000, p. 1569-1570: "In economic jargon, securities markets are a vivid example of a market for lemons. Indeed, they are a far more vivid example than George Akerlof's original example of used cars. Used car buyers can observe the car, take a test drive, have a mechanic inspect the car, and find out about others' experiences with the same car model manufacturer. By comparison, a company's shares, when it first goes public, are like a unique, unobservable car, on which investors can obtain only a dry written information, that they can't directly verify. They have only the comfort of knowing that other, similarly informed investors have reached similar conclusions about value. This may ensure that investors receive a fair price, on average. But consider the plight of an "honest" company – a company whose insiders report truthfully to investors and won't divert the company's income stream to themselves, apart from a market compensations for management services. Discounted share prices mean that an honest issuer can't receive a fair value for its shares, and has an incentive to use other forms of financing. But discounted prices won't discourage dishonest issuers. Shares that aren't worth the paper they're printed on are, after all, cheap to produce. The tendency for high-quality issuers to leave the market because they can't obtain a fair price for their shares, while low-quality issuers remains, worsens the lemons or 'adverse selection' problem that investors face. Investors rationally react to the lower average quality of issuers by discounting still more the prices they will pay. This drives even more high-quality issuers out of the market and exacerbates adverse selection".

[949] HEALY, Paul M; PALEPU, Krishna G. Information asymmetry, corporate disclosure, and the capital markets: a review of the empirical disclosure literature. *Journal of Accounting&Economics*, vol. 31, p. 405-440, 2001, p. 407.

[950] AKERLOF, George A. The Market for "Lemons": Quality Uncertainty and the Market Mechanism. *Quarterly Journal of Economics*, vol. 84, p. 488-500, 1970.

[951] MANKIW, Gregory N. *Introdução à Economia*. 6ª ed. Allan Vidigal Hastings, Elisete Paes e Lima (Trads). São Paulo: Cengage Learning, 2016, p. 444.

[952] SZTAJN, Rachel. *Direito Societário e Informação*. In: Rodrigo Rocha Monteiro de Castro, Walfrido Jorge Warde Júnior e Carolina Dias Tavares Guerreiro (Coord.). *Direito Empresarial e outros estudos de Direito em Homenagem ao Professor José Alexandre Tavares Guerreiro*. São Paulo: Quartier Latin, 2013, p. 225.

[953] MACKAAY, Ejan; ROUSSEAU, Stéphane. *Análise Econômica do Direito*. 2ª ed. Rachel Sztajn (Trad.). São Paulo: Atlas, 2020, p. 411.

da informação e (ii) custo de oportunidade associado ao tempo utilizado ao longo desse processo. Há também os custos indiretos: (i) custo atrelado à perda do sigilo e do caráter restrito de determinada informação; (ii) custos advindos do excesso de informação (*noise costs*), especificamente os custos suportados na separação da informação útil daquela que é supérflua; e (iii) os custos de compreensão de fatos divulgados de modo obscuro ou pouco precisos (*substitution costs*)[954].

Outra classificação dos custos de informação é proposta por Robert Scott e George Tritanis:

> "the information costs of contracting can be separated according to two distinct stages of contracting. At the front-end stage, parties incur ex ante transaction costs, including the costs of anticipating future contingencies and writing a contract that specifies an outcome for each one. At the back-end stage, parties incur ex post enforcement costs, including the costs of observing and proving the existence (or nonexistence) of any relevant fact after uncertainty has been resolved. Both ex ante and ex post contracting costs, then, prevent parties from writing complete contracts and give rise to what economists refer to as the problem of incomplete contracts"[955].

Outro elemento que não pode ser desconsiderado é a possibilidade de ação estratégica das partes com relação às informações existentes e relevantes para determinada transação. Não é expectável, no campo comercial, que as operações ocorram em contexto de completa assimetria informativa. É, inclusive, debatível a tolerabilidade de um certo grau de malícia nas negociações[956].

Em certos ambientes negociais, diante de partes experientes, dotadas de capacidade, é profissionalmente tolerável certo grau de artifício ou exagero, considerado como elemento socialmente típico e integrado no próprio processo de negociação, sem que disso se possa alegar a existência de representação falsa ou errônea da realidade[957]. É dizer: diante da percepção do valor financeiro da informação e da sua natureza econômica, não se pode esperar que os agentes negociais a revelem de modo gratuito e sem contraprestação pecuniária. Ou seja, não necessariamente haverá um vício a ser enfrentado pelo direito diante da existência de assimetria informativa, sendo elemento integrante da prática negocial adentrar em transações nas quais o parceiro comercial tem um nível diferente, e potencialmente superior, de informações úteis e pertinentes acerca do objeto da relação a ser firmada.

Assim, é possível que uma parte opte por reter estrategicamente a informação do parceiro comercial[958]. Como explica Avery Katz: "If the parties have asymmetric information

---

[954] GOMES, José Ferreira. O papel da informação no direito dos valores imobiliários. In: _____.; GONÇALVES, Diogo Costa. *Manual de Sociedades Abertas e de Sociedades Cotadas.* Vol. 1. Lisboa: AAFDL, 2018, p. 71.

[955] SCOTT, Robert E.; TRITANIS, George G. Incomplete Contracts and the Theory of Contract Design. *Case Western Reserve Law Review*, vol. 56, nº 1, p. 187-202, 2005, p. 190.

[956] VICENTE, Dario Moura. A Responsabilidade pré-contratual no Código Civil Brasileiro de 2002. *Revista CEJ*, nº 25, p. 34-41, abr./jun. 2004, p. 38.

[957] MARTINS-COSTA, Judith. Um Aspecto da Obrigação de Indenizar: notas para uma sistematização dos deveres pré-negociais de proteção no direito civil brasileiro. *Revista dos Tribunais*, vol. 867, p. 11-51, 2008, p. 13.

[958] "One party might strategically withhold information that would increase the total gains from contracting (the "size of the pie") in order to increase her private share of the gains from contracting

regarding some aspects of their exchange, the better informed party may prefer to leave an issue unraised for strategic reasons"[959]. Isso, por si só, não implica necessariamente defeito na formação da vontade – apenas se preenchidos os requisitos normativos necessários à configuração da responsabilidade civil pré-contratual[960] ou do dolo informativo omissivo[961].

Assim, haverá lacunas contratuais, decorrentes da assimetria informativa entre as partes ou da omissão de informações por estratégia negocial, que poderão resultar na falta de regramento contratual apropriado ou na formação de uma relação mais benéfica para uma das partes do que para outra. A incompletude decorrente desse desnível informativo não será, por si só, elemento sancionável em termos normativos, dependendo dos demais elementos que a circundam.

Entretanto, de outro modo, haverá situações nas quais a incompletude do contrato decorrente da assimetria informativa receberá tratamento próprio pelo ordenamento jurídico, diante da existência de circunstâncias que evidenciem uma assimetria ilegítima e incompatível com as normas vigentes. É esse o racional de figuras como vícios redibitórios, dolo, responsabilidade pré-contratual por omissão de informações, responsabilidade civil por *insider trading*, entre tantas outras regras que coíbem a utilização indevida da informação e o desnível informativo entre as partes. Ou seja, há situações de incompletude contratual econômica ou jurídica que qualificam ato ilícito, trazendo a incidência de remédios restitutórios próprios.

3. Negociação e incompletude estratégica

Há indelével elemento estratégico na fase de elaboração de um contrato. As partes, quando da negociação, tal qual em uma partida de xadrez, terão de fazer escolhas que irão impactar o desenrolar da relação contratual, e uma má estratégia de negociação contratual

---

(her "share of the pie"). By attempting to contract around a certain default, one party might reveal information to the other party that affects how the contractual pie is split. Thus, for example, the more informed party may prefer to have inefficient precaution rather than pay a higher price for the good. While analysts have previously explained incomplete contracting solely in terms of the costs of writing additional provisions, we argue that contractual gaps can also result from strategic behavior by relatively informed parties. By changing the default rules of the game, lawmakers can importantly reduce the opportunities for this rent-seeking, strategic behavior. In particular, the possibility of strategic incompleteness leads us to suggest that efficiency-minded lawmakers should sometimes choose penalty defaults that induce knowledgeable parties to reveal information by contracting around the default penalty. The strategic behavior of the parties in forming the contract can justify strategic contractual interpretations by courts." (AYRES, Ian; GERTNER, Robert. Filling Gaps in Incomplete Contracts: An Economic Theory of Default Rules. *Yale Law Journal*, vol. 99, n° 1, p. 87-130, p. 1989, p. 94).

[959] KATZ, Avery W. Contractual Incompleteness: A Transactional Perspective. *Case Western Reserve Law Review*, vol. 56, n° 1, p. 169-186, 2005, p. 172-173.

[960] PEREIRA, Régis Fichtner. *A Responsabilidade Civil Pré-Contratual: teoria geral e responsabilidade pela ruptura das negociações*. Rio de Janeiro: Renovar, 2001, p. 442; FRADERA, Véra Jacob de. Dano pré-contratual: uma análise comparativa a partir de três sistemas jurídicos, o continental europeu, o latino-americano e o americano do norte. *Revista de Informação Legislativa*, Brasília, v. 136 p. 169-180, 1997.

[961] BENETTI, Giovana. *Dolo no Direito Civil: uma análise da omissão de informações*. São Paulo: Quartier Latin, 2019; MARTINS-COSTA, Judith. Os regimes do dolo civil no Direito Brasileiro: dolo antecedente, vício informativo por omissão e por comissão, dolo acidental e dever de indenizar. *Revista dos Tribunais*, n° 923, p.115-143, 2012.

poderá redundar em um contrato disfuncional. As partes terão de decidir sobre clausular ou não determinado cenário, se é necessário ou não debater previamente um tópico, se é recomendável ou não conduzir certa diligência, entre tantas outras opções de estratégia negocial que terão de ser inevitavelmente tomadas. Todos esses elementos têm de ser ponderados quando da análise do resultado final do contrato.

Nesse contexto, admite-se que a incompletude contratual também pode ter por fonte opção negocial, de cunho eminentemente estratégico. Conforme Ayres e Gertner sugerem, em algumas situações a incompletude do contrato é uma decisão estratégica das partes ou de uma delas, isoladamente. Na visão dos autores: "Our analysis is striking because it demonstrates the possibility that parties may fail to contract around defaults for strategic reasons. A relatively informed party may strategically withhold information that would increase the joint gains from trade"[962].

A lacuna estratégica está relacionada à gestão negativa das partes, fruto da sua autonomia contratual, como causa do fenômeno, por meio da decisão consciente e ponderada de não alocar positivamente potencial risco econômico[963]. Nessas situações, as partes, por meio de sua autonomia privada, irão preferir lidar com determinada contingência em momento posterior, caso essa venha a se manifestar. Ou seja, introjeta-se, quando da contratação, na álea normal e negociada, a concretização de determinado evento futuro de existência incerta enquanto elemento de estratégia negocial[964].

Todo negócio jurídico acarreta zona de álea ordinária. Por certo, oscilações são comuns, impactando, em maior ou menor medida, o conteúdo e o modo de exercício das prestações das partes. Nesses casos, os contratantes, cientes da oscilação da álea normal, decidem deixar lacuna acerca de elemento do negócio potencialmente afetado por essa variação, compreendendo que, naquele caso concreto, a ausência de clausulado específico é o melhor tratamento possível para os seus interesses[965]. As partes, pela própria vontade, deixam em aberto alguma cláusula do contrato[966].

---

[962] AYRES, Ian; GERTNER, Robert. Filling Gaps in Incomplete Contracts: An Economic Theory of Default Rules. *Yale Law Journal*, vol. 99, nº 1, p. 87-130, p. 1989, p. 111.

[963] "Entretanto, em algumas hipóteses, a autonomia privada preferirá não alocar positivamente o risco econômico previsível no momento da assinatura do contrato, deixando essa decisão para momento futuro, quando e se o risco se verificar. Trata-se da denominada gestão negativa empreendida pelo contrato incompleto. Nesta hipótese, os particulares deixam lacunas no negócio, que significam a ausência de determinado elemento da relação contratual que, no entender das partes, será afetado pela oscilação da álea normal. A lacuna representa precisamente essa não tomada de decisão pelos contratantes, que remetem a distribuição dos efeitos do risco para momento futuro, por ocasião de sua verificação." (BANDEIRA, Paula Greco. Os contratos incompletos e a soft law. *Revista dos Tribunais*, vol. 966, abr./2016, p. 03).

[964] "Um aspecto sutil revelado é de que a lacuna contratual pode ser deliberada ou estratégica, ou seja, as partes podem se socorrer voluntariamente a lacunas contratuais como técnica de gestão contratual dos riscos existentes da operação econômica." (FAGANELLO, Tiago. *Contratos Empresariais de Longa Duração e Incompletude Contratual*. Dissertação (Mestrado em Direito) – Faculdade de Direito da Pontifícia Universidade Católica do Rio Grande do Sul – PUCRS. Porto Alegre, 114f. 2017, p. 111).

[965] BANDEIRA, Paula Greco. Os contratos incompletos e a soft law. *Revista dos Tribunais*, vol. 966, abr./2016, p. 04.

[966] CAMINHA, Uinie; LIMA, Juliana Cardoso. Contrato Incompleto: uma perspectiva entre direito e economia para contratos de longo termo. *Revista Direito GV*, vol. 10, nº 1, p. 155-200, jan./jun., 2014, p. 166.

Assim, a incompletude deliberada ou intencional do contrato está relacionada à estratégia contratual adotada pelos contratantes, que poderão estabelecer desde o início determinada técnica de gestão contratual dos riscos oriundos da operação econômica ajustada[967]. Nessas hipóteses, a incompletude poderá ser sanada mediante a atuação isolada ou conjunta das partes, por meio de terceiro, ou, ainda, por fatores externos em consonância com determinado procedimento previsto contratualmente para a integração da lacuna[968]. Por essa razão, a incompletude deliberada deve ser vista como técnica convencional de manejo das lacunas existentes quando da formação do contrato[969].

A incompletude estratégica promove uma dilação temporal entre o momento da formação do contrato e o manejo da lacuna, remetendo essa decisão para momento futuro[970]. Ou seja, as partes "concordam em concordar depois" (*agree to agree later*)[971]. Esse elemento permite flexibilizar a gestão dos riscos e das vicissitudes das relações comerciais, devendo as partes, diante do contexto econômico concreto, optar por elaborar cláusulas mais detalhadas e completas, ou, pelo contrário, deixar janela de abertura na qual pode haver sucessiva determinação[972]. Dessa forma, somente com o procedimento posterior de integração ou interpretação que ocorrerá complementação do conteúdo contratual[973].

Em momentos em que o tempo é da essência da negociação, sendo necessário concluir com velocidade determinada operação econômica, é compreensível que as partes escolham não gerir desde o início determinado risco. Por mais que, idealmente, o desejável seja a estipulação de um contrato o mais próximo possível da completude, esse nem sempre vai ser possível, vez que o incremento da completude e a construção do regime obrigacional demanda tempo e envolve dispêndio de recursos financeiros. Por essa razão, haverá situações nas quais o mais indicado será precisamente concluir o contrato e deixar para momento futuro a gestão das lacunas naquele momento constatadas como existentes.

---

[967] CAMINHA, Uinie; LIMA, Juliana Cardoso. Contrato Incompleto: uma perspectiva entre direito e economia para contratos de longo termo. *Revista Direito GV*, vol. 10, nº 1, p. 155-200, jan./jun., 2014, p. 165.

[968] BANDEIRA, Paula Greco. Os contratos incompletos e a soft law. *Revista dos Tribunais*, vol. 966, abr./2016, p. 04.

[969] CAMINHA, Uinie; LIMA, Juliana Cardoso. Contrato Incompleto: uma perspectiva entre direito e economia para contratos de longo termo. *Revista Direito GV*, vol. 10, nº 1, p. 155-200, jan./jun., 2014, p. 166.

[970] BANDEIRA, Paula Greco. Os contratos incompletos e a soft law. *Revista dos Tribunais*, vol. 966, abr./2016, p. 04.

[971] "Paradoxically, contracts are both never complete and always complete. Contracts are never fully complete, because some contractual incompleteness is inevitable, given the costs of thinking about, bargaining over, and drafting for future contingencies." (BAKER, Scott; KRAWIEC, Kimberly D. Incomplete Contracts in a Complete Contract World. *Florida State University Law Review*, vol. 33, nº 3, p. 725-756, 2006, p. 725-726).

[972] CAMINHA, Uinie; LIMA, Juliana Cardoso. Contrato Incompleto: uma perspectiva entre direito e economia para contratos de longo termo. *Revista Direito GV*, vol. 10, nº 1, p. 155-200, jan./jun., 2014, p. 164.

[973] CAMINHA, Uinie; LIMA, Juliana Cardoso. Contrato Incompleto: uma perspectiva entre direito e economia para contratos de longo termo. *Revista Direito GV*, vol. 10, nº 1, p. 155-200, jan./jun., 2014, p. 166.

Ademais, a escolha da arbitragem como forma de solução de conflitos pode ser elemento de conforto para as partes estipularem regulamento contratual menos minudente. Considerando o conhecimento específico dos árbitros, bem como a possibilidade de escolher julgador com expertise comercial, a opção pela via arbitral poderá ser elemento ponderado na equação econômica do contrato, deixando as partes de estabelecer o regulamento para determinadas situações, confiando que, posteriormente, um tribunal arbitral formado por pessoas conhecedoras dos meandros negociais será apto a interpretar o conjunto contratado e sanar as omissões deixadas quando da conclusão do negócio.

Assim sendo, ao contrário do que se pode pensar, nem toda incompletude no sentido jurídico será, necessariamente, atrelada à tentativa de reduzir os custos de transação. Poderá ser verdadeiro elemento de estratégia negocial, intencional e pensado para lidar com determinado cenário negocial. A constatação de lacuna intencional implica outros cuidados no seu manejo, especialmente buscar aquela que seria a intenção das partes, caso tivessem chegado a um acordo, ou identificado o regime legal diretamente aplicável de modo supletivo. Nesses casos, não se pode pensar estar diante de um problema, erro ou esquecimento das partes quando da formação do negócio, mas diante de elementos da própria negociação.

4. Ausência de acordo

Em outros casos, a incompletude contratual será apenas fruto da incapacidade de acordo entre as partes. Por vezes, as partes preferem se engajar em um contrato de natureza definitiva, apesar de não conseguirem acordar sobre a perfeita alocação de riscos a ele associados, gerando lacunas carentes de suprimento posterior[974].

Uma negociação contratual envolve acertar variados detalhes potencialmente complexos. Assim, é possível que as partes estejam de acordo com o conteúdo obrigacional principal, que constitui o núcleo da avença, mas não cheguem a consenso sobre aspectos secundários. Nesse sentido, podem optar por sair da fase de tratativas e já se engajar contratualmente, deixando de modo intencional pontos em aberto para serem ajustados posteriormente.

Ou seja, não se trata apenas de mera estratégia negocial e dilação da complementação do conteúdo contratual para momento futuro. É, em verdade, a preferência por ter um contrato concluído, em detrimento de não ter um contrato. Nesse sentido, diante da existência de dissenso entre as partes, surgem questões atreladas ao respeito da autonomia privada dos contratantes quando do manejo dessa modalidade de incompletude.

É absolutamente ilegítimo e questionável que terceiro, chamado a resolver controvérsia atrelada à incompletude, possa substituir a vontade de uma das partes, impondo estipulação com a qual a parte expressa ou implicitamente não concordou. Há, portanto,

---

[974] "De fato, em determinados casos, os particulares não conseguem chegar a um acordo quanto à determinada alocação de riscos; as partes desconhecem certos aspectos mercadológicos ou fatores econômicos que poderão afetar o negócio; ou, ainda, simplesmente, não querem decidir sobre a alocação de certo risco de antemão. A despeito disso, desejam concluir o contrato e se vincular em caráter definitivo. Por isso, optam por firmar contrato incompleto, que permite, a um só tempo, instaurar o vínculo jurídico definitivo entre as partes e postergar a decisão quanto à alocação de determinado risco para momento futuro. Trata-se, em uma palavra, da não alocação voluntária do risco econômico (álea normal), isto é, do decidir não decidir." (BANDEIRA, Paula Greco. Os contratos incompletos e a soft law. *Revista dos Tribunais*, vol. 966, abr./2016, p. 03-04).

de se ter absoluta cautela ao lidar com questões sobre as quais as partes, nas tratativas ou na execução do próprio contrato, não conseguiram se colocar de acordo.

O mesmo vale para a constatação de cenário de incompletude econômica. É possível que as partes não tenham conseguido estabelecer ajuste contratual que maximizasse o bem-estar de ambas no nível de *Pareto*. Entretanto, é natural que existam relações contratuais que se mostrem mais benéficas para uma das partes do que para outras. Desse modo, princípios como o equilíbrio das prestações não devem ser percebidos como igualdade ou isonomia completa, vez que é consequência de uma economia de mercado, na qual os agentes econômicos são reconhecidamente desiguais – mas igualados por presunção jurídica nos contratos paritários – pretender haver completo balanceamento ou maximização do interesse de ambos contratantes. O contrato não precisa ser benéfico na mesma medida para todos os contratantes para ser válido e eficaz.

Ou seja, caso uma das partes não tenha conseguido fazer valer as suas posições negociais de modo a maximizar os seus ganhos em determinada relação, essa não poderá ser vista como uma incompletude que necessariamente será corrigida posteriormente quando da execução do contrato. Pelo contrário, apenas em situações excepcionalíssimas seria cogitável a modificação exógena da equação econômico-financeira do contrato, como ocorre com a celebração de contrato em condição de incapacidade e quando são constatadas as figuras da lesão e da onerosidade excessiva.

Entretanto, a regra geral é a de que a parte não será protegida pelas suas más escolhas ou por não ter imposto, na negociação, a sua posição contratual. Há de se ter deferência ao contrato firmado, mesmo que os seus resultados sejam incompletos no sentido econômico, sendo mais benéfico para uma das partes do que para outra. Ou seja, dentro de uma visão sistemática, existem valores outros que a máxima utilidade derivada da avença que devem ser tutelados. Assim, se o contrato foi validamente formado, deverá produzir os seus efeitos, mesmo que não os mais eficientes pela ótica econômica. O encontro das vontades, desde que manifestadas a partir do exercício da capacidade plena e sem *lesão* a uma delas, deve ter, em tais situações, preponderância.

Em síntese, é natural que as partes não cheguem a um consenso sobre a totalidade do regramento obrigacional (completude jurídica) ou sobre a produção de resultados mais eficientes em termos globais (completude econômica). Entretanto, essa circunstância não impede a produção dos efeitos derivados do vínculo jurídico, que deve ser efetivado mesmo incompleto. Afinal, a opção realizada foi no sentido de que era melhor ter um contrato, ainda que incompleto, do que não ter contrato algum.

5. Imprevidência das partes e a racionalidade limitada dos agentes

Por fim, a incompletude contratual pode resultar de superveniências imprevistas, não intencionais. Nessa linha, afirma Judith Martins-Costa que nem sempre a lacuna se instaura no momento da conclusão contratual, podendo essa surgir em momento posterior "em razão de vicissitudes que atingem a relação; pode decorrer de simples – e compreensível – imprevidência, pois seria humanamente impossível cogitar do regramento de todas as minudências"[975].

---

[975] MARTINS-COSTA, Judith. *A Boa-fé no Direito Privado: Critérios para a sua Aplicação*. 2ª ed. São Paulo: Saraiva, 2018, p. 570-571.

A imprevidência é, portanto, fator que dá origem a situações de incompletude econômica e jurídica. Diante da capacidade limitada de prever e antecipar circunstâncias futuras, é natural que a formação do vínculo contratual seja balizada por essa limitação inerente aos contratantes[976]. A imprevidência é potencializada quando se está diante de condições de incerteza especiais, que atuam sobre as relações contratuais de longa duração ou de execução diferida[977].

Sustenta Rachel Sztajn que o equilíbrio do contrato "poderá ser comprometido em razão da incompletude negocial, da falta de previsão sobre eventos futuros e/ou a forma de repartição dos efeitos deles derivados entre contratantes"[978]. Nem todos os negócios trazem consigo a mesma zona de álea. Há operações econômicas mais arriscadas e outras mais seguras. Assim, as peculiaridades do ambiente negocial, do tipo de contrato e do bem transacionado irão contribuir para maior ou menor papel da imprevidência enquanto fonte de incompletude. Assim, deve-se assumir que nem todos os dados concernentes ao seu conteúdo são ou podem ser completamente cognoscíveis e, por consequência, controlados, apreendidos, regulados por meio da redação do contrato[979].

Aliada à imprevidência, está a racionalidade limitada dos agentes econômicos[980]. Superado o paradigma de informações perfeitas e racionalidade ilimitada, a inclusão de elementos comportamentais na análise econômica trouxe relevantes contribuições no sentido de assumir como pressuposto que nem mesmo o mais experiente dos agentes comerciais será capaz de pautar suas decisões de modo completamente racional e informado[981]. E, se os próprios indivíduos são previsivelmente irracionais e detentores de um

---

[976] GALLO, José Alberto Albeny. *Contratos Incompletos*. Dissertação (Mestrado em Direito) – Faculdade de Direito Milton Campos. Nova Lima, 70p. 2009, p. 54.

[977] "os contratos definidos entre os agentes econômicos são efetivamente incompletos, uma vez que não existe a capacidade para antecipar todas as contingências futuras, mesmo levando-se em conta que nenhum dos contratantes tornar-se-á inadimplente durante ou após a contratação." (CAMINHA, Uinie; LIMA, Juliana Cardoso. Contrato Incompleto: uma perspectiva entre direito e economia para contratos de longo termo. *Revista Direito GV*, vol. 10, nº 1, p. 155-200, jan./jun., 2014, p. 171).

[978] SZTAJN, Rachel. *Teoria Jurídica da Empresa: atividade empresarial e mercados*. 2ª ed. São Paulo: Atlas, 2010, p. 108.

[979] MARTINS-COSTA, Judith. *A Boa-fé no Direito Privado: Critérios para a sua Aplicação*. 2ª ed. São Paulo: Saraiva, 2018, p. 570-571.

[980] "Logo, a conclusão a que se chega é de que os contratos sempre serão incompletos em razão da racionalidade limitada dos agentes, e a melhor forma de otimizar o resultado jurídico e econômico dos negócios formalizados por meio de contratos mais ou menos completos é as partes pautarem seu comportamento na confiança e na boa-fé desde a fase pré-contratual, nas necessárias renegociações ao longo da relação e até mesmo no encerramento ou na execução do contrato, caso não haja acordo entre elas ou um terceiro tenha que intervir." (AROSI, Letícia Soster. Os Contratos Incompletos e a Behavioral Law and Economics. *Revista de Direito Privado*, vol. 89/2018, p. 43-68, mai/2018, DTR 2018/12763, p. 16).

[981] "A análise econômica neoclássica parte da racionalidade plena dos agentes e, diante desta premissa, elabora as suas teorias. No entanto, a teoria econômica da incompletude contratual parte da capacidade cognitiva limitada dos atores econômicos, realizando, a partir dessa característica, uma nova teoria pautada no papel desempenhado pelas instituições normativas e nos fatores propulsores dos custos de transações." (CAMINHA, Uinie; LIMA, Juliana Cardoso. Contrato Incompleto: uma perspectiva entre direito e economia para contratos de longo termo. *Revista Direito GV*, vol. 10, nº 1, p. 155-200, jan./jun., 2014, p. 171).

PARTE I · **Capítulo 6** · A CLÁUSULA COMPROMISSÓRIA E A INCOMPLETUDE CONTRATUAL | **215**

grupo finito de informações, essa característica será espelhada no processo de elaboração do contrato[982].

Assim, os contratos são redigidos e concluídos por agentes com capacidade limitada de antecipação de eventos futuros. O mesmo pode se dizer a respeito de sua racionalidade. Conforme Avery Katz, "bounded rationality may lead the parties to ignore contingencies that have low probability or that produce cognitive dissonance for them"[983]. Esses dados, quando contrastados com elementos concretos do mercado, permitem a elaboração de parâmetros para aferir o que pode ser ponderado e previsto por um comerciante médio, atuando diligentemente em prol de seus interesses.

Portanto, em alguma medida, o contrato, enquanto um projeto, um programa estabelecido por duas ou mais partes, além da veste jurídica de operação econômica – segundo clássica definição de Enzo Roppo[984] – será também vinculação em relação a determinada concepção prévia acerca do futuro, mesmo diante da ignorância de informações, da limitação da antecipação de dados ou fatos e da racionalidade limitada dos agentes econômicos.

A despeito da materialização ou não do cenário antevisto e desejado por ambos os contratantes, os contratos constituem um compromisso que resta cristalizado e deverá ser observado a despeito de mudanças supervenientes, exceto situações excepcionais. Mas, por regra, o processo de contratação acaba sendo um processo de criação de vínculos, mesmo que naturalmente incompletos, tanto econômica quanto juridicamente. É um processo de tomada de posição acerca de um cenário futuro, quer se concretize ou não, pois o vínculo estabelecido pelo direito não poderá ser desfeito por mera conveniência ou vontade unilateral de um dos contratantes.

Nesse sentido, percebendo-se as variadas origens da incompletude, há de se admitir que essa vicissitude é inerente ao processo de contratação – seja pelos custos de transação eventualmente proibitivos, seja pelas assimetrias informativas, seja por estratégia negocial, seja por divergência entre as partes, seja pela racionalidade limitada e incapacidade de antever cenários futuros. Entretanto, como destacado, o significado da incompletude irá variar conforme a natureza e as peculiaridades da relação concretamente considerada. Ou seja, o seu significado econômico e jurídico, bem como as consequências derivadas, não é homogêneo, devendo ser analisado e constatado à luz do caso concreto.

§ 21. CONSEQUÊNCIAS DERIVADAS DA INCOMPLETUDE

1. Problemas decorrentes da incompletude

A existência de contratos incompletos pode trazer, especialmente, dois problemas distintos. Em primeiro, questões referentes à precificação e, em segundo, a existência de comportamentos oportunistas.

---

[982] "Apesar do enorme estudo, análise e pesquisa antes da elaboração do contrato, este pode não ser perfeito, e quase nunca o é, visto que existe a possibilidade das partes não serem capazes de antecipar, identificar e descrever respostas ótimas aos eventos futuros (racionalidade limitada)." (GALLO, José Alberto Albeny. *Contratos Incompletos*. Dissertação (Mestrado em Direito) – Faculdade de Direito Milton Campos. Nova Lima, 70p. 2009, p. 55).

[983] KATZ, Avery W. Contractual Incompleteness: A Transactional Perspective. *Case Western Reserve Law Review*, vol. 56, nº 1, p. 169-186, 2005, p. 172-173.

[984] ROPPO, Enzo. *O Contrato*. Coimbra: Almedina, 2009, p. 09.

No que se refere a problemas de formação de preço, há discrepância em relação ao nível de investimento eficiente, ou seja, aquele investimento que maximiza os ganhos do conjunto contratual[985]. O problema de precificação é especialmente relacionado à incompletude econômica, atinente à não produção de resultados de nível ótimo, considerando determinada relação contratual. Por certo, nem sempre o caráter incompleto da relação comercial redundará na manifestação desse problema, pois depende da razão subjacente à incompletude e do que essa efetivamente consiste.

O segundo problema decorrente da incompletude contratual é a existência de comportamentos oportunistas. Deixar disposições para serem reguladas no futuro abre margem para tentativas de obtenção de ganhos maiores do que originalmente previstos, aproveitando-se uma das partes do caráter incompleto do contrato para extrair vantagem da situação[986].

Assim, há risco inerente em não estabelecer de antemão determinadas previsões, pois, se deixadas para momento futuro, poderá haver resistência e comportamento não colaborativo da contraparte. Conforme Tea Park: "the incomplete contract always suffers from opportunism problems. In other words, the gap may encourage contracting parties to engage in opportunistic behavior. The incomplete contract theory explains that when a party has the flexibility to adjust its performance in the future as conditions change, the party will always choose the best alternative option for itself, even though the option may not be the best for both negotiating parties"[987].

No âmbito da arbitragem, percebe-se a possibilidade de haver comportamentos oportunistas em decorrência da incompletude da convenção. Uma das principais razões para a pouca utilização do instituto antes da Lei de Arbitragem era a ausência de caráter cogente da cláusula compromissória, que demandava posterior formação do compromisso arbitral. Ou seja, as partes, apesar de firmarem cláusula compromissória, deixavam posteriormente de agir de modo cooperativo para a formação do compromisso, o que levou à

---

[985] "Economists and legal scholars long have recognized that this inevitable contractual incompleteness creates two types of investment problems: underinvestment and overinvestment. Both of these investment problems are measured against the efficient investment level-that is, the investment level that maximizes the gains from the contractual arrangement." (BAKER, Scott; KRAWIEC, Kimberly D. Incomplete Contracts in a Complete Contract World. *Florida State University Law Review*, vol. 33, nº 3, p. 725-756, 2006, p. 726).

[986] "Incomplete contracts present a danger of underinvestment because, to the extent that the parties' obligations are not optimally specified in the contract, an opportunity arises to renegotiate those obligations in the future. This renegotiation raises the prospect of opportunistic behavior – during renegotiation, one or both parties may attempt to garner a higher fraction of the gains from continuing to trade. If the parties can easily switch to alternative bargaining partners, then both can walk away from the existing relationship and these attempts at holdup will fail. However, the greater the relationship – specific investment that a party has made in contemplation of performing on the agreement-for example, nonrecoupable expenditures, information sharing, specialization, training, etc – the more vulnerable she will be to holdup attempts by her partner. Recognizing this, parties will be reluctant to engage in relationship-specific investment in the face of contractual incompleteness, unless some resolution to the holdup problem can be found." (BAKER, Scott; KRAWIEC, Kimberly D. Incomplete Contracts in a Complete Contract World. *Florida State University Law Review*, vol. 33, nº 3, p. 725-756, 2006, p. 726-727).

[987] PARK, Tae Jung. Incomplete Agreements on Trade in Services: Causes and Problems – Applying Incomplete Contract Theory. *Tulsa Law Review*, vol. 53, nº 1, p. 67-84, Autumn 2017, p. 78.

PARTE I · Capítulo 6 · A CLÁUSULA COMPROMISSÓRIA E A INCOMPLETUDE CONTRATUAL | **217**

escassa utilização da arbitragem antes da edição da Lei 9.307/1996 e do reconhecimento de sua constitucionalidade pelo Supremo Tribunal Federal.

No entanto, mesmo após a Lei de Arbitragem e o reconhecimento do caráter cogente da cláusula compromissória, bastante por si só para levar eventual conflito para a jurisdição arbitral, nem sempre as partes cooperaram para a instauração e condução do procedimento. Táticas de guerrilha são práticas que acabam sendo adotadas por partes oportunistas, turbando o regular início ou prosseguimento do procedimento. Nesse sentido, testemunha Hermes Marcelo Huck:

> "atos e atitudes de guerrilha processual na arbitragem podem ser encontrados dentro ou fora dos puros lindes do processo. De fato, o recurso às táticas guerrilheiras pode ocorrer fora dos limites do processo, longe da percepção de partes e árbitros. O comportamento reprovável utilizado dentro do quadro processual é mais bem – e mais facilmente – percebido, inclusive pelos árbitros. Ao constatar que uma das partes passa a se valer de artifícios condenáveis, o primeiro estilo parte usualmente da parte contrária. Nem sempre o reclamo tem fundamento. Muita vez é a sensibilidade exacerbada do patrono que vê terrorismo onde apenas há agressividade razoável na argumentação ou no comportamento. Entretanto, se os limites do bom comportamento processual forem ultrapassados, cabe ao Tribunal coibir essas transgressões"[988].

---

[988] Continua o Professor: "De alguma forma, mais cedo ou mais tarde, as práticas desleais cometidas no curso interno do processo são mais rapidamente perceptíveis, seja pelas partes ou pelos árbitros. Fora do processo, entretanto, inacessíveis de imediato ao conhecimento dos interessados, são aqueles fatos que interferem diretamente na arbitragem, porém praticados por detrás das cortinas, distantes da imediata percepção dos árbitros e da parte contrária. Tratemos inicialmente dos atos processuais reprováveis, que podem ser mais facilmente detectados, ou seja, aqueles praticados dentro e no curso objetivo do processo. A tática primeira do guerrilheiro arbitral é fugir do processo. Tão logo notificado do requerimento de arbitragem ou se queda silente ou encaminha petição à Câmara argumentando sobre o descabimento da arbitragem. São os brados de inarbitrabilidade objetiva ou subjetiva que primeiro são ouvidos pelas Câmaras. A lei oferece instrumentos para superar tais chicanas, porém a inafastável consequência dessas práticas – por mais infundadas que sejam – implicam o retardamento do início do processo. Não raro, a parte fugitiva, esgotadas as manobras diversionistas, acaba por surgir no dia da audiência para assinatura do termo, reiterando protestos e clamando ameaças de nulidade. Essa é apenas a tática inicial, pois outras tantas podem surgir, na sequência. Recusar-se ao pagamento das taxas administrativas e honorários de árbitro, mesmo com recursos para arcar com tais despesas, é comportamento pouco original. Essa recusa retarda o andamento do processo, além de transferir para a parte contrária o ônus financeiro da disputa. É incidente que pode desincentivar o seguimento da arbitragem ou mesmo decretar sua morte. Da mesma forma, e com certa frequência, nota-se o comportamento de guerrilha no momento da discussão do termo. O guerrilheiro faz exigências descabidas, convencido de que a parte contrária não as aceitará. Ante a falta de consenso, somente restará ao Tribunal aplicar as regras da Câmara, isso quando se trata de arbitragem institucional. Em casos de procedimentos ad hoc, a guerrilha vira guerra e pode matar a arbitragem. Cabe também mencionar o velho estratagema de retardar o processo apresentando impugnações frívolas ao nome do árbitro indicado pela parte contrária ou ao presidente do Tribunal. Casos há em que o guerrilheiro apresenta impugnação ao próprio árbitro por ele nomeado. Não raro, para postergar a formação do Tribunal, a parte chicaneira submete questionários despropositados a serem respondidos pelos árbitros já indicados, e, quando não, levanta exigências solicitando revelações descabidas, que resultam em impugnações igualmente descabidas. A literatura arbitral é prolífica em tratar casos dessa estirpe que, ao final, são resolvidos – mas não raro –, implicam renúncias desnecessárias e significativo atraso no curso do processo. Na mesma linha, vale lembrar as impugnações – igualmente fúteis – de peritos; a batalha inócua, porém longa, para impor quesitos e condenar os da parte contrária; a juntada de pilhas de

Idoneidade, seriedade, zelo e cuidado são os melhores antídotos para as táticas de guerrilha[989]. Entretanto, a adequada redação da convenção de arbitragem e dos demais documentos estruturantes do procedimento – como a ata de missão – podem, e muito, contribuir para evitar esses tipos de comportamento. Assim, a ausência de regramento adequado bem como a demasiada vagueza da convenção de arbitragem acabam abrindo margem para o comportamento indevido e oportunista de uma das partes, pretendendo retardar o procedimento. Esse risco deve ser tomado em consideração, diante da incompletude da cláusula compromissória.

2. Grau desejável de incompletude

Como destacado, nem sempre a incompletude será efetivamente um problema do contrato. Considerando que essa pode ocorrer por razões estratégicas, compreende-se que, em alguns cenários, é até preferível deixar margem de complementação posterior do que crer na vã tentativa de sanar toda e qualquer lacuna existente no momento da formação do contrato[990].

Um primeiro cenário de desejabilidade da incompletude é quando o custo de negociação suplantar o custo da intervenção necessária[991]. Essa situação ocorre frequentemente diante de riscos remotos de ocorrência do evento, não justificando a intervenção das partes no momento da negociação do contrato. Outro cenário é quando se está diante de elevado grau de incerteza. Conforme Wendy Epstein: "incomplete contracts can be desirable in high-uncertainty transactions. Parties are less likely to be able to predict at the drafting stage exactly how things will play out during contract performance"[992]. Nesse sentido, a tentativa de criar regramento exaustivo, além de ser custoso, pode implicar taxas de equívocos potencialmente altas. Assim, as transações realizadas em ambiente de elevada incerteza são mais propensas a se beneficiar da flexibilidade

O mesmo raciocínio é aplicado à redação da convenção de arbitragem. Mesmo quando as partes optem por estabelecer convenção mais detalhada, ou caso se pretenda trazer regramento mais minudente em procedimento a ser conduzido *ad hoc*, pode não ser vantajoso regrar situações de ocorrência improvável, como alguns incidentes processuais mais específicos, como a suspensão de procedimento, integração de parte adicional no curso da arbitragem, criação de regras prévias sobre bifurcação, dentre outras.

---

documentos inúteis, quando não repetidos; o comportamento mal-educado durante as audiências; o desrespeito ao tempo concedido. O rosário de artimanhas desleais quase não tem fim." (HUCK, Hermes Marcelo. Táticas de Guerrilha na Arbitragem. In: CARMONA, Carlos Alberto; LEMES, Selma Ferreira; MARTINS, Pedro Batista (Coord.). *20 Anos da Lei de Arbitragem – Homenagem a Petrônio R. Muniz*. São Paulo: Editora Atlas, 2017, p. 311-312).

[989] SANTOS, Maurício Gomm F. dos. Táticas de Guerrilha na Arbitragem Internacional. In: Carlos Alberto Carmona; Selma Ferreira Lemes; Pedro Batista Martins (Coords). *20 Anos da Lei de Arbitragem: homenagem a Petrônio R. Muniz*. São Paulo: Atlas, 2017, p. 342.

[990] EPSTEIN, Wendy Netter. Facilitating Incomplete Contracts. *Case Western Reserve Law Review*, vol. 65, nº 2, p. 297-340, 2014, p. 339.

[991] AROSI, Letícia Soster. Os Contratos Incompletos e a Behavioral Law and Economics. *Revista de Direito Privado*, vol. 89, p. 43-68, mai./2018, DTR 2018/12763, p. 12.

[992] EPSTEIN, Wendy Netter. Facilitating Incomplete Contracts. *Case Western Reserve Law Review*, vol. 65, nº 2, p. 297-340, 2014, p. 318.

Nesses casos, o silêncio das partes quando da redação da convenção de arbitragem pode ser a melhor postura, deixando para lidar com pormenores, ou na redação da ata de missão, ou confiando ao tribunal arbitral poderes de condução e conformação do procedimento. O que importa ressaltar é que há um grau desejável de incompletude obrigacional nos negócios jurídicos, e, dentre esses, a convenção de arbitragem.

Se os sujeitos de direito tendem a racionalmente e estrategicamente formular contratos incompletos, quando eles são complexos, o mesmo acontece com a cláusula compromissória. No mais das vezes é uma *"high uncertainty transaction"*, para usar a expressão da doutrina alienígena. No momento da redação da cláusula compromissória, as partes não dispõem de informações que seriam fundamentais para permitir a contratação em definitivo dos elementos da arbitragem. Por essa razão, há de se falar de um grau desejável de incompletude e lacunosidade, deixando alguns elementos propositalmente como não regrados.

3. Flexibilidade contratual e benefícios derivados da incompletude

Diante do reconhecimento da existência de cenários nos quais é efetivamente benéfico elaborar um contrato incompleto, é importante analisar quais os benefícios derivados da incompletude. Na linha do que sustenta Judith Martins-Costa, "se toda lacuna é uma incompletude, nem toda incompletude é um defeito que demanda preenchimento. Há diferentes espécies de lacunas contratuais"[993].

Nesse sentido, propõe-se a visão de que, em vez de encarar a incompletude como um custo na equação econômica do contrato, essa pode ser percebida, em certas ocasiões, como caraterística que acarreta criação de valor, maximizando a eficiência do contrato. Wendy Epistein reconhece duas maneiras distintas pelas quais a incompletude pode auxiliar na preservação e criação de valor decorrente de uma relação contratual: em primeiro, pode gerar sentimentos de confiança e reciprocidade, enquanto um contrato mais específico pode diminuir o moral dos agentes e, em segundo, contratos altamente detalhados podem ter implicações cognitivas negativas, encorajando os agentes a cumprir precisamente o que é especificado em detrimento da implementação do propósito maior da transação[994].

Outro fator que é digno de consideração é o de que a incompletude abre margem para maior flexibilidade contratual, conferindo maior maleabilidade para adaptar-se às mudanças no estado fático da relação[995]. Ao mesmo tempo que o detalhamento do regramento contratual é benéfico por trazer segurança e previsibilidade acerca do que deve ser cumprido, uma abordagem mais flexível pode ser desejável quando se está diante de

---

[993] MARTINS-COSTA, Judith. *A Boa-fé no Direito Privado: Critérios para a sua Aplicação*. 2ª ed. São Paulo: Saraiva, 2018, p. 567.

[994] "Incompleteness can be a net positive in two general ways. First, it can prompt feelings of trust and reciprocity, whereas a more specific contract can dampen the agents' morale and crowd out intrinsic motivation. Second, highly detailed contracts can have negative cognitive implications: a detailed contract encourages agents to comply precisely with what is specified to the detriment of implementing the larger purpose of the transaction." (EPSTEIN, Wendy Netter. Facilitating Incomplete Contracts. *Case Western Reserve Law Review*, vol. 65, nº 2, p. 297-340, 2014, p. 309).

[995] AROSI, Letícia Soster. Os Contratos Incompletos e a Behavioral Law and Economics. *Revista de Direito Privado*, vol. 89, p. 43-68, mai./2018, DTR 2018/12763, p. 12.

cenários cambiáveis[996]. Assim, a incompletude introduz na relação flexibilidade necessária para que o vínculo ajustado possa ser continuamente adaptado, sendo meio de gestão das situações supervenientes[997].

Quando se está diante de convenção de arbitragem, o predicado da flexibilidade é de grande valia. A pactuação de cláusula compromissória ocorre, por definição, antes da existência do litígio. Assim, não se sabe quais as características concretas, o que será debatido, nem outros elementos fundamentais à determinação do procedimento mais adequado. Por essa razão, pode ser desejável não redigir cláusula compromissória que retire excessivamente a maleabilidade das partes, permitindo ajustes posteriores de modo mais simples. A previsão da ata de missão serve, por excelência, de mecanismo de complementação e de enriquecimento do conteúdo da convenção de arbitragem. Ou seja, por meio da sua pactuação é possível, já diante da existência do litígio, promover mudanças para conferir maior aderência entre o conflito e a sua forma de solução.

Algumas previsões na cláusula compromissória podem ser verdadeiramente indesejadas. Por exemplo, a indicação nominal do árbitro no momento da conclusão do contrato. Trata-se de disposição que pode se mostrar indesejável, pois não se pode ter certeza da disponibilidade futura do árbitro. Ou, ainda, estabelecer na convenção de arbitragem requisitos demasiadamente estritos acerca de quem pode ser árbitro. A fixação desses requisitos pode trazer consideráveis dificuldades na identificação posterior de candidatos à árbitro, tornando a convenção de arbitragem difícil de ser operada.

Esses exemplos ilustram que, por vezes, é recomendável deixar a criação de especificações para momento futuro, sob pena de que, na tentativa de ser o mais exauriente possível quando da elaboração da cláusula compromissória, o resultado prático seja a criação de dificuldades na sua execução. Assim, a incompletude, em alguma medida, é elemento desejável à convenção de arbitragem.

§ 22. SOLUCIONANDO A INCOMPLETUDE

1. Negociação posterior entre as partes

Analisados pela perspectiva comportamental, uma das conclusões a que se chega acerca dos contratos incompletos é a de que esses têm o potencial de acentuar o agir colaborativo entre as partes[998]. Nesse sentido, sustenta Wendy Epistein: "Less-specified contracts foster trust and collaboration and minimize cognitive problems that arise when parties strictly adhere to detailed requirements rather than focus on the larger purpose of the agreement"[999].

---

[996] EPSTEIN, Wendy Netter. Facilitating Incomplete Contracts. *Case Western Reserve Law Review*, vol. 65, nº 2, p. 297-340, 2014, p. 319.

[997] CAMINHA, Uinie; LIMA, Juliana Cardoso. Contrato Incompleto: uma perspectiva entre direito e economia para contratos de longo termo. *Revista Direito GV*, vol. 10, nº 1, p. 155-200, jan./jun., 2014, p. 190.

[998] "one of the important takeaways of the behavioral scholarship is that incomplete contracting bolsters cooperation between the parties, particularly with the right framing. On the other hand, specificity can send the wrong signals to parties hoping for a collaborative working relationship: signals of mistrust and anticipation of litigation rather than trust and optimism." (EPSTEIN, Wendy Netter. Facilitating Incomplete Contracts. *Case Western Reserve Law Review*, vol. 65, nº 2, p. 297-340, 2014, p. 318).

[999] EPSTEIN, Wendy Netter. Facilitating Incomplete Contracts. *Case Western Reserve Law Review*, vol. 65, nº 2, p. 297-340, 2014, p. 339.

PARTE I · Capítulo 6 · A CLÁUSULA COMPROMISSÓRIA E A INCOMPLETUDE CONTRATUAL | 221

Quando as partes, de antemão, elaboram um contrato de longa duração e estabelecem mecanismo indutor de comportamento colaborativo – por exemplo, cláusulas de renegociação ou de mediação para solução de disputas –, ocorre o fortalecimento da expectativa de atuação diligente e ativa em prol de encontrar as melhores soluções para permitir o avanço da relação comercial. É nesse sentido que se entende que o não estabelecimento da disciplina de todos os problemas possivelmente enfrentados pelas partes durante o curso da relação obrigacional confere o caráter colaborativo ao contrato incompleto[1000].

A forma primordial de solução da incompletude contratual é aquela que resulta de renegociação entre as partes[1001]. Dessa forma, a inserção de um desses mecanismos indutores de colaboração futura para solucionar problemas de incompletude configura solução subótima ("second best"), permitindo a distinção entre "contratos soltos" ("loose contracts"), aqueles que contêm lista aberta de opções, que produz flexibilidade mas reduz os incentivos a investimentos *ex ante*, e "contratos apertados" ("tight contracts"), os quais descrevem uma lista curta de opções e protegem de maneira mais eficiente os investimentos das partes, ainda que à custa de ineficiências *ex post*[1002]. Ou seja, nesses casos, os contratantes, desde o início da relação, fixam a premissa de que é possível não acertar determinadas questões no momento da contratação, podendo relegá-las a um momento futuro[1003].

Nesse sentido, sustenta Judith Martins-Costa que, por vezes, "as partes intencionalmente pactuam um contrato incompleto, estipulando a sua completude ao longo do tempo, por meio de cláusulas de renegociação, mormente nos contratos que contêm obrigações duradouras. Nesses casos, pretendendo os contraentes que a relação, duradoura no tempo, adapte-se às vicissitudes que o fluir do tempo carrega, pactuam a incompletude e podem pactuar também o 'cardápio' por intermédio do qual será a incompletude preenchida ao longo do tempo"[1004].

A contribuição mais importante da visão econômica acerca do contrato foi a incorporação sistemática da renegociação e seus efeitos na cadeia de análise da relação contratual. Assim, abre-se para os contratantes três caminhos: o cumprimento, a violação ou a renegociação[1005]. A incompletude inicial a ser renegociada, portanto, modifica a dinâ-

---

[1000] AROSI, Letícia Soster. Os Contratos Incompletos e a Behavioral Law and Economics. *Revista de Direito Privado*, vol. 89, p. 43-68, mai./2018, DTR 2018/12763, p. 12.

[1001] AROSI, Letícia Soster. Os Contratos Incompletos e a Behavioral Law and Economics. *Revista de Direito Privado*, vol. 89, p. 43-68, mai./2018, DTR 2018/12763, p. 13.

[1002] NITSCHKE, Guilherme Carneiro Monteiro. *Lacunas Contratuais e Interpretação: história, conceito e método*. São Paulo: Quartier Latin, 2019, p. 283-284.

[1003] CAMINHA, Uinie; LIMA, Juliana Cardoso. Contrato Incompleto: uma perspectiva entre direito e economia para contratos de longo termo. *Revista Direito GV*, vol. 10, nº 1, p. 155-200, jan./jun., 2014, p. 187.

[1004] MARTINS-COSTA, Judith. *A Boa-fé no Direito Privado: Critérios para a sua Aplicação*. 2ª ed. São Paulo: Saraiva, 2018, p. 567.

[1005] "An important concern of contract theory is the renegotiation of agreements. The ability of parties to renegotiate an incomplete contract can have mixed effects. First, renegotiation can ensure ex post efficiency. Consider a contract that is incomplete because it lumps together two states of the world by excusing performance in both: performance is indeed inefficient in one state, but it is efficient in the other. The reason for the incompleteness is that the distinction between the states is excessively costly to specify ex ante or verify ex post. If the efficient state materializes, the parties can renegotiate the terms of exchange so that the promisor will find it in her interest to perform. It is sometimes

mica tradicional do programa contratual, pois, se na visão estática tem-se as negociações e tratativas inseridas exclusivamente na fase pré-contratual, a inserção de mecanismos de renegociação inclui no próprio escopo da performance do contrato *locus* próprio de diálogo e de acertos supervenientes, ocorridos durante a fase de execução do pacto.

Assim sendo, desde o momento inicial das negociações o comportamento das partes e as decisões acerca do manejo das incompletudes desempenham papel fundamental nas negociações[1006]. Partindo da premissa de que o comportamento das partes é embasado em espírito de cooperação e boa-fé[1007], tem-se que as incompletudes resultantes do processo de tratativas poderão, na verdade, otimizar as negociações e estimular o mercado, facilitando a conclusão dos contratos, reduzindo os custos de transação e tornando despicienda a negociação de todos os pormenores contratuais. Em tal cenário, as próprias partes poderão adaptar o contrato à nova realidade, mantendo a relação contratual de forma benéfica e proveitosa para todos. Está-se, portanto, diante de um modo de autointegração do contrato, especificamente previsto para manejar problema já antevisto pelos contratantes, por exemplo, a pactuação do dever de renegociar, no caso de alteração superveniente das circunstâncias formadoras da base econômica contratual[1008].

Por certo, nem sempre será possível a formação dessa comunidade de diálogo, e haverá crises de colaboração dentro de um contexto de relação contratual de longa duração[1009]. Igualmente, a existência de assimetrias informativas traz problemas próprios na solução da incompletude[1010], pois, quando a informação assimétrica é utilizada para uma parte

---

said that the promisee will "bribe" the promisor to perform. Conversely, the contract may require performance in two lumped states and the parties may renegotiate to a no-trade outcome when it is inefficient: here the promisee would "bribe" the promisor not to perform." (SCOTT, Robert E.; TRITANIS, George G. Incomplete Contracts and the Theory of Contract Design. *Case Western Reserve Law Review*, vol. 56, nº 1, p. 187-202, 2005, p. 192-193).

[1006] AROSI, Letícia Soster. Os Contratos Incompletos e a Behavioral Law and Economics. *Revista de Direito Privado*, vol. 89, p. 43-68, mai./2018, DTR 2018/12763, p. 16.

[1007] The fact that the written contract is not contingent on the parties' actions does not imply that the parties have no expectations about behavior. I assume that the parties intend to maximize the value of the project, which means they expect each other to choose the optimal level of effort. This intention is reflected in a good faith or best efforts clause in the contract. What makes the contract in this model incomplete is the absence in the document of explicit terms specifying the intended obligations with respect to actions. I assume that the parties intend the document to be interpreted as presenting an opportunity for judicial gap filling, specifically, an ex post determination of the content of the good faith obligation: an identification of the contingencies generated by the parties' efforts in which the compensation rule will be augmented by damages for breach of contract." (HADFIELD, Gillian K. Judicial Competence and the Interpretation of Incomplete Contracts. *Journal of Legal Studies*, vol. 23, nº 1, p. 159-184, jan./1994, p. 166).

[1008] MARTINS-COSTA, Judith. *A Boa-fé no Direito Privado: Critérios para a sua Aplicação*. 2ª ed. São Paulo: Saraiva, 2018, p. 571.

[1009] CRASWELL, Richard. The Incomplete Contracts Literature and Efficient Precautions. *Case Western Reserve Law Review*, vol. 56, nº 1, 2005, p. 151-168.

[1010] "Where contracts are genuinely incomplete, because of information imperfections, the parties' agreement (by hypothesis) cannot serve to fill the gaps. It follows that doctrines dealing with mistake, modification, and frustration must be grounded in external principles – thus taking the law into 'the realm of general normative debate about issues of efficiency, fairness, distributive justice, and community values." (BROWNSWORD, Roger. The Limits of Freedom of Contract and the Limits of Contract Theory. *Journal of Law and Society*, vol. 22, nº 2, p. 259-273, jun./1995, p. 265).

obter vantagem na negociação, dificilmente será possível chegar à solução consensual posterior, diante da equalização do nível informativo entre as partes.

Nesses casos, poderá ser necessário um processo adjudicatório conduzido por tribunal arbitral ou perante o Poder Judiciário para lidar com o problema, se as partes por si só não tiverem conseguido solucionar a incompletude. Atentos a essas circunstâncias, posicionam-se Alan Schwartz e Robert Scott, "incomplete contracts sometimes produce lawsuits because parties will not always agree ex post regarding the treatment of omitted contingencies. Courts in such cases no longer can simply engage in interpretation because, by definition, the contracts lack words to interpret. The courts' task thus shifts to the development of rules to resolve gap cases. Hence, some default rules are judicially created"[1011].

Esse cenário é plenamente aplicável à redação da cláusula compromissória. No momento da contratação, é possível que as partes apenas cheguem a um acordo acerca da arbitragem enquanto método de solução de controvérsias, sem estabelecer de modo exaustivo como se desenrolará o procedimento arbitral. Caso surja efetivamente controvérsia futura, as partes poderão, por meio de mecanismos consensuais, como a ata de missão, sanar as incompletudes que afetam a cláusula compromissória, estabelecendo regulação mais detalhada sobre o desenrolar do procedimento arbitral.

Nesse sentido, em sendo a cláusula compromissória negócio jurídico incompleto, é expectável postura colaborativa de ambos os contratantes no que se refere à complementação e à tomada dos passos necessários para instaurar sem maiores percalços o método de solução de controvérsias pactuado. Ou seja, a cláusula compromissória também é indutora de comportamento cooperativo entre os contratantes, que deverão se portar de modo diligente e de boa-fé tanto na instauração quanto durante o procedimento arbitral.

Certamente, se tal postura colaborativa não for configurada, a parte lesada por tal inadimplemento poderá socorrer-se da estrutura do Poder Judiciário para obter o preenchimento das lacunas existentes e permitir a execução do programa contratual, com a instalação e o processamento da arbitragem, pactuada como meio alternativo de solução das controvérsias entre as partes.

2. Predefinição de critérios para sanar incompletude

Outro método de lidar com as incompletudes é a predefinição de critérios. Ou seja, a informação contida no contrato não é, por si só, suficiente para detalhar todo o seguimento do curso dos negócios. Entretanto, as partes já pavimentam o caminho a ser seguido posteriormente, fixando regras para serem utilizadas na complementação do conteúdo contratual.

Há duas formas principais de aplicar essa abordagem, na prática: primeiro, é possível estabelecer um parâmetro ou critério a ser observado posteriormente; segundo, a designação de terceiro para integrar a lacuna. A primeira abordagem pode ser vislumbrada, por exemplo, quando da parametrização do preço do objeto do contrato à padrão externo, *e.g.*, o preço de mercado de determinada *commodity*. A segunda abordagem ocorre nos casos de arbitramento[1012], no qual se designa previamente terceiro para integrar a lacuna

---

[1011] SCHWARTZ, Alan; SCOTT, Robert E. Contract Theory and the Limits of Contract Law. *Yale Law Journal*, vol. 113, nº 3, p. 541-620, dez./2003, p. 595.

[1012] MARINO, Francisco Paulo de Crescenzo. Arbitragem, Arbitragem e Dispute Boards: o papel do terceiro na determinação do preço em opção de venda de ações. *RBA*, nº 54, p. 7-27, abr./jun., 2017.

existente no contrato. Ambos os métodos podem ser utilizados com sucesso, como forma de garantir estabilidade e equilíbrio na relação contratual, considerando o curso normal da relação.

Acerca da prefixação de critérios, nesse cenário, o contrato pode definir apenas objetivos, regras gerais e modos de solução de conflitos aliados à remissão do modo de determinação dos elementos faltantes[1013]. Há, portanto, parcial alocação dos riscos econômicos supervenientes, pois mesmo que as partes não tenham previsto completamente o detalhamento necessário à caracterização da completude, sabe-se de antemão o método pelo qual ela será sanada[1014]. Destarte, o intérprete-aplicador deverá considerar a incompletude intencional e se atentar aos métodos de integração ajustados, vez que as partes pretenderam injetar no texto estrutural do contrato previsões abertas que supõem a conexão com outras previsões complementares, supletivas ou aditivas para a operacionalização do contrato[1015].

Acerca da atribuição a terceiro, esse método é utilizado quando as partes, no momento de celebração dos contratos, determinam que eventuais lacunas possam ser preenchidas por um terceiro (*discretionary power*)[1016]. Assim, as partes, apesar de não firmarem acordo acerca da previsão contratual em si, já definem quem será o responsável por sanar a incompletude.

Ambas as abordagens – predefinição de critérios e indicação de terceiros – são amplamente utilizadas para sanar problemas de incompletude da convenção de arbitragem.

Por exemplo, os honorários dos árbitros, por regra, não estão previstos na convenção de arbitragem. No entanto, é possível prefixar a forma de determinação, por exemplo, por meio da indicação de percentual relativo ao valor da causa ou por meio de tabelas que associam o valor a ser pago a depender da importância econômica discutida no procedimento. Essas soluções são frequentemente adotadas por regras institucionais de arbitragem que, em vez de predeterminar valor fixo, optam por um desses mecanismos para a integração futura, diante do litígio concreto.

Outra situação, exemplificando a segunda abordagem, está na contratação de *appointing authority* como método de formação do tribunal arbitral. A utilização desse recurso faz sentido em determinados contextos negociais, especialmente em arbitragens *ad hoc*, delegando a terceiro consensualmente escolhido pelos contratantes para realizar o procedimento de escolha dos árbitros. A atividade da *appointing authority* nada mais é do que complementar lacuna deixada pelas partes quando da contratação da convenção de arbitragem, ou seja, sanar a incompletude acerca do modo de formação do tribunal arbitral, designando terceiro responsável por fazê-lo, quando do surgimento concreto do litígio.

Em algumas disposições de instituições arbitrais é comum constatar, além de previsões supletivas, regras que estabelecem método de solução de certos impasses quando da condu-

---

[1013] AROSI, Letícia Soster. Os Contratos Incompletos e a Behavioral Law and Economics. *Revista de Direito Privado*, vol. 89, p. 43-68, mai./2018, DTR nº 2018/12763, p. 05.

[1014] BANDEIRA, Paula Greco. Os contratos incompletos e a soft law. *Revista dos Tribunais*, vol. 966, abr./2016, p. 04.

[1015] MARTINS-COSTA, Judith. *A Boa-fé no Direito Privado: Critérios para a sua Aplicação*. 2ª ed. São Paulo: Saraiva, 2018, p. 571.

[1016] AROSI, Letícia Soster. Os Contratos Incompletos e a Behavioral Law and Economics. *Revista de Direito Privado*, vol. 89, p. 43-68, mai./2018, DTR 2018/12763, p. 13.

ção do procedimento. Por exemplo, diante de polo passivo complexo, formado por mais de duas partes, mas com interesses contrapostos e que não conseguem consensualmente decidir qual árbitro indicar para compor o tribunal arbitral, uma possível solução é atribuir, se não houver consenso, à instituição que administra o procedimento poderes de indicar os árbitros. Ou seja, há nesse exemplo a combinação de dois métodos de solução de incompletude: em primeiro, o recurso à regramento arbitral que indica a forma de composição do tribunal e, em segundo, caso haja algum impasse, já há a indicação de terceiro (a própria instituição, por regra) que será o responsável por formar o tribunal arbitral.

Entretanto, a principal aplicação dessa abordagem no manejo de incompletudes da convenção de arbitragem reside na ação do art. 6º, parágrafo único, da Lei de Arbitragem[1017]. Essa ação é aplicável para os casos em que há cláusula compromissória, mas a convenção carece de elementos suficientes à instauração da arbitragem[1018]. Assim, a parte interessada pode propor ação específica, postulando que terceiro – no caso, o juiz togado – determine o modo de instituição do procedimento. Trata-se, pois, de ação legal para sanar a incompletude da cláusula compromissória,

Com efeito, o sistema jurídico estatal foi estruturado de modo a permitir que uma das partes contratantes, provando a existência do contrato e a resistência da outra parte, possa perseguir a instauração compulsória da arbitragem, a formulação judicial das lacunas do contrato, a nomeação do(s) árbitro(s), valendo a sentença que julgar a demanda como verdadeiro compromisso arbitral.

3. Recurso a normas supletivas e interpretação a partir do caso concreto

Assumida a perspectiva realista de que todo e qualquer contrato padece de certo nível de incompletude, há de se reconhecer a importância do papel do legislador, a partir da criação de regras supletivas aos contratos, que nos são extremamente familiares e comuns no mundo romano-germânico, mas nem tanto no sistema da *common law*. O recurso a regras supletivas é método legal de integração do conteúdo contratual quando as partes não desenvolveram e não disciplinaram amplamente o conteúdo do contrato.

Por meio da sua autonomia privada e do exercício da liberdade contratual, os agentes negociais podem estabelecer previsões sobre o conteúdo do contrato que estão celebrando. Muitas das regras do ordenamento jurídico, especialmente em matéria de direitos patrimoniais e disponíveis, apresentam caráter supletivo, ou seja, apenas incidirão sobre a relação jurídica caso as partes não optem por convencionar de modo diverso.

A existência de regras supletivas é estímulo à menor negociação de vários termos do contrato, pois as partes sabem, de antemão, que muitas das questões nevrálgicas da

---

[1017] Lei de Arbitragem, Art. 6º: "Não havendo acordo prévio sobre a forma de instituir a arbitragem, a parte interessada manifestará à outra parte sua intenção de dar início à arbitragem, por via postal ou por outro meio qualquer de comunicação, mediante comprovação de recebimento, convocando-a para, em dia, hora e local certos, firmar o compromisso arbitral. Parágrafo único. Não comparecendo a parte convocada ou, comparecendo, recusar-se a firmar o compromisso arbitral, poderá a outra parte propor a demanda de que trata o art. 7º desta Lei, perante o órgão do Poder Judiciário a que, originariamente, tocaria o julgamento da causa."

[1018] WEBBER, Pietro Benedetti Teixeira; SCALCO, Gabriela Barcellos. Cláusulas compromissórias patológicas no direito brasileiro: eficácia e exequibilidade. *RJLB*, ano 7, nº 2 p. 1233-1255, 2021, p. 1244.

relação – adimplemento, inadimplemento, caso fortuitos e força maior, quantificação de danos, entre outros – estão regulados no próprio ordenamento, tornando despicienda a confecção de regras próprias para lidar com essas situações. Por certo, caberá ao intérprete--aplicador ter elevado grau de sensibilidade ao manejar as regras supletivas, por meio das "default clauses"[1019].

A partir de abordagem contextual, tomando em consideração as circunstâncias concretas associadas ao desenvolvimento da relação negocial existente entre as partes, a integração de lacunas por meio do recurso a regras supletivas poderá trazer considerável eficiência quando da negociação de um contrato[1020].

Registra-se que, nos casos em que existem regras supletivas no ordenamento, a lacuna contratual será apenas aparente, pois a lei aplicável ao caso concreto trará previamente o regime de complementação da aparente lacuna contratual. Trata-se de distinção relevante, pois, como as normas supletivas – caso não haja disposição em sentido contrário – se integram ao conteúdo do contrato de modo automático, poderá haver inadimplemento contratual em caso de descumprimento de regra supletiva. Diversamente, quando há uma lacuna verdadeira, é necessário, primeiramente, a integrar, para somente então haver possibilidade de descumprimento contratual.

Não somente a lei pode conter regras supletivas. É possível que as partes no seu contrato integrem ao seu conteúdo diplomas normativos por referência. É o que ocorre, por exemplo, quando as partes indicam um certo incoterm, uma *soft law* ou um regulamento elaborado por uma instituição arbitral. Nesses casos, igualmente, o contrato não será exaustivo no seu texto, mas essas regras incorporadas por referência passam a compor o seu conteúdo jurídico desde o momento da conclusão.

Nesse sentido, o recurso a regras de arbitragem institucional é mecanismo que reduz sensivelmente os custos de transação da negociação da convenção de arbitragem. Considerando a expertise das câmaras em administrar procedimentos e o reflexo dessa experiência nos regramentos arbitrais confeccionados, a mera referência e integração à cláusula compromissória torna desnecessário o eventualmente exaustivo debate travado no momento da contratação da regulamentação do procedimento. Por certo, é plenamente possível que as partes optem por desviar de certas previsões do regulamento. Entretanto, isso não descaracteriza o seu papel, enquanto elemento saneador da incompletude da convenção de arbitragem.

[1019] NITSCHKE, Guilherme Carneiro Monteiro. *Lacunas Contratuais e Interpretação: história, conceito e método*. São Paulo: Quartier Latin, 2019, p. 282.

[1020] "Contextualism allows the parties to purposely leave gaps in their contracts or use standard-like rather than rule-like language. Ideally, purposely incomplete drafting will lead to less litigation ex post. Flexible contracting can foster trust and collaboration, ultimately creating a more successful contracting relationship. If litigation does result, however, contextualism directs courts to discern the intent of the parties by looking to relevant evidence outside the four corners of the document. The hallmarks of contextualism are a weak indefiniteness doctrine and a weak parol evidence rule. A weak indefiniteness doctrine means that courts are willing to interpret or fill gaps in incomplete contracts rather than simply finding them unenforceable. A weak parol evidence rule means that courts are willing to consider a broader universe of evidence than simply what is in the four corners of the contract document." (EPSTEIN, Wendy Netter. Facilitating Incomplete Contracts. *Case Western Reserve Law Review*, vol. 65, nº 2, p. 297-340, 2014, p. 335).

4. Limites e possibilidades do "dever de renegociar"

Conforme se deixou sobejamente assentado, o sistema privado de distribuição de justiça baseado na arbitragem é um complexo institucional, cuidadosamente elaborado. Ao longo de séculos de experimentação e evolução, construiu-se uma doutrina e prática de solução de controvérsias universalmente consagradas. Os alicerces de tal sistema, não custa salientar, uma vez mais, são a autonomia privada e a ampla liberdade de contratar sobre bens e direitos de natureza patrimonial.

O exercício de tal prerrogativa se dá por meio da convenção de arbitragem, não por acaso o instituto ao qual estamos devotando centenas de páginas de estudo. Estabeleceu-se, além disso, que, por vezes, a convenção de arbitragem é propositalmente incompleta, qualidade, ou defeito, que muitas vezes adjetiva, até mesmo, os contratos de tráfego de bens e direitos.

As incompletudes da convenção de arbitragem são preenchidas por meio de aditivos negociados entre as partes ou, por referência, pelas instituições por elas eleitas para isso e para administrar o procedimento. Em outros casos, porque há previsão legal específica para isso nos arts. 6º[1021] e 7º[1022] da Lei de Arbitragem, o poder estatal, por meio do juiz competente, completa a convenção, a requerimento da parte que deseja fazer uso da prerrogativa de iniciar a arbitragem.

Por isso se diz que se trata de um sistema legal fechado. Em última instância, à falta de todos os seus atributos essenciais na elaboração definida pelas partes, a arbitragem será, quando possível, moldada por convenção com elementos estruturados por suprimento de vontade judicial.

No que respeita a qualquer outra espécie de contrato, salvo exceções legalmente estabelecidas, não há regra jurídica autorizando ou outorgando poder ao juiz ou ao árbitro, para definir, pelas partes, termos e obrigações que elas não ajustaram entre si. Assim como não há lugar para o juiz ou árbitro substituir as obrigações contratadas por outras não aventadas pelas partes. E naturalmente não pode o juiz ou o árbitro modificar o destinatário da obrigação contratada, subvertendo a economia do contrato.

Algumas vozes, minoritárias na doutrina, aventam a possibilidade de lidar com os problemas associados à incompletude contratual por meio de um pretenso "dever de renegociar"[1023]. Trata-se de situação excepcional, aplicável, naturalmente, somente quando as partes pactuaram contratualmente tal dever.

[1021] Lei de Arbitragem, Art. 6º, *caput*: "Não havendo acordo prévio sobre a forma de instituir a arbitragem, a parte interessada manifestará à outra parte sua intenção de dar início à arbitragem, por via postal ou por outro meio qualquer de comunicação, mediante comprovação de recebimento, convocando-a para, em dia, hora e local certos, firmar o compromisso arbitral."

[1022] Lei de Arbitragem, Art. 7º, *caput*: "Existindo cláusula compromissória e havendo resistência quanto à instituição da arbitragem, poderá a parte interessada requerer a citação da outra parte para comparecer em juízo a fim de lavrar-se o compromisso, designando o juiz audiência especial para tal fim."

[1023] Tratando amplamente do dever de renegociar: SCHREIBER, Anderson. *Equilíbrio Contratual e Dever de Renegociar*. 2ª ed. São Paulo: Saraiva, 2020, p. 422. In verbis: "O dever de renegociar exsurge, assim, como um dever anexo ou lateral de comunicar a outra parte prontamente acerca de um fato significativo na vida do contrato – seu excessivo desequilíbrio – e de empreender esforços para superá-lo por meio da revisão extrajudicial; Como dever anexo, o dever de renegociar integra o objeto do contrato independentemente de expressa previsão das partes".

Assim, a amplitude do pretenso "dever de renegociar", quando existente, deve ser bem ponderada no caso concreto. Como já se adiantou, não é admissível que o terceiro pretenda intervir na economia contratual e modifique as prestações pactuadas, por exemplo. O direito brasileiro admite e convive com a pactuação de prestações desbalanceadas e desequilibradas, sendo os limites legais dados, somente, pela lesão e outros defeitos do negócio jurídico. Ademais, o instituto da usura ou a tentativa de fraudar direito de terceiro também são limitadores legais à pactuação de prestações.

Não se vislumbra no art. 422 do Código Civil um dever genérico de renegociar, aplicável a todos os tipos de contrato, que seja fonte de uma posição jurídica passiva e que possa ser demandada em juízo. Vislumbra-se, no dever de boa-fé objetiva, apenas, o dever de colaborar para o adimplemento do contrato, e não um dever de colaborar para o refazimento/reescrita/repactuação do contrato, quando esse deixa de atender aos interesses de um dos contratantes ou quando um deles não consegue cumprir as obrigações assumidas. A negociação pode ser uma boa prática ou o meio de encontrar a melhor saída para um dilema, durante a execução do contrato, mas, naturalmente, essa não pode ser coativamente imposta às partes.

É possível que, no curso da execução, as prestações se desequilibrem. No entanto, esse fato é inapto, por si só, a gerar situação de invalidade ou ineficácia do contrato. Nesses casos, o remédio jurídico cabível é a revisão ou a extinção dos contratos, nos moldes do art. 478 do Código Civil[1024]. O "dever de renegociar", quando existente por desejo das partes, gera uma nova economia para o contrato. Diversamente, a revisão judicial, cujo espaço é estreito, no âmbito dos contratos paritários (art. 421, parágrafo único)[1025], é feita por terceiro julgador (juiz ou árbitro) e deve estar sempre sujeita aos requisitos específicos trazidos pela lei.

Portanto, somente é possível falar, propriamente, de um "dever de renegociar" nos casos em que as partes, no limite da sua autonomia privada, assim dispuserem (por exemplo, por meio de uma cláusula de *hardship*)[1026]. Nesses casos excepcionais, é preciso que sejam fixadas balizas claras para aferir o cumprimento ou incumprimento desse dever. De plano, afirma-se que, no direito brasileiro, quando existente, esse dever somente pode ser considerado na categoria de "melhores esforços".

Não é possível considerar que se cuida de dever de resultado, pois o fruto da negociação, naturalmente, é o contrato. Caso as partes quisessem fixar de antemão a necessi-

---

[1024] Código Civil, Art. 478: "Nos contratos de execução continuada ou diferida, se a prestação de uma das partes se tornar excessivamente onerosa, com extrema vantagem para a outra, em virtude de acontecimentos extraordinários e imprevisíveis, poderá o devedor pedir a resolução do contrato. Os efeitos da sentença que a decretar retroagirão à data da citação."

[1025] Código Civil, Art. 421: "A liberdade contratual será exercida nos limites da função social do contrato. Parágrafo único. Nas relações contratuais privadas, prevalecerão o princípio da intervenção mínima e a excepcionalidade da revisão contratual."

[1026] MARTINS-COSTA, Judith. A cláusula de hardship e a obrigação de renegociar nos contratos de longa duração. *Revista de Arbitragem e Mediação*, n. 25, Ano 7, abr./jun. 2010. São Paulo: Revista dos Tribunais, 2010; MOSER, Luiz Gustavo Meira. A cláusula de hardship e o contrato interno e internacional. *Revista Eletrônica de Direito Internacional*, v. 2, p. 81-108, 2008; OPPETIT, Bruno. L'Adaptation des Contrats Internationaux aux Changement de Circonstances: La Clause de Hardship, *Clunet*, 101, 1974, p. 794-814.

dade de chegar a acordo futuro, estar-se-ia diante de modalidade de pré-contrato, pois o resultado almejado já teria sido predefinido, em momento anterior.

Com base nessa premissa, é possível apontar quatro finalidades possíveis da incompletude intencional e da ante fixação de um "dever de renegociar"[1027]: (i) busca por novo regime adaptado aos interesses comuns das partes em momento futuro, antevendo a necessidade de adaptação para lidar com o hiato temporal entre a conclusão do contrato e a duração da sua eficácia; (ii) atuar como meio de repartição entre as partes de custos extraordinários decorrentes de evento superveniente e imprevisível, havendo reequilíbrio dos ônus associados à relação contratual; (iii) adaptação do contrato a circunstâncias futuras, preservando equilíbrio econômico e possibilitando a continuidade da relação, mitigando a rigidez da estrutura de riscos originalmente pactuada; e (iv) atenuar risco de extinção contratual por onerosidade excessiva superveniente, mantendo a relação contratual útil para ambos os contratantes.

Para aferir o adimplemento desse dever, basta a ocorrência de propostas sérias, coerentes com a base original do contrato e com a economia do contrato como um todo, preservando, ao máximo, o racional econômico-financeiro originalmente pactuado – apenas adequando o vínculo negocial às vicissitudes supervenientes. Quando expressamente pactuado o dever de renegociar diante de certos acontecimentos futuros, em respeito à própria autonomia privada das partes, esse dever há de ser observado em conformidade com os parâmetros da boa-fé objetiva.

Nesse contexto, quanto mais claras tiverem sido as premissas negociais fixadas no momento da conclusão do contrato, mais fácil será aferir o cumprimento desse dever. Por exemplo, caso exista cláusula de renegociação periódica do preço, se tiver sido explicitado, de algum modo, o método de ajuste da economia do contrato, quando da conclusão, a replicação desse método, adaptando somente às novas premissas, ocorridas após a conclusão da operação, permitirá que se diagnostique se uma proposta foi séria o suficiente para atender ao dever de renegociar. Entretanto, caso os contratantes apenas tenham feito ajustes genéricos, e uma previsão, igualmente abstrata, acerca do dever de renegociar, bastará, para o cumprimento desse dever, apenas, a enunciação genérica de como a parte gostaria de adaptar o contrato ao novo momento da relação. Diante disso, caso se pretenda atingir resultados específicos na renegociação, é fundamental que as premissas negociais tenham sido comumente fixadas e explicitadas. Caso contrário, de pouca utilidade prática será o estabelecimento desse dever.

Pela natureza da renegociação, não é possível obrigar que uma das partes ceda dos direitos e da posição ajustada quando da conclusão do contrato. O dever de renegociar não pode implicar compulsória revalorização da estrutura econômico-financeira da operação por terceiro. Trata-se, meramente, de adaptação às novas circunstâncias – não de repactuação. Por exemplo, caso as partes tenham ajustado que cabe a um determinado contratante a realização de determinada prestação (obter licença ou alvará, conseguir financiamento ou linha de crédito, liberar garantias, ônus ou gravames, entre outras prestações intrínsecas à distribuição de custos e riscos), o conceito de um pretenso dever de renegociar não pode ser estendido ao patamar de permitir que os destinatários das obrigações originais

---

[1027] MARTINS-COSTA, Judith. *A Boa-fé no Direito Privado: Critérios para a sua Aplicação*. 2ª ed. São Paulo: Saraiva, 2018, p. 406.

sejam compulsoriamente alterados, ou que, também compulsoriamente, sejam impostas à parte prestações diversas daquelas originalmente ajustadas.

Pode-se, contudo, entender que cabe conferir tempo adicional à realização da prestação, quando ocorra circunstância superveniente e imprevisível, que justifique adaptar o prazo que a parte tem para de desincumbir do ônus contratual ajustado. O dever de renegociar não implica rediscutir a estrutura de riscos. Essa é assentada quando da conclusão do contrato. Basta, apenas, para o cumprimento desse dever, elaborar proposta que ajuste os termos do contrato às novas vicissitudes, partindo da estrutura de riscos original.

Em última hipótese, caso seja impossível adaptar os termos do contrato e da matriz de risco ajustada à nova realidade, poderão as partes optar por extinguir o vínculo contratual. Ocorrerá, portanto, situação de impasse, na qual o contrato torna-se desinteressante para uma das partes, tal qual originalmente pactuado, e deixa de ser interessante para a outra, caso tenha de modificar a estrutura de risco associada ao contrato. Ou seja, não há mais interesse útil comum, justificando a adoção da via da resilição ou da rescisão. O dever de renegociar, em sendo dever de meio, não tem o condão, no ordenamento brasileiro, de forçar que uma das partes anua com prestações ou alocações de riscos indesejadas.

Dessa forma, por tais limitações e por postura de deferência ao princípio da autonomia privada, o "dever de renegociar" abarca, somente, o emprego dos melhores esforços para manter a estrutura do ajuste originalmente feito, coerente com o novo cenário negocial[1028]. Não sendo possível, não há margem para interferência externa, vez que não se pode forçar ninguém a concluir um contrato, decisão que cabe a cada sujeito de direito dentro da sua liberdade contratual. O direito brasileiro mostra-se preciso em assegurar o estrito cumprimento do contrato, tal qual pactuado, dando preferência ampla para a execução específica das obrigações. No mesmo sentido, a autonomia privada é vasta, admitindo – inclusive – a formação de contratos desequilibrados, desde que não incida nenhum vício de vontade, ou seja, usurário ou fraudulento.

Ao juiz ou ao árbitro que, no exercício de seus deveres jurisdicionais, deparam-se com um contrato desequilibrado, em que uma das partes se beneficia mais do que a outra, mas que não é afetado por vício do negócio jurídico, nem é usurário, fraudulento ou desequilibrado a ponto de ensejar revisão contratual, o ordenamento brasileiro impõe a inércia. Fora desses casos excepcionais, não pode o julgador, em alvedrio justiceiro, buscar

---

[1028] "Uma frequente manifestação dos deveres decorrentes da boa-fé nos contratos revestidos por expressivo grau de relacionalidade atine ao dever de renegociar – se assim previsto. Nesse caso, as partes estão adstritas a formular proposições sérias, relativas ao contrato, às suas bases originárias, às circunstâncias atuais e à economia contratual globalmente considerada. A renegociação há de ser procedida segundo a boa-fé, devendo as partes, portanto, formular as suas proposições de forma séria e correta ('proba'), com relação ao contrato e às circunstâncias atuais de sua economia, 'que não sejam nem derrisórias nem desproporcionadas'. Se a parte a quem a circunstância superveniente aproveita dissimula a recusa sob a forma de proposições absolutamente inaceitáveis pela outra (tendo em conta os dados objetivos da economia contratual), há pretensão indenizatória e, conforme o caso, resilitória, ou ambas, na forma do art. 475 do Código Civil. Porém, se as negociações são procedidas segundo a boa-fé, e embora todos os esforços reconhecidamente sérios das partes em chegar a bom termo, mesmo assim a renegociação não seja bem sucedida, enseja-se, então, o desfazimento da relação sem as consequências do inadimplemento. A hipótese aproxima-se, então, analogicamente, à impossibilidade não imputável na execução de obrigação de fazer (Código Civil, art. 248, primeira parte)." (MARTINS-COSTA, Judith. *A Boa-fé no Direito Privado: Critérios para a sua Aplicação*. 2ª ed. São Paulo: Saraiva, 2018, p. 407-408).

corrigir as prestações pelo seu próprio senso de justiça, aplicando um não contratado conceito de equidade. O respeito à vinculatividade dos contratos deve prevalecer. Por mais belas e nobres que possam ser as intenções subjacentes, diante da inexistência de um dever geral de renegociar contratos paritários, nada haverá a fazer, a não ser se abster, em respeito à segurança jurídica necessária ao desenvolvimento dos contratos, verdadeiros tecidos conectivos da economia.

PARTE II

A CONVENÇÃO DE ARBITRAGEM NA ESCADA PONTEANA

Nas palavras de Pontes de Miranda, "a noção fundamental do direito é a de fato jurídico"[1]. Os fatos jurídicos são acontecimentos que produzem efeitos jurídicos, especificamente, a criação, a modificação ou a extinção de situações jurídicas[2]. Os fatos jurídicos são analisados em três planos: o plano da existência, da validade e da eficácia.

Cada um dos planos apresenta questões que lhes são próprias e inconfundíveis entre si[3]. Existindo um fato jurídico, ele poderá ser: (a) válido e eficaz; (b) válido e ineficaz; (c) inválido e eficaz; ou (d) inválido e ineficaz. Tanto a validade quanto a eficácia, portanto, dependem da existência, pois só pode valer ou ser eficaz aquilo que, antes de tudo, é. Sem ser (existir), é impossível valer ou ser eficaz.

A análise tricotômica é verdadeira contribuição epistemológica do direito brasileiro, que moldou a teoria do negócio jurídico de modo distinto do desenvolvimento germânico[4]. A construção de uma tipologia autônoma, fruto em grande parte do esforço teórico de Pontes de Miranda, e posteriormente densificado por Marcos Bernardes de Mello e

---

[1] E prossegue o autor: "depois, a de relação jurídica; não a de direito subjetivo, que é já noção do plano dos efeitos; nem a de sujeito de direito, que é apenas termo da relação jurídica. Só há direitos subjetivos porque há sujeitos de direito; e só há sujeitos de direito porque há relações jurídicas. O grande trabalho da ciência jurídica tem sido o de examinar o que é que verdadeiramente se passa entre homens, quando se dizem credores, titulares ou sujeitos passivos de obrigações, autores e réus, proprietários, excipientes, etc." (PONTES DE MIRANDA, Francisco Cavalcanti. *Tratado de Direito Privado*. Tomo I. Atualizado por Judith Martins-Costa, Gustavo Haical e Jorge Cesa Ferreira da Silva. São Paulo: Revista dos Tribunais, 2012, p. 19).

[2] São "positivos" os fatos jurídicos que implicam declaração de vontade, e "negativos" aqueles que impõem abstenção; "simples" os fatos que consistem em evento único e "complexos" aqueles que demandam o concurso de mais de um acontecimento. Vide, AMARAL, Francisco. *Direito Civil*: Introdução. 10ª ed. São Paulo: Saraiva, 2018, p. 461.

[3] MELLO, Marcos Bernardes de. *Teoria do Fato Jurídico: plano da existência*. 20ª ed. São Paulo: Saraiva, 2014, p. 153.

[4] Explica Jan Peter Schmidt: "Uno de los fines de este artículo consiste exactamente en demostrar que no se le da el mismo significado al término "negocio jurídico" en los diferentes sistemas jurídicos, algo que el comparatista siempre debe tener presente para evitar malentendidos." […] "Para el comparatista que estudia la teoría del negocio jurídico en diferentes países de Europa y América Latina, es muy importante tener claro que el término "negocio jurídico" y sus traducciones literales no necesariamente tienen el mismo significado en los diferentes ordenamientos jurídicos." (SCH-

outros, permite a sistematização e a adoção de um viés analítico diferenciado, fruto do estudo e da adaptação de categorias jurídicas criadas no exterior, mas que adquiriram colorido próprio à luz do ordenamento nacional[5]. Trata-se de fenômeno observável tanto no âmbito do direito material quanto do direito processual, os quais sofrem constantes influxos advindos da experiência estrangeira[6].

Os negócios jurídicos, gênero da classe fato jurídico, passam por esses três planos. E a cláusula compromissória, espécie do gênero negócio jurídico, também pode ser estudada por meio desse viés analítico. Assim, mediante a técnica da eliminação progressiva[7], ocorre, primeiramente, a análise da convenção de arbitragem no plano da existência, isto é, se existe ou não no mundo do direito, para, posteriormente, adentrar no plano da validade, aferindo quais requisitos deverá conter para estar em conformidade com o direito para, por fim, adentrar no plano da eficácia, no qual se analisará as cargas eficaciais associadas à conclusão da convenção de arbitragem.

MIDT, Jan Peter. La teoría del negocio jurídico en Alemania hoy: ¿Que se entiende por "negocio jurídico? *Revista Jurídica del Perú*, nº 67, abr./jun., 2006, p. 33-47).

[5] "Tudo o que foi exposto até agora revela um esforço de sistematização muito mais complexo que no direito francês, em que as noções de ato e fato jurídico (acte et fait juridique) tiveram, durante muito tempo, uma função simplesmente pedagógica ou até mesmo um papel decorativo. Caracterizado por uma certa inclinação aos conceitos abstratos (cuja inspiração é a doutrina alemã), o direito positivo brasileiro evidencia a riqueza da teoria do fato jurídico e, isso, a despeito de seu progressivo afastamento das concepções francesa e alemã sobre esse assunto. Ao término deste estudo, as noções gerais do Direito Civil brasileiro aparecem como o fruto de um cruzamento do pensamento jurídico francês e alemão, como uma ilustração da circulação de ideias doutrinárias que, após atravessar as fronteiras e as barreiras linguísticas, enriqueceram-se de reflexões próprias à ciência jurídica brasileira. Há mais ou menos trinta anos, Pierre Legrand sustentou, em célebre estudo, que os *legal transplants* (greffes juridiques) eram impossíveis, gerando uma controvérsia sobre o papel das importações conceituais na evolução dos sistemas jurídicos. O exemplo brasileiro ilustra que a circulação de conceitos jurídicos, sobretudo em um conceito plurilinguístico, é concebida raramente como uma importação idêntica de ideias, mas sobretudo como uma aculturação progressiva que pode ser acompanhada de uma franca emancipação das fontes de inspiração originais." (KNETSCH, Jonas; SILVA, Abrahan Lincoln Dorea. A Distinção entre Atos e Fatos Jurídicos no Direito Civil Brasileiro: contribuição ao estudo da circulação de conceitos jurídicos. *Revista de Direito Civil Contemporâneo*, vol. 23, p. 367-385, abr./jun., 2020, DTR 2021/226).

[6] "Receber influências estrangeiras constitui fato normal na história de todo ordenamento jurídico. Está em definitivo sepulta – se é que jamais foi vitae habilis, salvo talvez em casos extremos e marginais – a idéia de que se podem sustentar por tempo dilatado posições rigidamente "isolacionistas". Particularizando o discurso para a atual conjuntura, é quase impensável que algum país, voluntariamente ou não, permaneça alheio à imponente presença econômica, política e cultural dos Estados Unidos, seja qual for o juízo de valor que cada um de nós venha a formular a propósito. Nem se concebe que faça exceção à regra o direito em geral, ou qualquer de seus ramos em especial." (MOREIRA, José Carlos Barbosa. Notas sobre alguns aspectos do processo (civil e penal) nos países anglo-saxônicos. *Revista de Processo*, vol. 92, p. 87-104, out./dez., 1998, DTR 1998/445, p. 01).

[7] NANNI, Giovanni Ettore. *Direito Civil e Arbitragem*. São Paulo: Editora Atlas, 2014, p. 27.

Capítulo 7
A EXISTÊNCIA DA CONVENÇÃO DE ARBITRAGEM

A existência é o primeiro dos planos que compõem a lupa pela qual a lógica ponteana traduz o negócio jurídico. Nesse estágio, verifica-se se determinado fato é ou não relevante para o mundo do direito. Não se questiona, neste específico momento, se algo é lícito ou ilícito, se eficaz ou ineficaz. A existência é passo pretérito, no qual é avaliado se um determinado fato é digno de "ser" juridicamente. Se a resposta for negativa, não interessará ao direito. Poderá interessar para a economia, sociologia, filosofia, história, geografia, moral ou religião. Entretanto, não para o direito, pois o direito apenas se preocupa com os fatos que, efetivamente, são jurídicos. E, se são jurídicos, existem.

O direito sempre surge a partir de um fato (*ex facto ius oritur*), sendo este a mônada para o surgimento das situações jurídicas[8]. O direito se origina do fato, uma vez que, na ausência de acontecimento ou evento, não há base para o estabelecimento de vínculo com significação jurídica[9]. É dos fatos que surgirá o direito, enquanto construção científica[10]. Onde quer que haja direito haverá ação humana, ou algo dedutível ou relacionável a uma ação[11], pois a vocação do direito é tratar do indivíduo como ser cultural inserido em sociedade.

O plano da existência apresenta importância dogmática própria[12]. É o ponto de partida do escrutínio acerca da validade e da eficácia[13], o primeiro degrau da Escada Ponteana

---

[8]   PEREIRA, Caio Mário da Silva. *Instituições de Direito Civil*. Vol. 1. 32ª ed. Rio de Janeiro: Editora Forense, 2019, p. 387.

[9]   REALE, Miguel. *Lições Preliminares de Direito*. 27ª ed. São Paulo: Saraiva, 2002, p. 200.

[10]   FARIAS, Cristiano Chaves de; ROSENVALD, Nelson. *Curso de direito civil: parte geral e LINDB*. 15ª ed. Salvador: editora JusPodivm, 2017, p. 590.

[11]   REALE, Miguel. *Filosofia do Direito*. 20ª ed. São Paulo: Saraiva, 2002, p. 367.

[12]   "A diferença entre inexistência e nulidade não se restringe a uma decorrência lógica da constatação de somente o que é existente pode ser nulo, porquanto o que não existe, nada é. Muito pelo contrário, a separação entre os requisitos de existência e de validade/eficácia não apenas determina se um certo fato jurídico é apto a produzir ao menos alguns efeitos, mas permeia, embora apenas de modo inconsciente, toda atividade do estudioso e do aplicador do direito. Sob a perspectiva da lei, o legislador partiu implicitamente do pressuposto de que o negócio nulo existe como tal e previu a possibilidade de ele irradiar efeitos (arts. 168, parágrafo único, 1561, 1563 e 166, II, c/c 883, caput, CC/2002).159 Do ponto de vista dogmático, a vinculação de determinados atos jurídicos antes da irradiação de todos os seus efeitos pressupõe a possibilidade de se separar, de um lado, os elementos para ele vir a existir e, de outro, os requisitos para os efeitos queridos serem desencadeados (assim, por exemplo, no ato sob condição suspensiva, art. 130, na compra e venda a contento, arts. 509 ss., e no testamento entre sua feitura e a morte do testador). Para a atividade prática, a distribuição do ônus da prova está estritamente ligada à diferença entre requisitos de existência e de validade/eficácia, pois o autor deve provar os primeiros, enquanto o ônus de comprovar os segundos (por exemplo, a nulidade de um ato) incumbe ao réu (art. 373, I e II, CPC/2015)." (MEDINA, Francisco Sabadin. O negócio jurídico inexistente e o plano da existência: são eles categorias precisas na análise dos negócios jurídicos? *Revista de Direito Privado*, vol. 71, p. 179-222, nov./2016, DTR 2016/24381).

[13]   MOREIRA, José Carlos Barbosa. Invalidade e Ineficácia do Negócio Jurídico. *Revista de Direito Privado*, vol. 15/2003, p. 217-229, 2003, p. 04.

e, assim, necessário ponto de partida da análise tricotômica pela técnica da eliminação progressiva. É nesse momento que se verifica o pressuposto fundamental da incidência jurídica – o preenchimento do suporte fático da norma.

Percebe-se, assim, que a construção da norma é, logicamente, pretérita à verificação da incidência. A partir da distinção entre texto e norma, derivada do contributo da filosofia analítica, tem-se, de antemão, a identificação dos elementos normativos sobre os quais recairão a análise fática. Isto é, somente considerando a norma e seu respectivo suporte fático que se pode cogitar do seu preenchimento ou não. E, da ausência do preenchimento do suporte fático, advém o estado mais grave de ausência de efeitos jurídicos, pois a declaração de inexistência implica que determinada realidade pertence apenas ao mundo dos fatos, estando, no máximo, em estado putativo no mundo do direito.

§ 23. ENTRE O FATO E O DIREITO: O PROBLEMA DA INCIDÊNCIA JURÍDICA

1. Origem factual do direito

Explica Pontes de Miranda que "os fatos do mundo ou interessam ao direito, ou não interessam. Se interessam, entram no subconjunto do mundo a que se chama mundo jurídico e se tornam fatos jurídicos, pela incidência das regras jurídicas, que assim os assinalam"[14]. Dessa forma, é perceptível que a teoria do fato jurídico ponteana estabelece uma relação de causalidade entre a ação humana e a sua respectiva transformação de físico para jurídico[15].

Por "fato jurídico" se compreende o fato apto à produção de efeitos dentro do mundo do direito[16]. Esses podem ser entendidos como os acontecimentos naturais ou ações humanas que produzem consequências jurídicas[17], isto é, são os fatos a partir dos quais se criam, se modificam ou se encerram situações jurídicas[18]. Portanto, "jurídico" é o adjetivo que recebe o fato do mundo real sobre o qual incide uma norma[19], correspondendo ao elemento do mundo dos fatos que preenche o suporte fático de uma norma jurídica, ge-

---

[14] PONTES DE MIRANDA, Francisco Cavalcanti. *Tratado de Direito Privado*. Tomo I. Atualizado por Judith Martins-Costa, Gustavo Haical e Jorge Cesa Ferreira da Silva. São Paulo: Revista dos Tribunais, 2012, p. 65.

[15] DIVINO, Sthéfano Bruno Santos. A Teoria do Fato Jurídico e o Sistema de ciência positiva do Direito de Pontes de Miranda: considerações e atualizações filosóficas. *Revista de Direito Civil Contemporâneo*, vol. 25, p. 187-223, out./dez., 2020, DTR 2021/1972.

[16] "É que nem sempre decorrerão efeitos do fato jurídico, podendo ocorrer que um determinado fato exista e deixe de existir sem que, jamais, produza um único efeito. Tome-se como exemplo a elaboração de um testamento. Com efeito, se alguém, maior e capaz, elaborar um testamento, teremos, efetivamente, um fato jurídico que somente produzirá seus efeitos depois da morte do testador. Se, contudo, vier a revogar, ainda em vida, o testamento antes elaborado, o referido fato jurídico deixará de existir sem nunca produzir um único efeito concreto, não criando, modificando, substituindo ou extinguindo nenhuma relação jurídica." (FARIAS, Cristiano Chaves de; ROSENVALD, Nelson. *Curso de direito civil: parte geral e LINDB*. 15ª ed. Salvador: editora JusPodivm, 2017, p. 591).

[17] VELOSO, Zeno. Fato Jurídico – Ato Jurídico – Negócio Jurídico. *Doutrinas Essenciais Obrigações e Contratos*, vol. 1, p. 1393-1407, jun., 2011, DTR 2012/1956.

[18] AMARAL, Francisco. *Direito Civil: Introdução*. 10ª ed. São Paulo: Saraiva, 2018, p. 461.

[19] AZEVEDO, Antonio Junqueira de. *Negócio Jurídico: existência, validade e eficácia*. 4ª ed. São Paulo: Saraiva, 2002, p. 23.

rando consequências normativas. O fato jurídico é, pois, todo e qualquer fato, de ordem física ou social, que está inserido e abarcado por uma estrutura normativa[20].

Por "norma jurídica" se compreende o modo pelo qual a sociedade subordina certos fatos a determinada ordem, estabelecendo previsibilidade, a partir da especificação dos seus efeitos. O fenômeno ou conjunto de fenômenos sobre o qual ela incide é denominado suporte fático[21], *Tatbestand* ou *fattispecie*. A hipótese fática de incidência da norma se identifica com a descrição normativa, ou seja, é construída por um juízo valorativo decorrente do processo de elaboração e desenvolvimento do fenômeno jurídico[22]. Há de se reconhecer duas espécies de normas, as regras e os princípios, que apresentarão mecanismos de incidência normativa diferenciados.

A norma é emanada para regular uma determinada situação-tipo[23]. Portanto, as normas escolhem determinados fatos do mundo real ou virtual para adjetivar, inserindo--os no seu suporte fático, tornando-os aptos à juridicização[24] e lhes conferindo o colorido jurídico. Ao falar em fato jurídico, não se refere a fato anterior ou exterior ao direito, mas a fato juridicamente qualificado, "um evento ao qual as normas jurídicas já atribuíram determinadas consequências, configurando-o e tipificando-o objetivamente"[25].

Eis, pois, a diferença fundamental entre os elementos fáticos do mundo dos fatos e os fatos do mundo do direito: os fatos do mundo do direito nada mais são do que retratos do mundo dos fatos adjetivados ou qualificados por regra jurídica, fenômeno que lhes oferece essa feição especial. Os fatos do mundo dos fatos ingressam no mundo do direito quando sofrem a incidência de norma jurídica. É, pois, a incidência normativa o fenômeno capaz de tornar jurídicos os bens da vida[26]. Não há direito sem norma jurídica, pois somente a partir da existência dessa última é que se pode pensar no fenômeno da incidência e da construção do mundo do direito[27].

---

[20] "Por dois modos essa correlação se opera. Em verdade, o elemento fático existe tanto quando se formula a hipótese normativa ('Se F é', isto é se um fato ocorrer que corresponde à hipótese 'F') como quando, na mesma norma, se prevê a consequência que deverá ou poderá sobrevir por ter ou não ocorrido F: 'deverá ser C ou D)'." (REALE, Miguel. *Lições Preliminares de Direito*. 27ª ed. São Paulo: Saraiva, 2002, p. 200).

[21] PONTES DE MIRANDA, Francisco Cavalcanti. *Tratado de Direito Privado*. Tomo I. Atualizado por Judith Martins-Costa, Gustavo Haical e Jorge Cesa Ferreira da Silva. São Paulo: Revista dos Tribunais, 2012, p. 59.

[22] TEPEDINO, Gustavo; OLIVA, Milena Donato. *Fundamentos do Direito civil: teoria geral do direito civil*. 3ª ed. Rio de Janeiro: Forense, 2022, p. 249.

[23] ROSAS, Roberto. Do Negócio Jurídico aos Contratos no Direito Português: aproximações com o direito brasileiro. *Doutrinas Essenciais Obrigações e Contratos*, vol. 1, p. 1347-1364, jun./2011, DTR 2012/1319.

[24] FARIAS, Cristiano Chaves de; ROSENVALD, Nelson. *Curso de direito civil: parte geral e LINDB*. 15ª ed. Salvador: editora JusPodivm, 2017, p. 590.

[25] REALE, Miguel. *Lições Preliminares de Direito*. 27ª ed. São Paulo: Saraiva, 2002, p. 200.

[26] PONTES DE MIRANDA, Francisco Cavalcanti. *Tratado de Direito Privado*. Tomo I. Atualizado por Judith Martins-Costa, Gustavo Haical e Jorge Cesa Ferreira da Silva. São Paulo: Revista dos Tribunais, 2012, p. 20.

[27] "Não se pode falar em fato jurídico senão na medida e enquanto esteja inserido numa estrutura normativa. Pelas mesmas razões, só são fatos, do ponto de vista jurídico, o evento ou o comportamento que sejam fatos jurídicos possíveis. É o motivo pelo qual não há, em Direito, fato bruto, pois o fato já deve conter algumas das notas valorativas que permitam a sua correspondência ao

Os fatos jurídicos são bifrontes: de um lado há o fato – acontecimento de qualquer espécie – elevado à causa de outro fato ou de relação jurídica; de outro, há uma declaração do ordenamento jurídico atribuindo certo efeito àquele acontecimento[28]. Tal chancela por parte do ordenamento ocorre mediante a incidência de normas jurídicas aos fatos. Nesse sentido, é possível que o mesmo fato preencha simultaneamente o suporte fático de mais de uma norma jurídica, caracterizando o fenômeno da multiplicidade de incidências.

Todo fenômeno jurídico é, antes de tudo, um fenômeno social[29]. Ademais, registra-se que determinado fato da vida social poderá ou não ser jurídico, a depender das circunstâncias[30]. Isso porque o qualificativo "jurídico" depende do preenchimento do suporte fático das normas para, na sequência, dar origem ao fato jurídico. E, portanto, esse atributo é condicionado à existência normativa prévia que vele determinada realidade factual. Assim, por exemplo, a enchente poderá ser mero acontecimento naturalístico. Entretanto, se afetar objeto protegido por contrato de seguro, dará origem a fato jurídico[31]. Desse modo, somente quando um fato é valorado por uma norma que se estará diante de fato jurídico.

---

fato-tipo previsto na regra de direito. Em última análise, o fato-tipo é um módulo de valoração do fato possível na vida concreta, o que exclui que entre fato e fato jurídico possa existir um nexo de causalidade." (REALE, Miguel. *Lições Preliminares de Direito*. 27ª ed. São Paulo: Saraiva, 2002, p. 202).

[28] PEREIRA, Caio Mário da Silva. *Instituições de Direito Civil*. Vol. 1. 32ª ed. Rio de Janeiro: Editora Forense, 2019, p. 388.

[29] MOREIRA, José Carlos Barbosa. Dimensiones Sociales del Proceso Civil. *Revista de Processo*, vol. 45, p. 137-144, 1987, p. 01.

[30] "O fato, para ser qualificado como fato jurídico, tem de repercutir no mundo do direito, apresentar significação jurídica, produzir efeitos jurídicos. O mesmo fato pode ser jurídico, ou não, conforme tenha, ou não, gerado conseqüências jurídicas. Um período de seca pode não ter causado alteração no mundo jurídico. Foi uma seca, todavia, causou vítimas, matou o gado, destruiu a lavoura, determinou a migração de pessoas, é um fato jurídico." (VELOSO, Zeno. Fato Jurídico – Ato Jurídico – Negócio Jurídico. *Doutrinas Essenciais Obrigações e Contratos*, vol. 1, p. 1393-1407, jun./2011, DTR 2012/1956).

[31] "O fato natural produz, às vezes, consequências de direito na sua expressão espontânea, sem qualquer interferência humana, como é o caso do simples decurso do tempo extinguindo direitos, se assim foi estabelecido pelo legislador: sobrevém, desse modo, um fato jurídico. Uma tempestade também pode trazer consequências de direito; uma inundação pode transportar porções de terra de uma para a outra margem de um rio, alterando relações de propriedade. A queda ocasional de um objeto, que produza ferimentos em um transeunte, é outro exemplo claro de um fato natural que recebe qualificação jurídica. A agressão, a investida de um animal contra uma pessoa, ocasionando-lhe dano, poderá, também, operar consequências de direito, determinando a responsabilidade civil do dono para com a vítima. Outro exemplo significativo é dado pelo nascimento ou pela morte. O nascimento de uma criança é um fato biológico que implica, de per si, situações jurídicas caracterizadas. Segundo o Código Civil todo ser humano é capaz de direitos e obrigações, bastando o fato biológico da gestação para que imediatamente se tenha um fato jurídico, o qual se aperfeiçoa com o nascimento. Sobrevindo este, a lei, desde logo, reconhece a existência de uma pessoa, atribuindo-lhe direitos e deveres, ainda que não os possa exercer pessoalmente. Antes do nascimento, já esse fato tem a sua ressonância no mundo jurídico através das leis, protetoras do nascituro. A morte é outro fato natural, cuja ocorrência importa incontinenti em consequências de direito, dando origem a fatos jurídicos." (REALE, Miguel. *Lições Preliminares de Direito*. 27ª ed. São Paulo: Saraiva, 2002, p. 202).

2. Valoração dos fatos pelas normas

A vida social é uma sucessão de acontecimentos, que podem ser classificados ou como fatos decorrentes das forças da natureza ou como atos oriundos da conduta humana, recebendo valoração diversa, justificando o surgimento de normas, a partir da relevância socialmente atribuída a cada um desses[32]. Objetivando ordenar a conduta humana, e para permitir a distribuição dos escassos bens da vida imprescindíveis à sobrevivência, a sociedade valora de maneira especial certos fatos, atos, condutas, bens ou comportamentos, tornando-os objeto de uma tutela especial a ser feita por meio de normas[33].

Considerando que apenas uma gama específica de fatos e condutas apresenta relevância jurídica para a vida em sociedade, apenas esse grupo será valorado normativamente. Como adverte Miguel Reale, o direito não se refere ao indivíduo em sua totalidade ou na integridade do seu agir, "mas tão-somente ao homem enquanto ser que, agindo em sociedade, assume dadas posições perante os demais homens, suscetíveis de gerar pretensões recíprocas ou pelo menos correlatas"[34]. Alguns fatos estão, pois, apenas no domínio dos acontecimentos naturais, sociais, econômicos ou morais – não tendo repercussão jurídica e não produzindo efeitos sensíveis ao direito.

Dessa forma, quando determinado fato interfere, direta ou indiretamente, nos relacionamentos sociais, afetando o equilíbrio das posições dos indivíduos, nas relações que travam entre si, passa a ser merecedor de tutela especial mediante normas sobre ele incidentes[35]. Portanto, a produção normativa, em última instância, estará vinculada à relevância socialmente atribuída a determinada situação factual. O Estado-legislador valora os fatos da vida social e lhes atribui consequências jurídicas, estimulando ou desestimulando a sua ocorrência[36]. Assim, a norma, resultante da atribuição de sentido a um texto, é fruto da constatação de realidade socialmente relevante, a qual se considera digna de tutela pelo ordenamento. Do preenchimento do seu suporte fático resultará o fato jurídico.

Nesse sentido, a norma representa um juízo acerca de determinada realidade, pois, ao traçar as regras de convivência social, valora-se, a partir de critérios axiomáticos, determinados fatos, reputando-os relevantes para as interações intersubjetivas inseridas no tecido social[37]. É mediante a incidência normativa que se permite o ingresso de determinados acontecimentos em um mundo especial, dotado de ordenação, logicidade e sistematicidade própria: o mundo do direito, dentro do qual ocorrem os fatos jurídicos[38].

---

[32] FARIAS, Cristiano Chaves de; ROSENVALD, Nelson. *Curso de direito civil: parte geral e LINDB.* 15ª ed. Salvador: editora JusPodivm, 2017, p. 590.

[33] MELLO, Marcos Bernardes de. *Teoria do Fato Jurídico: plano da existência.* 20ª ed. São Paulo: Saraiva, 2014, p. 40.

[34] REALE, Miguel. *Filosofia do Direito.* 20ª ed. São Paulo: Saraiva, 2002, p. 367.

[35] MELLO, Marcos Bernardes de. *Teoria do Fato Jurídico: plano da existência.* 20ª ed. São Paulo: Saraiva, 2014, p. 41.

[36] ALVIM, José Eduardo Carreira. *Teoria Geral do Processo.* 23ª ed. Rio de Janeiro: Forense, 2020, p. 70.

[37] FARIAS, Cristiano Chaves de; ROSENVALD, Nelson. *Curso de direito civil: parte geral e LINDB.* 15ª ed. Salvador: editora JusPodivm, 2017, p. 591.

[38] "No mundo do direito ocorrem os fatos jurídicos, que são os acontecimentos que acarretam efeitos no plano das relações jurídicas, isto é, criam entre as pessoas situações de poder e dever amparadas pela autoridade do ordenamento jurídico estatal." (THEODORO JÚNIOR, Humberto. Negócio

Por certo, o fato não deixará de existir dentro do universo real, mas ingressará nesse outro mundo, passando a ser merecedor de tratamento diferenciado. Pontes de Miranda utiliza a metáfora da prancha da máquina de impressão para ilustrar o fenômeno de passagem mediante a incidência das regras jurídicas sobre determinado fato: "Para que os fatos sejam jurídicos, é preciso que regras jurídicas – isto é, normas abstratas – incidam sôbre êles, desçam e encontrem os fatos, colorindo-os, fazendo-os 'jurídicos'. Algo como a prancha da máquina de impressão, incidindo sobre fatos que se passam no mundo, posto que aí os classifique segundo discriminações conceptuais."[39]. É a análise desse carimbo especial que se busca no plano da existência.

3. A teoria do fato jurídico como ferramenta analítica

O Código Civil brasileiro harmoniza-se com a sistematização científica dos fatos jurídicos que os distingue em três planos distintos[40]. O conceito de fato jurídico é extremamente largo no direito brasileiro[41], sendo, na verdade, elemento de categorização de todas as situações jurídicas[42]. Não se pensa as categorias integrantes da teoria do fato jurídico como restritas ao âmbito do direito civil. Na verdade, a ideia de fato jurídico é melhor compreendida como integrando a própria teoria geral do direito[43], pois serve como chave de leitura para a generalidade das relações jurídicas.

Jurídico. Existência. Validade. Eficácia. Vícios. Fraude. Lesão. *Revista dos Tribunais*, vol. 780, p. 11-28, out., 2000, DTR 2000/532).

[39] PONTES DE MIRANDA, Francisco Cavalcanti. *Tratado de Direito Privado*. Tomo I. Atualizado por Judith Martins-Costa, Gustavo Haical e Jorge Cesa Ferreira da Silva. São Paulo: Revista dos Tribunais, 2012, p. 65.

[40] MOREIRA, José Carlos Barbosa. Invalidade e Ineficácia do Negócio Jurídico. *Revista de Direito Privado*, vol. 15/2003, p. 217-229, 2003, p. 04.

[41] "Quanto ao fato jurídico no Direito brasileiro, trata-se de um conceito extremamente largo que engloba ao mesmo tempo os atos jurídicos, lícitos ou ilícitos, assim como todos os acontecimentos sobre os quais incidem normas jurídicas." (KNETSCH, Jonas; SILVA, Abrahan Lincoln Dorea. A Distinção entre Atos e Fatos Jurídicos no Direito Civil Brasileiro: contribuição ao estudo da circulação de conceitos jurídicos. *Revista de Direito Civil Contemporâneo*, vol. 23, p. 367-385, abr./jun. 2020, DTR 2021/226).

[42] "Assim, exsurge nosso ponto de vista, de que sendo a Dogmática extensiva tanto ao direito privado quanto ao público, se justificaria a extrapolação do negócio jurídico para uma colocação supra-dogmática, epistemológica, convindo que a nomenclatura privatística obstaculizava a linguagem publicística." (MACEDO, Silvio de. Uma Avaliação da Teoria do Negócio Jurídico. *Doutrinas Essenciais Obrigações e Contratos*, vol. 1, p. 1375-1378, jun./2011, DTR 2012/1230).

[43] "Dentro de la temática del Derecho Privado existen dos teorías fundamentales para la lógica de todo el sistema en su conjunto: la teoría general del contrato y la doctrina del negocio jurídico, las mismas que han demandando la atención preferente de la mayor parte de los civilistas, dando lugar a un enorme y sobresaliente desarrollo de estos dos aspectos y conceptos. Esto ha originado que tanto el concepto del contrato como el del Negocio Jurídico se conviertan merecidamente en las figuras preferidas y engreídas del Derecho Civil. No obstante lo cual, este enorme desarrollo conceptual ha originado también de manera indirecta la formación de dos tendencias dentro del sistema del Derecho Privado, pues para algunos autores el Contrato es el concepto fundamental de todo el sistema, debiendo girar en tomo al mismo toda la problemática de los actos voluntarios del hombre que son capaces de producir efectos jurídicos, mientras que para otros la base del sistema es y debe ser el concepto del negocio jurídico, el mismo que permitiría un estudio sistemático de todos los actos vinculantes, entre los cuales existen una gran mayoría que no son contratos."

A dogmática dos variados ramos do direito acaba enriquecida quando estudada e percebida tendo-se em vista o conceito de fato jurídico. E, longe de ser expediente meramente doutrinário, acadêmico ou científico, a tricotomia ponteana e a técnica da eliminação progressiva, como ferramentas analíticas já foram incorporadas pelos tribunais brasileiros para a análise de variados fenômenos jurídicos[44]. Trata-se, pois, de um método de compreensão do direito.

O STJ utiliza a tricotomia dos planos como forma de estruturar metodologicamente a argumentação na construção da decisão. Essa noção, para além do direito civil, já foi utilizada em questões de direito administrativo[45], processual civil[46], tributário[47], penal[48], ambiental[49], entre outras. Como destacado pelo Ministro Joel Ilan Paciornik, "é cediço que a ocorrência de um fato jurídico pode possuir efeitos e reflexos no âmbito penal, civil, administrativo, eleitoral, além de muitos outros, sendo que os processos e procedimentos no âmbito civil, criminal e administrativo, via de regra, são independentes entre si e, cada qual, poderá seguir investigando responsabilidades, dentro de suas

---

(CÓRDOVA, Lizardo Taboada. La teoría General del Contrato Frente a la del Negocio Jurídico. *Doutrinas Essenciais Obrigações e Contratos*, vol. 1, p. 1257-1266, jun./2011, DTR 2012/1952).

[44] Por exemplo, no Agravo Regimental 1.230.236/RS, relatado pelo Ministro Mauro Campbell Marques, ficou assentado que "se a pretensão do recorrente estiver maculada no plano da existência ou da validade, o órgão responsável pelo julgamento não poderá apreciar o conteúdo da postulação, seja porque, pela lógica formal, o que juridicamente não existe não é elemento nem óbice de nada". (STJ. AgRg no AgRg nos EDcl no AgRg no Ag 1.230.236/RS. Min. Rel. Mauro Campbell Marques. Segunda Turma. J. em: 12.11.2012).

[45] A título exemplificativo, vislumbre-se caso relatado pelo Ministro Sérgio Kukina: "Ora, a simples juntada aos autos de cópia integral do processo administrativo que se pretende impugnar, prova, quando muito, que o procedimento em questão seguiu seu curso (plano da existência); mas com isso não se contenta a norma, que requer a inequívoca demonstração de resultar o ato coator de ilegalidade ou abuso de poder (plano da validade), sob pena de não incidir sobre a espécie o mencionado art. 1º da Lei n. 12.016/2009, impondo-se, em consequência, a denegação da ordem, tal como fez o Tribunal de origem." (STJ. EDcl no RMS 31.789/PE. Min. Rel. Sérgio Kukina. Primeira Turma. J. em: 08.10.2013).

[46] Igualmente, o STJ utiliza a teoria do fato jurídico para análise de questões processuais. O Ministro Luis Felipe Salomão entendeu que "a citação é indispensável à garantia do contraditório e da ampla defesa, constituindo sua falta ou nulidade defeito processual grave, entendo esta Corte no sentido de que ele opera no plano da existência da sentença". (STJ. REsp 1.767.997/RJ. Min. Luiz Felipe Salomão. J. em: 02.12.2021). Também aplicando os planos a fatos processuais, a Ministra Maria Thereza de Assis Moura decidiu que "a *querela nullitatis*, quando cabível, "situa-se no plano da existência, não se confundindo com as questões afeitas ao plano da validade, sanáveis por meio de ação rescisória por expressa disposição legal (STJ. AgRg na Pet n. 10.975/RJ. Min. Maria Thereza de Assis Moura. Sexta Turma. J. em: 13.10.2015).

[47] "Fez assim, com que, um conjunto de fatos jurídicos (o faturamento), originalmente despido de eficácia geratriz de tributo, ganhasse tal força, seis meses após a respectiva verificação. Vale dizer: o faturamento (conjunto de atos jurídicos), transformou-se em fato gerador, seis meses após seu ingresso no mundo dos fatos. Percebem-se aqui, nitidamente diferenciados, os planos da existência e da eficácia (Pontes de Miranda). O faturamento que ingressou no plano da existência, em janeiro somente em julho veio a penetrar o de eficácia." (STJ. REsp 321.443/RS. Min. Rel. Humberto Gomes de Barros. Primeira Turma. J. em: 07.06.2001; STJ. REsp 263.825/RS. Min. Rel. Humberto Gomes de Barros. Primeira Turma. J. em: 04.03.2002).

[48] STJ. HC 266.039/RJ. Min. Rel. Antonio Saldanha Palheiro. Sexta Turma. J. em: 27.11.2018; STJ. HC 358.292/SP. Min. Rel. Maria Thereza de Assis Moura. Sexta Turma. J. em: 23.08.2016.

[49] STJ. REsp 1.596.081/PR. Min. Rel. Ricardo Villas Bôas Cueva. Segunda Seção. J. em: 25.10.2017.

respectivas atribuições, concomitantemente, com as ressalvas previstas em lei para os casos em que haverá prejudicialidade nas demais esferas"[50]. Esse entendimento revela como o mesmo fato poderá ser valorado, simultânea e independentemente, por normas jurídicas distintas, produzindo, por consequência, fatos jurídicos em ramos diversos do ordenamento – que têm existência simultânea e autônoma entre si.

Diante da vasta possibilidade da aplicação da teoria do fato jurídico, bem como da sua inegável utilidade prática como método de compreensão do fenômeno normativo, é preciso reconfigurá-la em vias de operar a sua adequação à realidade contemporânea. Nesse sentido, destaca-se a crítica realizada por Ovídio Baptista da Silva, no sentido de que a rígida separação entre "direito" e "fato", inspirada na separação Kantiana entre o "ser" e o "dever ser" – fruto do período do racionalismo filosófico do século XVII – acaba por ocultar a dimensão problemática do direito[51]. Atualmente, para além da análise puramente normativista dos fenômenos sociais, passa-se a valorar outros elementos que circundam o puro campo do "dever-ser".

A teoria do fato jurídico, como qualquer outra construção legal, apresenta inegável elemento de historicidade e uma faceta cultural[52]. Tem-se que os fatos sociais são percebidos em conformidade com a compreensão concreta da sociedade em determinado período de tempo, vez que, em traduzindo o direito determinada realidade fática, essa se pauta pela valoração do grupo social. Ao se analisar a comunicação entre o fato e a norma, é impossível dissociar a implícita valoração social existente entre ambos[53].

Por conseguinte, a teoria do fato jurídico, de modo geral, e a teoria dos negócios jurídicos e dos contratos, em particular, devem andar *pari passu* com a realidade social, com vista a promover a sua adaptação ao tempo presente[54]. O fato é dimensão essencial do direito, mas deve ser conjugado com a dimensão valorativa e a dimensão normativa, as quais estão circunscritas pelo elemento cultural[55].

Assim, por mais que, na acepção original, a teoria do fato jurídico apresentasse dimensão cartesiana, preocupada mormente com a sistematização do direito, quando combinada com o ferramental teórico desenvolvido posteriormente – separação entre texto e norma, reconhecimento da carga normativa dos princípios, a dimensão argumentativa do direito, entre outras evoluções jus filosóficas – ainda é ferramenta analítica importante para a compreensão do fenômeno jurídico, especialmente por propiciar método de análise que permite decompor a problemática jurídica, contextualizando-a no ordenamento como um todo e, a partir daí, construir a solução para o caso concreto.

---

[50] STJ. RHC 137.773/SP. Min. Rel. Joel Ilan Paciornik. Quinta Turma. J. em: 20.04.2021.

[51] DA SILVA, Ovídio Baptista. *Processo e Ideologia: o paradigma racionalista*. 2ª ed. Rio de Janeiro: Forense, 2006, p. 36.

[52] BENFATTI, Fabio Fernandes Neves. Breves considerações sobre o negócio jurídico diante dos novos desafios da pós-modernidade. *Revista dos Tribunais*, vol. 1001, p. 121-130, mar./2019, DTR 2019/23985.

[53] TEPEDINO, Gustavo; OLIVA, Milena Donato. *Fundamentos do Direito civil: teoria geral do direito civil*. 3ª ed. Rio de Janeiro: Forense, 2022, p. 249.

[54] SALLES, Nancy de Paula. Caráter Normativo do Negócio Jurídico. *Doutrinas Essenciais Obrigações e Contratos*, vol. 1, p. 1315-1345, jun./2011, DTR 2012/1962.

[55] REALE, Miguel. *Lições Preliminares de Direito*. 27ª ed. São Paulo: Saraiva, 2002, p. 201.

§ 24. ELEMENTOS DE EXISTÊNCIA DOS NEGÓCIOS JURÍDICOS

1. "Elementos" dos fatos jurídicos

O plano da existência é o "plano do ser"[56], separando os fatos do mundo dos fatos dos fatos do mundo do direito. É nesse plano que se verifica a concreção do suporte fático hipotético, isto é, se um fato do mundo dos fatos se verifica como suporte fático concreto[57]. Eis a união, pois, do elemento fático com a previsão normativa que fundamenta os fatos jurídicos.

Como destacado pelo Ministro Luis Felipe Salomão, quando do julgamento do REsp 1.190.372/DF, "no plano da existência, estão os pressupostos do negócio jurídico, ou seja, os seus elementos mínimos ou essenciais. Circunscreve-se, portanto, ao suporte fático do negócio, referindo-se apenas a substantivos, sem nenhuma qualificação (adjetivos), a saber: partes (ou agentes), declaração de vontade, objeto e forma"[58]. Por essa razão, todos os fatos jurídicos irão ingressar no plano da existência, independentemente da sua licitude, pois na análise da existência somente se toma em consideração os elementos fundamentais para a caracterização de um fato como jurídico.

Por "elemento" do negócio jurídico, entende-se tudo aquilo que compõe a sua existência no campo do direito[59]. Assim, devem estar preenchidos todos os itens integrantes do suporte fático da norma juridicizante, além de estarem presentes sujeito, objeto, forma e manifestação de vontade[60]. Somente existindo poderá o fato jurídico ser válido/inválido ou eficaz/ineficaz. Sem existir juridicamente, esse nada será, no âmbito normativo, somente uma realidade factual. O plano da existência, portanto, age enquanto porta de entrada para a qualificação jurídica e para o desenvolvimento da problematização sobre outros aspectos relevantes.

Além disso, a inexistência é a forma mais radical de ineficácia (em um sentido lato), pois qualificar algo como inexistente significa dizer que algo "não é"; é um "não conceito"[61]. Por essa razão, a não existência jurídica ocorre somente quando não estão preenchidos os elementos fáticos inerentes à entrada no mundo jurídico, conduzindo à impossibilidade de valoração como "jurídico", tratando-se de realidade puramente factual.

Ressalta-se que, em se tratando de atos jurídicos em sentido estrito e negócios jurídicos, não basta a existência para a produção de efeitos, ao contrário dos fatos jurídicos em sentido estrito (acontecimentos naturais) ou atos-fatos. Assim, após a análise da sua configuração legal, passa-se a avaliar os requisitos de validade[62]. Conforme destacado pelo

---

[56] FARIAS, Cristiano Chaves de; ROSENVALD, Nelson. *Curso de direito civil: parte geral e LINDB.* 15ª ed. Salvador: editora JusPodivm, 2017, p. 596.

[57] GRAU, Eros Roberto. Negócio Jurídico Inexistente. Alienação Fiduciária em Garantia; Existência, validade e Eficácia do Negócio Jurídico. *Doutrinas Essenciais de Direito Civil*, vol. 4, p. 237-250, out./2010, DTR 2012/1480.

[58] STJ. REsp 1.190.372/DF. Min. Luis Felipe Salomão. Quarta Turma. J. em: 15.10.2015.

[59] AZEVEDO, Antonio Junqueira de. *Negócio Jurídico: existência, validade e eficácia.* 4ª ed. São Paulo: Saraiva, 2002, p. 31.

[60] VARGAS, Isadora Formenton; VIEIRA, Thyessa Junqueira Gervásio. O negócio jurídico como ato humano juridicamente apreciado pelos planos da existência, da validade e da eficácia: uma análise da simulação jurídica. *Revista de Direito Privado*, vol. 111, p. 39-54, jan./mar., 2022, DTR 2022/785.

[61] NANNI, Giovanni Ettore. *Direito Civil e Arbitragem*. São Paulo: Editora Atlas, 2014, p. 26.

[62] "No concernente aos atos jurídicos stricto sensu e aos negócios jurídicos, porém, não basta que existam. Para além de sua existência, o que determina o ingresso no mundo jurídico, há a

Ministro Luis Felipe Salomão, quando do julgamento do conflito de competência 186.813, "não se confundem o plano da existência com o da validade dos negócios jurídicos"[63]. O plano da existência, portanto, age como ponto de partida, não bastando para a plena produção de efeitos jurídicos reconhecidos e chancelados pela ordem jurídica. É, portanto, a chave analítica para aferir se incide sobre determinado conjunto factual uma norma jurídica, permitindo os adjetivar como fatos jurídicos[64].

Constatado que algo existe, atrai-se qualificações específicas, por exemplo, determinado regime legal que irá reger e governar a relação. Assim, a análise de existência promove a categorização do fato, pois, quando se qualifica algo como existente, automaticamente ocorre a atração de certo grupo de regras[65]. A partir da análise da existência é que se verifica se algo é ou não é. O existir juridicamente é, pois, justamente o "ser". Dessa forma, o plano da existência é o divisor de águas entre o mundo dos fatos e o mundo do direito, sendo o negócio jurídico existente quando os elementos do suporte fático estão presentes e há incidência da regra jurídica[66].

---

exigência de um plus, que é a validade, decorrente do atendimento dos pressupostos de capacidade, legitimidade dos agentes, da licitude e possibilidade do objeto e da forma. A existência está referida à presença dos pressupostos da sua configuração legal, denominados "pressupostos de existência", aos quais se acrescentam os pressupostos de validade. É suficiente que estejam presentes aqueles para que seja reconhecida sua existência no mundo jurídico. Entretanto, mesmo existindo, podem ser válidos ou inválidos. Se existem, mas os vicia algum requisito referente à capacidade, podem ingressar no mundo jurídico, mas nulos ou anuláveis, consoante tenham sido praticados por agente absoluta ou relativamente incapaz. Mesmo presente a capacidade, ainda podem ser anuláveis se ocorrem vícios de consentimento. No desate da questão interfere, outrossim, o problema da legitimidade, que se define como inexistência de proibição legal para a prática do ato ou negócio específico. Quando ocorre essa proibição, dar-se-á a ilegitimidade conducente à nulidade ou anulabilidade." (MOURA, Mário Aguiar. O Contrato em Face da Sistematização do Fato Jurídico. *Doutrinas Essenciais de Direito Civil*, vol. 4, p. 95-99, out./2010, DTR 2012/1556).

[63] STJ. CC 186.813/SP. Min. Luis Felipe Salomão. J. em: 29.03.2022. Embora seja caso julgado envolvendo temática diversa da arbitragem, a manifestação do Ministro é relevante exemplo da utilização do método analítico proposto por Pontes de Miranda, que pode ser utilizado para a compreensão de fatos jurídicos de todas as espécies e ramos do ordenamento jurídico.

[64] "O ato antes de ser encarado como ato jurídico deve existir como realidade material, isto é, como conjunto de dados fáticos que corresponda ao tipo jurídico (fattispecie). Se nem ao menos esses dados mínimos de natureza material ocorreram e a fattispecie não se configurou sequer aparentemente, o caso é de inexistência do ato jurídico e não apenas de nulidade" (THEODORO JÚNIOR, Humberto. Negócio Jurídico. Existência. Validade. Eficácia. Vícios. Fraude. Lesão. *Revista dos Tribunais*, vol. 780, p. 11-28, out./2000, DTR 2000/532).

[65] Por exemplo, em termos concretos, um contrato que estabelece que um dos contratantes se obriga a transferir o domínio de certa coisa, e o outro, a pagar-lhe certo preço em dinheiro, configura, indubitavelmente, um contrato de compra e venda. Sendo uma compra e venda, não pode ser uma convenção de arbitragem, que apresenta outros elementos de existência. Portanto, há a atração do regime jurídico da compra e venda, e não do regime jurídico da convenção de arbitragem. Por essa razão que o plano da existência oferece uma categorização da relação jurídica.

[66] MEDINA, Francisco Sabadin. O negócio jurídico inexistente e o plano da existência: são eles categorias precisas na análise dos negócios jurídicos? *Revista de Direito Privado*, vol. 71, p. 179-222, nov./2016, DTR 2016/24381.

2. "*Essentialia negotii*", "*naturalia negotii*", "*accidentalia negotii*"

Para que um fato se afirme como "jurídico" é necessário que se configure todo o conjunto de requisitos exigidos pelo ordenamento, havendo, para cada caso, um conjunto de elementos próprios que devem ser verificados no caso concreto[67]. O negócio jurídico é composto por diversos elementos, volitivos e não volitivos[68]. Entretanto, incorreto considerar que a presença de todos é imprescindível para que ele adentre no mundo jurídico. Nesse sentido, importa distinguir: (i) os elementos essenciais (*essentialia negotii*); (ii) os elementos naturais (*naturalia negotii*); e (iii) os elementos acidentais (*accidentalia negotii*).

Os *essentialia negotii* são os que caracterizam a essência de determinado negócio, não podendo ser derrogados pela vontade das partes[69]. São os elementos que a ordem jurídica considera fundamentais para que determinado fato social ingresse no mundo jurídico[70]. Dessa forma, somente haverá negócio jurídico existente quando os elementos essenciais do seu suporte fático se realizarem em um fato concreto[71]. Por essa razão, sem esses o ato não seria jurídico, pois estranho ao mundo do direito, ou, ao menos, será considerado negócio jurídico outro[72]. A exteriorização consciente da vontade é elemento essencial dos negócios jurídicos[73], sem a qual esses não irão adentrar no plano da exis-

---

[67] "Supõe-se, para configuração de um determinado fato jurídico, a conjugação de todos os requisitos previstos no direito objetivo. Vários autores alemães, salientando-se entre eles Enneccerus, sustentam que é indispensável a caracterização de todo o conjunto de requisitos exigidos pelo ordenamento jurídico. Existe, portanto, para análise, em cada caso, um conjunto de circunstâncias ou elementos, integrativos de um fato ou conjunto de fatos, os quais realizados ou verificados, nos termos do direito objetivo, determinam a incidência da regra jurídica respectiva caracterizadora do fato jurídico e deter minando a produção de efeito jurídico. Utilizaram os autores germânicos o vocábulo tatbestand para definir o conjunto de fatos, previsto por lei, capaz de produzir efeito jurídico." (GISCHKOW, Emílio Alberto Maya. Classificação dos Fatos Jurídicos. *Revista de Processo*, vol. 53, p. 43-53, jan./mar., 2989, DTR 1989/15).

[68] "No suporte fáctico do negócio jurídico, há elementos volitivos e elementos não-volitivos. Os elementos volitivos, sem os quais seria insuficiente o suporte fáctico, são os essentialia negotii. Na compra-e-venda, por exemplo, os dois acordos sôbre a coisa e o preço; na troca, os dois acordos sôbre a coisa a prestar-se e a coisa a contraprestar-se; na instituição de herdeiro, a vontade do testador quanto a receber o beneficiado todo ou parte de todo o patrimônio" (PONTES DE MIRANDA, Francisco Cavalcanti. *Tratado de Direito Privado*. Tomo III. Atualizado por Marcos Bernardes de Mello; Marcos Ehrhardt Jr. São Paulo: Revista dos Tribunais, 2012, p. 123).

[69] AZEVEDO, Antonio Junqueira de. *Negócio Jurídico: existência, validade e eficácia*. 4ª ed. São Paulo: Saraiva, 2002, p. 37.

[70] TEPEDINO, Gustavo; OLIVA, Milena Donato. *Fundamentos do Direito civil: teoria geral do direito civil*. 3ª ed. Rio de Janeiro: Forense, 2022, p. 260.

[71] GRAU, Eros Roberto. Negócio Jurídico Inexistente. Alienação Fiduciária em Garantia; Existência, validade e Eficácia do Negócio Jurídico. *Doutrinas Essenciais de Direito Civil*, vol. 4, p. 237-250, out./2010, DTR 2012/1480.

[72] PONTES DE MIRANDA, Francisco Cavalcanti. *Tratado de Direito Privado*. Tomo III. Atualizado por Marcos Bernardes de Mello; Marcos Ehrhardt Jr. São Paulo: Revista dos Tribunais, 2012, p. 124.

[73] "Com efeito, embora o conteúdo do negócio jurídico resida sempre na atividade volitiva das partes, há, porém, negócio jurídico que não tem base originária em uma declaração de vontade por esta se manifestar de outro modo." (DELGADO, José Augusto. Reflexões sobre o Negócio Jurídico. *Doutrinas Essenciais Obrigações e Contratos*, vol. 1, p. 1229-1233, jun./2011, DTR 2012/1200).

tência[74]. Rememore-se que a vontade não é, em si mesma e, como construção subjetiva, elemento do negócio jurídico – somente a sua declaração o é[75]. Essa visão se coaduna com a tendência de objetivação da vontade nas relações jurídicas[76], fugindo do subjetivismo oitocentista, a partir do posterior reconhecimento de que a vontade, enquanto processo interno da mente humana, é imperscrutável[77].

Os *naturalia negotii* são elementos que, por previsão legal derrogável, acabam integrando determinado negócio jurídico no silêncio da vontade das partes[78]. Os elementos naturais são os elementos que irão compor o regulamento de interesses do negócio jurídico caso não sejam afastados pela autonomia privada, estando fixados em caráter supletivo pela lei[79]. São, portanto, derivados de normas supletivas ou dispositivas[80], que acabam conferindo modelo típico para determinado negócio jurídico[81]. Nesse sentido, ao serem afastados pela vontade das partes não haverá desnaturação da essência do negócio jurídico[82].

Os *accidentalia negotii* constituem a parte volitiva do suporte fático que não está prevista na regra jurídica juridicizante do fato, e, portanto, poderia ou não ser manifes-

---

[74] LÔBO, Paulo. *Direito Civil: parte geral.* 6ª ed. São Paulo: Saraiva, 2017, p. 257.

[75] AZEVEDO, Antonio Junqueira de. *Negócio Jurídico: existência, validade e eficácia.* 4ª ed. São Paulo: Saraiva, 2002, p. 82.

[76] "O novo regime civil, porém, ainda que se concentrando demasiado no elemento volitivo, tende para a objetividade e socialidade do direito, sob cuja ótica se protegem muitos interesses: os do próprio declarante, os da parte receptícia das declarações, os de terceiros de boa fé e os de quem contrata pressionado pela crise geral." (OLIVEIRA, Moacyr de. A Estrutura das Obrigações e do Negócio Jurídico no Projeto de Código Civil. *Doutrinas Essenciais de Direito Civil*, vol. 4, p. 455-468, out./2010, DTR 2012/1209).

[77] WEISZFLOG, Heloísa Cardillo. Anotações sobre a vontade formadora do negócio jurídico. *Revista de Direito Privado*, vol. 57, p. 159-176, jan./mar., 2014, DTR 2014/1487.

[78] "Quando se põe no suporte fáctico do negócio jurídico, que se quer, exatamente aquilo que a lei estatui, cogente ou dispositivamente (ex lege), chama-se a tal duplo naturale negotii. Os naturalia negotii somente podem ter os efeitos que a incidência da lei teria e tem: são superfluidades, explicitações, que nem sempre são escusadas, pela possível variação da doutrina ou da jurisprudência quanto ao texto legal duplicado pelo naturale negoti" (PONTES DE MIRANDA, Francisco Cavalcanti. *Tratado de Direito Privado*. Tomo III. Atualizado por Marcos Bernardes de Mello; Marcos Ehrhardt Jr. São Paulo: Revista dos Tribunais, 2012, p. 124).

[79] TEPEDINO, Gustavo; OLIVA, Milena Donato. *Fundamentos do Direito civil: teoria geral do direito civil.* 3ª ed. Rio de Janeiro: Forense, 2022, p. 260.

[80] "As leis supletivas (também chamadas permissivas, ou não-cogentes) contêm matérias em que os interesses individuais têm prevalência sobre os da sociedade. Trata-se de normas indicativas, que são aplicáveis nos casos em que as pessoas não tiverem disciplinado de outro modo a questão. Nas leis supletivas, o preceito não é absoluto, peremptório, nem tão rigoroso, como no caso das leis coativas. A obrigatoriedade e a incidência da lei supletiva ficam na dependência de a vontade individual não ter disposto diferentemente, ou seja, não ter afastado a regra legal, daí apresentar a norma supletiva um caráter subsidiário. Porém, na ausência de declaração em sentido contrário, a lei supletiva adquire a força de jus cogens, ficando, portanto, com o caráter de imperatividade." (VELOSO, Zeno. Fato Jurídico – Ato Jurídico – Negócio Jurídico. *Doutrinas Essenciais Obrigações e Contratos*, vol. 1, p. 1393-1407, jun./2011, DTR 2012/1956).

[81] LÔBO, Paulo. *Direito Civil: parte geral.* 6ª ed. São Paulo: Saraiva, 2017, p. 257-258.

[82] AZEVEDO, Antonio Junqueira de. *Negócio Jurídico: existência, validade e eficácia.* 4ª ed. São Paulo: Saraiva, 2002, p. 37-38.

tada[83]. Os elementos acidentais são os elementos que somente figuram em determinado negócio jurídico por estarem previstos pelas partes, tendo por efeito útil a modulação da eficácia, a partir da autonomia privada dos agentes negociais[84]. São elementos acidentais (ou complementares) as cláusulas acessórias que podem integrar ou complementar um negócio jurídico, determinando ou delimitando efeitos, sem que ocorra a desnaturação de sua conformação típica[85]. São também denominados de "elementos particulares", pois apostos pelas partes em um negócio concreto, sem serem próprios de todos os negócios ou de algum negócio em particular, apresentando a marca da voluntariedade e concebidos a partir da criatividade das partes[86]. Nesse sentido, Pontes de Miranda define os elementos acidentais como "franjas do tipo legal", estando ao lado de regras dispositivas, mas que servem para preencher o conteúdo eficacial de determinado negócio[87].

A análise desses elementos também ocorrerá nos demais planos do negócio jurídico. Por exemplo, é possível que as partes elaborem uma cláusula contratual (normalmente classificada como um elemento acidental) mas que, posteriormente, verifique-se a sua invalidade. Diferentemente, os *naturalia negotii* trabalham primordialmente no plano da eficácia, pois derivados do próprio direito objetivo, não passando propriamente pela análise de validade, vez que as partes apenas optaram por não afastar o regramento legal, não sendo a vontade das partes a fonte do direito, mas a própria lei[88].

A categorização em elemento "essencial", "natural" ou "acidental" é, portanto, uma chave de interpretação entre a relação simbiótica entre determinado elemento e a estrutura jurídica. É dizer: diante da complexidade das estruturas jurídicas derivadas da vontade das partes, nem todos os elementos decorrentes das manifestações e declarações de vontade apresentarão o mesmo peso estrutural ou relevância funcional na arquitetura dos efeitos

---

[83] PONTES DE MIRANDA, Francisco Cavalcanti. *Tratado de Direito Privado*. Tomo III. Atualizado por Marcos Bernardes de Mello; Marcos Ehrhardt Jr. São Paulo: Revista dos Tribunais, 2012, p. 124.

[84] TEPEDINO, Gustavo; OLIVA, Milena Donato. *Fundamentos do Direito civil: teoria geral do direito civil*. 3ª ed. Rio de Janeiro: Forense, 2022, p. 260.

[85] LÔBO, Paulo. *Direito Civil: parte geral*. 6ª ed. São Paulo: Saraiva, 2017, p. 258.

[86] AZEVEDO, Antonio Junqueira de. *Negócio Jurídico: existência, validade e eficácia*. 4ª ed. São Paulo: Saraiva, 2002, p. 38.

[87] "Todos os accidentalia negotii são franjas ao tipo legal: não o deixam tal como se concebeu no texto legal; põem-lhe algo ao lado, ou em continuação, ou em lugar de regras jurídicas dispositivas. O que aos accidentalia negotii é vedado é irem contra regras jurídicas cogentes impositivas ou proibitivas. Onde se impõe, ou se proíbe, a vontade manifestada iria contra a lei; indo contra a lei, sujeita à sanção legal o negócio jurídico. O campo adequado dos accidentalia negotii é o do auto-regramento da vontade (onde só há regra jurídica dispositiva + onde não há regra jurídica)" (PONTES DE MIRANDA, Francisco Cavalcanti. *Tratado de Direito Privado*. Tomo III. Atualizado por Marcos Bernardes de Mello; Marcos Ehrhardt Jr. São Paulo: Revista dos Tribunais, 2012, p. 124).

[88] "Sem os essentialia negotii, o negócio não seria jurídico (= não entraria no mundo jurídico), ou seria outro negócio jurídico que aquele, a respeito do qual se procedeu à discriminação do essencial e do acidental. Sem os naturalia negotii, as conseqüências somente podem ser as que foram queridas; e os accidentalia negotii precisariam ter ocorrido, razão por que quem os alega tem de prová-los. Assim, elementos volitivos do suporte fáctico são apenas os essentialia e os accidentalia negotii. A classe dos chamados naturalia negotii já é noutro plano, que é o plano da eficácia (querida; ou não-querida ou supèrlluamente querida)." (PONTES DE MIRANDA, Francisco Cavalcanti. *Tratado de Direito Privado*. Tomo III. Atualizado por Marcos Bernardes de Mello; Marcos Ehrhardt Jr. São Paulo: Revista dos Tribunais, 2012, p. 124).

jurídicos. Haverá, portanto, desde aqueles edificantes do próprio "ser" jurídico do negócio, atuando no plano da existência (*essentialia negotii*), até aqueles que complementarão o conteúdo eficacial, quer por decorrência do direito objetivo (*naturalia negotti*), quer por emanação volitiva autônoma e moduladora (*accidentalia negotti*).

§ 25. ELEMENTOS DE EXISTÊNCIA DA CONVENÇÃO DE ARBITRAGEM

1. A juridicização da convenção de arbitragem

Preliminarmente, registra-se que não se pode confundir a existência da cláusula compromissória com a existência do negócio jurídico a que diz respeito. Por ter elementos de existência próprios e inconfundíveis com os da relação jurídica de direito material a que faz referência, a formação da convenção de arbitragem não necessariamente se dá no mesmo momento em que ocorre a formação da relação jurídica de direito material a ela associada.

É possível restar configurada a existência de convenção de arbitragem e, ao mesmo tempo, haver inexistência de relação jurídica substantiva – se, e somente se, estiverem preenchidos os elementos integrantes do suporte fático da convenção de arbitragem, a despeito do não preenchimento dos elementos de existência necessários à formação da relação jurídica de direito material. Por essa razão, é possível que situação de *culpa in contrahendo* venha a ser dirimida mediante arbitragem, se restar claro das circunstâncias do caso que houve consenso entre as partes acerca da eleição da via arbitral para a solução dos litígios, a desrespeito da não formação da relação jurídica principal.

Por certo, haverá situações em que o oposto ocorre, havendo formação da relação material e não resultando formada a convenção de arbitragem. É o que acontece, por exemplo, na situação na qual as partes discutem acerca da inserção de cláusula compromissória durante as negociações, optam por não a firmar, mas formam a relação contratual substancial. A consequência é, pois, a não criação da jurisdição arbitral.

Para averiguar se existe ou não a convenção de arbitragem, parte-se da identificação dos fatos pertinentes. Na essência, a convenção de arbitragem – quer na modalidade cláusula compromissória, quer na modalidade compromisso arbitral – é um conjunto de palavras predisposto em ordem predeterminada. De todos os vocábulos disponíveis no vernáculo, a união ordenada de apenas alguns é capaz de dar origem a uma convenção de arbitragem. Ou seja, em sua essência, a convenção de arbitragem corresponde a uma fórmula linguística. Porém, como é intuitivo constatar, nem todas as fórmulas linguísticas são convenções de arbitragem. Assim, é possível identificar os elementos caracterizadores da sua existência jurídica.

Dessa forma, para além dos elementos gerais de todos os negócios jurídicos – forma, objeto e partes – para que haja a caracterização da convenção de arbitragem é necessário que esteja presente um elemento especial: a exteriorização da vontade de submeter à arbitragem os litígios decorrentes da relação jurídica existente entre as partes[89].

---

[89] "Nesse contexto, o elemento essencial é a vontade das partes em submeter os litígios decorrentes do contrato à arbitragem, enquanto o elemento natural é o poder do árbitro de julgar com base na lei. A primeira hipótese, se não existir, não se tem o negócio jurídico, enquanto que a segunda hipótese, se não existir, não há problema, pois decorre da própria lei. E, por fim, os elementos particulares deixarão de ser analisados sob a ótica do negócio jurídico arbitral por se tratar de uma análise que

2. Vontade de "submeter a solução de seus litígios ao juízo arbitral"

A declaração de vontade é elemento presente em todo e qualquer negócio jurídico[90]. Se não há declaração de vontade no âmbito da autonomia privada do agente, o plano da existência do negócio jurídico não se aperfeiçoa[91]. Entretanto, há particularização dessa vontade quando o negócio jurídico em questão é uma convenção de arbitragem, pois imperioso que as partes se manifestem no sentido de submeter a decisão de eventuais litígios a tribunal arbitral.

A autonomia privada é a pedra de toque do sistema arbitral. A manifestação de vontade das partes é o fundamento último é imprescindível para o surgimento da jurisdição arbitral, razão pela qual, sem vontade manifestada, não há arbitragem. Esse entendimento foi esposado pela Ministra Nancy Andrighi no julgamento do REsp 1.656.643, ao afirmar que "a consensualidade deve ser a marca fundamental de qualquer compromisso arbitral, sem a qual não pode ser reconhecida sua validade no ordenamento jurídico pátrio e sua simples imposição a terceiros ofende diretamente a ordem jurídica nacional"[92].

O consensualismo, porém, não é apenas o fundamento ético da arbitragem – a razão pela qual o ordenamento jurídico confere a faculdade de arbitrar direitos patrimoniais e disponíveis (art. 1º da Lei de Arbitragem)[93]. É também elemento de existência da cláusula compromissória ou do compromisso arbitral. Eis a razão para o consensualismo como fundamento da arbitragem[94].

Assim, ao redigirem a convenção de arbitragem, as partes devem, indubitavelmente, demonstrar a sua intenção de submeter o litígio à via arbitral. É esse, justamente, o elemento caracterizador da convenção de arbitragem. Nesse sentido, é imperioso que haja inequívoca manifestação nesse sentido, pois este é o fundamento para a constituição da jurisdição arbitral. Em caso relatado pelo Ministro Marco Aurélio Bellizze, no REsp

---

deverá ser feita a partir de cada cláusula, isoladamente, em um caso concreto." (BARROS, Maria Gabriella Dignani Schmidt de. A Cláusula Compromissória como Negócio Jurídico. *Revista de Direito Privado*, vol. 99, p. 165-181, mai./jun., 2019, DTR 2019/27419).

[90] AQUINO, Wilson. Negócio Jurídico. *Doutrinas Essenciais Obrigações e Contratos*, vol. 1, p. 1387-1392, jun. 2011, DTR 2012/1222.

[91] NANNI, Giovanni Ettore. *Direito Civil e Arbitragem*. São Paulo: Editora Atlas, 2014, p. 24.

[92] STJ. REsp 1.656.643/RJ. Min. Nancy Andrighi. Terceira Turma. J. em: 09.04.2019.

[93] Explica Emmanuel Gaillard que: "o direito da arbitragem, em maior medida que o direito internacional privado, presta-se a uma reflexão de filosofia do direito. As noções de vontade e de liberdade, essencialmente filosóficas, estão no coração da matéria. Igualmente essenciais são as questões de legitimidade suscitadas, por um lado, pela liberdade das partes de preferir uma forma privada de resolução de conflitos à jurisdição estatal, de escolher seu juiz, de moldar o procedimento na forma que lhes parece mais apropriado e de determinar as regras de direito aplicáveis ao litígio, inclusive as que não são oriundas de um sistema jurídico determinado, e, por outro lado, pela liberdade dos árbitros de decidir sobre sua própria competência, de determinar o desenvolvimento do procedimento e, no silêncio das partes, de eleger as normas aplicáveis ao mérito do litígio. De fato, aprofundando a reflexão, o fato de o árbitro proferir uma decisão privada sob o fundamento de um acordo das partes, que também é de natureza privada, suscita a questão da fonte desse poder e da juridicidade da decisão que dele resulta" (GAILLARD, Emmanuel. *Teoria Jurídica da Arbitragem Internacional*. Natália Mizrahi Lamas (Trad.). São Paulo: Editora Atlas, 2014, p. 02).

[94] BOSCOLO, Ana Teresa de Abreu; BENETTI, Giovana Valentiano. O Consensualismo como Fundamento da Arbitragem e os Impasses Decorrentes do Dissenso. *Revista de Direito Empresarial*, vol. 2, p. 303-341, mar./abr. 2014, DTR 2014/1436.

1.698.730, reconheceu-se a autonomia privada dos contratantes como o substrato da arbitragem, legitimando o afastamento da jurisdição estatal, "elegendo um terceiro, o árbitro, para solver eventuais conflitos de interesses advindos da relação contratual subjacente"[95].

Nesse sentido, conforme leciona Giovanni Ettore Nanni, "a ausência de declaração de vontade apta a formar a cláusula compromissória equivale a uma anomalia extrema, digno exemplo teratológico, que não deve dar azo a uma válida constituição de um procedimento arbitral"[96]. No mesmo sentido, Pietro Webber e Gabriela Scalco ensinam que "a cláusula que não permita concluir terem as partes optado por conferir jurisdição aos árbitros para resolver eventuais litígios deve ser considerada inexistente"[97]. Trata-se, pois, de situação excepcional, na qual se está diante de anomalia grave e facilmente identificável.

Esse entendimento segue o padrão internacional estabelecido pela Convenção de Nova Iorque, da qual o Brasil é signatário. No art. II (3), dispõe-se que "o tribunal de um Estado signatário, quando de posse de ação sobre matéria com relação à qual as partes tenham estabelecido acordo nos termos do presente artigo, a pedido de uma delas, encaminhará as partes à arbitragem, a menos que constate que tal acordo é nulo e sem efeitos, inoperante ou inexequível". Ou seja, a constatação *prima facie* de que a convenção de arbitragem é inoperante ou inexequível é razão forte o bastante para evitar a produção do efeito negativo, responsável por afastar a competência do Poder Judiciário para analisar a disputa[98].

Por essa razão, não haverá convenção de arbitragem existente se não for possível identificar elemento volitivo mínimo, vez que "é inexistente o contrato ou ato que não é identificável como tal, pois carece do mínimo essencial que permite falar de certo evento como de contrato ou de ato unilateral"[99]. A arbitragem, fruto do consentimento, não se desenvolverá na sua ausência, uma vez que falta o substrato mínimo de operabilidade da convenção.

Para ilustrar essa situação, refere-se a caso julgado em primeiro grau pela Segunda Vara Empresarial do Rio de Janeiro[100]. Esse caso envolveu situação em que o mandatário, utilizando-se de mandato de gestão de recursos de terceiros, firmou negócio jurídico,

---

[95] Ainda no inteiro teor: "Efetivamente, o substrato da arbitragem está na autonomia de vontade das partes que, de modo consciente e voluntário, renunciam à jurisdição estatal, elegendo um terceiro, o árbitro, para solver eventuais conflitos de interesses advindos da relação contratual subjacente. O instituto da arbitragem, como método alternativo de heterocomposição dos litígios, atende detidamente ao direito fundamental da inafastabilidade da jurisdição, previsto no art. 5º, XXXV, da Constituição Federal, justamente porque as partes, consensual e voluntariamente, optam por submeter ao árbitro, e não ao Estado-Juiz, a solução de eventual litígio, atinente a direitos patrimoniais disponíveis. Assim, em princípio e em regra, a cláusula de arbitragem somente pode produzir efeitos às partes que com ela formalmente consentiram. Este rigor formal, longe de encerrar formalismo exacerbado, tem, na verdade, o propósito de garantir e preservar a autonomia de vontade das partes, essência da arbitragem." (STJ. REsp 1.698.730/SP. Min. Marco Aurélio Bellizze. Terceira Turma. J. em: 08.05.2018).

[96] NANNI, Giovanni Ettore. *Direito Civil e Arbitragem*. São Paulo: Editora Atlas, 2014, p. 29.

[97] WEBBER, Pietro Benedetti Teixeira; SCALCO, Gabriela Barcellos. Cláusulas compromissórias patológicas no direito brasileiro: eficácia e exequibilidade. *RJLB*, ano 7, nº 2 p. 1233-1255, 2021, p. 1243.

[98] O tema será abordado novamente no Capítulo acerca do princípio *Kompetenz-Kompetenz*.

[99] NANNI, Giovanni Ettore. *Direito Civil e Arbitragem*. São Paulo: Editora Atlas, 2014, p. 29.

[100] Ação *2004.001.038949-7*, juíza Márcia C.S.A. de Carvalho, 11.05.2005.

em benefício próprio e flagrantemente contra os interesses dos mandantes. Ou seja, as duas manifestações de vontade eram vocalizadas, por meio do mandato, pela instituição financeira mandatária, subtraindo, dos próprios clientes, relevantes direitos inerentes ao exercício do controle dos investimentos realizados em regime de *private equity*. Os mandantes, sentindo-se lesados, ingressaram com ação no Poder Judiciário para anular o negócio jurídico a eles lesivo. Foi oposta, pelo mandatário, exceção de arbitragem, vez que constava na relação contratual debatida cláusula compromissória. Na decisão, entendeu-se não ter havido formação da convenção de arbitragem, diante da emulação de consentimento, com a consequência de ter sido considerada a justiça estatal como titular da jurisdição para solver o conflito.

O caso tratou de situação peculiar, envolvendo contrato de mandato, lastreado na confiança entre as partes. Diante da dissociação entre propriedade e gestão, em casos envolvendo fundos de investimento, administradores de sociedades, ou outros tipos de relação fiduciária, é da essência de tais atos que o representante atue diligentemente, no mais alto padrão de boa-fé, buscando os melhores resultados possíveis para o representado. Entretanto, é possível que surjam conflitos de agência, caracterizados pela dissonância entre a vontade do agente e a vontade do principal. Nesses casos, sendo visível a existência de atos emulativos em nome do representado, mas que findam por beneficiar o agente, haverá a caracterização de negócios jurídicos putativos – com a aparência de existência, validade e eficácia, mas que, na verdade, carentes de elemento básico indispensável ao preenchimento do suporte fático, qual seja, a manifestação volitiva.

A aplicação irrefletida do princípio *kompetenz-kompetenz* teria acatado a exceção de arbitragem, extinguindo a lide e remetido a situação a ser avaliada pelo tribunal arbitral[101]. Entretanto, em precisa argumentação, verificou-se – corretamente – não ser o caso, pois tratava-se de problema grave de inexistência jurídica de cláusula compromissória, pela falta de suporte fático mínimo para assegurar a sua entrada no mundo jurídico, justificando plenamente, inclusive com fundamento na própria Convenção de Nova Iorque, a excepcionalização da primazia da análise pelo tribunal arbitral da sua própria competência, e legitimando o Poder Judiciário a analisar desde logo a questão[102].

---

[101] "O efeito negativo da competência-competência é justamente de atribuir aos árbitros, pela regra de prioridade cronológica, o poder de apreciar, antes de qualquer exame, pelos tribunais estaduais, a validade, eficácia e existência da convenção de arbitragem. O Poder judiciário pode apreciá-la tão somente depois de concluída a arbitragem, caso os árbitros confirmem a sua competência, ou depois de encerrada a arbitragem, quando os árbitros entendam que não têm competência. Contudo, na hipótese de cláusula compromissória inexistente, pela carência de seu elemento indispensável que é a declaração negocial, não se vislumbra tal efeito. Nessa situação, os árbitros não detêm jurisdição, competindo ao Poder judiciário decidir a matéria. Outra não pode ser a solução sob a égide do Código Civil de 2002, que é lastreado nos princípios da eticidade e da confiança. Deve ser reconhecido, todavia, que isso ocorre tão somente em casos de anomalia extrema. Em regra, a patologia se inscreve na redação da cláusula compromissória, que transporta a discussão de sua aptidão para produzir efeitos ou não para o plano da validade do negócio jurídico." (NANNI, Giovanni Ettore. *Direito Civil e Arbitragem*. São Paulo: Editora Atlas, 2014, p. 32).

[102] Argumentou-se no inteiro teor: "A cláusula compromissória é ato voluntário, através do qual as partes convencionam submeter a árbitros o conhecimento de questões que surjam no futuro, entre elas, relativas às matérias que ali delimitam, subtraindo-as da apreciação da Jurisdição Estatal. A Jurisdição Estatal, obviamente, somente pode ser afastada pela arbitragem se existir cláusula compromissória, esta for válida e eficaz. Havendo dúvida sobre a existência, validade e eficácia da

Como se manifestou a Juíza Márcia Cunha, no caso aqui mencionado,

"dizer que vício de ausência de manifestação de vontade no sentido se submeter à jurisdição arbitral deveria ficar ao conhecimento exclusivo do juízo arbitral, excluído, por consequência, da apreciação da Jurisdição Estatal poderia levar ao absurdo de alguém ser privado de ter lide apreciada pelo Poder Judiciário, sem que desejasse abrir mão dessa garantia constitucional"[103].

Assim, a inexistência de vontade de se submeter à arbitragem é vício de tamanha gravidade que implica a inexistência jurídica da convenção de arbitragem, vez que carente elemento essencial do suporte fático. Para que exista qualquer contrato é necessário, preliminarmente, que as partes o queiram – razão pela qual o consenso é requisito inafastável do direito contratual[104]. No caso da convenção de arbitragem esse consentimento ainda deve ser qualificado, isto é, indicar a intenção de submeter a solução de determinada controvérsia ao juízo arbitral.

Por essa razão, a discussão acerca da existência ou da inexistência da convenção de arbitragem traz o impacto prático de conferir a jurisdição para avaliar a submissão ou não ao juízo arbitral[105]. A razão subjacente é a de que a inexistência *prima facie* do elemento

---

[103] cláusula compromissória, em que pese tais questões poderem ser conhecidas pelo Juízo Arbitral, não podem ser excluídas da apreciação do Poder Judiciário, nos termos do art. 5º, inciso XXXV da Constituição da República. Como referido por Gustavo Tepedino, a fls. 2026/2027 destes autos, qualquer interpretação do art. 8º da Lei de Arbitragem, que concluísse pela exclusão do exame da existência, validade e eficácia da cláusula compromissória por parte do Poder Judiciário, seria inconstitucional, por implicar em arbitragem obrigatória, imposta a parte que jamais com ela anuiu, como no caso de ser falsa a sua assinatura. [...] Assim, cabe ao tribunal examinar a existência, validade e efetividade da cláusula compromissória antes de remeter as partes para arbitragem, pois não deverá encaminhá-las para tal, se a cláusula compromissória for inexistente, inválida ou sem efetividade. [...] O negócio jurídico onde está estabelecida a cláusula compromissória não foi assinado pelos autores (fls. 299/328). [...] A norma infraconstitucional considera de tamanha gravidade a renúncia à Jurisdição Estatal, como não poderia deixar de ser, pois se trata de renúncia à garantia constitucional de direito fundamental, que estabelece que poderes para transigir não importam em poder para firmar compromisso arbitral (art. 661, § 2º, do CCB). [...] Como não há poderes especiais para firmar a cláusula compromissória inserta no aditamento a acordo de acionistas, não houve manifestação de vontade dos autores no sentido de afastar a Jurisdição Estatal, de modo que ineficaz o negócio jurídico neste sentido, em relação àqueles em cujo nome foi praticado. Trata-se de vício gravíssimo, ausência de manifestação de vontade, e de constatação evidente diante das provas documentas já constituídas." (Ação *2004.001.038949-7*, juíza Márcia C.S.A. de Carvalho, 11.05.2005).

[103] Ação *2004.001.038949-7*, juíza Márcia C.S.A. de Carvalho, 11.05.2005.

[104] BULGARELLI, Waldírio. Obrigação de contratar por decisão judicial: pode alguém ser obrigado a contratar contra a sua vontade por decisão do poder judiciário? – análise do princípio da autonomia da vontade nos contratos e dos planos da existência, validade e eficácia – a possibilidade de prova exclusivamente testemunhal em negócios. *Doutrinas Essenciais Obrigações e Contratos*, vol. 3, p. 509-519, jun./2011, DTR 2012/1343.

[105] "a discussão que gira em torno da inexistência da cláusula compromissória não está somente nos elementos constitutivos gerais e essenciais, e sim se ela estaria apta para dar ao árbitro a competência para análise prima facie, pelo Juízo Arbitral [...] Se, de fato, compete ao árbitro decidir sobre sua própria competência, independentemente da inexistência do contrato em que a cláusula estiver inserida, há que se verificar se a própria cláusula também não estaria com vícios a torná-la inexistente, pois existe aqui a autonomia da cláusula compromissória em relação ao contrato subjacente.

PARTE II · **Capítulo 7** · A EXISTÊNCIA DA CONVENÇÃO DE ARBITRAGEM | **253**

consensual constitui vício de tamanha gravidade que permite reconhecimento pelo Poder Judiciário do caráter teratológico da convenção de arbitragem, declarando-a inapta para a produção de efeitos. Esse posicionamento é adotado pelo art. II (3) da Convenção de Nova Iorque, que dispõe que: "o tribunal de um Estado signatário, quando de posse de ação sobre matéria com relação à qual as partes tenham estabelecido acordo nos termos do presente artigo, a pedido de uma delas, encaminhará as partes à arbitragem, a menos que constate que tal acordo é nulo e sem efeitos, inoperante ou inexequível".

O requisito do consentimento deve ser investigado com extrema cautela, e tendo em vista o caráter cultural, histórico e social subjacente. O STJ já se manifestou no REsp 1.569.422, relatado pelo Ministro Marco Aurélio Bellizze, que, dada a natureza contratual da cláusula compromissória, "afigura-se indispensável que as partes contratantes, com ela, consintam."[106] Considerando a realidade contemporânea de contratação massificada, ampla utilização de condições gerais, contratos eletrônicos concluídos mediante mero assentimento a termos de uso, entre outros modelos *standartizados* de contratação, está-se diante de cenário propício à inserção de cláusulas compromissórias que podem passar despercebidas pelos contratantes-aderentes.

Esse contexto deve ser tomado em consideração, verificando-se se há, de fato, em cada caso concreto, elemento consensual mínimo que permita concluir pela existência da vontade de arbitrar, pois é, precisamente, a existência do elemento consensual que fundamenta a modificação da jurisdição para apreciar o mérito da causa. Como destacado pelo Ministro Marco Aurélio Bellizze no julgamento do REsp 1.699.855, é o elemento volitivo em prol da arbitragem que promove a "subtração do Poder Judiciário em conhecer do conflito de interesses que as partes, com esteio no princípio da autonomia da vontade, tenham reservado ao julgamento dos árbitros".[107]

Por ser a arbitragem criatura da autonomia privada, a falta de manifestação autônoma e legítima em prol da via arbitral poderá conduzir à não entrada da convenção de arbitragem no mundo do direito. Em verdade, em casos extremos, nos quais se constata a completa ausência de vontade de uma das partes supostamente vinculada à cláusula compromissória, o remédio jurídico aplicável será a declaração de inexistência da convenção de arbitragem, reconhecendo o seu caráter putativo.

3. Referência a relação jurídica

A convenção de arbitragem deverá ter objeto definido. Não se admite a adoção pelas partes de objeto com grau de generalidade tamanho que pretenda abarcar, no seu escopo, todo e qualquer litígio existente entre as partes, presente ou futuro. Assim, incompatível com a definição legal de convenção de arbitragem tanto a cláusula compromissória *omni-*

Veja-se que optar pela cláusula compromissória é uma forma de renúncia à jurisdição estatal. Se a manifestação de vontade é absolutamente indispensável para o negócio jurídico, esse é o requisito mais importante para que haja ao menos a existência da cláusula compromissória. Logo, a vontade manifestada das partes é, no negócio jurídico arbitral, o elemento necessário para sua existência e para que toda matéria possa ser devolvida ao tribunal arbitral, para análise de sua competência." (BARROS, Maria Gabriella Dignani Schmidt de. A Cláusula Compromissória Como Negócio Jurídico. *Revista de Direito Privado*, vol. 99, p. 265-281, mai./jun. 2019, DTR 2019/27419).

[106] STJ. REsp 1.569.422/RJ. Min. Marco Aurélio Bellizze. Terceira Turma. J. em: 26.04.2016.

[107] STJ. REsp 1.699.855/RS. Min. Rel. Marco Aurélio Bellizze. Terceira Turma. J. em: 01.06.2021.

bus, entendida como aquela que pretenda se aplicar a quaisquer litígios futuros entre duas partes, sem mais nada referir[108], quanto o compromisso arbitral que não faça referência ao litígio a ser submetido à arbitragem.

Não por outra razão, ao conceituar cláusula compromissória, o art. 4º da Lei de Arbitragem prevê que as partes poderão submeter à arbitragem "litígios que possam vir a surgir, relativamente a tal contrato", e, no art. 9º, ao conceituar compromisso arbitral, dispõe que "as partes submetem um litígio à arbitragem". Ou seja, é necessário haver grau concreto de determinabilidade para a caracterização da convenção de arbitragem.

O requisito trazido pela Lei de Arbitragem está em consonância com o art. II (1) da Convenção de Nova Iorque, que impõe a necessidade de referência a uma *defined legal relationship, whether contractual or not*". Considerando ser efeito da pactuação de convenção de arbitragem o afastamento da jurisdição do Poder Judiciário para analisar a relação substantiva existente entre as partes, deslocando tal, específico e determinado, poder, para árbitros privados, é indispensável o estabelecimento de recorte definido do que se pretende colocar sob a jurisdição arbitral.

Explica Carlos Alberto Carmona que "a cláusula compromissória não pode ser ampla a ponto de submeter os signatários à arbitragem para todo e qualquer conflito em que se envolverem"[109], devendo a cláusula compromissória estar ancorada à relação jurídica determinada. O mesmo raciocínio se aplica ao compromisso arbitral, entendido como o negócio jurídico por meio do qual "os interessados em resolver um litígio, que verse sobre direitos disponíveis, deferem a sua solução a terceiros, com caráter vinculativo, afastando a jurisdição estatal, organizando o modo através do qual deverá se processar o juízo arbitral"[110].

Assim, é elemento de existência da convenção de arbitragem, em suas duas modalidades, a remissão à relação jurídica determinada. No caso da cláusula compromissória, devem as partes se referir aos negócios jurídicos cujos conflitos decorrentes ou relacionados serão resolvidos mediante a via arbitral. No caso do compromisso arbitral, é necessário se referir a um litígio em especial.

A possibilidade de se prever caráter amplo para a convenção de arbitragem não se confunde com a admissibilidade de convenção de arbitragem genérica[111]. Em verdade, o caráter irrestrito da convenção da arbitragem – mais que vício de determinabilidade – pode ser vício de existência, uma vez que é pressuposto à configuração de cláusula compromissória a remissão a uma relação jurídica e de compromisso arbitral a referência a um litígio.

---

[108] PIRES, Catarina Monteiro. Convenção de Arbitragem. In: PIRES, Catarina Monteiro; Rui Pereira Dias (Coord.) *Manual de Arbitragem Internacional Lusófona*. Vol. 1. Coimbra: Almedina, 2020, p. 52-53.

[109] CARMONA, Carlos Alberto. *Arbitragem e Processo: um comentário à Lei nº 9.307/96*. 3ª ed. São Paulo: Atlas, 2009, p. 104.

[110] CARMONA, Carlos Alberto. *Arbitragem e Processo: um comentário à Lei nº 9.307/96*. 3ª ed. São Paulo: Atlas, 2009, p. 189-190.

[111] "Em regra, a intenção das partes que convencionam uma cláusula compromissória é resolver todos os futuros conflitos que poderiam surgir de uma mesma relação jurídica por meio de um único mecanismo de resolução de disputas. Essa abordagem pode ser muito útil em casos que envolvam, ao mesmo tempo, diversas matérias." (SESTER, Peter Christian. *Comentários à Lei de Arbitragem e à Legislação Extravagantes Relacionada a Arbitragem*. São Paulo: Quartier Latin, 2020, p. 136).

4. A inexistência da convenção de arbitragem e a convenção de arbitragem putativa

A qualificação como inexistente caracteriza as situações da vida em que, em princípios, seria possível visualizar um ato jurídico, mas cujo exame atento demonstra a falta de elemento considerado essencial para a sua constituição[112]. A relevância da constatação da inexistência da convenção de arbitragem está no fato de que, em sendo a arbitragem titulada pela convenção arbitral, a sua inexistência implica, por consequência direta, inexistência de deslocamento de parcela da jurisdição estatal para árbitros, juízes privados, ou seja, ausência de poderes jurisdicionais por parte do tribunal arbitral.

Nesse sentido, argumenta Giovanni Ettore Nanni que "a cláusula compromissória exige declaração de vontade para se aperfeiçoar como negócio jurídico, sob pena de ser inexistente, insuscetível de outorgar jurisdição aos árbitros."[113]. Haverá, no máximo, poderes jurisdicionais atômicos, decorrentes de convenção de arbitragem putativa, que permitirá a declaração de inexistência de fundamento para a jurisdição arbitral.

Assim, a convenção de arbitragem será considerada putativa quando essa residir apenas no plano fático, sendo inapta à produção de qualquer efeito jurídico. As situações de mais fácil visualização do caráter putativo de uma convenção de arbitragem em concreto se relacionam aos casos de inexistência do consentimento necessário à sua formação.

Por exemplo, tome-se em consideração convenção de arbitragem inserida no âmbito dos termos gerais de contratação de uma das partes. A não incorporação desses termos na relação contratual – regulada pelas regras de formação do contrato – implica a inexistência de convenção de arbitragem. Entretanto, poderá haver divergência acerca da inclusão ou não desses termos no contrato, e se houve ou não a sujeição da relação contratual à jurisdição arbitral. Essa situação foi enfrentada no STJ quando do julgamento do REsp 1772.839[114], relatado pelo Ministro Antonio Carlos Ferreira, mantendo a decisão do Tribunal de Justiça de São Paulo que sustentou a inexistência de convenção de arbitragem inserida em termos gerais de contratação[115]. Esse exemplo ilustra a possibilidade de haver dúvidas sobre a incorporação ou não da convenção de arbitragem, remontando tanto à questão de haver convenção escrita que abarque a relação, quanto à existência de manifestação de vontade no sentido de submeter a disputa para a via arbitral.

Outro exemplo é o referido caso decidido pela juíza Márcia Cunha[116], no qual a convenção de arbitragem carecia de elemento basilar à sua formação – a vontade dos representados em se submeter à jurisdição arbitral. Essa solução está em plena sintonia com o entendimento encampado pela Convenção de Nova Iorque, não conferindo efeitos

---

[112] MOREIRA, José Carlos Barbosa. Invalidade e Ineficácia do Negócio Jurídico. *Revista de Direito Privado*, vol. 15/2003, p. 217-229, 2003, p. 04.

[113] NANNI, Giovanni Ettore. *Direito Civil e Arbitragem*. São Paulo: Editora Atlas, 2014, p. 30.

[114] STJ. REsp 1.772.839/SP. Min. Antonio Carlos Ferreira. Quarta Turma. J. em: 14.05.2019.

[115] "Ainda, sequer há nos autos demonstração de que a parte autora tenha recebido o alegado documento anexo Termos e Condições de Venda Internacional fls. 510/516 – sendo certo que do pedido de compra de fls. 73/76, dos autos digitais de Primeiro grau, não há qualquer menção aos termos gerais como um de seus anexos" [...] "Irrelevante a discussão sobre a possibilidade de cláusula compromissória em documento apartado, vez que não houve a expressa concordância com a instituição da arbitragem, como já fundamentado." (TJSP. Agravo de Instrumento 2015108-11.2018.8.26.0000. Des. Rel. Mario A. Silveira. 33ª Câmara de Direito Privado. J. em: 07.05.2018).

[116] Ação *2004.001.038949-7*, juíza Márcia C.S.A. de Carvalho, 11.05.2005.

jurídicos às convenções de arbitragem que, visivelmente, sequer entraram no plano da existência.

A constatação dessa situação poderá ocorrer de modo endógeno à arbitragem ou de modo exógeno, em controle a ser exercido pelo Poder Judiciário. O controle endógeno ocorre quando os próprios árbitros constatam não existir juridicamente cláusula compromissória, em observância ao art. 8º, parágrafo único, da Lei de Arbitragem. Já o controle exógeno ocorre mediante análise do Poder Judiciário, quer seja mediante ação anulatória, quer em momento anterior à constituição do tribunal arbitral, nas circunstâncias de vício flagrante e insanável.

Essas situações extremas, nas quais é verificável *a priori* a inexistência da intenção de se submeter ao juízo arbitral, implicando o não preenchimento de elemento essencial do suporte fático da convenção de arbitragem, poderão ser remediadas perante o Poder Judiciário, pleiteando-se a declaração de inexistência de relação jurídica, no caso, a declaração de inexistência da convenção de arbitragem[117].

Em sendo a arbitragem criatura própria do espaço de autonomia conferido pelo ordenamento jurídico, imprescindível haver, de fato, manifestação da autonomia privada para vincular a parte a essa via jurisdicional. Não é sistematicamente coerente obrigar a constituição do tribunal arbitral para avaliar a inexistência da convenção de arbitragem, ou da intenção de submeter determinado litígio à via arbitral, quando tais vícios essenciais se mostram evidentes[118]. Essa, conforme já se adiantou, a norma padrão adotada pela Convenção de Nova Iorque, da qual são signatários 170 países, atualmente. Tudo em pleno reconhecimento de que ocorre, em verdade, em tais situações, o não preenchimento do suporte fático.

Assim, caso o *Tatbestand*[119] referente à convenção de arbitragem não adquira colorido jurídico, não haverá surgimento do negócio jurídico arbitral. Por conseguinte, não haverá a constituição do direito potestativo de invocar a jurisdição do tribunal arbitral e não ocorrerá a modificação do modo de exercício do direito de ação, viabilizando a prestação de tutela jurisdicional pelo Estado.

5. Desnecessidade de retirada expressa da jurisdição das cortes estatais

Ao referir-se à intenção de submeter um litígio, atual ou futuro, à via arbitral, as partes não precisam referir na convenção de arbitragem a intenção de afastar a jurisdição do Poder Judiciário. O requisito legal é positivo, ou seja, deve haver manifestação clara e

---

[117] Chegando à conclusão similar, explica Giovanni Nanni: "Em suma, é cabível a teoria da inexistência do negócio jurídico no tema em estudo, mas em função do princípio da autonomia da cláusula compromissória, mesmo na ausência dos elementos de sua existência, a competência para deliberar a respeito da inexistência compete aos árbitros. Porém, na hipótese de ausência de declaração de vontade da parte, o vício que decreta a inexistência da cláusula compromissória é intransponível, ocasião em que não se concretiza a renúncia à jurisdição do Poder judiciário para julgar a matéria- que é um dos efeitos da cláusula compromissória -, de tal sorte que os árbitros não têm poder de exercer função jurisdicional alguma, não se implementando o comando do princípio da autonomia da cláusula compromissória." (NANNI, Giovanni Ettore. *Direito Civil e Arbitragem*. São Paulo: Editora Atlas, 2014, p. 34).

[118] Esse tema é também abordado no Capítulo 15.

[119] Referência ao suporte fático da norma jurídica.

inequívoca em favor da submissão da matéria ao juízo arbitral. Não há requisito negativo, no sentido de ser necessário afastar expressamente a parcela de poder do Judiciário estatal de analisar a matéria.

A convenção de arbitragem, em si mesma, deve ser interpretada enquanto instrumento adequado, necessário e suficiente ao afastamento consensual e pontual da jurisdição do Poder Judiciário para analisar determinado litígio (efeito negativo). Desse modo, não é necessário submeter litígios à arbitragem *"in lieu of the courts"*[120].

Inclusive, ao não prever a existência de convenção de arbitragem como matéria de conhecimento de ofício, pelo juiz, enquanto razão para extinguir a demanda sem resolução de mérito (arts. 337, X e § 5º,[121] e 485, VII e § 3º, ambos do CPC[122]), houve o reconhecimento de mecanismo no qual a parte autora poderá – a despeito de previsão contratual de convenção de arbitragem – dar início a demanda perante o Poder Judiciário, e incumbirá à parte ré a faculdade de opor ou não a exceção de arbitragem, arrogando a jurisdição arbitral como a dotada de jurisdição para dirimir a controvérsia.

Dessa forma, diante do caráter facultativo de oposição da exceção de arbitragem, e diante da impossibilidade de conhecimento oficioso de cláusula compromissória, percebe-se que – no direito brasileiro – a instauração do juízo arbitral é direito potestativo atribuído às partes, que poderá ser ou não exercido. Desse modo, incompatível com o sistema legal exigir que as partes afastem, de antemão, a jurisdição do Poder Judiciário. O que é necessário, somente, é esclarecer a intenção de se submeter conflito à jurisdição arbitral.

Inclusive, o sistema processual brasileiro, ao estabelecer mecanismo multiportas, deu primazia à convivência harmônica entre a jurisdição arbitral e a jurisdição estatal[123]. Assim, há, antes, cooperação do que concorrência entre arbitragem e Poder Judiciário:

---

[120] "De acordo com a Professora Gabrielle Kaufmann-Kohler, as cláusulas compromissórias precisam expressar a intenção das partes de submeter futuros litígios à arbitragem in lieu of the courts. O último elemento não é um dos pré-requisitos arrolados no art. 4º da Lei de Arbitragem; por isso, as partes não precisam excluir expressamente a jurisdição do Judiciário." (SESTER, Peter Christian. *Comentários à Lei de Arbitragem e à Legislação Extravagantes Relacionada a Arbitragem*. São Paulo: Quartier Latin, 2020, p. 135-136).

[121] Código de Processo Civil, Art. 337: "Incumbe ao réu, antes de discutir o mérito, alegar: [...] X – convenção de arbitragem; [...] § 5º Excetuadas a convenção de arbitragem e a incompetência relativa, o juiz conhecerá de ofício das matérias enumeradas neste artigo."

[122] Código de Processo Civil, Art. 485: "O juiz não resolverá o mérito quando: [...] VII – acolher a alegação de existência de convenção de arbitragem ou quando o juízo arbitral reconhecer sua competência; [...] § 3º O juiz conhecerá de ofício da matéria constante dos incisos IV, V, VI e IX, em qualquer tempo e grau de jurisdição, enquanto não ocorrer o trânsito em julgado."

[123] "A necessidade de intervenção estatal, em geral, dá-se quando terceiros, não participantes do processo arbitral, mas a quem é dirigida a decisão do árbitro, deixam de cumpri-la, ou, mais comumente, quando as decisões dos árbitros não são voluntariamente cumpridas pelos partícipes do processo arbitral, bem como quando os árbitros, provocados por uma parte, entendem que necessitam solicitar o auxílio do Estado-juiz para a prática de determinado ato. Exemplos corriqueiros que se pode citar são os pedidos dos árbitros para que os juízes determinem o cumprimento de liminares; de pedidos antecipatórios de tutela ou cautelares, para o bloqueio, arresto, sequestro ou indisponibilização de determinados bens; para a produção de certas provas, e também para a condução coercitiva de testemunhas que se recusaram a participar, de maneira espontânea, da oitiva designada pelos árbitros." (NASCIMBENI, Asdrubal Franco; FINKELSTEIN, Cláudio. Carta Arbitral: possíveis situações de não cooperação do juízo estatal. *Revista de Arbitragem e Mediação*, vol. 54, p. 125-150, jul./set., DTR 2017/5652, p. 03).

possibilidade de conferir execução específica à cláusula compromissória (art. 7º, Lei de Arbitragem)[124], poderá conceder medidas de urgência (art. 22-A, Lei de Arbitragem),[125] poderá auxiliar na nomeação de árbitros (art. 13, § 2º, Lei de Arbitragem)[126] e poderá obter auxílio na produção probatória mediante carta arbitral (art. 22-C, Lei de Arbitragem)[127].

Essa posição foi encampada pelo STJ quando do julgamento do REsp 1.331.100, em acórdão relatado pelo Ministro Raul Araújo, que, ao avaliar os elementos de existência da cláusula compromissória, consignou que "não se pode ter como condição de existência da cláusula compromissória que a arbitragem seja a única via de resolução admitida pelas partes, para todos os litígios e em relação a todas as matérias (...) É válida, assim, a cláusula compromissória constante de acordo que excepcione ou reserve certas situações especiais a serem submetidas ao Judiciário, mormente quando essas demandem tutelas de urgência."[128] A mesma linha de compatibilização da atuação jurisdicional do Poder Judiciário e da arbitragem já foi sustentada pelo Ministro Ricardo Villas Bôas Cueva, quando do julgamento do REsp. 1.597.658[129], afirmando que "é válida, assim, a cláusula compromissória constante de acordo que excepcione ou reserve certas situações especiais a serem submetidas ao Judiciário, mormente quando essas explicitarem tutelas executivas".

Também é ilustrativo da desnecessidade de remoção expressa da jurisdição do Poder Judiciário para que um conflito seja submetido à arbitragem a análise do REsp 1.778.196, relatado pelo Ministro Paulo de Tarso Sanseverino[130]. Na oportunidade, foi debatida cláusula compromissória com a seguinte redação: "Qualquer conflito decorrente deste contrato, inclusive no que tange a sua execução ou interpretação, serão resolvidos pela ARBITRAGEM, conforme a Lei 9.307, de 23.09.1996, elegendo, as partes contratantes, a Associação dos Mediadores e Árbitros do Tribunal de Mediação e Arbitragem de Novo Hamburgo – RS e/ou o Foro de Novo Hamburgo – RS". A despeito da menção à

---

[124] Lei de Arbitragem, Art. 7º: "Existindo cláusula compromissória e havendo resistência quanto à instituição da arbitragem, poderá a parte interessada requerer a citação da outra parte para comparecer em juízo a fim de lavrar-se o compromisso, designando o juiz audiência especial para tal fim."

[125] Lei de Arbitragem, Art. 22-A: "Antes de instituída a arbitragem, as partes poderão recorrer ao Poder Judiciário para a concessão de medida cautelar ou de urgência." Em sede de doutrina: "Na hipótese indicada no tópico anterior, o emprego da ação judicial urgente não implica violação nem renúncia à convenção arbitral. A parte que pede tutela urgente ao juiz estatal, quando ainda não há juízo arbitral instituído, segue o caminho possível. Essa sua conduta não retrata, em si mesma, abandono ou desconsideração da opção pela arbitragem." (TALAMINI, Eduardo. Arbitragem e a tutela provisória no Código de Processo Civil de 2015. *Revista de Arbitragem e Mediação*, vol. 46, p. 287-313, jul./set., 2015, DTR 2015/13104, p. 04).

[126] Lei de Arbitragem, Art. 13, § 2º: "Quando as partes nomearem árbitros em número par, estes estão autorizados, desde logo, a nomear mais um árbitro. Não havendo acordo, requererão as partes ao órgão do Poder Judiciário a que tocaria, originariamente, o julgamento da causa a nomeação do árbitro, aplicável, no que couber, o procedimento previsto no art. 7º desta Lei."

[127] Lei de Arbitragem, Art. 22-C: "O árbitro ou o tribunal arbitral poderá expedir carta arbitral para que o órgão jurisdicional nacional pratique ou determine o cumprimento, na área de sua competência territorial, de ato solicitado pelo árbitro."

[128] STJ. REsp 1.331.100/BA. Min. Raul Araújo. Quarta Turma. J. em: 17.12.2015.

[129] STJ. REsp 1.597.658/SP. Min. Rel. p/ Acórdão Nancy Andrighi. Terceira Turma. J. em: 18.05.2017.

[130] STJ. AgInt no REsp 1.778.196/RS. Min. Paulo de Tarso Sanseverino. Terceira Turma. J. em: 30.08.2021.

arbitragem "e/ou" foro de Novo Hamburgo, entendeu o STJ ser essa verdadeira cláusula compromissória.

Asseverou o Ministro Sanseverino que "extrai-se dela (a cláusula) o propósito central de sua redação, que não é outro senão estabelecer que qualquer conflito decorrente do contrato (inclusive sua execução e interpretação) será resolvido pela arbitragem". Reconheceu a possibilidade de submeter o litígio à arbitragem mesmo com a menção ao foro local, "houve, sim, a clara eleição da câmara arbitral, fazendo-se referência, então, ao Foro de Novo Hamburgo, o que não poderia fazer ignorar o cerne da regra estabelecida anteriormente e os destaques que já haviam sido a ela dados". Dessa forma, a interpretação dada à cláusula foi no sentido de que os contratantes pretenderam "a) escolher a arbitragem como veículo da solução dos seus conflitos; b) eleger o órgão a prestar essa jurisdição privada, e, finalmente; c) eleger o foro em que eventuais atos processuais de monopólio da jurisdição estatal (medidas urgentes executivas) deveriam ocorrer."

Nessa senda, impensável considerar, enquanto elemento de existência da convenção de arbitragem, o afastamento da jurisdição estatal. O modelo vigente é o de convivência harmônica e cooperativa entre arbitragem e Poder Judiciário. Portanto, basta para haver convenção de arbitragem a manifestação de vontade no sentido de se submeter à jurisdição arbitral. Assim, preenchido o suporte fático dos artigos referentes à convenção de arbitragem, havendo escopo minimamente determinado e a vontade de submeter um litígio em concreto ou as disputas decorrentes ou relacionadas a determinada relação material à via arbitral, a convenção de arbitragem adentrará no mundo do direito.

Capítulo 8
A VALIDADE DA CONVENÇÃO DE ARBITRAGEM

Afirmada a existência de determinado negócio jurídico, há que se aferir a sua validade, o segundo plano da escala ponteana. Na linha do que afirma Antônio Junqueira de Azevedo, o plano da validade é típico dos negócios jurídicos, já que, segundo o autor, "o papel maior ou menor da vontade, a causa, os limites da autonomia privada quanto à forma e quanto ao objeto são algumas das questões que se põem, quando se trata de validade do negócio, e que, sendo peculiares dele, fazem com que ele mereça um tratamento especial, diante dos outros fatos jurídicos"[131].

A validade jurídica da convenção de arbitragem, enquanto modalidade de negócio jurídico, está atrelada, em maior ou menor grau, ao elemento humano que particulariza essa modalidade de fato jurídico. Conforme explicado, o art. 104 do Código Civil explicita quais requisitos devem ser satisfeitos para considerar determinada realidade negocial enquanto válida[132]. O regime do Código Civil dialoga com a Lei de Arbitragem, cuja interpretação conjunta permitirá definir os parâmetros que serão utilizados para analisar a validade da convenção de arbitragem. São esses, as partes, a forma e o objeto.

Orlando Gomes sustenta que todas as obrigações são legais, pois terão na lei a sua causa eficiente[133]. Dessa forma, o ordenamento jurídico é percebido como legitimador de última instância das obrigações, dispondo de meios aptos à persecução do interesse de prestação pactuado. Em sendo o fundamento último, é também o limite, razão pela qual a autonomia privada somente pode ser entendida contextualizada e situada enquanto parte integrante de um todo, que corresponde a uma determinada ordem jurídica. Entretanto, enquanto permissão genérica de agir jurídico dentro da moldura do ordenamento, a autonomia privada é uma potência inerte.

O plano da validade é uma peculiaridade própria dos atos negociais, seja dos negócios jurídicos *lato sensu*, seja dos negócios jurídicos em sentido estrito (art. 185)[134]. Diferentemente dos fatos jurídicos em sentido estrito, nos quais a vontade humana é desimportante para a sua entrada no mundo jurídico, a inserção do elemento volitivo implica a consideração de um plano diverso da existência e da eficácia – que é justamente o plano da validade.

---

[131] AZEVEDO, Antônio Junqueira de. *Negócio Jurídico: existência, validade e eficácia*. 4ª ed. São Paulo: Editora Saraiva Jur, 2017, p. 41.

[132] Código Civil, Art. 104: "A validade do negócio jurídico requer: I – agente capaz; II – objeto lícito, possível, determinado ou determinável; III – forma prescrita ou não defesa em lei".

[133] GOMES, Orlando. *Obrigações*. 18ª ed. Rio de Janeiro: Forense, 2016, p. 26.

[134] Código Civil, art. 185: "Aos atos jurídicos lícitos, que não sejam negócios jurídicos, aplicam-se, no que couber, as disposições do Título anterior".

§ 26. REQUISITOS GERAIS DE VALIDADE DA CONVENÇÃO DE ARBITRAGEM

1. Agente capaz

O Código Civil brasileiro, em seu art. 104, dispõe que a validade do negócio jurídico requer agente capaz, objeto lícito e forma prescrita ou não defesa em lei. De forma semelhante, o art. 166 do mesmo diploma legal dispõe que é nulo o negócio jurídico quando praticado por pessoa absolutamente incapaz, quando for ilícito, tiver objeto impossível ou indeterminável e forma prescrita ou não defesa em lei.

Assim, o que se depreende da leitura do Código é que a nulidade é a sanção jurídica estabelecida para os negócios jurídicos praticados sem esses requisitos taxativos. Trata-se aqui de um descumprimento de certos ditames que levam à irregularidade na declaração de vontade. A invalidade, no entanto, não se confunde com as formas de extinção de um determinado negócio jurídico, que pode se dar, exemplificativamente, por resolução e resilição.

Desse modo, essa sanção não se confunde com a "inexistência". O negócio jurídico preenche o colorido jurídico e é relevante para o direito, mas é categorizado como inválido, por não preencher determinados requisitos legais.

O primeiro elemento a ser analisado, portanto, seguindo a própria ordem estabelecida pelo Código Civil (arts. 104, inciso I, 166, inciso I) refere-se às partes do negócio jurídico em questão. As partes devem ser titulares de capacidade para firmar a convenção de arbitragem[135].

A capacidade é a aptidão genérica de adquirir direitos e deveres na ordem civil, dividindo-se em capacidade de fato e a capacidade de direito. A capacidade de fato, também denominada capacidade de exercício, faz referência à aptidão de um determinado sujeito de direitos praticar, por si só, atos da vida civil. Diferentemente, a capacidade de direito consiste na aptidão para alguém ser titular de direitos e deveres, ou seja, ser sujeito, por si só, de relações jurídicas[136]. A situação envolvendo pessoas incapazes apresenta dificuldades próprias, pois está-se diante de uma situação em que a própria lei traz uma presunção *jure et de jure* de que o indivíduo não apresenta, por si, aptidão de se autodeterminar. Dessa forma, a construção do microssistema normativo acerca das pessoas incapazes tem, por vetor axiológico, a proteção a esses indivíduos. Em suma, o ordenamento jurídico resguardar-lhe a integridade da sua esfera jurídica.[137]

No entanto, a doutrina não é uníssona quanto ao tratamento jurídico das pessoas incapazes. É relevante lembrar que, após a aprovação do Estatuto da Pessoa com Deficiência (Lei 13.146/2015), o Código Civil brasileiro passou a dispor, no art. 3º, que são "absolutamente incapazes de exercer pessoalmente os atos da vida civil os menores de 16 (dezesseis) anos". Não se fez mais menção, para fins de incapacidade absoluta, aos enfermos ou doentes mentais que não tivessem o necessário discernimento, bem como aos

---

[135] REDFERN, Alan; HUNTER, Martin; BLACKABY, Nigel; PARTASIDES, Constantine. *Redfern and Hunter on International Arbitration*. Oxford: Oxford University Press, 2015, p. 85.

[136] AMARAL, Francisco. *Direito Civil: Introdução*. 10ª ed. São Paulo: Saraiva, 2018, p. 331.

[137] A discussão que sobre o tema da arbitragem envolvendo menores incapazes já foi feita nesses termos em: FICHTNER, José Antonio, et al. *Teoria Geral da Arbitragem*. São Paulo: Editora Forense, 2019, p. 238-241.

que, mesmo transitoriamente, não pudessem exprimir sua vontade. Atualmente, apenas os menores de 16 (dezesseis) anos são, no Brasil, absolutamente incapazes.

Esse entendimento é pacificado no Superior Tribunal de Justiça. No REsp 1.927.423, relatado pelo Ministro Marco Aurélio Bellizze, ficou estabelecido que

> "a partir da entrada em vigor da referida lei (Estatuto da Pessoa com Deficiência), a incapacidade absoluta para exercer pessoalmente os atos da vida civil se restringe aos menores de 16 (dezesseis) anos, ou seja, o critério passou a ser apenas etário, tendo sido eliminadas as hipóteses de deficiência mental ou intelectual anteriormente previstas no Código Civil"[138].

Em paralelo à capacidade do agente, há de se averiguar a arbitrabilidade subjetiva. Nesse sentido, remete-se ao capítulo 10, acerca das partes da convenção de arbitragem, no qual o tópico é analisado em maior profundidade.

2. Objeto lícito, possível, determinado

Em relação ao objeto, há três hipóteses normativas que poderão levar à invalidade da convenção de arbitragem: a ilicitude do objeto, a impossibilidade e a indeterminabilidade. Esse é o teor do art. 104, inciso II, do Código Civil.

O objeto da convenção de arbitragem não pode ser ilícito. O art. 1º da Lei de Arbitragem restringe a arbitragem a "dirimir litígios relativos a direitos patrimoniais disponíveis", introduzindo o conceito de arbitrabilidade objetiva[139]. Esse é o requisito de licitude trazido acerca da opção pelo juízo arbitral. Em sentido semelhante, o art. 852 CC traz limitações legais ao conteúdo do "contrato de compromisso" ao dispor que é vedado compromisso para solução de questões de estado, de direito pessoal de família e de outras que não tenham caráter estritamente patrimonial.

Esse entendimento é assentado pelo STJ, em caso relatado pelo Ministro Luis Felipe Salomão, ao dispor que uma vez contratada, a cláusula compromissória define "o Juízo Arbitral como competente para dirimir conflitos relativos a direitos patrimoniais, disponíveis, derrogando-se, nessa medida, a jurisdição estatal[140]". De modo semelhante, ao analisar a SEC 9.820, a Corte Superior frisou que *in casu* "a sentença arbitral não ofende a soberania e a ordem pública brasileira, porquanto trata de direitos patrimoniais disponíveis pelas partes e tem uma cláusula contratual, que frisa que a escolha pela via arbitral não veda o acesso do Poder Judiciário para eventual conflito"[141].

A noção de patrimonialidade remete ao conceito de patrimônio, entendido como o complexo de relações jurídicas economicamente apreciáveis de uma pessoa[142]. Pelo fato de o patrimônio representar um conjunto de direitos[143], pode parecer um pleonasmo

---

[138] STJ. REsp 1.927.423/SP. Min. Marco Aurélio Bellizze. Terceira Turma. J. em: 27.04.2021.

[139] A matéria foi tratada em: FICHTNER, José Antonio, et al. *Teoria Geral da Arbitragem*. Rio de Janeiro: Forense, 2016, item 4.6.

[140] STJ. REsp 1.949.566/SP. Rel. Min. Luis Felipe Salomão. Quarta Turma. J. em: 14.09.2021.

[141] STJ. SEC 9.820/EX, Rel. Min. Humberto Martins. Corte Especial. J. em: 19.10.2016.

[142] AMARAL, Francisco. Direito Civil: Introdução. 10ª ed. São Paulo: Saraiva, 2018, p. 455.

[143] CC, art. 91: "Constitui universalidade de direito o complexo de relações jurídicas, de uma pessoa, dotadas de valor econômico".

adjetivar um determinado direito enquanto "patrimonial". Contudo, esse atributo se conecta com a característica dos direitos subjetivos que integram o patrimônio: enquanto os direitos patrimoniais são avaliáveis em dinheiro e transmissíveis em sua generalidade, os extrapatrimoniais são inalienáveis e intransmissíveis[144].

O atributo da disponibilidade refere-se à possibilidade de o titular de um direito exercê-lo livremente, sem que haja norma cogente que imponha o modo de exercício, sob pena de invalidade ou de ineficácia[145]. A ideia de disposição está atrelada à possibilidade de o agente atuar com poder de alienar, modificar ou extinguir o direito, o que por sua vez pressupõe a titularidade e a legitimação[146]. Contrapõem-se aos atos de disposição os atos de administração, os quais compreendem somente as faculdades de uso e fruição[147].

O conceito de arbitrabilidade objetiva foi se alargando paulatinamente com o passar do tempo. Matérias consideradas outrora inarbitráveis hoje estão sujeitas a serem dirimidas por esse meio de resolução de litígios[148]. Por exemplo, Sérgio Bermudes, em juízo profético[149], já se mostrou ciente da possibilidade de questões envolvendo direito penal poderem ser arbitradas no futuro[150]. Elucubra o autor de, um dia, estabelecer-se uma

---

[144] AMARAL, *Francisco. Direito Civil: Introdução.* 10ª ed. São Paulo: Saraiva, 2018, p. 459.

[145] CARMONA, Carlos Alberto. *Arbitragem e Processo: um comentário à Lei nº 9.307/96.* 3ª ed. São Paulo: Atlas, 2009, p. 38.

[146] AMARAL, Francisco. *Direito Civil: Introdução.* 10ª ed. São Paulo: Saraiva, 2018, p. 486.

[147] AMARAL, Francisco. *Direito Civil: Introdução.* 10ª ed. São Paulo: Saraiva, 2018, p. 487.

[148] FICHTNER, José Antonio, et al. *Teoria Geral da Arbitragem.* São Paulo: Editora Forense, 2019, p. 721-722.

[149] BERMUDES, Sérgio. Arbitragem: um instituto florescente. *Revista de Arbitragem e Mediação,* São Paulo, vol. 50, p. 387-389, jul./set., 2016.

[150] Na esfera internacional, a relação entre arbitragem e Direito Penal ficou bastante evidente no famoso ICC Case 1110, julgado no início da década de 1960. O caso dizia respeito a uma companhia britânica que havia contratado um intermediário argentino para obter um contrato público na Argentina mediante o pagamento de uma comissão de 10% do valor deste contrato. Julian D. M. Lew, Loukas A. Mistelis e Stefan M. Kröll explicam que "the usual situation has been that a party who wants to resist claims for payment of fees or commission alleges that the agreement was actually one for the payment of bribes and is therefore void, negating the arbitration agreement as well" (LEW, Julian D. M.; MISTELIS, Loukas A.; KRÖLL, Stefan M. Comparative international commercial arbitration. The Hague: Kluwer, 2003, p. 213). A companhia britânica, porém, recusou-se a pagar a comissão ajustada ao intermediário, razão pela qual este iniciou arbitragem. O sueco Gunnar Lagergren, árbitro único, todavia, afirmou que a relação jurídica entre as partes representava corrupção e negou-se a julgar o caso, decidindo pela inarbitrabilidade objetiva do conflito. Atualmente, pois, a doutrina e a jurisprudência estrangeiras entendem com razoável tranquilidade que o surgimento de matérias de índole criminal no curso da arbitragem não afeta, em regra, a convenção de arbitragem ou a arbitrabilidade da matéria deduzida naquela específica arbitragem. A jurisprudência já possui atualmente precedentes considerando que é plenamente possível considerar na arbitragem as repercussões civis de questões criminais sem que isso afete a existência, validade e eficácia da convenção de arbitragem. Cumpre mencionar, nesse sentido, o famoso caso Fiona Trust, julgado pela House of Lords em 2007. A disputa envolvia diversos contratos de afretamento marítimo alegadamente firmados a partir de suborno, cujos conteúdos contratuais continham cláusulas compromissórias. Ao enfrentar o caso, a House of Lords destacou que uma das questões a serem enfrentadas seria se "the arbitration clause is apt to cover the question of whether the contract was procured by bribery" (no inteiro teor: "In my opinion the construction of an arbitration clause should start from the assumption that the parties, as rational businessmen, are likely to have intended any dispute arising out of the relationship into which they have entered or

PARTE II · **Capítulo 8** · A VALIDADE DA CONVENÇÃO DE ARBITRAGEM | **265**

espécie de procedimento bifásico, nos moldes do período formulário, em que um Juízo poderia fixar a autoria, a materialidade e a tipicidade, enquanto outro fixasse a pena, valendo o julgamento absolutório do órgão arbitral. Trata-se, certamente, de posição que demonstra que não há de se ter uma noção estanque acerca da licitude do objeto de uma convenção de arbitragem. A própria noção de patrimonialidade e disponibilidade vem variando, sendo hoje, por exemplo, pacíficas questões como a arbitrabilidade de questões envolvendo a administração pública, direito da concorrência e em outros ramos do direito outrora avessos a esse método privado de resolução de litígios[151].

Em segundo, a impossibilidade é outro vício que pode se referir ao objeto da convenção de arbitragem. A impossibilidade jurídica consiste na viabilidade legal de convencionar determinado conteúdo[152]. A impossibilidade, tal qual nos negócios jurídicos em geral, será física ou jurídica. Por exemplo, o art. 3º da Lei de Arbitragem, ao conceituar a convenção de arbitragem, a tipifica enquanto meio à disposição das partes de submissão da "solução de seus litígios ao juízo arbitral". Assim, a arbitragem está intrinsecamente ligada à existência de um litígio. Por essa razão, é incabível submeter à arbitragem situações de jurisdição voluntária.[153]

---

purported to enter to be decided by the same tribunal. The clause should be construed in accordance with this presumption unless the language makes it clear that certain questions were intended to be excluded from the arbitrator's jurisdiction." (UKHL 40, Premium Nafta Products Limited and others v. Fili Shipping Company Limited and others, 12.10.2007). A existência de ilícitos penais eventualmente existentes nas fases pré-contratual e contratual, por exemplo, não contamina, em regra, a convenção de arbitragem, razão pela qual os árbitros podem examinar as consequências cíveis daí decorrentes ao julgar o caso concreto. Evidentemente que, apesar de a causa poder ser submetida à arbitragem, os árbitros não podem, devem ou detêm jurisdição para iniciar, por conta própria, uma investigação criminal e aplicar as sanções penais às partes, pois trata-se de tarefas das autoridades policiais, do Ministério Público e do Poder Judiciário. O meio-termo adequado parece levar ao entendimento de que os árbitros devem considerar a legislação penal para fins de extrair as consequências cíveis daí decorrentes. Haverá hipóteses, raras, em que a incidência das normas penais será suficiente para determinar a invalidade da avença. A discussão é amplamente feita em: FICHTNER, José Antonio, et al. *Teoria Geral da Arbitragem*. São Paulo: Editora Forense, 2019, p. 723 ss.

[151] "Como se disse, cabe a arbitragem sempre que a matéria envolvida possa ser resolvida pelas próprias partes, independentemente de ingresso em Juízo. Se o conflito entre o particular e a Administração Pública é eminentemente patrimonial e se ele versa sobre matéria que poderia ser solucionada diretamente entre as partes, sem que se fizesse necessária a intervenção jurisdicional, então a arbitragem é cabível. Se o conflito pode ser dirimido pelas próprias partes, não faria sentido que não pudesse também ser composto mediante juízo arbitral sob o pálio das garantias do devido processo." (TALAMINI, Eduardo. A (in)disponibilidade do interesse público: consequências processuais (composição em juízo, prerrogativas processuais, arbitragem e ação monitória). *Revista de Processo*, vol. 128, p. 59-78, out./2005, DTR 2005/702, p. 07-08).

[152] AMARAL, Francisco. *Direito Civil: Introdução*. 10ª ed. São Paulo: Saraiva, 2018, p. 503.

[153] A jurisdição voluntária se caracteriza precisamente pela inexistência de lide entre as partes. A jurisdição voluntária foi expressamente prevista pelo CPC, no art. 719 e seguintes. Porém, ao contrário dos demais casos em que a jurisdição é chamada a atuar, o peculiar da jurisdição voluntária é a existência de um acordo entre as partes acerca de determinada situação, razão pela qual inexiste lide. Entende-se que os casos de jurisdição voluntária são hipóteses em que o Estado atua em uma função de integração e fiscalização da vontade das partes. Ou seja, ocorre uma denotação dos seus poderes de *imperium* para atribuir um efeito especial à manifestação de vontade das partes. Essa, por sua vez, sempre será exercida dentro dos limites do ordenamento jurídico e, por essa razão, não poderão as partes atribuir esse poder especial reservado pelo Estado a um terceiro. Considera-se, portanto,

Outra situação de impossibilidade é submeter a ação de execução à arbitragem. A jurisdição arbitral não é dotada de *imperium*, atributo exclusivo do Estado[154]. Por essa razão, casos de execução em sentido estrito não serão arbitráveis, uma vez que demandam um atributo de coercibilidade que não existe na jurisdição arbitral. É hipótese de impossibilidade jurídica, pois não decorre da natureza das coisas a jurisdição arbitral ser privada de *imperium*[155]. É uma opção feita pelo legislador de reservar atos de constrição patrimonial *stricto sensu* ao Estado.

O STJ, no REsp 1.949.566, relatado pelo Ministro Luis Felipe Salomão, estabeleceu que "a existência de cláusula compromissória não obsta a execução de título extrajudicial no Juízo Estatal quando for certo, líquido e exigível, uma vez que os árbitros não possuem poder coercitivo direto, necessário à determinação de atos executivos", no entanto, faz a ressalva que "nos casos em que a impugnação disser respeito à existência, constituição ou extinção do crédito objeto do título executivo ou às obrigações nele consignadas, sendo incompetente o Juízo Estatal para sua apreciação, revela-se inviável o prosseguimento da execução, dada a imperativa necessidade de solução pelo Juízo Arbitral de questão de mérito que antecede à continuidade da ação instaurada.[156]"

Em primeiro, no que tange à determinabilidade do objeto, todo e qualquer negócio jurídico deve ter um objeto determinado ou determinável. Igualmente, no que se refere à cláusula de convenção de arbitragem, a questão objeto da convenção de arbitragem tem de ser minimamente definida, sob pena de nulidade[157]. A convenção de arbitragem, no entanto, não abarca todos e quaisquer potenciais litígios existentes entre as partes. Caberá às partes delinear o escopo eficacial da convenção, predeterminando quais controvérsias serão arbitradas ou quais relações jurídicas serão regidas por uma determinada cláusula compromissória. É por essa razão a vedação às cláusulas compromissórias *omnibus*[158], aquelas que pretende abarcar – sem exceção ou limites – todas e quaisquer controvérsias, não se limitando a uma relação jurídica específica, o que

---

a situação de jurisdição voluntária uma hipótese de exercício jurisdicional típica do Estado, não se coadunando com a jurisdição arbitral. Como expressamente dispõe o art. 3º da Lei de Arbitragem, o Estado conferiu às partes o poder de submeter "litígios" à arbitragem. Eis que a jurisdição voluntária, enquanto manifestação especial dos poderes do Estado, não se enquadra na previsão do suporte fático trazido pela Lei de Arbitragem. Não são as partes titulares desse poder em específico, razão pela qual também não poderão se socorrer da via arbitral para os casos de jurisdição voluntária.

[154] OLIVEIRA, Elsa Dias. *Arbitragem Voluntária: uma introdução*. Coimbra: Almedina, 2020, p. 14.

[155] A arbitragem tem *jurisdictio*, mas não detém *imperium*. Apenas o poder judiciário enquanto membro do Estado pode se valer de poder coercitivo para impor as suas medidas. Inclusive, por essa razão que há um necessário diálogo entre os tribunais estatais e o tribunal arbitral, instrumentalizado pela carta arbitral (Lei de Arbitragem, art. 22-A, *caput* – "Antes de instituída a arbitragem, as partes poderão recorrer ao Poder Judiciário para a concessão de medida cautelar ou de urgência."). Por meio da carta arbitral se solicita que órgão do Poder Judiciário dê cumprimento a ato do tribunal arbitral, que pode pedir o auxílio para efetivar, por exemplo, atos relacionados à tutela provisória ou à produção probatória (CPC, art. 237, IV – "Será expedida carta: [...] IV – arbitral, para que órgão do Poder Judiciário pratique ou determine o cumprimento, na área de sua competência territorial, de ato objeto de pedido de cooperação judiciária formulado por juízo arbitral, inclusive os que importem efetivação de tutela provisória").

[156] STJ. REsp 1.949.566/SP. Rel. Min. Luis Felipe Salomão. Quarta Turma. em: 14.09.2021.

[157] OLIVEIRA, Elsa Dias. *Arbitragem Voluntária*: uma introdução. Lisboa: Almedina, 2020, p. 40.

[158] PIRES, Catarina Monteiro. Convenção de Arbitragem. In: _____; Rui Pereira Dias (Coord.) *Manual de Arbitragem Internacional Lusófona*. Vol. 1. Coimbra: Almedina, 2020, p. 52-53.

implica invalidade por falta de determinabilidade à luz do art. 104, II, do CC. Não se confunde a cláusula compromissória abrangente com a cláusula compromissória com objeto indeterminado. Por certo, é plenamente possível pactuar cláusulas com escopo amplo, sendo apenas vedado pelo ordenamento a inexistência de escopo minimamente definido.

O tema tangencia a distinção realizada entre cláusula arbitral cheia e cláusula arbitral vazia. Sobre isso, o STJ, em REsp 1.602.696, relatado pelo Ministro Moura Ribeiro, estabeleceu que "cuidando-se de cláusula compromissória cheia, na qual foi eleito o órgão convencional de solução do conflito, deve haver a instauração do Juízo arbitral diretamente, sem passagem necessária pelo Judiciário"[159].

Sobre o tema, o TJRJ, em caso relatado pelo Desembargador Eduardo de Azevedo Paiva, entendeu pela invalidade de uma cláusula compromissória que escolhia uma determinada câmara arbitral que passou a deixar de existir. Segundo o entendimento do Tribunal, a ação deveria prosseguir "perante o Poder Judiciário, na medida em que se verifica que a cláusula não fora estabelecida em caráter genérico, mas antes firmada especificamente, havendo a presunção de que o Tribunal eleito seria de confiança dos pactuantes para a resolução de conflitos futuros". Além disso, dispôs que

> "presume-se, então, ter sido a convenção de arbitragem instituída não com a intenção de excluir terminantemente o juízo estatal – pois se assim o fosse, deveriam ter apontado substitutos –, mas sim com fundamento exclusivamente relacionado às características da instituição eleita, razão pela qual não se afigura razoável a escolha de qualquer outra Câmara arbitral por parte do juízo, considerando-se, ademais, que a parte autora, diante da não existência do órgão privado apontado em termo contratual, pretende submeter a pretensão resistida ao crivo deste poder"[160].

A menção feita à "cláusula cheia" não pode ser menosprezada na análise do precedente. Com efeito, a prerrogativa de integração da cláusula, pela via do Poder Judiciário, prevista no art. 7º da Lei de Arbitragem, pressupõe que se assuma a interpretação de que a convenção de arbitragem ostentasse a qualidade de cláusula vazia.

Pode uma cláusula originalmente concebida como "cheia" tornar-se "vazia"? Certamente que sim, a depender dos fatos supervenientes que venham a afetar seus elementos subjetivos e objetivos. É a situação que ocorre, por exemplo, quando as partes preveem a condução da arbitragem por instituição que deixou de existir.

Assim, a hermenêutica do caso concreto estabelecerá se a intenção de arbitrar, detectada pelo intérprete, resultará em elemento preponderante e permitirá a integração dos elementos ausentes, na forma prevista na lei. Ou, em outras hipóteses, dependendo da redação da convenção, escolhas *intuitu personae*, em relação à pessoa do árbitro ou da instituição arbitral, preponderam e fazem falecer o direito potestativo de invocar a arbitragem e de afastar a controvérsia do exame estatal.

Nessa última hipótese, seria possível divergir do entendimento esposado pelo TJPR nesse julgado. O que se qualificaria como elemento essencial da convenção de arbitragem

---

[159] STJ. REsp 1.602.696/PI. Rel. Min. Moura Ribeiro. Terceira Turma. J. em: 09.08.2016.

[160] TJRJ. AI 0048533-92.2017.8.19.0000. Des. Rel. Eduardo de Azevedo Paiva. 18ª CC.J. em: 08.11.2017.

seria a constatação efetiva da vontade de arbitrar. Uma vez pactuada, já seria possível invocar a jurisdição arbitral, com a integração da convenção de arbitragem a partir do manejo da ação do art. 7º da Lei de Arbitragem.

Em todo caso, percebe-se que a convenção de arbitragem, enquanto espécie do gênero negócio jurídico, há de se sujeitar aos requisitos de validade genéricos contidos no Código Civil. Deve-se observar o diálogo entre a Lei de Arbitragem e as normas de direito material, contidas no Código ou esparsas pelo ordenamento. Portanto, o regime jurídico de validade da convenção de arbitragem não se resume ao conteúdo normativo da Lei de Arbitragem, sendo imprescindível relacionar os diversos diplomas para vislumbrar quais os requisitos de validade a serem observados em determinada situação.

3. Forma prescrita em lei

A forma da convenção de arbitragem deverá ser escrita (art. 4º, § 1º, da Lei de Arbitragem e art. II da Convenção de Nova Iorque), podendo estar inserida em um contrato ou em documento apartado[161]. A forma escrita pode ser satisfeita de diversas maneiras, considerando, inclusive, as modernas formas de comunicação[162].

Não há uma uniformidade na compreensão do que é a forma escrita, existindo interpretações mais ou menos elásticas[163]. Ademais, não se deve perder de perspectiva que a própria noção e importância da forma é objeto de ressignificação, a depender do contexto histórico-cultural. Ou seja, não é recomendável ter uma noção estanque de forma, e nem mesmo de forma escrita para fins normativos. As palavras dos textos legais hão de ser interpretadas de acordo com o momento do surgimento do problema em questão, e não quando da edição do texto normativo.

---

[161] LEMES, Selma. *Cláusulas Arbitrais Ambíguas ou Contraditórias e a Interpretação da Vontade das Partes*. Disponível em: < http://www.selmalemes.adv.br/artigos/artigo_juri32.pdf>.

[162] "Is it necessary for letters, telegrams and other assimilated documents to bear the signature of the parties? Taken literally, Article II of the Convention does require the signature of both arbitration clauses contained in a contract (in other words, the signature of the contract itself) and arbitration agreements contained in a separate document. Obviously, a signature on a telegram, telex, or faxed letter will necessarily be either typed or a copy of the original manuscript signature. It can therefore be assumed that a signature, in the traditional sense of the word, is not required. On the other hand, the same will not usually be the case with an exchange of letters. However, since Article II does not expressly require a signature in that case, it is clear that an arbitration agreement consisting of an exchange of letters will be valid as to its form even where some or all of the letters are not signed, provided that it is possible to identify the author of the letter, using all available means of evidence (such as correspondence, affidavits, declarations before the arbitral tribunal, and the involvement of the relevant party in the arbitral proceedings)." (FOUCHARD, Philippe; GAILLARD, Emmanuel; GOLDMAND, Berthold. *Fouchard Gaillard Goldman on International Arbitration*. Haia: Kluwer Law International, 1999, p. 337).

[163] "Courts differ, however, on how strictly they will interpret the Convention's writing requirement to invalidate an arbitration agreement. Some are quite strict in following the letter of the law: the arbitration agreement is valid only if it is in a contract or in a separate agreement signed by the parties, or in an exchange of documents. In some instances, courts have strictly required express written acceptance, even if denying validity appeared contrary to principles of good faith." (MOSES, Margaret L. *The Principles and Practice of International Commercial Arbitration*. 2nd ed. Nova Iorque: Cambridge University Press, 2012, p. 22).

A forma escrita é um requisito trazido pela lei[164]. Contudo, o que se entende por "forma escrita" depende de interpretação, sob pena de criar descompassos desnecessários entre as práticas comerciais e certas exigências formais[165]. Nesse sentido, pertinente a crítica de Diogo Costa Gonçalves acerca do requisito de forma:

> "esta recondução dogmática enfrenta sempre o obstáculo da generalidade das leis de arbitragem – máxime a própria New York Convention – exigir que a convenção de arbitragem seja reduzida a escrito. Tal exigência é ultrapassada, admitindo que seja feita prova da real vontade das partes (ainda que não exista assinatura da convenção escrita)"[166].

A opção do ordenamento brasileiro foi a de vincular a escolha pela via arbitral ao registro escrito, contudo, esse requisito não está associado ao modo de manifestação do consentimento em relação à convenção de arbitragem, que poderá ocorrer de modo tácito[167]. A análise da forma está intimamente relacionada com a verificação do consentimento, apesar de tratar-se de dois planos distintos. A presença de forma escrita é um facilitador da verificação da vontade de arbitrar[168]. Porém, não é a única – vez que não há imposição legal acerca da forma de manifestação de consentimento com a cláusula compromissória[169]. Assim, havendo uma manifestação de vontade em prol da arbitragem e a existência de uma redução a escrito, em maior ou menor grau, o requisito legal pode ser reputado como atendido[170].

---

[164] BARROS, Maria Gabriella Dignani Schmidt de. A Cláusula Compromissória Como Negócio Jurídico. *Revista de Direito Privado*, vol. 99, p. 265-281, mai./jun., 2019, DTR 2019/27419.

[165] "Form requirements sometimes do not always reflect business practice. While in certain areas of trade parties often rely on oral agreements, strict form requirements can defeat an agreement to arbitrate, the existence of which is beyond doubt." (LEW, Julian; MISTELIS, Loukas; KRÖLL, Stefan. *Comparative International Commercial Arbitration*. Haia: Kluwer Law International, 2003, p. 131).

[166] GONÇALVES, Diogo Costa. A Vinculação de Terceiros à Convenção de Arbitragem: algumas reflexões. *Revista de Arbitragem e Mediação*, vol. 64, p. 259-274, jan./mar. 2020, DTR 2020/1802, p. 06.

[167] "As a general rule under Brazilian contract law, the manifestation of intent is not subject to form requirements. This principle is set forth in Art. 107 of the Brazilian Civil Code, according to which the validity of the declaration of intent does not depend upon special form, except when expressly required by law. As demonstrated below, the Brazilian Arbitration Act requires the arbitration clause to be in writing, but does not set out further requirements as to how the parties' consent to the arbitration agreement shall be manifested. It is widely accepted that consent does not need to be express, i.e. it can be explicit or implicit." (OHLROGGE, Leonardo. *Multi-Party and Multi-Contract Arbitration in Brazil*. São Paulo: Quartier Latin, 2020, p. 50).

[168] "The formal validity of an arbitration agreement is closely related to the issue of whether the party actually consented to arbitration. The formal requirements are intended to ensure that the parties actually agreed on arbitration. Consequently questions as to the fulfillment of the form requirements and the necessary consent are often interwoven and treated jointly. However, there are cases where national courts despite an agreement to arbitrate have accepted jurisdiction over a dispute because the arbitration agreement did not fulfill the necessary form requirements" (LEW, Julian; MISTELIS, Loukas; KRÖLL, Stefan. *Comparative International Commercial Arbitration*. Haia: Kluwer Law International, 2003, p. 130).

[169] BOSCOLO, Ana Teresa de Abreu Coutinho; BENETTI, Giovana Valentiano. O Consensualismo Como Fundamento da Arbitragem e os Impasses Decorrentes do Dissenso. *Revista de Direito Empresarial*, vol. 2, p. 303-341, mar./abr. 2014, DTR 2014/1436, p. 14.

[170] "Também será reputada como escrita se estiver contida em uma troca de petições entre as partes, em que uma das partes alega a existência da convenção de arbitragem e a outra não a nega. Admite,

CONVENÇÃO DE ARBITRAGEM – *Fichtner • Tolentino • Polastri • Salton*

Apesar da exigência da forma escrita, o STJ reconhece que o comparecimento das partes à arbitragem supre a inexistência da convenção de arbitragem quando não há impugnação à jurisdição do juízo arbitral. Esse é o entendimento exarado nos autos da Sentença Estrangeira Contestada 856, oportunidade em que a Corte Superior estabeleceu que "tem-se como satisfeito o requisito da aceitação da convenção de arbitragem quando a parte requerida, de acordo com a prova dos autos, manifestou defesa no juízo arbitral, sem impugnar em nenhum momento a existência da cláusula compromissória"[171]. Essa mesma *ratio* foi adotada pelo TJGO, que dispôs que "diante do comparecimento voluntario do réu perante o Juízo Arbitral, no qual foi celebrado o acordo ora questionado, a tese de nulidade da sentença alicerçada na suposta irregularidade do compromisso arbitral que, consoante diz, não está revestido das formalidades exigidas pela lei de regência, não merece acolhimento, isto porque, ainda que desobrigada, a parte que ali comparece e decide firmar acordo, fica submetida aos efeitos da sentença proferida"[172].

De forma semelhante, o TJMG dispensou os requisitos formais em um caso julgado, sob o fundamento de que "diante do comparecimento da ora agravante perante o Juízo Arbitral, onde firmou acordo, a tese de nulidade fundada na inexistência de compromisso não merece acolhimento. Mesmo desobrigada, a parte que comparece ao Juízo Arbitral e ali decide firmar acordo, fica submetida aos efeitos da sentença arbitral"[173].

Além disso, acerca de determinados requisitos formais, o TJSP, ao apreciar um caso envolvendo um compromisso arbitral, decidiu pela validade do negócio jurídico, apesar das partes terem denominado a convenção como "cláusula compromissória". Na ementa ficou estabelecido que é "irrelevante a nomenclatura que se dera à peca, conquanto tenha ela servido aos fins a que se destinava"[174], além disso, firmou-se o entendimento que a "ausência da assinatura de duas testemunhas que não é apta, por si só, a macular o documento"[175].

De forma semelhante, o TJGO decidiu pela validade da cláusula compromissória nomeada como "compromisso arbitral", elucidativamente dispondo que

> "sob esse vértice, *in casu*, percebe-se que a impropriedade do termo 'compromisso arbitral' empregado mostra-se irrelevante e não descaracteriza a avenca, pois é claro que o real intento dos contratantes foi o de firmar cláusula compromissória [...] sendo assim, considerando que as partes, capazes e concordantes, previram a opção pela arbitragem, na modalidade cláusula compromissória, mediante livre ajuste que atendeu todas as exigências ditadas pelo art. 4º, § 1º, da Lei 9.307/1996, bem como tendo em vista a prevalência do conteúdo sobre o nomen iuris dado ao pacto, impõe-se reconhecer

---

ainda, que seja feita referência a qualquer documento que contenha uma cláusula compromissória, desde que a referência seja feita de modo a tornar a cláusula parte integrante do contrato." (LACRETA, Isabela. Aspectos Contratuais da Cláusula Compromissória. *Revista de Direito Empresarial*. Vol. 20, p. 243-276, nov./2016, DTR 2016/24314, p. 08).

[171] STJ. SEC 856/EX. Min. Carlos Alberto Menezes Direito. Corte Especial. J. em: 18.05.2005.

[172] TJGO. Apel 59064-44.2009.8.09.051. Des. Alan Sebastião da Sena Conceição. 5ª CC. J. em: 17.11.2016.

[173] TJMG. AI 10525100045315001. Des. Luiz Carlos Gomes da Mata. 13ª CC. J. em: 31.05.2012.

[174] TJSP. Apel 1024871-07.2015.8.26.0114. Desa. Cláudia Grieco Tabosa Pessoa. 19ª Cam Dir Priv. J. em: 24.04.2018.

[175] TJSP. Apel 1024871-07.2015.8.26.0114. Desa. Rela. Cláudia Grieco Tabosa Pessoa. 19ª Cam Dir Priv. J. em: 24.04.2018.

existente, valida e eficaz a contratação de cláusula estipuladora da heterocomposição e, por conseguinte, do título que ora se executa, favorecendo-se a intenção dos contratantes à literalidade da linguagem escrita, conforme preceitua o art. 112 do Código Civil retrocitado"[176].

Tomando esses elementos em consideração, importa notar que a exigência de forma escrita vem sendo objeto de ressignificação. Trata-se de consequência natural da evolução dos meios de comunicação, pois o texto legal cristaliza palavras pensadas dentro de um contexto específico. No entanto, a dinamicidade das relações jurídicas não se coaduna com os processos de alterações legislativas. Por essa razão, cabe aos intérpretes atribuir significado em consonância ao texto da lei, por mais que não em estrita consonância com o sentido literal da linguagem.

4. Cláusula compromissória patológica, vazia e cheia no plano da validade

A doutrina nacional apresenta subdivisão para a cláusula compromissória, entre "patológica", "vazia" e "cheia". Trata-se de situações diversas que podem caracterizar a cláusula compromissória, dependendo da sua completude e da satisfação dos requisitos dos planos do negócio jurídico.

Em primeiro, a cláusula arbitral "cheia" é aquela que contém os elementos necessários para viabilizar a instituição da arbitragem[177]. A sua redação contém os elementos básicos do plano da existência e todos requisitos e fatores para produzir efeitos jurídicos, dispensando-se, assim, complementação[178]. É dotada de força suficiente para permitir a instauração da arbitragem, sem necessidade de celebração de posterior compromisso, ratificando a escolha das partes pela via arbitral[179].

Normalmente, em arbitragens geridas por meio de instituições arbitrais, esse requisito é preenchido com a simples eleição da instituição de arbitragem e a adoção das suas regras, que, normalmente, contêm todos os elementos necessários à instauração do procedimento arbitral. Assim o fazendo, na forma do art. 5º da Lei de Arbitragem[180], as partes terão aderido ao conjunto de suas regras, que devem prever o procedimento até a efetiva instituição da arbitragem. De outro lado, em arbitragens *ad hoc*, em que as

---

[176] TJGO. 4ª CC. Apel 41552-82.2008.8.09.0051. Des. Rel. Kisleu Dias Maciel Filho. J. em: 23.08.2012.

[177] Nas palavras de José Emilio Nunes Pinto, a cláusula completa ou cheia é aquela que possui "o condão de ser suficiente e bastante para instituir a arbitragem". (NUNES PINTO, José Emílio. A Cláusula Compromissória à Luz do Código Civil. *Revista de Arbitragem e Mediação*, vol. 4, p. 34-47, jan./mar., 2005, DTR 2005/780, p. 04).

[178] NUNES PINTO, José Emílio Nunes. A Cláusula Compromissória à Luz do Código Civil. *Revista de Arbitragem e Mediação*, vol. 4, p. 34-47, jan./mar., 2005, DTR 2005/780, p. 03-04.

[179] Nesse sentido, os seguintes dizeres da Ministra Nancy Andrighi sobre a desnecessidade de firmar compromisso ante a cláusula arbitral cheia: "(...) 4. A contratação de cláusula compromissória "cheia", espécie admitida pelo art. 5º da Lei de Arbitragem, na qual se convenciona a forma de nomeação dos árbitros ou adoção de regras institucionais, prescinde de complementação por meio de compromisso arbitral" (STJ. REsp 1.389.763/PR. Min. Nancy Andrighi. Terceira Turma. J. em: 12.11.2013).

[180] Lei de Arbitragem, Art. 5º: "Reportando-se as partes, na cláusula compromissória, às regras de algum órgão arbitral institucional ou entidade especializada, a arbitragem será instituída e processada de acordo com tais regras, podendo, igualmente, as partes estabelecer na própria cláusula, ou em outro documento, a forma convencionada para a instituição da arbitragem."

partes optam por uma gestão não institucional do procedimento e, não necessariamente, aderem às regras de uma instituição específica, devem prever as regras aplicáveis ou o procedimento para a instituição da arbitragem.

Em segundo, há a cláusula compromissória "vazia", também denominada "em branco"[181]. É aquela que não contém os elementos mínimos que permitam a instituição da arbitragem. No direito estrangeiro, a cláusula "vazia" normalmente é referida como "black clause"[182], comumente enquadrada como um exemplo de cláusula patológica[183]. Diferentemente do que ocorre com a cláusula cheia, a cláusula vazia exige e permite complementação[184], dada pela formação do compromisso arbitral (art. 6º da Lei de Arbitragem)[185]. Assim, percebe-se que na cláusula compromissória vazia não há vício de validade, na cláusula ou no contrato, apenas carece a convenção de fatores de eficácia que precisam e podem ser preenchidos pelo Poder Judiciário.

Em terceiro, há a cláusula compromissória patológica. Em certos casos extremos, a cláusula compromissória poderá padecer de vícios tão graves que sequer poderá produzir efeitos. As cláusulas patológicas são aquelas inexistentes, inválidas ou completamente inaptas à produção de efeitos jurídicos. Por conta da gravidade do vício que as atinge,

---

[181] "Por outro lado, a cláusula compromissória "vazia", ou seja, aquela que não trata da forma de instituição do procedimento arbitral, necessita da celebração posterior de um "compromisso arbitral", firmado extrajudicialmente, ou, na hipótese de resistência de uma das partes, perante o juiz" (WALD, Arnoldo; BORJA, Ana Gerdau de. Cláusula compromissória "cheia" e aceitação tácita da cláusula arbitral: caso Itiquira vs. Inepar comentários aos EI 428.067-1/10 do TJPR. *Revista de Arbitragem e Mediação*, vol. 32, p. 343-369, jan./mar., 2012, DTR 2012/2287, p. 15).

[182] Por todos, Fouchard, Gaillard e Goldman: "A 'blank clause' (clause blanche) is one which contains no indication, whether directly or by reference to arbitration rules or to an arbitral institution, as to how the arbitrators are to be appointed. (…) The pathological element of a blank clause really only emerges where the arbitration agreement contains no detail linking the blank clause, by the choice of a seat or a procedural law, to a country whose courts are able to appoint the arbitrators". (FOUCHARD, Philippe; GAILLARD, Emmanuel; GOLDMAN, Berthold. *Fouchard Gaillard Goldman on International Arbitration*. Haia: Kluwer Law International, 1999, p. 266-267).

[183] Nesse sentido, Gary Born diz que: "The substantive grounds for challenging consent to, or the existence of, an international arbitration agreement fall into familiar categories of generally-applicable contract law. These grounds include: (a) lack of agreement on essential terms; (b) indefinite or uncertain arbitration agreements; (c) arbitration agreements referring to nonexistent arbitral institutions or institutional rules; (d) internally contradictory arbitration agreements; (e) "optional" arbitration agreements. These grounds are often regarded as affecting the existence of an agreement to arbitrate, although the better characterization is a matter of substantive validity". (BORN, Gary. *International Commercial Arbitration*. 3th ed. Alphen aan den Rijn: Kluwer Law International, 2021, p. 479-480).

[184] Assim já se manifestou a Ministra Nancy Andrighi: "14. A classificação das cláusulas compromissórias, longe de ser meramente teórica, tem efeitos práticos disciplinados expressamente na Lei 9.307/1996 e reiteradamente reconhecidos pelo STJ. Nota-se que o texto expresso do art. 6º exige a assinatura do compromisso arbitral apenas quando não haja acordo prévio sobre a forma de instituição da arbitragem. Daí se conclui que o compromisso arbitral é imprescindível apenas à instituição de arbitragem convencionada por cláusula compromissória 'em branco' (ou vazia) e após o surgimento concreto da lide" (STJ. REsp 1.389.763/PR. Min. Nancy Andrighi. Terceira Turma. J. em: 12.11.2013).

[185] Lei de Arbitragem, Art. 6º: "Não havendo acordo prévio sobre a forma de instituir a arbitragem, a parte interessada manifestará à outra parte sua intenção de dar início à arbitragem, por via postal ou por outro meio qualquer de comunicação, mediante comprovação de recebimento, convocando-a para, em dia, hora e local certos, firmar o compromisso arbitral."

não podem ser sanadas pelo procedimento previsto nos arts. 6º e 7º da Lei de Arbitragem, caracterizando-se nas situações referidas pelo art. II (3) da Convenção de Nova Iorque[186], que permite, inclusive, o reconhecimento pelo Poder Judiciário quando o vício for manifesto. Por exemplo, em situações nas quais a manifestação de vontade das partes é viciada, ou em que há patente inarbitrabilidade do litígio. Ou, ainda, quando não seja possível depreender a vontade das partes de conferir jurisdição aos árbitros para resolver os litígios[187].

Destaca-se que é possível que uma cláusula compromissória cheia seja considerada inválida. Por exemplo, em casos em que há vício de formação, que atinja tanto o contrato quanto a cláusula compromissória nele inserida. Nessa situação, a cláusula compromissória – mesmo que cheia – padece de vício que não pode ser destacado do contrato. Nesse contexto, uma determinada situação pode levar à invalidade global do contrato, abarcando inclusive a cláusula compromissória[188]. Trata-se do fenômeno de *Fehleridentität*, que significa uma identidade de vícios e defeitos de consentimento[189]. Entretanto, a invalidade somente – e tão somente – será contaminante se tiver causa comum com a do contrato principal[190].

---

[186] Convenção de Nova Iorque, II (3): "O tribunal de um Estado signatário, quando de posse de ação sobre matéria com relação à qual as partes tenham estabelecido acordo nos termos do presente artigo, a pedido de uma delas, encaminhará as partes à arbitragem, a menos que constate que tal acordo é nulo e sem efeitos, inoperante ou inexequível."

[187] WEBBER, Pietro Benedetti Teixeira; SCALCO, Gabriela Barcellos. Cláusulas compromissórias patológicas no direito brasileiro: eficácia e exequibilidade. *RJLB*, ano 7, nº 2 p. 1233-1255, 2021, p. 1242.

[188] Na casuística internacional, destaca-se o acórdão do Tribunal da Relação do Porto, de 8 de março de 2016. "Vigorando, entre nós, o princípio da competência dos tribunais arbitrais para decidirem sobre a sua própria competência (arts. 5º, nº 1, e 18º, nº 1, LAV), o tribunal estadual em que a acção foi proposta deve limitar-se a verificar a excepção de preterição do tribunal arbitral, mas assumindo que esse tribunal apenas pode decidir pela incompetência do tribunal arbitral nos casos de inexistência, nulidade ou ineficácia da cláusula compromissória." [...] "Subsistindo, porém, a questão da amplitude do caso julgado formado na acção em que se discutiu a excepção de preterição do tribunal arbitral, o tribunal arbitral deve ficar vinculado a aceitar a competência que o tribunal judicial lhe reconheceu, sob pena de nenhum dos tribunais, nem o tribunal judicial, nem o tribunal arbitral, se considerar competente para a apreciação de um mesmo objecto." (Tribunal da Relação do Porto, Processo 2164/14.7TBSTS.P1, Relator: Vieira e Cunha, em 08.03.2016).

[189] "Como já dito, existem exceções. A invalidade do contrato principal pode estender-se à cláusula compromissória, desde que a invalidade, por exemplo, não diga respeito ao conteúdo do contrato ou a uma rescisão do contrato principal por inadimplemento, mas sim a um vício na sua celebração (e.g. incapacidade de uma das partes ou falta do poder de representação). Além disso, erro, dolo e coação podem afetar tanto a cláusula compromissória quanto o contrato principal." (SESTER, Peter Christian. *Comentários à Lei de Arbitragem e à Legislação Extravagantes Relacionada a Arbitragem*. São Paulo: Quartier Latin, 2020, p. 173-174).

[190] "Se é certo, por haver expressa disposição legal, que a cláusula compromissória é autônoma em relação ao contrato que está inserida, parece ser consequente lógico que não haja contaminação das invalidades. A invalidade só irá ser contaminante se tiver causa comum, tal como a incapacidade absoluta dos contratantes, mas aí a questão deixa de ser relevante, por incidirem as causas de invalidade também sobre o negócio jurídico compromissório. Do contrário, ainda que o negócio jurídico principal seja inválido, esta invalidade não será extensiva à escolha pela arbitragem." (STEINER, Renata Carlos. Arbitragem e Autonomia da Cláusula Compromissória. *Revista de Arbitragem e Mediação*, vol. 31, p. 131-151, out./dez, 2011, DTR 2011/5124, p. 05).

Percebe-se, portanto, que há graus variados de satisfação da validade dos requisitos de validade da cláusula compromissória. O mais grave é a cláusula compromissória patológica, entendida como aquela na qual há carência de elemento de existência, de requisito de validade ou carência completa dos fatores de eficácia. Em segundo, há as cláusulas compromissórias vazias, que apresentam os elementos e os requisitos para a sua plena validade, mas não contém todos os fatores para a sua eficácia. Em terceiro, há a cláusula compromissória cheia, que é existente, válida e eficaz.

Por fim, registra-se que há as cláusulas compromissórias – vazias ou cheias – inseridas em contratos que padecem de vícios de existência, validade ou eficácia. Nesses casos, quando o vício atinja somente o contrato no qual a cláusula compromissória está inserida, sem ser reconduzível à convenção de arbitragem em si, essa poderá produzir efeitos e a controvérsia poderá ser dirimida mediante arbitragem, por conta da doutrina da separabilidade/autonomia da convenção de arbitragem. Reforça-se, nesse contexto, que a separabilidade da cláusula compromissória impõe, apenas, uma independência jurídica relativa, aplicável apenas quando é possível vislumbrar a vontade de arbitrar, permitindo a produção de efeitos da convenção de arbitragem nessas situações. Trata-se, somente, de independência relativa, pois enquanto negócio jurídico vinculado ao contrato principal, dentro da mesma lógica de estrutura econômica, a violação à convenção de arbitragem pode representar violação aos interesses juridicamente relevantes da própria relação material, caracterizando seu inadimplemento.

§ 27. A ARBITRABILIDADE ENQUANTO REQUISITO ESPECIAL DE VALIDADE DO PROCEDIMENTO ARBITRAL

1. Noção geral acerca da arbitrabilidade

A arbitrabilidade é um dos pilares conceituais da arbitragem[191]. Por arbitrabilidade, entende-se a possibilidade de validamente submeter um conflito de interesses à arbitragem em razão das características subjetivas e objetivas controvertidas no caso concreto[192]. Assim, a arbitrabilidade é conceito amplo, que é bipartido para endereçar quem pode se submeter à arbitragem (arbitrabilidade subjetiva ou *ratione personae*) e o que pode ser submetido ao processo arbitral (arbitrabilidade objetiva ou *ratione materiae*).

Nesse sentido, percebe-se que a arbitrabilidade apresenta relação íntima com o plano da validade. É possível que uma convenção de arbitragem seja existente, mas disponha sobre matéria que não pode ser sujeita à apreciação através da via arbitral. Assim, não poderá haver, validamente, a utilização desse método de solução de litígio nessa situação específica, não sendo ela apta a produzir os seus efeitos. Desta forma, a análise de arbitrabilidade constitui requisito especial de verificação da validade da instauração do procedimento perante a jurisdição arbitral. Ou seja, a arbitrabilidade é elemento a ser analisado, ou no

---

[191] Tomamos como base para as concepções desenvolvidas no estudo desse tópico as noções já sustentadas em: FICHTNER, José Antonio, et. al. *Teoria Geral da Arbitragem*. Rio de Janeiro: Forense, 2016, Capítulo 4, item 4.1. páginas 223 a 227.

[192] Eduardo Damião Gonçalves conceitua a arbitrabilidade da seguinte forma: "A faculdade de um litígio ser resolvido por arbitragem ou a aptidão de um litígio ser objeto de uma arbitragem é o que se chama arbitrabilidade" (GONÇALVES, Eduardo Damião. *Arbitrabilidade objetiva*. 2008. Tese (Doutorado) – Universidade de São Paulo. São Paulo, p. 08).

PARTE II · **Capítulo 8** · A VALIDADE DA CONVENÇÃO DE ARBITRAGEM | **275**

plano da validade, ou da eficácia da convenção de arbitragem (a depender do aspecto da arbitrabilidade a ser considerado) e no plano da validade do procedimento arbitral.

Nesse sentido, o conceito de arbitrabilidade representa aspecto externo do processo arbitral, e não categoria interna. É possível relacionar a ideia de arbitrabilidade com a de soberania, pois, parte-se do pressuposto de que a arbitragem, por ter origem em contrato e na autonomia privada dos indivíduos, somente pode se desenvolver no espaço reservado pela ordem jurídica estatal. Assim, o conceito de arbitrabilidade age como filtro das matérias que o Estado não tem interesse em julgar com exclusividade, admitindo, via consenso das partes, submetê-las à jurisdição aos árbitros.

Por conseguinte, há inegável componente público no conceito de arbitrabilidade, estando fora da disposição dos indivíduos, agindo de moldura para as matérias admissíveis a serem discutidas perante a jurisdição privada dos árbitros. Conforme Philippe Fouchard, Emmanuel Gaillard e Berthold Goldman:

> "in any society, it is quite understandable that the legislature should consider that certain types of dispute should not be left to a private dispute resolution mechanism such as arbitration. Even in an international context this is a legitimate concern. For example, it is not appropriate for arbitrators to pronounce a divorce or hear a paternity dispute. The difficulty thus lies not in the principle that certain issues are non-arbitrable, but in determining the limits of that non-arbitrability, and in the rules governing that determination"[193].

Assim, a arbitrabilidade não é conceito que decorre exclusivamente do instituto da arbitragem, sendo, ao contrário, fixado por cada ordenamento jurídico, estando rodeado por elementos políticos, econômicos, sociais, culturais e/ou morais. Nesse sentido, Alan Redfern e Martin Hunter lecionam que "each state decides which matters may or may not be resolved by arbitration in accordance with its own political, social, and economic policy"[194]. Julian D. M. Lew, Loukas A. Mistelis e Stefan M. Kröll explicam que "every national law determines which types of disputes are the exclusive domain of national courts and which can be referred to arbitration", sendo certo que "this differs from state to state reflecting the political, social and economic prerogatives of the state, as well as its general attitude towards arbitration"[195.]

Em seguida, os autores lecionam que "it involves a balancing of the mainly domestic importance of reserving certain matters for exclusive decision of courts with the more general public interest of promoting trade and commerce through an effective means of

---

[193] FOUCHARD, Philippe; GAILLARD, Emmanuel; GOLDMAN, Berthold. *International commercial arbitration*. Edited by Emmanuel Gaillard and John Savage. The Hague: Kluwer, 1999, p. 330.

[194] REDFERN, Alan; HUNTER, Martin; BLACKABY, Nigel; PARTASIDES, Constantine. *Redfern and Hunter on International Arbitration*. Oxford: Oxford University Press, 2015, p. 79-80. António Sampaio Caramelo aduz, neste sentido, que "é certo que a definição das matérias que podem ser submetidas a arbitragem resulta de razões de carácter político, económico, social ou moral – que são, aliás, diferentemente valoradas pelas diversas ordens jurídicas" (CARAMELO, António Sampaio. Critérios de arbitrabilidade dos litígios. Revisitando o tema. *Revista de Arbitragem e Mediação*, v. 27, out./dez., 2010. DTR 2010/758, p. 02).

[195] LEW, Julian D. M.; MISTELIS, Loukas A.; KRÖLL, Stefan M. *Comparative international commercial arbitration*. The Hague: Kluwer, 2003, p. 198.

dispute settlement"[196]. Na doutrina brasileira, Eduardo Damião Gonçalves afirma, com autoridade, que o conceito de arbitrabilidade "deriva da definição de uma política estatal de privilegiar a solução de conflitos por um método privado e paralelo que, em alguns casos, pode ser mais apropriado que a justiça estatal para a pacificação social, escopo social da jurisdição"[197].

Assim, a extensão da arbitrabilidade não deixa de ser questão pertinente à soberania. A natureza privada da arbitragem e a importância central da autonomia privada não podem ser compreendidas sem a chancela dos diversos Estados Nacionais, que legitimam esse método de solução de controvérsias, reconhecendo natureza jurisdicional, de modo equiparado à atuação do Poder Judiciário.

A carência de *ius imperium* da via arbitral ilustra como é o próprio Estado, por meio do direito objetivo, que traça os contornos abstratos da atuação da jurisdição arbitral. As finalidades da arbitragem, enquanto método jurisdicional, de concretizar o direito e promover a pacificação social, somente são possíveis graças ao amparo estatal. O valor de uma sentença arbitral que não pode ser executada é absolutamente relativo, pois a transformação da realidade jurídica contida na decisão em realidade no mundo dos fatos dependeria da vontade do vencido. Qual o valor de uma medida de urgência decretada pelos árbitros que não pode ser efetivada, coercitivamente, na prática? Qual o valor, mesmo num contexto internacional, de decisões arbitrais que não podem produzir efeitos além dos limites fronteiriços em que foi proferida? Sem o poder de império associado ao regime de execuções de sentenças arbitrais, o árbitro, sem o apoio do juiz togado, pode, em algumas hipóteses, acabar exercendo apenas um papel moral.

A história do desenvolvimento da arbitragem no Brasil ilustra exatamente esse movimento. O seu marco inicial, em termos legislativos, é significativamente anterior à sua consagração prática. A arbitragem já se encontrava prevista no ordenamento jurídico brasileiro desde a Constituição Imperial, contudo, carecia de efetividade por conta das regras legais anteriores à Lei 9.307/1996, impedindo maior desenvolvimento do instituto. Ou seja, o sucesso da arbitragem enquanto método de solução de controvérsias é diretamente relacionado ao apoio conferido pelos Estados soberanos. Nem o mais radical defensor da teoria autônoma (ou autonomista) da arbitragem negaria esta dependência, ao menos *de lege lata*. Caso não houvesse políticas, legislativa e judiciária, de incentivo à arbitragem, o seu desenvolvimento estaria inexoravelmente comprometido.

Nesse contexto, há de se ter ressalvas com a ampliação demasiada da jurisdição arbitral, que não é geneticamente estruturada para substituir, em escala massiva, o Poder Judiciário. Trata-se, ao contrário, método adequado à solução de algumas espécies de litígios, razão pela qual o escopo da arbitrabilidade deve ser dosado cautelosamente. O respeito da comunidade arbitral àquelas matérias sensíveis aos Estado soberanos é fundamental para demonstrar que a arbitragem age em adequada cooperação com os Poderes constituídos.

Ou seja, a arbitrabilidade é a chave de relacionamento entre os Estados soberanos e o instituto da arbitragem, fixando os limites que não podem ser transpostos na tarefa de

---

[196] LEW, Julian D. M.; MISTELIS, Loukas A.; KRÖLL, Stefan M. *Comparative international commercial arbitration*. The Hague: Kluwer, 2003, p. 198.

[197] GONÇALVES, Eduardo Damião. *Arbitrabilidade objetiva*. 2008. Tese (Doutorado) – Universidade de São Paulo. São Paulo, p. 32.

distribuir justiça. Esta política de equacionamento varia de acordo com diversos fatores, havendo permanente mutabilidade, conforme o contexto histórico-cultural é modificado. Eduardo Damião Gonçalves afirma esta percepção: "a definição da arbitrabilidade por cada direito nacional passa por uma constante evolução e, nos países com maior tradição em arbitragem, há uma apreensão diferente do fenômeno quando se está diante de um conflito internacional, levando o Estado a flexibilizar seus interesses domésticos em prol do interesse de promover o comércio internacional, no qual a arbitragem ocupa, não cansaremos de repetir, lugar de fundamental importância para o equilíbrio das transações. Essa tendência é perceptível na experiência de diferentes países, independentemente dos critérios de arbitrabilidade que adotaram"[198].

É possível distinguir em categorias distintas as limitações impostas à arbitrabilidade: (i) em primeiro, matérias que digam respeito a questões intrínsecas do Estado (*v.g.: acta iure imperii*); (ii) em segundo, questões que afetem a coletividade como um todo (p. ex.: direitos transindividuais); (iii) em terceiro, tópicos ligados a aspectos sensíveis da vida pessoal do cidadão que são tutelados pelo Estado (isto é, filiação, poder familiar, ordem de vocação hereditária etc.); e (iv) assuntos que, em tese, poderiam expor uma parcela específica da sociedade, considerada fragilizada em certas relações jurídicas (ou seja, consumidores, empregados, locatários etc.), a algum tipo de desigualdade ou de injustiça.

De maneira geral, pode-se constatar a tendência de aumento da abrangência da arbitrabilidade nas últimas décadas. Há edição de leis abrangentes a este respeito, bem como desenvolvimento de jurisprudência favorável à via arbitral. Isso já levou alguns autores a propugnarem, inclusive, por uma suposta *death of inarbitrability*[199]. No entanto, não se deve levar ao extremo a ideia de fim da inarbitrabilidade. A distribuição de justiça no país, por ser matéria de política pública e de organização do exercício da jurisdição, deve sempre guardar um nexo de pertinência entre as idiossincrasias da arbitragem com o direito material a ser tutelado.

Identificando essa ampliação do escopo da arbitrabilidade, Gary Born considera que "judicial and legislative decisions over the past several decades have progressively narrowed the scope of the nonarbitrability doctrine and the subjects which are considered to be nonarbitrable"[200]. Essa amplitude demonstra a confiança que vem sendo depositada na arbitragem, tal como afirmam Philippe Fouchard, Emmanuel Gaillard e Berthold Goldman: "the scope of objective non-arbitrability largely depends on the confidence placed in arbitration as a dispute resolution mechanism. Arbitration was once viewed

---

[198] GONÇALVES, Eduardo Damião. *Arbitrabilidade objetiva*. 2008. Tese (Doutorado) – Universidade de São Paulo. São Paulo, p. 157.

[199] YOUSSEF, Karim. The death of inarbitrability. In: MISTELIS, Loukas A.; BREKOULAKIS, Stavros (Ed.). *Arbitrability*: international & comparative perspectives. The Netherlands: Kluwer, 2009, p. 47-67. António Sampaio Caramelo também idêntica esta tendência de ampliação dos limites da arbitrabilidade: "Quaisquer que sejam os métodos utilizados para determinar os litígios que podem ser submetidos a arbitragem e aqueles em que tal é vedado, o que na generalidade do Estados se verifica é que essa linha divisória tem vindo a deslocar-se, com grande nitidez, no sentido do alargamento das categorias de controvérsias que podem ser resolvidas por árbitros" (CARAMELO, António Sampaio. Critérios de arbitrabilidade dos litígios. Revisitando o tema. *Revista de Arbitragem e Mediação*, v. 27, out./dez., 2010. DTR 2010/758, p. 02).

[200] BORN, Gary B. *International commercial arbitration*. 3ª ed. The Hague: Kluwer, 2021, p. 1059.

with a degree of suspicion, but has now become the normal method of resolving disputes, at least in the international arena"[201].

Não obstante esse reconhecimento, a verdade é que o tema da arbitrabilidade é repleto de divergências na doutrina e na jurisprudência internacionais, não se podendo dizer que haja relativo consenso no que tange aos aspectos centrais do instituto. Julian D. M. Lew e Oliver Marsden consideram que "there is no clear international consensus as to what matters are and are not capable of settlement by arbitration, and attempts to forge such a consensus have failed"[202]. Da mesma forma, Stavros Brekoulakis afirma que, "despite the significant progress of the arbitration theory in the last three decades, the discussion on inarbitrability remains today more pertinent than ever"[203].

2. Arbitrabilidade stricto sensu e arbitrabilidade lato sensu

Na doutrina é possível encontrar a diferença entre arbitrabilidade *stricto sensu* e arbitrabilidade *lato sensu*[204].

João Bosco Lee explica, por um lado, que "a arbitrabilidade *stricto sensu* se limita à análise da condição de validade da convenção de arbitragem", sendo certo que "este conceito é utilizado amplamente pelo direito comparado". Por outro lado, o autor afirma que a arbitrabilidade *lato sensu* "consiste em determinar preliminarmente o campo de aplicação da cláusula compromissória, para, em seguida, examinar se o litígio é susceptível de ser resolvido pela arbitragem", valendo-se dizer que "esta interpretação é utilizada principalmente pelos tribunais norte-americanos"[205].

Philippe Fouchard, Emmanuel Gaillard e Berthold Goldman lecionam que "the term 'arbitrability' is sometimes given a broader meaning, covering the existence and validity of the parties' consent to arbitration, as is the case with the terminology used by the United States Supreme Court"[206]. Os autores, porém, entendem que "that meaning is liable to generate confusion, and is not widely used in international practice"[207]. Julian D. M. Lew, Loukas A. Mistelis e Stefan M. Kröll esclarecem que "in the US the term 'arbitrability' is often used in a wider sense covering the whole issue of the tribunal's jurisdiction"[208].

---

[201] FOUCHARD, Philippe; GAILLARD, Emmanuel; GOLDMAN, Berthold. *International commercial arbitration*. Edited by Emmanuel Gaillard and John Savage. The Hague: Kluwer, 1999, p. 330-331.

[202] LEW, Julian D. M.; MARSDEN, Oliver. Arbitrability. In: LEW, Julian D. M.; BOR, Harris et al. (Ed.). *Arbitration in England*. The Hague: Kluwer, 2013, p. 399.

[203] BREKOULAKIS, Stavros L. On arbitrability: persisting misconceptions and new areas of concern. Arbitrability: international & comparative perspectives. In: _____; MISTELIS, Loukas A. (Ed.). *Arbitrability*: international & comparative perspectives. The Netherlands: Kluwer, 2009, p. 44.

[204] Tomamos como base para as concepções desenvolvidas no estudo desse tópico as noções já sustentadas em: FICHTNER, José Antonio, et. al. *Teoria Geral da Arbitragem*. Rio de Janeiro: Forense, 2016, Capítulo 4, item 4.2.1, pg. 227.

[205] LEE, João Bosco. O conceito de arbitrabilidade nos países do Mercosul. Revista de Direito Bancário e do Mercado de Capitais, vol. 8, p. 346-358, abr./jun., 2000, DTR 2000/202.

[206] FOUCHARD, Philippe; GAILLARD, Emmanuel; GOLDMAN, Berthold. *International commercial arbitration*. Edited by Emmanuel Gaillard and John Savage. The Hague: Kluwer, 1999, p. 311.

[207] FOUCHARD, Philippe; GAILLARD, Emmanuel; GOLDMAN, Berthold. *International commercial arbitration*. Edited by Emmanuel Gaillard and John Savage. The Hague: Kluwer, 1999, p. 311.

[208] LEW, Julian D. M.; MISTELIS, Loukas A.; KRÖLL, Stefan M. *Comparative international commercial arbitration*. The Hague: Kluwer, 2003, p. 187.

A verdade é que a jurisprudência norte-americana confere ao termo arbitrabilidade um sentido próprio, peculiar à realidade americana, mas que não é reconhecido nos demais países do mundo, nem pela doutrina, tampouco pelos tribunais. Segundo essa noção, exclusivamente norte-americana, a definição de arbitrabilidade é baralhada com a noção de escopo da convenção de arbitragem, razão pela qual é possível considerar, por exemplo, que determinada questão não seria "arbitrável" por não estar enquadrada no objeto da convenção de arbitragem.

Portanto, à luz do ordenamento brasileiro, basta a noção estrita de arbitrabilidade, considerando a arbitrabilidade objetiva do litígio elemento especial de validade da convenção de arbitragem, em paralelo aos requisitos gerais de validade dos negócios jurídicos, tais quais previstos no art. 104 do Código Civil.

3. Arbitrabilidade subjetiva e arbitrabilidade objetiva

A principal divisão atinente à matéria da arbitrabilidade é a cisão entre arbitrabilidade subjetiva e objetiva[209]. Isso significa, em primeiro lugar, que a convenção de arbitragem deve se referir a matéria passível de ser debatida e decidida através da via arbitral e, em segundo lugar, que o mesmo negócio jurídico deve ter sido celebrado por partes que podem submeter suas disputas à arbitragem[210].

Bernard Hanotiau explica a distinção entre arbitrabilidade subjetiva e arbitrabilidade objetiva da seguinte forma:

> "in its usual meaning, arbitrability can be challenged in two different ways: (a) by reason of the quality of one of the parties, when this party is a State, a public collective or entity or public body. One refers in this case to subjective arbitrability or arbitrability *ratione personae*, which is directly related to the quality of the parties in dispute; and (b) by reason of the subject matter of the dispute which has been removed from the domain arbitration by the applicable national law. This is objective arbitrability or arbitrability *ratione materiae*"[211].

Assim, entende-se a arbitrabilidade como a possibilidade teórica de submissão de um conflito de interesses à jurisdição arbitral em razão das características subjetivas e objetivas da disputa[212]. Ao tratar de características subjetivas, está-se diante dos problemas associados à arbitrabilidade subjetiva. De modo diverso, a menção às características objetivas, trata-se de matéria atinente à arbitrabilidade objetiva. Por um lado, a arbitrabilidade subjetiva procura responder à questão sobre "quem" pode se submeter à arbitragem

---

[209] Tomamos como base para as concepções desenvolvidas no estudo desse tópico as noções já sustentadas em: FICHTNER, José Antonio, et al. *Teoria Geral da Arbitragem*. Rio de Janeiro: Forense, 2016, Capítulo 4, item 4.2.1, p. 228.

[210] FOUCHARD, Philippe; GAILLARD, Emmanuel; GOLDMAN, Berthold. *International commercial arbitration*. Edited by Emmanuel Gaillard and John Savage. The Hague: Kluwer, 1999, p. 311.

[211] HANOTIAU, Bernard. The law applicable to arbitrability. Albert Jan Van Den Berg (ed.). *ICCA Congress Series*, vol. 9, The Hague: Kluwer, 1999, p. 146.

[212] Eduardo Damião Gonçalves conceitua a arbitrabilidade da seguinte forma: "A faculdade de um litígio ser resolvido por arbitragem ou a aptidão de um litígio ser objeto de uma arbitragem é o que se chama arbitrabilidade" (GONÇALVES, Eduardo Damião. *Arbitrabilidade objetiva*. 2008. Tese (Doutorado) – Universidade de São Paulo. São Paulo, p. 08).

enquanto, por outro lado, arbitrabilidade objetiva possui como fim responder à pergunta sobre "o que" pode ser submetido ao processo arbitral.

Stavros Brekoulakis defende que "it is questionable whether inarbitrability relates to the validity of an arbitration agreement", sendo certo que "the following indicate that inarbitrability relates to tribunal's jurisdiction and should be distinguished from arbitration agreement's invalidity"[213]. Em outro trecho, o autor repete a ideia de que "inarbitrability should not be considered as a condition of arbitration agreements validity", bem como que "arbitrability pertains to the unique jurisdictional character of arbitration agreements, and it is thus a condition precedent of the jurisdiction of an arbitral tribunal"[214].

É preciso assentar a distinção entre a validade da convenção de arbitragem e a validade do procedimento arbitral. Na linha do pontuado por Brekoulakis, a aferição da arbitrabilidade deve ocorrer no momento da submissão do conflito à jurisdição arbitral, para saber se os árbitros, de fato, terão jurisdição para analisar a questão posta pelas partes.

A Lei de Arbitragem parece ter encampado posicionamento nesse sentido, ao dispor, no art. 1º, que "as pessoas capazes de contratar poderão valer-se da arbitragem para dirimir litígios relativos a direitos patrimoniais disponíveis". Logo, não basta o preenchimento dos requisitos de validade da convenção de arbitragem para que haja instauração válida do procedimento arbitral. É preciso, ao revés, que a controvérsia em concreto que pretenda ser submetida aos árbitros preencha os requisitos de arbitrabilidade subjetiva e objetiva previstos na lei.

Contudo, a arbitrabilidade também é relevante para a análise de validade da convenção de arbitragem. Certas controvérsias, absolutamente, não poderão ser submetidas ao juízo arbitral (*v.g.*, direitos indisponíveis). Nesses casos, ao revés, haverá impossibilidade jurídica por carência de arbitrabilidade objetiva, o que remete ao plano da validade da convenção de arbitragem em si. Assim, a arbitrabilidade pode ser considerada questão de validade ou de eficácia da convenção de arbitragem (a depender do caso).

4. Observações de Direito Comparado

A arbitrabilidade é estabelecida pelos ordenamentos jurídicos a partir de aspectos políticos, econômicos, sociais, culturais e/ou éticos[215]. O Direito Comparado, especialmente no que diz respeito à arbitrabilidade objetiva, mostra a adoção de uma série de critérios, como a patrimonialidade, a livre disponibilidade, a transacionabilidade, a limitação de ordem pública, entre outros. Cumpre investigar, neste item, alguns deles, para depois analisar a opção brasileira.

No Direito inglês, o *Arbitration Act* de 1996, no item "b" do art. 1º, estatui apenas que "the provisions of this Part are founded on the following principles, and shall be construed

---

[213] BREKOULAKIS, Stavros L. On arbitrability: persisting misconceptions and new areas of concern. Arbitrability: international & comparative perspectives. In: _____; MISTELIS, Loukas A. (Ed.). *Arbitrability*: international & comparative perspectives. The Netherlands: Kluwer, 2009, p. 36.

[214] BREKOULAKIS, Stavros L. On arbitrability: persisting misconceptions and new areas of concern. Arbitrability: international & comparative perspectives. In: _____; MISTELIS, Loukas A. (Ed.). *Arbitrability*: international & comparative perspectives. The Netherlands: Kluwer, 2009, p. 39.

[215] Tomamos como base para as concepções desenvolvidas no estudo desse tópico as noções já sustentadas em: FICHTNER, José Antonio, et al. *Teoria Geral da Arbitragem*. Rio de Janeiro: Forense, 2016, Capítulo 4, item 4.4, p. 231-234.

accordingly [...] the parties should be free to agree how their disputes are resolved, subject only to such safeguards as are necessary in the *public interest*". Em sentido idêntico, o *Arbitration Act* de 2010 da Escócia prevê, no item "b" do art. 1.º, que "the founding principles of this Act are [...] that parties should be free to agree how to resolve disputes subject only to such safeguards as are necessary in the *public interest*".

O *Code Civil* francês dispõe, no art. 2.060, que "one cannot enter into a compromise agreement about matters of status and capacity of the persons, matters relating to divorce and judicial separation or matters of disputes involving public bodies and institutions and more generally in all matters concerning public order"[216]. Trata-se de redação bastante criticada, inclusive pela doutrina francesa, por relacionar a noção de arbitrabilidade ao conceito de ordem pública, mas que a jurisprudência francesa já afastou ao menos em relação à arbitragem internacional.

No que diz respeito às arbitragens domésticas, o *Code de Procédure Civile* suíço estatui, no item 1 do art. 354, que "any claim over which the parties may freely dispose may be the object of an Arbitration agreement"[217]. Na Espanha, a *Ley 60/2003* prevê, no item 1 do art. 2.º, que "son susceptibles de arbitraje las controversias sobre materias de *libre disposición* conforme a derecho". O *Codice di Procedura Civile* italiano destaca, na primeira parte do art. 806, que "le parti possono far decidere da arbitri le controversie tra di loro insorte che non abbiano per oggetto *diritti indisponibili*, salvo espresso divieto di legge". Os dois primeiros diplomas legislativos baseiam-se na noção de *livre disponibilidade*, enquanto o último recorre ao conceito de *direitos indisponíveis*.

Numa abordagem mais avançada em relação àquelas até aqui expostas, a *Loi Fédérale sur le Droit International Privé* suíça – aplicável às arbitragens internacionais – dispõe, no item 1 do art. 177, que "any dispute of financial interest may be the subject of an arbitration"[218]. Observe-se que, na Suíça, adotam-se critérios de arbitrabilidade diferentes para as arbitragens domésticas e as arbitragens internacionais. O primeiro caso faz uso do critério da livre disponibilidade enquanto a segunda hipótese se ampara no critério da patrimonialidade.

Também adotando o critério da patrimonialidade, a *Zivilprozessordnung* alemã estabelece, no item 1 do § 1.030, na versão oficial em inglês, que "any claim under property law may become the subject matter of an arbitration agreement", bem como que, na segunda parte desse mesmo dispositivo, "an arbitration agreement regarding *non-pecuniary claims* has legal effect insofar as the parties to the dispute are entitled to conclude a settlement regarding the subject matter of the dispute".

Da mesma forma, o *Code Judiciaire* belga dispõe, no § 1º do art. 1.676, que "toute cause de nature patrimoniale peut faire l'objet d'un arbitrage", bem como que "les causes de nature non-patrimoniale sur lesquelles il est permis de transiger peuvent aussi faire

---

216 A versão em francês é a seguinte: "On ne peut compromettre sur les questions d'état et de capacité des personnes, sur celles relatives au divorce et à la séparation de corps ou sur les contestations intéressant les collectivités publiques et les établissements publics et plus généralement dans toutes les matières qui intéressent l'ordre public".

217 A versão original em francês é a seguinte: "L'arbitrage peut avoir pour objet toute prétention qui relève de la libre disposition des parties".

218 A versão original em francês é a seguinte: "Toute cause de nature patrimoniale peut faire l'objet d'un arbitrage".

l'objet d'un arbitrage". No que diz respeito à arbitrabilidade subjetiva, o *Code* estatui, no § 2.º deste mesmo dispositivo, que "quiconque a la capacité ou le pouvoir de transiger, peut conclure une convention d'arbitrage". É interessante destacar, na linha do que ensinam Niuscha Bassiri e Maud Piers, que "the legislator clarified that this criterion should be interpreted broadly, also taking into account Swiss and German arbitration laws which serve as models for Article 1676, § 1 B.J.C as well as corresponding jurisprudence"[219].

No mesmo sentido, a Lei de Arbitragem Voluntária portuguesa – Lei 63/2011 – dispõe largamente sobre arbitrabilidade logo em seu art. 1º. A lei estatui, no item 1 desse dispositivo, que, "desde que por lei especial não esteja submetido exclusivamente aos tribunais do Estado ou a arbitragem necessária, qualquer litígio respeitante a interesses de natureza patrimonial pode ser cometido pelas partes, mediante convenção de arbitragem, à decisão de árbitros". O item 2 desse mesmo dispositivo dispõe ainda que "é também válida uma convenção de arbitragem relativa a litígios que não envolvam interesses de natureza patrimonial, desde que as partes possam celebrar transacção sobre o direito controvertido".

Conforme leciona Manuel Pereira Barrocas, "relativamente à natureza dos interesses suscetíveis de serem sujeitos a arbitragem, isto é, sobre a arbitrabilidade objetiva do litígio na arbitragem voluntária, a LAV seguiu um regime idêntico ao da legislação alemã (§ 1.030 do ZPO) assente no critério da patrimonialidade dos interesses em jogo"[220]. O Direito português, na linha do ordenamento suíço (para as arbitragens internacionais), alemão e belga, adotou o critério da patrimonialidade para fins de definir a arbitrabilidade objetiva.

Consoante se viu, os ordenamentos jurídicos em geral valem-se das noções de ordem pública, livre disponibilidade, transacionabilidade e patrimonialidade para tratar da arbitrabilidade objetiva. No que tange à arbitrabilidade subjetiva, as disposições legais são mais escassas, normalmente limitando-se a relacionar essa modalidade de arbitrabilidade à capacidade de contratar da parte. É relevante destacar que, em outras disposições, esses ordenamentos jurídicos proíbem ou criam condições mais rigorosas para a arbitragem em determinadas matérias.

Na Espanha, por exemplo, o art. 10 da Ley 60/2003 prevê a possibilidade de resolução pela via arbitral de conflitos relacionados à partilha e administração dos bens componentes do acervo sucessório[221]. Na Argentina, a Ley 24.240/1993, alterada pela Ley 26.361/2008, dispõe sobre tribunais arbitrais específicos para resolução de conflitos envolvendo relações

---

[219]   BASSIRI, Niuscha; PIERS, Maud. In: BASSIRI, Niuscha; DRAYE, Maarten Draye (Ed.). *Arbitration in Belgium*. The Hague: Kluwer, 2016, p. 20. Em sentido parcialmente diverso, António Sampaio Caramelo entende que o Direito belga adotou o critério da transigibilidade: "Nas legislações de alguns países (por exemplo, o Direito belga e o Direito italiano antes da reforma de 2003), o critério de arbitrabilidade adoptado é o da transigibilidade do direito controvertido, que substancialmente equivale ao anteriormente referido, visto que a possibilidade de as partes celebrarem transacção sobre o direito controvertido depende de elas poderem dele dispor (v. art. 1.249.º do Código Civil português)" (CARAMELO, António Sampaio. Critérios de arbitrabilidade dos litígios. Revisitando o tema. *Revista de Arbitragem e Mediação*, v. 27, out./dez., 2010. DTR 2010/758, p. 05). Parece-nos que o principal critério adotado pela legislação belga é, na verdade, o da patrimonialidade, na mesma linha das legislações suíça e alemã.

[220]   BARROCAS, Manuel Pereira. *Lei de arbitragem comentada*. Coimbra: Almedina, 2013, p. 26.

[221]   O art. 10 da legislação espanhola, intitulado "Arbitraje testamentario", prevê o seguinte: "También será válido el arbitraje instituido por disposición testamentaria para solucionar diferencias entre herederos no forzosos o legatarios por cuestiones relativas a la distribución o administración de la herencia".

de consumo[222]. Nos Estados Unidos, admite-se o que se poderia designar de ação coletiva arbitral (a *class action arbitration*, desde que a *US Supreme Court* julgou o caso *Green Tree*[223]). Na Alemanha, a *Zivilprozessordnung* proíbe, em regra, a submissão à arbitragem de litígios envolvendo relações residenciais locatícias[224].

Assim, percebe-se a existência de peculiaridades próprias em cada ordenamento jurídico acerca do regime da arbitrabilidade, ressaltando o seu elemento cultural. Não há de se considerar tratamento homogêneo, sendo necessário respeitar as idiossincrasias próprias de cada Estado soberano, o qual traça limites próprios acerca das matérias que podem, potencialmente, serem submetidas à via arbitral.

5. Regra especial de validade: arbitragem e direito do consumidor

Situações especiais podem implicar regramentos específicos no que se refere à validade da cláusula compromissória. É o que ocorre no caso dos contratos de consumo[225]. Nessas o art. 51, VII, do CDC considera inválida a cláusula contratual que vise a impor a utilização de arbitragem compulsória em uma relação de consumo[226]. O CDC insere a questão no plano da validade ao referir que "são nulas de pleno direito, entre outras, as cláusulas contratuais relativas ao fornecimento de produtos e serviços que: [...] VII – determinem a utilização compulsória de arbitragem".

Nesse sentido, entende o Professor Leonardo Roscoe Bessa que, "em que pese o cuidado da Lei 9.307/1996 com a vontade real do aderente, a doutrina sustenta majoritariamente que, em face da vulnerabilidade do consumidor, principalmente quando pessoa natural, a instituição da arbitragem em contratos de adesão é extremamente desvantajosa para o consumidor, e, portanto, nula de pleno direito"[227]. Diversamente, outra parcela da doutrina aponta que, seguindo as regras previstas pelo CDC, será plenamente possível levar para a arbitragem questões relacionadas ao direito do consumidor[228].

---

[222] O art. 59 da mencionada lei argentina dispõe o seguinte: "Tribunales Arbitrales. La autoridad de aplicación propiciará la organización de tribunales arbitrales que actuarán como amigables componedores o árbitros de derecho común, según el caso, para resolver las controversias que se susciten con motivo de lo previsto en esta ley. Podrá invitar para que integren estos tribunales arbitrales, en las condiciones que establezca la reglamentación, a las personas que teniendo en cuenta las competencias propongan las asociaciones de consumidores o usuarios y las cámaras empresarias. Dichos tribunales arbitrales tendrán asiento en la Ciudad Autónoma de Buenos Aires y en todas las ciudades capitales de provincia. Regirá el procedimiento del lugar en que actúa el tribunal arbitral".

[223] Green Tree Financial Corp. v. Bazzle, 539 U.S. 444 (2003).

[224] A primeira parte do item 2 do § 1.030 da ZPO dispõe, em alemão, o seguinte: "Eine Schiedsvereinbarung über Rechtsstreitigkeiten, die den Bestand eines Mietverhältnisses über Wohnraum im Inland betreffen, ist unwirksam". A tradução oficial em inglês é a seguinte: "An arbitration agreement regarding legal disputes arising in the context of a tenancy relationship for residential space in Germany is invalid".

[225] A matéria foi tratada em: FICHTNER, José Antonio, et al. *Teoria Geral da Arbitragem*. Rio de Janeiro: Forense, 2016, Capítulo 5.

[226] LEMES, Selma Ferreira. O Uso da Arbitragem nas Relações de Consumo. Disponível em: http://www.selmalemes.com.br.

[227] BENJAMIN, Antônio Herman; MARQUES, Cláudia Lima; BESSA, Leonardo Roscoe. Manual de Direito do Consumidor. 8ª ed. São Paulo: Editora Revista dos Tribunais, 2017, p. 442.

[228] "Em princípio, as demandas que se originam em relações conflituosas de consumo se revestem de natureza jurídica patrimonial disponível, passíveis de transação em toda a sua extensão. Assim, além

Em julgados mais antigos, é possível perceber maior reticência do STJ no que se refere à arbitrabilidade de matérias submetidas ao CDC. A título exemplificativo, tanto no REsp 819.519/PE[229], relatado pelo Ministro Humberto Gomes de Barros, como no AgRg nos EDcl no Ag 1.101.015/RJ[230], relatado pelo Ministro Aldir Passarinho, concluiu-se pela impossibilidade de instauração de arbitragem a partir de cláusula inserida em contratos de adesão.

Em 2012, o REsp 1.169.841/RJ, relatado pela Ministra Nancy Andrighi, modificou o entendimento anterior do STJ em relação às cláusulas compromissórias inseridas no âmbito dos contratos de consumo[231]. Nesse Recurso Especial, entendeu a Ministra que "o CDC veda apenas a utilização compulsória da arbitragem, o que não obsta o consumidor de eleger o procedimento arbitral como via adequada para resolver eventuais conflitos surgidos frente ao fornecedor". Dessa forma, prosseguiu a Ministra, "a instauração da arbitragem pelo aderente vincularia o proponente, mas a recíproca não seria verdadeira, isto é, a proposta de instauração da arbitragem pelo proponente dependeria da aceitação expressa do aderente"[232].

O voto da Ministra Relatora foi no sentido de considerar admissível a instauração de procedimento arbitral em havendo consenso entre as partes, entendendo que "o art. 51,

---

da forma tradicional de solução de controvérsias representada pela figura do Estado-juiz, existe também a possibilidade jurídica de resolver esses conflitos por meio da arbitragem." (CAHALI, Francisco José. A resolução de litígios on-line da União Europeia em contratos com a arbitragem nos contratos de consumo no Brasil. *Revista de Direito do Consumidor*, vol. 131, p. 385-415, set./out., 2020. DTR 2020/12744, p. 02).

[229] "É nula a cláusula de convenção de arbitragem inserta em contrato de adesão, celebrado na vigência do Código de Defesa do Consumidor. Não se considera força maior o inadimplemento pelo atraso na entrega da obra pela empresa devido a inadimplemento dos outros promitentes compradores. O inadimplemento de outros compradores não constitui força maior para justificar atraso na entrega de imóvel a comprador em dia com a amortização do preço." (STJ. REsp 819.519/PE. Min. Rel. Ministro Humberto Gomes de Barros. Terceira Turma. J. em: 09.10.2007).

[230] "I. Vedada a imposição compulsória de cláusula arbitral em contratos de adesão firmados sob a vigência do código de defesa do consumidor. II. Acórdão recorrido que conclui pela utilização compulsória da cláusula arbitral, por parte da recorrente, não pode ser desconstituído nesta Corte sem o necessário reexame de cláusulas contratuais, hipótese vedada pela Súmula n. 5-STJ." (STJ. AgRg nos EDcl no Ag 1.101.015/RJ. Min. Aldir Passarinho Junior. Quarta Turma. J. em: 17.03.2011).

[231] "1. Com a promulgação da Lei de Arbitragem, passaram a conviver, em harmonia, três regramentos de diferentes graus de especificidade: (i) a regra geral, que obriga a observância da arbitragem quando pactuada pelas partes, com derrogação da jurisdição estatal; (ii) a regra específica, contida no art. 4º, § 2º, da Lei 9.307/96 e aplicável a contratos de adesão genéricos, que restringe a eficácia da cláusula compromissória; e (iii) a regra ainda mais específica, contida no art. 51, VII, do CDC, incidente sobre contratos derivados de relação de consumo, sejam eles de adesão ou não, impondo a nulidade de cláusula que determine a utilização compulsória da arbitragem, ainda que satisfeitos os requisitos do art. 4º, § 2º, da Lei 9.307/96. 2. O art. 51, VII, do CDC se limita a vedar a adoção prévia e compulsória da arbitragem, no momento da celebração do contrato, mas não impede que, posteriormente, diante de eventual litígio, havendo consenso entre as partes (em especial a aquiescência do consumidor), seja instaurado o procedimento arbitral. 3. As regras dos arts. 51, VIII, do CDC e 34 da Lei 9.514/97 não são incompatíveis. Primeiro porque o art. 34 não se refere exclusivamente a financiamentos imobiliários sujeitos ao CDC e segundo porque, havendo relação de consumo, o dispositivo legal não fixa o momento em que deverá ser definida a efetiva utilização da arbitragem. 4. Recurso especial a que se nega provimento. (STJ. REsp 1.169.841/RJ. Min. Nancy Andrighi. Terceira Turma, J. em: 06.11.2012).

[232] STJ. REsp 1.169.841/RJ. Min. Nancy Andrighi. Terceira Turma. J. em: 06.11.2012.

VII, do CDC se limita a vedar a adoção prévia e compulsória da arbitragem, no momento da celebração do contrato". Entretanto, não há impedimento para que em um momento futuro, "diante de eventual litígio e havendo consenso entre as partes (em especial a aquiescência do consumidor), seja instaurado o procedimento arbitral".

O Ministro Luis Felipe Salomão chegou à conclusão semelhante ao relatar o Recurso Especial 1.189.050-SP[233]. Merecem destaque as principais teses adotadas nesse Recurso Especial. Em primeiro, considerou-se que um dos nortes da Política Nacional de Consumo é justamente a criação de mecanismos alternativos de solução de conflitos de consumo. Assim, o CDC não se opõe à utilização da arbitragem na resolução de conflitos de consumo, fazendo ressalva apenas quanto à impossibilidade de haver arbitragem de forma

---

[233] "1. Um dos nortes a guiar a Política Nacional das Relações de Consumo é exatamente o incentivo à criação de mecanismos alternativos de solução de conflitos de consumo (CDC, art. 4º, § 2º), inserido no contexto de facilitação do acesso à Justiça, dando concretude às denominadas 'ondas renovatórias do direito' de Mauro Cappelletti. 2. Por outro lado, o art. 51 do CDC assevera serem nulas de pleno direito 'as cláusulas contratuais relativas ao fornecimento de produtos e serviços que: VII – determinem a utilização compulsória de arbitragem'. A *mens legis* é justamente proteger aquele consumidor, parte vulnerável da relação jurídica, a não se ver compelido a consentir com qualquer cláusula arbitral. 3. Portanto, ao que se percebe, em verdade, o CDC não se opõe a utilização da arbitragem na resolução de conflitos de consumo, ao revés, incentiva a criação de meios alternativos de solução dos litígios; ressalva, no entanto, apenas, a forma de imposição da cláusula compromissória, que não poderá ocorrer de forma impositiva. 4. Com a mesma *ratio*, a Lei n. 9.307/1996 estabeleceu, como regra geral, o respeito à convenção arbitral, tendo criado, no que toca ao contrato de adesão, mecanismos para proteger o aderente vulnerável, nos termos do art. 4º, § 2º, justamente porque nesses contratos prevalece a desigualdade entre as partes contratantes. 5. Não há incompatibilidade entre os arts. 51, VII, do CDC e 4º, § 2º, da Lei n. 9.307/96. Visando conciliar os normativos e garantir a maior proteção ao consumidor é que entende-se que a cláusula compromissória só virá a ter eficácia caso este aderente venha a tomar a iniciativa de instituir a arbitragem, ou concorde, expressamente, com a sua instituição, não havendo, por conseguinte, falar em compulsoriedade. Ademais, há situações em que, apesar de se tratar de consumidor, não há vulnerabilidade da parte a justificar sua proteção. 6. Dessarte, a instauração da arbitragem pelo consumidor vincula o fornecedor, mas a recíproca não se mostra verdadeira, haja vista que a propositura da arbitragem pelo policitante depende da ratificação expressa do oblato vulnerável, não sendo suficiente a aceitação da cláusula realizada no momento da assinatura do contrato de adesão. Com isso, evita-se qualquer forma de abuso, na medida em o consumidor detém, caso desejar, o poder de libertar-se da via arbitral para solucionar eventual lide com o prestador de serviços ou fornecedor. É que a recusa do consumidor não exige qualquer motivação. Propondo ele ação no Judiciário, haverá negativa (ou renúncia) tácita da cláusula compromissória. 7. Assim, é possível a cláusula arbitral em contrato de adesão de consumo quando não se verificar presente a sua imposição pelo fornecedor ou a vulnerabilidade do consumidor, bem como quando a iniciativa da instauração ocorrer pelo consumidor ou, no caso de iniciativa do fornecedor, venha a concordar ou ratificar expressamente com a instituição, afastada qualquer possibilidade de abuso. 8. Na hipótese, os autos revelam contrato de adesão de consumo em que fora estipulada cláusula compromissória. Apesar de sua manifestação inicial, a mera propositura da presente ação pelo consumidor é apta a demonstrar o seu desinteresse na adoção da arbitragem – não haveria a exigível ratificação posterior da cláusula -, sendo que o recorrido/fornecedor não aventou em sua defesa qualquer das exceções que afastariam a jurisdição estatal, isto é: que o recorrente/consumidor detinha, no momento da pactuação, condições de equilíbrio com o fornecedor – não haveria vulnerabilidade da parte a justificar sua proteção; ou ainda, que haveria iniciativa da instauração de arbitragem pelo consumidor ou, em sendo a iniciativa do fornecedor, que o consumidor teria concordado com ela. Portanto, é de se reconhecer a ineficácia da cláusula arbitral. 9. Recurso especial provido. (STJ. REsp 1.189.050/SP. Min. Rel. Luis Felipe Salomão. Quarta Turma. J. em: 01.03.2016).

impositiva[234]. Dessa forma, não há incompatibilidade entre o art. 51, VII, do CDC e o art. 4º, § 2º, da Lei de Arbitragem, devendo prevalecer o entendimento de que "a cláusula compromissória só virá a ter eficácia caso este aderente venha a tomar a iniciativa de instituir a arbitragem, ou concorde, expressamente, com a sua instituição".

Nesse sentido, o voto exarado pelo Ministro Luis Felipe Salomão foi de que a cláusula compromissória, no âmbito dos contratos de consumo, possui vinculatividade mitigada – "a instauração da arbitragem pelo consumidor vincula o fornecedor, mas a recíproca não se mostra verdadeira, haja vista que a propositura da arbitragem pelo policitante depende da ratificação expressa do oblato vulnerável" – assim, não se deve considerar "suficiente a aceitação da cláusula realizada no momento da assinatura do contrato de adesão".

Percebe-se que o Recurso Especial relatado pelo Ministro Luis Felipe Salomão avançou em relação ao caso relatado pela Ministra Nancy Andrighi. Foi explicitada, pelo Ministro, a tese segundo a qual, na instauração de procedimento arbitral no âmbito das relações de consumo, deve haver manifestação volitiva por parte do consumidor em momento posterior ao surgimento do litígio[235]. Ainda, houve a reafirmação da tese de haver diferentes graus de vinculatividade no âmbito das relações de consumo, aprofundando a análise de quais as situações em que haverá vinculação por parte do consumidor e de como esse poderá renunciar à jurisdição arbitral.[236]

O Ministro Raul Araújo adotou a mesma *ratio* ao julgar o AgInt no AgInt no Agravo em Recurso Especial 1.029.480/SP[237]. Em síntese, o Ministro Raul Araújo afirmou estar

---

[234] "é possível a cláusula arbitral em contrato de adesão de consumo quando não se verificar presente a sua imposição pelo fornecedor ou a vulnerabilidade do consumidor, bem como quando a iniciativa da instauração ocorrer pelo consumidor ou, no caso de iniciativa do fornecedor, venha a concordar ou ratificar expressamente com a instituição, afastada qualquer possibilidade de abuso". (STJ. REsp 1.189.050/SP. Min. Luis Felipe Salomão. Quarta Turma. J. em: 01.03.2016).

[235] Vide o seguinte trecho do inteiro teor: "Com efeito, visando conciliar os normativos e garantir a maior proteção ao consumidor é que entende-se que a cláusula compromissória só virá a ter eficácia caso este aderente venha a tomar a iniciativa de instituir a arbitragem, ou concorde, expressamente, com a sua instituição, não havendo, por conseguinte, falar em compulsoriedade. Isto é, só haverá falar em eficácia da cláusula compromissória já prevista em contrato de adesão se o oblato/consumidor vier a tomar a iniciativa do procedimento arbitral, ou se vier a ratificar posteriormente a sua instituição, no momento do litígio em concreto, confirmando a intenção da eleição de outrora. Ademais, é sabido que há situações em que, apesar de se tratar de consumidor, não há vulnerabilidade da parte a justificar sua proteção."

[236] "Vide o seguinte trecho do inteiro teor: "Dessarte, a instauração da arbitragem pelo consumidor vincula o fornecedor, mas a recíproca não se mostra verdadeira, haja vista que a propositura da arbitragem pelo policitante depende da ratificação expressa do oblato vulnerável, não sendo suficiente a aceitação da cláusula realizada no momento da assinatura do contrato de adesão.Com isso, evita-se qualquer forma de abuso, na medida em o consumidor detém, caso desejar, o poder de libertar-se da via arbitral para solucionar eventual lide com o prestador de serviços ou fornecedor. É que a recusa do consumidor não exige qualquer motivação. Propondo ele ação no Judiciário, haverá negativa (ou renúncia) tácita da cláusula compromissória. Assim, é possível a cláusula arbitral em contrato de adesão de consumo quando não se verificar presente a sua imposição pelo fornecedor ou a vulnerabilidade do consumidor, bem como quando a iniciativa da instauração ocorrer pelo consumidor ou, no caso de iniciativa do fornecedor, venha a concordar ou ratificar expressamente com a instituição, afastada qualquer possibilidade de abuso."

[237] "1. Os contratos de adesão, mesmo aqueles que não apresentam relação de consumo, devem observar o que prescreve o art. 4º, § 2º, da Lei 9.307/96, que dispõe que, nos contratos de adesão, a cláusula compromissória só terá eficácia se o aderente tomar a iniciativa de instituir a arbitragem

firmada a jurisprudência do STJ no sentido de que a eficácia da cláusula compromissória inserida em contrato de adesão (seja ele de consumo ou não) deve observar dois requisitos, um formal e outro material. O requisito formal faz referência à redação da cláusula compromissória, devendo ser em negrito e sendo necessária assinatura ou visto especialmente para essa cláusula.

Por outro lado, o requisito material faz referência à necessidade de manifestação de vontade do aderente. Assim, entendeu que "todos os contratos de adesão devem observar o que prescreve o art. 4º, § 2º, da Lei 9.307/96, que dispõe que, nos contratos de adesão, a cláusula compromissória só terá eficácia se o aderente tomar a iniciativa de instituir a arbitragem ou concordar, expressamente, com a sua instituição, desde que por escrito em documento anexo ou em negrito, com a assinatura ou visto especialmente para essa cláusula"[238].

Assim, percebe-se que o Ministro Raul Araújo vislumbra duas possibilidades de satisfação do requisito material: o aderente (i) dar início à arbitragem ou (ii) anuir expressamente com a instauração do procedimento arbitral. Contudo, além dessas suas hipóteses, como anteriormente destacado, é possível vislumbrar uma terceira: quando o proponente dá início a processo no Poder Judiciário – a despeito de haver cláusula compromissória inserida no contrato firmado pelas partes – e o aderente invoca a existência da cláusula compromissória como matéria de defesa em contestação, levando o processo à extinção sem resolução de mérito. Nessa hipótese, é possível perceber nítido consentimento do aderente em relação à instauração da arbitragem, pois poderia não invocar tal matéria de defesa e renunciar tacitamente à cláusula compromissória.

Em 2018, passados pouco mais de cinco anos do Recurso Especial 1.169.841/RJ, relatado pela Ministra Nancy Andrighi, voltou a Ministra a manifestar-se sobre o tema no Recurso Especial 1.628.819/MG[239]. Nesse Recurso Especial, dois pontos merecem

---

ou concordar, expressamente, com a sua instituição, desde que por escrito em documento anexo ou em negrito, com a assinatura ou visto especialmente para essa cláusula. 2. No caso dos autos, o Tribunal de origem reconheceu tratar-se de contrato de adesão, a exigir a presença dos requisitos do art. 4º, § 2º, da Lei 9.307/96, no caso, não atendidos. A alteração de tal conclusão demandaria o reexame das provas acostadas aos autos e a interpretação de cláusulas contratuais, providência vedada em sede de recurso especial, nos termos das Súmulas 5 e 7 do STJ. 3. Agravo interno não provido. (STJ. AgInt no AgInt no AREsp 1.029.480/SP. Rel. Min. Raul Araújo. Quarta Turma, J. em: 06.06.2017).

[238] STJ. AgInt no AgInt no AREsp 1.029.480/SP. Ministro Raul Araújo. Quarta Turma, J. em: 06.06.2017.

[239] "1. Ação ajuizada em 05/03/2012. Recurso especial concluso ao gabinete em 26/09/2016. Julgamento: CPC/73. 2. O propósito recursal é definir se é válida cláusula compromissória arbitral inserida em contrato de adesão, notadamente quando há relação de consumo, qual seja, a compra e venda de imóvel residencial. 3. A ausência de decisão acerca dos argumentos invocados pela recorrente em suas razões recursais impede o conhecimento do recurso especial. 4. Com a promulgação da Lei de Arbitragem, passaram a conviver, em harmonia, três regramentos de diferentes graus de especificidade: (i) a regra geral, que obriga a observância da arbitragem quando pactuada pelas partes, com derrogação da jurisdição estatal; (ii) a regra específica, contida no art. 4º, § 2º, da Lei 9.307/1996 e aplicável a contratos de adesão genéricos, que restringe a eficácia da cláusula compromissória; e (iii) a regra ainda mais específica, contida no art. 51, VII, do CDC, incidente sobre contratos derivados de relação de consumo, sejam eles de adesão ou não, impondo a nulidade de cláusula que determine a utilização compulsória da arbitragem, ainda que satisfeitos os requisitos do art. 4º, § 2º, da Lei 9.307/96. 5. O art. 51, VII, do CDC limita-se a vedar a adoção prévia e compulsória da arbitragem, no momento da celebração do contrato, mas não impede que, poste-

destaque: (a) um redimensionamento da discussão sobre a validade de cláusula compromissória inserida em contrato de consumo e (b) análise sobre a possibilidade de renunciar à jurisdição arbitral.

Em relação ao redimensionamento da discussão sobre a validade de cláusula compromissória inserida em contrato de consumo, a Ministra reafirmou a tese de harmonização entre os arts. 51, VII, do CDC e 4º, § 2º, da Lei de Arbitragem. Em primeiro lugar, afirmou tratar o art. 4º, § 2º, da Lei de Arbitragem de requisitos genéricos, enquanto o art. 51, VII, do CDC trata especificamente dos contratos de consumo (que não necessariamente serão instrumentalizados por um contrato de adesão).

O entendimento da Ministra Nancy Andrighi nesse caso foi no sentido de que há três regras em vigor, com graus diferentes de especificidade: "i) a regra geral, que obriga a observância da arbitragem quando pactuada pelas partes; ii) a regra específica, aplicável a contratos de adesão genéricos, que restringe a eficácia da cláusula compromissória; e iii) a regra ainda mais específica, incidente sobre contratos sujeitos ao CDC, sejam eles de adesão ou não, impondo a nulidade de cláusula que determine a utilização compulsória de arbitragem, ainda que satisfeitos os requisitos do art. 4º, § 2º, da Lei 9.307/96"[240].

Em segundo lugar, foi restringida a hipótese de haver nulidade em cláusula compromissória inserida em contrato de consumo[241]. São nulas apenas as cláusulas que estabelecem arbitragem compulsória. Assim, concluiu que a utilização da arbitragem não é defesa na solução de conflitos decorrentes das relações de consumo, não havendo óbice para que o consumidor escolha a via arbitral enquanto método adequado de solução de litígios.

Dessa forma, percebe-se que o entendimento manifestado nesse Recurso Especial promoveu um verdadeiro redimensionamento da questão da validade da cláusula compromissória no âmbito dos contratos de consumo em pelo menos dois aspectos. O primeiro aspecto faz referência aos requisitos de validade a serem observados, e o segundo diz respeito ao plano em que se situa a cláusula compromissória, em estado de latência, inserida em contrato de consumo.

A evolução da construção jurisprudencial sobre o tema continuou com o julgamento do AgInt no Agravo em Recurso Especial 1.152.469/GO, relatado pela Ministra Maria Isabel Galotti[242]. Seguindo a linha construída pelo STJ, a Ministra Galotti entendeu que

---

riormente, diante de eventual litígio, havendo consenso entre as partes (em especial a aquiescência do consumidor), seja instaurado o procedimento arbitral. 6. Na hipótese sob julgamento, a atitude da recorrente (consumidora) de promover o ajuizamento da ação principal perante o juízo estatal evidencia, ainda que de forma implícita, a sua discordância em submeter-se ao procedimento arbitral, não podendo, pois, nos termos do art. 51, VII, do CDC, prevalecer a cláusula que impõe a sua utilização, visto ter-se dado de forma compulsória. 7. Recurso especial parcialmente conhecido e, nesta parte, provido." (STJ. REsp 1.628.819/MG. Ministra Nancy Andrighi. Terceira Turma. J. em: 27.02.2018).

[240] STJ. REsp 1.628.819/MG. MinNancy Andrighi. Terceira Turma. J. em: 27.02.2018.

[241] "O art. 51, VII, do CDC limita-se a vedar a adoção prévia e compulsória da arbitragem, no momento da celebração do contrato, mas não impede que, posteriormente, diante de eventual litígio, havendo consenso entre as partes (em especial a aquiescência do consumidor), seja instaurado o procedimento arbitral" (STJ.REsp 1.628.819/MG. Min. Nancy Andrighi. Terceira Turma. J. 27.02.2018).

[242] "1. A legislação consumerista impede a adoção prévia e compulsória da arbitragem, no momento da celebração do contrato, mas não proíbe que, posteriormente, em face de eventual litígio, havendo consenso entre as partes (em especial a aquiescência do consumidor), seja instaurado o procedimento arbitral. Precedentes. 2. Recurso especial cuja pretensão demanda reexame de cláusulas

não há nulidade absoluta da cláusula compromissória inserida em contrato de consumo e que, havendo anuência por parte do consumidor com a instituição da arbitragem, expressa ou tacitamente, não se poderá cogitar a anulação superveniente da sentença arbitral. A *ratio* é a vedação ao comportamento contraditório (*venire contra factum proprium*).

Esse acórdão expõe ainda mais flagrantemente a instauração da arbitragem como uma faculdade do consumidor. Uma vez exercida tal faculdade, o consumidor fica vinculado à decisão arbitral, que somente poderá ser desconstituída se presente alguma das hipóteses aventadas no art. 32 da Lei de Arbitragem.

Por fim, importa destacar o Recurso Especial 1.753.041/GO, relatado pela Ministra Nancy Andrighi[243]. Nesse Recurso Especial é reafirmado o entendimento do STJ sobre a possibilidade de se instaurar arbitragem em relações de consumo, se houver consentimento posterior à formação do conflito por parte do consumidor. É também reafirmada a tese de compatibilidade entre o sistema da Lei de Arbitragem e o Código de Defesa do Consumidor, ressalvando-se a nulidade da arbitragem compulsória. Abordou-se, igualmente, a possibilidade de o consumidor renunciar tacitamente à jurisdição arbitral ingressando com demanda perante o Poder Judiciário.

Dessa forma, quanto à discussão acerca da validade da cláusula compromissória nas relações de consumo, pode-se perceber, a partir da noção de harmonização das normas do CDC e da Lei de Arbitragem, que a categoria dos contratos de consumo é apartada da categoria dos contratos de adesão, havendo uma zona de intersecção entre ambas. Explica-se: há contratos de adesão de consumo, contratos de adesão que não são de consumo e contratos de consumo que não são de adesão.

As regras da Lei de Arbitragem são aplicáveis somente aos contratos de adesão, sejam eles de consumo ou não. As regras do CDC são aplicáveis apenas aos contratos de

---

contratuais e de matéria fática da lide, o que encontra óbice na Súmula 7 do STJ. 3. Agravo interno a que se nega provimento." (STJ. AgInt no AREsp 1.152.469/GO. Min.Maria Isabel Gallotti. Quarta Turma. J. em: 08. 05.2018).

[243] "1. Ação de rescisão contratual cumulada com restituição de quantia paga, em virtude de contrato de compra e venda de imóvel firmado entre as partes. 2. Ação ajuizada em 03/08/2015. Recurso especial concluso ao gabinete em 23/07/2018. Julgamento: CPC/2015. 3. O propósito recursal é definir se é válida cláusula compromissória arbitral inserida em contrato de adesão, notadamente quando há relação de consumo entre as partes. 4. Com a promulgação da Lei de Arbitragem, passaram a conviver, em harmonia, três regramentos de diferentes graus de especificidade: (i) a regra geral, que obriga a observância da arbitragem quando pactuada pelas partes, com derrogação da jurisdição estatal; (ii) a regra específica, contida no art. 4º, § 2º, da Lei 9.307/1996 e aplicável a contratos de adesão genéricos, que restringe a eficácia da cláusula compromissória; e (iii) a regra ainda mais específica, contida no art. 51, VII, do CDC, incidente sobre contratos derivados de relação de consumo, sejam eles de adesão ou não, impondo a nulidade de cláusula que determine a utilização compulsória da arbitragem, ainda que satisfeitos os requisitos do art. 4º, § 2º, da Lei 9.307/1996. 5. O art. 51, VII, do CDC limita-se a vedar a adoção prévia e compulsória da arbitragem, no momento da celebração do contrato, mas não impede que, posteriormente, diante de eventual litígio, havendo consenso entre as partes (em especial a aquiescência do consumidor), seja instaurado o procedimento arbitral. 6. Na hipótese sob julgamento, a atitude do recorrente (consumidor) de promover o ajuizamento da ação principal perante o juízo estatal evidencia, ainda que de forma implícita, a sua discordância em submeter-se ao procedimento arbitral, não podendo, pois, nos termos do art. 51, VII, do CDC, prevalecer a cláusula que impõe a sua utilização, visto ter-se dado de forma compulsória. 7. Recurso especial conhecido e provido." (STJ. REsp 1.753.041/GO. Min. Nancy Andrighi. Terceira Turma. J. em: 18.09.2018).

consumo, sejam eles de adesão ou não. Importa destacar, além disso, que os requisitos do CDC e da Lei de Arbitragem são distintos, podendo haver cumulação ou não.

Dessa forma, (i) os contratos de consumo por adesão deverão observar cumulativamente as regras do CDC e da Lei de Arbitragem; (ii) os contratos de adesão que não são de consumo (contratos de franquia, determinados tipos de contratos de seguro, dentre outros) precisam apenas observar as regras da Lei de Arbitragem, não estando sujeitos à regra do art. 51, VII, do CDC; (iii) os contratos de consumo que não são por adesão, devem, *a priori*, atentar apenas para a regra do CDC, estando parcialmente sujeitos à regra de eficácia do art. 4º, § 2º, da Lei de Arbitragem.

Quanto ao segundo aspecto, sobre o plano em que se situa a cláusula compromissória latente, é importante distinguir as situações de invalidade e de ineficácia. Nesse aspecto, o CDC e a Lei de Arbitragem trabalham, supostamente, em planos diversos. O CDC trata de nulidade de cláusula compromissória que estabeleça arbitragem compulsória – assim, é situação que se encontra no plano da validade da cláusula. Em sendo relação de consumo, por adesão ou não, é requisito de validade a não compulsoriedade. Ou seja, nas relações de consumo, à luz do art. 51, VII, do CDC, deve, necessariamente, haver manifestação volitiva posterior por parte do consumidor no sentido de se submeter à jurisdição arbitral.

Entretanto, esse entendimento jurisprudencial construído pelo STJ impossibilita que ainda se situe a questão como de nulidade, tal qual literalmente previsto no CDC. Ao admitir que o consumidor pode anuir expressa ou tacitamente com convenção de arbitragem inserida em contrato de consumo, está-se, na verdade, trabalhando com hipótese de anulabilidade – e não de nulidade. Conforme prevê o art. 169 do Código Civil, "o negócio jurídico nulo não é suscetível de confirmação, nem convalesce pelo decurso do tempo". Assim, entende-se que o STJ superou a literalidade do CDC, interpretando a inserção de cláusula compromissória em contratos de consumo como uma hipótese de anulabilidade.

Diferentemente, a Lei de Arbitragem trabalha no plano da eficácia em relação aos contratos de adesão[244]. E, nesse aspecto, estabelece no art. 4º, § 2º, um requisito material ("o aderente tomar a iniciativa de instituir a arbitragem ou concordar, expressamente, com a sua instituição") e outro formal ("por escrito em documento anexo ou em negrito, com a assinatura ou visto especialmente para essa cláusula"). Dessa forma, percebe-se que o requisito da manifestação ulterior da vontade aparece tanto na Lei de Arbitragem quanto no CDC, mas em planos diferentes: na Lei de Arbitragem se situa no plano da eficácia, enquanto no CDC no da validade.

Portanto, conclui-se que em relação ao *status* jurídico, a cláusula compromissória em estado de latência varia conforme o tipo de relação jurídica: (i) nos contratos de consumo por adesão, a manifestação de vontade posterior ao surgimento do conflito é requisito de validade, contudo, mesmo se o consumidor manifestar sua vontade no sentido da jurisdição arbitral, a arbitragem pode não ser instaurada se não preenchido o fator de eficácia formal contido na Lei de Arbitragem; (ii) nos contratos de adesão que não são de consumo, tanto o requisito formal quanto o requisito material contidos na Lei de Arbitragem dizem respeito ao plano da eficácia; (iii) nos contratos de consumo que não são formados por adesão, a manifestação de vontade posterior é requisito de validade, e o requisito formal contido na lei de arbitragem não necessitará ser atendido, pois é requisito

---

[244] Enfrentando o tema da arbitragem em contratos de adesão: BRANCO, Gerson. Contratos de adesão e arbitragem comercial. In: *I Dia Gaúcho da Arbitragem*. Porto Alegre: Lex Magister, 2015.

específico apenas dos contratos de adesão – entretanto, destaca-se, a manifestação de vontade posterior do consumidor é requisito indispensável.

Em síntese, o plano da validade, típico dos negócios jurídicos, comporta a análise a partir de prismas diversos. A cláusula compromissória, enquanto resultado da manifestação da vontade das partes, comporta análise a partir dessa perspectiva. Nesse sentido, o objeto, as partes e a forma serão objeto de escrutínio específico a partir dos parâmetros normativos gerais, insculpidos no Código Civil, e específicos, previstos ora na legislação de arbitragem, ora em legislação esparsa. De toda sorte, havendo a satisfação dos requisitos de validade previstos na legislação, a convenção de arbitragem estará apta a produzir efeitos no mundo jurídico, permitindo a análise a partir do plano da eficácia.

Capítulo 9
A EFICÁCIA DA CONVENÇÃO DE ARBITRAGEM

Constatada a existência e a validade de determinado negócio jurídico, o passo seguinte é a avaliação da aptidão de tal negócio para produzir efeitos, sejam esses legais, ordinários, e/ou aqueles pretendidos pelas partes. Nesse passo, analisa-se, mais especificamente, a atuação jurígena do fato jurídico, especialmente a chamada "eficácia típica", que corresponde àquela efetivamente desejada pelas partes[245]. Na linha do que ensina Barbosa Moreira, "todo ato jurídico é, em tese, suscetível de produzir efeitos no mundo do direito – característica pela qual, justamente, se distinguem os atos jurídicos dos que não o são. Os efeitos podem ser considerados em potência (como passíveis de produzir-se) ou em ato (como realmente produzidos)"[246].

A doutrina, tradicionalmente, propõe uma classificação tripartite para os efeitos dos fatos jurídicos, distinguindo-os em fatos *constitutivos*, *modificativos* e *extintivos*. Entretanto, por outra perspectiva, propomos compreender a dinâmica interna do fato jurídico a partir das categorias eficaciais. Por conta da complexidade negocial, torna-se irreal adotar de maneira acrítica a tricotomia "constituição", "modificação" e "extinção", servindo mais para fins didáticos do que para compreender a estrutura da eficácia endógena de certos fatos jurídicos.

O presente Capítulo visa a compreender as categorias eficaciais que podem ser derivadas da convenção de arbitragem e materializadas ao longo do procedimento arbitral. Considerando que a convenção é o negócio jurídico que titula a jurisdição do tribunal arbitral e que a fundamenta, em última instância, a partir da manifestação de vontade dos contratantes, é necessário, em alguma medida, ter claro que as categorias eficaciais observáveis ao longo de um procedimento arbitral, terão, inexoravelmente, algum grau de vinculação com esse negócio jurídico fundante.

§ 28. CATEGORIAS EFICACIAIS E O PLANO DA EFICÁCIA

1. O plano da eficácia

A eficácia designa a qualidade do ato enquanto gerador de efeitos, podendo significar ou a possibilidade de os produzir (potência de eficácia) ou conjuntos de efeitos verdadeiramente produzidos[247]. Assim, a eficácia jurídica é irradiada a partir dos fatos

---

[245] AZEVEDO, Antônio Junqueira de. *Negócio Jurídico: existência, validade e eficácia*. 4ª ed. São Paulo: Editora Saraiva Jur, 2017, p. 49.

[246] MOREIRA, José Carlos Barbosa. Conteúdo e Efeitos da Sentença. *Revista de Processo*, vol. 40, p. 7-12, 1985, p. 01.

[247] MOREIRA, José Carlos Barbosa. Conteúdo e Efeitos da Sentença. *Revista de Processo*, vol. 40, p. 7-12, 1985, p. 01.

jurídicos, os quais surgem após a incidência das normas, até então apenas abstratamente consideradas, sobre eles. Quando fatos do universo preenchem a hipótese de incidência de uma norma jurídica, surge o fato jurídico, o qual pertence ao mundo do direito. É a incidência o *prius*, pressupondo a fatos e normas, enquanto a eficácia é *posterius*[248].

Portanto, a eficácia jurídica se refere à criação, à modificação ou à extinção do direito, a qual se manifesta nas categorias de situações jurídicas, sanções, prêmios ou ônus. No entanto, a eficácia jurídica não é apenas composta necessariamente pela eficácia da regra jurídica que o determinou, correspondendo a efeitos reflexos ou anexos. O ordenamento age de modo unitário na conformação das fronteiras dentro da qual a eficácia jurídica é irradiada.

Para Pontes de Miranda, a regra jurídica "tem todo poder no tocante aos efeitos jurídicos. Quanto aos fatos, é menor, porque ou os deforma, o que não pode ir até excluí--los, ou torná-los indiscerníveis dos outros, ou os toma como se apresentam, ou faz lhes corresponda fato-função (fato jurídico de que o outro é sinal)"[249]. Logicamente, todos os efeitos jurídicos somente podem ser produzidos a partir do ordenamento jurídico. Há outras fontes de efeitos concretos, entretanto. Caso estejam fora das balizas do ordenamento legal, jurídicos não serão. É, pois, endógeno aos fenômenos inseridos na juridicidade a conformação prévia por normas, e, somente de modo posterior, mediante os mecanismos nela previstos estruturalmente, ocorrerá a produção de efeitos, primordialmente jurídicos, mas que se alastrarão para o mundo dos fatos, concretizando a ponte entre ser, dever-ser e um novo ser. Nesse sentido, a eficácia jurídica faz referência à irradiação do fato jurídico no espaço e no tempo, decorrentes da completude do suporte fático da norma, pois, "o fato passado ou a circunstância passada é certa (= deu-se); razão por que não só a eficácia se prende ao fato passado, ou à circunstância passada: o fato passado ou a circunstância passada é elemento, pelo menos temporal, do suporte fáctico. Salvo se a construção separa, precisamente, o fato jurídico e a sua eficácia, admitindo outro elemento, na falta daquele, ou junto àquele. Somente no tempo a vir tem significação a cisão entre fato jurídico e eficácia jurídica. A eficácia no passado também não precisa ser sem lapso temporal entre ela e o fato jurídico"[250].

Trata-se da eficácia somente após a incidência, ou seja, quando todo suporte fático da norma se encontra preenchido, o que pode se dar por meio da complementação, mediante fatos do mundo dos fatos ou fatos já inseridos no mundo do direito. Por exemplo, a norma acerca da formação do negócio jurídico contratual, espécie de fato jurídico,

---

[248] "Incidência é prius; e a incidência supõe a regra jurídica e o suporte fáctico, sobre o qual ela incida. A eficácia é, pois, logicamente, posterius o que não exclui a produção posterior de eficácia desde antes ou até antes da incidência, ou da própria regra jurídica, ou da concepção e elaboração mesma da regra jurídica. O legislador, quanto à eficácia, tem tôda a liberdade; os limites a essa liberdade de conceber no passado, no presente, ou no futuro, a eficácia, dependem de outras regras jurídicas, superiores àquela de cuja incidência resulta a eficácia." (PONTES DE MIRANDA, Francisco Cavalcanti. *Tratado de Direito Privado*. Tomo V. Atualizado por Marcos Bernardes de Mello e Marcos Ehrhardt Jr. São Paulo: Revista dos Tribunais, 2012, p. 59).

[249] PONTES DE MIRANDA, Francisco Cavalcanti. *Tratado de Direito Privado*. Tomo V. Atualizado por Marcos Bernardes de Mello e Marcos Ehrhardt Jr. São Paulo: Revista dos Tribunais, 2012, p. 63.

[250] PONTES DE MIRANDA, Francisco Cavalcanti. *Tratado de Direito Privado*. Tomo V. Atualizado por Marcos Bernardes de Mello e Marcos Ehrhardt Jr. São Paulo: Revista dos Tribunais, 2012, p. 64.

demanda a preexistência de outros dois fatos jurídicos, a oferta e a aceitação. A oferta e a aceitação são, por sua vez, fatos jurídicos que existem por conta do preenchimento do suporte fático de outras regras jurídicas, os quais demandam a externalização da vontade – essa, por sua vez, materializada no mundo dos fatos e juridicizada por uma norma que qualifica determinado modo de externalizar a vontade como "oferta" ou "aceitação". A presença de ambos os fatos jurídicos acaba preenchendo o suporte fático da norma acerca da formação dos contratos, que tem, portanto, somente de modo mediato a conexão com os elementos de fato, pois esses já se encontram encapsulados por outras regras jurídicas.

Todo e qualquer fato jurídico produzirá um efeito mínimo. Conforme Pontes de Miranda, "demasiado atentos às categorias de obrigação, de posição passiva na ação e de posição passiva na exceção, os juristas descuraram o estudo do efeito mínimo, isto é, o efeito que seria o único. Se algum ato jurídico tem um efeito, já não é êle totalmente ineficaz. A vinculação aparece, como o efeito mínimo, tratando-se de ato humano que entra no mundo jurídico e é eficaz, mas a oferta revogável é eficaz enquanto não se revoga e se teria de dilatar o conceito de vinculação"[251]. Por essa razão, toda e qualquer prática de atos jurídicos acaba produzindo, inexoravelmente, certo grau de vinculabilidade, que é percebida como efeito jurídico atômico, mínimo múltiplo existencial decorrente da entrada de um fato no mundo do direito.

É esse elemento de vinculabilidade que explica a preexistência do chamado efeito negativo da convenção de arbitragem em momento anterior à presença de um litígio completo. A cláusula compromissória, enquanto modalidade de negócio jurídico, produz esse efeito antes mesmo da existência da jurisdição do tribunal arbitral. Esse efeito, portanto, é observável em momento pré-jurisdicional e pré-litigioso, evidenciando que a cláusula compromissória irradia eficácia antes mesmo de ser acionada.

Para além da vinculabildiade, que se prende ao próprio fato de ser jurídico e, portanto, existir à luz do direito, há outras manifestações eficaciais que constituem o desabrochar dos fatos jurídicos. Seguindo a orientação ponteana,

> "os direitos, as pretensões, as ações, as exceções, como os deveres, as obrigações, as posições passivas nas ações e nas exceções, são eficácia dos fatos jurídicos. Todos êles se passam no plano da eficácia; e é aí que se pode pôr a questão concreta de existirem, ou não existirem, ou de haver possibilidade, ou não, de encobrimento da eficácia, por alguma exceção. Ganha a ciência em separar, com precisão, o mundo fáctico, em que se compõem os suportes fácticos, e o mundo jurídico, em que somente entra o que está carimbado (digamos assim) pela incidência da regra jurídica. No mundo jurídico, penetram fatos (dito jurídicos): êles é que são o conteúdo dêsse mundo. Não importa se o fato é humano, ou não; outrossim, se é lícito, ou ilícito. Ser fato jurídico é existir no mundo jurídico. Juridicizar-se é começar de existir juridicamente; isto é, dentro dêsse mundo"[252].

Esses estados eficaciais, portanto, são a consequência da juridicização de um fato. É a partir dessas categorias – também comumente tratadas por conteúdo ou objeto jurídico – que

---

[251] PONTES DE MIRANDA, Francisco Cavalcanti. *Tratado de Direito Privado*. Tomo V. Atualizado por Marcos Bernardes de Mello e Marcos Ehrhardt Jr. São Paulo: Revista dos Tribunais, 2012, p. 66.

[252] PONTES DE MIRANDA, Francisco Cavalcanti. *Tratado de Direito Privado*. Tomo V. Atualizado por Marcos Bernardes de Mello e Marcos Ehrhardt Jr. São Paulo: Revista dos Tribunais, 2012, p. 69.

se poderá agir dentro do mundo do direito, e, com isso, produzir determinadas modificações no mundo dos fatos. Assim, em termos científicos, há de se distinguir a cadeia de atos e fatos que está entrelaçada até que culmine na concretização da eficácia jurídica. Da norma vem a incidência, da incidência vem o fato jurídico, do fato jurídico vem a eficácia e, das cargas eficaciais verificadas nesse plano, decorre o impacto do direito no mundo dos fatos.

São categorias eficaciais as espécies de efeitos jurídicos averiguáveis dentro do mundo do direito, podendo ser elencadas como (i) situações jurídicas, (ii) sanções e (iii) ônus[253]. Cada uma dessas categorias eficaciais apresenta peculiaridades próprias, diferenciando-se umas das outras. A linguagem jurídica, enquanto ramo específico da própria linguagem, realiza a apropriação de palavras, conferindo a elas extensões semânticas próprias[254]. Imprecisões e ambiguidades podem levar, portanto, ao baralhamento entre categorias distintas e inconfundíveis entre si[255].

2. Situações jurídicas

A situação jurídica é a situação humana regulada pelo direito, correspondendo ao ato e ao efeito de realizar o direito[256]. Há diversas formas de buscar sistematizar as situações jurídicas. António Menezes Cordeiro contrasta as situações jurídicas simples e complexas; unissubjetivas e plurissubjetivas; absolutas e relativas; patrimoniais e não patrimoniais; ativas e passivas; analíticas e compreensivas[257].

Por sua vez, Marcos Bernardes de Mello propõe classificação que equipara as situações jurídicas simples às unissubjetivas, e as complexas às intersubjetivas, dividindo essas em unilaterais ou multilaterais[258]. Propõe-se segmentação a partir de três critérios analíticos distintos: (a) a carga eficacial, (b) a quantidade de sujeitos e (c) a dependência em relação a outras situações jurídicas.

---

[253] Marcos Bernardes de Mello ainda acrescenta as "premiações" como uma categoria eficacial autônoma. Porém, como essa categoria eficacial não parece especificamente atrelada à cláusula compromissória, optou-se por não a incluir no presente estudo. Vide: MELLO, Marcos Bernardes de. *Teoria do Fato Jurídico: plano da eficácia*. 10ª ed. São Paulo: Saraiva, 2015, p. 48.

[254] GRAU, Eros Roberto. Nota sobre a Distinção entre Obrigação, Dever e Ônus. *Revista da Faculdade de Direito, Universidade de São Paulo*, vol. 77, p. 177-182, 1982, p. 177.

[255] "Na linguagem comum, 'direito' tem sentidos múltiplos, dando ensejo, por vezes, a equívocos. Não raro, tratando-se de dever moral, ouvimos que 'A não tem direito de fazer isso'; ou, a respeito de alguém que deseja vender bens, que tem 'direito de dispor do que é seu'. As leis mesmas cometem êsses êrros, turbando a precisão técnica. Para o jurista, direito tem sentido estrito: é a vantagem que veio a alguém, com a incidência da regra jurídica em algum suporte fáctico. Na distribuição dos bens da vida, que é tôda feita pelas regras jurídicas, se excluímos a arbitrariedade, – cada posição de titular de vantagem, que se confere a alguém, é direito. Antes de cada direito, esteve, pois, a ordem jurídica, a lex, a regra: o mesmo étimo deu rex, rei, rego, regere, regula-, o outro, leg-, deu lego, legere, legio e lex. Regra, rei; ler, legião, lei." (PONTES DE MIRANDA, Francisco Cavalcanti. *Tratado de Direito Privado*. Tomo V. Atualizado por Marcos Bernardes de Mello e Marcos Ehrhardt Jr. São Paulo: Revista dos Tribunais, 2012, p. 282).

[256] MENEZES CORDEIRO, António Menezes. *Tratado de Direito Civil*. Vol. I. 4ª ed. Coimbra: Almedina, 2019, p. 863-870.

[257] MENEZES CORDEIRO, António Menezes. *Tratado de Direito Civil*. Vol. I. 4ª ed. Coimbra: Almedina, 2019, p. 863-870.

[258] MELLO, Marcos Bernardes de. *Teoria do Fato Jurídico: plano da existência*. 20ª ed. São Paulo: Saraiva, 2014, p. 230.

PARTE II · **Capítulo 9** · A EFICÁCIA DA CONVENÇÃO DE ARBITRAGEM | **297**

Considerando o primeiro critério, as cargas eficaciais, tem-se que uma situação jurídica simples é composta por um único elemento, havendo um esvaziamento completo do seu conteúdo quando esse é retirado; diversamente, a situação jurídica é complexa quando no seu conteúdo é possível encontrar múltiplas categorias eficaciais[259], ou seja, há variados direitos, deveres, ônus, dentre outras cargas de eficácia.

Considerando o segundo critério, quanto ao número de sujeitos, essa será unissubjetiva ou plurissubjetiva, a depender se envolve uma ou mais pessoas. Muitas normas têm em seu conteúdo eficacial o surgimento de uma situação unissubjetiva, como as atribuidoras de *status*, entendidas como aquelas que agregam determinada qualidade ou qualificação[260]. Por exemplo, a norma referente à cessação da incapacidade atribui uma determinada qualidade ao sujeito de direito (art. 5º, CC)[261], ou a norma referente à aquisição da qualidade de sócio, denominado de *status socii* (art. 1.001, CC)[262]. Diversamente, outras normas criam vínculos jurídicos, estabelecendo situações jurídicas que envolvem mais de uma pessoa, como os contratos.

Considerando o terceiro critério, a dependência em relação a outras situações jurídicas, tem-se as situações jurídicas absolutas, que existem por si, independentemente de outra situação jurídica, e as situações jurídicas relativas, que se desenvolvem mediante a contraposição entre cargas eficaciais distintas[263]. Por exemplo, o direito de propriedade (art. 1.228, CC)[264] é uma situação jurídica absoluta, enquanto os direitos de crédito são situações jurídicas relativas.

Tradicionalmente, o estudo do direito civil esteve direcionado ao estudo da chamada "relação jurídica". A "relação jurídica", porém, é apenas uma das situações jurídicas existentes no universo civil. Em verdade, um fato jurídico, no plano da eficácia, pode projetar uma miríade de efeitos, todas situações jurídicas, sendo apenas algumas relações jurídicas. Exemplificativamente, o transcurso do tempo é um fato que, quando preenche o suporte fático de uma norma jurídica, dá origem a um fato jurídico em sentido estrito, pois independe de vontade para a sua manifestação. Os fatos jurídicos atrelados ao transcurso do tempo frequentemente dão origem a situações jurídicas que não são relações jurídicas. A prescrição (art. 189, CC)[265] e a decadência (art. 210, CC)[266] são fatos jurídicos de eficácia extintiva, que tem, no núcleo do seu suporte fático, o transcurso do

---

[259] MENEZES CORDEIRO, António Menezes. *Tratado de Direito Civil*. Vol. I. 4ª ed. Coimbra: Almedina, 2019, p. 864-865.

[260] MELLO, Marcos Bernardes de. *Teoria do Fato Jurídico: plano da eficácia*. 10ª ed. São Paulo: Saraiva, 2015, p. 94.

[261] CC, Art. 5º: "A menoridade cessa aos dezoito anos completos, quando a pessoa fica habilitada à prática de todos os atos da vida civil".

[262] CC, Art. 1.001: "As obrigações dos sócios começam imediatamente com o contrato, se este não fixar outra data, e terminam quando, liquidada a sociedade, se extinguirem as responsabilidades sociais".

[263] MENEZES CORDEIRO, António Menezes. *Tratado de Direito Civil*. Vol. I. 4ª ed. Coimbra: Almedina, 2019, p. 866.

[264] CC, Art. 1.228: "O proprietário tem a faculdade de usar, gozar e dispor da coisa, e o direito de reavê-la do poder de quem quer que injustamente a possua ou detenha".

[265] CC. Art. 189: "Violado o direito, nasce para o titular a pretensão, a qual se extingue, pela prescrição, nos prazos a que aludem os arts. 205 e 206".

[266] Art. 210: "Deve o juiz, de ofício, conhecer da decadência, quando estabelecida por lei".

tempo, dando origem a uma situação jurídica simples, e não a uma relação jurídica. Ou, ainda, o art. 82 da Constituição Federal[267], que fixa o prazo do mandato do Presidente da República em quatro anos. Transcorrido esse lapso temporal, ocorre a perda do *status* de Presidente da República, independentemente de outras formalidades, também não se caracterizando enquanto relação jurídica. De modo semelhante, a perda do *status* de árbitro ocorre simultaneamente ao término da jurisdição do tribunal, após a prolação da sentença. Dessa forma, sem querer negar a importância da relação jurídica enquanto polo metodológico de estudos, não se pode olvidar que essa é apenas uma das várias situações jurídicas[268].

Percebe-se que o conteúdo das situações jurídicas não pode ser confundido com o seu objeto. Os pares eficaciais correspondem ao conteúdo, que preenchem determinada situação jurídica, e fazem referência ao objeto sobre o qual versa a relação jurídica.

O objeto é o que confere sentido e realidade à relação jurídica, referindo-se a um determinado bem jurídico[269]. O objeto jurídico faz referência ao conteúdo eficacial observável em um fato jurídico. Há relações jurídicas que consistem em apenas um direito e um dever, em polos opostos; porém, há outras cujo conteúdo é bem mais amplo, englobando uma miríade de direitos, deveres, pretensões, obrigações, ações e exceções[270]. Diversamente, é objeto de direito tudo aquilo que pode ser alvo de uma relação jurídica[271]. São objeto das relações jurídicas as coisas (*res corporales*), os bens imateriais (*res incorporales*) e as promessas de prestação (dar, fazer ou não fazer)[272]. Assim, não se pode confundir as coisas com os objetos de direito: há objetos de direito que não são coisas, e coisas que não são objeto de direito[273].

Quando a situação jurídica é complexa e multilateral, denomina-se "relação jurídica". Assim, a relação jurídica é situação jurídica que constitui um vínculo jurídico que se desenvolve entre duas ou mais pessoas[274]. Define Pontes de Miranda: "Relação jurídica é a relação inter-humana, a que a regra jurídica, incidindo sôbre os fatos, torna jurídica. De ordinário, está nêsses fatos, como componente, ou como um dos elementos componentes

---

[267] CF, Art. 82: "O mandato do Presidente da República é de 4 (quatro) anos e terá início em 5 de janeiro do ano seguinte ao de sua eleição."

[268] MENEZES CORDEIRO, António Menezes. *Tratado de Direito Civil*. Vol. I. 4ª ed. Coimbra: Almedina, 2019, p. 867.

[269] PEREIRA, Caio Mário da Silva. *Instituições de Direito Civil*. Vol. 1. 32ª ed. Rio de Janeiro: Editora Forense, 2019, p. 34.

[270] Sustenta Pontes de Miranda: "Há relações jurídicas que só têm, como conteúdo, um direito e seu correlativo dever. Outras têm dois ou mais direitos e seus deveres correlativos. Aquelas e essas podem ter esteira de eficácia, isto é, irem-se-lhes seguindo os efeitos (e. g., a relação jurídica de locação e os créditos), ou não na terem." (PONTES DE MIRANDA, Francisco Cavalcanti. *Tratado de Direito Privado*. Tomo I. Atualizado por Judith Martins-Costa, Gustavo Haical e Jorge Cesa Ferreira da Silva. São Paulo: Revista dos Tribunais, 2012, p. 201).

[271] PONTES DE MIRANDA, Francisco Cavalcanti. *Tratado de Direito Privado*. Tomo II. Atualizado por Vilson Rodrigues Alves. Campinas: Bookseller, 2000, p. 45.

[272] MELLO, Marcos Bernardes de. *Teoria do Fato Jurídico: plano da eficácia*. 10ª ed. São Paulo: Saraiva, 2015, p. 202-203.

[273] PONTES DE MIRANDA, Francisco Cavalcanti. *Tratado de Direito Privado*. Tomo II. Atualizado por Vilson Rodrigues Alves. Campinas: Bookseller, 2000, p. 31.

[274] PEREIRA, Caio Mário da Silva. *Instituições de Direito Civil*. Vol. 1. 32ª ed. Rio de Janeiro: Editora Forense, 2019, p. 36.

do suporte fáctico. Ser filho é estar em relação fáctica (filiação-paternidade ou filiação-
-maternidade) que a regra jurídica faz ser relação jurídica. A relação fáctica de parentes não
entra, em tôda a extensão, no mundo jurídico. A certo grau, o direito deixa de juridicizar
a relação fáctica do parentesco. Outras vêzes, a regra jurídica junta ao suporte fáctico
parental fato jurídico (e. g., o casamento dos pais; ou, para a afinidade, o ser casado com
parente de alguém). Muitas relações da vida são irrelevantes para o direito (e. g., a relação
de amizade); pôsto que, aqui e ali, ganhe esporádica relevância (e. g., a inimizade, como
causa suficiente para alguém não ser tutor, Código Civil, art. 413, 111)"[275].

No que tange ao conteúdo da eficácia, as relações jurídicas englobam, pelo lado ativo,
os direitos, as pretensões, os poderes e os poderes-deveres; tais categorias correspondem,
no plano passivo, aos deveres, às obrigações e às sujeições[276]. Ainda, pode-se acrescentar
dentro dessa estrutura a ação, que corresponderá à situação de acionado, e a exceção,
que corresponde à situação de excetuado[277]. Percebe-se, pois, que ocorre a formação de
pares correlatos[278]: (i) direito e dever; (ii) poder ou poder-dever e sujeição; (iii) pretensão
e obrigação; (iv) ação e situação de acionado; e (v) exceção e situação de excetuado.

3. Direito subjetivo e dever

O conceito de direito subjetivo é a pedra angular do privatismo[279], sendo a sua conceituação de interesse técnico e metodológico[280]. Ao direito subjetivo corresponde um dever,
que deve ser observado por outro sujeito. Múltiplas são as teorias que visam a conceituar
o que é o direito subjetivo, havendo, inclusive, autores do porte de Duguit e de Kelsen que
negam a existência de um direito subjetivo. O direito subjetivo é decorrência de um fato
jurídico[281]. Esses direitos recaem sobre os bens jurídicos, de natureza material ou imate-

---

[275] PONTES DE MIRANDA, Francisco Cavalcanti. *Tratado de Direito Privado*. Tomo I. Atualizado
por Judith Martins-Costa, Gustavo Haical e Jorge Cesa Ferreira da Silva. São Paulo: Revista dos
Tribunais, 2012, p. 199.

[276] MARTINS-COSTA, Judith. *A Boa-fé no Direito Privado: critérios para a sua aplicação*. 2ª ed. São
Paulo: Saraiva, 2018., p. 245.

[277] MELLO, Marcos Bernardes de. *Teoria do Fato Jurídico: plano da eficácia*. 10ª ed. São Paulo: Saraiva,
2015, p. 194.

[278] HOHFELD, Wesley Newcomb. Some Fundamental Conceptions as Applied in Judicial Reasoning.
The Yale Law Journal, vol. 23, nº 1, 1913, p. 16-59.

[279] MENEZES CORDEIRO, António Menezes. *Tratado de Direito Civil*. Vol. I. 4ª ed. Coimbra: Almedina, 2019, p. 893.

[280] Não se pode confundir, contudo, o direito subjetivo com o direito objetivo. Explica Vicente Ráo:
"O conjunto sistemático de normas destinadas a disciplinar a conduta dos homens na convivência
social, asseguradas pela proteção-coerção a cargo do Estado, constitui o direito positivo que é o
direito próprio de cada povo. Mas, no direito positivo uma distinção fundamental existe entre
a norma considerada em si e a faculdade que ela confere às pessoas, singulares ou coletivas, de
procederem segundo o seu preceito, isto é, entre a norma que disciplina a ação (*norma agendi*) e
a faculdade de agir conforme com o que ela dispõe (*facultas agendi*); Aquela, como mandamento,
ou diretriz é, vive fora da pessoa do titular da faculdade conferida e constitui o direito objetivo;
esta, que na pessoa do titular se realiza, forma o direito subjetivo" (RÁO, Vicente. *O Direito e a
Vida dos Direitos*. Vol. I. 4ª ed. São Paulo: Editora Revista dos Tribunais, 1997, p. 187).

[281] "Os direitos subjetivos e todos os demais efeitos são eficácia do fato jurídico; portanto, posterius. O
direito objetivo não é logicamente anterior ao direito objetivo; é outra coisa: direito, na expressão
'direito objetivo', e direito, na expressão 'direito subjetivo', são duas acepções do vocábulo "direito",

rial ou de promessa de prestação, permitindo aos seus titulares a disposição sobre esses, de acordo com a sua vontade e dentro dos limites trazidos pelo ordenamento jurídico[282].

Explica Pontes de Miranda que "o direito subjetivo foi abstração, a que sutilmente se chegou, após o exame da eficácia dos fatos jurídicos criadores de direitos. A regra jurídica é objetiva e incide nos fatos; o suporte fáctico torna-se fato jurídico. O que, para alguém, determinadamente, dessa ocorrência emana, de vantajoso, é direito, já aqui subjetivo, porque se observa do lado dêsse alguém, que é o titular dêle"[283]. Caio Mário define o direito subjetivo como o "poder da vontade, para a satisfação dos interesses humanos, em conformidade com a norma jurídica"[284]. Por sua vez, conceitua Vicente Ráo que "direito subjetivo é o poder de ação determinado pela vontade que, manifestando-se através das relações entre as pessoas, recai sobre atos ou bens materiais ou imateriais e é disciplinado e protegido pela ordem jurídica, a fim de assegurar a todos e a cada qual o livre exercício de suas aptidões naturais, em benefício próprio, ou de outrem, ou da comunhão social"[285].

A conceituação proposta por Caio Mário apresenta nítida afinidade com a conceituação elaborada por Savigny, como pode-se observar a partir do núcleo "poder da vontade". Porém, tal acepção é contraposta pelas críticas formuladas por Jhering acerca da "teoria da vontade", pois há de se reconhecer a existência de direitos subjetivos mesmo sem haver vontade. Por exemplo, o nascituro tem o direito subjetivo ao recebimento de herança de patriarca que venha a falecer durante a concepção, ou ainda, poderá receber doações, resguardando-lhe a lei direitos desde a concepção (art. 2º, CC)[286]. Em vista de situações como a do nascituro, bem como a tendência de dessubjetivar o agir jurídico, pode-se revisitar a concepção havida acerca do direito subjetivo.

Nesse sentido, é preferível a conceituação de António Menezes Cordeiro acerca do direito subjetivo, considerando-o como sendo uma "permissão normativa específica de aproveitamento de um bem"[287]. O núcleo centrado na "permissão normativa" engloba tanto as normas legais quanto as normas decorrentes da autonomia privada dos indivíduos. Pontes de Miranda já havia apontado que o conteúdo do direito subjetivo será um

---

dois fatos diferentes. Direito objetivo é fato do mundo político, que leva às fronteiras do mundo jurídico e o causa, o compõe, – pois que da incidência do direito objetivo (= das regras jurídicas) é que resultam os fatos jurídicos, o mundo jurídico. Direito subjetivo já é efeito dos fatos jurídicos. Quando se fala de direitos subjetivos antes de leis é porque houve outra lei, antes dêles, que, incidindo, produziu os fatos jurídicos de que êsses direitos subjetivos emanaram." (PONTES DE MIRANDA, Francisco Cavalcanti. *Tratado de Direito Privado*. Tomo I. Atualizado por Judith Martins-Costa, Gustavo Haical e Jorge Cesa Ferreira da Silva. São Paulo: Revista dos Tribunais, 2012, p. 60-61).

[282] AGUIAR JÚNIOR, Ruy Rosado. *Extinção dos Contratos por Incumprimento do Devedor: resolução*. Rio de Janeiro: AIDE Editora, 2004, p. 27.

[283] PONTES DE MIRANDA, Francisco Cavalcanti. *Tratado de Direito Privado*. Tomo V. Atualizado por Marcos Bernardes de Mello e Marcos Ehrhardt Jr. São Paulo: Revista dos Tribunais, 2012, p. 281.

[284] PEREIRA, Caio Mário da Silva. *Instituições de Direito Civil*. Vol. 1. 32ª ed. Rio de Janeiro: Editora Forense, 2019, p. 29.

[285] RÁO, Vicente. *O Direito e a Vida dos Direitos*. Vol. II. 4ª ed. São Paulo: Editora Revista dos Tribunais, 1997, p. 625.

[286] CC, Art. 2º: "A personalidade civil da pessoa começa do nascimento com vida; mas a lei põe a salvo, desde a concepção, os direitos do nascituro".

[287] MENEZES CORDEIRO, António Menezes. *Tratado de Direito Civil*. Vol. I. 4ª ed. Coimbra: Almedina, 2019, p. 893.

PARTE II · **Capítulo 9** · A EFICÁCIA DA CONVENÇÃO DE ARBITRAGEM | **301**

poder ou uma faculdade, mas não necessariamente decorrentes da vontade, pois o fim dos direitos subjetivos é a proteção de interesses jurídicos considerados relevantes pelo ordenamento[288]. Assim, concebe-se o direito subjetivo como uma permissão normativa decorrente do direito objetivo, responsável pelo estabelecimento de condutas a serem seguidas. Essa formulação conceitual permite explicar a existência de direitos subjetivos independentemente da vontade (direitos do nascituro) ou da consciência prévia dos seus titulares (por exemplo, aqueles impostos de modo cogente pela lei).

A regra jurídica é sempre o *prius* de um direito subjetivo, pois é da regra jurídica que preveem os fatos que terão de ser preenchidos no seu suporte normativo para que ocorra a incidência jurídica, e, somente então, ocorrendo a entrada no mundo jurídico[289]. Assim, o direito subjetivo depende sempre, em alguma medida, do direito objetivo, pois somente da judicialização do suporte fático que ocorre a eficácia – sendo o direito subjetivo apenas uma das categorias eficaciais potencialmente verificáveis. Explica Pontes de Miranda: "O direito subjetivo é tão posterius quanto o dever; após êles vem a irradiação dos outros efeitos. O suporte fáctico é o conteúdo contingente, concreto ou concreto-abstrato (e. g., a manifestação de vontade e a coisa são concretos; o ser dono ou não ser dono da coisa é abstrato) da regra jurídica. O direito subjetivo, o dever, a pretensão, a obrigação, a ação e a exceção são seres do mundo do pensamento. Isso não exclui que êles. sejam. No mundo jurídico, são tanto quanto os suportes fácticos. Por isso, nascem, modificam-se e extinguem--se. Podemos observá-los, compará-los, classificá-los. Podem êles transferir-se, às vêzes dividir-se, unir-se, encobrir-se"[290]. Portanto, o direito subjetivo é uma das categorias de

---

[288] "O conteúdo do direito subjetivo é, portanto, poder; mas êsse poder não há de ser dito 'poder da vontade'. Antes dêle, estão interêsses; o seu fim é proteção de interêsses (o fim, não o conteúdo; e assim se evita a confusão em que R. VON JHERING incorreu). Aquêle poder é apenas alusão ao estado de participação nos bens da vida. O direito objetivo, regrando distribuição de bens da vida, cria podêres. Mas poder, aí, não é mais do que faculdade, que se faz conteúdo do direito subjetivo. Se restringimos o sentido ao de faculdade, o conteúdo do direito subjetivo é poder. Não só poder de vontade; poder, também, de não-querer. Uma coisa é poder querer a, ou não querer a, ou querer não-a, e outra poder querer ou não-querer. O titular do ius ne altius tollatur tem faculdade de querer que não se eleve a construção, e só isso." (PONTES DE MIRANDA, Francisco Cavalcanti. *Tratado de Direito Privado*. Tomo V. Atualizado por Marcos Bernardes de Mello e Marcos Ehrhardt Jr. São Paulo: Revista dos Tribunais, 2012, p. 292).

[289] "Sem se atender a que há a regra jurídica e o suporte fáctico, sôbre que ela incide, a que a deficiência dêsse suporte pode ser mais grave ou menos grave, de modo a suscitar nulidade ou anulabilidade, e a que o fato jurídico, surgido daquela incidência, somente fica sem eficácia se algo, como a nulidade, o determina, – não é possível conhecer-se tudo que se passa quanto a direitos, deveres, pretensões, obrigações, ações, exceções, nem se iniciar, com clareza, a pesquisa dêsses, que são eficácia. Sem isso, não é possível, tão-pouco, tratar-se dos sujeitos e dos objetos dos direitos. O sujeito de direito é algo que nada tem com as regras jurídicas. As regras jurídicas somente se preocupam com a capacidade de direito e, pois, com a personalidade, com as incapacidades de obrar e outras possibilidades de ser sujeito de direito e de exercer direitos. O sujeito (pessoa) entra no mundo jurídico como elemento do suporte fáctico; portanto como ente que se aloja no fato jurídico e daí se projeta, servindo de têrmo a relações jurídicas, que são eficácia do fato jurídico. Dir-se-á que as regras jurídicas são feitas para as pessoas, para os possíveis sujeitos. (PONTES DE MIRANDA, Francisco Cavalcanti. *Tratado de Direito Privado*. Tomo V. Atualizado por Marcos Bernardes de Mello e Marcos Ehrhardt Jr. São Paulo: Revista dos Tribunais, 2012, p. 294-295).

[290] PONTES DE MIRANDA, Francisco Cavalcanti. *Tratado de Direito Privado*. Tomo V. Atualizado por Marcos Bernardes de Mello e Marcos Ehrhardt Jr. São Paulo: Revista dos Tribunais, 2012, p. 295.

eficácia que surgem quando a regra jurídica incide, não sendo possível o conceber sem a preexistência do direito objetivo, que prevê de modo mediato o suporte fático cujo preenchimento resultará no direito subjetivo enquanto lado positivo e ativo da incidência[291].

O exercício dos direitos subjetivos, frequentemente, corresponde à prática das faculdades[292] que estão insculpidas no seu conteúdo[293]. O exemplo dessa situação é o direito de propriedade, que confere as faculdades de usar, gozar, fruir e dispor da coisa objeto do direito de propriedade (*"jus utendi fruendi et abutendi"*). Explica Pontes de Miranda que "os direitos subjetivos contêm poder, porque supõem bem da vida, a que se refira, e caber a alguém um bem da vida é atribuição de poder ou de complexo de podêres. Também se chama a esses podêres 'faculdades'"[294].

Correlato ao direito, está o dever. O dever é a situação jurídica passiva na qual se encontra aquele que está vinculado a observar o direito de outrem. Nas relações creditícias, por exemplo, a díade débito-crédito ilustra essa situação, pois o crédito a que o credor tem direito corresponde exatamente ao débito que o devedor deve. Assim, o dever jurídico corresponde a uma vinculação, uma limitação ao exercício da liberdade de outrem, devendo o dever ser cumprido, sob pena de imposição de uma sanção[295]. O dever, por ser a contraface de um direito, visa satisfazer o interesse do seu titular.

A pretensão corresponde à possibilidade de exigir determinada ação ou omissão em decorrência da titularização de um determinado direito subjetivo, ou seja, a possibilidade de exigir a observância do seu direito[296]. Estando a pretensão presente na esfera jurídica de um indivíduo, terá a contraparte uma obrigação, que contém no seu núcleo uma prestação, uma atividade, um conjunto ordenado de atos, destinados à obtenção de uma finalidade, que corresponde à satisfação do interesse do credor[297].

Explica Pontes de Miranda que o destinatário da pretensão desprovida de ação é o obrigado[298]. Assim, pretensão e obrigação estão no mesmo nível conceitual, indicando a

---

[291] PONTES DE MIRANDA, Francisco Cavalcanti. *Tratado de Direito Privado*. Tomo V. Atualizado por Marcos Bernardes de Mello e Marcos Ehrhardt Jr. São Paulo: Revista dos Tribunais, 2012, p. 287.

[292] Por "faculdade", entende-se: "a faculdade, a que nos referimos, ao ser exercida, traduz-se em ato da vontade destinado à consecução dos bens, materiais ou imateriais, de valor individual ou social, necessários ou úteis à conservação e ao aperfeiçoamento do próprio titular, ou de outrem, ou da coletividade, exteriorizando-se sob a forma de relação entre as pessoas, ou com o Estado, ou, ainda, como ação e relação que recaem sobre as coisas do mundo físico, ou sobre o produto imaterial da mente humana. É mediante o exercício dessa faculdade que o homem procura desenvolver livremente, dentro da esfera de ação que lhe é traçada pelo direito objetivo, suas aptidões espirituais, intelectuais e materiais, para alcançar os fins ditados por sua própria natureza." (RÁO, Vicente. *O Direito e a Vida dos Direitos*. Vol. II. 4ª ed. São Paulo: Editora Revista dos Tribunais, 1997, p. 537-538).

[293] AMARAL, Francisco. *Direito Civil: Introdução*. 10ª ed. São Paulo: Saraiva, 2018, p. 305.

[294] PONTES DE MIRANDA, Francisco Cavalcanti. *Tratado de Direito Privado*. Tomo V. Atualizado por Marcos Bernardes de Mello e Marcos Ehrhardt Jr. São Paulo: Revista dos Tribunais, 2012, p. 291.

[295] GRAU, Eros Roberto. Nota sobre a Distinção entre Obrigação, Dever e Ônus. *Revista da Faculdade de Direito, Universidade de São Paulo*, vol. 77, p. 178.

[296] AMARAL, Francisco. *Direito Civil: Introdução*. 10ª ed. São Paulo: Saraiva, 2018, p. 304.

[297] MARTINS-COSTA, Judith; COSTA E SILVA, Paula. *Crise e Perturbações no Cumprimento da Prestação: estudo de direito comparado Luso-Brasileiro*. São Paulo: Quartier Latin, 2020, p. 59.

[298] PONTES DE MIRANDA, Francisco Cavalcanti. *Tratado de Direito Privado*. Tomo VI. Atualizado por Otávio Luiz Rodrigues Junior; Tilman Quarch; Jefferson Carús Guedes. São Paulo: Revista dos Tribunais, 2012, p. 154.

exigibilidade de determinado direito subjetivo, que pode ser previamente existente, mas por razões de dilação temporal ou outra acabou não conferindo o atributo da exigibilidade de modo simultâneo a sua formação. Não se pode confundir a obrigação em sentido lato com a obrigação em sentido estrito. A obrigação em sentido estrito corresponde à relação obrigacional. Tem por elemento característico o cunho pecuniário, imediato ou mediato, da prestação. Porém, enquanto categoria eficacial, trata-se da obrigação em sentido lato, referindo-se ao vínculo jurídico que tem no seu núcleo um dever exigível.

No núcleo da obrigação está um dever a ser observado pelo sujeito inserido no polo passivo da relação[299]. Ressalta-se, contudo, que não há de se confundir a obrigação com o dever, pois nem todos os deveres darão azo a obrigações – como os deveres decorrentes diretamente da lei, os quais não integram estrutura obrigacional, nas quais não há falar em uma obrigação jurídica propriamente dita, pois não há um vínculo formado com algum sujeito específico. Assim, dever e obrigação, mesmo sendo duas situações jurídicas passivas, estão em planos conceituais distintos. A obrigação, enquanto vinculação, é uma manifestação específica do dever.

A pretensão contém o elemento da exigibilidade, da possibilidade de demandar o exercício de um direito[300], surgindo quando se pode demandar o cumprimento de determinada prestação[301]. Ou seja, a pretensão reflete a capacidade de demandar a observância do dever que se situa no núcleo de determinada obrigação. A pretensão difere-se do direito subjetivo. Como exemplos de direitos sem pretensão, pode-se mencionar as obrigações naturais, vide os arts. 814[302] e 882[303] do Código Civil. Ou, ainda, o direito sob condição suspensiva, que é despido de exigibilidade da prestação por conta da dilação temporal promovida pela condição. Para evidenciar que se está em dois planos conceituais distintos, tome-se em consideração um contrato de compra e venda sob condição suspensiva. Após a formação do contrato, já nasce a relação obrigacional (obrigação em sentido estrito). Porém, por conta da inserção da condição, há uma modulação na eficácia da exigibilidade. Ou seja, não há pretensão ao cumprimento da prestação. Logo, não haverá, ainda, uma obrigação (em sentido lato) de cumprir com o dever de prestação principal enquanto não ocorrer o fato futuro e incerto que está no núcleo de condição suspensiva.

No entanto, o direito subjetivo de fonte convencional, quando for revestido do atributo de exigibilidade, adquirirá a veste da pretensão, refletindo a possibilidade de pleitear o cumprimento do dever que se encontra enquanto seu par conceitual, e conferindo o estado de obrigado em sentido amplo. Portanto, ao lidar com pretensão e obrigação se está em momento posterior de produção eficacial quando comparado ao estado de direito-dever, vez que esse pode existir sem que o atributo da exigibilidade esteja presente.

---

[299] GRAU, Eros Roberto. Nota sobre a Distinção entre Obrigação, Dever e Ônus. *Revista da Faculdade de Direito, Universidade de São Paulo*, vol. 77, p. 177-182, 1982, p. 178.

[300] PEREIRA, Caio Mário da Silva. *Instituições de Direito Civil*. Vol. 1. 32ª ed. Rio de Janeiro: Editora Forense, 2019, p. 585.

[301] AMARAL, Francisco. *Direito Civil: Introdução*. 10ª ed. São Paulo: Saraiva, 2018, p. 305.

[302] CC, Art. 814: "As dívidas de jogo ou de aposta não obrigam a pagamento; mas não se pode recobrar a quantia, que voluntariamente se pagou, salvo se foi ganha por dolo, ou se o perdente é menor ou interdito."

[303] CC, Art. 882: "Não se pode repetir o que se pagou para solver dívida prescrita, ou cumprir obrigação judicialmente inexigível".

4. Direito potestativo e sujeição

Diferem-se dos direitos subjetivos os direitos ditos potestativos. Os direitos potestativos, também denominados de "direitos formativos"[304], funcionam mediante a díade *potestade-sujeição*, e não mediante a dualidade *direito-dever*. Nesse caso específico, estabelece-se o poder do titular de sujeitar outrem a observar determinado direito, não havendo um "dever" propriamente dito, apenas uma submissão à manifestação unilateral do titular da potestade[305].

Assim, os direitos potestativos permitem que se crie, modifique ou se extinga determinada situação jurídica mediante declaração unilateral de vontade[306]. Assim, o seu grande diferencial consiste na atribuição ao seu titular o poder de intervenção independentemente da atuação da pessoa cuja esfera jurídica está sendo atingida[307], resultando na aquisição, modificação ou extinção de direitos, pretensões, ações e exceções[308]. Por meio desses direitos, ocorre a formação de relações jurídicas concretas mediante ato unilateral do titular, transformado os estados jurídicos existentes, a partir da manifestação volitiva de um único sujeito de direitos[309]. Representam uma exceção ao princípio da incolumidade das esferas jurídicas[310], pois o direito potestativo permite que se atinja a esfera jurídica alheia, constituindo, modificando ou extinguindo uma situação jurídica[311].

Os direitos potestativos não dão origem à prestação, limitando-se a estabelecer o estado jurídico de submissão[312]. Por essa razão, como os direitos potestativos não exigem para a produção de efeitos comportamentos de outrem, não são suscetíveis de violação, pois o polo passivo não está sujeito a um poder do titular, mas à alteração produzida uni-

---

[304] TEPEDINO, Gustavo; OLIVA, Milena Donato. *Fundamentos do Direito civil: teoria geral do direito civil*. 3ª ed. Rio de Janeiro: Forense, 2022, p. 105.

[305] PEREIRA, Caio Mário da Silva. *Instituições de Direito Civil*. Vol. 1. 32ª ed. Rio de Janeiro: Editora Forense, 2019, p. 30.

[306] RÁO, Vicente. *O Direito e a Vida dos Direitos*. Vol. II. 4ª ed. São Paulo: Editora Revista dos Tribunais, 1997, p. 908.

[307] TEPEDINO, Gustavo; OLIVA, Milena Donato. *Fundamentos do Direito civil: teoria geral do direito civil*. 3ª ed. Rio de Janeiro: Forense, 2022, p. 105.

[308] "Se atendemos a que à pessoa é dado o poder, às vêzes, de influir na esfera jurídica de outrem, adquirindo, modificando ou extinguindo direitos, pretensões, ações e exceções, ressalta a existência de direitos formativos, que são espécie de direitos potestativos. Tais direitos se exercem por ato unilateral do titular, ou seja por declaração unilateral de vontade ao interessado, ou a alguma autoridade, ou seja por simples manifestação unilateral de vontade, ou seja por meio de ação (e. g., ação de suplemento de idade).

As classes principais são a dos direitos formativos geradores, constitutivos ou credores, a dos direitos formativos modificativos e a dos direitos formativos extintivos." (PONTES DE MIRANDA, Francisco Cavalcanti. *Tratado de Direito Privado*. Tomo V. Atualizado por Marcos Bernardes de Mello e Marcos Ehrhardt Jr. São Paulo: Revista dos Tribunais, 2012, p. 298).

[309] AGUIAR JÚNIOR, Ruy Rosado de. *Extinção dos Contratos por Incumprimento do Devedor*. Rio de Janeiro: AIDE Editora, 2004, p. 29.

[310] MELLO, Marcos Bernardes de. *Teoria do Fato Jurídico: plano da eficácia*. 10ª ed. São Paulo: Saraiva, 2015, p. 96.

[311] PEREIRA, Caio Mário da Silva. *Instituições de Direito Civil*. Vol. 1. 32ª ed. Rio de Janeiro: Editora Forense, 2019, p. 30.

[312] TEPEDINO, Gustavo; OLIVA, Milena Donato. *Fundamentos do Direito civil: teoria geral do direito civil*. 3ª ed. Rio de Janeiro: Forense, 2022, p. 105-106.

lateralmente pela manifestação daquele que se encontra no polo ativo[313]. Nesse contexto, os direitos potestativos compreendem a máxima valorização da autonomia privada, pois nem mesmo o encontro das vontades dos sujeitos de direito é necessário para a materialização dos seus efeitos jurígenos, bastando e exteriorização por parte do seu detentor para a sua plena produção eficacial.

Por exemplo, os negócios envolvendo opções[314] conferem ao seu titular o direito potestativo de exercer a opção[315]. Outro exemplo de direito potestativo, na modalidade formativo extintivo, é o direito de pleitear a resolução de contrato por conta de inadimplemento da obrigação[316]. Há, basicamente, três modalidades de direitos potestativos, dependendo do tipo de efeito que provocam na esfera jurídica de outrem: há direitos formativos geradores[317], direitos formativos modificativos[318] e direitos formativos extintivos[319].

5. Poder e poder-dever

O poder está no núcleo de várias situações jurídicas ativas[320] – como nos direitos subjetivos e suas faculdades, a pretensão e os direitos potestativos – e consistem na possi-

---

[313] AMARAL, Francisco. *Direito Civil: Introdução.* 10ª ed. São Paulo: Saraiva, 2018, p. 301.

[314] Refere-se tanto às opções de compra (*"call option"*) quanto às opções de venda (*"put option"*).

[315] MARTINS-COSTA, Judith. *A Boa-fé no Direito Privado: critérios para a sua aplicação.* 2ª ed. São Paulo: Saraiva, 2018, p. 427.

[316] AGUIAR JÚNIOR, Ruy Rosado de. *Extinção dos Contratos por Incumprimento do Devedor.* Rio de Janeiro: AIDE Editora, 2004, p. 31 ss.

[317] "Nos direitos formativos geradores ou constitutivos estão incluídos os direitos de apropriação, que são os de adquirir o domínio ou outro direito real, pelo exercício dêles. O direito de opção também é direito formativo constitutivo, que se não há de construir como compra-e-venda sob condição si voluero. Também a favor do destinatário da oferta revogável ou irrevogável nasce direito formativo gerador: mediante o seu exercício, compõe-se o negócio jurídico bilateral." (PONTES DE MIRANDA, Francisco Cavalcanti. *Tratado de Direito Privado.* Tomo V. Atualizado por Marcos Bernardes de Mello e Marcos Ehrhardt Jr. São Paulo: Revista dos Tribunais, 2012, p. 298).

[318] "São direitos formativos modificativos: o direito de escolha, nas obrigações alternativas (art. 884); o direito de interpelar, notificar ou protestar, para constituir em mora (art. 960, 2.a alínea); o direito de substituição do terceiro, segundo o art. 1.100; o direito de estabelecer prazo para prestação; o direito do devedor de, oferecendo a coisa, constituir em mora o credor (arts. 955 e 958), inclusive se se trata de facultas alternativa (art. 884)." (PONTES DE MIRANDA, Francisco Cavalcanti. *Tratado de Direito Privado.* Tomo V. Atualizado por Marcos Bernardes de Mello e Marcos Ehrhardt Jr. São Paulo: Revista dos Tribunais, 2012, p. 298).

[319] "São direitos formativos extintivos: o de alegar compensação, o de pedir desquite ou divórcio, o de requerer o levantamento do depósito em consignação (art. 977) e os mais direitos a que E. I. BEKKER chamava direitos negativos. Às vêzes, a eficácia extintiva é só quanto ao titular (renúncia à herança, abandono e renúncia da propriedade, renúncia de outros direitos reais). Outras vêzes, opera-se na esfera jurídica de outra pessoa: direitos, pretensões e ações de decretação de nulidade ou de anulação, ou direitos e pretensões à resolução, ou à resilição ou à rescisão, ou à revogação da doação, ou à revogação dos podêres, à denúncia da locação ou da sociedade, e ações respectivas, etc. Nem sempre a eficácia extintiva atinge a relação jurídica tôda (decretação de nulidade, anulação, denúncia, resolução e resilição, rescisão): em muitas espécies, a eficácia extintiva só atinge algum efeito (direito, pretensão, ação, exceção, como se dá com a alegação de compensação ou com a renúncia); noutras, a eficácia dita extintiva é só encobridora de eficácia, como se dá com as exceções." (PONTES DE MIRANDA, Francisco Cavalcanti. *Tratado de Direito Privado.* Tomo V. Atualizado por Marcos Bernardes de Mello e Marcos Ehrhardt Jr. São Paulo: Revista dos Tribunais, 2012, p. 298).

[320] "Nos direitos estão contidos, quase sempre, podêres, que os enchem, que os integram. Tal é o poder de alienar que se contém no direito de propriedade, ou o de ceder, que se contém no direito

bilidade de exigir, por ato de vontade, determinado comportamento de outro sujeito, bem como de impor certas consequências[321]. Por essa razão, é possível localizar, no conteúdo dos direitos subjetivos, múltiplos poderes[322], que é apenas um dos possíveis preenchimentos do conteúdo de uma categoria eficacial. Ademais, é possível também vislumbrar poderes no núcleo eficacial de certas situações jurídicas passivas, como é o poder do devedor de escolher a prestação a ser cumprida quando se trata de uma obrigação alternativa (art. 252, CC)[323].

É possível distinguir os poderes dos direitos subjetivos e dos direitos potestativos. Diferentemente dos direitos subjetivos, o poder é compreendido como a disponibilidade de meios para a obtenção de um determinado fim, figurando como uma situação jurídica simples[324]. Igualmente, o poder não se confunde com o dever, havendo direitos dentro dos quais no núcleo está, de fato, um dever jurídico ("direitos de dever" ou *Sollrecht*) e outros nos quais o centro está em um poder, conferindo uma permissão ("direito em sentido absoluto" ou *Darfrecht*), ou uma possibilidade ("direito potestativo" ou *Kannrecht*)[325].

Em termos sistemáticos, o poder eventualmente se manifesta enquanto um "poder material", referente à atuação material ou da atuação jurídica, apresentando cunho constitutivo, modificativo ou extintivo, um "poder de gozo", dizendo respeito ao aproveitamento de uma coisa corpórea, "poder de crédito", quando referente à exigência de uma conduta (pretensão), "poder de garantia", atuando no que se refere à responsabilidade patrimonial, "poder autônomo", quando em consonância com sua independência ou com a sua integração em figuras mais vastas, e "poder instrumental", quando à serviço de outra realidade[326].

Os "poderes-deveres" distinguem-se, por sua vez, do simples poder. Tais categorias apresentam em comum o fato de que têm no núcleo a possibilidade de demandar um agir jurídico. Porém, enquanto o poder é exercido em favor de seu titular, os poderes-deveres visam tutelar interesse de outrem[327]. É o que ocorre, por exemplo, no poder familiar (art. 1.630, CC)[328], que é titularizado pelos pais, mas deve ser exercido em benefício dos filhos.

---

de crédito. Por vêzes, a lei ou o negócio jurídico faz ablação do poder: são, respectivamente, as limitações legais) de poder e as restrições de poder (e. g., art. 1.676). Os direitos reais inalienáveis e os direitos de crédito incessíveis são direitos limitados em poder. Os direitos de personalidade e os direitos de família são-no de regra." (PONTES DE MIRANDA, Francisco Cavalcanti. *Tratado de Direito Privado*. Tomo V. Atualizado por Marcos Bernardes de Mello e Marcos Ehrhardt Jr. São Paulo: Revista dos Tribunais, 2012, p. 297).

[321] AMARAL, Francisco. *Direito Civil: Introdução*. 10ª ed. São Paulo: Saraiva, 2018, p. 270.

[322] MENEZES CORDEIRO, António Menezes. *Tratado de Direito Civil*. Vol. I. 4ª ed. Coimbra: Almedina, 2019, p. 904.

[323] CC, Art. 252: "Nas obrigações alternativas, a escolha cabe ao devedor, se outra coisa não se estipulou".

[324] MENEZES CORDEIRO, António Menezes. *Tratado de Direito Civil*. Vol. I. 4ª ed. Coimbra: Almedina, 2019, p. 904.

[325] RÁO, Vicente. *O Direito e a Vida dos Direitos*. Vol. II. 4ª ed. São Paulo: Editora Revista dos Tribunais, 1997, p. 905.

[326] MENEZES CORDEIRO, António Menezes. *Tratado de Direito Civil*. Vol. I. 4ª ed. Coimbra: Almedina, 2019, p. 904.

[327] PEREIRA, Caio Mário da Silva. *Instituições de Direito Civil*. Vol. 1. 32ª ed. Rio de Janeiro: Editora Forense, 2019, p. 31.

[328] CC, Art. 1.630: "Os filhos estão sujeitos ao poder familiar, enquanto menores".

PARTE II · Capítulo 9 · A EFICÁCIA DA CONVENÇÃO DE ARBITRAGEM | 307

Assim, os poderes-deveres são exercidos não no interesse do seu titular, mas no interesse da pessoa em suja esfera jurídica se proteja[329].

Assim, por mais que o poder seja categoria analiticamente autônoma, não deve ser percebido de modo completamente dissociado de outras categorias eficaciais. Como visto, é possível que os poderes confiram colorido especial a certas situações jurídicas, sendo necessário analisar a sua dinâmica de funcionamento em concreto, à luz da eficácia decorrente de determinado fato jurídico, para determinar de modo preciso e adequado a extensão e a estruturação jurídica decorrente do exercício de determinado poder.

6. Sanções

A ideia de sanção foi central no pensamento de importantes jusfilósofos. Nessa linha de pensamento, Miguel Reale chega a afirmar que o fenômeno jurídico representa uma forma de organização da sanção[330]. As sanções são todos os atos de coerção que são estatuídos pela ordem jurídica em face de uma ação ou omissão incompatível com o direito[331]. As sanções representam uma imposição do ordenamento jurídico em decorrência da infração a uma norma[332]. Partindo do pressuposto de que as normas jurídicas preservam os elementos mais essenciais da vida em sociedade, não ficam à mercê da boa vontade dos sujeitos de direito e da observância espontânea por parte daqueles que são os seus destinatários, sendo, por isso, necessário estipular o seu cumprimento obrigatório por meio da coação[333].

Entretanto, nem toda construção jusfilosófica acerca do direito confere a mesma importância para os mecanismos sancionatórios. Nesse sentido, destaca-se a posição de Herbert Hart, para quem há normas jurídicas que não incutem sanções quando descumpridas, não podendo essas ser consideradas como um elemento característico da ordem jurídica[334]. Deve-se reconhecer, nesse caminho, o fenômeno da existência de normas sem sanção, já que essa última não representa elemento indispensável à sua existência[335]. Ainda, em sentido mais lato, é possível falar em sanções premiais, trazendo algum benefício para aquele que segue uma determinada conduta[336].

É possível concordar com a posição de Hart, conferindo outros dimensionamentos à conceituação de sanção, sem, contudo, deixar de reconhecer a sua importância enquanto categoria de eficácia jurídica. O debate acerca do seu papel na ordem jurídica pode, certamente, ser feita em termos filosóficos, contrastando diferentes ideias acerca do que é o direito. Contudo, em termos operacionais, o seu estudo enquanto uma das grandes modalidades de eficácia jurídica deve ocorrer independentemente do papel preciso no

---

[329] TEPEDINO, Gustavo; OLIVA, Milena Donato. *Fundamentos do Direito civil: teoria geral do direito civil*. 3ª ed. Rio de Janeiro: Forense, 2022, p. 106.

[330] REALE, Miguel. *Lições Preliminares de direito*. 27ª ed. São Paulo: Saraiva, 2002, p. 73.

[331] KELSEN, Hans. *Teoria Pura do Direito*. João Baptista Machado (Trad.). 8ª ed. São Paulo: WMF Martins Fontes, 2009, p. 121.

[332] AMARAL, Francisco. *Direito Civil: Introdução*. 10ª ed. São Paulo: Saraiva, 2018, p. 157.

[333] REALE, Miguel. *Lições Preliminares de direito*. 27ª ed. São Paulo: Saraiva, 2002, p. 71.

[334] HART, Herbert L. A. *O Conceito de Direito*. 6ª ed. A. Ribeiro Mendes (Trad.). Lisboa: Fundação Calouste Gulbenkian, 2011, Capítulos 2 e 3.

[335] AMARAL, Francisco. *Direito Civil: Introdução*. 10ª ed. São Paulo: Saraiva, 2018, p. 157.

[336] MASCARO, Alysson Leandro. *Introdução ao Estudo do Direito*. 5ª ed. São Paulo: Atlas, 2015, p. 88.

cerne do ordenamento, pois o que é difícil de conceber modernamente é como ocorreria a arquitetura normativa institucional de uma ordem jurídica que prescinda completamente da categoria da sanção.

Considerar o direito como uma ordem coercitiva representa designar um papel especial a ser desempenhado pela categoria eficacial da sanção[337]. Essa visão acerca do direito remonta à Jhering – *Recht ist der Inbegriff der in einem Staat geltenden Zwangsnormen* ("o direito é a representação das normas coercitivas em vigor num Estado") –, sendo também encontrada no direito da *Common Law* nos escritos de John Austin[338]. Vicente Ráo considera que "a coercibilidade é um dos caracteres essenciais da norma positiva de direito"[339]. A noção de "coercibilidade" remonta à possibilidade lógica de forçosamente obrigar o cumprimento de uma norma jurídica[340]. O pensamento Kelseniano, nessa linha, coloca a sanção como uma das principais manifestações do caráter coativo do direito.

Desenvolve Hans Kelsen: "se o Direito é concebido como uma ordem de coerção, isto é, como uma ordem estatuidora de atos de coerção, então a proposição jurídica que descreve o Direito toma a forma da afirmação segundo a qual, sob certas condições ou pressupostos pela ordem jurídica determinados, deve executar-se um ato de coação, pela mesma ordem jurídica especificado"[341]. Dessa forma, na visão do autor, os atos de coerção são entendidos como os atos destinados a executar, mesmo contra a vontade de quem é atingido, sendo viável a utilização da coerção estatal como modo de dar efetividade ao direito[342]. Dentro dessa concepção, não haveria regra que não implique obediência e respeito, sendo a sanção, por excelência, todos os mecanismos de garantia[343] de cumpri-

---

[337] "É, por isso, de rejeitar uma definição do Direito que o não determine como ordem de coação, especialmente porque só através da assunção do elemento coação no conceito de Direito este pode ser distintamente separado de toda e qualquer outra ordem social, e porque, com o elemento coação, se toma por critério um fator sumamente significativo para o conhecimento das relações sociais e altamente característico das ordens sociais a que chamamos "Direito"; e mais especialmente ainda porque só então será possível levar em conta a conexão que existe – na hipótese mais representativa para o conhecimento do Direito, que é a do moderno direito estadual – entre o Direito e o Estado, já que este é essencialmente uma ordem de coação e uma ordem de coação centralizadora e limitada no seu domínio territorial de validade" (KELSEN, Hans. *Teoria Pura do Direito*. João Baptista Machado (Trad.). 8ª ed. São Paulo: WMF Martins Fontes, 2009, p. 60).

[338] BOBBIO, Norberto. *Estudos por uma Teoria Geral do Direito*. Daniela Beccaccia Versiani (Trad.). Barueri: Manole, 2015, p. 121.

[339] RÁO, Vicente. *O Direito e a Vida dos Direitos*. Vol. I. 4ª ed. São Paulo: Editora Revista dos Tribunais, 1997, p. 194

[340] REALE, Miguel. *Lições Preliminares de direito*. 27ª ed. São Paulo: Saraiva, 2002, p. 69.

[341] KELSEN, Hans. *Teoria Pura do Direito*. João Baptista Machado (Trad.). 8ª ed. São Paulo: WMF Martins Fontes, 2009, p. 121.

[342] KELSEN, Hans. *Teoria Pura do Direito*. João Baptista Machado (Trad.). 8ª ed. São Paulo: WMF Martins Fontes, 2009, p. 121.

[343] O termo "garantia" é polissêmico. É considerado enquanto um dos elementos essenciais de uma relação jurídica, junto com as noções de "sujeito", "objeto" e "vínculo jurídico". Sobre a noção de garantia, discorre Judith Martins-Costa: "No primeiro nível de extensão, o termo 'garantia', entendido como o conjunto de providências que a ordem jurídica oferece para a tutela da posição dos sujeitos de uma relação jurídica, pode ser conotado ao próprio direito (Ordenamento jurídico), do que 'garantia = direito'. Já considerado um primeiro nível de restrição – por exemplo, o significado de 'garantia' no Direito Obrigacional –, indica-se, por este termo, o patrimônio do devedor. Se este não cumpre a prestação, o credor pode agir, mediante intervenção judicial, contra o seu patrimônio.

PARTE II · Capítulo 9 · A EFICÁCIA DA CONVENÇÃO DE ARBITRAGEM | 309

mento daquilo que dispõe determinada regra[344]. Consistiria em um meio de motivar o respeito à lei, punindo as infrações à ordem jurídica, atuando tanto enquanto garantia do cumprimento da norma quanto efeito da sua inobservância[345]. Para Kelsen, a sanção, em um sentido lato, abarca duas espécies específicas: ou se manifestam como uma pena ou como um ato de execução, sendo no seu núcleo a intervenção forçada na esfera jurídica de um determinado sujeito de direito[346]. Em comum, apresentam o fato de consistirem na realização compulsória de um mal ou – para exprimir o mesmo sob a forma negativa – na privação compulsória de um bem.

Francisco Amaral, ao estudar o direito civil brasileiro, constata quatro modalidades de sanção[347]: (a) preventiva, visando assegurar o respeito ao mandamento da norma, antes que essa venha a ser violada; (b) restauradora, objetivando reconstituir o estado anterior ao fato lesivo; (c) indenizatória, buscando a recomposição da situação patrimonial existente antes do ato danoso; (d) coativa, destinadas a compelir o devedor a praticar um determinado ato; e (e) punitiva, que se traduz em uma pena a ser aplicada em decorrência da violação de um dever legal.

Este é a garantia geral do direito subjetivo (de crédito) do credor, do que 'garantia = patrimônio do devedor'. Restringindo ainda mais o âmbito de utilização do termo, pode-se indicar, pelo mesmo vocábulo, as garantias específicas ou especiais e típicas das obrigações, as 'garantias contratuais', isto é, as garantias reais e as fidejussórias, conformando modelos legalmente típicos; e, se restringirmos ainda mais, podemos indicar as chamadas garantias atípicas, ou criadas pela prática ou 'refuncionalizadas', assim se indicando figuras jurídicas que tradicionalmente não seriam garantias, mas foram direcionadas (por força da autonomia privada) a essa função, como, exemplificativamente, a compensação como garantia, ou o depósito em garantia, valendo, então, a indicação «garantia = garantia contratual». Se continuarmos a limitar o âmbito da situação, pode-se determinar, por fim, quais as espécies de garantias atípicas caracterizadas pela autonomia diante do contrato de base, como a garantia à primeira demanda ou as lettres de patronnage, do que 'garantia = garantias contratuais autônomas'." (MARTINS-COSTA, Judith. *A Boa-fé no Direito Privado: critérios para a sua aplicação*. 2ª ed. São Paulo: Saraiva, 2018, p. 151).

[344] REALE, Miguel. *Lições Preliminares de direito*. 27ª ed. São Paulo: Saraiva, 2002, p. 72.

[345] AMARAL, Francisco. *Direito Civil: Introdução*. 10ª ed. São Paulo: Saraiva, 2018, p. 157.

[346] Desenvolve Hans Kelsen: "As sanções no sentido específico desta palavra aparecem – no domínio das ordens jurídicas estaduais – sob duas formas diferentes: como pena (no sentido estrito da palavra) e como execução (execução forçada). Ambas as espécies de sanções consistem na realização compulsória de um mal ou – para exprimir o mesmo sob a forma negativa – na privação compulsória de um bem: no caso da pena capital, a privação da vida, no caso das penas corporais, outrora usadas (como a privação da vista, a amputação de uma mão ou da língua), a privação do uso de um membro do corpo, ou o castigo corretivo: a provocação de dores; no caso da pena de prisão, a privação da liberdade; no caso das penas patrimoniais, a privação de valores patrimoniais, especialmente da propriedade. Mas também a privação de outros direitos pode ser cominada como pena: tal a demissão ou a perda dos direitos políticos. Também a execução é a produção compulsória de um mal. Distingue-se, porém, da pena pelo fato de – como costuma dizer-se – ser levada a efeito para compensar (indenizar) o ilícito que consiste na conduta contra a qual esta sanção é dirigida como reação. A chamada indenização do ilícito consiste em pôr termo à situação criada em virtude da conduta contrária ao Direito (situação que, nestes termos, é também contrária ao Direito) e em produzir ou restabelecer uma situação conforme ao Direito. Esta situação pode ser a mesma que deveria ter sido produzida através de uma conduta do delinquente conforme ao Direito; mas também pode ser uma outra que funcione como sucedânea dela, quando o restabelecimento de tal situação não seja possível." (KELSEN, Hans. *Teoria Pura do Direito*. João Baptista Machado (Trad.). 8ª ed. São Paulo: WMF Martins Fontes, 2009, p. 121-122).

[347] AMARAL, Francisco. *Direito Civil: Introdução*. 10ª ed. São Paulo: Saraiva, 2018, p. 158-159.

Portanto, é possível conferir acepção ampla à sanção enquanto categoria eficacial. Por mais que esse vocábulo possa guardar significados mais esguios em outros contextos e para outras finalidades, percebê-la de modo largo no âmbito do direito civil permite que se enquadre conceitualmente uma série de fenômenos que não se coadunam bem com o sentido mais estrito das situações jurídicas. Igualmente, permite a categorização de figuras que, vinculadas às situações jurídicas, gravitando ao seu redor, confere-lhe efetividade, guardando relação com a acepção mais ampla de sanção enquanto mecanismo coercitivo e de efetivação da ordem jurídica.

Nesse sentido, trabalha-se enquanto sanção, seguindo orientação Kelseniana nessa matéria em particular, como os métodos de intervenção da ordem normativa institucional imposta pelo direito na esfera jurídica de um sujeito. Portanto, podendo apresentar fito de prevenir, restaurar, indenizar, coagir ou punir indivíduo que atue de modo antijurígeno.

7. Ônus

O "ônus" é uma situação jurídica passiva que se distingue do conceito de "dever"[348]. Por um lado, o dever é um vínculo jurídico com outrem, enquanto a ligação com outra parte não está presente na categoria do "ônus"[349]. Em comum, apresentam o elemento formal, o vínculo à vontade.

Todavia, o elemento substancial difere: um dever se refere ao interesse alheio, enquanto o ônus se refere ao próprio interesse do titular[350]. O ônus se prende aos interesses do próprio agente, não havendo a vinculatividade de adoção de determinada conduta. Pode o titular do ônus optar em o observar, obtendo uma situação jurídica mais vantajosa[351]. É o que ocorre, por exemplo, quando existe uma doação feita sob ônus, condicionando a obtenção da vantagem econômica objeto da doação à execução de determinada atividade. Não se trata de dever ou de obrigação, pois não se pode exigir daquele que se encontra na situação passiva de ônus o cumprimento da conduta. Não há, pois, pretensão. O que há, na verdade, é a criação de um vínculo entre a observância de determinada conduta e a obtenção da vantagem na sua esfera jurídica atrelada à satisfação do ônus.

Por essa razão, como não há um direito subjetivo na esfera jurídica da contraparte, não haverá pretensão decorrente da inobservância do ônus[352], permitindo que o agente opte em atuar em um determinado sentido ou não[353]. Dessa forma, ausente um dever de conduta, a sua inobservância não implica uma sanção propriamente dita, nem a carac-

---

[348] GRAU, Eros Roberto. Nota sobre a Distinção entre Obrigação, Dever e Ônus. *Revista da Faculdade de Direito, Universidade de São Paulo*, vol. 77, p. 178.

[349] COUTO E SILVA, Clóvis do. *A Obrigação como Processo*. Rio de Janeiro: FGV Editora, 2006, p. 98.

[350] GRAU, Eros Roberto. Nota sobre a Distinção entre Obrigação, Dever e Ônus. *Revista da Faculdade de Direito, Universidade de São Paulo*, vol. 77, p. 177-182, 1982, p. 181.

[351] GRAU, Eros Roberto. Nota sobre a Distinção entre Obrigação, Dever e Ônus. *Revista da Faculdade de Direito, Universidade de São Paulo*, vol. 77, p. 177-182, 1982, p. 181.

[352] MARTINS-COSTA, Judith. *A Boa-fé no Direito Privado*: Critérios para a sua Aplicação. 2ª ed. São Paulo: Saraiva, 2018, p. 555-556.

[353] BENETTI, Giovana. *Dolo no Direito Civil: uma análise da omissão de informações*. São Paulo: Quartier Latin, 2019, p. 237.

PARTE II · Capítulo 9 · A EFICÁCIA DA CONVENÇÃO DE ARBITRAGEM | **311**

terização de um ato ilícito[354]. Assim, não há falar no surgimento do dever de indenizar caso um ônus seja inobservado[355]. A consequência será, somente, a não obtenção de uma vantagem jurídica a que faria jus, caso houvesse observado o conteúdo do ônus. Portanto, é apenas aquele que não se desincumbe de seu ônus que suporta as consequências advindas da ausência da prática do ato, deixando de receber determinado benefício em sua esfera jurídica. Na hipótese de dever, a sua não observância irradia efeitos negativos para terceiros.

§ 29. DIREITOS POTESTATIVOS E PODERES NA ARBITRAGEM

1. Direito potestativo de instituir a arbitragem

A pactuação de convenção de arbitragem confere às partes o direito potestativo de instaurar a arbitragem. Trata-se de modalidade de direito formativo gerador, pois embasa a criação do poder jurisdicional a ser exercido pelo tribunal arbitral. O surgimento desse direito está associado à modificação no modo do exercício do direito de ação, o qual, ao invés de desconstituir a inércia da jurisdição estatal, será exercido perante a jurisdição arbitral. Essa mecânica é tratada sob a alcunha de "efeito positivo da convenção de arbitragem", e diz respeito à possibilidade de as partes provocarem a tutela jurisdicional satisfativa a ser prestada pelo tribunal arbitral.

Assim, se a celebração da convenção de arbitragem opera a modificação da jurisdição estatal em arbitral, o direito de ação – direito potestativo de provocar a jurisdição, estatal ou arbitral – constitui instrumento de instauração da relação jurídica que viabiliza o exercício da jurisdição privada pelos árbitros. Em outras palavras, se a convenção de arbitragem celebrada constituía o efeito negativo gerador do direito a não se submeter à esfera judicial, em caso de conflito, o direito potestativo aqui estudado reflete o efeito positivo da convenção de arbitragem.

A possibilidade de dar início à arbitragem constitui, portanto, exemplo de direito potestativo, havendo, na esfera jurídica de ambas as partes, tanto o poder de iniciar o procedimento quanto a sujeição correspondente. Qualquer uma das partes da convenção de arbitragem tem o poder de provocar a jurisdição do tribunal arbitral, estando a parte requerida em estado de sujeição. Ocorrerá, de imediato, modificação na esfera jurídica da contraparte, que passará a estar na situação de acionada perante a jurisdição arbitral. Portanto, a mera pactuação de uma convenção de arbitragem faz adentrar na esfera jurídica de cada uma das partes contratantes a díade "poder instituir a arbitragem" e a "sujeição ao início da arbitragem". Não haverá um dever propriamente dito, pois o impacto na esfera jurídica alheia, após a instauração da arbitragem, independe da vontade do requerido. Por essa razão, não há prestação referente à constituição da jurisdição arbitral, tratando--se, na verdade, de exercício unilateral da vontade da parte titular desse direito conferido diretamente pela convenção de arbitragem.

A parte requerente, por ato de vontade própria, elaborará, nos termos pactuados, o pedido de instauração de arbitragem. Esse pedido – automaticamente e sem necessidade

---

[354] GRAU, Eros Roberto. Nota sobre a Distinção entre Obrigação, Dever e Ônus. *Revista da Faculdade de Direito, Universidade de São Paulo*, vol. 77, p. 177-182, 1982, p. 183.

[355] FABIAN, Christoph. O Dever de Informar no Direito Civil. São Paulo: Editora Revista dos Tribunais, 2002, p. 53.

de confirmação, autorização ou aceite da contraparte – provoca a instauração da jurisdição arbitral, e já confere o *status* de acionado para a parte requerida. Essa dinâmica de funcionamento, em termos de categoria eficacial, revela o caráter potestativo de iniciar-se a arbitragem.

Ressalta-se que, nos termos da lei brasileira, o início da arbitragem não se confunde com a sua instituição. Conforme a Lei de Arbitragem Brasileira, no art. 19, "considera-se instituída a arbitragem quando aceita a nomeação pelo árbitro, se for único, ou por todos, se forem vários". Entretanto, antes de haver propriamente a instituição da arbitragem, há o requerimento de arbitragem, que consiste na manifestação de vontade de uma das partes contratantes da convenção de arbitragem de dar início ao procedimento arbitral. Para fins de prescrição, dispõe o § 2º do art. 19 da LARb: "A instituição da arbitragem interrompe a prescrição, retroagindo à data do requerimento de sua instauração, ainda que extinta a arbitragem por ausência de jurisdição." A redação atual foi dada pela Lei 13.129/2015, que operou reforma na Lei de Arbitragem original e que foi resultado de trabalhos de Comissão instituída pelo Senado Federal da qual o primeiro autor fez parte.

É nesse mesmo sentido a disposição contida no art. 4.2 do Regulamento de Arbitragem CCI 2021, por exemplo: "A data de recebimento do Requerimento pela Secretaria deverá ser considerada, para todos os efeitos, como a data de início da arbitragem", ou o item 6.4. do Regulamento da CAMARB, "os efeitos da instituição da arbitragem retroagirão à data do protocolo na CAMARB da Solicitação de Arbitragem". Portanto, percebe-se que é possível que o regramento de arbitragem escolhido pelas partes pode associar marco temporal diverso do legal ao início do procedimento arbitral.

O art. 6º da Lei de Arbitragem clarifica o modo de exercício desse direito potestativo: "não havendo acordo prévio sobre a forma de instituir a arbitragem, a parte interessada manifestará à outra parte sua intenção de dar início à arbitragem, por via postal ou por outro meio qualquer de comunicação, mediante comprovação de recebimento, convocando-a para, em dia, hora e local certos, firmar o compromisso arbitral". É perceptível da redação do artigo de lei, bem como da sua posição topológica na lei de arbitragem, que a possibilidade de dar início à arbitragem é condicionada à existência de convenção de arbitragem.

Sobre o tema, o STJ estabeleceu oportunamente no REsp 1.389.763, relatado pela Ministra Nancy Andrighi, que "a convenção de arbitragem, tanto na modalidade do compromisso arbitral quanto na modalidade de cláusula compromissória, é suficiente e vinculante, afastando definitivamente a jurisdição estatal" e que "a contratação de cláusula compromissória 'cheia', espécie admitida pelo art. 5º da Lei de Arbitragem, na qual se convenciona a forma de nomeação dos árbitros ou adoção de regras institucionais, prescinde de complementação por meio de compromisso arbitral"[356].

O TJSP, em caso relatado pelo Desembargador José Arnaldo da Costa Telles, por sua vez, ao julgar um caso evolvendo uma cláusula compromissória que elegia a "Câmara de Mediação e Arbitragem de São Paulo" para dirimir controvérsias entre as partes, decidiu que a mera incerteza de qual seria câmara julgadora não figuraria como uma "disposição vazia, a ensejar, obrigatoriamente, a intervenção estatal, nos termos do art. 7º da Lei 9.307/1996", mas, sim, de "cláusula tisnada pela patologia da incerteza. Vazia é a que não

---

[356] STJ. REsp 1.389.763/PR. Min. Nancy Andrighi. Terceira Turma. J. em: 12.11.2013.

ostenta qualquer indicação da vontade das partes, o que veda a opção unilateral de um dos contratantes; a patológica, mesmo não expondo com clareza a opção que tenham feito, contém algum norte"[357].

Percebe-se, portanto, que a existência de cláusula compromissória cheia introduz na esfera jurídica dos contratantes o direito de impor ao outro a instauração do juízo arbitral. Tanto é despicienda a participação da contraparte para a formação do tribunal que a Lei de Arbitragem, no art. 22, § 3º[358], considera que a sentença poderá ser normalmente prolatada, mesmo diante da revelia da parte requerida. Ou seja, uma vez pactuada convenção de arbitragem, não é necessária manifestação de vontade superveniente para que haja sujeição à arbitragem. Ademais, o estado de sujeição é tal que não pode a parte, unilateralmente, se esquivar do juízo arbitral após a sua pactuação.

Após formada, poderá qualquer das partes da convenção de arbitragem, obedecendo o rito da arbitragem, inclusive quanto aos prazos estabelecidos pelas partes, demandar as demais perante o tribunal arbitral. Igualmente, qualquer uma poderá ser demandada, dentro do escopo objetivo e subjetivo da convenção de arbitragem. Nesse contexto, o direito de ação é viabilizado de ser exercido perante o juízo arbitral, bastando que a parte requerente protocole pedido de instauração de arbitragem (nos casos de arbitragem institucional), siga o procedimento ajustado na cláusula compromissória, ou, ainda, utilize os mecanismos previstos nos arts. 6º e 7º da Lei de Arbitragem[359]. No entanto, não se olvide ser supérflua tentativa de resistência, pois, diante do estado de sujeição existente, nada impede o exercício da ação, da qual culminará com pronunciamento jurisdicional, queira o demandado ou não, participe ou não a parte requerida.

É a convenção de arbitragem, enquanto negócio jurídico de direito material e processual, o título atributivo da jurisdição do tribunal arbitral. Nesse sentido, dela decorrerá a possibilidade de demandar pela via arbitral. O direito potestativo de instituir a arbitragem é, pois, uma categoria eficacial decorrente da convenção de arbitragem.

2. Poder-dever de prestar jurisdição

A cláusula compromissória é a fonte da jurisdição dos árbitros. É o negócio jurídico que lastreia a jurisdição do tribunal arbitral. Por força do art. 18 da LARb, o árbitro é considerado juiz de fato e de direito[360]. A jurisdição é a manifestação de um poder. Porém, após a formação do contrato de investidura, não passa a ter o árbitro apenas o poder de prestar jurisdição, sendo um verdadeiro poder-dever.

É pacífico na jurisprudência que, de ordinário, inclusive, a jurisdição arbitral potencialmente "precede a jurisdição estatal, incumbindo àquela deliberar sobre os limites de

---

[357] TJSP. Apel 1033223-88.2018.8.26.0100. Rel. José Arnaldo da Costa Telles. 2ª Câm Res Dir Emp. J. em: 29.04.2020.

[358] Lei de Arbitragem, Art. 22: "Poderá o árbitro ou o tribunal arbitral tomar o depoimento das partes, ouvir testemunhas e determinar a realização de perícias ou outras provas que julgar necessárias, mediante requerimento das partes ou de ofício. [...] § 3º A revelia da parte não impedirá que seja proferida a sentença arbitral."

[359] WEBBER, Pietro Benedetti Teixeira; SCALCO, Gabriela Barcellos. Cláusulas compromissórias patológicas no direito brasileiro: eficácia e exequibilidade. *RJLB*, ano 7, nº 2 p. 1233-1255, 2021, p. 1246.

[360] LARb, Art. 18: "O árbitro é juiz de fato e de direito, e a sentença que proferir não fica sujeita a recurso ou a homologação pelo Poder Judiciário".

suas atribuições, previamente a qualquer outro órgão julgador (princípio da competência-
-competência), bem como sobre as questões relativas à existência, à validade e à eficácia da
convenção de arbitragem e do contrato que contenha a cláusula compromissória"[361]. Ou seja,
após provocada e instaurada a jurisdição arbitral, diante dos poderes conferidos ao árbitro,
emanados da convenção de arbitragem, assumem esses o poder-dever de decidir, ordinariamente, com primazia, as controvérsias próprias atinentes ao escopo da sua jurisdição.

Esse poder-dever se manifesta em vários momentos do processo arbitral, culminando com a prolação de uma sentença. A condução do procedimento arbitral caberá ao
tribunal, dentro dos limites da sua jurisdição. Há um poder geral de guiar a condução do
procedimento[362]. O art. 5º, XXXV, da Constituição Federal consagra um direito à tutela
jurisdicional[363]. Mauro Cappelletti e Bryant Garth asseveram que o acesso à justiça atua
como garantidor da possibilidade dos particulares de reivindicar direitos e resolver litigios[364]. Por mais que os autores se refiram a um contexto de jurisdição estatal, o mesmo
entendimento é aplicável na seara arbitral.

Se as partes optam pela arbitragem, têm em conta as suas vantagens próprias. Esperam
obter tutela jurisdicional de um modo mais eficiente do que aquela que seria produzida
através do Poder Judiciário. Por essa razão, é necessário perceber o procedimento arbitral sempre a partir das lentes econômicas, pois há uma opção de custo-benefício que é
subjacente à opção pela solução de litígios através da via arbitral[365].

Dessa forma, a jurisdição é encarada pela perspectiva do poder-dever, pois não compete aos julgadores apenas o poder de determinar o que é o direito à luz de um caso em
concreto, devendo efetivamente oferecer a tutela jurisdicional. Por essa razão, é possível
verificar que o acesso à justiça traz de modo implícito um dever do julgador de atuar
ativamente no sentido de oferecer uma prestação jurisdicional adequada, tempestiva,
efetiva e definitiva[366].

O titular do poder-dever de prestar jurisdição é o tribunal arbitral. Reforça-se que
em arbitragens institucionais não é dever da câmara a prestação de jurisdição, pois a
câmara administra, não julga. Quem julga é somente, e tão somente, o tribunal arbitral.

---

[361] STJ. AgInt no CC 180.394/BA. Rel. Min. Gurgel de Faria. Primeira Seção. J. em: 29.03.2022.

[362] "o juiz arbitral é, a princípio, equiparado ao juiz estatal. Ambos têm o poder de conduzir o processo (e.g. a produção de provas) e tomar uma decisão final e definitiva sobre o direito aplicável
ao caso submetido à sua jurisdição." (SESTER, Peter Christian. *Comentários à Lei de Arbitragem e
à Legislação Extravagantes Relacionada a Arbitragem*. São Paulo: Quartier Latin, 2020, p. 228).

[363] MITIDIERO, Daniel. *Processo Civil e Estado Constitucional*. Porto Alegre: Livraria do Advogado
Editora, 2007, p. 26.

[364] CAPPELLETTI, Mauro; GARTH, Bryant. *Acesso à Justiça*. Ellen Gracie Northfleet (Trad.). Porto
Alegre: Fabris, 2002, p. 08.

[365] Por exemplo, Posner trabalha a litigância enquanto uma questão econômica, ponderando diversos
fatores envolvidos: "Presumably each party chooses the level of investment in the litigation that
maximizes the expected value of the litigation to him, which is equal to the stakes in the case multi-
plied by the probability of prevailing, minus the costs of litigation. The probability of prevailing is a
function. of what the party spends, what his opponent spends, and various exogenous factors (such
as the state of the precedents and the availability of evidence) that weight the effect of expenditures
by either party on the probability of a particular outcome." (POSNER, Richard A. An Economic
Approach to Legal Procedure and Judicial Administration. Journal of Legal Studies, vol. 2, no. 2,
June 1973, p. 399-458, p. 430).

[366] FICHTNER, José Antonio, et al. *Teoria Geral da Arbitragem*. Rio de Janeiro: Forense, 2016, p. 159.

Caso seja arbitragem de árbitro único, não há celeuma quanto ao modo de prestação da jurisdição, pois haverá apenas um titular desse dever.

Entretanto, em caso de arbitragem com tribunal composto por três ou mais árbitros, as decisões deverão seguir a deliberação do colegiado. Assim, haverá um ato complexo, no sentido de o entendimento de cada julgador de modo isolado integrar um todo, que é diferente das partes em si consideradas. Quem julga é o tribunal. Quem decide é o tribunal. Quem presta jurisdição é o tribunal. São ações do tribunal, não de árbitros isolados.

A deliberação colegiada foi a opção realizada pela Lei de Arbitragem brasileira (art. 24, § 1º, LARb)[367]. Esse entendimento é também referido na lei de arbitragem de outros países, como na Lei Modelo da Uncitral[368], a LAV de Portugal e a Lei de Moçambique[369]. Ainda, sobre o tema, o TJPR, em acórdão relatado pelo Desembargador Eugênio Achille Grandinetti, ao julgar um caso envolvendo a ausência de um dos árbitros indicados pelas partes, estabeleceu que

> "na ausência do árbitro indicado pela autora a decisão se deu por maioria, com fundamento no art. 24, § 1º, da Lei 9.307/1996. Também nesse aspecto inexiste qualquer vício a macular o procedimento de arbitragem (...) a deliberação realizada pela autora em declarar a nulidade do compromisso arbitral (fl. 38), não tem qualquer eficácia jurídica. O compromisso arbitral é ato bilateral e exige a concordância das duas partes para seu desfazimento ou anulação pelo Poder Judiciário. Não pode a Administração anular atos realizados sob o império do direito privado"[370].

Porém, disso não deriva a inexistência de poderes ou deveres que competirão, de modo individualizado, a cada um dos integrantes do colegiado. Por exemplo, o dever de revelação do árbitro – verdadeira condição de admissibilidade para que a prestação jurisdicional se dê de modo devido e válido – deve ser estritamente observado por cada um dos árbitros. É dizer, a condição de integrar o colegiado arbitral é pré-condicionada ao correto cumprimento do dever de revelar todas e quaisquer circunstâncias que possam, aos olhos das partes e das instituições arbitrais, ser uma situação de impedimento ou suspeição. Eis um dever personalíssimo do árbitro, cuja estrita observância é imprescindível para a sua legitimação como julgador e para a própria validade da decisão proferida pelo tribunal que vier a compor.

---

[367] LARb: "Art. 24. [...] § 1º Quando forem vários os árbitros, a decisão será tomada por maioria. Se não houver acordo majoritário, prevalecerá o voto do presidente do tribunal arbitral."

[368] Lei Modelo: "Art. 29 Em um procedimento arbitral com mais de um árbitro, qualquer decisão do tribunal arbitral será tomada pela maioria dos seus membros, salvo acordo das partes em contrário. Todavia, as questões do procedimento podem ser decididas pelo árbitro presidente, se estiver autorizado para tanto pelas partes ou por todos os membros do tribunal arbitral."

[369] Lei de Arbitragem de Moçambique: art. 36: "1. Sendo o tribunal composto por mais de um árbitro, qualquer decisão é tomada por maioria de seus membros, salvo convenção em contrário das partes. Todavia, as questões de processo podem ser decididas por um árbitro presidente, se este estiver autorizado para o efeito pelas partes sou por todos os membros do tribunal arbitral. 2. Podem ainda as partes convencionar que, não se tendo formado a maioria necessária, a decisão seja tornada unicamente pelo presidente ou que a questão se considere decidida no sentido do voto do presidente. 3. No caso de não se formar a maioria necessária, apenas por divergências quanto ao montante de condenação em dinheiro, a questão considera-se decidida no sentido do voto do presidente, salvo diferente convenção expressa das partes."

[370] TJPR. AI 247646-0. Des. Eugênio Achille Grandinetti. 7ª CC. J. em: 11.02.2004.

Nesse sentido, dispõe a legislação brasileira no art. 14, *caput* e no seu § 1º, que "estão impedidos de funcionar como árbitros as pessoas que tenham, com as partes ou com o litígio que lhes for submetido, algumas das relações que caracterizam os casos de impedimento ou suspeição de juízes, aplicando-se-lhes, no que couber, os mesmos deveres e responsabilidades, conforme previsto no Código de Processo Civil" e que "as pessoas indicadas para funcionar como árbitro têm o dever de revelar, antes da aceitação da função, qualquer fato que denote dúvida justificada quanto à sua imparcialidade e independência". Ressalte-se que a legislação brasileira está em perfeita consonância com as mais modernas legislações comparadas e com as regras de instituições arbitrais, como a da CCI, por exemplo, que estipula, no art. 11.2 do Regulamento de 2021, que

> "antes da sua nomeação ou confirmação, a pessoa proposta como árbitro deverá assinar declaração de aceitação, disponibilidade, imparcialidade e independência. A pessoa proposta como árbitro deverá revelar por escrito à Secretaria quaisquer fatos ou circunstâncias cuja natureza possa levar ao questionamento da sua independência aos olhos das partes, assim como quaisquer circunstâncias que possam gerar dúvidas razoáveis em relação à sua imparcialidade. A Secretaria deverá comunicar tal informação às partes por escrito e estabelecer um prazo para apresentarem os seus eventuais comentários".

No mesmo sentido as mundialmente prestigiadas normas da IBA, que sob o assunto assim dispõem:

> "If facts or circumstances exist that may, in the eyes of the parties, give rise to doubts as to the arbitrator's impartiality or independence, the arbitrator shall disclose such facts or circumstances to the parties, the arbitration institution or other appointing authority (if any, and if so required by the applicable institutional rules) and the co-arbitrators, if any, prior to accepting his or her appointment or, if thereafter, as soon as he or she learns of them."

Outro exemplo de situação jurídica que pertine apenas um dos árbitros de modo isolado, e não o colegiado, é a indicação de secretário do tribunal. Dispõe o art. 13, § 5º, da LARb: "o árbitro ou o presidente do tribunal designará, se julgar conveniente, um secretário, que poderá ser um dos árbitros." Ou seja, é prerrogativa do presidente a indicação de secretário do tribunal. Não é uma decisão, *a priori*, do colegiado.

Dessa sorte, é sempre necessário identificar quem são os titulares ativos e passivos das situações jurídicas. Deve-se ter clareza quanto a qual esfera jurídica está integrada uma determinada categoria eficacial, pois é esse o ponto de partida para avaliar o modo do seu exercício.

3. Poder-dever de determinar a condução do procedimento

Ao lado do poder-dever de conduzir o procedimento arbitral, há outro poder-dever que o instrumentaliza, referente à condução do procedimento arbitral. Nesse sentido, ganha destaque a possibilidade de determinar o modo pelo qual a produção probatória ocorrerá, inclusive, socorrendo-se de meios de prova que usualmente não são utilizados no processo perante as cortes estatais – como a produção de *witness statement*, de *expert witness*, condução de *hot tubbing*, entre outros. A utilização desses meios de prova, típicos do processo adversarial vigente na *common law*, em contraste com modelos de processos inquisitoriais[371], vigente em outros países, demonstra a natureza sincrética que a produção probatória pode ter no âmbito do procedimento arbitral.

O instituto da arbitragem apresenta um caráter bifronte: enquanto a opção pela arbitragem e a sua estruturação é dotada de um aspecto eminentemente contratual, havendo prevalência da autonomia privada das partes, o processo em si traz consigo uma faceta jurisdicional, que atrai a incidência de outros princípios. Assevera Peter Sester que "a liberdade e criatividade das partes são limitadas pelo contraditório e pela competência do tribunal para decidir sobre a necessidade e utilidade de produção da prova no caso concreto"[372]. Por essa razão, cabível utilizar na arbitragem amplo rol de expedientes em sede de produção probatória, como a possibilidade de produção antecipada de prova[373], utilização de prova emprestada, dentre outros.

O STJ, no REsp 1.903.359, relatado pelo Ministro Marco Aurélio Bellizze[374], ressaltou que a flexibilidade do modo de condução do procedimento arbitral, algo "que tem o condão, a um só tempo, de adequar o procedimento à causa posta em julgamento, segundo as suas particularidades, bem como às conveniências e às necessidades das partes (inclusive quanto aos custos que estão dispostos a arcar para o deslinde da controvérsia)". Especificamente, em relação ao procedimento probatório ficou definido pela Corte Superior, ao discutir a produção probatória na arbitragem, que não existe, nesse âmbito, a necessidade de observar-se um estrito paralelo com as regras de produção probatória presentes no processo civil. Sobre o tema, o voto consignou que

> "se admite, a critério das partes e do árbitro, a utilização de espécies probatórias que possivelmente não se encontrem taxativamente tipificadas no regulamento da instituição arbitral eleita ou mesmo na legislação processual pátria. Não se olvida, tampouco se afastam as vantagens de se traçar um paralelo entre o processo judicial e o procedimento arbitral, notadamente por tratarem efetivamente de ramos do Direito Processual. Desse modo, natural que do processo judicial se extraiam as principais noções e, muitas vezes, elementos seguros para solver relevantes indagações surgidas no âmbito da arbitragem, de forma a conceder às partes tratamento isonômico e a propiciar-lhes o pleno contraditório e a ampla defesa. Essa circunstância, todavia, não autoriza o intérprete a compreender que a arbitragem – regida por regras próprias – deva observar necessária e detidamente os regramentos disciplinadores do processo judicial, sob pena de desnaturar esse importante modo de heterocomposição".

Em sequência, em observância ao poder-dever instrumentalizado pelo árbitro de conduzir o procedimento arbitral, o Ministro ressaltou que "cabe ao árbitro, exclusivamen-

---

[371] "Another fundamental distinction between the common law and civil law traditions is the distribution of authority among the actors of the process. Some systems leave control of civil litigation to private parties ("adversarial" systems), the judge being a spectator of the litigation between the parties. Other systems provide a significant role to the judge in process development ("inquisitorial" or "non-adversarial" systems). The choice between inquisitorial or adversarial system is a political one. Each model has advantages and disadvantages, depending on what aspects each civil procedure system prefers to emphasize." (QUERZOLA, Lea; GIDI, Antonio. Civil Justice: a European perspective. *Revista de Processo*, vol. 313, p. 359-369, mar./2021, DTR 2021/1918, p. 02).

[372] SESTER, Peter Christian. Comentários à Lei de Arbitragem e à legislação extravagante. São Paulo: Quartier Latin, 2020, p. 265.

[373] YARSHELL, Flávio Luiz. Brevíssimas notas a respeito da produção antecipada da prova na arbitragem. *Revista de Arbitragem e Mediação*, vol. 14, p. 52-54, jul./set., 2014. DTR 2007/887.

[374] STJ. REsp 1.903.359/RJ. Rel. Min. Marco Aurélio Bellizze. Terceira Turma. J. em 11.05.2021.

te, definir, em um contraditório participativo, não apenas a pertinência de determinada prova para o deslinde da controvérsia, mas, em especial, o momento em que dará a sua produção." No caso concreto, ocorreu que "especificamente em relação às testemunhas técnicas (*expert witnesses*), assinalou-se que somente seriam aceitos profissionais que fossem independentes e imparciais em relação às partes. Consignou o Tribunal arbitral, ainda, que, somente após a realização da audiência de instrução, é que se deliberaria a respeito da necessidade de eventuais provas adicionais."

No entanto, no acórdão ficou enaltecida a necessidade de observância do contraditório participativo, ou seja, um contraditório hábil em influenciar na formulação da decisão do julgador. Consignou-se que

> "o contraditório participativo compreende-se a postura cooperativa das partes para com o árbitro e deste para com aquelas, de modo que a coordenação dos atos processuais e as decisões, ainda que se refiram a matérias cognoscíveis de ofício, sejam exaradas após a oitiva das partes, garantindo-lhes não apenas a informação/ciência a seu respeito, mas, principalmente, a possibilidade de se manifestar, de agir, bem como de influir no vindouro provimento arbitral. Essa salutar e conveniente interação entre as partes e o árbitro impede não apenas a prolação de uma 'decisão-surpresa', mas também obsta, por outro lado, que as partes apresentem comportamento e pretensões incoerentes com a postura efetivamente externada durante todo o diálogo processual travado no procedimento arbitral"[375].

A LARb prevê, no art. 22, que "poderá o árbitro ou o tribunal arbitral tomar o depoimento das partes, ouvir testemunhas e determinar a realização de perícias ou outras provas que julgar necessárias, mediante requerimento das partes ou de ofício". Entretanto, o art. 22 da LARb não traz um rol taxativo, apenas explicitando parte dos poderes do árbitro durante a condução do procedimento. Esse dispositivo deve ser lido em conjunto com o art. 18 da LARb, que explicita que o árbitro é juiz de fato e de direito.[376]

Explica Carlos Alberto Carmona que

> "equiparar os poderes instrutórios do juiz e do árbitro tem consequências importantes: pode o árbitro requisitar documentos públicos, como faria o juiz, bem como solicitar informações aos órgãos estatais; pode determinar exames e vistorias (se necessário, com o concurso do Poder Judiciário); pode determinar oitiva de testemunhas não arroladas pelas partes; pode exigir que as partes apresentem documentos, entre tantas outras possibilidades. E mais: nada impede que o árbitro determine a repetição de uma atividade probatória que lhe tenha parecido defeituosa, incompleta ou inconvincente (nova inquirição de testemunha, acareação de testemunhas cujos depoimentos foram conflitantes, nova inquirição de perito, repetição de prova pericial)"[377].

Quando a LARb utiliza a expressão "provas que julgar necessária" evidencia que a produção probatória poderá ser conduzida amplamente pelo árbitro[378]. Ensina Fabiane

---

[375] STJ. REsp 1.903.359/RJ. Rel. Min. Marco Aurélio Bellizze. Terceira Turma. J. em 11.05.2021.

[376] LArb, art. 18: "O árbitro é juiz de fato e de direito, e a sentença que proferir não fica sujeita a recurso ou a homologação pelo Poder Judiciário."

[377] CARMONA, Carlos Alberto. *Arbitragem e Processo: um comentário à Lei nº 9.307/96*. 3ª ed. São Paulo: Atlas, 2009, p. 313.

[378] SESTER, Peter Christian. Comentários à Lei de Arbitragem e à legislação extravagante. São Paulo: Quartier Latin, 2020, p. 265.

Verçosa que na "busca pela denominada 'verdade material' ou 'verdade real', o árbitro pode deferir a produção de qualquer prova requerida pela parte que ele (árbitro) entenda como necessária para o deslinde do caso ou, até mesmo, determinar a produção de provas de ofício. Nesse aspecto, a arbitragem assemelha-se ao processo judicial, uma vez que cabe ao árbitro, juiz de fato e de direito (art. 18 da LArb), tal como ao magistrado, realizar um juízo de admissibilidade da prova, em conformidade com os critérios de relevância e legalidade"[379]. O livre convencimento do árbitro é um princípio que também é atinente ao poder-dever do árbitro. Sobre o tema, o STJ já entendeu em caso relatado pelo Ministro Moura Ribeiro, que o indeferimento de pedido de prova pericial não importa automaticamente em nulidade ou irregularidade no procedimento arbitral[380].

Os únicos limites que devem ser observados, para além das balizas do devido processo legal, são as balizas da própria jurisdição do tribunal arbitral. Para Fernando Serec, "a flexibilidade é a tônica na arbitragem, mas o processo arbitral não é descontrolado ou arbitrário"[381]. Assim, tanto os limites endógenos da jurisdição do árbitro, imposto por regulamentos aplicáveis e pelas disposições da convenção de arbitragem, quanto os limites exógenos, impostos pelo ordenamento jurídico (*v.g.*, vedação à admissibilidade e prova ilícita) são fronteiras que não poderão ser ultrapassadas pelo tribunal, a despeito da ampla gama de poderes que se confere para conduzir a instrução probatória.

4. Poder-dever de prolatar a sentença dentro do prazo estipulado

Outro dever que pode surgir a partir da convenção de arbitragem é o dever de proferir a sentença arbitral dentro do prazo estipulado. Prevê o art. 23 da Lei de Arbitragem que "a sentença arbitral será proferida no prazo estipulado pelas partes". A previsão pode ocorrer ou na convenção de arbitragem, ou no regulamento – em se tratando de arbitragem institucional, ou, ainda, pode haver convenção específica sobre o tema na ata de missão.

A possibilidade de definir um prazo para a prolação da sentença é manifestação da autonomia privada dos contratantes. Assim, pode-se optar por uma maior ou menor duração do procedimento arbitral, a depender das particularidades do direito material em questão[382]. Sobre o tema, o TJSP e o TJPR assentaram o entendimento acerca da possibilidade de as partes convencionarem a prorrogação prazo para a prolação da sentença arbitral em conformidade com o art. 23 da Lei de Arbitragem[383].

Nesse sentido, até como forma de oferecer tutela jurisdicional de modo mais efetivo, admite o direito brasileiro a possibilidade de prolação de sentenças parciais. Essa modali-

---

[379] VERÇOSA, Fabiane. A produção de provas. In: LEVY, Daniel; SETOGUTI, Guilherme (Coord.). *Curso de Arbitragem*. São Paulo: Revista dos Tribunais, 2018, p. 138.

[380] STJ. AgInt no AgInt no AREsp 1.143.608/GO. Rel. Min. Moura Ribeiro. Terceira Turma. J. em: 18.03.2019.

[381] SEREC, Fernando Eduardo. Provas na arbitragem. In: CARMONA, Carlos Alberto; LEMES, Selma Ferreira; MARTINS, Pedro Batista (Coord.). *20 Anos da Lei de Arbitragem: homenagem a Petrônio R. Muniz*. São Paulo: Editora Atlas, 2017, p. 203.

[382] Entende o Professor Carlos Alberto Carmona: "Considerando que as partes têm, na convenção de arbitragem, o poder de regular integralmente o procedimento a que desejam submeter-se, é razoável que regulem também o tempo no processo e estabeleçam o limite do dano marginal causado pela natural demora na obtenção de uma decisão para seu litígio." (CARMONA, Carlos Alberto. Arbitragem e Processo: um comentário à Lei nº 9.307/96. 3ª ed. São Paulo: Atlas, 2009, p. 340).

[383] TJSP. Apel 1021051-28.2017.8.26.0625. Rel. Des. Ricardo Negrão. 2ª Câm Res Dir Emp. J. em: 27.01.2020; TJPR. AI 0030037-28.2019.8.16.0000. Rel. Juíza Denise Antunes. 18ª CC. J. em: 05.11.2019.

dade de sentença decide, definitivamente, um determinado aspecto do litígio, diferentemente das sentenças interlocutórias, que apresentam um caráter precário[384]. Entretanto, a sentença parcial, ao contrário da sentença final que encerra definitivamente o litígio, apenas encerra parte da controvérsia de modo completo, facultando ao tribunal decidir sobre outros pedidos em momento posterior[385].

Há de se considerar que existe um *trade off* entre a duração do procedimento e a possibilidade de aprofundar a cognição. Sendo a arbitragem um processo feito pelos privados para os privados, há ampla possibilidade de se convencionar as características que circundam eventual litígio. Dessa forma, a opção pela solução no sistema arbitral, ao invés de recorrer ao Poder Judiciário, implica a opção por uma outra forma de se pensar e estruturar como será a jurisdição prestada.

Se a demora em proferir a sentença é uma patologia do processo perante o Poder Judiciário, as partes podem pactuar prazos certos e mais exíguos, o que é mais aderente à realidade negocial dos contratantes. Entretanto, sabe-se que essa escolha traz consigo consequências adversas, como a ausência de um mecanismo recursal próprio[386].

A contagem do prazo para que a sentença seja proferida começa a correr após a instituição da arbitragem, o que coincide com o momento no qual os árbitros aceitam o encargo. De toda sorte, pela autonomia privada, podem as partes pactuar outro marco temporal para o início do prazo, como a assinatura da ata de missão, da primeira audiência, o final da fase probatória, entre outros[387].

---

[384] "A sentença parcial decide definitivamente sobre um direito pleiteado – por exemplo, o direito à indenização. Já a decisão interlocutória decide sobre um aspecto relevante que precisa ser resolvido ao longo do processo, para que, posteriormente, o direito pleiteado possa ser julgado. Por exemplo, a decisão interlocutória decide sobre o direito nacional aplicável ao contrato, o inadimplemento de uma obrigação contratual, ou a violação de uma cláusula contratual (sem definir desde já as consequências)." (SESTER, Peter Christian. Comentários à Lei de Arbitragem e à legislação extravagante. São Paulo: Quartier Latin, 2020, p. 296).

[385] "A única diferença entre elas é que a sentença final coloca fim ao conflito como um todo e, consequentemente, ao procedimento arbitral respectivo, enquanto a sentença parcial resolve pleitos determinados. [...] A conveniência de se utilizar uma sentença parcial, pois, está no caráter de sua completude (resolução de toda a questão posta a julgamento naquele momento, remanescendo outras a serem decididas em fase posterior do procedimento) e de sua definitividade (esgotamento da questão). A sentença parcial, dentro desse contexto, é o tipo destinado especificamente às decisões que ensejam um exame exauriente da prova sobre determinado pleito de mérito – ou pleito que impactará ou será prejudicial ao mérito –, que os árbitros se sentem seguros e convencidos a decidir de modo completo e definitivo." (GIUSTI, Gilberto; CATARUCCI, Douglas Depieri. Sentenças arbitrais parciais: visão doutrinária e prática do tema nos últimos 20 anos. In: CARMONA, Carlos Alberto; LEMES, Selma Ferreira e BATISTA, Pedro Martins (Coord.). *20 anos da Lei de Arbitragem: homenagem a Petrônio R. Muniz*. São Paulo: Atlas, 2017, p. 370).

[386] "Vê-se, portanto, que está na esfera da autonomia da vontade das partes a opção procedimental que levará à maior ou à menor duração do processo, com a possível (possível, não necessariamente provável) maior ou menor segurança da decisão a ser proferida." (CARMONA, Carlos Alberto. Arbitragem e Processo: um comentário à Lei nº 9.307/96. 3ª ed. São Paulo: Atlas, 2009, p. 341).

[387] "As partes, ao disciplinarem o procedimento arbitral, poderão fazer correr o prazo para a sentença arbitral a partir da instituição da arbitragem (ou seja, a partir do momento em que os árbitros aceitem o encargo), como fez a Lei (supletivamente) ou escolher outro marco para fazer dali correr o tempo de que dispõem os julgadores para decidir. Tal marco pode ser a data da assinatura do compromisso arbitral (quando houver), a data da primeira audiência, o término da instrução processual etc. Os regulamentos dos órgãos arbitrais nacionais, em sua grande maioria, adotam

PARTE II · Capítulo 9 · A EFICÁCIA DA CONVENÇÃO DE ARBITRAGEM | **321**

A LARb prevê, enquanto prazo *default,* o período de seis meses, contabilizados a partir da instituição da arbitragem ou da substituição do árbitro. Observa-se que, em caso de substituição do árbitro, há uma interrupção do prazo que vinha correndo[388]. Isso porque o processo de substituição de árbitros traz consigo desafios próprios, que podem, inclusive, envolver a repetição de atos processuais.

O prazo da sentença arbitral deve ser respeitado. A LARb traz a severa consequência de nulidade para a sentença arbitral que é proferida fora do prazo (art. 32, VII, LARb)[389]. Até como forma de se evitar a manifestação desse efeito extremo, a LARb prevê a possibilidade de prorrogação do prazo da sentença (art. 23, § 2º, LARb)[390]. Entretanto, deve-se considerar o cenário que pode levar à essa prorrogação. O TJMG, em caso relatado pelo Desembargador Guilherme Luciano Baeta Nunes, ao julgar um caso envolvendo atraso na prolação da sentença arbitral, firmou o entendimento, ao analisar o caso concreto, de que, esse respectivo atraso não ensejaria nulidade porque teria sido causado por atos das próprias partes do procedimento arbitral[391].

Ainda sobre o tema, o STJ no REsp 1.636.102, relatado pelo Ministro Ricardo Vilas Boas Cueva, estabeleceu que

> "no procedimento arbitral, é plenamente admitida a prorrogação dos prazos legalmente previstos por livre disposição entre as partes e respectivos árbitros, sobretudo em virtude da maior flexibilidade desse meio alternativo de solução de conflitos, no qual deve prevalecer, em regra, a autonomia da vontade (...) se a anulação da sentença proferida fora do prazo está condicionada à prévia notificação do árbitro ou do presidente do tribunal arbitral, concedendo-lhe um prazo suplementar de dez dias (art. 32, VII, da Lei de Arbitragem), não há motivo razoável para não aplicar a mesma disciplina ao pedido de esclarecimentos, que, em última análise, visa tão somente aclarar eventuais dúvidas, omissões, obscuridades ou contradições, ou corrigir possíveis erros materiais"[392].

Por um lado, pode o regulamento de instituição arbitral trazer disposições específicas sobre a prorrogação do prazo, situação na qual haverá vinculação a tais disposições.

---

a regra de que o prazo dos árbitros passa a fluir a partir do término da instrução, precisamente a partir do momento em que expirar o prazo das alegações finais." (CARMONA, Carlos Alberto. Arbitragem e Processo: um comentário à Lei nº 9.307/96. 3ª ed. São Paulo: Atlas, 2009, p. 341).

[388] "Nada tendo sido estipulado na convenção arbitral a respeito do prazo para sentenciar, aplica-se o termo legal de seis meses, que passa a fluir a partir do instante em que é instituída a arbitragem, sendo interrompido (não suspenso!) o prazo em questão se algum dos árbitros tornar-se impedido de prosseguir em sua função. Nesta última hipótese, o prazo volta a fluir por inteiro tão logo seja substituído o árbitro. Seguiu aqui o legislador brasileiro o modelo da lei espanhola de 1988, cujo art. 30, § 1º, é parcialmente reproduzido no dispositivo legal sob comentário." (CARMONA, Carlos Alberto. Arbitragem e Processo: um comentário à Lei nº 9.307/96. 3ª ed. São Paulo: Atlas, 2009, p. 341-342).

[389] Lei de Arbitragem, art. 32: "É nula a sentença arbitral se: (...) VII – proferida fora do prazo, respeitado o disposto no art. 12, inciso III, desta Lei – ;"

[390] Lei de Arbitragem, art. 23: "A sentença arbitral será proferida no prazo estipulado pelas partes. Nada tendo sido convencionado, o prazo para a apresentação da sentença é de seis meses, contado da instituição da arbitragem ou da substituição do árbitro. § 2º As partes e os árbitros, de comum acordo, poderão prorrogar o prazo para proferir a sentença final."

[391] TJMG. AI 1.0024.13.244670-9/001. Rel. Des. Guilherme Luciano Baeta Nunes. 18ª CC. J. em: 29.10.2013.

[392] STJ. REsp 1.636.102/SP. Rel. Min. Ricardo Vilas Boas Cueva. Terceira Turma. J. em: 13.06.2017.

Entretanto, em nada dispondo ou em sendo arbitragem *ad hoc*, após a instauração de arbitragem, o prazo para a prolação da sentença somente poderá ocorrer mediante o assentimento tanto das partes quanto dos árbitros[393].

§ 30. DIREITOS SUBJETIVOS NA ARBITRAGEM

1. Direito de influenciar na composição do tribunal arbitral

Um dos importantes direitos associados à convenção de arbitragem é o direito de, na forma do contrato ou das regras nele referidas, participar da composição do tribunal arbitral. Dispõe o art. 13 da LARb, § 3º: "As partes poderão, de comum acordo, estabelecer o processo de escolha dos árbitros, ou adotar as regras de um órgão arbitral institucional ou entidade especializada." Por meio da convenção de arbitragem, é possível pactuar o modo de composição do tribunal arbitral. Isso decorre do direito de as partes influenciarem no procedimento arbitral. No REsp 1.903.359, o Ministro Marco Aurélio Bellizze ressaltou a possibilidade de se manifestar, de agir, bem como de influir no vindouro provimento arbitral"[394].

A possibilidade de escolha do julgador para o caso concreto determinado é reconhecida como uma das mais importantes vantagens da via arbitral, em relação à via estatal de solução de conflitos. Essa faculdade está atrelada à ideia da arbitragem enquanto um procedimento feito sob medida para as necessidades das partes. De modo diverso, o processo perante o Estado tem por julgadores, juízes, desembargadores, ou Ministros, de conhecimento mais generalista, entre os quais o trabalho é dividido a partir da aplicação do princípio constitucional do juiz natural. Tais órgãos do Poder Judiciário lidam com uma gama variada de matérias, além de uma carga considerável de processos. A mencionada divisão opera oscilando entre os conceitos de divisão de trabalho e especialização de funções. Nesse sentido, a especialização de varas, câmaras e turmas, nos tribunais, tem contribuído sobremaneira para o aperfeiçoamento da distribuição de justiça na esfera de jurisdição estatal.

De modo diverso, a via arbitral possibilita escolher profissionais especialistas em determinada área do conhecimento. Dispõe o art. 13, *caput* da LARb: "pode ser árbitro qualquer pessoa capaz e que tenha a confiança das partes". Inclusive, a desnecessidade de formação jurídica para ser árbitro é uma possibilidade considerável, sendo uma abertura do sistema que permite a resolução de litígios associados a áreas específicas do conhecimento. Pense-se, por exemplo, em um litígio decorrente de uma empreitada; nessa situação a nomeação de um engenheiro, enquanto árbitro, apesar de não ser comum, poderá ser uma opção a ser considerada pelas partes.

Portanto, além de ser um procedimento feito sob medida, a arbitragem é uma forma de resolução de litígios na qual o julgador também é escolhido sob uma configuração

---

[393] "É preciso frisar que o acordo para a prorrogação do prazo em que será ditada a sentença arbitral deve contar com a obrigatória intervenção das partes e dos árbitros: se aquelas decidem modificar o prazo sem consultar o árbitro, este não está obrigado a acatar o novo termo estabelecido, até porque aceitou capitanear o procedimento durante tempo certo, tendo-se colocado à disposição das partes apenas durante o período convencionado; da mesma forma, não pode o árbitro impor prazo diferente daquele inicialmente avençado sem que as partes com isso concordem" (CARMONA, Carlos Alberto. Arbitragem e Processo: um comentário à Lei nº 9.307/96. 3ª ed. São Paulo: Atlas, 2009, p. 342).

[394] STJ. REsp 1.903.359/RJ. Min. Marco Aurélio Bellizze. Terceira Turma. J. em 11.05.2021.

taylor made. Nesse sentido, será, normalmente, um direito de as partes participarem do processo de escolha dos árbitros. Seja sob a forma de indicação mesmo, ou sob a forma de recusa. Porém, nem sempre serão as partes as responsáveis por formar a composição do tribunal arbitral – como ocorre nas situações em que elas tenham indicado uma *appointing authority*, situações de arbitragem multipartes, ou mesmo certos casos decorrentes do art. 7º da Lei de Arbitragem. Em tais situações excepcionais, é possível haver uma relativização da participação das partes na composição do tribunal arbitral.

Em primeiro, é possível que as partes optem por delegar a um terceiro a escolha da composição do tribunal arbitral. Assim, nomeia-se uma *"appointing authority"* que irá ser responsável por compor o tribunal arbitral.[395] A nomeação de uma *appointing authority* tem um papel relevante a desempenhar quando as partes não conseguem chegar a um consenso acerca da forma de indicação de um árbitro, ou quando há algum outro fato que obste a regular indicação da composição do tribunal arbitral.

Explicam os Professores Lew, Mistelis e Kroll que:

> "appointing authorities have an important role to play where an appointment by the parties is impossible because they cannot reach the necessary agreement or one party takes an obstructive role in the appointment procedure. In these situations it is crucial that a default mechanism exists and ensures that despite a party's failure to co-operate the arbitration can nevertheless be constituted. Otherwise the whole arbitration process may be frustrated for lack of a tribunal. Therefore the arbitration agreement or the applicable arbitration rules and laws generally provide that the necessary appointments are made by an appointing authority if the parties fail to do so within a certain time"[396].

A indicação de uma *appointing authority* também pode ser um mecanismo interessante em múltiplos contextos, além de poder trazer vantagens para o procedimento. Explicam os Professores Lew, Mistelis e Kroll:

---

[395] "The parties are free to choose whichever appointing authority they consider appropriate. They can nominate an arbitration institution or trade association as appointing authority but can also entrust any other professional organisation, natural person or even state courts with the task. It is essential that the parties check in advance that the institution or body is willing and able to act as an appointing authority. Otherwise the refusal of the chosen authority to act can considerably delay the arbitration proceedings. In these cases the parties will either have to agree on a different appointing authority or apply to the courts for an appointment under the applicable arbitration law. The selection of the appointing authority has a considerable impact on the type of arbitrators appointed and should therefore be made with care. Every organisation has its own preferences (e.g. common or civil lawyers, persons with expertise in the subject matter or in arbitration procedure, etc.), its own guidelines as to the factors to be taken into account and often also its own procedures for appointment. Some institutions require that the arbitrators are chosen from a list or panel of arbitrators or are members of an association which may considerably limit the possible choices. By contrast, the ICC takes a very liberal approach and just determines the nationality of the arbitrator while referring the actual selection to the relevant national committee. Furthermore, it is important that the institution or person chosen has sufficient experience and an overview of the potential candidates. That is definitively the case with the leading arbitration institutions which have a considerable track record." (LEW, Julian; MISTELIS, Loukas; KRÖLL, Stefan. *Comparative International Commercial Arbitration*. Haia: Kluwer Law International, 2003, p. 238-239).

[396] LEW, Julian; MISTELIS, Loukas; KRÖLL, Stefan. *Comparative International Commercial Arbitration*. Haia: Kluwer Law International, 2003, p. 238.

"however, the role of appointing authorities is not limited to that of a fall-back mechanism. In the light of the problems involved in reaching an agreement by the parties the appointment of the chairman or a sole arbitrator is often from the outset submitted to an appointing authority. This may not only be faster but the appointing authority may also have a better overview about the potential arbitrators than the parties. It may possess a formal list or a database of potential arbitrators who it often knows from earlier arbitrations. Furthermore, no suitable arbitrator will be excluded just because he has been suggested by one party and rejected by the other and delays involved in party appointment may be prevented"[397].

A indicação de uma *appointing authority* pode ser de especial valia no contexto de uma arbitragem *ad hoc*[398]. Nesse sentido, entendem Allan Redfern e Martin Hunter: "parties should recognise that, in the case of an ad hoc arbitration, it is in their common interest to choose an appointing authority by agreement – or, at least, to choose a method of designating an appointing authority"[399]. Em uma arbitragem institucional, a própria câmara poderá atuar na condição de *appointing authority*[400]. Pode, por exemplo, o regulamento de uma instituição arbitral reservar à própria instituição a escolha do presidente do tribunal arbitral. Ou, ainda, em situações de arbitragem multiparte, poderá o regulamento prever que todos os árbitros serão indicados pela própria instituição.

Nesse sentido, vislumbra-se que o recurso a uma *appointing authority* poderá, frequentemente, ser um mecanismo que evita a paralisia do processo de formação do tribunal arbitral[401]. Eis a razão pela qual a *appointing authority* pode ser encarada como um mecanismo que traz eficiência ao procedimento como um todo, sendo uma ferramenta útil

---

[397] LEW, Julian; MISTELIS, Loukas; KRÖLL, Stefan. *Comparative International Commercial Arbitration*. Haia: Kluwer Law International, 2003, p. 238.

[398] Nesse sentido, Lew, Mistelis e Kroll: "An agreement by the parties on an appointing authority is of vital importance in ad hoc arbitration. Institutional rules generally entrust the administering institution with the task of the appointing authority failing an agreement by the parties to the contrary. In ad hoc arbitration no administering institution is readily available which could act as appointing authority. Therefore the parties should always agree on an appointing authority, if they do not want to rely on the provisions in the national arbitration law. Many arbitration institutions offer their services as an appointing authority for arbitrations not conducted under their rules." (LEW, Julian; MISTELIS, Loukas; KRÖLL, Stefan. *Comparative International Commercial Arbitration*. Haia: Kluwer Law International, 2003, p. 239).

[399] REDFERN, Alan; HUNTER, Martin; BLACKABY, Nigel; PARTASIDES, Constantine. *Redfern and Hunter on International Arbitration*. Oxford: Oxford University Press, 2015, p. 244-245.

[400] "In institutional arbitration, the predetermined third party acting as an appointing authority will be the institution itself. In ad hoc arbitration, that third party may be identified in the arbitration clause or in the rules to which the clause refers, and its powers will therefore be those conferred, directly or indirectly, by the parties. Not surprisingly, international arbitral practice on this question is very varied and merits a separate discussion." (FOUCHARD, Philippe; GAILLARD, Emmanuel; GOLDMAND, Berthold. *Fouchard Gaillard Goldman on International Arbitration*. Haia: Kluwer Law International, 1999, p. 484).

[401] Sustentam Fouchard, Gaillard e Goldman: "The Achilles' heel of arbitration is the situation where the parties disagree as to the appointment of the arbitral tribunal, especially once the dispute has arisen. For an arbitration to be efficient, the parties need the assistance of an appointing authority empowered to prevent paralysis in the process of constituting the arbitral tribunal, to appoint the arbitrator or arbitrators in the event that the parties (or the arbitrators already appointed) refuse to do so or disagree, and to resolve problems concerning the challenge and replacement of the members of the tribunal." (FOUCHARD, Philippe; GAILLARD, Emmanuel; GOLDMAND, Berthold. *Fouchard Gaillard Goldman on International Arbitration*. Haia: Kluwer Law International, 1999, p. 484).

em contextos de litigiosidade extrema, nos quais as partes não conseguem chegar a um consenso nem quanto à composição do tribunal arbitral. Perceba-se que esse sistema é o preconizado pela própria Lei de Arbitragem, nas hipóteses em que o Poder Judiciário é provocado a integrar convenção de arbitragem incompleta e/ou quando não há consenso das partes quanto à escolha do nome dos árbitros e a arbitragem não é institucional.

Quando a convenção de arbitragem estabelece requisitos especiais para a indicação dos árbitros[402], como a fluência em determinado idioma ou a expertise em certa área do conhecimento, a *appointing authority* estará adstrita às previsões feitas pelas partes. Esse entendimento se justifica a partir da percepção da convenção de arbitragem como fonte da jurisdição e de uma carga eficacial variada. Em sendo a pedra de toque do sistema da arbitragem, não há possibilidade de uma previsão expressa das partes ser ignorada por uma *appointing authority* sem acarretar violação do quanto ajustado entre as partes.

Em arbitragens multiparte, poderá haver com frequência problemas atrelados à composição do tribunal arbitral. Nesse sentido, os regulamentos de diversas câmaras abordam de modo distinto a forma de composição do tribunal arbitral nesse tipo de arbitragem[403].

É de se constatar que certas regras institucionais não se demonstram tão permissivas em relação à integração após a constituição do Tribunal Arbitral. A CCI prevê que

---

[402] "An appointing authority must ensure that the arbitrator appointed has the qualifications required by the parties. The relevant rules often set out other factors which the appointing authority should take into account." (LEW, Julian; MISTELIS, Loukas; KRÖLL, Stefan. *Comparative International Commercial Arbitration*. Haia: Kluwer Law International, 2003, p. 240).

[403] HKIAC: "8.2 Where there are more than two parties to the arbitration and the dispute is to be referred to three arbitrators, the arbitral tribunal shall be constituted as follows, unless the parties have agreed otherwise: (a) the Claimant or group of Claimants shall designate an arbitrator and the Respondent or group of Respondents shall designate an arbitrator in accordance with the procedure in Article 8.1(a), (b) or (c), as applicable; (art. 8.2.(a))", CCI: "Where there are multiple claimants or multiple respondents, and where the dispute is to be referred to three arbitrators, the multiple claimants, jointly, and the multiple respondents, jointly, shall nominate an arbitrator for confirmation pursuant to Article 13.", SCC: "13(4) Where there are multiple Claimants or Respondents and the Arbitral Tribunal is to consist of more than one arbitrator, the multiple Claimants, jointly, and the multiple Respondents, jointly, shall appoint an equal number of arbitrators. If either side fails to make such joint appointment, the Board shall appoint the entire Arbitral Tribunal.", VIAC: "18 (1) A constituição do tribunal arbitral em caso de processos arbitrais multi-partes obedecerá ao previsto no artigo 17 com as seguintes adaptações: (2) Se a disputa dever ser dirimida por um painel de árbitros, as partes demandantes e as partes demandadas indicarão conjuntamente um árbitro. (3) A participação de uma parte na indicação conjunta de um árbitro não implicará o seu consentimento à arbitragem multi-parte. Se a admissibilidade de uma arbitragem multi-parte for contestada, o tribunal arbitral decidirá a questão, mediante requerimento, após consultar todas as partes e após ponderar todas as circunstâncias do caso. (4) No caso de um árbitro não ter sido conjuntamente indicado dentro do prazo e na forma indicada no número 2 deste artigo, a Direção designará um árbitro para a parte ou partes em falta. Em casos excepcionais e após ter dado oportunidade às partes para se pronunciarem, a Direção poderá revogar as designações já feitas e designar novos co-árbitros ou todos os árbitros." LCIA: "8.1 Where the Arbitration Agreement entitles each party howsoever to nominate an arbitrator, the parties to the dispute number more than two and such parties have not all agreed in writing that the disputant parties represent collectively two separate "sides" for the formation of the Arbitral Tribunal (as Claimants on one side and Respondents on the other side, each side nominating a single arbitrator), the LCIA Court shall appoint the Arbitral Tribunal without regard to any party's entitlement or nomination. 8.2 In such circumstances, the Arbitration Agreement shall be treated for all purposes as a written agreement by the parties for the nomination and appointment of the Arbitral Tribunal by the LCIA Court alone."

nenhuma parte será integrada depois da nomeação de qualquer árbitro – salvo com o aceite de todos os envolvidos[404], a HKIAC admite pedidos de integração até as alegações da defesa[405], e a SCC, por sua vez, traz como limite a resposta ao requerimento de arbitragem[406]. No processo perante as cortes estatais, também é comum encontrar restrições temporais ao ingresso de terceiros[407].

A razão de uma restrição temporal, em parte, está no estabelecimento de balizas para a composição dos polos da lide, indispensável ao bom andamento do processo, que não pode se sujeitar a constantes modificações de seus sujeitos, sob pena de comprometer a adequada prestação jurisdicional. Porém, em sede de arbitragem, há razão própria para se ter cuidados adicionais em relação à integração de parte adicional: a composição do tribunal arbitral.

Um dos elementos que particulariza a arbitragem é a possibilidade de escolha do julgador, razão pela qual há reconhecimento do direito da parte de influenciar de modo paritário a formação da composição do tribunal arbitral[408]. A legitimidade democrática da arbitragem advém em grande medida da possibilidade de escolher o julgador responsável pela solução do litígio. Dessa forma, haveria um desbalanceamento insuperável caso se oportunizar a apenas uma das partes indicar um árbitro de sua confiança.

Assim, o direito de influenciar na mesma medida a composição do tribunal arbitral relaciona-se com o princípio da igualdade entre as partes[409], que é um dos princípios estruturantes do devido processo legal na seara arbitral[410]. Em termos de legislação comparada, observa-se haver uma ampla adoção do direito das partes de indicar os árbitros, por exemplo, em Portugal[411], Espanha[412], Alemanha[413], França[414], Bélgica[415] e Holanda[416].

---

[404] Regulamento CCI, art.7, 1), parte final: "No additional party may be joined after the confirmation or appointment of any arbitrator, unless all parties, including the additional party, otherwise agree. The Secretariat may fix a time limit for the submission of a Request for Joinder."

[405] Regulamento HKIAC, art. 27.3: "Any Request for Joinder shall be raised no later than in the Statement of Defence, except in exceptional circumstances"

[406] Regulamento SCC, art. 13(2): "A Request for Joinder made after the submission of the Answer will not be considered, unless the Board decides otherwise"

[407] Por exemplo, no direito processual civil brasileiro, cada modalidade de intervenção apresenta limitação temporal própria: denunciação da lide (art. 126: "A citação do denunciado será requerida na petição inicial, se o denunciante for autor, ou na contestação, se o denunciante for réu, devendo ser realizada na forma e nos prazos previstos no art. 131"), chamamento ao processo (art. 131: "A citação daqueles que devam figurar em litisconsórcio passivo será requerida pelo réu na contestação e deve ser promovida no prazo de 30 (trinta) dias, sob pena de ficar sem efeito o chamamento").

[408] OLIVEIRA, Elsa Dias. *Arbitragem Voluntária: uma introdução*. Lisboa: Almedina, 2020, p. 91.

[409] MONTEIRO, António Pedro Pinto. A Pluralidade de partes na Arbitragem: os principais equívocos que ainda subsistem. *Revista de Arbitragem e Mediação*, vol. 58, p. 311-335, jul./set., 2018, DTR 2018/19292, p. 03.

[410] FICHTNER, Jose Antonio; et al. *Teoria Geral da Arbitragem*. Rio de Janeiro: Forense, 2019, p. 168.

[411] Portugal, LAV, Art. 30, nº 1, b)

[412] Espanha, Ley 60/2003, art. 24, nº 1.

[413] Alemanha, ZPO, 1042.

[414] França, Code de Procédure Civile, art. 1510.

[415] Bélgica, Code Judiciaire, art. 1699.

[416] Holanda, Wetboek van Burgerlijke Rechtsvordering, art. 1036, nº 2.

PARTE II · **Capítulo 9** · A EFICÁCIA DA CONVENÇÃO DE ARBITRAGEM | **327**

A constituição do tribunal em arbitragens multipartes apresenta desafios adicionais[417], vez que pode haver divergências internas ao polo subjetivamente complexo que impossibilitem a indicação conjunta de árbitro[418]. De certo, se for possível que o conjunto de litigantes no polo passivo ou ativo indiquem em conjunto o árbitro, estará satisfeita a necessidade legal de influir de modo paritário na constituição do tribunal arbitral[419]. Diante das potenciais dificuldades associadas, diversas instituições arbitrais estabeleceram regras específicas para a composição do tribunal em arbitragens multipartes, como a HKIAC (art. 8.2)[420], CCI (art. 12.6)[421], SCC (art. 13.4)[422], VIAC (art. 18)[423], LCIA (art. 8.1)[424].

O direito de indicação de árbitro foi objeto de debate do caso Ducto[425]. Nesse caso, a Ducto ingressou com arbitragem contra a Siemens e a BKMI. As requeridas suscitaram

---

[417] CAPRASSE, Oliver. A Constituição do Tribunal Arbitral em Arbitragem Multiparte. *Revista Brasileira de Arbitragem*, nº 8, p. 83-100, 2005, p. 84.

[418] CARDOSO, Miguel Pinto; BORGES, Carla Gonçalves. Constituição do Tribunal Arbitral em Arbitragens Multipartes. *Revista de Arbitragem e Mediação*, vol. 25, p. 2013-223, abr./jun., DTR 2010/477, p. 02.

[419] THEODORO JÚNIOR, Humberto. Arbitragem e Terceiros – Litisconsórcio fora do Pacto Arbitral – Outras Intervenções de Terceiros. *Revista de Direito Bancário e do Mercado de Capitais*, vol. 14, p. 357-386, out./dez. 2001, p. 18

[420] "Where there are more than two parties to the arbitration and the dispute is to be referred to three arbitrators, the arbitral tribunal shall be constituted as follows, unless the parties have agreed otherwise: (a) the Claimant or group of Claimants shall designate an arbitrator and the Respondent or group of Respondents shall designate an arbitrator in accordance with the procedure in Article 8.1(a), (b) or (c), as applicable; (art. 8.2.(a))."

[421] "Where there are multiple claimants or multiple respondents, and where the dispute is to be referred to three arbitrators, the multiple claimants, jointly, and the multiple respondents, jointly, shall nominate an arbitrator for confirmation pursuant to Article 13."

[422] "Where there are multiple Claimants or Respondents and the Arbitral Tribunal is to consist of more than one arbitrator, the multiple Claimants, jointly, and the multiple Respondents, jointly, shall appoint an equal number of arbitrators. If either side fails to make such joint appointment, the Board shall appoint the entire Arbitral Tribunal."

[423] "18 (1) A constituição do tribunal arbitral em caso de processos arbitrais multi-partes obedecerá ao previsto no art. 17 com as seguintes adaptações: (2) Se a disputa dever ser dirimida por um painel de árbitros, as partes demandantes e as partes demandadas indicarão conjuntamente um árbitro. (3) A participação de uma parte na indicação conjunta de um árbitro não implicará o seu consentimento à arbitragem multi-parte. Se a admissibilidade de uma arbitragem multi-parte for contestada, o tribunal arbitral decidirá a questão, mediante requerimento, após consultar todas as partes e após ponderar todas as circunstâncias do caso. (4) No caso de um árbitro não ter sido conjuntamente indicado dentro do prazo e na forma indicada no número 2 deste artigo, a Direção designará um árbitro para a parte ou partes em falta. Em casos excepcionais e após ter dado oportunidade às partes para se pronunciarem, a Direção poderá revogar as designações já feitas e designar novos co-árbitros ou todos os árbitros."

[424] "Where the Arbitration Agreement entitles each party howsoever to nominate an arbitrator, the parties to the dispute number more than two and such parties have not all agreed in writing that the disputant parties represent collectively two separate "sides" for the formation of the Arbitral Tribunal (as Claimants on one side and Respondents on the other side, each side nominating a single arbitrator), the LCIA Court shall appoint the Arbitral Tribunal without regard to any party's entitlement or nomination."

[425] *BKMI Industrieanlagen GmbH & Siemens AG v Dutco Construction*, Cour de Cassation, 07.01.1992, *in*: Yearbook Comm. Arb'n 1993(XVIII), pp. 140-142. Sobre esse caso, ver: DELVOLVÉ, Jean-Louis.

violação do princípio da igualdade em razão de não terem tido a oportunidade de cada qual indicar um árbitro. A Corte de Cassação francesa, ao considerar o princípio da igualdade na constituição do tribunal arbitral um direito irrenunciável às partes, decidiu pela invalidação da sentença arbitral proferida.

Em sede do direito brasileiro, a questão já foi debatida no caso Paranapanema S.A[426]. O caso envolveu um contrato de empréstimo entre a Paranapanema e os bancos Santander e BTG Pactual. O banco Santander iniciou uma arbitragem contra a Paranapanema e o BTG Pactual. Contudo, os requeridos apresentavam, no caso concreto, interesses materialmente distintos, e não chegaram a um consenso quanto ao árbitro a ser indicado. A arbitragem estava sujeita às regras da CAM-CCBC, que não apresentava, à época, regras específicas para a constituição de tribunal arbitral em arbitragens multipartes. O presidente do CAM-CCBC optou por nomear um coárbitro no lugar dos requeridos, e houve a manutenção do árbitro indicado pelo Santander. Diante da falta de isonomia na constituição do tribunal arbitral, a sentença foi anulada perante o Tribunal de Justiça de São Paulo.

Ambas as decisões destacam a relevância do direito das partes de influenciar a constituição do tribunal arbitral. Em verdade, como o direito de participar do processo de indicação dos julgadores não deixa de ser decorrência da autonomia privada, pilar de legitimação da jurisdição arbitral.

2. Direito de confidencialidade

A importância da confidencialidade para as empresas está associada a uma série de fatores e de características do mercado. Especialmente, está associada com a tendência macroscópica de valorização de ativos intangíveis em prol dos tangíveis, e entre os bens imateriais de uma empresa, a informação ocupa lugar de destaque[427].

Assim, a opção pela via arbitral normalmente está associada a assegurar as expectativas contratuais das partes[428], o que pode passar pelo afastamento de certas garantias processuais,

---

Multipartism: the Ducto Decision of the French Cour de Cassation. *Arbitration International*, Vol. 9, Issue 2, p. 197-202, 1993; KAZUTAKE, Okuma. Party Autonomy in International Commercial Arbitration: Consolidation of Multiparty and Classwide Arbitration. *Annual Survey of Internacional & Comparative Law*, vol. 9, Issue 1, p. 189-226, 2003, p. 196-200; CAPRASSE, Oliver. A Constituição do Tribunal Arbitral em Arbitragem Multiparte. *Revista Brasileira de Arbitragem*, nº 8, p. 83-100, 2005, p. 89-94; CHOI, Dongdoo. Joinder in international commercial arbitration. William W. Park (ed). *Arbitration International*, vol. 35, issue 1, p. 29-55, 2019, p. 38-39.

[426] TJSP. Ap. 0002163-90.2013.8.26.0100. Des. Gilberto Santos. 11ª Câmara de Direito Privado. J. em: 03.07.2014.

[427] "Atualmente, na medida em que produtos e serviços agregam cada vez mais tecnologia, o know-how da empresa, sua reputação, marca, presença em vários mercados, clientela efetiva ou ocasional e potencial de crescimento representam a parte "intangível" de seu valor, que pode, em muitos casos, superar consideravelmente a parte tangível. [...] Além da propriedade intelectual, outros segredos da empresa devem ser mantidos longe do público, tais como balancetes internos, mapas de vendas, estratégias de marketing, estudos de viabilidade econômico-financeiros, relatórios de *due dilligence* – caso a empresa planeje adquirir outra ou outras empresas -, planos de fusão, incorporação, cisão etc. Em outras palavras, toda informação capaz de revelar à concorrência ou a terceiros, externos à empresa, algo que lhe traga prejuízo." (CRETELLA NETO, José. Quão sigilosa é a arbitragem? *Revista de Arbitragem e Mediação*, vol. 25, p. 43-70, abr./jun., 2010, DRT 2010/473, p. 01 e 03).

[428] COSTA, Guilherme Recena. *Partes e Terceiros na Arbitragem*. 293f. Tese (Doutorado em Direito) — Faculdade de Direito da Universidade de São Paulo, Universidade de São Paulo, São Paulo, 2015, p. 47.

dentre as quais a publicidade (Constituição Federal, art. 93, IX)[429], excepcionada apenas nos casos de segredo de justiça, no caso do Poder Judiciário (art. 189 do CPC/15)[430].

A confidencialidade desempenha, adicionalmente, um papel funcional, pois serve como fomento para uma resolução mais amigável do litígio, sem que a exteriorização da controvérsia possa incrementar a animosidade entre as partes ou gerar comportamentos oportunistas de terceiros[431]. Dessa forma, a confidencialidade é previsão que – primeiramente – visa a tutelar o interesse das partes, razão pela qual é admissível que dela disponham[432].

A confidencialidade é, por vezes, tida como um ingrediente essencial da arbitragem[433]. Há autores que a valorizam tanto que a consideram um verdadeiro atributo implícito à cláusula compromissória. Não é, porém, a posição ora adotada. Percebe-se a confidencialidade como um dever secundário, relacionado com o objeto principal da convenção de arbitragem que é dirimir através de uma via jurisdicional potenciais controvérsias existentes entre as partes.

A confidencialidade da arbitragem deve, inclusive, ser observada pelo juízo estatal. O STJ, sobre esse tema, no REsp 1.678.224/SP, relatado pela Ministra Nancy Andrighi, fixou o entendimento de que "dentre as mencionadas peculiaridades, está a preservação da confidencialidade estipulada na arbitragem, à que alude a recorrente e da qual não descurou a Lei 9.307/1996, ao prever, no parágrafo único do art. 22-C, que o juízo estatal observará, nessas circunstâncias, o segredo de justiça"[434].

Sustenta-se que a origem do dever de confidencialidade ou é mediante a previsão expressa pelas partes ou ocorre de modo indireto, mediante incorporação de regulamento arbitral que faz referência à confidencialidade. Assim, a confidencialidade apresenta-se na condição de atributo auxiliar, preservando informações sensíveis para os contraentes.

A confidencialidade se relaciona com a noção de privacidade[435], pois ao passo que essa representa uma noção de não participação de terceiros em audiências e atos processuais, a

---

[429] Constituição Federal, art. 93, IX: "todos os julgamentos dos órgãos do Poder Judiciário serão públicos, e fundamentadas todas as decisões, sob pena de nulidade, podendo a lei limitar a presença, em determinados atos, às próprias partes e a seus advogados, ou somente a estes, em casos nos quais a preservação do direito à intimidade do interessado no sigilo não prejudique o interesse público à informação".

[430] Código de Processo Civil de 2015, art. 189: "Os atos processuais são públicos, todavia tramitam em segredo de justiça os processos: I – em que o exija o interesse público ou social; II – que versem sobre casamento, separação de corpos, divórcio, separação, união estável, filiação, alimentos e guarda de crianças e adolescentes; III – em que constem dados protegidos pelo direito constitucional à intimidade; IV – que versem sobre arbitragem, inclusive sobre cumprimento de carta arbitral, desde que a confidencialidade estipulada na arbitragem seja comprovada perante o juízo."

[431] NUNES PINTO, José Emílio. A Confidencialidade na arbitragem, *Revista de Arbitragem e Mediação*, vol. 6, p. 25-36, jul./set. 2005. DTR 2005/810, p. 02.

[432] DE LY, Filip; BROZOLO, Luca G. Radicati. Confidentiality in international commercial arbitration. *Revista de Arbitragem e Mediação*, vol. 31, p. 191-232, out./dez. 2011, DTR 2011/5132, p. 13.

[433] LEW, Julian D. M. Confidentiality in Arbitrations in England. In: LEW, Julian D. M.; BOR, Harris et al. (eds). *Arbitration in England, with chapters on Scotland and Ireland*. Haia: Kluwer Law International, 2013, p. 442.

[434] STJ. REsp 1.678.224/SP. Rel. Min. Nancy Andrighi. 3ª T. J. em: 07.05.2019.

[435] Confidencialidade em sede de arbitragem pode ser entendida como: "a obrigação imposta às partes e aos árbitros e, em alguns casos, mencionados em regulamentos de instituições arbitrais, a terceiros que participem, de alguma maneira, direta ou indiretamente, de procedimentos arbitrais, de não divulgar ou publicar quaisquer dados, informações e quaisquer outros detalhes que tenham

confidencialidade é obrigação imposta aos árbitros, à instituição administradora do procedimento e às partes[436]. Diferentemente, a privacidade se refere à condução do próprio procedimento arbitral e aos seus atos, dos quais apenas participarão os membros do tribunal, as partes, os procuradores e aqueles que por deliberação do tribunal vierem a ser chamados[437]. Por conseguinte, a noção de "privacidade" é mais estreita do que a de "confidencialidade".

Por um lado, a confidencialidade na arbitragem, seguindo-se essa distinção, seria um limitador a que partes, árbitros, instituição arbitral (incluindo todos os colaboradores relacionados ao procedimento) e terceiros eventualmente participantes do processo divulgarem publicamente as informações obtidas durante a arbitragem, o que englobaria dados, documentos, provas e decisões. Trata-se, pois, de um dever imposto aos sujeitos da arbitragem em relação a eles mesmos. A privacidade na arbitragem, por outro lado, se referiria apenas e tão somente à proibição de estranhos ao conflito de participar do processo arbitral como um todo, notadamente da audiência arbitral, que se realiza a portas fechadas (*in âmara*). Trata-se, nesse caso, de um direito das partes de manter a privacidade do procedimento em relação a estranhos ao conflito. A distinção terminológica tem servido para que parte da doutrina afirme que a privacidade seria inerente e indeclinável na arbitragem, admitida implicitamente, enquanto a confidencialidade, como dever, exigiria previsão legal ou convencional expressa[438].

O mais próximo de um dever legal de confidencialidade que a lei cogita é o dever de discrição dos árbitros (Lei de Arbitragem, art. 13, § 6º)[439]. José Emílio Nunes Pinto deriva do dever de discrição dos árbitros um dever de sigilo quanto ao procedimento, atos, documentos, informações, dados trazidos pelas partes e a sentença arbitral.[440] Em verdade, o dever de discrição dos árbitros independe da confidencialidade da arbitragem, sendo mais abrangente[441]. Judith Martins-Costa, por sua vez, elenca enquanto dever do árbitro o recato

---

tomado conhecimento no curso daqueles." (NUNES PINTO, José Emílio. A Confidencialidade na arbitragem, *Revista de Arbitragem e Mediação*, vol. 6, p. 25-36, jul./set. 2005. DTR 2005/810, p. 04).

[436] CRETELLA NETO, José. Quão sigilosa é a arbitragem? *Revista de Arbitragem e Mediação*, vol. 25, p. 43-70, abr./jun., 2010, DTR 2010/473, p. 13.

[437] "A privacidade, no entanto, refere-se à condução do próprio procedimento arbitral e à realização de seus atos. Em razão da privacidade conferida ao procedimento arbitral, dele somente poderão participar as partes, seus procuradores, os árbitros e aqueles que, por deliberação das partes e do tribunal arbitral, venham a ser chamados para dele participar. Em suma, a privacidade impede que estranhos ao procedimento dele participem ou assistam a quaisquer sessões do tribunal arbitral, diferentemente do que ocorre no processo judicial que é, por natureza e salvo exceções, público." (NUNES PINTO, José Emílio. A Confidencialidade na arbitragem, *Revista de Arbitragem e Mediação*, vol. 6, p. 25-36, jul./set., 2005. DTR 2005/810, p. 04). Em relação às técnicas para assegurar a confidencialidade, BAIZEAU, Domitille; RICHARD, Juliette. Addressing the issue of confidentiality in arbitration proceedings: how is this done in practice? In: Elliott Geisinger (eds.). *ASA Special Series No. 43 Confidential and Restricted Access Information in International Arbitration*. Association Suisse de l'Arbitrage, p. 53-78, 2016.

[438] FICHTNER, José Antonio; et al. A confidencialidade na arbitragem: regra geral e exceções. In: *Novos temas de arbitragem*. Rio de Janeiro: Editora FGV, 2014, p. 95.

[439] Lei de arbitragem, art. 13, § 6º: "No desempenho de sua função, o árbitro deverá proceder com imparcialidade, independência, competência, diligência e discrição."

[440] NUNES PINTO, José Emílio. A Confidencialidade na arbitragem, *Revista de Arbitragem e Mediação*, vol. 6, p. 25-36, jul./set., 2005. DTR 2005/810, p. 05.

[441] JACOB NOGUEIRA, Daniel Fábio. SOARES Jr., Ney Bastos. Capítulo III – Dos Árbitros. In: Francisco Maia Neto; Joaquim de Paiva Muniz (Orgs.). *Reforma da lei de arbitragem – comentários ao texto completo*. Belo Horizonte: Francisco Maia&Associados, 2015, p. 39.

PARTE II · Capítulo 9 · A EFICÁCIA DA CONVENÇÃO DE ARBITRAGEM | **331**

quanto ao procedimento, que pode ser derivável da relação de confiança subjacente[442]. Apesar de não ter fonte legal[443], o dever de confidencialidade se encontra previsto nos regulamentos das principais instituições arbitrais brasileiras[444] e internacionais[445]. Destaca-se que, em sede de direito comparado, há países como Inglaterra[446], onde se considera o sigilo como algo

---

[442] MARTINS-COSTA, Judith. *Boa-Fé no Direito Privado: critérios para sua aplicação*. 2ª ed. São Paulo: Saraiva, 2018, p. 368. Para uma caracterização da violação da confidencialidade da arbitragem enquanto *venire contra factum proprium*, ver: MARTINS, Julia Girão Baptista. Arbitragem Pública: arbitragem e confidencialidade. *Revista de Arbitragem e Mediação*, vol. 53/2017, p. 264-282, abr./jun., 2017.DTR 2017/1631, p. 04.

[443] Note-se que, por via de regra, as legislações nacionais não trazem regra expressa acerca da confidencialidade na arbitragem, sendo a notória exceção a Nova Zelândia, que na sessão 14 da sua lei de arbitragem prevê que "the parties shall not publish, disclose, or communicate any information relating to arbitral proceedings under the agreement or to an award made in those proceedings".

[444] Regulamento CAMARB, art. 13.1.: "13.1 O procedimento arbitral será rigorosamente sigiloso, sendo vedado à CAMARB, aos árbitros, aos demais profissionais que atuarem no caso e às próprias partes, divulgar quaisquer informações a que tenham acesso em decorrência de seu ofício ou de sua participação no processo, sem o consentimento de todas as partes, ressalvados os casos em que haja obrigação legal de publicidade e o disposto no presente regulamento." Regulamento CAM-CCBC, art. 14.1 "O procedimento arbitral é sigiloso, ressalvadas as hipóteses previstas em lei ou por acordo expresso das partes ou diante da necessidade de proteção de direito de parte envolvida na arbitragem." Regulamento CAF, art. 11.3: "11.3. O procedimento arbitral é, em regra, sigiloso, devendo árbitros, partes, procuradores, peritos e todos quantos tiverem acesso às informações atuar nesse sentido, sendo facultada sua eventual divulgação por imposição legal ou por expressa decisão escrita de todas as partes." Na CAM, especificamente, está previsto no art. 9.1 do seu regulamento.

[445] LCIA, art. 30: "The parties undertake as a general principle to keep confidential all awards in the arbitration, together with all materials in the arbitration created for the purpose of the arbitration and all other documents produced by another party in the proceedings not otherwise in the public domain, save and to the extent that disclosure may be required of a party by legal duty, to protect or pursue a legal right, or to enforce or challenge an award in legal proceedings before a state court or other legal authority. The parties shall seek the same undertaking of confidentiality from all those that it involves in the arbitration, including but not limited to any authorised representative, witness of fact, expert or service provider." SCAI, art. 44: "Unless the parties expressly agree in writing to the contrary, the parties undertake to keep confidential all awards and orders as well as all materials submitted by another party in the framework of the arbitral proceedings not already in the public domain, except and to the extent that a disclosure may be required of a party by a legal duty, to protect or pursue a legal right, or to enforce or challenge an award in legal proceedings before a judicial authority. This undertaking also applies to the arbitrators, the tribunal-appointed experts, the secretary of the arbitral tribunal, the members of the board of directors of the Swiss Chambers' Arbitration Institution, the members of the Court and the Secretariat, and the staff of the individual Chambers." HKIAC, art. 45: "Unless otherwise agreed by the parties, no party or party representative may publish, disclose or communicate any information relating to: (a) the arbitration under the arbitration agreement; or (b) an award or Emergency Decision made in the arbitration" AAA, art. 37: "Confidential information disclosed during the arbitration by the parties or by witnesses shall not be divulged by an arbitrator or by the Administrator. Except as provided in Article 30, unless otherwise agreed by the parties or required by applicable law, the members of the arbitral tribunal and the Administrator shall keep confidential all matters relating to arbitration or the award." E VIAC, art. 12. Para uma análise mais detalhada dos regulamentos de instituições internacionais, vide: HWANG, Michael e CHUNG, Katie. Defining the Indefinable: Practical Problems of Confidentiality in Arbitration. *Journal of International Arbitration*. Kluwer Law International, vol. 26, Issue 5, p. 609-645, 2009.

[446] Destaca-se o *leading case Ali Shipping Corp. v. Shipyard Trogir* (Corte de Apelação Inglesa, 2 All E.R., 1 Lloyd's Rep. 643, 1998. O Tribunal entendeu que havia uma obrigação implícita de confi-

inerente à arbitragem[447]. Assim, é perceptível que a confidencialidade e a privacidade são duas características tradicionalmente valorizadas, estando, em algumas situações, frequentemente associadas com a própria noção de "arbitragem"[448].

O art. 5º da Lei de Arbitragem dispõe: "reportando-se as partes, na cláusula compromissória, às regras de algum órgão arbitral institucional ou entidade especializada, a arbitragem será instituída e processada de acordo com tais regras, podendo, igualmente, as partes estabelecer na própria cláusula, ou em outro documento, a forma convencionada para a instituição da arbitragem." Dessa forma, quando as partes elegem uma câmara de arbitragem, caso o seu regulamento preveja norma de confidencialidade, essa será incorporada à cláusula compromissória. Portanto, ou por expressa previsão ou por remissão a regulamento de instituição arbitral, a confidencialidade assumirá condição de dever secundário de prestação.

3. Direito de definir a lei aplicável

Um dos mais importantes poderes que a Lei confere às partes na seara arbitral é a possibilidade de escolha do direito aplicável à arbitragem (art. 2º, §§ 1º e 2º, da LARb)[449] Essa prerrogativa é típica da arbitragem, não ocorrendo no processo estatal envolvendo partes domésticas e sem qualquer tipo de elemento internacional[450]. Em outros casos, diante

---

dencialidade em cada convenção de arbitragem enquanto "an essential corollary of the privacy of arbitration proceedings", e que essa obrigação se estenderia aos "pleadings, written submissions, and the proofs of witnesses as well as transcripts and notes of the evidence given in the arbitration."

[447] SMEUREANU, Ileana M. *Confidentiality in International Commercial Arbitration*. International Arbitration Law Library, vol. 22, The Hague: Kluwer Law International, 2011, p. 04. Para visão a partir do direito germâncio, ver: HAAS, Ulrich; KAHLERT, Heiner. Part IV: Selected Areas and Issues of Arbitration in Germany, Privacy and Confidentiality'. In: Patricia Nascimento, Stefan Kroll, et al. (eds). *Arbitration in Germany: The Model Law in Practice*. 2ª ed. The Hague: Kluwer Law International, 2015, p. 964 ss.

[448] Em visão mais extremada acerca da confidencialidade na arbitragem, destaca-se o caso Aita v. Ojjeh (Revue de l'Arbitrage, 1986, p. 583). Conforme Cretella Neto: "Nesse caso, a parte perdedora em uma arbitragem pretendia anular a sentença arbitral proferida em Londres. A Corte não apenas não recebeu o recurso como também considerou que a própria tentativa de acionar a justiça estatal, nesse caso, violava o princípio da confidencialidade, e impôs ao demandante substancial pena pecuniária em favor do vencedor da arbitragem. Observou, em particular, que a ação "causara um debate público sobre fatos que deveriam permanecer confidenciais", e que "encontra-se na própria natureza do procedimento arbitral que este assegure o mais elevado grau de discrição na solução de controvérsias privadas, na forma acordada pelas partes". (CRETELLA NETO, José. Quão sigilosa é a arbitragem? *Revista de Arbitragem e Mediação*, vol. 25, p. 43-70, abr./jun., 2010. DRT 2010/473, p. 13). Caso também foi comentado por PAULSSON, Jan; RAWDING, Nigel. The trouble with confidentiality. *Arbitration International*, nº 11, 1995, p. 303; *Cour d'appel de Paris*, 18 February 1986, *Aïta v. Ojjeh*, Revue de l'Arbitrage, Volume 1986 Issue 4, pp. 583 – 584).

[449] LARb, Art. 2º: "A arbitragem poderá ser de direito ou de eqüidade, a critério das partes. § 1º Poderão as partes escolher, livremente, as regras de direito que serão aplicadas na arbitragem, desde que não haja violação aos bons costumes e à ordem pública. § 2º Poderão, também, as partes convencionar que a arbitragem se realize com base nos princípios gerais de direito, nos usos e costumes e nas regras internacionais de comércio."

[450] "Alguns sistemas jurídicos – como o nosso – são bastante refratários à possibilidade de as partes elegerem a lei material que deverá reger a obrigação, de modo que cláusulas contratuais neste sentido (eleição de lei) podem ser afastadas pelo Poder Judiciário em homenagem a posturas exacerbadamente nacionalistas ou por conta de entendimento expandido (e mal-compreendido!) do conceito de ordem pública interna (conceito que a doutrina ainda não conseguiu definir de

PARTE II · Capítulo 9 · A EFICÁCIA DA CONVENÇÃO DE ARBITRAGEM | **333**

de elemento de estraneidade, a partir das regras de Direito Internacional Privado, poderão as partes pactuar cláusula de escolha de leis, inclusive estrangeiras, a serem observadas e aplicadas pelo Poder Judiciário. Contudo, em sede de arbitragem, essa prerrogativa é significativamente mais ampla, estando a possibilidade aventada expressamente prevista na Lei de Arbitragem. Nesse sentido, para Carlos Alberto Carmona, "contrariando a alternativa acolhida pela Lei de Introdução ao Código Civil, o legislador prestigiou, no que se refere à arbitragem, o princípio da autonomia da vontade que – na visão dos internacionalistas – caracterizaria a possibilidade de exercerem as partes, livremente, a escolha da legislação à qual queiram submeter-se, limitada tal escolha, de um lado, pela noção de ordem pública e, de outro, pelas leis imperativas"[451].

A possibilidade de escolha de lei é especialmente importante no âmbito da arbitragem internacional, pois nas relações de direito internacional privado, envolvendo contratantes de origens diversas, a escolha da lei aplicável ocupa função de extrema importância na economia contratual. Explica Peter Sester: "Na maioria dos países cuja tradição jurídica integra o sistema de *Civil* ou *Common Law*, a livre escolha do direito aplicável é a principal regra no âmbito dos contratos comerciais. A razão para tanto é evidente: no âmbito do direito comercial, prevalece o princípio da autonomia privada (diferentemente do que ocorre no Direito do Trabalho e no do Consumidor)"[452].

Essa permissão deve ser interpretada de modo abrangente, em consonância com o respeito à autonomia privada das partes. Destaca-se que a liberdade de escolha do direito aplicável pode se referir tanto à lei de regência do mérito da causa quanto da lei aplicável à cláusula compromissória. Ainda, há a possibilidade de eleição de *soft laws* a serem aplicadas à arbitragem. Entretanto, após a opção pela aplicação de uma *soft law*, essa se torna cogente, tornando a sua aplicação impositiva para os árbitros na arbitragem. Igualmente, poderão as partes optar pela aplicação da *Lex Mercatoria* como parâmetro para a solução das controvérsias[453].

4. Direito de adaptar o procedimento – "flexibilidade procedimental"

No que se refere ao direito de estipular o procedimento, tem-se que a flexibilidade procedimental é, de fato, um dos grandes atrativos da arbitragem. Em levantamento realizado pelo Comitê Brasileiro de Arbitragem (CBAr) em conjunto com o Instituto de Pesquisas Ipsos

---

modo firme). Avulta assim a importância da concessão feita pela Lei de Arbitragem, que aumenta consideravelmente o campo de incidência da vontade das partes e permite maior segurança nas contratações, já que a escolha prévia da lei aplicável não submeterá os litigantes aos azares dos mais diversos mecanismos decorrentes de sistemas de conflitos de leis." (CARMONA, Carlos Alberto. Arbitragem e Processo: um comentário à Lei nº 9.307/96. 3ª ed. São Paulo: Atlas, 2009, p. 65).

[451] CARMONA, Carlos Alberto. Arbitragem e Processo: um comentário à Lei nº 9.307/96. 3ª ed. São Paulo: Atlas, 2009, p. 64.

[452] SESTER, Peter Christian. *Comentários à Lei de Arbitragem e à legislação extravagante*. São Paulo: Quartier Latin, 2020, p. 110.

[453] "Or, l'expérience atteste que fréquemment, ils ne le chercheront pas dans une loi étatique, ni dans un traité international, mais dans un "droit coutumier" du commerce international – lex mercatoria – dont il serait vain de chercher s'ils la constatent ou l'élaborent, car les deux démarches sont intimement mêlées, comme chaque fois qu'un juge exerce une telle activité." (GOLDMAN, Berthold. Frontières du droit et lex mercatoria. *Revista de Arbitragem e Mediação*, vol. 22, p. 211-230, jul./ set., 2009, DTR 2009/775. p. 04).

em 2021, tal característica aparece em quinto lugar como o maior benefício concreto da via arbitral elencado pelos entrevistados. No total, foram 36 menções à flexibilidade do procedimento, consolidando-a como qualidade inerente ao método de resolução de conflitos[454].

Ao contrário do processo perante o Poder Judiciário, extensivamente regrado pelo Código de Processo Civil, muitas das quais regras cogentes e insuscetíveis de negócio jurídico processual (art. 190, CPC)[455], a arbitragem tem como marca a flexibilidade e a informalidade. O rito processual perante a jurisdição arbitral é significativamente mais simples do que perante o Poder Judiciário. A começar pela usual inexistência de regime recursal.

Quando as partes optam por uma arbitragem institucional, cada câmara arbitral terá em seu regulamento consubstanciado em um rito próprio, que mesmo assim poderá ser objeto de discussão e modificação pelas partes (LArb, art. 13, § 4º)[456]. Ou seja, o procedimento poderá ser adequado sob medida às necessidades concretas e às especificidades da situação litigiosa em questão[457].

Instrumentos como a ata de missão poderão conter disposições específicas sobre certos aspectos do procedimento. No que se refere à produção probatória, poderão as partes se valer da *Redfern Schedule* como método de pactuá-la. A tabela *Redfern* (ou *Redfern Schedule*) foi concebida como uma forma de limitar a produção documental aos elementos críticos para o caso, evitando os custos e atrasos relacionados à *discovery* em jurisdições de *common law*[458]. Esse negócio jurídico processual serve como forma de

---

[454] Disponível em: https://cbar.org.br/site/wp-content/uploads/2021/09/pesquisa-cbar-ipsos-2021-
-arbitragem-no-brasil.pdf.

[455] Código de Processo Civil, Art. 190: "Versando o processo sobre direitos que admitam autocomposição, é lícito às partes plenamente capazes estipular mudanças no procedimento para ajustá-lo às especificidades da causa e convencionar sobre os seus ônus, poderes, faculdades e deveres processuais, antes ou durante o processo."

[456] LArb, art. 13, §4º: "As partes, de comum acordo, poderão afastar a aplicação de dispositivo do regulamento do órgão arbitral institucional ou entidade especializada que limite a escolha do árbitro único, coárbitro ou presidente do tribunal à respectiva lista de árbitros, autorizado o controle da escolha pelos órgãos competentes da instituição, sendo que, nos casos de impasse e arbitragem multiparte, deverá ser observado o que dispuser o regulamento aplicável."

[457] "A flexibilidade do procedimento arbitral consiste não somente em uma característica da arbitragem, como se afigura como um verdadeiro fundamento desse instituto, encontrando-se positivada no art. 21, caput, da LArb, que estabelece, em sua primeira parte, que a arbitragem obedecerá ao procedimento estabelecido pelas partes na convenção de arbitragem A flexibilidade traduz-se na ideia de um procedimento livre, estabelecido a partir de regras predeterminadas pelas partes, independente das normas processuais brasileiras, fixadas no Código de Processo Civil, isto é, sem que se atenha às normas processuais cogentes do país que sediará a arbitragem. Dessa forma, nada impede que as partes criem normas específicas para solucionar os litígios, podendo, por exemplo, optar por utilizar as regras e os procedimentos de uma instituição arbitral, além de outras regras que lhe pareçam adequadas, conforme o caso concreto. Convém mencionar, porém, que tal flexibilidade encontra limite nas garantias processuais constitucionais, tais como o direito ao contraditório e à ampla defesa, assim como a igualdade das partes, que serão mantidas em qualquer procedimento arbitral, conforme estabelecido no § 2º do art. 21 da LArb." (NUNES, Thiago Marinho. Arbitragem como método adequado de resolução de conflitos nos contratos. *Revista Brasileira de Arbitragem*, vol. XVI, Issue 62, pp. 58-79, 2019, p. 69-70).

[458] HARRIS, Peter; LUTTRELL, Sam. Reinventing the Redfern. *Journal of International Arbitration*, vol. 33, nº 4, p. 353-364, 2016.

tentativa de harmonizar os dois sistemas, de origens culturais distintas e com concepções próprias acerca do processo. Nesse contexto, o *Redferns Schedule* está em consonância com o espírito potencialmente transnacional da arbitragem.

O procedimento arbitral, quando pactuado, torna-se vinculante para as partes. Dispõe o art. 21 da LARb que "a arbitragem obedecerá ao procedimento estabelecido pelas partes na convenção de arbitragem, que poderá reportar-se às regras de um órgão arbitral institucional ou entidade especializada, facultando-se, ainda, às partes delegar ao próprio árbitro, ou ao tribunal arbitral, regular o procedimento". A natureza dessa pactuação é negocial. Por força da autonomia privada das partes, essas poderão fazer ajustes no que se refere à forma pela qual os litígios serão dirimidos. Essas escolhas no curso da arbitragem permitem maior aderência do procedimento às necessidades do direito material em questão[459]. A flexibilidade permeia todas as fases do procedimento: desde a cláusula compromissória, passando pela composição do tribunal e delimitação da lide, até a definição de minúcias quanto a questões procedimentais.

Em decisão do TJSP, julgada em 2021 pelo Desembargador Luís Francisco Aguilar Cortez, o caráter vinculante do procedimento estabelecido pelas partes é evidenciado pelo julgador. No caso em questão, as partes estipularam procedimento no qual os documentos deveriam ser juntados nas alegações iniciais ou na resposta às alegações iniciais, e, nesse mesmo momento, deveriam indicar se pretenderiam a produção de outros meios de prova. O entendimento do tribunal foi de que o procedimento acertado deveria ser observado, em respeito à força da autonomia privada – se o réu deixou de indicar nas alegações iniciais quais as provas que pretendia produzir, ocorreu, portanto, a preclusão desse direito[460].

Assim, as partes poderão modular e adaptar o procedimento arbitral às suas necessidades concretas, tomando por base as peculiaridades do litígio em questão. Esse ajuste sob medida mostra-se como um direito das partes, que são soberanas para promover a regulação do procedimento. Essa possibilidade reflete um elemento contratual que permeia a solução de litígios pela via arbitral, privilegiando o poder da autonomia privada em detrimento de uma regulação estatal heterônoma. A flexibilidade procedimental apenas é balizada por normas de ordem pública e que visam a garantir o devido processo legal.

§ 31. SANÇÃO PELO DESCUMPRIMENTO DA CONVENÇÃO DE ARBITRAGEM

1. Caráter multifacetado do inadimplemento no direito brasileiro

No Direito Brasileiro, com a adoção da concepção de obrigação enquanto processo e o reconhecimento da complexidade do fenômeno obrigacional, passou-se a admitir a existência de um conjunto intrincado de direitos, deveres, ônus, poderes, exceções no núcleo das relações obrigacionais. Dessa forma, além do dever principal ou primário de prestação, aquele que polariza a relação obrigacional e constitui a prestação central, há

---

[459] WALD, Arnoldo. *O Espírito da Arbitragem. Revista de Arbitragem e Mediação*, vol. 23, p. 22-35, jan./jun., 2009, DTR 2009/821.

[460] TJSP. Apelação Cível 1066484-54.2019.8.26.0053. Des. Rel. Luís Francisco Aguilar Cortez. J. em: 27.04.2021.

outros deveres que estarão interligados como forma de propiciar a plena satisfação do interesse legítimo das partes[461].

Assim, há de se considerar igualmente os deveres secundários ou acidentais, que podem ser ou deveres anexos ou deveres com prestação autônoma[462]. Enquanto os deveres anexos objetivam assegurar a perfeita realização da prestação, os deveres com prestação autônoma agem como sucedâneos da obrigação principal (e.g., dever de indenização decorrente da impossibilidade superveniente) ou de modo coexistente com o dever principal (e.g., indenização em caso de mora)[463]. Esses deveres ainda se prendem à tutela do interesse de prestação, contribuindo para a plena satisfação das partes do vínculo obrigacional. Para além desses, há os deveres de proteção, que se prendem ao interesse de proteção, não se vinculando à prestação em si considerada. Esses deveres resguardam a integridade da esfera jurídica das partes, independentemente da realização ou não da prestação[464].

A disciplina do descumprimento contratual no direito brasileiro não apresenta no Código Civil uma sistematização que dê conta de toda a complexidade do fenômeno. Há

---

[461] MARTINS-COSTA, Judith. *Comentário ao Novo Código Civil, Vol. V, Tomo II: do inadimplemento das obrigações*. Rio de Janeiro: Forense, 2003, p. 34.

[462] Em tipologia proposta por Gustavo Haical: "Ao lado dos direitos e deveres primários existe outra espécie, que são complementares aos primeiros, identificados, em seu gênero, como secundários. Do gênero de direitos e deveres secundários, existem as seguintes espécies, classificadas pela doutrina: a) direitos e deveres secundários com prestação autônoma, por existirem sem estar eminentemente ligados aos direitos e deveres principais, mas gravitarem em torno dele e surgirem "devido a uma falha na realização do programa obrigacional"; e b) direitos e deveres secundários, acessórios da prestação principal, por terem a função de garantir a plena realização dos interesses existentes em determinada relação obrigacional, pois se destinam a preparar ou a assegurar a total satisfação dos direitos e deveres principais. São direitos e deveres que, segundo Pontes de Miranda, mantêm uma relação de anexidade como os principais, sem, contudo, nascerem ou derivarem desses. E.g., o dever de conservar a coisa até a sua entrega no contrato de compra e venda. Quanto aos direitos e deveres secundários com prestação autônoma, são estes subdivididos em: a.1) direitos e deveres secundários de prestação autônoma sucedâneas do dever primário de prestação, que surgem no decorrer do processo obrigacional em razão de uma vicissitude ocorrida no transcurso da relação obrigacional, os quais, mesmo em face de uma mudança objetiva da prestação, não deixam de ser identificados com os direitos e deveres primários por decorrem destes. E.g., o direito e dever a indenização por perdas e danos em virtude e inadimplemento absoluto; e a.2) deveres secundários de prestação autônoma coexistentes com a prestação principal, que, não substituindo os direitos e deveres principais, servem para complementar os últimos por causa também de uma vicissitude ocorrida na fase de execução da relação obrigacional. E.g., o direito à indenização em decorrência da mora. Mas, de toda a classificação apresentada, ressaltam em importância, para que seja atingido o curso normal da obrigação com vistas a satisfazer o interesse do credor, os deveres secundários acessórios da prestação principal. A causa reside na vinculação direta que estes mantêm com o dever jurídico principal, pois "estão exclusivamente dirigidos à realização do interesse no crédito (interesse no cumprimento)". Por essa feita, constituindo-se deveres relacionados à própria satisfação do interesse do credor no crédito, se vierem a ser descumpridos e gerarem a inutilidade da obrigação pela perda do interesse do credor, dar-se-á o inadimplemento absoluto, configurando o direito formativo extintivo de resolução." (HAICAL, Gustavo Luís da Cruz. O Inadimplemento pelo Descumprimento Exclusivo do Dever Lateral Advindo da Boa-Fé Objetiva. *Revista dos Tribunais*, vol. 900, p. 45-84, 2010, p. 4).

[463] MARTINS-COSTA, Judith. *Comentário ao Novo Código Civil, Vol. V, Tomo II: do inadimplemento das obrigações*. Rio de Janeiro: Forense, 2003, p. 35.

[464] MARTINS-COSTA, Judith. *A Boa-fé no Direito Privado: Critérios para a sua Aplicação*. 2ª ed. São Paulo: Saraiva, 2018, p. 243-244.

um tensionamento entre o "inadimplemento" e a "impossibilidade", e uma divisão, por vezes nebulosa, entre o "inadimplemento absoluto" e o "inadimplemento relativo"[465]. Ademais, a cláusula geral do inadimplemento contratual insculpida no art. 389 do Código Civil não dá conta da situação de violação de deveres de proteção[466], pois o foco da legislação está claramente nos deveres de prestação.

Dessa forma, Judith Martins-Costa conceitua inadimplemento no direito brasileiro como

> "a falta ou defeituosidade na prestação devida (se, quando, enquanto e na medida em que é devida), revestindo-se por tríplice modalidade: (i) o inadimplemento relativo, denominado mora, cujo conceito é deduzido do art. 389 do Código Civil, a saber: o não cumprimento imputável, no tempo, forma e lugar devidos, da prestação prometida, sendo essa, porém, ainda possível e útil ao credor; (ii) o inadimplemento absoluto, também dito 'definitivo', quando a prestação não foi cumprida tal qual devida, nem poderá sê-lo, com utilidade para o credor; e (iii) a violação positiva do contrato, expressiva do descumprimento de deveres relacionados imediatamente a interesses de proteção (laterais), e não a interesses de prestação"[467].

Observa Rafael Martins que "enquanto o legislador brasileiro tratou do não-cumprimento das obrigações através das clássicas figuras da mora e da impossibilidade da prestação, a lei alemã adotou, em substituição, o conceito de "perturbação da prestação" (*Leistungstörungen*), cuja base encontra-se não no incumprimento do objeto principal da obrigação – onde o binômio mora/inadimplemento aplica-se de forma mais característica – mas na violação de um dever qualquer da relação jurídica"[468].

Dessa forma, vislumbra-se que o regime do inadimplemento contratual será chamado a intervir diante da violação de um dos deveres derivados de uma relação negocial. A partir do tipo de violação e do dever em questão haverá uma modalidade distinta de inadimplemento, considerando sempre o interesse do credor como parâmetro normativo de análise.

---

[465] Sobre a "mora", leciona Ruy Rosado de Aguiar Jr.: "A mora compreende a "inexistência" da prestação, a prestação "tardia", a efetuada "fora do lugar" adequado, ou sem "forma" da convenção ou da lei". Além desses casos, porém, e portanto além do âmbito do art. 294 do Código Civil, o contrato pode ser lesionado com o cumprimento da prestação de "modo" imperfeito, seja porque desatende ao exigível para as circunstâncias (casos de execução defeituosa da prestação quanto ao modo), seja porque da prestação efetuada pelo devedor resultam danos ao credor (violação positiva do contrato)." [...] "No Brasil, o conceito de mora absorve as hipóteses de cumprimento imperfeito por defeito quanto à forma e ao lugar da prestação, razão pela qual não sentimos a mesma dificuldade enfrentada na doutrina alemã, que derivou para a teoria da infração contratual positiva. Isso relativamente às obrigações convencionadas, principais ou acessórias. A omissão da nossa lei está em deixar de referir a ofensa quanto ao modo da prestação e omitir-se sobre a violação aos deveres secundários, emanados diretamente da boa-fé". (AGUIAR JR. Ruy Rosado. *Extinção dos Contratos por Incumprimento do Devedor*. Rio de Janeiro: AIDE Editora, 2004, p. 123-126).

[466] Código Civil, art. 389: "Não cumprida a obrigação, responde o devedor por perdas e danos, mais juros e atualização monetária segundo índices oficiais regularmente estabelecidos, e honorários de advogado."

[467] MARTINS-COSTA, Judith. *A Boa-fé no Direito Privado: Critérios para a sua Aplicação*. 2ª ed. São Paulo: Saraiva, 2018, p. 745.

[468] MARTINS, Raphael Manhães. Análise Paradigmática do Direito das Obrigações: boa-fé, deveres laterais e violações positivas do contrato. *Revista da EMERJ*, vol. 11, nº 44, 2008, p. 214-239, p. 216.

2. A violação positiva do contrato como modalidade de inadimplemento

A figura da violação positiva do contrato no ordenamento brasileiro ocupa um espaço especial, agindo como uma terceira espécie de inadimplemento, ao lado da mora e da impossibilidade[469]. Destaca Bruno Miragem que "a violação positiva do crédito (*positive Fordernungsverletzung*), largamente desenvolvida também como violação positiva do contrato (*positive Vertagsverletzung*), compreende a caracterização do inadimplemento em razão do não cumprimento de deveres anexos ou laterais, originários da boa-fé objetiva, que dão cauda à lesão ao interesse útil do credor"[470].

A sua origem doutrinária remonta aos estudos de Herman Staub[471], que observou uma lacuna conceitual no regime do inadimplemento do BGB, constatando a existência de situações que não se enquadravam nem no conceito de mora, nem enquanto impossibilidade, mas mesmo assim, de alguma forma, frustravam o interesse do credor da obrigação. Dessa forma, a violação positiva é um remédio para situações nas quais as prestações principais do contrato foram cumpridas, entretanto, por conta de um fato decorrente da coisa ou do serviço realizado que, por defeito, cause prejuízo ao credor[472].

A necessidade da figura da violação positiva do contrato no direito brasileiro se justifica tanto para abarcar situações envolvendo o cumprimento defeituoso da prestação quanto casos de violação de deveres laterais ou de proteção[473]. São exemplos doutrinários típicos a situação em que o telhado não é corretamente reparado, ocorre uma chuva e os móveis de uma casa restam danificados ou o caso do pintor contratado para pintar as paredes, mas que, descuidadamente, espalha tinta pela mobília da casa. O

---

[469] Explica Jorge Cesa Ferreira da Silva que "Por todos esses fatores, como se percebe, a classificação analítica do inadimplemento, na doutrina brasileira, ficou restrita às hipóteses mais conhecidas e expressamente referidas no código: o inadimplemento absoluto [...] e a mora. O mesmo não ocorreu com a doutrina alemã, seguramente a mais exigida a encontrar saídas para os limites legais impostos pelo seu diploma civil. Por meio da noção de violação positiva do contrato, ela desenvolveu um conjunto de estudos que não só sedimentou a idéia de que as duas figuras tradicionais não traduzem a completude do descumprimento obrigacional, como também fixou as bases para o estudo dessa terceira figura. Mais do que isso, a noção de violação positiva do contrato, no direito alemão, foi a ponte para a colmatação de lacunas." (FERREIRA DA SILVA, Jorge Cesa. *A Boa-fé e a Violação Positiva do Contrato*. Rio de Janeiro: Renovar, 2002, p. 213-214).

[470] MIRAGEM, Bruno. *Direito Civil: direito das obrigações*. São Paulo: Saraiva, 2017, p. 517.

[471] Sobre a origem e o desenvolvimento histórico da figura, menciona-se o trabalho de Renata Steiner: "O desenvolvimento da doutrina da violação positiva do contrato é atribuído ao trabalho inicial de Hermann STAUB intitulado, em realidade, "Sobre as violações positivas do contrato e suas conseqüências jurídicas" (Über die positiven Vertragsverletzungen und ihre Rechtsgolgen). A opção pela adoção do termo violações, no plural, infere-se do próprio conteúdo do texto apresentado a público em 1902, uma vez que ali trabalha Hermann STAUB com diversos casos em que a doutrina que propunha seria aplicável, diante da regulamentação dicotômica do BGB da violação da relação obrigacional, fixados entre impossibilidade e mora. Não há, assim, um único fundamento de violação positiva do contrato nem seria correto ligá-la exclusivamente ao mau cumprimento, como fazem alguns autores." (STEINER, Renata C. *Descumprimento Contratual: boa-fé e violação positiva do contrato*. São Paulo: Quartier Latin, 2014, p. 199).

[472] CASTRO NEVES, José Roberto. *Direito das Obrigações*. 7ª ed. Rio de Janeiro: LMJ Mundo Jurídico, 2017, p. 313-314.

[473] FERREIRA DA SILVA, Jorge Cesa. *A Boa-fé e a Violação Positiva do Contrato*. Rio de Janeiro: Renovar, 2002, p. 244.

PARTE II · Capítulo 9 · A EFICÁCIA DA CONVENÇÃO DE ARBITRAGEM | **339**

primeiro exemplo ilustra uma situação na qual a prestação foi cumprida, mas de modo defeituoso, enquanto o segundo caso representa um cenário no qual a prestação pela qual a contratação ocorreu foi devidamente cumprida, porém, causou danos associados à relação contratual.

Quando da reforma do direito das obrigações, o BGB foi modificado, adotando uma concepção mais ampla do inadimplemento, abarcando situações que vão além do dever principal de prestação. Conforme o § 241 (2) "Das Schuldverhältnis kann nach seinem Inhalt jeden Teil zur Rücksicht auf die Rechte, Rechtsgüter und Interessen des anderen Teils verpflichten"[474]. Ou seja, adotou-se uma concepção ampla do interesse jurídico que circunda a relação obrigacional. A outra modificação relevante se deu no § 324, que passou a permitir a extinção do vínculo jurídico nos casos de inobservância do conteúdo do § 241 (2) do BGB, *in verbis*: "Verletzt der Schuldner bei einem gegenseitigen Vertrag eine Pflicht nach § 241 Abs. 2, so kann der Gläubiger zurücktreten, wenn ihm ein Festhalten am Vertrag nicht mehr zuzumuten ist"[475].

No direito brasileiro, o Enunciado 24 da I Jornada de Direito Civil encampou posição mais ampla acerca dos deveres atrelados à relação obrigacional, considerando como espécie de inadimplemento a inobservância dos deveres anexos, *in verbis*: "em virtude do princípio da boa-fé, positivado no art. 422 do novo Código Civil, a violação dos deveres anexos constitui espécie de inadimplemento, independentemente de culpa".

Em termos doutrinários, há diferentes dimensões que se confere à violação positiva do contrato. Por exemplo, entende Jorge Cesa Ferreira da Silva que no direito brasileiro "pode-se definir a violação positiva do contrato como o inadimplemento decorrente do descumprimento culposo de dever lateral, quando este dever não tenha uma vinculação direta com os interesses do credor na prestação"[476]. Por sua vez, Renata Steiner entende que "embora não seja possível, de fato, traçar um conceito condensado da violação positiva do contrato, tal como se pode fazer quanto ao inadimplemento absoluto (ligado à impossibilidade do objeto) e à mora (ligada ao atraso no prestar), pode-se de forma muito geral afirmar um conceito positivo da figura. Nesse sentido, mais do que obtida por exclusão, a violação positiva do contrato teria lugar sempre que se observar a causação de prejuízos específicos pela quebra de deveres de conduta"[477]. Gustavo Haical entende que a violação positiva no direito brasileiro abrange somente "o descumprimento de deveres laterais insertos no núcleo dos interesses de proteção, e, por não estarem esses deveres diretamente vinculados aos interesses de prestação"[478]. Por sua vez, Judith Martins-Costa aponta que a violação positiva do contrato abrange "tão somente o descumprimento de

---

[474] Em tradução livre: "De acordo com o seu conteúdo, a obrigação contratual pode obrigar cada uma das partes a levar em consideração os direitos, interesses jurídicos e demais interesses da outra parte".

[475] Em tradução livre: "Nos contratos bilaterais, se o devedor violar uma obrigação nos termos da Seção 241 (2), o credor poderá resolver o contrato se não for mais razoável esperar que esse seja cumprido."

[476] FERREIRA DA SILVA, Jorge Cesa. *A Boa-fé e a Violação Positiva do Contrato*. Rio de Janeiro: Renovar, 2002, p. 268.

[477] STEINER, Renata C. *Descumprimento Contratual: boa-fé e violação positiva do contrato*. São Paulo: Quartier Latin, 2014, p. 237.

[478] HAICAL, Gustavo Luís da Cruz. O Inadimplemento pelo Descumprimento Exclusivo do Dever Lateral Advindo da Boa-Fé Objetiva. *Revista dos Tribunais*, vol. 900, p. 45-84, 2010, p. 11.

dever de proteção decorrente da boa-fé objetiva, inserto em interesse de proteção (e que, portanto, tem vinculação apenas mediata com o dever de prestação)"[479].

Não há no direito brasileiro uma concepção uniforme da violação positiva do contrato, o que reflete, em parte, tanto a ausência de coordenadas precisas e específicas acerca dos conceitos de "mora", "prestação", bem como da dos deveres que integram a relação obrigacional. Contudo, para os fins ora pretendidos, basta destacar que a confidencialidade na arbitragem apresentará ou natureza de dever secundário de prestação ou natureza de dever de proteção, a depender do caso concreto. Assim, consequentemente, a violação desse dever deverá seguir ou o regime do inadimplemento contratual ou da violação positiva do contrato.

Em regra, apesar das diferenças existentes entre as duas figuras, a consequência decorrente da violação da confidencialidade será o pagamento de perdas e danos. Entretanto, em casos excepcionais e diante de um cenário de uma situação gravosa, é possível que a violação da confidencialidade desnature o próprio interesse contratual subjacente à contratação da obrigação. Nesses casos, abre-se a possibilidade de se resolver a relação de direito material subjacente entre as partes. Explica Gustavo Haical que "constituindo-se deveres relacionados à própria satisfação do interesse do credor no crédito, se vierem a ser descumpridos e gerarem a inutilidade da obrigação pela perda do interesse do credor, dar-se-á o inadimplemento absoluto, configurando o direito formativo extintivo de resolução"[480].

3. A perda de confiança entre as partes decorrentes do inadimplemento

Outra situação de fronteira é quando a divulgação de informações afeta a relação de confiança existente entre as partes. Em determinados tipos de acertos negociais a confiança é essencial. Por exemplo, em relações de longa duração ou que estejam sob o manto da *tua res agitur* ou da *nostra res agitur*, por exemplo, respectivamente, em um contrato de mandato ou em um contrato de sociedade/acordo de acionistas, a manutenção da confiança entre os contratantes é condição e viabilidade para a própria perfectibilização do vínculo de direito material.

Dessa forma, hipoteticamente, se há uma arbitragem decorrente de um contrato de agência, e o agente – no curso do procedimento – divulga indevidamente informações sensíveis do representado, essa conduta atinge o cerne da relação de confiança existente entre as partes, podendo justificar a extinção da relação contratual existente. O mesmo se diga para o caso em que um sócio divulga informações sensíveis e que coloquem em risco a continuidade do negócio ou, apenas, desnature a relação de confiança existente. Assim, haverá razões suficientes para se extinguir o vínculo existente.

Como destaca Pontes de Miranda "adimplemento ruim não satisfaz; e pode ser que o credor peça a resolução ou a resilição do contrato. Basta que o adimplemento ruim seja tal que se cancele o interêsse do credor em torná-lo bom, ou que retire poder confiar-se

---

[479] MARTINS-COSTA, Judith. *A Boa-fé no Direito Privado: Critérios para a sua Aplicação*. 2ª ed. São Paulo: Saraiva, 2018, p. 773.

[480] HAICAL, Gustavo Luís da Cruz. O Inadimplemento pelo Descumprimento Exclusivo do Dever Lateral Advindo da Boa-Fé Objetiva. *Revista dos Tribunais*, vol. 900, p. 45-84, 2010, p. 04.

PARTE II · Capítulo 9 · A EFICÁCIA DA CONVENÇÃO DE ARBITRAGEM | **341**

no adimplemento posterior"[481]. É a partir do interesse dos contratantes que se deve avaliar o adimplemento ou não de uma obrigação[482].

A possibilidade de converter a mora em inadimplemento absoluto está previsto no art. 395 do Código Civil[483]. Trata-se do chamado "caráter transformista da mora". Conforme leciona Ruy Rosado de Aguiar Jr. "o incumprimento, para ser definitivo e causa de resolução, deve ser qualificado por essa perda de interesse do credor, decorrente da inutilidade da prestação"[484]. Quando ocorre a perda do interesse útil na prestação, surge para o credor o direito de extinguir o contrato[485]. Assim, a perda do interesse do credor é o elemento distintivo a ser tomado em consideração[486].

---

[481] PONTES DE MIRANDA, Francisco Cavalcantti. *Tratado de Direito Privado*. t. XXV. Atualizado por: Nelson Nery Jr; Rosa Maria de Andrade Nery. São Paulo: Editora Revista dos Tribunais, 2012, p. 428-429.

[482] "É, portanto, neste sentido que se deve entender a prestação como prestação satisfativa: a prestação capaz de satisfazer os interesses do credor, identificada no comportamento do devedor dirigido à execução do dever principal de prestação, bem como dos vários deveres de conduta que lhe são impostos. A funcionalização da relação obrigacional conduz ao alargamento do objeto, que passa a ser estabelecido não apenas pela vontade das partes, mas também pela sistemática obrigacional. "O alargamento do objeto impõe a superação da tradicional concepção acerca do adimplemento, segundo a qual este se perfaz com o simples cumprimento da prestação principal. Contemporaneamente, há que se entender o adimplemento como o cumprimento da prestação devida em concreto, vale dizer, como a execução do comportamento dirigido à execução da prestação principal, bem como de todos os deveres de conduta impostos pela sistemática negocial e instrumentalmente necessários à efetiva satisfação do interesse objetivo do credor." "A ampliação do conceito de adimplemento diante dos deveres de conduta impostos ao devedor implica, na mesma medida, o alargamento da noção de inadimplemento. Vale dizer, se para se reputar o devedor adimplente se impõe a observância não apenas do dever principal de prestação, mas também, com a mesma acuidade, dos deveres de conduta, significa dizer que se considera inadimplente o devedor que não cumpre o dever principal de prestação ou os deveres de conduta impostos pela sistemática obrigacional. Em sentido amplo, portanto, inadimplemento significa a inexecução da prestação satisfativa, e não o mero descumprimento da prestação principal." (TERRA, Aline de Miranda Valverde. A Questionável Utilidade da Violação Positiva do Contrato no Direito Brasileiro. *Revista de Direito do Consumidor*, vol. 101, p. 181-205, set./out., 2015, DTR 2015/16897, p. 3-4).

[483] Código Civil, Art. 395: "Responde o devedor pelos prejuízos a que sua mora der causa, mais juros, atualização dos valores monetários segundo índices oficiais regularmente estabelecidos, e honorários de advogado. Parágrafo único. Se a prestação, devido à mora, se tornar inútil ao credor, este poderá enjeitá-la, e exigir a satisfação das perdas e danos."

[484] AGUIAR JÚNIOR, Ruy Rosado. Extinção dos Contratos. In: FERNADES, Wanderley (Coord.). *Contratos Empresariais: Fundamentos e Princípios dos Contratos Empresariais*. São Paulo: Saraiva, 2007, p. 445-446.

[485] ASSIS, Araken de. *Resolução do Contrato por Inadimplemento*. 4ª ed. São Paulo: Editora Revista dos Tribunais, 2004, p. 129.

[486] "De acordo com a diferença apresentada entre o inadimplemento absoluto e relativo, fundamentada no interesse do credor na prestação, a eficácia dessas espécies de inadimplemento também se apresenta diversa. Na hipótese do inadimplemento absoluto por tal via, por ficar caracterizada a perda do interesse pelo credor na prestação, poderá acontecer a extinção da relação obrigacional. Vale dizer, surgirá ao credor, além do direito a perdas e danos, o direito formativo extintivo de resolução lato sensu ou a justa causa ao exercício do direito formativo extintivo de denúncia do negócio jurídico entabulado entre as partes. No caso do inadimplemento relativo, contrariamente, apenas haverá ao credor direito a perdas e danos, já que a prestação ainda pode ser cumprida satisfazendo os seus interesses. Se, no caso do inadimplemento relativo, a utilidade da prestação, de acordo com o fim do negócio jurídico entabulado e os usos de tráfego, não mais servir ao credor,

A possibilidade de haver extinção da relação contratual também é reconhecida quanto está em causa apenas deveres de proteção. Entende Leonardo Fajngold que "quanto aos efeitos, há razoável convergência no sentido de que o descumprimento de deveres de proteção apenas geraria, via de regra, a possibilidade de reivindicação de perdas e danos. A exceção fica por conta de hipóteses em que esse descumprimento se apresenta grave de tal modo a repercutir sobre a quebra da confiança, atraindo o próprio desinteresse na manutenção da relação. No entanto, nesse estágio, surgiria a configuração de inadimplemento absoluto, com direito à resolução da avença, além de indenização por perdas e danos. Por sinal, fenômeno similar ao que ocorre com a mora, no caso de o descumprimento no tempo, lugar ou forma provocar o desinteresse na continuidade do vínculo"[487].

Nesses casos, há transformação da violação positiva, *i.e.*, da violação de dever lateral, em inadimplemento absoluto. Entende Gustavo Haical que

> "em ocorrendo a perda do interesse na manutenção da relação obrigacional, pode-se argumentar que houve a transformação da violação positiva do crédito em inadimplemento absoluto, dando causa, aí sim, ao direito formativo extintivo de resolução lato sensu (resolução *stricto sensu* e resilição) ou ao justo motivo ao exercício do direito formativo extintivo de denúncia. O critério de utilidade de manutenção do vínculo contratual, a permitir a extinção do contrato pelo descumprimento de dever lateral, inserido na esfera de proteção de um dos figurantes da relação contratual, é pautado pela afetação da confiança legítima ou pela quebra do interesse do outro figurante na manutenção do vínculo"[488].

Assim,

> "constatou-se que o descumprimento, seja de um dever lateral vinculado de modo imediato, seja de um dever lateral vinculado de modo mediato aos deveres de prestação, o qual afete de modo intenso o interesse do credor em manter a relação obrigacional, pode gerar o surgimento do direito formativo extintivo de resolução lato sensu ou a justa causa ao exercício do direito de denúncia"[489].

---

pois o objetivo que este queria alcançar com aquela não mais poderá ser atingido, na esfera jurídica desse, passará a existir o direito formativo extintivo de resolução. Dá-se o que a doutrina chama de caráter transformista da mora, porque somente será possível resolver o negócio jurídico quando houver o inadimplemento absoluto. Mas, a fim de acontecer o inadimplemento absoluto sobre esse viés e, por consectário, surgir o direito de resolução do negócio jurídico, o descumprimento há de alcançar certa gravidade, vindo a afetar o interesse do credor na prestação por esta não mais lhe poder ser útil. E.g., se não for apresentada a certidão dentro do prazo estabelecido no contrato preliminar de compra e venda de imóvel, comprovando o cancelamento de ônus real, não haverá direito de resolução, pois, em razão do descumprimento dessa cláusula acessória, não será afastada tanto a utilidade da prestação como o interesse do credor na manutenção do mesmo." (HAICAL, Gustavo Luís da Cruz. O Inadimplemento pelo Descumprimento Exclusivo do Dever Lateral Advindo da Boa-Fé Objetiva. *Revista dos Tribunais*, vol. 900, p. 45-84, 2010, p. 12-13).

[487] FAJNGOLD, Leonardo. A Figura da Violação Positiva do Contrato: como tratar as grandes controvérsias sobre a matéria? *Revista de Direito Privado*, vol. 97, p. 47-73, jan./fev., 2019, DTR 2019/98, p. 10.

[488] HAICAL, Gustavo Luís da Cruz. O Inadimplemento pelo Descumprimento Exclusivo do Dever Lateral Advindo da Boa-Fé Objetiva. *Revista dos Tribunais*, vol. 900, p. 45-84, 2010, p. 11.

[489] HAICAL, Gustavo Luís da Cruz. O Inadimplemento pelo Descumprimento Exclusivo do Dever Lateral Advindo da Boa-Fé Objetiva. *Revista dos Tribunais*, vol. 900, p. 45-84, 2010, p. 16.

PARTE II · **Capítulo 9** · A EFICÁCIA DA CONVENÇÃO DE ARBITRAGEM   **343**

Compartilha a mesma opinião a Professora Judith Martins-Costa:

> "abrangendo a figura da violação positiva do crédito tão somente o descumprimento de dever de proteção decorrente da boa-fé objetiva, inserto em interesse de proteção (e que, portanto, tem vinculação apenas mediata com o dever de prestação), o incumprimento gera direito às perdas e danos, e não à resolução, não tendo a violação positiva do crédito, de regra, a virtualidade de gerar o nascimento do direito formativo extintivo de resolução *lato sensu*. Em uma hipótese, porém, cogita-se da eficácia resolutiva. É quando o incumprimento do dever lateral seja tão grave que venha a conduzir, justificadamente, à quebra da confiança e, assim, à perda do interesse do credor na manutenção do vínculo obrigacional. Nesse caso, haveria o inadimplemento absoluto e, por conseguinte, o advento do direito formativo extintivo de resolução *lato sensu*"[490].

Observa Renata Steiner que "a possibilidade de invocação do direito à resolução contratual tem especial importância nos contratos de execução continuada ou de longa duração, como aqueles de fornecimento de bens e serviços por longo período de tempo"[491]. Nesses casos, o regime de perdas e danos é insuficiente para oferecer tutela às situações de direito material postas em causa. Em várias relações jurídicas, profundamente lastreadas na confiança, pensadas para produzirem efeitos, entre as partes, no longo prazo, a solução da conversão da obrigação em importância pecuniária é inadequada a oferecer tutela efetiva ao direito subjetivo das partes. Assim, considerando a percepção da obrigação como processo, polarizada pelo adimplemento satisfatório e em conformidade com os interesses legítimos das partes, por vezes é faculdade do lesado recorrer ao remédio extintivo, resolvendo a relação jurídica material em decorrência da gravidade da violação, com a consequente perda de confiança entre as partes.

O caráter vinculante das obrigações e o respeito ao *pacta sunt servanda* não podem impedir a valorização do elemento personalista subjacente a determinadas obrigações. Ninguém é obrigado a contratar ou manter contrato com parceiro negocial indigno de confiança. Nesse sentido, ensina Jorge Cesa Ferreira da Silva que "o rompimento dessa relação de confiança, por sua vez, não consubstancia por si inadimplemento absoluto ou mora, na medida em que, como visto, estes se prendem conceitualmente aos deveres de prestação. Nesse sentido, pode-se igualar o inadimplemento aqui descrito ao descumprimento de deveres laterais, tendo em vista que ele se assenta sobre a parte do vínculo complexo não diretamente relacionado com a prestação (ou as prestações) em si. O nascimento do direito de resilir, assim como o direito à indenização pelo descumprimento contratual, bem demonstram a existência de dever jurídico prévio ao inadimplemento. Este dever, contudo, como não decorre do interesse na prestação, só pode ser considerado dever lateral"[492]. Mesmo em relações empresariais há situações nas quais é imprescindível para a conservação de um vínculo negocial a possibilidade de manutenção de convivência harmônica entre as partes. Porém, a prática de atos de gravidade tamanha que afronte

---

[490]   MARTINS-COSTA, Judith. *A Boa-fé no Direito Privado: Critérios para a sua Aplicação*. 2ª ed. São Paulo: Saraiva, 2018, p. 773.

[491]   STEINER, Renata C. *Descumprimento Contratual: boa-fé e violação positiva do contrato*. São Paulo: Quartier Latin, 2014, p. 246.

[492]   FERREIRA DA SILVA, Jorge Cesa. *A Boa-fé e a Violação Positiva do Contrato*. Rio de Janeiro: Renovar, 2002, p. 255.

expectativas legítimas de conduta e de confiança poderão ter de ser solvidas mediante a extinção do vínculo jurídico existente entre as partes.

Na mesma linha, argumenta Gustavo Haical que "se, contudo, for afetada substancialmente a confiança ou o interesse de manter o vínculo obrigacional, pelo descumprimento de dever lateral inserto no interesse de proteção, advirá ao credor o direito de resolução ou a justa causa à denúncia cheia"[493]. Igualmente, afirma Judith Martin-Costa que "se o incumprimento quebrou a confiança e gerou a perda do interesse do credor na manutenção do vínculo obrigacional, não se configura a violação positiva do crédito, mas desenha-se caso de inadimplemento absoluto e, consequentemente, é gerado o direito formativo extintivo de resolução *lato sensu*"[494].

Dentro desse contexto, ressalta-se que, pela importância da convenção de arbitragem na estrutura econômica de determinada relação jurídica, há potencialização do elemento confiança, justificando o recurso a figuras de responsabilidade civil contratual para lidar com casos nos quais há violação de *standards* de conduta esperados pelas partes da convenção de arbitragem. Assim, a violação positiva do contrato poderá ser utilizada como forma de sancionar o incumprimento de deveres das partes contratantes e sujeitas à jurisdição arbitral.

4. Sanções pela violação da convenção de arbitragem

Não se pode perceber a arbitragem de modo isolado da arquitetura econômico-financeira de existente. A cláusula compromissória é autônoma, porém, não independente – vez que inserida em determinado contexto contratual, fruto de ajuste entre as partes como método jurisdicional de solução de controvérsias. Assim, os atos praticados ao longo de uma arbitragem, quando referente a discussões contratuais, inserem-se em espécie de *continuum*, em consonância com a visão de obrigação como processo. Por essa razão, determinadas atitudes ocorridas no curso de uma arbitragem podem afetar a própria relação material existente.

Por exemplo, pense-se em arbitragem envolvendo discussão de propriedade intelectual, que prevê dever de confidencialidade no seu regulamento. Caso uma das partes viole o dever de confidencialidade, divulgando dolosamente informações sensíveis discutidas no âmbito da arbitragem, violará tanto a convenção de arbitragem quanto o próprio contrato que a contém. Nesses casos, deve-se perceber a cláusula compromissória de modo integrado ao negócio jurídico substantivo fixado entre as partes, pois a autonomia jurídica não implica isolamento econômico. Portanto, a violação dos termos ajustados na convenção de arbitragem pode representar impactos materiais no negócio jurídico como um todo em casos excepcionais.

Outro exemplo: pense-se em arbitragem decorrente de acordo de acionistas – ou outro contrato que tenha no seu cerne considerável carga de elementos personalíssimos e de confiança – na qual uma das partes tenha subornado o tribunal arbitral para obter sentença favorável. Nesse caso, diante da gravidade do ato cometido, ocorre inegavelmente a

---

[493] HAICAL, Gustavo Luís da Cruz. O Inadimplemento pelo Descumprimento Exclusivo do Dever Lateral Advindo da Boa-Fé Objetiva. *Revista dos Tribunais*, vol. 900, p. 45-84, 2010, p. 11-12.

[494] MARTINS-COSTA, Judith. *A Boa-fé no Direito Privado: Critérios para a sua Aplicação*. 2ª ed. São Paulo: Saraiva, 2018, p. 777.

quebra da confiança subjacente ao próprio contrato que contém a convenção de arbitragem. Por conseguinte, é possível que a parte lesada se socorra de remédios contratuais, como a violação positiva do contrato, para desfazer o próprio vínculo jurídico substantivo havido.

O que se pretende demonstrar é que a convenção de arbitragem não pode mais ser interpretada no direito brasileiro como uma ilha no meio de um contrato. Em verdade, a autonomia jurídica não deve ser tida como independência completa em relação ao vínculo contratual. Há pontes econômicas e jurídicas que estabelecem um vínculo entre a convenção de arbitragem e a relação material existente entre as partes. Ademais, não se pode mais ignorar a existência de conteúdo prestacional derivado da convenção de arbitragem, quer a obrigação de colaborar para a instituição do procedimento arbitral, o dever de honrar os valores associados à formação dos outros contratos estruturantes do procedimento arbitral (contrato com os árbitros, contrato com a instituição arbitral, por exemplo), dentre outros.

Assim, ao perceber, ao lado da carga potestativa da convenção de arbitragem, imprescindível para a instauração dessa via jurisdicional, há carga obrigacional própria, bem como existem deveres acessórios e laterais que são decorrentes da sua pactuação. Afirmar a convenção de arbitragem enquanto negócio jurídico de modo pleno – mesmo que lhe confira feição processual – significa reconhecer o seu potencial enquanto fonte de obrigações e de deveres jurídicos. Em consequência, a violação desses será sancionada pelo direito, dentro do regime da responsabilidade civil contratual ou extracontratual, a depender da circunstância e do tipo de violação.

O que importa é reconhecer que os efeitos decorrentes da inobservância da convenção de arbitragem não ficarão, necessariamente, restritos ao âmbito do procedimento arbitral, podendo se comunicar com a própria relação substantiva existente entre as partes por conta da unicidade da operação econômica existente com convenção de arbitragem. Em outras palavras. A violação da convenção de arbitragem, se grave, pode levar mesmo à resolução do contrato principal a ela associado. Ou seja, o método arbitral de resolução de disputas não deve ser interpretado de modo isolado da estrutura financeira do ajuste havido entre as partes, pois o método de solução de controvérsias é, em si mesmo, elemento integrante dos custos presentes e ponderados durante a formação de uma relação jurídica contratual.

§ 32. ÔNUS DERIVADO DA CONVENÇÃO DE ARBITRAGEM

1. Ônus de contestar a existência, a validade e a eficácia da cláusula compromissória na primeira oportunidade

Exemplo de ônus que é derivado diretamente da convenção de arbitragem é o ônus de impugnação na primeira oportunidade acerca de questões envolvendo competência, suspeição, impedimento, invalidade ou ineficácia da convenção de arbitragem. Esse ônus está previsto expressamente no art. 20 da LARb[495], e traz um importante mecanismo de celeridade e eficiência processual.

---

[495] Lei de Arbitragem, Art. 20: "A parte que pretender argüir questões relativas à competência, suspeição ou impedimento do árbitro ou dos árbitros, bem como nulidade, invalidade ou ineficácia da convenção de arbitragem, deverá fazê-lo na primeira oportunidade que tiver de se manifestar, após a instituição da arbitragem."

Nesse sentido, explica Carlos Alberto Carmona que

> "a Lei parece criar momento preclusivo interessante e que precisa ser bem examinado. Disse o legislador que a parte que pretender arguir questões (fatos controvertidos) relativas à competência, suspeição, impedimento, nulidade, invalidade ou ineficácia da convenção deverá fazê-lo na primeira oportunidade que tiver para manifestar-se após a instituição da arbitragem, não especificando, porém, o que acontece se deixar de fazê-lo. De duas, uma: ou a regra é de mera ordenação do procedimento (e, então, é praticamente inócua), ou o legislador quis fixar prazo preclusivo. Neste último caso, se a parte pretender, ao término da arbitragem, promover a demanda de que trata o art. 33, deverá desde logo mostrar que pretende anular a futura decisão (ou aniquilar a própria arbitragem), sob pena de não poder queixar-se mais adiante em sede judicial. As matérias tratadas no dispositivo legal são híbridas, e merecem ser separadas para análise diferenciada: há matérias que beiram a ordem pública e que dizem respeito aos princípios do processo (especificados no § 2º do art. 21), cuja violação não comporta saneamento; há outras, porém, que se localizam plenamente na esfera de disponibilidade das partes, a permitir a atuação do princípio da disponibilidade. Entre estas últimas estão algumas das questões relativas à suspeição e impedimento do árbitro: se as partes, sabedoras de motivo para afastamento do árbitro, deixam de alegá-lo, estão tacitamente concordando que tal motivo não causará a parcialidade do julgamento (ou, pelo menos, estão aceitando o risco de eventual parcialidade), e consequentemente não podem reservar-se o direito de, proferido o laudo, trazerem à baila a questão (a não ser, é claro, que o motivo de impedimento ou suspeição tenha sido descoberto posteriormente). A preclusão, aqui, ocorrerá se a parte que tiver conhecimento do motivo que possa levar à recusa do árbitro deixar de apresentar a respectiva exceção na primeira oportunidade que tiver"[496].

Por sua vez, alega Peter Sester que

> "nem todos os assuntos listados no *caput* da norma têm a mesma natureza jurídica. Alguns fazem parte da ordem pública nacional, mas outros são sujeitos à autonomia das partes, e, portanto, podem ser resolvidos por meio de acordo. Conforme a questão seja de ordem pública ou disponível pelas partes, pode variar o grau de rigidez da regra de preclusão"[497].

Em sentido semelhante, explica Guilherme Setoguti que "é necessário, pois, distinguir os vícios mencionados pelo art. 20 em dois grupos: de um lado os relativos a matérias de ordem pública e aos princípios do processo, como os mencionados no § 2º do art. 21, e, de outro, os relativos a matérias disponíveis. Os vícios da convenção arbitral, que comprometem a jurisdição dos árbitros e, consequentemente, a sentença que por eles será proferida, não se convalidam pela omissão das partes e, assim, não se sujeitam à preclusão. Podem ser alegados a qualquer momento da arbitragem, em ação anulatória ou em impugnação ao cumprimento de sentença arbitral (LArb, art. 32, I e art. 33, § 3º). Para essas matérias não se opera a preclusão"[498].

---

[496] CARMONA, Carlos Alberto. *Arbitragem e Processo: um comentário à Lei nº 9.307/96*. 3ª ed. São Paulo: Atlas, 2009, p. 283-284.

[497] SESTER, Peter Christian. Comentários à Lei de Arbitragem e à legislação extravagante. São Paulo: Quartier Latin, 2020, p. 241.

[498] SETOGUTI, Guilherme. Procedimento I. In: LEVY, Daniel; SETOGUTI, Guilherme (Coord.). *Curso de Arbitragem*. São Paulo: Revista dos Tribunais, 2018, p. 182-183.

Nesse sentido, nas situações em que se configura efetivamente a eficácia preclusiva, há um verdadeiro ônus de impugnação. Note-se que não há dever, vez que a parte não pode ser coagida a alegar ou deixar de alegar determinada matéria referente a seu próprio interesse jurídico. Dessa forma, há a configuração da categoria eficacial do ônus, que traz a preclusão como consequência jurídica de sua inobservância.

Contudo, hão de ser ressalvadas as situações excepcionais nas quais o vício não é conhecido desde o início. Nesses casos, com base no princípio da *actio nata,* os prazos prescricionais/decadenciais têm como dies a quo a data do conhecimento da violação pelo lesado. As figuras da prescrição e decadência servem para dar segurança jurídica, não para acobertar ou tutelar situações arbitrárias, ilegais ou teratológicas. Por essa razão, quando um vício grave era desconhecido, o prazo inicial para promover a impugnação somente começará a fluir da sua efetiva ciência.

Nesse contexto, é especialmente relevante a situação na qual se contesta a existência, validade ou cláusula compromissória, na qual se pode nitidamente averiguar a existência da eficácia preclusiva. Isso porque, se a parte não se opõe, *ab initio,* à jurisdição do tribunal arbitral, pode-se entender que houve consentimento tácito. Essa situação ilustra claramente a existência de um ônus de impugnar em momento oportuno, sob pena de não poder posteriormente, por conta de tais fundamentos, alegar vício atinente à convenção de arbitragem, que poderá ser convalidado a depender do caso.

2. Síntese das categorias eficaciais associadas à convenção de arbitragem

As categorias eficaciais supramencionadas podem ser identificadas na relação jurídica formada a partir da inserção da cláusula compromissória em um contrato celebrado. Enquanto negócio jurídico, a cláusula compromissória – em termos eficaciais – poderá ser percebida enquanto uma situação jurídica complexa e multilateral. Assim, haverá um feixe intrincado de direitos, deveres, poderes, exceções, sanções e ônus que poderão ser observados que surgem mediante a formação da convenção de arbitragem.

Enquanto negócio jurídico, a convenção de arbitragem, fruto da autonomia privada dos contratantes e fonte da jurisdição arbitral, servirá de lastro eficacial para variadas categorias jurídicas, algumas dessas exploradas perfunctoriamente ao longo do presente Capítulo. O elemento da complexidade jurídica decorre, precisamente, do leque e da riqueza observáveis no plano da eficácia desse negócio jurídico.

Categoria Eficacial	Categorias Eficaciais Associadas à Convenção de Arbitragem	Fundamento Legal
1. Situações Jurídicas		
1.1. Direitos Subjetivos e Deveres	Direito de participar da escolha do tribunal arbitral	Art. 13, §§ 1º e 3º, LARb
	Direito de confidencialidade	
	Dever de discrição dos árbitros	Art. 13, § 6º, LARb
	Direito de determinar as regras jurídicas aplicáveis ao procedimento	Art. 5º, LARb; arts. 2º, §§ 1º e 2º, LARb
	Direito de adaptar o procedimento	Art. 13, § 4º LARb; Art. 21, LARb

Categoria Eficacial	Categorias Eficaciais Associadas à Convenção de Arbitragem	Fundamento Legal
1.2. Direitos Potestativos e Sujeições	Direito de instituir a arbitragem	Art. 6º, LARb
1.3. Poderes, Poderes-Deveres e Faculdades	Poder-dever de prestar jurisdição	Art. 18, LARb
	Poder-dever de determinar a condução do procedimento	Art. 22, LARb
	Poder-dever de prolatar a sentença dentro do prazo estipulado	Art. 23, LARb
1.4. Ação e Exceção	Exceção de arbitragem	Art. 337, X, CPC
2. Sanções		
2.1. Sanção Coativa	Ação de instituição de arbitragem ("execução específica da convenção de arbitragem")	Art. 7º, LARb
2.2.	Sanções processuais	
2.3.	Violações materiais	
3. Ônus	Ônus de impugnar a jurisdição do tribunal arbitral	Art. 20, LARb
	Ônus de impugnar a existência, validade ou eficácia da convenção de arbitragem	Art. 20, LARb

PARTE III

DIMENSÃO ESTRUTURAL DA CONVENÇÃO DE ARBITRAGEM

Como todo negócio jurídico, a convenção de arbitragem apresenta elementos que lhe são verdadeiramente estruturantes, quais sejam partes, objeto e forma. Trata-se dos requisitos expressamente mencionados no art. 104 do Código Civil para avaliar a validade do negócio jurídico. No entanto, o trinômio "partes-objeto-forma" não é de análise exclusiva do plano da validade. São, em primeiro, os elementos necessários à existência de qualquer negócio jurídico. Na sequência, são a base sobre a qual recaem os efeitos e a dimensão dinâmica do negócio jurídico, no plano da eficácia.

Assim, as partes, o objeto e a forma são pilares estruturais, bem como o ponto de partida de análise de uma série de outras questões. Nesse sentido, os três capítulos que constituem a Parte III pretendem oferecer os pilares conceituais para a análise desses três conceitos verdadeiramente estruturantes da convenção de arbitragem.

No capítulo referente às partes da convenção de arbitragem, para além da conceituação do que são as "partes" desse negócio jurídico, e da diferença entre a acepção material e processual do termo, são analisadas questões referentes à arbitrabilidade subjetiva, sobre as partes não signatárias e, por fim, acerca da integração de parte adicional no curso da arbitragem.

No capítulo referente ao objeto, o foco passa a ser a determinação do que é o objeto da convenção de arbitragem, na sua dimensão material e jurídica, bem como os critérios de satisfação dos requisitos de licitude, possibilidade e determinabilidade. Ademais, analisa-se o tema da arbitrabilidade objetiva.

No capítulo referente à forma, o estudo é voltado para a elaboração de um conceito contemporâneo acerca do que é a "forma" de um negócio jurídico. Analisa-se, também, a forma da convenção de arbitragem na perspectiva internacional, e como o requisito de forma é atendido na legislação brasileira. Por fim, são estudadas situações especiais nas quais a forma da convenção de arbitragem mostra-se de mais difícil identificação.

Portanto, os próximos três Capítulos têm por fio condutor a análise da tríade de elementos estruturantes dos negócios jurídicos. Contudo, não se restringem às repercussões no plano da validade, procurando analisar de modo mais abrangente os problemas e as questões conceituais basilares associadas a cada qual.

CAPÍTULO 10
AS "PARTES" DA CONVENÇÃO DE ARBITRAGEM

Semanticamente, a noção de "parte" é ampla. É imprescindível, portanto, fazer as adequadas distinções, sob pena de criar inconsistências sistemáticas[1]. Nesse sentido, é indispensável delinear o conceito de "partes", em suas variadas acepções, como forma de permitir a adequada compreensão das construções dogmáticas que a tomam como ponto de partida.

Em termos científicos, saber quem é "parte" e quais são as suas respectivas implicações é o necessário ponto de partida para resolver questões práticas e potencialmente complexas. É o *prius* para muitos problemas sensíveis, como a delimitação do escopo subjetivo da convenção de arbitragem,[2] da possibilidade de incapazes integrarem o polo ativo ou passivo de um procedimento arbitral, a integração de "parte adicional" no curso do procedimento arbitral, a reunião de procedimentos, dentre outras.

Em sentido *lato*, a ideia de "parte" faz referência a um sujeito ou grupo de sujeitos interessados em uma relação jurídica[3]. Adotando-se a conceituação proposta por Enzo

---

[1] Partindo da postura dogmática adotada por Judith Martins-Costa, a atividade do jurista consiste em lidar com palavras e pensar a partir de um discurso preexistente, o que torna as palavras, não apenas meio de expressão, mas o próprio objeto da ciência jurídica: "O que o jurista faz é lidar com palavras e falar sobre um discurso preexistente. A linguagem não é apenas meio de expressão: é objeto. As palavras com as quais juízes, advogados, doutrinadores trabalham o Direito sob as suas diversas perspectivas estão conotadas pelo legislador a um sistema de modelos, quer dizer, a um conjunto normativo estruturado em vista de certos fatos, valores, fins e funções. Não se trata, pois, de um agregado caótico de disposições normativas que possam ser atomisticamente considera-das, até porque o juízo de validade material de uma norma exige examinar se essa é logicamente coerente com outras normas válidas do ordenamento. As palavras que as normas dizem devem, portanto, ser manejadas segundo regras previamente estabelecida pela Dogmática Jurídica, a qual nada tem de estática: é construída e reconstruída, permanentemente. Mas essa construção, para ser harmonioso, deve sedimentar-se tendo em vista a tradição que a informa." (MARTINS-COSTA, Judith. A linguagem da responsabilidade civil. In: BIANCHI, José Flávio; MENDONÇA PINHEIRO. Rodrigo Gomes de; ARRUDA ALVIM, Teresa (Coords.). *Jurisdição e Direito Privado: Estudos em homenagem aos 20 anos da Ministra Nancy Andrighi no STJ*. São Paulo: Revista dos Tribunais, 2020, p. 390-391).

[2] "In some legal systems, the identity of the parties to an arbitration agreement is referred to as a question of the "subjective" scope of the arbitration agreement or jurisdiction "ratione personae." In other legal regimes, the identity of the parties to the arbitration agreement is characterized as a question of formation or existence of the agreement to arbitrate." (BORN, Gary. *International Commercial Arbitration*. 3ª ed. Kluwer Law International, 2021, p. 1518).

[3] COSTA, Guilherme Recena. *Partes e Terceiros na Arbitragem*. 293f. Tese (Doutorado em Direito) — Faculdade de Direito da Universidade de São Paulo, Universidade de São Paulo, São Paulo, 2015, p. 54.

Roppo, entende-se "parte" como o centro de interesses objetivamente homogêneo[4]. O elemento *partes* de um negócio jurídico pressupõe a presença, na relação, de sujeitos de direito, dotados de capacidade e personalidade, que ora se apresentarão como pessoas físicas ou jurídicas.

Assim, o ponto de partida para a conceituação de "parte" é perceber a sua vinculação com a noção de "interesse jurídico". É esse vínculo de pertinência que permite a ligação entre um ente dotado de capacidade de direito com relação jurídica específica. Desse modo, por exclusão, não serão "parte" todos aqueles que não apresentam elo de interesse jurídico com determinada situação, regida pelo mundo do direito. Ao revés, a definição de "parte" não está vinculada a conceitos como "sujeito de direito" ou "personalidade jurídica", e nem é compreendida a partir de critérios como "tempo" e "quantidade", como se passa a analisar.

§ 33. CONCEITUAÇÃO DE "PARTE"

1. Distinção iniciais

A primeira distinção relevante a se ter em conta, diz respeito às diferenças existentes entre os conceitos de "sujeito de direito", "pessoa" e "parte". Embora interligados, cada qual apresenta dimensão semântica e normativa própria, razão pela qual é necessário traçar os contornos devidos[5].

Pontes de Miranda define "sujeito de direito" como "o ente que figura ativamente na relação jurídica fundamental ou nas relações jurídicas que são efeitos ulteriores"[6]. Registra Judith Martins-Costa que, etimologicamente, "sujeito" é um termo didático que ingressou no léxico ocidental- advindo do latim escolástico "subjectum", por volta de 1370[7]. Sujeito de direito é o ser a que a ordem jurídica assegura o poder de agir conforme o direito[8].

---

[4]   ROPPO, Enzo. *O Contrato*. Coimbra: Almedina, 2009, p. 81.

[5]   "Pessoa, sujeito, direito subjetivo, dignidade da pessoa: essas noções hoje tidas como assentes e que suportam como vigas-mestras, todo o edifício jurídico são, em larga medida, resultados de uma complexa construção elaborada nos séculos do Renascimento e do primeiro Jusracionalismo – dos meados do Cinquecento aos finais do séc. XVII – conquanto sua forma final seja produto tardio do Iluminismo e Pandectística germânica, esta já nos Oitocentos. Trata da construção do indivíduo como sujeito social e ator jurídico que culminará na ideia do indivíduo-pessoa como categoria ético-jurídica, dotado de direitos subjetivos. Acompanhando pari passu essa construção estão ainda outras duas, igualmente refinadas e sutis, a saber: a fabricação do Estado como artifício jurídico, produto constitucional, objeto de instituição por um ato humano fundador; e a elaboração do ordenamento jurídico como um sistema dedutivo racionalmente organizado, racionalmente apreensível e manejável por intermédio de conceitos gerais, dotados de elevadíssimo grau de abstração." (MARTINS-COSTA, Judith. Indivíduo, Pessoa, Sujeito de Direitos: contribuições renascentistas para uma história dos conceitos jurídicos. *Philia&Filia*, vol. 01, nº 01, p. 69-95, jan./jun., 2010, p. 71).

[6]   PONTES DE MIRANDA, Francisco Cavalcanti. *Tratado de Direito Privado*. Tomo I. Atualizado por Judith Martins-Costa, Gustavo Haical e Jorge Cesa Ferreira da Silva. São Paulo: Revista dos Tribunais, 2012, p. 253.

[7]   MARTINS-COSTA, Judith. *Pessoa, Personalidade, Dignidade: ensaio de uma qualificação*. 2003. 243 f. Tese (Livre-Docência em Direito Civil) – Faculdade de Direito, Universidade de São Paulo, São Paulo, 2003, p. 55.

[8]   BEVILAQUA, Clóvis. *Theoria Geral do Direito Civil*. São Paulo: Campinas, 1999, p. 63-64.

Divergindo da posição de Pontes de Miranda, Alcides Tomasetti sustenta que sujeito de direito deve ser compreendido como todo ente, seja ou não pessoa, que o ordenamento jurídico admita ser titular de posições jurídicas ativas ou passivas contidas em determinada relação jurídica[9]. Assim, na concepção de Tomasetti, poderiam ser "parte" de relações jurídicas mesmo os entes despersonalizados.

Dessa forma, a concepção de "sujeito de direito" apresenta indelével elemento relacional, constituindo noção abstrata, inigualável à de pessoa, enfatizando determinada posição dentro de uma relação jurídica[10]. Assim, ser sujeito de direito significa estar na posição de titular de direito, pouco importando se esse direito é munido de pretensão, ação ou exceção, mas sendo necessário existir um direito[11].

A noção de sujeito de direito se contrapõe à de objeto de direito. A distinção entre *persona* e *res* é conhecida desde o direito romano[12]. Nessa linha, o Ministro Marco Aurélio Bellizze, no julgamento do REsp 1.619.854/MG, apontou que o cerne da distinção entre "sujeito de direito" e "objeto de direito" está, precisamente, na capacidade de titular a relação jurídica e na impossibilidade de ser o seu conteúdo. Nas palavras do Ministro, o objeto de direito "não titulariza – nem poderia, por definição – relações jurídicas, em nenhum de seus polos"[13].

Acerca do conceito de "pessoa", o Código Civil, no art. 1º, estabelece que toda pessoa é capaz de direitos e deveres na ordem civil. Portanto, a noção de "pessoa" é eminentemente normativa. Sujeito de direito é a pessoa[14]. Como aponta Judith Martins-Costa, "a palavra pessoa – persona – denotava, tradicionalmente um papel, uma representação indicativa do status ocupado na organização social, isto é, algo que se tem. Não era necessariamente o sujeito, mas assim se torna, o que viabiliza a reunião entre indivíduo e pessoa, pessoa e sujeito"[15]. Portanto, o conceito de "pessoa" reflete a possibilidade conferida pelo ordenamento, de ser sujeito[16]. O ordenamento jurídico identifica determinado ente e lhe reconhece o atributo da personalidade. Portanto, o conceito de pessoa, deve ser visto como

---

[9]   TOMASETTI JR., Alcides. A Parte Contratual. Marcelo von Adamek (Coord.). *Temas de Direito Societário e Empresarial Contemporâneos.* São Paulo: Malheiros Editores, 2011, p. 04.

[10]   COSTA, Lorenza Xavier da. Sujeito de Direito e Pessoa: conceitos de igualdade? *Legis Augustus*, vol. 4, nº 2, p. 75-87, jul./dez., 2013, p. 78.

[11]   PONTES DE MIRANDA, Francisco Cavalcanti. *Tratado de Direito Privado.* Tomo I. Atualizado por Judith Martins-Costa, Gustavo Haical e Jorge Cesa Ferreira da Silva. São Paulo: Revista dos Tribunais, 2012, p. 243.

[12]   MARTINS-COSTA, Judith. Indivíduo, Pessoa, Sujeito de Direitos: contribuições renascentistas para uma história dos conceitos jurídicos. *Philia&Filia*, vol. 01, nº 01, p. 69-95, jan./jun., 2010, p. 92.

[13]   STJ. REsp 1.619.854/MG. Min. Marco Aurélio Bellizze. Terceira Turma. J. em: 13.04.2021.

[14]   PONTES DE MIRANDA, Francisco Cavalcanti. *Tratado de Direito Privado.* Tomo I. Atualizado por Judith Martins-Costa, Gustavo Haical e Jorge Cesa Ferreira da Silva. São Paulo: Revista dos Tribunais, 2012, p. 254.

[15]   MARTINS-COSTA, Judith. Indivíduo, Pessoa, Sujeito de Direitos: contribuições renascentistas para uma história dos conceitos jurídicos. *Philia&Filia*, vol. 01, nº 01, p. 69-95, jan./jun., 2010, p. 86.

[16]   PONTES DE MIRANDA, Francisco Cavalcanti. *Tratado de Direito Privado.* Tomo I. Atualizado por Judith Martins-Costa, Gustavo Haical e Jorge Cesa Ferreira da Silva. São Paulo: Revista dos Tribunais, 2012, p. 254.

construção normativa, não vinculada a elemento naturalístico, como é evidenciado pela existência de pessoas jurídicas[17].

A gênese da evolução da acepção normativa de "pessoa" foi o desenvolvimento dos conceitos de "vontade" e "liberdade"[18]. Assim, a conceituação de "pessoa" envolve processo histórico e cultural. Há importantes entes, como a massa falida, o espólio, o condomínio e a sociedade em conta de participação, que são despidos de personalidade jurídica. De outra banda, discute-se a possibilidade de conceituar entes dotados de inteligência artificial ou animais de personalidade jurídica. Porém, quando reconhecida a personalidade jurídica, a despeito da inexistência de atributos humanos (como ocorre nas sociedades personificadas), atrai-se, plenamente, a aptidão, genérica, de ser sujeito de direito[19].

No âmbito do direito, o conceito de pessoa apresenta eminente caráter técnico-jurídico[20]. Ou seja, todas as pessoas, de modo indistinto, apresentam aptidão genérica de participar de relações jurídicas, podendo titularizar as mais diversas posições e categorias eficaciais: é o direito a ter direitos, servindo de base para o conceito de "capacidade de direito"[21]. Assim, na visão Ponteana, "pessoa é quem pode ser sujeito de direito: quem põe a máscara para entrar no teatro do mundo jurídico está apto a desempenhar o papel de sujeito de direito"[22].

Assim, ao ostentar a qualidade de sujeito de direito, determinada pessoa – física ou jurídica – é apta a ser parte de relação jurídica. Nesse sentido, a qualidade de "parte" é derivada da existência de vínculo de interesse entre determinado sujeito de direito e

---

[17] "Mas, no século XIV, foram lançadas, por obra dos canonistas, as bases da renovação do pensamento jurídico, o que prosseguiu no século XVII no contexto mais amplo da obra de sistematização conceitual dos jusnaturalistas, e se desenvolveu plenamente com a pandectística alemã do século XIX. Objetivo primeiro da ciência jurídica tornou-se o de deslocar o eixo em torno do qual até então todo o sistema jurídico havia girado, movendo-o da norma objetiva à nova figura do *subjectum juris*. O elemento condutor dessa renovação cultural foi identificado no poder inextinguível da vontade individual. A vontade do indivíduo se tornou dogma, e com ela aquele conjunto de direitos subjetivos naturais -emanação direta da liberdade natural do indivíduo-que se consideraram não separáveis do homem, nem mesmo pelo legislador, porque intimamente conaturais a sua essência" (MACDONALD, Norberto. Pessoa jurídica: questões clássicas e atuais (abuso – sociedade unipessoal – contratualismo). *Revista da Faculdade de Direito da Universidade Federal do Rio Grande do Sul*, vol. 22, p. 300-376, 2002, p. 309).

[18] No REsp 1.918.421/SP o STJ, ao analisar caso envolvendo direito de família, chegou ao entendimento de que "a liberdade pessoal é valor fundamental e a faculdade que toda pessoa possui de autodeterminar-se fisicamente, sem nenhuma subserviência à vontade de outro sujeito de direito." (STJ. REsp 1.918.421/SP. Min. Marco Buzzi. Rel. p/ Acórdão Min. Luis Felipe Salomão. Quarta Turma. J. em: 08.06.2021).

[19] "a pessoa jurídica como um todo é que possui personalidade, pois é ela sujeito de direitos e obrigações, assumindo com todo o seu patrimônio a correspondente responsabilidade" (STJ. AgInt nos EDcl no AREsp 1.612.356/MS. Min. Gurgel de Faria. 1ª Turma. J. em: 22.03.2021, seguindo o entendimento estabelecido no AgInt no AREsp 1.286.122/DF).

[20] COSTA, Lorena Xavier da. Sujeito de Direito e Pessoa: conceitos de igualdade? *Legis Augustus*, v. 4, n. 2, p. 75-87, jul./dez., 2013, p. 76.

[21] TEPEDINO, Gustavo; OLIVA, Milena Donato. *Fundamentos do Direito civil: teoria geral do direito civil.* 3ª ed. Rio de Janeiro: Forense, 2022, p. 111.

[22] PONTES DE MIRANDA, Francisco Cavalcanti. *Tratado de Direito Privado.* Tomo I. Atualizado por Judith Martins-Costa, Gustavo Haical e Jorge Cesa Ferreira da Silva. São Paulo: Revista dos Tribunais, 2012, p. 253.

uma relação jurídica. A capacidade de direito, isto é, a capacidade de adquirir direitos e deveres na ordem civil, nada mais é do que a aptidão de ser "parte" de relações jurídicas. Entretanto, o conceito de "parte" não se confunde com o de "pessoa" porque conformando uma única parte podem estar posicionadas duas ou mais pessoas[23]. Há, portanto, extensão diferenciada entre ambos os conceitos.

Todo e qualquer negócio jurídico necessita, para ser validamente constituído, de um agente capaz[24], detentor de capacidade de direito. Por "agente" deve ser compreendida a pessoa, natural ou jurídica, em sua dimensão operativa, a qual contrasta com a perspectiva potencial[25]. É a possibilidade de exercer direitos e contrair obrigações requisito indispensável a regular a estruturação das relações jurídicas patrimoniais[26]. Por ser espécie do gênero "negócio jurídico", deve a convenção de arbitragem respeitar esses mesmos requisitos.

2. Parte unissubjetiva e parte plurisubjetiva

Feita essa distinção inicial, cabe ressaltar que é possível tecer classificações das "partes", em sentido material e processual, a partir da quantidade de indivíduos que a compõem. Dessa forma, será "unissubjetiva" ou "unipessoal" a parte que é composta por apenas um sujeito de direito. É o que ocorre em uma multiplicidade de relações jurídicas. De modo diverso, chama-se de "parte plurissubjetiva" ou "pluripessoal" aquela que é composta por dois ou mais indivíduos[27].

É possível que o mesmo conceito de "parte" englobe múltipla quantidade de pessoas naturais ou jurídicas[28]. Ou, em outras palavras, vários sujeitos de direito podem estar inseridos na posição dessa ficção jurídica denominada "parte". Portanto, pode haver, simultaneamente, uma pluralidade de sujeitos de direito e unidade de "parte" em determinado polo de uma considerada situação jurídica[29]. O critério relevante para determinar quem é "parte" é a identificação dos centros de interesses envolvidos, havendo tantas "partes" quanto interesses que circundam determinada relação jurídica[30].

---

[23] ROPPO, Enzo. *O Contrato*. Coimbra: Almedina, 2009, p. 81.

[24] "Parties to a contract must have legal capacity to enter into that contract, otherwise it is invalid. The position is no different if the contract in question happens to be an arbitration agreement. The general rule is that any natural or legal person who has the capacity to enter into a valid contract has the capacity to enter into an arbitration agreement. Accordingly, the parties to such agreements include individuals, as well as partnerships, corporations, states, and state agencies." (REDFERN, Alan; HUNTER, Martin; BLACKABY, Nigel; PARTASIDES, Constantine. *Redfern and Hunter on International Arbitration*. Oxford: Oxford University Press, 2015, p. 85)

[25] PENTEADO, Luciano Camargo. *Efeitos Contratuais perante Terceiros*. São Paulo: Quartier Latin, 2007, p. 40.

[26] AMARAL, Francisco. *Direito Civil: introdução*. 10 ed. São Paulo: Saraiva, 2018, p. 485.

[27] AMARAL, Francisco. *Direito Civil: introdução*. 10 ed. São Paulo: Saraiva, 2018, p. 485.

[28] CORDEIRO, António Menezes. *Tratado de Direito Civil*. Tomo II. 4ª ed. Coimbra: Almedina, p. 90; ASCENSÃO, José Oliveira. *Teoria Geral do Direito Civil: ações e factos jurídicos*. Vol. II. 2ª ed. Coimbra: Coimbra Editora, 2003, p. 33.

[29] PEREIRA, Caio Mário da Silva. *Instituições de Direito Civil: teoria geral do direito civil*. Vol. I. 32ª ed. Rio de Janeiro: Forense, 2019, p. 421.

[30] ASCENSÃO, José Oliveira. *Teoria Geral do Direito Civil: ações e factos jurídicos*. Vol. II. 2ª ed. Coimbra: Coimbra Editora, 2003, p. 33.

Desse modo, a quantidade de "parte" não passa pela verificação do número de sujeitos envolvidos, mas pela correta delimitação dos centros ou pólos de interesse existentes. É um conceito quantitativo, e não qualitativo. Ou seja, a definição das "partes" de uma relação jurídica passa necessariamente por uma análise eminentemente substantiva da posição que assumem os sujeitos, em relação aos demais e ao objeto do negócio jurídico.

Com efeito, em uma série de relações de direito material é possível verificar que a "parte" pode ser composta por mais de uma pessoa natural ou jurídica. Por exemplo, em um contrato de compra e venda de um bem sujeito ao regime de condomínio, por mais que duas pessoas distintas sejam concomitantemente proprietárias do mesmo bem, há no contrato de compra e venda dois – e apenas dois – polos de interesses envolvidos, o dos compradores e o dos vendedores.

O tema ganha enfoque, especialmente, quando são julgados casos envolvendo a aplicação do princípio da relatividade contratual. Por esse princípio, fixa-se a premissa de que só estarão sujeitos aos efeitos de determinada relação jurídica aqueles que a integram na condição de "parte"[31]. Portanto, a qualidade de "parte" implica pertinência subjetiva em relação a determinado feixe de direitos, deveres, poderes, sujeições, ônus, ações e exceções derivados de um fato jurídico.

A perspectiva da "relatividade" no direito das obrigações revela a extensão dos efeitos àqueles que são partes materiais de uma determinada relação jurídica. Exemplificativamente, no REsp 1.546.140, relatado pelo Ministro Ricardo Villas Bôas Cueva, o Superior Tribunal de Justiça definiu que "o princípio da relatividade dos efeitos do contrato determina que as consequências jurídicas da relação contratual se restringem às partes que o concluíram"[32]. E, em razão disso, definiu que o simples fato de um terceiro ter conhecimento do contrato não acarretaria "no condão de abarcá-la naquela relação contratual, já que o contrato somente vincula as partes envolvidas, especialmente, na hipótese, por se tratar de direito autoral"[33].

Esse mesmo fenômeno está presente no âmbito das relações processuais. Exemplificando, no litisconsórcio unitário haverá dois ou mais sujeitos no mesmo pólo processual, havendo verdadeira incindibilidade da pretensão deduzida em juízo[34]. Quando o litisconsórcio for simples, o fenômeno autorizará que o juiz dê tratamento diferenciado às partes do processo. Desse modo, verifica-se que, tanto no âmbito do direito material, quanto na seara processual, há a possibilidade de ocorrência de pluralidade de indivíduos compondo a mesma "parte".

Não se olvida que, em uma série de situações, há, de fato, coincidência entre o número de "pessoas" e o número de "partes". Porém, essa é apenas uma possibilidade, e não um elemento essencial, ou intrínseco, à estruturação das situações jurídicas. Em verdade, o conceito de "parte" deve ser tido enquanto direcional, pois está calcado no sentido da manifestação da vontade e dos interesses em jogo[35].

---

[31] BANDEIRA, Paula Greco. Fundamentos da responsabilidade civil do terceiro cúmplice. *Revista trimestral de direito civil*, vol. 30, p. 79-127, abr./jun., 2000, p. 83.

[32] STJ. REsp 1.546.140/PR. Min. Ricardo Villas Bôas Cueva. Terceira Turma. J. em: 08.03.2016.

[33] STJ. REsp 1.546.140/PR. Min. Ricardo Villas Bôas Cueva. Terceira Turma. J. em: 08.03.2016.

[34] MONTEIRO, António Pedro Pinto. A Pluralidade de partes na Arbitragem: os principais equívocos que ainda subsistem. *Revista de Arbitragem e Mediação*, vol. 58, p. 311-335, jul./set., 2018, DTR 2018/19292, p. 03.

[35] PEREIRA, Caio Mário da Silva. *Instituições de Direito Civil: teoria geral do direito civil*. Vol. I. 32ª ed. Rio de Janeiro: Forense, 2019, p. 421.

3. "Partes" e "terceiros"

Outra distinção importante a ser feita é a que se pode estabelecer entre as figuras de "partes" e a de "terceiros". Em termos conceituais, a noção de "terceiro" se dá mediante exclusão, compreendido nessa definição todo e qualquer sujeito que não é parte[36]. Em fórmula sintética, o "terceiro" em um contrato é, por exemplo, aquele que não é nem credor nem devedor, ou seja, é aquele que não participou da formação do vínculo e tampouco tornou-se polo da relação jurídica durante o seu desenvolvimento[37]. Ou, como conceitua Enzo Roppo, "são 'terceiros', em relação ao contrato, todos os sujeitos que não são 'partes' e que, no entanto, nele podem estar de qualquer forma interessados ou são atendidos indiretamente pelos seus efeitos"[38].

Assim, o que marca a qualidade de terceiro é a existência de grau de distanciamento material e formal de determinada relação jurídica. Como aponta Otávio Luiz Rodrigues,

> "essa distância, essa polarização, pode ser comparada às órbitas, com uma maior ou menor proximidade dos corpos celestes à estrela solar. Tal metáfora serve para ilustrar que o terceiro se encontra numa situação dinâmica em face do contrato, cingindo-se ou apartando-se daquele, conforme seu status, o que dá ensejo a que se altere sua qualificação em face de sua distância do vínculo"[39].

Contudo, a qualidade de terceiro não é homogênea, abrangendo sujeitos com diferentes graus de proximidade com uma determinada relação jurídica[40]. Em outras palavras, é possível que existam diversos níveis de distanciamento jurídico e social entre os indivíduos, assim como entre os indivíduos e determinados negócios jurídicos, havendo valorações diferenciadas por parte do ordenamento jurídico. Não se pode perder de vista que os negócios jurídicos são também fatos sociais, e, como tais, podem – esporadicamente – atingir terceiros estranhos ao negócio[41].

---

[36] COSTA, Guilherme Recena. *Partes e Terceiros na Arbitragem*. 293f. Tese (Doutorado em Direito) – Faculdade de Direito da Universidade de São Paulo, Universidade de São Paulo, São Paulo, 2015, p. 54.

[37] MARTINS-COSTA, Judith. *A Boa-fé no Direito Privado*: Critérios para a sua Aplicação. 2ª ed. São Paulo: Saraiva, 2018, p. 601.

[38] ROPPO, Enzo. *O Contrato*. Coimbra: Almedina, 2009, p. 82.

[39] RODRIGUES JR., Otávio Luiz Rodrigues. A Doutrina do Terceiro Cúmplice: autonomia da vontade, o princípio res inter alios acta, função social do contrato e a interferência alheia na execução dos negócios jurídicos. *Revista dos Tribunais*, vol. 81, p. 80, mar./2004, DTR 2004/919, p. 03.

[40] Essa é uma das premissas para a discussão sobre "partes não-signatárias", vez que reconhece a possibilidade de agentes que não assinaram a convenção de arbitragem apresentarem um grau de proximidade com a relação jurídica que permita que sejam consideradas materialmente partes da convenção. "This is particularly true because, in most instances, non-signatories have a substantial and close relationship with one of the parties to the arbitration agreement (e.g., agency, alter ego, guarantor, third party beneficiary). In these cases, determining whether that relationship is sufficient to subject the non-signatory to the arbitration agreement is principally a question of interpreting the parties' underlying commercial relationship (as distinguished from determining the validity of the agreement to arbitrate). It is appropriate, in these circumstances, to treat the decision whether a non-signatory is bound by the arbitration agreement as an issue of determining the scope of that agreement, including for purposes of choice of law and allocation of competence." (BORN, Gary. *International Commercial Arbitration*. 2ª ed. The Hague: Kluwer Law International, 2021, p. 1531).

[41] MARTINS-COSTA, Judith. *A Boa-fé no Direito Privado*: Critérios para a sua Aplicação. 2ª ed. São Paulo: Saraiva, 2018, p. 601.

Nesse sentido, é possível distinguir ao menos três categorias de terceiros[42]: (1) aqueles que são estranhos à relação jurídica, mas cuja posição jurídica é subordinada à da "parte", sendo participantes do interesse (por exemplo, subcontratantes e mandatários); (2) aqueles interessados, mas cuja posição é independente e incompatível com os efeitos da relação jurídica e (3) aqueles que são normalmente indiferentes à relação jurídica, mas que são excepcionalmente legitimados a agir caso sofram prejuízos relacionados aos efeitos de determinado contrato (por exemplo, credores de uma das "partes"). Inclusive, há situações que agem como exceção ao princípio da relatividade, como os contratos em favor de terceiro[43] ou as promessas de fato de terceiro[44].

O Superior Tribunal de Justiça também aplica a conceituação de "terceiros" a partir das lentes fornecidas pelo princípio da relatividade contratual. No REsp 884.346, o Ministro Luis Felipe Salomão utilizou-se dessa conceituação para proteger os "terceiros de boa-fé", estabelecendo que "diante do princípio da relatividade dos efeitos do contrato, o pacto confere validade à obrigação entre as partes, não vinculando ou criando obrigações para terceiros estranhos ao contrato"[45].

Assim, a aplicação do princípio da relatividade à arbitragem permite a conclusão de que somente estarão afetados pelos limites subjetivos da convenção de arbitragem aqueles que manifestaram vontade nesse sentido, ou seja, adquiriram a condição de "parte". Nesse sentido, explica Gilberto Giusti que, em razão da origem contratual, "a jurisdição arbitral não pode alcançar quem não a convencionou. Configurando a arbitragem uma opção voluntária das partes contratantes de afastar a jurisdição estatal – garantida a todos pela Constituição Federal – para se valerem de um método privado de solução de litígios, restaria inócua qualquer tentativa de se trazer à arbitragem, contra a sua vontade e/ou contra a vontade de qualquer das partes, quem não participou do acerto contratual que originou essa verdadeira e definitiva renúncia à jurisdição do Estado"[46].

Vislumbrando-se a questão, a partir das lentes do direito arbitral, a noção de "terceiro" assume um duplo sentido: em primeiro, pode referir a todos aqueles que não são contratantes de determinada convenção de arbitragem; em segundo, pode referir àqueles que, embora sejam partes da convenção de arbitragem, não são partes da relação jurídica processual *ab initio*, não integrando o polo ativo ou o polo passivo da arbitragem[47]. Ou seja, a ideia de "terceiro" pode surgir tanto em contraposição ao sentido material quanto ao sentido processual de "parte".

4. Partes originárias e supervenientes

Outro critério importante a ser observado para analisar a condição das "partes" é o de caráter "temporal". A partir da sua aplicação, constata-se que a aquisição da qualidade de "parte" nem sempre ocorre em simultâneo, dando azo à distinção entre "partes origi-

---

[42] GOMES, Orlando. *Contratos*. 26ª ed. Rio de Janeiro: Editora Forense, 2009, p. 47.

[43] CAMPOS, Diogo Leite de. *Contrato a favor de terceiro*. Coimbra: Almedina, 2009, p. 15.

[44] PENTEADO, Luciano Camargo. *Efeitos Contratuais perante Terceiros*. São Paulo: Quartier Latin, 2007.

[45] STJ. REsp 884.346/SC. Rel. Min. Luis Felipe Salomão. Terceira Turma. J. em: 06.10. 2011.

[46] GIUSTI, Gilberto. A arbitragem e as partes na arbitragem internacional. *Revista de Arbitragem e Mediação*, vol. 9, p. 120-133, abr./jun., 2006, DTR 2006/232, p. 02.

[47] OLIVEIRA, Elsa Dias. *Arbitragem Voluntária: uma introdução*. Coimbra: Almedina, 2020, p. 88.

nárias" e "partes supervenientes". O critério temporal a ser utilizado diz respeito a saber se a aquisição da qualidade de "parte" se deu de modo concomitante ou superveniente à entrada da convenção de arbitragem no mundo jurídico.

A partir daí, é possível a modificação subjetiva do escopo da cláusula compromissória – que é reflexo direto da sua condição de negócio jurídico plurilateral[48]. A mutabilidade do escopo subjetivo da convenção de arbitragem pode ocorrer, seja pela agregação de novos indivíduos ao seu campo de eficácia, seja pela subtração e redução subjetiva do seu escopo. Diz-se, portanto, que haverá ampliação ou redução subjetiva da convenção de arbitragem, a depender da superveniência de novas "partes" ou a retirada de "partes" do seu espectro de eficácia.

Esse fenômeno é facilmente perceptível ao se ter em conta a cláusula compromissória inserida no estatuto social de uma companhia de capital aberto. Quando um indivíduo adquire uma ação, automaticamente anuirá com a convenção de arbitragem inserida em seu estatuto, e, desse modo, se tornará parte da cláusula compromissória nele contida. O fenômeno reverso também pode ocorrer: ao vender a ação, o indivíduo perderá o *status socii*, extinguindo a sua vinculação ao estatuto da companhia, e, por consequência, a sua sujeição à cláusula compromissória nele inserida[49].

A mesma mecânica obrigacional pode ser encontrada em diversas situações. Isso ocorre, sobretudo, pelo fato de que – para além de seus efeitos típicos – os negócios jurídicos trazem consigo outras consequências, por vezes sequer percebidas ou desejadas pelas partes. Partimos de um exemplo utilizado: o caso da compra e venda de ações de companhia aberta. Por mais que o efeito típico do negócio seja a aquisição/alienação de participações societárias – agregando/excluindo esse valor mobiliário da esfera jurídica dos contratantes – existe também o efeito no que se refere à convenção de arbitragem. Automaticamente, com a compra/venda desse valor mobiliário, haverá a criação/extinção do direito potestativo de constituir o tribunal arbitral e de demandar/ser demandado. É uma mudança na esfera jurídica que ocorre concomitantemente com a operação de alienação da participação societária – mesmo que as partes não percebam/desejem tal efeito. Esse exemplo evidencia que é perfeitamente possível e natural que seja efeito direto ou indireto de um negócio jurídico a modificação no escopo subjetivo da convenção de arbitragem. Esse é o exato ponto de partida acerca da discussão sobre os efeitos da sub-rogação, da cessão de posição contratual[50] ou da sucessão de direitos e obrigações no que se refere à cláusula compromissória.

---

[48] ASCARELLI, Tullio. O Contrato Plurilateral. In: ASCARELLI, Tullio. *Problemas das Sociedades Anônimas e Direito Comparado*. São Paulo: Editora Saraiva, p. 255-312, 1969, p. 266. Ver Capítulo acerca da "Cláusula Compromissória à Luz da Teoria do Negócio Jurídico".

[49] Exemplificativamente, acerca da cláusula compromissória inserida no Estatuto Social da companhia, quando existente, o STJ tem se posicionado no sentido que cabe ao Juízo arbitral decidir acerca da extensão subjetiva da cláusula compromissória e, por consequência, quais seriam as partes cobertas pela eficácia da convenção. Em um caso recente acerca da extensão subjetiva em caso de recuperação judicial, a Corte Superior consignou que "de fato, a cláusula compromissória inserta em seu art. 68 obriga a companhia, seus acionistas, administradores e membros do Conselho Fiscal a resolver, por meio de arbitragem, toda e qualquer disputa ou controvérsia que possa surgir entre eles relacionada a disposições da Lei das S/A ou de seu estatuto" (STJ. CC 157.099/RJ. Min. Marco Buzzi. Rel. p/ Acórdão Ministra Nancy Andrighi. Segunda Seção. J. em: 10.10.2018).

[50] Nesses casos, o STJ também tem reconhecido a competência do juízo arbitral para decidir acerca da extensão subjetiva da cláusula compromissória, conforme, por exemplo, o Conflito de Competência 146.939/PA, Rel. Ministro Marco Aurélio Bellizze, Segunda Seção, julgado em 23.11.2016.

Há outras situações que também implicam uma ampliação subjetiva da cláusula compromissória. Um dos exemplos possíveis são os casos de aditamento de contrato com ingresso de novas partes contratantes. Haverá, por via de regra, a aceitação ao contrato, implicando a aceitação à cláusula compromissória nele contida. O inverso também poderá ocorrer: uma parte contratante exonera-se de suas obrigações contratuais, deixando de estar sujeita ao âmbito de eficácia da convenção de arbitragem. Portanto, pode-se concluir que a superveniência de negócio jurídico pode ter como efeito a sujeição de novas partes à convenção de arbitragem. Ou seja, é possível, nesses casos, que a condição de parte venha de modo superveniente à formação da convenção de arbitragem[51].

Em síntese, conclui-se que – tomando como ponto de partida o aspecto temporal – as "partes" de uma convenção de arbitragem poderão ser classificadas como "originárias" ou "supervenientes", na medida que tenham adquirido essa condição no mesmo momento ou em momento ulterior ao surgimento da convenção de arbitragem. A partir daí, pode haver ampliações ou reduções do espaço de eficácia da convenção de arbitragem – a depender do eventual ingresso/retirada de partes. O elemento temporal é determinante para averiguar a possibilidade do exercício de qualquer pretensão ou direito pela via arbitral. Nesse sentido, diante da possibilidade de haver acréscimos e subtrações de esferas jurídicas vinculadas à via arbitral, há de existir consonância temporal entre a qualidade de parte da convenção de arbitragem e o manejo do direito potestativo de instituir a relação procedimental para a solução da controvérsia acaso existentes entre os contratantes.

§ 34. ACEPÇÃO MATERIAL DE "PARTE"

1. Conceituação

Só há vínculos jurídicos quando há sujeitos de direito envolvidos. Dessa forma, a identificação dos sujeitos de uma situação jurídica é o ponto de partida para que se possa aferir a existência de um ato jurídico *lato sensu*. Apenas os fatos jurídicos, em sentido estrito, podem existir juridicamente, mesmo que não haja a presença humana no seu universo. Entretanto, as demais espécies de fatos jurídicos têm, no conceito de "parte", desdobramentos fundamentais. No plano da validade, para além da verificação anterior, da existência do fato jurídico em si, perquire-se acerca de outros atributos pertinentes às partes, como a capacidade.

Nos negócios jurídicos, "partes" são os sujeitos que emitem ou recebem declarações negociais[52]. Conforme ensina Oliveira Ascensão, a qualidade de parte é definida a partir

---

[51] "Do mesmo que se pode afirmar, como princípio geral, que a submissão ao juízo arbitral só obriga as partes que o contrataram, também parece que não é desprovida de sentido a assunção de que a submissão ao processo de arbitragem pode obrigar aquele que a ele adere espontaneamente. Da mesma forma que o princípio da relatividade do contrato fundamenta a restrição do acesso ao processo de arbitragem, unicamente, às partes que contrataram a convenção, por outro lado, entendemos que a mitigação desse princípio, hoje uma realidade do nosso sistema jurídico, favorece a interpretação mais flexível do ingresso de terceiro no polo processual arbitral." (MARTINS, Pedro A. Batista. Arbitragem e intervenção voluntária de terceiros: uma proposta. *Revista de Arbitragem e Mediação*, vol. 33, p. 245-269, abr./jun., 2012, DTR 2012/44752, p. 8).

[52] MARTINS-COSTA, Judith. Contrato de Compra e Venda de Ações. Declarações e Garantias. Responsabilidade por Fato de Terceiro. Inadimplemento, pretensão, exigibilidade, obrigação. Práticas do Setor e Usos do tráfico. Parecer. In: *Direito Societário, Mercado de Capitais e Arbitragem – homenagem a Nelson Eizirik*. Vol. III. São Paulo, Quartier Latin, 2020, p. 67-90, p. 71.

da delimitação dos centros de interesse jurídico existentes em uma determinada relação[53]. Não há negócio jurídico sem partes. Conforme se depreende da redação do art. 104 do Código Civil, a análise acerca das partes pertence tanto ao plano da existência quanto ao da validade.

No entanto, existe duplo sentido no emprego da palavra "parte". É importante, portanto, realizar a diferenciação entre "parte" da convenção de arbitragem, conceito afeto puramente ao direito material, e "parte" do procedimento arbitral. A expressão "parte" pode designar aqueles que participam de um procedimento arbitral e, por outro lado, aqueles que participam do negócio jurídico subjacente à determinada arbitragem – a convenção de arbitragem.

Por figurarem em dois planos epistemológicos distintos, há questões e dificuldades próprias atreladas a cada uma dessas acepções. No âmbito material, a discussão acerca de quem é "parte da convenção de arbitragem" permitirá que se possa determinar, em cada caso concreto, os limites subjetivos da jurisdição do tribunal arbitral, ou seja, quem está (ou não) sujeito aos efeitos da jurisdição arbitral. Por outro lado, no âmbito processual, saber quem é parte da arbitragem traz implicações associadas ao procedimento em si, tangenciando temas como litisconsórcio, reunião de procedimentos distintos, extensão subjetiva da confidencialidade e certas modalidades de intervenção no curso da arbitragem.

Em termos preliminares, é possível definir como "parte material" aqueles que estão sujeitos a determinada situação jurídica de direito material. Diversamente, é "parte processual" os sujeitos de determinado processo ou arbitragem[54]. Contudo, essa noção inicial merece desenvolvimento e contornos próprios.

2. Critério analítico para identificação das "partes"

A identificação das "partes" de uma certa relação jurídica passa, necessariamente, por uma análise dinâmica, pois pode haver uma natural mutabilidade da configuração da titularidade dos interesses jurídicos relevantes em causa. A existência de uma situação jurídica plurilateral, no plano de direito material, não necessariamente se desdobrará plúrima na seara processual. Cada caso deverá ser concretamente considerado, a partir da natureza da relação jurídica estabelecida e do conflito efetivamente instaurado.

Por exemplo, em um contrato de sociedade, situação clássica de negócio jurídico plurilateral[55], cada um dos sócios é considerado uma parte autônoma e distinta dos demais, no âmbito do direito material; todavia, é perfeitamente possível que, no âmbito processual, em havendo um litígio societário, dois ou mais sócios componham um determinado centro de interesse, ou seja, uma única "parte" caso haja essa necessária comunhão de interesses entre ambos. É possível, além disso, que o conflito se estabeleça apenas entre parte determinada dos sócios e a sociedade. A instabilidade dos interesses concretamente verificada é refletida por um caráter movediço da configuração do conceito de "partes",

---

[53] ASCENSÃO, José de Oliveira. Teoria Geral do Direito Civil. Vol. II. 2ª ed. Coimbra: Coimbra Editores, 2003, p. 33.

[54] CARNELUTTI, Francesco. *Instituciones del Proceso Civil*. Santiago Sentis Melendo (Trad.). Buenos Aires: Ed. Juridicas Europa-America, 1973 p. 175.

[55] ASCARELLI, Tullio. O Contrato Plurilateral. In: ASCARELLI, Tullio. *Problemas das Sociedades Anônimas e Direito Comparado*. São Paulo: Editora Saraiva, 1969, p. 255-312, p. 266.

que será concretizado a partir da identificação dos sujeitos envolvidos com determinado interesse juridicamente relevante.

Sobre o tema, o Tribunal Regional Federal da 4ª Região, em caso relatado pelo Desembargador Alfredo Silva Leal Júnior, ao analisar questão envolvendo os sucessores de um dos contratantes da relação material, estabeleceu elucidativamente uma diferenciação importante. Consignou que "os sucessores das partes da relação material têm uma posição diferenciada entre aqueles que ficam à margem da relação processual: eles são alcançados pela coisa julgada". Essa constatação tem repercussão no plano processual, pois "a autoridade de coisa julgada é que é restrita às partes, inclusive os substituídos (partes em sentido material) e os sucessores das partes"[56]. Trata-se de reflexo da concepção restrita quanto a coisa julgada adotada pelo legislador brasileiro[57].

Em síntese, não há como associar estaticamente o número de sujeitos envolvidos em determinada relação jurídica, para se constatar a quantidade de partes. O que se deve ter em mente são os interesses juridicamente relevantes em questão, que permitirão identificar os diferentes polos de interesses e – por conseguinte – quais são as partes e quais sujeitos que as compõem em uma determinada situação jurídica. Desse modo, é perfeitamente possível, comum e natural que uma "parte" seja composta por duas ou mais pessoas.

3. Consequência material da definição de "parte"

A convenção de arbitragem permite a análise particularizada de quem são suas "partes". Ao tratarmos da "parte", sob o prisma material, busca-se investigar se um indivíduo está, ou não, vinculado à convenção de arbitragem. Então, averiguamos os limites subjetivos do negócio jurídico que titula a jurisdição do tribunal arbitral. Como regra geral, no direito obrigacional, conforme já explicado, os efeitos de um determinado negócio são relativos[58], vinculando tão somente aqueles que com ele consentiram[59].

Nas palavras de Alberto Trabucchi, "per relatività del contratto si intende appunto la limitazione degli effetti contrattuali rispetto ai soggetti"[60]. Sendo a cláusula compromissória negócio jurídico[61], o princípio da relatividade dos contratos é também a ela aplicável[62]. Essa é a regra geral em diversos ordenamentos jurídicos, sendo conhecida como "*privity of contract*" nas jurisdições de *common law*[63]. Essa relatividade pode ser percebida, quer

---

[56] TRF4. Agravo de Instrumento 5040414-73.2018.4.04.0000. Quarta Turma. Desembargador Federal Cândido Alfredo Silva Leal Junior. Juntado aos autos em 03.02.2020.

[57] GIDI, Antonio; TESHEINER, José Maria Rosa; PRATES, Marília Zanella. Limites objetivos da coisa julgada no projeto de Código de Processo Civil: reflexões inspiradas na experiência norte--americana. *Revista de Processo*, vol. 194, p. 101-138, abr./2011, DTR 2011/1338, p. 03.

[58] FICHTNER, José Antonio, et al. *Teoria Geral da Arbitragem*. São Paulo: Editora Forense, 2019, p. 130.

[59] PEREIRA, Caio Mário da Silva. *Instituições de Direito Civil*. Vol. III. 22ª ed. Rio de Janeiro: Forense, 2018, p. 15.

[60] TRABUCCHI, Alberto. *Istituzioni di diritto civile*. Atualização de Giuseppe Trabucchi. 44ª ed. Padova: Cedam, 2009, p. 194.

[61] Vide, Capítulo 3.

[62] FOUCHARD, Philippe; GAILLARD, Emmanuel; GOLDMAND, Berthold. *Fouchard Gaillard Goldman on International Arbitration*. Haia: Kluwer Law International, 1999, p. 280.

[63] BORN, Gary. *International Commercial Arbitration*. 3ª ed. Kluwer Law International, 2021, p. 1518.

pelo plano subjetivo, focando no vínculo existente entre as partes, quer pelo objetivo, pelo qual se fixa o princípio de que não se pode formar negócios jurídicos sobre coisas alheias[64].

Do próprio princípio da autonomia privada decorre a regra geral segundo a qual um negócio jurídico não extrapolará o seu âmbito de eficácia para além daqueles que com ele anuíram[65]. Por essa razão que se deve entender que o contrato apenas pode vincular as partes, não beneficiando ou prejudicando eventuais terceiros[66]. O indivíduo pode apenas autodeterminar-se, não podendo impor coativamente a sua vontade sobre os demais[67]. Como decorrência, o princípio da incolumidade das esferas jurídicas[68] restringe o âmbito de eficácia dos deveres de prestação advindos de determinada relação obrigacional somente às partes da relação jurídica[69].

Apenas em situações excepcionais há flexibilização desse princípio. Nesse sentido, no REsp 468.062, o Ministro Humberto Martins destacou a possibilidade de se mitigar o princípio da relatividade contratual. No curso do acórdão estabeleceu-se que "o tradicional princípio da relatividade dos efeitos do contrato (*res inter alios acta*)[70], que figurou por séculos como um dos primados clássicos do Direito das Obrigações, merece hoje ser mitigado por meio da admissão de que os negócios entre as partes eventualmente podem interferir na esfera jurídica de terceiros – de modo positivo ou negativo –, bem assim, tem aptidão para dilatar sua eficácia e atingir pessoas alheias à relação *inter partes*"[71]. *In casu*, houve a mitigação do princípio pela presença "de figuras como a doutrina do terceiro cúmplice e a proteção do terceiro em face de contratos que lhes são prejudiciais, ou mediante a tutela externa do crédito. Em todos os casos, sobressaem a boa-fé objetiva e a função social do contrato"[72].

A esfera jurídica individual não poderá ser atingida ou modificada através de um negócio jurídico que lhe seja estranho[73]. Por conseguinte, o princípio da relatividade funciona como um balizador no âmbito de eficácia dos negócios jurídicos, excluindo os

---

[64] RODRIGUES JR., Otávio Luiz Rodrigues. A Doutrina do Terceiro Cúmplice: autonomia da vontade, o princípio res inter alios acta, função social do contrato e a interferência alheia na execução dos negócios jurídicos. *Revista dos Tribunais*, vol. 81, p. 80, mar./2004, DTR 2004/919, p. 03.

[65] Vide Capítulo 1.

[66] AZEVEDO, Antonio Junqueira de. Os princípios do atual direito contratual e desregulação do mercado. In: AZEVEDO, Antonio Junqueira de. Estudos e pareceres de direito privado. São Paulo: Saraiva, 2004, p. 140.

[67] MARTINS-COSTA, Judith. *A Boa-fé no Direito Privado: Critérios para a sua Aplicação*. 2ª ed. São Paulo: Saraiva, 2018, p. 250.

[68] MELLO, Marcos Bernardes de. *Teoria do Fato Jurídico: plano da eficácia*. 10ª ed. São Paulo: Saraiva, 2015, p. 96.

[69] MARTINS-COSTA, Judith. *A Boa-fé no Direito Privado*: Critérios para a sua Aplicação. 2ª ed. São Paulo: Saraiva, 2018, p. 602.

[70] "O princípio da relatividade dos contratos impede que sejam privilegiados comportamentos oportunistas, destinados a sujeitar terceiros ao cumprimento do estipulado pelas partes. Somente assim se pode garantir a regularidade do tráfico comercial" (ZANETTI, Cristiano de Sousa. A relatividade dos efeitos contratuais e a autonomia da pessoa jurídica. *Revista dos Tribunais*, vol. 905, p. 119-134, mar./2011, DTR 2011/1289, p. 06).

[71] STJ. REsp 468.062/CE. Rel. Min. Humberto Martins. Segunda Turma. J. em: 11.11.2008.

[72] STJ. REsp 468.062/CE. Rel. Min. Humberto Martins. Segunda Turma. J. em: 11.11.2008.

[73] PEREIRA, Caio Mário da Silva. *Instituições de Direito Civil*. Vol. III. 22ª ed. Rio de Janeiro: Forense, 2018, p. 15.

terceiros de seu alcance[74]. Por essa razão que a convenção de arbitragem somente – e tão somente – vincula àqueles que dela são parte, sendo essa a aplicação por excelência do princípio da relatividade dos contratos na seara arbitral[75].

Assim, em grande medida, a delimitação das partes materiais da convenção de arbitragem passará necessariamente pela análise e pela verificação da existência de uma manifestação da vontade de contratar. Esse princípio também é considerado basilar no âmbito da arbitragem internacional, conforme ensina Gary Born: "the principle that only the parties to an international arbitration agreement are either bound or benefited by that agreement is fundamental to international arbitration. That principle is uniformly reflected in international arbitration conventions, national arbitration legislation, institutional arbitration rules, judicial decisions and arbitral awards"[76].

Porém, a questão pode apresentar tonalidades gris. Nem sempre será de fácil verificação a existência ou não de manifestação de vontade no sentido de se vincular à convenção de arbitragem[77]. Igualmente, há casos especiais de sub-rogação, cessão de posição contratual ou de sucessão legal de direitos que trazem complicações próprias para determinar se um determinado indivíduo é ou não parte da convenção de arbitragem. Por conseguinte, se o sujeito específico está ou não subordinado à jurisdição do tribunal arbitral.

O Superior Tribunal de Justiça, nos autos do Recurso Especial 1.727.979/MG, relatado pelo Ministro Marco Aurélio Bellizze, julgou um caso interessante envolvendo a extensão subjetiva da convenção de arbitragem e a possibilidade de determinados sujeitos de direito, minimamente vinculados à cláusula compromissória, figurarem como partes no procedimento arbitral. Discutiu-se, *in casu,* a possibilidade da extensão subjetiva dos efeitos do compromisso arbitral à vinculação dos sócios futuros, bem como dos sucessores de uma determinada participação societária, figurarem como partes – na acepção processual da palavra – do procedimento arbitral. Mais especificamente, a controvérsia dizia respeito à possibilidade de, em decorrência do falecimento de um sócio, decidir qual seria a extensão subjetiva da cláusula compromissória aos herdeiros em uma ação de dissolução parcial.

Ao analisar a questão, a Corte Superior entendeu que

> "a compatibilização de tais interesses no bojo da ação de dissolução da sociedade não se volta unicamente à vontade pessoal expressada em vida pelo sócio falecido (ou daqueles que, porventura, o sucederem) ou a dos sócios remanescentes, mas, principalmente, à vontade do corpo social, à viabilização da manutenção do propósito social, com a continuidade e preservação da empresa, sempre que possível. Como se vê, a matéria discutida no âmbito da ação de dissolução (parcial) da sociedade é estrita e eminentemente socie-

---

[74] COSTA, Guilherme Recena. *Partes e Terceiros na Arbitragem*. 293f. Tese (Doutorado em Direito) — Faculdade de Direito da Universidade de São Paulo, Universidade de São Paulo, São Paulo, 2015, p. 56.

[75] FICHTNER, José Antonio; et al. *Teoria Geral da Arbitragem*. São Paulo: Editora Forense, 2019, p. 131.

[76] BORN, Gary. *International Commercial Arbitration*. 3ª ed. Kluwer Law International, 2021, p. 1518.

[77] Nesse campo se enquadra a discussão sobre "arbitragem multi-parte", em que uma das temáticas centrais de debate é justamente a análise de critérios que permitem identificar se um indivíduo, apesar de não ser signatário da convenção de arbitragem é ou não parte. Esse tema é abordado em outro Tomo do presente Tratado.

tária. Diz respeito aos interesses dos sócios remanescentes; dos sucessores do falecido, que podem ou não ingressar na sociedade na condição de sócio; e, principalmente da sociedade. Logo, os direitos e interesses, nessa seara discutidos, ainda que adquiridos por sucessão, são exclusivamente societários e, como tal, disponíveis por natureza."

Diante disso, o STJ entendeu pela possibilidade de os herdeiros figurarem no procedimento arbitral, pelo fato de que

> "é indiscutível o estabelecimento no contrato social da sociedade Promass Agropecuária Ltda. de cláusula compromissória arbitral, segundo a qual todos os conflitos afetos a questões societárias que repercutam essencialmente no pacto social, envolvendo os sócios entre si e entre estes e a sociedade, estão sujeitos à análise do Juízo arbitral. Encontram-se, assim, submetidos à arbitragem todos os conflitos de interesses que se relacionem com a própria existência da sociedade e, como tal, produzam reflexos na consecução dos objetos sociais, na administração da sociedade e na gestão de seus negócios, e, ainda, no equilíbrio e na estabilidade das relações societárias (estabelecidas entre os sócios e entre estes e a sociedade)."

Conclui-se, portanto, que

> "delimitada, nesses termos, a abrangência da cláusula compromissória arbitral inserta no contrato social, dúvidas não restam quanto ao fato de que a matéria a ser decidida no âmbito da ação de dissolução parcial de sociedade repercute diretamente no pacto social, já que, diante da alteração do quadro societário operada, no caso, pela morte do sócio, disporá sobre a própria subsistência da sociedade"[78].

Em síntese, a partir da acepção material de quem é "parte" da convenção de arbitragem, se chegará aos limites subjetivos da jurisdição do Tribunal Arbitral[79]. O mesmo princípio estabelece quem serão os titulares do direito potestativo de demandar na via arbitral e do respectivo estado de sujeição de ser demandado em arbitragem. Para que qualquer sujeito litigue em arbitragem é necessário que esse tenha previamente consentido em se submeter à jurisdição arbitral[80].

§ 35. ACEPÇÃO PROCESSUAL DE "PARTE"

1. Sentido processual de "parte"

Passando-se para a análise do sentido processual do vocábulo "parte", é possível fixar como premissa a regra geral de, salvo hipóteses extraordinárias, existir uma perfeita correspondência entre a situação jurídica de direito material e as partes processuais que atuarão perante o tribunal arbitral[81]. Isso decorre do fato de que, para ser parte de uma arbitragem,

---

[78]   STJ. REsp 1.727.979/MG. Min. Marco Aurélio Bellizze. Terceira Turma. J. em: 12.06.2018.

[79]   BORN, Gary. *International Commercial Arbitration*. 3ª ed. Kluwer Law International, 2021, p. 1520.

[80]   MONTEIRO, Antônio Pinto; SILVA, Artur Flamínio da; MIRANTE, Daniela. *Manual de Arbitragem*. Coimbra: Almedina, 2020, p. 322.

[81]   COSTA, Guilherme Recena. *Partes e Terceiros na Arbitragem*. 293f. Tese (Doutorado em Direito) — Faculdade de Direito da Universidade de São Paulo, Universidade de São Paulo, São Paulo, 2015, p. 59.

é necessário que a pessoa seja, de antemão, parte da convenção de arbitragem que empodera esse mesmo tribunal arbitral[82]. Assim, pode-se afirmar que, embora nem todas as "partes" de uma convenção de arbitragem venham a ser "parte" de um procedimento arbitral dela decorrente[83], todas as "partes" de um procedimento arbitral serão, necessariamente, "partes" da convenção de arbitragem que confere jurisdição ao tribunal arbitral.

Em sentido *lato*, as "partes" de uma arbitragem são todos os titulares das situações jurídicas processuais, ativas ou passivas, podendo englobar, para além do requerente e do requerido, os demais agentes que atuam no curso do procedimento arbitral[84]. Contudo, essa definição é demasiadamente ampla, podendo apresentar maiores desconexões com o plano material subjacente. Assim, é adequada uma concepção mais estrita, a partir da qual pode-se entender como "partes" de um procedimento arbitral aqueles que assumem a posição de demandantes ou demandados em uma determinada arbitragem[85]. Ou seja, os sujeitos do processo que, juntamente com o tribunal, constituem a conhecida forma triangular da relação jurídica processual[86]. Essa concepção estrita de partes permite que se construa uma correlação entre "partes do procedimento" com o posterior âmbito de eficácia da sentença arbitral[87]. A decisão do tribunal arbitral somente vincula aqueles que são, conceitualmente, "partes" do procedimento, sob pena de nulidade[88]. Observa-se que a eficácia da sentença apresenta relação somente com a concepção processual de "parte", pois pode haver "partes" da convenção arbitral que não participam do procedimento e, portanto, não estarão, salvo hipóteses extraordinárias, adstritos aos efeitos declaratórios, condenatórios, constitutivos ou mandamentais da sentença arbitral.

Entretanto, destaca-se que – excepcionalmente – terá o Tribunal Arbitral poderes sobre indivíduos que não são "partes" do procedimento, desde que sejam "partes" da convenção de arbitragem.

Os efeitos da sentença são ordinariamente restritos às partes do procedimento, devidamente instalado com fundamento na convenção de arbitragem. A elas, na forma da

---

[82] "[…] international commercial arbitration is fundamentally consensual in nature. As a consequence, the effects of an arbitration agreement extend only to the agreement's parties, and not to others." (BORN, Gary. *International Commercial Arbitration*. 3ª ed. Kluwer Law International, 2021, p. 1517.)

[83] OLIVEIRA, Elsa Dias. *Arbitragem Voluntária: uma introdução*. Coimbra: Almedina, 2020, p. 88.

[84] Ensina Guilherme Recena Costa que: "Serão partes no processo, portanto, não somente demandante e demandado originários, mas todos os intervenientes que, atuando em nome próprio, veiculem pretensão ou tenham contra eles pedido formulado. Nesta categoria, entram o opoente e o assistente litisconsorcial (que não passa de um litisconsorte ulterior), bem como o denunciado, o chamado e o sujeito nomeado à autoria. Estão dela excluídos, por sua vez, o assistente simples e o Ministério Público quando atua na função de custos legis. São partes, ainda, o substituto (e não o substituído) e o representado (e não o representante), figurem eles originariamente no processo ou por força de intervenção voluntária ou provocada. Todas essas noções são, mutatis mutandis, aplicáveis ao processo arbitral (excluída, no entanto, a intervenção do Ministério Público a qualquer título)." (COSTA, Guilherme Recena. *Partes e Terceiros na Arbitragem*. 293f. Tese (Doutorado em Direito) – Faculdade de Direito da Universidade de São Paulo, Universidade de São Paulo, São Paulo, 2015, p. 64)

[85] OLIVEIRA, Elsa Dias. *Arbitragem Voluntária: uma introdução*. Coimbra: Almedina, 2020, p. 88.

[86] MONTEIRO, António Pedro Pinto; SILVA, Artur Flamínio da; MIRANTE, Daniela. *Manual de Arbitragem*. Coimbra: Almedina, 2020, p. 305.

[87] OLIVEIRA, Elsa Dias. *Arbitragem Voluntária: uma introdução*. Coimbra: Almedina, 2020, p. 87.

[88] Lei de Arbitragem, art. 32, IV.

lei e do regulamento, dar-se-á ampla oportunidade para participar do procedimento de escolha dos árbitros, de negociação da ata de missão e instalação da arbitragem.

Ninguém poderá ser obrigado a participar de uma arbitragem como autor, porquanto esse fenômeno jurídico ostenta a qualidade de um direito potestativo exclusivo do seu legítimo titular. Aplicam-se aqui os conceitos do direito processual civil atinentes ao litisconsórcio, que na sua modalidade ativa comporta apenas a versão facultativa, nunca necessária. Isso não quer dizer que esse terceiro, tendo decidido não participar da arbitragem, não vá ser, eventualmente, afetado pela decisão. Isso ocorre quando o litisconsórcio, além de facultativo, ostentar a natureza de unitário.

Na modalidade passiva, porém, o autor terá a prerrogativa de indicar aqueles que irão figurar como requeridos na arbitragem, correndo o risco de obter decisão ineficaz, ou parcialmente ineficaz, se não indicar todos os sujeitos passivos da relação jurídica material e a hipótese configurar litisconsórcio necessário. Nessa hipótese, e apenas nessa hipótese, o tribunal, em sua missão de garantir o resultado útil do processo, dentro dos poderes de proteção ao procedimento e à decisão que produzirá, poderá determinar a integração do elemento subjetivo ausente.

Na modalidade passiva simples, entretanto, cabe apenas ao autor decidir quem deseja apontar como sujeito passivo na arbitragem. Nessa hipótese, em se tratando de litisconsórcio simples, corre o risco o autor, eventualmente, de ter apenas parte do litígio resolvido.

Na modalidade unitária, os terceiros legitimados passivamente normalmente serão afetados pela decisão proferida que, por definição, forçosamente deverá dar o mesmo tratamento a todos os sujeitos passivos da arbitragem. A exceção a ser estabelecida se relaciona com a possibilidade de a arbitragem ter sido instituída para fraudar os direitos desses terceiros legitimados passivos. Esse aspecto deve ser ressaltado, dada a natureza eventualmente sigilosa da arbitragem, quando contratada pelas partes. Não tendo ciência do litígio, ao qual poderiam comparecer para proteger o direito comum, a posição daqueles sujeitos passivos em potencial resta fragilizada. Provado conluio entre autor e o réu efetivo, a decisão pode ser anulada, na forma do art. 167 do Código Civil[89].

Excluídas tais situações excepcionais, diante do princípio da relatividade dos contratos, a jurisdição do tribunal arbitral estará balizada pelos limites subjetivos da convenção de arbitragem, isto é, sobre quem efetivamente é parte, *v.g.* manifestou o consentimento, em favor da via arbitral[90]. Reversamente, serão nulas as decisões de tribunal arbitral sobre quem não é parte da convenção de arbitragem.

2. "Partes" do procedimento arbitral e terceiros

Por sua vez, em sentido processual, o termo "terceiros" pode assumir duas conotações distintas. Em um sentido *lato*, pode se referir a todos os sujeitos que não integram

---

[89]   Código Civil, Art. 167: "É nulo o negócio jurídico simulado, mas subsistirá o que se dissimulou, se válido for na substância e na forma. § 1º Haverá simulação nos negócios jurídicos quando: I – aparentarem conferir ou transmitir direitos a pessoas diversas daquelas às quais realmente se conferem, ou transmitem; II – contiverem declaração, confissão, condição ou cláusula não verdadeira; III – os instrumentos particulares forem antedatados, ou pós-datados."

[90]   TJSC. Apelação 0039793-66.2012.8.24.0038. Des. Jânio Machado. 5ª Câmara de Direito Comercial. J. em: 29.10.2020.

a relação processual existente em uma arbitragem[91]. De outro lado, em percepção estrita do conceito, designa aqueles que, apesar de serem materialmente partes da convenção de arbitragem, não participam *ab initio* de um determinado procedimento arbitral dela derivado.

O sentido processual da expressão *terceiros* é especialmente relevante nos debates sobre integração de partes no curso da arbitragem. A discussão, inclusive, ostenta uma relevância significativa na arbitragem internacional, em que a intervenção de "terceiros" é denominada de "*joinder*" e "*intervention*" pela doutrina. O cerne da questão reside nas condições e procedimentos – para aqueles que são "terceiros" em relação ao procedimento – poderem ingressar no curso de uma determinada arbitragem, quer de modo voluntário, quer através de provocação[92]. Dessa forma, a vinculação à convenção de arbitragem é questão prévia à possibilidade de intervenção na arbitragem, vez que somente pode agir processualmente em um procedimento arbitral aquele que ostenta a condição de parte no sentido material da convenção[93].

Esses casos abordam as situações em que está em discussão a possibilidade de integração de uma "parte em sentido material", mas que seja "terceiro" em sentido processual, ao se ter em conta determinada arbitragem. É dizer: saber em quais condições e requisitos aqueles outros sujeitos que são "parte" de direito material poderão intervir em um procedimento arbitral, sem que sejam originariamente integrantes do polo ativo ou passivo.

Em síntese, percebe-se que a qualificação de "terceiro" pode servir, tanto de contraste à acepção material, quanto ao sentido processual de "parte". Por essa razão, ao se debater sobre "terceiros na arbitragem", deve-se primeiramente procurar averiguar se se está no nível substantivo ou procedimental. A depender do sentido dado, haverá valorações distintas a serem feitas – acarretando, assim, consequências diversas para um determinado procedimento arbitral.

3. Partes do procedimento arbitral e partes da convenção de arbitragem

A separação existente entre os âmbitos de direito material e processual e as diferentes acepções do vocábulo "parte", trazem consigo algumas importantes consequências práticas. A principal diz respeito à própria sujeição à jurisdição arbitral.

Enquanto jurisdição privada, titulada pela convenção de arbitragem, há uma necessária ponte, entre ser parte da convenção de arbitragem e ser parte do procedimento arbitral. Dito de outra forma, para qualquer sujeito ser parte (em sentido estrito) de uma arbitragem, é necessário que seja também parte da convenção de arbitragem[94].

Os contornos subjetivos da cláusula compromissória apresentam, *a priori*, uma relação de identidade com os contornos subjetivos da jurisdição do tribunal arbitral. Assim, em um determinado procedimento arbitral, o conjunto das "partes" do procedimento não

---

[91] OLIVEIRA, Elsa Dias. *Arbitragem Voluntária: uma introdução*. Coimbra: Almedina, 2020, p. 88.

[92] Por essa razão, como se verá no item seguinte, esses temas também são atinentes à discussão acerca da distinção entre "partes originárias" e "partes supervenientes".

[93] GONÇALVES, Diogo Costa. A Vinculação de Terceiros à Convenção de Arbitragem: algumas reflexões. *Revista de Arbitragem e Mediação*, vol. 64/2020, p. 259-274, jan./mar., 2020, DTR 2020/1802, p. 02.

[94] OLIVEIRA, Elsa Dias. *Arbitragem Voluntária: uma introdução*. Lisboa: Almedina, 2020, p. 88.

pode ser mais abrangente do que o conjunto das "partes" da convenção de arbitragem que lhe titula a jurisdição. Em termos lógicos-formais, salvo consenso a respeito de todos os envolvidos, o universo das "partes" de um procedimento arbitral jamais poderá ser mais amplo que o conjunto das "partes" da convenção de arbitragem.

Essa relação de condicionalidade está legitimada pelo próprio princípio da autonomia privada – pilar último da arbitragem[95]: a manifestação de vontade é pré-condição para ser "parte" da convenção de arbitragem; ser "parte" da convenção de arbitragem é pré-condição para ser parte da arbitragem; e, por fim, ser "parte" da arbitragem, salvo hipóteses extraordinárias de que cuidam a doutrina e a jurisprudência, configura pré-condição para estar sujeito à eficácia da sentença prolatada pelo tribunal arbitral.

A cláusula compromissória funciona como um filtro para saber quem pode ser demandante ou demandado, no contexto da jurisdição arbitral. Por consequência, havendo litígio apenas entre alguns dos indivíduos que são parte da convenção de arbitragem, somente esses serão considerados "partes" da arbitragem. Esse fato é facilmente vislumbrado no contexto de arbitragens envolvendo companhias que negociam valores mobiliários: por mais que todo e qualquer acionista dessas sociedades anônimas seja "parte" da convenção de arbitragem inserida no estatuto social, somente um ou alguns irão participar de um determinado procedimento arbitral.

§ 36. ARBITRABILIDADE SUBJETIVA E A POSSIBILIDADE DE SE SUBMETER À ARBITRAGEM

1. Noções introdutórias

O estudo da arbitrabilidade subjetiva procura responder à questão acerca de "quem" e "de que modo" um sujeito de direito pode se submeter à arbitragem[96]. A Lei de Arbitragem brasileira estatui, no *caput* do art. 1º, que "as pessoas capazes de contratar poderão valer-se da arbitragem para dirimir litígios relativos a direitos patrimoniais disponíveis"[97]. No que tange à arbitrabilidade subjetiva, é possível perceber que a redação do *caput* do art. 1.º da Lei de Arbitragem traz explicitamente a referência ao conceito de "capacidade de contratar", o que remonta ao conceito de capacidade de fato, tal como descrito no art. 3º[98] e no art. 4º[99] do Código Civil.

O Código Civil traz disposição no mesmo sentido do art. 1º da Lei de Arbitragem[100] em relação à arbitrabilidade subjetiva. O art. 851 do Código prevê que "é admitido com-

---

[95] Vide Capítulo 1.

[96] A matéria foi inicialmente tratada em: FICHTNER, José Antonio, et al. *Teoria Geral da Arbitragem*. Rio de Janeiro: Forense, 2019, item 4.5.1.

[97] O § 1.º traz regra específica em relação às arbitragens envolvendo entes públicos, aduz que "a administração pública direta e indireta poderá utilizar-se da arbitragem para dirimir conflitos relativos a direitos patrimoniais disponíveis".

[98] Código Civil, Art. 3º: "São absolutamente incapazes de exercer pessoalmente os atos da vida civil os menores de 16 (dezesseis) anos."

[99] Código Civil, Art. 4º: "São incapazes, relativamente a certos atos ou à maneira de os exercer: I – os maiores de dezesseis e menores de dezoito anos; II – os ébrios habituais e os viciados em tóxico; III – aqueles que, por causa transitória ou permanente, não puderem exprimir sua vontade; IV – os pródigos"

[100] Lei de Arbitragem, Art. 1º: "As pessoas capazes de contratar poderão valer-se da arbitragem para dirimir litígios relativos a direitos patrimoniais disponíveis."

promisso, judicial ou extrajudicial, para resolver litígios entre pessoas que podem contratar". Note-se que, também nesse dispositivo, o ordenamento fez referência a noção de capacidade de contratar. Embora o dispositivo explicite a sua aplicação ao compromisso arbitral, é possível considerar que a noção de arbitrabilidade nele consubstanciada abarca também a cláusula compromissória. Note-se que não é recomendável criar tamanha inconsistência sistemática acerca da amplitude do conceito de arbitrabilidade subjetiva. Portanto, tanto a cláusula compromissória quanto o compromisso arbitral, uma vez que suas naturezas derivam de árvore comum, devem ser compreendidos a partir dos mesmos critérios de arbitrabilidade.

Apesar da sua larga difusão, esse conceito não é imune a críticas, havendo autores que percebem uma sobreposição conceitual entre a noção de "arbitrabilidade subjetiva" e de capacidade civil.

Eduardo Grebler, nesse sentido, afirma que "tem-se dito que a arbitrabilidade subjetiva constitui noção imprópria, inexistente de *per se*, pois, quando não se confunde inteiramente com a noção de capacidade civil, só se torna visível à luz do elemento objetivo da relação jurídica a que se referir"[101]. Outra parte da doutrina sustenta posição diametralmente oposta, afirmando a completa autonomia entre os conceitos de "arbitrabilidade subjetiva" e "capacidade", sob o argumento de que eventual relação com a capacidade civil acabaria por permitir que partes interessadas alegassem limitações do direito interno à capacidade de contratar, para se opor à arbitragem livremente convencionada. Essa preocupação mostrou-se relacionada a entes públicos, que poderiam tentar se esquivar da convenção de arbitragem com base em argumentos dessa natureza. A partir do risco dessa confusão conceitual, é possível constatar movimento em diversos ordenamentos para apartar de modo claro as noções de "arbitrabilidade subjetiva" e de "capacidade civil"[102].

A partir da admissão da ideia de uma natureza híbrida da convenção de arbitragem, com estrutura contratual e função jurisdicional[103], e a percebendo dentro do universo dos negócios jurídicos de direito privado, é possível associar os limites da arbitrabilidade subjetiva com a capacidade, tal qual positivada no Código Civil. A expressão legal "pessoas capazes de contratar" significaria, assim, pessoas com capacidade de fato, na forma do Código Civil. A partir dessa percepção, Giovanni Ettore Nanni ensina que a arbitrabilidade subjetiva "deflui da capacidade de fato, que é a aptidão para utilizar e exercer direito por si mesmo"[104]. No entanto, o requisito da capacidade não é o único que necessita ser observado, sendo necessário que as partes sejam dotadas de legitimação para a prática do ato.

---

[101] GREBLER, Eduardo. A solução de controvérsias em contratos de parceria público-privada. *Revista de Arbitragem e Mediação*, v. 2, p. 60-72, maio/ago., 2004. DTR 2004/294.

[102] "E foi justamente buscando evitar a aplicação da lei do próprio Estado que a jurisprudência francesa e as legislações suíça, espanhola e, recentemente, a peruana, e, com certa limitação, a Convenção de Genebra sobre Arbitragem Comercial Internacional de 1961, preferiram tratar esse ponto como uma questão de "arbitrabilidade subjetiva" e não como uma questão de "capacidade". (GRION, Renato Stephan. Breves notas sobre a participação do Estado em arbitragem comercial. In: CELLI JUNIOR, Umberto; BASSO, Maristela; AMARAL JÚNIOR, Alberto do (Coord.). *Arbitragem e comércio internacional*: estudos em homenagem a Luiz Olavo Baptista. São Paulo: Quartier Latin, 2013, p. 861).

[103] Vide Capítulo 3.

[104] NANNI, Giovanni Ettore. Cláusula compromissória como negócio jurídico: análise de sua existência, validade e eficácia. In: NANNI, Giovanni Ettore. *Direito civil e arbitragem*. São Paulo: Atlas, 2014, p. 53.

Em sintonia com o entendimento do Professor Menezes Cordeiro, ao comentar a lei de arbitragem portuguesa[105], entende-se que a arbitrabilidade subjetiva não se trata da capacidade, mas da legitimação material ou substantiva, a qual pode decorrer tanto da titularidade dos direitos e das pretensões sobre as quais se preveja decisão dos árbitros, quanto, por vias diversas, pelas figuras da representação, confirmação, autorização ou outra equivalente.

Nesse sentido, nos parece inadequado confundir a análise da arbitrabilidade com a análise da capacidade. A capacidade é verificada no momento da conclusão de um negócio jurídico, ou seja, se quando foi formado o negócio jurídico, a pessoa era detentora da capacidade de fato. Diversamente, a arbitrabilidade, enquanto manifestação especial da legitimação, é aferível no momento da constituição da relação jurídica processual arbitral.

Transportar a análise da arbitrabilidade para o momento da formação da convenção de arbitragem é inadequado dogmaticamente, além de produzir resultados incoerentes com a sistematicidade do direito. Por exemplo, a pessoa forma a convenção de arbitragem, mas é afetada supervenientemente por perda temporária da capacidade. Caso a arbitrabilidade subjetiva fosse analisada apenas quando da formação da convenção de arbitragem, não haveria óbice à instauração e regular prosseguimento da arbitragem – o que é incoerente com as normas protetivas aos incapazes.

Assim, a partir dessas colocações, sustenta-se que a arbitrabilidade e capacidade, apesar de serem conceitos de mesma extensão, por usarem o critério da "capacidade de contratar", são distintos. A arbitrabilidade é elemento de legitimação, e deve ser aferida quando da instauração do procedimento arbitral. Portanto, por um lado, a formação da cláusula compromissória, enquanto ato de constituição de negócio jurídico, é ato que deve obedecer aos ditames fixados na lei civil, e assim ser firmada por agentes dotados de capacidade.

Por outro, quando da provocação da jurisdição arbitral e instituição do procedimento, já não está mais em causa a capacidade, pois o negócio jurídico convenção de arbitragem já deve ser, previamente, existente e válido. A análise de validade toma sempre em consideração o momento da constituição do negócio jurídico, nunca elementos supervenientes. Assim, o que está em causa é a legitimação para instaurar o procedimento arbitral. Ou seja, não basta que a convenção de arbitragem tenha sido higidamente formada. Quando da submissão do litígio à arbitragem é necessário que o sujeito de direito ainda seja dotado da capacidade de contratar, tal qual previsto no art. 1º da Lei de Arbitragem, vinculando a análise de arbitrabilidade ao momento da formação da relação jurídica processual.

2. Entes despersonalizados e arbitrabilidade subjetiva

A constatação da semelhança de amplitude entre capacidade civil e arbitrabilidade traz o questionamento de como essa pode ser verificada nos entes despersonalizados[106]. Sob o prisma do Direito Privado, como tais entes não detêm personalidade jurídica, também não apresentam, em tese, capacidade de direito e, consequentemente, não são detentores de capacidade de fato. Contudo, o ordenamento jurídico civil cria exceções,

---

[105]   MENEZES CORDEIRO, Antônio. *Tratado da Arbitragem*. Lisboa: Almedina, 2016, p. 95.

[106]   A matéria foi inicialmente tratada em: FICHTNER, José Antonio, et al. *Teoria Geral da Arbitragem*. Rio de Janeiro: Forense, 2019, item 4.5.2.

atribuindo a estes entes despersonalizados capacidade para contratar, se determinados requisitos estiverem preenchidos[107]. Essa exceção tem repercussão direta na análise da arbitrabilidade, fundamentando a constatação de convenção de arbitragem e a sua participação em litígios perante a jurisdição arbitral[108]. Trata-se dos casos de condomínio edilício, massa falida, espólio e sociedade em comum[109].

Conforme Carlos Alberto Carmona, "os entes despersonalizados (universalidades dotadas de representação ativa e passiva como condomínios em edifícios, massas falidas, espólios, sociedades de fato), desde que autorizados, podem valer-se da arbitragem, eis que têm capacidade de ser parte e estar em juízo, nada impedindo que disponham de seus direitos"[110]. No mesmo sentido, Francisco José Cahali leciona que "o espólio e a massa falida, com autorização judicial do inventariante ou do administrador, podem celebrar convenção arbitral, tal qual o condomínio, pelo síndico com a autorização da assembleia de condôminos", sendo certo que "a permissão, nestes casos, é um requisito essencial, ensejando sua falta à invalidade da convenção arbitral"[111].

Comungando da mesma posição, Joaquim de Paiva Muniz esclarece que "entes sem personalidade jurídica que tenham capacidade para contratar, tais como espólios e condomínios, podem participar de arbitragem, desde que devidamente autorizados"[112]. E, por fim, aponta Giovanni Ettore Nanni que "os entes despersonalizados, que necessitam de permissão para dispor de direitos, também podem firmar a cláusula compromissória. Assim o espólio e a massa falida, com a autorização judicial ao inventariante e ao administrador, também o condomínio, pelo síndico, aprovado em assembleia de condôminos"[113].

Assim, entendemos que o espólio pode celebrar convenção de arbitragem, desde que representado pelo inventariante e mediante autorização judicial. Da mesma forma, o

---

[107] "Conforme se sabe, a disciplina estabelecida pelo direito processual civil para os atos das partes nem sempre coincide com a prevista no direito civil para os atos jurídicos privados. Diferença importante é a que concerne ao requisito subjetivo de validade; ela resulta da circunstancia de admitir-se que litiguem em juízo entes desprovidos de personalidade – e, portanto, de capacidade – no plano civil. Assim, por exemplo, a massa falida, a herança jacente ou vacante, o espolio, o condomínio, para o direito civil não são pessoas, nem podem, por isso mesmo, praticar validamente atos jurídicos privados; permite-se-lhes, entretanto, figurar como partes de um processo e, pois, realizar atos processuais de cuja validade, por esse ângulo, não há duvidar." (MOREIRA, José Carlos Barbosa. Convenções das Partes sobre Matéria Processual. *Revista de Processo*, vol. 33/1984, p. 182-191, 1995, p. 05).

[108] Carlos Alberto Carmona leciona, primeiramente, que "o inventariante do espólio e o síndico do condomínio não podem, sem permissão, submeter demanda a julgamento arbitral", mas, em seguida, explica que, "havendo, porém, autorização (judicial, no caso de inventariante e do síndico da falência, ou da assembleia de condôminos, no que diz respeito ao condomínio), poderá ser celebrada a convenção arbitral" (CARMONA, Carlos Alberto. *Arbitragem e processo*. 3. ed. São Paulo: Atlas, 2009, p. 37).

[109] Código Civil, Art. 986: "Enquanto não inscritos os atos constitutivos, reger-se-á a sociedade, exceto por ações em organização, pelo disposto neste Capítulo, observadas, subsidiariamente e no que com ele forem compatíveis, as normas da sociedade simples."

[110] CARMONA, Carlos Alberto. *Arbitragem e processo*. 3ª ed. São Paulo: Atlas, 2009, p. 37.

[111] CAHALI, Francisco José. *Curso de arbitragem*. 4ª ed. São Paulo: Revista dos Tribunais, 2015, p. 134.

[112] MUNIZ, Joaquim de Paiva. *Curso básico de direito arbitral*. 3. ed. Curitiba: Juruá, 2015, p. 42.

[113] NANNI, Giovanni Ettore. Cláusula compromissória como negócio jurídico: análise de sua existência, validade e eficácia. In: NANNI, Giovanni Ettore. *Direito civil e arbitragem*. São Paulo: Atlas, 2014, p. 54.

PARTE III · CAPÍTULO 10 · AS "PARTES" DA CONVENÇÃO DE ARBITRAGEM | 373

administrador judicial da massa falida, com autorização do juiz, pode firmar convenção de arbitragem cujo objeto, por exemplo, sejam os bens e os direitos integrantes do acervo patrimonial arrecadado com a falência. Igualmente, o condomínio edilício pode inserir, no seu ato constitutivo, convenção de arbitragem, desde que representada pelo síndico e mediante autorização da assembleia de condôminos. E, por fim, na sociedade em comum é factível a contratação de convenção de arbitragem, desde que atendidos os pressupostos dos seus atos sociais ainda não registrados.

3. Pessoas incapazes e arbitrabilidade subjetiva

O tema da arbitragem envolvendo pessoas incapazes pode ser enfrentado através de múltiplas abordagens, não havendo, sobre ele, pleno consenso, doutrinário e/ou jurisprudencial[114]. Ao regrar a matéria da capacidade, o Código Civil dispôs, no art. 3º, que "são absolutamente incapazes de exercer pessoalmente os atos da vida civil os menores de 16 (dezesseis) anos". Por sua vez, o art. 4º do Código Civil passou a dispor que são relativamente incapazes os maiores de dezesseis e menores de dezoito anos, os ébrios habituais e os viciados em tóxico, aqueles que, por causa transitória ou permanente, não puderem exprimir sua vontade e, por fim, os pródigos.

A questão que decorre, portanto, é saber se pessoas absolutamente incapazes e pessoas relativamente incapazes poderiam firmar convenção de arbitragem. Tanto a doutrina quanto a jurisprudência oscilam na resposta oferecida.

Giovanni Ettore Nanni esclarece que "só quem detém capacidade de fato pode optar pelo juízo arbitral", razão pela qual "quem não a possui, isto é, os incapazes, não têm tal direito".[115] O autor conclui que "na presença das situações de incapacidade previstas no Código Civil [...] não é possível pactuar a cláusula compromissória, sob pena de invalidade".[116] Parece realmente adequado dizer que pessoas incapazes não possam, por conta própria, firmar convenção de arbitragem, mas a dúvida permanece quando se questiona se, por meio de representação ou de assistência, os absolutamente incapazes e os relativamente incapazes poderiam firmar convenção de arbitragem.

Carlos Alberto Carmona, em breve passagem, entende que, "considerando-se que a instituição de juízo arbitral pressupõe a disponibilidade do direito, não podem instaurar processo arbitral aqueles que tenham apenas poderes de administração, bem como os incapazes (ainda que representados ou assistidos)".[117] É importante observar que o autor, ao defender que pessoas incapazes – mesmo que representadas ou assistidas – não podem celebrar convenção de arbitragem, não parte da ideia de arbitrabilidade subjetiva (capa-

---

[114] A matéria foi inicialmente tratada em: FICHTNER, José Antonio, et al. *Teoria Geral da Arbitragem*. Rio de Janeiro: Forense, 2019, item 4.5.3. Registra-se que o primeiro autor modificou a sua opinião sobre o tema no interregno de publicação entre a obra "Teoria Geral da Arbitragem" e o presente livro.

[115] NANNI, Giovanni Ettore. Cláusula compromissória como negócio jurídico: análise de sua existência, validade e eficácia. NANNI, Giovanni Ettore. Direito civil e arbitragem. São Paulo: Atlas, 2014, p. 53.

[116] NANNI, Giovanni Ettore. Cláusula compromissória como negócio jurídico: análise de sua existência, validade e eficácia. In: NANNI, Giovanni Ettore. Direito civil e arbitragem. São Paulo: Atlas, 2014, p. 53.

[117] CARMONA, Carlos Alberto. *Arbitragem e Processo: um comentário à Lei nº 9.307/96*. 3ª ed. São Paulo: Atlas, 2009, p. 37.

cidade de contratar), mas sim da noção de arbitrabilidade objetiva (direitos patrimoniais disponíveis), afirmando que incapazes não possuiriam, portanto, a disponibilidade sobre seus próprios direitos.

Por outro lado, Francisco José Cahali considera que "a ressalva à utilização da arbitragem não se encontra na capacidade de firmar a convenção, pois podem contratar se assistidos ou representados"[118]. Portanto, por essa linha de entendimento, a restrição ao acesso à arbitragem decorre diretamente da indisponibilidade do direito existente nessas situações. Para o autor, "a convenção arbitral envolvendo menor relativamente incapaz, mesmo assistido pelos pais, tem restrição, pois os direitos em questão são indisponíveis. E mesmo no caso de contratos que envolvam a mera administração, embora permitidos sem autorização judicial aos incapazes assistidos ou representados, o óbice à utilização da arbitragem surge em razão da necessária participação do Ministério Público no processo"[119]. Assim, vislumbra-se que a obrigatoriedade da intervenção do *Parquet* em processos que envolvem incapazes é peculiaridade importante de ser ponderada, já que essa intervenção tem por objetivo a defesa de interesses públicos[120].

Leonardo de Faria Beraldo explica que, "por um lado, é fato que o incapaz pode ser parte em processo judicial e em negócio jurídico, desde que devidamente representado, por outro, a lei exige que o direito controvertido seja disponível (e o do incapaz não é) e a presença obrigatória do MP impossibilitaria o trâmite do feito". Em seguida, porém, o autor ressalta que "não nos esquecemos, todavia, que alguns relativamente incapazes assim o são apenas para certos atos".[121] O autor parece concordar, portanto, com a ideia de que o problema nessas hipóteses não residiria propriamente na arbitrabilidade subjetiva, mas sim na arbitrabilidade objetiva e na necessária presença do *Parquet* na função de *custos legis*.

Por sua vez, Luiz Antonio Scavone Junior defende que "as pessoas podem ser representadas ou assistidas na convenção de arbitragem, desde que respeitados os limites decorrentes da matéria, que deve versar sobre direitos patrimoniais disponíveis".[122] O doutrinador entende que, circunscritos aos limites de mera administração impostos pela lei, "os pais, tutores ou curadores possam representar ou assistir os incapazes, firmando cláusulas ou compromissos arbitrais que versem sobre direitos patrimoniais disponíveis desses mesmos incapazes"[123]. Inclusive, essa circunstância ocorre em outros tipos de contratos[124].

---

[118] CAHALI, Francisco José. *Curso de arbitragem*. São Paulo: Revista dos Tribunais, 2015, p. 134.

[119] CAHALI, Francisco José. *Curso de arbitragem*. São Paulo: Revista dos Tribunais, 2015, p. 134.

[120] BEDAQUE, José Roberto dos Santos. O ministério público no processo civil: algumas questões polêmicas. *Doutrinas Essenciais de Processo Civil*, vol. 3, p. 1213-1242, out./2011, DTR 1991/262, p. 02.

[121] BERALDO, Leonardo de Faria. *Curso de arbitragem*. São Paulo: Atlas, 2014, p. 11.

[122] SCAVONE JUNIOR, Luiz Antonio. *Manual de arbitragem*. 4ª ed. São Paulo: Editora Revista dos Tribunais, 2010, p. 21.

[123] SCAVONE JUNIOR, Luiz Antonio. *Manual de arbitragem*. 4ª ed. São Paulo: Editora Revista dos Tribunais, 2010, p. 21-22.

[124] É exemplificado, em sequência, com um contrato de locação de bem imóvel pertencente a pessoa incapaz: "Em consonância com o acatado, não se admite a representação ou a assistência no caso de contrato de venda de imóvel de pessoa incapaz sem a necessária autorização judicial, de tal sorte que a cláusula arbitral inserta nesse contrato será nula, posto que foge da permissão legal bitolada pelos atos de mera administração. Todavia, como os representantes e assistentes estão autorizados

A jurisprudência oscila na análise da questão acerca da participação de menores de idade em procedimentos arbitrais. Na Apelação 0032085-59.2016.8.16.0001, julgada pelo TJPR, relatado pelo Juiz Lucas Cavalcanti da Silva, foi reconhecido que o fato de haver um absolutamente incapaz litigando é razão suficiente para se reconhecer a falta de jurisdição da câmara arbitral para o julgamento do conflito[125]. No mesmo sentido, há diversos outros julgados[126]. Uma visão mais restritiva é apresentada no Agravo Interno 0005667-14.2021.8.16.0000, relatado pelo Desembargador Fernando Paulino da Silva Wolff Filho do mesmo tribunal: dispõe a sentença que é inválida a convenção de arbitragem firmada por menor impúbere mesmo que regularmente representado por seu genitor[127].

No AI 2097931-71.2020.8.26.0000, julgado pelo TJSP, relatado pelo Desembargador Grava Brazil, aquele tribunal confirmou a tese da inarbitrabilidade, quando menores integram qualquer polo da relação arbitral, mas estabeleceu diferença relevante, a partir das peculiaridades daquele caso concreto. Fixou aquela corte que, alcançando o menor a maioridade, no curso da arbitragem, e não a impugnando, o menor, agora maior, estaria outorgando anuência tácita à convenção de arbitragem e delegando jurisdição ao juízo arbitral para a análise da existência, validade e eficácia da cláusula compromissória[128].

No âmbito do STJ, o Ministro Raul Araújo julgou caso discutindo a incapacidade civil da parte que celebrou uma convenção de arbitragem que não chegou a ter o seu mérito analisado pela Corte Superior, a qual negou o provimento ao Recurso Especial, sob o argumento de que "a pactuação válida de cláusula compromissória possui força vinculante, obrigando as partes da relação contratual a respeitar, para a resolução dos conflitos daí decorrentes, a competência atribuída ao juízo arbitral, com preponderância sobre o juízo estatal"[129].

Percebe-se, portanto, que a doutrina e os tribunais não são uníssonos nem quanto à possibilidade de firmar a convenção de arbitragem, nem sobre qual motivo levaria à eventual impossibilidade. A questão é delicada e tem implicações práticas relevantes: é possível inserir convenção de arbitragem no âmbito da assinatura de instrumentos contratuais realizados a título de planejamento sucessório que beneficia a parte incapaz? Se os pais doam ações de determinada companhia cujo estatuto social contenha convenção de arbitragem, estará o menor vinculado quando adquirir a maioridade? Há diferença no regime se se trata de companhia aberta ou fechada? Essas e outras possíveis questões apenas podem ser respondidas fixando algumas premissas acerca da natureza da conven-

---

a praticar atos de mera administração do patrimônio dos incapazes, contratos que não fujam destes limites poderão conter cláusula arbitral. É o que ocorre no contrato de locação que os pais, tutores ou curadores firmam em razão da necessária administração dos bens dos incapazes." (SCAVONE JUNIOR, Luiz Antonio. *Manual de arbitragem*. 4ª ed. São Paulo: Editora Revista dos Tribunais, 2010, p. 22).

[125] TJPR. Apel 0032085-59.2016.8.16.0001. Juiz Lucas Cavalcanti da Silva. 11ª CC J. em: 20.03.2019.

[126] TJPR. Apel 0006835-61.2015.816.0194. Juiz Rodrigo Fernandes Lima Dalledone. 11ª CC. J. em: 18.04.2018; TJPR. Apel 0016953-93.2015.8.16.0001. Rel. Juiz Rodrigo Fernandes Lima Dalledone. 11ª CC. J. em: 18.04.2018; TJPR. Apel 0014653-64.2015.8.16.0194. Rel. Juiz Rodrigo Fernandes Lima Dalledone. 11ª CCJ. em: 18.04.2018.

[127] TJPR. AI 0005667-14.2021.8.16.0000. Des. Rel. Fernando Paulino da Silva Wolff Filho 17ª CC. J. em: 28.05.2021.

[128] TJSP. AI 2097931-71.2020.8.26.0000. Des. Rel. Grava Brazil. 2ª Câm. Res. Dir. Emp. J. em: 20.09.2020.

[129] STJ. AREsp 1.773.848/SP. Min. Raul Araújo. J. em: 14.03.2021.

ção de arbitragem e da arbitrabilidade. Assim, passamos a analisar os principais pontos normativos que devem ser analisados. Para maior rigor científico, primeiramente buscaremos responder à questão acerca da possibilidade de o incapaz firmar a convenção de arbitragem estando assistido/representado para, na sequência, estudar se pode participar do procedimento arbitral assistido/representado.

Entende-se que a melhor solução para o problema passa pela divisão da questão em dois pontos distintos. Percebe-se que uma situação é a formação da convenção de arbitragem, e a outra é a instituição do procedimento arbitral. De um lado, compreende-se que o incapaz, devidamente assistido ou representado, nos termos do art. 1.690 do Código Civil, poderá ser parte da convenção de arbitragem. No entanto, haverá limitações para a sua participação no processo arbitral.

Concebe-se o problema do incapaz representado ou assistido não como um problema de capacidade para a formação do negócio jurídico, mas de legitimidade do representante ou do assistente para vincular o menor à convenção de arbitragem. Acerca da formação da convenção de arbitragem, observe-se que, em relação à representação de menores de idade por seus pais, o parágrafo único do art. 1.690 do Código Civil estabelece a regra geral, segundo a qual "os pais devem decidir em comum as questões relativas aos filhos e a seus bens; havendo divergência, poderá qualquer deles recorrer ao juiz para a solução necessária". Assim, a convenção de arbitragem será existente e válida, porém, ineficaz.

Contudo, há de se ponderar essa regra geral com as normas protetivas especiais acerca das crianças e adolescentes. Nesses casos, importa ter em consideração a regra especial trazida pelo ECA no art. 141: "é garantido o acesso de toda criança ou adolescente à Defensoria Pública, ao Ministério Público e ao Poder Judiciário, por qualquer de seus órgãos". Dessa forma, percebe-se que é inviável forçar menor de idade a participar de arbitragem, pela existência de norma cogente no Estatuto da Criança e do Adolescente. A partir dessa regra, não é possível forçar o menor incapaz a integrar o polo passivo de uma arbitragem. Ou seja, diante disso haverá a formação da convenção de arbitragem assimétrica, na qual a parte menor não poderá ser sujeitada a compor o polo passivo de tribunal arbitral.

A questão passa a ser, então, analisar se é possível que o menor dê início à arbitragem se estiver devidamente representado ou assistido. De fato, diante de situação que se enquadre em matéria patrimonial, incluída no poder de administração dos representantes legais, não há motivo para a imposição de impedimentos absolutos. Se, devidamente assistido ou representado, um menor de idade pode celebrar contrato de locação, não faz sentido que ele não possa, igualmente assistido e adequadamente representado, celebrar uma convenção de arbitragem. Quem pode dispor do próprio bem em disputa, pode dispor também do método de resolução da disputa. Quem pode o mais pode o menos.

Contudo, o ingresso de ação na jurisdição arbitral, em alguma medida, implica disposição de direitos. Nesses casos, há incidência da regra do art. 1.691 do Código Civil, segundo o qual "não podem os pais alienar, ou gravar de ônus real os imóveis dos filhos, nem contrair, em nome deles, obrigações que ultrapassem os limites da simples administração, salvo por necessidade ou evidente interesse da prole, mediante prévia autorização do juiz". Assim, percebe-se que o menor somente poderá dar início a procedimento arbitral caso haja autorização judicial prévia, em processo envolvendo o Ministério Público na qualidade de *custos legis*.

Trata-se de pré-requisito para superar a ineficácia da convenção de arbitragem em relação ao menor de idade. Assim, de um lado, não pode ser demandado em arbitragem; de outro, somente poderá demandar mediante autorização judicial prévia, em processo com participação do Ministério Público. No entanto, poderá optar por dar início a essa solicitação judicial ou poderá ingressar diretamente com a demanda no Poder Judiciário. Ou seja, a convenção de arbitragem, em relação ao incapaz, é apta a produzir os seus efeitos positivos, mas é inapta – por restrição legal – a produzir o efeito negativo, impedindo o acesso do incapaz à jurisdição estatal.

Parte da doutrina invoca como óbice à participação de menores em arbitragens a impossibilidade de participação do MP, como *custos legis,* no procedimento arbitral, tal qual prevê os arts. 201[130] e 202[131] do ECA. Contudo, como o Código Civil no art. 1.691 prevê necessidade de autorização do juiz para a prática de certos atos, entende-se que o Estado terá, nessa oportunidade, a chance de avaliar a pertinência e o zelo pelo interesse do menor em propor uma arbitragem. Igualmente, o fato de o Ministério Público participar deste procedimento satisfaz o escopo protetivo da norma contida no Código de Processo Civil.

Aponte-se, inclusive, que pela natureza e peculiaridades da arbitragem, há situações de direito material que podem ser melhor tuteladas diante de um processo conduzido perante a jurisdição arbitral. Assim, sob o signo da proteção do interesse do incapaz, é possível que, na verdade, acaba privando-o de acessar a jurisdição pelo modo mais adequado em algumas espécies de conflito.

Por isso que um sistema no qual o ingresso de arbitragem deve ser autorizado pelo juiz, com a participação do Ministério Público na qualidade de *custos legis,* é o mais apto a conciliar os interesses e o espírito protetivo da legislação. Ou seja, a convenção de arbitragem será existente e válida, mas a produção dos seus efeitos estará condicionada ao suprimento do requisito de legitimação especial trazido na lei de arbitragem, referente à arbitrabilidade subjetiva.

Ponderados os dispositivos legais pertinentes, considera-se: em primeiro lugar, que o menor de idade poderá celebrar convenção de arbitragem, se devidamente assistido/representado; em segundo, essa convenção de arbitragem será assimétrica, não autorizando que o menor seja demandado na via arbitral, diante da regra especial do art. 141 do ECA, de ser direito do menor de acesso ao Poder Judiciário; em terceiro, caso deseje demandar perante a via arbitral, é necessário pleitear autorização do juiz, nos moldes do art. 1.691 do Código Civil, em processo com a participação do Ministério Público enquanto *custos legis.* Em síntese, será a convenção de arbitragem despida do efeito negativo em relação ao menor, e terá a produção do efeito positivo condicionada à observância do art. 1.691 do Código Civil.

Essa posição está em consonância com o fato da arbitrabilidade subjetiva representar um problema de legitimação. A ausência de legitimação, *i.e.,* a ausência de plena disponibilidade do patrimônio do assistido/representado, é suprível, nos termos do próprio

---

[130] ECA, Art. 201: "Compete ao Ministério Público: [...] VIII – zelar pelo efetivo respeito aos direitos e garantias legais assegurados às crianças e adolescentes, promovendo as medidas judiciais e extrajudiciais cabíveis;"

[131] ECA, Art. 202: "Nos processos e procedimentos em que não for parte, atuará obrigatoriamente o Ministério Público na defesa dos direitos e interesses de que cuida esta Lei, hipótese em que terá vista dos autos depois das partes, podendo juntar documentos e requerer diligências, usando os recursos cabíveis".

378 CONVENÇÃO DE ARBITRAGEM – *Fichtner* • *Tolentino* • *Polastri* • *Salton*

Código, pela autorização judicial. Igualmente, essa solução é compatível com a distinção entre capacidade e arbitrabilidade, sendo a primeira analisada quando da formação da convenção de arbitragem (ato que por si só não representa ato de disposição patrimonial) e a segunda quando da formação do vínculo processual.

§ 37. PARTES NÃO SIGNATÁRIAS DA CONVENÇÃO DE ARBITRAGEM

1. Diferença entre a condição de "parte" e a condição de "signatário"

Por mais que a condição de parte da convenção de arbitragem esteja normalmente associada à existência de assinatura no contrato que a contém, existem situações excepcionais nas quais há partes que não são signatárias. A manifestação de consentimento em favor da jurisdição arbitral não se confunde, necessariamente, com a anuência em relação ao contrato. Igualmente, a manifestação de consentimento em prol da via arbitral não precisa, necessariamente, se dar de modo expresso.

Dessa forma, quando se fala da vinculação de não signatários à convenção de arbitragem, não há, propriamente, tentativa de vincular verdadeiros terceiros à convenção de arbitragem. Apenas se pretende vincular àqueles que são partes de modo não aparente, *i.e.*, partes não signatárias da convenção de arbitragem, que manifestaram consentimento de outro modo que não a aposição da assinatura. A condição de não signatário apenas pode conferir a aparência de ser "terceiros" quando, na verdade, são partes materiais da relação jurídica, e sujeitas à jurisdição do tribunal arbitral[132].

Assim, em sentido técnico, no âmbito material, os "terceiros" em relação à convenção de arbitragem são todos os sujeitos que com ela não anuíram, e, portanto, não estão a ela vinculados. Não se pode confundir a condição de "terceiro" com a condição de "não signatário" da convenção de arbitragem.

A questão dos "não signatários" da convenção de arbitragem, especificamente na modalidade de cláusula compromissória, está especificamente atrelada à noção material de "parte". Por vezes, há uma tendência de se presumir que somente os signatários de um contrato que contenha convenção de arbitragem estarão sujeitos a dirimir eventuais controvérsias decorrentes, ou relacionadas, ao contrato, mediante a via arbitral[133], e que somente esses serão titulares de posições jurídicas decorrentes da convenção de arbitragem[134]. Contudo, não há sinonímia entre a condição de "parte" e a condição de "signatário"[135].

---

[132] Nesse sentido, destaca-se a crítica feita por Leonardo Ohlrogge a essa expressão: "*Third party* gives the impression that it refers to a party that is entirely extraneous to the arbitration agreement. This is not true, as those parties to which the arbitration agreement is "extended" are indeed its real parties. They accordingly become parties to the arbitration agreement not because of the wording of the contract, but because of tacit acceptance. For this reason, Rau concludes that a sharper focus can be achieved by referring to these parties as "*un-mentioned parties*". However, this proposition comes with a caveat that the agreement might be drafted in a way to expressly exclude parties that have been mentioned in the agreement from the scope of the arbitration clause contained therein." (OHLROGGE, Leonardo. *Multi-Party and Multi-Contract Arbitration in Brazil*. São Paulo: Quartier Latin, 2020, p. 79).

[133] MOSES, Margaret L. The Principles and Practice of International Commercial Arbitration. 2ª ed. Nova Iorque: Cambridge University Press, 2012, p. 34.

[134] BORN, Gary. *International Commercial Arbitration*. 3ª ed. Kluwer Law International, 2021, p. 1517.

[135] "The arbitration agreement binds only those parties that have entered into it. However, a party need not be physically present in order to be bound – an arbitration agreement can be entered into by an

Como ressaltado, a identificação de quem é parte ou não de um negócio jurídico passa necessariamente pela verificação dos centros de interesse relevantes de uma determinada situação jurídica[136]. Essa relação de pertinência está associada, por força do princípio da relatividade dos contratos[137] e do princípio da incolumidade das esferas jurídicas[138], à manifestação de consentimento em relação à jurisdição arbitral.

Em outras palavras, a aquisição da qualidade de "parte" passa necessariamente pela emanação volitiva no sentido de se vincular à convenção de arbitragem. É preciso que o sujeito de direito manifeste a sua concordância, expressa ou tacitamente, com a convenção de arbitragem, para que adquira a condição de parte. Por essa razão, é um problema, sobretudo, de manifestação de consentimento e do escopo eficacial da convenção de arbitragem[139]. Isso ocorre pelo fato de que, com a manifestação de consentimento, adquire-se o *status* de parte da convenção de arbitragem, a partir do que o sujeito de direito passa a estar vinculado às categorias eficaciais dela decorrentes.

No processo de formação de um contrato, o acordo entre as partes implica a soldagem dos efeitos das manifestações de vontade expressadas pelos agentes, nos seus respectivos centros de interesses[140]. Assim, a demonstração de vontade em relação a determinado negócio jurídico é o elemento criador de vínculo reconhecido pelo direito, pois um sujeito, no exercício de sua autonomia privada, opta por entrar em determinada relação jurídica, adquirindo posições ativas ou passivas decorrentes das cargas eficaciais dela derivadas. É, pois, a manifestação de vontade que importa para a aquisição da qualidade de "parte".

Nesse sentido, é inviável confundir a noção de "parte" da convenção de arbitragem com a de "signatário". Cabe destacar que a assinatura é apenas uma das formas de emitir vontade e explicitar o consentimento, em relação a um determinado negócio jurídico[141]. No direito brasileiro, não é necessário que a manifestação negocial de consentimento seja

---

agent or, more generally, by any form of representation. In such cases, the principal is bound, and not its representative. In contrast, a stipulation in favor of a third party does not entail representation, and the beneficiary of that provision will therefore only be bound if it subsequently agrees to the specified method of dispute resolution" (FOUCHARD, Philippe; GAILLARD, Emmanuel; GOLDMAND, Berthold. *Fouchard Gaillard Goldman on International Arbitration*. Haia: Kluwer Law International, 1999, p. 280.)

[136] ASCENSÃO, José Oliveira. *Teoria Geral do Direito Civil: ações e factos jurídicos*. Vol. II. 2ª ed. Coimbra: Coimbra Editora, 2003, p. 33.

[137] FICHTNER, José Antonio, *et al. Teoria Geral da Arbitragem*. São Paulo: Editora Forense, 2019, p. 130.

[138] MELLO, Marcos Bernardes de. *Teoria do Fato Jurídico: plano da eficácia*. 10ª ed. São Paulo: Saraiva, 2015, p. 96.

[139] "The better view is that the question whether a party is bound by an agreement to arbitrate should be categorized as a question of the scope of the arbitration agreement. In cases where there is concededly a valid agreement to arbitrate between some parties, the question whether that agreement extends to another party is more closely akin to determining the scope of the agreement than to determining whether any agreement at all has been formed or whether an agreement is valid." (BORN, Gary. *International Commercial Arbitration*. 2ª ed. The Hague: Kluwer Law International, 2021, p. 1530).

[140] TOMASETTI JR., Alcides. A Parte Contratual. Marcelo von Adamek (Coord.). *Temas de Direito Societário e Empresarial Contemporâneos*. São Paulo: Malheiros Editores, 2011, p. 760.

[141] MONTEIRO, Antônio Pinto; SILVA, Artur Flamínio da; MIRANTE, Daniela. *Manual de Arbitragem*. Coimbra: Almedina, 2020, p. 324.

corporificada por meio de documento escrito, exceto nas situações em que a lei prescrever forma específica[142]. Dito de outra forma, a regra geral é justamente a liberdade de modo de consentir. Seja por meio do silêncio, do comportamento concludente, dos gestos, das palavras ou da assinatura, o consentimento pode adentrar no mundo jurídico enquanto elemento de existência de um determinado ato jurídico *lato sensu*. Por essa razão, é possível que um sujeito de direito se torne parte da convenção de arbitragem, a despeito da ausência de aposição de assinatura.

A assinatura, portanto, nada mais é do que apenas uma das formas de manifestar vontade e se vincular à determinada cláusula compromissória[143]. Não se nega que a aposição da assinatura é o modo mais comum na prática negocial de manifestar a concordância com a via arbitral. Entretanto, a frequência não cria uma relação de identidade ou de sinonímia. De tal modo, não se pode construir uma relação de identidade entre a condição de "signatário" da convenção de arbitragem e a condição de "parte material" da convenção de arbitragem.

Há, portanto, verdadeiras "partes" que não são signatárias da convenção de arbitragem. E a ausência de assinatura não as torna "menos partes" ou menos vinculadas à jurisdição arbitral. Apenas houve um outro expediente de aceitação da cláusula compromissória que não se resume à assinatura do documento que a contém. A ausência de assinatura não representa, de modo algum, uma espécie de *capitis diminutio,* quer na sujeição de ser demandado na via arbitral, quer de demandar alguma das outras "partes" da convenção de arbitragem.

Contudo, o reconhecimento da existência de "partes não signatárias" não implica, de modo algum, leniência com a aferição da manifestação da vontade no sentido de se vincular à jurisdição arbitral. A autonomia privada é a pedra de toque da arbitragem e jamais poderá ser objeto de desqualificação. A existência de assinatura, de fato, facilita o reconhecimento formal de quem anuiu com a vinculação perante a via arbitral. Mas não constitui expediente imprescindível. Exatamente por essa razão que – diante de uma situação de potencial parte não signatária – deve o tribunal arbitral proceder à análise, responsável e cuidadosa, objetivando averiguar se houve ou não manifestação volitiva, capaz de criar vinculação jurídica à cláusula compromissória que lhe confere jurisdição[144]. Não se deve e não se pode banalizar o requisito do consentimento.

No Brasil, no plano societário, existe uma complexidade adicional. Os comercialistas, há muito, desenvolveram o conceito de que, no âmbito das companhias e de seus acordos de acionistas, a sociedade não poderia, ao mesmo tempo, ser parte e objeto do mesmo contrato. Isso levou a *praxis* da celebração de tais instrumentos a fazer a sociedade figurar como "interveniente" nessa espécie de contratos.

Essa situação levou a uma série de discussões sobre se a sociedade, tendo assinado o contrato como interveniente, poderia ser parte da arbitragem. Ocorre que, no plano

---

[142] MARTINS-COSTA, Judith. *A Boa-fé no Direito Privado: Critérios para a sua Aplicação.* 2ª ed. São Paulo: Saraiva, 2018, p. 546.

[143] MONTEIRO, Antônio Pinto; SILVA, Artur Flamínio da; MIRANTE, Daniela. *Manual de Arbitragem.* Coimbra: Almedina, 2020, p. 324.

[144] A doutrina e a jurisprudência identificam uma série de expedientes que permitem a identificação de consentimento de partes não signatárias da convenção de arbitragem. Cada um desses será tratado em momento e local oportuno, recebendo o adequado contorno dogmático.

material, uma série de direitos consagrados para os sócios, especialmente no âmbito de acordos de acionistas, exige a prática de atos pela sociedade para sua materialização, de fato e de direito. Ou seja, eventualmente, dependendo da natureza da lide, a sociedade era sujeito, materialmente, passivo ou ativo dos direitos transacionados no contrato.

Assim, em alguns casos, a eficácia da decisão arbitral dependerá da presença da sociedade como parte da arbitragem, sendo imperativo que a decisão provoque sobre a sociedade efeitos de coisa julgada. Nesses casos, parte que é, em sentido material, inclusive, a sociedade ocupará a posição de litisconsorte necessária nas relações arbitrais estabelecidas, assim como ocorre no plano das disputas perante as cortes estatais.

2. Vinculação de não signatários à convenção de arbitragem

Ao se ter em mente a questão dos "terceiros" em relação à convenção de arbitragem, o problema típico a ser enfrentado é em relação à "extensão subjetiva da cláusula compromissória" ou "vinculação de terceiros não signatários"[145]. Aqui, porém, há uma impropriedade técnica. Em sendo a arbitragem lastreada no consentimento, não pode a convenção de arbitragem vincular aquele que com ela não consentir. Os próprios poderes do tribunal são derivados da vontade comum das partes[146].

Ademais, não se pode confundir a forma da convenção de arbitragem com o modo de manifestação do consentimento[147]. Há expresso requisito, no direito brasileiro, para que a convenção de arbitragem tenha forma escrita[148], porém, não há tal exigência, no que se refere ao modo de expressar o consentimento. Basta haver cláusula compromissória escrita para o preenchimento do requisito de forma trazido pela lei. Por essa razão, o requisito formal trazido no art. 4º, § 1º, da Lei de Arbitragem[149] não constitui óbice ao reconhecimento de partes não-signatárias. O mesmo entendimento é encontrado na prática internacional, quando debatido o requisito de forma escrita, presente no art. II da Convenção de Nova Iorque[150].

É no contexto da discussão acerca dos "não signatários" que se insere a chamada "extensão subjetiva da cláusula compromissória"[151], na qual há pessoas (físicas ou jurídicas)

---

[145] PIRES, Catarina Monteiro. Convenção de Arbitragem. PIRES, Catarina Monteiro; Rui Pereira Dias (Coords). In: *Manual de Arbitragem Internacional Lusófona*. Vol. 1, Coimbra: Almedina, 2020, p. 55.

[146] PLATTE, Martin. When Should an Arbitrator Join Cases? *Arbitration International*, vol. 18, nº 1, p. 67-81, 2002, p. 69

[147] "The requirement of a signed agreement in writing, however, does not altogether exclude the possibility that an arbitration agreement concluded in proper form between two or more parties might also bind other parties. Third parties to an arbitration agreement have been held to be bound by (or entitled to rely on) such an agreement in a variety of ways." (REDFERN, Alan; HUNTER, Martin; BLACKABY, Nigel; PARTASIDES, Constantine. *Redfern and Hunter on International Arbitration*. Oxford: Oxford University Press, 2015, p. 85)

[148] Vide Capítulo 11.

[149] LArb, art. 4º, § 1º: "A cláusula compromissória deve ser estipulada por escrito, podendo estar inserta no próprio contrato ou em documento apartado que a ele se refira."

[150] LEW, Julian; MISTELIS, Loukas; KRÖLL, Stefan. *Comparative International Commercial Arbitration*. Haia: Kluwer Law International, 2003, p. 132.

[151] Usando essa nomenclatura, dentre outros: SCALETSCKY, Fernanda Sirotsky. A Teoria dos Grupos Societários e a Extensão da Cláusula Compromissória a Partes Não Signatárias. *Revista Brasileira*

que, apesar de não terem, de forma expressa, declarado vontade nos instrumentos contratuais, acabam por ter a sua intenção de se vincular aferida mediante outros expedientes.[152] O fato de um não signatário estar vinculado a arbitrar não dispensa a necessidade de uma convenção de arbitragem. Apenas significa que o efeito vinculante da convenção será produzido por outro meio, ou por outro efeito, que não a assinatura[153].

São múltiplas as hipóteses em que um não signatário resta vinculado à convenção de arbitragem. Primeiramente, os casos de representação ("*agency*"), no qual um terceiro firma o contrato em nome de outra pessoa[154]. Em segundo, quando há transmissão da cláusula compromissória, especialmente através de mecanismos de circulação contratual ou de posição contratual[155]. Em terceiro, situações de sucessão contratual[156]. Em quarto, casos de *venire contra factum proprium*, abarcando as situações tratadas internacionalmente por *estoppel*[157]. Em quinto, quando há terceiro beneficiário[158], esse também deverá estar vinculado à cláusula compromissória[159]. Em sexto, casos de levantamento da personalidade coletiva ("*alter ego*" ou "*piercing the corporate veil*")[160]. Em sétimo, relações que envolvem garantias.[161] Em oitavo, casos de fraude, valendo a máxima, segundo a qual, o direito não tolera a fraude (*fraus omnia corrumpit*), devendo a presunção de que

---

de Arbitragem, abr./jun. 2015, p. 21; APRIGLIANO, Ricardo de Carvalho. Extensão da cláusula compromissória a partes não signatárias no Direito Societário. *Revista do Advogado*, AASP, nº 119, ano XXXIII, p. 140-152, abr. 2013, p. 142; HENRIQUES, Duarte Gorjão. A extensão da convenção de arbitragem no quadro dos grupos de empresas e da assunção de dívidas: um vislumbre de conectividade? *Revista da Ordem dos Advogados*. Ano 74, nº 1, p. 141-179. jan./mar., 2014.

[152] MARTINS-COSTA, Judith. *Boa-Fé no Direito Privado: critérios para sua aplicação*. 2ª ed. São Paulo: Saraiva, 2018, p. 548.

[153] PARK, William W. Non-Signatories and International Contracts: an arbitration dilemma. In: Permanent Court of Arbitration (ed.), *Multiple Party Actions in International Arbitration*. Oxford University Press, pp. 3-33, 2009, p. 07.

[154] HOSKING, James M. Non-Signatories and International Arbitration in the United States: The Quest for Consent, In: *Arbitration International*, vol. 20, Issue 3, p. 289-303, 2004, p. 293

[155] CLAY, Thomas. A Extensão da Cláusula Compromissória às Partes não Contratantes (Fora Grupos de Contratos e Grupos de Sociedades/Empresas). *Revista Brasileira de Arbitragem*, vol. 8, p. 74-82, 2005, p. 74.

[156] BORN, Gary. *International Commercial Arbitration*. 2ª ed. The Hague: Kluwer Law International, 2021, p. 1576.

[157] WAHAB, Mohamed. Extension of Arbitration Agreements to Third Parties: A Never Ending Legal Quest Through the Spatial-Temporal Continuum. In: Franco Ferrari Stephan Kröll (eds.). *Conflict of Laws in International Arbitration*. Sellier, 2011, p. 166.

[158] BREKOULAKIS, Stavros. Chapter 8: Parties in International Arbitration: Consent v. Commercial Reality. In: BREKOULAKIS, Stavros; DAVID, Julian; LEW, Mathew; et al. (eds.). *The Evolution and Future of International Arbitration*, vol. 37. The Hague: Kluwer Law International; p. 119-160, 2016, p. 126-127.

[159] Em sentido contrário, menciona-se o caso Banco Cruzeiro do Sul v. IRB: TJSP. Ap. 0106428-85.2009.8.26.0100, Des. Rel. Virgilio de Oliveira Junior. 21ª Câmara de Direito Privado; J. em: 18.03.2013.

[160] BESSON, Sébastien. Chapter 8. Piercing the Corporate Veil: Back on the Right Track. In: Bernard Hanotiau; Eric Schwartz (eds). *Multiparty Arbitration*. Dossiers of the ICC Institute of World Business Law. The Hague: Kluwer Law International; p. 147 – 159, 2010, p. 148-149.

[161] GILBERT, John. Chapter 22: Multi- Party and Multi-Contract Arbitration. In: Julian D. M. Lew, Harris Bor, et al. (eds). *Arbitration in England, with chapters on Scotland and Ireland*. The Hague: Kluwer Law International, 2013, p. 461.

a convenção de arbitragem não abarca quem com ela não concordou ceder, em face da existência de fraude ou malícia[162]. Em nono, demonstrações de consentimento implícito[163], por meio do silêncio ou de comportamento concludente. Por fim, a situação tratada pela doutrina como sendo "grupo de companhias", que remonta a uma forma específica de perceber o consentimento, através de condutas à luz de relações societárias[164], mas que não constituem por si base autônoma para vinculação de não signatário[165]. O problema dos não signatários deve ser equacionado em tal ponto que não afaste da arbitragem aquele que, legitimamente, está vinculado por outra forma que não através da assinatura. Essa permissão, porém, tem como limite a impossibilidade de se vincular ao procedimento, compulsoriamente, quem com ele não anuiu.

Em síntese, existem verdadeiras partes da convenção de arbitragem que dessa última não são signatárias. Todavia, diante da natureza consensualista da arbitragem[166], é indispensável a demonstração da intenção de se vincular à convenção, mesmo que por modo outro que não através da assinatura. Na essência, o problema de identificação das partes de uma convenção de arbitragem é questão de análise da existência de consentimento, o qual pode se dar, expressa ou tacitamente. A partir da manifestação de vontade, um sujeito de direito, cuja capacidade de agir juridicamente é garantida pelo ordenamento, passa a ser parte da convenção de arbitragem, submetendo-se aos seus efeitos.

---

[162] MARTINS-COSTA, Judith. *Boa-Fé no Direito Privado: critérios para sua aplicação*. 2ª ed. São Paulo: Saraiva, 2018, p. 552.

[163] ROMERO, Eduardo Silva; SAFFER, Luis Miguel Velarde. The Extension of the Arbitral Agreement to Non-Signatories in Europe: a uniform approach? *American University Business Law Review*, vol. 5, nº 3, p. 371-385, 2016, p. 372-373; WALD, Arnoldo. A Desconsideração na Arbitragem Societária. *Revista de Arbitragem e Mediação*, vol. 44, p. 49-64, jan./mar., 2015, DTR 2015/2635, p. 11; BENEDUZI, Renato Resende. Desconsideração da Personalidade Jurídica e Arbitragem. *Revista de Processo*, vol. 290, p. 473-492, DTR 2019/24063, p. 02-03; PARK, William W. Non-Signatories and International Contracts: an arbitration dilemma. In: Permanent Court of Arbitration (ed.), *Multiple Party Actions in International Arbitration*. Oxford University Press, pp. 3-33, 2009, p. 16

[164] MEIJAS, Lucas Britto; OLIVEIRA, Diogo. Notas sobre a abrangência subjetiva da cláusula compromissória a outras sociedades em grupo empresarial. *Revista de Arbitragem e Mediação*, vol. 55. 2017, p. 137-157, out./dez., 2017, DTR 2017/6788, p. 04-05.

[165] TEPEDINO, Gustavo. Consensualismo na Arbitragem e Teoria do Grupo de Sociedades. *Revista dos Tribunais*, vol. 903, p. 9-25, jan., 2011, DTR 2011/1084, p. 08; HANOTIAU, Bernard. Groupes de Sociétés et Groupes de Contrats dans L'arbitrage Commercial International. *Revista de Arbitragem e Mediação*, vol. 12, p. 114-123, jan./mar., DTR 2007/860, p. 115-117; HENRIQUES, Duarte Gorjão. A Extensão da Convenção de Arbitragem no quadro dos Grupos de Empresas e da Assunção de Dívidas: um vislumbre de conectividade? *Revista de Arbitragem e Mediação*, vol. 45, p. 65-97, abr./jun. 2015, DTR 2015/9726, p. 12-13; FRANCO, Rodrigo de Oliveira. A Extensão da Convenção de Arbitragem a "Terceiros" com base na Teoria do Grupo de Companhias: uma análise da lei aplicável, da sua utilização em casos internacionais e da sua recepção pelo ordenamento brasileiro. *Revista de Arbitragem e Mediação*, vol. 56, p. 63-93, jan./mar., DTR 2018/10264, p. 65-67; CAPRASSE, Oliver. A Arbitragem e os Grupos de Sociedades. *Revista de Direito Bancário e do Mercado de Capitais*, vol. 21/2003, p. 339-386, jul./set,. 2003, DTR 2003/339, p. 2-3. CAMPOS MELO, Leonardo de. Extensão da Cláusula Compromissória e Grupos de Sociedades na Prática CCI (de acordo com o regulamento CCI-2012). *Revista de Arbitragem e Mediação*, vol. 36/2013, p. 255-278, jan./mar., 2013, DTR 2013/2509, p. 10-11.

[166] BENETTI, Giovana Valentiano; BOSCOLO, Ana Teresa de Abreu Coutinho. O Consensualismo como Fundamento da Arbitragem e os Impasses Decorrentes do Dissenso. *Revista de Direito Empresarial*, vol. 2, 2014, p. 303-341, mar./abr., DTR 2014/1436, p. 17.

3. Arbitragens com polos complexos

Apesar do modelo tradicional de processo, enquanto relação tripartite, com duas partes em polos opostos e o juiz, há, como já se evidenciou acima, situações de direito material que acabam não sendo satisfatoriamente tuteladas a partir da estrutura tricotômica básica. Transportada essa realidade para a arbitragem, há as chamadas "arbitragem multiparte" e as "arbitragens coletivas".

Arbitragem "multiparte" é um termo que engloba os cenários em que o procedimento arbitral se desenrola com mais de duas partes, de caráter multipolar, e em que há – por consequência – mais de dois interesses juridicamente relevantes sendo discutidos[167]. Tanto a origem contratual da arbitragem quanto a estrutura basilar do processo civil estatal, calcado na díade "autor-réu", criam uma certa tendência de se presumir que a arbitragem segue essa mesma mecânica e se desenvolve com apenas duas partes[168]. Contudo, esse racional não é sempre aplicável.

É cada vez mais frequente a existência de arbitragens em que figuram mais de um demandante ou demandado[169]. Há, inclusive, adaptações dos regulamentos das instituições arbitrais, para lidar propriamente com esses casos. São necessárias adaptações pontuais na estrutura do procedimento, para garantir a plena observância dos direitos processuais fundamentais nessas modalidades de arbitragem, marcadas por complexidade na composição dos polos da lide.

Observa-se que não se trata somente de arbitragem com a formação do polo passivo ou ativo plurissubjetivo, pois, em verdade, existem posições jurídicas distintas e não conciliáveis entre os participantes, o que impede que se possa visualizá-los de modo conjunto,

---

[167] Conforme Leonardo Ohlrogge: "Multi-party arbitration is a term that encompasses all scenarios in which arbitration proceedings involve more than two parties. It does not just cover disputes divided clearly into two poles, but also encompasses multi-polar disputes, i.e. disputes in which there are more than two diverging interests." (OHLROGGE, Leonardo. *Multi-Party and Multi-Contract Arbitration in Brazil*. São Paulo: Quartier Latin, 2020, p. 33). De modo semelhante, ensinam António Monteiro, Artur Silva e Daniela Mirante que "Neste sentido, arbitragens multipartes é a expressão geralmente usada para referir as situações em que mais de duas partes estão envolvidas no mesmo processo arbitral (seja essa pluralidade inicial ou sucessiva, activa, passiva ou mista) e os muitos problemas associados a tal pluralidade. Problemas que podem tornar a questão mais complexas sobretudo quando as partes não estiverem todas vinculadas pela mesma convenção de arbitragem e quando se verifique uma cumulação objectiva (pedidos e/ou causas de pedir) – as chamadas 'arbitragens complexas', na terminologia de alguns autores" (MONTEIRO, António Pedro Pinto; SILVA, Artur Flamínio da; MIRANTE, Daniela. *Manual de Arbitragem*. Coimbra: Almedina, 2020, p. 302).

[168] MONTEIRO, António Pedro Pinto; SILVA, Artur Flamínio da; MIRANTE, Daniela. *Manual de Arbitragem*. Coimbra: Almedina, 2020, p. 300-301. Em outra passagem, explicam os mesmos autores que: "A regra geral em processo civil é, como se sabe, a da dualidade de partes (partes que, ao longo do processo, vão recebendo denominações distintas em função do tipo de processo e da posição processual que ocupem no mesmo: autor-réu, recorrente-recorrido, exequente-executado, demandante-demandado, requerente-requerido, etc.). E, na verdade, na maioria das acções são duas as partes que se defrontam, não sendo possíveis processos com uma única parte ou os chamados "processos consigo próprio", em que o autor e o réu são a mesma pessoa – o que se compreende, pois, conforme observam vários autores, o processo exige, pelo menos, duas partes contrapostas, quer dizer uma ou mais partes activas e uma ou mais partes passivas."

[169] OHLROGGE, Leonardo. *Multi-Party and Multi-Contract Arbitration in Brazil*. São Paulo: Quartier Latin, 2020, p. 29.

PARTE III · CAPÍTULO 10 · AS "PARTES" DA CONVENÇÃO DE ARBITRAGEM | 385

dentro de um mesmo polo[170]. Tanto o fenômeno da globalização quanto o crescimento exponencial do comércio internacional, bem como o desenvolvimento de novas estruturas contratuais – das quais resultam relações obrigacionais mais intrincadas e complexas – compõem parte das razões pelas quais houve o surgimento da necessidade econômica e jurídica de se resolver disputas envolvendo mais de duas partes[171].

As arbitragens multipartes trazem consigo uma série de questões próprias, como a nomeação do tribunal arbitral, como se deve fazer respeitar o contraditório, momento e possibilidade de ingresso de novas "partes", entre outras. É exatamente nessas arbitragens que se enxerga com maior nitidez a relevância da distinção entre a dimensão material e processual da noção de "parte".

Em quarto, há situações das arbitragens coletivas[172]. Tal modalidade de arbitragem, assim como ocorre com o processo coletivo, é fruto de relação litigiosa coletiva, ou seja, em que há em um dos polos um grupo[173]. Essas são arbitragens que envolvem direitos metaindividuais[174], e tem forte inspiração nas "*class actions*" norte-americanas[175]. A estruturação de arbitragens coletivas rompe com o paradigma por muito tempo inquestionável segundo o qual o procedimento arbitral se prestava, apenas, para a tutela de direitos individuais[176]. A questão da determinação das "partes" dessa arbitragem perpassa o fato de que os direitos metaindividuais frequentemente debatidos não se originam, por regra, de um contrato, não sendo seus titulares signatários da convenção de arbitragem[177], en-

---

[170] "Já se assinalou que nas duas ou mais partes do contrato podem encontrar-se um só ou mais de um figurante, donde a distinção entre parte simples ou unifigurativa e parte complexa ou plurifigurativa. Como o figurante pode não ser pessoa, mas sempre terá de ser um sujeito de direito, fala-se igualmente em parte simples ou unissubjetiva e parte complexa ou plurissubjetiva. Essa diferenciação obviamente diz respeito aos sujeitos do contrato, e nessa medida se diferencia da parte em sentido substancial, composta de um interesse (parte objetivamente simples) ou de interesses vários (parte objetivamente complexa), aglutinados, um e outros, sob a titularidade de um figurante individual (parte simples, ou unifigurativa) ou sob a titularidade de figurantes plúrimos (parte complexa, ou plurifigurativa)." (TOMASETTI JR., Alcides. A Parte Contratual. Marcelo von Adamek (Coord.). *Temas de Direito Societário e Empresarial Contemporâneos*. São Paulo: Malheiros Editores, 2011, p. 761).

[171] MONTEIRO, António Pedro Pinto; SILVA, Artur Flamínio da; MIRANTE, Daniela. *Manual de Arbitragem*. Coimbra: Almedina, 2020, p. 300-302.

[172] Para um breve panorama geral da criação e divulgação do instituto ver: WALD, Arnoldo. Uma Introdução à Arbitragem de Classe. *Revista de Arbitragem e Mediação*, vol. 53, p. 229-248, abr./jun., 2017, DTR 2017/1630.

[173] ZANETI JR, Hermes.; DIDIER JR., Fredie. Conceito de processo jurisdicional coletivo. *Revista de Processo*, vol. 229, p. 273-280, mar./2014, DTR 2014/693, p. 02.

[174] NERY, Ana Luiza. Notas sobre a Arbitragem Coletiva no Brasil. *Revista de Arbitragem e Mediação*, Vol. 53, p. 103-127, abr./jun., 2017, DTR 2017/1629, p. 103. Sobre a aplicação desse instituto na realidade societária, ver: LOBO, Carlos Augusto da Silveira. Arbitragem Coletiva Anulatória de Deliberação de Assembleia Geral de Companhia. *Revista de Arbitragem e Mediação*, vol. 4, p. 235-244, 2014, DTR 2013/7883.

[175] SUASSUNA, Marcela Melichar. *Uma Introducción al Arbitraje Colectivo en Brasil. Revista de Arbitragem e Mediação*, vol. 65, p. 179-185, abr./jun., 2020, DTR 2020/7576, p. 180.

[176] GRINOVER, Ada Pellegrini; GONÇALVES, Eduardo Damião. Conferência sobre arbitragem na tutela dos interesses difusos e coletivos. *Revista de Processo*, vol. 136, p. 249-267, jun./2006, DTR 2011/4761.

[177] GRINOVER, Ada Pellegrini. Conferência sobre Arbitragem na Tutela dos Interesses Difusos e Coletivos. *Revista de Processo*. Vol. 136, p. 249-267, 2006, DTR 2011/4761, p. 4

volvendo diretamente interesses de terceiros que, inclusive, não participam diretamente dos atos processuais[178].

A arbitragem coletiva enfrenta uma série de questões que lhes são próprias, como a representação dos titulares dos interesses metaindividuais[179]; além disso, outras questões típicas da arbitragem assumem um colorido especial, em se tratando de arbitragem coletiva, como a eficácia da sentença, a confidencialidade, as custas e o processo de nomeação dos árbitros[180]. Assim, é necessário conciliar o princípio consensualista, basilar à arbitragem, com outros que se mostram juridicamente relevantes, fazendo com que o desenho institucional resultante apresente diferenças quando contrastado com o modelo tradicional de arbitragem[181].

As particularidades da arbitragem coletiva levaram instituições como a AAA[182] e a JAMS[183] a estabelecer regulamentos próprios para discipliná-la.[184] Igualmente, destaca-se a recomendação, de 11 de junho de 2013, da Comissão Europeia[185], que, ao versar sobre os princípios comuns para reger os mecanismos de tutela coletiva inibitórios e indenizatórios, faz menção, no parágrafo 16 das disposições preliminares[186] e parágrafo 26 da recomendação[187], à adoção de métodos adequados de resolução de litígios. Esses casos também ilustram a importância de se dimensionar corretamente o conceito de "parte".

---

[178] FARIA, Marcela Kohlbach de. A Possibilidade da Instituição da Arbitragem em Demandas Coletivas – PL 5.139/2009. Análise da Experiência Norte-Americana. *Revista de Arbitragem e Mediação*, vol. 34, p. 233-251, jul./set., 2012, DTR 2012/450621, p. 10.

[179] PEREIRA, César; QUINTÃO, Luísa. Entidades Representativas (art. 5º, XXI, da CF) e Arbitragem Coletiva no Brasil. *Revista de Arbitragem e Mediação*, vol. 47, p. 105-123, out./dez., 2015, DTR 47/2015, p. 03-04.

[180] PRADO, Viviane Muller. Arbitragem Coletiva e Companhias Abertas. *Revista de Arbitragem e Mediação*. Vol. 52, p. 99-122, jan./mar. 2017, DTR 2017/506, pp. 7-10.

[181] Focando nas arbitragens societárias: SESTER, Peter Christian. Desafios da arbitragem societária: do efeito erga omnes (extra partes) até a arbitragem coletiva. *Revista de Arbitragem e Mediação*, vol. 62, p. 27-44, jul./set., 2019, DTR 2019/40035.

[182] Disponível em: <https://www.adr.org/sites/default/files/document_repository/Supplementary%20Rules%20for %20Class%20Arbitrations.pdf>. Acesso em: 20.08.2021.

[183] Disponível em: <https://www.jamsadr.com/files/Uploads/Documents/JAMS-Rules/JAMS_Class_Action_ Procedures-2009.pdf>. Acesso em: 20.08.2021.

[184] Destaca-se que na Espanha há regulamentação própria para a arbitragem de consumo por via legal no Real Decreto 231/2008. Sobre esse tópico, ver: VERBICARO, Dennis. A Arbitragem Coletiva de Consumo na Espanha Através da Atuação Qualificada das Associações Representativas de Defesa do Consumidor e sua Possível e Salutar Influência no Direito Consumerista Brasileiro. *Revista de Arbitragem e Mediação*, vol. 53, p. 77-101, abr./jun., 2017, DRT 2017/1627.

[185] Versão em português disponível em: <https://eur-lex.europa.eu/legal-content/PT/TXT/PDF/?uri=CELEX: 32013H0396&from=EN>. Sobre a perspectiva europeia da arbitragem coletiva, ver: JÚDICE, José Miguel. Collective Arbitration in Europe: The European Way Might be the Best Way. *Revista de Arbitragem e Mediação*, vol. 51, p. 279-294, out./dez., 2016, DTR 2016/24738.

[186] Recomendação 396 da Comissão Europeia, item 16: "Os procedimentos alternativos de resolução de litígios podem constituir formas eficazes de obtenção de reparação em situações de dano em massa. Tais procedimentos devem sempre coexistir com a tutela coletiva judicial ou ser um elemento facultativo desta."

[187] Recomendação 396 da Comissão Europeia, item 24: "Os Estados-Membros devem garantir que os mecanismos judiciais de tutela coletiva são acompanhados da disponibilização às partes, antes do litígio e durante o mesmo, de meios adequados de resolução alternativa de litígios coletivos. O recurso a esses meios deve depender do consentimento das partes no processo."

§ 38. INTEGRAÇÃO DE PARTE ADICIONAL NO CURSO DA ARBITRAGEM

1. Modificação dos polos processuais

É possível haver modificação subjetiva em qualquer dos polos do procedimento arbitral, após o seu início. É o caso de, por exemplo, no denominado litisconsórcio passivo necessário, diante de um litígio em concreto, o tribunal decidir pela integração do legitimado passivo e este anuir com tal decisão, vindo a compor a relação processual.

Aplica-se a hipótese também, no litisconsórcio passivo facultativo e simples, quando o legitimado passivo requer seu ingresso na arbitragem e o autor da arbitragem com tal pedido concorda. Obviamente, esse ingresso dar-se-á com limitação temporal, de modo a que o ingresso não venha a tumultuar o procedimento. Aliás, a motivação de tal integração será sempre baseada no princípio da economia processual.

Quando a situação configurar litisconsórcio passivo unitário, o terceiro, subordinado aos efeitos da decisão pela natureza da relação jurídica, poderá requerer seu ingresso como assistente, quando as regras escolhidas pelas partes permitirem – ou não proibirem expressamente – tal integração. O mesmo se diga em relação ao litisconsorte ativo unitário.

Pode-se dizer, com clareza, que a integração de um terceiro, como sujeito passivo da arbitragem, dependerá sempre da vontade do autor. É ele que suporta os ônus de uma derrota e não pode ser obrigado a litigar contra quem não quer. Salvo, registre-se, quando o litisconsórcio for passivo e necessário. Incidem aí razões de ordem pública, aos quais os árbitros, assim como os juízes, estão adstritos. A decisão precisa, por definição, resolver o litígio e ser eficaz. Se a natureza da relação jurídica exige a presença dos vários legitimados, para que a decisão seja dotada de tal qualidade, é dever dos árbitros preencher essa lacuna, de parte do autor, intencional ou não, a fim de que todo o procedimento e a decisão não resultem em vão.

Nesse último caso, a integração poderá ser efetivada a qualquer tempo, realizando-se novamente os atos arbitrais necessários a evitar prejuízos para o terceiro. Nas outras hipóteses, o tribunal decidirá, em favor da integração ou não, levando em consideração o estado do feito e a proteção do procedimento como um todo.

Esses fenômenos são conhecidos, no exterior, como os incidentes procedimentais de integração de parte adicional ("*joinder*") e intervenção de terceiros ("*intervention*"). Essas figuras promovem modificação subjetiva nos polos processuais, e possibilitam a inclusão de novos sujeitos processuais durante o curso da arbitragem.

2. Integração de parte adicional: noções introdutórias

A figura da integração de parte adicional é de extrema valia no contexto de arbitragem multiparte e multicontrato. Entretanto, apesar de ser ferramenta de grande valia, podendo contribuir para a racionalização do procedimento arbitral, há de se definir como e quando será possível integrar uma parte no curso de um procedimento arbitral.

Destaca-se haver diferenças significativas em relação à formação de polos processuais subjetivamente complexos quando comparado o processo arbitral e o processo perante as cortes estatais. Por via de regra, é mais fácil aos tribunais estatais autorizarem o ingresso de terceiros durante o curso de um processo.[188] A título exemplificativo, o Código de

---

[188] BORN, Gary. *International Commercial Arbitration*. 2ª ed. The Hague: Kluwer Law International, 2014, p. 2656-2567.

Processo Civil Brasileiro prevê, expressamente, as figuras da assistência processual,[189] seja na modalidade simples[190] ou litisconsorcial,[191] da denunciação da lide[192] e do chamamento ao processo.[193] Por sua vez, o Código de Processo Civil Português prevê as figuras da intervenção espontânea,[194] intervenção provocada[195] e assistência.[196]

Entretanto, como a jurisdição do tribunal arbitral é titulada por negócio jurídico de direito privado[197] ("*arbitration is a creature of contract*"),[198] o exercício desse poder apresenta restrições que lhe são intrínsecas e não comparáveis com àquelas a que as cortes estatais estão sujeitas. De plano, tem-se que os tribunais arbitrais possuem jurisdição limitada quanto à integração de terceiros.[199] Igualmente, a ausência de *jus imperii* impossibilita que o tribunal force o ingresso de terceiro em uma arbitragem.[200] São justamente essas inerentes restrições jurisdicionais que fomentam a discussão de saber, quando e sob quais circunstâncias, estará o tribunal arbitral autorizado a permitir o ingresso de novo sujeito, durante o curso de um procedimento arbitral.

A questão se torna mais complexa por nem sempre haver requisitos legais para disciplinar essa situação. Destaca-se que países como Portugal (art. 36, LAV)[201], Holanda (art. 1045)[202], Itália (art. 816-quinquies)[203] e Bélgica (art. 1696-*bis*)[204] optaram por inserir regras legais expressas para lidar com os casos de integração de terceiros. Entretanto,

---

[189] CPCB/2015, art. 119: "Pendendo causa entre 2 (duas) ou mais pessoas, o terceiro juridicamente interessado em que a sentença seja favorável a uma delas poderá intervir no processo para assisti--la"; art. 120: "Não havendo impugnação no prazo de 15 (quinze) dias, o pedido do assistente será deferido, salvo se for caso de rejeição liminar."

[190] CPCB/2015, art. 121: "O assistente simples atuará como auxiliar da parte principal, exercerá os mesmos poderes e sujeitar-se-á aos mesmos ônus processuais que o assistido"; art. 123: "Transitada em julgado a sentença no processo em que interveio o assistente, este não poderá, em processo posterior, discutir a justiça da decisão, salvo se alegar e provar que: I – pelo estado em que recebeu o processo ou pelas declarações e pelos atos do assistido, foi impedido de produzir provas suscetíveis de influir na sentença; II – desconhecia a existência de alegações ou de provas das quais o assistido, por dolo ou culpa, não se valeu."

[191] CPCB/2015, art. 124: "Considera-se litisconsorte da parte principal o assistente sempre que a sentença influir na relação jurídica entre ele e o adversário do assistido."

[192] CPCB/2015, art. 125 a 129.

[193] CPCB/2015, art. 130 a 132.

[194] Portugal, Código de Processo Civil/2013, arts. 311.º a 315.º

[195] Portugal, Código de Processo Civi/2013, arts. 316.º a 324.º

[196] Portugal, Código de Processo Civi/2013, arts. 326.º a 332.º

[197] APRIGLIANO, Ricardo de Carvalho. Cláusula Compromissória: aspectos contratuais. *Revista do Advogado*, ano XXXII, nº 116, p. 174-192, 2012, p. 175-176.

[198] GILBERT, John. Chapter 22: Multi- Party and Multi-Contract Arbitration. In: LEW, Julian D. M; BOR, Harris, et al. (eds). *Arbitration in England, with chapters on Scotland and Ireland.* The Hague: Kluwer Law International, 2013, p. 459.

[199] MONTEIRO, Antônio Pinto; SILVA, Artur Flamínio da; MIRANTE, Daniela. *Manual de Arbitragem.* Coimbra: Almedina, 2020, p. 316

[200] GUPTA, Arjun; KUNGA, Sahil; DESAI, Vyapak. Blessed Unions in Arbitration: An Introduction to Joinder and Consolidation in Institutional Arbitration. *Indian Journal of Arbitration Law*, vol. 4, Issue 2, Center for Advanced Research and Training in Arbitration Law, p. 134-149, 2015, p. 135.

[201] Portugal, LAV, art. 36.

[202] Holanda, Wetboek van Burgerlijke Rechtsvordering, art. 1.045.

[203] Itália, Codice de Procedura Civile, art. 816-quinquies.

[204] Bélgica, Code Judiciaire, art. 1696.

mais comum é encontrar regras pertinentes ao tema nos regulamentos de instituições de arbitragem, contendo procedimento específico para realizar a integração.[205] Considerando a grande heterogeneidade das disposições entre os diferentes diplomas, não será realizada mera comparação entre as disposições. Procura-se, ao contrário, identificar quais os requisitos e circunstâncias que permitem a integração de parte adicional, no curso de um procedimento arbitral, aproveitando-se de comparações pontuais.

Por "integração de parte adicional" entenda-se as situações em que se pretende integrar uma terceira parte, em uma arbitragem já existente.[206] A razão funcional da integração é a promoção da boa administração da justiça.[207] Terminologicamente falando, é possível constatar que esse fenômeno, ora é tratado por "integração"[208], ora por "intervenção".[209] É possível tentar traçar uma distinção, considerando como "integração" a situação na qual um terceiro é chamado a ingressar em determinada arbitragem,[210] e "intervenção" quando o terceiro toma a iniciativa de tentar participar de um determinado procedimento arbitral.[211] Em sede de arbitragem internacional, a expressão utilizada em diversos regulamentos de instituições arbitrais é *"joinder of third parties"*,[212] tratando de modo indistinto (em termos terminológicos) a situação em que alguém deseja participar ou é chamado a participar de um procedimento arbitral.

A aplicação desses conceitos à arbitragem leva à conclusão de que as partes de um procedimento arbitral são aquelas que, estando vinculadas à convenção de arbitragem, assumem a posição de demandantes ou demandadas em uma determinada arbitragem.[213] Ou seja, a noção de "parte", na arbitragem, se liga à concepção processual de "parte", não se confundindo com a noção material. Por consequência, sob o prisma arbitral, a noção de "terceiro" assume um duplo sentido: em primeiro, pode se referir a todos aqueles que não são contratantes de determinada convenção de arbitragem; em segundo, pode referir àqueles que, embora sejam partes da convenção de arbitragem, não são partes da relação jurídica processual *ab initio*.[214] Dessa forma, pode-se delimitar, conceitualmente, o fenômeno da integração de parte, aos casos em que está em causa a possibilidade de inserção no procedimento, de uma parte em sentido material, mas que seja terceiro em sentido processual, ao se ter em conta determinada arbitragem.

---

[205] Destacam-se os regulamentos da CCI (art. 7º), da HKIAC (art. 27), VIAC (art. 14), LCIA (art. 22, VIII), SCAI (art. 4.2), SCC (art. 13).

[206] VOSER, Nathalie. Multi-party Disputes and Joinder of Third Parties. In: van den Berg (ed.), *50 Years of the New York Convention – ICCA Conference*, 2009, p. 370.

[207] LEBOULANGER, Philippe. Multi-Contract Arbitration. *Journal of International Arbitration*, vol. 13, p. 43-97 Kluwer Law International, 1996, p. 53.

[208] É a expressão utilizada pelas versões em português dos regulamentos da CCI e da SIAC, por exemplo.

[209] É a expressão utilizada pela LAV Portuguesa e pelo regulamento da Câmara de Arbitragem do Mercado no Brasil, por exemplo.

[210] GILBERT, John. Chapter 22: Multi- Party and Multi-Contract Arbitration. In: Julian D. M. Lew, Harris Bor, et al. (eds). *Arbitration in England, with chapters on Scotland and Ireland*. The Hague: Kluwer Law International, 2013, p. 464.

[211] OHLROGGE, Leonardo. *Multi-party and Multi-contract Arbitration in Brazil*. São Paulo: Quartier Latin, 2020.

[212] Nesse sentido, regulamentos da HKIAC, VIAC, SCAI e SCC, por exemplo.

[213] OLIVEIRA, Elsa Dias. *Arbitragem Voluntária: uma introdução*. Coimbra: Almedina, 2020, p. 88.

[214] OLIVEIRA, Elsa Dias. *Arbitragem Voluntária: uma introdução*. Coimbra: Almedina, 2020, p. 88.

Traçadas as coordenadas terminológicas e os contornos gerais da figura, torna-se possível analisar o seu escopo de aplicação, a partir de dois critérios distintos: a) a legitimidade para pleitear a integração e b) a posição jurídica a ser ocupada por aquele que se busca integrar.

Em termos de legitimidade, a *summa divisio* reside entre a integração provocada e a integração voluntária.[215] O cerne da distinção está concentrado em quem toma a iniciativa de provocar a inserção do terceiro no procedimento. Na integração voluntária, o terceiro em relação ao procedimento procura participar da arbitragem, enquanto na integração forçada uma das partes da arbitragem quer trazer outrem para o procedimento arbitral.[216] A distinção é relevante, em razão do cariz consensual da arbitragem, que impõe maiores cuidados ao se tratar da integração provocada,[217] que pode ser solicitada, tanto pela parte requerente, quanto pela parte requerida.[218] Destaca-se que o cenário mais comum, naturalmente, é o requerido procurar integrar parte adicional, pois o requerente já teve oportunidade de, com o requerimento de arbitragem, propor os limites subjetivos da lide. Entretanto, não há óbice a que também o requerente se valha, eventualmente, da possibilidade de integração.[219] Especialmente quando o requerente constatar que avaliou equivocadamente os limites subjetivos do litígio. Em suma, a iniciativa da intervenção vem sempre da parte interessada: ou o terceiro que pretende integrar o procedimento ou da(s) partes(s) que pretendem integrar terceiro.[220]

Em termos de posição jurídica a ser ocupada pela parte a ser integrada, tem-se três situações possíveis. As duas primeiras correspondem aos casos em que a parte integrada tenha posição jurídica homogênea à do requerente ou à do requerido, formando um polo ativo ou passivo complexo. Seria o caso, por exemplo, de um credor que deseje integrar a arbitragem, ao lado do cocredor que deu início à arbitragem, ou da tentativa de integrar codevedor no polo passivo. A outra possibilidade é de formação de uma arbitragem multipartes, em que haja mais de dois polos de interesses bem delimitados, tendo a parte integrada interesse jurídico não aderente ou sobreponível à de nenhuma das partes originárias. Esse pode ser o caso, por exemplo, de arbitragem que envolva dono da obra e empreiteiro, em que esse procure integrar o subempreiteiro no procedimento, passando a existir três polos de interesses distintos e inconfundíveis.

Em síntese, trata-se como integração das situações em que está em causa a participação voluntária, ou provocada, pelo requerente ou requerido, de terceiro em relação ao procedimento, para que passe a compor a relação jurídica arbitral. Esse instrumento pode ter enorme valia sob as lentes da celeridade e da economia processual. Contudo,

---

[215] MONTEIRO, Antônio Pinto; SILVA, Artur Flamínio da; MIRANTE, Daniela. *Manual de Arbitragem*. Coimbra: Almedina, 2020, p. 321.

[216] MENEZES CORDEIRO, Antônio. *Tratado da Arbitragem*. Coimbra: Almedina, 2016, p. 339.

[217] OLIVEIRA, Elsa Dias. *Arbitragem Voluntária: uma introdução*. Coimbra: Almedina, 2020, p. 91.

[218] OHLROGGE, Leonardo. *Multi-party and Multi-contract Arbitration in Brazil*. São Paulo: Quartier Latin, 2020.

[219] GREENBERG, Simon; FERIS, José Ricardo; ALBANESI, Christian. Chapter 9. Consolidation, Joinder, Cross-Claims, Multiparty and Multicontract Arbitrations: Recent ICC Experience. In: Bernard Hanotiau & Eric Schwartz (eds). *Multiparty Arbitration, Dossiers of the ICC Institute of World Business Law*, Vol. 7, Kluwer Law International; International, Chamber of Commerce, (ICC) 2010, p. 173.

[220] MENEZES CORDEIRO, Antônio. *Tratado da Arbitragem*. Lisboa: Almedina, 2016, p. 338.

lembre-se sempre de que, como a arbitragem é lastrada no consentimento, o ponto de partida da análise acerca da viabilidade de integração de parte adicional é a condição de ser parte da convenção de arbitragem.

3. Consentimento como requisito de viabilidade da integração

Nas situações de integração de parte adicional, é fundamental analisar se a parte que deseja ser inserida ou contra a qual se pleiteia o ingresso é ou não elemento subjetivo da convenção de arbitragem que deu origem ao procedimento. A lei de arbitragem voluntária portuguesa (LAV), diferentemente da lei de arbitragem brasileira, traz expressamente esse requisito em seu art. 36º, nº 1.[221] O requisito se encontra também presente no art. 1045, nº 3 da lei holandesa,[222] no art. 1696-bis, 2º, da lei belga[223] e no art. 816-quinquies da lei italiana.[224]

O preceito básico para viabilizar que ocorra a integração é que a parte que se deseja integrar esteja vinculada pela convenção de arbitragem que fundamenta a jurisdição do tribunal arbitral.[225] O fundamento para essa exigência é que a jurisdição é originada e limitada, subjetiva e objetivamente, pela convenção de arbitragem que deu origem ao procedimento,[226] uma vez que a arbitragem deriva do exercício de função jurisdicional titulada por negócio jurídico de direito privado.[227] Em última instância, a busca pelo consentimento está atrelada à legitimidade da arbitragem.[228] O tribunal tem a sua existência e o seu papel, a partir de uma convenção de arbitragem, estrutural e ontologicamente limitada às pessoas que a celebraram.[229] Os poderes do tribunal são derivados da vontade comum das partes.[230] Para que qualquer sujeito litigue em arbitragem é necessário que esse tenha previamente consentido

---

[221] Portugal, LAV, art. 36º, nº 1: "1 – Só podem ser admitidos a intervir num processo arbitral em curso terceiros vinculados pela convenção de arbitragem em que aquele se baseia, quer o estejam desde a respectiva conclusão, quer tenham aderido a ela subsequentemente".

[222] Holanda, Wetboek van Burgerlijke Rechtsvordering, art. 1.045, nº 3: "The joinder, intervention or joinder for the claim of indemnity may only be permitted by the arbitral tribunal, having heard the parties, if the third party accedes by agreement in writing between him and the parties to the arbitration agreement."

[223] Bélgica, Code Judiciaire, art. 1696-bis: "In any event, the admissibility of such interventions requires an arbitration agreement between the third party and the parties involved in the arbitration."

[224] Itália, Code de Procedure Civile, art. 816-quinquies: "L'intervento volontario o la chiamata in arbitrato di un terzo sono ammessi solo con l'accordo del terzo e delle parti e con il consenso degli arbitri."

[225] MENDES, Armindo Ribeiro. Capítulo V – Da Condução do Processo Arbitral. In: VICENTE, Dario Moura (coord.). *Lei da Arbitragem Voluntária Anotada*. 4ª ed. Coimbra: Almedina, 2019, p. 127.

[226] COSTA, Guilherme Recena. *Partes e Terceiros na Arbitragem*. 293f. Tese (Doutorado em Direito) – Faculdade de Direito da Universidade de São Paulo, Universidade de São Paulo, São Paulo, 2015, p. 23.

[227] GONÇALVES, Diogo Costa. A Vinculação de Terceiros à Convenção de Arbitragem: Algumas Reflexões. *Revista de Arbitragem e Mediação*. Vol. 64/2020, p. 259-274, jan./mar., 2020, p. 08.

[228] CARMONA, Carlos Alberto. *Arbitragem e Processo: um comentário à Lei nº 9.307/96*. 3ª ed. São Paulo: Atlas, 2009, p. 83.

[229] MENEZES CORDEIRO, Antônio. *Tratado da Arbitragem*. Lisboa: Almedina, 2016, p. 337.

[230] PLATTE, Martin. When Should an Arbitrator Join Cases? *Arbitration International*, vol. 18, nº 1, p. 67-81, 2002, p. 69

em se submeter à jurisdição arbitral.[231] Em outras palavras, como a jurisdição do tribunal arbitral deriva da convenção de arbitragem, é necessário que a pessoa a ser integrada seja também parte da convenção de arbitragem que fundamenta os poderes do tribunal.[232]

Interessa notar a abordagem francesa em sede de arbitragem internacional,[233] que afere tanto a validade quanto a legitimidade do procedimento arbitral, a partir da intenção comum das partes em arbitrar. O paradigma nesse sentido foi o caso Dalico, julgado pela Corte de Cassação Francesa em 1993[234]. Em 2009, no caso Soerni, o entendimento da Corte de Cassação foi no sentido de se dar enfoque à vontade comum das partes, às exigências da boa-fé e à crença legítima de vinculação à arbitragem[235.] Esse enfoque voluntarista também foi destacado nos casos Société Uni-Kod v. Société Ouralkal,[236] de 2004, e SA Burkinabe des ciments et matériaux *v.* Société des ciments d'Abidjan,[237] de 2009. A partir da abordagem francesa, fica evidente o enfoque consensualista em relação à vinculação à arbitragem, que acaba sendo a pedra de toque também naquele ordenamento.

Não se pode olvidar que, em sede de arbitragem, o princípio da autonomia privada frequentemente supera considerações de economia e eficiência procedimental.[238] Por essa razão, há de se ter segurança a respeito da existência de elementos que demonstrem a emanação volitiva do não signatário.[239] De outro lado, importa notar a existência de abordagem que mitiga o papel do consentimento enquanto fundamento jurisdicional,

---

[231] MONTEIRO, Antônio Pinto; SILVA, Artur Flamínio da; MIRANTE, Daniela. *Manual de Arbitragem*. Coimbra: Almedina, 2020, p. 322.

[232] MONTEIRO, Antônio Pinto; SILVA, Artur Flamínio da; MIRANTE, Daniela. *Manual de Arbitragem*. Coimbra: Almedina, 2020, p. 316.

[233] Abordando a visão francesa e contrastando com a inglesa, ver MAYER, Pierre. The Extension of the Arbitration Clause to Non-Signatories – the irreconcilable positions of French and English Courts. *American University International Law Review*, Vol. 27, Issue 4, p. 831-837, 2012.

[234] Trecho do inteiro teor: "Mais attendu qu'en vertu d'une règle matérielle du droit international de l'arbitrage, la clause compromissoire est indépendant juridiquement du contrat principal qui la contient directement ou par référence et que son existence et son efficacité s'apprécient, sous réserve des règles impératives du droit français et de l'ordre public international, d'après la commune volonté des parties, sans qu'il soit nécessaire de se référer à une loi étatique". (França, Cour de Cassation, Chambre civile 1, du 20 décembre 1993, pourvoi 91-16.828).

[235] França, Cour de Cassation, Société d'Études et Représentations Navalhes et Industrielles (Soerni) v. Société Suisse Air Sea Broker Limited (ASB), n. de pourvoi 08-16025, 2009.

[236] Trecho do inteiro teor: "En vertu d'une règle matérielle du droit international de l'arbitrage, la clause compromissoire est indépendant juridiquement du contrat principal qui la contient directement ou par référence, et son existence et son efficacité s'apprécient, sous réserve des règles impératives du droit français et de l'ordre public international, d'après la commune volonté des parties, sans qu'il soit nécessaire de se référer à une loi étatique". (França, Cour de Cassation, Chambre civile 1, du 30 mars 2004, pourvoi: 01-14.311).

[237] Trecho do inteiro teor: "Mais attendu qu'en matière internationale, la clause d'arbitrage, juridiquement indépendant du contrat principal, est transmise avec lui, quelle que soit la validité de la transmission des droits substantiels". (França, Cour de Cassation, Chambre civile 1, du 28 mai 2002, pourvoi 00-12.144 99-10.741).

[238] GUPTA, Arjun; KUNGA, Sahil; DESAI, Vyapak. Blessed Unions in Arbitration: An Introduction to Joinder and Consolidation in Institutional Arbitration. *Indian Journal of Arbitration Law*, vol. 4, Issue 2, Center for Advanced Research and Training in Arbitration Law, pp. 134-149, 2015, p. 135.

[239] KONRAD, Christian; SCHWARZ, Franz T. Multi-Party Arbitration. In: KONRAD, Christian; SCHWARZ, Franz T. (ed.). *The Vienna Rules: A Commentary on International Arbitration in Austria*. The Hague: Kluwer Law International, 2009, p. 340.

colocando-o de forma presumida, ou como elemento auxiliar de verificação da vinculação à convenção de arbitragem.[240] Entretanto, ainda deve-se reconhecer prevalência à abordagem que procura elementos consensuais.[241]

Dessa forma, o problema que se deve enfrentar na questão dos não signatários é material, estando atrelado aos limites da convenção de arbitragem.[242] Portanto, saber se essa parte não signatária poderá integrar ou não o procedimento arbitral é questão logicamente superveniente ao preciso delineamento dos contornos da jurisdição do tribunal arbitral. A possibilidade, trazida por regras legais ou institucionais, para a integração, não cria por si jurisdição para o tribunal; ao contrário, as suas aplicações são condicionadas pela existência prévia de jurisdição.[243]

Em síntese, o primeiro passo para haver a integração de parte adicional é que o terceiro a ser integrado seja parte da convenção de arbitragem, isto é, que tenha consentido com a arbitragem. Pouco importa se o terceiro é parte da convenção *ab initio* ou de modo superveniente; o vetor de análise é o escopo das manifestações volitivas subjacentes à convenção de arbitragem que embasa o procedimento arbitral *in concreto*.

4. Momento da integração

Em termos abstratos, é possível que a integração de terceiro ocorra antes ou depois da constituição do tribunal arbitral. Porém, há diferenças marcantes de regime entre essas situações.

Primeiramente, é possível que a integração ocorra antes da constituição do Tribunal Arbitral. À luz do direito português, por força do art. 36º, nº 6, da LAV,[244] apenas é admissível a intervenção de terceiros em momento prévio à constituição do tribunal arbitral em arbitragens institucionalizadas,[245] mediante autorização expressa do regulamento aplicável.[246] A *ratio* subjacente é a de que, em arbitragens *ad hoc*, não haveria quem decidisse sobre o pedido de intervenção, antes da instituição do tribunal.[247] Várias instituições arbitrais regulam a integração, em momento prévio à constituição do tribunal arbitral,

---

[240] YOUSSEF, Karim. The right or obligation to arbitrate of non-signatories in groups of companies: the limits of consent. Revista de Arbitragem e Mediação, vol. 25, p. 224-236, abr./jun., 2010, DTR 2010/481, p. 01; BREKOULAKIS, Stavros. Rethinking Consent in International Commercial Arbitration: A General Theory for Non-signatories. In: Thomas Schultz (ed.), Journal of International Dispute Settlement, vol. 8, issue 4, p. 610-643, 2017, p. 610.

[241] CHOI, Dongdoo. Joinder in international commercial arbitration. In: PARK, William W. (ed). *Arbitration International*, vol. 35, issue 1, p. 29-55, 2019, p. 33.

[242] MONTEIRO, António Pedro Pinto. A Pluralidade de partes na Arbitragem: os principais equívocos que ainda subsistem. *Revista de Arbitragem e Mediação*, vol. 58, p. 311-335, jul./set., 2018, DTR 2018/19292, p. 06.

[243] HABEGGER, Philipp. The Revised Swiss Rules of International Arbitration: An Overview of the Major Changes. *ASA Bulletin*, Association Suisse de l'Arbitrage, vol. 30, Issue 2, Kluwer Law International, p. 269-311, 2012, p. 281.

[244] MENEZES CORDEIRO, Antônio. *Tratado da Arbitragem*. Lisboa: Almedina, 2016, p. 340-341.

[245] OLIVEIRA, Elsa Dias. *Arbitragem Voluntária: uma introdução*. Lisboa: Almedina, 2020, p. 93.

[246] Portugal, LAV, art. 36º, nº 6: "Sem prejuízo do disposto no número seguinte, a intervenção de terceiros anteriormente à constituição do tribunal arbitral só pode ter lugar em arbitragem institucionalizada e desde que o regulamento de arbitragem aplicável assegure a observância do princípio da igualdade de participação de todas as partes, incluindo os membros de partes plurais, na escolha dos árbitros".

[247] GOUVEIA, Mariana França. *Curso de Resolução Alternativa de Litígios*. 3ª ed. Lisboa: Almedina, 2020, p. 272.

por exemplo, HKIAC (art. 27.4)[248], VIAC (art. 14.3)[249], CCI (art. 7.1 e 6.4, combinados),[250] SIAC (art. 7.1)[251] e SCC (art. 13.2).[252]

Especialmente quando a intervenção ocorre antes da constituição do Tribunal Arbitral, é possível constatar a existência de uma bipartição da análise. Em primeiro, deve-se analisar de modo apriorístico, superficial e perfunctório, se existem elementos que embasam a admissibilidade do pedido. Em segundo, deve-se analisar o preenchimento dos requisitos materiais necessários à integração. Vislumbrando exatamente essa bipartição temporal, as regras institucionais frequentemente associam a admissibilidade da integração à análise *prima facie* da vinculação da parte a ser integrada à arbitragem,[253] facultando, em um segundo momento, a revisão da decisão por parte do tribunal arbitral.[254]

---

[248] HKIAC, art. 27.4: "Before the arbitral tribunal is constituted, a party wishing to join an additional party to the arbitration shall communicate a Request for Joinder to HKIAC, all other parties and any confirmed or appointed arbitrators."

[249] VIAC, art. 14.3: "If a Request for Joinder of a third party is made with a Statement of Claim, 3.1 it shall be submitted to the Secretariat. The provisions of Article 7 et seqq shall apply by analogy. The Secretary General shall transmit the Statement of Claim to the third party to be joined as well as to the other parties for their comments."

[250] CCI, art. 6.4: "In all cases referred to the Court under Article 6(3), the Court shall decide whether and to what extent the arbitration shall proceed. The arbitration shall proceed if and to the extent that the Court is prima facie satisfied that an arbitration agreement under the Rules may exist." Art. 7.1.: "A party wishing to join an additional party to the arbitration shall submit its request for arbitration against the additional party (the "Request for Joinder") to the Secretariat. The date on which the Request for Joinder is received by the Secretariat shall, for all purposes, be deemed to be the date of the commencement of arbitration against the additional party. Any such joinder shall be subject to the provisions of Articles 6(3)-6(7) and 9."

[251] SIAC, art. 7.1: "Antes da constituição do Tribunal, as partes da arbitragem ou terceiros poderão apresentar uma solicitação ao Secretário para que uma ou mais partes adicionais sejam integradas à arbitragem pendente segundo este Regulamento como Requerente ou Requerida, desde que se satisfaça qualquer um dos critérios a seguir: a. A parte adicional a ser integrada esteja prima facie vinculada pela convenção de arbitragem; ou b. Todas as partes, incluindo a parte adicional a ser integrada, tenham consentido com a integração da parte adicional."

[252] SCC, art. 13.2: "The Request for Joinder shall be made as early as possible. A Request for Joinder made after the submission of the Answer will not be considered, unless the Board decides otherwise."

[253] Por exemplo, CCI, art 7.5: "Any Request for Joinder made after the confirmation or appointment of any arbitrator shall be decided by the arbitral tribunal once constituted and shall be subject to the additional party accepting the constitution of the arbitral tribunal and agreeing to the Terms of Reference, where applicable. In deciding on such a Request for Joinder, the arbitral tribunal shall take into account all relevant circumstances, which may include whether the arbitral tribunal has prima facie jurisdiction over the additional party, the timing of the Request for Joinder, possible conflicts of interests and the impact of the joinder on the arbitral procedure. Any decision to join an additional party is without prejudice to the arbitral tribunal's decision as to its jurisdiction with respect to that party."; HKIAC, art. 27.1.a: "prima facie, the additional party is bound by an arbitration agreement under these Rules giving rise to the arbitration"; SCC, art. 13.5: "The Board may decide to join one or more additional parties provided that the SCC does not manifestly lack jurisdiction over the dispute between the parties"

[254] HKIAC, art. 27.2: "Any decision pursuant to Article 27.1 is without prejudice to the arbitral tribunal's power to decide any question as to its jurisdiction arising from such decision"; SCC, art. 13.7: "In all cases where the Board decides to grant the Request for Joinder any decision as to the Arbitral Tribunal's jurisdiction over any party joined to the arbitration shall be made by the Arbitral Tribunal."

A bipartição da análise é relevante, pois atende aos casos em que a própria condição de parte da convenção de arbitragem pode ser controversa. Assim, por exemplo, nas situações em que se está diante de litígio acerca da extensão subjetiva da cláusula compromissória, pode ser necessário, em um primeiro momento, analisar se há uma vinculação *prima facie*[255] daquele cuja integração é controversa, para, em seguida, após cognição mais aprofundada, o tribunal arbitral decidir se tem ou não jurisdição sobre o sujeito e se estão preenchidas ou não as condições que admitem, de fato, concretizar a integração.

Dessa forma, há de se relacionar essa análise como corolário do princípio da *kompetenz-kompetenz*[256], pois o tribunal arbitral tem a competência atômica de decidir sobre a própria jurisdição[257]. Para efetivar a o exercício da competência atômica, pode um sujeito que não é parte em sentido material acabar participando do procedimento, até a prolação da decisão do tribunal arbitral reconhecendo a sua ausência de jurisdição sobre ele. Os regulamentos de câmara que bipartem a análise da integração, em um momento *prima facie* e em um momento de decisão sob a jurisdição, apenas racionalizam o procedimento a ser tomado, nos casos em que a qualidade de "parte" é duvidosa.

Por sua vez, quando a intervenção ocorre após a constituição do tribunal arbitral, é necessário observar as diferenças entre o regime da intervenção voluntária e o da intervenção provocada. A LAV portuguesa, no art. 36º, nº 2, condiciona a admissibilidade da integração superveniente, nos casos de intervenção provocada, à aceitação por parte do terceiro da composição do Tribunal Arbitral.[258] Nos casos em que há intervenção voluntária, presume-se o consentimento em relação à composição do Tribunal Arbitral.[259] A LAV visa assegurar a estabilidade da composição do tribunal,[260] mostrando-se inflexível quanto à possibilidade de acomodação do tribunal arbitral, após a integração de parte.[261] A razão de ser dessa norma é garantir o consentimento da parte a ser integrada, em relação ao julgador.[262] A necessidade de aceitar expressamente a constituição prévia do tribunal arbitral também vigora no direito belga, à luz do art. 1696-*bis*.[263]

---

[255] CHOI, Dongdoo. Joinder in international commercial arbitration. In PARK, William (ed). *Arbitration International*, vol. 35, issue 1, p. 29-55, 2019, p. 35.

[256] CARAMELO, António Sampaio. A competência da competência e a autonomia do tribunal arbitral. *Revista de Arbitragem e Mediação*, vol. 40, jan./mar., 2014; BRANCHER, Paulo M. R. Ilegalidade prima facie como limitador do princípio da competência-competência. Uma análise em relação a matérias de ordem pública. *RArb*, vol. 53, abr./jun., 2017; TEODORO, Viviane Rosolia. Princípios da Arbitragem: o princípio kompetenz-kompetenz e suas consequências. *RArb*, vol. 51, out./dez., 2016.

[257] NETO, João Luiz Lessa. A Competência-Competência no Novo Código de Processo Civil: decisão arbitral como pressuposto processual negativo. *Revista Brasileira de Arbitragem*, nº 48, p. 22-38, out./dez., 2015, p. 36.

[258] LAV, art. 36, nº 2: "Encontrando-se o tribunal arbitral constituído, só pode ser admitida ou provocada a intervenção de terceiro que declare aceitar a composição actual do tribunal;"

[259] MENDES, Armindo Ribeiro. Capítulo V – Da Condução do Processo Arbitral. In: Dario Moura Vicente (coord.). *Lei da Arbitragem Voluntária Anotada*. 4ª ed. Lisboa: Almedina, 2019, p. 127.

[260] MENEZES CORDEIRO, Antônio. *Tratado da Arbitragem*. Lisboa: Almedina, 2016, p. 338.

[261] GOUVEIA, Mariana França. *Curso de Resolução Alternativa de Litígios*. 3ª ed. Lisboa: Almedina, 2020, p. 272.

[262] OLIVEIRA, Elsa Dias. *Arbitragem Voluntária: uma introdução*. Lisboa: Almedina, 2020, p. 91.

[263] CAPRASSE, Oliver. A Constituição do Tribunal Arbitral em Arbitragem Multiparte. *Revista Brasileira de Arbitragem*, nº 8, p. 83-100, 2005, p. 84.

Diferentemente, é de se constatar, que certas regras institucionais, não se demonstram tão permissivas em relação à integração, após a constituição do Tribunal Arbitral. A CCI prevê que, salvo casos excepcionais, nenhuma parte será integrada depois da nomeação de qualquer árbitro – salvo com o aceite de todos os envolvidos,[264] a HKIAC admite pedidos de integração até as alegações da defesa,[265] e a SCC, por sua vez, traz como limite a resposta ao requerimento de arbitragem.[266] No processo perante as cortes estatais, também é comum se encontrar restrições temporais ao ingresso de terceiros.[267]

A razão de uma restrição temporal, em parte, está no estabelecimento de balizas para a composição dos polos da lide, indispensáveis ao bom andamento do processo, que não pode se sujeitar a constantes modificações de seus sujeitos, sob pena de comprometer a adequada prestação jurisdicional. Porém, em sede de arbitragem, há razão própria para se ter cuidados adicionais em relação à integração de parte adicional: a composição do tribunal arbitral.

Um dos elementos que particulariza a arbitragem é a possibilidade de escolha do julgador, razão pela qual há reconhecimento do direito da parte, de influenciar de modo paritário a formação da composição do tribunal arbitral.[268] Assim, há de se observar o princípio da igualdade das partes, no momento da constituição do tribunal arbitral.[269] Dessa forma, um dos pontos centrais na análise da possibilidade de integração de terceiro durante o curso do procedimento é o momento da integração. Deve-se garantir a igualdade na composição do tribunal arbitral, podendo eventual assimetria ensejar a invalidade da sentença.[270] Igualmente, como o fundamento da integração é a convenção de arbitragem, nos casos em que essa faz remissão a regulamento de instituição arbitral, esse adere à convenção. Dessa forma, as restrições à integração previstas no regulamento passam a compor o negócio jurídico que fundamenta a jurisdição do tribunal arbitral, razão pela qual eventuais balizas trazidas pelo regulamento são cogentes.

Portanto, não basta ser parte da convenção de arbitragem para ter assegurado o direito de tomar lugar no procedimento arbitral. Dependendo das circunstâncias, pode

---

[264] Regulamento CCI, art.7, 1), parte final: "Unless all parties, including the additional party, otherwise agree, or as provided for in Article 7(5), no additional party may be joined after the confirmation or appointment of any arbitrator. The Secretariat may fix a time limit for the submission of a Request for Joinder."

[265] Regulamento HKIAC, art. 27.3: "Any Request for Joinder shall be raised no later than in the Statement of Defence, except in exceptional circumstances"

[266] Regulamento SCC, art. 13(2): "A Request for Joinder made after the submission of the Answer will not be considered, unless the Board decides otherwise"

[267] A título exemplificativo, no direito processual civil brasileiro, cada modalidade de intervenção apresenta limitação temporal própria: denunciação da lide (art. 126: "A citação do denunciado será requerida na petição inicial, se o denunciante for autor, ou na contestação, se o denunciante for réu, devendo ser realizada na forma e nos prazos previstos no art. 131"), chamamento ao processo (art. 131: "A citação daqueles que devam figurar em litisconsórcio passivo será requerida pelo réu na contestação e deve ser promovida no prazo de 30 (trinta) dias, sob pena de ficar sem efeito o chamamento").

[268] OLIVEIRA, Elsa Dias. *Arbitragem Voluntária: uma introdução*. Lisboa: Almedina, 2020, p. 91.

[269] MONTEIRO, António Pedro Pinto. A Pluralidade de partes na Arbitragem: os principais equívocos que ainda subsistem. *Revista de Arbitragem e Mediação*, vol. 58, p. 311-335, jul./set., 2018, DTR 2018/19292, p. 03.

[270] VOSER, Nathalie. Multi-party Disputes and Joinder of Third Parties. In: van den Berg (ed.), *50 Years of the New York Convention – ICCA Conference*, 2009, p. 362-363.

apresentar-se inviável integrar, a um determinado procedimento, pessoa que dele poderia participar, em razão do momento em que a intervenção foi solicitada. É necessário assegurar a estabilidade dos polos da relação processual arbitral, sob pena de comprometer o adequado funcionamento da arbitragem.

5. Análise de conveniência em relação à integração de parte adicional

Por fim, ressalta-se que o procedimento de integração não é algo automático, não bastando o preenchimento de determinados critérios objetivos. É, em algumas situações, indispensável a análise de conveniência. Nesse sentido, em termos gerais, parte-se do princípio de que não basta que o resultado da integração não traga prejuízo indevido a uma das partes, sendo necessário que desse advenha benefício para o procedimento. Não basta haver um jogo de soma zero.

Nesse particular, vigora, na análise jurídica, o mandamento de Hipócrates para os médicos, resumido na fórmula *"primum non nocere"*. A análise da integração se inicia, pois, com a aferição da inexistência de prejuízo indevido para a arbitragem e para as partes. Esse preceito foi acolhido pelo art. 36, nº 3º, da LAV portuguesa, ao dispor: "o tribunal arbitral só deve admitir a intervenção se esta não perturbar indevidamente o normal andamento do processo arbitral". A LAV traz nesse dispositivo a vedação à integração que perturbe o andamento normal do procedimento arbitral.[271]

Esse preceito pode ser encarado como subentendido na lei italiana, que condiciona a admissibilidade da integração ao consentimento das partes. Solução análoga à lei italiana se encontra nas regras da HKIAC (art. 27.1(a)). No caso, o consentimento em relação à integração também resguarda a conveniência: se as partes anuem com a integração implicitamente reconhecem não haver prejuízo para si, associado à integração.

Para além da análise quanto aos potenciais prejuízos da integração, deve-se considerar os benefícios a serem auferidos. No já referido art. 36, nº 3, da LAV há condicionamento expresso da admissibilidade da intervenção à existência de "razões de relevo que a justifiquem". A LAV traz rol de fundamentos que justificariam a integração,[272] que assume natureza exemplificativa.[273] Deve-se fazer um juízo de oportunidade e conveniência, diante do caso concreto, conferindo-se ao tribunal arbitral margem de discricionariedade para decidir, pela razoabilidade, ou não, da integração.[274] Apenas se a díade "conveniência" e

---

[271] GOUVEIA, Mariana França. *Curso de Resolução Alternativa de Litígios*. 3ª ed. Lisboa: Almedina, 2020, p. 274.

[272] São esses, conforme o art. 36, nº 3 da LAV: "a) O terceiro tenha em relação ao objecto da causa um interesse igual ao do demandante ou do demandado, que inicialmente permitisse o litisconsórcio voluntário ou impusesse o litisconsórcio necessário entre uma das partes na arbitragem e o terceiro; ou b) O terceiro queira formular, contra o demandado, um pedido com o mesmo objecto que o do demandante, mas incompatível com o deste; ou c) O demandado, contra quem seja invocado crédito que possa, prima facie, ser caracterizado como solidário, pretenda que os demais possíveis credores solidários fiquem vinculados pela decisão final proferida na arbitragem; ou d) O demandado pretenda que sejam chamados terceiros, contra os quais o demandado possa ter direito de regresso em consequência da procedência, total ou parcial, de pedido do demandante."

[273] MENDES, Armindo Ribeiro. Capítulo V – Da Condução do Processo Arbitral. In: Dario Moura Vicente (coord.). *Lei da Arbitragem Voluntária Anotada*. 4ª ed. Lisboa: Almedina, 2019, p. 127.

[274] GOUVEIA, Mariana França. *Curso de Resolução Alternativa de Litígios*. 3ª ed. Lisboa: Almedina, 2020, p. 274.

"não perturbação" estiver satisfeita é que se pode cogitar da integração, sob a sistemática da LAV.[275]

Igualmente, há regulamentos de instituições arbitrais que optam por fórmulas genéricas, condicionando a admissibilidade da integração à ponderação de todas as circunstâncias relevantes. É o caso da VIAC (art. 14.1.),[276] SCAI (art. 4.2.)[277], SCC (art. 13.6 e art. 14.3, em conjunto).[278] Ao remeter ao tribunal a análise das circunstâncias relacionadas à integração, confere-se ao órgão dotado de jurisdição o poder de fazer um juízo de conveniência, através da ponderação dos benefícios e malefícios da integração.

Dessa forma, observa-se que há diversas fórmulas adotadas, para estabelecer o juízo de conveniência acerca da integração. Para além do reconhecimento da necessidade de se verificar a conveniência ou a ausência de prejuízo, deve-se ponderar quais elementos, na verdade, podem ser tomados em consideração, para dar materialidade a essa análise. De modo sintético, podem ser elencadas como vantagens da integração: (i) ampliação do escopo e eficácia da decisão e melhor reflexo da realidade material subjacente; (ii) prevenção a decisões contraditórias; e (iii) impedimento à duplicação de procedimentos e de instruções probatórias. No sentido oposto, tem-se por desvantagens: (i) prejuízos à confidencialidade; e (ii) aumento da complexidade, custos e do tempo do procedimento.

Em relação à ampliação do escopo da decisão, tem-se circunstâncias, especialmente diante de arbitragem multicontratos, nas quais a integração de parte adicional permite uma melhor solução da controvérsia. É o caso, por exemplo, de arbitragem iniciada pelo dono da obra contra o empreiteiro, quando esse procura integrar o subempreiteiro na arbitragem, para melhor definição e solução das diversas questões controvertidas.

Em relação ao risco de decisões contraditórias, a ideia é que, caso não ocorra a integração, haveria a possibilidade de proferimento de duas decisões arbitrais inconsistentes entre si. Uma linha argumentativa é a de que a própria obrigação geral de resolver as disputas de boa-fé implica um determinado grau de cooperação, para que haja um mecanismo de resolução de disputas eficiente e que se evite o risco de decisões conflitantes.

Por exemplo, em uma arbitragem o dono da obra afirma o não cumprimento do contrato, e o empreiteiro é condenado a indenizar; em outra arbitragem, quando o empreiteiro procura direito de regresso contra o subempreiteiro por conta da falha constatada na primeira arbitragem e que deu origem ao dever de indenizar, um segundo tribunal arbitral afirma que o contrato foi perfeitamente cumprido. Nesse exemplo, a divergência restou sobre a constatação da existência de um fato. Porém, é possível haver casos de incongruências na aplicação do direito: por exemplo, um acionista demanda a

---

[275] OLIVEIRA, Elsa Dias. *Arbitragem Voluntária: uma introdução*. Lisboa: Almedina, 2020, p. 92.

[276] "The joinder of a third party in an arbitration, as well as the manner of such joinder, shall be decided by the arbitral tribunal upon the request of a party or a third party after hearing all parties and the third party to be joined as well as after considering all relevant circumstances."

[277] "Where one or more third persons request to participate in arbitral proceedings already pending under these Rules or where a party to pending arbitral proceedings under these Rules requests that one or more third persons participate in the arbitration, the arbitral tribunal shall decide on such request, after consulting with all of the parties, including the person or persons to be joined, taking into account all relevant circumstances."

[278] "In deciding whether to grant the Request for Joinder where claims are made under more than one arbitration agreement, the Board shall consult with the parties and shall have regard to Article 14 (3) (i)-(iv)."

companhia em ação de responsabilidade prevista no art. 159, § 7º, da Lei de Sociedades Anônimas brasileira e tem seu direito reconhecido, enquanto outro acionista demanda a companhia pelos mesmos fatos e sob o mesmo fundamento jurídico e vê sua pretensão não reconhecida. Apesar de relevante, nesse caso o risco de decisões contraditórias não justifica por si a integração de parte adicional.[279]

A eficiência probatória também pode ser um argumento relevante, especialmente quando se está diante de casos cujos aspectos fáticos são mais complexos e demandam maior carga probatória. Assim, concentrar a discussão em uma única arbitragem evita a duplicação e assegura a compatibilidade e coerência das provas produzidas, podendo acarretar relevante economia para as partes.

Quanto à confidencialidade, esta é considerada um dos principais atrativos da arbitragem.[280] Isso ganha relevância, a partir da valorização da informação enquanto bem de uma companhia.[281] Apesar de não ter fonte legal em muitos ordenamentos,[282] o dever de confidencialidade se encontra previsto nos regulamentos das principais instituições arbitrais brasileiras[283] e internacionais.[284]

---

[279] PLATTE, Martin. When Should an Arbitrator Join Cases? *Arbitration International*, vol. 18, nº 1, p. 67-81, 2002, p. 79.

[280] LEW, Julian D. M. Confidentiality in Arbitrations in England'. In: _____, Harris Bor, et al. (eds). *Arbitration in England, with chapters on Scotland and Ireland.* Haia: Kluwer Law International, 2013, p. 442. Em visão mais extremada acerca da confidencialidade na arbitragem, destaca-se o caso Aita v. Ojjeh (Revue de l'Arbitrage, 1986, p. 583). Conforme Cretella Neto: "Nesse caso, a parte perdedora em uma arbitragem pretendia anular a sentença arbitral proferida em Londres. A Corte não apenas não recebeu o recurso como também considerou que a própria tentativa de acionar a justiça estatal, nesse caso, violava o princípio da confidencialidade, e impôs ao demandante substancial pena pecuniária em favor do vencedor da arbitragem. Observou, em particular, que a ação "causara um debate público sobre fatos que deveriam permanecer confidenciais", e que "encontra-se na própria natureza do procedimento arbitral que este assegure o mais elevado grau de discrição na solução de controvérsias privadas, na forma acordada pelas partes". (CRETELLA NETO, José. Quão sigilosa é a arbitragem? *Revista de Arbitragem e Mediação*, vol. 25, p. 43-70, abr./jun., 2010, DRT 2010/473,, p. 13). Caso também foi comentado por PAULSSON, Jan; RAWDING, Nigel. The trouble with confidentiality. *Arbitration International*, nº 11, 1995, p. 303.

[281] CRETELLA NETO, José. Quão sigilosa é a arbitragem? *Revista de Arbitragem e Mediação*, vol. 25, p. 43-70, abr./jun., 2010, DRT 2010/473, p. 01-03..

[282] Note-se que, por via de regra, as legislações nacionais não trazem regra expressa acerca da confidencialidade na arbitragem, sendo a notória exceção a Nova Zelândia, que na sessão 14 do Arbitration Act, 1996, prevê que "the parties shall not publish, disclose, or communicate any information relating to arbitral proceedings under the agreement or to an award made in those proceedings".

[283] Regulamento CAMARB, art. 13.1.: "13.1 O procedimento arbitral será rigorosamente sigiloso, sendo vedado à CAMARB, aos árbitros, aos demais profissionais que atuarem no caso e às próprias partes, divulgar quaisquer informações a que tenham acesso em decorrência de seu ofício ou de sua participação no processo, sem o consentimento de todas as partes, ressalvados os casos em que haja obrigação legal de publicidade e o disposto no presente regulamento." Regulamento CAM-CCBC, art. 14.1 "O procedimento arbitral é sigiloso, ressalvadas as hipóteses previstas em lei ou por acordo expresso das partes ou diante da necessidade de proteção de direito de parte envolvida na arbitragem." Regulamento CAF, art. 11.3: "11.3. O procedimento arbitral é, em regra, sigiloso, devendo árbitros, partes, procuradores, peritos e todos quantos tiverem acesso às informações atuar nesse sentido, sendo facultada sua eventual divulgação por imposição legal ou por expressa decisão escrita de todas as partes."

[284] LCIA, art. 30: "The parties undertake as a general principle to keep confidential all awards in the arbitration, together with all materials in the arbitration created for the purpose of the arbitration

Destaca-se que, em sede de direito comparado, há países como Inglaterra[285] no qual se considera o sigilo como algo inerente à arbitragem.[286] A título exemplificativo da relevância da confidencialidade, tome-se pesquisa conduzida pela universidade *Queen Mary* de Londres. Nessa, 87% dos participantes afirmaram que a confidencialidade é um aspecto importante da arbitragem, sendo que 36% afirmaram que é a característica mais importante da arbitragem internacional.[287]

Uma das características atreladas, porém conceitualmente distinta da "confidencialidade", é a "privacidade",[288] que se refere à condução do procedimento arbitral, do qual apenas participam os membros do tribunal, as partes, os procuradores e aqueles que por

---

and all other documents produced by another party in the proceedings not otherwise in the public domain, save and to the extent that disclosure may be required of a party by legal duty, to protect or pursue a legal right, or to enforce or challenge an award in legal proceedings before a state court or other legal authority. The parties shall seek the same undertaking of confidentiality from all those that it involves in the arbitration, including but not limited to any authorised representative, witness of fact, expert or service provider." SCAI, art. 44: "Unless the parties expressly agree in writing to the contrary, the parties undertake to keep confidential all awards and orders as well as all materials submitted by another party in the framework of the arbitral proceedings not already in the public domain, except and to the extent that a disclosure may be required of a party by a legal duty, to protect or pursue a legal right, or to enforce or challenge an award in legal proceedings before a judicial authority. This undertaking also applies to the arbitrators, the tribunal-appointed experts, the secretary of the arbitral tribunal, the members of the board of directors of the Swiss Chambers' Arbitration Institution, the members of the Court and the Secretariat, and the staff of the individual Chambers." HKIAC, art. 45: "Unless otherwise agreed by the parties, no party or party representative may publish, disclose or communicate any information relating to: (a) the arbitration under the arbitration agreement; or (b) an award or Emergency Decision made in the arbitration" AAA, art. 37: "Confidential information disclosed during the arbitration by the parties or by witnesses shall not be divulged by an arbitrator or by the Administrator. Except as provided in Article 30, unless otherwise agreed by the parties or required by applicable law, the members of the arbitral tribunal and the Administrator shall keep confidential all matters relating to the arbitration or the award." E VIAC, art. 12. Para uma análise mais detalhada dos regulamentos de instituições internacionais, vide: HWANG, Michael; CHUNG, Katie. Defining the Indefinable: Practical Problems of Confidentiality in Arbitration. *Journal of International Arbitration*, vol. 26, Issue 5, pp. 609 – 645, 2009.

[285] Destaca-se o *leading case Ali Shipping Corp. v. Shipyard Trogir* (Corte de Apelação Inglesa, 2 All E.R., 1 Lloyd's Rep. 643, 1998. O Tribunal entendeu que havia uma obrigação implícita de confidencialidade em cada convenção de arbitragem enquanto "an essential corollary of the privacy of arbitration proceedings", e que essa obrigação se estenderia aos "pleadings, written submissions, and the proofs of witnesses as well as transcripts and notes of the evidence given in the arbitration"

[286] SMEUREANU, Ileana M. Confidentiality in International Commercial Arbitration. *International Arbitration Law Library*, vol. 22, 2011, p. 04. Para visão a partir do direito germâncio, ver: HAAS, Ulrich e KAHLERT, Heiner. Part IV: Selected Areas and Issues of Arbitration in Germany, Privacy and Confidentiality. In: NASCIMENTO, Patricia; KRÖLL, Stefan, et al. (eds). *Arbitration in Germany: The Model Law in Practice*. 2ª ed. The Hague: Kluwer Law International, 2015, p. 964 ss.

[287] "87% of respondents believe that confidentiality in international commercial arbitration is of importance. Most respondents think that confidentiality should be an opt-out, rather than an opt-in, feature." 71Queen Mary University. What are the three most valuable characteristics of international arbitration? Disponível em: <http://www.arbitration.qmul.ac.uk/media/arbitration/docs/2018-International-Arbitration-Survey-report.pdf>.

[288] WEIXIA, Gu. Confidentiality Revisited: Blessing or Curse in International Commercial Arbitration? *The American Review of International Arbitration*, vol. 15, p. 01-29, 2005, p. 02-03.

deliberação do tribunal vierem a ser chamados.[289] A integração de parte, inexoravelmente, representa uma mitigação da privacidade e da confidencialidade do procedimento arbitral, razão pela qual deve-se ponderar a razoabilidade do arrefecimento daquela que é considerada como um dos principais atrativos da arbitragem. Dependendo da matéria em disputa, como seria o caso de discussões atreladas a segredos industriais ou que envolvam potenciais concorrentes,[290] a regra da privacidade pode ter prevalência sobre eventual interesse de integrar parte adicional no procedimento.

Em relação ao aumento da complexidade, custos e tempo do procedimento arbitral, inerentes à integração, deve-se tomar em consideração que esses não devem levar à frustração das expectativas das partes em relação à arbitragem.[291] Por um lado, a celeridade é um dos maiores atrativos da jurisdição arbitral. Por outro, determinados direitos materiais demandam maior agilidade em sua tutela. Assim, há de se reconhecer cenários em que a perda de celeridade ou aumento dos custos não justificam a integração. Mesmo que isso ponha em causa a chance de haver um maior aprofundamento no contraditório processual.

Quando da decisão da integração, deve-se tomar em conta esses e outros elementos relevantes do caso concreto. A análise de conveniência é feita em dois níveis distintos. Primeiro, pela parte que solicita a integração. Na sequência, a integração pode derivar de consenso das partes. Por fim, não havendo acordo, poderá ser decidida pelo tribunal arbitral. Quando as regras aplicáveis condicionam a possibilidade de integração à anuência das partes envolvidas, se essas aceitarem, dificilmente um tribunal arbitral irá impor restrições adicionais. De modo diverso, em havendo divergência, no que toca à integração, a decisão do tribunal deverá, sempre à luz da convenção de arbitragem e das regras procedimentais aplicáveis, apurar quais os benefícios atrelados à adição de parte, comparando-os qualitativamente, a um eventual inconveniente. Em todo caso, poderá caber ao Poder Judiciário análise superveniente da legalidade da integração, em sede de ação anulatória.

---

[289] "A privacidade, no entanto, refere-se à condução do próprio procedimento arbitral e à realização de seus atos. Em razão da privacidade conferida ao procedimento arbitral, dele somente poderão participar as partes, seus procuradores, os árbitros e aqueles que, por deliberação das partes e do tribunal arbitral, venham a ser chamados para dele participar. Em suma, a privacidade impede que estranhos ao procedimento dele participem ou assistam a quaisquer sessões do tribunal arbitral, diferentemente do que ocorre no processo judicial que é, por natureza e salvo exceções, público." (NUNES PINTO, José Emílio. A confidencialidade na arbitragem. *Revista de Arbitragem e Mediação*, vol. nº 6, p. 25-36, jul./set. 2005, p. 04). Em relação às técnicas para assegurar a confidencialidade, BAIZEAU, Domitille; RICHARD, Juliette. Addressing the issue of confidentiality in arbitration proceedings: how is this done in practice? In: GEISINGER, Elliott (eds.). *ASA Special Series No. 43 Confidential and Restricted Access Information in International Arbitration*. Association Suisse de l'Arbitrage, p. 53-78, 2016.

[290] PLATTE, Martin. When Should an Arbitrator Join Cases? *Arbitration International*, vol. 18, nº 1, p. 67-81, 2002, p. 79.

[291] MONTEIRO, Antônio Pinto; SILVA, Artur Flamínio da; MIRANTE, Daniela. *Manual de Arbitragem*. Coimbra: Almedina, 2020, p. 317.

Capítulo 11
O OBJETO DA CONVENÇÃO DE ARBITRAGEM

Todos os negócios jurídicos ostentam um objeto. Todo e qualquer bem da vida poderá ser objeto de direito. No entanto, uma diferenciação deve ser feita entre as noções de "bem" e de "objeto de direito". Enquanto a primeira traz carga fática, justamente por ser um conceito próprio do mundo dos fatos e suporte fático de uma norma jurídica, a segunda, por sua vez, é elemento do mundo jurídico, pois o objeto de direito é que constitui matéria da relação jurídica. Ou seja, o bem da vida sobre o qual recaem direitos e deveres que sejam conteúdo de determinada situação jurídica deverá ser entendido como o objeto de direito[292].

Nesse sentido, explica Carlos Alberto Mota Pinto que "o objeto de uma relação jurídica é precisamente o quid sobre que incidem os poderes do seu titular activo. A satisfação do interesse, que corresponde ao aspecto funcional do direito, exige a subordinação de um bem ao poder do titular do direito"[293]. Enquanto negócio jurídico, a convenção de arbitragem deve obedecer aos requisitos previstos no art. 104, II, do Código Civil[294]. Portanto, seu objeto há de ser lícito, possível e determinado, ou determinável. Como ensina Oliveira Ascensão, "objeto do negócio são os bens que por ele se dispõem. São assim as coisas, as prestações etc., que são atingidas pela regulação de interesses"[295]. Assim, toda e qualquer relação jurídica terá um objeto, seja uma coisa (*res corporales*), um bem imaterial (*res incorporales*) ou uma promessa de prestação[296].

O presente capítulo propõe-se a analisar, em linhas gerais, o objeto da convenção de arbitragem. Inicia-se com uma visão geral do que se entende por objeto do negócio jurídico. Na sequência, passa-se ao exame do objeto da convenção de arbitragem propriamente dito. E, por fim, aborda a possibilidade jurídica de submeter determinada controvérsia à arbitragem, a denominada "arbitrabilidade objetiva".

---

[292]   MELLO, Marcos Bernardes de. *Teoria do Fato Jurídico: plano da eficácia*. 10ª ed. São Paulo: Saraiva, 2015, p. 201-202.

[293]   MOTA PINTO, Carlos Alberto. *Teoria Geral do Direito Civil*. 4ª ed., atualizada por António Pinto Monteiro e Paulo Mota Pinto. Coimbra: Coimbra Editora, 2005, p. 331.

[294]   Código Civil, Art. 104: "A validade do negócio jurídico requer: II – objeto lícito, possível, determinado ou determinável"

[295]   ASCENSÃO, José de Oliveira. *Teoria Geral do Direito Civil*. Vol. II. 2ª ed. Coimbra: Coimbra Editores, 2003, p. 105.

[296]   MELLO, Marcos Bernardes de. *Teoria do Fato Jurídico: plano da eficácia*. 10ª ed. São Paulo: Saraiva, 2015, p. 202.

§ 39. OBJETO DA CONVENÇÃO DE ARBITRAGEM

1. "Objeto" dos negócios jurídicos

O *objeto* do negócio jurídico pode assumir sentidos diversos. Existem distinções dogmáticas importantes que merecem atenção. Há duas dimensões diferentes pelas quais pode ser analisado: o primeiro contraste se dá entre o objeto material e objeto jurídico, enquanto o segundo promove a distinção entre objeto imediato e objeto mediato. Trata-se de concepções distintas, que devem ser analiticamente diferenciadas para permitir a adequada compreensão e dimensionamento dos problemas associados ao objeto.

Em primeiro, cabe fazer a distinção entre o objeto material e o objeto jurídico. Embora em uma acepção mais ampla essas noções possam se confundir, sob o rótulo de "objeto", o conteúdo propriamente diz respeito às cargas de eficácia atreladas a uma determinada situação jurídica[297]. Explica Carlos Alberto Mota Pinto que "o objecto é aquilo sobre que recaem os poderes do titular do direito. O conteúdo é o conjunto dos poderes ou faculdades que o direito subjectivo comporta"[298]. O objeto material será um bem da vida – corpóreo ou incorpóreo – ou uma conduta humana; portanto, abarca tanto bens quanto prestações. De modo diverso, o objeto jurídico, o conteúdo, representa todas as cargas eficaciais – direitos, pretensões, ações, exceções, ônus ou faculdades – que circundam o objeto da relação jurídica.

Em segundo, deve ser realizada diferenciação entre objeto imediato do objeto mediato[299]. De certo modo, essa categoria é derivada da separação entre o objeto material e o objeto jurídico, pois espelha a diversidade entre o que está submetido aos poderes que integram o conteúdo de um direito e o bem da vida sobre o qual índice a relação jurídica[300].

Há fatos jurídicos, como os fatos jurídicos em sentido estrito, cujo objeto é constituído apenas por elemento material, um bem da vida, vez que nessa modalidade de fatos jurídicos não há presença da conduta humana. De modo diverso, nos atos jurídicos em sentido amplo, os quais abarcam tanto os atos jurídicos em sentido estrito quanto os negócios jurídicos, o objeto será uma conduta humana, uma prestação, que constitui

---

[297] Numa acepção mais ampla, o objeto do negócio jurídico pode ser entendido como o seu conteúdo, e esse conteúdo é que deve ser lícito, não contrariando o direito. Exemplos de conteúdos ilícitos do negócio são aqueles que têm por objeto a herança de pessoa viva (art. 426, CC), ou ainda os que digam respeito ao comércio de substâncias proibidas, como os entorpecentes. A não contrariedade ao direito abrange o respeito à ordem pública e aos bons costumes. O conceito de ordem pública não é estanque, mas abrange os princípios mais fundamentais do ordenamento jurídico brasileiro, muitos deles presentes na Constituição Federal, no rol de direitos fundamentais. (MENKE, Fabiano. Arts. 104 a 185. In: NANNI, Giovanni Ettore (coord.). *Comentários ao Código Civil: Direito Privado Contemporâneo*. São Paulo: Saraiva, 2019, p. 186).

[298] MOTA PINTO, Carlos Alberto. *Teoria Geral do Direito Civil*. 4ª ed., atualizada por António Pinto Monteiro e Paulo Mota Pinto. Coimbra: Coimbra Editora, 2005, p. 332.

[299] AMARAL, Francisco. *Direito Civil: Introdução*. 10ª ed. São Paulo: Saraiva, 2018, p. 502.

[300] "Pode distinguir-se entre objecto imediato e objecto mediato dos direitos subjetivos. A distinção exprime a diversidade entre aquilo que diretamente está submetido aos poderes ideais que integram um direito subjectivo e aquilo que só de uma forma mediata ou indirecta, isto é, através de um elemento mediador, está submetido àqueles poderes." (MOTA PINTO, Carlos Alberto. *Teoria Geral do Direito Civil*. 4ª ed., atualizada por António Pinto Monteiro e Paulo Mota Pinto. Coimbra: Coimbra Editora, 2005, p. 332).

PARTE III · Capítulo 11 · O OBJETO DA CONVENÇÃO DE ARBITRAGEM | **405**

um dar, um fazer ou um não fazer. Nesses casos, a conduta será o objeto imediato, e o bem da vida apenas o objeto mediato. Portanto, o objeto imediato corresponde ao efeito jurídico esperado pelas partes a partir de um determinado negócio jurídico, enquanto o objeto mediato versa sobre a materialidade, ou seja, sobre o bem da vida sobre o qual a vontade dos agentes negociais é manifestada[301]. Essa distinção é útil quando se tem em vista uma estrutura obrigacional, com a pactuação de prestações[302].

Além disso, o ordenamento jurídico brasileiro estabelece que, para que um negócio jurídico seja validamente constituído quanto ao seu objeto, esse tem de apresentar três predicados cumulativos: (i) a licitude, (ii) a possibilidade e (iii) determinabilidade. Quanto aplicadas essas características a um negócio jurídico surgem dois níveis de análise, o primeiro voltado para a conduta que é objeto desse negócio (dar, fazer ou não fazer) e o segundo destinado a analisar o conteúdo dessa conduta.

No primeiro nível, essencialmente focado no objeto material, verifica-se se o bem da vida objeto da prestação é lícito, possível e determinável. As condutas de dar, fazer ou não fazer, abstratamente, são consideradas lícitas, pois são as modalidades de conduta humana valoradas pelo direito. No entanto, em algumas situações, diante de impedimentos físicos ou jurídicos, tornam-se ilícitas ou impossíveis. Ou, ainda, a conduta pretendida pode ser indeterminável, a partir dos termos do negócio jurídico. Nessas situações, quando o vício está no próprio objeto material, o objeto jurídico será inexoravelmente contaminado. Como todas as cargas eficaciais farão referência a objeto material maculado, os efeitos jurídicos decorrentes serão também contaminados.

O segundo nível é focado no objeto jurídico. Aqui, analisam-se o conteúdo, o conjunto de direitos, deveres, poderes, sujeições, ônus e faculdades[303]. É possível que determinado negócio jurídico tenha objeto material lícito, entretanto, determinadas cargas eficaciais são lícitas, possíveis e determinadas/determináveis enquanto outras não preenchem essas três características. Nesses casos, haverá a produção de alguns efeitos jurídicos. No entanto, outros serão ceifados por não preencherem alguns dos requisitos de validade fixados em lei.

---

[301] "O objeto do negócio jurídico traduz uma condição objetiva, cuja análise se firma em suas próprias características. Seu conteúdo busca contemplar tanto a materialidade do bem como o comportamento esperado do sujeito. Desta forma, é possível detectar, num negócio jurídico, um objeto imediato ou jurídico e um objeto mediato ou material. O objeto imediato consiste no efeito jurídico esperado, que traduz o comportamento esperado pelos agentes, seu conteúdo. Seu sentido mediato remete à materialidade, ao bem sobre o qual recaem os poderes dos agentes do negócio jurídico." (TEPEDINO, Gustavo. BARBOZA, Heloisa Helena. MORAES, Maria Celina Bodin de. *Código Civil Interpretado*: Conforme a Constituição da República. Volume I, 2ª ed. Rio de Janeiro: Renovar, 2007, p. 219).

[302] "Observe-se que nem sempre se distinguem, em uma relação jurídica, um objeto imediato e outro mediato. Pode suceder que a prestação, traduzida em um fazer, esgote nela mesma todo o objeto da relação. Tome-se o exemplo de um contrato que tenha por fim a realização de uma apresentação musical. Não existe uma coisa exterior à prestação a que essa se ache vinculada, como sucede na compra e venda." (OLIVEIRA, Eduardo Ribeiro de. *Comentários ao Novo Código Civil: dos bens, dos fatos jurídicos, do negócio jurídico, disposições gerais, da representação, da condição, do termo e do encargo, volume li: (arts. 79 a 137)*. Sálvio de Figueiredo Teixeira (Coord.). Rio de Janeiro: Forense, 2008, p. 04-05).

[303] MOTA PINTO, Carlos Alberto. *Teoria Geral do Direito Civil*. 4ª ed., atualizada por António Pinto Monteiro e Paulo Mota Pinto. Coimbra: Coimbra Editora, 2005, p. 333.

2. Licitude, possibilidade e determinabilidade do "objeto"

A licitude do objeto[304] diz respeito à conformidade com o ordenamento jurídico[305]. Objeto lícito é o não contrário à lei, à ordem pública e aos bons costumes[306]. Conforme Pontes de Miranda, "o objeto do negócio jurídico há de ser juridicamente adequado (idôneo) ao negócio jurídico. Quer se trate de bens imóveis, quer de móveis; de bens materiais ou de bens imateriais. O objeto pode ser considerado quanto à sua idoneidade geral aos negócios jurídicos, ou quanto a sua idoneidade em relação a determinados negócios jurídicos"[307]. O ordenamento jurídico estabelece restrições ao que pode e ao que não pode ser objeto de um determinado negócio jurídico. É sobre o conteúdo do negócio que incide a limitação imposta pelo requisito da licitude do objeto[308].

Acerca da licitude do objeto, explana Pontes de Miranda que "a ilicitude do objeto faria nulo o ato, do lado de um figurante, não necessariamente, do lado do outro: se o outro lado é atingido, falta a causa"[309]. A própria autonomia privada, fundamento último dos negócios jurídicos, somente pode ser exercida dentro das balizas trazidas pelo ordenamento jurídico[310]. Para fins de aferição de ilicitude, é indiferente a natureza da norma violada. Basta a mera contrariedade ao ordenamento jurídico para que *ipso jure* haja uma ilicitude nos termos previstos pelo art. 104 do CC. Assim, "não há que se diferenciar, no plano da validade, se a ilicitude é civil, penal ou de outra ordem, pois um negócio jurídico que tenha por objeto algo proibido em lei não terá validade"[311].

A ilicitude da convenção de arbitragem é verificada em algumas situações. Conforme ensina Pontes de Miranda, "o ato ilícito tem por pressupostos o ser contrário a direito,

---

[304] O tema possuí claros reflexos na jurisprudência. Exemplificativamente, o STJ no REsp 1.025.552/DF, relatado pelo Ministro Raul Araújo, julgado em 04.04.2017, ao analisar um negócio jurídico que dispunha sobre imóveis públicos, estabeleceu que "constitui requisito de validade do negócio jurídico o objeto lícito". O acórdão concluiu pela nulidade do negócio jurídico em questão lhe faltar "um dos requisitos de qualquer ato jurídico, o objeto lícito", com base no art. 104 do Código Civil. Além disso, a Corte Superior entendeu também pela impossibilidade do objeto, ao acrescentar nas razões de fundamentação que "além de ilícito, era juridicamente impossível. Com efeito, a impossibilidade jurídica do objeto ocorre quando o ordenamento jurídico veda negócios a respeito de determinado bem. A Lei 6.766/79 impede a negociação que tenha por objeto área em loteamento não regularmente inscrito". (STJ. REsp 1.025.552/DF. Min. Rel. Raul Araújo. Quarta Turma. J. em: 04.04.2017).

[305] TEPEDINO, Gustavo. BARBOZA, Heloisa Helena. MORAES, Maria Celina Bodin de. *Código Civil Interpretado*: Conforme a Constituição da República. Volume I, 2ª ed. Rio de Janeiro: Renovar, 2007, p. 219.

[306] AMARAL, Francisco. *Direito Civil: Introdução*. 10ª ed. São Paulo: Saraiva, 2018, p. 503.

[307] PONTES DE MIRANDA, Francisco Cavalcanti. *Tratado de Direito Privado*. Tomo IV. Atualizado por Marcos Bernardes de Mello e Marcos Ehrhardt Jr. São Paulo: Revista dos Tribunais, 2012, p. 244.

[308] AMARAL, Francisco. *Direito Civil: Introdução*. 10ª ed. São Paulo: Saraiva, 2018, p. 502.

[309] PONTES DE MIRANDA, Francisco Cavalcanti. *Tratado de Direito Privado*. Tomo III. Atualizado por Marcos Bernardes de Mello e Marcos Ehrhardt Jr. São Paulo: Revista dos Tribunais, 2012, p. 162.

[310] O STJ, em caso relatado pelo Ministro Ricardo Villas Boas Cueva, seguindo a clara diretriz estabelecida no Código Civil, entende que "deve ser considerado válido o contrato regularmente formalizado por agentes capazes, que manifestaram livremente a sua vontade, dispondo sobre objeto lícito." (STJ. REsp n. 1.881.165/RJ. Min. Ricardo Villas Bôas Cueva. Terceira Turma. J. em: 09.03.2021).

[311] TEPEDINO, Gustavo. BARBOZA, Heloisa Helena. MORAES, Maria Celina Bodin de. *Código Civil Interpretado*: Conforme a Constituição da República. Volume I, 2ª ed. Rio de Janeiro: Renovar, 2007, p. 219.

isto é, o infringir princípio do ordenamento jurídico (pressuposto objetivo), mais o ter sido previsível ou afastável o resultado"[312]. Ou seja, será ilícita a convenção de arbitragem que contrariar norma cogente, como a que pretenda transpor para a jurisdição arbitral competência reservada pelo próprio Estado, ou que pretenda arrogar aos árbitros poder que não lhes é assegurado. Assim, serão nulas por ilicitude, por exemplo, a cláusula que impõe arbitragem compulsória no âmbito das relações de consumo (art. 51, VII, CDC)[313], ou a cláusula compromissória inserida em contrato de trabalho de empregado com remuneração inferior a duas vezes o limite máximo dos benefícios da previdência social (art. 507-A, CLT)[314]. Perceba-se que ambas as matérias, mesmo que referentes a direitos patrimoniais e disponíveis – portanto, arbitráveis em determinadas situações, poderão implicar invalidade por ilicitude do objeto da cláusula compromissória, quando inobservarem os requisitos especiais trazidos em lei. Ou, ainda, será ilícita a cláusula compromissória que pretender conferir aos árbitros poderes de execução, por ser essa matéria reservada ao *imperium* estatal[315]. Outro caso de potencial ilicitude está no art. 852 do Código Civil[316], que traz limitações legais ao conteúdo do "contrato de compromisso", ao dispor que é vedado compromisso para solução de questões de estado, de direito pessoal de família e de outras que não tenham caráter estritamente patrimonial. Não há um regime unificado que leve à ilicitude da convenção de arbitragem, sendo necessário que o intérprete se atente para a existência de norma potencialmente violada para concluir pela carência de licitude do seu objeto.

Sobre o requisito da possibilidade, essa é bipartida em possibilidade física e possibilidade jurídica[317]. Objeto fisicamente impossível é o que não existe no mundo das coisas, sendo inviável o exercício de situações jurídicas sobre ele[318].

---

[312] PONTES DE MIRANDA, Francisco Cavalcanti. *Tratado de Direito Privado*. Tomo IV. Atualizado por Marcos Bernardes de Mello e Marcos Ehrhardt Jr. São Paulo: Revista dos Tribunais, 2012, p. 231.

[313] Código de Defesa do Consumidor, Art. 51: "São nulas de pleno direito, entre outras, as cláusulas contratuais relativas ao fornecimento de produtos e serviços que: [...] VII – determinem a utilização compulsória de arbitragem."

[314] CLT, Art. 507-A: "Nos contratos individuais de trabalho cuja remuneração seja superior a duas vezes o limite máximo estabelecido para os benefícios do Regime Geral de Previdência Social, poderá ser pactuada cláusula compromissória de arbitragem, desde que por iniciativa do empregado ou mediante a sua concordância expressa, nos termos previstos na Lei 9.307, de 23 de setembro de 1996."

[315] Apesar de não enfrentar especificamente o tema da ilicitude do objeto da convenção de arbitragem, o TJSP, ao julgar a Agravo de Instrumento 2032620-2.2021.8.26.0000, relatado pelo Des. Plinio Novaes de Andrade Júnior em 29.08.2021 estabeleceu que "não se insere nos poderes dos árbitros a atividade executiva, mas apenas a de acertamento". (TJSP. AI 2032620-2.2021.8.26.0000. Des. Plinio Novaes de Andrade Júnior. 4ª Câmara de Direito Privado. J. em: 29.08.2021).

[316] Código Civil, Art. 852: "É vedado compromisso para solução de questões de estado, de direito pessoal de família e de outras que não tenham caráter estritamente patrimonial".

[317] "O inciso II do art. 104 prevê que o objeto deve ser possível. A questão deve ser analisada pelo seu lado inverso, qual seja o da impossibilidade, de modo que será nulo o negócio jurídico que tenha objeto impossível, uma vez que a regra do art. 104 deve ser lida em conjunto com o art. 166, II, do Código Civil. De serem ressaltadas, nesse contexto, as impossibilidades física ou jurídica." (MENKE, Fabiano. Arts. 104 a 185. In: NANNI, Giovanni Ettore (coord.). *Comentários ao Código Civil*: Direito Privado Contemporâneo. São Paulo: Saraiva, 2019, p. 186).

[318] "Este requisito não se confunde com a possibilidade física ou material, pois nesta hipótese se exige a existência concreta do objeto mediato no momento da eficácia do negócio jurídico. Não

CONVENÇÃO DE ARBITRAGEM – *Fichtner • Tolentino • Polastri • Salton*

Objeto juridicamente impossível é aquele que, apesar de existente no mundo real, está sujeito a limitações impostas pelo ordenamento jurídico que o colocam fora do espectro de ser passível de negociação pelas pessoas. Assim, a impossibilidade jurídica consiste na inviabilidade legal de convencionar determinado conteúdo.[319] Para Pontes de Miranda, "o impossível jurídico ou (a) o é, porque a lei o diz (impossível jurídico primário), ou (b) porque há situação jurídica (impossível jurídico secundário) que o impede"[320]. Igualmente, não há de se confundir a impossibilidade inicial com a impossibilidade superveniente, pois somente a impossibilidade inicial é capaz de fulminar o vínculo jurídico, no plano da validade[321].

Nesse contexto, na análise da convenção de arbitragem, ganha destaque a noção de impossibilidade jurídica, associada à inarbitrabilidade de uma determinada matéria. A Lei de Arbitragem pré-condiciona a possibilidade de submeter à jurisdição arbitral a patrimonialidade e a disponibilidade dos litígios[322]. Assim, a inarbitrabilidade faz referência à impossibilidade jurídica de submeter uma questão à arbitragem.

Por fim, em relação à determinabilidade, essa faz referência à identificação do objeto da relação jurídica[323]. Nesse sentido, explicam Gustavo Tepedino, Heloisa Barboza e Maria Celina Bodin de Moraes que "consoante o texto legal em exame, o objeto deve ser determinado ou determinável"[324]. Assim, quando se fala de um objeto determinado, tem-se todas suas características de forma precisa, *ab initio*. Diversamente, diante de objeto determinável, há imprecisão acerca de pelo menos alguma de suas qualidades ou de quantidade, que poderá estar presente no momento inicial do negócio, mas não poderá subsistir quando de sua efetivação"[325].

---

há que se falar, assim, na alienação de um imóvel situado na lua, pois embora o objeto imediato, a alienação, seja possível, o objeto mediato inexiste" (TEPEDINO, Gustavo. BARBOZA, Heloisa Helena. MORAES, Maria Celina Bodin de. *Código Civil Interpretado*: Conforme a Constituição da República. Volume I, 2ª ed. Rio de Janeiro: Renovar, 2007, p. 219).

[319] AMARAL, Francisco. Direito Civil: Introdução. 10ª ed. São Paulo: Saraiva, 2018, p. 503.

[320] PONTES DE MIRANDA, Francisco Cavalcanti. *Tratado de Direito Privado*. Tomo IV. Atualizado por Marcos Bernardes de Mello e Marcos Ehrhardt Jr. São Paulo: Revista dos Tribunais, 2012, p. 260.

[321] "Apenas a impossibilidade inicial e absoluta conduz à invalidade do negócio jurídico, de acordo com o que prevê o art. 106 do Código Civil. A impossibilidade inicial ou originária é aquela já existente ao tempo da formação do vínculo. Vindo a impossibilidade a se manifestar posteriormente, será caso de resolução do negócio, com ou sem inadimplemento. A impossibilidade absoluta é aquela que se coloca diante de todos, não podendo ser alcançado por nenhuma pessoa. Impossibilidade relativa se refere a uma pessoa ou conjunto de pessoas. A nulidade estará presente na impossibilidade absoluta e não na relativa." (MENKE, Fabiano. Arts. 104 a 185. In: NANNI, Giovanni Ettore (coord.). *Comentários ao Código Civil*: Direito Privado Contemporâneo. São Paulo: Saraiva, 2019, p. 186).

[322] Lei de Arbitragem, Art. 1º: "As pessoas capazes de contratar poderão valer-se da arbitragem para dirimir litígios relativos a direitos patrimoniais disponíveis".

[323] AMARAL, Francisco. *Direito Civil: Introdução*. 10ª ed. São Paulo: Saraiva, 2018, p. 504.

[324] TEPEDINO, Gustavo. BARBOZA, Heloisa Helena. MORAES, Maria Celina Bodin de. *Código Civil Interpretado*: Conforme a Constituição da República. Volume I, 2ª ed. Rio de Janeiro: Renovar, 2007, p. 219-220.

[325] TEPEDINO, Gustavo. BARBOZA, Heloisa Helena. MORAES, Maria Celina Bodin de. *Código Civil Interpretado*: Conforme a Constituição da República. Volume I, 2ª ed. Rio de Janeiro: Renovar, 2007, p. 219-220.

PARTE III · **Capítulo 11** · O OBJETO DA CONVENÇÃO DE ARBITRAGEM | **409**

Para fins de aferição da validade, o que importa é que em algum momento seja possível determinar escopo do avençado, até como forma de viabilizar o seu cumprimento[326]. Assim, o litígio ou a questão objeto da convenção de arbitragem tem de ser minimamente definida, sob pena de nulidade[327]. A convenção de arbitragem apenas abarca as relações que estão dentro do seu escopo objetivo, razão pela qual é inválida a cláusula compromissória *omnibus*[328]. Explica Carlos Alberto Carmona: "o fato de referir-se o *caput* do artigo [4º da Lei de Arbitragem] a um contrato mostra desde logo que a cláusula compromissória não pode ser ampla a ponto de submeter os signatários à arbitragem para todo e qualquer conflito em que se envolverem: a limitação natural da contratação está ancorada a uma relação jurídica determinada"[329]. Não há admissibilidade de negócio jurídico amplo, genérico e irrestrito que vise a direcionar toda e qualquer controvérsia existente entre as partes para a seara arbitral. Ao contrário, a convenção de arbitragem deve se prender a uma determinada relação jurídica, consubstanciada em um ou mais contratos, mas que gravitem, então, em torno da mesma operação econômica.

Para que haja satisfação dos requisitos de validade, é imprescindível que a convenção de arbitragem cumpra os três predicados: seja lícita, possível e determinada. Em relação à licitude, o objeto da convenção de arbitragem não pode frustrar norma imperativa, por exemplo, que disponha sobre competência privativa da jurisdição estatal para lidar com certas controvérsias; em relação à possibilidade, a convenção de arbitragem deve satisfazer os requisitos de arbitrabilidade objetiva e, por fim, em relação à determinabilidade, a convenção de arbitragem deve fazer remissão a relação jurídica ou a litígio identificável e precisa[330].

---

[326] "No que diz respeito à determinação do objeto como requisito de validade do negócio jurídico, o fundamental é que seja em algum momento determinável, permitindo que a parte obrigada, ou ambas as partes, possa direcionar suas condutas para cumprir o escopo do que foi avençado." (MENKE, Fabiano. Arts. 104 a 185. In: NANNI, Giovanni Ettore (coord.). *Comentários ao Código Civil*: Direito Privado Contemporâneo. São Paulo: Saraiva, 2019, p. 186).

[327] OLIVEIRA, Elsa Dias. *Arbitragem Voluntária: uma introdução*. Lisboa: Almedina, 2020, p. 40.

[328] Cláusula compromissória *omnibus* refere-se à cláusula compromissória genérica, que não apresenta adequada definição de seu escopo objetivo. Vide: PIRES, Catarina Monteiro. Convenção de Arbitragem. In: _____; Rui Pereira Dias (Coord.) *Manual de Arbitragem Internacional Lusófona*. Vol. 1. Coimbra: Almedina, 2020, p. 52-53.

[329] CARMONA, Carlos Alberto. *Arbitragem e Processo: um comentário à Lei nº 9.307/96*. 3ª ed. São Paulo: Atlas, 2009, p. 104.

[330] Nesse ponto, cumpre ressaltar que em razão da existência princípio do Komptez-Komptez (Capítulo 16) o STJ possuí entendimento pacífico que cabe, por via de regra, ao próprio Tribunal Arbitral aferir os requisitos de validade da convenção de arbitragem, razão pela qual são raras às vezes que o Poder Judiciário adentra no mérito da licitude, possibilidade e determinabilidade da cláusula compromissória. Exemplificativamente, nesse sentido: STJ. AgInt no CC 180.394/BA. Min. Gurgel de Faria. Primeira Seção. J. em: 29.03.2022; STJ. AgInt no REsp 1.965.300/PR. Min. Nancy Andrighi. Terceira Turma. J. em: 14.03.2022; STJ. AgInt no AREsp 1.923.431/MG. Min. Marco Aurélio Bellizze. Terceira Turma. J. em: 14.02.2022; STJ. REsp 1.953.212/RJ. Min. Nancy Andrighi. Terceira Turma. J. em: 26.10.2021. STJ. AgInt no REsp 1.778.196/RS. Terceira Turma. Rel. Min. Paulo de Tarso Sanseverino. J. em: 30.08.2021. Apesar disso, não se olvida que o STJ possuí também a ressalva estabelecida no REsp 1.602.076/SP, relatado pela Ministra Nancy Andrighi. J. em: 15.09.2016, que "é inegável a finalidade de integração e desenvolvimento do Direito a admissão na jurisprudência desta Corte de cláusulas compromissórias "patológicas" (...) cuja apreciação e declaração de nulidade podem ser feitas pelo Poder Judiciário antes do procedimento arbitral". (STJ. REsp 1.602.076/SP. Min. Nancy Andrighi. Terceira Turma. J. em: 15.09.2016).

3. Objeto material e jurídico da convenção de arbitragem

Em termos conceituais, a convenção de arbitragem é o negócio jurídico por meio do qual as partes optam por submeter a resolução de litígios à jurisdição arbitral. Enquanto negócio jurídico, a convenção de arbitragem terá necessariamente um objeto, pois não há relação jurídica sem objeto[331]. O objeto material da convenção de arbitragem pode ser depreendido a partir da análise do art. 3º da Lei de Arbitragem: "[a]s partes interessadas podem submeter a solução de seus litígios ao juízo arbitral mediante convenção de arbitragem". Com diferenças de estilo por parte da doutrina, a convenção de arbitragem pode ser compreendida como o negócio jurídico por meio do qual as partes submetem um litígio, entre elas, à jurisdição arbitral[332]. Desse modo, é possível perceber a possibilidade de conferir dois enfoques distintos de análise desse objeto, ora no objeto material ora no objeto jurídico.

Em relação ao objeto material da convenção de arbitragem, esse é o acesso à jurisdição arbitral, como método de solução de controvérsias. Dessa forma, a convenção de arbitragem é negócio jurídico que apresenta objeto tipificado em lei: a submissão de litígios ao juízo arbitral. De modo imediato, instrumentalizam o acesso à jurisdição arbitral um conjunto de poderes que são atribuídos às partes da convenção de arbitragem, para impor a via arbitral como solução exclusiva para a solução de litígios ocorridos no âmbito da relação jurídica de direito patrimonial à qual a convenção de arbitragem faz referência.

Por certo, o objeto desse negócio jurídico não é um bem da vida corpóreo, sendo, na verdade, um direito. Trata-se do direito de ação, utilizado, no caso da arbitragem, para constituir e para retirar da inércia a jurisdição privada. Quando a Lei de Arbitragem trata da submissão de litígios à arbitragem, está, em outras palavras, tratando do exercício do direito de ação perante a jurisdição arbitral. A expressão "submeter litígios", por um lado, foca na provocação, a retirada da inércia; diversamente, ao tratar da submissão "ao juízo

---

[331] MELLO, Marcos Bernardes de. *Teoria do Fato Jurídico: plano da eficácia*. 10ª ed. São Paulo: Saraiva, 2015, p. 202.

[332] "A partida, para qualquer situação jurídica de arbitragem é, em termos materiais, a existência de uma convenção de arbitragem, isto é, de um acordo pelo qual as partes remetem a composição de eventuais litígios futuros (cláusula compromissória) ou presentes (compromisso), para árbitros." (MENEZES CORDEIRO, António. *Tratado da Arbitragem*. Coimbra: Almedina, 2016, p. 86); "A convenção arbitral é o acordo das partes em submeter a arbitragem um litígio atual ou eventual. Tem natureza contratual, na medida em que é um negócio jurídico bilateral." (GOUVEIA, Mariana França. *Curso de Resolução Alternativa de Litígios*. 3ª ed. Coimbra: Almedina, 2020, p. 125); "a convenção de arbitragem (ou convenção arbitral) pode, de uma forma suscinta, ser descrita como o acordo das partes em submeter o seu litígio, actual ou futuro, à decisão por árbitros. Deste modo, a convenção de arbitragem consubstancia a expressão da vontade das partes em, por um lado, subtrair o seu litígio à esfera dos tribunais estaduais e, por outro lado, atribuir competência a árbitros para a decisão do mesmo." (MONTEIRO, António Pedro Pinto; SILVA, Artur Flamínio da; MIRANTE, Daniela. *Manual de Arbitragem*. Coimbra: Almedina, 2020, p. 126); "A convenção de arbitragem é o negócio jurídico mediante o qual as partes acordam que um litígio, atual ou futuro, determinado ou determinável, será decidido por um tribunal arbitral" (OLIVEIRA, Elsa Dias. *Arbitragem Voluntária: uma introdução*. Coimbra: Almedina, 2020, p. 33); "Em síntese apertada, a convenção de arbitragem tem um duplo caráter: como acordo de vontades, vincula as partes no que se refere a litígios atuais ou futuros, obrigando-as reciprocamente à submissão ao juízo arbitral;" (CARMONA, Carlos Alberto. *Arbitragem e Processo: um comentário à Lei nº 9.307/96*. 3ª ed. São Paulo: Atlas, 2009, p. 79).

PARTE III · Capítulo 11 · O OBJETO DA CONVENÇÃO DE ARBITRAGEM | **411**

arbitral", especificando o *locus* dessa provocação. Dessa forma, por meio da pactuação da convenção de arbitragem, o direito de ação e exceção das partes a ela vinculadas poderá ser exercido perante a jurisdição arbitral.

Na perspectiva das partes, o objeto da convenção de arbitragem resume-se ao direito potestativo[333] de dar início ao procedimento arbitral, abarcando a correlata sujeição[334]. Ou seja, está-se no plano da estruturação ou de constituição da jurisdição do tribunal arbitral. Está-se, portanto, em esfera potestativa privada, trabalhando-se em perspectivas de normas secundárias, que atribuem poderes a terceiros – o tribunal arbitral – para realizar atividade específica, isto é, resolver o litígio nos moldes ajustados na cláusula compromissória.

Ressalta-se que a constituição da jurisdição arbitral não se encontra, puramente no plano obrigacional, não sendo resumida a uma obrigação de fazer, pois a obrigação de fazer constitui uma prestação. Ao contrário, não se trata de prestação que pode ser cumprida ou descumprida. Há, na verdade, uma *potestade*. No entanto, ao lado dos poderes de impor a via arbitral, como método de solução exclusiva de litígios, estão verdadeiros deveres obrigacionais, decorrentes da boa-fé objetiva, como o dever de colaborar para a instauração da arbitragem, dever de se portar durante o procedimento arbitral em conformidade com *standards* de boa-fé e o dever de lealdade, observável em situações como a ilicitude de indicação de árbitro sabidamente suspeito.

Em relação aos direitos e poderes que instrumentalizam a instauração do juízo arbitral, é possível vislumbrá-los, ao menos, em dois momentos distintos. Em primeiro, a ação do art. 7º, a execução específica da convenção de arbitragem, é utilizada apenas para instaurar o procedimento arbitral, e não para obrigar a participação no curso da arbitragem. Em segundo, ao prever no art. 22, § 3º, que a revelia da parte não impede que a sentença arbitral seja proferida, evidencia-se que não é necessário um "fazer" da parte requerida como condição de viabilidade da prolação da sentença. Essa previsão normativa é plenamente justificada, ao contrário, tendo em mente a existência de um estado de sujeição, e não um estado de prestação a ser adimplida.

Ademais, há de se considerar que o CPC viabiliza a prevenção da jurisdição estatal, caso não invocada a exceção de arbitragem em sede de contestação (art. 337, § 6º)[335]. Dessa forma, evidencia-se que não há, em primeiro, uma obrigação de não fazer que impossibilite o acesso ao Poder Judiciário – o que seria inconstitucional por força do art. 5º, XXXV, da Constituição Federal[336]. Os deveres prestacionais estão na colaboração para

---

[333] Sobre o direito potestativo, ver Capítulo 9.

[334] Adotando formulação semelhante: "o objeto da convenção de arbitragem compreende tanto a obrigação de instaurar procedimento arbitral (objeto imediato), quanto as matérias sujeitas a essa forma de resolução de litígios (objeto mediato). Por isso, as convenções de arbitragem que não apresentem critérios para determinar o objeto incidem na vedação prevista pelo art. 166, II, do Código Civil" (WEBBER, Pietro Benedetti Teixeira; SCALCO, Gabriela Barcellos. Cláusulas compromissórias patológicas no direito brasileiro: eficácia e exequibilidade. *RJLB*, ano 7, nº 2 p. 1233-1255, 2021, p. 1243).

[335] Código de Processo Civil: "Art. 337. Incumbe ao réu, antes de discutir o mérito, alegar: [...] § 6º A ausência de alegação da existência de convenção de arbitragem, na forma prevista neste Capítulo, implica aceitação da jurisdição estatal e renúncia ao juízo arbitral."

[336] O tema diretamente tratado na SE 5.206, em que o Supremo Tribunal Federal declarou a constitucionalidade incidental da Lei de Arbitragem. (STF. SE 5.206. Min. Rel. Sepúlveda Pertence. Tribunal Pleno. J. em: 12.12.2001).

a adequada instauração do procedimento, e na postura a ser adotada durante o procedimento, por exemplo, mas não na instauração em si. Caso uma das partes opte por propor a ação perante o Poder Judiciário, caberá exclusivamente à outra parte resistir, e se valer do seu direito potestativo de provocar a jurisdição arbitral, a ser exercido por meio da exceção de arbitragem.

Portanto, não há obrigação de fazer, propriamente dita, no sentido de uma parte ser obrigada a instaurar arbitragem, diante da existência de litígio. Tanto é que o CPC admite tanto o recebimento da petição inicial que verse sobre litígio decorrente, ou relacionado ao ajuste contratual que contém, no seu bojo, cláusula compromissória, quanto cabe ao réu escolher se opõe ou não a exceção de arbitragem. Essa mecânica legal dificilmente seria explicada em termos sistemáticos caso se tenha por pressuposto um dever prestacional de se sujeitar à arbitragem. Ademais, seria necessário explicar como uma prestação daria origem a um estado de poder, que é a condição dos árbitros durante a condução do procedimento arbitral. Ao contrário, o fenômeno é plenamente justificado diante do reconhecimento de estado de potestade conferido às partes mediante a pactuação de convenção de arbitragem.

Em paralelo ao exercício da ação perante a jurisdição arbitral, é possível encontrar outras situações associadas à convenção de arbitragem que apresentam propriamente conteúdo prestacional. Por exemplo, o dever de confidencialidade, dever de colaborar para instaurar a arbitragem, dever de se portar conforme as regras ajustadas, dever de honrar com honorários e custas, entre outros. Esses deveres, que se colocam de modo acessório ou lateral, quando descumpridos, poderão ensejar verdadeira situação de inadimplemento da convenção de arbitragem. Contudo, não podem ser confundidas com o seu objeto, que, pela perspectiva material, faz referência ao direito de submeter litígios à via arbitral.

Em relação ao objeto jurídico, destaca-se que decorrem da convenção de arbitragem diversas categorias eficaciais[337]. Essas são, pois, o seu conteúdo, abarcando variados direitos, deveres, ônus, poderes, sujeições, sanções e exceções que interagem entre si. Nesse nível de análise, privilegiando o objeto jurídico, percebe-se que todas essas cargas eficaciais têm em comum serem polarizadas pela submissão das controvérsias presentes (compromisso arbitral) ou futuras (cláusula compromissória) à jurisdição arbitral, que constitui o objeto material da convenção de arbitragem[338].

O exercício dessas categorias eficaciais, as quais constituem o conteúdo normativo da convenção de arbitragem, conduz à irradiação de efeitos que irão conferir a moldura jurídica do procedimento arbitral. Por estarem lastreadas na convenção de arbitragem, terão como fundamento material a própria autonomia privada dos contratantes, que, em exercício de liberdade, dentro das balizas do ordenamento jurídico, optaram por submeter suas disputas à jurisdição privada. A raiz, portanto, do objeto jurídico da convenção de

---

[337] Vide, Capítulo 9.

[338] "This definition covers two types of arbitration agreement: the arbitration clause, defined as an agreement by which the parties to a contract undertake to submit to arbitration the disputes which may arise in relation to that contract; and the submission agreement, which is an agreement by which the parties to a dispute that has arisen submit that dispute to arbitration." (FOUCHARD, Philippe; GAILLARD, Emmanuel; GOLDMAND, Berthold. *Fouchard Gaillard Goldman on International Arbitration*. Haia: Kluwer Law International, 1999, p. 193).

PARTE III · **Capítulo 11** · O OBJETO DA CONVENÇÃO DE ARBITRAGEM | **413**

arbitragem está na autonomia qualificada e externalizada por declarações negociais de vontade que redundaram na constituição desse negócio jurídico.

Na perspectiva do tribunal arbitral, o foco passa a ser outro, identificando-se como se dão os poderes jurisdicionais atribuídos aos árbitros, todos decorrentes da convenção de arbitragem. Nesse sentido, esse negócio jurídico não é apenas fonte, sendo, também, limite dos poderes dos árbitros. Estes, ao aceitarem o encargo, precisam estar cientes e assentes quanto ao conteúdo normativo do negócio jurídico de direito privado do qual se irradiam as prerrogativas jurisdicionais que serão necessárias ao adequado exercício do seu mister.

Em virtude da vontade das partes, o objeto da convenção de arbitragem, isso é, a submissão de litígios à jurisdição arbitral, é primordialmente percebido pelo poder de iniciar o procedimento e sujeitar a outra parte à jurisdição arbitral. Assim sendo, o objeto da convenção de arbitragem, pela perspectiva material, é o direito de provocar a jurisdição arbitral, instrumentalizado por conjunto de poderes de impor a via da arbitragem como solução exclusiva para solução de litígios ocorridos no âmbito da relação jurídica de direito patrimonial a qual a convenção de arbitragem faz referência. Em relação ao objeto jurídico, têm-se todas as categorias eficaciais decorrentes da convenção de arbitragem, que conferem o colorido especial ao procedimento. Todas essas, em maior ou menor medida, encontram-se polarizadas pela submissão do litígio à via arbitral, que é o objeto típico do negócio jurídico *convenção de arbitragem*.

4. Objeto da convenção de arbitragem e limites da jurisdição arbitral

O poder dos árbitros deriva da convenção de arbitragem, que serve também de limite para o exercício de jurisdição[339]. Somente haverá prestação de jurisdição válida se a decisão for proferida dentro dos limites da convenção de arbitragem. Mais concretamente, dentro dos – eventualmente mais estreitos – limites da ata de missão ajustada pelas partes[340].

A jurisdição arbitral é naturalmente limitada pelo consentimento emanado pelas partes. Em última instância, a busca pelo consentimento está atrelada à legitimidade da arbitragem[341], pois é por meio dele que as partes dão origem ao negócio jurídico que titula a jurisdição dos árbitros. Assim, a análise do objeto da convenção de arbitragem não é apenas importante para definir a validade da convenção em si, como será determinante

---

[339] COSTA, Guilherme Recena. *Partes e Terceiros na Arbitragem*. 293f. Tese (Doutorado em Direito) — Faculdade de Direito da Universidade de São Paulo, Universidade de São Paulo, São Paulo, 2015, p. 23.

[340] Sobre o tema, conforme já referido, o TJSP, no julgamento de uma ação anulatória, fixou o entendimento de que "ressalte-se que, sendo o termo de arbitragem o documento que traça os limites dos poderes dos árbitros, o pedido dele constante não pode ser modificado por qualquer das partes nas alegações iniciais". No concreto, estabeleceu-se, com base nisso, de que "o laudo arbitral não foi proferido fora das divisas previstas no termo de arbitragem, não havendo que se falar em julgamento extra petita. As autoras não foram condenadas ao pagamento de multa contratual, e sim ao pagamento de indenização cuja base de cálculo correspondeu ao valor previsto para a multa. Há perfeita correspondência entre o pleito exposto no termo de arbitragem e dispositivo do laudo de fls. 162/20". (TJSP. Apel 994.08.124054-3. Rel. Des. João Carlos Garcia. Nona Câmara de Direito Privado do Tribunal de Justiça. J. em: 20.04.2010).

[341] CARMONA, Carlos Alberto. *Arbitragem e Processo*: um comentário à Lei nº 9.307/96. 3ª ed. São Paulo: Atlas, 2009, p. 83.

para aferir a validade e a eficácia da própria sentença que é resultante do procedimento arbitral.

Nesse sentido, os árbitros apenas se movem dentro do escopo conferido pela convenção de arbitragem, agindo dentro dos limites pactuados pelas partes, os quais não são autorizados a ultrapassar[342]. E, no caso, a própria convenção de arbitragem estabelece e representa esse limite[343]. A análise do objeto da convenção de arbitragem é verdadeiramente multifacetada, estando presente em diferentes níveis. Por um lado, no plano da validade, discute-se a licitude, possibilidade e determinabilidade da submissão de um litígio à resolução pela via arbitral. De outro, no plano da eficácia, é possível debater a amplitude e extensão da cláusula compromissória, ou seja, quais litígios estariam de fato abarcados pelo seu escopo.

Em verdade, o fato de o litígio estar abarcado pela convenção de arbitragem é condição necessária para que haja jurisdição arbitral. Por essa razão, o art. 32 da Lei de Arbitragem, ao dispor sobre as hipóteses de ação anulatória da sentença arbitral, traz no seu inciso IV que será nula a sentença que "for proferida fora dos limites da convenção de arbitragem". Por "limites" da convenção de arbitragem, pode-se entender tanto os limites objetivos (quais litígios?) quanto subjetivos (quais partes?).

A extrapolação desses limites pode motivar uma ação anulatória de sentença arbitral no âmbito do art. 32, IV, da Lei de Arbitragem. Quando as partes formam o negócio jurídico da convenção de arbitragem, estabelecem um necessário objeto. Esse objeto é determinante para aferir o escopo da jurisdição do tribunal arbitral. Todos os indivíduos ou matérias que estejam alheias a esse escopo predeterminado não estarão sujeitos à jurisdição arbitral. Há, pois, uma relação de simetria entre a amplitude do objeto da convenção de arbitragem e a extensão da jurisdição do tribunal arbitral.

Nesse sentido, o STJ no CC 151.130, relatado pelo Ministro Luis Felipe Salomão, considerou que o pleito indenizatório movido pelos acionistas minoritários da Petrobrás não estava abarcado no objeto da convenção de arbitragem. Manifestou-se a Corte no sentido de que não era admissível "a extensão do procedimento arbitral à União, na condição de acionista controladora da Petrobrás, seja em razão da ausência de lei autorizativa ou estatutária (arbitrabilidade subjetiva), seja em razão do conteúdo do pleito indenizatório que subjaz o presente conflito de competência na hipótese, o qual transcende o objeto indicado na cláusula compromissória em análise (arbitrabilidade objetiva)"[344].

Em regra, não será nula a sentença arbitral quando o julgamento exercido pelos árbitros observa os limites estabelecidos da convenção de arbitragem[345]. No entanto, em uma busca jurisprudencial pormenorizada, é possível perceber a tendência de os Tribunais Estaduais não hesitarem em anular sentenças arbitrais proferidas manifestamente fora do

---

[342] Analogia adaptada de Eduardo Couture. Original em: COUTURE, Eduardo J. *Introdução ao Estudo do Processo Civil: Discursos, ensaios e conferências*. Hiltomar Martins Oliveira (Trad.). Belo Horizonte: Ed. Líder, 2003, p. 56.

[343] PIRES, Catarina Monteiro. Convenção de Arbitragem. In: PIRES, Catarina Monteiro; DIAS, Rui Pereira. *Manual de Arbitragem Internacional Lusófona*. Lisboa: Almedina, 2020, p. 43.

[344] STJ. CC 151.130/SP. Min. Rel. Ministra Nancy Andrighi. Min. Rel. para Acordão Luis Felipe Salomão. Segunda Seção. J. em: 11.02.2020.

[345] TJSC. Apel 0039793-66.2012.8.24.0038. Rel. Des. Jânio Machado. 5ª Câmara de Direito Comercial. J. em: 29.10.2020; TJSP. Apel 1006496-73.2016.8.26.0032. Des. Rel. Carlos Henrique Miguel Trevisan. 29ª Câm. Dir Priv. J. em: 28.02.2018; TJSP. Apel 1104293-44.2013.8.26.0100. Des. Rel. Ricardo Negrão. 2ª Câm Res Dir Emp. J. em. 27.08.2018.

escopo da convenção de arbitragem. O TJSP, exemplificativamente, em caso relatado pelo Desembargador Carlos Alberto Garbi, ao analisar as circunstâncias fáticas específicas de uma lide, consignou que "a controvérsia a ser dirimida estava previamente definida no compromisso arbitral, de forma que o árbitro não poderia, a despeito da liberdade do procedimento, ter apreciado pedidos da ré que não foram incluídos no compromisso. Ao firmar o compromisso arbitral, as partes, na verdade, estão limitando que o pedido não poderá ser feito fora do objeto da controvérsia levada ao árbitro pelo compromisso. A sentença está limitada ao pedido que, por sua vez, está limitado ao compromisso arbitral". Concluiu-se, então, que "o recurso da autora merece provimento a fim de anular por inteiro a sentença arbitral para que outra seja proferida"[346].

O TJRJ, em caso relatado pelo Desembargador Carlos Eduardo da Fonseca Passos, de forma semelhante, decidiu pela nulidade da sentença proferida pelo juízo arbitral em razão de ela ter extrapolado os limites previstos no compromisso. No caso concreto, "o árbitro decidiu o conflito com base na equidade, malgrado a ausência de autorização das partes no compromisso arbitral". Assim, restou caracterizada "as nulidades em que incorreu o julgado, emerge o cabimento da prolação de novo laudo arbitral, com esteio no art. 32, inciso IV, da Lei 9.307/1996, haja vista que a decisão extrapolou os limites definidos na convenção de arbitragem"[347].

Hipótese semelhante de anulabilidade é encontrada no art. V(1)(c) da Convenção de Nova Iorque[348]. Dessa forma, a jurisdição do tribunal arbitral está necessariamente limitada às divergências previstas e que se enquadram nos termos da convenção de arbitragem. Do mesmo modo, o fato de haver decisão acerca de matérias que transcendam o alcance da convenção de arbitragem também é capaz de evitar o reconhecimento de sentença arbitral. Nesse sentido, o art. 38, IV, da Lei de Arbitragem[349], influenciado pelo art. V(1)(c) da Convenção de Nova Iorque, traz expressamente a possibilidade de não se executar sentença que extrapole os limites da convenção de arbitragem. Nesse sentido, explica Peter Sester: "Assim, deve ser negada a homologação de sentenças arbitrais que extrapolem o alcance da convenção, seja por decidirem matéria diferente (*aliud*) do objeto da convenção (*extra compromissum*) ou por extrapolarem quantitativamente o alcance da convenção (*ultra compromissum*)"[350].

---

[346] TJSP. Apel 122088706. Des. Rel. Carlos Alberto Garbi. 26ª Cam Dir Priv. J. em: 04.02.2009.

[347] TJRJ. Apel 01814589320108190001. Des. Carlos Eduardo da Fonseca Passos. 2ª Cam Dir Priv. J. em: 30.03.2011.

[348] Convenção de Nova Iorque, art. V (1): "O reconhecimento e a execução de uma sentença poderão ser indeferidos, a pedido da parte contra a qual ela é invocada, unicamente se esta parte fornecer, à autoridade competente onde se tenciona o reconhecimento e a execução, prova de que: c) a sentença se refere a uma divergência que não está prevista ou que não se enquadra nos termos da cláusula de submissão à arbitragem, ou contém decisões acerca de matérias que transcendem o alcance da cláusula de submissão, contanto que, se as decisões sobre as matérias suscetíveis de arbitragem puderem ser separadas daquelas não suscetíveis, a parte da sentença que contém decisões sobre matérias suscetíveis de arbitragem possa ser reconhecida e executada".

[349] Lei de Arbitragem, art. 38: "Somente poderá ser negada a homologação para o reconhecimento ou execução de sentença arbitral estrangeira, quando o réu demonstrar que: [...] IV – a sentença arbitral foi proferida fora dos limites da convenção de arbitragem, e não foi possível separar a parte excedente daquela submetida à arbitragem;"

[350] SESTER, Peter Christian. *Comentários à Lei de Arbitragem e à Legislação Extravagantes Relacionada à Arbitragem*. São Paulo: Quartier Latin, 2020, p. 419.

Por fim, importa estabelecer a relação entre a autonomia da convenção de arbitragem, o princípio do *Kompetenz-kompetenz* e o objeto da convenção de arbitragem. Por força do art. 8º da Lei de Arbitragem, a convenção de arbitragem é autônoma à relação de direito material cujos conflitos visa a dirimir. E a ordem jurídica, normalmente, confere a primazia do tribunal arbitral para aferir a existência, a validade e a eficácia da cláusula compromissória. Essa análise abarca tanto os sujeitos vinculados à convenção arbitral quanto às matérias sujeitas à arbitragem. Não se confunde, porém – é fundamental registrar –, "primazia" com "exclusividade". Caberá ao Poder Judiciário, normalmente em sede de ação anulatória, reavaliar o objeto da convenção de arbitragem e verificar se o procedimento obedeceu às balizas previstas pelas partes. Ou seja, compete ao Judiciário, em última instância, averiguar se a arbitragem ocorreu dentro do escopo da convenção de arbitragem – que é tanto a fonte quanto o limite da jurisdição do tribunal arbitral.

O descumprimento do procedimento pactuado pelas partes poderá levar à invalidação ou à inexequibilidade da sentença arbitral. A arbitragem é marcada pela flexibilidade procedimental, em consonância com a busca por eficiência do procedimento. Por meio de sua autonomia privada, as partes podem fazer uma série de escolhas no curso da arbitragem, permitindo maior aderência do procedimento às necessidades do direito material em questão[351]. A flexibilidade permeia todas as fases do procedimento: desde a cláusula compromissória, passando pela composição do tribunal e delimitação da lide, até a definição de minúcias quanto a questões procedimentais.

As partes podem modular a forma pelo qual se dará o procedimento destinado a permitir a resolução de litígio. Dispõe o art. 5º da Lei de Arbitragem que "reportando-se as partes, na cláusula compromissória, às regras de algum órgão arbitral institucional ou entidade especializada, a arbitragem será instituída e processada de acordo com tais regras, podendo, igualmente, as partes estabelecer na própria cláusula, ou em outro documento, a forma convencionada para a instituição da arbitragem". Entretanto, uma vez pactuado um procedimento específico, esse tem de ser observado pelas partes, pela instituição arbitral e pelos árbitros, devendo a sentença arbitral ser proferida dentro do prazo estipulado[352].

Quanto às demais situações de impontualidade, entende-se que estão abarcadas pela previsão do art. 32, IV, da Lei de Arbitragem[353]. Fora as modificações que afetem garantias processuais fundamentais, poderão as partes modular e adequar o procedimento às suas necessidades, tornando-o vinculante. De modo semelhante, dispõe o art. V(1)(d) da Convenção de Nova Iorque que poderá ser negado o reconhecimento e execução da sentença arbitral caso provado que "a composição da autoridade arbitral

---

[351] WALD, Arnoldo. O Espírito da Arbitragem. *Revista de Arbitragem e Mediação*, São Paulo, vol. 23, p. 22-35, jan./jun. 2009.

[352] Nesse sentido, em 2019, em caso relatado pelo Desembargador Janice Goulart Garcia Ubialli, o TJSC julgou improcedente alegação de nulidade de sentença arbitral proferida fora do prazo por não ter havido prova de notificação do árbitro. Restou o entendimento que "a inobservância do prazo legal somente acarreta a nulidade da sentença arbitral quando a parte interessada tenha notificado o árbitro ou o presidente do tribunal arbitral, concedendo-lhe o prazo de dez dias para a prolação e apresentação da sentença arbitral, nos termos do art. 12, III, da Lei n. 9.307/96". (TJSC. Apelação Cível 0324999-88.2017.8.24.0038. Des. Rel. Janice Goulart Garcia Ubialli. J. em: 12.05.2020).

[353] Lei de Arbitragem, Art. 32: "É nula a sentença arbitral se: [...] IV – for proferida fora dos limites da convenção de arbitragem;"

ou o procedimento arbitral não se deu em conformidade com o acordado pelas partes, ou, na ausência de tal acordo, não se deu em conformidade com a lei do país em que a arbitragem ocorreu".

Nesse contexto, a impontualidade de observância do procedimento é vício de gravidade tamanha que pode trazer questionamentos acerca da validade da sentença arbitral. Em caso julgado do TJSP, anulou-se decisão arbitral que, ao rejeitar alegação de preclusão da produção probatória, desrespeitou o cronograma de procedimento. Sobre a modificação da forma de dirimir os litígios pelas partes, afirma o Desembargador Luís Francisco Aguilar Cortez que "no processo arbitral, como o procedimento é estabelecido pelas próprias partes, a necessidade de respeitá-lo só aumenta. Isso porque não é necessário que o julgador indague se o procedimento é adequado à resolução da controvérsia que deve resolver; as próprias partes, ao determinar o procedimento, já responderam positivamente a essa indagação"[354].

Dessa forma, percebe-se que o objeto da convenção de arbitragem servirá de parâmetro de aferição da regularidade do desenvolvimento de procedimentos arbitrais, quer ao definir, tanto quais matérias estão abarcadas pela cláusula compromissória (escopo objetivo), quanto de que forma o procedimento deve ocorrer. Ou seja, o objeto da convenção de arbitragem não é analisado apenas no plano da validade, para definir a licitude e a possibilidade de submeter uma matéria à arbitragem, como apresenta repercussão no desenvolvimento do procedimento arbitral e, posteriormente, para aferir a validade e a eficácia da sentença resultante desse procedimento.

§ 40. ARBITRABILIDADE OBJETIVA E A POSSIBILIDADE JURÍDICA DE ARBITRAR

1. Ideia de arbitrabilidade objetiva

No Brasil, o *caput* do art. 1.º da Lei de Arbitragem brasileira estatui que "as pessoas capazes de contratar poderão valer-se da arbitragem para dirimir litígios relativos a *direitos patrimoniais disponíveis*"[355]. A Lei de Arbitragem faz uso da expressão "direitos patrimoniais disponíveis"[356], cujo exato conteúdo rende diversas acepções, todas elas de significado pouco objetivo[357].

A possibilidade de as partes sujeitarem a resolução do seu litígio à arbitragem está balizada por determinados critérios, estabelecidos na lei. Assim, os critérios de arbitrabilidade estão em contraste com as matérias tidas pelos Estados como especialmente relevantes para a sua ordem jurídica, razão pela qual optam por reservar as decisões acerca

---

[354] TJSP. Apel. 1066484-54.2019.8.26.0053. Des. Rel. Luís Francisco Aguilar Cortez. J. em: 27.04.2021.

[355] A versão original do estudo feito nesse item pode ser encontrada em: FICHTNER, José Antonio, et al. *Teoria Geral da Arbitragem*. São Paulo: Editora Forense, 2019, p. 247-250.

[356] João Bosco Lee, diante da imprecisão conceitual do critério da livre disponibilidade, prefere, então, "um critério mais objetivo, como aquele consagrado pelo art. 177, 1, da Lei de Direito Internacional Privado suíça, que recorreu à noção de causa de natureza patrimonial, o que gera uma certeza maior na delimitação do campo de aplicação da arbitrabilidade". (LEE, João Bosco. O conceito de arbitrabilidade nos países do Mercosul. *Revista de Direito Bancário e do Mercado de Capitais*, vol. 8/2000, p. 346-358, abr./jun., 2000, DTR 2000/202, p. 03).

[357] CARAMELO, António Sampaio. Critérios de arbitrabilidade dos litígios. Revisitando o tema. *Revista de Arbitragem e Mediação*, vol. 27/2010, p. 129-161, out./dez., 2010, DTR 2010/758.

CONVENÇÃO DE ARBITRAGEM – *Fichtner • Tolentino • Polastri • Salton*

desses assuntos aos Tribunais estatais[358]. O *caput* do art. 1º da lei de arbitragem prevê que a arbitragem poderá ser utilizada para "dirimir litígios relativos a direitos patrimoniais disponíveis". Portanto, a análise da arbitrabilidade objetiva pressupõe verificar o que é "direito patrimonial" e o que é "direito disponível".

Segundo a lição de Pedro A. Batista Martins, "direitos patrimoniais disponíveis são aqueles passíveis de conversão monetária e que se encontrem na livre disposição do titular"[359]. Alexandre Santos de Aragão, por sua vez, entende que são "direitos patrimoniais disponíveis aqueles que, por serem suscetíveis de valoração econômica, integram o patrimônio e podem ser livremente negociados por seus titulares com terceiros"[360]. Cândido Rangel Dinamarco, por sua vez, entende que "há um estreito paralelismo entre a possibilidade ou impossibilidade da disposição de direitos e a admissibilidade ou inadmissibilidade da renúncia à jurisdição estatal"[361]. Em seguida, o jurista considera que "as mesmas razões de ordem pública conducentes à indisponibilidade de direitos no plano jurídico-material conduzem de igual modo à inadmissibilidade da arbitragem em relação aos direitos havidos como indisponíveis"[362].

Conforme Antônio José de Mattos Neto, "a disponibilidade é qualidade que se insere na patrimonialidade do direito. Entretanto, nem todo direito patrimonial é direito disponível. Como frisado, patrimonial quer dizer apreciável pecuniariamente, mas nem tudo que representa utilidade econômica é disponível. Exemplo é o bem imóvel (patrimonial) clausulado com a inalienabilidade (indisponível). [...]. Direito disponível é o alienável, transmissível, renunciável, transacionável. A disponibilidade significa que o titular do direito pode aliená-lo; transmiti-lo *inter vivos* ou *causa mortis*; pode, também, renunciar ao direito; bem como, pode, ainda, o titular transigir seu direito[363].

Não obstante uma distinção ou outra, pode-se dizer que o entendimento majoritário é que a Lei de Arbitragem brasileira adotou, para fins de definir a arbitrabilidade objetiva, uma combinação entre o critério da livre disponibilidade e o critério da patrimonialidade[364]. Contudo, entendemos que o critério da livre disponibilidade, tal como entendido no Direito Privado, não se aplica adequadamente à arbitragem. Ademais, conforme se verá no item seguinte, o Direito brasileiro adota, em regra, o critério da patrimonialidade para

---

[358] OLIVEIRA, Elsa Dias. *Arbitragem Voluntária: uma introdução*. Lisboa: Almedina, 2020, p. 35.

[359] MARTINS, Pedro Antonio Batista. *Apontamentos sobre a lei de arbitragem*. Rio de Janeiro: Forense, 2008, p. 03.

[360] ARAGÃO, Alexandre Santos de. Arbitragem e regulação. *Revista de Arbitragem e Mediação*, vol. 27, p. 70-102, out./dez., 2010, DTR 2010/751, p. 04.

[361] DINAMARCO, Cândido Rangel. *A arbitragem na teoria geral do processo*. São Paulo: Malheiros, 2013, p. 75.

[362] DINAMARCO, Cândido Rangel. *A arbitragem na teoria geral do processo*. São Paulo: Malheiros, 2013, p. 75-76.

[363] MATTOS NETO, Antônio José de. Direitos patrimoniais disponíveis e indisponíveis à luz da Lei de Arbitragem. *Revista de Processo*, vol. 122, p. 151-160, abr./2005, DTR 2005/845, p. 04.

[364] Nesse sentido, confira-se a explicação de Eduardo Damião Gonçalves: "Uma terceira corrente, na qual se enquadra o direito brasileiro, optou por definir a arbitrabilidade combinando conceitos, como no art. 1.º da Lei 9.307/1996, unindo a exigência da disponibilidade à da patrimonialidade dos direitos em discussão para determinar se o litígio é ou não arbitrável. Com isso, o direito pátrio opta, de lege lata, por uma noção mais restritiva de arbitrabilidade." (GONÇALVES, Eduardo Damião. *Arbitrabilidade objetiva*. 2008. Tese (Doutorado) – Universidade de São Paulo. São Paulo, p. 177).

PARTE III · Capítulo 11 · O OBJETO DA CONVENÇÃO DE ARBITRAGEM | 419

definir a arbitrabilidade objetiva, por força do que dispõe o art. 852 do Código Civil e o art. 1.º da Convenção do Panamá de 1975. Excepcionalmente, como nos litígios envolvendo entes públicos, adota-se o critério misto da livre disponibilidade e da patrimonialidade.

2. Patrimonialidade como critério de aferição da arbitrabilidade

O critério da patrimonialidade é reconhecidamente o critério mais avançado de definição da arbitrabilidade objetiva[365]. Fazendo menção ao Direito suíço para as arbitragens internacionais, Antonio Sampaio Caramelo entende que "a meu ver, o critério que, com maior facilidade e congruência, permite determinar as controvérsias arbitráveis, é o da natureza patrimonial do interesse controvertido"[366]. Trata-se de critério adotado no item 1 do art. 177 da *Loi Fédérale sur le Droit International Privé* suíça, na segunda parte do item 1 do § 1.030 da *Zivilprozessordnung* alemã, no § 1.º do art. 1.676 do *Code Judiciaire* belga e no item 1 do art. 1.º Lei de Arbitragem Voluntária portuguesa.

A noção de patrimonialidade remete intuitivamente ao conceito de patrimônio, definido como o complexo de relações jurídicas economicamente apreciáveis de uma pessoa.[367] Pelo fato de que o patrimônio representar um conjunto de direitos,[368] pode parecer pleonasmo adjetivar um determinado direito enquanto "patrimonial". Contudo, esse atributo se conecta com a característica dos direitos subjetivos que integram o patrimônio: enquanto os direitos patrimoniais são avaliáveis em dinheiro e transmissíveis em sua generalidade, os extrapatrimoniais são inalienáveis e intransmissíveis.[369] Assim, podem ser considerados como "direitos patrimoniais" aqueles direitos que possam ser aferidos em espécie, ou seja, que tenham valor econômico ou de troca[370].

Joaquim de Paiva Muniz afirma que "direitos patrimoniais são aqueles pertencentes ao patrimônio de cada pessoa, consistindo no conjunto de seus direitos de valor econômico"[371]. Em seguida, o autor complementa a definição incluindo a referência a "direitos que não podem ser objeto de alienação, renúncia ou transação"[372]. Por sua vez, Luis Fernando Guerrero defende que "o direito é patrimonial quando possuir expressão monetária, isto é, quando puder fazer parte da universalidade de bens e direitos de um indivíduo"[373].

Comentando a previsão da lei suíça – para arbitragens internacionais –, Philippe Bärtsch e Angelina M. Petti explicam que o critério da patrimonialidade "includes all

---

[365] A versão original do estudo feito nesse item pode ser encontrada em: FICHTNER, José Antonio, et al. *Teoria Geral da Arbitragem*. São Paulo: Editora Forense, 2019, p. 241-261, especialmente entre as páginas 253 a 256.

[366] CARAMELO, António Sampaio. Critérios de arbitrabilidade dos litígios. Revisitando o tema. *Revista de Arbitragem e Mediação*, vol. 27/2010, p. 129-161, out./dez., 2010, DTR 2010/758, p. 09.

[367] AMARAL, Francisco. Direito Civil: Introdução. 10ª ed. São Paulo: Saraiva, 2018, p. 455.

[368] CC, art. 91: "Constitui universalidade de direito o complexo de relações jurídicas, de uma pessoa, dotadas de valor econômico".

[369] AMARAL, Francisco. *Direito Civil: Introdução*. 10ª ed. São Paulo: Saraiva, 2018, p. 459.

[370] TIBÚRCIO, Carmen. A competência do tribunal arbitral para solução de litígios extracontratuais. *Revista de Arbitragem e Mediação*, vol. 50, p. 95-113, jul./set., 2016, DTR 2016/23898, p. 02.

[371] MUNIZ, Joaquim de Paiva. *Curso básico de direito arbitral*. 3ª ed. Curitiba: Juruá, 2015, p. 43.

[372] MUNIZ, Joaquim de Paiva. *Curso básico de direito arbitral*. 3ª ed. Curitiba: Juruá, 2015, p. 43.

[373] GUERRERO, Luis Fernando. *Convenção de arbitragem e processo arbitral*. 4ª ed. São Paulo: Atlas, 2022, p. 68.

claims that have a financial value, *i.e.*, all claims that, for at least one of the parties, involve an interest which can be assessed in financial terms"[374]. Segundo os autores, "this includes, for example, contractual claims and tort claims, as well as intellectual property claims", sendo certo que "claims arising out of, or relating to, unfair competition and antitrust law are also capable of settlement by arbitration under Article 177(1) of the PILA"[375].

Segundo esse critério, apenas direitos ou interesses de caráter não patrimonial estariam afastados da possibilidade de submissão à arbitragem, tal como os direitos da personalidade, o estado civil das pessoas e, em regra, as controvérsias atinentes às relações familiares de natureza pessoal[376]. Observe-se, em relação aos direitos da personalidade – nome, honra, imagem –, que as decorrências patrimoniais desses direitos são plenamente arbitráveis. Por exemplo, uma demanda em que se pretenda indenização por danos morais por violação à honra objetiva de determinada pessoa física ou jurídica, bem como, *v.g.*, uma ação de ressarcimento pela violação de um contrato de cessão de uso de imagem. O que não é possível é, por exemplo, submeter uma demanda de alteração do nome civil de determinado cidadão à arbitragem.

Na nossa visão, de fato o critério da patrimonialidade realmente é aquele que melhor consegue explicar o mecanismo arbitral e, ao mesmo tempo, preservar aquelas causas que interessam aos Estados soberanos por razões especiais ligadas à ordem pública. Como se observa, muitas vezes a doutrina brasileira associa a ideia de patrimonialidade à possibilidade de conversão em pecúnia ou à possibilidade, ao menos, de valoração econômica. Entretanto, partindo desse ponto de vista, encontram-se dificuldades teóricas para explicar como direitos inalienáveis ou indisponíveis podem ser arbitrados, vez que não podem ser aferidos em dimensão pecuniária. Por essa razão, o melhor entendimento vai no sentido de considerar apenas a existência ou não de faceta patrimonial como critério distintivo e permissivo de submissão à via arbitral.

Com raras exceções, a doutrina brasileira que até então analisou a arbitrabilidade objetiva não tem dedicado maior atenção ao disposto no art. 852 do Código Civil, lei posterior à Lei de Arbitragem[377]. Em relação à arbitrabilidade objetiva, o art. 852 do diploma material civil dispõe que "é vedado compromisso para solução de questões de estado, de direito pessoal de família e de outras que não tenham caráter estritamente patrimonial". Observe-se que a parte final do dispositivo não repete a fórmula dos "direitos patrimoniais

---

[374] BÄRTSCH, Philippe; PETTI, Angelina M. *International arbitration in Switzerland: a handbook for practitioners*. Edited by Elliott Geisinger and Nathalie Voser. 2nd ed. The Hague: Kluwer, 2013, p. 37.

[375] BÄRTSCH, Philippe; PETTI, Angelina M. International arbitration in Switzerland: *a handbook for practitioners*. Edited by Elliott Geisinger and Nathalie Voser. 2nd ed. The Hague: Kluwer, 2013, p. 37.

[376] CARAMELO, António Sampaio. Critérios de arbitrabilidade dos litígios. Revisitando o tema. *Revista de Arbitragem e Mediação*, vol. 27/2010, p. 129-161, out./dez., 2010, DTR 2010/758, p. 10

[377] "Aliás, a norma do art. 852 do CC/2002, mais recente do que a Lei de Arbitragem, foi mais clara ao definir por exclusão o campo objetivo de aplicabilidade da arbitragem: ficam de fora as 'questões de estado, de direito pessoal de família e (...) outras que não tenham caráter estritamente patrimonial'. Obviamente, a expressão 'questões de estado' nada tem a ver com 'questões de direito público'. Refere-se a status jurídico: estado familiar (status familiae), estado de cidadania (status civitatis) e o estado de liberdade (status libertatis). Vale dizer: matérias que se enquadram na acepção de "indisponibilidade" ora examinada." (TALAMINI, Eduardo. A (in)disponibilidade do interesse público: consequências processuais (composição em juízo, prerrogativas processuais, arbitragem e ação monitória). *Revista de Processo*, vol. 128, p. 59-78, out./2005, DTR 2005/702, p. 08).

PARTE III · Capítulo 11 · O OBJETO DA CONVENÇÃO DE ARBITRAGEM | **421**

disponíveis", presente na Lei de Arbitragem, mas fala apenas de questões que "não tenham caráter estritamente patrimonial". O Código Civil, portanto, é expresso em adotar o critério da mera patrimonialidade. O STJ, no CC 139.519, pelo Ministro Napoleão Nunes Maia Filho, que estabelece que direito indisponível "é aquele que impõe limites à vontade do próprio titular, que se vê privado da sua disposição, seja por expressa previsão em lei, ou por sua natureza inalienável"[378].

Diego Franzoni e Fernanda Davidoff defendem expressamente a adoção do critério da patrimonialidade pelo Direito brasileiro, afirmando que "tanto o art. 8.º da LBA quanto os arts. 851 e 852 do CC/2002 denotam a aproximação do direito brasileiro em relação ao modelo alemão, sendo obsoleta, portanto, a regra em virtude da qual a disponibilidade é pressuposto da arbitrabilidade"[379]. O jurista italiano Edoardo Ricci, examinando o Código Civil brasileiro, admite o critério da patrimonialidade na arbitragem brasileira, mas o limita ao compromisso arbitral. Segundo o autor, "se essa interpretação fosse aceita, o modelo alemão seria rejeitado, quanto à cláusula compromissória, mas aprovado quanto ao compromisso"[380].

Portanto, com base no art. 852 do Código Civil[381], o Direito brasileiro adotou o critério da patrimonialidade para fins de definir a arbitrabilidade objetiva. Há, porém, reticências em admitir esta mudança para ambas as espécies de convenção de arbitragem, preferindo-se dizer que o critério da patrimonialidade se aplicaria apenas às arbitragens decorrentes de compromisso arbitral, mas não àquelas oriundas de cláusula compromissória. Isso porque o art. 852 do diploma material civil se refere, literalmente, apenas ao compromisso arbitral. É verdade. Todavia, isso significaria dar a instrumentos dedicados a criar o mesmo fenômeno jurídico tratamentos bastante diferenciados, situação que indica a necessidade de maior reflexão, porquanto consoante consolidada regra de hermenêutica o resultado da interpretação nunca pode levar ao absurdo.

Apesar de o mencionado dispositivo se referir textualmente apenas ao compromisso arbitral, temos o entendimento de que a noção de arbitrabilidade nele empregada se dirige, na verdade, ao gênero convenção de arbitragem, até porque não faria sentido lógico ou jurídico criar uma distinção entre compromisso arbitral e cláusula compromissória com base na arbitrabilidade da matéria. O que é inarbitrável, via cláusula compromissória, é inarbitrável via compromisso arbitral e vice-versa. Em verdade, interpretar que o disposto no Código Civil apenas se aplica ao compromisso, e não à cláusula compromissória, seria um elogio ao formalismo.

---

[378] STJ. CC n. 139.519/RJ. Relator Ministro Napoleão Nunes Maia Filho. relatora p/o acórdão Ministra Regina Helena Costa. Primeira Seção. J. em: 11.10.2017.

[379] FRANZONI, Diego; DAVIDOFF, Fernanda. Interpretação do critério da disponibilidade com vistas à arbitragem envolvendo o Poder Público. *Revista de Arbitragem e Mediação*, vol. 41, p. 243-264, abr./jun., 2014, DTR 2014/8914, p. 10.

[380] RICCI, Edoardo Flavio. Desnecessária conexão entre disponibilidade do objeto da lide e admissibilidade de arbitragem: reflexões evolutivas. In: CARMONA, Carlos Alberto; MARTINS, Pedro Batista; LEMES, Selma Ferreira (Coord.). *Arbitragem: estudos em homenagem ao Prof. Guido Fernando da Silva Soares*. São Paulo: Atlas, 2007, p. 411.

[381] Código Civil, Art. 852: "É vedado compromisso para solução de questões de estado, de direito pessoal de família e de outras que não tenham caráter estritamente patrimonial."

Sustenta-se que o art. 852 do Código Civil alterou o próprio critério de arbitrabilidade objetiva no Direito brasileiro. O diploma material civil não alterou o critério de arbitrabilidade apenas para as arbitragens iniciadas a partir do compromisso arbitral, mas para toda e qualquer arbitragem. Por ser lei de mesmo nível hierárquico e posterior à Lei de Arbitragem, a previsão contida no Código Civil não pode ser ignorada, tratando-se da mesma matéria. Assim, a interpretação do conceito de arbitrabilidade, no direito brasileiro, deve tomar em consideração esse regime, que traz critérios mais flexíveis acerca da arbitrabilidade, em respeito ao princípio *in favor arbitrandum*.

A diferença entre as duas espécies de convenção de arbitragem é meramente temporal, a partir do momento em que surge o litígio. A cláusula compromissória se refere a conflito eventual e futuro; o compromisso arbitral, a conflito certo e presente. Não há diferença entre a cláusula compromissória e o compromisso arbitral que justifique a adoção de diferentes critérios de arbitrabilidade objetiva para essas duas espécies de convenção de arbitragem. Entender que o critério da patrimonialidade somente foi adotado para o compromisso arbitral e não para a cláusula compromissória é deixar ao critério das partes a incidência de um (patrimonialidade) ou de outro (livre disponibilidade) critério conforme suas conveniências de momento.

Por essas razões, conclui-se que o Direito brasileiro adota exclusivamente, como regra geral, o critério da patrimonialidade para fins de definição da arbitrabilidade objetiva, pouco importando se a arbitragem em concreto tenha fonte em cláusula compromissória ou em compromisso arbitral. Assim, poderão ser objeto de arbitragem as questões que versem sobre interesses patrimoniais, ou seja, cujo objeto tenha cunho econômico[382].

Excepcionalmente, como no caso de litígios envolvendo entes públicos, adota-se o critério misto da livre disponibilidade e da patrimonialidade, representado pela expressão "direitos patrimoniais disponíveis". Mesmo assim, a livre disponibilidade presente nestes casos excepcionais não se identifica com aquela classicamente construída no âmbito do Direito Privado, mas decorre de uma concepção mais ampla própria da disciplina arbitral.

3. Disponibilidade

O atributo da disponibilidade refere-se à possibilidade de o titular de um direito exercê-lo livremente[383], sem que haja norma cogente que imponha o modo de exercício, sob pena de invalidade ou de ineficácia[384]. A ideia de disposição está atrelada à possibilidade de o agente atuar com o poder de alienar, modificar ou extinguir o direito, o que por sua

---

[382] "Portanto, podem ser objeto de arbitragem todas as questões que versem sobre interesses eminentemente patrimoniais (i.e., cujo objeto tenha cunho econômico ou cujo inadimplemento possa ser reparado, compensando ou combatido por medidas com conteúdo econômico) cujo conflito poderia ser resolvido diretamente pelas partes, independentemente de ingresso em juízo." (TALAMINI, Eduardo. A (in)disponibilidade do interesse público: consequências processuais (composição em juízo, prerrogativas processuais, arbitragem e ação monitória). *Revista de Processo*, vol. 128, p. 59-78, out./2005, DTR 2005/702, p. 09).

[383] A versão original do estudo feito nesse item pode ser encontrada em: FICHTNER, José Antonio, et al. *Teoria Geral da Arbitragem*. São Paulo: Editora Forense, 2019, p. 241-261, especialmente entre as páginas 244 a 246.

[384] CARMONA, Carlos Alberto. *Arbitragem e Processo: um comentário à Lei nº 9.307/96*. 3ª ed. São Paulo: Atlas, 2009, p. 38.

vez pressupõe a titularidade e a legitimação[385]. Contrapõe-se aos atos de disposição os atos de administração, os quais compreendem somente as faculdades de uso e fruição.[386]

O critério da livre disponibilidade significa que os direitos disponíveis poderiam ser submetidos à arbitragem, ou seja, direitos a respeito dos quais se pode alienar, transacionar ou renunciar. Antonio Sampaio Caramelo leciona que "um direito é considerado como disponível quando pode ser constituído e extinto por acto de vontade do seu titular, ou seja, quando está sob o controlo total do seu titular, de tal maneira que este pode fazer tudo a seu respeito, nomeadamente, aliená-lo e a ele renunciar"[387]. No âmbito das relações privadas, em regra, o direito material apresentará o atributo da disponibilidade[388].

Por sua vez, Carlos Alberto Carmona explica que "um direito é disponível quando ele pode ou não ser exercido livremente pelo seu titular, sem que haja norma cogente impondo o cumprimento do preceito, sob pena de nulidade ou anulabilidade do ato praticado com sua infringência"[389]. De modo semelhante, Francisco José Cahali leciona que "a disponibilidade do direito se refere à possibilidade de seu titular ceder, de forma gratuita ou onerosa, estes direitos sem qualquer restrição", razão pela qual se faz necessário que as partes tenham "poder de autorregulamentação dos interesses submetidos à arbitragem, podendo dispor sobre eles pelas mais diversas formas dos negócios jurídicos"[390]. Com diferenças de estilo, Leonardo Beraldo, por seu turno, entende que "o direito patrimonial é disponível quando puder ser alienado ou cedido, pelo seu titular (que deve ser pessoa

---

[385] AMARAL, Francisco. *Direito Civil: Introdução*. 10ª ed. São Paulo: Saraiva, 2018, p. 486.

[386] AMARAL, Francisco. *Direito Civil: Introdução*. 10ª ed. São Paulo: Saraiva, 2018, p. 487.

[387] CARAMELO, António Sampaio. Critérios de arbitrabilidade dos litígios. Revisitando o tema. *Revista de Arbitragem e Mediação*, vol. 27/2010, p. 129-161, out./dez., 2010, DTR 2010/758, p. 06.

[388] "No âmbito das relações patrimoniais privadas, em regra, os direitos materiais são disponíveis. Assim, e em princípio, o particular pode dar a um bem de sua propriedade o destino que melhor lhe aprouver. Pode doá-lo. Pode até mesmo destruí-lo – respeitadas as normas de segurança e salubridade públicas. Enfim, pode simplesmente abrir mão do direito que tem sobre tal bem, independentemente de qualquer contrapartida." (TALAMINI, Eduardo. Arbitragem e administração pública no direito brasileiro. *Revista brasileira da Advocacia*, vol. 9, p. 19-41, abr./jun., 2018, DTR 2019/28998, p. 02).

[389] O autor afirma que "são disponíveis (do latim *disponere*, dispor, pôr em vários lugares, regular) aqueles bens que podem ser livremente alienados ou negociados, por encontrarem-se desembaraçados, tendo o alienante plena capacidade jurídica para tanto". O autor complementa sua lição a respeito da arbitrabilidade objetiva com o seguinte comentário: "De maneira geral, não estão no âmbito do direito disponível as questões relativas ao direito de família (em especial ao estado das pessoas, tais como filiação, pátrio poder, casamento, alimentos), aqueles atinentes ao direito de sucessão, as que têm por objeto as coisas fora do comércio, as obrigações naturais, as relativas ao direito penal, entre outras tantas, já que ficam estas matérias todas fora dos limites em que pode atuar a autonomia da vontade dos contendentes. [...]. São arbitráveis, portanto, as causas que tratem de matérias a respeito das quais o Estado não crie reserva específica por conta do resguardo dos interesses fundamentais da coletividade, e desde que as partes possam livremente dispor acerca do bem sobre que controvertem. Pode-se continuar a dizer, na esteira do que dispunha o Código de Processo Civil (art. 1.072, revogado), que são arbitráveis as controvérsias a cujo respeito os litigantes podem transigir". (CARMONA, Carlos Alberto. *Arbitragem e processo*. 3. ed. São Paulo: Atlas, 2009, p. 38-39).

[390] CAHALI, Francisco José. *Curso de arbitragem*. 5ª ed. São Paulo: Revista dos Tribunais, 2015, p. 135.

capaz), sem qualquer ressalva"[391]. Carmen Tiburcio, por sua vez, ressalta que "é possível afirmar que os direitos serão disponíveis quando possuírem repercussão na esfera individual; ao contrário, são indisponíveis aqueles sobre os quais haja justificado interesse coletivo, sendo recomendada restrição da autonomia privada quanto à sua livre disposição. Como intuitivo, a regra no direito privado é a disponibilidade dos direitos, de modo que as disputas envolvendo direitos patrimoniais são em geral arbitráveis"[392].

João Bosco Lee traz uma interpretação um pouco diversa do critério da livre disponibilidade. Segundo o autor, "existem matérias que são insuscetíveis de renúncia, mas que são arbitráveis", por exemplo, o "direito da concorrência". O autor explica que "esse direito faz parte das regras de ordem pública econômica e, por isso, não se pode renunciá-lo nem aliená-lo", porém, continua o autor, "ele é arbitrável". João Bosco Lee conclui seu pensamento defendendo o afastamento da "referência à renúncia como fator de definição da livre disponibilidade de direitos"[393].

Por mais que respeitável doutrina adote a disponibilidade como critério a ser utilizado para definição da arbitragem, sustenta-se que, na verdade, se trata de elemento insuficiente. A patrimonialidade, por seu turno, é plenamente apta a enfrentar os problemas de inarbitrabilidade, trazendo amparo conceitual bastante, na linha do previsto pelo Código Civil. Assim, é sobre esse critério que deve se debruçar a análise acerca da arbitrabilidade, especialmente diante das deficiências do critério da "disponibilidade".

4. Deficiências do critério da "disponibilidade"

A utilização do critério da livre disponibilidade, tal como entendido no Direito Privado, traz uma série de questionamentos na arbitragem[394]. Consoante explica Antonio Sampaio Caramelo, esta associação entre arbitrabilidade e livre disponibilidade "é que, em diversas ordens jurídicas que delimitam o campo da arbitrabilidade com base no critério da disponibilidade do direito as acções tendentes a obter a declaração da nulidade de contratos de sociedade ou deliberações de órgãos sociais têm sido consideradas

---

[391] BERALDO, Leonardo de Faria. *Curso de arbitragem*. São Paulo: Atlas, 2014, p. 12.

[392] TIBÚRCIO, Carmen. A competência do tribunal arbitral para solução de litígios extracontratuais. *Revista de Arbitragem e Mediação*, vol. 50, p. 95-113, jul./set., 2016, DTR 2016/23898, p. 02.

[393] O autor, em seguida, reconhece a dificuldade em definir a noção de livre disponibilidade e propõe o seu exame a partir das noções de patrimonialidade e de ordem pública. Eis a lição: "Se não se pode definir com exatidão a livre disponibilidade de direitos, pode-se, no entanto, fazer uma enumeração dos elementos necessários para delimitá-la. É o caso do art. 1.º da Lei 9.307/1996 que dispõe que são arbitráveis todos os litígios relativos a direitos patrimoniais disponíveis. O caráter patrimonial da relação litigiosa delimita a disponibilidade do direito, assim como a arbitrabilidade do litígio. De fato, são inarbitráveis os litígios que têm como objeto matérias extrapatrimoniais. Todavia, a referência única à natureza patrimonial da relação controversa não é suficiente porque existem direitos patrimoniais que são indisponíveis. Assim, no estudo da especificação da noção de disponibilidade de direitos, tem-se frequentemente recorrido à noção de ordem pública". (LEE, João Bosco. O conceito de arbitrabilidade nos países do Mercosul. *Revista de Direito Bancário e do Mercado de Capitais*, vol. 8/2000, p. 346-358, abr./jun., 2000, DTR 2000/202, p. 02).

[394] A versão original do estudo feito nesse item pode ser encontrada em: FICHTNER, José Antonio, et al. *Teoria Geral da Arbitragem*. São Paulo: Editora Forense, 2019, p. 241-261, especialmente entre as páginas 250 a 253.

PARTE III · Capítulo 11 · O OBJETO DA CONVENÇÃO DE ARBITRAGEM | **425**

como inarbitráveis"[395]. Identifica-se, pois, o ato de submeter uma determinada causa à arbitragem como um ato de disposição de direitos, o que traz diversas consequências indesejáveis ao processo arbitral. Essa percepção, no entanto, é incompatível com variadas situações concretas, em que se reconhece a arbitrabilidade, a despeito da ausência de disponibilidade.

Antonio Sampaio Caramelo discorda da utilização do critério da livre disponibilidade. O autor, em percuciente crítica, explica que "determinar a arbitrabilidade com base no critério da disponibilidade do direito controvertido implica que se assimile a celebração da convenção de arbitragem a um acto de disposição"[396]. O autor leciona que "a escolha deste critério para definir as matérias que podem ser submetidas a arbitragem assenta no equívoco da assimilação da convenção de arbitragem aos negócios autocompositivos (renúncia, desistência, confissão e transacção)", sendo certo que "não há qualquer similitude entre aquele e estes"[397]. Assim, é necessário afastar a assimilação entre, de um lado, os conceitos normalmente relacionados à livre disponibilidade e, de outro, a arbitragem[398].

Em diversos países, notadamente nas ordens jurídicas francesa, italiana (antes da reforma que, em 2003, criou neste país um regime especial para a arbitragem de litígios societários), espanhola e holandesa,[399] nas quais a arbitrabilidade é pautada pela noção de livre disponibilidade, existem dificuldades em submeter a arbitragem matérias que as partes não podem propriamente dispor, por exemplo, as pretensões de declaração de nulidade de contratos sociais[400]. No direito brasileiro, do mesmo modo, há flagrantes

---

[395] CARAMELO, António Sampaio. Critérios de arbitrabilidade dos litígios. Revisitando o tema. *Revista de Arbitragem e Mediação*, vol. 27, p. 129-161, out./dez., 2010, DTR 2010/758, p. 08.

[396] CARAMELO, António Sampaio. Critérios de arbitrabilidade dos litígios. Revisitando o tema. *Revista de Arbitragem e Mediação*, vol. 27, p. 129-161, out./dez., 2010, DTR 2010/758, p. 06.

[397] CARAMELO, António Sampaio. Critérios de arbitrabilidade dos litígios. Revisitando o tema. *Revista de Arbitragem e Mediação*, vol. 27, p. 129-161, out./dez., 2010, DTR 2010/758, p. 06.

[398] "Não há, com efeito, qualquer analogia entre o contrato de transacção, em que as partes põem termo a um litígio mediante abandonos ou concessões recíprocas (o que implica que possam dispor dos direitos que daquela são objecto), e a convenção de arbitragem, mediante a qual as partes confiam a um decisor independente e imparcial, por elas directa ou indirectamente escolhido, a resolução de um litígio existente entre elas, de acordo com o direito ou com a equidade. [...]. Igualmente nenhuma analogia se pode estabelecer entre a renúncia a um direito (ou a desistência dele em juízo) e a submissão a decisão por árbitros das controvérsias, actuais ou futuras, àquele respeitantes" (CARAMELO, António Sampaio. Critérios de arbitrabilidade dos litígios. Revisitando o tema. *Revista de Arbitragem e Mediação*, vol. 27, p. 129-161, out./dez., 2010, DTR 2010/758, p. 06).

[399] CARAMELO, António Sampaio. Critérios de arbitrabilidade dos litígios. Revisitando o tema. *Revista de Arbitragem e Mediação*, vol. 27, p. 129-161, out./dez., 2010, DTR 2010/758, p. 08.
Em seguida, o autor faz uma consideração específica em relação à França: "Em França, entende-se, de modo praticamente unânime, que as acções tendentes a fazer declarar a nulidade de um contrato de sociedade não podem ser decididas por um tribunal arbitral, dado que a nulidade aí invocada tem carácter de ordem pública" (CARAMELO, António Sampaio. Critérios de arbitrabilidade dos litígios. Revisitando o tema. *Revista de Arbitragem e Mediação*, vol. 27, p. 129-161, out./dez., 2010, DTR 2010/758, p. 08).

[400] Segundo Antonio Sampaio Caramelo, "por isso é que, em diversas ordens jurídicas que delimitam o campo da arbitrabilidade com base no critério da disponibilidade do direito as acções tendentes a obter a declaração da nulidade de contratos de sociedade ou deliberações de órgãos sociais têm sido consideradas como inarbitráveis". (CARAMELO, António Sampaio. Critérios de arbitrabilidade

inconsistências teóricas com o critério da livre disponibilidade, razão pela qual esse deve ser abandonado.

Um primeiro caso que revela esse problema envolve a declaração de invalidade de negócio jurídico. Classicamente é assentado que a nulidade de determinado negócio jurídico não está sob o poder de disposição das partes. Cabe ao julgador, mesmo que nenhuma das partes tenha sequer arguido a nulidade absoluta do negócio jurídico no curso do processo judicial ou arbitral, declará-la de ofício. Há atenuações consagradas na legislação civil a este entendimento, como serve de exemplo a possibilidade de aproveitamento dos efeitos do negócio jurídico simulado (art. 167) e o instituto da conversão substancial do negócio jurídico nulo (art. 170). A regra geral e tradicional, porém, é a que determina a impossibilidade de disposição a respeito da nulidade absoluta do negócio jurídico. Neste sentido, o parágrafo único do art. 168 do Código Civil afirma, categoricamente, que "as nulidades devem ser pronunciadas pelo juiz, quando conhecer do negócio jurídico ou dos seus efeitos e as encontrar provadas, não lhe sendo permitido supri-las, ainda que a requerimento das partes". Na sequência, o art. 169 do estatuto civil prevê que "o negócio jurídico nulo não é suscetível de confirmação, nem convalesce pelo decurso do tempo".

Observe-se que se trata de concepção completamente inconsistente com os próprios fundamentos da arbitragem. Primeiramente, esta concepção infringe o princípio da autonomia da cláusula compromissória – na verdade, da convenção de arbitragem –, expressamente previsto no *caput* do art. 8.º da Lei de Arbitragem, segundo o qual "a cláusula compromissória é autônoma em relação ao contrato em que estiver inserta, de tal sorte que a nulidade deste não implica, necessariamente, a nulidade da cláusula compromissória". Como se observa, o princípio da autonomia da convenção de arbitragem pressupõe que os árbitros detêm, em regra, jurisdição para examinar alegações relacionadas à existência, à validade (nulidade e anulabilidade) e à eficácia do contrato-base. Isso significa que a Lei de Arbitragem pressupõe que o árbitro possa, normalmente, examinar a eventual nulidade do contrato-base, proferindo sentença de mérito a esse respeito, seja para reconhecer a nulidade do ajuste, seja para rejeitar essa alegação. A despeito da nulidade do negócio jurídico não ser matéria sob a disponibilidade das partes, a Lei de Arbitragem a pressupõe como arbitrável. Ou seja, a própria Lei de Arbitragem traz como exemplo de matéria a ser arbitrada algo que, à luz da literalidade do seu conceito de arbitrabilidade, seria inarbitrável.

Um segundo caso é o de declaração de nulidade da convenção de arbitragem. Caso prevalecesse o entendimento de que a arbitrabilidade objetiva deve se pautar pelo critério da livre disponibilidade, tal como entendida no Direito Privado, a consequência inarredável é que os árbitros também não poderiam examinar alegações referentes à nulidade da convenção de arbitragem, pois, novamente, tratar-se-ia de matéria que não está enquadrada no poder de livre disposição das partes. Entendimento no sentido de que a nulidade do contrato-base ou a nulidade do pacto arbitral não seriam arbitráveis porque não são matérias que estão sob a livre disposição das partes contrariaria frontalmente o *caput* e parágrafo único do art. 8º e o *caput* do art. 20 a Lei de Arbitragem[401], os

---

dos litígios. Revisitando o tema. *Revista de Arbitragem e Mediação*, vol. 27, p. 129-161, out./dez., 2010, DTR 2010/758, p. 08).

[401] O primeiro desses dispositivos prevê que "caberá ao árbitro decidir de ofício, ou por provocação das partes, as questões acerca da existência, validade e eficácia da convenção de arbitragem e do contrato que contenha a cláusula compromissória". O segundo desses dispositivos estatui que "a

PARTE III · Capítulo 11 · O OBJETO DA CONVENÇÃO DE ARBITRAGEM | **427**

quais somente podem ser excepcionados em casos muito específicos, à luz do art. II (3) da Convenção de Nova Iorque[402].

Em terceiro, tem-se casos que envolvem a decretação de decadência. Nesse sentido, observe-se que o Código Civil afirma expressamente, no art. 209, que "é nula a renúncia à decadência fixada em lei", bem como, no art. 210, que "deve o juiz, de ofício, conhecer da decadência, quando estabelecida por lei". Não há a menor dúvida, pois, de que a decadência legal não está sob a livre disposição das partes. Também se pode mencionar uma disputa comercial envolvendo um bem imóvel clausulado de inalienabilidade. Em todos esses casos, não há plena disponibilidade das partes, mas ainda assim se deve entender que são matérias arbitráveis. Com efeito, em uma hipotética arbitragem travada entre duas pessoas jurídicas de direito privado a respeito da anulação de determinada cláusula de um contrato de empreitada, nada impediria que uma das partes suscitasse a ocorrência de decadência legal em relação ao direito de anular a mencionada cláusula contratual ou mesmo que os árbitros decretassem a decadência de ofício. Trata-se de matéria que não está sob livre disposição das partes, o que, adotando-se o critério da livre disponibilidade, tal como entendido no Direito Privado, acabaria redundando em sua inarbitrabilidade, razão pela qual a convenção de arbitragem seria nula e a sentença arbitral seria anulável. Esta conclusão, porém, não parece estar de acordo com o regime de arbitrabilidade adotado no Brasil e na grande maioria dos países líderes na seara arbitral.

Parte da doutrina tenta aplicar, como critério distintivo, a "transacionabilidade" de determinado direito. Ou seja, trata-se da possibilidade de celebrar concessões recíprocas sobre os direitos em questão. Luiz Antonio Scavone Junior ensina que questões que "não envolvam direito que admita transação não são passíveis de arbitragem e, entre esses direitos, podemos mencionar questões penais, referentes ao estado das pessoas, tributárias e pessoais concernentes ao direito de família, como, por exemplo, filiação e poder familiar"[403].

Entretanto, a solução também não parece adequada. Isso porque a transacionabilidade nada mais é do que um aspecto da livre disponibilidade, assim como a renunciabilidade e a alienabilidade. João Bosco Lee, neste contexto, afirma que "a referência à transação, empregada por inúmeras legislações, é inadequada", questionando, em seguida: "por que deve a arbitrabilidade depender de uma noção vizinha, que, em direito comparado, já fomentou diversas controvérsias de qualificação, se podemos adotar uma definição autônoma?"[404]. O autor afirma, em seguida, que "a definição de arbitrabilidade, como a de transação, converge à mesma noção: a livre disponibilidade de direitos"[405].

---

parte que pretender arguir questões relativas à competência, suspeição ou impedimento do árbitro ou dos árbitros, bem como nulidade, invalidade ou ineficácia da convenção de arbitragem, deverá fazê-lo na primeira oportunidade que tiver de se manifestar, após a instituição da arbitragem".

[402] Convenção de Nova Iorque, art. II (3): "O tribunal de um Estado signatário, quando de posse de ação sobre matéria com relação à qual as partes tenham estabelecido acordo nos termos do presente artigo, a pedido de uma delas, encaminhará as partes à arbitragem, a menos que constate que tal acordo é nulo e sem efeitos, inoperante ou inexequível."

[403] SCAVONE JUNIOR, Luiz Antonio. *Manual de arbitragem*. 4ª ed. São Paulo: Revista dos Tribunais, 2010, p. 24-25.

[404] LEE, João Bosco. O conceito de arbitrabilidade nos países do Mercosul. *Revista de Direito Bancário e do Mercado de Capitais*, vol. 8, p. 346-358, abr./jun., 2000, DTR 2000/202, p. 02.

[405] LEE, João Bosco. O conceito de arbitrabilidade nos países do Mercosul. *Revista de Direito Bancário e do Mercado de Capitais*, vol. 8, p. 346-358, abr./jun., 2000, DTR 2000/202, p. 02.

Eduardo Damião Gonçalves, por sua vez, explica que, apesar de alguns autores julgarem apropriada a referência a transação para explicar o conceito de arbitrabilidade, "filiamo-nos à corrente que considera essa referência imprecisa e pouco auxilia a definir os contornos das noções usadas para definir a arbitrabilidade, sendo, por vezes, tautológica"[406]. Assim, o critério da transacionabilidade acaba por demandar a investigação sobre outros conceitos, sendo, portanto, insuficiente para enfrentar o tema da arbitrabilidade objetiva em toda sua complexidade, pois esse critério representa, na verdade, uma solução um tanto quanto lateral. Afirmar que a arbitrabilidade objetiva diz respeito à transacionabilidade, leva ao imediato questionamento a respeito, então, do que seria transacionável. E a resposta, para tanto, é que transacionável é aquilo de que as partes podem dispor, ou seja, recorre-se à noção de livre disponibilidade, a qual, como já demonstrado, não é plenamente satisfatória para explicar o fenômeno da arbitrabilidade.

Em outras palavras, como se depreende da análise dessas situações, o fato de uma determinada matéria não estar sob a livre disposição das partes, tal como entendido no Direito Privado, não a torna inarbitrável. A verdade é que a submissão de litígios à arbitragem nunca significou alienar, transacionar ou renunciar em relação a qualquer direito, bem ou interesse, seja ele público ou privado. Na verdade, não existe uma perfeita correspondência entre os conceitos de disponibilidade normalmente utilizada no Direito Privado e de arbitrabilidade, pois esta última noção se vale de uma acepção mais ampla de disponibilidade do que aquela compreendida no Direito Privado, de modo a abranger dentro do escopo da arbitragem os exemplos acima mencionados. Nesse sentido, a melhor posição é adotar apenas o critério da patrimonialidade como régua de aferição da arbitrabilidade.

5. Arbitrabilidade e ordem pública

A ordem pública, como critério para definição da arbitrabilidade, ganhou especial repercussão internacional, por conta da já mencionada previsão do art. 2060 do Código Civil francês[407]. Ao comentar esse artigo, contudo, João Bosco Lee afirma que esse "é incoerente e sua ab-rogação seria desejável, mas o problema causado pela ordem pública, concernente à distinção entre a inarbitrabilidade do litígio e o poder dos árbitros de aplicar a ordem pública parece resolvido pela jurisprudência francesa"[408].

O principal problema na adoção do critério da ordem pública é que este critério leva frequentemente à confusão entre arbitrabilidade e possibilidade de aplicação de normas cogentes (ou normas imperativas ou normas de ordem pública) na arbitragem. A verdade é que é plenamente possível a aplicação, na arbitragem, pelos árbitros, de normas cogentes (ou normas imperativas ou normas de ordem pública), tenham elas fonte no Direito Civil, no Direito Comercial, no Direito Administrativo, no Direito Concorrencial etc. Nesse sentido, João Bosco Lee leciona que "a referência à ordem pública contribui para a

---

[406] GONÇALVES, Eduardo Damião. *Arbitrabilidade objetiva*. 2008. Tese (Doutorado) – Universidade de São Paulo. São Paulo, p. 169.

[407] A versão original do estudo feito nesse item pode ser encontrada em: FICHTNER, José Antonio, et al. *Teoria Geral da Arbitragem*. São Paulo: Editora Forense, 2019, p. 241-261, especialmente entre as páginas 241 a 243.

[408] LEE, João Bosco. O conceito de arbitrabilidade nos países do Mercosul. *Revista de Direito Bancário e do Mercado de Capitais*, vol. 8, p. 346-358, abr./jun., 2000, DTR 2000/202, p. 03.

PARTE III · Capítulo 11 · O OBJETO DA CONVENÇÃO DE ARBITRAGEM | **429**

confusão feita entre a determinação do objeto da convenção de arbitragem e a aplicação pelos árbitros das regras de ordem pública"[409]. Adiante, dedica-se um item exclusivo para esta análise.

Não obstante esta confusão que o critério da ordem pública pode ocasionar, a doutrina reconhece uma função secundária da ordem pública na avaliação da arbitrabilidade dos litígios. Antonio Sampaio Caramelo considera, a este respeito, que "a ordem pública mantém ainda utilidade para definir a arbitrabilidade, mas só intervém mediante exclusões pontuais desta, segundo a natureza dos direitos (indisponíveis por razões de ordem pública) atribuídos às partes"[410]. No mesmo sentido, João Bosco Lee entende que "a ordem pública não é, como se pretendia, um critério indispensável à definição de arbitragem, mas sim um fator suplementar na delimitação da livre disponibilidade", pois, continua o autor, "a ordem pública estabelece o limite da disponibilidade dos direitos e, por conseguinte, o da arbitrabilidade"[411].

Eduardo Damião Gonçalves explica que "a ordem pública desempenha um papel na problemática da arbitrabilidade sem, contudo, ser um critério adequado de definição da arbitrabilidade". Segundo o autor, "ela exerce uma dupla função: (a) como fundamento da regra que pode limitar o recurso à arbitragem (como no direito extrapatrimonial de família) e (b) como elemento de garantia da regularidade da sentença arbitral no caso de eventual controle judicial"[412]. Como se observa, este entendimento a respeito do papel secundário da ordem pública na definição da arbitrabilidade tem prevalecido na doutrina.

A ordem pública pode servir, na verdade, de justificativa para que determinados conflitos sejam excluídos da seara arbitral por razões que não dizem respeito à disponibilidade ou à patrimonialidade da causa, mas sim a valores de natureza política, econômica, social, moral e cultural importantes para o Estado. Há países em que não se admite a submissão à arbitragem de litígios envolvendo consumidores, empregados, locatários e algumas hipóteses de litígios envolvendo acionistas. Em todos estes casos, os litígios são marcados pela disponibilidade e pela patrimonialidade, tanto é que os direitos emergentes destas causas podem ser objeto de acordo entre partes. Não obstante, razões de ordem pública inspiram proibições legais ou construções doutrinárias e/ou jurisprudências avessas à submissão desses litígios ao processo arbitral.

---

[409] LEE, João Bosco. O conceito de arbitrabilidade nos países do Mercosul. *Revista de Direito Bancário e do Mercado de Capitais*, vol. 8, p. 346-358, abr./jun., 2000, DTR 2000/202, p. 02.

[410] CARAMELO, António Sampaio. Critérios de arbitrabilidade dos litígios. Revisitando o tema. *Revista de Arbitragem e Mediação*, vol. 27/2010, p. 129-161, out./dez., 2010, DTR 2010/758, p. 05.

[411] LEE, João Bosco. O conceito de arbitrabilidade nos países do Mercosul. *Revista de Direito Bancário e do Mercado de Capitais*, vol. 8, p. 346-358, abr./jun., 2000, DTR 2000/202, p. 03.

[412] GONÇALVES, Eduardo Damião. *Arbitrabilidade objetiva*. 2008. Tese (Doutorado) – Universidade de São Paulo. São Paulo, p. 166.

Capítulo 12
A FORMA DA CONVENÇÃO DE ARBITRAGEM

O art. 104 do Código Civil prevê que a validade do negócio jurídico depende de forma prescrita ou não defesa em lei[413]. Embora todos os fatos jurídicos tenham forma, essa apenas adquire relevância dentro da classe dos atos jurídicos *lato senso*, *i.e.*, atos jurídicos em sentido estrito e negócios jurídicos[414]. Portanto, a forma determina o modo pelo qual a declaração de vontade deve se dar, o meio de expressão da vontade, o aspecto externo que a declaração assume[415].

Conforme ensina Pontes de Miranda, a vontade, enquanto íntima e não exteriorizada, não interessa ao Direito[416]. Ou seja, o mundo do direito apenas toma em consideração as vontades que se enformam, pois a forma é da vontade e dos outros elementos do suporte fático, que precisam dessa exteriorização para que incida a regra jurídica validamente.

A convenção de arbitragem terá, necessariamente, uma forma determinada. Igualmente, a manifestação de consentimento em relação à convenção de arbitragem, enquanto modo de exteriorização da vontade, também terá de ser corporificada por intermédio de uma forma.

O art. 4º, § 1º, da Lei de Arbitragem, traz requisito de forma específico para a cláusula compromissória: "a cláusula compromissória deve ser estipulada por escrito, podendo estar inserta no próprio contrato ou em documento apartado que a ele se refira". Da mesma forma, o art. 9º, em seus §§ 1º e 2º, também traz disposições acerca da forma do compromisso arbitral, respectivamente, "o compromisso arbitral judicial celebrar-se-á por termo nos autos, perante o juízo ou tribunal, onde tem curso a demanda" e "o compromisso arbitral extrajudicial será celebrado por escrito particular, assinado por duas testemunhas, ou por instrumento público".

---

[413] Código Civil, art. 104, III: "A validade do negócio jurídico requer: forma prescrita ou não defesa em lei".

[414] PONTES DE MIRANDA, Francisco Cavalcanti. *Tratado de Direito Privado*. Tomo III. Atualizado por Marcos Bernardes de Mello e Marcos Ehrhardt Jr. São Paulo: Revista dos Tribunais, 2012, p. 443.

[415] AMARAL, Francisco. *Direito Civil: Introdução*. 10ª ed. São Paulo: Saraiva, 2018, p. 504.

[416] "Enquanto a vontade permanece íntima, não-exteriorizada, não interessa ao direito. Pode interessar à religião e à moral. A expressão é a forma; só se levam em conta as vontades que se enformaram. A forma é a da vontade e dos outros elementos do suporte fáctico, que precisem exteriorizar-se, como fatos da psique. A forma mesma é elemento do suporte fáctico, razão para se preferir falar de forma da manifestação de vontade, de conhecimento ou de sentimento, em vez de forma do ato jurídico" (PONTES DE MIRANDA, Francisco Cavalcanti. *Tratado de Direito Privado*. Tomo III. Atualizado por Marcos Bernardes de Mello e Marcos Ehrhardt Jr. São Paulo: Revista dos Tribunais, 2012, p. 443).

O presente capítulo objetiva analisar esses dispositivos, buscando compreender quais os limites semânticos a serem observados na elaboração da convenção de arbitragem, bem como qual o limite hermenêutico acerca do requisito legal da estipulação "por escrito". Esse tema apresenta ligação direta com importantes problemas práticos acerca da convenção de arbitragem, em meio a um contexto global de relações cada vez mais dinâmicas. Assim, o tema abordado no presente capítulo – longe de apresentar uma visão meramente formalista – perpassa as discussões sobre a possibilidade de formação de convenção de arbitragem mediante troca de mensagens de texto, ou mediante referência a outro documento; a anuência em relação à convenção a partir de comportamento concludente e, por exemplo, a questão da vinculação de não signatários da convenção de arbitragem.

§ 41. A FORMA NOS NEGÓCIOS JURÍDICOS

1. Conceito de forma

A forma é um imperativo de todos os fatos jurídicos. Entretanto, apenas nos atos jurídicos em sentido amplo que essa adquirirá relevância. Em se tratando de fatos jurídicos em sentido estrito, ou de atos-fatos jurídicos, pela inexistência de emanação volitiva dotada de relevância perante o ordenamento jurídico, não há preocupação com requisito de forma.

Entretanto, quando analisamos os atos humanos nos quais a vontade passa a desempenhar papel relevante, surge consequentemente a preocupação com a forma. Toda ação humana depende de algum modo de exteriorização para não ser considerada um fato de puro foro íntimo e, portanto, irrelevante para o direito.

Assim, essa exteriorização há de se revelar de algum modo ou outro. E esse modo de manifestação é precisamente a forma[417]. Contudo, não se pode considerar que apenas condutas comissivas (gestos, palavras ou escrita) são consideradas potenciais formas de atos jurídicos. É possível que se reconheça que a manifestação de vontade pode ser inferida a partir do silêncio qualificado pelas circunstâncias (art. 111 do Código Civil)[418], embora essa seja a exceção[419]. Não há ato sem forma – nem que essa forma seja a forma omissiva – pois são tantas as possibilidades de forma quanto às possibilidades de manifestação do consentimento[420]. Há sempre forma, pois o modo ou maneira de

---

[417] ASCENSÃO, José de Oliveira. *Teoria Geral do Direito Civil*. Vol. II. 2ª ed. Coimbra: Coimbra Editores, 2003, p. 58.

[418] Código Civil, Art. 111: "O silêncio importa anuência, quando as circunstâncias ou os usos o autorizarem, e não for necessária a declaração de vontade expressa".

[419] OLIVEIRA, Eduardo Ribeiro de. *Comentários ao Novo Código Civil*. Vol. II. Rio de Janeiro: Editora Forense, 2008, p. 204.

[420] "A forma dos atos jurídicos ou é oral, ou é escrita, ou por atos, como a revogação do testamento que o testador destrói. De regra, quem vai praticar o ato jurídico escolhe a forma. O que é preciso é que baste à manifestação da vontade, ou à comunicação de conhecimento, ou de sentimento, e corresponda a eor ela." (PONTES DE MIRANDA, Francisco Cavalcanti. *Tratado de Direito Privado*. Tomo III. Atualizado por Marcos Bernardes de Mello e Marcos Ehrhardt Jr. São Paulo: Revista dos Tribunais, 2012, p. 448).

exteriorizar à vontade subjetiva é a forma[421]. É necessário à própria existência do ato no mundo jurídico, razão pela qual é possível falar do princípio da imprescindibilidade da forma (*forma dat esse rei*)[422].

Quando se pensa em "forma", é inviável dissociar o elemento "vontade". Portanto, o requisito de forma se refere ao modo que a declaração deve ter, manifestando concretamente a vontade[423]. Nesse sentido, é imprescindível aceitar *cum grano salis* algumas conceituações clássicas acerca da forma. Por exemplo, para Von Thur, "la forma es el medio prescrito para la declaración de voluntad"[424], entretanto, nem todas as formas são prescritas, havendo forma mesmo nos atos jurídicos nos quais a lei é silente a respeito do seu modo de celebração. De outro lado, coloca Clóvis Beviláqua que a forma "é o conjunto das solenidades que se devem observar para que a declaração da vontade tenha efficacia jurídica"[425]. Ou seja: o jurista vincula a forma do negócio jurídico com a própria possibilidade de ele produzir efeitos. Contudo, na concepção atual, não necessariamente a forma se vincula à eficácia, e nem sempre a forma envolverá a existência de solenidades específicas.

Portanto, é preciso fazer um recorte à luz da evolução contemporânea da ciência jurídica e do direito positivo vigente no Brasil acerca do que significa a forma. É somente a partir de tais lentes que é possível analisar em termos dogmáticos a compreensão, a extensão e o significado da forma dos negócios jurídicos.

É possível, então, percebê-la, primeiramente, como um elemento estrutural do negócio jurídico[426], e, em um segundo sentido, como o revestimento jurídico que exterioriza a declaração da vontade[427]. Ou seja, remete-se ao formato assumido pela manifestação de vontade, traduzindo o aspecto externo que essa declaração assume[428], e passa a poder ser objetivamente valorada pelo ordenamento jurídico.

Em sentido semelhante, ensina Menezes Cordeiro acerca do conceito de forma em Portugal: "em Direito, diz-se forma da declaração ou do negócio o modo utilizado para exteriorizar a vontade, desde que seja minimamente solene, isto é: acompanhada de sinais exteriores sensíveis pelas pessoas que presenciam a declaração ou que, posteriormente, dela tenham conhecimento"[429]. Essa noção é compatível com o ordenamento brasileiro,

---

[421] Não há acto sem forma. Se o consentimento foi dado pelo levantamento do polegar, a forma será esta. Não podemos confundir a forma com exigências especiais, como as que conduzem à forma documental. Forma há sempre. O modo ou maneira de exteriorizar é a forma." (ASCENSÃO, José de Oliveira. *Teoria Geral do Direito Civil*. Vol. II. 2ª ed. Coimbra: Coimbra Editores, 2003, p. 58).

[422] OLIVEIRA, Eduardo Ribeiro de. *Comentários ao Novo Código Civil*. Vol. II. Rio de Janeiro: Editora Forense, 2008, p. 204.

[423] AMARAL, Francisco. *Direito Civil: introdução*. 10 ed. São Paulo: Saraiva, 2018, p. 504.

[424] VON THUR, Andreas. *Derecho Civil: eoría general del derecho civil Aleman*. Vol. II.2. Buenos Aires: Depalma, 1947, p. 179.

[425] BEVILAQUA. Clóvis. *Theoria Geral do Direito Civil*. Campinas: RED Livros, 1999, p. 317.

[426] AMARAL, Francisco. *Direito Civil: introdução*. 10 ed. São Paulo: Saraiva, 2018, p. 504.

[427] BEVILAQUA. Clóvis. *Theoria Geral do Direito Civil*. Campinas: RED Livros, 1999, p. 317.

[428] TEPEDINO, Gustavo; BARBOZA, Heloisa Helena; MORAES, Maria Celina Bodin. *Código Civil Interpretado Conforme a Constituição da República*. Vol. 1. 2ª ed. Rio de Janeiro: Renovar, 2007, p. 220.

[429] MENEZES CORDEIRO, António. *Tratado de Direito Civil*. Vol. II. 4ª ed. Coimbra: Almedina, 2020, p. 164.

focando a forma enquanto projeção ambiental da elaboração volitiva, exprimindo o querer subjetivo do agente[430], tornando-o apto a ser socialmente valorado e, portanto, ingressando no mundo jurídico. É, pois, meio de declarar a vontade, assumindo especial relevância quando o direito estabelece especificamente uma forma para originar um ato jurídico[431].

No direito moderno, ao contrário do que foi a tendência predominante por muitos séculos na evolução do pensamento jurídico, a regra geral é a de que as declarações de vontade não estarão sujeitas à forma especial, a não ser quando a lei expressamente exigir[432], sendo válido qualquer meio que a torne socialmente compreensível[433]. O princípio da liberdade de forma já estava consagrado no Código de 1916, nos arts. 129[434] e 130[435], e hoje continua a ser consagrada nos arts. 107[436] e 166, IV e V[437], do Código de 2002.

Portanto, a partir da interpretação do art. 107 do Código Civil, vigora no Brasil o princípio da liberdade das formas[438], devendo ser excepcionado por expressa previsão legal, cabendo ao próprio ordenamento indicar quais negócios considera formal, exigindo manifestação de vontade de modo específico, tornado as outras defesas[439].

Assim, surge a contraposição entre negócios jurídicos solenes e negócios jurídicos consensuais. Os primeiros, como o próprio nome sugere, demandam forma solene,

---

[430] PEREIRA, Caio Mário da Silva. *Instituições de Direito Civil*. Vol. 1. 32ª ed. Rio de Janeiro: Forense, 2019, p. 414.

[431] Por oposición a su contenido, el medio se designa como forma. En este amplio sentido, toda declaración tiene una forma, pero en sentido técnico se habla de forma cuando en virtud de la ley o de negocio jurídico es necesaria una forma determinada." (VON THUR, Andreas. *Derecho Civil: eoría general del derecho civil Aleman*. Vol. II.2. Buenos Aires: Depalma, 1947, p. 176).

[432] BEVILAQUA. Clóvis. *Theoria Geral do Direito Civil*. Campinas: RED Livros, 1999, p. 317.

[433] VON THUR, Andreas. *Derecho Civil: teoria general del derecho civil Aleman*. Vol. II.2. Buenos Aires: Depalma, 1947, p. 176.

[434] Código Civil de 1916, Art. 129: "A validade das declarações de vontade não dependerá de forma especial, senão quando a lei expressamente a exigir (art. 82)."

[435] Código Civil de 1916, Art. 130: "Não vale o ato, que deixar de revestir a forma especial, determinada em lei (art. 82), salvo quando esta comine sanção diferente contra a preterição da forma exigida."

[436] Código Civil, Art. 107: "A validade da declaração de vontade não dependerá de forma especial, senão quando a lei expressamente a exigir."

[437] Código Civil, Art. 166: "É nulo o negócio jurídico quando: [...] IV – não revestir a forma prescrita em lei; V – for preterida alguma solenidade que a lei considere essencial para a sua validade;"

[438] A regra geral será a da liberdade das formas (art. 107). Em alguns casos, porém, a lei prevê aquela de que deve o ato revestir-se e cuja inobservância acarreta a nulidade (art. 166, IV)." (OLIVEIRA, Eduardo Ribeiro de. *Comentários ao Novo Código Civil*. Vol. II. Rio de Janeiro: Editora Forense, 2008, p. 204).

[439] A regra geral existente no ordenamento jurídico é a da liberdade de forma (v. Comentário ao art. 107). A exigência de forma especial é a exceção. Deste modo, o próprio ordenamento indica os negócios jurídicos que considera formais, exigindo uma forma dentre várias possíveis, ou uma específica, tomando as demais defesas. Não será válido o ato que deixar de revestir a forma determinada em lei. A sanção correspondente será a nulidade, conforme preceitua o art. 166, IV e V: é nulo o negócio jurídico quando não revestir a forma prescrita em lei e quando for preterida alguma solenidade que a lei considere essencial para sua validade." (TEPEDINO, Gustavo; BARBOZA, Heloisa Helena; MORAES, Maria Celina Bodin. *Código Civil Interpretado Conforme a Constituição da República*. Vol. 1. 2ª ed. Rio de Janeiro: Renovar, 2007, p. 220).

PARTE III · **Capítulo 12** · A FORMA DA CONVENÇÃO DE ARBITRAGEM | **435**

enquanto os segundos produzem efeitos por pura manifestação de consentimento[440]. Percebe-se que o caráter solene do negócio não demanda que todas as manifestações de vontade a ele associadas tenham forma específica, bastando a imposição de determinado requisito associado a uma das manifestações de vontade para que o negócio jurídico seja classificado como formal[441]. Da inexistência de requisito específico, expressamente trazido por lei, entende-se prevalecer a regra geral segundo a qual será indiferente o veículo utilizado pelo agente para a declaração de vontade[442].

2. Entre o formalismo e o consensualismo

A importância da forma para os atos jurídicos não foi homogênea ao longo da história. Em termos macroscópicos, é possível distinguir duas visões diferentes sobre esse tema. De um lado, há o "consensualismo", admitindo mais amplamente a realização de negócios sem pré-requisito formal; de outro, há o "formalismo", com previsões específicas as quais se impõe forma obrigatória[443]. Desde as eras mais remotas é possível perceber a valorização da forma para certos atos jurídicos. Apesar disso, cada vez mais, com o advento das formas contemporâneas de comunicação, admite-se a celebração de negócios por meios informais. Portanto, não há falar em um domínio completo da posição consensualista ou formalista, havendo mais ou menos atos jurídicos que podem ser concluídos com perfeição sem que tenha sido necessária observância de forma específica.

Em fases mais recuadas da história jurídica, é possível perceber um maior grau de formalismo, associando a conclusão de uma grande quantidade de atos à observância de cerimônias ritualizadas, que variavam de tipo negocial para tipo negocial[444]. Nesse sentido, testemunha San Tiago Dantas: "o formalismo está na índole do direito primitivo e toda a evolução jurídica, mesmo entre os romanos se fez no sentido de vencer o formalismo, isto é, de abandonar as formas obrigatórias e de dar maior eficácia à declaração da vontade, qualquer que fosse o modo por que ela se expressasse"[445].

Em épocas mais remotas, os negócios eram formados oralmente. Como forma de preservar a memória dos atos celebrados, esses eram realizados de modo público e ritualizado[446]. Aos poucos, possivelmente por influência grega, a escrita passou a ser introduzida

---

[440] Aos negócios formais – portanto: com forma solene, nesse sentido – contrapõe-se os consensuais, isto é, aqueles que produzem efeitos por pura manifestação ou pelo mero consenso das partes, independentemente do modo por que surja." (MENEZES CORDEIRO, António. *Tratado de Direito Civil*. Vol. II. 4ª ed. Coimbra: Almedina, 2020, p. 164).

[441] El negocio es formal cuando las declaraciones que componen el factum, o una de ellas, están sujetas a cierta forma." (VON THUR, Andreas. *Derecho Civil: eoría general del derecho civil Aleman*. Vol. II.2. Buenos Aires: Depalma, 1947, p. 179).

[442] PEREIRA, Caio Mário da Silva. *Instituições de Direito Civil*. Vol. 1. 32ª ed. Rio de Janeiro: Forense, 2019, p. 414.

[443] AMARAL, Francisco. *Direito Civil: introdução*. 10 ed. São Paulo: Saraiva, 2018, p. 505.

[444] MOTA PINTO, Carlos Alberto. *Teoria Geral do Direito Civil*. 4ª ed. Coimbra: Coimbra Editores, 2005, p. 393.

[445] DANTAS, San Tiago. *Programa de Direito Civil*. Vol. 1. Rio de Janeiro: Editora Rio, 1977, p. 264.

[446] "Por outro lado, o direito romano primitivo somente conhecia negócios jurídicos celebrados oralmente. E para que se conservasse a memória desses atos, eram realizados publicamente, ou diante do povo reunido em comício, ou do magistrado, ou de testemunhas." (ALVES, José Carlos Moreira. *Direito Romano*. 16ª ed. Rio de Janeiro: Forense, 2014, p. 158-159).

no direito romano. Nesse sentido, percebe-se que, enquanto no Direito romano primitivo os atos jurídicos mostravam-se acentuadamente formais, no período clássico já foi possível perceber considerável evolução[447]. Dessa forma, foi-se progressivamente amenizando a ritualística excessiva, que impunha a utilização de gestos e palavras precisas, celebração em locais determinados, perante magistrado ou testemunhas[448].

É possível perceber que no próprio Direito romano houve processo interno de reação contra o formalismo que predominara os períodos iniciais[449], nos quais a forma tinha de ser cumprida vigorosamente, enquanto próprio fundamento da criação de vínculos jurídicos[450]. Em período de maior maturidade[451], como se vislumbra na obra de Gaius e nas *Institutioes* de Justiniano, passou-se a distinguir os contratos *re* (pela coisa, especialmente quando a tradição era exigida), *verbis* (pela palavra), *literis* (por escrito) ou *consenso* (pelo consentimento devidamente expresso)[452]. No período clássico, o formalismo dos negócios jurídicos solenes foi utilizado como instrumento de evolução do direito, ampliando a esfera originária de aplicação deles, utilizando-os para finalidades diversas das quais foram criados[453].

A tendência de privilegiar a forma também foi observada no direito germânico antigo, difundido no Ocidente após a queda do Império Romano, é marcada pela admissão, praticamente exclusiva, dos contratos formais e contratos reais – com os primeiros associados a esquemas solenes de conclusão e os segundos à entrega da coisa quando da conclusão do contrato[454]. A evolução do direito nesse período, entre a queda de Roma e o início da reformulação dos Estados Nacionais, mostrou-se largamente heterogênea, havendo influências diversas. Essa amálgama de elementos, oriundos de diferentes culturas,

---

[447] MENEZES CORDEIRO, António. *Tratado de Direito Civil*. Vol. II. 4ª ed. Coimbra: Almedina, 2020, p. 165.

[448] MOTA PINTO, Carlos Alberto. *Teoria Geral do Direito Civil*. 4ª ed. Coimbra: Coimbra Editores, 2005, p. 393.

[449] DANTAS, San Tiago. *Programa de Direito Civil*. Vol. I. Rio de Janeiro: Editora Rio, 1977, p. 265.

[450] MOTA PINTO, Carlos Alberto. *Teoria Geral do Direito Civil*. 4ª ed. Coimbra: Coimbra Editores, 2005, p. 393.

[451] MENEZES CORDEIRO, António. *Tratado de Direito Civil*. Vol. II. 4ª ed. Coimbra: Almedina, 2020, p. 165.

[452] Nas Institutas de Gaius, no parágrafo 89 do Comentário Terceiro, ensina o jurisconsulto: "Vejamos, em primeiro lugar, as obrigações que nascem de um contrato. Dessas obrigações há quatro espécies, porque a obrigação se contrai pela coisa, por palavras, por escrito ou pelo consenso". (GAIUS. *Institutas do Jurisconsulto Gaio*. Jorge Cretella Jr.; Agnes Cretella (Trads.). São Paulo: Editora Revista dos Tribunais, 2004, p. 149).

[453] "O direito romano pré-clássico é rigidamente formalista. Os negócios jurídicos, nessa época, são solenes (assim, a stipulatio, a mancipatio, a in iure cessio). No direito clássico, em virtude do caráter conservador dos romanos, vários resíduos desse formalismo persistem, e, nesse período, se encontram, lado a lado, negócios jurídicos solenes e negócios jurídicos inteiramente despidos de formalidades, criados graças ao ius gentium. Mas, note-se, o formalismo dos negócios jurídicos solenes foi utilizado como instrumento de evolução do direito, no período clássico. Com efeito, decorrendo da forma, e não do conteúdo, a eficácia jurídica dos negócios jurídicos solenes, os jurisconsultos romanos ampliaram a esfera originária de aplicação deles, utilizando-os para fins diversos daqueles para que foram criados" (ALVES, José Carlos Moreira. *Direito Romano*. 16ª ed. Rio de Janeiro: Forense, 2014, p. 158).

[454] MENEZES CORDEIRO, António. *Tratado de Direito Civil*. Vol. II. 4ª ed. Coimbra: Almedina, 2020, p. 166.

somente passou a ser sedimentada no século XII. No caso português – que, posteriormente, influenciou largamente o direito brasileiro –, é possível perceber tanto a influência de elementos romanos, mesmo vulgarizados e refletidos pela legislação visigótica, com elementos germânicos[455]. Quando da unificação portuguesa, efetuada por Dom Afonso Henriques a partir de 1140, passou a ser possível perceber com clareza a noção de que a escrita dá forma a novos contratos (*nova confirmat*), dá forma nova aos atos jurídicos antigos (*antiqua innovat*), e conserva os atos jurídicos confirmados, (*confirmata conservat*)[456].

Entretanto, a revolução copernicana acerca da forma ocorreu sobretudo a partir do jusnaturalismo, a partir de quando se passou a ver na vontade manifestada pelas partes o fundamento para determinado negócio, passando a forma a ser requisito suplementar, exigível em alguns casos especiais[457]. A catilogência de Grócio e Pufendorf foi indispensável para deslocar o lastro de validade dos atos jurídicos do aspecto formal e externo para a vontade humana interna, dando-se primazia para o ato de vontade e a vinculação pela palavra[458].

Entretanto, mesmo com o reforço da concepção consensualista é possível perceber no Código Napoleônico resquícios de cultura formalista para certos atos jurídicos[459]. Posição ligeiramente diversa pode ser observada no BGB. No primeiro projeto (§91/I), chegou a se introduzir expressamente regra referente à liberdade de forma, salvaguardada disposição em sentido diverso, mas acabou prevalecendo a concepção segundo a qual a regra, por evidente, não necessitava ser positivada[460]. Portanto, na versão final a principal disposição acerca da forma foi o § 125, ainda em vigor, que prevê que "é nulo o negócio jurídico que não tenha a forma prescrita na lei". Em caso de dúvida, a falta da forma determinada pelo negócio jurídico resulta também em nulidade"[461].

---

[455]   COSTA, Mário Júlio de. *História do Direito Português*. 4ª ed. Coimbra: Almedina, 2009, p. 180-191.

[456]   PONTES DE MIRANDA, Francisco Cavalcanti. *Tratado de Direito Privado*. Tomo III. Atualizado por Marcos Bernardes de Mello e Marcos Ehrhardt Jr. São Paulo: Revista dos Tribunais, 2012, p. 457-458.

[457]   MOTA PINTO, Carlos Alberto. *Teoria Geral do Direito Civil*. 4ª ed. Coimbra: Coimbra Editores, 2005, p. 393.

[458]   MENEZES CORDEIRO, António. *Tratado de Direito Civil*. Vol. II. 4ª ed. Coimbra: Almedina, 2020, p. 166.

[459]   Vislumbra-se, por exemplo, no art. 1341 do Code Civile: "Il doit être passé acte devant notaires ou sous signatures privées de toutes choses excédant une somme ou une valeur fixée par décret, même pour dépôts volontaires, et il n'est reçu aucune preuve par témoins contre et outre le contenu aux actes, ni sur ce qui serait allégué avoir été dit avant, lors ou depuis les actes, encore qu'il s'agisse d'une somme ou valeur moindre. Le tout sans préjudice de ce qui est prescrit dans les lois relatives au commerce."O mesmo preceito foi mantido com a reforma das obrigações, agora previsto no art. 1359 do Código: " L'acte juridique eoría sur une somme ou une valeur excédant un montant fixé par décret doit être prouvé par écrit sous signature privée ou authentique. Il ne peut être prouvé outre ou contre un écrit établissant un acte juridique, même si la somme ou la valeur n'excède pas ce montant, que par un autre écrit sous signature privée ou authentique. Celui dont la eoría excède le seuil mentionné au premier alinéa ne peut pas être dispensé de la preuve par écrit en restreignant sa demande. Il en est de même de celui dont la demande, même inférieure à ce montant, porte sur le eoría sur une partie d'une eoría supérieure à ce montant."

[460]   MENEZES CORDEIRO, António. *Tratado de Direito Civil*. Vol. II. 4ª ed. Coimbra: Almedina, 2020, p. 167.

[461]   Alemanha, BGB, § 125: "Ein Rechtsgeschäft, welches der durch Gesetz vorgeschriebenen Form ermangelt, ist nichtig. Der Mangel der durch Rechtsgeschäft bestimmten Form hat im Zweifel gleichfalls Nichtigkeit zur Folge."

438 | CONVENÇÃO DE ARBITRAGEM – *Fichtner • Tolentino • Polastri • Salton*

A partir dessas evoluções, que serviram de pedra fundamental para a elaboração da dogmática contemporânea acerca dos negócios jurídicos e das obrigações, restou que o formalismo é exigido apenas para certos atos específicos[462]. No direito brasileiro, a posição consensualista já estava prevista no Código Civil de 1916, assegurando respeito à palavra, ao conteúdo da vontade e à autonomia privada[463]. Como já referido, a mesma posição se manteve no Código Civil de 2002. Nesse sentido, percebe-se que, em termos de evolução histórica, houve movimento pendular, migrando de um excessivo formalismo perceptível em momentos iniciais de desenvolvimento do direito romano e germânico, para a adoção de uma visão primordialmente consensualista quando do período do jusnaturalismo.

A existência de requisitos de forma teve de ser continuamente repensada, para manter sintonia entre as necessidades do tráfego jurídico. Formas rígidas dificultam a circulação econômica, razão pela qual há de se ponderar sempre a necessidade de regulamentar o modo pelo qual determinado negócio jurídico deve se dar. A menor exigência de solenidades, igualmente, serve de estímulo ao giro comercial, estimulando a conclusão de transações. Isso também se reflete no plano jurídico internacional. Exemplificativamente, a Convenção das Nações Unidas sobre Contratos de Compra e Venda Internacional de Mercadorias adotou o princípio da liberdade das formas[464]. O seu art. 11 estabelece que "o contrato de compra e venda não requer instrumento escrito nem está sujeito a qualquer requisito de forma. Poderá ele ser provado por qualquer meio, inclusive por testemunhas".

Nesse sentido, precisa a observação de Clóvis Beviláqua:

> "como a fórma é uma valiosa garantia dos interesses, quer individuaes, quer solicaes, não poderá ser eliminada do direito. O ritualismo excessivo, que empecia o movimento dos negocios juridicos, contrariando as necessidades do progresso, que os requer rapidos; as palavras sacramentaes que não podem mais ter valor perante a cultura dos nossos tempos; as solemnidades absurdas e ineptas, por terem desapparecido as razões que as reclamaram, essas a ação simplificadora da evolução juridica eliminou; porém manteve as fórmas necessarias à segurança dos negócios realizados no dominio do direito, e, por um processo, de remodelação da vida juridica, foi creando solemnidades novas ou reforçando as já existentes para determinados actos"[465].

Portanto, não há de se ter visão estática acerca da forma. Essa, sobretudo, cumpre um papel funcional no direito. Não por outra razão que a modificação no substrato econômico-social provoca modificações no requisito de forma.

---

[462] MOTA PINTO, Carlos Alberto. *Teoria Geral do Direito Civil.* 4ª ed. Coimbra: Coimbra Editores, 2005, p. 393.

[463] TEPEDINO, Gustavo; BARBOZA, Heloisa Helena; MORAES, Maria Celina Bodin. *Código Civil Interpretado Conforme a Constituição da República.* Vol. 1. 2ª ed. Rio de Janeiro: Renovar, 2007, p. 222

[464] "Freedom from formal requirements is also important in international sale of goods transactions. Although contracts are usually put in writing at some stage and offer and acceptance increasingly sent by fax, it may nevertheless be uncertain whether a written record of the contract contains the declarations constituting the contract or whether a fax complies with a requirement as to writing. Above all in the case of modifications to the contract, which may be needed 'on site' during the performance of a contract (eg during installation of the goods), it is indispensable that agreements made by direct communication (orally or by telephone, telexes, fax, e-mail, other electronic communication etc.) are binding" (SCHWENZER, Ingeborg; SCHLECHTRIEM, Peter. *Commentary on the UN Convention on the International Sale of Goods (CISG).* 3. Ed. Oxford: Oxford University Press, 2010, p. 205).

[465] BEVILAQUA. Clóvis. *Theoria Geral do Direito Civil.* Campinas: RED Livros, 1999, p. 318.

3. Forma e formalidade

O ordenamento jurídico valora o requisito de forma de dois modos distintos, a depender da circunstância. Em certas situações, a forma está exclusivamente relacionada à manifestação de vontade, focando-se no aspecto da externalização subjetiva do indivíduo para essa ser valorada pelo ordenamento. Em outras, impõe-se requisitos materiais ou extrínsecos como condicionantes da validade ou eficácia de determinado ato negocial (necessidade de realizar arquivamento, requisito de assinatura específica ou apartada, reconhecimento de firma, dentre outros)[466]. O requisito de forma propriamente dito apenas se prende à manifestação da vontade e à externalização corpórea do negócio jurídico após a sua conclusão[467].

Os demais requisitos são chamados de "formalidades" ou "solenidades", referindo-se ao conjunto de atos que constituem medidas preparatórias ou consequentes do ato para garantir validade ou eficácia, dependendo da circunstância[468]. Assim, não consubstanciam demonstração de vontade, razão pela qual o negócio poderá ser existente e válido[469], mas poderá ter seu âmbito de eficácia mitigado[470]. Por exemplo, são modalidades de solenidades o registro de atos na junta comercial, registro do casamento, exigência de reconhecimento de firma, registro da escritura pública, dentre outras. As solenidades não devem ser desprezadas, sendo, em muitas circunstâncias, imposições importantes de segurança[471], e que pré-condicionam, inclusive, a eficácia de um determinado negócio jurídico perante terceiros.

Igualmente, as solenidades frequentemente se associam a questões de publicidade de determinadas ações, possibilitando que os atos sejam conhecidos do público, adquirindo efeitos *erga omnes* por previsão legal[472]. Registra-se que, muitas vezes, a eficácia inter partes do ato não é condicionada ao cumprimento de certa formalidade. Razão pela qual

---

[466] PEREIRA, Caio Mário da Silva. *Instituições de Direito Civil*. Vol. 1. 32ª ed. Rio de Janeiro: Forense, 2019, p. 414.

[467] "a forma especial não se confunde com certas formalidades ou exigências que a lei faz para certa eficácia, como o registro para a constituição de direito real, ou a sua transferência, ou o reconhecimento de firmas para algum efeito de direito público ou privado" (PONTES DE MIRANDA, Francisco Cavalcanti. *Tratado de Direito Privado*. Tomo III. Atualizado por Marcos Bernardes de Mello e Marcos Ehrhardt Jr. São Paulo: Revista dos Tribunais, 2012, p. 451).

[468] AMARAL, Francisco. *Direito Civil: introdução*. 10 ed. São Paulo: Saraiva, 2018, p. 504-505.

[469] Apenas quando a solenidade não for requisito de validade.

[470] "da forma há que distinguir as formalidades: enquanto a forma dá sempre corpo a uma certa exteriorização da vontade – ela é essa própria exteriorização – a formalidade analisa-se em determinados desempenhos que, embora não revelando, em si, qualquer vontade, são, no entanto exigidos para o surgimento válido de certos negócios jurídicos" (MENEZES CORDEIRO, António. *Tratado de Direito Civil*. Vol. II. 4ª ed. Coimbra: Almedina, 2020, p. 168).

[471] "De maneira que as solenidades não são de se desprezar; são necessárias; são imposições de segurança e o direito progride em matéria de formalismo e de anti-formalismo todas às vezes em que ele obtém uma adequação perfeita da solenidade aos interesses da segurança." (DANTAS, San Tiago. *Programa de Direito Civil*. Vol. I. Rio de Janeiro: Editora Rio, 1977, p. 265-266).

[472] "A solenidade prende-se com a publicidade de determinadas ações, isto é, com o ato e o efeito de as dar a conhecer ao público. Certos negócios são eficazes – ou, pelo menos, plenamente eficazes – quando sejam conhecidos ou cognoscíveis pelos elementos da comunidade jurídica. Tal sucede, em particular, no domínio dos direitos reais. A presença de modos formais, solenes, de os celebrar, facultaria essa publicidade." (MENEZES CORDEIRO, António. *Tratado de Direito Civil*. Vol. II. 4ª ed. Coimbra: Almedina, 2020, p. 172).

CONVENÇÃO DE ARBITRAGEM – *Fichtner* • *Tolentino* • *Polastri* • *Salton*

o negócio poderá ser existente, válido e eficaz entre as partes, não apresentando apenas eficácia perante terceiros que poderia ter caso atendesse determinada solenidade.

Assim, percebe-se que as solenidades cumprem importante papel. Conforme San Tiago Dantas "as solenidades não são de se desprezar; são necessárias; são imposições de segurança e o direito progride em matéria de formalismo e de antiformalismo todas às vezes em que ele obtém uma adequação perfeita da solenidade aos interesses da segurança"[473]. Por mais que possam, por vezes, prejudicar o tráfego jurídico, são perfeitamente justificáveis quando associadas a finalidade de importância social. Tanto a forma quanto as formalidades se justificam teleologicamente, de modo que, quando perdem o seu significado social, podem ser removidas, sem maiores prejuízos, pelo ordenamento jurídico.

4. Função do requisito de forma

O requisito de forma apresentou importâncias diversas ao longo da história. Os diferentes contextos econômicos e sociais demandaram contínua revisão acerca dos modos de externalização da vontade. Esse movimento teve por reflexo imediato processos de desformalização e formalização das relações jurídicas, conforme as relações sociais foram modificadas. Por consequência, os propósitos da política legislativa acerca da forma são muito variados[474], bem como não serão uníssonos os efeitos da desconformidade da observância do requisito de forma. Em verdade, muitos negócios jurídicos têm requisitos de forma específicas, estabelecendo como a regra geral o princípio do consensualismo, deixando a cargo do legislador selecionar, especificamente, quais negócios jurídicos devem ser revestidos por forma especial[475]. Dentre os diversos negócios jurídicos sujeitos a requisito especial de forma é possível verificar diversos fins sociais distintos que esse pode cumprir.

Em primeiro, a função reflexiva. O requisito de forma por estar associado a impedir decisões não ponderadas[476]. Ou seja, mediante a criação de um requisito específico (necessidade de forma pública, por exemplo), cria-se um hiato temporal entre a vontade de concluir o negócio com a sua efetiva celebração. Assim, certos requisitos de forma ajudam a combater a precipitação em firmar determinado negócio[477]. Assim, o requisito de forma auxilia a proporcionar dose de reflexão mais elevadas pelas partes, na medida em que haverá hiato temporal entre a decisão de concluir o negócio e a sua efetiva celebração[478]. Ou seja, é um modo de combater ações impulsivas e precipitadas.

Em segundo, a função individualizante. Por essa função, incrementa-se a clareza e a precisão da declaração, separando a declaração negocial de outros propósitos subjetivos das partes[479]. Ademais, estabelece marco definitivo, separando a fase pré-

---

[473] DANTAS, San Tiago. *Programa de Direito Civil*. Vol. I. Rio de Janeiro: Editora Rio, 1977, p. 265-266.

[474] VON THUR, Andreas. Derecho Civil: *eoría general del derecho civil Aleman*. Vol. II.2. Buenos Aires: Depalma, 1947, p. 177-178.

[475] ENNECCERUS, Ludwig. *Derecho Civil (Parte General)*. Vol. II. Trad. De la 39ª ed. Alemana. Blas Pérez González; José Alguer (Trads.). Barcelona: Bosch, 1935, p. 119.

[476] VON THUR, Andreas. *Derecho Civil: eoría general del derecho civil Aleman*. Vol. II.2. Buenos Aires: Depalma, 1947, p. 177-178.

[477] ENNECCERUS, Ludwig. *Derecho Civil (Parte General)*. Vol. II. Trad. De la 39ª ed. Alemana. Blas Pérez González; José Alguer (Trads.). Barcelona: Bosch, 1935, p. 119.

[478] AMARAL, Francisco. *Direito Civil: introdução*. 10 ed. São Paulo: Saraiva, 2018, p. 505.

[479] VON THUR, Andreas. *Derecho Civil: eoría general del derecho civil Aleman*. Vol. II.2. Buenos Aires: Depalma, 1947, p. 177-178.

-contratual da celebração do negócio[480]. Portanto, quando as partes acordam em firmar determinado negócio por uma forma específica – por escrito, por meio de documento público – há critério objetivo para aferir (i) o que objetivamente foi pactuado e (ii) quando aquele negócio jurídico foi, de fato, concluído. Assim, o requisito de forma propicia autonomização da declaração de vontade que foi exarada, dando-lhe individualidade própria.

Em terceiro, a função probatória[481]. Conforme o art. 212 do Código Civil[482], o fato jurídico pode ser provado mediante a confissão, o documento, a testemunha, a presunção ou a perícia. Portanto, a ideia de "prova" está associada à demonstração da existência de um fato jurídico, entendido, a partir da concepção de Pontes de Miranda[483], como os acontecimentos que produzem efeitos jurídicos, criando, modificando ou extinguindo situações jurídicas[484]. Assim, como todo direito surge a partir de um fato, a demonstração da existência desses fatos significa, em última instância, a identificação dos fatos aptos à produção de efeitos jurídicos[485], repercutindo dentro do mundo do direito[486]. Provar, portanto, é conduzir o destinatário do ato a se convencer da veracidade acerca de um fato[487].

Em termos analíticos, o que os métodos de prova fazem é permitir a demonstração no âmbito do processo da ocorrência de um fato que provocou a incidência de uma norma jurídica. O contexto da relação jurídica processual traz peculiaridades acerca da interação entre os fatos e as normas,[488] pois a demonstração da sua ocorrência é o ponto de partida para o terceiro julgador se manifestar no pronunciamento judicial da sentença, decidindo qual das narrativas trazidas no âmbito do processo, na sua concepção, está mais próxima da verdade dos fatos, tornando-a merecedora da cobertura proporcionada pelo efeito vinculante da sentença e pela coisa julgada[489]. Assim, a prova constrói a ponte entre os fatos que, na visão das partes, provocam a incidência de determinada norma jurídica, com o intérprete-julgador, o qual deve ser convencido da existência desse conjunto fático--normativa para se manifestar na decisão. É, portanto meio retórico destinado a gerar

---

[480] AMARAL, Francisco. *Direito Civil: introdução.* 10 ed. São Paulo: Saraiva, 2018, p. 505.

[481] ENNECCERUS, Ludwig. *Derecho Civil (Parte General).* Vol. II. Trad. De la 39ª ed. Alemana. Blas Pérez González; José Alguer (Trads.). Barcelona: Bosch, 1935, p. 119.

[482] Código Civil, Art. 212: "Salvo o negócio a que se impõe forma especial, o fato jurídico pode ser provado mediante: I – confissão; II – documento; III – testemunha; IV – presunção; V – perícia".

[483] PONTES DE MIRANDA, Francisco Cavalcanti. *Tratado de Direito Privado.* Tomo I. Atualizado por Judith Martins-Costa, Gustavo Haical e Jorge Cesa Ferreira da Silva. São Paulo: Revista dos Tribunais, 2012, p. 19.

[484] AMARAL, Francisco. *Direito Civil: Introdução.* 10ª ed. São Paulo: Saraiva, 2018, p. 461.

[485] FARIAS, Cristiano Chaves de; ROSENVALD, Nelson. *Curso de direito civil: parte geral e LINDB.* 15ª ed. Salvador: editora JusPodivm, 2017, p. 591.

[486] VELOSO, Zeno. *Fato Jurídico – Ato Jurídico – Negócio Jurídico. Doutrinas Essenciais Obrigações e Contratos,* vol. 1, p. 1393-1407, jun./2011, DTR 2012/1956.

[487] THEODORO JÚNIOR, Humberto. *Comentários ao Novo Código Civil.* Vol. 3, t. 2. Rio de Janeiro: Forense, 2003, p. 381.

[488] GOMES, Milton Carvalho. O direito entre fatos e normas: o distanciamento entre a verdade dos fatos e a verdade construída no processo judicial brasileiro. *Revista de Informação Legislativa,* ano 49, nº 195, p. 231-244, jul./set., 2012, p. 242-243.

[489] TARUFFO, Michele. Verdade negociada? Trad. Pedro Gomes de Queiroz. *Revista Eletrônica de Direito Processual-REDP,* ano 8, vol. XIII, jan./jun., p. 634-657, 2014.

estado de convencimento quanto à existência de um certo fato[490]. Ao associar requisito de forma a determinado negócio jurídico, a forma acaba auxiliando na prova da declaração de vontade[491]. Ao permitir a formulação tangível da manifestação de vontade[492], constitui-se elemento material que pode ser levado em juízo para demonstrar a ocorrência de determinado fato jurídico.

Em quarto, a função assecuratória. Negócios mais sensíveis precisam ser inequívocos. Ou seja, a sua exteriorização precisa estar estampada para aqueles que o celebram, de modo que se saiba o seu significado[493]. Portanto, essa função da forma insere elemento de segurança, trazendo certeza sobre a celebração e dos termos acordados[494]. Nesse sentido, Von Thur assevera que a forma permite que durante as negociações "exista la seguridad de que no se producirán sorpresas o trampas; las partes pueden estar tranquilas de que no serán consideradas como vinculatorias las declaraciones a las que ellas no atribuyen ese carácter"[495]. Ou seja, confere-se maior segurança na conclusão do negócio, distinguindo-o dos atos meramente preparatórios[496].

Em quinto, há a função de publicidade. Dependendo do requisito de forma estabelecido pela legislação, permite-se que o negócio passe a ser conhecido por terceiros[497]. Classicamente, tanto o formalismo quanto a publicidade são garantias do direito[498], conferindo segurança especial a certas transações, especialmente quando envolvido interesse jurídico exógeno. Assim, sob o pretexto da publicização, é possível a produção de determinados efeitos perante terceiros, ou mesmo *erga omnes*.

Em síntese, percebe-se que há diversos valores jurídicos que podem ser adequadamente tutelados por meio de certos requisitos de forma. As diversas funções, antes de serem excludentes, são complementares, estando presentes em maior ou menor grau quando a lei estabelece, especificamente, forma a ser observada pelas partes. Ademais,

---

[490] TEPEDINO, Gustavo; BARBOZA, Heloisa Helena; MORAES, Maria Celina Bodin de. *Código Civil Interpretado conforme a Constituição da República*. Vol. I. 2ª ed. Rio de Janeiro: Renovar, 2007, p. 429.

[491] VON THUR, Andreas. *Derecho Civil: eoría general del derecho civil Aleman*. Vol. II.2. Buenos Aires: Depalma, 1947, p. 177-178.

[492] AMARAL, Francisco. *Direito Civil: introdução*. 10 ed. São Paulo: Saraiva, 2018, p. 505.

[493] "Pois bem, as solenidades têm o mesmo fundamento. Por que razão o casamento é um ato solene? Porque a lei não deseja que possa perdurar a menor dúvida, nem no espírito dos casados, nem no dos que com eles têm relações, a respeito do seu estado civil e, portanto, é preciso que o ato que ela procura seja um ato inequívoco, desses que não podem ser interpretados de dois modos, desses cuja exterioridade está estampada na mente de todos, de tal maneira que todos sabem perfeitamente o que significa." (DANTAS, San Tiago. *Programa de Direito Civil*. Vol. I. Rio de Janeiro: Editora Rio, 1977, p. 265-266).

[494] AMARAL, Francisco. *Direito Civil: introdução*. 10 ed. São Paulo: Saraiva, 2018, p. 505.

[495] VON THUR, Andreas. *Derecho Civil: eoría general del derecho civil Aleman*. Vol. II.2. Buenos Aires: Depalma, 1947, p. 177-178.

[496] ENNECCERUS, Ludwig. *Derecho Civil (Parte General)*. Vol. II. Trad. De la 39ª ed. Alemana. Blas Pérez González; José Alguer (Trads.). Barcelona: Bosch, 1935, p. 119.

[497] ENNECCERUS, Ludwig. *Derecho Civil (Parte General)*. Vol. II. Trad. De la 39ª ed. Alemana. Blas Pérez González; José Alguer (Trads.). Barcelona: Bosch, 1935, p. 119.

[498] "O formalismo e a publicidade são garantias do direito. Com o desenvolvimento das funções do Estado, acentuaram-se alguns aspectos do formalismo, que se apresenta hoje, não com a importância do direito romano, mas como "exigência suplementar" necessária à eficácia dos atos e negócios jurídicos. A forma não seria requisito de existência, mas de eficácia. O consensualismo é, no entanto, a regra, o formalismo é exceção, esta cada vez mais frequente em virtude da evolução tecnológica na época atual." (AMARAL, Francisco. *Direito Civil: introdução*. 10 ed. São Paulo: Saraiva, 2018, p. 506).

tendo em conta as diversas finalidades, é possível interpretar o significado concreto em determinado negócio e, então, conferir valorações jurídicas distintas. As funções e as razões de ser da forma em cada tipo de negócio não são estáticas ou homogêneas. São dinâmicas e plurais. O que se vê, contudo, é que a forma – ou as formalidades – não se justificam por mero capricho do legislador, sob pena de significar, meramente, óbice à circulação jurídica e ao giro do comércio.

5. A importância da forma na atualidade

Partindo do propósito funcional da forma, é possível questionar se o formalismo remanescente é um resíduo histórico, ainda não apagado pela evolução do direito, ou, ao contrário, constitui elemento dotado de relevância no contexto atual. Na linha dessa provocação, afirma San Tiago Dantas que o direito tem duas finalidades macroscópicas, a justiça e a segurança[499], sem ser indevido concluir que a problemática da forma está, precisamente, no tensionamento entre essas duas molas propulsoras.

Há uma relação, tendencialmente, inversamente proporcional entre a exigência de requisitos de forma e a livre circulação jurídica[500]. Por isso, é preciso continuamente reavaliar quais são os requisitos que, efetivamente, fazem sentido dentro de uma lógica comercial sensivelmente razoável. Na visão de San Tiago Dantas, "a evolução do direito cria solenidades novas e dispensa solenidades antigas, na medida em que a sociedade vai se transformando e vai tornando desnecessária à sua segurança certas solenidades exigindo outras"[501]. Há um verdadeiro movimento pendular acerca da forma, a depender da valoração social acerca de determinadas circunstâncias negociais.

Em relação ao atual momento de evolução da história jurídica, é possível apontar algumas tendências acerca da forma dos negócios jurídicos[502]: em primeiro, tendência constante para "desformalização" e "desburocratização", visando a mitigar os custos de transação; em segundo, capacidade de procurar soluções sistemáticas objetivando contornar possíveis

---

[499] "De modo que se tem o direito de, hoje em dia, fazer-se esta pergunta: o formalismo que ainda perdura no direito atual é um resíduo histórico que a evolução do direito extinguira, ou, pelo contrário, deve-se entender que há razão para estas solenidades e que elas devem ser consideradas no nosso direito de hoje? O problema decorre de fundamentos muito remotos. Sabe-se que a ordem jurídica tem duas finalidades: uma é a justiça; a outra é a segurança. De um lado, fazer justiça aos indivíduos; dar a cada um o que é seu e, por conseguinte, respeitar a liberdade, sempre que ela se explica nos limites da lei; e, de outro lado, porém, introduzir a segurança, fazer com que um homem conheça a sua própria posição jurídica e a daquele com quem ele está em relações." (DANTAS, San Tiago. *Programa de Direito Civil*. Vol. I. Rio de Janeiro: Editora Rio, 1977, p. 265).

[500] Não se deve perder de vista que todo requisito de forma, em alguma medida, implica obstáculo à circulação jurídica. Explica Von Thur que "en ciertas circunstancias puede parecer molesto y llevar al efecto práctico de que un negocio voluntaria y seriamente querido por las partes, deba considerarse ineficaz por vicio de forma. Teniendo en cuenta estas ventajas e inconvenientes, el legislador, por una parte, ha dado carácter formal sólo a los negocios más importantes y, por otra, ha configurado las formas de suerte que su observancia no da lugar a dificultades excesivas. Sobre todo, la forma escrita, que es muy frecuente en nuestro medio aun en los casos en que la ley no la prescribe, constituye un modo de declaración formal, bastante sencillo, que satisface suficientemente a las finalidades legislativas de la forma". (VON THUR, Andreas. *Derecho Civil: eoría general del derecho civil Aleman*. Vol. II.2. Buenos Aires: Depalma, 1947, p. 177-178).

[501] DANTAS, San Tiago. *Programa de Direito Civil*. Vol. I. Rio de Janeiro: Editora Rio, 1977, p. 266.

[502] MENEZES CORDEIRO, António. *Tratado de Direito Civil*. Vol. II. 4ª ed. Coimbra: Almedina, 2020, p. 168.

vícios incidentes sobre determinado negócio jurídico por conta de problemas meramente formais; em terceiro, absorção de outros modos de valorar juridicamente a manifestação de vontade, com destaque para meios eletrônicos e virtuais; em quarto, a reformalização de certos negócios, procurando conferir maior segurança quanto à manifestação de vontade.

Em síntese, do ponto de vista histórico, a forma de um negócio jurídico não é um fim em si mesmo. Tendo papel acessório, exercendo determinada função dentro de uma relação jurídica concreta. Com a evolução atual dos meios de comunicação, muitas das funções tradicionalmente exercidas pela forma precisam ser reavaliadas. Por exemplo, um vídeo gravado ou um negócio jurídico assinado por meios digitais podem ser tão ou mais seguros e confiáveis do que um documento impresso e assinado. Em termos de evidenciar o consentimento, bem como em trazer clareza acerca do que foi acertado, há de se ter em consideração que, quando os requisitos de forma foram pensados na legislação, os meios de captação e registro de voz e imagem não eram tão desenvolvidos quanto na atualidade. Portanto, a evolução da tecnologia tem o papel de produzir uma verdadeira revolução no modo pelo qual o requisito de forma é interpretado.

Parte desse processo vem sendo a equiparação do documento impresso com os documentos eletrônicos. Ou, por exemplo, a crescente adoção das assinaturas digitais, balizada pelo advento da Lei 14.603/2020[503]. Entretanto, com a maior disseminação de novos modos de armazenagem de dados, é preciso ponderar, à luz do contexto atual, qual o significado dos requisitos de forma impostos pela lei. Assim, por exemplo, enquanto nos documentos em que a lei exige a forma pública por conta de publicidade perante terceiro haverá pouca margem de flexibilização hermenêutica dos requisitos de forma, em outras situações, que envolvem interesses privados, e mesmo assim a lei coloca algum requisito de forma escrita, esse poderá ser mitigado – ou considerado *ad probationem* – caso possa ser demonstrado por outros meios. O fato de legislação ter sido elaborada em época na qual a forma escrita era a mais segura na identificação das vontades não impede que, atualmente, por conta das novas tecnologias, não se encontrem modos equivalentes de armazenar e documentar a manifestação de vontade tão ou mais seguros do que aquele exigido pelo direito positivo.

6. Negócios jurídicos formais

Os negócios jurídicos são classificados em solenes, a depender da existência de regramento específico sobre a forma a ser seguida[504]. Enquanto os negócios não solenes (ou consensuais) podem ser celebrados por quaisquer meios declarativos diante da inexistência de predeterminação acerca da roupagem legal do negócio[505], os negócios formais,

---

[503] Lei 14.603, art. 1º: "Esta Lei dispõe sobre o uso de assinaturas eletrônicas em interações com entes públicos, em atos de pessoas jurídicas e em questões de saúde e sobre as licenças de softwares desenvolvidos por entes públicos, com o objetivo de proteger as informações pessoais e sensíveis dos cidadãos, com base nos incisos X e XII do caput do art. 5º da Constituição Federal e na Lei 13.709, de 14 de agosto de 2018 (Lei Geral de Proteção de Dados Pessoais), bem como de atribuir eficiência e segurança aos serviços públicos prestados sobretudo em ambiente eletrônico."

[504] "Quando se diz que o negócio é formal emprega-se uma acepção convencional, pois se quer com isso significar que é exigida uma forma específica. É por isso melhor falar em negócios solenes que em negócios formais. Literalmente, todo o negócio seria formal, pois todo o negócio tem de ter forma." (ASCENSÃO, José de Oliveira. *Teoria Geral do Direito Civil*. Vol. II. 2ª ed. Coimbra: Coimbra Editores, 2003, p. 60).

[505] MOTA PINTO, Carlos Alberto. *Teoria Geral do Direito Civil*. 4ª ed. Coimbra: Coimbra Editores, 2005, p. 392.

por outro lado, devem ser constituídos em observância ao modo instituído pela lei[506]. Conforme Pontes de Miranda, há forma especial quando "o sistema jurídico exige para determinado ato, ou quando se trate de alguma pessoa, ou coisa"[507].

Em regra, o direito brasileiro adota o princípio da liberdade de forma, razão pela qual a maioria dos negócios vale sem depender de forma especial. Diversamente, nos casos em que a lei fixa determinada forma, essa há de ser observada para que a materialização da declaração de vontade se dê de modo válido e eficaz (art. 107 do Código Civil[508]). O ato jurídico que inobserva o requisito de forma poderá ser fulminado por invalidade ou ineficácia, a depender do caso (art. 104, III[509] e 166, IV[510] do Código Civil)[511]. Em tais casos, a forma poderá ser da essência do ato (*forma dat esse rei*)[512]. Assim, quando o negócio é formal, as partes não o podem realizar qualquer comportamento declarativo, devendo ser realizado por meio do comportamento declarativo imposto pela lei[513]. Percebe-se que o requisito de forma, como qualquer requisito de validade, é aferido quando da celebração do negócio jurídico. Assim, uma vez satisfeito o requisito de forma, o ato será válido nesse aspecto, pois inexiste invalidade superveniente.

Entretanto, importa notar que mesmo nos casos de negócios jurídicos formais, a não observância do requisito de forma não necessariamente terá impacto no plano da validade. Há certos requisitos de forma que apenas produzem efeitos no plano da eficácia, ou, ainda, em aspectos probatórios[514]. Por exemplo, o art. 987 do Código Civil[515],

---

[506] "Já se sabe que nem todos os atos jurídicos têm forma precisa, pois só os atos solenes é que estão em tal caso, mas, como há formas proibidas em lei, por conseguinte, o ato jurídico deve ter a forma prescrita, ou não proibida por lei." (DANTAS, San Tiago. *Programa de Direito Civil*. Vol. I. Rio de Janeiro: Editora Rio, 1977, p. 269).

[507] PONTES DE MIRANDA, Francisco Cavalcanti. *Tratado de Direito Privado*. Tomo III. Atualizado por Marcos Bernardes de Mello e Marcos Ehrhardt Jr. São Paulo: Revista dos Tribunais, 2012, p. 451.

[508] Código Civil, Art. 107: "A validade da declaração de vontade não dependerá de forma especial, senão quando a lei expressamente a exigir."

[509] Código Civil, Art. 104: "A validade do negócio jurídico requer: [...] III – forma prescrita ou não defesa em lei."

[510] Código Civil, Art. 166: "É nulo o negócio jurídico quando: [...] IV – não revestir a forma prescrita em lei;"

[511] "O ato jurídico se diz solene quando ele, para ser válido, deve obedecer a uma forma prevista na própria lei. Tal é o caso em que se dizia – *forma dat esse rei*. – A forma é que dá a existência à coisa. Se não se obedecer àquela forma estipulada na lei, a declaração da vontade e ineficaz." (DANTAS, San Tiago. *Programa de Direito Civil*. Vol. I. Rio de Janeiro: Editora Rio, 1977, p. 263-264).

[512] AMARAL, Francisco. *Direito Civil: introdução*. 10 ed. São Paulo: Saraiva, 2018, p. 508.

[513] MOTA PINTO, Carlos Alberto. *Teoria Geral do Direito Civil*. 4ª ed. Coimbra: Coimbra Editores, 2005, p. 392.

[514] "A forma pode ser pressuposto de existência do ato jurídico, de eficácia ou de validade. A doação verbal de bem imóvel não é nula; é inexistente. A doação verbal de bem móvel, sem se lhe seguir, desde logo, a tradição, também o é. A doação de bem imóvel por instrumento particular é nula, porque não se observou o art. 134, II. A forma pode ser elemento necessário ao suporte fáctico para que entre no mundo jurídico, ou para que o ato jurídico valha, ou para que o ato jurídico tenha certo efeito, ou certos efeitos. Uma das formas apontadas ao testamento é necessária à existência do testamento; se, adotada uma delas, houve transgressão de regra jurídica sobre a forma, há nulidade. Se o ato jurídico não existe, porque, sem a forma, não se pode pensar em que exista, a ação de quem lhe nega existência é a declaratória negativa. Se alguém entende que o ato jurídico existe, a ação é a declaratória positiva. Se se alega que o ato jurídico violou regras jurídicas eorí forma especial e a sanção é a nulidade, a ação é constitutiva negativa." (PONTES DE MIRANDA, Francisco Cavalcanti. *Tratado de Direito Privado*. Tomo III. Atualizado por Marcos Bernardes de Mello e Marcos Ehrhardt Jr. São Paulo: Revista dos Tribunais, 2012, p. 444).

[515] Código Civil, Art. 987: "Os sócios, nas relações entre si ou com terceiros, somente por escrito podem provar a existência da sociedade, mas os terceiros podem eorí-la de qualquer modo."

acerca da sociedade em comum, traz regra especial sobre a prova dessa relação jurídica por efeitos entre as partes, somente admitindo prova por escrito. No entanto, em casos excepcionais, devem ser admitidos outros meios de prova, por exemplo, a gravação de reuniões entre os sócios decidindo aspectos negociais da operação. Trata-se de situação que, embora a lei traga requisito de forma específico, esse poderá, excepcionalmente, ser satisfeito de outro modo, em razão da função do requisito de forma naquela relação em concreto. Outra situação é o caso do acordo de acionistas, que deve ser arquivado na sede da companhia à luz do art. 118 da Lei das Sociedades Anônimas[516]. Nesse caso, a legislação impõe formalidade (o arquivamento na sede) para a produção de certos efeitos. Entretanto, quando tal solenidade não é satisfeita, não há invalidade ou ineficácia do acordo, continuando a produzir efeitos *inter partes*.

Portanto, percebe-se que, por mais que a regra geral seja avaliar o requisito de forma no plano da validade, há casos nos quais a lei traz elemento formal ou solenidade que se vincula a outras facetas analíticas do negócio jurídico. Assim, é impróprio generalizar que a simples desobediência do requisito de forma ou da solenidade é apta, por si só e em todos os casos, levar à invalidade do negócio. A consequência jurídica poderá ser outra, dependendo da disposição concreta da lei, e vislumbrando o princípio da conservação e aproveitamento dos atos jurídicos (art. 170 do Código Civil)[517].

7. Forma *ad substantia* e forma *ad probationem*

Em regra, as formas previstas no Código Civil pertencem ao âmbito do direito material, devendo ser observadas quando da celebração do negócio jurídico. Entretanto, nem todas as formas pertencem a essa categoria, denominada de "forma *ad substantiam*", havendo casos em que a forma não é elemento de existência, validade ou eficácia, sendo prevista meramente para a prova do negócio – "forma *ad probationem*"[518].

Ambas as modalidades de forma se diferem nas suas consequências: enquanto a forma *ad substantiam*, por estar ligada à consubstanciação do negócio, age no plano da validade – na sua falta havendo nulidade – a forma *ad probationem* é exigida apenas para demonstrar a existência do negócio, ou a vinculação de determinado sujeito ao negócio[519]. Assim, a primeira é vinculada à validade do ato e a segunda é necessária apenas para a sua prova[520]. Percebe-se que o legislador opta por graduar, de modos diversos, o rigor da consequência do descumprimento do requisito de forma[521].

---

[516] Lei das Sociedades Anônimas, Art. 118: "Os acordos de acionistas, sobre a compra e venda de suas ações, preferência para adquiri-las, exercício do direito a voto, ou do poder de controle deverão ser observados pela companhia quando arquivados na sua sede".

[517] Código Civil, Art. 170: "Se, porém, o negócio jurídico nulo contiver os requisitos de outro, subsistirá este quando o fim a que visavam as partes permitir supor que o teriam querido, se houvessem previsto a nulidade".

[518] VON THUR, Andreas. *Derecho Civil: eoría general del derecho civil Aleman*. Vol. II.2. Buenos Aires: Depalma, 1947, p. 181.

[519] MENEZES CORDEIRO, António. *Tratado de Direito Civil*. Vol. II. 4ª ed. Coimbra: Almedina, 2020, p. 168.

[520] AMARAL, Francisco. *Direito Civil: introdução*. 10 ed. São Paulo: Saraiva, 2018, p. 506.

[521] "Conforme o caso, ora é reclamado *ad solemnitatem*, e, então, diz-se que predomina sobre o fundo, não tendo nenhum valor a vontade que deixa de revestir a forma de emissão imposta pelo ordenamento jurídico ("*forma dat esse rei*"); ora é adotada *ad probationem*, e estabelece-se a necessidade

Em relação à forma *ad substantiam*, tem-se que essa é estruturante para o negócio, como ele deve se revelar no mundo jurídico, condicionando a sua validade[522]. Em paralelo, pode haver formalidades coevas da celebração, associando requisito de forma com determinada solenidade[523]. Essa modalidade de forma está presente em negócios jurídicos especialmente sensíveis, como os testamentos[524] e compra e venda de imóveis acima de determinado valor[525]. Haverá, portanto, aderência entre a emissão de vontade e a forma prevista em lei, fazendo com que, por consequência, a vontade por si seja dependente da vontade exterior, sendo inoperante para a produção válida do efeito pretendido pelas partes[526]. Ademais, é facultado às partes predeterminar negócio jurídico acerca da forma de outro negócio jurídico subsequente, modificando o *status* do requisito de forma, transmutando-o para forma *ad substantiam* (art. 109, Código Civil)[527]. Assim optando, a forma passa a dominar o fundo, vinculando, de modo indissociável, a manifestação de vontade a sua válida entrada no mundo jurídico[528].

Uma vez que a forma *ad substantiam* está inserida no plano da validade, o negócio jurídico há de se revestir da forma solene quando da sua celebração[529]. Em tais casos, não é juridicamente possível suprir a falta da forma com o intuito de fazer com que o ato produza efeitos de modo retroativo, pois é caso de nulidade, insuscetível de convalidação (art. 169 do Código Civil)[530]. Sendo caso de nulidade, há de se perquirir qual a consequência jurídica da prática de atos com base no negócio jurídico nulo, por defeito

---

dela para a prova do negócio jurídico." (PEREIRA, Caio Mário da Silva. *Instituições de Direito Civil*. Vol. 1. 32ª ed. Rio de Janeiro: Forense, 2019, p. 418).

[522] OLIVEIRA, Eduardo Ribeiro de. *Comentários ao Novo Código Civil*. Vol. II. Rio de Janeiro: Editora Forense, 2008, p. 214.

[523] ASCENSÃO, José de Oliveira. Teoria Geral do Direito Civil. Vol. II. 2ª ed. Coimbra: Coimbra Editores, 2003, p. 61.

[524] "O mesmo não ocorre quando a validade do ato se condiciona à forma. Se alguém pretende beneficiar-se de um testamento, de nada valerá que todos os possíveis herdeiros reconheçam que o de cujus realmente pretendeu praticar aquele ato de última vontade. A forma, aí, constitui condição de validade, e não simplesmente meio de prova." (OLIVEIRA, Eduardo Ribeiro de. *Comentários ao Novo Código Civil*. Vol. II. Rio de Janeiro: Editora Forense, 2008, p. 215).

[525] Código Civil, art. 108: "Não dispondo a lei em contrário, a escritura pública é essencial à validade dos negócios jurídicos que visem à constituição, transferência, modificação ou renúncia de direitos reais sobre imóveis de valor superior a trinta vezes o maior salário mínimo vigente no País."

[526] PEREIRA, Caio Mário da Silva. *Instituições de Direito Civil*. Vol. 1. 32ª ed. Rio de Janeiro: Forense, 2019, p. 417.

[527] Código Civil, art. 109: "No negócio jurídico celebrado com a cláusula de não valer sem instrumento público, este é da substância do ato".

[528] "De forma *ad solemnitatem* temos exemplos em todas as espécies em que o negócio jurídico é nulo quando desvestido dela (testamento, transmissão de bens imóveis etc): se o ostenta forma diversa daquela determinada, não vale, não produz efeitos ainda que a vontade do agente se tenha inequivocamente produzido para aquele fim, porque o requisito formal domina o conteúdo do negócio jurídico, criando a integração deste com aquele, de maneira indissolúvel." (PEREIRA, Caio Mário da Silva. *Instituições de Direito Civil*. Vol. 1. 32ª ed. Rio de Janeiro: Forense, 2019, p. 418).

[529] "Si la ley prescribe una forma concreta para un negocio jurídico de determinada clase, el negocio jurídico es, por lo regular, nulo, cuando no se hubiere observado la forma (art. 125, párrafo 1)." (LARENZ, Karl. *Derecho Civil: Parte General*. Madrid: RDP, 1978, p. 564).

[530] Código Civil, art. 169: "O negócio jurídico nulo não é suscetível de confirmação, nem convalesce pelo decurso do tempo."

CONVENÇÃO DE ARBITRAGEM – *Fichtner* • *Tolentino* • *Polastri* • *Salton*

de forma ou qualquer outro defeito nulificante (art. 166 do Código Civil)[531]. Nesses casos, nulificado o negócio jurídico, a restituição ao *status quo ante* se opera de pelo direito, havendo surgimento de pretensão restitutória ou indenizatória, quando a restituição não mais for possível (art. 182 do Código Civil)[532].

Há, portanto, duas pretensões distintas e inconfundíveis: a pretensão declaratória de nulidade, que surge concomitantemente com a formação do negócio jurídico atingido pela nulidade, e a pretensão restitutória/indenizatório, que surgem – somente – com a declaração de nulidade do negócio[533]. Portanto, a conclusão é a de que a não observância da forma *ad substantiam* leva à nulidade do negócio jurídico, que poderá ser declarada a qualquer tempo, e, como consequência, restituir as partes ao *status quo ante*, quando não for possível observar no negócio jurídico nulo os requisitos de outro negócio jurídico[534]. Essa mecânica não está presente quando a forma for simples meio de prova, admitindo-se concomitantemente outras modalidades de demonstração do negócio jurídico[535].

Em relação a forma *ad probationem*, a sua exigência é apenas para fins de prova de determinado ato jurídico[536]. Nesses casos, a declaração de vontade é existente e válida, mas a produção de seus efeitos depende de requisito formal, que será necessário para a plena

---

[531] Código Civil, art. 166: "É nulo o negócio jurídico quando: I – celebrado por pessoa absolutamente incapaz; II – for ilícito, impossível ou indeterminável o seu objeto; III – o motivo determinante, comum a ambas as partes, for ilícito; IV – não revestir a forma prescrita em lei; V – for preterida alguma solenidade que a lei considere essencial para a sua validade; VI – tiver por objetivo fraudar lei imperativa; VII – a lei taxativamente o declarar nulo, ou proibir-lhe a prática, sem cominar sanção."

[532] Código Civil, Art. 182: "Anulado o negócio jurídico, restituir-se-ão as partes ao estado em que antes dele se achavam, e, não sendo possível restituí-las, serão indenizadas com o equivalente."

[533] A constatação é relevante para fins de contabilidade de prazos prescricionais/decadenciais. Enquanto por previsão legal expressa, a possibilidade de declarar certo negócio jurídico nulo não convalesce no tempo, não havendo prazo prescricional ou decadencial sobre a hipótese, a pretensão restitutória ou indenizatória decorrente, por sua vez, por ausência de regramento específico, estará sujeita ao prazo decenal, tal qual previsto no art. 205 do Código Civil: "A prescrição ocorre em dez anos, quando a lei não lhe haja fixado prazo menor".

[534] Código Civil, Art. 170: "Se, porém, o negócio jurídico nulo contiver os requisitos de outro, subsistirá este quando o fim a que visavam as partes permitir supor que o teriam querido, se houvessem previsto a nulidade".

[535] "Uma outra relevante diferença deve ser apontada. Exigida a forma para validade do ato, deverá revestir-se dela desde quando praticado. Não há como suprir a falta de maneira a admitir-se que o ato produza efeitos retroativamente. O ato é nulo, e não existe possibilidade de convalidá-lo. Assim, não se constituirá direito real sobre imóvel, na hipótese do art. 108, sem a escritura pública. Se, posteriormente à lavratura de instrumento particular, vier a ser adotada a forma legalmente exigida, a partir desse momento é que se terá constituído o direito. Trata-se de um novo ato, e o anterior de nenhum modo produzirá o efeito de constituir direito real. Quando se cogita apenas de prova, o mesmo não acontece. Será possível a produção ulterior de documento, nos termos exigidos em lei, de que resulte a demonstração da existência do negócio." (OLIVEIRA, Eduardo Ribeiro de. *Comentários ao Novo Código Civil*. Vol. II. Rio de Janeiro: Editora Forense, 2008, p. 215-216).

[536] OLIVEIRA, Eduardo Ribeiro de. *Comentários ao Novo Código Civil*. Vol. II. Rio de Janeiro: Editora Forense, 2008, p. 215.

produção de efeitos do negócio jurídico[537]. O Código de Processo Civil, no art. 444[538], contém verdadeira norma heterotópica[539], trazendo regra de direito material acerca da possibilidade de demonstrar por prova testemunhal certo negócio jurídico de forma *ad probationem* quando houver começo de prova por escrito.

Em termos práticos, há diferença significativa entre a forma *ad substantiam* e a forma *ad probationem*. Em primeiro, a natureza do vício, pois enquanto a forma *ad substantiam* atinge a validade do ato, a forma *ad probationem* terá reflexos eficaciais ou probatórios. Em segundo, em relação a possibilidade de cumprimento espontâneo da avença: enquanto nos casos de cumprimento espontâneo de negócio jurídico sujeito a prova *ad substantiam* esse, ainda assim, poderá ser desfeito supervenientemente por conta do preceito de impossibilidade de convalidar ato nulo, sendo a prova *ad probationem*, o cumprimento espontâneo é plenamente válido e eficaz[540]. Em terceiro, a consequência do descumprimento, pois enquanto a não observância da forma *ad substantiam* atrai o regime das nulidades, a não observância da forma *ad probationem* não permitirá, em regra, o surgimento da pretensão de retorno ao *status quo ante*, característico dos vícios nulificantes, não conferindo pretensão de declaração de invalidade do ato, nem direito à repetição ou indenização do que foi prestado. Em quarto, o descumprimento da forma *ad probationem* pode repercutir, somente, na mitigação da eficácia do ato, deixando esse de ter caráter *erga omnes*, produzindo apenas efeitos *inter partes*.

Entretanto, ressalta-se que, por vezes, pode ser nebulosa a identificação se a forma exigida para o negócio jurídico é *ad substantiam* ou *ad probationem*. Assim, é possível sugerir determinados critérios objetivos para auxiliar nessa constatação, haja vista as importantes diferenças decorrentes dessa qualificação jurídica. Em primeiro, se o artigo de lei que estabelece o requisito de forma culmina a nulidade como sanção ao descum-

---

[537] "Pode acontecer, entretanto, que a forma se institua apenas como veículo probatório – *ad probationem* – e então a declaração de vontade existe e é válida, mas a produção de seus efeitos pode vir a depender do requisito formal. Ela é eficaz, mas, como a comprovação do negócio está na dependência da forma, ficará sem consequências, por falta de exigibilidade." (PEREIRA, Caio Mário da Silva. *Instituições de Direito Civil*. Vol. 1. 32ª ed. Rio de Janeiro: Forense, 2019, p. 418).

[538] Código de Processo Civil, Art. 444: "Nos casos em que a lei exigir prova escrita da obrigação, é admissível a prova testemunhal quando houver começo de prova por escrito, emanado da parte contra a qual se pretende produzir a prova."

[539] DINAMARCO, Cândido Rangel; BADARÓ, Gustavo Henrique Righi Ivahi; LOPES, Bruno Vasconcelos Carrilho. *Teoria Geral do Processo*. 33ª ed. São Paulo: Malheiros, 2021, p. 141.

[540] "Como não é a eficácia do negócio que se atinge, interessa indagar se o cumprimento espontâneo da obrigação sana a falta de forma, e na sua resposta temos uma distinção a fazer: se o requisito formal é instituído apenas *ad probationem*, e execução espontânea é plenamente eficaz, o que não ocorre se *ad solemnitatem*." [...] "assim, a obrigação de valor superior a dez salários mínimos não pode ser provada exclusivamente por testemunhas, já que a lei exige ao menos um começo de prova por escrito (art. 227 do Código Civil). Mas se o sujeito passivo da obrigação for chamado a cumpri-la, e não opuser a exceção, é válido o pagamento efetuado, porque aqui a forma não sobreleva ao fundo, nem se integra na constituição do ato, requerendo-o como meio de evidenciação tão somente. O negócio jurídico é válido em si mesmo, mas não pode ser provado senão pela confissão da parte, a quem é oposto, ou por sua execução espontânea, que é uma espécie de confissão extrajudicial." (PEREIRA, Caio Mário da Silva. *Instituições de Direito Civil*. Vol. 1. 32ª ed. Rio de Janeiro: Forense, 2019, p. 418-419).

primento do requisito de forma, trata-se de forma *ad substantiam*[541]; em segundo, se o artigo de lei que estabelece o requisito de forma estabelece a ineficácia ou outra sanção ao descumprimento do requisito de forma, trata-se de forma *ad probationem*[542]; em terceiro, se a lei estabelece um negócio jurídico com determinado requisito de forma, e outro requisito similar sem o requisito de forma, o primeiro terá forma *ad substantiam*[543]; em quarto, se a lei explicitamente mencionar a forma como elemento de prova, trata-se de prova *ad probationem*[544]; em quinto, quando se admite, expressa ou tacitamente, outras formas pelas quais o negócio jurídico pode ser validamente efetivado sem o requisito de forma[545], trata-se de forma *ad probationem*[546].

Percebe-se, portanto, que a análise do caráter *ad substantia* ou *ad probationem* da forma, quando vinculada à manifestação de vontade, tem efeitos práticos relevantes. Tendencialmente, a forma *ad probationem* apresenta maior compatibilidade com a celeridade exigida pelas trocas comerciais. Contudo, em prol de segurança jurídica, é comum que as partes, mesmo em negócios não solenes, optem por algum grau de formalização, como a redução dos termos do contrato a documento escrito, facilitando a prova. Ou seja, em negócios não solenes a utilização de determinada forma apresenta relevância *ad probationem*, facilitando posterior tutela jurisdicional para garantir os direitos e deveres contratados. As funções probatória e asseguratória da forma frequentemente motivam a escolha de algum meio específico de externalização, permitindo posterior verificabilidade do que foi pactuado. Portanto, é errôneo constatar que todos os negócios que a lei ou as partes elegem uma forma específica serão *ad substantia*, necessários à validade do ato, podendo ser, apenas, elementos *ad probationem*, que podem ser substituídos por outros havendo início de forma escrita.

8. A forma escrita e assinatura

Dentre as formas solenes, a forma escrita merece especial destaque, uma vez que é a normalmente exigida quando estabelecido requisito de forma[547]. Há indícios de que a forma escrita já era utilizada para certos negócios desde o século II a.C, porém, até Justiniano apresentava caráter meramente probatório, não sendo *ad substantiam*[548].

---

[541] Por exemplo, art. 108 do Código Civil: "Não dispondo a lei em contrário, a escritura pública é essencial à validade dos negócios jurídicos que visem à constituição, transferência, modificação ou renúncia de direitos reais sobre imóveis de valor superior a trinta vezes o maior salário mínimo vigente no País".

[542] Por exemplo, art. 288 do Código Civil: "É ineficaz, em relação a terceiros, a transmissão de um crédito, se não celebrar-se mediante instrumento público, ou instrumento particular revestido das solenidades do § 1º do art. 654."

[543] Por exemplo, testamento e codicilo.

[544] Por exemplo, art. 987 do Código Civil: "Os sócios, nas relações entre si ou com terceiros, somente por escrito podem provar a existência da sociedade, mas os terceiros podem prová-la de qualquer modo."

[545] "Da forma adotada *ad probationem*, temos exemplos nos casos em que o resultado do negócio jurídico pode ser atingido por outro meio: (PEREIRA, Caio Mário da Silva. Instituições de Direito Civil. Vol. 1. 32ª ed. Rio de Janeiro: Forense, 2019, p. 418-419).

[546] Por exemplo, art. 656 do Código Civil: "O mandato pode ser expresso ou tácito, verbal ou escrito."

[547] ASCENSÃO, José de Oliveira. *Teoria Geral do Direito Civil*. Vol. II. 2ª ed. Coimbra: Coimbra Editores, 2003, p. 60.

[548] "É certo que, no direito clássico, e, depois, no direito pós-clássico, a praxe, decorrente dos costumes gregos, era no sentido de considerar o documento escrito como complemento indispensável

PARTE III · **Capítulo 12** · A FORMA DA CONVENÇÃO DE ARBITRAGEM | **451**

Sobre a forma escrita se manifestou Karl Larenz: "La forma escrita es apropiada para inducir a las partes a expresarse, en lo posible, claramente y de modo inequívoco. Con ello puede prevenir contra posteriores litigios y facilitar la prueba a aquel a quien corresponda la carga de la misma. Asimismo, la forma escrita ofrece una cierta protection contra decisiones precipitadas, pues, en muchos casos, quien declara oralmente algo con ligereza reflexiona reiteradamente sobre las consecuencias cuando debe hacer la declaración por escrito. La función de facilitar la prueba se refuerza debido a que el documento, según la jurisprudencia, tiene a su favor la presunción de exactitud e integridad, de forma que quien alegue que el documento no reproduce exactamente el acuerdo tomado o no lo reproduce íntegramente, ha de probarlo"[549].

Entretanto, apesar de parecer algo intuitivo, é necessário definir, em primeiro lugar, o que significa "forma escrita", conceito sujeito a modificações a partir da evolução do direito. A forma escrita contrasta com a manifestação de vontade por meio do silêncio ou do comportamento concludente. Pressupõe a forma escrita a utilização de palavras, à semelhança do que ocorre na forma oral[550].

Portanto, a primeira característica da forma escrita é a utilização de signos linguísticos para expressar a vontade subjacente a determinado ato jurídico. Em segundo, diferenciando a forma escrita da forma oral, está a característica da documentação, razão pela qual a palavra falada, por vezes, quando autorizado pela lei e devidamente documentada, é equiparada à palavra escrita. Nesse sentido, explica Pontes de Miranda: "Em sentido estrito, é a forma escrita, pública ou privada, eventualmente, se as leis o permitem, a gravação, em discos ou películas, da voz, ou do gesto (gramofone, cinematógrafo, televisão)"[551]. Por fim, a forma escrita subdivide-se em pública ou particular, a depender da natureza do documento que registrou as palavras daquele que emitiu declaração de vontade[552].

Portanto, no direito brasileiro, entende-se que a "forma escrita" significa que o resultado da manifestação de vontade das partes, vertido em palavras, sob o suporte de determinado documento, escrito ou equiparado. Assim, não necessariamente a manifestação de vontade "por escrito" deve estar consubstanciada em letras, bastando que a

---

à celebração dos negócios jurídicos. Entretanto, contra essa prática, juristas e imperadores (por meio de escritos) se insurgiram, acentuando que a escrita não era necessária à perfeição do negócio jurídico, mas servia apenas para a sua prova. Aquela praxe, porém, paulatinamente ganhou terreno, e, em 528 d.C., Justiniano estabeleceu que, quando as partes tivessem convencionado celebrar um contrato por escrito, ele só se reputaria perfeito com a redação do documento. Nesses casos, a forma escrita passou a ser elemento essencial do negócio jurídico." (ALVES, José Carlos Moreira. *Direito Romano*. 16ª ed. Rio de Janeiro: Forense, 2014, p. 158-159).

[549] LARENZ, Karl. *Derecho Civil: Parte General*. Madrid: RDP, 1978, p. 561.

[550] "A manifestação da vontade por palavras é a usual; é a que constitui a grande maioria dos casos, ou pela palavra falada, ou pela palavra escrita é que o homem faz chegar ao conhecimento dos demais a sua declaração de vontade." (DANTAS, San Tiago. *Programa de Direito Civil*. Vol. I. Rio de Janeiro: Editora Rio, 1977, p. 259).

[551] PONTES DE MIRANDA, Francisco Cavalcanti. *Tratado de Direito Privado*. Tomo III. Atualizado por Marcos Bernardes de Mello e Marcos Ehrhardt Jr. São Paulo: Revista dos Tribunais, 2012, p. 457.

[552] "Instrumento particular é aquêle que foi feito sem ser perante autoridade pública, que tenha função de instrumentação. O instrumento é público quando o agente do poder público tem competência para tomar as declarações de vontade dos particulares." (PONTES DE MIRANDA, Francisco Cavalcanti. *Tratado de Direito Privado*. Tomo III. Atualizado por Marcos Bernardes de Mello e Marcos Ehrhardt Jr. São Paulo: Revista dos Tribunais, 2012, p. 471).

sua documentação final reste em suporte escrito ou equiparado. A documentação em palavras, portanto, é a marca característica da forma escrita, distinguindo-a das demais. Essa posição está em consonância, por exemplo, com a previsão do § 126b do BGB, que explicita no direito positivo alemão o que significa "forma escrita" (*Textform*)[553].

Ao associar a forma escrita à documentação, remete-se ao conceito de "documento", que, pelo Código Civil, é entendido como uma forma de prova de determinado fato jurídico (art. 212, II, Código Civil)[554]. Por "documento" entende-se toda estrutura apta a fixar de modo duradouro determinado fato, registrando-o. Assim, o documento é a prova histórica da ocorrência de determinado fato, que se distingue do fato em si, mas que serve de meio de perpetuação da ocorrência de determinada circunstância. O documento impresso, por muito tempo, foi largamente predominante nas relações jurídicas. Entretanto, com a evolução tecnológica, cada vez mais foram inseridos documentos digitais no quotidiano. O documento eletrônico, sendo uma sequência de bits, representa a desmaterialização do documento, antes impresso em papel. Ou seja, na medida que se admite o documento eletrônico, imaterial por natureza, acaba-se por desmaterializar a própria forma escrita – que passa a poder ser manifestada por meio de uma sequência de bits armazenados, e que registram a ocorrência de determinado fato.

Ademais, a forma escrita não é totalmente incompatível com a existência de declarações tácitas em paralelo. Aponta Oliveira Ascenção que "a própria lei relaciona a solenidade da forma com o uso de declaração tácita. Uma declaração formal pode conter declarações tácitas, desde que a forma tenha sido observada quanto aos factos de que a declaração se deduz"[555]. Por exemplo, mesmo que em compra e venda celebrada por meio de escritura pública, na qual ficou ajustado determinado modo de pagamento das parcelas da prestação, é possível haver modificação tácita dessa data quando, por comportamento reiterado das partes, ocorre pagamento e aceitação sem observações em data diversa da originalmente pactuada. Como a manifestação de vontade, nesse caso, atendeu os requisitos de forma *ad substantiam* previstos em lei, esse já se encontra satisfeito de uma vez por todas, sendo viável ocorrer modificações tácitas e não escritas supervenientes a depender das circunstâncias do caso concreto. A forma escrita, portanto, não elimina a possibilidade de haver manifestações complementares que ocorram de modo tácito ou por meio de comportamento concludente. Essa posição, por exemplo, é explicitamente encampada pelo art. 222º do Código Civil Português[556].

---

[553] Alemanha, BGB, § 126b: "Ist durch Gesetz Textform vorgeschrieben, so muss eine lesbare Erklärung, in der die Person des Erklärenden genannt ist, auf einem dauerhaften Datenträger abgegeben werden. Ein dauerhafter Datenträger ist jedes Medium, das 1. es dem Empfänger ermöglicht, eine auf dem Datenträger befindliche, an ihn persönlich gerichtete Erklärung so aufzubewahren oder zu speichern, dass sie ihm während eines für ihren Zweck angemessenen Zeitraums zugänglich ist, und 2. geeignet ist, die Erklärung unverändert wiederzugeben".

[554] Código Civil, Art. 212: "Salvo o negócio a que se impõe forma especial, o fato jurídico pode ser provado mediante: [...] II – documento".

[555] ASCENSÃO, José de Oliveira. *Teoria Geral do Direito Civil*. Vol. II. 2ª ed. Coimbra: Coimbra Editores, 2003, p. 60.

[556] Portugal, Código Civil, art. 222º: "1. Se a forma escrita não for exigida por lei, mas tiver sido adoptada pelo autor da declaração, as estipulações verbais acessórias anteriores ao escrito, ou contemporâneas dele, são válidas, quando se mostre que correspondem à vontade do declarante e a lei as não sujeite à forma escrita. 2. As estipulações verbais posteriores ao documento são válidas, excepto se, para o efeito, a lei exigir a forma escrita."

PARTE III · **Capítulo 12** · A FORMA DA CONVENÇÃO DE ARBITRAGEM | **453**

Diferentemente do que ocorre em outros países, a forma escrita, no direito brasileiro, não depende da assinatura das partes. Na § 126 do BGB, a principal disposição aplicável antes da reforma do Código e da introdução do § 126b, há, expressamente, associação entre a assinatura e a satisfação do requisito de forma[557]. Portanto, por conta de previsão legal expressa em outros ordenamentos, a assinatura e a forma escrita apresentavam forte vínculo de proximidade[558]. De modo semelhante, no direito brasileiro, autores influenciados pelo direito germânico apontaram a vinculação entre a assinatura e o respeito à forma escrita[559]. No entanto, à luz do direito brasileiro vigente, não há que confundir a assinatura e o requisito de forma escrita.

Na manifestação de vontade é necessário distinguir o texto, enquanto resultado da manifestação de vontade, da assinatura. A assinatura representa um indicativo: um elo entre determinado sujeito e o conteúdo da manifestação da vontade, de tal sorte que o questionamento acerca do que foi manifestado passará pelo questionamento da própria assinatura. A assinatura, nesse sentido, serve como prova da manifestação da vontade[560].

---

[557] Alemanha, BGB § 126: "(1) Ist durch Gesetz schriftliche Form vorgeschrieben, so muss die Urkunde von dem Aussteller eigenhändig durch Namensunterschrift oder mittels notariell beglaubigten Handzeichens unterzeichnet werden. (2) Bei einem Vertrag muss die Unterzeichnung der Parteien auf derselben Urkunde erfolgen. Werden über den Vertrag mehrere gleichlautende Urkunden aufgenommen, so genügt es, wenn jede Partei die für die andere Partei bestimmte Urkunde unterzeichnet. (3) Die schriftliche Form kann durch die elektronische Form ersetzt werden, wenn sich nicht aus dem Gesetz ein anderes ergibt. (4) Die schriftliche Form wird durch die notarielle Beurkundung ersetzt."

[558] "La forma escrita requiere: l. Un documento que contenga las partes esenciales de la declaración. Pero para la interpretación pueden tenerse también en cuenta las circunstancias que están fuera del documento. Basta con que, según los principios generales de la interpretación, el indispensable contenido de voluntad pueda ser descubierto en el documento. 2. El documento tiene que estar firmado de propia mano del que lo expide, pero la firma puede reemplazarse por la rúbrica legalizada judicial o notarialmente." (ENNECCERUS, Ludwig. *Derecho Civil (Parte General)*. Vol. II. Trad. De la 39ª ed. Alemana. Blas Pérez González; José Alguer (Trads.). Barcelona: Bosch, 1935, p. 123-124).
"Para la forma escrita exige la ley, por lo regular, la firma ológrafa del declarante, y por ello, en primer término, la redacción de un documento que se ha de ultimar con la firma." (LARENZ, Karl. *Derecho Civil: Parte General*. Madrid: RDP, 1978, p. 559).

[559] "A forma escrita é a mais frequente e a mais exigida das formas. O instrumento particular é a forma escrita de mais largo emprêgo, por mais fácil e mais barata. Há regras jurídicas que concernem a todas as formas escritas, públicas e privadas: a) Todos os elementos essenciais da manifestação de vontade, ou do ato jurídico stricto sensu, hão de estar no instrumento; podem nêle estar manifestações de vontade, comunicações de conhecimento e de sentimento, que não tenham relevância jurídica, b) A assinatura deve ser do figurante, isto é, escrita de seu punho (autografa) e há de consistir em nome, ainda que abreviado (e. g., o nome de família, Pontes de Miranda); em círculos restritos, a alcunha, ou o nome caseiro (Ame, Dêdê)." (PONTES DE MIRANDA, Francisco Cavalcanti. *Tratado de Direito Privado*. Tomo III. Atualizado por Marcos Bernardes de Mello e Marcos Ehrhardt Jr. São Paulo: Revista dos Tribunais, 2012, p. 452).

[560] "Na manifestação de vontade têm-se de distinguir o texto e a assinatura. Com a assinatura, o manifestante – assim de vontade como de conhecimento, ou de sentimento – afirma que foi êle quem manifestou, de modo que para se negar que se haja feito tal afirmação é preciso que se alegue que a assinatura não foi feita pelo que se aponta como signatário, ou que, sem fato seu, não foi êle que encheu com o texto o documento. Aqui surge a questão dos documentos em branco, que se rege por princípios de tutela dos interêsses do tráfico, dignos de estudo. Quem, sem ler, assina, é como se tivesse lido. Quem escreveu e não assinou, por mais claro que houvesse sido nas suas proposições, não manifestou vontade. Pode tal documento provar a vontade que tinha, porém tal vontade,

454 | CONVENÇÃO DE ARBITRAGEM – *Fichtner* • *Tolentino* • *Polastri* • *Salton*

A história da assinatura passou por múltiplas evoluções, desde a utilização de tabuletas de argila na antiguidade com elementos de assinatura, passando pela utilização de anéis com insígnias durante o Império Romano, utilização da carimbos com símbolos que indicavam a assinatura, dentre outros. Etimologicamente, "assinatura" (*"signaturum"*) vem de "signo" com a inflexão "turum", indicando algo que está prestes a ser selado ou marcado. A ideia de assinatura manuscrita é relativamente mais recente, estando a acepção original mais próxima da utilização de uma marca ou estampa. O Estatuto das Fraudes elaborado pelo Parlamento Inglês, no século XVII, serve de marco moderno de inserção da ideia de assinatura manuscrita. Essa lei, aprovada em 1677, passou a demandar que determinados tipos de contratos – como testamentos, arrendamentos, fixação de juros, dentre outros, passassem a ser escritos e assinados. A partir de então, passou a se popularizar em outros documentos. Atualmente, é pacífica a possibilidade de haver assinatura eletrônica, à exemplo do reconhecido pelo Esign Act dos Estados Unidos, a regulação 910 de 2014 do Parlamento Europeu, e a recente Lei 14.063 do Brasil.

Apesar das variações, o núcleo do conceito de assinatura permanece sendo o estabelecimento de um ponto de autenticação, criando um vínculo entre um indivíduo e um documento. Ou seja, a assinatura vincula o indivíduo ao documento que, por sua vez, atesta a existência de um negócio jurídico. Para que um documento possa ser assinado, são necessários três requisitos simultâneos: (i) a integridade do documento; (ii) a possibilidade de autenticar o signatário; e (iii) o estabelecimento de um liame.

Em relação à integridade, refere-se ao estado de inteireza do que está sendo assinado, permitindo que esse seja preservado após o processo de assinatura, sem ser facilmente modificado. A aposição de rubricas nas diversas páginas de um documento serve para indicar que aquela página em específico está contida quando da assinatura, indicando a sua ciência acerca das informações contidas e da disponibilidade dessas no momento da contratação. Por essa razão que a assinatura é realizada no final do documento, indicando o fecho daquilo que o indivíduo conheceu ou consentiu[561]. Dados posteriores à assinatura, quando não rubricados ou assinados, presumem-se não disponibilizados/não consentidos quando da formação do vínculo jurídico.

Em relação ao processo de autenticar o signatário, refere-se ao processo de escolha de um elemento ("ponto de autenticação") que sirva para singularizar o indivíduo, podendo ser: (a) uma característica própria da pessoa (reconhecimento facial, leitura biométrica, identificação de voz); (b) uma informação que só o indivíduo sabe (uma senha); ou (c) algo que o indivíduo tem (um selo, um documento com foto, um carimbo). É possível associar vários pontos de autenticação diferentes, como forma de conferir maior segurança quanto a quem está assinando. Assim, ao se reconhecer firma por semelhança em cartório, se conjuga a assinatura física (algo que a pessoa sabe fazer) com o documento com foto (algo que a pessoa tem). O ponto de autenticação mais usual é a escrita do nome

---

a despeito da grafia, não entrou no mundo jurídico como vontade manifestada." (PONTES DE MIRANDA, Francisco Cavalcanti. *Tratado de Direito Privado*. Tomo III. Atualizado por Marcos Bernardes de Mello e Marcos Ehrhardt Jr. São Paulo: Revista dos Tribunais, 2012, p. 484).

[561] "A assinatura deve ser logo após o texto, de modo que nada se possa intercalar. Todavia, se o que assinou deixou branco, foi a seu risco, salvo tratando-se de testamento. O poscrito, não-reassinado, não entra no mundo jurídico." (PONTES DE MIRANDA, Francisco Cavalcanti. *Tratado de Direito Privado*. Tomo III. Atualizado por Marcos Bernardes de Mello e Marcos Ehrhardt Jr. São Paulo: Revista dos Tribunais, 2012, p. 473).

pelo próprio indivíduo signatário, o qual é identificável pelas características únicas que a escrita de cada indivíduo apresenta. Por servir apenas como método de autenticação, não é necessário que a assinatura do indivíduo seja o seu nome[562], podendo ser pseudônimo ou a aposição de traços, aparentemente inelegíveis, mas que se prestem a individualizar sem serem facilmente replicáveis[563].

Em relação ao liame, este serve de registro histórico, unindo ao menos um ponto de autenticação a um documento íntegro. Assim, quando se faz uma assinatura manuscrita, os signos aposto pelo indivíduo ao assinar indicam a existência de contato físico, de disponibilização das informações contidas em determinado documento, quando do momento da contratação. O liame, portanto, representa o vínculo entre um documento e um ponto de autenticação.

Assim, a assinatura, ao juntar um documento íntegro com um ponto de autenticação através de um liame, não pode ser confundida com a forma escrita. Nesse contexto, a assinatura exerce triplo papel[564]: (a) permitir a associação entre um documento e um indivíduo; (b) facilitar a prova de conhecimento, autoria ou consentimento[565], considerando a fixação de um ponto de autenticação; e (c) conscientizar o declarante, estabelecendo presunção de assunção de responsabilidade sobre o que foi assinado. Portanto, o ato de assinatura do contrato nada mais é do que uma forma de demonstração da ciência ou do consentimento, mas não a externalização do consentimento ou da ciência em si. É, sobretudo, meio de prova, pretendendo criar um vínculo entre um documento e um indivíduo.

Do ponto de vista dogmático, é imprescindível dissociar a assinatura do requisito de forma escrita. Enquanto o requisito de forma diz respeito, somente, à materialização

---

[562] "A assinatura estenográfica é posta de parte, salvo nos casos em que se prescindiria de assinatura; mas, aí, surge a quaestio facti. O nome, com que se assina, pode ser o nome por inteiro, ou o que baste à identificação. Em certas circunstâncias, o pseudônimo. No comércio, a firma." (PONTES DE MIRANDA, Francisco Cavalcanti. *Tratado de Direito Privado*. Tomo III. Atualizado por Marcos Bernardes de Mello e Marcos Ehrhardt Jr. São Paulo: Revista dos Tribunais, 2012, p. 472).

[563] "Quanto à legibilidade da assinatura, não é elemento essencial, desde que se possa identificar (princípio da identificabilidade, em vez do princípio -já superado – da legibilidade" (PONTES DE MIRANDA, Francisco Cavalcanti. *Tratado de Direito Privado*. Tomo III. Atualizado por Marcos Bernardes de Mello e Marcos Ehrhardt Jr. São Paulo: Revista dos Tribunais, 2012, p. 473).

[564] MENEZES CORDEIRO, António. *Tratado da Arbitragem*. Coimbra: Almedina, 2016, p. 105.

[565] "A assinatura é elemento da manifestação de vontade, de conhecimento, ou de sentimento. O que entra no suporte fáctico é a manifestação de vontade; por isso, e somente por isso, entra a assinatura. Se se diz que a manifestação de vontade entrou, e a assinatura é falsa, não é verdade que houvesse entrado. A assinatura é meio de individualização da manifestação de vontade, de conhecimento ou de sentimento, segundo a fórmula romana: 'Titius Maevio salutem', ou segundo o uso de hoje, que é o da assinatura em baixo do que se escreveu, ou foi escrito por outrem, ou dactilografado, ou impresso. Aliás, a assinatura tornou-se mais usual exatamente porque mais se empregam documentos alográficos (FLECHTHEIM, Die Beweisbedeutung der Privaturkunde, 20 s.). Com a exigência da assinatura, passou a ser indiferente a holografia ou a alografia (H. LEHMANN, Die Unterschrift im Tatbestanäe, 24). A assinatura somente individualiza aquilo que está acima dela, ou, se há duas ou mais páginas, o que está nas outras páginas, se rubricadas. A rubrica não é assinatura, mas é auxiliar da assinatura para ligar as páginas rubricadas à última, que é assinada. A assinatura individualiza e fecha. Por ela é que se sabe que a manifestação ou comunicação se concluiu aí. Os romanos usavam o 'Ego N. IV legi, consensi, subscripsi' que individualizava o começo" (PONTES DE MIRANDA, Francisco Cavalcanti. *Tratado de Direito Privado*. Tomo III. Atualizado por Marcos Bernardes de Mello e Marcos Ehrhardt Jr. São Paulo: Revista dos Tribunais, 2012, p. 472).

do negócio jurídico por meio de palavras fixadas em determinado suporte documental, a assinatura é modo de criar um liame entre esse suporte documental com determinado indivíduo, indicando consentimento ou ciência. Assim, é perfeitamente possível o preenchimento do requisito de forma solene sem que haja necessidade de aposição de assinatura, pois essa é, apenas, uma dentre várias formas de demonstrar a anuência em relação ao que foi fixado por meio escrito.

Em certos casos, inclusive, a lei pode exigir a assinatura em paralelo ao requisito de forma. Nesses casos, a assinatura constitui solenidade especial, associadas, mas dogmaticamente inconfundível com o requisito de forma escrita[566]. Ou seja, a função da forma e da assinatura são distintas, por mais que, por vezes, aparecem associadas. No entanto, dentro do ordenamento brasileiro, por inexistência de regra expressa em sentido contrário, a assinatura não passa de um modo de externalizar, de autenticar um documento – e não como um elemento intrínseco à satisfação do requisito de forma. Por conta desse fato, é plenamente possível haver verdadeiras partes contratuais não signatárias. A ausência de assinatura somente indica a inexistência de um determinado tipo de método de autenticação e evidenciação do consentimento. Contudo, outros elementos poderão ser analisados para indicar o consentimento em relação ao conteúdo do contrato.

Ao não utilizar a assinatura como método de verificar o liame entre o indivíduo e a relação jurídica, torna-se necessário averiguar quais outros pontos de contato estão presentes, de modo a aferir a vinculação. Estando presentes indícios de manifestação de vontade, será possível atribuir a qualidade de parte, com o reconhecimento de sua vinculatividade, a despeito da inexistência de assinatura. Assim, o não signatário que manifesta vontade por meio de comportamento concludente, por exemplo, é verdadeira parte do ajuste, estando plenamente sujeita a seus efeitos.

Em conclusão, a forma escrita pode ser entendida como a manifestação de vontade das partes, vertida em palavras, sob o suporte de determinado documento, físico ou eletrônico, apto a registrar a ocorrência de determinado fato jurídico. Não se confunde com o requisito de forma escrita a necessidade de haver documentação física ou a aposição de assinatura, a qual apenas é meio de estabelecimento de liame entre documento íntegro e certo indivíduo, por meio da aferição de determinados pontos de autenticação. Portanto, qualquer registro documentado, conversível em palavras, armazenável de modo íntegro, não apto a modificações, é apto a satisfazer o requisito de forma escrita eventualmente posto pela legislação.

§ 42. A FORMA DA CONVENÇÃO DE ARBITRAGEM NA PERSPECTIVA INTERNACIONAL

1. A forma da convenção de arbitragem na Convenção de Nova Iorque

A forma da convenção de arbitragem está intimamente ligada com a aferição do consentimento das partes com a arbitragem, sendo aquela um meio para que se verifique

---

[566] Por exemplo, art. 785, § 1º, do Código Civil: "Salvo disposição em contrário, admite-se a transferência do contrato a terceiro com a alienação ou cessão do interesse segurado. § 1º Se o instrumento contratual é nominativo, a transferência só produz efeitos em relação ao segurador mediante aviso escrito assinado pelo cedente e pelo cessionário." Ou art. 842 do Código Civil: "A transação far-se-á por escritura pública, nas obrigações em que a lei o exige, ou por instrumento particular, nas em que ela o admite; se recair sobre direitos contestados em juízo, será feita por escritura pública, ou por termo nos autos, assinado pelos transigentes e homologado pelo juiz."

este[567]. Todavia, não há de se confundir a adequação formal da convenção de arbitragem com sua validade, pois a satisfação dos requisitos de forma é, apenas, um dos pré-requisitos indispensáveis para que a validade da convenção de arbitragem no âmbito internacional[568].

Os requisitos de forma da Convenção de Nova Iorque estão previstos no art. II, incisos 1 e 2. Enquanto o art. II (1) introduz à convenção a previsão do efeito negativo da convenção de arbitragem[569] e apenas menciona que a convenção será "*in writing*"[570], o art. II (2) elabora quanto a esse requisito, expondo que o termo "*agreement in writing*" contempla convenções inclusas no contrato principal ou apartadas deste, porém assinadas, ou ainda contidas em trocas de cartas ou telegramas[571].

Por certo, um contrato contendo convenção de arbitragem assinado por todas as partes envolvidas se adequa ao suporte fático do art. II da Convenção[572]. Também é possível satisfazer os requisitos formais em questão caso as partes tenham, cada qual, uma cópia da convenção de arbitragem assinada pela contraparte, contanto que essas sejam idênticas[573]. No entanto, outras situações mostraram-se mais problemáticas na prática.

---

[567] "The formal validity of an arbitration agreement is closely related to the issue of whether the party actually consented to arbitration. The formal requirements are intended to ensure that the parties actually agreed on arbitration. Consequently questions as to the fulfillment of the form requirements and the necessary consent are often interwoven and treated jointly. However, there are cases where national courts despite an agreement to arbitrate have accepted jurisdiction over a dispute because the arbitration agreement did not fulfill the necessary form requirements" (LEW, Julian; MISTELIS, Loukas; KRÖLL, Stefan. *Comparative International Commercial Arbitration.* Haia: Kluwer Law International, 2003, p. 130).

[568] "Also preliminarily, it is important to note that the conclusion that a putative international arbitration agreement satisfies applicable form requirements does not necessarily mean that this agreement constitutes a validly-formed arbitration agreement. Thus, the New York Convention, UNCITRAL Model Law and other comparable arbitration instruments impose formal requirements demanding a satisfactory "writing." Failure to satisfy these requirements can render a putative agreement invalid or can exclude arbitration clauses from the scope of otherwise applicable pro-arbitration regimes. Nonetheless, even if an arbitration agreement satisfies this writing requirement, it may not satisfy applicable law governing contract formation or substantive validity of the agreement (e.g., lack of consent, uncertainty, mistake, illegality). Put differently, satisfaction of form requirements is a necessary, but not sufficient, condition for contractual validity; requirements for the substantive validity of the arbitration agreement must also be satisfied." (BORN, Gary B. *International Commercial Arbitration.* 3ª ed. Kluwer Law International, 2021, p. 699).

[569] Vide Capítulo 14.

[570] Convenção de Nova Iorque, art. II (1): "Each Contracting State shall recognize an agreement in writing under which the parties undertake to submit to arbitration all or any differences which have arisen or which may arise between them in respect of a defined legal relationship, whether contractual or not, concerning a subject matter capable of settlement by arbitration."

[571] Convenção de Nova Iorque, art. II (2): "The term "agreement in writing" shall include an arbitral clause in a contract or an arbitration agreement, signed by the parties or contained in an exchange of letters or telegrams."

[572] "If a contract containing the arbitration clause or the separate arbitration agreement is signed by the parties, it will satisfy the first alternative of Art. II(2). In the case of the second alternative, the signatures of the parties are not required, provided that the arbitration agreement has been subject to an exchange in writing between the parties" (VAN DEN BERG, Albert Jan. *Yearbook Commercial Arbitration* – Volume XXI. The Hague: Kluwer Law International, 1996, p. 422).

[573] "The most obvious way of satisfying the "in writing" requirement of Article II(2) is for the parties to sign the arbitration agreement. Most often, both parties will sign the same document; it is however sufficient if each party signs the copy that is destined for the other party, as long as each

Em primeiro, deve-se analisar qual a extensão do requisito da assinatura contido na Convenção de Nova Iorque. Trata-se de requisito contido na segunda parte do Art. II (2), no entanto, não há clareza quanto a quais casos esse deverá ser observado[574]. Gary Born entende que a interpretação literal da Convenção de Nova levaria à conclusão de que somente é possível a formação de convenção de arbitragem mediante assinatura, sendo incompatíveis com o regramento da Convenção acordos orais com sem comprovação escrita[575]. Por certo, esse requisito não teria como ser atendido, mesmo à época da celebração da Convenção de Nova Iorque, quando a convenção de arbitragem fosse formada por meio da troca de telégrafos, e por analogia outros meios eletrônicos, nos quais a assinatura restaria inexigível[576].

A jurisprudência internacional não encontrou interpretação uniforme para a exigência da assinatura. Em certos casos, entendeu-se que apenas convenções em apartado necessitam de assinaturas, em outros o posicionamento foi no sentido de que esse requisito é indispensável a ambas as modalidades[577]. Por outro lado, também já se entendeu que a

---

party's copy is identical to the other's." (SCHRAMM, Dorothee; GEISINGER, Elliott; PINSOLLE, Philippe. Article II. *In*: KRONKE, Herbert; NACIMIENTO, Patricia, et al. *Recognition and Enforcement of Foreign Arbitral Awards: A Global Commentary on the New York Convention*. Kluwer Law International, 2010, p. 37-144, p. 80).

[574] Maragret Moses alerta quanto a essas problemáticas – "Whereas Article II(1) sets forth the writing requirement, Article II(2) defines what "in writing" means. The writing requirement may be met either by a clause in the contract or a separate agreement to arbitrate (a submission agreement), "signed by the parties," or it can be satisfied by an exchange of letters or telegrams. A number of interpretive issues are presented by the language of paragraph 2. First, does the signature requirement apply to both the contract containing the clause, as well as to the submission agreement, or only to the submission agreement? Second, does the signature requirement also apply to the exchange of letters or telegrams?" (MOSES, Margaret L. *The principles and practice of international commercial arbitration*. 2ª ed, São Paulo: Cambridge University Press, 2012, p. 21).

[575] "At least read literally, the 'writing' requirement of Article II(2) is comparatively (and unnecessarily) stringent, as well as a misnomer. Article II(2) does not merely require that arbitration agreements be in 'written' form, but also that such agreements be either 'signed by the parties' or contained in an 'exchange of letters or telegrams.' These requirements for a 'signature' and/or an 'exchange' exclude not just oral arbitration agreements, but also arbitration agreements involving tacit or oral acceptances of written instruments and unsigned written contracts. Under the language of Article II(2), not merely a written record of the parties' agreement, but also a contract that is signed or contained in an exchange of communications, is required – imposing a 'signature' or 'exchange' requirement, in addition to a 'writing' requirement." (BORN, Gary B. *International Commercial Arbitration*. 3ª ed. Kluwer Law International, 2021, p. 705).

[576] "Is it necessary for letters, telegrams and other assimilated documents to bear the signature of the parties? Taken literally, Article II of the Convention does require the signature of both arbitration clauses contained in a contract (in other words, the signature of the contract itself) and arbitration agreements contained in a separate document. Obviously, a signature on a telegram, telex, or faxed letter will necessarily be either typed or a copy of the original manuscript signature. It can therefore be assumed that a signature, in the traditional sense of the word, is not required. On the other hand, the same will not usually be the case with an exchange of letters." (FOUCHARD, Philippe; GAILLARD, Emmanuel; GOLDMAND, Berthold. *Fouchard Gaillard Goldman on International Arbitration*. Haia: Kluwer Law International, 1999, p. 377).

[577] Não obstante as diferenças jurisprudenciais, Schramm, Geisinger e Pinsolle atestam que, quanto a aplicação do requisito de assinatura apenas a convenções em apartado ou a todas as convenções de arbitragem, para a maioria dos autores, o requerimento de assinatura é aplicável a ambas as situações. "Under Article II (2), the "term 'agreement in writing' shall include an arbitral clause

PARTE III · **Capítulo 12** · A FORMA DA CONVENÇÃO DE ARBITRAGEM | **459**

assinatura é dispensável em ambos os casos, contanto se demonstre, por outros meios, a formação da convenção de arbitragem[578].

O Superior Tribunal de Justiça teve oportunidade de se manifestar sobre esse requisito no julgamento da Sentença Estrangeira Contestada 866, relatado pelo Ministro Felix Fischer. Na oportunidade, entendeu-se que "o fato de os contratos firmados entre as partes terem sido celebrados verbalmente não impediria, por si só, a estipulação de cláusula compromissória, desde que esta estivesse pactuada de forma expressa e escrita em outro documento referente ao contrato originário ou em correspondência"[579].

Assim, por vezes, as convenções de arbitragem contidas nos contratos internacionais não são reconhecidas no momento da execução de sentenças arbitrais estrangeiras, por conta de uma interpretação restritiva dos requisitos de forma do art. II da Convenção de Nova Iorque. No entanto, percebe-se que essa visão restritiva é baseada na interpretação da Convenção de Nova Iorque em sentido contrário ao seu fim, que visa, precisamente, fomentar a utilização internacional da arbitragem.

Em segundo, outra ordem de problemas práticos enfrentados à luz da Convenção de Nova Iorque é o caso dos contratos sem aceite prévio, porém performados. Na prática comercial internacional, não são raras as celebrações de contratos por meio de oferta seguida, apenas, de performance, sem apresentação de qualquer resposta formal ao *e-mail*, fax ou telégrafo, ou outro meio por meio do qual foi feita a oferta. Os usos internacionais evidenciam essa prática, na medida em que se espera que a oferta seja explicitamente negada, e, no silêncio, a expectativa é de cumprimento. Em casos como esses, questiona-se se o aceitante estaria vinculado à convenção de arbitragem caso performe o contrato sem ter havido, formalmente, a aceitação. O debate sobre a temática encontra-se em aberto[580].

---

in a contract or an arbitration agreement, signed by the parties or contained in an exchange of letters or telegrams." Arguably, it is ambiguous as to whether the signature requirement applies to all arbitration agreements, or only to free-standing arbitration agreements not contained in a contract. In a vast majority of jurisdictions and for most legal commentators, the requirement of a signature or exchange of documents applies equally to arbitral clauses contained in contracts and to separate (free-standing) arbitration agreements. Although some US courts have held that the requirement for signature or exchange of documents does not apply to arbitration clauses but only to free-standing arbitration agreements, this view has not been followed widely" (SCHRAMM, Dorothee; GEISINGER, Elliott; PINSOLLE, Philippe. Article II. *In*: KRONKE, Herbert; NACIMIENTO, Patricia, et al. *Recognition and Enforcement of Foreign Arbitral Awards: A Global Commentary on the New York Convention*. Kluwer Law International, 2010, p. 37 – 114, p. 73).

[578] "Different courts have taken different positions. The U.S. Fifth (p.22) Circuit Court of Appeals has suggested that only the separate agreement must be signed, and not the contract containing the arbitration clause. On the other hand, the U.S. Second and Third Circuits have disagreed with this interpretation, stating that the signature requirement applies to both. With respect to the exchange of letters and telegrams, a Swiss court has held that if the parties expressed their intention to enter into an arbitration agreement by an exchange of documents, signatures were not necessary. Similarly, the U.S. Third Circuit has held that the arbitral agreement "may be unsigned if it is exchanged in a series of letters." It is generally the rule today in most jurisdictions that the contract containing the arbitration clause, or the submission agreement, must be signed, but there is no signature requirement for the exchange of documents." (MOSES, Margaret L. *The principles and practice of international commercial arbitration*. 2ª Ed. São Paulo: Cambridge University Press, 2012, p. 21-22).

[579] STJ. SEC nº 566. Min. Felix Fischer. Corte Especial. J. em 17.05.2006, p. 08.

[580] "The debate about this requirement concerning the form of the arbitration agreement is mainly based on the fact that substantial contracts are also made orally or not in a form which could

460 | CONVENÇÃO DE ARBITRAGEM – *Fichtner* • *Tolentino* • *Polastri* • *Salton*

Ao se tratar de contratos formados a distância, as chamadas *"confirmation letters"*, cartas de aceite adesivas a proposta anteriormente feitas, leciona Van Den Berg que essas são tidas como adequadas frente aos requisitos da Convenção se: (i) assinadas por ambas partes; (ii) caso se troquem duplicatas da carta de aceite, assinadas ou não; ou, ainda, (iii) caso a carta de aceite seja respondida por outra carta, de notificação de recebimento, pela parte originalmente ofertante[581]. Nessa mesma linha, também satisfazem os requisitos de forma do art. II (1) e (2) da Convenção de Nova Iorque *e-mails*, cartas ou telegramas trocados entre partes, mesmo sem assinatura, caso apontem para o desejo de submeter a relação jurídica a arbitragem[582].

---

constitute a classical written agreement. Oral terms of contract are not the most debated ones. Other forms of concluding agreements like the performance of the agreement by one party after having received an offer made by e-mail or telex, without having formally answered it, may be more controversial. In these cases, although the party has not answered the offer, it performed the contract, as offered by the other party, which seems to allow the inference that there was agreement with regard the arbitration clause contained in the offer. Another concern in this debate is to allow arbitration agreements made in conformity with the wide use of electronic commerce, as well as to recognize the growing number of state court decisions and national legislations which enforce other forms of agreements." (ARROCHA, Katherine Gonzalez. The Articles II and III of the New York Convention (NYC) and the Experience of Arbitral Institutions: the ICC experience. *Revista de Arbitragem e Mediação*, vol. 18/2008, p. 86-100, jul./set., 2008, DTR 2008/885, p.89-90).

[581] "Sales or purchase confirmations are frequently used in today's international trade practice. It follows from what is observed above that an arbitration clause in a sales or purchase confirmation will meet the written form requirement of Article II(2) if: (a) the confirmation is signed by both parties (first alternative); or (b) a duplicate is returned, whether signed or not (second alternative); or, possibly, (c) the confirmation is subsequently accepted by means of another communication in writing from the party which received the confirmation to the party who dispatched it. A tacit acceptance of the confirmation is in principle not sufficient for the purposes of Article II(2), subject to the various approaches outlined above" (VAN DEN BERG, Albert Jan. *The New York Convention of 1958*: an Overview. Londres, 2008).

[582] "The parties must exchange writings – namely, letters or telegrams – evidencing their agreement to refer disputes to arbitration. According to the vast majority of authorities, it is not required that the parties affix their signature on the writings. However, it is necessary that the writings can be attributed to the parties." (SCHRAMM, Dorothee; GEISINGER, Elliott; PINSOLLE, Philippe. Article II. *In*: KRONKE, Herbert; NACIMIENTO, Patricia, et al. *Recognition and Enforcement of Foreign Arbitral Awards: A Global Commentary on the New York Convention*. Kluwer Law International, 2010, p. 37-144, p.81).; "The requirement of an agreement in writing provided for in article II of the NYC has been the subject of numerous debates. In fact, the NYC allows arbitration agreements signed by the parties in a different document other than the contract or contained in an exchange of letters or telegrams (article II, paragraph 2, see above). It can be inferred that no signature is required in this former case, but the word "exchange" suggests that both parties should have sent a telegram or a telex in order to be considered an exchange, precluding passive submission." (ARROCHA, Katherine Gonzalez. The Articles II and III of the New York Convention (NYC) and the Experience of Arbitral Institutions: the ICC experience. *Revista de Arbitragem e Mediação*. Vol. 18/2008, p. 86-100, jul./set., 2008. DTR 2008/885, p. 89); "If a contract containing the arbitration clause is signed only by one party, the question is whether it is necessary to find another document containing the written consent of the other party. It is widely accepted that this second document does not have to be signed. The signature requirement only applies to the first alternative of Article II(2) but not to the second, the exchange of documents" (LEW, Julian; MISTELIS, Loukas; KRÖLL, Stefan. *Comparative International Commercial Arbitration*. Haia: Kluwer Law International, 2003, p. 139); "Por isto, no momento em que o julgador for avaliar a existência de consentimento para a resolução de controvérsias por arbitragem, este deve compreender que, atualmente, tal consen-

Em terceiro, há a situação envolvendo a cláusula compromissória inserida por referência. Esta modalidade é comum em cenários onde a convenção de arbitragem está inclusa em *standard terms and general conditions* de uma das partes, sendo este documento apenas referenciado no contrato principal sem que necessariamente seu texto seja reproduzido. Nesses cenários, dois fatores são primordiais – o envio ou não dos termos gerais, e a forma da referência no contrato principal, genérica ou específica.

A começar pela forma de referência, ocorre a chamada "referência específica" quando a menção aos termos gerais no contrato principal afirma que neles está contida uma convenção de arbitragem[583]. Por outro lado, tem-se a "referência genérica" quando no contrato principal apenas é mencionado que os termos gerais se aplicam, sem que se notifique a outra parte da presença da convenção naquele documento. A "referência específica", em qualquer situação, é tida como suficiente frente aos requisitos de forma da Convenção de Nova Iorque[584]. Diversamente, a "referência genérica" somente é suficiente para incluir a convenção de arbitragem quando essa acompanhada do envio dos termos gerais. A ausência do envio dos termos gerais, no contexto de "referência genérica", impede a satisfação dos requisitos de forma previstos na Convenção de Nova Iorque[585]. Todavia,

---

timento pode ser provado não só pela forma escrita, mas de diversas outras formas. Explica-se: a tendência moderna é de se negociar e até mesmo concluir contratos por meio de mensagens eletrônicas que, por sua natureza, prescindem de assinaturas físicas propriamente ditas." (SOARES, Pedro Silveira Campos; NETO, Antonio Patrus de Sousa. Artigo II. *Revista de Arbitragem*, Ano II, nº 3º, jan./jun., 2013, p. 53-92, p. 60).

[583] "Standard conditions in a separate document require a reference clause in which specific attention is called for the arbitration clause in the standard conditions (for example, "This Contract is governed by the General Conditions of Sale, including the arbitration clause contained therein, ..."). Here again, the other party is made aware of the existence of an arbitration clause and, hence, can be considered to be able to check it. There is no need to repeat the arbitration clause verbatim in the reference clause. This is the so-called specific reference" (VAN DEN BERG, Albert Jan. *The New York Convention of 1958: an Overview*. London: Cameron May, 2008, p. 09).

[584] "Second, standard conditions in a separate document require a reference clause in which specific attention is drawn to the arbitration clause in the standard conditions (for example, "This Contract is governed by the General Conditions of Sale, including the arbitration clause contained therein…"). Here again, the other party is made aware of the existence of an arbitration clause and, hence, can be considered to be able to check it. There is no need to repeat the arbitration clause verbatim in the reference clause. This is the so-called specific reference." (VAN DEN BERG, Albert Jan. *Yearbook Commercial Arbitration*. Kluwer Law International, vol. XXVIII, 2003, p. 590); "It is widely accepted that a specific reference in one document to an arbitration agreement contained in another document fulfills the requirements of Article II(2), if the other party replies in writing. This is the case even if the document containing the arbitral clause was not transmitted with the instrument signed by the parties (or exchanged between them), because the party having received the signed instrument is deemed to be on notice as to the existence of the arbitration clause." (SCHRAMM, Dorothee; GEISINGER, Elliott; PINSOLLE, Philippe. Article II. *In*: KRONKE, Herbert; NACIMIENTO, Patricia, et al. *Recognition and Enforcement of Foreign Arbitral Awards: A Global Commentary on the New York Convention*. Kluwer Law International, 2010, p. 37- 114, p. 90).

[585] "The situation is more complex where the general conditions and the arbitration agreement are contained in a separate document. The prevailing view is that provided the document is available to both parties at the time of contracting a valid arbitration agreement exists. There are, however court decisions which require a specific reference to the arbitration agreement contained in the general conditions and that the arbitration clause is conspicuous" (LEW, Julian; MISTELIS, Loukas; et al. *Comparative International Commercial Arbitration*. The Hague: Kluwer Law International,

há situação excepcional, pois a referência genérica pode bastar para vincular as partes à convenção de arbitragem casos essas apresentem relação comercial duradoura, na qual já se fez uso dos termos gerais que contêm a convenção de arbitragem[586]. Portanto, a existência de prática entre as partes cria uma presunção de conhecimento da presença da convenção de arbitragem nos termos gerais, permitindo que a mera referência genérica baste para satisfazer os requisitos de forma.

Em quarto, cabe analisar a relação entre os requisitos de forma do art. II e a possibilidade de mitigação desses frente a lei doméstica mais favorável, a luz do art. VII (1) da convenção de Nova Iorque[587]. O art. VII (1) prevê que Convenção não privará "qualquer parte interessada de qualquer direito que ela possa ter de valer-se de uma sentença arbitral da maneira e na medida permitidas pela lei ou pelos tratados do país em que a sentença é invocada". Assim, ao relacionar a esse artigo os requisitos de forma, há possibilidade de contornar certas controvérsias quanto aos requisitos de forma restritivos da Convenção, caso a lei doméstica seja mais branda nesse quesito. Nesse contexto, relevante o entendimento do Bundesgerichtshof no julgamento do Caso Ground Mace, em 26 de novembro de 2020, que reconheceu a possibilidade de aplicação da lei doméstica mais favorável, ainda que naquele caso os requisitos da lei alemã também não se fizessem presentes[588].

A Convenção de Nova Iorque conta com mais de 60 anos desde a sua promulgação. Contrário a outras áreas do direito, a arbitragem internacional apresenta considerável

---

2003, p.142); "General references to a separate document without specific mention of the arbitration clause have generated controversy. When standard conditions printed on the back of the contract contain the general reference, the specificity test is usually considered met, since a reasonably prudent party has sufficient reason and opportunity to examine the standard conditions. If the contract (or the exchange of documents) contains a general reference to an entirely separate document, most authorities hold that this general reference alone is not sufficient." (SCHRAMM, Dorothee; GEISINGER, Elliott; PINSOLLE, Philippe. Article II. In: KRONKE, Herbert; NACIMIENTO, Patricia, et al. Recognition and Enforcement of Foreign Arbitral Awards: A Global Commentary on the New York Convention. Kluwer Law International, 2010, P. 37 – 114, p. 90-91).

[586] "Another exception is the case where the parties have a continuing trading relationship in which the same standard conditions are being used. In that case too, a general reference is as a rule held sufficient." (VAN DEN BERG, Albert Jan. *The New York Convention of 1958: an Overview*. Londres, 2008).

[587] Convenção de Nova Iorque, art. VII (1): "1. The provisions of the present Convention shall not affect the validity of multilateral or bilateral agreements concerning the recognition and enforcement of arbitral awards entered into by the Contracting States nor deprive any interested party of any right he may have to avail himself of an arbitral award in the manner and to the extent allowed by the law or the treaties of the country where such award is sought to be relied upon."

[588] "Trotz Nichteinhaltung der Form des Art. II UNÜ kann die Schiedsvereinbarung über den Meistbegünstigungsgrundsatz des Art. VII Abs. 1 UNÜ formwirksam sein, wenn sie nach Maßgabe des innerstaatlichen Rechts oder der Verträge des Landes, in dem sie geltend gemacht wird, wirksam ist (vgl. BGH, SchiedsVZ 2005, 306 [juris Rn. 16]; SchiedsVZ 2011, 46 Rn. 29). A)Nach Art. VII Abs. 1 UNÜ nehmen die Bestimmungen des Übereinkommens – und damit auch die Vorgaben über die Form einer Schiedsvereinbarung in Art. II UNÜ – keiner beteiligten Partei das Recht, sich auf einen Schiedsspruch nach Maßgabe des innerstaatlichen Rechts oder der Verträge des Landes, in dem er geltend gemacht wird, zu berufen. Das UNÜ lässt damit die Anwendung nationalen Rechts zu, soweit es für die Anerkennung und Vollstreckung ausländischer Schiedssprüche günstiger ist. (…) 5.Die Voraussetzungen der danach anwendbaren Formvorschrift des § 1031 ZPO als nationales Sachrecht sind jedoch ebenfalls nicht erfüllt." (Alemanha (Karlsruhe), BGH, I ZR 245/19, 2020, p. 10-11).

PARTE III · Capítulo 12 · A FORMA DA CONVENÇÃO DE ARBITRAGEM | **463**

dinamismo, por estar intimamente ligada ao comércio internacional. Imperioso, então, observar as evoluções tecnológicas dos últimos 60 anos no regramento da Convenção[589]. Pedro Silveira Soares chega a afirmar que "o intérprete da Convenção deve colocar de lado o formalismo, procurar ampliar os significados dos conceitos inseridos no art. II, observando os usos e costumes da atualidade, para permitir que este dispositivo exerça sua função precípua: estabelecer a obrigação dos Estados signatários de reconhecer a convenção de arbitragem, desde que comprovado o consentimento das partes, salvo nos casos em que esta for nula e sem efeitos, inoperante ou inexequível"[590].

Por mais que se possa falar atualmente em anacronismos quanto aos requisitos de forma da Convenção de Nova Iorque, não há como ignorar os avanços por ela encabeçados nesse meio em meados do século XX[591]. Por exemplo, menciona-se a proibição de

---

[589] Nesse contexto, inúmeros doutrinadores falam da necessidade dessas atualizações a luz de inovações tecnológicas, a saber: "There has, however, been a evolution in communications since the New York Convention was drawn up in 1958. Telegrams, which were a frequent method of communicating an urgent message in writing, were largely replaced first by telex, later by fax, and now by email. This change is reflected in the Model Law, which goes much further than the New York Convention in its definition of 'writing' and has itself been the subject of important recommended interpretations and revisions" (REDFERN, Alan; HUNTER, Martin; BLACKABY, Nigel; PARTASIDES, Constantine. *Redfern and Hunter on International Arbitration*. Oxford: Oxford University Press, 2015, p. 76).

"Unsurprisingly, courts gave increasingly broad interpretations to these terms as communications technologies progressed. For instance, it is now well accepted that declarations contained in faxes or telexes comply with Article II (2) Regarding the use of electronic communication, several authorities consider that the exchange of e-mail messages constitutes an agreement in writing as required by Article II(2)" (SCHRAMM, Dorothee; GEISINGER, Elliott; PINSOLLE, Philippe. Article II. *In*: KRONKE, Herbert; NACIMIENTO, Patricia, et al. *Recognition and Enforcement of Foreign Arbitral Awards: A Global Commentary on the New York Convention*. Kluwer Law International, 2010, p. 37 – 114, p.83); "Communication via electronic mail (e--mail), electronic data interchange (EDI) and online, for example in a 'chat-room', has become common place these days. In 1958 not even telex or telefax existed, let alone e-mail ou similar. Therefore, when applying a strictly literal interpretation, agreements concluded via electronic means of communication do not comply with Article II (2). However, as has been said above, the writing requirement should be interpreted broadly to include new means of communication" (DI PIETRO, Domenico; PLATTE, Martin. *Enforcement of International Arbitration Awards: The New York Convention of 1958*, Londres: Cameron May, 2011, p. 74); National differences are also reflected in the judicial interpretation of the writing requirement pursuant to Article II (2) New York Convention. Indeed adjustments are necessitated by business and technological developments, such as electronic and digital telecommunication which were unknown when the Convention was drafted." (LEW, Julian; MISTELIS, Loukas; KRÖLL, Stefan. *Comparative International Commercial Arbitration*. Haia: Kluwer Law International, 2003, p. 134).

[590] SOARES, Pedro Silveira Campos; NETO, Antonio Patrus de Sousa. Artigo II. *Revista de Arbitragem*, Ano II, nº 3º, jan./jun. 2013, p. 53-92, p. 86-87.

[591] Quanto a este tópico, destacam Blackaby, Hunter e Partasides – "In seeking to establish the 'international requirements', the starting point has to be the New York Convention. This has been described as 'the single most important pillar on which the edifice of international arbitration rests', and one that 'perhaps could lay claim to be the most effective instance of international legislation in the entire history of commercial law'. Under the Convention, each contracting state undertakes to recognise and give effect to an arbitration agreement when the following requirements are fulfilled: the agreement is in writing; it deals with existing or future disputes; these disputes arise in respect of a defined legal relationship, whether contractual or not; and

discriminação entre sentenças nacionais e estrangeiras, a desburocratização dos processos para execução de sentenças arbitrais e a equiparação dessas a sentenças judiciais[592]. Assim, importa interpretar a Convenção de Nova Iorque em consonância com o seu espírito de fomentar a utilização da arbitragem internacional como forma de solução de controvérsias, viabilizando sua contínua atualização, mantendo-a aderente com a prática e os padrões internacionais.

2. Requisitos de forma na Lei Modelo da UNCITRAL

Ao contrário da Convenção de Nova Iorque, cuja evolução se dá apenas por meio de entendimentos doutrinários e divergências jurisprudenciais, a Lei Modelo da UNCITRAL já passou por modificações, adaptando o seu texto às necessidades atuais da arbitragem internacional. Especificamente, a versão atual traz modificações quanto ao requisito de forma, em relação à redação original, de 1985[593].

Em razão das evoluções históricas mencionadas, em 2006 a Lei Modelo da UNCITRAL foi atualizada de forma a contemplar práticas modernas. Entretanto, durante o processo de modificação houve receio de baixa aderência à Lei Modelo caso houvesse previsão de requisitos de forma extremamente brandos, por conta do risco de não reconhecimento das sentenças arbitrais à luz da Convenção de Nova Iorque. Assim, a

---

they concern a subject matter capable of settlement by arbitration (REDFERN, Alan; HUNTER, Martin; BLACKABY, Nigel; PARTASIDES, Constantine. *Redfern and Hunter on International Arbitration*. Oxford: Oxford University Press, 2015, p. 74) Na mesma linha, Gary Born afirma que "Although the written form requirement in the Convention is archaic, its exclusion of other, sometimes more-archaic, "anti-arbitration" form requirements, has played an important role in ensuring the validity of international arbitration agreements and facilitating the arbitral process." (BORN, Gary. *International Commercial Arbitration*. 3ª ed. The Hague: Kluwer Law International, 2021, p. 710).

[592] "Proibindo qualquer discriminação entre decisões nacionais e estrangeiras, desburocratizando a homologação das sentenças arbitrais quando tivessem que ser executadas em país diferente daquele em que foram proferidas e equiparando a decisão arbitral à sentença judicial, a Convenção abriu novos caminhos para que os litígios internacionais pudessem ter soluções rápidas e eficazes. Mas foi mais além, ultrapassando o formalismo que, no passado, existia em alguns países, estabeleceu que a cláusula compromissória incluída em qualquer documento obrigava as partes a se submeterem à arbitragem, independente da assinatura do termo de compromisso." (WALD, Arnoldo. A Convenção de Nova Iorque: o passado, o presente e o futuro. *Revista de Arbitragem e Mediação*. Vol. 18/2008, p. 13-23, jul./set., 2008, p. 15).

[593] "The function of art. 7(3) was identified by the Commission as defining the writing requirement and seeking to clarify how the writing requirement could be fulfilled. The wording represents a marked departure from the original 1985 text and from the New York Convention." (BINDER, Peter. *International Commercial Arbitration and Mediation in UNCITRAL Model Law Jurisdictions*.4ª Ed. Kluwer Law International, 2019, p. 138); "Option 1 has brought the Model Law into line with current practice, as reflected by national legislation and court decisions. For instance, an exchange of telexes between two firms of brokers in Paris containing the simple statement 'English law—arbitration, if any, London according ICC Rules' has been held to be a valid arbitration agreement, providing for arbitration in London under the ICC Rules, with English law as the substantive law of the contract." (REDFERN, Alan; HUNTER, Martin; BLACKABY, Nigel; PARTASIDES, Constantine. *Redfern and Hunter on International Arbitration*. Oxford: Oxford University Press, 2015, p. 77).

UNCITRAL produziu uma recomendação interpretativa da Convenção de Nova Iorque, compatibilizando a interpretação de ambos os diplomas[594].

A Lei Modelo de 2006 trouxe uma inovação interessante quanto ao requisito de forma. O art. 7º da lei, que rege a *"Definition and form of arbitration agreement"* conta com duas versões, podendo os Estados optarem pela adoção de qualquer uma das duas[595]. Enquanto a Opção I requer um acordo *"in writing"*, especificando na sequência as especificações do requisito formal, a Opção II sequer requer que a convenção arbitral tenha que adotar a forma escrita.

Em primeiro, em relação à Opção I, essa traz em seu inciso (1) a definição de convenção de arbitragem[596]. Na sequência, o inciso (2)[597] introduz o requisito de forma por escrito, que é densificado entre os incisos (3) e (6). A Opção I, embora demande prova escrita no inciso (3)[598], não é necessário que a convenção de arbitragem esteja assinada, mas apenas que a convenção seja *"recorded in any form"*. Portanto, à luz da Lei Modelo, é possível a existência de convenção de arbitragem formada de modo oral, contanto que

---

[594] "Second, since states would not be encouraged to adopt the revised Article 7 UNCITRAL Model Law 2006 if this entailed a risk of non-enforcement and non-recognition of arbitral clauses and awards under the New York Convention, UNCITRAL issued a non-binding Recommendation regarding the interpretation of Article II (2) and Article VII (1). Under this Recommendation, Article II (2) should "be applied recognizing that the circumstances therein are not exhaustive." Without issuing overly detailed guidelines, this Recommendation aims to promote a liberal interpretation of the written form required by Article II (2) (…). Regarding the more-favorable-law provision of Article VII (1), UNCITRAL recommends its application not only to the recognition and enforcement of arbitral awards, but also to the recognition of arbitration agreements. This means that a party could rely on a more liberal national law (for example, on an implementation of the revised Article 7 in UNCITRAL Model Law 2006) for an arbitration agreement to be recognized, thus avoiding the application of Article II (2)." (SCHRAMM, Dorothee; GEISINGER, Elliott; PINSOLLE, Philippe. Article II. *In*: KRONKE, Herbert; NASCIMENTO, Patricia, et al. *Recognition and Enforcement of Foreign Arbitral Awards: A Global Commentary on the New York Convention*. Kluwer Law International, 2010, p. 37 – 114, p. 40-41); "Em decorrência desta necessária evolução, a UNCITRAL publicou orientação para a interpretação do Art. II (2), recomendando que este fosse aplicado sem que as circunstâncias nele descritas fossem consideradas exaustivas. A UNCITRAL pretendeu, portanto, aplicar o princípio da máxima eficácia, previsto no Art. VII (1) da Convenção, pelo qual se determina que normas, internas ou internacionais, que confiram tratamento mais favorável ao reconhecimento e à execução da sentença arbitral estrangeira, devem prevalecer sobre a Convenção." (SOARES, Pedro Silveira Campos; NETO, Antonio Patrus de Sousa. Artigo II. Revista de Arbitragem, Ano II, nº 3, jan./jun. 2013, p. 53-92, p. 63).

[595] "Article 7 of the Model Law is entitled "Definition and form of arbitration agreement." UNCITRAL provides two different versions of amended Article 7 that a country can adopt. Option 1 requires an arbitral agreement to be in writing, and spells out what a "writing" means, but Option 2 does not require a writing." (MOSES, Margaret L. The principles and practice of international commercial arbitration. 2ª Edição, São Paulo: Cambridge University Press, 2012, p. 26).

[596] UNCITRAL Model Law, Option I, art. 7 (1): "'Arbitration agreement' is an agreement by the parties to submit to arbitration all or certain disputes which have arisen or which may arise between them in respect of a defined legal relationship, whether contractual or not. An arbitration agreement may be in the form of an arbitration clause in a contract or in the form of a separate agreement."

[597] UNCITRAL Model Law, Option I, art. 7 (2):" The arbitration agreement shall be in writing".

[598] UNCITRAL Model Law, Option I, art. 7 (3): "An arbitration agreement is in writing if its content is recorded in any form, whether or not the arbitration agreement or contract has been concluded orally, by conduct, or by other means."

registrados de alguma forma[599]. O inciso (4)[600] explicita que meios eletrônicos atendem aos requisitos de forma[601], contendo rol não taxativo de meios eletrônicos utilizados para formar a convenção de arbitragem, de modo a não restringir a aplicação futura do instituto[602].

---

[599] "Thus, Option I's form requirement can be satisfied by one party's written internal notes, setting forth the terms of an arbitration agreement that was orally agreed, or one party's email to the other party (or only internally), similarly recording the terms of an oral arbitration agreement. Likewise, if parties orally agree to be bound by a written (but unsigned) contract containing an arbitration agreement, or tacitly evidence their consent to the contract, Option I will again be satisfied. In each case, the decisive point is that the "content" of the arbitration agreement, as distinguished from the parties' expressions of consent, has been recorded in writing." (BORN, Gary B. *International Commercial Arbitration*. 3ª ed. Kluwer Law International, 2021, p. 741-742); "Paragraph 3 of the amended Article 7 defines the forms of arbitration agreements that fulfill the writing requirement established in paragraph 2. The most significant aspect of paragraph 3 is that it requires that only "the content" of an arbitration agreement, and not the consent of the parties to that arbitration agreement, be recorded. The Working Group and later the Commission left to other national legislation the question of whether the alleged parties to an agreement to arbitrate actually reached an agreement. Thus, if a contract under the applicable law can be formed orally, by performance in accordance with a written offer or by other unwritten means, so can an arbitration agreement— as long as the "content" of the arbitration agreement is recorded somewhere. (HOLTZMANN, Howard M; NEUHAUS, Joseph E. *A Guide to the 2006 Amendments to the Uncitral Model Law on International Commercial Arbitration: Legislative History and Commentary: Legislative History and Commentary*. Kluwer Law International, 2015, p. 33); "Option 1 defines an agreement "in writing" as one having its content recorded in any form, even if the arbitration agreement or contract was concluded orally.31 There is no signature requirement. Thus, as long as there is some record of the arbitration agreement, the agreement is valid. This should take care of the situation in which the parties reached an agreement over the telephone and only one confirmation was sent. Even though the other party might have responded by shipping goods, and not by sending back a written form, under the Model Law's amended Article 7, section 3, the confirmation would appear to be a record that would satisfy the writing requirement. Thus, this section may in some situations make tacitly concluded arbitration agreements valid." (MOSES, Margaret L. *The principles and practice of international commercial arbitration*. 2ª Ed. São Paulo: Cambridge University Press, 2012, p. 26).

[600] UNCITRAL Model Law, Option I, art. 7 (4): "The requirement that an arbitration agreement be in writing is met by an electronic communication if the information contained therein is accessible so as to be useable for subsequent reference; "electronic communication" means any communication that the parties make by means of data messages; "data message" means information generated, sent, received or stored by electronic, magnetic, optical or similar means, including, but not limited to, electronic data interchange (EDI), electronic mail, telegram, telex or telecopy."

[601] "However, whilst the formal requirements may be relaxed, there is almost inevitably a requirement for at least a permanent record ('useable for subsequent reference' in the terms of the Model Law) from which a written transcription can be made." (REDFERN, Alan; HUNTER, Martin; BLACKABY, Nigel; PARTASIDES, Constantine. *Redfern and Hunter on International Arbitration*. Oxford: Oxford University Press, 2015, p. 77).

[602] Válido mencionar que a redação do inciso (4) está em acordo com a United Nations Convention on the Use of Electronic Communications in International Contracts de 2005, como atesta Peter Binder – "The language of art. 7(4) of the Model Law was intentionally made consistent with the United Nations Convention on the Use of Electronic Communications in International Contracts 2005 (arts 4(b) and (c) and 9(2)), and the Commission stressed that maintaining consistency between these UNCITRAL texts was of crucial importance. For guidance on the interpretation of this provision, reference should be made to the materials available on the said convention." (BINDER,

Já o inciso (5) determina que, caso a existência da convenção e arbitragem seja alegada por uma parte e não questionada pela outra, o requisito de forma é satisfeito mesmo que não se apresente a convenção por escrito[603]. Por fim, o inciso (6) determina que é possível a inclusão de convenção por referência com tanto que a referência "is such as to make that clause part of the contract"[604], possibilitando, sem maiores formalidades, a incorporação de convenções contidas em termos gerais. Note-se que as previsões da opção I do art. 7 endereçam explicitamente várias questões nebulosas quanto a aplicação do art. II da Convenção de Nova Iorque.

Em segundo, em relação à Opção II, esta é, ainda, mais inovadora. Contém, apenas, o conceito de convenção de arbitragem, sem qualquer referência a qualquer requisito de forma[605]. A redação da Opção II é baseada em uma proposta feita pelo Governo do México perante o grupo de trabalho encarregado da versão de 2006 da Lei Modelo, tendo como *ratio* o entendimento que os requisitos de forma se tratam, em verdade, de formalismos desnecessários. As discussões em torno da "*alternative proposal*" mexicana deram con-duziram à recomendação interpretativa da Convenção de Nova Iorque conjugando os arts. II e VII[606].

A luz da opção II, não há falar de requisito de convenção escrita, assinada, ou evidenciada por troca de comunicações, restando apenas aferição do consentimento por quaisquer meios[607]. Isso representa a posição mais recente de parte dos regramentos jurí-

---

Peter. *International Commercial Arbitration and Mediation in UNCITRAL Model Law* Jurisdictions. 4ª ed. Kluwer Law International, 2019, p. 141).

[603] UNCITRAL Model Law, Option I, art. 7 (5): "Furthermore, an arbitration agreement is in writing if it is contained in an exchange of statements of claim and defence in which the existence of an agreement is alleged by one party and not denied by the other".

[604] UNCITRAL Model Law, Option I, art. 7 (6): "The reference in a contract to any document containing an arbitration clause constitutes an arbitration agreement in writing, provided that the reference is such as to make that clause part of the contract".

[605] UNCITRAL Model Law, Option II, art. 7 – "Arbitration agreement" is an agreement by the parties to submit to arbitration all or certain disputes which have arisen or which may arise between them in respect of a defi ned legal relationship, whether contractual or not."

[606] "Option II of art. 7 (or the 'alternative proposal' as it was addressed throughout the discussions of the Working Group) is based on a written proposal submitted by the Government of Mexico for consideration by the Group at its penultimate meeting before final adoption of the text and aims at completely removing the writing requirement of the arbitration agreement. (…) The reasons behind the proposal included the fact that because arbitration was now more widely accepted than when the New York Convention and the original Model Law were being negotiated, the requirement of the written form was for many a formality that was no longer justified. The proposing government intended the problem of the legal validity of the arbitration agreement to disappear with the sug-gested proposal, leaving aside the problem of proof of conclusion of the arbitration agreement and its content which would remain in any case. Conformity between the alternative proposal and the all-important New York Convention would be established via the 'more favourable law provision' of art. VII of the Convention, as explained in the proposal and acknowledged by the Working Group" (BINDER, Peter. *International Commercial Arbitration and Mediation in UNCITRAL Model Law Jurisdictions*. 4ª ed. Kluwer Law International, 2019, p. 142-143).

[607] "Nothing in Option II for Article 7 imposes any form requirement on arbitration agreements, whether for a "writing," "signatures," "exchange of letters," or otherwise. The effect of Option II is to dispense with any written (or other) form requirement at all under the 2006 Revisions To the Model Law, leaving only substantive issues of consent." (BORN, Gary B. International Commercial Arbitration. 3ª ed. Kluwer Law International, 2021, p. 741); "Option 2 goes a step further. It does

dicos, porém é necessário certo cuidado, haja vista que esse grau de liberalidade encontra certa resistência em algumas jurisdições[608].

3. A forma da convenção de arbitragem no direito brasileiro

O requisito imposto pela maioria dos ordenamentos internacionais acerca do requisito de forma é a exigência de que a convenção de arbitragem seja formada *"in writing"*, requerendo algum tipo de evidências por escrito[609]. Embora funcional do ponto de vista probatório, essa solução, por vezes, se mostra anacrônica frente a prática comercial internacional moderna. Passou a ser comum que contratos sejam concluídos por e-mail, telefone ou outros meios tecnológicos, inexistentes à época da elaboração da Convenção de Nova Iorque, sendo esse processo formativo reconhecido como válido em diversas jurisdições[610].

Esse padrão internacional foi replicado no Direito Brasileiro. A Lei de Arbitragem, na linha da Convenção de Nova Iorque e de outras legislações domésticas, exige a celebração

---

not refer to a writing requirement at all, but rather provides that it is sufficient to show 'agreement by the parties to submit to arbitration all or certain disputes'. This reflects the latest position under some systems of law that arbitration agreements are not subject to any requirements of form. For instance, article 1507 of French Decree 2011-48 provides that 'an arbitration agreement shall not be subject to any requirements as to its form." (REDFERN, Alan; HUNTER, Martin; BLACKABY, Nigel; PARTASIDES, Constantine. *Redfern and Hunter on International Arbitration*. Oxford: Oxford University Press, 2015, p. 78).

[608] "However, a degree of caution is necessary. First, even courts in jurisdictions familiar with international arbitration still sometimes refuse to enforce arbitration agreements that are not in a written document signed by the parties or otherwise contained in an exchange of communications between the parties. (35) Secondly, an arbitration agreement that is regarded as valid by an arbitral tribunal or court in one country may not be so regarded by the courts of the country in which the award falls to be enforced." (REDFERN, Alan; HUNTER, Martin; BLACKABY, Nigel; PARTASIDES, Constantine. *Redfern and Hunter on International Arbitration*. Oxford: Oxford University Press, 2015, p. 78).

[609] "Most international conventions and national arbitration laws contain substantive conflict of laws provisions in relation to form requirements. Few national laws allow for an oral arbitration agreement. However, the majority of arbitration laws, including the Model Law, in line with the international conventions, require arbitration agreements to be either in writing or at least to be evidenced in writing. This is now also the case in the new German and Dutch laws, which traditionally allowed for oral agreements" (LEW, Julian; MISTELIS, Loukas; KRÖLL, Stefan. *Comparative International Commercial Arbitration*. Haia: Kluwer Law International, 2003, p. 130-131).

[610] "Today, contracts are frequently entered into orally or by emails or faxes, without much attention to formalities. In many countries, such contracts are valid. If an arbitration agreement is valid under the pertinent national law, should it not be enforceable under the New York Convention? In some cases, courts have strictly enforced the writing requirement, invalidating arbitration agreements even though parties may have reached agreement by conduct or trade practice. When this happens, the Convention becomes a less effective means of enforcing parties' arbitration agreements. Although an amendment to make the writing requirement less rigid may be in order, it is difficult to amend an international convention that has more than adherents, and impossible to ensure that it would be amended uniformly. However, there are some other ways, which will be discussed in the subsections immediately following, of trying to ensure that the purpose of the Convention – to provide for prompt enforcement of arbitration agreements and awards – is not undermined by an insistence upon formalities that appears inconsistent with the realities of today's transactions." (MOSES, Margaret L. *The Principles and Practice of International Commercial Arbitration*. 2nd ed. Nova Iorque: Cambridge University Press, 2012, p. 21).

por escrito[611]. A lei de arbitragem prevê expressamente a obediência da forma escrita tanto para a cláusula compromissórias (art. 4º, § 1º)[612] quando para o compromisso arbitral (art. 9º, § 2º)[613]. O mesmo requisito deve ser atendido caso se pretenda homologar em território brasileiro sentença arbitral estrangeira, processo que depende da demonstração de existência de convenção de arbitragem celebrada por escrito[614]. A vontade de conceder a árbitros o poder de solucionar certo conflito deve ser devidamente exteriorizada para que seja juridicamente relevante[615], sendo a forma escrita a preferida pela lei brasileira para essa manifestação[616].

Assim, a convenção de arbitragem é considerada negócio formal[617]. Note-se que o requisito de forma previsto para a convenção de arbitragem ocorre independentemente do requisito de forma referente à relação jurídica a qual faz referência. A inexistência de requisito de forma para o contrato não implica desnecessidade de observância do requisito da forma escrita da cláusula compromissória[618]. É possível pactuar cláusula compromissória em contrato verbal, demonstrável apenas pela presença de testemunhas, desde que a cláusula compromissória possa ser verificada em suporte documental autônomo, apto a satisfazer o requisito da forma escrita.

---

[611] SCALETSCKY, Fernanda Sirotsky; AZEVEDO, Marcelo Cândido de; SERPA, Pedro Ricardo. Existência, Validade e Eficácia da Convenção Arbitral. *Revista de Direito Empresarial*, vol. 3, p. 321-351, mai./jun., 2014, DTR 2014/2689, p. 03.

[612] Art. 4º, § 1º: "A cláusula compromissória deve ser estipulada por escrito, podendo estar inserta no próprio contrato ou em documento apartado que a ele se refira".

[613] Art. 9º, § 2º: "O compromisso arbitral extrajudicial será celebrado por escrito particular, assinado por duas testemunhas, ou por instrumento público".

[614] "De fato, exige a Lei de Arbitragem (Lei 9.307/1996), em seu art. 4.º, forma escrita para a cláusula compromissória, requisito ratificado no art. 37, II, que requer, para homologação da sentença arbitral estrangeira, que se apresente cópia certificada da convenção." (TEPEDINO, Gustavo. Consensualismo na Arbitragem e Teoria do Grupo de Sociedades. *Revista dos Tribunais*. Vol. 903, p. 9-25, jan. 2011, DTR 2011/1084, p. 06).

[615] VICENTE, Dario Moura. *Lei da Arbitragem Voluntária Anotada*. 4ª ed. Coimbra: Almedina, 2019, p. 37.

[616] "Estabelece o art. 4º da Lei de Arbitragem (Lei 9.307/1996) que a cláusula compromissória é a convenção através da qual as partes em um contrato comprometem-se a submeter à arbitragem os litígios que possam vir a surgir, relativamente a tal contrato. A cláusula compromissória deve ser estipulada por escrito, podendo estar inserta no próprio contrato ou em documento apartado que a ele se refira (parág. 1 º, art. 4 º)." (LEMES, Selma. *Cláusulas Arbitrais Ambíguas ou Contraditórias e a Interpretação da Vontade das Partes*. Disponível em: <http://www.selmalemes.adv.br/artigos/artigo_juri32.pdf>, p. 01).

[617] "é um contrato típico, porque disciplinado em lei; puro, porque não se origina da combinação de contratos; formal, porque, além do acordo das partes, é necessária a sua formulação por escrito; bilateral, porque cria obrigação para as partes de submeter à arbitragem os litígios resultantes de uma relação jurídica; aleatório, porque não se pode prever, no momento de sua celebração, se sequer será aplicado; de execução diferida, porque se realiza num momento futuro; individual, porque só obriga as pessoas que diretamente participaram de sua celebração; e acessório, porque só existe em virtude de outra relação jurídica. Ao mesmo tempo, é autônomo em relação ao contrato principal, pois emana de duas declarações de vontade diferentes, ou, pelo menos, dirigidas a fins diversos: o contrato, a regular as relações patrimoniais entre as partes; e a convenção de arbitragem, a afastar a jurisdição estatal, encomendando a resolução dos conflitos que possam surgir dos árbitros." (LACRETA, Isabela. Aspectos Contratuais da Cláusula Compromissória. *Revista de Direito Empresarial*, vol. 20, p. 243-276, nov./2016, DTR 2016/24314, p. 04).

[618] GOUVEIA, Mariana França. *Curso de Resolução Alternativa de Litígios*. 3ª ed. Coimbra: Almedina, 2020, p. 131.

No entanto, é possível inferir, a partir do texto da lei, que o cumprimento do requisito de forma ocorre de modo diverso na cláusula compromissória e no compromisso arbitral. Há dois elementos que diferenciam substancialmente a forma da cláusula compromissória da forma do compromisso arbitral. Em primeiro, o art. 9º, § 2º, da Lei de Arbitragem expressamente menciona a necessidade de o compromisso arbitral, celebrado por escrito particular, ser assinado por duas testemunhas. A lei é silente quanto a esse requisito na cláusula compromissória, entendendo-se que a solenidade da assinatura é própria do compromisso. Em segundo, o art. 4º, § 1º, da Lei de Arbitragem abre a possibilidade da inserção de cláusula compromissória por mera referência[619]. Ou seja, essa não precisa estar no corpo do documento celebrado pelas partes, podendo, somente, ser referenciado outro documento apartado que contenha a cláusula compromissória. Diversamente, não há possibilidade semelhante aplicável ao compromisso.

Apesar da cláusula compromissória e do compromisso arbitral serem duas espécies do gênero convenção de arbitragem, é razoável o estabelecimento de regimes distintos, vez que buscam atender situações e necessidades distintas. Como a cláusula compromissória é pactuada quando ainda inexiste litígio, havendo harmonia entre as partes quando da conclusão da relação jurídica entre ambas, é possível compreender a facilidade que o legislador procurou dar para a sua celebração. É natural que, nesse momento de celebração, possam haver graus variados de completude da cláusula compromissória e da relação contratual como um todo[620]. Assim, havendo suporte documental que manifeste a concordância em submeter os conflitos decorrentes de determinado contrato à jurisdição arbitral, basta para produção do efeito modificativo e atribuição do direito potestativo de dar início ao procedimento arbitral[621]. Portanto, de modo semelhante, tanto a cláusula compromissória quanto o compromisso arbitral estão sujeitos à forma especial[622], *i.e.*, a adoção da forma escrita; contudo, a solenidade de assinatura somente é aplicável ao compromisso arbitral.

Carlos Alberto Carmona testemunha a diferença existente entre o requisito de forma aplicável à cláusula compromissória e ao compromisso arbitral. Em relação à cláusula compromissória, afirma que, "tratando-se de contrato, sem formalidade específica a não ser a utilização da escrita, submete-se a cláusula aos mecanismos gerais previstos na lei

---

[619] "A Lei Brasileira de Arbitragem (LBA), baseando-se justamente nesses diplomas, também erigiu o requisito do acordo por escrito como uma das formalidades a serem respeitadas pelos contratantes (art. 4.º, § 1.º, da Lei 9.307/1996). A lei pátria faz referência ainda ao fato de a cláusula vir inserta no próprio contrato ou em algum documento apartado." (MUNIZ, Joaquim de Paiva; ALMEIDA PRADO, Maria da Graça. Agreement in Writing e Requisitos Formais da Cláusula de Arbitragem: nova realidade, velhos paradigmas. *Revista de Arbitragem e Mediação*, vol. 26, p. 59-75, jul./set., 2010, DTR 2010/617, p. 01).

[620] RIBEIRO, Marcia Carla Pereira. A Importância da Cláusula Compromissória nos Contratos Empresariais Como Fortalecimento das Relações Negociais. *Revista de Arbitragem e Mediação*, vol. 28, p. 161-182, jan./mar. 2011, DTR 2011/1301, p. 50.

[621] "Uma vez firmada a cláusula compromissória, os contratantes ficam vinculados a este acordo, devendo cumprir a obrigação de fazer nele prevista (instituição da arbitragem), cuja inobservância autorizará execução judicial específica. O único requisito de forma da cláusula compromissória é a estipulação por escrito." (TIBURCIO, Carmen. Cláusula Compromissória em Contrato Internacional: interpretação, validade, alcance objetivo e subjetivo. *Revista de Processo*, vol. 241, p. 521-566, mar./2015, DTR 2015/2138, p. 13).

[622] BARROS, Maria Gabriella Dignani Schmidt de. A Cláusula Compromissória Como Negócio Jurídico. *Revista de Direito Privado*, vol. 99, p. 265-281, mai./jun. 2019, DTR 2019/27419, p. 07.

PARTE III · **Capítulo 12** · A FORMA DA CONVENÇÃO DE ARBITRAGEM | **471**

civil para a celebração dos contratos. Assim, a forma epistolar, com todos os seus inconvenientes, é válida para a pactuação da cláusula de arbitragem, já que o legislador fixou forma rígida apenas para o compromisso"[623]. Nesse sentido, percebe-se maior rigor na verificação dos requisitos formais no compromisso arbitral, que aparenta ter requisito de forma *ad substantiam* para a sua celebração[624].

Acerca da cláusula compromissória, há maior amplitude para satisfazer a previsão de forma trazida pelo art. 4º, § 1º, da Lei de Arbitragem. Assim, entende-se que preenchem plenamente esse requisito a cláusula compromissória inserida em documento apartado ao qual as partes fazem expressa referência e manifestam seu consentimento, a cláusula compromissória incorporada por expressa remissão, também contida em documento apartado, a cláusula compromissória cuja existência pode ser verificada a partir da troca de mensagens escritas entre as partes ou, ainda, quando no curso de um procedimento arbitral nenhuma das partes alega a inexistência da convenção de arbitragem. Basta a possibilidade a existência de suporte documental mínimo, íntegro e apto a demonstrar inequivocamente o consentimento em prol da jurisdição arbitral, para que o requisito legal esteja satisfeito[625].

Outra questão é a verificação do requisito de forma em casos de circulação da convenção de arbitragem. Quando o contrato que contém cláusula compromissória passa por modificação subjetiva ou objetiva as novas partes estão igualmente vinculadas à jurisdição do tribunal arbitral[626]. Pouco importa se houve título translativo ou sucessivo, bastando a demonstração de anuência em relação à sub-rogação ou cessão da posição contratual como um todo para que a cláusula compromissória vincule plenamente as novas partes do acordo. O requisito de forma da convenção de arbitragem não se aplica ao negócio jurídico que circula a relação jurídica contratual. Assim, desnecessário ratificar ou formar nova cláusula compromissória, pois a anuência em fazer parte do contrato também implica concordância com o meio de solução de disputas pactuado, vez que esse está economicamente integrado ao vínculo contratual.

O princípio da autonomia da cláusula compromissória não é capaz de justificar a não circulação conjunta da convenção de arbitragem, pois não há necessidade de autonomia na demonstração de consentimento. Ou seja, o consentimento para formar a convenção de arbitragem é o mesmo que forma a relação contratual como um todo. Quando as partes assinam contrato que contém cláusula compromissória estão expressando o consentimento tanto em

---

[623] CARMONA, Carlos Alberto. *Arbitragem e Processo: um comentário à Lei nº 9.307/96.* 3ª ed. São Paulo: Atlas, 2009, p. 105.

[624] "Sendo o compromisso arbitral celebrado extrajudicialmente, exigiu o legislador, por cautela, forma solene, sob pena de nulidade. Assim, ou as partes hão de valer-se de escritura pública ou celebrarão instrumento particular, fazendo-o firmar por duas testemunhas." (CARMONA, Carlos Alberto. *Arbitragem e Processo: um comentário à Lei nº 9.307/96.* 3ª ed. São Paulo: Atlas, 2009, p. 190).

[625] "In fact, the writing form requirement has lost much of its importance and it applies only to the original agreement entered into by the original parties. Once there is some evidence in writing, the arbitration agreement can extend to non-signatories and related agreements as long as the consent requirement is fulfilled" (OHLROGGE, Leonardo. *Multi-Party and Multi-Contract Arbitration in Brazil.* São Paulo: Quartier Latin, 2020, p. 73).

[626] "It has been long established that the written form requirement only applies to the arbitration clause concluded by the initial parties to the underlying contract in which it was included. Hence, from the moment when there is an arbitration clause in writing, it can be transferred to third parties without the need to enter into a new written arbitration agreement." (OHLROGGE, Leonardo. *Multi-Party and Multi-Contract Arbitration in Brazil.* São Paulo: Quartier Latin, 2020, p. 58-59).

relação aos aspectos materiais quanto em favor da jurisdição arbitral. Portanto, a autonomia da cláusula compromissória não impõe necessidade de manifestação de consentimento autônoma.

Portanto, nos casos de circulação de contratos que contém convenção de arbitragem, é ônus da parte ingressante na relação contratual manifestar expressamente o seu desinteresse em se vincular à jurisdição arbitral. Caso as demais partes do contrato consintam com essa observação feita pela parte superveniente no acordo não haverá dúvidas de que essa não está sujeita a cláusula compromissória. Há, nesse caso, encontro de vontades entre a parte que quer ingressar na relação, mas sem se vincular à jurisdição arbitral e as partes originárias, que aceitam a nova parte mesmo com a negativa expressa dessa em se submeter ao meio de solução de litígios originalmente contratado. Portanto, é ônus exclusivo da parte ingressante em relação contratual: (i) buscar se informar sobre o método de resolução de disputas pactuado e (ii) se manifestar clara a indubitavelmente caso não deseje se vincular a essa cláusula. A inércia em se informar ou o silêncio da parte ingressante devem ser interpretados como anuência com a relação contratual como um todo, o que inclui a convenção de arbitragem.

Igualmente, a verificação do requisito de forma da convenção de arbitragem apenas tem em conta o momento da sua formação. A questão que se impõe é se, quando da alegada conclusão da cláusula compromissória ou do compromisso arbitral, havia ou não suporte documental que permitisse a constatação da higidez da formação desses negócios jurídicos. Vicissitudes supervenientes não impactam e nem causam "despreenchimento" do requisito de forma. Portanto, o marco temporal de análise é, exclusivamente, o momento de formação do negócio jurídico arbitral.

4. Importância do requisito de forma da convenção de arbitragem

O estabelecimento de requisitos de forma para a convenção de arbitragem pretende atingir diversos propósitos[627]. Primeiramente, está associado à demonstração do consentimento de determinada parte em relação ao procedimento arbitral[628], permitindo a verificação da manifestação da autonomia privada (função assecuratória)[629].

---

[627] "A forma escrita (nº 1) exigida para as convenções de arbitragem é um *minimum*, previsto nas várias fontes internacionais. As diversas finalidades atualmente apontadas para os modelos solenes, impostos, pelo Direito, para a manifestação de vontade, verificam-se na convenção de arbitragem. Através dela, as partes concretizam um modo de disposição dos seus direitos, disposição essa para a qual, muitas vezes, se exige uma forma máxima: escritura pública ou equivalente." (MENEZES CORDEIRO, António. *Tratado da Arbitragem*. Coimbra: Almedina, 2016, p. 104).

[628] Tal exigência é plenamente justificada, uma vez que, através da cláusula compromissória, as partes contratantes pactuam resolver seus litígios fora dos tribunais estatais. Diante das consequências decorrentes desse pacto, não seria nada recomendável que se permitisse a alegação de ajuste de cláusula compromissória de forma verbal. A forma escrita garante à convenção um maior grau de certeza e reduz as controvérsias acerca da existência da cláusula compromissória." (SOUSA, Ulisses César Martins de. Cláusula Compromissória: análise comparativa Brasil-Portugal. *Revista dos Tribunais*. Vol. 99, p. 367-286, jan./2019, DTR 2018/22788, p. 03-04).

[629] "The formal validity of an arbitration agreement is closely related to the issue of whether the party actually consented to arbitration. The formal requirements are intended to ensure that the parties actually agreed on arbitration. Consequently questions as to the fulfillment of the form requirements and the necessary consent are often interwoven and treated jointly. However, there are cases where national courts despite an agreement to arbitrate have accepted jurisdiction over a dispute because the arbitration agreement did not fulfill the necessary form requirements" (LEW,

PARTE III · **Capítulo 12** · A FORMA DA CONVENÇÃO DE ARBITRAGEM | **473**

Em segundo, está associada à prova da existência de um título hábil a gerar a modificação da jurisdição, originalmente a ser exercida pelo Estado, passando para os árbitros (função probatória). Em terceiro, a individualização do negócio jurídico referente à arbitragem dos demais termos e condições acordadas pelas partes (função individualizante)[630]. Em quarto, permite maior reflexão das partes acerca da formação desse negócio jurídico (função reflexiva)[631].

Essas quatro funções exercidas pela forma escrita justificam a solenidade do negócio jurídico[632]. Dentre esses, Lew, Mistelis e Kroll destacam os seguintes aspectos:

> "The rationale underlying the writing requirement has two aspects. First, in light of the legal consequences connected with the conclusion of an arbitration agreement the writing requirement is intended to ensure that the parties actually agreed on arbitration. As the agreement to arbitrate may lead to renunciation by the parties of their constitutional right to have their disputes decided in court, the written form aims to prevent the agreement going unnoticed. Second, writing provides a record of the agreement which helps to prove the existence and the content of an arbitration agreement in subsequent proceedings"[633].

Apesar do requisito de forma estar presente na grande maioria das legislações, é importante destacar que, com a paulatina expansão da arbitragem e a formação de transações cada vez mais complexas, algumas das funções tipicamente associadas à forma vêm perdendo a sua razão de ser. Percebe-se que, portanto, há um certo descolamento entre os requisitos de forma e as necessidades do comércio[634].

Julian; MISTELIS, Loukas; KRÖLL, Stefan. *Comparative International Commercial Arbitration.* Haia: Kluwer Law International, 2003, p. 130).

[630] "Por outro lado, alguma doutrina entende que as razões determinantes da forma escrita residem na delimitação precisa do conteúdo da convenção arbitral, em especial do seu objeto, conferindo certeza quanto às questões submetidas à jurisdição arbitral. É importante reter esse entendimento, na medida em que, como se disse, a convenção arbitral é o foco que ilumina a área da competência do tribunal arbitral. Quaisquer dúvidas que existam nessa competência devem ser ao máximo dissipadas, o que se consegue melhor se essa convenção estiver reduzida a escrito." (GOUVEIA, Mariana França. *Curso de Resolução Alternativa de Litígios.* 3ª ed. Coimbra: Almedina, 2020, p. 132).

[631] "Bem se compreende que assim seja: a convenção de arbitragem, em qualquer das suas modalidades, retira jurisdição aos tribunais estaduais; é a gravidade deste efeito, que contende com o acesso à justiça, que justifica que se exija forma escrita para a convenção de arbitragem em qualquer das suas modalidades. Deste modo se assegura que as partes ponderem devidamente as consequências da sua opção, evitando-se, do mesmo passo, incertezas quanto à jurisdição competente." (VICENTE, Dario Moura. *Lei da Arbitragem Voluntária Anotada.* 4ª ed. Coimbra: Almedina, 2019, p. 38).

[632] É difícil determinar qual das razões é a mais determinante. Sustenta Mariana França Gouveia: "Parece-me, pois, que a exigência de forma se explica pela necessidade de clareza quanto à existência, objeto e conteúdo da convenção. Embora a renúncia a parte do direito de ação – que na sua totalidade é indubitavelmente indisponível – seja importante, julgo que a questão da segurança na existência e execução da convenção e mais relevante para a exigência da forma escrita." (GOUVEIA, Mariana França. *Curso de Resolução Alternativa de Litígios.* 3ª ed. Coimbra: Almedina, 2020, p. 132).

[633] LEW, Julian; MISTELIS, Loukas; KRÖLL, Stefan. *Comparative International Commercial Arbitration.* Haia: Kluwer Law International, 2003, p. 131.

[634] "Form requirements sometimes do not always reflect business practice. While in certain areas of trade parties often rely on oral agreements, strict form requirements can defeat an agreement to arbitrate, the existence of which is beyond doubt." (LEW, Julian; MISTELIS, Loukas; KRÖLL, Stefan. *Comparative International Commercial Arbitration.* Haia: Kluwer Law International, 2003, p. 131).

Por exemplo, em relação à função reflexiva, tem-se que a arbitragem é o método comum de resolução de conflitos em vários nichos de mercado. Assim sendo, não há razão para justificar requisito de forma com base na oportunidade de maior hiato temporal de consideração pelas partes. O mesmo se aplica à função assecuratória, pois em tais transações o normal é, precisamente, optar pela jurisdição arbitral, considerando seus benefícios peculiares. Portanto, em tais contextos, é possível interpretar com maior flexibilidade os requisitos de forma, buscando atender as necessidades de significativa gama de relações comerciais que optam pela arbitragem como método civilizado de resolução de controvérsias[635].

Entretanto, considerando que a arbitragem não é utilizada exclusivamente no contexto de grandes transações internacionais, com contratantes experientes, a forma escrita ainda se justifica por outra quantidade considerável de relações. Além disso, a documentação da cláusula arbitral reduz a termo fatores de negociação importantes no comércio transfronteiriço, como a sede e a lei aplicável ao contrato. E, independentemente do contexto, é possível apontar as funções probatórias e individualizante da forma como as mais relevantes para justificar os requisitos especiais dentro do contexto atual.

Em primeiro, a função probatória, que pode ser considerada o principal aspecto relacionado à manutenção dos requisitos de forma. Por meio dessa função, há demonstração da prova de renúncia da jurisdição estatal, decorrência da anuência em favor da jurisdição arbitral, a qual resta mais facilmente evidenciada por conta da forma escrita[636]. Como destaca Elsa Dias Oliveira, este requisito de forma é facilmente compreensível ao considerar que "a submissão de um litígio à arbitragem significa que o mesmo não será apreciado por um tribunal estadual, o que se traduz numa decisão significativa, que não apenas deve ser ponderada pelas partes, mas da qual deve ficar registro facilmente acessível e cuja prova não suscite dificuldades"[637].

Em segundo, a função assecuratória, confere-se maior segurança na conclusão do negócio, distinguindo-o dos atos meramente preparatórios[638]. O fato de a convenção de arbitragem tangenciar direito fundamental das partes de acessar o Poder Judiciário, bem com outras prerrogativas jurisdicionais que acabam sendo renunciadas quando da sua pactuação, natural que exista solenidade mínima a ser observada[639]. Trata-se de ato que demanda espe-

---

[635] "The writing form requirement has lost much of its importance due to complex arbitrations and the evolution of new means of communication. As Youssef points out, the writing requirement is *"nearly dead"* in complex arbitrations. Nowadays, it is evident that there is a triumph of substance over form. There is a tendency to interpret the arbitration agreement in an increasingly flexible way. Insofar as there is some written evidence of an arbitration agreement, the writing form requirement is considered fulfilled. This understanding is in accordance with the needs of international arbitration as an efficient means of dispute resolution, and reinforces the principle that the real intention of the parties shall prevail over unnecessary formalities." (OHLROGGE, Leonardo. *Multi-Party and Multi-Contract Arbitration in Brazil*. São Paulo: Quartier Latin, 2020, p. 59-60).

[636] TEPEDINO, Gustavo. Consensualismo na Arbitragem e Teoria do Grupo de Sociedades. *Revista dos Tribunais*. Vol. 903, p. 9-25, jan. 2011, DTR 2011/1084, p. 06.

[637] OLIVEIRA, Elsa Dias. *Arbitragem Voluntária: uma introdução*. Coimbra: Almedina, 2020, p. 42.

[638] ENNECCERUS, Ludwig. *Derecho Civil (Parte General)*. Vol. II. Trad. De la 39ª ed. Alemana. Blas Pérez González; José Alguer (Trads.). Barcelona: Bosch, 1935, p. 119.

[639] "Seria, portanto, pouco tolerável que as partes se vissem tolhidas de uma das garantias constitucionais mais relevantes, como é o acesso ao Poder Judiciário, sem que houvesse comprovação clara, e minimamente factível, da intenção para tanto." (MUNIZ, Joaquim de Paiva; ALMEIDA PRADO,

cial atenção, pois há o deslocamento do direito de ação, que deixa de ser exercido perante a jurisdição estatal para ser exercida no âmbito da jurisdição privada[640]. Assim, a gravidade dos efeitos da convenção de arbitragem, com o surgimento do direito potestativo de constituição do tribunal arbitral, e a respectiva renúncia ao direito de ação judicial, justifica a cautela extra do legislador em relação à forma da convenção de arbitragem[641].

Em terceiro, a função individualizante ainda apresenta importância prática considerável. Ao determinar requisito de forma escrita, há definição mais clara, detalhada e inequívoca acerca de quais relações jurídicas e quais conflitos estarão no escopo objetivo da convenção de arbitragem, o que é de relevância prática, pois a convenção de arbitragem constitui a base e o limite para a jurisdição dos árbitros[642]. Nesse ponto, precisas as colocações de Antonio Pinto Monteiro, Artur Silva e Daniela Mirante, no sentido de que, ao demandar forma escrita

> "permite-se uma definição mais clara, detalhada e inequívoca sobre quais os conflitos que são abrangidos pelo compromisso arbitral ou pela cláusula compromissória. Na medida em que a convenção de arbitragem é o fundamento e o limite da competência dos árbitros, é indispensável que da mesma resulte com clareza qual o seu objecto, evitando quaisquer dúvidas quanto às questões submetidas à decisão por árbitros"[643].

No entanto, apesar desses aspectos, a melhor postura parece ser a de conferir uma interpretação dinâmica aos requisitos de forma, viés que se coaduna com a evolução dos meios de comunicação, com a maior ou menor necessidade de tutela de certos interesses juridicamente relevantes, dentre outros aspectos[644].

Assim, é possível perceber que a forma escrita da convenção de arbitragem ainda tem papel importante a desempenhar, mas imperioso que não seja percebida de modo

---

Maria da Graça. Agreement in Writing e Requisitos Formais da Cláusula de Arbitragem: nova realidade, velhos paradigmas. *Revista de Arbitragem e Mediação*, vol. 26, p. 59-75, jul./set., 2010, DTR 2010/617, p. 01).

[640] "Quando se celebra uma convenção de arbitragem, um dos principais efeitos que resulta da mesma é a incompetência dos tribunais estatuais para apreciarem e decidirem os conflitos que estejam incluídos no âmbito daquela, na medida em que os contraentes decidiram, de forma voluntária, renunciar, pelo menos num primeiro momento, à jurisdição estadual. (...) Nesse sentido, o objecto deste contrato – o direito fundamental de acesso ao Direito e à tutela jurisdicional – aliado aos efeitos do mesmo, reclama certeza e segurança na emissão da declaração de vontade das partes. Portanto, a forma escrita apresenta-se como um meio apto a desempenhar essas funções." (MONTEIRO, António Pedro Pinto; SILVA, Artur Flamínio da; MIRANTE, Daniela. *Manual de Arbitragem*. Coimbra: Almedina, 2020, p. 145).

[641] GOUVEIA, Mariana França. *Curso de Resolução Alternativa de Litígios*. 3ª ed. Coimbra: Almedina, 2020, p. 131-132.

[642] Sobre o tema, ver Capítulo 3.

[643] MONTEIRO, António Pedro Pinto; SILVA, Artur Flamínio da; MIRANTE, Daniela. *Manual de Arbitragem*. Coimbra: Almedina, 2020, p. 145.

[644] In any event, the writing requirement should be interpreted dynamically in the light of modern means of communication. Arbitration clauses included in contracts negotiated and concluded by e-mail should be accepted as fulfilling the writing requirement in line with the general development that contracts which require written form but are concluded by e-mail are valid" (LEW, Julian; MISTELIS, Loukas; KRÖLL, Stefan. *Comparative International Commercial Arbitration*. Haia: Kluwer Law International, 2003, p. 132).

estático, descolado da realidade contemporânea. No entanto, pelo fato de (a) evidenciar o consentimento das partes; (b) por tangenciar direito fundamental de acesso ao Poder Judiciário; e (c) conferir clareza sobre o escopo da renúncia da jurisdição estatal, bem como dos poderes dos árbitros ainda faz sentido, nos dias atuais, preservar o requisito de forma escrita.

§ 43. SATISFAÇÃO DO REQUISITO DE FORMA NO DIREITO BRASILEIRO

1. Convenção de arbitragem "por escrito"

Constatada a existência de requisitos formais da convenção de arbitragem, quer na modalidade cláusula compromissória ou compromisso arbitral, importa verificar, em um viés prático, como é possível satisfazer essa exigência. A lei brasileira, diferentemente de outros ordenamentos, não foi exaustiva em definir o que significa celebrar a convenção de arbitragem "por escrito". No entanto, é possível perceber duas correntes doutrinárias distintas, com visões próprias acerca de quão rigidamente o requisito de forma deve ser interpretado[645].

A primeira corrente advoga por uma interpretação mais restrita do requisito formal. Há autores que entendem que, à luz do direito brasileiro, é necessário que a cláusula compromissória esteja inserida em documento assinado[646]. Essa posição é compartilhada por outros autores alhures, como Menezes Cordeiro, que entende que deve haver aposição de assinatura depois do texto da convenção de arbitragem[647]. Assim, sustenta que "a mera exigência de forma escrita, para as convenções de arbitragem, presta-se a observações críticas. Por certo que as fontes internacionais se contentam com a forma escrita, consubstanciável em esquemas que podem ser de difícil controlo: por exemplo, como adivinhar que, na empresa, houve uma troca de e-mails, armazenados fora do contrato, dos quais resulta uma convenção de arbitragem? Tudo isso é feito em nome da facilitação das arbitragens. As arbitragens não devem, apenas, ser facilitadas: antes e também, dignificadas. A exigência,

---

[645] "Courts differ, however, on how strictly they will interpret the Convention's writing requirement to invalidate an arbitration agreement. Some are quite strict in following the letter of the law: the arbitration agreement is valid only if it is in a contract or in a separate agreement signed by the parties, or in an exchange of documents. In some instances, courts have strictly required express written acceptance, even if denying validity appeared contrary to principles of good faith." (MOSES, Margaret L. *The Principles and Practice of International Commercial Arbitration*. 2nd ed. Nova Iorque: Cambridge University Press, 2012, p. 22).

[646] "Todavia, o requisito da forma escrita, apesar de amplamente adotado, pode ser interpretado de forma restritiva ou ampliativa em vista dos modernos meios de comunicação. Indaga-se, por exemplo, se as cláusulas compromissórias incluídas em contratos negociados por e-mail deveriam ser interpretadas como cláusulas escritas. No Brasil, parece prevalecer uma interpretação mais restritiva quanto à necessidade da forma escrita, ou seja, uma interpretação mais estrita do disposto na Lei 9.307/1996. Há, dentre nós, uma tendência em requerer que a cláusula compromissória esteja inserta em um documento assinado." (MARTIN, André; RIBEIRO, Flávio Santana C.; FACKLMANN, Juliana; GEMIGNANI, Karina. O Perecimento da Convenção de Arbitragem. *Revista de Direito Empresarial*, vol. 3, p. 265-293, mai./jun. 2014, DTR 2014/2687, p. 11).

[647] "A assinatura deve ocorrer depois do texto da convenção de arbitragem: o que surja depois dela pode não se dever, já à parte declarante. Tendo a convenção várias páginas, todas devem ser assinadas ou rubricadas. Finalmente: a assinatura deve equivaler à exarada em peça de identificação; não tem de ser legível, sendo, todavia, boa prática, exarar, entre parêntesis ou equivalente, o nome do assinante." (MENEZES CORDEIRO, António. *Tratado da Arbitragem*. Coimbra: Almedina, 2016, p. 105).

para uma decisão tão grave, de um escrito assinado, com as assinaturas reconhecidas, não parece ser impediente. E, a todos os títulos, seria muito útil para o próprio comércio jurídico. Os textos internacionais não devem ser absolutizados: eles são preparados para uma generalidade de países, todos com suas regras, de tal modo que ficam obrigados a apontar para o menor denominador comum, necessidade elementar"[648].

A segunda corrente propõe interpretação mais alargada do requisito de forma, admitindo ampla gama de prova da satisfação do requisito escrito[649]. Igualmente, sustenta visão ampla acerca da manifestação do consentimento em prol da arbitragem. Conforme Leonardo Ohlrogge "the Brazilian Arbitration Act requires the arbitration clause to be in writing, but does not set out further requirements as to how the parties' consent to the arbitration agreement shall be manifested. It is widely accepted that consent does not need to be express, *i.e.* it can be explicit or implicit"[650]. Nesse sentido, há tendência de flexibilização quanto ao requisito da forma escrita, admitindo-se diversas formas de documentação capaz de provar o consentimento e a formação da convenção de arbitragem[651]. Por essa corrente, a substância deve prevalecer sobre a forma, buscando sempre a verdadeira intenção das partes, a qual deve iluminar, inclusive, a satisfação ou não do requisito de forma escrita[652]. Também no direito Português é possível encontrar posições diversas, advogando por interpretação ampla e flexível do requisito de forma[653], entendendo

---

[648] MENEZES CORDEIRO, António. *Tratado da Arbitragem*. Coimbra: Almedina, 2016, p. 106-107.

[649] "Exige-se, portanto, a forma escrita para a convenção de arbitragem, mas admite-se ampla prova do sentido do que seria forma escrita, como a troca de correspondência entre as partes." (LACRETA, Isabela. Aspectos Contratuais da Cláusula Compromissória. *Revista de Direito Empresarial*, vol. 20, p. 243-276, nov./2016, DTR 2016/24314, p. 08).

[650] OHLROGGE, Leonardo. *Multi-Party and Multi-Contract Arbitration in Brazil*. São Paulo: Quartier Latin, 2020, p. 50.

[651] "Há uma tendência de flexibilização do que seja por escrito, permitindo-se que meios que podem ser 'reduzidos a termo' podem ser utilizados como métodos eficazes de celebração do compromisso arbitral. No direito brasileiro, podem ser colhidos exemplos como os Cadastros de Pessoas Físicas Eletrônicos, que podem ser utilizados como forma clara de manifestação de vontade *on line*. Finalmente, a troca eletrônica de mensagens também pode permitir a manifestação de vontade e até mesmo o suprimento válido de lacunas nas convenções de arbitragem 'vazias' ou patológicas em sentido geral, por exemplo. Nada impede que as partes tenham celebrado contrato com cláusula compromissória 'vazia' e que, posteriormente, via troca de mensagens de *e-mail*, tenham optado por uma determinada Câmara de Arbitragem ou instituído forma de nomeação dos árbitros. Em situações assim, a troca de mensagens entre as partes é suficiente para se aferir a manifestação de vontade na estruturação da arbitragem". (GUERRERO, Luis Fernando. *Convenção de arbitragem e processo arbitral*. 2ª ed. São Paulo: Atlas, 2014, p. 60).

[652] "It is possible to conclude that substance nowadays prevails over form. When ascertaining the existence of consent, the arbitrators must determine the true intention of the parties. The Brazilian Civil Code contains interpretation rules that are applicable to all types of contracts, including arbitration agreements. According to its Art. 112, contracts are to be interpreted considering the real intention of the parties rather than the literal meaning. Furthermore, arbitrators and courts have to take into account the principle of good faith when interpreting the arbitration agreement pursuant to Art. 113 and Art. 422 of the Brazilian Civil Code. The principle of good faith is the leading principle under Brazilian contract law that shall be applied when determining the scope of the arbitration agreement." (OHLROGGE, Leonardo. *Multi-Party and Multi-Contract Arbitration in Brazil*. São Paulo: Quartier Latin, 2020, p. 73).

[653] "De acordo com o disposto no art. 2.º, nº 1º, LAV, a convenção de arbitragem deve adotar a forma escrita, sob pena de, nos termos do art. 3º LAV, ser considerada nula. Todavia, a LAV revela-se

que esse engloba diversas realidades distintas, sendo essencial, somente, que o suporte no qual consta a documentação da convenção de arbitragem seja fidedigno, inteligível e permita a conservação[654].

Considerando a divisão doutrinária, parece representar o melhor entendimento a visão mais ampla acerca do requisito de forma, interpretando-o a partir das regras gerais contidas no Código Civil como parâmetro[655]. Ademais, oportuno observar que não há requisito especial referente à cláusula compromissória atinente ao modo de demonstração do consentimento das partes[656]. Igualmente, o requisito da assinatura apenas está positivado nos contratos por adesão (art. 4º, § 2º, da Lei de Arbitragem) e para o compromisso arbitral. Fora esses casos especiais, em regra, não há solenidade ou requisito de forma que seja aplicável à demonstração do consentimento das partes em relação à cláusula compromissória.

Essa posição é sustentada no âmbito internacional por Lew, Mistellis e Kröll, para quem

> "there is no justification to submit arbitration agreements to stricter form requirements than other contractual provisions. Arbitration is no longer considered a dangerous waiver of substantial rights. In fact the selection of arbitration is not an exclusion of the national forum but rather the natural forum for international disputes. Form requirements do not necessarily promote legal certainty; they are often the source of additional disputes. For these reasons the writing requirements in most national laws and under the New York Convention have been liberally interpreted"[657].

Assim, compreende-se que o requisito de "forma escrita" estará satisfeito no quando houver manifestação de vontade das partes, vertida em palavras, sob o suporte de determinado documento, físico ou eletrônico, apto a registrar o consentimento em prol da arbitragem. Portanto, qualquer registro documentado, conversível em palavras, armazenável de modo íntegro, não apto a modificações, é apto a satisfazer o requisito de forma

---

relativamente flexível na observância deste pressuposto." (OLIVEIRA, Elsa Dias. *Arbitragem Voluntária: uma introdução*. Coimbra: Almedina, 2020, p. 41).

[654] "podemos afirmar que o conceito legal de 'forma escrita' da lei portuguesa é bastante amplo, permitindo englobar diversas realidades sob a sua designação. O essencial, neste contexto, parece ser que o suporte no qual consta a convenção permita assegurar a sua fidedignidade, inteligibilidade e conservação." (MONTEIRO, António Pedro Pinto; SILVA, Artur Flamínio da; MIRANTE, Daniela. *Manual de Arbitragem*. Coimbra: Almedina, 2020, p. 142).

[655] "Tanto em Portugal (art. 2º, n. 1, da LAV) quanto no Brasil (art. 4º, § 1º, da LARB), é previsto que a cláusula compromissória será sempre estipulada por escrito, sendo que a lei portuguesa é bem mais precisa que a brasileira ao indicar os requisitos da cláusula compromissória. É uma condição imposta pela lei para a validade dessa espécie de convenção de arbitragem." (SOUSA, Ulisses César Martins de. Cláusula Compromissória: análise comparativa Brasil-Portugal. *Revista dos Tribunais*. Vol. 99, p. 367-286, jan./2019, DTR 2018/22788, p. 03-04).

[656] "A Lei de Arbitragem determina que a cláusula compromissória seja celebrada por escrito. Todavia, a Lei nada dispõe a respeito de forma especial para a demonstração do consentimento das partes em relação à cláusula escrita." (BOSCOLO, Ana Teresa de Abreu Coutinho; BENETTI, Giovana Valentiano. O Consensualismo Como Fundamento da Arbitragem e os Impasses Decorrentes do Dissenso. *Revista de Direito Empresarial*, vol. 2, p. 303-341, mar./abr., 2014, DTR 2014/1436, p. 14).

[657] LEW, Julian; MISTELIS, Loukas; KRÖLL, Stefan. *Comparative International Commercial Arbitration*. Haia: Kluwer Law International, 2003, p. 132.

escrita. Nesse sentido, *e-mails*, mensagens, cartas, entre outras formas de manifestação documental de vontade são aptas a satisfazer o requisito de forma à luz do direito brasileiro.

2. Natureza *ad probationem* da forma da convenção de arbitragem

A partir do entendimento acerca do que significa o requisito legal da convenção de arbitragem ser pactuada "por escrito", é necessário definir se esse a forma solene trazida em lei é feita de modo *ad substantiam* ou, meramente, *ad probationem*. No caso do compromisso arbitral a lei de arbitragem coloca de modo claro a necessidade de haver assinaturas de testemunhas, indicando a necessidade *ad substantiam* de haver suporte escrito. Contudo, há margem de dúvida sobre a cláusula compromissória. Assim, há duas correntes doutrinárias distintas sobre o tema.

A primeira sustenta o caráter *ad substantiam* do requisito de forma previsto no art. 4º, § 1º, da Lei de Arbitragem[658]. Para essa corrente, o requisito de forma está associado à validade da cláusula compromissória, gerando nulidade caso não observado[659]. Contudo, essa visão não parece compatível com a interpretação sistemática acerca das regras aplicáveis à cláusula compromissória. O art. 4º, § 2º, da Lei de Arbitragem[660], ao disciplinar a cláusula compromissória inserida em contrato de adesão, estabelece especificamente a questão da forma e das solenidades especiais particulares a esses contratos (cláusula em negrito e com assinatura ou visto especial) ao plano da eficácia[661]. Portanto, se o § 2º do artigo traz a forma como fator de eficácia – e não de validade – seria sistematicamente incoerente considerar que o § 1º, em não dispondo de modo diverso, está se referindo ao plano da validade. Assim, parece ser sistematicamente mais coerente, com o próprio modelo previsto pela lei de arbitragem, considerar o requisito de forma como fator de eficácia, o que, implicitamente, caracteriza a forma como *ad probationem*, a posição encampada pela segunda corrente.

Sobre a assinatura nos contratos de adesão, o STJ, no REsp 1.559.422, relatado pelo Ministro Marco Aurélio Bellizze sustentou esse entendimento. No bojo do acórdão, estabeleceu-se que "sob o aspecto formal, a única exigência tecida pela lei de regência

---

[658] Lei de Arbitragem, Art. 4º, § 1º: "A cláusula compromissória é a convenção através da qual as partes em um contrato comprometem-se a submeter à arbitragem os litígios que possam vir a surgir, relativamente a tal contrato. § 1º A cláusula compromissória deve ser estipulada por escrito, podendo estar inserta no próprio contrato ou em documento apartado que a ele se refira."

[659] "A forma escrita é, pois, requisito de validade da cláusula compromissória e, caso não observada, gera a sua nulidade. Tal opção legislativa têm duas justificativas principais. Primeiramente, a Convenção de Arbitragem gera o afastamento da jurisdição estatal e, face a tão drástica consequência, a convenção escrita visa garantir que as partes realmente acordaram com ela. Em segundo lugar, a forma escrita fornece um registro da convenção arbitral, o que ajuda a provar sua existência e conteúdo em procedimentos subsequentes." (MARTIN, André; RIBEIRO, Flávio Santana C.; FACKLMANN, Juliana; GEMIGNANI, Karina. O Perecimento da Convenção de Arbitragem. *Revista de Direito Empresarial*, vol. 3, p. 265-293, mai./jun. 2014, DTR 2014/2687, p. 10-11).

[660] Lei de Arbitragem, Art. 4º, § 2º: "§ 2º Nos contratos de adesão, a cláusula compromissória só terá eficácia se o aderente tomar a iniciativa de instituir a arbitragem ou concordar, expressamente, com a sua instituição, desde que por escrito em documento anexo ou em negrito, com a assinatura ou visto especialmente para essa cláusula."

[661] NUNES PINTO, José Emilio. Contrato de adesão. Cláusula compromissória. Aplicação do princípio da boa-fé. A convenção arbitral como elemento de equação econômico-financeira do contrato. *Revista de Arbitragem e Mediação*, vol. 10, p. 234-242, jul./set., 2006, DTR 2011/4334.

para o estabelecimento da convenção de arbitragem, por meio de cláusula compromissória – em não se tratando de contrato de adesão –, é que esta se dê por escrito, seja no bojo do próprio instrumento contratual, seja em documento apartado. O art. 4º da Lei 9.307/1996 não especifica qual seria este documento idôneo a veicular a convenção de arbitragem, não se afigurando possível ao intérprete restringir o meio eleito pelas partes, inclusive, *v.g.*, o meio epistolar. Evidenciada a natureza contratual da cláusula compromissória (autônoma em relação ao contrato subjacente), afigura-se indispensável que as partes contratantes, com ela, consintam"[662].

Caracterizar a forma da cláusula compromissória como sendo *ad probationem* é medida apta a valorizar o princípio consensualista da arbitragem[663]. Há de se ponderar teleologicamente a importância do requisito de forma imposto pelo legislador. Nesse contexto, viu-se que a forma da convenção de arbitragem pode cumprir uma série de funções distintas[664]. Perceber concretamente essas funções, ponderando-as com o estágio atual de desenvolvimento da compreensão dos requisitos de forma, leva à conclusão de que a sua função precípua é a de servir de elemento de prova da existência da convenção de arbitragem, assegurar a manifestação de consentimento em prol da jurisdição arbitral e a individualizar enquanto negócio jurídico autônomo. Portanto, é necessário haver início de prova escrita da cláusula compromissória, mas o consentimento em relação a esse negócio jurídico pode se dar de modos diversos, bem como a sua forma, em termos de direito civil, irá se caracterizar como sendo *ad probationem*.

No Brasil, essa posição também é encampada por Carmen Tibúrcio, para quem

> "a exigência de forma escrita para a convenção de arbitragem, prevista na legislação, tem sido majoritariamente entendida como requisito exigível apenas para fins de prova da sua existência, sem que isso afete a sua validade substancial. Ou seja, a forma escrita da convenção de arbitragem é formalidade *ad probationem*, não *ad solemnitatem*"[665].

Ana Gerdau de Borja Mercereau sustenta o mesmo posicionamento, ressaltando que o art. 3º da Lei de Arbitragem exige somente o consentimento das partes em relação à convenção de arbitragem, tal qual previsto pelo art. 107 do Código Civil, no sentido de não haver "exigência de forma especial para a declaração de vontade"[666].

---

[662] STJ. REsp 1.569.422. Min. Marco Aurélio Bellizze. J. em: 26.04.2016.

[663] "Se, por um lado, o formalismo do registro escrito se justifica como medida a apurar o consentimento das partes à cláusula arbitral pactuada, exigir a forma pela forma significaria subverter o racional por trás disso. Assim como existem hipóteses em que o respeito aos rigores legais se impõe como critério de validade e eficácia do ato, situações existem a afastar tais exigências sem que isso signifique afronta ao caráter consensual da arbitragem." (MUNIZ, Joaquim de Paiva; ALMEIDA PRADO, Maria da Graça. Agreement in Writing e Requisitos Formais da Cláusula de Arbitragem: nova realidade, velhos paradigmas. *Revista de Arbitragem e Mediação*, vol. 26, p. 59-75, jul./set., 2010, DTR 2010/617, 02).

[664] Vida Capítulo 12.

[665] TIBURCIO, Carmen. Cláusula Compromissória em Contrato Internacional: interpretação, validade, alcance objetivo e subjetivo. *Revista de Processo*, vol. 241, p. 521-566, mar./2015, DTR 2015/2138, p. 04.

[666] MERCEREAU, Ana Gerdau de Borja. Arbitragem e Contrato. In: LEVY, Daniel; PEREIRA, Guilherme Setoguti J.(Coords.). *Curso de Arbitragem*. São Paulo: Thomson Reuters Brasil, 2018, p. 657.

No Direito Português, António Monteiro, Artur Silva e Daniela Mirante chegam a idêntica conclusão, afirmando que

> "a assinatura das partes não consubstancia um requisito de validade da convenção de arbitragem, não sendo necessário, por um lado, que uma das partes seja signatária da convenção arbitral para que se encontre vinculada pela mesma, e, por outro lado, que aquela seja assinada para que possa ser válida e eficaz. A assinatura surge, portanto, como um requisito *ad probationem* do negócio jurídico e não como *ad substantiam*, pelo que a autoria da mesma pode ser provada através de outros meios de prova"[667].

No contexto da arbitragem internacional, Redfern e Hunter também percebem a tendência de se demandar, apenas, algum tipo de suporte documental, mas interpretando o requisito de modo flexíveis, mais em linha com o caráter *ad probationem*:

> "whilst the formal requirements may be relaxed, there is almost inevitably a requirement for at least a permanent record ('useable for subsequent reference' in the terms of the Model Law) from which a written transcription can be made. For example, the Netherlands Arbitration Act 1986 requires that the arbitration agreement shall be proven by an instrument in writing expressly or impliedly accepted by the parties"[668].

A inserção de cláusula compromissória no contrato faz surgir para ambas as partes o direito potestativo de dar início à arbitragem[669]. Portanto, logicamente, o ordenamento jurídico deve dar meios de coercibilidade a esse direito. Como não se pode provar direito, apenas o fato jurídico que lhes dá origem[670], o requisito da forma na arbitragem deve ser associado – em última análise – a provar o fato jurídico associado ao surgimento do direito potestativo de constituir o tribunal arbitral e suscitar a jurisdição privada que lhes é conferida. Ou seja, é necessário se provar a existência da cláusula compromissória.

Conclui-se que a cláusula compromissória, até pela natureza tendencialmente incompleta desse negócio jurídico, não está sujeito a requisito estrito acerca da forma, que apresenta natureza meramente *ad probationem*. Assim, basta ter elemento escrito para iniciar a prova da existência de cláusula compromissória, havendo, igualmente, ampla gama de possibilidade de manifestação de consentimento em prol da jurisdição arbitral.

O STJ apresenta esse mesmo posicionamento. Nos autos da Sentença Estrangeira Contestada 856, em que não havia a assinatura dos contratos, o Ministro Carlos Alberto Menezes Direito definiu que

> "tem-se como satisfeito o requisito da aceitação da convenção de arbitragem quando a parte requerida, de acordo com a prova dos autos, manifestou defesa no juízo arbitral, sem impugnar em nenhum momento a existência da cláusula compromissória (...) Em conclusão, considerando a prática internacional em contratos da espécie, que deve ser

---

[667] MONTEIRO, António Pedro Pinto; SILVA, Artur Flamínio da; MIRANTE, Daniela. *Manual de Arbitragem*. Coimbra: Almedina, 2020, p. 144.

[668] REDFERN, Alan; HUNTER, Martin; BLACKABY, Nigel; PARTASIDES, Constantine. *Redfern and Hunter on International Arbitration*. Oxford: Oxford University Press, 2015, p. 77.

[669] PIRES, Catarina Monteiro. Convenção de Arbitragem. In: PIRES, Catarina Monteiro; DIAS, Rui Pereira. *Manual de Arbitragem Internacional Lusófona*. Lisboa: Almedina, 2020, p. 41.

[670] AMARAL, Francisco. *Direito Civil: Introdução*. 10ª ed. São Paulo: Saraiva, 2018, p. 509.

sempre relevada, não vejo como desqualificar a existência da convenção arbitral. A participação da requerida no processo, com a apresentação de razões e a intenção de nomear novo árbitro indica manifestação induvidosa sobre a existência acordada da cláusula compromissória"[671].

O fato de ser necessário consentimento claro e inequívoco para se submeter à arbitragem não significa, de modo algum, que esse consentimento deve se dar através da forma escrita. O que é necessário, somente, é a existência de elemento documental apto a demonstrar a formação desse negócio jurídico, o que não se confunde, repisa-se, com a necessidade de prova documental acerca do consentimento em relação à cláusula compromissória.

3. O papel da assinatura

O direito brasileiro, de modo diverso do que ocorre em outros ordenamentos, não associa necessariamente o requisito de forma escrita à existência de assinatura pelas partes. Nesse mesmo sentido, não havendo previsão expressa em sentido contrário, a assinatura não é elemento necessário à cláusula compromissória. Há previsão legal expressa no sentido de necessidade de assinatura apenas nas cláusulas compromissórias inseridas em contratos de adesão (art. 4º, § 2º, da Lei de Arbitragem)[672] e no compromisso arbitral (art. 9º, § 2º, da Lei de Arbitragem)[673-674].

Certamente, como forma de facilitar a verificação do consentimento, é preferível que a convenção de arbitragem sempre esteja assinada pelas partes contratantes[675]. Trata-se de boa prática, pois a assinatura, enquanto forma de estabelecer um vínculo entre determinado

---

[671] STJ. SEC 856. Corte Especial. Ministro Carlos Alberto Menezes Direito. J. em: 18.05.2005.

[672] Lei de Arbitragem, Art. 4º, § 2º: "§ 2º Nos contratos de adesão, a cláusula compromissória só terá eficácia se o aderente tomar a iniciativa de instituir a arbitragem ou concordar, expressamente, com a sua instituição, desde que por escrito em documento anexo ou em negrito, com a assinatura ou visto especialmente para essa cláusula."

[673] Lei de Arbitragem, Art. 9º: "O compromisso arbitral é a convenção através da qual as partes submetem um litígio à arbitragem de uma ou mais pessoas, podendo ser judicial ou extrajudicial. § 1º O compromisso arbitral judicial celebrar-se-á por termo nos autos, perante o juízo ou tribunal, onde tem curso a demanda. § 2º O compromisso arbitral extrajudicial será celebrado por escrito particular, assinado por duas testemunhas, ou por instrumento público."

[674] "The Brazilian law sets forth different form requirements for the arbitration clause and the submission agreement. Pursuant to Art. 4, §1, of the Brazilian Arbitration Act, the arbitration clause shall be in writing and can be inserted into the contract itself or in a separate document. Brazilian arbitration law does not require the arbitration clause or the underlying agreement to be signed. Nevertheless, where the parties enter into a submission agreement, the Brazilian Arbitration Act provides that such agreement shall be in written form and signed by two witnesses or notarised by a public notary." (OHLROGGE, Leonardo. *Multi-Party and Multi-Contract Arbitration in Brazil*. São Paulo: Quartier Latin, 2020, p. 58).

[675] "A convenção arbitral, como antes mencionado, deve ser escrita e, preferencialmente, deve estar assinada pelas partes contratantes, sendo válida, mesmo se não for aposta a assinatura dos interessados no contrato, desde que por outro meio se possa comprovar a intenção dos envolvidos de se submeterem à arbitragem para resolverem os seus eventuais conflitos." (BOSCOLO, Ana Teresa de Abreu Coutinho; BENETTI, Giovana Valentiano. O Consensualismo Como Fundamento da Arbitragem e os Impasses Decorrentes do Dissenso. *Revista de Direito Empresarial*, vol. 2, p. 303-341, mar./abr., 2014, DTR 2014/1436, p. 14-15).

PARTE III · **Capítulo 12** · A FORMA DA CONVENÇÃO DE ARBITRAGEM | **483**

documento e um sujeito, é meio apto a expressar indubitavelmente, como consequência lógica, o conhecimento e o consentimento. Assim, por mais que a assinatura não seja um elemento obrigatório à validade ou eficácia da cláusula compromissória não inserida em contrato de adesão, não deixa de ser prática altamente recomendável[676]. A título comparativo, a desnecessidade de assinatura própria em relação à cláusula compromissória é reconhecida desde a lei de arbitragem anterior[677].

No entanto, é necessário destacar que houve doutrina e jurisprudência que sustentou a obrigatoriedade da assinatura como forma de satisfazer a exigência de forma escrita. Sustentando essa corrente, apontou Mariana Mendes Costa que "parece existir um amálgama entre a necessidade de documento escrito exigida pelo art. 4.º, § 1.º, da Lei 9.307/1996 e a necessidade de assinatura do suporte escrito pelas partes para caracterização do consentimento"[678].

Esse posicionamento, inclusive, foi adotado pelo STJ em, ao menos, três oportunidades. Na SEC 967, julgada em 2006, o Ministro José Delgado entendeu que "na hipótese em exame, consoante o registrado nos autos, não restou caracterizada a manifestação ou a vontade da requerida no tocante à eleição do Juízo arbitral, uma vez que não consta a sua assinatura nos contratos nos quais se estabeleceu a cláusula arbitral. A inequívoca demonstração da manifestação de vontade de a parte aderir e constituir o Juízo arbitral ofende à ordem pública, porquanto afronta princípio insculpido em nosso ordenamento jurídico, que exige aceitação expressa das partes por submeterem a solução dos conflitos surgidos nos negócios jurídicos contratuais privados arbitragem"[679].

Em sentido semelhante, assentou o Ministro Hamilton Carvalhido no julgamento da SEC 978 em 2009[680]:

> "ao que se tem, a legislação pátria prevê a adoção do sistema arbitral para solução dos litígios, exigindo, contudo, como condição de eficácia, expressa manifestação por escrito das partes acerca da opção pelo juízo arbitral. *In casu*, todavia, ao que se tem dos autos,

---

[676] "There is no doubt that signing the arbitration agreement, or the contract in which it is included, is the most common and safest means of expressing consent. Where the parties sign an agreement containing an arbitration clause, their intention to submit future disputes to arbitration is clear, as the parties' consent is explicit. Therefore, even though the signature is not a mandatory requirement for a party to be bound by the arbitration agreement, it is highly recommended that the document containing the arbitration clause should be signed by as many parties as possible who might become involved in a future dispute." (OHLROGGE, Leonardo. *Multi-Party and Multi-Contract Arbitration in Brazil*. São Paulo: Quartier Latin, 2020, p. 61).

[677] "Uma outra questão que se relaciona com os requisitos de forma da convenção de arbitragem diz respeito à assinatura da mesma. Efectivamente, o art. 2º da LAV apenas apresenta como exigência que a convenção de arbitragem tenha forma escrita, não referindo, na sua letra, a necessidade ou obrigatoriedade da mesma dever ser assinada pelas partes contratantes. Esta era uma opção já seguida pela anterior lei da arbitragem voluntária, na qual também não se exigia a assinatura da convenção como um requisito para a sua validade e eficácia." (MONTEIRO, António Pedro Pinto; SILVA, Artur Flamínio da; MIRANTE, Daniela. *Manual de Arbitragem*. Coimbra: Almedina, 2020, p. 143-144).

[678] COSTA, Marina Mendes. Ofensa à Ordem Pública Nacional Decorrente de Ausência de Assinatura de Cláusula Compromissória – Comentários à SEC 978/STJ. *Revista de Arbitragem e Mediação*, vol. 24, p. 215-235, jan./mar., 2010, DTR 2010/460, p. 10.

[679] STJ. SEC 967. Min. José Delgado. Corte Especial. J. em: 15.02.2006.

[680] STJ. SEC 978. Min. Rel. Hamilton Carvalhido. Corte Especial. J. em: 17.12.2008.

a cláusula de eleição do juízo arbitral contida no contrato de fornecimento de algodão cru (fl. 57) e seu termo aditivo (fl. 66), bem assim a indicação de árbitro em nome da requerida (fl. 529), não possuem assinatura ou visto qualquer de Algocentro Armazéns Gerais Ltda, ressentindo-se, assim, da sua indispensável anuência ao juízo arbitral."

Igualmente, votou nesse sentido o Ministro Benedito Gonçalves no julgamento da SEC 11.593[681],

> "não é válida, aos olhos da lei brasileira, uma opção pela arbitragem que se afirma que tenha sido feita implicitamente, sem a assinatura das partes em meio escrito. Não há como se admitir nem mesmo que a requerida tenha dado seu assentimento implícito à cláusula de lei e foro, uma vez que não se verifica nenhum 'ok' seu em relação a tal cláusula em qualquer das correspondências eletrônicas juntadas aos autos. Ao lado disso, não há qualquer elemento nos autos no sentido de que a requerida tenha posteriormente assentido com a instituição do juízo arbitral. Pelo que consta dos autos, aliás, a requerida nunca respondeu ao juízo arbitral. A exigência de cláusula compromissória escrita e assinada para que se pudesse exigir das partes a submissão ao juízo arbitral é pacífica jurisprudência deste Superior Tribunal de Justiça, que seguiu o entendimento anteriormente já adotado pelo Supremo Tribunal Federal quando detinha competência para a homologação de sentenças estrangeiras".

Contudo, essa posição deixou de ser prevalecente[682], tanto no âmbito da doutrina quanto na jurisprudência, podendo ser encarada como um resquício histórico do desenvolvimento da arbitragem no Brasil. Em termos jurisprudenciais, a virada de chave foi o entendimento do Ministro Marco Aurélio Bellizze no julgamento do REsp 1.569.422[683], na qual restou entendido que, sob o aspecto formal, "a única exigência tecida pela lei de regência para o estabelecimento da convenção de arbitragem, por meio de cláusula compromissória – em não se tratando de contrato de adesão –, é que esta se dê por escrito, seja no bojo do próprio instrumento contratual, seja em documento apartado." Assim, restringiu a assinatura enquanto requisito típico dos contratos de adesão, entendendo que "a manifestação de vontade das partes contratantes, destinada especificamente a anuir com a convenção de arbitragem, pode se dar, de igual modo, de inúmeras formas, e não apenas por meio da aposição das assinaturas das partes no documento em que inserta".

Portanto, a posição que melhor descreve o direito brasileiro contemporâneo vai no sentido de que a forma escrita não pode ser confundida com efetiva assinatura da cláusula compromissória, havendo outras maneiras de se a existência da cláusula compromis-

---

[681] STJ. SEC 11.593. Min. Rel. Benedito Gonçalves. Corte Especial. J. em: 16.12.2015.

[682] Comentando esse mesmo fenômeno: "Whilst several national laws require the arbitration agreement to be in writing, the same requirement does not apply to the signature. Notwithstanding the fact that the lack of signature has already raised issues in some jurisdictions in the past, it is nowadays well accepted in international arbitration that an arbitration agreement may be valid without having been signed. This understanding is in accordance with the New York Convention, which does not require such formality. As shown below, although Brazilian law does not set forth signature requirements, Brazilian courts have previously adopted a restrictive approach. However, recent decisions clearly demonstrate that the position of Brazilian courts has changed and it is now in line with the case law of the leading arbitral jurisdictions." (OHLROGGE, Leonardo. *Multi-Party and Multi-Contract Arbitration in Brazil*. São Paulo: Quartier Latin, 2020, p. 60-61).

[683] STJ. REsp 1.569.422. Min. Marco Aurélio Bellizze. Terceira Turma. J. em: 26.04.2016.

sória[684]. Ou seja, não é necessário que as partes assinem a convenção de arbitragem ou declarem expressamente que a aceitam. O consentimento também pode ser inferido da conduta das partes e até mesmo do seu silêncio, ou de outras maneiras, como mediante participação procedimento arbitral sem se opor à jurisdição do tribunal[685]. Nesse sentido, aponta propriamente Carmen Tibúrcio que, nos termos do art. 4.º, § 1.º, da Lei de Arbitragem, "a cláusula compromissória deve ser estipulada por escrito. Em conformidade com disposição expressa de lei, a exigência se satisfaz com a comprovação por forma escrita, sendo dispensável assinatura específica"[686]. De modo semelhante, Pedro Baptista Martins aponta que a Lei de Arbitragem "não erige a assinatura como formalidade para a validade da convenção"[687].

Assim, a exigência de assinatura enquanto requisito de validade da convenção de arbitragem pode ser considerado um desnecessário formalismo[688], incompatível, inclusive, com certas práticas comerciais, nas quais os contratos são muitas vezes celebrados e executados sem a assinatura das partes[689]. Esse posicionamento está em plena consonância

---

[684] SOUSA, Ulisses César Martins de. Cláusula Compromissória: análise comparativa Brasil-Portugal. *Revista dos Tribunais*, vol. 99, p. 367-286, jan./2019, DTR 2018/22788, p. 04.

[685] "Accordingly, it is not necessary that the parties sign the arbitration agreement or expressly declare that they accept it. Consent may also be inferred from the parties' conduct and even from their silence. In addition, parties may also, for example, manifest their consent to the arbitration agreement by participating in the arbitration proceedings without objecting to the arbitral tribunal's jurisdiction. Consent by conduct is of particular significance in the context of multi-party arbitration and is a fundamental element of the decisions "extending" the effects of the arbitration agreement to parties that have not signed the contract with the arbitration clause." (OHLROGGE, Leonardo. *Multi-Party and Multi-Contract Arbitration in Brazil*. Quartier Latin, 2020, p. 50-51).

[686] TIBURCIO, Carmen. Cláusula Compromissória em Contrato Internacional: interpretação, validade, alcance objetivo e subjetivo. *Revista de Processo*, vol. 241, p. 521-566, mar./2015, DTR 2015/2138, p. 03.

[687] MARTINS, Pedro Antonio Batista. Cláusula Compromissória: questões pontuais. Disponível em: <http://batistamartins.com/clausula-compromissoria-questoes-pontuais/>.

[688] "Deixando de lado as hipóteses de contratos de adesão, direitos do consumidor, hipossuficiência e temas afins, e centrando-se unicamente em negociações empresariais, em que há paridade entre os contratantes, com maior razão advoga-se em favor da necessidade de desformalização dos requisitos do art. 4.º da Lei 9.307/1996. Isso porque as partes, nesse tipo de contratação, são devidamente assessoradas e esclarecidas quanto aos efeitos da cláusula compromissória pactuada, de sorte que eventuais oposições surgidas acabam se revelando muito mais estratégia de litígio do que propriamente defesa pelo real desconhecimento da cláusula e de seus efeitos." (MUNIZ, Joaquim de Paiva; ALMEIDA PRADO, Maria da Graça. Agreement in Writing e Requisitos Formais da Cláusula de Arbitragem: nova realidade, velhos paradigmas. *Revista de Arbitragem e Mediação*, vol. 26, p. 59-75, jul./set., 2010, DTR 2010/617, p. 05).

[689] "One could argue that signature should be indispensable given the fact that by concluding an arbitration agreement, the parties waive their right of access to state courts and for this reason consent should be explicit. Nevertheless, it is important to consider that arbitration has several advantages over litigation and that it is the "general rule" when it comes to complex agreements, especially between parties from different countries. Accordingly, to require the signature for the validity of the arbitration agreement may be considered an unnecessary excess of formalism. In addition, contracts are often concluded and performed without parties' signature. For instance, this is a common scenario with purchase agreements, where the seller sends an invoice and the buyer makes the payment in absence of a formal agreement signed by both parties." (OHLROGGE, Leonardo. *Multi-Party and Multi-Contract Arbitration in Brazil*. São Paulo: Quartier Latin, 2020, p. 62-63).

com o caráter *ad probationem* do requisito de forma. A assinatura, por certo, é elemento que facilita a percepção do consentimento, mas não é possível considerar ser esse o único meio de demonstração de assentimento em relação à cláusula compromissória[690]. Ademais, o posicionamento adotado pelo Ministro Marco Aurélio Bellizze se mostrou em consonância com o desenvolvimento dos meios de comunicação, bem como facilitou a inserção de cláusulas compromissórias em documentos eletrônicos e que circulam apenas de modo virtual[691].

Dessa forma, não se vislumbra a assinatura como um elemento indispensável à formação de cláusula compromissória. A Lei de Arbitragem estabelece regime diverso para os contratos de adesão e para o compromisso arbitral, no entanto, a solenidade da assinatura não está presente no art. 4º, § 1º. Ou seja, o Direito Brasileiro convive harmonicamente com outras maneiras de demonstração do consentimento em relação à convenção de arbitragem que não a assinatura. A única necessidade imposta por lei é que a existência da cláusula compromissória tenha início de prova por meio de suporte documental – o que não se confunde com a necessidade de assinatura.

Assim, a assinatura do documento que contém a cláusula compromissória não é a única forma de manifestação de consentimento. A existência de manifestação de vontade deve ser analisada sob o prisma das regras de interpretação consubstanciadas no Código Civil. Portanto, é possível inferir consentimento tácito em relação à cláusula compromissória vinculando a parte a solução de conflitos pela via arbitral[692].

4. Outras formas da manifestação do consentimento

Enquanto negócio jurídico, a convenção de arbitragem demanda a existência de declarações de arbitragem convergentes e aderentes, aptas a lhe formar. Assim, necessária

---

[690] "Na esteira da Convenção de Nova Iorque e da Lei-Modelo, explicita-se que deve entender-se, para este efeito, por forma escrita, declarando-se que se tem por satisfeita essa exigência quando a convenção conste de documento escrito assinado pelas partes, troca de cartas, telegramas, telefaxes ou outros meios de telecomunicação de que fique prova escrita, incluindo meios eletrônicos de comunicação. Decorre daqui que não é necessária a assinatura pelas partes do ou dos documentos que contenham as respectivas declarações de vontade, podendo a autoria desses documentos ser provada por outros meios; o que tem evidente relevância, por exemplo, no que respeita a documentos produzidos por computador, os quais frequentemente não são assinados." (VICENTE, Dario Moura. *Lei da Arbitragem Voluntária Anotada*. 4ª ed. Coimbra: Almedina, 2019, p. 39).

[691] "Este regime facilita particularmente a celebração de convenções de arbitragem através de documentos electrónicos, como por exemplo e-mails ou documentos produzidos em computador. Ainda assim, neste domínio é necessário operar uma distinção entre duas realidades: (i) quando os documentos electrónicos contenham uma assinatura electrónica qualificada certificada por uma entidade certificadora credenciada, o seu valor probatório é o de documento particular assinado, nos termos do art. 376º do Código Civil; (ii) nas situações em que os referidos documentos electrónicos não contenham uma assinatura com aquelas características, os mesmos têm a sua força probatória avaliada nos termos gerais de Direito. Todavia, permitimo-nos recordar que a distinção opera somente no plano probatório, pois, quanto ao preenchimento do requisito de forma na expressão da vontade em recorrer à arbitragem, a validade da convenção não se encontra prejudicada por a mesma ter sido celebrada através de documentos electrónicos, mesmo que não assinados." (MONTEIRO, António Pedro Pinto; SILVA, Artur Flamínio da; MIRANTE, Daniela. *Manual de Arbitragem*. Coimbra: Almedina, 2020, p. 144-145).

[692] MARTINS-COSTA, Judith. *A Boa-fé no Direito Privado: Critérios para a sua Aplicação*. 2ª Ed. São Paulo: Saraiva, 2018, p. 547.

emissão de vontade no sentido de submeter controvérsias decorrentes de uma relação jurídica à jurisdição arbitral[693]. É inviável procurar obrigar ou forçar uma parte a arbitrar, sem que haja elemento volitivo mínimo – o que é dispensável é a assinatura, e não o consentimento[694].

Por mais que o consentimento expresso, por ser de mais fácil apreensão, seja, normalmente, o desejado, esse não é necessário para a validade ou eficácia. Basta que se demonstre de outros modos a clara manifestação de vontade livre e desimpedida de se submeter à arbitragem[695]. Quando se está enfrentando o problema de partes não signatárias[696], há ônus de se demonstrar a existência indubitável de consentimento para que seja possível submeter à jurisdição arbitral[697].

Por conta do *favor arbitrandum* é possível interpretar o requisito do consentimento de modo abrangente[698]. Assim, por exemplo, a manifestação de vontade das partes em prol da arbitragem pode ser inferida a partir das negociações entabuladas entre os contratantes, mediante a análise de comportamentos concretos, ou ser verificado a partir de correspondências ou mensagens eletrônicas[699]. Como explica Judith Martins-Costa, por sua vez, a exigência posta na Lei Brasileira de Arbitragem deve ser analisada à luz das regras interpretativas dos contratos postas no Código Civil, que é posterior, desde que seja possível se identificar a inequívoca intenção das partes de se vincularam à cláusula

---

[693] Tem, portanto, como seu principal pressuposto a vontade, ou melhor, a manifestação da vontade, sendo esse seu requisito primordial, sendo necessário que a manifestação da vontade seja expressa (art. 3.º da Lei 9.307/1996 – Cláusula compromissória ou compromisso arbitral)." (SCALETSCKY, Fernanda Sirotsky; AZEVEDO, Marcelo Cândido de; SERPA, Pedro Ricardo. Existência, Validade e Eficácia da Convenção Arbitral. *Revista de Direito Empresarial*, vol. 3, p. 321-351, mai./jun., 2014, DTR 2014/2689, p. 03).

[694] Nonetheless, despite all the advantages of arbitration, it is not possible to force the parties to arbitrate in the absence of elements that indicate the existence of consent to the arbitration agreement. Notably, what is dispensable is the signature of the arbitration agreement, not the consent to it." (OHLROGGE, Leonardo. *Multi-Party and Multi-Contract Arbitration in Brazil*. São Paulo: Quartier Latin, 2020, p. 63).

[695] SCALETSCKY, Fernanda Sirotsky; AZEVEDO, Marcelo Cândido de; SERPA, Pedro Ricardo. Existência, Validade e Eficácia da Convenção Arbitral. *Revista de Direito Empresarial*, vol. 3, p. 321-351, mai./jun., 2014, DTR 2014/2689, p. 04.

[696] Vide Capítulo 10.

[697] Abordando o caso da "teoria do grupo de companhias", "Conclui-se, por conseguinte, que a previsão de forma escrita para a convenção arbitral não constitui óbice à sua extensão a partes não signatárias no âmbito do grupo de sociedades. Primeiramente, porque, nestes casos, haverá previsão, em regra, escrita, de cláusula compromissória. O que se discute é sua força vinculante em relação a outras sociedades, que só se mostra possível quando demonstrado de forma indubitável o consentimento de quem se pretende alcançar. Nesta perspectiva, outros elementos, tais como a participação da sociedade não signatária ao longo da contratação, possuem maior peso que a simples assinatura da cláusula. Assim sendo, verificados os pressupostos de aplicação da teoria, não há óbice normativo para sua incidência. A conclusão não se choca com o espírito da Lei de Arbitragem, já que a extensão da cláusula compromissória a partes não signatárias se justifica, repita-se à exaustão, somente quando demonstrada implicitamente a vontade de levar ao tribunal arbitral os futuros conflitos de interesses." (TEPEDINO, Gustavo. Consensualismo na Arbitragem e Teoria do Grupo de Sociedades. *Revista dos Tribunais*. Vol. 903, p. 9-25, jan. 2011, DTR 2011/1084, p. 07-08).

[698] Vide Capítulo 3.

[699] SOUSA, Ulisses César Martins de. Cláusula Compromissória: análise comparativa Brasil-Portugal. *Revista dos Tribunais*. Vol. 99, p. 367-286, jan./2019, DTR 2018/22788, p. 04.

compromissória[700]. Assim, o silêncio qualificado ou o comportamento concludente podem ser meios de identificação do fator volitivo necessário à submissão de uma parte à jurisdição arbitral[701]. Nessa análise, comportamento concreto das partes e a análise do instrumento contratual devem ser interpretados em conformidade com os *standards* da boa-fé objetiva[702].

Percebe-se, portanto, que o direito brasileiro admite outras formas de evidenciação do consentimento que não, exclusivamente, mediante assinatura do documento que contém a convenção de arbitragem. Em respeito aos arts. 112[703] e 113[704] do Código Civil outros elementos, que não a assinatura, podem ser utilizados para identificar se há ou não consentimento em prol da arbitragem, e, por conseguinte, se uma parte está ou não sujeita ao escopo da convenção. Ou seja, o requisito de forma escrita não se confunde com requisitos especiais associados à evidenciação do consentimento em favor da convenção de arbitragem.

§ 44. CASOS ESPECIAIS ASSOCIADOS À FORMA

1. Cláusula compromissória inserida em documento apartado

A convenção de arbitragem, na modalidade cláusula compromissória, pode estar inserida no mesmo documento referente à relação jurídica entre as partes ou em documento apartado. Assim, distingue-se a "cláusula compromissória clausulada", a qual está inserida no documento que representa negócio jurídico a qual se refere, e a "cláusula

---

[700] "Por outro lado, embora a Lei de Arbitragem determine dever ser a cláusula compromissória estipulada por escrito (art. 4.º, § 1.º), tal exigência não tem o condão de eliminar o texto do Código Civil, posterior no tempo, relativamente à interpretação dos contratos. A Lei não diz que a cláusula deva estar inserida no corpo do contrato. Logo, pode ser convencionada e instrumentalizada por meio de cartas, e até mesmo de mensagens eletrônicas reportadas a um contrato, desde que obedecida a forma prescrita em lei. Os cânones hermenêuticos legais incidentes aos negócios jurídicos (e, portanto, à interpretação das manifestações negociais) centram-se nos arts. 111 a 114 do Código Civil, ainda que a esses não se limitem. Desse modo, para inferir o consenso por meio da concludência de comportamento, deve haver expressividade por escrito, como de terminado na forma legal, e mais: induvidosidade, pois o comportamento apto a ensejar vinculação à cláusula compromissória deve ser extreme de dúvidas, uma vez que a arbitragem importa em renúncia à jurisdição estatal" (MARTINS-COSTA, Judith. *A Boa-fé no Direito Privado: critérios para sua aplicação*. 2. ed. São Paulo: Saraiva, 2018, p. 547-548).

[701] "Desta feita, quer-nos parecer que a celebração da convenção de arbitragem poderia ocorrer validamente por meio de fatos concludentes (sem, portanto, subscrição do instrumento contratual), contanto que desses fatos restasse forma escrita." (SCALETSCKY, Fernanda Sirotsky; AZEVEDO, Marcelo Cândido de; SERPA, Pedro Ricardo. Existência, Validade e Eficácia da Convenção Arbitral. *Revista de Direito Empresarial*, vol. 3, p. 321-351, mai./jun., 2014, DTR 2014/2689, p. 08).

[702] "Where the consent of both parties to the arbitration clause was clear, despite the non-fulfilment of formal requirements, courts have resorted to considerations of good faith and estoppel to uphold the arbitration agreement." (LEW, Julian; MISTELIS, Loukas; KRÖLL, Stefan. *Comparative International Commercial Arbitration*. Haia: Kluwer Law International, 2003, p. 139).

[703] Código Civil, Art. 112: "Nas declarações de vontade se atenderá mais à intenção nelas consubstanciada do que ao sentido literal da linguagem".

[704] Código Civil, Art. 113. Os negócios jurídicos devem ser interpretados conforme a boa-fé e os usos do lugar de sua celebração. § 1º A interpretação do negócio jurídico deve lhe atribuir o sentido que: III – corresponder à boa-fé;"

compromissória autônoma", que se encontra separada (*e.g.*, inserida em outro documento jurídico, como uma *side letter,* em um *MoU,* condições gerais de venda, entre outros).

Em relação à cláusula compromissória clausulada, essa surge "nas situações em que a convenção de arbitragem surge materialmente integrada num clausulado contratualmente mais vasto, ou seja, nos casos em que consubstancia uma cláusula do contrato, emerge a questão de saber qual a relação da convenção com o próprio contrato"[705]. É exatamente nessas situações que o princípio da autonomia da convenção de arbitragem traz maiores consequências práticas[706], pois evidencia a necessidade de se distinguir os negócios jurídicos. Dessa forma, como explica Pedro Batista Martins, a cláusula compromissória "muito embora inserta em um contrato, deste se destaca. Quer-se dizer que o conteúdo jurídico dessa convenção é autônomo dos demais termos e condições estampados no instrumento contratual"[707].

Na maioria das situações, de fato, a cláusula compromissória é uma das disposições contidas em determinado instrumento contratual[708]. Contudo, mesmo à luz do princípio da autonomia da cláusula compromissória, há situações de contato entre essa e a relação material das partes. Assim, dependendo do vício existente, esse pode contaminar tanto a cláusula compromissória quanto a relação contratual. Ademais, há casos em que se fixam parâmetros hermenêuticos comuns tanto para a cláusula compromissória quanto para o contrato, ou situações nas quais há circulação tanto dos direitos e obrigações contratuais ajustadas quanto da cláusula compromissória. Percebe-se que o fato de inserir cláusula compromissória no corpo de um instrumento contratual tem por consequência criar pontos de contato entre a relação material e o negócio jurídico arbitral.

Não há hierarquia entre a cláusula compromissória e as demais disposições contratuais – diferentemente do que ocorre entre a fiança e o aluguel, por exemplo[709]. Por consequência, afasta-se o princípio da gravitação jurídica, pois não há, propriamente, um contrato "acessório" nem outro "principal".[710] Como explica Renata Steiner, "a cláusula

---

[705] MONTEIRO, António Pedro Pinto; SILVA, Artur Flamínio da; MIRANTE, Daniela. *Manual de Arbitragem.* Coimbra: Almedina, 2020, p. 159.

[706] LEW, Julian; MISTELIS, Loukas; KRÖLL, Stefan. *Comparative International Commercial Arbitration.* Haia: Kluwer Law International, 2003, p. 100-101.

[707] MARTINS, Pedro A. Batista. Cláusula Compromissória: questões pontuais. Disponível em: http://batistamartins.com/clausula-compromissoria-questoes-pontuais/, p. 06.

[708] "A terminologia "cláusula" se justifica exclusivamente do ponto de vista formal, em razão de comumente ser inserida no âmbito de instrumento contratual mais amplo, que tem função principal diversa. Entretanto, do ponto de vista material, a chamada cláusula compromissória configura verdadeiro negócio jurídico autônomo, que, posto deva ser escrito por exigência legal, poderia ser formalizado em instrumento próprio, sem prejuízo de sua aplicação (art. 4.º, § 1º, da L. 9.307/1996)." (KONDER, Carlos Nelson. O Alcance da Cláusula Compromissória em Contratos Coligados: leitura a partir da tutela da confiança. *Revista de Arbitragem e Mediação,* vol. 63, p. 295-331, out./dez., 2019, DTR 2019/42143, p. 02).

[709] STEINER, Renata Carlos. Arbitragem e Autonomia da Cláusula Compromissória. *Revista de Arbitragem e Mediação,* vol. 31, p. 131-151, out./dez., 2011, DTR 2011/5124, p. 06.

[710] "Encontra-se a convenção, por ficção jurídica, em outro quadrante das relações. Não se sujeita às regras da acessoriedade, pois no mesmo nível do contrato principal. Apesar de formalmente inserido no âmbito do contrato, dele se destaca o ajuste arbitral para fins e efeitos de sua validade e execução." (MARTINS, Pedro A. Batista. Autonomia da Cláusula Compromissória. Disponível em: <http://batistamartins.com/autonomia-da-clausula-compromissoria/>, 2004, p. 02).

compromissória não é meramente acessória, tendo existência distinta do negócio jurídico em que está inserida e ainda que dele seja instrumental"[711]. Como já referido, e na linha do que prevê o art. 212, II, do Código Civil, o documento é um mero instrumento de prova da existência de um fato jurídico. Dessa forma, o mesmo instrumento contratual constitui prova documental da existência do negócio jurídico de direito material e do negócio jurídico arbitral. Assim, o fato de a convenção de arbitragem estar clausulada não significa que ela integra um outro negócio, estando a esse subordinada. Em verdade, o que ocorre é a existência de negócios distintos que acabam por estar encapsulados no mesmo documento, no corpo do mesmo instrumento contratual – que conterá dois negócios distintos, um referente aos aspectos materiais da relação e outro acerca da submissão dos litígios à arbitragem.

Diversamente, as cláusulas compromissórias não clausuladas apresentam ainda maior grau de autonomia e independência. Essas cláusulas, inseridas em documentos distintos do contrato firmado entre as partes, são facilmente caracterizadas como segregadas da relação jurídica a qual visa a dirimir conflitos decorrentes ou relacionados, diferentemente das cláusulas compromissórias clausuladas, cuja autonomia não é tão intuitiva. A questão chave é saber como ocorre a incorporação de cláusula compromissória não clausulada.

Em sintonia com o que dispõem a Convenção de Nova Iorque, a Lei Modelo e outras legislações pátrias estrangeiras[712], a Lei Brasileira de Arbitragem também permite que a cláusula arbitral seja estipulada em documento apartado, isto é, "por referência" (art. 4º, § 1º, da Lei Brasileira de Arbitragem)[713]. Nesse sentido, Pedro Batista Martins, por exemplo, afirma que "a liberdade de as partes se vincularem à cláusula arbitral por mera referência a outro instrumento privilegia a autonomia da vontade e a prevalência do conteúdo sobre a forma"[714].

Contudo, há duas posições antagônicas acerca da incorporação de cláusula compromissória "por referência". Por um lado, há o modelo adotado pela opção I da Lei Modelo da UNCITRAL, no art. 7 (6), o qual demanda que a referência tenha por objetivo tornar a cláusula compromissória parte integrante do contrato[715]. De outro, há entendimento que a mera referência ao documento é apta para o incorporar integralmente, inclusive a cláusula compromissória, despicienda menção específica. Assim, está em causa a neces-

---

[711] STEINER, Renata Carlos. Arbitragem e Autonomia da Cláusula Compromissória. *Revista de Arbitragem e Mediação*, vol. 31, p. 131-151, out./dez. 2011, DTR 2011/5124, p. 06.

[712] A possibilidade de remissão ao contrato no qual a cláusula compromissória está inserida, de modo a tornar a cláusula arbitral parte integrante do contrato, é também contemplada nas legislações de outros países, como Portugal (LAV, art. 2, nº 4), Espanha (Ley 60/2003, art. 9, nº 4), França (Code de Procédure Civile, art. 1443), Itália (Codice di Procedura Civile, art. 808) e Reino Unido (UK Arbitration Act, art. 5 (3)).

[713] "Segundo a jurisprudência, são reputadas válidas as convenções de arbitragem que possam ser comprovadas por documento escrito, inclusive mensagem eletrônica que a elas façam referência." (TIBURCIO, Carmen. Cláusula Compromissória em Contrato Internacional: interpretação, validade, alcance objetivo e subjetivo. *Revista de Processo*, vol. 241, p. 521-566, mar./2015, DTR 2015/2138, p. 13).

[714] MARTINS, Pedro Antonio Batista. Cláusula Compromissória: questões pontuais. Disponível em: < http://batistamartins.com/clausula-compromissoria-questoes-pontuais/>.

[715] Lei Modelo da UNCITRAL, art. 7 (6): "(6) The reference in a contract to any document containing an arbitration clause constitutes an arbitration agreement in writing, provided that the reference is such as to make that clause part of the contract."

sidade ou não de se fazer referência expressa à cláusula compromissória para que essa seja devidamente incorporada ao contrato.

Em países como Portugal, cuja redação da lei de arbitragem é muito próxima do que dispõe o art. 7(6) da Lei Modelo da UNCITRAL, é possível inferir a necessidade de menção mais específica acerca da incorporação (art. 2º, nº 4, LAV)[716]. Assim, exige-se que (i) a forma escrita tanto do contrato para o qual se remete e quando do contrato que opera a remissão; e (ii) a remissão seja feita em termos que tornem inequívoco que aquela cláusula compromissória passe a integrar o contrato que contém a remissão[717]. Ou seja, a vontade de integrar ao contrato a cláusula compromissória deve ser inequívoca[718].

2. Cláusula compromissória em contratos de adesão

Hipótese especial prevista na legislação brasileira é a da cláusula arbitral prevista em contrato de adesão. Dessa forma, nesses casos, a cláusula compromissória só é dotada de eficácia se o aderente manifestar expressamente[719], por assinatura ou visto, sua concordância com ela, que deverá vir em documento anexo ou em negrito (art. 4º, § 2º, da Lei Brasileira de Arbitragem). Portanto, o regime jurídico da cláusula compromissória nesses contratos é ligeiramente diverso do que ocorre na generalidade das situações.

Ainda, sobre as relações consumeristas, em primeiro, importa destacar a autonomia dogmática e normativa existente entre o regime da Lei de Arbitragem e do Código de Defesa do Consumidor. Os requisitos pertinentes à cláusula compromissória contida no contrato de adesão e da cláusula compromissória contida no contrato de consumo não se confundem[720]. A distinção é importante, pois nem todo contrato de adesão é de consumo e vice-versa.

---

[716] Portugal, LAV, art. 2º, nº 4: "Sem prejuízo do regime jurídico das cláusulas contratuais gerais, vale como convenção de arbitragem a remissão feita num contrato para documento que contenha uma cláusula compromissória, desde que tal contrato revista a forma escrita e a remissão seja feita de modo a fazer dessa cláusula parte integrante do mesmo."

[717] MONTEIRO, António Pedro Pinto; SILVA, Artur Flamínio da; MIRANTE, Daniela. *Manual de Arbitragem*. Coimbra: Almedina, 2020, p. 143.

[718] "São frequentes as situações em que um contrato individualmente negociado remete para um contrato-tipo elaborado por determinada associação empresarial, para um contrato anteriormente celebrado entre as mesmas partes ou para um contrato celebrado por uma das partes com um terceiro (por exemplo, um contrato de empreitada em que o cumprimento das obrigações do empreiteiro é garantido por uma instituição financeira através de uma garantia bancária ou de um seguro-caução; ou um contrato de fretamento de um navio celebrado por quem se obrigou a transportar determinadas mercadorias por mar), o qual é desse modo incorporado naquele. Quando os documentos contratuais para que for feita tal remissão contiverem uma convenção de arbitragem, levanta-se a questão de saber se a mesma vincula as partes. O nº 4 admite expressamente a validade da convenção de arbitragem concluída nesses termos, contanto que o contrato em apreço revista a forma escrita e a remissão seja feita de modo a fazer dessa cláusula parte integrante do mesmo." (VICENTE, Dario Moura. *Lei da Arbitragem Voluntária Anotada*. 4ª ed. Coimbra: Almedina, 2019, p. 39-40).

[719] MUNIZ, Joaquim de Paiva; ALMEIDA PRADO, Maria da Graça. Agreement in Writing e Requisitos Formais da Cláusula de Arbitragem: nova realidade, velhos paradigmas. *Revista de Arbitragem e Mediação*, vol. 26, p. 59-75, jul./set., 2010, DTR 2010/617, p. 03.

[720] "Tal medida protetiva prevista no Código do Consumidor encontra eco no art. 4.º, § 2.º, da Lei 9.307/1996. Nos termos de tal dispositivo legal, a cláusula compromissória prevista em contrato de adesão deve obedecer ao duplo critério: (a) apresentar-se por escrito em documento anexo

Para contratos submetidos ao regime do Código de Defesa do Consumidor, independentemente de se configurarem como contratos de adesão, a regra é mais restritiva, pois o art. 51, inciso VII, do CDC[721] proíbe a utilização compulsória da arbitragem. Nesse sentido, a cláusula arbitral contida no contrato de consumo apenas será válida se o consumidor declarar o seu consentimento após o surgimento da disputa, independentemente de ter consentido com a cláusula no momento da celebração do contrato, pois, nesse caso, a cláusula é nula[722].

Em segundo, o regime próprio dos contratos paritários por adesão. Muitas relações contratuais privadas, de direito civil ou empresarial, adotam o método de contratação por adesão. É o caso de contratos de seguro, alguns contratos imobiliários, contratos com plano de saúde adotados por empresas, contratos de franquia, dentre outros. Nesse contexto, a norma de regência no que se refere à arbitragem é o art. 4º, § 2º da LARb[723]. Assim, a eficácia da cláusula compromissória é condicionada à iniciativa do aderente de instituir a arbitragem ou a sua concordância expressa com a instituição[724]. Ademais, há duas solenidades especiais que deve ser observadas[725]: o destaque em negrito e a assinatura ou visto especial para a cláusula compromissória[726].

---

ou em negrito e (b) conter a respectiva assinatura ou visto do aderente especificamente para essa cláusula." (MUNIZ, Joaquim de Paiva; ALMEIDA PRADO, Maria da Graça. Agreement in Writing e Requisitos Formais da Cláusula de Arbitragem: nova realidade, velhos paradigmas. *Revista de Arbitragem e Mediação*, vol. 26, p. 59-75, jul./set., 2010, DTR 2010/617, p. 03).

[721] Código de Defesa do Consumidor, art. 51, VII: "São nulas de pleno direito, entre outras, as cláusulas contratuais relativas ao fornecimento de produtos e serviços que: [...] VII – determinem a utilização compulsória de arbitragem."

[722] "Portanto, ao que se percebe, em verdade, o CDC não se opõe a utilização da arbitragem na resolução de conflitos de consumo, ao revés, incentiva a criação de meios alternativos de solução dos litígios; ressalva, no entanto, apenas, a forma de imposição da cláusula compromissória, que não poderá ocorrer de forma impositiva" (STJ. REsp 1.189.050/SP, Rel. Min. Luis Felipe Salomão. Quarta Turma. J. em: 13.03.2016). No mesmo sentido: "Note-se que a utilização da arbitragem não é vedada na resolução de conflitos de consumo, afinal, o CDC veda apenas a sua utilização compulsória, o que, inegavelmente, não obsta o consumidor de eleger o processo arbitral como via adequada à resolução de eventuais conflitos surgidos frente ao fornecedor" (STJ. REsp 1.628.819/MG. Min. Nancy Andrighi. Terceira Turma. J. em: 15.03.2018).

[723] Lei de Arbitragem, art. 4º, § 2º: "Nos contratos de adesão, a cláusula compromissória só terá eficácia se o aderente tomar a iniciativa de instituir a arbitragem ou concordar, expressamente, com a sua instituição, desde que por escrito em documento anexo ou em negrito, com a assinatura ou visto especialmente para essa cláusula."

[724] "Exige, ainda, em seu § 2.º, forma especial para as cláusulas compromissórias inseridas em contratos de adesão, devendo a adesão ser estipulada por escrito em documento anexo ou em negrito, com a assinatura ou visto especialmente para esta cláusula; ainda assim, a cláusula compromissória só terá eficácia se o aderente tomar a iniciativa de instituir a arbitragem ou concordar, expressamente, com a sua instituição." (LACRETA, Isabela. Aspectos Contratuais da Cláusula Compromissória. *Revista de Direito Empresarial*, vol. 20, p. 243-276, nov./2016, DTR 2016/24314, p. 09).

[725] "É dispensada, como regra geral, salvo no caso de contrato de adesão ou de consumo, assinatura específica." (TIBURCIO, Carmen. Cláusula Compromissória em Contrato Internacional: interpretação, validade, alcance objetivo e subjetivo. *Revista de Processo*, vol. 241, p. 521-566, Mar./2015, DTR 2015/2138, p. 13).

[726] "Além da previsão genérica da forma escrita, a Lei 9.307/1996 estipula um requisito especial de forma para os contratos de adesão, prevendo que em tais contratos a cláusula compromissória só terá eficácia se instituída por escrito em documento anexo ou em negrito, com assinatura ou visto

Em terceiro, destaca-se que essas solenidades podem ser preteridas quando o aderente tomar iniciativa de instituir a arbitragem. A intenção do legislador foi no sentido de proteger a parte mais fraca da relação[727]. Assim, quando o próprio aderente procurar instaurar o procedimento arbitral, não poderá a outra parte se escusar de arbitrar sob a justificativa de que o contrato não continha os requisitos formais exigidos pela Lei de Arbitragem. Ou seja, a cláusula compromissória inserida em contratos de consumo opera de modo assimétrico, vinculando a parte proponente a se sujeitar à arbitragem, e conferindo ao aderente a faculdade de se opor ao prosseguimento do procedimento arbitral.

Em quarto, destaca-se que o descumprimento dos requisitos de forma em contratos de adesão, por constituir vício facilmente cognoscível, pode excepcionar o princípio do *Kompetenz-Kompetenz* e ser declarado prontamente pelo Poder Judiciário. Esse entendimento está em consonância com o art. II (3) da Convenção de Nova Iorque[728]. Essa situação foi enfrentada pelo STJ no julgamento do REsp 1.602.076[729]. Entendeu a Relatora, Ministra Nancy Andrighi, que "com fundamento na doutrina e nos julgamentos deste Superior Tribunal de Justiça, o contrato de franquia ou franchising é inegavelmente um contrato de adesão".

Entretanto mesmo o contrato de franquia sendo de adesão e que, mesmo havendo uma sobreposição do disposto no art. 51, VII, do CDC[730] e no § 2º do art. 4º da Larb, não há confusão entre os dispositivos. Expõe que o contrato de adesão é apenas uma técnica para a formação de contratos, mas não uma categoria autônoma. Ou seja, esse tipo de contrato não está restrito a relações consumeristas. *In verbis*: "o contrato de adesão é apenas uma técnica para a formação de contratos, quando exigências de economias de escala e de uniformização do produto ou serviço se impõem a determinado segmento econômico, mas não é tipo ou categoria autônoma de contrato. Não podemos, assim, limitar os contratos de adesão apenas às relações de consumo, pois, como visto acima, é pacífico na jurisprudência deste Superior Tribunal de Justiça que os contratos de franquia não consubstanciam relações de consumo, mas utilizam essa técnica para a formação dos

---

especialmente para ela." (MARTIN, André; RIBEIRO, Flávio Santana C.; FACKLMANN, Juliana; GEMIGNANI, Karina. O Perecimento da Convenção de Arbitragem. *Revista de Direito Empresarial*, vol. 3, p. 265-293, mai./jun. 2014, DTR 2014/2687, p. 11).

[727] "Mais uma vez, trata-se de formalidade exigida para confirmar o entendimento e a aceitação do aderente ao quanto pactuado. Por trazer em si um desequilíbrio nato entre os contratantes, o legislador ainda intensificou os critérios legais, exigindo destaque adicional à cláusula. A única alternativa para se contornar essa formalidade seria o fato de a arbitragem ser iniciada por vontade do próprio aderente, sendo que, para todas as demais hipóteses, a cláusula pactuada em desrespeito a tais critérios é considerada ineficaz." (MUNIZ, Joaquim de Paiva; ALMEIDA PRADO, Maria da Graça. Agreement in Writing e Requisitos Formais da Cláusula de Arbitragem: nova realidade, velhos paradigmas. *Revista de Arbitragem e Mediação*, vol. 26, p. 59-75, jul./set., 2010, DTR 2010/617, p. 03).

[728] Convenção de Nova Iorque, art. II (3): "O tribunal de um Estado signatário, quando de posse de ação sobre matéria com relação à qual as partes tenham estabelecido acordo nos termos do presente artigo, a pedido de uma delas, encaminhará as partes à arbitragem, a menos que constate que tal acordo é nulo e sem efeitos, inoperante ou inexequível."

[729] STJ. REsp. 1.602.076/SP. Min. Nancy Andrighi. Terceira Turma. J. em: 15.09.2016.

[730] Código de Defesa do Consumidor, art. 51: "São nulas de pleno direito, entre outras, as cláusulas contratuais relativas ao fornecimento de produtos e serviços que: (...) VII – determinem a utilização compulsória de arbitragem; [...]."

contratos". Portanto, concluiu no sentido de que todos os contratos de adesão, mesmo aqueles não caracterizados como contratos de consumo (como os contratos de franquia) devem observar o art. 4º, § 2º, da Lei de Arbitragem. Portanto, o STJ propôs solução que permite, em certos casos, a atuação do Poder Judiciário em detrimento do Tribunal Arbitral em certos casos quando se discute a validade da convenção de arbitragem, relativizando o princípio do *Kompetenz-Kompetenz*. Essa excepcionalização teria por fundamento o fato de se estar discutindo cláusula compromissória estabelecida em contrato de adesão, em manifesto desrespeito ao art. 4º, § 2º, da Lei de Arbitragem.

Em suma, acerca da forma da cláusula compromissória em contratos de adesão, é possível concluir que, primeiramente, os requisitos da Lei de Arbitragem e do Código de Defesa do Consumidor são autônomos e inconfundíveis entre si. Em segundo, que há solenidades peculiares aos contratos por adesão, a saber, a necessidade de negrito e a assinatura apartada na convenção de arbitragem. Em terceiro, que o consentimento superveniente do aderente é sempre necessário, seja concordando com a instauração do procedimento arbitral ou instaurando em face da outra parte a arbitragem. Em quarto, o desrespeito aos requisitos de forma da convenção de arbitragem nos contratos por adesão é vício que pode ser conhecido *prima facie* pelo Poder Judiciário, excepcionando o *Kompetenz-Kompetenz*.

3. Cláusula compromissória em trocas de mensagens

Diversos ordenamentos consagram expressamente a possibilidade de firmar convenções de arbitragem através de meios digitais de comunicação. Por exemplo, o direito português adota um critério substancial, considerando satisfeita a forma escrita quando a convenção de arbitragem se encontra em suporte eletrônico, magnético, óptico ou qualquer outro que confira garantia de fidedignidade, inteligibilidade e conservação (LAV, art. 2.º, nº 2 e 3)[731]. O direito espanhol (Ley 60/2003, art. 9º, nº 3)[732] e italiano (Codice di

---

[731] Portugal, LAV, art. 2.º, nº 2: "A exigência de forma escrita tem-se por satisfeita quando a convenção conste de documento escrito assinado pelas partes, troca de cartas, telegramas, telefaxes ou outros meios de telecomunicação de que fique prova escrita, incluindo meios electrónicos de comunicação". E, nº 3: "Considera-se que a exigência de forma escrita da convenção de arbitragem está satisfeita quando esta conste de suporte electrónico, magnético, óptico, ou de outro tipo, que ofereça as mesmas garantias de fidedignidade, inteligibilidade e conservação". "Nos termos do art. 2.º, nº 1, LAV a convenção de arbitragem deve adotar a forma escrita. Considera-se reduzida a escrito não só a convenção constante de documento assinada pelas partes, mas também a resultante de troca de cartas, telex, telegramas ou outros meios de telecomunicação de que fique prova escrita". (GOUVEIA, Mariana França. *Curso de Resolução Alternativa de Litígios*. 3ª ed. Coimbra: Almedina, 2020, p. 131) "Neste sentido, considera-se que a convenção de arbitragem respeitou o requisito da forma escrita quando a mesma "conste de documento escrito assinado pelas partes, trocas de cartas, telegramas, telefaxes ou outros meios de telecomunicação de que fique prova escrita, incluindo meios electrónicos de comunicação". (MONTEIRO, António Pedro Pinto; SILVA, Artur Flamínio da; MIRANTE, Daniela. *Manual de Arbitragem*. Coimbra: Almedina, 2020, p. 141-142).

[732] Espanha, Ley 60/2003, art. 9º, nº 3: "El convenio arbitral deberá constar por escrito, en un documento firmado por las partes o en un intercambio de cartas, telegramas, télex, fax u otros medios de telecomunicación que dejen constancia del acuerdo. Se considerará cumplido este requisito cuando el convenio arbitral conste y sea accesible para su ulterior consulta en soporte electrónico, óptico o de otro tipo"

Procedura Civile, art. 807)[733] também considera satisfeito o requisito de forma quando a convenção se insere em meios telemáticos de comunicação.

O direito brasileiro não tem regra expressa sobre o tema. Assim, como as convenções de arbitragem são espécie do gênero negócio jurídico, devem seguir a regra geral de formação. A mônada do negócio jurídico é a declaração negocial[734]. Havendo o encontro de duas declarações de vontade receptícias, com a proposta e a aceitação, há o surgimento do negócio jurídico[735]. O requisito peculiar trazido pela lei de arbitragem é que o resultado do encontro das vontades declaradas deve ter a forma escrita para ser considerada válida, não que deve estar contida em um documento físico. É questão pacífica no direito brasileiro a formação de contratos por meios virtuais[736]. Não diferente deve ser em relação às convenções de arbitragem[737].

Portanto, não há que se confundir "forma escrita" da convenção de arbitragem com "forma física", sendo plenamente possível formar a convenção de arbitragem mediante auxílio de qualquer meio de comunicação que possa ser impresso[738]. Todos esses preenchem o requisito de forma escrita (incluindo captura de tela, *screenshot*), e-mails, cartas, SMS ou mensagens de texto em aplicativos de telefone celular[739]. Na linha de entendimento de Carlos Alberto Carmona, "não está descartada, igualmente, a contratação por via eletrônica, embora esta forma de consolidação da vontade das partes ainda careça, para sua total segurança, de alguma regulamentação que sistematize chaves de autenticação e senhas de confirmação de mensagens"[740].

Assim, concretamente, por exemplo, trocas de e-mails a partir das quais é possível inferir consentimento em relação à convenção de arbitragem basta para que essa se repute formada[741]. Essas e outras formas de comunicação escrita, realizadas ou não de modo

---

[733] Itália, Codice di Porcedura Civile, art. 807: "[...] La forma scritta s'intende rispettata anche quando la volontà delle parti è espressa per telegrafo,telescrivente, telefacsimile o messaggio telematico nel rispetto della normativa, anche regolamentare, concernente la trasmissione e la ricezione dei documenti teletrasmessi."

[734] MOTA PINTO, Carlos Alberto. *Teoria Geral do Direito Civil*. 4ª ed., atualizada por António Pinto Monteiro e Paulo Mota Pinto. Coimbra: Coimbra Editora, 2005, p. 414.

[735] GOMES, Orlando. *Contratos*. 29ª ed. Rio de Janeiro: Forense, 2009, p. 67.

[736] GOMES, Orlando. *Contratos*. 26ª ed. Rio de Janeiro: Forense, 2009, p. 81.

[737] Sob fundamentos distintos, mas com a mesma conclusão: MARTINS-COSTA, Judith. *A Boa-fé no Direito Privado: Critérios para a sua Aplicação*. 2ª Ed. São Paulo: Saraiva, 2018, p. 547.

[738] "O art. 4.º da Lei 9.307/1996 impõe como condição de validade da cláusula compromissória a forma escrita. Assim, a cláusula compromissória será válida se estiver contida num suporte escrito qualquer que seja ele (por exemplo, um contrato, documento apartado, carta, telegrama, fac-simile etc.). Em princípio, e contrariamente ao compromisso, a lei não exige formalidade específica a não ser a utilização do suporte escrito." (COSTA, Marina Mendes. Ofensa à Ordem Pública Nacional Decorrente de Ausência de Assinatura de Cláusula Compromissória – Comentários à SEC 978/STJ. *Revista de Arbitragem e Mediação*, vol. 24, p. 215-235, jan./mar., 2010, DTR 2010/460, p. 08).

[739] SPERANDIO, Felipe Vollbrecht. Convenção de Arbitragem. In: LEVY, Daniel; PEREIRA, Guilherme Setoguti J. (Coords.). *Curso de Arbitragem*. São Paulo: Thomson Reuters Brasil, 2018, p. 98.

[740] CARMONA, Carlos Alberto. *Arbitragem e Processo: um comentário à Lei nº 9.307/96*. 3ª ed. São Paulo: Atlas, 2009, p. 105.

[741] TIBURCIO, Carmen. Cláusula Compromissória em Contrato Internacional: interpretação, validade, alcance objetivo e subjetivo. *Revista de Processo*, vol. 241, p. 521-566, mar./2015, DTR 2015/2138, p. 03.

virtual, são aptas a caracterizar a formação da convenção de arbitragem[742]. Em linha com o caráter *ad probationem* do requisito de forma, o que é indispensável é que as trocas de mensagens sejam documentadas[743]. Caso bastem para conferir o suporte documental, por meio de palavras, há elementos suficientes para poder se identificar consentimento inequívoco em prol da jurisdição arbitral.

Igualmente, tal qual ocorre com a formação da generalidade dos contratos, há de se adaptar o tradicional processo formativo previsto no Código Civil para os novos meios de comunicação. Assim, propostas e aceitações podem ser, facilmente, elaboradas a distância, ou seja, "entre ausentes", por intermédio de comunicação facilitada pela internet. Essa situação também reflete a necessidade de se interpretar dinamicamente o requisito de forma. Nesse sentido, ensinam Lew, Mistelis e Kröll:

> "This all supports the complete abolition of the "in-writing" requirement or at least the submission of the issue of formal validity to a substantive rule of international arbitration. In any event, the writing requirement should be interpreted dynamically in the light of modern means of communication. Arbitration clauses included in contracts negotiated and concluded by e-mail should be accepted as fulfilling the writing requirement in line with the general development that contracts which require written form but are concluded by e-mail are valid"[744].

Portanto, ao se interpretar o requisito de forma sob as lentes da realidade contemporânea, é possível compreender que satisfaz os requisitos da Lei de Arbitragem a troca de mensagens ocorrida virtualmente. Apesar de não haver previsão expressa nesse sentido na Lei de Arbitragem, ao se aplicar as regras de formação contidas no Código Civil, essas servem para iluminar o processo de criação de todo e qualquer negócio jurídico, o qual inclui a cláusula compromissória.

4. Cláusula compromissória formada por troca de petições

No direito estrangeiro é possível encontrar regras referentes a admissibilidade de convenções de arbitragem tácitas. Em Portugal (LAV, art. 2º, nº 5)[745] na Espanha (Ley

---

[742] "Embora a Lei 9.307/1996 não contemple previsão expressa nesse sentido, admite-se como atendida a forma escrita quando a convenção de arbitragem conste não apenas de instrumento contratual escrito e assinado pelas partes, mas, igualmente, de troca de missivas, faxes, ou até mesmo mensagens eletrônicas, das quais reste prova escrita." (SCALETSCKY, Fernanda Sirotsky; AZEVEDO, Marcelo Cândido de; SERPA, Pedro Ricardo. Existência, Validade e Eficácia da Convenção Arbitral. *Revista de Direito Empresarial*, vol. 3, p. 321-351, mai./jun., 2014, DTR 2014/2689, p. 08).

[743] "Mesmo na ausência de convenção de arbitragem, reputa-se válida a submissão tácita da parte ao procedimento arbitral, desde que comprovada, por qualquer meio, sua intenção de assim proceder, o que comprova que a exigência de forma escrita é *ad probationem* e não *ad solenitatem*" (TIBURCIO, Carmen. Cláusula Compromissória em Contrato Internacional: interpretação, validade, alcance objetivo e subjetivo. *Revista de Processo*, vol. 241, p. 521-566, Mar./2015, DTR 2015/2138, p. 13).

[744] LEW, Julian; MISTELIS, Loukas; KRÖLL, Stefan. *Comparative International Commercial Arbitration*. Haia: Kluwer Law International, 2003, p. 132.

[745] Portugal, LAV, art. 2º, nº 5: "Considera-se também cumprido o requisito da forma escrita da convenção de arbitragem quando exista troca de uma petição e uma contestação em processo arbitral, em que a existência de tal convenção seja alegada por uma parte e não seja negada pela outra".

60/2003, art. 9, nº 5)[746] e no Reino Unido (Arbitration Act, art. 5 (5))[747] considera-se existente convenção de arbitragem quando exista troca de petição inicial e contestação no procedimento arbitral, em que o requerente alega a existência da convenção e o requerido não o nega. No Brasil, apesar de inexistir regra expressa nesse sentido, a possibilidade é igualmente aceita, e é decorrência natural das regras e do processo de formação dos negócios jurídicos.

Nesse sentido, reputa-se "formada por escrito" a cláusula compromissória alegada em troca de petições entre as partes sem que a outra a negue[748]. Por essa razão, a participação voluntária em procedimento arbitral, sem consignar claramente, desde o primeiro momento na resposta ao requerimento de arbitragem e a ata de missão a irresignação com a submissão ao juízo arbitral, constitui formação tácita da convenção de arbitragem.

Explica Menezes Cordeiro que "a petição e a contestação podem equivaler a uma convenção escrita de arbitragem quando, nelas, uma parte alegue a sua existência e a outra não a negue"[749]. Ou seja, parte-se da lógica da preclusão da possibilidade de alegar supervenientemente a inexistência de convenção de arbitragem.

Nesse caso, as petições e as documentações produzidas no curso da arbitragem servirão para registrar essa manifestação tácita em prol do procedimento arbitral[750], por meio de comportamento concludente[751]. Por vedação ao *venire contra factum proprium*, incube à parte irresignada com a jurisdição arbitral se manifestar desde o primeiro momento possível acerca de vício atinente à convenção de arbitragem (art. 20 da Lei

---

[746] Espanha, Ley 60/2003, art. 9º, nº 5: "Se considerará que hay convenio arbitral cuando en un intercambio de escritos de demanda y contestación su existencia sea afirmada por una parte y no negada por la otra."

[747] Reino Unido, UK Arbitration Act, art. 5 (5): "An exchange of written submissions in arbitral or legal proceedings in which the existence of an agreement otherwise than in writing is alleged by one party against another party and not denied by the other party in his response constitutes as between those parties an agreement in writing to the effect alleged."

[748] LACRETA, Isabela. Aspectos Contratuais da Cláusula Compromissória. *Revista de Direito Empresarial*, vol. 20, p. 243-276, nov./2016, DTR 2016/24314, p. 08.

[749] MENEZES CORDEIRO, António. *Tratado da Arbitragem*. Coimbra: Almedina, 2016, p. 107.

[750] "na LAV admite-se que seja conferida relevância a convenções de arbitragem tácitas. Com efeito, nos termos do art. 2º, nº, LAV, prevê-se que se considera observado o requisito da forma escrita nos casos em que o demandante alega, na petição, a existência de uma convenção de arbitragem e o demandado, na contestação, não nega." (OLIVEIRA, Elsa Dias. *Arbitragem Voluntária: uma introdução*. Coimbra: Almedina, 2020, p. 42).

[751] Entendendo em sentido diverso, "Entende-se estar igualmente cumprida a exigência legal de forma quando, no âmbito de um processo arbitral, se verifique a alegação da existência de uma convenção de arbitragem na petição e a ausência da negação dessa convenção por parte do demandado. Esta opção legal não significa, no entanto, que uma manifestação tácita do consentimento ou o silêncio de uma parte sejam aptos a produzir uma convenção de arbitragem válida e eficaz. Esta consubstancia tão-somente uma previsão legal específica, não se podendo retirar da mesma que, por recurso às regras gerais, se possam celebrar convenções de arbitragem através de comportamentos tácitos ou do silêncio de uma das partes, desde logo porque sempre impossibilitariam que a expressão inequívoca da vontade das mesmas em submeter a resolução dos seus litígios a arbitragem fosse feita de acordo com a exigência da forma escrita do negócio jurídico." (MONTEIRO, António Pedro Pinto; SILVA, Artur Flamínio da; MIRANTE, Daniela. *Manual de Arbitragem*. Coimbra: Almedina, 2020, p. 142-143).

de Arbitragem)[752]. A inexistência de alegação nesse sentido é apta, portanto, a reputar formada a convenção de arbitragem[753].

Ademais, a conduta concreta das partes durante o processo arbitral também faz prova da existência de convenção escrita[754]. Assim, a ausência de impugnação e a participação ativa no procedimento arbitral constituem condutas coerentes com a aceitação da jurisdição arbitral[755], sendo "o comportamento das partes, ratificando seu consentimento em arbitrar, que permite reputar a cláusula compromissória com se tivesse sido estipulada por escrito"[756].

Percebe-se, portanto, que a ausência documental de impugnação quanto à jurisdição do tribunal arbitral é apta a servir de suporte escrito para fins de comprovação do requisito de forma previsto pela lei de arbitragem. Trata-se de entendimento que privilegia a conduta concreta, geradora de confiança a ser tutelada pela boa-fé objetiva. Ou seja, como imposto pela Lei de Arbitragem, é ônus da parte se insurgir tão cedo quanto possível contra a instauração do procedimento arbitral. Em não o fazendo, a situação é estabilizada, e a convenção de arbitragem pode ser reputada formada tacitamente.

5. Cláusula compromissória verbal

Atualmente, há leis de arbitragem que optaram por flexibilizar expressamente ainda mais o requisito de forma da convenção de arbitragem[757]. Nesse contexto, a legislação do

---

[752] Lei de Arbitragem, Art. 20: "A parte que pretender argüir questões relativas à competência, suspeição ou impedimento do árbitro ou dos árbitros, bem como nulidade, invalidade ou ineficácia da convenção de arbitragem, deverá fazê-lo na primeira oportunidade que tiver de se manifestar, após a instituição da arbitragem."

[753] "Moreover, where a party takes part in an arbitration without denying the existence of an arbitration agreement, it will, in the normal course, be bound by implied consent. In some systems of law, an oral agreement to arbitrate will be regarded as being 'in writing' if it is made 'by reference to terms which are in writing', or if an oral agreement 'is recorded by one of the parties, or by a third party, with the authority of the parties to the agreement'. In these modern arbitration laws, there has, in effect, been a triumph of substance over form: as long as there is some written evidence of an agreement to arbitrate, the form in which that agreement is recorded is immaterial." (REDFERN, Alan; HUNTER, Martin; BLACKABY, Nigel; PARTASIDES, Constantine. *Redfern and Hunter on International Arbitration*. Oxford: Oxford University Press, 2015, p. 77-78).

[754] LACRETA, Isabela. Aspectos Contratuais da Cláusula Compromissória. *Revista de Direito Empresarial*, vol. 20, p. 243-276, nov./2016, DTR 2016/24314, p. 08.

[755] "Mesmo na ausência de convenção de arbitragem, reputa-se válida a submissão tácita da parte ao procedimento arbitral, desde que comprovada, por qualquer meio, sua intenção de assim proceder, o que comprova que a exigência de forma escrita é *ad probationem* e não *ad solenitatem*." (TIBURCIO, Carmen. Cláusula Compromissória em Contrato Internacional: interpretação, validade, alcance objetivo e subjetivo. *Revista de Processo*, vol. 241, p. 521-566, mar./2015, DTR 2015/2138, p. 13).

[756] LACRETA, Isabela. Aspectos Contratuais da Cláusula Compromissória. *Revista de Direito Empresarial*, vol. 20, p. 243-276, nov./2016, DTR 2016/24314, p. 09.

[757] "Most international conventions and national arbitration laws contain substantive conflict of laws provisions in relation to form requirements. Few national laws allow for an oral arbitration agreement. However, the majority of arbitration laws, including the Model Law, in line with the international conventions, require arbitration agreements to be either in writing or at least to be evidenced in writing. This is now also the case in the new German and Dutch laws, which traditionally allowed for oral agreements" (LEW, Julian; MISTELIS, Loukas; KRÖLL, Stefan. *Comparative International Commercial Arbitration*. Haia: Kluwer Law International, 2003, p. 130-131).

Reino Unido tem previsão acerca da possibilidade de haver convenção de arbitragem através de gravações (UK Arbitration Act, art. 5 (4)).[758] A lei menciona expressamente que as gravações, para esse fim, são consideradas "em escrito" (UK Arbitration Act, art. 5 (6))[759]. Disposições como essa da lei inglesa representam o triunfo da substância sobre a forma, pois o que prevalece é o registro do consentimento em relação a submissão da questão à arbitragem[760]. Em sentido similar, a ZPO alemã, no 1031(1) traz previsão ampla no requisito de forma da convenção de arbitragem, reputando-a formada quando aferível a partir de "outras formas de comunicação trocadas entre elas que assegurem a comprovação da convenção"[761].

Diogo Costa Gonçalves defende a admissibilidade de se fazer ampla prova da vontade real das partes em favor da arbitragem, reputando a interpretação estrita do requisito "por escrito" como ultrapassada[762]. No mesmo sentido, na praxe comercial se verifica contratos firmados oralmente, sendo necessidade do comércio que nem sempre a legislação está pronta para atender[763]. Em outros ordenamentos, inclusive, em sede de arbitragem internacional há maior tendência a se privilegiar elementos consensualistas em detrimento de requisitos formais[764].

No direito brasileiro, por sua vez, por mais que seja possível e recomendável interpretação ampla do requisito de forma, o texto da lei não admite a compreensão de ser

---

[758] Reino Unido, UK Arbitration Act, art. 5 (4): "An agreement is evidenced in writing if an agreement made otherwise than in writing is recorded by one of the parties, or by a third party, with the authority of the parties to the agreement".

[759] Reino Unido, UK Arbitration Act, art. 5 (6): "References in this Part to anything being written or in writing include its being recorded by any means".

[760] REDFERN, Alan; HUNTER, Martin; BLACKABY, Nigel; PARTASIDES, Constantine. *Redfern and Hunter on International Arbitration*. Oxford: Oxford University Press, 2015, p. 77.

[761] Alemanha, ZPO, § 1031: "(1) Die Schiedsvereinbarung muss entweder in einem von den Parteien unterzeichneten Dokument oder in zwischen ihnen gewechselten Schreiben, Fernkopien, Telegrammen oder anderen Formen der Nachrichtenübermittlung, die einen Nachweis der Vereinbarung sicherstellen, enthalten sein."

[762] "Esta recondução dogmática enfrenta sempre o obstáculo de a generalidade das leis de arbitragem – maxime a própria New York Convention – exigir que a convenção de arbitragem seja reduzida a escrito. Tal exigência é ultrapassada, admitindo que seja feita prova da real vontade das partes (ainda que não exista assinatura da convenção escrita)." (GONÇALVES, Diogo Costa. A Vinculação de Terceiros à Convenção de Arbitragem: algumas reflexões. *Revista de Arbitragem e Mediação*, vol. 64/2020, p. 259-274, jan./mar. 2020, DTR 2020/1802, p. 06).

[763] "Não obstante essas divergências quanto ao requisito da forma escrita, é necessário observar que a cláusula escrita nem sempre corresponde à prática comercial, na qual há setores que frequentemente confiam em contratos celebrados oralmente." (MARTIN, André; RIBEIRO, Flávio Santana C.; FACKLMANN, Juliana; GEMIGNANI, Karina. O Perecimento da Convenção de Arbitragem. *Revista de Direito Empresarial*, vol. 3, p. 265-293, mai./jun. 2014, DTR 2014/2687, p. 11).

[764] "Contrariamente ao texto expresso e a interpretação dada ao art. II da Convenção de Nova Iorque, os juízes brasileiros não admitem a validade da cláusula arbitral verbal. Mesmo que o contrato principal seja negociado oralmente entre as partes, a cláusula compromissória deve existir através de um suporte escrito. A título comparativo, no direito francês a forma escrita não é exigida em matéria de arbitragem internacional, pois a cláusula compromissória é considerada como um contrato consensual. O que importa é o consentimento dado que pode ser provado por qualquer meio pelas partes." (COSTA, Marina Mendes. Ofensa à Ordem Pública Nacional Decorrente de Ausência de Assinatura de Cláusula Compromissória – Comentários à SEC 978/STJ. *Revista de Arbitragem e Mediação*, vol. 24, p. 215-235, jan./mar., 2010, DTR 2010/460, p. 09).

possível convenção de arbitragem formada inteiramente de modo oral. Algum suporte documental é necessário. Contudo, à luz dos arts. 112 e 113 do Código Civil, e diante do caráter *ad probationem* do requisito de forma da cláusula compromissória não inserida em contrato de adesão, é possível utilizar, por exemplo, elementos verbais gravados (áudios, gravações consentidas de reuniões, entre outros) para auxiliar na interpretação e no escopo da convenção de arbitragem. No mesmo sentido, é possível que em reunião para formar a ata de missão na qual não havia cláusula compromissória previamente documentada as partes acordem oralmente em favor da submissão dos litígios na via arbitral, documentando esse acerto em documento consentido por ambas. Assim, elementos orais, eventualmente, podem ser utilizados para interpretar a formação e o consentimento em favor da arbitragem.

PARTE IV

A DIMENSÃO DINÂMICA DA CONVENÇÃO DE ARBITRAGEM

Analisados os elementos mais essenciais da convenção de arbitragem, bem como o seu processo de juridicização e entrada no mundo do direito, passa-se a focar em manifestações especiais da convenção de arbitragem no plano da eficácia. Nesse sentido, a presente parte é composta por quatro capítulos: (i) o primeiro referente ao efeito negativo da convenção de arbitragem; (ii) o segundo sobre o efeito positivo; (iii) o terceiro sobre a sua autonomia; e (iv) o quarto, por fim, sobre o *Kompetenz-Kompetenz*.

Os capítulos seguintes têm por denominador comum o fato de serem dedicados a estudar fatores de dinamização e de operacionalização da convenção de arbitragem, tornando-a apta à plena irradiação dos seus efeitos jurídicos. Assim, em vez de focar na perspectiva estática, ou seja, nos elementos e requisitos estruturantes – as partes, o objeto e a forma – a preocupação passa a estar voltada, especialmente, à manifestação da convenção no mundo jurídico a partir de uma perspectiva mais operacional.

Os capítulos sobre os "efeitos" da convenção de arbitragem objetivam analisar o "efeito positivo" e o "efeito negativo". Longe de serem propriamente as únicas manifestações de eficácia da convenção de arbitragem, e também não correspondendo à totalidade das posições e situações jurídicas decorrentes, ambos representam manifestações de especial importância, por estarem relacionados à atribuição de jurisdição ao tribunal arbitral e à interação das partes com o Poder Judiciário. Assim, a díade "efeito positivo" e "efeito negativo" está próxima do que constitui a eficácia típica derivada da pactuação de convenção de arbitragem, atrelada ao objeto desse negócio jurídico, a saber, a estruturação da jurisdição arbitral como o *locus* de exercício do direito de ação referente às posições jurídicas decorrentes ou relacionadas à relação de direito patrimonial e disponível referida no seu escopo objetivo.

Na sequência, o capítulo sobre "autonomia da convenção de arbitragem" aborda a interação entre o negócio jurídico arbitral e a relação material à que diz respeito. Mostra-se as consequências de considerar a cláusula compromissória de modo próprio e apartado da relação jurídica subjacente, bem como as repercussões decorrentes nos planos da existência, validade e eficácia. É, pois, ponto de partida analítico no plano de direito material de compreensão da interação entre a relação de direito patrimonial e disponível e a eleição do método de solução de disputas.

Por fim, o capítulo sobre *Kompetenz-Kompetenz* encampa o estudo da norma de atribuição de poderes jurisdicionais para analisar a existência, a validade, a eficácia e qualquer vicissitude pela qual venha passar a convenção de arbitragem. Assim, trata-se de norma de segundo grau, atribuindo critério normativo para a aferição da jurisdição competente às discussões acerca do negócio jurídico arbitral. Ademais, é princípio estruturante e basilar, ao lado da autonomia da cláusula compromissória, do instituto da arbitragem no Brasil. É, pois, norma que valora, no plano processual, a manifestação volitiva decorrente da autonomia privada dos particulares, no sentido de submeter determinados conflitos à jurisdição do tribunal arbitral.

Capítulo 13

EFEITO NEGATIVO DA CONVENÇÃO DE ARBITRAGEM

O efeito negativo da convenção de arbitragem, ao lado do efeito positivo, constitui a eficácia negocial típica do negócio jurídico arbitral. No presente Capítulo, analisamos os aspectos fundamentais associados a esse efeito.

Em primeiro, faz-se uma delimitação dos efeitos típicos dos negócios jurídicos. Por ser negócio jurídico, é aplicável à análise da convenção de arbitragem o aparato conceitual típico do direito civil. Em verdade, como se explicará adiante, os efeitos negativos e positivos são especificações dos deveres gerais de vinculatividade (*pacta sunt servanda*) e da relatividade (*res inter alios acta, aliis nec nocet nec prodest*) dos efeitos dos contratos. Ou seja, enquanto negócio jurídico, os efeitos da convenção de arbitragem são cogentes para as partes que a pactuaram.

Em segundo, passa-se para uma análise conceitual do efeito negativo da convenção de arbitragem. Ou seja, em decorrência do direito potestativo de dar início ao procedimento arbitral, há, consequentemente, o poder conferido às partes de impedir que a essas controvérsias sejam levadas para a apreciação das cortes estatais. Assim, o efeito negativo, sobretudo, está associado à possibilidade de agir em prol da abstenção do Poder Judiciário, relegando a análise do mérito para tribunal arbitral constituído ou a ser constituído. Isto é, por força do efeito negativo, subtrai-se a jurisdição do Poder Judiciário de analisar o mérito de determinada contenda inserida no escopo de uma convenção de arbitragem. Trata-se, portanto, da necessidade de abstenção dos juízes togados em proferirem pronunciamentos jurisdicionais finais de mérito por conta da existência de convenção de arbitragem.

Em terceiro, foca-se nas consequências do efeito negativo, particularmente, nas renúncias que são feitas ao se pactuar uma convenção de arbitragem. Pelo fato de a arbitragem e o Poder Judiciário serem dois sistemas distintos de prestação jurisdicional, há diferenças significativas que hão de ser ponderadas pelas partes, antes de optarem pela decisão séria de firmar convenção de arbitragem. Questões como renúncia ao acesso ao sistema recursal estatal, perda das garantias de acesso à justiça e a possibilidade de renunciar à publicidade dos atos processuais, são consequências decorrentes do efeito negativo da convenção de arbitragem, na medida que tais prerrogativas são próprias e exclusivas da litigância perante o Poder Judiciário.

Em quarto, são analisados os meios de cumprimento específico do efeito negativo da convenção de arbitragem. Se a autonomia da vontade permite a elaboração de negócios jurídicos, e, além disso, se a própria liberdade contratual confere a possibilidade de escolher se contratar, com quem contratar e como contratar, é necessário que o direito confira meios coativos para não tornar as palavras do contrato letra morta. Portanto, os efeitos da convenção de arbitragem, tal qual os efeitos de qualquer outro negócio jurídico validamente pactuado, são efetivados e chancelados pela ordem jurídica, que oferece mecanismos coativos aptos para tanto, a saber, a exceção de arbitragem.

Em suma, o presente Capítulo busca oferecer o ponto de partida para a análise dinâmica da convenção de arbitragem, vislumbrando os principais efeitos decorrentes da sua pactuação. O efeito negativo particulariza-se, por excelência, como o viabilizador lógico da efetividade do sistema arbitral. Não basta conferir às partes o direito de litigar perante a jurisdição de árbitros. É necessário conferir meios de evitar arrependimentos oportunistas e impedir escapatórias imotivadas para as cortes estatais. Assim, o efeito negativo da convenção de arbitragem é o substrato sob o qual se ergue a viabilidade da arbitragem como método de solução de conflitos.

§ 45. EFEITOS DOS NEGÓCIOS JURÍDICOS

1. Efeitos e eficácia

Em qualquer ramo do ordenamento, a existência de direito, dever, pretensão, obrigação ou qualquer outra categoria eficacial indica a existência de uma relação jurídica, haverá, ao menos, dois sujeitos de direitos, com posições jurídicas contrapostas e considerados de modo recíproco[1]. Em se tratando dos negócios jurídicos, a eficácia traduz a aptidão do negócio à produção dos efeitos derivados da declaração de vontade[2].

Ao se estudar os efeitos decorrentes de um negócio jurídico, em última análise, volta-se a atenção para as manifestações desse, no plano da eficácia. Isso é, quais as criações, modificações ou extinções ocorreram em decorrência deste negócio jurídico. Nesse sentido, há conexão entre a vontade e os objetivos da declaração de vontade, que podem ser explicadas por duas teorias distintas[3].

Em primeiro, pela teoria dos efeitos jurídicos, originalmente sustentada por Savigny, Windscheid e Zittelman, haveria uma conjugação entre a vontade emanada e os efeitos dos negócios jurídicos, de tal sorte que a carência de vontade implica, consequentemente, a não produção destes efeitos jurídicos. Essa teoria foi fruto do momento subjetivista e voluntarista que marcou a civilística do século XVIII e XIX. Contudo, as limitações dessa teoria são evidentes, pois ignora que os efeitos irradiados não dependem, exclusivamente, da vontade das partes, e, além disso, os negócios jurídicos, tal qual pactuados, poderão produzir efeitos que as partes sequer haviam cogitado.

Em segundo, pela teoria dos efeitos práticos, criada em reação à teoria dos efeitos jurídicos. Por essa razão, faz-se a diferenciação entre a vontade subjetiva das partes e a objetividade do negócio jurídico. Trata-se da teoria dominantemente aceita, explicando que os sujeitos de direito, ao praticarem atos jurídicos, pretendem atingir motivados por um determinado fim prático, desconhecendo ou ignorando a totalidade dos efeitos jurídicos daí derivados. Assim, associa-se a vontade do declarante à produção de resultados válidos para o direito, e não para produção de determinados efeitos, em si considerados.

---

[1] MELLO, Marcos Bernardes de. *Teoria do Fato Jurídico: plano da eficácia*. 10ª ed. São Paulo: Saraiva, 2015, p. 194.

[2] TEPEDINO, Gustavo; OLIVA, Milena Donato. *Fundamentos do Direito civil: teoria geral do direito civil*. 3ª ed. Rio de Janeiro: Forense, 2022, p. 309.

[3] AMARAL, Francisco. *Direito Civil: introdução*. 10ª ed. São Paulo: Saraiva, 2018, p. 483-484.

PARTE IV · **Capítulo 13** · EFEITO NEGATIVO DA CONVENÇÃO DE ARBITRAGEM | **505**

O grande benefício desta última visão é a possibilidade de explicar a existência de efeitos ignorados pelas partes ou, pelo menos, não percebidos, decorrentes de elementos não considerados ao longo do processo negocial. Ou seja, ao mesmo tempo que se valoriza a vontade enquanto força jurígena, essa é valorada de modo objetivo, pela sua externalização no mundo, sendo esse o parâmetro a ser utilizado para identificar quais os efeitos decorrentes de determinado negócio jurídico.

Como destaca Pontes de Miranda, a vontade humana em nada se relaciona com as noções de incidência das regras jurídicas de seus resultados e das categorias eficaciais decorrentes[4]. Assim, importa perceber que os negócios jurídicos irão irradiar os seus efeitos, a despeito de terem sido subjetivamente desejados. Como destacado, o seu conteúdo é composto de elementos essenciais, elementos acidentais e elementos naturais[5]. Portanto, é precisamente da conjugação dos efeitos delineados pela vontade das partes acrescidos daqueles oriundos do direito objetivo que, conjuntamente, irão determinar o conteúdo eficacial de determinado negócio jurídico.

No capítulo destinado à análise do plano da eficácia da convenção de arbitragem, apontou-se variadas situações jurídicas derivadas da sua pactuação[6]. Conforme destacado, o rol elencado era meramente exemplificativo, diante da impossibilidade de, naquele momento, exaurir a totalidade da carga eficacial do negócio jurídico arbitral. No presente capítulo, ao analisarmos de forma mais detida o "efeito positivo" e "efeito negativo" da convenção de arbitragem, pretende-se sobretudo examinar o que se poderia considerar como a eficácia típica desse negócio jurídico: a constituição da jurisdição do tribunal arbitral e a modificação do exercício da jurisdição, que deixa de ser exercida perante o Poder Judiciário e passa para a jurisdição arbitral.

2. Princípio da força obrigatória dos contratos

O reconhecimento de efeitos vinculantes à convenção de arbitragem apresenta relação direta com o princípio *pacta sunt servanda*[7]. Na medida em que a convenção de arbitragem é negócio jurídico autônomo e independente, fruto da livre manifestação da vontade das partes contratantes, reconhecer-lhe efeito vinculante é, no fundo, forma de maximização da valorização da manifestação de vontade. Ademais, trata-se de viabilizador social, pois a sociedade dependa da ocorrência de trocas, as quais são instrumentalizadas por contratos[8].

---

[4] "Rigorosamente, a vontade nada tem a ver com as noções de incidência das regras jurídicas e de seus resultados (direito subjetivo, pretensão, ação, direito de exceção; sujeito de direito, ativo ou passivo). Tanto assim que a vontade, quando é protegida, só o é porque a incidência a protege e ela se acha do lado ativo ou passivo da eficácia. Tôda concepção do direito subjetivo como vontade enche de volição o que muitas vêzes não na tem. Nos escritores que a sustentam, tal convicção revela a data filogenética da sua psique ou a de algum fato psicanalítico." (PONTES DE MIRANDA, Francisco Cavalcanti. *Tratado de Direito Privado*. Tomo V. Atualizado por Marcos Bernardes de Mello; Marcos Ehrhardt Jr. São Paulo: Revista dos Tribunais, 2012, p. 290).

[5] Capítulo 3.

[6] Capítulo 10.

[7] FICHTNER, José Antonio, et al. *Teoria Geral da Arbitragem*. Rio de Janeiro: Forense, 2019, p. 133-137.

[8] FORGIONI, Paula A. *Contratos Empresariais: teoria geral e aplicação*. 2ª ed. São Paulo: Editora Revista dos Tribunais, 2016, p. 109.

O princípio da força obrigatória dos contratos encontra-se expressamente positivado em diversos ordenamentos jurídicos, como no art. 1.134 do Code Civil francês de 1804, segundo o qual 'les conventions légalement formées tiennent lieu de loi à ceux qui les ont faites'. Trata-se do que igualmente estabelece a primeira parte do item 1 do art. 1.372 do *Codice Civile* italiano de 1942, segundo o qual 'il contratto há forza di legge tra le parti'".

Em termos conceituais, o princípio da força obrigatória dos contratos reflete a regra de que o contrato vincula as partes quando é celebrado em observância dos pressupostos e requisitos necessários[9]. Assim, o contrato torna-se cogente para aqueles que contrataram, verdadeira fonte normativa, cujo descumprimento autoriza a parte lesada a procurar execução forçada pelo Poder Judiciário, quando possível, ou o equivalente em perdas e danos[10]. Para Orlando Gomes, "o contrato obriga os contratantes, sejam quais forem as circunstâncias em que tenha de ser cumprido. Estipulado validamente seu conteúdo, vale dizer, definidos os direitos e obrigações de cada parte, as respectivas cláusulas têm, para os contratantes, força obrigatória"[11]. Assim, uma vez livremente pactuado, cabe às partes observar as condições ajustadas e ao Estado assegurar o seu fiel cumprimento, oferecendo os meios coativos adequados[12].

Em termos éticos, o princípio da vinculatividade dos contratos reflete o primor à palavra dada, significando a irreversibilidade da palavra empenhada[13]. Igualmente, justifica-se pelo princípio da autonomia da vontade, intimamente relacionada com a assunção de responsabilidades[14]. Assim, também por conta desse substrato ético, esse princípio adquire importância sistêmica, pois, diante de sua eventual ausência, careceriam de ferramentas paras desestimular atitudes prejudiciais ao giro do comércio[15].

Em termos econômicos, trata-se de verdadeiro viabilizador da existência do mercado, por coibir comportamentos oportunistas indesejáveis[16]. A ausência desse princípio implicaria desincentivo ao adimplemento dos contratos e, em última instância, desincentivo à circulação de riquezas. Como se vê, a força obrigatória dos contratos constitui pedra angular da segurança do comércio jurídico[17].

Assim, a força obrigatória dos contratos é fator de estabilidade e previsibilidade jurídica[18]: em primeiro, fomenta a estabilidade, pois assegura que aquilo que for pactuado será cumprido, voluntariamente, ou será assegurado, mediante auxílio do aparato coator estatal protegendo as partes de arbítrios e oportunismos; em segundo, fomenta a previ-

---

[9] GOMES, Orlando. *Contratos*. 26ª ed. Rio de Janeiro: Editora Forense, 2009, p. 38.

[10] LOBO, Paulo. *Direito Civil: Contratos*. 3ª ed. São Paulo: Saraiva, 2017, p. 59.

[11] GOMES, Orlando. *Contratos*. 26ª ed. Rio de Janeiro: Editora Forense, 2009, p. 38.

[12] LOBO, Paulo. *Direito Civil: Contratos*. 3ª ed. São Paulo: Saraiva, 2017, p. 59.

[13] PEREIRA, Caio Mário da Silva. *Instituições de Direito Civil*. Vol. 3. 11ª ed. Rio de Janeiro: Forense, 2005, p. 14.

[14] GOMES, Orlando. *Contratos*. 26ª ed. Rio de Janeiro: Editora Forense, 2009, p. 38.

[15] FORGIONI, Paula A. *Contratos Empresariais: teoria geral e aplicação*. 2ª ed. São Paulo: Editora Revista dos Tribunais, 2016, p. 109.

[16] FORGIONI, Paula A. *Contratos Empresariais: teoria geral e aplicação*. 2ª ed. São Paulo: Editora Revista dos Tribunais, 2016, p. 109.

[17] GOMES, Orlando. *Contratos*. Atualização de Antonio Junqueira de Azevedo e Francisco Paulo de Crescenzo Marino. 26ª ed. Rio de Janeiro: Forense, 2008, p. 39.

[18] LOBO, Paulo. *Direito Civil: Contratos*. 3ª ed. São Paulo: Saraiva, 2017, p. 59.

sibilidade pois, sendo o contrato forma de regular no presente riscos futuros, o contrato serve de diretiva de conduta concreta, informando ambas as partes quando e que atitudes serão tomadas no curso da execução do programa ajustado.

Para que cumpra efetivamente essas funções, está associada ao princípio da vinculatividade dos contratos a ideia de irretratabilidade. Uma vez formado, o contrato não pode ser modificado senão pelo consenso de todas as partes envolvidas. Caso contrário, seria possível vincular os parceiros comerciais contra a vontade desses, a depender das intempéries concretas no curso da execução do contrato[19]. Ou seja, o cerne do princípio da liberdade contratual está no respeito à intenção comum objetivada na reciprocidade fixada pelas partes[20]. Portanto, por erigir enquanto engrenagem mestra do sistema contratual a intenção comum, imuniza-se o contrato de arroubos individuais. Assim, o contrato, enquanto fruto da liberdade, paradoxalmente, não confere a liberdade de se desligar unilateralmente ou descumprir o ajuste feito[21].

Portanto, ao ser pactuada, a convenção de arbitragem, tal qual qualquer outro negócio jurídico, estará sujeita a este efeito vinculativo. Uma vez pactuada, ambas as partes poderão exigir coativamente a sua observância, socorrendo-se, eventualmente, do aparato estatal como forma de viabilizar o exato e pontual cumprimento do ajustado[22]. O ajuste contratual de submeter conflitos à jurisdição arbitral não pode ser feito de letra morta na economia do contrato. Considerando as vantagens próprias da arbitragem, enquanto o mais civilizado método de solução de controvérsias, há verdadeiro direito de exigir o seu fiel cumprimento.

Não cabe à parte arrependida tentar, oportunisticamente, não cumprir o ajuste materializado na convenção de arbitragem. Ao ter empenhado a palavra em prol da arbitragem, somente com a concordância da outra parte é possível redeslocar para o Poder Judiciário a solução do conflito. O direito assegura a todas as partes da convenção de arbitragem tanto o poder de iniciar a arbitragem quanto o poder de submeter as demais partes à solução de conflitos pela via arbitral.

---

[19] "Se lhes fosse permitido, os agentes econômicos valer-se-iam dos contratos para vincular apenas seus parceiros comerciais, e nunca a si próprios. No momento inicial, as partes creem que o negócio ser-lhes-á vantajoso; todavia, com o passar do tempo, é possível que o vínculo deixe de interessar a uma delas. Nasce o anseio de se livrar da amarra contratual para seguir outro caminho." (FORGIONI, Paula A. *Contratos Empresariais: teoria geral e aplicação.* 2ª ed. São Paulo: Editora Revista dos Tribunais, 2016, p. 109).

[20] FERREIRA DA SILVA, Luis Renato. Resolução por Onerosidade Excessiva: pressupostos e disponibilidade. *Revista de Direito Civil Contemporâneo*, vol. 19, p. 61-86, 2019, p. 14.

[21] "Diz-se que é intangível, para significar-se a irretratabilidade do acordo de vontades. Nenhuma consideração de equidade justificaria a revogação unilateral do contrato ou a alteração de suas cláusulas, que somente se permitem mediante novo concurso de vontades. O contrato importa restrição voluntária da liberdade; cria vínculo do qual nenhuma das partes pode desligar-se sob o fundamento de que a execução a arruinará ou de que não o teria estabelecido se houvesse previsto a alteração radical das circunstâncias." (GOMES, Orlando. *Contratos.* 26ª ed. Rio de Janeiro: Editora Forense, 2009, p. 38).

[22] "Ora, o respeito à cláusula compromissória ou ao compromisso arbitral nada mais é que uma cristalina expressão do princípio pacta sunt servanda, não se podendo admitir que as partes dele se esquivem, quando do advento do litígio." (VERÇOSA, Fabiane. Efeito Negativo da Competência-Competência. *RBAr*, nº 6, abr./jun., p. 82-90, 2005, p. 89).

3. Princípio da relatividade dos contratos

A relatividade, ao lado da vinculatividade, é o segundo efeito decorrente do exercício da liberdade contratual, ou seja, o contrato somente é obrigatório entre as partes[23]. Direitos obrigacionais tem eficácia *inter partes*, ou seja, somente entre as partes que se vincularam, entre aqueles que manifestaram o seu consentimento. O contrato é *res inter alios acta* "entre aqueles que manifestaram o seu consentimento". Nas palavras de Alberto Trabucchi, "per relatività del contratto si intende appunto la limitazione degli effetti contrattuali rispetto ai soggetti"[24].

Ademais, o contrato não se pode estabelecer obrigações para terceiro, nem os prejudicando nem os beneficiando ("*neque nocet, neque project*")[25]. Chegando-se ao consenso de querer, com quem, como chega-se ao contrato que é vinculante e relativo. A única exceção é o fato de que alguns contratos apenas são feitos para beneficiar certos terceiros como, por exemplo, o seguro de vida.

Modernamente, com a funcionalização dos direitos, esse princípio passou a encontrar outras situações limitadoras[26]. Por exemplo, da função social se derivou a ideia de tutela externa do crédito ou oponibilidade em relação a terceiros. Por vezes, para que o contrato chegue ao seu fim, deve-se interpor o contrato a terceiros. Trata-se de uma vedação a que os contratos sejam turbados por terceiros. O causador do rompimento contratual não pode sair ileso.

Assim, deve-se criar um mecanismo de defesa para os terceiros que perturbam a relação contratual, para que se respeite os contratos. Cria-se uma verdadeira obrigação de não fazer em relação a terceiros. É uma tutela externa do crédito, pois se defende o contrato contra terceiros. Trata-se de mitigação do efeito relativo, que impõe o respeito de terceiros ao contrato e, em última instância, que permita que o contrato cumpra com a sua função social. A ideia da oponibilidade significa "não turbar a relação contratual alheia", criando obrigações negativas para o terceiro, se opõe o contrato a terceiros.

A segunda circunstância que atinge o efeito relativo é a extensibilidade. Para que o contrato possa ser cumprido, faz-se que o terceiro que não é parte do contrato, que não se obriga a nada, não só respeitar, mas também fazer. Se não fizer, o contrato não será cumprido. Há várias pessoas que têm contatos qualificados com uma determinada relação contratual. Ou seja, existem pessoas que não são efetivamente partes, mas se relacionam,

---

[23] FICHTNER, José Antonio, et. Al. *Teoria Geral da Arbitragem*. Rio de Janeiro: Forense, 2019, p. 130-131.

[24] TRABUCCHI, Alberto. *Istituzioni di diritto civile*. Atualização de Giuseppe Trabucchi. 44ª ed. Padova: Cedam, 2009, p. 194.

[25] AZEVEDO, Antonio Junqueira de. Os princípios do atual direito contratual e a desregulação do mercado. In: _____. *Estudos e pareceres de direito privado*. São Paulo: Saraiva, 2004, p. 140.

[26] A fattispecie de aplicação do princípio da função social do contrato deve ser considerada caracterizada sempre que o contrato puder afetar de alguma forma interesses institucionais externos a ele. Não se caracteriza, portanto, a fattispecie nas relações contratuais internas (i.e., entre as partes do contrato). E por duas razões. Em primeiro lugar pela própria ligação histórica e de essência da expressão aos interesses institucionais, que, como visto, não se confundem com os individuais. Em segundo porque uma aplicação da expressão às partes contratantes levaria a tentativas assistemáticas e difusas de reequilíbrio contratual." (SALOMÃO FILHO, Calixto. Função social do contrato: primeiras anotações. *Revista dos Tribunais*, vol. 823, p. 67-86, mai./2004, DTR 2004/313, p. 10).

de alguma maneira, sem ser contratantes, atraídas pela esfera gravitacional do contrato, podendo ser obrigadas ou a não fazer (oponibilidade) ou a fazer (extensibilidade).

Na arbitragem, o princípio da relatividade dos contratos se aplica no sentido de limitar a via arbitral àquelas partes que se vincularam à convenção de arbitragem. Somente poderá ser parte de um procedimento arbitral quem antes é parte da convenção de arbitragem. Normalmente, estas partes são aquelas que celebraram e assinaram o compromisso arbitral ou a cláusula compromissória. Assim, sobre essas incidirão os efeitos positivos e negativos do negócio jurídico arbitral, bem como serão os titulares das demais categorias eficaciais decorrentes da pactuação da convenção de arbitragem.

Há situações, porém, em que a convenção de arbitragem vincula partes não signatárias da convenção de arbitragem, como ocorre no caso de grupos societários, grupos de contratos, desconsideração da personalidade jurídica, cessão da posição contratual, sub-rogação e outras inúmeras hipóteses de transmissão e extensão da convenção de arbitragem. Nestes casos, importará para incidência do princípio da relatividade dos contratos o comportamento das partes, especialmente na fase negocial do contrato-base, na execução do contrato-base e, também, no próprio processo arbitral.

No entanto, por força da relatividade dos contratos, há balizamento dos efeitos a quem é parte, salvaguardadas situações excepcionais de oponibilidade e de extensibilidade. Assim, a definição do escopo subjetivo das relações contratuais, por via de regra, será o fator determinante para determinar quem serão os titulares das categorias eficaciais derivadas de determinado negócio jurídico.

§ 46. EFEITO NEGATIVO DA CONVENÇÃO DE ARBITRAGEM

1. A Convenção de Nova Iorque e o reconhecimento internacional do efeito negativo

O efeito negativo da convenção de arbitragem significa o poder conferido às partes de impor o afastamento da jurisdição do Poder Judiciário de analisar o mérito de litígio inserido no escopo objetivo e subjetivo da convenção de arbitragem[27]. Quando se pactua convenção de arbitragem, surge o direito potestativo de impor coativamente o exercício da jurisdição por um tribunal arbitral. No entanto, essa prerrogativa de nada valeria se não existissem mecanismos correlatos que impedissem a manifestação jurisdicional sobre o mérito da causa pelo Poder Judiciário.

A opção do legislador foi exercida em linha com o texto da Convenção de Nova Iorque, a qual é explícita ao atribuir ao Poder Judiciário o dever de remeter às partes a arbitragem diante da existência de convenção de arbitragem quando é formulado esse pedido[28]. Prevê o art. II (3) da Convenção de Nova Iorque que "o tribunal de um Estado signatário, quando de posse de ação sobre matéria com relação à qual as partes tenham estabelecido acordo nos termos do presente artigo, a pedido de uma delas, encaminhará

---

[27] "Este é, então, o efeito negativo da celebração de uma convenção de arbitragem: a possibilidade de o réu (na ação estadual) impedir que o tribunal estadual aprecie a ação." (GOUVEIA, Mariana França. *Curso de Resolução Alternativa de Litígios*. 3ª ed. Coimbra: Almedina, 2020, p. 183).

[28] TALAMINI, Eduardo. Arguição de Convenção Arbitral no Projeto de Novo Código de Processo Civil (Exceção de Arbitragem). In: FUX, Luis *et al*. *Novas Tendências do Processo Civil: Estudos sobre o Projeto do Novo CPC*. Vol. 2. Salvador: Juspodivm, 2014, p. 413.

as partes à arbitragem, a menos que constate que tal acordo é nulo e sem efeitos, inoperante ou inexequível".

Doak Bishop sugere que as partes sejam claras em relação ao exato alcance do que estão contratando. Mais exatamente. Se estão prevendo a impossibilidade de recurso contra a sentença arbitral, se estão mirando veto a eventual demanda anulatória ou, mesmo, se pretendem atingir a análise feita, à luz da Convenção de Nova Iorque, para fins de reconhecimento e execução da sentença arbitral[29].

Nesse sentido, menciona que cada país lida de forma diferente com tais *renúncias*, mencionando o exemplo dos Estados Unidos, cujas cortes entendem que é possível eliminar qualquer tipo de análise sobre a sentença arbitral, mas é necessário que a convenção de arbitragem assim disponha de forma clara e expressa[30]. De outro lado, aduz que, na França, as cortes entendem que as partes não podem dispor, na convenção de uma arbitragem, que haverá revisão de fato e de direito sobre a sentença arbitral[31].

Explica Gary Born que

> "The most fundamental negative obligation of an arbitration agreement is the commitment not to litigate disputes that are subject to arbitration; that obligation is paralleled by the (obvious) exclusivity of agreements to arbitrate, which expressly or impliedly require that all arbitrable disputes be resolved in, and only in, arbitral proceedings. The scope of this aspect of the negative obligation not to litigate arbitrable disputes is generally the mirror image of the scope of the positive obligation to arbitration: put simply, disputes which must be arbitrated, may not be litigated"[32].

---

[29] "The difference in these models indicates that a waiver of the right to appeal an award may mean one of two things: (1) the parties may not appeal to the courts on the merits (i.e., they may not argue that the arbitrators misunderstood the facts or misapplied the law), or (2) the parties may not apply to the courts to vacate the award on any basis, including the defenses listed in the New York and Panama Conventions. Since the law differs from country to country as to which of these situations is included in a waiver, if the parties wish to waive the right to appeal, they should be specific in describing which of these situations they intend by their waiver". (BISHOP, Doak R. A Practical Guide for Drafting International Arbitration Clauses, *Int'l Energy L. & Tax'n Rev*, 16, p. 1-81, 2000, p. 44-45).

[30] "In the United States, courts have held the parties may agree to eliminate all court review of arbitral awards, but the intention to do so must clearly appear. The Second Circuit has held that U.S. courts may review international awards under the limited defenses provided by the New York Convention despite a provision that an award shall be "final and binding". The Sixth Circuit has agreed, holding that U.S. courts may review awards under the New York Convention defenses despite a clause that both provided that disputes would be "finally settled" by arbitration and adopted the ICC Rules with the language deeming a waiver of the right to appeal. Thus, the U.S. position appears to be that the inclusion of "final and binding" language and the adoption of arbitral rules deeming a waiver of the right to appeal are not sufficient to preclude court review of an award under the limited, but fundamental, defenses provided by the New York Convention. To waive the right to review under these defenses, the arbitral clause must clearly and expressly provide for such a waiver". (BISHOP, Doak R. A Practical Guide for Drafting International Arbitration Clauses, *Int'l Energy L. & Tax'n Rev*, 16, p. 1-81, 2000, p. 44).

[31] "A French court has gone even further and held not only that an arbitration clause cannot permit an appeal of an arbitrators' findings of fact and law under French law, but that an arbitration clause containing such a provision for increased judicial scrutiny was void and unenforceable" (BISHOP, Doak R. A Practical Guide for Drafting International Arbitration Clauses, *Int'l Energy L. & Tax'n Rev*, 16, p. 1-81, 2000, p. 45).

[32] BORN, Gary. *International Commercial Arbitration*. 3ª ed. The Hague: Kluwer Law International, 2021, p. 1368.

Assim, tal qual previsto na Convenção de Nova Iorque, a pactuação de convenção de arbitragem cria para as partes situação de afastamento da jurisdição estatal para analisar o mérito das controvérsias decorrentes de certa relação jurídica. Tal qual previsto na Convenção, que se torna lei interna nos países signatários, surge o dever dos juízes de remeter as partes à arbitragem diante da existência de convenção de arbitragem validamente formada.

Essa regra geral, prevista no art. II (1) da Convenção de Nova Iorque, apenas é excepcionada, nos termos do art. II (3) da Convenção, quando se está diante de convenção de arbitragem nula, sem efeitos, inoperante ou inexequível. Trata-se de regra incorporada no ordenamento doméstico, de modo superveniente à Lei de Arbitragem, a qual permite que o Poder Judiciário, em vez de encaminhar as partes para o procedimento arbitral, possa, em tais casos especiais, reconhecer *ab initio* a existência de vício grave, a ponto de fulminar o efeito negativo da convenção.

2. O afastamento do conhecimento do mérito do litígio pelo Poder Judiciário

O efeito negativo e positivo da convenção de arbitragem são verso e anverso da mesma moeda[33]. Pelo primeiro, retira-se determinada questão do âmbito da jurisdição estatal. Pelo segundo, confere-se à jurisdição arbitral o poder de emitir pronunciamento de mérito sobre essa mesma questão. Assim, os efeitos negativo e positivo operam no âmbito jurisdicional: o primeiro fechando a possibilidade de manifestação pelo Poder Judiciário, e o segundo abrindo as portas da via arbitral.

Nesse sentido, ensinam Fouchard, Gaillard e Goldman:

> "to ensure that the arbitration agreement will be complied with, the positive effect of the arbitration agreement-the requirement that the parties honor their undertaking to submit to arbitration any disputes covered by their agreement-must be accompanied by a negative effect, namely that the courts are prohibited from hearing such disputes"[34].

Ou seja, ocorre modificação no modo de prestação jurisdicional e no exercício do direito de ação. O direito de ação representa o direito dos particulares de procurarem a jurisdição como forma de obter a efetivação, no plano material, dos seus direitos. O indivíduo, por meio da ação, retira a jurisdição da inércia, pleiteando determinada tutela jurisdicional. Caso não se opte pela via arbitral, o direito de ação será exercido perante o Poder Judiciário, provocando a jurisdição do Estado. Diversamente, por meio da pactuação da convenção de arbitragem, as partes poderão passar a exercer a ação em

---

[33] "An international arbitration agreement also has negative effects, which are often the mirror-image of its positive effects. That is, with regard to virtually all of the disputes that a party is obligated positively to resolve by arbitration, a comparable negative obligation exists forbidding litigation of such matters. As discussed below, this obligation is set forth in and enforced by international arbitration conventions and national arbitration legislation. In addition, in some circumstances, the parties' negative obligations under an arbitration agreement can extend more broadly, to preclude conduct that obstructs or interferes with the arbitral process or aggravates the parties' dispute." (BORN, Gary. *International Commercial Arbitration*. 3ª ed. The Hague: Kluwer Law International, 2021, p. 1366).

[34] FOUCHARD, Philippe; GAILLARD, Emmanuel; GOLDMAND, Berthold. *Fouchard Gaillard Goldman on International Arbitration*. Haia: Kluwer Law International, 1999, p. 402.

face da jurisdição arbitral. Ademais, qualquer uma das partes poderá obstar que a outra prossiga com ação no Poder Judiciário que esteja sujeita ao escopo objetivo e subjetivo da convenção de arbitragem.

O efeito negativo é consequência imediata da vinculabilidade dos contratos. Todo e qualquer fato jurídico produzirá um efeito mínimo. Conforme Pontes de Miranda, "demasiado atentos às categorias de obrigação, de posição passiva na ação e de posição passiva na exceção, os juristas descuraram o estudo do efeito mínimo, isto é, o efeito que seria o único. Se algum ato jurídico tem um efeito, já não é êle totalmente ineficaz. A vinculação aparece, como o efeito mínimo, tratando-se de ato humano que entra no mundo jurídico e é eficaz, mas a oferta revogável é eficaz enquanto não se revoga e se teria de dilatar o conceito de vinculação"[35]. Por essa razão, toda e qualquer prática de atos jurídicos acaba produzindo, inexoravelmente, certo grau de vinculabilidade, que é percebida como o efeito jurídico atômico, mínimo múltiplo existencial decorrente da entrada de um fato no mundo do direito.

Assim, a vinculabilidade explica a preexistência do chamado efeito negativo da convenção de arbitragem, em momento anterior à presença de um litígio completo. A cláusula compromissória, enquanto modalidade de negócio jurídico, produz esse efeito antes mesmo da existência da jurisdição do tribunal arbitral. Esse efeito, portanto, é observável em momento pré-jurisdicional e pré-litigioso, evidenciando que a cláusula compromissória irradia eficácia antes mesmo de ela ser acionada. Da mera pactuação da convenção de arbitragem surge para ambas as partes a faculdade de opor a que as demais partes persigam tutela jurisdicional de mérito perante o Poder Judiciário, caso a controvérsia esteja abarcada pela convenção de arbitragem. Trata-se de faculdade autônoma e preexistente à instauração de procedimento arbitral.

Em termos de direito material, o efeito negativo da convenção de arbitragem está intimamente relacionado com a irretratabilidade dos contratos. Uma vez pactuado, ambas as partes podem tanto demandar o cumprimento específico da avença quanto se opor a tentativa de não cumprimento nos estritos termos ajustados. Trata-se de prerrogativas que assistem às partes, quando optam pela via arbitral, como forma de propiciar a plena utilidade desse método de solução de litígios.

O efeito negativo da convenção de arbitragem opera, somente, quanto à possibilidade de haver pronunciamento jurisdicional definitivo quanto ao mérito da causa pelo Poder Judiciário. Em sentido similar, Luís Fernando Guerreiro aponta que, por conta do efeito negativo, "há clara subtração da jurisdição estatal em relação à análise do mérito das questões levadas à arbitragem"[36]. A formulação é precisa, pois, uma vez pactuada convenção de arbitragem válida, ambas as partes podem exigir, reciprocamente, que as questões substantivas decorrentes de determinada relação jurídica sejam sentenciadas em caráter final, por tribunal arbitral[37]. Somente se ambas as partes distratarem a convenção

---

[35] PONTES DE MIRANDA, Francisco Cavalcanti. *Tratado de Direito Privado*. Tomo V. Atualizado por Marcos Bernardes de Mello e Marcos Ehrhardt Jr. São Paulo: Revista dos Tribunais, 2012, p. 66.

[36] GUERRERO, Luis Fernando. *Convenção de arbitragem e processo arbitral*. 4ª ed. São Paulo: Almedina, 2022, p. 162.

[37] "É imprescindível que partes e magistrados finalmente se convençam de que o instituto da arbitragem estabeleceu-se incontestavelmente em nosso País como mecanismo definitivo de solução

PARTE IV · **Capítulo 13** · EFEITO NEGATIVO DA CONVENÇÃO DE ARBITRAGEM | **513**

de arbitragem, ou consentirem que determinado caso, em concreto, deve ser dirimido pelo Poder Judiciário, apesar de inserido no escopo de certa cláusula compromissória[38], será possível excepcionar o efeito negativo.

Nesse mesmo sentido, esclarece Gary Born: "parties to arbitration agreements are themselves mandatorily prohibited from litigating arbitrable disputes. Efforts to do so, by pursuing litigation of arbitrable disputes, are per se violations of a party's negative obligation not to litigate disputes that are subject to arbitration"[39]. Portanto, há verdadeira vedação de perseguir pronunciamento jurisdicional acerca do mérito da causa perante o Poder Judiciário, que é decorrência direta da pactuação da convenção de arbitragem. Nesse sentido, "whether through a stay or a dismissal of litigation, it is the mandatory obligation and uniform practice of national courts in developed jurisdictions to refuse to hear the merits of claims, initiated in litigation, which are properly subject to arbitration"[40].

Ou seja, abrir as portas para a análise do mérito do litígio por tribunal arbitral implica afastar a possibilidade de as cortes estatais emitirem pronunciamento jurisdicional sobre esse tema[41]. No curso do procedimento arbitral, o Poder Judiciário exerce função meramente auxiliar, e, após a prolação da sentença, função de controle. Contudo, o mérito da decisão é intangível. Em outras palavras, a pactuação de convenção de arbitragem tem o condão de afastar a jurisdição dos juízes togados em realizarem tutela jurisdicional final e satisfativa sobre controvérsia inserida no escopo do negócio jurídico arbitral[42].

3. Dimensão do efeito negativo

Por vezes, o "efeito negativo" da convenção de arbitragem é tratado com ares absolutos. É comum encontrar formulações como "a convenção de arbitragem é, por si só, suficiente ao afastamento efetivo da jurisdição estatal, consumando, de pronto, renúncia definitiva, ainda que sujeita a condição suspensiva"[43]. No entanto, somente é possível adotar fórmulas nesse sentido *cum grano salis*, pois a convenção de arbitragem, abstratamente,

---

de controvérsias. E compreendam que, no atual cenário em que nos encontramos, a convenção de arbitragem é dotada de força obrigatória, com o condão de subtrair dos tribunais judiciais litígios cuja apreciação foi confiada, pelas próprias partes, ao juízo arbitral." (VERÇOSA, Fabiane. Efeito Negativo da Competência-Competência. *RBAr*, nº 6, abr./jun., p. 82-90, 2005, p. 87-88).

[38] Por exemplo, não interposição da exceção de arbitragem no momento da contestação.

[39] BORN, Gary. *International Commercial Arbitration*. 3ª ed. The Hague: Kluwer Law International, 2021, p. 1371

[40] BORN, Gary. *International Commercial Arbitration*. 3ª ed. The Hague: Kluwer Law International, 2021, p. 1380.

[41] "One of the fundamental purposes of international arbitration agreements is to centralize the parties' disputes in a single forum for final resolution – an objective that would be entirely frustrated if parallel national court proceedings involving the same disputes were permitted. Likewise, it is very difficult to see how arbitral proceedings could accomplish their basic objective – of finally resolving the parties' dispute – if parallel litigation of the same dispute were permitted. Indeed, as discussed below, it is virtually never even argued that an arbitration agreement is "non-exclusive," permitting national court litigation to proceed in parallel to the arbitration." (BORN, Gary. *International Commercial Arbitration*. 3ª ed. The Hague: Kluwer Law International, 2021, p. 1372).

[42] Registra-se que parte da doutrina considera que o efeito negativo da convenção de arbitragem retira a própria jurisdição dos juízes togados. Ver: NUNES, Thiago Marinho. *Arbitragem e Prescrição*. São Paulo: Atlas, 2014, p. 19-20.

[43] STJ. REsp 1.355.831/SP. Min. Sidinei Beneti. Terceira Turma. J. em: 19.03.2013.

não implica renúncia completa e absoluta ao Poder Judiciário, conforme se depreende das seguintes razões.

Em primeiro, a convenção de arbitragem não implica, propriamente, renúncia de acesso ao Poder Judiciário. O direito de acesso ao Poder Judiciário é consagrado em matriz constitucional (art. 5º, XXXV, da Constituição Federal)[44]. Ou seja, é inviável considerar haver renúncia completa ao acesso ao Poder Judiciário, mesmo mediante a pactuação de convenção de arbitragem. Como se depreende do exposto, tanto a execução da sentença arbitral (art. 516, III, do Código de Processo Civil)[45] quanto a possibilidade de propor ação anulatória da sentença arbitral (art. 33 da Lei de Arbitragem)[46] são garantias franqueadas às partes contratantes da convenção de arbitragem[47]. Ou seja, antes de haver renúncia, em abstrato, ao acesso à jurisdição estatal, há, de fato, apenas a possibilidade de afastar do juízo estatal o pronunciamento quanto ao mérito da causa, atribuindo-o a um tribunal arbitral.

Em segundo, existe verdadeira colaboração entre a jurisdição estatal e a jurisdição arbitral. O fenômeno se manifesta mediante a possibilidade de pleitear a execução específica da cláusula compromissória[48] (art. 7º da Lei de Arbitragem)[49], auxílio do Poder Judiciário

---

[44] Constituição Federal, Art. 5º: "Todos são iguais perante a lei, sem distinção de qualquer natureza, garantindo-se aos brasileiros e aos estrangeiros residentes no País a inviolabilidade do direito à vida, à liberdade, à igualdade, à segurança e à propriedade, nos termos seguintes: XXXV – a lei não excluirá da apreciação do Poder Judiciário lesão ou ameaça a direito;"

[45] Código de Processo Civil, Art. 516, III: "O cumprimento da sentença efetuar-se-á perante: [...] III – o juízo cível competente, quando se tratar de sentença penal condenatória, de sentença arbitral, de sentença estrangeira ou de acórdão proferido pelo Tribunal Marítimo."

[46] Lei de Arbitragem, Art. 33: "A parte interessada poderá pleitear ao órgão do Poder Judiciário competente a declaração de nulidade da sentença arbitral, nos casos previstos nesta Lei."

[47] "It is essential for the courts to exercise a minimum degree of control over the arbitral award. In order for the award to be enforceable in the same way as a court judgment, it must be the subject of an enforcement order, and it is hardly conceivable that an award could be rendered enforceable in a given country without some sort of review being exercised." (FOUCHARD, Philippe; GAILLARD, Emmanuel; GOLDMAN, Berthold. *Fouchard Gaillard Goldman on International Arbitration*. Haia: Kluwer Law International, 1999, p. 414-415).

[48] "The intervention of the courts to assist, if need be, in constituting the arbitral tribunal is provided for in all modern arbitration laws. Such intervention is subsidiary in character: any means of constituting the arbitral tribunal chosen by the parties themselves, whether directly or by reference to institutional arbitration rules, will take precedence. Nevertheless, the possibility of court intervention is useful in cases where the mechanisms agreed by the parties do not work satisfactorily or where no such mechanisms have been agreed upon in the first place. This is particularly true in ad hoc arbitration, where there is no arbitral institution to appoint an arbitrator where a party refuses to do so. However, the intervention of the courts does not compete with the arbitration in any way; on the contrary, it is designed to facilitate the progress of the arbitration in order to give effect to the intentions of the parties to enter into an arbitration agreement. It is therefore fully consistent with the principle that the courts have no jurisdiction to hear the merits of disputes covered by an arbitration agreement." (FOUCHARD, Philippe; GAILLARD, Emmanuel; GOLDMAN, Berthold. *Fouchard Gaillard Goldman on International Arbitration*. Haia: Kluwer Law International, 1999, p. 413-414).

[49] Lei de Arbitragem, Art. 7º: "Existindo cláusula compromissória e havendo resistência quanto à instituição da arbitragem, poderá a parte interessada requerer a citação da outra parte para comparecer em juízo a fim de lavrar-se o compromisso, designando o juiz audiência especial para tal fim."

na produção probatória[50] (art. 22 da Lei de Arbitragem)[51], mediante a possibilidade de se propor no Judiciário medida cautelar de urgência (art. 22-A da Lei de Arbitragem)[52], mediante o pedido de auxílio ao Judiciário em dar cumprimento à carta arbitral (art. 22-C da Lei de Arbitragem)[53]. Portanto, qualquer construção dogmática que pretenda associar ao efeito negativo uma renúncia genérica de acesso ao Poder Judiciário está fadada ao fracasso, pois incompatível com disposições legais que estabelecem mecanismos de cooperação entre a jurisdição arbitral e a jurisdição estatal[54].

Em terceiro, mesmo diante da existência de convenção de arbitragem, é facultado à parte propor ação perante o Poder Judiciário, cabendo ao réu decidir se prefere provocar a jurisdição arbitral ou sedimentar a controvérsia perante as cortes estatais. É faculdade do réu, antes de discutir o mérito de ação proposta perante o Poder Judiciário, alegar,

---

[50] "First, even where they are purely conservatory, seizures can only be ordered by the courts. The same applies to a number of measures that facilitate the gathering of evidence. The privity of the arbitration agreement prevents the arbitrators from compelling third parties to submit documents. Likewise, since they lack imperium, arbitrators cannot compel a party to arbitration to submit documents against its wishes, although such a refusal may lead the arbitrators to make unfavorable inferences as to that party's case. In addition, it will generally be impossible for measures requiring urgent action, such as those intended to prevent the deterioration or disappearance of evidence, to be taken by arbitrators within the appropriate time frame, especially where the arbitral tribunal has yet to be constituted. In each of the above cases, the main purpose of the court's intervention is to promote efficiency. Once again, however, the intervention of the court is not so much an infringement of the jurisdiction of the arbitral tribunal as a means of assisting the tribunal so that its award will be as effective as possible. Whenever there appears to be a genuine violation of the jurisdiction of the arbitrators to hear the merits of the dispute, the jurisdiction of the courts will be rejected." (FOUCHARD, Philippe; GAILLARD, Emmanuel; GOLDMAN, Berthold. *Fouchard Gaillard Goldman on International Arbitration*. Haia: Kluwer Law International, 1999, p. 414).

[51] Lei de Arbitragem, Art. 22: "Poderá o árbitro ou o tribunal arbitral tomar o depoimento das partes, ouvir testemunhas e determinar a realização de perícias ou outras provas que julgar necessárias, mediante requerimento das partes ou de ofício."

[52] Lei de Arbitragem, Art. 22-A: "Antes de instituída a arbitragem, as partes poderão recorrer ao Poder Judiciário para a concessão de medida cautelar ou de urgência." A solicitação de medidas cautelares prévias à arbitragem vem se tornando cada vez mais comum: "Os pedidos de medidas provisórias e conservatórias são cada vez mais freqüentes na arbitragem internacional. Todos os grandes regulamentos de arbitragem prevêem, aliás, a possibilidade de os árbitros determinarem tais medidas (como o art. 23 do novo regulamento da CCI). No entanto, essas medidas exigem a constituição prévia de um Tribunal Arbitral, o que pode atrasar consideravelmente a prolatação da decisão, cuja necessidade, por definição, é urgente." (HANOTIAU, Bernard. A experiência da cautelar pré-arbitral da CCI. *Revista de Direito Bancário e do Mercado de Capitais*, vol. 17, p. 325-328, jul./set., 2002, p. 325).

[53] Lei de Arbitragem, Art. 22-C: "O árbitro ou o tribunal arbitral poderá expedir carta arbitral para que o órgão jurisdicional nacional pratique ou determine o cumprimento, na área de sua competência territorial, de ato solicitado pelo árbitro".

[54] Também chega a essa conclusão Luís Fernando Guerreiro: "Além disso, determina-se via convenção de arbitragem a competência territorial para atuação do Judiciário em caso de necessidade, situação mais comum na arbitragem ad hoc, na qual surgem mais dúvidas e lacunas procedimentais que podem exigir a atuação do Judiciário. Do mesmo modo, a necessidade da execução de medidas cautelares ou tutelas antecipadas também pode ser determinada pela convenção de arbitragem, em regra, como decorrente do local em que a sentença será proferida, do mesmo modo que é determinada a competência, de acordo com a jurisprudência brasileira para a demanda anulatória da sentença arbitral." (GUERRERO, Luis Fernando. *Convenção de arbitragem e processo arbitral*. 4ª ed. São Paulo: Almedina, 2022, p. 163).

preliminarmente, a existência de convenção de arbitragem (art. 337, X, do Código de Processo Civil)[55]. Trata-se, contudo, de matéria que é absolutamente vedado ao Poder Judiciário se manifestar de ofício (art. 337, § 5º, do Código de Processo Civil)[56], pois é direito da parte, nessa circunstância específica, de modo superveniente, optar por litigar perante a jurisdição estatal ou perante a jurisdição arbitral.

Além disso, caso a parte não alegue a existência da convenção de arbitragem em sede de contestação, a matéria resta preclusa, não podendo ser discutida posteriormente, no âmbito cognitivo do processo. Ou seja, a ausência de oposição da exceção de arbitragem significa, para aquele litígio específico, aceitação da jurisdição estatal e renúncia ao juízo arbitral (art. 337, § 6º, do Código de Processo Civil)[57]. Percebe-se que, mesmo diante da pactuação de convenção de arbitragem, é franqueada às partes a possibilidade de um segundo momento de decisão acerca da pertinência de litigar perante a jurisdição arbitral. Se ambas estiverem de acordo – uma ingressa com a ação no Poder Judiciário e a outra não alega a existência de convenção de arbitragem – fixa-se a competência estatal para decidir sobre aquele caso específico.

Em quarto, nem o efeito positivo e nem o efeito negativo da convenção de arbitragem são generalizáveis. Não há uma renúncia descriteriosa do direito de prestação jurisdicional e de ação perante o Poder Judiciário. A convenção de arbitragem tem eficácia objetiva e subjetiva restrita, abarcando somente uma relação jurídica determinada (cláusula compromissória) ou um litígio em concreto (compromisso arbitral). Há, somente, modificação episódica e pontual da jurisdição para decidir o mérito, limitado ao escopo objetivo da convenção de arbitragem.

Em quinto, em relações contratuais de consumo e formalizadas por adesão a cláusula compromissória não será apta, por si só, a produzir o efeito negativo[58]. Por expressas determinações legais, é imprescindível a manifestação de vontade superveniente por parte do consumidor ou do aderente para que haja plena produção eficacial da convenção de

---

[55] Código de Processo Civil, Art. 337: "Incumbe ao réu, antes de discutir o mérito, alegar: [...] X – convenção de arbitragem;"

[56] Código de Processo Civil, Art. 337, § 5º: "Excetuadas a convenção de arbitragem e a incompetência relativa, o juiz conhecerá de ofício das matérias enumeradas neste artigo."

[57] Código de Processo Civil, Art. 337, § 6º: "A ausência de alegação da existência de convenção de arbitragem, na forma prevista neste Capítulo, implica aceitação da jurisdição estatal e renúncia ao juízo arbitral."

[58] "Como regra geral, a eficácia negativa da cláusula compromissória se irradia impedindo que uma das partes unilateralmente recorra ao Poder Judiciário. No entanto, no campo das relações de consumo e na medida em que a cláusula compromissória constitua uma das cláusulas do contrato, sem qualquer cuidado especial, estará aberta ao oblato a possibilidade de, no momento em que venha a surgir a controvérsia, optar por submetê-las à arbitragem, mas, ainda e sobretudo, por recorrer ao Judiciário. Portanto, a eficácia negativa da cláusula compromissória quanto ao oblato, neste caso, estará sujeita a uma condição posterior, ou seja, que este venha a pedir a instituição da arbitragem. Por outro lado, uma vez inserida a cláusula compromissória no contrato de adesão, esta vinculará, desde o início, o policitante. Assim sendo, vindo o oblato a solicitar a instituição da arbitragem, o policitante estará obrigado a aceitar o pedido, caso em que, em relação a este, a eficácia negativa da cláusula compromissória produz normalmente os seus efeitos" (NUNES PINTO, José Emilio. Contrato de adesão. Cláusula compromissória. Aplicação do princípio da boa-fé. A convenção arbitral como elemento de equação econômico-financeira do contrato. *Revista de Arbitragem e Mediação*, vol. 10, p. 234-242, jul./set., 2006, DTR 2011/4334, p. 04).

arbitragem. Apenas o fornecedor e a parte que elaborou o contrato de adesão estarão vinculados *ab initio* aos termos da convenção de arbitragem. Por essa razão, possível considerar serem as cláusulas compromissórias nesses tipos de relações assimétricas.

Ou seja, caso as mesmas partes formem outros contratos, com objetos distintos e não relacionados, será necessário inserir cláusula compromissória específicas nestes, ou, ainda, caso existam outros litígios não abarcados por compromisso arbitral firmado, é indispensável a realização de novos compromissos. Nesse sentido, somente se atribui a possibilidade de análise do mérito à jurisdição arbitral quanto às matérias inseridas no escopo objetivo da convenção de arbitragem, mediante as lentes do critério da arbitrabilidade objetiva e subjetiva.

Por essas razões, é necessário ter cautela ao analisar afirmações amplas no sentido de que a convenção de arbitragem significa renúncia ampla e irrestrita à jurisdição prestada pelo Poder Judiciário. Na verdade, a pactuação desse negócio jurídico tem somente o condão de retirar a análise do mérito da causa da jurisdição estatal. Contudo, tanto em sede de execução de sentença arbitral quanto em sede de ação anulatória, o Poder Judiciário será autorizado a intervir.

Ademais, há vários mecanismos de colaboração entre a jurisdição estatal e a jurisdição arbitral, bem como é franqueada a possibilidade de propor ação perante o Poder Judiciário, conferindo ao réu a possibilidade de escolha de opor a exceção de arbitragem ou consolidar a competência do Poder Judiciário para a lide. E, por fim, a convenção de arbitragem apenas tem efeitos pontuais e episódicos, associados a uma relação jurídica ou a um litígio em específico. Dessa forma, fórmulas amplas que afirmam que a convenção de arbitragem leva à renúncia do acesso ao Poder Judiciário não são aptas a descrever satisfatoriamente o fenômeno, devendo, portanto, serem tomadas com grande cautela.

Apesar da impossibilidade de associar plenamente o efeito negativo da convenção de arbitragem à "renúncia" da jurisdição estatal, inegável que, de fato, há prerrogativas processuais que deixam de poder ser exercidas ao se pactuar a arbitragem como forma de solução de litígios. A principal "renúncia" que ocorre é a perda da possibilidade de análise do mérito do caso pelo juiz togado, passando para a jurisdição de árbitros privados. É esse o elemento característico do efeito negativo da convenção de arbitragem. No entanto, há outras consequências relevantes no plano processual, como se passa a analisar.

§ 47. RENÚNCIAS DECORRENTES DA CONVENÇÃO DE ARBITRAGEM

1. Renúncias ao acesso ao sistema recursal estatal

Litigar perante o Poder Judiciário oferece às partes amplo rol e variedade de recursos (art. 994 do Código de Processo Civil)[59]. Diversamente, a sentença arbitral apresenta caráter final, e não fica, em regra, sujeita a interposição de recurso (art. 18 da Lei de Arbitragem)[60]. O recurso é o meio de impugnação de decisões judiciais, voluntário, interno

---

[59] Código de Processo Civil, Art. 994: "São cabíveis os seguintes recursos: I – apelação; II – agravo de instrumento; III – agravo interno; IV – embargos de declaração; V – recurso ordinário; VI – recurso especial;

VII – recurso extraordinário; VIII – agravo em recurso especial ou extraordinário; IX – embargos de divergência."

[60] Lei de Arbitragem, Art. 18: "O árbitro é juiz de fato e de direito, e a sentença que proferir não fica sujeita a recurso ou a homologação pelo Poder Judiciário."

518 | CONVENÇÃO DE ARBITRAGEM – *Fichtner* • *Tolentino* • *Polastri* • *Salton*

ao processo em que se forma o ato judicial atacado, apto a obter a sua reforma, anulação ou aprimoramento[61]. O recurso significa um retorno sobre o percurso do processo, visando reexaminar a legitimidade e os fundamentos de uma decisão[62].

A ideia de um sistema recursal não é inerente a toda e qualquer estrutura processual. Trata-se de questões intimamente relacionadas à cultura e ao modo concreto de se conceber um sistema de solução de litígios[63]. Assim, o recurso, acima de tudo, é uma prerrogativa processual que pode ou não existir[64], a depender do substrato cultural e da concepção vigente acerca do modo pelo qual os litígios devem ser solucionados. Portanto, a percepção de falibilidade do julgamento não é, por si só, argumento bastante para justificar a imanência de um sistema recursal. Pelo contrário, todos os julgadores – até aqueles que julgam os recursos – estão sujeitos a falhar. Portanto, acima de tudo, a estruturação de um sistema recursal pressupõe a escolha sobre quem deve dar a palavra final acerca de determinada controvérsia.

Relevante salientar os principais elementos a justificar a inexistência de um sistema recursal na arbitragem. Em primeiro, o árbitro é sujeito de confiança das partes. Diante da prerrogativa de influenciar a composição do tribunal arbitral, cabe às partes chancelar os julgadores escolhidos para solucionar o litígio existente. Não é possível ser árbitro sem ser objetivamente merecedor de confiança das partes. Diversamente, no Poder Judiciário, não é lícita a escolha do julgador, a qual ocorre por sorteio. Assim, pelo fato de a sentença arbitral ser produto do labor de sujeitos escolhidos pelas próprias partes, não é coerente

---

[61] MARINONI, Luiz Guilherme; ARENHART, Sérgio Cruz; MITIDIERO, Daniel. *Curso de Processo Civil*. Vol. 2. São Paulo: Revista dos Tribunais, 2015, p. 502.

[62] "Recurso, em direito processual, é o procedimento através do qual a parte, ou quem esteja legitimado a intervir na causa, provoca o reexame das decisões judiciais, a fim de que elas sejam invalidadas ou reformadas pelo próprio magistrado que as proferiu ou por algum órgão de jurisdição superior. Daí, desta ideia de reexame, é que se explica o vocábulo recurso, originário do verbo recursare, que em latim significa correr para trás ou correr para o lugar de onde se veio (re + cursus). Sendo o processo um progredir ordenado no sentido de obter-se com a sentença a prestação da tutela jurisdicional que se busca, o recurso corresponderá sempre a um retorno (um ecursos) no sentido de refluxo sobre o próprio percurso do processo, a partir daquilo que se decidiu para trás, a fim de que se reexamine a legitimidade e os próprios fundamentos da decisão impugnada" (DA SILVA, Ovídio A. Baptista. *Curso de Processo Civil*. Vol. 1. 6ª ed. Porto Alegre: Fabris, 2003, p. 405).

[63] "Isso dizer que a existência ou não do direito ao recurso, a sua extensão e mesmo a quantidade de recursos cabíveis são questões que não pode ser analisadas de forma dissociada da cultura em que se aloca determinado sistema processual civil, assim como dos objetivos por ele visados. Daí que é imprescindível afastar qualquer ideia de que a contingência de todos estarmos submetidos à falibilidade da condição humana por si só justifica a existência do direito ao recurso e a revisão irrestrita e constante das decisões judiciais por todas as instâncias do Poder Judiciário. A necessidade de diferenciar funcionalmente os órgãos jurisdicionais em uma ordem hierarquizada e o direito fundamental ao processo com duração razoável fornecem as bases constitucionais para uma adequada compreensão do sistema recursal brasileiro." (MARINONI, Luiz Guilherme; ARENHART, Sérgio Cruz; MITIDIERO, Daniel. *Curso de Processo Civil*. Vol. 2. São Paulo: Revista dos Tribunais, 2015, p. 502).

[64] "Mas não se pode esquecer que sua disciplina sistemática, num dado ordenamento jurídico, a ponto de considerar-se o recurso como uma prerrogativa processual, ou mesmo um direito do recorrente, ou até, como certos processualistas o consideram, uma ação, pressupõe a existência de uma certa organização hierárquica e burocrática do poder estatal incumbido de prestar jurisdição." (DA SILVA, Ovídio A. Baptista. *Curso de Processo Civil*. Vol. 1. 6ª ed. Porto Alegre: Fabris, 2003, p. 407).

PARTE IV · **Capítulo 13** · EFEITO NEGATIVO DA CONVENÇÃO DE ARBITRAGEM | **519**

submeter essa decisão a ser revista por colegiado não eleito. Ou seja, a especial relação de confiança existente entre partes e árbitros legitima o caráter final da decisão do árbitro.

Em segundo, a possibilidade de escolher um julgador especialista. Considerando a tendência de se indicar para árbitro profissional com conhecimentos específicos sobre o tema objeto do litígio, é expectativa das partes que a decisão proferida reflita a melhor técnica sobre a questão. Por outro lado, no Poder Judiciário, os juízes, por vocação, são generalistas, não havendo, em regra, tanta especialização quanto propiciada pela arbitragem. Dessa forma, em razão da diversidade de matérias que o juiz tem de enfrentar no seu dia a dia, a possibilidade de indicar especialista para avaliar a questão controvertida com especial atenção se torna vantagem comparativa da jurisdição arbitral. Por conseguinte, a decisão, potencialmente, será mais refletida e mais adequada às necessidades e peculiaridades do caso. Ou seja, a especialização e a atenção especial despendidas pelo árbitro também legitimam o caráter final da sentença arbitral.

Igualmente, é pressuposto à existência de um sistema recursal haver hierarquia entre o juízo prolator do ato a ser revisado e o órgão revisor[65]. Não há, contudo, hierarquia entre a jurisdição arbitral e a jurisdição estatal. Na verdade, são dois sistemas de prestação jurisdicionais distintos, com competências, poderes e prerrogativas próprias. São duas modalidades diversas e inconfundíveis de prestação jurisdicional. Mesmo nos casos em que o Poder Judiciário exerce controle sobre a sentença arbitral, esse não é autorizado a se imiscuir no mérito da decisão. Caso essa tenha sido proferida em observância ao devido processo legal, enfrentado os argumentos trazidos pelas partes, e tenha sido fundamentada de modo coerente, não cabe ao juiz togado proferir decisão modificativa do mérito[66], mesmo que, no seu íntimo, discorde completamente da conclusão alcançada pelo tribunal arbitral. Ou seja, diante do caráter restrito do controle a ser exercido pelo Poder Judiciário, não cabe, em princípio, maiores incursões no mérito da questão. Assim, não há falar propriamente em hierarquia que justifique a construção de um sistema recursal.

No entanto, dentro da amplitude de negociação que as partes têm ao contratar o procedimento de arbitragem, podem optar por prever a possibilidade de a parte sucumbente interpor recurso contra a decisão do árbitro único ou do painel arbitral. Isso é possível, mas não usual. As regras de várias instituições que administram arbitragens no plano nacional ou internacional costumam prever uma regra através da qual a adesão das partes ao procedimento institucional significa, *ipso facto*, espécie de renúncia a tal possibilidade[67].

---

[65] "Daí a ideia, de certo modo implícita no conceito de recurso, de uma autoridade hierarquicamente superior ao magistrado que haja proferido a decisão de que se recorre, ou seja, da existência do duplo grau de jurisdição." (DA SILVA, Ovídio A. Baptista. *Curso de Processo Civil*. Vol. 1. 6ª ed. Porto Alegre: Fabris, 2003, p. 407).

[66] "O Judiciário será dotado apenas de um juízo sumário de delibação que o impede de analisar o mérito da sentença arbitral proferida que, justa ou injusta, prevalecerá, exceto se não preencher os requisitos formais previstos em lei ou contrária à ordem pública. O juízo do Judiciário acerca da sentença arbitral será de nulidade ou de anulação já que não haverá análise do mérito, sendo as partes encaminhadas a nova arbitragem para que as irregularidades sejam sanadas. Há clara subtração da jurisdição estatal em relação à análise do mérito das questões levadas à arbitragem." (GUERRERO, Luis Fernando. *Convenção de arbitragem e processo arbitral*. 4ª ed. São Paulo: Almedina, 2022, p. 162).

[67] A esse respeito, Doak Bishop menciona exemplos de algumas regras de arbitragem e legislações de países a esse respeito: "This topic is related to the issue of the final and binding nature of na award, which is discussed above. The provisions of the ICC and LCIA Rules deeming a waiver of any form

CONVENÇÃO DE ARBITRAGEM – *Fichtner* • *Tolentino* • *Polastri* • *Salton*

Na maioria das legislações de outros países a revisão judicial da sentença arbitral está limitada a hipóteses muito restritas. Em uma minoria, por sua vez, a revisão é possível, razão pela qual uma renúncia expressa a essa possibilidade na convenção de arbitragem pode ser importante[68]. De todo modo, menciona a relevância de se assegurar se uma previsão prevendo ou proibindo a revisão da sentença arbitral encontra guarida na legislação aplicável[69].

No âmbito do direito doméstico, a Lei de Arbitragem não veda expressamente previsão dessa natureza na convenção de arbitragem. Assim, a existência de recurso é hipótese que pode ser contratada pelas partes, embora a definitividade da sentença seja reconhecida como uma das principais vantagens da arbitragem[70]. Entretanto, caso não

---

of recourse against an award, and an arbitration clause provision waiving the right to appeal the award, constitute an 'exclusion agreement', which excludes review of an arbitral award on the merits by a national court. In England, the incorporation of an instituti'n's arbitral rules, which provide for the waiver of recourse from an arbitral award, is sufficient to prevent judicial review of the award, while in other countries such as Switzerland an exclusion agreement must be express. The reason for this difference may be found in the fact that English courts have broad powers to review an arbitral award for errors of English law, when that law is applicable, while in Switzerland and other countries, review of an award is limited to the few defenses provided in the New York Convention. Thus, the scope of the review conducted in Switzerland is much more limited than that available in England. (BISHOP, Doak R. A Practical Guide for Drafting International Arbitration Clauses, *I't'l Energy L. & T'x'n Rev*, 16, p. 1-81, 2000, p. 43-44).

[68] "Many natio's' arbitration statutes provide for very limited judicial review of international arbitral awards in annulment actions. This is generally true under the laws of leading arbitral seats, including England, Switzerland, France, the United States, Sweden, the Netherlands, Belgium, Singapore, and Hong Kong. In many of these countries, judicial review is ordinarily limited to questions of public policy, jurisdiction of the arbitrators, existence of a valid arbitration agreement, and the procedural regularity of the arbitration. In most cases, judicial review of arbitral awards is limited by operation of law, without need for an express limitation of judicial review in the parti's' arbitration agreement. In other states, such as England, applicable law continues (unless contractually excluded) to provide for a measure of judicial review of the merits of the arbitrato's' decision in annulment actions, making a contractual limitation of review important". (BORN, Gary B. *International Arbitration and Forum Selection Agreements: Drafting and Enforcing*. 3ª ed. Kluwer Law International, 2010, p. 100-101).

[69] "Alternatively, or additionally, parties can include provisions in their arbitration agreement limiting or excluding judicial review of the arbitrato's' award. Care must be taken in drafting such clauses, to ensure that they are enforceable under local arbitration legislation in the arbitral seat; in some countries, only some forms of judicial review of international arbitral awards can be excluded. In other countries, such as Belgium, Switzerland, and Sweden, virtually all judicial review can be excluded, at least if only foreign parties are involved". (BORN, Gary B. *International Arbitration and Forum Selection Agreements: Drafting and Enforcing*. 3ª ed. Kluwer Law International, 2010, p. 101).

[70] Assim comenta Peter Sester: "Em consonância com as leis de arbitragem de outros países que também têm o objetivo de facilitar a arbitragem comercial, a Lei de Arbitragem brasileira exclui a necessidade de homologação da sentença doméstica bem como a possibilidade de interposição de recursos contra a sentença arbitral, as quais oportunizariam a revisão do mérito da sentença arbitral. [...] Dessa maneira, a Lei realiza o ideal da arbitragem comercial de ser um mecanismo de resolução de disputas com "uma parada só" ("one-stop dispute resolution mechanism") – isto é, um mecanismo que encerra a análise do mérito na sentença arbitral. Essa característica é uma das mais importantes vantagens da arbitragem frente ao Judiciário brasileiro, o qual permite inúmeros tipos de recursos, muitas vezes incompreensíveis para partes estrangeiras". (SESTER, Peter Christian. *Comentários à Lei de Arbitragem e à legislação extravagante*. São Paulo: Quartier Latin, 2020, p. 232).

seja contratada, as partes não terão à sua disposição sistema recursal que, via de regra, é renunciado mediante a opção pela via arbitral.

2. Renúncia ao acesso às garantias de acesso à justiça

O acesso à justiça é um dos princípios basilares da prestação jurisdicional[71]. O art. 5.º, inciso XXXV, da Constituição da República o positiva expressamente, prevendo que "a lei não excluirá da apreciação do Poder Judiciário lesão ou ameaça a direito". A técnica legislativa adotada encontra semelhanças com outros diplomas, como o art. 111 da Costituzione della Repubblica Italiana, segundo o qual "la giurisdizione si attua mediante il giusto processo regolato dalla legge".

O tema foi vastamente estudado por Mauro Cappelletti e Bryant Garth, os quais entendem que

> "a expressão 'acesso à Justiça' é reconhecidamente de difícil definição, mas serve para determinar duas finalidades básicas do sistema jurídico – o sistema pelo qual as pessoas podem reivindicar seus direitos e/ou resolver seus litígios sob os auspícios do Estado. Primeiro, o sistema deve ser igualmente acessível a todos; segundo, ele deve produzir resultados que sejam individual e socialmente justos"[72].

A ideia de acesso à justiça exige leitura conjunta das denominadas "ondas renovatórias do direito processual civil", as quais, de modo sucessivo, estabeleceram[73]: (i) à assistência jurídica integral para a população necessitada, (ii) prestação jurisdicional sobre conflitos supraindividuais, outrora excluídos de tutela em juízo, viabilizando a proteção de direitos e interesses difusos e coletivos[74] e (iii) ao aperfeiçoamento técnico de mecanismos internos do processo[75]. A arbitragem é fenômeno integrante da terceira onda de renovação do acesso à justiça. Contudo, paradoxalmente, há dificuldades em compatibilizar a tutela jurisdicional a ser prestada pela arbitragem com as conquistas das ondas renovatórias anteriores.

Sobre a "primeira onda" discorrem Mauro Cappelletti e Bryant Garth:

---

[71] FICHTNER, José Antonio, et. al. *Teoria Geral da Arbitragem*. Rio de Janeiro: Forense, 2019, p. 157-159.

[72] CAPPELLETTI, Mauro; GARTH, Bryant. *Acesso à justiça*. Tradução de Ellen Gracie Northfleet. Porto Alegre: Fabris, 2002, p. 08.

[73] DINAMARCO, Cândido Rangel. *Instituições de direito processual civil*. Vol. 1. 6ª ed. São Paulo: Malheiros, 2009, p. 116.

[74] Diferenciando direitos difusos, coletivos e individuais-homogêneos: BARROSO, Luis Roberto. A proteção coletiva dos direitos no Brasil e alguns aspectos da class action norte-mericana. *Doutrinas essenciais de Processo Civil*, vol. 09, p. 585, out./2011, DTR 2012/45021.

[75] "Podemos afirmar que a primeira solução para o acesso – a primeira 'onda' desse movimento novo – foi a assistência judiciária; a segunda dizia respeito às reformas tendentes a proporcionar representação jurídica para os interesses 'difusos', especialmente nas áreas de proteção ambiental e do consumidor; e o terceiro – e mais recente – é o que nos propomos a chamar simplesmente 'enfoque de acesso à justiça' porque inclui os posicionamentos anteriores, mas vai muito além deles, representando, dessa forma, uma tentativa de atacar as barreiras ao acesso de modo mais articulado e compreensivo" (CAPPELLETTI, Mauro; GARTH, Bryant. *Acesso à justiça*. Tradução de Ellen Gracie Northfleet. Porto Alegre: Fabris, 2002, p. 31).

"os primeiros esforços importantes para incrementar o acesso à justiça nos países ocidentais concentraram-se, muito adequadamente, em proporcionar serviços jurídicos para os pobres. Na maior parte das sociedades modernas, o auxílio de um advogado é essencial, senão indispensável para decifrar leis cada vez mais complexas e procedimentos misteriosos, necessários para ajuizar uma causa. Os métodos para proporcionar a assistência judiciária àqueles que não a podem custear são, por isso mesmo, vitais. Até muito recentemente, no entanto, os esquemas de assistência judiciária da maior parte dos países eram inadequados"[76].

O Código de Processo Civil consagra dispositivos importantes referentes a essa primeira onda. Por exemplo, a gratuidade de justiça (art. 98 do CPC)[77] apresenta repercussões em diversas searas do direito processual. Igualmente, há mandamento constitucional no sentido de ser competência concorrente de todos os entes legislativos editar normas sobre assistência jurídica e às Defensoria Públicas (art. 24, XIII, da Constituição Federal)[78]. Ademais, erigiu-se a Defensoria Pública como instituição permanente de Estado, considerada essencial à função jurisdicional (art. 134 da Constituição Federal)[79]. Percebe-se, portanto, que há arquitetura institucional própria associada à prestação jurisdicional pelo Poder Judiciário que viabiliza as conquistas da primeira onda renovatória do acesso à justiça.

Entretanto, esse aparato de acesso à justiça não está presente na arbitragem[80]. Os custos e a acessibilidade à jurisdição arbitral são um dos principais entraves ao sistema. Mecanismos como a Defensoria Pública e a assistência judiciária gratuita não estão presentes na via arbitral. Assim, há um potencial problema de acessibilidade à prestação jurisdicional quando pactuada convenção de arbitragem. Portanto, ao se firmar tal convenção há renúncia a essas e outras garantias processuais viabilizadoras do acesso à justiça, as quais não encontram correspondente direto na via arbitral.

Trata-se de abrir mão de importantes prerrogativas, muitas vezes fundamentais à cidadania, mas que são típicas do sistema jurisdicional organizado pelo Poder Judiciário. Em síntese, aquele que opta pela via arbitral tem de ponderar a renúncia a esse arcabouço normativo atrelado ao acesso à justiça.

---

[76] CAPPELLETTI, Mauro; GARTH, Bryant. *Acesso à justiça*. Tradução de Ellen Gracie Northfleet. Porto Alegre: Fabris, 2002. p. 31-32.

[77] Código de Processo Civil, Art. 98: "A pessoa natural ou jurídica, brasileira ou estrangeira, com insuficiência de recursos para pagar as custas, as despesas processuais e os honorários advocatícios tem direito à gratuidade da justiça, na forma da lei."

[78] Constituição Federal, Art. 24: "Compete à União, aos Estados e ao Distrito Federal legislar concorrentemente sobre: [...] XIII – assistência jurídica e Defensoria pública;"

[79] Constituição Federal, Art. 134: "A Defensoria Pública é instituição permanente, essencial à função jurisdicional do Estado, incumbindo-lhe, como expressão e instrumento do regime democrático, fundamentalmente, a orientação jurídica, a promoção dos direitos humanos e a defesa, em todos os graus, judicial e extrajudicial, dos direitos individuais e coletivos, de forma integral e gratuita, aos necessitados, na forma do inciso LXXIV do art. 5º desta Constituição Federal."

[80] Registra-se a tentativa de facilitar o acesso à arbitragem por meio de mecanismos de financiamento de terceiro (third party founding), mas que, por si só, é incapaz de produzir os mesmos efeitos que o sistema de acesso à justiça existente em litígios perante o Poder Judiciário. Sobre o tema de financiamento de terceiro e alguns problemas associados: FERRO, Marcelo Roberto. O financiamento de arbitragens por terceiro e a independência do árbitro. In: *I Dia Gaúcho da Arbitragem*. Porto Alegre: Lex Magister, 2015.

3. Possibilidade de renúncia à publicidade do processo

A confidencialidade é uma das prerrogativas mais atraentes da arbitragem. Philippe Fouchard, Emmanuel Gaillard e Berthold Goldman explicam que "one of the fundamental principles – and one of the major advantages – of international arbitration is that it is confidential"[81]. Nessa mesma linha, Laurence Craig, William Park e Jan Paulsson destacam que as pesquisas efetivadas pela Queen Mary University e pelo CBAr/Ipsos revelaram, no sentido de que "if polled, the users of ICC arbitration would undoubtedly list confidentiality as one of the advantages which led them to choose arbitration over other forms of dispute resolution and particularly as compared to court litigation"[82].

O ponto de partida para a análise da violação do dever de confidencialidade é lhe reconhecer uma dimensão econômica dentro da equação negocial construída pelas partes. A escolha da arbitragem enquanto modo de resolução de litígios não é despida de consequências nem fruto do acaso. Como reconhece José Emílio Nunes Pinto, a opção pela arbitragem contém ínsita a si um conteúdo econômico, inserida dentro de uma lógica negocial e de persecução de legítimos interesses[83]. Esse dever visa a lidar com o problema da circulação de informações. Como a informação – enquanto um bem jurídico – é valorada economicamente, o estabelecimento de um dever de confidencialidade, cujo propósito essencial é justamente impedir a circulação dessas informações, será dotado de um valor econômico que lhe é próprio.

A compreensão do substrato econômico da confidencialidade é uma das razões pelas quais essa é percebida como uma das principais vantagens da arbitragem enquanto método de resolução de litígios. Em pesquisa realizada em 2018 pela Universidade *Queen Mary*, 36% dos entrevistados elencaram a confidencialidade como uma das três principais qualidades da confidencialidade.[84] Em pesquisa posterior, realizada em 2021 pela mesma instituição, 87% dos entrevistados classificou a arbitragem como um fator importante no contexto da arbitragem.[85] No contexto brasileiro, em pesquisa realizada pelo CBAR em

---

[81] FOUCHARD, Philippe; GAILLARD, Emmanuel; GOLDMAN, Berthold. *Fouchard Gaillard Goldman on International Arbitration*. Haia: Kluwer Law International, 1999, p. 612.

[82] CRAIG, W. Laurence; PARK, William W. PAULSSON, Jan. *International chamber of commerce arbitration*. 3ª ed. New York: Oxford, 2000, p. 311.

[83] "Vale lembrar, ainda, que a cláusula compromissória não pode ser vista, única e exclusivamente, como o estabelecimento de um meio extrajudicial para a solução de controvérsias decorrentes das relações contratuais entre as partes. Este é apenas um de seus aspectos. No entanto, a opção pela arbitragem tem uma dimensão mais ampla e um conteúdo econômico. Defendemos a tese de que a opção pela arbitragem é um dos elementos que integram a equação de equilíbrio econômico da relação contratual. Portanto, esse traço de economicidade é fatalmente afetado diante da recalcitrância de uma das partes em proceder de acordo com o ajustado contratualmente. A decisão pelo estabelecimento da relação contratual em causa passa necessariamente por se valorar e aferir o impacto econômico da adoção de um mecanismo de solução de controvérsias eficiente em caso de surgimento dessas." (NUNES PINTO, José Emílio. A Cláusula Compromissória à Luz do Código Civil. *Revista de Arbitragem e Mediação*, vol. 4, p. 34-47, jan./mar., 2005, DTR 2205/780, p. 05).

[84] QUEEN MARY UNIVERSITY. 2018 International Arbitration Survey: The Evolution of International Arbitration. Londres, 2018.

[85] "87% of respondents attach some degree of importance to confidentiality, ranging from 'very' to 'somewhat' important. Unsurprisingly, the in-house counsel subgroup of respondents place more importance on confidentiality than the wider group as a whole: more than half of in-house counsel (57%) rate confidentiality as being 'very important' and 26% as 'quite important'. This is also consistent with the finding that the same subgroup rated "confidentiality and privacy" as the third

2021, 38% dos entrevistados elencou a confidencialidade como um dos três principais atributos da arbitragem, estando em consonância com a visão internacional acerca do tema.

O dever de confidencialidade, embora não inerente à arbitragem, é possível de ser contratado pelas partes. Assim, mediante previsão expressa na convenção de arbitragem, na ata de missão ou por remissão a regras institucionais que contenham previsão de confidencialidade, acoberta-se às informações transmitidas durante o procedimento arbitral por dever especial de não revelação de tais informações[86].

A possibilidade de pactuar dever de confidencialidade é típica da arbitragem. Conforme o art. 5º, LX, da Constituição Federal, a regra geral é a publicidade dos processos[87]. O art. 11 do Código de Processo Civil traz disposição infraconstitucional no mesmo sentido[88]. A publicidade do processo é prerrogativa que resguarda o interesse das próprias partes. A origem histórica da regra remonta a tempos nos quais julgamentos secretos produziam decisões arbitrárias e, como forma de combater a produção desses entendimentos, sedimentou-se, em nível constitucional e legal, a regra da publicidade dos atos processuais.

Observa-se, no entanto, que o art. 5º, LX, da Constituição contém comando direto para o legislador ao dispor que "a lei" não poderá restringir a publicidade processual. A publicidade dos processos foi importante garantia constitucional estabelecida como ferramenta de controle da atividade dos órgãos jurisdicionais[89]. Contudo, essa prerrogativa pode ser livre e licitamente renunciada na via arbitral, pois é a vontade das partes a fonte da norma acerca da confidencialidade. Como a publicidade é garantia das partes, é lícito que estas disponham sobre o tema. Igualmente, o comando constitucional não veda que os privados, por meio da sua autonomia privada, criem regras que afastem a publicidade processual.

Dessa forma, a pactuação da confidencialidade pode ser tida como uma imposição das necessidades comerciais, especialmente a busca de proteção de informações sensíveis, úteis e pertinentes para o desenvolvimento de uma determinada empresa. De um modo mais abrangente, a contratação de cláusula de confidencialidade, em termos teleológicos, visa a resguardar o "segredo de negócio"[90]. Assim, quando pactuado dever de confidencia-

---

most valuable characteristic of international arbitration." (QUEEN MARY UNIVERSITY. 2021 International Arbitration Survey: The Evolution of International Arbitration. Londres, 2021, p. 27)

[86] "[...] a empresa que pretenda limitar a difusão de informações relativamente a suas atividades no mercado pode, mediante um contrato, proteger-se contra o perigo de uma divulgação indesejada. A vantagem de utilizar essa via é a de evitar-se toda e qualquer discussão a propósito do caráter confidencial ou não das informações. Ademais, esta via contratual se revela como ideal na consecução do objetivo de obter uma proteção adequada, conforme as reais necessidades da empresa contratante." (FRADERA, Véra Jacob de. Informar ou não informar nos contratos, eis a questão! FRADERA, Véra Jacob de; MARTINS-COSTA, Judith (org.). *Estudos de Direito Privado e processo civil: em homenagem a Clóvis do Couto e Silva*. São Paulo: Revista dos Tribunais, 2014, p. 244).

[87] Constituição Federal, art. 5º, LX: "a lei só poderá restringir a publicidade dos atos processuais quando a defesa da intimidade ou o interesse social o exigirem;"

[88] Código de Processo Civil, Art. 11: "Todos os julgamentos dos órgãos do Poder Judiciário serão públicos, e fundamentadas todas as decisões, sob pena de nulidade. Parágrafo único. Nos casos de segredo de justiça, pode ser autorizada a presença somente das partes, de seus advogados, de defensores públicos ou do Ministério Público."

[89] TUCCI, José Rogério Cruz e. Garantias constitucionais da publicidade dos atos processuais e da motivação das decisões no projeto do CPC – análise e proposta. *Revista de Processo*, vol. 190, p. 257-269, dez./2010, DTR 2010/911, p. 01.

[90] "o valor de mercado de uma empresa não consiste apenas na soma dos valores individuais de suas instalações, estoques e maquinário – chamados, genericamente, de ativos tangíveis – bem como de seus

PARTE IV · Capítulo 13 · EFEITO NEGATIVO DA CONVENÇÃO DE ARBITRAGEM | 525

lidade, ocorre renúncia a uma das principais prerrogativas da jurisdição estatal. Devido à importância da publicidade, enquanto prerrogativa de defesa do cidadão, é necessária previsão expressa no sentido de vedar a divulgação de informações consideradas sensíveis. De toda sorte, pela importância da publicidade enquanto mecanismo de contenção do arbítrio decisionista, a possibilidade de renunciar essa prerrogativa impõe máxima cautela quando da opção pela arbitragem como método de solução de conflitos.

§ 48. A EXCEÇÃO DE ARBITRAGEM E A TUTELA DO EFEITO NEGATIVO

1. Natureza jurídica

O efeito negativo da convenção de arbitragem é materializado na seara processual por meio de exceção dilatória de incompetência absoluta, prevista no art. 337, X do Código de Processo Civil[91], a chamada "exceção de arbitragem". Mecanismos semelhantes podem ser encontrados em diplomas normativos de outros países. Por exemplo, art. 5º, nº 1, da LAV em Portugal[92], o art. 11 da Ley 60/2003 na Espanha[93], § 1032 do ZPO na Alemanha[94], art. 1.448 do *Code de Procédue Cilive* na França[95], art. 8 (1) da Lei Modelo da UNCITRAL[96].

---

ativos financeiros, como dinheiro em caixa, depósitos bancários, títulos de crédito etc. Atualmente, na medida em que produtos e serviços agregam cada vez mais tecnologia, o know-how da empresa, sua reputação, marca, presença em vários mercados, clientela efetiva ou ocasional e potencial de crescimento representam a parte "intangível" de seu valor, que pode, em muitos casos, superar consideravelmente a parte tangível. Isso ocorre com empresas detentoras de marcas como Coca-Cola, McDonald's, Nokia e Disney, por exemplo, nas quais o valor da propriedade imaterial (marcas, patentes, know-how, sinais gráficos etc.) é dezenas ou centenas de vezes mais elevado do que o dos ativos materiais, como instalações e equipamentos." (CRETELLA NETO, José. Quão sigilosa é a arbitragem? *Revista de Arbitragem e Mediação*, vol. 25, p. 43-70, abr./jun., 2010, DRT 2010/473, p. 01).

[91] Código de Processo Civil, Art. 337: "Incumbe ao réu, antes de discutir o mérito, alegar: [...] X – convenção de arbitragem;"

[92] Portugal, LAV, art. 5º, nº 1: "O tribunal estadual no qual seja proposta acção relativa a uma questão abrangida por uma convenção de arbitragem deve, a requerimento do réu deduzido até ao momento em que este apresentar o seu primeiro articulado sobre o fundo da causa, absolvê-lo da instância, a menos que verifique que, manifestamente, a convenção de arbitragem é nula, é ou se tornou ineficaz ou é inexequível."

[93] Espanha, Ley 60/2003, art. 11, nº 1: "El convenio arbitral obliga a las partes a cumplir lo estipulado e impide a los tribunales conocer de las controversias sometidas a arbitraje, siempre que la parte a quien interese lo invoque mediante declinatoria. El plazo para la proposición de la declinatoria será dentro de los diez primeros días del plazo para contestar a la demanda."

[94] Alemanha, ZPO, § 1032: "(1) Wird vor einem Gericht Klage in einer Angelegenheit erhoben, die Gegenstand einer Schiedsvereinbarung ist, so hat das Gericht die Klage als unzulässig abzuweisen, sofern der Beklagte dies vor Beginn der mündlichen Verhandlung zur Hauptsache rügt, es sei denn, das Gericht stellt fest, dass die Schiedsvereinbarung nichtig, unwirksam oder undurchführbar ist. (2) Bei Gericht kann bis zur Bildung des Schiedsgerichts Antrag auf Feststellung der Zulässigkeit oder Unzulässigkeit eines schiedsrichterlichen Verfahrens gestellt werden. (3) Ist ein Verfahren im Sinne des Absatzes 1 oder 2 anhängig, kann ein schiedsrichterliches Verfahren gleichwohl eingeleitet oder fortgesetzt werden und ein Schiedsspruch ergehen."

[95] França, Code de Procédure Civile, art. 1448: "Lorsqu'un litige relevant d'une convention d'arbitrage est porté devant une juridiction de l'Etat, celle-ci se déclare incompétente sauf si le tribunal arbitral n'est pas encore saisi et si la convention d'arbitrage est manifestement nulle ou manifestement inapplicable. La juridiction de l'Etat ne peut relever d'office son incompétence. Toute stipulation contraire au présent article est réputée non écrite."

[96] Lei modelo da UNCITRAL, art. 8: "(1) A court before which an action is brought in a matter which is the subject of an arbitration agreement shall, if a party so requests not later than when submitting

Estes dispositivos constituem reconhecimento prático do efeito negativo da convenção de arbitragem, operacionalizando a supressão da competência dos tribunais estatais para enfrentarem o mérito do litígio[97]. Assim, quando um litígio está abrangido por convenção de arbitragem, cabe ao réu invocar essa circunstância em juízo, pleiteando o encaminhamento da controvérsia para a jurisdição arbitral[98]. Trata-se de ferramenta processual que possibilita o conhecimento do juízo estatal acerca de fator de impedimento do exercício da jurisdição.

Tentar desviar a análise do mérito de uma controvérsia submetida à jurisdição arbitral para o Poder Judiciário implica, em alguma medida, tentativa de violação do pactuado na convenção de arbitragem. Assim, em atenção à tendência de conferir observância estrita dos termos contratuais acertados, a legislação processual oferece meios para que o jurisdicionado obtenha precisamente o estado de coisas contratado. Nesse sentido, leciona Gary Born:

> "a party's commencement of litigation on claims, subject to an arbitration agreement, is therefore a breach of that agreement and, in particular, its negative obligations. That breach, like other violations of contractual obligations, entitles the non-breaching party to relief, which under contemporary international arbitration conventions and national legislation includes specific enforcement through a stay or dismissal of the litigation, and exposes the breaching party to contractual liability"[99].

Assim, a versão adotada no ordenamento brasileiro foi a de conferir às partes exceção estritamente processual[100], agindo como impeditivo da eficácia de prestação jurisdicional pelo Poder Judiciário. É conferido às partes da convenção de arbitragem a faculdade de opor essa medida processual, pleiteando que a causa seja remetida para análise por um tribunal arbitral[101].

---

his first statement on the substance of the dispute, refer the parties to arbitration unless it finds that the agreement is null and void, inoperative or incapable of being performed. (2) Where an action referred to in paragraph (1) of this article has been brought, arbitral proceedings may nevertheless be commenced or continued, and an award may be made, while the issue is pending before the court."

[97] PIRES, Catarina Monteiro. Convenção de Arbitragem. PIRES, Catarina Monteiro; Rui Pereira Dias (Coords). In: *Manual de Arbitragem Internacional Lusófona*. Vol. 1, Coimbra: Almedina, 2020, p. 68-69.

[98] "Do efeito negativo resulta a correspondente retirada de competência aos tribunais estaduais para apreciar esse mesmo litígio. E assim que nos termos do art. 5.º, nº 1, LAV, se determina que, se um litígio cujo objeto esteja abrangido por uma convenção de arbitragem for submetido a tribunal estadual, e se o réu deduzir este facto até ao momento em que apresentar o seu primeiro articulado, o juiz do tribunal estadual deve absolver o réu da instância, exceto se verificar que, manifestamente, a convenção de arbitragem é nula, é ou se tornou ineficaz ou é inexequível" (OLIVEIRA, Elsa Dias. *Arbitragem Voluntária: uma introdução*. Coimbra: Almedina, 2020, p. 44-45).

[99] BORN, Gary. *International Commercial Arbitration*. 3ª ed. The Hague: Kluwer Law International, 2021, p. 1372-1373.

[100] Assim, a alegação de convenção torna-se uma exceção no sentido estritamente procedimental em que a expressão é adotada no atual Código. Vale dizer: uma hipótese de defesa que não apenas tem via própria de arguição como ainda interfere sobre todo o procedimento, sustando o andamento do processo enquanto não resolvida em primeiro grau. Contudo, tal terminologia não é adotada no projeto. Fala-se em "alegação de convenção de arbitragem". (TALAMINI, Eduardo. Arguição de Convenção Arbitral no Projeto de Novo Código de Processo Civil (Exceção de Arbitragem). In: FUX, Luis *et al. Novas Tendências do Processo Civil: Estudos sobre o Projeto do Novo CPC*. Vol. 2. Salvador: Juspodivm, 2014, p. 417).

[101] DINAMARCO, Cândido Rangel. *A Arbitragem na Teoria Geral do Processo*. São Paulo: Malheiros, 2013, p. 93.

2. Caráter facultativo e impossibilidade de conhecimento de ofício

O direito brasileiro, na linha da opção feita por outros países, resolveu atribuir à exceção de arbitragem um caráter facultativo, podendo ser ou não oposta, a livre critério da parte. Trata-se, como já visto, de matéria que é absolutamente vedado ao Poder Judiciário se manifestar de ofício (art. 337, § 5º, do Código de Processo Civil)[102]. Nesse sentido, explica Gary Born: "It is well-settled that a court will not refer the parties to arbitration sua sponte or ex officio. As discussed above, the right to arbitrate may be waived (including by not raising the existence of an arbitration agreement or seeking an order staying litigation or referring the parties to arbitration)"[103]. Como o direito potestativo de arbitrar pode ser episodicamente não exercido, à luz das circunstâncias do caso concreto, cabe exclusivamente à parte exercer o juízo de conveniência acerca da oposição ou não da exceção de arbitragem.

Nesse sentido, entende Eduardo Talamini que a mesma liberdade "que ampara a celebração de qualquer dos dois é senhora do seu posterior exercício ou de sua não utilização – em qualquer dos dois casos. A força vinculante da convenção arbitral põe-se apenas enquanto alguma das partes pactuantes deseje-a ainda fazer valer. Se nenhuma das partes mais o quer, a pactuação perde sua eficácia"[104].

Ou seja, se nenhuma das partes invoca, não pode o juiz se considerar incompetente de modo oficioso. Aqui, o que está em causa é a vontade das partes. A arbitragem, por ser titulada por negócio jurídico de direito privado, tem reflexos que são diretamente decorrentes dessa natureza consensual e privatista. O regime aplicável à exceção de arbitragem, enquanto materialização do efeito negativo da convenção de arbitragem, é justificado pela natureza do título. Uma vez que a convenção de arbitragem é fruto da autonomia privada, essa pode deixar de ser invocada à critério da parte, não cabendo ao julgador tecer juízo a respeito.

Nesse contexto, importa fazer diferenciação entre a natureza da exceção de arbitragem e de outras defesas processuais eventualmente alegáveis. Por regra, cabe ao juiz decidir de ofício matérias atinentes à válida constituição da relação jurídica processual. Assim, o juiz pode não resolver o mérito, decidindo de ofício sobre matérias como (art. 485 do Código de Processo Civil)[105]: (i) ausência de pressupostos de constituição e de desenvolvimento

---

[102] Código de Processo Civil, Art. 337, § 5º: "Excetuadas a convenção de arbitragem e a incompetência relativa, o juiz conhecerá de ofício das matérias enumeradas neste artigo."

[103] BORN, Gary. *International Commercial Arbitration*. 3ª ed. The Hague: Kluwer Law International, 2021, p. 1381.

[104] TALAMINI, Eduardo. Arguição de Convenção Arbitral no Projeto de Novo Código de Processo Civil (Exceção de Arbitragem). In: FUX, Luis *et al. Novas Tendências do Processo Civil: Estudos sobre o Projeto do Novo CPC*. Vol. 2. Salvador: Juspodivm, 2014, p. 412.

[105] Código de Processo Civil, Art. 485: O juiz não resolverá o mérito quando: I – indeferir a petição inicial;
II – o processo ficar parado durante mais de 1 (um) ano por negligência das partes; III – por não promover os atos e as diligências que lhe incumbir, o autor abandonar a causa por mais de 30 (trinta) dias; IV – verificar a ausência de pressupostos de constituição e de desenvolvimento válido e regular do processo; V – reconhecer a existência de perempção, de litispendência ou de coisa julgada; VI – verificar ausência de legitimidade ou de interesse processual; VII – acolher a alegação de existência de convenção de arbitragem ou quando o juízo arbitral reconhecer sua competência; VIII – homologar a desistência da ação; IX – em caso de morte da parte, a ação for considerada

válido e regular do processo; (ii) existência de perempção, de litispendência ou de coisa julgada; (iii) ausência de legitimidade ou de interesse processual; e (iv) em caso de morte da parte, a ação for considerada intransmissível por disposição legal. Trata-se hipóteses de verdadeiros pressupostos processuais negativos, atinentes ao plano da validade da relação processual.

Diversamente, a existência de convenção de arbitragem não se refere ao plano da validade, mas ao da eficácia. Assim, a exceção de arbitragem visa a obstar a eficácia da prestação jurisdicional pelo Estado. Não se trata de questão de ordem pública, e, portanto, é cognoscível de ofício, daí porque inconfundível com os pressupostos processuais[106], sendo verdadeiro impedimento processual (*Prozesshindernisse*), atinente apenas a eficácia[107].

3. Momento de oposição

O momento da oposição da exceção de arbitragem é tópico que merece especial atenção, pois a mecânica positivada na legislação processual apresenta-se problemática em alguns aspectos[108]. Enquanto exceção dilatória que age no plano da eficácia da relação

---

intransmissível por disposição legal; e X – nos demais casos prescritos neste Código. § 1º Nas hipóteses descritas nos incisos II e III, a parte será intimada pessoalmente para suprir a falta no prazo de 5 (cinco) dias. § 2º No caso do § 1º, quanto ao inciso II, as partes pagarão proporcionalmente as custas, e, quanto ao inciso III, o autor será condenado ao pagamento das despesas e dos honorários de advogado. § 3º O juiz conhecerá de ofício da matéria constante dos incisos IV, V, VI e IX, em qualquer tempo e grau de jurisdição, enquanto não ocorrer o trânsito em julgado. § 4º Oferecida a contestação, o autor não poderá, sem o consentimento do réu, desistir da ação. § 5º A desistência da ação pode ser apresentada até a sentença. § 6º Oferecida a contestação, a extinção do processo por abandono da causa pelo autor depende de requerimento do réu. § 7º Interposta a apelação em qualquer dos casos de que tratam os incisos deste artigo, o juiz terá 5 (cinco) dias para retratar-se."

[106] Em sentido diverso: "O reconhecimento da existência de convenção de arbitragem entre as partes determina a extinção do processo sem resolução de mérito (art. 485, VII, primeira parte, CPC). Há aí a presença de um pressuposto processual negativo que impede a concessão da tutela jurisdicional." (MARINONI, Luiz Guilherme; ARENHART, Sérgio Cruz; MITIDIERO, Daniel. *Código de Processo Civil Comentado*. 2ª ed. São Paulo: Revista dos Tribunais, 2015, p. 486). Adota-se, diversamente, a posição de Eduardo Talamini: Desse modo, não se pode dizer que a convenção arbitral constitua um pressuposto processual negativo – tal como o são a coisa julgada e a litispendência. O fato de haver convenção arbitral não é por si só fator de invalidade da relação processual judicial. A convenção de arbitragem apenas repercute sobre a validade do processo judicial se e quando for arguida pela parte interessada. (TALAMINI, Eduardo. Arguição de Convenção Arbitral no Projeto de Novo Código de Processo Civil (Exceção de Arbitragem). In: FUX, Luis *et al*. *Novas Tendências do Processo Civil: Estudos sobre o Projeto do Novo CPC*. Vol. 2. Salvador: Juspodivm, 2014, p. 415).

[107] TALAMINI, Eduardo. Arguição de Convenção Arbitral no Projeto de Novo Código de Processo Civil (Exceção de Arbitragem). In: FUX, Luis *et al*. *Novas Tendências do Processo Civil: Estudos sobre o Projeto do Novo CPC*. Vol. 2. Salvador: Juspodivm, 2014, p. 412.

[108] O tema já foi objeto de estudos do primeiro autor em três oportunidades distintas, sendo o presente tópico referente ao momento da interposição da exceção de arbitragem fruto dessas reflexões pretéritas, as quais o leitor pode encontrar em: FICHTNER, José Antonio. Alegação de convenção de arbitragem no novo CPC. Informativo Migalhas de 17.09.2015. Disponível em: [www.migalhas.com.br]; FICHTNER, José Antonio; DICKSTEIN, Marcelo. Negócio jurídico processual e exceção de arbitragem – a solução contratual. Informativo Migalhas de 28.09.2018. Disponível em: [www.migalhas.com.br]; e FICHTNER, José Antonio; et al. Alegação da convenção de arbitragem, negócio jurídico processual e princípio da competência-competência na arbitragem comercial brasileira. *Revista de Arbitragem e Mediação*, vol. 60, p. 113-130, jan./mar., 2019, DTR 2019/24199.

PARTE IV · Capítulo 13 · EFEITO NEGATIVO DA CONVENÇÃO DE ARBITRAGEM | **529**

processual, impedindo o seu prosseguimento, a sua alegação deve ocorrer no lapso temporal indicado pela legislação, que, atualmente, é em sede de preliminar de contestação[109], ou seja, no prazo da própria contestação, como modalidade de defesa, em sentido lato.

O Código de Processo Civil, em regra, prima pela sistematização dos princípios constitucionais do processo, arrolando, dentre os deveres atribuídos ao magistrado, o de zelar pela duração razoável do processo (art. 139, II, do Código de Processo Civil)[110]. O Código de 1973 previa a possibilidade de oferecimento de exceção de arbitragem, o que permitiria ao juiz extinguir o processo indevidamente ajuizado no seu nascedouro (art. 267, VII, do Código de Processo Civil de 1973)[111]. Contudo, a redação final do Código de 2015 inseriu a alegação de existência da convenção de arbitragem entre os temas próprios da contestação.

A solução, infelizmente, não foi a melhor. Pelo sistema encampado pelo Código, a contestação é oferecida no prazo de quinze dias, contados a partir da audiência de mediação e conciliação ou a última sessão de mediação (art. 335 do Código de Processo Civil)[112]. Trata-se de solução incompatível com a economia processual, pois pode implicar que um processo, fadado a ser inexoravelmente extinto, tenha seguimento por meses perante o Judiciário. Ou seja, o réu, mesmo diante da realidade de que os pedidos formulados pelo autor estão abrangidos por convenção de arbitragem, teria que aguardar a designação e frustração da audiência de mediação/conciliação para, somente após esta etapa, arguir a existência da convenção de arbitragem e, assim, obter a extinção do processo judicial sem a resolução do mérito.

No entanto, os prejuízos advindos da solução adotada pelo Código não se restringem ao âmbito da economia processual. Há verdadeiro prejuízo estratégico para o réu. Por conta do princípio da concentração da defesa, o réu terá de alegar, na contestação, além da convenção de arbitragem, toda a matéria relacionada ao mérito da causa, apesar da certeza de que o mérito daquela demanda será julgado por um tribunal arbitral. Assim, pela sistemática do Código, o réu terá de abrir prematuramente toda a sua estratégia em juízo.

Crítica similar é feita por Fredie Didier Jr.:

> "Assim, não é adequada ao sistema da arbitragem uma regra, como a do atual CPC, que imponha ao réu o ônus de alegar, ao mesmo tempo, a existência de convenção de arbitragem e todo o resto da defesa, inclusive de mérito, para a eventualidade de a primeira alegação ser rejeitada. Dessa forma, o réu se prejudica, pois não se lhe garante o sigilo, contratualmente já previsto. Note que, mesmo se o órgão jurisdicional garantisse o se-

---

[109] TALAMINI, Eduardo. Arguição de Convenção Arbitral no Projeto de Novo Código de Processo Civil (Exceção de Arbitragem). In: FUX, Luis *et al*. *Novas Tendências do Processo Civil: Estudos sobre o Projeto do Novo CPC*. Vol. 2. Salvador: Juspodivm, 2014, p. 416.

[110] Código de Processo Civil, Art. 139: "O juiz dirigirá o processo conforme as disposições deste Código, incumbindo-lhe: [...] II – velar pela duração razoável do processo;"

[111] Código de Processo Civil de 1973, Art. 267: "Extingue-se o processo, sem resolução de mérito: [...] – VII – pela convenção de arbitragem;"

[112] Código de Processo Civil, Art. 335: "O réu poderá oferecer contestação, por petição, no prazo de 15 (quinze) dias, cujo termo inicial será a data: I – da audiência de conciliação ou de mediação, ou da última sessão de conciliação, quando qualquer parte não comparecer ou, comparecendo, não houver autocomposição; II – do protocolo do pedido de cancelamento da audiência de conciliação ou de mediação apresentado pelo réu, quando ocorrer a hipótese do art. 334, § 4º, inciso I ; III – prevista no art. 231 , de acordo com o modo como foi feita a citação, nos demais casos."

gredo de justiça ao processo em que tais alegações foram apresentadas (art. 189, IV, do NCPC, regra nova e que merece elogios), o direito do réu permaneceria sendo violado, pois o sigilo arbitral lhe garante, também, que essas alegações sejam apresentadas tão somente perante o juízo arbitral"[113].

O resultado final, da sistemática prevista pelo CPC traz uma série de inconvenientes[114]: (i) obriga o réu a adiantar toda a matéria de defesa perante um órgão julgador que não possui jurisdição sobre o mérito da causa; (ii) eleva desnecessariamente o custo do processo para as partes, especialmente para o réu, que acaba forçado a litigar perante um foro que não escolheu (o que se torna ainda mais complexo em litígios internacionais); (iii) impõe ao Poder Judiciário, já sobrecarregado por um número excessivo de processos judiciais, a administração de uma causa fadada à extinção; (iv) gera desperdício dos já limitados recursos estatais destinados à jurisdição; (v) premia a parte que toma atitude processual contraditória com o anteriormente convencionado (*venire contra factum proprium processual*), pois concede a quem desrespeita o pacto arbitral uma vantagem temporal e estratégica; e (vi) cria incentivos inadequados para o ajuizamento de demandas temerárias como estratégia para retardar a arbitragem. Assim sendo, é indispensável procurar maneiras de contornar esse contrassenso advindo da sistemática processual vigente[115].

Visando a atingir esse objetivo, sustenta-se a adoção de mecanismo de "exceção pré-conhecimento", fundada na existência de convenção de arbitragem. Essa posição há havia sido adotada pelo primeiro autor desta obra mesmo antes da reforma da Lei de Arbitragem[116]. Por meio desse instrumento, permite-se que o juiz, impossibilitado de conhecer de ofício a existência da convenção, por se tratar de direito disponível, possa, a partir de requerimento da parte, extinguir o processo, sem julgamento do mérito.

---

[113] DIDIER JR., Fredie. A arbitragem no novo Código de processo civil: (versão da Câmara dos Deputados – Dep. Paulo Teixeira). *Revista TST*, Brasília, vol. 79, nº 4, p. 73-81, out./dez. 2013, p. 77.

[114] FICHTNER, José Antonio; et al. Alegação da convenção de arbitragem, negócio jurídico processual e princípio da competência-competência na arbitragem comercial brasileira. *Revista de Arbitragem e Mediação*, vol. 60, p. 113-130, jan./mar., 2019, DTR 2019/24199, p. 03.

[115] "Diante desse quadro anteriormente narrado, não nos parece razoável, nesse caso específico, privilegiar a interpretação meramente literal do Código. Primeiramente, a sistemática procedimental literalmente prevista no estatuto processual civil viola a liberdade individual manifestada na celebração da convenção de arbitragem, obrigando a parte a litigar perante foro que não escolheu e a revelar desnecessariamente sua estratégia quanto ao mérito da causa perante o Poder Judiciário apenas para dele obter em termo inadequado a sentença extintiva do processo judicial. Tudo contra a vontade anteriormente manifestada pelas partes no plano contratual. Ademais, esse rito desrespeita a garantia constitucional da duração razoável do processo, pois obriga a parte que celebrou o pacto arbitral a aguardar por longos meses – a experiência mostra que as audiências de mediação/conciliação não são realizadas poucos dias após a citação do réu – para poder iniciar a arbitragem sem os riscos inerentes à tramitação de processos paralelos (judicial e arbitral). Em outras palavras: ou se aguarda o prolongado trâmite do processo judicial ou se iniciam processos paralelos. Em ambos os casos, a solução gera ineficiência processual." (FICHTNER, José Antonio; et al. Alegação da convenção de arbitragem, negócio jurídico processual e princípio da competência-competência na arbitragem comercial brasileira. *Revista de Arbitragem e Mediação*, vol. 60, p. 113-130, jan./mar., 2019, DTR 2019/24199, p. 03).

[116] FICHTNER, José Antonio. Alegação de convenção de arbitragem no novo CPC. Informativo Migalhas de 17.09.2015. Disponível em: [www.migalhas.com.br].

PARTE IV · Capítulo 13 · EFEITO NEGATIVO DA CONVENÇÃO DE ARBITRAGEM | 531

Guilherme Rizzo Amaral também se manifestou no sentido de que "nada impede que, antes da audiência de conciliação e, assim, do oferecimento de contestação, o réu peticione, manifestando seu desinteresse na conciliação e, na mesma oportunidade, justifique seu interesse pela existência da convenção de arbitragem"[117].

Esta petição seria apresentada no interregno entre a citação do réu e o término do prazo para apresentação de contestação, devendo o réu comprovar a existência da convenção de arbitragem e que o objeto da demanda judicial está dentro de seu espectro de eficácia. O autor, em resposta, poderá alegar algum vício do pacto arbitral ou que o objeto do litígio não está abrangido pelo negócio jurídico de arbitragem celebrado entre as partes[118].

Opção similar foi proposta pelo substitutivo da Câmara quando dos debates sobre o Código de Processo Civil[119]. Nesse sentido, testemunha Eduardo Talamini: "Por outro lado, o substitutivo da Câmara veicula inovação relevante. Institui-se uma via formal específica para a alegação dessa defesa. A existência de convenção deixa de ser defesa a apresentar-se preliminarmente na peça de contestação, como ora ocorre. Passa a ter de ser arguida em peça própria, e sua interposição é apta a impedir o início do curso ou a interromper o prazo da contestação"[120]. Entretanto, a versão final optou por consagrar o sistema atual, de alegação em sede de preliminar de contestação.

Caminho similar já foi adotado na construção da exceção de pré-executividade. No processo de execução o caminho tornou-se possível porque a exceção podia ser utilizada sem riscos de preclusão, pois ela era manejada antes do termo a quo para oferecimento dos embargos. Também aqui o conforto processual se repete, porquanto a exceção poderá ser oferecida antes da audiência, a partir da qual o prazo de contestação terá início, eliminando todos os riscos de preclusão para a parte excipiente.

O próprio Código de Processo Civil adota situação similar no art. 113, § 2º[121], que permite ao réu oferecer, no prazo da resposta requerimento de limitação de litisconsórcio

---

[117] AMARAL, Guilherme Rizzo. *Comentários às alterações do novo CPC*. 2ª ed. São Paulo: Revista dos Tribunais, 2016, p. 446.

[118] "Descabe, no processo judicial em que a convenção é arguida como defesa preliminar, investigação aprofundada, pelo juiz estatal, acerca da validade e eficácia da convenção (v. adiante). A despeito disso, na prática, é frequente o não enfrentamento das questões preliminares – inclusive a convenção arbitral – em seu momento oportuno. O projeto de novo Código quer livrar a exceção de arbitragem dessa sina." (TALAMINI, Eduardo. Arguição de Convenção Arbitral no Projeto de Novo Código de Processo Civil (Exceção de Arbitragem). In: FUX, Luis *et al*. *Novas Tendências do Processo Civil: Estudos sobre o Projeto do Novo CPC*. Vol. 2. Salvador: Juspodivm, 2014, p. 417-418).

[119] Uma das principais novidades trazidas pela versão do Novo Código de Processo Civil (NCPC), apresentada pela Câmara dos Deputados, é a disciplina minuciosa da alegação, pelo réu, da existência de convenção de arbitragem (arts. 345 a 350 do Projeto). O CPC/73 é muito parcimonioso a respeito do assunto, além de não ser compatível com a prática brasileira da arbitragem. (DIDIER, Fredie. A arbitragem no novo Código de processo civil: (versão da Câmara dos Deputados – Dep. Paulo Teixeira). *Revista TST*, Brasília, v. 79, n. 4, p. 73-81, out./dez. 2013, p. 75).

[120] TALAMINI, Eduardo. Arguição de Convenção Arbitral no Projeto de Novo Código de Processo Civil (Exceção de Arbitragem). In: FUX, Luis *et al*. *Novas Tendências do Processo Civil: Estudos sobre o Projeto do Novo CPC*. Vol. 2. Salvador: Juspodivm, 2014, p. 417.

[121] Código de Processo Civil, Art. 113: "Duas ou mais pessoas podem litigar, no mesmo processo, em conjunto, ativa ou passivamente, quando: [...] § 2º O requerimento de limitação interrompe o prazo para manifestação ou resposta, que recomeçará da intimação da decisão que o solucionar".

facultativo, quando este apresentar-se capaz de comprometer a rápida solução do litígio, dificultar a defesa no processo ou o cumprimento da sentença. A solução consagrada foi no sentido de que esse requerimento de limitação interrompe o prazo para manifestação ou resposta, que recomeça da intimação da decisão que o solucionar.

Adotando essa mesma linha de solução, vem sendo evidenciada a necessidade de a doutrina e a jurisprudência chancelaram a utilização de um mecanismo que permita à parte alegar a existência de convenção arbitral de forma antecedente e prejudicial ao oferecimento da contestação. Isso porque, em razão da ausência de previsão expressa de um mecanismo específico, as partes têm se valido de artifícios processuais para, nos casos concretos, obter por vias oblíquas os mesmos efeitos que seriam alcançados com a "exceção de arbitragem".

Em 2018, a 6ª Vara Cível do Foro Central da Comarca de São Paulo, que julgou extinta, sem resolução de mérito, ação civil pública ("ACP") proposta pela Associação dos Investidores Minoritários – AIDMIN contra a Petróleo Brasileiro S.A. – Petrobras, em razão da existência de cláusula compromissória arbitral no estatuto social da companhia[122].

O interessante neste caso é que, com o objetivo de provocar o Poder Judiciário a apreciar a existência de convenção de arbitragem antes do oferecimento da contestação, a Petrobras ajuizou ação declaratória, por dependência à ACP, postulando (i) como pedido principal, o reconhecimento da validade da cláusula compromissória prevista em seu estatuto social e sua oponibilidade à AIDMIN e a seus associados e, (ii) em sede de tutela provisória, a suspensão liminar da ACP.

A magistrada, então, deferiu o pedido de tutela provisória para suspender o trâmite da ACP e, posteriormente, proferiu sentença julgando procedente a ação declaratória ajuizada pela Petrobras para declarar a validade da cláusula compromissória prevista no art. 58 de seu estatuto social, bem como sua aplicabilidade à pretensão aduzida pela associação na ACP, a qual, por sua vez, foi julgada extinta sem análise de mérito, nos termos do art. 485, inciso VII, do CPC/15.

Note-se que, em sede de contestação, a AIDMIN requereu a extinção da ação declaratória sem análise do mérito, por falta de interesse processual, sob a alegação de que a existência de convenção de arbitragem constituiria matéria exclusiva de preliminar de contestação, nos termos do art. 337, inciso X, do CPC/15. No entanto, a magistrada concluiu que

> "apesar da possibilidade de arguir-se a convenção de arbitragem como preliminar na contestação, tal como dispõe o art. 337, inciso X, do Código de Processo Civil, nada impede que a matéria seja suscitada em ação própria de forma mais abrangente pelo interessado, vislumbrando-se o interesse de agir [...] No caso, controvertida a cláusula tal como se observa da petição inicial e contestação apresentadas, razão pela qual será conhecida, desde logo, pelo juízo no presente feito, a fim de evitar a prática de atos inúteis naqueles"[123].

Hipótese similar à da ação declaratória ocorre quando o réu, para evitar o enfrentamento do mérito da controvérsia na ação judicial, instaura procedimento arbitral for-

---

[122] TJSP. Processo Digital 1106499-89.2017.8.26.0100. Juíza Lúcia Caninéo Campanhã. J. em: 04.07.2018.
[123] TJSP. Processo Digital 1106499-89.2017.8.26.0100. Juíza Lúcia Caninéo Campanhã. J. em: 04.07.2018.

PARTE IV · Capítulo 13 · EFEITO NEGATIVO DA CONVENÇÃO DE ARBITRAGEM | 533

mulando pedido de tutela de urgência para que o árbitro ou o tribunal arbitral reconheça a sua jurisdição para apreciar e julgar a controvérsia com base no princípio *Kompetenz-Kompetenz* (art. 8º, parágrafo único, da Lei 9.307/1996). Esse reconhecimento terá como efeito a extinção do processo judicial, na medida em que a segunda parte do inciso VII do art. 485 do CPC/2015 estabelece que "o juiz não resolverá o mérito quando (...) VII – acolher a alegação de existência de convenção de arbitragem ou quando o juízo arbitral reconhecer sua competência".

Essas soluções alternativas, apesar de poderem produzir os efeitos pretendidos, certamente não configuram os instrumentos mais adequados sob o ponto de vista da economia processual e da duração razoável do processo – princípios estruturais do CPC/15. Não se afigura razoável exigir-se a distribuição de uma nova ação judicial pelo réu (ou a instauração de um procedimento arbitral) apenas para que uma questão preliminar e prejudicial ao prosseguimento da ação judicial seja analisada pelo Poder Judiciário antes do oferecimento da contestação.

No entanto, há outra alternativa para evitar o problema totalmente dentro do controle das partes, ainda que no plano do exercício da sua liberdade de contratar. Nas convenções de arbitragens que ainda possam ser redigidas (ou estejam sujeitas a negociação ou renegociação entre as partes), uma estratégia eficaz para eliminar as consequências indesejáveis do procedimento literal previsto no CPC/15 é o estabelecimento, já na convenção de arbitragem, de negócio jurídico processual criando a possibilidade de se alegar a existência da convenção de arbitragem por simples petição, antes do prazo de apresentação da contestação, sem prejuízo da eventual apresentação do restante da matéria de defesa na peça contestatória, caso necessário.

Eduardo Talamini já havia se manifestado em sentido favorável à solução similar dada pelo projeto substitutivo do Código de Processo Civil proposto pela Câmara dos Deputados: "O estabelecimento de via própria para a exceção de arbitragem é elogiável". Seus aspectos positivos suplantam em muito possíveis defeitos pontuais de algumas das novas disposições propostas. Esses defeitos, de resto, serão superáveis mediante interpretação sistemática. Aliás – e isso vale mesmo para os seus pontos positivos – apenas a sua adequada aplicação fará com que o novo mecanismo não empaque no terreno das meras boas intenções"[124]. No mesmo sentido, Fredie Didier Jr.: "De acordo com a proposta da Câmara dos Deputados, que é louvável, a alegação de convenção de arbitragem é feita de modo avulso, antes da contestação. Rejeitada a alegação, abre-se o prazo para o réu apresentar a sua contestação"[125].

Assim, entende-se que as partes podem criar negócio jurídico processual, no momento da elaboração da convenção de arbitragem, estabelecendo, por exemplo, que (i) a alegação de convenção de arbitragem será feita em petição autônoma (exceção de convenção de arbitragem); (ii) no prazo de 15 (quinze) dias úteis a contar da citação do réu; (iii) devendo-se ouvir em seguida o autor também no prazo de 15 (quinze) dias úteis a contar de sua intimação; e (iv) determinando-se a suspensão automática do processo

---

[124] TALAMINI, Eduardo. Arguição de Convenção Arbitral no Projeto de Novo código de Processo Civil (Exceção de Arbitragem). In: FUX, Luís *et al. Novas Tendências do Processo Civil: Estudos sobre o Projeto do Novo CPC*. Vol. 2. Salvador: Juspodivm, 2014, p. 428.

[125] DIDIER JR., Fredie. A arbitragem no novo Código de processo civil: (versão da Câmara dos Deputados – Dep. Paulo Teixeira). *Revista TST*, Brasília, v. 79, n. 4, p. 73-81, out./dez. 2013, p. 77.

judicial a partir da apresentação da exceção de convenção de arbitragem até a intimação das partes a respeito da decisão judicial de primeiro grau.

4. Extinção do processo em decorrência da existência de convenção de arbitragem

Uma vez arguida em momento oportuno, deverá o juiz extinguir o processo sem resolução de mérito. Trata-se do regime previsto, em conjunto, pelo art. 485, VII[126], e 486, § 1º[127], do Código de Processo Civil. Considerando que as partes fizeram opção pela jurisdição arbitral, cabe ao Poder Judiciário deixar de exercer jurisdição paralela para decidir tais disputas[128].

A eficácia extintiva da exceção de arbitragem – e seus equivalentes funcionais em outras jurisdições – é medida internacionalmente reconhecida como apta a tutelar o efeito negativo da convenção de arbitragem. Quanto a esse ponto, sustenta Gary Born:

> "a stay or dismissal of litigation is akin to an order of injunctive relief granting specific performance of the obligations imposed by arbitration agreements, and particularly the negative obligation not to pursue litigation in national courts. Indeed, the introduction of this obligation on national courts to order specific performance of the negative duties imposed by international arbitration agreements, which were historically often not enforceable in this manner, was one of the central achievements of the Geneva Protocol, the New York Convention and modern arbitration statutes"[129].

A atribuição da eficácia extintiva da relação processual à exceção de arbitragem é instrumento de valorização da jurisdição arbitral. Reconhecendo que a arbitragem e o Poder Judiciário são dois sistemas diversos de distribuição de jurisdição, é imprescindível haver mecanismos que impeçam a sobreposição de competências, sob pena de trazer injustificada insegurança jurídica para o jurisdicionado.

Da mesma forma, trata-se de medida que incentiva o cumprimento específico da convenção de arbitragem, desestimulando tentativas aventureiras de se esgueirar da jurisdição arbitral. Certamente, enquanto não analisada a exceção de arbitragem é lícito que se procure instaurar a jurisdição arbitral durante a tramitação. Até por essa razão, importa que o pronunciamento jurisdicional reconhecendo a extinção do processo ocorre

---

[126] Código de Processo Civil, Art. 485, VII: "O juiz não resolverá o mérito quando: [...] VII – acolher a alegação de existência de convenção de arbitragem ou quando o juízo arbitral reconhecer sua competência;"

[127] Código de Processo Civil, Art. 486, § 1º: "O pronunciamento judicial que não resolve o mérito não obsta a que a parte proponha de novo a ação. § 1º No caso de extinção em razão de litispendência e nos casos dos incisos I, IV, VI e VII do art. 485, a propositura da nova ação depende da correção do vício que levou à sentença sem resolução do mérito."

[128] "Accordingly, insofar as an arbitral tribunal is vested with jurisdiction to hear particular substantive disputes, then national courts must cease to exercise parallel jurisdiction to decide such disputes (save for their statutorily-prescribed roles in supporting the arbitral process or reviewing an award in an action to either annul it or recognize it. Where one jurisdictional ambit stops (e.g., the national court's) then the other (e.g., the arbitral tribunal's) begins." (BORN, Gary. *International Commercial Arbitration*. 3ª ed. The Hague: Kluwer Law International, 2021, p. 1374).

[129] BORN, Gary. *International Commercial Arbitration*. 3ª ed. The Hague: Kluwer Law International, 2021, p. 1381.

de modo mais célere possível, permitindo que se discuta a matéria na instância efetiva-mente competente, isto é, a jurisdição arbitral.

O remédio extintivo será adequado na grande maioria das situações nas quais pree-xiste convenção de arbitragem. Em sintonia com o princípio da autonomia da convenção de arbitragem e do *Kompetenz-Kompetenz*, previstos nos arts. 8º[130] e 20[131] da Lei de Arbi-tragem, a exceção de arbitragem integra o núcleo legal de efetivação da jurisdição arbitral, atribuindo ao Tribunal Arbitral a análise de todas as questões referentes à convenção de arbitragem, incluindo a existência, a validade e a eficácia.

Apenas em casos nos quais há vício constatável *prima facie* – como inexistência, invalidade, ineficácia, situação teratológica – que o Poder Judiciário poderá reconhecer de plano a ausência de jurisdição do tribunal arbitral. No entanto, tal qual prevê o art. II (3) da Convenção de Nova Iorque, somente ocorre nos casos excepcionais referidos, pois a regra geral é no sentido da jurisdição do tribunal arbitral de analisar as vicissitudes associadas à convenção de arbitragem.

Nesse sentido, a constatação da existência de convenção de arbitragem implica impe-dimento processual, invocável mediante exceção de arbitragem, e que conduz a extinção do processo sem a resolução do mérito. Trata-se de solução em consonância com a prática internacional, e que valoriza o efeito negativo da convenção de arbitragem, conferindo operabilidade à prestação jurisdicional pelos árbitros.

5. Opção pela não oposição

O art. 337, § 6º, do Código de Processo Civil[132] é claro ao prever que a opção pela não oposição da exceção de arbitragem sedimenta a competência do Poder Judiciário, implicando renúncia à jurisdição arbitral. É ônus do réu, parte da convenção de arbi-tragem, invocar a exceção processual, pleiteando o encaminhamento da questão para a jurisdição do tribunal arbitral.

A não oposição da exceção de arbitragem no momento processual adequado é causa de preclusão temporal. É a lição de Fouchard, Gaillard e Goldman:

> "Given that an arbitration is based, by definition, on the parties' agreement to have their disputes resolved by that means, it is always possible for the parties to agree to waive their obligation to submit disputes to arbitration and to go before the courts instead. Such a waiver may be either express or implied. For that reason, it is not for the court hearing a dispute covered by an arbitration agreement to declare ex officio that it has

---

[130] Lei de Arbitragem, Art. 8º: "A cláusula compromissória é autônoma em relação ao contrato em que estiver inserta, de tal sorte que a nulidade deste não implica, necessariamente, a nulidade da cláusula compromissória. Parágrafo único. Caberá ao árbitro decidir de ofício, ou por provocação das partes, as questões acerca da existência, validade e eficácia da convenção de arbitragem e do contrato que contenha a cláusula compromissória."

[131] Lei de Arbitragem, Art. 20: "A parte que pretender argüir questões relativas à competência, sus-peição ou impedimento do árbitro ou dos árbitros, bem como nulidade, invalidade ou ineficácia da convenção de arbitragem, deverá fazê-lo na primeira oportunidade que tiver de se manifestar, após a instituição da arbitragem."

[132] Código de Processo Civil, Art. 337, § 6º: "A ausência de alegação da existência de convenção de arbitragem, na forma prevista neste Capítulo, implica aceitação da jurisdição estatal e renúncia ao juízo arbitral."

no jurisdiction. By bringing a court action on the merits, the plaintiff waives the benefit of the arbitration agreement. By participating in the proceedings without challenging the court's jurisdiction, the defendant likewise accepts that jurisdiction. The parties' intentions coincide and the court must give effect to those intentions, just as it would with an agreement in any other form"[133].

Do mesmo modo que as partes são livres para pactuar convenção de arbitragem, também serão para manifestar, supervenientemente, o seu mútuo desacordo[134]. Nesse sentido, até pela natureza potestativa do direito de requerer o início do procedimento arbitral, podem as partes optar por o exercer ou não. O ato de ingressar perante o Poder Judiciário indica a predisposição do autor para não litigar perante o juízo arbitral. Assim, incumbirá ao réu se manifestar ou não em prol do exercício dessa prerrogativa, impondo ao autor estado de sujeição, e questionando a eficácia da jurisdição do Poder Judiciário sobre a lide, em face da existência da convenção de arbitragem.

Ao revés, caso opte por se manter silente, o réu estará manifestando vontade em prol de manter a disputa sob a jurisdição do Estado[135]. Nesse sentido, explica Eduardo Talamini que, em demanda que verse sobre objeto abrangido por convenção arbitral,

> "a falta de oportuna alegação de existência da convenção arbitral pelo réu implica a extinção da eficácia negativa da cláusula ou compromisso de arbitragem (ainda que dentro de específicos limites objetivos e subjetivos). A convenção, ainda que limitadamente, estará resilida de modo tácito pelas partes – assumindo o juiz estatal a plena jurisdição para conhecer daquele litígio e ficando afastada a caracterização de qualquer defeito no processo judicial. A hipótese não é propriamente de renúncia, mas resilição: extinção (ainda que limitada) da convenção por manifestação de vontade (ainda que tácita) de ambos os polos do negócio jurídico arbitral"[136].

Ou seja, o não exercício da exceção de arbitragem tem eficácia meramente episódica, sendo possível, em demanda futura, optar ou por litigar diretamente perante a jurisdição

---

[133] FOUCHARD, Philippe; GAILLARD, Emmanuel; GOLDMAN, Berthold. *Fouchard Gaillard Goldman on International Arbitration*. Haia: Kluwer Law International, 1999, p. 405.

[134] "A premissa legislativa é óbvia: a convenção de arbitragem é cláusula negocial firmada por pessoas capazes, envolvendo direitos disponíveis. Se uma das partes desobedece a essa disposição negocial, demandando perante o Poder Judiciário, cabe à outra parte alegar esse descumprimento, demonstrando a existência da convenção de arbitragem; se não o fizer, é como se aceitasse a jurisdição estatal, de resto provocada pela parte autora, que, por isso, também renunciou tacitamente à jurisdição arbitral" (DIDIER JR., Fredie. A arbitragem no novo Código de processo civil: (versão da Câmara dos Deputados – Dep. Paulo Teixeira). *Revista TST*, Brasília, v. 79, n. 4, p. 73-81, out./dez. 2013, p. 75-76).

[135] Quando a lei condiciona o conhecimento da convenção arbitral – em qualquer de suas duas modalidades – à alegação do interessado, está reconhecendo que, assim como as partes foram livres para eleger a arbitragem, livres são para dela desistir. Afinal, a parte que vai ao Judiciário em vez de fazer valer a convenção arbitral inequivocamente está manifestando sua vontade nesse sentido. Se a parte adversária, ao contestar, não alega haver pactuação arbitral, está também exteriorizando sua intenção de manter a disputa perante o Judiciário. (TALAMINI, Eduardo. Arguição de Convenção Arbitral no Projeto de Novo Código de Processo Civil (Exceção de Arbitragem). In: FUX, Luis *et al*. *Novas Tendências do Processo Civil: Estudos sobre o Projeto do Novo CPC*. Vol. 2. Salvador: Juspodivm, 2014, p. 412).

[136] TALAMINI, Eduardo. Arguição de Convenção Arbitral no Projeto de Novo Código de Processo Civil (Exceção de Arbitragem). In: FUX, Luis *et al*. *Novas Tendências do Processo Civil: Estudos sobre o Projeto do Novo CPC*. Vol. 2. Salvador: Juspodivm, 2014, p. 414.

arbitral ou interpor a exceção de arbitragem. Isto é, decidir que determinado caso pode seguir perante o Poder Judiciário, e não mediante a via arbitral tal qual pactuado, não implica renúncia ou distrato da convenção de arbitragem[137]. Trata-se, apenas, de ineficácia episódica, não extensível a outras situações.

Nesse sentido, não há falar em *venire contra factum proprium* ou *tu quoque*, se uma parte, que optou por não opor, em determinada situação, exceção de arbitragem, em outra oportunidade quiser se valer desse remédio processual. O efeito negativo, enquanto contraface do direito potestativo de litigar perante a jurisdição arbitral, está na zona de discricionariedade das partes, podendo elas optar por ser ou não exigido através da exceção de arbitragem[138].

Assim sendo, verifica-se que, da opção por não se valer da exceção de arbitragem, fica consolidada a jurisdição do Poder Judiciário para aquela demanda específica. No entanto, não se pode confundir essa opção legítima da parte com desejo – naturalmente mais amplo – de distratar ou renunciar à convenção de arbitragem. Trata-se, meramente, de juízo de conveniência episódico, que preserva íntegras tanto o direito potestativo de demandar em arbitragem litígios futuros, bem como se valer das demais prerrogativas garantidas mediante a pactuação da convenção de arbitragem.

6. Defesa contra a exceção de arbitragem

Quando a parte opõe a exceção de arbitragem, nos moldes do art. 337, X, do Código de Processo Civil, procurando o reconhecimento do efeito negativo da convenção de arbitragem, é possível que a outra parte invoque, em defesa de tese oposta, a inaptidão da convenção de arbitragem para produzir efeitos jurídicos. Inicialmente, tratou-se no direito brasileiro o efeito negativo da convenção de arbitragem quase que em termos absolutos. Contudo, com a evolução doutrinária e jurisprudencial, na linha das exceções estabelecidas pela Convenção de Nova Iorque, verificou-se a existência de grupo de casos que permitem que o Poder Judiciário reconheça *ab initio* a inaptidão da convenção de arbitragem para produzir os seus efeitos típicos.

A Convenção de Nova Iorque prevê quatro grupos de situações nas quais, em termos internacionais, é reconhecida a viabilidade de excepcionalizar o efeito negativo da convenção de arbitragem. Nos termos do art. II (3) da Convenção, "o tribunal de um Estado

---

[137] Sustentando qualificação diversa: "A não arguição da preliminar por um dos signatários da convenção, associada a propositura da demanda perante o Poder Judiciário pelo outro deles, produz no sistema o mesmo efeito de uma renúncia bilateral e explícita a arbitragem. É um dos sujeitos preferindo ir ao juiz togado, e outro aceitando a jurisdição deste apesar da existência de uma convenção de arbitragem ajustada entre os dois." (DINAMARCO, Cândido Rangel. *A Arbitragem na Teoria Geral do Processo*. São Paulo: Malheiros, 2013, p. 92); "assim, ambas as partes, ao aceitarem a jurisdição estatal, abdicam da convenção de arbitragem, em um distrato tácito." (DIDIER JR., Fredie. A arbitragem no novo Código de processo civil: (versão da Câmara dos Deputados – Dep. Paulo Teixeira). *Revista TST*, Brasília, vol. 79, nº 4, p. 73-81, out./dez. 2013, p. 75-76).

[138] "Aliás, pouco importa se, em situações anteriores em que se verificaram desentendimentos entre os contratantes, as partes não se valeram do juízo arbitral previamente convencionado. Afinal, a convenção de arbitragem permanece válida, em estado latente, podendo ser invocada sempre que surgir uma controvérsia entre as partes, tal como ocorreu no caso sub examine." (VERÇOSA, Fabiane. Efeito Negativo da Competência-Competência. *RBAr*, nº 6, abr./jun., p. 82-90, 2005, p. 89).

signatário, quando de posse de ação sobre matéria com relação à qual as partes tenham estabelecido acordo nos termos do presente artigo, a pedido de uma delas, encaminhará as partes à arbitragem, a menos que constate que tal acordo é nulo e sem efeitos, inoperante ou inexequível". Assim, os vícios de (i) nulidade, (ii) ineficácia, (iii) inoperância ou (iv) inexequibilidade são aptos a servirem de defesa contra a interposição da exceção de arbitragem.

A nulidade da convenção de arbitragem ocorre em todos os casos que os seus requisitos de validade não se encontram preenchidos[139]. Desse modo, estão sujeitas ao vício de nulidade a convenção de arbitragem (a) que é formada por partes incapazes, indevidamente representadas; (b) que versa sobre matéria ilícita; (c) que contenha escopo de aplicação indeterminado (caráter *omnibus*); (d) que verse sobre matéria juridicamente impossível de ser arbitrada (carência de arbitrabilidade objetiva); (e) cujo consentimento tenha sido manifestado claramente de modo viciado.

A ineficácia da convenção de arbitragem, por sua vez, ocorre quando os fatores de eficácia não estão satisfeitos. Assim, padecem de ineficácia as convenções de arbitragem (a) inseridas em contratos de consumo e que o consumidor não manifestou consentimento superveniente à instauração do procedimento; (b) inseridas em contratos de adesão e que o aderente não manifestou consentimento superveniente à instauração do procedimento; (c) aquelas que pretendem sujeitar partes despidas de arbitrabilidade subjetiva à instauração do procedimento arbitral; (d) aquelas que existem e são válidas, mas cujo escopo objetivo não abarca determinada matéria sobre a qual se pretende iniciar procedimento arbitral.

A inoperância da convenção de arbitragem é vício que caracteriza as chamadas "cláusulas compromissórias patológicas". O vício de inoperância poderá ou não ser sanado, a depender da gravidade. Para tanto, a Lei de Arbitragem previu procedimento especial, nos arts. 6º e 7º, destinados à execução específica da cláusula compromissória. Caso se constate patologia branda, por exemplo, a chamada "cláusula compromissória vazia", que não contém os elementos necessários à instauração do procedimento arbitral, a exceção de arbitragem é inapta, por si só, a conduzir as partes à arbitragem, sendo necessário propor, previamente, o procedimento especial contido na lei de arbitragem.

A inexequibilidade da convenção de arbitragem, por fim, é situação que também caracteriza "cláusulas compromissórias patológicas". No entanto, a inexequibilidade pode ocorrer por problemas de efetivação da convenção. Por exemplo, quando as partes elegem instituição arbitral inexistente, ou nominam os árbitros na convenção, e esses não aceitam participar do procedimento. São situações que impedem a plena instauração do procedimento arbitral, e poderão ou não ser sanáveis, a depender das circunstâncias específicas do caso concreto.

Nesse contexto, percebe-se que há várias situações que evidenciam a existência de vício claro e inequívoco que atinge a convenção de arbitragem. Assim, tais situações, as quais os vícios não dependem de cognição ampla para serem constatados, por conta da sua gravidade, poderão ser conhecidos de plano pelo Poder Judiciário, não remetendo as partes à arbitragem, por conta da inaptidão da convenção de arbitragem de produção do efeito negativo. Dependendo da natureza do vício, ora o caminho processual será a

---

[139] Ver Capítulo 8.

consolidação da jurisdição do Poder Judiciário para analisar a controvérsia, ora será a necessidade de instauração da ação dos arts. 6º e 7º da Lei de Arbitragem.

Em qualquer um desses casos, pela evidência da situação, é descabido encaminhar as partes à arbitragem apenas para o tribunal arbitral reconhecer a ausência de jurisdição, remetendo o caso para análise do Poder Judiciário. Portanto, mais que justificável, em termos de economia processual, que o Poder Judiciário, de plano, reconheça o vício e tome as medidas cabíveis.

Registra-se que essa solução apenas é legítima diante de vícios claros, facilmente demonstráveis, que não dependam de cognição aprofundada. A regra geral há de ser, de fato, a análise pelo tribunal arbitral da existência, validade e eficácia da convenção de arbitragem, à luz do *Kompetenz-Kompetenz*. Assim, a convenção de arbitragem é sujeita a uma presunção inicial de existência, validade e eficácia – tal qual qualquer outro negócio jurídico. Contudo, diante de vício evidente, nos termos da própria Convenção de Nova Iorque, não cabe ao Poder Judiciário ficar de braços cruzados, encaminhando as partes para um procedimento arbitral fadado ao insucesso.

Assim, diante da normativa da Convenção de Nova Iorque, plenamente em vigor no Brasil, incorporada ao nosso sistema jurídico em momento posterior à Lei de Arbitragem, pode o Poder Judiciário reconhecer, desde logo, a existência de umas das situações que inviabilizam a produção dos efeitos negativo ou positivo da convenção de arbitragem. Registra-se que a Convenção de Nova Iorque, além de diploma internacional, reconhecido em 170 países, é lei interna, e deve ser utilizada para colmatar lacunas da Lei de Arbitragem, como o regramento dogmático aplicável a situações de vício de gravidade extrema, facilmente constatáveis. Ademais, como nem a Lei de Arbitragem nem o Código de Processo Civil estabelecem vedação à análise pelo Poder Judiciário de vícios atinentes à convenção de arbitragem, mostra-se que a ocorrência de situações de nulidade, ineficácia, inoperância ou inexequibilidade podem ser reconhecidas de plano, e são aptas a servir de defesa contra a oposição da exceção de arbitragem.

Capítulo 14
EFEITO POSITIVO DA CONVENÇÃO DE ARBITRAGEM

O efeito positivo da convenção de arbitragem age, principalmente, na atribuição de jurisdição ao tribunal arbitral. A consequência típica da pactuação de convenção de arbitragem é a possibilidade de as partes poderem incumbir a pessoas privadas a missão jurisdicional de dirimir, em caráter final e cogente, determinada controvérsia.

Nesse sentido, explana Eleonora Coelho: "a atribuição dos efeitos, positivo e negativo, à convenção de arbitragem constitui, a nosso ver, uma das molas propulsoras do desenvolvimento da arbitragem em certo Estado"[140]. Percebe-se, portanto, que o efeito positivo operacionaliza a dinâmica necessária à submissão do litígio à arbitragem, prestigiando a autonomia privada dos contratantes. Uma vez firmada a convenção de arbitragem, todas as partes vinculadas assentiram com a submissão de eventual conflito à jurisdição arbitral, não sendo possível arrependimento ou reversão unilateral do *status* atributivo de jurisdição.

Portanto, em um sentido lato, o efeito positivo reflete não apenas o estrito ato de conferir poderes jurisdicionais, pois fundamenta direitos, deveres, ações e sanções específicas, polarizadas em prol da efetivação da convenção de arbitragem. Assim, no presente Capítulo, analisamos o efeito positivo enquanto assegurador da jurisdição dos árbitros, e as cargas eficaciais daí decorrentes.

Nesse contexto, foca-se, especialmente, no direito potestativo de dar início ao procedimento arbitral, nos deveres acessórios e laterais voltados para efetivar a arbitragem e nos mecanismos de tutela direta e indireta do efeito positivo da convenção de arbitragem, viabilizando a instauração e o prosseguimento da arbitragem, mesmo diante da existência de comportamentos não cooperativos das demais partes. Portanto, todos esses elementos inseridos no plano da eficácia do negócio jurídico atribuidor de jurisdição agem para conferir efetividade à vontade manifestada em prol de arbitrar, garantindo que a convenção de arbitragem não esteja fadada ao insucesso, virando letra morta.

§ 49. EVOLUÇÃO DO EFEITO POSITIVO

1. A efetivação da convenção de arbitragem

O reconhecimento e o fortalecimento do efeito positivo da convenção de arbitragem foi uma das principais conquistas viabilizadoras da difusão da arbitragem como método de solução de litígios. A arbitragem foi condenada, por longo período de tempo, à baixa

---

[140] COELHO, Eleonora. Os Efeitos da Convenção de Arbitragem – adoção do princípio kompetenz-kompetenz no Brasil. In: LEMES, Selma M. Ferreira. CARMONA, Carlos Alberto. MARTINS, Pedro Batista (Coord.). *Arbitragem: Estudos em homenagem ao Prof. Guido Fernando Silva Soares*, in memorian. São Paulo: Atlas, 2007, p. 329.

utilidade prática[141], especialmente por um apego à prestação jurisdicional de modo exclusivo pelo Estado. Assim, o que verdadeiramente ocorreu foi um processo de mudança cultural, em prol dos métodos de solução de conflitos, para que, finalmente, tenha havido o pleno reconhecimento da arbitragem[142].

Nesse sentido, comentava Clóvis do Couto e Silva, à luz do regime existente antes da elaboração da Lei de Arbitragem: "é corrente a observação de que existem países mais e outros menos inclinados à adoção do juízo arbitral. Ainda quando o progresso da técnica pudesse estar a indicar a necessidade de especialização nos julgamentos, e ainda quando se pudesse deduzir que os tribunais comuns, de jurisdição ordinária, dela carecem, ainda assim os juízos arbitrais brasileiros se constituem em fato extremamente raro"[143].

Ou seja, uma compreensão desvinculada da história é incapaz de representar, com adequação, a evolução do efeito positivo da convenção de arbitragem no plano conceitual e legislativo. Esse processo, em termos de desenvolvimento institucional, é marcado, ao menos, por três mudanças de compreensão distintas: em primeiro, o reconhecimento do caráter jurisdicional da arbitragem e a desnecessidade de homologação da sentença arbitral; em segundo, a equiparação funcional entre cláusula compromissória e compromisso arbitral, permitindo que tanto um quanto o outro seja o suficiente para instaurar a arbitragem e, por fim, em terceiro, a criação de mecanismos de efetivação da convenção de arbitragem.

Para além desses três elementos fundamentais, no modelo vigente do efeito positivo da convenção de arbitragem, é possível apontar para nova tendência de dar um passo além. Isto é, derivar da natureza negocial da convenção de arbitragem deveres acessórios e anexos, polarizados à adequada implementação da jurisdição arbitral, voltados a conferir maior eficiência ao procedimento. Assim, insere-se um elemento substancial, fonte de verdadeiros deveres de conduta, exigíveis pelas partes da convenção de arbitragem. Esse conjunto evolutivo representa a adição de camadas de compreensão acerca do significado do efeito positivo da convenção de arbitragem.

Apesar dessa evolução, o efeito positivo da convenção de arbitragem tende a não ser expressamente reconhecido pelas convenções internacionais e pelas legislações domésticas. Ele encontra-se, na maior parte das vezes, implícito, como contraface do efeito negativo, explicitado em maior frequência[144]. Por essa razão, os contornos do chamado efeito po-

---

[141] "The positive and negative effects of agreements to arbitrate are affected significantly by the means of enforcement of those agreements under applicable international conventions and national arbitration legislation. As discussed above, during some historical periods, arbitration agreements were rendered ineffective because they were not susceptible of enforcement through orders for specific performance and because monetary damages were difficult to quantify and provided inadequate disincentives for breaches." (BORN, Gary. *International Commercial Arbitration*. 3ª ed. The Hague: Kluwer Law International, 2021, p. 1349).

[142] Ver Capítulo 2.

[143] COUTO E SILVA, Clóvis do. O juízo arbitral no Direito Brasileiro. *O Direito Privado na Visão de Clóvis do Couto e Silva*. 2ª ed. Porto Alegre: Livraria do Advogado Editora, 2014, p. 169.

[144] "The positive obligations imposed by an arbitration agreement are not expressly recognized in either international conventions or most national legislation. Those instruments instead generally focus on the negative effects of the arbitration agreement (i.e., forbidding litigation of arbitrable disputes in national courts) or the remedies for breaches of arbitration agreements (i.e., referring the parties to arbitration). Nonetheless, the positive obligation to arbitrate disputes is a necessary implication from the language of the relevant conventions and legislation, and forms one of the foundations

PARTE IV · **Capítulo 14** · EFEITO POSITIVO DA CONVENÇÃO DE ARBITRAGEM | **543**

sitivo, antes de advir diretamente da lei, é fruto de construção dogmática que toma como ponto de partida dispositivos distintos, embasando a elaboração de um modelo de eficácia.

A pedra angular do efeito positivo está na valorização da manifestação da vontade de arbitrar, fruto da autonomia privada, reconhecida internacionalmente tanto pela Convenção de Nova Iorque, no art. II (1)[145], quanto por diversas leis de arbitragens domésticas. Nesse sentido, explica Gary Born: "in agreeing to arbitrate, the parties do not merely negatively waive their access to judicial remedies, but also affirmatively commit themselves to participating in the resolution of their disputes through the arbitral process"[146]. Portanto, mesmo que não diretamente explicitado, o efeito positivo pode ser compreendido como decorrência lógica da intenção de arbitrar, subjacente às declarações negociais formadoras da convenção de arbitragem. Os contornos e a definição desse efeito são dados por normas de amparo, que oferecem efetividade a essa vontade.

2. Reconhecimento do caráter jurisdicional e desnecessidade de homologação da sentença

A primeira mudança significativa no conceito de "efeito positivo" disse respeito ao reconhecimento do caráter jurisdicional da arbitragem e o fim da exigência de homologação judicial da sentença arbitral. No rol dos métodos de solução de litígios, por largo período de tempo, adjetivou-se a arbitragem como "equivalente processual", em clara posição secundária, em prol do processo civil conduzido perante as cortes estatais.

Em clássica lição, Carnelutti explicava que

> "Los árbitros son personas a quienes las partes encomiendan de común acuerdo la composición de una litis de pretensión discutida (controversia; art. 806; supra, n. 9). El proceso ante árbitros es, por tanto, un equivalente del proceso contencioso de cognición; se niega a los árbitros toda diversa función procesal, ejecutiva, cautelar (art. 818) o voluntaria"[147].

Esse posicionamento foi dominante por muito tempo em diversos ordenamentos: a arbitragem não era jurisdição, era um "equivalente jurisdicional", e, por isso, a sentença arbitral necessitava ser homologada pelo Poder Judiciário, o que representava significativo entrave para o instituto[148].

---

of the international arbitral process." (BORN, Gary. *International Commercial Arbitration*. 3ª ed. The Hague: Kluwer Law International, 2021, p. 1350).

[145] Convenção de Nova Iorque, art. II (1): "Cada Estado signatário deverá reconhecer o acordo escrito pelo qual as partes se comprometem a submeter à arbitragem todas as divergências que tenham surgido ou que possam vir a surgir entre si no que diz respeito a um relacionamento jurídico definido, seja ele contratual ou não, com relação a uma matéria passível de solução mediante arbitragem."

[146] BORN, Gary. *International Commercial Arbitration*. 3ª ed. The Hague: Kluwer Law International, 2021, p. 1350.

[147] CARNELUTTI, Francesco. *Instituciones del Proceso Civil*. Vol. 1. Santiago Sentis Melendo (Trad.). Buenos Aires, 1959, p. 115.

[148] "A homologação transformou-se, aos poucos, num dos grandes entraves do instituto, prejudicando (ou até mesmo eliminando) as tão apregoadas vantagens da arbitragem, ao invés de simplificar-se a solução do litígio acaba-se por trazer novos elementos de complicação e procrastinação, com a necessidade de recorrer-se ao poder judiciário, em respeito ao princípio da inafastabilidade do

Esse procedimento era disciplinado pelo Código de Processo Civil de 1973. Por exemplo, o art. 101 dispunha que "é competente para a homologação do laudo arbitral, em primeiro grau de jurisdição, o juiz a que originariamente tocar o conhecimento da causa; em segundo grau, o tribunal que houver de julgar o recurso". Pelo art. 584, III, somente a sentença homologatória de laudo arbitral era considerada título executivo judicial, apto a lastrear processo de execução[149]. Igualmente, a Seção IV do Capítulo XIV do Código de Processo Civil de 1973 trazia regramento específico voltado à homologação do laudo arbitral[150].

Por certo, esse regime implicava desprestígio à arbitragem como método de solução de conflitos. Ainda quando havia arbitragem nos moldes do Código Buzaid, não era possível falar de um "efeito positivo" propriamente dito, tal qual existente hoje, pois o laudo arbitral e o procedimento conduzido perante os árbitros, sendo meros simulacros de jurisdição, não se prestavam plenamente a resolver as controvérsias existentes entre as partes. Essas eram, inevitavelmente, compelidas a recorrer ao Poder Judiciário para homologar a decisão[151], e, portanto, não era possível haver um completo afastamento da prestação jurisdicional pelo Estado.

Essa posição é igualmente observada nos casos das sentenças arbitrais estrangeiras. Acerca do tema, em um caso recente julgado pelo Superior Tribunal de Justiça, o Ministro Paulo de Tarso Sanseverino reiterou o entendimento de que "o sistema judicial brasileiro, no que tange à homologação de decisão estrangeira, observa, via de regra, os requisitos puramente formais do processo, sendo vedado o exame de questões de mérito ou que redundem em sua efetiva análise[152]". De forma semelhante, nos autos da Sentença Estrangeira Contestada 8421, o Ministro Herman Benjamin, ao adotar os fundamentos do parecer dos Subprocurador Geral da República, discorreu que "a Lei de Arbitragem brasileira revogou expressamente o art. 1.097, do CPC/1973, que previa a necessidade de homologação judicial do laudo arbitral para produzir os efeitos de sentença judiciária"[153].

Nesse contexto, reconhecer plenamente o caráter jurisdicional e retirar a necessidade de homologação da sentença arbitral foi o primeiro passo de fortalecimento do efeito

---

controle jurisdicional." (CARMONA, Carlos Alberto. Arbitragem e jurisdição. *Revista de Processo*, vol. 58, p. 33-40, abr./jun., 1990, DTR 1990/55, p. 04).

[149] Código de Processo Civil de 1973, Art. 584, IV: "São títulos executivos judiciais: III – a sentença homologatória de transação, de conciliação, ou de laudo arbitral;"

[150] Destacam-se as seguintes disposições: "Art. 1.098. É competente para a homologação do laudo arbitral o juiz a que originalmente tocar o julgamento da causa"; "Art. 1.099. Recebidos os autos, o juiz determinará que as partes se manifestem, dentre de dez (10) dias, sobre o laudo arbitral; e em igual prazo o homologará, salvo se o laudo for nulo"; e "Art. 1.101. Cabe apelação da sentença que homologar ou não o laudo arbitral. Parágrafo único. A cláusula "sem recurso" não obsta à interposição de apelação, com fundamento em qualquer dos vícios enumerados no artigo antecedente; o tribunal, se negar provimento à apelação condenará o apelante na pena convencional."

[151] "A exigência de que a sentença arbitral deva ser homologada no lugar de origem é antiga; basta lembrar o caso em que se negou a homologação a um laudo proferido pela American Arbitration Association, por lhe faltar a homologação de qualquer tribunal judiciário ou administrativo do país de origem." (COUTO E SILVA, Clóvis do. O juízo arbitral no Direito Brasileiro. *O Direito Privado na Visão de Clóvis do Couto e Silva.* 2ª ed. Porto Alegre: Livraria do Advogado Editora, 2014, p. 179).

[152] STJ. AgInt na HDE n. 3.233/EX. Rel. Min. Paulo de Tarso Sanseverino. Corte Especial. J. em: 12.04.2022.

[153] STJ. SEC n. 8.421/EX. Min. Herman Benjamin. Corte Especial. J. em: 02.08.2017.

positivo. Trata-se, no regime atual, do elemento mais característico do que é a arbitragem, precisamente, ser modalidade de jurisdição prestada por privados, chancelada e apartada da estrutura oferecida pelo Estado.

A edição da Lei de Arbitragem, estabelecendo novo regime, sepultou as dúvidas outrora existentes, acerca do caráter jurisdicional da arbitragem. Embora seja necessário reconhecer a existência de vozes que, mesmo antes da Lei 9.307/1996 vislumbravam o exercício de jurisdição pelos árbitros, a posição somente passou a ser dominante no Brasil com o novo regime legal.

Elucidar a natureza jurisdicional da arbitragem foi uma das prioridades da Lei 9.307/1996, que deu passo importante ao retirar a exigência de homologação da sentença. Nesse sentido, positivou no art. 18 que "o árbitro é juiz de fato e de direito, e a sentença que proferir não fica sujeita a recurso ou a homologação pelo Poder Judiciário". Retirar a necessidade de homologação, além de dar maior efetividade ao procedimento arbitral, foi marco importante da valorização do instituto[154].

Atualmente, é de se destacar que tanto a jurisdição arbitral quanto a jurisdição estatal apresentam a mesma natureza, sendo, em última instância, legitimadas pela soberania do Estado. Contudo, a arbitragem apresenta segunda camada de legitimação na autonomia privada dos indivíduos, que no exercício do seu direito fundamental de liberdade e de autodeterminação, optam por dirimir suas controvérsias perante estrutura judicante apartada do Poder Judiciário. Assim, a diferença fundamental está no título que origina a jurisdição[155], pois enquanto o Poder Judiciário é legitimado diretamente pelo poder do Estado, fundado na Carta da República, asa arbitragem é também lastreada indiretamente na Constituição Federal, mas diretamente no poder da vontade dos indivíduos.

3. Equiparação funcional entre cláusula compromissória e compromisso arbitral

A segunda mudança de favorecimento do efeito positivo foi equiparar, em termos funcionais, a cláusula compromissória ao compromisso arbitral. A posição outrora dominante condenava a cláusula compromissória como uma mera coadjuvante. Antes da edição da Lei de Arbitragem o entendimento dominante era no sentido de que a cláusula compromissória era insuficiente para a instauração da jurisdição arbitral, sendo necessária a posterior formação do compromisso arbitral.

Carlos Alberto Carmona testemunha que "restava firme, porém, sob a égide do Código de Processo Civil, que a cláusula incompleta ou a cláusula arbitral vazia não comportariam, em hipótese alguma, a execução específica, de sorte que a promessa vaga

---

[154] Carlos Alberto Carmona já advertira em 1990 a tendência de desaparecimento desse requisito "a necessidade de homologação – verdadeiro entrave para a evolução da arbitragem – está sendo gradualmente mitigada nos sistemas europeus mais avançados, com tendência ao desaparecimento." (CARMONA, Carlos Alberto. Arbitragem e jurisdição. *Revista de Processo*, vol. 58, p. 33-40, abr./jun., 1990, DTR 1990/55, p. 02-03).

[155] "O juízo arbitral é juízo de fato e de direito (CPC, art. 1.078). Discute-se a natureza da jurisdição que surge do compromisso, se é ou não diversa da dos Tribunais de Estado. Toda a jurisdição, mesmo a privada, é jurisdição em sentido próprio. A diferença entre as jurisdições está, sobretudo, na sua origem." (COUTO E SILVA, Clóvis do. O juízo arbitral no Direito Brasileiro. *O Direito Privado na Visão de Clóvis do Couto e Silva*. 2ª ed. Porto Alegre: Livraria do Advogado Editora, 2014, p. 176).

de resolver uma disputa através da arbitragem não permitiria tutela específica, eis que, nesta hipótese, não encontraria o juiz parâmetro algum para dar ao (então) pré-contrato (cláusula compromissória) os efeitos do contrato definitivo (compromisso)"[156]. Em sentido semelhante, Clóvis do Couto e Silva: "a cláusula compromissória configura-se como uma disposição relativa a litígio futuro; mas não é bastante em si, sendo necessário que sobrevenha, depois da ocorrência de litígio, nova convenção, denominada do compromisso, esta, sim, suficiente para constituir e juízo arbitral"[157].

Dessa forma, no regime anterior, a cláusula compromissória era entendida como mero "pré-contrato" ou "promessa de formação do compromisso arbitral", insuficiente para conferir o direito de dar início ao procedimento arbitral quando a controvérsia efetivamente surgisse. Nesse sentido, a cláusula compromissória apresentava significativa inefetividade prática, pois, frequentemente, a despeito da sua pactuação, ao menos uma das partes resistia em firmar o compromisso arbitral. Assim, esse desacordo superveniente era suficiente para tornar a cláusula compromissória previsão de baixa utilidade prática. Diversamente, no regime atual passou a haver equiparação funcional entre a cláusula compromissória e o compromisso arbitral[158]. Ambas as modalidades de convenção de arbitragem passaram a conferir direito potestativo de instaurar a arbitragem, não podendo uma das partes se opor à regular condução do procedimento quando a convenção de arbitragem foi validamente constituída.

Percebe-se que essa modificação legislativa, ao conferir efeitos práticos significativos à cláusula compromissória[159], além de tornar despiciendo o compromisso arbitral, produziu verdadeira revolução na própria compreensão da sua natureza. Passaram a ser incompatíveis com o desenvolvimento atual do direito arbitral visões segundo a qual a cláusula compromissória é mero pacto preliminar à formação do compromisso. Pelo regime vigente, a cláusula compromissória tem por si o poder de conferir jurisdição ao tribunal arbitral, independentemente de posterior formação do compromisso arbitral.

---

[156] CARMONA, Carlos Alberto. *Arbitragem e Processo: um comentário à Lei nº 9.307/96*. 3ª ed. São Paulo: Atlas, 2009, p. 155.

[157] COUTO E SILVA, Clóvis do. O juízo arbitral no Direito Brasileiro. *O Direito Privado na Visão de Clóvis do Couto e Silva*. 2ª ed. Porto Alegre: Livraria do Advogado Editora, 2014, p. 171.

[158] Essa posição é amplamente balizada pela jurisprudência. Exemplificativamente, nos autos do REsp 1.389.763 estabeleceu-se que "a convenção de arbitragem, tanto na modalidade do compromisso arbitral quanto na modalidade de cláusula compromissória, é suficiente e vinculante, afastando definitivamente a jurisdição estatal." (STJ. REsp n. 1.389.763/PR. Min. Nancy Andrighi. Terceira Turma. J. em: 12.11.2013).

[159] "Diante de tais percalços, o legislador brasileiro abandonou o modelo clássico francês – de resto já superado até mesmo no país de origem – procurando dar tanto à cláusula quanto ao compromisso os mesmos efeitos jurídicos. Pode-se hoje dizer, com tranquilidade, que a cláusula arbitral é um negócio jurídico processual, eis que a vontade manifestada pelas partes produz desde logo efeitos (negativos) em relação ao processo (estatal) e positivos, em relação ao processo arbitral (já que, com a cláusula, atribui-se jurisdição aos árbitros). Com efeito, após o advento da Lei, cláusula e compromisso podem, indistintamente, instituir a arbitragem, deixando a primeira de ser mera promessa de celebrar o segundo, de modo que uma e outro são acordos mediante os quais renuncia-se à solução estatal de conflitos, em prol da atuação do juiz escolhido pelos litigantes: se na celebração do compromisso tem-se em mira um conflito atual, já existente, definido, na cláusula aponta-se para um litígio futuro, eventual, definível." (CARMONA, Carlos Alberto. *Arbitragem e Processo: um comentário à Lei nº 9.307/96*. 3ª ed. São Paulo: Atlas, 2009, p. 102).

Portanto, passou a ser errôneo taxar a cláusula compromissória de "pré-contrato" após a edição da lei de arbitragem[160].

Pode-se perceber que a jurisprudência caminha ao lado da doutrina nesse aspecto, mantendo-se firme em reconhecer os efeitos positivo e negativo da convenção de arbitragem, de forma a extinguir as ações judiciais ajuizadas, quando as partes previram a adoção da arbitragem para a solução de controvérsias[161]. Nesse sentido, destaca-se o posicionamento do STJ, no julgamento do Recurso Especial 1.410.872, de relatoria do Min. Raul Araújo, que ressalta o caráter vinculante da convenção de arbitragem – em suas modalidades cláusula e compromisso – e a distanciam da figura de um mero "pré-contrato":

> "A essência da arbitragem, como se sabe, consiste na renúncia à jurisdição estatal, motivada pela autonomia de vontade das partes que, de modo consciente e voluntário, elegem um terceiro, o árbitro, para resolver eventuais conflitos de interesses advindos da relação contratual subjacente, desde que relativos a direitos patrimoniais disponíveis. A convenção de arbitragem, tanto na modalidade do compromisso arbitral quanto na modalidade de cláusula compromissória, é suficiente e vinculante, afastando a jurisdição estatal."

Essa mudança de entendimento foi indispensável para a difusão da arbitragem. Uma vez pactuada cláusula compromissória, essa passou a ser bastante para fundar jurisdição. Ou seja, arrependimentos unilaterais supervenientes deixaram de ser relevantes, pois a cláusula compromissória, por si só, produz efeito de autorizar que árbitro decida a questão posta.

A arbitragem não é mais condicionada a um acordo superveniente das partes, salvo em casos excepcionais como aqueles envolvendo cláusulas compromissórias inseridas em contrato de adesão ou contrato de consumo. Ou seja, a regra geral, valorizando a autonomia privada e o princípio *pacta sunt servanda*, tornou-se submeter à arbitragem as controvérsias contidas no escopo eficacial da cláusula compromissória.

4. Criação de mecanismos de efetivação da convenção de arbitragem

O terceiro marco de evolução do efeito positivo foi a criação de mecanismos de efetivação da convenção de arbitragem. A possibilidade de execução específica da convenção

---

[160]   Por exemplo, Carlos Alberto Carmona enfatiza que é preciso reconhecer que "a cláusula compromissória não pode mais ser qualificada como mero pré-contrato, na medida em que ela não consubstancia mais uma promessa de celebrar compromisso, mas sim uma promessa de instituir juízo arbitral". (CARMONA, Carlos Alberto. *Arbitragem e Processo: um comentário à Lei nº 9.307/96.* 3ª ed. São Paulo: Atlas, 2009, p. 79).

[161]   Nesse sentido, a título de exemplo, os seguintes julgados do STJ: STJ. REsp 1.613.630/MS. Min. Antonio Carlos Ferreira. J. em: 28.04.2021; STJ. AgInt nos ED AREsp 1.660.417/RJ. Quarta Turma. Min. Marco Buzzi. J. em: 08.02.2021; STJ. REsp 1.780.747. Min. Marco Buzzi. J. em: 04.02.2019; STJ. REsp 1.353.954. Min. Sidnei Beneti. J. em: 21.08.2014; STJ. REsp 1.584.440/RJ. Min. Marco Aurélio Bellizze. J. em: 02.03.2018; STJ. REsp 1.594.811/RJ. Min. Raul Araújo. J. Em: 21.02.2019; STJ. AgInt nos ED AREsp 1.660.417. Quarta Turma. Min. Raul Araújo. J. em: 08.02.2021; STJ. REsp 1.541.830/MT. Min. Maria Isabel Gallotti. J. em: 26.11.2018; STJ. AgRg no AREsp 371.993/RJ. Terceira Turma. Min Ricardo Villas Bôas Cueva. J. em: 14.10.2014; STJ. REsp 1.389.763/PR. Terceira Turma. Min. Nancy Andrighi. J. em: 12.11.2013.

de arbitragem foi uma inovação da lei de arbitragem, em relação à sistemática do Código de Processo Civil de 1973, conferindo caráter imperativo à solução pela via arbitral, sendo uma inovação em relação à sistemática vigente na legislação anterior[162].

A tendência de oferecer mecanismos de efetivação da convenção de arbitragem não é exclusividade do direito brasileiro. Havia tendência internacional de oferecer cogência e vinculabilidade à convenção de arbitragem, recorrendo a diversos meios institucionais diversos, variando conforme as peculiaridades de cada jurisdição[163]. É possível estabelecer sistemas diversos de efetivação da convenção de arbitragem, desde aqueles que se socorrem de mecanismos de coação direta, como a execução específica da convenção de arbitragem, até aqueles que se restringem em modalidades de coação indireta, como a autorização do prosseguimento da arbitragem mesmo com a não participação de parte que tenta resistir ao juízo arbitral.

O efeito positivo da convenção de arbitragem também está associado à garantia de que essa será eficaz e utilizada pelas partes para dirimir as controvérsias, sem que haja margem de arrependimento posterior unilateral ou discussões acerca da pertinência da sua utilização[164]. Portanto, não basta reconhecer o caráter jurisdicional do instituto, nem equiparar a cláusula compromissória ao compromisso. É preciso que existam mecanismos eficientes de garantir a emanação de jurisdição, como consequência da assinatura válida da convenção de arbitragem, mesmo sem a cooperação de todas as partes.

§ 50. EFEITO POSITIVO DA CONVENÇÃO DE ARBITRAGEM

1. Efeito positivo e a atribuição da jurisdição ao tribunal arbitral

A formação de uma convenção de arbitragem não significa somente uma espécie de renúncia ao acesso ao Poder Judiciário, implicando, necessariamente, faceta positiva de

---

[162] "durante muitos anos, a cláusula compromissória foi entendida como sendo um pré-contrato segundo o qual as partes signatárias se comprometiam a celebrar o compromisso para que se pudesse validamente instituir a arbitragem. No entanto, seguindo a técnica vigente no passado, muito embora o compromisso fosse essencial, não previa a legislação os meios adequados para que forçasse a parte recalcitrante a celebrar o compromisso. A isso denominava-se a ausência de execução específica da cláusula compromissória. Com a edição da Lei de Arbitragem, o quadro se modificou de forma substancial. Além de outorgar à cláusula compromissória execução específica (art. 7.º da Lei 9.307/1996), atribui-se a ela, desde que se possa interpretá-la como cláusula completa ou, ainda, na terminologia arbitral, 'cláusula cheia', o condão de ser suficiente e bastante para instituir a arbitragem". (NUNES PINTO, José Emílio. A Cláusula Compromissória à Luz do Código Civil. *Revista de Arbitragem e Mediação*, vol. 4, p. 34-47, jan./mar., 2005, DTR 2205/780, p. 03-04).

[163] "Contemporary international arbitration regimes have fundamentally altered this, making it possible, in varying degrees, to obtain orders of specific performance from national courts of both the negative and positive obligations imposed by arbitration agreements. These remedies vary in some respects among national legal systems, but, in developed jurisdictions, provide broadly similar and effective means of enforcing international arbitration agreements. Those means of enforcement include stays of litigation, orders to compel arbitration, anti-suit injunctions, actions for monetary damages and non-recognition of judgments obtained in breach of a valid arbitration agreement". (BORN, Gary. *International Commercial Arbitration*. 3ª ed. The Hague: Kluwer Law International, 2021, p. 1350).

[164] GUERRERO, Luis Fernando. *Convenção de Arbitragem e Processo Arbitral*. 4ª ed. São Paulo: Almedina, 2022, p. 160-161.

haver verdadeiro compromisso em resolver as disputas por intermédio da arbitragem[165]. Assim, a convenção de arbitragem atribui jurisdição ao tribunal arbitral[166]. As partes, por meio da sua autonomia privada, optam por modificar o *locus* do exercício do direito de ação, deixando de ser perante o Poder Judiciário, passando para o tribunal arbitral.

Assim, a convenção de arbitragem exerce função constitutiva e modificativa da jurisdição. Ao mesmo tempo que permite a constituição do tribunal arbitral, modifica a jurisdição, deslocando-a para os árbitros. Ou seja, ao invés de retirar a inércia da jurisdição estatal, cria-se um tribunal privado para exercer jurisdição sobre o litígio em questão. Nesse sentido, o efeito positivo da convenção de arbitragem diz respeito à possibilidade de as partes provocarem a tutela jurisdicional satisfativa a ser prestada pelo tribunal arbitral.

Essa perspectiva sobre a convenção de arbitragem já era vislumbrada no Direito Brasileiro mesmo antes da edição da Lei de Arbitragem. Nesse sentido, explicava Clóvis do Couto e Silva: "o compromisso não é um ato produtor de direitos e obrigações tão somente. Ele detém uma categoria maior; é considerado como um ato de organização jurídica, porquanto dele se origina o juízo arbitral"[167].

O âmbito do efeito positivo corresponde ao âmbito da convenção de arbitragem. Todas as disputas inseridas no seu núcleo objetivo e subjetivo estão sujeitas a serem dirimidas perante a jurisdição arbitral, podendo ser coativamente exigidas pelas partes da convenção de arbitragem. Por essa razão, percebe-se que os limites da jurisdição do tribunal arbitral correspondem aos próprios limites da convenção de arbitragem[168].

A natureza vinculante da convenção de arbitragem foi aos poucos reconhecida pelas convenções internacionais[169]. Dessa forma, foi possível reconhecer uma obrigação positiva de arbitrar, em conformidade com a convenção de arbitragem pactuada, conferindo

---

[165] "By agreeing to arbitrate, the parties do not merely negatively waive their legal rights or access to judicial remedies, but instead agree to participate affirmatively in the resolution of their disputes through the arbitral process, which has sui generis characteristics. This positive obligation to participate in a mutually-established, adjudicative dispute resolution process is at the foundation of the arbitration agreement." (BORN, Gary. *International Commercial Arbitration*. 3ª ed. The Hague: Kluwer Law International, 2021, p. 1351).

[166] "The second positive consequence of the arbitration agreement is to confer jurisdiction on the arbitral tribunal to hear all disputes covered by the arbitration agreement. Of course, the relationship between the parties and the arbitrators, as well as the rights and obligations assumed by the latter, stem from a distinct agreement which results from the acceptance by the arbitrators of their functions. However, that agreement is itself a consequence of the arbitration agreement, and in the relations between the parties, it is the arbitration agreement that provides the basis for the arbitrators' jurisdiction." (FOUCHARD, Philippe; GAILLARD, Emmanuel; GOLDMAND, Berthold. *Fouchard Gaillard Goldman on International Arbitration*. Haia: Kluwer Law International, 1999, p. 393-394).

[167] COUTO E SILVA, Clóvis do. O juízo arbitral no Direito Brasileiro. *O Direito Privado na Visão de Clóvis do Couto e Silva*. 2ª ed. Porto Alegre: Livraria do Advogado Editora, 2014, p. 176.

[168] Similarly, as discussed below, the scope of a party's positive obligation to submit disputes to arbitration is defined by the scope of its arbitration agreement. A party is obligated to arbitrate only those disputes which it has agreed to arbitrate, not others; conversely, an arbitral tribunal only has jurisdiction over those disputes which the parties have submitted to it, not others." (BORN, Gary. *International Commercial Arbitration*. 3ª ed. The Hague: Kluwer Law International, 2021, p. 1364).

[169] FOUCHARD, Philippe; GAILLARD, Emmanuel; GOLDMAND, Berthold. *Fouchard Gaillard Goldman on International Arbitration*. Haia: Kluwer Law International, 1999, p. 383.

efetividade para esse negócio jurídico, que passou a ser dotado de efeito vinculante[170]. Esse movimento levou à modificação do *status* da arbitragem em termos internacionais, passando a ser o método preferencial de solução de conflitos ocorridos no âmbito de diversos tipos de transação.

Atualmente, com o maior reconhecimento institucional do instituto da arbitragem, bem como pela sua aceitação (e, até mesmo, preferência) aos olhos do mercado, tornou--se possível avançar na conceitualização do efeito positivo. Nesse sentido, propõe Gary Born que existe verdadeira obrigação de participar de forma cooperativa, diligente e de boa fé em um processo de resolução de disputas mutuamente pactuado[171]. Assim, existe um feixe de categorias eficaciais que serão decorrentes da convenção de arbitragem, imantadas em prol da adequada condução do procedimento, oferecendo às partes um método civilizado de solução de controvérsias. Esse conjunto de efeitos que irradiam da convenção de arbitragem não deixa de estar relacionado com o seu caráter de ato de organização[172], provocando mutações em variadas posições jurídicas, permitindo a plena efetivação da jurisdição arbitral.

Assim, o efeito positivo da convenção de arbitragem não mais se resume à atribuição de jurisdição ao tribunal arbitral. Na verdade, passou a ser possível perceber verdadeiros deveres prestacionais associados à pactuação da convenção de arbitragem, decorrentes sobretudo da boa-fé objetiva e do princípio da confiança – categorias inerentes às obrigações. Enfim, ao optar por arbitrar, também se aceita determinados *standards* de conduta.

Dessa forma, como forma de potencializar os efeitos decorrentes da convenção de arbitragem, é possível vislumbrar variados deveres acessórios ou anexos, decorrentes da boa-fé objetiva em sua tríplice função, polarizados pela maximização dos seu efeitos. Esses efeitos integram o "efeito positivo" da convenção de arbitragem, que não mais se resume a conferir jurisdição ao tribunal arbitral, mas também é voltado a dar efetividade ao pacto em prol da adoção desse método adequado de solução de controvérsias.

2. Efeito positivo na cláusula compromissória vazia

Os efeitos positivo e negativo da convenção de arbitragem podem dar azo a questões mais complexas, notadamente nos casos de cláusulas vazias. As cláusulas compromissórias

---

[170] "Even absent such statutory provisions, national courts and other authorities have uniformly recognized the positive obligations imposed by agreements to arbitrate. Consistent with the pacta sunt servanda principle, and the basic character of an arbitration agreement, national courts have repeatedly emphasized that an agreement to arbitrate imposes obligations to make use of, and participate cooperatively and diligently in, the contractual arbitral process." (BORN, Gary. *International Commercial Arbitration*. 3ª ed. The Hague: Kluwer Law International, 2021, p. 1355).

[171] "This positive obligation to participate cooperatively, diligently and in good faith in a mutually--established, adjudicative dispute resolution process is central to the arbitration agreement and to the arbitral process itself." (BORN, Gary. *International Commercial Arbitration*. 3ª ed. The Hague: Kluwer Law International, 2021, p. 1350).

[172] "A especificidade dos atos jurídicos de organização em face dos demais atos está em que eles formam não uma, mas diversas relações jurídicas obrigacionais, pois dele nasce verdadeiro status, regulado, em parte, pelas disposições adotadas pelos integrantes do compromisso, ou ainda pelas regras dispositivas previstas no Código Civil e no Código de Processo Civil." (COUTO E SILVA, Clóvis do. O juízo arbitral no Direito Brasileiro. *O Direito Privado na Visão de Clóvis do Couto e Silva*. 2ª ed. Porto Alegre: Livraria do Advogado Editora, 2014, p. 176).

PARTE IV · **Capítulo 14** · EFEITO POSITIVO DA CONVENÇÃO DE ARBITRAGEM | **551**

vazias são aquelas que não contém os elementos mínimos necessários à instauração do tribunal arbitral[173], limitando-se a afirmar que os litígios decorrentes ou relacionados a determinado negócio jurídico serão solucionados mediante arbitragem.

A cláusula compromissória vazia, no entanto, por conter todos os elementos de existência de uma convenção de arbitragem[174], é apta a produzir efeitos jurídicos. Especialmente, o efeito de conferir o direito potestativo em dar início ao procedimento arbitral, e a sujeição, da outra parte, à arbitragem. A existência desse tipo de cláusula revela uma bipartição nos tipos de efeitos decorrentes.

Ao mesmo tempo que essas cláusulas bastam para modificar o modo de exercício da jurisdição[175], são incapazes, por si só, de fundamentar a constituição do tribunal arbitral. Assim, há, na verdade, uma limitação intrínseca à produção de certos efeitos pela cláusula compromissória vazia, razão pela qual carece de complementação superveniente. Assim, não significa que essas cláusulas que não tenham força ou validade, nem que autorizam interpretações ou exceções às regras ali estipuladas por consenso das partes[176].

Dessa forma, a melhor solução diante de cláusula compromissória vazia é que as partes cheguem a um consenso acerca dos termos de instauração da jurisdição arbitral. Nesse sentido, elucida José Emílio Nunes Pinto: "não se pode esquecer a excepcionalidade outorgada ao recurso ao contencioso previsto no art. 7.º da Lei 9.307/1996, já que se espera que as partes, diante de uma cláusula vazia ou patológica, colaborem mutuamente no sentido de suprir as deficiências existentes na cláusula compromissória, viabilizando a instituição da arbitragem e respondendo efetivamente à expectativa que determinou a escolha de ambas quando da celebração do contrato e da respectiva convenção"[177].

No entanto, quando as partes não atingem um acordo, urge a intervenção do Poder Judiciário. Esse entendimento foi esposado pelo STJ, em um acórdão relatado Ministro João Otávio de Noronha, oportunidade em que as cláusulas vazias "contêm o efeito programado de excluir a jurisdição estatal em benefício da arbitragem, mas não têm eficácia, pois somente mencionam a opção pela arbitragem sem as informações necessárias ao início do procedimento. Assim, se uma das partes ficar relutante, a arbitragem só se ini-

---

[173] "Assim, resulta inconteste que o Poder Judiciário é competente para dirimir as questões necessárias à instauração do Juízo alternativo de resolução de conflitos, inclusive a alegada parcialidade do tribunal escolhido pelo ora recorrido, de modo a tornar efetiva a vontade das partes ao instituírem a cláusula compromissória, haja vista tratar-se, no caso presente, de cláusula em branco ou vazia, assim entendida aquela que se limita a afirmar que qualquer desavença decorrente do negócio jurídico será solucionada por meio de arbitragem: "Todas as questões, eventualmente originadas do presente contrato, serão resolvidas, de forma definitiva, via arbitral em uma das Cortes de Conciliação e Arbitragem de Cuiabá-MT" (fl. 11)." (STJ. REsp 1.082.498/MT. Min. Rel. Luis Felipe Salomão. Quarta Turma. J. em: 20.11.2012).

[174] Vide Capítulo 7.

[175] Sobre o tema, o STJ já se manifestou no sentido de que "a ausência de maiores detalhes na previsão da mediação ou da arbitragem não invalida a deliberação originária dos contratantes, apenas traduz, em relação à segunda, cláusula arbitral 'vazia', modalidade regular prevista no art. 7º da Lei 9.307/1996." (STJ. REsp 1.331.100/BA, Rel. Min. Maria Isabel Gallotti, relator para acórdão Ministro Raul Araújo. Quarta Turma. J. em: 17.12.2015).

[176] TJSP. Apel 92411479320058260000. Des. Rel. Milton Paulo de Carvalho Filho. 7ª Cam Dir Priv. J. em: 21.09.2011.

[177] NUNES PINTO, José Emílio. A Cláusula Compromissória à Luz do Código Civil. *Revista de Arbitragem e Mediação*, vol. 4, p. 34-47, jan./mar., 2005, DTR 2205/780, p. 04.

cia depois da interferência do poder estatal Essas cláusulas, embora afastem a jurisdição pública, não permitem a instauração imediata da arbitragem em decorrência da falta de elementos necessários"[178].

Percebe-se que a atuação do Poder Judiciário diante de cláusula compromissória vazia apenas se restringe a fornecer os elementos necessários à sua complementação, não invadindo a análise do mérito da questão. Essa delimitação do escopo da ação dos arts. 6º[179] e 7º[180] evidencia que a produção do efeito positivo já está em curso, restringindo a cognição do mérito por parte do Judiciário.

Quando se está diante da atuação do Poder Judiciário para efetivar a convenção de arbitragem, esse fará uma análise perfunctória para assegurar a existência e a validade do negócio jurídico arbitral. Nesse sentido, manifestou-se o Ministro Antonio Carlos Ferreira: "cabe ao Juiz, cuidando-se de cláusula 'em branco ou vazia', antes de mandar citar o requerido para lavrar o compromisso arbitral, examinar os elementos oferecidos pelo requerente com o propósito de reconhecer, ao menos em princípio, a existência de cláusula compromissória capaz de ensejar a arbitragem no caso concreto"[181].

Outra peculiaridade relacionada à efetivação de cláusula compromissória vazia é a situação na qual ela se encontra inserida em um contrato de adesão. Nessa situação, por força do art. 4º, § 2º, da Lei de Arbitragem[182], a ação somente poderá ser proposta pela parte aderente. Nesse sentido, explicou o Ministro Antonio Carlos Ferreira: "quando se cuidar de contrato de adesão – o que não é o caso destes autos –, além da cláusula arbitral escrita, o processamento do feito mediante a citação somente poderá ocorrer se o requerimento de instauração do processo for efetuado pelo aderente ou, se pela outra parte, houver concordância escrita pelo referido aderente"[183].

Em síntese, o fato de a cláusula compromissória ser considerada vazia não significa que essa não produzirá efeitos. A base do afastamento da jurisdição estatal é a existência

---

[178] STJ. REsp 1.331.100/BA. Min. Rel. Maria Isabel Gallotti. Quarta Turma. J. em: 17.12.2015.

[179] Lei de Arbitragem, Art. 6º, *caput*: "Não havendo acordo prévio sobre a forma de instituir a arbitragem, a parte interessada manifestará à outra parte sua intenção de dar início à arbitragem, por via postal ou por outro meio qualquer de comunicação, mediante comprovação de recebimento, convocando-a para, em dia, hora e local certos, firmar o compromisso arbitral."

[180] Lei de Arbitragem, Art. 7º, *caput*: "Existindo cláusula compromissória e havendo resistência quanto à instituição da arbitragem, poderá a parte interessada requerer a citação da outra parte para comparecer em juízo a fim de lavrar-se o compromisso, designando o juiz audiência especial para tal fim."

[181] A Ministra Maria Isabel Gallotti votou conforme essa posição no julgamento do REsp 1.331.100/BA: "cuidando-se de cláusula vazia, sem a definição de critérios para a escolha do árbitro, se houver resistência de uma das partes, caberá à interessada no procedimento provocar o Poder Judiciário, segundo o rito previsto nos arts. 6º e 7º da Lei 9.307/1996. Neste caso, deverá o juiz estatal examinar previamente a existência, validade e eficácia da cláusula". (STJ. REsp 1.331.100/BA. Min. Rel. Maria Isabel Gallotti. Quarta Turma. J. em: 17.12.2015).

[182] Lei de Arbitragem, Art. 4º, § 2º: "A cláusula compromissória é a convenção através da qual as partes em um contrato comprometem-se a submeter à arbitragem os litígios que possam vir a surgir, relativamente a tal contrato. [...] § 2º Nos contratos de adesão, a cláusula compromissória só terá eficácia se o aderente tomar a iniciativa de instituir a arbitragem ou concordar, expressamente, com a sua instituição, desde que por escrito em documento anexo ou em negrito, com a assinatura ou visto especialmente para essa cláusula."

[183] STJ. REsp 1.331.100/BA. Min. Rel. Maria Isabel Gallotti. Quarta Turma. J. em: 17.12.2015.

da convenção de arbitragem. Mesmo quando ela necessita ser integrada, pela ausência de alguns de seus elementos de eficácia, a jurisdição estatal permanecerá afastada. Os mecanismos legais de integração apenas se prestam a dar efetividade à convenção de arbitragem, mas não autorizam a análise de mérito por parte do Poder Judiciário. Assim, a cláusula compromissória vazia é apta a produzir o efeito negativo sobre a possibilidade de análise do mérito da causa, embora necessite de complementação para poder produzir o efeito positivo em sua plenitude, com a instauração da jurisdição arbitral.

3. Direito potestativo de dar início ao procedimento arbitral

A pactuação de convenção de arbitragem confere às partes o direito potestativo de instaurar a arbitragem. Trata-se de modalidade de direito formativo gerador, pois embasa a criação do poder jurisdicional a ser exercido pelo tribunal arbitral[184]. Em contrapartida, surge para a contraparte estado de sujeição, vinculando-a à jurisdição arbitral. Assim, por meio da pactuação da convenção de arbitragem qualquer uma das partes terá as condições jurídicas de impor a criação de jurisdição arbitral, iniciar o procedimento e garantir a sua condução[185].

O surgimento desse direito está associado à modificação no exercício da jurisdição: as partes, ao invés de exercerem o seu direito de ação em face do Poder Judiciário, o exercerão perante a jurisdição arbitral. Assim, denominam-se "efeito positivo da convenção de arbitragem", a possibilidade de as partes provocarem a tutela jurisdicional satisfativa a ser prestada pelo tribunal arbitral. Esse direito potestativo é a contraface do chamado "efeito negativo", por meio do qual a parte pode obstar a análise do mérito da disputa pelo Poder Judiciário[186]. A retirada da análise do mérito pelo Poder Judiciário tem por necessária contrapartida a atribuição de jurisdição ao tribunal arbitral[187].

Cada parte da convenção de arbitragem adquire na sua esfera jurídica tanto um direito potestativo e o correspectivo estado de sujeição, cuja combinação corresponde, tanto à possibilidade de impor a constituição do tribunal arbitral, quanto à oposição ao prosseguimento da disputa perante o Poder Judiciário. Nesse sentido, explica Carlos Alberto Carmona que "a convenção de arbitragem tem um duplo caráter: como acordo de vontades, vincula as partes no que se refere a litígios atuais ou futuros, obrigando-as reciprocamente à submissão ao juízo arbitral; como pacto processual, seus objetivos são os de derrogar a jurisdição estatal, submetendo as partes à jurisdição dos árbitros. Portanto,

---

[184] "Usualmente, é dito que a convenção de arbitragem faz nascer na esfera jurídica das partes um direito potestativo – de, em caso de litígio, dar início ao processo arbitral – e, correspectivamente, uma sujeição – na medida em que a parte fica vinculada a que esse mesmo litígio seja apreciado por tribunal arbitral." (OLIVEIRA, Elsa Dias. *Arbitragem Voluntária: uma introdução*. Coimbra: Almedina, 2020, p. 44).

[185] GOUVEIA, Mariana França. *Curso de Resolução Alternativa de Litígios*. 3ª ed. Coimbra: Almedina, 2020, p. 181.

[186] OLIVEIRA, Elsa Dias. *Arbitragem Voluntária: uma introdução*. Coimbra: Almedina, 2020, p. 44.

[187] Esta força potestativa da convenção de arbitragem é comumente designada como o seu efeito positivo. Mas os efeitos da convenção são ainda levados mais além: não só parte interessada em iniciar o processo arbitral pode impor à outra a constituição desse tribunal, como pode vedar à contra-parte o recurso ao tribunal estadual. Se eventualmente esta propuser ação, poderá invocar a exceção de preterição de tribunal arbitral." (GOUVEIA, Mariana França. *Curso de Resolução Alternativa de Litígios*. 3ª ed. Coimbra: Almedina, 2020, p. 181).

basta a convenção de arbitragem (cláusula ou compromisso) para afastar a competência do juiz togado, sendo irrelevante estar ou não instaurado o juízo arbitral (art. 19)"[188].

Ademais, a existência de um direito potestativo de dar início ao procedimento arbitral não determina que, necessariamente, haja propositura da demanda perante o tribunal arbitral[189]. A arbitragem, enquanto método adequado de solução de conflitos, convive harmonicamente com outras tentativas de solucionar o problema sem a adjudicação[190], como já referido no capítulo de efeito negativo. É lícito que as partes negociem ou aceitem se submeter a processo de mediação a despeito da existência de uma convenção de arbitragem. É possível, ademais, que a demanda seja proposta perante o Poder Judiciário e, se a outra parte não opuser a exceção de arbitragem, venha a ocorrer a consolidação da jurisdição perante a jurisdição estatal. Essa mecânica é explicada através da percepção da existência de um poder, que pode ou não ser exercido para sujeitar a solução do conflito perante o tribunal arbitral, e não, propriamente, uma obrigação de instituir a arbitragem.

Em síntese, a convenção de arbitragem é fonte geradora de direito potestativo, que permite a modificação unilateral da esfera jurídica da contraparte, mediante a instauração de tribunal arbitral com jurisdição para dirimir determinado litígio. Trata-se de poder de sujeitar as demais partes da convenção de arbitragem à jurisdição arbitral, constituindo-se na mais importante faceta do efeito positivo da convenção de arbitragem, pois implementa, de modo cogente, esse método adequado de solução de controvérsias, a despeito de tentativas de resistências supervenientes.

No entanto, inserir o efeito da convenção de arbitragem na seara dos direitos potestativos, e não dos direitos subjetivos, tem consequências práticas relevantes. Em primeiro, não há, propriamente, uma prestação associada à constituição do tribunal arbitral. Assim, nem a constituição do tribunal arbitral nem o ato de impedir o prosseguimento da disputa no Poder Judiciário estão inseridos no campo do direito obrigacional. Ao contrário, em paralelo a esses direitos potestativos, há verdadeiros deveres de conduta, que constituem prestações de fazer ou não fazer, mas que não se confundem com o ato de instituição do tribunal arbitral e do afastamento da disputa do Poder Judiciário.

4. Deveres acessórios e anexos para a efetivação da convenção de arbitragem

A convenção de arbitragem não é fonte, apenas, de poderes e de direitos potestativos. Ao contrário, é possível perceber a existência de verdadeiras obrigações, deveres acessórios

---

[188] CARMONA, Carlos Alberto. *Arbitragem e Processo: um comentário à Lei nº 9.307/96*. 3ª ed. São Paulo: Atlas, 2009, p. 79.

[189] Em sentido contrário: "O efeito positivo da convenção de arbitragem determina que as partes estarão obrigadas a solucionar eventual litígio, no caso da cláusula compromissória, ou litígio determinando, no caso do compromisso arbitral, da relação jurídica entre elas existente pela via arbitral." (GUERRERO, Luis Fernando. *Convenção de Arbitragem e Processo Arbitral*. 4ª ed. São Paulo: Almedina, 2022, p. 157).

[190] "Of course, an arbitration agreement does not require an aggrieved party to commence an arbitration or to assert claims in arbitration, nor does it forbid a party from seeking or accepting negotiated solutions to a dispute. Rather, an arbitration agreement requires a party, if an arbitration is initiated by one of the parties to the arbitration agreement, to participate in the arbitral process cooperatively, diligently and in good faith (i.e., the positive effects of arbitration agreements), and to forego litigating such disputes (i.e., the negative effects of arbitration agreements)." (BORN, Gary. *International Commercial Arbitration*. 3ª ed. The Hague: Kluwer Law International, 2021, p. 1352).

e deveres laterais, decorrentes, sobretudo, da boa-fé objetiva. Enquanto negócio jurídico, o princípio da boa-fé é plenamente aplicável à convenção de arbitragem. Tal qual derivam-se deveres acessórios e anexos para auxiliar na plena satisfação do interesse útil do credor, é possível observar deveres emanados da convenção de arbitragem que estão associados à satisfação do objetivo pretendido com a sua pactuação, qual seja, a adequada e efetiva solução das controvérsias inseridas no seu escopo objetivo.

Nesse sentido, explica Gary Born que

> "one of the fundamental characteristics and attractions of arbitration is the parties' freedom to design cooperatively the arbitral process and procedure. That freedom is mirrored by the implied contractual responsibility of the parties to take part in this cooperative process, and in the other aspects of the arbitral process. Simply put, an agreement to arbitrate necessarily entails a commitment to cooperate in good faith in the arbitral process, with both the arbitral tribunal and other parties to the arbitration, in resolving the parties' disputes in a fair, objective and efficient manner"[191].

No mesmo sentido, explica José Emílio Nunes Pinto que a posição das partes ao celebrarem a cláusula compromissória é de partes em colaboração, e "o que ambas buscam, nesse momento, é criar um mecanismo que seja aplicável à solução de suas controvérsias, se e quando estas venham a surgir. Portanto, do ponto de vista da conclusão da cláusula compromissória, estariam as partes alinhadas com o princípio da boa-fé objetiva. Há, inerente na conclusão da cláusula compromissória, o traço da colaboração entre as partes signatárias, da identidade de propósitos, qual seja, o de utilizarem-se da arbitragem quando venham a surgir suas controvérsias, sem mencionar a sua integração na equação de equilíbrio econômico do contrato"[192].

Nesse contexto, é possível observar uma série de deveres acessórios ou laterais, decorrentes da boa-fé objetiva, que instrumentalizam esse escopo de efetivação da solução arbitral[193]. Trata-se, geralmente, de deveres de meio, associados à implementação de melhores esforços, e que devem ser densificados à luz das peculiaridades do caso concreto. Tais deveres apresentam verdadeiro cunho prestacional, razão pela qual é possível falar em inadimplemento diante da sua não observância. Ademais, estão relacionados ao princípio da autonomia privada, pois quem emana vontade de arbitrar gera nas demais partes da convenção de arbitragem estado de confiança e de expectativa legítima de envidar os melhores esforços, a fim de implementar esse modo de solução de controvérsias[194]. Por

---

[191] BORN, Gary. *International Commercial Arbitration*. 3ª ed. The Hague: Kluwer Law International, 2021, p. 1353.

[192] NUNES PINTO, José Emílio. A Cláusula Compromissória à Luz do Código Civil. *Revista de Arbitragem e Mediação*, vol. 4, p. 34-47, jan./mar., 2005, DTR 2205/780, p. 05-06.

[193] "The precise contours of the obligation to participate cooperatively, diligently and in good faith in the arbitral process are varied and potentially complex. The duties of diligence and good faith cooperation in the arbitral process have been held to include participating in the constitution of the arbitral tribunal, paying the arbitrators' fees and any required advances, cooperating with the arbitrators in relation to procedural matters, not obstructing or delaying the arbitral process, obeying confidentiality obligations relating to the arbitration, complying with disclosure requests, orders and awards, appointing arbitrators, and establishing the procedural rules for the arbitration." (BORN, Gary. *International Commercial Arbitration*. 3ª ed. The Hague: Kluwer Law International, 2021, p. 1357-1359).

[194] "These positive obligations are buttressed by the obligation to perform contractual obligations in good faith – crystallized in the pacta sunt servanda doctrine – which is recognized both internatio-

mais que não seja possível elencar em *numerus clausus* quais são esses deveres, é possível elencar, a título exemplificativo, os deveres que se seguem[195].

Em primeiro, dever de colaborar com a instauração do procedimento arbitral. Esse dever pode ser densificado em variadas condutas concretas, exigíveis das partes. Por exemplo, pode-se falar em dever de indicar árbitro nos moldes pactuados, em dever de colaborar para a formação da ata de missão, dever de pagar as custas[196], dentre outros que são pressupostos necessários ao regular andamento do procedimento arbitral.

Um segundo grupo de deveres estão relacionados à não obstrução do regular andamento da arbitragem. Concretamente, esse dever pode ser densificado como uma vedação genérica às táticas de guerrilha, dentre outras condutas não cooperativas. Igualmente, pode-se falar de um dever de não indicar árbitro que se saiba, de antemão, não atender os predicados de imparcialidade e independências, necessários à prestação jurisdicional. Ademais, pode-se ainda falar de um dever de não contratar advogado, como forma de causar impedimento ou suspeição de árbitro, hipótese expressamente vedada em alguns regulamentos de instituições arbitrais. Outro dever desse grupo é o dever de não pleitear a produção de provas inúteis, supérfluas ou protelatórias, pois contrárias ao regular e célere resolução do litígio. Esse grupo de deveres representa verdadeiras abstenções, pois não cabe às partes turbar o regular andamento do procedimento arbitral, conduta incompatível com os ditames da boa-fé objetiva.

Em terceiro, há o dever de agir de boa-fé e nos termos contratados na convenção de arbitragem. Ao pactuar convenção de arbitragem contrata-se um método de solução de litígios adequado às necessidades concretas das partes. Assim, ao se vincular à convenção de arbitragem, há verdadeiro dever de conduta de, posteriormente, agir em conformidade com os seus termos. Nesse sentido, argumenta Gary Born: "The duty of cooperation arguably also includes complying (and causing a party's counsel to comply) with applicable ethical obligations governing the conduct of counsel in the arbitral proceedings"[197].

Ademais, ao preferir arbitragem institucional, vincula-se aos termos do regramento da instituição, que se tornam cogentes para as partes. Ou seja, desvios dos procedimentos e métodos originalmente acordados significa violação a direitos e prerrogativas das partes. Esse dever age também na esfera de proteção das partes, pois ao se aceitar entrar em

---

nally and in all developed national legal systems. At the same time, as discussed elsewhere, the New York Convention itself imposes duties of good faith on the parties in connection with agreements to arbitrate." (BORN, Gary. *International Commercial Arbitration*. 3ª ed. The Hague: Kluwer Law International, 2021, p. 1354).

[195] "Importantly, the positive obligation to participate in the resolution of disputes by arbitration also necessarily includes more general duties to participate in good faith, diligently and cooperatively in the arbitral process. This follows both from the nature of the arbitral process and from the general rule of pacta sunt servanda." (BORN, Gary. *International Commercial Arbitration*. 3ª ed. The Hague: Kluwer Law International, 2021, p. 1353).

[196] "As with the New York Convention, these provisions do not create free-standing duties to arbitrate, but instead give effect to the parties' contractual obligations to submit to the resolution of their disputes by arbitration (rather than national court litigation) and to participate affirmatively and cooperatively in the arbitration to which the parties are referred. Other national arbitration legislation similarly deals with the positive obligation to arbitrate." (BORN, Gary. *International Commercial Arbitration*. 3ª ed. The Hague: Kluwer Law International, 2021, p. 1352).

[197] BORN, Gary. *International Commercial Arbitration*. 3ª ed. The Hague: Kluwer Law International, 2021, p. 1359.

relação negocial, por meio da convenção de arbitragem, cria-se a expectativa legítima de não terem frustradas, no curso do procedimento, a sua esfera jurídica. Nesse sentido, é possível que ocorram violações de direitos das partes que significam verdadeiras violações da convenção de arbitragem, pois desconformes com os termos ajustados.

Esses grupos de deveres instrumentalizam a adequada solução de conflitos pela via arbitral. Ao se pensar em efeitos positivos da convenção de arbitragem, não mais se pode restringir, apenas, à atribuição de poderes ao tribunal arbitral ou ao direito das partes de instaurar o procedimento. Percebendo a arbitragem como resultado de um negócio jurídico dotado de valor econômico próprio, adequado à solução de controvérsias e fundamental à economia jurídica-financeira das relações jurídicas, constatam-se verdadeiros deveres de prestação, decorrentes da boa-fé objetiva, enquanto proteção da confiança legitimamente adquirida por meio da pactuação da convenção de arbitragem[198].

§ 51. TUTELA DO EFEITO POSITIVO DA CONVENÇÃO DE ARBITRAGEM

1. Valorização da convenção de arbitragem

Atualmente, identifica-se a convenção de arbitragem como um negócio jurídico, fonte de direitos, deveres, poderes, faculdades, ônus e exceções. Portanto, igualmente aplicável deve ser o princípio da força obrigatória dos contratos, base para a compreensão do regime contemporâneo dos contratos. Ou seja, a convenção de arbitragem é vinculante às partes[199].

Nesse sentido, explicam Fouchard, Gaillard e Goldman:

> "The obligation to submit disputes covered by an arbitration agreement to arbitration results from a straightforward application of the principle that parties are bound by their contracts. This principle, which is often expressed as the maxim pacta sunt servanda, is probably the most widely recognized rule of international contract law. Consequently, the principle that arbitration agreements are binding has been readily accepted as a substantive rule of international commercial arbitration"[200].

O mesmo entendimento é compartilhado no direito brasileiro por Luis Fernando Guerrero: "esta obrigatoriedade decorre do princípio de direito material do pacta sunt servanda expresso pela força obrigatória dos contratos que, uma vez celebrados, devem ser adimplidos na sua integralidade, inclusive com a execução in natura ou específica das

---

[198] "absent contrary indications, an international arbitration agreement imposes obligations of good faith and diligence requiring the parties to cooperate in the conduct of the arbitration, refraining from obstruction of the arbitral process, and instead complying with the agreed procedural rules and affirmatively collaborating in fashioning an efficient and evenhanded arbitral process. The parties' obligations to arbitrate in good faith are of particular importance because of the special nature of an agreement to arbitrate. It is a sui generis contractual provision designed to operate only when contracting parties have fallen into dispute, and then to regulate and require consensual resolution of those disputes in a binding and cooperative manner. In these circumstances, obligations of good faith and diligence are particularly important." (BORN, Gary. *International Commercial Arbitration*. 3ª ed. The Hague: Kluwer Law International, 2021, p. 1357).

[199] MENKE, Fabiano; COSTA, Camile Souza. Delineamentos conceituais básicos acerca da arbitragem. In: *I Dia Gaúcho da Arbitragem*. Porto Alegre: Lex Magister, 2015, p. 48.

[200] FOUCHARD, Philippe; GAILLARD, Emmanuel; GOLDMAND, Berthold. *Fouchard Gaillard Goldman on International Arbitration*. Haia: Kluwer Law International, 1999, p. 382.

obrigações e pelo princípio da Kompetenz-kompetenz"[201]. Partindo desse princípio, torna-se indispensável analisar os mecanismos de efetivação da convenção de arbitragem, vez que serão esses os responsáveis por conferir a densidade obrigacional ao pacto consubstanciado.

No entanto, por longo período de tempo, especialmente quando a cláusula compromissória era considerada um pré-contrato, a solução oferecida pelo ordenamento para dar "efetividade" a esse dispositivo era a conversão em perdas e danos. Antes do reconhecimento da possibilidade de execução específica, a conversão pelo equivalente pecuniário era a resposta existente. Todavia, tratava-se de solução pouco satisfatória[202]. O dogma da incoercibilidade da vontade demorou até ser relativizado em prol do cumprimento específico. Essa circunstância trazia especial dificuldade para as obrigações de fazer.

O grande problema decorrente era a quantificação de danos[203]. Precisamente a problemática apontada por Clóvis do Couto e Silva:

> "Conforme o exposto, no Direito brasileiro faz-se a distinção nítida entre cláusula compromissória e compromisso. A adoção, portanto, de uma cláusula compromissória, que viesse a prever litígio futuro tem pouca ou nenhuma eficácia. Mas poder-se-ia discutir se daí resultaria ou não uma obrigação de fazer, considerando-se a cláusula compromissória como uma espécie de contrato preliminar à realização do compromisso. Se depois, uma das partes entendesse de não submeter ao juízo arbitral, previsto

---

[201] GUERRERO, Luis Fernando. *Convenção de Arbitragem e Processo Arbitral*. 4ª ed. São Paulo: Almedina, 2022, p. 157.

[202] "The remedies available for breach of the positive obligations of an international arbitration agreement are complex. As discussed below, the New York Convention (and other authorities) make it clear that the negative effects of an arbitration agreement are capable of being enforced, principally implemented through orders directing specific performance. That is, a national court will give effect to the parties' commitment not to litigate their disputes by dismissing or staying actions purporting to pursue such litigation or by antisuit injunctions enjoining parties from pursuing litigation in breach of the parties' agreement to arbitrate. On the other hand, the remedies to enforce the positive effects of arbitration agreements (e.g., the obligations to participate cooperatively and in good faith in the arbitration) are less clear." (BORN, Gary. International Commercial Arbitration. 3ª ed. The Hague: Kluwer Law International, 2021, p. 1359-1360).

[203] "If the only remedy for a party's refusal to perform an arbitration agreement were an award of damages, that arbitration agreement would be of little value. If a party were unable to bring its dispute before an international arbitral tribunal and the courts accepted jurisdiction to hear the case, it would be extremely difficult to assess the resulting loss in monetary terms. Clearly, a party unable to bring its claim before an arbitral tribunal will often suffer real damage. For example, if a court were to rule in its favor, a party might find it considerably more difficult to enforce the judgment of the court than an equivalent award made by an arbitral tribunal. This will generally be the case where the arbitral tribunal has its seat in a country which is a party to the 1958 New York Convention, because the Convention has been ratified by a large number of countries, greatly facilitating enforcement of the award. On the other hand, the value of the loss of the opportunity to have a dispute resolved by arbitration is almost impossible to quantify. If a court has accepted jurisdiction over the dispute, any assessment of the loss in terms of equivalent reparation would involve an unfeasible-and in any case very unsatisfactory--comparison between the respective merits of arbitration and the relevant court system. It is therefore almost impossible to attribute a monetary value to the loss of the opportunity to have a dispute decided by arbitration, unless the lost opportunity results in a complete denial of justice. Consequently, the only satisfactory outcome for the parties is for there to be specific performance of the arbitration agreement." (FOUCHARD, Philippe; GAILLARD, Emmanuel; GOLDMAND, Berthold. Fouchard Gaillard Goldman on International Arbitration. Haia: Kluwer Law International, 1999, p. 384).

na cláusula compromissória a controvérsia teria infringido obrigação de fazer, e seria, para logo, obrigada a indenizar. Há, porém, um óbice de natureza prática: como se poderia mensurar o prejuízo decorrente da não submissão de uma controvérsia ao juízo arbitral e sim ao juízo comum? Em princípio, não se poderia visualizar, salvo as custas e as despesas processuais, que poderiam ser maiores na Justiça comum, nenhum prejuízo. Mesmo que se entenda que a cláusula compromissória possa ser constituída em contrato preliminar à realização de um futuro compromisso, ainda assim, não teria aplicação prática, pois da lesão da obrigação de fazer não resultaria nenhum dano"[204].

A execução específica se contrapõe à execução forçada pelo equivalente, isto é, a conversão da obrigação em perdas e danos[205]. A sistemática processual atualmente vigente privilegia a execução específica, em detrimento da execução pelo equivalente monetário. A execução específica das obrigações de fazer infungíveis apresenta peculiaridades próprias e foi objeto de uma grande transformação dogmática[206]. Anteriormente, vigorava com força a ideia sintetizada no brocado *"nemo praecise dogi potest ad factum"*, utilizado para afirmar que ninguém poderia ser coagido a praticar um fato a que se obrigou[207], levando à solução tradicional de converter o inadimplemento desse tipo de obrigação em perdas e danos[208]. A hostilidade à execução específica da convenção de arbitragem apresenta como raiz histórica a resistência da *common law* inglesa a autorizar que uma corte estatal intervenha em prol da sujeição de uma das partes à arbitragem[209].

Contudo, a evolução da disciplina obrigacional e processual levou à constatação de que a declaração de vontade não demanda atividade material do devedor[210], sendo perfeitamente possível que a sentença substitua o ato do devedor para se chegar ao mesmo resultado[211]. Tratou-se de verdadeira revolução na forma pela qual se encara o direito

---

[204] COUTO E SILVA, Clóvis do. O juízo arbitral no Direito Brasileiro. *O Direito Privado na Visão de Clóvis do Couto e Silva*. 2ª ed. Porto Alegre: Livraria do Advogado Editora, 2014, p. 171.

[205] COMPARATO, Fábio Konder. Validade e Eficácia de Acordo de Acionistas. Execução Específica de suas Estipulações. In: COMPARATO, Fábio Konder. *Novos Ensaios e Pareceres de Direito Empresarial*. Rio de Janeiro: Forense, 1981, p. 53-73, p. 70.

[206] Em relação ao desenvolvimento no âmbito do direito brasileiro da disciplina acerca da tutela às obrigações de fazer e não fazer, ver: THEODORO JÚNIOR, Humberto. Tutela Específica das Obrigações de Fazer e Não Fazer. *Revista de Processo*, vol. 27, nº 105, p. 9-33, jan./mar., 2002, DTR 2002/69.

[207] Para uma visão histórica e evolução desse princípio, ver: ALBUQUERQUE, Pedro de. O Direito ao Cumprimento de Prestação de Facto, o Dever de a Cumprir e o Princípio *Nemo ad Factum Cogi Potest*. Providência Cautelar, Sanção Pecuniária Compulsória e Caução. *Revista do Instituto de Direito Brasileiro*, vol. 2, nº 8, p. 8981-9041, 2013.

[208] BARBI FILHO, Celso. Efeitos da Reforma do Código de Processo Civil na Execução Específica do Acordo de Acionistas. *Revista dos Tribunais online*, v. 737, p. 34-57, jan./mar., 1997. DTR 1997/535, p. 09.

[209] "The absence of judicial authority, in many jurisdictions, to order a party to perform its positive obligation to arbitrate can be traced to historic English common law hostility to arbitration agreements, and in particular to the rule that arbitration agreements were not specifically enforceable." (BORN, Gary. International Commercial Arbitration. 3ª ed. The Hague: Kluwer Law International, 2021, p. 1360).

[210] DIDIER JR., Fredie; *et al. Curso de Direito Processual Civil*: execução. 7ª ed. Salvador: JusPodvim, 2017, p. 647.

[211] MARINONI, Luiz Guilherme; ARENHART, Sérgio Cruz; MITIDIERO, Daniel. *Curso de Processo Civil*. Vol. 2. São Paulo: Revista dos Tribunais, 2015, p. 852.

obrigacional, conferindo possibilidade de impor coativamente a privados condutas que impliquem verdadeiro "fazer". Tal qual o direito obrigacional é polarizado pelo adimplemento[212], o direito processual civil contemporâneo passou a ser polarizado pela tutela dos direitos[213]. Por meio da tutela específica da obrigação, haverá o cumprimento do avençado como se tivesse sido implementada voluntariamente[214]. Assim, é corolário do direito à tutela jurisdicional efetiva a preferência da tutela ser prestada de forma específica, privilegiando o interesse útil do credor[215].

Essa ideia está em consonância com a lição de Chiovenda, segundo a qual, pela concepção ideal de processo, esse deve assegurar para a parte exatamente aquilo que se receberia caso o direito fosse espontaneamente observado[216]. Portanto, o objetivo da execução específica é transformar coativamente o inadimplemento da obrigação pactuada e inobservada em cumprimento equivalente[217], de tal sorte que a consequência jurídica advinda não será apenas o dever de indenizar[218].

É nesse sentido que o art. 499 do Código de Processo Civil dispõe que a obrigação somente será convertida em perdas e danos se o autor o requerer ou se impossível a tutela específica ou a obtenção de tutela pelo resultado prático equivalente[219]. Em verdade, essa sistemática processual veio a reconhecer realidade já devidamente reconhecida pelo próprio direito material, que passou a dar clara preferência ao recebimento específico da prestação, privilegiando-o em relação à sua conversão em perdas e danos. O Código Civil, no art. 313, dispõe: "o credor não é obrigado a receber prestação diversa da que lhe é devida, ainda que mais valiosa". Ou seja, trata-se de norma substantiva que privilegia a entrega da prestação tal qual pactuada.

Dessa forma, entende-se por execução específica a execução *in natura*[220], e pode assumir a forma de (i) tutela inibitória, (ii) tutela de remoção do ilícito, (iii) tutela ressarcitória na forma específica, (iv) tutela do adimplemento e (v) tutela do cumprimento do dever legal, sendo a compreensão dessas diversas formas fundamental para a escolha da modalidade executiva aderente ao direito material a ser tutelado no caso concreto.[221]

---

[212] COUTO E SILVA, Clóvis do. *A Obrigação como Processo*. Rio de Janeiro: FGV Editora, 2006, p. 17; MARTINS-COSTA, Judith. *A Boa-fé no Direito Privado: Critérios para a sua Aplicação*. 2ª ed. São Paulo: Saraiva, 2018, p. 215.

[213] MITIDIERO, Daniel. A Tutela dos Direitos como Fim do Processo Civil no Estado Constitucional. *Revista de Processo*, vol. 229, p. 51-74, mar., 2014, p. 63.

[214] EIZIRIK, Nelson. *A Lei das S/A Comentada*. Vol. 1. São Paulo: Editora Quartier Latin, 2011, p. 717.

[215] MARINONI, Luiz Guilherme; ARENHART, Sérgio Cruz; MITIDIERO, Daniel. *Curso de Processo Civil*. Vol. 2. São Paulo: Revista dos Tribunais, 2015, p. 477.

[216] CHIOVENDA, Giuseppe. *Instituições de Direito Processual Civil*. Vol. 1. Trad. J. Guimarães Menegale. São Paulo: Saraiva, 1942, p. 84.

[217] GUERREIRO, José Alexandre Tavares. Execução Específica do Acordo de Acionistas. *Revista de Direito Mercantil, Industrial, Econômico e Financeiro*, a. 20, nº 41, p. 40-68, jan./mar., 1981, p. 44.

[218] EIZIRIK, Nelson. *A Lei das S/A Comentada*. Vol. 1. São Paulo: Editora Quartier Latin, 2011, p. 716.

[219] MARINONI, Luiz Guilherme; ARENHART, Sérgio Cruz; MITIDIERO, Daniel. *Curso de Processo Civil*. Vol. 2. São Paulo: Revista dos Tribunais, 2015, p. 474.

[220] GUERREIRO, José Alexandre Tavares. Execução Específica do Acordo de Acionistas. *Revista de Direito Mercantil, Industrial, Econômico e Financeiro*, a. XX, n. 41, p. 40-68, jan./mar. 1981, p. 45.

[221] MARINONI, Luiz Guilherme; ARENHART, Sérgio Cruz; MITIDIERO, Daniel. *Curso de Processo Civil*. Vol. 2. São Paulo: Revista dos Tribunais, 2015, p. 815.

PARTE IV · **Capítulo 14** · EFEITO POSITIVO DA CONVENÇÃO DE ARBITRAGEM | **561**

A execução específica deve ser privilegiada, somente se recorrendo a outras formas de execução quando há frustração da possibilidade de obter de modo preciso o bem da vida ou a ação integrante da prestação pactuada[222].

Esse entendimento macroscópico no regime das obrigações, dos negócios jurídicos e do próprio direito processual civil acabou se refletindo na caracterização da própria convenção de arbitragem, que, paulatinamente, foi sendo reconhecida como negócio jurídico passível de execução específica[223]. A execução específica da convenção de arbitragem é, pois, meio da ordem jurídica apto a assegurar a efetividade da convenção de arbitragem validamente pactuada, impondo coativamente sobre as partes vinculadas a sujeição ao tribunal arbitral.

A origem histórica da utilização moderna do remédio da execução específica pode ser traçada até o FAA[224], que na Seção 4 traz regramento detalhado acerca da dificuldade em arbitrar diante da existência de convenção de arbitragem[225]. No direito brasileiro,

---

[222] "Configura-se, na execução, em decorrência de motivos concretos assaz heterogêneos, mas sempre na hipótese de frustração da execução específica e inoperância do meio executório, a possibilidade de conversão da execução. Este fenômeno implica a mudança do meio executório originário. Assim, na execução por desapossamento, ex vi do art. 809, na execução por transformação, na forma dos arts. 816, caput, 2.a parte, e parágrafo único, e art. 823, caput, e parágrafo único, às vezes falham os respectivos meios executórias, e (a) obrigação originária se converte na prestação pecuniária equivalente e (b) procede-se ao câmbio do procedimento, passando-se à expropriação, por meio da prévia apuração o equivalente pecuniário da prestação in natura. Em consequência, a execução passa de específica, objetivando o bem da vida originário ou prestação em natura, para genérica. Em alguns casos, a exemplo das execuções por coerção patrimonial ou pessoal, a resistência do executado à pressão psicológica toma o meio ineficiente, buscando-se a realização do crédito, se for possível, mediante outro mecanismo. Nessas hipóteses, há conversão da execução, ou seja, câmbio meio executório. A prestação originária não se transforma no equivalente pecuniário, mas o meio executório revelou-se, por razões práticas, inoperante para satisfazer o exequente. Indubitavelmente, esses graves acontecimentos denotam autêntica "crise" da relação executiva, um interlúdio durante o qual o processo se transforma, quiçá procedendo à liquidação do novel crédito pecuniário, mas ela é passageira e, a mais das vezes, superável. A conversão da execução importa o reconhecimento de um evento suspensivo típico do processo executivo. Da suspensão, stricto sensu, distingue-se, entretanto, pela troca de procedimento." (ASSIS, Araken de. *Manual da Execução*. 18ª ed. São Paulo, Revista dos Tribunais, 2016, p. 729).

[223] "Há clara ligação desses mecanismos com o chamado efeito vinculante da convenção de arbitragem. Ela possui gênese decorrente do direito material mas com eficácia processual nítida. Decorre da livre manifestação de vontade das partes e, pelo seu caráter convencional, permite-se a vinculação das partes." (GUERRERO, Luis Fernando. *Convenção de Arbitragem e Processo Arbitral*. 4ª ed. São Paulo: Almedina, 2022, p. 158).

[224] "the only major exception to this approach is the United States, where the FAA provides for the issuance of orders affirmatively compelling arbitration (under §4, §206 and §303 of the FAA). These provisions empower a U.S. court to grant what amounts to an injunction requiring a party to arbitrate pursuant to its arbitration agreement." (BORN, Gary. International Commercial Arbitration. 3ª ed. The Hague: Kluwer Law International, 2021, p. 1361)

[225] Estados Unidos, FAA, Section 4: "A party aggrieved by the alleged failure, neglect, or refusal of another to arbitrate under a written agreement for arbitration may petition any United States district court which, save for such agreement, would have jurisdiction under Title 28, in a civil action or in admiralty of the subject matter of a suit arising out of the controversy between the parties, for an order directing that such arbitration proceed in the manner provided for in such agreement. Five days' notice in writing of such application shall be served upon the party in default. Service thereof shall be made in the manner provided by the Federal Rules of Civil Procedure. The court

o marco temporal representativo desse novo regime foi a edição da Lei de Arbitragem serviu como marco temporal da superação do remédio indenizatório, autorizando que a parte que tenha interesse em arbitrar tome todas as medidas necessárias para tanto[226].

A importância dessa compreensão é ressaltada por Gary Born:

> "It is, in fact, eminently practical in many cases to direct parties to take part in arbitration proceedings: that is the most important point of arbitration agreements, and orders to compel a party to arbitrate merely crystallize such agreements and enhance their enforcement mechanisms, as with orders requiring specific performance of other contractual obligations. Moreover, the experience with orders to compel arbitration in the United States is that they are, in practice, of real efficacy in ensuring compliance with arbitration agreements. This results from the existence of contempt of court sanctions for failure to comply with such orders. The availability of such enforcement mechanisms can be especially important in the international context, where courts in some countries may not reliably give effect to the negative effects of arbitration agreements, thus making orders enforcing the positive obligation of an arbitration agreement significantly more important than in purely domestic contexts"[227].

No direito brasileiro é possível vislumbrar, principalmente, dois mecanismos de valorização do efeito positivo da convenção de arbitragem, especialmente voltados à sua execução específica. Em primeiro, há o mecanismo de tutela direta, mediante a ação dos arts. 6o[228] e 7o[229] da Lei de Arbitragem. Em segundo, há mecanismo indireto, qual seja, o

---

shall hear the parties, and upon being satisfied that the making of the agreement for arbitration or the failure to comply therewith is not in issue, the court shall make an order directing the parties to proceed to arbitration in accordance with the terms of the agreement. The hearing and proceedings, under such agreement, shall be within the district in which the petition for an order directing such arbitration is filed. If the making of the arbitration agreement or the failure, neglect, or refusal to perform the same be in issue, the court shall proceed summarily to the trial thereof. If no jury trial be demanded by the party alleged to be in default, or if the matter in dispute is within admiralty jurisdiction, the court shall hear and determine such issue. Where such an issue is raised, the party alleged to be in default may, except in cases of admiralty, on or before the return day of the notice of application, demand a jury trial of such issue, and upon such demand the court shall make an order referring the issue or issues to a jury in the manner provided by the Federal Rules of Civil Procedure, or may specially call a jury for that purpose. If the jury find that no agreement in writing for arbitration was made or that there is no default in proceeding thereunder, the proceeding shall be dismissed. If the jury find that an agreement for arbitration was made in writing and that there is a default in proceeding thereunder, the court shall make an order summarily directing the parties to proceed with the arbitration in accordance with the terms thereof."

[226] GUERRERO, Luis Fernando. Convenção de Arbitragem e Processo Arbitral. 4ª ed. São Paulo: Almedina, 2022, p. 157-158.

[227] BORN, Gary. International Commercial Arbitration. 3ª ed. The Hague: Kluwer Law International, 2021, p. 1363-1364.

[228] Lei de Arbitragem, Art. 6o, caput: "Não havendo acordo prévio sobre a forma de instituir a arbitragem, a parte interessada manifestará à outra parte sua intenção de dar início à arbitragem, por via postal ou por outro meio qualquer de comunicação, mediante comprovação de recebimento, convocando-a para, em dia, hora e local certos, firmar o compromisso arbitral."

[229] Lei de Arbitragem, Art. 7o, caput: "Existindo cláusula compromissória e havendo resistência quanto à instituição da arbitragem, poderá a parte interessada requerer a citação da outra parte para comparecer em juízo a fim de lavrar-se o compromisso, designando o juiz audiência especial para tal fim."

PARTE IV · Capítulo 14 · EFEITO POSITIVO DA CONVENÇÃO DE ARBITRAGEM

reconhecimento da possibilidade de seguir o procedimento arbitral, a despeito da não participação da outra parte.

2. Tutela direta do efeito positivo e a execução específica da convenção de arbitragem

O regime contemporâneo apresenta novas facetas, adotando como regra geral um posicionamento pró-arbitragem. Não por outra razão passou a se entender que a convenção de arbitragem é digna de execução específica, podendo ser provocada a jurisdição arbitral mesmo quando incompleta a cláusula compromissória. Explica Peter Sester que "com base no consenso das partes a favor da arbitragem, caberá ao juiz togado apenas 'completar' a sua vontade. Dessa maneira, em uma situação excepcional, caracterizada pela obstrução de uma delas à instauração da arbitragem, o magistrado facilitará a concretização da autonomia privada documentada na cláusula compromissória"[230].

Atualmente, a maioria dos ordenamentos promove medidas de execução específica da cláusula compromissória, efetivando-a através de mecanismos diversos para superar crises de colaboração superveniente de uma das partes[231], e permitindo que o procedimento arbitral transcorra a despeito da recalcitrância de uma das partes[232].

Nesse sentido, explicam Fouchard, Gaillard e Goldman: "as with the obligation to submit disputes covered by the arbitration agreement to arbitration, the rule that that obligation is capable of specific performance must be considered a transnational rule of international arbitration. This means, in particular, that the courts reviewing the existence of a valid arbitration agreement, in an action to set aside an arbitral award or resisting enforcement, need not determine whether the law governing the arbitration agreement allows that agreement's specific performance"[233]. O regime é substancialmente mais eficiente quando comparado com o anterior, no qual o efeito da cláusula compromissória estava no âmbito das obrigações de fazer, sujeitas a regime outrora pouco efetivo de execução específica[234].

Ao retirar o ato da instituição de arbitragem da seara dos direitos subjetivos, e a inserir no campo dos direitos potestativos, houve facilitação na construção dogmática

---

[230] SESTER, Peter Christian. *Comentários à Lei de Arbitragem e à legislação extravagante*. São Paulo: Quartier Latin, 2020, p. 167.

[231] "Most legal systems ensure that arbitration agreements are capable of specific performance. To that end, various mechanisms are set up to deal with situations where a party has entered into an arbitration agreement and, no longer wishing to take part in an arbitration, instead attempts to stall the proceedings. In such cases, the arbitration can go ahead, in spite of the refusal of a party to participate in the arbitral procedure, or in aspects of that procedure such as the appointment of the arbitral tribunal and the submission of pleadings and evidence. Almost all arbitration legislation provides a means of minimizing the adverse effects of such delaying tactics on the conduct of the arbitration." (FOUCHARD, Philippe; GAILLARD, Emmanuel; GOLDMAND, Berthold. *Fouchard Gaillard Goldman on International Arbitration*. Haia: Kluwer Law International, 1999, p. 385).

[232] GUERRERO, Luis Fernando. *Convenção de Arbitragem e Processo Arbitral*. 4ª ed. São Paulo: Almedina, 2022, p. 158.

[233] FOUCHARD, Philippe; GAILLARD, Emmanuel; GOLDMAND, Berthold. *Fouchard Gaillard Goldman on International Arbitration*. Haia: Kluwer Law International, 1999, p. 387.

[234] COUTO E SILVA, Clóvis do. O juízo arbitral no Direito Brasileiro. *O Direito Privado na Visão de Clóvis do Couto e Silva*. 2ª ed. Porto Alegre: Livraria do Advogado Editora, 2014, p. 171.

eficiente da sua implementação cogente. A execução específica da convenção de arbitragem, indubitavelmente, implica o reconhecimento do caráter coercitivo advindo da sua incidência sobre uma determinada relação jurídica[235].

Não por outra razão, o direito de instituir arbitragem é um direito potestativo, relegando a outra parte em um estado de sujeição. Em consonância com o reconhecimento de um direito potestativo, a ação do art. 7º oferece respaldo, diante da resistência da contraparte, à intenção de submeter um determinado litígio à jurisdição arbitral e com o respeito ao *pacta sunt servanda*. Trata-se, portanto, de verdadeiro mecanismo de coação direta para a implementação da jurisdição arbitral.

A execução específica da convenção de arbitragem é uma forma do ordenamento jurídico de conferir coercividade à utilização da via arbitral após essa ter sido eleita (art. 7º, LARb)[236]. A opção por dirimir um litígio pela via arbitral, uma vez feita, não poderá ser renunciada de modo unilateral. Isso porque o direito que adentra na esfera jurídica dos contratantes é um direito potestativo, que induz a um estado de sujeição para a contraparte. A ação do art. 7º é cabível nos casos nos quais a cláusula compromissória for vazia ou patológica, inviabilizando que se constitua efetivamente o tribunal arbitral que irá decidir o litígio existente entre as partes[237]. Igualmente, conforme jurisprudência do STJ, pode ser manejada essa ação caso haja a recusa da contraparte de se submeter voluntariamente à arbitragem contratualmente pactuada[238].

Esse processo de intervenção das cortes estatais para auxiliar a constituição do tribunal arbitral deve ocorrer em caráter excepcional[239]. Em regra, deve prevalecer o modo de

---

[235] "No Direito brasileiro, a inexecução de obrigações contratuais enseja a execução específica, que tem "precedência natural" à tutela indenizatória substitutiva. Esse é um traço distintivo em relação aos sistemas jurídicos com origem na common law, nos quais se confere prioridade à indenização pelo equivalente pecuniário. O art. 7º da Lei Brasileira de Arbitragem ecoa essa diretriz, possibilitando a execução específica da cláusula compromissória quando faltantes os elementos necessários para instituição do procedimento arbitral" (WEBBER, Pietro Benedetti Teixeira; SCALCO, Gabriela Barcellos. Cláusulas compromissórias patológicas no direito brasileiro: eficácia e exequibilidade. *RJLB*, ano 7, nº 2 p. 1233-1255, 2021, p. 1242).

[236] LARb, Art. 7º: "Existindo cláusula compromissória e havendo resistência quanto à instituição da arbitragem, poderá a parte interessada requerer a citação da outra parte para comparecer em juízo a fim de lavrar-se o compromisso, designando o juiz audiência especial para tal fim."

[237] Para um estudo aprofundamento sobre o tema, remete-se à: TOLENTINO, Augusto, *et al.* Ação de Execução Específica da Cláusula Compromissória ("Ação do art. 7º"). [S. l.], 2019. Disponível em: https://cbar.org.br/PDF/Acao_de_Execucao_Especifica_da_Clausula_Compromissoria.pdf. Acesso em: 9 dez. 2021.

[238] STJ. Ag em REsp 1.326.954. Min. Rel. Moura Ribeiro. J. em: 04.10.2019.

[239] "The intervention of the courts to assist, if need be, in constituting the arbitral tribunal is provided for in all modern arbitration laws. Such intervention is subsidiary in character: any means of constituting the arbitral tribunal chosen by the parties themselves, whether directly or by reference to institutional arbitration rules, will take precedence. Nevertheless, the possibility of court intervention is useful in cases where the mechanisms agreed by the parties do not work satisfactorily or where no such mechanisms have been agreed upon in the first place. This is particularly true in ad hoc arbitration, where there is no arbitral institution to appoint an arbitrator where a party refuses to do so. However, the intervention of the courts does not compete with the arbitration in any way; on the contrary, it is designed to facilitate the progress of the arbitration in order to give effect to the intentions of the parties to enter into an arbitration agreement. It is therefore fully consistent with the principle that the courts have no jurisdiction to hear the merits of disputes covered by an

PARTE IV · Capítulo 14 · EFEITO POSITIVO DA CONVENÇÃO DE ARBITRAGEM | **565**

constituição previsto pelas partes na convenção de arbitragem, ou nos termos do regulamento arbitral, caso esse tenha sido escolhido pelas partes. Contudo, a ação de execução específica é particularmente valiosa em situações nas quais a cláusula compromissória é vazia, auxiliando a conferir a máxima utilidade ao negócio jurídico arbitral pactuado.

Nesse sentido, manifestam-se Fouchard, Gaillard e Goldman acerca dos mecanismos de execução específica encontrados no direito comparado:

> "these provisions, which are intended to prevent a denial of justice in cases where the arbitral tribunal genuinely cannot be constituted because of the obstructive attitude of one of the parties, give the other party the option of bringing its claim before the courts. That solution is obviously far from ideal, given the parties' initial intention to refer their disputes to arbitration. It may, however, be the only alternative where it really does prove impossible to constitute the arbitral tribunal. Nevertheless, such an alternative will only be used in exceptional circumstances and as the last resort, because in practice the subsidiary mechanisms provided by statute or by the institutional arbitration rules initially chosen by the parties will ensure that a party will only very rarely be able to obstruct the arbitration simply by refusing to participate"[240].

Nesse contexto, a ação dos arts. 6o[241] e 7o[242] representa conquista significativa quando comparada com o regime anterior, no qual a convenção de arbitragem era considerada um mero pré-contrato, sem efetividade concreta[243]. Ou seja, ao prever mecanismos que assegurem o resultado específico do avençado, a Lei de Arbitragem inseriu o direito brasileiro, nesse aspecto, no padrão internacionalmente consagrado de viabilizar métodos de impor de modo coativo e específico a instauração do procedimento arbitral.

O Superior Tribunal de Justiça baliza a aplicação dos referidos dispositivos para a propositura da ação da convenção de arbitragem. Em um acórdão datado de 2003, relatado pelo Ministro Castro Filho, a Corte Superior estabeleceu alguns requisitos para o ajuizamento da demanda. Fixou-se, na oportunidade, que "são requisitos indispensáveis:

---

arbitration agreement." (FOUCHARD, Philippe; GAILLARD, Emmanuel; GOLDMAN, Berthold. *Fouchard Gaillard Goldman on International Arbitration*. Haia: Kluwer Law International, 1999, p. 413-414).

[240] FOUCHARD, Philippe; GAILLARD, Emmanuel; GOLDMAND, Berthold. *Fouchard Gaillard Goldman on International Arbitration*. Haia: Kluwer Law International, 1999, p. 386-387.

[241] Lei de Arbitragem, Art. 6º, *caput*: "Não havendo acordo prévio sobre a forma de instituir a arbitragem, a parte interessada manifestará à outra parte sua intenção de dar início à arbitragem, por via postal ou por outro meio qualquer de comunicação, mediante comprovação de recebimento, convocando-a para, em dia, hora e local certos, firmar o compromisso arbitral."

[242] Lei de Arbitragem, Art. 7º, *caput*: "Existindo cláusula compromissória e havendo resistência quanto à instituição da arbitragem, poderá a parte interessada requerer a citação da outra parte para comparecer em juízo a fim de lavrar-se o compromisso, designando o juiz audiência especial para tal fim."

[243] "Efetivamente, antes da entrada em vigor da Lei de Arbitragem, havia necessidade da assinatura do 'compromisso arbitral', com o fim de dar plena eficácia à cláusula compromissória firmada pelas partes. A cláusula compromissória era considerada como mero pacto in contrahendo, não tendo força para afastar a jurisdição estatal em prol do juízo arbitral. A cláusula arbitral servia para obrigar as partes a celebrar um compromisso arbitral, e quando muito, resolvia-se em perdas e danos." (WALD, Arnoldo; BORJA, Ana Gerdau de. Cláusula compromissória "cheia" e aceitação tácita da cláusula arbitral: caso Itiquira vs. Inepar comentários aos EI 428.067-1/10 do TJPR. *Revista de Arbitragem e Mediação*, vol. 32, p. 343-369, jan./mar., 2012, DTR 2012/2287, p. 15).

a existência da cláusula compromissória e a resistência quanto à instituição da arbitragem. Necessário que a parte seja convocada para firmar o compromisso estatuído no contrato, nos termos do art. 6º da Lei de Arbitragem, e se recuse a fazê-lo, para a viabilidade do procedimento disciplinado no artigo em discussão. Foi o que ocorreu no caso concreto"[244]. Em um caso semelhante, relatado pelo Desembargador Orlando Pistoresi, o TJSP, por sua vez, estabeleceu que a notificação manifestando intenção da parte em dar início à arbitragem é requisito para a propositura da ação do art. 7º[245].

Atualmente, portanto, está sedimentada a possibilidade de promover a execução específica da convenção de arbitragem, viabilizando a instauração do procedimento arbitral. Em decisão monocrática proferida em 2019, o Ministro Moura Ribeiro ordena a instituição de arbitragem nos termos do art. 7º da Lei de Arbitragem em face de cláusula compromissória vazia[246]. No mesmo sentido, em decisão de 2015, relatada pelo Ministro Castro filho, restou comprovado o entendimento do STJ de que "a execução específica da cláusula compromissória, sem a qual a convenção de arbitragem quedaria inócua, é aspecto essencial da convivência entre arbitragem e a jurisdição estatal"[247].

Percebe-se, assim, que o Poder Judiciário pode atuar no apoio da jurisdição arbitral, criando as condições necessárias à instauração do procedimento arbitral. Trata-se de mecanismo de valorização da arbitragem enquanto método de solução de conflitos, conferindo efeito útil à vontade manifestada pelas partes quando da constituição da convenção de arbitragem.

3. Tutela indireta do efeito positivo e a possibilidade de declaração de revelia

Para além do mecanismo de execução específica da convenção de arbitragem, é possível vislumbrar a criação de mecanismo de tutela indireta do efeito positivo, qual seja, a autorização para o prosseguimento do procedimento arbitral, a despeito da não participação de uma das partes. Nesse sentido, o art. 22, § 3º, da Lei de Arbitragem prevê que "a revelia da parte não impedirá que seja proferida a sentença arbitral".

Em diversos países não há, propriamente, previsão legislativa acerca de ação específica para instaurar a arbitragem, à semelhança do que ocorre no FAA e na Lei de Arbitragem brasileira. Nesses, recorre-se a outras formas de valorizar o efeito positivo da convenção de arbitragem. Há dois caminhos principais que podem ser seguidos: em primeiro, a previsão de um procedimento *default*[248], que viabilize a instauração da arbitragem sem

---

[244] STJ. REsp 450.881/DF. Min. Castro Filho. Terceira Turma. J. em: 11.04.2003.

[245] TJSP. Ap. 1887599020108260100. 30ª Cam Dir Priv. Des. Orlando Pistoresi. J. em: 08.08.2012.

[246] STJ. ED 1.746.049. Min. Rel. Moura Ribeiro, j. 11.09.2019, monocrática.

[247] STJ. REsp 1.331.100/BA. Min. Rel. Raul Araújo, j. 17.12.2015.

[248] Nonetheless, as already noted, most states do not presently provide for specific performance of the positive obligations of arbitration agreements. Instead, the only real mechanism for enforcing such obligations is an indirect one: this enforcement mechanism takes the form of authorizing a kind of self-help, whereby the non-defaulting party may unilaterally commence and proceed with the arbitration without its counter-party's participation. Thus, under most national laws (and institutional rules), a party is permitted to proceed with an arbitration, even if its counter-party defaults by failing to appoint an arbitrator and otherwise refusing to participate. In these circumstances, as discussed below, some national laws either permit the non-defaulting party to nominate the defaulting party's co-arbitrator, to designate the non-defaulting party's co-arbitrator to serve as sole arbitrator, or to apply to national courts for judicial appointment of an arbitrator, as well as unilaterally to pay the

PARTE IV · Capítulo 14 · EFEITO POSITIVO DA CONVENÇÃO DE ARBITRAGEM | **567**

que a colaboração da outra parte seja necessária, e, em segundo, a autorização para o prosseguimento da arbitragem sem a participação da outra parte.

Exemplo de país que opta por prever procedimento *default* na sua lei de arbitragem doméstica é Portugal. Na LAV portuguesa, há previsões sobre o número de árbitros caso não haja acordo entre as partes (art. 8, nº 2º)[249], designação dos árbitros (art. 10, nº 2º[250], 4º[251] e 5º[252]), designação de árbitro em arbitragem multiparte (art. 11º, nº 2[253]), lugar da arbitragem (art. 31º, nº 1º[254]), língua da arbitragem (art. 32, nº 1[255]) e direito aplicável (art. 39º, nº 1[256]). Ademais, na lei de arbitragem portuguesa é possível encontrar várias normas atribuindo competências específicas para o tribunal arbitral tomar decisões de administração do procedimento. Percebe-se, no entanto, que a opção do legislador português foi a de trazer, na lei, regras supletivas para sanar eventuais incompletudes da convenção de arbitragem.

O segundo modelo de tutela indireta do efeito positivo da convenção de arbitragem é a autorização do prosseguimento do procedimento arbitral a despeito de omissões e faltas das partes. Essa segunda forma de tutela indireta é frequentemente combinada com a primeira, pois de pouco valia seria prever um procedimento supletivo, sem a autorização da sua condução sem a participação de uma das partes. Entretanto, há países como

---

arbitrators' fees (subject to reallocation in the arbitrators' final award). Accordingly, when a party fails to participate in an arbitration, its counter-party is generally able to proceed unilaterally to constitute a tribunal and obtain a default award – which in turn provides a substantial incentive for the counter-party's participation in the arbitration." (BORN, Gary. *International Commercial Arbitration*. 3ª ed. The Hague: Kluwer Law International, 2021, p. 1365).

[249] Portugal, LAV, art. 8º, nº 2: "Se as partes não tiverem acordado no número de membros do tribunal arbitral, é este composto por três árbitros."

[250] Portugal, LAV, art. 10º, nº 2: "Caso o tribunal arbitral deva ser constituído por um único árbitro e não haja acordo entre as partes quanto a essa designação, tal árbitro é escolhido, a pedido de qualquer das partes, pelo tribunal estadual."

[251] Portugal, LAV, art. 10º, nº 4: "Salvo estipulação em contrário, se, no prazo de 30 dias a contar da recepção do pedido que a outra parte lhe faça nesse sentido, uma parte não designar o árbitro ou árbitros que lhe cabe escolher ou se os árbitros designados pelas partes não acordarem na escolha do árbitro presidente no prazo de 30 dias a contar da designação do último deles, a designação do árbitro ou árbitros em falta é feita, a pedido de qualquer das partes, pelo tribunal estadual competente."

[252] Portugal, LAV, art. 10º, nº 5: "Salvo estipulação em contrário, aplica-se o disposto no número anterior se as partes tiverem cometido a designação de todos ou de alguns dos árbitros a um terceiro e este não a tiver efectuado no prazo de 30 dias a contar da solicitação que lhe tenha sido dirigida nesse sentido."

[253] Portugal, LAV, art. 10º, nº 2: "Se os demandantes ou os demandados não chegarem a acordo sobre o árbitro que lhes cabe designar, cabe ao tribunal estadual competente, a pedido de qualquer das partes, fazer a designação do árbitro em falta"

[254] Portugal, LAV, art. 31º, nº 1: "As partes podem livremente fixar o lugar da arbitragem. Na falta de acordo das partes, este lugar é fixado pelo tribunal arbitral, tendo em conta as circunstâncias do caso, incluindo a conveniência das partes."

[255] Portugal, LAV, art. 32º, nº 1: "As partes podem, por acordo, escolher livremente a língua ou línguas a utilizar no processo arbitral. Na falta desse acordo, o tribunal arbitral determina a língua ou línguas a utilizar no processo."

[256] Portugal, LAV, art. 39º, nº 1: "Os árbitros julgam segundo o direito constituído, a menos que as partes determinem, por acordo, que julguem segundo a equidade."

o Brasil, no qual existe essa autorização, sem que a lei de arbitragem contenha previsão de procedimento supletivo.

Nesse sentido, a previsão de que "a revelia da parte não impedirá que seja proferida a sentença arbitral", contida no art. 22, § 3º, da Lei de Arbitragem deve ser vista como um modo de coerção indireta, trazendo incentivo para a parte participar do procedimento arbitral, vez que esse terá normal andamento caso opte por restar inerte.

Vale ressaltar que a previsão de revelia contida na Lei de Arbitragem não guarda equivalência conceitual ao fenômeno que ocorre no processo civil. No Código de Processo Civil, conforme o art. 334[257], o conceito de revelia se restringe à situação na qual o réu não apresenta contestação. Diversamente, a Lei de Arbitragem tratou de hipótese mais alargada, abrangendo toda e qualquer situação na qual uma das partes resta inerte no curso do procedimento[258].

No regime previsto pela Lei de Arbitragem, a revelia da parte não é causa nem de suspensão do regular prosseguimento do procedimento arbitral, nem justifica a não prolação da sentença[259]. Basta que seja oportunizada a possibilidade de participação para a satisfação dos ditames do devido processo legal, informando a parte ausente do andamento da arbitragem. Nesse sentido, explana Carlos Alberto Carmona:

> "o legislador, ao referir-se – atecnicamente – a revelia no processo arbitral, quis deixar claro que tanto a situação de total alheamento de uma das partes (a começar pela falta de colaboração na constituição do tribunal arbitral) como a falta de participação ativa em qualquer um dos atos do processo, não terá a menor influência quanto aos poderes dos árbitros, e a atitude negativa da parte não será um fator impeditivo da prolação da sentença"[260].

Assim, a omissão da parte, no curso do procedimento, não impede que o legislador forme o seu livre convencimento[261], e, a partir daí, prolate sentença que seja vinculante inclusive à parte ausente. O legislador não tutela o interesse da parte que, sendo informada da existência do procedimento arbitral, livremente opta por não participar. Assim, cria-se mecanismo de desincentivo de condutas não colaborativas, tutelando indiretamente o efeito positivo da convenção de arbitragem ao assegurar a jurisdição do tribunal arbitral e a possibilidade de dirimir a controvérsia a despeito da não participação da parte.

---

[257] Código de Processo Civil, Art. 344: "Se o réu não contestar a ação, será considerado revel e presumir-se-ão verdadeiras as alegações de fato formuladas pelo autor".

[258] "Convém notar, outrossim, que a revelia pode ser de qualquer das partes, já que nas demandas arbitrais a regra é a aceitação de pedidos contrapostos, correspondendo a posição de autor à parte que primeiro provocar a atuação do árbitro, sem que isso impeça o outro contendente (que ocupará a posição de réu) de formular pedido acerca do mesmo bem da vida disputado ou apresentar demanda compreendida nos limites da convenção arbitral." (CARMONA, Carlos Alberto. Arbitragem e Processo: um comentário à Lei nº 9.307/96. 3ª ed. São Paulo: Atlas, 2009, p. 331).

[259] SESTER, Peter Christian. *Comentários à Lei de Arbitragem e à legislação extravagante*. São Paulo: Quartier Latin, 2020, p. 272.

[260] CARMONA, Carlos Alberto. Arbitragem e Processo: um comentário à Lei nº 9.307/96. 3ª ed. São Paulo: Atlas, 2009, p. 331.

[261] SESTER, Peter Christian. *Comentários à Lei de Arbitragem e à legislação extravagante*. São Paulo: Quartier Latin, 2020, p. 272.

Por certo, não se trata da situação ideal. A execução voluntária da convenção de arbitragem, conforme contratado, é a atitude expectável. No entanto, em havendo elementos suficientes para instaurar a arbitragem – ou seja, não sendo hipótese de cabimento da ação dos arts. 6º e 7º da Lei de Arbitragem – a lei assegura a plena possibilidade de regular prosseguimento do procedimento. Esses mecanismos de tutela indireta são preferíveis em relação a considerar a convenção de arbitragem inexequível ou inefetiva[262]. Trata-se de evolução em prol da valorização da arbitragem, fortalecendo seu caráter vinculante, em respeito ao princípio da autonomia privada e do *pacta sunt servanda*.

---

[262] "Nonetheless, affirmative compliance with agreements to arbitrate is much preferable to a default proceeding. Although tolerated, default proceedings lack the benefits of the adversary process and are distinctly unsatisfactory procedures; they are necessary evils, rather than desirable solutions. Much preferable is actual compliance with the arbitration agreement, which is made more likely by the availability of judicial orders compelling arbitration in accordance with the parties' agreement." (BORN, Gary. *International Commercial Arbitration*. 3ª ed. The Hague: Kluwer Law International, 2021, p. 1366).

Capítulo 15

A AUTONOMIA DA CONVENÇÃO DE ARBITRAGEM

A autonomia da convenção de arbitragem é um dos pilares da arbitragem tanto no plano doméstico quanto no internacional[263]. Esse princípio está consagrado no *caput* do art. 8º da LARb, o qual dispõe expressamente que "a cláusula compromissória é autônoma em relação ao contrato em que estiver inserta, de tal sorte que a nulidade deste não implica, necessariamente, a nulidade da cláusula compromissória." No plano internacional, conforme ensina Gary Born: "The separability presumption has a number of applications with highly important consequences for international commercial arbitration"[264].

Trata-se aqui de uma verdadeira ferramenta analítica, a partir da qual é possível derivar importantes consequências no que se refere à convenção de arbitragem e à própria jurisdição do tribunal arbitral. Além de servirem como instrumentos de aferição da efetiva modificação da jurisdição estatal para arbitral, as ramas do princípio da autonomia da convenção de arbitragem tangenciam temas como a determinação da lei aplicável[265], a validade do negócio jurídico que titula a jurisdição do tribunal arbitral e a própria possibilidade de autodeterminação do escopo subjetivo e objetivo da jurisdição.

Gary Born elenca uma série de consequências práticas advindas do princípio da autonomia da convenção de arbitragem, dentre as quais se encontram[266]: (i) a possibilidade de aplicação de um ordenamento jurídico diverso à cláusula compromissória do que aquele que é aplicado ao contrato na qual está inserida; (ii) a possibilidade de validade de cláusula compromissória, a despeito da constatação superveniente de inexistência, invalidade ou ineficácia do contrato na qual está inserida; (iii) a possibilidade de validade

---

[263] BORN, Gary. *International Commercial Arbitration*. 3ª ed. The Hague: Kluwer Law International, 2021, p. 376.

[264] BORN, Gary. *International Commercial Arbitration*. 3ª ed. The Hague: Kluwer Law International, 2021, p. 432.

[265] PIRES, Catarina Monteiro. Convenção de Arbitragem. _____; Rui Pereira Dias (Coords). In: *Manual de Arbitragem Internacional Lusófona*. Vol. 1, Coimbra: Almedina, 2020, p. 82.

[266] António Sampaio Caramelo indica que são implicações da separabilidade da cláusula compromissória "além das que a relacionam com a competência dos árbitros, nomeadamente: (a) a possível aplicação (no domínio da arbitragem internacional) de uma lei nacional diferente da que rege o contrato principal; (b) a possível aplicação de normas jurídicas diferentes, dentro do mesmo sistema jurídico, à cláusula compromissória e ao contrato principal; (c) a possível validade da cláusula compromissória, apesar da inexistência, invalidade e ilegalidade do contrato principal; e (d) a possível validade do contrato principal apesar da invalidade, ilegalidade ou cessação de efeitos da cláusula compromissória." (CARAMELO, António Sampaio. A Competência da Competência e a Autonomia do Tribunal Arbitral. *Revista de Arbitragem e Mediação*, vol. 40, p. 151-177, jan./mar., 2014, DTR 2014/1002, p. 06).

do contrato que contém cláusula compromissória, mesmo que essa seja posteriormente considerada inexistente, inválida ou ineficaz; e, por fim, (iv) conforme alguns autores, serve como fundamento analítico para o princípio da *Komptenz-Kompetenz*, que traduz a ideia de que o tribunal arbitral é o ente naturalmente dotado de poderes para determinar os limites de sua própria jurisdição[267].

A partir dessa análise inicial acerca dos efeitos da autonomia da convenção de arbitragem, pode-se destacar de antemão que a *ratio* subjacente a esse expediente teórico é garantir a efetivação da convenção de arbitragem. Especialmente no que se refere à possibilidade de aplicação de lei diversa daquela que governa o contrato principal e, na autonomia de validade, percebe-se claramente que o intuito é dar máxima efetividade à intenção consubstanciada na pactuação da cláusula compromissória, isto é: aceitar a arbitragem como método adequado de resolução de litígios decorrentes ou relacionados a determinada relação jurídica.

§ 52. DELIMITAÇÃO DO PRINCÍPIO DA AUTONOMIA DA CONVENÇÃO DE ARBITRAGEM

1. Convenção de arbitragem enquanto negócio jurídico autônomo

A autonomia da convenção de arbitragem encontra-se positivada no direito brasileiro no art. 8º da Lei 9.307/1996[268]. Por mais que seu âmbito de eficácia abarque tanto a cláusula compromissória quanto o compromisso arbitral, nitidamente adquire maior importância quando estamos diante de cláusula compromissória inserida no corpo de um contrato.

A razão é simples: é mais evidente que o compromisso arbitral, por ser formado após a existência do litígio, é autônomo à relação jurídica de direito material. Trata-se de dois documentos apartados. Diferentemente, como a cláusula compromissória frequentemente adentra no mundo jurídico como uma cláusula entre outras em um mesmo instrumento contratual, há nessas situações uma maior tendência em realizar um baralhamento entre os elementos de existência, os requisitos de validade e os fatores de eficácia.

Esse princípio promove o explícito reconhecimento de que a convenção de arbitragem é um negócio jurídico separado, independente e distinto do instrumento contratual em que está inserido[269]. De um lado, há o "contrato principal", que corporifica a relação de direito material existente entre as partes. De outro, a convenção de arbitragem, que dispõe acerca do método de resolução de disputas relacionadas ao contrato principal[270].

---

[267] BORN, Gary. *International Commercial Arbitration*. 3ª ed. The Hague: Kluwer Law International, 2021, p. 377.

[268] Lei de Arbitragem, art. 8º: "A cláusula compromissória é autônoma em relação ao contrato em que estiver inserta, de tal sorte que a nulidade deste não implica, necessariamente, a nulidade da cláusula compromissória.

Parágrafo único. Caberá ao árbitro decidir de ofício, ou por provocação das partes, as questões acerca da existência, validade e eficácia da convenção de arbitragem e do contrato que contenha a cláusula compromissória."

[269] LEW, Julian; MISTELIS, Loukas; KRÖLL, Stefan. *Comparative International Commercial Arbitration*. Haia: Kluwer Law International, 2003, p. 102.

[270] Nas palavras de Alan Redfern e Martin Hunter: "Another method of analysing this position is that there are, in fact, two separate contracts: the primary, or main, contract concerns the commercial obligations of the parties; the secondary, or collateral, contract contains the obligation to resolve

PARTE IV · Capítulo 15 · A AUTONOMIA DA CONVENÇÃO DE ARBITRAGEM | **573**

Ora, por serem dois negócios jurídicos distintos, seria incorreto assumir que o princípio da autonomia da convenção de arbitragem serviria unicamente para lidar com os casos em que há questionamento da validade da cláusula compromissória por conta de eventual defeito que venha fulminar o contrato a que está relacionada. Em verdade, as consequências derivadas do princípio da autonomia da convenção de arbitragem são múltiplas, e repercutem nos diversos planos do negócio jurídico[271]. Seus efeitos se projetam também no próprio ordenamento jurídico que lhe é aplicável, abrindo a possibilidade de uma cláusula compromissória estar sujeita a leis diversas daquelas que regem o "contrato principal".

Ainda uma outra consequência é digna de observação. Em sua essência, a convenção de arbitragem abre as portas para a jurisdição arbitral; porém, esse efeito pode jamais ser produzido caso a relação de direito material transcorra sem intempéries. As obrigações naturalmente *tendem a ser* e *são* polarizadas pelo adimplemento[272], razão pela qual é perfeitamente possível e natural que um contrato tenha seus efeitos exauridos sem que jamais a cláusula compromissória precise ser acionada[273]. O direito potestativo de demandar em arbitragem pode não ser exercido, sem que isso traga qualquer impacto para a relação material subjacente.

Essa circunstância evidencia que a melhor forma de compreender o papel funcional de uma cláusula compromissória é a colocando em um plano distinto daquele em que se encontra o contrato principal. Não se deve confundir o conteúdo de eficácia do negócio jurídico de direito material com o conteúdo de eficácia da cláusula compromissória. São dois negócios jurídicos distintos, e não um único negócio com efeitos múltiplos.

A sua incorporação no art. 8º da Lei de Arbitragem representou uma mudança de paradigma. Conforme explica Nádia de Araújo, "como antes da Lei de Arbitragem havia dúvidas até sobre a obrigatoriedade da cláusula arbitral, a sua autonomia não chegava a ser analisada"[274]. De fato, um dos maiores méritos do regime insculpido na Lei de Arbitra-

---

any disputes arising from the commercial relationship by arbitration" (REDFERN, Alan; HUNTER, Martin; BLACKABY, Nigel; PARTASIDES, Constantine. *Redfern and Hunter on International Arbitration*. Oxford: Oxford University Press, 2015, p. 104).

[271] Gary Born trabalha expressamente a multiplicidade de efeitos decorrentes e relacionados à autonomia da convenção de arbitragem. Nas palavras do autor: "All of these bases for the separability presumption apply generally to the arbitration agreement and are not limited to a rule concerning only the agreement's validity when the underlying contract is invalid. Thus, as discussed below, the separability presumption has multiple consequences, including the arbitration agreement's existence, notwithstanding the underlying contract's non-existence, the arbitration agreement's invalidity, notwithstanding the underlying contract's validity, the application of specialized rules of formal validity, substantive validity, interpretation and otherwise to arbitration agreements, and the application of specialized choice-of-law rules to arbitration agreements. The diversity of these various consequences both reflects and confirms the fact that arbitration agreements are presumptively separable as a general matter, as a result of their distinct character and status." (BORN, Gary. *International Commercial Arbitration*. 3ª ed. The Hague: Kluwer Law International, 2021, p. 431).

[272] COUTO E SILVA, Clóvis do. *A Obrigação como Processo*. Rio de Janeiro: FGV Editora, 2006, p. 17.

[273] REDFERN, Alan; HUNTER, Martin; BLACKABY, Nigel; PARTASIDES, Constantine. *Redfern and Hunter on International Arbitration*. Oxford: Oxford University Press, 2015, p. 104.

[274] ARAÚJO, Nádia de. O Princípio da Autonomia da Cláusula Arbitral na Jurisprudência Brasileira. *Revista de Arbitragem e Mediação*, vol. 27, p. 265-286, out./dez., 2010, DTR 2010/749, p. 06.

gem, quando comparado ao anterior, é justamente ter feito valer a autonomia da cláusula compromissória, passo fundamental para lhe conferir a força necessária à sua efetivação[275].

Sobre esse tema, o Superior Tribunal de Justiça também adota o entendimento de que a cláusula compromissória é um negócio jurídico autônomo em relação ao negócio principal. Oportunamente, no REsp 1.598.220, o Min. Paulo de Tarso Sanseverino manifestou-se no sentido de que "a primeira forma de se respeitar a manifestação de vontade das partes é o reconhecimento da autonomia da cláusula compromissória em face do negócio jurídico no qual foi pactuada (princípio da autonomia da cláusula compromissória). Assim, mesmo que se possa discutir a existência, validade ou eficácia do próprio negócio jurídico em que inserida a cláusula compromissória, reconhece-se a autonomia dessa cláusula"[276]. Ou seja, não apenas foi reconhecido o princípio da autonomia da cláusula compromissória, mas também a estreita relação entre esse princípio e a autonomia privada das partes em celebrar esse negócio jurídico.

Portanto, a inserção de cláusula compromissória representa a convivência de dois negócios jurídicos distintos no mesmo instrumento contratual. Dessa maneira, em fórmula sintética, o princípio da autonomia da convenção de arbitragem dispõe que não se pode confundir, sujeitar ou subordinar a cláusula compromissória ao negócio jurídico de direito material a que está relacionada. Consequentemente, é possível a análise autônoma dos elementos de existência, requisitos de validade e fatores de eficácia da convenção de arbitragem.

2. Terminologia

Em termos terminológicos, o "princípio da autonomia" encontra equivalentes em outros países. Na doutrina internacional, esse fenômeno é denominado de doutrina da separabilidade ("*separability doctrine*") ou de presunção de separabilidade ("*separability presumption*")[277]. Gary Born discute a adequação dos termos "*separability*", "autonomia" e "independência" para expressar esse fenômeno.

Aponta o autor que é impróprio dizer que a cláusula compromissória é "autônoma (*autonomy*)" ou "independente (*independence*)" do contrato em que está inserida[278]. O argumento levantado vai no sentido de que a convenção de arbitragem apresenta conexão próxima do contrato subjacente, apresentando inter-relações e exercendo uma função de suporte. Dessa forma, segundo o autor, não haveria uma "autonomia" ou "independência" absoluta[279].

---

[275] WALD, Arnoldo. Os Meios Judiciais do Controle da Sentença Arbitral. *Revista de Arbitragem e Mediação*, vol. 1, p. 40-66, jan./abr., 2004, DTR 2004/2, p. 04.

[276] STJ. REsp 1.598.220/RN. Min. Paulo de Tarso Sanseverino. Terceira Turma. J. em: 25.06.2019.

[277] REDFERN, Alan; HUNTER, Martin; BLACKABY, Nigel; PARTASIDES, Constantine. *Redfern and Hunter on International Arbitration*. Oxford: Oxford University Press, 2015, p. 338.

[278] BORN, Gary. *International Commercial Arbitration*. 3ª ed. The Hague: Kluwer Law International, 2021, p. 378.

[279] "At the same time, as discussed below, these authorities also all recognize that an arbitration agreement is not wholly independent or separate from the associated underlying contract and that there are circumstances in which circumstances affecting the status of the latter will affect the former. In particular, in cases where the underlying contract was never concluded (or formed), or where that contract never included a particular party, there will be serious questions whether the associated arbitration agreement was ever formed. Likewise, there will be cases where the invalidity, illegality,

PARTE IV · **Capítulo 15** · A AUTONOMIA DA CONVENÇÃO DE ARBITRAGEM | **575**

Outra crítica feita pelo autor à expressão "autonomia (*autonomy*)" está no fato de que poderia denotar uma deslocalização da convenção de arbitragem e uma não-sujeição a um ordenamento jurídico nacional[280]. De fato, como aponta Gary Born, esse princípio apenas implica a separação da convenção de arbitragem da relação de direito material subjacente, não indicando uma autonomização em relação ao ordenamento jurídico de um determinado país[281]. Toda convenção de arbitragem é contratada dentro de uma ordem jurídica, pois o direito necessita reconhecer a arbitragem como forma de solução de disputas para que seja viável firmar o negócio jurídico que visa submeter determinada controvérsia à jurisdição arbitral.

A despeito das críticas feitas, está consolidada, no Brasil, a nomenclatura "autonomia da convenção de arbitragem". E, de fato, há situações em que há verdadeira "autonomia" em relação ao contrato no qual está inserida: a análise de existência, de validade e de eficácia ocorre de modo autônomo ao contrato principal.

Porém, em outras, há de se reconhecer a existência de conexões entre ambos: para consentir com a cláusula compromissória, basta a assinatura no final do corpo do contrato, não sendo necessária a manifestação de um assentimento específico com a cláusula compromissória. Igualmente, não ocorre uma abstração da cláusula compromissória da relação jurídica a que faz referência – isto é, o escopo objetivo da convenção de arbitragem há de ser explicitado, pois a sua inserção não implica renúncia incondicionada e generalizada à jurisdição estatal. Pelo contrário, seu escopo de eficácia é necessariamente delimitado a uma relação jurídica específica, não havendo uma "autonomia" nesse sentido. Por essas razões, esse princípio deve ser assumido como ponto de partida para a análise da convenção de arbitragem. Ele não pode ser tomado, contudo, como absoluto, o que explica a possibilidade de haver situações a serem analisadas, em que o mesmo vício atinge, tanto o contrato, quanto a convenção de arbitragem. Ou seja, é sempre necessário ter em conta qual aspecto da relação contratual está em análise, para identificar, em concreto, qual é o grau de conexão entre a relação material e a convenção de arbitragem.

Porém, não se deve considerar inapropriada a expressão "princípio da autonomia da convenção de arbitragem". Importa se ter claro que a ideia transmitida é de "particularização" ou "individualização" da cláusula compromissória, que não se sujeita aos desígnios da relação material subjacente. Em verdade, mesmo que a cláusula compromissória seja considerada "autônoma" em relação ao contrato principal, isso não significa a ausência completa de relação entre ambos[282].

---

or termination of the parties' underlying contract may involve circumstances that simultaneously affect the validity or effectiveness of the arbitration clause." (BORN, Gary. *International Commercial Arbitration*. 3ª ed. The Hague: Kluwer Law International, 2021, p. 434).

[280] BORN, Gary. *International Commercial Arbitration*. 3ª ed. The Hague: Kluwer Law International, 2021, p. 379.

[281] Nas palavras do autor: "The separability doctrine refers solely to the separability of the arbitration agreement from the parties' underlying contract, and does not connote any autonomy on the part of the arbitration clause from national legal systems" (BORN, Gary. *International Commercial Arbitration*. 3ª ed. The Hague: Kluwer Law International, 2021, p. 379).

[282] "Even if the arbitration clause is considered to be separable from the main agreement, it does not mean that both agreements are not related." (OHLROGGE, Leonardo. *Multi-Party and Multi--Contract Arbitration in Brazil*. São Paulo: Quartier Latin, 2020, p. 68-69).

3. Caráter material do princípio da autonomia da convenção de arbitragem

Parte da doutrina atribui ao princípio da autonomia da convenção de arbitragem, o caráter de um conceito legal, abstrato, não sendo uma determinação fática[283]. Outros vão além, explicando que esse princípio é uma "pragmática ficção", "que, em virtude da sua conveniência, é consagrada pela generalidade das legislações nacionais, regulamentos da arbitragem institucionalizada e jurisprudência dos tribunais dos diversos estados ou de tribunais de direito internacional público"[284].

O argumento levantado é o de que esse princípio exerce, sobretudo, uma função de conveniência e pragmaticidade. Nesse sentido, argumentam Redfern e Hunter: "if the arbitral tribunal decides that the clause is not a valid agreement to arbitrate, then the basis for its authority disappears. In reality, if the clause is not an enforceable agreement to arbitrate, that authority was never there. Nevertheless, because of its obvious practical advantages, this doctrine is widely accepted both by arbitration rules and in national laws"[285]. A utilidade prática desse princípio é inegável, vez que permite que se construa uma barreira de isolamento entre a convenção de arbitragem e o contrato principal[286]. Atua, portanto, como uma vacina jurídica apta a imunizar a convenção de arbitragem de eventuais doenças que o contrato principal possa padecer.

Porém, é possível questionar até que ponto realmente há uma "ficção jurídica" ao se lidar com a autonomia da convenção de arbitragem. Na linha do que sustenta Gary Born, o melhor enquadramento dogmático a ser dado vai no encontro de não ser uma ficção ou artifício jurídico, mas uma forma de tutelar a realidade negocial subjacente à própria inserção da convenção de arbitragem[287]. Assim, a importância da autonomia da convenção

---

[283] "The autonomy of the arbitration agreement from the main contract is a legal concept, not a factual determination. Thus, it does not mean that acceptance of the arbitration agreement must be separate from that of the main contract. Neither does it mean that the arbitration agreement cannot follow the main contract where the latter is assigned to a third party." (FOUCHARD, Philippe; GAILLARD, Emmanuel; GOLDMAN, Berthold. *Fouchard Gaillard Goldman on International Arbitration*. Haia: Kluwer Law International, 1999, p. 209). No direito brasileiro: "O art. 8º da LArb dispõe sobre o princípio da autonomia da cláusula arbitral em relação ao contrato em que está inserta. A lei brasileira cria uma ficção legal na medida em que a cláusula arbitral constitui uma obrigação autônoma em relação à obrigação principal do contrato em que está inserida. Ou seja, a cláusula arbitral é um contrato dentro de outro, e é separável do contrato em que está contida." (SPERANDIO, Felipe Vollbrecht. Convenção de Arbitragem. In: Daniel Levy; Guilherme Setoguti J. Pereira (Coords.). *Curso de Arbitragem*. São Paulo: Thomson Reuters Brasil, 2018, p. 75-76).

[284] CARAMELO, António Sampaio. A Competência da Competência e a Autonomia do Tribunal Arbitral. *Revista de Arbitragem e Mediação*, vol. 40, p. 151-177, jan./mar., 2014, DTR 2014/1002, p. 05.

[285] REDFERN, Alan; HUNTER, Martin; BLACKABY, Nigel; PARTASIDES, Constantine. *Redfern and Hunter on International Arbitration*. Oxford: Oxford University Press, 2015, p. 339.

[286] "Quando um contrato possui uma promessa de submeter à arbitragem as disputas suscetíveis que dele decorrerem (isto é, uma cláusula compromissória), tal promessa é, pela ficção jurídica mais solidamente criada relativa ao direito arbitral – e isso se aplica no mundo inteiro –, juridicamente isolada do contrato principal, do contrato de venda, de construção, de serviços que a contém." (GAILLARD, Emmanuel. A Contribuição do Pensamento Jurídico Francês à Arbitragem Internacional. *Revista de Arbitragem e Mediação*, vol. 61, p. 285-302, abr./jun., 2019, DTR 2019/32049, p. 04).

[287] Gary Born argumenta que: "It is sometimes suggested that the separability presumption is a "fiction" or that it has been adopted "pragmatically, rather than logically." It is also sometimes suggested that the "ancillary" or "incidental" character of arbitration agreements is not materially different from

PARTE IV · **Capítulo 15** · A AUTONOMIA DA CONVENÇÃO DE ARBITRAGEM | **577**

de arbitragem está na valorização substancial da vontade das partes de arbitrar, sendo, sob essa perspectiva, um mecanismo de conservação do consentimento manifestado em favor da jurisdição arbitral.

4. Princípio da autonomia da convenção de arbitragem e a tutela da intenção de arbitrar

O princípio da autonomia da cláusula compromissória privilegia a manutenção da vontade das partes em submeter os conflitos relacionados a determinada relação contratual à arbitragem[288], tutelando a integridade da convenção de arbitragem[289]. O enfoque recai na intenção das partes em criar um negócio jurídico específico para dirimir eventuais conflitos decorrentes ou relacionados de outra relação jurídica,[290] reforçando a efetividade da própria cláusula compromissória.[291]

Nas palavras de Gary Born,

> "the separability presumption is instead derived from and defined by the expectations of reasonable commercial parties to international business transactions. These intentions are often implied, but as the consistent approach across virtually all jurisdictions confirms, these intentions are unmistakable. Similarly, and for the same reasons, parties in practice virtually never intend that their arbitration agreement not be separable from their underlying contract"[292].

É de se reconhecer o caráter peculiar subjacente à manifestação de vontades que dá origem à convenção de arbitragem. Isso decorre da sua função estruturalmente diversa,

---

that of other contractual provisions (like liquidated damages clauses), which are not regarded as separable. These views are incorrect. As discussed in detail above, the separability presumption rests on long-established and universally-shared foundations which are neither fictional nor illogical. Rather, the separability presumption rests on the fundamental character of arbitration agreements (as procedural or adjudicative mechanisms, which are both incidental to and separable from a contract's commercial terms), the intentions of reasonable commercial parties (to ensure the efficacy of their dispute resolution mechanism, including when disputes arise concerning the existence, validity, or termination of their underlying contract), virtually universal legislative treatment of arbitration agreements (which uniformly treats arbitration agreements as separate agreements), and historical practice (which has long treated arbitration agreements as separable). Given these considerations, the presumptive separability of arbitration agreements is no more fictional than any other long-standing rule of contract law or universally shared commercial practice." (BORN, Gary. *International Commercial Arbitration*. 3ª ed. The Hague: Kluwer Law International, 2021, p. 430).

[288] STEINER, Renata. Arbitragem e Autonomia da Cláusula Compromissória. *Revista de Arbitragem e Mediação Online*. Vol 31, p. 131-151, out./dez., 2011, DTR 2011/5124, p. 01.

[289] "Separability protects the integrity of the agreement to arbitrate and plays an important role in ensuring that the parties intention to submit disputes is not easily defeated." (LEW, Julian; MISTELIS, Loukas; KRÖLL, Stefan. *Comparative International Commercial Arbitration*. Haia: Kluwer Law International, 2003, p. 101).

[290] BORN, Gary. *International Commercial Arbitration*. 3ª ed. The Hague: Kluwer Law International, 2021, p. 379.

[291] LA LAINA, Roberto G. A Cláusula Compromissória e Autonomia Negocial. *Revista de Arbitragem e Mediação*, vol. 43, p. 129-153, out./dez. 2014, DTR 2014/21096, p. 02.

[292] BORN, Gary. *International Commercial Arbitration*. 3ª ed. The Hague: Kluwer Law International, 2021, p. 426.

pois – diferentemente de outros negócios jurídicos em que o resultado é o surgimento de uma obrigação de dar, fazer ou não fazer – o seu objeto é servir de lastro para poderes jurisdicionais de eventual tribunal arbitral[293]. É um negócio jurídico cuja função econômica precípua é estabelecer de antemão um método adequado de resolução de disputas, aderente à realidade econômica subjacente das partes[294]. O STJ, em caso relatado pelo Ministro Marco Aurélio Bellizze, expressamente estabelece que "como método alternativo de solução de litígios, o estabelecimento da convenção de arbitragem produz, de imediato, dois efeitos bem definidos. O primeiro, positivo, consiste na submissão das partes à via arbitral, para solver eventuais controvérsias advindas da relação contratual subjacente (em se tratando de cláusula compromissória).[295]"

Da natureza especial desse negócio jurídico, cuja razão de ser é justamente permitir a resolução de disputas, é de se presumir que a intenção dos contratantes ao prevê-lo é a de que esse negócio permaneça válido e eficaz independentemente de pleitos como inexistência, invalidade ou ineficácia da relação jurídica de base[296]. Ou seja, entende-se

---

[293] "Existe ainda outro motivo a justificar tal princípio que seria a existência de causas diversas para a celebração do contrato principal e da convenção arbitral. Através da cláusula compromissória não se está ajustando qualquer prestação de conteúdo patrimonial ou outra obrigação relacionada ao objeto do contrato principal, mas pactuando um negócio que visa atribuir aos árbitros o conhecimento de litígios e subtrair do poder judiciário essa competência. Por ser a causa do contrato principal totalmente diversa daquela que deu origem à convenção arbitral, representada na cláusula compromissória, eventual nulidade do pacto em nada afeta a eficácia da vontade das partes de submeter futuras controvérsias à via arbitral." (SOUSA, Ulisses César Martins de. Cláusula Compromissória: análise comparativa Brasil-Portugal. *Revista dos Tribunais*, vol. 999/2019, p. 267-286, jan. 2019, DTR 2018/22788, p. 05).

[294] Enfatizando o caráter especial da convenção de arbitragem, ensina Gary Born que "the separability doctrine rests partly on the fact that the exchange of promises to resolve disputes by international arbitration (instead of some other means) is different in nature from other exchanges of commercial promises in the parties' underlying contract. The arbitration agreement has a peculiar, specialized function – sometimes referred to as "procedural," "collateral," "judicial," or "ancillary" – as contrasted to the parties' underlying "substantive" or "main" contract. Thus, the arbitration clause is concerned with the "separate" or "special" function of resolving disputes about the parties' commercial relations, rather than contractually regulating the substantive terms of the parties' commercial bargain." (BORN, Gary. *International Commercial Arbitration*. 3ª ed. The Hague: Kluwer Law International, 2021, p. 426-427).

[295] STJ. REsp 1.699.855/RS. Min. Marco Aurélio Bellizze. Terceira Turma. J. em: 01.06.2021.

[296] Para Luis Fernando Guerreiro: "De todo modo, vê-se que a autonomia da cláusula compromissória traz consigo a aplicação do princípio da Kompetenz-kompetenz que, na arbitragem, como se viu, não será exclusivo dos árbitros, mas, em alguns casos, comportará solução pelo juiz togado. De qualquer modo, ressalte-se, mais uma vez, que os mecanismos legais em relação a este assunto tiveram o escopo de proteger a arbitragem de medidas da parte recalcitrante quanto à instalação do procedimento, permitindo também o isolamento da competência para analisar a regularidade da convenção de arbitragem". (GUERRERO, Luis Fernando. *Convenção de Arbitragem e Processo Arbitral*. 2ª ed. São Paulo: Atlas, 2014, p. 21). Também nesse sentido, Gary Born explica que: "commercial parties very often expect and intend – and certainly should be presumed, as objectively rational parties, to intend – that an arbitration agreement will remain valid and binding, notwithstanding either claims or determinations regarding the non-existence, invalidity, illegality, or termination of their underlying contract. That is because parties will ordinarily and reasonably expect their arbitration clause to remain effective and encompass disputes about the existence, validity, legality and continuing effectiveness of their underlying contract. As we have seen, parties do so in order to maximize the validity and enforceability of their arbitration agreements and in order to ensure

PARTE IV · Capítulo 15 · A AUTONOMIA DA CONVENÇÃO DE ARBITRAGEM | **579**

que as partes convencionam convenção de arbitragem não apenas para arbitrar questões atreladas ao estrito cumprimento, observância, modificação ou extinção da relação de direito material, mas também para abarcar a própria existência, validade e eficácia de modo global[297].

Nesse sentido, o STJ consolidou entendimento no sentido de reconhecer que a presença de cláusula compromissória confere ao Tribunal Arbitral o poder de decidir com primazia acerca da existência, validade e eficácia da cláusula compromissória.[298] Mais especificamente, acerca da autonomia da cláusula compromissória, em acórdão relatado pelo Ministro Marco Aurélio Bellizze dispôs que "a cláusula compromissória, por meio da qual as partes convencionam submeter eventuais e futuros litígios à arbitragem, é autônoma no tocante à relação contratual subjacente. Desse modo, o exame acerca da existência, validade e eficácia da convenção de arbitragem não se confunde com o do contrato a que se relaciona[299]". O art. 8º da Lei de Arbitragem age no sentido de assegurar que, de ofício ou mediante provocação das partes, eventual alegação de vício não seja impeditivo, na maioria dos casos, para análise do mérito da causa. É dizer, o princípio da autonomia da convenção de arbitragem resguarda a intenção de arbitrar das partes[300].

Nesse sentido, explica Pedro Batista Martins: "por vontade livre e manifesta as partes almejam com o pacto entregar a árbitros a solução de futura disputa que pode configurar-se, inclusive, na própria alegação da nulidade, invalidade ou inexistência do contrato em que está inserta ou da própria convenção arbitral"[301]. Portanto, a regra geral é a de

---

that disputes over the validity and legality of their underlying contract – which frequently arise in international matters – can be resolved in a binding manner in the same forum and proceedings as other contractual disputes." (BORN, Gary. *International Commercial Arbitration*. 3ª ed. The Hague: Kluwer Law International, 2021, p. 428).

[297] "As partes convencionam uma cláusula compromissória não apenas para resolver, por meio da arbitragem, futuras questões sobre o (in)adimplemento ou a modificação do contrato principal; sua intenção vai além, estendendo-se também à resolução de questões sobre a validade e interpretação do contrato principal." (SESTER, Peter Christian. *Comentários à Lei de Arbitragem e à Legislação Extravagantes Relacionada a Arbitragem*. São Paulo: Quartier Latin, 2020, p. 173).

[298] STJ, REsp 1.269.965/MG. Min. Rel. Raul Araújo. J. em: 13.12.2018; STJ, REsp 1.307.651/MG. Min. Rel. Raul Araújo. J. em 17.12.2018; STJ. AREsp 281.151/MG. Min. Raul Araújo. J. em 11.02.2019; STJ. AREsp 1.702.577/MG. Min. Raul Araújo. J. em 01.09.2020; STJ. AREsp 1.773.848/SP. Min. Rel. Raul Araújo. J. em 17.03.2021; STJ. CC 144.477/RJ. Min. Paulo de Tarso Sanseverino. J. em: 16.12.2015.

[299] STJ. REsp. 1.699.855/RS. Min. Marco Aurélio Bellizze. Terceira Turma. J. em: 01.06.2021.

[300] "as partes, ao encartarem em determinado contrato uma cláusula arbitral, inserem nele relação jurídica diferente, manifestando vontade apenas no que se refere à solução de eventuais litígios pela via arbitral; esta vontade, portanto, não tem ligação (senão instrumental) com o objeto principal do negócio jurídico (uma compra e venda, uma associação, um contrato de prestação de serviços), de modo que eventual falha que importe nulidade da avença principal não afetará a eficácia da vontade das partes (que permanecerá válida para todos os efeitos) de ver resolvidas suas controvérsias (inclusive aquela relacionada à eventual nulidade do contrato e seus efeitos) pela via arbitral. Constata-se, em outros termos, que a causa do contrato principal é diversa daquela que leva as partes a estipularem a solução arbitral para futuras controvérsias". (CARMONA, Carlos Alberto. *Arbitragem e Processo: um comentário à Lei nº 9.307/96*. 3ª ed. São Paulo: Atlas, 2009, p. 173-174).

[301] MARTINS, Pedro A. Batista. Autonomia da Cláusula Compromissória. Disponível em: <http://batistamartins.com/autonomia-da-clausula-compromissoria/>, 2004, p. 02.

que a disputa será dirimida perante o Tribunal Arbitral[302]. A interpretação nesse sentido maximiza a emanação da vontade realizada no momento da constituição da convenção de arbitragem, permitindo ampla promoção de efeitos, respeitando e valorizando a autonomia privada das partes[303]. Contudo, há de se reconhecer, como estabelecido pelo art. II (3) da Convenção de Nova Iorque[304], norma interna brasileira, plenamente em vigor, que pode haver situações excepcionais, nas quais a convenção de arbitragem é manifestamente inoperante e inexequível, impedindo-a de produzir efeitos.

Igualmente, percebe-se que é possível relacionar os efeitos atribuídos pelo princípio da autonomia da cláusula compromissória ao efeito negativo pretendido pelas partes com a sua inserção no contrato. Ao mencionar que "toda e qualquer disputa deve ser dirimida através de arbitragem" (ou outra fórmula contratual semelhante que inequivocamente expresse a intenção de se submeter à arbitragem), revela-se a intenção das partes de – implicitamente – também submeterem à arbitragem as disputas envolvendo a existência, validade e eficácia do próprio contrato[305].

Nesse sentido, explica Ulisses Sousa que a autonomia da cláusula compromissória em relação ao contrato a que se vincula

> "decorre não apenas da lei e da vontade das partes, que optaram por submeter à arbitragem qualquer litígio futuro que venha a surgir entre elas. Tem também um fundamento lógico. Negar a autonomia da cláusula compromissória implicaria comprometer – e impedir – a atuação do árbitro sempre que uma das partes alegasse a invalidade do contrato principal"[306].

Em síntese, o princípio da autonomia da convenção de arbitragem tem como fundamento material a tutela da intenção de arbitrar, necessariamente manifestada pelas partes

---

[302] "Como resultado prático da regra, é de competência do juízo arbitral o julgamento de qualquer controvérsia havida entre os contratantes, inclusive a possibilidade de decisão sobre a invalidade do negócio jurídico. Ou seja: a manutenção do compromisso arbitral desloca para este juízo a competência de conhecimento e julgamento da validade do negócio jurídico como um todo." (STEINER, Renata Carlos. Arbitragem e Autonomia da Cláusula Compromissória. *Revista de Arbitragem e Mediação*, vol. 31, p. 131-151, out./dez. 2011, DTR 2011/5124, p. 06).

[303] PIRES, Catarina Monteiro. Convenção de Arbitragem. PIRES, Catarina Monteiro; Rui Pereira Dias (Coords). In: *Manual de Arbitragem Internacional Lusófona*. Vol. 1, Coimbra: Almedina, 2020, p. 79. Conforme Renata Steiner: "O art. 8.º da Lei de Arbitragem (Lei 9.307/1996) expressa o princípio da autonomia da cláusula compromissória, que pode permanecer hígida ainda que haja nulidade do negócio jurídico na qual está inserida. É nítido, com a inclusão expressa de referido princípio no corpo da lei, o intento de se buscar a preservação da vontade das partes que, no uso de sua autonomia privada, pactuaram o compromisso de submissão de controvérsias ao juízo arbitral." (STEINER, Renata Carlos. Arbitragem e Autonomia da Cláusula Compromissória. *Revista de Arbitragem e Mediação*, vol. 31, p. 131-151, out./dez., 2011, DTR 2011/5124, p. 01).

[304] Convenção de Nova Iorque, art. II (3): "O tribunal de um Estado signatário, quando de posse de ação sobre matéria com relação à qual as partes tenham estabelecido acordo nos termos do presente artigo, a pedido de uma delas, encaminhará as partes à arbitragem, a menos que constate que tal acordo é nulo e sem efeitos, inoperante ou inexequível."

[305] LEW, Julian; MISTELIS, Loukas; KRÖLL, Stefan. *Comparative International Commercial Arbitration*. Haia: Kluwer Law International, 2003, p. 103.

[306] SOUSA, Ulisses César Martins de. Cláusula Compromissória: análise comparativa Brasil-Portugal. *Revista dos Tribunais*, vol. 999/2019, p. 267-286, jan., 2019, DTR 2018/22788, p. 05.

PARTE IV · Capítulo 15 · A AUTONOMIA DA CONVENÇÃO DE ARBITRAGEM | **581**

quando da formação desse negócio jurídico[307]. Igualmente, protege a parte de boa-fé de eventual comportamento oportunista da parceira negocial, no sentido de tentar se esquivar da jurisdição arbitral.

§ 53. RECONHECIMENTO INTERNACIONAL DA AUTONOMIA DA CLÁUSULA COMPROMISSÓRIA

1. Reconhecimento transnacional

O princípio da separabilidade da cláusula compromissória é um dos pilares conceptuais da arbitragem[308]. Esse princípio é amplamente reconhecido no âmbito internacional, estando incorporado em diversas leis de arbitragens ao redor do mundo[309]. Conforme Gary Born "it is now universally accepted in all national legal systems that an international arbitration agreement is presumptively separable from the parties' underlying contract; virtually no jurisdiction, developed or otherwise, dissents from this view"[310].

Em decorrência da sua ampla aceitação, a autonomia da convenção de arbitragem é tida como um "princípio transacional", tal qual qualificado por Lew, Mistellis e Kroll: "In the light of this widespread recognition the doctrine of separability can be considered as one of the true transnational rules of international commercial arbitration, even if it is not expressly mentioned in the different international conventions"[311]. Ou, ainda, como um "princípio geral da arbitragem internacional"[312], na acepção de Fouchard, Gaillard

---

[307] "A importância da questão é facilmente compreensível se atendermos aos seus efeitos práticos. Se os vícios do contrato, no qual se insere, forem transmissíveis à cláusula compromissória, para que as partes se eximam à jurisdição arbitral basta que invoquem a invalidade daquele contrato, na medida em que, nesse caso, também a convenção de arbitragem será inválida e, portanto, a competência do tribunal arbitral inexistente. "Desta feita, facilmente se criaria um paradoxo sem possibilidade de conclusão: sendo o contrato principal nulo, também a convenção padeceria do mesmo vício e, logo, a jurisdição dos árbitros seria inexistente, pelo que nem poderiam apreciar a existência da convenção que serve de base à sua competência. Consequentemente, caberia sempre ao tribunal estadual apreciar a questão, o que levaria a um resultado completamente distinto daquele que as partes pretendiam com a celebração da convenção arbitral" (MONTEIRO, António Pedro Pinto; SILVA, Artur Flamínio da; MIRANTE, Daniela. *Manual de Arbitragem*. Coimbra: Almedina, 2020, p. 160).

[308] CARAMELO, António Sampaio. A Competência da Competência e a Autonomia do Tribunal Arbitral. *Revista de Arbitragem e Mediação*, vol. 40, p. 151-177, jan./mar., 2014, DTR 2014/1002, p. 05.

[309] LEW, Julian; MISTELIS, Loukas; KRÖLL, Stefan. *Comparative International Commercial Arbitration*. Haia: Kluwer Law International, 2003, p. 104.

[310] BORN, Gary. *International Commercial Arbitration*. 3ª ed. The Hague: Kluwer Law International, 2021, p. 384.

[311] LEW, Julian; MISTELIS, Loukas; KRÖLL, Stefan. *Comparative International Commercial Arbitration*. Haia: Kluwer Law International, 2003, p. 105. Em sentido semelhante, leciona Gary Born: "It is in this respect that it can, correctly, be said that the separability presumption is a general principle of international arbitration law. It is not a rule that mandatorily requires the parties to treat their arbitration agreements as separate or that has its origins in national legislation. Rather, it is a recognition of the parties' presumptive intentions in concluding international arbitration agreements, given mandatory effect by Article II of the Convention and parallel provisions of national arbitration legislation." (BORN, Gary. *International Commercial Arbitration*. 3ª ed. The Hague: Kluwer Law International, 2021, p. 429-430).

[312] FOUCHARD, Philippe; GAILLARD, Emmanuel; GOLDMAN, Berthold. *Fouchard Gaillard Goldman on International Arbitration*. Haia: Kluwer Law International, 1999, p. 199.

e Goldman: "Today, the autonomy of the arbitration agreement is so widely recognized that it has become one of the general principles of arbitration upon which international arbitrators rely, irrespective of their seat and of the law governing the proceedings. This results from the recognition of the principle in the leading institutional arbitration rules (A) and, more importantly, from the fact that the principle has been almost unanimously accepted in arbitration statutes (B) and arbitral case law (C). Its acceptance can also be seen in recent decisions of international courts (D)".

Quer por meio de reconhecimento explícito ou implícito, trata-se de princípio consolidado na prática arbitral internacional, quer em termos legislativos, doutrinários ou jurisprudenciais[313]. Por essa razão que se considera que em poucas áreas do direito internacional privado se encontra tanta harmonia e aplicação uniforme como ocorre com o reconhecimento da autonomia da convenção de arbitragem[314]. A razão para isso reside justamente no fato de que esse princípio é uma decorrência lógica da intenção presumida das partes a partir da opção pela via arbitral, não se prendendo às idiossincrasias de um determinado ordenamento jurídico[315].

2. Reconhecimento em diplomas internacionais

No âmbito da Convenção de Nova Iorque, o princípio da autonomia da convenção de arbitragem não se revela como uma imposição específica à sua adoção, porém, assume-se que estamos tratando um negócio jurídico distinto do contrato de direito material em que essa possa estar inserida[316]. Dessa forma, embora não se possa apontar para um

---

[313] "Today, the separability presumption is reflected, either expressly or impliedly, in the arbitration legislation of all developed jurisdictions. Under this legislation, and accompanying judicial decisions, international arbitration agreements are presumptively separable from the parties' underlying contract: as a consequence, among other things, the non-existence, invalidity, illegality, or termination of the underlying contract will not necessarily affect the validity of the associated arbitration agreement. The separability presumption is also well-established in judicial decisions and commentary in jurisdictions, both common law and civil law, where national arbitration legislation provides no express basis for the doctrine." (BORN, Gary. *International Commercial Arbitration*. 3ª ed. The Hague: Kluwer Law International, 2021, p. 386-387).

[314] "Although there are occasional suggestions that the separability presumption is not universally acknowledged, these views are mistaken. In fact, as the discussion below makes clear, there are few aspects of private international law where there is more uniform and consistent affirmation of a basic principle and application of that principle in concrete cases." (BORN, Gary. *International Commercial Arbitration*. 3ª ed. The Hague: Kluwer Law International, 2021, p. 387).

[315] "That is because the separability of the arbitration clause is not derived from, or dictated, by national law, but is instead derived from the intentions of rational commercial parties seeking good faith resolution of possible future international disputes. These intentions are directed by the needs and objectives of the international commercial arbitration process, rather than by the provisions of particular national legal systems." (BORN, Gary. *International Commercial Arbitration*. 3ª ed. The Hague: Kluwer Law International, 2021, p. 429).

[316] "In similar fashion, the New York Convention does not independently impose or require application of a separability (or autonomy) doctrine. Like the Geneva Protocol, however, the Convention does assume that international arbitration agreements are separable from the parties' underlying contract, impliedly treats them as such, and sets forth substantive rules applicable only to such agreements. In so doing, the Convention both reflects and gives international effect to the general understanding and expectations of parties to international arbitration agreements that such agreements are separable; the Convention does not mandate such an understanding of the status

reconhecimento explícito do princípio da separabilidade no corpo da Convenção de Nova Iorque[317], a sua compatibilidade com a sistemática da convenção pode ser inferida tanto do art. II quanto do art. V(1)(a).

O art. II (1) refere que "Cada Estado signatário deverá reconhecer o acordo escrito pelo qual as partes se comprometem a submeter à arbitragem todas as divergências" existentes entre si. Ao definir "acordo escrito", dispõe o art. II (2) que esse se refere a "uma cláusula arbitral inserida em contrato ou acordo de arbitragem, firmado pelas partes ou contido em troca de cartas ou telegramas". Dessa forma, como constata Gary Born, há o pressuposto de que essa cláusula "inserida em um contrato" é um acordo em si, porém, não há uma imposição de que deve sempre ser tratado enquanto algo completamente isolado do contrato[318].

Nesse sentido, não há nem uma adoção explícita e nem indiferença em relação ao *status* da cláusula compromissória em relação ao contrato subjacente. A premissa subjacente ao art. II e ao art. V(1)(a) vai no sentido de que, ordinariamente, a convenção de arbitragem é separada do contrato na qual está inserida, tendo parâmetros próprios no que se refere à escolha de lei aplicável e à avaliação da validade[319].

Explica Gary Born que a presunção de autonomia pode ser encontrada a partir das intenções e expectativas comuns das partes comerciais, desenvolvidas e interpretadas à

---

of the arbitration agreement, but, where that is the parties' intention, the Convention gives effect to that intention." (BORN, Gary. *International Commercial Arbitration*. 3ª ed. The Hague: Kluwer Law International, 2021, p. 381).

[317] "The 1958 New York Convention makes no direct reference to the principle of separability. It simply states that recognition and enforcement of the award may be refused if the party against whom such measures are sought can establish that the arbitration agreement 'is not valid under the law to which the parties have subjected it or, failing any indication thereon, under the law of the country where the award was made' (Art. V(1)(a))" (FOUCHARD, Philippe; GAILLARD, Emmanuel; GOLDMAN, Berthold. *Fouchard Gaillard Goldman on International Arbitration*. Haia: Kluwer Law International, 1999, p. 202). No mesmo sentido, Schram, Geisinger e Pinsolle- "The New York Convention does not expressly provide for the application of the "doctrine of separability" (SCHRAMM, Dorothee; GEISINGER, Elliott; PINSOLLE, Philippe. Article II. *In:* KRONKE, Herbert; NACIMIENTO, Patricia, et al. *Recognition and Enforcement of Foreign Arbitral Awards: A Global Commentary on the New York Convention*. Kluwer Law International, p. 37 – 114, 2010, p. 52).

[318] "Both Article II(1) and II(2) rest on the assumption that an "arbitral clause in a contract" is itself an "agreement," dealing with the subject of arbitration. Neither provision requires that such agreements always be treated as "separable," or even assumes that this will necessarily be the case. On the other hand, both provisions are most naturally understood as assuming that arbitration clauses will presumptively be separate agreements, capable of being treated as such, notwithstanding their relation to another contract between the parties. More importantly, these agreements also attract specific legal rules that do not apply to the parties' underlying contract (e.g., Article II(1)'s 'writing' requirement and Article II's presumption of substantive validity, together with specified exceptions to that presumption)." (BORN, Gary. *International Commercial Arbitration*. 3ª ed. The Hague: Kluwer Law International, 2021, p. 381-382).

[319] ""In reality, the New York Convention neither "adopts" nor is "indifferent to" the separability doctrine. Rather, Articles II and V(1)(a) of the Convention rest on the premise that arbitration agreements can, and will ordinarily, be separate agreements and that these agreements therefore will often be treated differently from, and subject to different rules of validity and different choice-of-law rules than, the parties' underlying contracts." (BORN, Gary. *International Commercial Arbitration*. 3ª ed. The Hague: Kluwer Law International, 2021, p. 382).

luz das necessidades e objetivos do processo arbitral internacional[320]. Assim, o princípio encontra-se implicitamente acolhido, enraizado na própria natureza da concepção de arbitragem internacional adotada pela Convenção de Nova Iorque.

Esse princípio também é reconhecido no âmbito da Lei Modelo da UNCITRAL em Arbitragem Comercial Internacional. Nas palavras de Nádia de Araújo: "o art. 8.º esclarece que um juiz deve remeter a um tribunal arbitral a questão que disser respeito a um litígio, em que consta do contrato uma cláusula arbitral. Em seguida, no art. 16, esclarece que cabe ao tribunal arbitral decidir sobre sua própria competência, aí incluída qualquer exceção quanto à existência ou validade da cláusula arbitral. E mesmo que o tribunal arbitral declare a nulidade de determinadas estipulações de um contrato, sob sua análise, isso não significa necessariamente a nulidade da cláusula arbitral"[321].

Portanto, percebe-se que, tanto a Convenção de Nova Iorque quanto a Lei Modelo da UNCITRAL explicitam a natureza por via de regra autônoma da convenção de arbitragem da relação material subjacente. A positivação, em ambos os diplomas, reflete a posição desse princípio, como um dos pilares sobre os quais o instituto da arbitragem se ergue e se sustenta.

3. Reconhecimento legislativo

No que se refere ao seu reconhecimento legislativo, a autonomia da cláusula compromissória (ou princípio da separabilidade) está positivada nas leis de arbitragem de diversos países[322]. A título ilustrativo, há disposição nesse sentido nas leis de arbitragem do Reino Unido (Sessão 7, UK Arbitration Act, 1996)[323], Portugal (art.18, n. 2 e 3, Lei

---

[320] "The Convention then takes these ordinary intentions and expectations of separability into account in the rules it articulates with regard to international arbitration agreements. Simply put, the Convention rests on the premise that parties may, and ordinarily do, intend their arbitration agreements to be separable, and it therefore sets forth specialized legal rules (of substantive and formal validity, and governing choice-of-law issues) that operate on the basis of this premise and that apply specifically (and only) to arbitration agreements." (BORN, Gary. *International Commercial Arbitration*. 3ª ed. The Hague: Kluwer Law International, 2021, p. 382).

[321] ARAÚJO, Nádia de. O Princípio da Autonomia da Cláusula Arbitral na Jurisprudência Brasileira. *Revista de Arbitragem e Mediação*, vol. 27, p. 265-286, out./dez., 2010, DTR 2010/749, p. 06-07.

[322] Para uma análise no espaço lusófono, vide: PIRES, Catarina Monteiro. Convenção de Arbitragem. _____; Rui Pereira Dias (Coords). In: *Manual de Arbitragem Internacional Lusófona*. Vol. 1, Coimbra: Almedina, 2020, p. 79-81. Ademais, comparando a LAV portuguesa e a LARb brasileira: "Seguindo a orientação acima, tanto a lei portuguesa (LAV) quanto a lei brasileira (LARB) reconhecem a autonomia da cláusula compromissória, afirmando que a referida convenção de arbitragem, embora relacionada a um contrato, é dele independente. É que se constata da leitura do art. 18º, n. 2, da LAV e do art. 8º da Lei Brasileira de Arbitragem (Lei 9.307/1996). Nos dois dispositivos legais resta claro que a nulidade do contrato não implica, necessariamente, na nulidade da cláusula compromissória e que tal disposição contratual deve ser vista como contrato autônomo em relação àquele no qual restou pactuada." (SOUSA, Ulisses César Martins de. Cláusula Compromissória: análise comparativa Brasil-Portugal. *Revista dos Tribunais*, vol. 999/2019, p. 267-286, jan. 2019, DTR 2018/22788, p. 04).

[323] Reino Unido, art. 7º: "7. Separability of arbitration agreement. Unless otherwise agreed by the parties, an arbitration agreement which forms or was intended to form part of another agreement (whether or not in writing) shall not be regarded asinvalid, non-existent or ineffective because that other agreement isinvalid, or did not come into existence or has become ineffective, and it shall for that purpose be treated as a distinct agreement."

de Arbitragem Voluntária)[324], da França (art. 1447, *Code de Procédure Civile*)[325], da Suíça (Art. 178(3) Federal Act on Private International Law e Art. 357(2) do ZPO – Código de Processo Civil Suíço)[326], da Escócia (art. 5º Arbitration Act 2010)[327], Espanha (art. 22(1), Ley 60/2003)[328], da Suécia (Section 3, Swedish Arbitration Act – SFS 1999:116)[329], Itália (art. 808(1), Codice di procedura civile)[330], India (section 16(1)(a), (b), The Arbitration And Conciliation Act, 1996)[331] e China (art. 19, Arbitration Law of the People's ompromissó China)[332].

No direito português, a configuração atual da LAV (Lei de Arbitragem Voluntária) almeja suprir dúvidas referentes à separabilidade, que permeavam o diploma antecessor[333].

---

[324] LAV, art. 18º, nº 2º: "Para os efeitos do disposto no número anterior, uma cláusula compromissória que faça parte de um contrato é considerada como um acordo independente das demais cláusulas do mesmo." E nº 3º: "A decisão do tribunal arbitral que considere nulo o contrato não implica, só por si, a nulidade da cláusula compromissória."

[325] França, Code de Procedure Civile, art. 1447: "La convention d'arbitrage est indépendante du contrat auquel elle se rapporte. Elle n'est pas affectée par l'inefficacité de celui-ci."

[326] Suíça, PILA, art. 178, nº 3: "The arbitration agreement cannot be contested on the grounds that the main contract is not valid or that the arbitration agreement concerns a dispute which had not as yet arisen."e, igualmente, Suíça, ZPO, art. 357(2) "The validity of the arbitration agreement cannot be contested on the grounds that the main contract may not be valid."

[327] Escócia, Arbitration Act, art. 5º, (1): "An arbitration agreement which forms (or was intended to form) part only of an agreement is to be treated as a distinct agreement", 2º: "An arbitration agreement is not void, voidable or otherwise unenforceable only because the agreement of which it forms part is void, voidable or otherwise unenforceable" e (3): "A dispute about the validity of an agreement which includes an arbitration agreement may be arbitrated in accordance with that arbitration agreement."

[328] Espanha, Ley 60/2003, art. 22, nº 1: "Los árbitros estarán facultados para decidir sobre su propia competencia, incluso sobre las excepciones relativas a la existencia o a la validez del convenio arbitral o cualesquiera otras cuya estimación impida entrar en el fondo de la controversia. A este efecto, el convenio arbitral que forme parte de un contrato se considerará como un acuerdo independiente de las demás estipulaciones del mismo. La decisión de los árbitros que declare la nulidad del contrato no entrañará por sí sola la nulidad del convenio arbitral."

[329] Swedish Arbitration Act, sec. 3: "If the validity of an arbitration agreement which constitutes part of another agreement must be determined in conjunction with a determination of the jurisdiction of the arbitrators, the arbitration agreement shall be deemed to constitute a separate agreement."

[330] Itália, Codice di procedura civile, art. 808 (1): "La validità della clausola compromissoria deve essere valutata in modo autonomo rispetto al contratto al quale si riferisce; tuttavia, il potere di stipulare il contratto comprende il potere di convenire la clausola compromissoria."

[331] India, The Arbitration and Conciliation Act, section 16(1)(a), (b): "(a) an arbitration clause which forms part of a contract shall be treated as an agreement independent of the other terms of the contract; and (b) a decision by the arbitral tribunal that the contract is null and void shall not entail ipso jure the invalidity of the arbitration clause."

[332] China, Arbitration Law of the People's Republic of China, art. 19: "An arbitration agreement shall exist independently. The amendment, rescission, termination or invalidity of a contract shall not affect the validity of the arbitration agreement. The arbitration tribunal shall have the power to affirm the validity of a contract".

[333] DOMINGUES, Paulo de Tarso. Chapter 4: The Arbitration Agreement. In: CORREIA, Alexandra Nascimento; DA FONSECA, André Pereira; GOUVEIA, Mariana França; PINTO, Filipe Vaz; VICENTE, Dário Manuel Lentz de Moura. *International Arbitration in Portugal*. Kluwer Law International, p. 47-62, 2020, p. 56.

Assim, o art. 18, ns. 2 e 3, explicitamente afirma que a Convenção de Arbitragem consiste em acordo autônomo e que a nulidade do contrato principal não a afeta, e vice e versa.

No direito italiano, a *clausola ompromissória* é um contrato autônomo frente ao contrato principal ao qual se conecta, considerando que cada qual tem âmbitos próprios[334]. Porém, em certos casos, a jurisdição italiana já reconheceu a inexistência simultânea, tanto da convenção de arbitragem, quanto do contrato no qual estava inserida[335], ilustrando a possibilidade de haver vícios que fulminam simultaneamente a convenção de arbitragem e a relação material. Por fim, embora, *prima facie*, a nulidade do contrato principal não afete a Convenção de Arbitragem no direito italiano, o Tribunale di Milano reconheceu que a ilicitude do contrato principal tem o condão de invalidar a Convenção de Arbitragem[336].

No direito suíço ocorre o reconhecimento do princípio da separabilidade tanto no art. 178 (3) do Swiss Private International Law Act (IPRG) quanto no art. 357 (2) do Código de Processo Civil Suíço (ZPO). Ademais, seu reconhecimento já se encontra pacificado na jurisprudência[337]. À título exemplificativo, em caso julgado pelo Schweizerisches Bundesgericht (a Corte Suprema), uma cláusula arbitral contida em minutas contratuais não concluídas, porém inalterada nas últimas trocas entre os tratantes, foi considerada existente, válida e eficaz a despeito de estar conectada a contrato inexistente[338]. Todavia, a separabilidade possui limites nessa jurisdição. Primeiramente, as partes podem convencionar que a nulidade do contrato principal afeta a Convenção de Arbitragem a ele conectado[339]. Noutra feita, certos vícios do contrato principal, como ausência de capacidade, representação defeituosa, falta de consentimento e coação afetam a cláusula arbitral, sob a ótica do direito suíço[340]. Registra-se o caso National Power Corporation *v.* Westinghouse, no qual se reconheceu que, em contrato de consultoria simulado, consistindo na verdade

---

[334] BENEDETTELLI, Massimo. *International Arbitration in Italy*. Kluwer Law International, 2020, p. 148. O mesmo entendimento é compartilhado pela jurisprudência italiana, vide Cf. Cass. S.U. 15.9.1977 no. 3989; Cass. 26.7.2013 no. 18134, 31.10.2011 no. 22608, 8.2.2005 no. 2529, 20.6.2000 nº. 8376.

[335] BENEDETTELLI, Massimo. *International Arbitration in Italy*. Kluwer Law International, 2020, p. 149. O mesmo entendimento é compartilhado pela jurisprudência italiana, vide, Cass. S.U. 12.1.2007 no. 412; Cass. 5.7.2016 no. 13616, 25.2.1995 no. 2147, 19.5.1980 no. 3274.

[336] No caso em questão, a Convenção de Arbitragem questionada estava relacionada a contrato de licitação obtido por meio de suborno. Em razão disso, o Tribunal de Milão reconheceu que o vício da ilicitude do contrato principal maculava o Compromisso Arbitral, tido então como nulo. (Trib. Milan 14.4.1997, in Riv. arb. 1998, 275).

[337] Quanto ao reconhecimento da autonomia da Convenção de Arbitragem, consulte DSC of 27 February 2014, 140 III 134, reason 3.3.2; DSC of 20 December 1995, 121 III 495, reason 5ª.

[338] DSC of 15 March 1990, 116 Ia 56, reason 5a. DSC of 18 February 2016, 142 III 239, reason 3.2.

[339] Este foi o entendimento do Schweizerisches Bundesgericht no julgamento do caso DSC of 20 December 1995, 121 III 495, especificamente na reason 5.

[340] GIRSBERGER, Daniel; VOSER, Nathalie. International Arbitration: Comparative and Swiss Perspectives. Schulthess Juristische Medien AG, Kluwer Law International 2021, p. 160; BORN, Gary B. *International Commercial Arbitration*, Kluwer Law International, 2021, p.392-393.; Suíça, Swiss Code of Obligations (Obligationenrecht), art. 29 "(1) Where a party has entered into a contract under duress from the other party or a third party, he is not bound by that contract. (2) Where the duress originates from a third party and the other party neither knew nor should have known of it, a party under duress who wishes to be released from the contract must pay compensation to the other party where equity so requires."

em acordo formado por suborno, e, portanto, nulo, não acarreta nulidade da convenção de arbitragem[341].

Por sua vez, no direito austríaco não ocorre previsão explícita quanto à autonomia da Convenção de Arbitragem em sua lei de arbitragem (Seções 577–618 do ACCP)[342]. Contudo, trata-se de omissão intencional[343], pois o Oberster Gerichtshof (Corte Suprema), em momento anterior à reforma legislativa de 2006, que deu em parte os moldes da atual configuração da lei austríaca de arbitragem, consolidou o entendimento de que as vicissitudes do contrato principal não afetam a Convenção de Arbitragem[344]. Para mais, o reconhecimento da separabilidade é feito em termos doutrinários[345].

Na Índia, a autonomia da Convenção de Arbitragem é explicitamente reconhecida na legislação[346], estando prevista na seção 16(1)(a) do "The Arbitration And Conciliation Act" de 1996. Ademais, e sua efetividade foi chancelada pela Suprema Corte Indiana diversas vezes[347].

Na China, o reconhecimento da autonomia da Convenção de Arbitragem é fruto de uma evolução legislativa e jurisprudencial das últimas duas décadas[348]. Atualmente o

---

[341] Schweizerisches Bundesgericht, National Power Corporation (Philippines) v Westinghouse (USA), ATF 119 II 380, 02.09.1993); "The modern approach-based on the concept of separability, which has now received widespread acceptance both nationally and internationally – is that an allegation of illegality does not in itself deprive the arbitral tribunal of jurisdiction. (…) Thus, in Switzerland, in a case involving a consultancy agreement, the Swiss Federal Tribunal decided that even if a consultancy agreement were, in effect, an agreement to pay a bribe (and this was not alleged, still less proven), the arbitration agreement would survive" (REDFERN, Alan; HUNTER, Martin; BLACKABY, Nigel; PARTASIDES, Constantine. *Redfern and Hunter on International Arbitration.* Oxford: Oxford University Press, 2015, p. 120).

[342] HEIDER, Manfred; NUEBER, Michael; SIWY, Alfred; ZEILER, Gerold. *Dispute Resolution in Austria: An Introduction.* Kluwer Law International, 2015, p. 31.

[343] Essa informação pode ser encontrada no Projeto da Nova lei Arbitragem, de Paul Oberhammer (OBERHAMMER, Paul. *Entwurf eines neuen Schiedsverfahrensrechts.* Viena: Manz, 2002, 75 ss).

[344] Austria, Oberster Gerichtshof, Ob 24/03t, 10 abr. 2003; Oberster Gerichtshof, Ob 142/07x, 7 ago. 2007.

[345] "Section 592 ACCP widely mirrors Article 16 UNCITRAL Model Law. However, Section 592 ACCP does not explicitly implement the doctrine of separability into Austrian arbitration law. In fact, no provision of Austrian arbitration law deals with the relationship between the main contract and an arbitration clause included in this contract. According to the legislator of the Arbitration Act 2006 this omission is intentional, since the Austrian Supreme Court in a line of decisions ruled that a defect of the main contract does not affect the arbitration clause. In addition, the Supreme Court explicitly clarified that the nullity of the main contract does not affect the validity of an arbitration clause. Furthermore, Austrian scholars qualify an arbitration clause as a separate agreement based on procedural law. From the latter it seems to be clear that the doctrine of separability applies in Austrian arbitration law as well." (HEIDER, Manfred; NUEBER, Michael; SIWY, Alfred; ZEILER, Gerold. *Dispute Resolution in Austria: An Introduction.* Kluwer Law International, 2015, p. 31).

[346] "Pursuant to Section 16 of the Indian Arbitration Act, India recognizes the doctrine of separability and the arbitration clause is treated as an independent agreement such that the validity of the principal agreement does not by default affect the validity of the arbitration clause." (JAYASIMHA, Shreyas; MODY, Zia, 19. India. In: MOSER, Michael J; CHOONG, John (eds), *Asia Arbitration Handbook.* Oxford: Oxford University Press, 2011, p. 852).

[347] "Where the document is compulsorily registrable, but is not registered, but the arbitration agreement is valid and separable" (Índia (Nova Deli), Supreme Court of India, M/S SMS Tea Estates P.Ltd v. Chandmari Tea Co. P. Ltd, 2011).

[348] "The separability doctrine in Chinese law has undergone a significant evolution over the past two decades. Chinese courts were historically hesitant to embrace the doctrine, holding that an arbitration

princípio está positivado no art. 19 da lei de arbitragem chinesa (中华人民共和国仲裁法)[349]. O art. 19 da Lei de Arbitragem chinesa dialoga com o art. 57 do ato, acerca do direito contratual[350]. Conforme Wei Sun e Melanie Willems,

> "These provisions in effect create a 'presumption of separability', which is a common feature of many of the world's arbitration laws, and has been described as 'one of the conceptual and practical cornerstones of international arbitration'. In essence, the arbitration agreement is treated as a separate, collateral agreement, distinct from any putative contract in which it appears. The fact that the putative contract is invalid, non-existent or ineffective, does not establish that an associated arbitration agreement is similarly invalid, non-existent or ineffective"[351].

A análise dessas legislações permite a observância de uma orientação claramente protetiva da jurisdição arbitral[352]. A consagração expressa, em múltiplos instrumentos normativos da autonomia da cláusula compromissória, representa a constituição de um escudo a tentativas frívolas de desviar da arbitragem. Dessa forma, é possível perceber que, mesmo em situações nas quais a legislação arbitral não contempla expressamente esse princípio, ele é tido como elemento relevante para o adequado funcionamento do sistema, podendo ser também derivado da boa-fé e da autonomia privada, facilitando a sua assimilação em ordenamentos jurídicos de fundo cultural significativamente diverso[353].

---

clause in a contract that was found to be void *ab initio* was also void." (BORN, Gary. *International Commercial Arbitration*. 3ª ed. The Hague: Kluwer Law International, 2021, p. 410-411).

[349] "Article 19 of the Arbitration Law of the PRC only concerns the "amendment, rescission, termination or invalidity of a contract." Article 10 of the Interpretation of the Supreme People's Court concerning Some Issues on Application of the Arbitration Law of the PRC provides that "Where a contract does not become effective or is cancelled after being formed, the effectiveness of the agreement for arbitration shall be ascertained under Paragraph 1 of Article 19 of the Arbitration Law. Where the parties concerned reach an agreement for arbitration regarding a dispute when concluding the contract, the effectiveness of the agreement for arbitration shall not be impacted if the contract is not formed." That "contract is not formed" usually only refers to the circumstance when formal validity is not satisfied." (YIFEI, Lin. *Judicial Review of Arbitration: Law and Practice in China*. Kluwer Law International, 2018, p. 75).

[350] China, Contract Law of the People's Republic of China, art. 57: "If a contract is null and void, set aside or terminated, it shall not affect the validity of the dispute resolution clause which exists independently of the contract".

[351] SUN, Wei; WILLEMS, Melanie. Arbitration Agreement. In: *Arbitration in China*. Kluwer Law International, p. 37-100, 2015, p. 44-45.

[352] "Numa orientação claramente protectora da jurisdição arbitral, a maioria dos ordenamentos veio a consagrar expressamente nas suas legislações nacionais um dos pilares fundamentais da arbitragem internacional: a autonomia da convenção de arbitragem em relação ao contrato em que se encontra inserida. A adopção desta regra significa que, ainda quando seja parte de um contrato (uma cláusula inserida no mesmo), a convenção de arbitragem é considerada um negócio jurídico autónomo, pelo que a sua validade e existência consubstanciam esferas distintas da validade e existência do contrato principal. Consequentemente, a convenção de arbitragem é "um contrato dentro de um contrato"." (MONTEIRO, António Pedro Pinto; SILVA, Artur Flamínio da; MIRANTE, Daniela. *Manual de Arbitragem*. Coimbra: Almedina, 2020., p. 160-161).

[353] MARTINS, Pedro A. Batista. Autonomia da Cláusula Compromissória. Disponível em: <http://batistamartins.com/autonomia-da-clausula-compromissoria/>, 2004, p. 01.

Igualmente, é ele amplamente reconhecido pela casuística[354]. Como constata Gary Born, são raríssimos os casos em que não se aplica esse princípio, nas palavras do autor: "There are virtually no instances of national court decisions or arbitral awards simply rejecting the proposition that an arbitration agreement may, as a matter of principle, be separable. Equally, although the separability presumption may be reversed by agreement, there are virtually no decisions holding that this was intended and that a particular arbitration clause was not separable"[355]. Esse amplo reconhecimento justifica o caráter geral e transnacional que lhe é atribuído[356].

§ 54. CONSEQUÊNCIAS DA AUTONOMIA DA CLÁUSULA COMPROMISSÓRIA

1. Momento de formação da cláusula compromissória

Embora as vicissitudes contratuais normalmente projetem seus efeitos no plano da validade, não se pode olvidar que a autonomia da convenção de arbitragem lança efeitos também se a discussão versar sobre a existência ou a eficácia do contrato[357].

A convenção de arbitragem tem existência autônoma em relação a qualquer outro negócio jurídico a que esteja associada. Portanto, se o contrato em que a cláusula compromissória se insere for declarado inexistente, esse efeito não lhe será automaticamente aplicável. Caso houvesse uma vinculação, sem exceções, a declaração de inexistência do contrato fulminaria, necessariamente, a base da jurisdição do tribunal arbitral. Entretanto, a partir do princípio da autonomia, é possível reconhecer, pela própria via arbitral, a inexistência da relação jurídica principal, desde que os elementos de existência da convenção de arbitragem possam ser constatados concretamente[358]. Contudo, certamente haverá casos de inexistência simultânea, tanto da relação material, quanto da convenção de arbitragem.

---

[354] Apenas a título exemplificativo: Reino Unido (Londres), House of Lords, Premium Nafta Products Limited (20th Defendant) and others (Respondents) v. Fili Shipping Company Limited (14th Claimant) and others (Appellants), 2007, UKHL 40, §17; França (Paris), Cour de Cassation, 1ª Hecht X Société´Busiman's, 1972; Estados Unidos (Washington), US Supreme Court, Prima Paint Corp. v. Flood & Conklin Mfg. Co., 1967.

[355] BORN, Gary. *International Commercial Arbitration*. 3ª ed. The Hague: Kluwer Law International, 2021, p. 425.

[356] Na linha do que afirma Pedro Batista Martins: "O princípio da autonomia da cláusula compromissória, corolário do preceito da competência stricto sensu do juízo arbitral (Kompetenz-Kompetenz), encontra-se hoje assimilado universalmente pela doutrina, jurisprudência e por alguns ordenamentos jurídicos." (MARTINS, Pedro A. Batista. *Autonomia da Cláusula Compromissória*. Disponível em: <http://batistamartins.com/autonomia-da-clausula-compromissoria/>, 2004, p. 01).

[357] "Separability extends the effect of the arbitration clause to cover the subsequent termination of the main contract but also to claims that the main contract is void ab initio or never came into existence." (LEW, Julian; MISTELIS, Loukas; KRÖLL, Stefan. *Comparative International Commercial Arbitration*. Haia: Kluwer Law International, 2003, p. 102).

[358] "The issue is important because, without an independent existence, any party could seek to avoid arbitration by simply alleging the invalidity of the contract in which the arbitration agreement is contained. If the contract (and hence the arbitration clause) is not valid or is non-existent, then the basis for the tribunal to convene to decide whether or not the arbitration clause is valid is not immediately apparent." (REDFERN, Alan; HUNTER, Martin; BLACKABY, Nigel; PARTASIDES, Constantine. *Redfern and Hunter on International Arbitration*. Oxford: Oxford University Press, 2015, p. 338).

Desse modo, em regra, a formação da cláusula compromissória se dá com a assinatura de um contrato. Entretanto, pode haver situações em que as partes manifestem inequivocamente o seu consentimento com a cláusula compromissória e com a solução pela via arbitral em casos nos quais o contrato principal sequer tenha vindo a existir. Portanto, em alguns casos, é possível que disputas decorrentes e relacionadas ao contrato inexistente (por exemplo, pleito de responsabilidade civil pré-contratual) venham a ser dirimidas mediante arbitragem[359].

Isso decorre também da autonomia da cláusula compromissória, que deve ter a avaliação dos seus elementos de existência, requisitos de validade e fatores de eficácia analisados de forma apartada do contrato principal[360]. Sendo que a lei apenas condiciona a forma da convenção de arbitragem por escrito, o consentimento pode ser demonstrado por outros meios, de tal sorte que uma troca de *e-mails* fazendo referência ou contendo cláusula compromissória preenche o requisito de forma da lei. Essas demonstrações, poderão, à luz das circunstâncias do caso concreto, demonstrar o consentimento necessário à formação da convenção de arbitragem.

Essa possibilidade é expressamente reconhecida por Julian Lew, Lucas Mistelis e Stefan Kröll:

> "even in those cases the doctrine of separability requires that the question whether the parties consented to the arbitration agreement has to be determined separately from whether they agreed on the main contract. There might be cases where although the main contract never came into existence the parties agreed on arbitration so that all disputes arising out of work done under the non-existing contract have to go to arbitration"[361].

Na casuística internacional, destaca-se o caso BCY X BCZ, julgado em 2016 em Singapura[362]. Embora o litígio associado a esse caso tenha tido por origem um contrato de compra e venda de participações societárias que não foi assinado, a disputa foi dirimida mediante arbitragem. Dessa forma, esse caso ilustra a possibilidade de a cláusula compromissória vir a ser formada antes da assinatura do contrato cujas disputas tenha por objetivo dirimir.

A jurisprudência consolidada do STJ é pacífica no sentido de entender que basta a presença de "cláusula compromissória cheia" para que se conceda primazia ao Tribunal Arbitral para dirimir os conflitos existentes entre as partes[363]. A cláusula compromissória

---

[359] "While the doctrine of separability is now accepted in principle in all developed arbitral jurisdictions, application of the doctrine continues to vary—even within jurisdictions—in circumstances in which the main contract is argued never to have come into existence at all." (REDFERN, Alan; HUNTER, Martin; BLACKABY, Nigel; PARTASIDES, Constantine. *Redfern and Hunter on International Arbitration*. Oxford: Oxford University Press, 2015, p. 106).

[360] PIRES, Catarina Monteiro. Convenção de Arbitragem. _____; Rui Pereira Dias (Coords). In: *Manual de Arbitragem Internacional Lusófona*. Vol. 1, Coimbra: Almedina, 2020, p. 79.

[361] LEW, Julian; MISTELIS, Loukas; KRÖLL, Stefan. *Comparative International Commercial Arbitration*. Haia: Kluwer Law International, 2003, p. 103.

[362] Singapura, High Court of Singapore, BCY v. BCZ, SGCH 249, 2016.

[363] STJ. REsp 1.278.852/MG. Min. Luis Felipe Salomão. Quarta Turma. J. em: 21.05.2013; STJ. REsp 1.239.319/SC. Min. Raul Araújo. J. em 06.12.2016; STJ. AREsp 941.095/ES. Min. Moura Ribeiro. J. em 10.02.2017; STJ. REsp 1.376.765/MG. Min. Ricardo Villas Bôas Cueva. J. em 12.05.2017; STJ. AREsp 1.091.175/GO. Min. Raul Araújo. J em: 02.06.2017; STJ. AREsp 1.176.734/MG. Min. Paulo

vazia, por sua vez, também terá o condão de afastar a jurisdição estatal, podendo ser necessário por vezes recorrer ao Poder Judiciário para que se tenha as condições mínimas de dar início ao procedimento arbitral (art. 7º, LARb)[364]. Apenas a cláusula compromissória patológica, *i.e.*, aquela que, nos termos do art. II (3) da Convenção de Nova Iorque[365], é nula, sem efeitos, inoperante ou inexequível, que não será apta à produção dos efeitos mínimos ou para, por si só, afastar a possibilidade da jurisdição estatal analisar o mérito da questão.

Os tribunais estaduais também têm adotado esse mesmo entendimento. Em um caso julgado pelo Tribunal de Justiça do Rio Grande do Sul, estabeleceu-se que a nulidade do contrato com cláusula compromissória deve ser examinada perante o tribunal arbitral, e eventual nulidade do contrato principal não atinge a cláusula compromissória, em razão do princípio da autonomia. No acórdão constou expressamente que "no tocante à validade da cláusula arbitral, vigora o princípio da separabilidade, vale dizer, da autonomia, nos termos do qual descabe o reconhecimento da nulidade da cláusula em virtude de pretensa nulidade do contrato". Além disso, apontou-se que "nesses termos, é clara a opção de que todos os litígios atinentes ao contrato, ou pré-contrato na acepção que lhe empresta a parte autora sejam resolvidos por meio da via arbitral: tanto aqueles que versem sobre o contrato, propriamente dito, quanto aqueles que com esse se relacionem, ou, ainda, aqueles cuja controvérsia tenha lugar futuramente e com base em novo instrumento contratual"[366]

Porém, o princípio da separabilidade não significa que a cláusula arbitral e o contrato principal sejam completamente independentes um do outro[367]. A existência da relação entre ambos pode ser percebida a partir da constatação de que a aceitação do instrumento contratual implica também a aceitação da cláusula compromissória[368], sendo despicienda qualquer outra formalidade[369].

[ ] de Tarso Sanseverino. J em: 15.08.2018; STJ. CC 132.312/SC. Min. Ricardo Villas Bôas Cueva. J. em 19.08.2016; STJ. AREsp 1.345.323/GO. Min. Lázaro Guimarães. J. em: 10.09.2018; STJ. REsp 1.286.882/MG. Min. Marco Buzzi. J. em: 01.02.2019; STJ. REsp 1.335.185/MG. Min. Marco Buzzi. J. em: 01.02.2019; STJ. REsp 1.327.535/MG. Min. Marco Buzzi. J. em: 20.05.2021; STJ. SEC 2.545/EX. Min. Luis Felipe Salomão. J. em: 01.07.2021.

[364] Lei de Arbitragem, Art. 7º: "Existindo cláusula compromissória e havendo resistência quanto à instituição da arbitragem, poderá a parte interessada requerer a citação da outra parte para comparecer em juízo a fim de lavrar-se o compromisso, designando o juiz audiência especial para tal fim."

[365] Convenção de Nova Iorque, art. II (3): "O tribunal de um Estado signatário, quando de posse de ação sobre matéria com relação à qual as partes tenham estabelecido acordo nos termos do presente artigo, a pedido de uma delas, encaminhará as partes à arbitragem, a menos que constate que tal acordo é nulo e sem efeitos, inoperante ou inexequível."

[366] TJRS. AI 0328334-97.2019.8.21.7000. Des. Umberto Guaspari Sudbrack. 12ª CC. J em: 10.06.2020.

[367] FOUCHARD, Philippe; GAILLARD, Emmanuel; GOLDMAN, Berthold. *Fouchard Gaillard Goldman on International Arbitration*. Haia: Kluwer Law International, 1999, p. 209.

[368] "a autonomia não significa que a convenção de arbitragem deva ser objeto de uma aceitação distinta daquela já manifestada no contrato principal, nem que a cláusula compromissória não possa seguir a sorte da convenção principal, no caso de transmissão desta última." (MARTINS, Pedro A. Batista. Autonomia da Cláusula Compromissória. Disponível em: <http://batistamartins.com/autonomia-da-clausula-compromissoria/>, 2004, p. 02).

[369] DERAINS, Yves. ICC Arbitral Process: Part VIII. Choice of Law Applicable to the Contract and International Arbitration. *ICC International Court of Arbitration Bulletin*, vol. 6, nº 1, 1995, p. 16-17.

Entretanto, há de se reconhecer o caráter peculiar e função especial que exerce na economia do contrato, sendo um microssistema jurídico atinente à resolução de um litígio decorrente ou relacionado à relação jurídica de objeto distinto[370]. Dessa forma, mesmo que inserida no mesmo instrumento e podendo ter por origem a mesma manifestação de vontade, a diferença funcional entre ambos – vez que não cria dever de prestação pelas partes – justifica a distinção em relação ao contrato principal[371].

Consequência prática importante no plano da existência é a possibilidade de as partes da convenção de arbitragem serem diferentes das partes da relação jurídica de direito material. O conceito de "parte" é multifacetado[372], sendo imperioso distinguir a acepção de "parte" do contrato e "parte" da convenção de arbitragem. Embora em muitas situações haja sobreposição, há casos nos quais é possível haver uma parte da convenção de arbitragem que não integre a relação de direito material posta em causa.

Explica Leonardo Ohlrogge que

> "as the arbitration agreement and the underlying contract are considered separate agreements, it is also possible that the parties to both contracts are not the same, e.g. one party can consent to the arbitration agreement without becoming a party to the underlying contract. The opposite also holds true: a party may consent and become a party to the underlying agreement without consenting to the arbitration clause contained therein. Nevertheless, in this case, it is recommended that the party which intends to participate in the performance of the principal contract shall clearly state from the beginning that it is not consenting to the arbitration clause. If the party fails to indicate its reservation and continues to involve itself in the performance of the agreement, it is likely that the arbitrators will consider the parties' involvement in the contract as implied consent to the arbitration agreement"[373].

Justamente por conta da autonomia da convenção de arbitragem em relação à relação material é que pode haver distinções entre os indivíduos que as integram. A mera inserção de uma cláusula compromissória no contrato não permite a presunção absoluta de que somente as partes do contrato serão partes da cláusula compromissória. Disso deriva a possibilidade, por exemplo, de um interveniente anuente ou do controlador da parte que efetivamente integra a relação de direito material virem a estar sujeitos à jurisdição arbitral.

---

[370] MARTINS, Pedro A. Batista. Cláusula Compromissória: questões pontuais. Disponível em: http://batistamartins.com/clausula-compromissoria-questoes-pontuais/, p. 06.

[371] "As discussed above, the separability doctrine rests partly on the fact that the exchange of promises to resolve disputes by international arbitration (instead of some other means) is different in nature from other exchanges of commercial promises in the parties' underlying contract. The arbitration agreement has a peculiar, specialized function – sometimes referred to as "procedural," "collateral," "judicial," or "ancillary" – as contrasted to the parties' underlying "substantive" or "main" contract. Thus, the arbitration clause is concerned with the "separate" or "special" function of resolving disputes about the parties' commercial relations, rather than contractually regulating the substantive terms of the parties' commercial bargain." (BORN, Gary. *International Commercial Arbitration*. 3ª ed. The Hague: Kluwer Law International, 2021, p. 426-427).

[372] Vide Capítulo 10.

[373] OHLROGGE, Leonardo. *Multi-Party and Multi-Contract Arbitration in Brazil*. São Paulo: Quartier Latin, 2020, p. 67-68.

2. Invalidade do contrato não implica necessariamente invalidade da cláusula compromissória

No que se refere ao plano da validade, são dois os principais impactos do princípio da autonomia da convenção de arbitragem: primeiramente, estabelecer que a invalidade do contrato principal não implica necessariamente a invalidade da cláusula compromissória[374]; e, em segundo lugar, assegurar a validade do contrato mesmo que se constate a inexistência, invalidade ou ineficácia da cláusula compromissória[375].

Assim, da mesma forma que o vício do contrato principal não irá contaminar, automaticamente e em todas as situações, a cláusula compromissória, o oposto também vale: a higidez do contrato não traz consigo uma presunção absoluta de existência, validade ou eficácia da cláusula compromissória[376]. Como destaca Gary Born, assim como a inexistência ou invalidade do contrato subjacente não resulta necessariamente na inexistência ou invalidade da cláusula compromissória, o inverso é verdadeiro: a existência e validade do contrato subjacente não resulta, necessariamente, no mesmo status para a convenção de arbitragem. Pelo contrário, a separabilidade da cláusula compromissória e a existência de regras jurídicas especializadas aplicáveis geram circunstâncias em que a convenção de arbitragem pode ser inválida, não obstante a existência e validade indiscutíveis do contrato subjacente[377].

Do mesmo modo, pode haver circunstâncias nas quais o contrato subjacente seja válido, mas em que a cláusula compromissória padece de vício insanável. Ou, ainda, é possível que as partes tenham expressado claramente sua concordância com os termos do contrato, mas não ter chegado a um consenso acerca da cláusula compromissória[378].

Ora, tais repercussões são faces opostas da mesma moeda, pois trazem, enquanto *prius* de análise, o fato de que as vicissitudes que contaminam, quer o contrato principal, quer a cláusula compromissória, não serão transmitidas, necessariamente, de um para outro. Esse expediente teórico cria uma verdadeira quarentena jurídica para as perturbações contratuais, impedindo que o negócio jurídico venha a ser contaminado pelos vícios que assolam o outro negócio jurídico.

O principal efeito do princípio da autonomia, no plano da validade, está no fato de que a invalidade da relação contratual subjacente não implica, automaticamente, a invalidade da cláusula compromissória[379]. Como é possível debater em arbitragem a invalidade de uma relação jurídica, caso a cláusula compromissória estivesse condenada a ser, meramente, apenas mais uma das cláusulas de um contrato, a declaração de invalidade desse

---

[374] LEW, Julian; MISTELIS, Loukas; KRÖLL, Stefan. *Comparative International Commercial Arbitration*. Haia: Kluwer Law International, 2003, p. 103.

[375] "The essence of the separability presumption is that the validity of the arbitration agreement is independent of the validity of the main contract. Therefore, an arbitration agreement may be valid despite the invalidity of the contract in which it is inserted and vice-versa." (OHLROGGE, Leonardo. *Multi-Party and Multi-Contract Arbitration in Brazil*. São Paulo: Quartier Latin, 2020, p. 67).

[376] NUNES, Thiago Marinho. A prática das anti-suit injunctions no procedimento arbitral e seu recente desenvolvimento no direito brasileiro. *RBAr*, nº 5º, p. 15-51, jan./mar., 2005, p. 28.

[377] BORN, Gary. *International Commercial Arbitration*. 3ª ed. The Hague: Kluwer Law International, 2021.

[378] BORN, Gary. *International Commercial Arbitration*. 3ª ed. The Hague: Kluwer Law International, 2021.

[379] FOUCHARD, Philippe; GAILLARD, Emmanuel; GOLDMAN, Berthold. *Fouchard Gaillard Goldman on International Arbitration*. Haia: Kluwer Law International, 1999, p. 210.

implicaria necessariamente na invalidade de cláusula compromissória, o que afetaria a própria base da jurisdição do tribunal arbitral[380].

Como julgou o STJ no REsp 1.082.498/MT[381], relatado pelo Ministro Luis Felipe Salomão, um dos cernes do princípio da autonomia da convenção de arbitragem é desfazer a vinculação automática entre a invalidade do contrato e da cláusula compromissória. *In verbis*: "a cláusula compromissória é autônoma em relação ao contrato em que estiver inserta, de tal sorte que a nulidade deste não implica, necessariamente, a nulidade da cláusula compromissória". O princípio da autonomia da convenção de arbitragem, nesse sentido, permite aos árbitros declarar a invalidade do contrato[382] sem que essa decisão leve a questionamentos da validade da cláusula arbitral de que deriva a sua competência[383]. Assim, enquanto premissa de análise, a cláusula compromissória é autônoma em relação ao contrato no qual ela está inserida, ainda que havendo a rescisão do contrato principal[384].

Por conseguinte, a eventual alegação de nulidade, invalidade ou inexistência do contrato, normalmente não impedirá que o Tribunal Arbitral decida a disputa, em estando

---

[380] "In disputes arising out of contractual relationships parties may allege the termination, invalidity or non-existence of the underlying contract. If the arbitration clause was deemed to be simply a part of the contract these claims would directly affect the jurisdiction of the arbitration tribunal. Where the allegations are justified, the arbitration clause would share the fate of the main contract, so that it could no longer form the basis of the tribunals' jurisdiction. Consequently the tribunal could not decide on the merits but just decline jurisdiction with the result that disputes as to the existence or validity of the main contract would have to be referred to the state courts." (LEW, Julian; MISTELIS, Loukas; KRÖLL, Stefan. *Comparative International Commercial Arbitration*. Haia: Kluwer Law International, 2003, p. 101-102).

[381] STJ. REsp 1.082.498/MT. Min. Luis Felipe Salomão. J. em: 20.11.2012.

[382] Conforme Carlos Alberto Carmona: "A cláusula compromissória recebe da Lei natural autonomia em relação ao contrato onde eventualmente vier inserida. E é natural que assim seja, até porque a nulidade (ou a anulabilidade) do contrato poderá ser submetida à decisão dos árbitros, tudo a pressupor a separação da cláusula do restante do contrato. Por consequência, se um contrato nulo (por não ter seguido a forma prevista em lei, ou porque seu objeto seja ilícito) afetasse a cláusula compromissória nele encaixada, os árbitros nunca teriam competência para decidir sobre questões ligadas exatamente à nulidade do contrato. Seria então muito fácil afastar a competência dos árbitros, pois bastaria que qualquer das partes alegasse matéria ligada à nulidade do contrato para que surgisse a necessidade de intervenção do juiz togado." (CARMONA, Carlos Alberto. *Arbitragem e Processo: um comentário à Lei nº 9.307/96*. 3ª ed. São Paulo: Atlas, 2009, p. 173).

[383] Explica Margaret Moses: "Even though the arbitration clause is most often contained within the contract between the parties, under most laws and rules it is nonetheless considered a separate agreement. It thus may continue to be valid, even if the main agreement – that is, the contract in which the arbitration agreement is found – may be potentially invalid. In most jurisdictions, this doctrine of separability permits the arbitrators to hear and decide the dispute even if one side claims, for example, that the contract is terminated, or is invalid because it was fraudulently induced. Such claims would not deprive the arbitrators of jurisdiction because they pertain to the main contract and not specifically to the arbitration clause. Because the arbitration clause is considered a392114-33.2011.8.09.0175 separate and distinct agreement, it is not affected by claims of invalidity of the main contract, and still confers jurisdiction on the arbitrators to decide the dispute. The separability doctrine is embodied in numerous arbitration laws and rules." (MOSES, Margaret L. *The Principles and Practice of International Commercial Arbitration*. 2nd ed. Nova Iorque: Cambridge University Press, 2012, p. 19).

[384] Exemplificativamente, TJSP. Apel 1012852-85.2019.8.26.0224. Des. Alexandre Lazzarini. 1ª Câm. Res. Dir. Emp. J. em: 07.12.2021; TJSP. AI 2027249-62.2018.8.26.0000. Des. Fortes Barbosa. 1ª Cam. Res. Dir. J. em: 04.07.2018; TJSP. Apel 0176292-45.2011.8.26.0100. Des. Mario de Oliveira. 19ª Cam Dir. Priv. J. em: 30.06.2014.

convencido da existência e da validade da cláusula compromissória inserida no contrato impugnado[385]. Dessa forma, evita-se que, sob o pretexto de se anular uma determinada cláusula contratual, se tente subtrair do juízo arbitral a decisão da matéria[386]. É um elemento de segurança à jurisdição do tribunal arbitral[387]. Como explica António Sampaio Caramelo, "a doutrina da separabilidade confere aos árbitros o instrumento com que desempenharão a sua função, examinando o contrato celebrado pelas partes e, por outro lado, impõe aos tribunais estaduais que, quando devam decidir se a arbitragem pode prosseguir, olhem só para a validade da cláusula compromissória"[388].

Emmanuel Gaillard explica que, diante da ausência de uma regra nesse sentido, a parte que deu causa ao vício que abala o contrato poderia afastar a aplicação da arbitragem através da mera alegação de que o contrato apresenta um vício, o qual contaminaria a convenção de arbitragem e a própria jurisdição do tribunal arbitral[389]. Dessa forma, essa regra protege a intenção das partes de submeter o litígio à arbitragem[390], sendo perfeitamente possível que a obrigação principal seja considerada inválida e a cláusula compromissória permaneça hígida e vinculante às partes[391].

---

[385] ALMEIDA, Ricardo Ramalho. Aspectos Práticos da Arbitragem. *Revista de Direito Bancário e do Mercado de Capitais*, vol. 14, p. 389-398, out./dez., 2001, DTR 2001/409, p. 3, nota de rodapé 9.

[386] LIMA, Cláudio Vianna de. Autonomia do Juízo Arbitral. *Revista de Arbitragem e Mediação*, vol. 34, p. 353-360, jul./set. 2012, DTR 2012/450612, p. 02.

[387] LUCCA, Newton de; RAMALHO, Matheus Sousa. Reflexões sobre a Contribuição da Arbitragem Internacional para a Solução de Conflitos de Interesses nas Companhias. *Revista de Direito Bancário e do Mercado de Capitais*, vol. 75, p. 129-159, jan./mar., 2017, DTR 2017/482, p. 12.

[388] CARAMELO, António Sampaio. A Competência da Competência e a Autonomia do Tribunal Arbitral. *Revista de Arbitragem e Mediação*, vol. 40, p. 151-177, jan./mar., 2014, DTR 2014/1002, p. 06.

[389] "Dessa feita, os vícios suscetíveis de contaminar o contrato não se estendem à cláusula compromissória. O árbitro pode – sem que isso seja considerado um absurdo – constatar a nulidade do contrato subjacente sem que isso afete sua competência. Do mesmo modo, o ataque por uma das partes à validade do contrato subjacente não afeta a competência dos árbitros, que resta fundada na convenção de arbitragem, considerada autônoma. Sem essa regra, a parte requerida poderia facilmente afastar a aplicação da arbitragem ao alegar que o contrato subjacente possuiria um vício e que tal vício, por sua vez, contaminaria a cláusula compromissória e, portanto, a competência dos árbitros." (GAILLARD, Emmanuel. A Contribuição do Pensamento Jurídico Francês à Arbitragem Internacional. *Revista de Arbitragem e Mediação*, vol. 61, p. 285-302, abr./jun., 2019, DTR 2019/32049, p. 04).

[390] LEW, Julian; MISTELIS, Loukas; KRÖLL, Stefan. *Comparative International Commercial Arbitration*. Haia: Kluwer Law International, 2003, p. 103.

[391] "Com isso, se o contrato que contém a cláusula arbitral for inválido, não significa, necessariamente, que a cláusula arbitral seguirá o mesmo destino. Claro, há situações em que o vício insanável que torna nulo o contrato principal também contamina a cláusula arbitral, resultando na invalidade de ambos. Mas há casos que o contrato é nulo e a cláusula arbitral sobrevive, cabendo então ao tribunal arbitral decidir os efeitos legais e as consequências patrimoniais da invalidade do contrato." (SPERANDIO, Felipe Vollbrecht. Convenção de Arbitragem. In: Daniel Levy; Guilherme Setoguti J. Pereira (Coords.). *Curso de Arbitragem*. São Paulo: Thomson Reuters Brasil, 2018, p. 76). Também nesse sentido: "A cláusula compromissória é autônoma em relação ao contrato em que estiver inserta, de tal sorte que a nulidade deste não implica, necessariamente, a nulidade da cláusula – art. 8.º da Lei de Arbitragem. O entendimento doutrinário é sólido no sentido de reconhecer a autonomia da cláusula compromissória em relação ao contrato em que estiver encartada, conservando-a hígida ainda que haja nulidade do negócio jurídico no qual está inserida." (TEODORO, Viviane Rosolia. Princípios da Arbitragem: o princípio kompetenz-kompetenz e suas consequências. *Revista de Arbitragem e Mediação*, vol. 51, p. 221-248, out./dez., 2016, DTR 2016/24736, p. 07).

A inexistência dessa regra abriria espaço para que as partes se desvinculassem facilmente da convenção de arbitragem, bastando para tanto esgrimar a invalidade do contrato como um todo[392]. Nessa linha, decidiu o STJ no REsp 1.600.618, relatado pelo Ministro Luis Felipe Salomão, que o art. 8º da LARb confere ao Tribunal Arbitral "o poder de decidir sobre a existência, validade e eficácia da cláusula e do compromisso, bem como do próprio contrato que contenha a cláusula compromissória"[393].

Portanto, a autonomia da convenção de arbitragem é um antídoto eficaz para evitar tentativas fúteis de questionar a validade da cláusula compromissória através do simples questionamento acerca da validade do contrato principal[394]. Como explica Ulisses Sousa: "A autonomia da cláusula compromissória e a competência-competência atuam como verdadeiras barreiras jurídicas àqueles que, mesmo diante da existência dessa forma de convenção arbitral, buscam se eximir da obrigação de submeter o litígio ao juízo arbitral"[395]. Assim, evita-se que as partes possam aproveitar eventual invalidade da relação material para questionar a jurisdição do tribunal arbitral[396], servindo enquanto um elemento estabilizador do prosseguimento do procedimento arbitral[397], estando em consonância

---

[392] "Tal como referimos anteriormente, a não consagração desta regra permitiria que uma das partes se desvinculasse facilmente de uma convenção arbitral, bastando para tal a alegação de que o contrato principal era nulo ou inválido e que, desse modo, também a cláusula arbitral seria nula ou inválida, o que levaria à inexistência de competência por parte do tribunal arbitral. Pelo contrário, a adopção desta solução permite que seja o próprio tribunal arbitral a apreciar a validade da convenção de arbitragem ainda que esteja em discussão a validade e eficácia do contrato principal e mesmo a validade deste último contrato. Esta capacidade que os árbitros têm, para apreciar a existência da cláusula arbitral na qual se funda a sua competência, designa-se princípio competência-competência." (MONTEIRO, António Pedro Pinto; SILVA, Artur Flamínio da; MIRANTE, Daniela. *Manual de Arbitragem.* Coimbra: Almedina, 2020, p. 161). No mesmo sentido, Luis Fernando Guerreiro: "Como importante elemento de tal transformação está a autonomia da cláusula compromissória em relação ao negócio jurídico que a contém, nos termos do art. 8º da Lei de Arbitragem. Tal determinação legal faz com que qualquer análise sobre a nulidade ou anulabilidade de contrato deva passar primeiramente pelo crivo dos árbitros, isto é, eles irão decidir, com preferência sobre o Judiciário, sobre a nulidade ou anulabilidade da cláusula compromissória e se ela for hígida poderão analisar o mérito da demanda. Do contrário, bastaria a alegação de que um contrato com cláusula compromissória é nulo ou anulável para que a análise tivesse que ser feita pelo Judiciário." (GUERRERO, Luis Fernando. *Convenção de Arbitragem e Processo Arbitral.* 2ª ed. São Paulo: Atlas, 2014, p. 18).

[393] STJ. REsp 1.600.618. Min. Luis Felipe Salomão. J. em: 15.03.2020.

[394] Conforme explicam Julian Lew, Loukas Mistelis e Stefan Kröll: "If allegations of the non-existence, invalidity or termination automatically affect the jurisdiction of the tribunal they would be a powerful tool in the hands of parties who want to defeat an agreed submission to arbitration." (LEW, Julian; MISTELIS, Loukas; KRÖLL, Stefan. *Comparative International Commercial Arbitration.* Haia: Kluwer Law International, 2003, p. 102).

[395] SOUSA, Ulisses César Martins de. Cláusula Compromissória: análise comparativa Brasil-Portugal. *Revista dos Tribunais*, vol. 999/2019, p. 267-286, jan., 2019, DTR 2018/22788, p. 04.

[396] SESTER, Peter Christian. *Comentários à Lei de Arbitragem e à Legislação Extravagantes Relacionada à Arbitragem.* São Paulo: Quartier Latin, 2020, p. 173.

[397] "A autonomia da cláusula é fundamental à eficácia do processo arbitral. Se assim não fosse, bastaria que a parte mal-intencionada alegasse a invalidade do contrato para seguir a subsequente presunção de invalidade da cláusula arbitral e, então, atrair de imediato a jurisdição do poder judiciário. Tal situação implicaria o fim da arbitragem, porque abriria brecha para o poder judiciário examinar o contrato e as circunstâncias envolvendo a sua celebração, matérias estas que são reservadas à exclusiva jurisdição do tribunal arbitral. Não é exagero argumentar que a arbitragem só funciona por causa da autonomia da cláusula arbitral, combinada com o princípio da competência-competência."

com a própria razão de existência da convenção de arbitragem[398]. Dessa forma, mesmo diante de pleitos acerca de inexistência, invalidade ou ineficácia da relação jurídica, normalmente a primeira palavra a ser dada sobre a questão compete eminentemente ao Tribunal Arbitral[399], salvaguardadas as situações excepcionais, nos termos do art. II (3) da Convenção de Nova Iorque da existência de vício nítido *prima facie*, o qual poderá ser apontado pelo próprio Poder Judiciário.

Nesse sentido, já decidiu o STJ no REsp 1.327.535, relatado pelo Ministro Marco Buzzi que, por força da autonomia da cláusula compromissória e do *kompetenz-kompetenz*, a alegação de nulidade de cláusula compromissória e do contrato em que está inserida "deve ser submetida, em primeiro lugar, à decisão do próprio árbitro, inadmissível a judicialização prematura pela via oblíqua do retorno ao Juízo"[400]. Ressalta-se que esse é um juízo de primazia[401], não de exclusividade, pois em eventual ação anulatória o Poder Judiciário poderá reanalisar a questão, não estando restringido pela conclusão prévia alcançada pelo Tribunal Arbitral.

O princípio da autonomia da cláusula compromissória apenas impede que vícios do contrato *per se* fulminem a cláusula compromissória a partir de um silogismo automáti-

---

(SPERANDIO, Felipe Vollbrecht. Convenção de Arbitragem. In: Daniel Levy; Guilherme Setoguti J. Pereira (Coords.). *Curso de Arbitragem*. São Paulo: Thomson Reuters Brasil, 2018, p. 76).

[398] "Entendimento em sentido outro levaria à nefasta conclusão de que à parte que, em que pese ter firmado negócio jurídico em que consta cláusula compromissória, não tivesse mais interesse em que o litígio fosse resolvido por esta forma, fosse aberta a possibilidade de esquivar-se alegando a invalidade do contrato. Ora, a separabilidade dos pactos, o referente ao negócio jurídico tido como principal, e aquele que diz respeito à cláusula arbitral, é medida que se impõe, sob pena de ofensa à razão da própria existência do acordo escrito de arbitragem." (STEINER, Renata Carlos. Arbitragem e Autonomia da Cláusula Compromissória. *Revista de Arbitragem e Mediação*, vol. 31, p. 131-151, out./dez. 2011, DTR 2011/5124, p. 06).

[399] "O princípio é o de que a cláusula compromissória de caráter genérico, sem expressa exceção, alberga em seu objeto, regra geral, a análise das questões relacionadas aos vícios resultantes de erro, fraude, simulação, coação e dolo. Tratando-se de matéria circunscrita ao crivo civil, sem embargo de possíveis repercussões criminais que venha a encerrar, há de competir ao juízo arbitral dizer o direito aplicável, ressalvadas as peculiaridades que cada caso pontualmente possa vir a erigir." [...] "O legislador nacional fez questão de introduzir em nosso sistema legal o princípio da autonomia da cláusula arbitral e, paralelamente, de assegurar a competência do árbitro para dirimir as disputas que toquem no campo da existência, validade e eficácia da convenção e do contrato de modo a manter a competência decisória nas mãos de uma única jurisdição (i.e. arbitral), evitando, assim, a declinatória da arbitragem pela simples alegação de existência de vícios de nulidades." (MARTINS, Pedro A. Batista. Autonomia da Cláusula Compromissória. Disponível em: <http://batistamartins. com/autonomia-da-clausula-compromissoria/>, 2004, p. 11-12). Em outro texto do mesmo autor: "Conforme indica o art. 8º da Lei 9.307/1996, autônoma a relação jurídica condensada na cláusula compromissória, é o árbitro, consequentemente, o primeiro "juiz" para decidir questões acerca da existência, validade e eficácia da convenção de arbitragem. Destarte, a alegação de nulidade do contrato não leva, necessariamente, à nulidade do pacto de arbitragem. Esse sobrevive de modo a assegurar aos árbitros jurisdição para decidir sobre o vício do instrumento contratual" (MARTINS, Pedro A. Batista. Cláusula Compromissória: questões pontuais. Disponível em: http://batistamartins. com/clausula-compromissoria-questoes-pontuais/, p. 06).

[400] STJ. REsp 1.327.535/MG. Min. Marco Buzzi. J. em 20.05.2021. Também nesse sentido, STJ. CC 132.312/SC. Min. Ricardo Villas Bôas Cueva. J. em: 19.08.2016.

[401] STJ. REsp 1.782.963/MG. Min. Moura Ribeiro. J. em: 26.06.2020; STJ. REsp 1.852.435/MG. Min. Rel. Raul Araújo. J. em: 26.02.2020; STJ. REsp 1.636.889/MG. Min. Raul Araújo. J. em 26.02.2020.

co[402]. Contudo, é perfeitamente possível que essa venha a padecer dos mesmos defeitos que atinjam o contrato[403]. Uma vez que a cláusula compromissória não é completamente dissociada do contrato na qual está inserida, poderá haver situações em que a invalidade deste fulmine também àquela[404].

Tal cenário ocorre quando há incidência de um defeito no negócio jurídico que atinja o plano da validade, como erro, dolo ou coação – ou ainda quando afronte leis imperativas[405]. Conforme António Sampaio Caramelo "será também o caso de ter havido falsificação de assinaturas no contrato em litígio ou de ter sido celebrado mediante fraude que se estendeu à cláusula compromissória nele incluída ou de uma das partes não ter capacidade jurídica para o efeito, ou de quem por ela assinou não ter poderes para a representar"[406]. Justamente pelo vínculo da convenção de arbitragem com a teoria do negócio jurídico[407], cujo núcleo central está na própria ideia de autonomia privada[408], que há sujeição às causas de nulidade e anulabilidade previstas na parte geral do Código Civil[409].

No entanto, é imperioso discriminar a existência de casos em que, efetivamente, o vício atinente ao contrato principal acaba contaminando a cláusula compromissória[410].

---

[402] "A Lei, portanto, foi clara no sentido de permitir a autonomia da cláusula, embora não ignore que, em diversas situações, as causas de nulidade (e de anulabilidade) tanto do contrato principal quanto da cláusula possam ser as mesmas, já que ambos os pactos podem ter sido gerados conjuntamente, padecendo dos mesmos vícios, especialmente no que se refere à declaração de vontade (vícios de consentimento) ou capacidade dos contratantes." (CARMONA, Carlos Alberto. *Arbitragem e Processo: um comentário à Lei nº 9.307/96.* 3ª ed. São Paulo: Atlas, 2009, p. 174).

[403] LEW, Julian; MISTELIS, Loukas; KRÖLL, Stefan. *Comparative International Commercial Arbitration.* Haia: Kluwer Law International, 2003, p. 104.

[404] CARAMELO, António Sampaio. A Competência da Competência e a Autonomia do Tribunal Arbitral. *Revista de Arbitragem e Mediação*, vol. 40, p. 151-177, jan./mar., 2014, DTR 2014/1002, p. 06-07. De modo semelhante: "De fato, a despeito de se valer da expressão "autônoma" para designar a cláusula compromissória (reputando-a "autônoma em relação ao contrato em que estiver inserta"), o art. 8.º da Lei 9.307/1996 estabelece com precisão que a invalidade do contrato não implica necessariamente a invalidade da cláusula. Verifica-se, desta forma, que existe a possibilidade de que vícios que contagiem igualmente a celebração da cláusula compromissória e do contrato que lhe é subjacente (basta pensar no contrato que contempla a cláusula compromissória e é celebrado mediante coação física ou moral, vício sem o qual relação jurídica alguma teria surgido entre as partes)." (SCALETSCKY, Fernanda Sirotsky. Existência, Validade e Eficácia da Convenção Arbitral. *Revista de Direito Empresarial*, vol. 3, p. 321-351, mai./jun., 2014, DTR 2014/2689, p. 08).

[405] "Como é evidente, a separação não inibe que, tanto o contrato, como a convenção de arbitragem, sejam inválidos. Estes casos não serão frequentes, mas podem verificar-se em situações de falta de capacidade do signatário ou de vício da vontade que afete ambas de igual modo contrato e convenção." (PIRES, Catarina Monteiro. Convenção de Arbitragem. PIRES, Catarina Monteiro; DIAS, Rui Pereira (Coords). In: *Manual de Arbitragem Internacional Lusófona.* Vol. 1, Coimbra: Almedina, 2020, p. 82).

[406] CARAMELO, António Sampaio. A Competência da Competência e a Autonomia do Tribunal Arbitral. *Revista de Arbitragem e Mediação*, vol. 40, p. 151-177, jan./mar. 2014, DTR 2014/1002, p. 06-07.

[407] Vide Capítulo 3.

[408] Vide Capítulo 1.

[409] STEINER, Renata Carlos. Arbitragem e Autonomia da Cláusula Compromissória. *Revista de Arbitragem e Mediação*, vol. 31, p. 131-151, out./dez., 2011, DTR 2011/5124, p. 02.

[410] "Com efeito, o que resulta do art. 18º, nº 3, da LAV, é o afastamento da conclusão – quase como que num raciocínio de lógica – de que sendo nulo o contrato onde se encontra incorporada, também a convenção será necessária e inevitavelmente nula, não derivando da norma uma independência

PARTE IV · **Capítulo 15** · A AUTONOMIA DA CONVENÇÃO DE ARBITRAGEM | **599**

Nesse sentido, poderá o Tribunal Arbitral entender que uma determinada situação leva à invalidade global do contrato, abarcando inclusive a cláusula compromissória[411]. Trata-se do fenômeno de *Fehleridentität*, que significa uma identidade de vícios e defeitos de consentimento[412]. Entretanto, a invalidade somente – e tão somente – será contaminante se tiver causa comum com a do contrato principal[413]. De modo contrário, incabível proceder a extensão da invalidade[414].

---

integral e inviolável da cláusula arbitral em relação ao contrato principal. Logo, podem suceder casos em que o vício que afecta o contrato principal também é comunicável à convenção de arbitragem, prejudicando a sua validade. Pense-se, a título de exemplo, numa situação em que uma das partes não tenha capacidade para a celebração do contrato principal e, nessa medida, também não poderia ter celebrado a convenção de arbitragem, dado que, além dos requisitos especificamente previstos na lei da arbitragem voluntária, à convenção também são aplicáveis as regras gerais dos negócios jurídicos. Uma outra hipótese é que o contrato tenha sido celebrado sob coacção ou com qualquer outro vício da vontade, o que também afectaria a validade da convenção arbitral." (MONTEIRO, António Pedro Pinto; SILVA, Artur Flamínio da; MIRANTE, Daniela. *Manual de Arbitragem*. Coimbra: Almedina, 2020, p. 162-163).

[411] Na casuística internacional, destaca-se o acórdão do Tribunal da Relação do Porto, de 8 de março de 2016. "Vigorando, entre nós, o princípio da competência dos tribunais arbitrais para decidirem sobre a sua própria competência (arts. 5º, nº 1, e 18º, nº 1, LAV), o tribunal estadual em que a acção foi proposta deve limitar-se a verificar a excepção de preterição do tribunal arbitral, mas assumindo que esse tribunal apenas pode decidir pela incompetência do tribunal arbitral nos casos de inexistência, nulidade ou ineficácia da cláusula compromissória." [...] "Subsistindo, porém, a questão da amplitude do caso julgado formado na acção em que se discutiu a excepção de preterição do tribunal arbitral, o tribunal arbitral deve ficar vinculado a aceitar a competência que o tribunal judicial lhe reconheceu, sob pena de nenhum dos tribunais, nem o tribunal judicial, nem o tribunal arbitral, se considerar competente para a apreciação de um mesmo objecto." (Portugal, Tribunal da Relação do Porto, Processo 2164/14.7TBSTS.P1, Relator: Vieira e Cunha, em 08.03.2016).

[412] "Como já dito, existem exceções. A invalidade do contrato principal pode estender-se à cláusula compromissória, desde que a invalidade, por exemplo, não diga respeito ao conteúdo do contrato ou a uma rescisão do contrato principal por inadimplemento, mas sim a um vício na sua celebração (e.g. incapacidade de uma das partes ou falta do poder de representação). Além disso, erro, dolo e coação podem afetar tanto a cláusula compromissória quanto o contrato principal." (SESTER, Peter Christian. *Comentários à Lei de Arbitragem e à Legislação Extravagantes Relacionada a Arbitragem*. São Paulo: Quartier Latin, 2020, p. 173-174).

[413] "Se é certo, por haver expressa disposição legal, que a cláusula compromissória é autônoma em relação ao contrato que está inserida, parece ser consequente lógico que não haja contaminação das invalidades. A invalidade só irá ser contaminante se tiver causa comum, tal como a incapacidade absoluta dos contratantes, mas aí a questão deixa de ser relevante, por incidirem as causas de invalidade também sobre o negócio jurídico compromissório. Do contrário, ainda que o negócio jurídico principal seja inválido, esta invalidade não será extensiva à escolha pela arbitragem." (STEINER, Renata Carlos. Arbitragem e Autonomia da Cláusula Compromissória. *Revista de Arbitragem e Mediação*, vol. 31, p. 131-151, out./dez., 2011, DTR 2011/5124, p. 05).

[414] Nessa linha, argumenta Peter Sester: "Se fosse juridicamente admissível que a invalidade do contrato principal contaminasse a cláusula compromissória, isso poderia destruir um dos mais importantes incentivos para a escolha da arbitragem em vez dos tribunais estatais: a instância única. O princípio da autonomia da cláusula, isto é, de que a invalidade do contrato principal não afeta a validade da cláusula compromissória, afasta essa argumentação e, dessa forma, preserva o princípio pacta sunt servanda em relação ao consenso de submeter futuros litígios à arbitragem." (SESTER, Peter Christian. *Comentários à Lei de Arbitragem e à Legislação Extravagantes Relacionada a Arbitragem*. São Paulo: Quartier Latin, 2020, p. 173).

Portanto, o princípio da autonomia apenas impede que se crie uma associação automática entre o destino do contrato e o da cláusula compromissória – sendo incapaz de assegurar a validade e a eficácia da cláusula compromissória em toda e qualquer situação, havendo casos em que os vícios do contrato e da cláusula compromissória se comunicarão[415]. Redfern, Hunter, Blackaby e Partasides referem que essa análise, por conseguinte, dependerá de qual o vício que atinge o contrato, "this must depend on the reason for which the contract is found to be null and void (that is, is it a reason that will also affect the 'separate' arbitration agreement?), and whether it is void ab initio"[416].

3. Invalidade da cláusula compromissória não implica invalidade do contrato

Além do princípio da autonomia da cláusula compromissória acarretar ausência de transposição dos vícios do contrato para a convenção de arbitragem, há de se atentar também para um segundo efeito decorrente desse mesmo princípio: um vício que atinge a cláusula compromissória, por sua vez, não necessariamente fulminará o contrato no qual essa está inserida[417]. Assim, existem vícios intrínsecos à convenção de arbitragem que não contaminam a relação contratual[418].

Há circunstâncias que podem atingir tão somente a validade da cláusula compromissória[419]. Se a convenção de arbitragem constituísse um dos elementos nucleares do

---

[415] Nesse sentido: "the effect of separability is limited to preventing the fate of the main contract automatically affecting the arbitration agreement. The agreement may, however, be tainted by the same defects. While that is not so common in cases of voidness or termination this will often apply in cases where a party alleges that a contract was never concluded or that the parties were still in the process of negotiation. This will often be true also for the arbitration agreement." (LEW, Julian; MISTELIS, Loukas; KRÖLL, Stefan. *Comparative International Commercial Arbitration*. Haia: Kluwer Law International, 2003, p. 103).

[416] REDFERN, Alan; HUNTER, Martin; BLACKABY, Nigel; PARTASIDES, Constantine. *Redfern and Hunter on International Arbitration*. Oxford: Oxford University Press, 2015, p. 106.

[417] "There is another related application of the separability presumption, which receives little attention, but which has some practical importance: the separability presumption means that the invalidity, illegality, or repudiation of the arbitration clause does not necessarily entail the invalidity of the underlying contract." (BORN, Gary. *International Commercial Arbitration*. 3ª ed. The Hague: Kluwer Law International, 2021, p. 501).

[418] Abordando a distinção entre convenção de arbitragem "inoperante" e "não passível de ser observada": "The reference to the agreement being 'null and void' refers to the arbitration agreement itself, since, as seen in the discussion of the principle of separability, in most countries the nullity of the main contract does not necessarily affect the validity of the arbitration agreement. An arbitration agreement is 'null and void' if it is 'devoid of legal effect', for example owing to mistake, duress, or fraud. At first sight, it is difficult to see a distinction between the terms 'inoperative' and 'incapable of being performed'. However, an arbitration clause is inoperative where it has 'ceased to have legal effect' as a result, for example, of a failure by the parties to comply with a time limit, or where the parties have repudiated, or by their conduct impliedly revoked, the arbitration agreement. By contrast, the expression 'incapable of being performed' appears to refer to more practical aspects of the prospective arbitration proceedings. It applies, for example, if it is for some reason impossible to establish the arbitral tribunal. Courts tend to construe these provisions narrowly, to avoid offering a 'back door' for a party wishing to escape the arbitration agreement." (REDFERN, Alan; HUNTER, Martin; BLACKABY, Nigel; PARTASIDES, Constantine. *Redfern and Hunter on International Arbitration*. Oxford: Oxford University Press, 2015, p. 138).

[419] "O mesmo conceito aplicado aos vícios contratuais impõe-se à cláusula compromissória. A alegação de invalidade, inexistência ou ineficácia da cláusula compromissória não implica automaticamente

acordo, a invalidade da cláusula poderia levar à invalidação do contrato como um todo. Com o mecanismo de autonomização, mitiga-se o risco de uma contaminação do contrato por conta de eventual vício que atinge somente e tão somente a higidez da cláusula compromissória[420]. Ademais, o efeito indireto é trazer também o reconhecimento de que a vontade de arbitrar é distinta da vontade de contratar, sendo essa a responsável por moldar o conteúdo prestacional da relação entre as partes.

Por conseguinte, o modo de resolução de conflitos (v.g. a cláusula compromissória) não é elemento necessariamente integrante da declaração negocial que forma o negócio jurídico em que está subjacente. O conteúdo da declaração de vontade pode ser complexo, vez que a mesma emanação volitiva fomenta a entrada no mundo jurídico de dois negócios jurídicos. Porém, a incindibilidade da declaração de vontade não acarreta a incindibilidade do conteúdo da sua declaração. Ou seja, a unicidade formal não implica uma unicidade material. Isso, justamente, pela complexidade do seu conteúdo, que – como no caso do contrato que contém cláusula compromissória – acaba por dar origem a dois negócios jurídicos distintos[421], com requisitos de validade próprios e distintos[422].

---

a perda de seus efeitos; o que ocorre também quando imperfeita ou ambígua a sua redação." [...] "Havendo estipulação compromissória, a arbitragem deverá ser instituída, mesmo se aparentemente patológica, pois a discussão sobre sua existência, validade e eficácia se processa em sede de arbitragem. O rigor imposto pelo legislador quanto aos efeitos do ajuste arbitral, reforçado pelos princípios da autonomia da cláusula e da "competência-competência", permite concluir que, mesmo que imperfeita a sua redação (excetuados os casos de manifesta extravagância), ou aparentemente sem qualquer efeito jurídico, a arbitragem deverá ser instituída, haja vista que o debate sobre essas circunstâncias se processa perante o tribunal arbitral." (MARTINS, Pedro A. Batista. Cláusula Compromissória: questões pontuais. Disponível em: http://batistamartins.com/clausula-compromissoria-questoes-pontuais/, p. 06).

[420] Seguindo a linha de argumentação de Gary Born: "Where the parties' agreement to arbitrate is invalid or repudiated, there is at least a theoretical possibility that the parties' underlying contract is thereby also invalidated. If the arbitration clause were considered to be an integral part of the parties' overall agreement, as was historically the case in some jurisdictions, then the invalidity of the arbitration clause would arguably require invalidating the underlying contract as well. In practice, however, there are relatively few circumstances in which the invalidity or repudiation of the parties' arbitration agreement results in the invalidity of their underlying contract. Indeed, national courts (and arbitral tribunals) are virtually never presented with this argument. That is, in large part, a result of the separability presumption: under the presumption, defects in the parties' arbitration agreement will presumptively not taint the parties' underlying contract." (BORN, Gary. *International Commercial Arbitration*. 3ª ed. The Hague: Kluwer Law International, 2021, p. 502).

[421] "Abordando situações nas quais poderá haver uma comunicação dos vícios: "This analysis is different from cases involving competing proposals between the parties as to whether or not arbitration should be used as a dispute resolution mechanism, or as to what arbitral mechanism should be used. In these cases, where there has never been a meeting of the minds on any arbitration clause, the validity of any underlying contract may be affected by the non-existence of any agreement on arbitration or other dispute resolution mechanisms. In particular, in transactions involving foreign states or foreign state entities, where a private party seeks to internationalize the dispute resolution mechanism, non-existence or invalidation of the arbitration agreement may very well impeach the entire contractual relationship." (BORN, Gary. *International Commercial Arbitration*. 3ª ed. The Hague: Kluwer Law International, 202, p. 502-5031).

[422] "Isto não bastasse, nada impede que a cláusula arbitral esteja submetida a condições de validade diferentes daquelas do contrato principal (basta pensar na forma, podendo ser exigidos certos requisitos para o contrato principal, enquanto nada se prevê na Lei de Arbitragem para a cláusula, exceto sua estipulação por escrito), sendo possível até mesmo que a cláusula arbitral esteja

Em termos práticos, essa exata situação ocorre, por exemplo, nos casos envolvendo o art. 4º, § 2º, da Lei de Arbitragem, que versa sobre contratos de adesão[423]. Ora, se o requisito formal inserido na Lei de Arbitragem não for cumprido, o contrato não restará fulminado, atingindo-se apenas a convenção de arbitragem. Inclusive, em uma flexibilização do *Komptenz-Komptenz,* a Terceira Turma do STJ, em acórdão de lavra do Ministro Marco Auréllio Bellizze, firmou o entendimento de que cabe "ao Poder Judiciário, nos casos em que é identificado um compromisso arbitral claramente ilegal, declarar a nulidade dessa cláusula"[424]. Destacou-se, ainda, que "os contratos de franquia, mesmo não se tratando de relação de consumo, possuem a natureza de contrato de adesão. Por fim, consignou que deve ser conferida à cláusula compromissória integrante do pacto firmado entre as partes o devido destaque, em negrito, tal qual exige a norma em análise, com aposição de assinatura ou de visto específico para ela, sob pena de manifesta ilegalidade."

De forma semelhante, o STJ na ocasião do julgamento do AgInt no AREsp 1.809.792 consignou que

> "contratos de adesão, mesmo aqueles que não apresentam relação de consumo, devem observar o que prescreve o art. 4º, § 2º, da Lei 9.307/1996, que dispõe que, nos contratos de adesão, a cláusula compromissória só terá eficácia se o aderente tomar a iniciativa de instituir a arbitragem ou concordar, expressamente, com a sua instituição, desde que por escrito em documento anexo ou em negrito, com a assinatura ou visto especialmente para essa cláusula[425]".

Idêntico raciocínio se aplica para contratos de consumo. O art. 51, VII, do CDC traz a nulidade de cláusula que estabeleça arbitragem compulsória[426]. Dessa sorte, mesmo que se entenda inválida a convenção de arbitragem inserida em contrato de consumo, esse permanecerá hígido. Outro caso semelhante é a situação na qual o escopo objetivo da convenção de arbitragem excede os limites imperativos estabelecidos na lei[427]. Em termos teóricos, ainda é possível vislumbrar situação análoga com algum defeito do negócio jurídico que venha a atingir apenas a convenção de arbitragem[428]. O mesmo racional também

---

submetida a lei diversa daquela que há de reger as questões patrimoniais ajustadas pelas partes." (CARMONA, Carlos Alberto. *Arbitragem e Processo: um comentário à Lei nº 9.307/96.* 3ª ed. São Paulo: Atlas, 2009, p. 174).

[423] Lei de Arbitragem, art. 4º, § 2º: "Nos contratos de adesão, a cláusula compromissória só terá eficácia se o aderente tomar a iniciativa de instituir a arbitragem ou concordar, expressamente, com a sua instituição, desde que por escrito em documento anexo ou em negrito, com a assinatura ou visto especialmente para essa cláusula."

[424] STJ. AgInt nos EDcl no AREsp 1.560.937/SP. Min. Marco Aurélio Bellizze. Terceira Turma. J. em: 14.03.2022.

[425] STJ. AgInt no AREsp 1.809.792/SP. Min. Raul Araújo. Quarta Turma. J. em: 14.02.2022.

[426] Código de Defesa do Consumidor, art. 51, VII: "Art. 51. São nulas de pleno direito, entre outras, as cláusulas contratuais relativas ao fornecimento de produtos e serviços que: [...] VII – determinem a utilização compulsória de arbitragem;"

[427] STEINER, Renata Carlos. Arbitragem e Autonomia da Cláusula Compromissória. *Revista de Arbitragem e Mediação*, vol. 31, p. 131-151, out./dez., 2011, DTR 2011/5124, p. 06.

[428] Acerca da evolução jurisprudencial brasileira no que tange à arbitragem nos contratos consumeristas, ver Capítulo 8.

PARTE IV · **Capítulo 15** · A AUTONOMIA DA CONVENÇÃO DE ARBITRAGEM | **603**

se aplica a contrato firmado com a administração pública, mas que verse sobre direito não dotado de arbitrabilidade objetiva[429]. Haverá, nessa situação, a impossibilidade de se recorrer à via arbitral, mas a relação material das partes é preservada.

Dessa forma, percebe-se que o princípio da autonomia não significa uma garantia de validade da cláusula compromissória[430]. Em verdade, age em uma via de mão dupla, impedindo que vícios endógenos apenas ao contrato ou à convenção de arbitragem contaminem o outro negócio jurídico. Em expressão de Menezes Cordeiro, tal princípio evita a criação de um *"circulus inextrincabilis"*, no qual a invalidade de um dos negócios implica necessariamente na invalidade do outro[431].

O fato de ambos os negócios jurídicos estarem consubstanciados no mesmo documento não implica um tratamento idêntico para ambos, sendo perfeitamente possível um desses ser válido e o outro não. Atua enquanto limitador à generalização completa

---

[429] "Embora a regra, no direito privado, seja a disponibilidade dos direitos e, com isso, a arbitrabilidade das lides, não é assim, porém, no direito público, em que vigora a indisponibilidade do interesse público: por não serem titulares dos direitos em jogo, os administradores públicos não têm poder de disposição direta sobre eles. Na qualidade de quem gera interesses e direitos que não lhe pertencem, o administrador público não pode dispor sobre eles; quem decide é o legislador, a quem compete – por força do princípio democrático – a definição primária do interesse público. Ou seja: a lei pode tornar disponível o que até então era indisponível e isso está longe de impressionar. É o legislador que autoriza, e.g., a alienação de imóveis públicos, a renúncia a posições jurídicas de vantagem e a celebração de transações pelos agentes públicos para evitar litígios ou pôr fim a eles. A lei define a medida da indisponibilidade; havendo autorização legal, não há que se falar, em princípio, em indevida disposição de um interesse público. Essa lógica também se aplica à validade da convenção arbitral. A Administração pode pactuar cláusulas compromissórias ou celebrar compromissos arbitrais quando se tratar de direitos sobre os quais possa dispor, nos termos da lei. Assim, qualquer dúvida eventualmente existente quanto à validade de uma convenção arbitral se esvai nos casos em que o legislador autoriza a sua celebração (art. 37, caput, da CF/1988). Não há qualquer fundamento que justifique uma preferência abstrata e absoluta à solução judicial de disputas sobre a arbitragem (ou vice-versa). Aliás, é possível que o interesse público seja melhor servido pelo juízo arbitral, por suas características próprias. Dessa forma, a existência de lei específica é muito relevante, sinalizando a possibilidade de que os negócios por ela abrangidos – e os conflitos que eles geram – sejam submetidos à arbitragem. É o caso, e.g., dos contratos de concessão de serviços públicos em geral e, em particular, de serviços de telecomunicações, dos contratos de concessão e permissão de transportes, além das parcerias público-privadas e dos contratos de concessão de exploração e produção de petróleo e gás natural." (TIBÚRCIO, Carmen; PIRES, Thiago Magalhães. Arbitragem envolvendo a administração pública: notas sobre as alterações introduzidas pela lei 13.129/2015. *Revista de Processo*, vol. 254, p. 431-462, abr./2016, DTR 2016/19697, p. 05).

[430] A mesma conclusão chega António Sampaio Caramelo: "Mas a "separabilidade" nada diz sobre a validade da cláusula arbitral em si mesma, nem sobre quem é que sobre ela decide. O facto de uma cláusula arbitral poder ser válida, apesar das invalidades existentes no restante clausulado do contrato, não significa necessariamente que o seja, nem, muito menos, que uma decisão errada dos árbitros sobre a validade da cláusula arbitral escape ao escrutínio dos juízes." (CARAMELO, António Sampaio. A Competência da Competência e a Autonomia do Tribunal Arbitral. *Revista de Arbitragem e Mediação*, vol. 40, p. 151-177, jan./mar., 2014, DTR 2014/1002, p. 06).

[431] MENEZES CORDEIRO, António. *Tratado da Arbitragem*. Coimbra: Almedina, 2016, p. 205. No mesmo sentido: "Esse princípio – autonomia – resulta no fato de a nulidade do contrato em que o pacto arbitral estiver inserto não implicar, necessariamente, a nulidade da cláusula de arbitragem." (MARTINS, Pedro A. Batista. Cláusula Compromissória: questões pontuais. Disponível em: http://batistamartins.com/clausula-compromissoria-questoes-pontuais/, p. 06).

e indiscriminada dos efeitos decorrentes dos vícios que um ou outro negócio possa vir a padecer[432].

4. Efeitos da cláusula compromissória após a extinção do contrato principal

Outra projeção da autonomia da convenção de arbitragem no plano da eficácia do negócio jurídico está justamente na possibilidade de arbitrar demandas decorrentes ou relacionadas a contratos já extintos[433]. Ou seja, o direito potestativo de dar início à arbitragem e ao estado jurídico de sujeição correspondente permanecem hígidos na esfera jurídica das partes mesmo que as obrigações do contrato principal tenham se exaurido[434], ou em casos de inadimplemento total da obrigação[435],

Percebe-se que essa noção adquire relevância a partir da aceitação da visão da obrigação como um processo[436] e da relevância da fase pós-contratual, na qual poderão surgir conflitos mesmo com o adimplemento e a extinção do contrato. A partir dessa perspectiva, tem-se que o vínculo obrigacional não necessariamente se extingue com o adimplemento da obrigação principal[437], devendo ser entendido enquanto composto por três fases: (a) pré-contratual; (b) de execução; e (c) pós-contratual[438].

Eventuais conflitos acerca de quebra de dever de sigilo ou de inobservância do dever de não concorrência, previstos em contrato com cláusula compromissória já adimplido, deverão ser dirimidos mediante arbitragem. Como adverte Judith Martins-Costa[439], mesmo após a extinção do vínculo obrigacional e a satisfação do interesse à prestação, é possível que remanesçam deveres correlativos a interesses de proteção ("deveres de proteção"), que, se violados, podem ensejar a indenização por *culpa post factum finitum*[440].

---

[432] Conclui Born: "the separability presumption accomplishes these purposes by limiting the categories of claims which are capable of impeaching the existence, validity, or legality of the arbitration agreements, to claims directed specifically at the arbitration agreement itself, while also providing the foundation for "pro-arbitration" choice-of-law rules that inhibit the use of idiosyncratic or discriminatory national laws to invalidate agreements to arbitrate." (BORN, Gary. *International Commercial Arbitration*. 3ª ed. The Hague: Kluwer Law International, 2021, p. 387).

[433] REDFERN, Alan; HUNTER, Martin; BLACKABY, Nigel; PARTASIDES, Constantine. *Redfern and Hunter on International Arbitration*. Oxford: Oxford University Press, 2015, p. 104; MOSES, Margaret L. *The Principles and Practice of International Commercial Arbitration*. 2nd ed. Nova Iorque: Cambridge University Press, 2012, p. 19.

[434] LEW, Julian; MISTELIS, Loukas; KRÖLL, Stefan. *Comparative International Commercial Arbitration*. Haia: Kluwer Law International, 2003, p. 102.

[435] REDFERN, Alan; HUNTER, Martin; BLACKABY, Nigel; PARTASIDES, Constantine. *Redfern and Hunter on International Arbitration*. Oxford: Oxford University Press, 2015, p. 104.

[436] COUTO E SILVA, Clóvis do. *A Obrigação como Processo*. Rio de Janeiro: FGV Editora, 2006, p. 17.

[437] BICHARA, Maria Carolina. A Responsabilidade Pós-Contratual. *Revista de Direito Privado*. Vol. 100, p. 41-69, jul./ago., 2019, DTR 2019/35271, p. 02.

[438] HAICAL, Gustavo Luís da Cruz. O Inadimplemento pelo Descumprimento Exclusivo de Dever Lateral Advindo da Boa-Fé Objetiva. *Revista dos Tribunais*, vol. 900/2010, p. 45-84, out/2010, p. 07.

[439] MARTINS-COSTA, Judith. *A Boa-fé no Direito Privado: critérios para a sua aplicação*. 2ª ed. São Paulo: Saraiva, 2018, p. 232-233.

[440] Sobre culpa pós-contratual, vide Antônio Menezes Cordeiro: "A *culpa post pactum finitum* corresponde à projeção simétrica da *culpa in contrahendo* no período pós-contratual. Segundo Jhering e seus seguidores poderia, antes de concluído um contrato, constituir-se, a cargo das

Dessa forma, do mesmo modo pelo qual a obrigação não se adstringe às prestações singularmente consideradas, devendo-se necessariamente atentar para a relação jurídica enquanto um todo[441], a convenção de arbitragem não estará limitada aos interesses de prestação, abarcando no seu âmbito de eficácia a relação jurídica enquanto um todo. Por essa razão, situações jurídicas ativas ou passivas que estejam interligadas à relação sujeita à convenção de arbitragem estarão abarcadas pela jurisdição arbitral. Portanto, a dinâmica temporal da relação jurídica de direito arbitral é diferente daquela a que está sujeita a convenção de arbitragem[442].

O reconhecimento de um negócio jurídico, autônomo na convenção de arbitragem, implica que não há uma aderência entre a extinção da relação material e o direito potestativo de dar início à arbitragem que verse sobre aquela relação[443]. Dessa forma, litígios decorrentes de projeções pós-contratuais hão de ser dirimidos pela via arbitral[444]. A pro-

---

partes, um dever de indemnizar, por culpa contratual. Desta feita, ocorreria o fenómeno inverso: depois de extinto, pelo cumprimento ou por outra forma diversa, um processo contratual, subsistiriam, ainda, alguns deveres para os ex-contraentes." [...] "Uma análise das consagrações jurisprudenciais da cppf e das referências doutrinárias que eia tem merecido, permite detectar um emprego descritivo do termo – ou de outras expressões equivalentes. Num certo amorfismo acrítico, têm sido consideradas de cppf todas as manifestações de juridicidade que se manifestem depois de extinta uma obrigação. Feita a destrinça, descobre-se: a pós-eficácia aparente – quando alei associe, de modo expresso, certos deveres à extinção das obrigações – a pós-eficácia virtual – quando uma situação jurídica complexa preveja, desde o início, deveres a observar no seu termo – e a eficácia continuada – quando, numa situação também complexa, se extinga o dever de prestar principal, subsistindo os restantes. A verdadeira pós-eficácia – ou pós-eficácia em sentido estrito – coloca-se na área atinente aos deveres acessórios." (MENEZES CORDEIRO, António Manuel da Rocha e. *Da boa-fé no direito civil*. Coimbra: Almedina, 2015, p. 625-628)

441 TREVISAN, Marco Antonio. Responsabilidade Civil Pós-Contratual. *Revista de Direito Privado*. Vol. 16, p. 199-215, out./dez., 2003, p. 01.

442 The essence of the doctrine is that the validity of an arbitration clause is not bound to that of the main contract and vice versa. Therefore the illegality or termination of the main contract does not affect the jurisdiction of an arbitration tribunal based on an arbitration clause contained in that contract. The obligation to resolve all disputes by arbitration continues even if the main obligation or indeed the contract expires or is vitiated." (LEW, Julian; MISTELIS, Loukas; KRÖLL, Stefan. *Comparative International Commercial Arbitration*. Haia: Kluwer Law International, 2003, p. 101).

443 Na perspectiva material, destaca-se a visão de Antônio Menezes Cordeiro: "A confiança requer a protecção, no período subsequente ao da extinção do contrato, das expectativas provocadas na sua celebração e no seu cumprimento, pelo comportamento dos intervenientes. A materialidade das situações exige que a celebração e o acatamento dos negócios não se tornem meras operações formais, a desenvolver numa perspectiva de correspondência literal com o acordado, mas que, na primeira oportunidade, se esvaziam de conteúdo. O escopo contratual não pode ser frustrado a pretexto de que a obrigação se extinguiu." (MENEZES CORDEIRO, António Manuel da Rocha e. *Da boa-fé no direito civil*. Coimbra: Almedina, 2015, p. 630).

444 By surviving termination of the main contract, the clause also constitutes the necessary agreement of the parties that any disputes between them (even concerning the validity or termination of the contract in which it is contained) should be referred to arbitration. In this way, it provides a legal basis for the appointment of an arbitral tribunal." (REDFERN, Alan; HUNTER, Martin; BLACKABY, Nigel; PARTASIDES, Constantine. *Redfern and Hunter on International Arbitration*. Oxford: Oxford University Press, 2015, p. 338).

teção pós-contratual dos interesses jurídicos relevantes das partes, em regra, seguirá o método de resolução de litígios previsto para ser efetivo no interregno entre a formação e a extinção do contrato[445].

Portanto, há de se reconhecer que a convenção de arbitragem, por ser separada da relação material, tende a sobreviver ao fim da relação contratual[446]. Por conseguinte, eventuais litígios ocorridos após o fim da relação contratual ainda estarão abarcados pela convenção de arbitragem. Assim sendo, por força da autonomia privada, poderá haver situações nas quais mesmo com o distrato de relação jurídica principal ou de resilição unilateral do contrato[447], as controvérsias posteriores dele decorrentes ainda estarão na seara de competência do tribunal arbitral[448].

A análise dependerá dos termos e da abrangência conferida pelas partes ao mecanismo extintivo da relação jurídica contratual. A regra geral é a de que a extinção do contrato não implicará, por si só e de modo genérico, a extinção da cláusula compromissória, sendo importante referência expressa nesse sentido quando da elaboração do distrato[449]. É por essa razão que situações de *culpa post pactum finitum*, eventualmente, ainda poderão estar sujeitas a serem dirimidas pela via arbitral.

§ 55. POSSIBILIDADE DE APLICAÇÃO DE LEI AUTÔNOMA À CLÁUSULA COMPROMISSÓRIA

1. A lei aplicável à cláusula compromissória

Para além das projeções da autonomia da convenção de arbitragem nos planos do negócio jurídico, estabelecendo a necessária distinção entre os elementos de existência, os requisitos de validade e os fatores de eficácia, há uma segunda projeção importante

---

[445] Separability extends the effect of the arbitration clause to cover the subsequent termination of the main contract but also to claims that the main contract is void ab initio or never came into existence. (LEW, Julian; MISTELIS, Loukas; KRÖLL, Stefan. *Comparative International Commercial Arbitration*. Haia: Kluwer Law International, 2003, p. 102).

[446] It means that the arbitration clause in a contract is considered to be separate from the main contract of which it forms part and, as such, survives the termination of that contract. Indeed, it would be entirely self-defeating if a breach of contract or a claim that the contract was voidable were sufficient to terminate the arbitration clause as well; this is one of the situations in which the arbitration clause is most needed." (REDFERN, Alan; HUNTER, Martin; BLACKABY, Nigel; PARTASIDES, Constantine. *Redfern and Hunter on International Arbitration*. Oxford: Oxford University Press, 2015, p. 104).

[447] GUERRERO, Luis Fernando. *Convenção de Arbitragem e Processo Arbitral*. 2ª ed. São Paulo: Atlas, 2014, p. 18.

[448] CARMONA, Carlos Alberto. *Arbitragem e Processo: um comentário à Lei nº 9.307/96*. 3ª ed. São Paulo: Atlas, 2009, p. 174-175.

[449] "Aliás, a conclusão pode ter sua validade constatada no fato de que a cláusula compromissória subsiste ainda que haja resolução do negócio jurídico à que está ligada. Com efeito, a extinção do negócio jurídico principal não implica a extinção da cláusula compromissória. Tanto assim que eventual discussão a respeito do descumprimento contratual será, mesmo com a extinção do vínculo, submetida à arbitragem." (STEINER, Renata Carlos. Arbitragem e Autonomia da Cláusula Compromissória. *Revista de Arbitragem e Mediação*, vol. 31, p. 131-151, out./dez., 2011, DTR 2011/5124, p. 06).

PARTE IV · **Capítulo 15** · A AUTONOMIA DA CONVENÇÃO DE ARBITRAGEM | **607**

desse princípio[450]. Trata-se da possibilidade de aplicar ordenamentos jurídicos diversos à cláusula compromissória e ao contrato no qual essa está inserida[451].

Como explicam Lew, Mistelis e Kröll:

> "Another consequence of the autonomy of the arbitration agreement is that it may be governed by a different law to the main contract. The considerations relevant for determining the applicable law for the main contract are different from those involved in choosing the law governing the arbitration agreement"[452].

Os parâmetros de aferição de qual é a lei de regência do contrato e qual a lei que governa a cláusula compromissória são distintos[453], havendo quatro possibilidades teóricas de lei de regência: a) a mesma lei que governa o contrato principal, b) aplicação da lei da sede da arbitragem, c) regência por princípios gerais da arbitragem e d) escolha expressa de lei autônoma distinta[454]. A dificuldade de aferição é majorada, pois pode haver escolhas expressas ou tácitas de lei. Dessa forma, é recomendável que as partes explicitem desde logo qual a lei de regência da cláusula compromissória quando houver uma situação de direito internacional[455].

Em sendo a convenção de arbitragem negócio jurídico autônomo ao contrato principal[456], não há óbice em lhe aplicar lei diversa. Cada negócio jurídico pode ser regido por

---

[450] Há de se notar que há doutrina que nega que seja possível derivar do princípio da separabilidade a possibilidade de a cláusula arbitral ser regida por lei própria. Nesse sentido: "[t]he doctrine of separability, in our view, treats the arbitration agreement as a distinct agreement *only in the context* of a challenge to its validity and not for other purposes, including that of choice of law." (GLICK, Ian; VENKATESAN, Niranjan. Choosing the Law Governing the Arbitration Agreement. In: Neil Kaplan e Michael J. Moser (eds.). *Jurisdiction, Admissibility and Choice of Law in International Arbitration: Liber Amicorum Michael Pryles*. Haia: Kluwer Law International, 2018, 137).

[451] NAZZINI, Renato. The Law Applicable to the Arbitration Agreement: Towards Transnational Principles. In: *International and Comparative Law*, Quarterly. Vol. 65, p. 681-703, 2016, p. 683.

[452] LEW, Julian; MISTELIS, Loukas; KRÖLL, Stefan. *Comparative International Commercial Arbitration*. Haia: Kluwer Law International, 2003, p. 106.

[453] "Another important consequence of the separability doctrine is the possibility to apply different laws to the arbitration clause and to the underlying agreement. Since the arbitration clause is a separate agreement from the underlying contract, a separate conflict-of-laws analysis shall take place." (OHLROGGE, Leonardo. *Multi-Party and Multi-Contract Arbitration in Brazil*. São Paulo: Quartier Latin, 2020, p. 68).

[454] MARTINS, Pedro A. Batista. Autonomia da Cláusula Compromissória. Disponível em: <http://batistamartins.com/autonomia-da-clausula-compromissoria/>, 2004, p. 08.

[455] Conforme lição de Felipe Sperandio: "Uma vez que a cláusula arbitral é separável do contrato em que está inserta, ela pode ser regida por lei diferente da lei material aplicável ao contrato. As partes não só possuem autonomia para selecionar a lei aplicável à cláusula arbitral, como são incentivadas para tanto, a fim de evitar incertezas em contratos internacionais." (SPERANDIO, Felipe Vollbrecht. Convenção de Arbitragem. In: Daniel Levy; Guilherme Setoguti J. Pereira (Coords.). *Curso de Arbitragem*. São Paulo: Thomson Reuters Brasil, 2018, p. 77). Também nesse sentido: "O melhor, sem dúvida, é a definição expressa pelas partes da lei de regência da cláusula arbitral, pois, caso contrário, não há harmonia no entendimento quanto ao ordenamento aplicável. Poderá ser a lei do local da arbitragem, o método de escolha definido nos atos internacionais, a lei aplicável ao contrato, sem embargo de outros entendimentos menos rígidos ou desvinculados de certas amarras tradicionais." (MARTINS, Pedro A. Batista. Autonomia da Cláusula Compromissória. Disponível em: <http://batistamartins.com/autonomia-da-clausula-compromissoria/>, 2004, p. 08).

[456] OLIVEIRA, Elsa Dias. *Arbitragem Voluntária: uma introdução*. Coimbra: Almedina, 2020, p. 48-49.

um ordenamento jurídico[457] Assim, a multiplicidade de negócios jurídicos traz potencialmente a aplicação de diversas leis. Não há razão para se considerar que o simples fato de estarem o contrato e a cláusula compromissória consubstanciados no mesmo documento implique, necessariamente, a regência pela mesma lei[458].

Ou seja, no mesmo documento haverá dois negócios jurídicos. Por conseguinte, poderá haver regência de duas leis distintas[459]. Portanto, a autonomia da convenção de arbitragem lastreia a possibilidade de lhe aplicar lei distinta daquela que governa a relação de direito material a que está associada[460]. Entretanto, não haverá uma necessidade de se aplicar leis diferentes à cláusula compromissória e ao contrato na qual está inserida[461]. Trata-se, meramente, de possibilidade decorrente do princípio da autonomia da convenção de arbitragem. Ademais, nada impede que os elementos de conexão relevantes para se determinar a lei aplicável indiquem que a lei de regência será a mesma do contrato[462].

---

[457] "A cláusula compromissória e o contrato principal poderão ser sujeitos a ordenamentos jurídicos diferentes. Na arbitragem internacional, tal separação faz sentido, caso as partes tenham escolhido uma lei de arbitragem (por exemplo a lei da sede) cuja nacionalidade seja diferente da lei aplicável ao contrato principal e às questões de mérito da arbitragem. Nesse cenário, é racional que as partes escolham leis da mesma nacionalidade para a cláusula compromissória e para o procedimento arbitral." (SESTER, Peter Christian. *Comentários à Lei de Arbitragem e à Legislação Extravagantes Relacionada a Arbitragem*. São Paulo: Quartier Latin, 2020, p. 172).

[458] MARTINS, Pedro A. Batista. Autonomia da Cláusula Compromissória. Disponível em: <http://batistamartins.com/autonomia-da-clausula-compromissoria/>, 2004, p. 08.

[459] No mesmo sentido: "o contrato, de fato e de direito, instrumentaliza convenções e acordos diversos e autônomos entre si" (MARTINS, Pedro A. Batista. Cláusula Compromissória: questões pontuais. Disponível em: http://batistamartins.com/clausula-compromissoria-questoes-pontuais/, p. 06).

[460] "The separability presumption has a second consequence, in addition to permitting the arbitration agreement to remain valid, notwithstanding the non-existence or invalidity of the underlying contract. As discussed in detail below, the separability presumption means that an arbitration agreement can be governed by a different national law from that (or those) applicable to the parties' underlying contract. The leading explanation for this result is the separability presumption, which postulates two separable agreements of differing characters, which can readily be governed by two different national (or other) legal regimes." (BORN, Gary. *International Commercial Arbitration*. 3ª ed. The Hague: Kluwer Law International, 2021, p. 498).

[461] "As with its other applications, the separability presumption does not mean that the law applicable to the arbitration clause is necessarily different from that applicable to the underlying contract. Indeed, in many cases, the same law governs both the arbitration agreement and the underlying contract notwithstanding the separability of the arbitration agreement. The separability presumption instead means that differing national laws may apply to the main contract and the arbitration agreement because they are separate and distinct contracts. The essential point, however, is that, where the arbitration clause is a separate agreement, as is virtually always the case, a separate conflict of laws analysis must be performed with regard to that separate agreement." (BORN, Gary. *International Commercial Arbitration*. 3ª ed. The Hague: Kluwer Law International, 2021, p. 498).

[462] "Com a cristalização do princípio da autonomia uma nova função foi dele extraída. A par do seu emprego para fins de sobrevivência da convenção, por via de sua independência, face aos vícios contemplados no contrato a que está ligada, a adoção da autonomia jurídica da cláusula arbitral gera a oportunidade de se aplicar a ela uma lei distinta daquela que governa o contrato principal. É a chamada autonomia conflitual." [...] "Mesmo no caso em que as partes estabeleçam lei específica para regular as condições do contrato ao qual a cláusula compromissória está ligada, não se pode afirmar que a mesma norma de direito irá reger a validade, o conteúdo e os efeitos da convenção." [...] "Dado que o princípio da autonomia se destina a operar funções junto à cláusula arbitral, conferindo-lhe vida própria e independente do contrato principal, por certo poderão as partes

PARTE IV · Capítulo 15 · A AUTONOMIA DA CONVENÇÃO DE ARBITRAGEM 609

O próprio Superior Tribunal de Justiça reconhece a possibilidade de as partes disporem de qual será a lei aplicável à cláusula compromissória. Exemplificativamente, ao julgar uma homologação de sentença arbitral estrangeira, a Corte Superior, em caso relatado pelo Ministro Teori Zavaski, consagrou a existência desse princípio ao afirmar que "a lei aplicável para disciplinar a representação das partes no procedimento arbitral, bem como a forma como podem manifestar seu ingresso no referido procedimento, é a lei a que as partes se submeteram[463]".

2. Arbitragem internacional e a pluralidade de ordenamentos jurídicos

Como já restou claro, a questão da lei aplicável à cláusula compromissória não se confunde com o direito aplicável ao mérito da causa e nem com o direito aplicável à arbitragem em si. De plano, reconhece-se que, na praxe comercial, é rara previsão explícita definindo qual lei deve governar a convenção de arbitragem[464]. Essa ausência de previsão acarreta uma série de inconvenientes práticos, pois a jurisdição do tribunal e outras questões centrais da arbitragem internacional podem ter vínculo estreito com a lei aplicável à convenção de arbitragem.

Nesse sentido, Gary Born elenca treze questões fundamentais à arbitragem internacional que são potencialmente reguladas a partir da definição da lei aplicável à convenção de arbitragem, são elas[465]: (i) validade formal da convenção de arbitragem; (ii) capacidade das partes para concluir a convenção de arbitragem; (iii) possibilidade dos representantes das partes concluírem a convenção de arbitragem; (iv) formação da convenção de arbitragem; (v) validade substancial e legalidade da convenção de arbitragem; (vi) não arbitrabilidade e arbitrabilidade objetiva; (vii) identificação das partes em relação à convenção de arbitragem; (viii) efeitos da convenção de arbitragem; (ix) meios de efetivação da convenção de arbitragem; (x) interpretação da convenção de arbitragem; (xi) extinção da convenção de arbitragem; (xii) transmissão da convenção de arbitragem; e (xiii) renúncia ao direito de arbitrar.

Desse modo, a definição da lei aplicável especificamente à cláusula compromissória é dotada de consequências práticas relevantes, podendo ser de fundamental importância

---

convenentes ou o tribunal arbitral dedicar-lhe lei específica para regular sua existência e validade, inclusive diferente daquela adotada para o acordo ao qual esteja vinculada." (MARTINS, Pedro A. Batista. Autonomia da Cláusula Compromissória. Disponível em: <http://batistamartins.com/autonomia-da-clausula-compromissoria/>, 2004, p. 07).

[463] STJ. SEC 3.709/EX. Min. Teori Albino Zavascki. Corte Especial. J. em: 14.06.2012.

[464] LEW, Julian; MISTELIS, Loukas; KRÖLL, Stefan. *Comparative International Commercial Arbitration*. Haia: Kluwer Law International, 2003, p. 110-111; NAZZINI, Renato. The Law Applicable to the Arbitration Agreement: Towards Transnational Principles. In: *International and Comparative Law Quarterly*, v. 65, 2016, p. 681-703, 2016, p. 681. Fazendo essa mesma observação, Paula Cirne Lima: "Geralmente, a cláusula de resolução de controvérsias é um dos itens menos importantes durante o período de negociações e de elaboração do contrato ⊠ tornando-se um dos mais relevantes somente quando do surgimento do litígio. Não bastasse, os modelos de cláusulas divulgados para inclusão em contratos, em regra, não contêm menção à lei aplicável à cláusula arbitral." (CIRNE LIMA, Paula Eppinghaus. A Escolha da Lei Aplicável à Convenção de Arbitragem. *Revista Jurídica Luso Brasileira*, Ano 4, nº 3, 2019, p. 1219-1249, p. 1244).

[465] BORN, Gary. *International Commercial Arbitration*. 3ª ed. The Hague: Kluwer Law International, 2021, p. 523.

para a própria higidez da arbitragem. Em uma arbitragem, existe uma pluralidade de corpos legislativos que devem ser aplicados em conjunto para que se possa corretamente dirimir um litígio. As mais evidentes são a própria lei de arbitragem e a legislação que regula o mérito da demanda. Porém, essas não são as únicas. Além disso, devem ser considerados o regulamento da câmara de arbitragem, eventuais disposições contratuais elaboradas pelas partes e, ainda, *soft laws* que possam guardar pertinência com a disputa.

A Lei de Arbitragem brasileira, diferentemente de outros países, adotou a teoria monista – sendo a mesma legislação aplicável à arbitragem doméstica e à arbitragem internacional. Portanto, uma arbitragem internacional sediada no Brasil terá, via de regra, a LARb como lei aplicável.

No contexto de arbitragens internacionais há, normalmente, um maior grau de complexidade em se determinar quais as leis efetivamente aplicáveis[466], haja vista a existência de pontos de contato com mais de um ordenamento jurídico[467], destacando-se[468]: (i) o direito de regência da convenção de arbitragem e a sua performance; (ii) o direito que governa a existência e os procedimentos do tribunal arbitral (*lex arbitri*); (iii) o direito aplicável ao contrato principal e aos aspectos materiais da disputa (*lex causae*); (iv) os regramentos não vinculantes e as recomendações (se enquadrando nesse campo as *soft laws*)[469]; e (v) o direito em que regula o reconhecimento e a execução da sentença arbitral.

3. Escolha expressa de lei pelas partes

O cenário no qual as partes escolhem a lei aplicável à cláusula compromissória não deixa margem para dúvidas. O art. 2º, § 1º, da LARb dispõe que "poderão as partes escolher, livremente, as regras de direito que serão aplicadas na arbitragem, desde que não haja violação aos bons costumes e à ordem pública". Ou seja, nos procedimentos arbitrais em que a LARb é a *lex arbitri*, quer seja uma arbitragem doméstica, quer seja uma arbitragem internacional, poderão as partes livremente determinar qual será a lei aplicável.

Nesse sentido, explicam Luiz Olavo Baptista e Sílvia Miranda:

> "Sua linguagem [art. 2º, § 2º, LARb] intencionalmente expande os limites da autonomia da vontade das partes para escolher a lei aplicável ao contrato, estabelecendo todo tipo

---

[466] Esse fenômeno foi expressamente reconhecido no caso Channel Group: "It is by now firmly established that more than one national system of law may bear upon an international arbitration. Thus, there is the proper law which regulates the substantive rights and duties of the parties to the contract from which the dispute has arisen. Exceptionally, this may differ from the national law governing the interpretation of the agreement to submit the dispute to arbitration. Less exceptionally it may also differ from the national law which the parties have expressly or by implication selected to govern the relationship between themselves and the arbitrator in the conduct of the arbitration: the 'curial law' of the arbitration, as it is often called." (Reino Unido, Channel Group v Balfour Beatty Ltda., House of Lords, 1993, §67).

[467] NAZZINI, Renato. The Law Applicable to the Arbitration Agreement: Towards Transnational Principles. In: *International and Comparative Law Quarterly*, v. 65, 2016, p. 681-703, p. 682.

[468] HUNTER, Martin; REDFERN, Alan; BLACKABY, Nigel; PARTASIDES, Constantine. *Redfern and Hunter on International Arbitration*. Oxford: Oxford University Press, 2015, p. 158.

[469] Como exemplos de *soft law*: ICC Incoterms; IBA *rules on taking on the taking of evidence*; IBA *rules on conflicts of interest*; IBA *rules of ethics for international arbitrators*; *Prague Rules*; PICC (*Principles of International Commercial Contracts*); UCP 600 (*The Uniform Customs and Practice for Documentary Credits*); e *UNCITRAL Model Law on International Commercial Arbitration*).

PARTE IV · Capítulo 15 · A AUTONOMIA DA CONVENÇÃO DE ARBITRAGEM | **611**

de escolha de lei admitida em cláusulas arbitrais. O uso do advérbio 'livremente' indica de modo claro que o legislador não quis deixar dúvidas quanto ao direito das partes de escolher a lei que mais lhes convenha. Assim, o primeiro parágrafo permite a escolha da lei de qualquer nação, e o segundo abre ainda mais as portas, permitindo a escolha de princípios gerais de direito, costume, usos e normas internacionais de comércio como lei aplicável"[470].

Esse dispositivo atua enquanto uma cláusula geral de escolha de leis e contrasta frontalmente com a disposição do *caput* do art. 9º da LINDB que dispõe que "Para qualificar e reger as obrigações, aplicar-se-á a lei do país em que se constituírem". Na linha do que é sustentado por Carlos Alberto Carmona, o dispositivo da LINDB impõe uma restrição à autonomia privada dos contratantes no que se refere à escolha da lei de regência das suas relações obrigacionais. Nesse sentido, ensina o autor que, por força do art. 2º, § 1º, da LARb, "as partes podem perfeitamente ignorar a determinação da Lei de Conflitos brasileira para determinar que o árbitro decida com base em outra lei material que não aquela apontada no dispositivo em questão [art. 9º da LINDB]"[471].

Esse dispositivo da LARb está em perfeita harmonia com a teoria monista adotada. Considerando serem os dispositivos legais aplicáveis tanto para as arbitragens domésticas quanto para as arbitragens internacionais, representaria espírito demasiado paroquiano sujeitar as partes contratantes às restrições trazidas pela LINDB, no que se refere à escolha da lei aplicável. Ademais, é uma homenagem ao espírito cosmopolita subjacente à arbitragem, em consonância com realidades comerciais e empresariais diversas, privilegiando a autonomia privada dos contratantes[472].

Em relação à hermenêutica do art. 2º, § 1º, da LARb, ao se referir que "poderão as partes escolher, livremente, as regras de direito que serão aplicadas na arbitragem", deve-se entender que a expressão "regras de direito que serão aplicadas na arbitragem" abarca

---

[470] Continuam os autores: "Para ilustrar, é possível escolher os princípios europeus aplicáveis aos contratos, os princípios Unidroit ou as regras Fidic, ou, em se tratando de certas commodities, as regras do Gafta, e assim por diante. Diferentemente do que ocorre nos casos sujeitos à jurisdição dos tribunais brasileiros, na arbitragem a lei escolhida não precisa ter qualquer outra conexão com o objeto da disputa senão a vontade das partes. Estas são, pois, completamente livres para escolher qualquer lei, e sua escolha deve ser respeitada." (BAPTISTA, Luiz Olavo; MIRANDA, Sílvia Julio Bueno de. Convenção de arbitragem e escolha de lei aplicável: uma perspectiva do direito brasileiro. *Revista de Arbitragem e Mediação*, São Paulo, vol. 07, n. 27, p. 11-34, out./dez., 2010).

[471] CARMONA, Carlos Alberto. *Arbitragem e Processo: um comentário à Lei nº 9.307/96*. 3ª ed. São Paulo: Atlas, 2009, p. 67.

[472] Destaca-se também nesse sentido a visão de Carlos Alberto Carmona: "E é conveniente que assim seja, pois não são poucos os contratos celebrados entre brasileiros no exterior (ou entre brasileiro e estrangeiro, no exterior) para execução no Brasil, de modo que a aplicação da Lei de Introdução apontaria a incidência de lei estrangeira para reger o contrato, o que talvez (rectius, muito provavelmente!) contrarie a vontade dos contratantes. De outra parte, o dispositivo constante da Lei de Arbitragem servirá para tranquilizar os estrangeiros que vierem a contratar no Brasil: poderão, eles também, evitar a aplicação da lei brasileira (que quiçá não conheçam), apontando desde logo a lei material que será empregada para qualificar e reger as obrigações que aqui assumirem (e que talvez nem digam respeito a prestações que devam ser aqui executadas). Tudo isso, é claro, está limitado pelos princípios da ordem pública e dos bons costumes, de sorte a evitar que a escolha da lei a ser aplicada pelo árbitro possa dar ensejo a fraudes e falcatruas, como temem os mais conservadores." (CARMONA, Carlos Alberto. *Arbitragem e Processo: um comentário à Lei nº 9.307/96*. 3ª ed. São Paulo: Atlas, 2009, p. 67-68).

tanto o direito material relativo ao mérito da questão, quanto à lei aplicável à cláusula compromissória, quanto eventuais *soft laws* que poderão se tornar vinculantes, caso assim escolhido pelas partes. Em sendo uma regra que confere direitos e assegura uma esfera de liberdade, a sua interpretação deve ser no sentido de maximizar a autonomia reconhecida aos particulares, em consonância com o espírito do direito privado. Observa-se que o próprio dispositivo ofereceu enquanto filtro a "ordem pública" e os "bons costumes". Dessa forma, adequado interpretar o art. 2º, § 1º, da Lei de Arbitragem como uma cláusula geral de possibilidade de escolha de leis e regras aplicáveis, em sentido amplo.

No entanto, acerca da possibilidade de eleição da lei aplicável, explicam Luiz Olavo Baptista e Sílvia Miranda:

> "Essa inovação trazida pela lei brasileira está em consonância com sua opção por não diferenciar as arbitragens domésticas das arbitragens internacionais: em ambos os casos as partes são livres para escolher a lei aplicável. Para a nossa Lei de Arbitragem, a lei escolhida pelas partes será a lei aplicável sem discussão ou exame de qualquer lei de conflito"[473].

Dessa forma, as partes podem perfeitamente, no âmbito da sua autonomia privada, eleger a lei aplicável à cláusula compromissória – que poderá ser a lei do contrato, a lei da sede ou outra lei qualquer. Não se deve confundir o escopo de eficácia de cada uma das leis aplicáveis durante uma arbitragem: diferentes questões jurídicas poderão ser dirimidas em um mesmo procedimento arbitral à luz de ordenamentos jurídicos diversos.

Portanto, por conta do art. 2º, § 1º, da Lei de Arbitragem poderá ocorrer o fenômeno do *dépeçage*, referindo-se, em sentido amplo, à possibilidade de haver a aplicação de ordenamentos jurídicos diversos para lidar com problemas oriundos de uma única relação jurídica[474]. Por exemplo, pode em uma arbitragem internacional sediada no Brasil, regida pela Lei de Arbitragem (*lex arbitri*) ter por disputa de mérito um contrato regido pelo direito estadunidense (*lex causae*), e tendo as partes escolhido a LAV portuguesa para reger à cláusula compromissória.

---

[473] Continuam os autores: "É possível dizer que a lei de conflito aplicável é 'o árbitro deverá aplicar a lei escolhida pelas partes'. De fato, se as partes em uma convenção de arbitragem podem afastar a legislação nacional e confiar o contrato a uma lei 'a--acional', em princípios gerais de direito, costumes e regras internacionais de comércio, lex mercatoria e ex aequo et bono, não haveria razão alguma para proibi-las de eleger uma lei estrangeira. Dessa forma, se as partes assim escolherem, uma arbitragem envolvendo partes brasileiras e um contrato executado no Brasil poderá ser submetida a uma lei estrangeira. Como consequência, de acordo com o direito brasileiro, o uso da arbitragem para resolver disputas tem a vantagem adicional de permitir às partes que afastem a aplicação da LICC e escolham uma lei estrangeira que melhor atenda os seus interesses. Os tribunais brasileiros, que têm sido bastante favoráveis ao desenvolvimento da arbitragem no Brasil, corroboram esse entendimento." (BAPTISTA, Luiz Olavo; MIRANDA, Sílvia Julio Bueno de. Convenção de arbitragem e escolha de lei aplicável: uma perspectiva do direito brasileiro. *Revista de Arbitragem e Mediação*, vol. 27, p. 11-34, out./dez., 2010, p. 05).

[474] Sobre esse tema, ver: RIBEIRO, Gustavo Ferreira. A Ilusória Ausência do Termo *Dépeçage* na jurisprudência brasileira de contratos internacionais. *Revista de Direito Internacional*, Brasília, v. 13, n. 2, 2016 p. 523-533; SYMEONIDES, Symeon C. Issue-by-issue analysis and dépeçage in choice of law: cause and effect. *The University of Toledo Law Review*, n. 45, 2013; REESE, Willis L. M. Dépeçage: a common phenomenon in choice of law. *Columbia Law Review*, n. 73, 1973.

PARTE IV · **Capítulo 15** · A AUTONOMIA DA CONVENÇÃO DE ARBITRAGEM | **613**

Assim sendo, poderão as partes escolher livremente a lei que governará a cláusula compromissória. Diante de uma escolha expressa, ocorrida no corpo da própria cláusula compromissória ou em outro dispositivo contratual que lhe faça referência expressa, não haverá maiores dúvidas acerca de qual é a lei que deverá ser aplicada[475].

4. Cláusula de escolha de leis e a lei aplicável à cláusula compromissória

A cláusula de escolha de leis no corpo do contrato não constituí, necessariamente, escolha de lei expressa no que se refere à cláusula compromissória. Do princípio da autonomia da cláusula compromissória decorre que essa é um negócio jurídico com vida independente em relação ao contrato principal.

Nesse quesito, importa ter clara a distinção entre contrato e instrumento contratual. O instrumento contratual é apenas o documento que consubstancia o contrato, sendo certo que, por força do art. 212, II, do Código Civil, esse documento é uma prova da existência de um negócio jurídico. Dessa forma, o mesmo instrumento contratual constitui prova documental da existência do negócio jurídico de direito material e do negócio jurídico arbitral.

Por conseguinte, a cláusula compromissória não é, filosoficamente, um negócio jurídico "dentro" de outro negócio jurídico. Não há relação nem de dependência nem de subordinação em relação ao negócio jurídico de direito material a que faz referência. Dessa forma, a circunstância da cláusula compromissória estar redigida no mesmo documento que o contrato principal não oferece embaraço analítico a considerá-la enquanto um negócio jurídico de existência, validade e eficácia própria e não condicionada ao contrato de direito material a que faz referência.

Nessa linha, não se poderá considerar a cláusula de escolha de leis que faz referência ao contrato principal enquanto uma escolha expressa do ordenamento jurídico de regência da cláusula compromissória. Justamente pela dualidade de negócios jurídicos, a cláusula genérica de escolha de lei apenas versará sobre o direito material aplicável ao caso. Contudo, como será analisado na sequência, a presença de cláusula de escolha de leis inserida no contrato de direito material é um elemento a ser analisado enquanto possível indicador de uma escolha tácita de regência da cláusula compromissória.

Ademais, não se olvida a possibilidade de as partes, por meio de expedientes de redação contratual, fazerem uma escolha expressa de lei para a cláusula compromissória, sem que essa ocorra especificamente no bojo da cláusula arbitral. Assim, a escolha expressa

---

[475] "Dessa forma, a decisão feita pelas partes em uma convenção de arbitragem é também protegida por esses princípios. Uma vez que elas escolham uma lei específica a ser aplicada na arbitragem, e tendo a oportunidade de analisar todas as consequências relacionadas a ela – inclusive econômicas – e tendo obtido vantagem do contrato durante sua execução, qualquer decisão que não respeite essa disposição violaria seus deveres de boa-fé e pacta sunt servanda. Finalmente, qualquer tentativa de usar o argumento da 'violação de ordem pública' para afastar a aplicação da lei previamente escolhida pelas partes deve ser cuidadosamente analisada. Enquanto é verdade que obstáculos que poderiam anular a efetividade da escolha das partes pela lei aplicável na arbitragem sejam apenas de ordem pública ou fraude, essa possibilidade é muito limitada." (BAPTISTA, Luiz Olavo; MIRANDA, Sílvia Julio Bueno de. Convenção de arbitragem e escolha de lei aplicável: uma perspectiva do direito brasileiro. *Revista de Arbitragem e Mediação*, vol. 27, p. 11-34, out./dez., 2010, p. 07).

de lei pode ocorrer tanto no corpo da cláusula compromissória[476] quanto por meio de outras cláusulas inseridas no mesmo instrumento contratual ou em documento apartado.

Por exemplo, no caso *Kabab-Ji Sal v. Kout Food Group*, julgado em 2020[477], o elemento diferencial para se chegar à conclusão da existência de uma escolha expressa de leis pelas partes foi o diálogo existente entre a cláusula de definições de termos contratuais, a cláusula de escolha de leis e a cláusula compromissória[478]. Nesse caso, não existia propriamente uma cláusula que definia, de forma clara explícita, qual seria a lei aplicável à cláusula compromissória. Para chegar a essa definição, a Corte teve que realizar uma interpretação global do documento. Ou seja, o elemento que indica a existência de uma escolha expressa de lei de regência da cláusula compromissória não necessariamente estará explicitado ao longo do seu texto.

Indubitavelmente, a escolha explícita de uma lei de regência para a cláusula compromissória é a melhor alternativa para o contexto de contratos internacionais. Essa previsão é apta a evitar conflitos, pois a determinação de uma série de questões sensíveis ao procedimento arbitral poderá ter resultados distintos, a depender de qual será a lei de regência da cláusula compromissória[479]. Portanto, a previsão expressa pode evitar discussões procedimentais, atrasando os debates acerca do mérito do litígio. Dessa forma, evidente que a escolha expressa de lei atuará enquanto um antídoto a possíveis custos de transação, conferindo à cláusula compromissória maior eficiência econômica.

Seguindo a mesma linha de raciocínio, explica Leonardo Ohlrogge:

> "discussões quanto à validade da cláusula de arbitragem podem gerar atrasos e elevar consideravelmente os custos do procedimento arbitral, principalmente quando há a

---

[476] Nesse sentido, vide a cláusula modelo da HKIAC: "Any dispute, controversy, difference or claim arising out of or relating to this contract, including the existence, validity, interpretation, performance, breach or termination thereof or any dispute regarding non- contractual obligations arising out of or relating to it shall be referred to and finally resolved by arbitration administered by the Hong Kong International Arbitration Centre (HKIAC) under the HKIAC Administered Arbitration Rules in force when the Notice of Arbitration is submitted. *The law of this arbitration clause shall be ... (Hong Kong law). * The seat of arbitration shall be ... (Hong Kong). The number of arbitrators shall be ... (one or three). The arbitration proceedings shall be conducted in ... (insert language)."

[477] Reino Unido, Court of Appeal, *Kabab-Ji Sal v. Kout Food Group,* EWCA Civ 6, 2020.

[478] Nesse sentido: "Parece evidente que toda a discussão sobre lei aplicável poderia ser evitada se as partes fizessem contratos claros, escolhendo textualmente a lei que irá regular a validade da cláusula arbitral. Contudo, essa não parece ser uma preocupação das partes tampouco dos tribunais arbitrais." (CIRNE LIMA, Paula Eppinghaus. A Escolha da Lei Aplicável à Convenção de Arbitragem. *Revista Jurídica Luso Brasileira*, Ano 4, nº 3, 2019, p. 1219-1249, p. 1243-1244). Ainda: OHLROGGE, Leonardo; SAYDELLES, Rodrigo Salton Rotunno. Lei aplicável à cláusula compromissória na arbitragem internacional. *Revista de Arbitragem e Mediação*, nº 67, out./dez., 2020, p. 241-268, p. 255.

[479] Como mencionado supra, as principais questões que terão a solução condicionada à verificação da lei aplicável à cláusula compromissória são: (i) validade formal da convenção de arbitragem; (ii) capacidade das partes para concluir a convenção de arbitragem; (iii) possibilidade dos representantes das partes concluírem a convenção de arbitragem; (iv) formação e existência da convenção de arbitragem; (v) validade substancial e legalidade da convenção de arbitragem; (vi) não arbitrabilidade e arbitrabilidade objetiva; (vii) identificação das partes em relação à convenção de arbitragem; (viii) efeitos da convenção de arbitragem; (ix) meios de efetivação da convenção de arbitragem; (x) interpretação da convenção de arbitragem; (xi) extinção da convenção de arbitragem; (xii) transmissão da convenção de arbitragem e (xiii) renúncia ao direito de arbitrar.

PARTE IV · Capítulo 15 · A AUTONOMIA DA CONVENÇÃO DE ARBITRAGEM | 615

bifurcação do procedimento, ou seja, a divisão da arbitragem em duas fases distintas para lidar respectivamente com mérito e jurisdição. Em caso de bifurcação, as partes incorrerão em custos para apresentarem submissões restritas à questão da lei aplicável à cláusula compromissória e à sua validade, além de honorários dos árbitros – os quais podem ainda precisar de alguns meses para prolatar a sentença parcial de jurisdição. Tais despesas são provavelmente muito menores do que os gastos que seriam incorridos durante a negociação do contrato para resolver a problemática da lei aplicável à cláusula arbitragem de forma amigável e definitiva"[480].

Portanto, a escolha expressa de lei de regência da cláusula compromissória é ferramenta útil quando a lei do contrato e a lei da sede não forem a mesma[481], o que ocorre com frequência no caso dos contratos internacionais. Em arbitragens domésticas ou em arbitragens com elementos de internacionalidade, mas que a nacionalidade da lei de arbitragem coincida com a nacionalidade da lei de regência do mérito da causa, a escolha expressa da lei à cláusula compromissória não terá tanta relevância. Isso porque a coincidência entre a lei do contrato e a lei da sede é indicador suficientemente forte para permitir a inferência de que essa também será a lei de regência da cláusula compromissória.

§ 56. DEFINIÇÃO DA LEI APLICÁVEL À CLÁUSULA COMPROMISSÓRIA

1. Âmbito de aplicação da abordagem pró-validade na escolha de lei aplicável

Nos cenários em que não há, no instrumento do contrato, uma escolha expressa de lei por parte das partes para reger a cláusula compromissória, pode-se estar diante de uma escolha tácita. Nesse sentido, há tendencialmente duas opções que despontam como as principais: a escolha tácita pela lei do contrato reger a cláusula compromissória (*lex causae*), ou a escolha tácita pela lei da sede da arbitragem (*lex arbitri*).

O direito material que rege as questões substantivas e o direito aplicável à arbitragem são, por certo, os elementos que preponderantemente polarizam as discussões no cenário da arbitragem internacional. Por essa razão, natural que as partes venham tacitamente a escolher uma das dessas para reger a cláusula compromissória. Entretanto, antes de se partir para a análise dos critérios da escolha tácita, dos argumentos em favor da aplicação da lei do contrato material ou da sede da arbitragem à cláusula compromissória, mostra-se necessário dar um passo atrás e averiguar qual é a questão de fundo a ser resolvida.

Isso porque, em uma quantidade significativa de situações, a determinação da lei aplicável à cláusula compromissória não é dotada de relevância prática. Ou seja, em regra, as divergências entre as partes ora se situam nos aspectos materiais, a serem resolvidos através da *lex causae*, ou em aspectos eminentemente processuais, regidos pela *lex arbitri*.

A partir daí, importa ter em vista quais as razões que podem levar às partes a discutir a lei aplicável à cláusula compromissória. Nesse sentido, conforme observado, há doze principais aspectos da arbitragem cuja resposta estará condicionada à lei de regência da

---

[480] OHLROGGE, Leonardo; SAYDELLES, Rodrigo Salton Rotunno. Lei aplicável à cláusula compromissória na arbitragem internacional. *Revista de Arbitragem e Mediação*, nº 67, out./dez., 2020, p. 241-268, p. 264.

[481] REDFERN, Alan; HUNTER, Martin; BLACKABY, Nigel; PARTASIDES, Constantine. *Redfern and Hunter on International Arbitration*. Oxford: Oxford University Press, 2015, p. 310.

CONVENÇÃO DE ARBITRAGEM – *Fichtner • Tolentino • Polastri • Salton*

cláusula compromissória. Desses aspectos, é possível estabelecer uma *summa divisio*, a partir do plano do negócio jurídico no qual reside a controvérsia:

Aspectos relacionados à validade da convenção de arbitragem	Aspectos relacionados à eficácia da convenção de arbitragem
(i) validade formal da convenção de arbitragem; (ii) capacidade das partes para concluir a convenção de arbitragem; (iii) possibilidade de os representantes das partes concluírem a convenção de arbitragem; (iv) validade substancial e legalidade da convenção de arbitragem; (v) não arbitrabilidade e arbitrabilidade objetiva;	(i) identificação das partes em relação à convenção de arbitragem; (ii) efeitos da convenção de arbitragem; (iii) meios de efetivação da convenção de arbitragem; (iv) interpretação da convenção de arbitragem; (v) extinção da convenção de arbitragem; (vi) transmissão da convenção de arbitragem; (vii) renúncia ao direito de arbitrar.

De um lado, estão as questões atinentes à validade da convenção de arbitragem e, de outro, os problemas relacionados ao plano da eficácia. O estabelecimento dessa dimensão analítica é de suma importância. Quando se está diante de um problema de validade da cláusula compromissória, o elemento que deve ser aplicado para determinar a lei aplicável é o princípio do *favorem validitatis*. Diante de problemas relacionados à eficácia, utiliza-se os outros elementos para se aferir qual é a escolha tácita ou se, ao contrário, não há escolha e a lei de regência da cláusula compromissória é uma lacuna.

Sobre as questões referentes à existência e à formação da convenção de arbitragem, não é possível aplicar o princípio *favorem validitatis* como forma de descobrir a lei aplicável à cláusula compromissória. No entanto, esse princípio atua apenas no plano da validade, e não no da existência. Não é possível criar o consentimento, artificialmente, onde ele não existe. Dessa forma, caso esteja em disputa questão referente à formação da convenção de arbitragem, a definição da lei aplicável não poderá ser resolvida por meio do princípio do favor arbitral. Assim, há de se identificar a existência de escolha tácita de lei ou recorrer ao critério subsidiário proposto pela Convenção de Nova Iorque.

Esse racional foi aplicado no caso *Kabab-Ji v. Kout Food*, no qual a Suprema Corte do Reino Unido se posicionou no sentido de que

> "the validation principle is a principle of contractual interpretation. It applies where the parties to the dispute have agreed to resolve disputes by arbitration and seeks to uphold their presumed intention that their agreement should be legally effective. The validation principle presupposes that an agreement has been made which may or may not be valid. It is not a principle relating to the formation of contracts which can be invoked to create an agreement which would not otherwise exist. There is no reason to approach the question whether parties to a dispute have made any agreement at all with each other with any presumption that they did so"[482].

Dessa forma, quando a necessidade de se definir a lei aplicável à cláusula compromissória disser respeito à uma questão atinente à validade, recomendável a aplicação do princípio *favorem validitatis*, privilegiando enquanto escolha tácita de lei pelas partes

---

[482] Reino Unido, Supreme Court of the United Kingdom, Kabab-Ji SAL (Lebanon) (Appellant) v Kout Food Group (Kuwait) (Respondent), 27 October 2021.

aquele que puder conferir efeito útil[483]. Porém, quando o problema versar sobre um aspecto atinente ao plano da eficácia da cláusula compromissória, a abordagem pró-validade não oferece critério hermenêutico apto a indicar qual deve ser a lei aplicável. Assim, para esse grupo de questões, deve-se atentar para os elementos que podem indicar a escolha implícita de uma lei para reger a cláusula compromissória.

2. Abordagem pró-validade (*"validation principle"* /*"in favorem validitatis"*)

O princípio pró-validade[484], correspondente ao *"validation principle"* /*"in favorem validitatis"*. É o primeiro filtro a se ter em conta quando da procura por uma escolha tática de lei aplicável à cláusula compromissória. Mediante esse princípio, se diante de diferentes sistemas legislativos potencialmente aplicáveis à cláusula compromissória, um indicar a inexistência ou invalidade e a outro indicar a validade, essa deve ser preferida, permitindo o prosseguimento da arbitragem[485].

No contexto de arbitragem internacional, com partes oriundas de diversos países, é natural que os contratantes não tenham o domínio do ordenamento jurídico da contraparte negocial. Por essa razão, inclusive, é possível que as partes acordem que governará a sua relação jurídica o direito de um terceiro país ou algum instrumento normativo internacional (*v.g.*, Princípios do UNIDROIT, os PECL – *Principles os European Contract Law* ou a CISG).

Assim, evita-se que uma parte tenha algum tipo de vantagem na relação contratual por essa ser regida pelo seu direito doméstico. Não por outra razão, a sede da arbitragem, no contexto do comércio internacional, frequentemente é um terceiro país neutro, ou seja, um país que não é o país de origem de nenhuma das partes contratantes[486]. Se, por um lado, a opção por legislações neutras em relação às partes pode evitar certas disparidades, por outro, é um elemento potencialmente indutor de assimetrias informativas. Ora,

---

[483] A defesa da abordagem pró-validade também é feita por Leonardo Ohlrogge: "Em síntese, a abordagem pró-validade satisfaz a preocupação de tornar a arbitragem internacional um mecanismo eficiente de resolução de controvérsias, sendo compatível com as disposições da Convenção de Nova Iorque, e supera parte da complexidade e incerteza do método tradicional de análise da lei aplicável. Assim, diante de uma disputa de lei aplicável que potencialmente pode levar à invalidade da cláusula compromissória, deve-se dar prevalência ao ordenamento que assegure a arbitrabilidade da controvérsia." (OHLROGGE, Leonardo; SAYDELLES, Rodrigo Salton Rotunno. Lei aplicável à cláusula compromissória na arbitragem internacional. *Revista de Arbitragem e Mediação*, vol. 67, p. 241-268, out./dez., 2020, p. 11. DTR 2020/14761).

[484] OHLROGGE, Leonardo; SAYDELLES, Rodrigo Salton Rotunno. Lei aplicável à cláusula compromissória na arbitragem internacional. *Revista de Arbitragem e Mediação*, vol. 67, p. 241-268, out./dez., 2020, p. 10. DTR 2020/14761.

[485] BORN, Gary. The Law Governing International Arbitration Agreements: an international perspective. In: *Singapore Academy of Law Journal*, 2014, p. 834.

[486] "Em regra, a lex causae é diferente da lex arbitri, na medida em que a arbitragem usualmente ocorre em um país neutro, em que nenhuma das partes têm vínculos. Segundo Adriana Braghetta, haveria um anseio na comunidade internacional para desvincular-se da lei da sede, pois diferentemente do juiz, o árbitro não teria fórum (estando adstrito única e exclusivamente ao regulamento da instituição)." (CIRNE LIMA, Paula Eppinghaus. A Escolha da Lei Aplicável à Convenção de Arbitragem. *Revista Jurídica Luso Brasileira*, Ano 4, nº 3, 2019, p. 1219-1249, p. 1229).

mesmo ordenamentos jurídicos de países integrantes das mesmas famílias apresentam diferenças significativas[487].

Dessa forma, a aplicação do princípio pró-validade serve como um antídoto às idiossincrasias das leis domésticas, sendo perfeitamente compatível com as peculiaridades da arbitragem comercial internacional[488], pois parte do princípio da intenção unívoca das partes em arbitrar[489].

Portanto, atua enquanto elemento poderoso em identificar qual deve ser a lei aplicável à cláusula compromissória. Não se pode olvidar que a declaração de vontade, enquanto manifestação da autonomia privada, age em dupla dimensão: por um lado, serve para determinar o surgimento de deveres contratuais, por outro, atua enquanto ato de comunicação de determinada conduta, sendo um fato social gerador de expectativas legítimas objetivamente averiguáveis[490].

Dessa sorte, a declaração de vontade contratual que deu origem à cláusula compromissória, mesmo antes de adentrar no mundo jurídico, é em si mesma um fato social. E, enquanto fato social, produz efeitos concretos – independentemente ou não da sua posterior entrada no mundo do direito. Nesse sentido, não é razoável de se considerar que as partes contratantes declarem a sua vontade no sentido de arbitrar esperando internamente que a sua declaração negocial não venha a produzir efeitos jurídicos por conta de um vício de existência ou de validade. Não é compatível com a seriedade mínima que se espera nos contatos negociais que uma parte venha propositalmente a dar origem a um contrato inválido[491].

---

[487]   Por exemplo, a *common law* inglesa apresenta diferenças consideráveis em relação à *common law* estadunidense; por sua vez, dentro da *civil law* essas diferenças também existem: o direito brasileiro, argentino, chileno, português, espanhol, francês, italiano e alemão – embora integrantes da mesma família – são dotados de peculiaridades próprias e possuem concepções diversas acerca de múltiplos temas. Sobre a distinção entre as famílias jurídicas, bem como a necessidade de se atentar às diferenças existentes entre os diversos ordenamentos jurídicos: DAVID, René. *Os grandes sistemas do direito contemporâneo*. 5ª ed. São Paulo: Martins Fontes, 2014; DAVID, René. *O Direito Inglês*. São Paulo: Martins Fontes, 2000; SACCO, Rodolfo. *Introdução ao Direito Comparado*. Véra Jacob de Fradera (Trad.). São Paulo: Revista dos Tribunais, 2001; SIEMS, Mathias. *Comparative Law*. 2ª ed. Cambridge: Cambridge University Press, 2018; VICENTE, Dario Moura. *Direito Comparado*. vol. 1. 4ª ed. Coimbra: Almedina, 2019; VICENTE, Dario Moura. *Direito Comparado*. vol. 2. 4ª ed. Coimbra: Almedina, 2019; ZITSCHER, Harriet Christiane. *Introdução ao Direito Civil Alemão e Inglês*. Belo Horizonte: Del Rey, 1999.

[488]   BORN, Gary. *International Commercial Arbitration*. 2nd ed. Alphen aan den Rijn: Kluwer Law International, 2014, p. 522.

[489]   NAZZINI, Renato. The Law Applicable to the Arbitration Agreement: Towards Transnational Principles. *International and Comparative Law Quarterly*, vol. 65, 2016, p. 698.

[490]   MARTINS-COSTA, Judith. *A Boa-fé no Direito Privado*: Critérios para a sua Aplicação. 2ª ed. São Paulo: Saraiva, 2018, p. 250.

[491]   Nesse sentido: "ao se discutir a validade da convenção de arbitragem, deve-se priorizar a aplicação do ordenamento jurídico que a legitime; diferentemente, ao se discutir outras das questões relacionadas à determinação da lei aplicável à convenção de arbitragem, segue-se a abordagem tradicional. Assim, o princípio pró-validade funciona como um filtro na escolha da lei aplicável a partir das questões controvertidas. Mesmo diante da tensão existente entre a lei do contrato e a lei da sede, seria improvável de se considerar que, implicitamente, as partes escolheram uma lei que levasse à invalidade da cláusula compromissória. Ora, se não é expresso no contrato qual a lei a essa aplicável, ao menos a inserção de uma cláusula compromissória – inequivocamente –

PARTE IV · Capítulo 15 · A AUTONOMIA DA CONVENÇÃO DE ARBITRAGEM | 619

Por essa razão, em um cenário hipotético em que a aplicação da lei da sede da arbitragem à cláusula compromissória culminasse com a sua invalidade, enquanto a aplicação da lei que rege o contrato material conduzisse na sua plena validade – infere-se que a intenção comum das partes foi no sentido de sujeitar a cláusula compromissória ao ordenamento que assegura a sua validade. Ou seja, presume-se que a vontade das partes é resumida pela intenção de arbitrar. E essa intenção, enquanto expressão máxima da autonomia da vontade, é, em última análise, a própria liberdade individual, constitucionalmente consagrada e protegida nos ordenamentos hodiernos.

O oposto também é verdadeiro: se a aplicação da lei que rege a relação contratual leva à invalidade, enquanto a aplicação da lei da sede da arbitragem indica a validade da cláusula compromissória, é seguro inferir que as partes tacitamente optaram por a sujeitar ao ordenamento jurídico que lhe conferisse validade.

Ou seja, diante da possibilidade de aplicação de dois ordenamentos à cláusula compromissória, um que implique na sua invalidade e outro que lhe confira validade, por força do princípio *in favorem validitatis*, deve ser aplicado o ordenamento jurídico que conduza à validade da convenção de arbitragem – quer seja a *lex causae*, quer seja a *lex arbitri*. Espera-se que partes negociais razoáveis contratem no sentido de conferir validade às suas declarações negociais.

3. Reconhecimento internacional da abordagem pró-validade

Em termos internacionais, é possível observar que a abordagem pró-validade é encampada explicitamente em certos países. Nesse sentido, o art. 178(2) da Lei Suíça[492], o 51.º, n. 1, da Lei de Arbitragem Voluntária Portuguesa[493] e no art. 9.6 da Lei de Arbitragem Espanhola[494]. Igualmente, esse princípio está subjacente art. V, 1(a) da Convenção de

---

demonstra a intenção de que eventuais controvérsias sejam dirimidas por arbitragem. A partir daí, é possível inferir a vontade de conferir validade à convenção de arbitragem, aplicando-se, portanto, o ordenamento jurídico que suporte a arbitrabilidade do conflito. A escolha pela arbitragem internacional tem por objetivo principal de ter um meio neutro e eficiente de resolução das disputas comerciais, em que a resolução da controvérsia é priorizada em detrimento das objeções jurisdicionais e da rigidez que retardam o andamento do processo nas cortes estatais." (OHLROGGE, Leonardo; SAYDELLES, Rodrigo Salton Rotunno. Lei aplicável à cláusula compromissória na arbitragem internacional. *Revista de Arbitragem e Mediação*, vol. 67, p. 241-268, out./dez., 2020, p. 10. DTR 2020/14761).

[492] Suíça, IPRG, art. 178 (III) (2): "Furthermore, an arbitration agreement is valid if it conforms either to the law chosen by the parties, or to the law governing the subject matter of the dispute, in particular the main contract, or to Swiss law."

[493] Portugal, LAV, art. 51.º, n. 1: "Tratando-se de arbitragem internacional, entende-se que a convenção de arbitragem é válida quanto à substância e que o litígio a que ele respeita é susceptível de ser submetido a arbitragem se se cumprirem os requisitos estabelecidos a tal respeito ou pelo direito escolhido pelas partes para reger a convenção de arbitragem ou pelo direito aplicável ao fundo da causa ou pelo direito português."

[494] Espanha, Ley 60/2003, art. 9.6 (6): "Cuando el arbitraje fuere internacional, el convenio arbitral será válido y la controversia será susceptible de arbitraje si cumplen los requisitos establecidos por las normas jurídicas elegidas por las partes para regir el convenio arbitral, o por las normas jurídicas aplicables al fondo de la controversia, o por el derecho español."

Nova Iorque[495], tal qual foi observado quando do julgamento do caso *Rhone Mediterranee v. Achille Lauro*[496].

A Suprema Corte do Reino Unido definiu, no caso *Kabab-Ji v. Kout Food*, que o princípio pró-validade é "this is the principle that contractual provisions, including any choice of law provision, should be interpreted so as to give effect to, and not defeat or undermine, the presumed intention that an arbitration agreement will be valid and effective"[497]. Ou seja, materialmente, é uma forma de garantir a validade de contratos que, a partir de determinada interpretação, seriam considerados nulos ou anuláveis.

A lei de arbitragem brasileira, contudo, não adotou expressamente esse princípio. Porém, entende-se que ele está subentendido no substrato da LARb – que foi inovadora na ordem jurídica brasileira justamente por conferir efetividade à arbitragem e permitiu a sua difusão no país[498]. Analogamente, no âmbito do direito material[499], é possível se chegar à mesma conclusão a partir do princípio do *favor contractus*, reconhecido no ordenamento jurídico de diversos países, por exemplo, no art. 1.367[500] do Código Civil Italiano, no art. 1.191 do Código Civil Francês[501], no art. 1.284 do Código Civil Espanhol[502], no art. 1.562 do Código Civil Chileno[503] e no art. 1.853 do Código Civil Mexicano[504], além de também estar presente no art. 4.5. dos princípios do UNIDROIT[505]. O *favor contractus*, para além regra de interpretação do negócio jurídico, representa um método de conservação, trazendo maior efetividade para a vontade declarada pelas partes[506].

---

[495] BORN, Gary. *International Commercial Arbitration*. 3ª ed. The Hague: Kluwer Law International, 2021, p. 530.

[496] Estados Unidos, District Court, Virgin Islands, Rhone Mediterranee v. Achille Lauro, 06.07.1983.

[497] Reino Unido, Supreme Court of the United Kingdom, Kabab-Ji SAL (Lebanon) (Appellant) v Kout Food Group (Kuwait) (Respondent), 27 October 2021.

[498] FICHTNER, José Antonio; et al. Teoria Geral da Arbitragem. São Paulo: Editora Forense, 2019, p. 25-32.

[499] Tema também tratado no Capítulo 3.

[500] Itália, Code de Procedura Civile, art. 1.367: "Nel dubbio, il contratto o le singole clausole devono interpretarsi nel senso in cui possono avere qualche effetto, anziché in quello secondo cui non ne avrebbero alcuno (1424)."

[501] França, Code de Procédure Civile, art. 1.191: "Lorsqu'une clause est susceptible de deux sens, celui qui lui confère un effet l'emporte sur celui qui ne lui em fait produire aucun."

[502] Espanha, Código Civil, art. 1.284: "Si alguna cláusula de los contratos admitiere diversos sentidos, deberá entenderse en el más adecuado para que produzca efecto."

[503] Chile, Código Civil, art. 1.562: "El sentido en que una cláusula puede producir algún efecto, deberá preferirse a aquel en que no sea capaz de producir efecto alguno."

[504] México, Código Civil, art. 1.853: "Si alguna cláusula de los contratos admitiere diversos sentidos, deberá entenderse en el más adecuado para que produzca efecto."

[505] Os termos de um contrato devem ser interpretados de modo a que se dê efeito a todos eles, ao invés de privar quaisquer deles de efeito.

[506] GLITZ, Frederico Eduardo Zenedin. Favor contractus: alguns apontamentos sobre o princípio da conservação do contrato no Direito positivo brasileiro e no Direito comparado. *Revista do Instituto do Direito Brasileiro da Faculdade de Direito da Universidade de Lisboa*, vol. 1, 2013, p. 488-505.

No Brasil, percebe-se que o art. 170 do Código Civil[507], tal qual ocorre no direito alemão (§ 140 do BGB)[508] e português (art. 293 do Código Civil Português)[509], explicita a segunda dimensão do *favor contractus*. Todavia, esse também assume à luz do ordenamento nacional a dimensão interpretativa, fazendo prevalecer, enquanto regra geral, o entendimento no sentido de que – diante de potencial ambiguidade, deve-se dar preferência para o sentido que permita a produção de efeito útil[510]. Assim, é possível vislumbrar uma ideia comum subjacente tanto ao *favor contractus* quanto ao *in favorem validitatis*, isto é, a busca pela maximização da manifestação de vontade das partes, preferindo – sempre que possível – conceder efeito útil[511].

Diferentemente do que ocorre em âmbito doméstico, na casuística internacional a abordagem pró-validade vem encontrando significativo respaldo. Por exemplo, pode-se citar o caso *Hamlyn & Co v. Talisker Distillery*[512]. Nesse julgado, envolvendo uma parte inglesa e outra escocesa, foi debatido qual de duas leis seria aplicável à cláusula compromissória.

A questão adquiriu relevância a partir da circunstância de que, a partir da aplicação da lei escocesa, haveria a invalidade da cláusula arbitral. Dessa forma, o Tribunal, seguindo a orientação conferida pelo princípio, optou pela lei que conferia validade à convenção de arbitragem. Destaca-se o seguinte trecho do inteiro teor:

---

[507] Código Civil, art. 170: "Se, porém, o negócio jurídico nulo contiver os requisitos de outro, subsistirá este quando o fim a que visavam as partes permitir supor que o teriam querido, se houvessem previsto a nulidade."

[508] Alemanha, BGB, § 140: Entspricht ein nichtiges Rechtsgeschäft den Erfordernissen eines anderen Rechtsgeschäfts, so gilt das letztere, wenn anzunehmen ist, dass dessen Geltung bei Kenntnis der Nichtigkeit gewollt sein würde. (Se um negócio jurídico nulo atender aos requisitos de outro negócio jurídico, considera-se que o último foi realizado, se for assumido que sua validade seria pretendida se houvesse conhecimento da invalidade).

[509] Portugal, Código Civil, art. 293: "O negócio nulo ou anulado pode converter-se num negócio de tipo ou conteúdo diferente, do qual contenha os requisitos essenciais de substância e de forma, quando o fim prosseguido pelas partes permita supor que elas o teriam querido, se tivessem previsto a invalidade."

[510] GOMES, Orlando. *Contratos*. 26ª ed. Rio de Janeiro: Editora Forense, 2009, p. 247.

[511] Nesse sentido, argumenta Leonardo Ohlrogge: "Dessa forma, atentando-se aos aspectos de direito material da cláusula compromissória, pode-se recorrer ao princípio do *favor contractus* para justificar que o contrato seja interpretado de modo a garantir a sua validade. Em outras palavras, havendo dúvidas sobre qual a lei de regência da cláusula compromissória, pode-se utilizar o *favor contractus* enquanto postulado hermenêutico, dando-se prevalência à vertente interpretativa que maximiza a eficácia da cláusula compromissória, não a invalidando. Portanto, por meio da abordagem pró-validade, quer seja pela vertente procedimental através do *validation principle* ou da vertente material em razão do *favor contractus*, deve-se, diante de um conflito acerca de qual é a lei aplicável à cláusula compromissória, se perguntar se há de modo subjacente um questionamento acerca da validade. Se a resposta for afirmativa, prioriza-se a aplicação do ordenamento jurídico – quer o aplicável ao contrato, quer o aplicável na sede da arbitragem – que confira validade." (OHLROGGE, Leonardo; SAYDELLES, Rodrigo Salton Rotunno. Lei aplicável à cláusula compromissória na arbitragem internacional. *Revista de Arbitragem e Mediação*, vol. 67, p. 241-268, out./dez., 2020, p. 11. DTR 2020/14761). Abordagem semelhante, sempre procurando conceder efeito útil à cláusula compromissória, pode ser encontrada em: BORN, Gary. The Law Governing International Arbitration Agreements: an international perspective. *Singapore Academy of Law Journal*, 2014, p. 835.

[512] Reino Unido, House of Lords, Hamlyn & Co v. Talisker Distillery AC 202, 1984.

"whereas the arbitration clause becomes mere waste paper if it is held that the parties were contracting on the basis of the application of the law of Scotland, which would at once refuse to acknowledge the full efficacy of a clause so framed. It is more reasonable to hold that the parties contracted with the common intention of giving effect to every clause, rather than of mutilating or destroying one of the most important provisions"[513].

Porém, em sede internacional, o julgado emblemático quando se trata sob o tema da lei aplicável à cláusula compromissória é o caso SulAmérica *v. Enesa*[514]. Esse caso contém uma análise aprofundada, feita pela Corte de Apelação Inglesa, acerca da questão da lei aplicável à convenção de arbitragem[515]. A discussão temática tem por origem um grupo de construtoras que contratou seguro para cobrir os riscos referentes a construção de uma usina hidroelétrica no Brasil. Em março de 2011, alguns incidentes ocorreram, levando o acionamento das apólices[516]. Contudo, as seguradoras recusaram a indenizar o sinistro, e, após tentativas frustradas de acerto, as seguradoras deram origem ao processo arbitral em Londres[517-518].

Como resposta, para tentar impedir o prosseguimento da arbitragem, as construtoras ajuizaram ação no Tribunal de Justiça de São Paulo para obter uma tutela inibitória em relação à arbitragem (*antisuit injunction*)[519]. As seguradoras reagiram à ação proposta no Brasil, procurando a *Commercial Court* do Reino Unido para obstar o ajuizamento da *antisuit injuction* no Brasil, que foi deferido[520]. Dessa forma, a Enesa, uma das construtoras envolvidas, recorreu, afirmando não estar sujeita à cláusula compromissória[521].

---

[513] Reino Unido, House of Lords, Hamlyn & Co v. Talisker Distillery AC 202, 1984.

[514] Reino Unido, England and Wales Court of Appeal, Sul América Cia Nacional De Seguros S.A v. Enesa Engenharia S.A., EWCA civ 638, 2012.

[515] Outras análises do caso SulAmérica podem ser encontradas em: CIRNE LIMA, Paula Eppinghaus. A Escolha da Lei Aplicável à Convenção de Arbitragem. *Revista Jurídica Luso Brasileira*, Ano 4, n° 3, 2019, p. 1219-1249, p. 1238-1243; WALD, Arnoldo; BORJA, Ana Gerdau de; VIEIRA, Maíra de Melo. A posição dos tribunais brasileiros em matéria de arbitragem no último biênio (2011-2012). *Revista de Arbitragem e Mediação*, São Paulo, v. 09, n. 35, p. 15-31, out./dez. 2012, p. 7; PERETTI, Luís Alberto Salton. Caso Jirau: decisões na Inglaterra e no Brasil ressaltam métodos e reações distintas na determinação da lei aplicável à convenção de arbitragem. *Revista Brasileira de Arbitragem*, São Paulo, n. 37, p. 29-49, jan./mar. 2013; MARQUES, Ricardo Dalmaso. A lei aplicável a cláusulas arbitral na arbitragem comercial internacional. Revista Brasileira de Arbitragem, São Paulo, v. 12, n. 47, p. 7-37, jul./set. 2015; SANTOS, Maurício Gomm; BEIRÃO, Fernanda Giorgio. O caso Jirau. In: *I Dia Gaúcho da Arbitragem*. Porto Alegre: Lex Magister, 2015.

[516] Reino Unido, England and Wales Court of Appeal, Sul América Cia Nacional De Seguros S.A v. Enesa Engenharia S.A., EWCA civ 638, 2012, §2°.

[517] A ARIAS (Aida Reinsurance and Insurance Arbitration Society) era a instituição arbitral responsável.

[518] Reino Unido, England and Wales Court of Appeal, Sul América Cia Nacional De Seguros S.A v. Enesa Engenharia S.A., EWCA civ 638, 2012, §3°.

[519] Reino Unido, England and Wales Court of Appeal, Sul América Cia Nacional De Seguros S.A v. Enesa Engenharia S.A., EWCA civ 638, 2012, §3°.

[520] Reino Unido, England and Wales Court of Appeal, Sul América Cia Nacional De Seguros S.A v. Enesa Engenharia S.A., EWCA civ 638, 2012, §3°.

[521] Reino Unido, England and Wales Court of Appeal, Sul América Cia Nacional De Seguros S.A v. Enesa Engenharia S.A., EWCA civ 638, 2012, §6°.

PARTE IV · Capítulo 15 · A AUTONOMIA DA CONVENÇÃO DE ARBITRAGEM | **623**

A argumentação estava fundamentada no fato de que a lei brasileira, escolhida pelas partes por meio de cláusula de escolha de lei, seria a lei aplicável à cláusula compromissória[522], trazendo a incidência do art. 4º, § 2º, da LARb[523], que condiciona a eficácia da cláusula arbitral ao consentimento do aderente de um contrato de adesão, como era o caso, por se tratar de um contrato de seguro.

Assim, para decidir a controvérsia, o Tribunal precisou determinar qual a lei aplicável à cláusula compromissória: a lei escolhida pelas partes para reger o contrato (lei brasileira) ou a lei da sede da arbitragem (Lei do Reino Unido). Dessa forma, a Corte de Apelação Inglesa estabeleceu um "teste", dividido em três estágios, para determinar qual deve ser o direito que rege à cláusula compromissória: (i) em primeiro lugar, deve-se observar se as partes fizeram uma escolha expressa de lei, independentemente do direito aplicável ao contrato como um todo; (ii) em segundo lugar, diante da ausência de escolha expressa, verificar se há, então, uma escolha tácita de lei; e, (iii) em terceiro lugar, não havendo nem escolha expressa nem escolha tácita, deve-se considerar qual o direito com a "conexão real e mais próxima" em relação à convenção de arbitragem[524].

Na sua análise, a Corte de Apelação levou em consideração outras duas peculiaridades do caso, para chegar à conclusão de que o direito brasileiro não deveria ser o aplicável à convenção arbitral. A primeira consideração foi a de que as partes desejaram que o direito inglês fosse aplicável à condução e à supervisão do procedimento, ao eleger Londres como a sede da arbitragem[525]. Por conseguinte, haveria uma sugestão de que as partes, implicitamente, concordaram que o direito inglês fosse governar todos os aspectos relacionados a convenção de arbitragem[526]. A segunda consideração foi a de que a aplicação da lei brasileira implicaria que a instauração da arbitragem fosse condicionada à vontade do aderente[527]. Contudo, o Tribunal entendeu que não parecia ser a intenção das partes que a cláusula compromissória fosse eficaz apenas se o aderente assim o quisesse, tornando a cláusula compromissória assimétrica[528].

A partir desses argumentos, a Corte de Apelação estabeleceu que *in casu* não havia nem uma escolha expressa de lei, nem uma escolha implícita em favor da lei brasileira[529]. Dessa forma, aplicando o critério da "conexão real e mais próxima", concluiu-se que o

---

[522] Reino Unido, England and Wales Court of Appeal, Sul América Cia Nacional De Seguros S.A v. Enesa Engenharia S.A., EWCA civ 638, 2012, §3º.

[523] Lei de Arbitragem, art. 4º, §2º: "Nos contratos de adesão, a cláusula compromissória só terá eficácia se o aderente tomar a iniciativa de instituir a arbitragem ou concordar, expressamente, com a sua instituição, desde que por escrito em documento anexo ou em negrito, com a assinatura ou visto especialmente para essa cláusula."

[524] Reino Unido, England and Wales Court of Appeal, Sul América Cia Nacional De Seguros S.A v. Enesa Engenharia S.A., EWCA civ 638, 2012, §25º.

[525] Reino Unido, England and Wales Court of Appeal, Sul América Cia Nacional De Seguros S.A v. Enesa Engenharia S.A., EWCA civ 638, 2012, §29º.

[526] Reino Unido, England and Wales Court of Appeal, Sul América Cia Nacional De Seguros S.A v. Enesa Engenharia S.A., EWCA civ 638, 2012, §29º.

[527] Reino Unido, England and Wales Court of Appeal, Sul América Cia Nacional De Seguros S.A v. Enesa Engenharia S.A., EWCA civ 638, 2012, §30º.

[528] Reino Unido, England and Wales Court of Appeal, Sul América Cia Nacional De Seguros S.A v. Enesa Engenharia S.A., EWCA civ 638, 2012, §30º.

[529] Reino Unido, England and Wales Court of Appeal, Sul América Cia Nacional De Seguros S.A v. Enesa Engenharia S.A., EWCA civ 638, 2012, §31º.

direito inglês deveria reger a cláusula compromissória, vez que era o aplicável na sede da arbitragem[530]. A decisão SulAmérica, além de ter inovado, ao estabelecer um sistema trifásico para análise da lei aplicável à cláusula compromissória –, trouxe implícita, na sua argumentação esposada, a abordagem pró-validade. A preocupação da invalidade de cláusula compromissória, caso fosse aplicável a LARb, como explicitado pela própria decisão, foi fator de extrema relevância[531].

Já em 2020, no caso *Enka Insaat Ve Sanayi v. OOO Insurance Company Chubb & Ors*[532], julgado pela Suprema Corte Inglesa, a abordagem pró-validade foi então expressamente consagrada como importante fator de determinação da lei aplicável à cláusula compromissória. Destaca-se o seguinte trecho:

> "Additional factors which may, however, negate such an inference and may in some cases imply that the arbitration agreement was intended to be governed by the law of the seat are: [...] (b) the existence of a serious risk that, if governed by the same law as the main contract, the arbitration agreement would be ineffective. [...] In that case the potential invalidity of a significant clause in a contract was relied on as indicating the law intended to govern the entire contract. Where the clause in question is an arbitration clause, because of its severable character its putative invalidity may support an inference that it was intended to be governed by a different law from the other provisions of the contract – or may at least negate an inference that the law generally applicable to the contract was intended to apply to the arbitration clause"[533].

Percebe-se que, quando se está diante de um problema de validade da convenção de arbitragem, existe uma forte tendência de se optar por aplicar à convenção de arbitragem a lei que permite reconhecer a sua juridicidade. O que a abordagem *in favorem validitatis* é incapaz de fazer é criar consentimento artificialmente onde esse não está presente. A base de interpretação da convenção de arbitragem, em respeito à vontade e à liberdade dos sujeitos de direito, é conferir-lhe, ao máximo, efeito útil. Nesse sentido, diante da inexistência de escolha expressa, havendo questão referente à validade – e não existência ou eficácia – da convenção de arbitragem, a abordagem pró-validade pode servir de critério de determinação da lei aplicável à convenção de arbitragem.

4. Escolha tácita da lei aplicável à cláusula compromissória

Diante da ausência de escolha expressa de lei de regência da cláusula compromissória, e necessitando-se resolver questão que não seja atrelada ao plano da validade do negócio jurídico arbitral, deve-se averiguar se as partes não escolheram implicitamente uma lei

---

[530] Reino Unido, England and Wales Court of Appeal, Sul América Cia Nacional De Seguros S.A v. Enesa Engenharia S.A., EWCA civ 638, 2012, §32º.

[531] Também analisando o caso SulAmérica em abordagem semelhante: (OHLROGGE, Leonardo; SAYDELLES, Rodrigo Salton Rotunno. Lei aplicável à cláusula compromissória na arbitragem internacional. *Revista de Arbitragem e Mediação*, vol. 67, p. 241-268, out./dez., 2020, p. 03. DTR 2020/14761).

[532] Reino Unido, Supreme Court, Enka Insaat v. Sanayi v. OOO "Insurance Company Chubb" & Ors, UKSC 38, 2020.

[533] Reino Unido, Supreme Court, Enka Insaat v. Sanayi v. OOO "Insurance Company Chubb" & Ors, UKSC 38, 2020.

PARTE IV · Capítulo 15 · A AUTONOMIA DA CONVENÇÃO DE ARBITRAGEM | **625**

para governar a cláusula compromissória. Nesse cenário, como já mencionado, as duas leis que se candidatam primordialmente são a *lex causae* e a *lex arbitri*.

A razão pela preferência por uma dessas leis é simples: por um lado, pode-se entender que as partes vislumbram a cláusula compromissória apenas como uma cláusula de uma relação contratual complexa, razão pela qual seria lógico aplicar-lhe a *lex causae*. De outro, argumenta-se que a escolha da sede da arbitragem, por ser elemento de extrema relevância no contexto da arbitragem internacional, polariza as questões referentes à jurisdição arbitral, assim, lógico aplicar à cláusula compromissória a *lex arbitri*.

Dessa forma, destaca-se que são duas posições perfeitamente razoáveis e sustentáveis, havendo divergências, na casuística internacional, sobre como abordar a questão. Porém, é possível estabelecer algumas balizas de como lidar com a identificação de uma escolha tácita de lei para reger a cláusula compromissória.

5. A lei de regência do contrato enquanto escolha tácita de lei

Aborda-se primeiramente os elementos que podem indicar a aplicabilidade da lei do contrato material (*lex causae*) à cláusula compromissória. Primeiramente, destaca-se que parcela da doutrina sustenta a existência de uma verdadeira presunção em prol da aplicabilidade automática da lei que rege a relação material à cláusula compromissória[534]. Nesse sentido, muitos argumentam que essa presunção seria ainda mais forte quando a cláusula compromissória estiver contida no mesmo documento que o contrato de direito material[535].

Nesse sentido, não haveria razão especial para escolher uma outra lei para governar apenas uma das cláusulas do contrato, pelo simples fato de essa ser a cláusula compromissória[536]. Ao contrário, o contrato deveria receber um tratamento homogêneo, regido pelo mesmo ordenamento jurídico. Igualmente, sustenta-se que a autonomia da cláusula compromissória não implicaria uma independência absoluta em relação ao contrato de direito material – até mesmo a aceitação da relação material implica na aceitação da cláusula compromissória, despicienda qualquer outra formalidade[537]. Quando da assinatura

---

[534] LEW, Julian; MISTELIS, Loukas; KRÖLL, Stefan. *Comparative International Commercial Arbitration*. Haia: Kluwer Law International, 2003, p. 109; COLLINS, Lawrence. The law governing the agreement and procedure in international arbitration in England. In: Julian Lew (ed.). *Contemporary Problems in International Arbitration*. Londres: Springer-Science+Business Media, B. V., 1987 p. 127; DERAINS, Yves. ICC Arbitral Process: Part VIII. Choice of Law Applicable to the Contract and International Arbitration. In: *ICC International Court of Arbitration Bulletin*, v. 6, n. 1, 1995. P. 16-17.

[535] LEW, Julian. SulAmérica and Arsanovia: English Law Governing Arbitration Agreements. In: AFFAKI, Georges; NAON, Horacio Grigera. *Dossier of the ICC Institute of World Business Law*: Jurisdictional Choices. Paris: ICC, 2015, p. 136.

[536] "If the parties expressly choose a particular law to govern their agreement, why should some other law – which the parties have not chosen – be applied to only one of the clauses in the agreement, simply because it happens to be the arbitration clause?" (REDFERN, Alan; HUNTER, Martin; BLACKABY, Nigel; PARTASIDES, Constantine. *Redfern and Hunter on International Arbitration*. Oxford: Oxford University Press, 2015, p. 159).

[537] DERAINS, Yves. ICC Arbitral Process: Part VIII. Choice of Law Applicable to the Contract and International Arbitration. In: *ICC International Court of Arbitration Bulletin*, v. 6, n. 1, 1995. P. 16-17.

do contrato, aponta-se que as partes sequer cogitam da possibilidade de uma outra lei, que não aquela escolhida mediante a cláusula de eleição de lei aplicável, pudesse reger a cláusula compromissória[538].

Na casuística internacional, há uma série de julgados que optaram pela aplicação da lei de regência do contrato à cláusula compromissória[539]. Por exemplo, no caso *BCY v. BCZ*[540], julgado em Singapura em 2016, ficou estabelecido que a regra geral é no sentido de que a cláusula compromissória é governada pela mesma lei que o contrato de direito material na qual está inserida.

O mesmo entendimento foi seguido no caso *Taylor Asia Pacific v. Dyna-Jet*[541], julgado em 2016 pela Corte de Apelação de Singapura, no qual se afirmou, inclusive, que seria "paroquial" o entendimento de que seria aplicável o direito de Singapura apenas pelo fato de que o caso estava sendo julgado por uma corte de Singapura – a sede da arbitragem em questão.

Em *BMO v. BMP*[542], julgado em 2017 pela Corte Superior de Singapura, também foi aplicada à cláusula compromissória a lei eleita no contrato, tendo sido um fator importante nesse caso o fato de que a sede da arbitragem não havia sido indicada na cláusula compromissória.

Já no caso *National Thermal Power Corporation v. Singer Company and Ors*[543], julgado em 1992 pela Suprema Corte Indiana, entendeu-se que se as partes expressamente escolhem uma lei para reger o contrato, *a priori*, essa lei também incidirá sobre a cláusula compromissória. O tribunal também sustentou que só haveria uma presunção de que a lei da sede será aplicada à cláusula compromissória nos casos em que não houver uma cláusula de escolha de leis para reger a relação de direito material.

No direito inglês, construiu-se o entendimento no sentido de aplicar à cláusula compromissória a lei de regência da relação material[544]. Enquanto caso paradigma, tem-se o *Sonatrach Petroleum v. Ferrel Internacional*[545], que trouxe entendimento no sentido de que: "[w]here the substantive contract contains an express choice of law, but the agreement to arbitrate contains no separate express choice of law, the latter agreement will normally be governed by the body of law expressly chosen to govern the substantive contract".

---

[538] DERAINS, Yves. ICC Arbitral Process: Part VIII. Choice of Law Applicable to the Contract and International Arbitration. In: *ICC International Court of Arbitration Bulletin*, v. 6, n. 1, 1995. P. 16-17.

[539] A análise desses casos também pode ser encontrada em: OHLROGGE, Leonardo; SAYDELLES, Rodrigo Salton Rotunno. Lei aplicável à cláusula compromissória na arbitragem internacional. *Revista de Arbitragem e Mediação*, nº 67, out./dez. 2020, p. 241-268, p. 252-257.

[540] Singapura, High Court of Singapore, BCY v. BCZ, SGCH 249. 2016.

[541] Singapura, High Court of Singapore, Dyna-Jet v. Wilson Taylor Asia Pacific, SGHC 238, 2016.

[542] Singapura, High Court of Singapore, BMO v. BMP, SGCH 127, 2017.

[543] Índia, Supreme Court of India (Nova Deli), National Thermal Power Corporation *v.* The Singer Company and Others, Supreme Court, Civil Appeal n. 1978, 1992.

[544] Em termos doutrinários, essa tendência foi percebida por Neil Andrews (ANDREWS, Neil. *Arbitration and Contract Law: Common Law Perspectives*. Suíça: Springer, 2016, p. 59) e por Julian Lew (LEW, Julian. SulAmérica and Arsanovia: English Law Governing Arbitration Agreements. In: AFFAKI, Georges; NAON,, Horacio Grigera. *Dossier of the ICC Institute of World Business Law*: Jurisdictional Choices. Paris: ICC, 2015, p. 137-138).

[545] Reino Unido, High Court of England and Wales, Sonatrach Petroleum Corp *v.* Ferrell International Ltd, EWHC 481, 2002.

Porém, quando do julgamento do caso SulAmérica, como referido, optou-se por aplicar a lei da sede da arbitragem em detrimento da *lex causae*. Contudo, a *ratio* do SulAmérica pode ser compreendida, em verdade, como uma defesa da abordagem pró--validade, vez que a aplicação da lei brasileira levaria à invalidação da cláusula compromissória, enquanto o direito inglês garantiria a sua higidez.

Em 2012, quando os tribunais ingleses se manifestaram novamente sobre o tema, no julgado *Arsanovia v. Cruz City Mauritius Holdings*[546], voltou-se ao entendimento no sentido de dar prevalência à lei aplicável ao contrato. Um ponto que se sobressaiu no julgamento do caso Arsanovia foi o de que as partes excluíram expressamente disposições inseridas na lei indiana, que se entendeu aplicável no caso, pois, *a contrario sensu*, se as partes afastaram apenas alguns dispositivos é porque pretendiam que os outros fossem aplicados[547].

Entretanto, apesar de relevantes argumentos terem sido desenvolvidos para sustentar a extensão da aplicação da lei do contrato à cláusula compromissória, esses podem ser rebatidos. Em primeiro, pouco importa se a cláusula compromissória está ou não inserida no corpo do contrato de direito material havido entre as partes. A própria ideia da separabilidade envolve estabelecer uma avaliação autônoma em relação aos elementos de existência, aos requisitos de validade e aos fatores de eficácia do contrato e da cláusula compromissória.

Em segundo, ao contrário do que pode ser sugerido, não há uma relação de hierarquia ou de subordinação entre a cláusula compromissória e o contrato. Em verdade, a cláusula compromissória é negócio jurídico especial, cujo objeto faz referência a uma outra relação jurídica – mas disso não se pode depreender que ela é secundária.

Em terceiro lugar, no que se refere à manifestação de consentimento em relação ao contrato e à cláusula compromissória, não é correto inferir que há apenas uma declaração de vontade. O que, na verdade ocorre, é que em um único instrumento existe a declaração de duas vontades distintas, embora manifestadas conjuntamente. É necessário fazer essa distinção analítica. Caso contrário, impossível explicar como um contrato pode ser invalidado por um vício de consentimento e a cláusula compromissória possa permanecer hígida.

Por certo que o do fenômeno de *Fehleridentität*, indica situações nas quais um defeito do negócio jurídico pode implicar a invalidade simultânea do contrato e da cláusula compromissória[548]. Porém, é possível que o vício de consentimento atinja somente a relação material, como um contrato formado em erro, mas cuja vontade em arbitrar era certa.

Assim, a invalidade do contrato pode ser perfeitamente arguida, analisada e constatada pelo próprio tribunal arbitral. O fato de haver uma única assinatura (um ato de

---

[546] Reino Unido, High Court of England and Wales, Arsanovia Ltd and others v. Cruz City 1 Mauritus Holdings, EWHC 3702, 2012, § 4º.

[547] Reino Unido, High Court of England and Wales, Arsanovia Ltd and others v. Cruz City 1 Mauritus Holdings, EWHC 3702, 2012. § 20º.

[548] "Como já dito, existem exceções. A invalidade do contrato principal pode estender-se à cláusula compromissória, desde que a invalidade, por exemplo, não diga respeito ao conteúdo do contrato ou a uma rescisão do contrato principal por inadimplemento, mas sim a um vício na sua celebração (e.g. incapacidade de uma das partes ou falta do poder de representação). Além disso, erro, dolo e coação podem afetar tanto a cláusula compromissória quanto o contrato principal." (SESTER, Peter Christian. *Comentários à Lei de Arbitragem e à Legislação Extravagantes Relacionada a Arbitragem*. São Paulo: Quartier Latin, 2020, p. 173-174).

manifestação de vontade) não indica que há apenas uma única vontade manifestada. É um ato que manifesta múltiplas vontades, tantas quantos forem os negócios jurídicos a serem formados a partir da colagem entre proposta e aceitação. Assim, em não fazendo essa diferenciação analítica, dificilmente seria possível explicar materialmente as situações nas quais o contrato padece por conta de vício de consentimento e a cláusula compromissória permanece hígida.

Em quarto, parece arbitrário o argumento de que as partes não teriam pensado que poderia ser aplicada à cláusula compromissória uma outra lei que não aquela inserida na cláusula de escolha de leis. Nas relações obrigacionais, apenas é possível analisar a vontade que é declarada. A vontade interna das partes, em regra, não é dotada de relevância jurídica, apresentando a natureza de mera reserva mental[549]. Assim, pouco importa o que as partes pensavam internamente ou desejavam. Cabe ao intérprete analisar o que foi declarado e o que de fato entrou no mundo jurídico. Não é exercício de interpretação contratual a formulação de especulações ou elocubrações não efetivamente declaradas.

6. A sede da arbitragem enquanto escolha tácita de lei

Dessa forma, analisados os argumentos em prol da aplicação tácita da lei do contrato à cláusula compromissória, passa-se a analisar os pontos em prol da lei da sede da arbitragem. Um primeiro elemento a ser considerado é o de que existem previsões, em determinados ordenamentos jurídicos, no sentido de que a lei aplicável à cláusula compromissória e à arbitragem será a lei vigente na sede da arbitragem – caso as partes não tenham feito previsão em sentido contrário. Nesse sentido, tome-se por exemplo as leis de arbitragem da Suécia[550] e Escócia[551]. Em termos de órgãos arbitrais, destaca-se o art. 16.4 das regras de arbitragem da LCIA (2020)[552].

Ademais, está subjacente ao art. V(1)(a) da Convenção de Nova Iorque de 1958 uma regra de conflitos de leis que indica a validade da cláusula compromissória deverá ser analisada pela lei escolhida pelas partes ou, caso essa não tenha sido escolhida pelas partes, conforme a lei onde a sentença foi feita, ou seja, a lei da sede[553]. Assim, a lei da

---

[549] Código Civil, Art. 110: "A manifestação de vontade subsiste ainda que o seu autor haja feito a reserva mental de não querer o que manifestou, salvo se dela o destinatário tinha conhecimento."

[550] Suécia, Swedish Arbitration Act, Section 48: "If an arbitration agreement has an international connection, the agreement shall be governed by the law agreed upon by the parties. If the parties have not reached such an agreement, the arbitration agreement shall be governed by the law of the country where, in accordance with the parties' agreement, the arbitration had or shall have its seat. The first paragraph shall not apply to the issue of whether a party was authorized to enter into an arbitration agreement or was duly represented".

[551] Escócia, Arbitration (Scotland) Act 2010, Art. 6: "Where (a)the parties to an arbitration agreement agree that an arbitration under that agreement is to be seated in Scotland, but (b)the arbitration agreement does not specify the law which is to govern it, then, unless the parties otherwise agree, the arbitration agreement is to be governed by Scots law."

[552] LCIA (2020). 16.4: Subject to Article 16.5 below, the law applicable to the Arbitration Agreement and the arbitration shall be the law applicable at the seat of the arbitration, unless and to the extent that the parties have agreed in writing on the application of other laws or rules of law and such agreement is not prohibited by the law applicable at the arbitral seat. 16.5: Notwithstanding Article 16.4, the LCIA Rules shall be interpreted in accordance with the laws of England.

[553] FOUCHARD, Philippe; GAILLARD, Emmanuel; GOLDMAN, Berthold. *Fouchard Gaillard Goldman on International Arbitration*. Haia: Kluwer Law International, 1999, p. 227; REDFERN,

PARTE IV · **Capítulo 15** · A AUTONOMIA DA CONVENÇÃO DE ARBITRAGEM | **629**

sede atua como uma regra *default* a ser aplicada à cláusula compromissória quando nada houver sido indicado no contrato.

Explica Gary Born:

> "Article V(1)(a) prescribes a default choice-of-law rule, applicable in cases where the parties have not expressly or impliedly chosen the law governing their international arbitration agreement. That default rule provides for application of the law of the arbitral seat to the substantive validity of the arbitration agreement"[554].

A tendência de se interpretar a sede da arbitragem enquanto uma escolha tácita de lei é ainda mais forte nas situações nas quais não há uma cláusula de escolha de leis materiais para reger o contrato. Nesse sentido, argumenta Lawrence Collins: "If there is no express choice of the law to govern the contract as a whole, or the arbitration agreement in particular, there is a very strong presumption that the proper law of contract (including the arbitration clause) is the law of the country in which the arbitration is to be held"[555]. Dessa forma, a relevância da sede no contexto da arbitragem internacional acaba por imantar a convenção de arbitragem, que resta polarizada a partir do ordenamento jurídico da *lex arbitri*. Na casuística internacional, nos julgados *Habas Sinai ve Tibbi Gazlar istihsal Endustrisi AS v. VSC Steel Co Ltd*,[556] de 2013, e *C v. D*[557], de 2007, reconheceu-se o potencial da sede da arbitragem como um fator de definição da lei de regência da cláusula compromissória.

Ademais, no paradigmático *FirstLink Investments v. GT Payment*[558], julgado em Singapura em 2014, questionou-se criticamente até que ponto se poderia entender que a lei de regência do contrato indica uma intenção tácita de aplicá-la à cláusula compromissória. A sede da arbitragem é um centro de gravidade jurídica, com força atrativa que justifica a aplicação da sua lei à cláusula compromissória quando não há escolha expressa feita pelas partes[559]. Como debatido no *FirstLink Investments v. GT Payment*, ao se escolher um terceiro país neutro para sediar o procedimento arbitral, e uma lei de arbitragem neutra para reger o conflito, tal desiderato é mais bem satisfeito com a aplicação desse ordenamento jurídico também à cláusula compromissória.

Diante da falta de previsão contratual expressa quanto à lei aplicável à cláusula compromissória, é relevante considerar que há uma forte tendência no sentido de que a

---

Alan; HUNTER, Martin; BLACKABY, Nigel; PARTASIDES, Constantine. *Redfern and Hunter on International Arbitration*. Oxford: Oxford University Press, 2015, p. 160.

[554] BORN, Gary. *International Commercial Arbitration*. 3ª ed. The Hague: Kluwer Law International, 2021, p. 534-535.

[555] COLLINS, Lawrence. The law governing the agreement and procedure in international arbitration in England. In: Julian Lew (ed.). *Contemporary Problems in International Arbitration*. Londres: Springer-Science+Business Media, B. V., 1987, p. 127.

[556] Inglaterra, High Court of Justice Queen's Bench Division, Habas Sinai ve Tibbi Gazlar istihsal Endustrisi AS v. VSC Steel Co Ltd, EWCH 4071, 2013, § 100.

[557] Inglaterra, High Court of Justice Queen's Bench Division, Court of Appeal, C v. D, EWCA Civ 1828, 2007.

[558] High Court of Singapore, FirstLink Investments v. GT Payment, suit n. 915 of 2013, SGHCR 12, 2014.

[559] OHLROGGE, Leonardo; SAYDELLES, Rodrigo Salton Rotunno. Lei aplicável à cláusula compromissória na arbitragem internacional. *Revista de Arbitragem e Mediação*, vol. 67, p. 241-268, out./dez., 2020, p. 04. DTR 2020/14761.

convenção deve se sujeitar à lei da sede de arbitragem[560]. Isso com base na argumentação desenvolvida por Gary Born sobre o art. V(1)(a) da Convenção de Nova Iorque[561], bem como do reconhecimento da importância da sede no contexto da arbitragem internacional.

A escolha de um país neutro para sede da arbitragem parece um indicativo claro, à falta de escolha expressa pelas partes, no sentido de atrair a incidência desse ordenamento jurídico para reger todas as questões relativas à resolução de disputas decorrentes ou ligadas à relação contratual havida entre as partes, o que naturalmente deve abarcar questões de eficácia relacionada à cláusula compromissória.

7. A "terceira via" francesa: a intenção comum das partes

Uma forma alternativa de definição da lei aplicável à cláusula compromissória foi desenvolvida na França, denominada de "terceira via", que supera a contraposição existente entre a lei do contrato e a lei da sede da arbitragem. O pressuposto sustentado por essa visão é o de que, ao invés de sujeitar a cláusula compromissória a um ordenamento específico, deve-se atentar, primeiramente, à intenção comum das partes. O mérito dessa perspectiva é evitar potenciais idiossincrasias de determinados ordenamentos jurídicos e das regras de conflitos de lei.

É, em verdade, uma perspectiva transacional da arbitragem, legitimando o procedimento em instrumentos internacionais e em uma visão de autonomia privada à luz do direito internacional privado[562]. Centraliza-se a análise na vontade das partes, elegendo-a como legitimadora de última *ratio* da arbitragem, enquanto forma de resolução de conflitos.

O caso de referência dessa abordagem é o *Dalico*, julgado pela Corte de Cassação Francesa em 1993[563]. Do inteiro teor depreende-se a síntese dessa perspectiva: "Mais attendu qu'en vertu d'une règle matérielle du droit international de l'arbitrage, la clause compromissoire est indépendante juridiquement du contrat principal qui la contient directement ou par référence et que son existence et son efficacité s'apprécient, sous réserve des règles impératives du droit français et de l'ordre public international, d'après la commune volonté des parties, sans qu'il soit nécessaire de se référer à une loi étatique". Ou seja, dá-se ênfase à vontade comum das partes, tornando despicienda uma referência ao ordenamento jurídico de um determinado Estado. O único limitador, por essa perspectiva, são as normas cogentes e a ordem pública internacional.

A perpectiva foi reforçada no caso Société d'Études et Représentations Navalhes et Industrielles (Soerni) v. Société Suisse Air Sea Broker Limited (ASB)[564]. Ficou estabelecido

---

[560] OHLROGGE, Leonardo; SAYDELLES, Rodrigo Salton Rotunno. Lei aplicável à cláusula compromissória na arbitragem internacional. *Revista de Arbitragem e Mediação*, vol. 67, p. 241-268, out./dez., 2020, p. 3, DTR 2020/14761.

[561] BORN, Gary. *International Commercial Arbitration*. 3ª ed. The Hague: Kluwer Law International, 2021, p. 535.

[562] GAILLARD, Emmanuel. International Arbitration as a Transational System of Justice. In: VAN DEN BERG, Albert Jan. *Arbitration – the next fifty years*. The Hague: Kluwer Law International, 2012, P. 66-73.

[563] França, Cour de Cassation, n. de pourvoi 91-16828, 1993.

[564] França, Cour de Cassation, Société d'Études et Représentations Navalhes et Industrielles (Soerni) v. Société Suisse Air Sea Broker Limited (ASB), n. de porvoi 08-16025, 2009.

PARTE IV · Capítulo 15 · A AUTONOMIA DA CONVENÇÃO DE ARBITRAGEM   631

nesse julgamento que a vinculação à arbitragem ocorre por conta da uma regra material deduzida com base na vontade comum das partes, das exigências da boa-fé objetiva e da crença comum entre os contratantes. No caso *Société Uni-Kod v. Société Ouralkali*[565], entendeu-se que

> "en vertu d'une règle matérielle du droit international de l'arbitrage, la clause compromissoire est indépendante juridiquement du contrat principal qui la contient directement ou par référence, et son existence et son efficacité s'apprécient, sous réserve des règles impératives du droit français et de l'ordre public international, d'après la commune volonté des parties, sans qu'il soit nécessaire de se référer à une loi étatique".

De modo semelhante, em *SA Burkinabe des ciments et matériaux v. Société des ciments d'Abidjan*[566] a Corte afirmou que "Mais attendu qu'en matière internationale, la clause d'arbitrage, juridiquement indépendante du contrat principal, est transmise avec lui, quelle que soit la validité de la transmission des droits substantiels". Esses casos ilustram a forma pela qual a abordagem francesa é aplicada na prática.

No Reino Unido, essa abordagem também foi aplicada pela Suprema Corte no Caso *Dallah Real Estate*[567]. Esse julgamento envolveu uma arbitragem sediada em Paris, que aceitou jurisdição sobre o governo do Paquistão, e decidiu em favor da parte requerente. A execução foi desafiada no Reino Unido, quando se debateu a jurisdição do tribunal sobre o governo do Paquistão, o qual não tinha sido signatário. Em uma análise feita à luz do direito francês, reconheceu-se que deveriam ser aplicados princípios transacionais para determinar a validade da cláusula compromissória.

8. Metodologia para definição da lei aplicável à cláusula compromissória

Considerando as diferentes abordagens existentes no direito internacional sobre o tema, pode-se chegar a um método de definição da lei aplicável à cláusula compromissória. Em primeiro, deve-se analisar se há uma escolha expressa de lei a ser aplicável[568]. Em havendo, privilegia-se à vontade expressamente manifestada pelas partes. Caso não haja,

---

[565] França, Cour de Cassation, Société Uni-Kod v. Société Ouralkal, Chambre Civile 1, n. De pourvoi 91-16.828, 1993.

[566] França, Cour de Cassation, as Burkinabe des ciments et matériaux v. Société des ciments d'Abidjan, Chambre Civile 1, n. De pourvoi 00-12.144, 99-10.741, 2012; França, Cour de cassation, pourvoi n° 01-14.31, 2004.

[567] Reino Unido, Supreme Court, Dallah Real Estate & Tourism Holding Co. v. Ministry of Religious Affairs, Gov't of Pakistan, UKSC 46, 2010.

[568] Defendendo a Liberdade de escolha das partes, vide Luiz Olavo Baptista e Sílvia Miranda: "Sendo assim, as partes, de boa-fé, poderão optar pela aplicação do ex aequo et bono, dos princípios gerais de direito, assim como da lei de qualquer país. A regra é a mesma para contratos domésticos e internacionais. Não há nenhuma lei no direito brasileiro que imponha às partes em um contrato doméstico que elas não têm o direito de arbitrar disputas em uma jurisdição estrangeira e sob uma lei também estrangeira. Sempre que os contratos contiverem uma cláusula de arbitragem, as partes serão livres para escolher a sede da arbitragem e a lei aplicável que julguem apropriadas. Uma vez feita a escolha na convenção de arbitragem, as partes deverão respeitá-la." (BAPTISTA, Luiz Olavo; MIRANDA, Sílvia Julio Bueno de. Convenção de arbitragem e escolha de lei aplicável: uma perspectiva do direito brasileiro. *Revista de Arbitragem e Mediação*, vol. 07, n. 27, p. 11-34, out./dez., 2010).

averígua-se se há ou não uma escolha tácita. Há, tendencialmente, duas possibilidades que imantam a escolha tácita, a *lex causae* e a *lex arbitri*.

Dentre essas, primeiramente, analisa-se qual a questão controvertida – se referente validade da cláusula compromissória ou é um problema do plano da eficácia. Se for uma questão referente à validade, com base no princípio pró-validade, deve-se privilegiar enquanto escolha tácita a lei que confere efetividade à cláusula compromissória. Pressupõe-se que as partes, ao inserir uma cláusula compromissória, desejam arbitrar e, portanto, escolhem tacitamente a lei que assegura a validade.

Nesse sentido, cabe uma observação acerca dos contratos de consumo, contratos de trabalho e contratos de adesão. Esses tipos de contrato, à luz do direito brasileiro, apresentam restrições específicas quanto à arbitrabilidade. Nesse sentido, em sede de arbitragem internacional, caso o direito que rege o mérito da controvérsia confira efetividade à arbitragem a nessas situações, mesmo se a arbitragem for sediada no Brasil, por conta da abordagem *in favorem validitatis*, deverá ser considerada aplicável à cláusula compromissória a *lex causae*, vez que a *lex arbitri* levaria à inefetividade da convenção de arbitragem.

Porém, tratando-se de um problema atinente ao campo da eficácia da cláusula compromissória, outros elementos são introduzidos na análise. As negociações havidas entre as partes, a existência de cláusula de escolha de leis, a indicação expressa da sede da arbitragem e outros elementos de redação contratual são levados em consideração, sendo possível, abstratamente, aplicar tanto à *lex causae* quanto à *lex arbitri* – a depender das circunstâncias do caso concreto. Em regra, reconhece que a sede da arbitragem tende a ter preponderância, polarizando a análise de qual lei deve ser aplicada.

Por fim, há as situações em que não há nem uma escolha expressa e nem uma escolha tácita de lei. Nesse cenário, sendo o Brasil a sede da arbitragem, aplicando-se o teste da conexão mais próxima desenvolvida no caso SulAmérica e amplamente aceito posteriormente, deve-se analisar o que a legislação nacional dispõe acerca do tema. Nesse sentido, a LARb é silente. Porém, como o Brasil é signatário da Convenção de Nova Iorque, pode-se aplicar o art. V(1)(a) que, conforme Gary Born, atua enquanto encampa uma regra *dafult* para lidar com essas situações[569]. Portanto, caso as partes não tenham escolhido uma lei para reger a cláusula compromissória nem expressa nem tacitamente, deve-se analisar a questão controvertida à luz do direito brasileiro nos casos em que o país seja sede da arbitragem.

Ressalta-se, no entanto, que essa é a última *ratio*, devendo-se privilegiar a escolha expressa ou tácita feita pelas partes. Igualmente, o teste pró-validade não deve ter se mostrado suficiente para resolver a questão, pois, se possível, deve-se entender enquanto escolha tácita das partes aquele ordenamento que apresenta conexão com a relação negocial desenvolvida e que confere efetividade à opção pela via arbitral. Nesse sentido, pode-se sistematizar da seguinte forma a metodologia de definição da lei aplicável à cláusula compromissória[570]:

---

[569] BORN, Gary. The Law Governing International Arbitration Agreements: an international perspective. In: *Singapore Academy of Law Journal*, 2014, p. 825.

[570] Feito a partir de: OHLROGGE, Leonardo; SAYDELLES, Rodrigo Salton Rotunno. Lei aplicável à cláusula compromissória na arbitragem internacional. *Revista de Arbitragem e Mediação*, vol. 67, p. 241-268, out./dez., 2020, DTR 2020/14761.

	Hipótese	Lei a ser aplicada
Escolha expressa	A cláusula compromissória indica qual a lei que a rege?	Lei escolhida pelas partes
	É possível inferir das demais disposições do contrato uma escolha de lei feita pelas partes?	Lei escolhida pelas partes
Escolha implícita	A *lex arbitri* ou o regulamento da câmara escolhida apresenta alguma previsão específica?	Aplica-se a previsão existente
	A aplicação da lei do contrato invalida a cláusula compromissória?	Lei da sede
	A aplicação da lei da sede invalida a cláusula compromissória?	Lei do contrato
	Existe escolha de sede e não existe cláusula de escolha de leis?	Lei da sede
	Existe cláusula de escolha de leis e não existe definição expressa de qual é a sede?	Lei do contrato
	Existem elementos pré-contratuais ou contratuais que caracterizam escolha tácita de lei (local de formação do contrato, local de performance do contrato, dentre outros)?	Lei da sede/Lei do contrato
Não há escolha	Convenção de Nova Iorque, art. V(1)(a)	Lei da Sede

Capítulo 16

KOMPETENZ-KOMPETENZ

O princípio *Kompetenz-Kompetenz* (ou competência-competência), ao lado do princípio da autonomia da convenção de arbitragem, constitui um dos pilares estruturais do regime legal da arbitragem[571]. Em breve síntese, esse princípio indica que, na ampla maioria dos casos, quando não se está diante de cláusula compromissória manifestamente ilegal, ineficaz, inoperante ou inexequível[572], o tribunal arbitral tem a prerrogativa de se manifestar em primazia sobre as questões atinentes à sua jurisdição, incluindo toda e qualquer impugnação sobre os efeitos da convenção de arbitragem celebrada pelas partes, a extensão e profundidade dos poderes atribuídos aos árbitros, a arbitrabilidade da controvérsia, dentre outras.

Assim, o presente capítulo analisa o *Kompetenz-Kompetenz* como instrumento de valorização da arbitragem, por conta dos seus efeitos positivo e negativo. Na sequência, aborda o seu reconhecimento internacional e em legislações de outros países. Ademais, analisa a evolução da aplicação desse princípio no direito brasileiro, inicialmente marcado por um caráter quase absoluto, mas que, paulatinamente, foi flexibilizado. A evolução deu-se na linha estabelecida pela Convenção de Nova Iorque, norma vigente no território brasileiro, incorporada à nossa ordem jurídica após a entrada em vigor da Lei de Arbitragem no Brasil. Por fim, aponta quais são os casos que justificam a derrogação da primazia do tribunal arbitral para analisar questões vinculadas à sua jurisdição.

§ 57. CONTORNOS GERAIS DO *KOMPETENZ-KOMPETENZ*

1. A importância do Kompetenz-Kompetenz para o desenvolvimento da arbitragem

O princípio Kompetenz-Kompetenz é quase universalmente aceito no campo da arbitragem. É previsto em convenções e tratados internacionais, leis nacionais sobre arbitragem e regulamentos de instituições arbitrais, bem como amplamente aludido na doutrina e por tribunais judiciais[573].

---

[571] FICHTNER, José Antonio; et al. *Teoria Geral da Arbitragem*. Rio de Janeiro: Forense, 2019, p. 156.

[572] A Convenção de Nova Iorque, norma internacional criada no ano de 1958 e sufragada por mais de 170 países, permite excepcionar o princípio competência-competência, em hipóteses muito específicas, de modo a conferir, em tais situações, ao juiz togado, a prioridade cronológica na análise da existência e validade da convenção de arbitragem e da própria jurisdição dos árbitros. O sistema preconizado pela Convenção de Nova Iorque foi espelhado na posterior elaboração da Lei Modelo da Uncitral. Ambos os documentos influenciaram as legislações de muitos países, assim como suas jurisprudências, como, adiante, será detalhado.

[573] "The competence-competence principle is now recognized by the main international conventions on arbitration, by most modern arbitration statutes, and by the majority of institutional arbitration

A temática desponta ao se falar de arbitragem, e não sem motivo. O reconhecimento do *Kompetenz-Kompetenz* explicita a valorização, a deferência e o respeito à arbitragem, enquanto método de solução de controvérsias, pois outorga ao tribunal arbitral o direito de, na maioria dos casos, decidir acerca da sua própria jurisdição, com prioridade[574]. Mais do que isso, confere aos árbitros a faculdade de não suspender a arbitragem, se uma das partes questionar a sua jurisdição[575].

Caso o *Kompetenz-Kompetenz* não houvesse sido concebido, qualquer alegação sobre a jurisdição dos árbitros permitiria a instauração de um contencioso judicial, em paralelo à arbitragem. Esse contencioso judicial, eventualmente, poderia obstar o bom andamento da arbitragem, seja implicando a sua suspensão, seja, ao extremo, a sua extinção. Assim, se o Poder Judiciário fosse, em todo caso, chamado a apreciar, com prioridade, questões afetas à jurisdição do árbitro, de modo irrestrito[576], abrir-se-ia espaço a condutas antiéticas ou de má-fé, nas quais uma das partes, eventualmente por esperar um resultado desfavorável no litígio, poderia, com facilidade, obstar a fluidez do procedimento arbitral. Por essa razão, sem o princípio Kompetenz-Kompetenz, até mesmo alegações frívolas poderiam ser formuladas perante o Poder Judiciário. Sem o princípio, portanto, a arbitragem seria uma frágil forma de jurisdição alternativa ao Judiciário.

É por isso que se diz que o Kompetenz-Kompetenz foi e permanece sendo essencial para o desenvolvimento da arbitragem. O princípio estabelece uma saudável relação entre a jurisdição arbitral e judicial, prevenindo interferências inadequadas do Poder Judiciário e preservando aquilo que foi, eventualmente, pactuado pelas partes: a submissão dos seus litígios à arbitragem.[577] Nesse sentido, o *Kompetenz-Kompetenz* é elemento essencial para garantir equilíbrio ao sistema arbitral.

---

rules". (FOUCHARD, Philippe; GAILLARD, Emmanuel; GOLDMAN, Berthold. *Fouchard Gaillard Goldman on International Arbitration*. Haia: Kluwer Law International, 1999, p. 397).

[574] CARMONA, Carlos Alberto. *Arbitragem e Processo*: um comentário à Lei nº 9.307/96. 3ª ed. São Paulo: Atlas, 2009, p. 175.

[575] CARAMELO, Antônio Sampaio. A Competência da Competência e a Autonomia do Tribunal Arbitral. *Revista de Arbitragem e Mediação*, vol. 40, jan./mar., 2014, p. 152.

[576] Diz-se "de modo irrestrito", pois o Kompetenz-Kompetenz não inibe o Poder Judiciário de adentrar nessas questões com primazia *em absoluto*. Há exceções ao Kompetenz-Kompetenz, o que será mais adiante trabalhado.

[577] Elementares são as palavras de Rodrigo Garcia da Fonseca a esse respeito: "a adoção plena de tal princípio na Lei de Arbitragem brasileira, em especial nos arts. 8.º e 20 da Lei 9.307/1996, é fator decisivo para o desenvolvimento do instituto, evitando interferências indevidas do Poder Judiciário e preservando a íntegra daquilo que foi pactuado pelas partes em cada caso concreto. Se a legislação não tivesse sido tão incisiva neste particular, talvez a realidade da arbitragem no Brasil de hoje, dez anos depois da sua edição, não fosse tão boa e promissora. É o princípio competência-competência que assegura de modo efetivo a resolução do conflito pelo árbitro, com eventual cooperação, mas sem intromissão, dos juízes togados. Se o direito constitucional de ação garante a todos o acesso ao Poder Judiciário, o princípio competência-competência garante aos contratantes que tenham firmado uma convenção de arbitragem o acesso ao juízo arbitral". (FONSECA, Rodrigo Garcia da. O Princípio Competência-competência na Arbitragem: uma perspectiva brasileira. *Revista de Arbitragem e Mediação*, vol. 9, 2006, p. 02).

2. Efeito positivo do *Kompetenz-Kompetenz*

Assim como ocorre com a convenção de arbitragem, também o princípio *Kompetenz--Kompetenz* produz duplo efeito: um positivo, outro negativo[578]. Os efeitos positivos da convenção de arbitragem e do *Kompetenz-Kompetenz* se assemelham, razão pela qual alguns doutrinadores os tratam de modo indistinto, ou correlacionado.

Em sua essência, contudo, apresentam importantes distinções. A principal diz respeito ao objeto. Enquanto os efeitos da convenção de arbitragem determinam o dever de submeter litígios à arbitragem (efeito positivo) e de não o fazer perante o Poder Judiciário (efeito negativo), os efeitos do *Kompetenz-Kompetenz* relacionam-se ao poder do árbitro para decidir sobre a sua própria jurisdição.

Disso decorre também a diferença de destinatários. Os efeitos da convenção de arbitragem atingem as partes contratantes, determinando que submetam os seus litígios à arbitragem (efeito positivo), ao mesmo tempo que se abstenham de fazê-lo perante o Poder Judiciário (efeito negativo). Já os efeitos do *Kompetenz-Kompetenz*, como se verá a seguir, destinam-se ao julgador, tanto assegurando poderes ao árbitro (efeito positivo), quanto determinando o momento em que cabe ao juiz togado interferir na questão controversa (efeito negativo).

Sob a ótica do seu efeito positivo, o princípio *Kompetenz-Kompetenz* outorga poderes ao próprio árbitro para que decida, preferencialmente, desafios à sua jurisdição. A decisão proferida pelo árbitro é, assim, suficiente para que a arbitragem tenha prosseguimento e para que o árbitro possa se debruçar sobre o litígio submetido à sua apreciação[579]. Sem o referido princípio, qualquer questionamento sobre os poderes do árbitro ensejaria automática paralisação do procedimento[580].

---

[578] "Efeito positivo e efeito negativo desse princípio não são duas faces distintas de uma mesma moeda. São nuances distintas de uma mesma e única superfície, assim como a lua cheia, nova, crescente ou minguante é sempre o mesmo e único corpo celeste, que ora recebe mais luz solar e ora é sombreado pela terra. Os efeitos positivo e negativo são aspectos incindíveis de um mesmo fenômeno. Trata-se da expressão de um único poder, que recebe dois distintos enfoques para fins didáticos e de simplificação prática. Afirmar que o árbitro está investido do poder de verificar a sua própria jurisdição, aferindo a existência, validade e eficácia da convenção arbitral, exige reconhecer que, nesse momento, em que ele está investido dessa competência, nenhum outro agente jurisdicional pode igualmente estar. Vedar que o Judiciário examine tal questão antes da prolação da sentença arbitral nada mais é do que propiciar ao árbitro que possa exercitar aquele poder. Então, quando se cogita de restringir ou eliminar o efeito negativo, igualmente se reduz ou se aniquila o efeito positivo." (TALAMINI, Eduardo. Arbitragem e estabilização da tutela antecipada. *Revista de Processo*, vol. 246/2015, p. 455-482, ago./2015, DTR 2015/13228, p. 11).

[579] "Assim como acontece com o instituto da cláusula compromissória, também a competência-competência produz uma dualidade de eficácias: a positiva e a negativa. A eficácia positiva encerra a aptidão do árbitro, como antes referido, de decidir sobre sua própria competência. Reflete, pois, o caráter jurisdicional da arbitragem". (MARTINS, Pedro Antônio Batista. Autonomia da cláusula compromissória. In: AZEVEDO, André Gomes de (Org.) Estudos em arbitragem, mediação e negociação. Brasília: Grupos de Pesquisa, 2003, p. 09-10).

[580] Por isso, William Park afirma que uma das implicações do Kompetenz-Kompetenz é a não interrupção automática da arbitragem, quando uma das partes questiona a jurisdição do árbitro: "The arbitrator's right to rule on Jurisdiction holds significant practical value (at least for the party wishing to arbitrate) notwithstanding the possibility of court intervention. A recalcitrante respondent cannot bring the proceedings to a halt just by challenging jurisdiction". (PARK, William. *The Arbitrator's*

Nesse contexto, o *Kompetenz-Kompetenz* institui que, em regra geral, caberá ao árbitro a análise de questões afeitas à cláusula compromissória e à sua jurisdição. Tal decisão, entretanto, sujeita-se ao posterior controle pelo Poder Judiciário, normalmente em sede de escrutínio da sentença arbitral. Como forma de valorização da arbitragem, a intromissão feita por cortes estatais acerca de temas sujeitos à jurisdição arbitral deve, por regra, ocorrer em âmbito repressivo, após manifestação dos árbitros.

Portanto, cabe ao árbitro proferir decisões de cunho jurisdicional, inclusive acerca da sua própria jurisdição, ou, nas palavras de Emmanuel Gaillard, "the principle permits them to rule on any point of law relating to the existence, the validity or the scope of an arbitration agreement, without being found guilty of examining these issues at a time when the competence, which itself relies on the arbitration agreement, has not yet been established. Additionally, where necessary, the principle permits arbitrators to find themselves incompetent by an award that is not an aberration"[581]. Caso o *Kompetenz-Kompetenz* não existisse, o árbitro não poderia, a um só tempo, reconhecer a ausência de sua jurisdição e proferir decisão válida e eficaz declarando tal fato.

3. Efeito negativo do *Kompetenz-Kompetenz*

O efeito positivo do *Kompetenz-Kompetenz* é complementado pelo efeito negativo[582]. Esse, ao seu turno, confere, como regra geral, preferência temporal ao tribunal arbitral para analisar aspectos relacionados à sua própria jurisdição. Os árbitros, ao serem investidos nessa condição, e reconhecidos pelo Estado como aptos a dirimir conflitos entre particulares, no caso concreto, exercem a mesma função que os juízes togados. Assim, como detentores do exercício de jurisdição, manifestação mediata da soberania do Estado, torna-se necessário valorizar esse *status*, conferindo a prerrogativa de analisar os contornos dos poderes de que foram os árbitros investidos.

Portanto, o efeito negativo do *Kompetenz-Kompetenz* é principalmente voltado para o Poder Judiciário[583]. Isto é, caso a parte tente, de modo oportunista, conturbar o andamento da arbitragem, provocando inadequadamente a manifestação das cortes estatais, essas deverão, na ampla maioria dos casos, se abster de decidir tais temas, conferindo a prerrogativa de dar a palavra inicial sobre a própria jurisdição ao tribunal arbitral. Portanto, valoriza-se o exercício da jurisdição pelos árbitros, evitando que a regra geral seja o controle preventivo da sua jurisdição pelo Poder Judiciário.

    Jurisdiction to Determine Jurisdiction. Boston University School of Law & Legal Theory, 2007, p. 24-25).

[581] GAILLARD, Emmanuel. The Negative Effect of Competente-Competence. *Mealeys' International Arbitration Report*, vol. 17, nº 1, 2002, p. 27. No mesmo sentido, Juan Eduardo Figueroa Valdes diz que, "in its positive effect, the principle of competence-competence enables arbitrators to rule on their own Jurisdiction without any logical inconsistency". (VALDES, Juan Eduardo Figueroa. The Principle of Kompetenz-Kompetenz in International Commercial Arbitration. *Revista de Arbitragem e Mediação*, vol. 15, out./dez., 2017, p. 134-190).

[582] MARTINS, Pedro Antônio Batista. Autonomia da cláusula compromissória. *Estudos em arbitragem, mediação e negociação* II. Brasília: Grupos de Pesquisa, 2003, p. 10.

[583] Como diz William Park: "The so-called 'negative effect' of the principle speaks to courts, telling judge to wait until Arbitration ends before inquiring about the validity or effect of an arbitration clause". (PARK, William. *The Arbitrator's Jurisdiction to Determine Jurisdiction*. Boston University School of Law & Legal Theory. 2007, p. 26-27).

PARTE IV · **Capítulo 16** · *KOMPETENZ-KOMPETENZ* | **639**

Por meio do efeito negativo, busca-se evitar a prematura judicialização sobre desafios à jurisdição do árbitro, dificultando manobras contra o bom andamento da arbitragem e que impediriam o árbitro de se debruçar sobre a matéria de fundo do litígio. Por essa dimensão, associa-se o efeito negativo do *Kompetenz-Kompetenz* à vedação das *anti-suit injunctions*[584]. Institucionaliza-se, portanto, o controle repressivo dos atos do tribunal arbitral como a regra geral a ser seguida[585]. Nesse sentido, por regra, a análise do Poder Judiciário ocorrerá sobre um fato consumado, qual seja, a sentença arbitral[586].

Trata-se, contudo, de prioridade relativizável. O efeito negativo do *Kompetenz--Kompetenz* admite exceções, à luz do padrão internacional determinado pela Convenção de Nova Iorque, vigente no Brasil. Até pelo fato do exercício de jurisdição ser manifestação de soberania, as partes não podem pretender a inação do Poder Judiciário quando há evidências claras e inequívocas sobre a existência de vício grave capaz de fulminar a jurisdição do tribunal arbitral. Nesses casos, quando há patente inexistência, invalidade, ineficácia, inoperância ou inexequibilidade da cláusula compromissória, derroga-se a prerrogativa *prima facie* do tribunal arbitral de analisar o escopo da sua jurisdição, cabendo a intervenção, de plano, pelas cortes estatais.

Portanto, o manto do efeito negativo confere primazia, e não exclusividade, para que o árbitro decida acerca de sua jurisdição[587]. E, mesmo nos casos em que não cabe controle preventivo pelo Poder Judiciário, por não existir vício manifesto sobre a jurisdição dos árbitros, sempre será possível o controle repressivo, em momento posterior[588]. De toda sorte, pelo fato de o exercício da jurisdição ser manifestação de soberania, sempre haverá alguma margem de controle a ser realizada pelos juízes togados.

De toda sorte, mostra-se errônea a compreensão de que o *Kompetenz-Kompetenz* teria o condão de impedir o Poder Judiciário de analisar a convenção de arbitragem e as condições da existência de jurisdição válida e eficaz por parte do tribunal arbitral. A questão que se coloca é o momento da sua ocorrência, e se apresentará caráter preventivo ou repressivo.

---

[584] NUNES, Thiago Marinho. Arbitragem, anti-suit injunctions e contratos com sociedades de economia mista. *Revista Brasileira de Arbitragem*, vol. II, issue 8, p. 154-163, 2005, p. 159; NUNES, Thiago Marinho. Arbitragem e demandas paralelas: a visão do árbitro. In: Carlos Alberto Carmona; Selma Ferreira Lemes; Pedro Batista Martins. (Org.). *20 Anos da Lei de Arbitragem: Homenagem a Petrônio R. Muniz.* São Paulo: Atlas, 2017, p. 343-362.

[585] YARSHELL, Flávio Luiz. Ainda sobre o caráter subsidiário do controle jurisdicional estatal da sentença arbitral. *Revista de Arbitragem e Mediação*, vol. 50, p. 155-163, jul./set., 2016. DTR 2016/23865, p. 02.

[586] MARTINS, Pedro Antônio Batista. Autonomia da cláusula compromissória. *Estudos em arbitragem, mediação e negociação.* II. Brasília: Grupos de Pesquisa, 2003, p. 10.

[587] Como afirmam Emmanuel Gaillard e Yas Banifatemi: "This principle is known as the 'negative effect' of competence-competence, which means that the arbitrators must be the *first* (as opposed to the *sole*) judges of their own jurisdiction and that the courts' control is postponed to the stage of any action to enforce or to set aside the arbitral award rendered on the basis of the arbitration agreement". (GAILLARD, Emmanuel. Negative Effect of Competence-Competence: the rule of priority in favour of the arbitrators. In: GAILLARD, Emmanuel. DI PIETRO, Domenico. *Enforcement of Arbitration Agreements and International Arbitral Awards*: the New York Convention in Practice, 2009, p. 259-260).

[588] YARSHELL, Flávio Luiz. Caráter subsidiário da ação anulatória de sentença arbitral. *Revista de Processo*, vol. 207, p. 13-23, maio/2012, DTR n.º 2012/38924.

640 | CONVENÇÃO DE ARBITRAGEM – *Fichtner* • *Tolentino* • *Polastri* • *Salton*

Ao mesmo tempo que o *Kompetenz-Kompetenz* se consagrou como um dos mais importantes princípios da arbitragem, deu origem a controvérsias por trás de sua suposta unanimidade[589]. Por mais que diferentes textos legais reconheçam o princípio, a determinação precisa de sua extensão e dos casos em que é possível excepcioná-lo, ainda é objeto de divergências consideráveis.

§ 58. *KOMPETENZ-KOMPETENZ* NA PERSPECTIVA INTERNACIONAL

1. *Kompetenz-Kompetenz* e a Convenção de Nova Iorque

A Convenção de Nova Iorque, de 1958, é um dos tratados multilaterais de maior sucesso e amplitude no mundo, com cerca de 170 países signatários. É o principal instrumento legal responsável por permitir a difusão internacional da arbitragem. Exerce, ademais, a função importantíssima de uniformizar a matéria relativa à arbitragem, no seu âmbito de aplicação. Desde 2002 o Brasil está vinculado à Convenção de Nova Iorque, internalizada por meio do Decreto 4.311. A sua importância está na facilitação da circulação internacional de sentenças arbitrais, eliminando sistemas de duplo exequator, demandando homologações diversas para que houvesse o reconhecimento da sentença[590].

Esse aspecto temporal é extremamente relevante. Como a Convenção foi internalizada no sistema brasileiro após a vigência da lei de arbitragem e como ela se qualifica como lei ordinária interna[591], suas disposições prevalecem sobre o sistema original da lei de arbitragem. Além disso, a preservação, no Brasil, do sistema estabelecido pela Convenção, alinha o Brasil com as estruturas de arbitragem de todos os países convenentes, dentre eles as nações em que a arbitragem se encontra mais e melhor desenvolvida.

Vale lembrar que, além de tratar da execução de sentenças arbitrais estrangeiras, a Convenção de Nova Iorque também estabelece a obrigação das cortes nacionais de, salvo exceções dispostas no texto legal, dar efeito às convenções de arbitragem[592].

---

[589] FOUCHARD, Philippe; GAILLARD, Emmanuel; GOLDMAN, Berthold. *Fouchard Gaillard Goldman on International Arbitration*. Haia: Kluwer Law International, 1999, p. 395.

[590] José Carlos Barbosa Moreira assim descreve o resent anterior: "La legislación brasileña no se refiere expressis verbis a las resente oriundas de un arbitraje extranjero. Sin embargo, son pacíficamente admitidas la posibilidad y la necesidad de la respectiva homologación, en miras a que tales laudos produzcan efectos en el territorio nacional. Se aplican las mismas reglas concernientes a la sentencias" (MOREIRA, José Carlos Barbosa. Efectos de Las Sentencias y Laudos Arbitrales Extranjeros. *Revista de Processo*, vol. 79, p. 184-189, 1995, p. 04).

[591] "Desse modo, consagrou-se o entendimento de que os tratados internacionais ingressam na ordem interna com o status de lei ordinária, solucionando-se eventuais conflitos mediante a aplicação do critério cronológico ou, quando cabível, da especialidade." [...] "Em suma: os tratados internacionais que passam pelo regular processo de internalização – a saber: (i) negociação e assinatura; (ii) aprovação pelo Congresso Nacional; (iii) ratificação ou adesão; e (iv) promulgação e publicação –, via de regra, são recebidos na ordem jurídica interna com o mesmo status hierárquico da lei ordinária, de modo que eventuais conflitos entre tais espécies normativas serão solucionados mediante a aplicação do critério da especialidade ou pelo cronológico, quando cabível." (TIBÚRCIO, Carmen. Algumas notas sobre a CISG, sua incorporação e status no direito brasileiro. *Revista de Direito Bancário e do Mercado de Capitais*, vol. 65, p. 59, jul./2014, DTR 2014/15166, p. 04-05).

[592] Assim afirma Albert Jan van den Berg: "the New York Convention is in essence limited to two aspects of International commercial arbitration: the enforcement of those arbitration agreements which come within its purview (Art. II(3)) and the enforcement of foreign arbitral awards (Arts. I

Disso decorre que a Convenção de Nova Iorque encampa o princípio *Kompetenz--Kompetenz*, mesmo inexistindo positivação expressa do princípio. Nesse sentido, explica Gary Born que

> "It is correct that nothing in the text of the Convention expressly requires (or forbids) application of the competence-competence doctrine or addresses the scope of an arbitral tribunal's competence-competence. Nonetheless, it does not follow that the Convention is irrelevant to issues of competence-competence"[593].

A Convenção de Nova Iorque reconhece o competência-competência, especialmente, nos seus arts. II(3)[594] e V(1)[595], a partir dos quais se infere a jurisdição do tribunal arbitral e de cortes estatais para analisarem questões referentes às vicissitudes da convenção de arbitragem[596]. O art. II (3) dispõe que "o tribunal de um Estado signatário, quando de posse de ação sobre matéria com relação à qual as partes tenham estabelecido acordo nos termos do presente artigo, a pedido de uma delas, encaminhará as partes à arbitragem, a menos que constate que tal acordo é nulo e sem efeitos, inoperante ou inexequível", enquanto o V(1)(a) prevê que "o reconhecimento e a execução de uma sentença poderão ser indeferidos, a pedido da parte contra a qual ela é invocada, unicamente se esta parte fornecer, à autoridade competente onde se tenciona o reconhecimento e a execução, prova de que: a) as partes do acordo a que se refere o art. II estavam, em conformidade com a lei a elas aplicável, de algum modo incapacitadas, ou que tal acordo não é válido nos termos da lei à qual as partes o submeteram, ou, na ausência de indicação sobre a matéria, nos termos da lei do país onde a sentença foi proferida";

No art. II (3) da Convenção de Nova Iorque, encontra-se previsto o efeito negativo do *Kompetenz-Kompetenz*, ao prever que, se o tribunal de um Estado signatário deparar-

---

and III-VI)". In: (BERG, Albert Jan Van Den. *The New York Arbitration Convention of 1958*. TMC Asser Institute: Haia, 1981, p. 10).

[593] BORN, Gary. *International Commercial Arbitration*. 3ª ed. The Hague: Kluwer Law International, 2021, p. 1145.

[594] Convenção de Nova Iorque, art. II (3): "The court of a Contracting State, when seized of an action in a matter in respect of which the parties have made an agreement within the meaning of this article, shall, at the request of one of the parties, refer the parties to arbitration, unless it finds that the said agreement is null and void, inoperative or incapable of being performed".

[595] Convenção de Nova Iorque, art. V.1(a): "1. Recognition and enforcement of the award may be refused, at the request of the party against whom it is invoked, only if that party furnishes to the competent authority where the recognition and enforcement is sought, proof that (a) The parties to the agreement referred to in article II were, under the law applicable to them, under some incapacity, or the said agreement is not valid under the law to which the parties have subjected it or, failing any indication thereon, under the law of the country where the award was made".

[596] "Despite the absence of express language on the topic in the New York Convention, it is clear that Articles II (3) and V (1) of the Convention recognize that both arbitral tribunals and courts may consider and decide disputes about the arbitrators' jurisdiction. In particular, Articles V(1)(a) and V(1)(c) of the Convention contemplate that an arbitral tribunal may have made an award notwithstanding jurisdictional objections and will have addressed – explicitly or implicitly – issues of the existence or validity of the arbitration agreement (Article V(1)(a)) and the scope of the arbitration agreement (Article V(1)(c))(24), with the arbitrators' award(s) on these issues being subject to subsequent judicial review in a recognition action. (BORN, Gary. *International Commercial Arbitration*. 3ª ed. The Hague: Kluwer Law International, 2021, p.1145-1146).

-se com matéria que deve ser remetida à arbitragem, encaminhará as partes à arbitragem, salvaguardadas as hipóteses em que a convenção de arbitragem se qualifique como nula e sem efeitos, inoperante ou inexequível[597]. Nesses casos, em que a convenção de arbitragem for dotada de um desses vícios, infere-se, do texto legal, que caberá ao próprio tribunal judicial do Estado signatário apreciar a matéria.

Isto é, ao mesmo tempo que o art. II(3) da Convenção de Nova Iorque reconhece o efeito negativo do Kompetenz-Kompetenz como regra geral, abre exceção ao referido princípio, permitindo que, em casos especiais, as cortes estatais apreciem as manifestas nulidade, ausência de efeitos, inoperabilidade ou inexequibilidade da convenção de arbitragem.

Também o art. V(1), que trata sobre as hipóteses de recusa ao reconhecimento e à execução da sentença arbitral estrangeira, reflete o Kompetenz-Kompetenz. O art. V(1) (a) da Convenção de Nova Iorque prevê hipótese de recusa ao reconhecimento e à execução de sentenças arbitrais, nos casos em que a convenção de arbitragem que originou a controvérsia não seja considerada válida, nos termos da lei à qual as partes a submeteram, ou, na ausência de indicação sobre a matéria, nos termos da lei do país onde a sentença foi proferida.

Por sua vez, o art. V(1)(c) igualmente prevê hipótese de recusa ao reconhecimento e à execução de sentenças arbitrais, quando extrapolado o escopo da convenção de arbitragem. Embora os dois dispositivos versem sobre o controle judicial da sentença arbitral, ambos pressupõem que o árbitro terá, anteriormente, apreciado a matéria submetida à arbitragem e proferido sentença, em superação às objeções de natureza jurisdicional sobre as quais decidiu, com primazia. Assim, reconhecem, implicitamente, a jurisdição do tribunal arbitral para, em regra, enfrentar tais temas, embora sem maiores detalhamentos acerca dos contornos concretos de como proceder nessas situações[598].

2. *Kompetenz-Kompetenz* na Lei Modelo da UNCITRAL

Também a Lei Modelo de Arbitragem da UNCITRAL, de 1985, é de grande importância para a arbitragem. Trata-se de instrumento de *soft law*, desenhado pela Comissão das Nações Unidas para o Direito do Comércio Internacional (UNCITRAL), que serve de base, ou inspiração, para diversas legislações nacionais em matéria de arbitragem. Nela, o *Kompetenz-Kompetenz* está previsto, nos seus arts. 8(1)[599] e 16(1)[600]. Enquanto o

---

[597] SCHRAMM, Dorothee; GEISINGER, Elliott; PINSOLLE, Philippe. Article II. In: KRONKE, Herbert; NASCIMENTO, Patrícia, et al. *Recognition and Enforcement of Foreign Arbitral Awards: A Global Commentary on the New York Convention*. Kluwer Law International, p. 37-114, 2020, p. 103.

[598] "Taken together, these provisions [arts II(3) eV(1)] make it reasonably clear that, under the Convention, both arbitral tribunals and national courts may consider and decide jurisdictional disputes, but the Convention's provisions do not supply further guidance as to the allocation of tribunals and courts' respective powers to address these issues". (BORN, Gary. *International Commercial Arbitration*. 3ª ed. The Hague: Kluwer Law International, 2021, p. 1146).

[599] UNCITRAL Model Law, art. 8(1): "A court before which an action is brought in a matter which is the subject of an arbitration agreement shall, if a party so requests not later than when submitting his first statement on the substance of the dispute, refer the parties to arbitration unless it finds that the agreement is null and void, inoperative or incapable of being performed."

[600] UNCITRAL Model Law, art. 16(1): "The arbitral tribunal may rule on its own jurisdiction, including any objections with respect to the existence or validity of the arbitration agreement. For

primeiro dispositivo trata da faceta negativa do Kompetenz-Kompetenz, o segundo trata da sua faceta positiva.

O art. 16 é considerado um dos pilares da Lei Modelo, pois trata, tanto do Kompetenz--Kompetenz, quanto da autonomia da convenção arbitragem[601]. Os três parágrafos do dispositivo em questão regem diferentes aspectos do poder do tribunal arbitral[602].

O parágrafo primeiro introduz o princípio da separabilidade – estabelecendo, como regra geral, que a invalidade do contrato principal não contamina, *ipso iure,* a convenção de arbitragem – e o próprio *Kompetenz-Kompetenz*[603], ao assegurar que o tribunal arbitral pode decidir sobre sua própria jurisdição, incluindo qualquer objeção relativa à existência ou validade da convenção de arbitragem.

O § 2º, a seu turno, lida com a extinção do direito de questionar a jurisdição do tribunal arbitral, determinando que a prerrogativa deve ser exercida até o momento de apresentação da defesa de mérito, podendo o tribunal, todavia, aceitar questionamentos posteriores, caso entenda a extemporaneidade justificável[604].

Por fim, o terceiro parágrafo prevê que a decisão do tribunal arbitral, quanto à sua jurisdição, pode se dar tanto sob forma preliminar, quanto na sentença de mérito da arbitragem. Possibilita, ademais, à parte que, no caso de a decisão ser proferida de forma preliminar, recorra à corte estatal para apreciar a questão, sendo que da decisão não será cabível recurso. Assim, explicita a natural possibilidade de questionamento posterior,

---

that purpose, an arbitration clause which forms part of a contract shall be treated as an agreement independent of the other terms of the contract. A decision by the arbitral tribunal that the contract is null and void shall not entail ipso Jure the invalidity of the arbitration clause".

[601] "Article 16 is regarded as one of the 'pillars' of the Model Law, which means that the issues covered therein – namely the tribunal's power to rule on its own jurisdiction and the 'separability' doctrine – constitute a fundamental part of the Model Law, and an exclusion or significant departure from the essence of these principles would preclude an adopting legislation from claiming to be in conformity with the Model Law" (BINDER, Peter. *International Commercial Arbitration and Mediation in UNCITRAL Model Law Jurisdictions.* 4ª Ed. Kluwer Law International, 2019, p. 253).

[602] "The three paragraphs of art. 16 are each concerned with separate aspects of the arbitral tribunal's jurisdiction: the first paragraph sets out the two general principles in this context, namely 'Kompetenz-Kompetenz' and 'separability'. The second paragraph deals with the prescribed procedures for raising a plea of the tribunal's lack of jurisdiction, including the relevant time limits for raising it. The final paragraph shows how such a plea is dealt with – initially by the arbitral tribunal and later by the court, which has the last word on the issue of the arbitrator's jurisdiction. This order will be retained in the following examination of art. 16." (BINDER, Peter. *International Commercial Arbitration and Mediation in UNCITRAL Model Law Jurisdictions.* 4ª ed. Kluwer Law International, 2019, p. 253).

[603] UNCITRAL Model Law, art. 16 (1): "The arbitral tribunal may rule on its own jurisdiction, including any objections with respect to the existence or validity of the arbitration agreement. For that purpose, an arbitration clause which forms part of a contract shall be treated as an agreement independent of the other terms of the contract. A decision by the arbitral tribunal that the contract is null and void shall not entail ipso jure the invalidity of the arbitration clause".

[604] UNCITRAL Model Law, art. 16(2): "A plea that the arbitral tribunal does not have jurisdiction shall be raised not later than the submission of the statement of defence. A party is not precluded from raising such a plea by the fact that he has appointed, or participated in the appointment of, an arbitrator. A plea that the arbitral tribunal is exceeding the scope of its authority shall be raised as soon as the matter alleged to be beyond the scope of its authority is raised during the arbitral proceedings. The arbitral tribunal may, in either case, admit a later plea if it considers the delay justified."

perante as cortes estatais[605]. Necessário esclarecer que, no Brasil, de *lege lata*, a apreciação antecipada, pelo Judiciário, de questão decidida pelo tribunal arbitral, só se faz possível se a decisão arbitral se caracterizar como sentença parcial. Se a matéria for decidida através de meras interlocutórias, os temas nelas ventilados deverão aguardar para ser debatidos perante o Judiciário após o encerramento da arbitragem.

De outro lado, o art. 8(1) da Lei Modelo trata do efeito negativo do Kompetenz--Kompetenz, com previsão praticamente idêntica àquela contida no art. II (3) da Convenção de Nova Iorque, ao prever que cortes estatais devem remeter as partes à arbitragem, a menos que determinem que a Convenção de arbitragem é "null and void, inoperative or incapable of being performed"[606]. A Lei Modelo acrescenta, no art. 8(2), que a ação perante o Poder Judiciário, enquanto pendente, não irá sobrestar de forma automática o procedimento arbitral.

Isto é, assim como a Convenção de Nova Iorque, a Lei Modelo reconhece o Kompetenz-Kompetenz, atribuindo ao árbitro, em geral, poder para apreciar a sua própria jurisdição. De outro lado, assim como faz a Convenção, permite às cortes estatais se debruçar sobre a matéria a elas submetida, quando constatar haver nulidade, ausência de efeitos, inoperabilidade ou inexequibilidade da convenção de arbitragem.

No entanto, a despeito dessas peculiaridades, é indubitável que a interpretação conjunta dos arts. 16(1) e 8(1) resulta na seguinte compreensão[607]: (i) é permitido ao tribunal arbitral decidir quanto à sua jurisdição, em decisão preliminar ou ao fim do procedimento (Lei Modelo, art. 16(1)); (ii) quaisquer dessas decisões está sujeita a revisão por corte estatal (Lei Modelo arts. 16(3); 34(1)(a)(i)[608] e 8(1)); (iii) as cortes estatais po-

---

[605] UNCITRAL Model Law, art. 16(3): "The arbitral tribunal may rule on a plea referred to in paragraph (2) of this article either as a preliminary question or in an award on the merits. If the arbitral tribunal rules as a preliminary question that it has jurisdiction, any party may request, within thirty days after having received notice of that ruling, the court specified in article 6 to decide the matter, which decision shall be subject to no appeal; while such a request is pending, the arbitral tribunal may continue the arbitral proceedings and make an award."

[606] UNCITRAL Model Law, art. 8(1): "A court before which an action is brought in a matter which is the subject of an arbitration agreement shall, if a party so requests not later than when submitting his first statement on the substance of the dispute, refer the parties to arbitration unless it finds that the agreement is null and void, inoperative or incapable of being performed."

[607] "Thus, the basic structure of the Model Law is: (a) to permit arbitral tribunals to consider and decide jurisdictional issues in an award (in an exercise of the arbitrators' competence-competence under Article 16(1)),(b) with any jurisdictional ruling subject to very prompt subsequent judicial review (under Article 16(3) or, arguably, Article 34), but also (c) interlocutory judicial consideration of jurisdictional issues available prior to, or in parallel with, any arbitral decision (under Article 8(1)), while (d) the arbitral proceedings continue notwithstanding judicial review of the jurisdictional ruling (under Article 8(2))(1932. This approach makes it entirely possible that a national court may decide jurisdictional issues before the arbitral tribunal itself does so, and that such judicial decisions may at least potentially preempt the tribunal's jurisdictional decision" (BORN, Gary. *International Commercial Arbitration*. 3ª ed. The Hague: Kluwer Law International, 2021, p. 1173).

[608] UNCITRAL Model Law, art. 34(1), (2)(a)(i): "(1) Recourse to a court against an arbitral award may be made only by an application for setting aside in accordance with paragraphs (2) and (3) of this article. (2) An arbitral award may be set aside by the court specified in article 6 only if (a) the party making the application furnishes proof that: (i) a party to the arbitration agreement referred to in article 7 was under some incapacity; or the said agreement is not valid under the law to which the parties have subjected it or, failing any indication thereon, under the law of this State".

dem, mediante provocação das partes, decidir quanto a competência do tribunal arbitral, antes que esse tome uma decisão, naqueles casos de vícios da convenção de arbitragem que se enquadrem nos conceitos abertos de "null and void, inoperative or incapable of being performed" (Lei Modelo art. 8(1)). Isto é, a Lei Modelo da UNCITRAL, embora ressalve o poder do árbitro para decidir sobre a sua própria jurisdição, não dita como regra absoluta a sua primazia para tanto. Ressalta-se que a proposta de emenda ao art. 8(1), que explicitamente limitaria as cortes estatais a uma análise *prima facie* quanto à validade e à eficácia da convenção de arbitragem foi rejeitada. Isso, contudo, não significa que necessariamente as cortes estatais devam fazer uma análise aprofundada, mas apenas que possuem essa prerrogativa[609]. Perceba-se, assim, quanto ao tema, um verdadeiro e perfeito alinhamento entre as filosofias estabelecidas na Convenção de Nova Iorque e na Lei Modelo da Uncitral.

3. *Kompetenz-Kompetenz* em demais tratados e convenções internacionais

Outras convenções e tratados internacionais também preveem o *Kompetenz-Kompetenz* e merecem ser mencionados.

Em primeiro lugar, tem-se a Convenção Europeia de Arbitragem Comercial Internacional, de 1961, aplicável para arbitragem entre partes de Estados europeus. Nela, o princípio *Kompetenz-Kompetenz* destaca-se no art. V(3)[610], que estabelece que o árbitro cuja jurisdição está sendo questionada pode prosseguir na arbitragem e decidir sobre a sua própria jurisdição e sobre a existência ou validade da convenção de arbitragem ou do contrato que a contenha. Assim, prevê regra geral para que o árbitro decida, em primeiro lugar, sobre a sua própria jurisdição.

No art. VI (3)[611], por sua vez, estabelece que as cortes judiciais devem abster-se de examinar questões afetas à convenção de arbitragem (e a consequente existência de

---

[609] "The most direct evidence in the drafting history, therefore, remains the rejection of the proposal to amend Article 8(1) to require *prima facie*, rather than full, interlocutory judicial consideration: that drafting choice was specifically focused on the full review and prima facie jurisdiction standards, and it deliberately rejected the latter. At the same time, however, it is equally important to note that neither Article 8(1) nor any other provision of the Model Law requires full interlocutory judicial review to be exercised in every case. Nothing in Article 8(1) would prevent a court, if it concluded that a respondent was engaging in dilatory tactics or that it would be efficient or just to permit an initial jurisdictional award by the arbitrators, from conducting only a prima facie interlocutory judicial review. Indeed, the procedural discretion afforded to the arbitrators with regard to jurisdictional matters under Article 8(2) (and Article 16(3)) should logically apply with equal force in national court proceedings." (BORN, Gary. *International Commercial Arbitration*. 3ª ed. The Hague: Kluwer Law International, 2021, p. 1177).

[610] Convenção de Nova Iorque, V (3): "Subject to any subsequent judicial control provided for under the *lex fori*, the arbitrator whose jurisdiction is called in question shall be entitled to proceed with the arbitration, to rule on his own jurisdiction and to decide upon the existence or the validity of the arbitration agreement or of the contract of which the agreement forms part."

[611] Convenção de Nova Iorque, VI (3): "Where either party to an arbitration agreement has initiated arbitration proceedings before any resort is had to a court, courts of Contracting States subsequently asked to deal with the same subject-matter between the same parties or with the question whether the arbitration agreement was non-existent or null and void or had lapsed, shall stay their ruling on the arbitrator's jurisdiction until the arbitral award is made, unless they have good and substantial reasons to the contrary."

jurisdição do árbitro) até que a sentença arbitral seja proferida, a menos que haja "good and substantial reasons to the contrary". Assim, reconhece, como fazem a Convenção de Nova Iorque e a Lei Modelo da UNCITRAL, a possibilidade excepcional de as cortes judiciais analisarem, com primazia, a existência de jurisdição do árbitro.

Vale mencionar também a Convenção do Centro Internacional para Solução de Controvérsias sobre Investimentos (ICSID), de 1965, ratificada por mais de 150 países. A convenção, que se concentra em disputas de investimentos entre investidor estrangeiro e o Estado anfitrião, reconhece o princípio *Kompetenz-Kompetenz* no seu art. 41(1)[612], que prevê que o árbitro deve julgar a sua própria jurisdição.

4. *Kompetenz-Kompetenz* em legislações comparadas

Como dito, apesar de amplamente aceito[613], a compreensão do sentido e alcance do princípio *Kompetenz-Kompetenz* assume variações de jurisdição para jurisdição. Evidenciando o seu amplo reconhecimento nas legislações internacionais, é possível encontrar manifestações desse princípio nas leis do Reino Unido (Sessão 30 (1)(a), UK Arbitration Act, 1996)[614], da Índia (section 16 (1), The Arbitration And Conciliation Act, 1996)[615], de Portugal (art.18 n. 1, Lei de Arbitragem Voluntária)[616], da Espanha (art. 22, nº 1, Ley 60/2003)[617], da Itália (art. 817 (1), *Codice di procedura civile*)[618], da

---

[612] ICSID, art. 41(1): "The Tribunal shall be the judge of its own competence".

[613] BORN, Gary. *International Commercial Arbitration*. 3ª ed. The Hague: Kluwer Law International, 2021, p. 1154.

[614] Reino Unido, Arbitration Act 1996, Section 30 (1)(a): "Competence of tribunal to rule on its own jurisdiction. (1) Unless otherwise agreed by the parties, the arbitral tribunal may rule on its own substantive jurisdiction, that is, as to – (a)whether there is a valid arbitration agreement".

[615] Índia, The Arbitration and Conciliation Act, section 16 (1): "The arbitral tribunal may rule on its own jurisdiction, including ruling on any objections with respect to the existence or validity of the arbitration agreement and for that purpose".

[616] Portugal, LAV, art. 18º, nº 1º: "O tribunal arbitral pode decidir sobre a sua própria competência, mesmo que para esse fim seja necessário apreciar a existência, a validade ou a eficácia da convenção de arbitragem ou do contrato em que ela se insira, ou a aplicabilidade da referida convenção".

[617] Espanha, Ley 60/2003, art. 22, nº 1: "1. Los árbitros estarán facultados para decidir sobre su propia competencia, incluso sobre las excepciones relativas a la existencia o a la validez del convenio arbitral o cualesquiera otras cuya estimación impida entrar en el fondo de la controversia. A este efecto, el convenio arbitral que forme parte de un contrato se considerará como un acuerdo independiente de las demás estipulaciones del mismo. La decisión de los árbitros que declare la nulidad del contrato no entrañará por sí sola la nulidad del convenio arbitral."

[618] Itália, Codice di procedura civile, art. 817: "Se la validità, il contenuto o l'ampiezza della convenzione d'arbitrato o la regolare costituzione degli arbitri sono contestate nel corso dell'arbitrato, gli arbitri decidono sulla propria competenza.Questa disposizione si resen anche se i poteri degli arbitri sono contestati in qualsiasi sede per qualsiasi ragione sopravvenuta nel corso del procedimento. La parte che non eccepisce nella prima difesa successiva all'accettazione degli arbitri l'incompetenza di questi per inesistenza, invalidità o inefficacia della convenzione d'arbitrato, non può per questo motivo impugnare il lodo, salvo il caso di controversia non arbitrabile.La parte, che non eccepisce nel corso dell'arbitrato che le conclusioni delle altre parti esorbitano dai limiti della convenzione arbitrale, non può, per questo motivo, impugnare il lodo."

França (art. 1448 do *Code de Procédure Civile*)[619], da Alemanha (arts. §1040 e §1032(1) do ZPO)[620], da Suíça (art.186(1) Federal Act on Private International Law (IPRG) e art. 359(1) do ZPO – Código de Processo Civil Suíço)[621] e da Áustria (Section 592 (1), ACCP)[622].

Começemos a análise pelos países de *common law*. Nos Estados Unidos a legislação não dispõe, expressamente, sobre o *Kompetenz-Kompetenz*[623]. O Federal Arbitration Act, na section 3[624], trata, principalmente, sobre a clara e expressa necessidade de manifestação

---

[619] França, Code di Prócedure Civile, art. 1.448: "Lorsqu'un litige relevant d'une convention d'arbitrage est porté devant une juridiction de l'Etat, celle-ci se déclare incompétente sauf si le tribunal arbitral n'est pas encore saisi et si la convention d'arbitrage est manifestement nulle ou manifestement inapplicable. La resentence de l'Etat ne peut relever d'office son resentence. Toute stipulation contraire au resent article est réputée non écrite".

[620] Alemanha, Zivilprozessordnung, § 1040: "(1) Das Schiedsgericht kann über die eigene Zuständigkeit und im Zusammenhang hiermit über das Bestehen oder die Gültigkeit der Schiedsvereinbarung entscheiden. Hierbei ist eine Schiedsklausel als eine von den übrigen Vertragsbestimmungen unabhängige Vereinbarung zu behandeln". Zivilprozessordnung, § 1040 (2): "Die Rüge der Unzuständigkeit des Schiedsgerichts ist spätestens mit der Klagebeantwortung vorzubringen. Von der Erhebung einer solchen Rüge ist eine Partei nicht dadurch ausgeschlossen, dass sie einen Schiedsrichter bestellt oder an der Bestellung eines Schiedsrichters mitgewirkt hat. Die Rüge, das Schiedsgericht überschreite seine Befugnisse, ist zu erheben, sobald die Angelegenheit, von der dies behauptet wird, im schiedsrichterlichen Verfahren zur Erörterung kommt. Das Schiedsgericht kann in beiden Fällen eine spätere Rüge zulassen, wenn die Partei die Verspätung genügend entschuldigt". Zivilprozessordnung, § 1032 (3): "Hält das Schiedsgericht sich für zuständig, so entscheidet es über eine Rüge nach Absatz 2 in der Regel durch Zwischenentscheid. In diesem Fall kann jede Partei innerhalb eines Monats nach schriftlicher Mitteilung des Entscheids eine gerichtliche Entscheidung beantragen. Während ein solcher Antrag anhängig ist, kann das Schiedsgericht das schiedsrichterliche Verfahren fortsetzen und einen Schiedsspruch erlassen". Zivilprozessordnung, § 1032 (1): "(1) Wird vor einem Gericht Klage in einer Angelegenheit erhoben, die Gegenstand einer Schiedsvereinbarung ist, so hat das Gericht die Klage als unzulässig abzuweisen, sofern der Beklagte dies vor Beginn der mündlichen Verhandlung zur Hauptsache rügt, es sei denn, das Gericht stellt fest, dass die Schiedsvereinbarung nichtig, unwirksam oder undurchführbar ist".

[621] Suíça, IPRG, art. 186, nº 1: "The arbitral tribunal shall decide on its own jurisdiction" e, igualmente, Suíça, ZPO, art. 359 (1) "If the validity, content or scope of the arbitration agreement or the constitution of the arbitral tribunal are disputed before the arbitral tribunal, the latter shall rule on such plea by means of an interim award or in the award on the merits."

[622] Áustria, ACCP, Section 592 (1): "The arbitral tribunal shall rule on its own jurisdiction. The decision may be made together with the decision on the merits or by separate arbitral award."

[623] "In the United States, the text of the FAA does not expressly address the subject of the arbitrators' competence-competence. Nonetheless, as discussed in greater detail below, U.S. courts have repeatedly held that arbitral tribunals have the inherent power to consider their own jurisdiction, subject to later judicial review, and may also be granted the competence to make binding awards finally determining their own jurisdiction." (BORN, Gary. *International Commercial Arbitration*. 3ª ed. The Hague: Kluwer Law International, 2021, p. 1153).

[624] Estados Unidos, The Federal Arbitration Act, section 3: "Stay of proceedings where issue therein referable to arbitration. If any suit or proceeding be brought in any of the courts of the United States upon any issue referable to arbitration under an agreement in writing for such arbitration, the court in which such suit is pending, upon being satisfied that the issue involved in such suit or proceeding is referable to arbitration under such an agreement, shall on application of one of the parties stay the trial of the action until such arbitration has been had in accordance with the terms of the agreement, providing the applicant for the stay is not in default in proceeding with such arbitration."

de vontade da parte em resolver conflito por arbitragem. No sistema norte-americano, o entendimento é de que o questionamento quanto à jurisdição dos árbitros é uma questão de arbitrabilidade. Cuida-se não de uma ponderação quanto aos limites objetivos ou subjetivos da arbitragem, mas quanto à reserva aos árbitros da decisão sobre a validade da convenção de arbitragem, à luz da manifestação da vontade das partes, quando da celebração do contrato.

O *leading case* sobre o tema é First Options *v.* Kaplan[625], quando a Suprema Corte estabeleceu a presunção de que o tribunal determinará a validade da convenção de arbitragem, considerando ser intenção das partes submeter todas as questões à análise do árbitro, inclusive a decisão sobre a própria jurisdição ("questão da arbitrabilidade"). Caso não seja evidente essa manifestação, as cortes estatais poderão decidir sobre a jurisdição do árbitro[626]. Assim, percebe-se que o entendimento adotado nos Estados Unidos é significativamente semelhante ao adotado pela Convenção de Nova Iorque, no art. II(3)[627].

Em seguida, no Reino Unido há reconhecimento explícito do *Kompetenz-Kompetenz* no *Arbitration Act*[628]. A reforma legislativa de 1996 adotou uma abordagem significativamente diferente das anteriores no país[629], estabelecendo nova dinâmica. Fixou-se o

---

[625] Nesse caso First Options of Chicago, Inc. v. Kaplan, de 1995, em que a Corte Americana fixou o entendimento no sentido de que: "Just as the arbitrability of the merits of a dispute depends upon whether the parties agreed to arbitrate that dispute, see, e. g., Mastrobuono v. Shearson Lehman Hutton, Inc., ante, at 52, so the question "who has the primary power to decide arbitrability" turns upon whether the parties agreed to submit that question to arbitration. If so, then the court should defer to the arbitrator's arbitrability decision. If not, then the court should decide the question independently. These two answers flow inexorably from the fact that arbitration is simply a matter of contract between the parties."

[626] "In the United States, the presumption that a tribunal will determine the validity of an arbitration agreement is reversed. In, the Supreme Court held that there must be clear and unmistakable evidence that the parties agreed to submit to the arbitrator the question of the arbitrator's jurisdiction ("the arbitrability question"). Otherwise, the court will decide whether the arbitrator had a mandate to arbitrate. The presumption, therefore, is that the court should decide the question of the arbitrator's jurisdiction." (MOSES, Margaret L. *The Principles and Practice of International Commercial Arbitration.* 2nd ed. Nova Iorque: Cambridge University Press, 2012, p. 93-94).

[627] LEW, Julian; MISTELIS, Loukas; KRÖLL, Stefan. *Comparative International Commercial Arbitration.* Haia: Kluwer Law International, 2003, p. 349.

[628] Reino Unido, Arbitration Act 1996, Section 30 (1)(a): "Competence of tribunal to rule on its own jurisdiction. (1) Unless otherwise agreed by the parties, the arbitral tribunal may rule on its own substantive jurisdiction, that is, as to – (a)whether there is a valid arbitration agreement. (b)whether the tribunal is properly constituted, and (c)what matters have been submitted to arbitration in accordance with the arbitration agreement. (2)Any such ruling may be challenged by any available arbitral process of appeal or review or in accordance with the provisions of this Part."

[629] Anteriormente a reforma, ensina Gary Born, "arbitral tribunals were free under English law to consider jurisdictional objections but an English court would also consider and resolve interlocutory challenges to an arbitrator's jurisdiction that were presented to it (including where one party sought to litigate the underlying suit or to obtain an antiarbitration injunction). The Arbitration Act, 1996, adopted an approach to competence-competence issues that was significantly different from historic practice. Under the revised Act: (a) unless otherwise agreed, an arbitral tribunal may consider and make a decision on its own jurisdiction, subject to subsequent judicial review; and (b) parties have available several possibilities for obtaining immediate, interlocutory judicial resolution of jurisdictional disputes." (BORN, Gary. *International Commercial Arbitration.* 3ª ed. The Hague: Kluwer Law International, 2021, p. 1302-1303).

PARTE IV · Capítulo 16 · *KOMPETENZ-KOMPETENZ* | **649**

entendimento de que os tribunais arbitrais possuem competência para se manifestar sobre a própria jurisdição, a menos que as partes afastem essa prerrogativa na Convenção de Arbitragem.

A *Supreme Court* se posicionou acerca do *Kompetenz-Kompetenz*, por exemplo, no caso Dallah Real Estate v. Government of Pakistan, no sentido de que "[the] principle that a tribunal in an international commercial arbitration has the power to consider its own jurisdiction is no doubt a general principle of law", ponderando, entretanto, que "it does not follow that the tribunal has the exclusive power to determine its own jurisdiction, nor does it follow that the court of the seat may not determine whether the tribunal has jurisdiction before the tribunal has ruled on it"[630].

Assim, ressalvada a relevantíssima circunstância de que a Corte Suprema qualificou o *Kompetenz-Kompetenz* como um princípio geral de direito no sistema inglês, restou amplamente assegurada a possibilidade de revisão posterior da decisão pelas cortes estatais[631], mas também permitiu a possibilidade de controle preventivo pelo Poder Judiciário inglês[632]. Igualmente, quando provocadas, as cortes estatais realizam análise *de novo*[633], em detrimento de análises *prima facie,* como em outras jurisdições.

Esse entendimento foi adotado pela English High Court of Justice no julgamento do caso "People's ns. Co. of China, Hebei Branch v. Vysanthi Shipping Co", controvérsia em que se adotou entendimento, segundo o qual "the Court is not in any way bound or limited to the findings made in the award or to the evidence adduced before the arbitrator; it does not review the decision of the arbitrator but makes its own decision on the evidence before it"[634]. A partir desses elementos, vislumbra-se que a posição adotada pelo direito inglês dá margem ampla de análise pelas cortes estatais. Portanto, há no direito inglês maior flexibilização do *Kompetenz-Kompetenz*, podendo as cortes estatais se manifestar acerca da convenção de arbitragem em situações complexas, antes ou depois da instituição do tribunal arbitral, não estando restritas a analisar vícios detectáveis *prima facie.*

O direito indiano também traz previsão expressa do *Kompetenz-Kompetenz*[635]. Essa previsão está associada à autonomia da convenção de arbitragem, trazendo previsão na

---

[630] Reino Unido (Londres), Uk Supreme Court, Dallah Real Estate v. Government of Pakistan, 2010, p. 37-38.

[631] Reino Unido, Arbitration Act (1996), section 67 (1)(a) e (b): "A party to arbitral proceedings may (upon notice to the other parties and to the tribunal) apply to the court— (a)challenging any award of the arbitral tribunal as to its substantive jurisdiction; or (b)for an order declaring an award made by the tribunal on the merits to be of no effect, in whole or in part, because the tribunal did not have substantive jurisdiction."

[632] Reino Unido, Arbitration Act (1996), Section 32(1): "The court may, on the application of a party to arbitral proceedings (upon notice to the other parties), determine any question as to the substantive jurisdiction of the tribunal".

[633] "Except where the parties have agreed otherwise, judicial consideration of arbitrators' jurisdictional determinations under the Arbitration Act is de novo. As one English court held, "a challenge such as is made under §67 is indeed a complete rehearing [rather than limited review suitable for an appellate process]." (BORN, Gary. *International Commercial Arbitration*. 3ª ed. The Hague: Kluwer Law International, 2021, p. 1308-1309).

[634] Reino Unido, English High Court of Justice, Queens Bench Division, Commercial Court, People's ns. Co. of China, Hebei Branch v. Vysanthi Shipping Co., 2003, § 25.

[635] Índia, The Arbitration and Conciliation Act 1996, Chapter IV, section 16: "(1) The arbitral tribunal may rule on its own jurisdiction, including ruling on any objections with respect to the existence or

linha da Convenção de Nova Iorque e da Lei Modelo da UNCITRAL[636]. Assim, cabe manifestação *a priori* pelas cortes estatais, caso seja possível reconhecer vício *prima facie* da convenção de arbitragem[637]. Nesse sentido, o tribunal arbitral não é soberano na análise da sua jurisdição, sendo admissível tanto o controle preventivo quanto posterior, em sede de ação anulatória, pelas cortes estatais[638].

Na tradição continental, Portugal reconhece o princípio *Kompetenz-Kompetenz* no art. 18, nº 1, da Lei de Arbitragem Voluntária[639], a qual positiva que "o tribunal arbitral pode decidir sobre a sua própria competência, mesmo que para esse fim seja necessário apreciar a existência, a validade ou a eficácia da convenção de arbitragem ou do contrato em que ela se insira, ou a aplicabilidade da referida convenção".

---

validity of the arbitration agreement, and for that purpose, – (a) an arbitration clause which forms part of a contract shall be treated as an agreement independent of the other terms of the contract; and (b) a decision by the arbitral tribunal that the contract is null and void shall not entail ipso jure the invalidity of the arbitration clause."

[636] "a number of other courts in Model Law states have reached the opposite result, particularly in cases involving disputes over the scope of the arbitration agreement, holding that only prima facie interlocutory judicial review is appropriate in determining whether to refer a matter to arbitration. This includes decisions in India." (BORN, Gary. *International Commercial Arbitration*. 3ª ed. The Hague: Kluwer Law International, 2021, p. 1180).

[637] Índia, The Arbitration and Conciliation Act 1996, Chapter II, section 8: "Power to refer parties to arbitration where there is an arbitration agreement. (1) A judicial authority, before which an action is brought in a matter which is the subject of an arbitration agreement shall, if a party to the arbitration agreement or any person claiming through or under him, so applies not later than the date of submitting his first statement on the substance of the dispute, then, notwithstanding any judgment, decree or order of the Supreme Court or any Court, refer the parties to arbitration unless it finds that prima facie no valid arbitration agreement exists".

[638] "However, the principle of competence-competence has, in practice, been undermined in India. The courts have held that Section 16 of the Act does not grant the arbitral tribunal exclusive power to determine its jurisdiction, and thus, the court can (and indeed, would in some cases be duty bound), to investigate whether it should refer parties to arbitration, by determining the validity of the arbitration agreement. The Supreme Court has held that Section 16 does not allow the arbitral tribunal to ignore a decision given by the judicial authority or the Chief Justice before it was constituted. Furthermore, the tribunal's competence to decide does not enable it to disregard the finality conferred on an order passed prior to the tribunal's constitution." (JAYASIMHA, Shreyas; MODY, Zia, 19. India. In: MOSER, Michael J; CHOONG, John (eds), *Asia Arbitration Handbook*. Oxford: Oxford University Press, 2011, p. 852).

[639] "Nºs 1 a 3. O presente artigo estabelece a regra designada como *Kompetenz-Kompetenz*, segundo a qual o tribunal arbitral é competente para apreciar sua própria competência – efeito positivo da convenção de arbitragem. Esta regra é comum a diversos sistemas jurídicos e inspira-se no art. 16 da Lei Modelo. A competência do tribunal arbitral nesta matéria não é absoluta, pois via de impugnação – seja da decisão interlocutória sobre esta matéria (cfr. Os nºs 9 e 10 do presente artigo e as respectivas anotações), seja de decisão final, quando só nesta o tribunal arbitral pronuncie sobre a questão. Porém, de modo consistente com as regras sobre efeito negativo da convenção de arbitragem que constam no art. 5º da LAV, o juízo inicial sobre a matéria cabe em exclusivo ao tribunal arbitral (salvo o caso, referido nesse art. 5º, de o tribunal estadual verificar que manifestamente a convenção de arbitragem é nula, é ou se tornou ineficaz ou inexequível)." (VIEIRA, Pedro Siza; LOUSA, Nuno Ferreira; MOREIRA, António Júdice. Da competência do tribunal arbitral. In: VICENTE, Dário Moura (coord.). *Lei da Arbitragem Voluntária Anotada*. 4ª Edição. Coimbra: Almedina, 2019, p. 81).

Essa competência, todavia, não é absoluta, sendo a decisão do tribunal sujeita a questionamento frente a jurisdição estatal[640]. Caso a disputa seja levada primeiramente ao juízo estatal, cabe à parte interessada apresentar a defesa da preterição de tribunal arbitral (CPCP, art. 96, b)[641], a qual tende a ser acolhida caso não se esteja diante de convenção de arbitragem manifestamente nula, ineficaz ou inexequível (LAV, art. 5, nº 1)[642]. Essa análise deve ocorrer diante das evidências fornecidas por aquele que recorreu ao juízo estatal, não sendo admissível ampla produção de provas[643]. Dessa forma, o sistema adotado pela LAV mostra-se em consonância com a Convenção de Nova Iorque, admitindo a possibilidade de controle preventivo pelas cortes estatais quando o vício for constatável em análise perfunctória[644].

No direito espanhol, há positivação expressa do *Kompetenz-Kompetenz* na Ley 60/2003, no art. 22, nº 1[645], que contém a regra segundo a qual dúvidas sobre a jurisdição do tribunal arbitral devem ser suscitadas na primeira oportunidade, antes da defesa de

---

[640] Portugal, LAV, art. 18 nº 9: "A decisão interlocutória pela qual o tribunal arbitral declare que tem competência pode, no prazo de 30 dias após a sua notificação às partes, ser impugnada por qualquer destas perante o tribunal estadual competente, ao abrigo das subalíneas i) e iii) da alínea a) do nº 3 do art. 46.º, e da alínea f) do nº 1 do artigo 59.º"

[641] Portugal, Código de Processo Civil, art. 96, b: "Determinam a incompetência absoluta do tribunal: b) A preterição de tribunal arbitral."

[642] "III – A competência dos tribunais estaduais para verificar a inaplicabilidade da convenção de arbitragem restringe-se aos casos em que a sua nulidade, ineficácia ou inexequibilidade é manifesta (art. 5.º da LAV), cabendo à parte interessada o ónus de alegar (logo em 1.ª instância e não apenas em sede de apelação) e provar os pertinentes factos" (Portugal, STJ. Processo 461/14.0TJLSB.L1.S1. 2ª Secção. Relator Álvaro Rodrigues. J. em: 08.02.2018).

[643] "This assessment—of the invalidity, inoperativeness or unenforceability of the agreement—, which will allow the State court to consider itself with jurisdiction to solve the dispute, must be unquestionable in light of the elements that have been brought by the claimant and should not depend on any additional production of evidence. In case there are any doubts concerning the validity or operativeness of the arbitration agreement, the State court must dismiss the procedure and refer the dispute to the arbitral tribunal, which has the primary jurisdiction to rule on this matter" (DOMINGUES, Paulo de Tarso. The Arbitration Agreement. In: VICENTE, Dário Moura (Ed.). *International Arbitration in Portugal*. Kluwer Law International, 2020, p. 47-62, p. 55-56).

[644] "I – Admite revista o acórdão da Relação que, incidindo sobre decisão interlocutória de conteúdo adjectivo – indefere a excepção de preterição do tribunal arbitral e confere competência material ao tribunal judicial para conhecer a causa – integra a norma exceptiva do art. 671º, nº 2, al. a), mediante a previsão constante do art. 629º, nº 2, al. a), ambos do CPC. II – Face ao princípio consagrado no art. 18º, nº 1, da LAV, segundo o qual incumbe prioritariamente ao tribunal arbitral pronunciar-se sobre a sua própria competência, apreciando para tal os pressupostos que a condicionam – validade, eficácia e aplicabilidade ao litígio da convenção de arbitragem –, os tribunais judiciais só devem rejeitar a excepção dilatória de preterição de tribunal arbitral, deduzida por uma das partes, determinando o prosseguimento do processo perante a jurisdição estadual, quando seja manifesto e incontroverso que a convenção/cláusula compromissória invocada é inválida, ineficaz ou inexequível ou que o litígio, de forma ostensiva, se não situa no respectivo âmbito de aplicação. III – Suscitadas dúvidas sobre o campo de aplicação da convenção de arbitragem, devem as partes ser remetidas para o tribunal arbitral ao qual atribuíram competência para solucionar o litígio." (Portugal, STJ. Processo 1149/14.8T8LRS.L1.S1. 6ª Secção. Relator Henrique Araújo, J. em: 20.03.2018).

[645] Espanha, Ley 60/2003, art. 22, n.º 1: "Los árbitros estarán facultados para decidir sobre su propia competencia, incluso sobre las excepciones relativas a la existencia o a la validez del convenio arbitral o cualesquiera otras cuya estimación impida entrar en el fondo de la controversia. A este efecto, el convenio arbitral que forme parte de un contrato se considerará como un acuerdo independiente de

mérito[646]. A manifestação do tribunal arbitral quanto a própria competência pode ocorrer em decisão preliminar ou junto ao mérito, podendo ser impugnável por meio de ação anulatória[647]. Caso se tenha decisão preliminar quanto à jurisdição do tribunal arbitral, a apresentação de ação anulatória contra essa não suspende a arbitragem. No entanto, caso a corte estatal reconheça a procedência da anulatória antes do tribunal arbitral tiver se manifestado acerca do mérito, o procedimento deverá ser suspenso, pois a manifestação da corte estatal tem condão de produzir coisa julgada[648].

No direito italiano, percebe-se também a positivação do princípio *Kompetenz--Kompetenz*, havendo ressalvas quanto ao momento do questionamento da jurisdição do tribunal arbitral[649]. A parte que não contestar, na primeira defesa após a aceitação dos árbitros, a sua jurisdição, por inexistência, invalidade ou ineficácia da convenção de arbitragem, não pode por isso impugnar a sentença arbitral, salvaguardados casos de ausência de arbitrabilidade. Ademais, a não oposição durante o procedimento arbitral de possível desrespeito ao escopo da convenção de arbitragem faz precluir a possibilidade de invocar esse argumento em sede de ação anulatória.

No direito francês, o art. 1448 do *Code de Procédure Civile* prevê que, quando uma controvérsia decorrente de uma convenção de arbitragem é submetida a um tribunal estatal, este deve se declarar incompetente, a menos que o tribunal arbitral ainda não tenha sido instaurado e se a convenção de arbitragem for manifestamente nula ou sem efeito, sendo defeso ao juiz togado suscitar, de ofício, a ausência de jurisdição do tribunal

---

las demás estipulaciones del mismo. La decisión de los árbitros que declare la nulidad del contrato no entrañará por sí sola la nulidad del convenio arbitral"

[646] Espanha, Ley 60/2003, art. 22, n.º 2: "Las excepciones a las que se refiere el apartado anterior deberán oponerse a más tardar en el momento de presentar la contestación, sin que el hecho de haber designado o participado en el nombramiento de los árbitros impida oponerlas. La excepción consistente en que los árbitros se exceden del ámbito de su competencia deberá oponerse tan pronto como se plantee, durante las actuaciones arbitrales, la materia que exceda de dicho ámbito. Los árbitros sólo podrán admitir excepciones opuestas con posterioridad si la demora resulta justificada."

[647] Espanha, Ley 60/2003, art. 22, n.º 3: "Los árbitros podrán decidir las excepciones de que trata este artículo con carácter previo o junto con las demás cuestiones sometidas a su decisión relativas al fondo del asunto. La decisión de los árbitros sólo podrá impugnarse mediante el ejercicio de la acción de anulación del laudo en el que se haya adoptado. Si la decisión fuese desestimatoria de las excepciones y se adoptase con carácter previo, el ejercicio de la acción de anulación no suspenderá el procedimiento arbitral."

[648] "In a domestic context (where a lawsuit is filed before the Spanish courts and the arbitration is based in Spain), the fact that the SC has adopted the weak version of the KompetenzKompetenz principle has, in the author's opinion, a clear consequence: namely that the court order denying the validity of the agreement, once final, has res judicata status and the arbitrators are bound by it." (JENE, Miguel Gómez. *International Commercial Arbitration in Spain*. Kluwer Law International, 2019, p. 131).

[649] Codice di procedura civile, Art. 817: (1) Se la validità, il contenuto o l'ampiezza della convenzione d'arbitrato o la regolare costituzione degli arbitri sono contestate nel corso dell'arbitrato, gli arbitri decidono sulla propria competenza. Questa disposizione si applica anche se i poteri degli arbitri sono contestati in qualsiasi sede per qualsiasi ragione sopravvenuta nel corso del procedimento. La parte che non eccepisce nella prima difesa successiva all'accettazione degli arbitri l'incompetenza di questi per inesistenza, invalidità o inefficacia della convenzione d'arbitrato, non può per questo motivo impugnare il lodo, salvo il caso di controversia non arbitrabile. La parte, che non eccepisce nel corso dell'arbitrato che le conclusioni delle altre parti esorbitano dai limiti della convenzione arbitrale, non può, per questo motivo, impugnare il lodo.

arbitral[650]. Assim, somente se excepciona a jurisdição do tribunal arbitral de analisar a própria competência antes da instauração da arbitragem e se o vício for manifesto e incontroverso.

Na Alemanha, o §1040(1) do ZPO tem previsão no sentido de que o tribunal arbitral pode decidir sobre sua própria jurisdição e, em relação a ela, sobre a existência ou validade da convenção de arbitragem, reconhecendo-se que a convenção de arbitragem é autônoma em relação às demais disposições contratuais[651]. No §1040(2), há previsão no sentido de que a objeção à ausência de jurisdição do tribunal arbitral deve ser apresentada o mais tardar com a declaração de defesa, havendo previsão no sentido de que a nomeação de um árbitro por uma parte não impede que essa se manifeste contrariamente à jurisdição do tribunal arbitral, devendo a impugnação ser feita na primeira oportunidade possível[652].

É facultado, em qualquer caso, que o tribunal arbitral admita impugnação superveniente por razão devidamente justificada. Conforme o § 1040(3), as manifestações do tribunal quanto à própria jurisdição serão tomadas, via de regra, por meio de sentenças parciais, sendo que as partes poderão, dentro de um mês, recorrer às cortes estatais para impugná-las, sem que isso implique suspensão do procedimento[653]. No entanto, pelo §1032(1)[654], as cortes estatais podem reconhecer *ab initio* acerca da inexistência da convenção de arbitragem quando essa for nula, ineficaz ou inexequível. Nesse contexto, percebe-se que a posição do direito alemão está em sintonia com a Convenção de Nova Iorque.

---

[650] França, Code di Prócedure Civile, art. 1.448: "Lorsqu'un litige relevant d'une convention d'arbitrage est porté devant une juridiction de l'Etat, celle-ci se déclare incompétente sauf si le tribunal arbitral n'est pas encore saisi et si la convention d'arbitrage est manifestement nulle ou manifestement inapplicable. La juridiction de l'Etat ne peut relever d'office son incompétence. Toute stipulation contraire au présent article est réputée non écrite".

[651] Alemanha, Zivilprozessordnung, § 1040: "(1) Das Schiedsgericht kann über die eigene Zuständigkeit und im Zusammenhang hiermit über das Bestehen oder die Gültigkeit der Schiedsvereinbarung entscheiden. Hierbei ist eine Schiedsklausel als eine von den übrigen Vertragsbestimmungen unabhängige Vereinbarung zu behandeln. "

[652] Alemanha, Zivilprozessordnung, § 1040 (2): "Die Rüge der Unzuständigkeit des Schiedsgerichts ist spätestens mit der Klagebeantwortung vorzubringen. Von der Erhebung einer solchen Rüge ist eine Partei nicht dadurch ausgeschlossen, dass sie einen Schiedsrichter bestellt oder an der Bestellung eines Schiedsrichters mitgewirkt hat. Die Rüge, das Schiedsgericht überschreite seine Befugnisse, ist zu erheben, sobald die Angelegenheit, von der dies behauptet wird, im schiedsrichterlichen Verfahren zur Erörterung kommt. Das Schiedsgericht kann in beiden Fällen eine spätere Rüge zulassen, wenn die Partei die Verspätung genügend entschuldigt."

[653] Alemanha, Zivilprozessordnung, § 1032 (3): "Hält das Schiedsgericht sich für zuständig, so entscheidet es über eine Rüge nach Absatz 2 in der Regel durch Zwischenentscheid. In diesem Fall kann jede Partei innerhalb eines Monats nach schriftlicher Mitteilung des Entscheids eine gerichtliche Entscheidung beantragen. Während ein solcher Antrag anhängig ist, kann das Schiedsgericht das schiedsrichterliche Verfahren fortsetzen und einen Schiedsspruch erlassen."

[654] Alemanha, Zivilprozessordnung, § 1032 (1): "(1) Wird vor einem Gericht Klage in einer Angelegenheit erhoben, die Gegenstand einer Schiedsvereinbarung ist, so hat das Gericht die Klage als unzulässig abzuweisen, sofern der Beklagte dies vor Beginn der mündlichen Verhandlung zur Hauptsache rügt, es sei denn, das Gericht stellt fest, dass die Schiedsvereinbarung nichtig, unwirksam oder undurchführbar ist."

No direito Suíço, apesar de haver reconhecimento tanto da face positiva quanto negativa do *Kompetenz-Kompetenz*[655], é possível constatar que não há competência exclusiva do tribunal arbitral para analisar o escopo da própria jurisdição, considerando o poder das cortes suíças de se posicionarem acerca do tema[656].

Existem dois parâmetros distintos de revisão judicial da jurisdição do tribunal arbitral no ordenamento suíço: em primeiro, compete às cortes estatais realizar análise *prima facie* acerca da convenção de arbitragem, e, em segundo, é possível realizar controle mais aprofundado em sede de reconhecimento de sentença arbitral estrangeira ou ação anulatória[657]. Como ensina Gary Born, essa distinção de tratamento é juris-

---

[655] "The positive and negative effects of the principle of "competence-competence" are also recognized in Swiss law (…). Art. 186(1) SPILA embodies the positive effect of 'competence-competence'" (GIRSBERGER, Daniel; VOSER Nathalie. *International Arbitration: Comparative and Swiss Perspectives*. 4ª ed. Zurique: Nomos Verlagsgesellschaft Mbh & Co. Schulthess Juristische Medien AG, 2021, p. 163); "With respect to domestic arbitration, see Art. 359(1) SCCP, which provides that the arbitral tribunal may decide on its jurisdiction in an interim award or in the final award on the merits." (GIRSBERGER, Daniel; VOSER Nathalie. *International Arbitration: Comparative and Swiss Perspectives*. 4ª ed. Schulthess Juristische Medien AG, 2021, p. 166); "The Swiss Law on Private International Law expressly provides for the competence-competence of international arbitral tribunals seated in Switzerland in Article 186(1)" (BORN, Gary B. *International Commercial Arbitration*. 3ª ed. Kluwer Law International, 2021, p. 1209).

[656] "Art. 186(1) SPILA does not mean that the arbitrators are the sole judges of their jurisdiction. Rather, the principle of "competence-competence" of the arbitral tribunal is relative for the following reasons: – The arbitral tribunal's decision on its own jurisdiction may be set aside by the state courts, specifically the Swiss Supreme Court pursuant to Art. 190(2)(b) SPILA. Only if no setting aside proceedings are initiated will the decision of the arbitral tribunal on its own jurisdiction become final Even if the parties validly waive their right to set aside the arbitral award (Art. 192(1) SPILA), a losing party may still invoke the invalidity of the arbitration agreement at the enforcement stage by claiming the lack of jurisdiction of the arbitral tribunal (Art. IV(1)(b) New York Convention in connection with Arts. V(1)(a) and (c) New York Convention, applied by analogy)– If a Swiss state court is seized despite the existence of an arbitration agreement, the Swiss state court will only decline jurisdiction within the limits of Art. 7 SPILA. Following the prevailing view, by virtue of Art. 7 SPILA, the state court is not obliged to give priority to the arbitrators or to stay the proceedings in favor of the arbitrators. Rather, it has to determine the validity of the arbitration agreement, albeit solely based on a prima facie evaluation, if the seat of the arbitration is in Switzerland and a plea of lack of jurisdiction has been raised in time (for more details on Art. 7 SPILA, see paras. 504 ff.) – Finally, Art. 186(1bis) SPILA only allows the arbitrators to continue the arbitration in case of lis pendens but does not grant the arbitrators priority." (GIRSBERGER, Daniel; VOSER Nathalie. *International Arbitration: Comparative and Swiss Perspectives*. 4ª Ed. Schulthess Juristische Medien AG, 2021, p. 163).

[657] The Swiss Federal Supreme Court has held consistently that, if the seat of the arbitration is in Switzerland, Swiss courts can only examine on a prima facie basis whether the arbitration agreement is null and void, ineffective, or incapable of being performed. (…) By contrast, if the seat of the arbitration is abroad, there is no jurisdiction of any Swiss court to rule on a challenge against the award. For this reason, if a party to an arbitration agreement that provides for a seat outside of Switzerland brings an action before a Swiss court, the Swiss court has full powers to review the validity of the arbitration agreement under Article II (3)" (SCHRAMM, Dorothee; GEISINGER, Elliott; PINSOLLE, Philippe. Article II. *In*: KRONKE, Herbert; NACIMIENTO, Patricia, et al. *Recognition and Enforcement of Foreign Arbitral Awards: A Global Commentary on the New York Convention*. Kluwer Law International, 2010, p. 37-114, p. 98); "Under Swiss law the degree of court review on the existence of a valid arbitration clause raised as a defence against the court's jurisdiction depends on the seat of the arbitration tribunal. Article 7(b) Swiss PIL provides that

prudencial, embasada em uma série de decisões do Bundesgericht no meio da década de 90[658]. Ao tratar de arbitragens domésticas, os tribunais de primeira instância têm a prerrogativa de efetuar análise *prima facie*, sendo vedada análise aprofundada neste momento processual[659]. Compete ao Bundesgerich apreciar os questionamentos acerca das sentenças arbitrais, dando a palavra final acerca do escopo da jurisdição do tribunal

---

a court shall decline jurisdiction unless it finds 'that the arbitration agreement is null and void, inoperative or incapable of being performed.' This seems to imply a full review of the existence of a valid arbitration clause. Nevertheless the Swiss Federal Court has decided that where the tribunal has its seat in Switzerland the courts should limit themselves to verifying the prima facie existence of a valid arbitration agreement. A full review should only take place at the post-award stage irrespective of whether or not arbitration proceedings have already been initiated. If the tribunal has its seat outside Switzerland the Swiss courts in an action on the merits before them can fully review the existence of a valid arbitration clause when their jurisdiction is challenged. The reason for this is that a post-award review of the arbitrator's jurisdiction in setting aside procedures is not possible." (LEW, Julian D. M; MISTELIS, Loukas A.; KRÖLL, Stefan. *Comparative International Commercial Arbitration*. Kluwer Law International, 2003, p. 347). "Nonetheless, a series of decisions by the Swiss Federal Tribunal during the mid-1990s interpreted Articles 7 and 186 of the Swiss Law on Private International Law as limiting the judicial role, prior to the arbitrator's jurisdictional award, to ascertaining the prima facie existence and validity of an agreement to arbitrate where the arbitral seat was in Switzerland (but not where the arbitral seat was abroad)"[…] "In contrast, where the putative arbitral seat would be outside of Switzerland, Swiss courts have not applied a prima facie standard, and have instead conducted a de novo interlocutory inquiry into the merits of jurisdictional objections. Legislation to alter this approach and apply a prima facie jurisdictional standard in cases of arbitrations seated abroad, has been proposed to the Swiss Parliament, but not adopted." (BORN, Gary. *International Commercial Arbitration*. 3ª ed. The Hague: Kluwer Law International, 2021, p.1210-1211).

[658] "Nonetheless, a series of decisions by the Swiss Federal Tribunal during the mid-1990s interpreted Articles 7 and 186 of the Swiss Law on Private International Law as limiting the judicial role, prior to the arbitrator's jurisdictional award, to ascertaining the prima facie existence and validity of an agreement to arbitrate where the arbitral seat was in Switzerland (but not where the arbitral seat was abroad)." (BORN, Gary. *International Commercial Arbitration*. 3ª ed. The Hague: Kluwer Law International, 2021, p. 1210).

[659] Em 2012, o Bundesgericht reverteu a decisão da corte do Cantão de Zürich que entendeu que a Convenção de Arbitragem existente entre as partes ocultas do processo, uma Empresária alemã e uma Empresa de Gestão de Ativos suíça. As partes firmaram contrato para a criação e gestão de uma fundação, que incluía uma Convenção de arbitragem. Sem autorização da Empresária, a Empresa extinguiu a fundação, o que resultou em prejuízos a empresária que ajuizou ação na corte do Cantão de Zürich. A empresa apresentou exceção de arbitragem, que conhecida pelo tribunal de primeira instancia foi indeferida por este entender que a dissolução da sociedade não era matéria regida pela Convenção de Arbitragem. Em recurso ao Bundesgericht, a corte federal constitucional reverteu o julgamento da corte do Cantão de Zürich, entendendo que o juízo por ela proferido excedia os limites da análise prima facie, uma vez que não se limitou a análise objetiva do texto da Convenção de Arbitragem, fazendo uso de interpretações subjetivas quanto a vontade das partes. Em acordo com a jurisprudência do Bundesgericht, isso não é permitido por se tratar de arbitragem doméstica, devendo as partes serem remetidas a arbitragem, razão pela qual o Bundesgericht proveu o recurso. No original: "An der dargelegten Rechtsprechung zu Art. 7 lit. b IPRG ist vor diesem Hintergrund festzuhalten. Das staatliche Gericht, das eine Schiedsvereinbarung zugunsten eines Schiedsgerichts mit Sitz in der Schweiz zu beurteilen hat, darf und muss folglich auch weiterhin bloss summarisch prüfen, ob diese seine eigene Zuständigkeit für die eingeklagten Ansprüche ausschliesst. Dies bedeutet, dass sich das Gericht nur für zuständig erklären darf, wenn zwischen den Parteien offensichtlich keine wirksame Schiedsvereinbarung vorliegt." (Suíça, Federal Supreme Court of Switzerland, 1st Civil Law Chamber, BGer – 4A_119/2012, 2012, §3.2).

arbitral[660]. Em casos de arbitragens internacionais, é reconhecida a análise *de novo* pelos tribunais de primeira instância, à luz do art. 7 do Federal Act on Private International Law (IPRG)[661], que ecoa a redação do art. II (3) da Convenção de Nova Iorque[662].

O direito austríaco encampa o *Kompetenz-Kompetenz* na seção 592 (1) do Código de processo Civil austríaco (ACCP) – "[o] tribunal arbitral decidirá sobre sua própria jurisdição". Há previsão no sentido de que alegações quando a ausência do tribunal arbitral deve ser feita anteriormente à defesa de mérito, podendo o tribunal aceitar questionamentos posteriores. O peculiar acerca da técnica legislativa adotada naquele país diz respeito à positivação de que a indicação de árbitro pela parte que questiona a jurisdição do tribunal arbitral não acarreta a preclusão da possibilidade de se manifestar no sentido da ausência de jurisdição[663]. Caso seja protocolada ação anulatória contra a sentença parcial que reconhece a jurisdição do tribunal arbitral, não há óbice ao regular prosseguimento da arbitragem[664].

Por fim, em sede de análise comparada, o regime mais diferenciado acerca do *Kompetenz-Kompetenz* é aquele adotado na China. O *Arbitration Law of the People's Republic of China* dispõe que, quando uma das partes suscita questões envolvendo a validade da convenção de arbitragem, essa contestação será julgada por uma comissão de arbitragem ou por uma corte popular[665]. O direito arbitral chinês não confere primazia aos árbitros para se manifestarem sobre a sua competência.

---

[660] "The Swiss Federal Supreme Court has held consistently that, if the seat of the arbitration is in Switzerland, Swiss courts can only examine on a prima facie basis whether the arbitration agreement is null and void, ineffective, or incapable of being performed. The reason is that, where the arbitration is seated in Switzerland, the Swiss Federal Supreme Court has jurisdiction to rule on challenges to the arbitrators' jurisdiction, and the scope of the Swiss Federal Supreme Court's power to examine legal issues relating to jurisdiction is relatively broad. This review by the Swiss Federal Supreme Court ensures that the Swiss courts have the final control over the arbitrators' jurisdiction" (SCHRAMM, Dorothee; GEISINGER, Elliott; PINSOLLE, Philippe. Article II. *In*: KRONKE, Herbert; NACIMIENTO, Patricia, et al. *Recognition and Enforcement of Foreign Arbitral Awards: A Global Commentary on the New York Convention*. Kluwer Law International, p. 37-114, 2010, p. 98).

[661] Suíça, IPRG, art. 7, (b): "If parties have concluded an arbitration agreement with respect to an arbitrable dispute, a Swiss court before which an action is brought shall decline its jurisdiction, unless: (…) the court finds that the arbitration agreement is invalid, inoperable or incapable of being performed".

[662] "PILA echoes Article II (3). The former applies in cases where the arbitration is seated in Switzerland; the latter where the arbitration is seated abroad" (SCHRAMM, Dorothee; GEISINGER, Elliott; PINSOLLE, Philippe. Article II. *In*: KRONKE, Herbert; NASCIMENTO, Patricia, et al. *Recognition and Enforcement of Foreign Arbitral Awards: A Global Commentary on the New York Convention*. Kluwer Law International, p. 37-114, 2010, p. 97-98).

[663] Áustria, ACCP, Section 592 (2): "A plea that the arbitral tribunal does not have jurisdiction shall be raised no later than the first pleading on the substance of the dispute. A party is not precluded from raising such plea by the fact that it has appointed, or participated in the appointment of, an arbitrator. A plea that the arbitral tribunal is exceeding the scope of its authority shall be raised as soon as the matter alleged to be beyond the scope of its authority is made the subject of a request for relief. A later plea is barred in both cases; if the arbitral tribunal, however, considers the delay sufficiently excused, the plea may subsequently be raised".

[664] Áustria, ACCP, Section 592 (3): "Even while an action for the setting aside of an arbitral award with which the arbitral tribunal accepted its jurisdiction is still pending, the arbitral tribunal may continue the arbitral proceedings and make an award".

[665] China, Arbitration Law of the People's Republic of China, art. 20: "Where a party challenges the validity of the arbitration agreement, he or she may request the arbitration commission to make

PARTE IV · Capítulo 16 · *KOMPETENZ-KOMPETENZ* | **657**

Nesse sentido, Margaret Moses chega a apontar que o sistema chinês não teria incorporado o *Kompetenz-Kompetenz*. Afirma a autora que "some jurisdictions, such as China, have no competence-competence doctrine, so the tribunal will never determine its own competence. France and China, in effect, are countries that appear to be at opposite ends of the scale in terms of who decides the jurisdiction of the tribunal"[666]. Assim, cabe ao Estado se manifestar primordialmente sobre a jurisdição do tribunal arbitral ou instituições arbitrais[667]. Em termos temporais, há explicitação no sentido de que questionamentos acerca da jurisdição do tribunal arbitral devem ser feitas antes da primeira audiência do procedimento.

A análise comparada das legislações nacionais acima permite inferir que grande parte dos países possui abordagem do *Kompetenz-Kompetenz* orientada pela Convenção de Nova Iorque. Isso decorre, naturalmente, do fato de tais países serem dela signatários. Assim, confere-se ao árbitro a prerrogativa, em geral, de decidir acerca de sua própria jurisdição, podendo se debruçar sobre a existência, validade e eficácia da convenção de arbitragem e da sua jurisdição. Contudo, reconhece-se também que o *Kompetenz-Kompetenz* não se apresenta absoluto e irredutível, podendo ser excepcionalizado, em casos de convenção de arbitragem manifestamente inválida, ineficaz, inoperante ou inexequível. Em tais casos, caberá ao Poder Judiciário realizar controle preventivo da convenção de arbitragem, não necessitando esperar manifestação prévia do Poder Judiciário.

5. *Kompetenz-Kompetenz* nos regulamentos de arbitragem

Assim como as legislações nacionais, também as regras de instituições arbitrais têm incorporado previsões expressas acerca do princípio *Kompetenz-Kompetenz*. As regras de arbitragem da UNCITRAL são exemplos disso e contêm previsão similar à existente na Lei Modelo da UNCITRAL em seu art. 23[668].

Outros tantos regulamentos de arbitragem aludem ao conteúdo do princípio *Kompetenz-Kompetenz*, a exemplo do que ocorre no Centro de Arbitragem e Mediação da Câmara de Comércio Internacional (CCI) (item 6.3[669]), na American Arbitration Asso-

---

a decision or apply to the people's court for a ruling. Where one party requests the arbitration commission to make a decision and the other party applies to the people's court for a ruling, the people's court shall give a ruling. A party's challenge of the validity of the arbitration agreement shall be raised prior to the arbitration tribunal's first hearing."

[666] MOSES, Margaret L. *The Principles and Practice of International Commercial Arbitration*. 2nd ed. Nova Iorque: Cambridge University Press, 2012, p. 91.

[667] "For example, (...) China's Arbitration Law continues to raise doubts regarding the arbitrators' competence-competence, with authority to resolve jurisdictional disputes generally being reserved to Chinese courts and arbitral institutions (as distinguished from arbitral tribunals)" (BORN, Gary. *International Commercial Arbitration*. 3ª ed. The Hague: Kluwer Law International, 2021, p. 1157).

[668] "The arbitral tribunal shall have the power to rule on its own jurisdiction, including any objections with respect to the existence or validity of the arbitration agreement. For that purpose, an arbitration clause that forms part of a contract shall be treated as an agreement independent of the other terms of the contract. A decision by the arbitral tribunal that the contract is null shall not entail automatically the invalidity of the arbitration clause".

[669] "6. [...] 3) If any party against which a claim has been made does not submit an Answer, or if any party raises one or more pleas concerning the existence, validity or scope of the arbitration agreement or concerning whether all of the claims made in the arbitration may be determined together in a single arbitration, the arbitration shall proceed and any question of jurisdiction or of whether

ciation (AAA) (item R-7(a)[670]), na Hong Kong International Arbitration Centre (HKIAC) (item 19.1[671]) e na London Court of International Arbitration (LCIA) (item 23.1[672]).

No Brasil, a valorização do princípio da Kompetenz-Kompetenz também é refletida nos regulamentos das principais instituições de arbitragem. Cite-se, como exemplo, os regulamentos da Câmara de Mediação e Arbitragem Empresarial – Brasil (CAMARB) (item 3.11[673]), do Centro de Arbitragem e Mediação da Câmara de Comércio Brasil-Canadá (CAM-CCBC) (item 4.5[674]), do Centro Brasileiro de Mediação e Arbitragem (CBMA) (item 4.2[675]) e da Câmara de Conciliação, Mediação e Arbitragem CIESP/FIESP (item 4.1[676]).

Contudo, as previsões presentes em regulamentos de câmaras arbitrais, por si só, não conferem ao tribunal arbitral o poder necessário para decidir sobre a sua própria jurisdição, o que somente pode ser feito por normas nacionais ou internacionais[677]. Isso, porque a aplicação das regras de uma instituição arbitral deriva da escolha feita pelas par-

---

the claims may be determined together in that arbitration shall be decided directly by the arbitral tribunal, unless the Secretary General refers the matter to the Court for its decision pursuant to Article 6(4)".

[670] "R-7 [...] (a) The arbitrator shall have the power to rule on his or her own jurisdiction, including any objections with respect to the existence, scope, or validity of the arbitration agreement or to the arbitrability of any claim or counterclaim".

[671] "19.1 The arbitral tribunal may rule on its own jurisdiction under these Rules, including any objections with respect to the existence, validity or scope of the arbitration agreement".

[672] "23.1 The Arbitral Tribunal shall have the power to rule upon its own jurisdiction and authority, including any objection to the initial or continuing existence, validity, effectiveness or scope of the Arbitration Agreement".

[673] "3.11. Caso haja manifestação do requerido quanto à inexistência formal de convenção de arbitragem, caberá à Diretoria decidir mediante análise prima facie do documento apresentado pelo requerente, sem dilação probatória adicional. Qualquer questão eventualmente suscitada relacionada à existência, validade, eficácia e escopo da convenção de arbitragem será dirimida pelo Tribunal Arbitral após constituído".

[674] "4.5. Antes de constituído o Tribunal Arbitral, o Presidente do CAM-CCBC examinará objeções sobre a existência, validade ou eficácia da convenção de arbitragem que possam ser resolvidas de pronto, independentemente de produção de provas, assim como examinará pedidos relacionados a conexão de demandas, nos termos do artigo 4.20. Em ambos os casos, o Tribunal Arbitral, após constituído, decidirá sobre sua jurisdição, confirmando ou modificando a decisão anteriormente prolatada".

[675] "4.2. Caberá ao Tribunal Arbitral decidir acerca da existência, validade e eficácia da convenção de arbitragem, do contrato que contenha a cláusula compromissória, bem como sobre a sua própria competência".

[676] "4.1. Caberá ao Presidente da Câmara examinar em juízo preliminar, ou seja, prima facie, antes de constituído o Tribunal Arbitral, as questões relacionadas à existência, à validade, à eficácia e ao escopo da convenção de arbitragem, bem como sobre a conexão de demandas e a extensão da cláusula compromissória, cabendo ao Tribunal Arbitral deliberar sobre sua jurisdição, confirmando ou modificando a decisão da Presidência".

[677] "The fact that the main institutional arbitration rules also include the principle of competence-competence is a further example of its widespread recognition. Of course, from a strictly technical viewpoint, the recognition of the principle by the arbitral institutions is not sufficient to ensure its effectiveness. Institutional arbitration rules, which derive their authority from the parties' agreement, cannot grant the arbitrators more rights than the applicable legal systems allow them to exercise" (FOUCHARD, Philippe; GAILLARD, Emmanuel; GOLDMAN, Berthold. *Fouchard Gaillard Goldman on International Arbitration*. Haia: Kluwer Law International, 1999, p. 399. Ainda nesse sentido: VALDES, Juan Eduardo Figueroa. The Principle of Kompetenz-Kompetenz

tes na convenção de arbitragem e não tem força para se sobrepor à lei aplicável à própria convenção[678]. De todo modo, as instituições arbitrais, ao preverem, em seus respectivos regulamentos, a competência do árbitro para decidir sobre a sua jurisdição, reafirmam o princípio *Kompetenz-Kompetenz*.

§ 59. *KOMPETENZ-KOMPETENZ* NO DIREITO BRASILEIRO

1. Fundamento legal do *Kompetenz-Kompetenz* no direito brasileiro

No Brasil, o modelo normativo acerca do *Kompetenz-Kompetenz* é composto por quatro regras jurídicas distintas, que devem ser interpretadas em conjunto para a compreensão do sentido e do conteúdo jurídico acerca do tema. São essas regras: (i) o art. 8º, parágrafo único, da Lei de Arbitragem; (ii) o art. 20 da Lei de Arbitragem; (iii) o art. II (3) da Convenção de Nova Iorque; e (iv) o art. 485, VII, do Código de Processo Civil de 2015.

O art. 8º, parágrafo único, da Lei de Arbitragem, prevê que "caberá ao árbitro decidir de ofício, ou por provocação das partes, as questões acerca da existência, validade e eficácia da convenção de arbitragem e do contrato que contenha a cláusula compromissória". O dispositivo tem o condão de outorgar a jurisdição ao tribunal arbitral para analisar eventuais vícios atinentes à convenção de arbitragem. Trata-se de poder que é conferido ao tribunal após a sua constituição. Ou seja, é possível que no curso da arbitragem seja arguida questão sobre a existência, validade ou eficácia da convenção de arbitragem sem que isso prejudique a jurisdição do tribunal arbitral para conduzir a análise do suscitado. O pressuposto implícito de incidência desse artigo é a prévia constituição do tribunal arbitral.

O art. 20, *caput*, da Lei de Arbitragem prevê que "a parte que pretender arguir questões relativas à competência, suspeição ou impedimento do árbitro ou dos árbitros, bem como nulidade, invalidade ou ineficácia da convenção de arbitragem, deverá fazê-lo na primeira oportunidade que tiver de se manifestar, após a instituição da arbitragem". Trata-se de regra que encampa norma com carga preclusiva, indicando o momento temporal adequado para suscitar o debate sobre a existência, a validade ou a eficácia da convenção de arbitragem. Caso a parte opte por não o fazer e participe do procedimento arbitral sem questionar essas questões que são basilares à jurisdição do tribunal arbitral haverá indicação de consentimento por comportamento concludente, sanando eventual vício preexistente.

---

in International Commercial Arbitration. In: *Revista de Arbitragem e Mediação*, vol. 15, out./dez., 2017, p. 134-190).

[678] "Of course, neither of those effects results from the arbitration agreement. If that were the case, one would immediately be confronted with the 'vicious circle' argument put forward by authors opposed to the competence-competence principle: how can an arbitrator, solely on the basis of an arbitration agreement, declare that agreement to be void or even hear a claim to that effect? The answer is simple: the basis for the competence-competence principle lies not in the arbitration agreement, but in the arbitration laws of the country where the arbitration is held and, more generally, in the laws of all countries liable to recognize an award made by arbitrators concerning their own jurisdiction" (FOUCHARD, Philippe; GAILLARD, Emmanuel; GOLDMAN, Berthold. *Fouchard Gaillard Goldman on International Arbitration*. Haia: Kluwer Law International, 1999, p. 400).

A Convenção de Nova Iorque, internalizada no direito brasileiro por meio do Decreto 4.311/2002, traz regra importante acerca da precedência temporal para a análise do vício referente à convenção de arbitragem. É ponto pacífico[679] que convenções internacionais, ordinariamente, equiparam-se às leis ordinárias[680]. Assim, a Convenção é parte integrante do ordenamento brasileiro, podendo ser utilizada para colmatar lacunas existentes na lei de arbitragem. Por conta do seu art. II (3), o tribunal judicial, ao se deparar com matéria que deve ser remetida à arbitragem, encaminhará as partes à arbitragem, salvaguardada a exceção de que a convenção de arbitragem é nula e sem efeitos, inoperante ou inexequível[681]. A interpretação desse dispositivo deve ser no sentido de que, diante de situação excepcional, na qual a convenção de arbitragem é manifestamente inválida, ineficaz, inoperante ou inexequível, o reconhecimento do vício pode ser conhecido, *prima facie,* pelo Poder Judiciário, não devendo as partes ser remetidas à arbitragem.

Por fim, o art. 485, inciso VII[682] traz norma no sentido de que o juiz não resolverá o mérito quando o juízo arbitral reconhecer sua competência. Trata-se de manifestação do efeito negativo do *Kompetenz-Kompetenz.* Caso o tribunal arbitral tenha reconhecido a sua jurisdição sobre a matéria objeto da arbitragem, cessa a possibilidade de haver controle preventivo da convenção de arbitragem, cabendo o controle repressivo em sede de ação anulatória.

Dessa forma, a interpretação conjunta desses quatro dispositivos conforma o regime do *Kompetenz-Komptenz* no Brasil. A sua interpretação conjunta leva à conclusão de que, por regra, caberá aos árbitros analisar, primeiramente, o escopo da sua jurisdição e, por consequência, a existência, validade e eficácia da convenção de arbitragem. Assim, ordinariamente, o controle pelo Poder Judiciário será repressivo, em sede de ação anulatória. De outra banda, diante de casos excepcionais, de flagrante inexistência, invalidade ou ineficácia da convenção de arbitragem, não haverá obrigatoriedade de encaminhamento das partes para um tribunal arbitral, podendo o Poder Judiciário conhecer diretamente a existência desses vícios, quando manifestos e inequívocos, tal qual autorizado pela, vigente no Brasil, Convenção de Nova Iorque.

---

[679] A título representativo, mencione-se os dizeres do STF na ADI 1.480-3: "Os tratados ou convenções internacionais, uma vez regularmente incorporados ao direito interno, situam-se, no sistema jurídico brasileiro, nos mesmos planos de validade, de eficácia e de autoridade em que se posicionam as leis ordinárias".

[680] Exceto no caso de tratados internacionais de direitos humanos, que, por força da emenda constitucional 45/04, têm força de emenda constitucional. Assim, ver o art. 5º, § 3º, da CF: "Os tratados e convenções internacionais sobre direitos humanos que forem aprovados, em cada Casa do Congresso Nacional, em dois turnos, por três quintos dos votos dos respectivos membros, serão equivalentes às emendas constitucionais".

[681] SCHRAMM, Dorothee; GEISINGER, Elliott; PINSOLLE, Philippe. Article II. In: KRONKE, Herbert; NASCIMENTO, Patricia, et al. *Recognition and Enforcement of Foreign Arbitral Awards: A Global Commentary on the New York Convention.* Kluwer Law International, p. 37-114, 2020, p. 103.

[682] Código de Processo Civil, Art. 485, VII: "O juiz não resolverá o mérito quando: VII – acolher a alegação de existência de convenção de arbitragem ou quando o juízo arbitral reconhecer sua competência;"

2. Relação entre o *Kompetenz-Kompetenz* e a autonomia da cláusula compromissória

Interpretado em conjunto com a já estudada doutrina da autonomia da convenção de arbitragem (ou da separabilidade)[683], o princípio Kompetenz-Kompetenz permite que os árbitros, ordinariamente, tenham prioridade no exame da convenção arbitral ainda que haja questionamentos no que toca à formação, validade e eficácia não somente da cláusula em si, mas também do próprio contrato no qual ela esteja contida[684].

---

[683] Ainda, como ensinam Fouchard, Gaillard e Goldman: "One of the fundamental principles of arbitration law is that arbitrators have the power to rule on their own jurisdiction. That principle is often presented as the corollary of the principle of the autonomy of the arbitration agreement. It is true that at one time tactical concerns prompted certain litigants to assimilate the somewhat contentious principle of "competence-competence" with the more firmly established principle of autonomy. Leaving those concerns aside, it is clear that while the two principles are closely linked and have a similar objective, they only partially overlap". (FOUCHARD, Philippe; GAILLARD, Emmanuel; GOLDMAN, Berthold. Fouchard *Gaillard Goldman on International Arbitration*. Haia: Kluwer Law International, 1999, p. 213). A mesma ressalva é feita, na doutrina nacional, por Luis Fernando Guerrero: "De um lado, a autonomia da vontade da cláusula compromissória estabelece que a sua validade e eficácia independe da validade e eficácia do negócio jurídico em que está contida. Ou seja, a invalidade de um contrato, ou até mesmo a sua ineficácia, não atingirão necessariamente a validade ou a eficácia, respectivamente, da cláusula compromissória. A consequência prática é a de que a discussão sobre a validade ou eficácia de um contrato será realizada por arbitragem, conforme a cláusula compromissória que tal instrumento contiver. De outro lado, o princípio da *Kompetenz-kompetez* designa que é dado a cada julgador decidir sobre a sua própria competência. [...] a prática, a conjugação desses princípios indica que ainda que haja alegação de invalidade ou eficácia do negócio jurídico que contenha cláusula compromissória ou mesmo da própria cláusula, serão os árbitros os julgadores prioritários da alegada situação". (GUERRERO, Luis Fernando. Convenção de Arbitragem: Da Revolução de 1996 a uma Prática em Consolidação. In: CARMONA, Carlos Alberto. LEMES, Selma Ferreira. MARTINS, Pedro Batista (coord.), *20 Anos de Lei de Arbitragem* – Homenagem a Petrônio Muniz, São Paulo, Atlas, 2017, pp. 143-168).

[684] "The 'competence-competence' rule allows arbitrators to examine their own jurisdiction. If they find the main contract to be ineffective, with only the principle of competence-competence they would have no option but to decline jurisdiction. However, the principle of autonomy enables arbitrators to declare the main contract ineffective, without necessarily concluding that the arbitration agreement is likewise ineffective and therefore declining jurisdiction. In other words, the decision of an arbitrator to retain jurisdiction and then declare a disputed contract ineffective must be founded on the principle of autonomy, and not solely on the 'competence-competence' rule". (FOUCHARD, Philippe; GAILLARD, Emmanuel; GOLDMAN, Berthold. *Fouchard Gaillard Goldman on International Arbitration*. Haia: Kluwer Law International, 1999, p. 214). No mesmo sentido, Julian Lew, Loukas Mistelis e Stefan Kröl: "While competence-competence empowers the arbitration tribunal to decide on its own jurisdiction, separability affects the outcome of this decision. Any challenge to the main agreement does not affect the arbitration agreement: the tribunal can still decide on the validity of the main contract. Without the doctrine of separability, a tribunal making use of its competence-competence would potentially be obliged to deny jurisdiction on the merits since the existence of the arbitration clause might be affected by the invalidity of the underlying contract. [...] The doctrine of competence-competence overcomes the conceptual problems arising out of any decision by the arbitrator on his own jurisdiction. Any decision by the tribunal that no valid arbitration agreement exists would include at the same time a corollary finding that the tribunal also lacked jurisdiction to decide on its own jurisdiction since there was no basis for such a jurisdiction". (LEW, Julian; MISTELIS, Loukas; KRÖLL, Stefan. *Comparative International Commercial Arbitration*. Haia: Kluwer Law International, 2003, p. 255 e 264). No Direito pátrio, Judith Martins-Costa: "Na prática, a conjugação desses princípios indica que ainda

CONVENÇÃO DE ARBITRAGEM – *Fichtner* • *Tolentino* • *Polastri* • *Salton*

Sobre tais princípios, discorre Giovanni Ettore Nanni:

> "O parágrafo único, do art. 8º, da Lei de Arbitragem consagra o princípio da autonomia da cláusula compromissória, ao passo que o caput do citado dispositivo contempla o princípio da kompetenz-kompetenz (competência-competência), que é a competência do árbitro para decidir sobre sua própria competência, resolvendo as impugnações que surjam acerca de sua capacidade de julgar, da extensão de seus poderes, da arbitrabilidade da controvérsia, enfim, avaliando a eficácia e a extensão dos poderes que as partes lhe conferiram, tanto por via de cláusula compromissória, quanto por meio de compromisso arbitral. O princípio da autonomia da cláusula compromissória significa que a nulidade do contrato não pode ser alegada pelas partes para opor-se à arbitragem. O objetivo de tal princípio é salvar a cláusula compromissória, para que em virtude dela se possa julgar a validade ou não do contrato arbitrável"[685].

A autonomia da cláusula compromissória guarda relação íntima com o *kompetenz- -kompetenz*.[686] São "doutrinas irmãs",[687] cujos efeitos são complementares,[688] porém,

---

que haja alegação de invalidade ou ineficácia do negócio jurídico que contenha cláusula compromissória ou mesmo da própria cláusula, serão os árbitros os julgadores prioritários da alegada situação. Ao Judiciário será dado analisar a questão a posteriori, nos termos do art. 20, § 2º, da Lei de Arbitragem". (MARTINS-COSTA, Judith. O Árbitro e o Cálculo do Montante da Indenização. In: CARMONA, Carlos Alberto; LEMES, Selma Ferreira; MARTINS, Pedro Batista (Coord.). *20 Anos da Lei de Arbitragem* – Homenagem a Petrônio R. Muniz. São Paulo: Editora Atlas, 2017, p. 115).

[685] NANNI, Giovanni Ettore. *Direito Civil e Arbitragem*. São Paulo: Editora Atlas, 2014, p. 28.

[686] STEINER, Renata Carlos. Arbitragem e Autonomia da Cláusula Compromissória. *Revista de Arbitragem e Mediação*, vol. 31, p. 131-151, out./dez. 2011, DTR 2011/5124, p. 07. Também nesse sentido: "A autonomia da cláusula compromissória, aliada à competência dos árbitros para apreciar sua própria competência (Kompetenz-Kompetenz), resulta de construção jurídica benéfica à arbitragem." (MARTINS, Pedro A. Batista. Autonomia da Cláusula Compromissória. Disponível em: <http://batistamartins.com/autonomia-da-clausula-compromissoria/>, 2004, p. 05).

[687] "A Kompetenz-Kompetenz complementa o pressuposto da autonomia e com ela convive, como siameses, pois a eficácia da autonomia alia-se à adoção do princípio da competência-competência. Este, ao operacionalizar o preceito da autonomia, lhe assegura efeitos práticos conferindo-lhe atuação concreta no mundo jurídico." (MARTINS, Pedro A. Batista. Autonomia da Cláusula Compromissória. Disponível em: <http://batistamartins.com/autonomia-da-clausula-compromissoria/>, 2004, p. 09).

[688] Conforme Nádia de Araújo: "O princípio se coaduna com o da autonomia da cláusula arbitral, para dar à arbitragem o seu efeito de ser um sistema de solução de controvérsias privadas, que uma vez escolhido não pode mais ser descartado. O recurso aos tribunais nacionais fica proibido, mesmo quando se discute uma questão relativa à jurisdição arbitral em virtude de uma nulidade do contrato, no qual a cláusula se encontra. Com isso, aumenta a segurança jurídica da escolha das partes, pois esta não poderá ser invalidada no futuro. No caso do Brasil, esse é um dos pontos altos da Lei de Arbitragem, estabelecido no art. 8.º." (ARAÚJO, Nádia de. O Princípio da Autonomia da Cláusula Arbitral na Jurisprudência Brasileira. *Revista de Arbitragem e Mediação*, vol. 27, p. 265-286, out./dez. 2010, DTR 2010/749, p. 08). Em sentido semelhante, Rodrigo Garcia da Fonseca: "Por outro lado, na arbitragem o princípio competência-competência anda de mãos dadas com outros princípios, em especial o da autonomia da cláusula compromissória e os efeitos negativo e positivo da convenção de arbitragem." (FONSECA, Rodrigo Garcia da. O Princípio Competência-Competência na Arbitragem. Uma perspectiva brasileira. *Revista de Arbitragem e Mediação*, vol. 9, p. 277-303, abr./jun. 2006, DTR 2006/225, p. 03); Ainda, Roberto La Laina: "A autonomia da cláusula compromissória é considerada princípio geral do instituto da arbitragem. É, inclusive, consubstanciada mediante emprego de outros preceitos legais, inclusive a boa-fé e o

PARTE IV · Capítulo 16 · *KOMPETENZ-KOMPETENZ* | 663

inconfundíveis,[689] e apresentam o objetivo em comum de efetivar o acordo das partes de submeter o litígio à arbitragem.[690] O *kompetenz-kompetenz* permite que os árbitros tenham prioridade no exame da cláusula compromissória e do contrato na qual está inserida.[691]

Esse princípio pode ser entendido como o fundamento dos poderes do tribunal arbitral para decidir questões relacionadas à própria jurisdição[692], quando inexistentes vícios que atinjam claramente a convenção de arbitragem, impossibilitando a produção válida de seus efeitos. Por sua vez, a autonomia da cláusula compromissória permite a sobrevivência dessa, diante de certos vícios que possam atingir o contrato[693]. Como explica Emmanuel Gaillard, a origem da doutrina da competência-competência pela jurisprudência francesa esteve historicamente associada à função de fornecer esse segundo elemento de inteligibilidade para a higidez do desenvolvimento da arbitragem[694].

Kompetenz-Kompetenz (competência-competência) – outro princípio geral do instituto da arbitragem. Ambos se complementam. Trata-se, na prática, de uma relação de coexistência, pois exercem, conjuntamente, funções agregadoras e benéficas à cláusula compromissória e à arbitragem." (LA LAINA, Roberto G. A Cláusula Compromissória e Autonomia Negocial. *Revista de Arbitragem e Mediação*, vol. 43, p. 129-153, out./dez. 2014, DTR 2014/21096, p. 02).

[689] STRENGER, Irineu. A Arbitragem como Modo de Inserção de Normas da Lex Mercatoria na Ordem Estatal. *Revista Brasileira de Arbitragem*, vol. 1, Issue 03, 2004, pp. 70-21, p. 14 ss.

[690] SESTER, Peter Christian. *Comentários à Lei de Arbitragem e à Legislação Extravagantes Relacionada a Arbitragem*. São Paulo: Quartier Latin, 2020, p. 171.

[691] "Por seu turno, a competência da competência dos árbitros permite a estes examinar a alegada causa da invalidade ou ineficácia não só do contrato principal como da própria cláusula arbitral e decidir sobre ela (embora sujeitando-se a possível impugnação judicial dessa decisão). Mas, apenas com base na competência da sua competência, sem a 'doutrina irmã' da separabilidade, os árbitros não poderiam declarar o contrato principal inválido, por ilegalidade, sem com isso minarem a sua competência para o efeito." (CARAMELO, António Sampaio. A Competência da Competência e a Autonomia do Tribunal Arbitral. *Revista de Arbitragem e Mediação*, vol. 40, p. 151-177, jan./mar. 2014, DTR 2014/1002, p. 06).

[692] GAILLARD, Emmanuel. O Efeito Negativo da Competência-Competência. *Revista Brasileira de Arbitragem*, Volume VI, Issue 24, 2009, pp. 219-233, p. 220.

[693] Para Menezes Cordeiro: "A ideia da autonomia da convenção de arbitragem foi, como vimos, uma trouvaille da doutrina alemã da primeira metade do século XX, para justificar a Kompetenz--Kompetenz: o tribunal arbitral poderia apreciar a sua própria competência por as partes, num acordo a tanto dirigido, lhe atribuírem esse poder. Tal cláusula ad hoc começou por ser efetivamente exigida; depois, considerou-se implícita, na convenção de arbitragem." (CORDEIRO, Menezes António. *Tratado da Arbitragem*. Coimbra: Almedina, 2016, p. 205)

[694] Como explica Emmanuel Gaillard: "A autonomia da cláusula compromissória não foi suficiente para acalmar o ardor processual das partes ávidas a se livrar da arbitragem. Não podendo mais atacar a competência dos árbitros através do argumento de que o contrato subjacente estaria maculado, tais partes passaram a atacar a cláusula diretamente. A cláusula compromissória é, ela mesma, nula – diziam eles – pois eu não quis firmá-la, não a compreendi, ela não abarca a matéria litigiosa. Além disso – e aqui está a beleza do argumento – como não se sabe, a essa etapa do raciocínio, se os árbitros teriam competência, estes não poderiam se pronunciar sobre sua própria competência. Seria verdadeiramente ilógico. A arbitragem deve ser interrompida. Foi justamente para combater tal argumento que foi criada a regra da competência-competência." "A despeito de sua aparente falta de lógica (como podemos ser competentes enquanto não sabemos se somos competentes; e, pior, como podemos ser competentes para dizer que não o somos?), a regra visa a uma política essencial de proteção da arbitragem e combate às manobras dilatórias. Trata-se, aqui também, de uma invenção da jurisprudência francesa, mesmo se, para lhe conferir uma marca de respeitabilidade, falamos em kompetentz-kompetentz, mais germânico. O contrassenso – voluntário ou

Nesse sentido, explica Eduardo Talamini que, mesmo quando se pretenda alegar a nulidade integral do contrato que contém a cláusula compromissória, "ainda assim compete ao árbitro conhecer inicialmente de tal questão. Para assegurar essa competência, a lei qualifica a cláusula arbitral como autônoma em relação ao contrato nessa hipótese (Lei 9.307, art. 8.º, caput). Desse modo, o tribunal arbitral apreciará a questão da nulidade do contrato. Caso repute que o vício existe e atinge inclusive a cláusula arbitral, declarará sua falta de jurisdição e não levará adiante o processo de arbitragem. Assim, afirma-se também o princípio da autonomia da convenção arbitral"[695].

Em termos sintéticos, enquanto o princípio da autonomia da cláusula compromissória assegura a possibilidade de o tribunal poder decidir o mérito da causa, o princípio do *Kompetenz-Kompetenz* protege a jurisdição do tribunal arbitral[696]. Como explica Catarina Monteiro Pires, a competência-competência agiria enquanto um corolário processual do princípio da autonomia da convenção de arbitragem[697].

Nesse sentido, vide o Conflito de Competência 167.729-AM julgado pelo STJ, relatado pelo Ministro Marco Buzzi:[698]

> "é de se reconhecer a inobservância do art. 8º da Lei 9.307/1996, que confere ao Juízo arbitral a medida de competência mínima, veiculada pelo *Kompetenz-Komptenz*, cabendo-lhe, assim, deliberar sobre a sua competência, precedentemente a qualquer outro órgão julgador, imiscuindo-se, para tal propósito, sobre as questões relativas à existência, à validade e à eficácia da convenção de arbitragem e do contrato que contenha a cláusula compromissória".

A união de ambos os princípios cria um microssistema de blindagem, em caráter endógeno à arbitragem, fomentando a incolumidade do procedimento, em caso de alega-

---

não – era evidente; o direito alemão utilizava a expressão com um sentido inteiramente diverso e que, à época, não se aplicava em matéria de arbitragem. A regra, no entanto, tornou-se constante na França desde a decisão Impex de 1971 e foi codificada nas reformas do direito arbitral de 1981 e 2011. Tal regra também possui, hoje em dia, um alcance universal. Ela foi adotada em 1985 pela lei modelo da UNCITRAL no art. 16-1, primeira frase, e reproduzida por todos os regulamentos de arbitragem, tendo mesmo o direito alemão terminado por admiti-la com a reforma arbitral de 1997, no art. 1040, alínea 1ª do Código de Processo Civil." (GAILLARD, Emmanuel. A Contribuição do Pensamento Jurídico Francês à Arbitragem Internacional. *Revista de Arbitragem e Mediação*, vol. 61, p. 285-302, abr./jun. 2019, DTR 2019/32049, p. 04-05).

[695] TALAMINI, Eduardo. Arbitragem e estabilização da tutela antecipada. *Revista de Processo*, vol. 246/2015, p. 455-482, ago./2015, DTR 2015/13228, p. 04.

[696] "In this way it also protects the jurisdiction of the arbitration tribunal. While the doctrine of competence-competence empowers the tribunal to decide on its own jurisdiction, the doctrine of separability ensures that it can decide on the merits." (LEW, Julian; MISTELIS, Loukas; KRÖLL, Stefan. *Comparative International Commercial Arbitration*. Haia: Kluwer Law International, 2003, p. 102).

[697] PIRES, Catarina Monteiro. Convenção de Arbitragem. PIRES, Catarina Monteiro; Rui Pereira Dias (Coords). In: *Manual de Arbitragem Internacional Lusófona*. Vol. 1, Coimbra: Almedina, 2020, p. 81. No mesmo sentido, afirma Peter Sester: "O artigo 8º da Lei de Arbitragem evidencia dois princípios fundamentais para a eficácia da arbitragem. O primeiro, a autonomia da cláusula compromissória, é de natureza material, enquanto o segundo, a chamada Kompetenz-Kompetenz, é de natureza processual." (SESTER, Peter Christian. *Comentários à Lei de Arbitragem e à Legislação Extravagantes Relacionada a Arbitragem*. São Paulo: Quartier Latin, 2020, p. 171)

[698] STJ, CC 167.729/AM. Min. Marco Buzzi. J. em: 04.09.2019.

ções de inexistência, invalidade ou ineficácia da cláusula compromissória[699]. Contudo, há situações excepcionais, nas quais – mesmo diante da autonomia da cláusula compromissória e do *Kompetenz-Kompetenz* – o vício pode ser tão grave que torna, tanto a cláusula compromissória inapta à produção de efeitos, quanto impossibilita o surgimento da jurisdição do tribunal arbitral. São os casos, nos termos da Convenção de Nova Iorque, em que a cláusula compromissória é flagrantemente inválida, ineficaz, inoperante ou inexequível.

Nesse sentido, ensinam Gustavo Tepedino, Carlos Nelson Konder e Paula Greco Bandeira que

> "qualquer interpretação do art. 8º da Lei 9.307/1996, que levasse a restringir aos tribunais arbitrais o exame da existência, validade e eficácia da cláusula compromissória, mesmo nos casos de flagrante ausência do elemento volitivo das partes com relação à eleição da arbitragem como meio de solução de conflitos, seria necessariamente inconstitucional, por implicar, em última análise, arbitragem obrigatória, imposta a partes que não concordaram com sua instituição"[700].

Em termos dogmáticos, é possível encontrar divergências no que se refere a como relacionar precisamente esses dois pilares conceptuais da arbitragem[701]. Uma primeira corrente advoga a existência de uma relação de decorrência entre a autonomia da convenção de arbitragem e a *Kompetenz-Kompetenz*.[702] Essa relação adviria do fato de que, sem a doutrina

---

[699] "A ligação entre a autonomia da cláusula compromissória e o princípio da Kompetenz-kompetenz é fundamental para a incolumidade da arbitragem em face das alegações de nulidade ou anulabilidade da convenção de arbitragem que possam surgir durante a solução do conflito." [...] "É nesse sentido que se relacionam os princípios da autonomia da cláusula compromissória e da Kompetenz-kompetenz na arbitragem. O primeiro permite que a competência dos árbitros fique destacada de questões sobre nulidade ou anulabilidade do contrato e o segundo permite que os árbitros efetivamente decidam sobre a higidez ou regularidade da cláusula compromissória." [...] "O árbitro terá todos os poderes necessários para análise da sua própria competência, da arbitrabilidade objetiva e subjetiva, por exemplo, e apenas ele poderá julgar acerca dos limites de seus poderes. Este é o fundamento do princípio permitir que o painel arbitral prossiga o cumprimento de sua missão mesmo com alegações de uma das partes acerca da nulidade ou da anulabilidade da cláusula compromissória, produzindo o efeito negativo quanto à competência do Judiciário e positivo quanto à competência dos árbitros para analisar a questão da nulidade ou anulabilidade da cláusula compromissória." (GUERRERO, Luis Fernando. *Convenção de Arbitragem e Processo Arbitral*. 2ª ed. São Paulo: Atlas, 2014, p. 18 ss). Em sentido semelhante: MARTINS, Pedro A. Batista. Cláusula Compromissória: questões pontuais. Disponível em: http://batistamartins.com/clausula-compromissoria-questoes-pontuais/, p. 07.

[700] TEPEDINO, Gustavo; KONDER, Carlos Nelson; BANDEIRA, Paula Greco. *Fundamentos do Direito Civil*. Vol. 3. 3ª ed. Rio de Janeiro: Forense, 2022, p. 569.

[701] Referindo-se a essa discussão, assevera Leonardo Ohlrogge: "Some commentators take the view that the fact that an arbitration clause is independent of the rest of the contract constitutes a basis for the arbitrators to decide on its own competence. However, it is also argued that the separability presumption and the principle of competence-competence do not necessarily correlate, as both concepts can still exist in the absence of one another. Despite this rhetorical discussion, it is important to note that from a practical standpoint, the separability presumption enables the arbitrators to assess jurisdictional objections focusing specifically on the arbitration agreement, rather than on the underlying contract." (OHLROGGE, Leonardo. *Multi-Party and Multi-Contract Arbitration in Brazil*. São Paulo: Quartier Latin, 2020, p. 68).

[702] Nessa linha, vide: ABBOUD, Georges. Jurisdição Constitucional vs. Arbitragem: os reflexos do efeito vinculante na atividade do árbitro. *Revista de Processo*, vol. 214, p. 271-298, dez./2012, DTR

da autonomia, a mera utilização da competência-competência levaria, possivelmente, a uma negativa de jurisdição sobre o mérito, vez que a existência da cláusula compromissória estaria afetada pela invalidade do contrato subjacente.[703] Na Lei de Arbitragem, essa relação está explicitada, pois o *caput* do art. 8º traz o princípio da autonomia da convenção de arbitragem, enquanto o parágrafo único encampa a competência-competência.[704]

Porém, como adverte Gary Born, não se pode baralhar a autonomia da cláusula compromissória com a doutrina da competência-competência.[705] Em comum, ambas partem da mesma base negocial objetiva de permitir, por via de regra, uma segregação entre eventuais vícios que atinjam o contrato não obstem a resolução de litígio pela via arbitral.[706]

Apesar de apresentarem frequentemente atuação complementar, importa destacar que não é uma necessidade em abstrato a existência de ambas[707]. Em termos teóricos, seria

---

2012/450922, p. 07. Também nesse sentido: "O princípio Kompetez-Kompetenz tem dois efeitos: positivo e negativo. É o efeito positivo que autoriza aos árbitros conhecer dos litígios alcançados pela convenção de arbitragem. Já o efeito negativo é o que impede os juízes estatais de apreciar esses mesmos litígios, antes da manifestação do juízo arbitral. O efeito positivo é dirigido às partes, ao passo que o efeito negativo é dirigido ao Estado." (SOUSA, Ulisses César Martins de. Cláusula Compromissória: análise comparativa Brasil-Portugal. *Revista dos Tribunais*, vol. 999/2019, p. 267-286, jan. 2019, DTR 2018/22788, p. 05).

[703] "The doctrine of separability is another technique, recognised in arbitration rules and laws, which further strengthens the jurisdiction of the arbitrator. While competence-competence empowers the arbitration tribunal to decide on its own jurisdiction, separability affects the outcome of this decision. Any challenge to the main agreement does not affect the arbitration agreement: the tribunal can still decide on the validity of the main contract." (LEW, Julian; MISTELIS, Loukas; KRÖLL, Stefan. *Comparative International Commercial Arbitration*. Haia: Kluwer Law International, 2003, p. 333).

[704] "Consequência da autonomia da cláusula compromissória é a possibilidade de o próprio árbitro decidir acerca de qualquer controvérsia que diga respeito à convenção de arbitragem. Note-se: o parágrafo único do art. 8º, situado estrategicamente ao término dos dispositivos que tratam da cláusula arbitral e antes dos dispositivos que tratarão do compromisso, traz norma que interessa a ambos (cláusula e compromisso). Significa dizer que o dispositivo legal comentado trata de duas questões distintas, o caput disciplinando a autonomia da cláusula e o parágrafo estabelecendo o princípio da Kompetenz-Kompetenz (competência do árbitro para decidir sobre sua própria competência, resolvendo as impugnações que surjam acerca de sua capacidade de julgar, da extensão de seus poderes, da arbitrabilidade da controvérsia, enfim, avaliando a eficácia e a extensão dos pode- res que as partes lhe conferiram tanto por via de cláusula compromissória, quanto por meio de compromisso arbitral)." (CARMONA, Carlos Alberto. *Arbitragem e Processo: um comentário à Lei nº 9.307/96*. 3ª ed. São Paulo: Atlas, 2009, p. 175).

[705] "It is sometimes asserted or assumed that the separability presumption requires or implies the existence of the competence-competence doctrine. Thus, it is sometimes suggested, the separability of the arbitration clause enables an arbitral tribunal to consider the existence and scope of its own jurisdiction." (BORN, Gary. *International Commercial Arbitration*. 3ª ed. The Hague: Kluwer Law International, 2021, p. 503).

[706] "This analysis is mistaken; it confuses the separability presumption with the competence- competence doctrine. As discussed below, the separability presumption does not in fact explain the competence-competence doctrine. Although the competence-competence doctrine arises from the same basic objectives as the separability presumption (e.g., enhancing the efficacy of international arbitration as a means of dispute resolution), it is not logically dependent upon, nor explicable by reference to, the separability presumption." (BORN, Gary. *International Commercial Arbitration*. 3ª ed. The Hague: Kluwer Law International, 2021, p. 503).

[707] "Put simply, the competence-competence doctrine could very readily exist without a separability presumption and, conversely, the separability presumption could be accepted without also adopting

possível que a legislação de um determinado país estabelecesse que a competência para analisar primeiramente a competência do tribunal arbitral seria do judiciário estatal. Essa hipótese teórica ilustra a razão pela qual não é possível criar uma relação de causalidade entre a autonomia da cláusula compromissória e a competência-competência.

Não é possível, no entanto, olvidar a existência de relações materiais concretas entre a autonomia da convenção de arbitragem e a doutrina da competência-competência[708]. Por exemplo, um primeiro reflexo direto é o de que alegações que questionem a validade da convenção de arbitragem e da jurisdição do tribunal arbitral são submetidas, em caráter de primazia, ao próprio tribunal arbitral, como regra geral, excetuados os casos de ilegalidade, ineficácia, inefetividade ou inexequibilidade patente da convenção de arbitragem.

Dessa forma, ao estabelecer bases autônomas de avaliação para os dois negócios jurídicos, a autonomia da convenção de arbitragem oferece um parâmetro de inteligibilidade para compreender a razão pela qual pode o Tribunal Arbitral analisar pleitos de inexistência, invalidade ou ineficácia.[709] Esse efeito é precípuo da autonomia da convenção de arbitragem, não dependendo da competência-competência.

---

a rule of competence-competence. Thus, national law can – and, in some jurisdictions (such as France, India, Singapore and Hong Kong), does – grant arbitral tribunals competence-competence to consider and decide all jurisdictional objections, whether directed to the underlying contract or the arbitration agreement. Conversely, national law could (and often does) recognize the separability presumption, and thereby provide that challenges only to the underlying contract are not jurisdictional challenges to the arbitrators' power, but that, where true jurisdictional objections to the validity or existence of the arbitration agreement are made, there is no rule of competence--competence and the objections must be resolved by national courts." (BORN, Gary. *International Commercial Arbitration*. 3ª ed. The Hague: Kluwer Law International, 2021, p. 504).

[708] "Em análise semelhante, explica Gary Born: "Nonetheless, there are material relationships between the separability presumption and the competence-competence doctrine. One consequence of the separability doctrine is that many allegations that would otherwise potentially impeach the validity of the arbitration agreement and the arbitral tribunal's jurisdiction do not do so and therefore must be submitted to the arbitral tribunal for resolution as part of their mandate of resolving the merits of the parties' dispute. That is, because of the separability doctrine, certain claims regarding the underlying contract simply do not impeach or question the validity of the arbitration agreement, and therefore must be resolved by the arbitrators." (BORN, Gary. *International Commercial Arbitration*. 3ª ed. The Hague: Kluwer Law International, 2021, p. 504).

[709] "Despite these complexities, the separability presumption serves a very significant function in the international arbitral process. It permits analysis of jurisdictional objections to be focused specifically – and properly – on the arbitration agreement itself, rather than the underlying contract. Even if the parties' underlying contract is invalid or non-existent, this will often not affect the associated arbitration agreement, which will remain fully effective as a means to resolve the parties' disputes. The separability presumption also enables the arbitrators to consider and resolve disputes about the existence, validity, legality and termination of the underlying contract, regardless whether the competence-competence doctrine is accepted, while requiring arbitration of disputes that concern only the existence, validity, or legality of the underlying contract (and not the arbitration agreement). In all these respects, the separability presumption is essential to preventing delays and disruptions in the international arbitral process arising from litigation in national courts." (BORN, Gary. *International Commercial Arbitration*. 3ª ed. The Hague: Kluwer Law International, 2021, p. 504-505).

3. Possibilidade de mitigação *prima facie* do efeito negativo do *Kompetenz-Kompetenz*

A partir do *Kompetenz-Kompetenz*, o tribunal arbitral detém, na generalidade dos casos, a prerrogativa de analisar, com primazia, questões afetas à sua jurisdição. Repita-se que isso não representa monopólio do tribunal arbitral em decidir sobre todas as questões, mas apenas de fazê-lo, na maior parte dos casos, com prioridade cronológica, uma vez que caberá, em todo caso, ao Poder Judiciário debruçar-se sobre o assunto em eventual ação anulatória[710]. Ou seja, a regra geral é o controle repressivo, e não preventivo pelo Poder Judiciário[711].

Contudo, o desenvolvimento das análises sobre o tema, fez com que, paulatinamente, se mitigasse a rigidez na sua aplicação, surgindo grupos de casos nos quais o controle preventivo pelo Poder Judiciário se mostra adequado. Essa posição está em plena conformidade com o padrão internacional, tanto quando se analisa a legislação de outros países, ou *soft laws*, como a Lei Modelo da Uncitral. Mais importante, trata-se do padrão estabelecido pela Convenção de Nova Iorque, principal diploma acerca da arbitragem internacional, responsável pela circulação de sentenças, preservação de convenções de arbitragens e pela difusão do instituto.

A doutrina brasileira vem aderindo a essa compreensão, reconhecendo amplamente a possibilidade de controle preventivo da convenção de arbitragem pelo Poder Judiciário, quando há vício flagrante, constatável *prima facie*. Conforme Carlos Alberto Carmona "a limitação da cognição do juiz apenas a aspectos que desde logo pode detectar, sem maiores indagações (cognição sumária, portanto), harmoniza-se com o princípio da Kompetenz-Kompetenz adotado pela Lei"[712]. A mesma posição é seguida por Vera Monteiro de Barros, que assinala que "em algumas situações excepcionais nas quais o vício seja patente ou possa ser verificado *prima facie* ou sem maior profundidade cognitiva, caberá ao juiz togado decidir a questão da existência, validade e eficácia da convenção de arbitragem". Caso o juiz se defronte, em ação judicial, com contrato que contenha cláusula compromissória com fortes indícios de nulidade, deverá verificar se estão presentes os pressupostos mínimos de admissibilidade da regular eleição da via arbitral"[713].

---

[710] CARMONA, Carlos Alberto. *Arbitragem e Processo: um comentário à Lei nº 9.307/96*. 3ª ed. São Paulo: Atlas, 2009, p. 175-176.

[711] "No caso da arbitragem, a parte não pode voluntariamente abrir mão da jurisdição arbitral – especialmente quando se vê na iminência de ser derrotada– para, no decorrer do processo, invocar a intervenção estatal. Vale dizer: o mesmo ônus de alegação que vigora no início do processo arbitral acompanha a parte até o efetivo respectivo desfecho. Como dissemos então, quer pela vinculação da parte à arbitragem, quer pelo caráter excepcional da intervenção estatal, não há como tratar a possibilidade de obter a resposta às pretensões deduzidas como mera faculdade. Para que se chegue ao Judiciário, é jurídica e eticamente exigível que a parte esgote toda a demanda – não apenas a inaugural – perante o órgão arbitral." (YARSHELL, Flávio Luiz. Ainda sobre o caráter subsidiário do controle jurisdicional estatal da sentença arbitral. *Revista de Arbitragem e Mediação*, vol. 50, p. 155-163, jul./set., 2016. DTR 2016/23865, p. 02).

[712] CARMONA, Carlos Alberto. *Arbitragem e Processo: um comentário à Lei nº 9.307/96*. 3ª ed. São Paulo: Atlas, 2009, p. 177.

[713] BARROS, Vera Cecília Monteiro de. A Força Vinculante da Cláusula Compromissória e o Princípio da Competência-competência: comentários ao AGIN 644.204-4/2. *Revista de Arbitragem e Mediação*, vol. 25, 2010, p. 08.

PARTE IV · Capítulo 16 · *KOMPETENZ-KOMPETENZ* | **669**

No mesmo sentido, leciona Cândido Rangel Dinamarco que "O favor arbitral e a Kompetenz-Kompetenz devem prevalecer somente em casos de séria e fundada dúvida interpretativa – e somente nesses casos impõe-se definitivamente o que a propósito decidirem os árbitros, presumindo-se, pois, a arbitrabilidade. Em casos extremos, quando chamado a pronunciar-se, o juiz togado apreciará somente a razoabilidade da interpretação dada pelo árbitro no exercício da Kompetenz-Kompetenz, só repudiando essa interpretação se houver sido arbitrária ou manifestamente equivocada, sem margem para dúvidas razoáveis no espírito do observador de bom-senso. Fora desses limites devem sempre ser conservados os efeitos da arbitragem"[714].

Gustavo Tepedino, Carlos Nelson Konder e Paula Greco Bandeira explicam que "embora a autonomia privada afaste a justiça estatal do julgamento da causa, mostra-se possível ao Poder Judiciário examinar preliminarmente a validade da cláusula compromissória, relativizando-se, assim, o princípio kompetenz-kompetenz"[715]. Na mesma direção, sustenta Eduardo Talamini que "enquanto não há sentença arbitral, permite-se ao órgão judiciário apenas cognição sumária da existência, validade e eficácia do pacto de arbitragem. Ressalvados os casos teratológicos, de evidente inexistência, invalidade ou ineficácia da cláusula ou compromisso arbitral, cumpre-lhe extinguir o processo sem julgar o mérito"[716].

Essa posição foi adotada pelo Superior Tribunal de Justiça. Conforme se depreende da análise das suas decisões, a compreensão do *Kompetenz-Kompetenz* no direito brasileiro aproxima-se muito fortemente do padrão internacional, representado pelo modelo americano. Assim, ao mesmo tempo que se reconhece, como regra, a primazia dos árbitros de decidirem sobre a sua jurisdição e sobre questões atinentes à convenção de arbitragem, passou-se a pontuar que, diante de casos excepcionais, nos quais há vício constatável *prima facie* é possível relativizar essa prioridade cronológica.

A análise pelos órgãos estatais, a teor da norma inserida no ordenamento pela legislação processual, mesmo nos casos previstos na Convenção de Nova Iorque, encontra limite temporal, não podendo ser exercida a partir do momento em que o tribunal arbitral constituído reconheça a sua competência.

O Superior Tribunal de Justiça tem, em regra, dado aplicação ao tema em amplo alinhamento com Convenção de Nova Iorque, mesmo sem, muitas vezes, explicitar a sua invocação, proferindo decisões sobre o *Kompetenz-Kompetenz,* à luz da prática internacional.

4. Flexibilização do *Kompetenz-Kompetenz* e a relação com a interpretação *in favorem arbitratis*

Um dos argumentos levantados por aqueles que defendem a versão absoluta do *Kompetenz-Kompetenz* no direito brasileiro é a intepretação *in favorem arbitratis* ou

---

[714] DINAMARCO, Cândido Rangel. *A Arbitragem na Teoria Geral do Processo*. São Paulo: Malheiros, 2013, p. 95.

[715] TEPEDINO, Gustavo; KONDER, Carlos Nelson; BANDEIRA, Paula Greco. *Fundamentos do Direito Civil*. Vol. 3. 3ª ed. Rio de Janeiro: Forense, 2022, p. 569.

[716] TALAMINI, Eduardo. Arbitragem e estabilização da tutela antecipada. *Revista de Processo*, vol. 246/2015, p. 455-482, ago./2015, DTR 2015/13228, p. 05.

"favor arbitral". Contudo, apesar de esse ser um importante princípio hermenêutico da convenção de arbitragem, não é compatível com a atribuição de um caráter inflexível da análise da jurisdição do tribunal arbitral.

Estabelece-se como premissa que o *in favorem arbitratis* não funciona como um trunfo ou um imã que atrai automaticamente a jurisdição arbitral. Ao contrário, a sua função, enquanto critério hermenêutico, é estabelecer que, em caso de dúvida séria e justificada acerca da existência, validade ou eficácia da jurisdição arbitral, essa deve ser privilegiada. Dessa forma, o princípio do favor arbitral tem como pressuposto lógico de sua aplicação a plausibilidade de haver jurisdição por parte do tribunal arbitral.

Nesse sentido, a sua correlação com o *Kompetenz-Kompetenz* somente ocorre nos casos em que, não estando diante de um caso claro de ilegalidade, patologia ou teratologia, e que se admite haver dúvidas sobre se o tribunal arbitral possui ou não jurisdição, esse será, em regime de prioridade, o responsável por aferir a própria jurisdição.

Nessa situação em que se está em uma zona cinzenta, na qual o tribunal poderá ter ou não jurisdição, esse será chamado a se manifestar e o Poder Judiciário somente exercerá o controle posterior, em sede de ação anulatória. Dessa forma, verifica-se que o *Kompetenz-kompetenz*, enquanto definidor dos limites da própria jurisdição, apresenta também como pressuposto a plausibilidade de haver jurisdição. E, se for plausível a existência da jurisdição arbitral, essa deverá ser a primeira a se manifestar.

Ademais, reitera-se que o *in favorem arbitratis* é, antes de tudo, um mecanismo interpretativo que visa a tutelar a intenção das partes de arbitrar. Entretanto, essa é somente a sua face visível. Subjacente a si, o favor arbitral é a manifestação no âmbito da arbitragem da dimensão hermenêutica do princípio *favor contractus*. Ou seja, o favor arbitral é uma derivação de um postulado hermenêutico típico das relações materiais substantivas, que privilegia a manutenção e o respeito ao vínculo negocial existente entre as partes. Entretanto, a ideia de *favor contractus* é um mecanismo de tutela do consentimento e da autonomia privada dos indivíduos.

Por essa razão, torna-se contraditório utilizar uma ferramenta de tutela da livre manifestação do consentimento dos indivíduos para justificar a necessidade de submeter à arbitragem situações nas quais há ausência patente de livre manifestação do consentimento. Desse modo, nos casos em que é visível, *a priori*, a inexistência de consentimento, ou a invalidade ou ineficácia da manifestação de vontade, utilizar a ideia de favor arbitral como argumento para submeter a controvérsia à arbitragem. Seria, na verdade, querer utilizar uma ferramenta de tutela do consensualismo para impor, artificiosamente, uma situação jurídica contra a vontade de uma das partes. Não se pode pretender tutelar o consentimento nas situações em que esse, manifestamente, não se faz presente.

Ter deferência ao instituto da arbitragem não significa, em todo e qualquer caso, proferir uma decisão em um caso concreto que reconheça a existência da jurisdição arbitral. Igualmente, incentivar a adoção de métodos adequados de solução de conflitos não se confunde com, cegamente, impor arbitragem onde não existe consentimento. É pressuposto ao adequado funcionamento e desenvolvimento da arbitragem que o Poder Judiciário saiba fazer o adequado controle, reconhecendo e amparando a jurisdição arbitral nos casos em que houve manifestação das partes nesse sentido, e exercendo a fiscalização nos casos em que se apresenta alguma degeneração.

Por essa razão, não se trata de deferência à arbitragem a impor nos casos em que é visível e manifesta a inexistência, invalidade ou ineficácia da convenção de arbitragem.

Ao contrário, a postura mais adequada, diante dessas situações de clara patologia, ilegalidade ou teratologia, é não remeter às partes à arbitragem e reconhecer, desde logo, por ausência de negócio jurídico apto a embasar a jurisdição do tribunal arbitral, a jurisdição do Poder Judiciário para resolver o conflito, na linha do mandamento contido na Convenção de Nova Iorque.

Reforça-se: por mais que a regra geral seja, de fato, a prevalência da jurisdição do tribunal arbitral para se manifestar sobre a existência, validade ou eficácia da convenção de arbitragem, nos casos excepcionais, nos quais é clara, patente ou manifesta ilegalidade, patologia ou teratologia, inexistência, invalidade ou ineficácia, poderá o Poder Judiciário realizar o controle prévio e reconhecer esse vício insanável sem violar o mandamento do art. 8º, parágrafo único, e art. 20 da Lei de Arbitragem, ao mesmo tempo que se respeita o previsto no art. II(3) da Convenção de Nova Iorque.

Dessa forma, o *Kompetenz-Kompetenz* não deve ser encarado de modo absoluto ou inflexível, somente como um princípio que estabelece a primazia do tribunal arbitral na generalidade das situações, mas que apresenta exceções apreensíveis a partir da leitura sistemática das fontes normativas que governam a convenção de arbitragem, e em consonância com as normas e prática internacional, bem como pela Convenção de Nova Iorque.

§ 60. A EVOLUÇÃO DA DISCIPLINA DO *KOMPETENZ-KOMPETENZ* NA JURISPRUDÊNCIA DO STJ

1. Caso Kwikasair Cargas Expessas (REsp 1.355.831/SP, 19 de março de 2013)

O Caso Kwikasair Cargas Expressas trouxe abordagem da relação entre elementos de arbitrabilidade subjetiva com o princípio *Kompetenz-Kompetenz*. A disputa dos autos relacionava os efeitos de falência superveniente sobre convenção de arbitragem prévia, questionando se estaria a massa falida, ente despersonalizado, vinculada à convenção de arbitragem. O tribunal concluiu que a superveniência da falência, não é fato apto, por si só, a invalidar ou a tornar ineficaz a convenção de arbitragem. E, mesmo nessa situação, o STJ entendeu que deve prevalecer o princípio de que o tribunal arbitral tem a primazia da análise da existência, validade e eficácia da convenção de arbitragem.

O caso consiste em dois recursos especiais, autuados sob o mesmo número: um interposto por Kwikasair Cargas Expressas S/A e outros; o segundo interposto por Kwikasair Cargas Expressas S/A – Massa Falida. Ambos, em face de AIG Capital Investimentos do Brasil S/A. Os recursos especiais foram julgados em 19 de março de 2013 pela Terceira Turma do STJ, em acórdão de relatoria do Ministro Sidnei Beneti.

As recorrentes se insurgiram contra acórdão do TJSP, que determinou a extinção do processo em razão da existência de cláusula arbitral. Os embargos de declaração opostos pela Massa Falida foram acolhidos em parte, sem efeitos infringentes, para esclarecer que, mesmo com a superveniência da falência e a indisponibilidade dos seus bens, não há impedimento para a aplicação da Lei de Arbitragem e a participação da massa falida em procedimento arbitral[717].

---

[717]   As recorrentes suscitam, entre outros argumentos, que: (i) não haveria convenção de arbitragem, pois não foi indicado árbitro e o foro arbitral teria sido escolhido unilateralmente pela recorrida; (ii) a Massa Falida não teria capacidade civil para pactuar a cláusula arbitral; (iii) a cláusula arbitral seria nula em razão da disparidade financeira das partes e por ter sido imposta em contrato de

672 | CONVENÇÃO DE ARBITRAGEM – *Fichtner • Tolentino • Polastri • Salton*

No Recurso Especial interposto pela Massa Falida, argumentou-se pela jurisdição do juízo estatal, já que a ação tratava de disputa referente à validade da convenção de arbitragem. A alegação de nulidade se sustentava em duas teses (*i*) a afirmação de que os requisitos de forma previstos no art. 4º, § 2º, da Lei de Arbitragem não haviam sido observados na formação do contrato; e (*ii*) alegações de que a convenção representaria fraude contra credores.

Em seu voto sobre o mérito, o Ministro Relator, Sidnei Beneti, afirmou que a alegação de invalidade da cláusula arbitral e de incompetência do juízo arbitral não poderiam prosperar, pois a matéria deveria ser apreciada, primeiramente, pelo próprio árbitro, nos termos do art. 8º da Lei de Arbitragem. Nesse sentido, reputou "ilegal a pretensão da parte de ver declarada a nulidade da convenção de arbitragem pela jurisdição estatal antes da instituição do procedimento arbitral, vindo ao Poder Judicial sustentar defeitos de cláusula livremente pactuada pela qual se comprometeu a aceitar a via arbitral, de modo que inadmissível a prematura judicialização estatal da questão"[718]. Assim, negou provimento ao recurso.

No voto-vista da Ministra Nancy Andrighi há outras formulações acerca da aplicação do *Kompetenz-Kompetenz, além* de respostas às alegações de fraude a credores. A Ministra apontou que a cláusula compromissória possui força vinculativa obrigatória, inclusive no que tange a questões sobre sua própria validade ou eficácia. Asseverou que "a natureza contratual da convenção de arbitragem, seja ela cláusula compromissória, cheia ou vazia, ou compromisso arbitral, não é suficiente para subordinar sua eficácia ao juízo de conveniência do administrador judicial"[719]. Desse modo, afastou a aplicação do art. 117 da Lei de Falências e consignou que "a convenção de arbitragem é, por si só, suficiente ao afastamento efetivo da jurisdição estatal, consumando, de pronto, renúncia definitiva, ainda que sujeita a condição suspensiva"[720].

Com base nesse entendimento, a Ministra concluiu que a superveniência da quebra da sociedade não afasta "a exigibilidade e a eficácia" da convenção de arbitragem celebrada validamente, por partes capazes, no momento da contratação. Ainda, observou que a jurisdição arbitral não é dotada de poderes executivos, razão pela qual, na arbitragem, debatem-se somente demandas de conhecimento, o que afasta o argumento de que a *vis attractiva* do juízo falimentar impediria a instauração de arbitragem para apurar crédito em favor do falido[721].

---

adesão; e (iv) o litígio não poderia ser solucionado por arbitragem, pois tratava de direitos indisponíveis. – STJ. REsp n. 1.355.831/SP. Min Rel. Sidnei Beneti. Terceira Turma. J. em 19 de março de 2013, p. 05.

[718] STJ. REsp n. 1.355.831/SP. Min Rel. Sidnei Beneti. Terceira Turma. J. em 19 de março de 2013, p. 09.

[719] STJ. REsp n. 1.355.831/SP. Min Rel. Sidnei Beneti. Terceira Turma. J. em 19 de março de 2013, p. 18.

[720] STJ. REsp n. 1.355.831/SP. Min Rel. Sidnei Beneti. Terceira Turma. J. em 19 de março de 2013, p. 18.

[721] No inteiro teor: "Por fim, conjugando-se essas considerações à interpretação do art. 76 da Lei 11.101/05, que excepciona da *vis attractiva* do juízo falimentar as causas, não disciplinadas por esta lei, em que o falido figure como autor, é de se concluir que o juízo arbitral, instaurado para apuração de crédito em favor do falido, não sofrerá os efeitos da decretação da falência, devendo, observar contudo, a representação judicial do falido pelo síndico da massa falida, nos termos do

No que toca ao *Kompetenz-Kompetenz*, a Ministra concluiu que, à luz dos arts. 8º, parágrafo único, e 20 da Lei de Arbitragem, "não cabe ao Poder Judiciário brasileiro suspender a instituição, *initio litis*, de uma arbitragem". No entanto, asseverou que isso não significa que as contratantes estão impedidas de levar a matéria relativa à validade da referida cláusula arbitral ao Judiciário, haja vista tratar-se de direito constitucionalmente garantido, bem como não as impede de requerer, futuramente, a nulidade desse procedimento arbitral. Todavia, essas discussões não devem se dar, originariamente, no âmbito do Poder Judiciário, devendo haver primazia da análise pelo tribunal arbitral[722].

O julgado em questão é um marco por relacionar elementos de arbitrabilidade subjetiva com o princípio *Kompetenz-Kompetenz*. Sua importância se deve ao reconhecimento de que a superveniência da falência, levando à constituição da massa falida – ente despersonalizado – não é fato apto, por si só, a invalidar ou tornar ineficaz a convenção de arbitragem. E, mesmo nessa situação, deve prevalecer o princípio de que o tribunal arbitral tem a primazia da análise da existência, validade e eficácia da convenção de arbitragem mesmo em caso envolvendo ente despersonalizado e, aparentemente, despido de arbitrabilidade subjetiva. Igualmente, trata-se de precedente que trouxe compreensão próxima do modelo francês do *Kompetenz-Kompetenz*, não trazendo brecha aparente para a mitigação da primazia do tribunal arbitral de analisar a própria jurisdição.

2. Caso Samarco (REsp 1.278.852/MG, 21 de maio de 2013)

O Caso Samarco ilustra a compreensão inicial do STJ acerca da aplicação do *Kompetenz-Kompetenz*. No julgamento do Recurso Especial 1.278.852[723], interposto Samarco Mineração S/A (recorrente) em face de Jerson Valadares da Cruz (recorrida), foi fixado que a análise quanto à existência, validade e eficácia de convenção de arbitragem cheia seria facultada ao Poder Judiciária somente em sede de ação anulatória. Dessa forma, a *ratio* do caso se aproxima da concepção francesa do *Kompetenz-Kompetenz*.

O litígio remete à formação de um acordo judicial em outro processo. Naqueles autos, a recorrida pleiteava a realização de perícia técnica para apuração e quantificação dos danos oriundos da construção de mineroduto em imóvel rural de sua propriedade. As partes chegaram a acordo judicial, que continha cláusula compromissória para submissão à arbitragem de eventuais controvérsias decorrentes do acordo e da perícia a ser efetuada[724], elegendo a CAMARB – Câmara de Arbitragem Empresarial – Brasil como instituição arbitral.

Diante de resultado pericial desfavorável à sua pretensão, Jerson Valadares da Cruz ajuizou nova ação. Questionava a idoneidade da perícia em razão de seus métodos e da

---

parágrafo único do art. 76 da Lei 11.101/05." (STJ. REsp n. 1.355.831/SP. Min Rel. Sidnei Beneti. Terceira Turma. J. em 19 de março de 2013, p. 20).

[722] STJ. REsp n. 1.355.831/SP. Min Rel. Sidnei Beneti. Terceira Turma. J. em 19 de março de 2013, p. 21.

[723] STJ. REsp n. 1.278.852/MG. Min. Luís Felipe Salomão. Quarta Turma. J. em 21 de maio de 2013.

[724] Como consta no acórdão do Recurso Especial, a cláusula compromissória era assim redigida: "10) As partes constituem cláusula compromissória de arbitragem, tomando-se como base os laudos periciais a serem entregues nos termos deste acordo, elegendo a CAMARB, com foro em Belo Horizonte, para dirimir quaisquer dúvidas ou controvérsias decorrentes de sua aplicação" (STJ. REsp n. 1.278.852/MG. Min. Rel. Luís Felipe Salomão. Quarta Turma. J. em 21 de maio de 2013, p. 09).

ausência de credenciais pelo perito, e, ainda, pleiteava a anulação da cláusula compromissória, sob o argumento de que a recorrente o "fez inserir" tal cláusula no acordo[725]. Ademais, argumentava que haveria desequilíbrio entre as partes em razão de sua "inexperiência e incapacidade técnica para compreender o alcance e a extensão de tal cláusula"[726].

Diante da existência da cláusula compromissória, o juízo *a quo* extinguiu o feito sem resolução de mérito. Contudo, o Tribunal de Justiça de Minas Gerais deu provimento à apelação interposta pela recorrida. Segundo constou do acórdão, o pedido de nulidade da cláusula arbitral poderia ser examinado pelo Poder Judiciário, se a ação declaratória de nulidade for proposta antes da instauração da arbitragem. Em resposta, a Samarco apresentou embargos de declaração, que foram rejeitados. Na sequência, interpôs recurso especial, no qual alegou, entre outros, ofensa aos arts. 8º, parágrafo único, e 20 da Lei de Arbitragem, bem como ao art. 267, inciso VII, do CPC/1973, que refletem o princípio *Kompetenz-Kompetenz*.

O recurso foi julgado em 21 de maio de 2013 pela Quarta Turma do STJ. O ministro relator, Luis Felipe Salomão, indicou que o mérito da controvérsia residiria em avaliar a possibilidade de convocar o Poder Judiciário a apreciar validade de cláusula compromissória cheia, existente em acordo homologado judicialmente. Nesse sentido, concluiu que cabe ao Poder Judiciário apreciar questões anteriores e necessárias à instauração da arbitragem apenas quando a cláusula compromissória fosse "vazia" ou "em branco".

No caso, o Ministro Relator entendeu que, sendo a cláusula compromissória "cheia", visto que continha os elementos mínimos necessários à instauração da arbitragem[727], a

---

[725] Como extrai-se do acórdão, os argumentos e pedidos da recorrida podem ser assim sintetizados: "a) o perito nomeado para calcular os danos ocorridos teria sido cooptado pela Ré; b) que ele não tinha registro no Crea; c) não foram observados os requisitos técnicos e científicos necessários à elaboração do laudo; d) o órgão arbitral eleito pelas partes – CAMARB – não detém competência técnica para dirimir o conflito, porquanto sua finalidade institucional é a solução de disputas comerciais; e) a cláusula compromissória está eivada pelo vício da lesão, pois o recorrente não estava suficientemente esclarecido dos seus efeitos, sendo certo, ademais, que ela seria prejudicial aos seus interesses diante do flagrante desequilíbrio entre as obrigações impostas às partes; e f) foram desrespeitados os termos do acordo relativos ao objeto da indenização" (STJ. REsp n. 1.278.852/MG. Min. Rel. Luís Felipe Salomão. Quarta Turma. J. em 21 de maio de 2013, p. 09).

[726] No inteiro teor: "Alegou que a ré 'fez inserir' no referido pacto cláusula compromissória de arbitragem (elegendo a Câmara de Arbitragem Empresarial Brasil – CAMARB) para a solução de controvérsias decorrentes do acordo e da perícia; e requereu sua anulação, haja vista consubstanciar desequilíbrio e desproporção das prestações assumidas pelas partes, sendo certo sua inexperiência e incapacidade técnica para compreender o alcance e a extensão de tal cláusula, a qual, ademais, iria impedí-lo de postular sob o pálio da gratuidade de justiça" (STJ. REsp n. 1.278.852/MG. Min. Rel. Luís Felipe Salomão. Quarta Turma. J. em 21 de maio de 2013, p. 05).

[727] Nesse sentido, apontou que: "desponta inconteste a eleição da CAMARB como tribunal arbitral para dirimir as questões oriundas do acordo celebrado – o que indica forçosamente para a competência exclusiva desse órgão relativamente à análise da validade da cláusula arbitral, impondo-se ao Poder Judiciário a extinção do processo sem resolução de mérito, consoante implementado de forma escorreita pelo magistrado de piso; ressalvando-se, todavia, a possibilidade de abertura da via jurisdicional estatal no momento adequado, ou seja, após a prolatação da sentença arbitral" (STJ. REsp n. 1.278.852/MG. Min. Rel. Luís Felipe Salomão. Quarta Turma. J. em 21 de maio de 2013, p. 14). Nesse ponto, cumpre apontar que, diferentemente do que constou do acórdão, a instituição arbitral não se confunde com o tribunal arbitral. A instituição de arbitragem restringe-se à administração do procedimento, cabendo a análise sobre a matéria em questão ao próprio tribunal arbitral, que será instaurado e deverá observar as regras postas pela instituição arbitral.

atuação do Poder Judiciário seria possível apenas após a prolação da sentença arbitral, nos termos dos arts. 32, inciso I, e 33 da Lei de Arbitragem. Nesse sentido, ressaltou haver "uma alternância de competência" entre o juízo arbitral e o Poder Judiciário para avaliação de questões referentes à existência, validade e eficácia da convenção de arbitragem, visto que a avaliação de um e de outro, à luz do Kompetenz-Kompetenz, deve se dar em "momentos procedimentais distintos"[728].

Diante disso, votou no sentido de dar provimento ao recurso especial para restabelecer a sentença, com o consequente reconhecimento da competência exclusiva do juízo arbitral e a extinção do processo sem resolução do mérito. O voto do relator foi acompanhado à unanimidade.

Digno de nota é o voto da Ministra Isabel Gallotti, que se reservou a analisar, em momento posterior, a tese de que não poderia haver exame de questões afetas à cláusula arbitral cheia pelo Poder Judiciário antes do final do procedimento, por vislumbrar "a possibilidade de haver alegações que ponham em dúvida até mesmo que a parte tenha assinado esse compromisso arbitral".

O caso Samarco representa, então, um reconhecimento pelo STJ da primazia do tribunal arbitral, quase que em termos absolutos, para decidir quanto à existência, validade e eficácia de convenção, na hipótese de arbitragem cheia. Por esse entendimento, estariam vedadas no ordenamento brasileiro as *anti-arbitration injunctions,* que visam a impedir a instauração ou o prosseguimento de procedimento arbitral, com fundamento em vício na convenção de arbitragem.

Para mais, o voto condutor do acórdão torna implícito que o Brasil adotaria o modelo francês do *Kompetenz-Kompetenz,* segundo o qual apenas é facultada a análise da existência, validade e eficácia da convenção de arbitragem ulteriormente, devendo o Poder Judiciário se abster de se pronunciar sobre o tema, a não ser em casos de cláusula compromissória vazia. De outro lado, no voto-vista da Ministra Gallotti, deixa entreaberta a possibilidade de haver casos excepcionais, nos quais o Poder Judiciário poderia intervir desde o início, pronunciando-se sobre questões jurisdicionais.

3. Caso Odontologia Noroeste (REsp 1.602.076/SP, 15 de setembro de 2016)

O Caso Odontologia Noroeste é um marco na jurisprudência do STJ por ser o primeiro caso no qual uma das turmas reconheceu possibilidade de mitigação do princípio *Kompetenz-Kompetenz,* afastando-se do modelo francês, encaminhando a jurisprudência na direção do modelo norte-americano e da própria Convenção de Nova Iorque. Nesse

---

Assim, não se pode confundir as funções administrativas da câmara com as funções jurisdicionais do tribunal arbitral. De todo modo, foi correto o reconhecimento de que a cláusula é cheia, por conter os elementos mínimos necessários à instituição da arbitragem.

[728] No inteiro teor: "é certa a coexistência de competências entre os juízos arbitral e togado, relativamente às questões inerentes à existência, validade, extensão e eficácia da convenção. Em verdade, o que se nota é uma alternância de competência entre os referidos órgãos quanto à matéria, porquanto a ostentam em momentos procedimentais distintos. Excluindo-se a hipótese de cláusula compromissória patológica ("em branco"), a possibilidade de atuação de órgão do Poder Judiciário é vislumbrada pela Lei de Arbitragem, mas tão somente após a prolação da sentença arbitral, nos termos dos arts. 32, I e 33" (STJ. REsp n. 1.278.852/MG. Min. Rel. Luís Felipe Salomão. Quarta Turma. J. em 21 de maio de 2013, p. 12).

caso, reconheceu-se a possibilidade de o Poder Judiciário realizar análise *prima facie* de convenções de arbitragem, de forma que seria desnecessário a submissão ao juízo arbitral de conflitos instruídos a partir de convenção ilegal.

O caso, julgado em 15 de setembro de 2016 pela Terceira Turma do STJ, relatado pela Ministra Nancy Andrighi, consiste em recurso especial interposto pela Odontologia Noroeste Ltda. (recorrente) em face do Grupo Odontológico Unificado Franchising Ltda. (recorrido).

Na origem, a Odontologia Noroeste ajuizou ação objetivando a anulação do contrato de franquia contendo cláusula compromissória ou, subsidiariamente, sua rescisão, com a condenação da outra parte à devolução de valores pagos e ao pagamento de multa. A existência da convenção de arbitragem, suscitada em preliminar de contestação, foi rejeitada pelo juízo *a quo* em decisão interlocutória, sob o fundamento de que o contrato celebrado entre as partes seria de adesão e os requisitos previstos no art. 4º, § 2º, da Lei de Arbitragem não estariam preenchidos[729].

Apresentado agravo de instrumento, o TJSP concluiu, por maioria de votos, que não incidem as regras do CDC em contrato de franquia. Assim, reconheceu a validade da cláusula compromissória, e declarou a incompetência absoluta do Poder Judiciário para apreciar a questão. Diante disso, foi interposto Recurso Especial no qual se discutiu a aplicação do CDC aos contratos de franquia, a submissão dos contratos de franquia aos requisitos do art. 4º, § 2º, da Lei de Arbitragem, e a possibilidade de o Poder Judiciário analisar a validade da convenção de arbitragem, em função do *Kompetenz-Kompetenz*.

A Ministra Nancy Andrighi manifestou o entendimento, acompanhado à unanimidade pela turma julgadora, de que o contrato de franquia não se sujeita às normas do CDC, pois "o franqueado não é consumidor de produtos ou serviços da franqueadora, mas aquele que os comercializa junto a terceiros, este sim, os destinatários finais"[730]. De outro lado, reconheceu que o contrato de franquia seria contrato de adesão, tendo em vista a assimetria entre as suas partes, posto que o contratante economicamente mais fraco manifesta o seu consentimento aceitando as condições impostas pelo contratante mais forte[731]. Assim, concluiu pela aplicação do art. 4º, § 2º, da Lei de Arbitragem, que requer consentimento expresso do aderente para a instituição de tribunal arbitral.

Quanto ao Kompetenz-Kompetenz, a Ministra Relatora Nancy Andrighi apontou que, embora houvesse decidido em caso passado que inexistiria jurisdição do Poder Judiciário para apreciar a convenção de arbitragem nas "fases iniciais do procedimento de arbitragem"[732], a jurisprudência do STJ vinha mostrando "algum abrandamento com o mencionado princípio". Assim, referiu-se a uma "modulação do princípio competência-

---

[729] Lei de Arbitragem, artigo 4º: "A cláusula compromissória é a convenção através da qual as partes em um contrato comprometem-se a submeter à arbitragem os litígios que possam vir a surgir, relativamente a tal contrato. [...] § 2º Nos contratos de adesão, a cláusula compromissória só terá eficácia se o aderente tomar a iniciativa de instituir a arbitragem ou concordar, expressamente, com a sua instituição, desde que por escrito em documento anexo ou em negrito, com a assinatura ou visto especialmente para essa cláusula."

[730] Trecho retirado da ementa do STJ. REsp n. 632958/AL. Rel. Min. Aldir Passarinho Jr. Terceira Turma. J em 29 de março de 2010, citado pela Ministra Relatora em voto.

[731] CARMONA, Carlos Alberto. *Arbitragem e Processo: um comentário à Lei nº 9.307/96*. São Paulo: Atlas, 3ª Edição, 2009, p. 106.

[732] STJ. REsp n. 1.602.076/SP. Min. Nancy Andrighi. Terceira Turma. J. em: 15.09.2016, p. 14.

-competência"[733], também notada pela doutrina[734], no sentido de que o Poder Judiciário poderia efetuar análise de nulidades identificáveis *prima facie*.

Fazendo referência ao Caso Samarco, advertiu que "apesar de, à primeira vista, parecer que a exceção ao *kompetenz-kompetenz* ocorre apenas nos compromissos arbitrais 'em branco' (...), ficou aberta a possibilidade de atuação do Poder Judiciário em outras hipóteses, quando houver a necessidade de apreciação de questões anteriores e necessárias à instauração do juízo arbitral"[735]. Por conseguinte, casos excepcionais admitiriam especiais mitigações ao *Kompetenz-Kompetenz*. Nesse sentido, mencionou a relativização do *Kompetenz-Kompetenz* na Alemanha, a partir de decisão do Bundesgerichthof – BGH[736] na decisão do III ZR 265/03, em 13.01.2005[737].

Dessa forma, reconheceu a Ministra Nancy Andrighi que, embora a regra geral seja a primazia do juízo arbitral para decidir quanto a própria jurisdição, o *Kompetenz-Kompetenz*, como toda regra geral, "comporta exceções para melhor se adequar a situações cujos contornos escapam às situações típicas abarcadas pelo núcleo duro da generalidade e que, pode-se dizer, estão em áreas cinzentas da aplicação do Direito"[738]. Entre esses casos excepcionais, estão as cláusulas compromissórias patológicas e aquelas que não atendem a requisitos formais fixados em lei, sendo prontamente identificáveis pelo Poder Judiciário, sem demanda de cognição exauriente. Assim, concluiu que o Poder Judiciário pode, nos casos em que o vício é reconhecido *prima facie*, declarar a ilegalidade da convenção de arbitragem, independentemente do estado em que se encontre o procedimento arbitral.

O caso em análise é o marco inicial do reconhecimento do STJ da possibilidade de excepcionar a primazia do tribunal arbitral para analisar a existência, validade e eficácia

---

[733] STJ. REsp n. 1.602.076/SP. Min. Nancy Andrighi. Terceira Turma. J. em: 15.09.2016, p. 14.

[734] Menciona, nesse sentido, o seguinte trecho doutrinário: "Sob essa perspectiva, pode-se afirmar que se está em presença de situação similar (muito embora distinta) à análise prima facie da convenção de arbitragem (que pode se dar pelo Poder Judiciário ou pela instituição administradora do procedimento arbitral, conforme o caso). Esta também pode levar, em alguns casos, se não à inaplicabilidade, pelo menos à modulação do princípio competência-competência, quando reste absolutamente evidente e inequívoca, ainda que mediante mera análise perfunctória ("prima facie"), a inexistência, invalidade ou ineficácia da convenção de arbitragem no caso concreto (Maíra de Melo Vieira. Execução específica de cláusula compromissória vazia e competência-competência: revisitando regras elementares à luz da decisão do STJ no REsp 1.082.498/MT. In Arnoldo Wald (Coord.). Revista de arbitragem e mediação. v. 38, São Paulo: Revista dos Tribunais, jul./set. 2005, p. 374)".

[735] STJ. REsp n. 1.602.076/SP. Min. Nancy Andrighi. Terceira Turma. J. em: 15.08.2016, p. 15.

[736] Trata-se, nas palavras da Ministra Nancy Andrighi, do "equivalente alemão a este Superior Tribunal de Justiça".

[737] Em tradução livre feita pela Ministra Nancy Andrighi, extrai-se o seguinte da decisão: "a) após a entrada em vigor da nova lei de regulamentação do processo arbitral, é vedado às partes de um compromisso arbitral estabelecer uma Kompetenz-Kompetenz que tenha como consequência a vinculação dos tribunais estatais ao julgamento do tribunal arbitral; b) em razão de uma cláusula Kompetenz-Kompetenz, antes de uma decisão sobre a validade da cláusula compromissória, o tribunal estatal não está obrigado a esperar a decisão do tribunal arbitral sobre a competência (§ 1.040 Abs. 1 Satz 1 ZPO [Código de Processo Civil Alemão]; c) um acordo arbitral com a participação de um consumidor pode ser pactuado através de um contrato padronizado, desde que as exigências de forma do § 1.031 Abs. 5 ZPO sejam atendidas. Não é exigível que, da parte do usuário, haja um especial interesse na instalação do tribunal arbitral." (STJ. REsp 1.602.076/SP. Min. Nancy Andrighi. Terceira Turma. J. em: 15.08.2016, p. 17).

[738] STJ. REsp 1.602.076/SP. Min. Nancy Andrighi. Terceira Turma. J. em: 15.08.2016, p. 18.

da convenção de arbitragem em caso de vício evidente. Ao adotar argumentação similar ao previsto no art. II (3) da Convenção de Nova Iorque[739] – ainda que a ele não tenha feito referência –, pode-se dizer que o STJ se aproximou da abordagem norte-americana em torno do *Kompetenz-Kompetenz*, admitindo a possibilidade de controle prévio da convenção de arbitragem pelo Poder Judiciário em casos excepcionais. A partir desse caso específico, o Brasil, através da sua jurisprudência, passou a se alinhar ao sistema internacional em vigor, dando eficácia às regras de direito positivo internalizadas com a Convenção de Nova Iorque.

4. Caso Parque das Baleias (CC 139.519/RJ, 11 de outubro de 2017)

O Caso Parque das Baleias representa um dos julgados mais importantes para o desenvolvimento da arbitragem no Brasil. O STJ trouxe discussão aprofundada sobre dois aspectos fulcrais para o desenvolvimento dogmático do instituto. Em primeiro, a análise da compatibilidade da arbitragem com a Administração Pública; e, em segundo, a possibilidade de submeter a arbitragem ente federado não signatário da convenção de arbitragem. Trata-se de decisão louvável por parte da corte superior e digna de análise pormenorizada.

O caso consiste em conflito positivo de competência, suscitado pela Petrobras perante o TRF da 2ª Região, envolvendo um tribunal arbitral da CCI e o Juízo Federal da 5ª Vara da Seção Judiciária do Rio de Janeiro. Como interessados, figuraram a Agência Nacional do Petróleo, Gás Natural e Biocombustíveis (ANP) e o Estado do Espírito Santo. E, como *amicus curiae*, o Instituto Brasileiro de Petróleo, Gás e Biocombustíveis (IBP). O conflito de competência foi julgado em 11 de outubro de 2017, pela Primeira Seção do STJ.

Em síntese, o litígio tratou da atribuição de poder jurisdicional para decidir acerca da existência, validade e eficácia da cláusula compromissória inserida em contrato de concessão firmado entre a ANP e a Petrobrás, para exploração, desenvolvimento e produção de petróleo e gás natural no denominado "Parque das Baleias". A ação originária, discutia, além disso, questões atinentes à indisponibilidade do direito objeto da arbitragem e à inaplicabilidade da cláusula compromissória, considerando os elementos de interesse público que circundavam a disputa.

Diante da negativa, no âmbito administrativo, de pedido formulado pela Petrobrás para que a ANP anulasse resolução que alterava as cláusulas do contrato de concessão, a companhia instaurou procedimento arbitral perante a CCI, objetivando a declaração de nulidade da referida resolução. Como o tribunal arbitral ainda não havia sido constituído, a Petrobras requereu medida cautelar perante a Justiça Federal do Rio de Janeiro, a fim de que fossem suspensos os efeitos da decisão da ANP. O pedido liminar foi deferido e, posteriormente, cassado pelo tribunal de origem.

Após tomar ciência da instauração da arbitragem, a ANP ajuizou ação na Justiça Federal do Rio de Janeiro, em face da Petrobrás, requerendo a anulação da arbitragem. O pedido foi rejeitado, tanto em sede de antecipação de tutela, quanto em sentença. Diante

---

[739] Convenção de Nova Iorque, art. II (3): "O tribunal de um Estado signatário, quando de posse de ação sobre matéria com relação à qual as partes tenham estabelecido acordo nos termos do presente artigo, a pedido de uma delas, encaminhará as partes à arbitragem, a menos que constate que tal acordo é nulo e sem efeitos, inoperante ou inexequível".

disso, a ANP e o Estado do Espírito Santo interpuseram apelação e, paralelamente, ingressaram, cada uma, com ação cautelar requerendo a suspensão da arbitragem, sob o argumento de haver risco do referido procedimento ser sentenciado pelos árbitros antes do julgamento das apelações. O pedido foi deferido pelo TRF-2, por entender pela sua jurisdição para decidir, tanto sobre a competência sobre o caso, quanto sobre o mérito, originando, assim, o conflito de competência.

O Ministro Relator Napoleão Nunes Maia Filho atribuiu, por decisão liminar e em caráter provisório, competência ao tribunal arbitral para o exame de providências de natureza emergencial, urgente ou acauteladora. Ademais, determinou a suspensão de todas as ações judiciais ou procedimentos administrativos vinculados ao objeto do litígio. Na sequência, sobreveio petição da Petrobras noticiando o descumprimento da decisão pela ANP, em razão de cobranças de cunho arrecadatório impostas pela resolução contestada.

Nesse sentido, foi proferida nova decisão, determinando a expedição de ofício à ANP para que desse cumprimento à decisão anterior, até o julgamento definitivo do conflito de competência. Em resposta, a ANP e o Estado do Espírito Santo apresentaram agravo regimental. Desse resultou a autorização ao Ente Federado para requerer o recebimento dos recursos oriundos de sua participação na exploração petrolífera no seu território.

Mais à frente, o Estado do Espírito Santo interpôs outro Agravo Regimental, sustentando que as decisões proferidas isentariam a Petrobrás de cumprir com suas obrigações de recolhimento dos valores devidos ao Poder Público, em razão da unificação dos campos que compõem o Parque das Baleias. Assim, insurgiu-se contra o conflito de competência e defendeu, entre outros, não se submeter à cláusula compromissória e a inaplicabilidade do *Kompetenz-Kompetenz*, sustentando que a matéria objeto da resolução debatida seria indisponível.

Em seu voto-vencido, o Ministro Relator Napoleão Nunes Maia Filho aduziu, em primeiro lugar, que o princípio *Kompetenz-Kompetenz* não implicaria ausência de competência do STJ para examinar o conflito de competência entre juízos estatais e arbitrais. Assim, seria do STJ a competência para decidir sobre o conflito de competência. No mérito, concluiu que o direito objeto da arbitragem seria disponível, tendo em vista que as alterações impostas pela resolução teriam caráter eminentemente patrimonial[740], razão pela qual não haveria que se falar em ilegalidade da cláusula compromissória.

Apesar de não reputar a cláusula ilegal, o Ministro observou que a sua aplicação demandaria cautela, visto que, no caso, a decisão no procedimento arbitral entre Petrobras e ANP sobre as alterações promovidas pela resolução interfeririam diretamente nos interesses do Estado do Espírito Santo, não signatário da cláusula compromissória.

Assim, observou que "afastar a atuação do Poder Judiciário, nessa ocasião, retira do Ente Federado qualquer meio de defesa de seus interesses, inviabilizando sua proteção.

---

[740] No inteiro teor: "Direito indisponível é aquele que impõe limites à vontade do próprio titular, que se vê privado da sua disposição, seja por expressa previsão em lei, ou por sua natureza inalienável. Salvo melhor juízo, não se vislumbra a indisponibilidade do direito discutido no presente Processo Arbitral. As alterações definidas na RD RD/ANP 69/2014, analisadas pela Nota Técnica 131/2013/SDP, têm caráter eminentemente patrimonial, não se revelando inalienável ou impossível de se proceder e ajustar de maneira diversa. Tanto é que foi fruto de deliberação da Diretoria da ANP, no uso do poder discricionário" (STJ. CC 139.519/RJ. Min. Napoleão Nunes Maia Filho. Primeira Seção. J. em: 11.10.2017, p. 18).

Não fazendo parte da relação processual constituída na Corte Arbitral, dela não pode participar, sendo impossível sua intervenção no processo"[741]. Ademais, o Ministro afirmou que o afastamento da demanda da jurisdição estatal por meio da declaração de validade da cláusula compromissória implicaria cerceamento do Ente Federado de acesso à justiça. Nesse sentido, votou no sentido de conhecer do conflito de competência, e declarar a competência da Justiça Federal.

Na sequência, manifestou-se a Ministra Regina Helena Costa, inaugurando divergência vencedora no acórdão. Sob o fundamento da natureza jurisdicional da arbitragem, opinou pelo conhecimento do conflito de competência e pela competência do STJ para o julgamento. No mérito, divergiu do Ministro Napoleão Nunes Maia, sobretudo, em relação à disponibilidade do direito e à possibilidade de impor ao Estado do Espírito Santo os efeitos da decisão arbitral do procedimento de que não é parte.

Em primeiro lugar, a Ministra Regina Helena Costa ressaltou a importância do princípio da competência-competência, sustentando caber ao árbitro "deliberar sobre os limites de suas atribuições, precedentemente a qualquer outro órgão julgador"[742]. Dessa forma, entendeu "haver precedência da arbitragem em relação à jurisdição estatal, submetendo-a ao controle desta"[743], razão pela qual, existindo o litígio, deveria ser encaminhado diretamente ao tribunal arbitral.

Quanto à disponibilidade do direito, a Ministra Regina Helena distingue interesse público e direitos patrimoniais no âmbito do direito público. Enquanto o interesse público é sempre indisponível, o mesmo não é verdadeiro para os direitos patrimoniais no âmbito do direito público. A Ministra ressaltou que há disponibilidade do direito patrimonial sempre que a Administração contrata, podendo tais relações envolverem cláusula compromissória sem que isso importe em disponibilidade ou renúncia ao interesse público[744].

Quanto ao envolvimento do estado do Espírito Santo na convenção de arbitragem, a Ministra assentou entendimento de que "a arbitragem não impossibilita o acesso à Justiça pelo Estado-Membro"[745]. Portanto, caberia aos árbitros a primazia de analisar a viabilidade de participação de partes não signatárias da convenção no procedimento arbitral. Ademais, concluiu a Ministra que, "considerando a evolução da natureza contratual para jurisdicional da atividade da arbitragem e o afastamento da jurisdição estatal, é possível a intervenção do Estado do Espírito Santo, na qualidade de terceiro interessado decorrente da alegada alteração dos critérios de distribuição de *royalties*"[746].

Assim, com base no *Kompetenz-Kompetenz*, repudiou o prematuro recurso à jurisdição estatal para analisar a questão da vinculação do estado à convenção de arbitragem, que frustra "o propósito maior do instituto da arbitragem, de meio de solução dos conflitos alternativo e precedente à discussão judicial, nesta nova era pontuada por múltiplos instrumentos de busca de pacificação social"[747]. Nesse sentido, votou no sentido

---

[741] STJ. CC 139.519/RJ. Min. Napoleão Nunes Maia Filho. Primeira Seção. J. em: 11.10.2017, p. 20.
[742] STJ. CC n. 139.519/RJ. Min. Napoleão Nunes Maia Filho. Primeira Seção. J. em: 11.10.2017, p. 45.
[743] STJ. CC n. 139.519/RJ. Min. Napoleão Nunes Maia Filho. Primeira Seção. J. em: 11.10.2017, p. 46.
[744] STJ. CC n. 139.519/RJ. Min. Napoleão Nunes Maia Filho. Primeira Seção. J. em: 11.10.2017, p. 51.
[745] STJ. CC n. 139.519/RJ. Min. Napoleão Nunes Maia Filho. Primeira Seção. J. em: 11.10.2017, p. 53.
[746] STJ. CC n. 139.519/RJ. Min. Napoleão Nunes Maia Filho. Primeira Seção. J. em: 11.10.2017, p. 54.
[747] STJ. CC n. 139.519/RJ. Min. Napoleão Nunes Maia Filho. Primeira Seção. J. em: 11.10.2017, p. 54.

PARTE IV · Capítulo 16 · *KOMPETENZ-KOMPETENZ* | 681

de conhecer e julgar procedente o conflito de competência, reconhecendo a jurisdição do tribunal arbitral.

Na sequência, o Ministro Napoleão Nunes Maria apresentou aditamento de voto. Primeiramente, acerca da questão da patrimonialidade dos direitos objeto de transação, o Ministro afirmou que o reconhecimento de patrimonialidade dos direitos discutidos não representaria aceitação de que se trata "de bens que possam ser transacionados, onerados, alienados ao talante da entidade incumbida da sua gestão", no caso, a Petrobras, "porque se trata[m] de bens e direitos titulados pela União Federal". Na sequência, reiterou que o Estado do Espírito Santo não estaria abrangido pela cláusula compromissória, tendo em vista que o art. 4º estabeleceria que "somente os signatários da avença compromissória se vinculam aos seus termos e, portanto, ao juízo arbitral"[748].

Ao analisar o *Kompetenz-Kompetenz*, o Ministro afirmou que esse se restringe "à prerrogativa do foro de eleição analisar questões relacionadas à existência, validade e eficácia da cláusula compromissória"[749]. Contudo, aponta que tal princípio não poderia ser aplicado no caso de o terceiro – no caso, o Estado do Espírito Santo – buscar respaldo do Poder Judiciário para resguardar o seu direito.

A partir daí, tece considerações sobre os dois modelos de interpretação acerca do princípio *Kompetenz-Kompetenz*. Pelo modelo francês, "a competência deve ser verificada inicialmente pelo árbitro eleito, com possível controle jurídico, a posteriori, pelo Magistrado". De modo diverso, o modelo estadunidense "estabelece a competência do Poder Judiciário para apreciar a validade da cláusula e demais temas correlatos"[750]. Dessa forma, manifestou-se no sentido de que "a jurisdição estatal não é afastada definitivamente pela cláusula compromissória e, principalmente, que o seu cumprimento (da cláusula compromissória) não se eleva acima do interesse nacional de preservação de suas riquezas minerais. Pode-se até dizer que não existe interesse contratual que se sobreponha à soberania e nem haverá valor maior do que a sua afirmação"[751].

Embora o Ministro tenha reconhecido que a Lei de Arbitragem Brasileira – naquele momento da jurisprudência – está mais próxima do modelo francês, apontou que a vinculação do Brasil à Convenção de Nova Iorque denota aproximação com o sistema norte-americano, mitigando o *Kompetenz-Kompetenz*. Para o Ministro Napoleão Nunes Maia, a partir do art. II (3) da Convenção de Nova Iorque, é possível reconhecer que o Poder Judiciário "tem a prerrogativa de examinar a validade e extensão da cláusula compromissória, verificando se tal acordo é nulo e sem efeitos, inoperante ou inexeqüível".

---

[748] Digno de nota é o fato de o Ministro ter se posicionado no sentido de que somente são partes da convenção de arbitragem os seus signatários, o que afastaria – em qualquer hipótese – a submissão de não-signatários ao juízo arbitral. Na visão do Ministro, a vinculação à convenção de arbitragem "é algo que decorre direta e indispensavelmente da manifestação de vontade, no caso, da vontade de submissão ao juízo arbitral. E isso o ESTADO DO ESPÍRITO SANTO não fez, neste caso". Sabe-se que a Lei de Arbitragem não exige forma específica para manifestação do consentimento quanto à convenção de arbitragem, razão pela qual a afirmativa de que somente signatários são parte da convenção de arbitragem não se mostra acertada. (STJ. CC n. 139.519/RJ. Min. Napoleão Nunes Maia Filho. Primeira Seção. J. em: 11.10.2017, p. 26-27).

[749] STJ. CC n. 139.519/RJ. Min. Napoleão Nunes Maia Filho. Primeira Seção. J. em: 11.10.2017, p. 27.

[750] STJ. CC n. 139.519/RJ. Min. Napoleão Nunes Maia Filho. Primeira Seção. J. em: 11.10.2017, p. 28.

[751] STJ. CC n. 139.519/RJ. Min. Napoleão Nunes Maia Filho. Primeira Seção. J. em: 11.10.2017, p. 28.

No caso, entendeu que a cláusula arbitral que transborda a esfera de direitos dos signatários, interferindo na de ente estatal que não pactuou a arbitragem, revelar-se-ia inaplicável, inoperante e mesmo inexequível[752]. Assim, reforçou o seu posicionamento no sentido de conhecer o conflito e declarar competente a Justiça Federal.

Após o aditamento do voto do Ministro Napoleão Nunes Maia, também efetuou aditamento a Ministra Regina Helena, reiterando o entendimento quanto à disponibilidade da matéria debatida e à possibilidade do estado do Espírito Santo participar da arbitragem. Quanto às considerações feitas pelo Ministro sobre a Convenção de Nova Iorque, a Ministra entendeu que a Lei de Arbitragem, em sua reforma de 2015, derrogou o Decreto 4.311/2002, que internalizou a Convenção no ordenamento jurídico pátrio[753].

Cabe aqui registrar que não há sinal de posicionamento semelhante na jurisprudência brasileira, podendo até se considerar que tal posição não venha a ser confirmada pela i. Ministra em um outro julgamento sobre a matéria.

Também se manifestou, por meio de voto-vogal, a Ministra Assusete Magalhães, que opinou pelo não conhecimento do conflito de competência. Segundo a Ministra, nos termos de precedente do STJ no conflito de competência 121.013/2012, o juízo sobre a competência deveria ser anterior a qualquer outro juízo sobre a causa. Considerando que, no caso, a alegação quanto à competência estaria atrelada ao mérito da ação ajuizada pela ANP na Justiça Federal, a Ministra concluiu que o exame da matéria caberia ao TRF-2, no âmbito do julgamento das apelações interpostas pela ANP e pelo estado do Espírito Santo. Em outras palavras, concluiu que "o acolhimento do conflito ensejaria, em verdade, desde logo, a improcedência do pedido, nos termos da sentença proferida pela Justiça Federal", razão pela qual não deveria ser conhecido.

O Ministro Benedito Gonçalves acompanhou o Ministro Relator Napoleão Nunes Maria, ressaltando que não deve ser imposta ao Estado do Espírito Santo a vinculação à arbitragem, considerando que esse não foi signatário do contrato de concessão[754]. Ademais, fixou entendimento no sentido de que o ente federado não poderia ser privado o acesso

---

[752] No inteiro teor: "A disposição do art. II, 3 da CNI, em especial, reconhece que o Poder Judiciário do "Estado signatário da convenção tem a prerrogativa de examinar a validade e extensão da cláusula compromissória, verificando se tal acordo é nulo e sem efeitos, inoperante ou inexeqüível. Não é outra a hipótese dos autos. Com efeito, ao transbordar a esfera de direitos dos signatários, interferindo na de Entes Estatais Internos que não pactuaram a eleição da arbitragem, a cláusula se revela inaplicável, inoperante e mesmo inexequível" (STJ. CC n. 139.519/RJ. Min. Napoleão Nunes Maia Filho. Primeira Seção. J. em: 11.10.2017, p. 29).

[753] No inteiro teor: "Cabe lembrar que, por força da Emenda Constitucional n. 45/04, a Constituição da República determina que, após o devido processo legislativo, os tratados internacionais de direitos humanos passaram a ter força de emenda constitucional (Art. 5º, § 3º). Sendo assim, as demais convenções internacionais ainda permanecem com força de lei ordinária e, desse modo, podemos apontar a derrogação do Decreto n. 4.311/02 pela Lei n. 13.129/15, que trouxe o princípio da competência-competência ao instituto da arbitragem no Brasil" (STJ. CC n. 139.519/RJ. Min. Napoleão Nunes Maia Filho. Primeira Seção. J. em: 11.10.2017, p. 61-62).

[754] No inteiro teor: "o juízo arbitral não pode ser imposto ao Estado do Espírito Santo, que sequer participou do referido instrumento contratual, mas possui manifesto interesse na controvérsia que envolve alteração dos critérios de distribuição de royalties" (STJ. CC n. 139.519/RJ. Min. Napoleão Nunes Maia Filho. Primeira Seção. J. em: 11.10.2017, p. 74).

à justiça, sendo competente o Poder Judiciário[755]. Assim, endossou o voto do Ministro Relator Ministro Napoleão Nunes Maia, no sentido de conhecer do conflito e reconhecer a competência da Justiça Federal.

Em seguida, a Ministra Assusete Magalhães, que até havia opinado pelo não conhecimento do conflito de competência, alterou seu entendimento, já que vencido, e reconheceu a jurisdição do tribunal arbitral. Assim, por maioria, entendeu o STJ pela competência do tribunal arbitral, nos termos do voto da Ministra Regina Helena Costa, que foi acompanhado pelos Ministros Mauro Campbell Marques, Assusete Magalhães, Sérgio Kukina e Gurgel de Faria.

O julgado é relevante sob vários aspectos. Nele, entendeu o STJ que: (a) o CPC/2015 trouxe nova disciplina para o processo judicial, exortando a utilização dos meios alternativos de solução de controvérsia, razão pela qual a solução consensual configura dever do Estado, que deverá promovê-la e incentivá-la (art. 3º, §§ 1º e 2º); (b) deve-se dar destaque para os princípios da competência-competência, da autonomia da vontade e da cláusula compromissória (arts. 1º, 3º e 8º, parágrafo único); (c) no âmbito da Administração Pública, desde a Lei 8.987/1995, denominada Lei Geral das Concessões e Permissões de Serviços Públicos, com a redação dada pela Lei 11.196/2005, há previsão expressa de que o contrato poderá dispor sobre o emprego de mecanismos privados para resolução de conflitos, inclusive a arbitragem; (d) há convivência harmônica do direito patrimonial disponível da Administração Pública com o princípio da indisponibilidade do interesse público. Assim, faculta-se à administração pública recorrer à arbitragem para solucionar litígios que tenham por objeto direitos patrimoniais disponíveis, atende ao interesse público; (e) a arbitragem não impossibilita o acesso à jurisdição arbitral por Estado-Membro, possibilitando sua intervenção como terceiro interessado; (f) a jurisdição arbitral precede a jurisdição estatal no exame de sua própria competência, incumbindo àquela deliberar sobre os limites de suas atribuições, previamente a qualquer outro órgão julgador (princípio da competência-competência), bem como sobre as questões relativas à existência, à validade e à eficácia da convenção de arbitragem e do contrato que contenha a cláusula compromissória (arts. 8º e 20, da Lei 9.307/1996, com a redação dada pela Lei 13.129/2015).

Apesar de ser possível, no geral, aplaudir o STJ na conclusão e na fundamentação do caso, é preciso pedir vênia ao posicionamento da Ministra Regina Helena Costa acerca do argumento em relação à Convenção de Nova Iorque e às modificações dadas pela Lei 13.129/2015.

Em primeiro, a Ministra parte, naquele seu específico voto, de uma premissa fática imprecisa: embora a Lei 13.129/2015 seja, de fato, posterior ao Decreto 4.311/2002, é impossível falar em derrogação da Convenção de Nova Iorque pelo simples fato de que a norma superveniente nada dispôs acerca das matérias reguladas pela Convenção de Nova Iorque. Na Lei 13.129/2015, não se tratou, especificamente, do *Kompetenz-Kompetenz*, bastando ver que a referida lei não promoveu qualquer alteração nos dispositivos da Lei de Arbitragem sobre o tema (arts. 8º e 20 da Lei 9.307/1996).

---

[755] No inteiro teor: "é dizer que, se o Estado não foi signatário do contrato que optou pela solução arbitral dos conflitos, o pacto compromissório a ele não se aplica, não podendo, portanto, ser obrigado a se submeter à Corte de Arbitragem e aos efeitos da sentença lá proferida" (STJ. CC n. 139.519/RJ. Min. Napoleão Nunes Maia Filho. Primeira Seção. J. em: 11.10.2017, p .74).

Em segundo, o raciocínio esposado pela Ministra parte da imprecisão de considerar que a reforma da Lei de Arbitragem inseriu o princípio do *Kompetenz-Kompetenz* no direito brasileiro. Esses princípios, consignados nos art. 8º e 20º da Lei de Arbitragem, estão presentes desde a redação original da Lei 9.307/1996, não tendo sido modificados por qualquer alteração legislativa superveniente. Ademais, o princípio era prestigiado no âmbito do CPC/1973, que reconhecia a necessidade de extinguir a ação quando houvesse convenção de arbitragem que versasse sobre o tema. Destaca-se que, posteriormente à Lei de Arbitragem, apenas o próprio Decreto 4.311/2002 tratou do regime legal do *Kompetenz-Kompetenz*, de modo que, apesar das grandes e inegáveis qualidades do voto da excelentíssima Ministra em outros aspectos, inviável deixar de apontar o equívoco incorrido, ao analisar a relação entre a Lei de Arbitragem e a Convenção de Nova Iorque.

Na verdade, nesse aspecto, é lapidar o posicionamento do Ministro Napoleão Nunes Maia. De fato, originalmente, a Lei de Arbitragem adotou posicionamento próximo do modelo francês do *Kompetenz-Kompetenz*. Contudo, com a entrada em vigor da Convenção de Nova Iorque no sistema legal brasileiro, a primazia dos tribunais arbitrais viu-se reduzida das hipóteses previstas no referido diploma internacional.

Com efeito, a jurisprudência do STJ vem se tornando pacífica no sentido de que, quando há vício flagrante e evidente (*e.g.*, convenção de arbitragem com clara e inequívoca patologia), pode o Poder Judiciário manifestar-se antes do tribunal arbitral sobre a inexistência, invalidade ou ineficácia da convenção de arbitragem. Em verdade, a partir da análise da doutrina e da jurisprudência dos tribunais, é possível afirmar que, no Brasil, vem se consolidando modelo que preza pela flexibilização do *Kompetenz-Kompetenz*.

No "modelo brasileiro" do *Kompetenz-Kompetenz*, há de se reconhecer, na maioria das situações – em conformidade com os arts. 8º e 20 da Lei de Arbitragem –, a primazia do tribunal arbitral para analisar a existência, validade e eficácia da convenção de arbitragem, cabendo ao Poder Judiciário, eventualmente, realizar controle em sede de ação anulatória. Contudo, diante de casos de evidente, manifesta, clara e inequívoco vício de ilegalidade, teratologia, inexistência, invalidade ou ineficácia da convenção de arbitragem, o Poder Judiciário pode realizar o controle da convenção de arbitragem, fixando a jurisdição estatal diante da completa e escancarada patologia que eventualmente pode assolar a convenção de arbitragem.

Esse é o entendimento encampado pelo art. II (3) da Convenção de Nova Iorque, que, como se expôs anteriormente, aplica-se no direito interno brasileiro, haja vista a equivalência da convenção às leis ordinárias. Por certo, reconhecer a existência desses casos pontuais e excepcionais, no qual o vício é tão evidente que pode ser declarado prontamente pelo Poder Judiciário, não descaracteriza *Kompetenz-Kompetenz*, tampouco a regra geral de que tal análise seja feita, em primeira mão, pelo tribunal arbitral. Apenas indica, como constatado pelo Ministro Napoleão Nunes Maia, que o modelo vigente no Brasil está mais próximo do americano do que do francês.

5. Caso Companhia de Geração Térmica de Energia Elétrica (REsp 1.550.260/ES, 12 de dezembro de 2017)

O caso Companhia de Geração Térmica de Energia Elétrica é um marco na jurisprudência do STJ, por abordar a relação entre o *Kompetenz-Kompetenz* com matérias de ordem pública e questões de arbitrabilidade objetiva. A disputa ente Companhia de Geração Térmica de Energia Elétrica – CGTEE (recorrida) e Kreditanstalt Fur Wiederaufbau Bankengruppe – KfW (recorrente) versava sobre a fraude de assinaturas em contratos nos quais a recorrida figurava como garantidora.

Em paralelo à questão civil, havia no caso ação penal em curso, fazendo com que a disputa quanto aos contratos supostamente fraudados ultrapassasse a esfera jurídica das partes, caracterizando matéria de ordem pública. Inclusive, havia laudo pericial realizado pela Polícia Federal atestando a fraude. Assim, a questão que se colocou foi no sentido de que, havendo provas documentais da fraude quanto às assinaturas das partes, se subsistiria o dever de remeter a disputa a arbitragem. A Terceira Turma do STJ, em julgamento por maioria, entendeu que matérias de ordem pública são compatíveis com a arbitrabilidade objetiva, e reconheceu a competência do juízo arbitral para analisar a disputa.

A origem da disputa envolveu uma série de contratos nos quais a CGTEE figurava como garantidora, referentes à construção de usinas termelétricas no Paraná e no Rio Grande do Sul. Após a comunicação, pelo banco KfW da possibilidade de execução das garantias, a recorrida ajuizou ação declaratória de falsidade documental, cumulada com pedido de exibição de documentos, na qual questionou a autenticidade de assinaturas no termo de garantia e na ata de assembleia que a teria aprovado.

Embora o juízo *a quo* tenha extinguido o processo, sem resolução do mérito, em razão da existência de convenção de arbitragem, o TJES reformou a sentença. Apresentando fundamento similar ao do Caso Odontologia Noroeste, o juízo *ad quem* entendeu que os vícios existentes nos documentos seriam reconhecíveis *prima facie*, em razão da conclusão alcançada em perícia realizada pela Polícia Federal no âmbito criminal, sendo possível então reconhecer de pronto a nulidade da convenção de arbitragem. Diante disso, o banco interpôs recurso especial.

Em 12 de dezembro de 2017 a disputa foi a julgamento pela Terceira Turma do STJ. Duas vertentes distintas de entendimento se formaram. De um lado o Ministro Relator Paulo de Tarso Sanseverino e a Ministra Nancy Andrighi, que, por diferentes fundamentos, defendiam a remissão do conflito ao juízo estatal, e do outro lado, que formou a maioria nos termos do voto do Ministro Ricardo Villas Bôas Cueva, que entendeu que, embora seja possível a análise quanto à existência, validade e eficácia da convenção de arbitragem pelo juízo estatal em casos de vício flagrante, esta não era a situação *in casu*.

A começar pelo Relator, o Ministro Paulo de Tarso Sanseverino reconheceu a primazia do princípio da competência-competência ao procedimento arbitral à luz do art. 8º da Lei de Arbitragem[756], muito embora tenha salientado que este princípio não apresenta caráter absoluto. Uma vez que "a arbitragem excepciona uma das garantias fundamentais do cidadão, que é a inafastabilidade da jurisdição estatal, prevista no art. 5º, inciso XXXV, da Constituição"[757]. No seu entendimento, a não flexibilização desse princípio pode representar violação ao regramento constitucional de acesso à justiça. Sob esse prisma, na

---

[756] No inteiro teor: "Trata-se de uma regra essencial do sistema arbitral de solução de controvérsias, pois, do contrário, estando aberta a via da jurisdição estatal para se questionar a competência do juízo arbitral, a arbitragem seria desinteressante para as partes, que acabariam tendo que litigar em dois juízos". (STJ. REsp n. 1.550.260/ES. Min. Paulo de Tarso Sanseverino. Terceira Turma. J. em: 12.12.2017, p. 06).

[757] STJ. REsp n. 1.550.260/ES. Min. Paulo de Tarso Sanseverino. Terceira Turma. J. em: 12.12.2017, p. 09.

visão do Ministro, o Poder Judiciário poderia conhecer de ofício questões de ordem pública, diretamente relacionadas com o exercício da jurisdição e da soberania do Estado[758].

No caso, entendeu que a controvérsia acerca da falsidade das assinaturas transcenderia o interesse individual das partes, alcançando, inclusive, a esfera penal. Assim, reputou a questão como de ordem pública, precedendo a instauração da arbitragem, razão pela qual não seria possível ao Judiciário se abster de analisar o tema. Assim, votou no sentido de negar provimento ao recurso especial, mantendo o acórdão do TJES, que rejeitou a invocação da convenção de arbitragem.

A Ministra Nancy Andrighi, por sua vez, votou no mesmo sentido que o Relator, por fundamentos diversos. Primeiramente, a Ministra discordou quanto à impossibilidade de análise de questões de ordem pública pelo juízo arbitral, observando que "não é admissível que a regra *kompetenz-kompetenz* ceda prévio lugar à jurisdição estatal sempre que houver uma discussão relacionada a uma questão de ordem pública"[759].

Sustentou que, se essa tese fosse adotada, essa cláusula aberta e de conceito jurídico indeterminado – "ordem pública" – abriria flanco para provocação desmedida da jurisdição estatal sobre questões que deveriam ser dirimidas pelo tribunal arbitral. Assim, no entendimento da Ministra, "nessa hipótese, o art. 8º, parágrafo único, da Lei 9.307/1996 em breve se tornará letra morta, de modo que o promissor sistema arbitral será paulatinamente corroído e, então, retornaremos à época de monopólio estatal da jurisdição. A intervenção estatal deve ser, sempre, excepcionalíssima e a posteriori"[760].

Não obstante, a Ministra pontuou que seria fato reconhecido que haveria falsidade em oito dos doze contratos assinados entre as partes. Sendo que, nos outros quatro, havia informação *prima facie* de terem sido assinados por quem não tinha poderes de representação da sociedade. Assim, "diante das especificidades da hipótese e de ter se constatado de plano a invalidade dos contratos em que foram incluídas as cláusulas arbitrais, pode-se asseverar, em caráter excepcional, que a remessa das partes ao juízo arbitral não será a mais medida mais razoável e eficaz"[761]. Por conta desse fundamento, opinou pela negativa de provimento ao recurso especial e pela consequente competência do Poder Judiciário sobre a matéria.

Em seu voto-vista, o Ministro Ricardo Villas Bôas Cueva, que conduziu o entendimento da maioria, ressaltou que é o árbitro que detém a primazia de análise quanto à existência, validade ou eficácia do contrato que contém a cláusula compromissória, mencionando os arts. 8º e 20 da Lei de Arbitragem. Assim, considerou que a intervenção do Poder Judiciário significaria, "em última análise, violar o princípio da autonomia da vontade das partes e a presunção de idoneidade da própria arbitragem, gerando insegurança jurídica"[762].

---

[758] No inteiro teor: "A Lei de Arbitragem não pretendeu criar um sistema derrogatório das questões de ordem pública. Pelo contrário, essas questões permaneceram reservadas ao juízo estatal, como se verifica logo no art. 1º, ao restringir o âmbito da arbitrabilidade aos direitos patrimoniais disponíveis, bem como no art. 39, inciso II, ao dispor que a sentença arbitral estrangeira não será homologada se ofender a ordem pública nacional" (STJ. REsp n. 1.550.260/ES. Min. Paulo de Tarso Sanseverino. Terceira Turma. J. em: 12.12.2017, p. 09).

[759] STJ. REsp n. 1.550.260/ES. Min. Paulo de Tarso Sanseverino. Terceira Turma. J. em: 12.12.2017, p. 24.

[760] STJ. REsp n. 1.550.260/ES. Min. Paulo de Tarso Sanseverino. Terceira Turma. J. em: 12.12.2017, p. 24.

[761] STJ. REsp n. 1.550.260/ES. Min. Paulo de Tarso Sanseverino. Terceira Turma. J. em: 12.12.2017, p. 24.

[762] STJ. REsp n. 1.550.260/ES. Min. Paulo de Tarso Sanseverino. Terceira Turma. J. em: 12.12.2017, p. 17-18.

No seu entendimento, a veracidade dos documentos e das assinaturas juntada aos autos apenas poderia ser verificada por meio de exames periciais grafotécnicos, de forma que não há falar em vício flagrante da convenção de arbitragem. Assim, apesar de reconhecer a orientação doutrinária no sentido de que seria possível ao juiz togado reconhecer *ab initio* o vício incidente sobre a convenção de arbitragem, o Ministro entendeu não ser este o caso dos autos. Diante disso, votou no sentido de dar provimento ao recurso especial para julgar extinto o processo originário sem resolução de mérito, restabelecendo-se a sentença.

Seguindo a linha argumentativa vitoriosa, o Ministro Moura Ribeiro proferiu voto--vista no sentido de que a primazia do juízo arbitral deve ser plenamente respeitada, não sendo possível a excepcionar no caso. Explicou o Ministro que a falsidade do contrato é imbricada com a própria existência do consentimento, sendo que o art. 8º da Lei de Arbitragem confere ao árbitro competência para decidir, inclusive, sobre a existência da convenção de arbitragem.

Pontuou, assim como a Ministra Nancy Andrighi, que o fato de a alegada falsidade constituir matéria de ordem pública não seria decisivo para determinar a competência. Assim, concluiu que nada obsta a que, uma vez estatuída a cláusula arbitral, "o árbitro seja instado a enfrentar questões de ordem pública. Isso pode ocorrer, por exemplo, quando alegada a incapacidade da parte para contratar ou, como no caso, a falsidade material da assinatura lançada no contrato"[763]. Desse modo, votou no sentido de dar provimento ao recurso especial e restabelecer a sentença que acolheu a preliminar de convenção de arbitragem.

Por fim, votou o Ministro Marco Aurélio Bellizze, concluindo também pela competência do juízo arbitral para conhecer a julgar da matéria atinente à falsidade de documentos. De acordo com o Ministro, a suposta inexistência da convenção de arbitragem não escaparia da competência do árbitro, sendo que a alegação de falsidade, ainda que calcada em sólidos elementos de prova, não tornaria, por si só, a convenção de arbitragem inexistente ou inválida. Para tanto, seria necessário provimento jurisdicional que assim a declarasse, exarado por quem detém competência, isto é, o árbitro. Ainda, reforçou o posicionamento de que o fato de determinada matéria ser de ordem pública não impede o seu conhecimento pelo juízo arbitral, ante a inexistência de qualquer previsão nesse sentido na Lei de Arbitragem. Logo, concluiu pelo provimento do recurso especial e pela competência do juízo arbitral.

Assim, por maioria, vencidos os Ministros Paulo de Tarso Sanseverino e Nancy Andrighi, a terceira turma deu provimento ao recurso especial, nos termos do voto do Ministro Ricardo Villas Bôas Cueva, reconhecendo a competência do juízo arbitral.

O julgado em comento é marco relevante por algumas razões. Em primeiro, pelo STJ ter se posicionado, explicitamente, no sentido de que matérias de ordem pública podem ser arbitráveis, não violando limites de arbitrabilidade objetiva, e nem constituindo exceção ao princípio *Kompetenz-Kompetenz*. Em segundo, na linha do posicionamento da Ministra Nancy Andrighi – embora não prevalecente –, por ter fortalecido a sinalização da existência de que, em casos excepcionais, o Poder Judiciário pode analisar a convenção de arbitragem com primazia, independentemente da manifestação prévia do árbitro.

---

[763]   STJ. REsp n. 1.550.260/ES. Min. Paulo de Tarso Sanseverino. Terceira Turma. J. em: 12.12.2017, p. 30.

Novamente, embora no caso concreto tenha se entendido não ser o caso de excepcionar o *Kompetenz-Kompetenz*, firmou-se orientação mais próxima do que estabelece a Convenção de Nova Iorque. Em terceiro, sinalizou o entendimento de que o Poder Judiciário somente pode intervir, em caráter prévio ao tribunal arbitral, quando os vícios são extremamente evidentes, e conhecíveis *prima facie*.

6. Caso Petrobras (CC 151.130/SP, 27 de novembro de 2019)

O Caso Petrobras representa uma das maiores relativizações ao princípio *Kompetenz--Kompetenz* capitaneadas pelo Superior Tribunal de Justiça. O caso consiste em um Conflito Positivo de Competência, no qual a Segunda Seção do STJ teve de decidir se remetia o conflito à Câmara de Arbitragem do Comércio – CAM-BOVESPA ou ao juízo estatal. A polêmica dos autos permeava a inclusão de convenção de arbitragem no estatuto da Petrobrás, bem como dúvidas quanto à sua abrangência subjetiva e objetiva. O conflito foi conhecido e decidido por maioria, remetendo a disputa ao juízo estatal.

A análise realizada no acórdão em muito supera o que se poderia considerar como *prima facie*, o que suscitou críticas ao julgado. O STJ realizou análise de mérito aprofundada, debatendo teses jurídicas acerca da vinculação ou não do controlador à cláusula compromissória estatutária.

Quanto ao contexto do conflito, os suscitantes, American Internacional Group Inc Retirement Plan e vários outros[764], haviam instaurado procedimento arbitral perante a Câmara de Arbitragem do Mercado da BM&F Bovespa – Bolsa de Valores, Mercadorias e Futuros (CAM), objetivando o ressarcimento de prejuízos decorrentes da desvalorização dos ativos da Petrobras, alegadamente associados aos fatos descobertos durante a denominada Operação Lava Jato.

Em resposta à instauração da arbitragem, a União ingressou com ação declaratória de ausência de relação jurídica em face dos suscitantes perante o Juízo Federal da 13ª Vara Cível da Seção Judiciária do Estado de São Paulo. A União pleiteou que fosse desobrigada de participar do procedimento arbitral, pois, na condição de acionista controladora da Petrobras, não estaria vinculada à cláusula compromissória existente no estatuto social da companhia. Embora o presidente da CAM tenha rejeitado, *prima facie*, o requerimento da União para não compor o procedimento, prosseguindo às análises atinentes ao mérito, o Juízo Federal da 13ª Vara Cível da Seção Judiciária de São Paulo concedeu tutela de urgência para desobrigar a União de participar do procedimento.

Atribuiu-se efeito suspensivo ao agravo interposto contra a decisão da 13ª Vara Cível, de modo a sobrestar a ação judicial e a suspender a eficácia da decisão que impedia a participação da União na arbitragem. Posteriormente, o tribunal arbitral proferiu sentença parcial, na qual confirmou a legitimidade passiva da União, por entender que essa seria parte da cláusula compromissória contida no estatuto social da companhia.

Diante da declaração de jurisdição, tanto da esfera estatal quanto arbitral, suscitou--se o conflito de competência. O julgamento ocorreu em 27 de novembro de 2019, pela Segunda Seção do STJ. A Ministra Relatora Nancy Andrighi restou vencida em sua defesa da primazia do juízo arbitral para decidir quanto à vinculação da União à convenção de arbitragem.

---

[764] Trata-se de titulares de ações ordinárias e preferenciais da Petrobras.

A Ministra Relatora pontuou que se deveria analisar se a cláusula compromissória inserida no estatuto social da Petrobras seria "patológica", pois, em seu entendimento, essa seria "a única possibilidade de se reconhecer a competência do Poder Judiciário de forma prévia à manifestação do Tribunal Arbitral"[765].

Com base nessa redação, a Ministra Nancy Andrighi concluiu que a cláusula compromissória era ampla a ponto de vincular a União Federal, na condição de acionista controladora[766]. Quanto ao *Kompetenz-Kompetenz*, especificamente, indicou ser "pacífico o reconhecimento da competência do árbitro em fixar a sua própria competência"[767], alegando ainda a precedência temporal ao árbitro para tanto à luz dos arts. 8º e 20 da Lei de Arbitragem. Na visão da Ministra, esse princípio reflete política de respeito à vontade das partes que celebraram o contrato e optaram pela arbitragem na solução dos seus conflitos, sendo, portanto, "uma garantia de acesso à jurisdição arbitral"[768]. Diante disso, julgou "prematura qualquer tentativa de movimentação do aparato judicial, antes que exista uma sentença arbitral"[769].

De acordo com a Ministra, o *Kompetenz-Kompetenz* apenas comportaria exceção "em hipóteses verdadeiramente fora de qualquer limite de razoabilidade"[770], quando há clara patologia ou ilegalidade, "sem qualquer margem de interpretação ao contrário"[771]. Somente nesses casos, verdadeiramente teratológicos, haveria autorização para a declaração de nulidade da convenção pelo Poder Judiciário antes da prolação da sentença arbitral. Estabelecida tal premissa, a Ministra Nancy Andrighi analisou a arbitrabilidade subjetiva e objetiva do litígio submetido à arbitragem, elencando, assim, dois pontos controvertidos: (i) a validade da manifestação de vontade da União com relação à convenção de arbitragem e (ii) o preenchimento dos requisitos de patrimonialidade e disponibilidade do direito debatido.

Quanto ao primeiro ponto, a Ministra rechaçou o argumento de que inexistiria permissão legal para participação da União em arbitragem quando aprovado o estatuto, em 2002. Para tanto, fundamentou-se na Súmula 285 do STJ, que assim prevê: "a lei de arbitragem aplica-se aos contratos que contenham cláusula arbitral, ainda que celebrados

---

[765]   STJ. CC n. 151.130/SP. Min. Rel. Nancy Andrighi. Segunda Seção. J. em 27.11.2019, p. 13.

[766]   A referida cláusula arbitral, presente no artigo 58 do estatuto, assim previa: "Deverão ser resolvidas por meio de arbitragem, obedecidas as regras previstas pela Câmara de Arbitragem do Mercado, as disputas ou controvérsias que envolvam a Companhia, seus acionistas, os administradores e conselheiros fiscais, tendo por objeto a aplicação das disposições contidas na Lei n. 6.404, de 1976, neste Estatuto Social, nas normas editadas pelo Conselho Monetário Nacional, pelo Banco Central do Brasil e pela Comissão de Valores Mobiliários, tendo por objetivo a adoção de padrões de governança societária fixados por estas entidades, e dos respectivos regulamentos de práticas diferenciadas de governança corporativa, se for o caso. Parágrafo único. As deliberações da União, através de voto em Assembleia Geral, que visem à orientação de seus negócios, nos termos do art. 238 da Lei n. 6.404, de 1976, são consideradas formas de exercício de direitos indisponíveis e não estarão sujeitas ao procedimento arbitral previsto no caput deste artigo". (Reproduzida na página 40 do acordão em comento, STJ. CC n. 151.130/SP. Min. Rel. Nancy Andrighi. Segunda Seção. J. em 27.11.2019).

[767]   STJ. CC n. 151.130/SP. Min. Nancy Andrighi. Segunda Seção. J. em 27.11.2019, p. 17.

[768]   STJ. CC n. 151.130/SP. Min. Nancy Andrighi. Segunda Seção. J. em 27.11.2019, p. 18.

[769]   STJ. CC n. 151.130/SP. Min. Nancy Andrighi. Segunda Seção. J. em 27.11.2019, p. 18.

[770]   STJ. CC n. 151.130/SP. Min. Nancy Andrighi. Segunda Seção. J. em 27.11.2019, p. 18.

[771]   STJ. CC n. 151.130/SP. Min. Nancy Andrighi. Segunda Seção. J. em 27.11.2019, p. 20.

antes da sua edição", haja vista que a reforma da Lei de Arbitragem de 2015 previu, expressamente, a possibilidade de participação do Poder Público em procedimentos arbitrais, em conformidade com o seu art. 1º, § 1º. Ainda que assim não fosse, a Ministra asseverou que a "ausência de previsão, em lei, de uma permissão geral não representa um óbice para a utilização da arbitragem nas relações firmadas pelo Estado"[772].

Quanto ao segundo ponto, a Ministra tratou, separadamente, dos requisitos de disponibilidade e patrimonialidade. Sobre a disponibilidade, diferenciou os conceitos de indisponibilidade do interesse público e disponibilidade de direitos materiais, referenciando o julgamento do Mandado de Segurança 11.308/DF[773]. Nesse sentido, pontuou que "a administração realiza muito melhor os seus fins e a sua tarefa, convocando as partes que com elas contratarem e resolver as controvérsias de direito e de fato perante o juízo arbitral, do que denegando o direito dos pares, remetendo-as ao juízo ordinário ou prolongado o processo administrativo, com diligências intermináveis, sem um órgão diretamente responsável pela instrução do processo"[774].

Sobre a patrimonialidade, afirmou que o elemento diz respeito, não apenas ao objeto do interesse possuir valor econômico, mas também ao fato de seu inadimplemento poder ser "reparado, compensado ou neutralizado por medidas com conteúdo econômico"[775]. Nesse sentido, afastou o argumento de ausência de patrimonialidade por conta da exceção prevista no art. 238 da Lei das S.A., pois o conflito submetido à arbitragem não diria respeito a voto da União em assembleia de acionistas, mas sim aos prejuízos alegadamente sofridos pelos acionistas da Petrobras em razão da perda de valor das suas ações.

Merece destaque a seguinte passagem do voto da Ministra: "devemos despir qualquer preconceito ou apreensão com relação a uma questão delicada como a contida nos autos ser submetida a árbitros privados, pois, como instituição, a arbitragem se reveste dos mesmos deveres de imparcialidade e independência, que são atributos característicos do Poder Judiciário. Inclusive, a alegação de parcialidade do Tribunal Arbitral é causa de anulação da sentença que eventualmente prolatar, ao final da instrução e julgamento, nos termos do art. 32, VIII, da Lei 9.307/1996"[776]. Assim, votou no sentido de conhecer do conflito de competência, declarando competente o tribunal arbitral.

Na sequência, divergiu da Relatora o Ministro Luis Felipe Salomão, em voto posteriormente seguido pelos demais Ministros. De início, aduziu que, embora o ente público possa ser parte de arbitragem mesmo antes da edição da Lei de Arbitragem e de sua refor-

---

[772] STJ. CC 151.130/SP. Min. Nancy Andrighi. Segunda Seção. J. em 27.11.2019, p. 23.

[773] No inteiro teor: "há uma diferença entre o interesse público e o interesse da administração, como afirmado por este STJ no julgamento do MS 11.308/DF (Primeira Seção, DJe 19.05.2008), acima mencionado, *in verbis*: 'O Estado, quando atestada a sua responsabilidade, revela-se tendente ao adimplemento da correspectiva indenização, coloca-se na posição de atendimento ao 'interesse público'. Ao revés, quando visa a evadir-se de sua responsabilidade no afã de minimizar os seus prejuízos patrimoniais, persegue nítido interesse secundário, subjetivamente pertinente ao aparelho estatal em subtrair-se de despesas, engendrando locupletamento à custa do dano alheio. Destarte, é assente na doutrina e na jurisprudência que, indisponível, é o interesse público, e não o interesse da administração'" (STJ. CC 151.130/SP. Min. Nancy Andrighi. Segunda Seção. J. em 27.11.2019, p. 29).

[774] STJ. CC 151.130/SP. Min. Nancy Andrighi. Segunda Seção. J. em 27.11.2019, p. 29.

[775] STJ. CC 151.130/SP. Min. Nancy Andrighi. Segunda Seção. J. em 27.11.2019, p. 30.

[776] STJ. CC 151.130/SP. Min. Nancy Andrighi. Segunda Seção. J. em 27.11.2019, p. 33.

ma, não se poderia admitir a extensão da convenção de arbitragem à União na condição de acionista controladora da Petrobras, seja em razão da ausência de lei autorizativa para tanto, seja em razão do conteúdo da convenção de arbitragem[777].

Nesse sentido, interpretou que a convenção de arbitragem apenas denotaria expressa vontade da companhia de se submeter à arbitragem, mas não da União. Tal vontade, à luz do princípio da legalidade, demandaria interpretação restritiva[778]. Quanto à arbitrabilidade objetiva, entendeu que a demanda apresentada pelos suscitantes ultrapassa os atos societários, consistindo, em verdade, em pleito de responsabilidade civil extracontratual em face da União, objeto não coberto pelo art. 58 do Estatuto Social da Petrobras[779].

O Ministro manifestou a compreensão de que o *Kompetenz-Kompetenz* "não resolve o caso em tela, porquanto a discussão envolve a análise pretérita da própria existência da cláusula compromissória, e, nesta linha, a subtração à Jurisdição estatal excepcionaria uma das garantias fundamentais, que é a inafastabilidade da jurisdição estatal, prevista no art. 5º, inciso XXXV, da Constituição, sendo necessário, portanto, adotar interpretação consentânea aos interesses envolvidos no litígio"[780].

De acordo com o Ministro, a definição da competência da jurisdição estatal asseguraria o equilíbrio e a convivência harmônica entre o juízo arbitral e o Poder Judiciário, pois não se poderia afastar deste último a apreciação de eventual desrespeito ao interesse público. Com base nesses argumentos, concluiu pela ausência de capacidade subjetiva da União. Assim, votou pelo conhecimento do conflito para declarar competente o Poder Judiciário.

Em seguida, o Ministro Marco Aurélio Bellizze seguiu a divergência instaurada pelo Ministro Luis Felipe Salomão. Inicialmente, rechaçou o argumento de que a União teria consentido com a sua participação na arbitragem por ter se manifestado sobre número de

---

[777] No inteiro teor: "Com efeito, a autorização legal extraída da Lei 13.129/2015 refere-se à consagração, no âmbito legislativo, da jurisprudência já sedimentada do STJ e do STF quanto à adoção da arbitragem à administração pública, mas isto desde que diante de previsão legal ou regulamentar próprios. Dessa forma, observada a máxima vênia, penso que a melhor interpretação é no sentido de que, muito embora a arbitragem seja permitida nas demandas societárias e naquelas envolvendo a administração pública, não se pode afastar a exigência de regramento específico que apresente a delimitação e a extensão de determinado procedimento arbitral ao sócio controlador, notadamente em se tratando da ente federativo, no caso a União, em que a própria manifestação de vontade deve estar condicionada ao princípio da legalidade". (STJ. CC 151.130/SP. Min. Nancy Andrighi. Segunda Seção. J. em 27.11.2019, p. 56).

[778] No inteiro teor: "a interpretação de que a ausência de óbice para o Estado utilizar a arbitragem para solucionar conflitos implica a obrigatoriedade de se submeter a procedimento arbitral – cujos termos, inclusive, transcendem ao objeto societário –, não se revela como a mais consentânea aos interesses envolvidos em análise. [...] em se tratando da Administração Pública, a própria manifestação de vontade do ente está condicionada ao princípio da legalidade, mediante interpretação restritiva, nos termos da cláusula" (STJ. CC 151.130/SP. Min. Nancy Andrighi. Segunda Seção. J. em 27.11.2019, p. 57-58).

[779] No inteiro teor: "os atos societários, porquanto as suscitantes pretendem a responsabilização solidária da União em virtude da escolha equivocada dos dirigentes da Petrobras e da ausência de fiscalização da atuação de tais agentes. Há, portanto, pleito de responsabilidade civil extracontratual em face da União" (STJ. CC n. 151.130/SP. Min. Nancy Andrighi. Segunda Seção. J. em 27.11.2019, p. 58).

[780] STJ. CC n. 151.130/SP. Min. Nancy Andrighi. Segunda Seção. J. em 27.11.2019, p. 59.

árbitros, local da arbitragem e legislação aplicável. Isso porque, desde o primeiro momento, a União se insurgiu peremptoriamente contra a sua vinculação à cláusula compromissória.

Na sequência, com relação ao *Kompetenz-Kompetenz*, mencionou a possibilidade de excepcionar o princípio, nos casos de inexistência, invalidade ou ineficácia da convenção de arbitragem identificáveis *prima facie*[781], na esteira da *ratio* do Caso Odontologia Noroeste. Entendeu o Ministro que seria mesmo o caso de excepcionar a aplicação do princípio, pois, "em razão da literalidade em que redigido o compromisso arbitral, expresso em delimitar a matéria passível de ser submetida à arbitragem e os sujeitos a ela adstritos", dever-se-ia concluir que a União Federal não poderia dela ser tomada como parte, por presunção, tendo em vista que a manifestação de vontade da Administração Pública sujeita-se ao princípio da legalidade[782].

Para mais, afirmou que a União não se sujeitaria à arbitragem, tendo em vista que suas deliberações sobre a orientação de negócio são consideradas forma de exercício de direitos indisponíveis. Nesse sentido, alinhou-se ao posicionamento do MPF de que "a pretensão de condenação da União perante o Juízo Arbitral ultrapassa o âmbito societário, tratando-se, na verdade, de pretensão de responsabilidade da União, como acionista controladora, pelos atos e danos praticados pela Petrobras aos seus acionistas"[783]. Assim, concluiu pela "ineficácia" da cláusula arbitral em relação à União Federal e pela possibilidade de seu reconhecimento, com antecedência, pelo Poder Judiciário.

Digno de nota o entendimento exarado pelo Ministro de que, embora possível a configuração de consentimento tácito à convenção de arbitragem nas relações entre particulares, no âmbito de relações com a Administração Pública isso não seria possível, em razão do princípio da legalidade[784]. Com base nesses fundamentos, opinou pelo conhecimento do conflito para se conhecer a competência do Poder Judiciário.

---

[781] No inteiro teor: "ainda que não se afigure adequado, em princípio, a promoção de medidas prévias antiarbitragem, em obséquio ao princípio da kompetenz-kompetenz, previsto no art. do art. 8º da Lei n. 9.307/1996, a doutrina especializada, assim como a jurisprudência desta Corte de Justiça, as admite excepcionalmente e em tese, sempre que restar absolutamente evidenciado, prima facie, a inexistência, invalidade ou ineficácia da convenção de arbitragem (no caso, em relação à União Federal, alegadamente)" (STJ. CC n. 151.130/SP. Min. Nancy Andrighi. Segunda Seção. J. em 27.11.2019, p. 35).

[782] No inteiro teor: "... a contemporizar a aplicação do princípio do *kompetenz-kompetenz*, em razão da literalidade em que redigido o compromisso arbitral, expresso em delimitar a matéria passível de ser submetida à arbitragem e os sujeitos a ela adstritos, não se podendo aferir de seus termos a inclusão, por presunção, da União Federal. Deve ser considerado, a esse propósito, inclusive, que, em se tratando de ente da Administração Pública, ainda que se afigure possível sua submissão à arbitragem, nos termos do § 2º do art. 1º da Lei n. 9.307/1996, seu consentimento à arbitragem, corolário da autonomia da vontade, deve-se apresentar-se de modo expresso e inequívoco, não se admitindo, nessa específica hipótese, a demonstração, por diversos meios de prova, ou por interpretação extensiva, da participação e adesão do ente estatal ao processo arbitral, especificamente na relação contratual que o originou, como se dá nas relações estabelecidas entre particulares, exclusivamente" (STJ. CC 151.130/SP. Min. Nancy Andrighi. Segunda Seção. J. em 27.11.2019, p. 37-38).

[783] STJ. CC 151.130/SP. Min. Nancy Andrighi. Segunda Seção. J. em 27.11.2019, p. 41.

[784] No inteiro teor: "Já se reconheceu, inclusive, no âmbito de relações puramente privadas, que o consentimento tácito ao estabelecimento da arbitragem há de ser reconhecido, ainda, nas hipóteses em que um terceiro, utilizando-se de seu poder de controle para a realização de contrato, no qual há a estipulação de compromisso arbitral, e, em abuso da personalidade da pessoa jurídica interposta,

Dessa forma, o STJ conheceu do conflito e, por maioria, declarou competente o juízo federal. Vencida a Ministra Nancy Andrighi, votaram com o Ministro Luis Felipe Salomão os Ministros Raul Araújo, Maria Isabel Gallotti, Antonio Carlos Ferreira, Ricardo Villas Bôas Cueva, Marco Buzzi, Marco Aurélio Bellizze e Moura Ribeiro.

O julgado assume grande relevância e foi objeto de intenso debate na doutrina. Isabel Cantidiano e Henrique Barbosa, por exemplo, opinam que, ao ir além da questão jurisdicional e de validade da convenção de arbitragem[785], o STJ acabou por proferir julgamento de caráter *extra petita*. Nesse sentido, afirmam que o STJ mergulhou no "conteúdo de fundo da arbitragem e potenciais ações indenizatórias (...), pré-julgando negativamente a pretensão ressarcitória, ao adotar e transcrever o que considera ser 'o elucidativo parecer do Ministério Público'"[786].

Ademais, posicionam-se os referidos autores em dizer que a matéria seria nitidamente arbitrável, tanto subjetiva quanto objetivamente, pois, sobretudo: (i) o texto da cláusula claramente envolveria a União e abarcaria a matéria objeto da arbitragem; (ii) a própria União, na condição de acionista controladora, propôs a alteração do estatuto social e a aprovou em assembleia-geral; (iii) ainda que se admitisse necessidade de lei prévia prescrevendo a adesão da União à convenção de arbitragem, essa lei existe (art. 20 do Decreto 8.945/2015[787] , que regulamenta, no âmbito da União, o estatuto jurídico da

---

determina tal ajuste, sem dele figurar formalmente, com o manifesto propósito de prejudicar ou outro contratante, evidenciado, por exemplo, por atos de dissipação patrimonial em favor daquele (ut REsp 1698730/SP, Terceira Turma, desta relatoria, julgado em 08.05.2018, DJe 21.05.2018). Essas premissas, por óbvio, não são aplicáveis aos compromissos arbitrais estabelecidos por integrantes da Administração Pública direta ou indireta, os quais se encontram adstritos ao princípio da legalidade estrita, inclusive no âmbito de relações regidas predominantemente pelo direito privado, não se admitindo que o seu consentimento à arbitragem possa ser extraído de outros elementos, que não a sua expressa concordância, ou por meio de interpretação extensiva" (STJ. CC 151.130/ SP. Min. Nancy Andrighi. Segunda Seção. J. em 27.11.2019, p. 42).

[785] Digna de nota a crítica feita: "Com efeito, na esteira do art. 8º da LArb e dos precedentes do próprio STJ (v.g., CC 139519/RJ, REsp 1550260/RS e REsp 1597658/SP), a única hipótese em que se poderia antepor a apreciação judicial acerca da existência da cláusula compromissória à do próprio tribunal arbitral seria a da materialização de uma pretensa cláusula 'patológica', o que nem de longe parece ser o caso da convenção posta no art. 58 do Estatuto da Petrobras". (CANTIDIANO, Isabel. BARBOSA, Henrique. Jurisprudência Estatal Nacional Comentada: Arbitragem Societária e Arbitragem com a Administração Pública. Convenção Arbitral. Cláusula Compromissória Estatutária. Sociedade de Economia Mista. Abrangência e Vinculação da União Enquanto Acionista Controladora. Aplicabilidade ou Não da Regra da "Competência-Competência". Arbitrabilidade Objetiva e Subjetiva Brasil. Superior Tribunal de Justiça – Conflito de Competência – Segunda Seção. Relator para o acórdão Ministro Luis Felipe Salomão – 27.11.2019. *Revista Brasileira de Arbitragem*, nº 66, abr./ jun., 2020, p. 136).

[786] CANTIDIANO, Isabel. BARBOSA, Henrique. Jurisprudência Estatal Nacional Comentada: Arbitragem Societária e Arbitragem com a Administração Pública. Convenção Arbitral. Cláusula Compromissória Estatutária. Sociedade de Economia Mista. Abrangência e Vinculação da União Enquanto Acionista Controladora. Aplicabilidade ou Não da Regra da "Competência-Competência". Arbitrabilidade Objetiva e Subjetiva Brasil. Superior Tribunal de Justiça – Conflito de Competência – Segunda Seção. Relator para o acórdão Ministro Luis Felipe Salomão – 27.11.2019. In: *Revista Brasileira de Arbitragem*, 66, abr./jun., 2020, p. 138.

[787] Decreto 8.945/2015, art. 20: A empresa estatal poderá utilizar a arbitragem para solucionar as divergências entre acionistas e sociedade, ou entre acionistas controladores e acionistas minoritários, nos termos previstos em seu estatuto social.

sociedade de economia mista); (iv) o pleito indenizatório não poderia ser enquadrado como extras societário, diante das previsões no art. 117 da Lei das S.A., que prevê a responsabilidade societária do acionista controlador, e no art. 4º, § 1º, da Lei 13.303/2015, que reforça tal responsabilidade no âmbito das estatais; e (v) a cláusula arbitral somente excluiria do seu escopo deliberações da União nos termos do art. 238 da Lei das S.A., e não toda e qualquer matéria fruto de manifestação de voto da União.

7. Caso Brumaria Comércio de Bolos (REsp 1.803.752/SP, 4 de fevereiro de 2020)

O caso Brumaria Comércio de Bolos, julgado em 4 de fevereiro de 2020 pela Terceira Turma do STJ, em acórdão de relatoria da Ministra Nancy Andrighi, trouxe possível nova vertente de aplicação do *Kompetenz-Kompetenz* em casos de desacordo aos requisitos de forma elencados na Lei de Arbitragem. Por mais que tenha prevalecido a *ratio* da taxatividade do art. 4º, § 2º, da Lei de Arbitragem, adotada no julgamento pela Ministra Nancy Andrighi e pelos Ministros Paulo de Tarso Sanseverino, Ricardo Villas Bôas Cueva e Moura Ribeiro, o Ministro Marco Aurélio Bellizze apresenta argumento dissidente e digno de nota.

O caso consiste em recurso especial interposto por Brumaria Comércio de Bolos e Confeitos EIRELI e outros (recorrentes) em face da sociedade Vó, Quero Bolo! Franchising Ltda. (recorrida). Os recorrentes ajuizaram ação de rescisão contratual e de indenização por perdas e danos em face da recorrida, em razão do inadimplemento de obrigações pela última. Sobreveio sentença que extinguiu o processo ante a existência de cláusula arbitral no contrato, confirmada em segunda instância. Diante isso, foi interposto recurso especial, no qual se alegou, em síntese, a invalidade da cláusula arbitral por não ter cumprido o requisito previsto no art. 4º, § 2º, da Lei de Arbitragem.

A Ministra Nancy Andrighi, resgatando o entendimento proferido no caso Odontologia Noroeste (REsp 1.602.076/SP, estudado acima), afirmou que cabe ao tribunal arbitral a competência para avaliar a existência, validade ou eficácia da convenção de arbitragem. Contudo, ressaltou que tal competência não é absoluta, podendo o Poder Judiciário intervir nos casos em que identificável, *prima facie*, patologia ou ilegalidade na convenção de arbitragem. À luz da jurisprudência do STJ quanto à natureza de adesão do contrato de franquia, a Ministra observou que estes contratos se submetem ao requisito do art. 4º, § 2º, da Lei de Arbitragem, que prevê que a cláusula compromissória só terá eficácia se o aderente tomar iniciativa de instituir arbitragem ou concordar expressamente com a sua instituição, por meio de escrito em documento anexo ou no próprio contrato, em negrito, com assinatura ou visto especial para essa cláusula. No caso, considerando a inobservância a tais requisitos, a Ministra concluiu pela invalidade da cláusula arbitral e, assim, opinou pelo provimento do recurso especial.

Por sua vez, o Ministro Marco Aurélio Bellizze entendeu que a finalidade do requisito formal do § 2º do art. 4º é salvaguardar o contratante por adesão frente a relação contratual assimétrica. Todavia, acrescenta que a relação de franquia não é intrinsecamente assimétrica, tratando-se de contrato civil não comparável aos contratos de consumo, por mais que ambos possam caracterizar contratos de adesão. Por essa razão, para que se afaste o juízo arbitral em decorrência de inobservância da forma em contratos de franquia, seria necessário atestar, primeiramente, a assimetria da relação contratual. Dita análise, argumenta o Ministro, demanda análise probatória da formação do contrato, incompatível

PARTE IV · **Capítulo 16** · *KOMPETENZ-KOMPETENZ* | **695**

com uma análise *prima facie*[788]. Por conseguinte, defende a remissão da disputa para a via arbitral, mesmo sem a adequação formal da convenção de arbitragem.

Isto é, o Ministro manifestou o entendimento de que, mesmo em contratos de adesão que não observam os requisitos formais trazidos pela Lei de Arbitragem, seria necessário analisar, em concreto, a existência de assimetria na relação para considerar a convenção de arbitragem inoperante *ab initio*, justificando a intervenção do Poder Judiciário[789]. Esse entendimento tem como ponto de partida a percepção do requisito de forma como elemento de proteção da higidez da manifestação do consentimento em favor da arbitragem[790].

A *contrario sensu*, reconheceu também que nem sempre os contratos empresariais encerram relação jurídica absolutamente simétrica, podendo haver, entre empresários, contratos com "dependência empresarial", hipótese na qual um dos empresários, por iniciativa própria, avaliando todos os riscos, vantagens e desvantagens do negócio jurídico, confere ao outro empresário, por meio de ajuste contratual, o poder de organizar a sua empresa, seguindo as diretrizes deste, do que é exemplo, indiscutivelmente, o contrato de franquia[791].

---

[788] Manifestou-se o Ministro Bellizze que a exigência formal trazida na Lei de Arbitragem "somente tem razão de ser caso a relação jurídica estabelecida entre os empresários contratantes for assimétrica e ficar caracterizada, no caso concreto, o comprometimento da autodeterminação e da autonomia da parte aderente para negociar ou mesmo para discordar dos termos contratuais propostos" (STJ. REsp 1.803.752/SP. Min. Nancy Andrighi.Terceira Turma. J. em: 04.02.2020, p. 17).

[789] Assim, o Ministro Marco Aurélio Bellizze divergiu do entendimento da Ministra Nancy Andrighi, ao concluir que o fato de um contrato ser de adesão não pressupõe total assimetria. *In verbis*: "Os contratos empresariais, diversamente, encerram, em regra, relação jurídica simétrica, mostrando-se de todo descabido cogitar de vulnerabilidade ou hipossuficiência entre os contratantes. Trata-se de contratos qualificados pela especial finalidade empresarial, tendo por objeto, de parte a parte, a exploração de sua atividade econômica organizada profissionalmente, objetivando o lucro". Prossegue o Ministro: "Em geral, o empresário ostenta conhecimento, experiência e expertise na exploração de sua atividade econômica e na condução dos correlatos negócios jurídicos, o que lhe confere capacidade (inclusive mediante assessoramento de profissionais especializados, de planejamentos, de estudos e de investigações independentes) de bem avaliar os riscos, as vantagens e as desvantagem que determinada contratação pode lhe acarretar. Nesse contexto, a autonomia de vontades e os termos contratuais assumem importância destacada para a segurança das relações empresariais, a desautorizar a intervenção judicial, por meio do chamado dirigismo contratual, a considerar o natural e preexistente equilíbrio entre as partes contratantes." (STJ. REsp 1.803.752/SP. Min. Nancy Andrighi. Terceira Turma. J. em: 04.02.2020, p. 18-19).

[790] "Revela-se inquestionável o propósito da Lei de Arbitragem de assegurar a plena e inequívoca ciência da cláusula compromissória arbitral por parte do aderente, que, em virtude de sua vulnerabilidade ou de sua hipossuficiência técnica, econômica ou informacional, não possui condições reais de dispor sobre as cláusulas contratuais unilateralmente impostas pela outra parte contratante, exigindo-lhe, para tanto, que sua concordância com esta específica disposição contratual se dê por escrito em documento anexo ou em negrito, com a aposição de sua assinatura ou visto especial." [...] "A doutrina especializada, ao tratar do dispositivo legal em comento, é uníssona em assentar que a proteção legal ao contratante aderente decorre de sua vulnerabilidade ou hipossuficiência, sendo comum a menção, a título de exemplo, a contratos de consumo, de seguros, de transporte público, em que a assimetria da relação jurídica das partes afigura-se inerente a tais espécies contratuais." (STJ. REsp 1.803.752/SP. Min. Nancy Andrighi.Terceira Turma. J. em: 04.02.2020, p. 17).

[791] No inteiro teor: "Veja-se que esta 'dependência empresarial', voluntariamente aceita e contratada pelo empresário aderente, 'restringe a liberdade de organização de sua empresa', o que poderá comprometer, eventual e pontualmente, a autonomia do franqueado em suas decisões, no desempenho de sua atividade empresarial, durante a relação contratual, a autorizar a intervenção judicial para

Nesse sentido, concluiu que a dependência empresarial "indiscutivelmente existente no contrato de franquia", compreendida como o direcionamento da atividade empresarial do franqueado pelo franqueador, constitui fator de desequilíbrio entre as partes durante a consecução do contrato, e não no momento da contratação, quando é formada a convenção de arbitragem[792].

No caso dos autos, o Ministro Bellizze concluiu que inexistiam elementos probatórios da assimetria, não sendo cabível a equiparação a outros contratos civis por adesão ou de consumo. O elemento essencial, pela posição adotada, é a inexistência de fator que aponte falta de autodeterminação e autonomia privada, para negociar ou discutir questões do contrato[793]. Ou seja, inviável reconhecer o vício da convenção de arbitragem *prima facie*, devendo ser preservada a competência do tribunal arbitral para se manifestar sobre a questão[794].

Portanto, concluiu o Ministro, optando por abordagem inovadora, que "em se tratando de contratos empresariais, a exigência formal contida no § 2º do art. 4º da Lei 9.307/1996 somente tem aplicação se a relação jurídica estabelecida entre os empresários contratantes for assimétrica e ficar caracterizado, no caso concreto, o comprometimento da autodeterminação e da autonomia da parte aderente para negociar ou mesmo para discordar dos termos contratuais propostos. E, como se trata de questão precedente e

---

efeito de reequilibrar as ações." (STJ. REsp 1.803.752/SP. Min. Nancy Andrighi.Terceira Turma. J. em: 04.02.2020, p. 19).

[792] No inteiro teor: "A assimetria advinda do contrato de franquia, em si, em nada interfere na conclusão de que o empresário (dotado de conhecimento, experiência e expertise na exploração de sua atividade econômica e na condução dos correlatos negócios jurídicos), ao eleger o contrato de franquia como o meio mais adequado e mais interessante economicamente para desenvolver sua atividade empresarial, assim o faz após avaliar todos os riscos, vantagens e desvantagens do negócio jurídico. Aliás, especificamente em relação ao contrato de franquia, a lei de regência (Lei n. 8.955/1994), em seu art. 4º, determina que o franqueador entregue, no prazo mínimo de 10 (dez) dias antes da assinatura do contrato ou pré-contrato de franquia, ou ainda do pagamento de qualquer tipo de taxa, ao empresário, candidato a franqueado, a Circular de Oferta de Franquia (COF), sob pena de nulidade, para que este obtenha todas as informações prévias necessárias, com toda a transparência, à consecução do ajuste (com cópia do contrato-padrão adotado pelo franqueador, com texto completo, inclusive dos respectivos anexos – inciso XV do art. 3º)" (STJ. REsp 1.803.752/SP. Min. Nancy Andrighi.Terceira Turma. J. em: 04.02.2020, p. 20-21).

[793] No inteiro teor: "Assim, em atenção ao propósito objetivado pela lei, que é garantir, de modo inequívoco, o conhecimento e o assentimento das partes contratantes com a instituição da arbitragem, tem-se que o contrato empresarial, ainda que de adesão, pelas particularidades destacadas que o envolvem, não pode ter o mesmo tratamento dado aos contratos civis e de consumo, se, na prática, inexiste fato idôneo que afete, de algum modo, a autodeterminação e a autonomia do empresário aderente para negociar ou mesmo para discordar dos termos contratuais propostos." (STJ. REsp 1.803.752/SP. Min. Nancy Andrighi.Terceira Turma. J. em: 04.02.2020, p. 23-24).

[794] No inteiro teor: "Por consequência, como esta constatação não dispensa detida investigação da fase negocial, a inviabilizar o reconhecimento, prima facie, de eventual nulidade da cláusula compromissória arbitral pelo Poder Judiciário, deve-se preservar, nesse específico caso (do contrato empresarial), a competência do Tribunal arbitral para tal propósito. Com essa linha de entendimento, oportuno colacionar as considerações de doutrina especializada quanto à necessidade de se perscrutar, nos contratos empresariais, as reais condições do empresário aderente de autodeterminar-se quanto à instituição da arbitragem, sendo insuficiente, para tanto, o modelo/tipo econômico do contrato" (STJ. REsp 1.803.752/SP. Min. Nancy Andrighi. Terceira Turma. J. em: 04.02.2020, p. 24).

PARTE IV · Capítulo 16 · *KOMPETENZ-KOMPETENZ* | **697**

condicionante à instauração da arbitragem, o enfrentamento da matéria, por expressa disposição legal, é afeto à competência do Juízo arbitral"[795].

Por fim, em seu voto-vista, o Ministro Paulo de Tarso Sanseverino manifestou que contratos de franquia são contratos típicos, mistos e bilaterais, de prestações recíprocas e sucessivas com o fim de possibilitar distribuição, industrialização ou comércio de produtos, mercadorias ou prestação de serviço, nos moldes e forma previstos em contrato de adesão[796]. Pelas peculiaridades do contrato, esses materializariam significante assimetria, dada a uniformização das relações estabelecida entre o franqueador e os diversos franqueados[797]. A propósito, manifestou que, mesmo em contratos tipicamente empresariais, é possível evidenciar essa a disparidade caracterizadora do contrato por adesão[798].

A partir dessas premissas fixadas, concluiu que, à luz do art. 4º, § 2º, da Lei de Arbitragem, não há embasamento jurídico para limitar o seu alcance, de modo que "da leitura do dispositivo legal infere-se que a mens legis foi de certificar se as partes contratantes estão devidamente cientes da escolha da arbitragem como meio de solução de conflitos". Assim, na visão do Ministro, "ao exigir esses requisitos, o legislador buscou evitar que a existência da cláusula compromissória passe por despercebida pela parte aderente, e a impeça de se socorrer ao Poder Judiciário futuramente". Ou seja, esse requisito seria corolário da preocupação do legislador em lidar com situações de disparidade de forças entre as partes[799].

Com base nesses fundamentos, entendeu, na linha da Ministra Nancy Andrighi, no sentido de que o Poder Judiciário poderia reconhecer de ofício a invalidade da convenção

---

[795] STJ. REsp 1.803.752/SP. Min. Nancy Andrighi. Terceira Turma. J. em: 04.02.2020, p. 25.

[796] No inteiro teor: "Como se sabe, o contrato de adesão é oferecido em um modelo uniforme e estandardizado, faltando apenas preencher os dados referentes à identificação do contratante, do objeto e do preço. Assim, aqueles que desejam contratar com a empresa franqueadora já recebem, pronta e regulamentada, a relação contratual, não podendo efetivamente discutir, nem negociar singularmente os termos e condições mais importantes do contrato." (STJ. STJ. REsp 1.803.752/SP. Min. Nancy Andrighi. Terceira Turma. J. em: 04.02.2020, p. 29).

[797] No inteiro teor: "Considerando que a uniformidade de relações com os diversos franqueados é uma das características da operação, até porque essa padronização é inerente ao próprio negócio, inescapável concluir que há, nos contratos de franquia, significativa assimetria de forças entre as partes, sendo certo que a franqueadora se encontra em posição de vantagem a impor as suas condições ao franqueado." (STJ. REsp 1.803.752/SP. Min. Nancy Andrighi. Terceira Turma. J. em: 04.02.2020, p. 32).

[798] No inteiro teor: "Além disso, ao contrário do entendimento firmado pelo Tribunal de origem, entendo que mesmo nos contratos tipicamente empresariais pode existir assimetria entre os contratantes a influenciar a vontade manifestada, justificando a possibilidade de alterar as condições ajustadas em favor daquele considerado vulnerável, restabelecendo-se o equilíbrio contratual. Nessa linha de intelecção, fixada a premissa de que o contrato de franquia, em especial o ora analisado, é de adesão, com significativa assimetria entre as partes, passa-se ao exame do alcance da norma inserta no dispositivo apontado como violado." (STJ. REsp 1.803.752/SP. Min. Nancy Andrighi. Terceira Turma. J. em: 04.02.2020, p. 32-33).

[799] No inteiro teor: "E essa preocupação decorre exatamente da noção de que, em regra, há uma disparidade de forças entre as partes, ou seja, uma certa vulnerabilidade da parte aderente, econômica ou técnica, em relação à parte proponente do contrato de adesão. Assim, à luz da fundamentação desenvolvida no tópico anterior, não há embasamento jurídico para limitar o alcance disposto no art. 4º, § 2º, da Lei 9.307/1996 no caso concreto." (STJ. REsp 1.803.752/SP. Min. Nancy Andrighi. Terceira Turma. J. em: 04.02.2020, p. 33).

de arbitragem, considerando o manifesto descumprimento dos requisitos do art. 4º, § 2º, da Lei de Arbitragem[800]. Assim, seguiu a linha jurisprudencial inaugurada pelo REsp 1.602.076/SP[801], no sentido de que, ante a presença de patologia da cláusula compromissória, verificável, desde logo, no caso específico dos autos, em razão da observância ao requisito legal do art. 4º, § 2º, o Poder Judiciário pode reconhecer a existência do vício sobre a convenção de arbitragem antes da manifestação do tribunal arbitral. Portanto, votou no sentido de dar provimento ao recurso especial.

Assim, o STJ, por maioria, deu provimento ao recurso especial, nos termos do voto da Sra. Ministra Nancy Andrighi. Vencido o Sr. Ministro Marco Aurélio Bellizze, votaram com a Ministra os Ministros Paulo de Tarso Sanseverino, Ricardo Villas Bôas Cueva e Moura Ribeiro.

O julgamento em questão é indício de possível nova abordagem, pelo STJ, acerca do art. 4º, § 2º, da Lei de Arbitragem. Embora o resultado tenha se aproximado daquele alcançado no REsp 1.602.076/SP – com o reconhecimento de que o Poder Judiciário poderia, com primazia, apreciar o desatendimento do requisito formal previsto no art. 4º, §2º, da Lei de Arbitragem em contratos de franquia –, o Ministro Bellizze sugere interpretação inovadora do dispositivo. Trata-se de tema que pode apresentar novos contornos em decisões futuras do STJ, como assinalado no voto-vencido. Assim, mostra-se possível nova corrente jurisprudencial, privilegiando a análise do consentimento em relação à convenção de arbitragem pelo tribunal arbitral.

---

[800] No inteiro teor: "Ora, como meio alternativo de resolução de conflitos, que importa em renúncia à jurisdição do Estado, não pode haver dúvida alguma sobre a vontade das partes na escolha da arbitragem. No caso, tendo em vista que a estipulação da cláusula compromissória não foi redigida em destaque, em negrito, pela franqueadora, tampouco houve a aposição de assinatura ou de visto específico para ela – a indicar a falta de expressa e efetiva anuência à convenção de arbitragem –, não se encontram formalmente atendidos os requisitos exigidos pelo art. 4º, §§ 1º e 2º, da Lei 9.307/1996" (STJ. REsp 1.803.752/SP. Min. Nancy Andrighi. Terceira Turma. J. em: 04.02.2020, p. 34).

[801] "Em recente julgamento, a 3ª Turma, ao examinar caso análogo (REsp 1.602.076/SP), posicionou-se no sentido de que, mesmo sendo o mérito sobre a arbitrabilidade do conflito uma ponderação da competência exclusiva do árbitro, as atuações dos juízos arbitral e estatal não são, cada qual em seu momento procedimental, excludentes entre si quanto ao tema da existência, validade, extensão e eficácia da convenção de arbitragem. Na oportunidade, reconheceu-se a competência do juízo estatal para examinar a validade de cláusula compromissória estabelecida em contrato de adesão, celebrada sem requisitos legais estabelecidos pelo art. 4º, § 2º, da Lei de Arbitragem, tendo em vista a constatação, prima facie, da patente ilegalidade da cláusula instituidora da arbitragem, como também ocorre na espécie. Assim, em prestígio ao entendimento firmado por esta Turma em recente julgamento, pedindo vênia à divergência inaugurada pelo eminente Ministro Marco Aurélio Bellizze, perfilho o mesmo entendimento da Ministra Nancy Andrighi." (STJ. REsp 1.803.752/SP. Min. Nancy Andrighi. Terceira Turma. J. em: 04.02.2020, p. 35).

PARTE V

CONTRATOS ASSOCIADOS À CONVENÇÃO DE ARBITRAGEM

A convenção de arbitragem é o negócio jurídico fundante da jurisdição do tribunal arbitral. Entretanto, não é o único negócio jurídico estruturante da arbitragem. Em verdade, a convenção de arbitragem atua em conjunto, principalmente, com outros negócios jurídicos, como, por exemplo, (i) a ata de missão; (ii) o contrato entre os árbitros e as partes; (iii) o contrato entre as partes e a instituição arbitral; e (i) o contrato entre os árbitros e a instituição arbitral[1].

Por certo, a relação entre partes e árbitros com a instituição arbitral ocorre, apenas, nas situações de arbitragem institucional. Nesses casos, haverá uma complexificação da estrutura da relação jurídica, agregando outros polos de interesses que, inegavelmente, têm reflexos no modo pelo qual se dará a solução do conflito. Assim, a arbitragem não apenas terá origem contratual, mas é estruturalmente contratualizada para culminar na finalidade jurisdicional.

---

[1] CLAY, Thomas. A Sede da Arbitragem Internacional: entre "Ordem" e "Progresso". *Revista Brasileira de* Arbitragem, vol. V, issue 17, p. 37-56, 2008, p. 54.

Capítulo 17

O TERMO DE ARBITRAGEM

§ 61. DEFINIÇÃO DO "TERMO DE ARBITRAGEM"

1. Aspectos introdutórios

O termo de arbitragem – também denominado de "ata de missão" – é um negócio jurídico autônomo e independente da convenção de arbitragem. A sua existência está prevista em vários regulamentos de instituições arbitrais[2], agindo como um instrumento de que organizará o modo como a arbitragem vai se dar, possibilitando, por exemplo, que as partes e os árbitros acordem, a ampliação ou redução do escopo da convenção de arbitragem, os prazos do procedimento, o modo como os documentos serão apresentados, para além de possibilitar a identificação e delimitação da matéria objeto da arbitragem[3].

Ademais, o termo de arbitragem permite a adaptação do procedimento sobre especificidades e a delimitação da controvérsia[4]. Dessa forma, é negócio jurídico de acentuada importância para o estabelecimento de regras, detalhamentos, condicionantes e limites do procedimento arbitral[5].

Em termos cronológicos, normalmente a ata de missão, existindo, estará inserida no final da fase de instituição da arbitragem, imediatamente após a aceitação dos árbitros. Nesse momento é que haverá manifestação das partes sobre a necessidade e conveniência de firmar a ata de missão. Assim, a sua formação, em momento prévio às alegações iniciais, é que lhe confere ampla capacidade de organização e estruturação do procedimento arbitral. Há quem sustente que o termo deve ser assinado depois da apresentação das alegações iniciais[6] Entretanto, a definição prévia às manifestações escritas do objeto do

---

[2] Por exemplo, artigo 23.2 das Regras da CCI: "A Ata de Missão deverá ser assinada pelas partes e pelo tribunal arbitral. No prazo de 30 dias após os autos lhe terem sido transmitidos, o tribunal arbitral deverá transmitir à Corte a Ata de Missão assinada pelo tribunal arbitral e pelas partes. A Corte poderá prorrogar esse prazo, atendendo a pedido fundamentado do tribunal arbitral, ou por sua própria iniciativa, se julgar necessário fazê-lo"

[3] LEMES, Selma M. Ferreira. Convenção de Arbitragem e Termo de Arbitragem. Características, efeitos e funções. *Revista do advogado*, AASP, nº 87, p. 94-99, set./2006 p. 98.

[4] STJ. REsp 1.389.763/PR. Min. Nancy Andrighi. Terceira Turma. J. em: 12.11.2013.

[5] MENKE, Fabiano. Termo de Arbitragem: conteúdo e estabilidade do procedimento arbitral na formulação dos pedidos. In: André Jobim de Azevedo. (Org.). *II Dia Gaúcho da Arbitragem*, vol. I. Porto Alegre: Lex Magister, 2017, p. 61.

[6] PARENTE, Eduardo de Albuquerque. Processo Arbitral e Sistema. 391f. Tese (Doutorado em Direito). Universidade de São Paulo. São Paulo, 2009, p. 169.

litígio e da fixação dos fatos relevantes pode contribuir para a melhor organização das fases postulatória, instrutória e decisória do procedimento.

Acerca da iniciativa da elaboração do termo, a Lei de Arbitragem menciona expressamente, no art. 19, § 1º[7], a possibilidade de o tribunal arbitral solicitar, ou sugerir às partes, o aditamento da convenção de arbitragem, por meio da ata de missão. Certamente o legislador limitou-se a isso, por ser certo que a mesma iniciativa pode derivar de ato das próprias partes[8]. Com efeito, com base no primado da autonomia privada e na flexibilidade procedimental, é coerente com o modelo de arbitragem vigente no Brasil que a adição tenha por ponto de partida a iniciativa das partes, mesmo que essa não seja a prática dominante.

O STJ destacou, no REsp 1.389.763, de relatoria da Ministra Nancy Andrighi, que, pelo amplo reconhecimento à autonomia privada e a liberdade contratual reconhecidas no âmbito da arbitragem,

> "a manifestação das partes e dos árbitros na ata de missão possibilita a revisão e adequação das regras que serão utilizadas no desenrolar do processo, ainda que resulte em alterações quanto ao anteriormente convencionado, desde que respeitada a igualdade entre as partes e o contraditório"[9].

Acerca da forma do termo de arbitragem, não há necessidade de haver espelhamento em relação à convenção de arbitragem. Ou seja, a forma da ata de missão não precisa ser, rigorosamente, a da convenção de arbitragem. Essa constatação tem consequências práticas; como destaca Carlos Alberto Carmona, "se as partes tiverem celebrado um compromisso arbitral através de escritura pública, não haverá necessidade de concretizar-se o adendo pela mesma forma, o mesmo devendo ser dito a respeito do documento particular, pois, aqui, estará dispensado o requisito (de validade do compromisso) da assinatura de duas testemunhas"[10]. A razão material para a inexistência de necessidade de espelhamento de formas é, precisamente, o efeito primordialmente processual da ata de missão. Ou seja, como ela, normalmente, não promove propriamente uma modificação no plano substantivo da convenção de arbitragem, não há razão de se cogitar espelhamento de formas (art. 107, CC).

Em termos sistemáticos, é possível constatar que a ata de missão pode exercer tríplice função: (i) pode fazer modificações no conteúdo originário da convenção de arbitragem, como contrato originalmente incompleto[11], corrigindo eventuais patologias e adequando o procedimento a situações ocorridas no interregno entre a contratação da convenção e o surgimento do litígio (função corretiva); (ii) pode funcionar como compromisso

---

[7] Lei de Arbitragem, art. 19, § 1º: "§ 1º Instituída a arbitragem e entendendo o árbitro ou o tribunal arbitral que há necessidade de explicitar questão disposta na convenção de arbitragem, será elaborado, juntamente com as partes, adendo firmado por todos, que passará a fazer parte integrante da convenção de arbitragem."

[8] SESTER, Peter Christian. *Comentários à Lei de Arbitragem e à Legislação Extravagantes Relacionada a Arbitragem*. São Paulo: Quartier Latin, 2020, p. 236.

[9] STJ. REsp 1.389.763/PR. Min. Nancy Andrighi. Terceira Turma. J. em: 12.11.2013.

[10] CARMONA, Carlos Alberto. *Arbitragem e Processo: um comentário à Lei nº 9.307/96*. 3ª ed. São Paulo: Atlas, 2009, p. 280-281.

[11] Vide Capítulo 6.

PARTE V · Capítulo 17 · O TERMO DE ARBITRAGEM | **703**

arbitral, explicitando o consentimento de determinadas partes, além de documentar a relação existente entre os árbitros, as partes e a instituição arbitral (função documental); e, ainda, (iii) pode ser meio apto de organização do procedimento, trazendo balizas acerca do objeto litigioso, ônus probatório, entre outros.

2. Origem histórica

A origem da ata de missão remonta ao regulamento da ICC de 1922 e à sua versão modernizada no ano de 1955, qualificando-a como o "instrumento processual organizador da arbitragem, tendo duplo objetivo: (i) primeiramente, oficializar as arbitragens administradas pela instituição e (ii) satisfazer a exigência do compromisso arbitral, à época instrumento legal que conferia vinculatividade à arbitragem, em consonância com a atuação internacional da CCI[12]. A partir de então, a prática adotada, nacional e internacionalmente[13], fez com que as principais instituições dedicadas à administração de arbitragens inserissem, em seus regulamentos, cláusulas padrão destinadas a servir de modelo para árbitros e partes organizarem o procedimento arbitral.[14]

Destaca-se que a sua origem esteve vinculada ao momento histórico no qual se demandava a renovação do consentimento expresso na cláusula compromissória de submeter o litígio à arbitragem[15]. Ou seja, antes de apresentar um perfil de organização do procedimento, como ocorre atualmente, exercia função de demonstração da vontade de arbitrar[16]. Por certo, diante da evolução das legislações arbitrais e do afastamento do

---

[12] LEMES, Selma M. Ferreira. Convenção de Arbitragem e Termo de Arbitragem. Características, efeitos e funções. *Revista do advogado*, AASP, nº 87, set./2006, p. 94-99, p. 98.

[13] SESTER, Peter Christian. *Comentários à Lei de Arbitragem e à Legislação Extravagantes Relacionada a Arbitragem*. São Paulo: Quartier Latin, 2020, p. 235.

[14] ICC: "All disputes arising out of or in connection with the present contract shall be finally settled under the Rules of Arbitration of the International Chamber of Commerce by one or more arbitrators appointed in accordance with the said Rules." LCIA: "Any dispute arising out of or in connection with this contract, including any question regarding its existence, validity or termination, shall be referred to and finally resolved by arbitration under the LCIA Rules, which Rules are deemed to be incorporated by reference into this clause. The number of arbitrators shall be [one/three]. The seat, or legal place, of arbitration shall be [City and/or Country]. The language to be used in the arbitral proceedings shall be [ ]. The governing law of the contract shall be the substantive law of [ ]." SCAI: "Any dispute, controversy or claim arising out of, or in relation to, this contract, including the validity, invalidity, breach, or termination thereof, shall be resolved by arbitration in accordance with the Swiss Rules of International Arbitration of the Swiss Chambers' Arbitration Institution in force on the date on which the Notice of Arbitration is submitted in accordance with these Rules. The number of arbitrators shall be ... ("one'", three", "one or three"); The seat of the arbitration shall be ... (name of city in Switzerland, unless the parties agree on a city in another country); The arbitral proceedings shall be conducted in (insert desired language)."

[15] MENKE, Fabiano. Termo de Arbitragem: conteúdo e estabilidade do procedimento arbitral na formulação dos pedidos. In: André Jobim de Azevedo. (Org.). *II Dia Gaúcho da Arbitragem*, vol. I. Porto Alegre: Lex Magister, 2017, p. 61.

[16] "The ICC initially required Terms of Reference when French law did not enforce arbitration agreements as to future disputes (in the early 1920s). The Terms of Reference mechanism was adopted to provide a means for obtaining an enforceable post-dispute agreement to arbitrate between the parties, who were called upon to execute a formal instrument setting out the disputed issues and confirming their agreement to arbitrate. The Terms of Reference mechanism was retained by the ICC Rules even after reforms of French arbitration law which recognized the validity of predispute

CONVENÇÃO DE ARBITRAGEM – *Fichtner* • *Tolentino* • *Polastri* • *Salton*

requisito de manifestação superveniente de concordância com a via arbitral, a importância funcional da ata de missão foi modificada[17], ilustrando como o contexto normativo e a evolução institucional impactam e modificam a importância funcional de determinados atos jurídicos.

A lei brasileira prevê expressamente a pactuação do Termo de Arbitragem ao estatuir no art. 19, § 1º, que: "instituída a arbitragem e entendendo o árbitro ou o tribunal arbitral que há necessidade de explicitar questão disposta na convenção de arbitragem, será elaborado, juntamente com as partes, adendo firmado por todos, que passará a fazer parte integrante da convenção de arbitragem". Embora o texto legal confira enfoque ao esclarecimento das questões dispostas na convenção, o conteúdo da ata de missão, naturalmente, vai além[18].

Assim, a incorporação da ata de missão no ordenamento jurídico brasileiro é um exemplo bem-sucedido de circulação dos modelos jurídicos, refletindo a permeabilidade à recepção do nosso sistema em relação aos modelos vindos do exterior[19]. Esse é um bom exemplo para verificarmos que o elemento internacional da arbitragem está frequentemente associado à ocorrência de transplantes de institutos jurídicos de um ordenamento para outro[20]. Entretanto, não deixa de ser reflexo da sua proximidade com o próprio comércio internacional, pois a circulação econômica apresenta relação direta com a circulação de ideias e de instituições[21]. O art. 19, § 1º, realizou o devido processo de aculturamento da ata de missão, inserindo-a dentro da sistematicidade própria da lei de arbitragem[22].

---

agreements to arbitrate future disputes. Although these reforms rendered the Terms of Reference unnecessary as a means of enforcing the parties' arbitration agreement, the mechanism was retained as an organizational and case management tool in subsequent versions of the ICC Rules, including the 1998, 2012 and 2017 versions." (BORN, Gary. *International Commercial Arbitration*. 3ª ed. The Hague: Kluwer Law International, 2021, p. 2412-2413)

[17] "The purpose of the terms of reference is to set out the parties' claims, to identify the issues which the arbitral tribunal must resolve and to determine the main procedural rules governing the arbitral proceedings. The terms of reference originate from a rule, which once applied in French law and applied until recently in certain legal systems of the continental tradition, whereby an arbitration agreement can only bind the parties if their consent to arbitration is renewed, by means of a submission agreement, once the dispute has arisen. Where the terms of reference record the parties' agreement, they can indeed serve that purpose. With the disappearance of the requirement for a submission agreement from most arbitration laws, certain authors, particularly those of the common law tradition, consider that terms of reference retain no more than an historic interest." (FOUCHARD, Philippe; GAILLARD, Emmanuel; GOLDMAND, Berthold. *Fouchard Gaillard Goldman on International Arbitration*. Haia: Kluwer Law International, 1999, p. 666).

[18] SESTER, Peter Christian. *Comentários à Lei de Arbitragem e à Legislação Extravagantes Relacionada a Arbitragem*. São Paulo: Quartier Latin, 2020, p. 235.

[19] FRADERA, Véra Jacob de. *Réflexions sur L'apport du Droit Comparé a L'élaboration du Droit Communautaire*. 343 f. Tese (Doutorado em Direito). Université de Paris II Up II. Prof. Dra. Camille Jauffret Spinosi. Paris, 2002, p. 72.

[20] NITSCHKE, Guilherme Carneiro Monteiro. Ativismo Arbitral e *"lex mercatória"*. *Revista Jurídica Luso Brasileira*, Ano 1, nº 2, 2015, p. 863-910, p. 865-867.

[21] PARGENDLER, Mariana. Sincretismo Jurídico na Evolução do Direito Societário Brasileiro. In: MARTINS-COSTA, Judith (Org.). *Modelos de Direito Privado*. São Paulo: Marcial Pons, 2014, p. 548.

[22] "O termo de arbitragem é instrumento básico da arbitragem internacional que influenciou a prática da arbitragem doméstica. O artigo 19, § 1º, da Lei de Arbitragem apenas abriu a porta para o seu

PARTE V · **Capítulo 17** · O TERMO DE ARBITRAGEM | **705**

Dessa forma, é possível destacar que a ata de missão, em procedimentos regidos pela lei brasileira, terá dimensão própria, inserida dentro do contexto da lei aplicável e da prática arbitral dominante, que não necessariamente espelha o que ocorre na arbitragem internacional ou em outros países. Assim, essa figura deve ser interpretada à luz das disposições do ordenamento, do conteúdo normativo do art. 19 da Lei de Arbitragem e dos outros dispositivos, que conferem ampla liberdade de conformação do procedimento pelas partes e pelos árbitros.

3. Natureza jurídica

A ata de missão é um negócio jurídico, em regra, conexo à convenção de arbitragem. Apresenta natureza predominantemente processual, embora seja possível inserir no seu corpo regras substantivas, como remuneração dos árbitros ou do secretário do tribunal. O seu conteúdo não é predefinido em lei, cabendo às partes e ao tribunal construí-lo à luz das necessidades materiais do caso concreto. Nos casos de arbitragens institucionais, é possível que o regulamento da câmara preveja sugestão de conteúdo para o termo de arbitragem[23].

A ata de missão é um instrumento facultativo[24], não essencial à constituição da relação jurídica processual arbitral entre as partes, não sendo elemento de existência do instituto[25]. Apesar de ser um ato importante para o procedimento, assume caráter complementar, tendo o legislador lhe conferido caráter acessório[26]. Explica Carlos Alberto Carmona que a ata de missão é "peça de consenso, útil, mas não imprescindível. A maior parte dos órgãos arbitrais institucionais prevê sua assinatura"[27]. Mesmo diante da sua não conclusão, a arbitragem seguirá o seu curso normal, cabendo aos árbitros analisar eventuais lacunas.

---

ingresso no ordenamento jurídico brasileiro, sem, contudo, atribuir-lhe protagonismo na instauração da arbitragem." (SESTER, Peter Christian. *Comentários à Lei de Arbitragem e à Legislação Extravagantes Relacionada a Arbitragem*. São Paulo: Quartier Latin, 2020, p. 234).

[23] Por exemplo, item 6.1 do Regulamento da CAMARB: "Após a nomeação do(s) árbitro(s), a Secretaria da CAMARB elaborará a minuta do Termo de Arbitragem, que deverá conter: (a) nome, profissão, estado civil, endereço físico e eletrônico das partes e de seus advogados, se houver; (b) nome, profissão e endereço físico e eletrônico do(s) árbitro(s); (c) a matéria que será objeto da arbitragem e súmula das pretensões; (d) local onde será proferida a sentença arbitral; (e) a autorização para que o(s) árbitro(s) julgue(m) por equidade, se assim for convencionado pelas partes; (f) o prazo para apresentação da sentença arbitral; (g) o idioma em que será conduzido o procedimento arbitral; (h) a determinação da forma de pagamento dos honorários do(s) árbitro(s) e da taxa de administração, bem como a declaração de responsabilidade pelo respectivo pagamento e pelas despesas da arbitragem; (i) a assinatura de 2 (duas) testemunhas."

[24] "Pela leitura do texto da Lei de Arbitragem, verifica-se que a elaboração do termo de arbitragem não é obrigatória. Este adendo a ser firmado por todos, neste 'todos' estão incluídos todas as partes e árbitros, e que passará a fazer parte integrante da convenção de arbitragem, é o que se denomina de termo de arbitragem." (MENKE, Fabiano. Termo de Arbitragem: conteúdo e estabilidade do procedimento arbitral na formulação dos pedidos. In: André Jobim de Azevedo. (Org.). *II Dia Gaúcho da Arbitragem*, vol. I. Porto Alegre: Lex Magister, 2017, p. 62).

[25] NANNI, Giovanni Ettore. Submissões Escritas: a técnica do advogado em arbitragens. *Revista de Arbitragem e Mediação*, vol. 52, p. 407-416, jan./mar., 2017, DTR 2017/500.

[26] SESTER, Peter Christian. *Comentários à Lei de Arbitragem e à Legislação Extravagantes Relacionada a Arbitragem*. São Paulo: Quartier Latin, 2020, p. 234.

[27] CARMONA, Carlos Alberto. *Arbitragem e Processo: um comentário à Lei nº 9.307/96*. 3ª ed. São Paulo: Atlas, 2009, p. 282.

Portanto, a ata de missão é instrumento complementar à formação da relação jurídica processual entre as partes e os árbitros. Conforme analisado, a convenção de arbitragem confere o direito potestativo de requerer o início do procedimento arbitral. De acordo com previsão legal no art. 19, *caput*[28], o início da arbitragem ocorrerá com a aceitação do último árbitro, salvo nos casos de disposições diversas contidas nos regulamentos das instituições arbitrais, como ocorre nas Regras da CCI[29]. Por essa razão, a ata de missão não é elemento de existência, validade ou eficácia da relação processual arbitral, cuja constituição é prévia à sua elaboração.

É um negócio jurídico de natureza plurilateral, podendo ser firmado pelas partes, autor e réu, e pelos árbitros[30]. Assim, identifica-se polos de interesse distintos e inconfundíveis, caracterizando a pluripessoalidade. O único requisito formal estabelecido pelo legislador foi a elaboração conjunta da ata de missão pelas partes e pelos árbitros[31]. Por certo, considerando a natureza jurídica de negócio processual, e considerando o prévio investimento dos árbitros na jurisdição, a plena produção de efeitos do termo depende, além do consentimento das partes, do consentimento dos árbitros, vez que esses aceitaram o encargo tendo em vista apenas o regramento da convenção de arbitragem e do regulamento da câmara arbitral.

Assim, a ata de missão tem a natureza de um negócio jurídico processual, celebrado entre as partes e os árbitros, servindo para sanar eventuais desacertos da própria convenção de arbitragem original e ajudar a organizar o procedimento arbitral, o mais detalhadamente possível, dentro das necessidades do caso concreto. Nas palavras da Ministra Nancy Andrighi, no REsp 1.389.763, a ata de missão é "instrumento processual próprio, pelo qual se delimita a controvérsia posta e a missão dos árbitros"[32]. Servirá, como derradeira oportunidade para as partes convencionarem soluções diversas daquelas ajustadas no longínquo momento da celebração do negócio jurídico que abrigava a convenção de arbitragem original, excetuada a circunstância de as partes atingirem consenso superveniente sob tema relativo à arbitragem.

Por ser negócio jurídico processual, o seu conteúdo torna-se vinculante às partes e ao tribunal arbitral[33]. As regras que integram o termo de arbitragem modulam o pro-

---

[28] Lei de Arbitragem, art. 19. "Considera-se instituída a arbitragem quando aceita a nomeação pelo árbitro, se for único, ou por todos, se forem vários".

[29] Em outros casos o marco inicial da arbitragem será outro: Diz-se isso porque, por exemplo, escolhendo as partes as regras da ICC para reger o conflito, a arbitragem considera-se instaurada desde o seu requerimento, na forma do art. 4.2 das regras da instituição: "data de recebimento do Requerimento pela Secretaria deverá ser considerada, para todos os efeitos, como a data de início da arbitragem." (Regulamento CCI 2021).

[30] Peter Sester prefere classificar a ata de missão como um contrato trilateral: "De acordo com a Lei de Arbitragem, o termo é um contrato trilateral entre o requerente, a requerida e o tribunal arbitral." (SESTER, Peter Christian. *Comentários à Lei de Arbitragem e à Legislação Extravagantes Relacionada a Arbitragem*. São Paulo: Quartier Latin, 2020, p. 237).

[31] CARMONA, Carlos Alberto. *Arbitragem e Processo: um comentário à Lei nº 9.307/96*. 3ª ed. São Paulo: Atlas, 2009, p. 280-281.

[32] STJ. REsp 1.389.763/PR. Min. Nancy Andrighi. Terceira Turma. J. em: 12.11.2013.

[33] "Nesse tópico, deve-se ter cuidado quando as partes procuram estabelecer no termo de arbitragem prazos para a juntada de documentos, pareceres jurídicos e/ou laudos técnicos, pois, muito embora viável, devem ter em mente que o cumprimento é da essência. Dado esse que, olvidado – o que não é difícil de ocorrer –, gera incidentes, cria ou acirra a litigiosidade, refletindo no curso normal do

PARTE V · Capítulo 17 · O TERMO DE ARBITRAGEM | 707

cedimento, devendo ser acatadas pelas partes, árbitros e pela instituição de arbitragem quando da condução do procedimento[34], como forma de garantir efetividade do direito subjetivo ao processo nos moldes contratados, bem como servir de segurança jurídica do *modus operandi* do procedimento ao mesmo tempo que respeita a autonomia privada das partes, criadoras e destinatárias do processo arbitral.

É dever dos árbitros observar rigorosamente e seguir o disposto no termo de arbitragem[35]. Nesse sentido, colocam Fouchard, Gaillard e Goldman que "any agreement between the parties evidenced by the terms of reference is binding not only on the parties, but also on the arbitrators, who must comply with the parties' intentions"[36]. Ou seja, diante da formação de negócio jurídico processual, deve-se respeitar a autonomia privada das partes contratantes.

Ao considerar a ata de missão um "adendo" à convenção de arbitragem, a lei de arbitragem equiparou o nível hierárquico desse negócio jurídico processual ao nível da convenção de arbitragem, que é o negócio jurídico fundante da jurisdição do tribunal arbitral. Desse modo, a violação da ata de missão é tão grave, para todos os efeitos legais, quanto a violação da convenção de arbitragem em si[37]. O efeito da ata de missão, portanto, é vinculante e balizador do exercício da jurisdição do tribunal arbitral e da condução do procedimento em si[38]. Portanto, o seu conteúdo pode ser utilizado de parâmetro para

---

procedimento, em desproveito de todos." (MARTINS, Pedro A. Batista. O Grande Tribunal Arbitral. *Revista de Arbitragem e Mediação*, vol. 59, p. 79-90, out./dez., 2018, DTR 2018/20847).

[34] "Uma análise criteriosa é de extrema relevância, pois as regras integrarão o termo de arbitragem como parte do procedimento e, assim, deverão ser observadas pelas partes, pelos árbitros e pela secretaria da Câmara de Arbitragem durante a condução do procedimento. A escolha das regras institucionais é um exercício da autonomia das partes. Essas regras, como no caso as da CCI, apresentam disposições especificas sobre a impugnação de árbitros, que devem ser estritamente observadas, caso qualquer das partes queira exercitar esse direito." [...] "Portanto, a escolha das regras institucionais deve sempre levar em conta os anseios das partes sobre o procedimento e disposições sobre assuntos potencialmente relevantes, como a nomeação de árbitros e o procedimento para impugná-los. Escolhidas livremente pelas partes, as regras integrarão o termo de arbitragem e deverão ser observadas a todo o momento, como forma de garantir a efetividade de seus direitos e a boa condução da arbitragem." (FABRI, André Gustavo. Cour de Cassation. *Revista de Arbitragem e Mediação*, vol. 42, p. 333-358, jul./set. 2014, DTR 2014/15114).

[35] "O árbitro deve garantir que ocorra o devido andamento do procedimento arbitral, sempre com observância às normas e princípios éticos, igualdade de tratamento entre as partes e cumprimento ao disposto no termo de arbitragem." (MARÇAL, Juliana. A Ética como Elemento Caracterizador da Arbitragem. *Revista de Arbitragem e Mediação*, vol. 62, p. 157-165, jul./set., 2019, DTR 2019/40053).

[36] FOUCHARD, Philippe; GAILLARD, Emmanuel; GOLDMAND, Berthold. *Fouchard Gaillard Goldman on International Arbitration*. Haia: Kluwer Law International, 1999, p. 672.

[37] Lei de Arbitragem, Art. 32: "É nula a sentença arbitral se: IV – for proferida fora dos limites da convenção de arbitragem;" Ressalta-se parecer de Nelson Nery Jr: "Em verdade, como pontuamos anteriormente, o que parece transparecer, no caso concreto, é que os DD. Árbitros, maxima venia concessa, pretenderam julgar a causa com equidade, da forma como entenderam mais "justo", ainda que não legalmente, o que, igualmente, gera nulidade da sentença arbitral, ante a vedação na cláusula arbitral e no termo de arbitragem de julgamento por equidade, havendo nulidade, portanto, por ter sido proferida fora dos limites da Convenção de Arbitragem (cf. art. 32 IV da LArb)." (NERY JR, Nelson. Ação Anulatória de Sentença Arbitral – violação à ordem pública e caracterização de cerceamento de defesa. *Soluções Práticas de Direito*, vol. 5, p. 151-184, set./2014, DTR 2014/17343).

[38] "Em respeito à autonomia privada, diante da opção das partes, em regra fixadas no Termo da Arbitragem, os árbitros têm a sua jurisdição vinculada, de sorte que se encontram limitados àquela

verificar se a sentença arbitral foi proferida ou não fora dos limites da convenção de arbitragem[39].

Apesar disso, a ata de missão não se confunde com a convenção de arbitragem. Repisa-se: são negócios jurídicos distintos, embora associados. O STJ firmou esse mesmo entendimento no REsp 1.389.763, relatado pela Ministra Nancy Andrighi, ao julgar que "a "ata de missão" ou "termo de arbitragem" não se confunde com a convenção arbitral. Trata-se de instrumento processual próprio, pelo qual se delimita a controvérsia posta e a missão dos árbitros." E seguiu, explicitando que "o Termo se aproxima do compromisso arbitral, porém com ele não se confunde. Isso porque o compromisso arbitral atribui a competência jurisdicional aos árbitros, enquanto o termo de arbitragem pressupõe o juízo regularmente instalado, delimitando-se a controvérsia e a missão dos árbitros"[40].

Assim, é possível que a instituição de arbitragem figure, enquanto parte da ata de missão, anuindo e tomando ciência do seu conteúdo. Embora parte da doutrina enfatize que o termo de arbitragem deve ser firmado apenas pelos árbitros e pelas partes[41], não é possível descartar, a priori, a possibilidade de a instituição de arbitragem também assinar por meio do seu representante. Apesar de a instituição não precisa assinar, a demonstração de anuência da instituição pode ser importante em algumas circunstâncias, especialmente quando o regulamento arbitral contenha previsão no sentido de submeter modificações das regras à análise prévia da própria instituição, ou diante de outros casos que a instituição arbitral se preserva a prerrogativa de assentir com determinada conduta realizada no curso do procedimento arbitral. Dessa forma, caso exista alguma dessas circunstâncias na ata de missão, a instituição poderá manifestar o seu assentimento nesse mesmo documento, assinando em conjunto com os árbitros e as partes.

Feitas essas considerações, é possível definir a ata de missão, estrutural e funcionalmente, como negócio jurídico processual plurilateral, de elaboração facultativa, pelo qual se pactua a modificações na convenção de arbitragem, organiza-se o procedimento arbitral e se documenta a relação jurídica-processual estabelecida.

4. Efeito constitutivo

A ata de missão não se confunde com a convenção de arbitragem. É negócio jurídico conexo, atuando em conjunto para modelar o âmbito de eficácia da relação processual

---

orientação." (CASTRO NEVES, José Roberto de. Custas, despesas e sucumbência na arbitragem. *Revista de Arbitragem e Mediação*, vol. 43, p. 209-216, out./dez., DTR 2014/21099).

[39] MARTIN, André; RIBEIRO, Flávio Santana C.; FACKLMANN, Juliana; GEMIGNANI, Karina. O perecimento da convenção de arbitragem. *Revista de Direito Empresarial*, vol. 3, p. 265-293, mai./jun., 2014, DTR 2014/2687.

[40] STJ. REsp 1.389.763/PR. Terceira Turma. Min. Nancy Andrighi. J. em: 12.11.2013.

[41] "De acordo com a Lei de Arbitragem, o termo é um contrato trilateral entre o requerente, a requerida e o tribunal arbitral. Sem o consenso de todos os três, não há celebração, e a arbitragem prossegue sem termo." (SESTER, Peter Christian. *Comentários à Lei de Arbitragem e à Legislação Extravagantes Relacionada a Arbitragem*. São Paulo: Quartier Latin, 2020, p. 237). "Trata-se, como se pode perceber, de ato processual (o juízo arbitral já está devidamente instituído), tendo o legislador estabelecido, como requisito formal, apenas a necessidade de elaboração conjunta pelo árbitro e pelas partes, devendo constar do termo em questão a assinatura de todos eles (mas só deles!)." (CARMONA, Carlos Alberto. *Arbitragem e Processo: um comentário à Lei nº 9.307/96*. 3ª ed. São Paulo: Atlas, 2009, p. 281).

PARTE V · **Capítulo 17** · O TERMO DE ARBITRAGEM | **709**

existente após a instauração da arbitragem. A distinção entre a ata de missão e a cláusula compromissória é mais evidente, considerando o caráter pretérito à existência do litígio. No entanto, é também necessário distinguir a ata de missão do compromisso arbitral.

A jurisprudência já estabeleceu a distinção entre a ata de missão e o compromisso arbitral, salientando que, enquanto o compromisso atribui a jurisdição, precedendo o fenômeno da arbitragem, a ata de missão, por sua vez, pressupõe a arbitragem já instaurada[42]. Entretanto, a distinção nem sempre é tão cristalina e, eventualmente, a ata de missão pode funcionar como verdadeira convenção de arbitragem.

Selma Lemes aponta que a ata de missão se assemelha ao compromisso arbitral quando as partes comparecem e participam regularmente da arbitragem, assinando a ata de missão[43]. Assim, a assinatura da ata de missão, sem oposição ou ressalva quanto à jurisdição do tribunal arbitral, implica aceitação à vinculação em relação à convenção de arbitragem[44]. Dessa forma, é possível que parte não originalmente signatária da convenção de arbitragem torne-se, através da ata de missão, de modo superveniente à convenção originalmente pactuada, parte de um procedimento arbitral. Portanto, caso a parte pretenda, eventualmente, se insurgir contra a jurisdição do tribunal arbitral, convém explicitar tal desiderato desde o momento da assinatura da ata de missão[45]. Caso contrário não poderá pretender, posteriormente, por esse específico motivo, a invalidade da sentença arbitral[46].

---

[42] Nas palavras da Ministra Nancy Andrighi: "A 'ata de missão' ou 'termo de arbitragem' não se confunde com a convenção arbitral" [...] "Em razão dessa liberdade, o Termo se aproxima do compromisso arbitral, porém com ele não se confunde. Isso porque o compromisso arbitral atribui a competência jurisdicional aos árbitros, enquanto o termo de arbitragem pressupõe o juízo regularmente instalado, delimitando-se a controvérsia e a missão dos árbitros" (STJ. REsp 1.389.763/PR. Min. Rel. Nancy Andrighi. Terceira Turma. J. em: 12.11.2013).

[43] "A primeira situação a ser considerada é quando as partes comparecem e participam regularmente da arbitragem e, estando acordes, assinam o TDA. Nessa hipótese, o TDA em tudo se assemelha ao compromisso arbitral (art. 10 da Lei de Arbitragem)" (LEMES, Selma M. Ferreira. Convenção de Arbitragem e Termo de Arbitragem. Características, efeitos e funções. *Revista do advogado*, AASP, nº 87, pp. 94-99, set./2006, p. 98).

[44] Conforme ilustrativo exemplo trazido por Judith Martins-Costa: "Cogite-se, por exemplo, de uma sociedade, integrante de um grupo econômico na posição de controladora que, sendo indicada para integrar o polo requerido num procedimento arbitral em que é requerida uma sua controlada, vem a participar do processo, anuindo ao Termo de Arbitragem sem apor qualquer ressalva. Porém, o consentimento em arbitrar, embora possa ser tácito, deve ser inequívoco." (MARTINS-COSTA, Judith. *A Boa-fé no Direito Privado*: Critérios para a sua Aplicação. 2ª ed. São Paulo: Saraiva, 2018, p. 550).

[45] Em termos semelhantes: "A isso, some-se o fato de que as partes, ao menos em tese, manifestaram seu interesse em solucionarem seus conflitos por meio da arbitragem, não imaginando, ao menos em princípio, que pretendessem submeter parte desse conflito ao árbitro e parte ao Judiciário. Caso haja alguma excludente, é razoável pensar que as partes claramente façam essa exclusão na convenção de arbitragem ou no termo de arbitragem que a ele seguirá." (FERRAZ, Renato de Toledo Piza. Reflexões sobre arbitrabilidade subjetiva e objetiva. *Revista de Direito Empresarial*, vol. 8, p. 175-195, mar./abr. 2015, DTR 2015/2700).

[46] "Se ele assina o termo de arbitragem, apresenta defesa e dá andamento ao procedimento sem fazer qualquer ressalva à invalidade da cláusula arbitral, não será lícita a pretensão de invalidação do laudo arbitral em momento posterior." (GOMES, Técio Spínola. A transmissibilidade da cláusula arbitral diante da cessão de posição contratual. *Revista de Direito Civil Contemporâneo*, vol. 5, p. 69-81, out./dez., 2015, DTR 2015/16420).

Outro ponto que demonstra aproximação entre a ata de missão e o compromisso arbitral é a aptidão do *termo* de conferir ao árbitro e às partes oportunidade de sanar questões processuais, bem como pela possibilidade de ampliar, restringir ou modificar a convenção de arbitragem[47]. Entretanto, há de se considerar que, nesse ponto, o objeto será diverso, pois enquanto o objeto do compromisso é a atribuição de jurisdição, a ata de missão apenas organiza o processo, ou seja, estabelece o modo de exercício da jurisdição, que é preexistente. Portanto, apenas nos casos em que consta no termo de arbitragem o consentimento com a via arbitral que haverá efetiva equiparação.

Assim, para além do efeito modificativo, a convenção de arbitragem terá efeito constitutivo da jurisdição do tribunal arbitral, tanto sobre o aspecto objetivo quanto, eventualmente, subjetivo.

Por fim, aponta-se modificação legal atinente à utilização da ata de missão como marco inicial da arbitragem. Atrelar a instituição da arbitragem à assinatura do termo de arbitragem acarreta potenciais problemas práticos, especialmente relacionados à prescrição e/ou decadência. Atento a esses inconvenientes, e desestimulando postura não cooperativa na assinatura do termo, como tática de guerrilha processual, a reforma da Lei de Arbitragem, em 2015, no § 2º do art. 19, inseriu previsão expressa no sentido de retroagir a interrupção de tais prazos à data do requerimento de arbitragem.

Assim, a assinatura do termo de referência perdeu o seu caráter de marco de interrupção da prescrição e da decadência. Sobre o tema, o STJ, em caso relatado pelo Ministro Gurgel de Faria, manifestou-se no sentido de que

> "quanto ao instituto da prescrição no âmbito do processo arbitral, ao tempo da apresentação da notificação arbitral pela ora agravante (02.12.2003), não havia regramento legal específico dispondo acerca dos efeitos da prescrição. Apenas com o advento da Lei 13.129/2015, que modificou a Lei de Arbitragem (Lei 9.307/1996), passou a existir no ordenamento jurídico pátrio expressa previsão acerca da instituição do procedimento arbitral como causa de interrupção da prescrição (...) Esse panorama doutrinário e normativo permite concluir que a notificação para instituição de juízo arbitral não se assemelha ao protesto judicial para fins de interrupção do prazo prescricional (CC, art. 202, V), posto que, ao tempo em que foi ofertada, não havia previsão normativa conferindo-lhe tal efeito, eficácia somente atingida com a edição do diploma supracitado"[48].

Esse cenário pretérito às modificações da Lei de Arbitragem evidencia a importância da alteração, trazendo maior segurança jurídica para as partes acerca da interrupção do prazo prescricional.

5. Efeito modificativo ou integrativo

O efeito precípuo da ata de missão é modificativo. Por definição legal, a ata de missão funciona como um adendo – elemento de modificação ou integração – à cláusula compromissória ou ao compromisso arbitral, passando a ser parte integrante do acervo negocial estruturante da arbitragem. Assim, é destacado o efeito modificativo decorrente

---

[47] PARENTE, Eduardo de Albuquerque. Processo Arbitral e Sistema. 391f. Tese (Doutorado em Direito). Universidade de São Paulo. São Paulo, 2009, p. 169.

[48] STJ. AREsp n. 640.815/PR. Min. Gurgel de Faria. Primeira Turma. J. em: 07.12.2017.

desse negócio jurídico. Essa conceituação é seguida por Carlos Elias, para quem "o termo de arbitragem, também denominado "ata de missão" ou "terms of reference" é adendo à cláusula ou compromisso – oriundo, portanto, do consenso das partes – que passa a integrar a convenção arbitral"[49].

Conforme destacado pela Ministra Nancy Andrighi também no REsp 1.389.763[50], pela força motriz da arbitragem, e a razão de sua constitucionalidade ser o reconhecimento de ampla liberdade das partes, "quando as partes são convocadas pelos árbitros e firmam conjuntamente o Termo de Arbitragem, poderá ser alterada inteiramente o que anteriormente estipulado na convenção arbitral, seja ela cláusula compromissória, seja compromisso arbitral." Dessa forma, não é necessário haver correspondência entre os termos da convenção de arbitragem e os da ata de missão[51]. Sendo negócio jurídico de caráter processual, derivam efeitos modificativos, alterando a situação jurídica pretérita, dando-lhe novo colorido.

A ata de missão age de modo coordenado com a convenção de arbitragem na estruturação do procedimento arbitral. Não há uma relação de "principal e acessório" entre a convenção e a ata de missão, nem mesmo um vínculo de subordinação. Trata-se, na verdade, de elemento de coordenação, atento ao hiato temporal potencialmente existente entre a formação da convenção de arbitragem e a sua efetiva instauração.

Quando da celebração da cláusula compromissória, o ambiente entre as partes naturalmente é de maior consenso, focadas que estão nas específicas trocas de riqueza projetadas no negócio jurídico. Pode-se até afirmar, com relativa tranquilidade, forte em dados de experiência, que a convenção de arbitragem – contratada para não ser usada, tal qual um seguro – estará relegada a uma das últimas preocupações das partes. Muitas vezes a cláusula será inserida em um dado contrato, sem mesmo a consulta a um especialista. Dentro de tal perspectiva, o possível modo como a cláusula foi elaborada, somado à existência de um lapso temporal entre a celebração do contrato, no qual a cláusula está albergada, e o conflito efetivamente considerado, já acrescentam elementos que agregam potencial de relativa inadequação do ajustado, para lidar com o potencial conflito.

Situação diversa ocorre quando o conflito já se afirmar presente, com ou sem a existência de demandas judiciais. Em tais hipóteses a celebração do compromisso arbitral já concentra olhos mais detidos nas necessidades específicas derivadas da existência real do conflito e, naturalmente, poderão permitir que a solução do método de solução do conflito, pelo menos em tese, esteja mais alinhada com a situação de contenciosidade vivenciada pelas partes. A ordem jurídica, atenta a tais necessidades e em favor da eficácia da arbitragem, criou uma terceira oportunidade para as partes celebrarem negócio jurídico processual, com a finalidade de ajustar o conteúdo da cláusula compromissória ou do compromisso arbitral às necessidades da arbitragem concreta.

---

[49]   ELIAS, Carlos Eduardo Stefen. O Árbitro é (Mesmo) Juiz de Fato e de Direito? Análise dos Poderes dos Árbitros Vis-à-Vis os Poderes do Juiz no Novo Código de Processo Civil Brasileiro. *Revista de Arbitragem e Mediação*. Vol. 54/2017, p. 79-122, jul./set., 2017, DTR 2107/5650, p. 8, nota de rodapé 54.

[50]   STJ. REsp 1.389.763/PR. Min. Nancy Andrighi. Terceira Turma. J. em: 12.11.2013.

[51]   "Repito: a liberdade das partes é total, nada impedindo que, pelo termo de arbitragem de que trata o parágrafo em questão, resolvam as partes alterar o que ficou estipulado na convenção de arbitragem (seja na cláusula compromissória, seja no compromisso arbitral)." (CARMONA, Carlos Alberto. O Processo Arbitral. *Revista de Arbitragem e Mediação*, vol. 1, p. 21-32, jan./abr., 2004).

CONVENÇÃO DE ARBITRAGEM – *Fichtner* • *Tolentino* • *Polastri* • *Salton*

Entretanto, é de se destacar o âmbito de eficácia da ata de missão, bem como as modificações aos termos da convenção de arbitragem. Essas serão apenas vinculantes às partes da arbitragem, as quais efetivamente celebraram o termo de arbitragem. Explica--se: tomando como exemplo cláusulas compromissórias estatutárias, vinculando todos os sócios de uma sociedade, é possível que determinado conflito apenas seja pertinente a alguns dos sócios.

Nesse caso, instaurada a arbitragem e firmada a ata de missão, o efeito modificativo sobre a convenção de arbitragem será restrito apenas à arbitragem em questão. Caso se entendesse que os efeitos modificativos fossem amplos e genéricos, agindo sobre a cláusula compromissória estatutária em si, estar-se-ia admitindo hipótese de que o negócio jurídico processual firmado entre as partes de uma arbitragem surtisse efeitos na esfera jurídica dos demais sócios, estranhos ao procedimento e que nunca tiveram contato com o Termo de Arbitragem, negócio jurídico autônomo. Seria, pois, afronta ao princípio da relatividade das obrigações, bem como uma inaceitável interferência na autonomia privada dos contratantes da convenção de arbitragem.

Remete-se à distinção entre partes da arbitragem e partes da convenção de arbitragem[52]. Nem todas as partes de uma cláusula compromissória serão, necessariamente, partes de um procedimento arbitral. Assim, inviável entender que as partes de um procedimento arbitral – mesmo sendo partes da convenção de arbitragem – pudessem, através da sua atuação jurígena, afetar as demais partes da convenção de arbitragem e que não são partes do procedimento arbitral.

Dessa forma, quando a lei de arbitragem fala de "adendo que passará a fazer parte integrante da convenção de arbitragem", é necessário entender que esse adendo apenas produz efeitos no âmbito da arbitragem em questão[53], e não sobre a convenção de arbitragem em si mesma, enquanto negócio jurídico. Nesse sentido, trata-se meramente de um adendo ao âmbito de eficácia da convenção de arbitragem em um determinado procedimento arbitral, não agindo propriamente no plano do direito material, razão pela qual não se pode reconhecer efeito novatório pleno à ata de missão.

§ 62. FUNÇÕES DO TERMO DE ARBITRAGEM

1. Função corretiva

A função corretiva está relacionada à solução de patologias que, eventualmente, possam vir a afetar a convenção de arbitragem. Com o aceite dos árbitros e a instituição da arbitragem pode surgir a necessidade de esclarecimento e saneamento de pontos dúbios[54]. Assim, poderá o tribunal arbitral exercer a sua prerrogativa de solicitar o seu aditamento, diante da necessidade de explicitação de disposição nela contida[55].

---

[52]   Vide Capítulo 13.

[53]   "Uma vez implementado, [o termo de arbitragem] serve como um princípio daquele processo específico, pois será a partir das suas definições que problemas, dúvidas e impasses futuros serão resolvidos." (PARENTE, Eduardo de Albuquerque. Processo Arbitral e Sistema. 391f. Tese (Doutorado em Direito). Universidade de São Paulo. São Paulo, 2009, p. 169).

[54]   CARMONA, Carlos Alberto. *Arbitragem e Processo: um comentário à Lei nº 9.307/96*. 3ª ed. São Paulo: Atlas, 2009, p. 280.

[55]   SESTER, Peter Christian. *Comentários à Lei de Arbitragem e à Legislação Extravagantes Relacionada a Arbitragem*. São Paulo: Quartier Latin, 2020, p. 236.

PARTE V · Capítulo 17 · O TERMO DE ARBITRAGEM | **713**

É nesse sentido que a lei de arbitragem considera o termo como um adendo a ser elaborado pelas partes e pelos árbitros[56]. Problemas como a carência de explicitação acerca da extensão dos poderes dos árbitros, língua da arbitragem, a escolha da sede, dentre outros, poderão ser sanados nessa oportunidade[57]. Nesse sentido, a Ministra Nancy Andrighi se posicionou no mesmo julgamento do REsp 1.389.763, mencionando anteriormente, que, por ser lastreado na liberdade e disponibilidade das partes, "o Termo de Arbitragem poderá alterar ou suprir omissões e até sanar irregularidades – somente não se admitem alterações que atinjam o núcleo essencial e cogente relativo à igualdade das partes e ao contraditório. Noutros termos, a assinatura do Termo é momento adequado para que o procedimento seja novamente objeto de deliberação e acordo das partes e dos árbitros."[58]

Assim, a ata de missão apresenta um indelével elemento saneador, podendo curar patologias originalmente incrustadas na convenção de arbitragem. Por essa razão, uma vez detectadas a existência de problemas ou vícios, a prudência recomenda que o árbitro procure, desde logo, o consenso das partes para completar as disposições acerca da convenção de arbitragem[59].

2. Função documental

A segunda função a ser exercida pelo termo de arbitragem é a de documentação da relação jurídica processual existente. Essa função é exercida de dois modos diferentes: em primeiro, ao documentar os negócios jurídicos estruturantes da arbitragem; e, em segundo, documentar o próprio consentimento das partes em arbitrar. Acerca da primeira vertente, a arbitragem é estruturada a partir da celebração de variados negócios jurídicos. Com exceção da convenção, a qual requer forma escrita por força de lei, os demais contratos apresentam forma livre, e podem não estar consubstanciados em instrumento contratual autônomo.

Nesse sentido, a elaboração do termo de arbitragem pode agir como elemento de documentação dessas outras relações negociais. Explica Giovanni Nanni que "no princípio do procedimento arbitral, embora não obrigatório, a prática constata a celebração, em praticamente todos os casos, do termo de arbitragem. E também, com a confirmação da indicação, de uma relação contratual entre os árbitros e a câmara arbitral"[60]. Desse modo,

---

[56] NANNI, Giovanni Ettore. Notas Sobre os Negócios Jurídicos da Arbitragem e a Liberdade de Escolha do Árbitro à Luz da Autonomia Privada. *Revista de Arbitragem e Mediação*. vol. 49, p. 263-284, abr./jun., 2016, DTR 2016/20523, p. 05.

[57] "Depois de instituída a arbitragem, pode o árbitro sentir a necessidade de esclarecer alguns pontos dúbios da convenção de arbitragem: pode ocorrer que o pacto arbitral não seja suficientemente explícito acerca da extensão dos poderes conferidos ao árbitro, pode haver dúvida sobre a escolha da língua a ser empregada, pode não estar clara a disposição que estabelece a sede da arbitragem." (CARMONA, Carlos Alberto. *Arbitragem e Processo: um comentário à Lei nº 9.307/96*. 3ª ed. São Paulo: Atlas, 2009, p. 280).

[58] STJ. REsp 1.389.763/PR. Min. Rel. Nancy Andrighi. Terceira Turma. J. em: 12.11.2013.

[59] CARMONA, Carlos Alberto. *Arbitragem e Processo: um comentário à Lei nº 9.307/96*. 3ª ed. São Paulo: Atlas, 2009, p. 280.

[60] NANNI, Giovanni Ettore. Notas Sobre os Negócios Jurídicos da Arbitragem e a Liberdade de Escolha do Árbitro à Luz da Autonomia Privada. *Revista de Arbitragem e Mediação*. vol. 49, p. 263-284, abr./jun. 2016, DTR 2016/20523, p. 03.

714 CONVENÇÃO DE ARBITRAGEM – *Fichtner · Tolentino · Polastri · Salton*

o termo de arbitragem pode servir como meio de prova da existência dessas relações jurídicas, bem como do conteúdo ajustado.

Não se desconhece que a constituição dessas relações jurídicas possa ocorrer de modo prévio à elaboração do termo. Por exemplo, a aceitação da condição de árbitro – que é o momento da formação da relação jurídica entre os árbitros e as partes – ocorre antes da elaboração da ata de missão. Entretanto, esse aceite pode ocorrer de modos diversos. Assim, a assinatura do termo serve como meio de registro da existência desse vínculo jurídico que é preexistente, mas passa a ser devidamente documentado. Ainda, destaca-se que há regulamentos de arbitragem, como o da CAMARB, que preveem que a aceitação do árbitro ocorrerá exclusivamente mediante a assinatura do termo de arbitragem[61], o que ressalta a sua função de documentar os atos do procedimento arbitral.

Em segundo, o termo de arbitragem também documenta o consentimento das partes em relação à arbitragem. Conforme o art. 20 da Lei de Arbitragem, "a parte que pretender arguir questões relativas à competência, suspeição ou impedimento do árbitro ou dos árbitros, bem como nulidade, invalidade ou ineficácia da convenção de arbitragem, deverá fazê-lo na primeira oportunidade que tiver de se manifestar, após a instituição da arbitragem".

Em razão dessa precípua função documental, a concordância das partes com o termo de arbitragem, sem a realização de ressalva expressa acerca da intenção de questionar a jurisdição do tribunal arbitral, atesta a efetiva manifestação de vontade positiva em relação à jurisdição arbitral. Esse entendimento já foi manifestado pelo TJSP, em acórdão de lavra do Desembargador Pereira Calças, ao julgar recurso de apelação interposto em ação de nulidade de sentença arbitral, reconhecendo o consentimento em favor da jurisdição arbitral a partir do consentimento manifestado na ata de missão[62]. Nessa oportunidade, foi alegado que a sentença arbitral era nula, pois, em tese, o procedimento havia transcorrido em desconformidade com a vontade das partes. Em especial, alegou-se a inexistência de consentimento quando da escolha dos árbitros. Dessa forma, aplicou-se a regra prevista no regulamento do Centro de Arbitragem e Mediação da Câmara de Comércio Brasil-Canadá, livremente escolhido pelas partes para a regência da arbitragem, com a indicação do árbitro pela Presidência da Câmara. O Juízo *a quo* atestou que houve, efetivamente, concordância com a indicação do árbitro, evidenciada pela assinatura sem ressalvas do termo de arbitragem: "as partes assinaram o termo de arbitragem, manifestando as autoras, mais uma vez, concordância com a escolha dos árbitros na forma prevista no regulamento do CAM/CCBC (fls. 447/472). Ora, se realmente as autoras estivessem se sentindo violadas em seu direito ao tratamento isonômico, na composição do painel arbitral, deveriam ter imediatamente exigido do Presidente do CAM/CCBC que substituísse a árbitra escolhida pelos réus Rodrigo e Fernando. Não foi o que fizeram, pois assinaram o termo de arbitragem e só depois do término da demanda arbitral, em que foram vencidos, postularam a anulação da sentença, em verdadeiro comportamento contraditório, vedado pelo direito". Seguindo esse mesmo entendimento, manteve-se a sentença de

---

[61] Regulamento CAMARB, item 6.3: "A arbitragem será considerada instituída e iniciada a jurisdição arbitral quando aceita a nomeação pelo árbitro, se for único, ou por todos, se forem vários. A aceitação do árbitro dar-se-á exclusivamente por meio de sua assinatura no Termo de Arbitragem."

[62] TJSP. Apelação 0035404-55.2013.8.26.0100. Des. Rel. Pereira Calças. 1ª Câmara Reservada de Direito Empresarial. J. em: 26.08.2015.

PARTE V · Capítulo 17 · O TERMO DE ARBITRAGEM | 715

primeiro grau, estabelecendo que "ademais, as autoras concordaram com a indicação e assinaram o termo de arbitragem. Poderiam, se considerassem conveniente, ter oposto a exceção de recusa prevista no art. 15 da Lei 9.307/1996 para expressar sua discordância perante o juízo arbitral. No entanto, somente após a sentença a elas desfavorável passaram a apontar vício na nomeação, o que constitui verdadeiro *venire contra factum proprium*.

Portanto, importante consignar desde o termo de arbitragem a irresignação com algum desses aspectos, sob pena de operar preclusão. Dessa forma, a livre elaboração, participação e aceitação na ata de missão materializa o consentimento em relação à arbitragem[63]. Essa função é especialmente importante no caso de partes não signatárias da convenção de arbitragem. Diante da concordância em relação ao termo sem ressalvas ou questionamentos quanto à jurisdição do tribunal arbitral, haverá a indicação de concordar com a jurisdição dos árbitros, registrando a vontade de arbitrar.

Em síntese, a função documental está atrelada à constituição de provas da existência da relação jurídica processual. Essa função pode ser mais ou menos importante, a depender do caso concreto, diante da existência ou não de outros meios de registro (comunicações escritas, assinatura no contrato contendo cláusula compromissória, dentre outros). Entretanto, ao registrar a relação existente entre árbitros e partes e poder evidenciar o consentimento com a jurisdição do tribunal arbitral, o termo de arbitragem exerce inegável função documental.

3. Função ordenadora

A função ordenadora da ata de missão está relacionada ao poder conferido às partes de moldar a estrutura do procedimento, adaptando-o às necessidades do caso concreto[64]. Segue, portanto, a regra geral da liberdade contratual, segundo a qual desde que não importe em violação da ordem pública processual, a vontade das partes pode alterar a

---

[63] "Na hipótese dos autos, o acórdão de origem reconhece expressamente que, "ambas as partes pactuaram que as questões remanescentes e duvidosas, em relação ao cumprimento do contrato avençado entre as partes (empreitada), seriam resolvidas pela arbitragem" (e-STJ fl. 4491). Após o surgimento concreto da controvérsia, o procedimento arbitral foi iniciado pela própria recorrente, que ora alega a inexistência de compromisso arbitral válido (e-STJ fl. 4493). Ao longo de todo o procedimento de arbitragem, não foi suscitado, em momento algum, a nulidade ou ausência de compromisso arbitral válido (e-STJ fl. 4494). Ademais, enfatiza-se que os árbitros só passaram a tomar decisões após a assinatura da Ata de Missão, momento em que a controvérsia já estava posta, delimitada e as regras procedimentais suficientemente acordadas (e-STJ fl. 4495). A cláusula compromissória firmada entre as partes, além de prever a utilização da jurisdição arbitral, deixou desde o início convencionada a adoção das regras da CCI (e-STJ fl. 4500). Para além desses argumentos, por si só suficientes para o reconhecimento da validade da sentença arbitral, tem-se ainda que, na hipótese dos autos, houve a delimitação da controvérsia e das regras a serem utilizadas no julgamento arbitral em Ata de Missão firmada pelas partes, assistidas pelos respectivos advogados. Assim, apesar da ata não se confundir com a convenção de arbitragem, é lícito concluir que as partes deliberaram de forma livre e consciente, e aceitaram a instalação e o desenvolvimento do juízo arbitral, afastando-se também por este ângulo qualquer nulidade." (STJ. REsp 1.389.763/PR. Min. Rel. Nancy Andrighi. Terceira Turma. J. em: 12.11.2013).

[64] "a prática indica que no termo de arbitragem é bastante frequente serem feitas algumas adaptações, mormente no que diz respeito aos prazos, à ordem na produção das provas e à possibilidade de proferirem os árbitros sentenças parciais." (CARMONA, Carlos Alberto. *Arbitragem e Processo: um comentário à Lei nº 9.307/96*. 3ª ed. São Paulo: Atlas, 2009, p. 131).

estrutura dessa relação, mediante a pactuação de disposições, quer na convenção de arbitragem, quer na ata de missão[65]. A partir da sua elaboração é possível a completa revisão, complemento ou adequação das regras que governarão a condução da arbitragem[66].

Acima de tudo, a redação do termo de arbitragem é manifestação da liberdade concedida aos litigantes, podendo ser utilizada para a estruturação do procedimento, de modo a permitir a resolução do litígio do modo mais ágil e adequado ao caso concreto. Como explica Carlos Alberto Carmona: "a oportunidade que se abre ao árbitro é valiosa, na medida em que, na convenção de arbitragem, muitas vezes estipulam as partes algo que desde logo já se percebe supérfluo, excessivo e completamente desnecessário, podendo os litigantes, alertados sobre o tema, mudar a avença anterior"[67]. A função ordenadora do termo de arbitragem se manifesta em tríplice vertente: (i) permite detalhamento e desenvolvimento da convenção de arbitragem, (ii) permite o balizamento dos poderes do árbitro e (iii) permite modificações no regulamento da instituição arbitral.

Em primeiro, o termo de arbitragem propicia o detalhamento da convenção de arbitragem após o surgimento do litígio, assimilando as idiossincrasias existentes no caso específico, afastando o caráter genérico normalmente conferido à cláusula compromissória[68]. Para além de detalhar as disposições pretéritas, é possível que no termo de arbitragem estipulem-se novos acordos acerca do processo arbitral.

Os negócios processuais apresentam o benefício de promover a aderência entre o litígio e o modo de solução, em consonância com a ideia de o exercício da jurisdição representar a tutela adequada, tempestiva e efetiva dos direitos dos indivíduos. Portanto, a ata de missão consubstancia as escolhas feitas pelas partes acerca da condução da arbitragem[69], e os árbitros se comprometem a segui-las, por serem signatários em conjunto do documento.

Em segundo, o termo de arbitragem pode agir no sentido de limitar e disciplinar os poderes dos árbitros[70]. As partes podem, em conjunto, estabelecer contornos mais objetivos acerca da amplitude da atuação dos árbitros no curso do perecimento. Por certo, diante

---

[65]   FICHTNER, José Antonio; MONTEIRO, André Luís. Tutela Provisória na Arbitragem e Novo Código de Processo Civil: tutela antecipada e tutela cautelar, tutela de urgência e tutela da evidência, tutela antecedente e tutela incidental. In: Carlos Alberto Carmona; Selma Ferreira Lemes; Pedro Batista Martins (Coords). *20 Anos da Lei de Arbitragem: homenagem e Petrônio R. Muniz*. São Paulo: Atlas, 2017, p. 478.

[66]   RANZOLIN, Ricardo; CANTERJI, Rafael Baude. Dever de sigilo do advogado quando atua como árbitro no direito brasileiro. *Revista de Arbitragem e Mediação*, vo. 53, p. 335-354, abr./jun., 2017, DTR 2017/1633.

[67]   CARMONA, Carlos Alberto. O Processo Arbitral. *Revista de Arbitragem e Mediação*, vol. 1, p. 21-32, jan./abr., 2004.

[68]   CATARUCCI, Douglas Depieri; DANTAS, Amanda Bueno. Mecanismo de Apelação e Revisão de Sentenças arbitrais: análise teórica e prática de sua aplicação com base na experiência internacional. *Revista de Arbitragem e Mediação*, vol. 51, p. 169-219, out./dez., 2016, DTR 2016/24744, p. 08.

[69]   FALECK, Diego. Concordar em discordar: por quê, o quê e como negociar o procedimento arbitral. *Revista de Direito Empresarial*, vol. 1, p. 249, jan./ 2014, DTR 2014/586, p. 08.

[70]   "Likewise, terms of reference accepted without reservation by the parties can modify the scope of the initial arbitration agreement, either restricting or widening it. The parties must therefore carefully ensure that by signing the terms of reference they do not inadvertently limit or extend the jurisdiction of the arbitral tribunal." (FOUCHARD, Philippe; GAILLARD, Emmanuel; GOLDMAND, Berthold. *Fouchard Gaillard Goldman on International Arbitration*. Haia: Kluwer Law International, 1999, p. 672).

PARTE V · Capítulo 17 · O TERMO DE ARBITRAGEM | 717

da prévia aceitação da condição de árbitro, é necessária manifestação de consentimento do julgador acerca de novas regras que versem sobre o conteúdo e extensão dos seus poderes jurisdicionais, razão pela qual a modulação dos poderes do tribunal nesse segundo momento é mais complexa do que quando é feita, *a priori,* na convenção de arbitragem[71].

Nesse sentido, o próprio Poder Judiciário costuma observar o poder conferido aos árbitros no termo de arbitragem para atestar eventual irregularidade no procedimento arbitral em sede de anulatórias. Exemplificativamente, em um recurso de apelação julgado pelo TJSP, relatado pelo Desembargador João Carlos Garcia, estabeleceu-se que

> "cumpre chamar a atenção para um aspecto crucial ao deslinde da controvérsia. A leitura do termo de arbitragem revela que a pretensão indenizatória foi formulada de maneira expressa no termo de arbitragem, o que é suficiente para infirmar o argumento das autoras de que não teriam tido oportunidade de exercer o contraditório e a ampla defesa quanto a um pedido que jamais teria sido formulado. Ressalte-se que, sendo o termo de arbitragem o documento que traça os limites dos poderes dos árbitros, o pedido dele constante não pode ser modificado por qualquer das partes nas alegações iniciais. Ora, não tendo a ré pleiteado a fixação de pena pecuniária no termo de arbitragem, a referência à multa, no item b, das alegações iniciais, só poderia ser interpretada como critério de cálculo para a determinação do valor da indenização por danos (...) o laudo arbitral não foi proferido fora das divisas previstas no termo de arbitragem, não havendo que se falar em julgamento extra petita. As autoras não foram condenadas ao pagamento de multa contratual, e sim ao pagamento de indenização cuja base de cálculo correspondeu ao valor previsto para a multa. Há perfeita correspondência entre o pleito exposto no termo de arbitragem e dispositivo do laudo de fls. 162/200".[72]

Porém, diante do consenso das partes, e tendo aceitado o árbitro a sua nomeação, esse poderá renunciar ao encargo, caso não concorde com as balizas propostas pelas partes[73].

---

[71] "Não se pode afirmar que as partes detenham, no momento de elaboração do termo de arbitragem, a mesma faculdade de modular o poder dos árbitros. Aqui, já terá havido (nas arbitragens institucionais) a aceitação do encargo e a investidura do árbitro nos respectivos poderes (art. 19 da LA). Eventual disposição sobre a modulação (se não for apenas esclarecimento de regra previamente estabelecida) precisa ser aceita pelo julgador para que seja eficaz." (ELIAS, Carlos Eduardo Stefen. O Árbitro é (Mesmo) Juiz de Fato e de Direito? Análise dos Poderes dos Árbitros Vis-à-Vis os Poderes do Juiz no Novo Código de Processo Civil Brasileiro. *Revista de Arbitragem e Mediação*, vol. 54, p. 79-122, jul./set., 2017, DTR 2107/5650, p. 08).

[72] TJSP. Apelação 994.08.124054-3. Des. João Carlos Garcia. Nona Câmara de Direito Privado do Tribunal de Justiça. J. em: 20.04.2010.

[73] Carlos Eduardo Stefen Elias comenta a possibilidade de as partes e os árbitros disciplinarem o poder dos últimos, através da ata de missão, *verbis*: "A possibilidade de as partes disciplinarem o poder do árbitro não se exaure previamente à contratação do julgador. A redação do "termo de arbitragem" também permite que as partes e o árbitro disciplinem, de modo compartilhado, a modulação dos poderes do último. Nesse momento, reitere-se, a modulação se dá de modo compartilhado, podendo o árbitro recusar-se a aceitar termos e limitações aos quais não queira se sujeitar. O árbitro, já contratado (nos procedimentos administrados, a aceitação do encargo pelo árbitro ocorre antes da assinatura do termo de arbitragem), está investido dos poderes processuais e, salvo disposição expressa do regulamento adotado pela instituição arbitral, somente pode ver cerceados os poderes com a sua anuência." (ELIAS, Carlos Eduardo Stefen. O Árbitro é (Mesmo) Juiz de Fato e de Direito? Análise dos Poderes dos Árbitros Vis-à-Vis os Poderes do Juiz no Novo Código de Processo Civil Brasileiro. *Revista de Arbitragem e Mediação*. Vol. 54/2017, p. 79-122, jul./set., 2017, DTR 2107/5650, p. 08).

Nesse sentido, se manifesta Carlos Elias: "uma vez contratado o árbitro e recebendo ele os poderes jurisdicionais, não há forma de as partes revogarem a outorga de poderes sem a concordância do julgador (salvo, é claro, resilindo o contrato e destituindo, em conjunto, o julgador da tarefa que lhe foi incumbida)"[74]. O entendimento é também manifestado por José Roberto de Castro Neves: "em respeito à autonomia privada, diante da opção das partes, em regra fixadas no Termo da Arbitragem, os árbitros têm a sua jurisdição vinculada, de sorte que se encontram limitados àquela orientação"[75]. Desse modo, os poderes do tribunal arbitral estão restritos pelas linhas traçadas, tanto pela convenção de arbitragem, quanto pela ata de missão[76], representando os limites para o espaço de autonomia a ser exercido pelo julgador quando da análise do caso.

Dessa maneira, as partes têm amplos poderes de construção e de gestão do procedimento arbitral[77]. O termo de arbitragem poderá ser um ponto de equacionamento e de delimitação de competências jurisdicionais. Ademais, funcionará como o marco temporal acerca da troca da competência primordial de administração processual: se durante a fase pré-litigiosa cabe primordialmente às partes estabelecer as determinações sobre o procedimento, a ata de missão será, potencialmente, a última oportunidade significativa para as partes de fazer modificações mais profundas no processo arbitral – sem excluir a possibilidade de consensos supervenientes –, mas, a partir de então, normalmente caberá ao tribunal arbitral fazer as escolhas acerca da gestão processual.

Destaca-se que a liberdade outorgada pelo legislador aos árbitros para regular o procedimento tem natureza duplamente supletiva. Não poderão contrariar o disposto na convenção de arbitragem ou o que resultar contratado na ata de missão. Nesse sentido, sustenta Carlos Alberto Carmona que "não podem os árbitros – sem a concordância das partes (e vice e versa, as partes; sem o acordo dos árbitros) – fazer qualquer alteração no procedimento regulado (a cujas regras aderiram previamente as partes)"[78].

Assim, as limitações previamente feitas pelas partes aos poderes dos árbitros significam uma baliza *prima facie* à gestão processual a cargo do tribunal. A aceitação do encargo de árbitro, já com a ciência da existência desses limites, ou a manifestação de concordância

---

[74] ELIAS, Carlos Eduardo Stefen. O Árbitro é (Mesmo) Juiz de Fato e de Direito? Análise dos Poderes dos Árbitros Vis-à-Vis os Poderes do Juiz no Novo Código de Processo Civil Brasileiro. *Revista de Arbitragem e Mediação*. Vol. 54/2017, p. 79-122, jul./set., 2017, DTR 2107/5650, p. 10.

[75] CASTRO NEVES, José Roberto de. Custas, despesas e sucumbência na arbitragem. *Revista de Arbitragem e Mediação*, vol. 43, p. 209-216, out./dez., 2014, DTR 2014/21099, p. 02.

[76] "Os poderes dos árbitros serão aqueles atribuídos pelas partes, na respectiva convenção ou no termo de arbitragem firmado no curso procedimento, tendo o escopo e a profundidade que estabelecerem as partes." (NASCIMBENI, Asdrubal Franco. Reflexões para a efetividade no cumprimento das decisões arbitrais. *Revista de Arbitragem e Mediação*, vol. 63, p. 137-158, out./dez., 2019, DTR 2019/42137).

[77] "As partes e, supletivamente, o árbitro ou o tribunal arbitral têm amplos poderes de construção e gestão do procedimento. A partir da convenção da arbitragem, e com a necessária deflagração do conflito, que lhe é fator de atribuição de eficácia, exige-se nova avença para colocar em marcha o procedimento instituído, que é o negócio jurídico celebrado com o(s) árbitro(s), geralmente representado pelo termo de arbitragem – em que pese a ausência de obrigatoriedade –, o qual passa a ser elemento integrante da convenção de arbitragem (art. 19, § 1º, LArb), com previsões sobre direitos e obrigações." (NUNES, Gustavo Henrique Schneider. A convenção arbitral como limite aos poderes instrutórios do árbitro. *Revista dos Tribunais*, vol. 1030, p. 295-314, ago./2021, DTR 2021/10226).

[78] CARMONA, Carlos Alberto. *Arbitragem e Processo: um comentário à Lei nº 9.307/96*. 3ª ed. São Paulo: Atlas, 2009, p. 131.

com tais na ata de missão, impede posterior ampliação unilateral por parte do tribunal arbitral de seus próprios poderes. Argumenta de modo semelhante Carlos Elias: "se, no entanto, as partes previamente limitarem os poderes do árbitro, contratando-o mediante a imposição de determinado procedimento, este não pode alterá-lo unilateralmente. Significa dizer que tanto as partes, quanto o árbitro, devem respeitar os termos em que a contratação foi feita, os quais somente serão modificados (salvo se de modo diferente estabelecer o regulamento) se houver concordância entre todos os envolvidos"[79].

A natureza consensualista da arbitragem não deve ser menosprezada. As partes são as maiores interessadas na resolução do seu litígio. Ao contratar um modo de solução de controvérsias *taylor-made*, a revisão unilateral por parte do tribunal arbitral da estrutura procedimental pactuada afronta a autonomia privada, basilar ao instituto. Nesse sentido, os poderes do tribunal de gestão processual são supletivos à convenção de arbitragem, ao regulamento da instituição e à ata de missão. Por certo, podem as partes modular e conferir poderes mais amplos de condução do procedimento, mas há de se inserir clausulado específico e claro nesse sentido. Não se deve perder de vista que a arbitragem é procedimento das partes e para as partes, fundando na sua autodeterminação e liberdade.

Em terceiro, por meio da ata de missão é possível estabelecer ajustes ao regulamento da instituição arbitral ou elaborar normas processuais próprias. O termo de arbitragem é documento apto a estabelecer claramente os procedimentos a serem seguidos, o que evita discussões posteriores, que podem retardar o bom andamento do processo[80]. Nos casos de arbitragem institucional, o regulamento aplicável também serve como importante balizador do modo de condução do procedimento, dos poderes dos árbitros e da conduta das partes. Nesses casos, ainda assim poderão as partes promover ajustes pontuais, tendo em vista o estabelecimento de maior aderência às peculiaridades concretas[81].

Diante da prerrogativa geral de flexibilidade procedimental, bem como do reconhecimento pelo Código Civil da possibilidade de celebração de negócios jurídicos materiais ou processuais atípicos, é lícito às partes convencionarem amplamente sobre o procedimento a ser seguido. A título comparativo, tal qual o art. 190 do Código de Processo Civil[82] oferece

---

[79] ELIAS, Carlos Eduardo Stefen. O Árbitro é (Mesmo) Juiz de Fato e de Direito? Análise dos Poderes dos Árbitros Vis-à-Vis os Poderes do Juiz no Novo Código de Processo Civil Brasileiro. *Revista de Arbitragem e Mediação*. Vol. 54/2017, p. 79-122, jul./set., 2017, DTR 2107/5650, p. 10.

[80] MANGE, Flávia; CANERO, Carla Amaral de Andrade Junqueira. A Gestão do Tempo nos Procedimentos Arbitrais. *Revista do Instituto dos Advogados de São Paulo*, vol. 23, p. 49-64, jan./jun., 2009, p. 03.

[81] "Por sua vez, o Termo de Arbitragem – TDA vem a ser um instrumento processual arbitral previsto em regulamentos de diversas instituições arbitrais no Brasil, tendo importante função ordenadora da arbitragem. Por meio dele as partes podem efetuar as adaptações nas regras do regulamento que julgarem necessárias às suas especificidades e que sejam possíveis (sem violar normas cogentes, tais como os princípios da igualdade de tratamento das partes e do contraditório). Como exemplo mais patente pode-se citar a questão referente aos prazos, pois, muitas vezes, os dias previstos em alguns regulamentos de Centros ou Câmaras de Arbitragem para as partes apresentarem suas alegações iniciais e finais, em face da complexidade da matéria, são exíguos." (LEMES, Selma M. Ferreira. Convenção de Arbitragem e Termo de Arbitragem. Características, efeitos e funções. *Revista do advogado*, AASP, nº 87, set./2006, p. 94-99, p. 97-98).

[82] Código de Processo Civil, Art. 190: "Versando o processo sobre direitos que admitam autocomposição, é lícito às partes plenamente capazes estipular mudanças no procedimento para ajustá-lo às especificidades da causa e convencionar sobre os seus ônus, poderes, faculdades e deveres processuais, antes ou durante o processo."

CONVENÇÃO DE ARBITRAGEM – *Fichtner • Tolentino • Polastri • Salton*

ampla liberdade para as partes ajustarem convenções processuais, no âmbito da arbitragem o art. 425 do Código Civil[83] exerce função análoga. Assim, lícitas tanto as modificações de regras do regulamento da arbitragem quanto a elaboração de regras procedimentais próprias, o que é especialmente relevante nos casos das arbitragens *ad hoc*.

Disposições como prazos, datas de manifestação, realização de audiências remotas, forma de comunicação, dentre outros itens tipicamente inseridos no regulamento das instituições arbitrais poderão ser modificadas por meio do termo de arbitragem[84]. Por certo, as modificações são limitadas pela existência de regras cogentes, como princípio da igualdade, contraditório, devido processo legal, entre outras.

Em suma, enquanto negócio jurídico processual, o termo de arbitragem permite ampla margem de ordenação do procedimento, quer detalhando e densificando o conteúdo normativo da convenção de arbitragem, quer especificando o poder dos árbitros, quer adaptando o regulamento para necessidades do caso concreto. Os limites do termo de arbitragem, enquanto ordenador do procedimento, são os mesmos de todos os negócios jurídicos, como o respeito às normas de ordem pública, observância do devido processo legal e de todos os direitos fundamentais processuais.

§ 63. CONTEÚDO DO TERMO DE ARBITRAGEM

1. Liberdade de definição do conteúdo

O termo de arbitragem, por constituir negócio jurídico entre as partes e os árbitros, servirá para regrar direitos e obrigações referentes à condução do procedimento[85]. O termo de arbitragem terá importância acentuada diante de arbitragem *ad hoc*, pois nas arbitragens institucionais os regulamentos vão conter a maioria das regras procedimentais,

---

[83] Código Civil, Art. 425: "É lícito às partes estipular contratos atípicos, observadas as normas gerais fixadas neste Código".

[84] "Os regulamentos das instituições arbitrais reduzem e facilitam imensamente as escolhas que as partes devem fazer para a modulação dos poderes do árbitro e para o estabelecimento da dinâmica processual, visto que geralmente contêm disposições específicas sobre esses temas. Restam às partes que optam por arbitragem institucional apenas ajustes de menor envergadura (prazos ou datas em que as manifestações das partes ou decisões do árbitro serão apresentadas e a possibilidade de apresentação de manifestações e decisões por via eletrônica, por exemplo), que são feitos, como já apontado, quando da elaboração do termo de arbitragem. Contudo, não é atípico que partes e árbitros se utilizem dessa oportunidade para também disciplinar temas de relevo, tais como a outorga de poderes expressos para que o árbitro profira sentença parcial, a autorização para que o árbitro discipline a ordem de produção de provas, ou mesmo a permissão para que o árbitro decida por equidade." [...] "a disciplina para a prática dos atos processuais recai no regulamento das instituições arbitrais que, por via de regra, outorga ao árbitro (com maior ou menor grau de modulação) o poder de estabelecê-la. A despeito de deter esse poder, é comum – e aconselhável– que o árbitro estabeleça um cronograma dos atos processuais em conjunto com as partes, providência que atua em benefício da operacionalidade e efetividade do procedimento, conferindo previsibilidade e consenso à realização desses atos. Tal cronograma é debatido entre partes e árbitro e estabelecido no momento da celebração do "termo de arbitragem" ou "ata de missão" ou, ainda, quando da prolação da "ordem processual n. 1." (ELIAS, Carlos Eduardo Stefen. O Árbitro é (Mesmo) Juiz de Fato e de Direito? Análise dos Poderes dos Árbitros Vis-à-Vis os Poderes do Juiz no Novo Código de Processo Civil Brasileiro. *Revista de Arbitragem e Mediação*. Vol. 54/2017, p. 79-122, jul./set., 2017, DTR 2107/5650, p. 08).

[85] NANNI, Giovanni Ettore. Notas Sobre os Negócios Jurídicos da Arbitragem e a Liberdade de Escolha do Árbitro à Luz da Autonomia Privada. *Revista de Arbitragem e Mediação*, vol. 49, p. 263-284, abr./jun. 2016, DTR 2016/20523, p. 05.

PARTE V · **Capítulo 17** · O TERMO DE ARBITRAGEM | **721**

mesmo que essas possam vir a ser, eventualmente, modificadas pelas partes. Entretanto, nas arbitragens *ad hoc* a elaboração do tempo é o momento processual por excelência de fixação das regras de desenvolvimento da arbitragem[86].

Podem ser disciplinadas matérias tão diferentes como nomeação de secretário do tribunal e árbitros suplentes, despesas, remuneração do secretário e dos árbitros[87]. Desse modo, inviável qualquer tentativa de estabelecer um rol predeterminado, pois o conteúdo do termo de arbitragem é potencialmente amplo. Contudo, para fins sistemáticos, é possível identificar cinco grupos de temas que podem estar contidos na ata de missão: (i) os sujeitos do procedimento; (ii) os fatos relevantes; (iii) objeto do litígio; (iv) definição das normas aplicáveis ao litígio; e (v) regras procedimentais em sentido estrito.

O termo de arbitragem, contudo, deve sempre ser percebido como instrumento de flexibilidade e de racionalização do procedimento arbitral[88]. Não deve ser utilizado para burocratizar ou engessar o procedimento, razão pela qual deve sempre ser procurado ajustar às necessidades do caso concreto.

2. Identificação dos sujeitos da arbitragem

Um dos conteúdos típicos constitui os dados de identificação das partes e dos árbitros, qualificação completa e endereço para notificações e comunicações. Trata-se da identificação dos sujeitos da relação processual. A adequada disponibilização do endereço virtual pode desempenhar função adicional, através da pactuação do correio eletrônico para a realização de intimação das partes e protocolo das peças processuais[89].

Ademais, diante da qualificação dos árbitros no termo, e considerando que o termo de independência e as revelações dos árbitros já ocorreram, importa constar eventuais

---

[86] MAIA NETO, Francisco. O Processo Arbitral. *Revista de Arbitragem e Mediação*, vol. 33, p. 289-297, abr./jun., 2012, DTR 2012/44767.

[87] "Além dos itens essenciais ao termo de arbitragem conforme o regulamento arbitral escolhido, em geral as qualificações e endereços das partes e dos árbitros, um resumo dos fatos, das alegações de cada parte e dos pedidos, algumas outras questões procedimentais devem ser consideradas e clarificadas no início da arbitragem para garantir a agilidade do procedimento." (MANGE, Flávia; CANERO, Carla Amaral de Andrade Junqueira. A Gestão do Tempo nos Procedimentos Arbitrais. *Revista do Instituto dos Advogados de São Paulo*. Vol. 23/2009, p. 49-64, jan./jun., 2009, p. 04).

[88] "Some critics regard the Terms of Reference as an unnecessarily detailed, bureaucratic device, that produces little of value, while imposing costs and delay. These criticisms are frequently accompanied by more general complaints about the allegedly bureaucratic character of the ICC Court and the delays in both its decision-making and the ICC Secretariat's case-handling. Criticism of the ICC's Terms of Reference, case management conference and procedural timetable requirements is misconceived: the ICC Rules perform a useful function by ensuring that arbitral tribunals attend at the beginning of a case to routine housekeeping (e.g., the parties' precise identities, representatives and contact details) and to less routine case management and timetabling. An experienced tribunal will usually address all of the issues required by the ICC Rules at the outset of the arbitration, even without an institutional requirement to do so. Nonetheless, no harm, and potentially much benefit, comes from requiring less experienced tribunals to complete these same tasks in a systematic manner." (BORN, Gary. *International Commercial Arbitration*. 3ª ed. The Hague: Kluwer Law International, 2021, p. 2414-2415).

[89] MAIA NETO, Francisco. O Processo Arbitral. *Revista de Arbitragem e Mediação*, vol. 33, p. 289-297, abr./jun., 2012, DTR 2012/44767.

CONVENÇÃO DE ARBITRAGEM – *Fichtner • Tolentino • Polastri • Salton*

objeções ou ressalvas a serem posteriormente debatidas[90]. Cada instituição arbitral apresenta regime próprio de impugnações, no entanto, diante do art. 20 da Lei de Arbitragem[91], cabe a parte expressar na primeira oportunidade que tiver a irresignação quanto impedimento ou suspeição do árbitro quando o motivo subjacente à impugnação já for conhecido[92]. Esse registro evita eventuais contra alegações acerca da preclusão do direito de impugnar a composição do tribunal arbitral, razão pela qual é prudente constar no termo eventual insatisfação.

3. Definição de fatos e objeto controvertidos

A existência de litígio pressupõe divergências materiais entre as partes. Essa é a causa fundante da necessidade de se recorrer a método de solução de controvérsias. Assim, diante do potencial de organização derivado do termo de arbitragem, é possível fixar os contornos fático-jurídicos do litígio, bem como as causas de pedir e os pedidos.

Acerca dos fatos, mesmo que não seja necessário inserir a descrição completa dos fatos que delimitam o litígio, é importante que contenha elementos suficientes para a sua individualização[93]. A delimitação dos fatos controvertidos poderá auxiliar na decisão acerca do escopo probatório, bem como da distribuição do ônus da prova.

Nesse momento é possível que as partes considerem que a arbitragem poderá ser conduzida apenas com base em documentos, ou que o conteúdo da causa após a apresentação das alegações escritas estará maduro para julgamento. Essas peculiaridades em relação aos fatos, se assentadas desde o início, no termo de arbitragem, documenta a opção das partes acerca da sua visão sobre o litígio, evitando manifestações oportunistas supervenientes.

Ademais, o termo de arbitragem serve, caso as partes e o tribunal arbitral considerem conveniente, para a fixação dos limites objetivos e subjetivos do litígio[94]. Caso seja a opção, a ata de missão será, posteriormente, parâmetro de aferição da adequação objetiva da sentença, ou seja, se todas as matérias controvertidas foram abordadas, ou se o tribunal arbitral não extrapolou os limites da própria jurisdição, ou deixou matéria sem julgamento efetivo.

O TJSP, em caso relatado pelo Desembargador Fortes Barbosa, já enfrentou situação na qual uma das partes de dada arbitragem buscava desconstituir sentença arbitral, sob

---

[90] MENKE, Fabiano. Termo de Arbitragem: conteúdo e estabilidade do procedimento arbitral na formulação dos pedidos. In: André Jobim de Azevedo. (Org.). *II Dia Gaúcho da Arbitragem*, vol. I. Porto Alegre: Lex Magister, 2017, p. 64.

[91] Lei de Arbitragem, Art. 20: "A parte que pretender argüir questões relativas à competência, suspeição ou impedimento do árbitro ou dos árbitros, bem como nulidade, invalidade ou ineficácia da convenção de arbitragem, deverá fazê-lo na primeira oportunidade que tiver de se manifestar, após a instituição da arbitragem."

[92] Essa posição é pacífica na jurisprudência. Exemplificativamente, cita-se TJSC. 6ª CC. AI 4004439-16.2018.8.24.0000. Des. Stanley Braga J. em: 01.10.2019; TJSP. Apel 0136077-90.2012.8.26.0100. Rel. Penna Machado. 10ª Câm Dir Priv. J. em: 30.04.2019; TJGO. AI 0003720-55.2017.827.0000. Des. Rel. Moura Filho. 2ª CC. J. em: 28.04.2017.

[93] TJSP. Apel 0220847-50.2011.8.26.0100. Des. Rel. Marcelo Fortes Barbosa Filho. 1ª Câmara Reservada de Direito Empresarial. J. em: 25.03.2014.

[94] ALMEIDA, Ricardo Ramalho. Aspectos Práticos da Arbitragem. *Revista de Direito Bancário e do Mercado de Capitais*, vol. 14, p. 389-398, out./dez., 2001, DTR 2001/409.

o fundamento de que não existiria *correlação* entre o pedido de instalação da arbitragem e a sentença. A tese foi rechaçada sob o fundamento de que a sentença guardava perfeita correlação com o Termo de Arbitragem estabelecido entre as partes: "Como bem ressaltou o Juízo "a quo", no Juízo arbitral, a correlação não se estabelece entre o pedido de instalação da arbitragem e a sentença arbitral, como sustentado pela apelante, mas isso sim, entre o termo de arbitragem e a sentença arbitral, o que foi observado.[95]"

Em outro caso julgado também pelo TJSP, relatado pelo Desembargador Hamid Bdine, uma das partes ajuizou uma ação declaratória de nulidade de sentença arbitral, com fundamento no art. 32, IV, da Lei de Arbitragem, alegando que a decisão arbitral havia sido proferida fora dos limites da convenção de arbitragem. Apesar disso, a Corte paulista, ao analisar o Termo de Arbitragem firmado no curso do procedimento, entendeu que "a controvérsia se restringe a suposta violação ao termo de arbitragem e seu respectivo aditivo, tendo em vista que as partes expressamente elegeram o "Método dos múltiplos das receitas" como critério para o laudo pericial de apuração de haveres (fs. 145), bem como na suposta inobservância do laudo pericial no tocante à consideração do passivo para tal apuração (...)". Concluiu-se, então, que "fica evidente que a sentença arbitral justificadamente se ateve aos limites postos, não havendo que se falar em nulidade. Os limites postos do termo de arbitragem e seu posterior aditamento foram observados na decisão da lide. Em outras palavras, o apelante pretende a revisão do julgamento, sem que haja hipótese legal para tanto, o que enseja a sua falta de interesse processual.[96]" O entendimento que o *standard* de aferição do escopo da sentença arbitral é o termo de arbitragem foi seguido também em outras oportunidades pelo TJSP[97].

Questão diversa acerca da delimitação do objeto da arbitragem no termo seria a possibilidade de modificação dos pedidos em relação ao que foi especificado no requerimento de arbitragem. A resposta pode variar de acordo com o regulamento de cada instituição arbitral. Entretanto, como regra geral a resposta deve ser positiva.

Tomando como parâmetro o modelo de processo estabelecido no Código de Processo Civil[98], o art. 329 prevê que, até a citação, o autor poderá aditar ou alterar o pedido ou

---

[95] TJSP. Ap 0220847-50.2011.8.26.0100. Des. Fortes Barbosa. 1ª Câmara Reservada de Direito Empresarial. J. em: 20.03.2014.

[96] TJSP. Ap. 1011909-23.2017.8.26.0100. Des. Hamid Bdine. 1ª Câmara Reservada de Direito Empresarial. J. em: 08.11.2017.

[97] "Ademais, como destacado pelo juiz arbitral e pelo i. sentenciante, não é possível deduzir que a sentença arbitral foi extra ou ultra petita, em desconformidade com o termo de arbitragem (fs. 1.659 e 2.008). Isso porque, constou expressamente em termo de arbitragem que os apelados reiteravam as alegações e pedidos deduzidos em ação de rescisão contratual cumulada com pedido de indenização por danos materiais e morais, reservando-se o direito de apresentar reconvenção (fls. 327 itens 16 e 18).

Nessas condições, ao deduzirem os pedidos contrapostos de indenização por danos materiais e morais, é certo que a pretensão dos apelados e, portanto, a sentença arbitral, respeitou os limites estabelecidos em termo de arbitragem." (TJSP. Ap. 1122669-10.2015.8.26.0100. Des. Hamid Bdine. 1ª Câmara Reservada de Direito Empresarial. J. em: 15.03.2017).

[98] Código de Processo Civil, Art. 329: "O autor poderá: I – até a citação, aditar ou alterar o pedido ou a causa de pedir, independentemente de consentimento do réu; II – até o saneamento do processo, aditar ou alterar o pedido e a causa de pedir, com consentimento do réu, assegurado o contraditório mediante a possibilidade de manifestação deste no prazo mínimo de 15 (quinze) dias, facultado o requerimento de prova suplementar."

a causa de pedir, independentemente de consentimento do réu; e, até o saneamento do processo, pode aditar ou alterar o pedido e a causa de pedir somente com consentimento do réu. Por certo, se o modelo do processo estatal prevê essa flexibilidade de modificação superveniente do pedido do processo, não faz sentido em termos sistemáticos negar essa faculdade às partes de uma arbitragem. Diante da natureza de negócio jurídico processual do termo, é possível reconhecer que, mediante a sua elaboração, é conferida ampla liberdade de adição, remoção ou modificação dos pedidos inseridos no requerimento de arbitragem, respeitados os limites do contraditório.

Em rigor, no requerimento de arbitragem não ocorre a formulação de pedido, sendo apenas uma notificação destinada a provocar a jurisdição do tribunal arbitral, indicando somente as razões que levaram à instauração da arbitragem. É, portanto, considerada como uma manifestação pré-jurisdicional, visando a, precipuamente, provocar a constituição do tribunal. Portanto, mais do que tirar a jurisdição do estado de inércia, trata-se de provocação da constituição da jurisdição. Assim – salvo eventual disposição expressa em sentido contrário contida em regulamento de instituição escolhida pelas partes – os pedidos poderão ser formulados, de modo originário, na ata de missão[99].

Inclusive, é possível admitir a formulação de novos pedidos até em momento posterior à assinatura do termo de arbitragem, fixando outro marco – como as alegações iniciais – enquanto data de estabilização da demanda[100], sem prejuízo da aceitação da formulação de novos períodos de modo posterior, dependendo das circunstâncias do caso concreto[101]. Entretanto, com maior frequência, a ata de missão é o momento de estabilização da demanda, com a formulação superveniente de novos pedidos estar condicionada à aceitação do tribunal arbitral[102] – mas nada impede que as partes convencionem outro

---

[99]   "Na arbitragem, não há que se falar em formulação de pedidos quando do requerimento de instauração do procedimento arbitral. Neste momento, o requerente elaborará, a rigor, uma notificação direcionada à instituição eleita pelas partes para que sejam iniciados os trâmites do procedimento arbitral. Os pedidos serão primeiramente arrolados no termo de arbitragem, e, posteriormente à sua assinatura, conforme o cronograma de prazos fixados nesta ocasião, serão desenvolvidos e detalhados na peça geralmente denominada de alegações iniciais. O mesmo serve para os contrapedidos, que, da mesma forma, poderão ser apresentados pela requerida em suas alegações iniciais" (MENKE, Fabiano. Termo de Arbitragem: conteúdo e estabilidade do procedimento arbitral na formulação dos pedidos. In: André Jobim de Azevedo. (Org.). *II Dia Gaúcho da Arbitragem*, vol. I. Porto Alegre: Lex Magister, 2017, p. 68).

[100] Regulamento CAMARB, item 8.3: "As alegações iniciais deverão conter os pedidos e suas especificações. Após a apresentação das alegações iniciais, nenhuma das partes poderá formular novos pedidos, aditar ou modificar os pedidos existentes ou desistir de qualquer dos pedidos sem anuência da(s) outra(s) parte(s) e do Tribunal Arbitral."

[101] "no que toca à limitação da possibilidade de admissão de novos pedidos após assinatura do termo de arbitragem, sugere-se que exista uma maior abertura para que os tribunais arbitrais sejam mais receptivos a pelos menos valorarem casos em que, analisado comportamento da parte, o momento e a natureza dos novos pedidos formulados, possa ser considerado razoável aceitá-los, ao invés de forçar a instauração de novo procedimento arbitral." (MENKE, Fabiano. Termo de Arbitragem: conteúdo e estabilidade do procedimento arbitral na formulação dos pedidos. In: André Jobim de Azevedo. (Org.). *II Dia Gaúcho da Arbitragem*, vol. I. Porto Alegre: Lex Magister, 2017, p. 71).

[102] "Essentially, the Terms of Reference provide the scope of the matters to be dealt with in the arbitration. Parties should prepare their submissions carefully prior to signing the Terms of Reference because, as a general rule, they are not permitted to submit new claims or counterclaims after the Terms of Reference are signed, unless the arbitral tribunal decides to admit them. In practice, ho-

PARTE V · **Capítulo 17** · O TERMO DE ARBITRAGEM | **725**

momento para o encerramento da apresentação de pedidos. A liberdade das partes deve ser privilegiada[103].

Debate diverso é sobre a possibilidade de o tribunal arbitral modificar unilateralmente o objeto da arbitragem quando da redação da ata de missão. Entretanto, mesmo diante da flexibilidade da arbitragem e dos poderes dos árbitros na condução do procedimento, não é possível obrigar as partes a modificar os pedidos, até pelo caráter facultativo e negocial do termo de arbitragem.

Relacionado ao objeto do litígio está o valor da causa, que também poderá estar referido no termo de arbitragem[104]. A prática está relacionada à sua utilização como parâmetro de cálculo de taxas de administração e honorários dos árbitros. Assim, a sua explicitação no termo traz luzes sobre as importâncias monetárias devidas pelas partes por conta do procedimento arbitral, o que será posteriormente refletido na sentença, quando da distribuição da responsabilidade pelas custas dispendidas.

4. Escolha das regras aplicáveis

No termo de arbitragem, poderão ser fixadas as regras a serem seguidas na arbitragem[105]. Há ampla capacidade de escolha acerca do parâmetro normativo sobre o qual o litígio será analisado[106]. Caso não tenham sido escolhidas, poderão as par-

---

wever, if new issues evolve during the course of the arbitration, the tribunal will generally consider them. New issues that could easily have been included in the Terms of Reference and were simply overlooked by counsel, or which appear to be asserted in order to delay the process, are less likely to be permitted by the tribunal" (MOSES, Margaret L. The Principles and Practice of International Commercial Arbitration. 2nd ed. Nova Iorque: Cambridge University Press, 2012, p. 166).

[103] "Second, these provisions mean that the [mal deadline for submitting new claims does not necessarily coincide with the adoption of the terms of reference. The only requirement is that new claims should be within the limits of the terms of reference. It would therefore be quite possible for parties seeking greater freedom to file new claims to stipulate in the terms of reference that such claims will be admissible if submitted before a certain date (the deadline fixed for filing a memorial, for example), or even at any time in the proceedings. However, if the terms of reference do not mention the possibility of altering claims or submitting counterclaims, the dispute will be confined to the claims set forth in the terms of reference" (FOUCHARD, Philippe; GAILLARD, Emmanuel; GOLDMAND, Berthold. *Fouchard Gaillard Goldman on International Arbitration*. Haia: Kluwer Law International, 1999, p. 670).

[104] "Neste ponto, as minutas de termo de arbitragem de algumas instituições arbitrais tomam a cautela de alertar as partes de que a qualquer tempo, e levados em consideração as alegações e documentos apresentados no transcurso do procedimento arbitral, o valor estimado pelas partes poderá ser revisto pela câmara em questão ou pelo Tribunal Arbitral." (MENKE, Fabiano. Termo de Arbitragem: conteúdo e estabilidade do procedimento arbitral na formulação dos pedidos. In: André Jobim de Azevedo. (Org.). *II Dia Gaúcho da Arbitragem*, vol. I. Porto Alegre: Lex Magister, 2017, p. 65).

[105] "A Ata de Missão poderá, se o Tribunal Arbitral entender conveniente, fixar os lindes do litígio e deverá necessariamente nomear e qualificar os integrantes da relação jurídico-arbitral, incluindo os membros do tribunal, e determinar as regras procedimentais que deverão ser seguidas na condução da arbitragem, devendo as partes, nesse estágio, caso ainda não o tenham feito, convencionar local e idioma da arbitragem, bem como as regras jurídicas materiais que regerão a controvérsia e/ou se o tribunal poderá valer-se da eqüidade." (ALMEIDA, Ricardo Ramalho. Aspectos Práticos da Arbitragem. *Revista de Direito Bancário e do Mercado de Capitais*, vol. 14, p. 389-398, out./dez., 2001, DTR 2001/409).

[106] "o termo de arbitragem serve para delinear, para esclarecer, para preencher a lacuna deixada pela vontade das partes na convenção. Para trabalhar sobre algo que já existe e não para criar convenção

tes, primeiramente, definir as regras aplicáveis para o mérito do litígio. No caso das arbitragens *ad hoc*, será possível definir como transcorrerá o procedimento arbitral, elaborando regras próprias ou optando por um regramento compatível, como as regras de arbitragem da UNCITRAL, condizentes com a condução da arbitragem sem o apoio de uma instituição.

Outra opção que as partes podem fazer no termo de arbitragem é incorporar alguma *soft law* para auxiliar na condução do litígio[107]. Quando as partes optam por adotar determinada *soft law*, essa se torna vinculante para as partes e para os árbitros, pois é decorrência direta da autonomia privada das partes e exercício da faculdade ampla de escolha de leis aplicáveis. Assim, adquirem um caráter cogente, devendo ser observadas.

Nesse momento, ainda que pouco usual, é possível que as partes optem pela condução do julgamento por equidade[108]. A liberdade das partes de escolha de lei é tão ampla que é possível escolher direito estrangeiro, refletindo o elevado grau de autonomia privada reconhecida. Essa liberdade tem importância adicional, considerando o regime monista da lei de arbitragem brasileira, aplicando o mesmo corpo de normas para as arbitragens domésticas e internacionais.

O Poder Judiciário costuma reconhecer as vantagens decorrentes da ampla liberdade das partes utilizarem-se da arbitragem e, consequentemente, da ata de missão. O STJ, no REsp 1.389.763, relatado pela Ministra Nancy Andrighi, observou a existência "dos benefícios do procedimento arbitral, dentre os quais a agilidade na resolução dos conflitos, a proximidade e maior participação das partes, com a liberdade de escolha de quem julgará a controvérsia, quais regras de julgamento serão utilizadas (regras de Direito ou livre entendimento do julgador), o idioma, o local da arbitragem e demais proveitos constantes no termo de compromisso arbitral (...)"[109].

Assim, a possibilidade de fazer tais escolhas, tornando o procedimento mais próximo das necessidades concretas das partes, está em consonância com o espírito de um método adequado de solução de conflitos. Possibilita-se, assim, maior aderência entre a jurisdição a ser prestada com a tutela do direito material, potencializando a efetividade da solução da controvérsia.

---

onde não haja, a menos que as partes queiram aumentar o objeto do processo arbitral. Mas não é instrumento que autoriza a disposição, pelo árbitro, da vontade das partes sobre o conteúdo da futura sentença arbitral. Não pode o árbitro pedir onde não se pediu. Ou convencionar onde não se convencionou. Se a lacuna não é sanada, o processo arbitral terá que com ela conviver, continuando da forma originalmente prevista, mesmo que o lapso seja tal que leve à sua extinção." (PARENTE, Eduardo de Albuquerque. Processo Arbitral e Sistema. 391f. Tese (Doutorado em Direito). Universidade de São Paulo. São Paulo, 2009, p. 165-166).

[107] "Ao contatar o Centro de Arbitragem e Mediação da Câmara de Comércio Brasil-Canadá – CCBC, obteve-se a informação de que tem sido ampla a utilização das regras da IBA sobre a produção de provas, tanto quando da assinatura do termo de arbitragem, tal qual uma opção das partes do processo, como pela aplicação dos árbitros no curso do procedimento arbitral." (RAVAGNANI, Giovani dos Santos. Regras da IBA sobre "taking of evidence": compatibilidade com as normas processuais brasileiras. *Revista de Processo*, vol. 183, p. 565-606, set./2018, DTR 2018/18447).

[108] MENKE, Fabiano. Termo de Arbitragem: conteúdo e estabilidade do procedimento arbitral na formulação dos pedidos. In: André Jobim de Azevedo. (Org.). *II Dia Gaúcho da Arbitragem*, vol. I. Porto Alegre: Lex Magister, 2017, p. 64.

[109] STJ. REsp n. 1.389.763/PR. Min. Nancy Andrighi. Terceira Turma. J. em: 12.11.2013.

5. Estabelecimento da estrutura processual a ser seguida

Por fim, o termo de arbitragem pode conter normas sobre a estrutura processual a ser seguida[110]. Dentre esses, destaca-se, a língua a ser adotada nas manifestações, a sede da arbitragem, o local da realização dos atos processuais, a possibilidade ou não de realizar audiências remotas, pactuação de confidencialidade, fixação de cronograma processual, ajustes sobre a produção probatória, possibilidade e condições para a suspensão do procedimento, honorários advocatícios sucumbenciais, pedidos de esclarecimento, dentre outras.

Dentro desse escopo, é sugerido que ocorra, no termo, a transcrição da cláusula compromissória ou do compromisso arbitral que embasam o procedimento, vez que o fundamento da arbitragem está nesses negócios jurídicos. Diante da prerrogativa das partes de mudar o conteúdo da convenção de arbitragem, ter o seu conteúdo original no texto da ata de missão facilita a identificação das modificações realizadas, inserindo no mesmo documento todo o conjunto de regras que regulam o procedimento arbitral[111].

A língua da arbitragem poderá ser escolhida livremente pelas partes. Essa previsão adquire relevância em arbitragens internacionais. É possível optar pela condução do procedimento de modo bilíngue, traduzindo documentos e manifestações. Entretanto, essa opção implica maior custo e, eventualmente, maior morosidade, não sendo a opção mais desejável na grande maioria das situações, especialmente se ambas as partes estão assessoradas por advogados nativos. Caso se opte pelo procedimento bilingue, há risco linguístico decorrente de potenciais incompatibilidades e problemas de tradução, o que torna desejável a fixação de qual a versão do documento terá prevalência. Ademais, a opção por idioma estrangeiro implica a contratação de profissionais da tradução e de intérpretes, trazendo elemento de onerosidade adicional ao procedimento[112].

A opção pela sede da arbitragem em arbitragens internacionais está frequentemente associada à definição da lei aplicável ao procedimento. O Brasil adota como parâmetro para distinção entre arbitragens domésticas e arbitragens internacionais a sede da arbitragem, sendo domésticas todas as arbitragens sediadas no Brasil, ainda que conte com elementos de internacionalidade.

Na sequência, há a possibilidade de pactuação acerca da confidencialidade do procedimento – quando já não ocorrer na convenção de arbitragem ou no regulamento da

---

[110] "The second advantage of terms of reference is that they create a proper framework for the proceedings, by enabling the parties and the arbitrators to put forward their views from the outset on a number of issues which are essential to the functioning of the arbitration, and by limiting the parties' right to submit new claims to the tribunal at a later stage. It is of course possible to insert language in the terms of reference giving the arbitral tribunal considerable freedom in its conduct of the proceedings, but it may also be useful to determine a number of procedural rules in advance" (FOUCHARD, Philippe; GAILLARD, Emmanuel; GOLDMAND, Berthold. *Fouchard Gaillard Goldman on International Arbitration*. Haia: Kluwer Law International, 1999, p. 668).

[111] MENKE, Fabiano. Termo de Arbitragem: conteúdo e estabilidade do procedimento arbitral na formulação dos pedidos. In: André Jobim de Azevedo. (Org.). *II Dia Gaúcho da Arbitragem*, vol. I. Porto Alegre: Lex Magister, 2017, p. 63.

[112] MENKE, Fabiano. Termo de Arbitragem: conteúdo e estabilidade do procedimento arbitral na formulação dos pedidos. In: André Jobim de Azevedo. (Org.). *II Dia Gaúcho da Arbitragem*, vol. I. Porto Alegre: Lex Magister, 2017, p. 64.

instituição[113]. É recomendável conferir disciplina explícita sobre o tema[114]. Diante da visão de que não existe dever implícito de confidencialidade, a sua incidência na arbitragem depende de previsão expressa, que poderá ocorrer também no termo de arbitragem[115]. O TJSP, em acórdão relatado pela Desembargadora Ana Lucia Romanhole Matrucci, em caso no qual se discutia o segredo de justiça de uma ação anulatória da sentença arbitral, deferiu o sigilo justamente por ele ter sido consignado, anteriormente, no termo de arbitragem: "reputa-se adequada a filiação à corrente que admite o segredo de justiça, por força da expressa redação do artigo em análise. Dito isso, no caso, resta clara a subsunção do caso ao dispositivo supra, pois no termo de arbitragem constou previsão expressa de que as Partes deverão manter em sigilo todas e quaisquer informações relacionadas à arbitragem (fl. 236 dos autos de origem). Assim, é o caso de dar provimento ao agravo de instrumento para que o feito seja mantido em segredo de justiça[116]". Em um caso semelhante, o TJSP novamente, em julgado relatado pelo Desembargador Afonso Bráz, inclusive, estendeu os efeitos previstos no termo de arbitragem quanto ao sigilo à execução perante o Poder Judiciário[117].

Acerca do cronograma processual, poderá ser ajustado no termo quais as peças que deverão ser elaboradas, bem como qual o prazo para apresentação[118]. O calendário procedimental servirá de norte para a definição de como o procedimento ocorrerá, tornando-se vinculante para as partes e para o tribunal. Assim, faculta-se o ajuste acerca dos prazos processuais a serem observados, dentre outros ajustes sobre os atos processuais praticados[119]. Nesse sentido, destaca Carlos Alberto Carmona que "convém lembrar que o procedimento dos órgãos arbitrais institucionais pode sofrer adaptações, a critério das partes: prazos podem ser reduzidos ou aumentados, audiências podem ser suprimidas, debates podem ser dispensados etc. Mais uma vez, o termo de arbitragem pode configurar remédio para modelar melhor o procedimento adequado a cada causa, com a ativa participação dos interessados"[120].

---

[113] FONSECA, Rodrigo Garcia da. Impugnação da Sentença Arbitral. In: Carlos Alberto Carmona; Selma Ferreira Lemes; Pedro Batista Martins (Coords). *20 Anos da Lei de Arbitragem: homenagem a Petrônio R. Muniz*. São Paulo: Atlas, 2017, p. 663.

[114] "Assim, é importante alertar os usuários da arbitragem acerca da discussão em torno do dever de confidencialidade, sendo mais seguro recorrer a uma disciplina explícita do dever, o que pode se dar na convenção arbitral, no termo de arbitragem, em acordo separado, no regulamento da instituição ou na lei aplicável à arbitragem" (BOSCOLO, Ana Teresa de Abreu Coutinho. O consensualismo como fundamento da arbitragem e os impasses decorrentes do dissenso. *Revista de Direito Empresarial*, vol. 2, p. 303-341, mar./abr., 2014, DTR 2014/1436, p. 08).

[115] FICHTNER, José Antonio, et al. A confidencialidade na arbitragem: regra geral e exceções. In: *Novos Temas de Arbitragem*. Rio de Janeiro: FGV Editora, 2014, p. 126.

[116] TJSP. AI 2071707-62.2021.8.26.0000. Desª. Ana Lucia Romanhole Matrucci. 33ª Câmara de Direito Privado. J. em: 13.09.2021.

[117] TJSP. AI 2131353-42.2017.8.26.0000. 33ª Câmara de Direito Privado. Des. Afonso Bráz. 33ª Câmara de Direito Privado. J. em: 29.0.2017.

[118] NANNI, Giovanni Ettore. Submissões Escritas: a técnica do advogado em arbitragens. *Revista de Arbitragem e Mediação*, vol. 52, p. 407-416, jan./mar., 2017, DTR 2017/500.

[119] LEMES, Selma Maria Ferreira. A Sentença Arbitral. *Revista de Arbitragem e Mediação*, vol. 4, p. 26-33, jan./mar., 2005, DTR 2005/779.

[120] CARMONA, Carlos Alberto. O Processo Arbitral. *Revista de Arbitragem e Mediação*, vol. 1, p. 21-32, jan./abr., 2004.

Em caso envolvendo a tempestividade da apresentação de alegações finais no procedimento arbitral, o TJSP, em acórdão relatado pelo Desembargador Ricardo Negrão, afastou o argumento de extemporaneidade apresentado pelos recorrentes considerando o fato de que as manifestações haviam sido protocoladas em conformidade com o termo de arbitragem. Assim estabeleceu-se que

> "neste ponto, verifica-se a má-fé dos suplicantes, haja vista que fincaram sua tese de nulidade na data do protocolo das alegações finais, quando o Termo de Arbitragem estabelece, claramente, que o prazo para a apresentação da sentença se inicia com o recebimento das alegações finais pelos árbitros. Ao fazer tais afirmações, os suplicantes deduziram pretensão contra fato incontroverso e alteraram a verdade dos fatos, incorrendo nas condutas descritas nos incisos I e II do art. 80 do CPC. Ficam, pois, condenados ao pagamento de multa correspondente a 1% do valor atualizado da causa (...)".[121]

Assim, trata-se de um calendário provisório contendo o quadro basilar dos atos processuais a serem praticados, respeitando os direitos processuais fundamentais[122], como o contraditório, igualdade e ampla defesa. Essa é também a posição adotada pelo STJ, que reconhece que o modelo do contraditório participativo deve ser aplicado à arbitragem. Na ocasião do julgamento do Recurso Especial 1.903.359/RJ, o Ministro Marco Aurélio Bellizze consignou que "não se olvida, tampouco se afastam as vantagens de se traçar um paralelo entre o processo judicial e o procedimento arbitral, notadamente por tratarem efetivamente de ramos do Direito Processual. Desse modo, natural que do processo judicial se extraiam as principais noções e, muitas vezes, elementos seguros para solver relevantes indagações surgidas no âmbito da arbitragem, de forma a conceder às partes tratamento isonômico e a propiciar-lhes o pleno contraditório e a ampla defesa. Essa circunstância, todavia, não autoriza o intérprete a compreender que a arbitragem – regida por regras próprias – deva observar necessária e detidamente os regramentos disciplinadores do processo judicial, sob pena de desnaturar esse importante modo de heterocomposição.[123]" Nesse aspecto, em vez de seguir o modelo seguido no processo civil estatal, contando prazos em dias, com o requerente se manifestando em primeiro lugar e o requerido na sequência, é possível na arbitragem pactuar data para entrega simultânea das alegações escritas. Assim, por exemplo, pode-se estruturar um procedimento com alegações iniciais, respostas às alegações, réplica e tréplica. O agendamento de um dia para a entrega das alegações traz clareza na estruturação do procedimento, podendo ser uma opção a ser seguida pelas partes.

No mesmo acórdão citado, o STJ, em caso relatado pelo Ministro Marco Aurélio Bellizze, balizou a possibilidade de o Termo de Arbitragem estabelecer procedimentos estranhos àqueles previstos no CPC, estabelecendo que "é de suma relevância notar, a esse propósito, que o árbitro não se encontra, de modo algum, adstrito ao procedimento estabelecido no Código de Processo Civil, inexistindo regramento legal algum que deter-

---

[121] TJSP. Apel 1114237-31.2017.8.26.0100. Des. Rel. Ricardo Negrão. 2ª Câmara Reservada de Direito Empresarial. J. em: 09.03.2021.

[122] MENKE, Fabiano. Termo de Arbitragem: conteúdo e estabilidade do procedimento arbitral na formulação dos pedidos. In: André Jobim de Azevedo. (Org.). *II Dia Gaúcho da Arbitragem*, vol. I. Porto Alegre: Lex Magister, 2017, p. 65.

[123] STJ. REsp 1.903.359/RJ. Min. Marco Aurélio Bellizze. Terceira Turma. J em: 11.05.2021.

mine, genericamente, sua aplicação, nem sequer subsidiária, à arbitragem. Aliás, a Lei de Arbitragem, nos específicos casos em que preceitua a aplicação do diploma processual, assim o faz de maneira expressa." A relação estabelecida pela Corte Superior entre a flexibilidade do procedimento e a ata de missão é clara: "especificamente em relação à fase instrutória e às provas a serem produzidas no procedimento arbitral, registre-se não haver nenhuma determinação legal para que seja observado o estatuto de processo civil, ainda que, porventura, se esteja diante de uma lacuna, uma situação não preestabelecida pelas partes ou pelo regulamento disciplinador da arbitragem (...) o procedimento arbitral é, pois, regido, nessa ordem, pelas convenções estabelecidas entre as partes litigantes – o que se dá tanto por ocasião do compromisso arbitral ou da assinatura do termo de arbitragem, como no curso do processo arbitral –, pelo regulamento do Tribunal arbitral eleito e pelas determinações exaradas pelo árbitro.[124]"

A mecânica é semelhante à prevista no art. 191 do Código de Processo Civil[125], estando previsto em regulamentos de instituições arbitrais[126]. Esse calendário é especialmente importante para a produção de provas, estabelecendo os marcos temporais que deverão ser seguidos. Não se olvida que, diante da flexibilidade do procedimento arbitral, as partes poderão disponibilizar documentos em momento posterior, caso assim esteja previsto no termo de arbitragem, nas regras da instituição, ou haja sido deferido requerimento expresso e justificado para tanto[127].

O TJSP, em caso relatado pelo Desembargador Luís Francisco Aguilar Cortez, anulou sentença arbitral pelo fato de ter desrespeitado o cronograma processual estabelecido pelas partes[128]. Entendeu o relator que "como o procedimento é estabelecido pelas próprias partes, a necessidade de respeitá-lo só aumenta. Isso porque não é necessário que o julgador indague se o procedimento é adequado à resolução da controvérsia que deve resolver; as próprias partes, ao determinar o procedimento, já responderam positivamente a essa indagação". No caso, a parte requerida deixou de indicar nas alegações iniciais as provas que pretendia produzir, tendo ocorrido a preclusão desse direito. O tribunal arbitral, contudo, rejeitou a alegação de preclusão, o que, na visão do TJSP, desrespeitou o cronograma processual, violando a paridade de armas entre as partes, levando à anulação da sentença arbitral.

No termo de arbitragem pode-se prever desde o início regras de produção probatória. É possível optar por algum modelo internacional, consubstanciado em *soft law* como as Regras da IBA ou as Regras de Praga sobre produção de provas. Outros dispositivos que podem ser ajustados, por exemplo, são medidas a serem tomadas pelo tribunal para lidar com documentos confidenciais detido por apenas uma das partes. Ademais, é possível

---

[124]   STJ. REsp 1.903.359/RJ. Min. Marco Aurélio Bellizze. Terceira Turma. J em: 11.05.2021.

[125]   Código de Processo Civil, Art. 191: "De comum acordo, o juiz e as partes podem fixar calendário para a prática dos atos processuais, quando for o caso".

[126]   Por exemplo, art. 24.2 das Regras da CCI 2021: "Durante essa conferência, ou logo que possível após a sua realização o tribunal arbitral deverá fixar o cronograma do procedimento que pretenda seguir para a condução eficaz da arbitragem. O cronograma do procedimento e qualquer modificação feita posteriormente deverão ser comunicados à Corte e às partes."

[127]   BIANCHI, Beatriz Homem de Mello. Provas na arbitragem e a carta arbitral. *Revista de Arbitragem e Mediação*, vol. 59, p. 213-244, out./dez., 2018, DTR 2018/22467, p. 05.

[128]   TJSP. Ap. 1066484-54.2019.8.26.0053. Des. Luís Francisco Aguilar Cortez. 1ª Câmara de Direito Público. J. em: 27.04.2021.

ajustar regras limitadoras sobre a produção probatória, marcando datas para juntada de documentos, evitando a juntada "a conta-gotas", na qual uma das partes oculta provas visando obter benefício estratégico, protocolando quando julgar conveniente[129].

Outra disposição que poderá ser inserida no termo de arbitragem são regras referentes à suspensão do procedimento, ou outros incidentes procedimentais. Mesmo que a instituição de arbitragem tenha disposição nesse sentido, será possível complementar ou restringir o âmbito da previsão[130]. A suspensão poderá ser medida relevante, especialmente diante da existência de questão prejudicial pendente de julgamento, por exemplo.

Acerca dos honorários advocatícios sucumbenciais, não há, tal qual ocorre no Código de Processo Civil, previsão explícita nesse sentido. Autores como Carlos Alberto Carmona sustentam a possibilidade da sua fixação, mesmo sem pedido[131]. Posição diametralmente diversa é sustentada por José Roberto de Castro Neves[132]. Dessa forma, a posição mais

---

[129] "Pode-se fixar como marco temporal definitivo para a juntada de documentos a apresentação das principais alegações escritas, ou seja, até a réplica, ou tréplica, sempre com a garantia do contraditório. Posteriormente, há de se tolerar nova juntada de documentos, desde que ocorra a devida fundamentação, e desde que se cuide de fatos novos e documentos novos, ou de fatos antigos, mas cuja respectiva documentação só tenha vindo ao conhecimento ou à possibilidade de acesso pela parte em momento posterior. Quanto a este aspecto, é importante fazer algumas ponderações. A valoração pelo Tribunal Arbitral da justificativa para a apresentação posterior de documentos deve levar em consideração a complexidade do procedimento arbitral em questão. Tome-se o exemplo de arbitragens de infraestrutura, em que ao longo da fase de execução do contrato são produzidos milhares de documentos, como diários de obra, projetos executivos, relatórios de progresso, atas de reunião diárias, semanais e mensais, entre outros, inclusive por outros prestadores de serviço que não necessariamente integrem os polos da demanda arbitral, como projetista e fornecedores eletromecânicos. Mais ainda; ao longo da construção de empreendimentos de grande porte são trocados milhares de e-mails." (MENKE, Fabiano. Termo de Arbitragem: conteúdo e estabilidade do procedimento arbitral na formulação dos pedidos. In: André Jobim de Azevedo. (Org.). *II Dia Gaúcho da Arbitragem*, vol. I. Porto Alegre: Lex Magister, 2017, p. 66).

[130] "Não há, no direito brasileiro, normas legais gerais sobre suspensão do processo arbitral. A regulação do tema está destinada à convenção arbitral, ao regramento da instituição arbitral e ao termo de arbitragem. Evidentemente, há maior carga de disponibilidade quanto à suspensão do processo, dado seu caráter não estatal. Mas cabe sempre ressalvar a possível existência de regras de observância obrigatória ditadas por instituição arbitral que as partes tenham eleito para administrar a arbitragem. Entre tais regras, pode haver as que estabeleçam limites cogentes à suspensão convencional do processo." (TALAMINI, Eduardo. Suspensão do processo judicial para realização de mediação. *Revista de Processo*, vol. 277, p. 565-584, mar./2018, DTR 2018/9003).

[131] "muitos – como eu – entendem que mesmo sem que haja pedido expresso (ou menção expressa na convenção de arbitragem ou no termo de arbitragem) acerca da fixação de verbas advocatícias decorrentes da sucumbência, o tribunal arbitral deverá fixá-las. Em outras palavras, em minha visão, se as partes não excluírem a incidência de verba honorária de sucumbência, os árbitros a fixarão em sua decisão" (CARMONA, Carlos Alberto. Arbitragem e administração pública: primeiras reflexões sobre a arbitragem envolvendo a administração pública. *Revista Brasileira de Arbitragem*, nº 51, 2016, p. 16).

[132] "Como a lei não menciona a sucumbência, diante do silêncio das partes o Tribunal Arbitral não está autorizado a distribuir esse ônus para qualquer delas (pode, como antes se registrou, tratar dos honorários do advogado, que deve corresponder ao ressarcimento do que se pagou, tanto assim que destinado à parte e não ao seu patrono). Caso o Tribunal Arbitral, sem estar autorizado expressamente para tanto, estabeleça a sucumbência, estará agindo de forma ilegal. Como se viu, o art. 27 da Lei de Arbitragem fala apenas de custas e despesas: não de sucumbência. A ideia primordial, portanto, é o ressarcimento. Na medida em que a sucumbência tem um caráter de pena, diante

segura é criar regra expressa no termo de arbitragem, afastando as sombras que circundam o tema. Essa situação foi abordada pelo TJSP, em caso relatado pelo Desembargador Edgard Rosa, no qual o Tribunal, ao arbitrar os honorários e a sucumbência, decidiu, ao analisar o caso concreto que "não há que se falar em nulidade da sentença arbitral, que está bem fundamentada no que toca ao arbitramento dos honorários advocatícios aqui executados, e em consonância com o Termo de Arbitragem, instrumento processual ordenador do procedimento arbitral, em que, na espécie, as partes fixaram o critério a ser utilizado pelos árbitros para a fixação da verba de sucumbência"[133].

Há de se observar, ainda, ser possível inserir no termo regra específica sobre os pedidos de esclarecimento. Pode-se, por exemplo, modificar o prazo legal de cinco dias, ajustando outro[134]. Ainda, é possível estabelecer pedido de esclarecimento acerca da decisão que se manifesta sobre os esclarecimentos[135]. Dessa sorte, a partir dessas modificações, a jurisdição do tribunal não será encerrada com a prolação da sentença, havendo dilatação proporcional às adaptações feitas acerca dos pedidos de esclarecimento.

Por fim, destaca-se que o termo de arbitragem, diante do seu potencial de estruturar mudanças no procedimento, pode ser antídoto apto a combater as "táticas de guerrilha", comuns em algumas atuações advocatícias. Assim, é necessário estabelecer standards de idoneidade, seriedade e cuidado desde os momentos iniciais do procedimento, o que pode ser feito já na ata de missão[136].

---

do silêncio das partes, ela está, a princípio, afastada, sob pena de violar a regra aplicável. Ademais, não se pode interpretar extensivamente norma que impõe uma sanção." (CASTRO NEVES, José Roberto de. Custas, despesas e sucumbência na arbitragem. *Revista de Arbitragem e Mediação*, vol. 43, p. 209-216, out./dez., 2014, DTR 2014/21099, p. 03). A mesma posição é sustentada em: NUNES, Thiago Marinho; PEREIRA, Mariana Gofferjé, Custos e despesas na arbitragem doméstica e internacional. In: Napoleão Casado Filho; Luísa Quintão; Camila Simão. (Org.). Direito Internacional e Arbitragem – Estudos Em Homenagem ao Prof. Cláudio Finkelstein. São Paulo: Quartier Latin, 2019, p. 546-549.

[133] TJSP. Apelação 0111938-74.2012.8.26.0100. Des. Edgard Rosa. 11ª Câmara Extraordinária de Direito Privado. J. em: 20.08.2014.

[134] VERÇOSA, Haroldo Malheiros Duclerc. As mudanças na legislação da arbitragem e notas sobre a prova pericial na visão do árbitro. *Revista de Direito Empresarial*, vol. 10, p. 281-295, jul./ago., 2015, DTR 2015/10914, p. 05.

[135] "O pedido de esclarecimento previsto no artigo 30 da Lei de Arbitragem diz respeito à sentença arbitral e não à decisão que o julga, emendando-a ou não. Se o pedido foi julgado, não há mais que se falar em outros subsequentes, tendo por objeto essa decisão ou trechos da sentença arbitral, pois o processo findou e com isso a jurisdição dos árbitros. A lei não o prevê, embora nada impeça que as partes, ao regularem o procedimento arbitral no termo de arbitragem, venham a estabelecer regras sobre o tema, o que normalmente não tem ocorrido." (MAGALHÃES, José Carlos de. A coisa julgada na arbitragem. *Revista de Arbitragem e Mediação*, vol. 63, p. 121-135, out./dez., 2019, DTR 2019/41134).

[136] "O "antídoto" para enfrentar as táticas de guerrilha ainda residem na idoneidade, seriedade, zelo, cuidado e experiência dos árbitros e advogados, e, consequentemente, nos contornos – por estes – definidos sobretudo no início da arbitragem; isto é, durante a discussão do Termo de Arbitragem, Ata de Missão, Conferência Preliminar e Case Management Hearing. Se tais adequadas e profiláticas iniciativas não conseguem imunizar por completo o processo arbitral (dificilmente conseguirão), pelo menos pavimentam--no com princípios, regras e "munições" que permitem uma cost efficient condução do processo, atendendo, em essência, o espírito e objetivo das partes quando optaram pela arbitragem como método adequado de resolução de conflitos." (SANTOS, Maurício Gomm F. Dos. Táticas de Guerrilha na Arbitragem Internacional. In: Carlos Alberto Carmona; Selma Ferreira

Em síntese, enquanto negócio jurídico adequado à organização do procedimento, a sua utilização pode trazer benefícios concretos para o desenvolvimento dos próximos atos processuais. Compete apenas às partes e aos árbitros ter a devida atenção e zelo na sua elaboração, trazendo adequações e estabelecendo provisões úteis na regulação da arbitragem.

§ 64. PROCESSO FORMATIVO DO TERMO DE ARBITRAGEM

1. A elaboração do termo de arbitragem

A formação do termo de arbitragem segue uma sequência relativamente padronizada, que foi modificada com a maior inserção da tecnologia nos procedimentos arbitrais. Anteriormente[137], era comum inicialmente circular minuta do documento, por vezes baseado em minuta disponibilizada pela instituição arbitral, entre os árbitros e as partes. Na sequência, convocava-se reunião presencial, na qual compareciam os árbitros, as partes e os procuradores para assinar o termo de arbitragem, cujo conteúdo já se encontrava significativamente adiantado, a partir das discussões previamente realizadas.

Entretanto, com a maior inserção da tecnologia durante o procedimento arbitral, passou a ser prática dominante a discussão por teleconferência ou pela via eletrônica, dispensando-se a reunião presencial e economizando tempo e custos associados ao deslocamento. A opção pela realização desses atos pela via remota está em consonância com a tendência de evitar gastos supérfluos, contribuindo para acelerar o próprio procedimento e diminuir custos da arbitragem.

Em arbitragens institucionais, o processo de elaboração do termo costuma seguir um determinado padrão, que pode ser assim descrito[138]: (i) em primeiro, normalmente a câmara disponibiliza aos árbitros a minuta padrão elaborada com base no regulamento e com a experiência prévia na administração dos casos, atualizada conforme o desenvolvimento do instituto; (ii) na sequência, os árbitros fazem uma primeira análise e sugerem modificações, se entenderem cabíveis, encaminhando, na sequência, para as partes[139]; (iii) as partes analisam a minuta e sugerem modificações e/ou complementações[140]; (iv) o processo segue com encontro (presencial ou virtual) para, em caso de dúvidas e divergências apontadas pelas partes, debater o conteúdo do termo, resolvendo bilateralmente

---

Lemes; Pedro Batista Martins (Coords). *20 Anos da Lei de Arbitragem: homenagem a Petrônio R. Muniz*. São Paulo: Atlas, 2017, p. 342).

[137] Seguindo o processo descrito por Fabiano Menke em: MENKE, Fabiano. Termo de Arbitragem: conteúdo e estabilidade do procedimento arbitral na formulação dos pedidos. In: André Jobim de Azevedo. (Org.). *II Dia Gaúcho da Arbitragem*, vol. I. Porto Alegre: Lex Magister, 2017, p. 62.

[138] SESTER, Peter Christian. *Comentários à Lei de Arbitragem e à Legislação Extravagantes Relacionada a Arbitragem*. São Paulo: Quartier Latin, 2020, p. 235-236.

[139] Relata Gary Born: "The Terms of Reference are typically drafted by the arbitral tribunal and reviewed in draft form by the parties (almost always based on a proposal circulated by the tribunal). This can occur without actual meetings, with comments exchanged by email, or in conjunction with an initial procedural meeting. The 2017 ICC Rules provide for the parties and the arbitrator(s) to sign the Terms of Reference, which is then submitted to the ICC's International Court of Arbitration." (BORN, Gary. *International Commercial Arbitration*. 3ª ed. The Hague: Kluwer Law International, 2021, p. 2413).

[140] CARMONA, Carlos Alberto. *Arbitragem e Processo: um comentário à Lei nº 9.307/96*. 3ª ed. São Paulo: Atlas, 2009, p. 282.

eventuais pontos controvertidos; (v) por fim, atingindo-se um acordo sobre o seu conteúdo, marca-se um momento para a assinatura do termo de arbitragem[141]. Entretanto, caso as partes não cheguem a um acordo sobre o conteúdo, caberá ao tribunal primeiro tentar encontrar um meio termo e, se não for possível, decidir de forma impositiva a respeito[142]. Por certo, esses atos não necessariamente ocorrerão dessa forma, diante da inexistência de procedimento fixado por lei. Trata-se, contudo, de sequência lógica e empregada em procedimentos arbitrais.

Ademais, ressalta-se a importância de os representantes legais terem poderes suficientes para assinar o termo[143]. Adverte Selma Lemes que "considerando que o TDA, quando assinado pelas partes e árbitros, em tudo se assemelha ao compromisso arbitral, recomenda-se que o procurador ou mandatário esteja investido não apenas dos poderes de representação em geral, mas que na procuração conste expressamente o poder para firmá-lo"[144].

A advertência tem por fundamento no art. 661, § 2º, do Código Civil[145], que exige autorização expressa para firmar compromisso arbitral. Assim, não é possível considerar que os poderes gerais conferidos ao advogado impliquem em poderes de modificação do conteúdo da cláusula compromissória, a mesmo que o poder de firmar compromisso já tenha sido outorgado[146].

Dessa forma, percebe-se que o rito de formação do termo de arbitragem envolve um constante diálogo entre as partes e os árbitros, demandando uma postura colaborativa e

---

[141] MAIA NETO, Francisco. O Processo Arbitral. *Revista de Arbitragem e Mediação*, vol. 33, p. 289-297, abr./jun., 2012, DTR 2012/44767

[142] SESTER, Peter Christian. *Comentários à Lei de Arbitragem e à Legislação Extravagantes Relacionada a Arbitragem*. São Paulo: Quartier Latin, 2020, p. 235-236.

[143] "Cabe observar que os advogados que comparecerem à reunião de assinatura do termo de arbitragem deverão estar munidos de poderes especiais para firmá-lo, tendo em vista que se trata de extensão da cláusula compromissória." (MENKE, Fabiano. Termo de Arbitragem: conteúdo e estabilidade do procedimento arbitral na formulação dos pedidos. In: André Jobim de Azevedo. (Org.). *II Dia Gaúcho da Arbitragem*, vol. I. Porto Alegre: Lex Magister, 2017, p. 63).

[144] LEMES, Selma M. Ferreira. Convenção de Arbitragem e Termo de Arbitragem. Características, efeitos e funções. *Revista do advogado*, AASP, nº 87, p. 94-99, set./2006, p. 99.

[145] Código Civil, Art. 661: "O mandato em termos gerais só confere poderes de administração. § 2º O poder de transigir não importa o de firmar compromisso."

[146] "A recomendação de outorga de poderes para a alteração da cláusula compromissória pode se fazer necessária pois, em alguns casos, ela contém regras que demandam modificação para que o procedimento arbitral seja conduzido sem percalços. Exemplo de conteúdo da cláusula compromissória que é alterado com alguma frequência é o relativo ao prazo para que seja proferida a sentença arbitral. Isso porque vez por outra cláusulas compromissórias contém previsões para que a sentença arbitral seja finalizada em prazos exíguos como o de sessenta dias após a constituição do tribunal arbitral. Na prática, é quase sempre inviável a observância de prazos tão curtos, especialmente nos casos de arbitragem de infraestrutura, que são extremamente complexos e poderão durar mais de três anos. Da mesma forma, os poderes para a modificação da cláusula compromissória serão necessários em virtude de eventual patologia originariamente nela contida, que poderá ser afastada por acordo das partes justamente no momento da assinatura do termo de arbitragem, ocasião em que as partes terão a faculdade de ratificar eventuais atos praticados na vigência da cláusula patológica" (MENKE, Fabiano. Termo de Arbitragem: conteúdo e estabilidade do procedimento arbitral na formulação dos pedidos. In: André Jobim de Azevedo. (Org.). *II Dia Gaúcho da Arbitragem*, vol. I. Porto Alegre: Lex Magister, 2017, p. 63).

PARTE V · Capítulo 17 · O TERMO DE ARBITRAGEM | **735**

simétrica entre os agentes envolvidos[147]. Esse é um dos exemplos claros de como o contraditório participativo e com poder de influência está presente na arbitragem, colocando as partes em posição de diálogo em prol da elaboração de como ocorrerá o processo de solução da controvérsia.

Assim, segue-se, nesse momento do processo arbitral, modelo de diálogo paritário sobre a conformação do procedimento, em sintonia com a ideia de "comunidade de trabalho" (*Arbeitsgemeinschaft*), privilegiando o trabalho processual conjunto entre julgador e partes (*prozessualen Zusammenarbeit*)[148]. A estrutura negocial da arbitragem permite que esse diálogo ocorra de modo ainda mais intenso do que ocorre no processo civil estatal. Essa flexibilidade e estrutura de diálogo aberto pode trazer substantivos ganhos de eficiência quando bem utilizada pelos árbitros e pelas partes.

2. Recusa em firmar o termo

A recusa de qualquer das partes em assinar referido negócio jurídico não impacta de forma relevante a arbitragem a ser instaurada, vez que esse não é peça obrigatória no processo arbitral[149]. Assim, a não assinatura do termo de arbitragem não traz nenhum impacto para a jurisdição do tribunal, e nem impede o regular prosseguimento da arbitragem[150].

Resta claro que a recusa em concluir o termo de arbitragem não tem o condão de remeter as partes ao Poder Judiciário, nem será caso da propositura da ação do art. 7º da Lei de Arbitragem[151], referente à execução específica da cláusula compromissória, vez que a arbitragem já se encontra instituída[152]. Se a própria lei de arbitragem estabelece que o

---

[147] "The third advantage of terms of reference lies in the fact that they bring the parties together at the outset of the proceedings. A meeting of the parties to agree on how the proceedings are to be conducted and to clarify their respective cases may provide an opportunity to open a dialogue leading to the amicable settlement of the dispute. In practice, it is not unusual for a settlement to be reached at the terms of reference stage. On the other hand, if a party refuses to participate in the preparation of the terms of reference, that will not affect the validity of the subsequent award." (FOUCHARD, Philippe; GAILLARD, Emmanuel; GOLDMAND, Berthold. *Fouchard Gaillard Goldman on International Arbitration*. Haia: Kluwer Law International, 1999, p. 671).

[148] MARINONI, Luiz Guilherme; ARENHART, Sérgio Cruz; MITIDIERO, Daniel. *Curso de Processo Civil*. Vol. 1. São Paulo: Revista dos Tribunais, 2015, p. 494.

[149] "Alguns regulamentos estabelecem um iter procedimental que parece exigir a redação do termo de arbitragem, como primeiro ato que devam praticar árbitros, partes e seus procuradores. Esta impressão é tão forte para alguns que, havendo por qualquer motivo recusa em assinar o termo, imaginam que se torne necessária a remessa das partes ao Poder Judiciário para instituição forçada da arbitragem. Evidentemente não é assim." (CARMONA, Carlos Alberto. *Arbitragem e Processo: um comentário à Lei nº 9.307/96*. 3ª ed. São Paulo: Atlas, 2009, p. 281).

[150] LEMES, Selma M. Ferreira. Convenção de Arbitragem e Termo de Arbitragem. Características, efeitos e funções. *Revista do advogado*, AASP, nº 87, set./2006, p. 94-99, p. 98.

[151] PARENTE, Eduardo de Albuquerque. Processo Arbitral e Sistema 391f. Tese (Doutorado em Direito). Universidade de São Paulo. São Paulo, 2009, p. 166-167.

[152] Nesse sentido, é clara a posição de Carlos Alberto Carmona: "a recusa de qualquer das partes em assinar o termo de arbitragem (art. 19, parágrafo único da Lei) não levará os contendes ao Poder Judiciário, ainda que o regulamento escolhido preveja a "necessidade" de firmar tal documento: aceita a nomeação, pelos árbitros, estará instituída a arbitragem (o que afasta, desde logo, a incidência do art. 7º da Lei), de maneira que o termo de arbitragem caracteriza-se apenas como um elemento útil ao encaminhamento adequado do processo arbitral, mas não indispensável."

procedimento arbitral tem curso, diante da revelia de uma das partes[153], não será a recusa da assinatura do termo obstáculo intransponível para o livre decorrer da arbitragem[154].

Assim, se uma das partes não comparece à audiência marcada para firmar o termo, não há razão de elaborar a peça, a qual simplesmente não existirá[155]. Entretanto, a tendência é que as partes consigam se colocar de acordo para o regular prosseguimento da arbitragem. Digno de nota é o relato prático realizado por Carlos Alberto Carmona: "em minha experiência prática, nunca vi ou soube de algum árbitro que tenha se recusado a firmar um termo de arbitragem; já presenciei, porém, resistência injustificável de parte, que se recusava a firmar o termo de arbitragem sob a afirmação de que considerava defeituosa a convenção arbitral. Tal motivo, evidentemente, não faz sentido algum: bastaria fazer constar ressalva na peça, consignando a parte interessada que a assinatura do termo de arbitragem não significaria concordância com a instauração do procedimento nem a convalidação de qualquer nulidade"[156].

Entretanto, nesses casos de recusa, o mais indicado é que o tribunal se mantenha fiel aos termos da convenção de arbitragem[157] e não promova modificações unilaterais no regulamento da câmara – caso se trate de arbitragem institucional. A resistência de uma das partes, além de ser indício de comportamento não cooperativo, quando calcada em argumentos sérios e relevantes, deve ser vista como um sinal de alerta, tornando recomendável a adoção de postura mais conservadora, atentando-se o tribunal rigorosamente aos termos previamente pactuados e com os quais ambas as partes consentiram.

Dessa forma, a convenção de arbitragem e o regulamento escolhido serão as guias mestras na condução da arbitragem[158], cabendo ao tribunal exercer o seu poder de gestão processual para sanar eventuais problemas a serem enfrentados diante de situações lacunosas, dúbias ou omissas[159]. Por certo, haverá inconvenientes daí decorrentes, especialmente se a convenção de arbitragem não tratar de alguns pontos basilares.

A situação é mais problemática caso a convenção de arbitragem seja uma cláusula compromissória, especialmente se houver hiato temporal significativo entre a sua

---

(CARMONA, Carlos Alberto. *Arbitragem e Processo: um comentário à Lei nº 9.307/96.* 3ª ed. São Paulo: Atlas, 2009, p. 156-157).

[153] Lei de Arbitragem, art. 22º, § 3º: "A revelia da parte não impedirá que seja proferida a sentença arbitral."

[154] MENKE, Fabiano. Termo de Arbitragem: conteúdo e estabilidade do procedimento arbitral na formulação dos pedidos. In: André Jobim de Azevedo. (Org.). *II Dia Gaúcho da Arbitragem*, vol. I. Porto Alegre: Lex Magister, 2017, p. 63.

[155] CARMONA, Carlos Alberto. *Arbitragem e Processo: um comentário à Lei nº 9.307/96.* 3ª ed. São Paulo: Atlas, 2009, p. 281.

[156] CARMONA, Carlos Alberto. *Arbitragem e Processo: um comentário à Lei nº 9.307/96.* 3ª ed. São Paulo: Atlas, 2009, p. 282.

[157] LEMES, Selma M. Ferreira. Convenção de Arbitragem e Termo de Arbitragem. Características, efeitos e funções. *Revista do advogado*, AASP, nº 87, set./2006, p. 94-99, p. 98.

[158] "O que sucederá é que, não havendo consenso, não existirá termo de arbitragem. Mas as questões procedimentais e as definições de resolução quanto a elas continuarão em poder do árbitro, que as tratará conforme forem surgindo no processo." (PARENTE, Eduardo de Albuquerque. Processo Arbitral e Sistema. 391f. Tese (Doutorado em Direito). Universidade de São Paulo. São Paulo, 2009, p. 168).

[159] CARMONA, Carlos Alberto. *Arbitragem e Processo: um comentário à Lei nº 9.307/96.* 3ª ed. São Paulo: Atlas, 2009, p. 282.

PARTE V · Capítulo 17 · O TERMO DE ARBITRAGEM | **737**

elaboração e o início da arbitragem. Por essa razão, importa tomar cuidados especiais no momento da sua redação. Desse modo, uma cláusula compromissória mal redigida, contendo vários elementos omissos, se não complementada por termo de arbitragem, pode dar azo a inconvenientes processuais[160].

Em síntese, por mais que a recusa em firmar o termo de arbitragem não constitua óbice ao regular prosseguimento da arbitragem, não impactando na jurisdição do tribunal, por certo que poderá dar origem a inconvenientes práticos, que terão de ser superados ou pelos dispositivos do regulamento da instituição arbitral aplicável nas arbitragens institucionais, ou, subsidiariamente, pelos poderes supletivos do tribunal arbitral de decidir questões acerca da condução do procedimento.

3. Distinção entre termo de arbitragem e ordem procedimental

É importante traçar a distinção entre duas figuras utilizadas na condução da arbitragem, mas inconfundíveis entre si: o termo de arbitragem e a ordem procedimental. Enquanto o termo de arbitragem é negócio jurídico processual plurilateral, de caráter facultativo e complementar à convenção de arbitragem, a ordem processual é manifestação do exercício da jurisdição do tribunal.

A finalidade de cada qual é diversa. Enquanto o termo exerce função corretiva da convenção de arbitragem, documenta a relação jurídica e ordena elementos a serem seguidos pelo tribunal arbitral, a ordem procedimental tem por finalidade precípua estabelecer ato de natureza jurisdicional. Portanto, enquanto as partes e o tribunal são criadores e destinatários do conteúdo de eficácia do termo de arbitragem, na ordem procedimental o tribunal é o criador e as partes são as destinatárias.

Enquanto o termo de arbitragem é fruto da autonomia privada, a ordem procedimental é fruto da jurisdição. Assim, a ordem procedimental é ato heterônomo, impondo um comportamento a ser seguido pelas partes ou decidindo unilateralmente uma questão de natureza processual, apresentando, portanto, fundamento significativamente diverso daquele subjacente ao termo de arbitragem.

A fim de melhor conduzir o procedimento, é recomendável que os árbitros não procurem exercer jurisdição no momento da elaboração do termo de arbitragem. A redação do termo, preferencialmente, tem de ser momento de colaboração entre partes e julgadores, em posição de simetria. A tentativa do tribunal de impor regras nesse momento pode ser inadequada, causando constrangimento para as partes, em dissonância com o espírito de autonomia privada na organização do procedimento que deve ser priorizada nessa etapa. Assim, é recomendável que a intervenção do tribunal seja reduzida ao mínimo necessário, quando da elaboração do termo de arbitragem, sempre preferindo o diálogo.

Oposições do tribunal a pretensões das partes, individuais ou conjuntas, são compreensíveis. O limite será encontrado quando, a partir de tais modificações, o conteúdo

---

[160] "Os inconvenientes práticos são de ordem variada: em termos de escolha de local da arbitragem, idioma, lei material aplicável e identificação exata do objeto da arbitragem, as partes terão que confiar na decisão dos julgadores; no que diz respeito aos prazos, ainda que possam ser exíguos no caso concreto, não poderão (em princípio) ser alterados por falta de consenso. Enfim, a falta do termo de arbitragem causa desnecessário engessamento da arbitragem (especialmente do processo arbitral), muitas vezes por simples teimosia de alguma das partes." (CARMONA, Carlos Alberto. *Arbitragem e Processo: um comentário à Lei nº 9.307/96*. 3ª ed. São Paulo: Atlas, 2009, p. 282).

do termo venha a desnaturar a essência do poder jurisdicional que o árbitro considerou que teria, quando aceitou o encargo de ser árbitro. Entretanto, mesmo assim, a postura preferencial é a de se evitar uma imposição do tribunal sobre a vontade das partes, especialmente se e quando ambas estiverem de acordo sobre determinado *modus operandi* na condução do procedimento. Sendo a arbitragem procedimento voltado para as partes e marcado pela flexibilidade procedimental, descabido que o árbitro se arrogue posição de soberania e venha a impor sua vontade sobre a dos contratantes. Aceitar a condição de árbitro é opção pessoal, e implica acatar as balizas predeterminadas na convenção de arbitragem e o regulamento institucional, bem como aquelas criadas quando da redação da ata de missão.

Não poderá, portanto, o tribunal, pretender desnaturar o regramento processual criado pelas partes, ou estabelecido pela instituição. Seria uma inversão da lógica de autonomia privada, que deve ser soberana na arbitragem. Caso as partes pretendessem seguir um procedimento estandardizado, com menor grau de flexibilidade e maior submissão às decisões processuais de terceiro, poderiam ter optado por seguir o curso do processo civil estatal. No entanto, a arbitragem significa uma opção pela autonomia, pela flexibilidade procedimental e pela adequação do rito às necessidades do direito material sob tutela.

Por certo, poderão os árbitros apresentar sugestões de como melhor organizar e conduzir o procedimento, quando da redação da ata de missão em uma estrutura dialógica. Igualmente, é inegável que serão detentores primordiais da gestão processual após a assinatura do termo. Entretanto, essas prerrogativas devem sempre ser exercidas de modo alinhado aos predicados de autonomia e de adequação procedimental valorizados pelas partes.

Nesse sentido, o termo de arbitragem não pode ser confundido com uma ordem procedimental. O seu papel funcional e o seu fundamento, são distintos e inconfundíveis. Igualmente, não convém que o tribunal assuma a posição que, por definição, é das partes, e promova, a seu exclusivo alvitre, modificações nos ajustes bilateralmente acordados. O tribunal instituído pela vontade das partes deve reservar as suas prerrogativas jurisdicionais e de gestão processual para a sequência do procedimento, preferencialmente após a assinatura do termo. O que o consenso das partes construiu cabe ser acatado, em respeito aos princípios basilares do instituto.

Capítulo 18
CONTRATO COM O ÁRBITRO

As relações jurídicas subjacentes à estruturação de um procedimento arbitral são multifacetadas. Para além da convenção de arbitragem, importa tomar em consideração as relações existentes entre as partes, com os árbitros e com a instituição arbitral, e entre os árbitros e a instituição arbitral. Há um conjunto de direitos, deveres, poderes, sujeições, faculdades e ônus envolvidos, que são próprios dessas relações jurídicas. Assim, a convenção de arbitragem é o pressuposto para a constituição de tais vínculos[161], os quais acabam adquirindo autonomia jurídica em razão da identificação de polos próprios de interesse, bem como objetos jurídicos distintos da convenção de arbitragem.

De plano, destaca-se que há autonomia conceitual entre a relação jurídica existente entre árbitros e partes, a relação estabelecida entre as partes e a instituição arbitral e a que se forma entre os árbitros e a instituição arbitral. Há polos de interesses jurídicos distintos, com objetos e conteúdos eficaciais próprios[162]. Dessa forma, a melhor postura dogmática consiste na segregação dessas diferentes, porém intrincadas, relações jurídicas negociais. Igualmente, o contrato entre árbitros e partes não se confunde com a convenção de arbitragem. Por certo, a existência de cláusula compromissória, ou compromisso arbitral, é fato necessário à existência de poderes jurisdicionais, para que a controvérsia seja dirimida[163].

A separação dessas relações ilustra a razão pela qual os honorários, os deveres e as obrigações recíprocas entre árbitros e partes prevalecem, a despeito de superveniente

---

[161] "Tratando-se a convenção de arbitragem de pressuposto, e não de elemento essencial, natural ou acidental do contrato entre o árbitro e as partes, é incorreto afirmar que o árbitro adere à convenção de arbitragem ou a ela se vincula de alguma maneira. A não vinculação, porém, não significa que o árbitro não deva observar os termos do negócio jurídico processual firmado. O árbitro deve obediência, por exemplo, à forma de constituição do tribunal arbitral quando prevista na convenção de arbitragem, aos limites objetivos da convenção de arbitragem, entre outros aspectos." (PEREIRA, Mariana Gofferjé. O contrato entre o árbitro e as partes no Direito brasileiro. *Revista dos Tribunais*, vol. 65, p. 227-274, abr./jun., 2020, DTR 2020/7584, p. 02).

[162] Em sentido ligeiramente diverso, JUSTEN FILHO, Marçal. Administração Pública e Arbitragem: o vínculo com a câmara de arbitragem e os árbitros. *Revista Brasileira da Advocacia*, ano 1, vol. 1, abr./jun., 2016, p. 103-151, p. 111.

[163] "Ese encuentro de voluntades de acudir al arbitraje, el acuerdo de arbitraje, será seguido de un contrato de árbitro que investirá al árbitro del comercio internacional de todo su poder, de forma directa en el arbitraje independiente o de forma indirecta en el arbitraje institucional" (DE JESUS, Alfredo. La autonomía del arbitraje comercial internacional a la hora de la constitucionalización del arbitraje en América Latina. *Revista de Arbitraje Comercial y de Inversiones*, Centro Internacional de Arbitraje, Mediación y Negociación (CIAMEN); IproLex, vol. 2 Issue 1, pp. 29 – 80, 2009, p. 43).

CONVENÇÃO DE ARBITRAGEM – *Fichtner* • *Tolentino* • *Polastri* • *Salton*

constatação da inexistência de convenção de arbitragem[164]. Também por essa razão, em termos dogmáticos, o melhor entendimento é no sentido de perceber a existência de negócios jurídicos autônomos e apartados, como se passa a analisar.

§ 65. A NATUREZA DA RELAÇÃO ENTRE ÁRBITROS E PARTES

1. Origem contratual

O árbitro é a pessoa física designada pelas partes para resolver o litígio que as opõe, exercendo jurisdição sobre o caso concreto[165]. A relação entre os árbitros e as partes depende de uma convenção. Pontes de Miranda esclarece que "os árbitros designados não têm dever de julgar, porque não se submeteram a isso, de modo que é preciso existir relação jurídica entre os comprometentes e os árbitros, ou árbitro. Daí a necessidade do negócio jurídico arbitral"[166]. Assim, é necessário constituir uma relação jurídica de direito civil entre os árbitros e as partes[167], cujo conteúdo será composto de direitos, deveres, poderes, sujeições, ônus e faculdades próprios. Mesmo que os contornos dogmáticos deste contrato ainda estejam sob construção, há maior clareza sobre o seu conteúdo[168].

O vínculo existente entre os árbitros e as partes está consubstanciado em um contrato. Esse negócio jurídico traduz o conteúdo e os limites da missão institucional dos árbitros, traduzida, primordialmente, no dever de prestar jurisdição, atividade que culmina com o ato de proferir uma sentença definitiva e que ponha fim ao litígio.[169]. Conforme Giovanni Ettore Nanni, esse contrato "confere ao árbitro uma missão de justiça. Trata-se de um contrato civil. Por meio do contrato, o árbitro concorda em resolver a disputa entre as partes em contrapartida de uma certa remuneração"[170].

---

[164] "This approach also avoids disputes about the status of the arbitrator's contract in the event that the underlying arbitration agreement is held to be nonexistent or invalid. If the arbitrator's contract was merely an enlargement of the arbitration agreement, then the invalidity of the latter should, properly considered, entail the invalidity of the former. This result would make no commercial sense and would be contrary to the parties' obvious expectations (*i.e.*, arbitrators who make a negative jurisdictional determination are as much entitled to remuneration for their services and arbitrator immunity as those who do not)." (BORN, Gary B. *International Commercial Arbitration*. 3th ed. The Hague: Kluwer Law International, 2021, p. 2119).

[165] BAPTISTA, Luiz Olavo. Primeiras anotações sobre o árbitro e os contratos: entre o poder e o dever. In: *O árbitro, a arbitragem e o contrato*, Cadernos do IEC, n. 3, p. 47-65, 2010, p. 49.

[166] PONTES DE MIRANDA, Francisco Cavalcanti. *Tratado de Direito Privado*. t. XXVI. Atualizado por: Ruy Rosado de Aguiar Júnior; Nelson Nery Jr. São Paulo: Editora Revista dos Tribunais, 2012, p. 489.

[167] NANNI, Giovanni Ettore. Notas sobre os negócios jurídicos da arbitragem e a liberdade de escolha do árbitro à luz da autonomia privada. *Revista Brasileira de Arbitragem e Mediação*, vol. 49, jun. 2016, p. 05.

[168] MARTINS-COSTA, Judith. *A Boa-fé no Direito Privado*: Critérios para a sua Aplicação. 2ª ed. São Paulo: Saraiva, 2018, p. 360.

[169] DE JESUS, Alfredo. La autonomía del arbitraje comercial internacional a la hora de la constitucionalización del arbitraje en América Latina. *Revista de Arbitraje Comercial y de Inversiones*, ; vol. 2 Issue 1, p. 29-80, 2009, p. 57.

[170] NANNI, Giovanni Ettore. Notas sobre os negócios jurídicos da arbitragem e a liberdade de escolha do árbitro à luz da autonomia privada. *Revista Brasileira de Arbitragem e Mediação*, vol. 49, jun. 2016, p. 05.

Nesse sentido, adotando posição defendida por Gary Born[171], entendemos que a melhor explicação para o *status*, os direitos e as obrigações assumidas pelos árbitros, está em perceber a relação jurídica que lhes dá origem como um contrato que consubstancia regime jurídico especializado. A relação entre árbitros e partes não é suficientemente explicada pelo viés puramente jurisdicional, pois ignora ou embaça os variados aspectos materiais obrigacionais nela existentes, ou dela decorrentes.

Eventual posição que opte pela negativa de existência de vínculo contratual, torna complexa a explicação do direito das partes de escolher seus árbitros (e o direito dos árbitros de recusar a nomeação), a remuneração dos árbitros e outros termos de contratação. O mesmo se diga em relação ao dever dos árbitros de conduzir a arbitragem de acordo com o negociado entre as partes (diferentemente do que ocorre na relação jurisdicional entre juiz e partes, no processo civil estatal) e ao direito de as partes, consensualmente, removerem um ou mais árbitros. Todos esses direitos e deveres elencados são facilmente explicados, a partir do vislumbre de relação jurídica contratual autônoma entre árbitros e partes.

Assim, constrói-se um liame obrigacional autônomo, vinculando os árbitros e as partes do litígio. Mesmo quando há intervenção de instituição de arbitragem na administração do procedimento, não ocorre a desnaturação da relação autônoma havida entre árbitros e partes[172]. Em termos internacionais, reconhece-se amplamente a natureza contratual da relação entre os árbitros e as partes. Nesse sentido, explica Gary Born que "under the contractual theory, the arbitrators and the parties to an arbitration agreement enter into a separate agreement with one another, pursuant to which the arbitrators undertake to

---

[171] "The better view is that arbitrators' status, rights and obligations are the result of a contract which operates within, and incorporates, a specialized legal regime – that regime being the international and national law framework governing the international arbitral process. In particular, it is insufficient to attribute the arbitrator's rights and obligations solely to an external legal framework, and to deny the existence of a contract between the parties and the arbitrators. Without the arbitrator's contract, there is no convincing explanation for matters such as the parties' right to select their arbitrators (and the arbitrators' right to decline appointment), the arbitrators' remuneration and other terms of engagement, the arbitrators' duty to conduct the arbitration in accordance with the parties' agreement (as distinct from general principles of fairness and equality) and the parties' right (jointly) to remove an arbitrator. Each of these aspects of the arbitrators' rights and duties is readily and naturally explained by a contract between the parties and the arbitrators (most obviously, the arbitrators' remuneration and other terms of engagement), and only with considerable, ultimately unsatisfactory, effort by a noncontractual relationship between the arbitrators and the parties. Put simply, a private party does not choose the judge responsible for resolving its disputes, or negotiate with or make commitments to a judge about his or her remuneration or cancellation fees, or prescribe the procedures and scope of the judge's service, or exercise the authority to remove the judge or other official from office. These aspects of the arbitrator's role are explicable most naturally – and in large part only – as a consequence of a contractual relationship." (BORN, Gary B. *International Commercial Arbitration*. 3th ed. The Hague: Kluwer Law International, 2021, p. 2116).

[172] "É essencial que as relações contratuais liguem o árbitro às partes do litígio. A situação é mais complexa quando a arbitragem está organizada sob a égide de uma instituição de arbitragem. A intervenção de tal instituição não modifica, todavia, em nada a relação contratual que liga o árbitro às partes. Em sua missão jurisdicional, as partes se tornam co-contratantes do árbitro. A intervenção de uma instituição de arbitragem acrescenta as relações contratuais, de um lado entre as partes e a instituição de arbitragem e, de outro lado, entre o árbitro e a instituição de arbitragem." (HENRY, Marc. Do Contrato do Árbitro: o Árbitro, um Prestador de Serviços. *Revista Brasileira de Arbitragem*, vol. II, issue 6, pp. 65-74, 2005, p. 67).

perform specified functions vis-à-vis the parties in return for remuneration, cooperation and defined immunities"[173].

Em síntese, em termos conceituais, o contrato entre as partes e os árbitros pode ser definido como ajuste, por meio do qual o árbitro se obriga a proferir sentença final, vinculante e exequível, em conformidade com o procedimento avençado, e que solucione a disputa trazida pelas partes, mediante remuneração pela atividade desempenhada[174]. Assim, esse será um dos negócios jurídicos que integrará a estrutura da situação jurídica arbitral, constituindo vínculo jurídico entre os litigantes e os árbitros, tendo por objetivo a solução efetiva do conflito, mediante a análise, o acompanhamento, o processamento e a prolação tempestiva da sentença[175]. Perceber a origem contratual dessa relação, iluminando a sua estrutura jurídica, é indispensável para que ocorra a melhor compreensão das suas características e conteúdo jurídico.

2. Características do contrato com os árbitros

Apontada a natureza contratual da relação entre árbitros e partes, cabe analisar as suas características essenciais. Preliminarmente, no que toca à terminologia, o contrato entre os árbitros e as partes é denominado de "contrato de investidura"[176], podendo apresentar outras designações, a depender da ordem jurídica. Do direito romano remonta o termo "*receptum arbitrii*", a partir do qual houve o desenvolvimento de outras figuras explicativas da relação entre árbitros e partes[177]. Na Alemanha, prevalece a expressão "*schiedsrichtlicher Vertag*", na Itália o seu equivalente é o "*contratto di arbitrato*" e, na França, "*contrat d'investiture*". No Brasil, trata-se do "contrato de investidura" ou "contrato de árbitro". Passamos à análise das suas características fundamentais.

---

[173] BORN, Gary B. *International Commercial Arbitration*. 3th ed. The Hague: Kluwer Law International, 2021, p. 2110.

[174] A definição proposta foi feita a partir do conceito sugerido por Mariana Pereira: "O contrato entre o árbitro e as partes consiste no ajuste, expresso ou tácito, por meio do qual o árbitro se obriga a proferir uma sentença arbitral final e vinculante, que ponha termo à disputa entre as partes, mediante remuneração pela atividade desempenhada. Trata-se de um acordo de vontades que se forma toda vez que as partes de um litígio escolhem livremente entre o universo de pessoas capazes e de sua confiança quem será o árbitro, isto é, quem adjudicará a disputa existente entre elas, recebendo, para tanto, os honorários correspondentes" (PEREIRA, Mariana Gofferjé. O contrato entre o árbitro e as partes no Direito brasileiro. *Revista dos Tribunais*, vol. 65, p. 227-274, abr./jun. 2020, DTR 2020/7584, p. 02).

[175] LUCAS, Marcus Vinicius Pereira. Responsabilidade Civil do Árbitro. 202f. Dissertação (Mestrado em Direito). Pontifícia Universidade Católica de São Paulo, São Paulo, 2018, p. 26.

[176] LEMES, Selma. O papel do árbitro. *Revista do direito da energia*, São Paulo, vol. 3, nº 4, p. 117-128, mar./2006, p. 03.

[177] "El concepto de Receptum-arbitri viene dado por el hecho de que cuando las partes se ponen de acuerdo mediante un compromiso para el arbitraje de una contravertida relación jurídica, existente entre ellos, por mediación de un árbitro avenidor, en lugar de recurrir a un juez secular, entonces además de esta decisión de las par- tes, será preciso la libre aceptación de este cargo por parte del árbitro, pues podrá aceptar o rechazar el propuesto arbitraje" (GARCIA, Candida Gutierrez. Receptum Arbitri. *Anales de la Universidad de Alicante,* Facultad de Derecho, nº 6, p. 147-158, 1991, p. 147).

PARTE V · **Capítulo 18** · CONTRATO COM O ÁRBITRO | **743**

Em primeiro, trata-se de um contrato atípico, estipulado à luz do princípio geral de liberdade contratual[178], consubstanciado no art. 425 do Código Civil[179]. Entende-se que a atipicidade dessa relação jurídica está atrelada à própria estrutura negocial da arbitragem – contratual na estrutura e jurisdicional na finalidade[180]. Há, pois, uma natureza híbrida, sendo um contrato *sui generis*[181]. Tentou-se, previamente, classificar esse contrato como mandato[182], agência, contrato de trabalho e prestação de serviços[183]. No entanto, a relação entre os árbitros e as partes mostra-se irredutível a uma categoria específica de contratos, especialmente considerando a peculiaridade da missão do árbitro – prestar jurisdição[184]. Pontes de Miranda também qualifica o contrato de investidura como um contrato especial, próximo da prestação de serviços, que se forma quando da aceitação das funções pelos árbitros[185]. Assim, o reconhecimento de sua natureza atípica, *sui generis*, é a consequência de se vislumbrar na relação jurídica existente entre árbitros e partes, elementos de

---

[178] BARABINO, André. Negócios Jurídicos na Arbitragem. 115f. Dissertação (mestrado em direito). Pontifícia Universidade Católica de São Paulo, São Paulo, 2016, p. 96.

[179] Código Civil, art. 425: "É lícito às partes estipular contratos atípicos, observadas as normas gerais fixadas neste Código".

[180] Capítulo 3.

[181] "The contractual relationship between the arbitrators and the parties cannot be reduced to a familiar category found in civil law systems. It shares the hybrid nature of arbitration itself: its source is contractual, but its object is judicial, and authors worldwide are now virtually unanimous on that point. Its judicial object must not be confused with the purely contractual consequences to which it gives rise." (FOUCHARD, Philippe; GAILLARD, Emmanuel; GOLDMAND, Berthold. *Fouchard Gaillard Goldman on International Arbitration*. Haia: Kluwer Law International, 1999, p. 607).

[182] Distinguindo a relação do contrato de mandato: "No direito brasileiro, o mandato é o ajuste por meio do qual o mandante, aquele que tem algum interesse de realizar algo, firma um pacto com o mandatário, quem atua em nome do primeiro, e nos limites dos poderes que lhe foram conferidos pela procuração, que é o instrumento de mandato. A principal caraterística do contrato de mandato é a fiduciariedade, sendo elemento que compõe a obrigação principal. Em razão desse atributo essencial, esse tipo contratual admite a revogação, forma de extinção pouco comum quando comparada com a maioria dos contratos tipificados. Trata-se, dessarte, de pacto intuitu personae. Ainda que o contrato entre o árbitro e as partes também tenha essas características bem delineadas (a confiança e o caráter personalíssimo), há diferenças relevantes entre o objeto de estudo deste trabalho e o contrato de mandato. A grande distinção, entre outros aspectos ressalvados pela doutrina, reside no fato de que o árbitro, ainda que escolhido pelas partes tendo em vista suas qualidades pessoais, não age em nome destas, mas sim em nome próprio. O árbitro não é mero agente das partes, na medida em que deve desempenhar a função com independência e imparcialidade, próprios da função jurisdicional." (PEREIRA, Mariana Gofferjé. O contrato entre o árbitro e as partes no Direito brasileiro. *Revista dos Tribunais,* vol. 65, p. 227-274, abr./jun. 2020, DTR 2020/7584, p. 07-08).

[183] "O caráter contratual da relação jurídica entre as partes e o árbitro, de que decorre a jurisdição exercida por este e à qual ele se submetem é *sui generis*. Diversos doutrinadores buscaram enquadrá-la em institutos conhecidos – delegação, mandato, etc. – mas não escaparam à conclusão de que se trata de um modelo especial de contrato de prestação de serviço." (BAPTISTA, Luiz Olavo. Primeiras anotações sobre o árbitro e os contratos: entre o poder e o dever. In: *O árbitro, a arbitragem e o contrato*, Cadernos do IEC, nº 3, p. 47-65, 2010, p. 51).

[184] LUCAS, Marcus Vinicius Pereira. Responsabilidade Civil do Árbitro. 202f. Dissertação (Mestrado em Direito). Pontifícia Universidade Católica de São Paulo, São Paulo, 2018, p. 26-27.

[185] "a aceitação da função pelos árbitros gera o contrato sui generis, de direito material, parecido com o contrato de serviços, entre figurantes e o árbitro." (PONTES DE MIRANDA, Francisco Cavalcantti. *Tratado de Direito Privado.* t. XXVI. Atualizado por: Ruy Rosado de Aguiar Júnior; Nelson Nery Jr. São Paulo: Editora Revista dos Tribunais, 2012, p. 499).

diversos contratos típicos, sem que se possa reduzir a um tipo específico[186]. No entanto, a impossibilidade de enquadrar essa relação dentro do rol limitado dos contratos típicos não implica a desnaturação da sua estrutura negocial ou a indeterminabilidade do seu conteúdo, pois existem, de fato, direitos e obrigações normalmente associadas a essa relação – apenas significa dizer que se trata de contrato atípico ou de tipicidade social.

Em segundo, é negócio jurídico plurilateral[187], havendo polos de interesses distintos e inconfundíveis entre si: de um lado, as partes em litígio; de outro, o/os árbitros que aceitaram a investidura[188]. Percebe-se acentuado escopo organizativo, criando um vínculo jurídico entre todos os árbitros e todos os litigantes – e não apenas aquele responsável por promover a sua designação, sendo vedado (pelo menos, no Brasil), expressar preferência ou agir de modo parcial, devendo satisfazer às mesmas obrigações e possuindo os mesmos direitos perante todos os litigantes[189].

Assim, como ocorre em outros contratos plurilaterais, após a formação do vínculo jurídico ocorre uma autonomização dos efeitos jurídicos em relação ao instrumento contratual – que no caso da arbitragem corresponde ao surgimento da *situação jurídica jurisdicional*, que será exercida por meio do processo. Por consequência dessa estrutura plurilateral, o exercício da prestação jurisdicional, por mais que tenha de ser realizado de modo colegiado, pode ser descumprido, unilateralmente, pela conduta de apenas um dos árbitros.

Por exemplo, se apenas um dos julgadores viola o dever de confidencialidade ajustado, ou se apenas um dos árbitros têm condutas parciais e enviesadas, em favor de uma das partes, não haverá inadimplemento por parte dos outros árbitros. Ao contrário, é possível identificar os deveres e obrigações, de modo pessoal, isolando a parte infratora das demais. Vale ressaltar, entretanto, que dependendo da violação, ou mesmo da omissão, a atividade ilegal do árbitro poderá levar à desconstituição do trabalho colegiado, por inteiro.

Em terceiro, é contrato com acentuado caráter *intuitu personae*[190], pois somente os árbitros escolhidos pelas partes desempenharão a missão jurisdicional que lhes é atri-

---

[186] GUERRERO, Luís Fernando. Reflexões sobre a Relação entre Árbitros e Partes: Natureza Jurídica e Necessário Afastamento de Propostas de Regulamentação no Direito Brasileiro. *Revista Brasileira de Arbitragem*, vol. IV, issue 15, p. 43-53, 2007, p. 47.

[187] Ressalta-se haver doutrina que considera a relação de natureza bilateral: "De início, podemos afirmar com segurança que consiste em contrato bilateral, com prestações recíprocas e dois centros de interesse: o árbitro de um lado e a partes de outro." (PEREIRA, Mariana Gofferjé. O contrato entre o árbitro e as partes no Direito brasileiro. *Revista dos Tribunais*, vol. 65, p. 227-274, abr./ jun., 2020, DTR 2020/7584, p. 06). Entretanto, por perceber que nem os árbitros e nem as partes foram, necessariamente, um único polo de interesse, considera-se mais adequado atribuir caráter plurilateral à relação.

[188] NANNI, Giovanni Ettore. Notas sobre os negócios jurídicos da arbitragem e a liberdade de escolha do árbitro à luz da autonomia privada. *Revista Brasileira de Arbitragem e Mediação*, vol. 49, jun. 2016, p. 05.

[189] LUCAS, Marcus Vinicius Pereira. Responsabilidade Civil do Árbitro. 202f. Dissertação (Mestrado em Direito). Pontifícia Universidade Católica de São Paulo, São Paulo, 2018, p. 27.

[190] Nesse sentido, se manifestou o TJSP em julgado relatado pelo Desembargador Fortes Barbosa: "o árbitro é um particular e o vínculo derivado do contrato de investidura ostenta um caráter "intuitu personae, de maneira que a suspeição pode e deve ser avaliada subjetivamente, como resultado da perda de confiança ensejada pela violação de um dos deveres de conduta peculiares à função." (TJSP.

buída[191]. O elemento "confiança" é basilar à relação existente entre árbitros e partes[192]. É contrato que se enquadra no grupo *tua res agitur*, imantado por confiança fiducial existente entre partes e julgadores[193]. Assim, constitui-se relação personalíssima, que resulta em agir infungível por parte do árbitro, no exercício de sua missão. Daí vem o caráter infungível da relação entre árbitros e partes, não podendo fazer-se substituir por terceiro, no desempenho da sua função[194].

Em quarto, é contrato comutativo, com prestações determinadas e conhecidas de antemão. Há reciprocidade no vínculo obrigacional, sendo a prestação devida por uma das partes correlata à contraprestação pela outra. Existe relativa equivalência entre os deveres dos árbitros e a remuneração que lhes é paga pelas partes, criando sinalagma obrigacional e caracterizando o contrato como comutativo. Os árbitros e as partes têm direitos e deveres opostos, correlatos entre si: o direito ao recebimento de remuneração corresponde ao dever de pagar a remuneração; o direito das partes de procedimento justo, nos moldes contratados é correlato ao dever dos árbitros de exercer a jurisdição, dentro dos limites traçados, e assim em diante. Os árbitros e as partes são tanto credores, quanto devedores, estando na posição ativa ou passiva, a depender do conteúdo da obrigação analisada.

Em quinto, é contrato oneroso. Por mais que a lei de arbitragem não preveja expressamente a remuneração do árbitro, e a elenque como elemento adicional do compromisso arbitral (art. 11 da Lei de Arbitragem)[195], a partir da interpretação do parágrafo único desse artigo, vislumbra-se que a posição do legislador foi a de presumir a onerosidade da relação: "fixando as partes os honorários do árbitro, ou dos árbitros, no compromisso arbitral, este constituirá título executivo extrajudicial; não havendo tal estipulação, o árbitro requererá ao órgão do Poder Judiciário que seria competente para julgar, originariamente, a causa que os fixe por sentença". Ou seja, percebe-se que há o reconhecimento de um vínculo não gratuito, de modo implícito, pelo legislador.

Em sexto, é contrato de forma livre. Considerando ser contrato atípico, prevalece a regra geral de liberdade de forma prevista no art. 107 do Código Civil[196]. Assim, o contrato pode ser formado através da troca de mensagens escritas, ou pode estar formalizado em

---

Ap. 1056400-47.2019.8.26.0100. Des. Fortes Barbosa. 1ª Câmara Reservada de Direito Empresarial. J. em: 25.08.2020).

[191] LUCAS, Marcus Vinicius Pereira. Responsabilidade Civil do Árbitro. 202f. Dissertação (Mestrado em Direito). Pontifícia Universidade Católica de São Paulo, São Paulo, 2018, p. 27.

[192] BARABINO, André. *Negócios Jurídicos na Arbitragem*. 115f. Dissertação (mestrado em direito). Pontifícia Universidade Católica de São Paulo, São Paulo, 2016, p. 96-97.

[193] MARTINS-COSTA, Judith. *A Boa-fé no Direito Privado*: Critérios para a sua Aplicação. 2ª ed. São Paulo: Saraiva, 2018, p. 364.

[194] "Como o árbitro é eleito pelas partes tendo em vista suas qualidades pessoais, o contrato entre o árbitro e as partes é pessoal. A infungibilidade do árbitro decorre da própria natureza do contrato e da função por ele desempenhada, não podendo se fazer substituir por terceiros ou escusar-se do cumprimento, sem que indenize as partes por perdas e danos." (PEREIRA, Mariana Gofferjé. O contrato entre o árbitro e as partes no Direito brasileiro. *Revista dos Tribunais*, vol. 65, p. 227-274, abr./jun., 2020, DTR 2020/7584, p. 06).

[195] Lei de Arbitragem, Art. 11: "Poderá, ainda, o compromisso arbitral conter: V – a declaração da responsabilidade pelo pagamento dos honorários e das despesas com a arbitragem; e VI – a fixação dos honorários do árbitro, ou dos árbitros."

[196] Código Civil, art. 107: "validade da declaração de vontade não dependerá de forma especial, senão quando a lei expressamente a exigir."

documento apartado, como na ata de missão[197]. Inclusive, pode-se considerar que o contrato seja firmado verbalmente[198]. O contrato de investidura não necessita ser um documento autônomo, individualizado, assinado apenas pelas partes e pelos árbitros. Assim, por não ser exigida forma solene, a comunicação entre as partes, instituição arbitral e o candidato a árbitro pode ser bastante para identificar, de modo claro, os elementos formativos – o convite para ser árbitro e a aceitação. No entanto, a documentação, de modo autônomo, pode ser útil para fins de conferir maior segurança e clareza quanto aos aspectos basilares da relação a ser desenvolvida. Compete às partes e à instituição de arbitragem (nas arbitragens institucionais) zelar para que se tenha demonstração segura da aceitação, pelos árbitros, do encargo que se lhes atribui, conferindo segurança jurídica quanto à formação da relação, sob pena de, eventualmente, se sujeitarem a posteriores inconvenientes[199].

Em síntese, o contrato com o árbitro é um contrato atípico, plurilateral, personalíssimo, comutativo, oneroso e de forma livre. Perceber esses elementos da estrutura do contrato permite maior compreensão de como esse negócio jurídico adentra no mundo do direito, bem como serve como chave conceitual para análise de situações-problema decorrentes da relação entre árbitros e partes. Contudo, o grande diferencial deste contrato, para os demais negócios jurídicos de direito privado, é que uma de suas partes (os árbitros), exercerá sobre as outras (os litigantes) poderes de soberania, exercendo a jurisdição e solucionando, em definitivo, o caso, nos moldes contratados.

3. Função jurisdicional

A origem material da convenção de arbitragem e do contrato com o árbitro não se confunde com a natureza jurisdicional que particulariza a atuação do árbitro no procedimento. O exercício da missão jurisdicional do árbitro ocorre em execução a um contrato, formado quando este aceita a sua missão e é extinto quando do encerramento da atividade jurisdicional, com a prolação da sentença arbitral e seus eventuais esclarecimentos[200]. A atividade exercida pelos árbitros é axiologicamente incompatível com a condição e posição das partes, bem como não pode ser funcionalmente explicada de modo pleno e satisfatório sem que se traga as devidas luzes sobre a sua missão jurisdicional[201].

---

[197] "Os negócios jurídicos firmados sob a égide do Código Civil devem obedecer à forma prescrita em lei ou, ainda, não adotarem forma proibida. No caso do contrato entre o árbitro e as partes, tanto o Código Civil quanto a Lei de Arbitragem são silentes. Vale dizer, o contrato não está positivado no ordenamento jurídico brasileiro. Logo, a princípio, a vontade poderia ser externada por qualquer meio, seja verbalmente, seja por escrito. Ainda, o silêncio do árbitro, se acompanhado de comportamento posterior que indique o aceite, tal como a efetiva atuação em nome do encargo, é apto a comprovar a formação do contrato." (PEREIRA, Mariana Gofferjé. O contrato entre o árbitro e as partes no Direito brasileiro. *Revista dos Tribunais,* vol. 65, p. 227-274, abr./jun., 2020, DTR 2020/7584, p. 05).

[198] LUCAS, Marcus Vinicius Pereira. Responsabilidade Civil do Árbitro. 202f. Dissertação (Mestrado em Direito). Pontifícia Universidade Católica de São Paulo, São Paulo, 2018, p. 27.

[199] CARMONA, Carlos Alberto. *Arbitragem e Processo: um comentário à Lei nº 9.307/96.* 3ª ed. São Paulo: Atlas, 2009, p. 279.

[200] HENRY, Marc. Do Contrato do Árbitro: o Árbitro, um Prestador de Serviços. *Revista Brasileira de Arbitragem,* vol. II, issue 6, p. 65-74, 2005, p. 66.

[201] "Contudo, o árbitro não exerce nenhuma atividade que poderia ser exercida pelas partes envolvidas no litígio. Ele exerce uma função decorrente da vontade das partes, mas que jamais poderia ser realizada por elas em função de princípios de imparcialidade e independência fundamentais na

PARTE V · Capítulo 18 · CONTRATO COM O ÁRBITRO | **747**

O contrato com o árbitro é uma convenção especial, pois às partes não compete determinar o modo pelo qual o árbitro desempenhará a sua função. Assim, há um hibridismo de efeitos, que se manifestam tanto no plano material quanto no plano processual, caracterizando uma relação bivalente – pois ao mesmo tempo que exerce uma missão de natureza jurisdicional, por efeito da convenção de arbitragem, há aspectos materiais que não podem ser ignorados[202].

O resultado desse hibridismo é a configuração de uma jurisdição altamente contratualizada, não apenas na origem na convenção de arbitragem, como também na sua arquitetura e conformação jurídica. Ou seja, parte dos direitos e deveres existentes nessa relação são refletidos, tanto no plano material quando processual, pois ao mesmo tempo que decidir o caso é obrigação do árbitro, o ato jurídico que consubstancia e implementa tal dever não deixa de ser também o ápice do exercício da sua jurisdição.

Caracterizando esse caráter bivalente, Selma Lemes explica que a relação entre as partes e os árbitros é "contratual na fonte, pois a competência do árbitro nasce com a cláusula compromissória e dela decorre a opção pela arbitragem, bem como a necessidade de indicação de um árbitro. Além disso, podemos conceituar essa vinculação entre os árbitros e as partes como sendo jurisdicional no objeto"[203]. Ou seja, a estrutura da relação é contratual, porém o seu conteúdo é jurisdicional, conformada por negócios jurídicos materiais.

Dessa forma, há uma inteiração dialética entre a missão jurisdicional do árbitro e a sua missão contratual[204]. Em vários aspectos há sobreposição das posições jurídicas decorrentes do vínculo processual e do vínculo material, mas esses são inconfundíveis entre si[205]. A existência simultânea dessas duas relações é a que melhor permite explicar

---

arbitragem, ninguém poderia julgar seu próprio litígio. Quanto à prestação de serviços, que pareceria ser a forma contratual típica mais adequada para a definição do liame contratual que une as partes e os árbitros, a principal crítica diz respeito ao fato de o contrato para arbitrar não poder se limitar a uma forma contratual existente, pois ele é contratual na origem e judicial no objeto e forma de execução. Assim, o contrato não poderia se limitar a uma forma contratual restrita. Não o simples exercício de um ato contratado pelas partes, mas sim de um complexo de atividades destinados a permitir o exercício da jurisdição e a aplicação do direito ao caso concreto. Na arbitragem, os árbitros, para exercício de sua função, são totalmente livres, não se submetendo às exigências das partes quanto ao desempenho dos serviços. Desde que atuem de acordo com seus direitos e obrigações, as partes contratantes, de forma alguma, poderão interferir no exercício da atividade jurisdicional dos árbitros, o que já não acontece na prestação de serviços comum." (GUERRERO, Luís Fernando. Reflexões sobre a Relação entre Árbitros e Partes: Natureza Jurídica e Necessário Afastamento de Propostas de Regulamentação no Direito Brasileiro. *Revista Brasileira de Arbitragem*, vol. IV, issue 15, p. 43-53, 2007, p. 46).

[202] HENRY, Marc. Do Contrato do Árbitro: o Árbitro, um Prestador de Serviços. *Revista Brasileira de Arbitragem*. Vol. II, issue 6, pp. 65-74, 2005, p. 66.

[203] LEMES, Selma. O papel do árbitro. *Revista do direito da energia*, vol. 3, nº 4, p. 117-128, mar. 2006, p. 03.

[204] DEGOS, Louis. Civil Liability of Arbitrators: new inroads on the Arbitrator's immunity from suit – a worrying or welcome development? *Revista Brasileira de Arbitragem*, vol. IV, issue 14, p. 157-162, 2007, p. 159.

[205] Em caso sobre responsabilidade do árbitro, o TJSP enfatizou a faceta processual da questão debatida, traindo o regime da responsabilidade extracontratual "É possível que, mesmo que, processualmente, o julgamento não possa mais ser invalidado ou desconstituído – como, por exemplo, se tivesse ocorrido a prescrição neste caso ou se uma sentença transitasse em julgado e já tivesse decorrido o

as idiossincrasias da relação entre árbitros e partes, que não podem ser reduzidas a uma única faceta.

4. Distinções entre as relações "árbitro e parte" e "juiz e parte"

É importante distinguir a relação estabelecida entre árbitros e partes daquela existente no âmbito do processo civil estatal, entre as partes e o juiz togado[206]. O art. 18 da Lei de Arbitragem estabelece que "árbitro é juiz de fato e de direito"[207]. Entretanto, essa afirmação há de ser vista *cum grano salis*. A relação entre as partes e os árbitros não se confunde com a relação existente entre os litigantes perante o Poder Judiciário[208]. Alguns elementos podem ser destacados para ilustrar essa diferença.

Em primeiro, a legitimação. Enquanto a legitimação da jurisdição do juiz togado decorre diretamente da soberania do Estado, a jurisdição do árbitro decorre da autonomia privada dos indivíduos, manifestada por meio da convenção de arbitragem. Explica Selma Lemes, em belíssima e inspirada passagem que "o juiz tem sua investidura do seu status e o árbitro tem seu status de sua investidura"[209]. O juiz togado é a corporificação do Estado, pois, ao exercer a jurisdição, o juiz está na condição de presentante do próprio Estado que lhe conferiu esse status. A legitimação do Poder Judiciário, portanto, tem expressa origem constitucional e é vinculada à própria soberania. Ao contrário, o que legitima o árbitro é o consentimento das partes, que escolhem julgador(es) de sua confiança para resolver o litígio existente ou potencial[210].

Em segundo, a fonte dos poderes. Tanto o árbitro quanto o juiz exercem missão jurisdicional. A fonte do poder dos juízes é a Constituição Federal e o próprio direito positivo, que cria regras de competência e de atribuição de poderes que constituem o cerne da prestação jurisdicional. A fonte remota do poder dos árbitros também é a Constituição Federal. No entanto, a fonte próxima é a convenção de arbitragem, através da qual as partes operam modificação na jurisdição, conferindo a particulares o poder de exercer jurisdição, em casos concretos ou concretizáveis. Assim, os poderes do juiz decorrem

---

prazo de ação rescisória -, subsista, por responsabilidade civil extracontratual, a pretensão indenizatória formulada contra o julgador (arts. 186 e 927, CC)." (TJSP. Ap. 1018710-47.2014.8.26.0071. 3ª Cam Dir Priv, j. em: 29.11.2016).

[206] AGUIAR JR., Ruy Rosado. A arbitragem e a atuação do juiz. In: *I Dia Gaúcho da Arbitragem*. Porto Alegre: Lex Magister, 2015.

[207] Lei de Arbitragem, Art. 18: "O árbitro é juiz de fato e de direito, e a sentença que proferir não fica sujeita a recurso ou a homologação pelo Poder Judiciário".

[208] "O reconhecimento da natureza contratual da investidura do árbitro relaciona-se diretamente com a afirmação da existência de deveres de diligência e honestidade que norteiam o desempenho de suas funções. A incidência do regime puramente privado e contratual permite a aplicação de regras inerentes à atividade negocial e à responsabilidade civil por inadimplemento contratual. Nesse sentido, diferenciam-se as atuações do juiz estatal e do árbitro." (JUSTEN FILHO, Marçal. Administração Pública e Arbitragem: o vínculo com a câmara de arbitragem e os árbitros. *Revista Brasileira da Advocacia*, ano 1, vol. 1, abr./jun., 2016, p. 103-151, p. 108).

[209] LEMES, Selma. O papel do árbitro. *Revista do direito da energia*, vol. 3, nº 4, p. 117-128, mar./2006, p. 03.

[210] Acentuando essa diferença, aponta José Carlos de Magalhães: "não atua o árbitro em nome do Estado em cujo território profere sua decisão, nem de qualquer outro organismo oficial" (MAGALHÃES, José Carlos de. O Árbitro e a Arbitragem. In: *O árbitro, a arbitragem e o contrato*, Cadernos do IEC, nº 3, p. 7-45, 2010, p. 18).

PARTE V · Capítulo 18 · CONTRATO COM O ÁRBITRO | **749**

da lei, enquanto os dos árbitros são derivados de um contrato[211]. Mas ambos os poderes derivam, em última análise, da Constituição Federal.

Em terceiro, a remuneração. Não é possível negociar com o juiz aspectos de remuneração, que apresentam, naquele caso, marcada natureza de direito público. Trata-se de garantias constitucionalmente asseguradas pelo Estado aos membros do Poder Judiciário, como forma de assegurar o livre exercício da jurisdição. Os recursos que sustentam a atividade jurisdicional estatal derivam do pagamento de tributos ao Estado, em sentido lato. Diversamente, na arbitragem, cabe às partes negociar com os árbitros a remuneração, ou aderir ao padrão fixado por determinada instituição arbitral. A remuneração fica, portanto, a cargo das partes.

Em quarto, o escopo da jurisdição. O juiz togado não poderá, normalmente, recusar o recebimento de casos distribuídos a seu julgamento, enquanto a inexistência de relação jurídica prévia entre árbitro e parte torna insubsistente qualquer dever de decidir por parte do candidato a árbitro[212]. Fouchard, Gaillard e Goldmand reconhecem que: "although they are judges, arbitrators assume that role as a result of a contract under which they have agreed with the parties (and the arbitral institution, if one is involved) to perform a brief which is well-defined and usually remunerated"[213]. Pelo fato de a relação ter por origem um contrato, é faculdade do árbitro aceitar ou não o encargo. É dizer: não basta que as partes nomeiem o árbitro; esse deve querer e aceitar exercer a jurisdição em um conflito específico. Diversamente, o juiz togado não tem a faculdade de, pelo seu livre arbítrio, recusar o julgamento de uma demanda. Há um dever funcional de exercer a jurisdição, decorrente de sua posição de órgão estatal.

Em quinto, os atributos da jurisdição. A jurisdição é composta por cinco elementos[214]: (i) *notio*, o poder da autoridade julgadora de conhecer a lide e ordenar atos do processo;

---

[211] "O árbitro é contratado – diretamente pelas partes em arbitragem ad hoc, ou por intermédio de instituição arbitral em arbitragem institucional – para prestar um serviço às partes em litígio. Apenas quando aceita o encargo para o qual foi eleito é que o árbitro fica investido no poder de decidir a controvérsia e passa a fazer jus à remuneração. Sob essa ótica, o árbitro apenas resolve os litígios que tiver aceitado (podendo rejeitá-los, portanto), estabelecendo com as partes uma relação contratual ao lado da relação processual. A relação contratual mantida entre árbitro e partes (com ou sem a intermediação de instituição arbitral) aperfeiçoa-se com a aceitação do encargo que, analiticamente, constitui aceitação da oferta do contrato feita pelas partes ou pela instituição que administra a arbitragem. Referido contrato tem como objeto e finalidade a prolação da decisão final (art. 29 da LA), momento em que a relação se extingue. É por conta dessa relação contratual que o árbitro – mesmo antes da aceitação do encargo, ou seja, mesmo antes de estabelecida a relação processual – tem, entre outros, o dever de informar as partes sobre a sua real capacidade de decidir o conflito e revelar quaisquer fatos que possam impedir o cumprimento do seu mister (art. 14, § 1º, LA). Some-se a esse dever outros, como o de diligência, ou mesmo direitos, como o de receber remuneração." (ELIAS, Carlos Eduardo Stefen. O Árbitro é (Mesmo) Juiz de Fato e de Direito? Análise dos Poderes dos Árbitros Vis-à-Vis os Poderes do Juiz no Novo Código de Processo Civil Brasileiro. *Revista de Arbitragem e Mediação*, vol. 54, p. 79-122, jul./set., 2017, DTR 2107/5650, p. 07).

[212] NANNI, Giovanni Ettore. Notas sobre os negócios jurídicos da arbitragem e a liberdade de escolha do árbitro à luz da autonomia privada. *Revista Brasileira de Arbitragem e Mediação*, vol. 49, jun./2016, p. 05.

[213] FOUCHARD, Philippe; GAILLARD, Emmanuel; GOLDMAND, Berthold. *Fouchard Gaillard Goldman on International Arbitration*. Haia: Kluwer Law International, 1999, p. 599.

[214] GIUSTI, Gilberto. O Árbitro e o Juiz: da função jurisdicional do árbitro e do juiz. *RBAr*, nº 5, p. 7-14, jan./mar., 2005, p. 11-12.

(ii) *vocatio*, capacidade de convocar as partes e tornar o processo vinculante a elas; (iii) *coertio*, força para impor o cumprimento de atos e diligência no curso do processo; (iv) *iudicium*, o poder de julgar e proferir sentença definitiva e vinculante para as partes; e (v) *executio*, poder de executar a sentença proferida. No exercício da sua função, o árbitro desenvolve atividade cognitiva plena, exercendo plenamente os atributos da *notio, vocatio* e *iudicium*[215]. Contudo, não pode exercer atividade jurisdicional caracterizada como *coertio* ou *executio*, típicas do Poder Judiciário[216].

Em sexto, o termo inicial da jurisdição. Enquanto o juiz é, por lei, dotado de jurisdição em momento antecedente ao litígio, a jurisdição dos árbitros somente terá início após (ou com) a instauração da arbitragem. Por ser órgão do Estado, a investidura do juiz ocorre em momento anterior à existência do litígio que decidirá. Ao contrário, na arbitragem, a jurisdição do árbitro somente se configurará após a existência de um litígio a ser dirimido. Em verdade, apenas confere-se jurisdição ao árbitro em razão da existência

---

[215] "A atividade jurisdicional exercida pelo árbitro, por seu turno, encontra limitações no que pertine a alguns dos elementos acima. De plano, pode-se identificar o exercício, pelo árbitro investido da função de juiz de fato e de direito para o conflito específico que lhe é submetido pelas partes (desde que relativo a direitos patrimoniais disponíveis), o exercício da *notio*, da *vocatio* e do *iudicium*. Assim é que o árbitro exerce atividade cognitiva plena, cabendo-lhe estudar o caso, investigar os fatos, colher as provas que entender cabíveis e aplicar as normas legais apropriadas (*notio*). Do mesmo modo, tem o árbitro poder convocatório das partes, sem necessidade de qualquer auxílio judicial, sendo certo que as partes vinculam-se a todos os atos do procedimento arbitral *vocatio*). Por fim, é inquestionável que, ao árbitro, compete proferir julgamento final (*iudicium*) que, no ordenamento atual, reveste-se da mesma eficácia da sentença judicial. A questão que se põe diz respeito aos elementos *coertio* e *executio*. Exercita o árbitro esses elementos da jurisdição? Em que extensão? 21. A Lei 9.307/1996 subtrai do árbitro, a nosso ver, de forma prudente, o poder de força física e concreta, que permanece, este sim, monopólio do Estado. É o que se vê no art. 22, §§ 2º e 4º. No caso de testemunha renitente, não dispõe o árbitro do poder da força para compeli-la a comparecer, restando-lhe requerer à autoridade judiciária o uso de tal força. De igual modo, no caso de serem necessárias quaisquer medidas coercitivas ou cautelares, o árbitro poderá solicitá-las ao órgão do Poder Judiciário que seria, originariamente, competente para julgar a causa. Desde que, claro, a convenção de arbitragem não disponha de modo contrário, já que é plenamente possível às partes convencionar que o árbitro não terá poder cautelar algum. É inquestionável, pois, que o legislador pátrio, além de limitar a jurisdição arbitral ao conhecimento e julgamento de litígios relativos a direitos patrimoniais disponíveis, subtraiu da atividade arbitral a aptidão de dispor da força para obter o cumprimento dos atos e diligências do processo, ou seja, o elemento *coertio*. Quanto ao poder de executar ou fazer executar a decisão proferida (*executio*), a questão não nos parece assim tão simples. De início, não resta dúvida de que a sentença arbitral, final e definitiva, quando condenatória, constitui título executivo (art. 31 da Lei 9.037/1993). Assim, a sentença arbitral condenatória faculta ao vencedor utilizar-se da execução forçada, caso o vencido não atenda espontaneamente ao comando da decisão. E a execução forçada, sem sombra de dúvida, deverá se processar perante órgão do Poder Judiciário. No caso de provimento arbitral condenatório, portanto, carece ao árbitro, no exercício da atividade jurisdicional, e a exemplo da *coertio*, o elemento *executio*, mas apenas no que toca à execução forçada de competência própria e exclusiva do Poder Judiciário." (GIUSTI, Gilberto. O Árbitro e o Juiz: da função jurisdicional do árbitro e do juiz. *RBAr*, nº 5, p. 7-14, jan./mar., 2005, p. 11-12).

[216] Rememore-se que a existência de balizas legais ao exercício da jurisdição não é algo que afeta apenas a jurisdição arbitral. A própria jurisdição exercida pelos órgãos do Poder Judiciário é limitada de diversas formas, especialmente pelas regras de competência. Portanto, é inerente à atividade jurisdicional a existência de limites, sob pena de criação de um juízo universal, irrestrito e, por conseguinte, arbitrário.

PARTE V · Capítulo 18 · CONTRATO COM O ÁRBITRO | **751**

de um litígio. Assim, na linha de José Carlos de Magalhães, "não há árbitro que não esteja *no exercício de suas funções*, pois, até o momento pelo menos, não há profissão de árbitro [...] o juiz, como cidadão, pode atuar fora do "*exercício de suas funções*", pois é funcionário do Estado e assim se qualifica profissionalmente. Não o árbitro que atua somente nessa qualidade quando nomeado para resolver determinada controvérsia"[217]. O mesmo aspecto é destacado por Flávia Bittar: "com efeito, não existe a "profissão" de árbitro, ou seja, um indivíduo não é árbitro, mas está árbitro em um determinado litígio. As partes depositam a necessária confiança nas habilidades daquele indivíduo que escolheram para resolver a questão. Finalizado o procedimento arbitral ou a mediação, aquele que funcionara como árbitro ou mediador deixa de sê-lo, até que seja novamente indicado para outro procedimento. A função de árbitro é transitória, assim como o poder jurisdicional conferido ao árbitro, que termina com a prolação da sentença arbitral"[218].

Em sétimo, a escolha do julgador. No Poder Judiciário não é possível opinar sobre quem será o juiz responsável pela resolução do conflito. O julgador é escolhido mediante regras de competência previamente definidas e delimitadas. O oposto ocorre na arbitragem, sendo a participação na escolha do julgador um dos elementos mais importantes de toda a estrutura da jurisdição arbitral. Assim, há possibilidade de exercício da autonomia privada na definição do árbitro que prestará jurisdição, enquanto essa característica não está presente nos casos a serem julgados pelo Poder Judiciário.

Em oitavo, o regime de responsabilidade. Enquanto a responsabilidade do juiz segue normas de direito público, a origem contratual da jurisdição dos árbitros trará elementos de responsabilidade obrigacional[219]. Assim, o art. 14 da Lei de Arbitragem, ao trazer para os árbitros os deveres e responsabilidades do juiz togado[220], não elide a existência do elemento contratual subjacente a essa relação. Dessa forma, há conjugação de elementos contratuais e extracontratuais na conformação da responsabilidade dos árbitros, perante as partes, caso esses descumpram seus deveres.

Em nono, o elemento fiduciário. Como destaca Tércio Sampaio Ferraz Júnior:

> "a confiança fiducial no juiz togado repousa muito mais na presunção de neutralidade da instituição estatal, não no sentido de que seja imune às influências do meio circundante, mas de que goza da legitimidade dada pelo consenso presumido de todos (terceiro institucionalizado). Ou seja, enquanto no processo judicial o juiz é um terceiro institucionalizado mediante procedimentos legitimadores que lhe conferem uma credibilidade

---

[217] MAGALHÃES, José Carlos de. O Árbitro e a Arbitragem. In: *O árbitro, a arbitragem e o contrato*, Cadernos do IEC, nº 3, p. 7-45, 2010, p. 19.

[218] NEVES, Flávia Bittar. O dilema da regulamentação da função de árbitros mediadores e das atividades das instituições arbitrais no Brasil. *Revista de Arbitragem e Mediação*, vol. 7, p. 101-108, out./dez., 2005, DTR 2005/603, p. 02.

[219] "Under the contractual approach, the liability of an arbitrator is yet another term of the receptum arbitri negotiated between the parties and the arbitrator. Accordingly, the extent of liability is subject to modifications, but within the limits of mandatory provisions of the national law." (HAUSMANINGER, Christian. Civil Liability of Arbitrators-Comparative Analysis and Proposals for Reform. *Journal of International Arbitration*, Kluwer Law International, vol. 7, Issue 4, 1990, p. 7-48, p. 20).

[220] Código de Processo Civil, Art. 14: "Estão impedidos de funcionar como árbitros as pessoas que tenham, com as partes ou com o litígio que lhes for submetido, algumas das relações que caracterizam os casos de impedimento ou suspeição de juízes, aplicando-se-lhes, no que couber, os mesmos deveres e responsabilidades, conforme previsto no Código de Processo Civil".

presumida, como a formação e a experiência jurídica documentadas, o concurso público, a nomeação, o exercício de uma função que, a princípio, não é *ad hoc*, o árbitro goza de legitimidade pelo consenso presumido dos que o indicam expressivamente [...] O que confere, na arbitragem, à confiança fiducial um papel de relevância peculiar para a configuração de sua estrutura jurisdicional. Por isso e particularmente, a estruturação da arbitragem na confiança fiducial e nos pontos em que essa tangencia a confiança cognitiva aparece nos problemas de interpretação dos princípios que regem a seleção do árbitro pelas partes, da conduta do árbitro e das partes, da aceitação do árbitro e da possibilidade de sua recusa e desqualificação, principalmente nas regras de arbitragem sobre a independência e imparcialidade"[221].

Assim, em linha com o ensinamento de Hermes Marcelo Huck, a intenção da Lei de Arbitragem, ao afirmar que o árbitro é juiz de fato e de direito, foi no sentido de "isentar a sentença por ele proferida de qualquer controle recursal ou homologatório pelo Poder Judiciário significa atribuir ao árbitro cognição plena, exauriente e definitiva tanto em relação às questões de fato, quanto em relação às questões de direito que lhe são submetidas pelas partes"[222]. Portanto, com o fim da exigência de homologação da decisão proferida pelos árbitros, tornando-a irrecorrível e formadora de coisa julgada material, encerrou-se o debate anterior, atestando a manifestação de jurisdição por parte dos árbitros[223]. Nos dias de hoje, sustentar posição diferente à luz do direito brasileiro não passaria de um devaneio teórico, ou uma expressão de como se gostaria que o direito fosse, pois está em completa dissonância com o direito positivo – que reconhece expressamente o caráter jurisdicional da atuação dos árbitros.

Não há falar, contudo, em plena equiparação entre a condição de árbitro e a condição de juiz togado. Nesse sentido, refere-se à precisa manifestação de José Miguel Júdice: "o árbitro, em minha opinião e até à luz do sentido imanente do sistema jurídico português, é um 'não juiz'. Quero com isto dizer que a essência da função arbitral deve ser procurada noutro lado que na heurística ou na arqueologia da judicatura. A arbitragem apela a características definidoras que são muito distintas das que se espera da função judicial, pelo menos no campo da realidade prática"[224].

Em síntese, o modo de exercício da função jurisdicional dos árbitros não pode ser confundido com o que ocorre no Poder Judiciário. Há elementos próprios que devem ser ponderados, pois a arbitragem estabelece jurisdição com contornos e características

---

[221] FERRAZ JÚNIOR, Tércio Sampaio. Suspeição e impedimento em arbitragem sobre o dever de revelar na lei 9.307/1996. *Revista de Arbitragem e Mediação*, vol. 28, p. 65/82, jan./mar, 2011, DTR 2011/1297, p. 05.

[222] HUCK, Hermes Marcelo. Árbitro. *Revista de Arbitragem e Mediação*, vol. 40, p. 181-192, jan./mar., 2014, DTR 2014/1003, p. 03.

[223] "A equivalência de efeitos entre a sentença arbitral e a sentença judicial certamente arrefeceu, conquanto não tenha eliminado, por completo, o debate sobre a função jurisdicional do árbitro. Atualmente, tem prevalecido o entendimento de que a arbitragem é mesmo jurisdicional, tanto assim que a sentença proferida pelo árbitro, ou árbitros, ao cabo de regular procedimento, é tão eficaz quanto a sentença emanada pelo Poder Judiciário. Não há como negar o exercício da jurisdição por parte de quem profere decisão dessa natureza e eficácia." (GIUSTI, Gilberto. O Árbitro e o Juiz: da função jurisdicional do árbitro e do juiz. *RBAr*, nº 5, p. 7-14, jan./mar., 2005, p. 09).

[224] JÚDICE, José Miguel. Árbitros: características, perfis, poderes e deveres. *Revista de Arbitragem e Mediação*, vol. 22, p. 119-146, jul./set., 2009, DTR 2009/842, p. 03.

PARTE V · **Capítulo 18** · CONTRATO COM O ÁRBITRO | **753**

próprias, inconfundíveis com o que se desenrola nas cortes estatais. A comunhão da função jurisdicional não implica identidade de estrutura. Ou seja, a arquitetura contratual da arbitragem deságua em importantes diferenças na relação existente entre árbitros e partes daquela havida entre juízes e partes.

	Juiz	**Árbitro**
Missão	Jurisdicional	Jurisdicional
Legitimação	Soberania do Estado	Autonomia privada
Fonte	Direito objetivo	Contratual
Remuneração	Estado	Partes
Escopo da jurisdição	Conforme normas de organização do judiciário	Somente para as causas em que aceitar ser árbitro
Atributos da jurisdição	*Notio, vocatio, coertio, iudicium* e *executio*	*Notio, vocatio* e *iudicium*
Termo inicial da jurisdição	Jurisdição prévia ao litígio	Jurisdição posterior à existência do litígio
Escolha do julgador	Regras prévias de competência	Partes participam da escolha
Regime de responsabilidade	Regime de direito público	Regime híbrido
Elemento fiduciário	Ausente	Presente

§ 66. A FORMAÇÃO DA RELAÇÃO ENTRE ÁRBITROS E PARTES

1. Liberdade de escolher o árbitro

O art. 13, § 1º, da Lei de Arbitragem positiva o direito das partes de nomear árbitros[225]. A possibilidade de escolher julgador especializado no tema é uma das vantagens competitivas mais atraentes da via arbitral. Por serem escolhidos pelas partes, poderá se optar por julgadores especialistas na área de conhecimento que constituirá o objeto central da disputa.

Essa possibilidade traz ganhos de eficiência na solução do litígio, pois o domínio, em profundidade, de área específica do conhecimento contribui, sobremaneira, para a melhor solução do litígio. A familiaridade do árbitro com a matéria objeto do conflito permite, não só a prolação de decisões melhores, sob o ponto de vista técnico[226], como também reduz as chances de erro – como também pode autorizar decisões mais rápidas, o que, evidentemente, aponta no sentido dos interesses maiores da justiça[227].

---

[225] Lei de Arbitragem, art. 13, § 1º: "As partes nomearão um ou mais árbitros, sempre em número ímpar, podendo nomear, também, os respectivos suplentes."

[226] FICHTNER, José Antonio, et. al. *Teoria Geral da Arbitragem*. Rio de Janeiro: Forense, 2019, p. 53.

[227] Adilson Abreu Dallari, tratando da arbitragem envolvendo entes públicos, também relaciona a qualidade dos árbitros à celeridade do procedimento: "Em resumo, a arbitragem pode ser um instrumento extremamente útil para assegurar a regularidade na execução de serviços públicos concedidos, na medida em que permite que se chegue rapidamente à composição dos conflitos,

O incremento da certeza qualitativa da solução do conflito de interesses acarreta a diminuição do risco contratual, fazendo com que a opção pela arbitragem potencialize o adimplemento e a satisfação das finalidades subjacentes às relações jurídicas estabelecidas pelas partes. Ademais, serve de incentivo para o rigoroso cumprimento da vontade dos contratantes, mitigando os custos de transação atrelados ao cumprimento dos termos ajustados[228].

Conforme Antonio Celso Fonseca Pugliese e Bruno Meyerhof Salama: "A especialização permite, assim, a redução dos erros nas decisões arbitrais. Em tese, apesar de todos os procedimentos estarem sujeitos a erros, a probabilidade de o árbitro especializado decidir de forma equivocada, por não conhecer a matéria discutida, é menor. A redução da probabilidade de erro na decisão reduz o risco da relação contratual, tornando o contrato mais atrativo para as partes e todo o mercado"[229].

Entretanto, na linha de Carlos Alberto Carmona, é necessário perceber com temperança a ideia de que o árbitro é um especialista. Nas palavras do professor:

> "Se a disputa diz respeito à construção civil, provavelmente o árbitro será um advogado; se a disputa versa sobre acertos decorrentes de contingências fiscais ou contábeis, o árbitro provavelmente será um advogado; se a contenda decorre de erro médico, o árbitro será advogado; se a questão gira em torno de terras, demarcações ou incorporações o árbitro provavelmente será... um advogado. Não é possível que o advogado saiba tanto de tudo, mas a massacrante maioria das arbitragens aponta a composição de painéis formados apenas por advogados. Isso significa que já ficou bem entendido pelos operadores que os litígios gravitam ao redor de relações jurídicas, contratos e documentos, que os advogados são capazes de decifrar, valendo-se de peritos sempre que necessário para melhor compreender o fato técnico. Não estou afirmando que não advogados não devam integrar painéis arbitrais; estou apenas constatando que

---

mediante decisão tomada por quem seja um expert no específico assunto controvertido, sem qualquer risco de sacrifício do interesse público, que ficará sempre resguardado" (DALLARI, Adilson Abreu. Arbitragem na concessão de serviço público. *Revista de Informação Legislativa*, ano 32, nº 128, p. 66, out./dez., 1995).

[228] "A prática tem demonstrado que o fato de haver, no tribunal arbitral, um árbitro nomeado pela parte confere a esta e a seu advogado uma certa segurança de que pelo menos um dos julgadores estará apreciando o caso com atenção. Ao menos em tese, um dos árbitros certamente analisará os documentos cuidadosamente, assegurará que os demais membros do tribunal terão compreendido os argumentos suscitados por aquela parte, bem como garantirá que o procedimento adotado não irá desrespeitar o direito de ampla defesa da parte, o que iria manifestamente prejudicá-la. A maior vantagem da indicação de árbitro pelas partes, todavia, talvez resida no papel de tradutor que ele irá desempenhar no painel arbitral, conforme mencionado adrede. Repise-se que a 'tradução' empreendida pelo árbitro não se limita ao idioma, mas estende-se também à legislação, sistema jurídico, cultura, religião, ambiente socioeconômico etc. em que ele está inserido e, que muitas vezes, apresentam aspectos obscuros para os demais árbitros, que têm origem diversa. Conforme demonstra Lowenfeld, a função de tradutor pode muitas vezes ser essencial para o adequado julgamento do caso concreto. O papel de tradutor justifica, assim, o anseio da parte em indicar alguém de sua nacionalidade e/ou sistema jurídico, conforme exposto quando tratamos da neutralidade." (VERÇOSA, Fabiane. A Liberdade das Partes na Escolha e Indicação de Árbitros em Arbitragens Internacionais: limites e possibilidades. *Revista de Arbitragem e Mediação*, vol. 1, p. 332-350, jan./abr., 2004, DTR 2004/5, p. 04).

[229] PUGLIESE, Antonio Celso Fonseca; SALAMA, Bruno Meyerhof. A economia da arbitragem: escolha racional e geração de valor. *Revista Direito GV*, nº 4 (1), p. 20, jan./jun., 2008.

PARTE V · Capítulo 18 · CONTRATO COM O ÁRBITRO | **755**

são poucos os painéis de que participam técnicos de outras áreas e são pouquíssimos os casos em que os painéis sejam constituídos exclusivamente por profissionais de outras áreas"[230].

Ademais, o processo de escolha do árbitro pode ser limitado pela existência de uma "lista de árbitros"[231]. Determinadas instituições de arbitragem criam listas com nomes de potenciais árbitros, atuando ou no regime de "lista aberta", no qual os nomes são meramente sugestivos; ou "lista fechada"[232], no qual a prestação de serviços da instituição de arbitragem é condicionada à escolha de um dos nomes da lista disponibilizada. Sem adentrar nos méritos e deméritos desse sistema, importa observar que a sua existência pode trazer algum grau de limitação, ou balizamento, na escolha dos árbitros.

2. Liberdade de regular o processo de formação do tribunal

O processo de formação do tribunal arbitral apresenta relação íntima com o contrato com o árbitro. A convenção de arbitragem é insuficiente para instituir o procedimento arbitral, pois se os árbitros indicados não aceitarem o encargo, não haverá arbitragem instituída, mas mera expectativa de formação do tribunal arbitral[233].

Conforme Selma Lemes, "após a propositura da demanda arbitral representando o início da arbitragem, com a comunicação da intenção de instituí-la, o passo seguinte para a organização da arbitragem será a formação do tribunal arbitral ou a indicação do árbitro único. Nesta fase, a lei não atua como no início da arbitragem, deixando totalmente ao alvedrio das partes a forma de operacionalizá-la, pois, a formação do tribunal arbitral requer a verificação de certos princípios, que obrigatoriamente devem estar presentes para garantir a correta Administração da Justiça"[234].

Ou seja, na sistemática da lei de arbitragem, é possível perceber uma cisão, entre momentos distintos, no que se refere à estruturação da relação jurídica entre partes e árbitros – a indicação e a aceitação[235]. Somente com a aceitação do candidato a árbitro haverá a formação da relação jurídica[236]. Igualmente, importa que não seja aceita impugnação do

---

[230] CARMONA, Carlos Alberto. Em torno do árbitro. *Revista de Arbitragem e Mediação*, vol. 28, p. 47-63, jan./mar., 2011, DTR 2011/1296, p. 09.

[231] CARMONA, Carlos Alberto. As Listas de Árbitros. ROCHA, Caio Cesar Vieira Rocha; SALOMÃO, Luis Felipe (Coord.). *Arbitragem e Mediação: a reforma da legislação Brasileira*. São Paulo: Atlas, 2015, p. 71-85.

[232] NUNES, Thiago Marinho. As Listas Fechadas de Árbitros das Instituições Arbitrais Brasileiras. In: Francisco José Cahali; Thiago Rodovalho; Alexandre Freire. (Org.). *Arbitragem: Estudos Sobre a Lei nº 13.129, de 26-5-2015*. São Paulo: Saraiva, 2016, p. 543-558.

[233] CARMONA, Carlos Alberto. *Arbitragem e Processo: um comentário à Lei nº 9.307/96*. 3ª ed. São Paulo: Atlas, 2009, p. 278-279.

[234] LEMES, Selma. A inteligência do art. 19 da Lei de Arbitragem (instituição da arbitragem) e as medidas cautelares preparatórias. *Revista de Direito Bancário e do Mercado de Capitais*, vol. 20, p. 411-423, abr./jun., 2003, DTR 2003/218, p. 02.

[235] LEMES, Selma. O papel do árbitro. *Revista do direito da energia*, vol. 3, nº 4, p. 117-128, mar./2006, p. 07.

[236] BARABINO, André. Negócios Jurídicos na Arbitragem. 115f. Dissertação (mestrado em direito). Pontifícia Universidade Católica de São Paulo, São Paulo, 2016, p. 88.

árbitro[237]. O processo de formação dessa relação é bastante heterogêneo, sendo adaptado conforme as circunstâncias e a existência de regras institucionais a serem observadas[238].

A nomeação do árbitro é um dos momentos de maior relevância estratégica no curso de uma arbitragem. Como testemunha Paulo de Tarso Domingues, "Não se pode olvidar que a nomeação do árbitro pela Parte é sempre interessada e interesseira; a parte não quer justiça; a parte quer ganhar o processo! E, por isso, ela vai procurar indicar um árbitro que sabe que está próximo das suas posições (e nunca, p. ex., um que tenha defendido o contrário daquilo que ela sustenta no processo!) e que seja uma pessoa persuasiva ou com auctoritas para convencer o tribunal. E tentará também, por vezes, que seja um árbitro com o qual possa falar e trocar impressões no decurso da arbitragem e até, em casos mais patológicos, que seja alguém que consiga influenciar nas decisões e posições que venha a adotar na arbitragem. E, se possível, que, em cima disso, aparente a maior independência... Ou seja, a parte vai procurar o melhor árbitro possível, não para o processo arbitral, mas para si que é parte interessada no desfecho do processo... Seja como for, e ainda que o árbitro indicado não corresponda às características anteriormente referidas, é normal – é da natureza das coisas! – que, por mais idôneo e correto que possa ser, ele esteja mais receptivo para acolher e defender a posição da parte que o indicou"[239].

Ademais, as partes devem procurar indicar um bom nome ao tribunal, implicando redução das chances de *error in judicando*[240], considerando potencial especialidade na matéria controversa, além de criar ambiente propício à boa distribuição da justiça. Por essas razões, a possibilidade de participar da composição do tribunal pode reduzir os custos de transação associados à arbitragem. Nesse contexto, a possibilidade de modular o modo de composição do tribunal arbitral é de suma importância, sendo prerrogativa das partes ajustarem previamente como ocorrerá a indicação dos árbitros, podendo pactuar fórmulas diversas.

---

[237] JUSTEN FILHO, Marçal. Administração Pública e Arbitragem: o vínculo com a câmara de arbitragem e os árbitros. *Revista Brasileira da Advocacia*, ano 1, vol. 1, abr./jun., 2016, p. 103-151, p. 111.

[238] "The process of forming an arbitrator's contract varies depending upon the circumstances of the parties' arbitration and arbitrator's approach to his or her mandate. Only rarely, however, will there be a single document that purports to record the arbitrator's contract. Instead, this contract will generally be reflected in a series of communications, actions, institutional rules and principles of national law. In the simplest circumstances, the arbitrator's contract is formed when two parties (to an arbitration agreement) jointly approach a potential arbitrator with a request that he or she resolve their dispute; the prospective arbitrator is free to accept or to reject such a proposal. When formalized, the parties' request that an individual accept appointment as an arbitrator constitutes an offer, and the arbitrator's acceptance of the request (again, generally when formalized) constitutes an acceptance, giving rise to the "arbitrator's contract." In both instances, the formal nomination and acceptance are typically accomplished, as a matter of national law, by written notices of appointment or acceptance, copied to all parties. In some cases, the arbitrator's acceptance will not occur expressly, but will be manifested by his or her subsequent acts in beginning to exercise the powers of an arbitrator (e.g., drawing up terms of reference, convening a procedural meeting, presenting the parties with terms of appointment)." (BORN, Gary B. *International Commercial Arbitration*. 3th ed. The Hague: Kluwer Law International, 2021, p. 2122-2123).

[239] DOMINGUES, Paulo de Tarso. A designação dos árbitros: em defesa do árbitro natural. *Revista de Arbitragem e Mediação*, vol. 61, p. 303-314, abr./jun., 2019, DTR 2019/32050, p. 01-02.

[240] FICHTNER, José Antonio, et. al. *Teoria Geral da Arbitragem*. Rio de Janeiro: Forense, 2019, p. 54.

PARTE V · **Capítulo 18** · CONTRATO COM O ÁRBITRO | **757**

3. Nomeação do árbitro

O contrato de investidura, como qualquer contrato, é fruto de um processo formativo. Trata-se de processo tripartite, composto por uma fase de tratativas, a proposta e a aceitação. O regramento concreto de como ocorrerá a constituição dessa relação jurídica será fruto tanto dos termos da convenção de arbitragem quanto dos termos de eventual regulamento arbitral escolhido pelas partes[241]. Caso a cláusula compromissória seja vazia, não dispondo sobre a nomeação dos árbitros, as partes poderão recorrer à ação especial prevista no art. 7º da Lei de Arbitragem.

Em primeiro, é possível vislumbrar na fase pré-contratual o momento de tratativas, na qual há contato entre a parte e o candidato a árbitro para consultas acerca da eventual disponibilidade de assumir o encargo[242]. Antes de haver a nomeação de um profissional como árbitro é normal que haja contato *ex parte* para averiguar a própria possibilidade de nomeação[243].

O segundo momento de formação do contrato com o árbitro é denominado "nomeação" ou "indicação", quando ocorre o convite formal para integrar o tribunal arbitral. Fazendo paralelo com a formação dos contratos, a nomeação nada mais é do que a proposta para ser árbitro de um litígio determinado. No entanto, a forma pela qual ocorre a nomeação pode variar consideravelmente, a partir das circunstâncias do caso e das regras aplicáveis. As fórmulas de indicação devem apenas observar isonomia na composição do tribunal, porém, de resto, é admissível ampla margem de liberdade.

É possível, por exemplo, delegar a terceiro a composição do tribunal arbitral – seja mediante a eleição de uma *appointing authority* ou optar no sentido de que a câmara indique o nome de um ou de todos os árbitros. Nesses casos, a parte indicada para compor o tribunal arbitral o fará, em nome das partes, que pactuam de antemão esse método indireto de escolha dos árbitros[244]. Por vezes, poderá o Poder Judiciário exercer essa fun-

---

[241] JÚDICE, José Miguel; HENRIQUES, Duarte Gorjão. Regras para nomeação de árbitros. O exemplo do centro de arbitragem comercial da câmara de comércio e indústria portuguesa. *Revista de Arbitragem e Mediação*, vol. 46, p. 241-254, jul./set., 2015, DTR 2015/13101.

[242] "Em suma, fato é que durante o contato inicial entre o árbitro e a parte que o procurou é necessário que ambos contratantes procedam com a maior cautela e discrição possível, para evitar eventuais conflitos, questões envolvendo quebra de confidencialidade, entre outros possíveis impasses que comportamentos abusivos possam vir a causar." [...] "Caso se verifique o encontro de vontades, i.e., que o árbitro tem disponibilidade para atuar como tal, e a parte deseja que aquela pessoa componha o tribunal arbitral, faz-se uma proposta. É o primeiro movimento aperfeiçoado em direção à celebração de um contrato, ainda durante a fase pré-contratual." (PEREIRA, Mariana Gofferjé. O contrato entre o árbitro e as partes no Direito brasileiro. *Revista dos Tribunais*, vol. 65, p. 227-274, abr./jun., 2020. DTR 2020/7584, p. 09).

[243] NUNES, Thiago Marinho. A conduta ética na arbitragem sob perspectiva do árbitro e seus auxiliares. In: WALD, Arnoldo; LEMES, Selva Ferreira. *25 anos da Lei de Arbitragem: história, legislação, doutrina e jurisprudência*. São Paulo: Revista dos Tribunais, 2021, p. 629.

[244] "Em primeiro lugar, as partes apontam os árbitros: qualquer que seja o método adotado para a indicação, não há dúvida quanto à intenção das partes de outorgar a uma pessoa o poder de resolver a sua disputa. É irrelevante que em alguns casos um terceiro predeterminado ou uma instituição seja no final das contas responsável pela seleção dos árbitros ou confirmação da indicação. Eles o fazem em nome das partes, que já acordaram de antemão que os árbitros podem ser apontados indiretamente. (NANNI, Giovanni Ettore. Notas sobre os negócios jurídicos da arbitragem e a

ção[245], quando provocado no âmbito da ação dos arts. 6º[246] e 7º[247] da Lei de Arbitragem. Caso desejem, as partes podem prever de antemão requisitos a serem observados pelos candidatos indicados pela *appointing authority*, permitindo maior aderência às necessidades concretas da relação substantiva havida entre as partes.

De modo diverso, quando o tribunal é composto por três árbitros, a prática corrente é que uma parte requerente indique um, a parte requerida indique outro e, na sequência, ambos indicados decidam conjuntamente quem será o presidente do tribunal arbitral[248]. Observe-se que outras dinâmicas de composição do Tribunal poderão ser ajustadas pelas partes. Por exemplo, é lícito designar a terceiro a indicação de todos os nomes que irão compor o tribunal arbitral. É possível ajustar, ademais, se as nomeações serão feitas de modo sucessivo (uma parte indica primeiro e outra depois) ou simultâneo.

Importante ressaltar que as partes não são inteiramente livres para proceder à nomeação dos árbitros. Além da estrita observância das regras consensualmente eleitas na convenção de arbitragem, as partes têm o dever de nomear candidato a árbitro que preencha os requisitos necessários à investidura. Ou seja, se for pactuado na convenção de arbitragem que o árbitro deve ter fluência em determinado idioma, constitui inadimplemento do dever de colaboração para instauração do procedimento arbitral, indicar candidato a árbitro sabendo que esse não preenche o requisito estabelecido.

É fundamental que a parte tome as cautelas devidas e faça as investigações necessárias para evitar nomear, como árbitro, indivíduo que não cumpra os predicados de independência e imparcialidade fundantes à arbitragem[249]. Essas medidas prévias à efetiva

---

liberdade de escolha do árbitro à luz da autonomia privada. *Revista Brasileira de Arbitragem e Mediação*, vol. 49, jun./2016, DTR 2016/20523, p. 07).

[245] SANTOS, Maurício Gomm Ferreira dos. The judge as appointing authority in international commercial arbitration. The Brazilian experience. *Revista de Arbitragem e Mediação*, vol. 9, p. 194-206, abr./jun., 2006, DTR 2006/229.

[246] Lei de Arbitragem, Art. 6º: "Não havendo acordo prévio sobre a forma de instituir a arbitragem, a parte interessada manifestará à outra parte sua intenção de dar início à arbitragem, por via postal ou por outro meio qualquer de comunicação, mediante comprovação de recebimento, convocando-a para, em dia, hora e local certos, firmar o compromisso arbitral. Parágrafo único. Não comparecendo a parte convocada ou, comparecendo, recusar-se a firmar o compromisso arbitral, poderá a outra parte propor a demanda de que trata o art. 7º desta Lei, perante o órgão do Poder Judiciário a que, originariamente, tocaria o julgamento da causa."

[247] Lei de Arbitragem, Art. 7º: "Existindo cláusula compromissória e havendo resistência quanto à instituição da arbitragem, poderá a parte interessada requerer a citação da outra parte para comparecer em juízo a fim de lavrar-se o compromisso, designando o juiz audiência especial para tal fim."

[248] "Em regra, a formação de tribunal arbitral composto por três árbitros ocorre com a designação de um dos membros por cada uma das partes, acrescendo a participação conjunta de todas as partes na escolha de um terceiro árbitro, de modo direto, mediante acordo, ou indireto por meio de acordo entre os árbitros de parte ou por delegação em uma instituição de arbitragem. Mas o direito e a responsabilidade da escolha do conjunto de todos os árbitros pertencem, também em conjunto, às partes. O exercício desse mecanismo jurídico de direitos próprios e direitos delegados em terceiros para a escolha dos árbitros é, portanto, uma obrigação e responsabilidade de todas as partes." (BARROCAS, Manuel Pereira. Igualdade das partes no direito de escolha dos árbitros e a complexidade do 'seu exercício'. *Revista Brasileira de Arbitragem*, vol. XV, issue 58, pp. 48-53, 2018, p. 50).

[249] A nosso ver, tanto as partes deverão empreender seus melhores esforços e serem cautelosas ao nomear o árbitro quanto o árbitro deve verificar, a partir de toda informação que lhe é disponibilizada, se possui as qualidades necessárias para atuar como tal" (PEREIRA, Mariana Gofferejé. O

investidura do árbitro são os alicerces subjacentes à construção do procedimento arbitral. Ou seja, é dever da parte que indica candidato a árbitro avaliar sua adequação ao encargo que se lhe pretenda atribuir.

Nesse contexto, observa-se que, ao lado da grande margem de liberdade de escolher o julgador e de determinar o procedimento de composição do tribunal arbitral, existem limites cogentes que não podem ser ultrapassados. O ato de nomeação de árbitro não pode ser escusa para tentar obter vantagem indevida no procedimento, indicando indivíduo dependente, parcial ou suspeito. Tais atitudes, potencialmente violadoras da boa-fé objetiva, podem constituir descumprimento do dever de colaboração das partes para o fluxo da arbitragem conforme os termos contratados, os quais pressupõem a obediência ao devido processo legal.

4. Aceitação do encargo de árbitro e constituição do tribunal

Por fim, o último momento de formação do contrato de árbitro é a aceitação da nomeação. Naturalmente, caberá ao candidato a árbitro se manifestar, agora formalmente, no sentido se deseja ou não assumir o encargo jurisdicional e, somente com a sua aceitação ocorre a formação do contrato de árbitro. Quando o árbitro manifesta seu interesse em assumir determinada arbitragem, ocorre a formação da relação jurídica com as partes[250], estendendo-se até a prolação da sentença[251].

Em regra, ocorre uma desassociação entre a conclusão do contrato e o início da arbitragem. A partir do regime legal brasileiro, sujeito a adaptações conforme os termos do regulamento de arbitragem adotado, o momento de conclusão do contrato de investidura coincide com o início da jurisdição do tribunal arbitral. Conforme o art. 19 da Lei de Arbitragem, a arbitragem é instituída quando aceita a nomeação pelo árbitro (se único) ou por todos[252]. Ou seja, infere-se da leitura da lei que é possível que dois dos árbitros tenham já aceito os seus encargos jurisdicionais e ainda não haver início da jurisdição por falta da aceitação do terceiro árbitro. Nesses casos, haverá a formação paulatina dos contratos de árbitro, a partir de cada aceitação formal, sendo certo que o painel, composto, será dotado de amplos poderes jurisdicionais. Vale lembrar, por outro lado, que em outros sistemas, como o da CCI, a arbitragem tem início com o pedido de abertura do procedimento, como se infere do art. 4.2[253].

---

contrato entre o árbitro e as partes no Direito brasileiro. *Revista dos Tribunais,* vol. 65, p. 227-274, abr./jun., 2020, DTR 2020/7584, p. 15).

[250] "Em segundo lugar, como ninguém consente antecipadamente com a obrigação de assumir o papel de árbitro de uma determinada disputa, o assentimento dos árbitros nesse contexto é um pré-requisito. Eles declaram seu consenso pela aceitação de suas funções, completando consequentemente a constituição do tribunal arbitral. A aceitação dos árbitros pode ser instrumentalizada pela assinatura de um contrato, pela celebração do termo de arbitragem, ou por qualquer manifestação da intenção de cumprir as atribuições conferidas pelas partes." (NANNI, Giovanni Ettore. Notas sobre os negócios jurídicos da arbitragem e a liberdade de escolha do árbitro à luz da autonomia privada. *Revista Brasileira de Arbitragem e Mediação*, vol. 49, jun./2016, p. 07).

[251] LUCAS, Marcus Vinicius Pereira. Responsabilidade Civil do Árbitro. 202f. Dissertação (Mestrado em Direito). Pontifícia Universidade Católica de São Paulo, São Paulo, 2018, p. 26.

[252] Lei de Arbitragem, art. 19: "Considera-se instituída a arbitragem quando aceita a nomeação pelo árbitro, se for único, ou por todos, se forem vários."

[253] Regulamento CCI, 2021, item 4.2: "A data de recebimento do Requerimento pela Secretaria deverá ser considerada, para todos os efeitos, como a data de início da arbitragem".

CONVENÇÃO DE ARBITRAGEM – *Fichtner* • *Tolentino* • *Polastri* • *Salton*

Em termos de documentação, o termo de arbitragem, normalmente, contém o aceite dos árbitros, estando o negócio jurídico de investidura registrado dentro do seu texto[254]. Essa mesma função pode ser exercida pelo compromisso arbitral ou pelo termo de independência. No entanto, destaca-se que se trata, apenas, de elemento de demonstração da existência da relação jurídica, não sendo necessários à sua constituição.

Observe-se que haverá casos nos quais, mesmo com a aceitação do árbitro, esse não virá a exercer jurisdição válida. Trata-se, sobretudo, dos casos em que há sucesso na impugnação do árbitro. A legislação confere às partes o direito de impugnar um árbitro que não se apresente independente. As informações advindas do cumprimento do dever de revelação do árbitro, ou descobertas de modo superveniente pela parte, poderão embasar pedido para afastamento do árbitro do tribunal arbitral[255]. Assim, o reconhecimento da procedência do pedido de impugnação, declarando a ausência de imparcialidade ou independência, predicados indispensáveis ao exercício da jurisdição no Estado Constitucional, culmina com a perda da investidura e invalidação de todos os atos eventualmente realizados pelo árbitro, no curso do procedimento, com o potencial de invalidar o procedimento como um todo.

§ 67. CONTEÚDO DA RELAÇÃO JURÍDICA

1. Atipicidade do conteúdo do contrato de árbitro

O conteúdo do contrato de investidura, quando não consubstanciado em documento autônomo, será dado pelos termos da ata de missão e das regras da instituição arbitral (nos casos de arbitragem institucional). Dessarte, considerando que os poderes jurisdicionais dos árbitros decorrem do aceite da sua condição, que se dá dentro dos limites da convenção de arbitragem, os termos da investidura servirão como baliza para o exercício da jurisdição do tribunal. Na linha do ensinado por Marc Henry,

---

[254] Adotando a mesma posição, ensina Selma Lemes que o contrato de investidura "pode ser operacionalizado de várias maneiras. Pode-se firmar um contrato entre as partes e os árbitros (não é usual), ou por meio do Compromisso Arbitral firmado (arts. 10 e 11 da LA), ou o Termo de Arbitragem, instrumento presente nos regulamentos de instituições arbitrais, assim como o documento denominado Termo de Independência, no qual ele declara que não há impedimento que seja do seu conhecimento para atuar, consoante o disposto no arts. 13, § 6º e 21, § 2º da LA (princípios da independência, imparcialidade e livre convencimento do árbitro)". (LEMES, Selma. O papel do árbitro. *Revista do direito da energia*, vol. 3, 4, p. 117-128, mar./2006, p. 04-05).

[255] "Portanto, a legislação dota as partes dos instrumentos necessários para que venham a afastar da arbitragem aqueles que não são independentes em relação a elas ou à controvérsia além, é evidente, do dever de revelação que é imposto aos próprios árbitros. No entanto, essa faculdade de impugnação e recusa de árbitros há de ser exercida de forma responsável e sempre fundamentada. A impugnação e a recusa infundadas, a par da violação dos princípios mais básicos de boa fé, têm fatalmente conseqüências econômicas, frustrando a arbitragem da presença daquele que conhece a matéria objeto da controvérsia e tem com as partes uma posição simétrica quanto a informações e conhecimentos. Conseqüentemente, a escolha da arbitragem como mecanismo de solução de controvérsias e que garante o equilíbrio econômico do contrato poderá dar lugar ao surgimento de uma situação de desequilíbrio pelo incremento dos custos de transação." (NUNES PINTO, José Emílio. Recusa e Impugnação de Árbitro. *Revista de Arbitragem e Mediação*, vol. 15, p. 80-84, out./dez., 2007, DTR nº 2013/2633, p. 03).

"como prestador de serviços, o árbitro é antes de tudo devedor de obrigações: ou seja, o devedor da obrigação de executar os serviços que lhe são confiados ao subscrever seu contrato de árbitro"[256].

Como reconhecido pelo STJ, no REsp 1.389.763, relatado pela Ministra Nancy Andrighi, as partes são livres para criar cláusulas específicas na ata de missão acerca da sua relação com os árbitros.[257] Impera o primado da liberdade contratual, resguardadas eventuais normas de ordem pública. Por exemplo, questões referentes aos honorários dos árbitros, à confidencialidade do procedimento, à responsabilidade dos árbitros, ao cronograma de trabalho a ser observado durante o procedimento, entre outras, podem integrar o conteúdo do contrato de investidura.

Ademais, o conteúdo jurídico desse contrato contemplará outras situações jurídicas ativas e passivas – como o dever de respeitar a independência e a imparcialidade, de aplicar as regras escolhidas pelas partes para a solução do litígio, de estarem disponíveis para a condução do procedimento, de respeitar o contraditório, a ampla defesa e as demais garantias processuais, de dirigir o procedimento com diligência e seriedade, de respeitar e proteger a confidencialidade do procedimento, entre outros.

Conforme reconhece Luis Fernando Guerreiro, trata-se de contrato que "define uma forma de investidura para a solução de um conflito com a proibição de atuação no interesse dos contratantes, como seria comum na prestação de serviços, mas sim apenas em última instância, com o proferimento da sentença arbitral, pois os árbitros não podem representar os interesses das partes ainda que tenham sido indicados por elas, devendo ter uma atuação imparcial"[258]. Essas peculiaridades, associadas ao conteúdo jurisdicional dos poderes dos árbitros, trazem elementos estranhos ao direito contratual em um sentido mais puro. A liberdade de dispor – típica do direito privado – há de ser harmonizada com o exercício dos poderes processuais por parte dos árbitros. Nesse contexto, percebe-se que os poderes dos árbitros serão fruto tanto da autonomia privada das partes quanto do ordenamento jurídico que rege a arbitragem[259].

---

[256]   HENRY, Marc. Do Contrato do Árbitro: o Árbitro, um Prestador de Serviços. *Revista Brasileira de Arbitragem*, Vol. II, issue 6, pp. 65-74, 2005, p. 66.

[257]   "Diante da liberdade ampla vigente no procedimento arbitral, a manifestação das partes e dos árbitros na Ata de Missão possibilita a revisão e adequação das regras que serão utilizadas no desenrolar do processo, ainda que resulte em alterações quanto ao anteriormente convencionado, desde que respeitada a igualdade entre as partes e o contraditório." (STJ. REsp 1.389.763/PR. Min. Nancy Andrighi. Terceira Turma. J. em: 12.11.2013).

[258]   GUERRERO, Luís Fernando. Reflexões sobre a Relação entre Árbitros e Partes: Natureza Jurídica e Necessário Afastamento de Propostas de Regulamentação no Direito Brasileiro. *Revista Brasileira de Arbitragem*, vol. IV, issue 15, pp. 43-53, 2007, p. 47.

[259]   "É entendimento pacífico da doutrina e da jurisprudência que os poderes dos árbitros resultam da vontade contratual das partes e da vontade do sistema jurídico. Esta origem híbrida é um elemento genético crucial para a compreensão e definição do modelo teórico do 'bom árbitro'. Sem a vontade contratual das partes não haveria arbitragens; mas sem a vontade do sistema normativo, a arbitragem não seria mais do que um sistema de mediação hard, sem qualquer possibilidade de imposição das decisões às partes que as não quisessem respeitar." (JÚDICE, José Miguel. Árbitros: características, perfis, poderes e deveres. *Doutrinas Essenciais Arbitragem e Mediação*, vol. 2, p. 835-860, set./2014, DTR 2009/842, p. 03).

Digno de nota é observar que o conteúdo do dever dos árbitros poderá sofrer consideráveis modificações, a depender da legislação aplicável ao procedimento arbitral[260]. Tendencialmente, apesar do gérmen internacionalista da arbitragem, em termos de direito comparado, é impróprio considerar que os deveres dos árbitros serão os mesmos em todas as jurisdições. Até mesmo por exercerem jurisdição, que é atributo decorrente da soberania, a função dos árbitros demanda a pergunta prévia acerca do significado de jurisdição dentro de um determinado país. Igualmente, por terem missão de origem contratual, é pressuposto questionar os limites e as regras cogentes inseridas em um determinado ordenamento. Ou seja, partindo dessas premissas, torna-se metodologicamente impróprio interpretar o conteúdo da relação jurídica entre partes e árbitros de modo abstrato, sem considerar elementos concretos que conformam essa relação, dados pelo direito doméstico aplicável[261]. Tais transplantes jurídicos e aculturamentos devem ocorrer sempre tendo em vista a compatibilidade entre ordenamentos.

Em síntese, a relação entre partes e árbitros é juridicamente complexa[262]. Apesar da origem material, o seu efeito principal está no plano jurisdicional, mediante a prolação da sentença e decisão do conflito. É um contrato atípico, que pode estar documentado na ata de missão, iniciada com o aceite da condição de árbitro e que se finaliza com a sentença. A natureza de seus efeitos é híbrida, pertinente tanto à esfera substantiva quanto à esfera processual, sendo essencialmente lastreada na confiança entre parte e julgador. Por fim, trata-se de relação negocial cujo conteúdo é conformado tanto pelos termos da lei de arbitragem que rege o procedimento, os termos da convenção de arbitragem, do regulamento de arbitragem e de eventuais *soft laws* eventualmente escolhidas pelas partes.

---

[260] A lei de arbitragem é modesta em termos de regramento jurídico dessa relação: "De fato, as únicas características exigidas pela LA para que um profissional possa atuar como árbitro dizem respeito à capacidade civil e à confiança, referindo-se aos aspectos éticos (conduta moral) e à capacidade profissional do árbitro, que deverá conduzir o procedimento com imparcialidade, independência, diligência e discrição (art. 13, § 6.º, da Lei 9.307/1996). O art. 13 da Lei 9.307/1996 deixa a critério das partes interessadas na solução do conflito a escolha do árbitro conforme a sua especialidade técnica, como é de praxe em todos os países nos quais a arbitragem é habitualmente realizada." (NEVES, Flávia Bittar. O dilema da regulamentação da função de árbitros mediadores e das atividades das instituições arbitrais no Brasil. *Revista de Arbitragem e Mediação*, vol. 7, p. 101-108, out./dez., 2005, DTR 2005/603, p. 02).

[261] Para uma visão dos deveres dos árbitros em perspectiva internacional: PARK, William W. Les devoirs de l'arbitre: ni un pour tous, ni tous pour un. *Revista de Arbitragem e Mediação*, vol. 31, p. 117-127, out./dez., 2011, DTR 2011/5117.

[262] "Não obstante alguns direitos e deveres sejam puramente contratuais, é possível constatar que a relação contratual entre árbitro e partes tem direta influência no desenvolvimento do processo arbitral (a remuneração do árbitro – relação contratual – pode levar à suspensão do procedimento – relação processual – enquanto não efetivada). Outros direitos e deveres ostentam natureza bifronte: os deveres éticos do árbitro, por exemplo, não são mais ínsitos à relação processual que à contratual; o árbitro deve permanecer imparcial porque foi contratado para sê-lo e porque essa é determinação inerente à sua posição de julgador estabelecida pelo modelo processual." (ELIAS, Carlos Eduardo Stefen. O Árbitro é (Mesmo) Juiz de Fato e de Direito? Análise dos Poderes dos Árbitros Vis-à-Vis os Poderes do Juiz no Novo Código de Processo Civil Brasileiro. *Revista de Arbitragem e Mediação*, vol. 54, p. 79-122, jul./set., 2017, DTR 2107/5650, p. 07).

2. Dever de prestar jurisdição dentro do escopo contratado

O dever primário do árbitro é prestar jurisdição dentro do escopo contratado. Conforme Luiz Olavo Baptista, é dever do árbitro "resolver a questão que lhe foi submetida para deslinde, dando uma sentença. Essa sentença, para que exista não pode ser inquinada de nulidade (pois, nula, não existiria). E é essa a conduta que se lhe pode exigir"[263]. Esse dever somente será satisfatoriamente cumprido quando da prolação de sentença arbitral, dentro do prazo estipulado. Entretanto, esse dever não se resume à elaboração da sentença arbitral. O árbitro, antes de ser um redator de sentenças, é, dentro do regime brasileiro, juiz de fato e de direito. Dessa forma, a sua missão não pode ser resumida a proferir a sentença, apresentando escopo mais amplo. O julgamento é o ato culminante do processo que se inicia em momento anterior à instituição da arbitragem[264].

Nesse sentido, explica Marc Henry que existe verdadeira obrigação de conduzir o procedimento segundo as diretivas fixadas pelas partes, podendo essas "fixar um prazo particular para proferir a sentença, ou ainda disposições específicas relativas à organização do procedimento arbitral, particularmente, a troca de petições, uma eventual perícia, uma audiência de oitiva de testemunhas, o método de produção das peças. As partes poderão igualmente prever a obrigação de decidir em sentenças distintas sobre questões de competência, aceitabilidade da ação e do mérito"[265].

Dessa forma, a essência do dever dos árbitros está na solução do conflito existente entre as partes, respeitando os limites estabelecidos, exercendo sua missão de modo independente e imparcial e respeitando a vontade das partes, desde que essa não interfira na sua obrigação de proferir o julgamento acordado[266]. Nesse sentido, explica Francisco Cahali que "tem-se como certo que no juízo arbitral há o exercício pleno da jurisdição. E na investidura do árbitro, se contém a autoridade (aliás, também responsabilidade), para decidir o Direito diante do conflito que lhe foi apresentado, não obstante o quanto vier a ser sustentado pelos interessados"[267].

Nesse contexto, percebe-se que o dever de exercer adequadamente a jurisdição é iluminado por uma série de deveres acessórios, que servem de predicado e de corolários ao devido processo legal. Esses deveres, apesar de poderem ser tratados de modo autônomo para fins didáticos e dogmáticos, hão de ser percebidos enquanto ramificações do próprio dever principal e característico da função de árbitro.

O particular da satisfação desse dever no âmbito da arbitragem é que o exercício desse dever não é inteiramente livre, estando o árbitro adstrito às escolhas prévias feitas

---

[263] BAPTISTA, Luiz Olavo. Primeiras anotações sobre o árbitro e os contratos: entre o poder e o dever. In: *O árbitro, a arbitragem e o contrato*, Cadernos do IEC, nº 3, p. 47-65, 2010, p. 54.

[264] MARTINS-COSTA, Judith. *A Boa-fé no Direito Privado*: Critérios para a sua Aplicação. 2ª ed. São Paulo: Saraiva, 2018, p. 362.

[265] HENRY, Marc. Do Contrato do Árbitro: o Árbitro, um Prestador de Serviços. *Revista Brasileira de Arbitragem*, vol. II, issue 6, p. 65-74, 2005, p. 68-69.

[266] GUERRERO, Luís Fernando. Reflexões sobre a Relação entre Árbitros e Partes: Natureza Jurídica e Necessário Afastamento de Propostas de Regulamentação no Direito Brasileiro. *Revista Brasileira de Arbitragem*, vol. IV, issue 15, p. 43-53, 2007, p. 45.

[267] CAHALI, Francisco José. Prescrição, arbitragem, mediação e outros meios extrajudiciais de solução de conflitos – MESCS. *Revista dos Tribunais*, vol. 1000, p. 37-59, fev./2019. DTR 2019/23622, p. 03.

pelas partes[268]. Portanto, não se trata apenas do dever de prestar jurisdição e de observância do devido processo legal, mas de prestá-la conforme contratado e ajustado pelas partes[269]. A convenção de arbitragem e a ata de missão são os principais balizadores do exercício da jurisdição. O regulamento da instituição escolhida pelas partes, ao ser aderido na convenção de arbitragem, também age enquanto limite de observância cogente para o tribunal arbitral. Não basta prestar jurisdição e proferir a sentença: a condução do procedimento tem que ocorrer dentro do ajustado e concordado pelas partes, caso contrário há inadimplemento desse dever.

O árbitro que se recusa a observar os ditames ajustados e contratados pelas partes, bem como quando tenta, unilateralmente, modificar os limites da própria missão jurisdicional, à revelia do pretendido quando da elaboração da convenção de arbitragem e da ata de missão, acaba descumprindo o seu dever primário de prestação. O poder jurisdicional resta, portanto, duplamente limitado: primeiramente, pelas balizas inerentes ao devido processo legal e ao processo justo; e, em segundo, pelos ajustes contratuais e regulamentares elaborados pelas partes. A margem de liberdade de atuação do julgador somente existe dentro dessas limitações, razão pela qual o adimplemento do dever primário de prestação depende dessa dupla observância.

Ademais, deve o árbitro decidir todo o litígio a ele submetido, não podendo se abster de se manifestar sobre algum ponto controvertido (infra petita) nem extrapolar os limites da sua jurisdição (extra petita ou ultra petita)[270]. Extrapolar os limites da convenção de arbitragem é sancionável pelo art. 32, IV, da Lei de Arbitragem[271], podendo ser causa de anulação da sentença arbitral. Assim, o agir do árbitro não é irrestrito, estando contido pela convenção de arbitragem, regulamento da instituição, ata de missão e pedidos formulados. Não há espaço para extravasar o âmbito da própria jurisdição, nem para ir além das suas limitações inerentes. Inclusive, o próprio *decisum* deve estar dentro do permitido pelo contrato em disputa e pelo ordenamento aplicável. Igualmente, não pode o árbitro procurar se substituir às partes, estabelecendo, como forma de implementar o

---

[268] "Igualmente, cabe nos deveres éticos de um árbitro contribuir para a confiança na justiça arbitral. Recuperando o princípio da legalidade do conteúdo das decisões jurisdicionais, em que se acolhe o sentido último da Justiça, a confiança na justiça arbitral ficaria em crise se esta pudesse ser percepcionada como um sistema geneticamente apto a tomar decisões de conteúdo não legal, ou a seguir procedimentos erráticos de aplicação da lei." (LEITE, António Pinto. Jura Novit Curia e a Arbitragem Internacional. *Revista de Arbitragem e Mediação*, vol. 35, p. 169-186, out./dez., 2012, DTR 2012/451132, p. 05).

[269] "Em sua qualidade de prestador de serviços, o árbitro deve respeitar a vontade das partes, que poderá ser expressa nas qualidades esperadas do árbitro e na condução do procedimento arbitral. Mesmo que a vontade das partes não seja expressamente dita, certas obrigações serão deduzidas deste que constitui hoje a compreensão da vontade tácita das partes em um litígio que recorra à arbitragem ou o que qualificamos ainda como espera legítima das partes. Dentre as obrigações contratuais do árbitro, podemos citar as principais a seguir. A obrigação de respeitar as disposições particulares que as partes terão eventualmente estipulado na convenção de arbitragem. (HENRY, Marc. Do Contrato do Árbitro: o Árbitro, um Prestador de Serviços. *Revista Brasileira de Arbitragem*, vol. II, issue 6, pp. 65-74, 2005, p. 68-69).

[270] PEREIRA, Mariana Gofferjé. O contrato entre o árbitro e as partes no Direito brasileiro. *Revista dos Tribunais,* vol. 65, p. 227-274, abr./jun. 2020, DTR 2020/7584, p. 13

[271] Lei de Arbitragem, Art. 32: "É nula a sentença arbitral se: [...] IV – for proferida fora dos limites da convenção de arbitragem;"

PARTE V · Capítulo 18 · CONTRATO COM O ÁRBITRO | **765**

cumprimento de obrigações contratuais, prestações diversas das pactuadas, ou modificando arbitrariamente a estrutura de riscos acordada. Essas barreiras são intrínsecas ao ato de julgar, pois não é dado ao tribunal arbitral a prerrogativa de se imiscuir na autonomia privada dos contratantes, que funda, inclusive, os seus poderes jurisdicionais. Tais atitudes, além de sancionáveis, nos termos da lei de arbitragem, constituem atos de inadimplemento do contrato de árbitro.

Assim, o dever de prestar jurisdição é uma obrigação de resultado[272], que deverá ser cumprida em estrita observância às regras do devido processo legal e àquelas estabelecidas pelas partes[273]. O resultado final da atuação do árbitro está materializado na sentença a ser proferida – que deve ser o resultado de procedimento jurisdicional transcorrido nos moldes contratados.

Nesse contexto, enquanto corolário do dever de prestar jurisdição, surge o dever de prolatar sentença exequível e resistente a tentativas frívolas de a anular. Conforme Luiz Olavo Baptista, "se o objeto do contrato com o árbitro é o julgamento que deverá proferir, a parte espera que este tenha certas qualidades – dentre as quais a exequibilidade da sentença e a razoabilidade da mesma"[274]. Por certo, a exequibilidade da sentença pressupõe a sua validade. Assim, o árbitro que profere sentença anulada perante o Poder Judiciário por não observar seus requisitos fundamentais, tal qual previstos no art. 32 da Lei de Arbitragem, não terá cumprido adequadamente o seu dever característico.

Assim, além de conduzir a arbitragem e prestar jurisdição nos moldes contratados, deve o árbitro zelar pela higidez da sentença (*"duty to render an enforceable award"*)[275]. Assim, há de se respeitar tanto os requisitos de forma quanto de conteúdo impostos pela lei como condicionantes à validade da sentença arbitral[276]. E, em consonância com a visão da obrigação como processo, o adequado adimplemento do contrato com o árbitro não deve ser aferido apenas pela prolação da sentença, mas pelo estrito cumprimento de deveres acessórios e anexos à prestação principal. Apenas a observância de todo feixe de deveres que caracteriza a plena satisfação dos interesses legítimos das partes ao escolherem julgador de sua confiança para analisar e julgar o litígio[277].

---

[272] LEMES, Selma. O papel do árbitro. *Revista do direito da energia*, vol. 3, nº 4, p. 117-128, mar./2006, p. 04.

[273] LUCAS, Marcus Vinicius Pereira. Responsabilidade Civil do Árbitro. 202f. Dissertação (Mestrado em Direito). Pontifícia Universidade Católica de São Paulo, São Paulo, 2018, p. 28.

[274] BAPTISTA, Luiz Olavo. Primeiras anotações sobre o árbitro e os contratos: entre o poder e o dever. In: *O árbitro, a arbitragem e o contrato*, Cadernos do IEC, nº 3, p. 47-65, 2010, p. 54.

[275] PLATTE, Martin. An arbitrator's duty to render enforceable awards. *Journal of International Arbitration*, vol. 20, issue 3, p. 307-313, 2003; HORVATH, Günther J. The Duty of the Tribunal to Render an Enforceable Award. *Journal of International Arbitration*, vol. 18, issue 2, p. 135-158, 2001.

[276] LEE, João Bosco. How to draft a valid and efficient award. *Revista de Arbitragem e Mediação*, vol. 3, p. 53-62, set./dez., 2004, DTR 2004/525, p. 03.

[277] "Desse modo, não basta para o adimplemento da obrigação o cumprimento, pelo árbitro, da obrigação "principal" de julgar, mas também a observância a todo conjunto de deveres necessários para a plena satisfação das partes – o que certamente inclui a manutenção da confiança que lhe foi depositada. Em suma, o requisito da confiança integra a noção de capacidade do árbitro." (PEREIRA, Mariana Gofferjé. O contrato entre o árbitro e as partes no Direito brasileiro. *Revista dos Tribunais*, vol. 65, p. 227-274, abr./jun., 2020. DTR 2020/7584, p. 04).

3. Dever de revelação e confiança

A relação entre partes e árbitros é estruturalmente diversa de outras relações contratuais, pois o elemento confiança é exacerbado em sua última potência. A sua incidência é tão forte que se torna, ao lado da autonomia privada, o fundamento filosófico e ético para a materialização da jurisdição privada, a ser exercida pelos árbitros. Como forma de resguardar essa confiança, e para permitir a construção da ponte entre a natureza contratual e a função jurisdicional, o dever de revelação dos árbitros é um dos pilares da relação construída. Esse dever, ao lado dos necessários atributos de imparcialidade e independência[278], pode ser percebido na própria legitimação da jurisdição arbitral[279].

O sistema legal vigente, estabelecendo as balizas dentro das quais qualquer pessoa pode exercer a função de árbitro validamente é extremamente bem delineado.

Em primeiro lugar, o art. 14 da Lei de Arbitragem estabelece, para os árbitros, os impedimentos e suspeições que a legislação processual civil impõe para os magistrados. Isso quer dizer que as hipóteses, previstas na legislação processual civil, como de impedimento e suspeição, são de revelação obrigatória pelo candidato a árbitro. Além disso, todas as situações que levem qualquer julgador a considerar-se suspeito por motivo de foro íntimo, devem também ser reveladas no procedimento de *disclosure* que marca a formação de qualquer painel arbitral.

Além de tais limitações, naturais para o exercício de qualquer forma de jurisdição, a legislação estabelece padrão de revelação adicional, tal como previsto no art. 14, § 1º, da Lei de Arbitragem, que dispõe que "as pessoas indicadas para funcionar como árbitro têm o dever de revelar, antes da aceitação da função, qualquer fato que denote dúvida justificada quanto à sua imparcialidade e independência."

Assim, no interregno temporal entre a nomeação e a efetiva investidura, ocorre a fase de revelação de informações[280], na qual o candidato a árbitro deverá revelar qualquer fato que, aos olhos das partes, denote dúvida justificada quanto à sua imparcialidade e independência[281]. A fase de revelações deve ser feita em estrita obediência às regras aplicáveis – legais, institucionais e de *soft law* – contratadas pelas partes[282].

---

[278] "Na arbitragem, poder-se-ia dizer que imparcialidade corresponde normalmente à inexistência de propensão à causa de uma das partes, por alguma noção pré-concebida sobre as questões jurídicas. Já a independência se caracteriza geralmente como a ausência de vínculo profissional com uma das partes ou de interesses financeiros no resultado da causa." (LUCON, Paulo Henrique dos Santos. Imparcialidade na arbitragem e impugnação aos árbitros. *Revista de Arbitragem e Mediação*, vol. 39, p. 39-51, out./dez., 2013, DTR 2013/10439, p. 2).

[279] "A lei brasileira é precisa ao impor ao árbitro a atuação com imparcialidade, independência, competência e discrição, bem como o dever de quem for indicado para essa função de revelar fato que denote dúvida quanto à sua imparcialidade e independência." (MAGALHÃES, José Carlos de. O Árbitro e a Arbitragem. In: *O árbitro, a arbitragem e o contrato*, Cadernos do IEC, nº 3, p. 7-45, 2010, p. 22).

[280] OLIVEIRA, Leandro Antonio Godoy. A Extensão do Dever de Revelação do Árbitro no Brasil e a sua Responsabilização Civil em caso de Violação. 181f. Dissertação (Mestrado em Direito). Universidade Federal de Santa Catarina, Santa Catarina, 2016.

[281] Lei de Arbitragem, art. 14, § 1º: "As pessoas indicadas para funcionar como árbitro têm o dever de revelar, antes da aceitação da função, qualquer fato que denote dúvida justificada quanto à sua imparcialidade e independência."

[282] Lei de Arbitragem, art. 14, *caput*: "Estão impedidos de funcionar como árbitros as pessoas que tenham, com as partes ou com o litígio que lhes for submetido, algumas das relações que caracteri-

PARTE V · **Capítulo 18** · CONTRATO COM O ÁRBITRO | **767**

Registre-se que a impugnação é a primeira possibilidade de eventual reação da parte diante das informações reveladas pelo árbitro. A partir daí, caberá ao órgão competente decidir acerca da procedência ou não do pedido. Somente depois da realização das revelações e inexistindo impugnação, poderá ocorrer a devida aceitação do cargo, assumindo o candidato a condição de árbitro.

Importante notar que a lei de arbitragem contém regra especificando que o árbitro nomeado somente poderá ser recusado por motivo ocorrido após a sua nomeação. A regra legal comporta exceções para as hipóteses de o referido árbitro não ter sido nomeado diretamente pela parte que pretenda impugná-lo e/ou que a recusa seja motivada por fato conhecido posteriormente à nomeação do árbitro (art. 14, § 2º)[283].

A "revelação" é uma modalidade de transmissão de informações outrora desconhecidas[284]. A revelação – verdadeiro processo de *disclosure* – pressupõe atitude ativa e positiva do árbitro, de informar e esclarecer às partes, eventuais fatos ou atos que possam vir a suscitar dúvidas quanto à sua imparcialidade ou independência[285]. Nesse ponto, são indissociáveis o componente ético da confiança e o princípio da boa-fé objetiva, que potencializa deveres de colaboração e proteção decorrentes das relações contratuais, dentre essas o contrato de investidura[286]. A amplitude do dever de revelação, portanto, é modelada por standards de confiança e de boa-fé objetiva, que auxiliam a iluminar a zona de informações de divulgação mandatória.

O modelo legal consubstanciado no art. 14, § 1º, da Lei de Arbitragem, ao adotar o parâmetro de revelação mandatória quando certa informação denotar "dúvida justificada" incorporou, no direito brasileiro, padrão que é internacionalmente adotado e reconhecido. Diversos regulamentos de instituições arbitrais e leis de arbitragem de outros países reconhecem, sob formulações diversas, a obrigatoriedade de revelação de fatos que denotem dúvida sobre a imparcialidade ou independência do árbitro.

Reforça-se que a baliza faz referência a "dúvida", ou seja, o dever de revelar é mais amplo do que os fatos que efetivamente caracterizam quebra de imparcialidade ou independência. A lógica sistemática a ser preservada é a de "in dubio pro revelação", maximizando as informações disponibilizadas às partes para conferência de eventuais indisponibilidades.

A prática internacional consolidou variados grupos de situações em que a revelação passa a ser indicada por meio das Regras da IBA sobre conflitos de interesses. Essa *soft law*, fruto de modelos internacionalmente reconhecidos como boas práticas de disponibilização

---

zam os casos de impedimento ou suspeição de juízes, aplicando-se-lhes, no que couber, os mesmos deveres e responsabilidades, conforme previsto no Código de Processo Civil."

[283] Lei de Arbitragem, art. 14, § 2º: "O árbitro somente poderá ser recusado por motivo ocorrido após sua nomeação. Poderá, entretanto, ser recusado por motivo anterior à sua nomeação, quando: a) não for nomeado, diretamente, pela parte; ou b) o motivo para a recusa do árbitro for conhecido posteriormente à sua nomeação."

[284] GREZZANA, Giacomo. *A Cláusula de Declarações e Garantias em Alienações de Participações Societárias*. São Paulo: Quartier Latin, 2019, p. 276.

[285] PEREIRA, Mariana Gofferejé. O contrato entre o árbitro e as partes no Direito brasileiro. *Revista dos Tribunais,* vol. 65, p. 227-274, abr./jun., 2020, DTR 2020/7584, p. 16.

[286] LEMES, Selma. O procedimento de impugnação e recusa de árbitro, como sistema de controle quanto à independência e imparcialidade do julgador. *Revista de Arbitragem e Mediação*, vol. 50, p. 369-386, jul./set., 2016, DTR 2016/23878, p. 04.

768 | CONVENÇÃO DE ARBITRAGEM – *Fichtner* • *Tolentino* • *Polastri* • *Salton*

de informações, criou rol exemplificativo sobre quais fatos deverão ser comunicados às partes em momento prévio à aceitação do árbitro. As Regras da IBA agem como um piso do dever de informar, sendo possível que determinadas instituições arbitrais estabeleçam parâmetros, mais ou menos flexíveis, quanto à obrigatoriedade de informação. Ou seja, essa normativa – antes de ser um teto – aglutina situações que já são objeto de consenso, em nível internacional.

Pelo seu amplo reconhecimento, é perfeitamente possível utilizar – mesmo que não diretamente escolhidas pelas partes – as Regras da IBA como fortes indícios de cumprimento ou descumprimento do dever de informar dos árbitros. Certamente, a amplitude desse dever será também temperada por características concretas do caso, e de outras normativas eventualmente aplicáveis. Ressalta-se ser possível identificar outras situações fáticas, não previstas pela IBA, que se enquadrem como "dúvida justificável" quanto à imparcialidade ou independência, e, portanto, são de revelação mandatória pelo art. 14, § 1º, da Lei de Arbitragem. Contudo, isto não mitiga a importância das Regras da IBA como documentação de situações já praticamente consensuais, acerca da necessidade e extensão do dever de revelação.

Em sede de arbitragem, há uma distinção fundamental no que se refere à manifestação do dever de revelação, quando contrastado com outros contextos. Em outros tipos de relações jurídicas – por exemplo, durante a fase pré-contratual de uma operação de compra e venda de empresas – a não transmissão de uma informação não será, por si só, ilícita ou desleal[287].

Entretanto, a forte presença do elemento "confiança" na relação entre partes e árbitros impede que se chegue a essa mesma conclusão. O direito brasileiro não reconhece um dever de "não confiar" ou um "dever de desconfiança" no que se refere às informações transmitidas[288]. As partes têm a legítima expectativa de confiar nas revelações feitas pelo candidato a árbitro. E, a partir delas, tomar as suas decisões estratégicas na condução de um dado caso concreto[289].

Nas palavras de José Carlos Magalhães, "o dever de revelação é essencial para que as partes tenham conhecimento de qualquer fato que possa afetar a credibilidade e confiança do árbitro"[290]. Portanto, há imbricamento entre o dever de revelação e a confiança no julgador. Na conceituação legal de árbitro, conforme o art. 13, *caput*, da Lei de Arbitragem, esse

---

[287] DA SILVA, Eva Sónia Moreira. *As Relações Entre a Responsabilidade Pré-Contratual por Informações e os Vícios da Vontade (Erro e Dolo): o caso da indução negligente em erro.* Coimbra: Almedina, 2010, p. 24.

[288] MARTINS-COSTA, Judith. *A Boa-fé no Direito Privado*: Critérios para a sua Aplicação. 2ª ed. São Paulo: Saraiva, 2018, p. 593.

[289] A título exemplificativo, assim já se posicionou o TJSP, em caso relatado pelo Desembargador Fortes Barbosa: "a exigência de estrito cumprimento desse dever de revelação deve ser máxima. Toda e qualquer informação de caráter pessoal ou profissional capaz de gerar dúvida na parte quanto à imparcialidade e integridade do árbitro deve ser comunicada imediatamente, sem que persista direta correlação da suspeição gerada pela omissão com as hipóteses previstas na legislação processual comum". Na linha desse entendimento, o dever de revelação está estritamente vinculado à preservação da confiança depositada no árbitro, que deve permanecer hígida durante todo curso do procedimento, desde a sua instauração até a sua extinção. (TJSP. Ap. 1056400-47.2019.8.26.0100. Des. Fortes Barbosa. 1ª Câmara Reservada de Direito Empresarial. J. em: 25.08.2020).

[290] MAGALHÃES, José Carlos de. O Árbitro e a Arbitragem. In: *O árbitro, a arbitragem e o contrato*, Cadernos do IEC, nº 3, p. 7-45, 2010, p. 23.

é definido como pessoa capaz e que tenha a confiança das partes[291]. Ensina Manuel Pereira Barrocas que "sem a confiança das partes no árbitro ou árbitros e a cooperação ativa das partes na tramitação processual, não há arbitragem ou, se ela ainda assim existe, é difícil conceber o bom exercício da função arbitral sendo reduzida a eficiência dos árbitros"[292].

Nesse contexto, a confiança das partes no julgador é requisito primordial para a nomeação de um árbitro, conjugando-se com o dever de revelação, vedando a omissão e retenção de qualquer dado concretamente relevante acerca da participação do árbitro no tribunal[293]. Por conta desse dever, há de se ter transparência dos árbitros para com as partes, e com a instituição arbitral, antes e no curso do trâmite do procedimento arbitral, devendo ser trazida a notícia imediata de qualquer fato com o potencial de abalar a crença na imparcialidade e independência do julgador[294].

Em sentido similar, ensina José Carlos Magalhães que "no caso do árbitro, são as partes que o selecionam, tendo como premissa básica a confiança nele depositada. Se tiverem conhecimento completo dos fatos configuradores do impedimento ou da suspeição legal, e, mesmo assim, manifestarem confiança no julgamento imparcial e independente do árbitro, não podem as partes, sobretudo a vencida, impugnar a decisão"[295]. Isso é, o elemento "confiança" é basilar para a investidura e para a manutenção da jurisdição do árbitro[296]. Nesse sentido, a plena e completa satisfação do dever de revelação por parte do candidato a árbitro é pedra angular no que se refere à construção dessa relação de confiança[297].

---

[291] Lei de Arbitragem, art. 13, *caput*: "Pode ser árbitro qualquer pessoa capaz e que tenha a confiança das partes."

[292] BARROCAS, Manuel Pereira. Igualdade das partes no direito de escolha dos árbitros e a complexidade do 'seu exercício'. *Revista Brasileira de Arbitragem*, vol. XV, issue 58, pp. 48-53, 2018, p. 49.

[293] Nesse sentido, já se manifestou o TJSP, em caso relatado pelo Desembargador Erickson Gavazza Marques: "é necessário deixar claro que a confiança das partes, tal como prevê o disposto no artigo 13, caput da Lei 9.307/1996 constitui um dos requisitos primordiais para a nomeação de um árbitro, o que se conjuga com o chamado dever de revelação, que proíbe, de início, a omissão e retenção de qualquer dado tido como relevante para o exercício da escolha do árbitro, bem como impõe a total transparência mesmo no curso da arbitragem forçando a revelação de qualquer fato que tenha o potencial de abalar a imparcialidade e independência do juiz privado, incumbido de solucionar o litígio posto pelas partes". (TJSP. Ap. 1055194-66.2017.8.26.0100. Des. Erickson Gavazza Marques. 5ª Câmara de Direito Privado. J. em: 06.08.2021).

[294] TJSP. Ap. 1056400-47.2019.8.26.0100. Des. Fortes Barbosa. 1ª Câmara Reservada de Direito Empresarial. J. em: 25.08.2020.

[295] MAGALHÃES, José Carlos de. O Árbitro e a Arbitragem. In: *O árbitro, a arbitragem e o contrato*, Cadernos do IEC, nº 3, p. 7-45, 2010, p. 24.

[296] "No que se refere ao requisito da confiança, ressaltamos que se trata de atributo afeto à moral e a aspectos éticos em geral. Pode-se entender também como imposição legal dos deveres de honestidade ínsitos aos profissionais intelectuais liberais e aos juízes. Diante da redação do artigo 13, caput, da Lei de Arbitragem, indaga-se se a confiança das partes seria um elemento essencial à modalidade contratual ora analisada. Na nossa visão, a resposta é positiva." (PEREIRA, Mariana Gofferjé. O contrato entre o árbitro e as partes no Direito brasileiro. *Revista dos Tribunais*, vol. 65, p. 227-274, abr./jun. 2020., DTR 2020/7584, p. 04).

[297] "A credibilidade da arbitragem como meio idôneo de solução de litígios depende, fundamentalmente, da confiança que as partes – e, naturalmente, seus advogados – puderem depositar nos árbitros, bem como na certeza de que a condução do procedimento arbitral não acabará prejudicando o princípio fundamental do due process of law. A Lei de Arbitragem procurou dar solução a estes dois aspectos

CONVENÇÃO DE ARBITRAGEM – *Fichtner* • *Tolentino* • *Polastri* • *Salton*

O dever de revelação apresenta forte correlação com o dever de independência do árbitro, devendo ser concretizado por meio da observância do dever de transparência, permitindo às partes a completa avaliação de elementos aparentes e objetivos que indicam se uma das partes pode ter ou não dúvidas acerca das condições objetivas e subjetivas para que um determinado árbitro atue em dado procedimento[298]. Nas palavras de Luiz Olavo Baptista: "o dever de independência está ligado ao dever de transparência porque, como já foi apontado, a independência se avalia pelos elementos aparentes e objetivos que indicam se alguém pode, ou não, ter razões para confiar ou desconfiar do árbitro"[299].

O dever de revelação apresenta caráter dinâmico, contínuo, estando presente em todas as etapas da arbitragem[300]. Considerando que o árbitro só pode exercer sua missão enquanto conservar a confiança das partes, o dever de transparência, garantidor da independência do julgador, persiste durante todo o curso da arbitragem[301]. Nesse sentido, a necessidade de revelar informações não se esgota no momento prévio à instauração do procedimento, sendo indispensável que o árbitro revele o surgimento de situação superveniente que possa pôr em xeque a confiança das partes na sua aptidão de promover um julgamento equidistante e independente[302].

A constatação de falha do dever de revelar – por si só – representa razão para impugnação da sentença arbitral[303]. Conforme reconheceu o STJ, é pressuposto de validade da decisão arbitral o respeito aos ditames do devido processo legal, e, entre esses, o dever de revelação prévio à investidura na condição de árbitro. Como o dever de revelação é pilar

---

fundamentais, na medida em que as partes são livres para nomear árbitro ou árbitros de sua livre escolha (art. 13, Lei 9.307/1996), e que foi assegurado o respeito aos princípios do contraditório, da igualdade das partes, da imparcialidade do árbitro e de seu livre convencimento (arts. 21, § 2.º, e 32, VIII, Lei 9.307/1996)." (GREBLER, Eduardo. Arbitragem nos contratos privados. *Revista dos Tribunais*, vol. 745, p. 59-66, nov./1997, DTR 1997/469, p. 04).

[298] BAPTISTA, Luiz Olavo. Primeiras anotações sobre o árbitro e os contratos: entre o poder e o dever. In: *O árbitro, a arbitragem e o contrato*, Cadernos do IEC, nº 3, p. 47-65, 2010, p. 52.

[299] BAPTISTA, Luiz Olavo. Dever de revelação do árbitro: extensão e conteúdo. Inexistência de infração. Impossibilidade de anulação da sentença arbitral. *Revista de Arbitragem e Mediação*, vol. 36, p. 199-218, jan./mar., 2013, DTR 2013/2506, para. 29.

[300] PEREIRA, Mariana Gofferjé. O contrato entre o árbitro e as partes no Direito brasileiro. *Revista dos Tribunais*, vol. 65, p. 227-274, abr./jun. 2020., DTR 2020/7584, p. 16.

[301] BAPTISTA, Luiz Olavo. Primeiras anotações sobre o árbitro e os contratos: entre o poder e o dever. In: *O árbitro, a arbitragem e o contrato*, Cadernos do IEC, nº 3, p. 47-65, 2010, p. 52.

[302] "O dever de revelação é um dever contínuo (ongoing duty) e de cumprimento imediato. Decorre ainda do princípio da boa-fé, na vertente dos deveres de zelo e diligência, bem como da ética arbitral, na vertente do dever do árbitro de inspirar confiança às partes e confiança em geral no exercício jurisdicional, que a revelação seja cuidada e completa." (LEITE, António Pinto. Tecnimont V – A força jurídica dos regulamentos de arbitragem perante os tribunais judiciais e as consequências do exercício tardio do direito de impugnação do árbitro. *Revista de Arbitragem e Mediação*, vol. 50, p. 407-426, jul./set., 2016, DTR 2016/23881, p. 06).

[303] Sustentando posicionamento diverso, concluindo no sentido de que a violação no dever de informar não constitui fundamento de impugnação da sentença arbitral, ver: BAQUEDANO, Luis Felipe Ferreira; PEDROSO, Luiza Romanó. A violação do dever de revelação enquanto fundamento para a impugnação do árbitro: onde há fumaça há fogo? *RBA*, nº 60, p. 7-35, out./dez., 2018. Reforçamos a adoção da posição contrária da sustentada pelos autores, sustentando que, à luz do direito brasileiro, a falha no dever de informar circunstância relevante é causa *ipso facto* para anular o procedimento arbitral.

da confiança entre árbitro e parte, e a confiança é pressuposto para assumir a condição de árbitro, o descumprimento desse dever leva à invalidade da sentença arbitral[304], nos termos do art. 32, II e VIII, da Lei de Arbitragem[305]. Nesse sentido, se manifestou o STJ na SEC 9.412, em acórdão lavrado pelo Ministro João Otávio de Noronha: "dada a natureza contratual da arbitragem, que põe em relevo a confiança fiducial entre as partes e a figura do árbitro, a violação por este do dever de revelação de quaisquer circunstâncias passíveis de, razoavelmente, gerar dúvida sobre sua imparcialidade e independência, obsta a homologação da sentença arbitral"[306].

A consequência da não revelação de informações deve operar de pleno direito, não dependendo de qualquer comprovação de dano ao procedimento em si. O caráter *ipso jure* do prejuízo se deve à afronta aos predicados básicos subjacentes à figura dos árbitros, pois a simples omissão de fatos sujeitos ao dever de revelar é, em si mesma, causa para a quebra de confiança. Aquele que deixa de revelar informações pertinentes não tem condições ético-jurídicas de ser árbitro, pois não será merecedor da confiança das partes. Por essa razão, qualquer informação que, aos olhos das partes, possa suscitar dúvidas sobre a imparcialidade ou independência dos membros do tribunal é de revelação obrigatória, sob pena de fulminar de modo insanável todo procedimento arbitral.

Portanto, entende-se que o fato de o árbitro deixar de revelar informação que poderia levar a parte a desafiar a sua imparcialidade ou independência, participando, na sequência, do processo de escolha do presidente do tribunal e demais atos processuais, contamina a arbitragem como um todo. Trata-se de efeito *ipso iure* da violação do dever de revelação, não sendo necessária a demonstração de relação de causalidade entre a falta de revelação e eventual imparcialidade para que a nulidade se imponha. Basta a participação nos processos de tomada de decisão no curso da arbitragem para que a nulidade seja gerada.

Em síntese, o dever de revelação do árbitro é um dos pilares de legitimação da arbitragem. O seu adequado e estrito cumprimento, observando os *standards* legais e contratuais aplicáveis, é pressuposto para a confiança subjacente à relação entre partes e julgadores. É obrigação do árbitro revelar toda e qualquer circunstância que, aos olhos das partes, possa indicar falta de imparcialidade e independência. Na linha de Louis Brandeis, "publicity is justly commended as a remedy for social and industrial diseases. Sunlight is said to be the best of disinfectant"[307].

Esse mesmo mandamento é plenamente aplicável na seara arbitral. Ao não trazer para a "luz do sol" fatos de revelação necessária, quebra-se a confiança e afasta-se qualquer

---

[304] "Um dos direitos fundamentais das partes na arbitragem é o da independência e imparcialidade dos árbitros. A Lei 9.307/1996 ("Lei de Arbitragem"), em seu art. 21, § 2º, por exemplo, reconhece a imparcialidade dos árbitros como direito fundamental da arbitragem e sua violação acarreta, como consequência, a nulidade da sentença arbitral, por força do previsto no seu art. 32, VIII." (TEIXEIRA, Bruno Barreto de Azevedo; MONTEIRO, Renata Auler. Impugnação de árbitros: uma análise dos precedentes da London Court of International Arbitration (LCIA). *RBA*, nº 60, p. 80-100, out./dez, 2018, p. 80).

[305] Lei de Arbitragem, Art. 32: "É nula a sentença arbitral se: [...] II – emanou de quem não podia ser árbitro; [...] VIII – forem desrespeitados os princípios de que trata o art. 21, § 2º, desta Lei."

[306] STJ. SEC 9.412/EX, Min. Rel. João Otávio de Noronha, J. em: 19.04.2017.

[307] Frase inicial do Capítulo V da obra *Other people's money and how the bankers use it*"; BRANDEIS, Louis D. *Other people's money and how the bankers use it*. New York: Frederick A. Stokes Company, 1914.

772 CONVENÇÃO DE ARBITRAGEM – Fichtner • Tolentino • Polastri • Salton

aparência de independência e imparcialidade. Assim, no caso da arbitragem, a divulgação adequada dessas informações é fundamento para a válida existência de jurisdição por parte do tribunal, devendo a sentença arbitral proferida por árbitro que desrespeita tal dever ser fulminada pela invalidade.

4. Dever de imparcialidade e independência

Imparcialidade e independência são atributos essenciais à existência de jurisdição válida no âmbito do Estado Constitucional[308]. Trata-se da pedra-angular da jurisdição arbitral[309]. Quando a Constituição Federal prevê no art. 5º, LIV, que "ninguém será privado da liberdade ou de seus bens sem o devido processo legal", incute-se enquanto pressuposto jurisdicional os atributos da imparcialidade e independência – elementos indissociáveis do devido processo legal[310].

Conforme Cândido Rangel Dinamarco ensina que "a expressa garantia do *due process of law*, contida no inc. LIV do art. 5.º da Constituição Federal, tem o significado sistemático de fechar o círculo das garantias e exigências constitucionais relativas ao processo mediante uma fórmula sintética destinada a afirmar a indispensabilidade de todas e reafirmar a autoridade de cada uma", bem como que "esse enunciado explícito vale ainda como norma de encerramento portadora de outras exigências não tipificadas em fórmulas mas igualmente associadas à ideia democrática que deve prevalecer na ordem processual"[311].

Por sua vez, Humberto Theodoro Júnior elucida que "o *due process of law* realiza, entre outras, a função de um superprincípio, coordenando e delimitando todos os demais princípios que informam tanto o processo como o procedimento"[312]. Nessa linha, o devido processo legal é norma norteadora de todos os processos desenvolvidos sob a jurisdição brasileira, impondo a harmonização dos diversos princípios processuais que, no seu conjunto, conforma o devido processo legal.

Assim, conforme o mesmo autor, no Estado Democrático de Direito o devido processo legal não se resume ao procedimento desenvolvido em juízo, tendo importância em proporcionar provimento jurisdicional em consonância com a supremacia constitucional

---

[308] "Todavia, o dever de escolha correta dos árbitros pertencente às partes não se esgota na questão do seu perfil técnico, mas também nas qualidades de independência e de imparcialidade relativamente a todas as partes e, ainda, na escolha de um árbitro que cumpra rigorosamente a sua nobre função, designadamente não "advogando" a causa e os interesses da parte que o nomeou ou qualquer outra. Igualmente, que não prefigure a solução do litígio sem conhecer a prova, nem a importância da discussão da causa, que incumpra os deveres de assiduidade aos atos processuais, que utilize métodos entorpecentes da eficiência processual da arbitragem" (BARROCAS, Manuel Pereira. Igualdade das partes no direito de escolha dos árbitros e a complexidade do 'seu exercício'. *Revista Brasileira de Arbitragem*, Vol. XV, issue 58, pp. 48-53, 2018, p. 51).

[309] LUCON, Paulo Henrique dos Santos. Imparcialidade na arbitragem e impugnação aos árbitros. *Revista de Arbitragem e Mediação*, vol. 39, p. 39-51, out./dez., 2013. DTR nº 2013/10439.

[310] FICHTNER, José Antonio, et. al. *Teoria Geral da Arbitragem*. Rio de Janeiro: Forense, 2019, p. 159 ss.

[311] DINAMARCO, Cândido Rangel. *Instituições de direito processual civil*. Vol. 1. 6ª ed. São Paulo: Malheiros, 2009, p. 250.

[312] THEODORO JÚNIOR, Humberto. *Curso de direito processual civil*. Vol. 1 49ª ed. Rio de Janeiro: Forense, 2009, p. 24.

e a efetividade dos direitos fundamentais[313]. Por essa razão, a imparcialidade é percebida como um princípio nuclear de qualquer prestação jurisdicional, sendo uma das bases das garantias do devido processo legal[314].

De modo semelhante, explana o Ministro Ricardo Villas Bôas Cueva que "a imparcialidade decorre do princípio constitucional da isonomia, de tal modo que um juiz parcial não pode ser considerado ontologicamente juiz. Assim, a imparcialidade do juiz, como um dos requisitos de validade do processo, é matéria de ordem pública, não sujeita à preclusão, e não constitui matéria de mérito"[315]. No mesmo sentido, entende o Ministro Gilmar Mendes que "as partes autorizam que a sua vontade seja substituída pelo que for definido por um terceiro, o julgador, representado pelo Estado na prestação da tutela jurisdicional. O juiz deve ser, portanto, um terceiro, alheio aos interesses das partes, afastado da vontade delas, e só assim poderá decidir de modo justo, porque imparcial"[316].

No contexto da arbitragem consagrado no Brasil, ao lado da liberdade individual, o devido processo legal é o segundo pilar estruturante. Ademais, o art. 21, § 2º, da Lei de Arbitragem prevê expressamente que "serão, sempre, respeitados no procedimento arbitral os princípios do contraditório, da igualdade das partes, da imparcialidade do árbitro e de seu livre convencimento". Ou seja, esse dispositivo consagra de modo implícito o princípio do devido processo legal, apontando expressamente algumas das garantias basilares para a condução do procedimento arbitral, e, entre essas, está a imparcialidade do julgador[317]. Nesse sentido, adverte Paula Costa e Silva:

> "Sendo a actividade do árbitro materialmente jurisdicional, o dever de observar um estatuto supra partes atravessa todo do processo de arbitragem. Os princípios constitucionais do processo equitativo e da garantia do acesso à Justiça enformam também a arbitragem voluntária, obstando a que alguma pessoa possa submeter-se ao poder jurisdicional de um terceiro não imparcial e equidistante às partes do litígio"[318].

---

[313] THEODORO JÚNIOR, Humberto. *Curso de direito processual civil*. Vol. 1 49ª ed. Rio de Janeiro: Forense, 2009, p. 25. Em sentido semelhante, confira-se a lição de Cassio Scarpinella Bueno: "O processo deve ser devido porque, em um Estado Democrático de Direito, não basta que o Estado atue de qualquer forma, mas deve atuar de uma específica forma, de acordo com regras preestabelecidas e que assegurem, amplamente, que os interessados na solução da questão levada ao Judiciário exerçam todas as possibilidades de ataque e de defesa que lhe pareçam necessárias, isto é, de participação" (BUENO, Cassio Scarpinella. *Curso sistematizado de direito processual civil*. Vol. 1. 3ª ed. São Paulo: 2009, p. 107).

[314] STF. HC 164.493/PR. Rel. p/ Acórdão Min. Gilmar Mendes. Segunda Turma. J. em: 09.03.2021.

[315] CUEVA, Ricardo Villas Boas. O dever de revelação do árbitro na jurisprudência do STJ. Disponível em: <https://www.editorajc.com.br/o-dever-de-revelacao-do-arbitro-na-jurisprudencia-do-stj/>.

[316] STF. Ag. Reg. No Recurso Ordinário em HC 144.615/PR. Min. Rel. Edson Fachin. Segunda Turma. J. em: 20.09.2020.

[317] "Além disso, é uníssono o entendimento, tanto no Brasil como no exterior, de que o direito dos litigantes a um julgamento imparcial é uma manifestação do devido processo legal. Nas palavras de Carmona, se não houver garantia para as partes de que o julgador seja equidistante em relação aos litigantes e indiferente quanto ao resultado do processo, não poderá haver justiça. Infere-se, então, que a independência e imparcialidade do árbitro assumem também a forma de direito fundamental das partes." (CAVALIERI, Thamar. Imparcialidade na Arbitragem. *Revista de Arbitragem e Mediação*, vol. 41, p. 117-171, abr./jun., 2014, DTR 2014/8919, p. 02).

[318] SILVA, Paula Costa E. Preterição do contraditório e irregularidade de constituição de tribunal arbitral. *Revista de Processo*, vol. 212, p. 301-334, out./2012, DTR 2012/450637, p. 06.

Nesse sentido, é precisa a colocação de José Miguel Júdice: "a presença de um árbitro a quem falta independência ou imparcialidade em uma arbitragem polui o procedimento, provoca uma situação desgastante no seio do próprio tribunal arbitral e corrói a credibilidade de qualquer decisão que naquele processo venha a ser proferida. Se é certo que a arbitragem vale o que árbitros valerem, uma arbitragem onde figure um árbitro que levante questões de imparcialidade ou independência será sempre uma arbitragem que valerá pouco e desprestigiará o ideal arbitral como um todo"[319]. A prerrogativa da imparcialidade do julgador, por ser uma das garantias que resultam do postulado do devido processo legal, obrigatoriamente observada na arbitragem, faz com que a inobservância dessa prerrogativa ofenda, diretamente, a ordem pública nacional, tornando iníquo o julgamento[320]. Já se manifestou o Ministro Gilmar Mendes que "é conteúdo do princípio do juiz natural a própria imparcialidade do juiz, isto é, a concepção de neutralidade e distância entre as partes, haja vista que sua inexistência acarreta a própria desconstrução do conceito de justiça"[321].

Por imparcialidade, entende-se a ausência de vieses e preconceitos, a disposição de exercer a missão jurisdicional sem favorecimento, predisposição ou tendência em relação a uma das partes, colocando o julgador como terceiro equidistante das partes[322]. Trata-se de um estado de espírito, focando em elementos subjetivos do julgador[323]. Percebe-se que a imparcialidade, nesse contexto, não resulta da mera divergência fática, jurídica ou conceitual[324], revelando-se, ao revés, pela existência de algum interesse do julgador no deslinde da controvérsia, gerando tratamento favorável a uma das partes.

Como ressalta Selma Lemes, não há confundir "imparcialidade" com a "neutralidade": "questão importante que se coloca quando se analisa a figura do árbitro é saber se existe árbitro neutro, se o conceito de imparcialidade e neutralidade são sinônimos. Efetivamente não são, pois não existe árbitro neutro, assim como também não existe juiz neutro. Neutralidade não se confunde com imparcialidade. Não existe ser humano neutro; não somos robôs, autômatos. O ser humano é fruto do meio em que vive, de suas convicções religiosas, sociais, políticas etc. e é por elas influenciado. Portanto, não existe pessoa neutra; obviamente, não existe árbitro neutro. A neutralidade pressupõe a indiferença, o que é algo difícil de ser concebido"[325]. Em verdade, o que se pretende com a imparcialidade é o estabelecimento de confiança das partes de que o juízo será equidistante, estando aberto a ouvir seus argumentos e convencer-se de que apresentam

---

[319] JÚDICE, José Miguel; CALADO, Diogo. Independência e Imparcialidade do Árbitro: alguns aspectos polêmicos em uma visão luso-brasileira. *RBA*, nº 49, p. 36-51, jan./mar., 2016, p. 37-38.

[320] STJ. SEC 9.412/EX, Min. Rel. João Otávio de Noronha, J. em: 19.04.2017.

[321] STF. HC 114.523/SP. Rel. Min. Gilmar Mendes. Segunda Turma. J. em: 21.05.2013.

[322] PEREIRA, Mariana Gofferjé. O contrato entre o árbitro e as partes no Direito brasileiro. *Revista dos Tribunais*, vol. 65, p. 227-274, abr./jun. 2020., DTR 2020/7584, p. 14.

[323] BAPTISTA, Luiz Olavo. Dever de revelação do árbitro: extensão e conteúdo. Inexistência de infração. Impossibilidade de anulação da sentença arbitral. *Revista de Arbitragem e Mediação*, vol. 36, p. 199-218, jan./mar., 2013, DTR 2013/2506, para. 25.

[324] STF. HC 95.518/PR. Rel. p/ Acórdão Min. Gilmar Mendes. Segunda Turma. J. em: 20.05.2013.

[325] LEMES, Selma. O papel do árbitro. *Revista do direito da energia*, vol. 3, nº 4, p. 117-128, mar./2006, p. 06-07.

PARTE V · Capítulo 18 · CONTRATO COM O ÁRBITRO | **775**

a posição merecedora de ser encampada na sentença[326]. Assim, o julgador imparcial é aquele que não adere aos interesses de qualquer dos envolvidos no processo[327].

É precisamente por esse motivo que a ocultação de circunstância relevante às partes é atitude incompatível com a ética e com os padrões legais. Nesse sentido, o TJSP já anulou decisão arbitral pelo fato de um dos árbitros não ter informado ter trabalhado para uma das partes durante anos. Manifestou-se o TJSP: "toda e qualquer informação de caráter pessoal ou profissional capaz de gerar dúvida quanto à imparcialidade do árbitro deve ser apontada, desde o início do procedimento ou no momento em que se tiver conhecimento da mácula a fim de se evitar a quebra do princípio da confiança e da lisura que devem cercar os atos praticados dentro do procedimento arbitral". A exemplar decisão, acerta também ao anular todos os atos processuais praticados durante o procedimento arbitral. A presença de um único árbitro não equidistante basta para fulminar a legitimidade e a legalidade de todo procedimento, e, como forma de preservar a originalidade cognitiva e afastar qualquer resquício de influência do árbitro dependente, acertou o TJSP ao determinar constituir outro tribunal, com novos árbitros, e reiniciar o procedimento. *In verbis*: "Por tais razões, era caso de procedência do pedido com determinação de anulação do procedimento arbitral e constituição de outro painel arbitral com a presença de árbitros que não possuam conflitos de interesses nos termos da Lei de Arbitragem"[328].

Diversamente, a independência é atributo relacionado à ausência de conexão com as partes ou terceiros a elas relacionados, atuantes ou não na arbitragem, nem de qualquer outra razão que permita, aos olhos das partes, supor que o julgador esteja inclinado a decidir de uma ou de outra maneira[329]. Assim, a independência está indissociavelmente vinculada à equidistância em relação aos interesses jurídicos, econômicos e sociais subjacentes ao litígio.

Por essa razão, é criticável, no Brasil, a alcunha de "árbitro da parte"[330], pois sugere que o árbitro indicado por um dos litigantes esteja vinculado ou submetido às posições sustentadas por aquele que lhe nomeou[331]. Como foi apontado, no entanto, essa visão é equivocada. É inerente à ideia de "devido processo legal" a existência de um julgador im-

---

[326] PEREIRA, Mariana Gofferjé. O contrato entre o árbitro e as partes no Direito brasileiro. *Revista dos Tribunais,* vol. 65, p. 227-274, abr./jun. 2020., DTR 2020/7584, p. 14.

[327] STF. Ag. Reg. No Recurso Ordinário em HC 144.615/PR. Min. Rel. Edson Fachin. Segunda Turma. J. em: 20.09.2020.

[328] TJSP. Ap. 1055194-66.2017.8.26.0100. Des. Erickson Gavazza Marques. 5ª Câmara de Direito Privado. J. em: 06.08.2021.

[329] "O árbitro independente é aquele que não guarda conexão com qualquer das partes ou terceiros a elas relacionados, atuantes na arbitragem ou não, que possa fazê-lo se inclinar a decidir de uma ou de outra maneira. Em outras palavras, agir com independência significa a não preponderância de nenhuma das partes, devendo ambas terem a mesma influência no tribunal arbitral." (PEREIRA, Mariana Gofferjé. O contrato entre o árbitro e as partes no Direito brasileiro. *Revista dos Tribunais,* vol. 65, p. 227-274, abr./jun. 2020., DTR 2020/7584, p. 14).

[330] Para uma reflexão sobre a figura dos coárbitros: CLAY, Thomas. Le Coarbitre. *Revista de Arbitragem e Mediação*, vol. 50, p. 625-652, jul./set., 2016, DTR 2016/23893.

[331] "Psicologicamente, os interessados partem da premissa de que o árbitro nomeado pela outra parte será parcial, por isso querem que seu árbitro também veja tudo de acordo com os interesses de quem o nomeou, para contrabalançar a posição oposta. Veremos como isso, além de antiético, é praticamente errado." (DOLINGER, Jacob. O Árbitro da Parte – Considerações Éticas e Práticas. *RBAr*, p. 29-45, abr./jun., 2005, p. 31).

parcial e equidistante das partes. A condição de árbitro não se confunde com a condição de advogado; esse, de fato, encarregado de perseguir e defender os interesses do cliente. Portanto, a condição de árbitro pressupõe a absoluta independência em relação aos litigantes. Refere-se que, em outros sistemas, como o norte-americano, encara-se com maior naturalidade a existência de um "árbitro da parte". Trata-se, contudo, de outro modelo de arbitragem, diversamente do praticado e previsto pela Lei de Arbitragem brasileira, a qual erige o dever de revelação, a imparcialidade e a independência, como pilares do exercício válido e legítimo da jurisdição.

Contudo, não é possível confundir a independência com a ausência de qualquer vínculo pessoal com a parte ou seus advogados. Considerando as peculiaridades próprias da arbitragem, não é de se esperar que os árbitros, advogados e partes sejam completos desconhecidos uns dos outros. A existência de algum tipo de contato social é comum, plenamente aceitável, e, talvez, até desejável.

5. Outros deveres

Para além do dever de prestar jurisdição – que constitui a prestação típica dos árbitros – e dos deveres de revelação, imparcialidade e independência, há outros deveres que igualmente devem ser observados pelos árbitros no curso do procedimento. A origem desses deveres pode ser, ou a lei, ou a vontade das partes, que se manifesta, ora mediante a criação de regras específicas (seja na convenção de arbitragem ou na ata de missão), ora mediante a remissão a regras institucionais de arbitragem. Passamos a analisar alguns dos deveres que os árbitros tipicamente têm de observar.

Em primeiro, o dever de disponibilidade. Por esse dever, o árbitro deve dispor de tempo suficiente para se dedicar à arbitragem, devendo fazer essa avaliação quando aceita assumir o status de árbitro em determinada causa, sendo necessário ponderar se tem tempo para decidir, analisar documentos e conferir celeridade ao procedimento[332]. Esta é uma aptidão do árbitro que, mesmo não expressamente prevista pelas partes, é tacitamente exigida[333], pois é condição de viabilidade para a celeridade almejada pelas partes e associada à jurisdição arbitral. Nesse contexto, os árbitros precisam estar disponíveis para a prática e condução de atos do procedimento, em conformidade as regras acordadas pelas partes[334]. O cumprimento desse dever é vislumbrado nas atitudes de participar ativamente na arbitragem, estar disponível para agendar audiências (dentro de limitações razoáveis de agenda), controlar e conduzir o procedimento arbitral[335]. Ressalta-se que o dever de disponibilidade apresenta métrica, por vezes, de difícil aferição. Algumas instituições arbitrais tornam obrigatória a divulgação da quantidade de arbitragens que determinado candidato à árbitro está envolvido. Essa informação deve ser interpretada *cum grano*

---

[332] LEMES, Selma. O papel do árbitro. *Revista do direito da energia*, vol. 3, n° 4, p. 117-128, mar./2006, p. 06.

[333] HENRY, Marc. Do Contrato do Árbitro: o Árbitro, um Prestador de Serviços. *Revista Brasileira de Arbitragem*, vol. II, issue 6, p. 65-74, 2005, p. 68-69.

[334] GUERRERO, Luís Fernando. Reflexões sobre a Relação entre Árbitros e Partes: Natureza Jurídica e Necessário Afastamento de Propostas de Regulamentação no Direito Brasileiro. *Revista Brasileira de Arbitragem*, vol. IV, issue 15, p. 43-53, 2007, p. 45.

[335] PEREIRA, Mariana Gofferjé. O contrato entre o árbitro e as partes no Direito brasileiro. *Revista dos Tribunais*, vol. 65, p. 227-274, abr./jun. 2020, DTR 2020/7584, p. 13.

salis[336]. É perfeitamente possível que um árbitro, com estrutura própria, consiga manejar um considerável número de disputas, enquanto outro candidato com nenhuma ou poucas arbitragens tenha menor disponibilidade, em razão de outros compromissos profissionais. Assim, o dever de disponibilidade, antes de verificado por um critério meramente quantitativo, deve ser posto em perspectiva, analisado à luz do caso concreto, verificando se um determinado árbitro foi capaz ou não de se mostrar presente ao longo do procedimento.

Em segundo, o dever de diligência. O árbitro deve ser proativo durante o procedimento, zelando pela sua boa condução e pela efetiva produção do resultado esperado pelas partes. Trata-se de dever que revela dimensão ética da atuação do árbitro[337]. O árbitro tem

---

[336] Adotando a perspectiva de Pedro Baptista Martins: "Uma das primeiras contribuições dos árbitros ao ideal do Grande Tribunal Arbitral é a decantada disponibilidade. Trata-se, ao lado da confidencialidade, celeridade e especialidade, de mais uma das vantagens do procedimento arbitral. Não à toa, algumas instituições de arbitragem têm adotado em seus parâmetros de eficiência do procedimento a verificação prévia de disponibilidade dos árbitros indicados, mediante a informação pelos profissionais de seus compromissos agendados. Entretanto, ponto bastante volátil ainda é o critério de medição do grau de (in)disponibilidade. A mais corriqueira – e pedestre – avaliação prévia é puramente o número de arbitragens que o profissional tem em curso. Numa simples e singela mirada, os números podem mesmo impressionar. Entretanto, não servem como indicador eficaz da real disponibilidade para funcionar como árbitro em mais um processo. Afinal, há profissionais que podem atuar em mais de 20 disputas, e outros que não podem exceder a cinco processos. Tudo é relativo. Há uma série de dados e indicadores objetivos, e outros tantos subjetivos, a determinar a real disponibilidade do árbitro. Depende, muito, do perfil de cada um e de sua atividade profissional. A título de exemplo, alguns exercem seus ofícios de forma intensa, com uma agenda plena de compromissos e sobre os quais não têm sequer o controle. A área de atuação e os diversos interesses de seus clientes demandam em demasia o seu tempo e o de sua equipe, que ainda resta sobre si supervisionar. Para esses, regra geral, a função de árbitro é uma prática diminuta e não expressiva vis-à-vis o conjunto de suas atividades. Já há outros cuja agenda não é tão concorrida, mas a velocidade no atendimento aos chamados profissionais não se faz no tempo esperado. O ritmo de vida e a dinâmica psíquica são características da personalidade de cada um. Digamos que, para alguns, o tempo é algo lúdico, uma quimera abençoada numa espreguiçadeira, e considerado à luz de análises metafísicas fundadas no estilo Dorival Caymmi de ser. Existe, ainda, outro grupo cuja disponibilidade é pontual ao longo do procedimento, conquanto suas agendas não sejam repletas de reuniões e afazeres. Atendem alguns chamados, notadamente os mais fáceis, e se esquivam de responder a outros, tornando a atividade interna corporis do tribunal um verdadeiro jogo de Onde está o Wally? Não falta também aquele que acha glamouroso ser árbitro, sem que tenha o perfil para desempenhar a função. No fundo, não gosta de tomar decisões e/ou de ouvir testemunhas. Muito menos de ler páginas e páginas de manifestações. Terá tempo, mas o dedicará ao mister? Enfim, a aferição da (in)disponibilidade dos árbitros reclama a análise de um conjunto de fatores que trespassa a visão simplista que a resume a um critério objetivo, pois a disponibilidade psíquica, e outras de caráter subjetivo, não podem ser olvidadas. Dinamismo e capacidade de trabalho, a par do interesse, dedicação e pendor pela tarefa de julgar, são elementos que não podem ser desconsiderados ou destacados do contexto no momento dessa avaliação. Por sinal, não é de surpreender que profissionais mais ocupados continuem sendo demandados por clientes em suas várias áreas de atuação, haja vista que estes, muito embora com agendas limitadas, conseguem um "tempinho" para atender ao chamado, enquanto alguns outros encontrem certa dificuldade, ainda que seus compromissos sejam em escala bem inferior. Vista a questão da disponibilidade, é salutar para o bom andamento dos trabalhos que este seja conduzido por árbitros práticos e objetivos. O bom senso é outro elemento fundamental." (MARTINS, Pedro Baptista. O grande tribunal arbitral. *Revista de Arbitragem e Mediação*, vol. 59, p. 79-90, out./dez., 2018, DTR 2018/20847, p. 02-03).

[337] LEITE, António Pinto. Jura Novit Curia e a Arbitragem Internacional. *Revista de Arbitragem e Mediação*, vol. 35, p. 169-186, out./dez., 2012, DTR 2012/451132, p. 05.

que agir diligentemente, tendo capacidade de julgar a controvérsia, inteirar-se dos fatos e ser proativo[338]. Explica Luiz Olavo Baptista que "o dever de diligência impõe fazer o possível para que o processo arbitral se desenrole com rapidez e não permitir que incidentes processuais ou a chicana o prolonguem"[339]. Portanto, o dever de diligência dos árbitros apresenta relação íntima com o direito de duração razoável do processo, impondo deveres de conduta aos julgadores para atuarem de modo que a relação processual não dure indefinidamente[340]. Ademais, pela necessidade de diligência, surge o dever de participar das audiências e das deliberações[341], entre outras condutas, como efetivamente acompanhar o procedimento, ler as manifestações, se atentar às provas produzidas – entre outras atitudes expectáveis a partir de um padrão de mercado de diligência. Assim, é diligente aquele que conduz de maneira adequada o caso, evitando desperdício de tempo e dinheiro pelas partes, sem deixar de buscar a verdade dos fatos, aproximando-se substancialmente do conceito de eficiência[342].

Em terceiro, o dever de cumprir a sua missão até o final. Após a aceitação do encargo de árbitro, não há espaço para retratação imotivada, sob pena de responder perante as partes[343]. Como regra, o árbitro não pode pedir demissão de sua função a qualquer tempo, salvo se invocar um motivo justo que torne impossível materialmente continuar a participação na arbitragem[344]. Enquanto contrato, o árbitro se vincula a cumprir a sua parte do vínculo, não se desvinculando unilateralmente do procedimento arbitral. Assim, enquanto concretização do dever de diligência, o árbitro deve dirigir o procedimento arbitral com seriedade, prosseguindo no encargo até o final, resguardadas circunstâncias excepcionais, prolatando decisão final, cumprindo com a sua missão jurisdicional[345].

---

[338] LEMES, Selma. O papel do árbitro. *Revista do direito da energia*, vol. 3, nº 4, p. 117-128, mar./2006, p. 06.

[339] BAPTISTA, Luiz Olavo. Primeiras anotações sobre o árbitro e os contratos: entre o poder e o dever. In: *O árbitro, a arbitragem e o contrato*, Cadernos do IEC, nº 3, p. 47-65, 2010, p. 53.

[340] TUCCI, José Rogério Cruz e. Garantia da prestação jurisdicional sem dilações indevidas como corolário do devido processo legal. *Revista de Processo*, vol. 66, p. 72-78, abr./jun., 1992, DTR 1992/128.

[341] HENRY, Marc. Do Contrato do Árbitro: o Árbitro, um Prestador de Serviços. *Revista Brasileira de Arbitragem*, vol. II, issue 6, p. 65-74, 2005, p. 68-69.

[342] PEREIRA, Mariana Gofferejé. O contrato entre o árbitro e as partes no Direito brasileiro. *Revista dos Tribunais,* vol. 65, p. 227-274, abr./jun., 2020, DTR 2020/7584, p. 15.

[343] "Após o aceite do árbitro, inicia-se a obrigatoriedade do ajuste, i.e., quando se consuma o negócio jurídico, momento a partir do qual se operam os seus efeitos. Logo, a partir desse momento, não é mais possível haver retratação por parte do árbitro, tal como já não poderia mais fazer qualquer das partes, sob pena de ser responsabilizada a parte faltante por perdas e danos. Como consequência, após a conclusão do negócio jurídico, é vedado às partes arguir a recusa do árbitro por motivo anterior à sua nomeação." (PEREIRA, Mariana Gofferjé. O contrato entre o árbitro e as partes no Direito brasileiro. *Revista dos Tribunais,* vol. 65, p. 227-274, abr./jun. 2020., DTR 2020/7584, p. 10).

[344] HENRY, Marc. Do Contrato do Árbitro: o Árbitro, um Prestador de Serviços. *Revista Brasileira de Arbitragem*, vol. II, issue 6, pp. 65-74, 2005, p. 68-69.

[345] GUERRERO, Luís Fernando. Reflexões sobre a Relação entre Árbitros e Partes: Natureza Jurídica e Necessário Afastamento de Propostas de Regulamentação no Direito Brasileiro. *Revista Brasileira de Arbitragem*, vol. IV, issue 15, pp. 43-53, 2007, p. 45.

Em quarto, há o dever de competência. O árbitro deverá ser dotado de especialização própria bastante para lhe permitir exercer adequadamente sua missão jurisdicional[346]. Esse dever implica preparo, aptidão e habilidade para solucionar a controvérsia posta em causa, devendo essas características serem aferidas à luz do litígio, das questões jurídicas e fáticas controvertidas, e do idioma subjacente à condução da arbitragem[347]. Dentro desse contexto, é possível que as partes estipulem a obrigação para o árbitro de apresentar as qualificações profissionais predeterminadas – *e.g.*, o conhecimento de determinada língua, de um certo ramo do mercado, conhecimento do direito da arbitragem, do direito do comércio internacional, dos usos e uma abertura ao ponto de vista comparatista[348]. Todos esses fatores devem ser concretamente determinados com base no litígio a ser decidido. No entanto, como linha geral, o dever de competência pressupõe o estabelecimento de um liame entre as peculiaridades do caso concreto com as qualidades e características do julgador.

Em quinto, o dever de discrição/sigilo. Como regra geral, a confidencialidade não é característica intrínseca à arbitragem[349], devendo ser expressamente contratada[350]. Contudo, no caso dos árbitros, há regra expressa velando pela discrição dos árbitros, gerando uma obrigação geral de respeitar a confidencialidade da arbitragem[351], tal qual previsto no art. 13, § 6º, da Lei de Arbitragem[352]. Há doutrina que distingue o dever de

---

[346] HENRY, Marc. Do Contrato do Árbitro: o Árbitro, um Prestador de Serviços. *Revista Brasileira de Arbitragem*, vol. II, issue 6, pp. 65-74, 2005, p. 68-69.

[347] GUERRERO, Luís Fernando. Reflexões sobre a Relação entre Árbitros e Partes: Natureza Jurídica e Necessário Afastamento de Propostas de Regulamentação no Direito Brasileiro. *Revista Brasileira de Arbitragem*, vol. IV, issue 15, pp. 43-53, 2007, p. 45.

[348] HENRY, Marc. Do Contrato do Árbitro: o Árbitro, um Prestador de Serviços. *Revista Brasileira de Arbitragem*, vol. II, issue 6, pp. 65-74, 2005, p. 68-69.

[349] "Nossa legislação submete o árbitro a um dever de discrição quanto aos atos do processo arbitral (Lei de Arbitragem, art. 13, § 6º). A lei não contém palavra a respeito de um dever de confidencialidade dos sujeitos da relação processual, o que autoriza dizer que inexiste relação de necessariedade entre arbitragem e confidencialidade." (PEREIRA, Guilherme Setoguti; LEITE, Amanda Kalil Soares. Confidencialidade e transparência nas arbitragens coletivas societárias. *Revista dos Tribunais*, vol. 69, p. 145-167, abr./jun., 2021, DTR 2021/8911, p. 03-04); "A Lei 9.307/1996 (Lei de Arbitragem – LAB) não prevê, expressamente, a confidencialidade como uma das características da arbitragem, dispondo somente, em seu artigo 13, que o árbitro possui o dever de discrição no desempenho de sua função. No entanto, é constante a previsão de confidencialidade nos regulamentos das instituições arbitrais e na convenção das partes." (LOTUFO, Mirelle Bettencourt. O direito do acionista à informação e a confidencialidade da arbitragem. *Revista dos Tribunais*, vol. 53, p. 283-313, abr./jun., 2017, DTR 2017/1632, p. 02).

[350] "É preciso, de qualquer forma, lembrar que a arbitragem no Brasil não é obrigatoriamente sigilosa. Os regulamentos arbitrais é que tendem a determinar que o procedimento seja recoberto pelo segredo. O ponto é importante, na medida em que cresce a tendência de levar à solução arbitral questões que envolvem entidades públicas (autarquias, empresas públicas), sujeitas a controles externos que não ficam absolutamente vetados. Uma coisa é a sobriedade do árbitro, de quem se espera comportamento discreto; outra, bem diversa, é o sigilo." (CARMONA, Carlos Alberto. *Arbitragem e Processo: um comentário à Lei nº 9.307/96*. 3ª ed. São Paulo: Atlas, 2009, p. 246).

[351] HENRY, Marc. Do Contrato do Árbitro: o Árbitro, um Prestador de Serviços. *Revista Brasileira de Arbitragem*, vol. II, issue 6, p. 65-74, 2005, p. 68-69.

[352] Lei de Arbitragem, Art. 13: "Pode ser árbitro qualquer pessoa capaz e que tenha a confiança das partes. [...] § 6º No desempenho de sua função, o árbitro deverá proceder com imparcialidade, independência, competência, diligência e discrição".

discrição do dever de sigilo[353], no entanto, a melhor solução parece entender que a Lei de Arbitragem – ao dispor expressamente acerca do dever de discrição – oferece-lhe escopo mais amplo, fazendo surgir verdadeiro dever de sigilo em relação aos árbitros[354]. Dentro do seu escopo, por exemplo, está a vedação a comentários indiscretos acerca do processo decisório subjacente a uma deliberação, confiando as discussões do tribunal ao âmbito dos seus membros[355]. Ademais, mesmo nos casos excepcionais, nos quais ocorre mitigação do dever de confidencialidade, por conta do seu dever de discrição, cabe ao árbitro

---

[353] "No que pertine, especificamente, ao dever de sigilo, a Lei de Arbitragem brasileira, apesar de estabelecer no artigo 13, § 6º, que o árbitro no desempenho de sua função deve proceder com "discrição", não estabelece qualquer obrigação ex lege em tal sentido, deixando que a convenção das partes seja a soberana para delimitar a matéria. Referida discrição, que pode ser compreendida no proceder como comedimento, recato, sem chamar atenção ou sem alardear sobre sua atuação, não pode ser confundida com o dever de sigilo – o que implica o árbitro não poder revelar qualquer informação pertinente à arbitragem em que tenha atuado, inclusive como testemunha em processo judicial de qualquer natureza" (RANZOLIN, Ricardo. CANTERJI. Rafael Braude. Dever de sigilo do advogado quando atua como árbitro no Direito brasileiro. *Revista dos Tribunais*, vol. 53, p. 335-354, abr./jun., 2017, DTR 2017/1633, p. 04). Também, nesse sentido, "Ainda que não se possa falar em dever de sigilo, é exigido do árbitro comportamento sóbrio, compatível com o encargo desempenhado. Esse dever de recato e moderação também decorre diretamente da confiança investida no árbitro pelas partes. A discrição é mesmo o termo mais adequado para referir-se a essa qualidade do árbitro. O árbitro deve ser discreto até mesmo em situações de quebra ou exceção de confidencialidade, como no caso de deparar-se o julgador com atos de corrupção. Nessa hipótese, a confidencialidade é excepcionada, mas ainda assim subsiste o dever de manter a discrição, ínsita à sua função; a discrição é permanente e não deverá ser excepcionada" (PEREIRA, Mariana Gofferejé. O contrato entre o árbitro e as partes no Direito brasileiro. *Revista dos Tribunais,* vol. 65, p. 227-274, abr./jun., 2020, DTR 2020/7584, p. 16).

[354] "No caso específico da legislação brasileira, a Lei 9.307/1996 impõe expressamente aos árbitros o dever de discrição. Embora sem dúvida tivesse sido preferível a utilização de expressões como sigilo ou confidencialidade, julga-se que a disposição se presta a garantir o atendimento às legítimas expectativas das partes quanto à não divulgação, salvo quando e na medida do estritamente necessário, de informações divulgadas no limitado âmbito do procedimento arbitral." (GAGLIARDI. Rafael Villar. Confidencialidade na arbitragem comercial internacional. *Revista dos Tribunais,* vol. 36, p. 95-135, jan./mar., 2013, DTR 2013/2517, p. 15); "O dever de discrição situa-se no âmbito da confidencialidade que cerca o procedimento arbitral e, mais do que isso, a conduta do árbitro, que deve estar sempre cioso em resguardar as partes e a controvérsia a ele submetida de qualquer divulgação dos fatos litigiosos. Tem o dever de evitar comentários ou observações que possam revelar a existência do processo ou indicar sua inclinação sobre o tema controvertido ou sobre as partes". (MAGALHÃES, José Carlos de. Os Deveres do Árbitro. Carlos Alberto Carmona; Selma Ferreira Lemes; Pedro Batista Martins Coords. *20 anos da Lei de Arbitragem: homenagem a Petrônio R. Muniz.* São Paulo: Atlas, 2017, p. 160); "Com efeito, discrição é característica daquele que preserva segredo, que se mantém em silêncio e, assim sendo, guarda estreita relação com o conceito de confidencialidade. Portanto, cumpre ao árbitro guardar sigilo das informações de que teve acesso em decorrência do exercício dessa função." (MARTINS. Julia Girão Baptista. Administração pública: arbitragem e confidencialidade. *Revista dos Tribunais,* vol. 53, p. 263-282, abr./ jun., 2017, DTR 2017/1631, p. 03).

[355] "Mais que isso, não pode o julgador cometer a indiscrição de comentar, ainda que a posteriori, o processo decisório que levou a esta ou àquela deliberação. Em síntese, as discussões havidas no âmbito do tribunal arbitral ficarão sempre confinadas ao conhecimento dos próprios participantes do painel e o término da arbitragem não dispensa os árbitros do dever de sigilo (quando se submeteram ao dever de confidencialidade) ou, no mínimo, ao dever de discrição (que, no Brasil, é legal)." (CARMONA, Carlos Aberto. Os sete pecados capitais do árbitro. *Revista dos Tribunais,* vol. 52, p. 391-406, jan./mar., 2017, DTR 2017/499, p. 09).

sempre trazer à tona a menor quantidade possível de informações[356]. O mesmo ocorre com outras profissões que demandam resguardo e sigilo, como o médico, psiquiatra ou o próprio jornalistas, no que respeita às suas fontes.

Ressalta-se que, para além desses deveres – mais atrelados à condição de árbitro e ao *status* contratual da sua investidura – há outros deveres que devem ser respeitados, agindo sobretudo no plano processual. É o caso, por exemplo, o dever de respeitar o contraditório, negar produção de provas frívolas/supérfluas, não aceitar produção de provas ilícitas, tratar igualmente as partes, entre outros. Esses deveres apenas indiretamente são reconduzidos ao plano contratual, apresentando destaque na faceta jurisdicional existente entre partes e julgadores. Portanto, vislumbra-se que há, na esfera jurídica dos árbitros, tanto deveres de natureza puramente contratual, deveres puramente jurisdicionais e deveres que apresentam caráter híbrido, devendo ser observados, quer enquanto ato de cumprimento do contrato de árbitro, quer como ato de observância da sua missão jurisdicional[357].

Outrossim, o regulamento da instituição pode prever a existência de outros deveres de caráter substantivos, os quais serão igualmente integrados à relação jurídica entre partes e julgadores. Diante da atipicidade do contrato com o árbitro reina a liberdade contratual, sendo possível o ajuste de deveres diversos. O delineamento preciso dos deveres integrantes do conteúdo do contrato com o árbitro é expediente importante para a definição de eventual responsabilidade diante da provocação de danos para as partes.

6. Direitos dos árbitros

Ao lado dos deveres dos árbitros, esses são titulares também de direitos. O caráter híbrido da relação entre partes e julgador, conjugando aspectos materiais e processuais, traz para a esfera jurídica dos árbitros tanto cargas eficaciais potestativas – provocando modificações unilaterais na esfera jurídica das partes – quanto subjetivas, as quais apresentam verdadeiro conteúdo obrigacional. Portanto, os árbitros também serão detentores de posições jurídicas ativas em face das partes, havendo direitos de caráter pecuniário e não pecuniário entre essas[358].

---

[356] "O árbitro deve ser discreto até mesmo em situações de quebra ou exceção de confidencialidade, como no caso de deparar-se o julgador com atos de corrupção. Nessa hipótese, a confidencialidade é excepcionada, mas ainda assim subsiste o dever de manter a discrição, ínsita à sua função; a discrição é permanente e não deverá ser excepcionada." (PEREIRA, Mariana Gofferejé. O contrato entre o árbitro e as partes no Direito brasileiro. *Revista dos Tribunais,* vol. 65, p. 227-274, abr./jun., 2020, DTR 2020/7584, p. 16)

[357] "A Lei de Arbitragem prevê em seu artigo 13, § 6º, que o "no desempenho de sua função, o árbitro deverá proceder com imparcialidade, independência, competência, diligência e discrição". O legislador parece ter se inspirado nas Rules of Ethics for International Arbitration de 1987, elaboradas pela International Bar Association ("IBA"), que refletia a preocupação dos juristas internacionais à época, no que se refere ao desenvolvimento de boas práticas na arbitragem." [...] "A respeito da natureza jurídica dessas qualidades exigidas do árbitro, a doutrina nacional diverge. Na nossa visão, esse dispositivo estampa, além de pressupostos da atividade jurisdicional, verdadeiros deveres do árbitro com as partes. Todas essas qualidades, além de serem princípios deontológicos inerentes ao árbitro, têm um aspecto contratual também." (PEREIRA, Mariana Gofferjé. O contrato entre o árbitro e as partes no Direito brasileiro. *Revista dos Tribunais,* vol. 65, p. 227-274, abr./jun. 2020., DTR 2020/7584, p. 14).

[358] HENRY, Marc. Do Contrato do Árbitro: o Árbitro, um Prestador de Serviços. *Revista Brasileira de Arbitragem*, vol. II, issue 6, pp. 65-74, 2005, p. 73).

Em primeiro, há o direito de exigir das partes um comportamento leal e cooperativo[359]. A lealdade processual é um dos pressupostos que deve ser observado para garantir a adequada condução do procedimento[360]. Esse direito, de conteúdo propriamente obrigacional, confere a possibilidade de exigir das partes comportamento em conformidade com a percepção da arbitragem como uma resposta contratual de governança, potencializando (i) alinhamento de interesses das partes, (ii) sinalização de comportamento cooperativo e (iii) redução de oportunismos contratuais durante todo o período de cumprimento contratual[361]. A base substantiva para esse direito está no princípio da boa-fé objetiva, que impõe *standards* cogentes de comportamentos a serem observadas. Portanto, o comportamento desleal e não cooperativo, a depender da sua gravidade, pode ser percebido como verdadeira violação aos deveres emanados da convenção de arbitragem e da relação entre árbitros e partes.

Em segundo, há o direito de permanecer no exercício de sua função até a prolação da sentença (ausência de demissibilidade *ad nutum*)[362]. Esse direito é uma concretização do princípio geral do *pacta sunt servanda*, pois os contratos são elaborados para serem pontualmente cumpridos. Ou seja, um árbitro é contratado para exercer a sua função até que a conclua com a prolação da sentença arbitral. Esse aspecto difere a relação existente entre partes e árbitros de outros vínculos fiduciários, como os existentes entre administradores e sociedade, ou mandante e mandatário. O elemento estabilidade – típico do exercício da atividade jurisdicional – é incorporado na arbitragem mediante a impossibilidade de encerramento do vínculo de modo unilateral, a partir da manifestação de apenas uma das partes.

Em terceiro, há o direito ao recebimento dos honorários. Trata-se de decorrência da natureza onerosa e comutativa do contrato entre árbitros e partes, nas quais há correspectividade entre as prestações devidas ao tempo da conclusão do negócio jurídico[363]. Os árbitros têm o direito de perceber remuneração pelos serviços prestados[364]. Da natureza onerosa dessa relação[365], decorre a expectativa de recebimento de honorários, os quais

---

[359] "Os árbitros têm também direitos e estes são o de ser remunerado pelo trabalho desempenhado e o de contar com as colaborações das partes e seus procuradores." (LEMES, Selma. O papel do árbitro. *Revista do direito da energia*, vol. 3, nº 4, p. 117-128, mar./2006, p. 06).

[360] BOISSÉSON, Matthieu de. A obrigação de lealdade dos advogados em relação ao árbitro. *Revista de Arbitragem e Mediação*, vol. 43, p. 157-167, out./dez.,2014, DTR 2014/21110.

[361] ALMEIDA PRADO, Maria da Graça Ferraz de. *Economia da arbitragem: uma análise dos impactos sobre contratos e políticas de desenvolvimento*. Rio de Janeiro: Lumen Juris, 2018, p. 75.

[362] LUCAS, Marcus Vinicius Pereira. Responsabilidade Civil do Árbitro. 202f. Dissertação (Mestrado em Direito). Pontifícia Universidade Católica de São Paulo, São Paulo, 2018, p. 28.

[363] PEREIRA, Mariana Gofferjé. O contrato entre o árbitro e as partes no Direito brasileiro. *Revista dos Tribunais*, vol. 65, p. 227-274, abr./jun. 2020., DTR 2020/7584, p. 06.

[364] LUCAS, Marcus Vinicius Pereira. Responsabilidade Civil do Árbitro. 202f. Dissertação (Mestrado em Direito). Pontifícia Universidade Católica de São Paulo, São Paulo, 2018, p. 28.

[365] "Como todo contrato oneroso, e na medida em que há uma ligação jurídica entre duas ou mais pessoas, são devidas prestação e contraprestação entre as partes e o árbitro: de um lado, as partes têm direito a ter seu litígio resolvido, por meio de uma sentença arbitral vinculante, com força de título executivo judicial; de outro, o árbitro tem direito a remuneração, vale dizer, a receber das partes conjuntamente o pagamento dos honorários em razão do serviço prestado." (PEREIRA, Mariana Gofferjé. O contrato entre o árbitro e as partes no Direito brasileiro. *Revista dos Tribunais*, vol. 65, p. 227-274, abr./jun. 2020, DTR 2020/7584, p. 02).

devem ser ajustados pelas partes e árbitros no início do procedimento, ou mediante referência à tabela de remuneração disponibilizada pela instituição arbitral. À título de comparação, menciona-se que a Lei de Arbitragem Voluntária portuguesa traz disposições específicas acerca dos honorários e despesas dos árbitros[366], trazendo previsão no sentido de que, se o tema não tiver sido regulado na convenção de arbitragem, nem sobre ela tenha sido concluído acordo posterior entre as partes e os árbitros, cabe aos árbitros fixar o montante dos seus honorários e despesas, tendo em conta a complexidade das questões decididas, o valor da causa e o tempo despendido ou a despender com o processo arbitral até à conclusão deste. Nesse cenário, qualquer uma das partes poderá requerer ao tribunal estatal competente a redução dos montantes dos honorários fixados pelos árbitros, podendo esse tribunal, depois de ouvir os membros do tribunal arbitral, fixar os montantes que considere adequados. No Brasil, a quantia a ser paga à título de honorários, a forma de pagamento e quando esse deve ocorrer deverá ser decidido pelas partes e pelos árbitros em conjunto, ou conforme o regulamento da instituição responsável pela administração do procedimento[367].

Dessa forma, percebe-se que a relação existente entre os árbitros e as partes é complexa e multifacetada, não se resumindo a aspectos materiais ou processuais. Ademais, o seu conteúdo é preenchido por diversos direitos, deveres, poderes e sujeições, refletindo o hibridismo decorrente da sua estrutura e função. O nexo contratual fundamenta o exercício jurisdicional, criando ponte entre a autonomia privada das partes e a manifestação mediata da soberania do Estado, que reconhece, legitima e incentiva a arbitragem. Para além da convenção de arbitragem, o negócio jurídico entre partes e árbitros, dotado de autonomia teórica e jurídica, é um dos contratos estruturantes desse método adequado de solução de controvérsias.

---

[366] Lei de Arbitragem Voluntária, Artigo 17.º, Honorários e despesas dos árbitros. 1 – Se as partes não tiverem regulado tal matéria na convenção de arbitragem, os honorários dos árbitros, o modo de reembolso das suas despesas e a forma de pagamento pelas partes de preparos por conta desses honorários e despesas devem ser objecto de acordo escrito entre as partes e os árbitros, concluído antes da aceitação do último dos árbitros a ser designado. 2 – Caso a matéria não haja sido regulada na convenção de arbitragem, nem sobre ela haja sido concluído um acordo entre as partes e os árbitros, cabe aos árbitros, tendo em conta a complexidade das questões decididas, o valor da causa e o tempo despendido ou a despender com o processo arbitral até à conclusão deste, fixar o montante dos seus honorários e despesas, bem como determinar o pagamento pelas partes de preparos por conta daqueles, mediante uma ou várias decisões separadas das que se pronunciem sobre questões processuais ou sobre o fundo da causa. 3 – No caso previsto no número anterior do presente artigo, qualquer das partes pode requerer ao tribunal estadual competente a redução dos montantes dos honorários ou das despesas e respectivos preparos fixados pelos árbitros, podendo esse tribunal, depois de ouvir sobre a matéria os membros do tribunal arbitral, fixar os montantes que considere adequados. 4 – No caso de falta de pagamento de preparos para honorários e despesas que hajam sido previamente acordados ou fixados pelo tribunal arbitral ou estadual, os árbitros podem suspender ou dar por concluído o processo arbitral, após ter decorrido um prazo adicional razoável que concedam para o efeito à parte ou partes faltosas, sem prejuízo do disposto no número seguinte do presente artigo. 5 – Se, dentro do prazo fixado de acordo com o número anterior, alguma das partes não tiver pago o seu preparo, os árbitros, antes de decidirem suspender ou pôr termo ao processo arbitral, comunicam-no às demais partes para que estas possam, se o desejarem, suprir a falta de pagamento daquele preparo no prazo que lhes for fixado para o efeito.

[367] PEREIRA, Mariana Gofferjé. O contrato entre o árbitro e as partes no Direito brasileiro. *Revista dos Tribunais,* vol. 65, p. 227-274, abr./jun. 2020, DTR 2020/7584, p. 17.

Capítulo 19
CONTRATOS COM A INSTITUIÇÃO ARBITRAL

A posição da instituição de arbitragem no procedimento arbitral é merecedora de estudo apartado. Uma vez prevista na convenção de arbitragem a escolha de determinado regulamento de uma instituição arbitral, as partes estarão adstritas a observá-lo quando da instauração e no curso do procedimento. Não se trata de escolha simples ou inócua. Trata-se, na verdade, de um dos momentos mais relevantes das negociações acerca da convenção de arbitragem, revelando a opção, pelas partes, entre arbitragem *ad hoc* ou arbitragem institucional. E, na segunda hipótese, o estabelecimento de qual câmara resultará responsável por administrar o procedimento.

Nesse contexto, a partir dessa escolha feita pelas partes, normalmente instrumentalizada na convenção de arbitragem, elege-se consensualmente o modo pelo qual o procedimento arbitral deve se desenvolver. Igualmente, é a semente de relações jurídicas futuras, a serem formadas entre as partes/árbitros e a instituição de arbitragem, conceitualmente autônomas da convenção de arbitragem, mas que dela, em alguma medida, são derivadas. Uma vez manifestada a vontade de arbitrar segundo certas regras específicas, torna-se cogente para as partes seguir esse rito, em respeito à manifestação de vontade e à autonomia privada dos contratantes

Entretanto, essa vontade manifestada na convenção de arbitragem, por si só, é inapta a gerar as relações jurídicas entre a instituição arbitral e as partes. Essa só tem início quando uma das partes da convenção de arbitragem procura a instituição para instaurar um procedimento arbitral. Por isso, trata-se de relação jurídica associada à convenção de arbitragem. Há duas relações jurídicas distintas, importantes para o desenvolvimento da arbitragem, que são estabelecidas com a instituição de arbitragem: em primeiro, a relação entre as partes e a instituição, e, a segunda, a relação entre os árbitros e a instituição de arbitragem.

§ 68. A PARTICIPAÇÃO DA INSTITUIÇÃO ARBITRAL NA ARBITRAGEM

1. Arbitragem *ad hoc*

Existem duas modalidades de arbitragem, a depender da participação ou não de instituição arbitral na administração do procedimento: a arbitragem institucional ou a arbitragem *ad hoc*[368]. A Lei de Arbitragem, no seu art. 5º, faz a distinção entre ambas[369].

---

[368] O tema abordado ao longo desse tópico já foi incialmente enfrentado pelo primeiro autor em: FICHTNER, José Antonio, et. al. *Teoria Geral da Arbitragem*. Rio de Janeiro: Forense, 2019, p. 84-89.

[369] Lei de Arbitragem, art. 5º: "Reportando-se as partes, na cláusula compromissória, às regras de algum órgão arbitral institucional ou entidade especializada, a arbitragem será instituída e processada

No Brasil, a arbitragem *ad hoc* é mais rara, sendo a regra geral a arbitragem institucional. Na arbitragem institucional, o procedimento é administrado por uma instituição especializada, e será regido, com eventuais adaptações efetivadas pelas partes e árbitros, pelo regulamento de arbitragem disponibilizado pela instituição escolhida pelas partes[370].

A expressão latina *ad hoc* significa "para isto", isto é, indica algo criado ou constituído especialmente para realizar uma determinada tarefa[371]. Neste contexto, a arbitragem *ad hoc* é modalidade de arbitragem estabelecida com base em regras e procedimentos criados pelas partes especificamente para aquele caso concreto, não estando vinculada *a priori* a nenhuma instituição de arbitragem. Por essa razão, a arbitragem *ad hoc* deve ser administrada pelas próprias partes e pelos árbitros.

Assim, na arbitragem *ad hoc* haverá larga margem de liberdade para regulamentar as questões procedimentais, respeitados os ditames inerentes ao devido processo legal Julian D. M. Lew, Loukas A. Mistelis e Stefan M. Kröll destacam, a este respeito, que "in *ad hoc* arbitration the parties have the maximum degree of flexibility to agree and specify those aspects of the procedure that they wish, subject to any mandatory law in the place of arbitration"[372].

Por certo, poderão as partes referir expressamente a regulamento pensado para atender as necessidades de uma arbitragem *ad hoc*, como o disponibilizado pela UNCITRAL. Porém, a marca indelével desse tipo de arbitragem é, precisamente, a independência de um corpo institucional, trazendo maiores ônus de administração do procedimento[373]. Nesse sentido, é bastante comum a adoção das Regras de Arbitragem da UNCITRAL (*United Nations Commission on International Trade Law*)[374]. Gary Born aduz que "for international commercial disputes, the United Nations Commission on International Trade Law ('UNCITRAL') has published a commonly-used set of such rules, the UNCITRAL Arbitration Rules"[375].

---

de acordo com tais regras, podendo, igualmente, as partes estabelecer na própria cláusula, ou em outro documento, a forma convencionada para a instituição da arbitragem."

[370] SESTER, Peter Christian. *Comentários à Lei de Arbitragem e à Legislação Extravagantes Relacionada a Arbitragem*. São Paulo: Quartier Latin, 2020, p. 158.

[371] "*Ad hoc* arbitration is where the arbitration mechanism is established specifically for the particular agreement or dispute. Where parties are silent and have not selected an institutional arbitration, the arbitration will be *ad hoc*. When agreeing on ad hoc arbitration the parties often also agree on the arrangements for initiating the procedure, selecting the arbitrators and determining the procedural rules. When the parties fail to agree on these issues, *e.g.* they have agreed only "arbitration" or "arbitration in [a nominated city]", usually default provisions of the law of the place of arbitration will be applicable" (LEW, Julian D. M.; MISTELIS, Loukas A.; KRÖLL, Stefan M. *Comparative international commercial arbitration*. The Hague: Kluwer, 2003, p. 32).

[372] LEW, Julian D. M.; MISTELIS, Loukas A.; KRÖLL, Stefan M. *Comparative international commercial arbitration*. The Hague: Kluwer, 2003, p. 33.

[373] "the essential characteristic of ad hoc arbitration is that it is independent of all institutions", pois "the arbitration system selected or provided for in the agreement does not exist except in the context of the dispute between the parties". (LEW, Julian D. M.; MISTELIS, Loukas A.; KRÖLL, Stefan M. *Comparative international commercial arbitration*. The Hague: Kluwer, 2003, p. 32).

[374] A UNCITRAL não é uma instituição que administra arbitragens, mas uma Comissão formada no âmbito das Nações Unidas com o objetivo de desenvolver e uniformizar regras relacionadas ao comércio internacional. A UNCITRAL criou as Regras de Arbitragem em 1976, revisadas em 2010 e emendadas em 2013. Trata-se de um excelente conjunto de regras para adoção em arbitragens *ad hoc*, o que certamente traz mais segurança às partes.

[375] BORN, Gary B. *International commercial arbitration*. 2. ed. The Hague: Kluwer, 2014, p. 169.

Observam-se, portanto, dois aspectos distintos na caracterização da arbitragem *ad hoc*, um normativo e outro administrativo. Em primeiro, no que tange ao aspecto normativo, esse se relaciona à faculdade conferida às partes de elaborar regras e procedimentos específicos para o caso. Há, portanto, maior margem de flexibilidade, pois não será necessário seguir, no curso do procedimento, todos os dispositivos de algum regulamento de instituição arbitral. Assim, as partes devem convencionar os prazos processuais, o procedimento para envio, recebimento e distribuição das peças processuais e decisões dos árbitros, a alocação dos custos dos atos processuais (honorários de árbitros, peritos, tradutores, estenotipistas etc.), local para realização das audiências arbitrais, procedimentos específicos para impugnação de árbitros, entre outros. Em segundo, no que tange ao aspecto administrativo, a condução da arbitragem *ad hoc* ficará a cargo das partes e dos árbitros. Neste tipo de arbitragem, o procedimento arbitral não está sob a supervisão de uma instituição de arbitragem.

Há que se ter cautela na elaboração das regras a serem aplicadas, pois há o risco potencial, se não tomados os devidos cuidados, de se tornar a convenção de arbitragem inoperante[376]. Portanto, em arbitragens *ad hoc* é recomendável que as partes contem com assessoria altamente especializada em arbitragem para redigir a cláusula compromissória, o compromisso arbitral e o termo de arbitragem[377]. Diante das dificuldades em antecipar e prever todos os possíveis aspectos do procedimento arbitral, mister tomar cautela redobrada quando se optar por conduzir o procedimento de modo apartado de uma instituição de arbitragem. Os riscos de não se contar com uma assessoria adequada vão desde a ocorrência de erros estratégicos até uma, sempre indesejável, nulidade do processo arbitral e da sentença arbitral.

No que diz respeito à escolha dos árbitros, as partes podem estabelecer, desde logo, na convenção de arbitragem, os nomes dos árbitros que julgarão a controvérsia, ou criar um mecanismo de escolha de árbitros que será disparado no momento de surgimento do conflito. A respeito da primeira hipótese, Pedro A. Batista Martins recomenda que as partes "registrem ao menos dois substitutos para cada árbitro para a hipótese de impedimento ou suspeição"[378]. Na segunda hipótese, o autor sugere, como alternativa, "constar da estipulação a pessoa ou entidade que irá nomear o árbitro (*appointing authority*), para o caso de falta de consenso ou ausência de nomeação de uma das partes"[379].

O fundamental, na redação da cláusula compromissória de uma arbitragem *ad hoc,* é, evidentemente, deixar clara a escolha pela arbitragem e criar algum mecanismo seguro e eficiente de escolha de árbitros que não dependa do absoluto consenso ou ratificação das partes no momento de surgimento do litígio. A ausência de estipulação do procedimento arbitral na cláusula compromissória de arbitragem *ad hoc* poderá ser corrigida

---

[376] Posição já apresentada em: FICHTNER, José Antonio, et al. *Teoria Geral da Arbitragem*. Rio de Janeiro: Forense, 2019, p. 84-89.

[377] Compartilhando desta preocupação, Luiz Antonio Scavone Junior aduz que "o risco de nulidade, por evidente, é substancialmente maior, além de ensejar discussões acerca do procedimento detalhado na cláusula ou no compromisso arbitral". (SCAVONE JUNIOR, Luiz Antonio. *Manual de arbitragem*. 4ª ed. São Paulo: Revista dos Tribunais, 2010, p. 64).

[378] MARTINS, Pedro Batista. *Apontamentos sobre a lei de arbitragem*. Rio de Janeiro: Forense, 2008, p. 107.

[379] MARTINS, Pedro Batista. *Apontamentos sobre a lei de arbitragem*. Rio de Janeiro: Forense, 2008, p. 107.

CONVENÇÃO DE ARBITRAGEM – *Fichtner • Tolentino • Polastri • Salton*

no momento de celebração do termo de arbitragem ou, caso as partes não cheguem a um consenso, poderá ser determinada pelos árbitros, que, na ausência de convenção em sentido contrário das partes, possuem poder normativo subsidiário para estabelecer o procedimento arbitral, tal como garante, inclusive, o § 1.º do art. 21 da Lei de Arbitragem.

Caso as partes não nomeiem diretamente os árbitros na convenção de arbitragem, não criem um mecanismo de nomeação de árbitros e não cheguem a um consenso quanto à nomeação de árbitros quando do surgimento do conflito, inevitavelmente a parte interessada em iniciar a arbitragem terá que ingressar, perante o Poder Judiciário, com a ação de instituição obrigatória da arbitragem, normalmente designada de ação de execução específica da convenção de arbitragem, prevista nos arts. 6.º e 7.º da Lei de Arbitragem. Deve-se evitar, a todo custo, esta fase inicial de judicialização da arbitragem, especialmente porque, nesse caso, os árbitros serão nomeados, eventualmente, pelo próprio Poder Judiciário[380].

2. Arbitragem institucional

Ao contrário da arbitragem *ad hoc*[381], a arbitragem institucional é aquela em que as partes elegem uma instituição de arbitragem – também denominada câmara de arbitragem – para administrar o procedimento arbitral, de acordo com seu regulamento de arbitragem. Julian D. M. Lew, Loukas A. Mistelis e Stefan M. Kröll ensinam que "institutional arbitration is where parties submit their disputes to an arbitration procedure, which is conducted under the auspices of or administered or directed by an existing institution"[382].

Em termos de conceituação de "instituição de arbitragem", Thiago Marinho Nunes, Eduardo Silva da Silva e Luís Fernando Guerrero conceituam a instituição de arbitragem como "uma pessoa jurídica criada para o fim de organizar um procedimento arbitral, dispondo de regras que vinculam as partes litigantes, os árbitros e o próprio centro, que devem primar pelo bom e regular processamento da arbitragem, garantindo eficácia mínima à sentença arbitral, sendo a sua atuação de caráter administrativo-organizacional"[383].

Dessa forma, de modo ligeiramente diferente, pode-se conceituar a instituição de arbitragem como a entidade constituída com a finalidade de organizar, administrar e gerir procedimentos arbitrais, mediante regras por si elaboradas e potencialmente vinculantes aos litigantes, árbitros e à própria entidade. Elementos como o caráter "administrativo-

---

[380] Destacando esse aspecto, confira-se a lição de Gary Born: "Where ad hoc arbitration is chosen, parties will sometimes designate an appointing authority, that will select the arbitrator(s) if the parties cannot agree (or if their chosen arbitrator is unable to serve) and that will consider any subsequent challenges to members of the tribunal. If the parties fail to select an appointing authority, then the national arbitration statutes of many states permit national courts to appoint arbitrators (although many practitioners regard this as less desirable than selection by an experienced appointing authority)" (BORN, Gary B. *International commercial arbitration*. 2. ed. The Hague: Kluwer, 2014, p. 169-170).

[381] O tema abordado ao longo desse tópico já foi incialmente enfrentado pelo primeiro autor em: FICHTNER, José Antonio, et. al. *Teoria Geral da Arbitragem*. Rio de Janeiro: Forense, 2019, p. 89-94.

[382] LEW, Julian D. M.; MISTELIS, Loukas A.; KRÖLL, Stefan M. *Comparative international commercial arbitration*. The Hague: Kluwer, 2003, p. 32.

[383] NUNES, Thiago Marinho; SILVA, Eduardo Silva da; GUERRERO, Luis Fernando. O Brasil como sede de arbitragens internacionais: a capacitação técnica das câmaras arbitrais brasileiras. *Revista de Arbitragem e Mediação*, São Paulo: Revista dos Tribunais, vol. 34, ano 9, jul./set., 2012, DTR 2012/450629.

PARTE V · Capítulo 19 · CONTRATOS COM A INSTITUIÇÃO ARBITRAL | **789**

-organizacional" e "garantir a eficácia mínima" não necessariamente devem ser integrantes do conceito de instituição de arbitragem.

Isso porque há decisões da instituição que não se resumem ao aspecto estritamente administrativo-organizacional. Inclusive, muitos centros agem enquanto difusores da cultura da arbitragem, não tendo atuação única na condução de procedimentos. Igualmente, acerca de assegurar a eficácia da sentença, há instituições como a CCI que, de fato, tem mecanismos nesse sentido (como a revisão formal da sentença pela Corte da CCI). Contudo, nem todas as instituições tem estruturas nesse sentido, e vislumbra-se que é dever do tribunal arbitral, que efetivamente é dotado de jurisdição, assegurar a efetividade da sentença proferida – não sendo um dever necessariamente reconduzível à instituição de arbitragem.

Acerca das funções a serem desempenhadas, observa-se que as instituições arbitrais agem especialmente para: (i) administrar os procedimentos arbitrais; (ii) disponibilizar regras de arbitragem – encartadas num regulamento de arbitragem – para auxiliar as partes e os árbitros a conduzir o processo arbitral em atenção ao devido processo legal; (iii) administrar os custos da arbitragem, cobrando, recebendo e repassando a quem de direito os valores de custeio do processo arbitral; (iv) difundir a cultura da arbitragem, contribuindo para a propagação de conhecimentos e experiências no âmbito dos métodos adequados de solução de litígios.

Em relação à sua natureza jurídica, é possível que vários tipos de pessoas jurídicas de direito privado constituam instituição de arbitragem Alexandre Freitas Câmara explica que "tais entidades podem ser de qualquer natureza", razão pela qual "nada impede que sindicatos, associações de classe ou de moradores de uma determinada região formem comissões de arbitragem, compostas por pessoas escolhidas entre aquelas que gozam da confiança de seus membros". O autor prossegue com a lição esclarecendo que "é possível, ainda, a formação de sociedades civis cujo objetivo seja a prestação de serviço consistente na arbitragem de conflitos que lhes sejam submetidos"[384]. No Brasil, geralmente, as câmaras de arbitragem normalmente adotam o tipo associação civil ou algum departamento dentro de uma associação civil ou sociedade civil mais complexa. Não há, no ordenamento jurídico brasileiro, requisitos especiais para criação de uma câmara de arbitragem, razão pela qual não se exige que se trate de pessoa jurídica de nacionalidade brasileira nem mesmo que detenha agência, filial, sucursal ou representação no Brasil.

Ressalta-se que, após a declaração de constitucionalidade da Lei de Arbitragem, começaram a se desenvolver no Brasil várias instituições de arbitragem. Viu-se, em determinado momento, atitudes oportunistas por parte de alguns profissionais, que criaram instituições com nomenclatura, sigla e emblemas típicos do Poder Judiciário, buscando confundir os usuários da arbitragem, levando a crer que eram pseudo-órgãos públicos[385]. Com a vigilância ativa das autoridades competentes e da sociedade civil, esse movimento minguou, permitindo a consolidação de várias entidades sérias e respeitáveis, que prestam serviços de qualidade às partes no controle e manejo do procedimento arbitral. Portanto, considera-se fundamental que as câmaras de arbitragem não utilizem em sua nomenclatura

---

[384] CÂMARA, Alexandre Freitas. *Arbitragem*. 3ª ed. Rio de Janeiro: Lumen Juris, 2002, p. 48.

[385] Sobre esse momento, NEVES, Flávia Bittar. O dilema da regulamentação da função de árbitros, mediadores e das atividades das instituições arbitrais no Brasil. *Revista de Arbitragem e Mediação*, vol. 7, p. 101-108, out./dez., 2005, DTR 2005/63.

palavras e expressões que possam, de algum modo, levar a confusão com alguma manifestação do Estado e, especificamente, do Poder Judiciário, sendo reprováveis a utilização de expressões como "Supremo Tribunal de Arbitragem", "Superior Tribunal de Justiça de Arbitragem", "Tribunal Superior de Arbitragem de Haia", "Tribunal de Justiça Arbitral".

Em verdade, quando a instituição de arbitragem se dedica, ainda, à expedição de carteiras funcionais de árbitros ou, pior, designa seus detentores como "juízes arbitrais", o fenômeno se aproxima perigosamente de figurinos típicos da esfera penal.[386].

Com essa preocupação, o Conselho Nacional de Justiça, ao julgar o pedido de providência 553, sob a relatoria do Conselheiro Douglas Alencar Rodrigues, decidiu que "as instituições constituídas para o seu exercício [da função arbitral] não estão autorizadas à utilização das Armas e demais signos da República Federativa do Brasil". Trata-se de decisão correta, com fundamento no art. 13, § 1º, da Constituição da República[387].

Dessa forma, as instituições de arbitragem não devem utilizar denominação que faça referência direta a órgãos judiciais, devendo também se abster de utilizar símbolos da República, distribuir carteiras funcionais de árbitros ou utilizar de qualquer outro artifício enganoso, que possa colocar em erro o particular[388].

Assim, entende-se por arbitragem institucional aquela conduzida por uma instituição arbitral, que poderá ser entidade de natureza jurídica variada, cuja função precípua é administrar a condução dos procedimentos arbitrais.

3. Vantagens e desvantagens da arbitragem institucional

Quando contrastada a arbitragem institucional com a arbitragem *ad hoc*, é possível perceber a existência de vantagens e desvantagens específicas de cada qual. Alguns critérios distintivos podem ser utilizados para fazer a comparação: (i) flexibilidade, (ii) exigência de cooperação, (iii) manejo do procedimento, (iv) custo e (v) celeridade[389].

Em primeiro, a estrutura da arbitragem *ad hoc* é mais flexível do que as oferecidas pelas estruturas que oferecem serviços de arbitragem institucional. Uma vantagem própria das arbitragens *ad hoc* é a maleabilidade em grau máximo, podendo o procedimento ser inteiramente desenhado para atender aos desejos das partes e às peculiaridades que

---

[386] Código Penal, Art. 171: "Obter, para si ou para outrem, vantagem ilícita, em prejuízo alheio, induzindo ou mantendo alguém em erro, mediante artifício, ardil, ou qualquer outro meio fraudulento: Pena – reclusão, de um a cinco anos, e multa, de quinhentos mil réis a dez contos de réis."

[387] Constituição Federal, art. 13, §1º: "São símbolos da República Federativa do Brasil a bandeira, o hino, as armas e o selo nacionais."

[388] O Conselho Nacional de Justiça, ao julgar os pedidos de providência n.ᵒˢ 0007206-80.2009.2.00.0000 e 0006866-39.2009.2.00.0000, ambos sob a relatoria do Conselheiro Nelson Tomaz Braga, decidiu o seguinte: "A expedição de carteiras funcionais e documentos, por parte de entidades privadas de mediação e conciliação, em que estas se autointitulam como "Tribunal", utilizando as Armas da República e a denominação "Juiz" para seus membros, se reveste de manifesta ilegalidade, em especial quando constatado que tais entidades agem como se órgão do Poder Judiciário fosse, com nítida intenção de iludir a boa-fé de terceiros. Determinação no sentido de se encaminhar cópia dos autos ao Ministério Público Federal, para apuração dos ilícitos praticados e a punição de seus responsáveis".

[389] O tema abordado ao longo desse tópico já foi incialmente enfrentado pelo primeiro autor em: FICHTNER, José Antonio, et. al. *Teoria Geral da Arbitragem*. Rio de Janeiro: Forense, 2019, p. 94-96.

PARTE V · Capítulo 19 · CONTRATOS COM A INSTITUIÇÃO ARBITRAL | **791**

cercam os fatos da disputa[390]. A arbitragem institucional também pode ser flexível, mas a existência de um regulamento e de uma estrutura burocrática, preconcebida, acaba trazendo algum grau de engessamento superior ao verificado nas arbitragens *ad hoc.*

Em segundo, a arbitragem *ad hoc* demanda maior grau de cooperação entre as partes. É pressuposto de funcionamento da arbitragem *ad hoc* a existência de um nível de diálogo e cooperação, entre as partes, mais intensos do que na arbitragem institucional. Essa, inclusive, pode ser apontada como a principal desvantagem da arbitragem *ad hoc*, pois, para além da postura cooperativa das partes, pode ser necessário, na falta dela, apoio mais constante por parte do Poder Judiciário[391].

Diante da maior possibilidade de lacunas regulamentares na arbitragem *ad hoc,* há maior margem para táticas de guerrilha[392], podendo a parte, se for do seu interesse, tentar atrasar o curso do procedimento arbitral[393]. Por certo, a existência de práticas antiéticas na condução do procedimento e a necessidade de cooperação entre os envolvimentos não é exclusividade da arbitragem *ad hoc*[394]. Contudo, pelas peculiaridades próprias da condução de um procedimento arbitral sem o amparo de uma câmara de arbitragem, abre-se maior margem para atuações nesse sentido, em desconformidade com os padrões de comportamento que são legitimamente esperados pelas/das partes. De outro lado, a existência de um regulamento arbitral formado a partir da expertise da instituição de arbitragem na administração de procedimentos[395], confere maior

---

[390] BLACKABY, Nigel; PARTASIDES, Constantine; REDFERN, Alan; HUNTER, Martin. *Redfern and Hunter on international arbitration.* 6th ed. The Hague: Oxford University Press, 2015, p. 43.

[391] "the principal disadvantage of *ad hoc* arbitration is that it depends for its full effectiveness on cooperation between the parties and their lawyers, supported by an adequate legal system in the place of arbitration" (BLACKABY, Nigel; PARTASIDES, Constantine; REDFERN, Alan; HUNTER, Martin. *Redfern and Hunter on international arbitration.* 6th ed. The Hague: Oxford University Press, 2015, p. 43).

[392] HUCK, Hermes Marcelo. Táticas de Guerrilha na Arbitragem. In: CARMONA, Carlos Alberto; LEMES, Selma Ferreira; MARTINS, Pedro Batista (Coord.). *20 Anos da Lei de Arbitragem – Homenagem a Petrônio R. Muniz.* São Paulo: Editora Atlas, 2017, p. 311-312.

[393] SANTOS, Maurício Gomm F. Dos. Táticas de Guerrilha na Arbitragem Internacional. In: Carlos Alberto Carmona; Selma Ferreira Lemes; Pedro Batista Martins (Coords). *20 Anos da Lei de Arbitragem: homenagem a Petrônio R. Muniz.* São Paulo: Atlas, 2017, p. 342.

[394] É por esse motivo que já se defendeu o afastamento de uma ética individualista da prática da arbitragem. Além de afetar a já mencionada equação econômico-financeira dos contratos, o desrespeito a valores éticos da arbitragem pelos envolvidos no procedimento, especialmente por meio da adoção de estratégias diversionistas ou excessivamente processualizadas, pode conduzir a uma crise de identidade, credibilidade e legitimidade da arbitragem. Sem que a arbitragem consiga despertar em seus usuários um reconhecimento legítimo de confiança, não há como se esperar dela qualquer grau de sinalização de boa-fé ou de cooperação contratual que seja minimamente crível." (ALMEIDA PRADO, Maria da Graça Ferraz de. *Economia da arbitragem: uma análise dos impactos sobre contratos e políticas de desenvolvimento.* Rio de Janeiro: Lumen Juris, 2018, p. 173).

[395] "Com a adoção da arbitragem institucional, as partes ficarão dispensadas de elaborar cláusulas compromissórias longas e complexas, e de se preocuparem com detalhes de funcionamento de uma arbitragem ad hoc, tais como o local onde os árbitros se reunirão, o idioma da arbitragem (quando for internacional) e outros aspectos procedimentais que, normalmente, estarão contemplados nos regulamentos institucionais." (GREBLER, Eduardo. Arbitragem nos contratos privados. *Revista dos Tribunais*, vol. 745, p. 59-66, nov./1997, DTR 1997/469, p. 05).

CONVENÇÃO DE ARBITRAGEM – *Fichtner* • *Tolentino* • *Polastri* • *Salton*

segurança e margem de atuação para enfrentar problemas decorrentes da falta de agir cooperativo entre as partes[396].

Em terceiro, há a questão da administração do procedimento arbitral. Esse é o ponto que diferencia conceitualmente a arbitragem institucional da arbitragem *ad hoc*. A presença de entidade profissional especializada para lidar com a parte administrativa do procedimento é um ponto de considerável relevância, pois implica, para as partes, menor dispêndio de tempo e energia com questões burocráticas, as quais são absorvidas pela câmara.

Na arbitragem *ad hoc*, é necessário que se monte alguma espécie de estrutura para manejar adequadamente o procedimento, lidando com prazos, envios de peças, entre outros aspectos inerentes à gestão processual. Igualmente, a administração do processo demanda expertise própria, e não necessariamente um bom julgador vai ser um bom gestor da arbitragem. Por essa razão, quanto mais complexo o procedimento, mais potencialmente vantajoso será delegar para terceiro o gerenciamento das questões administrativas. Assim, destacam Redfern e Hunter que "another advantage of institutional arbitration is that most arbitral institutions provide specialist staff to administer the arbitration", pois "they will ensure that the arbitral tribunal is appointed, that advance payments are made in respect of the fees and expenses of the arbitrators, that time limits are kept in mind, and generally that the arbitration is run as smoothly as possible"[397].

Em quarto, os custos associados à administração da arbitragem. Nas arbitragens institucionais o custo é, por via de regra, mais elevado. Alan Redfern e Martins Hunter esclarecem que "if the amounts at stake in the dispute are considerable and the parties are represented by advisers experienced in international arbitration, it may be less expensive to conduct the arbitration *ad hoc*"[398]. Assim, a arbitragem *ad hoc* permite a redução de alguns custos do processo arbitral. Contudo, o principal custo que é reduzido é o da taxa de administração, que, em muitas instituições, não é tão elevado, em termos relativos, especialmente quando contrastados com a importância econômica em questão. De outro lado, será necessário arcar com os custos para montar a estrutura necessária para desenvolver o procedimento arbitral. Outro aspecto que impacta financeiramente é a necessidade de negociar diretamente com o árbitro o valor dos honorários, vez que não há nenhum tipo de tabelamento, como ocorre em instituições arbitrais.

Em quinto, a celeridade do procedimento. Nesse quesito, aponta-se que, potencialmente, em casos de igual complexidade, a arbitragem institucional será mais célere do que a arbitragem *ad hoc*, especialmente pelo menor tempo a ser investido na administração – notadamente na instauração e definição das regras – do procedimento. Outro aspecto que impacta indiretamente no tempo do procedimento é a maior probabilidade de chancela institucional e de cumprimento voluntário da decisão proferida no âmbito da

---

[396] "this automatic incorporation of an established 'rulebook' is one of the principal advantages of institutional arbitration" [...] "it means that the arbitration may proceed, and an award may be made, even if a party fails or refuses to take part in the arbitration". (BLACKABY, Nigel; PARTASIDES, Constantine; REDFERN, Alan; HUNTER, Martin. *Redfern and Hunter on international arbitration*. 6th ed. The Hague: Oxford University Press, 2015, p. 45).

[397] BLACKABY, Nigel; PARTASIDES, Constantine; REDFERN, Alan; HUNTER, Martin. *Redfern and Hunter on international arbitration*. 6th ed. The Hague: Oxford University Press, 2015, p. 45.

[398] BLACKABY, Nigel; PARTASIDES, Constantine; REDFERN, Alan; HUNTER, Martin. *Redfern and Hunter on international arbitration*. 6th ed. The Hague: Oxford University Press, 2015, p. 47.

arbitragem institucional. Destacam Redfern e Hunter que "an arbitral institution lends its standing to any award that is rendered, which may enhance the likelihood of voluntary compliance and judicial enforcement[399].

Ponderados esses fatores, a despeito do maior custo envolvido na arbitragem institucional, e, potencialmente, menor margem de flexibilidade, diante do contexto brasileiro atual e considerando a qualidade e competência das câmaras de arbitragens nacionais, salvo casos excepcionais, a arbitragem institucional se mostra como a melhor alternativa, por via de regra.

Existem diversas instituições idôneas, que fazem trabalho exemplar, e permitem certa flexibilização no procedimento previsto no regulamento. Assim, a opção por arbitragem institucional é segura e adequada para a grande maioria dos casos. Diante da razoavelmente vasta gama de instituições, cabe identificar qual/quais são as mais adequadas, ponderando a expertise própria de cada câmara (algumas com atuações mais intensas em certos ramos do mercado), o valor em disputa e custos previstos, a reputação, estrutura administrativa, sede, lista de árbitros, entre outros fatores.

A prática brasileira está em consonância com o que há de melhor em termos de mercado global. Inclusive, há instituições que vivem um verdadeiro processo de internacionalização, adquirindo expertise cada vez maior no âmbito de arbitragens internacionais. Igualmente, há espaço para câmaras regionais, que vem crescendo em ritmo significativo, em conjunto com a maior difusão da arbitragem no país.

Entretanto, isso não significa que a arbitragem *ad hoc* não encontra espaço para se desenvolver no Brasil. É possível pensar, por exemplo, em incentivo à condução de arbitragens *ad hoc* no âmbito de causas de menor valor econômico. Muitas dessas questões, que poderiam ir para análise do Poder Judiciário, podem ser remetidas para arbitragem por meio de compromisso arbitral. Nesse contexto, aproveitando a expertise e a difusão de conhecimentos acerca da arbitragem, é possível encontrar profissional competente e apto a atuar como árbitro em arbitragens derivadas de causas mais simples e de menor valor econômico.

Trata-se, potencialmente, de opção benéfica para as partes, especialmente pela maior celeridade e atenção com que o julgador poderá resolver a questão. Assim, se as partes legitimamente quiserem resolver o conflito existente entre ambas de modo rápido e eficaz, podem firmar compromisso arbitral, prevendo arbitragem *ad hoc*, elegendo regras como as da UNCITRAL, e usufruindo dos benefícios associados a esse método de resolução de litígios, não tendo que arcar com os custos mais elevados atrelados à administração do procedimento. Nesse contexto, entre outros possíveis cenários, percebe-se que há margem para difusão da arbitragem *ad hoc*, facilitando o acesso à arbitragem e auxiliando na função precípua da jurisdição, que é distribuir justiça e pacificar a sociedade.

§ 69. CONTRATO ENTRE AS PARTES E A INSTITUIÇÃO ARBITRAL

1. Estrutura obrigacional

Considerando a relação formada com os atores da arbitragem, aponta-se que existem relações jurídicas importantes entre (i) as partes e a instituição de arbitragem e (ii)

---

[399] BORN, Gary B. *International commercial arbitration*. 2. ed. The Hague: Kluwer, 2014, p. 170.

os árbitros e a instituição. Há direitos e deveres próprio, atinentes à conformação desses negócios jurídicos, que acabam sendo associados à convenção de arbitragem pelo fato de que a opção por submeter a administração de um procedimento arbitral à instituição de arbitragem é feita pelas partes.

O vínculo jurídico entre a câmara de arbitragem e as partes é chamado, frequentemente, de "contrato de organização da arbitragem".[400] Entretanto, a relação entre as partes e a instituição arbitral pode ser descrita nos termos da prestação de serviços, não se vislumbrando elementos de vulnerabilidade que permitam a caracterização da relação enquanto de consumo[401].

A conclusão dessa relação contratual se dá, normalmente, quando da assinatura do termo de arbitragem, frequentemente assinado também por representante da instituição arbitral, documentando a relação jurídica entre partes e câmara arbitral. Entretanto, com o requerimento de arbitragem há, normalmente, a exigência do comprovante de depósito de pagamento dos valores referentes à taxa de administração. Caso dê prosseguimento aos atos administrativos, intimando a parte requerida, a instituição arbitral aceitará a prestação de serviços e dando início à execução do contrato[402].

Analisando a estrutura obrigacional da relação, percebe-se que, em termos de deveres principais, há uma nítida relação contratual, em que as partes contratam a prestação dos serviços da instituição de gerenciamento do procedimento arbitral, em troca de uma contraprestação pecuniária[403]. Entretanto, esses deveres principais são acompanhados por

---

[400] LUCAS, Marcus Vinicius Pereira. Responsabilidade Civil do Árbitro. 202f. Dissertação (Mestrado em Direito). Pontifícia Universidade Católica de São Paulo, São Paulo, 2018, p. 30.

[401] "Na experiência arbitral brasileira é muito frequente que as partes escolham um órgão técnico para administrar o procedimento, comumente as câmaras arbitrais, tratando-se, pois, de arbitragem institucional. Menos comum é a prática da arbitragem *ad hoc*, em que tal tarefa troca aos árbitros ou às partes, que, em geral, definem previamente o seu curso ou adotam as regras de alguma instituição. Na arbitragem institucional – cuja análise o presente texto concentrará, excluída a *ad hoc*, que é rara –, o centro" (NANNI, Giovanni Ettore. Notas sobre os negócios jurídicos da arbitragem e a liberdade de escolha do árbitro à luz da autonomia privada. *Revista Brasileira de Arbitragem e Mediação*, vol. 49, jun./2016, p. 04).

[402] "In contractual terms, the arbitral institution's contract is formed when an institution offers to administer arbitrations between parties that have incorporated its rules into an arbitration agreement, with that offer being accepted by the parties through the submission of a dispute arising under that arbitration agreement to the institution. The better view is either that the arbitral institution becomes an additional party to the arbitrator's contract when that contract is formed between the parties and the arbitrators, or, alternatively and preferably, to a separate "arbitral institution contract" (or contracts) between the arbitrator(s) and the parties. The institution's rights and duties in relation to a particular arbitration are then specified in those contracts (either the arbitrator's contract or the arbitral institution contract). Most institutional arbitration rules include provisions that specifically address the institution's rights, duties and protections vis-à-vis the parties. In particular, institutional rules typically specify a fee to which the institution is entitled for its administrative services, as well as (in some cases) grants of immunity. These provisions are best regarded as being incorporated into the contract between the arbitral institution and the parties." (BORN, Gary B. *International Commercial Arbitration*. 3th ed. The Hague: Kluwer Law International, 2021, p. 2127-2128).

[403] Em sentido diverso: "Não se produz, no entanto, um "contrato" propriamente dito entre as partes, tampouco um contrato entre as partes e a câmara arbitral. As partes, de comum acordo, indicam a câmara. Cabe a essa aceitar ou rejeitar a indicação. Até se poderia aludir a um ato coletivo, que consiste numa manifestação de vontade única, produzida pela atuação de uma pluralidade de sujeitos em posição homogênea – tal como se passa, por exemplo, com a deliberação de uma as-

PARTE V · **Capítulo 19** · CONTRATOS COM A INSTITUIÇÃO ARBITRAL | 795

deveres acessórios e anexos, de cunho moldável a partir dos termos do regulamento de arbitragem e das circunstâncias do caso concreto.

O dever principal da instituição é o de gerir o procedimento arbitral. Para isso, deve ser disponibilizada equipe para auxiliar na organização e administração da arbitragem, sem que lhe incumba a resolução do litígio em si[404]. Não se pode confundir a função da instituição arbitral com a do tribunal arbitral. Enquanto a função precípua do tribunal é exercer a jurisdição e dirimir o conflito, a instituição apenas exerce funções primordialmente cartoriais[405]. Nesse aspecto, as arbitragens institucionais são conduzidas conforme um grupo de regras procedimentais, bem como há o apoio de uma equipe experiente e profissional, mitigando o risco de entraves procedimentais significativos.

Em segundo, há o dever de tomar decisões acidentais acerca da condução do procedimento. Embora o mérito da causa não seja objeto de análise por parte da instituição arbitral, essa poderá ser responsável por tomar decisões relevantes acerca da tramitação do procedimento[406] – nomeação de árbitro quando houver dissenso entre as partes, ou em arbitragens multipartes; decisão acerca da impugnação de árbitro caso seja arguida a suspeição ou a parcialidade; revisão de aspectos formais da sentença, entre outros.

---

sembleia geral." (JUSTEN FILHO, Marçal. Administração Pública e Arbitragem: o vínculo com a câmara de arbitragem e os árbitros. *Revista Brasileira da Advocacia*, ano 1, vol. 1, abr./jun., 2016, p. 103-151, p. 112). Na sequência "Portanto, numa terminologia menos técnica, pode-se afirmar que uma câmara de arbitragem "presta serviços" às partes. Mas não se instaura entre a parte e a câmara arbitral um contrato para prestação de serviços. Sob o prisma mais rigoroso, a atuação da câmara de arbitragem é orientada a satisfazer os interesses transcendentes da comunidade. Não existe uma relação contratual entre as partes e a câmara. Nem há qualquer manifestação de comutatividade no relacionamento estabelecido." (JUSTEN FILHO, Marçal. Administração Pública e Arbitragem: o vínculo com a câmara de arbitragem e os árbitros. *Revista Brasileira da Advocacia*, ano 1, vol. 1, abr./jun., 2016, p. 103-151, p. 117). O argumento do autor mostra-se equivocado no sentido de ignorar a nítida onerosidade tanto pelo prisma da instituição arbitral quanto pelo das partes. Em primeiro, os serviços prestados são cobrados, havendo natureza onerosa. Em segundo, a administração do procedimento – envolvendo a notificação de partes, controle de certos atos processuais, revisão de sentença, decisão de impugnação de árbitros, dentre tantos outros – variáveis de instituição para instituição – são, de fato, um serviço de caráter econômico apreciável, vez que mitigadores dos custos de transação inerentes à gestão do processo. Ademais, não há falar da instituição de arbitragem enquanto obrigada a "satisfazer os interesses transcendentes da comunidade". Muito pelo contrário, a instituição é contratada para prestar o serviço apenas e somente no interesse das partes. A instituição de arbitragem não atua exercendo *múnus* público, gerindo, ao contrário, questões privadas.

[404]   LUCAS, Marcus Vinicius Pereira. Responsabilidade Civil do Árbitro. 202f. Dissertação (Mestrado em Direito). Pontifícia Universidade Católica de São Paulo, São Paulo, 2018, p. 30.

[405]   BARABINO, André. Negócios Jurídicos na Arbitragem. 115f. Dissertação (mestrado em direito). Pontifícia Universidade Católica de São Paulo, São Paulo, 2016, p. 100.

[406]   "Finally, the involvement of an arbitral institution does not cause the contractual relationship between the parties and the arbitrators to disappear. The parties may sometimes have less freedom in their choice of arbitrator, and the institution may intervene or interfere in the relations between them, but on the whole the contractual relationship between the arbitrator and the parties remains the same. They agree that the arbitrators should carry out a judicial role, and their rights and obligations are not fundamentally different, although the way in which those rights and obligations are exercised is affected by the presence and the rules of the institution." (FOUCHARD, Philippe; GAILLARD, Emmanuel; GOLDMAND, Berthold. *Fouchard Gaillard Goldman on International Arbitration*. Haia: Kluwer Law International, 1999, p. 604).

Em terceiro, há o dever de diligência. A instituição arbitral deve agir de modo ativo e eficiente na condução do procedimento. Considerando que um dos maiores predicados da arbitragem é precisamente a celeridade, as partes terão legítima expectativa de que o procedimento será conduzido com atenção e velocidade razoável. Assim, não cabe à instituição causar retardos injustificados na condução do procedimento, por falta de zelo seu e da sua equipe.

Em quarto, há o dever de tratamento paritário entre as partes. Quando se elege uma instituição arbitral, presume-se que essa agirá de modo isento, não tomando parte no conflito, nem prejudicando nem beneficiando qualquer dos litigantes. Desse modo, deve a câmara de arbitragem se pautar de modo neutro, sendo violação do seu contrato com as partes tomar partido de uma, em detrimento da outra. Especialmente considerando os potenciais poderes de intervenção da instituição no curso do procedimento, caso essa aplique seu regulamento de modo enviesado, ou tome decisões que indiquem benefício a um dos litigantes, se tornará inadimplente em relação aos seus deveres essenciais.

Em quinto, há o dever de colaboração. A instituição deve colaborar com as partes para a adequada instauração do tribunal arbitral. Assim, quando é chamada a agir – seja para indicar árbitro, ratificar nomeação ou julgar a impugnação do tribunal – a instituição deverá agir colaborativamente, pautando a sua atuação em critérios de eficiência, facilitando o diálogo e conduzindo a situação de modo profissional. Destacam Redfern e Hunter, "the assistance that an arbitral institution can give to the parties and their counsel in the course of the arbitral proceedings is appreciable", pois "even lawyers who are experienced in the conduct of arbitrations run into problems that they are grateful to discuss with the institution's secretariat"[407].

Em sexto, há o dever de informar. É necessário que a instituição avise e esclareça as partes de questões importantes acerca da condução do procedimento arbitral. O dever de informar está associado à transparência perante as partes. Portanto, sempre que for necessário a intervenção da instituição, essa deve informar as partes acerca de fatos que possam ser sensíveis à disputa. Igualmente, quando tomar alguma decisão (*v.g.*, impugnação de árbitro) é necessário que informe de modo fundamentado não só o resultado da deliberação, mas os motivos determinantes à tomada de posição institucional.

Em sétimo, há o dever de sigilo. Enquanto profissional de administração de litígios, sempre que previsto dever de confidencialidade no seu regulamento, a instituição estará vinculada a manter discrição, o sigilo e a confidencialidade das informações pertinentes ao litígio. Nesse sentido, são inadmissíveis manifestações públicas acerca de um determinado que está sendo conduzido perante a instituição, sem a devida anuência de todas as partes. Quando os contratantes optam por instituição que preze pelo sigilo, demonstram a intenção de não verem publicizados dados sensíveis acerca da solução da disputa.

Em oitavo, há o dever de não intervir na solução do mérito da disputa. Enquanto administradora do procedimento, deve a câmara se manter afastada da análise dos aspectos substantivos. Trata-se de prerrogativa própria e indelegável do tribunal arbitral, não cabendo à instituição se imiscuir ou opinar sobre qual o sentido da decisão a ser tomada. É verdadeiro dever de abstenção, obrigação de não fazer acessória ao seu dever principal de prestação.

---

[407] BLACKABY, Nigel; PARTASIDES, Constantine; REDFERN, Alan; HUNTER, Martin. *Redfern and Hunter on international arbitration*. 6th ed. The Hague: Oxford University Press, 2015, p. 46.

PARTE V · **Capítulo 19** · CONTRATOS COM A INSTITUIÇÃO ARBITRAL | **797**

Enquanto contraprestação pelos serviços prestados pela instituição arbitral, as partes terão de arcar com uma contraprestação pecuniária, que varia conforme o centro de arbitragem. Cada instituição tem liberdade para estabelecer os valores pelo qual será contratada, razão que torna, de suma importância, a ponderação da totalidade dos custos quando da contratação da via arbitral.

2. O regulamento da instituição arbitral

Cada instituição arbitral irá disciplinar em seu regulamento as circunstâncias em que essa reserva para si a prerrogativa de intervir no procedimento, bem como os limites dessa intervenção[408]. Quatro aspectos merecem destaque em relação ao regulamento de arbitragem: (i) seu caráter vinculante; (ii) a necessidade de observância da legalidade; (iii) a possibilidade de as partes modificarem os termos do regulamento; (iv) o poder normativo suplementar da instituição arbitral; e (v) o regulamento aplicável no tempo.

Em primeiro, em relação ao caráter vinculante do regulamento, as partes, ao optarem pela arbitragem institucional, aceitam se submeter aos termos do regulamento da instituição. Ao referir o regulamento na cláusula compromissória, esse se integra à convenção de arbitragem, vinculando as partes[409]. Ou seja, os termos do regulamento são aderidos à convenção de arbitragem, adquirindo caráter cogente (*pacta sunt servanda*). Dessa forma, a inobservância das regras do regulamento passa a ser uma violação da convenção de arbitragem, podendo atrair a incidência do art. 32, IV da Lei de Arbitragem[410].

Em segundo, observe-se, contudo, que o regulamento da instituição arbitral, enquanto dispositivo infralegal, não pode afrontar normas cogentes estabelecidas pelo direito positivo aplicado à regência da arbitragem. Dessa forma, todos os atos da instituição – além de precisarem estar em conformidade com o próprio regulamento – devem estar em consonância com o direito positivo, observando as normas estruturantes do direito dos contratos e do processo civil, as quais não poderão ser afastadas e integrarão o conteúdo da relação jurídica entre os agentes participantes de determinada arbitragem.

Em terceiro, acerca da possibilidade de fazer modificações nos termos do regulamento, considerando a natureza voluntarista da arbitragem, a Lei de Arbitragem reconhece especialmente às partes o poder de afastar ou modificar previsão inserida no regulamento de arbitragem (art. 5º e art. 21)[411]. Assim, as partes podem adaptar as regras da instituição

---

[408] Analisando o tema dos regulamentos nas instituições brasileiras: SILVA, Eduardo Silva da. Regras Arbitrais Brasileiras: a fase dos regulamentos. In: *I Dia Gaúcho da Arbitragem*. Porto Alegre: Lex Magister, 2015.

[409] "Where the parties have agreed to institutional arbitration, the institution's arbitration rules are incorporated into the arbitrator's contract (in the same manner as the arbitration agreement). Those rules affect various aspects of the parties' and arbitrator's respective rights (for example, the arbitrator's remuneration, the timetable of the arbitration, certain of the arbitrator's powers (e.g., to order disclosure or security for costs)) and obligations (e.g., to present a draft award for scrutiny to the arbitral institution or to disclose grounds for challenging the arbitrator's independence or impartiality)." (BORN, Gary B. *International Commercial Arbitration*. 3th ed. The Hague: Kluwer Law International, 2021, p. 2127).

[410] Lei de Arbitragem, Art. 32: "É nula a sentença arbitral se: IV – for proferida fora dos limites da convenção de arbitragem;"

[411] Lei de Arbitragem, art. 5º: "Reportando-se as partes, na cláusula compromissória, às regras de algum órgão arbitral institucional ou entidade especializada, a arbitragem será instituída e processada

escolhida, sendo essa uma alternativa possível para operações complexas[412]. A instituição arbitral não necessariamente é obrigada a aceitar tais modificações, podendo-se recusar a administrar o procedimento. Uma vez que a instituição não é parte do contrato que contém a cláusula compromissória modificando as regras, não há um dever por parte dessa de prestar o serviço às partes, caso as modificações feitas no seu regulamento desnaturem o próprio procedimento. Essa prerrogativa faz parte da liberdade contratual da instituição de arbitragem, que não é obrigada a aceitar administrar arbitragem conduzida em desconformidade com as suas próprias regras[413]. Assim sendo, na arbitragem institucional, mesmo trazendo uma maior praticidade, por conta do serviço especializado na administração do procedimento, haverá uma minoração do espaço de manobra das partes para definir o modo pelo qual o procedimento se desenvolverá, estando submetidas, em princípio, ao regulamento da instituição escolhida, que não necessariamente poderá ser modificado[414].

Em quarto, é possível que o regulamento da instituição traga previsão no sentido de conferir à instituição de arbitragem poder normativo suplementar. Previsão nesse sentido confere a competência normativa para editar resoluções de modo superveniente, as quais poderão vincular as partes. Nesses casos, guias, protocolos, notas às partes e outros atos normativos poderão ser emitidos pelas instituições arbitrais e serão vinculantes para o procedimento conduzido sob as suas regras[415]. Essa situação ocorreu quando da pandemia de Covid-19, que obrigou muitos procedimentos arbitrais a serem conduzidos de

---

[412] de acordo com tais regras, podendo, igualmente, as partes estabelecer na própria cláusula, ou em outro documento, a forma convencionada para a instituição da arbitragem." e art. 21: "A arbitragem obedecerá ao procedimento estabelecido pelas partes na convenção de arbitragem, que poderá reportar-se às regras de um órgão arbitral institucional ou entidade especializada, facultando-se, ainda, às partes delegar ao próprio árbitro, ou ao tribunal arbitral, regular o procedimento."

[412] "Em outras palavras, as partes podem modificar as regras da instituição escolhida, desde que a respectiva instituição não exclua tal possibilidade. Dependendo da complexidade da operação submetida à arbitragem e do número de partes potencialmente envolvidas nos futuros litígios (e.g., em financiamentos de projetos, parcerias público-privadas), regras processuais feitas sob medida, sobre temas como conexão, produção de provas ou nomeação de árbitros, podem aumentar a eficiência do processo arbitral. De qualquer modo, o espaço para modificações das regras institucionais escolhidas depende de cada regulamento institucional e da prática das instituições (*e.g.*, na CCI, há a necessidade de aprovação pela Corte). É essencial sempre evitar afrontar regras fundamentais da instituição escolhida, bem como evitar a violação das garantias processuais do ordenamento jurídico aplicáveis a uma possível ação anulatória ou à homologação da futura sentença arbitral." (SESTER, Peter Christian. *Comentários à Lei de Arbitragem e à Legislação Extravagantes Relacionada a Arbitragem*. São Paulo: Quartier Latin, 2020, p. 160).

[413] "De igual forma, quando as partes forem elaborar a convenção de arbitragem em que constará a indicação do órgão institucional para administrar o procedimento arbitral, devem tomar o cuidado para harmonizar o teor da cláusula compromissória ou compromisso arbitral ao regulamento do centro de arbitragem escolhido, para evitar que possa haver algum conflito de regramento que possa prejudicar a instauração o próprio procedimento arbitral. Por tal razão, é de suma importância conhecer o regulamento do centro de arbitragem que se pretende indicar." (BARABINO, André. Negócios Jurídicos na Arbitragem. 115f. Dissertação (mestrado em direito). Pontifícia Universidade Católica de São Paulo, São Paulo, 2016, p. 101).

[414] BARABINO, André. Negócios Jurídicos na Arbitragem. 115f. Dissertação (mestrado em direito). Pontifícia Universidade Católica de São Paulo, São Paulo, 2016, p. 101.

[415] Por exemplo, a Nota às Partes e aos Tribunais Arbitrais elaborada pela CCI prevê a sua aplicação à todas as arbitragens conduzidas pela instituição, independentemente da versão do regulamento aplicável, como estabelece o §2º: "Unless otherwise indicated, this Note applies to all ICC arbitra-

modo virtual. Diante da situação de emergência, muitas instituições arbitrais editaram regulamentos visando disciplinar como deveriam transcorrer os procedimentos durante a situação pandêmica.

Em quinto, tem-se o problema da aplicação do regulamento de arbitragem no tempo. Ou seja, determinar qual o regulamento aplicável, caso haja modificações no interregno temporal entre a formação da convenção de arbitragem e a efetiva instauração do procedimento. Considerando que o regulamento da câmara de arbitragem se torna parte da própria cláusula compromissória, a modificação superveniente desse não surtirá efeitos para as partes. Prevalece o princípio *tempus regit actum*, sendo vinculante para as partes aquele em vigor no momento da conclusão da convenção de arbitragem[416]. Como as partes não podem antever, quando da assinatura do contrato, a mudança superveniente nas regras de arbitragem aplicáveis, é inviável submetê-las, vinculativamente, a tais alterações. Contudo, não se pode olvidar a possibilidade de o regulamento da instituição trazer previsões em sentido diverso[417]. Nesse caso, as partes já estarão previamente informadas dessa possibilidade, e com ela, terão, eventualmente, consentido.

A escolha da instituição responsável pela administração do procedimento e, portanto, do regulamento aplicável, é uma decisão sensível e deve ser tomada com cautela. Os regulamentos podem trazer previsões próprias, bem como serem pensados para uma estrutura institucional específica. Assim, é indispensável uma análise cautelosa quando da redação da convenção de arbitragem e eleição das regras a serem aplicadas.

3. Atuação da instituição de arbitragem

A instituição de arbitragem, quando contratada, desempenhará funções importantes no curso do procedimento[418]. Desde, eventualmente, a escolha de árbitros, até a gestão do processo, as atividades desempenhadas terão impacto determinante na adequada condução do procedimento arbitral[419]. Essas atividades administrativas prosseguem durante todo o curso da arbitragem, em apoio às partes e ao tribunal arbitral constituído.

---

tions regardless of the version of the Rules pursuant to which they are conducted. The Articles in this Note refer to the 2021 Rules."

[416] A mesma posição é adotada em Portugal pela Professora Catarina Monteiro Pires: "Questão diferente será já a de saber se esta remissão, e a abrangência do acordo, incluem alterações ao regulamento. Num plano geral, é comum aceitar-se que a estabilidade contratual aponta em geral no sentido de aplicar ao contrato a lei em vigor à data da respectiva celebração admitindo-se que a lei antiga (a lei em vigor à data do contrato) é como que incorporada no próprio contrato, por ser esse o sentido mais plausível do acordo firmado entre as partes (*lex transit in contractum*)". (PIRES, Catarina Monteiro. Convenção de Arbitragem. _____; Rui Pereira Dias (Coords). In: *Manual de Arbitragem Internacional Lusófona*. Vol. 1, Coimbra: Almedina, 2020, p. 53).

[417] Por exemplo, refere-se ao artigo 6, nº 1 do Regulamento da CCI: "Quando as partes tiverem concordado em recorrer à arbitragem de acordo com o Regulamento, serão elas consideradas como tendo se submetido ipso facto ao Regulamento em vigor na data do início da arbitragem, a não ser que tenham convencionado se submeterem ao Regulamento em vigor na data da convenção de arbitragem."

[418] Essa ideia foi inicialmente desenvolvida em: FICHTNER, José Antonio, et. al. *Teoria Geral da Arbitragem*. Rio de Janeiro: Forense, 2019, p. 90-91. Agora, é exposta de modo mais desenvolvido e refletido, sendo pensamento ainda em fase de construção.

[419] NUNES, Thiago Marinho; SILVA, Eduardo Silva da; GUERRERO, Luís Fernando. O Brasil como sede de arbitragens internacionais a capacitação técnica das câmaras arbitrais brasileiras. *Revista de Arbitragem e Mediação*, vol. 34, p. 119-158, jul./set., 2012, DTR 2012/450629.

Em regra, a instituição arbitral possui apenas atribuições administrativas, decorrentes do vínculo contratual formado pelas partes, não tendo suas manifestações cunho jurisdicional. Nem poderia ser diferente, pois a Lei de Arbitragem restringe o exercício da jurisdição aos árbitros, que são, necessariamente, pessoas físicas. Contudo, há de se reconhecer que certas decisões da instituição produzem efeitos sensíveis, inclusive atingindo o exercício da jurisdição. Especialmente, pode-se citar: (i) decisões preliminares a respeito da existência, validade e eficácia da convenção de arbitragem, que depois, pela sua natureza precária, deverão ser confirmadas, alteradas ou revogadas pelo tribunal arbitral; (ii) decisões sobre impugnação de candidatos a árbitro ou árbitros integrantes de tribunal arbitral[420]; e (iii) decisões sobre a prorrogação do prazo da arbitragem.

Essas decisões, por mais próximas que possam parecer de decisões jurisdicionais, ostentarão natureza administrativa, uma vez que são despidas do atributo da definitividade, que caracteriza o exercício de jurisdição. Contudo, vale notar que, apesar da sua natureza marcadamente administrativa, em condições especiais tais decisões podem adquirir o atributo da estabilidade, muitas vezes também associado aos atos jurisdicionais típicos.

Com efeito, tanto o direito material quanto o direito processual desenvolveram, ao longo do tempo, categorias diversas para explicar o fenômeno das estabilidades. Em relações substantivas, ilustrativamente, figuras decorrentes da boa-fé objetiva e do princípio da confiança são pródigas em criar situações de estabilidade – como é o caso da *supressio*[421] e da *surrectio*. Nas relações processuais, para além da coisa julgada, o regime das preclusões e da estabilização da antecipação de tutela também criam estabilidades processuais. Nesse mesmo sentido, é possível reconhecer, em certas decisões das instituições arbitrais, o atributo da estabilidade, que também qualifica algumas decisões no plano do próprio direito administrativo.

O sistema da arbitragem, tal como concebido universalmente, confere às instituições dedicadas à administração de arbitragens significativos poderes de gestão contratual, *i.e.*, gestão da efetivação e implementação do efeito constitutivo/modificativo da convenção de arbitragem, balizando a produção dos seus efeitos contratuais e processuais.

Observa-se que a significativa maioria dessas prerrogativas conferidas à instituição de arbitragem poderia ser exercida pelas partes, ou delegadas aos árbitros, quando da elaboração da convenção de arbitragem. Nesse sentido, a atuação da instituição é legitimada pela autonomia privada dos contratantes, que a elegem como administradora do processo arbitral. Ao se eleger instituição de arbitragem tipifica-se um ato de vinculação das partes e do tribunal arbitral às regras escolhidas. Nesse sentido, a instituição de arbi-

---

[420] Regulamento da CCI, 2021, item 14(3): "Compete à Corte pronunciar-se sobre a admissibilidade e, se necessário, sobre os fundamentos da impugnação, após a Secretaria ter dado a oportunidade, ao árbitro impugnado, à outra ou às outras partes e a quaisquer outros membros do tribunal arbitral de se manifestarem, por escrito, em prazo adequado. Estas manifestações devem ser comunicadas às partes e aos árbitros."

[421] "Do ponto de vista doutrinário, a supressio é vista como forma de perda de direitos ou ao menos como causa de impedimento do exercício de direitos e faculdades contratuais ou de preclusão em razão da boa-fé, estando usualmente associada ao instituto alemão da Verwirkung e à inatividade injustificada (sitting on one's rights)." (FRAZÃO, Ana de Oliveira. Breve panorama da jurisprudência brasileira a respeito da boa-fé objetiva no seu desdobramento da supressio. *Revista de Direito Privado*, vol. 44, p. 28-57, out./dez., 2010, DTR 2010/812, p. 02).

PARTE V · Capítulo 19 · CONTRATOS COM A INSTITUIÇÃO ARBITRAL | **801**

tragem, enquanto contratante privado, tem o poder de aplicar as suas regras, sujeitando às partes e aos árbitros aos termos do que foi contratado e aceito.

Entretanto, como os atos da instituição são administrativos, não possuindo natureza jurisdicional ou caráter definitivo (diversamente da sentença arbitral), as manifestações da instituição poderão ser revistas por órgão efetivamente jurisdicional – o Poder Judiciário ou o tribunal arbitral, a depender do caso concreto. Por exemplo, a decisão referente a impugnação de árbitro ou candidato a árbitro, ou a decisão sobre a existência, validade ou escopo da convenção de arbitragem.

Por exemplo, o item 3.11. do regulamento da CAMARB[422] e o item 4.5. do regulamento da CAM/CCBC[423] trazem hipóteses nas quais a instituição de arbitragem analisa *prima facie* a existência da convenção de arbitragem. Caso se entenda pela inexistência, as partes poderão questionar essa decisão no Poder Judiciário, e, em sede de exceção de arbitragem, o juiz togado poderá concluir pela suficiência de elementos que permitam a instauração do procedimento arbitral. De outro lado, caso a instituição entenda pela existência da convenção de arbitragem, nada impede que o tribunal arbitral, depois de constituído, reanalise o tema e chegue à conclusão diversa.

Ademais, nem sempre será legítima a intervenção jurisdicional sobre atos da instituição arbitral. Enquanto contratante privado e prestador de serviço, há questões que estão dentro da própria liberdade de contratar da instituição arbitral. Por exemplo, caso a instituição recuse determinado árbitro por conta do não cumprimento de um padrão de conduta interno, pouco, ou nada, há a fazer, pois a instituição não é obrigada, dentro de sua própria liberdade contratual, a administrar procedimento conduzido por indivíduo que não considere preencher seu padrão de prestação de serviços, ou que, em outro patamar, não se qualifique como idôneo, probo ou digno de confiança. Enquanto prestadora de serviço, a instituição de arbitragem tem direito de zelar pelo seu próprio nome e imagem perante o mercado, razão pela qual há margem de discricionariedade em aceitar ou não determinadas condutas.

Por fim, cabe referir a vinculação da atuação da instituição arbitral aos termos do seu regulamento. As partes e os árbitros têm a confiança legítima de pautar a sua atuação nos termos do regulamento aplicável. Todos os atores do procedimento arbitral, incluindo a instituição, estão vinculados às regras contratadas. As partes, pela sua autonomia privada, legitimam a atuação da instituição, nos termos do seu regulamento, aderindo e consentindo às suas previsões. Nesse sentido, é antijurídico, por exemplo, que a instituição arbitral – ao administrar o procedimento – procure beneficiar uma das partes, em detrimento da outra. Igualmente, comete infração ao próprio regulamento a instituição

---

[422] Regulamento CAMARB, item 3.11: "Caso haja manifestação do requerido quanto à inexistência formal de convenção de arbitragem, caberá à Diretoria decidir mediante análise prima facie do documento apresentado pelo requerente, sem dilação probatória adicional. Qualquer questão eventualmente suscitada relacionada à existência, validade, eficácia e escopo da convenção de arbitragem será dirimida pelo Tribunal Arbitral após constituído."

[423] O art. 4.5 do Regulamento de 2012 da Câmara de Comércio Brasil-Canadá estabelece, na primeira parte, que "antes de constituído o Tribunal Arbitral, o Presidente do CAM/CCBC examinará objeções sobre a existência, validade ou eficácia da convenção de arbitragem que possam ser resolvidas de pronto, independentemente de produção de provas, assim como examinará pedidos relacionados à conexão de demandas, nos termos do artigo 4.20".

802 | CONVENÇÃO DE ARBITRAGEM – *Fichtner • Tolentino • Polastri • Salton*

arbitral que, por exemplo, deixe de aplicar *standards* de lisura, independência e *compliance* assumidos perante as partes e os árbitros.

Em suma, a instituição de arbitragem exercerá importante função na administração da arbitragem. Suas decisões apresentam natureza administrativa, podendo ser sindicadas e modificadas por órgão jurisdicional – o tribunal arbitral ou o Poder Judiciário. Contudo, há decisões que adquirem verdadeira estabilidade, não podendo ser questionadas supervenientemente, se as partes nada fizerem no momento oportuno. De outro lado, há situações que estão fora do controle jurisdicional, pois pertencem à esfera de autonomia privada da instituição arbitral. As relações jurídicas com a instituição arbitral são pautadas, sobretudo, pelos termos do regulamento pactuado e contratado. Assim, nem as partes e nem os árbitros poderão se opor a prerrogativas previstas no regulamento arbitral contratado; por sua vez, a instituição arbitral também estará vinculada aos termos das suas regras, gerando para as partes e para os árbitros a legítima expectativa do seu fiel e íntegro cumprimento.

§ 70. CONTRATO ENTRE OS ÁRBITROS E A INSTITUIÇÃO ARBITRAL

1. Relação jurídica entre árbitros e a instituição arbitral

Os árbitros não apresentam relação jurídica apenas com as partes, havendo um vínculo que os liga com a instituição arbitral. A doutrina trata esse contrato por "contrato de colaboração arbitral"[424], tratando-se de um vínculo jurídico atípico. Dentro da tipologia da estrutura da teoria do fato jurídico, as relações intersubjetivas são fundamentalmente diferenciadas a partir do seu caráter fático (afetivas, sociais, econômicas, entre outras) das estritamente jurídicas, as quais são marcadas pela incidência normativa, conferindo aos seus participantes posições jurídicas.

A relação entre árbitro e a instituição arbitral não transcorre apenas no plano fático, sendo possível perceber a existência de um vínculo jurídico, com posições asseguradas pelo direito positivo. Dentro das diversas relações jurídicas existentes, percebe-se a configuração de uma relação de ordem negocial, marcada pela autonomia privada, conferindo liberdade de conformação do conteúdo jurídico a ser observado pelos seus partícipes.

Nesse contexto, a relação entre os árbitros e a instituição está coligada com os demais negócios jurídicos de direito material subjacentes à arbitragem[425]. Essa estrutura intrincada é a responsável por fornecer o subsídio jurídico ao desenrolar adequado do procedimento arbitral. Quando um candidato a árbitro aceita assumir posto, em um tribunal arbitral regido por regras de determinada instituição de arbitragem, esse também acaba assumindo uma série de direitos e deveres perante a própria câmara arbitral.

---

[424] LUCAS, Marcus Vinicius Pereira. Responsabilidade Civil do Árbitro. 202f. Dissertação (Mestrado em Direito). Pontifícia Universidade Católica de São Paulo, São Paulo, 2018, p. 31.

[425] "Tratando-se de arbitragem institucional, na qual as partes elegem um centro de arbitragem para administrar o procedimento, uma vez iniciada, dá-se a contratação da instituição para prestação do respectivo serviço. Verifica-se, assim, a celebração de outro negócio jurídico intrínseco ao instituto em tela. Mas não é só. Nessa etapa, é pactuada a mais importante avença para colocar em marcha o procedimento destinado à solução da disputa, que é o negócio jurídico com os árbitros." (NANNI, Giovanni Ettore. Notas sobre os negócios jurídicos da arbitragem e a liberdade de escolha do árbitro à luz da autonomia privada. *Revista Brasileira de Arbitragem e Mediação*, vol. 49, jun./2016, p. 03).

O conteúdo normativo negocial dessa relação é regido principalmente pelo regulamento arbitral aplicável, ao qual se torna vinculante para o árbitro. A adesão aos termos do regulamento é fato necessário à própria aceitação da condição de árbitro. Quando uma parte indica determinada pessoa enquanto candidato à árbitro, fazendo-lhe essa proposta, convida-a, nos termos da convenção de arbitragem, que pode prever a incidência de determinadas regras institucionais. Essas regras, portanto, são elementos integrantes do convite que é feito ao candidato a árbitro, que pode aceitar ou recusar. Contudo, em aceitando a condição de árbitro, aceita também os termos do regulamento e de outras regras escolhidas pelas partes na convenção de arbitragem.

Portanto, a atuação concreta do árbitro em arbitragens institucionais deve ocorrer em estrita observância aos termos do regulamento e de outros diplomas normativos emanados pela instituição de arbitragem[426]. Há a posição de sujeição do árbitro perante as regras de arbitragem escolhidas. Frequentemente, as regras institucionais trazem tópicos específicos, disciplinando a sua própria relação com o árbitro.

Por exemplo, nas Regras de Arbitragem da CCI é possível vislumbrar a derrogação da competência dos árbitros para decidir alguns aspectos intrinsecamente relacionados à sua jurisdição, como o manejo de situações de revelia, existência, validade ou escopo da convenção de arbitragem[427], a possibilidade de reunião ou não de procedimentos[428]. Inclusive, é prerrogativa da instituição de arbitragem recusar a nomeação de determinado árbitro[429]. Pode a Corte da CCI ainda desconstituir a aceitação de árbitro para compor o tribunal arbitral[430], ou desconstituir a condição de árbitro, mediante a aceitação de

---

[426]   Regras de Arbitragem CCI, 2021, artigo 11º, nº 5: "Ao aceitarem os encargos, os árbitros comprometem-se a desempenhar suas funções de acordo com o Regulamento."

[427]   Regras de Arbitragem CCI, 2021, Artigo 6º: "Caso alguma das partes contra a qual uma demanda é formulada não apresente uma resposta, ou caso qualquer parte formule uma ou mais objeções quanto à existência, validade ou escopo da convenção de arbitragem ou quanto à possibilidade de todas as demandas apresentadas serem decididas em uma única arbitragem, a arbitragem deverá prosseguir e toda e qualquer questão relativa à jurisdição ou à possibilidade de as demandas serem decididas em conjunto em uma única arbitragem deverá ser decidida diretamente pelo tribunal arbitral, a menos que o Secretário-Geral submeta tal questão à decisão da Corte de acordo com o artigo 6(4)".

[428]   Regras de Arbitragem CCI, 2021, Artigo 10º: "A Corte poderá, diante do requerimento de uma parte, consolidar duas ou mais arbitragens pendentes, submetidas ao Regulamento, em uma única arbitragem, quando: a) as partes tenham concordado com a consolidação; ou b) todas as demandas nas arbitragens sejam formuladas com base na(s) mesma(s) convenção(ões) de arbitragem; ou c) as demandas nas arbitragens não sejam formuladas com base na(s) mesma(s) convenção(ões) de arbitragem, mas as arbitragens envolvam as mesmas partes, as disputas nas arbitragens estejam relacionadas com a mesma relação jurídica, e a Corte entenda que as convenções de arbitragem são compatíveis. Ao decidir sobre a consolidação, a Corte deverá levar em conta quaisquer circunstâncias que considerar relevantes, inclusive se um ou mais árbitros tenham sido confirmados ou nomeados em mais de uma das arbitragens e, neste caso, se foram confirmadas ou nomeadas as mesmas pessoas ou pessoas diferentes. Quando arbitragens forem consolidadas, estas devem sê-lo na arbitragem que foi iniciada em primeiro lugar, salvo acordo das partes em sentido contrário".

[429]   Regras de Arbitragem CCI, 2021, Artigo 11º, nº 4: "As decisões da Corte em relação à nomeação, confirmação, impugnação ou substituição de um árbitro serão irrecorríveis."

[430]   Regras de Arbitragem CCI, 2021, Artigo 12, nº 8: "Na falta de designação conjunta nos termos dos artigos 12(6) e 12(7), e não havendo acordo de todas as partes a respeito do método de constituição do tribunal arbitral, a Corte poderá nomear todos os membros do tribunal arbitral, indicando um deles para atuar como presidente. Em tais casos, a Corte terá liberdade para escolher qualquer

pedido de impugnação do árbitro[431]. Pode fixar prazo para prolação da sentença diverso daquele acordado originalmente pelas partes e árbitros, bem como poderá prorrogá-lo, inclusive agindo de ofício[432]. Ademais, a Corte tem a prerrogativa de revisar a sentença produzida pelos árbitros, e impor o dever de fazer modificações[433]. Por fim, a CCI pode até mesmo fixar honorários dos árbitros em valor inferior ao previsto pela sua própria tabela de honorários, originalmente aceitos pelos árbitros[434].

A análise das disposições desse regulamento, feita a título meramente exemplificativo, demonstra que uma instituição de arbitragem pode ter significativo grau de ingerência na condução das arbitragens a ela submetidas. Esses poderes de intervenção são autorizados mediante a adesão do árbitro ao regulamento, constituindo assim a relação jurídica entre árbitro a câmara de arbitragem. A natureza dessa relação é próxima de um contrato de adesão, não havendo margem para questionamento, por parte do árbitro, dos termos do regulamento, cabendo-lhe apenas aceitar ou recusar o encargo, já ciente da necessidade de ter a sua conduta pautada pelos termos postos pela própria instituição de arbitragem.

2. Estrutura obrigacional

A estrutura obrigacional da relação entre árbitros e instituição de arbitragem é extremamente heterogênea, sendo moldada precipuamente pelos termos de cada regulamento arbitral, os quais podem variar significativamente. Por certo, não se pode olvidar da necessária atenção aos termos do regulamento aplicável, pois este será o responsável

---

pessoa que julgue competente para atuar como árbitro, aplicando o artigo 13, quando julgar apropriado." Regras de Arbitragem CCI, 2021, Artigo 12, nº 9: "Não obstante qualquer acordo entre as partes sobre o método de constituição do tribunal arbitral, a Corte poderá, em circunstâncias extraordinárias, nomear todos os membros do tribunal arbitral, para evitar um risco significativo de tratamento desigual e injusto que possa afetar a validade da sentença arbitral".

[431] Regras de Arbitragem CCI, 2021, Artigo 14, nº 3: "Compete à Corte pronunciar-se sobre a admissibilidade e, se necessário, sobre os fundamentos da impugnação, após a Secretaria ter dado a oportunidade, ao árbitro impugnado, à outra ou às outras partes e a quaisquer outros membros do tribunal arbitral de se manifestarem, por escrito, em prazo adequado. Estas manifestações devem ser comunicadas às partes e aos árbitros"

[432] Regras de Arbitragem CCI, 2021, Artigo 31, nº 1 e nº 2: "1 O prazo para o tribunal arbitral proferir a sentença arbitral final é de seis meses. Esse prazo começará a contar a partir da data da última assinatura aposta pelo tribunal arbitral ou pelas partes na Ata de Missão ou, no caso previsto no artigo 23(3), a partir da data da notificação pela Secretaria ao tribunal arbitral da aprovação da Ata de Missão pela Corte. A Corte poderá fixar um prazo diferente de acordo com o cronograma de procedimento estabelecido nos termos do artigo 24(2). 2 A Corte poderá prorrogar esse prazo, atendendo a um pedido fundamentado do tribunal arbitral ou por sua própria iniciativa, se julgar necessário fazê-lo."

[433] Regras de Arbitragem CCI, 2021, Artigo 34: "Antes de assinar qualquer sentença arbitral, o tribunal arbitral deverá apresentá-la sob a forma de minuta à Corte. A Corte poderá prescrever modificações quanto aos aspectos formais da sentença e, sem afetar a liberdade de decisão do tribunal arbitral, também poderá chamar a atenção para pontos relacionados com o mérito do litígio. Nenhuma sentença arbitral poderá ser proferida pelo tribunal arbitral antes de ter sido aprovada quanto à sua forma pela Corte."

[434] Regras de Arbitragem CCI, 2021, Artigo 38, nº 2 "A Corte poderá determinar os honorários do árbitro ou dos árbitros em valores superiores ou inferiores aos que poderiam resultar da aplicação da tabela em vigor, se assim entender necessário, em virtude das circunstâncias excepcionais do caso."

PARTE V · **Capítulo 19** · CONTRATOS COM A INSTITUIÇÃO ARBITRAL | **805**

por proporcionar o delineamento concreto do conjunto daquelas posições jurídicas. Contudo, em termos analíticos, é possível apontar a existência de alguns direitos, deveres, poderes, sujeições e ônus mais característicos, observáveis na maioria dos regulamentos institucionais.

Em primeiro, há o dever dos árbitros de observar o regulamento de arbitragem. Ao aceitar a sua missão, os árbitros estão adstritos ao termo da convenção de arbitragem. Portanto, se essa faz referência a um regulamento institucional, torna-se ele parte integrante da convenção, conformando a jurisdição dos árbitros e trazendo a sua sujeição aos termos do regulamento – que se torna equiparado às disposições delineadas pelas próprias partes.

Em segundo, em decorrência do dever de observar o regulamento, há o dever dos árbitros de conduzir o procedimento em estrita conformidade com as regras escolhidas pelas partes, em especial as regras de arbitragem da instituição[435]. Os árbitros, por mais que desfrutem de relativa liberdade na condução do procedimento, têm a sua jurisdição balizada. As regras da instituição arbitral são um importante limite de observância compulsória por parte do tribunal. Quando as partes escolhem as regras aplicáveis, por meio da sua autonomia privada, ao mesmo tempo vinculam e restringem a liberdade dos árbitros[436]. A transposição das regras de uma instituição arbitral para o plano contratual traz standards importantes, que devem ser obrigatoriamente observados pelos árbitros, no que se refere à condução do procedimento. Pode-se dar especial destaque às regras de revelação de informações da instituição arbitral. Os árbitros, sujeitos de confiança das partes, devem cumprir estritamente essas disposições, sob pena do inadimplemento desse dever poder culminar na nulidade da sentença arbitral.

Em terceiro, há o dever da instituição arbitral de acompanhar o pagamento dos honorários devidos pelas partes, bem como das demais despesas devidas aos árbitros[437]. A instituição de arbitragem serve de garantia da observância do direito dos árbitros de obter a remuneração pactuada. Na medida em que é a responsável pela administração do procedimento, bem como pela condução de aspectos administrativos, a instituição de

---

[435] "There is also a contract between the arbitral institution and each of the arbitrators. The institution appoints or confirms the appointment of the arbitrators after verifying their suitability; it agrees to treat them as arbitrators in the exercise of its own organizational, administrative and supervisory role; it undertakes to reimburse their expenses and to pay their fees (which it receives from the parties). As for the arbitrators, by accepting their brief they agree to perform it under the auspices and in accordance with the rules of the institution. They agree that the institution shall exercise its functions under those rules, such as its powers to challenge or remove an arbitrator, to grant extensions of time, to monitor the proceedings, to examine a draft version of the award before it is rendered, and to determine the arbitrators' fees. This is a contract where each party independently promises and performs services for the benefit of the other, and particularly for the benefit of third parties (the parties to the arbitration)." (FOUCHARD, Philippe; GAILLARD, Emmanuel; GOLDMAND, Berthold. *Fouchard Gaillard Goldman on International Arbitration*. Haia: Kluwer Law International, 1999, p. 604).

[436] LUCAS, Marcus Vinicius Pereira. Responsabilidade Civil do Árbitro. 202f. Dissertação (Mestrado em Direito). Pontifícia Universidade Católica de São Paulo, São Paulo, 2018, p. 31.

[437] "This contract involves the arbitrators' undertaking to conduct the arbitration in accordance with the institution's rules and under its supervision, and the institution's undertaking to oversee the parties' payment of their fees and expenses in accordance with its rules and to supervise the arbitrators' activities in accordance with the applicable institutional rules." (BORN, Gary B. *International Commercial Arbitration*. 3th ed. The Hague: Kluwer Law International, 2021, p. 2129).

arbitragem deve zelar pela observância dos direitos dos árbitros face às partes, em especial o direito ao recebimento de honorários.

Em quarto, há o poder da instituição de analisar a imparcialidade e independência. Variadas instituições de arbitragem se arrogam o direito de analisar previamente os pedidos de impugnação da composição do tribunal arbitral. Trata-se de poder que gera estado de sujeição aos árbitros, os quais serão removidos do procedimento, independentemente da sua vontade, caso a instituição entenda que esses não cumprem com os requisitos para assumirem a condição de árbitro, nos moldes do regulamento da instituição.

Em quinto, há o poder de negar a nomeação dos árbitros, nos termos do regulamento. Determinadas instituições se preservam o direito de aprovar a nomeação do candidato à arbitro. Nesses casos, o que ocorre, em termos de direito contratual, é a modificação do sistema de formação do tribunal arbitral. Isto é, o regulamento traz condição de validade ou de eficácia específica para que haja a conclusão do contrato de árbitro. Trata-se de modalidade de assentimento posterior[438], que a câmara introduz no seu regulamento, como condição para válida e eficaz assunção da condição de árbitro.

Em sexto, o poder da instituição de revogar a aceitação do árbitro, em determinadas circunstâncias. Esse poder pode ser reservado pela instituição de arbitragem para ser empregado em circunstâncias específicas, como a dificuldade de compor o tribunal arbitral em arbitragens multipartes. Trata-se de caso especial de extinção do contrato com o árbitro, agindo esse dispositivo do regulamento como cláusula de resilição contratual.

Esse conjunto de posições jurídicas constitui o cerne da relação existente entre os árbitros e a instituição de arbitragem. Certamente, a depender dos termos do regulamento adotado, será possível a configuração de outras estruturas obrigacionais, já que o regulamento é o documento que conforma e baliza o exercício da jurisdição em arbitragens institucionais.

---

[438] "A autorização posterior (*rectius:* aprovação) é figura jurídica que, no sistema jurídico brasileiro, não tem apenas a eficácia de afastar anulabilidade de negócio jurídico concluído sem autorização prévia, como parece depreender-se do art. 176. Interpretado o art. 176 em conjunto com o art. 220, que emprega o termo "validade" em "sentido atécnico e larguíssimo", dá ensejo a também se aplicar a aprovação para afastar ineficácia de negócio jurídico concluído por terceiro, em nome próprio, quando houver suporte fático a reconhecer este assentimento posterior (*e.g.*, a aprovação do pacto antenupcial concluído pelo menor, pelo titular do pátrio poder ou do tutor do menor para que seja eficaz – art. 1.654 do Código Civil). Portanto, a autorização posterior (*rectius:* aprovação) tanto pode servir para sanar a anulabilidade como a ineficácia de um negócio jurídico concluído sem que tenha sido autorizado por terceiro (assentimento prévio)." (HAICAL, Gustavo Luís da Cruz. A Autorização no Direito Privado. 188f. Tese (Doutorado em Direito). Orientador Professor Dr. Alcides Tomasetti Júnior. Universidade de São Paulo, São Paulo, 2019, p. 90-91).

REFERÊNCIAS BIBLIOGRÁFICAS

ABBOUD, Georges. Jurisdição Constitucional vs. Arbitragem: os reflexos do efeito vinculante na atividade do árbitro. *Revista de Processo*, vol. 214, p. 271-298, dez./2012, DTR n.º 2012/450922.

ABBOUD, Georges; CAVALCANTI, Marcos de Araújo. Interpretação e aplicação dos provimentos vinculantes do novo código de processo civil a partir do paradigma do pós-positivismo. *Revista de Processo*, vol. 245, p. 351-377, jul./2015, DTR n.º 2015/11015.

AGUIAR JR., Ruy Rosado de. Arbitragem, os precedentes e a ordem pública. *Doutrina: edição comemorativa, 30 anos do Superior Tribunal de Justiça*. Brasília: Superior Tribunal de Justiça, 2019.

AGUIAR JR., Ruy Rosado. A arbitragem e a atuação do juiz. In: *I Dia Gaúcho da Arbitragem*. Porto Alegre: Lex Magister, 2015.

AGUIAR JR., Ruy Rosado. Contratos Relacionais, existenciais e de lucro. *Revista Trimestral de Direito Civil*, ano 12, vol. 45, p. 91-110, jan./mar. 2011, p. 100-101.

AGUIAR JR., Ruy Rosado. *Extinção dos Contratos por Incumprimento do Devedor: resolução*. Rio de Janeiro: AIDE Editora, 2004.

AGUIAR JR., Ruy Rosado. Extinção dos Contratos. In: FERNANDES, Wanderley (Coord.). *Contratos Empresariais: Fundamentos e Princípios dos Contratos Empresariais*. São Paulo: Saraiva, 2007.

AGUIAR JR., Ruy Rosado. Projeto do Código Civil – As obrigações e os contratos. *Revista dos Tribunais*, vol. 775, pp. 18-31, mai./2000.

AKERLOF, George A. The Market for "Lemons": Quality Uncertainty and the Market Mechanism. *Quarterly Journal of Economics*, vol. 84, p. 488-500.

ALBUQUERQUE, Pedro de. O Direito ao Cumprimento de Prestação de Facto, o Dever de a Cumprir e o Princípio *Nemo ad Factum Cogi Potest*. Providência Cautelar, Sanção Pecuniária Compulsória e Caução. *Revista do Instituto de Direito Brasileiro*, v. 2, n. 8, p. 8981-9041.

ALMEIDA PRADO, Maria da Graça Ferraz de. *Economia da arbitragem: uma análise dos impactos sobre contratos e políticas de desenvolvimento*. Rio de Janeiro: Lumen Juris, 2018.

ALMEIDA, Carlos Ferreira de. Interpretação do Contrato. *Revista de Direito do Consumidor*, vol. 17, p. 5-19, jan./mar., 1996, DTR n.º 1996/39.

ALMEIDA, Ricardo Ramalho. *Arbitragem comercial internacional e ordem pública*. Rio de Janeiro: Renovar, 2005.

ALMEIDA, Ricardo Ramalho. Aspectos Práticos da Arbitragem. *Revista de Direito Bancário e do Mercado de Capitais*, vol. 14, p. 389-398, out./dez. 2001, DTR n.º 2001/409.

ALVARO DE OLIVEIRA, Carlos Alberto. Efetividade e tutela jurisdicional. *Revista Forense*, ano 101, vol. 378, p. 115 e ss., mar./abr., 2005.

ALVARO DE OLIVEIRA, Carlos Alberto. *Teoria e Prática da Tutela Jurisdicional*. Editora Forense, Rio de Janeiro, 2008.

ALVES, José Carlos Moreira. *Direito Romano*. 16ª ed. Rio de Janeiro: Forense, 2014.

ALVIM, José Eduardo Carreira. *Teoria Geral do Processo*. 23ª ed. Rio de Janeiro: Forense, 2020.

AMARAL, Francisco. *Direito Civil: introdução*. 10ª ed. São Paulo: Saraiva, 2018.

AMARAL, Guilherme Rizzo. Arbitragem e Precedentes. In: LEVY, Daniel; SETOGUTI, Guilherme (Coord.). *Curso de Arbitragem*. São Paulo: Revista dos Tribunais, 2018.

AMARAL, Guilherme Rizzo. *Comentários às alterações do novo CPC*. 2ª ed. São Paulo: Revista dos Tribunais, 2016.

ANDREWS, Neil. *Arbitration and Contract Law: Common Law Perspectives*. Suíça: Springer, 2016.

ANDREWS, Neil. Global perspectives on commercial arbitration. *Revista de Processo*, vol. 202, p. 293-337, nov., 2011. DTR n.º 2011/5072.

ANTUNES VARELA, João de Matos. *Das Obrigações em Geral*. vol. I. 10ª ed. Coimbra: Almedina, 2006.

APRIGLIANO, Ricardo de Carvalho. Cláusula Compromissória: aspectos contratuais. *Revista do Advogado*, ano XXXII, n.º 116, p. 174-192, 2012.

APRIGLIANO, Ricardo de Carvalho. Extensão da cláusula compromissória a partes não signatárias no Direito Societário. *Revista do Advogado*, AASP, n.º 119, ano XXXIII, p. 140-152, abr. 2013.

APRIGLIANO, Ricardo de Carvalho. *Ordem pública e processo*. São Paulo: Atlas, 2011.

APRIGLIANO, Ricardo. Convenção de arbitragem: negócio jurídico processual ou material? In: Clávio de Melo Valença Filho; Letícia Abdalla; João Luiz Lessa Neto (Orgs.). *Negócios Jurídicos Processuais na Arbitragem*. São Paulo: Ciesp, 2017.

AQUINO, Wilson. Negócio Jurídico. *Doutrinas Essenciais Obrigações e Contratos*, vol. 1, p. 1387-1392, jun. 2011, DTR n.º 2012/1222.

ARAGÃO, Alexandre Santos de. Arbitragem e regulação. *Revista de Arbitragem e Mediação*, vol. 27, p. 70-102, out./dez., 2010, DTR n.º 2010/751.

ARAGÃO, Alexandre Santos de. Arbitragem e regulação. *Revista de Arbitragem e Mediação*, vol. 27/2010, p. 70-102, out./dez., 2010, DTR nº 2010/751.

ARAÚJO, Aline Vieira Delmondes. Arbitragem e Mercado. In: PENTEADO, Mauro; MUNHOZ, Eduardo Secchi (coords.). *Mercado de capitais: doutrina, cases e material*. São Paulo: Quartier Latin, 2012

ARAÚJO, Nádia de. O Princípio da Autonomia da Cláusula Arbitral na Jurisprudência Brasileira. *Revista de Arbitragem e Mediação*, vol. 27, p. 265-286, out./dez. 2010, DTR n.º 2010/749.

ARAÚJO, Nadia De; GAMA JR, Lauro. A escolha da lei aplicável aos contratos do comércio internacional: os futuros princípios da Haia e perspectivas para o brasil escritório permanente da conferência de Haia de direito internacional privado. *Revista de Arbitragem e Mediação*, vol. 34, p. 11-41, jul./set., 2012, DTR n.º 2012/450625.

ARGOLLO, Oscar. Anotações históricas sobre arbitragem, desde os primórdios até a atualidade. In: Teresa Cristina Pantoja. (Coord.). *Prática em arbitragem*. Rio de Janeiro: Forense Universitária, 2008.

ARMELIN, Donaldo. *Legitimidade para agir no direito processual civil brasileiro*. São Paulo: Revista dos Tribunais, 1979.

AROSI, Letícia Soster. A influência do comportamento das partes na formação e interpretação dos contratos. *Revista de Direito Civil Contemporâneo*, vol. 21, p. 117-142, out./dez., 2019, DTR n.º 2020/573.

AROSI, Letícia Soster. Os Contratos Incompletos e a Behavioral Law and Economics. *Revista de Direito Privado*, vol. 89, p. 43-68, mai./2018, DTR n.º 2018/12763.

ARROCHA, Katherine Gonzalez. The Articles II and III of the New York Convention (NYC) and the Experience of Arbitral Institutions: the ICC experience. *Revista de Arbitragem e Mediação*, vol. 18/2008, p. 86-100, jul./set., 2008, DTR n.º 2008/885.

ARRUDA ALVIM, José Manoel de. *Código de Processo Civil comentado*. Vol. 1. São Paulo: Revista dos Tribunais, 1975.

ARRUDA ALVIM, José Manoel de. Manual de direito processual civil. Vol. 1. 12ª ed. São Paulo: *Revista dos Tribunais*, 2008.

ARRUDA ALVIM, José Manoel de. Manual de direito processual civil. 14ª ed. São Paulo: *Revista dos Tribunais,* 2011.

ARRUDA ALVIM, José Manoel de. *Tratado de direito processual civil.* 2ª ed. São Paulo: Revista dos Tribunais, 1990. vol. 1.

ASCARELLI, Tullio. O Contrato Plurilateral. In: ASCARELLI, Tullio. *Problemas das Sociedades Anônimas e Direito Comparado.* São Paulo: Editora Saraiva, p. 255-312, 1969.

ASCENSÃO, José de Oliveira. *Teoria Geral do Direito Civil.* Vol. II. 2ª ed. Coimbra: Coimbra Editores, 2003.

ASHTON, Peter Walter. O Direito Econômico e o Direito Empresarial. *Revista da Faculdade de Direito da UFRGS,* n.º 26, 2006, p. 157-188.

ASSIS, Araken de. *Manual da Execução.* 18ª ed. São Paulo, Revista dos Tribunais, 2016.

ASSIS, Araken de. *Resolução do Contrato por Inadimplemento.* 4ª ed. São Paulo: Editora Revista dos Tribunais, 2004.

ATIYAH, Patrick Selim. *An Introduction to the Law of Contract.* 5ª ed. New York: Oxford University Press, 1995.

AYRES, Ian; GERTNER, Robert. Filling Gaps in Incomplete Contracts: An Economic Theory of Default Rules. *Yale Law Journal,* vol. 99, n.º 1, p. 87-130, p. 1989.

AYRES, Ian; GERTNER, Robert. Strategic Contractual Inefficiency and the Optimal Choice of Legal Rules. *Yale Law Journal,* vol. 101, 1992.

AZEVEDO, Álvaro Villaça. Arbitragem. *Revista dos Tribunais.* Vol. 753, p. 11-23, jul./1998, DTR n.º 1998/345.

AZEVEDO, André Jobim de. Os métodos de solução de conflitos, nova regência processual: observações. In: *I Dia Gaúcho da Arbitragem.* Porto Alegre: Lex Magister, 2015.

AZEVEDO, Antônio Junqueira de. *Negócio Jurídico: existência, validade e eficácia.* 4ª ed. São Paulo: Editora Saraiva Jur, 2017.

AZEVEDO, Antonio Junqueira de. Os princípios do atual direito contratual e a desregulação do mercado. In: AZEVEDO, Antonio Junqueira de. *Estudos e pareceres de direito privado.* São Paulo: Saraiva, 2004.

BAIZEAU, Domitille; RICHARD, Juliette. Addressing the issue of confidentiality in arbitration proceedings: how is this done in practice? In: GEISINGER, Elliott (eds.). *ASA Special Series No. 43 Confidential and Restricted Access Information in International Arbitration.* Association Suisse de l'Arbitrage, p. 53-78, 2016.

BAKER, Scott; KRAWIEC, Kimberly D. Incomplete Contracts in a Complete Contract World. *Florida State University Law Review,* vol. 33, no. 3, p. 725-756, 2006.

BANDEIRA, Paula Greco. Fundamentos da responsabilidade civil do terceiro cúmplice. *Revista trimestral de direito civil,* vol. 30, p. 79-127, abr./jun., 2000.

BANDEIRA, Paula Greco. Os contratos incompletos e a soft law. *Revista dos Tribunais,* vol. 966, p. 145-165, abr., 2016. DTR n.º 2016/4812.

BANDEIRA, Paula Greco. Os contratos incompletos e a soft law. *Revista dos Tribunais,* vol. 966, abr/2016.

BAPTISTA, Luiz Olavo. Cláusula Compromissória e Compromisso. *Doutrinas Essenciais Obrigações e Contratos.* Vol. 6, p. 977-988, jun. 2011, DTR n.º 2012/1239.

BAPTISTA, Luiz Olavo. Constituição e arbitragem: dever de revelação, devido processo legal. In: *I Dia Gaúcho da Arbitragem.* Porto Alegre: Lex Magister, 2015.

BAPTISTA, Luiz Olavo. Dever de revelação do árbitro: extensão e conteúdo. Inexistência de infração. Impossibilidade de anulação da sentença arbitral. *Revista de Arbitragem e Mediação*, vol. 36, p. 199-218, jan./mar., 2013, DTR n.º 2013/2506.

BAPTISTA, Luiz Olavo. Interpretação de Cláusulas de Arbitragem e Foro em Acordo de Acionistas. *Revista de Direito Civil Contemporâneo*, vol. 11, p. 321-339, abr./jun., 2017, DTR n.º 2017/1675.

BAPTISTA, Luiz Olavo. Primeiras anotações sobre o árbitro e os contratos: entre o poder e o dever. In: *O árbitro, a arbitragem e o contrato*, Cadernos do IEC, n. 3, p. 47-65, 2010.

BAPTISTA, Luiz Olavo; MIRANDA, Sílvia Julio Bueno de. Convenção de arbitragem e escolha de lei aplicável: uma perspectiva do direito brasileiro. Revista de Arbitragem e Mediação, São Paulo, v. 07, n. 27, p. 11-34, out./dez. 2010.

BAQUEDANO, Luis Felipe Ferreira; PEDROSO, Luiza Romanó. A violação do dever de revelação enquanto fundamento para a impugnação do árbitro: onde há fumaça há fogo? *RBA*, n.º 60, p. 7-35, out./dez., 2018.

BARABINO, André. Negócios Jurídicos na Arbitragem. 115f. Dissertação (mestrado em direito). Pontifícia Universidade Católica de São Paulo, São Paulo, 2016.

BARBI FILHO, Celso. Efeitos da Reforma do Código de Processo Civil na Execução Específica do Acordo de Acionistas. *Revista dos Tribunais online*, v. 737, p. 34-57, 1997.

BARROCAS, Manuel Pereira. Igualdade das partes no direito de escolha dos árbitros e a complexidade do 'seu exercício'. *Revista Brasileira de Arbitragem*, vol. XV, issue 58, pp. 48-53, 2018.

BARROCAS, Manuel Pereira. *Lei de arbitragem comentada*. Coimbra: Almedina, 2013.

BARROS, Maria Gabriella Dignani Schmidt de. A Cláusula Compromissória Como Negócio Jurídico. *Revista de Direito Privado*, vol. 99, p. 265-281, mai./jun. 2019, DTR n.º 2019/27419.

BARROS, Vera Cecília Monteiro de. A Força Vinculante da Cláusula Compromissória e o Princípio da Competência-competência: comentários ao AGIN 644.204-4/2. In: *Revista de Arbitragem e Mediação*, vol. 25, 2010.

BARROS, Wellington Pacheco. A interpretação dos contratos. *Revista dos Tribunais*, vol. 660, p. 57-69, out./1990, DTR n.º 1990/179.

BARROSO, Luis Roberto. A proteção coletiva dos direitos no Brasil e alguns aspectos da class action norte-mericana. *Doutrinas essenciais de Processo Civil*, vol. 09, p. 585, out./2011, DTR n.º 2012/45021.

BARROSO, Luis Roberto; MELLO, Patrícia Perrone Campos. Trabalhando com uma nova lógica: a ascensão dos precedentes no direito brasileiro. *Revista da AGU*, vol. 15, n. 3, p. 09-52, jul./ set., 2016.

BÄRTSCH, Philippe; PETTI, Angelina M. *International arbitration in Switzerland*: a handbook for practitioners. Edited by Elliott Geisinger and Nathalie Voser. 2nd ed. The Hague: Kluwer, 2013.

BASSIRI, Niuscha; PIERS, Maud. In: BASSIRI, Niuscha; DRAYE, Maarten Draye (Ed.). *Arbitration in Belgium*. The Hague: Kluwer, 2016.

BASSO, Maristela. As leis envolvidas nas arbitragens comerciais internacionais: campos de regência. *Revista de Direito Bancário e do Mercado de Capitais*, vol. 9, p. 307-314, jul./set., 2000, DTR n.º 2000/334.

BASSO, Maristela. *Curso de Direito Internacional Privado*. São Paulo: Atlas, 2009.

BASSO, Maristela. Lei nova revitaliza a arbitragem no brasil como método alternativo-extrajudicial de solução de conflitos de interesses. *Doutrinas Essenciais Arbitragem e Mediação*, vol. 1, p. 1085-1102, set./ 2014, DTR n.º 1996/485.

BAYER, Alex Kalinzki. Arbitragem e Jurisdição. *Revista de Direito Bancário e do Marcado de Capitais*, vol. 19, p. 296-312, jan./mar., 2003, DTR n.º 36.

BECKER, Verena Nygaard. A Categoria Jurídica dos Atos Existenciais: transformação da concepção clássica de negócio jurídico. *Revista da Faculdade de Direito de Porto Alegre*, n. 7-8, 1973, pp. 15-53.

BEDAQUE, José Roberto dos Santos. *Efetividade do processo e técnica processual.* 3ª ed. São Paulo: Malheiros, 2010.

BEDAQUE, José Roberto dos Santos. O ministério público no processo civil: algumas questões polêmicas. *Doutrinas Essenciais de Processo Civil*, vol. 3, p. 1213-1242, out./2011, DTR n.º 1991/262.

BELLINETTI, Luiz Fernando; HATOUM, Nida Saleh. Aspectos Relevantes dos Negócios Jurídicos Processuais Previstos no Art. 190 do CPC/2015. *Revista de Processo*, vol. 49-71, out./2016, DTR n.º 2016/24001.

BENEDETTELLI, Massimo. *International Arbitration in Italy.* Kluwer Law International, 2020.

BENEDUZI, Renato Resende. Desconsideração da Personalidade Jurídica e Arbitragem. *Revista de Processo*, vol. 290, p. 473-492, DTR n.º 2019/24063.

BENETTI, Giovana Valentiano; BOSCOLO, Ana Teresa de Abreu Coutinho. O Consensualismo como Fundamento da Arbitragem e os Impasses Decorrentes do Dissenso. *Revi.sta de Direito Empresarial*, vol. 2, 2014, p. 303-341, mar./abr., DTR n.º 2014/1436.

BENETTI, Giovana. *Dolo no Direito Civil: uma análise da omissão de informações.* São Paulo: Quartier Latin, 2019.

BENFATTI, Fábio Fernandes Neves. Breves considerações sobre o negócio jurídico diante dos novos desafios da pós-modernidade. *Revista dos Tribunais*, vol. 1001, pp. 121-130, mar./2019, DTR nº 2019/23985.

BENJAMIN, Antônio Herman; MARQUES, Cláudia Lima; BESSA, Leonardo Roscoe. Manual de Direito do Consumidor. 8ª ed. São Paulo: Editora Revista dos Tribunais, 2017.

BERALDO, Leonardo de Faria. *Curso de Arbitragem: nos termos da Lei n.º 9.307/1996.* São Paulo: Atlas, 2014.

BERMUDES, Sérgio. Arbitragem: um instituto florescente. *Revista de Arbitragem e Mediação*, São Paulo, vol50, p. 387-389, jul./set. 2016.

BESSON, Sébastien. Chapter 8. Piercing the Corporate Veil: Back on the Right Track. In: Bernard Hanotiau; Eric Schwartz (eds). Multiparty Arbitration. Dossiers of the ICC Institute of World Business Law. The Hague: Kluwer Law International; p. 147 – 159, 2010.

BEVILAQUA. Clóvis. *Theoria Geral do Direito Civil.* Campinas: RED Livros, 1999.

BIANCHI, Beatriz Homem de Mello. Provas na arbitragem e a carta arbitral. *Revista de Arbitragem e Mediação*, vol. 59, p. 213-244, out./dez., 2018, DTR n.º 2018/22467.

BICHARA, Maria Carolina. A Responsabilidade Pós-Contratual. *Revista de Direito Privado*. Vol. 100, p. 41-69, jul./ago. 2019, DTR n.º 2019/35271.

BINDER, Peter. *International Commercial Arbitration and Mediation in UNCITRAL Model Law Jurisdictions.*4ª Ed. Kluwer Law International, 2019.

BISHOP, Doak R. A Practical Guide for Drafting International Arbitration Clauses, *Int'l Energy L. & Tax'n Rev*, 16, p. 1-81, 2000.

BITTAR, Carlos Alberto. Interpretação no Direito em Geral. *Doutrinas Essenciais de Direito Civil*, vol. 1, p. 1239-1252, out./2010, DTR n.º 2012/1535.

BLACK, Bernard. The core institutions that support strong securities markets. *The Business Lawyer*, vol. 55 p. 1565-1607, 2000.

BOBBIO, Norberto. *Estudos por uma Teoria Geral do Direito.* Daniela Beccaccia Versiani (Trad.). Barueri: Manole, 2015.

BOBBIO, Norberto. *Teoria do Ordenamento Jurídico.* 4ª ed. Maria Celeste Cordeiro Leite dos Santos (Trad.). Brasília: Editora Universidade de Brasília, 1994.

BOISSÉSON, Matthieu de. A obrigação de lealdade dos advogados em relação ao árbitro. *Revista de Arbitragem e Mediação*, vol. 43, p. 157-167, out./dez.,2014, DTR n.º 2014/21110.

BOLIVAR, Annalluza Bravo. A teoria do "design" contratual: sua aplicabilidade face às regras de interpretação do contrato no Brasil. *Revista de Direito Empresarial*, vol. 18, p. 123-149, 2016, DTR n.º 2016/23011.

BONINI, Paulo Rogério. Apontamentos sobre o tratamento legal da manifestação da vontade nos negócios jurídicos. In: Alexandre Dartanhan de Mello Guerra (Coord.). *Estudos em homenagem a Clóvis Beviláqua por ocasião do centenário do Direito Civil codificado no Brasil*, vol. 1, São Paulo: Escola Paulista da Magistratura, 2018.

BONIZZI, Marcelo José Magalhães. Estudo Sobre os Limites da Contratualização do Litígio e do Processo. *Revista de Processo*, vol. 269/2017, p. 139-149, jul./2017, DTR n.º 2017/1815.

BORN, Gary. *International Commercial Arbitration*. 3th ed. Alphen aan den Rijn: Kluwer Law International, 2021.

BORN, Gary. The Law Governing International Arbitration Agreements: an international perspective. In: *Singapore Academy of Law Journal*, 2014.

BOSCOLO, Ana Teresa de Abreu Coutinho; BENETTI, Giovana Valentiano. O Consensualismo Como Fundamento da Arbitragem e os Impasses Decorrentes do Dissenso. *Revista de Direito Empresarial*, vol. 2, p. 303-341, mar./abr., 2014, DTR n.º 2014/1436.

BOTELHO DE MESQUITA, José Ignacio. *Da ação civil.* Teses, estudos e pareceres de processo civil. Vol.1. São Paulo: Revista dos Tribunais, 2005.

BRAGA, Paula Sarno. Primeiras Reflexões sobre uma Teoria do Fato Jurídico Processual: plano da existência. *Revista de Processo*, vol. 148/2007, p. 293-320, jun./2007, DTR n.º 2007/362.

BRAGHETTA, Adriana. A importância da sede da arbitragem. In: Selma Ferreira Lemes; Carlos Alberto Carmona; Pedro Antonio Batista Martins (Coord.). *Arbitragem: estudos em homenagem ao Prof. Guido Fernando da Silva Soares*. São Paulo: Atlas, 2007.

BRAGHETTA, Adriana. Cláusula Compromissória – Auto-Suficiência da Cláusula Cheia. *Revista dos Tribunais*, vol. 800, p. 137-144, jun./2002, n.º DTR n.º 2202/603.

BRANCO, Gerson. Contratos de adesão e arbitragem comercial. In: *I Dia Gaúcho da Arbitragem*. Porto Alegre: Lex Magister, 2015.

BRANDALISE, Rodrigo da Silva. Justiça penal negociada: negociação de sentença e princípios processuais relevantes. Curitiba: Juruá, 2016.

BREKOULAKIS, Stavros L. On arbitrability: persisting misconceptions and new areas of concern. Arbitrability: international & comparative perspectives. In: _____; MISTELIS, Loukas A. (Ed.). *Arbitrability*: international & comparative perspectives. The Netherlands: Kluwer, 2009.

BREKOULAKIS, Stavros. Chapter 8: Parties in International Arbitration: Consent v. Commercial Reality. In: Stavros Brekoulakis; Julian David; Mathew Lew; et al. (eds.). *The Evolution and Future of International Arbitration. International Arbitration Law Library*. Vol. 37. The Hague: Kluwer Law International; p. 119-160, 2016.

BREKOULAKIS, Stavros. Rethinking Consent in International Commercial Arbitration: A General Theory for Non-signatories. In: Thomas Schultz (ed), *Journal of International Dispute Settlement*, vol. 8, issue 4, p. 610-643, 2017.

BROWNSWORD, Roger. The Limits of Freedom of Contract and the Limits of Contract Theory. *Journal of Law and Society*, vol. 22, no. 2, p. 259-273, June 1995.

BUENO, Cassio Scarpinella. *Curso sistematizado de direito processual civil.* Vol. 1. 3ª ed. São Paulo: 2009.

BUENO, Cassio Scarpinella. Direito, interpretação e norma jurídica: uma aproximação musical do direito. *Revista de Processo*, vol. 111, p. 223-242, jun./set., 2003, DTR n.º 2003/788.

BULGARELLI, Waldírio. Obrigação de contratar por decisão judicial: pode alguém ser obrigado a contratar contra a sua vontade por decisão do poder judiciário? – análise do princípio da autonomia da vontade nos contratos e dos planos da existência, validade e eficácia – a possibilidade de prova exclusivamente testemunhal em negócios. *Doutrinas Essenciais Obrigações e Contratos*, vol. 3, p. 509-519, jun./2011, DTR n.º 2012/1343.

CABRAL, Antônio do Passo. *Convenções Processuais*. Salvador: Editora JusPodivm, 2016.

CABRAL, Trícia Navarro Xavier. Convenções em Matéria Processual. *Revista de Processo*. Vol. 241, p. 489-516, mar. 2015, DTR n.º 2015/2136.

CAHALI, Francisco José. A resolução de litígios on-line da União Europeia em contratos com a arbitragem nos contratos de consumo no Brasil. *Revista de Direito do Consumidor*, vol. 131, p. 385-415, set./out., 2020, DTR n.º 2020/12744.

CAHALI, Francisco José. *Curso de arbitragem*. 5ª ed. São Paulo: Revista dos Tribunais, 2015.

CAHALI, Francisco José. Prescrição, arbitragem, mediação e outros meios extrajudiciais de solução de conflitos – MESCS. *Revista dos Tribunais*, vol. 1000, p. 37-59, fev./2019, DTR n.º 2019/23622.

CAIVANO, Roque J. Reconocimiento y ejecución de laudos arbitrales extranjeros. In: PUCCI, Adriana Noemi (Coord.). *Arbitragem comercial internacional*. São Paulo, LTr, 1998. p. 148.

CALAMANDREI, Piero. *La relatività del concetto d'azione*. Opere giuridiche. A cura di Mauro Cappelletti. Vol. 1. Napoli: Morano, 1965.

CÂMARA, Alexandre Freitas. *Arbitragem: lei nº 9.307/96*. 3ª ed. Rio de Janeiro: Lumen Juris, 2002.

CÂMARA, Alexandre Freitas. *Arbitragem: lei nº 9.307/96*. 4ª ed. Rio de Janeiro: Ed. Lumen Juris, 2005.

CAMÂRA, Alexandre Freitas. *Das relações entre a arbitragem e o Poder Judiciário*. Revista Brasileira de Arbitragem, vol. 2, p. 18-28, abr./jun., 2005.

CAMINHA, Uinie. A arbitragem como instrumento de desenvolvimento do mercado de capitais. In: VERÇOSA, Haroldo Malheiros Duclerc (org.). Aspectos da arbitragem institucional: 12 anos da Lei 9.307/96. São Paulo: Malheiros, 2008.

CAMINHA, Uinie; LIMA, Juliana Cardoso. Contrato Incompleto: uma perspectiva entre direito e economia para contratos de longo termo. *Revista Direito GV*, vol. 10, n.º 1, p. 155-200, jan./jun., 2014.

CAMPOS MELO, Leonardo de. Extensão da Cláusula Compromissória e Grupos de Sociedades na Prática CCI (de acordo com o regulamento CCI-2012). *Revista de Arbitragem e Mediação*, vol. 36/2013, p. 255-278, jan./mar., 2013, DTR n.º 2013/2509.

CAMPOS, Diogo Leite de. *Contrato a favor de terceiro*. Coimbra: Almedina, 2009.

CANTIDIANO, Isabel. BARBOSA, Henrique. Jurisprudência Estatal Nacional Comentada: Arbitragem Societária e Arbitragem com a Administração Pública. Convenção Arbitral. Cláusula Compromissória Estatutária. Sociedade de Economia Mista. Abrangência e Vinculação da União Enquanto Acionista Controladora. Aplicabilidade ou Não da Regra da "Competência-Competência". Arbitrabilidade Objetiva e Subjetiva Brasil. Superior Tribunal de Justiça – Conflito de Competência – Segunda Seção. Relator para o acórdão Ministro Luis Felipe Salomão – 27.11.2019. In: *Revista Brasileira de Arbitragem*, nº 66, abr./jun., 2020.

CAPPELLETTI, Mauro. Apuntes para una fenomenologia de la justicia en el siglo XX. *Revista de Processo*, vol. 71, p. 84, jul./set., 1993.

CAPPELLETTI, Mauro. O acesso à justiça e a função do jurista em nossa época. *Revista de Processo*, ano 16, vol. 61, p. 144, jan./mar., 1992, DTR n.º 1991/9.

CAPPELLETTI, Mauro. Os métodos alternativos de solução de conflitos no quadro do movimento universal de acesso à justiça. *Revista de Processo*, vol. 74, p. 82-97, abr./jun., 1994. DTR n.º 1994/179.

CAPPELLETTI, Mauro; GARTH, Bryant. *Acesso à justiça*. Ellen Gracie Northfleet (Trad.). Porto Alegre: Fabris, 2002.

814 | CONVENÇÃO DE ARBITRAGEM – *Fichtner • Tolentino • Polastri • Salton*

CAPRASSE, Oliver. A Arbitragem e os Grupos de Sociedades. *Revista de Direito Bancário e do Mercado de Capitais*, vol. 21/2003, p. 339-386, jul./set. 2003, DTR n.º 2003/339.

CAPRASSE, Oliver. A Constituição do Tribunal Arbitral em Arbitragem Multiparte. *Revista Brasileira de Arbitragem*, n.º 8, p. 83-100, 2005.

CARAMELO, António Sampaio. A Competência da Competência e a Autonomia do Tribunal Arbitral. *Revista de Arbitragem e Mediação*, vol. 40, p. 151-177, jan./mar. 2014, DTR n.º 2014/1002.

CARAMELO, António Sampaio. Critérios de arbitrabilidade dos litígios. Revisitando o tema. *Revista de Arbitragem e Mediação*, v. 27, out./dez., 2010. DTR n.º 2010\758, p. 02).

CARAMELO, António Sampaio. Critérios de arbitrabilidade dos litígios. Revisitando o tema. *Revista de Arbitragem e Mediação*, vol. 27, p. 129-161, out./dez., 2010, DTR n.º 2010/758.

CARDOSO, Miguel Pinto; BORGES, Carla Gonçalves. Constituição do Tribunal Arbitral em Arbitragens Multipartes. *Revista de Arbitragem e Mediação*, vol. 25, p. 2013-223, abr./jun., DTR n.º 2010/477.

CARMONA, Carlos Aberto. Os sete pecados capitais do árbitro. *Revista dos Tribunais*, vol. 52, p. 391-406, jan./mar., 2017, DTR n.º 2017/499.

CARMONA, Carlos Alberto. Arbitragem e administração pública: primeiras reflexões sobre a arbitragem envolvendo a administração pública. *Revista Brasileira de Arbitragem*, n.º 51, 2016.

CARMONA, Carlos Alberto. Arbitragem e jurisdição. *Revista de Processo*, vol. 58, p. 33-40, abr./jun., 1990, DTR n.º 1990/55.

CARMONA, Carlos Alberto. *Arbitragem e Processo: um comentário à Lei n.º 9.307/96*. 3ª ed. São Paulo: Atlas, 2009.

CARMONA, Carlos Alberto. As Listas de Árbitros. ROCHA, Caio Cesar Vieira Rocha; SALOMÃO, Luis Felipe (Coord.). *Arbitragem e Mediação: a reforma da legislação Brasileira*. São Paulo: Atlas, 2015.

CARMONA, Carlos Alberto. Em torno do árbitro. *Revista de Arbitragem e Mediação*, vol. 28, p. 47-63, jan./mar., 2011, DTR n.º 2011/1296.

CARMONA, Carlos Alberto. Julgamento por equidade em arbitragem. *Revista de Arbitragem e Mediação*, vol. 30, p. 229-244, jul./set., 2011, DTR n.º 2011/2569.

CARMONA, Carlos Alberto. O Processo Arbitral. *Revista de Arbitragem e Mediação*, vol. 1, p. 21-32, jan./abr., 2004.

CARNELUTTI, Francesco. *Instituciones del Proceso Civil*. Santiago Sentis Melendo (Trad.). Buenos Aires: Ed. Juridicas Europa-America, 1973.

CARNELUTTI, Francesco. *Instituciones del Proceso Civil*. Vol. 1. Santiago Sentis Melendo (Trad.). Buenos Aires: Ed. Juridicas Europa-America, 1959.

CARNELUTTI, Francesco. *Sistema de derecho procesal civil*. Vol. 1, Niceto Alcalá-Zamora y Castillo y Santiago Sentis Melendo (Trad.). Buenos Aires: Uteha Argentina, 1944.

CARREIRA ALVIM, José Eduardo. *Direito arbitral*. 2ª ed. Rio de Janeiro: Forense, 2004.

CARVALHO, Ivan Lira de. A interpretação da norma jurídica (constitucional e infraconstitucional). *Revista dos Tribunais*, vol. 693, p. 50-58, jul./1993, DTR n.º 1993/377.

CASTRO NEVES, José Roberto de. Custas, despesas e sucumbência na arbitragem. *Revista de Arbitragem e Mediação*, vol. 43, p. 209-216, out./dez., DTR n.º 2014/21099.

CASTRO NEVES, José Roberto de. *Direito das Obrigações*. 7ª ed. Rio de Janeiro: Editora GZ, 2017.

CATARUCCI, Douglas Depieri; DANTAS, Amanda Bueno. Mecanismo de Apelação e Revisão de Sentenças arbitrais: análise teórica e prática de sua aplicação com base na experiência internacional. *Revista de Arbitragem e Mediação*. Vol. 51/2016, p. 169-219, out./dez., 2016, DTR n.º 2016/24744.

CAVALIERI, Thamar. Imparcialidade na Arbitragem. *Revista de Arbitragem e Mediação*, vol. 41, p. 117-171, abr./jun., 2014, DTR n.º 2014/8919.

CHIESA, Claine. Limites e Liberdades da Interpretação Jurídica, *Revista Tributária das Américas*, vol. 3, p. 121, jan./2011, DTR n.º 2011/1852.

CHIOVENDA, Giuseppe. *Instituições de Direito Processual Civil*. Vol. 1. Trad. J. Guimarães Menegale. São Paulo: Saraiva, 1942.

CHIOVENDA, Giuseppe. *L'azione nel sistema dei diritti. Saggi di diritto processuale civile*. Vol.1.Milano: Giuffrè, 1993.

CHOI, Dongdoo. Joinder in international commercial arbitration. In: William W. Park (ed). *Arbitration International*, vol. 35, issue 1, p. 29-55, 2019.

CINTRA, Antonio Carlos de Araújo; GRINOVER, Ada Pellegrini; DINAMARCO, Cândido Rangel. *Teoria geral do processo*. 24ª ed. São Paulo: Malheiros, 2008.

CIRNE LIMA, Paula Eppinghaus. A Escolha da Lei Aplicável à Convenção de Arbitragem. *Revista Jurídica Luso Brasileira*, Ano 4, n.º 3, 2019, p. 1219-1249.

CLAY, Thomas. A Extensão da Cláusula Compromissória às Partes não Contratantes (Fora Grupos de Contratos e Grupos de Sociedades/Empresas). *Revista Brasileira de Arbitragem*, vol. 8, p. 74-82, 2005.

CLAY, Thomas. A Sede da Arbitragem Internacional: entre "Ordem" e "Progresso". *Revista Brasileira de* Arbitragem, vol. V, issue 17, pp. 37-56, 2008.

CLAY, Thomas. Le Coarbitre. *Revista de Arbitragem e Mediação*, vol. 50, p. 625-652, jul./set., 2016, DTR n.º 2016/23893.

COASE, Ronald. *A firma, o mercado e o direito*. 2ª ed. Heloisa Gonçalves Barbosa (Trad.). Rio de Janeiro: Forense, 2017.

COELHO, Eleonora. As Táticas de Guerrilha e a Ética na Arbitragem Internacional. In: *Revista Brasileira de Advocacia*, vol. 5, ano 2. São Paulo: RT, 2017.

COELHO, Eleonora. Os Efeitos da Convenção de Arbitragem – adoção do princípio kompetenz-kompetenz no Brasil. In: LEMES, Selma M. Ferreira. CARMONA, Carlos Alberto. MARTINS, Pedro Batista (Coord.). *Arbitragem: Estudos em homenagem ao Prof. Guido Fernando Silva Soares, in memorian*. São Paulo: Atlas, 2007.

COLLINS, Lawrence. The law governing the agreement and procedure in international arbitration in England. In: Julian Lew (ed.). *Contemporary Problems in International Arbitration*. Londres: Springer-Science+Bussiness Media, B. V., 1987.

COMPARATO, Fábio Konder. Validade e Eficácia de Acordo de Acionistas. Execução Específica de suas Estipulações. In: _____. *Novos Ensaios e Pareceres de Direito Empresarial*. Rio de Janeiro: Forense, 1981, p. 53-73.

CÓRDOVA, Lizardo Taboada. La teoría general del contrato frente a la del negocio jurídico. *Doutrinas Essenciais Obrigações e Contratos*, vol. 1, p. 1257-1266, jun./2011, DTR n.º 2012/1952.

CÓRDOVA, Lizardo Taboada. La teoría General del Contrato Frente a la del Negocio Jurídico. *Doutrinas Essenciais Obrigações e Contratos*, vol. 1, p. 1257-1266, jun./2011, DTR n.º 2012/1952.

COSTA, Guilherme Recena. *Partes e Terceiros na Arbitragem*. 293f. Tese (Doutorado em Direito) — Faculdade de Direito da Universidade de São Paulo, Universidade de São Paulo, São Paulo, 2015.

COSTA, Lorenza Xavier da. Sujeito de Direito e Pessoa: conceitos de igualdade? *Legis Augustus*, vol. 4, n.º 2, p. 75-87, jul./dez., 2013.

COSTA, Marina Mendes. Ofensa à Ordem Pública Nacional Decorrente de Ausência de Assinatura de Cláusula Compromissória – Comentários à SEC 978/STJ. *Revista de Arbitragem e Mediação*, vol. 24, p. 215-235, jan./mar., 2010, DTR n.º 2010/460.

COSTA, Mário Júlio de. *História do Direito Português*. 4ª ed. Coimbra: Almedina, 2009.

COSTA, Moacyr Lobo da. Interpretação de Contratos. *Doutrinas Essenciais Obrigações e Contratos*, vol. 3, p. 365-370, jun., 2011, DTR n.º 2012/1304.

COUTO E SILVA, Clóvis do. *A Obrigação como Processo*. Rio de Janeiro: FGV Editora, 2006.

COUTO E SILVA, Clóvis do. Negócios Jurídicos e Negócios Jurídicos de Disposição. *O Direito Privado na Visão de Clóvis do Couto e Silva*. 2ª ed. Porto Alegre: Livraria do Advogado Editora, 2014.

COUTO E SILVA, Clóvis do. O juízo arbitral no direito brasileiro. *O Direito Privado na Visão de Clóvis do Couto e Silva*. 2ª ed. Porto Alegre: Livraria do Advogado Editora, 2014.

COUTO E SILVA, Clóvis do. O Princípio da Boa-fé no Direito Brasileiro e Português. *O Direito Privado na Visão de Clóvis do Couto e Silva*. 2ª ed. Porto Alegre: Livraria do Advogado Editora, 2014.

COUTURE, Eduardo J. *Fundamentos do direito processual civil*. Henrique de Carvalho (Trad.). Florianópolis: Conceito, 2008.

COUTURE, Eduardo J. *Introdução ao Estudo do Processo Civil: Discursos, ensaios e conferências*. Trad. Hiltomar Martins Oliveira. Belo Horizonte: Ed. Líder, 2003.

CRAIG, W. Laurence; PARK, William W. PAULSSON, Jan. *International chamber of commerce arbitration*. 3. ed. New York: Oxford, 2000.

CRASWELL, Richard. The Incomplete Contracts Literature and Efficient Precautions. *Case Western Reserve Law Review*, vol. 56, n. º1, 2005, p. 151-168.

CRETELLA NETO, José. Quão sigilosa é a arbitragem? *Revista de Arbitragem e Mediação*, vol. 25. p. 43-70. abr./jun., 2010. DTR n.º 2010/473.

CUEVA, Ricardo Villas Boas. O dever de revelação do árbitro na jurisprudência do STJ. Disponível em: <https://www.editorajc.com.br/o-dever-de-revelacao-do-arbitro-na-jurisprudencia-do-stj/>.

DA COSTA, Adriano Soares. Para uma Teoria dos Fatos Jurídicos Processuais. *Revista de Processo*, vol. 270/2017, p. 19-56, ago./2017, DTR n.º 2017/2589.

DA SILVA, Eduardo Silva. Código Civil e Arbitragem: entre a liberdade e a responsabilidade. *Revista de Arbitragem e mediação*, vol. 5, p. 52-75, abr./jun., 2005, DTR n.º 2005/227.

DA SILVA, Eva Sónia Moreira. *As Relações Entre a Responsabilidade Pré-Contratual por Informações e os Vícios da Vontade (Erro e Dolo): o caso da indução negligente em erro*. Coimbra: Almedina, 2010.

DA SILVA, Ovídio A. Baptista. *Curso de Processo Civil*. Vol. 1. 6ª ed. Porto Alegre: Fabris, 2003.

DA SILVA, Ovídio Baptista. *Processo e Ideologia*: o paradigma racionalista. 2ª ed. Rio de Janeiro: Forense, 2006.

DALLARI, Adilson Abreu. Arbitragem na concessão de serviço público. *Revista de Informação Legislativa*, ano 32, n.º 128, p. 66, out./dez., 1995.

DANTAS, San Tiago. *Programa de Direito Civil*. Vol. 1. Rio de Janeiro: Editora Rio, 1977.

DAVID, René. *O Direito Inglês*. São Paulo: Martins Fontes, 2000.

DAVID, René. *Os grandes sistemas do direito contemporâneo*. 5ª ed. São Paulo: Martins Fontes, 2014.

DE JESUS, Alfredo. La autonomía del arbitraje comercial internacional a la hora de la constitucionalización del arbitraje en América Latina. *Revista de Arbitraje Comercial y de Inversiones*; vol. 2 Issue 1, p. 29 – 80, 2009.

DE LY, Filip; BROZOLO, Luca G. Radicati. Confidentiality in international commercial arbitration. *Revista de Arbitragem e Mediação*, vol. 31, p. 191-232, out./dez., 2011, DTR n.º 2011/5132.

DEGOS, Louis. Civil Liability of Arbitrators: new inroads on the Arbitrator's immunity from suit – a worrying or welcome development? *Revista Brasileira de Arbitragem*, vol. IV, issue 14, pp. 157-162, 2007.

DELGADO, José Augusto. Reflexões sobre o Negócio Jurídico. *Doutrinas Essenciais Obrigações e Contratos*, vol. 1, p. 1229-1233, jun./2011, DTR n.º 2012/1200.

DELVOLVÉ, Jean-Louis. Multipartism: the Ducto Decision of the French Cour de Cassation. *Arbitration International*, Vol. 9, Issue 2, p. 197-202, 1993.

DERAINS, Yves. ICC Arbitral Process: Part VIII. Choice of Law Applicable to the Contract and International Arbitration. In: *ICC International Court of Arbitration Bulletin*, v. 6, n.º 1, 1995.

DI PIETRO, Domenico; PLATTE, Martin. *Enforcement of International Arbitration Awards: The New York Convention of 1958*. Londres: Cameron May, 2011.

DI SPIRITO, Marco Paulo Denucci. Controle de Formação e Controle de Conteúdo do Negócio Jurídico Processual – Parte I. *Revista de Processo*, vol. 247, p. 137-176, set./ 2015, DTR n.º 2015/13184.

DICKSTEIN, Marcelo. *A boa-fé objetiva na modificação tácita da relação jurídica: surrectio e suppressio*. Rio de Janeiro: Lumen Juris, 2010.

DIDIER JR, Fredie. *Curso de direito processual civil: introdução ao direito processual civil, parte geral e processo de conhecimento*. 18ª ed. Salvador: Editora JusPodivm, 2016.

DIDIER JR. Fredie; LIPIANI, Júlia; ARAGÃO, Leandro Santos. Negócios Jurídicos Processuais em Contratos Empresariais. In: Marco Aurélio Bellizze; Marco Antonio Rodrigues; Thiago Dias Delfino Cabral (Coord.). *Processo Civil Empresarial*. São Paulo: Editora Juspodivm, 2022.

DIDIER JR. Fredie; SOUZA, Marcus Seixas. DIDIER JR. Fredie; SOUZA, Marcus Seixas. *O respeito aos precedentes como diretriz histórica do direito brasileiro. Revista de Processo Comparado*, vol. 2, jul./dez., 2015.

DIDIER JR., Fredie. *Curso de Direito Processual Civil: introdução ao Direito Processual Civil e Processo de Conhecimento*, vol. 1. 16ª ed. Salvador: Editora Juspodivm, 2014.

DIDIER JR., Fredie. Negócios Jurídicos Processuais Atípicos no CPC-2015. In: *Ensaios sobre os Negócios Jurídicos Processuais*. São Paulo: Editora Juspodivm, 2016.

DIDIER JR., Fredie; *et al. Curso de Direito Processual Civil*: execução. 7ª ed. Salvador: JusPodvim, 2017.

DIDIER JR., Fredie; LIPIANI, Júlia; ARAGÃO, Leandro Santos. Negócios Jurídicos Processuais Atípicos no Código de Processo Civil de 2015. *Revista Brasileira da Advocacia*. 2016, abr./jun., 2016.

DIDIER, Fredie. A arbitragem no novo Código de processo civil: (versão da Câmara dos Deputados - Dep. Paulo Teixeira). *Revista TST*, Brasília, vol. 79, n.º 4, p. 73-81, out./dez. 2013.

DIDIER, Fredie. A arbitragem no novo Código de processo civil: (versão da Câmara dos Deputados - Dep. Paulo Teixeira). *Revista TST*, Brasília, vol. 79, n. 4, p. 73-81, out./dez. 2013.

DIDIER, Fredie; LIPIANI, Júlia; ARAGÃO, Leandro Santos. Negócios Jurídicos Processuais em Contratos Empresariais. *Revista de Processo*, vol. 279, p. 41-66, mai./2018, DTR n.º 2018/12761.

DINAMARCO, Cândido Rangel. *A Arbitragem na Teoria Geral do Processo*. São Paulo: Malheiros, 2013.

DINAMARCO, Cândido Rangel. *A instrumentalidade do processo*. 10ª ed. São Paulo: Malheiros, 2002.

DINAMARCO, Cândido Rangel. *Fundamentos do processo civil moderno*. Vol1. 6ª ed. São Paulo: Malheiros, 2010.

DINAMARCO, Cândido Rangel. *Instituições de direito processual civil*. Vol. 1. 6ª ed. São Paulo: Malheiros, 2009.

DINAMARCO, Cândido Rangel; BADARÓ, Gustavo Henrique Righi Ivahi; LOPES, Bruno Vasconcelos Carrilho. *Teoria Geral do Processo*. 33ª ed. São Paulo: Malheiros, 2021.

DINAMARCO, Cândido Rangel; LOPES, Bruno Vasconcelos Carrilho. *Teoria Geral do Novo Processo Civil*. São Paulo: Malheiros, 2016.

DINIZ, Maria Helena. *Tratado Teórico e Prático dos Contratos*. 7ª ed. São Paulo: Saraiva, 2013.

DIVINO, Sthéfano Bruno Santos. A Teoria do Fato Jurídico e o Sistema de ciência positiva do Direito de Pontes de Miranda: considerações e atualizações filosóficas. *Revista de Direito Civil Contemporâneo*, vol. 25, p. 187-223, out./dez., 2020, DTR n.º 2021/1972.

DOLINGER, Jacob. *Direito Internacional Privado*. V. II. Rio de Janeiro: Renovar, 2007.

DOLINGER, Jacob. O Árbitro da Parte – Considerações Éticas e Práticas. *RBAr*, p. 29-45, abr./jun., 2005.

DOLINGER, Jacob; TIBURCIO, Carmen. Direito internacional privado: arbitragem comercial internacional. Rio de Janeiro: Renovar, 2003.

DOMINGUES, Paulo de Tarso. A designação dos árbitros: em defesa do árbitro natural. *Revista de Arbitragem e Mediação*, vol. 61, p. 303-314, abr./jun., 2019, DTR n.º 2019/32050.

DOMINGUES, Paulo de Tarso. Chapter 4: The Arbitration Agreement. In: CORREIA, Alexandra Nascimento; DA FONSECA, André Pereira; GOUVEIA, Mariana França; PINTO, Filipe Vaz; VICENTE, Dário Manuel Lentz de Moura. *International Arbitration in Portugal*. Kluwer Law International, p. 47-62, 2020.

DOMINGUES, Paulo de Tarso. The Arbitration Agreement. In: VICENTE, Dário Moura (Ed.). *International Arbitration in Portugal*. Kluwer Law International, 2020, p. 47-62.

DUARTE, Antonio Aurélio Abi Ramia. Negócios Processuais e seus Novos Desafios. *Revista dos Tribunais*, vol. 955, p. 211-227, mai./2015, DTR/2015 n.º 2015/3721.

ECHANDÍA, Devis. *Teoria General Del Proceso*. Buenos Aires: Editorial Universidad, 1997.

EIZIRIK, Nelson. *A Lei das S/A Comentada*. Vol. 1. São Paulo: Editora Quartier Latin, 2011.

EIZIRLK, Nelson. A constitucionalidade do art. 136-A da Lei das S.A. *Revista de Arbitragem e Mediação*, vol. 58, p. 131-145, jul./set., 2018. DTR n.º 2018/19284.

ELIAS, Carlos Eduardo Stefen. O Árbitro é (Mesmo) Juiz de Fato e de Direito? Análise dos Poderes dos Árbitros Vis-à-Vis os Poderes do Juiz no Novo Código de Processo Civil Brasileiro. *Revista de Arbitragem e Mediação*, vol. 54, p. 79-122, jul./set., 2017, DTR n.º 2107/5650.

ENGELMANN, Wilson; BASAN, Arthur Pinheiro; HELGERA, Carlos José de Cores. Do contrato liberal ao contrato existencial: a mudança de paradigmas na hermenêutica contratual. *Revista Brasileira de Direito*, vol. 15, n. 2, p. 30-54, mai./ago., 2019.

ENNECCERUS, Ludwig. *Derecho Civil (Parte General)*. Vol. II. Trad. De la 39ª ed. Alemana. Blas Pérez González; José Alguer (Trads.). Barcelona: Bosch, 1935.

EPSTEIN, Wendy Netter. Facilitating Incomplete Contracts. *Case Western Reserve Law Review*, vol. 65, no. 2, p. 297-340, 2014.

FABIAN, Christoph. *O Dever de Informar no Direito Civil*. São Paulo: Editora Revista dos Tribunais, 2002.

FABRETTI, Humberto Barrionuevo; BARROS E SILVA, Virgínia Gomes. O Sistema de Justiça Negociada em Matéria Criminal: reflexões sobre a experiência brasileira. *Revista de Direito UFMS*, v. 4, n.º 1, p. 279-297, jan./jun. 2018.

FABRI, André Gustavo. Cour de Cassation. *Revista de Arbitragem e Mediação*, vol. 42, p. 333-358, jul./set. 2014, DTR n.º 2014/15114.

FAGANELLO, Tiago. *Contratos Empresariais de Longa Duração e Incompletude Contratual*. Dissertação (Mestrado em Direito) – Faculdade de Direito da Pontifícia Universidade Católica do Rio Grande do Sul – PUCRS. Porto Alegre, 114f. 2017.

FAJNGOLD, Leonardo. A Figura da Violação Positiva do Contrato: como tratar as grandes controvérsias sobre a matéria? *Revista de Direito Privado*, vol. 97, p. 47-73, jan./fev., 2019, DTR n.º 2019/98.

FALECK, Diego. Concordar em discordar: por quê, o quê e como negociar o procedimento arbitral. *Revista de Direito Empresarial*, vol. 1, p. 249, jan./ 2014, DTR n.º 2014/586.

FARIA, Marcela Kohlbach de. A Possibilidade da Instituição da Arbitragem em Demandas Coletivas – PL 5.139/2009. Análise da Experiência Norte-Americana. *Revista de Arbitragem e Mediação*, vol. 34, p. 233-251, jul./set., 2012, DTR n.º 2012/450621.

FARIAS, Cristiano Chaves de; ROSENVALD, Nelson. *Curso de direito civil: parte geral e LINDB*. 15ª ed. Salvador: editora JusPodivm, 2017.

FARIAS, Cristiano Chaves de; ROSENVALD, Nelson. Lineamentos acerca da interpretação do negócio jurídico: perspectivas para a utilização da boa-fé objetiva como método hermenêutico. *Revista de Direito Privado*, vol. 31, p. 7-30, jul./set;, 2007, DTR n.º 2007/450.

FELÍCIO, Vinícius Mattos; MAGALHÃES, Guilherme Vinicius. Os Negócios Processuais, Suas Vantagens Econômicas e a Redução de Custos do Processo. *Crise Econômica e Soluções Jurídicas*, n. 37/2017, dez., 2015, DTR/2015 n.º 16497.

FERNANDES, Micaela Barros Barcelos. A vinculação a precedentes no processo arbitral: alterações promovidas pelo Código de Processo Civil de 2015 e sua interpretação conforme a Constituição brasileira e a Lei de Arbitragem brasileira. *Revista de Direito Civil Contemporâneo*, vol. 22, p. 31-49, jan./mar., 2020, DTR n.º 2020/7350.

FERRARI, Franco; ROSENFELD, Friedrich Jakob. Límites a la autonomía de las partes en arbitraje internacional. *Revista de Arbitraje Comercial y de Inversiones*, vol. 10, issue 2, p. 335-386, 2017.

FERRAZ JR., Tercio Sampaio. *Introdução ao estudo do direito*. 6ª ed. São Paulo: Atlas, 2011.

FERRAZ JÚNIOR, Tércio Sampaio. Suspeição e impedimento em arbitragem sobre o dever de revelar na lei 9.307/1996. *Revista de Arbitragem e Mediação*, vol. 28, p. 65/82, jan./mar, 2011, DTR n.º 2011/1297.

FERRAZ, Renato de Toledo Piza. Reflexões sobre arbitrabilidade subjetiva e objetiva. *Revista de Direito Empresarial*, vol. 8, p. 175-195, mar./abr. 2015, DTR n.º 2015/2700.

FERREIRA DA SILVA, Jorge Cesa. *A Boa-fé e a Violação Positiva do Contrato*. Rio de Janeiro: Renovar, 2002.

FERREIRA DA SILVA, Luis Renato. Resolução por Onerosidade Excessiva: pressupostos e disponibilidade. *Revista de Direito Civil Contemporâneo*, vol. 19, p. 61-86, 2019.

FERRO, Marcelo Roberto. A jurisprudência como forma de expressão do direito. *Doutrinas essenciais obrigações e contratos*, vol. 1, p. 237-259, jun./2011, DTR n.º 2012/1937.

FERRO, Marcelo Roberto. O financiamento de arbitragens por terceiro e a independência do árbitro. In: *I Dia Gaúcho da Arbitragem*. Porto Alegre: Lex Magister, 2015.

FICHTNER, José Antonio, et al. A confidencialidade na arbitragem: regra geral e exceções. In: *Novos Temas de Arbitragem*. Rio de Janeiro: FGV Editora, 2014.

FICHTNER, José Antonio, et al. Âmbito de aplicação da Convenção de Nova York às convenções de arbitragem: necessária adoção do critério da internacionalidade. *Revista de Arbitragem e Mediação*, vol. 63, p. 227-265, out./dez., 2019, DTR n.º 2019/42141

FICHTNER, José Antonio, et al. *Teoria Geral da Arbitragem*. Rio de Janeiro: Forense, 2019.

FICHTNER, José Antonio. Alegação de convenção de arbitragem no novo CPC. Informativo Migalhas de 17.09.2015. Disponível em: <www.migalhas.com.br>.

FICHTNER, José Antonio; DICKSTEIN, Marcelo. Negócio jurídico processual e exceção de arbitragem – a solução contratual. Informativo Migalhas de 28.09.2018. Disponível em: <www.migalhas.com.br>.

FICHTNER, José Antonio; et al. Alegação da convenção de arbitragem, negócio jurídico processual e princípio da competência-competência na arbitragem comercial brasileira. *Revista de Arbitragem e Mediação*, vol. 60, p. 113-130, jan./mar., 2019, DTR n.º 2019/24199.

FICHTNER, José Antonio; MONTEIRO, André Luís. Tutela Provisória na Arbitragem e Novo Código de Processo Civil: tutela antecipada e tutela cautelar, tutela de urgência e tutela da evidência, tutela antecedente e tutela incidental. In: Carlos Alberto Carmona; Selma Ferreira Lemes; Pedro Batista Martins (Coords). *20 Anos da Lei de Arbitragem: homenagem e Petrônio R. Muniz*. São Paulo: Atlas, 2017.

FINKELSTEIN, Cláudio. Arbitragem e ordem pública. *Revista de Direito Constitucional Internacional,* vol. 131, p. 255-268, mai./jun., 2022, DTR n.º 2022/9469.

FINKELSTEIN, Cláudio. Flexibilidade e Autonomia da Vontade em Arbitragem: aprendendo com os erros. *Revista de Arbitragem e Mediação,* vol. 6, p. 155-176, abr./jun, 2020, DTR n.º 7572.

FLUME, Werner. *El Negocio Jurídico.* José María Miguer González e Esther Gómez Callez (Trads). Madrid: Fundación Cultural del Notariado, 1998.

FONSECA, Rodrigo Garcia da. Impugnação da Sentença Arbitral. In: Carlos Alberto Carmona; Selma Ferreira Lemes; Pedro Batista Martins (Coords). *20 Anos da Lei de Arbitragem: homenagem e Petrônio R. Muniz.* São Paulo: Atlas, 2017.

FONSECA, Rodrigo Garcia da. O Princípio Competência-Competência na Arbitragem. Uma perspectiva brasileira. *Revista de Arbitragem e Mediação,* vol. 9, p. 277-303, abr./jun. 2006, DTR n.º 2006/225.

FONSECA, Rodrigo Garcia da. Reflexões sobre a sentença arbitral. *Revista de Arbitragem e Mediação,* vol. 6, p. 40-74, jul./set., 2005, DTR n.º 2005/393.

FORGIONI, Paula A. *Contratos Empresariais: teoria geral e aplicação.* 2º ed. São Paulo: Editora Revista dos Tribunais, 2016.

FOUCHARD, Philippe. Sugestões para aumentar a eficácia internacional das sentenças arbitrais. *Revista de Direito Bancário e do Mercado de Capitais,* vol. 8, p. 331-345, abr./jun., 2000, DTR n.º 2000/203.

FOUCHARD, Philippe; GAILLARD, Emmanuel; GOLDMAND, Berthold. *Fouchard Gaillard Goldman on International Arbitration.* Haia: Kluwer Law International, 1999.

FRADERA, Véra Jacob de. A Circulação de Modelos Jurídicos Europeus na América Latina: um entrave à integração no Cone Sul? *Revista dos Tribunais,* vol. 736, p. 20-39, fev./1997, DTR n.º 1997/130.

FRADERA, Vera Jacob de. Aspectos problemáticos na utilização da arbitragem privada na solução de litígios relativos a direitos patrimoniais disponíveis. *Revista de Arbitragem e Mediação,* vol. 54, p. 381-401, jul./set. 2017, DTR n.º 2017/5681.

FRADERA, Véra Jacob de. Dano pré-contratual: uma análise comparativa a partir de três sistemas jurídicos, o continental europeu, o latino-americano e o americano do norte. *Revista de Informação Legislativa,* Brasília, v. 136 p. 169-180, 1997.

FRADERA, Véra Jacob de. Informar ou não informar nos contratos, eis a questão! _____.; MARTINS--COSTA, Judith (org.). *Estudos de Direito Privado e processo civil: em homenagem a Clóvis do Couto e Silva.* São Paulo: Revista dos Tribunais, 2014.

FRADERA, Véra Jacob de. La Culture Juridique et L'acculturation du Droit Rapport National Bresilien. In: Jorge A. Sánchez Cordeiro (Org.). *Legal Culture and Legal Transplants.* Vol. 1. Universidad Nacional Autónoma de México, 2012.

FRADERA, Véra Jacob de. *Réflexions sur l'apport du Droit Comparé a L'élaboration du Droit Communautaire.* 343 f. Tese (Doutorado em Direito). Universite de Paris II Up II. Prof. Dra. Camille Jauffret Spinosi. Paris, 2002.

FRADERA, Véra. A vedação de *venire contra factum proprium* e sua relação com os princípios da confiança e da coerência. *Direito e Democracia* (ULBRA), v. 9, n.º 1, jan./jun., p. 130-134, 2008.

FRANCO, Rodrigo de Oliveira. A Extensão da Convenção de Arbitragem a "Terceiros" com base na Teoria do Grupo de Companhias: uma análise da lei aplicável, da sua utilização em casos internacionais e da sua recepção pelo ordenamento brasileiro. *Revista de Arbitragem e Mediação,* vol. 56, p. 63-93, jan./mar., DTR n.º 2018/10264.

FRANZONI, Diego; DAVIDOFF, Fernanda. Interpretação do critério da disponibilidade com vistas à arbitragem envolvendo o Poder Público. *Revista de Arbitragem e Mediação,* vol. 41/2014, p. 243-264, abr./jun., 2014, DTR nº 2014/8914.

FRAZÃO, Ana de Oliveira. Breve panorama da jurisprudência brasileira a respeito da boa-fé objetiva no seu desdobramento da supressio. *Revista de Direito Privado*, vol. 44, p. 28-57, out./dez., 2010, DTR n.º 2010/812.

GAGLIARDI. Rafael Villar. Confidencialidade na arbitragem comercial internacional. *Revista dos Tribunais*, vol. 36, p. 95-135, jan./mar., 2013, DTR n.º 2013/2517.

GAILLARD, Emmanuel. A Contribuição do Pensamento Jurídico Francês à Arbitragem Internacional. *Revista de Arbitragem e Mediação*, vol. 61, p. 285-302, abr./jun. 2019, DTR n.º 2019/32049.

GAILLARD, Emmanuel. International Arbitration as a Transational System of Justice. In: VAN DEN BERG, Albert Jan. *Arbitration – the next fifty years*. The Hague: Kluwer Law International, 2012. p. 66-73.

GAILLARD, Emmanuel. O Efeito Negativo da Competência-Competência. *Revista Brasileira de Arbitragem*, vol.VI, Issue 24, 2009, pp. 219-233.

GAILLARD, Emmanuel. *Teoria Jurídica da Arbitragem Internacional*. Natália Mizrahi Lamas (Trad.). São Paulo: Editora Atlas, 2014.

GAILLARD, Emmanuel. The Negative Effect of Competente-Competence. *Mealeys' International Arbitration Report*, vol. 17, n. 1, 2002.

GAIO JUNIOR, Antônio Pereira. Jurisdição Civil: Reflexões sobre novos paradigmas para a sua compreensão. *Revista de Processo*, vol. 269, p. 19-57, jul., 2017. DTR n.º 2017/1811.

GAIO JÚNIOR, Antônio Pereira. Negócios jurídicos processuais e as bases para a sua consolidação no CPC/2015. *Revista de Processo*, vol. 267/2017, p. 43-73, mai./2017, DTR n.º 2017/1028.

GAIUS. *Institutas do Jurisconsulto Gaio*. Jorge Cretella Jr.; Agnes Cretella (Trads.). São Paulo: Editora Revista dos Tribunais, 2004.

GALGANO, Francesco. El Crepúsculo del Negocio Jurídico. *Derecho & Sociedad*, vol. 16, 237-250, 2001.

GALLO, José Alberto Albeny. *Contratos Incompletos*. Dissertação (Mestrado em Direito) – Faculdade de Direito Milton Campos. Nova Lima, 70p. 2009.

GARCEZ, José Maria Rossani. Arbitragem internacional. In: _____ (Coord.). *A arbitragem na era da globalização*. Rio de Janeiro: Forense, 1999.

GARCIA, Candida Gutierrez. Receptum Arbitri. *Anales de la Universidad de Alicante,* Facultad de Derecho. 1991, n.º 6, p. 147-158.

GIANNAKOS, Demétrio Beck da Silva. Análise Econômica dos Negócios Jurídicos Processuais. *Revista de Processo*, vol. 278, p. 497-519, abr./2018, DTR n.º 2018/10631.

GIDI, Antonio. A dimensão política do direito de ação. *Revista de Processo*, vol. 60, p. 196-207, out./dez., 1990, DTR n.º 1990/163.

GIDI, Antonio; TESHEINER, José Maria Rosa; PRATES, Marília Zanella. Limites objetivos da coisa julgada no projeto de Código de Processo Civil: reflexões inspiradas na experiência norte-americana. *Revista de Processo*, vol. 194, p. 101-138, abr./2011, DTR n.º 2011/1338.

GIDI, Antonio; ZANETI JR., Hermes Zaneti. O processo civil brasileiro na "Era da Austeridade"? Efetividade, celeridade e segurança jurídica: pequenas causas, causas não contestadas e outras matérias de simplificação das decisões judiciais e dos procedimentos. *Revista de Processo*, vol. 294, p. 41-76, ago./2019, DTR n.º 2019/37535.

GILBERT, John. Chapter 22: Multi- Party and Multi-Contract Arbitration. In: LEW, Julian D. M., BOR, Harris et al. (eds). *Arbitration in England, with chapters on Scotland and Ireland*. The Hague: Kluwer Law International, 2013.

GIRSBERGER, Daniel; VOSER Nathalie. *International Arbitration: Comparative and Swiss Perspectives*. 4ª ed. Zurique: Nomos Verlagsgesellschaft Mbh & Co. Schulthess Juristische Medien AG, 2021.

GISCHKOW, Emílio Alberto Maya. Classificação dos Fatos Jurídicos. *Revista de Processo*, vol. 53, p. 43-53, jan./mar., 2989, DTR n.º 1989/15.

GIUSTI, Gilberto. A Arbitragem e as Partes na Arbitragem Internacional. *Revista de Arbitragem e Mediação*, vol. 9, p. 120-13, abr./jun. 2006, DTR n.º 2006/232.

GIUSTI, Gilberto. O árbitro e o juiz: da função jurisdicional do árbitro e do juiz. *Revista Brasileira de Arbitragem*, vol. II, p. 7-14, jan./mar., 2005.

GIUSTI, Gilberto; CATARUCCI, Douglas Depieri. Sentenças arbitrais parciais: visão doutrinária e prática do tema nos últimos 20 anos. In: CARMONA, Carlos Alberto; LEMES, Selma Ferreira e BATISTA, Pedro Martins (Coord.). *20 anos da Lei de Arbitragem*: homenagem a Petrônio R. Muniz. São Paulo: Atlas, 2017.

GLICK, Ian; VENKATESAN, Niranjan. Choosing the Law Governing the Arbitration Agreement. In: KAPLAN, Neile; MOSER, Michael J. (eds.). *Jurisdiction, Admissibility and Choice of Law in International Arbitration*: Liber Amicorum Michael Pryles. Haia: Kluwer Law International, 2018, pp. 131 – 150.

GLITZ, Frederico Eduardo Zenedin. Favor contractus: alguns apontamentos sobre o princípio da conservação do contrato no Direito positivo brasileiro e no Direito comparado. *Revista do Instituto do Direito Brasileiro da Faculdade de Direito da Universidade de Lisboa*, vol. 1/2013.

GOLDMAN, Berthold. Frontières du droit et lex mercatoria. *Revista de Arbitragem e Mediação*, vol. 22, p. 211-230, jul./set., 2009, DTR n.º 2009/775.

GOMES, Fernando de Paula. Do contrato: interpretação e boa-fé. *Revista de Direito Privado*, vol. 27, p. 96-142, jul./set., 2006, DTR n.º 2006/450.

GOMES, José Ferreira. O papel da informação no direito dos valores imobiliários. In: _____; GONÇALVES, Diogo Costa. *Manual de Sociedades Abertas e de Sociedades Cotadas*. Vol. 1. Lisboa: AAFDL, 2018.

GOMES, Milton Carvalho. O direito entre fatos e normas: o distanciamento entre a verdade dos fatos e a verdade construída no processo judicial brasileiro. *Revista de Informação Legislativa*, ano 49, n.º 195, p. 231-244, jul./set., 2012.

GOMES, Orlando. *Contratos*. 26. ed. Rio de Janeiro: Editora Forense, 2009.

GOMES, Orlando. *Introdução ao Direito Civil*. 19ª ed. Rio de Janeiro: Forense, 2008.

GOMES, Orlando. *Obrigações*. 18ª ed. Rio de Janeiro: Forense, 2016.

GOMES, Técio Spínola. A transmissibilidade da clausula arbitral diante da cessão de posição contratual. *Revista de Direito Civil Contemporâneo*, vol. 5, p. 69-81, out./dez., 2015, DTR n.º 2015/16420.

GONÇALVES, Diogo Costa. A Vinculação de Terceiros à Convenção de Arbitragem: algumas reflexões. *Revista de Arbitragem e Mediação*, vol. 64, p. 259-274, jan./mar. 2020, DTR n.º 2020/1802.

GONÇALVES, Eduardo Damião. *Arbitrabilidade objetiva*. 2008. Tese (Doutorado) – Universidade de São Paulo. São Paulo.

GORGA, Érica. Arbitragem, governança corporativa e retrocesso no mercado de capitais brasileiro. Revista de Direito Empresarial, vol. 1, p. 125-141, jan./fev. 2014, DTR n.º 2014/621.

GOUVEIA, Mariana França. *Curso de Resolução Alternativa de Litígios*. 3ª ed. Coimbra: Almedina, 2020.

GRAU, Eros Roberto. Negócio Jurídico Inexistente. Alienação Fiduciária em Garantia; Existência, validade e Eficácia do Negócio Jurídico. *Doutrinas Essenciais de Direito Civil*, vol. 4, p. 237-250, out./2010, DTR n.º 2012/1480.

GRAU, Eros Roberto. Nota sobre a Distinção entre Obrigação, Dever e Ônus. *Revista da Faculdade de Direito, Universidade de São Paulo*, vol. 77, p. 177-182, 1982.

GRAU, Eros Roberto. *Por que Tenho Medo dos Juízes: (a interpretação/aplicação do direito e os princípios)*. 9ª ed. São Paulo: Malheiros, 2018.

GREBLER, Eduardo. A solução de controvérsias em contratos de parceria público-privada. *Revista de Arbitragem e Mediação*, v. 2, p. 60-72, maio/ago., 2004. DTR n.º 2004\294

GREBLER, Eduardo. Arbitragem nos contratos privados. *Revista dos Tribunais*, vol. 745, p. 59-66, nov./1997, DTR n.º 1997/469.

GRECO, Leonardo. *Instituições de processo civil*. Vol.1. Rio de Janeiro: Forense, 2009.

GRECO, Leonardo. Publicismo e Privatismo no Processo Civil. *Revista de Processo*, vol. 164, p. 29-56, out., 2008. DTR nº 2008/642.

GREENBERG, Simon; FERIS, José Ricardo; ALBANESI, Christian. Chapter 9. Consolidation, Joinder, Cross-Claims, Multiparty and Multicontract Arbitrations: Recent ICC Experience. In: Bernard Hanotiau & Eric Schwartz (eds). *Multiparty Arbitration, Dossiers of the ICC Institute of World Business Law*, vol. 7, Kluwer Law International; International, Chamber of Commerce, (ICC) 2010.

GREZZANA, Giacomo. *A Cláusula de Declarações e Garantias em Alienações de Participações Societárias*. São Paulo: Quartier Latin, 2019.

GRINOVER, Ada Pellegrini. Conferência sobre Arbitragem na Tutela dos Interesses Difusos e Coletivos. *Revista de Processo*, vol. 136, p. 249-267, 2006, DTR n.º 2011/4761.

GRINOVER, Ada Pellegrini; GONÇALVES, Eduardo Damião. Conferência sobre arbitragem na tutela dos interesses difusos e coletivos. *Revista de Processo*, vol. 136, p. 249-267, jun./2006, DTR n.º 2011/4761.

GROLA, Fúlvia Bolsoni; FINZI, Igor. Arbitragem ad hoc, institucional e regimental: uma análise sobre vantagens e desvantagens. O que considerar no momento da escolha do tipo de arbitragem? *Revista de Direito Empresarial*, vol. 1, p. 223-248, jan./fev. 2014, DTR n.º 2014/585.

GUASTINI, Riccardo. *Das Fontes às Normas*. Edson Bini (Trad.). São Paulo: Editora Quartier Latin, 2005.

GUERRA FILHO, Willis Santiago. Breves Notas sobre os modos de solução dos conflitos. *Revista de Processo*, vol. 42, p. 271-278, abr./jun., 1986, DTR nº 1986/88.

GUERREIRO, José Alexandre Tavares. Execução Específica do Acordo de Acionistas. *Revista de Direito Mercantil, Industrial, Econômico e Financeiro*, a. 20, n.º 41, p. 40-68, jan./mar. 1981.

GUERRERO, Luis Fernando. *Convenção de arbitragem e processo arbitral*. 4ª ed. São Paulo: Almedina, 2022.

GUERRERO, Luis Fernando. *Convenção de arbitragem e processo arbitral*. 2ª ed. São Paulo: Atlas, 2014.

GUERRERO, Luis Fernando. Convenção de Arbitragem: Da Revolução de 1996 a uma Prática em Consolidação. In: CARMONA, Carlos Alberto. LEMES, Selma Ferreira. MARTINS, Pedro Batista (coord.), *20 Anos de Lei de Arbitragem* – Homenagem a Petrônio Muniz, São Paulo, Atlas, 2017.

GUERRERO, Luís Fernando. Reflexões sobre a Relação entre Árbitros e Partes: Natureza Jurídica e Necessário Afastamento de Propostas de Regulamentação no Direito Brasileiro. *Revista Brasileira de Arbitragem*, vol. IV, issue 15, p. 43-53, 2007.

GUIMARÃES, Juliana Paiva. Mercado de valores mobiliários: evolução recente e tendências. *Revista de Direito Bancário e do Mercado de Capitais*, vol. 41. São Paulo: Editora Revista dos Tribunais, jul.-set./2008.

GUPTA, Arjun; KUNGA, Sahil; DESAI, Vyapak. Blessed Unions in Arbitration: An Introduction to Joinder and Consolidation in Institutional Arbitration. *Indian Journal of Arbitration Law*, vol. 4, Issue 2, Center for Advanced Research and Training in Arbitration Law, p. 134-149, 2015.

HAAS, Ulrich; KAHLERT, Heiner. Part IV: Selected Areas and Issues of Arbitration in Germany, Privacy and Confidentiality'. In: NASCIMIENTO, Patricia, KROLL, Stefan, et al. (eds). *Arbitration in Germany: The Model Law in Practice*. 2ª ed. The Hague: Kluwer Law International, 2015.

824 | CONVENÇÃO DE ARBITRAGEM – *Fichtner • Tolentino • Polastri • Salton*

HABEGGER, Philipp. The Revised Swiss Rules of International Arbitration: An Overview of the Major Changes. *ASA Bulletin, Association Suisse de l'Arbitrage*, vol. 30, Issue 2, Kluwer Law International, p. 269-311, 2012.

HADFIELD, Gillian K. Judicial Competence and the Interpretation of Incomplete Contracts. *Journal of Legal Studies*, vol. 23, n.º 1, p. 159-184, jan./1994.

HAICAL, Gustavo Luís da Cruz. A Autorização no Direito Privado. 188f. Tese (Doutorado em Direito). Orientador Professor Dr. Alcides Tomasetti Júnior. Universidade de São Paulo, São Paulo, 2019.

HAICAL, Gustavo Luís da Cruz. O Inadimplemento pelo Descumprimento Exclusivo de Dever Lateral Advindo da Boa-Fé Objetiva. *Revista dos Tribunais*, vol. 900/2010, p. 45-84, out/2010.

HANOTIAU, Bernard. A experiência da cautelar pré-arbitral da CCI. *Revista de Direito Bancário e do Mercado de Capitais*, vol. 17, p. 325-328, jul./set., 2002.

HANOTIAU, Bernard. Groupes de Sociétés et Groupes de Contrats dans L'arbitrage Commercial International. *Revista de Arbitragem e Mediação*, vol. 12, p. 114-123, jan./mar., DTR n.º 2007/860.

HANOTIAU, Bernard. The law applicable to arbitrability. Albert Jan Van Den Berg (ed.). *ICCA Congress Series*, vol. 9, The Hague: Kluwer, 1999.

HARRIS, Peter; LUTTRELL, Sam. Reinventing the Redfern. *Journal of International Arbitration*, vol. 33, n.º 4, p. 353-364, 2016.

HART, Herbert L. A. *O Conceito de Direito*. 6ª ed. A. Ribeiro Mendes (Trad.). Lisboa: Fundação Calouste Gulbenkian, 2011.

HART, Oliver D. Incomplete Contracts and the Theory of the Firm. *Journal of Law, Economics & Organization*, vol. 4, no. 1, p. 119-140.

HAUSMANINGER, Christian. Civil Liability of Arbitrators-Comparative Analysis and Proposals for Reform. *Journal of International Arbitration*, Kluwer Law International, vol. 7, Issue 4, 1990, pp. 7-48.

HEALY, Paul M; PALEPU, Krishna G. Information asymmetry, corporate disclosure, and the capital markets: a review of the empirical disclosure literature. *Journal of Accounting&Economics*, vol. 31, p. 405-440, 2001.

HEIDER, Manfred; NUEBER, Michael; SIWY, Alfred; ZEILER, Gerold. Dispute Resolution in Austria: *An Introduction*. Kluwer Law International, 2015.

HEINEMANN FILHO, André Nicolau. A atuação do juiz na interpretação e integração dos contratos. *Revista de Direito Privado*, vol. 37, p. 09-26, jan./mar., 2009, DTR n.º 2009/104.

HENRIQUES, Duarte Gorjão. A extensão da convenção de arbitragem no quadro dos grupos de empresas e da assunção de dívidas: um vislumbre de conectividade? *Revista da Ordem dos Advogados*. Ano nº 74, n.º 1, p. 141-179. jan./mar., 2014.

HENRY, Marc. Do Contrato do Árbitro: o Árbitro, um Prestador de Serviços. *Revista Brasileira de Arbitragem*, vol. II, issue 6, pp. 65-74, 2005.

HILL, Flávia Pereira. Desencastelando a arbitragem: a arbitragem expedita e o acesso à justiça multiportas. In: _____.; MAIA, Benigna Araújo Teixeira; BORGES, Fernanda Gomes e Souza; RIBEIRO, Flávia Pereira; PEIXOTO, Renata Cortez Vieira (orgs.). *Acesso à justiça: um novo olhar a partir do código de processo civil de 2015*. Londrina: Thoth, 2021.

HIRONAKA, Giselda Maria Fernandes. Inaplicabilidade do Estatuto da Terra na Relação Contratual entre Hipersuficientes. *Revista dos Tribunais*, vol. 12, p.393-429, 2017, DTR n.º 2017/5691.

HOHFELD, Wesley Newcomb. Some Fundamental Conceptions as Applied in Judicial Reasoning. *The Yale Law Journal*, vol. 23, n.º 1, 1913, p. 16-59.

HOLTZMANN, Howard M; NEUHAUS, Joseph E. A Guide to the 2006 Amendments to the Uncitral Model Law on International Commercial Arbitration: Legislative History and Commentary: Legislative History and Commentary. Kluwer Law International: 2015.

HORVATH, Günther J. The Duty of the Tribunal to Render an Enforceable Award. *Journal of International Arbitration*, vol. 18, issue 2, p. 135-158, 2001.

HOSKING, James M. Non-Signatories and International Arbitration in the United States: The Quest for Consent, In: *Arbitration International*, vol. 20, Issue 3, p. 289-303, 2004.

HUCK, Hermes Marcelo. Árbitro. *Revista de Arbitragem e Mediação*, vol. 40, p. 181-192, jan./mar., 2014, DTR n.º 2014/1003.

HUCK, Hermes Marcelo. Contratos internacionais de financiamento: a lei aplicável. *Doutrinas essenciais de Direito Internacional*, vol. 5, p. 437-446, fev./2012, DTR n.º 2012/2449.

HUCK, Hermes Marcelo. Táticas de Guerrilha na Arbitragem. In: CAMONA, Carlos Alberto; LEMES, Selma Ferreira; MARTINS, Pedro Batista (Coord.). *20 Anos da Lei de Arbitragem - Homenagem a Petrônio R. Muniz*. São Paulo: Editora Atlas, 2017.

HUCK, Hermes Marcelo. Táticas de Guerrilha na Arbitragem. In: CARMONA, Carlos Alberto; LEMES, Selma Ferreira; MARTINS, Pedro Batista (Coord.). *20 Anos da Lei de Arbitragem - Homenagem a Petrônio R. Muniz*. São Paulo: Editora Atlas, 2017.

HWANG, Michael e CHUNG, Katie. Defining the Indefinable: Practical Problems of Confidentiality in Arbitration. *Journal of International Arbitration*. Kluwer Law International, vol. 26, Issue 5. pp. 609-645, 2009.

JACOB NOGUEIRA, Daniel Fábio. SOARES Jr., Ney Bastos. Capítulo III – Dos Árbitros. In: Francisco Maia Neto; Joaquim de Paiva Muniz (Orgs.). *Reforma da lei de arbitragem – comentários ao texto completo*. Belo Horizonte: Francisco Maia&Associados, 2015.

JARDIM, Afrânio Silva. Notas sobre a teoria da jurisdição. *Revista de Processo*, vol. 46, p. 198-212, abr./jun., 2987, DTR n.º 1987/180.

JAYASIMHA, Shreyas; MODY, Zia, 19. India. In: MOSER, Michael J; CHOONG, John (eds), *Asia Arbitration Handbook*. Oxford: Oxford University Press, 2011.

JENE, Miguel Gómez. *International Commercial Arbitration in Spain*. Kluwer Law International, 2019.

JOST, Mariana Silveira Martins; NICOLAU, Jean Eduardo Batista. Arbitragem por equidade. *Revista de Direito Empresarial*, vol. 2, mar./2014, DTR n.º 2014/1435.

JÚDICE, José Miguel. Árbitros: características, perfis, poderes e deveres. *Revista de Arbitragem e Mediação*, vol. 22, p. 119-146, jul./set., 2009, DTR n.º 2009/842.

JÚDICE, José Miguel. Árbitros: características, perfis, poderes e deveres. *Doutrinas Essenciais Arbitragem e Mediação*, vol. 2, p. 835-860, set./2014, DTR n.º 2009/842.

JÚDICE, José Miguel. Collective Arbitration in Europe: The European Way Might be the Best Way. *Revista de Arbitragem e Mediação*, vol. 51, p. 279-294, out./dez., 2016, DTR n.º 2016/24738.

JÚDICE, José Miguel; CALADO, Diogo. Independência e Imparcialidade do Árbitro: alguns aspectos polêmicos em uma visão luso-brasileira. *RBA*, n.º 49, p. 36-51, jan./mar., 2016.

JÚDICE, José Miguel; HENRIQUES, Duarte Gorjão. Regras para nomeação de árbitros. O exemplo do centro de arbitragem comercial da câmara de comércio e indústria portuguesa. *Revista de Arbitragem e Mediação*, vol. 46, p. 241-254, jul./set., 2015, DTR n.º 2015/13101.

JUSTEN FILHO, Marçal. Administração Pública e Arbitragem: o vínculo com a câmara de arbitragem e os árbitros. *Revista Brasileira da Advocacia*, ano 1, vol. 1, abr./jun., 2016, p. 103-151.

KANT, Immanuel. *Fundamentação da metafísica dos costumes*. Inês A. Lohbauer (Trad.). São Paulo: Martin Claret, 2018.

KANT, Immanuel. *Fundamentação da Metafísica dos Costumes*. Paulo Quintela (Trad.). Lisboa: Edições 70, 2007.

KANT, Immanuel. *Grundlegung zur metaphysik der sitten*. Berlim: L. Heimann, 1870.

KANT, Immanuel. *Princípios metafísicos da doutrina do direito*. Joãosinho Beckenkamp (Trad.). São Paulo: editora WMF Martins Fontes, 2014.

KATZ, Avery W. Contractual Incompleteness: A Transactional Perspective. *Case Western Reserve Law Review*, vol. 56, n. º 1, p. 169-186, 2005.

KAZUTAKE, Okuma. Party Autonomy in International Commercial Arbitration: Consolidation of Multiparty and Classwide Arbitration. *Annual Survey of Internacional & Comparative Law*, vol. 9, Issue 1, p. 189-226, 2003, p. 196-200.

KELSEN, Hans. *Teoria Pura do Direito*. João Baptista Machado (Trad.). 8ª ed. São Paulo: WMF Martins Fontes, 2009.

KNETSCH, Jonas; SILVA, Abrahan Lincoln Dorea. A Distinção entre Atos e Fatos Jurídicos no Direito Civil Brasileiro: contribuição ao estudo da circulação de conceitos jurídicos. *Revista de Direito Civil Contemporâneo*, vol. 23, p. 367-385, abr./jun. 2020, DTR n.º 2021/226.

KONDER, Carlos Nelson. O Alcance da Cláusula Compromissória em Contratos Coligados: leitura a partir da tutela da confiança. *Revista de Arbitragem e Mediação*, vol. 63/2019, p. 295-331, out./dez. 2019, DTR n.º 2019/42143.

KONRAD, Christian; SCHWARZ, Franz T. Multi-Party Arbitration. In: _____. (ed.). *The Vienna Rules: A Commentary on International Arbitration in Austria*. The Hague: Kluwer Law International, 2009.

KOSTRITSKY, Juliet P. Symposium Incomplete Contracts: Judicial Responses, Transaction Planning, and Litigation Strategies - Introduction. *Case Western Reserve Law Review*, vol. 56, n.º 1, p. 135-150, 2005.

LA LAINA, Roberto G. A Cláusula Compromissória e Autonomia Negocial. *Revista de Arbitragem e Mediação*, vol. 43, p. 129-153, out./dez. 2014, DTR n.º 2014/21096.

LACRETA, Isabela. Aspectos Contratuais da Cláusula Compromissória. *Revista de Direito Empresarial*, vol. 20, p. 243-276, nov./2016, DTR n.º 2016/24314.

LAHR, Helena. Interpretação e Qualificação dos Negócios Jurídicos. *Revista dos Tribunais*, vol. 723/1996, p. 173, jan./1996, DTR n.º 1996/96.

LARENZ, Karl. *Derecho Civil: Parte General*. Madrid: RDP, 1978.

LARENZ, Karl. *Derecho de Obligaciones*. Tomo I. Jaime Briz (trad.). Madrid: RDP, 1958.

LEBOULANGER, Philippe. *Multi-Contract Arbitration. Journal of International Arbitration*, vol. 13, p. 43-97 Kluwer Law International, 1996.

LEE, João Bosco. A Lei 9.307/96 e o direito aplicável ao mérito do litígio na arbitragem comercial internacional. *Doutrinas Essenciais Arbitragem e Mediação*, vol. 5, p. 425-440, set./2014, DTR n.º 2001/25.

LEE, João Bosco. How to draft a valid and efficient award. *Revista de Arbitragem e Mediação*, vol. 3, p. 53-62, set./dez., 2004, DTR n.º 2004/525.

LEE, João Bosco. O conceito de arbitrabilidade nos países do Mercosul. *Revista de Direito Bancário e do Mercado de Capitais*, vol. 8, p. 346-358, abr./jun., 2000, DTR nº 2000/202.

LEGRAND, Pierre. L'hypothèse de la conquête des continents par le droit américain (ou comment la contingence arrache à la disponibilité). *Archives de Philosophie du Droit*, n.º 45, 2001.

LEITE, António Pinto. Jura Novit Curia e a Arbitragem Internacional. *Revista de Arbitragem e Mediação*, vol. 35, p. 169-186, out./dez., 2012, DTR n.º 2012/451132.

LEITE, António Pinto. Tecnimont V – A força jurídica dos regulamentos de arbitragem perante os tribunais judiciais e as consequências do exercício tardio do direito de impugnação do árbitro. *Revista de Arbitragem e Mediação*, vol. 50, p. 407-426, jul./set., 2016, DTR n.º 2016/23881.

LEMES, Selma Ferreira. A arbitragem e a decisão por equidade no direito brasileiro e comparado. In: _____; CARMONA, Carlos Alberto; MARTINS, Pedro Batista (Coord.). *Arbitragem: estudos em homenagem ao Prof. Guido Fernando da Silva Soares*. São Paulo: Atlas, 2007.

LEMES, Selma Ferreira. O Superior Tribunal de Justiça – STJ e o reconhecimento de sentença arbitral estrangeira à luz da Convenção de Nova Iorque de 1958. In: Luiz Fernando do Vale de Almeida (Coord.). *Aspectos práticos da arbitragem*. São Paulo: Quartier Latin, 2006.

LEMES, Selma Ferreira. *O Uso da Arbitragem nas Relações de Consumo*. Disponível em: http://www.selmalemes.com.br.

LEMES, Selma M. Ferreira. Convenção de Arbitragem e Termo de Arbitragem. Características, efeitos e funções. *Revista do advogado*, AASP, n.º 87, p. 94-99, set./2006.

LEMES, Selma Maria Ferreira. A Sentença Arbitral. *Revista de Arbitragem e Mediação*, vol. 4/2005, p. 26-33, jan./mar., 2005, DTR n.º 2005/779.

LEMES, Selma. A inteligência do art. 19 da Lei de Arbitragem (instituição da arbitragem) e as medidas cautelares preparatórias. *Revista de Direito Bancário e do Mercado de Capitais*, vol. 20, p. 411-423, abr./jun., 2003, DTR n.º 2003/218.

LEMES, Selma. *Cláusulas Arbitrais Ambíguas ou Contraditórias e a Interpretação da Vontade das Partes*. Disponível em: <http://www.selmalemes.adv.br/artigos/artigo_juri32.pdf>.

LEMES, Selma. O papel do árbitro. *Revista do direito da energia*, vol. 3, nº 4, p. 117-128, mar./2006.

LEMES, Selma. O papel do árbitro. *Revista do direito da energia*, vol. 3, n.º 4, p. 117-128, mar. 2006, p. 03.

LEMES, Selma. O procedimento de impugnação e recusa de árbitro, como sistema de controle quanto à independência e imparcialidade do julgador. *Revista de Arbitragem e Mediação*, vol. 50, p. 369-386, jul./set., 2016, DTR n.º 2016/23878.

LESSA NETO, João Luiz. O novo CPC adotou o modelo multiportas!!! E agora?! *Revista de Processo*, vol. 244, p. 427-441, jun./2015, DTR n.º 2015/9714.

LESSA NETO, João Luiz. Sobre os conceitos de "ação" e a afirmação do direito processual. *Revista de Processo*, vol. 321, p. 39-59, nov./ 2021, DTR n.º 2021/46955.

LEW, Julian D. M. Confidentiality in Arbitrations in England. In: _____, Harris Bor, et al. (eds). *Arbitration in England, with chapters on Scotland and Ireland*. Haia: Kluwer Law International, 2013.

LEW, Julian. SulAmérica and Arsanovia: English Law Governing Arbitration Agreements. In: AFFAKI, Georges; NAON, Horacio Grigera. *Dossier of the ICC Institute of World Business Law*: Jurisdictional Choices. Paris: ICC, 2015.

LEW, Julian; MISTELIS, Loukas; KRÖLL, Stefan. *Comparative International Commercial Arbitration*. Haia: Kluwer Law International, 2003.

LIEBMAN, Enrico Tullio. A força criativa da jurisprudência e os limites impostos pelo texto da lei. *Revista de Processo*, vol. 43, p. 57-60, jul./set., 1986, DTR n.º 1986/128.

LIEBMAN, Enrico Tullio. *O despacho saneador e o julgamento do mérito. Revista Forense*, ano 42, v. 104, nov./1945.

LIEBMAN, Enrico Tullio. O despacho saneador e o julgamento do mérito. Revista Forense, Rio de Janeiro: Forense, ano 42, vol. 104, p. 225 e ss., nov. 1945

LIMA, Cláudio Vianna de. Autonomia do Juízo Arbitral. *Revista de Arbitragem e Mediação*, vol. 34, p. 353-360, jul./set. 2012, DTR n.º 2012/450612.

LOBO, Carlos Augusto da Silveira. Arbitragem Coletiva Anulatória de Deliberação de Assembleia Geral de Companhia. *Revista de Arbitragem e Mediação*, vol. 4, p. 235-244, 2014, DTR n.º 2013/7883.

LOBO, Carlos Augusto da Silveira. Uma introdução à arbitragem internacional. In: Ricardo Ramalho Almeida (Coord.). *Arbitragem interna e internacional. Rio de Janeiro: Renovar*, 2003.

LÔBO, Paulo. *Direito Civil: contratos*. 3ª ed. São Paulo: Saraiva, 2017.

LÔBO, Paulo. *Direito Civil: parte geral*. 6ª ed. São Paulo: Saraiva, 2017.

LOTUFO, Mirelle Bettencourt. O direito do acionista à informação e a confidencialidade da arbitragem. *Revista dos Tribunais,* vol. 53, p. 283-313, abr./jun., 2017, DTR n.º 2017/1632.

LUCAS, Marcus Vinicius Pereira. Responsabilidade Civil do Árbitro. 202f. Dissertação (Mestrado em Direito). Pontifícia Universidade Católica de São Paulo, São Paulo, 2018.

LUCCA, Newton de; RAMALHO, Matheus Sousa. Reflexões sobre a Contribuição da Arbitragem Internacional para a Solução de Conflitos de Interesses nas Companhias. *Revista de Direito Bancário e do Mercado de Capitais,* vol. 75, p. 129-159, jan./mar. 2017, DTR n.º 2017/482.

LUCON, Paulo Henrique dos Santos. Imparcialidade na arbitragem e impugnação aos árbitros. *Revista de Arbitragem e Mediação,* vol. 39, p. 39-51, out./dez., 2013, DTR n.º 2013/10439.

LUCON, Paulo Henrique dos Santos. Imparcialidade na arbitragem e impugnação aos árbitros. *Revista de Arbitragem e Mediação,* vol. 39, p. 39-51, out./dez., 2013, DTR n.º 2013/10439.

LUCON, Paulo Henrique dos Santos; BARIONI, Rodrigo; e MEDEIROS NETO, Elias Marques de. A causa de pedir das ações anulatórias de sentença arbitral. *Revista de Arbitragem e Mediação,* vol. 46, 2015.

LY, Filip De; DI BROZOLO, Luca G. Radicati; FRIEDMAN, Mark. Confidentiality in International Commercial Arbitration. *Revista de Arbitragem e Mediação,* vol. 31, p. 191-232, out./dez. 2011, DTR n.º 2011/5132.

MACDONALD, Norberto. Pessoa jurídica: questões clássicas e atuais (abuso – sociedade unipessoal – contratualismo). *Revista da Faculdade de Direito da Universidade Federal do Rio Grande do Sul,* vol. 22, p. 300-376, 2002.

MACEDO, Silvio de. Uma Avaliação da Teoria do Negócio Jurídico. *Doutrinas Essenciais Obrigações e Contratos,* vol. 1, p. 1375-1378, jun. 2011, DTR n.º 2012/1230.

MACHADO, Antônio Cláudio da Costa Machado. Jurisdição Voluntária, Jurisdição e Lide. *Revista de Processo,* vol. 37, p. 68-84, jan./mar., 1985, DTR nº 1985/65.

MACKAAY, Ejan; ROUSSEAU, Stéphane. *Análise Econômica do Direito.* 2ª ed. Rachel Sztajn (Trad.). São Paulo: Atlas, 2020.

MAGALHÃES, José Carlos de. A coisa julgada na arbitragem. *Revista de Arbitragem e Mediação,* vol. 63, p. 121-135, out./dez., 2019, DTR n.º 2019/41134.

MAGALHÃES, José Carlos de. O Árbitro e a Arbitragem. In: *O árbitro, a arbitragem e o contrato,* Cadernos do IEC, n. 3, p. 7-45, 2010.

MAGALHÃES, José Carlos de. Os Deveres do Árbitro. Carlos Alberto Carmona; Selma Ferreira Lemes; Pedro Batista Martins Coords. *20 anos da Lei de Arbitragem: homenagem a Petrônio R. Muniz.* São Paulo: Atlas, 2017.

MAGALHÃES, José Carlos de. Reconhecimento e execução de laudos arbitrais estrangeiros. In: GARCEZ, José Maria Rossani (Coord.). *A arbitragem na era da globalização.* Rio de Janeiro: Forense, 1999.

MAIA NETO, Francisco. O Processo Arbitral. *Revista de Arbitragem e Mediação,* vol. 33, p. 289-297, abr./jun., 2012, DTR n.º 2012/44767.

MANGE, Flávia; CANERO, Carla Amaral de Andrade Junqueira. A Gestão do Tempo nos Procedimentos Arbitrais. *Revista do Instituto dos Advogados de São Paulo.* Vol. 23/2009, p. 49-64, jan./jun., 2009.

MANKIW, Gregory N. *Introdução à Economia.* 6ª ed. Allan Vidigal Hastings, Elisete Paes e Lima (Trads). São Paulo: Cengage Learning, 2016.

MANKIW, Gregory N. *Introdução à Economia.* Allan Vidigal Hastings (Trad.). 3ª ed. São Paulo: Cengage Learning, 2009.

MARÇAL, Juliana. A Ética como Elemento Caracterizador da Arbitragem. *Revista de Arbitragem e Mediação,* vol. 62, p. 157-165, jul./set., 2019, DTR n.º 2019/40053.

MARCHI, Eduardo César Silveira Vita. Interpretação dos Negócios Jurídicos – a "causa curiana" e o art. 85 do Código Civil Brasileiro. *Revista dos Tribunais*, vol. 648, p. 21-26, out./1989, DTR n.º 1989/168.

MARINO, Francisco Paulo de Crescenzo. Arbtiramento, Arbitragem e Dispute Boards: o papel do terceiro na determinação do preço em opção de venda de ações. *RBA*, n.º 54, p. 7-27, abr./jun.2017.

MARINONI, Luiz Guilherme; ARENHART, Sérgio Cruz; MITIDIERO, Daniel. *Novo Código de processo civil comentado.* 2ª ed. São Paulo: Revista dos Tribunais, 2016.

MARINONI, Luiz Guilherme; ARENHART, Sérgio Cruz; MITIDIERO, Daniel. *Curso de Processo Civil.* Vol. 2. São Paulo: Revista dos Tribunais, 2015.

MARINONI, Luiz Guilherme; ARENHART, Sérgio Cruz; MITIDIERO, Daniel. *Curso de Processo Civil.* Vol. 1. São Paulo: Revista dos Tribunais, 2015.

MARQUES, Ricardo Dalmaso. A lei aplicável a cláusulas arbitral na arbitragem comercial internacional. *Revista Brasileira de Arbitragem*, São Paulo, v. 12, n. 47, p. 7-37, jul./set., 2015.

MARTIN, André; RIBEIRO, Flávio Santana C.; FACKLMANN, Juliana; GEMIGNANI, Karina. O perecimento da convenção de arbitragem. *Revista de Direito Empresarial*, vol. 3, p. 265-293, mai./jun. 2014, DTR n.º 2014/2687.

MARTINS, Julia Girão Baptista. Arbitragem Pública: arbitragem e confidencialidade. *Revista de Arbitragem e Mediação*, vol. 53, p. 264-282, abr./jun., 2017, DTR n.º 2017/1631.

MARTINS, Pedro A. Batista. *Apontamentos sobre a Lei de Arbitragem*: comentários à Lei 9.307/96. Rio de Janeiro, Forense, 2008.

MARTINS, Pedro A. Batista. Arbitragem e intervenção voluntária de terceiros: uma proposta. *Revista de Arbitragem e Mediação*, vol. 33, p. 245-269, abr./jun., 2012, DTR n.º 2012/44752.

MARTINS, Pedro A. Batista. Autonomia da Cláusula Compromissória. Disponível em: <http://batistamartins.com/autonomia-da-clausula-compromissoria/>, 2004.

MARTINS, Pedro A. Batista. Cláusula Compromissória: questões pontuais. Disponível em: <http://batistamartins.com/clausula-compromissoria-questoes-pontuais/>

MARTINS, Pedro A. Batista. O Grande Tribunal Arbitral. *Revista de Arbitragem e Mediação*, vol. 59, p. 79-90, out./dez., 2018, DTR n.º 2018/20847.

MARTINS, Pedro Antonio Batista. Anotações sobre a arbitragem no Brasil e o projeto de lei do Senado 78/92. *Revista de Processo*, vol. 77, p. 25-64, jan./mar. 1995, DTR n.º 1995/607.

MARTINS, Pedro Antonio Batista. *Apontamentos sobre a lei de arbitragem*. Rio de Janeiro: Forense, 2008.

MARTINS, Pedro Antônio Batista. Autonomia da cláusula compromissória. In: AZEVEDO, André Gomes de (Org.) Estudos em arbitragem, mediação e negociação. Brasília: Grupos de Pesquisa, 2003.

MARTINS, Pedro Antonio Batista. Embaraços na implementação da arbitragem no Brasil, até o advento da Lei n.º 9.307/96 e a pseudo inconstitucionalidade do instituto. In:_____; LEMES, Selma M. Ferreira; CARMONA, Carlos Alberto. *Aspectos fundamentais da lei de arbitragem.* Rio de Janeiro: Forense, 1999.

MARTINS, Raphael Manhães. Análise Paradigmática do Direito das Obrigações: boa-fé, deveres laterais e violações positivas do contrato. *Revista da EMERJ*, vol. 11, n.º 44, 2008, p. 214-239.

MARTINS. Julia Girão Baptista. Administração pública: arbitragem e confidencialidade. *Revista dos Tribunais*, vol. 53, p. 263-282, abr./jun., 2017, DTR n.º 2017/1631.

MARTINS-COSTA, Judith. *A Boa-fé no Direito Privado: Critérios para a sua Aplicação.* 2ª ed. São Paulo: Saraiva, 2018.

MARTINS-COSTA, Judith. A cláusula de hardship e a obrigação de renegociar nos contratos de longa duração. *Revista de Arbitragem e Mediação*, n. 25, Ano 7, abr./jun. 2010. São Paulo: Revista dos Tribunais, 2010.

MARTINS-COSTA, Judith. A linguagem da responsabilidade civil. In: BIANCHI, José Flávio; MENDONÇA PINHEIRO. Rodrigo Gomes de; ARRUDA ALVIM, Teresa (Coords.).*Jurisdição e Direito Privado: Estudos em homenagem aos 20 anos da Ministra* Nancy Andrighi no STJ. São Paulo: Revista dos Tribunais, 2020.

MARTINS-COSTA, Judith. *Comentário ao Novo Código Civil*, Vol. V, Tomo II: do inadimplemento das obrigações. Rio de Janeiro: Forense, 2003.

MARTINS-COSTA, Judith. Como Harmonizar os Modelos Jurídicos Abertos com a Segurança Jurídica dos Contratos? (Notas para uma palestra). *Revista Jurídica Luso Brasileira*, Ano 2, n.º 1, 2016, p. 1051-1064.

MARTINS-COSTA, Judith. Contrato de Compra e Venda de Ações. Declarações e Garantias. Responsabilidade por Fato de Terceiro. Inadimplemento, pretensão, exigibilidade, obrigação. Práticas do Setor e Usos do tráfico. Parecer. In: *Direito Societário, Mercado de Capitais e Arbitragem – homenagem a Nelson Eizirik*. Vol. III. São Paulo, Quartier Latin, 2020, p. 67-90.

MARTINS-COSTA, Judith. Indivíduo, Pessoa, Sujeito de Direitos: contribuições renascentistas para uma história dos conceitos jurídicos. *Philia&Filia*, vol. 01, n.º 01, p. 69-95, jan./jun., 2010.

MARTINS-COSTA, Judith. O Árbitro e o Cálculo do Montante da Indenização. In: CAMONA, Carlos Alberto; LEMES, Selma Ferreira; MARTINS, Pedro Batista (Coord.). *20 Anos da Lei de Arbitragem* - Homenagem a Petrônio R. Muniz. São Paulo: Editora Atlas, 2017.

MARTINS-COSTA, Judith. Os regimes do dolo civil no Direito Brasileiro: dolo antecedente, vício informativo por omissão e por comissão, dolo acidental e dever de indenizar. *Revista dos Tribunais*, n.º 923, p.115-143, 2012.

MARTINS-COSTA, Judith. *Pessoa, Personalidade, Dignidade: ensaio de uma qualificação.* 2003. 243 f. Tese (Livre-Docência em Direito Civil) – Faculdade de Direito, Universidade de São Paulo, São Paulo, 2003.

MARTINS-COSTA, Judith; BRANCO, Gerson Luiz Carlos. *Diretrizes Teóricas do Novo Código Civil Brasileiro*. São Paulo: Editora Saraiva, 2002.

MARTINS-COSTA, Judith; COSTA E SILVA, Paula. *Crise e Perturbações no Cumprimento da Prestação: estudo de direito comparado Luso-Brasileiro*. São Paulo: Quartier Latin, 2020.

MARTINS-COSTA, Judith; FRADERA, Véra Jacob de. Clóvis do Couto e Silva. *Revista de Direito do Consumidor*, vol. 3, p. 239-241, jul./set. 1992, DTR n.º 2011/3758.

MARTINS-COSTA. Um Aspecto da Obrigação de Indenizar: notas para uma sistematização dos deveres pré-negociais de proteção no direito civil brasileiro. *Revista dos Tribunais*, vol. 867, p. 11-51, 2008.

MASCARO, Alysson Leandro. *Introdução ao Estudo do Direito*. 5ª ed. São Paulo: Atlas, 2015.

MATTOS NETO, Antônio José de. Direitos patrimoniais disponíveis e indisponíveis à luz da Lei de Arbitragem. *Revista de Processo*, vol. 122/2005, p. 151-160, abr., 2005, DTR nº 2005\845.

MEDINA, Francisco Sabadin. O negócio jurídico inexistente e o plano da existência: são eles categorias precisas na análise dos negócios jurídicos? *Revista de Direito Privado*, vol. 71, p. 179-222, nov./ 2016, DTR n.º 2016/24381.

MEIJAS, Lucas Britto; OLIVEIRA, Diogo. Notas sobre a abrangência subjetiva da cláusula compromissória a outras sociedades em grupo empresarial. *Revista de Arbitragem e Mediação*, vol. 55. 2017, p. 137-157, out./dez., 2017, DTR n.º 2017/6788.

MELLO, Marcos Bernardes de. *Teoria do Fato Jurídico: plano da eficácia*. 10ª ed. São Paulo: Saraiva, 2015.

MELLO, Marcos Bernardes de. *Teoria do Fato Jurídico: plano da existência*. 20ª ed. São Paulo: Saraiva, 2014.

MENDES, Armindo Ribeiro. Capítulo V – Da Condução do Processo Arbitral. In: VICENTE, Dario Moura (coord.). *Lei da Arbitragem Voluntária Anotada*. 4ª ed. Coimbra: Almedina, 2019.

MENEZES CORDEIRO, António Manuel da Rocha e. *Da boa-fé no direito civil*. Coimbra: Almedina, 2015.

MENEZES CORDEIRO, António. *Tratado da Arbitragem*. Coimbra: Almedina, 2016.

MENEZES CORDEIRO, António. *Tratado de Direito Civil*. Vol. I. 4ª ed. Coimbra: Almedina, 2020.

MENKE, Fabiano. A Interpretação das Cláusulas Gerais: a subsunção e a concreção dos conceitos. *Revista AJURIS*, n.º 63, 2006, p. 69-94.

MENKE, Fabiano. Arts. 104 a 185. In: NANNI, Giovanni Ettori (coord.). *Comentários ao Código Civil*: Direito Privado Contemporâneo. São Paulo: Saraiva, 2019.

MENKE, Fabiano. Termo de Arbitragem: conteúdo e estabilidade do procedimento arbitral na formulação dos pedidos. In: André Jobim de Azevedo. (Org.). *II Dia Gaúcho da Arbitragem*, vol. I. Porto Alegre: Lex Magister, 2017.

MENKE, Fabiano; COSTA, Camile Souz. Delineamentos conceituais básicos acerca da arbitragem. In: *I Dia Gaúcho da Arbitragem*. Porto Alegre: Lex Magister, 2015.

MERCEREAU, Ana Gerdau de Borja. Arbitragem e Contrato. In: LEVY, Daniel; PEREIRA, Guilherme Setoguti J.(Coords.). Curso de Arbitragem. São Paulo: Thomson Reuters Brasil, 2018.

MIRAGEM, Bruno. *Direito Civil: direito das obrigações*. São Paulo: Saraiva, 2017.

MITIDIERO, Daniel. A Tutela dos Direitos como Fim do Processo Civil no Estado Constitucional. *Revista de Processo* v. 229, a. 39, p. 51-74, mar., 2014.

MITIDIERO, Daniel. Fundamentação e Precedente: dois discursos a partir da decisão judicial. *Revista de Processo*, vol. 206, p. 61-78, 2012.

MITIDIERO, Daniel. *Fundamentación y Precedente: dos Discursos a partir de la Decisión Judicial*. Gaceta Constitucional, vol. 58, p. 225-235, 2012.

MITIDIERO, Daniel. Precedentes, Jurisprudência e Súmulas no Novo Código de Processo Civil Brasileiro. *Revista de Processo*, vol. 245, p. 333-34

MITIDIERO, Daniel. *Precedentes: da persuasão à vinculação*. 2ª ed. São Paulo: Editora Revista dos Tribunais, 2017.

MITIDIERO, Daniel. *Processo Civil e Estado Constitucional*. Porto Alegre: Livraria do Advogado Editora, 2007.

MOLON JÚNIOR, Nelso. Contratos Existenciais e a sua aplicabilidade. *Revista de Direito Civil Contemporâneo*, vol. 19, ano 6, p. 113-134, abr./jun., 2019.

MONTEIRO, António Pedro Pinto. A Pluralidade de partes na Arbitragem: os principais equívocos que ainda subsistem. *Revista de Arbitragem e Mediação*, vol. 58, p. 311-335, jul./set., 2018, DTR n.º 2018/19292.

MONTEIRO, António Pedro Pinto; SILVA, Artur Flamínio da; MIRANTE, Daniela. *Manual de Arbitragem*. Coimbra: Almedina, 2020.

MORAES, Maria Celina Bodin de. Do juiz boca-da-lei à lei segundo a boca-do-juiz: notas sobre a aplicação-interpretação do direito no início do século XXI. *Revista de Direito Privado*, vol. 56, p. 11-30, out./dez., 2013, DTR n.º 2013/11660.

MOREIRA, José Carlos Barbosa. A função do processo civil moderno e o papel do juiz e das partes na direção e na instrução do processo. *Revista de Processo*, vol. 37, p. 140-150, jan./mar., 1985, DTR n.º 1985/10.

MOREIRA, José Carlos Barbosa. A Função Social do Processo Civil Moderno e o Papel do Juiz e das Partes na Direção e na Instrução do Processo. Revista de Processo, vol. 37, p. 140-150, 1985.

832 | CONVENÇÃO DE ARBITRAGEM – *Fichtner • Tolentino • Polastri • Salton*

MOREIRA, José Carlos Barbosa. A garantia do contraditório na atividade de instrução. *Revista de Processo*, vol. 35, p. 231-238, jul./set., 1984, DTR n.º 1984/30.

MOREIRA, José Carlos Barbosa. Conteúdo e Efeitos da Sentença. *Revista de Processo*, vol. 40, p. 7-12, 1985.

MOREIRA, José Carlos Barbosa. Convenções das Partes sobre Matéria Processual. *Revista de Processo*, vol. 33/1984, p. 182-191, 1995.

MOREIRA, José Carlos Barbosa. Dimensiones Sociales del Proceso Civil. *Revista de Processo*, vol. 45, p. 137-144, 1987.

MOREIRA, José Carlos Barbosa. Efectos de las sentencias y laudos arbitrales extranjeros. *Revista de Processo*, vol. 79, p. 184-189, jul./set., 1995, DTR n.º 1995/319.

MOREIRA, José Carlos Barbosa. Efectos de Las Sentencias y Laudos Arbitrales Extranjeros. Revista de Processo, vol. 79, p. 184-189, Thomson Reuters, 1995.

MOREIRA, José Carlos Barbosa. Estrutura da Sentença Arbitral. *Revista de Processo*, vol. 107, p. 737-746, 2002.

MOREIRA, José Carlos Barbosa. Evoluzione della scienza processuale Latino-Americana in mezzo secolo. *Revista de Processo*, vol. 88/1997, p. 165-172, 1995.

MOREIRA, José Carlos Barbosa. Invalidade e Ineficácia do Negócio Jurídico. *Revista de Direito Privado*, vol. 15/2003, p. 217-229, 2003, p. 04.

MOREIRA, José Carlos Barbosa. Notas sobre alguns aspectos do processo (civil e penal) nos países anglo-saxônicos. *Revista de Processo*, vol. 92, p. 87-104, out./dez., 1998, DTR n.º 1998/445.

MOROSINI, Fabio. A arbitragem comercial como fator de renovação do direito internacional privado brasileiro dos contratos. *Revista dos Tribunais*, vol. 851, p. 63-85, set./2006, DTR n.º 2006/560.

MOSER, Luiz Gustavo Meira. A cláusula de hardship e o contrato interno e internacional. *Revista Eletrônica de Direito Internacional*, v. 2, p. 81-108, 2008.

MOSES, Margaret L. *The Principles and Practice of International Commercial Arbitration.* 2nd ed. Nova Iorque: Cambridge University Press, 2012.

MOTA PINTO, Carlos Alberto. *Teoria Geral do Direito Civil.* 4ª ed. Atualizado por António Pinto Monteiro e Paulo Mota Pinto. Coimbra: Coimbra Editora, 2005.

MOURA, Mário Aguiar. O contrato em face da sistematização do fato jurídico. *Doutrinas Essenciais de Direito Civil*, vol. 4, p. 95-99, out./2010, DTR n.º 2012/1556.

MUNIZ, Joaquim de Paiva. *Curso básico de direito arbitral.* 3. ed. Curitiba: Juruá, 2015.

MUNIZ, Joaquim de Paiva; ALMEIDA PRADO, Maria da Graça. Agreement in Writting e Requisitos Formais da Cláusula de Arbitragem: nova realidade, velhos paradigmas. *Revista de Arbitragem e Mediação*, vol. 26, p. 59-75, jul./set., 2010, DTR n.º 2010/617.

NANNI, Giovanni Ettore. A interpretação dos contratos complexos e a arbitragem. In: _____. *Direito civil e arbitragem*. São Paulo: Atlas, 2014.

NANNI, Giovanni Ettore. Cláusula compromissória como negócio jurídico: análise de sua existência, validade e eficácia. In: _____. Direito civil e arbitragem. São Paulo: Atlas, 2014.

NANNI, Giovanni Ettore. Convenção de arbitragem: negócio jurídico processual ou material? In: Clávio de Melo Valença Filho; Letícia Abdalla; João Luiz Lessa Neto (Orgs.). *Negócios Jurídicos Processuais na Arbitragem*. São Paulo: Ciesp, 2017.

NANNI, Giovanni Ettore. *Direito Civil e Arbitragem*. São Paulo: Editora Atlas, 2014.

NANNI, Giovanni Ettore. Notas Sobre os Negócios Jurídicos da Arbitragem e a Liberdade de Escolha do Árbitro à Luz da Autonomia Privada. *Revista de Arbitragem e Mediação*, vol. 49, p. 263-284, abr./jun., 2016, DTR n.º 2016/20523.

NANNI, Giovanni Ettore. Submissões Escritas: a técnica do advogado em arbitragens. *Revista de Arbitragem e Mediação*, vol. 52, p. 407-416, jan./mar., 2017, DTR n.º 2017/500.

NASCIMBENI, Asdrubal Franco. Reflexões para a efetividade no cumprimento das decisões arbitrais. *Revista de Arbitragem e Mediação*, vol. 63, p. 137-158, out./dez., 2019, DTR n.º 2019/42137.

NASCIMBENI, Asdrubal Franco; FINKELSTEIN, Cláudio. Carta Arbitral: possíveis situações de não cooperação do juízo estatal. *Revista de Arbitragem e Mediação*, vol. 54, p. 125-150, jul./set., DTR n.º 2017/5652.

NAZZINI, Renato. The Law Applicable to the Arbitration Agreement: Towards Transnational Principles. *International and Comparative Law*, Quarterly, vol. 65, p. 681-703, 2016.

NERY JR., Nelson. Ação Anulatória de Sentença Arbitral – violação à ordem pública e caracterização de cerceamento de defesa. *Soluções Práticas de Direito*, vol. 5, p. 151-184, set./2014, DTR n.º 2014/17343.

NERY JÚNIOR, Nelson. *Código Brasileiro de Defesa do Consumidor comentado pelos autores do anteprojeto*. 9ª ed. Rio de Janeiro: Forense Universitária, 2007.

NERY JÚNIOR, Nelson. *Julgamento arbitral por equidade – limites – ordem pública e constitucionalidade. Soluções Práticas de Direito*, vol. 5, p. 19-70, set./2014, DTR n.º 2014/17341.

NERY JÚNIOR, Nelson. Julgamento arbitral por equidade e prescrição. *Revista de Direito Privado*, vol. 45, p. 323-373, jan./mar., 2011, DTR n.º 2011/1120.

NERY, Ana Luiza. Notas sobre a Arbitragem Coletiva no Brasil. *Revista de Arbitragem e Mediação*, Vol. 53, p. 103-127, abr./jun. 2017, DTR n.º 2017/1629, p. 103.

NERY, Rosa Maria de Andrade. É possível a convivência do princípio da autonomia privada com o da lealdade, dito da boa-fé objetiva? *Revista de Direito Privado*, vol. 73, p. 17-29, jan./2017, DTR n.º 2016/24987.

NERY, Rosa Maria de Andrade. Fatos Processuais. Atos Jurídicos Processuais Simples. Negócio Jurídico Processual (unilateral e bilateral). Transação. *Revista de Direito Privado*, vol. 64, 2015, p. 261-274, out./dez. 2015, DTR n.º 2016/129.

NETO, João Luiz Lessa. A Competência-Competência no Novo Código de Processo Civil: decisão arbitral como pressuposto processual negativo. *Revista Brasileira de Arbitragem*, n.º 48, p. 22-38, out./dez., 2015.

NEVES, Flávia Bittar. O dilema da regulamentação da função de árbitros, mediadores e das atividades das instituições arbitrais no Brasil. *Revista de Arbitragem e Mediação*, vol. 7, p. 101-108, out./dez., 2005, DTR n.º 2005/63.

NEVES, Flávia Bittar. O dilema da regulamentação da função de árbitros mediadores e das atividades das instituições arbitrais no Brasil. *Revista de Arbitragem e Mediação*, vol. 7, p. 101-108, out./dez., 2005, DTR n.º 2005/603.

NEVES, Zulmar. Anotações à Lei da Arbitragem: comentários sobre a autonomia da vontade, a boa-fé objetiva, cláusula compromissória e compromisso arbitral. In: *I Dia Gaúcho da Arbitragem*. Porto Alegre: Lex Magister, 2015.

NITSCHKE, Guilherme Carneiro Monteiro. Ativismo Arbitral e *"lex mercatória"*. *Revista Jurídica Luso Brasileira*, Ano 1, n.º 2, 2015, p. 863-910.

NITSCHKE, Guilherme Carneiro Monteiro. *Lacunas Contratuais e Interpretação: história, conceito e método*. São Paulo: Quartier Latin, 2019.

NOGUEIRA, Pedro Henrique Pedrosa. Negócios jurídicos processuais: uma análise dos provimentos judiciais como atos negociais. 2011. Tese (Doutorado em Direito) Universidade Federal da Bahia, Salvador, 2011.

NORONHA, Fernando. *Direito das Obrigações*. 4ª ed. São Paulo: Editora Saraiva, 2013.

NUNES PINTO, José Emílio. A Cláusula Compromissória à Luz do Código Civil. *Revista de Arbitragem e Mediação*, vol. 4, p. 34-47, jan./mar., 2005, DTR n.º 2205/780.

NUNES PINTO, José Emílio. A Confidencialidade na arbitragem. *Revista de Arbitragem e Mediação*, vol. 6, p. 25-36, jul./set., 2005. DTR n.º 2005/810.

NUNES PINTO, José Emilio. Contrato de adesão. Cláusula compromissória. Aplicação do princípio da boa-fé. A convenção arbitral como elemento de equação econômico-financeira do contrato. *Revista de Arbitragem e Mediação*, vol.10, p.234-242, jul./set., 2006, DTR n.º 2011/4334.

NUNES PINTO, José Emílio. Recusa e Impugnação de Árbitro. *Revista de Arbitragem e Mediação*, vol. 15, p. 80-84, out./dez., 2007, DTR n.º 2013/2633.

NUNES, Gustavo Henrique Schneider. A convenção arbitral como limite aos poderes instrutórios do árbitro. *Revista dos Tribunais*, vol. 1030, p. 295-314, ago./2021, DTR n.º 2021/10226.

NUNES, Thiago Marinho. A conduta ética na arbitragem sob perspectiva do árbitro e seus auxiliares. In: WALD, Arnoldo; LEMES, Selva Ferreira. *25 anos da Lei de Arbitragem: história, legislação, doutrina e jurisprudência*. São Paulo: Revista dos Tribunais, 2021.

NUNES, Thiago Marinho. A Convenção de Nova Iorque de 10 de Junho de 1958. *Revista Brasileira de Arbitragem*, Vol. VI, Issue 23, pp. 33-53, 200.

NUNES, Thiago Marinho. A prática das anti-suit injunctions no procedimento arbitral e seu recente desenvolvimento no direito brasileiro. *RBAr*, n.º 5º, p. 15-51, jan./mar., 2005.

NUNES, Thiago Marinho. Arbitragem como método adequado de resolução de conflitos nos contratos. *Revista Brasileira de Arbitragem*, vol. XVI, Issue 62, pp. 58-79, 2019.

NUNES, Thiago Marinho. Arbitragem e demandas paralelas: a visão do árbitro. In: Carlos Alberto Carmona; Selma Ferreira Lemes; Pedro Batista Martins. (Org.). *20 Anos da Lei de Arbitragem: Homenagem a Petrônio R. Muniz*. São Paulo: Atlas, 2017.

NUNES, Thiago Marinho. *Arbitragem e Prescrição*. São Paulo: Atlas, 2014.

NUNES, Thiago Marinho. Arbitragem, anti-suit injunctions e contratos com sociedades de economia mista. *Revista Brasileira de Arbitragem*, vol. II, issue 8, p. 154-163, 2005.

NUNES, Thiago Marinho. As Listas Fechadas de Árbitros das Instituições Arbitrais Brasileiras. In: Francisco José Cahali; Thiago Rodovalho; Alexandre Freire. (Org.). *Arbitragem: Estudos Sobre a Lei n.º 13.129, de 26-5-2015*. São Paulo: Saraiva, 2016.

NUNES, Thiago Marinho; PEREIRA, Mariana Gofferjé, Custos e despesas na arbitragem doméstica e internacional. In: Napoleão Casado Filho; Luísa Quintão; Camila Simão. (Org.). *Direito Internacional e Arbitragem - Estudos Em Homenagem ao Prof. Cláudio Finkelstein*. São Paulo: Quartier Latin, 2019.

NUNES, Thiago Marinho; SILVA, Eduardo Silva da; GUERRERO, Luís Fernando. O Brasil como sede de arbitragens internacionais a capacitação técnica das câmaras arbitrais brasileiras. *Revista de Arbitragem e Mediação*, vol. 34, p. 119-158, jul./set., 2012, DTR n.º 2012/450629.

NUNES, Thiago Marinho; TIMM, Luciano Benetti. Contrato internacional de licenciamento contendo cláusula compromissória. Competência da jurisdição arbitral para decidir sobre a manutenção ou não do contrato até a conclusão do procedimento arbitral. Competência de justiça brasileira para reconhecer os efeitos da convenção de arbitragem. *Revista de Arbitragem e Mediação*, vol. 8, p. 271-294, jan./mar., 2006, DTR n.º 2011/4305.

OBERHAMMER, Paul. *Entwurf eines neuen Schiedsverfahrensrechts*.Viena: Manz, 2002.

OHLROGGE, Leonardo. *Multi-Party and Multi-Contract Arbitration in Brazil*. Quartier Latin, 2020.

OHLROGGE, Leonardo; SAYDELLES, Rodrigo Salton Rotunno. Lei aplicável à cláusula compromissória na arbitragem internacional. *Revista de Arbitragem e Mediação*, n.º 67, out./dez. 2020, p. 241-268.

OLIVEIRA, Eduardo Ribeiro de. *Comentários ao Novo Código Civil*. Vol. II. Rio de Janeiro: Editora Forense, 2008.

OLIVEIRA, Elsa Dias. *Arbitragem Voluntária: uma introdução*. Coimbra: Almedina, 2020.

OLIVEIRA, Leandro Antonio Godoy. A Extensão do Dever de Revelação do Árbitro no Brasil e a sua Responsabilização Civil em caso de Violação. 181f. Dissertação (Mestrado em Direito). Universidade Federal de Santa Catarina, Santa Catarina, 2016.

OLIVEIRA, Moacyr de. A Estrutura das Obrigações e do Negócio Jurídico no Projeto de Código Civil. *Doutrinas Essenciais de Direito Civil*, vol. 4, p. 455-468, out./2010, DTR n.º 2012/1209.

OPPETIT, Bruno. L'Adaptation des Contrats Internationaux aux Changement de Circonstances: La Clause de Hardship, *Clunet*, 101, 1974, p. 794-814.

OPPETIT, Bruno. *Teoría del arbitraje*. Eduardo Silva Romero, Fabricio Mantilla Espinoza e José Joaquín Caicedo Demoulin (Trad.). Bogotá: Legis, 2006.

PAGLIARINI, Alexandre Coutinho; FAYAD, Anelize Klotz. Relações entre arbitragem e análise econômica do direito. *Revista de Arbitragem e Mediação*, vol. 58/2018, p. 287-310, jul./set., 2018, DTR n.º 2018/19291.

PAGNUSSAT, Vitória Souza. *Convenções Processuais nas Ações Coletivas*. 129f. Dissertação (Mestrado em Direito). Fundação Escola Superior do Ministério Público. Porto Alegre, 2020.

PARENTE, Eduardo de Albuquerque. Existiria uma Ordem Jurídica Arbitral? In: CARMONA, Carlos Alberto; LEMES, Selma Ferreira; MARTINS, Pedro Batista (Coords). *20 Anos da Lei de Arbitragem: homenagem e Petrônio R. Muniz*. São Paulo: Atlas, 2017.

PARENTE, Eduardo de Albuquerque. Processo Arbitral e Sistema. 391f. Tese (Doutorado em Direito). Universidade de São Paulo. São Paulo, 2009.

PARGENDLER, Mariana. Sincretismo Jurídico na Evolução do Direito Societário Brasileiro. In: Judith Martins-Costa (Org.). *Modelos de Direito Privado*. São Paulo: Marcial Pons, 2014.

PARGENDLER, Mariana; PRADO, Viviane Muller; BARBOSA Jr, Alberto. Cláusulas arbitrais no mercado de capitais brasileiro: alguns dados empíricos. Revista de Arbitragem e Mediação, vol. 40, p. 105-111, jan./mar. 2014.

PARK, Tae Jung. Incomplete Agreements on Trade in Services: Causes and Problems - Applying Incomplete Contract Theory. *Tulsa Law Review*, vol. 53, n.º 1, p. 67-84, 2017.

PARK, William W. Les devoirs de l'arbitre: ni un pour tous, ni tous pour un. *Revista de Arbitragem e Mediação*, vol. 31, p. 117-127, out./dez., 2011, DTR n.º 2011/5117.

PARK, William W. Non-Signatories and International Contracts: an arbitration dilemma. In: Permanent Court of Arbitration (ed.), *Multiple Party Actions in International Arbitration*. Oxford University Press, pp. 3-33, 2009.

PARK, William. *The Arbitrator's Jurisdiction to Determine Jurisdiction*. Boston University School of Law & Legal Theory. 2007.

PAULSSON, Jan; RAWDING, Nigel. The trouble with confidentiality. *Arbitration International*, n.º 11, 1995.

PENTEADO, Luciano Camargo. *Efeitos Contratuais perante Terceiros*. São Paulo: Quartier Latin, 2007.

PEREIRA, Caio Mário da Silva. *Instituições de Direito Civil*. Vol. I. 18ª ed. Rio de Janeiro: Forense, 2018.

PEREIRA, Caio Mário da Silva. *Instituições de Direito Civil*. Vol. III. 22ª ed. Rio de Janeiro: Forense, 2018.

PEREIRA, Caio Mário da Silva. *Instituições de Direito Civil: teoria geral do direito civil*. Vol. I. 32ª ed. Rio de Janeiro: Forense, 2019.

PEREIRA, Carlos Frederico Bastos; ZANETI JR., Hermes. Por que o poder judiciário não legisla no modelo de precedentes do código de processo civil de 2015? *Revista de Processo*, vol. 257, p. 371-388, jul./2016, DTR n.º 2016/21695.

PEREIRA, César Guimarães. Arbitragem na Lei 13.448 e os contratos com a administração pública nos setores de rodovias, ferrovias e aeroportos. *Revista de Arbitragem e Mediação*, vol. 55, p. 111-133, out./dez., 2017, DTR n.º 2017/6783.

PEREIRA, César Guimarães. Recognition and enforcement of international arbitral awards in Brazil. *Revista de Arbitragem e Mediação*, vol. 20, p. 122-147, jan./mar., 2009, DTR n.º 2009/803.

836 | CONVENÇÃO DE ARBITRAGEM – *Fichtner • Tolentino • Polastri • Salton*

PEREIRA, César; QUINTÃO, Luísa. Entidades Representativas (art. 5º, XXI, da CF) e Arbitragem Coletiva no Brasil. *Revista de Arbitragem e Mediação.* Vol. 47, p. 105-123, out./dez., 2015, DTR n.º 47/2015.

PEREIRA, Guilherme Setoguti; LEITE, Amanda Kalil Soares. Confidencialidade e transparência nas arbitragens coletivas societárias. *Revista dos Tribunais,* vol. 69, p. 145-167, abr./jun., 2021, DTR n.º 2021/8911.

PEREIRA, Mariana Gofferjé. O contrato entre o árbitro e as partes no Direito brasileiro. *Revista dos Tribunais,* vol. 65, p. 227-274, abr./jun., 2020, DTR n.º 2020/7584.

PEREIRA, Régis Fichtner. *A Responsabilidade Civil Pré-Contratual: teoria geral e responsabilidade pela ruptura das negociações.* Rio de Janeiro: Renovar, 2001.

PERETTI, Luís Alberto Salton. Caso Jirau: decisões na Inglaterra e no Brasil ressaltam métodos e reações distintas na determinação da lei aplicável à convenção de arbitragem. *Revista Brasileira de Arbitragem,* São Paulo, n. 37, p. 29-49, jan./mar. 2013.

PIRES, Catarina Monteiro. Convenção de Arbitragem. In: _____; Rui Pereira Dias (Coord.) *Manual de Arbitragem Internacional Lusófona.* Vol. 1. Coimbra: Almedina, 2020.

PITTA, André Grünspun. *O Regime de Informação das Companhias Abertas.* São Paulo: Quartier Latin, 2013.

PLATTE, Martin. An arbitrator's duty to render enforceable awards. *Journal of International Arbitration,* vol. 20, issue 3, p. 307-313, 2003.

PLATTE, Martin. When Should an Arbitrator Join Cases? *Arbitration International,* vol. 18, n.º 1, p. 67-81, 2002.

PONTES DE MIRANDA, Francisco Cavalcanti. *Comentários à Constituição de 1967.* Tomo V. São Paulo: Revista dos Tribunais, 1971.

PONTES DE MIRANDA, Francisco Cavalcanti. *Tratado de Direito Privado.* Tomo I. Atualizado por Judith Martins-Costa, Gustavo Haical e Jorge Cesa Ferreira da Silva. São Paulo: Revista dos Tribunais, 2012.

PONTES DE MIRANDA, Francisco Cavalcanti. *Tratado de Direito Privado.* Tomo II. Atualizado por Vilson Rodrigues Alves. Campinas: Bookseller, 2000.

PONTES DE MIRANDA, Francisco Cavalcanti. *Tratado de Direito Privado.* Tomo III. Atualizado por Marcos Bernardes de Mello; Marcos Ehrhardt Jr. São Paulo: Revista dos Tribunais, 2012.

PONTES DE MIRANDA, Francisco Cavalcanti. *Tratado de Direito Privado.* Tomo IV. Atualizado por Marcos Bernardes de Mello e Marcos Ehrhardt Jr. São Paulo: Revista dos Tribunais, 2012.

PONTES DE MIRANDA, Francisco Cavalcanti. *Tratado de Direito Privado.* Tomo V. Atualizado por Marcos Bernardes de Mello e Marcos Ehrhardt Jr. São Paulo: Revista dos Tribunais, 2012.

PONTES DE MIRANDA, Francisco Cavalcanti. *Tratado de Direito Privado.* Tomo VI. Atualizado por Otávio Luiz Rodrigues Junior; Tilman Quarch; Jefferson Carús Guedes. São Paulo: Revista dos Tribunais, 2012.

PONTES DE MIRANDA, Francisco Cavalcanti. *Tratado de Direito Privado.* Tomo XXII. Atualizado por Nelson Nery Jr.; Rosa Maria de Andrade Nery. São Paulo: Revista dos Tribunais, 2012.

PONTES DE MIRANDA, Francisco Cavalcanti. *Tratado de Direito Privado.* t. XXVI. Atualizado por: Ruy Rosado de Aguiar Júnior; Nelson Nery Jr. São Paulo: Editora Revista dos Tribunais, 2012.

PRADO, Maria da Graça Almeida. Ferraz de. *Economia da Arbitragem: uma análise dos impactos sobre contratos e políticas de desenvolvimento.* Rio de Janeiro: Lumen Juris, 2019.

PRADO, Viviane Muller. Arbitragem Coletiva e Companhias Abertas. *Revista de Arbitragem e Mediação,* vol. 52, p. 99-122, jan./mar. 2017, DTR n.º 2017/506.

PUCCI, Adriana Noemi. Homologação de sentenças arbitrais estrangeiras. In: Selma Ferreira Lemes; Carlos Alberto Carmona; Pedro Batista Martins (Coord.). *Arbitragem: estudos em homenagem ao Prof. Guido Fernando da Silva Soares.* São Paulo: Atlas, 2007.

PUGLIESE, Antonio Celso Fonseca; SALAMA, Bruno Meyerhof. A economia da arbitragem: escolha racional e geração de valor. *Revista Direito GV*, n.º 4 (1), p. 20, jan./jun., 2008.

QUEIROGA, Antônio Elias de. Interpretação e Aplicação do Direito. *Revista dos Tribunais*, vol. 740, p. 733, jun./1997, DTR n.º 1997/245.

QUERZOLA, Lea; GIDI, Antonio. Civil Justice: a European perspective. *Revista de Processo*, vol. 313, p. 359-369, mar./2021, DTR n.º 2021/1918.

RANDEIS, Louis D. *Other people's money and how the bankers use it*. New York: Frederick A. Stokes Company, 1914.

RANZOLIN, Ricardo; CANTERJI, Rafael Baude. Dever de sigilo do advogado quando atua como árbitro no direito brasileiro. *Revista de Arbitragem e Mediação*, vol. 53, p. 335-354, abr./jun., 2017, DTR n.º 2017/1633.

RÁO, Vicente. *O Direito e a Vida dos Direitos*. Vol. I. 4ª ed. São Paulo: Editora Revista dos Tribunais, 1997.

RÁO, Vicente. *O Direito e a Vida dos Direitos*. Vol. II. 4ª ed. São Paulo: Editora Revista dos Tribunais, 1997.

RAVAGNANI, Giovani dos Santos. Regras da IBA sobre "taking of evidence": compatibilidade com as normas processuais brasileiras. *Revista de Processo*, vol. 183, p. 565-606, set./2018, DTR n.º 2018/18447.

REALE, Miguel. *Experiência e Cultura*. 2ª ed. Campinas: Bookseller, 2000.

REALE, Miguel. *Filosofia do Direito*. 20ª ed. São Paulo: Saraiva, 2002.

REALE, Miguel. *História do Novo Código Civil*. São Paulo: Editora Revista dos Tribunais, 2005.

REALE, Miguel. *Lições preliminares de direito*. 25. ed. São Paulo: Saraiva, 2000.

REALE, Miguel. *Lições Preliminares de Direito*. 27ª ed. São Paulo: Saraiva, 2002.

REALE, Miguel. Problemas de Hermenêutica Jurídica. In: Judith Martins-Costa (Org.). Conversa sobre a interpretação no Direito - Estudos em homenagem ao centenário de Miguel Reale. *Cadernos do IEC* n. 4. Canela: GZ Editores 2011.

REBELO, Nikolai Sosa. Arbitragem societária no mercado aberto. In: *I Dia Gaúcho da Arbitragem*. Porto Alegre: Lex Magister, 2015.

RECHSTEINER, Beat Walter. Sentença arbitral estrangeira – aspectos gerais de seu reconhecimento e de sua execução no Brasil. *Revista de Arbitragem e Mediação*, vol. 5, abr./jun., 2005. DTR n.º 2005/230.

REDFERN, Alan; HUNTER, Martin; BLACKABY, Nigel; PARTASIDES, Constantine. *Redfern and Hunter on International Arbitration*. Oxford: Oxford University Press, 2015.

REESE, Willis L. M. Dépeçage: a common phenomenon in choice of law. *Columbia Law Review*, n. 73, 1973.

REIS JÚNIOR, Antonio dos. O Fato Jurídico em Crise: uma releitura sob as bases do direito civil-constitucional. *Revista de Direito Privado*, vol. 67, p. 29-56, jul./set., 2016, DTR n.º 2016/21935.

RIBEIRO, Gustavo Ferreira. A Ilusória Ausência do Termo *Dépeçage* na jurisprudência brasileira de contratos internacionais. *Revista de Direito Internacional*, Brasília, v. 13, n. 2, 2016 p. 523-533.

RIBEIRO, Marcia Carla Pereira. A Importância da Cláusula Compromissória nos Contratos Empresariais Como Fortalecimento das Relações Negociais. *Revista de Arbitragem e Mediação*, vol. 28, p. 161-182, jan./mar. 2011, DTR n.º 2011/1301.

RIBEIRO, Rafael Pellegrini. O reconhecimento e a execução de sentenças arbitrais estrangeiras no direito brasileiro. In: Eduardo Jobim; Rafael Bicca Machado (Coord.). *Arbitragem no Brasil: aspectos jurídicos relevantes*. São Paulo: Quartier Latin, 2008.

RICCI, Edoardo Flavio. Desnecessária conexão entre disponibilidade do objeto da lide e admissibilidade de arbitragem: reflexões evolutivas. In: CARMONA, Carlos Alberto; MARTINS, Pedro

Batista; LEMES, Selma Ferreira (Coord.). *Arbitragem: estudos em homenagem ao Prof. Guido Fernando da Silva Soares*. São Paulo: Atlas, 2007.

RICHARD, Juliette. Addressing the issue of confidentiality in arbitration proceedings: how is this done in practice? In: Elliott Geisinger (eds.). *ASA Special Series No. 43 Confidential and Restricted Access Information in International Arbitration*. Association Suisse de l'Arbitrage, p. 53-78, 2016.

RODRIGUES JR., Otávio Luiz Rodrigues. A Doutrina do Terceiro Cúmplice: autonomia da vontade, o princípio res inter alios acta, função social do contrato e a interferência alheia na execução dos negócios jurídicos. *Revista dos Tribunais*, vol. 81, p. 80, mar./2004, DTR n.º 2004/919.

RODRIGUES JR., Otávio Luiz. Autonomia da vontade, autonomia privada e autodeterminação: notas sobre a evolução de um conceito na modernidade e na pós-modernidade. *Revista de informação legislativa*, v. 41, n. 163, p. 113-130, jul./set. 2004.

ROMERO, Eduardo Silva. A arbitragem da Câmara de Comércio Internacional (CCI) e os contratos de Estado. *Revista de Direito Bancário e do Mercado de Capitais*, vol. 19, p. 257-295, jan./mar., 2003, DTR n.º 2003/40.

ROMERO, Eduardo Silva. International arbitration involving state parties. Observations on the applicable law in state contract arbitration. *Revista de Arbitragem e Mediação*, vol. 6, p. 176-195, jul./set., 2014, DTR n.º 2005/392.

ROMERO, Eduardo Silva; SAFFER, Luis Miguel Velarde. The Extension of the Arbitral Agreement to Non-Signatories in Europe: a uniform approach? *American University Business Law Review*, vol. 5, n.º 3, p. 371-385, 2016.

ROPPO, Enzo. *O Contrato*. Coimbra: Almedina, 2009.

ROSAS, Roberto. Do Negócio Jurídico aos Contratos no Direito Português: aproximações com o direito brasileiro. *Doutrinas Essenciais Obrigações e Contratos*, vol. 1, p. 1347-1364, jun./2011, DTR n.º 2012/1319.

ROZAS, José Carlos Fernández. *Tratado del arbitraje comercial en América Latina*. Madrid: Iustel, 2008.

RUGGIERO, Roberto de. *Instituições de Direito Civil*. Vol. 1. Trad. Da 6ª ed. Italiana. Campinas: Bookseller, 1999.

SACCO, Rodolfo. *Introdução ao Direito Comparado*. Véra Jacob de Fradera (Trad.). São Paulo: Revista dos Tribunais, 2001.

SALLES, Nancy de Paula. Caráter Normativo do Negócio Jurídico. *Doutrinas Essenciais Obrigações e Contratos*, vol. 1, p. 1315-1345, jun./2011, DTR n.º 2012/1962.

SALOMÃO FILHO, Calixto. Breves notas sobre transparência e publicidade na arbitragem societária. Revista de Arbitragem e Mediação, vol. 52, p. 63-69, jan./mar. 2017, DTR n.º 2017/504.

SALOMÃO FILHO, Calixto. Função social do contrato: primeiras anotações. *Revista dos Tribunais*, vol. 823, p. 67-86, mai./2004, DTR n.º 2004/313.

SALOMÃO, Luis Felipe; FUX, Rodrigo. Arbitragem e precedentes: possível vinculação do árbitro e mecanismos de controle. *Revista de Arbitragem e Mediação*, vol. 66, p. 139-174, jul./set., 2020, DTR n.º 2020/11516.

SANTANA, Maria Helena dos Santos Fernandes de; GUIMARÃES, Juliana Paiva. Mercado de valores mobiliários: evolução recente e tendências. *Revista de Direito Bancário e do Mercado de Capitais*, vol. 41, jul./set., 2008. DTR n° 2008/382.

SANTOS, Alexandre Pinheiro dos; WELLISCH, Julya Sotto Mayor. Enforcement e mecanismos de solução alternativa de conflitos no mercado de capitais. *Revista de Arbitragem e Mediação*, vol. 53, abr./jun., 2017. DTR n° 2017/1634.

SANTOS, Alexandre Pinheiro dos; WELLISCH, Julya Sotto Mayor. Enforcement e mecanismos de solução alternativa de conflitos no mercado de capitais. Revista de Arbitragem e Mediação, vol. 53, abr./jun., 2017.

SANTOS, Maurício Gomm F. Dos. Táticas de Guerrilha na Arbitragem Internacional. In: Carlos Alberto Carmona; Selma Ferreira Lemes; Pedro Batista Martins (Coords). *20 Anos da Lei de Arbitragem: homenagem a Petrônio R. Muniz*. São Paulo: Atlas, 2017.

SANTOS, Maurício Gomm Ferreira dos. A situação dos países da américa latina no que tange à lei aplicável ao mérito do litígio submetido a uma arbitragem comercial internacional. *Revista de Arbitragem e Mediação*, vol. 2, p. 102-108, mai./ago., 2004, DTR n.º 2004/291.

SANTOS, Maurício Gomm Ferreira dos. The judge as appointing authority in international commercial arbitration. The Brazilian experience. *Revista de Arbitragem e Mediação*, vol. 9, p. 194-206, abr./jun., 2006, DTR n.º 2006/229.

SANTOS, Maurício Gomm; BEIRÃO, Fernanda Giorgio. O caso Jirau. In: *I Dia Gaúcho da Arbitragem*. Porto Alegre: Lex Magister, 2015.

SANTOS, Mauricio Gomm; ENRÍQUEZ, Isidora. Challenge of an arbitration award in the United States & the doctrine of manifest disregard of the law. *Revista de Arbitragem e Mediação*, vol. 43, p. 307-326, out./dez., 2014, DTR n.º 2014/21115.

SARAIVA, Rute. *Direito dos Mercados Financeiros: apontamentos*. 2ª ed. Lisboa: AAFDL, 2018.

SCALETSCKY, Fernanda Sirotsky. A Teoria dos Grupos Societários e a Extensão da Cláusula Compromissória a Partes Não Signatárias. *Revista Brasileira de Arbitragem*, abr./jun. 2015.

SCALETSCKY, Fernanda Sirotsky. Existência, Validade e Eficácia da Convenção Arbitral. *Revista de Direito Empresarial*, vol. 3, p. 321-351, mai./jun. 2014, DTR n.º 2014/2689.

SCALETSCKY, Fernanda Sirotsky; AZEVEDO, Marcelo Cândido de. Existência, validade e eficácia da convenção de arbitragem. *Revista de Direito Empresarial*, vol. 3, p. 321-351, mai./jun., 2014, DTR n.º 2014/2689.

SCAVONE JUNIOR, Luiz Antonio. *Manual de arbitragem*. 4ª ed. São Paulo: Editora Revista dos Tribunais, 2010.

SCHLECHTRIEM, Peter; SCHWENZER, Ingeborg. *Commentary on the UN Convention on the International Sale of Goods (CISG)*. 3ª ed. New York: Oxford University Press, 2010.

SCHMIDT, Jan Peter. La teoría del negocio jurídico en Alemania hoy: ¿Que se entiende por "negocio jurídico? *Revista Jurídica del Perú*, n.º 67, abr./jun. 2006.

SCHRAMM, Dorothee; GEISINGER, Elliott; PINSOLLE, Philippe. Article II. In: KRONKE, Herbert; NASCIMENTO, Patricia. *Recognition and Enforcement of Foreign Arbitral Awards: A Global Commentary on the New York Convention*. Kluwer Law International, 2010.

SCHREIBER, Anderson. *Equilíbrio Contratual e Dever de Renegociar*. 2ª ed. São Paulo: Saraiva, 2020.

SCHWARTZ, Alan; SCOTT, Robert E. Contract Theory and the Limits of Contract Law. *Yale Law Journal*, vol. 113, n.º. 3, p. 541-620, dez./2003.

SCHWENZER, Ingeborg; SCHLECHTRIEM, Peter. *Commentary on the UN Convention on the International Sale of Goods (CISG)*. 3. ed. Oxford: Oxford University Press, 2010.

SCOTT, Robert E.; TRITANIS, George G. Incomplete Contracts and the Theory of Contract Design. *Case Western Reserve Law Review*, vol. 56, n.º 1, p. 187-202, Fall 2005.

SEREC, Fernando Eduardo. Provas na arbitragem. In: CARMONA, Carlos Alberto; LEMES, Selma Ferreira; MARTINS, Pedro Batista (Coord.). 20 Anos da Lei de Arbitragem: homenagem a Petrônio R. Muniz. São Paulo: Editora Atlas, 2017.

SESTER, Peter Christian. *Comentários à Lei de Arbitragem e à Legislação Extravagantes Relacionada a Arbitragem*. São Paulo: Quartier Latin, 2020.

SESTER, Peter Christian. Desafios da arbitragem societária: do efeito erga omnes (extra partes) até a arbitragem coletiva. *Revista de Arbitragem e Mediação*, vol. 62, p. 27-44, jul./set., 2019, DTR n.º 2019/40035.

SETOGUTI, Guilherme. Procedimento I. In: LEVY, Daniel; SETOGUTI, Guilherme (Coord.). *Curso de Arbitragem*. São Paulo: Revista dos Tribunais, 2018.

SIEMS, Mathias. *Comparative Law*. 2ª ed. Cambridge: Cambridge University Press, 2018.

SILVA, Eduardo Silva da. Código Civil e Arbitragem: entre a liberdade e a responsabilidade. *Revista de Arbitragem e Mediação*, vol. 5, p. 52-75, abr./jun., 2005, DTR n.º 2005/227.

SILVA, Eduardo Silva da. Regras Arbitrais Brasileiras: a fase dos regulamentos. In: *I Dia Gaúcho da Arbitragem*. Porto Alegre: Lex Magister, 2015.

SILVA, Luís Renato Ferreira da. Reflexões iniciais (e breves) sobre o artigo 136-A da Lei das Sociedades Anônimas e a natureza do estatuto da sociedade e da cláusula compromissória. In: *I Dia Gaúcho da Arbitragem*. Porto Alegre: Lex Magister, 2015.

SILVA, Luiz Augusto da. A cláusula compromissória estatutária como um problema constitucional: liberdade, consenso e a reforma da Lei das Sociedades Anônimas (Lei 13.129/2015). *Revista de Direito Privado*, vol. 81, p. 91-116, set./2017, DTR n.º 2017/5603.

SILVA, Paula Costa E. A arbitrabilidade da pretensão anulatória de decisão arbitral: expansão da arbitragem a um domínio improvável? *Revista de Arbitragem e Mediação*, vol. 47, p. 233-244, out./dez, 2015, DTR n.º 2015/1641.

SILVA, Paula Costa E. O acesso ao sistema judicial e os meios alternativos de resolução de controvérsias: alternatividade efectiva e complementariedade. *Revista de Processo*, vol. 158, p. 93-106, abr./2008, DTR n.º 2011/1545.

SILVA, Paula Costa E. Preterição do contraditório e irregularidade de constituição de tribunal arbitral. *Revista de Processo*, vol. 212, p. 301-334, out./2012, DTR n.º 2012/450637.

SILVA, Paula Costa E.; REIS, Nuno Trigo dos. Acção modificativa do caso julgado arbitral: um meio de impugnação esquecido. *Revista de Arbitragem e Mediação*, vol. 45, p. 189-202, abr./jun., 2015, DTR n.º 2015/9730.

SILVA, Rodney Malveira da. A intervenção do juiz na interpretação e integração do negócio jurídico. *Revista de Direito privado*, vol. 37, p. 242-257, jan./mar., 2009, DTR n.º 2009/98.

SILVESTRE, Gilberto Fachetti. Negócio Jurídico: um conceito histórico relativizado pelo novo Código de Processo Civil. *Revista de Direito Privado*, vol. 75, p. 81-113, mar./2017, DTR n.º 2017/462.

SMEUREANU, Ileana M. Confidentiality in International Commercial Arbitration. *International Arbitration Law Library*, vol. 22, 2011.

SOARES, Marcos Cáprio Fonseca. O negócio jurídico e sua interpretação. *Revista de Direito do Consumidor*, vol. 67, p. 173-196, jul./set, 2008, DTR n.º 2008/408.

SOARES, Pedro Silveira Campos; NETO, Antonio Patrus de Sousa. Artigo II. *Revista de Arbitragem*, Ano II, n.º 3º, jan./jun. 2013, p. 53-92.

SOUSA, Ulisses César Martins de. Cláusula Compromissória: análise comparativa Brasil-Portugal. *Revista dos Tribunais*, vol. 999/2019, p. 267-286, jan. 2019, DTR n.º 2018/22788.

SOUZA, Carlos Aurélio Mota de. Equidade no direito brasileiro. *Revista do Instituto dos Advogados de São Paulo*, vol. 33, p. 359-375, jan./jun., 2014. DTR nº 2014/8710.

SPERANDIO, Felipe Vollbrecht. Convenção de Arbitragem. In: LEVY, Daniel; PEREIRA, Guilherme Setoguti J.(Coords.). *Curso de Arbitragem*. São Paulo: Thomson Reuters Brasil, 2018.

STEINER, Renata Carlos. Arbitragem e Autonomia da Cláusula Compromissória. *Revista de Arbitragem e Mediação*, vol. 31, p. 131-151, out./dez. 2011, DTR n.º 2011/5124.

STRANGER, Irineu Strenger. A Arbitragem como Modo de Inserção de Normas da Lex Mercatoria na Ordem Estatal. *Revista Brasileira de Arbitragem*, vol. 1, Issue 03, 2004, pp. 7-21.

SUASSUNA, Marcela Melichar. *Uma Introducción al Arbitraje Colectivo em Brasil*. *Revista de Arbitragem e Mediação*, vol. 65, p. 179-185, abr./jun., 2020, DTR n.º 2020/7576.

SUN, Wei; WILLEMS, Melanie. Arbitration Agreement. In: *Arbitration in China*. Kluwer Law International, p. 37-100, 2015.

SUNDFELD, Carlos Ari. *Fundamentos do Direito Público*. 5ª ed. São Paulo: Malheiros Editores, 2017.

SYMEONIDES, Symeon C. Issue-by-issue analysis and dépeçage in choice of law: cause and effect. *The University of Toledo Law Review*, n. 45, 2013.

SZTAJN, Rachel. *Direito Societário e Informação*. In: Rodrigo Rocha Monteiro de Castro, Walfrido Jorge Warde Júnior e Carolina Dias Tavares Guerreiro (Coord.). *Direito Empresarial e outros estudos de Direito em Homenagem ao Professor José Alexandre Tavares Guerreiro*. São Paulo: Quartier Latin, 2013.

SZTAJN, Rachel. *Teoria Jurídica da Empresa: atividade empresária e mercados*. 2ª ed. São Paulo: Atlas, 2010.

TALAMINI, Eduardo. A (in)disponibilidade do interesse público: consequências processuais (composição em juízo, prerrogativas processuais, arbitragem e ação monitória). *Revista de Processo*, vol. 128, p. 59-78, out./2005, DTR n.º 2005/702.

TALAMINI, Eduardo. Arbitragem e a tutela provisória no Código de Processo Civil de 2015. *Revista de Arbitragem e Mediação*, vol. 46, p. 287-313, jul./set., 2015, DTR n.º 2015/13104.

TALAMINI, Eduardo. Arbitragem e administração pública no direito brasileiro. *Revista brasileira da Advocacia*, vol. 9, p. 19-41, abr./jun., 2018, DTR n.º 2019/28998.

TALAMINI, Eduardo. Arbitragem e estabilização da tutela antecipada. *Revista de Processo*, vol. 246/2015, p. 455-482, ago./2015, DTR n.º 2015/13228.

TALAMINI, Eduardo. Arguição de Convenção Arbitral no Projeto de Novo código de Processo Civil (Exceção de Arbitragem). In: FUX, Luis *et al. Novas Tendências do Processo Civil: Estudos sobre o Projeto do Novo CPC*. Vol .2. Salvador: Juspodivm, 2014.

TALAMINI, Eduardo. Suspensão do processo judicial para realização de mediação. *Revista de Processo*, vol. 277, p. 565-584, mar./2018, DTR n.º 2018/9003.

TARUFFO, Michele. Verdade negociada? Trad. Pedro Gomes de Queiroz. *Revista Eletrônica de Direito Processual-REDP*, ano 8, vol. XIII, jan./jun., p. 634-657, 2014.

TAVARES, João Paulo Lordelo Guimarães. Da Admissibilidade dos Negócios Jurídicos Processuais no Novo Código de Processo Civil: aspectos teóricos e práticos. *Revista de Processo*, vol. 254/2016, p. 91-109, abr./2016, DTR n.º 2016/19687.

TEIXEIRA, Bruno Barreto de Azevedo; MONTEIRO, Renata Auler. Impugnação de árbitros: uma análise dos precedentes da London Court of International Arbitration (LCIA). *RBA,* Nº 60, p. 80-100, out./dez, 2018.

TEIXEIRA, Sálvio de Figueiredo. A arbitragem no sistema jurídico brasileiro. Revista de Arbitragem e Mediação, vol. 31, p. 279-292, out./dez., 2011. DTR nº 2011/5135

TEMER, Sofia. Precedentes judiciais e arbitragem: reflexões sobre a vinculação do árbitro e o cabimento de ação anulatória. *Revista de Processo*, vol. 278, p. 523-543, abr./2018, DTR n.º 2018/10633.

TEODORO, Viviane Rosolia. Princípios da Arbitragem: o princípio kompetenz-kompetenz e suas consequências. *Revista de Arbitragem e Mediação*, vol. 51, p. 221-248, out./dez. 2016, DTR n.º 2016/24736.

TEPEDINO, Gustavo. BARBOZA, Heloisa Helena. MORAES, Maria Celina Bodin de. *Código Civil Interpretado: Conforme a Constituição da República*. Volume I, 2ª ed. Rio de Janeiro: Renovar, 2007.

TEPEDINO, Gustavo. Consensualismo na Arbitragem e Teoria do Grupo de Sociedades. *Revista dos Tribunais*, vol. 903, p. 9-25, jan., 2011, DTR n.º 2011/1084.

TEPEDINO, Gustavo. Interpretação Contratual e Boa-Fé Objetiva. *Soluções Práticas – Tepedino*, vol. 2, p. 387-402, nov./2011, DTR n.º 2012/439.

TEPEDINO, Gustavo; BARBOZA, Heloisa Helena; MORAES, Maria Celina Bodin. *Código Civil Interpretado Conforme a Constituição da República*. Vol. 1. 2ª ed. Rio de Janeiro: Renovar, 2007.

TEPEDINO, Gustavo; KONDER, Carlos Nelson; BANDEIRA, Paula Greco. *Fundamentos do Direito Civil*. Vol. 3. 3ª ed. Rio de Janeiro: Forense, 2022.

TEPEDINO, Gustavo; OLIVA, Milena Donato. *Fundamentos do Direito civil: teoria geral do direito civil*. 3ª ed. Rio de Janeiro: Forense, 2022.

TERRA, Aline de Miranda Valverde. A Questionável Utilidade da Violação Positiva do Contrato no Direito Brasileiro. *Revista de Direito do Consumidor*, vol. 101, p. 181-205, set./out., 2015, DTR n.º 2015/16897.

THEODORO JÚNIOR, Humberto. Arbitragem e Terceiros – Litisconsórcio fora do Pacto Arbitral – Outras Intervenções de Terceiros. *Revista de Direito Bancário e do Mercado de Capitais*, vol. 14, p. 357-386, out./dez. 2001.

THEODORO JÚNIOR, Humberto. *Comentários ao Novo Código Civil*. Vol. 3, t. 2. Rio de Janeiro: Forense, 2003.

THEODORO JÚNIOR, Humberto. *Curso de direito processual civil*. Vol. 1. 59ª ed. Rio de Janeiro: Forense, 2018.

THEODORO JÚNIOR, Humberto. *Curso de direito processual civil*. Vol. 1. 48ª ed. Rio de Janeiro: Forense, 2008.

THEODORO JÚNIOR, Humberto. *Curso de direito processual civil*. Vol. 1 49ª ed. Rio de Janeiro: Forense, 2009.

THEODORO JÚNIOR, Humberto. Interpretação e Aplicação das Normas Jurídicas. *Revista de Processo*, vol. 150/2007, p. 11-23, ago./2007, DTR n.º 2007/519.

THEODORO JÚNIOR, Humberto. Negócio jurídico. Existência. Validade. Eficácia. Vícios. Fraude. Lesão. *Revista dos Tribunais*, vol. 780, p. 11-28, out./2000, DTR n.º 2000/532.

THEODORO JÚNIOR, Humberto. Tutela Específica das Obrigações de Fazer e Não Fazer. *Revista de Processo*, v. 27, n. 105, p. 9-33, jan./mar. 2002.

THEODORO JÚNIOR, Humberto; FARIA, Juliana Cordeiro de. Contrato. Interpretação. Princípio da boa-fé. Teoria do Ato Próprio ou da Vedação do Comportamento Contraditório. *Revista de Direito Privado*, vol. 38, p. 149-175, abr./jun. 2009, DTR n.º 2009/263.

TIBÚRCIO, Carmen. A arbitragem internacional: definição e questões polêmicas. *Revista de Arbitragem e Mediação*, vol. 40, p. 253-285, jan./mar., 2014, DTR n.º 2014/1006.

TIBÚRCIO, Carmen. A arbitragem no direito brasileiro: histórico e lei 9.307/96. *Revista de Processo*, vol. 104, p. 79-99, out./dez., 2001, DTR n.º 2001/694.

TIBÚRCIO, Carmen. A competência do tribunal arbitral para solução de litígios extracontratuais. *Revista de Arbitragem e Mediação*, vol. 50, p. 95-113, jul./set., 2016, DTR n.º 2016/23898.

TIBÚRCIO, Carmen. Algumas notas sobre a CISG, sua incorporação e status no direito brasileiro. *Revista de Direito Bancário e do Mercado de Capitais*, vol. 65, p. 59, jul./2014, DTR n.º 2014/15166.

TIBURCIO, Carmen. Cláusula Compromissória em Contrato Internacional: interpretação, validade, alcance objetivo e subjetivo. *Revista de Processo*, vol. 241, p. 521-566, Mar./2015, DTR n.º 2015/2138.

TIBÚRCIO, Carmen; PIRES, Thiago Magalhães. Arbitragem envolvendo a administração pública: notas sobre as alterações introduzidas pela lei 13.129/2015. *Revista de Processo*, vol. 254, p. 431-462, abr./2016, DTR n.º 2016/19697.

TOLENTINO, Augusto, *et al*. Ação de Execução Específica da Cláusula Compromissória ("Ação do art. 7º"). [S. l.], 2019. Disponível em: https://cbar.org.br/PDF/Acao_de_Execucao_Especifica_da_Clausula_Compromissoria.pdf. Acesso em: 9 dez. 2021.

TOMASETTI JR., Alcides. A Parte Contratual. Marcelo von Adamek (Coord.). *Temas de Direito Societário e Empresarial Contemporâneos*. São Paulo: Malheiros Editores, 2011.

TRABUCCHI, Alberto. *Istituzioni di diritto civile*. Atualização de Giuseppe Trabucchi. 44ª ed. Padova: Cedam, 2009.

TREVISAN, Marco Antonio. Responsabilidade Civil Pós-Contratual. *Revista de Direito Privado*. Vol. 16, p. 199-215, out./dez., 2003.

TUCCI, José Rogério Cruz e. Contra o processo autoritário. *Revista de Processo*, vol. 242, p. 49-67, abr./2015, DTR n.º 2015/3691.

TUCCI, José Rogério Cruz e. Garantia da prestação jurisdicional sem dilações indevidas como corolário do devido processo legal. *Revista de Processo*, vol. 66, p. 72-78, abr./jun., 1992, DTR n.º 1992/128.

TUCCI, José Rogério Cruz e. Garantias constitucionais da publicidade dos atos processuais e da motivação das decisões no projeto do CPC – análise e proposta. *Revista de Processo*, vol. 190, p. 257-269, dez./2010, DTR n.º 2010/911.

TUCCI, José Rogério Cruz e. *Precedente Judicial como fonte de direito*. São Paulo: Revista dos Tribunais, 2004.

VALDES, Juan Eduardo Figueroa. The Principle of Kompetenz-Kompetenz in International Commercial Arbitration. In: *Revista de Arbitragem e Mediação*, vol. 15, out-dez 2017.

VALENÇA FILHO, Clávio de Melo. A arbitragem em juízo. 291f. Tese (Doutorado em Direito). Universidade de São Paulo, São Paulo, 2015.

VALLE, Martim Della. *Arbitragem e equidade*. São Paulo: Atlas, 2012.

VAN DEN BERG, Albert Jan. *The New York Arbitration Convention of 1958*. TMC Asser Institute: Haia, 1981.

VAN DEN BERG, Albert Jan. *The New York Convention of 1958: an Overview*. Londres, 2008. Disponível em: <https://cdn.arbitration-icca.org/s3fs-public/document/media_document/media012125884227980new_york_convention_of_1958_overview.pdf>. Acesso em 01. Jul. 2022.

VAN DEN BERG, Albert Jan. Yearbook Commercial Arbitration – Volume XXI. The Hague: Kluwer Law International, 1996.

VAN DEN BERG, Albert Jan. *Yearbook Commercial Arbitration*. Kluwer Law International, vol. XXVIII, 2003.

VARGAS, Isadora Formenton; VIEIRA, Thyessa Junqueira Gervásio. O negócio jurídico como ato humano juridicamente apreciado pelos planos da existência, da validade e da eficácia: uma análise da simulação jurídica. *Revista de Direito Privado*, vol. 111, p. 39-54, jan./mar., 2022, DTR n.º 2022/785.

VELOSO, Zeno. Fato Jurídico – Ato Jurídico – Negócio Jurídico. *Doutrinas Essenciais Obrigações e Contratos*, vol. 1, p. 1393-1407, jun./2011, DTR n.º 2012/1956.

VERBICARO, Dennis. A Arbitragem Coletiva de Consumo na Espanha Através da Atuação Qualificada das Associações Representativas de Defesa do Consumidor e sua Possível e Salutar Influência no Direito Consumerista Brasileiro. *Revista de Arbitragem e Mediação*, vol. 53, p. 77-101, abr./jun., 2017, DRT n.º 2017/1627.

VERÇOSA, Fabiane. A Liberdade das Partes na Escolha e Indicação de Árbitros em Arbitragens Internacionais: limites e possibilidades. *Revista de Arbitragem e Mediação*, vol. 1, p. 332-350, jan./abr., 2004, DTR n.º 2004/5.

VERÇOSA, Fabiane. A produção de provas. In: LEVY, Daniel; SETOGUTI, Guilherme (Coord.). Curso de Arbitragem. São Paulo: Revista dos Tribunais, 2018.

VERÇOSA, Fabiane. Arbitragem interna v. arbitragem internacional: breves contornos da distinção e sua repercussão no ordenamento jurídico brasileiro face ao princípio da autonomia da vontade. In: Carmen Tiburcio; Luís Roberto Barroso (Org.). *O direito internacional contemporâneo: estudos em homenagem ao professor Jacob Dolinger*. Rio de Janeiro: Renovar, 2006.

VERÇOSA, Fabiane. Efeito Negativo da Competência-Competência. *RBAr*, n.º 6, abr./jun., p. 82-90, 2005.

VERÇOSA, Haroldo Duclerc. *Arbitragem Institucional*. São Paulo: Ed. Malheiros, 2008.

844 | CONVENÇÃO DE ARBITRAGEM – *Fichtner* • *Tolentino* • *Polastri* • *Salton*

VERÇOSA, Haroldo Malheiros Duclerc. A arbitragem e o mercado de capitais. Revista de Direito Mercantil, Industrial, Econômico e Financeiro. n. 146. p. 155-164. São Paulo: Malheiros, abr./ jun. 2007.

VERÇOSA, Haroldo Malheiros Duclerc. As mudanças na legislação da arbitragem e notas sobre a prova pericial na visão do árbitro. *Revista de Direito Empresarial*, vol. 10, p. 281-295, jul./ago., 2015, DTR n.º 2015/10914.

VERDE, Giovanni. *Lineamenti di diritto dell'arbitrato*. 2ª. ed. Torino: Giappichelli, 2006.

VIANA, Raphael Fraemam Braga. Contratos Existenciais, de Lucro e Híbridos: desdobramentos da classificação de Antonio Junqueira de Azevedo à luz do solidarismo jurídico. 137f. Dissertação (Mestrado em Direito). Faculdade de Direito da Universidade Federal de Pernambuco, Recife, 2018.

VICENTE, Dario Moura. *A Autonomia Privada e os seus Diferentes Significados à Luz do Direito Comparado*. Revista de Direito Civil Contemporâneo, vol. 8, p. 275-302, jul./set., 2016, DTR n.º 2016/23938.

VICENTE, Dario Moura. A Responsabilidade pré-contratual no Código Civil Brasileiro de 2002. *Revista CEJ*, n.º 25, p. 34-41, abr./jun. 2004.

VICENTE, Dario Moura. *Direito Comparado*. vol. 1. 4ª ed. Coimbra: Almedina, 2019.

VICENTE, Dario Moura. *Direito Comparado*. vol. 2. 4ª ed. Coimbra: Almedina, 2019.

VICENTE, Dario Moura. *Lei da Arbitragem Voluntária Anotada*. 4ª ed. Coimbra: Almedina, 2019.

VIDAL, Gustavo Pane. *Convenção de Arbitragem*. 153f. Dissertação (mestrado em direito). Pontifícia Universidade Católica de São Paulo. São Paulo, 2016.

VIEIRA, Iacyr de Aguilar. A Autonomia da Vontade no Código Civil Brasileiro e no Código de Defesa do Consumidor. *Revista dos Tribunais*, vol. 791, p. 31-64, set./ 2001, DTR n.º 2001/378.

VIEIRA, Pedro Siza; LOUSA, Nuno Ferreira; MOREIRA, António Júdice. Da competência do tribunal arbitral. In: VICENTE, Dário Moura (coord.). *Lei da Arbitragem Voluntária Anotada*. 4ª Edição. Coimbra: Almedina, 2019.

VIVANTE, Cesare. *Trattato di diritto commerciale*. Vol. 1. 5ª ed. Milano: Francesco Vallardi, 1922.

VON THUR, Andreas. *Derecho Civil: teoria general del derecho civil Aleman*. Vol. II. Buenos Aires: Depalma, 1947.

VOSER, Nathalie. Multi-party Disputes and Joinder of Third Parties. In: VAN DED BERG (ed.), *50 Years of the New York Convention* – ICCA Conference, 2009.

WAHAB, Mohamed. Extension of Arbitration Agreements to Third Parties: A Never Ending Legal Quest Through the Spatial-Temporal Continuum. In: Franco Ferrari Stephan Kröll (eds.). *Conflict of Laws in International Arbitration*. Sellier, 2011.

WALD, Arnoldo. A arbitrabilidade dos conflitos societários: contexto e prática. In: _____; GONÇALVES, Fernando; CASTRO, Moema Augusta de. Sociedades anônimas e mercado de capitais. Homenagem ao Prof. Osmar Brina Corrêa Lima. São Paulo: Quartier Latin, 2011.

WALD, Arnoldo. A Convenção de Nova Iorque: o passado, o presente e o futuro. *Revista de Arbitragem e Mediação*. Vol. 18/2008, p. 13-23, jul./set., 2008.

WALD, Arnoldo. A Desconsideração na Arbitragem Societária. *Revista de Arbitragem e Mediação*, vol. 44, p. 49-64, jan./mar., 2015.

WALD, Arnoldo. A Interpretação da Convenção de Nova Iorque no Direito Comparado. *Revista de Direito Bancário e do Mercado de Capitais*, vol. 22, 2003.

WALD, Arnoldo. O Espírito da Arbitragem. *Doutrinas Essenciais Arbitragem e Mediação*, vol. 1, p. 643-756, set./2014, DTR n.º 2009/821.

WALD, Arnoldo. O Espírito da Arbitragem. *Revista de Arbitragem e Mediação*, vol. 23, p. 22-35, jan./jun., 2009, DTR n.º 2009/821.

WALD, Arnoldo. Os Meios Judiciais do Controle da Sentença Arbitral. *Revista de Arbitragem e Mediação*, vol. 1, p. 40-66, jan./abr., 2004, DTR n.º 2004/2.

WALD, Arnoldo. Os Métodos Modernos de Interpretação. *Doutrinas Essenciais de Direito Civil*, vol. 1, p. 1227-1231, out./ 2010, DTR n.º 2012/1401.

WALD, Arnoldo. Uma Introdução à Arbitragem de Classe. *Revista de Arbitragem e Mediação*, vol. 53, p. 229-248, abr./jun., 2017, DTR n.º 2017/1630.

WALD, Arnoldo; BORJA, Ana Gerdau de. Cláusula compromissória "cheia" e aceitação tácita da cláusula arbitral: caso Itiquira vs. Inepar comentários aos EI 428.067-1/10 do TJPR. *Revista de Arbitragem e Mediação*, vol. 32, p. 343-369, jan./mar., 2012, DTR n.º 2012/2287.

WALD, Arnoldo; BORJA, Ana Gerdau de; VIEIRA, Maíra de Melo. A posição dos tribunais brasileiros em matéria de arbitragem no último biênio (2011-2012). *Revista de Arbitragem e Mediação*, São Paulo, v. 09, n. 35, p. 15-31, out./dez. 2012.

WAMBIER, Teresa Arruda Alvim. Interpretação da lei e precedentes: civil law e common law. *Revista dos Tribunais*, vol. 893, p. 33-45, mar./2010, DTR n.º 2010/134.

WEBBER, Pietro Benedetti Teixeira; SCALCO, Gabriela Barcellos. Cláusulas compromissórias patológicas no direito brasileiro: eficácia e exequibilidade. *RJLB*, ano 7, n.º 2 p. 1233-1255, 2021.

WEISZFLOG, Heloísa Cardillo. Anotações sobre a vontade formadora do negócio jurídico. *Revista de Direito Privado*, vol. 57, p. 159-176, jan./mar., 2014, DTR n.º 2014/1487.

WEIXIA, Gu. Confidentiality Revisited: Blessing or Curse in International Commercial Arbitration? *The American Review of International Arbitration*, vol. 15, p. 01-29.

YARSHELL, Flávio Luiz. Ainda sobre o caráter subsidiário do controle jurisdicional estatal da sentença arbitral. *Revista de Arbitragem e Mediação*, vol. 50, p. 155-163, jul./set., 2016, DTR n.º 2016/23865.

YARSHELL, Flávio Luiz. Brevíssimas notas a respeito da produção antecipada da prova na arbitragem. *Revista de Arbitragem e Mediação*, vol. 14, p. 52-54, jul./set., 2014, DTR n.º 2007/887.

YARSHELL, Flávio Luiz. Caráter subsidiário da ação anulatória de sentença arbitral. *Revista de Processo*, vol. 207, p. 13-23, maio/2012, DTR n.º 2012/38924.

YIFEI, Lin. *Judicial Review of Arbitration: Law and Practice in China*. Kluwer Law International, 2018.

YOUSSEF, Karim. The death of inarbitrability. In: MISTELIS, Loukas A.; BREKOULAKIS, Stavros (Ed.). *Arbitrability*: international & comparative perspectives. The Netherlands: Kluwer, 2009.

YOUSSEF, Karim. The right or obligation to arbitrate of non-signatories in groups of companies: the limits of consent. *Revista de Arbitragem e Mediação*, vol. 25, p. 224-236, abr./jun., 2010, DTR n.º 2010/481.

ZANETI JR, Hermes. Precedentes (treat like cases alike) e o novo código de processo civil: universalização e vinculação horizontal como critérios de racionalidade e a negação da "jurisprudência persuasiva" como base para uma teoria e dogmática dos precedentes no Brasil Doutrinas Essenciais - Novo Processo Civil. *Revista de Processo*, vol. 6/2018, DTR n.º 2015/11095.

ZANETI JR, Hermes.; DIDIER JR., Fredie. Conceito de processo jurisdicional coletivo. *Revista de Processo*, vol. 229, p. 273-280, mar./2014, DTR. nº 2014/693.

ZANETI JR., Hermes. *O Valor vinculante dos precedentes*. 2ª ed. Salvador: JusPodvm, 2016.

ZANETTI, Cristiano de Sousa. A relatividade dos efeitos contratuais e a autonomia da pessoa jurídica. *Revista dos Tribunais*, vol. 905, p. 119-134, mar./2011, DTR n.º 2011/1289.

ZITSCHER, Harriet Christiane. *Introdução ao Direito Civil Alemão e Inglês*. Belo Horizonte: Del Rey, 1999.

ZYLBERSTAJN, Decio. Organização Ética: um ensaio sobre comportamento e estrutura das organizações. *RAC*, vol. 6, n.º 2, p. 123-143, mai./ago., 2002.

ÍNDICE DE JULGADOS

STF

Julgado	Local de citação
STF. HC n.º 75.169. Min. Sepúlveda Pertence. Primeira Turma. J. em: 24.06.1997.	§5. 2.
STF. SE nº 5.206. Min. Sepúlveda Pertence. Pleno. J. em: 12.12.2001.	§5. 2.; § 11. 3.; § 17. 2. 4.; § 39. 3.
STF. ADI n.º 3.510/DF. Rel. Min. Ayres Britto. Tribunal Pleno. J. em: 29.05.2008	§1. 4.
STF. HC n.º 95.518/PR. Rel. p/ Acórdão Min. Gilmar Mendes. Segunda Turma. J. em: 20.05.2013.	§67. 4.
STF. HC n.º 114.523/SP. Rel. Min. Gilmar Mendes. Segunda Turma. J. em: 21.05.2013.	§67. 4.
STF. Ag. Reg. No Recurso Ordinário em HC n.º 144.615/PR. Min. Rel. Edson Fachin. Segunda Turma. J. em: 20.09.2020.	§67. 4.
STF. HC n.º 164.493/PR. Rel. p/ Acórdão Min. Gilmar Mendes. Segunda Turma. J. em: 09.03.2021.	§67. 4.

STJ

Julgado	Local de citação
STJ. REsp n.º 321.443/RS. Rel. Min. Humberto Gomes de Barros. Primeira Turma. J. em: 07.06.2001.	§ 23. 3.
STJ. REsp n.º 263.825/RS. Rel. Min. Humberto Gomes de Barros. Primeira Turma. J. em: 04.03.2002.	§ 23. 3.
STJ. REsp n.º 450.881/DF. Rel. Min. Castro Filho. Terceira Turma. J. em: 11.04.2003.	§ 10. 1.; § 51. 2.
STJ. SEC n.º 856. Min. Carlos Alberto Menezes Direito. Corte Especial. J. em: 18.05.2005.	§ 26. 3.; § 43. 2.
STJ. REsp n.º 612.439/RS. Rel. Min. João Otávio de Noronha. Segunda Turma. J. em: 25.10.2005.	§ 11. 1. 4.
STJ. SEC 967. Min. Rel. José Delgado. Corte Especial. J. em: 15.02.2006.	§ 43. 3.
STJ. REsp n.º 653.733/RJ. Rel. Min. Nancy Andrighi. Terceira Turma. J. em: 03.08.2006.	§ 11. 1.
STJ. SEC n.º 349. Min. Eliana Calmon. Corte Especial. J. em: 21.03.2007	§ 18. 1.
STJ. REsp n.º 606.345/RS. Rel. Min. João Otávio de Noronha. Segunda Turma. J. em: 17.05.2007.	§ 11. 1.
STJ. SEC n.º 1.210. Min. Fernando Gonçalves. Corte Especial. J. em: 20.06.2007.	§ 11. 1.

848 CONVENÇÃO DE ARBITRAGEM – *Fichtner* • *Tolentino* • *Polastri* • *Salton*

Julgado	Local de citação
STJ. REsp n.º 819.519/PE. Rel. Min. Humberto Gomes de Barros. Terceira Turma. J. em:09.10.2007.	§ 27. 5.
STJ. REsp n.º 468.062/CE. Rel. Min. Humberto Martins. Segunda Turma. J. em: 11.11.2008.	§ 34. 3.
STJ. SEC n.º 978. Min. Hamilton Carvalhido. Corte Especial. J. em: 17.12.2008.	§ 43. 3.
STJ. AgRg nos EDcl no Ag 1.101.015/RJ. Rel. Min. Aldir Passarinho Junior. Quarta Turma. J. em: 17.03.2011.	§ 27. 5.
STJ. REsp n.º 884.346/SC. Rel. Min. Luis Felipe Salomão. Terceira Turma. J. em: 06.10. 2011.	§ 33. 3.
STJ. SEC 3.709/EX. Min. Teori Albino Zavascki. Corte Especial. J. em: 14.06.2012.	§ 55. 1.
STJ. REsp n.º 1.415.752/RJ. Rel. Min. João Otávio de Noronha. Terceira Turma. J. em: 23.09.2012.	§ 2. 4.
STJ. SEC 1. Min. Rel. Maria Thereza de Assis Moura. Corte Especial. J. em: 19.10.2011.	§ 4. 1.; § 11. 1.; § 13. 3.
STJ. REsp n.º 1.288.251/MG. Rel. Min. Sidinei Benetti. Terceira Turma. J. em: 09.10.2012.	§ 11. 3.
STJ. REsp n.º 1.169.841/RJ. Rel. Min. Nancy Andrighi. Terceira Turma. J. em: 06.11.2012.	§ 27. 5.
STJ. REsp. n.º 1.389.763/PR. Rel. Min. Nancy Andrighi, Terceira Turma. J. em: 12.11.2013.	§ 26. 4.; § 29. 1.; § 49. 3. § 61. 1. 3. 4. 5.; § 62. 1. 2.; § 63. 4.; § 67. 1.
STJ. AgRg no AgRg nos EDcl no AgRg no Ag n.º 1.230.236/RS. Rel. Min. Mauro Campbell Marques. Segunda Turma. J. em: 12.11.2012.	§ 23. 3.
STJ. REsp 1.082.498/MT. Min. Rel. Luis Felipe Salomão. Quarta Turma. J. em: 20.11.2012.	§ 11. 3.; § 50. 2.; § 54. 2.; § 60. 3.
STJ. REsp n.º 1.355.831/SP. Min. Rel. Sidnei Beneti. Terceira Turma. J. em: 19.03.2013.	§ 4. 1.; § 11. 3.; § 17. 3.; § 46. 3.; § 60. 1.
STJ. REsp n.º 1.278.852/MG. Rel. Min. Luís Felipe Salomão. Quarta Turma. J. em: 21.05.2013.	§ 54. 1.
STJ. REsp n.º 1.277.762/SP. Min Sidnei Beneti. 3ª Turma. J. em: 04.06.2013.	§ 2. 2.
STJ. EDcl no RMS n.º 31.789/PE. Rel. Min. Sérgio Kukina. Primeira Turma. J. em: 08.10.2013.	§ 23. 3.
STJ. REsp 1.389.763/PR. Min. Nancy Andrighi. Terceira Turma. J. em: 12.11.2013.	§ 26. 4.; § 29. 1.; § 49. 3.; § 61. 1. 3. 4. 5.; § 62. 1. 2.; § 63. 4.; § 67. 1.
STJ. REsp nº 1.389.763/PR. Min. Rel. Nancy Andrighi. Terceira Turma. J. em: 12.11.2013.	§ 26. 4.; § 29. 1.; § 49. 3.; § 61. 1. 3. 4. 5.; § 62. 1. 2.; § 63. 4.; § 67. 1.
STJ. REsp n.º 1.312.651/SP. Min. Marco Buzzi. Quarta Turma. J. em: 18.02.2014.	§4. 4.
STJ. REsp n.º 1.353.954/ES. Min. Rel.Sidnei Beneti. J. em: 21.08.2014.	§ 49. 3.
STJ. AgRg no AREsp n.º 371.993/RJ. Rel. Min Ricardo Villas Bôas Cueva. Terceira Turma. J. em: 14.10.2014.	§ 49. 3.
STJ. MC n.º 24.646/RJ. Min. Napoleão Nunes Maia Filho. J. em: 05.08.2015.	§ 4. 1.

Julgado	Local de citação
STJ. REsp n.º 1.190.372/DF. Rel. Min. Luis Felipe Salomão. Quarta Turma. J. em: 15.10.2015.	§ 24. 1.
STJ. AgRg na Pet n.º 10.975/RJ. Rel. Min. Maria Thereza de Assis Moura. Sexta Turma. J. em: 13.10.2015.	§ 23. 3.
STJ. CC nº 144.477/RJ. Min. Paulo de Tarso Sanseverino. J. em: 16.12.2015.	§ 52. 4.
STJ. SEC n.º 11.593. Min. Benedito Gonçalves. Corte Especial. J. em: 16.12.2015.	§ 43. 3.
STJ. REsp n.º 1.331.100/BA. Rel. Min. Raul Araújo. Quarta Turma. J. em: 17.12.2015.	§ 11. 3.; § 25. 5.; § 50. 2.; § 51. 2.
STJ. REsp 1.189.050/SP. Rel. Min. Luis Felipe Salomão. Quarta Turma. J. em: 01.03.2016.	§ 27. 5.
STJ. REsp n.º 1.546.140/PR. Rel. Min. Ricardo Villas Bôas Cueva. Terceira Turma. J. em: 08.03.2016.	§ 33. 2.
STJ. REsp n.º 1.409.849/PR. Rel. Min. Paulo de Tarso Sanseverino. Terceira Turma. J. em: 26.04.2016.	§ 2. 4.
STJ. REsp 1.447.082/TO. Min. Paulo de Tarso Sanseverino. Terceira Turma. J. em: 10.05.2016.	§8º. 2.
STJ. REsp n.º 1.569.422/RJ. Min. Marco Aurélio Bellizze. J. em: 26.04.2016.	§ 25. 2.; § 43. 2. 3.
STJ. REsp n.º 1.602.696/PI. Min. Moura Ribeiro. Terceira Turma. J. em: 09.08.2016.	§ 4º. 1.; § 11. 1.
STJ. CC nº 132.312/SC. Min. Ricardo Villas Bôas Cueva. J. em: 19.08.2016.	§ 54. 1. 2.
STJ. HC n.º 358.292/SP. Rel. Min. Maria Thereza de Assis Moura. Sexta Turma. J. em: 23.08.2016.	§ 23. 3.
STJ. REsp n.º 1.602.076/SP. Rel. Min. Min. Nancy Andrighi. Terceira Turma. J. em: 15.09.2016.	§ 39. 2.; § 44. 2.; § 60. 3.; § 60. 7.
STJ. SEC n.º 9.820/EX. Min. Humberto Martins. Corte Especial. J. em: 19.10.2016.	§ 26. 2.
STJ. CC n.º 146.939/PA. Rel. Min. Marco Aurélio Bellizze. Segunda Seção. J. em: 23.11.2016.	§ 33. 4.
STJ. REsp n.º 1.239.319/SC. Min. Raul Araújo. J. em: 06.12.2016.	§ 54. 1.
STJ. AREsp n.º 941.095/ES. Min. Moura Ribeiro. J. em: 10.02.2017.	§ 54. 1.
STJ. REsp n.º 1.025.552/DF. Rel. Min. Raul Araújo. Quarta Turma. J. em: 04.04.2017.	§ 39. 2.
STJ. REsp n.º 1.597.658/SP. Min. p/ Acórdão Nancy Andrighi. Terceira Turma. J. em: 18.05.2017.	§ 25. 5.
STJ. AREsp nº 1.091.175/GO Min. Raul Araújo. J em: 02.06.2017.	§ 54. 1.
STJ. AgInt no AgInt no AREsp n.º 1.029.480/SP. Rel. Min. Raul Araújo. Quarta Turma, J. em: 06.06.2017.	§ 27. 5.
STJ. REsp n.º 1.636.102/SP. Min. Ricardo Vilas Boas Cueva. Terceira Turma. J. em: 13.06.2017.	§ 29. 4.
STJ. SEC 8.421/EX. Min. Herman Benjamin. Corte Especial. J. em: 02.08.2017.	§ 49. 2.
STJ. REsp n.º 1.309.800/AM. Rel. Min. Luis Felipe Salomão. Quarta Turma. J. em: 22.08.2017.	§ 9. 2.

Julgado	Local de citação
STJ. CC n.º 139.519/RJ. Rel. Min. Napoleão Nunes Maia Filho. Primeira Seção. J. em: 11.10.2017.	§ 4. 1.; § 10. 1.; § 40. 2.; § 60. 4.
STJ. REsp n.º 1.596.081/PR. Rel. Min. Ricardo Villas Bôas Cueva. Segunda Seção. J. em: 25.10.2017.	§ 23. 3.
STJ. AREsp n.º 640.815/PR. Rel. Min. Gurgel de Faria. Primeira Turma. J. em: 07.12.2017.	§ 61. 4.
STJ. REsp n.º 1.550.260/RS. Rel. Min. Paulo de Tarso Sanseverino. Terceira Turma. J. em: 12.12.2017.	§ 4. 5.; § 11. 3.; § 60. 5.
STJ. REsp n.º 1.628.819/MG. Min. Nancy Andrighi. Terceira Turma. J. em: 27.02.2018.	§ 27. 5.; § 44. 2.
STJ. REsp n.º 1.584.440/RJ. Min. Marco Aurélio Bellizze. J. em: 02.03.2018.	§ 49. 3.
STJ. REsp n.º 1.698.730/SP. Rel. Min. Marco Aurélio Bellizze. Terceira Turma. J. em: 08.05.2018.	§ 25. 2.
STJ. AgInt no AREsp n.º 1.152.469/GO. Rel. Min. Maria Isabel Gallotti, Quarta Turma. J. em: 08. 05.2018.	§27. 5.
STJ. REsp 1.727.979/MG. Rel. Min. Marco Aurélio Bellizze. Terceira Turma. J. em: 12.06.2018.	§ 34. 3.
STJ. AREsp nº 1.345.323/GO. Min. Lázaro Guimarães. J em: 10.09.2018.	§ 54. 1.
STJ. REsp 1.639.035/SP. Rel. Min. Paulo de Tarso Sanseverino. Terceira Turma. J. em: 18.09.2018.	§ 12. 3.
STJ. REsp n.º 1.753.041/GO. Rel. Min. Nancy Andrighi, Terceira Turma. J. em: 18.09.2018.	§ 27. 5.
STJ. CC n.º 157.099/RJ. Min. Marco Buzzi. Rel. p/ Acórdão Ministra Nancy Andrighi. Segunda Seção. J. em: 10.10.2018.	§ 33. 4.
STJ. REsp n.º 1.678.667/RJ. Rel. Min. Raul Araújo. Quarta Turma. J. em: 06.11.2018.	§ 4. 1.; § 11. 1.
STJ. REsp n.º 1.541.830/MT. Min. Maria Isabel Gallotti. J. em: 26.11.2018.	§ 49. 3.
STJ. HC n.º 266.039/RJ. Rel. Min. Antonio Saldanha Palheiro. Sexta Turma. J. em: 27.11.2018.	§ 23. 3.
STJ. REsp n.º 1.269.965/MG. Min. Raul Araújo. J. em: 13.12.2018.	§ 52. 4.
STJ. REsp nº 1.307.651/MG. Min. Raul Araújo. J. em: 17.12.2018.	§ 52. 4.
STJ. REsp nº 1.335.185/MG. Min. Marco Buzzi. J. em: 01.02.2019.	§ 54. 1.
STJ. REsp nº 1.286.882/MG. Min. Marco Buzzi, em 01.02.2019.	§ 54. 1.
STJ. REsp n.º 1.780.747/RJ. Min. Marco Buzzi. J. em: 04.02.2019.	§ 49. 3.
STJ. AREsp nº 281.151/MG. Min. Raul Araújo. J. em: 11.02.2019.	§ 52. 4.
STJ. REsp n.º 1.594.811/ES. Min. Raul Araújo. J. Em: 21.02.2019.	§ 49. 3.
STJ. AgInt no AgInt no AREsp n.º 1.143.608/GO. Min. Moura Ribeiro. Terceira Turma. J. em: 18.03.2019.	§ 29. 3.
STJ. REsp n.º 1.656.643/RJ. Rel. Min. Nancy Andrighi. Terceira Turma. J. em: 09.04.2019.	§ 4. 1.; § 25. 2.
STJ. REsp nº. 1.799.627/SP. Rel. Min. Ricardo Villas Bôas Cueva. Terceira Turma. J. em: 23.04.2019.	§ 3. 5.

ÍNDICE DE JULGADOS | 851

Julgado	Local de citação
STJ. REsp nº 1.376.765/MG. Min. Ricardo Villas Bôas Cueva. J. em: 12.05.2017.	§ 54. 1.
STJ. REsp n.º 1.772.839/SP. Rel. Min. Antonio Carlos Ferreira. Quarta Turma. J. em: 14.05.2019.	§ 25. 4.
STJ. AgInt no AREsp n.º 976.218/SP. Rel. Min. Moura Ribeiro. J. em: 17.06.2019.	§11. 1.
STJ. REsp nº 1.598.220/RN. Rel. Min. Paulo de Tarso Sanseverino. Terceira Turma. J. em: 25.06.2019.	§ 52. 1.
STJ. CC n.º 167.729/AM. Min. Marco Buzzi. J. em: 04.09.2019.	§ 59. 2.
STJ. ED n.º 1.746.049. Min. Moura Ribeiro. J. em: 11.09.2019.	§ 51. 2.
STJ. REsp nº. 1.656.182/SP. Rel. Min. Nancy Andrighi. Segunda Seção. J. em: 11.09.2019.	§ 2. 4.
STJ. REsp nº 1.524.130/PR. Min. Rel. Marco Aurélio Bellizze. Terceira Turma. J. em 03.12.2019.	§ 14. 2.
STJ. REsp n.º 1.803.752/SP. Min. Rel. Nancy Andrighi. Terceira Turma. J. em: 04/02/2020.	§ 60. 7.
STJ. REsp n.º 1.818.982/MS. Min. Nancy Andrighi. Terceira Turma. J. em: 04.02.2020.	§ 4. 1.; § 11. 1.
STJ. AREsp nº 1.702.577/MG. Min. Raul Araújo. J. em: 01.09.2020.	§ 52. 4.
STJ. AgInt no REsp n.º 1.688.885/SP. Rel. Min. Hermann Benjamin. 2ª Turma. J. em: 01.09.2020.	§2. 2.
STJ. AgInt nos EDcl no AgInt no CC n.º 170.233/SP. Rel. Min. Moura Ribeiro. Segunda Seção. J. em: 14.10.2020.	§ 5. 5.; § 11. 3.
STJ. AgInt nos ED AREsp n.º 1.660.417/RJ. Rel. Min. Raul Araújo. Quarta Turma. J. em: 08.02.2021.	§ 49. 3.
STJ. RHC n.º 137.773/SP. Min. Joel Ilan Paciornik. Quinta Turma. J. em: 20.04.2021.	§ 23. 3.
STJ. REsp. n.º 1.699.855/RS. Min. Marco Aurélio Bellizze. Terceira Turma. J. em: 01.06.2021.	§ 5. 5.; § 11. 3.; § 25. 2.; § 52. 4.
STJ. REsp nº. 1.910.582/PR. Rel. Min. Nancy Andrighi. Terceira Turma. J. em: 17.08.2021.	§ 2. 4.
STJ. AgInt no REsp n.º 1.778.196/RS. Rel. Min. Paulo de Tarso Sanseverino. Terceira Turma. J. em: 30.08.2021.	§ 25. 5.; § 39. 2.
STJ. CC n.º 151.130/SP. Min. Rel. Ministra Nancy Andrighi. Min. Rel. p/ Acordão Luis Felipe Salomão. Segunda Seção. J. em: 11.02.2020.	§ 4. 1. 5.; § 39. 4.; § 60. 6.
STJ. REsp n.º 1.852.435/MG. Min. Raul Araújo. J. em: 26.02.2020.	§ 54. 2.
STJ. REsp n.º 1.636.889/MG. Min. Raul Araújo. J. em: 26.02.2020.	§ 54. 2.
STJ. REsp nº 1.600.618/MG. Min. Luis Felipe Salomão. J. em: 30.03.2020.	§ 54. 2.
STJ. REsp n.º 1.782.963/MG. Min. Moura Ribeiro. J. em: 26.06.2020.	§ 54. 2.
STJ. REsp n.º 1.864.686/SP. Min. Moura Ribeiro. Terceira Turma. J. em: 13.10.2020.	§ 11. 3.
STJ. REsp n.º 1.881.165/RJ. Rel. Min. Ricardo Villas Bôas Cueva. Terceira Turma. J. em: 09.03.2021.	§ 39. 2.
STJ. REsp nº 1.810.444/SP. Min. Rel. Luis Felipe Salomão. Quarta Turma. J. em: 23.02.2021.	§ 13. 3.; § 14. 2.

Julgado	Local de citação
STJ. AREsp n.º 1.773.848/SP. Min. Raul Araújo. J. em: 14.03.2021.	§ 36. 3.; § 52. 4.
STJ. AREsp n.º 1.773.848/SP. Min. Raul Araújo. J. em: 17.03.2021.	§ 36. 3.
STJ. AgInt nos EDcl no AREsp n.º 1.612.356/MS. Rel. Min. Gurgel de Faria. 1ª Turma. J. em: 22.03.2021.	§ 33. 1.
STJ. REsp n.º 1.619.854/MG. Min. Marco Aurélio Bellizze. Terceira Turma. J. em: 13.04.2021.	§ 33. 1.
STJ. REsp n.º 1.927.423/SP. Min. Marco Aurélio Bellizze. Terceira Turma. J. em: 27.04.2021.	§ 26. 1.
STJ. REsp n.º 1.613.630/MS. Min. Antonio Carlos Ferreira. J. em: 28.04.2021.	§ 49. 3.
STJ. REsp n.º 1.903.359/RJ. Rel. Min. Marco Aurélio Bellizze. Terceira Turma. J. em 11.05.2021.	§ 6. 2.; § 29. 3.; § 30. 1.; § 63. 5.
STJ. REsp nº 1.327.535/MG. Min. Marco Buzzi. J. em: 20.05.2021.	§ 54. 1. 2.
STJ. REsp n.º 1.699.855/ RS. Rel. Min. Marco Aurélio Bellizze. Terceira Turma. J. em: 01.06.2021.	§ 5. 5.; § 11. 3.; § 25. 2.; § 52. 4.
STJ. REsp n.º 1.918.421/SP. Min. Marco Buzzi. rel. p/ Acórdão Min. Luis Felipe Salomão. Quarta Turma. J. em: 08.06.2021.	§ 33. 1.
STJ. SEC nº 2.545/EX. Min. Luis Felipe Salomão. J em: 01.07.2021.	§ 54. 1.
STJ. REsp n.º 1.481.644/SP. Rel. Min. Luis Felipe Salomão. Quarta Turma. J. em: 19.08.2021.	§ 5. 4.
STJ. REsp n.º 1.949.566/SP. Rel. Min. Luis Felipe Salomão. Quarta Turma. J. em: 14.09.2021.	§ 5. 2.; § 26. 2.
STJ. AgInt no REsp n.º 1.931.919/SP. Rel. Min. Luís Felipe Salomão. Quarta Turma. J. em: 25.10.2021.	§ 3. 6.
STJ. REsp n.º 1.953.212/RJ. Rel. Min. Nancy Andrighi. Terceira Turma. J. em: 26.10.2021.	§ 39. 2.
STJ. REsp n.º 1.949.317/TO. Rel. Min. Nancy Andrighi. Terceira Turma. J em: 09.11.2021.	§ 3. 2. 5.
STJ. REsp n.º 1.767.997/RJ. Min. Luiz Felipe Salomão. J. em: 02.12.2021.	§ 23. 3.
STJ. AgInt no AREsp 1.809.792/SP. Rel. Min. Raul Araújo. Quarta Turma. J. em: 14.02.2022.	§54. 3.
STJ. AgInt no AREsp n.º 1.923.431/MG. Rel. Min. Marco Aurélio Bellizze. Terceira Turma. J. em: 14.02.2022	§39. 2.
STJ. AgInt no REsp n.º 1.965.300/PR. Rel. Min. Nancy Andrighi. Terceira Turma. J. em: 14.03.2022.	§ 39. 2.
STJ. AgInt nos EDcl no AREsp 1.560.937/SP. Min. Marco Aurélio Bellizze. Terceira Turma. J. em: 14.03.2022.	§ 54. 3.
STJ. AgInt no CC n.º 180.394/BA. Rel. Min. Gurgel de Faria. Primeira Seção. J. em: 29.03.2022.	§29. 2.
STJ. CC n.º 186.813/RJ. Min. Luis Felipe Salomão. J. em: 29.03.2022.	§ 24. 1.
STJ. AgInt na HDE n.º 3.233/EX. Rel. Min. Paulo de Tarso Sanseverino. Corte Especial. J. em: 12.04.2022.	§49. 2.

TRF

Julgado	Local de citação
TRF4. Agravo de Instrumento nº 5040414- 73.2018.4.04.0000. Quarta Turma. Desembargador Federal Cândido Alfredo Silva Leal Junior. Juntado aos autos em 03.02.2020.	§34. 2.

TRIBUNAIS DE JUSTIÇA

Julgado	Local de citação
TJGO. Apel n.º 41552-82.2008.8.09.0051. Des. Kisleu Dias Maciel Filho. 4ª CC. J. em: 23.08.2012.	§ 26. 3.
TJGO. Apel n.º 59064-44.2009.8.09.051. Des. Alan Sebastião da Sena Conceição. 5ª CC. J. em: 17.11.2016.	§ 26. 3.
TJGO. AI 0003720-55.2017.827.0000. Des. Rel. Moura Filho. 2ª CC. J. em: 28.04.2017.	§ 63. 3.
TJMG. AI n.º 10525100045315001. Des. Luiz Carlos Gomes da Mata. 13ª CC. J. em: 31.05.2012.	§ 26. 3.
TJMG. AI 1.0024.13.244670-9/001. Des. Guilherme Luciano Baeta Nunes. 18ª CC. J. em: 29.10.2013.	§ 29. 4.
TJPR. AI 247646-0. Des. Eugênio Achille Grandinetti. 7ª CC. J. em: 11.02.2004.	§ 29. 2.
TJPR. Apel 0006835-61.2015.816.0194. Juiz Rodrigo Fernandes Lima Dalledone. 11ª CC. J. em: 18.04.2018.	§ 36. 3.
TJPR. Apel 0014653-64.2015.8.16.0194. Rel. Juiz Rodrigo Fernandes Lima Dalledone. 11ª CCJ. em: 18.04.2018.	§ 36. 3.
TJPR. Apel 0032085-59.2016.8.16.0001. Juiz Lucas Cavalcanti da Silva. 11ª CC J. em: 20.03.2019.	§ 36. 3.
TJPR. AI 0030037-28.2019.8.16.0000. Juíza Denise Antunes. 18ª CC. J. em: 05.11.2019.	§ 29. 4.
TJPR. AI 0005667-14.2021.8.16.0000. Des. Rel. Fernando Paulino da Silva Wolff Filho 17ª CC. J. em: 28.05.2021.	§ 36. 3.
TJRJ. Ação n.º 2004.001.038949-7, juíza Márcia C.S.A. de Carvalho, 11.05.2005	§ 68. 1.
TJRJ. Apel 01814589320108190001. Des. Carlos Eduardo da Fonseca Passos. 2ª Cam Dir Priv. J. em: 30.03.2011.	§ 39. 4.
TJRJ. Apel 0034800-30.2012.8.26.0068. Des. Rômolo Russo. 7ª Cam. Dir. Priv. J. em: 18.03.2015.	§ 40. 6.
TJRJ. AI n.º 0048533-92.2017.8.19.0000. Des. Eduardo de Azevedo Paiva. 18ª CC. J. em: 08.11.2017.	§ 26. 2.
TJRS. AI 0328334-97.2019.8.21.7000. Des. Umberto Guaspari Sudbrack. 12ª CC. J em: 10.06.2020.	§ 54. 1.
TJSC. AI 4004439-16.2018.8.24.0000. 6ª CC. Des. Stanley Braga J. em: 01.10.2019.	§ 63. 2.
TJSC. Ap n.º 0324999-88.2017.8.24.0038. Des. Janice Goulart Garcia Ubialli. J. em: 12.05.2020.	§ 39. 4.

854 | CONVENÇÃO DE ARBITRAGEM – *Fichtner* • *Tolentino* • *Polastri* • *Salton*

Julgado	Local de citação
TJSC. Ap n.º 0039793-66.2012.8.24.0038. Des. Jânio Machado. 5ª Câmara de Direito Comercial. J. em: 29.10.2020.	§ 35. 1.; § 39. 4.
TJSP. Ap n.º 122088706. Des. Carlos Alberto Garbi. 26ª Cam Dir Priv. J. em: 04.02.2009.	§ 39. 4.
TJSP. Ap n.º 994.08.124054-3. Des. João Carlos Garcia. Nona Câmara de Direito Privado do Tribunal de Justiça. J. em: 20.04.2010.	§ 39. 4.; § 62. 3.
TJSP. Ap. nº 92411479320058260000. Des. Rel. Milton Paulo de Carvalho Filho. 7ª Cam Dir Priv. J. em: 21.09.2011.	§ 50. 2.
TJSP. Ap. n.º 1887599020108260100. 30ª Cam Dir Priv. Des. Orlando Pistoresi. J. em: 08.08.2012.	§ 51. 2.
TJSP. Ap n.º 0220847-50.2011.8.26.0100. Des. Rel. Marcelo Fortes Barbosa Filho. 1ª Câmara Reservada de Direito Empresarial. J. em: 25.03.2014.	§ 63. 3.
TJSP. Apel 0176292-45.2011.8.26.0100. Des. Mario de Oliveira. 19ª Cam Dir. Priv. J. em: 30.06.2014.	§ 54. 2.
TJSP. Ap. n.º 0002163-90.2013.8.26.0100. Des. Gilberto Santos. 11ª Câm. Dir. Priv. J. em: 03.07.2014.	§ 30. 1.
TJSP. Apel nº. 0035404-55.2013.8.26.0100. Des. Pereira Calças. 1ª Câmara Reservada de Direito Empresarial. J. em: 26.08.2015.	§ 62. 2.
TJSP. Ap n.º 0220847-50.2011.8.26.0100. Des. Fortes Barbosa. 1ª Câmara Reservada de Direito Empresarial. J. em: 20.03.2014.	§ 63. 3.
TJSP. Ap. n.º 0002163-90.2013.8.26.0100. Des. Gilberto Santos. 11ª Câm. Dir. Priv. J. em: 03.07.2014.	§ 30. 1.
TJSP. Ap. n.º 1018710-47.2014.8.26.0071. Min. Carlos Alberto Salles. 3ª Cam Dir Priv. J. em: 29.11.2016.	§ 65. 3.
TJSP. Ap. n.º 1122669-10.2015.8.26.0100. Des. Hamid Bdine. 1ª Câmara Reservada de Direito Empresarial. J. em: 15.03.2017.	§ 63. 3.
TJSP. AI n.º 2131353-42.2017.8.26.0000. 33ª Câmara de Direito Privado. Des. Afonso Bráz. 33ª Câmara de Direito Privado. J. em: 29.0.2017.	§ 63. 5.
TJSP. Ap. n.º 1011909-23.2017.8.26.0100. Des. Hamid Bdine. 1ª Câmara Reservada de Direito Empresarial. J. em: 08.11.2017.	§ 63. 3.
TJSP. Ap n.º 1006496-73.2016.8.26.0032. Des. Carlos Henrique Miguel Trevisan. 29ª Câm. Dir Priv. J. em: 28.02.2018.	§ 39. 4.
TJSP. Ap n.º 1024871-07.2015.8.26.0114. Desa. Cláudia Grieco Tabosa Pessoa. 19ª Câm. Dir. Priv. J. em: 24.04.2018.	§ 26. 3.
TJSP. AI n.º 2015108-11.2018.8.26.0000. Des. Mario A. Silveira. 33ª Câmara de Direito Privado. J. em: 07.05.2018.	§ 25. 4.
TJSP. Processo Digital n.º 1106499-89.2017.8.26.0100. Juíza Lúcia Caninéo Campanhã. J. em: 04.07.2018.	§ 48. 3.
TJSP. AI 2027249-62.2018.8.26.0000. 1ª Cam. Res. Dir.. J. em: 04.07.2018.	§ 54. 2.
TJSP. Ap n.º 1104293-44.2013.8.26.0100. Des. Ricardo Negrão. 2ª Câm Res Dir Emp. J. em: 27.08.2018.	§ 39.4.

Julgado	Local de citação
TJSP. Ap n.º 0136077-90.2012.8.26.0100. Dir Priv. Des. Rel. Penna Machado.10ª Câm. J. em: 30.04.2019.	§ 63. 3.
TJSP. Ap n.º 1021051-28.2017.8.26.0625. Des. Ricardo Negrão. 2ª Câm Res Dir Emp. J. em: 27.01.2020.	§ 29. 4.
TJSP. Ap n.º 1033223-88.2018.8.26.0100. Des. José Arnaldo da Costa Telles. 2ª Câm. Res. Dir. Emp. J. em: 29.04.2020.	§ 29. 1.
TJSP. Ap. n.º 1056400-47.2019.8.26.0100. Des. Fortes Barbosa. 1ª Câmara Reservada de Direito Empresarial. J. em: 25.08.2020.	§ 65. 2.
TJSP. AI 2097931-71.2020.8.26.0000. Des. Rel. Grava Brazil. 2ª Câm. Res. Dir. Emp.,J. em: 20.09.2020.	§ 36. 3.
TJSP. Ap n.º 1114237-31.2017.8.26.0100. Des. Rel. Ricardo Negrão. 2ª Câmara Reservada de Direito Empresarial. J. em: 09.03.2021.	§ 63. 5.
TJSP. Ap. n.º 1025729-13.2020.8.26.0001. Des. Rel. Ana Lúcia Romanhole Martucci, 33ª Câm Dir Priv, J. em: 18.03.2021.	§ 11. 3.
TJSP. Ap. n.º 1066484-54.2019.8.26.0053. Des. Luís Francisco Aguilar Cortez. 1ª Câmara de Direito Público. J. em: 27.04.2021.	§ 30. 4.; § 39. 4.; § 63. 5.
TJSP. Ap. n.º 1055194-66.2017.8.26.0100. Des. Erickson Gavazza Marques. 5ª Câmara de Direito Privado. J. em: 06.08.2021.	§ 67. 3. 4.
TJSP. Ap. n.º 1054198-29.2021.8.26.0100. Des. Rel. Adilson de Araújo. 31ª Câm Dir Priv. J. em: 23.08.2021.	§ 11. 3.
TJSP. AI n.º 2032620-2.2021.8.26.0000. Des. Plinio Novaes de Andrade Júnior. 4ª Câmara de Direito Privado. J. em: 29.08.2021.	§ 39. 2.
TJSP. AI n.º 2071707-62.2021.8.26.0000. Desª. Ana Lucia Romanhole Matrucci. 33ª Câmara de Direito Privado. J. em: 13.09.2021.	§ 63. 5.
TJSP. Ap. n.º 1046667-23.2020.8.26.0100. Des. Rel. Carlos Lacerda. 28ª Câm Dir Priv. J. em: 25.10.2021.	§ 11. 3.
TJSP. Ap n.º 1012852-85.2019.8.26.0224. Des. Alexandre Lazzarini. 1ª Câm. Res. Dir. Emp. J. em: 07.12.2021.	§ 54. 2.

JULGADOS INTERNACIONAIS

Julgado	Local de citação
Alemanha (Karlsruhe), BGH, I ZR 245/19, 2020.	§ 42. 1.
Austria, Oberster Gerichtshof, Ob 24/03t, 10 abr. 2003;	§53. 3.
Austria, Oberster Gerichtshof , Ob 142/07x , 7 ago. 2007.	§53. 3.
Estados Unidos (Washington), US Supreme Court, Prima Paint Corp. v. Flood & Conklin Mfg. Co., 1967.	§ 53. 3.
Estados Unidos, District Court, Virgin Islands, Rhone Mediterranee v. Achille Lauro, 1983.	§ 53. 3.

Julgado	Local de citação
Estados Unidos, Supreme Court of the United States, First Options of Chicago, Inc. v. Kaplan, de 1995.	§ 58. 4.
Estados Unidos, Supreme Court of the United States, Mastrobuono v. Shearson Lehman Hutton, Inc., 1995.	§ 58. 4.
Estados Unidos, Supreme Court, Green Tree Financial Corp. v. Bazzle, 539 U.S. 444, 2003.	§ 27. 4.
Filipinas, Schweizerisches Bundesgericht, National Power Corporation (Philippines) v Westinghouse (USA), ATF 119 II 380, 02/09/1993.	§ 53. 3.
França, Cour de Cassation, Société Uni-Kod v. Société Ouralkal, Chambre Civile 1, n. de pourvoi: 91-16.828, 1993.	§ 38. 3.; § 56. 7.
França, Cour de Cassation, 1ª Hecht X Sociéte´Busiman's, 1972.	§ 53. 3.
França, Cour de Cassation, BKMI Industrieanlagen GmbH & Siemens AG v Dutco Construction, Cour de Cassation, 07.01.1992.	§ 30. 1.
França, Cour de Cassation, Chambre civile 1, du 30 mars 2004, pourvoi: 01-14.311, 2004	§ 38. 3.
França, Cour d'appeal d'Orléans. SA Consortium de prévoyance et de gestion v. La Mutuelle de France. Orleans, Revue de l'arbitrage, Paris, n.º 2, p. 393-404, 2004.	§ 11. 1.
França, Cour d'appeal de Paris. AGRR Prévoyance v. ACE Insurance S.A. NV e outros. Paris, 09.12.2003, Revue de l'artbitragem, Paris, n.º 2, p. 641-646, 2004.	§ 11. 1.
França, Cour de Cassation, Société d'Études et Représentations Navalhes et Industrielles (Soerni) v. Société Suisse Air Sea Broker Limited (ASB), n. de porvoi 08-16025, 2009.	§ 38. 3.; § 56. 7.
França, Cour de Cassation, SA Burkinabe des ciments et matériaux v. Société des ciments d'Abidjan, Chambre Civile 1, n. de pourvoi 00-12.144, 99-10.741, 2012.	§ 38. 3.
Índia, Supreme Court of India (Nova Deli), National Thermal Power Corporation v. The Singer Company and Others, Supreme Court, Civil Appeal n. 1978, 1992.	§ 56. 5.
India (Nova Deli), Supreme Court of India, M/S SMS Tea Estates P.Ltd v. Chandmari Tea Co. P. Ltd, 2011.	§ 53. 3.
Portugal, STJ. Processo 1149/14.8T8LRS.L1.S1. 6ª Secção. Relator Henrique Araújo. J. em: 20.03.2018.	§ 58. 4.
Portugal, STJ. Processo 461/14.0TJLSB.L1.S1. 2ª Secção. Relator Álvaro Rodrigues. J. em: 08.02.2018.	§ 58. 4.
Portugal. Tribunal da Relação do Porto, Processo nº: 2164/14.7TBSTS.P1, Relator: Vieira e Cunha. J. em: 08.03.2016.	§ 54. 2.
Reino Unido, House of Lords, Hamlyn & Co v. Talisker Distillery AC 202, 1984.	§ 56. 3.
Reino Unido, House of Lords, Channel Group v Balfour Beatty Ltd., 1993.	§ 55. 2.
Reino Unido, Ali Shipping Corp. v. Shipyard Trogir, 2 All E.R., 1 Lloyd's Rep. 643, 1998.	§ 38. 5.
Reino Unido, House of Lords, UKHL 40, Premium Nafta Products Limited and others v. Fili Shipping Company Limited and others, 12.10.2000.	§ 26. 2.
Reino Unido, High Court of England and Wales, Sonatrach Petroleum Corp v. Ferrell International Ltd, EWHC 481, 2002.	§ 56. 5.
Reino Unido, English High Court of Justice, Queens Bench Division, Commercial Court, People's ns. Co. of China, Hebei Branch v. Vysanthi Shipping Co., 2003.	§ 58. 4.

Julgado	Local de citação
Reino Unido, High Court of Justice Queen's Bench Division, Court of Appeal, C v. D, EWCA Civ 1828, 2007.	§ 56. 6.
Reino Unido (Londres), House of Lords, Premium Nafta Products Limited (20th Defendant) and others (Respondents) v. Fili Shipping Company Limited (14th Claimant) and others (Appellants), 2007, UKHL 40.	§ 53. 3.
Reino Unido (Londres), UK Supreme Court, Dallah Real Estate v. Government of Pakistan, 2010.	§ 58. 4.
Singapura, High Court of Singapore, BCY v. BCZ, SGCH 249, 2016.	§ 56. 5.
Singapura, High Court of Singapore, BMO v. BMP, SGCH 127, 2017.	§ 56. 7.
Reino Unido, Supreme Court, Dallah Real Estate & Tourism Holding Co. v. Ministry of Religious Affairs, Gov't of Pakistan, UKSC 46, 2010.	§ 56. 7.
Reino Unido, High Court of England and Wales, Arsanovia Ltd and others v. Cruz City 1 Mauritus Holdings, EWHC 3702, 2012.	§ 56. 5.
Reino Unido, England and Wales Court of Appeal, Sul América Cia Nacional De Seguros S.A v. Enesa Engenharia S.A., EWCA civ 638, 2012.	§ 56. 3.
Reino Unido, Court of Appeal, Kabab-Ji Sal v. Kout Food Group, EWCA Civ 6, 2020.	§ 55. 4.
Reino Unido, Supreme Court, Enka Insaat v. Sanayi v. OOO "Insurance Company Chubb" & Ors, UKSC 38, 2020.	§ 56. 3.
Reino Unido, Supreme Court of the United Kingdom, Kabab-Ji SAL (Lebanon) (Appellant) v Kout Food Group (Kuwait) (Respondent), 27 October 2021.	§ 56. 1. 3.
Suíça, Federal Supreme Court of Switzerland, 1st Civil Law Chamber, BGer – 4A_119/2012, 2012.	§ 58. 4.